"十三五"国家重点出版物出版规划项目

经济科学译丛

计量经济学导论

上

现代观点 / 第七版

Introductory Econometrics

A Modern Approach / Seventh Edition

Jeffrey M.Wooldridge

杰弗里·M.伍德里奇 / 著

涂海洋　王文佳　夏　苗　张成思　邹炬伸 / 译

中国人民大学出版社
·北京·

　　自新中国成立尤其是改革开放 40 多年来，中国经济的发展创造了人类经济史上不曾有过的奇迹。中国由传统落后的农业国变成世界第一大工业国、第二大经济体，中华民族伟大复兴目标的实现将是人类文明史上由盛而衰再由衰而盛的旷世奇迹之一。新的理论来自新的社会经济现象，显然，中国的发展奇迹已经不能用现有理论很好地加以解释，这为中国经济学进行理论创新、构建具有中国特色的经济学创造了一次难得的机遇，为当代学人带来了从事哲学社会科学研究的丰沃土壤与最佳原料，为我们提供了观察和分析这一伟大"试验田"的难得机会，更为进一步繁荣我国哲学社会科学创造了绝佳的历史机遇，从而必将有助于我们建构中国特色哲学社会科学自主知识体系，彰显中国之路、中国之治、中国之理。

　　中国经济学理论的创新需要坚持兼容并蓄、开放包容、相互借鉴的原则。纵观人类历史的漫长进程，各民族创造了具有自身特点和标识的文明，共同构成人类文明绚丽多彩的百花园。各种文明是各民族历史探索和开拓的丰厚积累，深入了解和把握各种文明的悠久历史和丰富内容，让一切文明的精华造福当今、造福人类，也是今天各民族生存和发展的深层指引。

　　"经济科学译丛"于 1995 年春由中国人民大学出版社发起筹备，其入选书目是国内较早引进的国外经济类教材丛书。本套丛书一经推出就立即受到了国内经济学界和读者们的一致好评和普遍欢迎，并持续畅销多年。许多著名经济学家都对本套丛书给予了很高的评价，认为"经济科学译丛"的出版为国内关于经济理论和经济政策的讨论打下了共同研究的基础。近三十年来，"经济科学译丛"共出版了百余种全球范围内经典的经济学图书，为我国经济学教育事业的发展和学术研究的繁荣做出了积极的贡献。近年来，随着我国经济学教育事业的快速发展，国内经济学类引进版图书的品种越来越多，出版和更新的周期也在明显加快。为此，本套丛书也适时更新版本，增加新的内容，以顺应经济学教育发展的大趋势。

"经济科学译丛"的入选书目都是世界知名出版机构畅销全球的权威经济学教材，被世界各国和地区的著名大学普遍选用，很多都一版再版，盛行不衰，是紧扣时代脉搏、论述精辟、视野开阔、资料丰富的经典之作。本套丛书的作者皆为经济学界享有盛誉的著名教授，他们对于西方经济学的前沿课题都有透彻的把握和理解，在各自的研究领域都做出了突出的贡献。本套丛书的译者大多是国内著名经济学者和优秀中青年学术骨干，他们不仅在长期的教学研究和社会实践中积累了丰富的经验，而且具有较高的翻译水平。

本套丛书从筹备至今，已经过去近三十年，在此，对曾经对本套丛书做出贡献的单位和个人表示衷心感谢：中国留美经济学会的许多学者参与了原著的推荐工作；北京大学、中国人民大学、复旦大学以及中国社会科学院的许多专家教授参与了翻译工作；前任策划编辑梁晶女士为本套译丛的出版做出了重要贡献。

愿本套丛书为中国经济学教育事业的发展继续做出应有的贡献。

中国人民大学出版社

导　读

伍德里奇教授现为美国密歇根州立大学经济学系的杰出教授。他是美国加州大学圣迭戈分校经济学博士，师从已故的世界著名计量经济学家赫伯特·怀特（Halbert White）教授，是我的同门师兄。1986 年博士毕业后，他在美国麻省理工学院经济学系担任助理教授，从 1991 年起在密歇根州立大学经济学系任教至今。

伍德里奇教授是国际知名计量经济学家，研究领域包括计量经济学理论、面板数据分析、处理效应与因果推断等，研究成果发表在《科学》（*Science*）、《美国经济评论》（*American Economic Review*）、《政治经济学杂志》（*Journal of Political Economy*）、《经济学季刊》（*Quarterly Journal of Economics*）、《经济文献杂志》（*Journal of Economic Literature*）、《金融杂志》（*Journal of Finance*）、《经济学与统计学评论》（*Review of Economics and Statistics*）、《计量经济学杂志》（*Journal of Econometric*）、《计量经济理论》（*Econometric Theory*）等国际主流经济学期刊。他是世界计量经济学会会士，曾任《商业与经济统计杂志》（*Journal of Business and Economic Statistics*）主编、《计量经济理论》（*Econometric Theory*）联合主编以及《经济学快报》（*Economics Letters*）计量经济学联合主编。

伍德里奇教授的研究与教学工作都非常出色，著有《计量经济学导论：现代观点》《横截面与面板数据的计量经济分析》等计量经济学经典教材。其中，《计量经济学导论：现代观点》是一本通俗易懂的计量经济学入门教材，向广大学生与学者介绍了计量经济学的基本理论方法与相关应用。伍德里奇教授认为，很多计量经济学的本科课程与经济学实证研究所使用的模型方法存在相当的差距，需要消除这个差距。计量经济学方法往往是计量经济学家在实证研究过程中遇到特定困难时经过深入思考与研究后所产生的解决办法。因此，他的这本教材从计量经济学的专业视角出发，以实证研究的常见问题为基本导向，全面细致地阐释计量经济学方法的基本原理与应用场景。

本书的特点主要体现在以下几个方面。首先，本书对数学的要求并不高，只要读者掌握了经济学专业本科所需的微积分、线性代数、概率论和统计学等基本知识，就能够轻松理解大部分内容。因此，本书受众广泛，不同知识背景的学者都能够比较轻松地理解其内容。其次，与其他计量经济学教材不同，本书根据经济学实证分析中常遇到的数据类型划分为三大部分：第一部分是横截面数据，第二部分是时间序列数据，第三部分主要探讨计量经济学的一些前沿研究，如面板数据分析方法、工具变量估计法等。本书的叙述思路是从数据出发，实证研究者可以根据自身所用的数据类型快速找到相应的定量分析方法，并且难度逐渐递增，这样的写作方式增加了本书的可读性和连贯性。本书的每一章都提供了详细的习题，这些习题非常重要，既增加了相关章节正文中尚未详细介绍的知识点，也提供了一些可以利用正文提到的计量经济学方法与工具来解决的新问题。最后，本书各章节之间逻辑紧密，同时也有自成相对独立的模块，任课教师可以根据教学需要合理挑选一些模块进行重点教学。本书可以作为高等院校经济管理类专业本科生的计量经济学教材，也可以作为经济管理类教师及研究人员的参考书。

相比第六版，本书第七版的整体框架不变，但细节有所调整。首先，许多章节增加了新的习题，包括一些带有新数据的计算机习题以及一些更具挑战性的问题。其次，新版本更广泛、深入地介绍了因果推断的基本思想与基本方法。例如，二值解释变量章节引入了虚拟事实的基本思想；新增了介绍因果推断新方法的小节；新增了关于潜在结果框架的拓展习题。此外，一些章节内容作了调整与补充。例如，第 3 章增加了关于多元回归应用场景的小节；第 9 章更详细地讨论了解释变量缺失时的处理方法；第 12 章修改了内容，介绍了时间序列回归模型误差项存在序列相关时的新处理方式。总体来说，本书第七版更加全面与新颖，能够较好满足实证研究者对计量经济学方法的各种需求。

本书第 1 章为导论，介绍了计量经济学的基本概念与基本数据。其他章节分为三部分，全面、深刻地介绍了计量经济学的基本方法与应用场景。具体而言，第一部分（第 2～9 章）介绍了横截面数据的基本回归分析方法。其中，第 2 章介绍了双变量简单线性回归模型。2.1 节给出被解释变量、解释变量、总体、条件均值等计量经济学基本概念。2.2 节介绍普通最小二乘法（ordinary least squares，OLS）的推导过程，给出估计残差的概念，并提供了一些案例。2.3 节推导出 R^2 公式，作为判断线性回归模型拟合好坏的一个准则。2.4 节介绍观测值变化以及非线性对线性回归结果的影响。2.5 节引入随机抽样概念，给出经典线性回归的一些基本假设，推导 OLS 估计量的无偏性；引入异方差概念，推导 OLS 估计量的方差，并证明误差方差估计量的无偏性。2.6～2.7 节分别介绍线性回归模型中仅有截距项以及被解释变量为二值变量的情况，并在二值变量情境下引入虚拟结果与因果效应的基本思想，而且将其与政策分析联系在一起。

第 3 章介绍带有多个解释变量的多元线性回归分析方法。3.1 节从带有两个解释变量的基本案例出发，拓展至多元回归分析的基本设定。3.2 节给出多元回归模型的 OLS 估计量，并辅以案例深入理解其含义。3.3 节基于简单线性回归模型的叙事思路，推导 OLS 估计量的无偏性，并分别解释多余无关变量对回归估计带来的影响以及遗漏变量带来的偏差。3.4 节讨论 OLS 估计量的方差，介绍回归模型中的多重共线性概念，讨论模型误设并推导 OLS 估计量的方差。3.5 节基于高斯-马尔科夫定理推导 OLS 估计量的有效性。3.6～3.7 节给出多元回归的一些基本案例，涵盖其在预测、估计相关性、检验以及因果推断中的应用。

第 4 章讨论多元线性回归分析的统计推断问题。4.1 节给出经典线性模型（classical linear model，CLM）假设，推导 OLS 估计量的概率分布。4.2～4.3 节介绍 CLM 下基于单个 OLS 估计量的单侧与双侧经典假设检验，构建 t 检验统计量、引入 p 值概念、构建置信区间，并给出教育学、区域经济学等领域的一些经典应用案例。4.4～4.5 节讨论如何检验模型参数的线性组合，并展开讨论 F 检验的定义、推导以及应用等。4.6 节给出两个经典案例，介绍如何在实证研究中报告、分析多元回归的结果。

第 2～4 章涵盖了计量经济学的一些基本概念与基本术语，为初学者提供全面的计量经济学背景介绍，搭建了计量经济学实证研究的基本框架。这些基本概念与术语不难理解，但对于刚接触计量经济学的读者而言非常重要，需要深刻领会。

第 5 章深入讨论多元线性回归分析中 OLS 估计量的渐近性质或大样本性质。与第 4 章不同，本章 CLM 假设中误差扰动项的正态分布假设不再成立，在这种情境下，如何基于随机样本推断 OLS 估计量的统计性质？5.1 节介绍并推导 OLS 估计量的一致性。5.2 节进一步推导其渐近正态分布，估计渐近方差，并基于 OLS 估计量的渐近方差构建渐近检验统计量、渐近置信区间，引入拉格朗日乘数检验统计量，并介绍实际案例。5.3 节基于高斯-马尔科夫假设，证明 OLS 估计量的渐近有效性。本章内容对于初学者而言可能有些难度，读者需要明确区分本章与第 4 章的内容，以便进一步理解随机样本的含义与掌握大样本推断工具方法。

第 6 章探讨实证研究中使用多元线性回归分析可能存在的一些问题。6.1 节讨论数据的度量单位改变对 OLS 估计量、标准差、t 检验统计量、F 检验统计量以及置信区间的影响，讨论回归分析中对变量进行标准化处理的意义，并介绍 β 系数的定义。6.2 节基于经典案例，讨论变量的不同函数形式，如取对数、引入二次项或者交互项，对结果解释的可能影响。6.3 节介绍调整 R^2 以及如何基于调整 R^2 准则判断模型拟合的好坏，进而选择模型或筛选解释变量，并探讨回归模型中增加解释变量对误差方差的影响。6.4 节讨论如何利用多元回归计算预测置信区间、预测误差与预测方差，并介绍残差分析的意义。本章涵盖了回归分析中一些容易被忽略却非常重要的问题，对实证研究者而言很有参考价值。

第 7 章介绍如何在多元线性回归模型中加入定性信息。7.1 节定义了定性信息，并提出使用虚拟变量来刻画定性信息的方法。7.2 节将虚拟变量引入模型中作为自变量，通过几个经典案例阐述虚拟变量回归系数的含义与实用场景。7.3 节使用多个虚拟变量刻画不同组别的效应，并在 7.4 节进一步讨论虚拟变量交互的含义，给出相应的假设检验。7.5 节从被解释变量入手，讨论使用虚拟变量方法分析被解释变量中所包含的定性信息，重点介绍线性概率模型设定及其分析范式。7.6～7.7 节列举一些经典案例，介绍本章所提出的方法在政策分析与评估中的应用。实证研究中很多信息并非定量信息，例如政策是否实施、事件是否发生等，通过学习本章内容，实证研究者可以更全面地进行事件分析或政策分析。

第 8 章着重探讨如何应对回归模型中可能存在的异方差现象。8.1 节介绍异方差或条件异方差对回归结果的影响，8.2 节在条件异方差情形下推导稳健的 OLS 估计量标准差和假设检验统计量。8.3 节进一步讨论如何检验异方差是否存在，并推导怀特的异方差检验统计量。8.4 节给出在异方差情形下更为有效的加权最小二乘估计法，包括在异方差函数已知情形下的广义最小二乘估计量以及未知情形下的可行广义最小二乘估计量，并通过一些案例，介绍相应的标准差、检验统计量与置信区间的构建。8.5 节介绍了异方差情形下线性概率模型需要做的一些调整。需要注意的是，异方差的存在并不影响 OLS 估计量的无偏性或一致性，但在构建假设检验统计量与置信区间时需要做出一定的修正。

第 9 章深入探讨多元线性回归中存在的模型误设与测量误差问题。9.1 节通过一个劳动经济学案例，讨论模型误设对回归结果的影响，并具体介绍回归设定错误检验与戴维森-麦金农检验这两种针对不同情形的模型误设检验方法。9.2 节探讨如何引入代理变量，在一定程度上解决某些不可观测的解释变量所带来的遗漏变量问题。9.3 节介绍随机斜率模型。9.4 节讨论解释变量或被解释变量存在测量误差下的回归分析方法。9.5 节介绍数据缺失、非随机样本以及异常观测对回归结果的影响。9.6 节进一步介绍在存在异常观测情形下稳健的最小绝对偏差法，这实际上是分位数回归的一个特例。模型误设、测量误差、数据缺失、异常观测等是实证研究者在处理数据时经常遇到的问题，本章介绍的方法能够为他们提供很好的解决思路与建议。

上述第一部分章节考虑的是基于横截面数据回归分析，基本假设是随机样本之间相互独立。然而在实证研究，尤其是经济学实证研究中，很多数据是时间序列数据。时间序列数据因存在时间维度上的关联，与横截面数据存在天然区别，其分析、处理的复杂度与难度也相应增加。

本书第二部分（第 10～12 章）主要探讨如何对时间序列数据进行回归分析。第 10 章讨论如何利用 OLS 对时间序列数据进行回归分析。其中，10.1～10.2 节介绍时间序列的基本性质与随机过程概念，并提供一些重要时间序列模型的例子。10.3 节讨论如何通过调整假设，在时间序列数据条件下得到 OLS 估计量的无偏性、方差以及渐近正态分布，并推导时间序列条件下的高斯-马尔科夫定理。10.4 节介绍时间序列回归模型的函数形式、虚拟变量以及指数的概念。10.5 节讨论时间序列模型可能存在的趋势与季节性，以及如何通过在回归模型中加入时间趋势项与季节虚拟变量对其进行刻画。通过学习本章内容，读者可以掌握时间序列分析的基本概念与基本方法，为后续基于时间序列数据的实证研究奠定基础。

第 11 章进一步讨论时间序列数据回归分析需要注意的问题。11.1 节介绍时间序列分析的平稳性假设，并讨论时间序列过程的弱相依性与渐近独立性的概念。

11.2 节进一步给出时间序列线性回归模型 OLS 估计量的大样本性质，包括 OLS 估计量的一致性、渐近正态性，以及相应的假设检验统计量。11.3 节介绍一些具有强相依性的时间序列，如单位根过程，并讨论如何通过变换对其进行回归分析。11.4 节简要讨论时间序列数据中条件同方差假设的合理性。读者需要注意对比本章与第 5 章的内容，通过比较横截面数据和时间序列数据两种情形下 OLS 估计量大样本性质的异同，可更深入理解时间序列数据的特殊性以及分析时间序列数据时需要注意的地方。

第 12 章强调回归误差项中存在序列相关与异方差对时间序列回归分析所带来的影响。12.1 节证明 OLS 估计量在回归误差项存在序列相关时的无偏性与一致性，并讨论在时间序列回归模型中引入滞后项将给 OLS 估计量所带来的影响。12.2 节提出并推导在误差项存在异方差与序列相关情形下稳健的 OLS 估计量标准差，又称异方差与自相关一致标准差。12.3 节深入讨论在不同模型设定下如何检验回归误差项是否存在序列相关。12.4 节介绍解释变量均为外生变量但误差项存在序列相关时，如何对已有估计量进行修正。12.5 节讨论如何通过差分消除序列相关存在的影响。12.6 节重点探究时间序列回归分析中存在异方差时的稳健假设检验统计量，并给出检验异方差是否存在的方法。本章探讨了时间序列回归分析需要考虑的重要问题，读者需要加深对序列相关、异方差等基本概念的理解，学习如何判断它们的存在和影响，以及如何在回归分析中作相应处理。

本书前两部分介绍了横截面数据和时间序列数据回归分析，第三部分（第 13～19 章）则深入探讨了计量经济学的一些重要前沿问题。第 13 章讨论如何将多元线性回归模型应用于独立混合横截面数据。13.1 节引入时间虚拟变量，通过经典案例，讨论如何利用不同时间点的横截面数据构建多元回归模型，并通过邹至庄检验来考察回归函数在时间上是否存在结构性变化。13.2 节通过若干重要案例，讨论如何利用混合横截面数据进行政策分析，引入自然实验与平均处理效应的概念，介绍政策分析中经典的双重差分与三重差分估计法，并将其推广到一个广义的政策研究范式。13.3 节提出最简单的两时期面板数据分析方法，引入不可观测效应与固定效应的基本概念，并介绍一阶差分估计量的基本思想。13.4 节通过案例进一步讨论如何利用两时期面板数据估计方法进行政策分析。13.5 节拓展至存在多个时期的面板数据，引入平衡面板与聚类—稳健标准误的概念，并探讨一阶差分可能存在的若干问题。

第 14 章介绍面板数据分析的一些前沿方法。14.1 节介绍不可观测效应模型的基本结构、固定效应估计量以及等价的虚拟变量回归估计，并通过经典案例与一阶差分估计量作比较。14.2 节介绍随机效应模型，讨论随机效应估计量和混合 OLS 估计量、固定效应估计量之间的区别与联系。14.3 节介绍相关随机效应估计方法及其在非平衡面板数据下的应用场景，分别给出固定效应、随机效应以及相关随机效应估计方法的前沿展望。14.5 节举例说明面板数据方法如何应用于一些没有时间维度的数据，如匹配数据、聚类数据等。

在大数据时代，随着数据可获取性的提高与数据量的迅速增加，基于混合横截面数据或面板数据的经济学实证分析逐渐成为主流。第 13～14 章作为介绍面板数据分析方法的基础与前沿章节，具有很强的理论与实践价值。通过学习这两章，读者可以深入理解并熟练掌握面板数据的主流分析方法，为经济学实证研究与政策分析提供很大的帮助。

第 15 章介绍工具变量（instrument variable，IV）法。15.1 节通过简单线性回归模型中存在遗漏变量的案例，引出工具变量的定义与识别问题，介绍简单线性回归模型的 IV 估计量及其相应的统计推断。15.2 节讨论如何在多元回归分析中使用工具变量，介绍结构方程与约简型方程的定义及其区别。15.3 节介绍两阶段最小二乘法（two stage least squares，2SLS）估计量，讨论其中可能存在的共线性、弱工具变量以及存在多个解释变量的识别问题，并提出相应的解决方法。15.4 节介绍如何使用 IV 方法解决变量测量误差问题。15.5 节基于 2SLS，分别介绍检验内生性和过度识别约束的方法。15.6 节简要讨论在异方差条件情形下如何对 2SLS 估计量渐近方差进行调整。15.7～15.8 节分别讨论 2SLS 方法应用于时间序列数据和面板数据时需要做出的调整。工具变量法能够解决因果推断的内生性、遗漏变量和测量误差等问题，是实证研究中需要掌握的重要方法。在学习本章时，读者需要明确 IV 估计的动机与目的，思考引入 IV 变量时放宽了原有回归模型的哪些假设、解决了哪些问题。

第 16 章从单个回归方程拓展到多个回归方程，介绍联立方程模型的基本设定、估计与应用。16.1 节介绍联立方程模型的基本概念，给出两个案例阐明其应用场景。16.2 节讨论使用 OLS 估计联立方程模型时所存在的联立性偏误问题。16.3～16.4 节逐步探讨如何通过 2SLS 等方法解决联立方程模型的识别与估计问题，包括双方程系统、多方程系统、时间序列数据以及面板数据。在学习本章时，读者需要理解联立方程模型的动机，明确其估计难点。

第 17 章介绍当被解释变量为受限因变量且存在样本选择偏差时，如何重构回归分析框架，并对估计量进行相应的调整。17.1 节讨论被解释量为二元变量的分析方法，介绍 logit 和 probit 模型的基本设定、极大似然估计以及该估计量的统计学与经济学含义。17.2 节讨论适用于角点解因变量的托宾模型，提出模型估计方法，介绍经典案例，并讨论其设定问题。17.3 节讨论适用于计数因变量的泊松回归模型，介绍其基本设定与似然函数，并提出模型的拟极大似然估计。17.4 节分别介绍截取和截断回归模型。17.5 节讨论若干非随机样本情形下的解决方法。本章针对经济学实证研究中可能存在的一些具体问题，提出了相应的解决方法。

第 18 章介绍时间序列分析的一些前沿议题。18.1～18.4 节分别介绍无限分布滞后模型、单位根检验、伪回归问题、协整概念以及误差修正模型。18.5 节讨论与预测相关的问题，介绍信息集、提前一期预测、提前多期预测等基本概念，以及一些用于预测的回归模型设定。

第 19 章全面介绍经济学实证研究范式的整体过程。19.1 节介绍如何提出研究问题，19.2 节讨论如何进行文献回顾，19.3 节展示数据收集过程，19.4 节指导计量经济学分析，19.5 节给出实证论文写作框架。本章内容有助于读者独立撰写符合计量经济学规范的实证研究论文，并做到逻辑严谨且内容丰富。

综上所述，本书由浅入深，不仅具备严格的理论基础，而且具有极高的实践价值。伍德里奇教授详细介绍了当代主流的计量经济学方法，尤其是涉及横截面数据、时间序列数据以及面板数据的重要分析方法。此外，本书介绍了在解决实际数据和抽样问题时，如何调整、改进传统计量经济学方法，并提供了许多实际应用场景的范例。本书可以为经济学甚至社会科学领域的实证研究者以及计量经济学理论研究者提供有益的方法论指导。我相信，伍德里奇教授的这本教材能够很好地帮助读者特别是初学者掌握计量经济学的基本理论、方法与工具。当然，在阅读本书时，需要注意学以致用。例如，本书介绍的案例都是现代经济学的一些重要现实经济问题，这些案例有助于读者了解计量经济学方法在分析与解决现实经济问题中的重要作用与威力。但是，书中案例均为国外案例，因此在学习本书时，读者应该自觉地思考、收集、研究中国案例，了解如何利用计量经济学方法分析与解决中国现实经济问题。在应用计量经济学方法分析中国数据与中国案例时，需要结合中国的国情、制度、政策、历史、文化等因素，并且在必要时对现有的计量经济学方法进行调整或创新，以确保分析结果的可靠性和准确性。同时，需要注意计量经济学方法背后的经济理论基础和经济解释，注意实证研究结果背后的中国特色和中国含义。只有将计量经济方法和中国实际有机地结合起来，学以致用，才能真正学好计量经济学。

过去 40 年来，现代经济学经历了一场深刻的研究范式变革，即"实证革命"。所谓实证革命，是指以数据为基础，应用计量经济学方法推断经济变量之间的逻辑关系，特别是因果关系，从而揭示经济运行规律。这种以证据为基础的实证研究范式极大提高了经济学研究的科学性、可信性与实用性。作为经济学实证研究最主要的方法论，计量经济学在推动经济学科学化的历史过程中发挥了至关重要的作用。

随着数字技术和数字经济的迅猛发展，大数据已成为关键的生产要素，正在深刻改变人类的生产方式与生活方式，同时也正在深刻改变经济学的研究范式。大数据包括结构化数据，也包括大量的非结构化数据，如文本数据、图像数据、音频数据以及视频数据等，这些非结构化大数据包含着传统结构化数据所没有的大量有价值的信息。海量大数据的可获得性催生了数据驱动的科学研究范式，这种范式进一步强化了经济学实证研究范式。很多原来无法获得的高频时间序列数据、经济主体行为与心理数据，现在可以从海量大数据中提取或构建出来，从而大大拓展了经济学研究的广度与深度，打破了定性分析与定量分析的界限，并推动经济学与其他社会科学的交叉研究。

　　人工智能特别是机器学习方法是收集、整合、处理与分析大数据的主要技术与工具。以 ChatGPT 及其大语言模型为代表的人工智能前沿技术，正在催生一种人工智能驱动的科学研究范式，这种新的研究范式将对经济学实证研究产生深远影响，为其带来了很多新挑战与新机遇。大数据、人工智能与计量经济学的交叉融合，将进一步推动计量经济学理论与方法创新。计量经济学作为一门独立的方法论学科，已有近百年的发展历史，在中国也有 40 多年的发展历史，是改革开放以来中国经济学发展最快的一门学科。中国数字经济的发展与西方发达国家大致处于同一起跑线上，而且中国具有超大人口规模和超大经济规模的优势，很快将成为全世界最大的数据生产国。可以预见，中国计量经济学在新的时代将迎来一个更大、更快的发展，我们应当为此共同努力！

发展中国家科学院院士、世界计量经济学会会士
中国科学院数学与系统科学研究院关肇直首席研究员
中国科学院大学经济与管理学院特聘教授

　　我之所以写《计量经济学导论：现代观点》（第一版），是因为我看到本科生开设的计量经济学课程与经验研究者所考虑和应用的计量经济模型之间存在着相当大的差距。我越来越相信，从计量经济学专业人士的视角来讲授计量经济学导论，不仅使这个学科更有意思，而且使实际讲解更为简单。

　　从读者对前六版的肯定来看，我的直觉是正确的。尽管背景和兴趣各异，所教的学生也千差万别，但越来越多的教师开始认可本书所倡导的计量经济学的现代视角。在第七版中，我们仍然强调计量经济学在实际问题中的应用。每个计量经济方法都是研究者通过在分析非实验数据时所遇到的某个特定问题激发出来的。本书的主要内容是根据实际经验应用来理解和解释计量经济学中的假定。本书所需要的数学知识不超过大学所学的线性代数和基础概率统计。

专为目前的计量经济学课程而设计

　　第七版保留了第六版的总体结构。本书区别于绝大多数其他教科书的最显著的特征是：它的篇章结构是根据分析数据的类型而划分的。这与传统方法明显不同，因为传统分析总是先提出一个线性模型，并列出以后分析中可能需要的所有假定，然后在与那些假定之间的联系不甚清晰的情况下，证明或得出一些结论。我的方法是：在第一部分中，开篇就在随机抽样的假定下，用横截面数据讨论多元回归分析。因为学过初级统计学课程的学生都熟悉从总体中随机抽样的方法，所以这种安排比较自然。重要的是，它使得我们能够将对潜在总体回归模型的假定（具有经济或行为含义的假定）与数据抽取方式的假定区分开来。在学生很好地掌握了使用随机样本的多元回归模型之后，可以直观地讨论非随机抽样的后果。

　　现代计量经济学的一个重要特征是：解释变量（与因变量一起）被作为随机变量的结果来处理。对社会科学而言，引入随机解释变量比传统假定中的非随机解释变量要现实得多。一个明显的好处就是：总体模型或随机抽样方法减少了学生必须接受和理解的假定数量。反之，古典回归分析法把解释变量视为重复样本中的固定回归元，这种方法只能适用于试验背景中搜集来的数据，但它在初级教科书中仍非常盛行。此外，因陈述和解释模型假定而产生的种种曲解可能让学生混淆。

通过使用总体模型，我强调了回归分析背后的基本假设在以解释变量为条件进行表述的时候恰到好处，比如无法观测因素的零均值假设。这就让我们对那些使标准推断程序失效的各种问题有了一个清晰的理解，比如异方差性（方差不是常数）。此外，我还能消除各种层次计量经济学教科书中出现的一些误解。比如，我解释了在出现异方差（第8章）或序列相关误差（第12章）时，为什么通常的 R^2 仍是一个有效的拟合优度度量指标；我论证了函数形式检验为什么不应该被视为对遗漏变量的一般性检验（第9章）；我还解释了为什么在回归模型中总是应该包含与我们所考虑的解释变量（通常都是关键的政策变量）无关的其他控制变量（第6章）。

由于横截面分析的假定相对简单而又现实，所以学生可以较早地接触严谨的横截面应用，而不用担心时间序列回归模型中普遍存在的趋势、季节性、序列相关、高度持续性和伪回归等棘手问题。我最初的想法是，在介绍完横截面数据回归之后再介绍时间序列数据回归的处理方法，这会得到那些研究兴趣集中在应用微观经济学的教师的青睐，而且看来确实如此。而那些做应用时间序列研究的读者也同样热衷于本书的结构，这让我倍感满足。通过推延对时间序列数据的计量经济分析，在分析时间序列数据时，我就能把主要精力用来对付横截面数据中不会出现的那些潜在困难。实际上，时间序列计量经济学最终也得到了它在一本初级教材中应该得到的严格分析。

和之前的版本一样，我有意识地选择了一些对阅读期刊论文和实施经验研究都很重要的专题。在每个专题中，我都故意省略许多经不起时间考验的检验和估计程序，但传统教科书却都包括了这些。类似地，我更加强调那些已经证明了其有用性的新专题，比如：推导出对未知形式的异方差（或序列相关）保持稳健（robust）的检验统计量，利用多个年份的数据进行政策分析，以及利用工具变量方法解决遗漏变量问题等。看来我做出了合理的选择，因为我只收到很少有关增删内容的建议。

全书的写作都坚持一种系统的方法，"系统"指的是，每个专题的介绍都以某种逻辑形式建立在先前的材料之上，而所有假设都是在为得到某个结论所必需时才引入的。例如，计量经济学的专业使用者都知道，为了证明普通最小二乘法（OLS）的无偏性，并不需要全套高斯-马尔科夫假设。然而，几乎所有计量经济学教材在证明 OLS 的无偏性之前，都引入了全套假设（其中许多都是多余的，甚至在某些情形中是逻辑矛盾的）。类似地，正态性假定也时常被包含在高斯-马尔科夫定理所需要的假设之中，尽管众所周知，在证明 OLS 估计量是最优线性无偏估计量时，正态性没有起什么作用。

我将通过第一部分中多元回归分析所用假设的顺序来说明我的系统思路。这一顺序使得我们循序渐进，简要总结了每个假设的重要性：

MLR.1：引入总体模型并解释（我们希望估计的）参数。

MLR.2：引入从总体中的随机抽样过程，并描述我们估计总体参数所使用的数据。

　　MLR.3：增加我们从数据样本计算估计值所需要对解释变量做出的假设，即所谓的"无完全共线性"假设。

　　MLR.4：假定总体中我们无法观测的误差的均值与解释变量的取值无关，即与误差总体均值为 0 相结合的"均值独立性"假设，它是得到 OLS 无偏性的关键假设。

　　在引入假设 MLR.1 至 MLR.3 后，我们就可以讨论普通最小二乘法的代数性质，即 OLS 相对一个特定数据集的性质。引入假设 MLR.4 之后，我们就可以证明普通最小二乘估计是无偏的（和一致的）。为了证明高斯-马尔科夫定理和通常的 OLS 方差公式有效，需要增加假设 MLR.5（同方差性）；为了完美地结束对经典线性模型所做的假设，还需要增加假设 MLR.6（正态性），这一假设直到第 4 章才介绍。这 6 个假设用于进行精确的统计推断，并由此得出结论：在所有无偏估计量中，OLS 估计量的方差是最小的。

　　在转而研究大样本性以及在第二部分进行时间序列数据分析时，我仍然坚持了这种系统思路。对假定进行仔细表述和充分讨论，就使得我们比较容易讨论一些更高深的专题，比如使用混合横截面、利用面板数据结构和应用工具变量方法等。一般来说，我还力争提供一个一致的计量经济学观点，即所有估计量和检验统计量的获得都只需使用少数直觉上合理的估计和检验原理（当然也有严格的理由）。比如，学生在对回归有了扎实的了解之后，就容易掌握对异方差性和序列相关基于回归而进行的检验。这就与那些对过时的计量经济学检验步骤给出一套杂乱方法的处理形成了鲜明对照。

　　通观全书，我一直强调"其他条件不变"的含义，这就是我用一章的篇幅介绍了简单回归模型之后就立即进入多元回归分析的原因。多元回归分析能够激励学生尽早考虑实际应用。我还对各种数据结构的政策分析给予足够的重视。对一些实践专题，比如利用代理变量以得到"其他条件不变"的影响，以及在含交互项的模型中对偏效应（partial effect）的解释，也都做了简要探讨。

专为本科生设计，硕士生也适用

　　本书专为那些学过大学代数和一学期初等概率统计的经济学专业本科生而写。（书末附录数学复习 A、B 和 C 包含了所需要的背景材料。）我们不指望一学期或一个季度的计量经济学课程能涵盖第三部分中全部或者部分更高深的内容。通常的入门课程将包含第 1～8 章，这包含了对横截面数据进行简单和多元回归分析的基础。倘若强调直觉和对实证例子的解释，前 8 章中的材料对于大多数经济系的本科生都是可以接受的。大多数教师都想不同程度地介绍用时间序列数据进行的回归分析（第 10、12 章）的至少部分章节。我在密歇根州立大学主讲的一学期计量经济学课程中，相当仔细地探讨了第 10 章，概览了第 11 章的内容，并涉及了第 12 章中关于序列相关的材料。我发现这一学期的基础课程为学生写作实证论文（比如学期论文、高年级研讨课论文或毕业论文）奠定了坚实的基础。第 9 章包含了分析横截面数据时出现的更专业的问题，包括异常数据或非随机抽样等数据问题。对于一个学期的课程而言，可以跳过这一章而又不失连续性。

本书的结构使之更适合一门突出横截面或政策分析的课程。时间序列章节可以跳过，而代之以第 9 章或第 15 章中的专题。前 9 章中新增的关于潜在结果的新内容，应该有助于指导老师设计一门介绍现代政策分析的课程。第 13 章仅在处理如下两个新数据结构的意义上才是"高级的"：独立混合横截面数据和两时期面板数据分析。这种数据结构对政策分析特别有用，这一章也给出了几个例子。较好地掌握了第 1~8 章的学生，学习第 13 章应该不成问题。第 14 章探讨了更高深的面板数据方法，可能只有在第二学期的计量经济学课程中才会涉及。一个结束横截面方法课程的好方法是，探讨第 15 章中的工具变量估计的初步知识。

在学生正式写作研究论文之前的高年级研讨课上，我有选择地使用了第三部分中的一些材料，包括第 13 章和第 17 章。结合一个学期的计量经济学课程学习，对初级面板数据分析、工具变量估计和限值因变量模型有所了解的学生，应该能够阅读大量的社会科学文献。第 17 章介绍了最常见的限值因变量模型。

本书还很适用于一门强调应用而非利用矩阵代数进行推导的硕士研究生入门课程。而对那些愿意用矩阵形式授课的教师，附录高级处理方法 D 和附录高级处理方法 E 提供了矩阵代数和矩阵形式的多元线性回归模型的独立处理。

在密歇根州立大学，许多其他领域（包括会计学、农业经济学、发展经济学、金融学、国际经济学、劳动经济学、宏观经济学、政治学和财政学等）需要进行数据分析的博士生也都发现，本书是联系他们所读的实证文献与他们在博士阶段所学的理论性更强的计量经济学的有用桥梁。

关于设计超出基础课程的建议

我已经对本书多数章节的内容和可能的课程大纲做出了评论。这一部分，我将对可能涵盖或跳过的章节中的有关材料给出更具体的评注：

第 9 章提供了一些有趣的例子（比如包含 IQ 得分作为解释变量的工资回归模型）。在介绍这些例子时，不必正式介绍代理变量，我通常是在讲完横截面分析后才进行介绍。在第 12 章中，针对一个学期的课程，我跳过了有关普通最小二乘的序列相关稳健推断以及异方差动态模型的内容。

即使在第二学期的课程中，我也倾向于只花很少的时间讨论第 16 章，即联立方程分析部分。我发现，对于向学生讲授联立方程模型的重要性，教师的意见分歧很大。有人认为这是基础知识，另一些人则认为它用处不大。我个人的观点是，联立方程模型被过度使用了（见第 16 章的讨论）。如果仔细地阅读一些应用研究，便会发现遗漏变量和测量误差更可能成为使用工具变量估计的原因，这就是我在第 15 章用遗漏变量来引出工具变量估计的原因。不过，联立方程模型对于需求和供给函数的估计是不可或缺的，而且它们适用于其他一些重要情形。

第 17 章是唯一考虑模型本质上对其参数非线性的一章，这为学生增加了额外的负担。该章首先应该讨论的问题是二值响应的 probit 模型和 logit 模型。在介绍文字中，我对托宾模型和截取回归的讲解看来仍是新颖的。我明确指出，托宾模型适用于随机样本的角点解结果，但当我们在数据搜集过程中依据一定的标准对因变量进行截取时，就应用截取回归。

第 18 章讨论了时间序列计量经济学中近来的一些重要专题，包括单位根和协整的检验。我只在本科生或硕士生第二学期的计量经济学课程中涵盖这些材料。第 18 章还包含有关预测的详细介绍。

需要写学期论文的课程，可以在教学大纲中添加第 19 章。和其他教科书中的类似章节相比，其内容要广泛得多。它概括了适合于各种问题和各种数据结构的适当方法，指出了潜在的陷阱，较详细地解释了怎样写一篇有关实证经济学的学期论文，并提出了一些可能的研究项目。

本版的改动之处

我为本版包括数学复习和高级处理方法附录在内的几乎每一章都增加了新的练习题。一些新加的计算机练习用了新的数据，包括一组关于男子大学篮球队表现的数据。我还增加了一些需要推导的更有挑战性的习题。

本版正文中有一些值得注意的改动。在第 2 章中引入了二值或虚拟解释变量的概念，这是一个重要的结构改动，可以促进教学趣味的多样化。结果表明，普通最小二乘估计会导致基本统计中的一个主要问题：总体中两个子组之间的均值差异。通过在早期将定性因素引入回归，教师可以从一开始就使用更多种类的实证示例。

对二值解释变量的早期讨论允许正式引入潜在的或反事实的结果，这在估计因果效应的现代文献中是不可或缺的。研究因果关系的反事实方法在以前的版本中出现过，但是第 2、3、4 和 7 章现在明确地包括了关于因果推理的现代方法的新章节。因为基本的政策分析涉及是否参与计划的二元决策，在简单回归和多元回归中使用虚拟自变量的一个主要例子是评估政策干预。与此同时，新材料被整合到文本中，以便不希望涵盖潜在结果框架的教师可以很容易地跳过材料。一些章末问题涉及基本潜在结果框架的扩展，这对于希望涵盖该材料的教师来说应该是有价值的。

第 3 章中的新章节介绍了可以应用多元回归的不同方式，其中包括纯粹的预测问题，测试有效的市场以及最终对估计处理方式或因果关系的讨论。我认为这一节提供了一个很好的方法来组织学生们在他们看过普通最小二乘（OS）的方法和几个例子之后对多元回归范围进行思考。与其他涉及因果效应的新材料一样，这一材料可以跳过而又不失连续性。第 7 章的一个新章节继续讨论潜在结果，允许非恒定的处理效应。这个材料很好地说明了如何估计总体中两个子群体的不同回归函数。本章的新问题让学生在使用全回归调整来估计因果效应方面有更多的经验。

第 9 章的一个显著改动是更详细地讨论了当一个或多个解释变量的数据缺失时如何使用缺失数据指标。在此方法下的假设比上一版讨论得更详细。

第 12 章已经重新组织，以反映时间序列回归模型误差中的序列相关性问题的更现代的处理方法。新结构首先包括调整 OLS 标准误差以允许一般形式的序列相关。因此，本章现在概述了与第 8 章平行的内容，在这两种情况中都强调 OLS 估计，但要使推断对违背标准假设具有稳健性。用广义最小二乘对序列相关进行校正现在是在 OLS 和序列相关检验的处理之后。

高深章节也有一些改动。第 13 章现在讨论在一个可接受的水平上，双重差分设置的扩展，允许多个控制组、多个时间段，甚至组别特定趋势。此外，本章还更详细地讨论了在面板数据中使用一阶差分估计时，对序列相关具有稳健性的标准误差计算。

第 14 章现在提供了关于用固定效应、随机效应和相关随机效应（CRE）估计面板数据模型的几个重要问题的更详细讨论。对于缺少数据的 CRE 方法将进行更详细的讨论，以及如何解释一般的函数形式，如交互，这些将在第 6 章的横截面设置中讨论。用小组数据扩展的一般政策分析部分，对于强调方案干预和政策评估的课程应该是有用的。

第 16 章仍然包括联立方程模型，现在提供了潜在结果框架和联立方程模型说明之间的明确联系。

第 17 章现在包括当结果变量具有特殊特征时，例如当结果本身是一个二元变量时，关于使用回归调整来估计因果（处理）效应的讨论。然后，当读者被要求探索一个新问题时，logit 和 probit 模型可以通过估算每个处理组的单独模型来获得对平均处理效应的更可靠估计。

第 18 章现在提供了关于如何为预测（相对于预测）区间计算适当的标准误差的更多细节。这应该有助于高级读者更详细地理解预测中不确定性的性质。

关于 MindTap™

MindTap 是一个结果驱动的应用程序，推动学生从记忆到精通。这是唯一让你完全拥有课程所有权的平台。有了它，你可以向每一个学生发起挑战，建立他们的信心，让他们变得不可阻挡。

在一个地方访问所有你需要的东西。用预先准备好的、有组织的课程材料来减少准备的时间。使用交互式多媒体、作业、测验等更有效地进行教学。让你的学生有能力在手机上阅读、倾听和研究，这样他们就能按照自己的方式学习。

让你的学生发挥他们的潜力。12 个不同的指标可以让你对学生的参与度有切实可行的见解。找出困扰整个班级的话题，并立即与有困难的学生进行交流。学生们可以通过追踪他们的分数来激励自己实现目标。在一起，你们可以加速进步。

你的课程，你的内容。只有 MindTap 才能让你完全控制你的进程。你可以灵活地重新对教科书章节排序，添加自己的笔记和嵌入各种内容，包括 OER。根据学生的需要定制课程内容。他们甚至可以读你的笔记，添加他们自己的理解和突出关键文本来帮助他们进步。

一支敬业的团队，随时待命。MindTap 不仅仅是一种工具，它的背后是一个个性化、希望能支持你的团队。你可以获取有关课程设置并针对特定目标进行定制的帮助。从第一天起，你就可以发挥影响力了。而且，我们会在这里为你和你的学生在整个学期及以后提供帮助。

组织特色

除了每一章的教学材料外，本书还包括两个特色，以帮助学生更好地理解和应用他们所学的东西。每一章都包含许多明确编号的例子。其中一些案例研究取自新近发表的论文。我根据自己的判断尽量在不影响主要观点的情况下简化分析。每一章的"思考题"为学生提供了一个通过分析或应用来"进一步"学习材料的机会。教材的附录 F 给出了这些思考题的答案。

章末习题和计算机练习多着重于实证研究而非复杂的推导，要求学生能根据所学知识仔细地推理。计算机练习通常都是书中例子的引申。有些习题使用了已发表论文中的数据集，或者经济学或其他领域公布的一些调查所形成的类似数据集。

这本初级计量经济学教材的一个初创性特征是有一个内容广泛的术语表。简短的定义和描述有助于学生应考或阅读使用计量经济方法的实证研究时进行迅速的复习。我在第七版中增加和更新了一些条目。

教学工具*

圣智为使用这本书的教师和学生提供了各种补充内容。感谢主题专家团队（SME），他们致力于这些补充内容，使教学和学习更加容易。

C. Patrick Scott，博士，路易斯安那理工大学（R 视频和计算机练习审稿人）

Hisham Foad（Aplia 家庭作业审稿人和术语表）

Kenneth H. Brown，密苏里州立大学（R 视频创作者）

---

* 中国人民大学出版社并未购买这些教学工具和学生补充材料的版权。——出版者注

Scott Kostyshak，佛罗里达大学（R 视频审稿人）

Ujwal Kharel（试题库和适应性测试准备）

有六种格式可用的数据集

目前，本版有 Stata，EViews，Minitab，Microsoft Excel 和 R 等六种格式的 100 多个可用数据集，教师在课程讲述、示例分析及学期专题的设计过程中可以有较大的选择范围。由于多数数据集都来自实际研究，所以有些数据集非常大。除非为了说明各种数据结构而部分列出一些数据集，否则书中都不报告。本书适合于计算机操作发挥完整作用的课堂。

更新的数据集手册

你也可以在线查看更全面的数据描述手册。这一手册包括数据的来源列表以及数据使用方法的相关建议。作者伍德里奇创作的这一独特的数据集手册列举了所有数据的来源，以方便读者快速查看，并说明了每一数据如何使用。由于数据集手册有页码，所以读者可以很方便地查看作者在正文中是如何使用这些数据的。使用本书的学生可以查看对每个数据集的描述，指导教师也可以通过它布置作业、考试或者学期课题。作者还提供了改善数据的建议，数据的详细来源在本书的辅助网站 http://login. cengage. com 上可以找到，学生可以在网站 www. cengagebrain. com 上免费获得相关信息。

《含习题解答的教师手册》

修订的《含习题解答的教师手册》（Instructor's Manual with Solutions）节省了准备和评分的时间。在线的《含习题解答的教师手册》包含了这个版本中所有练习的答案。教学技巧为每一章材料的呈现提供了建议。该教师手册还包含每个数据文件的来源，以及如何把它们用于习题集、考试和学期论文的诸多建议。教师手册是有密码保护的，可以在该书的配套网站上下载。

试题库

由 Cognero 提供技术支持的圣智学习测试是一个可供输入、编辑和修改课本试题库等内容的灵活的网上系统。你可以收藏你最喜欢的试题，同时创作多个测试题版本，可以通过你的学习管理系统在你的教室或任何地方提交测试结果。

PowerPoint® 课件

更新的 PowerPoint® 课件可以在视觉上阐明概念，从而使课程更加生动。专门为此版本创建的 PowerPoint® 课件，可以协助教师设计令人难忘的优秀课程。这些课件对于第三部分的高深专题章节特别有用。教师可以改动或自定义该课件来适应具体的教学过程。PowerPoint®仅限于教师通过密码保护在本书同步网站 http://login.cengage.com 下载得到。

Scientific Word® 课件

更新的 Scientific Word® 课件可以加强文本概念和课程形式。此版本的 Scientific Word® 课件由作者设计，在强化本书演示幻灯片的同时，突出了 Scientific Word® 的优势。该文字处理器由 MacKichan Software, Inc. 设计，旨在用 LaTeX 排版时对数学及技术性文档进行处理。这些课件是以作者的真实课程为基础的，仅限于教师通过密码保护在本书同步网站 http://login.cengage.com 下载得到。

学生补充材料

《含习题解答的学生手册》

现在你可以通过这个动态线上资源最大化你的学习时间并在学习上更进一步。手册包括奇数题目和正文中的计算机练习的详细步骤和解答。这一补充资料可以在 www.cengagebrain.com 网站上免费获得。

致　谢

在当前版本和早期版本的修订过程中，很多人给我提供了有益的评论，在此致以诚挚的谢意：

Erica Johnson，贡萨加大学

Mary Ellen Benedict，鲍林格林州立大学

Chirok Han，韩国大学

Yan Li，天普大学

Melissa Tartari，耶鲁大学

Michael Allgrunn，南达科他大学

Damayanti Ghosh，宾汉姆顿大学

Susan Averet，拉斐特学院

Kevin J. Mumfor，普渡大学

Nicolai V. Kuminoff，亚利桑那州立大学

Subarna K. Samanta，新泽西学院

Jing Li，南达科他州立大学

Gary Wagner，阿肯色大学小石城分校

Kelly Cobour，博伊西州立大学

Timothy Dittmer，中央华盛顿大学

Daniel Fischmar，威斯敏斯特学院

Subha Mani，福特汉姆大学

John Maluccio，米德尔布里学院

Konstantin Golyaev，明尼苏达大学

Kevin Williams，明尼苏达大学

Rod Hissong，得克萨斯大学阿灵顿分校

Stanley R. Thompson，俄亥俄州立大学

Ivan Jeliazkov，加州大学欧文分校

Christopher Magee，巴克内尔大学

Debra Israel，印第安纳州立大学

Leslie Papke，密歇根州立大学

Stephen Woodbury，密歇根州立大学

Steven Cuellar，索诺玛州立大学

Yanan Di，瓦格纳学院

John Fitzgerald，鲍登学院

Philip N. Jefferson，斯沃斯莫尔学院

Yongsheng Wang，华盛顿杰斐逊学院

Gregory Colman，佩斯大学

Yoo-Mi Chin，密苏里科技大学

Arsen Melkumian，西伊利诺伊大学

Kevin J. Murphy，奥克兰大学

Kristine Grimsrud，新墨西哥大学

Will Melick，凯尼恩学院

Philip H. Brown，科尔比学院

Argun Saatcioglu，堪萨斯大学

Ken Brown，北艾奥瓦大学

Michael R. Jonas，旧金山大学

Melissa Yeoh，贝里学院

Nikolaos Papanikolaou，纽约州立大学
　　新帕尔兹分校

Soren Hauge，里彭学院

Hailong Qian，圣路易斯大学

Jay Goodliffe，杨百翰大学

Michael Robinson，霍利奥克山学院

James Warner，伍斯特大学

Andrew Ewing，埃克德学院

Heather O'Neill，乌尔西努学院

Timothy Vogelsang，密歇根州立大学

我在前言中讨论的本版的改动之处由上面名单所列示的人对书稿提供的评论所推动，并且我将继续斟酌由其他多个审稿人提出的具体建议。

许多学生和教学助理指出了本书早期版本中的错误，并为重新编写某些段落提出了建议，在此向他们表示由衷的感谢，限于篇幅，这里不再一一列示。

一如既往，与圣智出版集团的合作令人相当愉快。感谢长期产品经理 Michael Parthenakis 坚定且温润的指导。Anita Verma 和 Ethan Crist 是关于凝练的、专业的教科书内容和主题方面的专业人员，他们对书稿的仔细阅读和对细节的敏锐观察使第七版的内容得到了很大的改进。

谨以此书献给我的家人：Leslie，Edmund 和 R.G.。

简要目录

附　录

第一部分　横截面数据的回归分析

第1章 计量经济学的性质与经济数据

第1章讨论的是计量经济学的研究领域，并提出在应用计量经济方法时可能出现的一般问题。1.1节就计量经济学的目标和范畴进行了简要说明，并阐述了其在经济分析中是如何应用的。1.2节就如何从经济学理论出发并建立一个可以用数据进行估计的模型给出了一些范例。1.3节考察了商科、经济学及其他社会科学中所用数据集的种类。1.4节直观地讨论了社会科学研究中与推断因果关系有关的难题。

1.1 什么是计量经济学

设想州政府雇用了你，让你评估公共机构工作培训项目的效果。假设通过这个培训项目，工人可以掌握在生产过程中使用计算机的各种方法。为期二十周的培训都是在工人的非工作时间进行的。任何一个按小时计薪的生产工人都可以自愿参加全部或部分的培训。你需要测定培训项目进行后对每个工人时薪的影响。

现在假设你为一家投资银行工作，并将研究包含美国短期国库券在内的不同投资战略的回报，以检验其与经济理论是否一致。

解决这个问题的任务最初使人胆怯。此时，你对需要搜集的数据类型只有模糊的认识。在学习完这门计量经济学导论课程后，你将会知道如何利用计量模型规范地评价一个工作培训项目，或检验一个简单的经济理论。

计量经济学的发展取决于估计经济关系、检验经济理论以及评价和实施政府与商业政策。计量经济学最常见的应用，就是对诸如利率、通货膨胀率和国内生产总值等重要宏观经济变量的预测。尽管对经济指标的预测随处可见而又广为流传，但计量经济方法也可用于那些与宏观经济预测无关的经济领域。比如，我们可以研究政治领域中竞选支出对投票结果的影响，还可以考虑教育领域中学校支出对学生成绩的影响。此外，我们还将了解如何使用计量方法来预测经济时间序列。

计量经济学已从数理统计中分离出来并演化成一门独立学科，因为前者主要考虑在搜集和分析非实验经济数据时的固有问题。**非实验数据**（nonexperimental data）并非从针对个人、企业或经济系统中某些部分的控制实验中得到。非实验数据有时被称为**观测数据**（observational data）或**回顾数据**（retrospective data），以强调研究者只是被动的数据搜集者这一事实。自然科学中的**实验数据**（experimental data）通常是在实验环境中获得的，但在社会科学中要得到这些实验数据则困难得多。虽然也可以设计一些社会实验，但为解决经济问题所需要实施的各种控制实验，要么根本无法实施，要么代价高昂而让人望而却步，要么在道德上让人极为反感。在 1.4 节我们将给出一些特殊的例子，来说明实验数据与非实验数据之间的区别。

当然，只要有可能，计量经济学家总会借用数理统计学家的一些方法。多元回归分析方法虽然在上述两个领域都是主要支柱，但其着眼点和内涵可能极为不同。此外，经济学家已想出许多新方法来处理经济数据的复杂性并检验经济理论所预测的结果。

1.2　实证经济分析的步骤

计量经济方法几乎在应用经济学的每一个分支中都相当重要。当我们有一个经济理论需要检验的时候，或当我们脑海中有一个关系对商业决策或政策分析相当重要时，计量经济方法就会发挥作用。**实证分析**（empirical analysis）就是利用数据来检验某个理论或估计某种关系。

如何构建一个实证经济分析？这似乎是显而易见的，但值得强调的是，任何实证分析的第一步都是对感兴趣的问题进行仔细表述。这个问题可能涉及对一个经济理论某特定方面的检验，或者对政府政策效果的检验。原则上，计量经济学方法可以用来回答各种各样的问题。

在某些情形下，特别是涉及对经济理论的检验时，就要构造一个规范的**经济模型**（economic model）。一个经济模型总是由描述各种关系的数理方程组成。经济学家以建立模型来描述大量人类行为而闻名。例如在中级微观经济学中，个人在预算约束下的消费决策可以由一些数理模型来描述。这些模型的基本前提是**效用最大化**（utility maximization）。在资源受到限制的情况下，个人做出选择以最大化他们的福利，这一假设为我们创造一些简便的经济模型并做出一些准确的预测提供了强有力的框架。在消费决策的背景下，效用最大化能推导出一组**需求方程**（demand equation）。在每个需求方程中，每种商品的需求量都取决于该商品的价格、其替代品和互补品的价格、消费者的收入和影响消费者个人偏好的个人特征。这些方程构成对消费者的需求进行计量分析的基础。

经济学家还使用诸如效用最大化框架之类的基本分析工具，来解释那些乍看起来具有非经济性质的行为。一个经典的例子就是贝克尔（Becker，1968）针对犯罪行为所做的经济模型。

例 1.1

犯罪的经济模型

在一篇开创性的论文中，诺贝尔经济学奖得主加里·贝克尔（Gary Becker）系统地阐述了一个效用最大化框架，用以描述个人对犯罪行为的选择。虽然每一特定的犯罪都有明显的经济回报，但大多数犯罪行为也有其成本。犯罪的机会成本使得罪犯不能参加诸如合法就业之类的其他活动。此外，还存在与罪犯可能被抓住相关联的成本，以及罪犯被抓后，如果被证明有罪，与监禁相关的成本。从贝克尔的视角来看，决定进行非法活动的决策是资源配置的方式之一，并且是在充分考虑了各种可选择行为的成本和收益后决定的。

在一般化的假定之下，我们可以推导出一个方程，把花在犯罪活动上的时间描述成各种影响因素的函数。我们可以把这个方程表示为

$$y = f(x_1, x_2, x_3, x_4, x_5, x_6, x_7) \tag{1.1}$$

式中，y 为花在犯罪活动上的小时数；x_1 为从事犯罪活动每小时的"工资"；x_2 为合法就业的小时工资；x_3 为犯罪或就业之外的收入；x_4 为犯罪被抓住的概率；x_5 为犯罪被抓后，被证明有罪的概率；x_6 为被证明有罪后预期的宣判；x_7 为年龄。

虽然通常还有其他因素会影响个人参与犯罪的决策，但上述因素从规范的经济分析来看可能具有代表性。正如在经济理论中常见的那样，我们在 (1.1) 式中没有对函数 f 进行具体说明。这个函数取决于一个鲜为人知的潜在效用函数。尽管如此，我们还是可以用经济理论（或反思）来预测每个变量对犯罪活动可能具有的影响。这正是对个人犯罪行为进行计量经济分析的基础。

规范的经济建模虽然有时候是实证分析的起点，但更普遍的情况是，经济理论的使用不是那么规范，甚至完全是依赖直觉。你可能也同意，方程 (1.1) 中出现的犯罪行为的决定因素，从常识来看也是合情合理的；我们也许能直接得到这个方程，而不需要从效用最大化开始把它推导出来。尽管在有些情况下，规范的推导能提供直觉看不到的洞见，但这种观点也有其优点。

接下来这个例子中的方程，就是从不是那么规范的推理中得到的。

例 1.2

工作培训与工人的生产力

现在考虑在 1.1 节之初提出的问题。一位劳动经济学家想考察工作培训对工人生产力的影响。在此情形下，几乎不需要什么规范的经济理论。基本的经济常识就足以使我们认识到，所受教育、工作经历和培训等因素会影响工人的生产力。此外，经济学家还清楚地知道，工人的工资与其生产力相称。这种简单的理由就使我们得到如下模型：

$$wage = f(educ, exper, training) \tag{1.2}$$

式中，$wage$ 为小时工资；$educ$ 为接受正规教育的年限；$exper$ 为工作年数；$training$ 为参加工作培训的周数。

同样，虽然也有其他因素通常会影响工资，但（1.2）式还是刻画了这个问题的本质。

在我们设定了一个经济模型之后，就需要把它变成所谓的**计量模型**（econometric model）。既然我们在全书都要讨论计量模型，那么最好先了解一下计量模型和经济模型有何关系。以方程（1.1）为例，在进行计量经济分析之前，我们必须明确函数 $f(\cdot)$ 的形式。与方程（1.1）相关的第二个问题是：对不能合理观测到的变量该如何处理？比如，考虑一个人在进行犯罪活动时的工资。原则上，这个工资是被清楚界定的，但对一个特定的人来说，这个工资是很难观测到的，甚至是不可能观测到的。虽然对某一给定的个人，诸如其被抓住的概率之类的变量也不能切实得到，但至少我们能找到相关的逮捕统计量，从而推导出一个近似于被抓住概率的变量。还有许多其他影响犯罪行为的因素，不要说观测，我们甚至连列出来都做不到，但我们必须以某种方式对它们做出解释。

通过设定一个特定的计量经济模型，我们就解决了经济模型中内在的不确定性：

$$crime = \beta_0 + \beta_1 wage_m + \beta_2 othinc + \beta_3 freqarr + \beta_4 freqconv$$
$$+ \beta_5 avgsen + \beta_6 age + u \tag{1.3}$$

式中，$crime$ 为参与犯罪活动频率的某种度量；$wage_m$ 为在合法就业中所得到的工资；$othinc$ 为通过其他途径得到的收入（如资产、继承等）；$freqarr$ 为以前违法被抓住的概率（用来近似被捕概率）；$freqconv$ 为被证明有罪的概率；$avgsen$ 为被证明有罪后判处监禁的平均时间长度。

在选择上述变量时，既以经济理论为依据，又包含了数据方面的考虑。u 这一项则包括不可观测的因素，诸如从事犯罪活动的工资、道德品质、家庭背景等，以及在度量犯罪活动和被捕概率等变量时的误差。可以在模型中加入家庭背景变量，如兄弟姐妹的个数、父母所受教育等，但我们永远不能完全消除 u。实际上，对这个误差项（error term）或称干扰项（disturbance term）的处理，可能是任何计量分析中最重要的内容。

常数 β_0，β_1，$\cdots$，β_6 都是这个计量模型的参数（parameters），它们描述了此模型中犯罪与决定犯罪的因素之间关系的方向和强度。

对例 1.2 来说，一个完整的计量经济模型可能是

$$wage = \beta_0 + \beta_1 edu + \beta_2 exper + \beta_3 training + u \tag{1.4}$$

式中，u 这一项包含的因素有天生能力、教育质量、家庭背景以及能影响一个人工资的无数其他因素。如果我们专门考虑工作培训的影响，β_3 就是我们所关注的参数。

在多数情况下，计量经济分析是从对一个计量经济模型的设定开始的，而没有考虑模型构造的细节。我们通常遵循这一思路，很大程度上是因为对犯罪这种经济模型进行仔细推导，不仅消耗的时间过长，而且会把我们带到经济理论的某个特定而通常又极为困难的领域。在我们的例子中，经济逻辑将发挥作用，并且我们需要将其背后任何潜在的经济理论融合进计量模型的设定。而在犯罪一例的经济模型中，我们将从像（1.3）式那样的计量模型出发，并以经济逻辑和常识作为选择变量的指导。尽管这一方法使经济分析的丰富性大打折扣，但它总是被细心的研究者普遍而又有效地应用着。

一旦设定了一个像（1.3）式或（1.4）式那样的计量模型，我们所关心的各种假设便可用未知参数来表述。例如，在方程（1.3）中，我们可以假设合法就业的工资（$wage$）对犯罪行为没有影响。在这个特定的计量模型背景下，这个假设等价于 $\beta_1 = 0$。

按照定义，一项实证分析总需要数据。在搜集到相关变量的数据后，便用计量方法来估计计量模型中的参数，并规范地检验所关心的假设。在某些情况下，计量模型还用于对理论的检验或对政策影响的研究。

由于数据搜集在经验工作中如此重要，1.3 节将专门介绍我们可能会遇到的数据类型。

1.3　经济数据的结构

经济数据的类型各式各样。尽管一些计量经济学方法可以在很少或不修改的情况下应用于许多不同类型的数据集，但仍有必要对某些数据集的特殊性质进行阐释并加以利用。接下来我们将描述在应用研究中遇到的几种最重要的数据结构。

1.3a　横截面数据

所谓**横截面数据集**（cross-sectional data set），就是在给定时间点对个人、家

庭、企业、城市、州、国家或各种其他单位采集样本所构成的数据集。有时，所有单位的数据并非完全对应于同一时间段。例如，几个家庭可能在一年中的不同星期被调查。在一个纯粹的横截面分析中，我们应该忽略数据搜集中细小的时间差异。如果一系列家庭都是在同一年度的不同星期被调查的，我们仍视之为横截面数据集。

横截面数据的一个重要特征是，我们通常可以假定，它们是从样本背后的总体中通过**随机抽样**（random sampling）获得的。例如，如果我们通过随机地从劳动人口中抽取 500 人，并得到其有关工资、受教育程度、工作经历和其他特征方面的信息，我们就从所有劳动人口中随机抽取了样本。随机抽样是统计概论课程所讲授的抽样方案，它简化了横截面数据的分析。关于随机抽样的回顾包含在书末附录数学复习 C 中。

有时，随机抽样不适合作为分析横断面数据的假设。例如，假设我们对研究影响家庭财富积累的因素感兴趣，虽然我们可以调查家庭的一个随机样本，但有些家庭可能拒绝报告其财富。比方说，若越富裕的家庭越不愿意公开其财富，那么由此得到的财富样本，就不是由所有家庭构成的总体的一个随机样本。这是对样本选择问题的一个解释，我们还将在第 17 章专门讨论这个高深专题。

当我们抽取的样本（特别是地理上的样本）相对总体而言太大时，可能会导致另一种违反随机抽样的情况发生。在这种情况下，潜在的问题是人口数量不够大，不足以合理地假定观测结果是独立的。例如，如果我们想用工资率、能源价格、公司和财产税、所提供的服务、工人的质量及其他有关州的特征构成的函数来解释跨州间的新兴商业活动，那么，邻近州之间的商业活动不太可能是独立的。虽然事实表明，我们所讨论的计量方法在这种情形下是有效的，但有时这些方法还需要改进。多数情况下，我们忽略这对种情形所引起的错综复杂关系的分析，而在随机抽样的框架下处理这些问题，尽管有时这样做在技术层面上是不正确的。

横截面数据广泛应用于经济学和其他社会科学领域之中。在经济学中，横截面数据分析与应用微观经济领域密切相关，如劳动经济学、州和地方公共财政学、产业组织理论、城市经济学、人口统计学和卫生经济学。个人、家庭、企业和城市在某一给定时点上的数据对于检验微观经济假设和评估经济政策都是至关重要的。

用于计量经济分析的横截面数据可以在计算机上表示和存储。表 1.1 以缩略的形式给出了 1976 年 526 个工人的横截面数据集。（这是文件 WAGE1 中数据的一个子集。）变量包括 *wage*（美元/小时）、*educ*（受教育年数）、*exper*（潜在劳动经历的年数）、*female*（性别指标）和 *married*（婚姻状况）。后面两个变量在本质上是二值（0—1）变量，并表明个人的定性特征（这个人是否为女性；这个人是否结婚）。在第 7 章及以后各章，我们会详谈二值变量。

表 1.1　有关工资和其他个人特征的横截面数据集

obsno	wage	educ	exper	female	married
1	3.10	11	2	1	0
2	3.24	12	22	1	1
3	3.00	11	2	0	0
4	6.00	8	44	0	1
5	5.30	12	7	0	1
⋮	⋮	⋮	⋮	⋮	⋮
525	11.56	16	5	0	1
526	3.50	14	5	1	0

表 1.1 中的变量 $obsno$ 是赋予样本中每个人的观测序号，与其他变量不同，它不是个人特征。所有的计量经济学和统计学软件包对每个数据单位都会指定一个观测序号。凭直觉，对表 1.1 中的数据而言，哪个被标为观测 1、哪个被标为观测 2 并没有什么实质性影响。数据排序不影响计量分析这一事实，是随机抽样而得到横截面数据集的一个重要特征。

在横截面数据集中，不同的变量有时对应于不同的时期。例如，为了决定政府政策对长期经济增长的影响，经济学家研究了一定时期（如 1960—1985 年）实际人均国内生产总值（GDP）的增长率与部分由 1960 年的政府政策（政府消费占 GDP 的百分比和成人中受过中级教育的百分比）所决定的变量之间的关系。该数据集可由表 1.2 给出，这些正是德朗和萨默斯（De Long and Summers，1991）对各国经济增长率的研究中所用到的数据集的一部分。

变量 $gpcrgdp$ 表示 1960—1985 年间实际人均 GDP 的平均增长率。尽管 $govcons60$（政府消费占 GDP 的百分比）和 $second60$（成人中受过中级教育的百分比）都对应于 1960 年，而 $gpcrgdp$ 则是从 1960 年至 1985 年的平均增长率，但把这些信息看成横截面数据集，并不会导致任何特别的问题。虽然观测值以国家名称的字母排序，但这种排序对后面的分析没有任何影响。

表 1.2　经济增长率和国家特征方面的数据集

obsno	country	gpcrgdp	govcons60	second60
1	阿根廷	0.89	9	32
2	澳大利亚	3.32	16	50
3	比利时	2.56	13	69
4	玻利维亚	1.24	18	12
⋮	⋮	⋮	⋮	⋮
61	津巴布韦	2.30	17	6

1.3b 时间序列数据

时间序列数据（time series data）集是由对一个或几个变量不同时间的观测值所构成的。时间序列数据方面的例子包括股票价格、货币供给、消费者价格指数、国内生产总值、年度谋杀率和汽车销售数量。由于过去的事件可以影响到未来的事件，而且行为滞后在社会科学中又相当普遍，所以时间是时间序列数据集中的一个重要维度。与横截面数据的排序不同，时间序列对观测值按时间先后排序，也传递了潜在的重要信息。

时间序列数据有一个关键的特征使得对它的分析比对横截面数据的分析更为困难，即很少（即使能够）假设经济数据的观测独立于时间。多数经济及其他时间序列都与其最近期历史相关（通常是高度相关）。例如，由于 GDP 的趋势从这个季度到下个季度保持着相当的稳定性，所以，了解上一季度 GDP 可以让我们更多地了解本季度 GDP 的可能波动范围。虽然多数计量程序既能用于横截面数据，又能用于时间序列数据，但在标准的计量方法能够得到验证之前，在设定时间序列数据的计量模型上，还有更多工作要做。此外，为了解释和利用经济时间序列的相互依赖性，并解决某些经济变量常常表现出清晰的时间趋势等问题，标准的计量方法还需进行改进和润色。

时间序列数据的另一个需要特别注意的特性是收集数据的**数据频率**（data frequency）。在经济学中，最常见的频率是每天、每周、每月、每个季度和每年。股票价格以天为时间单位进行记录（星期六和星期日除外）。美国的货币供给是逐周报告的。许多宏观经济序列都是按月列出，如通货膨胀率和就业率。其他宏观序列的记录频率较低，比如国内生产总值就是典型地每三个月（一个季度）报告一次。其他的时间序列，如美国各州的婴儿死亡率等，则只有年度数据可供使用。

许多按周、按月、按季度报告的经济时间序列都表现出很强的季节性趋势，这正是时间序列分析中的一个重要因素。例如，房屋开工率的月度数据会因为天气状况的变化而有所不同。在第 10 章中，我们将了解如何处理这种季节性时间序列。

表 1.3 包含的时间序列数据集来自卡萨蒂略-弗里曼和弗里曼（Castillo-Freeman and Freeman，1992）研究波多黎各的最低工资影响的一篇论文。此数据集中最早的一年就是第一次观测，最后一年则是最后一次观测。在用计量方法分析时间序列数据时，数据应该按时间顺序排列。

表 1.3　波多黎各的最低工资、失业及相关数据

obsno	year	avgmin	avgcov	prunemp	prgnp
1	1950	0.20	20.1	15.4	878.7
2	1951	0.21	20.7	16.0	925.0
3	1952	0.23	22.6	14.8	1 015.9

续表

obsno	year	avgmin	avgcov	prunemp	prgnp
⋮	⋮	⋮	⋮	⋮	⋮
37	1986	3.35	58.1	18.9	4 281.6
38	1987	3.35	58.2	16.8	4 496.7

变量 $avgmin$ 表示当年的最低工资，$avgcov$ 表示最低工资的覆盖率（最低工资条例所涵盖的工人占工人总数的百分比），$prunemp$ 是失业率，而 $prgnp$ 则是国民生产总值。我们将在后面研究最低工资对就业的影响的一个时间序列分析中使用这些数据。

1.3c 混合横截面数据

有些数据集既具有横截面特征又具有时间序列特征。例如，假设在美国进行了两次横断面家庭调查，一次在 1985 年，一次在 1990 年。1985 年，我们对家庭进行了随机抽样调查，调查的变量包括收入、储蓄、家庭规模等。1990 年，采用了同样的调查问题，对家庭进行了新的随机抽样。为了增加我们的样本量，可以将这两年的数据合并成一个**混合横截面数据**（pooled cross-section data）。

把不同年份的横截面数据混合起来，通常是分析一项新政府政策影响的有效方法。其思想是，搜集一个重要的政策变化之前和之后的数据。举例而言，考虑在 1993 年和 1995 年分别搜集的住房价格数据集，这是在 1994 年下调了财产税之前和之后。假设我们在 1993 年有 250 个住房的数据，1995 年有 270 个住房的数据。表 1.4 给出了存储这种数据的一种方式。

观测 1～250 对应的是 1993 年出售的住房，而观测 251～520 则对应 1995 年出售的住房。虽然我们存储数据的顺序并不重要，但对每一次观测进行年份跟踪通常是非常重要的。这就是为什么我们把年份作为一个独立变量纳入数据集。

对混合横截面数据的分析与对标准横截面数据的分析十分相似，不同之处在于，前者通常要对变量在不同时间的长期差异做出解释。实际上，除了能扩大样本量之外，混合横截面分析通常是为了让我们看出一个重要关系如何随时间而变化。

表 1.4　混合横截面数据：两年的住房价格

obsno	year	hprice	proptax	sqrft	bdrms	bthrms
1	1993	85 500	42	1 600	3	2.0
2	1993	67 300	36	1 440	3	2.5
3	1993	134 000	38	2 000	4	2.5
⋮	⋮	⋮	⋮	⋮	⋮	⋮
250	1993	243 600	41	2 600	4	3.0
251	1995	65 000	16	1 250	2	1.0
252	1995	182 400	20	2 200	4	2.0

续表

obsno	year	hprice	proptax	sqrft	bdrms	bthrms
253	1995	97 500	15	1 540	3	2.0
⋮	⋮	⋮	⋮	⋮	⋮	⋮
520	1995	57 200	16	1 100	2	1.5

1.3d 面板或纵列数据

面板数据（panel data）（或纵列数据）集，是由数据集中每个横截面单位的一个时间序列组成。例如，假设我们对一组个人的工资、受教育情况和就业历史跟踪了 10 年，或者我们搜集了一系列企业在 5 年内诸如投资和财务的数据。有些面板数据也可以地理单位来搜集。例如，我们可以搜集 1980 年、1985 年和 1990 年美国同一组县的移民流量、税率、工资率、政府支出等数据。

面板数据有别于混合横截面数据的关键特征是，同一横截面数据的数据单位（上述例子中的个人、企业或县）都在给定的时间段内被跟踪。表 1.4 中的数据不能被看成面板数据集，因为在 1993 年和 1995 年出售的房屋很可能不同；如果有一些房屋相同，那些相同房屋的数目可能太小，以至无足轻重。对比之下，表 1.5 包含了一组为期两年的关于美国 150 个城市的犯罪和相关统计数据。

表 1.5 有几个有趣的特征。首先，每个城市都有一个编号，从 1 到 150。哪个城市被称为城市 1、城市 2 等并不重要。与纯粹的横截面数据一样，面板数据集里面横截面单位的排序无关紧要。虽然我们可以用一个数字来代替城市名，但通常会保留二者。

第二个有趣的特征是，城市 1 的两年数据占据了观测中的前两行。观测 3 和 4 对应于城市 2，等等。由于 150 个城市中的每一个都有两行数据，所以任何一个计量经济软件包都会把它看成是 300 个观测。这个数据集还可以被看成是将 1986 年和 1990 年的两个横截面数据混合起来后，由在两个年份都出现的城市所组成。但如我们在第 13 章和第 14 章中将看到的那样，我们还可以利用面板数据结构，来回答那些仅把它看成混合横截面数据所不能回答的问题。

在整理表 1.5 中的观测值时，我们将每个城市两年的数据依次相连，第一年的数据总是在第二年的数据之前。仅从实用的角度来看，这是组织面板数据集的最好方法。可以将这种组织数据的方法与表 1.4 中存储混合横截面数据的方法进行比较。简言之，像表 1.5 那样组织面板数据的原因在于，我们需要对每个城市两年的数据进行转换。

由于面板数据要求对同一单位的不同时期进行重复观测，所以要得到面板数据（特别是那些个人、家庭和企业的数据），比得到混合横截面数据更加困难。对同一观测单位观测一段时间，应该比横截面数据甚至混合横截面数据更有优越性。

表 1.5　经济增长率和国家特征方面的数据集

obsno	city	year	murders	population	unem	police
1	1	1986	5	350 000	8.7	440
2	1	1990	8	359 200	7.2	471
3	2	1986	2	64 300	5.4	75
4	2	1990	1	65 100	5.5	75
⋮	⋮	⋮	⋮	⋮	⋮	⋮
297	149	1986	10	260 700	9.6	286
298	149	1990	6	245 000	9.8	334
299	150	1986	25	543 000	4.3	520
300	150	1990	32	546 200	5.2	493

我们在本书中所强调的好处是，对同一单位的多次观测，使我们可以控制个人、企业等观测单位某些观测不到的特征。正如我们将看到的，在某些情况下，如果只有一个横截面是很难推断因果关系的，使用多个观察结果可以促进因果推理。面板数据的第二个优点是，它通常使我们能够研究决策行为或结果中滞后的重要性。由于预期许多经济政策在一段时间之后才产生影响，所以面板数据所反映的信息就更有意义。

多数本科水平的教材都不讨论面板数据的计量方法。但经济学家现在都认识到，没有面板数据，几乎不可能对某些问题做出令人满意的回答。你将会看到，我们可以通过简单的面板数据分析取得相当大的进展，这种方法并不比处理标准的横截面数据集困难多少。

1.3e　对数据结构的评论

本节的第一部分是对横截面数据的分析，因为这方面存在的概念和技术困难最少。同时，它也揭示了计量分析的绝大多数重要主题。在本书的其余章节，我们还会用到横截面分析所提供的方法和深刻见解。

虽然对时间序列的计量分析也用到许多与横截面分析相同的工具，但由于许多经济时间序列具有趋势性和高度持久性，其分析将更加复杂。过去用于说明计量方法可用于时间序列数据的例子，现在普遍被认为是有缺陷的。由于起初就使用这种例子只会强化不佳的计量实践，因而这种做法没有意义。于是，我们把对时间序列的处理推后到第二部分，到那时还将引入有关趋势、持久性、动态性和季节性等重要问题。

在第三部分，我们将详尽分析混合横截面数据和面板数据。对独立混合横截面数据和简单面板数据的分析，基本上就是对纯粹横截面数据分析的直接推广。尽管如此，我们还是等到第 13 章才讨论这些专题。

1.4　计量经济分析中的因果关系和其他条件不变的概念

在多数对经济理论的检验中（当然包括对公共政策的评价），经济学家的目标就是要推断一个变量（比如受教育程度）对另一个变量（比如工人的生产力）具有**因果效应**（causal effect）。简单地找到两个或更多变量之间的关联可能是具有暗示性的，但除非可以建立因果关系，否则这种联系很难令人信服。

其他条件不变（ceteris paribus）——意味着"其他（相关）因素保持相同"——的概念在因果分析中有重要作用。在我们之前的一些讨论中，特别是例1.1和例1.2，已经隐含了这个想法，但到目前为止，我们还没有明确地提到它。

你可能记得，在经济学导论教程中，很多经济学问题都具有其他条件不变的特征。例如，在分析消费者需求时，我们想知道一种商品价格的变化对其需求量的影响，同时让所有其他因素——比如收入、其他商品的价格和个人偏好等——都保持不变。如果不保持其他因素相同，我们不可能知道价格变化对需求量的因果效应。

保持其他因素不变的做法对政策分析也至关重要。在工作培训的例子（例1.2）中，可能我们感兴趣的是，在其他因素（特别是受教育程度和工作经历）不变的情况下，多一周工作培训对工资的影响。如果我们能保持所有其他相关因素不变，然后发现工作培训与工资之间具有一种联系，那么我们就能得出结论：工作培训对工人的生产力具有因果效应。尽管这看上去相当简单，但即使在初期阶段也应该清楚，除极为特殊的情形之外，不可能真正地保持所有其他因素不变。对于大多数实证研究来讲，关键的问题是：是否有足够的其他因素保持不变，以证明因果关系？对某项计量经济研究进行评价时都会提出这个问题。

在多数重要的应用中，能影响我们所关注变量——如犯罪活动或工资——的因素为数众多，而要想隔离任何一个特定的变量，看来都像是在做无谓的努力。然而最终我们将看到，只要善加利用，用计量经济学方法就可以模拟一个其他条件不变的实验。

其他条件不变的概念也可以通过**反事实推理**（counterfactual reasoning）来描述，这已经成为分析各种干预的组织主题，如政策变化。设想一个经济单位，如个人或公司，处于世界上两种或两种以上的不同状态。例如，研究职业培训项目对工人收入的影响。对于相关人口中的每个工人，我们可以想象在两种情况下他或她的后续收入是多少：参加过职业培训计划和没有参加过。通过考虑这些**反事实的结果**（counterfactual outcomes，也称为潜在的结果），我们很容易"保持其他因素不变"，因为反事实思维实验适用于每个单独的个体。我们可以把因果关系看作是两种状态的结果——在本例中是劳动收入——至少对某些人来说是不同的。事实上，我们最终将在一个状态中观察每个工人，这提出了重要的估计问题，但这个问题独立于我们所说的因果关系问题。我们将在第2章正式介绍讨论反事实结果的工具。

此刻我们还不能解释如何使用计量经济学方法估计在保持其他条件不变下的影响，因而我们考虑在做出经济意义上的因果推断时可能出现的一些问题。在这种讨论中，我们不使用任何方程。相反，在每个例子中，我们讨论我们希望保持不变的其他因素，并引入一些反事实的推理。对于每一个例子，若能进行适当的实验，推断因果关系的问题就变得相对容易。因此，我们需要描述如何才能构造一个这样的实验，并观察到在多数情况下要得到实验性数据是不切实际的。思考一下为什么可供使用的数据不具备实验数据集的重要特征，也是颇有益处的。

迄今为止，我们都只是靠直觉来理解诸如随机、独立和相关等术语，而这些在初级概率论与数理统计教程中都有详细介绍。（书末附录数学复习 B 回顾了这些概念。）我们先举一个例子，来说明这些重要问题。

例 1.3

肥料对作物收成的影响

一些早期的计量研究［如 Griliches（1957）］考虑了新肥料对谷物收成的影响。假设所考虑的农作物是大豆。由于施肥量只是影响收成的因素之一——其他因素还包括降雨量、土地质量和攀附植物的出现等，所以这个问题必须在其他条件不变的条件下进行研究。检验施肥量对大豆收成的因果效应的方法之一，是按如下步骤进行一项实验：选择几块一英亩大的土地，再对每块土地施加不同数量的肥料，然后记录每块土地的收成；这就形成了一个横截面数据。之后，使用统计方法（将在第 2 章介绍），就可以测度收成与施肥量之间的关系。

如前所述，这个实验看起来并不是很好，因为我们没有提到，在选择实验田时，要保证除施肥量不同外，其他方面完全相同。实际上，选出这样的试验田是不可行的：诸如土地质量等某些其他因素甚至都不能被充分地观测到。我们如何知道这个实验的结果可以用来度量施肥量在其他条件不变的条件下的影响呢？答案取决于选择施肥量的具体情况。如果在确定每一块试验田的施肥量时，施肥量的选择独立于影响收成的其他土地特征，即在决定施肥量时完全忽略土地的其他特征，那么我们就可以达成目标。在第 2 章，我们将证明这种观点的正确性。

对于应用经济学中推断因果关系时出现的困难，下面这个例子更具代表性。

例 1.4

测度教育的回报

劳动经济学家和政策制定者长期以来都对"教育的回报"有浓厚兴趣。尽管有些不太规范，但这个问题可以转述为：如果从总体中选择一个人，并让他或她多接受一年的教育，那么，他或她的工资会提高多少？如同前面的例子，这也是一个其他条件不变的问题，即意味着在保持所有其他条件不变的情况下，对这个人增加一年的教育。注意这里的反事实推理元素：我们可以想象每个人的工资随着教育水平的不同而变化，也就是说，在世界不同的状态。最终，通过一个可能是智力水平、学习动力、父母的投入和社会影响交互的复杂过程，我们只获得了世界上同一状态下每个工人的数据：他们实际的受教育水平。

为了解决这个问题，我们可以设想有一位社会规划者在设计一项实验，这与农业研究者设计一项实验来估计施肥量的影响很像。假设当前社会规划者有能力为任何人分配任何层次的教育。这个计划者如何模拟例 1.3 中的施肥量试验？社会规划者会选择一群人，随机地给每个人一定的受教育程度，如有些人接受八年级教育，有些人接受高中教育，有些人接受两年大学教育等。然后度量他们的工资（假设这时每个人都有工作）。这里的人就像例 1.3 中的实验田，教育则起到肥料的作用，而工资则类似于大豆的收成。像例 1.3 一样，如果受教育水平的确定独立于影响工人生产力的其他特征（如工作经历和天赋），那么忽略这些其他因素的分析将会得到有用的结论。同样，第 2 章将试图说明这个观点的正确性；我们暂时在没有任何根据的情况下这么说。

与肥料—收成的例子不同，例 1.4 中描述的实验是不可行的。对一群人随机地分配其受教育水平在道德上明显成问题，更不用说经济成本问题。从逻辑上来讲，如果一个人已有大学文凭，我们就不可能只让他接受 8 年级的教育。

尽管不能得到度量教育回报的实验数据，但我们肯定可以从工作人群总体中随机地抽取一大群人，并收集其受教育水平和工资的非实验数据。这些数据可以从劳动经济学中的各种调查中获得，但这些数据集有一个特点，使其难以估计其他同等条件下的教育回报。人们选择其自身受教育的水平，因此受教育水平可能并不独立于其他所有影响工资的因素。这是大多数非实验数据集共有的一个问题。

影响工资的因素之一就是工作经历。由于追求更多的教育通常需要推迟加入劳动力队伍的时间，所以那些受教育越多的人，工作经历就越短。因此，在一个有关工资和受教育水平的非实验数据集中，受教育水平可能与影响工资的一个关键变量呈负相关。另外，一个人越有天分，就会选择接受越多的教育。由于更高的能力导致更高的工资，所以我们又发现受教育水平与影响工资的另一个重要因素相关。

在例 1.4 中省略了工作经历和个人能力等因素，在例 1.3 中也有相似的因素。工作经历通常易于度量，因而与降雨量类似；能力则含糊不清而又难以量化，所以它与例 1.3 中的土地质量相似。正如我们在本书中将要看到的那样，在估计教育这种变量在其他因素不变情况下的影响时，分离出像工作经历这种可观测的变量的影响相对简单。我们还会发现，要分离像个人能力这种本来就难以观测的因素的影响，则相当困难。公正地讲，计量经济方法的许多进展都试图对计量模型中的这些无法观测因素进行处理。

例 1.3 和例 1.4 之间还有最后一个相似之处。试想，在例 1.3 中，施肥量并非完全随机决定。相反，选择施肥数量的助手认为，最好在较高质量的田里施更多的肥料。(尽管这些农业研究者不能对土地之间的差别进行充分量化，但他们应该大致知道哪一块土地的质量较好。)这种情形和例 1.4 中受教育水平与无法观测的个人能力相关的情况完全类似。因为较好的土地会导致较好的收成，而在较好的土地上又使用了较多的肥料，所以观察到的收成与施肥量之间的关系可能是具有欺骗性的。

当所研究的数据高度聚集时，也会出现推断因果关系的困难。下面这个关于城市犯罪率的例子就展示了这一点。

例 1.5

执法对城市犯罪活动的影响

如何最好地防止犯罪的发生这个问题已伴随了我们一段时间，并将继续成为我们需要考虑的问题。在这方面，一个特别重要的问题是：街道上有更多警官出现会制止犯罪吗？

这个在其他条件不变情况下的问题很容易表述：如果随机地选择一个城市并增加 10 名警官，那么犯罪率会下降多少？与这个思想实验密切相关的是明确地建立反事实的结果：对于一个给定的城市，在不同规模的警察部队下，它的犯罪率是多少？另一种表述这个问题的方式是：如果两个城市其余各方面都相同，除了 A 市比 B 市多 10 名警官，那么这两个城市的犯罪率会有多大差别？

要找到除警力规模外完全一样的两个社区，根本不可能。幸运的是，计量经济分析并不要求这样。我们真正需要知道的是，我们所搜集到的有关社区犯罪水平和警力规模的数据，是否可被视为实验数据？我们确实可以设想一个真正的实验，其中有许多城市，而每个城市在下一年度将使用多少警力则完全由我们控制。

尽管可以利用政策来影响警力规模，但我们显然不能告诉每个城市该雇佣多少警官。如果(很可能)一个城市有关雇佣多少警官的决策与其他影响犯罪的城市因素相关，那么，这些数据就必须被看作是非实验性数据。实际上，看待这个问题的方法之一是，将一个城市对警力规模的选择与该城市的犯罪数量看成是**被同时决定的**(simultaneously determined)。我们将在第 16 章明确地探讨这些问题。

我们前面讨论过的三个例子已探讨了各个层次(如个人或城市等层次)的横截面数据。在时间序列问题中进行因果推断时也会出现同样的障碍。

例 1.6

最低工资对失业的影响

一个重要但可能有争议的政策问题是关于最低工资对不同工人群体的失业率的影响。尽管这个问题可以在各种数据设置(横截面数据、时间序列数据或面板数据)中进行研究，但时间序列数据被用来考察其总影响。表 1.3 给出了失业率和最低工资方面时间序列数据集的一个例子。

标准的供需分析表明，当最低工资高于市场均衡工资时，劳动力需求曲线会下移，总就业人数会减少。（劳动供给大于劳动需求。）为了定量分析这种影响，我们可以随着时间的推移研究就业与最低工资之间的关系。除了在处理时间序列数据时可能遇到的某些特殊问题外，在推断因果关系方面也可能存在问题。美国的最低工资并非独立确定，所以各种经济和政治力量对任一给定年份最终的最低工资都有影响。（最低工资一旦确定，通常会持续数年，除非它与通胀挂钩。）因此，最低工资的大小很可能与影响就业水平的其他因素相关。

我们可以设想，美国政府在实施一项实验，以决定最低工资对就业的影响（而不是担忧低薪工人的福利）。政府每年可以随机地设定最低工资，之后当年的就业结果可以被列成表格。于是，使用相当简单的计量分析方法，就可以对上述得到的实验性时间序列数据进行分析。但这种方案难以描述最低工资是如何设定的。

如果我们能充分控制与就业相关的其他因素，我们就仍有希望去估计最低工资在其他条件不变的情况下对就业的影响。在这个意义上，这个问题与前面横截面数据的例子极为相似。

即使经济理论不能很自然地用因果关系进行描述，根据理论得到的预测通常也可以使用计量经济学方法进行检验。下面是说明该方法的一个例子。

例 1.7

预期假说

来自金融经济学的预期假说认为，给定投资者在进行投资决策时可供使用的全部信息，任何两种投资的期望回报都相同。比如，考虑两个可能的投资，投资的时长为三个月，并且同时进行：（1）购买一份面值为 10 000 美元的三个月期国库券，其价格低于 10 000 美元；三个月后，你就得到 10 000 美元。（2）购买一份六个月期国库券（价格低于 10 000 美元），三个月后，把它作为一份三个月期国库券售出。尽管每种投资所需要的初始资本大致相当，但二者之间存在重大差别。对于第一项投资，由于你不仅知道三个月期国库券的面值，而且知道其价格，所以你在购买时就确切地知道其收益。对第二项投资则不然：虽然你在购买时就知道六个月期国库券的价格，但你并不知道在三个月后可以卖什么样的价格。因此，对于一个投资期限只有三个月的人来说，这种投资具有不确定性。

这两种投资的实际收益通常存在差异。根据预期假说，给定投资时的全部信息，第二项投资的预期收益率应该与购买三个月期国库券的收益率相同。正如我们在第 11 章将看到的，这个理论相当容易检验。

本章小结

在这一导论章中，我们讨论了计量经济分析的目的和研究范围。计量经济学用于所有应用经济学领域，以检验经济理论，为政府和私人政策制定者提供信息，并预测经济时间序列。有时，计量经济模型可以从规范的经济模型推导出来，但在其他情况下，计量经济模型以非规范的经济推理和经济直觉为基础。任何一个计量经济分析的目标都是估计模型中的参数，并检验对这些参数的假设；参数的数值和符号决定了某经济理论的有效性和某项政策的效果。

横截面数据、时间序列数据、混合横截面数据和面板数据是应用计量经济学中最常使用的数据结构类型。由于大多数经济时间序列都存在跨时相关关系，所以对涉及时间维度的数据集（如时间序列和面板数据），都需要特别处理。另外，诸如趋势性和季节性等问题，也只会在对时间序列数据进行分析时出现，横截面数据不存在这种问题。

在 1.4 节，我们讨论了其他条件不变和因果推断的概念。多数情况下，社会科学中的假设都具有"其他条件不变"的特点：在研究两个变量之间的关系时，所有其他的相关因素都必须保持不变。正如我们所讨论的，理解其他条件不变要求的一种方法是进行一种思想实验，在世界不同状态（如不同的政策体制中）运行相同的经济单位。由于社会科学中所搜集到的大多数数据都是非实验性的，因此发现其中的因果关系极具挑战性。

关键术语

因果效应	计量模型	面板数据	其他条件不变
经济模型	混合横截面数据	反事实的结果	实证分析
反事实推理	实验数据	回顾数据	数据频率
非实验数据	时间序列数据	数据频率	观测数据
随机抽样			

习　题

1. 假设你需要进行一项研究，以确定较小的班级规模是否会提高四年级学生的表现。

（i）如果你可以进行你想做的任何实验，你会做些什么？请具体说明。

（ii）更符合实际地，假设你可以搜集到某州几千名四年级学生的观测数据。你可以得到每个学生在四年级时所属班级的规模以及他四年级期末的标准化考试分数。为什么你会预计班级规模与考试成绩呈负相关关系？

（iii）负相关关系一定意味着更小的班级规模会导致学生更好的表现吗？请解释。

2. 工作培训项目的意义之一在于它可以提高工人的生产力。假设你需要评估更多的工作培训是否可以使工人具有更高的生产力。不过，你没有工人的个人数据，但可以获得俄亥俄州制造企业的数据。具体来说，对每个企业，你都有人均工作培训小时数（$training$）和单位工时生产的合格产品数（$output$）的相关信息。

(i) 请仔细陈述这个政策问题背后其他条件不变的试验思想。

(ii) 一个企业培训其员工的决策是否很可能独立于工人的特征？工人可观测与不可观测的特征各有哪些？

(iii) 除工人特征外，再列出一个影响工人生产力的因素。

(iv) 如果你发现 $training$ 和 $output$ 之间成正相关，你是否已经足够令人信服地证明了工作培训可以提高工人的生产力？请解释。

3. 假设你所在的大学需要你找出每周学习小时数（$study$）和每周工作小时数（$work$）之间的关系。将这个问题刻画为"推断 $study$ 是否'导致' $work$ 或 $work$ 是否'导致' $study$"的问题是否合理？请解释。

4. 拥有税收控制权的州或省份有时候会减少税收以刺激经济增长。假设你受雇于某州政府，你需要估计公司税率对人均地区生产总值增长的影响。

(i) 你需要怎样的数据以进行统计分析？

(ii) 对照试验是否可行？你需要什么？

(iii) 州生产总值增长和税率之间的相关性分析是否可信？请解释。

计算机练习

C1. 回答本题需使用 WAGE1 中的数据。

(i) 求出样本的平均受教育程度。最低和最高受教育年数分别是多少？

(ii) 求出样本中的平均小时工资。它看起来是高还是低？

(iii) 工资数据是以 1976 年美元度量的。利用互联网或纸质资料，查找 1976 年和 2003 年的消费者价格指数（CPI）。

(iv) 利用第（iii）部分中的 CPI 值，求以 2013 年美元度量的平均小时工资。现在，平均小时工资看起来合理了吗？

(v) 样本中有多少女性和男性？

C2. 回答本题需使用 BWGHT 中的数据。

(i) 样本中有多少女性？其中有多少女性在怀孕期间抽烟？

(ii) 平均每天抽烟的数量是多少？平均值是不是度量这个案例中"典型"女性的好指标？请解释。

(iii) 怀孕期间抽烟的女性平均每天抽烟数量是多少？这与第（ii）部分中的答案有何区别？为什么？

(iv) 求出样本中 $fatheduc$ 的平均值。为何计算这个平均值时只用了 1 192 个观测值？

(v) 报告家庭收入的平均值和标准差，以美元为单位。

C3. MEAP01 中的数据是密歇根州 2001 年的数据。利用这些数据回答如下问题：

(i) 求出 $math4$ 的最大值和最小值。这个范围合理吗？请解释。

(ii) 有多少学校在数学测试中有 100% 的通过率？占整个样本的百分比是多少？

(iii) 有多少学校的数学测试通过率刚好为 50％？

(iv) 比较数学测试和阅读测试的平均通过率。哪个测试更难通过？

(v) 求出 $math4$ 和 $read4$ 之间的相关系数。你可以得出什么结论？

(vi) 变量 $exppp$ 是某学校每个学生的平均支出。求出 $exppp$ 的平均值和标准差。你认为每个学生的平均支出存在大幅波动吗？

(vii) 假设学校 A 平均每个学生支出 6 000 美元，学校 B 平均每个学生支出 5 500 美元。学校 A 的支出超过学校 B 的支出百分之多少？与根据自然对数之差近似的百分比差异 $100 \times [\ln(6\,000) - \ln(5\,500)]$ 进行比较。（参见书末附录数学复习 A 中的 A.4 节。）

C4. JTRAIN2 中的数据来自 1976—1977 年间对低收入男性进行的一项工作培训试验；参见 Lalonde (1986)。

(i) 利用指标变量 $train$ 确定接受工作培训的男性比例。

(ii) 变量 $re78$ 是 1978 年的收入，以 1982 年的千美元度量。对接受工作培训的男性样本和未接受工作培训的男性样本，分别计算 $re78$ 的平均值。二者的差别在经济意义上大吗？

(iii) 变量 $unem78$ 是表示一个男性在 1978 年是否失业的指标变量。接受工作培训的男性的失业比例是多少？没有接受工作培训的男性的失业比例是多少？请对二者之间的差异做出评价。

(iv) 根据第（ii）和第（iii）部分，工作培训项目有效吗？如何使我们的结论更有说服力？

C5. FERTIL2 中的数据收集自 1988 年居住在博茨瓦纳共和国的女性。变量 $children$ 表示现有孩子的数量。变量 $electric$ 是一个二元指示变量，1 表示该女性家里有电，0 表示没有电。

(i) 样本中 $children$ 的最大值和最小值分别是多少？$children$ 的平均值是多少？

(ii) 家里有电的女性占多大百分比？

(iii) 分别计算出家里没电和家里有电的女性 $children$ 的平均值。请对所得结果做出评价。

(iv) 根据第（iii）部分，可以推断出有电"会导致"女性有更少的孩子的结论吗？请解释。

C6. 利用 COUNTYMURDERS 中的数据回答本题。只需使用 1996 年的数据。变量 $murders$ 指该城镇报道的谋杀案的数量。变量 $execs$ 指某一城镇中对被判处死刑的罪犯执行的处决数量。美国的大部分州有死刑，但有些州没有。

(i) 数据集中包含多少城镇？这些城镇中有多少在 1996 年没有发生过谋杀案？有多少百分比的城镇在 1996 年没有死刑？

(ii) 谋杀案的最大值是多少？判处死刑的最大值是多少？为什么判处死刑的平均数这么小？

(iii) 计算 $murders$ 和 $execs$ 的相关系数并描述你得到的结果。

(iv) 在第（iii）部分你已经计算出一个正相关关系。你是否认为更多的死刑数量会导致更多的谋杀案？什么原因可能解释这一正相关关系？

C7. ALCOHOL 中的数据集包含美国一男性样本的信息。两个关键变量是自己报告的就业情况和酒精滥用情况（还有很多其他变量）。变量 $employ$ 和 $abuse$ 都是二元指示变量：它们只能取值 0 和 1。

(i) 样本中报告酗酒的男性占多大百分比？样本中男性的就业率是多少？

(ii) 酗酒的男性群体的就业率是多少？

(iii) 不酗酒的男性群体的就业率是多少？

(iv) 比较你在第（ii）和第（iii）部分得到的答案的差异。这能否让你推断出酗酒导致了失业？

C8. ECONMATH 中的数据集来自某大学一门大型微观经济学导论课程的学生。对于这个问题，我们感兴趣的是两个变量：*score* 和 *econhs*。*score* 是学生课程的期末成绩；*econhs* 是一个二元变量，表示一个学生在高中是否参加过经济学课程。

（i）样本中有多少学生？有多少学生在高中参加过经济学课程？

（ii）对于那些在高中参加过经济学课程的学生，他们期末的平均成绩是多少？与那些在高中没有参加过经济学课程的学生相比怎样？

（iii）在第（ii）部分的发现足够说明在高中参加经济学课程与在大学的课程表现的因果关系吗？

（iv）如果你想利用平均值的差异对在高中参加过经济学课程的效果进行一个好的因果关系估计，你会做什么实验？

第一部分

横截面数据的回归分析

本书的第一部分讨论了横截面数据的回归分析。高等代数的坚实基础和概率论与数理统计的基本概念对本篇知识的学习必不可少。书末附录数学复习 A、B 和 C 完整地复习了这些内容。

第 2 章始于用一个变量去解释另一个变量的简单线性回归模型。虽然简单回归在应用计量经济学中使用并不广泛，但因其涉及的代数知识及其解释都相对简单明了，所以在特定条件下也会被使用，并自然而然地成为计量经济学的起点。

第 3 章和第 4 章介绍了多元回归分析的基本要义，在多元回归分析中，我们容许一个以上的变量影响我们所要解释的变量。在经验研究中，多元回归仍然是应用得最为广泛的方法，所以这两章的内容值得我们仔细研究。第 3 章把重点放在普通最小二乘（OLS）的数学工具上，并构建 OLS 估计量无偏和最优线性无偏的条件。第 4 章则讨论统计推断中的重要论题。

第 5 章讨论了 OLS 估计量的大样本或渐近性质。如果回归模型的误差不是正态分布的，那么这些性质就为第 4 章的推断过程提供了合理依据。第 6 章探讨了回归分析的其他专题，包括高级的函数形式、数据度量、预测和拟合优度等问题。第 7 章则解释了如何在多元回归模型中包含定性信息的问题。

第 8 章阐释了如何检验并纠正误差项中的异方差——或方差非恒定常数——的问题。我们会介绍如何校正通常的 OLS 统计量，并给出 OLS 的一种推广，即我们平时所说的加权最小二乘法，从而得以明显地考虑误差项中的不同方差。第 9 章将更深入地研究误差项与一个或多个解释变量相关的重要问题。我们将论证用代理变量解决遗漏变量问题的有效性。另外，我们还将证明，在变量存在测量误差时，OLS 估计量的偏误和不一致性。我们还讨论了各种不同的数据问题，如异常观测问题。

第2章 简单回归模型

简单回归模型可以用来研究两个变量之间的关系。出于我们将会看到的原因，简单回归模型作为实证分析的一般工具还存在着局限性，不过有时把它作为一个实证工具也是合适的。对于我们接下来几章要学习的多元回归模型来说，学会解释简单回归模型无疑也是很好的练习。

2.1 简单回归模型的定义

我们运用的许多计量经济学分析都是从如下假设开始的：y 和 x 是两个代表总体的变量，我们感兴趣的是"用 x 来解释 y"，或"研究 x 变化时 y 怎么变"。我们在第 1 章中讨论了一些例子，包括：y 是大豆的产出，x 是肥料的用量；y 是每小时的工资，x 是受教育的年数；y 是社区的犯罪率，x 是警察的数量。

在写出一个用 x 解释 y 的模型时，我们一定会面临三个问题。第一，既然两个变量之间没有一个确切的关系，那么我们该如何考虑其他因素对 y 的影响？第二，y 和 x 的函数关系是怎样的？第三，如何确定我们刻画的是在其他条件不变的情况下 y 和 x 的关系（如果这是我们想要的目标）？

我们可以通过写出一个 y 关于 x 的方程来解决这些困惑。一个简单的方程是：

$$y = \beta_0 + \beta_1 x + u \tag{2.1}$$

假定方程（2.1）在我们所关注的总体中成立，它便定义了一个**简单线性回归模型**（simple linear regression model）。由于它将 x 和 y 两个变量联系了起来，因此也称作两变量或者双变量线性回归模型。我们现在来讨论方程（2.1）中每个量的含义。["回归"这个词的起源对于大部分现代计量经济学的应用来说并非特别重要，所以我们在此不予讨论。可参见施蒂格勒（Stigler，1986）对回归分析充满魅力的历史所做的介绍。]

在方程（2.1）中，变量 y 和 x 有许多可以交互使用的不同名称。比如：y 被称为**因变量**（dependent variable）、**被解释变量**（explained variable）、**响应变量**（response variable）、**被预测变量**（predicted variable）或者**回归子**（regressand）。

x 则被称为**自变量**（independent variable）、**解释变量**（explanatory variable）、**控制变量**（control variable）、**预测变量**（predictor variable）或者**回归元**（regressor）。[x 还被称为**协变量**（covariate）。]"因变量"和"自变量"两个词在计量经济学中使用较多，但要注意这里所说的"自变"（independent）与统计学概念里随机变量之间的独立有所不同（参见书末附录数学复习 B）。

"被解释"和"解释"变量这两个词可能是最具描述性的。"响应"和"控制"在实验性科学中被运用得最多，其中 x 变量是被实验者控制的。我们不使用"被预测变量"和"预测变量"这样的字眼，尽管有时候在一些纯粹预测而非因果推断的应用研究中会看到它们。在表 2.1 中，我们总结了简单回归中的术语。

表 2.1　简单回归中的术语

Y	X
因变量	自变量
被解释变量	解释变量
响应变量	控制变量
被预测变量	预测变量
回归子	回归元

变量 u 被称为关系式中的**误差项**（error term）或者**扰动项**（disturbance），它代表除 x 以外其他影响 y 的因素。简单回归分析有效地把除 x 之外其他所有影响 y 的因素都看成是没有被观察到的因素。你也可以把 u 看作是"没有被观察到"的因素。

方程（2.1）还解决了 y 和 x 的函数关系的问题。若 u 中的因素保持不变，则 u 的变化为 0，即 $\Delta u = 0$，那么 x 对 y 的影响是线性的：

$$\text{若 } \Delta u = 0, \text{则 } \Delta y = \beta_1 \Delta_x \tag{2.2}$$

因此，y 的变化就是 β_1 乘以 x 的变化。这就是说，保持 u 中的因素不变，β_1 就是 y 和 x 的关系式中的**斜率参数**（slope parameter）；在应用经济学中，这是人们最感兴趣的地方。**截距参数**（intercept parameter）β_0 有时被称作常数项，虽然它很少被当作分析的核心，但也是有作用的。

例 2.1

大豆产量与施肥量

假设大豆产量由以下模型决定：

$$yield = \beta_0 + \beta_1 fertilizer + u \tag{2.3}$$

那么，$y = yield$，$x = fertilizer$。农业研究者感兴趣的是：在其他条件不变的情况下，施肥量如何影响大豆产量。这个影响效果由 β_1 给出。误差项 u 包括了诸如土地质量、降雨量等因素。系数 β_1 度量了在其他条件不变的情况下，施肥量对产出量的影响：$\Delta yield = \beta_1 \Delta fertilizer$。

例 2.2

一个简单的工资方程

以下模型表示一个人的工资水平与他的可测教育水平及其他没有观测到的因素之间的关系：

$$wage = \beta_0 + \beta_1 educ + u \tag{2.4}$$

若 $wage$ 用每小时赚到的美元数度量，$educ$ 用受教育的年数度量，则 β_1 衡量了在其他因素不变的情况下，多接受一年的教育导致的每小时工资的变化。其他没有观测到的因素包括劳动经验、天赋才能、任职时间、职业道德以及无数其他因素。

（2.1）式的线性形式意味着：不管 x 的初始值为多少，它的任何一单位变化对 y 的影响都是相同的。这对许多经济应用来说是不现实的。举例来说，在工资—教育的例子中，我们或许还要考虑到回报是递增的，即后一年的教育对工资的影响比前一年的教育更大。我们将在 2.4 节中研究如何考虑这种可能性。

我们要解决的最困难的问题是：模型（2.1）是否真的能让我们得到关于 x 如何在其他因素不变的情况下影响 y 的结论？我们从方程（2.2）中看到，保持（u 中）所有其他因素不变，β_1 确实能够度量 x 对 y 的影响。但我们对这个因果问题的讨论可以就此结束吗？非常不幸，还不行。那么一般来说，我们怎么能在忽略所有其他因素，同时又控制所有其他因素不变的情况下，得到 x 对 y 的影响？

2.5 节将说明，只有当我们约束无法观测的 u 与解释变量 x 之间的关系时，才能从一个随机数据样本中获得 β_0 和 β_1 的可靠估计量。没有这样一个约束，我们就不能估计出在其他条件不变下的 β_1。因为 u 和 x 都是随机变量，所以我们需要一个基于概率的概念。

在我们陈述 x 和 u 的关系这个关键假设之前，我们总能先对 u 做一个假设。只要方程中包含截距项 β_0，那么假设总体中 u 的平均值为 0 就不会使我们损失信息。用数学形式表示就是：

$$\mathrm{E}(u) = 0 \tag{2.5}$$

假定（2.5）并没有提到 u 和 x 的关系，只是简单地陈述了总体中无法观测的因素的分布情况。用前面的例子来说明，我们可以看到，假定（2.5）的约束性不是很强。在例 2.1 中，我们把诸如土地质量这种对大豆收成有影响而又观测不到的因素进行标准化，使其在所有耕地总体中的平均值为零，这对结果不会有影响。同样的结论对例 2.2 中无法观测的因素也是正确的。为了不失一般性，我们可以假定在所有工人构成的总体中，诸如平均能力等因素的值均为 0。如果你还不信，试着做一下习题 2，你就会发现，我们总能够通过重新定义方程（2.1）中的截距使得方程（2.5）成立。

我们现在来讨论关于 u 和 x 关系的重要假设。度量两个随机变量之间关系的一个自然指标是相关系数（定义和性质见书末附录数学复习 B）。若 u 和 x 不相关，则作为随机变量，它们就没有线性关系。假定 u 和 x 不相关，这对定义方程（2.1）中 u 和 x 无关有很大作用。不过这种作用仍是有限的，因为相关关系只度量了 u 和 x 之间的线性相关性。相关关系有一种违背直觉的性质：虽然 u 与 x 不相关，但可能与 x 的函数比如 x^2 相关。（深入的讨论见书末附录数学复习 B 中的 B.4 节。）对于大部分回归而言，这种可能性是不能被接受的，因为它会在我们解释模型和推导统计性质的时候带来问题。一种更好的方法是对给定 x 时 u 的期望值做出假定。

因为 u 和 x 是随机变量，所以我们能够在任意一个给定的 x 值下定义 u 的条件分布。具体地说，对于任意一个 x 值，我们都能够在 x 值所描述的总体剖面上求出 u 的期望（或平均）值。关键的假设是，假定 u 的平均值不依赖于 x 的值。我们可以把它写作：

$$E(u \mid x) = E(u) \tag{2.6}$$

方程（2.6）说的是，如果根据 x 值的不同把总体划分成若干部分，每个部分中无法观测的因素都具有相同的平均值，而且这个相同的平均值必然等于整个总体中 u 的平均值。当方程（2.6）成立时，我们就说 u 的**均值独立**（mean independent）于 x。（当然，在基础概率和统计学中，一个常用的假设是 u 和 x 完全独立，这个假设就暗含了均值独立性。）当我们把均值独立性与假设（2.5）相结合时，便得到**零条件均值假定**（zero conditional mean assumption）：$E(u \mid x) = 0$。关键是我们要记住方程（2.6）是一个有重要影响的假定；而假定（2.5）只是定义了截距 β_0。

> ### ❓ 思考题 2.1
>
> 假设期末考试的分数（score）取决于出勤率（attend）以及影响考试成绩的其他无法观测的因素（如学生能力等）：
>
> $$score = \beta_0 + \beta_1 attend + u \tag{2.7}$$
>
> 这个模型在什么情况下能够满足方程（2.6）？

让我们看一下在关于工资的例子中，方程（2.6）蕴含着什么。为简化讨论，假定 u 代表工人天生的能力，那么方程（2.6）就要求无论受教育程度如何，工人能力的平均水平都相同。例如，若 $E(abil \mid 8)$ 表示所有受过 8 年教育的工人的平均能力，$E(abil \mid 16)$ 表示所有受过 16 年教育的工人的平均能力，那么方程（2.6）就意味着二者相等。事实上，无论受教育程度怎样，所有工人都具有相同的平均能力。如果我们认为平均能力是随着受教育程度的增加而递增的，那么方程（2.6）就是错的。（如果通常能力越高的人选择接受越多的教育，那么这种情形就会出现。）由于我们观察不到天生的能力，所以我们无法确知不同受教育程度的人的平均能力是否一样，但这是我们在简单回归分析之前必须提出的问题。

在施肥的例子中，如果施肥量与该地区的其他条件没有关系，那么方程（2.6）就能够成立：土地的平均质量不会依赖于施肥量。然而，如果更多的肥料被施用在更高质量的土地上，那么 u 的期望值就会随着肥料的用量而改变，方程（2.6）也就不成立了。

零条件均值假定给出了 β_1 的另一种有用的解释。给定 x，对方程（2.1）取条件期望，并利用 $\mathrm{E}(u \mid x)=0$，便得到：

$$\mathrm{E}(y \mid x) = \beta_0 + \beta_1 x \tag{2.8}$$

方程（2.8）表明，**总体回归函数**（population regression function，PRF）$\mathrm{E}(y \mid x)$ 是 x 的一个线性函数。线性意味着 x 的 1 个单位的变化将使 y 的期望值改变 β_1。如图 2.1 所示，对任何给定的 x 值，y 的分布都以 $\mathrm{E}(y \mid x)$ 为中心。

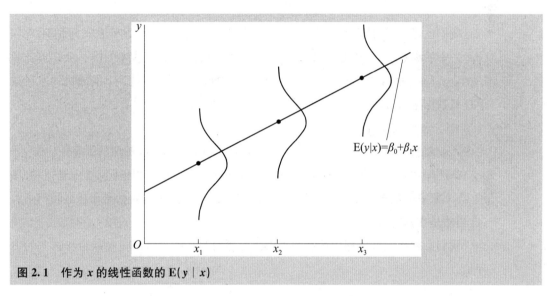

图 2.1 作为 x 的线性函数的 $\mathrm{E}(y \mid x)$

方程（2.8）告诉了我们 y 的均值如何随着 x 的变化而变化，它并不是说对于总体中的所有单位，y 都等于 $\beta_0 + \beta_1 x$，理解这一点很重要。比如，假设 x 表示高中时的平均成绩，y 表示大学时的平均成绩，而且我们正好知道 $\mathrm{E}(colGPA \mid hsGPA)=1.5+0.5hsGPA$。〔当然，实际上我们永远也不知道总体的截距和斜率，但为了理解方程（2.8）的性质，我们最好暂时假装我们知道。〕这个平均成绩的方程告诉我们：对于给定高中平均成绩的所有学生而言，他们在大学阶段的平均成绩是什么状况。于是，假设 $hsGPA=3.6$，那么对所有以 $hsGPA=3.6$ 的成绩被大学录取的高中毕业生而言，$colGPA$ 的平均水平是 $1.5+0.5\times3.6=3.3$。我们当然不是说所有 $hsGPA=3.6$ 的学生在大学的平均成绩都是 3.3，这明显是错误的。总体回归函数给出了不同 x 值水平上 y 的平均水平之间的关系。有些 $hsGPA=3.6$ 的学生在大学阶段的平均成绩高于 3.3，也有一些学生的大学平均成绩低于 3.3。实际大学平均成绩是高于还是低于 3.3 取决于 u 中无法观测的因素，甚至在 $hsGPA=3.6$

的那部分学生中，这些因素也有所不同。

给定零条件均值假设 $E(u \mid x) = 0$，一个比较有用的做法是把方程（2.1）中的 y 看成两个部分。一部分是表示 $E(y \mid x)$ 的 $\beta_0 + \beta_1 x$，这被称为系统部分的 y，即由 x 解释的那一部分。另一部分是被称为非系统部分的 u，即不能由 x 解释的那一部分。当我们在第 3 章引入不止一个解释变量时，我们还将讨论如何确定系统部分相对于非系统部分的大小。

在下一节，我们将在给定一个数据的随机样本的情况下，利用假设（2.5）和（2.6）给出 β_0 和 β_1 的估计量。零条件均值假设对 2.5 节的统计分析也起到了关键作用。

2.2 普通最小二乘法的推导

我们已经讨论了简单回归模型的基本要素，接下来将要阐述如何估计方程（2.1）中的参数 β_0 和 β_1 这个重要问题。为此，我们需要从总体中找一个样本。令 $\{(x_i, y_i): (i = 1, 2, \cdots, n)\}$ 表示从总体中抽取的一个容量为 n 的随机样本。由于这些数据来自方程（2.1），所以对每个 i，我们都可以写作：

$$y_i = \beta_0 + \beta_1 x_i + u_i \tag{2.9}$$

式中，u_i 包括除 x_i 之外所有影响 y_i 的因素，所以它是第 i 次观测的误差项。

举例来说，x_i 和 y_i 可能是某特定年份家庭 i 的年收入和年储蓄。若我们收集了 15 个家庭的数据，则 $n = 15$。图 2.2 给出了这个数据集的散点图和总体回归函数（这当然是虚构的）。

我们必须确定如何利用这些数据得到储蓄对收入的总体回归中截距和斜率的估计值。

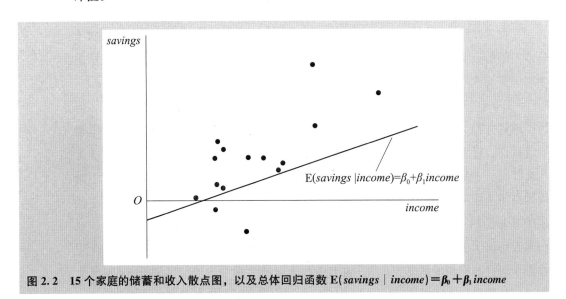

图 2.2　15 个家庭的储蓄和收入散点图，以及总体回归函数 $E(savings \mid income) = \beta_0 + \beta_1 income$

2

　　有几种方法促使我们完成如下估计。我们将用到方程（2.5）和假设（2.6）的一个重要含义：在总体中，u 和 x 不相关。因此，我们看到，u 的期望值为零，x 和 u 之间的协方差也为零：

$$E(u) = 0 \tag{2.10}$$

和

$$Cov(x, u) = E(xu) = 0 \tag{2.11}$$

其中（2.11）中的第一个等式得自（2.10）。（协方差的定义和性质见书末附录数学复习 B 的 B.4 节。）用可观测变量 x、y 以及未知参数 β_0、β_1 来表示，方程（2.10）和（2.11）可分别写作：

$$E(y - \beta_0 - \beta_1 x) = 0 \tag{2.12}$$

和

$$E[x(y - \beta_0 - \beta_1 x)] = 0 \tag{2.13}$$

方程（2.12）和（2.13）意味着对总体中 (x, y) 的联合概率分布的两个限制。由于有两个未知参数要估计，所以我们希望能用方程（2.12）和（2.13）求出 β_0 和 β_1 的较好估计量。事实上，它们确实能够做到这一点。给定一个数据样本，我们用估计量 $\hat{\beta}_0$ 和 $\hat{\beta}_1$ 来求解方程（2.12）和（2.13）的样本对应物：

$$n^{-1} \sum_{i=1}^{n} (y_i - \hat{\beta}_0 - \hat{\beta}_1 x_i) = 0 \tag{2.14}$$

和

$$n^{-1} \sum_{i=1}^{n} x_i (y_i - \hat{\beta}_0 - \hat{\beta}_1 x_i) = 0 \tag{2.15}$$

这是一个用矩方法进行估计的例子。（不同的估计方法见书末附录数学复习 C 的 C.4 节。）这两个方程可用来解出 $\hat{\beta}_0$ 和 $\hat{\beta}_1$。

　　利用书末附录数学复习 A 中求和运算的基本性质，方程（2.14）可被改写成

$$\bar{y} = \hat{\beta}_0 + \hat{\beta}_1 \bar{x} \tag{2.16}$$

式中，$\bar{y} = n^{-1} \sum_{i=1}^{n} y_i$ 是 y_i 的样本均值，类似地可求得 $\bar{x}$。利用这个方程，我们可以用 $\hat{\beta}_1$、$\bar{y}$ 和 $\bar{x}$ 表示出 $\hat{\beta}_0$：

$$\hat{\beta}_0 = \bar{y} - \hat{\beta}_1 \bar{x} \tag{2.17}$$

因此，给定 $\bar{y}$ 和 $\bar{x}$，一旦我们得到斜率的估计值 $\hat{\beta}_1$，就很容易得到截距的估计值 $\hat{\beta}_0$。

　　去掉（2.15）式中的 n^{-1}（因为它不会影响结果），并把（2.17）式代入（2.15）式，便得到

$$\sum_{i=1}^{n} x_i [y_i - (\bar{y} - \hat{\beta}_1 \bar{x}) - \hat{\beta}_1 x_i] = 0$$

整理后便得到

$$\sum_{i=1}^{n} x_i (y_i - \bar{y}) = \hat{\beta}_1 \sum_{i=1}^{n} x_i (x_i - \bar{x})$$

根据求和运算的基本性质［见书末附录数学复习 A 的（A.7）式和（A.8）式］，有

$$\sum_{i=1}^{n} x_i(x_i - \bar{x}) = \sum_{i=1}^{n}(x_i - \bar{x})^2 \quad \text{和} \quad \sum_{i=1}^{n} x_i(y_i - \bar{y}) = \sum_{i=1}^{n}(x_i - \bar{x})(y_i - \bar{y})$$

因此，只要有

$$\sum_{i=1}^{n}(x_i - \bar{x})^2 > 0 \tag{2.18}$$

斜率的估计值就是

$$\hat{\beta}_1 = \frac{\sum_{i=1}^{n}(x_i - \bar{x})(y_i - \bar{y})}{\sum_{i=1}^{n}(x_i - \bar{x})^2} \tag{2.19}$$

方程（2.19）是 x_i 和 y_i 的样本协方差与 x_i 的样本方差之比。利用简单的代数知识可以将 $\hat{\beta}_1$ 写作

$$\hat{\beta}_1 = \hat{\rho}_{xy} \cdot \left(\frac{\hat{\sigma}_y}{\hat{\sigma}_x}\right)$$

式中，$\hat{\rho}_{xy}$ 代表 x_i 和 y_i 之间的样本相关性，$\hat{\sigma}_x$ 和 $\hat{\sigma}_y$ 表示样本的标准差。（相关性和标准差的定义见书末附录数学复习 C。分子和分母同时除以 $n-1$ 对结果不会产生影响。）若样本中的 x_i 和 y_i 正相关，则 $\hat{\beta}_1$ 为正；若 x_i 和 y_i 负相关，则 $\hat{\beta}_1$ 为负，这一点是显然的。

不出意外，由样本相关性和样本标准差得到的 $\hat{\beta}_1$ 的推导公式是样本对总体关系的模拟：

$$\beta_1 = \rho_{xy} \cdot \left(\frac{\sigma_y}{\sigma_x}\right)$$

其中所有单位都是基于总体定义的。需要指出的是，β_1 只是 ρ_{xy} 缩放后的值，强调了当没有实验数据时简单回归的一个重要局限性：事实上，简单回归是对两个变量之间相关性的分析，所以我们在推导因果关系时必须谨慎。

尽管假设（2.6）给出了求解（2.17）式和（2.19）式的方法，但计算一个特定样本的估计值时，唯一需要的假设却是（2.18）式。这几乎不能算作什么假设，因为只要样本中的 x_i 不完全相等，（2.18）式就一定成立。如果（2.18）式不成立，那么，我们要么是在从总体中取样时非常不走运，要么就是没有设定一个值得我们关注的问题（x 在总体中没有变化）。例如，若 $y = wage$ 且 $x = educ$，则（2.18）式只有在样本中每一个人都具有相同的受教育程度（比方说每一个人都是高中毕业生；见图 2.3）时才不成立。只要有一个人的受教育程度不同，（2.18）式就仍然成立，并且能够计算出估计值。

（2.17）式和（2.19）式所给出的估计值叫做 $\hat{\beta}_0$ 和 $\hat{\beta}_1$ 的**普通最小二乘法**（ordinary least squares，OLS）估计值。为了说明这个名称的合理性，对任一截距和斜率 $\hat{\beta}_0$ 和 $\hat{\beta}_1$，定义 y 在 $x = x_i$ 时的一个**拟合值**（fitted value）为

$$\hat{y}_i = \hat{\beta}_0 + \hat{\beta}_1 x_i \tag{2.20}$$

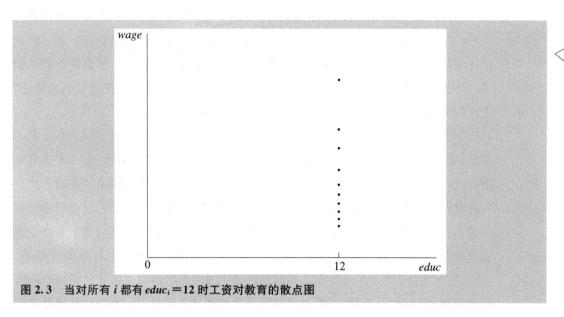

图 2.3　当对所有 i 都有 $educ_i = 12$ 时工资对教育的散点图

这是在给定的截距和斜率下，当 $x = x_i$ 时 y 的预测值。样本中的每一次观测都有一个拟合值。第 i 次观测的**残差**（residual）是 y_i 的实际值与其拟合值之差：

$$\hat{u}_i = y_i - \hat{y}_i = y_i - \hat{\beta}_0 - \hat{\beta}_1 x_i \tag{2.21}$$

同样，共有 n 个这样的残差。［它们和我们在方程（2.9）中看到的误差不同，我们将在 2.5 节继续讨论这个问题。］图 2.4 给出了这些拟合值和残差。

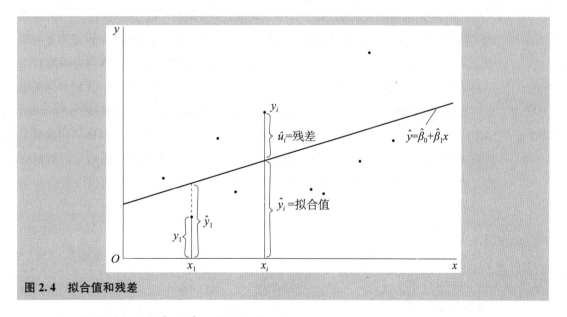

图 2.4　拟合值和残差

现在，假设我们选择 $\hat{\beta}_0$ 和 $\hat{\beta}_1$，使得**残差平方和**（sum of squared residuals，SSR）

$$\sum_{i=1}^{n} \hat{u}_i^2 = \sum_{i=1}^{n} (y_i - \hat{\beta}_0 - \hat{\beta}_1 x_i)^2 \tag{2.22}$$

尽可能地小。最小化（2.22）式的 $(\hat{\beta}_0, \hat{\beta}_1)$ 的必要条件恰好就是去掉 n^{-1} 的方程

（2.14）和（2.15），本章附录证明了这一结论。方程（2.14）和（2.15）通常被称为 OLS 估计值的**一阶条件**（first order conditions），这个术语是从运用微积分解决优化问题（见书末附录数学复习 A）的过程中得来的。由前面的计算我们可以知道，OLS 一阶条件的解可以由（2.17）式和（2.19）式给出。"普通最小二乘法"之所以得名，就是因为这些估计值最小化了残差平方和。

当我们认为普通最小二乘法最小化了残差平方和时，我们自然要问：为什么不是最小化残差的其他某个函数，比如残差绝对值？事实上，如同我们在 9.6 节将要更深入讨论的那样，最小化残差的绝对值之和有时很有用，但它也有一些缺点。首先，我们不能求出由此得到的估计量表达式；给定一个数据集，估计量必须通过数值优化程序进行计算。得到的结果是使得残差绝对值之和最小的估计量，其统计理论十分复杂。最小化残差的其他函数，比如残差四次幂之和，也有类似的缺陷。（我们绝对不会选择最小化残差之和的估计值，因为绝对值很大而符号相反的残差会相互抵消。）有了 OLS，我们就能相对容易地推导无偏性、一致性和其他重要的统计性质。而且如方程（2.13）和（2.14）所示，也正如我们将在 2.5 节看到的，OLS 还适用于估计条件均值函数（2.8）中出现的参数。

一旦确定了截距和斜率的 OLS 估计值，我们就能够建立 **OLS 回归线**（OLS regression line）：

$$\hat{y} = \hat{\beta}_0 + \hat{\beta}_1 x \tag{2.23}$$

式中，$\hat{\beta}_0$ 和 $\hat{\beta}_1$ 当然是从方程（2.17）和（2.19）中得到的。符号 $\hat{y}$，读作 "y 帽"，强调了从方程（2.23）中得到的预测值是估计量。尽管在有些情形中把 x 设定为 0 并没有意义，但当 $x=0$ 时，截距 $\hat{\beta}_0$ 就是 y 的预测值。在那些情形中，$\hat{\beta}_0$ 本身并没有什么值得关注的地方。在利用方程（2.23）对不同 x 值计算 y 的预测值时，我们必须考虑到计算式中的截距。方程（2.23）又被称为**样本回归函数**（sample regression function, SRF），因为它是总体回归函数 $\mathrm{E}(y \mid x)=\beta_0+\beta_1 x$ 的一个样本估计。总体回归函数是固定而又未知的，切记这一点非常重要。由于样本回归函数得自一组给定的数据样本，所以一个新的样本将会产生与方程（2.23）中不同的斜率和截距。

在大多数情形中，斜率估计值可以写成

$$\hat{\beta}_1 = \Delta \hat{y}/\Delta x \tag{2.24}$$

它是我们的主要兴趣所在。它告诉我们 x 变化一个单位时 $\hat{y}$ 的变化。也就是

$$\Delta \hat{y} = \hat{\beta}_1 \Delta x \tag{2.25}$$

所以，给定 x 的一个变化（无论正负），我们都可以计算出 y 的预期变化。

我们现在给出一些通过实际数据得到简单回归的例子。换言之，我们要通过方程（2.17）和（2.19）来得到截距和斜率的估计值。因为这些例子都涉及许多观测，所以我们要用计量经济学软件包进行计算。此时，你还必须注意，不要指望能从这些回归中得到太多东西，因为它们不一定能揭示多少因果关系。到现在为止，

我们还没有提到 OLS 的统计性质。2.5 节中对总体模型方程（2.1）明确施加一些假设之后，我们再来考虑其统计性质。

例 2.3

首席执行官的薪水和股本回报率

对于由首席执行官（CEO）构成的总体，令 y 代表年薪（*salary*），以千美元为单位。即 $y=856.3$ 表示年薪为 856 300 美元，$y=1\,452.6$ 表示年薪为 1 452 600 美元。令 x 表示某个 CEO 所在公司在过去三年里的平均股本回报率（*roe*）。（股本回报率被定义为净收入占普通股价值的百分比。）例如，$roe=10$ 表示平均股本回报率为 10%。

为了研究这个公司业绩指标和 CEO 薪水之间的关系，我们可以假定一个简单模型：

$$salary = \beta_0 + \beta_1 roe + u$$

斜率参数 β_1 衡量的是当股本回报率增长一个百分点时，以千美元计的年薪的变化。由于更高的 *roe* 对公司有好处，所以我们认为 $\beta_1 > 0$。

数据集 CEOSAL1 包含了 1990 年 209 位 CEO 的信息；这些数据是从《商业周刊》（*Business Week*，1991-05-06）中获得的。在这个样本中，CEO 的平均年薪是 1 281 120 美元，最低值和最高值分别是 223 000 美元和 14 822 000 美元。1988 年、1989 年和 1990 年的平均股本回报率是 17.18%，最低值和最高值分别是 0.5% 和 56.3%。

利用 CEOSAL1 中的数据，*salary* 关于 *roe* 的 OLS 回归线为

$$\widehat{salary} = 963.191 + 18.501\, roe$$
$$n = 209 \tag{2.26}$$

其中截距和斜率都被四舍五入到小数点后三位；我们用 $\widehat{salary}$ 表示这是一个估计方程。我们该如何解释这个方程？首先，如果股本回报率是零，即 $roe=0$，那么年薪的预测值便等于截距 963.191，因为薪水以千美元为单位，所以又等于 963 191 美元。其次，我们能够把年薪的预期变化看作 *roe* 变化的函数：$\Delta \widehat{salary} = 18.501\,(\Delta roe)$。这意味着，若股本回报率增加一个百分点，即 $\Delta roe=1$，则年薪的预期变化就是 18.5 或 18 500 美元。由于（2.26）是一个线性方程，所以变化量的估计值与初始年薪无关。

利用方程（2.26），我们很容易比较出 *roe* 取不同值时的年薪预测值。假设 $roe=30$，则 $\Delta \widehat{salary} = 18.501 \times 30 = 1\,518.221$，超过了 150 万美元。然而这并不是说，在一个 $roe=30$ 的公司中某个特定的 CEO 可以赚 1 518 221 美元，因为还有其他许多因素会影响薪水。这只是我们从 OLS 回归线（2.26）得到的预测值。图 2.5 画出了这条估计线，连同给出了总体回归函数 $E(salary \mid roe)$。我们不可能知道 PRF 的真正形状，所以无法确知 SRF 与 PRF 有多接近。另外一个数据样本便会给出一条不同的回归线，这条回归线有可能更接近总体回归线，也有可能会离总体回归线更远。

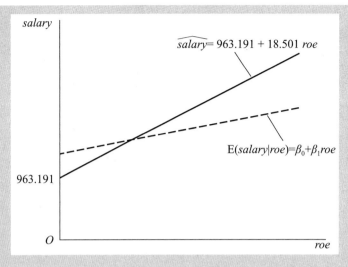

图 2.5 $\widehat{salary} = 963.191 + 18.501roe$ 的 OLS 回归线和（未知的）总体回归函数

例 2.4

工资和受教育程度

以 1976 年的劳动力为总体，令 $y = wage$，用以美元计的小时工资度量。于是，对一个特定的人来说，如果 $wage = 6.75$，则表示每小时工资为 6.75 美元。令 $x = educ$，表示接受教育的年数；例如，$educ = 12$ 表示完成了高中教育。由于例子中的平均工资是 5.90 美元，消费者价格指数表明，这一数值相当于 2016 年的 24.90 美元。

利用 WAGE1 中 $n = 526$ 个人的数据，我们得到如下 OLS 回归线（或样本回归函数）：

$$\widehat{wage} = -0.90 + 0.54\, educ$$
$$n = 526 \tag{2.27}$$

思考题 2.2

当 $educ = 8$ 时，从方程（2.27）中得到的估计工资用 1976 年的美元表示，是 3.42 美元。如果用 2016 年的美元表示，这个值是多少？（提示：例 2.4 中提供了充分的信息来回答这个问题。）

我们必须谨慎地解释这个方程。截距 -0.90 从字面上看意味着，一个没有受过教育的人，其小时工资的预测值是 -90 美分。这无疑是非常可笑的。在这个 526 人的样本中，只有 18 个人接受教育的时间不到 8 年。于是，回归线在受教育程度极低时表现不好也就不足为奇了。对于一个接受了 8 年教育的人来说，预测工资为 $\widehat{wage} = -0.90 + 0.54 \times 8 = 3.42$，或者每小时 3.42 美元（用 1976 年美元度量）。

方程（2.27）中的斜率估计值显示，多接受一年教育，小时工资就会增加 54 美分。因此，增加 4 年教育可以使小时工资增加 $4 \times 0.54 = 2.16$ 或 2.16 美元。这是相当大的影响。

由于方程（2.27）的线性性质，所以无论初始教育水平如何，每增加一年的教育都会使工资增加相同的数量。在 2.4 节中，我们会讨论允许解释变量具有非恒常边际效应的某些方法。

例 2.5

投票结果和竞选支出

文件 VOTE1 包含了 1988 年美国众议院 173 次两党竞选的选举结果和竞选支出数据。每次竞选有两名候选人：A 和 B。令 *voteA* 为候选人 A 所得票数的百分比，*shareA* 为候选人 A 的竞选支出在总竞选支出中所占的百分比。除了 *shareA* 之外，还有许多因素影响着竞选结果（包括候选人的素质，还可能包括 A 和 B 支出的美元数量）。然而，我们可以估计一个简单回归模型来分析，与竞争对手相比，花费更多的钱能否使竞选人得到更高百分比的票数。

利用这 173 次观测得到的估计方程为

$$\widehat{voteA} = 26.81 + 0.464 shareA$$
$$n = 173 \tag{2.28}$$

这意味着，如果候选人 A 的支出在总竞选支出中的比例增加一个百分点，候选人 A 的得票占总票数的百分比就能提高将近 0.5 个百分点（0.464）。我们尚且不清楚这是不是一种因果关系，但这并非令人难以置信。如果 *shareA*=50，则 *voteA* 也约等于 50，即总票数的一半。

在有些情形中，回归分析不是用来确定因果关系的，而是像标准的相关性分析一样，仅用于判断两个变量是正相关还是负相关。计算机练习 C3 就是一个这样的例子，它

？ 思考题 2.3

在例 2.5 中，若 *shareA* = 60（即 60%），预计候选人 A 能得到的票数是多少？这个结果合理吗？

要求你用比德尔和哈默梅什（Biddle and Hamermesh，1990）有关睡觉时间和工作时间的数据来研究二者之间的权衡关系。

2.2a 对术语的注解

在多数情形中，我们总是写出诸如（2.26）、（2.27）或（2.28）的方程，以此表示我们通过 OLS 估计了某个关系式。有时候为了方便，仅指出运用 OLS 回归而不写出这些方程。我们说做了

$$y \text{ 对 } x \tag{2.29}$$

的一个回归，或者只说将 *y* 对 *x* 回归，这通常指的是通过 OLS 得到了方程（2.23）。

（2.29）中 y 和 x 的位置标志着哪一个是因变量、哪一个是自变量：我们总是将因变量对自变量回归。在具体应用中，我们将 y 和 x 代之以变量名称。因此，我们将 *salary* 对 *roe* 回归，得到方程（2.26），或将 *voteA* 对 *shareA* 回归，得到方程（2.28）。

当我们使用方程（2.29）中的这种术语时，我们的用意总是要估计截距 $\hat{\beta}_0$ 和斜率 $\hat{\beta}_1$。这种情形对绝大部分应用都是合适的。偶尔有些时候，我们会通过假设截距为零（于是 $x=0$ 意味着 $\hat{y}=0$）来估计 y 和 x 的关系；我们在 2.6 节将简要讨论这种情况。除非明确指出，否则我们总是将截距与斜率一起进行估计。

2.3 OLS 对任意样本数据的性质

在上一节中，我们用代数方法推导了 OLS 截距和斜率估计值的表达式。在本节中，我们将进一步讨论拟合 OLS 回归线的某些代数性质。考虑这些性质的最佳途径就是要意识到，根据构造过程，这些性质对任何数据样本都成立。考虑数据的所有可能随机样本的 OLS 性质是一个更艰巨的任务，这将留待 2.5 节讨论。

我们将要推导的一些代数性质看起来非常普通。不过，掌握这些性质有助于我们理解在对数据进行某种处理时（比如当因变量和自变量的度量单位发生变化时），OLS 估计值及相关统计量会发生什么变化。

2.3a 拟合值和残差

我们假定从给定数据样本中得到截距和斜率的估计值 $\hat{\beta}_0$ 和 $\hat{\beta}_1$。给定 $\hat{\beta}_0$ 和 $\hat{\beta}_1$，我们能够获得每次观测的拟合 $\hat{y}_i$ 值。［由方程（2.20）给出。］根据定义，$\hat{y}_i$ 的每个拟合值都在 OLS 回归线上。如方程（2.21）所指出的，与第 i 次观测相关的 OLS 残差 $\hat{u}_i$ 是 y_i 与其拟合值之差。若 $\hat{u}_i$ 为正，则回归线低估了 y_i；若 $\hat{u}_i$ 为负，则回归线高估了 y_i。第 i 次观测最理想的情况是 $\hat{u}_i=0$，但在大部分情形中，并非每个残差都等于零。换言之，实际上没有一个数据点是一定在 OLS 线上的。

例 2.6

CEO 的薪水和股本回报率

表 2.2 包含了 CEO 数据集中的前 15 次观测列表，同时给出了拟合值 *salaryhat* 和残差 *uhat*。

前 4 位 CEO 的薪水低于我们从 OLS 回归线（2.26）得到的预测值；换言之，只给出公司的股本回报率，这些 CEO 的年薪比我们预测的低。如同我们从正的 *uhat* 所看到的，第 5 位 CEO 的年薪就比 OLS 回归线的预测高。

表 2.2 前 15 位 CEO 的拟合值和残差

obson	roe	salary	$\widehat{\text{salary}}$	$\hat{u}$
1	14.1	1 095	1 224.058	−129.058 1
2	10.9	1 001	1 164.854	−163.854 2
3	23.5	1 122	1 397.969	−275.969 2
4	5.9	578	1 072.348	−494.348 4
5	13.8	1 368	1 218.508	149.492 3
6	20.0	1 145	1 333.215	−188.215 1
7	16.4	1 078	1 266.611	−188.610 8
8	16.3	1 094	1 264.761	−170.760 6
9	10.5	1 237	1 157.454	79.546 26
10	26.3	833	1 449.773	−616.772 6
11	25.9	567	1 442.372	−875.372 1
12	26.8	933	1 459.023	−526.023 1
13	14.8	1 339	1 237.009	101.991 1
14	22.3	937	1 375.768	−438.767 8
15	56.3	2 011	2 004.808	6.191 895

2.3b OLS 统计量的代数性质

接下来介绍 OLS 估计值及其相关统计量的一些有用的代数性质。我们现在介绍其中最重要的三条。

（1）OLS 残差和及其样本均值都为零。数学表述为

$$\sum_{i=1}^{n} \hat{u}_i = 0 \tag{2.30}$$

这一性质无须证明，因为只要我们记得残差的定义是 $\hat{u}_i = y_i - \hat{\beta}_0 - \hat{\beta}_1 x_i$，就可以从 OLS 的一阶条件（2.14）直接得到。换言之，OLS 估计值 $\hat{\beta}_0$ 和 $\hat{\beta}_1$ 是根据残差和为零（对任何数据集都成立）来选择的。这里并没有提到任何一次具体观测 i 的残差是什么。

（2）回归元和 OLS 残差的样本协方差为零。它得自一阶条件（2.15），用残差可以把它写成如下形式：

$$\sum_{i=1}^{n} x_i \hat{u}_i = 0 \tag{2.31}$$

因为 OLS 残差的样本均值为零，所以（2.31）式的左边与 x_i 和 $\hat{u}_i$ 之间的样本协方差成比例。

（3）点 $(\bar{x}, \bar{y})$ 总在 OLS 回归线上。换言之，如果我们利用方程（2.23），并用 $\bar{x}$ 替换 x，那么预测值就是 $\bar{y}$。这就是方程（2.16）告诉我们的信息。

例 2. 7

工资和受教育程度

对于 WAGE1 中的数据，样本中的平均小时工资四舍五入到两位小数便是 5.90，平均受教育程度是 12.56。若将 $educ = 12.56$ 代入 OLS 回归线（2.27），便得到 $\widehat{wage} = -0.90 + 0.54 \times 12.56 = 5.882\,4$，若四舍五入到一位小数则为 5.9。这两个数字不完全一致，原因是我们把平均工资和平均受教育程度以及截距和斜率估计值都进行了四舍五入。如果最初没有四舍五入任何一个值，我们会得到两个更为接近的结果，但这样做并没有什么价值。

把每个 y_i 写成它的拟合值与它的残差之和，这便提供了解释 OLS 回归的又一种方法。对于任意 i，都有

$$y_i = \hat{y}_i + \hat{u}_i \tag{2.32}$$

根据性质（1）可知，残差均值为零；等价地，拟合值 $\hat{y}_i$ 的样本均值和 y_i 的样本均值相等，即 $\bar{\hat{y}} = \bar{y}$。进一步来说，性质（1）和（2）可被用于证明 $\hat{y}_i$ 和 $\hat{u}_i$ 之间的样本协方差为零。因此，我们可以把 OLS 看作是把 y_i 分成拟合值和残差两个部分。在样本中，拟合值和残差是不相关的。

定义**总平方和**（total sum of squares，SST）、**解释平方和**（explained sum of squares，SSE）和**残差平方和**（residual sum of squares，SSR，也叫做剩余平方和）如下：

$$\text{SST} \equiv \sum_{i=1}^{n} (y_i - \bar{y})^2 \tag{2.33}$$

$$\text{SSE} \equiv \sum_{i=1}^{n} (\hat{y}_i - \bar{y})^2 \tag{2.34}$$

$$\text{SSR} \equiv \sum_{i=1}^{n} \hat{u}_i^2 \tag{2.35}$$

SST 度量了 y_i 中的总样本波动；这就是说，它度量了 y_i 在样本中的分散程度。正如书末附录数学复习 C 所讨论的，如果我们将 SST 除以 $n-1$，便得到 y 的样本方差。类似地，SSE 度量了 $\hat{y}_i$ 的样本波动（其中用到了结论 $\bar{\hat{y}} = \bar{y}$），SSR 度量了 $\hat{u}_i$ 的样本波动。y 的总波动总能表示成被解释的波动 SSE 和未被解释的波动 SSR 之和。因此，

$$\text{SST} = \text{SSE} + \text{SSR} \tag{2.36}$$

证明（2.36）式并不困难，但是它要求我们利用书末附录数学复习 A 中求和运算的全部性质。过程为

$$\sum_{i=1}^{n}(y_i-\bar{y})^2 = \sum_{i=1}^{n}\left[(y_i-\hat{y}_i)+(\hat{y}_i-\bar{y})\right]^2$$

$$= \sum_{i=1}^{n}\left[\hat{u}+(\hat{y}_i-\bar{y})\right]^2$$

$$= \sum_{i=1}^{n}\hat{u}_i^2+2\sum_{i=1}^{n}\hat{u}_i(\hat{y}_i-\bar{y})+\sum_{i=1}^{n}(\hat{y}_i-\bar{y})^2$$

$$= \text{SSR}+2\sum_{i=1}^{n}\hat{u}_i(\hat{y}_i-\bar{y})+\text{SSE}$$

如果我们证明了

$$\sum_{i=1}^{n}\hat{u}_i(\hat{y}_i-\bar{y})=0 \qquad (2.37)$$

（2.36）式便成立。而我们已经指出，残差和拟合值之间的样本协方差为零，并且这个协方差正是（2.37）式除以 $n-1$ 的结果。由此，我们便证明了（2.36）式。

现在，对 SST、SSE 和 SSR，有几个值得注意的地方。方程（2.33）、（2.34）和（2.35）中定义的三个量并没有统一的名字或缩写。总平方和写成 SST 或者 TSS，这两种写法都不会产生混淆。不幸的是，解释平方和有时候被称为"**回归平方和**"（regression sum of squares）。如果给这个称谓一个自然的缩写，就很容易和"**残差平方和**"（residual sum of squares）的缩写混淆。所以有些回归软件把解释平方和称为"**模型平方和**"（model sum of squares）。

更糟糕的是，残差平方和经常被称为"**误差平方和**"（error sum of squares）。这就尤其不幸了，因为在 2.5 节中我们会看到，误差和残差是两个不同的量。因此，我们一般都称方程（2.35）为剩余平方和或者残差平方和。我们倾向于使用缩写 SSR 来表示残差平方和，因为它在计量经济学软件中更加常见。

2.3c 拟合优度

迄今为止，我们还没有办法衡量解释变量或自变量 x 究竟多好地解释了因变量 y。如果能够计算出一个数值来概括 OLS 回归线对数据拟合得有多好，这对我们就非常有帮助。在接下来的讨论中，读者必须要记住，我们假设截距与斜率是被同时估计的。

假定总平方和 SST 不为零（除非所有 y_i 都相等，这个假设总是成立，这种情况很罕见）。我们可以通过将方程（2.36）两边同时除以 SST 得到 $1=\text{SSE/SST}+\text{SSR/SST}$。回归的 R^2（R-squared），有时又称为**判定系数**（coefficient of determination），被定义为

$$R^2 \equiv \text{SSE/SST} = 1-\text{SSR/SST} \qquad (2.38)$$

R^2 是可解释的波动与总波动之比，因此被认为是 y 的样本波动中被 x 解释的部分。方程（2.38）的第二个等式提供了计算 R^2 的另一种方法。

根据方程（2.36），因为 SSE 不可能大于 SST，所以 R^2 的值总是介于 0 和 1 之

间。在解释 R^2 时，我们通常把它扩大 100 倍，得到一个百分数，所以 $100 \cdot R^2$ 是 y 的样本波动中被 x 解释部分的百分比。

若数据点都落在同一直线上，OLS 就提供了一个对数据的完美拟合。此时，$R^2=1$。一个接近于零的 R^2 值表明 OLS 给出了一个糟糕的拟合，因为 y_i 中的波动极少能被 $\hat{y}_i$ 中的波动所刻画（后者全部落在 OLS 回归线上）。事实上，可以证明，R^2 等于 y_i 和 $\hat{y}_i$ 的样本相关系数的平方。这就是"R^2"这个名称的由来。（字母 R 传统上用于表示一个总体相关系数的估计值，这一用法在回归分析中被沿用下来。）

例 2.8

CEO 的薪水和股本回报率

在 CEO 薪水的回归中，我们可以得到：

$$\widehat{salary} = 963.191 + 18.501\, roe$$

$$n = 209,\ R^2 = 0.013\,2 \tag{2.39}$$

为清晰起见，我们重新给出 OLS 回归线和观测次数。利用该方程报告的 R^2（四舍五入至四位小数），我们可以看到在薪水的波动中，实际有多少是被股本回报率所解释的。答案是：不多。在 209 位 CEO 的样本中，企业的股本回报率仅解释了薪水波动的约 1.3%。解释力的缺乏不足为奇，因为还有企业和 CEO 个人的诸多其他特征影响薪水，这些因素都被包含在简单回归分析的误差项中。

在社会科学中，回归方程中的 R^2 过低是很正常的，特别是对于横截面分析来说更是如此。我们要在多元回归分析中更一般性地讨论这个问题，但在此有必要强调的是，一个看似很低的 R^2 值并不意味着 OLS 回归方程没有用。方程（2.39）仍然可能是在其他条件不变时，$salary$ 和 roe 关系的良好估计；估计是否正确并不直接依赖于 R^2 的大小。初学计量经济学的学生在评价回归方程时总是特别注意 R^2 的大小。现在我们要意识到，把 R^2 作为评价计量经济分析成功与否的主要准则可能会带来许多麻烦。

有时候，解释变量解释了因变量的大部分样本波动。

例 2.9

投票结果和竞选支出

在（2.28）的投票结果方程中，$R^2 = 0.856$。因此，竞选支出占比解释了该样本中选举结果波动的 85% 以上。这是相当大的一个部分。

2.4 度量单位和函数形式

在应用经济学中，有两个重要问题：（1）理解改变因变量和/或自变量的度量单位将如何影响 OLS 估计值；（2）了解如何把在经济学中使用的总体函数形式加入回归分析中。书末附录数学复习 A 回顾了全面理解函数形式问题所需要的数学知识。

2.4a 改变度量单位对 OLS 统计量的影响

在例 2.3 中，我们选择用千美元来计算年薪，用百分数（而不是十进位数）来计算股本回报率。为了理解方程（2.39）中的估计值，明确这个例子中 *salary* 和 *roe* 的度量单位非常关键。

我们还必须知道，当因变量和自变量的度量单位变化时，OLS 估计值的变化完全可以预料。在例 2.3 中，假设不用千美元而是用美元来作为年薪单位。令 *salardol* 为以美元为单位的年薪（*salardol* = 845 761 表示 845 761 美元）。当然，*salardol* 与以千美元为单位的年薪有简单的关系，即 *salardol* = 1 000 · *salary*。我们其实不需要做 *salardol* 对 *roe* 的回归，便知道估计方程：

$$\widehat{salardol} = 963\ 191 + 18\ 501\ roe \tag{2.40}$$

只需将方程（2.39）中的截距和斜率扩大 1 000 倍即可得到方程（2.40）中的截距和斜率。对方程（2.39）和（2.40）的解释也是相同的。看一下方程（2.40），若 *roe* = 0，则 $\widehat{salardol}$ = 963 191，所以预测的年薪是 963 191 美元［与我们从方程（2.39）中得到的值相等］。进一步来看，若 *roe* 增加 1，则薪水的预测值就增加 18 501 美元；这与我们前面对方程（2.39）的分析得到的结论也相同。

一般地，当因变量的度量单位改变时，我们很容易计算出截距和斜率估计值的变化。若因变量乘以一个常数 *c*（意味着样本中的每个数据都乘以 *c*），则 OLS 截距和斜率的估计值都扩大为原来的 *c* 倍。（这里假设自变量没有任何变化。）在 CEO 薪水的例子中，令 *c* = 1 000 即可把 *salary* 转换为 *salardol*。

我们同样可以用 CEO 薪水的例子来考察，当我们改变自变量的度量单位时，会发生什么情况？定义 *roedec* = *roe*/100 为 *roe* 的小数表示；从而 *roedec* = 0.23 意味着 23% 的股本回报率。为了集中考虑自变量度

> **？ 思考题 2.4**
>
> 假设薪水用百美元而不是用千美元计算，令其为 *salarhun*，在 *salarhun* 对股本回报率的回归中，截距和斜率的 OLS 估计值是多少？

量单位的改变，我们保持原来因变量的度量单位（千美元）不变。当我们将 *salary* 对 *roedec* 回归时，便得到

$$\widehat{salary} = 963.191 + 1\,850.1\,roedec \tag{2.41}$$

$roedec$ 的系数是方程（2.39）中 roe 系数的 100 倍，当然应该是这样的。roe 变化一个百分点相当于 $\Delta roedec = 0.01$。从方程（2.41）可知，若 $\Delta roedec = 0.01$，则 $\widehat{\Delta salary} = 1\,850.1 \times 0.01 = 18.501$。这就是方程（2.39）得到的结论。注意，从方程（2.39）变化到方程（2.41），自变量被除以 100，所以 OLS 斜率估计值就被放大 100 倍，而保持对方程的解释不变。一般地，若自变量被除以或乘以一个非零常数 c，则 OLS 斜率系数也会分别被乘以或者除以 c。

方程（2.41）中的截距没有变化，因为 $roedec = 0$ 仍等价于股本回报率为零。一般地，仅改变自变量的度量单位不会影响截距估计值。

在前面的章节中，我们定义 R^2 为 OLS 回归的拟合优度度量标准。我们也可以研究自变量或因变量的度量单位改变时 R^2 的变化。无须代数运算，我们便知道结果：模型的拟合优度不应该依赖于变量的度量单位。举例来说，薪水的变化量被股本回报率解释的部分，不会依赖于薪水是用美元还是用千美元度量的，也不会依赖于股本回报率是用百分数还是用小数表示的。这种直觉可以用数学方法证明，因为利用 R^2 的定义我们可知，R^2 事实上不因 y 或 x 的单位变化而改变。

2.4b　在简单回归中加入非线性因素

到现在为止，我们已经集中讨论了因变量和自变量的线性关系。正如我们在第 1 章中提到的，线性关系还不具备对所有经济学应用都适用的一般性。幸运的是，我们可以通过合理定义因变量和自变量，把许多非线性因素轻易地引入简单回归分析之中。下面，我们将讨论在应用研究中时常出现的两种可能性。

在阅读社会科学的应用文献时，你经常会遇到一些回归方程，其中的因变量以对数形式出现。这是怎么出现的呢？回忆工资—教育的例子，我们把小时工资对受教育年数进行回归，得到斜率估计值 0.54 ［见方程（2.27）］，这意味着每多接受一年教育，小时工资预计可以增加 54 美分。因为方程（2.27）是线性的，所以 54 美分的增加，可能来自第 1 年的教育，也可能来自第 20 年的教育；这恐怕不太合理。

为了更好地刻画工资如何随着受教育程度的变化而变化，可能应该做这样的假定：多接受一年教育，工资增长的百分数都是不变的。比如，在其他条件不变的情况下，将受教育程度从 5 年增加到 6 年，工资提高了比方说 8%，而将受教育程度从 11年增加到 12 年，工资也提高了 8%。一个（近似）给出影响百分比为常数的模型是

$$\log(wage) = \beta_0 + \beta_1 educ + u \tag{2.42}$$

式中，$\log(\cdot)$ 表示自然对数。（见书末附录数学复习 A 对对数的复习。）特别地，若 $\Delta u = 0$，则

$$\%\Delta wage \approx (100 \cdot \beta_1)\Delta educ \tag{2.43}$$

2

注意，我们把 β_1 乘以 100 以得到多接受一年教育时工资变化的百分比。因为每增加一年教育，工资的变化百分比都相同，所以当受教育程度提高时，工资变化量也随之增加；换言之，方程（2.42）意味着递增的教育回报。通过对方程（2.42）取指数，我们可以将其写为 $wage = \exp(\beta_0 + \beta_1 educ + u)$。当 $u = 0$ 时，该方程可表示为图 2.6。

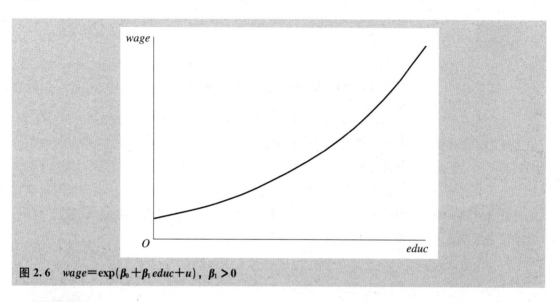

图 2.6 $wage = \exp(\beta_0 + \beta_1 educ + u)$，$\beta_1 > 0$

例 2.10

一个对数工资方程

利用与例 2.4 相同的数据，但是把 $\log(wage)$ 作为因变量，我们得到如下关系：

$$\widehat{\log(wage)} = 0.584 + 0.083\,educ$$

$$n = 526，R^2 = 0.186 \tag{2.44}$$

若将 $educ$ 的系数乘以 100，它就成为一个百分数概念，表示每多接受一年教育，$\widehat{wage}$ 都会有 8.3% 的提高。这就是经济学家所说的"增加一年教育的回报率"。

在方程（2.42）中，使用对数工资的主要原因是为了使教育对工资的影响百分比不变，谨记这一点非常重要。一旦得到方程（2.44），就几乎不用再提工资的自然对数了。特别地，若说增加一年教育可以使 $\log(wage)$ 提高 8.3%，这便是不正确的。

方程（2.44）中的截距不是很有意义，它给出了当 $educ = 0$ 时 $\log(wage)$ 的预测值。R^2 表示，受教育程度解释了 $\log(wage)$（而不是 $wage$）波动中的约 18.6%。最后，方程（2.44）不一定能刻画工资和所受教育之间的所有非线性关系。例如，如果存在"文凭效应"，那么第 12 年的教育（即高中毕业）或许比第 11 年的教育要有价值得多。我们在第 7 章将会了解如何考虑诸如此类的非线性因素。

估计一个诸如（2.42）的模型，用简单回归便直截了当。只要定义因变量 y 为 $y=\log(wage)$。自变量由 $x=educ$ 来表达。OLS 的机制如前：截距和斜率的估计值由公式（2.17）和（2.19）给出。换言之，我们通过 $\log(wage)$ 对 $educ$ 的 OLS 回归得到 $\hat{\beta}_0$ 和 $\hat{\beta}_1$。

自然对数的另一个应用是得到一个**常弹性模型**（constant elasticity model）。

例 2.11

CEO 的薪水和公司的销售额

我们可以估计一个关于 CEO 薪水与公司的销售额的常弹性模型。数据集与例 2.3 所使用的数据集相同，只是我们现在将薪水与销售额相联系。令 $sales$ 表示公司的年销售额，并以百万美元度量。常弹性模型为

$$\log(salary) = \beta_0 + \beta_1 \log(sales) + u \tag{2.45}$$

β_1 是薪水对销售额的弹性。定义因变量为 $y=\log(salary)$，自变量为 $x=\log(sales)$，这个模型就变成了简单回归模型。用 OLS 估计这个方程，得到

$$\widehat{\log(salary)} = 4.822 + 0.257 \log(sales)$$
$$n = 209, \ R^2 = 0.211 \tag{2.46}$$

$\log(sales)$ 的系数就是薪水对销售额的弹性估计值。它表明公司销售额增加 1%，CEO 的薪水增加大约 0.257%——这就是我们通常对弹性的解释。

本节讨论的两个函数形式在本书后面部分将会经常出现。我们在此讨论了包含自然对数的模型，因为它们在应用研究中出现得非常频繁。而且在多元回归情形中，对这种模型的解释也不会有太大的不同。

在因变量以对数形式出现时，分析其度量单位的改变对截距和斜率估计值的影响也很有帮助。因为对数形式的变化近似于比例变化，所以斜率不发生变化是讲得通的。对于每一次观测 i，我们把重新度量的变量记为 $c_1 y_i$ 就可以看出这一点。原方程为 $\log(y_i) = \beta_0 + \beta_1 x_i + u_i$。如果我们把方程两边都加上一个 $\log(c_1)$，便得到 $\log(c_1) + \log(y_i) = [\log(c_1) + \beta_0] + \beta_1 x_i + u_i$，或者 $\log(c_1 y_i) = [\log(c_1) + \beta_0] + \beta_1 x_i + u_i$。（如书末附录数学复习 A 所示，对数之和等于其积的对数。）因此，斜率仍然是 β_1，但截距现在变成了 $\log(c_1) + \beta_0$。类似地，若自变量为 $\log(x)$，且在 x 取对数之前改变其度量单位，则斜率保持不变，但截距改变了。习题 9 会要求你证明这些观点。

变量使用其原始形式或对数形式可以得到四个函数形式组合，我们以对这些形式的总结来结束这一小节。在表 2.3 中，x 和 y 代表变量的原始形式。以 y 为因变量、x 为自变量的模型被称为水平值—水平值模型，因为其中的每一个变量都以其水平值的形式出现。以 $\log(y)$ 为因变量、x 为自变量的模型被称为对数—水平值

模型。我们在这里不会过多地讨论水平值—对数模型，因为它在实践中很少出现。但无论如何，我们还是能在后面的章节中见到这类模型的例子。

表 2.3 的最后一列给出了对 β_1 的解释。在对数—水平值模型中，$100\beta_1$ 有时也被称为 y 对 x 的**半弹性**（semi-elasticity）。正如我们在例 2.11 中所言，在对数—对数模型中，β_1 是 y 对 x 的**弹性**（elasticity）。表 2.3 值得仔细研究，我们在后面的章节中会经常提到它。

表 2.3　涉及对数的函数形式总结

模型	因变量	自变量	对 β_1 的解释
水平值—水平值	y	x	$\Delta y = \beta_1 \Delta x$
水平值—对数	y	$\log(y)$	$\Delta y = (\beta_1/100)\% \Delta x$
对数—水平值	$\log(y)$	x	$\% \Delta y = (100\beta_1) \Delta x$
对数—对数	$\log(y)$	$\log(y)$	$\% \Delta y = \beta_1 \% \Delta x$

2.4c　"线性"回归的含义

我们在本章研究的简单回归模型又被称为简单线性回归模型。然而，正如我们刚刚看到的，这个一般性模型同样允许非线性关系的存在。那么这里的"线性"究竟意味着什么呢？看一下方程（2.1）：$y = \beta_0 + \beta_1 x + u$，你就会明白。关键在于方程关于参数 β_0 和 β_1 是线性的，至于 y 和 x 与我们所关注的被解释变量和解释变量有何联系，我们对这一点并没有限制。就像我们在例 2.10 和例 2.11 中所见，y 和 x 可以是变量的自然对数，而且这在应用中非常普遍，但并不止于此。比方说，用简单回归去估计一个诸如 $cons = \beta_0 + \beta_1 \sqrt{inc} + u$ 的模型也毫无问题，其中 $cons$ 是年消费，inc 是年收入。

然而，简单回归模型的原理并不依赖于 y 和 x 的定义，系数的解释才依赖于它们的定义。为了成功地进行实证研究，精通系数解释比熟练地计算诸如（2.19）等公式更为重要。在研究多元回归时，我们会更多地练习如何解释 OLS 回归线上的估计值。

有许多模型不能被塑造成线性回归模型，因为它们的参数不是线性的；例如 $cons = 1/(\beta_0 + \beta_1 inc) + u$。这种模型的估计就把我们带入非线性回归模型的领域，但它超出了本书的范围。对大部分应用来说，选择一个能转化成线性回归的模型就足够了。

2.5　OLS 估计量的期望值和方差

在 2.1 节中，我们定义总体模型 $y = \beta_0 + \beta_1 x + u$，并且声称使简单回归分析有用的一个关键假设是，对于任何给定的 x 值，u 的期望值都为零。在 2.2 节、2.3 节和 2.4 节中，我们讨论了 OLS 估计的代数性质。我们现在回到总体模型，并研究 OLS 的统计性质。换言之，我们把 $\hat{\beta}_0$ 和 $\hat{\beta}_1$ 看作是在总体模型中出现的参数 β_0 和

β_1 的估计量。这就意味着，我们要研究在从总体中抽取不同的随机样本时，$\hat{\beta}_0$ 和 $\hat{\beta}_1$ 的分布性质。（书末附录数学复习 C 包括一些估计量的定义及其重要性质的复习。）

2.5a OLS 的无偏性

我们首先在一组简单假设的基础上构建 OLS 的无偏性。为便于将来参考，用简单线性回归的首字母缩写"SLR"给这些假设编号会有所帮助。第一个假设定义了总体模型。

假设 SLR. 1　线性于参数

在总体模型中，因变量 y 与自变量 x 和误差（干扰）u 的关系如下：

$$y = \beta_0 + \beta_1 x + u \tag{2.47}$$

其中，β_0 和 β_1 分别表示总体的截距和斜率参数。

为使之更现实，y、x 和 u 都被视为表述总体模型时的随机变量。我们在 2.1 节曾详尽讨论了对这个模型的解释，并给出了一些例子。在上一节中，我们知道方程（2.47）并不像它初看来那么具有约束性；通过适当选择 y 和 x，我们能够得到有趣的非线性关系（例如常弹性模型）。

我们对用 y 和 x 的数据来估计参数 β_0 和 β_1 颇感兴趣，尤其是对估计 β_1 感兴趣。我们假定这些数据是作为随机样本而得到的。（见书末附录数学复习 C 对随机抽样的复习。）

假设 SLR. 2　随机抽样

我们有一个服从总体模型方程（2.47）的随机样本 $\{(x_i, y_i): (i=1, 2, \cdots, n)\}$，其样本容量为 n。

在后面讨论时间序列分析和样本选择问题的章节中，我们必须解决随机抽样假设失灵的问题。虽然并不是所有横截面样本都能被看作是随机抽样的结果，但许多样本还是可以的。

我们可以依据随机样本将方程（2.47）写成

$$y_i = \beta_0 + \beta_1 x_i + u_i, \ i=1, 2, \cdots, n \tag{2.48}$$

u_i 是第 i 次观测（比如第 i 个人、公司 i、城市 i 等）的误差或者干扰。因此，u_i 包含了第 i 次观测中影响 y_i 的不可观测的因素。不能把 u_i 和我们在 2.3 节中定义的残差 $\hat{u}_i$ 混淆起来。后面我们会解释误差和残差之间的关系。在具体应用中，方程（2.47）对解释 β_0 和 β_1 是最有价值的，但方程（2.48）对一些统计推断来说也不可缺少。

如图 2.7 所示，关系（2.48）可用具体数据的结果描绘出来。

2

我们在 2.2 节已经看到，除非解释变量中有一些样本波动，否则 OLS 斜率和截距估计值便没有意义。我们现在就把 x_i 的波动添加到我们的假设之中。

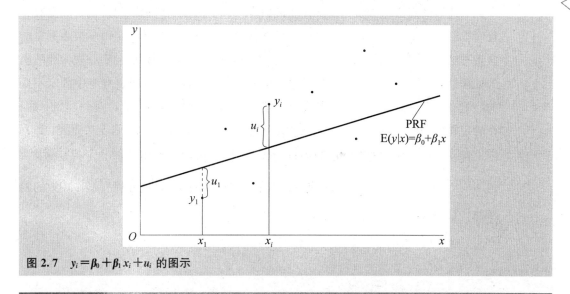

图 2.7　$y_i = \beta_0 + \beta_1 x_i + u_i$ 的图示

假设 SLR. 3	解释变量的样本波动性

x 的样本 $\{x_i\colon i=1, \cdots, n\}$ 不是完全相同的数值。

这是一个很弱的假设（这当然不值得强调，但它是必须满足的）。如果总体中的 x 有波动，那么除非总体波动非常小或者样本容量太小，否则 x 的随机样本通常也有波动。简单检查一下 x_i 的统计量摘要即可判断假设 SLR. 3 是否成立：若 x_i 的样本标准差为零，则假设 SLR. 3 不成立，否则假设 SLR. 3 便成立。

最后，为了得到 β_0 和 β_1 的无偏估计量，我们必须加上 2.1 节曾详细讨论过的零条件均值假设。我们现在明确地把它加入我们的假设之中。

假设 SLR. 4	零条件均值

对一个随机样本，这个假设意味着对所有 $i=1, 2, \cdots, n$，都有 $E(u_i \mid x_i)=0$。

除了限定总体中 u 和 x 的关系，零条件均值假设（和随机抽样假设结合起来）还会带来一个很方便的技术简化。具体而言，我们可以把样本中的 x_i 值当作条件，推导 OLS 估计量的统计性质。技术上讲，在统计推断中，以下两者的处理方法是相同的：一种是以自变量的样本值为条件，一种是把 x_i 视为在重复样本中固定不变。其过程如下：我们首先选择 n 个样本值 $x_1, x_2, \cdots, x_n$（这些值可以重复）。给定这些值，我们便可以得到 y 的一个样本（可通过获得 u_i 的一个随机样本实现）。然后利用相同的 $x_1, x_2, \cdots, x_n$，又得到 y 的另一样本。利用同样的 $x_1, x_2, \cdots, x_n$ 再得到 y 的一个样本。并依此重复下去。

自变量在重复样本中固定不变的这种构想在非实验背景中不是很现实。例如在工资—教育一例中抽取个人时，事先选择 *educ* 的值，再在特定受教育程度下抽取个人，这样的想法很难讲得通。在随机抽样时，个人是随机抽取的，工资和受教育程度都同时被记录下来，这才是社会科学领域中进行实证分析时获得多数数据集的典型方法。一旦我们假定 $E(u \mid x)=0$，并进行随机抽样，那么，把 x_i 视为非随机的处理办法就不会使得我们在推导过程中失去什么。自变量在重复样本中固定不变的假设有一个缺点，其危险之处在于：这个假设总是意味着 u_i 和 x_i 是相互独立的。在确定简单回归分析何时得到无偏估计量时，用假设 SLR.4 来思考至关重要。

现在，我们准备证明 OLS 估计量的无偏性。为此，利用 $\sum_{i=1}^{n}(x_i - \bar{x})(y_i - \bar{y}) = \sum_{i=1}^{n}(x_i - \bar{x})y_i$（见书末附录数学复习 A），我们可以把方程（2.19）中的斜率估计量写成

$$\hat{\beta}_1 = \frac{\sum\limits_{i=1}^{n}(x_i - \bar{x})y_i}{\sum\limits_{i=1}^{n}(x_i - \bar{x})^2} \tag{2.49}$$

由于现在我们对 $\hat{\beta}_1$ 在所有可能样本中的表现感兴趣，所以 $\hat{\beta}_1$ 应被看成一个随机变量。

把（2.48）的右侧代入（2.49），用总体系数和误差表示 $\hat{\beta}_1$，我们便有

$$\hat{\beta}_1 = \frac{\sum\limits_{i=1}^{n}(x_i - \bar{x})y_i}{\mathrm{SST}_x} = \frac{\sum\limits_{i=1}^{n}(x_i - \bar{x})(\beta_0 + \beta_1 x_i + u_i)}{\mathrm{SST}_x} \tag{2.50}$$

其中，为简化起见，我们定义 x_i 的总波动为 $\mathrm{SST}_x = \sum_{i=1}^{n}(x_i - \bar{x})^2$。（因为我们没有除以 $n-1$，所以这不是 x_i 的样本方差。）利用代数求和运算，我们可以把 $\hat{\beta}_1$ 的分子写为

$$\sum_{i=1}^{n}(x_i - \bar{x})\beta_0 + \sum_{i=1}^{n}(x_i - \bar{x})\beta_1 x_i + \sum_{i=1}^{n}(x_i - \bar{x})u_i$$

$$= \beta_0 \sum_{i=1}^{n}(x_i - \bar{x}) + \beta_1 \sum_{i=1}^{n}(x_i - \bar{x})x_i + \sum_{i=1}^{n}(x_i - \bar{x})u_i \tag{2.51}$$

如书末附录数学复习 A 所示，$\sum_{i=1}^{n}(x_i - \bar{x}) = 0$ 且 $\sum_{i=1}^{n}(x_i - \bar{x})x_i = \sum_{i=1}^{n}(x_i - \bar{x})^2 = \mathrm{SST}_x$。因此，我们可以把 $\hat{\beta}_1$ 的分子写成 $\beta_1 \mathrm{SST}_x + \sum_{i=1}^{n}(x_i - \bar{x})u_i$。将其置于分母之上，便得到

$$\hat{\beta}_1 = \beta_1 + \frac{\sum\limits_{i=1}^{n}(x_i - \bar{x})u_i}{\mathrm{SST}_x} = \beta_1 + (1/\mathrm{SST}_x)\sum_{i=1}^{n}d_i u_i \tag{2.52}$$

式中，$d_i = x_i - \bar{x}$。我们现在可以看到，$\hat{\beta}_1$ 的估计量等于总体斜率 β_1 加上误差 $\{u_1, u_2, \cdots, u_n\}$ 的一个线性组合。以 x_i 的值为条件，$\hat{\beta}_1$ 的随机性完全来自样本中的误差。这些误差一般都不为零，这正是 $\hat{\beta}_1$ 与 β_1 有差异的原因。

利用方程（2.52）的表述，我们可以证明 OLS 的第一个重要统计性质。

定理 2.1

OLS 的无偏性

利用假设 SLR.1 至 SLR.4，对 β_0 和 β_1 的任何值，我们都有

$$\mathrm{E}(\hat{\beta}_0) = \beta_0，\mathrm{E}(\hat{\beta}_1) = \beta_1 \tag{2.53}$$

换言之，$\hat{\beta}_0$ 是 β_0 的无偏估计，$\hat{\beta}_1$ 是 β_1 的无偏估计。

证明： 在此证明中，期望值都以自变量的样本值为条件。因为 SST_x 和 d_i 都只是 x_i 的函数，所以它们在条件作用下都是非随机的。因此，保持以 $\{x_1, x_2, \cdots, x_n\}$ 为条件，根据 （2.52）式，我们有

$$\mathrm{E}(\hat{\beta}_1) = \beta_1 + \mathrm{E}\Big[(1/\mathrm{SST}_x)\sum_{i=1}^{n} d_i u_i\Big] = \beta_1 + (1/\mathrm{SST}_x)\sum_{i=1}^{n} \mathrm{E}(d_i u_i)$$

$$= \beta_1 + (1/\mathrm{SST}_x)\sum_{i=1}^{n} d_i \mathrm{E}(U_i) = \beta_1 + (1/\mathrm{SST}_x)\sum_{i=1}^{n} d_i \cdot 0 = \beta_1$$

其中我们利用了如下事实：在假设 SLR.2 和 SLR.4 下，每个 u_i 的期望值（以 $\{x_1, x_2, \cdots, x_n\}$ 为条件）都是零。由于无偏性对于任意以 $\{x_1, x_2, \cdots, x_n\}$ 为条件的结果都成立，无偏性也对不以 $\{x_1, x_2, \cdots, x_n\}$ 为条件的结果成立。

对 $\hat{\beta}_0$ 的证明现在就非常简单了。将方程（2.48）对 i 取均值，便得到 $\bar{y} = \beta_0 + \beta_1 \bar{x} + \bar{u}$，将其代入 $\hat{\beta}_0$ 的表达式：

$$\hat{\beta}_0 = \bar{y} - \hat{\beta}_1 \bar{x} = \beta_0 + \beta_1 \bar{x} + \bar{u} - \hat{\beta}_1 \bar{x} = \beta_0 + (\beta_1 - \hat{\beta}_1)\bar{x} + \bar{u}$$

那么，根据假设 SLR.2 和 SLR.4，有 $\mathrm{E}(\bar{u}) = 0$，于是以 x_i 的值为条件，我们有

$$\mathrm{E}(\hat{\beta}_0) = \beta_0 + \mathrm{E}[(\beta_1 - \hat{\beta}_1)\bar{x}] + \mathrm{E}(\bar{u}) = \beta_0 + \mathrm{E}[(\beta_1 - \hat{\beta}_1)]\bar{x}$$

但我们知道 $\mathrm{E}(\hat{\beta}_1) = \beta_1$，这就意味着 $\mathrm{E}[(\hat{\beta}_1 - \beta_1)] = 0$。因此，$\mathrm{E}(\hat{\beta}_0) = \beta_0$。以上两个论证对 β_0 和 β_1 的任何值都成立，由此我们就证明了 OLS 的无偏性。

必须记住，无偏性是 $\hat{\beta}_1$ 和 $\hat{\beta}_0$ 的抽样分布性质，它并没有告诉我们从特定样本中得到的估计值是什么。我们希望的是：如果我们的样本是比较"典型"的，那么我们的估计值就会"接近于"总体值。不幸的是，我们总有可能得到点估计值远离 β_1 的样本，而且我们永远也不可能确知情况是否如此。你或许想复习一下书末附录数学复习 C 中无偏估计量的内容，特别是表 C.1 中说明无偏性概念的模拟练习。

如果我们的四个假设中有一个不成立，那么一般无偏性也不成立。这就意味着，考虑每个假设的真实性，对一个特定的应用而言是非常重要的。假设 SLR.1 要求 y 和 x 线性相关，还要加上一个干扰项。这有可能不成立。但我们同样知道，可以通过选择 y 和 x 得到我们感兴趣的非线性关系。解决（2.47）不成立的问题要求使用更高深的方法，而这超出了本书的讨论范围。

今后在做时间序列分析时，我们将放松随机抽样假设 SLR.2，但如果用它来分析横截面会怎样？当样本不能代表其背后的总体时，随机抽样在横截面上就会不成

立：事实上，有些数据集就是通过有意识地从总体的不同部分中过度取样而构造出来的。我们将在第 9 章和第 17 章中讨论非随机抽样的问题。

我们曾讨论过，假设 SLR.3 在有意义的回归应用中几乎总能成立。否则，我们甚至得不到 OLS 估计值。

我们现在着重讨论假设 SLR.4。若假设 SLR.4 成立，则 OLS 估计量就无偏。同样，若假设 SLR.4 不成立，则 OLS 估计量一般都是有偏的。有一些方法能用来确定偏误方向和大小，我们将在第 3 章中研究这些方法。

正如我们在 2.1 节中给出的几个例子所说明的，x 与 u 相关的可能性总是我们在使用非实验数据进行简单回归分析时所关注的问题。当 u 包含着影响 y 且与 x 也相关的因素时，使用简单回归就会导致伪相关：也就是说，我们会发现 y 和 x 的关系实际上源于既影响 y 同时又恰巧与 x 相关的不可观测因素。

例 2.12

学生的数学成绩与学校的午餐项目

令 $math10$ 表示一个高中的十年级学生中，通过一次标准化数学考试的学生所占的百分比。假设我们想估计联邦资助的学校午餐项目对学生成绩的影响。在其他条件不变的情况下，我们估计午餐项目对学生成绩有正影响，即其他条件不变，若一个学生太贫穷而不能保证正常的饮食，就可以有资格享受学校午餐项目的资助，他或她的成绩应该会提高。用 $lnchprg$ 表示有资格接受午餐计划的学生百分比。那么，一个简单回归模型就是

$$math10 = \beta_0 + \beta_1 lnchprg + u \tag{2.54}$$

式中，u 包含了影响学校整体成绩的学校和学生特征。MEAP93 包含了密歇根州 408 所高中 1992—1993 学年度的数据，利用这些数据，我们得到

$$\widehat{math10} = 32.14 - 0.319 lnchprg$$
$$n = 408, R^2 = 0.171$$

这个方程预计，若有资格接受午餐项目的学生增加 10 个百分点，则通过数学考试的学生会减少 3.2 个百分点。我们能相信更高的午餐项目参与率确实导致了更糟糕的成绩吗？答案几乎是否定的。一个更好的解释是，方程 (2.54) 中的误差项 u 和 $lnchprg$ 相关。事实上，u 包含着既影响学生成绩又与午餐项目资格高度相关的因素，比如在校学生的贫困率。像学校质量和资源这样的变量也被包含在 u 中，它们都可能与 $lnchprg$ 相关。应该记住的是，估计值 -0.319 只针对这个特定例子，但它的符号和大小让我们怀疑 u 和 x 是否相关，因此该简单回归是有偏误的。

在简单回归模型中，除遗漏变量外，还有其他原因使 x 与 u 相关。由于同样的问题也会出现在多元回归分析中，所以我们到那时再系统地讨论这个问题。

2.5b　OLS 估计量的方差

　　除了知道 $\hat{\beta}_1$ 的抽样分布是以 β_1 为中心（$\hat{\beta}_1$ 是无偏的）的之外，了解我们预期的 $\hat{\beta}_1$ 究竟距离 β_1 大致有多远也非常重要。在其他条件不变的情况下，这就容许我们从所有（至少一大类）无偏估计量中选择一个最佳估计量。度量 $\hat{\beta}_1$（和 $\hat{\beta}_0$）分布的分散程度，最容易操作的一个指标就是方差或其平方根即标准差。（见书末附录数学复习 C 中更详细的讨论。）

　　结果表明，在假设 SLR.1 至 SLR.4 下，OLS 估计量的方差可以计算出来。不过，这些表达式多少有些复杂。鉴于此，我们增加一个横截面分析中的传统假设。这个假设要求：以 x 为条件，无法观测变量 u 的方差是一个常数。这就是**同方差**（homoskedasticity）或"常方差"假设。

假设 SLR.5　同方差性

　　给定解释变量的任何值，误差都具有相同的方差，换言之，

$$\mathrm{Var}(u \mid x) = \sigma^2$$

　　我们必须强调的是，同方差假设与零条件均值假设即 $\mathrm{E}(u \mid x)=0$ 非常不同。假设 SLR.4 涉及的是 u 的期望值，而假设 SLR.5 关心的是 u 的方差（都以 x 为条件）。回忆我们在没有假设 SLR.5 时证明了 OLS 的无偏性：同方差假设对于证明 $\hat{\beta}_0$ 和 $\hat{\beta}_1$ 的无偏性毫无作用。我们增加假设 SLR.5，是因为它简化了 $\hat{\beta}_0$ 和 $\hat{\beta}_1$ 的方差计算，而且它还意味着普通最小二乘法具有某种有效性，这一点我们将在第 3 章看到。如果我们假定 u 和 x 是独立的，那么给定 x，u 的分布就不依赖于 x，因此 $\mathrm{E}(u \mid x)=\mathrm{E}(u)=0$ 且 $\mathrm{Var}(u \mid x)=\sigma^2$。不过独立性有时是一个过强的假设。

　　因为 $\mathrm{Var}(u \mid x) = \mathrm{E}(u^2 \mid x) - [\mathrm{E}(u \mid x)]^2$ 且 $\mathrm{E}(u \mid x)=0$，$\sigma^2 = \mathrm{E}(u^2 \mid x)$，这意味着 σ^2 也是 u^2 的无条件期望值。因此，根据 $\mathrm{E}(u)=0$，有 $\sigma^2=\mathrm{E}(u^2)=\mathrm{Var}(u)$。换言之，$\sigma^2$ 是 u 的无条件方差，所以 σ^2 经常被称为**误差方差**（error variance）或干扰方差。σ^2 的平方根 σ 是误差的标准差。σ 越大，表示影响 y 的无法观测因素的分布越分散。

　　用 y 的条件均值和条件方差表示假设 SLR.4 和 SLR.5 常常会对我们有所帮助：

$$\mathrm{E}(x \mid y) = \beta_0 + \beta_1 x \tag{2.55}$$

$$\mathrm{Var}(x \mid y) = \sigma^2 \tag{2.56}$$

换言之，给定 x，y 的条件期望线性于 x，但给定 x 时 y 的方差却是常数。这种情形如图 2.8 所示，其中 $\beta_0 > 0$ 且 $\beta_1 > 0$。

　　当 $\mathrm{Var}(u \mid x)$ 取决于 x 时，便称误差项表现出**异方差性**（heteroskedasticity）（或者非恒定方差）。由于 $\mathrm{Var}(u \mid x)=\mathrm{Var}(y \mid x)$，所以只要 $\mathrm{Var}(y \mid x)$ 是 x 的函数，便出现了异方差性。

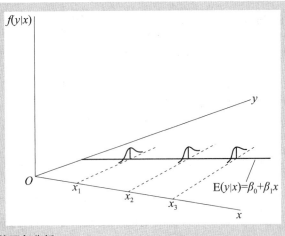

图 2.8 同方差下的简单回归分析

例 2. 13

一个工资方程中的异方差性

为了在其他条件不变的情况下得到 *educ* 对 *wage* 的影响的无偏估计量，我们必须假定 $E(u \mid educ)=0$，这表示 $E(wage \mid educ)=\beta_0+\beta_1 educ$。如果我们还做出同方差假设，那么 $Var(u \mid educ)=\sigma^2$ 就不依赖于受教育程度，这就等同于假定 $Var(wage \mid educ)=\sigma^2$。因此，虽然平均工资可随受教育程度的提高而增加（这个增长率正是我们估计的兴趣所在），但工资相对于其均值的波动却被假定为对所有受教育程度都不变。这或许不太现实。因为接受了更多教育的人可能有更广泛的兴趣和更多的就业机会，从而导致受教育程度越高，工资波动越大。而受教育程度低的人工作机会更少，而且只能得到最低工资；这就降低了受教育程度极低者的工资波动。这种情形如图 2.9 所示。最后，假设 SLR. 5 成立与否是一个经验问题，我们在第 8 章会说明如何检验假设 SLR. 5。

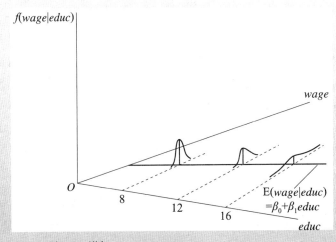

图 2.9 $Var(wage \mid educ)$ 随 *educ* 增加

有了同方差假设，我们便可以证明如下定理：

定理 2.2

OLS 估计量的抽样方差

在假设 SLR.1 至 SLR.5 下，以样本值 $\{x_1, x_2, \cdots, x_n\}$ 为条件，有

$$\mathrm{Var}(\hat{\beta}_1) = \frac{\sigma^2}{\displaystyle\sum_{i=1}^{n}(x_i - \bar{x})^2} = \sigma^2/\mathrm{SST}_x \tag{2.57}$$

和

$$\mathrm{Var}(\hat{\beta}_0) = \frac{\sigma^2 n^{-1}\displaystyle\sum_{i=1}^{n}x_i^2}{\displaystyle\sum_{i=1}^{n}(x_i - \bar{x})^2} \tag{2.58}$$

证明： 我们只推导 $\mathrm{Var}(\hat{\beta}_1)$ 的公式，把另一个推导留作习题 10。从方程 (2.52)：$\hat{\beta}_1 = \beta_1 + (1/\mathrm{SST}_x)\sum_{i=1}^{n}d_i u_i$ 开始。因为 β_1 只是一个常数，而且我们以 x_i 为条件，所以 SST_x 和 $d_i = x_i - \bar{x}$ 也是非随机的。

而且，由于 u_i 在 i 上（根据随机抽样）是独立的随机变量，故和的方差就是方差的和。利用这些结论，我们有

$$\mathrm{Var}(\hat{\beta}_1) = (1/\mathrm{SST}_x)^2\,\mathrm{Var}\Big(\sum_{i=1}^{n}d_i u_i\Big) = (1/\mathrm{SST}_x)^2\Big(\sum_{i=1}^{n}d_i^2\,\mathrm{Var}(u_i)\Big)$$

$$= (1/\mathrm{SST}_x)^2\Big(\sum_{i=1}^{n}d_i^2\sigma^2\Big)\big[因为\ \mathrm{Var}(u_i) = \sigma^2，对所有\ i\big]$$

$$= \sigma^2(1/\mathrm{SST}_x)^2\Big(\sum_{i=1}^{n}d_i^2\Big) = \sigma^2(1/\mathrm{SST}_x)^2\,\mathrm{SST}_x = \sigma^2/\mathrm{SST}_x$$

这正是我们想要证明的。

方程 (2.57) 和 (2.58) 是简单回归分析的"标准"公式，它们在出现异方差时便失效了。在我们考虑多元回归分析中的置信区间和假设检验问题时，它们的重要性便会表现出来。

多数时候，我们关注的都是 $\mathrm{Var}(\hat{\beta}_1)$。这个方差如何取决于误差方差 σ^2 和 $\{x_1, x_2, \cdots, x_n\}$ 的总波动 SST_x，这一点不难加以概括。一方面，误差方差越大，$\mathrm{Var}(\hat{\beta}_1)$ 就越大。因为影响 y 的不可观测因素波动越大，要准确估计 β_1 就越难。另一方面，自变量的波动越大越好：随着 x_i 的波动增加，$\hat{\beta}_1$ 的方差就会减小。这一点也符合直觉，因为自变量的样本分布越分散，就越容易找出 $\mathrm{E}(y\mid x)$ 和 x 之间的关系。也就是说，我们越容易估计出 β_1。如果 x_i 没有什么波动，就难以查明 $\mathrm{E}(y\mid x)$ 是如何随着 x 而变化的。当样本容量扩大时，x_i 的总体波动也会增加。因此，较大的样本容量会致使 $\hat{\beta}_1$ 的方差较小。

这一分析表明，如果我们对 β_1 感兴趣，那么就可以选择使 x_i 尽可能分散。这在实验数据中是可能的，但在社会科学中却极少有这么丰富的样本供我们选择：通常我们要使用通过随机抽样得到的 x_i。有时候我们还是有机会得到较多样本的，尽管代价或许会很高。

> **❓ 思考题 2.5**
>
> 请证明：在估计 β_0 的时候，最好是有 $\bar{x}=0$。在这种情况下，$\mathrm{Var}(\hat{\beta}_0)$ 是多少呢？[提示：对样本中的任何数值，都有 $\sum_{i=1}^{n} x_i^2 \geq \sum_{i=1}^{n} (x_i - \bar{x})^2$，当且仅当 $\bar{x}=0$ 时取等号。]

为了构造信区间和推导检验统计量，我们需要用到 $\hat{\beta}_1$ 和 $\hat{\beta}_0$ 的标准差 $\mathrm{sd}(\hat{\beta}_1)$ 和 $\mathrm{sd}(\hat{\beta}_0)$，这两个量通过将方程（2.57）和方程（2.58）中的方差取平方根即可得到。具体而言，就是 $\mathrm{sd}(\hat{\beta}_1)=\sigma/\sqrt{\mathrm{SST}_x}$，其中 σ 是 σ^2 的平方根，$\sqrt{\mathrm{SST}_x}$ 是 SST_x 的平方根。

2.5c 误差方差的估计

方程（2.57）和（2.58）中的公式使我们能够将影响 $\mathrm{Var}(\hat{\beta}_1)$ 和 $\mathrm{Var}(\hat{\beta}_0)$ 的因素分离出来。但除非在已知 σ^2 这种极端罕见的情况下，否则这些公式都是未知的。不过，我们可以用观测数据去估计 σ^2，从而让我们估计出 $\mathrm{Var}(\hat{\beta}_1)$ 和 $\mathrm{Var}(\hat{\beta}_0)$。

我们现在在强调误差（或干扰）与残差的区别再合适不过了，因为这一区别对构造 σ^2 的估计量非常关键。方程（2.48）告诉我们如何利用随机样本观测把总体模型写成 $y_i = \beta_0 + \beta_1 x_i + u_i$，其中 u_i 是第 i 次观测的误差。我们还可以像方程（2.32）那样将 y_i 用其拟合值和残差表示出来：$y_i = \hat{\beta}_0 + \hat{\beta}_1 x_i + \hat{u}_i$。比较这两个方程，我们可以看出：一方面，误差出现在包含总体参数 β_0 和 β_1 的方程中。另一方面，残差出现在包含 $\hat{\beta}_0$ 和 $\hat{\beta}_1$ 的估计方程中。误差是无法观测的，但残差却可以从数据中计算出来。

我们可以用方程（2.32）和（2.48）把残差写成误差的函数：

$$\hat{u}_i = y_i - \hat{\beta}_0 - \hat{\beta}_1 x_i = (\beta_0 + \beta_1 x_i + u_i) - \hat{\beta}_0 - \hat{\beta}_1 x_i$$

或者

$$\hat{u}_i = u_i - (\hat{\beta}_0 - \beta_0) - (\hat{\beta}_1 - \beta_1) x_i \tag{2.59}$$

尽管 $\hat{\beta}_0$ 的期望值等于 β_0，$\hat{\beta}_1$ 的期望值也等于 β_1，$\hat{u}_i$ 却不等于 u_i，不过二者之差的期望值确实为零。

既然我们理解了误差和残差的区别，我们就可以回到 σ^2 的估计上来。首先，因为 $\sigma^2 = \mathrm{E}(u^2)$，所以 σ^2 的一个无偏"估计量"就是 $n^{-1}\sum_{i=1}^{n} u_i^2$。不幸的是，这不是一个真正的估计量，因为我们观察不到误差 u_i。但是我们有 u_i 的估计值，即 OLS 残差 $\hat{u}_i$。如果我们用 OLS 残差来代替误差，便得到 $n^{-1}\sum_{i=1}^{n} \hat{u}_i^2 = \mathrm{SSR}/n$。这是一个真正的估计量，因为对 x 和 y 的任何一个数据样本，它都给出了一个可以计算的规则。这个估计量的一个小瑕疵是，我们可以证明它是有偏误的（尽管对很大的 n 来说，这个偏误很小）。因为很容易从它计算出一个无偏估计量，所以我们还是使用后者。

估计量 SST/n 有偏误，本质上是因为它没有考虑 OLS 残差所必须满足的两个约束条件。这些约束由 OLS 的两个一阶条件给出：

$$\sum_{i=1}^{n} \hat{u}_i = 0, \quad \sum_{i=1}^{n} x_i \hat{u}_i = 0 \tag{2.60}$$

考虑这些限制的一个方法是：如果我们知道残差中的 $n-2$ 个，就能够通过（2.60）式中的一阶条件所蕴含的约束得到另外两个残差。因此，OLS 残差只有 $n-2$ 个**自由度**（degrees of freedom），与误差的 n 个自由度相对照。如果我们在方程（2.60）中用 u_i 取代 $\hat{u}_i$，这些约束就不再成立。

我们将使用 σ^2 的无偏估计量，对自由度进行调整：

$$\hat{\sigma}^2 = \frac{1}{n-2} \sum_{i=1}^{n} \hat{u}_i^2 = SSR/(n-2) \tag{2.61}$$

（这个估计量有时记为 S^2，但我们继续使用在估计量上加"帽"的惯常记法。）

定理 2.3

σ^2 的无偏估计

在假设 SLR.1 至 SLR.5 下，我们有

$$E(\hat{\sigma}^2) = \sigma^2$$

证明：如果我们把方程（2.59）对所有 i 进行平均，并利用 OLS 残差均值为零的结论，便得到 $0 = \bar{u} - (\hat{\beta}_0 - \beta_0) - (\hat{\beta}_1 - \beta_1)\bar{x}$；从方程（2.59）中减去它，则得到 $\hat{u}_i = (u_i - \bar{u}) - (\hat{\beta}_1 - \beta_1)(x_i - \bar{x})$。因此，$\hat{u}_i^2 = (u_i - \bar{u})^2 + (\hat{\beta}_1 - \beta_1)^2(x_i - \bar{x})^2 - 2(u_i - \bar{u})(\hat{\beta}_1 - \beta_1)(x_i - \bar{x})$。对所有 i 求和，又得到 $\sum_{i=1}^{n} \hat{u}_i^2 = \sum_{i=1}^{n}(u_i - \bar{u})^2 + (\hat{\beta}_1 - \beta_1)^2 \sum_{i=1}^{n}(x_i - \bar{x})^2 - 2(\hat{\beta}_1 - \beta_1) \sum_{i=1}^{n} u_i(x_i - \bar{x})$。现在如书末附录数学复习 C 所示，等式右边第一项的期望值是 $(n-1)\sigma^2$。第二项的期望值是 σ^2，因为 $E[(\hat{\beta}_1 - \beta_1)^2] = Var(\hat{\beta}_1) = \sigma^2/SST_x$。最后，第三项可写为 $-2(\hat{\beta}_1 - \beta_1)^2 SST_x$，取期望便得到 $-2\sigma^2$。把这三项放在一起，我们得到 $E(\sum_{i=1}^{n} \hat{u}_i^2) = (n-1)\sigma^2 + \sigma^2 - 2\sigma^2 = (n-2)\sigma^2$，因此 $E[SSR/(n-2)] = \sigma^2$。

如果把 $\hat{\sigma}^2$ 代入方差公式（2.57）和（2.58），我们就得到 $Var(\hat{\beta}_1)$ 和 $Var(\hat{\beta}_0)$ 的无偏估计量。稍后，我们要用到 $\hat{\beta}_1$ 和 $\hat{\beta}_0$ 的标准差估计量，而这就需要估计 σ。σ 的自然估计量就是

$$\hat{\sigma} = \sqrt{\hat{\sigma}^2} \tag{2.62}$$

这被称为**回归标准误**（standard error of the regression，SER）。（$\hat{\sigma}$ 的其他名称有估计值标准误和均方根误，但我们不用这些。）尽管 $\hat{\sigma}$ 不是 σ 的无偏估计量，但是我们能够证明它是 σ 的一致估计量（见书末附录数学复习 C），而且它能够很好地服务于我们的目的。

估计值 $\hat{\sigma}$ 值得关注，因为它是影响 y 的不可观测因素的标准差估计值；换言

之，它估计了把 x 的影响排除之后 y 的标准差。大多数回归软件包会把 $\hat{\sigma}$ 值与 R^2、截距、斜率和其他 OLS 统计量一起给出（用上面列出的名字之一）。现在，我们主要的兴趣在于利用 $\hat{\sigma}$ 来估计 $\hat{\beta}_0$ 和 $\hat{\beta}_1$ 的标准差。由于 $\hat{\beta}_1 = \sigma/\sqrt{\text{SST}_x}$，所以 $\text{sd}(\hat{\beta}_1)$ 的一个自然估计量为

$$\text{se}(\hat{\beta}_1) = \hat{\sigma}/\sqrt{\text{SST}_x} = \hat{\sigma}/\left[\sum_{i=1}^{n}(x_i - \bar{x})^2\right]^{1/2}$$

它被称为 **$\hat{\beta}_1$ 的标准误**（standard error of $\hat{\beta}_1$）。注意，当考虑对 y 的不同样本使用 OLS 时，我们将 $\text{se}(\hat{\beta}_1)$ 看作一个随机变量；因为 $\hat{\sigma}$ 随着样本的不同而变化，所以这种看法是正确的。对于一个给定的样本，$\text{se}(\hat{\beta}_1)$ 和 $\hat{\beta}_1$ 一样，都只是用给定数据计算出来的一个数字而已。

类似地，$\text{se}(\hat{\beta}_0)$ 是通过将 $\text{sd}(\hat{\beta}_0)$ 中的 σ 置换成 $\hat{\sigma}$ 而得到的。任何一个估计值的标准误都能让我们了解这个估计量有多精确。标准误在本书中担当着重要角色；从第 4 章开始，我们将用它们构造每一个计量经济程序的检验统计量和置信区间。

2.6　过原点回归及对常数回归

在少数情形中，我们希望施加如下约束：当 $x=0$ 时，y 的期望值为零。对某些特定关系，这个约束是合理的。例如，若收入（x）为零，那么收入税所得（y）也必须为零。另外，在有些情形中，一个原本有一个非零截距的模型被变换成没有截距的模型。

规范地，我们选择一个斜率估计量（称之为 $\tilde{\beta}_1$）和如下形式的一条线：

$$\tilde{y} = \tilde{\beta}_1 x \tag{2.63}$$

$\tilde{\beta}_1$ 和 $\tilde{y}$ 上面的波浪号用于将这个问题与我们常见的同时估计截距和斜率的问题区别开来。因为直线（2.63）经过点 $x=0$，$\tilde{y}=0$，所以得到方程（2.63）的过程又被称为**过原点回归**（regression through the origin）。为了求方程（2.63）中的斜率估计值，我们仍然使用普通最小二乘来最小化残差平方和：

$$\sum_{i=1}^{n}(y_i - \tilde{\beta}_1 x_i)^2 \tag{2.64}$$

利用一元微积分可以证明，$\tilde{\beta}_1$ 必须满足一阶条件

$$\sum_{i=1}^{n} x_i(y_i - \tilde{\beta}_1 x_i) = 0 \tag{2.65}$$

从而解出 $\tilde{\beta}_1$：

$$\tilde{\beta}_1 = \frac{\sum_{i=1}^{n} x_i y_i}{\sum_{i=1}^{n} x_i^2} \tag{2.66}$$

前提是并非所有的 x_i 都为零，而这一情形我们已经排除了。

要注意 $\tilde{\beta}_1$ 与同时估计截距（而不是把它设定为零）的斜率估计值相比有什么不同。当且仅当 $\bar{x}=0$ 时，这两个估计值才是相同的。[见关于 $\hat{\beta}_1$ 的方程（2.49）。]在应用研究中，用过原点回归求 β_1 估计值的情形并不常见，这也是有道理的：因为如果截距 $\beta_0\neq0$，那么 $\tilde{\beta}_1$ 就是 β_1 的有偏估计量。习题 8 将要求你证明这一点。

在过原点回归被视为合适的情况下，研究者在解释该回归报告的 R^2 时需谨慎。通常在不做其他说明的情况下，R^2 是在不消除 $\{y_i: i=1,\cdots,n\}$ 的样本均值的情况下，计算 SST 时得到的，也就是说，R^2 是通过下式计算得到的：

$$1-\frac{\sum_{i=1}^{n}(y_i-\tilde{\beta}_i x_i)^2}{\sum_{i=1}^{n}y_i^2} \tag{2.67}$$

其中，分子部分作为残差平方和是有意义的，而分母部分成立有一个前提，即我们已知 y 的总体均值为零。之所以通过这种方法计算 R^2，是因为如果我们通过下式的常规方法计算 R^2，其结果应为负值：

$$1-\frac{\sum_{i=1}^{n}(y_i-\tilde{\beta}_1 x_i)^2}{\sum_{i=1}^{n}(y_i-\bar{y})^2} \tag{2.68}$$

若（2.68）式为负值，意味着用样本均值 $\bar{y}$ 来预测 y_i 的拟合优度高于用 x_i 进行过原点回归得到的拟合优度。因此，（2.68）式比（2.67）式更加吸引人，因为（2.68）式告诉我们，相比忽略 x 整体，运用 x 是不是更好的方式。

上述关于过原点回归和衡量拟合优度的不同方法的讨论带来了另一个问题：如果我们只对一个常数进行回归会怎样？也就是说，如果我们设定斜率为零（也就意味着我们甚至不需要 x），并且只估计截距项，结果会怎样？答案十分简单：截距项即 $\bar{y}$。这个事实可以通过简单的统计学知识得出，也就是使得方差之和最小的常数必为样本均值。从这一角度而言，（2.68）式可以看作对 x 进行过原点回归和只对常数进行回归之间的比较。

2.7 对二值解释变量的回归

到目前为止，我们的讨论集中在解释变量 x 有定量意义的情况，例如受教育年限、公司的股本回报率以及学校里符合联邦免费午餐计划规定的学生的占比。在每个例子中，我们都知道了如何解释斜率系数。我们还讨论了当使用被解释变量、解释变量的对数形式，或者同时使用这两者的对数形式时，应该怎么解释斜率系数。

简单回归也可以被应用于 x 是一个**二值变量**（binary variable）的情况，它在回归分析中经常被称为**虚拟变量**（dummy variable）。正如"二值变量"这个名字表示的那样，x 只有两个取值：0 和 1。这两个值被用于把总体中的每一个单位放

进用 $x=0$ 和 $x=1$ 表示的两组中。例如，我们可以用一个二值变量来描述一个工人是否参加了职业培训项目。本着给我们的变量取描述性名称的精神，我们用 $train$ 来代表是否参加：$train=1$ 表示参加；$train=0$ 表示未参加。给定一个数据集，我们增加一个下标 i，所以 $train_i$ 表示任意抽取的第 i 个人的职业培训情况。

如果我们有一个因变量或者说响应变量 y，那么当 x 是二值变量时，简单回归方程意味着什么？我们再次考虑如下方程：

$$y = \beta_0 + \beta_1 x + u$$

不过此时 x 是一个二值变量。如果我们施加假设 SLR.4，即零条件均值假设，那么我们有

$$E(y \mid x) = \beta_0 + \beta_1 x + E(u \mid x) = \beta_0 + \beta_1 x \tag{2.69}$$

这和方程（2.8）中一样。唯一的不同是，x 只能取两个值。将 0 和 1 代入（2.69）式，很容易看到

$$E(y \mid x = 0) = \beta_0 \tag{2.70}$$

$$E(y \mid x = 1) = \beta_0 + \beta_1 \tag{2.71}$$

从而有

$$\beta_1 = E(y \mid x = 1) - E(y \mid x = 0) \tag{2.72}$$

换言之，β_1 是 $x=1$ 和 $x=0$ 的子总体分别对应的 y 平均值的差值。与所有的简单回归分析一样，这个差值可能是描述性的，或者像我们将在下一部分讨论的那样，β_1 可能是一个干扰或者是一个程序的因果效应。

举个例子，假设每个在以小时计工资的行业中工作的工人都属于两个种族中的一种：白人（或者高加索人）与非白人。（这当然是一种非常粗略的分种族的方式，但它已经在一些情况中被使用。）如果一个人被分类为白人，就定义变量 $white=1$，否则为 0。令 $wage$ 代表小时工资。则有

$$\beta_1 = E(wage \mid white = 1) - E(wage \mid white = 0)$$

这是白人与非白人员工的小时工资的差异。相当于

$$E(wage \mid white) = \beta_0 + \beta_1 white$$

我们注意到 β_1 总可以解释白人与非白人在平均工资上的差异。然而，它未必衡量了薪资歧视，因为总是有合理的理由使得工资不同，并且其中一些（比如受教育水平）通常因为种族不同而有所区别。

OLS 的机制没有仅仅因为 x 是二值的而改变。令 $\{(x_i, y_i): i = 1, \cdots, n\}$ 是容量为 n 的样本。（2.16）式和（2.19）式总是能分别给出 OLS 截距和斜率的估计值。残差总是均值为零并且与样本中的 x_i 不相关。R^2 的定义不变。诸如此类。不过，由于 x_i 是二值的，OLS 估计量有一个简单且合理的解释。令 $\bar{y}_0$ 是 $x_i=0$ 时 y_i 的均值，$\bar{y}_1$ 是 $x_i=1$ 时 y_i 的均值。习题 2.13 将要求你证明

$$\hat{\beta}_0 = \bar{y}_0 \tag{2.73}$$

$$\hat{\beta}_0 = \bar{y}_1 - \bar{y}_0 \tag{2.74}$$

举个例子，在工资/种族的例子中，如果我们进行如下回归

$$wage_i \text{ 对 } white_i, \quad i = 1, \cdots, n$$

那么 $\hat{\beta}_0 = \overline{wage}_0$ 表示非白人的平均小时工资，$\hat{\beta}_1 = \overline{wage}_1 - \overline{wage}_0$ 是白人和非白人平均小时工资的差值。一般来说，方程（2.74）表明回归中的"斜率"是均值之差，这两组比较是来自基本统计量的标准估计量。

当 x 是二值变量时，OLS 的统计性质没有变化。事实上，在假设的陈述中，x 是二值变量这一情况没有被排除在外。如果在我们的样本中，一些 x_i 为 0，一些为 1，就满足假设 SLR.3。例如，在工资/种族的例子中，为了得到 $\hat{\beta}_1$，我们需要观测白人和非白人的情况。

与任何简单回归分析相同，关键是零条件均值假设 SLR.4。在许多情况下，这种条件会失败，因为 x 与其他影响 y 的因素系统相关，并且那些因素一定是 u 的一部分。我们在上面讨论不同种族的平均小时工资差异时提到了这一点：教育和工作经验是影响小时工资的两个变量，它们在系统上可能因种族而不同。像另一个例子一样，假设我们有参加和没有参加至少一场 SAT 准备课程的学生的 SAT 分数。那么 x 是一个二值变量 course，结果变量是 SAT 分数 sat。是否参加准备课程的决定可能与其他能预测 SAT 分数的因素系统相关，比如家庭收入和父母的受教育程度。两组平均 SAT 分数的比较不太可能揭示准备课程的因果效应。下一小节的框架允许我们确定简单回归可以揭示因果关系的特殊情况。

2.7a　反事实的结果、因果关系与政策分析

第 1 章中，我们简要接触了反事实结果或者潜在结果。介绍了二值解释变量的概念之后，我们现在可以提供一个正式学习上述结果的框架。我们对定义**因果效应**（causal effect）或**处理效应**（treatment effect）特别感兴趣。

在最简单的情形下，我们感兴趣的是评估一项只有两种状态（一个单位是否受到干预）的干预或政策。换言之，那些没有实行干预或者新政策的是**控制组**（control group），那些实行干预或者新政策的是**实验组**（treatment group）。使用第 1 章中介绍的潜在结果的框架，对于总体中的每一个单位 i，我们假设两种状态下的结果 $y_i(0)$ 和 $y_i(1)$。我们永远不会观测到任何一单位同时处于两种状态，但我们可以这么想象。例如，在研究职业培训项目时，想象一个人参加或者没有参加。那么 $y_i(0)$ 是第 i 个人没有参加时的收入，$y_i(1)$ 是第 i 个人参加时的收入。这些结果甚至在项目实施之前就已经很好地确定了。

对第 i 个单位进行干预产生的因果效应就是：

$$te_i = y_i(1) - y_i(0) \tag{2.75}$$

它更常被称为处理效应，表示两个潜在结果的差值。关于 te_i 有一些值得注意的地方。第一，由于它依赖于两个反事实，所以它不适用于任何单位 i。第二，它可以

是负值、零或者正值。因果关系可能对某些单位是负的，对另一些单位是正的。

我们不能寄希望于对每个 i 估计出 te_i。相反，重点通常是**平均处理效应**（average treatment effect，ATE），也叫做**平均因果效应**（average causal effect，ACE）。ATE 无非是总体处理效应的均值。（有时为了强调，ATE 也被称为总体平均处理效应。）我们能写出 ATE 参数

$$\tau_{ate} = \mathrm{E}[te_i] = \mathrm{E}[y_i(1) - y_i(0)] = \mathrm{E}[y_i(1)] - \mathrm{E}[y_i(0)] \tag{2.76}$$

其中，最终的表达式使用了期望值的线性关系。有时，为了强调 τ_{ate} 的总体属性，我们写成 $\tau_{ate} = \mathrm{E}[y(1) - y(0)]$。其中 $[y(0)，y(1)]$ 是总体中两个代表反事实的随机变量。

对每一个单位 i，令 x_i 为项目参与情况——这是一个二值变量。则观测结果 y_i 可被写成

$$y_i = (1 - x_i)y_i(0) + x_iy_i(1) \tag{2.77}$$

这是一个简写，代表 $x_i = 0$ 时 $y_i = y_i(0)$，$x_i = 1$ 时 $y_i = y_i(1)$。这个等式准确地描述了，为什么从总体中给定一个随机样本时，我们只能观测出 $y_i(0)$ 和 $y_i(1)$ 二者之一。

为了知道如何估计平均处理效应，重新整理（2.77）式很有用：

$$y_i = y_i(0) + [y_i(1) - y_i(0)]x_i \tag{2.78}$$

现在施加一个简单的（通常是不现实的）恒定的处理效应。即对所有 i，

$$y_i(1) = \tau + y_i(0) \tag{2.79}$$

或者 $\tau = y_i(1) - y_i(0)$。将这个式子代入（2.78）式，得到

$$y_i = y_i(0) + \tau x_i$$

现在写出 $y_i(0) = \alpha_0 + u_i(0)$，根据定义，其中 $\alpha_0 = \mathrm{E}[y_i(0)]$ 且 $\mathrm{E}[u_i(0)] = 0$。把这个式子代入，得到

$$y_i = \alpha_0 + \tau x_i + u_i(0) \tag{2.80}$$

如果我们定义 $\beta_0 = \alpha_0$，$\beta_1 = \tau$ 和 $u_i = u_i(0)$，那么方程就变成和（2.48）式中一样：

$$y_i = \beta_0 + \beta_1 x_i + u_i$$

式中，$\beta_1 = \tau$ 代表处理效应（或者因果效应）。

我们很容易确定简单回归估计量（我们知道它是均值估计量的差值）是处理效应 τ 的无偏估计。如果 x_i 与 $u_i(0)$ 无关，那么

$$\mathrm{E}[u_i(0) \mid x_i] = 0$$

则假设 SLR.4 成立。我们已经证明了在（2.80）式的推导中，假设 SLR.1 成立。像通常一样，如果既有一些实验单位又有一些控制单位（这是一个基本要求），我们就假设随机抽样（SLR.2）和 SLR.3 成立。如果所有的样本都在控制组或者都在实验组，我们就无法了解干预的影响。

x_i 独立于 $u_i(0)$ 的假设与 x_i 独立于 $y_i(0)$ 的假设是一样的。这个假设只有在随机分配下才能得到保证，即忽略每个单位的个体特征，根据随机机制将它们分配到实

验组和控制组。例如，在评估职业培训项目时，如果通过抛硬币来决定一个工人是在控制组还是实验组，这就是随机分配。（硬币朝上的概率不必是 0.5，从这个意义上说，硬币是有偏差的。）如果总体中的单位不服从他们的分配，随机分配就会受到影响。

随机分配是**随机对照试验**（randomized controlled trial，RCT）的标志，后者长时间被认为是确定医学干预是否有因果效应的黄金标准。RCT 产生了第 1 章讨论的典型的实验数据。近些年，RCT 在某些经济领域（例如发展经济学和行为经济学）越来越流行。不幸的是，RCT 实施起来很昂贵，而且在很多情况下，把主体随机分配到控制组和实验组会产生道德问题。（例如，如果让低收入家庭获得免费医疗保健能够改善儿童的健康状况，那么将一些家庭随机纳入控制组就意味着，平均而言这些儿童的健康状况将比不这样做的情况更糟。）

虽然 RCT 并不总是适合回答经济领域和其他领域的某些问题，但如果随机分配是可能的，那么考虑一下这个实验将是一个好主意。通过简单的思维实验，通常可以确保人们在收集非实验数据之前提出一个合理的问题。例如，如果我们想要研究农村网络接入对于学生成绩的影响，我们可能没有资源（或者伦理委员会同意书）来随机把接入网络的机会分配给某些学生而不是其他学生。然而，思考这样一个实验将如何实施，这会使我们对潜在结果的框架和我们所说的处理效应的含义有更加敏锐的思考。

到目前为止，我们对随机分配的讨论证明了一个结论，即在恒定处理效应的情况下，均值之差的估计量 $\bar{y}_1 - \bar{y}_0$ 是 τ 的无偏估计量。我们可以轻易地放松恒定处理效应假设。总的来说，个体的处理效应可以写成

$$te_i = y_i(1) - y_i(0) = \tau_{ate} + [u_i(1) - u_i(0)] \tag{2.81}$$

式中，$y_i(1) = \alpha_1 + u_i(1)$ 且 $\tau_{ate} = \alpha_1 - \alpha_0$。把 τ_{ate} 想成总体的均值，并且把 $u_i(1) - u_i(0)$ 想成第 i 个单位相对于总体均值的偏差是有帮助的。把（2.81）式代入（2.78）式，得到

$$y_i = \alpha_0 + \tau_{ate}x_i + u_i(0) + [u_i(1) - u_i(0)]x_i \equiv \alpha_0 + \tau_{ate}x_i + u_i \tag{2.82}$$

此时误差项是

$$u_i = u_i(0) + [u_i(1) - u_i(0)]x_i$$

此时随机分配假设意味着 x_i 独立于 $[u_i(0), u_i(1)]$。即使 u_i 取决于 x_i，零条件均值假设仍然成立：

$$\begin{aligned} E(u_i \mid x_i) &= E[u_i(0) \mid x_i] + E[u_i(1) - u_i(0) \mid x_i]x_i \\ &= 0 + 0 \cdot x_i = 0 \end{aligned}$$

我们再次证明了假设 SLR.4，并且我们总结出，当 $\hat{\tau}_{ate}$ 是均值之差的估计值时，简单的 OLS 估计量对 α_0 和 $\hat{\tau}_{ate}$ 是无偏的。[误差项 u_i 独立于 x_i。具体来说，正如习题 2.17 中证明的，如果潜在结果的方差不同，则 $Var(u_i \mid x_i)$ 在 $x_i = 1$ 和 $x_i = 0$ 时不同。但要记住的是，假设 SLR.5 不能用于证明 OLS 估计值是无偏的。]

当处理效应可以在单个单位之间任意变化时，简单回归估计量产生了无偏估计量 τ_{ate}，这是一个非常强大的结果。然而，这一结果对随机分配的依赖性很大。从第 3 章开始，我们将看到，当纯粹的随机分配不满足时，多元回归分析将如何被运用。作为一个在线补充，第 20 章包含一个可访问的先进调查方法来估计处理效应。

例 2.14

评估一个职业培训项目

JTRAIN2 中的数据来自一个老的实验性职业培训项目，在这个项目中，缺少劳动力市场经验的人被随机分配到控制组和实验组中。这个数据集在有关项目评估的著作中被广泛用以比较来自非实验方案的估计。培训的分配用 *train* 表示，这里我们感兴趣的是结果 *re78*，它代表了 1978 年用千美元衡量的（实际）收入。在 445 人的样本中，185 人在 1978 年前参加了这个项目；其他 260 人组成了控制组。

简单回归给出

$$\widehat{re78} = 4.55 + 1.79\, train$$
$$n = 445, \ R^2 = 0.018$$

从之前的讨论中，我们知道了实验组和控制组 *re78* 均值的差为 1.79，所以参加了项目的人比没有参加的人平均多赚 1 790 美元。这是一个很大的经济影响，因为这里的美元是 1978 年的美元。另外，不参加培训的人的平均收入是 4 550 美元；就百分比而言，平均收入增加了 39.3%，这是非常多的。（我们需要知道参加项目的成本才能进行收益—成本分析，但收益并不是微不足道的。）

要记住项目评价中基本的问题是，我们无法观测到一个单位同时处于两种状态。在这个例子中，我们对每个人只能观测到两种收入结果中的一种。不过，随机分配进实验组和控制组让我们能够得到平均处理效应的无偏估计量。

对这个例子有最后两点注解。第一，我们注意到 R^2 非常小：培训参加情况解释了样本 *re78* 中的不到 2%。我们不应对此感到惊讶：许多其他因素，包括教育、经验、智力、年龄、积极性等都有助于决定劳动力市场的收入。这是一个很好的例子，它证明了集中于 R^2 不仅是徒劳的，还可能是有害的。初学者有时认为一个小的 R^2 意味着 OLS 估计量"有偏"。其实不是这样的。它只是意味着不可观测的对象的方差 $\text{Var}(u)$ 与 $\text{Var}(y)$ 高度相关。在本例中，我们知道，由于随机分配，假设 SLR.1 到 SLR.4 都成立。当然，这些假设都没有提到 R^2 必须多大，它对无偏性的概念并不重要。

第二个注解是，虽然估计的经济影响是 1 790 美元，这是一个很大的影响，但我们不知道这个估计量在统计上是否显著。我们将在第 4 章中讨论这个话题。

在结束这一章之前，有一点很重要，那就是要避免"随机"一词在本小节中的两种使用方式可能造成的混淆。第一种，随机抽样的概念是假设 SLR.2 中介绍的（在书末附录数学复习 C 中也有讨论）。随机抽样意味着我们得到的数据独立同分布，是从随机变量 (x, y) 代表的总体分布中抽取出来的。理解随机抽样和随机分配是不同的概念，这一点很重要。随机分配意味着 x_i 是独立于两个相反事实 $[y_i(0), y_i(1)]$ 而被决定的。在例 2.14 中，我们从相应总体中得到一个随机样本，并且随机分配到实验组和控制组中。但在其他一些情况下，即便我们进行了随机抽样，随机分配也不成立。例如，我们能相对容易地从一个很大的准大学生总体中随机抽取样本，并且知道他们的 SAT 分数以及是否参加了 SAT 准备课程。那并不意味着课程的参加情况与反事实的结果是独立的。如果我们想要确保参加情况与潜在结果之间的独立性，我们会随机分配学生，让他们去参加课程或者不参加课程（并且坚持要求学生们服从分配）。如果相反，我们得到了回顾性数据，也就是说，我们只是记录了一个学生是否参加过准备课程，那么强调随机分配的独立性假设就不太可能成立，但这与我们是否从总体中获得了随机样本无关。人们一般认为假设 SLR.2 和假设 SLR.4 是非常不同的。

本章小结

我们在本章介绍了简单线性回归模型，并讨论了它的基本性质。给定一个随机样本，普通最小二乘法被用于估计总体模型中的斜率和截距参数。我们还说明了 OLS 回归线的代数性质，包括拟合值和残差的计算，以及如何在给定自变量的变化时预测因变量的变化。在 2.4 节中，我们讨论了在实践中极为重要的两个问题：（1）当我们改变因变量或者自变量的度量单位时 OLS 估计值的表现；（2）利用自然对数来考虑常弹性和常半弹性模型。

在 2.5 节中，我们证明了在 SLR.1 至 SLR.4 四个假设下，OLS 估计量是无偏的。关键的假设是：给定自变量 x 的任何值，误差项 u 的均值都为零。不幸的是，我们有理由相信，在许多简单回归的社会科学应用中，它都是错误的，因为 u 中的被忽略因素经常都与 x 相关。当我们加入给定 x 下误差方差为常数的假设时，便得到 OLS 估计量的抽样方差的简单表达式。正如我们所见，斜率估计量 $\hat{\beta}_1$ 的方差随着误差方差的变大而变大，并随着自变量样本波动的变大而减小。我们还推导出 $\sigma^2 = \text{Var}(u)$ 的无偏估计量。

在 2.6 节，我们简单讨论了过原点回归，即在截距为零的假定下得到斜率估计量。它有时候有用，但在应用研究中用得不多。

在 2.7 节，我们涉及了 x 是二值变量的重要情况，并且证明了 OLS "斜率"估计量就是 $\hat{\beta}_0 = \bar{y}_1 - \bar{y}_0$，也就是 $x_i = 1$ 和 $x_i = 0$ 的子样本中 y_i 均值的差值。我们还讨论了，在因果推断的语境下，当样本被随机分配到控制组和实验组中时，$\hat{\beta}_1$ 为什么是平均处理效应的无偏估计量。在第 3 章及以后，我们将要研究干预或者处理不是随机的，而是取决于观测到的甚至没有观测到的因素的情况。

我们还有许多工作尚未完成。例如，我们仍然不知道如何检验关于总体参数 β_0 和 β_1 的假设。因此，尽管我们知道在假设 SLR.1 至 SLR.4 之下 OLS 估计对总体参数是无偏的，但我们还是无法对总体进行推断。其他专题，比如 OLS 相对其他可能估计程序的有效性等，也都未予考虑。

置信区间、假设检验和有效性问题也是多元回归分析的核心。因为这里构造置信区间和检验统计的方法与多元回归分析极为类似，而且简单回归又是多元回归的特例，所以，我们最好把时间用于对多元回归的讨论，而且它比简单回归的应用要广泛得多。在一个相当简单的背景下，启发读者思考计量经济学分析中出现的问题，这是第 2 章的目的。

简单回归的高斯-马尔科夫假设

为方便起见，我们总结一下本章所用的**高斯-马尔科夫假设**（Gauss-Markov assumption）。必须牢记，为证明 $\hat{\beta}_0$ 和 $\hat{\beta}_1$ 的无偏性，只需要假设 SLR.1 至 SLR.4。我们增加同方差假设 SLR.5 是为了求出 OLS 方差的常用表达式（2.57）和（2.58）。

假设 SLR.1（线性于参数）

在总体模型中，因变量 y 与自变量 x 和误差（干扰）u 的关系如下：

$$y = \beta_0 + \beta_1 x + u$$

式中，β_0 和 β_1 分别表示总体的截距和斜率参数。

假设 SLR.2（随机抽样）

我们有一个服从总体模型方程（2.47）的随机样本 $\{(x_i, y_i): (i=1, 2, \cdots, n)\}$，其样本容量为 n。

假设 SLR.3（解释变量的样本波动性）

x 的样本结果即 $\{x_i, i=1, \cdots, n\}$ 不是完全相同的数值。

假设 SLR.4（零条件均值）

给定解释变量的任何值，误差的期望值都为零。换言之，

$$E(u \mid x) = 0$$

假设 SLR.5（同方差性）

给定解释变量的任何值，误差都具有相同的方差，换言之，

$$Var(u \mid x) = \sigma^2$$

关键术语

平均处理效应	一阶条件	回归元
平均因果效应	拟合值	残差
二值（虚拟）变量	高斯-马尔科夫假设	残差平方和（SSR）
因果（处理）效应	异方差性	响应变量
判定系数	同方差性	R^2

常弹性模型	自变量	样本回归函数
控制组	截距参数	半弹性
控制变量	均值独立	简单线性回归模型
协变量	OLS 回归线	斜率参数
自由度	普通最小二乘法（OLS）	标准误
因变量	总体回归函数	回归标准误
弹性	被预测变量	剩余平方和
误差项（扰动项）	预测变量	总平方和
误差方差	随机分配	实验组
解释平方和	随机对照实验	零条件均值假定
被解释变量	回归子	解释变量
过原点回归		

习　题

1. 令 $kids$ 表示一名妇女生过几个孩子，$educ$ 表示该妇女的受教育年数。生育率对受教育年数的简单回归模型为

$$kids = \beta_0 + \beta_1 educ + u$$

式中，u 为无法观测到的误差。

(i) u 中包含什么样的因素？它们可能与受教育程度相关吗？

(ii) 简单回归分析能够揭示当其他条件不变时，教育对生育率的影响吗？请解释。

2. 在简单线性回归模型 $y = \beta_0 + \beta_1 x + u$ 中，假定 $E(u) \neq 0$。令 $\alpha_0 = E(u)$，证明：这个模型总是可以改写为另一种形式：斜率与原来相同，但截距和误差有所不同，并且新的误差期望值为零。

3. 下表包含了 8 个学生的 ACT 分数和 GPA（平均成绩）。平均成绩以四分制计算，且保留一位小数。

学生	GPA	ACT
1	2.8	21
2	3.4	24
3	3.0	26
4	3.5	27
5	3.6	29
6	3.0	25
7	2.7	35
8	3.7	30

(i) 利用 OLS 估计 GPA 和 ACT 的关系；也就是说，求出如下方程中的截距和斜率估计值：

$$\widehat{GPA} = \hat{\beta}_0 + \hat{\beta}_1 ACT$$

评价这个关系中系数的正负。这里的截距有没有一个有用的解释？请说明。如果 ACT 分数提高 5

分，预计 GPA 会提高多少？

(ii) 计算每次观测的拟合值和残差，并验证残差和（近似）为零。

(iii) 当 ACT=20 时，GPA 的预测值为多少？

(iv) 对这 8 个学生来说，GPA 的波动有多少能由 ACT 解释？试说明。

4. 数据集 BWGHT 包含了美国妇女生育方面的数据。我们关心的两个变量是因变量［婴儿出生体重的盎司数（$bwght$）］和解释变量［母亲在怀孕期间平均每天抽烟的根数（$cigs$）］。下面这个简单回归是用 $n=1\,388$ 个出生数据进行估计的：

$$\widehat{bwght} = 119.77 - 0.514cigs$$

(i) 当 $cigs=0$ 时，预计婴儿的出生体重为多少？当 $cigs=20$（每天一包）时呢？评价其区别。

(ii) 这个简单回归能够得到婴儿出生体重和母亲抽烟习惯之间的因果关系吗？请解释。

(iii) 要预测出生体重 125 盎司，$cigs$ 应该为多少？

(iv) 样本中在怀孕期间不抽烟的妇女比例约为 0.85。这有助于解释第（iii）部分的结论吗？

5. 在线性消费函数

$$\widehat{cons} = \hat{\beta}_0 + \hat{\beta}_1 inc$$

中，收入的（估计）边际消费倾向（MPC）就是斜率 $\hat{\beta}_1$，而平均消费倾向（APC）为 $\widehat{cons}/inc = \hat{\beta}_0/inc + \hat{\beta}_1$。利用对 100 个家庭的年收入和消费的观测（均以美元计），便得到如下方程：

$$\widehat{cons} = -124.84 + 0.853inc$$

$$n = 100, \ R^2 = 0.692$$

(i) 解释这个方程中的截距，并评价它的符号和大小。

(ii) 当家庭收入为 30 000 美元时，预计消费为多少？

(iii) 以 inc 为 x 轴，画出估计的 MPC 和 APC 图。

6. 利用基尔和麦克莱恩（Kiel and McClain, 1995）有关 1988 年马萨诸塞州安德沃市的房屋出售数据，如下方程给出了房屋价格（$price$）和距离一个新修垃圾焚化炉的距离（$dist$）之间的关系：

$$\widehat{\log(price)} = 9.40 + 0.312\log(dist)$$

$$n = 135, \ R^2 = 0.162$$

(i) 解释 $\log(dist)$ 的系数。它的符号是你所预期的吗？

(ii) 你认为简单回归是否给出了在其他条件不变下，$price$ 对 $dist$ 弹性的无偏估计量？（考虑一个城市决定放置焚化炉的地点的决策。）

(iii) 还有哪些其他因素影响房屋售价？这些因素会与距离焚化炉的远近相关吗？

7. 考虑储蓄函数

$$sav = \beta_0 + \beta_1 inc + u, \ u = \sqrt{inc} \cdot e$$

式中，e 为一个随机变量，且有 $E(e)=0$ 和 $Var(e)=\sigma_e^2$，假设 e 独立于 inc。

(i) 证明：若 $E(u \mid inc)=0$，则满足零条件均值这个关键假设（假设 SLR.4）。［提示：若 e 独立于 inc，则 $E(e \mid inc)=E(e)$。］

(ii) 证明：若 $Var(u \mid inc)=\sigma_e^2 inc$，则不满足同方差假设 SLR.5。特别地，$sav$ 的方差随着 inc 而增加。［提示：若 e 和 inc 独立，则 $Var(e \mid inc)=Var(e)$。］

(iii) 讨论支持储蓄方差随着家庭收入而递增的证据。

8. 在高斯-马尔科夫假设 SLR. 1 至 SLR. 5 之下，考虑标准的简单回归模型 $y = \beta_0 + \beta_1 x + u$。通常的 OLS 估计量 $\hat{\beta}_0$ 和 $\hat{\beta}_1$ 都是各自总体参数的无偏估计量。令 $\tilde{\beta}_1$ 表示通过假定截距为零而得到的 β_1 的估计量（见 2.6 节）。

(i) 用 x_i、β_0 和 β_1 表示 $E(\tilde{\beta}_1)$。证明：当总体截距（β_0）为零时，$\tilde{\beta}_1$ 是 β_1 的无偏估计量。有没有其他的情况使得 $\tilde{\beta}_1$ 也是无偏的？

(ii) 求 $\tilde{\beta}_1$ 的方差。（提示：方差不依赖于 β_0。）

(iii) 证明 $Var(\tilde{\beta}_1) \leqslant Var(\hat{\beta}_1)$。[提示：对任何数据样本，$\sum_{i=1}^{n} x_i^2 \geqslant \sum_{i=1}^{n} (x_i - \bar{x})^2$，除非 $\bar{x} = 0$，否则该式严格不等。]

(iv) 当我们要从 $\hat{\beta}_1$ 和 $\tilde{\beta}_1$ 中做出选择时，评论偏误和方差的权衡关系。

9. (i) 令 $\hat{\beta}_0$ 和 $\hat{\beta}_1$ 为 y_i 对 x_i 进行回归的截距和斜率（有 n 次观测）；c_1 和 c_2 为常数且 $c_2 \neq 0$；$\tilde{\beta}_0$ 和 $\tilde{\beta}_1$ 为 $c_1 y_i$ 对 $c_2 x_i$ 进行回归的截距和斜率。证明 $\tilde{\beta}_1 = (c_1/c_2) \hat{\beta}_1$ 且 $\tilde{\beta}_0 = c_1 \hat{\beta}_0$，从而验证了 2.4 节中关于度量单位的命题。[提示：为得到 $\tilde{\beta}_1$，把改变了度量单位的 x 和 y 代入 (2.19) 式。然后用 (2.17) 式求 $\tilde{\beta}_0$，确定代入的是进行度量单位变换后的 x 和 y 以及正确的斜率。]

(ii) 现在令 $\tilde{\beta}_0$ 和 $\tilde{\beta}_1$ 得自 $(c_1 + y_i)$ 对 $(c_2 + x_i)$ 的回归（对 c_1 和 c_2 不加任何限制）。证明：$\tilde{\beta}_1 = \hat{\beta}_1$ 且 $\tilde{\beta}_0 = \hat{\beta}_0 + c_1 - c_2 \hat{\beta}_1$。

(iii) 令 $\hat{\beta}_0$ 和 $\hat{\beta}_1$ 为 $\log(y_i)$ 对 x_i 回归的 OLS 估计值，其中我们必须假定对所有 i，都有 $y_i > 0$。对 $c_1 > 0$，令 $\tilde{\beta}_0$ 和 $\tilde{\beta}_1$ 为 $\log(c_1 y_i)$ 对 x_i 回归的截距和斜率。证明：$\tilde{\beta}_1 = \hat{\beta}_1$ 且 $\tilde{\beta}_0 = \log(c_1) + \hat{\beta}_0$。

(iv) 现在假定对所有 i，都有 $x_i > 0$。令 $\tilde{\beta}_0$ 和 $\tilde{\beta}_1$ 为 y_i 对 $\log(c_2 x_i)$ 回归的截距和斜率。$\tilde{\beta}_0$ 和 $\tilde{\beta}_1$ 与 y_i 对 $\log(x_i)$ 回归的截距和斜率相比如何？

10. 令 $\hat{\beta}_0$ 和 $\hat{\beta}_1$ 分别为 OLS 截距和斜率估计量，并令 $\bar{u}$ 为误差（不是残差）的样本均值。

(i) 证明：$\hat{\beta}_1$ 可写成 $\hat{\beta}_1 = \beta_1 + \sum_{i=1}^{n} w_i u_i$，其中 $w_i = d_i / SST_x$，$d_i = x_i - \bar{x}$。

(ii) 利用第 (i) 部分及 $\sum_{i=1}^{n} w_i = 0$，证明：$\hat{\beta}_1$ 和 $\bar{u}$ 无关。[提示：要求你证明 $E[(\hat{\beta}_1 - \beta_1) \cdot \bar{u}] = 0$。]

(iii) 证明 $\hat{\beta}_0$ 可写成 $\hat{\beta}_0 = \beta_0 + \bar{u} - (\hat{\beta}_1 - \beta_1) \bar{x}$。

(iv) 利用第 (ii) 部分和第 (iii) 部分证明：$Var(\hat{\beta}_0) = \sigma^2/n + \sigma^2 (\bar{x})^2 / SST_x$。

(v) 第 (iv) 部分中的表达式能简化成方程 (2.58) 吗？[提示：$SST_x / n = n^{-1} \sum_{i=1}^{n} x_i^2 - (\bar{x})^2$。]

11. 假设你对估计学生花在学习 SAT 预备课程上的小时数（*hours*）对 SAT 最终成绩（*sat*）的影响感兴趣。样本整体是某一年即将上大学的高三学生。

(i) 假设你被允许进行一个对照试验。解释你将如何设计实验从而估计 *hours* 对 *sat* 的因果效应。

(ii) 考虑一个更加实际的情形，即由学生选择在学习预备课程上花多少时间，而你只能随机地从总体中抽出 *sat* 和 *hours* 两个变量。将总体模型写作如下形式：

$$sat = \beta_0 + \beta_1 hours + u$$

式中，与通常带截距的模型一样，我们可以假定 $E(u) = 0$。列举出至少两个 u 中包含的因素。这些因素是否与 *hours* 正相关或负相关？

(iii) 如果上一问等式中的预备课程有效果，那么在第 (ii) 部分的方程中，β_1 的符号应该是正还是负？

(iv) 在第 (ii) 部分的方程中，β_0 应该如何解释？

12. 考虑 2.6 节中描述的问题：进行一次回归并且只估计截距。

(i) 给定样本 $\{y_i: i = 1, 2, \cdots, n\}$，定义 $\tilde{\beta}_0$ 是

$$\min_{b_0} \sum_{i=1}^{n} (y_i - b_0)^2$$

的解。证明 $\tilde{\beta}_0 = \bar{y}$，即样本均值使得残差平方和最小。（提示：你可以使用一元微积分，或者你可以通过在残差平方项中加上再减去 $\bar{y}$，并利用代数变换直接证明结果。）

(ii) 定义残差 $\tilde{u}_i = y_i - \bar{y}$。证明这些残差的和总是等于 0。

13. 令 y 是一个响应变量，x 是一个二值解释变量。令 $\{(x_i, y_i): i = 1, \cdots, n\}$ 是一个容量为 n 的样本。令 n_0 是 $x_i = 0$ 的观测的个数，n_1 是 $x_i = 1$ 的观测的个数。令 $\bar{y}_0$ 是 $x_i = 0$ 的 y_i 的均值，$\bar{y}_1$ 是 $x_i = 1$ 的 y_i 的均值。

(i) 解释为什么我们能写出

$$n_0 = \sum_{i=1}^{n} (1 - x_i), \quad n_i = \sum_{i=1}^{n} x_i$$

证明 $\bar{x} = n_1/n$ 且 $1 - \bar{x} = n_0/n$。你如何解释 $\bar{x}$?

(ii) 讨论

$$\bar{y}_0 = n_0^{-1} \sum_{i=1}^{n} (1 - x_i) y_i, \quad \bar{y}_1 = n_1^{-1} \sum_{i=1}^{n} x_i y_i$$

(iii) 证明整个样本中 y_i 的均值 $\bar{y}$ 可以写成一个加权平均值

$$\bar{y} = (1 - \bar{x}) \bar{y}_0 + \bar{x} \bar{y}_1$$

[提示：$y_i = (1 - x_i) y_i + x_i y_i$。]

(iv) 证明当 x_i 是二值变量时，

$$n^{-1} \sum_{i=1}^{n} x_i^2 - (\bar{x})^2 = \bar{x}(1 - \bar{x})$$

(提示：当 x_i 是二值变量时，$x_i^2 = x_i$。)

(v) 证明

$$n^{-1} \sum_{i=1}^{n} x_i y_i - \bar{x} \, \bar{y} = \bar{x}(1 - \bar{x})(\bar{y}_1 - \bar{y}_0)$$

(vi) 利用 (iv) 和 (v) 得到 (2.74) 式。

(vii) 推导方程 (2.73)。

14. 在习题 2.13 的条件下，假设 y_i 也是二值变量。具体来说，y_i 表示第 i 个工人在参加职业培训项目后是否被雇佣，$y_i = 1$ 表示得到了一份工作，$y_i = 0$ 表示没有得到工作。这里 x_i 表示职业培训项目的参加情况。证明 $\hat{\beta}_1$ 是参加项目和没有参加项目的人的雇佣率之差。

15. 考虑 2.7a 节中潜在结果的框架，$y_i(0)$ 和 $y_i(1)$ 是每种处理状态下的潜在结果。

(i) 证明：如果我们对所有 i 都能观测到 $y_i(0)$ 和 $y_i(1)$，那么 τ_{ate} 的无偏估计量就是

$$n^{-1} \sum_{i=1}^{n} [y_i(1) - y_i(0)] = \bar{y}(1) - \bar{y}(0)$$

这有时被称为样本平均处理效应。

(ii) 用 $y_i(0)$ 和 $y_i(1)$ 分别写出 $\bar{y}_0$ 和 $\bar{y}_1$，并解释为什么观测到的样本均值 $\bar{y}_0$ 和 $\bar{y}_1$ 与 $\bar{y}(0)$ 和 $\bar{y}(1)$ 不同。

16. 在潜在结果的框架中，假定项目资格被随机分配，但是不能强制参加。从形式上描述这种情况就是：对每个人 i，z_i 代表资格，x_i 代表参与情况，随机分配资格意味着 z_i 与 $[y_i(0), y_i(1)]$ 相独立，但是 x_i 可能不满足独立性假设。

(i) 解释为什么估计量的均值之差不再是无偏的。

(ii) 在职业培训项目中，什么样的个人行为会导致有偏？

17. 在不同（非恒定）处理效应的潜在结果框架中，误差可以写成

$$u_i = (1 - x_i)u_i(0) + x_i u_i(1)$$

令 $\sigma_0^2 = \text{Var}[u_i(0)]$ 且 $\sigma_1^2 = \text{Var}[u_i(1)]$。假定随机分配。

(i) 找到 $\text{Var}(u_i \mid x_i)$。

(ii) $\text{Var}(u_i \mid x_i)$ 在什么情况下是常数？

18. 令 x 是一个二值变量，假设 $\text{P}(x=1) = \rho$，$0 < \rho < 1$.

(i) 如果你抽取了一个容量为 n 的随机样本，找出概率 γ_n，使得假设 SLR.3 不成立。（提示：找到所有观测 x_i 都是 0 或者都是 1 的概率。）证明当 $n \to \infty$ 时，$\gamma_n \to 0$。

(ii) 如果 $\rho = 0.5$，计算 $n = 10$ 和 $n = 100$ 时 (i) 中的概率。

(iii) $\rho = 0.9$ 时，进行 (ii) 中的计算。你的答案和 (ii) 相比有什么不同？

计算机练习

C1. 401K 中的数据是帕普克（Papke，1995）所分析数据的一个子集，帕普克研究了 401(k) 养老金计划的参与率和该计划的慷慨程度之间的关系。变量 *prate* 是有资格参与该计划的工人中拥有活动账户的百分比，也是我们要解释的变量。慷慨程度指标是计划的匹配率 *mrate*。这个变量给出了工人每向这个账户存 1 美元，公司为该工人匹配的金额。例如，若 *mrate* = 0.50，则工人每投入 1 美元，公司就匹配 50 美分。

(i) 求出该计划的样本中的平均参与率和平均匹配率。

(ii) 现在估计下面这个简单回归方程：

$$\widehat{prate} = \hat{\beta}_0 + \hat{\beta}_1 mrate$$

报告你的结果以及样本容量和 R^2。

(iii) 解释你的方程中的截距。解释 *mrate* 的系数。

(iv) 当 *mrate* = 3.5 时，求出 *prate* 的预测值。这是一个合理的预测吗？解释这里出现的情况。

(v) *prate* 的波动中，有多少是由 *mrate* 解释的？你认为这是一个足够大的量吗？

C2. 数据集 CEOSAL2 包含了美国公司首席执行官的信息。变量 *salary* 是以千美元计的年薪，*ceoten* 是已担任公司 CEO 的年数。

(i) 求出样本中的平均年薪和平均任期。

(ii) 有多少位 CEO 尚处于担任 CEO 的第一年（也就是说，*ceoten* = 0）？最长的 CEO 任期是多少？

(iii) 估计简单回归模型

$$\log(salary) = \beta_0 + \beta_1 ceoten + u$$

以通常格式报告结果。多担任一年 CEO，预计年薪增长（近似）的百分数是多少？

C3. 利用比德尔和哈默梅什（Biddle and Hamermesh，1990）中的 SLEEP75 数据，研究在每周用于睡眠的时间和用于有酬工作的时间之间是否有替代关系。我们可以用它们中的任何一个作为因变量。为具体起见，估计模型

$$sleep = \beta_0 + \beta_1 totwrk + u$$

式中，*sleep* 是每周用于晚上睡眠的分钟数，*totwrk* 是这一周中用于有酬工作的分钟数。

（i）用方程的形式，连同观测的次数和 R^2 报告你的结果。该方程中的截距表示什么？

（ii）若 *totwrk* 增加 2 小时，则 *sleep* 要减少多少？你觉得这是一个很大的效应吗？

C4. 利用 WAGE2 中的数据估计一个简单回归，以便用智商（IQ）来解释月薪（*wage*）。

（i）求出样本中的平均工资和平均 IQ。IQ 的样本标准差是多少？（总体中的 IQ 已标准化为平均值是 100，标准差是 15。）

（ii）估计一个简单回归模型，其中 IQ 提高一个单位将导致 *wage* 变化相同的数量。利用这个模型计算 IQ 提高 15 个单位时工资的预期变化。IQ 能够解释大多数的工资波动吗？

（iii）现在再估计一个模型，其中 IQ 提高一个单位，工资的变动百分比相同。如果 IQ 提高 15 个单位，预期工资提高的百分比大约是多少？

C5. 在化工产业的企业总体中，令 *rd* 表示年研发支出，*sales* 表示年销售额（都以百万美元计）。

（i）写出一个模型（不是估计方程），其中 *rd* 和 *sales* 之间的弹性为常数。哪一个参数代表弹性？

（ii）再用 RDCHEM 中的数据估计模型。以通常格式写出估计方程。*rd* 关于 *sales* 的弹性估计值是多少？用文字解释这个弹性的含义。

C6. 利用例 2.12 中 MEAP93 的数据。现在我们想要探索数学考试通过率（*math*10）和每个学生的支出（*expend*）的关系。

（i）你认为额外支出的每一美元对通过率是否有相同的影响？或者说边际效用似乎更适当？请解释。

（ii）在总体模型

$$math10 = \beta_0 + \beta_1 \log(expend) + u$$

中，证明 $\beta_1/10$ 代表当 *expend* 增加 10% 时，*math*10 变化的百分比。

（iii）利用 MEAP93 中的数据估计第（ii）部分的模型。用方程的形式，连同观测的次数和 R^2 报告结果。

（iv）估计的支出的影响有多大？换句话说，如果支出增加 10%，*math*10 估计增长多少百分比？

（v）有人可能担心回归分析会得到比 100 大的 *math*10 的估计值。为什么在这个数据中不需要担心太多？

C7. 利用 CHARITY 的数据［从弗朗西斯和帕普（Franses and Paap, 2001）的文章中得到］回答下列问题：

（i）样本中 4 268 人的平均捐赠数量是多少（以荷兰盾计）？没有任何捐赠的人占多大百分比？

（ii）每年的平均邮寄数量是多少？最大值和最小值是多少？

（iii）用 OLS 方法估计模型

$$gift = \beta_0 + \beta_1 mailsyear + u$$

并用方程的形式，连同观测的次数和 R^2 报告结果。

（iv）解释斜率系数。如果每次邮寄花费 1 荷兰盾，慈善组织是否期望在每单邮寄上赚取净收益？这是否意味着慈善组织在每单邮寄上赚取了净收益？请解释。

（v）此样本中的预测慈善捐助最小是多少？利用样本进行回归分析，你会得到 *gift* 的预测值为 0 吗？

C8. 你需要一个可以生成服从均匀分布和正态分布数据的软件包来完成本题。

（i）首先生成解释变量 x_i——取值区间为 [0, 10] 的服从均匀分布的 500 个观测值。［大多数统计软件包有生成取值区间为（0，1）的均匀分布的指令；将这些观测值乘以 10 即可。］x_i 的样本均值和样本标准差是多少？

（ii）随机生成 500 个服从（0，36）正态分布的误差项 u_i。［在通常可行的情况下，如果你生成一个（0，1）正态分布，将结果乘以 6 即可。］u_i 的样本均值是否恰好为 0？为什么？u_i 的样本标准差是多少？

（iii）现在用以下等式生成 y_i：

$$y_i = 1 + 2x_i + u_i \equiv \beta_0 + \beta_1 x_i + u_i$$

也就是说，整体的截距是 1，斜率是 2。利用数据进行 y_i 对 x_i 的回归。截距和斜率的估计值是多少？是否等于上式中的总体值？请解释。

（iv）求出 OLS 回归的残差和 $\hat{u}_i$，并证明等式（2.60）（四舍五入）。

（v）用误差项 u_i 代替残差计算等式（2.60）中的量。现在你能推断出什么？

（vi）重新生成一组新数据 x_i，重复第（i）、（ii）和（iii）部分。现在你得到的 $\hat{\beta}_0$ 和 $\hat{\beta}_1$ 的值是多少？为什么这和你在第（iii）部分中得到的结果不同？

C9. 利用 COUNTYMURDERS 中的数据回答本题。只使用 1996 年的数据。

（i）1996 年多少城镇没有发生谋杀案？多少城镇执行 1 起死刑？执行死刑数量的最大值是多少？

（ii）用 OLS 方法估计模型

$$murders = \beta_0 + \beta_1 execs + u$$

并用方程的形式，连同观测的次数和 R^2 报告结果。

（iii）解释在第（ii）部分中得到的斜率系数。估计模型是否显示出了死刑的震慑作用？

（iv）等式预测的谋杀案的最小值是多少？零死刑、零谋杀的城镇的残差是多少？

（v）解释为什么简单回归分析不能很好地判断死刑是否对谋杀有震慑作用。

C10. CATHOLIC 中的数据集包括美国 1988 年上 8 年级的 7 000 多名学生的考试成绩信息。变量 $math12$ 和 $read12$ 分别代表 12 年级标准数学和阅读考试的成绩。

（i）样本中有多少学生？找出 $math12$ 和 $read12$ 的平均值和标准差。

（ii）用 $read12$ 对 $math12$ 进行简单回归，从而得到 OLS 截距和斜率的估计值。用下面的形式报告结果：

$$\widehat{math12} = \hat{\beta}_0 + \hat{\beta}_1 read12$$

$$n = ?,\ R^2 = ?$$

将 $\hat{\beta}_0$ 和 $\hat{\beta}_1$ 及问号替换成数值。

（iii）在第（ii）部分中得到的截距是否有意义？请解释。

（iv）你是否为得到的 $\hat{\beta}_1$ 的值感到惊讶？R^2 呢？

（v）假设你将你的发现呈现给校领导，校领导说："你的发现表明要提高学生的数学成绩，只需要提高他们的阅读成绩，所以我们应该聘请更多的阅读老师。"你将如何回应这一评价？（提示：如果你反过来用 $math12$ 对 $read12$ 进行回归，你认为会有什么发现？）

C11. 使用 GPA1 中的数据来回答本题。这是 20 世纪 90 年代中期密歇根州立大学本科生的样本，包括了现在大学的 GPA，用 $colGPA$ 表示，还包括表示学生是否拥有个人电脑的二值变量 PC。

（i）样本中有多少学生？找出大学 GPA 的平均值和最高值。

（ii）多少学生拥有自己的电脑？

（iii）估计如下简单回归方程：

$$colGPA = \beta_0 + \beta_1 PC + u$$

并且报告 β_0 和 β_1 的估计值。解释这些估计量，并且讨论它们的量级。

（iv）这个回归的 R^2 是多少？你认为它算大吗？

（v）第（iii）部分中你的结果是否意味着拥有一台个人电脑对 $colGPA$ 有因果效应？解释你的结论。

附录 2A 最小化残差平方和

我们现在来证明，如 2.2 节所言，OLS 估计量 $\hat{\beta}_0$ 和 $\hat{\beta}_1$ 确实最小化了残差平方和。规范地看，问题是要刻画使得

$$\min_{b_0, b_1} \sum_{i=1}^{n} (y_i - b_0 - b_1 x_i)^2$$

最小的解 $\hat{\beta}_0$ 和 $\hat{\beta}_1$，其中 b_0 和 b_1 是这个最优化问题的虚拟变量；为简便起见，我们把这个函数称为 $Q(b_0, b_1)$。根据多元微积分的基本结论（见书末附录数学复习 A）可知，$\hat{\beta}_0$ 和 $\hat{\beta}_1$ 要作为最小化问题的解，必要条件是 $Q(b_0, b_1)$ 对 b_0 和 b_1 的偏导数在 $\hat{\beta}_0$ 和 $\hat{\beta}_1$ 处的取值必须为零：$\partial Q(\hat{\beta}_0, \hat{\beta}_1) / \partial b_0 = 0$ 和 $\partial Q(\hat{\beta}_0, \hat{\beta}_1) / \partial b_1 = 0$。利用微积分的链导法则，这两个方程可写为：

$$-2 \sum_{i=1}^{n} (y_i - \hat{\beta}_0 - \hat{\beta}_1 x_i) = 0$$

$$-2 \sum_{i=1}^{n} x_i (y_i - \hat{\beta}_0 - \hat{\beta}_1 x_i) = 0$$

这两个方程式刚好就是（2.14）式和（2.15）式乘以 $-2n$，因此它们的解也同样是 $\hat{\beta}_0$ 和 $\hat{\beta}_1$。

我们怎么知道我们实际上已经最小化了残差平方和？毕竟一阶条件是必要条件但不是充分条件。验证我们最小化了残差平方和的一种方法是：对任何 b_0 和 b_1，写出

$$Q(b_0, b_1) = \sum_{i=1}^{n} \left[y_i - \hat{\beta}_0 - \hat{\beta}_1 x_i + (\hat{\beta}_0 - b_0) + (\hat{\beta}_1 - b_1) x_i \right]^2$$

$$= \sum_{i=1}^{n} \left[\hat{u}_i + (\hat{\beta}_0 - b_0) + (\hat{\beta}_1 - b_1) x_i \right]^2$$

$$= \sum_{i=1}^{n} \hat{u}_i^2 + n(\hat{\beta}_0 - b_0)^2 + (\hat{\beta}_1 - b_1)^2 \sum_{i=1}^{n} x_i^2 + 2(\hat{\beta}_0 - b_0)(\hat{\beta}_1 - b_1) \sum_{i=1}^{n} x_i$$

其中我们用到了方程（2.30）和（2.31）。第一项不依赖于 b_0 或 b_1，通过简单运算即可验证，最后三项之和可以写成

$$\sum_{i=1}^{n} \left[(\hat{\beta}_0 - b_0) + (\hat{\beta}_1 - b_1) x_i \right]^2$$

由于这是平方和的形式，所以它最小等于零。因此，当 $b_0 = \hat{\beta}_0$ 且 $b_1 = \hat{\beta}_1$ 时，它达到最小。

第3章 多元回归分析：估计

我们在第 2 章中已经学到了如何使用简单回归分析，把因变量 y 解释成一个自变量 x 的函数。但是，在实证研究中使用简单回归分析有一个很大的缺陷，就是它很难得到在其他条件不变情况下 x 对 y 的影响。因为关键假设 SLR. 4（所有其他影响 y 的因素都与 x 不相关）通常都不成立。

由于**多元回归分析**（multiple regression analysis）能让我们明确地控制其他影响因变量的因素，所以它更适合于其他条件不变情况下的分析。在我们必须使用非实验数据的情况下，多元回归分析的这一特性对检验经济理论和评价经济政策都很重要。由于多元回归模型能够容纳许多可能相关的解释变量，所以在简单回归分析可能产生误导的情况下，我们可以寄希望于多元回归模型来推断因果关系。

自然地，如果我们在模型中增加一些有助于解释 y 的因素，那么 y 的变化就能更多地得到解释。因此，多元回归分析可用于建立更好的因变量预测模型。

多元回归分析的另外一个优点是，它可以用于引入相当一般化的函数关系。在简单回归模型中，方程中只能出现一个解释变量的一个函数。正如我们将看到的那样，多元回归模型的灵活性则大得多。

3.1 节规范地介绍了多元回归模型，并进一步讨论了多元回归相对于简单回归的优势。3.2 节说明了，在多元回归模型中如何使用普通最小二乘法来估计参数。在 3.3 节、3.4 节和 3.5 节，我们描述了 OLS 估计量的各种统计性质，包括无偏性和有效性。

在经济学和其他社会科学进行实证分析时，多元回归模型仍是使用得最广泛的一个工具。同样，在估计多元回归模型的参数时，普通最小二乘法也很受欢迎。

3.1 使用多元回归的动因

3.1a 含有两个自变量的模型

我们先用几个简单的例子来说明如何用多元回归分析来解决简单回归所不能解

决的问题。

首先来看第一个例子。在第 2 章为得到教育对小时工资的影响，我们引入了简单工资方程：

$$wage = \beta_0 + \beta_1 educ + \beta_2 exper + u \tag{3.1}$$

式中，$exper$ 是在劳动力市场上以年计的工作经历。于是，根据该方程，工资 $wage$ 由受教育程度和工作经历两个解释变量（或自变量）及那些无法观测的其他因素（包含在 u 中）来决定。最让我们感兴趣的是，在保持所有其他影响工资的因素不变的情况下，$educ$ 对 $wage$ 的影响；即我们只对参数 β_1 感兴趣。

与仅将 $wage$ 和 $educ$ 作联系的简单回归分析相比，方程（3.1）有效地把 $exper$ 从误差项中取出，并把它显式地放到方程中。由于 $exper$ 出现在方程中，所以其系数 β_2 度量了 $exper$ 在其他条件不变情况下对 $wage$ 的影响，这对于分析也有一定的意义。

毫不奇怪，就像在简单回归中一样，我们不得不对（3.1）中的 u 与自变量 $educ$ 和 $exper$ 的相关性做出假定。然而在多元回归分析中，正如我们将在 3.2 节中看到的那样，我们可以确信：由于（3.1）中显式地包含了工作经历，所以我们就能在保持工作经历不变的情况下，度量教育对工资的影响。但是在简单回归分析中，我们把工作经历放到了误差项中，这样我们就必须假定工作经历与受教育程度不相关，而这个假定一般而言很难满足。

再来看第二个例子，我们考虑这样一个问题：在高中阶段，每个学生的平均支出（$expend$）对其平均标准化考试成绩（$avgscore$）有什么影响。假定平均考试成绩取决于学校基金、平均家庭收入（$avginc$）及其他不可观测因素：

$$avgscore = \beta_0 + \beta_1 expend + \beta_2 avginc + u \tag{3.2}$$

出于研究目的，我们关心的系数是 β_1，即 $expend$ 在其他条件不变情况下对 $avgscore$ 的影响。通过在模型中显式地纳入 $avginc$，我们就能控制其对 $avgscore$ 的影响。这个做法非常重要，因为平均家庭收入很有可能与每个学生的支出相关——支出水平通常由财产税和当地的收入税决定。在简单回归分析中，$avginc$ 被包括在误差项中，如果 $avginc$ 与 $expend$ 相关，那么就会导致对 β_1 的 OLS 估计有偏误。

在上述两个相似的例子中，我们已经说明了如何将除主要关注的变量〔方程（3.1）中是 $educ$，而方程（3.2）中则是 $expend$〕外的其他可观测因素也包括在回归模型中。一般地，我们可以把含有两个自变量的模型写成

$$y = \beta_0 + \beta_1 x_1 + \beta_2 x_2 + u \tag{3.3}$$

式中，β_0 为截距；β_1 度量了在其他条件不变情况下 y 相对于 x_1 的变化；β_2 度量了在其他条件不变情况下 y 相对于 x_2 的变化。

多元回归分析对推广变量之间的函数关系也有帮助。举例而言，假定家庭消费（$cons$）是家庭收入（inc）的一个二次函数：

$$cons = \beta_0 + \beta_1 inc + \beta_2 inc^2 + u \tag{3.4}$$

式中，u 包括了影响消费的其他因素。在这个模型中，消费只取决于收入这一个观测变量；所以看上去，一个简单的回归分析就可以解决估计问题。但实际上简单回归不能处理这个模型，因为它包括了收入的两个函数 inc 和 inc^2（因此就有三个参数 β_0、β_1 和 β_2）。尽管如此，通过令 $x_1 = inc$ 和 $x_2 = inc^2$，消费函数还是可以很容易地写成一个含两个自变量的回归模型。

机械地看，用普通最小二乘法（在 3.2 节介绍过）去估计像（3.1）和（3.4）那样不同的方程应该没有什么区别。而和计算结果有关的全部内容，就是把方程都写成（3.3）的样子。但对于（3.1）和（3.4）这两种方程，一个重要的区别是我们如何对参数进行解释。在方程（3.1）中，β_1 是 $educ$ 在其他条件不变情况下对 $wage$ 的影响。而方程（3.4）中的参数 β_1 则不能这么解释。换句话说，度量 inc 在保持 inc^2 不变的情况下对 $cons$ 的影响毫无意义，因为若 inc 变化，则 inc^2 一定会变化！相反，相对收入变化的消费变化（即边际消费倾向）可近似为：

$$\frac{\Delta cons}{\Delta inc} \approx \beta_1 + 2\beta_2 inc$$

对于推导这个方程所需要的微积分知识，可参见书末附录数学复习 A。也就是说，收入对消费的边际效应取决于 β_1、β_2 和收入水平。这个例子表明，在任何一个特定的实际应用中，对自变量的定义都是至关重要的。但在多元回归的理论层面，我们暂时不用深究这些细节。在第 6 章，我们将更详尽地研究这类例子。

> **？ 思考题 3.1**
>
> 用定罪概率（$prbconv$）和宣判监禁的平均时间长度（$avgsen$）来解释城市谋杀率（$murdrate$）的一个简单模型是
>
> $$murdrate = \beta_0 + \beta_1 prbconv$$
> $$+ \beta_2 avgsen + u$$
>
> u 中包含了一些什么因素？你认为关键假设（3.5）有可能成立吗？

在含有两个自变量的模型中，关于 u 与 x_1 和 x_2 相关性的关键假设是

$$E(u \mid x_1, x_2) = 0 \tag{3.5}$$

对条件（3.5）的解释与对简单回归分析的假设 SLR.4 的解释相似。它意味着，给定总体中 x_1 和 x_2 的任何值，无法观测因素的期望值都等于零。与简单回归一样，该假设中的重要部分是，对于 x_1 和 x_2 的所有组合，u 的期望值都相同；其实，只要模型中包括了截距项 β_0，根本就不需要上述相同的期望值为零这个假设（参见 2.1 节）。

那么我们如何解释前面例子中条件均值为零的假设呢？在方程（3.1）中，这个假设可以写成 $E(u \mid educ, exper) = 0$。这意味着，影响 $wage$ 的其他因素都与 $educ$ 和 $exper$ 无关。因此，如果我们认为先天因素是 u 的一部分，我们就需要假

定，在各种受教育程度和工作经历的组合下，工人总体的平均先天能力水平都相同。这个命题可能正确，也可能不正确。但正如我们在 3.3 节中将看到的那样，这正是我们为了判断普通最小二乘法能否得到无偏估计量而需要解决的关键性问题。

度量学生表现［方程（3.2）］的例子类似于工资方程，其零条件均值的假设为 $E(u \mid expend, avginc) = 0$。它意味着，影响学生考试成绩的其他因素（学校或学生的个人特征）总体上与学生的平均支出和平均家庭收入无关。

在应用到（3.4）中的二次消费函数时，对零条件均值假设的解释则略有不同。从形式上看，方程（3.5）变成了 $E(u \mid inc, inc^2) = 0$。因为一旦知道了 inc，就会知道 inc^2，所以在期望表达式中包含 inc^2 项是多此一举：$E(u \mid inc, inc^2) = 0$ 等价于 $E(u \mid inc) = 0$。虽然在表述这个假设时让 inc^2 和 inc 一起出现在条件期望中并没有错，但 $E(u \mid inc) = 0$ 更简明扼要。

3.1b 含有 k 个自变量的模型

一旦我们开始正式学习多元回归时，就没有必要局限于两个自变量了。多元回归分析允许多个可观测因素影响 y。在上述工资例子中，我们还可以纳入工作培训的数量、现任工作的任期、衡量个人能力的某种测度，甚至是兄弟姐妹的个数或母亲受教育程度等人口变量。在学校基金的例子中，额外的变量可能包括对教师质量和学校规模的某种测度。

一般的 **多元线性回归模型**［multiple linear regression（MLR）model，也称多元回归模型］在总体中可以写成

$$y = \beta_0 + \beta_1 x_1 + \beta_2 x_2 + \beta_3 x_3 + \cdots + \beta_k x_k + u \tag{3.6}$$

式中，β_0 为 **截距**（intercept）；β_1 为与 x_1 相关的参数；β_2 为与 x_2 相关的参数；其他的参数依此类推。

由于有 k 个自变量和一个截距项，所以方程（3.6）包含了 $k+1$ 个（未知的）总体参数。为了表达上的简便，我们有时把这种不同于截距的参数称为 **斜率参数**（slope parameters），尽管它们并不一定表示斜率。［如方程（3.4）所示，其中 β_1 和 β_2 本身都不是斜率，但它们一起决定了消费与收入之间关系的斜率。］

多元回归的术语类似于简单回归的术语，如表 3.1 所示。和简单回归中一样，变量 u 表示 **误差项**（error term）或 **干扰项**（disturbance）。它包含了除 x_1, x_2, x_3, $\cdots$, x_k 之外仍影响 y 的因素。无论在我们的模型中包含了多少个解释变量，总有一些因素无法被包括进来，而所有这些因素就包括在 u 中。

表 3.1　多元回归的术语

y	x_1, x_2, $\cdots$, x_k
因变量	自变量

续表

y	x_1，x_2，$\cdots$，x_k
被解释变量	解释变量
响应变量	控制变量
被预测变量	预测元变量
回归子	回归元

在使用一般的多元回归模型时，我们还必须知道如何解释这些参数。我们在本章和后面的一些章节中将进行大量练习，但此刻我们暂且回想一些我们已经学过的东西。假定 CEO 的薪水（salary）与企业的销售量（sales）和 CEO 在这个企业的任期（ceoten）相关：

$$\log(salary) = \beta_0 + \beta_1 log(sales) + \beta_2 ceoten + \beta_3 ceoten^2 + u \tag{3.7}$$

通过定义 $y=\log(salary)$，$x_1=\log(sales)$，$x_2=ceoten$ 和 $x_3=ceoten^2$，就得到一个多元回归模型（$k=3$）。正如我们在第 2 章中所了解的那样，参数 β_1 是在其他条件不变的情况下薪水对销售量的弹性。如果 $\beta_3=0$，那么在其他条件不变的情况下，$100\beta_2$ 就表示 ceoten 增加一年导致 salary 提高的百分数。当 $\beta_3 \neq 0$ 时，ceoten 对 salary 的影响则复杂一些。对一个含有二次项的一般模型的详尽处理，我们留待第 6 章讨论。

方程（3.7）给了我们一个关于多元回归分析重要的提醒。多元线性回归模型中的"线性"一词，意味着方程（3.6）是其诸参数 β_j 的一个线性函数。方程（3.7）是多元回归模型的一个例子，虽然它线性于 β_j，salary 与变量 sales 和 ceoten 之间的关系却是非线性的。多元线性回归的许多运用中都涉及主要变量之间的非线性关系。

一般多元回归模型的关键假设，用条件期望的形式可以很容易地表示为

$$E(u \mid x_1,\ x_2,\ \cdots,\ x_k)=0 \tag{3.8}$$

方程（3.8）要求不可观测的误差项中的所有因素都与解释变量无关。它还意味着，我们已经正确地解释了被解释变量和解释变量之间的函数关系。任何一个导致 u 与某个自变量相关的问题，都会导致（3.8）式不成立。在 3.3 节中我们将证明，假设（3.8）式表明 OLS 是无偏的，而如果方程中遗漏了一个关键变量，那么所得到的结果便会产生偏误。在第 15 章和第 16 章中，我们将研究导致（3.8）式不成立的其他原因，并说明在（3.8）式不成立的情况下，我们能做些什么。

3. 2 普通最小二乘法的操作和解释

接下来，我们将总结普通最小二乘法应用于一个特定数据集时在计算和代数上

出现的特征。除此之外，我们还要讨论如何解释所估计的方程。

3.2a 如何得到 OLS 估计值

我们先考虑含两个自变量的模型。在形式上，被估计的 OLS 方程与简单回归情况下的方程相似：

$$\hat{y} = \hat{\beta}_0 + \hat{\beta}_1 x_1 + \hat{\beta}_2 x_2 \tag{3.9}$$

式中，$\hat{\beta}_0$ 为 β_0 的估计值；$\hat{\beta}_1$ 为 β_1 的估计值；$\hat{\beta}_2$ 为 β_2 的估计值。

可是，我们如何获得 $\hat{\beta}_0$、$\hat{\beta}_1$ 和 $\hat{\beta}_2$ 呢？**普通最小二乘法**（ordinary least squares）可以得到使残差平方和最小的估计值，即给定 y、x_1 和 x_2 的 n 个观测 $\{(x_{i1}, x_{i2}, y_i): i=1, 2, \cdots, n\}$，估计值 $\hat{\beta}_0$、$\hat{\beta}_1$ 和 $\hat{\beta}_2$ 可以使得下式尽可能小：

$$\sum_{i=1}^{n} (y_i - \hat{\beta}_0 - \hat{\beta}_1 x_{i1} - \hat{\beta}_2 x_{i2})^2 \tag{3.10}$$

为了理解 OLS 在做什么，我们需要掌握（3.10）式中自变量下标的含义。这里每个自变量都有两个下标：i 后面跟着 1 或 2。第一个下标 i 表示观测序号。所以，（3.10）式中的求和符号是对序号从 1 到 n 的所有的观测求和。第二个下标只是用于区别不同的自变量。在 $wage$ 与 $educ$ 和 $exper$ 相关的例子中，$x_{i1} = educ_i$ 是样本中第 i 个人的受教育程度，$x_{i2} = exper_i$ 是第 i 个人的工作经历。该例子中的残差平方和用（3.10）式可表示为 $\sum_{i=1}^{n} (wage_i - \hat{\beta}_0 - \hat{\beta}_1 educ_i - \hat{\beta}_2 exper_i)^2$。以后，下标 i 专门用于表示观测序号。如果我们写出 x_{ij}，那么它就表示第 j 个自变量的第 i 个观测值。（有些作者喜欢交换观测序号和变量序号的位置，所以 x_{1i} 就成为第一个变量的第 i 个观测值，当然这只是使用记号习惯的不同。）

在含有 k 个自变量的一般情形中，我们想获得方程

$$\hat{y} = \hat{\beta}_0 + \hat{\beta}_1 x_1 + \hat{\beta}_2 x_2 + \cdots + \hat{\beta}_k x_k \tag{3.11}$$

中的估计值 $\hat{\beta}_0$, $\hat{\beta}_1$, $\cdots$, $\hat{\beta}_k$。所获得的 $k+1$ 个 OLS 估计值使得残差平方和

$$\sum_{i=1}^{n} (y_i - \hat{\beta}_0 - \hat{\beta}_1 x_{i1} - \cdots - \hat{\beta}_k x_{ik})^2 \tag{3.12}$$

最小化。这个最小化问题可使用多元微积分求解（参见本章附录 3A）。这样就得到 $\hat{\beta}_0$, $\hat{\beta}_1$, $\cdots$, $\hat{\beta}_k$ 这 $k+1$ 个未知变量的 $k+1$ 个线性方程：

$$\sum_{i=1}^{n} (y_i - \hat{\beta}_0 - \hat{\beta}_1 x_{i1} - \cdots - \hat{\beta}_k x_{ik}) = 0$$

$$\sum_{i=1}^{n} x_{i1} (y_i - \hat{\beta}_0 - \hat{\beta}_1 x_{i1} - \cdots - \hat{\beta}_k x_{ik}) = 0$$

$$\sum_{i=1}^{n} x_{i2} (y_i - \hat{\beta}_0 - \hat{\beta}_1 x_{i1} - \cdots - \hat{\beta}_k x_{ik}) = 0 \tag{3.13}$$

$$\vdots$$

$$\sum_{i=1}^{n} x_{ik} (y_i - \hat{\beta}_0 - \hat{\beta}_1 x_{i1} - \cdots - \hat{\beta}_k x_{ik}) = 0$$

这个方程组通常被称为 OLS **一阶条件**（first order conditions）。像在 2.2 节的简单回归模型中一样，OLS 一阶条件也可以通过矩方法得到：在假设（3.8）下，$E(u)=0$，$E(x_ju)=0$，其中 $j=1，2，\cdots，k$。（3.13）中的方程就是这些总体矩在样本中对应的样本矩，尽管我们省略了除以样本容量 n。

即便只是对中等大小的 n 和 k，通过手算来求解方程（3.13）也是十分繁重的任务。不过，借助现代计算机中的标准统计和计量软件，对较大的 n 和 k，我们也能很快解出这些方程。

这里有一个需要注意的地方：我们必须假定（3.13）中的方程只能得到 $\hat{\beta}_j$ 的唯一解。目前，我们只能这样假定，因为这是规范设定模型的通常要求。在 3.3 节，我们将阐述使 OLS 估计值满足唯一性所需要的假设（参见假设 MLR.3）。

如同在简单回归分析中那样，方程（3.11）被称为 **OLS 回归线**（OLS regression line）或**样本回归函数**（sample regression function，SRF）。我们把 $\hat{\beta}_0$ 称为 **OLS 截距估计值**（OLS intercept estimate），而把 $\hat{\beta}_1，\cdots，\hat{\beta}_k$ 称为 **OLS 斜率估计值**（OLS slope estimate）（与自变量 $x_1，x_2，\cdots，x_k$ 相对应）。

为了说明一个 OLS 回归分析已经在进行，我们要么写出形如（3.11）式的方程，并将其中的 y 和 $x_1，x_2，\cdots，x_k$ 都用其变量名称取代（如 *wage*，*educ* 和 *exper* 等），要么说"将 y 对 $x_1，x_2，\cdots，x_k$ 进行了一个 OLS 回归"或"将 y 对 $x_1，x_2，\cdots，x_k$ 做回归"。这些说法都表明我们使用普通最小二乘法得到了 OLS 方程（3.11）。除非另有明确说明，截距项应当与斜率系数一起被估计出来。

3.2b 对 OLS 回归方程的解释

其实，比计算出 $\hat{\beta}_j$ 更重要的是，对所估计的方程进行解释。我们从含有两个自变量的情况开始：

$$\hat{y}=\hat{\beta}_0+\hat{\beta}_1x_1+\hat{\beta}_2x_2 \tag{3.14}$$

方程（3.14）中的截距项 $\hat{\beta}_0$ 是在 $x_1=0$ 和 $x_2=0$ 的情况下 y 的预测值。尽管在多数情况下，令 x_1 和 x_2 都等于零没有什么实际意义。不过，正如方程（3.14）所表明的那样，为了从 OLS 回归中得到 y 的预测值，截距项总是必需的。

估计值 $\hat{\beta}_1$ 和 $\hat{\beta}_2$ 具有**偏效应**（partial effect）或**其他条件不变**（ceteris paribus）的含义。从方程（3.14）中我们得到

$$\Delta\hat{y}=\hat{\beta}_1\Delta x_1+\hat{\beta}_2\Delta x_2$$

因此，我们能在给定 x_1 和 x_2 的变化的情况下，预测 y 的变化。（注意，截距项与 y 的变化没有关系！）特别地，当 x_2 固定，即 $\Delta x_2=0$ 时，可以得到

$$\Delta\hat{y}=\hat{\beta}_1\Delta x_1$$

由此我们可以得出一个关键的结论：通过把 x_2 包含在模型中，我们得到的 x_1 的系数可以解释为在其他条件不变下 x_1 对 y 的影响。这正是多元回归分析如此有用的

原因所在。类似地，在保持 x_1 不变时，有

$$\Delta \hat{y} = \hat{\beta}_2 \Delta x_2$$

例 3.1

大学 GPA 的决定因素

GPA1 中的变量包括了大学平均成绩（$colGPA$）、高中平均成绩（$hsGPA$）和大学能力测验分数（ACT），样本是从一所较大的大学中选取的 141 名学生；大学和高中的 GPA 都采取四分制。我们用高中 GPA 和能力测验分数来预测大学 GPA，得到如下的 OLS 回归线：

$$\widehat{colGPA} = 1.29 + 0.453\, hsGPA + 0.009\, 4ACT$$
$$n = 141 \tag{3.15}$$

我们该怎么解释这个方程呢？首先，1.29 是在 $hsGPA$ 和 ACT 都为零时预测的大学 GPA。由于没有人能在高中 GPA 为零或能力测验得零分的情况下进入大学，所以在这个方程中，截距项本身并没有什么意义。

更有意义的估计值是 $colGPA$ 和 $hsGPA$ 的斜率系数。恰如我们所料，$colGPA$ 和 $hsGPA$ 之间存在正的偏效应：保持 ACT 不变，如果 $hsGPA$ 提高 1 分，那么大学 GPA 会提高 0.453 分或接近半分。换句话说，如果我们选择 A 和 B 两个学生，他们的 ACT 分数相同，但学生 A 的高中 GPA 比学生 B 的高中 GPA 高出 1 分，那么，我们预计学生 A 的大学 GPA 将比学生 B 的大学 GPA 高 0.453 分。（这个数字并不是任何两个真实的学生之间的情况，却是我们最好的预测值。）

ACT 的符号表明，在保持 $hsGPA$ 不变时，ACT 分数变化 10 分（由于样本中 ACT 分数的最大值是 36，平均值为 24，且 ACT 的标准差小于 3，所以，10 分的差距已经很大了），对 $colGPA$ 的影响还不到 0.1 分。这个影响很小，而且表明，一旦采用高中 GPA 来解释大学 GPA，那么 ACT 分数就不能有力地预测大学 GPA。（虽然还有许多其他因素影响 GPA，但这里我们主要关注在高中生中容易得到的统计量。）在后面我们讨论了统计推断之后，我们将证明，ACT 的系数不仅很小，而且在统计上也不显著。

如果我们只考虑将 $colGPA$ 与 ACT 相联系的简单回归分析，则得到

$$\widehat{colGPA} = 2.40 + 0.027\, 1ACT$$
$$n = 141$$

可以看到，ACT 的系数几乎是方程（3.15）中估计值的三倍大。但这个方程不能使我们将两个具有同等高中 GPA 的学生进行比较；它对应于一个不同的实验。以后，我们还会更多地探讨多元回归和简单回归之间的差别。

多于两个自变量的情况与此相似。OLS 回归线为

$$\hat{y} = \hat{\beta}_0 + \hat{\beta}_1 x_1 + \hat{\beta}_2 x_2 + \cdots + \hat{\beta}_k x_k \tag{3.16}$$

用变化量表示为

$$\Delta \hat{y} = \hat{\beta}_1 \Delta x_1 + \hat{\beta}_2 \Delta x_2 + \cdots + \hat{\beta}_k \Delta x_k \tag{3.17}$$

x_1 的系数度量的是，在所有其他条件不变的情况下，因提高一个单位的 x_1 而导致的 $\hat{y}$ 的变化。即在保持 x_2，x_3，$\cdots$，x_k 不变的情况下，

$$\Delta \hat{y} = \hat{\beta}_1 \Delta x_1 \tag{3.18}$$

因此，我们在用上述模型估计 x_1 对 y 的影响时，已经控制了变量 x_2，x_3，$\cdots$，x_k 的影响。其他系数的解释与此相似。

下面是一个含有三个自变量的例子。

 例 3.2

小时工资方程

利用 WAGE1 中 526 个工人的观测数据，我们在解释 $\log(wage)$ 的方程中包括了 $educ$（受教育年数）、$exper$（在劳动力市场上的工作经历）和 $tenure$（任现职的任期）。估计出来的方程是：

$$\widehat{\log(wage)} = 0.284 + 0.092 educ + 0.004\ 1 exper + 0.022 tenure$$
$$n = 526 \tag{3.19}$$

正如在简单回归情形中一样，系数可做百分比解释。这里唯一的区别是：它们具有"在其他条件不变下"的含义。系数 0.092 意味着，在保持 $exper$ 和 $tenure$ 固定不变的情况下，多受一年教育者的 $\log(wage)$ 预计会提高 0.092，即 $wage$ 预计提高约 9.2%（$=100 \times 0.092$）。换句话说，$educ$ 的系数表示，如果有两个人具有同样的工作经历和任期，在教育水平相差一年时，他们的预期工资的百分比差异。对教育回报的这种度量至少应保持两个重要的生产力因素不变；同时，要知道它是否很好地估计了在其他条件不变情况下多受一年教育对工资的影响，需要我们研究 OLS 的统计特性（参见 3.3 节）。

3.2c 多元回归中"保持其他因素不变"的含义

因为多元回归分析中斜率参数的偏效应解释可能会导致一些混淆，所以我们接下来要进行更加深入的探讨。

在例 3.1 中，我们观察到，ACT 的系数度量的是，在保持 $hsGPA$ 不变的情况下，预期 $colGPA$ 的差别。多元回归分析的作用在于，尽管不能在其他条件不变的情况下搜集数据，但它提供的系数仍可做其他条件不变的解释。在对 ACT 的系数做偏效应解释时，看起来就好像我们真的在具有同等高中 GPA 但 ACT 分

数可能不同的人群中抽样。然而情况并非如此，数据是来自一所很大的大学的随机样本：在获得数据的过程中，对 $hsGPA$ 和 ACT 的样本值都没有施加任何限制。在获取样本时，我们很少有办法能限制某些变量不变。如果能搜集到具有同等高中 GPA 的个人样本，我们就能进行一个 $colGPA$ 对 ACT 的简单回归分析。多元回归使我们在对自变量的值不施加限制时，有效地模拟了上述施加限制时的情况。

多元回归分析使我们能在非实验环境中去做自然科学家在受控实验中所能做的事情：保持其他因素不变。

3.2d 同时改变不止一个自变量

有时我们想同时改变一个以上的自变量，看看由此对因变量的影响。借助方程 (3.17) 可以很容易做到这一点。例如，在方程 (3.19) 中，我们可以估计，当一个人在同一企业多待一年：$exper$ 和 $tenure$ 都增加一年时，对工资的影响。总影响（保持 $educ$ 不变）是

$$\widehat{\Delta\log(wage)} = 0.004\,1\Delta exper + 0.022\Delta tenure$$
$$= 0.004\,1 + 0.022 = 0.026\,1$$

或大约 2.6%。由于 $exper$ 和 $tenure$ 都增加一年，所以我们只要把 $exper$ 和 $tenure$ 的系数相加并乘以 100，就得到了总影响的百分数。

3.2e OLS 的拟合值和残差

在得到 OLS 回归线 (3.11) 后，我们对每个观测都能得到一个拟合值或预测值。对观测 i，其拟合值就是

$$\hat{y}_i = \hat{\beta}_0 + \hat{\beta}_1 x_{i1} + \hat{\beta}_2 x_{i2} + \cdots + \hat{\beta}_k x_{ik} \tag{3.20}$$

它只是通过将第 i 个观测的自变量值代入方程 (3.11) 而得到的预测值。在求拟合值时，我们不应该忘记截距项；否则，结果就极具误导性。举例而言，若在方程 (3.15) 中，$hsGPA_i = 3.5$ 且 $ACT_i = 24$，则 $\widehat{colGPA_i} = 1.29 + 0.453 \times 3.5 + 0.009\,4 \times 24 = 3.101$（保留到小数点后三位）。

一般而言，对任一观测 i，实际值 y_i 都不等于预测值 $\hat{y}_i$；OLS 使预测误差平方的平均值最小化了，但对任何一个观测的预测误差都没做说明。第 i 个观测的**残差**（residual）只是像在简单回归中那样被定义为：

$$\hat{u}_i = y_i - \hat{y}_i \tag{3.21}$$

每个观测都有一个残差。若 $\hat{u}_i > 0$，则 $\hat{y}_i$ 小于 y_i，这意味着，对这个预测来说，y_i 被低估了。若 $\hat{u}_i < 0$，则 $\hat{y}_i$ 大于 y_i，这意味着，对这个预测来说，y_i 被高估了。

直接从单变量情形加以推广，便能得到 OLS 拟合值和残差的某些重要性质：

1. 残差的样本均值为零，即 $\bar{y} = \bar{\hat{y}}$。

2. 每个自变量和 OLS 残差之间的样本协方差均为零。于是，OLS 拟合值和 OLS 残差之间的样本协方差也为零。

3. 点 $(\bar{x}_1, \bar{x}_2, \cdots, \bar{x}_k, \bar{y})$ 总是位于 OLS 回归线上：$\bar{y} = \hat{\beta}_0 + \hat{\beta}_1\bar{x}_1 + \hat{\beta}_2\bar{x}_2 + \cdots + \hat{\beta}_k\bar{x}_k$。

前面两个性质是求 OLS 估计值的方程组得到的直接结果。(3.13) 中的第一个方程表明，残差和等于零。其余的方程可表示为 $\sum_{i=1}^{n} x_{ij}\hat{u}_i = 0$，这意味着每个自变量与 $\hat{u}_i$ 之间的样本协方差都等于零。性质 3 可直接从性质 1 得到。

> **？ 思考题 3.2**
>
> 在例 3.1 中，用高中 GPA 和 ACT 分数来解释大学 GPA 的 OLS 拟合线为：
> $$\widehat{colGPA} = 1.29 + 0.453hsGPA + 0.009\,4ACT$$
> 若样本中的平均高中 GPA 约为 3.4，而平均 ACT 分数约为 24.2，那么大学的平均 GPA 是多少呢？

3.2f 对多元回归"排除其他变量影响"的解释

在应用 OLS 时，我们不需要知道方程组 (3.13) 的解 $\hat{\beta}_j$ 的明确表达式。但在进行某些推导时，我们还是需要用到它们。同时，这些表达式还能反映出 OLS 的工作方式。

再次考虑 $k = 2$ 个自变量的情形，$\hat{y} = \hat{\beta}_0 + \hat{\beta}_1 x_1 + \hat{\beta}_2 x_2$。为简洁起见，我们只考虑 $\hat{\beta}_1$。$\hat{\beta}_1$ 的一种表达形式是

$$\hat{\beta}_1 = \left(\sum_{i=1}^{n} \hat{r}_{i1} y_i\right) \Big/ \left(\sum_{i=1}^{n} \hat{r}_{i1}^2\right) \tag{3.22}$$

式中，$\hat{r}_{i1}$ 是利用现有样本将 x_1 对 x_2 进行简单回归而得到的 OLS 残差。我们将第一个自变量 x_1 对第二个自变量 x_2 进行回归，然后得到残差（这里未用到 y）。方程 (3.22) 表明，我们再将 y 对 $\hat{r}_{i1}$ 进行简单回归就能得到 $\hat{\beta}_1$。（注意，残差 $\hat{r}_{i1}$ 的样本均值为零，所以 $\hat{\beta}_1$ 就是通常简单回归的斜率参数。）

方程 (3.22) 中的表达式还给出了 $\hat{\beta}_1$ 的另一种偏效应解释。残差 $\hat{r}_{i1}$ 是 x_{i1} 中与 x_{i2} 不相关的部分。另一种说法是，$\hat{r}_{i1}$ 是 x_{i1} 排除（partialled out）或净化掉（netted out）x_{i2} 的影响之后的部分。于是，$\hat{\beta}_1$ 度量了在排除了 x_{i2} 的影响之后 y 和 x_1 之间的样本关系。

在简单回归分析中，由于回归中根本就没有其他变量，所以就不存在排除其他变量影响的情况。在本章的计算机练习 C5 中，你可以运用例 3.2 中的工资数据，更加明确排除其他变量影响的过程。事实上重要的是，方程 $\hat{\beta}_1$ 中的 $\hat{y} = \hat{\beta}_0 + \hat{\beta}_1 x_1 + \hat{\beta}_2 x_2$ 度量的是，在保持 x_2 不变时，x_1 提高一个单位导致的 y 的变化量。

在一个含有 k 个解释变量的一般模型中，$\hat{\beta}_1$ 仍可写成方程 (3.22)，但残差 $\hat{r}_{i1}$ 来自 x_1 对 $x_2, x_3, \cdots, x_k$ 的回归。于是 $\hat{\beta}_1$ 度量的是，在排除 $x_2, x_3, \cdots, x_k$ 等变量

的影响后，x_1 对 y 的影响。在计量经济学中，一般情况下的排除结果通常被称为**弗里施-沃定理**（Frisch-Waugh theorem）。它在理论和应用经济学上有许多应用。我们将在第 10 章看到它在时间序列回归上的应用。

3.2g 简单回归和多元回归估计值的比较

在两个特殊情形中，y 对 x_1 的简单回归所得到的回归估计值，等于将 y 对 x_1 和 x_2 做 OLS 回归时所得到的 x_1 的偏回归估计值。更准确地说，将 y 对 x_1 的简单回归写作 $\tilde{y} = \tilde{\beta}_0 + \tilde{\beta}_1 x_1$，并将多元回归写作 $\hat{y} = \hat{\beta}_0 + \hat{\beta}_1 x_1 + \hat{\beta}_2 x_2$。我们知道，简单回归系数 $\tilde{\beta}_1$ 通常并不等于多元回归系数 $\hat{\beta}_1$。事实上，$\tilde{\beta}_1$ 和 $\hat{\beta}_1$ 之间有如下简单关系，使得我们能将简单回归和多元回归进行有意思的比较：

$$\tilde{\beta}_1 = \hat{\beta}_1 + \hat{\beta}_2 \tilde{\delta}_1 \tag{3.23}$$

式中，$\tilde{\delta}_1$ 是 x_{i2} 对 x_{i1} 进行简单回归的斜率系数（$i = 1, \cdots, n$）。这个方程说明了 $\tilde{\beta}_1$ 与 x_1 对 $\hat{y}$ 的偏效应有何不同。导致二者区别的一项是，x_2 对 $\hat{y}$ 的偏效应与 x_2 对 x_1 进行简单回归的斜率之积。（更一般的证明，参见本章附录的 3A.4 节。）

$\hat{\beta}_1$ 和 $\tilde{\beta}_1$ 之间的关系还表明，它们在两种情况下会相等：

1. 样本中 x_2 对 y 的偏效应为零，即 $\hat{\beta}_2 = 0$。
2. 样本中 x_1 和 x_2 不相关，即 $\tilde{\delta}_1 = 0$。

即使简单回归和多元回归的估计值几乎从来都不相等，我们也可以用以上表达式去解释它们为什么会相去甚远，或者十分相近。例如，如果 $\hat{\beta}_2$ 很小，我们可能会预期 β_1 的简单回归和多元回归估计值差别不大。在例 3.1 中，$hsGPA$ 和 ACT 之间的样本相关系数是 0.346，这表明两者的相关性并不是微不足道。然而 ACT 的系数却相当小。根据上面的结论，$colGPA$ 对 $hsGPA$ 的简单回归得到的系数估计值 0.482 与方程（3.15）中的估计值 0.453 没有太大差别也就不足为奇了。

例 3.3

401(k) 养老金计划的参与

我们利用 401K 中的数据，估计了一种计划的匹配率 $mrate$ 对 401(k) 养老金计划参与率（$prate$）的影响。匹配率是指，对于一个工人所存入的每一美元养老金存款，企业为其账户额外存入的数量（直到某个极限）；因此，$mrate = 0.75$ 意味着，工人在养老金账户上每投入一美元，企业都向其账户内存入 75 美分。参与率则是有资格拥有一个 401(k) 账户的工人中参与此计划的百分比。变量 age 是 401(k) 养老金计划实施的年数。数据集中有 1 534 个观测，$prate$ 的均值为 87.35，$mrate$ 的均值为 0.732，而 age 的均值为 13.2。

将 $prate$ 对 $mrate$ 和 age 回归，得到

$$\widehat{prate} = 80.12 + 5.52mrate + 0.243age$$

$$n = 1\,534$$

可见，$mrate$ 和 age 的影响都符合预期。如果我们不控制 age 会怎么样呢？由于 age 的估计效应并非微不足道，所以我们预期在从回归方程中去掉 age 后，$mrate$ 的估计影响会有很大变动。但将 $prate$ 对 $mrate$ 进行简单回归，得到 $\widehat{prate} = 83.08 + 5.86mrate$。虽然 $mrate$ 对 $prate$ 影响的简单回归估计值与多元回归估计值明显不同，但相差不大。（简单回归估计值只比多元回归估计值大 6.2%。）这种情况可由 $mrate$ 与 age 之间的样本相关程度只有 0.12 这个事实来解释。

在含有 k 个自变量的情形中，只有在如下两种情况下，y 对 x_1 进行简单回归与 y 对 x_1，x_2，$\cdots$，x_k 进行多元回归才会得到相同的 x_1 系数估计值：（1）从 x_2 到 x_k，所有的 OLS 系数都是零，或者（2）x_1 与 x_2，x_3，$\cdots$，x_k 都不相关。实际上，这两个条件都不太可能成立。但如果 x_2，x_3，$\cdots$，x_k 的系数都很小，或者 x_1 与其他自变量之间的样本相关关系都不显著，那么 x_1 影响 y 的简单回归估计值和多元回归估计值可能会很相似。

3.2h 拟合优度

像简单回归一样，我们可以将**总平方和**（total sum of squares，SST）、**解释平方和**（explained sum of squares，SSE）和**剩余平方和**（residual sum of squares）或**残差平方和**（sum of squared residuals，SSR）分别定义为

$$SST \equiv \sum_{i=1}^{n}(y_i - \bar{y})^2 \tag{3.24}$$

$$SSE \equiv \sum_{i=1}^{n}(\hat{y}_i - \bar{y})^2 \tag{3.25}$$

$$SSR \equiv \sum_{i=1}^{n}\hat{u}_i^2 \tag{3.26}$$

利用简单回归情形中同样的论证，我们可以证明

$$SST = SSE + SSR \tag{3.27}$$

换句话说，$\{y_i\}$ 中的总波动是 $\{\hat{y}_i\}$ 和 $\{\hat{u}_i\}$ 的总波动之和。

假定 y 的总波动不为零（除非 y_i 在样本中是一个不变的常数），我们可将 (3.27) 式的两边同时除以 SST，得到

$$SSR/SST + SSE/SST = 1$$

恰如在简单回归中一样，R^2 被定义为

$$R^2 \equiv SSE/SST = 1 - SSR/SST \tag{3.28}$$

而且被解释为 y_i 的样本波动中被 OLS 回归线所解释的部分。根据定义，R^2 是一个介于 0 和 1 之间的数。

还可以证明，R^2 等于 y_i 的实际值与其拟合值 $\hat{y}_i$ 的相关系数的平方。即

$$R^2 = \frac{\left[\sum\limits_{i=1}^{n}(y_i - \bar{y})(\hat{y}_i - \bar{\hat{y}})\right]^2}{\left(\sum\limits_{i=1}^{n}(y_i - \bar{y})^2\right)\left(\sum\limits_{i=1}^{n}(\hat{y}_i - \bar{\hat{y}})^2\right)} \tag{3.29}$$

［在（3.29）式中，我们已将 $\hat{y}_i$ 的平均值表示成相关系数所需的形式；但由于残差的样本均值为零，而且 $y_i = \hat{y}_i + \hat{u}_i$，所以这个平均值就等于 $\bar{y}$。］

例 3.4

大学 GPA 的决定因素

从我们前面所考虑的大学平均成绩模型得到的回归方程为

$$\widehat{colGPA} = 1.29 + 0.453 hsGPA + 0.009\,4ACT$$
$$n = 141, R^2 = 0.176$$

这意味着，$hsGPA$ 和 ACT 一起解释了这个学生样本中大学 GPA 波动的 17.6%。虽然看上去这个比例不是很高，但我们必须记住，能影响一个学生大学成绩的因素还有很多，包括家庭背景、个性、高中教育的质量和对大学的喜恶等。如果 $hsGPA$ 和 ACT 解释了 $colGPA$ 波动的几乎全部，那就等于说，大学成绩预先由高中成绩决定了！

有关 R^2 的一个重要事实是，在回归中增加一个自变量后，它绝对不会减小，而且通常会增大。这个代数命题之所以成立，是因为在模型中增加一个回归元时，按照定义，残差平方和绝对不会增加。比如，一个人的社保号码的最后一位数与其小时工资毫无关系，但在工资方程中增加这个变量将（至少略微）提高 R^2。

值得注意的是，之前得到的关于 R^2 的推断都是基于解释变量没有缺失数据这个前提。如果两个回归用不同的观测值集合，一般来说，我们无法比较两个 R^2 的值，即使其中一个回归使用了观测量的子集。例如，假设我们有变量 y、x_1 和 x_2 的值的全集，但是 x_3 的某些数据缺失。那么我们不能说 y 对 x_1 和 x_2 的回归的 R^2 会小于 y 对 x_1、x_2 和 x_3 的回归的 R^2：大于或小于的情况都可能出现。数据缺失是一个很重要的实际问题，我们将在第 9 章中讨论。

这个特征导致用 R^2 作为判断是否应该在模型中增加一个或几个变量的依据很不恰当。判断一个解释变量是否应放入模型的依据应该是：这个解释变量在总体中对 y 的偏效应是否非零。在第 4 章讨论统计推断时，我们将说明如何对这个假设进行检验。我们还将看到，如果应用恰当，我们还能使用 R^2 来检验一组变量在解释 y 时是否重要。就目前而言，我们还只是把它作为对给定模型的拟合优度的一种度量。

例 **3.5**

对拘捕记录的解释

CRIME1 包含了加利福尼亚州 1960 年或 1961 年出生的 2 725 名男子在 1986 年的拘捕数据和其他信息。在 1986 年以前，样本中的每一个人都至少被拘捕过一次。变量 *narr*86 表示这个人在 1986 年被拘捕的次数，对样本中的多数人（72.29%）来说，它等于零，而且变化范围是 0～12。（在 1986 年被捕一次的比例是 20.51%。）变量 *pcnv* 表示 1986 年前被捕导致定罪的比例（不是百分数），*avgsen* 表示此前定罪被宣判的平均时间长度（多数人都是零），*ptime*86 表示 1986 年在监狱里度过的月数，而 *qemp*86 则表示此人在 1986 年被雇佣的季度数（从 0 到 4）。

一个解释拘捕的线性模型为

$$narr86 = \beta_0 + \beta_1 pcnv + \beta_2 avgsen + \beta_3 ptime86 + \beta_4 qemp86 + u$$

式中，*pcnv* 代表犯罪被定罪的可能性；*avgsen* 度量了如果被定罪，预期惩罚的严重性；变量 *ptime*86 刻画的是犯罪的监禁效应：如果一个人待在监狱中，他就不可能因监外的一桩犯罪而被捕；劳动力市场的机会由 *qemp*86 粗略刻画。

首先，我们在没有变量 *avgsen* 的情况下估计这个模型，可以得到

$$\widehat{narr86} = 0.712 - 0.150pcnv - 0.034ptime86 - 0.104qemp86$$

$$n = 2\ 725,\ R^2 = 0.041\ 3$$

这个方程表明，作为一个整体，*pcnv*、*ptime*86 和 *qemp*86 三个变量解释了 *narr*86 波动的大约 4.1%。

每个 OLS 斜率系数的符号都与预期一致。定罪比率的提高会减少预期的拘捕次数。如果我们将 *pcnv* 提高 0.50（定罪概率的很大提高），那么，保持其他因素不变，$\Delta \widehat{narr86} = -0.150 \times 0.50 = -0.075$。拘捕次数不能只改变一个小数，但我们可以用这个数值得到一大群人预期拘捕次数的变化。例如，在 100 个人中，当 *pcnv* 提高 0.50 时，预计拘捕会减少 7.5 次。

类似地，监禁期越长，预计的拘捕次数越低。事实上，如果 *ptime*86 从 0 提高到 12，对一个特定的人来说，预计的拘捕次数会减少 $0.034 \times 12 = 0.408$。延长一个季度的合法就业，会使预计的拘捕次数减少 0.104，对 100 个人来说，将减少 10.4 次。

如果模型中增加 *avgsen*，我们知道 R^2 将增加。被估计的方程是

$$\widehat{narr86} = 0.707 - 0.151pcnv - 0.007\ 4avgsen - 0.037ptime86 - 0.103qemp86$$

$$n = 2\ 725,\ R^2 = 0.042\ 2$$

于是，增加变量 *avgsen* 使 R^2 从 0.041 3 增加到 0.042 2，这是一个特别小的影响。*avgsen* 系数的符号也出人意料：平均判刑时间越长，则犯罪活动越多。

对于例 3.5，还有一句话值得告诫：第二个回归中包含了 4 个解释变量，却只解释了 narr86 的方差的大约 4.2%，这个事实并不意味着这个方程没有用处。尽管所有这些解释变量解释不了大部分的拘捕波动，但 OLS 估计值仍有可能成为每个解释变量在其他条件不变的情况下对 narr86 之影响的可靠估计值。正如我们将会看到的那样，是否可靠并不直接取决于 R^2 的大小。一般来说，较低的 R^2 表明很难准确地预测某个观测的 y 值。对于这个问题，我们将在第 6 章更详尽地研究。在对拘捕记录的解释一例中，较小的 R^2 反映了社会科学的一个特点：通常，我们很难预测个体的行为。

3.2i 过原点回归

有时，一种经济理论或常识会告诉我们 β_0 应该为零，因此我们应该简要地提一下在截距为零时的 OLS 估计。具体而言，我们现在探讨一个具有如下形式的方程：

$$\tilde{y} = \tilde{\beta}_1 x_1 + \tilde{\beta}_2 x_2 + \cdots + \tilde{\beta}_k x_k \tag{3.30}$$

式中，估计值上面的符号"～"用以区别于带截距的 OLS 回归［如（3.11）式］。在方程（3.30）中，当 $x_1=0$，$x_2=0$，$\cdots$，$x_k=0$ 时，预测值也为零。在这种情况下，$\tilde{\beta}_1$，$\cdots$，$\tilde{\beta}_k$ 被称为从 y 对 x_1，x_2，$\cdots$，x_k 进行过原点回归而得到的 OLS 估计值。

和前文一样，方程（3.30）中的 OLS 估计值最小化了残差平方和，只是它的截距项被设定为零。值得注意的是，我们以前推导的 OLS 的性质对过原点回归不再成立。特别是，OLS 残差的样本均值不再是零。而且，如果 R^2 被定义为 $R^2 = 1-SSR/SST$，其中 SST 由（3.24）式给出，而 SSR 现在是 $\sum_{i=1}^{n}(y_i - \tilde{\beta}_1 x_{i1} - \cdots - \tilde{\beta}_k x_{ik})^2$，那么，$R^2$ 就有可能为负。这意味着样本均值 $\bar{y}$ 比解释变量更多地"解释"了 y_i 的波动。这时我们要么在回归中加入一个截距项，要么断定解释变量对 y 的解释效果很差。为了使 R^2 总是非负，有些经济学家更喜欢像在（3.29）式中一样，用 y 的实际值和拟合值之间相关系数的平方来计算 R^2。（在此情形下，必须计算出拟合值的平均值，因为此时它不再等于 $\bar{y}$。）不管怎样，对于过原点的回归，R^2 的计算没有一套固定的规则。

过原点回归有一个重要缺陷：如果总体模型中的截距项 β_0 不是零，那么斜率参数的 OLS 估计量将有偏误。在某些情况下，这种偏误可能会很严重。当 β_0 确实是零时，估计带截距项方程的代价是：OLS 斜率估计量的方差会更大。

3.3 OLS 估计量的期望值

我们现在讨论，在估计一个总体模型的参数时，OLS 所具有的统计性质。在本节，我们将推导 OLS 估计量的期望值。并且，我们将说明并讨论四个假设，这些假设都是对简单回归模型假设的直接推广，而且在这些假设下，OLS 估计量是总体参数的无偏估计。同时，我们还将明确得到在回归中漏掉一个重要变量时产生的偏误。

应该牢记，统计性质与任何一个特定的样本都无关，它只与估计量的性质有关。因此，3.3 节、3.4 节和 3.5 节多少有点抽象。尽管我们会以具体的模型为例并推导出其偏误，但讨论从一个特定的单一样本中所获得的估计值所具有的统计性质是没有意义的。

我们所做的第一个假设无非是给多元线性回归（MLR）模型下一个定义。

假设 MLR.1　线性于参数

总体模型可写成

$$y = \beta_0 + \beta_1 x_1 + \beta_2 x_2 + \cdots + \beta_k x_k + u \tag{3.31}$$

式中，β_0，β_1，$\cdots$，β_k 是我们所关心的未知参数（常数），而 u 则是无法观测的随机误差或随机干扰。

方程（3.31）规范地表述了**总体模型**（population model），也称为**真实模型**（true model），用以区别我们有可能估计出的一个与方程（3.31）不同的模型。此模型的一个重要特点是：它是参数 β_0，β_1，$\cdots$，β_k 的线性函数。如我们所知，由于 y 和自变量都可以是我们所关注的变量的任意函数形式［如自然对数和平方等，例如（3.7）式］，所以，方程（3.31）实际上相当灵活多变。

假设 MLR.2　随机抽样

我们有一个含 n 次观测的随机样本 $\{ (x_{i1}, x_{i2}, \cdots, x_{ik}, y_i): i=1, 2, \cdots, n \}$，它来自假设 MLR.1 中的总体模型。

有时我们需要对一个特定观测 i（从总体中随机抽取的一次观测）写出其方程：

$$y_i = \beta_0 + \beta_1 x_{i1} + \beta_2 x_{i2} + \cdots + \beta_k x_{ik} + u_i \tag{3.32}$$

记住 i 表示观测次数，x 的第二个下标表示变量序号。例如，我们可以对某个特定的 CEO 写出其薪水方程：

$$\log(salary_i) = \beta_0 + \beta_1 \log(sales_i) + \beta_2 ceoten_i + \beta_3 ceoten_i^2 + u_i \tag{3.33}$$

u_i 包含了影响第 i 个 CEO 的薪水而又无法观测的因素。就应用而言，通常最容易的是像方程（3.31）那样写出总体模型。它的形式更加简洁，并且强调了我们的兴趣是估计总体关系。

借助模型（3.31），从 y 对 x_1，$\cdots$，x_k 的回归中得到的 OLS 估计量 $\hat{\beta}_0$，

$\hat{\beta}_1$，…，$\hat{\beta}_k$ 现在被看作是 β_0，β_1，…，β_k 的估计量。我们在 3.2 节曾看到，OLS 对一个特定样本选择的估计值会使得残差平均值为零，每个自变量和残差的样本相关系数也为零。接下来，我们还需要一个保证 OLS 估计量定义完好的假设。接下来的假设填补了这个空白。

假设 MLR.3　　不存在完全共线性

在样本（因而在总体）中，没有一个自变量是常数，自变量之间也不存在严格的线性关系。

由于我们现在必须关注所有自变量之间的关系，所以假设 MLR.3 比在简单回归下的情形更复杂。如果方程（3.31）中的一个自变量恰好是其他自变量的一个线性组合，那么我们就说这个模型存在**完全共线性**（perfect collinearity）的问题，从而不能由 OLS 来估计。

需要注意的是，假设 MLR.3 允许自变量之间存在相关关系，只是不能完全相关。如果我们不允许自变量之间存在任何相关关系，那么多元回归分析在计量经济分析中的运用会受到极大限制。例如，在将考试分数与教育支出和平均家庭收入相联系的模型中，

$$avgscore = \beta_0 + \beta_1 expend + \beta_2 avginc + u$$

我们充分预料到 $expend$ 和 $avginc$ 之间可能相关：家庭平均收入高的学区，倾向于对每个学生在教育上支出更多。实际上，在方程中纳入变量 $avginc$ 的主要动机是，我们怀疑它与 $expend$ 之间存在相关，所以我们想要在分析中将它保持不变。假设 MLR.3 只是排除了在我们的样本中 $expend$ 和 $avginc$ 之间完全相关的情况。如果得到一个学生平均支出与家庭平均收入完全相关的样本，我们就太不幸了。但一定程度内的相关是可以预料且被接受的。

两个自变量之间完全相关的最简单情形是：一个变量是另一个变量的常数倍。当研究者不小心将在不同度量单位下的同一个变量放入同一个回归方程时，就有可能发生这种情况。例如，在估计消费与收入的关系时，将以美元为单位的收入和以千美元为单位的收入都作为自变量，其中有一个自变量是多余的。试问在保持以美元为单位度量的收入不变时，改变以千美元为单位的收入又有什么意义呢？

我们已经知道，同一变量的不同非线性函数都可以成为回归元。比如模型 $cons = \beta_0 + \beta_1 inc + \beta_2 inc^2 + u$ 就不违背假设 MLR.3：尽管 $x_2 = inc^2$ 刚好是 $x_1 = inc$ 的一个函数，但 inc^2 并非刚好是 inc 的一个线性函数。与在模型中包括以美元度量的收入和以千美元度量的收入不同，在模型中包括 inc^2 是推广函数形式的一种有用方法。

常识告诉我们，不要在同一个回归方程中包括以不同单位度量的同一个解释变

量。一个自变量也可能以更微妙的方式成为另一个自变量的倍数。假定我们想估计一个常弹性消费函数的拓展形式，设定一个模型

$$\log(cons) = \beta_0 + \beta_1 \log(inc) + \beta_2 \log(inc^2) + u \tag{3.34}$$

式中，$x_1 = \log(inc)$，而 $x_2 = \log(inc^2)$。利用自然对数的基本性质（见书末附录数学复习 A），我们得到 $\log(inc^2) = 2\log(inc)$，即 $x_2 = 2x_1$。而且这对样本中的每一个观测都成立。这就违背了假设 MLR.3。我们应该做的是，用 $[\log(inc)]^2$ 替换 $\log(inc^2)$。这是对常弹性模型的一种合理拓展，我们将在第 6 章看到如何解释这种模型。

自变量之间完全线性相关的另一种情形是，一个自变量恰好可以表达成其他两个或多个自变量的线性函数。例如，假设我们想估计竞选支出对竞选结果的影响。为简便起见，假定每次选举都有两位候选人。令 voteA 为候选人 A 的得票率，expendA 为候选人 A 的竞选支出，expendB 为候选人 B 的竞选支出，并令 totexpend 为竞选总支出；后面三个变量都以美元为单位度量。为了将每个候选人的竞选支出与总支出的影响分隔开来，将模型做如下设定看起来似乎很自然：

$$voteA = \beta_0 + \beta_1 expendA + \beta_2 expendB + \beta_3 totexpend + u \tag{3.35}$$

但由于根据定义有 $x_3 = x_1 + x_2$，所以这个模型违背了假设 MLR.3。当我们试图在其他条件不变的情况下解释这个方程时，就会发现这个问题。方程（3.35）中的参数 β_1 被认为是，在保持候选人 B 的竞选支出和总支出不变的情况下，度量了候选人 A 竞选支出的增加对其得票率的影响。这个解释毫无意义，因为如果 expendB 和 totexpend 都保持不变，我们就不可能增加 expendA。

对于方程（3.35）中的完全共线性，解决办法很简单：从模型中去掉三个变量中的任意一个。我们可能会去掉 totexpend，那么 expendA 的系数就度量了在保持候选人 B 的竞选支出不变的情况下，候选人 A 增加竞选支出对其得票率的影响。

前面的例子表明，如果我们在设定模型时不谨慎，假设 MLR.3 就有可能不成立。同时，若样本容量 n 相对于被估计的参数个数而言太小，假设 MLR.3 也可能不成立。比如，在方程（3.31）这个一般的回归模型中，若样本容量小于参数个数 $k+1$，假设 MLR.3 便不成立。从直觉上讲，这合乎情理：要估计 $k+1$ 个参数，我们至少需要 $k+1$ 个观测。不足为奇，在 3.4 节的方差计算中我们会发现，最好能得到尽可能多的观测值。

> **？ 思考题 3.3**
>
> 在前面这个例子中，如果我们使用 expendA、expendB 和 shareA 作为解释变量，其中 shareA = 100 (expendA/totexpend) 是候选人 A 的竞选支出占竞选总支出的比例，这样会违背假设 MLR.3 吗？

即使我们正确地设定了模型，而且 $n \geqslant k+1$，在因为搜集样本时运气不佳而导致的极少情况下，假设 MLR.3 也会不成立。比如，在一个以受教育程度和工作经历为变量的工资方程中，有可能在我们得到的一个随机样本中，每个人的受教育年

限都正好是其工作经历年限的两倍。虽然这种情况将导致假定 MLR.3 不成立，但可以认为，除非样本容量极小，否则这种情况几乎不可能发生。

证明 OLS 的无偏性所需要的最后也是最重要的一个假设是我们对假设 SLR.4 的直接引申。

假设 MLR.4　零条件均值

给定解释变量的任何值，误差的期望值为零。换言之，

$$E(u \mid x_1, x_2, \cdots, x_k) = 0 \tag{3.36}$$

假设 MLR.4 可能不成立的情况之一是，方程（3.31）中被解释变量和解释变量之间的函数关系被错误地设定：例如，如果我们在估计消费模型时，在消费函数 $cons = \beta_0 + \beta_1 inc + \beta_2 inc^2 + u$ 中忘掉了二次项 inc^2。另外一种函数形式误设的情况是，当一个变量在总体中应该以对数形式出现时，我们却使用了其水平值，反之亦然。比如，如果真正的模型是以 $\log(wage)$ 作为因变量，但在我们的回归分析中，却以 $wage$ 作为因变量，那么估计量就是有偏的。从直觉上看，这应该相当明显。在第 9 章我们将讨论侦破函数形式误设的方法。

漏掉一个与 $x_1, x_2, \cdots, x_k$ 中任何一个自变量相关的重要因素，也能导致假设 MLR.4 不成立。使用多元回归分析，我们能包含解释变量中的许多因素，与简单回归分析相比，在多元回归分析中遗漏变量导致的问题的严重性相对较小。尽管如此，在任何一个应用研究中，由于数据被限制或被忽略，总有一些因素我们不能包括进来。如果我们认为这些因素应该加以控制，而且它们与一个或多个自变量相关，那么这样一来，就会违背假设 MLR.4。我们稍后推导这个偏误。

u 还可能有其他方式与一个解释变量相关。在第 9 章和第 15 章，我们将讨论解释变量的测量误差问题。在第 16 章，我们将讨论一些在概念上更困难的问题，这些问题中的一个或多个解释变量和 y 被同时决定。比如当我们把数量和价格看做由供给曲线和需求曲线的交点决定时，上述情况就会发生。由于我们尚未对一系列理想的假设条件之下的多元回归分析有充分的了解，我们暂且推迟对这些问题的研究。

当假设 MLR.4 成立时，我们常说我们具有**外生解释变量**（exogenous explanatory variable）。如果出于某种原因 x_j 仍与 u 相关，那么 x_j 就被称为**内生解释变量**（endogenous explanatory variable）。虽然"外生"和"内生"的术语源自联立方程分析（参见第 16 章），但"内生解释变量"一词涵盖了一个解释变量可能与误差项相关的一切情况。

在我们在假设 MLR.1 至 MLR.4 下证明 OLS 的无偏性之前，先提醒一句。初学计量经济学的学生总是将假设 MLR.3 与假设 MLR.4 相混淆，但其实它们相当

不同。一方面，假设 MLR.3 只是排除了解释变量之间的某些关系，它并不涉及扰动项 u。在做 OLS 估计时，你会立即知道假设 MLR.3 是否成立。另一方面，假设 MLR.4（更重要的假设）则限制了 u 中的无法观测因素与解释变量之间的关系。不幸的是，我们永远也无法确切地知道，无法观测因素的平均值是否与解释变量无关。但这是一个关键假设。

我们现在准备证明，在上述四个多元回归假设下，OLS 估计量是无偏的。如同在简单回归情形中一样，这些期望值都以样本中解释变量的值为条件。我们将在本章附录 3A 中给出明确的证明。

定理 3.1

OLS 的无偏性

在假设 MLR.1 至 MLR.4 下，下式对总体参数 β_j 的任意值都成立：

$$E(\hat{\beta}_j) = \beta_j, \quad j = 0, 1, \cdots, k \tag{3.37}$$

即 OLS 估计量是总体参数的无偏估计量。

在我们前面实证的例子中，假设 MLR.3 已经满足（因为我们已经能够计算出 OLS 估计值）。此外，样本在很大程度上都是从一个定义好的总体中随机抽取的。如果我们相信所设定的这些模型在关键假设 MLR.4 下是正确的，我们就能断定，在这些例子中，OLS 是无偏的。

由于我们正逐步接近能够在严肃的实证研究中使用多元回归的境界，牢记无偏性的含义是很有必要的。在像工资方程（3.19）那样的例子中，一个错误的表述是"9.2% 是教育回报的一个无偏估计值"。我们知道，一个估计值不可能是无偏的：一个估计值就是从一个特定样本中得到的一个固定数值，它通常都不等于总体参数。我们说 OLS 在假设 MLR.1 至 MLR.4 下是无偏的，此时我们是指，当我们将用来得到 OLS 估计值的程序用于各种可能的随机样本时，这个程序是无偏的。我们当然希望获得一个能够给出尽可能接近总体值的估计值的样本，但不幸的是，这不可能得到保证。所能保证的只是，我们不用担心我们的估计值被过分高估或低估。

3.3a 在回归模型中包含了无关变量

我们能很快解决的一个问题是，在多元回归分析中**包含了一个无关变量**（inclusion of an irrelevant variable）或**对模型进行了过度设定**（overspecifying the model）。也就是说，尽管一个（或多个）自变量在总体中对 y 没有影响，却被放到了模型中。（即它的总体系数为零。）

为了说明这个问题，假设我们将模型设定为

$$y = \beta_0 + \beta_1 x_1 + \beta_2 x_2 + \beta_3 x_3 + u \tag{3.38}$$

而且这个模型满足假设 MLR.1 至 MLR.4。但在控制了 x_1 和 x_2 之后，x_3 对 y 没有影响，即 $\beta_3=0$。变量 x_3 与 x_1 和 x_2 或许相关，或许不相关；关键在于，一旦控制了 x_1 和 x_2，x_3 对 y 就没有影响。用条件期望的术语来说就是 $E(y \mid x_1, x_2, x_3)=E(y \mid x_1, x_2)=\beta_0+\beta_1 x_1+\beta_2 x_2$。

因为我们不知道 $\beta_3=0$，所以我们倾向于估计包含了 x_3 的方程：

$$\hat{y}=\hat{\beta}_0+\hat{\beta}_1 x_i+\hat{\beta}_2 x_2+\hat{\beta}_3 x_3 \tag{3.39}$$

我们在回归中包含了无关变量 x_3。当 x_3 在总体模型（3.38）中的系数为零时，在方程（3.39）中包含 x_3 会有什么影响呢？就 $\hat{\beta}_1$ 和 $\hat{\beta}_2$ 的无偏性而言，不存在什么影响。因为这个结论直接从定理 3.1 得到，所以无须特别推导。记住，无偏性意味着对 β_j 的任意值（包括 $\beta_j=0$），都有 $E(\hat{\beta}_j)=\beta_j$。于是，我们断定 $E(\hat{\beta}_0)=\beta_0$，$E(\hat{\beta}_1)=\beta_1$，以及 $E(\hat{\beta}_2)=\beta_2$，$E(\hat{\beta}_3)=0$（对 β_0、β_1 和 β_2 的任何值都成立）。尽管 $\hat{\beta}_3$ 本身不可能恰好为零，但其对许多随机样本的平均值将是零。

前面这个例子的结论相当具有一般性：在一个多元回归模型中包含一个或多个无关变量，或对模型进行了过度设定，并不会影响到 OLS 估计量的无偏性。这是否意味着包含无关变量的做法就没有危害呢？不是，正如我们在 3.4 节将看到的那样，包含无关变量对 OLS 估计量的方差具有不利影响。

3.3b 遗漏变量的偏误：简单情形

现在假设我们不是包含了一个无关变量，而是遗漏了一个实际上应包括在真实（或总体）模型中的变量。这通常被称为**遗漏一个相关变量**（excluding a relevant variable）或**对模型设定不足**（underspecifying the model）的问题。我们在第 2 章和本章的前半部分指出，这个问题一般会导致 OLS 估计量产生偏误。现在是明确证明这一点的时候了，而且同样重要的是，推导出偏误的方向和大小。

推导遗漏一个重要变量所导致的偏误，是**误设分析**（misspecification analysis）的一个例子。我们从真实的总体模型具有两个解释变量和一个误差项的情况开始：

$$y=\beta_0+\beta_1 x_1+\beta_2 x_2+u \tag{3.40}$$

而且我们假定这个模型满足假设 MLR.1 至 MLR.4。

假定我们主要关心的是 x_1 对 y 的偏效应 β_1。比如，y 是小时工资（或小时工资的对数），x_1 是受教育程度，而 x_2 则是对天生能力的一种度量。为了得到 β_1 的一个无偏估计量，我们应该将 y 对 x_1 和 x_2 进行回归（这样就给出了 β_0、β_1 和 β_2 的无偏估计量）。但由于我们的疏忽或数据不足，所以我们在遗漏 x_2 的情况下估计了这个模型。换句话说，我们只是将 y 对 x_1 进行了简单回归，得到方程

$$\tilde{y}=\tilde{\beta}_0+\tilde{\beta}_1 x_1 \tag{3.41}$$

我们使用符号"$\sim$"而非"$\wedge$"，是为了强调 $\tilde{\beta}_1$ 来自一个设定不足的模型。

初学遗漏变量的问题时，学生很难区分潜在的真实模型［这里是（3.40）］和

我们实际估计的方程［这里由（3.41）中的回归来刻画］。虽然初看起来，变量 x_2 应该放在模型中，而我们将它漏掉是很愚蠢的，但通常我们别无选择。比如，假设 $wage$ 由

$$wage = \beta_0 + \beta_1 educ + \beta_2 abil + u \qquad (3.42)$$

决定。由于能力不可观测，所以我们转而估计以下模型

$$wage = \beta_0 + \beta_1 educ + v$$

式中，$v = \beta_2 abil + u$。将 $wage$ 对 $educ$ 进行简单回归，由此得到的 β_1 的估计量就是我们所说的 $\tilde{\beta}_1$。

我们以 x_1 和 x_2 的样本值为条件推导 $\tilde{\beta}_1$ 的期望值。因为 $\tilde{\beta}_1$ 恰好是简单回归中的 OLS 斜率估计量，而且我们已在第 2 章深入地研究过它，所以推导出这个期望值并不困难。这里的不同之处在于，我们必须分析简单回归模型因遗漏一个变量而被误设时所具有的性质。

诚然，我们已经对简单回归估计量 $\tilde{\beta}_1$ 做了几乎所有推导。我们在方程（3.23）中得到关系 $\tilde{\beta}_1 = \hat{\beta}_1 + \hat{\beta}_2 \tilde{\delta}_1$，其中 $\hat{\beta}_1$ 和 $\hat{\beta}_2$ 是如下多元回归（如果我们能得到它们）的斜率估计量：

$$y_i \text{ 对 } x_{i1}, x_{i2}, i=1, \cdots, n \qquad (3.43)$$

而 $\tilde{\delta}_1$ 则是如下简单回归的斜率：

$$x_{i2} \text{ 对 } x_{i1}, i=1, \cdots, n \qquad (3.44)$$

由于 $\tilde{\delta}_1$ 仅取决于样本中的自变量，所以我们在计算 $E(\tilde{\beta}_1)$ 时视之为固定（非随机）量。而且由于（3.40）式中的模型满足假设 MLR.1 至 MLR.4，所以我们知道 $\hat{\beta}_1$ 和 $\hat{\beta}_2$ 将分别是 β_1 和 β_2 的无偏估计量。因此

$$E(\tilde{\beta}_1) = E(\hat{\beta}_1 + \hat{\beta}_2 \tilde{\delta}_1) = E(\hat{\beta}_1) + E(\hat{\beta}_2)\tilde{\delta}_1$$
$$= \beta_1 + \beta_2 \tilde{\delta}_1 \qquad (3.45)$$

这就意味着 $\tilde{\beta}_1$ 中的偏误为

$$\text{Bias}(\tilde{\beta}_1) = E(\tilde{\beta}_1) - \beta_1 = \beta_2 \tilde{\delta}_1 \qquad (3.46)$$

由于此时的偏误源自遗漏的解释变量 x_2，所以方程（3.46）右边的项时常被称为**遗漏变量偏误**（omitted variable bias）。

我们从方程（3.46）可以看出，有两种情况使 $\tilde{\beta}_1$ 无偏。第一种情况相当明显：若 $\beta_2 = 0$［于是 x_2 不会出现在真实模型（3.40）中］，则 $\tilde{\beta}_1$ 就是无偏的。我们已从第 2 章的简单回归分析中了解到了这一点。第二种情况更有意思，若 $\tilde{\delta}_1 = 0$，即使 $\beta_2 \neq 0$，$\tilde{\beta}_1$ 也是 β_1 的无偏估计。

由于 $\tilde{\delta}_1$ 是 x_1 和 x_2 之间的样本协方差与 x_1 的样本方差之比，所以当且仅当样本中的 x_1 和 x_2 不相关时，才会有 $\tilde{\delta}_1 = 0$。于是，我们就有了一个重要结论：若样本中的 x_1 和 x_2 不相关，则 $\tilde{\beta}_1$ 就是无偏估计。这无足为奇：在 3.2 节，我们证明了，当样本中的 x_1 和 x_2 不相关时，简单回归估计量 $\tilde{\beta}_1$ 与多元回归估计量 $\hat{\beta}_1$ 相等。

［我们还能证明，若 $E(x_2 \mid x_1) = E(x_2)$，那么 β_1 的无偏性无须以 x_{i2} 为条件；于是在估计 β_1 时，只要调整截距，将 x_2 放在误差项中就不违背误差项的条件均值为零的假定。］

当 x_1 和 x_2 相关时，$\tilde{\delta}_1$ 与 x_1 和 x_2 之间的相关系数具有相同的符号：若 x_1 和 x_2 正相关，则 $\tilde{\delta}_1 > 0$；而若 x_1 和 x_2 负相关，则 $\tilde{\delta}_1 < 0$。$\tilde{\beta}_1$ 偏误的符号同时取决于 β_2 和 $\tilde{\delta}_1$ 的符号。表 3.2 中总结了存在偏误时的四种可能情形，对表 3.2 须仔细研究。比如，若 $\beta_2 > 0$（x_2 对 y 有正影响），而 x_1 和 x_2 正相关，则 $\tilde{\beta}_1$ 的偏误就为正；若 $\beta_2 > 0$，而 x_1 和 x_2 负相关，则偏误为负；如此等等。

表 3.2 总结了偏误的方向，但偏误的大小仍然十分重要。偏误很小，无论符号是正是负，都不值得考虑。例如，如果总体中的教育回报是 8.6%，而 OLS 估计量中的偏误是 0.1%（十分之一个百分点），那我们就不是很关心。相反，偏误如果达到约 3 个百分点，问题就很严重了。偏误的大小由 β_2 和 $\tilde{\delta}_1$ 的大小决定。

表 3.2 在估计方程（3.40）的过程中遗漏了变量 x_2 时，$\tilde{\beta}_1$ 的偏误汇总表

	Corr$(x_1, x_2) > 0$	Corr$(x_1, x_2) < 0$
$\beta_2 > 0$	偏误为正	偏误为负
$\beta_2 < 0$	偏误为负	偏误为正

实践中，由于 β_2 是一个未知的总体参数，因此我们就不能肯定 β_2 是正还是负。但就 x_2 对 y 产生影响的方向而言，我们通常都有一个不错的预期。此外，尽管 x_1 和 x_2 之间相关关系的符号因不能观测到 x_2 而未知，但多数情况下，我们对 x_1 和 x_2 之间是正相关还是负相关总能做出有根据的猜测。

在工资方程（3.42）中，根据定义，更强的能力会导致更高的生产力，因而带来更高的工资：$\beta_2 > 0$。而且，我们也有理由相信 $educ$ 和 $abil$ 正相关：一般来说，越有天赋的人会选择接受更多的教育。因此，从简单回归方程 $wage = \beta_0 + \beta_1 educ + v$ 得到的 OLS 估计值一般都过大。但这并不意味着，从我们的样本中得到的估计值也太大。我们只能说，如果我们搜集许多随机样本，而且每次都求出简单回归估计值，那么这些估计值的平均值将比 β_1 更大。

例 3.6

小时工资方程

假设模型 $\log(wage) = \beta_0 + \beta_1 educ + \beta_2 abil + u$ 满足假设 MLR.1 至 MLR.4。但 WAGE1 中的数据集不包含能力方面的数据，所以我们用如下简单回归来估计 β_1：

$$\widehat{\log(wage)} = 0.584 + 0.083\, educ$$

$$n = 526, \ R^2 = 0.186 \tag{3.47}$$

由于这只是从一个样本中得到的结论，所以我们不能说，0.083 就比 β_1 更大；教育的真实回报可能低于也可能高于 8.3%（而且我们永远也无法确切地知道）。不过我们知道的是，对于所有随机样本来说，估计值的平均值太大了。

第二个例子是，假设小学生在标准化考试中的平均分数由下式决定：

$$avgscore = \beta_0 + \beta_1 expend + \beta_2 povrate + u \qquad (3.48)$$

式中，$expend$ 表示每个学生的平均支出；$povrate$ 表示学校学生的贫困率。使用学区数据时，我们只有学生及格比例和学生人均支出的观测值，没有贫困率方面的信息。因此，我们用 $avgscore$ 对 $expend$ 的简单回归来估计 β_1。

我们能再次得到 $\tilde{\beta}_1$ 的类似偏误。首先，β_2 可能为负：大量的证据表明，生活在贫困中的孩子总体上标准化考试的分数偏低。其次，每个学生的平均支出可能与贫困率负相关：贫困率越高，每个学生的平均支出就越低，所以 $\mathrm{Corr}(x_1, x_2) < 0$。从表 3.2 来看，$\tilde{\beta}_1$ 将产生正偏误。这一察觉具有重要的含义：因为支出的真实效应可能为零，即 $\beta_1 = 0$，但 β_1 的简单回归估计值通常都大于零。这通常会导致我们在支出并不重要时却断定它们重要。

在阅读和进行经济学中的实证研究时，掌握与有偏估计量相关的术语很重要。在模型（3.40）中遗漏一个变量的背景下，若 $\mathrm{E}(\tilde{\beta}_1) > \beta_1$，则我们就说 $\tilde{\beta}_1$ 有**向上的偏误**（upward bias）。当 $\mathrm{E}(\tilde{\beta}_1) < \beta_1$ 时，则我们说 $\tilde{\beta}_1$ 有**向下的偏误**（downward bias）。无论 β_1 的值为正还是负，这些定义都是一样的。**向零的偏误**（biased toward zero）是指 $\mathrm{E}(\tilde{\beta}_1)$ 比 β_1 更接近于零的情况。因此，一方面，若 β_1 为正，则 $\tilde{\beta}_1$ 向下的偏误就是向零的偏误；另一方面，若 β_1 为负，则 $\tilde{\beta}_1$ 向上的偏误就是向零的偏误。

3.3c 遗漏变量的偏误：更一般的情形

在所估计的模型中含有多个回归元的情况下，推导遗漏变量偏误的符号则更为困难。我们必须记住，一个解释变量与误差之间存在相关，一般会导致所有 OLS 估计量都产生偏误。例如，假设总体模型

$$y = \beta_0 + \beta_1 x_1 + \beta_2 x_2 + \beta_3 x_3 + u \qquad (3.49)$$

满足假设 MLR.1 至 MLR.4。但我们遗漏了变量 x_3，并估计了模型

$$\tilde{y} = \tilde{\beta}_0 + \tilde{\beta}_1 x_1 + \tilde{\beta}_2 x_2 \qquad (3.50)$$

现在假定 x_2 和 x_3 无关，但 x_1 和 x_3 却相关。换句话说，x_1 与被遗漏的变量 x_3 相关，但 x_2 却与 x_3 无关。我们不禁要想，基于上一小节的推导，x_2 可能是有偏的，但因为 x_2 与 x_3 无关，所以 $\tilde{\beta}_2$ 可能是无偏的。不幸的是，一般并非如此：$\tilde{\beta}_1$ 和 $\tilde{\beta}_2$ 通常都是有偏误的。唯一的例外是，在 x_1 和 x_2 不相关的情况下。

即使在上述相当简单的模型中，我们也很难得到 $\tilde{\beta}_1$ 和 $\tilde{\beta}_2$ 偏误的方向。这是因为 x_1、x_2 和 x_3 可能会两两相关。不过，接下来的这种近似方法在实践中常常很有

用。如果我们假定 x_1 和 x_2 无关，我们就能像在总体和所估计模型中没有 x_2 一样去研究 $\tilde{\beta}_1$ 的偏误。实际上，当 x_1 和 x_2 无关时，可以证明

$$\mathrm{E}(\tilde{\beta}_1) = \beta_1 + \beta_3 \frac{\sum_{i=1}^{n}(x_{i1}-\bar{x}_1)x_{i3}}{\sum_{i=1}^{n}(x_{i1}-\bar{x}_1)^2}$$

这就像方程（3.45）一样，只是 β_3 取代了 β_2，x_3 取代了回归（3.44）中的 x_2。因此，通过在表 3.2 中用 β_3 取代 β_2 和用 x_3 取代 x_2，我们就得到了 $\tilde{\beta}_1$ 的偏误。若 $\beta_3 > 0$，而且 $\mathrm{Corr}(x_1, x_3) > 0$，则 $\tilde{\beta}_1$ 的偏误为正。如此等等。

接下来，我们来看一个例子。假定我们在工资模型中增加 $exper$：

$$wage = \beta_0 + \beta_1 educ + \beta_2 exper + \beta_3 abil + u$$

若模型中漏掉了 $abil$，则即使我们假定 $exper$ 与 $abil$ 无关，β_1 和 β_2 的估计量也都是有偏的。由于我们主要感兴趣的是教育回报，所以如果我们能断定 $\tilde{\beta}_1$ 因遗漏了能力变量而产生向上或向下的偏误，那就太好了。但是如果没有进一步的假定，我们就不可能得到一个确切的结论。作为一种近似，我们暂且假定，除了 $exper$ 与 $abil$ 不相关外，$educ$ 与 $exper$ 也不相关。（实际上，它们多少有些负相关。）由于 $\beta_3 > 0$，而且 $educ$ 与 $abil$ 正相关，所以就像模型中没有 $exper$ 一样，$\tilde{\beta}_1$ 将会有向上的偏误。

上例中所使用的逻辑通常被认为是在更复杂模型中得到估计量的可能偏误的一种粗略方法。通常我们关心的是，一个特定的解释变量（比方说 x_1）与遗漏的关键因素之间的关系。严格地讲，虽然只有在所有其他解释变量都与 x_1 无关时，忽略它们才是令人信服的做法，但这样做仍不失为一个有用的指导原则。附录 3A 对多元回归中的遗漏变量偏误给出了更仔细的分析。

3.4 OLS 估计量的方差

我们开始讨论 OLS 估计量的方差，因为除了知道 $\hat{\beta}_j$ 的集中趋势之外，我们还想度量其在样本分布中的分散状况。在求出方差之前，像在第 2 章中一样，我们需要增加一个同方差假设。这么做基于两个考虑：首先，通过施加误差方差为常数的假设，可以简化公式；其次，在 3.5 节我们将看到，如果我们增加了同方差假设，OLS 就具有一个重要的性质，即有效性。

在多元回归的框架中，同方差性表述如下：

假设 MLR.5　同方差性

给定解释变量的任何值，误差都具有相同的方差，换言之，

$$\mathrm{Var}(u \mid x_1, \cdots, x_k) = \sigma^2$$

假设 MLR. 5 意味着，以解释变量为条件，不管解释变量出现怎样的组合，误差项 u 的方差都是一样的。如果这个假设不成立，那么模型就像在两变量情形中一样表现出异方差性。

在方程

$$wage = \beta_0 + \beta_1 educ + \beta_2 exper + \beta_3 tenure + u$$

中，同方差性要求不可观测的误差方差不依赖于受教育水平、工作经历和现有任期水平。即

$$\mathrm{Var}(u \mid educ,\ exper,\ tenure) = \sigma^2$$

若这个方差随着三个解释变量中任何一个的变化而变化，就出现了异方差性。

假设 MLR. 1 到 MLR. 5 一起被称为（横截面回归的）**高斯-马尔科夫假设**（Gauss-Markov assumptions）。迄今为止，我们对假设的表述都只适用于随机抽样的横截面分析。如我们将会看到的那样，对于时间序列分析或其他诸如面板数据分析之类的情形，高斯-马尔科夫假设的表述尽管也有许多相似之处，但更加复杂。

在接下来的讨论中，我们将用 **x** 表示所有自变量（$x_1, \cdots, x_k$）的集合。于是，在工资以 $educ$、$exper$ 和 $abil$ 为自变量而进行的回归中，**x** $= (educ, exper, abil)$。现在我们可以将假设 MLR. 1 和 MLR. 4 写成

$$\mathrm{E}(y \mid \mathbf{x}) = \beta_0 + \beta_1 x_1 + \beta_2 x_2 + \cdots + \beta_k x_k$$

而假设 MLR. 5 也就等同于 $\mathrm{Var}(y \mid \mathbf{x}) = \sigma^2$。用这种方式表达这两个假设，清楚地说明了假设 MLR. 5 和假设 MLR. 4 如何大为不同。假设 MLR. 4 是说，给定 **x**，y 的期望值对参数为线性的，这显然取决于 $x_1, x_2, \cdots, x_k$。而假设 MLR. 5 则表明，给定 **x**，y 的方差并不取决于自变量的值。

我们现在可以得到 $\hat{\beta}_j$ 的方差了，并且同样以自变量的样本值为条件。其证明见本章附录。

定理 3.2

OLS 斜率估计量的抽样方差

在假设 MLR. 1 到 MLR. 5 下，以自变量的样本值为条件，对所有的 $j = 1, 2, \cdots, k$，都有

$$\mathrm{Var}(\hat{\beta}_j) = \frac{\sigma^2}{\mathrm{SST}_j (1 - R_j^2)} \tag{3.51}$$

式中，$\mathrm{SST}_j = \sum_{i=1}^{n} (x_{ij} - \bar{x}_j)^2$ 为 x_j 中的总样本波动，而 R_j^2 则是将 x_j 对所有其他自变量（且包含一个截距项）进行回归所得到的 R^2。

细心的读者可能会考虑，是不是存在一个简单的 $\hat{\beta}_j$ 的方差公式，而且这样的公式不依赖于解释变量的抽样结果？但答案是：没有一个公式比上面的公式更有用。方程（3.51）是关于 x_{ij} 的高度非线性方程，这使得对解释变量的总体分布求

均值几乎不可能。幸运的是，对于任何实证目的，方程（3.51）正是我们想要的。就算是我们在第 5 章中讨论 OLS 的近似和大样本性质时，给定了假设 MLR.1 到 MLR.5 均成立，那么方程（3.51）就能估计出我们做大样本分析时需要的数值。

在我们更详尽地研究方程（3.51）之前，重要的是要知道，在得到这个公式的过程中，用到了所有高斯-马尔科夫假设。虽然 OLS 的无偏性不需要同方差假设，但要让方程（3.51）成立，则必然需要这个同方差假设。

$\text{Var}(\hat{\beta}_j)$ 的大小在实践中也很重要。方差越大，则意味着估计量越不精确，也就是置信区间越大和假设检验越不准确（如同我们将在第 4 章所看到的那样）。在接下来的一小节中，我们将讨论构成方程（3.51）的要素。

3.4a OLS 方差的成分：多重共线性

方程（3.51）表明，$\hat{\beta}_j$ 的方差取决于三个因素：σ^2、SST_j 和 R_j^2。记住，下标 j 只是表示自变量中的任意一个（如受教育程度或贫困率等）。现在我们依次讨论影响 $\text{Var}(\hat{\beta}_j)$ 的每个因素。

误差方差 σ^2。 从方程（3.51）来看，σ^2 越大，意味着 OLS 估计量的方差就越大。对此根本不应该感到惊讶：方程中的"噪音"越多（σ^2 越大），就会使得估计任何一个自变量对 y 的偏效应越困难，这将通过 OLS 斜率估计量的较大方差反映出来。由于 σ^2 是总体的一个特征，所以它与样本容量无关。它是方程（3.51）中未知因素的一个组成部分。我们后面将看到如何得到 σ^2 的一个无偏估计量。

对于一个给定的因变量 y，只有一个办法减少误差方差，那就是在方程中增加更多的解释变量（将某些因素从误差项中取出来）。这样做不仅不一定可能，而且出于本章后面将要讨论的原因，还不一定总能令人满意。

x_j 的总样本波动 SST_j。 从方程（3.51）来看，x_j 的总波动越大，$\text{Var}(\hat{\beta}_j)$ 就越小。因此，若所有其他条件不变，就估计 β_j 而言，我们希望 x_j 的样本方差越大越好。我们在第 2 章的简单回归情形中已经看到了这一点。尽管我们几乎不能选择自变量的样本值，但还是有一种办法来提高每个自变量的样本波动：扩大样本容量。实际上，当我们从总体中随机抽样时，随着样本容量越来越大，SST_j 将无限递增。这是因为方差中有一部分是系统地取决于样本容量的。

若 SST_j 很小，$\text{Var}(\hat{\beta}_j)$ 会变得很大。但是，小的 SST_j 并不违背假设 MLR.3。从计算上讲，随着 SST_j 趋近于零，$\text{Var}(\hat{\beta}_j)$ 可能趋于无穷大。而 x_j 无样本波动的这种极端情形（$\text{SST}_j = 0$）却是假设 MLR.3 所不允许的，因为此时我们甚至无法算出 OLS 估计值。

自变量之间的线性关系，R_j^2。 方程（3.51）中的 R_j^2 一项是这三个因素中最难理解的部分。由于在简单回归中只有一个自变量，所以不会出现这一项。要理解这一项，重要的是要看出，这个 R^2 不同于 y 对 x_1，x_2，$\cdots$，x_k 回归所得到的 R^2：得

到 R_j^2 的回归只涉及原模型中的自变量，其中 x_j 是作为因变量出现的。

首先考虑 $k=2$ 的情形：$y=\beta_0+\beta_1 x_1+\beta_2 x_2+u$。于是，$\mathrm{Var}(\hat{\beta}_1)=\sigma^2/[\mathrm{SST}_1(1-R_1^2)]$，其中 R_1^2 是 x_1 对 x_2（含截距）进行简单回归所得到的 R^2。由于 R^2 度量了拟合优度，所以当 R_1^2 值接近 1 时，则表明在这个样本中 x_1 解释了 x_2 的大部分变动。这就意味着 x_1 和 x_2 高度相关。

随着 R_1^2 向 1 逐渐增加，$\mathrm{Var}(\hat{\beta}_1)$ 则变得越来越大。因此，x_1 和 x_2 之间线性关系的程度越高，OLS 斜率估计值的方差就越大。（对 $\hat{\beta}_2$ 也可作类似的论断。）从图 3.1 可以看出，$\mathrm{Var}(\hat{\beta}_1)$ 与从 x_1 对 x_2 进行简单回归中所得到的 R^2 之间的关系。

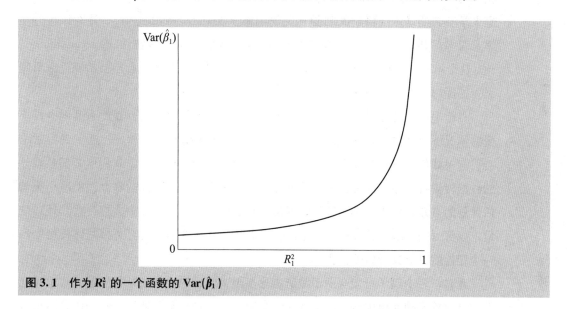

图 3.1　作为 R_1^2 的一个函数的 $\mathrm{Var}(\hat{\beta}_1)$

一般情况下，R_j^2 是 x_j 总波动中可由方程中其他自变量加以解释的部分。对于给定的 σ^2 和 SST_j，当且仅当 x_j 与其他每个自变量的样本相关系数都等于零时，才会有 $\mathrm{Var}(\hat{\beta}_j)$ 的最小值在 $R_j^2=0$ 时取到这种情况发生。虽然这是估计 β_j 的最佳情形，却很难遇到。

另一个极端情形 $R_j^2=1$ 被假设 MLR.3 所排除，因为 $R_j^2=1$ 意味着，x_j 恰好是回归中某些自变量的线性组合。还有一种更重要的情形是 R_j^2 "接近"于 1 的情况。我们从方程（3.51）和图 3.1 看到，这会导致 $\mathrm{Var}(\hat{\beta}_j)$ 很大：若 $R_j^2\to 1$，则 $\mathrm{Var}(\hat{\beta}_j)\to\infty$。两个或多个自变量之间高度（但不完全）相关被称为**多重共线性**（multicollinearity）。

在我们进一步讨论多重共线性问题之前，重要的是先弄清楚一点：R_j^2 接近于 1 并不违背假设 MLR.3。

既然多重共线性没有违背我们的任何一个假设，那么多重共线性的"问题"实际上就没有很好地定义。当我们说在 R_j^2 "接近"于 1 的情况下估计 β_j 可能会导致多重共线性时，我们之所以把"接近"一词放在引号中，是因为我们不能给出一个绝对的数字，来断定什么情况下多重共线性会成为问题。比如，$R_j^2 = 0.9$ 意味着 x_j 的样本波动中，90％都可由回归模型中的其他自变量来解释。毋庸置疑，这意味着 x_j 与其他自变量之间存在着很强的线性关系。但这也不一定能说明 $\text{Var}(\hat{\beta}_j)$ 因为太大而无用，具体还取决于 σ^2 和 SST_j 的大小。正如我们在第 4 章将了解到的那样，就统计推断而言，最终问题是，$\hat{\beta}_j$ 与其标准差相比有多大？

恰如很大的 R_j^2 可以导致很大的 $\text{Var}(\hat{\beta}_j)$ 一样，很小的 SST_j 也能导致很大的 $\text{Var}(\hat{\beta}_j)$。因此，小样本容量也能导致很大的抽样方差。对样本中自变量间出现高度相关的担心，实际上无异于对小样本容量的担心：二者都会提高 $\text{Var}(\hat{\beta}_j)$。威斯康星大学著名的计量经济学家阿瑟·戈德伯格（Arthur Goldberger），针对计量经济学家对多重共线性的困扰，（略带挖苦意味地）创造了**微数缺测性**（micronumerosity）这个术语，并定义为"小样本容量问题"。[对多重共线性和微数缺测性颇具吸引力的探讨，可参见 Goldberger（1991）。]

尽管不能清楚地界定多重共线性问题，但有一点是清楚的：在所有其他条件不变的情况下，就估计 β_j 来说，x_j 与其他自变量之间越不相关越好。这一观察常常会引起对如何"解决"多重共线性问题的讨论。在社会科学中，我们通常都是被动的数据搜集者，除了搜集更多的数据外，我们也没有什么其他的好办法能减小无偏估计量的方差。对于一个给定的数据集，我们可以试着从模型中去掉一些其他自变量，以努力消除多重共线性。不幸的是，如我们在 3.3 节所见，去掉总体模型中的一个变量就可能会导致偏误。

此时举一个例子可能有助于澄清考虑多重共线性时出现的某些问题。假定我们想知道学校各种支出项目对学生成绩的影响。在教师薪水、辅导材料和体育运动等方面的支出可能高度相关：富裕的学校在各方面的支出通常都较高，而贫穷的学校则在各方面的支出常常都较低。如果一种支出项目的波动几乎全部能由其他支出项目的波动来解释（这会导致每个支出变量的 R_j^2 都很高），那么，就很难估计出某特定项目对学生成绩的影响。这一点毋庸置疑。虽然通过搜集更多的数据可以削弱这种多重共线性，但在某种意义上，我们已给自己强加了一个问题：我们正在分析一个相对数据来说可能过于深奥而无法准确回答的问题。通过改变分析视角，并将所有支出项目合并在一起，或许能做得更好，因为这样我们就不再试图去估计每个孤立项目的偏效应。

另外一个重要问题是，虽然某些自变量之间高度相关，但对模型中其他参数的估计效果而言，这可能并不重要。比如，考虑一个含有三个自变量的模型：

$$y = \beta_0 + \beta_1 x_1 + \beta_2 x_2 + \beta_3 x_3 + u$$

式中，x_2 和 x_3 高度相关。也许 $\text{Var}(\hat{\beta}_2)$ 和 $\text{Var}(\hat{\beta}_3)$ 都很大，但 x_2 和 x_3 之间的相关程度对 $\text{Var}(\hat{\beta}_1)$ 没有直接影响。实际上，如果 x_1 与 x_2、x_3 无关，则无论 x_2 和 x_3 如何相关，都有 $R_1^2 = 0$ 和 $\text{Var}(\hat{\beta}_1) = \sigma^2 / \text{SST}_1$。如果我们所关心的参数是 β_1，那

么，我们实在不必关心 x_2 和 x_3 之间的相关程度。

前面这个观察之所以重要，是因为经济学家常常为了分离出某特定变量的因果效应，而在模型中包括许多控制因素。比如，在考虑贷款许可率与邻居中少数民族所占比例之间的关系时，我们可能因为要得到有关歧视的因果性结论，而需要引入诸如平均收入、平均住房价值、信誉指标等变量。收入、住房价格和信誉彼此之间通常都高度相关。但这些变量之间的高度相关并没有使证实歧视效应变得更加困难。

> **？ 思考题 3.4**
>
> 假定你提出一个模型，用出勤来解释期末考试成绩。因此，因变量是期末考试分数，而关键的解释变量是出勤次数。为了控制学生在课堂以外的能力和努力，你还在解释变量中增加了累计 GPA、SAT 分数和对高中表现的某种度量。有人说："由于累计 GPA、SAT 分数和高中表现指标之间很可能高度共线性，所以你不要指望能从中得到什么结果。"你应该怎样回应呢？

在一个特定的应用中，一些研究者觉得计算那些用于确定多重共线性严重程度的统计量很有用。遗憾的是，我们很容易误用这些统计量，因为我们不能区分解释变量之间到底有多强的相关性才算"太强"。一些多重共线性"诊断"用的是综合性统计量，就这个意义而言，它们能检测出任何解释变量子集的强线性相关性。正因为刚才的原因，这样的统计量价值可疑，因为它们可能仅仅反映了我们并不关心其系数的两个控制变量的相关性。[也许最常见的综合性多重共线性统计量是所谓的条件数，它由完整的数据矩阵定义。这超出了本书的讨论范围，可参见 Belsley, Kuh, and Welsh（1980）。]

单个系数的统计量有几分用处，但仍然会容易被误用。最常用的统计量是**方差膨胀因子**（variance inflation factor，VIF），它可以直接从等式（3.51）得到。斜率系数 j 的 VIF 很简单，$\mathrm{VIF}_j = 1/(1-R_j^2)$，这正好是 $\hat{\beta}_j$ 中的一部分，由 x_j 和其他解释变量的相关系数确定。我们可以把等式（3.51）中的 $\hat{\beta}_j$ 写作

$$\mathrm{Var}(\hat{\beta}_j) = \frac{\sigma^2}{\mathrm{SST}_j} \cdot \mathrm{VIF}_j$$

通过上式可以看出，若 x_j 与其他解释变量无关，那么 VIF_j 较大，则会使得 $\hat{\beta}_j$ 较大。因为 VIF_j 是 R_j^2 的函数——的确，图 3.1 本质上是 VIF_1 的图像——所以，我们先前的讨论就可以完全基于 VIF 了。比如，如果我们能够选择，那么我们更希望 VIF_j 可以小一点（在其他条件保持不变的情况下），尽管我们很少有机会选择。如果我们认为将某一个解释变量包含在回归方程中对于推断 x_j 的因果关系是必要的，那么我们会犹豫要不要去掉这个变量，而 VIF_j 是不是"太高"并不能真正影响我们的决定。如果说我们只关注 x_1 与 y 的因果关系，那么我们就得完全忽略其他系数的 VIF。最后，我们之前说过，对 VIF 设定一个临界值来判断多重共线性是一个"问题"，其实过于武断地对其设定临界值也没多大用处。有时候，会选中 VIF 等于

10 作为临界值：如果 VIF_j 超过 10（等同于 R_j^2 超过 0.9），那么我们会说多重共线性对于估计 β_j 会成为一个"问题"。但是 VIF_j 超过 10 并不意味着 $\hat{\beta}_j$ 的标准差太大，以至于它没有用处了，因为标准差还取决于 σ 和 SST_j，后者随着样本量增大而增加。因此，就像直接关注 R_j^2 的大小一样，直接看 VIF_j 的大小用处也有限。当然，也有些人出于好奇就是要这么做。

3.4b 误设模型中的方差

在一个回归模型中是否包含一个特定变量，可以通过分析偏误和方差之间的替换关系来决定。在 3.3 节中，我们推导了当真实模型包含两个解释变量时，漏掉一个相关变量所产生的偏误。我们通过比较 OLS 估计量的方差来继续分析这个模型。

将满足高斯-马尔科夫假设的真实总体模型写成

$$y = \beta_0 + \beta_1 x_1 + \beta_2 x_2 + u$$

我们考虑 β_1 的两个估计量。估计量 $\hat{\beta}_1$ 来自多元回归

$$\hat{y} = \hat{\beta}_0 + \hat{\beta}_1 x_1 + \hat{\beta}_2 x_2 \tag{3.52}$$

换言之，我们在回归模型中包含了 x_1 和 x_2。估计量 $\tilde{\beta}_1$ 是在模型中漏掉 x_2，并将 y 对 x_1 进行如下简单回归所得到的：

$$\tilde{y} = \tilde{\beta}_0 + \tilde{\beta}_1 x_1 \tag{3.53}$$

一方面，当 $\beta_2 \neq 0$ 时，方程（3.53）就从模型中排除了一个有关变量，而且如我们在 3.3 节所见，除非 x_1 和 x_2 不相关，否则 $\tilde{\beta}_1$ 就有偏误。另一方面，无论 β_2 等于多少（包括 $\beta_2 = 0$），$\hat{\beta}_1$ 都是 β_1 的无偏估计。于是，如果只以偏误作为判断依据，那么 $\hat{\beta}_1$ 就比 $\tilde{\beta}_1$ 好。

在考虑方差以后，$\hat{\beta}_1$ 总比 $\tilde{\beta}_1$ 好的结论就不再成立。根据样本中 x_1 和 x_2 的值，我们从等式（3.51）得到

$$\text{Var}(\hat{\beta}_1) = \sigma^2 / [\text{SST}_1 (1 - R_1^2)] \tag{3.54}$$

式中，SST_1 是 x_1 的总波动，R_1^2 是 x_1 对 x_2 进行简单回归所得到的 R^2。同时，将第 2 章中对两变量情形给出的证明稍加修改，即得到

$$\text{Var}(\tilde{\beta}_1) = \sigma^2 / \text{SST}_1 \tag{3.55}$$

（3.55）式与（3.54）式的比较表明，除非 x_1 和 x_2 在样本中不相关（在这种情况下，$\tilde{\beta}_1$ 和 $\hat{\beta}_1$ 就是同一个估计量），否则 $\text{Var}(\tilde{\beta}_1)$ 总比 $\text{Var}(\hat{\beta}_1)$ 小。假定 x_1 和 x_2 不是不相关的，我们可以得到如下结论：

1. 当 $\beta_2 \neq 0$ 时，$\tilde{\beta}_1$ 是有偏的，$\hat{\beta}_1$ 是无偏的，而且 $\text{Var}(\tilde{\beta}_1) < \text{Var}(\hat{\beta}_1)$。

2. 当 $\beta_2 = 0$ 时，$\tilde{\beta}_1$ 和 $\hat{\beta}_1$ 都是无偏的，而且 $\text{Var}(\tilde{\beta}_1) < \text{Var}(\hat{\beta}_1)$。

从第二个结论看，若 $\beta_2 = 0$，显然 $\tilde{\beta}_1$ 更好。从直觉上讲，如果 x_2 对 y 没有偏效应，那么将它放到模型中，只会加剧多重共线性问题，从而导致 β_1 的估计量效率较低。在模型中包括了一个无关变量的代价是：β_1 的估计量方差较高。

$\beta_2 \neq 0$ 的情况就更困难了。不把 x_2 放到模型中，将导致 β_1 的估计量有偏误。按传统，计量经济学家曾建议，将因漏掉 x_2 而导致偏误的可能性与方差的降低（以 R_1^2 来界定）相比较，以决定是否应该包括 x_2。但当 $\beta_2 \neq 0$ 时，有两个有利的原因让我们在模型中包括 x_2。其中最重要的一个是，$\tilde{\beta}_1$ 中的偏误不会随着样本容量的扩大而缩减；实际上，偏误不一定服从任何形式。因此，我们可以认为，偏误对任何样本容量都大致相等。另外，随着 n 逐渐变大，$\mathrm{Var}(\tilde{\beta}_1)$ 和 $\mathrm{Var}(\hat{\beta}_1)$ 都逐渐缩小至零，这意味着，随着样本容量逐渐变大，因增加 x_2 所导致的多重共线性就会变得没有那么重要。在大样本情况下，我们将更喜欢 $\hat{\beta}_1$。

喜欢 $\hat{\beta}_1$ 的另一个原因就更难以琢磨了。（3.55）式中的方差公式取决于样本中 x_{i1} 和 x_{i2} 的值，这就为 $\hat{\beta}_1$ 提供了最好的条件。当 $\beta_2 \neq 0$ 时，仅取决于 x_1 的 $\tilde{\beta}_1$ 方差比（3.55）式中的 $\hat{\beta}_1$ 方差更大。从直觉来看，当 $\beta_2 \neq 0$ 而模型中又不包含 x_2 时，误差方差因为误差有效地包含了部分 x_2 而提高。但（3.55）式还是因为将两个回归元都视为非随机变量而无视误差方差的提高。对以哪个自变量为条件的充分讨论将使我们误入歧途。知道用（3.55）式度量 $\hat{\sigma}^2$ 的准确性太过笼统就足够了。幸运的是，从统计程序包中可以得到合适的估计方差，所以我们不用担心理论等式和现实的细微差别。阅读完下一部分后，你可能想通过习题 14 和习题 15 进行更深入的理解。

3.4c 估计 σ^2：OLS 估计量的标准误

我们现在来证明，如何选择 σ^2 的一个无偏估计量，从而使我们能得到 $\mathrm{Var}(\hat{\beta}_j)$ 的无偏估计量。

因为 $\sigma^2 = \mathrm{E}(u^2)$，故 σ^2 的无偏"估计量"就是误差平方的简单平均：$n^{-1}\sum_{i=1}^{n} u_i^2$。不幸的是，它因我们无法观测 u_i 而算不上一个真正的估计量。不过，回顾一下，误差可写成 $u_i = y_i - \beta_0 - \beta_1 x_{i1} - \beta_2 x_{i2} - \cdots - \beta_k x_{ik}$，所以我们无法观测 u_i 的原因是，我们不知道 β_j。当我们将每个 β_j 都用其 OLS 估计量取代后，我们就得到 OLS 残差

$$\hat{u}_i = y_i - \hat{\beta}_0 - \hat{\beta}_1 x_{i1} - \hat{\beta}_2 x_{i2} - \cdots - \hat{\beta}_k x_{ik}$$

看来用 $\hat{\sigma}^2$ 取代 u_i 来估计 σ^2 是自然而然的。在简单回归情形中，我们看到，这将得到一个有偏估计量。在一般多元回归情形中，σ^2 的无偏估计量是

$$\hat{\sigma}^2 = \left(\sum_{i=1}^{n} \hat{u}_i^2\right) / (n-k-1) = SSR/(n-k-1) \tag{3.56}$$

我们在 $k=1$ 的简单回归已经遇到过这个估计量。

（3.56）式中 $n-k-1$ 这一项是含有 n 个观测和 k 个自变量的一般 OLS 问题的**自由度**（degrees of freedom, df）。由于在一个含有 k 个自变量和一个截距项的回归模型中有 $k+1$ 个参数，所以我们可以得到

$$df = n - (k+1)$$

$$= 观测次数 - 估计参数的个数 \tag{3.57}$$

这是计算特定应用中的自由度最简单的方法：从观测个数中减去包括截距在内的参数个数。（在极少数情况下，不估计截距，参数的个数减少一个。）

从技术上讲，（3.56）式中除以 $n-k-1$ 是因为残差平方和的期望值为 $E(SSR) = (n-k-1)\sigma^2$ 的事实。从直觉来看，通过回到 OLS 估计量的一阶条件，我们就能弄明白为什么需要对自由度进行调整。这些可以写成 $\sum_{i=1}^{n} \hat{u} = 0$ 和 $\sum_{i=1}^{n} x_{ij}\hat{u}_i = 0$，其中 $j=1, 2, \cdots, k$。因此，在得到 OLS 估计值时，对 OLS 残差施加了 $k+1$ 个限制。这意味着，给定残差中的 $n-(k+1)$ 个，余下的 $k+1$ 个便是已知的：残差中只有 $n-(k+1)$ 个自由度。（与之相对，误差 u_i 在样本中则有 n 个自由度。）

为便于参考，我们将这个讨论放在定理 3.3 中。我们在第 2 章曾针对简单回归分析的情况证明了这个定理（参见定理 2.3）。（一般化的证明需要矩阵代数方面的知识，并在书末附录高级处理方法 E 中给出。）

定理 3.3
___

σ^2 的无偏估计

在高斯-马尔科夫假设 MLR.1 到 MLR.5 下，$E(\hat{\sigma}^2) = \sigma^2$。
___

$\hat{\sigma}^2$ 的正平方根 $\hat{\sigma}$ 被称为**回归标准误**（standard error of the regression）或 SER。SER 是误差项之标准差的估计量。这个估计值通常由回归软件包报告，尽管不同的软件包有不同的说法。（除 SER 外，$\hat{\sigma}$ 还被称为估计值的标准误或均方根误。）

注意到，（对于给定样本，）在方程中增加另一个自变量时，$\hat{\sigma}$ 则可能减小或增大。这是因为，当增加另一个解释变量时，在 SSR 肯定下降的同时，自由度也减少了一个。因为 SSR 在分子中，而 df 在分母中，所以我们事先并不知道哪个作用会占主导地位。

为了能在第 4 章构造置信区间并进行检验，我们还需要估计 $\hat{\beta}_j$ 的**标准差**（standard deviation of $\hat{\beta}_j$），也就是方差的平方根：

$$sd(\hat{\beta}_j) = \sigma/[SST_j(1-R_j^2)]^{1/2}$$

由于 σ 未知，所以我们用其估计量 $\hat{\sigma}$ 来取代。这就为我们给出了 $\hat{\beta}_j$ 的**标准误**（standard error of $\hat{\beta}_j$）：

$$se(\hat{\beta}_j) = \hat{\sigma}/[SST_j(1-R_j^2)]^{1/2} \tag{3.58}$$

恰如对任何样本都能得到 OLS 估计值一样，标准误同样也能得到。由于 $se(\hat{\beta}_j)$ 取决于 $\hat{\sigma}$，所以标准误有一个抽样分布，这在第 4 章将有一定的用处。

对于标准误，我们应该强调一点。因为（3.58）式直接由（3.51）式中的方差公式得到，而（3.51）式又依赖于同方差假设 MLR.5，所以，如果误差表现出异方差性，（3.58）式中的标准误公式就不是 $sd(\hat{\beta}_j)$ 的一个可靠估计量。因此，异方差性的出现尽管不会导致 $\text{Var}(\hat{\beta}_j)$ 的偏误，却能导致 $\hat{\beta}_j$ 的常用公式产生偏误，从而使标准误无效。这一点很重要，因为任何回归软件包都默认（3.58）式为系数的标准误（对于截距则多少有些不同）。如果我们怀疑存在异方差性，那么"通常"的 OLS 标准误就会无效，所以我们应该采取某些纠正措施。我们在第 8 章将看到，有哪些方法可用于处理异方差性。

出于某些目的，把标准误写做以下形式很有帮助：

$$\text{se}(\hat{\beta}_j) = \frac{\hat{\sigma}}{\sqrt{n}\,\text{sd}(x_j)\,\sqrt{1-R_j^2}} \qquad (3.59)$$

式中，$\text{sd}(x_j) = \sqrt{n^{-1}\sum_{i=1}^{n}(x_{ij}-\bar{x}_j)^2}$ 是样本标准差，注意总平方和是被 n 除，而不是被 $n-1$ 除。等式（3.59）的重要性在于，它说明了样本量 n 是如何直接影响标准误的。公式中其他三项 $[\hat{\sigma}、\text{sd}(x_j)$ 和 $R_j^2]$ 会随着样本量而变化，但当 n 越来越大时，它们会趋于常数。因此，从等式（3.59）中我们知道，标准误以 $1/\sqrt{n}$ 的速率收敛到 0。这个公式证实了获取更多数据的价值：$\hat{\beta}_j$ 的精确度随着 n 的增加而上升。（与之对比，我们之前说过，无偏性对任何大小的足以计算估计量的样本都成立。）我们将在第 5 章更深入地探讨 OLS 的大样本性质。

3.5　OLS 的有效性：高斯–马尔科夫定理

在本节中，我们陈述并讨论了重要的**高斯–马尔科夫定理**（Gauss-Markov Theorem），它向我们说明了，为什么要使用 OLS 方法，而不是使用一系列其他与之相媲美的估计量。我们已经知道了使用 OLS 的依据：在假设 MLR.1 到 MLR.4 下，OLS 是无偏的。但在这些假设之下，β_j 还有许多其他无偏估计量（例如，参见习题 13）。还可能有其他的无偏估计量的方差比 OLS 估计量的方差更小吗？

如果我们适当限制这些各不相让的估计量的范围，我们就能证明 OLS 是这些估计量中最好的一个。具体而言，我们将证明，在假设 MLR.1 到 MLR.5 下，β_j 的 OLS 估计量 $\hat{\beta}_j$ 是**最优线性无偏估计量**（best linear unbiased estimator，BLUE）。为了表述这个定理，我们需要理解"BLUE"这个首字母缩写词每个字母的含义。首先，我们知道什么是估计量：它是一个可应用于任何数据样本，并产生一个估计值的规则。我们还知道什么是无偏估计量：在当前背景下，如果 β_j 的一个估计量，比方说 $\tilde{\beta}_j$，对任意 β_0，β_1，…，β_k 都有 $\text{E}(\tilde{\beta}_j)=\beta_j$，那么它就是 β_j 的一个无偏估计量。

"线性"一词的含义是什么呢？β_j 的一个估计量 $\tilde{\beta}_j$ 是线性的充分必要条件是，它能表示成因变量数据的一个线性函数：

$$\tilde{\beta}_j = \sum_{i=1}^{n} w_{ij} y_i \qquad (3.60)$$

式中，每个 w_{ij} 都可以是所有自变量样本值的一个函数。如同从方程（3.22）中所见，OLS 估计量便是线性的。

最后，我们如何定义"最优"呢？对于现在这个定理来说，最优被定义为拥有最小方差。给定两个无偏估计量，偏好方差最小的那个是合乎逻辑的（参见书末附录数学复习 C）。

现在，令 $\hat{\beta}_0, \hat{\beta}_1, \cdots, \hat{\beta}_k$ 表示在假设 MLR.1 到 MLR.5 下，模型（3.31）中的 OLS 估计量。高斯-马尔科夫定理指出，对任何一个线性无偏估计量 $\tilde{\beta}_j$，都有 $\mathrm{Var}(\hat{\beta}_j) \leqslant \mathrm{Var}(\tilde{\beta}_j)$，而且通常都取严格不等号。换句话说，在一群线性无偏估计量中，OLS 具有最小方差（在五个高斯-马尔科夫假设下）。实际上，这个定理的内涵还不止于此。如果我们想估计 β_j 的任何一个线性方程，那么，OLS 估计量对应的线性组合，在所有线性无偏估计量中也体现了最小方差。我们用一个定理进行概括，其证明在本章附录 3A 中给出。正是因为这个定理，假设 MLR.1 到 MLR.5 才被称为（横截面数据分析的）高斯-马尔科夫假设。

定理 3.4

高斯-马尔科夫定理

在假设 MLR.1 到 MLR.5 下，$\hat{\beta}_0, \hat{\beta}_1, \cdots, \hat{\beta}_k$ 分别是 $\beta_0, \beta_1, \cdots, \beta_k$ 的最优线性无偏估计量（BLUEs）。

高斯-马尔科夫定理的重要性在于，当这个标准假定集成立时，我们不需要再去寻找其他形如（3.60）的无偏估计量：没有一个会比 OLS 更好。换言之，如果有人向我们提出一个线性无偏估计量，我们就知道这个估计量的方差至少和 OLS 估计量的方差一样大；并且，无须另做计算来说明这一点。

就我们的目的而言，定理 3.4 辨明了估计多元回归模型时使用 OLS 的合理性。如果高斯-马尔科夫假设中的任何一个不成立，那么这个定理也就不再成立。我们已经知道，零条件均值的假定（假设 MLR.4）不成立会导致 OLS 产生偏误，所以定理 3.4 也不成立。我们还知道，异方差性（假设 MLR.5 不成立）虽不致使 OLS 有偏，但它在线性无偏估计量中不再具有最小方差。在第 8 章，我们分析了一个估计量，在出现异方差性时，它相对 OLS 有所改进。

3.6 对多元回归分析语言的一些说明

一些初学者，甚至是一些有经验的实证研究人员经常会说他们"估计了一个 OLS 模型"。虽然我们通常可以明白他们在说这句话时想要表达的意思，但更重要的是，我们应该知道这是错误的（不仅仅是审美层次上），并且它反映了对于多元回归分析要素的误解。

首先我们要明白的是，普通最小二乘法（OLS）是一种估计方法，而不是一个模型。一个模型描述的是特定总体，并且依赖于未知的参数。我们在本章中学习的

线性模型，在总体上可以写作

$$y = \beta_0 + \beta_1 x_1 + \cdots + \beta_k x_k + u \tag{3.61}$$

式中，β_j 为参数。值得注意的是，我们可以在不曾看过数据的情况下讨论 β_j 的含义。的确，我们不能期望在没有数据的情况下了解 β_j 多少，但是可以从等式（3.61）的线性模型中得到 β_j 的解释。

一旦拥有数据样本，我们就可以估计参数。虽然我们到目前为止只讨论了 OLS 这一种方法，其实还有数不胜数的方法来使用这些数据。我们关注 OLS 是因为它被广泛使用，这一点通过本章之前所讨论的统计上的原因已经得到证实。但是，对 OLS 的广泛使用都需要依赖于我们所做的假设（MLR. 1 到 MLR. 5）。就像我们在接下来的章节中要看到的那样，尽管我们的模型依然可以由等式（3.61）表示，但是在不同的假设条件下适用不同的估计方法，比如第 8 章中的加权最小二乘法、第 9 章中的最小绝对偏差法和第 15 章中的工具变量法。

有些人可能认为这里的讨论太迂腐，短语"估计一个 OLS 模型"不过就是"我用 OLS 估计了一个线性模型"的简称而已。这种理解有些价值，但我们必须记住，我们是在不同假设下研究 OLS 估计量的性质。例如，我们知道在假设 MLR. 1 到 MLR. 4 的条件下，OLS 估计是无偏的。但是若没有假设 MLR. 5，估计就不存在有效性。通过研究遗漏变量的问题，我们已经知道，如果没有假设 MLR. 4，OLS 是有偏的。使用不精确的语言带来的问题是，它会导致在最重要的问题上产生模糊：对于特定线性模型，我们做了什么假设呢？我们使用的假设在概念上和我们最后采用的估计量是不同的。

在理想情况下，如果我们试图解释四年级数学考试成绩，并把容易识别的变量名代入等式，写成像（3.61）那样的形式，比如

$$math4 = \beta_0 + \beta_1 classize4 + \beta_2 math3 + \beta_3 \log(income)$$
$$+ \beta_4 motheduc + \beta_5 fatheduc + u \tag{3.62}$$

然后，就会有人怀疑假设 MLR. 4 的成立是否合理。他们关注的是那些可能还包含在 u 中的因素以及是否需要更复杂的函数关系（这是我们在第 6 章要深入探讨的话题）。接下来，他们会描述数据来源（在理想情况下来自随机抽样）和从样本中获得的 OLS 估计值。引入关于估计值的讨论的正确方式是："我用普通最小二乘法估计了等式（3.62）。在没有重要变量被遗漏以及随机抽样的假定下，班级人数对数学成绩的影响的 OLS 估计量 β_1 是无偏的。如果误差项 u 有固定的方差，那么 OLS 估计量就是最优线性无偏的。"我们在第 4 章和第 5 章中会看到，其实我们还可以谈论和 OLS 有关的更多东西。当然，你可能会说控制了三年级数学成绩、家庭收入和父母受教育程度这些学生间最重要的区别并不够，比如 u 可能包括学生或家长的动力，这将导致 OLS 估计有偏。

其实，我们之所以要仔细地区分一个特定的总体模型和估计模型使用的方法，更微妙的原因在于，使用像 OLS 这样的估计方法可以不用担心特定模型和无偏性、

3

有效性这些通常的统计性质。本质上，OLS 可被用作曲线拟合和预测。比如，我们可能想用 OLS 估计一条线，以帮助我们预测拥有特定品质的一群高中生将来在大学的 GPA。

3.7 一些应用多元回归的场景

由于我们已经讨论了 OLS 的代数和统计性质，现在是时候归纳出一些应用多元回归的场景了，在这些场景中 OLS 的无偏性可以成立。特别地，我们对满足假设 MLR.1 和 MLR.4 的情况感兴趣，因为这两者是最重要的总体假设。假设 MLR.2 与抽样方案有关，而假设 MLR.3 的限制条件较弱，无须过多关注。

MLR.1 中的线性假设（误差项 u 是附加的）始终受到批评，尽管我们知道它并没有看起来那么严格，因为我们可以在模型中使用被解释变量和解释变量的各种函数形式。另外，线性模型始终是一个很好的起点，并且经常能提供合适的估计值。无论如何，就以下的讨论而言，方程形式的问题并不重要。

3.7a 预测

正如 3.6 节结尾所述，有时我们对纯粹的预测感兴趣，我们希望在给定一组观测值 x_1，x_2，$\cdots$，x_k 的情况下预测变量 y 的结果。继续前面提到的例子，一个大学招生人员可能想根据申请时可用的信息来预测申请人在未来的成功（例如，用未来的大学 GPA——y 来衡量）。这些变量包括来自高中的表现（GPA、课程种类、标准化考试成绩），还可能包括家庭背景，这些共同构成了解释变量。如书末附录数学复习 B 所述，以均方误为衡量标准的 y 的最佳预测值是条件期望 $\mathrm{E}(y \mid x_1$，x_2，$\cdots$，$x_k)$。如果我们为这个条件期望假设一个线性函数，那么

$$\mathrm{E}(y \mid x_1, x_2, \cdots, x_k) = \beta_0 +^* \beta_1 x_1 + \cdots + \beta_k x_k$$

还可以写作

$$y = \beta_0 + \beta_1 x_1 + \cdots + \beta_k x_k + u$$
$$\mathrm{E}(u \mid x_1, x_2, \cdots, x_k) = 0$$

换句话说，一旦我们假设了线性，则 MLR.4 在模型构造上就成立了。如果在 x_j 和 y 上有一个随机样本，并且我们可以排除完全共线性，我们就可以通过 OLS 获得 β_j 的无偏估计量。在预测未来的 GPA 的例子中，我们可以获得一个已就读大学的学生样本，以观测他们的大学 GPA。（这能否提供一个来自相关人群的随机样本是一个有趣的问题，但在这里讨论太超前了。我们将在第 9 章和第 17 章对其进行讨论。）

---

* 原文为＝，应为＋。——译者注

通过估计 β_j，我们还可以看到哪些因素对于预测未来大学的成功最重要，这是一种微调我们的预测模型的方式。但是我们还没有一种正式的方式来选择要包括哪些解释变量，这将在下一章中介绍。

3.7b　有效市场

经济学中的有效市场理论，以及其他一些理论，通常暗示单个变量作为预测结果变量 y 的"充分统计量"。为强调起见，把这个特殊的预测变量称作 w。然后，给定其他观察到的因素，比如 x_1，x_2，$\cdots$，x_k，我们可能想检验以下假设：

$$\mathrm{E}(y \mid w, \mathbf{x}) = \mathrm{E}(y \mid w) \tag{3.63}$$

式中，$\mathbf{x}$ 是 $(x_1$，x_2，$\cdots$，$x_k)$ 的简写。我们可以使用 $\mathrm{E}(y \mid w, \mathbf{x})$ 的线性模型测试 (3.63) 式：

$$\mathrm{E}(y \mid w, \mathbf{x}) = \beta_0 + \beta_1 w + \gamma_1 x_1 + \cdots + \gamma_k x_k \tag{3.64}$$

式中表示符号的略微变化是为了突出 w 的特殊地位。在第 4 章中，我们将学习如何检验所有 γ_j 是否全部为零：

$$\gamma_1 = \gamma_2 = \cdots = \gamma_k = 0 \tag{3.65}$$

许多有效市场理论暗示的不仅仅是 (3.63) 式。此外，通常

$$\mathrm{E}(y \mid w) = w$$

这意味着，在线性方程 (3.64) 中，$\beta_0 = 0$ 且 $\beta_1 = 1$。同样，我们将在第 4 章学习如何检验这些限制。

作为一个具体的例子，考虑体育博彩市场，比如说大学橄榄球。博彩市场产生的点差记为 $w = spread$，该点差是在比赛之前确定的。点差通常在比赛开始前的几天内有所变化，但最终会稳定到某一个值。（通常，点差每次递增 0.5。）游戏中的实际得分差异记为 $y = scorediff$。博彩市场的有效意味着

$$\mathrm{E}(scorediff \mid spread, x_1, x_2, \cdots, x_k) = \mathrm{E}(scorediff \mid spread) = spread$$

式中，x_1，x_2，$\cdots$，x_k 包含比赛前公众可以观测到的所有变量。例如，之前的胜率、比赛地点、关键球员的已知伤病，等等。我们的想法是，由于大量金钱不断被用于下注，因此比赛的点差将会不断扩大，直到包含所有的相关信息。多元回归可以用来检验有效市场假说，因为我们可以构造以下线性模型，且使得假设 MLR.4 成立：

$$y = \beta_0 + \beta_1 w + \gamma_1 x_1 + \cdots + \gamma_k x_k + u \tag{3.66}$$

$$\mathrm{E}(u \mid w, x_1, x_2, \cdots, x_k) = 0 \tag{3.67}$$

其中解释变量为 w，x_1，x_2，$\cdots$，x_k。

顺便说一句，我们可能会想到 x_j 中存在某个变量未被市场纳入点差的情况。为了有用，它必须是一个能够在比赛前被观测的变量。绝大多数对博彩市场效率的检验表明，除了短期的偏差外，市场通常是有效的。

3.7c 衡量两个变量之间的权衡

有时，回归模型不是用来预测或确定因果关系，而只是用来衡量一个经济主体如何权衡一个变量与另一个变量。将这些变量称为 y 和 w。例如，考虑美国某个州的 K-12 教师构成的总体。设 y 为年薪，w 是养老金的一个量度。如果教师对 1 美元的薪水和 1 美元的养老金不存在偏好差异，那么平均而言，养老金增加 1 美元应当对应着薪水降低 1 美元。换句话说，只有两者之和才重要。当然，这是其他条件不变时的问题：所有其他相关因素都应固定。特别是，我们很可能看到工资和养老金之间存在正相关关系，因为养老金的福利通常与工资挂钩。我们想知道，对于一个特定的老师来说，他是如何取舍的。

因为我们只是在研究一个权衡问题，所以选择哪个变量作为 y 和哪个变量作为 w 无关紧要。但是，有关方程形式上的考虑可以发挥作用。（我们将在第 4 章的例 4.10 中说明这一点，在那里我们将使用汇总数据研究薪资与福利之间的权衡。）一旦我们选定了 y 和 w，并且控制了 $\mathbf{x}=(x_1, x_2, \cdots, x_k)$，就像在 3.7b 节中一样，我们所关心的就是 $E(y \mid w, \mathbf{x})$。接着假定一个线性模型，此时我们的模型形式和方程（3.66）与（3.67）相似。一个关键的不同在于，如果 x_j 很好地控制了每个个体的差异，那么"一对一"权衡的理论意味着 $\beta_1 = -1$，而对截距 β_0 没有限制。这与有效市场假说有着很大的不同。除此之外，我们还使用 x_j 控制个体差异；我们不要求 γ_j* 都为零，并且通常不会有兴趣检验（3.65）式。

如果我们不能在 $\mathbf{x}$ 中包括足够的控制，那么估计出的权衡系数 β 将是有偏差的（尽管方向取决于我们认为忽略了什么）。这相当于一个遗漏变量的问题。例如，我们可能没有一个合适的衡量标准来衡量教师的储蓄偏好或风险厌恶程度。

3.7d 检验其他条件相同时的群体差异

多元回归分析的另一个常见应用是在我们考虑了其他因素之后，检验不同群体（通常是人群）之间的差异。在 2.7 节中，我们讨论了估算小时工资差异的例子，即基于种族的小时工资，分为白人和其他种族。为此，定义一个二值变量 *white*。在 2.7a 节中，我们注意到，白人和非白人之间的平均工资存在差异并不一定意味着工资歧视，因为其他因素可能会导致这种差异。

用 x_1，x_2，$\cdots$，x_k 表示其他可观测的可影响小时工资的因素——例如受教育程度、工作经验，等等。那么我们所关心的就是

$$E(wage \mid white, x_1, x_2, \cdots, x_k)$$

如果我们考虑到了所有影响生产率的因素，那么由种族导致的小时工资的差异就可被认为是工资歧视。在最简单的情形中，我们可以用一个线性模型：

---

* 原文为 y_j，应为 γ_j。——译者注

$$E(wage \mid white, x_1, x_2, \cdots, x_k) = \beta_0 + \beta_1 white + \gamma_1 x_1 + \cdots + \gamma_k x_k \quad (3.68)$$

在这里，我们主要对系数 $\beta_1{}^*$ 感兴趣，该系数在给定相同水平的控制变量 x_1，x_2，$\cdots$，x_k（教育、经验等）的情况下衡量了白人和非白人群体的差异。我们再一次回到（3.66）式和（3.67）式的形式上，因此在模型构造上 MLR.4 成立。可以使用 OLS 来获得 $\beta_1{}^{**}$（以及其他系数）的无偏估计量。然而，当我们不能包含 x_j 中所有合适的变量时，问题也会出现，同样，在这种情况下，我们有一个遗漏变量问题。在检验种族或性别歧视的情况下，如果对所有其他相关因素控制不力，在估计由于歧视产生的群体差异时可能会出现系统性偏差。

3.7e　潜在结果、处理效应和政策分析

对于大多数实践经济学家来说，多元回归最令人兴奋的应用是试图估计政策干预的因果效应。职业培训计划会增加劳动收入吗？增加多少？择校计划能提高学生的学习成绩吗？大麻合法化会增加犯罪率吗？

我们在 2.7a 节中介绍了研究政策问题的潜在结果方法。特别是，在政策干预作为二值变量的问题背景下，使用反事实结果的概念对简单回归进行了研究。在本节中，我们稍微更改了表示法，使用 w 表示二元的政策干预或政策指示器。就像在 2.7a 节中一样，对于总体中的每个单位，我们都可以想象两个潜在的结果 $y(0)$ 和 $y(1)$，它们对应着两种不同的状态。如果我们假设有一个恒定的处理效应，比如说 τ，那么对任一单位 i 有，

$$y_i(1) = \tau + y_i(0)$$

当处理效应随着 i 变动时，平均处理效应为

$$\tau_{ate} = E[y_i(1) - y_i(0)] \quad (3.69)$$

这里是对整个总体取期望。

对一个随机的下标 i，我们观测到的结果 y_i 可以表示为

$$y_i = (1 - w_i)y_i(0) + w_i y_i(1) \quad (3.70)$$

2.7a 节的一个重要结论是：要从 y 对 w 的简单回归（包含截距项的）中得到 τ_{ate} 的无偏估计量，w 必须被随机分配，即应满足

$$w \text{ 独立于}[y(0), y(1)]$$

在商学、经济学和其他社会科学中，随机分配还是相当罕见的，因为真正的科学实验仍然很少见。幸运的是，如果我们可以控制变量（有助于预测潜在结果并确定实验组和控制组的变量），我们就可以使用多元回归。再次让 x 表示一组控制变量，请考虑以下假设：

$$\text{以 } \mathbf{x} \text{ 为条件，} w \text{ 独立于}[y(0), y(1)] \quad (3.71)$$

---

* 　原文缺失下标。——译者注

** 　原文缺失下标。——译者注

显而易见，此假设被称为**条件独立**（conditional independence），在这里要注意 x 中的变量位于条件集合中。在有关处理效应的文献中，（3.71）式也被称为**无混淆分配**（unconfounded assignment）或者**以 x 为无混淆条件**（unconfoundedness conditional on x）。词组**可忽略分配**（ignorable assignment）和**可忽略性**（ignorability）也被使用。

假设（3.71）有一个简单的解释。考虑根据 **x** 中观察到的变量将总体进行划分。具体而言，考虑 2.7a 节中介绍的职业培训项目。其中，w 表示工人是否参加职业培训计划，而 y 是诸如劳动收入之类的结果。**x** 中的元素包括受教育程度、年龄和过去的工作经历，比如前几年的收入。假设工人的受教育程度越低、年龄越小、过去的工作收入越差，他们就越有可能参加该计划。那么，由于受教育程度、年龄和之前的工作经历对 $y(0)$ 和 $y(1)$ 有很强的预测作用，所以随机分配不成立。然而，一旦我们将人们按受教育程度、年龄和以前的工作经历进行分组，分配就有可能是随机的。举一个具体的例子，考虑一群有 12 年学制、35 岁和过去两年平均收入为 25 000 美元的人。假设（3.71）要求在该组中，分配给实验组和控制组的人是随机的。

我们在执行程序之前观察到的变量越多，就越有可能使得假设（3.71）成立。如果我们没有观察到任何要包含在 **x** 中的信息，那么我们就只能回到假设纯随机分配的状态。当然，我们也有可能没有在 **x** 中包含正确的变量。例如，也许从符合条件的人群中抽取的样本中的每个人都接受了一项测试，以测量智力，而分配的依据部分基于测试的分数。如果我们能观测到测试分数，则将它包括在 **x** 内。如果无法观测到测试分数，则必须将其排除在 **x** 之外，此时假设（3.71）通常会不成立——尽管如果 **x** 中有其他良好的控制变量，它可能"接近"为真。

我们怎样在多元回归中使用假设（3.71）呢？在这里我们只考虑处理效应 τ 恒定的例子。第 7 章的 7.6 节会考虑更一般的情形。那么，在总体中有

$$y = y(0) + \tau w$$

和

$$E(y \mid w, \mathbf{x}) = E[y(0) \mid w, \mathbf{x}] + \tau w = E[y(0) \mid \mathbf{x}] + \tau w \tag{3.72}$$

其中第二个等式成立就需要满足条件独立性。现在假设 $E[y(0) \mid \mathbf{x}]$ 是线性的，

$$E[y(0) \mid \mathbf{x}] = \alpha + \mathbf{x}\gamma$$

将其代入就得到

$$E(y \mid w, \mathbf{x}) = \alpha + \tau w + \mathbf{x}\gamma = \alpha + \tau w + \gamma_1 x_1 + \cdots + x_k x_k \tag{3.73}$$

在本节前面的几个例子中，我们主要对 w 前的系数感兴趣，我们称之为 τ。对 γ_j 的关注只是为了检查逻辑的一致性——例如，我们应该期望更多的教育能带来更高的收入——x_j 的主要作用仍然是控制个体之间的差异。

在第 7 章中，我们将更一般地介绍处理效应，包括当处理效应随着不同的单位

有变化（例如个体参加工作培训的例子）时应如何使用多元回归。

例 3.7

评估一项职业培训项目

JTRAIN98 中的数据是关于男性工人的，可用于评估一项职业培训项目，其中我们要解释的变量是 $y = earn98$，它是 1998 年即职业培训项目（1997 年实施）下一年的劳动力市场收入。收入变量以千美元为单位。变量 $w = train$ 是二值"参加"（或"处理"）变量。工人参加工作培训项目的原因部分基于他们过去在劳动力市场的产出，部分基于自身意愿。因此，随机分配不太可能是一个好的假设。作为控制变量，我们使用 1996 年（项目开始的前一年）的收入、受教育的年限（$educ$）、年龄，以及婚姻状况（$married$）。和"参加"变量一样，婚姻状况被设置为二元变量，$married = 1$ 表示已婚。

简单回归的估计结果为

$$\widehat{earn98} = 10.61 - 2.05\, train$$
$$n = 1\,130,\ R^2 = 0.016 \tag{3.74}$$

由于 $earn98$ 的单位是千美元，因此 $train$ 的系数 -2.05 表明，参加该项目的人的平均收入比未参加的人少 2 050 美元。那些没有参加的人的平均收入是从截距中得到的，因此为 10 610 美元。

在没有随机分配的情况下，$train$ 前的负（且数值较大）的系数很有可能是非随机选择参加培训导致的结果。这可能是因为过去收入较低的工人更有可能被选中，也可能是因为这些工人获得培训资格后更愿意参加培训。在这里，我们将不详细研究这些命题。相反，我们添加四个控制变量并进行多元回归：

$$\widehat{earn98} = 4.67 + 2.41\, train + 0.373\, earn96 + 0.363\, educ - 0.181\, age + 2.48\, married$$
$$n = 1\,130,\ R^2 = 0.405 \tag{3.75}$$

$train$ 的系数的变化非常明显：该项目现在估计平均可增加收入 2 410 美元。换言之，控制过去收入、受教育程度、年龄和婚姻状况的差异后，得出的估计值与简单回归的估计值相差很大。

控制变量前系数的符号不足为奇。我们预计收入会与时间呈正相关关系——因此，$earn96$ 具有正的系数。受过更多教育的工人也能赚到更多：每多受一年教育使收入增加大约 363 美元。婚姻的影响与工作培训的影响大致相当：在同等条件下，已婚男子的平均收入比单身男子高 2 480 美元。

控制变量的预测能力由多重回归中的 R^2 表示，$R^2 = 0.405$。尽管仍然有许多无法解释的变动，但总体而言，这些变量做得相当好。

> **？思考题 3.5**
>
> 比较等式（3.74）和（3.75）中的截距项有意义吗？解释理由。

在我们结束这一节之前，最后再注明一句：与本章中的其他示例一样，我们尚未确定估计的统计显著性。我们在第 4 章中弥补了这一遗漏，在那里我们将学习如何测试在整个总体中是否存在影响，并且还将获得一些参数的置信区间，例如工作培训项目的平均处理效应。

本章小结

1. 多元回归模型能使我们有效地在保持其他因素不变的情况下，考察一个特定的自变量对因变量的影响。显然，它允许自变量之间存在相关性。

2. 尽管这个模型对参数为线性，但通过适当选取因变量和自变量，它也可用于非线性关系。

3. 普通最小二乘法很容易应用于多元回归模型。每个斜率参数都度量了在保持所有其他自变量不变的条件下，相应的自变量对因变量的偏效应。

4. R^2 是因变量样本波动中能被自变量解释的部分，并用于度量回归的拟合优度。重要的是，在评价计量经济模型时，不要对 R^2 寄予太高希望。

5. 在前四个高斯-马尔科夫假设（假设 MLR.1 到 MLR.4）下，OLS 估计量是无偏的。这意味着，一方面，在模型中包含一个无关变量，对截距和其他斜率估计量的无偏性没有任何影响。另一方面，遗漏一个相关变量则导致 OLS 产生偏误。在许多情形下，偏误的方向都是可以确定的。

6. 在五个高斯-马尔科夫假设下，OLS 斜率估计量的方差由 $\mathrm{Var}(\hat{\beta}_j) = \sigma^2/[\mathrm{SST}_j(1-R_j^2)]$ 给出。随着误差方差 σ^2 的增加，$\mathrm{Var}(\hat{\beta}_j)$ 也会增加，但随着 x_j 的样本波动 SST_j 的增大，$\mathrm{Var}(\hat{\beta}_j)$ 则下降。R_j^2 度量的是，x_j 与其他解释变量之间共线性的大小。当 R_j^2 接近于 1 时，$\mathrm{Var}(\hat{\beta}_j)$ 趋于无限。

7. 在方程中增加一个无关变量，通常都会因多重共线性而提高其余 OLS 估计量的方差。

8. 在高斯-马尔科夫假设（假设 MLR.1 到 MLR.5）下，OLS 估计量是最优线性无偏估计量（BLUE）。

9. 3.7 节讨论了多元回归分析在经济学和其他社会科学中使用的各种方法，包括预测、检验有效市场、衡量变量之间的权衡和评估政策干预。我们将在本书的其余部分看到所有这些应用的示例。

10. 从第 4 章开始，我们将用 OLS 系数的标准误来计算总体参数的置信区间，并得出总体参数的假设检验的检验统计量。因此，现在报告的回归结果包括标准误和相关 OLS 估计。在方程和 OLS 结果输出表格中，标准误通常标注在 OLS 估计值下方的括号中。

高斯-马尔科夫假设

以下是对本章所用的五个高斯-马尔科夫假设的概括。记住，前四个用于证明 OLS 的无偏性，而增加第五个假设则是为了推导常用的方差表达式，并断定 OLS 是最优线性无偏估计。

假设 MLR. 1　（线性于参数）

总体模型可写成

$$y = \beta_0 + \beta_1 x_1 + \beta_2 x_2 + \cdots + \beta_k x_k + u$$

式中，β_0，β_1，$\cdots$，β_k 是我们所关心的未知参数（常数），而 u 则是无法观测的随机误差或随机干扰。

假设 MLR. 2　（随机抽样）

我们有一个含 n 次观测的随机样本 $\{(x_{i1}, x_{i2}, \cdots, x_{ik}, y_i): i = 1, 2, \cdots, n\}$，它来自假设 MLR. 1 中的总体模型。

假设 MLR. 3　（不存在完全共线性）

在样本（因而在总体）中，没有一个自变量是常数，自变量之间也不存在严格的线性关系。

假设 MLR. 4　（零条件均值）

给定解释变量的任何值，误差的期望值都为零，换言之，

$$E(u \mid x_1, x_2, \cdots, x_k) = 0$$

假设 MLR. 5　（同方差性）

给定解释变量的任何值，误差都具有相同的方差，换言之，

$$\mathrm{Var}(u \mid x_1, \cdots, x_k) = \sigma^2$$

关键术语

最优线性无偏估计量（BLUE）	可忽略分配	总体模型
包含了一个无关变量	残差	向零的偏误
截距	残差平方和	其他条件不变
微数缺测性	样本回归函数（SRF）	条件独立
误设分析	自由度（df）	多重共线性
斜率参数	干扰项	多元线性回归（MLR）模型
$\hat{\beta}_j$ 的标准差	向下的偏误	$\hat{\beta}_j$ 的标准误
内生解释变量	多元回归分析	回归标准误（SER）
误差项	OLS 截距估计值	遗漏一个相关变量
OLS 回归线	残差平方和（SSR）	外生解释变量
OLS 斜率估计值	总平方和（SST）	解释平方和（SSE）

遗漏变量偏误	真实模型	一阶条件
普通最小二乘法	无混淆分配	弗里施-沃定理
对模型设定不足	高斯-马尔科夫假设	偏效应
向上的偏误	高斯-马尔科夫定理	完全共线性
方差膨胀因子（VIF）		

习　题

1. 利用 GPA2 中有关 4 137 名大学生的数据，用 OLS 估计了如下方程：

$$\widehat{colgpa} = 1.392 - 0.013\ 5\ hsperc + 0.001\ 48\ sat$$

$$n = 4\ 137,\ R^2 = 0.273$$

式中，$colgpa$ 以四分制度量，$hsperc$ 是在高中班上名次的百分位数（比方说，$hsperc = 5$，就意味着位于班上前 5% 之列），而 sat 是在学生能力测验中数学和语言的综合成绩。

(i) 为什么 $hsperc$ 的系数为负也讲得通？

(ii) 当 $hsperc = 20$ 且 $sat = 1\ 050$ 时，大学 GPA 的预测值是多少？

(iii) 假设两个在高中班上具有同样百分位数的高中毕业生 A 和 B，但 A 学生的 SAT 分数要高出 140 分（在样本中相当于一倍的标准差），那么，预计这两个学生的大学 GPA 会相差多少？这个差距大吗？

(iv) 保持 $hsperc$ 不变，SAT 的分数相差多少，才能导致预测的 $colgpa$ 相差 0.50 或四分制的半分？评论你的结论。

2. 用 WAGE2 中有关男工人的数据估计如下方程：

$$\widehat{educ} = 10.36 - 0.094\ sibs + 0.131\ meduc + 0.210\ feduc$$

$$n = 722,\ R^2 = 0.214$$

式中，$educ$ 为受教育年数；$sibs$ 为兄弟姐妹的个数；$meduc$ 为母亲受教育的年数；而 $feduc$ 则为父亲受教育的年数。

(i) $sibs$ 是否具有预期的影响？请给出解释。保持 $meduc$ 和 $feduc$ 不变，为了使预测的受教育年数减少一年，需要 $sibs$ 增加多少？（这里不要求答案为整数。）

(ii) 讨论对 $meduc$ 的系数的解释。

(iii) 假设一个男工人 A 没有兄弟姐妹，其父母都接受了 12 年的教育。另一个男工人 B 也没有兄弟姐妹，但其父母都接受了 16 年的教育。预计 B 和 A 所接受教育的年数差别为多少？

3. 下面这个模型是比德尔和哈默梅什（Biddle and Hamermesh, 1990）所用多元回归模型的一个简化版本，原模型研究睡眠时间和工作时间之间的取舍，并考查其他影响睡眠的因素：

$$sleep = \beta_0 + \beta_1 totwrk + \beta_2 educ + \beta_3 age + u$$

式中，$sleep$ 和 $totwrk$ 都以分钟/周为单位，而 $educ$ 和 age 则以年为单位。（也可参见第 2 章的计算机练习 C3。）

(i) 如果成年人为工作而放弃睡眠，β_1 的符号是什么？

(ii) 你认为 β_2 和 β_3 的符号应该是什么？

(iii) 利用 SLEEP75 中的数据，估计出来的方程是

$$\widehat{sleep} = 3\,638.25 - 0.148\,totwrk - 11.13\,educ + 2.20\,age$$
$$n = 706, \, R^2 = 0.113$$

如果有人一周多工作 5 个小时，预计 sleep 会减少多少分钟？这算是很大的舍弃吗？

(iv) 讨论 educ 的估计系数的符号和大小。

(v) 你能说 totwrk、educ 和 age 解释了 sleep 的大部分波动吗？还有其他什么因素可能影响花在睡眠上的时间？它们与 totwrk 可能相关吗？

4. 刚从法学院毕业的学生的起薪中位数由下式决定：

$$\log(salary) = \beta_0 + \beta_1 LSAT + \beta_2 GPA + \beta_3 \log(libvol) + \beta_4 \log(cost) + \beta_5 rank + u$$

式中，$LSAT^*$ 为整个待毕业年级 LSAT 成绩的中位数；GPA 为该年级大学 GPA 的中位数；libvol 为法学院图书馆的藏书量；cost 为进入法学院每年的费用；而 rank 为法学院的排名（rank＝1 的法学院是最好的）。

(i) 解释为什么我们预期 $\beta_5 \leqslant 0$。

(ii) 你预计其他斜率参数的符号如何？给出你的理由。

(iii) 使用 LAWSCH85 中的数据，估计出来的方程是

$$\widehat{\log(salary)} = 8.34 + 0.004\,7\,LSAT + 0.248\,GPA + 0.095\,\log(libvol)$$
$$+ 0.038\log(cost) - 0.003\,3\,rank$$
$$n = 136, \, R^2 = 0.842$$

在其他条件不变的情况下，预计 GPA 中位数相差 1 分会导致薪水有多大差别？（用百分比报告你的答案。）

(iv) 解释变量 $\log(libvol)$ 的系数。

(v) 你是否认为应该进入一个排名更靠前的法学院？从预计的起薪来看，排名相差 20 位的价值有多大？

5. 在一项调查大学 GPA 与在各种活动中所耗费时间之间关系的研究中，你对几个学生分发了调查问卷。学生被问道，他们每周在学习、睡觉、工作和闲暇这四种活动中各花多少小时。任何活动都被列为这四种活动之一，所以对每个学生来说，这四种活动的小时数之和都是 168。

(i) 在模型

$$GPA = \beta_0 + \beta_1 study + \beta_2 sleep + \beta_3 work + \beta_4 leisure + u$$

中，保持 sleep、work 和 leisure 不变而改变 study 是否有意义？

(ii) 解释为什么这个模型违背了假设 MLR.3。

(iii) 你如何重新构建这个模型，才能使得它的参数具有一个有用的解释，而又不违背假设 MLR.3？

6. 考虑含有三个自变量的多元回归模型，并满足假设 MLR.1 到 MLR.4，

$$y = \beta_0 + \beta_1 x_1 + \beta_2 x_2 + \beta_3 x_3 + u$$

你对估计 x_1 和 x_2 的参数之和感兴趣；把二者之和记为 $\theta_1 = \beta_0 + \beta_1$。

(i) 证明 $\hat{\theta}_1 = \hat{\beta}_1 + \hat{\beta}_2$ 是 θ_1 的一个无偏估计量。

(ii) 求出用 $\text{Var}(\hat{\beta}_1)$、$\text{Var}(\hat{\beta}_2)$ 和 $\text{Corr}(\hat{\beta}_1, \hat{\beta}_2)$ 表示的 $\text{Var}(\hat{\theta}_1)$。

7. 下面哪些因素会导致 OLS 估计量出现偏误？

(i) 异方差性。

---

* LSAT 是美国的法学院入学考试（Law School Admission Test）的简称。——译者注

（ii）遗漏一个重要变量。

（iii）模型中同时包含的两个自变量之间的样本相关系数达到 0.95。

8. 假设制造业中每个工人的平均生产力（*avgprod*）取决于培训的平均小时数（*avgtrain*）和工人的平均能力（*avgabil*）两个因素：

$$avgprod = \beta_0 + \beta_1 avgtrain + \beta_2 avgabil + u$$

假设这个方程满足高斯-马尔科夫假设。如果将培训津贴给了那些工人能力较差的企业，以致 *avgtrain* 和 *avgabil* 呈负相关，那么，将 *avgprod* 对 *avgtrain* 进行简单回归所得到的 $\tilde{\beta}_1$，可能出现什么样的偏误？

9. 下面的方程描述了社区的房价中位数和污染量（*nox* 表示一氧化二氮的含量）、社区房屋的平均房间数（用 *rooms* 表示）之间的关系：

$$\log(price) = \beta_0 + \beta_1 \log(nox) + \beta_2 rooms + u$$

（i）β_1 和 β_2 的符号可能是什么？β_1 的意义是什么？请解释。

（ii）为什么 *nox*［或者更准确地说是 $\log(nox)$］和 *rooms* 是负相关关系？在这种情况下，$\log(price)$ 对 $\log(nox)$ 的简单回归会产生 β_1 的向上有偏估计量还是向下有偏估计量？

（iii）用 HPRICE2 中的数据估计以下方程：

$$\widehat{\log(price)} = 11.71 - 1.043\log(nox)$$
$$n = 506, R^2 = 0.264$$

$$\widehat{\log(price)} = 9.23 - 0.718\log(nox) + 0.306 rooms$$
$$n = 506, R^2 = 0.514$$

这些简单回归和多元回归中 *price* 关于 *nox* 的弹性估计之间的关系能否得到第（ii）部分的答案？这是否意味着 -0.718 比 -1.043 更接近真实的弹性？

10. 假设你对估计其他条件不变的情况下 y 和 x_1 之间的关系感兴趣。为此，你可以搜集两个控制变量 x_2 和 x_3 的数据。（为真实起见，你可以想象 y 为期末考试分数，x_1 为到课率，x_2 为上学期之前的 GPA，x_3 为 SAT 或 ACT 分数。）令 $\tilde{\beta}_1$ 表示 y 对 x_1 进行简单回归的系数估计值，而 $\hat{\beta}_1$ 为 y 对 x_1、x_2、x_3 进行多元回归的斜率估计值。

（i）若样本中 x_1 与 x_2 和 x_3 高度相关，且 x_2 和 x_3 对 y 具有很大的偏效应，你会预计 $\tilde{\beta}_1$ 和 $\hat{\beta}_1$ 是十分类似还是十分不同？请解释。

（ii）若 x_1 与 x_2 和 x_3 几乎无关，但 x_2 和 x_3 高度相关，你会预计 $\tilde{\beta}_1$ 和 $\hat{\beta}_1$ 是十分类似还是十分不同？请解释。

（iii）若样本中 x_1 与 x_2 和 x_3 高度相关，且 x_2 和 x_3 对 y 具有很小的偏效应，那么 $se(\tilde{\beta}_1)$ 和 $se(\hat{\beta}_1)$ 哪个更小？请解释。

（iv）若 x_1 与 x_2 和 x_3 几乎无关，x_2 和 x_3 对 y 具有很大的偏效应，并且 x_2 与 x_3 高度相关，那么 $se(\tilde{\beta}_1)$ 和 $se(\hat{\beta}_1)$ 哪个更小？请解释。

11. 假设决定 y 的总体模型是

$$y = \beta_0 + \beta_1 x_1 + \beta_2 x_2 + \beta_3 x_3 + u$$

而这个模型满足假设 MLR.1 到 MLR.4。但我们估计了漏掉 x_3 的模型。令 $\tilde{\beta}_0$、$\tilde{\beta}_1$ 和 $\tilde{\beta}_2$ 为 y 对 x_1 和 x_2 回归的 OLS 估计量。（给定样本中自变量的值，）证明 $\tilde{\beta}_1$ 的期望值是

$$\mathrm{E}(\tilde{\beta}_1) = \beta_1 + \beta_3 \frac{\sum_{i=1}^{n} \hat{r}_{i1} x_{i3}}{\sum_{i=1}^{n} \hat{r}_{i1}^2}$$

式中，$\hat{r}_{i1}$ 是 x_1 对 x_2 回归所得到的 OLS 残差。［提示：$\tilde{\beta}_1$ 的公式来自方程（3.22）。将 $y_i = \beta_0 + \beta_1 x_{i1} + \beta_2 x_{i2} + \beta_3 x_{i3} + u_i$ 代入这个方程。经过一些计算后，将 x_{i3} 和 $\hat{r}_{i1}$ 视为非随机量来取期望。］

12. 以下方程表示，在由美国各个县构成的总体中，各种税收比例对随后就业增长方面的影响：

$$growth = \beta_0 + \beta_1 share_P + \beta_2 share_I + \beta_3 share_S + 其他因素$$

式中，$growth$ 为就业从 1980 年到 1990 年的变化百分比；$share_P$ 为总税收收益中财产税的比例；$share_I$ 为所得税税收收益的比例；而 $share_S$ 为销售税税收收益的比例。所有这些变量都以 1980 年的货币度量。遗漏的比例 $share_F$ 包括收费和杂项税收。根据定义，这四个比例之和为 1。其他因素将包括对教育、基础设施等的支出（均以 1980 年货币度量）。

(i) 我们为什么必须从方程中省略一个税收比例变量？

(ii) 对 β_1 给出一个仔细的解释。

13. (i) 在前四个高斯-马尔科夫假设下，考虑简单回归模型 $y = \beta_0 + \beta_1 x_1 + u$。对某个函数 $g(x)$，比如 $g(x) = x^2$ 或 $g(x) = \log(1 + x^2)$，定义 $z_i = g(x_i)$。定义一个斜率估计量为

$$\tilde{\beta}_1 = \left(\sum_{i=1}^{n} (z_i - \bar{z}) y_i \right) \Big/ \left(\sum_{i=1}^{n} (z_i - \bar{z}) x_i \right)$$

证明 $\tilde{\beta}_1$ 是线性无偏的。记住，在你的推导过程中，因为 $\mathrm{E}(u \mid x) = 0$，所以你可以把 x_i 和 z_i 都看成非随机的。

(ii) 增加同方差性假设 MLR.5，证明

$$\mathrm{Var}(\tilde{\beta}_1) = \frac{\sigma^2 \left[\sum_{i=1}^{n} (z_i - \bar{z})^2 \right]}{\left[\sum_{i=1}^{n} (z_i - \bar{z}) x_i \right]^2}$$

(iii) 在高斯-马尔科夫假设下，直接证明 $\mathrm{Var}(\hat{\beta}_1) \leqslant \mathrm{Var}(\tilde{\beta}_1)$，其中 $\hat{\beta}_1$ 是 OLS 估计量。［提示：书末附录数学复习 B 中的柯西-施瓦兹不等式意味着 $\left[n^{-1} \sum_{i=1}^{n} (z_i - \bar{z})(x_i - \bar{x}) \right]^2 \leqslant \left[n^{-1} \sum_{i=1}^{n} (z_i - \bar{z})^2 \right] \left[n^{-1} \sum_{i=1}^{n} (x_i - \bar{x})^2 \right]$。注意，我们可以将 $\bar{x}$ 从样本协方差中去掉。］

14. 假设你有变量 y、x_1 和 x_2 的 n 个数据样本，并且你主要对 x_1 对 y 的影响感兴趣。令 $\tilde{\beta}$ 表示简单回归中 x_1 的系数，$\hat{\beta}$ 表示 y 对 x_1 和 x_2 回归得到的 x_1 的系数。回归软件包得到的标准误结果为

$$se(\tilde{\beta}_1) = \frac{\tilde{\sigma}}{\sqrt{SST_1}}$$

$$se(\hat{\beta}_1) = \frac{\hat{\sigma}}{\sqrt{SST_1}} \cdot \sqrt{VIF_1}$$

式中，$\tilde{\sigma}$ 为简单回归的 SER；$\hat{\sigma}$ 为多元回归的 SER；$VIF_1 = 1/(1 - R_1^2)$；R_1^2 表示 x_1 对 x_2 回归的 R^2。解释为什么 $se(\hat{\beta}_1)$ 会大于或小于 $se(\tilde{\beta}_1)$。

15. 下面的估计等式用到了 MLB1 中的数据，包含了美国职业棒球大联盟的工资数据。因变量 $lsalary$ 是工资的 log 值。两个解释变量是在联盟中的工作时间（$years$）和每年击中球的流量数（$rbisyr$）：

$$\widehat{lsalary} = 12.373 + 0.177\,0\ years$$

$$(0.098)\ (0.013\,2)$$

3

$$n = 353, \text{SSR} = 326.196, \text{SER} = 0.964, R^2 = 0.337$$

$$\widehat{lsalary} = 11.861 + 0.090\ 4\ years + 0.030\ 2rbisyr$$

$$(0.084) \quad (0.011\ 8) \qquad (0.002\ 0)$$

$$n = 353, \text{SSR} = 198.475, \text{SER} = 0.753, R^2 = 0.597$$

(i) 每个回归分别有多少自由度？为什么第二个回归中 SER 的值小于第一个回归？

(ii) $years$ 和 $rbisyr$ 的样本相关系数大概是 0.487。这有什么意义吗？多元回归的斜率系数的方差膨胀因子是多少？$years$ 和 $rbisyr$ 的共线性是轻微的、稳健的还是强的？

(iii) 为什么多元回归中 $years$ 的系数的标准误比其在简单回归中小？

16. 下面的估计等式用到了 LAWSCH85 中的数据：

$$\widehat{lsalary} = 9.90 - 0.004\ 1years + 0.294GPA$$

$$(0.24)\ (0.000\ 3) \qquad (0.069)$$

$$n = 142, R^2 = 0.823\ 8$$

$$\widehat{lsalary} = 9.86 - 0.003\ 8rank + 0.295GPA + 0.000\ 17age$$

$$(0.29)\ (0.000\ 4) \qquad (0.083) \qquad (0.000\ 36)$$

$$n = 99, R^2 = 0.803\ 6$$

为什么等式中加入了变量 age 后 R^2 的值变小了？

17. 考虑一个工人的小时工资 $wage$ 的估算公式，其中受教育年限 $educ$ 和实际工作年限 $exper$ 均以年为单位。因变量为 $lwage = \log(wage)$：

$$\widehat{lwage} = 0.532 + 0.094educ + 0.026exper$$

$$n = 932, R^2 = 0.188$$

假设多接受一年的教育必然会减少一年的工作经验。再接受一年的教育后，估计工资变动的百分比是多少？

18. 3.7e 节中的潜在结果框架可以扩展到两个以上的潜在结果。事实上，我们可以使政策变量 w 取许多不同的值，$y(w)$ 表示级别为 w 的政策的相应结果。具体而言，假设 w 为在大学里可以用来购买书籍和电子产品的助学金数额，$y(w)$ 是衡量大学表现的一个指标，比如平均绩点。例如，如果学生没有获得助学金，则 $y(0)$ 表示其平均绩点；如果助学金数额为 500 美元，则 $y(500)$ 表示其平均绩点。

对于一个随机下标 i，我们需要观察助学金的级别 $w_i \geq 0$ 以及相应的 $y_i = y(w_i)$。在二元政策评价中，我们只需观察政策级别 w_i，以及与该级别对应的那个结果。

(i) 假设线性关系：

$$y(w) = \alpha + \beta w + v(0)$$

式中，$y(0) = \alpha + v$。进一步假设对所有 i，w_i 都独立于 v_i。证明：对所有 i，我们都有

$$y_i = \alpha + \beta w_i + v_i$$

$$\text{E}(v_i \mid w_i) = 0$$

(ii) 在第 (i) 部分的设定中，对于给定的随机样本，你应当如何估计 β（和 α）？证明你的答案。

(iii) 现在假设 w_i 可能与 v_i 相关，但对于一组观测到的 x_{ij}，

$$\text{E}(v_i \mid w_i, x_{i1}, \cdots, x_{ik}) = \text{E}(v_i \mid x_{i1}, \cdots, x_{ik})$$

$$= \eta + \gamma_1 x_{i1} + \cdots + \gamma_k x_{ik}$$

第一个等号成立的条件是，以 $(x_{i1}, \cdots, x_{ik})$ 为条件，w_i 独立于 v_i。第二个等号假设了一个线性关系。证明：

$$y_i = \psi + \beta w_i + \gamma_1 x_{i1} + \cdots + \gamma_k x_{ik} + u_i$$

$$E(u_i \mid w_i, x_{i1}, \cdots, x_{ik}) = 0$$

截距 ψ 是什么？

(iv) 你如何估计第（iii）部分中的 β（以及 ψ 和 γ_j）？说明理由。

计算机练习

C1. 健康官员（和其他人）关心的一个问题是：孕妇在怀孕期间抽烟对婴儿健康的影响。对婴儿健康的度量方法之一是婴儿出生时的体重；过低的出生体重会使婴儿有感染各种疾病的危险。由于除了抽烟之外，其他影响婴儿出生体重的因素可能与抽烟相关，所以我们应该考虑这些因素。比如，高收入通常会使母亲得到更好的产前照顾和更好的营养。表达这一点的一个方程是

$$bwght = \beta_0 + \beta_1 cigs + \beta_2 faminc + u$$

(i) β_2 的符号最可能是什么？

(ii) 你是否认为 $cigs$ 和 $faminc$ 可能相关？解释为什么可能是正或负相关。

(iii) 现在利用 BWGHT 中的数据分别估计包含和不包含 $faminc$ 的方程。以方程的形式报告结论，包括样本容量和 R^2。讨论你的结论，主要看增加 $faminc$ 是否会显著改变 $cigs$ 对 $bwght$ 的估计影响。

C2. 使用 HPRICE1 中的数据，估计如下模型：

$$price = \beta_0 + \beta_1 sqrft + \beta_2 bdrms + u$$

式中，$price$ 是以千美元为单位的住房价格。

(i) 以方程的形式报告结果。

(ii) 住房在保持面积不变的同时又增加了一间卧室，估计其价格会提高多少？

(iii) 住房增加一间大小为 140 平方英尺的卧室，估计其价格会提高多少？将这个答案与你在第（ii）部分的答案比较。

(iv) 价格的波动有多大比例能被平方英尺数和卧室数解释？

(v) 样本中的第一套住房有 $sqrft = 2\ 438$ 和 $bdrms = 4$。从 OLS 回归线中得到这套住房的预计销售价格。

(vi) 样本中第一套住房的实际销售价格是 300 000 美元（$price = 300$）。求出这套住房的残差。它是否表明购买者为这套住房支付了过低或过高的价格？

C3. 文件 CEOSAL2 包含了 177 位首席执行官的数据，并可用来考察企业业绩对 CEO 薪水的影响。

(i) 估计一个将年薪与企业销售量和市场价值相联系的模型。让这个模型对每个自变量的变化都具有常弹性。以方程的形式报告结果。

(ii) 在第（i）部分的模型中增加 $profits$。为什么这个变量不能以对数形式进入模型？你会说这些企业业绩变量解释了 CEO 薪水波动中的大部分吗？

(iii) 在第（ii）部分的模型中增加 $ceoten$。保持其他条件不变，延长一年 CEO 任期，估计的百分比回报是多少？

(iv) 求出变量 $\log(mktval)$ 和 $profits$ 之间的样本相关系数。这些变量高度相关吗？这对 OLS 估计量有何含义？

C4. 本题利用 ATTEND 中的数据。

(i) 求出变量 *atndrte*、*priGPA* 和 *ACT* 的最小值、最大值和平均值。

(ii) 估计模型

$$atndrte = \beta_0 + \beta_1 priGPA + \beta_2 ACT + u$$

并以方程形式报告结果。对截距做出解释。它是否有一个有用的含义？

(iii) 讨论估计的斜率系数。有没有什么令人吃惊之处？

(iv) 如果 *priGPA*=3.65 和 *ACT*=20，预计 *atndrte* 是多少？你对这个结论做何解释？样本中有没有一些学生具有这些解释变量的值？

(v) 如果学生 A 具有 *priGPA*=3.1 和 *ACT*=21，而学生 B 具有 *priGPA*=2.1 和 *ACT*=26，他们在出勤率上的预期差异是多少？

C5. 通过对例 3.2 明确地进行"排除其他影响"的练习，证实对 OLS 估计值做"排除其他影响"的解释。这首先要求将 *educ* 对 *exper* 和 *tenure* 进行回归，并保留残差 $\hat{r}_1$。然后将 log(*wage*) 对 $\hat{r}_1$ 进行回归。将 $\hat{r}_1$ 的系数与在 log(*wage*) 对 *educ*、*exper* 和 *tenure* 的回归中 *educ* 的系数相比较。

C6. 本题利用 WAGE2 中的数据。照常保证如下所有回归都含有截距。

(i) 将 IQ 对 *educ* 进行简单回归，并得到斜率系数 $\tilde{\delta}_1$。

(ii) 将 log(*wage*) 对 *educ* 进行 $\tilde{\delta}_1$ 简单回归，并得到斜率系数 $\tilde{\beta}_1$。

(iii) 将 log(*wage*) 对 *educ* 和 IQ 进行多元回归，并分别得到斜率系数 $\hat{\beta}_1$ 和 $\hat{\beta}_2$。

(iv) 验证 $\tilde{\beta}_1 = \hat{\beta}_1 + \hat{\beta}_2 \tilde{\delta}_1$。

C7. 利用 MEAP93 中的数据回答这个问题。

(i) 估计模型

$$math10 = \beta_0 + \beta_1 \log(expend) + \beta_2 lnchprg + u$$

并以通常格式报告估计方程，包括样本容量和 R^2。斜率系数的符号与你的预期一致吗？请解释。

(ii) 你对第 (i) 部分得到的截距怎么解释？特别地，令两个解释变量都等于 0 说得通吗？〔提示：注意 log(1)=0。〕

(iii) 现在做 *math10* 对 log(*expend*) 的简单回归，并将斜率系数与第 (i) 部分中得到的估计值进行比较。估计出来的花销的效应是否和第 (i) 部分有明显差别？

(iv) 找出 *lexpend*=log(*expend*) 和 *lnchprg* 之间的关系，它的符号让你发现什么了吗？

(v) 利用第 (iv) 部分解释第 (i) 部分中的发现。

C8. 本题利用 DISCRIM 中的数据。对新泽西和宾夕法尼亚的各个邮区，搜集快餐店各种商品价格和人口特征方面的数据。目的是想看一下，快餐店是否在黑人更集中的区域收取更高的价格。

(i) 求出样本中 *prpblck* 和 *income* 的平均值及其标准差。*prpblck* 和 *income* 的度量单位是什么？

(ii) 考虑一个模型，用人口中的黑人比例和收入中位数来解释苏打饮料的价格 *psoda*：

$$psoda = \beta_0 + \beta_1 prpblck + \beta_2 income + u$$

用 OLS 估计这个模型并以方程的形式报告结果，包括样本容量和 R^2。（报告估计值时不要使用科学计数法。）解释 *prpblck* 的系数。你认为它在经济上算大吗？

(iii) 将第 (ii) 部分得到的估计值与 *psoda* 对 *prpblck* 进行简单回归得到的估计值进行比较。控制收入变量后，这种歧视效应是更大还是更小了？

(iv) 收入价格弹性为常数的模型可能更加合适。报告如下模型的估计值：

$$\log(psoda) = \beta_0 + \beta_1 prpblck + \beta_2 \log(income) + u$$

若 $prpblck$ 提高 0.20 (即 20 个百分点), 估计 $psoda$ 的变化百分数是多少? (提示: 答案是 2.××, 你在 ×× 位置上填上数字即可。)

(v) 现在在第 (iv) 部分的回归中添加变量 $prppov$。 $\hat{\beta}_{prpblck}$ 有何变化?

(vi) 求出 $\log(income)$ 和 $prppov$ 的相关系数。大致符合你的预期吗?

(vii) 评价如下命题: "由于 $\log(income)$ 和 $prppov$ 如此高度相关, 所以它们不该进入同一个回归。"

C9. 利用 CHARITY 中的数据回答下列问题。

(i) 估计模型

$$gift = \beta_0 + \beta_1 mailsyear + \beta_2 giftlast + \beta_3 propresp + u$$

并以通常格式报告估计方程, 包括样本容量和 R^2。这里的 R^2 和去掉变量 $giftlast$ 及 $propresp$ 后的简单回归的 R^2 相比结果如何?

(ii) 解释 $mailsyear$ 的系数。和相应的简单回归系数相比大小如何?

(iii) 解释 $propresp$ 的系数。注意 $propresp$ 的度量单位。

(iv) 现在在等式中加入变量 $avggift$。 $mailsyear$ 的估计影响有什么变化?

(v) 第 (iv) 部分的等式中, $giftlast$ 的系数有什么变化? 你认为发生了什么?

C10. 本题利用 HTV 中的数据。数据包括 1991 年工作的 1 230 个男性的工资、受教育程度、父母的受教育程度及其他变量的信息。

(i) 样本中 $educ$ 的取值范围是多少? 最高学历是 12 年级的人占多大百分比? 这些人或他们的父母平均来说有更高的受教育程度吗?

(ii) 估计模型:

$$educ = \beta_0 + \beta_1 motheduc + \beta_2 fatheduc + u$$

用 OLS 估计这个模型并以方程的形式报告结果。变量 $educ$ 多大程度的样本变化可以用父母的受教育程度来解释? 解释 $motheduc$ 的系数。

(iii) 将变量 $abil$ (对认知能力的衡量) 加入第 (ii) 部分的回归中, 并以方程的形式报告结果。控制父母教育程度变量后, "认知能力" 是否有助于解释受教育程度的变化? 请解释。

(iv) (需要计算器) 估计 $abil$ 以二次形式出现的模型:

$$educ = \beta_0 + \beta_1 motheduc + \beta_2 fatheduc + \beta_3 abil + \beta_4 abil^2 + u$$

利用估计值 $\hat{\beta}_3$ 和 $\hat{\beta}_4$, 用计算器得到 $educ$ 取最小值时 $abil$ 的值, 记作 $abil^*$。 (父母的受教育程度变量的系数和值没有影响; 我们控制父母的受教育程度不变。) 注意到 $abil$ 的定义, 允许其为负值。你还可以证明二阶导数是正的, 所以存在最小值。

(v) 证明只有样本中的小部分人的 "认知能力" 小于第 (iv) 部分计算得到的值。这为什么重要?

(vi) 如果你会操作带有绘图功能的统计软件, 利用第 (iv) 部分的估计结果绘制预测的受教育程度和 $abil$ 的关系图。令 $matheduc$ 和 $fatheduc$ 分别等于它们的样本均值 12.18 和 12.45。

C11. 利用 MEAPSINGLE 中的数据研究单亲家庭对学生数学成绩的影响。这些数据是 2000 年密歇根东南部的学校的子集。社会经济变量在邮政编码水平上获得 (邮政编码基于学校的邮寄地址确定)。

(i) 做 $math4$ 对 $pctsgle$ 的简单回归并按照通常的方式报告估计方程。解释斜率系数的意义。单亲家庭的影响看上去大吗?

(ii) 在方程中加入变量 $lmedinc$ 和 $free$。 $pctsgle$ 的系数有什么变化? 请解释。

（iii）计算 *lmedinc* 和 *free* 的样本相关性。它的符号和你预测的是否一致？

（iv）*lmedinc* 和 *free* 的实际相关性是否意味着为了更好地估计单亲家庭对学生成绩的因果效应，应该在回归中去掉其中一个变量？请解释。

（v）求出第（ii）部分的回归中出现的每个解释变量的方差膨胀因子（VIF）。哪个变量有最大的 VIF？这一认知会影响你用来研究单亲家庭对数学成绩的因果效应的模型吗？

C12. ECONMATH 中的数据包含一所大型公立大学的学生在一门计量经济学课程的平均学分绩、考试成绩以及课程表现。被解释变量是 *score*，课程的最终成绩以百分比计算。

（i）多少学生在这门课程上得到了优秀的成绩？平均成绩是多少？求出 *actmth* 和 *acteng* 的平均数和标准差，并比较它们的大小。

（ii）估计 *score* 对 *colgpa*、*actmth* 和 *acteng* 的线性方程，其中 *colgpa* 在学期初计算得到。按照通常的方式报告结果。

（iii）你是否认为数学或英语的 ACT 成绩是估计经济学课程表现的更好预测变量？请解释。

（iv）讨论回归方程的 R^2。

C13. 使用 GPA1 中的数据回答此题。我们可以进行多元回归，其中我们控制学生成绩和背景等变量，并将获得的估计值与第 2 章计算机练习 C11 的结果进行比较。

（i）在简单回归方程

$$colGPA = \beta_0 + \beta_1 PC + u$$

中获得 $\hat{\beta}_0$ 和 $\hat{\beta}_1$。解释这些估计量。

（ii）现在在方程中加入控制变量 *hsGPA* 和 ACT，即做 *colGPA* 对 PC、*hsGPA* 和 ACT 的回归。PC 的系数与第（i）* 部分相比变化大吗？$\hat{\beta}_{hsGPA}$ 有意义吗？

（iii）由第（ii）部分的结果分析，哪一项更重要：拥有一个 PC 还是在 ACT 成绩上增加 10 分？

（iv）现在在第（ii）部分的回归中增加"父母是否拥有大学学历"的二值变量。β_1 的估计值与第（ii）部分相比变化大吗？你能解释多少 *colGPA* 的波动？

（v）假设有人看了你在第（iv）部分的回归后对你说："*hsGPA* 和 ACT 这两个变量可能高度相关，所以你应当在回归中舍去其一。"你会如何回应？

附录 3A

3A.1 对方程（3.13）中一阶条件的推导

这个分析与简单回归情形极为类似。我们必须刻画问题

$$\min_{b_0, b_1, \cdots, b_k} \sum_{i=1}^{n} (y_i - b_0 - b_1 x_{i1} - \cdots - b_k x_{ik})^2$$

的解。对每个 b_j 求偏导（参见书末附录数学复习 A），在最优解处取值，并令它们都等于零，即得到

$$-2 \sum_{i=1}^{n} (y_i - \hat{\beta}_0 - \hat{\beta}_1 x_{i1} - \cdots - \hat{\beta}_k x_{ik}) = 0$$

---

* 原书为（ii），应为（i）。——译者注

$$-2 \sum_{i=1}^{n} x_{ij} (y_i - \hat{\beta}_0 - \hat{\beta}_1 x_{i1} - \cdots - \hat{\beta}_k x_{ik}) = 0, \forall j = 1, \cdots, k$$

两边同时约掉 -2，就得到了方程（3.13）中的一阶条件。

3A.2 对方程（3.22）的推导

为了推导方程（3.22），将 x_1 对 x_2，$\cdots$，x_k 进行回归，用回归中 x_{i1} 的拟合值及其残差来表示 x_{i1}：对所有 $i=1$，$\cdots$，n，都有 $x_{i1} = \hat{x}_{i1} + \hat{r}_{i1}$。现在将其代入（3.13）中的第二个方程：

$$\sum_{i=1}^{n} (\hat{x}_{i1} + \hat{r}_{i1})(y_i - \hat{\beta}_0 - \hat{\beta}_1 x_{i1} - \cdots - \hat{\beta}_k x_{ik}) = 0 \qquad (3.76)$$

根据 OLS 残差 $\hat{u}_i$ 的定义，因为 $\hat{x}_{i1}$ 只是解释变量 x_{i2}，$\cdots$，x_{ik} 的一个线性函数，于是 $\sum_{i=1}^{n} \hat{x}_{i1} \hat{u}_i = 0$。因此，方程（3.76）可表示成

$$\sum_{i=1}^{n} \hat{r}_{i1} (y_i - \hat{\beta}_0 - \hat{\beta}_1 x_{i1} - \cdots - \hat{\beta}_k x_{ik}) = 0 \qquad (3.77)$$

因为 $\hat{r}_{i1}$ 是 x_1 对 x_2，$\cdots$，x_k 进行回归的残差，所以对所有 $j=2$，$\cdots$，k，都有 $\sum_{i=1}^{n} x_{ij} \hat{r}_{i1} = 0$。因此，（3.77）式就等价于 $\sum_{i=1}^{n} \hat{r}_{i1} (y_i - \hat{\beta}_1 x_{i1}) = 0$。最后，我们利用 $\sum_{i=1}^{n} \hat{x}_{i1} \hat{r}_{i1} = 0$ 的事实，它意味着 $\hat{\beta}_1$ 是

$$\sum_{i=1}^{n} \hat{r}_{i1} (y_i - \hat{\beta}_1 \hat{r}_{i1}) = 0$$

的解。现在，直接运算就可得到方程（3.22），当然要给定 $\sum_{i=1}^{n} \hat{r}_{i1}^2 > 0$；这可从假设 MLR.3 得到保证。

3A.3 对定理 3.1 的证明

我们针对 $\hat{\beta}_1$ 证明定理 3.1；其他斜率参数的证明与此完全相同。（用矩阵给出的一个更简洁的证明，可参见附录 E。）在假设 MLR.3 下，OLS 估计量将存在，而且我们可以像在方程（3.22）中那样写出 $\hat{\beta}_1$。在假设 MLR.1 下，我们可以像在方程（3.32）中那样写出 y_i，并代入方程（3.22）中。于是，利用对所有 $j=2$，$\cdots$，k 都成立的 $\sum_{i=1}^{n} \hat{r}_{i1} = 0$，$\sum_{i=1}^{n} x_{ij} \hat{r}_{i1} = 0$ 和 $\sum_{i=1}^{n} x_{i1} \hat{r}_{i1} = \sum_{i=1}^{n} \hat{r}_{i1}^2$，我们得到

$$\hat{\beta}_1 = \beta_1 + \left(\sum_{i=1}^{n} \hat{r}_{i1} u_i \right) \Big/ \left(\sum_{i=1}^{n} \hat{r}_{i1}^2 \right) \qquad (3.78)$$

现在，在假设 MLR.2 和 MLR.4 下，给定样本中所有自变量的值，每个 u_i 的期望值都是零。由于 $\hat{r}_{i1}$ 只是样本自变量的函数，于是

$$\mathrm{E}(\hat{\beta}_1 \mid \mathbf{X}) = \beta_1 + \left(\sum_{i=1}^{n} \hat{r}_{i1} \mathrm{E}(u_i \mid \mathbf{X}) \right) \Big/ \left(\sum_{i=1}^{n} \hat{r}_{i1}^2 \right)$$

$$= \beta_1 + \left(\sum_{i=1}^{n} \hat{r}_{i1} \cdot 0 \right) \Big/ \left(\sum_{i=1}^{n} \hat{r}_{i1}^2 \right) = \beta_1$$

式中，$\mathbf{X}$ 表示所有自变量的数据，给定所有观测 $i=1$，$\cdots$，n 的 x_{i1}，$\cdots$，x_{ik}，$\mathrm{E}(\hat{\beta}_1 \mid \mathbf{X})$ 是 $\hat{\beta}_1$ 的期望值。证毕。

3A.4 一般情形中的遗漏变量偏误

在前四个高斯-马尔科夫假设下，我们可以推导方程（3.31）中一般模型的遗漏变量偏误。具体地，令 $\hat{\beta}_j$，$j=0$，1，$\cdots$，k 表示用全套解释变量集进行回归得到的 OLS 估计量。令 $\tilde{\beta}_j$，$j=0$，1，$\cdots$，$k-1$ 表示用遗漏变量 x_k 进行回归得到的 OLS 估计量。令 $\tilde{\delta}_j$，$j=1$，$\cdots$，$k-1$ 表示 x_k 对 x_{i1}，x_{i2}，$\cdots$，$x_{i,k-1}$，$i=1$，$\cdots$，n 进行的辅助回归中 x_j 的斜率系数。一个有用的事实是

$$\tilde{\beta}_j = \hat{\beta}_j + \hat{\beta}_k \tilde{\delta}_j \tag{3.79}$$

这就明确证明了，当我们在回归中没有控制 x_k 时，估计 x_j 的偏效应等于包含 x_k 时的偏效应，加上 x_k 对 $\hat{y}$ 的偏效应与辅助回归中 x_j 对 x_k（$j<k$）的偏效应之积。以整个解释变量集 $\mathbf{X}$ 为条件，我们知道所有 $\hat{\beta}_j$ 都是相应 β_j（$j=1$，$\cdots$，k）的无偏估计。而且，由于 $\tilde{\delta}_j$ 只是 $\mathbf{X}$ 的函数，所以我们有

$$\begin{aligned}\mathrm{E}(\tilde{\beta}_j \mid \mathbf{X}) &= \mathrm{E}(\hat{\beta}_j \mid \mathbf{X}) + \mathrm{E}(\hat{\beta}_k \mid \mathbf{X})\tilde{\delta}_j \\ &= \beta_j + \beta_k \tilde{\delta}_j\end{aligned} \tag{3.80}$$

方程（3.80）表明，除非 $\beta_k=0$（此时 x_k 在总体中无偏效应）或 $\tilde{\delta}_j=0$（这就意味着样本中 x_k 和 x_{ij} 无偏相关），否则 $\tilde{\beta}_j$ 都是 β_j 的有偏估计。得到方程（3.80）的关键是方程（3.79）。为了证明方程（3.79），我们可以多次使用方程（3.22）。为简单起见，我们讨论 $j=1$ 时的情况。现在，$\tilde{\beta}_1$ 是 y_i 对 $\tilde{r}_{i1}$，$i=1$，$\cdots$，n 简单回归中的斜率系数，其中 $\tilde{r}_{i1}$ 是 x_{i1} 对 x_{i2}，x_{i3}，$\cdots$，$x_{i,k-1}$ 回归的 OLS 残差。考虑 $\tilde{\beta}_1$ 表达式中的分子 $\sum_{i=1}^{n} \tilde{r}_{i1} y_i$。对每一个 i，我们都可以写成 $y_i = \hat{\beta}_0 + \hat{\beta}_1 x_{i1} + \cdots + \hat{\beta}_k x_{ik} + \hat{u}_i$，代入 y_i。现在，根据 OLS 残差的性质，$\hat{r}_{i1}$ 的样本均值为零，而且与样本中的 x_{i2}，x_{i3}，$\cdots$，$x_{i,k-1}$ 无关。类似地，$\hat{u}_i$ 的样本均值也为零，与 x_{i1}，x_{i2}，$\cdots$，x_{ik} 的样本相关系数也是零。于是，$\tilde{r}_{i1}$ 和 $\hat{u}_i$ 在样本中不相关（因为只是 x_{i1}，x_{i2}，$\cdots$，$x_{i,k-1}$ 的线性组合而已）。所以

$$\sum_{i=1}^{n} \tilde{r}_{i1} y_i = \hat{\beta}_1 \left(\sum_{i=1}^{n} \tilde{r}_{i1} x_{i1}\right) + \hat{\beta}_k \left(\sum_{i=1}^{n} \tilde{r}_{i1} x_{ik}\right) \tag{3.81}$$

现在，$\sum_{i=1}^{n} \tilde{r}_{i1} x_{i1} = \sum_{i=1}^{n} \tilde{r}_{i1}^2$，它也是 $\tilde{\beta}_1$ 的分母。因此，我们证明了

$$\begin{aligned}\tilde{\beta}_1 &= \hat{\beta}_1 + \hat{\beta}_k \left(\sum_{i=1}^{n} \tilde{r}_{i1} x_{ik}\right) \Big/ \left(\sum_{i=1}^{n} \tilde{r}_{i1}^2\right) \\ &= \hat{\beta}_1 + \hat{\beta}_k \tilde{\delta}_1\end{aligned}$$

这正是我们想要证明的关系。

3A.5 对定理3.2的证明

同样，我们对 $j=1$ 证明这个定理。像在（3.65）式中那样写出 $\hat{\beta}_1$。现在，在假设 MLR.5 下，对所有的 $i=1$，$\cdots$，n，都有 $\mathrm{Var}(u_i \mid X) = \sigma^2$。在随机抽样条件下，$u_i$ 即便以 X 为条件，也是独立的，而 $\tilde{r}_{i1}$ 以 X 为条件又是非随机的。因此，

$$\mathrm{Var}(\hat{\beta}_1 \mid \mathbf{X}) = \left(\sum_{i=1}^{n} \hat{r}_{i1}^2 \mathrm{Var}(u_i \mid \mathbf{X}) \right) \Big/ \left(\sum_{i=1}^{n} \hat{r}_{i1}^2 \right)^2$$

$$= \left(\sum_{i=1}^{n} \hat{r}_{i1}^2 \sigma^2 \right) \Big/ \left(\sum_{i=1}^{n} \hat{r}_{i1}^2 \right)^2 = \sigma^2 \Big/ \left(\sum_{i=1}^{n} \hat{r}_{i1}^2 \right)$$

现在，因 $\sum_{i=1}^{n} \hat{r}_{i1}^2$ 是 x_1 对 x_2，$\cdots$，x_k 进行回归的残差平方和，所以 $\sum_{i=1}^{n} \hat{r}_{i1}^2 = \mathrm{SST}_1(1-R_1^2)$。证毕。

3A. 6 对定理 3.4 的证明

我们现在来证明，对于其他任何一个 β_1 的线性无偏估计量 $\tilde{\beta}_1$，都有 $\mathrm{Var}(\tilde{\beta}_1) \geqslant \mathrm{Var}(\hat{\beta}_1)$，其中 $\hat{\beta}_1$ 是 OLS 估计量。只考虑 $j=1$ 仍不失一般性。

对于如（3.60）式中那样的 $\tilde{\beta}_1$，我们可以代入 y_i，得到

$$\tilde{\beta}_1 = \beta_0 \sum_{i=1}^{n} w_{i1} + \beta_1 \sum_{i=1}^{n} w_{i1} x_{i1} + \beta_2 \sum_{i=1}^{n} w_{i1} x_{i2} + \cdots + \beta_k \sum_{i=1}^{n} w_{i1} x_{ik} + \sum_{i=1}^{n} w_{i1} u_i$$

现在，由于 w_{i1} 是 x_{ij} 的函数，

$$\mathrm{E}(\tilde{\beta}_1 \mid \mathbf{X}) = \beta_0 \sum_{i=1}^{n} w_{i1} + \beta_1 \sum_{i=1}^{n} w_{i1} x_{i1} + \beta_2 \sum_{i=1}^{n} w_{i1} x_{i2} + \cdots + \beta_k \sum_{i=1}^{n} w_{i1} x_{ik} + \sum_{i=1}^{n} w_{i1} \mathrm{E}(u_i \mid \mathbf{X})$$

$$= \beta_0 \sum_{i=1}^{n} w_{i1} + \beta_1 \sum_{i=1}^{n} w_{i1} x_{i1} + \beta_2 \sum_{i=1}^{n} w_{i1} x_{i2} + \cdots + \beta_k \sum_{i=1}^{n} w_{i1} x_{ik}$$

而且对所有的 $i=1$，$\cdots$，n，在假设 MLR. 2 和 MLR. 4 下，都有 $\mathrm{E}(u_i \mid \mathbf{X})=0$，因此，要使 $\mathrm{E}(\tilde{\beta}_1 \mid \mathbf{X})=\beta_1$ 对所有的参数值都成立，我们必须有

$$\sum_{i=1}^{n} w_{i1} = 0, \quad \sum_{i=1}^{n} w_{i1} x_{i1} = 1, \quad \sum_{i=1}^{n} w_{i1} x_{ij} = 0, \quad j=2, \cdots, k \tag{3.82}$$

现在，令 $\hat{r}_{i1}$ 为 x_{i1} 对 x_{i2}，$\cdots$，x_{ik} 进行回归所得到的残差。由于 $x_{i1} = \hat{x}_{i1} + \hat{r}_{i1}$ 和 $\sum_{i=1}^{n} w_{i1} \hat{x}_{i1} = 0$ 成立，于是，从（3.82）式可以得到

$$\sum_{i=1}^{n} w_{i1} r_{i1} = 1 \tag{3.83}$$

现在在假设 MLR. 1 到 MLR. 5 下，考虑 $\mathrm{Var}(\tilde{\beta}_1 \mid \mathbf{X})$ 与 $\mathrm{Var}(\hat{\beta}_1 \mid \mathbf{X})$ 之差：

$$\sigma^2 \sum_{i=1}^{n} w_{i1}^2 - \sigma^2 \Big/ \left(\sum_{i=1}^{n} \hat{r}_{i1}^2 \right) \tag{3.84}$$

因为（3.83）式，我们可以将（3.84）式中的差写成（不含 σ^2）

$$\sum_{i=1}^{n} w_{i1}^2 - \left(\sum_{i=1}^{n} w_{i1} \hat{r}_{i1} \right)^2 \Big/ \left(\sum_{i=1}^{n} \hat{r}_{i1}^2 \right) \tag{3.85}$$

但（3.85）式无非就是

$$\sum_{i=1}^{n} (w_{i1} - \hat{r}_1 \hat{r}_{i1})^2 \tag{3.86}$$

式中，$\hat{\gamma}_1 = \left(\sum_{i=1}^{n} w_{i1} \hat{r}_{i1} \right) \Big/ \left(\sum_{i=1}^{n} \hat{r}_{i1}^2 \right)$。通过将（3.86）式中的每一项都平方、求和及合并同类项，即可看出这一点。因为（3.86）式只是 w_{i1} 对 $\hat{r}_{i1}$ 进行简单回归的残差平方和（记住：$\hat{r}_{i1}$ 的样本均值为零），所以（3.86）式一定非负。证毕。

第4章 多元回归分析：推断

本章继续对多元回归分析进行讨论。我们现在转向总体回归模型中参数的假设检验。在总体误差服从正态分布这个新增假设下，我们从 OLS 估计量的分布开始入手。4.2 节和 4.3 节讨论了对单个参数的假设检验，而 4.4 节讨论了涉及多个参数的假设检验。我们在 4.5 节对多重约束进行了检验，并特别强调了在一个模型中如何决定一组自变量能否被忽略的问题。

4.1 OLS 估计量的抽样分布

到目前为止，我们已经建立了一系列假定。在这些假定下，OLS 是无偏的；而且我们还讨论了遗漏变量所导致的偏误。在 3.4 节中，我们在高斯-马尔科夫假设下得到了 OLS 估计量的方差。在 3.5 节，我们证明了在所有线性无偏估计量中这个方差是最小的。

了解 OLS 估计量的期望值和方差有助于精确地描述 OLS 估计量。但为了进行统计推断，我们不仅需要知道 $\hat{\beta}_j$ 的二阶矩，还需要知道 $\hat{\beta}_j$ 的抽样分布。实际上，即使在高斯-马尔科夫假设下，$\hat{\beta}_j$ 的分布仍可能具有任何形式。

显然，当我们以样本中自变量的值为条件时，OLS 估计量的抽样分布取决于其背后的误差分布。为了使 $\hat{\beta}_j$ 的抽样分布易于处理，我们现在假定总体中不可观测的误差服从正态分布。我们称之为**正态性假设**（normality assumption）。

假设 MLR.6	正态性

总体误差 u 独立于解释变量 $x_1, x_2, \cdots, x_k$，并且服从均值为零和方差为 σ^2 的正态分布：$u \sim \text{Normal}(0, \sigma^2)$。

假设 MLR.6 比我们前面任何一个假设都要更强。实际上，由于在假设 MLR.6 下 u 独立于 x_j，所以 $\text{E}(u \mid x_1, \cdots, x_k) = \text{E}(u) = 0$，并且 $\text{Var}(u \mid x_1, \cdots, x_k) =$

$\mathrm{Var}(u)=\sigma^2$。因此，如果我们做出假设 MLR. 6，我们就必然假定了 MLR. 4 和 MLR. 5。为了强调现在所做的假设比之前更多，我们将使用从 MLR. 1 到 MLR. 6 的全部假设。

对于横截面回归的应用而言，MLR. 1 到 MLR. 6 这六个假设被称为**经典线性模型（CLM）假设**〔classical linear model（CLM）assumptions〕。因此，我们将这六个假设下的模型称为**经典线性模型**（classical linear model）。CLM 假设包括所有的高斯-马尔科夫假设，再加上误差服从正态分布的假设。

在 CLM 假设下，OLS 估计量 $\hat\beta_0,\ \hat\beta_1,\ \cdots,\ \hat\beta_k$ 比在高斯-马尔科夫假设下具有更强的有效性。可以证明，OLS 估计量是**最小方差无偏估计量**（minimum variance unbiased estimator），即在所有的无偏估计量中，OLS 具有最小的方差；我们不再需要把我们的比较限制在 y_i 的线性估计量内。我们将在书末附录高级处理方法 E 中进一步讨论 CLM 假设下 OLS 的这一性质。

一种总结 CLM 总体假设的简洁方法是

$$y\mid\mathbf{x}\sim\mathrm{Normal}\ (\beta_0+\beta_1x_1+\beta_2x_2+\cdots+\beta_kx_k,\ \sigma^2)$$

其中 $\mathbf{x}$ 是 $(x_1,\ \cdots,\ x_k)$ 的简记。也就是说，以 $\mathbf{x}$ 为条件的 y 服从正态分布，该分布的均值线性于 $x_1,\ \cdots,\ x_k$，方差为常数。图 4.1 给出了只有一个自变量 x 的情形。

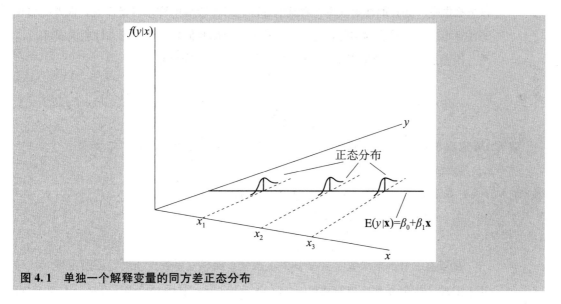

图 4.1　单独一个解释变量的同方差正态分布

误差服从正态分布的证明通常如下：由于 u 是许多观测不到但是影响着 y 的因素之和，所以我们可借助于中心极限定理（CLT）（参见书末附录数学复习 C）断定 u 近似服从正态分布。虽然这种论证有其优点，但也并非毫无瑕疵。首先，u 中的因素（比如在工资方程中，误差中的个人能力和教学质量）可能各有不同的总体分布。尽管中心极限定理（CLT）在这些情形下仍成立，这种正态近似可能并不完美，这取决于 u 中有多少因素，以及它们的分布又有怎样的不同。

CLT 定理中更严重的问题是：它假定所有不可观测因素都以单独且可加的方

式影响着 y，但是没有任何理由可以保证这一点成立。如果 u 是不可观测因素的一个复杂函数，那么 CLT 定理并不真正适用。

实际上，在任何一个应用中，是否可以假定 u 服从正态分布是一个实证问题。例如，没有一个定理会认为，取决于 $educ$、$exper$ 和 $tenure$ 的 $wage$ 服从正态分布。如果真有这样的定理，那么简单的逻辑推理表明，它一定是错误的：由于工资绝不可能低于零，所以严格地讲，它不可能服从正态分布。而且由于最低工资法的存在，总体中有一定比例的人恰好得到最低工资，这也与正态性假设相违背。尽管如此，作为一个实证问题，我们还是可以思考：条件化下的工资分布是否近似服从正态分布？以往的实证证据表明，对工资而言，正态性假设不是一个很好的假设。

通常利用一种变换（特别是取对数）就能得到一个更接近于正态的分布。诸如 $\log(price)$ 之类的变量，其分布通常比 $price$ 的分布更接近于正态。同样，这又是一个实证问题，我们将在第 5 章对非正态条件下统计推断的结论做进一步讨论。

在有些例子中，通过简单的复查就可以发现假设 MLR. 6 明显是错误的。如果 y 仅取少数几个值，它就不可能接近正态分布。例 3.5 中的因变量是一个很好的例子。变量 $narr86$ 是一个年轻人在 1986 年被逮捕的次数，其取值仅限于一个很小的整数范围，而且对多数人来说该值都为零。因此，$narr86$ 并不服从正态分布。在这些情况下该怎么做呢？如我们在第 5 章将看到的那样，对于较大的样本容量而言，误差的非正态性算不上一个严重的问题，这一点很重要。目前我们姑且认可正态性假设即可。

误差服从正态分布引出了 OLS 估计量的正态抽样分布：

定理 4. 1

正态抽样分布

在 CLM 假设 MLR. 1 到 MLR. 6 下，以自变量的样本值为条件，有

$$\hat{\beta}_j \sim \text{Normal} \left[\beta_j, \text{Var} (\hat{\beta}_j) \right] \tag{4.1}$$

式中，$\text{Var}(\hat{\beta}_j)$ 在第 3 章 [方程 (3.51)] 中给出。因此，

$$(\hat{\beta}_j - \beta_j)/\text{sd}(\hat{\beta}_j) \sim \text{Normal} (0, 1)$$

在知道了书末附录数学复习 B 中正态分布随机变量的性质后，证明定理 (4.1) 并不困难。每个 $\hat{\beta}_j$ 都可以写成 $\hat{\beta}_j = \beta_j + \sum_{i=1}^{n} w_{ij} u_i$，其中 $w_{ij} = \hat{r}_{ij}/\text{SSR}_j$，$\hat{r}_{ij}$ 是 x_j 对所有其他自变量进行回归的第 i 个残差，而 SSR_j 是这个回归的残差平方和 [参见方程 (3.65)]。因为 w_{ij} 只取决于自变量，所以它们可作为非随机变量来处理。因此，$\hat{\beta}_j$ 只是样本误差 $\{u_i: i=1, 2, \cdots, n\}$ 的一个线性组合。在假设 MLR. 6（和随机抽样假设 MLR. 2）下，误差是独立同分布的随机变量，服从正态分布（0，σ^2）。有关独立正态随机变量的一个重要性质是，这种随机变量的线性组合仍服从正态分布（参见书末附录数学复习 B）。这就基本上完成了证明。在 3.3 节，我们证明了

$E(\hat{\beta}_j)=\beta_j$，而在 3.4 节，我们又推导了 $\text{Var}(\hat{\beta}_j)$；这里不需要重新推导这些结论。

如果我们将一个正态随机变量减去其均值后再除以它的标准差而使之标准化，我们就得到一个标准正态随机变量，由此便直接得到定理的第二部分。

定理（4.1）的结论可以加强。除（4.1）式外，$\hat{\beta}_0$，$\hat{\beta}_1$，…，$\hat{\beta}_k$ 的任何线性组合也都服从正态分布，而且 $\hat{\beta}_j$ 的任何一个子集也都服从联合正态分布。这些结论构成了本章剩余部分检验结论的基础。我们在第 5 章将证明，即使误差并不服从正态分布，在大样本情况下 OLS 估计量的正态性也会近似成立。

4.2 对单个总体参数的假设检验：t 检验

本节探讨一个十分重要的专题：对总体回归函数中的某个参数进行假设检验。总体模型可写作

$$y=\beta_0+\beta_1 x_1+\cdots+\beta_k x_k+u \tag{4.2}$$

而且我们假定它满足 CLM 假设。我们知道，OLS 回归会得到 β_j 的无偏估计量。在本节，我们研究如何进行某个特定 β_j 的假设检验。为了充分了解假设检验，我们必须牢记，β_j 是总体的未知特征，我们将永远无法确定地知道它们的取值。尽管如此，我们还是可以对 β_j 的值做出假设，然后通过统计推断来检验我们的假设。

为了构造假设检验，我们需要如下结论：

定理 4.2

标准化估计量的 t 分布

在 CLM 假设 MLR. 1 到 MLR. 6 下，

$$(\hat{\beta}_j-\beta_j)/\text{se}(\hat{\beta}_j) \sim t_{n-k-1}=t_{df} \tag{4.3}$$

式中，$k+1$ 是总体模型 $y=\beta_0+\beta_1 x_1+\cdots+\beta_k x_k+u$ 中未知参数的个数（k 个斜率参数和截距 β_0），$n-k-1$ 是自由度（df）。

此定理在某些方面与定理 4.1 不同。定理 4.1 表明，在 CLM 假设下，$(\hat{\beta}_j-\beta_j)/\text{sd}(\hat{\beta}_j)\sim\text{Normal}(0,1)$。（4.3）式中的 t 分布是由于 $\text{sd}(\hat{\beta}_j)$ 中的常数 σ 已经被随机变量 $\hat{\sigma}$ 所取代。由此得到一个自由度为 $n-k-1$ 的 t 分布的证明是比较困难的，对我们也没有特别的启发性。对它的证明基本上表明，（4.3）式可写成标准正态随机变量 $(\hat{\beta}_j-\beta_j)/\text{sd}(\hat{\beta}_j)$ 与 $\hat{\sigma}^2/\sigma^2$ 的平方根之比。可以证明二者是独立的，而且 $(n-k-1)$ $\hat{\sigma}^2/\sigma^2\sim\chi^2_{n-k-1}$。于是根据 t 随机变量的定义（参见书末附录数学复习 B 的 B. 5 节），

便得到上面的结论。

定理 4.2 的重要性在于，它使我们能检验有关 β_j 的假设。在多数应用中，我们主要的兴趣点在于检验**原假设**（null hypothesis）

$$H_0: \beta_j = 0 \tag{4.4}$$

式中，j 对应着 k 个自变量中的任何一个。重要的是要理解（4.4）式的含义，并能在一个特定的应用中用简单的语言来描述这个假设。由于在控制了所有其他自变量后，β_j 度量了 x_j 对 y（的期望值）的偏效应，所以（4.4）式意味着，一旦对 x_1，x_2，$\cdots$，x_{j-1}，x_{j+1}，$\cdots$，x_k 都做出了说明，则 x_j 对 y 的期望值就没有任何偏效应。我们不能把原假设表述成 "x_j 对 y 有偏效应"，因为它对 β_j 不为零的任何一个值都成立。经典检验适合于检验像（4.4）那样的简单假设。

举例来说，考虑工资方程

$$\log(wage) = \beta_0 + \beta_1 educ + \beta_2 exper + \beta_3 tenure + u$$

原假设 $H_0: \beta_2 = 0$ 意味着，只要对受教育程度和现职任期进行了说明，工作年数（$exper$）对小时工资就没有影响。这是一个有经济意义的假设。若该假设正确，则意味着一个人在任现职之前的工作经历并不会影响工资。若 $\beta_2 > 0$，则以前的工作经历会提高生产力，并因此提高工资。

你可能记得，在统计学课程中曾学过对正态总体的均值进行假设检验的基本原理。（书末附录数学复习 C 复习了这部分内容。）在多元回归背景下检验（4.4）式的过程与此十分类似。困难的部分在于得到系数估计值、标准误和临界值，但多数工作都可以由计量软件自动完成。我们的任务是了解如何用软件得到的回归结果来检验我们关心的假设。

我们用来检验（4.4）式（相对于任何一个备择假设）的统计量被称为 $\hat{\beta}_j$ 的"所谓" **t 统计量**（t statistic）或 **t 比率**（t ratio），并将其定义为

$$t_{\hat{\beta}_j} \equiv \hat{\beta}_j / \text{se}(\hat{\beta}_j) \tag{4.5}$$

我们把"所谓"两字放在引号内是因为，正如我们很快将看到的一样，检验 β_j 的其他假设还需要 t 统计量的一个更一般的形式。目前重要的是知道（4.5）式只适合于检验（4.4）式。在特定的应用中，最好使用自变量的名称来标注 t 统计量；比如 t_{educ} 就表示 $\hat{\beta}_{educ}$ 的 t 统计量。

给定 $\hat{\beta}_j$ 及其标准误，$\hat{\beta}_j$ 的 t 统计量很容易计算。实际上，多数回归软件包都可以帮助你计算该 t 统计量，同时还报告每个系数的标准误。

在讨论如何用（4.5）式规范地检验 $H_0: \beta_j = 0$ 之前，清楚地认识 $t_{\hat{\beta}_j}$ 所具有的使之成为一个合理的检验 $\beta_j \neq 0$ 的统计量的性质，对下面的学习会很有帮助。首先，因为 $\text{se}(\hat{\beta}_j)$ 总为正，所以 $t_{\hat{\beta}_j}$ 与 $\hat{\beta}_j$ 的符号相同：若 $\hat{\beta}_j$ 为正，则 $t_{\hat{\beta}_j}$ 也为正；若 $\hat{\beta}_j$ 为负，则 $t_{\hat{\beta}_j}$ 也为负。其次，对于一个给定的 $\text{se}(\hat{\beta}_j)$ 值，$\hat{\beta}_j$ 的值越大，则 $t_{\hat{\beta}_j}$ 的值也越大。若 $\hat{\beta}_j$ 负得越多，则 $t_{\hat{\beta}_j}$ 也负得越多。

因为我们要检验的是 $H_0: \beta_j = 0$，所以用 β_j 的无偏估计量 $\hat{\beta}_j$ 作为指标是比较自然的。在任何一个有意义的应用中，无论 H_0 是否正确，点估计量 $\hat{\beta}_j$ 都不可能正好等于零。问题是，$\hat{\beta}_j$ 与零相差多大？若 $\hat{\beta}_j$ 的样本值与零相差很大，就为拒绝 $H_0: \beta_j = 0$ 提供了证据。但我们必须承认，在我们的估计量 $\hat{\beta}_j$ 中也存在抽样误差，所以 $\hat{\beta}_j$ 的大小必须由其抽样误差来衡量。由于 $\hat{\beta}_j$ 的标准误是 $\hat{\beta}_j$ 标准差的一个估计值，所以 $t_{\hat{\beta}_j}$ 度量了被估计的标准差 $\hat{\beta}_j$ 与零相差多大。这恰好是我们利用初级统计学中标准的 t 统计量检验总体均值是否为零时所做的工作。$t_{\hat{\beta}_j}$ 的值不为零，将导致我们拒绝 H_0。确切的拒绝法则取决于备择假设和检验时所选择的显著性水平。

在给定显著性水平下决定一个拒绝（4.4）的法则（即当 H_0 正确时拒绝它的概率），需要知道当 H_0 正确时 $t_{\hat{\beta}_j}$ 的抽样分布。我们从定理 4.2 知道，这就是 t_{n-k-1}。这正是检验（4.4）所需要的主要理论结果。

在进行下一步之前需要记住，我们正在检验的假设是关于总体参数的。我们不是在检验一个来自特定样本的估计值。因此，将一个原假设表述成 "$H_0: \hat{\beta}_1 = 0$"，或者更糟糕的，在样本中一个参数的估计值是 0.237 时说 "$H_0: 0.237 = 0$"，都是毫无意义的。我们要检验的是未知总体值 β_1 是否为零。

某些关于回归分析的讨论将 t 统计量定义为（4.5）式的绝对值，从而 t 统计量总为正。这种做法的缺陷是，它使得我们没有必要进行单侧备择假设检验。在本书中，t 统计量总与对应的 OLS 系数估计值同号。

4.2a 对单侧备择假设的检验

为了决定是否拒绝 H_0，我们需要相关的**备择假设**（alternative hypothesis）。首先考虑如下形式的一个**单侧备择假设**（one-side alternative）：

$$H_1: \beta_j > 0 \tag{4.6}$$

当我们设定像（4.6）式这样的备择假设时，我们实际上在说原假设是 $H_0: \beta_j \leq 0$。举例来说，如果 β_j 是在以工资为解释变量的回归方程中教育的回归系数，那么在 β_j 实际上是正数时，我们只关心 β_j 是否不为 0。你可能还记得在统计入门课程里讲过的，为了支持像（4.6）式这样的备择假设，最难拒绝的原假设是 $\beta_j = 0$。换句话说，当我们能拒绝 $\beta_j = 0$ 时，我们就自动拒绝了 $\beta_j < 0$。因此，基于备择假设 $H_1: \beta_j > 0$，我们可以非常简便地忽略 $\beta_j < 0$ 的情况，只检验 $H_0: \beta_j = 0$，本书就是这样做的。

我们应该如何选择拒绝法则呢？我们必须首先确定一个**显著性水平**（signification level，也可简称为 level），或当 H_0 实际上正确时拒绝它的概率。为简洁起见，假设我们已决定了 5% 的显著性水平，这是一个最常见的选择。因此，我们希望在 H_0 正确时，它被错误地拒绝的概率只有 5%。在假设 H_0 下，$t_{\hat{\beta}_j}$ 服从 t 分布（因而均值为零），而在备择假设 $\beta_j > 0$ 下，$t_{\hat{\beta}_j}$ 的期望值为正。因此，我们在寻找 $t_{\hat{\beta}_j}$ 的一个"足够大"的正值，以拒绝 $H_0: \beta_j = 0$ 而支持 $H_1: \beta_j > 0$。负的 $t_{\hat{\beta}_j}$ 则不能作为支持 H_1 的证据。

4

在 5% 的显著性水平上"足够大"的定义是，在自由度为 $n-k-1$ 的 t 分布中处在第 95 个百分位数的数值，我们用 c 来表示。换句话说，**拒绝法则**（rejection rule）就是，当

$$t_{\hat{\beta}_j} > c \qquad\qquad (4.7)$$

时，在 5% 的显著性水平上拒绝 H_0 并支持 H_1。通过对**临界值**（critical value）c 的选择，对所有随机样本，当 H_0 正确时，会有 5% 的可能性拒绝 H_0。

（4.7）式中的拒绝法则是**单侧检验**（one-tailed test）的一个例子。要得到 c，我们只需要显著性水平和自由度。例如，对于显著性水平为 5% 以及自由度为 $n-k-1=28$ 的检验，临界值是 $c=1.701$。如果 $t_{\hat{\beta}_j} \leqslant 1.701$，我们就不能在 5% 的显著性水平上拒绝 H_0 而支持（4.6）式。注意，当 $t_{\hat{\beta}_j}$ 为负时，无论其绝对值有多大，都不能拒绝 H_0 并支持（4.6）式（见图 4.2）。

同样的步骤可用于其他显著性水平的检验。对于一个显著性水平为 10% 并且自由度 $df=21$ 的检验，其临界值为 $c=1.323$。对显著性水平为 1% 并且自由度 $df=21$ 的检验，$c=2.518$。所有这些临界值都可以直接从表 G.2 得到。你应该已经注意到了临界值的规律：随着显著性水平下降，临界值会提高，所以为了拒绝 H_0，我们需要越来越大的 $t_{\hat{\beta}_j}$。因此，如果 H_0 在 5% 的显著性水平上被拒绝，那么它在 10% 的显著性水平上同样会自动被拒绝。在 5% 的显著性水平上拒绝了原假设后，重新检验显著性水平为 10% 时的结果是毫无意义的。

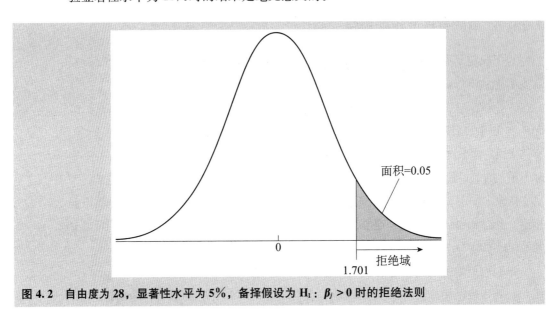

图 4.2　自由度为 28，显著性水平为 5%，备择假设为 $H_1: \beta_j > 0$ 时的拒绝法则

随着 t 分布的自由度逐渐变大，t 分布会接近标准正态分布。例如，当显著性水平为 5% 而且 $n-k-1=120$ 时，单侧备择假设（4.7）的临界值就是 1.658，标准正态分布的临界值则是 1.645。从实际应用的角度来看，它们相当接近；只要自由度大于 120，我们就可以使用标准正态分布的临界值。

例 4. 1

小时工资的方程

使用 WAGE1 中的数据得到如下估计方程：

$$\widehat{\log(wage)} = 0.284 + 0.092educ + 0.004\,1exper + 0.022tenure$$
$$\qquad\qquad (0.104)\ (0.007)\qquad (0.001\,7)\qquad\quad (0.003)$$
$$n = 526,\ R^2 = 0.316$$

其中，标准误被标在了估计参数下面的括号中，在本书中我们后面都采用这一做法。这个方程可用来检验在控制了 $educ$ 和 $tenure$ 的情况下，当备择假设是 $exper$ 的回报为正，总体中 $exper$ 的回报是否为零。可以写成 $H_0: \beta_{exper}=0$ 对 $H_1: \beta_{exper}>0$。（在应用中，最好用相应的变量名称做参数的下标，因为我们在一般模型中，随意地用数字指标作为下标容易导致混淆。）记住，β_{exper} 表示未知的总体参数。"$H_0: 0.004\,1=0$" 或 "$H_0: \hat{\beta}_{exper}=0$" 这两种写法都毫无意义。

因为自由度为 522，所以我们可以使用标准正态临界值。显著性水平为 5% 的临界值是 1.645，显著性水平为 1% 的临界值是 2.326。$\hat{\beta}_{exper}$ 的 t 统计量是

$$t_{exper} = 0.004\,1/0.001\,7 \approx 2.41$$

所以，$\hat{\beta}_{exper}$ 或 $exper$ 即使在 1% 的显著性水平上都是统计显著的。我们还可以说："在 1% 的显著性水平上，β_{exper} 在统计上是显著大于零的。"

保持现职任期和受教育程度不变，多一年工作经历的回报的估计值并不大。比如，增加 3 年工作经历使 $\log(wage)$ 提高了 $3 \times 0.004\,1 = 0.012\,3$，所以工资只高出 1.2%。不过，我们还是颇有说服力地证明了工作经历的总体偏效应是正的。

实际应用中也会出现参数小于零的单侧备择假设：

$$H_1: \beta_j < 0 \qquad (4.8)$$

备择假设（4.8）的拒绝法则正好是前一种情形的镜像。现在，临界值在 t 分布的左侧。实证中，最简单的办法是将拒绝法则看成

$$t_{\beta_j} < (-c) \qquad (4.9)$$

其中，c 是备择假设 $H_1: \beta_j>0$ 的临界值。因为 t 分布表中只报告正的临界值，所以，为简单起见，我们总是假定 c 为正，因此临界值 $-c$ 也就是

？ 思考题 4. 2

社区贷款许可率由下式决定：

$$apprate = \beta_0 + \beta_1 percmin + \beta_2 avginc$$
$$+ \beta_3 avgwlth + \beta_4 avgdebt$$
$$+ u$$

式中，$percmin$ 为社区中少数族裔所占的百分比；$avginc$ 为平均收入；$avgwlth$ 为平均财富；而 $avgdebt$ 度量的是平均债务负担。在控制了平均收入、平均财富和平均债务负担的情况下，应该如何表述贷款率在各种族裔间无差异的原假设？如何表述在贷款许可率上对少数族裔存有歧视的备择假设？

一个负数。

举例来说，如果显著性水平是 5%，自由度为 18，那么 $c=1.734$，所以如果 $t_{\hat{\beta}_j}<(-1.734)$，在 5% 的显著性水平上就会拒绝 $H_0：\beta_j=0$ 而支持 $H_1：\beta_j<0$。重要的是记得，当用负的备择假设 (4.8) 来拒绝 H_0 时，我们必须得到一个负的 t 统计量，正的 t 统计量无论多大都不能支持 (4.8)。图 4.3 给出了拒绝法则。

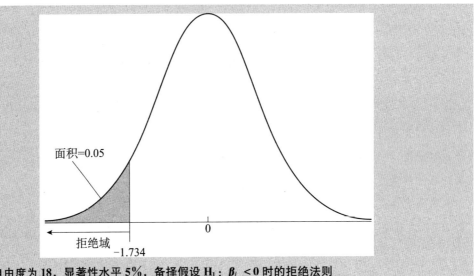

图 4.3　自由度为 18，显著性水平 5%，备择假设 $H_1：\beta_j<0$ 时的拒绝法则

例 4.2

学生成绩与学校规模

学校规模对学生成绩的影响颇有意思。（参见《纽约时报》，1995-05-28。）一种观点认为，在其他条件相同的情况下，小学校的学生比大学校的学生成绩更好。即使在学校之间班级规模调整之后，这个假设仍被认为是正确的。

文件 MEAP93 包含了 1993 年密歇根州 408 所高中的数据。我们可以用这些数据来检验原假设：学校规模对标准化考试分数没有影响，备择假设是学校规模具有负效应。学生成绩由密歇根教学评价委员会（MEAP）标准化十分制数学测验（$math10$）的百分比度量。学校规模由学生注册人数（$enroll$）来度量。原假设是 $H_0：\beta_{enroll}=0$，而备择假设是 $H_1：\beta_{enroll}<0$。目前，我们将控制其他两个因素不变：平均教师年薪（$totcomp$）和平均每千名学生拥有的教职工人数（$staff$）。前者是对教师质量的一种度量，后者则大致度量了学生得到的关心程度。

估计方程（括号中为标准误）是

$$\widehat{math10}=2.274+0.000\,46totcomp+0.048staff-0.000\,20enroll$$
$$\qquad(6.113)\quad(0.000\,10)\qquad(0.040)\qquad(0.000\,22)$$
$$n=408,\ R^2=0.054\,1$$

enroll 的系数—0.000 2印证了大学校不利于学生成绩的猜测：注册学生越多，学生通过十分制数学测验的百分比就越低。（*totcomp* 与 *staff* 的系数也具有我们预期的符号。）*enroll* 的估计系数不为零可能仅仅是由于抽样误差；为了使这种说法具有说服力，我们需要进行 *t* 检验。

由于 $n-k-1=408-4=404$，所以我们可以使用标准正态临界值。在5%的显著性水平上，临界值是—1.65；*enroll* 的 *t* 统计量必须小于—1.65，才能在5%的显著性水平上拒绝 H_0。

enroll 的 *t* 统计量是 $(-0.000\ 2)/0.000\ 22\approx -0.91$，大于—1.65，所以我们不能在5%的显著性水平上拒绝 H_0 并支持 H_1。实际上，显著性水平为15%时的临界值为—1.04，而由于—0.91＞—1.04，所以我们即使在15%的显著性水平上也不能拒绝 H_0。我们断定，*enroll* 在15%的显著性水平上都不是统计显著的。

一方面，由于变量 *totcomp* 的 *t* 统计量是4.6，所以即使显著性水平为1%，它也是统计显著的。另一方面，变量 *staff* 的 *t* 统计量是1.2，所以即使显著性水平为10%，我们也不能拒绝 $H_0:\beta_{staff}=0$ 而支持备择假设 $H_1:\beta_{staff}>0$。（标准正态分布的临界值是 $c=1.28$。）

为了解释函数形式如何影响我们的结论，我们将模型中的自变量都取对数后再进行估计。这样一来就能使得在学校规模扩大的同时，学校的规模效应递减。估计方程是

$$\widehat{math10} = -207.66 + 21.16\log(totcomp) + 3.98\log(staff) - 1.29\log(enroll)$$
$$\qquad\quad (48.70)\qquad (4.06)\qquad\qquad\qquad (4.19)\qquad\qquad\quad (0.69)$$
$$n = 408,\ R^2 = 0.065\ 4$$

$\log(enroll)$ 的 *t* 统计量约是—1.87；因为它低于显著性水平为5%时的临界值—1.65，所以我们在5%的显著性水平上拒绝 $H_0:\beta_{\log(enroll)}=0$ 而支持备择假设 $H_1:\beta_{\log(enroll)}<0$。

在第2章，我们曾遇到一个因变量以原始形式（水平值形式）出现而自变量以对数形式出现的模型（这被称为水平值—对数模型）。多元回归背景下对参数的解释是相同的，不同之处仅在于，我们还能给出在其他条件保持不变时的解释。保持 *totcomp* 和 *staff* 不变，我们有 $\Delta\widehat{math10}=(-1.29)\times[\Delta\log(enroll)]$，所以

$$\Delta\widehat{math10} \approx [(-1.29)/100]\times(\%\Delta enroll) \approx (-0.013)\times(\%\Delta enroll)$$

我们再次用到 $\log(enroll)$ 的变化量乘以100近似等于 *enroll* 的百分比变化这个近似公式。因此，如果一个学校的注册人数增加10%，则预计 $\widehat{math10}$ 会下降 $0.013\times10=0.13$ 个百分点（*math10* 以百分数度量）。

我们更倾向于使用 *enroll* 的水平值的模型，还是使用 $\log(enroll)$ 的模型？在水平值—水平值模型中，注册人数在统计上并不显著，而在水平值—对数模型中则显著。这种函数形式的变化导致水平值—对数模型具有更高的 R^2，这意味着我们用 *enroll* 的对数形式能更好地解释 *math10* 的变化（从5.4%提高到6.5%）。因为水平值—对数模型更接近地刻画了 *math10* 与 *enroll* 之间的关系，所以颇受青睐。我们在第6章将更多地谈到如何使用 R^2 选择函数形式的问题。

4.2b 双侧备择假设

在应用中，常常针对**双侧备择假设**（two-sided alternative）来检验原假设 H_0：$\beta_j = 0$，即

$$H_1 : \beta_j \neq 0 \qquad\qquad (4.10)$$

在这个备择假设下，当其他因素保持不变时，没有明确地说明 x_j 对 y 的影响是正或是负。当经济理论（或常识）不能决定 β_j 的符号时，这是一个恰当的备择假设。即便我们知道 β_j 在备择假设中的正负，采取双侧检验通常也是明智的。最起码使用双侧备择假设能使我们不必检查估计方程并根据 $\hat{\beta}_j$ 的符号提出备择假设。经典统计推断要求，我们在看到数据之前就应先表述原假设和备择假设，因此不允许使用回归估计值来帮助我们表述原假设或备择假设。举例而言，先估计包含数学成绩和注册人数的方程，注意到注册人数的估计效应为负后，再决定恰当的备择假设是 H_1 : $\beta_{enroll} < 0$，这种做法是不被允许的。

若备择假设是双侧的，我们关心的是 t 统计量的绝对值。针对 (4.10)，拒绝 H_0 : $\beta_j = 0$ 的法则是

$$|t_{\hat{\beta}_j}| > c \qquad\qquad (4.11)$$

式中，$|\cdot|$ 表示绝对值，而 c 是恰当选取的临界值。为了找到 c，我们需要确定一个显著性水平，比方说 5%。对于**双侧检验**（two-tailed test）而言，选择的 c 要使 t 分布两端的面积各等于 2.5%。换句话说，c 就是自由度为 $n-k-1$ 的 t 分布中的第 97.5 个百分位数。当 $n-k-1=25$ 时，双侧检验在显著性水平为 5% 时的临界值是 2.060。图 4.4 给出了这个分布的说明。

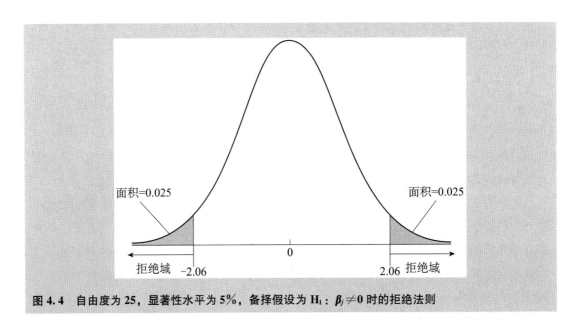

图 4.4 自由度为 25，显著性水平为 5%，备择假设为 H_1 : $\beta_j \neq 0$ 时的拒绝法则

在没有明确地表述备择假设时，通常都认为是双侧备择假设。在本书余下的内容中，若没有给出备择假设，则表示是双侧备择假设，若没有给出显著性水平，则表示显著性水平为 5%。在进行实证性的计量经济分析时，最好明确表述备择假设和显著性水平。如果在 5% 的显著性水平上拒绝 H_0 而支持 (4.10)，我们通常说："x_j 是**统计显著的**（statistically significant），或在显著性水平为 5% 时统计上显著不为零"。如果 H_0 未被拒绝，我们就说："x_j 在显著性水平为 5% 时是**统计不显著的**（statistically insignificant）"。

例 4.3

大学 GPA 的决定因素

我们使用 GPA1 来估计一个解释大学 GPA（*colGPA*）的模型，并将平均每周缺课次数（*skipped*）作为一个新增解释变量。所估计的模型是

$$\widehat{colGPA} = 1.39 + 0.412 hsGPA + 0.015 ACT - 0.083 skipped$$
$$(0.33) \quad (0.094) \qquad (0.011) \qquad (0.026)$$
$$n = 141, R^2 = 0.234$$

通过对每个解释变量都使用双侧备择假设，我们能很容易地计算 t 统计量，从而看出哪些变量是统计显著的。由于自由度很大（141−4＝137），足以使用标准正态作为近似，所以显著性水平为 5% 的临界值约为 1.96。显著性水平为 1% 的临界值约为 2.58。

hsGPA 的 t 统计量是 4.38，在很小的显著性水平上是显著的。于是，我们说"*hsGPA* 在任何常规的显著性水平上都是统计显著的"。*ACT* 的 t 统计量是 1.36，使用双侧备择假设，即使在显著性水平为 10% 时，它也不是统计显著的。*ACT* 的系数实际上也很小：*ACT* 提高 10 分（这是一个很大的提高），预计 *colGPA* 只会增加 0.15 分。因此，*ACT* 在实证中和统计上都是不显著的。

skipped 的系数的 t 统计量是 $(-0.083)/0.026 = -3.19$，所以 *skipped* 在 1% 的显著性水平上也是统计显著的（3.19＞2.58）。这个系数意味着，每周多旷一次课，预计会使 *colGPA* 降低约 0.083 分。因此，保持 *hsGPA* 和 *ACT* 不变，一个不旷课的学生与一个每周旷课 5 次的学生相比，预计在 *colGPA* 上会相差约 0.42 分。记住，这并非对某个学生而言，而是针对总体中学生的平均情况而言。

在这个例子中，对于模型中的每个变量，我们都能证明某个单侧备择假设是恰当的。一方面，使用双侧检验，变量 *hsGPA* 和 *skipped* 都十分显著，符号也与我们预期的相同，所以没有理由去做单侧检验。另一方面，对于一个单侧备择假设（$\beta_3 > 0$），*ACT* 在 10% 的显著性水平上显著而在 5% 的显著性水平上不显著。但这并没有改变 *ACT* 的系数相当小的事实。

4.2c 检验 β_j 的其他假设

尽管 $H_0 : \beta_j = 0$ 是最常见的假设，但我们有时也想检验 β_j 是否等于其他某个给定的常数。两个常见的例子是 $\beta_j = 1$ 和 $\beta_j = -1$。通常，若原假设表述为

$$H_0 : \beta_j = a_j \tag{4.12}$$

其中，a_j 是我们假设的 β_j 值，那么相应的 t 统计量就是

$$t = (\hat{\beta}_j - a_j) / \mathrm{se}(\hat{\beta}_j)$$

和前面一样，t 度量的是 $\hat{\beta}_j$ 偏离 β_j 的假设值是估计标准差的多少倍。一般的 t 统计量最好写成

$$t = \frac{\text{估计值} - \text{假设值}}{\text{标准误}} \tag{4.13}$$

在（4.12）式下，这个 t 统计量就是定理 4.2 中的 t_{n-k-1}。当 $a_j = 0$ 时，便得到通常的 t 统计量。

我们可以用一般的 t 统计量对单侧或双侧备择假设做检验。例如，如果原假设和备择假设分别是 $H_0 : \beta_j = 1$ 和 $H_1 : \beta_j > 1$，我们得到单侧备择假设临界值的方法和之前一样，不同之处在于我们如何计算 t 统计量，而不在于我们如何得到适当的 c。若 $t > c$，我们就拒绝 H_0 而支持 H_1。此时，我们便说，在适当的显著性水平上，"$\hat{\beta}_j$ 在统计上显著大于 1"。

例 4.4

校园犯罪与注册人数

考虑包含大学校园内犯罪次数（*crime*）与学生注册人数（*enrollment*）的一个简单模型：

$$\log(crime) = \beta_0 + \beta_1 \log(enroll) + u$$

这是一个常弹性模型，其中 β_1 是犯罪对注册人数的弹性。因为我们估计随着学校规模的扩大，总的犯罪次数预计也会增加，所以我们检验 $H_0 : \beta_1 = 0$ 没有多大用处。我们要检验的一个更有意思的假设是：犯罪对注册人数的弹性是 1，即 $H_0 : \beta_1 = 1$。这意味着，注册人数增加 1%，犯罪大致也增加 1%。一个值得注意的备择假设是 $H_1 : \beta_1 > 1$，它意味着，注册人数增加 1%，会使校园犯罪不止增加 1%。若 $\beta_1 > 1$，那么，在相对意义上（不仅在绝对意义上），越大的校园，其犯罪就越成问题。看出这一点的一种方法是，将上述方程取指数函数：

$$crime = \exp(\beta_0) enroll^{\beta_1} \exp(u)$$

（有关自然对数和指数函数的性质，可参见书末附录数学复习 A。）若 $\beta_0 = 0$ 且 $u = 0$，图 4.5 展示了这个方程中 $\beta_1 < 1$、$\beta_1 = 1$ 和 $\beta_1 > 1$ 的三种情形。

我们利用美国 1992 年 97 个学院和大学的数据，针对 $\beta_1 > 1$ 来检验 $\beta_1 = 1$。数据来源于联邦调查局的《统一犯罪报告》(*Uniform Crime Reports*)，样本中校园犯罪的平均次数约为 394 次，而平均注册人数约为 16 076 人。估计方程（估计值和标准误都保留到小数点后两位）是

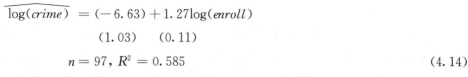

$$\widehat{\log(crime)} = (-6.63) + 1.27\log(enroll)$$
$$(1.03) \qquad (0.11)$$
$$n = 97, R^2 = 0.585 \tag{4.14}$$

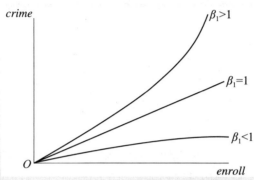

图 4.5　$crime = enroll^{\beta_1}$ 在 $\beta_1 < 1$、$\beta_1 = 1$ 和 $\beta_1 > 1$ 三种情形下的图示

犯罪对注册人数的估计弹性 1.27 处在备择假设 $\beta_1 > 1$ 的范围内。但是否有足够的证据断定 $\beta_1 > 1$ 呢？我们需要特别小心地检验这个假设，特别是因为标准回归软件包给出的统计结果比方程（4.14）所给出的简化结果要复杂得多。我们的第一反应可能是，用 $\log(enroll)$ 的系数除以其标准误来构造"所需要的" t 统计量，这也是回归软件包所报告的 t 统计量。但这个统计量对于检验 $H_0: \beta_1 = 1$ 来说是错误的。正确的 t 统计量来自（4.13）：从估计值中减去其假设值 1，然后除以 $\hat{\beta}_1$ 的标准误：$t = (1.27 - 1)/0.11 = 0.27/0.11 \approx 2.45$。自由度为 $97 - 2 = 95$ 的 t 分布，显著性水平为 5% 的单侧检验的临界值约为 1.66（使用 $df = 120$），所以我们在显著性水平为 5% 时明确拒绝 $\beta_1 = 1$ 而支持 $\beta_1 > 1$。事实上，1% 的临界值约为 2.37，所以我们即使在 1% 的显著性水平上也会拒绝原假设而支持备择假设。

我们应该清楚，这一分析没有保持其他因素不变，所以弹性 1.27 不一定是在其他条件不变情况下的估计值。较多的注册人数可能与导致较高犯罪的其他因素相关：学校越大，可能所处区域的犯罪率也越高。我们可以通过搜集学校所在地的犯罪率数据来控制这一因素。

对于双侧备择假设，比如 $H_0: \beta_j = -1$ 和 $H_1: \beta_j \neq -1$，我们仍像在（4.13）中一样计算 t 统计量：$t = (\hat{\beta}_j + 1)/\mathrm{se}(\hat{\beta}_j)$（注意减去 -1 就是加上 1）。拒绝法则就是双侧检验中最常用的一个：若 $|t| > c$，其中 c 是双侧检验的临界值，则拒绝 H_0。若 H_0 被拒绝，我们就说，在适当的显著性水平上，"$\hat{\beta}_j$ 统计上显著不为 -1"。

例 4.5

住房价格和空气污染

对于一个由波士顿地区 506 个社区组成的样本，我们估计了一个包含社区中平均住房价格（price）与各种社区特征的模型：nox 表示空气中氧化亚氮的含量，以每个社区的百万分子数度量；dist 表示该社区与五个商业中心的加权距离，以英里为单位；rooms 表示该社区平均每套住房的房间数；而 stratio 则表示该社区学校的平均学生—教师比。总体模型是

$$\log(price) = \beta_0 + \beta_1 \log(nox) + \beta_2 \log(dist) + \beta_3 rooms + \beta_4 stratio + u$$

因此，β_1 是 price 对 nox 的弹性。我们希望针对备择假设 $H_1 : \beta_1 \neq -1$ 来检验 $H_0 : \beta_1 = -1$。进行这个检验的 t 统计量是 $t = (\hat{\beta}_1 + 1)/se(\hat{\beta}_1)$。

利用 HPRICE2 中的数据，估计模型是

$$\widehat{\log(price)} = 11.08 - 0.954\log(nox) - 0.134\log(dist) + 0.255 rooms - 0.052 stratio$$
$$(0.32)(0.117) \qquad (0.043) \qquad (0.019) \qquad (0.006)$$
$$n = 506, R^2 = 0.581$$

斜率估计值都具有我们预期的符号。每个系数都是在很小的显著性水平上统计上显著不为零，包括 $\log(nox)$ 的系数。但我们不想检验 $\beta_1 = 0$。我们所关心的原假设是 $H_0 : \beta_1 = -1$，对应的 t 统计量是 $[(-0.954) + 1]/0.117 = 0.393$。当 t 统计量这么小时，几乎不需要看 t 分布中的临界值：即使在很大的显著性水平上，估计的弹性也不会在统计上显著不为 -1。在控制了我们已经包括进来的因素后，几乎没有证据能证明该弹性不为 -1。

4.2d 计算 t 检验的 p 值

到目前为止，我们已经讨论了如何使用经典方法进行假设检验：在陈述一个备择假设后，我们选择一个显著性水平，这个显著性水平又决定了一个临界值。一旦临界值确定了，将 t 统计量的值与这个临界值相比较，在给定的显著性水平上，原假设要么被拒绝，要么未被拒绝。

即使在决定了适当的备择假设之后，经典方法中还是有随意之处，即我们必须提前选择一个显著性水平。不同的研究者根据特定的应用，会偏好不同的显著性水平。不存在一个"正确的"显著性水平。

事前指定一个显著性水平，可能隐藏了假设检验结果的有用信息。例如，假使我们想针对一个双侧备择假设来检验一个参数为零的原假设，自由度为 40 时我们得到 t 统计量等于 1.85。由于这个 t 统计量小于双侧检验的临界值 $c = 2.021$，所以

这个假设在 5％的显著性水平上未被拒绝。一个不准备拒绝原假设的研究者可能仅仅需要与估计值一起报告这个结果即可：在 5％的显著性水平上，原假设未被拒绝。当然，如果报告了 t 统计量（或系数及其标准误），那么，由于显著性水平为 10％的临界值是 $c＝1.684$，所以我们也可以决定，原假设在 10％的显著性水平上被拒绝。

与其在不同的显著性水平上进行检验，不如回答如下信息量更大的问题：给定 t 统计量的观测值，能拒绝原假设的最小显著性水平是多少？这个水平被称为检验的 **p 值**（p-value）（参见书末附录数学复习 C）。在上一例中，由于原假设在显著性水平为 5％时未被拒绝，所以我们知道 p 值大于 0.05；而由于原假设在 10％的水平上被拒绝，所以我们知道 p 值小于 0.10。通过计算 t 随机变量（df 为 40）的绝对值大于 1.85 的概率，我们就能得到实际的 p 值。也就是说，p 值就是当我们用检验统计量的值（上例中的 1.85）作为检验临界值时，检验的显著性水平。这个 p 值展示于图 4.6 中。

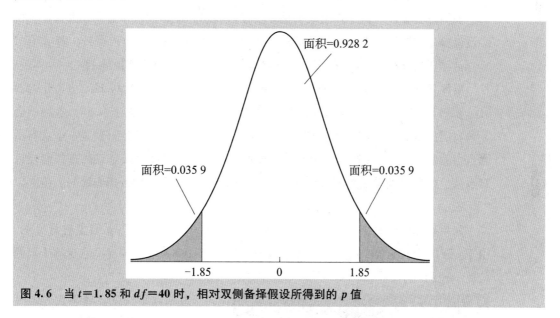

图 4.6　当 $t＝1.85$ 和 $df＝40$ 时，相对双侧备择假设所得到的 p 值

因为 p 值是一个概率，所以它的值总是介于 0 和 1 之间。为了计算 p 值，我们要么需要极为详尽的 t 分布表（这不是十分可行），要么需要一个计算程序来计算 t 分布的概率分布函数下的面积。许多回归软件包都具有后面这种能力。虽然有些软件包例行对每个 OLS 回归都计算 p 值，但也都是针对特定的假设检验。如果一个回归软件包与标准 OLS 结果一起报告了 p 值，那么几乎可以肯定，这个 p 值是针对双侧备择假设来检验原假设 $H_0: \beta_j＝0$ 的。在这种情况下的 p 值是

$$P(|T|>|t|) \tag{4.15}$$

其中，为清楚起见，我们令 T 表示一个自由度为 $n-k-1$ 的 t 分布随机变量，并令 t 表示该检验统计量的数值。

p 值很好地总结了实证证据拒绝原假设的强弱。可能其最有用的解释如下：p

值是在原假设正确时，我们所观察到的 t 统计量至少和我们所得到的 t 统计量一样大的概率。这意味着，小的 p 值是拒绝原假设的证据；大的 p 值不能提供拒绝 H_0 的证据。例如，如果 p 值＝0.50（结果总是以小数报告，而不是以百分比报告），那么，当原假设正确时，我们将在 50% 的随机样本中观察到一个 t 统计量的值，它至少和我们计算得到的 t 统计量一样大；这几乎不能为拒绝 H_0 提供任何证据。

在 $df=40$ 和 $t=1.85$ 的例子中，计算出来的 p 值是

$$p \text{ 值} = P(|T| > 1.85) = 2P(T > 1.85) = 2 \times 0.035\ 9 = 0.071\ 8$$

其中 $P(T>1.85)$ 是一个自由度为 40 的 t 分布中，1.85 以右部分的面积。（这个数值是由计量经济软件 Stata 计算而来；书末附录统计表 G 的表 G.2 中并没有给出这个值。）这意味着，如果原假设正确，我们约有 7.2% 的概率观察到，t 统计量的绝对值至少为 1.85。虽然这为拒绝原假设提供了一些证据，但在 5% 的显著性水平上，我们还不能拒绝这个原假设。

前例说明了，一旦计算出来 p 值，在任何理想的显著性水平上都能进行经典的假设检验。如果用 α 表示检验的显著性水平（以小数形式表示），那么，若 p 值＜α，则拒绝原假设；否则，在 $100 \cdot \alpha\%$ 的显著性水平上，就不能拒绝 H_0。

单侧备择假设的 p 值计算也相当简单。例如，假设我们针对 $H_1: \beta_j > 0$ 检验 $H_0: \beta_j = 0$。若 $\hat{\beta}_j < 0$，计算 p 值就无关紧要：我们知道 p 值大于 0.50，这绝不会导致我们拒绝 H_0 而支持 H_1。如果 $\hat{\beta}_j > 0$，那么 $t>0$ 并且 p 值恰好就是一个含有适当自由度的 t 随机变量超过这个 t 值的概率。一些回归软件包只对双侧备择假设计算 p 值。但要得到单侧备择假设的 p 值也很简单：只需将双侧备择假设的 p 值除以 2 即可。

如果备择假设是 $H_1: \beta_j < 0$，在 $\hat{\beta}_j < 0$（因此 $t<0$）时计算 p 值是有意义的：由于 t 分布关于零对称，所以 p 值＝$P(T<t)=P(T>|t|)$。同样，它也等于双侧检验 p 值的一半。

> **？ 思考题 4.3**
>
> 假设你估计了一个回归模型，并得到 $\hat{\beta}_1=0.56$ 和针对 $H_1: \beta_1 \neq 0$ 检验 $H_0: \beta_1=0$ 的 p 值＝0.086，那么针对 $H_1: \beta_1 > 0$ 检验 $H_0: \beta_1=0$ 的 p 值是多少？

由于你很快就会熟悉代表统计显著性的 t 统计量，特别是对于大样本，所以对 t 统计量报告 p 值并非至关重要。但报告了 p 值也没有害处。而且，当我们在 4.5 节讨论 F 检验时，我们将看到，由于 F 检验的临界值不是那么容易被记住，所以计算 p 值还是很重要的。

4.2e 对经典假设检验用语的提醒

当 H_0 未被拒绝时，我们喜欢说"在 $x\%$ 的水平上，我们不能拒绝 H_0"，而不是说"我们在 $x\%$ 的水平上接受了 H_0"。我们可以用例 4.5 来说明为什么前一个说

法更好。在这个例子中，$price$ 对 nox 的估计弹性是 -0.954，检验 $H_0: \beta_{nox} = -1$ 的 t 统计量是 0.393；因此，我们不能拒绝 H_0。但 β_{nox} 还有许多其他值（不计其数）都不能被拒绝。例如，$H_0: \beta_{nox} = -0.9$ 的 t 统计量是 $[(-0.954) + 0.9]/0.117 = -0.462$，所以这个原假设也不能被拒绝。显然 $\beta_{nox} = -1$ 和 $\beta_{nox} = -0.9$ 不可能同时正确，所以说我们"接受"每一个假设就毫无意义。我们所能说的只是，数据使我们不能在 5% 的显著性水平上拒绝这些假设中的任何一个。

4.2f 经济或实际显著性与统计显著性

我们在本节一直都在强调统计显著性，现在我们该注意系数估计值和 t 统计量的大小了。一个变量 x_j 的统计显著性完全由 $t_{\hat{\beta}_j}$ 的大小决定，而一个变量的**经济显著性**（economic significance）或**实际显著性**（practical significance）则与 $\hat{\beta}_j$ 的大小（及符号）有关。

记得我们检验 $H_0: \beta_j = 0$ 时的 t 统计量被定义为估计值与其标准误之比：$t_{\hat{\beta}_j} = \hat{\beta}_j / \text{se}(\hat{\beta}_j)$。之所以 $t_{\hat{\beta}_j}$ 能标志统计显著性，要么是因为 $\hat{\beta}_j$ "很大"，要么是因为 $\text{se}(\hat{\beta}_j)$ "很小"。在实证中，区分导致 t 统计量统计显著的原因很重要。过多地强调统计显著性会导致如下错误的结论：即使一个变量的估计效应不太大，也认为它在解释 y 时很"重要"。

例 4.6

401(k) 养老金计划的参与率

在例 3.3 中，我们使用 401(k) 养老金计划中的数据估计了一个模型，用企业的匹配率和养老金计划的年限来描述养老金计划的参与率。我们现在再引入一个对企业规模的某种度量，即企业雇员总数（$totemp$）。估计方程变成

$$\widehat{prate} = 80.29 + 5.44mrate + 0.269age - 0.00013totemp$$
$$\quad (0.78) \quad (0.52) \qquad (0.045) \qquad (0.00004)$$
$$n = 1534, R^2 = 0.100$$

变量 $totemp$ 的 t 统计量绝对值最小：$t = (-0.00013)/0.00004 = -3.25$，而且在很小的显著性水平上都是统计显著的。（这个 t 统计量的双侧检验的 p 值约为 0.001。）因此，在相当小的显著性水平上，所有变量都是统计显著的。

实际中 $totemp$ 的系数有多大呢？保持 $mrate$ 和 age 不变，如果一个企业增加 10000 个雇员，参与率也只下降 $10000 \times 0.00013 = 1.3$ 个百分点。雇员人数如此巨大的提高，对参与率只有很有限的影响。因此，企业规模固然会影响参与率，但这种影响在实际中并不是很大。

上例表明，在处理大样本时，除了关注 t 统计量外，对系数大小的解释也特别重要。对于大样本，参数可以估计得相当准确：标准误与系数估计值相比通常都相当小，从而常常导致统计显著性。

一些研究者坚持在样本容量逐渐扩大时使用越来越小的显著性水平，部分原因就是要抵偿越来越小的标准误。例如，当 n 为几百时，我们认为使用 5% 的显著性水平即可，而当 n 为几千时，我们可能要使用 1% 的显著性水平。使用较小的显著性水平意味着经济上和统计上的显著性更可能达成一致，尽管不能保证一定会一致：在上例中，尽管我们使用的显著性水平小到 0.1%（十分之一个百分点），但我们仍能得到 totemp 统计显著的结论。

大多数研究者还愿意在小样本的应用中接受较大的显著性水平，这反映了较小的样本容量更难发现显著性的事实（样本量小使得估计量更不准确，且临界值更大，这两个因素导致统计显著性难以被发现）。此外，研究者是否使用更高的显著性水平还取决于其基本计划安排。

例 4.7

在职培训津贴对企业废弃率的影响

一个制造企业的废弃率是每一百个产品中因有缺陷而必须丢弃的产品个数。因此，在给定制造产品总个数的情况下，废弃率的下降反映出更高的生产力。

我们可以用废弃率来度量工人培训对生产力的影响。利用 JTRAIN 中 1987 年非工会制造企业的数据，我们估计了如下方程：

$$\widehat{\log(scrap)} = 12.46 - 0.029\,hrsemp - 0.962\log(sales) + 0.761\log(employ)$$
$$(5.69) \quad (0.023) \qquad (0.453) \qquad\qquad (0.407)$$
$$n = 29, R^2 = 0.262$$

变量 hrsemp 是平均每个雇员每年接受培训的小时数，sales 是企业年销售额（以美元计量），employ 是企业雇员人数。1987 年，样本中的平均废弃率约为 4.6，而平均的 hrsemp 约为 8.9。

我们主要关心的变量是 hrsemp。每个雇员多接受一个小时的培训，则使 log(scrap) 下降 0.029，这意味着废弃率约降低 2.9%。因此，若 hrsemp 增加 5 个单位——每个雇员每年多培训 5 个小时，则估计废弃率会下降 $5 \times 2.9\% = 14.5\%$。虽然这看起来像是相当明显的效果，但企业增加培训是否值得，却取决于培训的成本和降低废弃率的收益。尽管我们没有所需要的数据来进行成本—收益分析，但估计的效果看来非同小可。

培训变量的统计显著性怎么样呢？hrsemp 的 t 统计量为 $(-0.029)/0.023 = -1.26$，现在你可能认识到，其大小不足以得到 hrsemp 在 5% 的显著性水平上是统计显著的结论。

实际上，当单侧备择假设 H_1：$\beta_{hrsemp}<0$ 的自由度为 $29-4=25$ 时，显著性水平为 5% 的临界值约为 -1.71。因此，使用一个显著性水平严格为 5% 的检验，即使使用单侧备择假设，我们也必然得到 $hrsemp$ 在统计上不显著的结论。

因为样本容量相当小，所以我们可能对显著性水平的要求更宽松一些。显著性水平为 10% 的临界值是 -1.32，所以 $hrsemp$ 在显著性水平为 10% 时，针对单侧备择假设是显著的。很容易计算出 p 值 $P(T_{25}<-1.26)=0.110$。这个 p 值足够低，所以能断定培训的估计效应不仅仅是抽样误差所致，但有些经济学家对单侧 p 值为 0.11 是否足够小存有异议。

我们知道，即使样本容量看上去相当大，很大的标准误仍可能是多重共线性（某些自变量之间高度相关）造成的结果。如我们在 3.4 节中谈到的那样，对于这个问题，我们除了搜集更多的数据，或通过从模型中去掉或合并一些自变量以改变分析范围外，就无能为力了。至于在小样本的情形中，当解释变量高度相关时，很难精确地估计其偏效应。（4.5 节中就有一个例子来说明这个问题。）

在本节结束之际，我们给出一些准则，以便讨论一个变量在多元回归模型中的经济和统计显著性。

1. 检查统计显著性。如果该变量是统计显著的，那就讨论系数的大小，以对其实际或经济上的重要性有所认识。后一步要特别小心，它取决于自变量和因变量出现在方程中的方式。（特别是，度量单位是什么？变量是不是以对数形式出现？）

2. 如果一个变量在通常的显著性水平（10%、5% 或 1%）上不是统计显著的，那你仍可能要问，这个变量对 y 是否具有预期的影响？而这个影响在实际中是否很大？如果这种影响很大，你就应该对 t 统计量计算一个 p 值。对于小样本容量，你有时可以让 p 值大到 0.20（但这没有一成不变的准则）。p 值大即 t 统计量小，实际中较大的估计值可能来自抽样误差，所以我们总是如履薄冰：因为不同的随机样本可以导致极为不同的估计值。

3. 通常 t 统计量很小的变量都具有"错误"的符号。实际上，这些情况可以忽略：我们断定这些变量在统计上不显著。一个在实际中具有很大影响且具有出乎意料的符号的显著变量，远非我们想象的那么简单。为了解决这种问题，人们通常要对模型和数据的性质做更多的思考。一个违背直觉而又显著的估计值，常常是因为遗漏了一个关键变量，或出现了我们在第 $9\sim15$ 章将讨论的某个重要问题。

4.3 置信区间

在经典线性模型（CLM）的假设下，我们能很容易地为总体参数 β_j 构造一个**置信区间**（confidence interval，CI）。因为置信区间为总体参数的可能取值提供了一个范围，而不只是一个点估计值，所以又被称为区间估计（值）。

利用 $(\hat{\beta}_j - \beta_j)/\mathrm{se}(\hat{\beta}_j)$ 服从自由度为 $n-k-1$ 的 t 分布［参见（4.3）式］，经简单计算就能得到未知 β_j 的一个置信区间。一个 95％的置信区间就是

$$\hat{\beta}_j \pm c \cdot \mathrm{se}(\hat{\beta}_j) \tag{4.16}$$

式中，常数 c 则是一个 t_{n-k-1} 分布的第 97.5 个百分位数。更准确地说，置信区间的下界和上界分别是

$$\underline{\beta}_j \equiv \hat{\beta}_j - c \cdot \mathrm{se}(\hat{\beta}_j)$$

和

$$\bar{\beta}_j \equiv \hat{\beta}_j + c \cdot \mathrm{se}(\hat{\beta}_j)$$

现在我们来回顾一下置信区间的含义。如果一次又一次地获得随机样本，每次都计算出 $\underline{\beta}_j$ 和 $\bar{\beta}_j$，那么，（未知的）总体值 β_j 将在 95％的样本区间 $(\underline{\beta}_j, \bar{\beta}_j)$ 中出现。然而对于我们用来构造置信区间的单个样本，我们并不知道 β_j 是否确实包含在这个区间中。我们希望我们得到的样本是所有样本中属于区间估计值包括了 β_j 的那 95％中的一个，但我们没有确切的把握。

使用当前的计算机技术构造一个置信区间是很简单的。总共需要三个统计量：$\hat{\beta}_j$、$\mathrm{se}(\hat{\beta}_j)$ 和 c。任何一个回归软件包都会报告系数估计值及其标准误。为了得到 c，我们必须知道自由度 $n-k-1$ 和置信水平（这里是 95％）。然后，c 的值就可以从 t_{n-k-1} 分布中得到。

例如，若 $df=n-k-1=25$，则对任何一个 β_j，其 95％的置信区间都是 $[\hat{\beta}_j - 2.06 \cdot \mathrm{se}(\hat{\beta}_j), \hat{\beta}_j + 2.06 \cdot \mathrm{se}(\hat{\beta}_j)]$。

当 $n-k-1>120$ 时，由于 t_{n-k-1} 分布充分接近正态分布，所以我们可以使用标准正态分布中的第 97.5 个百分位数来构造一个置信水平为 95％的置信区间：$\hat{\beta}_j \pm 1.96 \cdot \mathrm{se}(\hat{\beta}_j)$。实际上，当 $n-k-1>50$ 时，由于 c 值与 2 充分接近，我们可以使用一个简单的经验法则（称为拇指法则）来构造置信水平为 95％的置信区间：$\hat{\beta}_j$ 加上或减去其两倍标准误。对于自由度较小的情况，准确的百分位应该从 t 分布表中得到。

对任何其他置信水平，构造置信区间也很容易。例如，通过在 t_{n-k-1} 分布中选择第 95 个百分位数作为 c，就可以得到一个置信水平为 90％的置信区间。当 $df=n-k-1=25$ 时，$c=1.71$，所以置信水平为 90％的置信区间就是 $\hat{\beta}_j \pm 1.71 \cdot \mathrm{se}(\hat{\beta}_j)$，它必然比置信水平为 95％的置信区间要窄一些。对于置信水平为 99％的置信区间，c 就是 t_{25} 分布中的第 99.5 个百分位数。当 $df=25$ 时，置信水平为 99％的置信区间大致是 $\hat{\beta}_j \pm 2.79 \cdot \mathrm{se}(\hat{\beta}_j)$，毫无疑问，它比置信水平为 95％的置信区间宽一些。

许多回归软件包都报告了每个系数及其标准误，以及置信水平为 95％的置信区间，我们不必再自行做其他计算。一旦构造了一个置信区间，进行双侧假设检验就很容易。如果原假设是 $H_0: \beta_j = a_j$，那么，当且仅当 a_j 不在置信水平为（比方说）95％的置信区间时，相对于 $H_1: \beta_j \neq a_j$ 的 H_0 才会被拒绝。

例 4.8

研发支出模型

研究产业组织的经济学家往往关心企业规模（通常用年销售额度量）和研发（R&D）支出之间的关系，他们通常使用一个常弹性模型。有些研究者或许关心在其他条件不变的情况下，利润率（即利润占销售额的百分比）对研发支出的影响。利用 RDCHEM 中有关美国 32 家化工企业的数据，我们估计了如下方程（标准误在系数下面的括号中给出）：

$$\widehat{\log(rd)} = -4.38 + 1.084\log(sales) + 0.021\,7\,profmarg$$
$$(0.47)\quad(0.060)\qquad\qquad(0.021\,8)$$
$$n = 32,\ R^2 = 0.918$$

R&D 支出对企业销售额的估计弹性为 1.084，因此，保持利润率不变，销售额每提高 1%，R&D 支出随之提高 1.084%。（顺便指出，R&D 和销售额都以百万美元为单位，但它们的度量单位对弹性估计值没有影响。）我们注意到所估计的模型自由度为 $n-k-1 = 32-2-1 = 29$，于是可以构造销售弹性的一个 95% 置信区间。根据表 G.2，在 t_{29} 分布中查找第 97.5 个百分位数：$c = 2.045$。因此，$\beta_{\log(sales)}$ 的 95% 置信区间是 $1.084 \pm 0.060 \times 2.045$ 或约为 (0.961，1.21)。0 远在这个区间之外也无足为奇：我们预期 R&D 支出会随着企业规模的扩大而提高。更有意思的是，$\beta_{\log(sales)}$ 的 95% 置信区间中包含了 1，这就意味着，在 5% 的显著性水平上，我们不能相对 $H_1: \beta_{\log(sales)} \neq 1$ 而拒绝 $H_0: \beta_{\log(sales)} = 1$。换言之，所估计的 R&D—销售额弹性在 5% 的显著性水平上并非统计上显著不为 1。（在实际中这个估计值也是 1。）

profmarg 的估计系数也为正，总体参数 $\beta_{profmarg}$ 的 95% 置信区间是 $0.021\,7 \pm 0.021\,8 \times 2.045$ 或约为 (−0.004 5，0.047 9)。此时，0 被包含在这个 95% 置信区间中，所以在 5% 的显著性水平上，我们不能相对 $H_1: \beta_{profmarg} \neq 0$ 而拒绝 $H_0: \beta_{profmarg} = 0$。不过，$t$ 统计量约为 1.70，这就得到一个约为 0.10 的双侧 p 值，于是我们得到结论：在做显著性水平为 10% 的双侧备择假设时，或在做显著性水平为 5% 的单侧备择假设 $H_1: \beta_{profmarg} > 0$ 时，profmarg 是统计显著的。而且利润率系数在经济学上的大小也不容忽视：保持销售额不变，profmarg 提高一个百分点，R&D 支出估计能提高 $100 \times 0.021\,7 \approx 2.2$ 个百分点。对本例的完整分析，并非一个特定值（在本例中是 0）是否包含在 95% 置信区间内这种简单命题。

你应该记得，只要 OLS 的基本假设得到满足，置信区间将十分可靠。否则当我们漏掉了与解释变量相关的重要因素时，系数估计值就不可靠：因为 OLS 是有偏的。如果出现了异方差性 [比方说在前例中，如果 $\log(rd)$ 的方差取决于任何一个解释变量]，那么标准误就不能作为 $sd(\hat{\beta}_j)$ 的一个估计值（如我们在 3.4 节所讨论的那样），使用这些标准误计算得到的这个置信区间，也并非一个置信水平真正为 95% 的置信区间。尽管我们在得到这些置信区间时也已经用到了对误差的正态性假设，但如我们在第 5 章将看到的那样，对于一个涉及几百个观测值的应用案例来说，这一假设并不是那么重要。

4.4 关于参数的一个线性组合的假设检验

前两节已经说明，如何使用经典假设检验或置信区间来检验对单个参数 β_j 的假设。在实证中，我们常常需要检验涉及不止一个总体参数的假设。在本节中，我们要说明如何对涉及不止一个参数 β_j 的单个假设进行检验。4.5 节则说明，如何对多个假设进行检验。

为了说明这个一般方法，我们将考虑一个比较两年制大专和四年制本科教育回报的简单模型；为简明起见，我们把后者称为"大学"教育［此例由凯恩和劳斯 (Kane and Rouse, 1995) 提出，他们对这个问题进行了详尽的分析］。总体中包括了具有高中学历的工人，这个模型就是

$$\log(wage) = \beta_0 + \beta_1 jc + \beta_2 univ + \beta_3 exper + u \tag{4.17}$$

式中，jc 为就读两年制大学的年数；$univ$ 为就读四年制大学的年数；$exper$ 为参加工作的月份数。注意，大专和大学就读年数的任意组合都是允许的，包括 $jc=0$ 和 $univ=0$。

我们所关心的假设是：在大专就读一年带来的工资收益是否比得上在大学就读的一年？这可表示为

$$H_0: \beta_1 = \beta_2 \tag{4.18}$$

在 H_0 下，其他条件不变时，多一年的大专教育与多一年的大学教育会导致工资同等程度的增加。在多数情况下，我们所关心的备择假设是单侧的：在大专就读一年带来的工资收益比不上在大学就读的一年。这可表示为

$$H_1: \beta_1 < \beta_2 \tag{4.19}$$

（4.18）和（4.19）中的假设涉及两个参数 β_1 和 β_2，这是一个我们还没有遇到过的情形。我们不能简单地使用 $\hat{\beta}_1$ 和 $\hat{\beta}_2$ 单独的 t 统计量来检验 H_0。但从理论上讲，构造一个检验（4.18）的 t 统计量并没有什么困难。为了构造这个统计量，我们将原假设和备择假设分别重新写成 $H_0: \beta_1 - \beta_2 = 0$ 和 $H_1: \beta_1 - \beta_2 < 0$。这个 t 统计量基于所估计的差 $\hat{\beta}_1 - \hat{\beta}_2$ 是否充分小于零，从而保证拒绝（4.18）并支持（4.19）。为了解释我们估计量中的抽样误差，我们将这个差值除以其标准误以将其标准化：

$$t = \frac{\hat{\beta}_1 - \hat{\beta}_2}{se(\hat{\beta}_1 - \hat{\beta}_2)} \tag{4.20}$$

一旦我们得到（4.20）中的 t 统计量，检验过程就与之前相同。我们选择一个显著性水平，并根据 df 得到一个临界值。因为备择假设具有（4.19）的形式，所以拒绝法则的形式就是 $t < -c$，其中 c 是从适当的 t 分布中选择的一个正值。或者，

我们计算 t 统计量后，再计算 p 值（参见 4.2 节）。

检验两个不同参数之间的相等关系之所以比检验一个单独参数 β_j 更困难，仅在于要得到（4.20）分母中的标准误。在我们进行了 OLS 回归之后，分子是很容易得到的。假设利用 TWOYEAR ［得自 Kane and Rouse（1995）］中的数据，我们估计了方程（4.17）：

$$\widehat{\log(wage)} = 1.472 + 0.066\,7jc + 0.076\,9univ + 0.004\,9exper$$
$$\qquad\quad (0.021)\ (0.006\,8)\ \ (0.002\,3)\qquad (0.000\,2)$$
$$n = 6\,763,\ R^2 = 0.222 \qquad\qquad\qquad (4.21)$$

从（4.21）显然可知，jc 和 $univ$ 对工资在经济上和统计上都具有显著影响。这一发现当然有意义，但我们更关心的是这两个系数估计值的差值是否统计显著。由于二者之差的估计值为 $\hat{\beta}_1 - \hat{\beta}_2 = -0.010\,2$，读一年大专的回报比读一年大学的回报约低 1 个百分点。从经济学角度而言，这是一个颇为重要的差别。$-0.010\,2$ 的差值是（4.20）中 t 统计量的分子。

然而方程（4.21）中的回归结果并不能提供得到 $\hat{\beta}_1 - \hat{\beta}_2$ 的标准误所需的足够信息。有人恐怕会认为，$\mathrm{se}(\hat{\beta}_1 - \hat{\beta}_2) = \mathrm{se}(\hat{\beta}_1) - \mathrm{se}(\hat{\beta}_2)$，但并非如此。事实上，如果我们使用标准误之差作为这个差值的标准误，会得到一个负值。由于标准误是标准差的估计值，所以它们肯定是正值。尽管差值 $\hat{\beta}_1 - \hat{\beta}_2$ 的标准误确实取决于 $\mathrm{se}(\hat{\beta}_1)$ 和 $\mathrm{se}(\hat{\beta}_2)$，但其方式多少有些复杂。为了求出 $\mathrm{se}(\hat{\beta}_1 - \hat{\beta}_2)$，我们首先要得到这个差值的方差。利用书末附录数学复习 B 中有关方差的结论，我们有

$$\mathrm{Var}(\hat{\beta}_1 - \hat{\beta}_2) = \mathrm{Var}(\hat{\beta}_1) + \mathrm{Var}(\hat{\beta}_2) - 2\mathrm{Cov}(\hat{\beta}_1, \hat{\beta}_2) \qquad (4.22)$$

我们仔细观察上式，发现差值的方差等于两个统计量的方差之和，然后再减掉两倍的协方差。$\hat{\beta}_1 - \hat{\beta}_2$ 的标准差刚好等于（4.22）的平方根，而且因为 $[\mathrm{se}(\hat{\beta}_1)]^2$ 和 $[\mathrm{se}(\hat{\beta}_2)]^2$ 分别是 $\mathrm{Var}(\hat{\beta}_1)$ 和 $\mathrm{Var}(\hat{\beta}_2)$ 的无偏估计量，所以我们有

$$\mathrm{se}(\hat{\beta}_1 - \hat{\beta}_2) = \{[\mathrm{se}(\hat{\beta}_1)]^2 + [\mathrm{se}(\hat{\beta}_2)]^2 - 2s_{12}\}^{1/2} \qquad (4.23)$$

其中，s_{12} 表示 $\mathrm{Cov}(\hat{\beta}_1, \hat{\beta}_2)$ 的一个估计值。我们还没有给出一个求 $\mathrm{Cov}(\hat{\beta}_1, \hat{\beta}_2)$ 的公式。有些回归软件包可以给出 s_{12}，此时便可以计算（4.23）中的标准误，然后计算（4.20）中的 t 统计量。书末附录高级处理方法 E 告诉我们，如何使用矩阵代数求解 s_{12}。

有些更复杂的计量软件包含一些特殊的命令，可用于对某些线性组合进行假设检验。这里我们给出一种几乎对任何数据包都能进行简单计算的方法。它不是通过（4.23）来计算 $\mathrm{se}(\hat{\beta}_1 - \hat{\beta}_2)$，而是估计能直接给出我们所需标准误的一个不同的模型，这要容易得多。将 β_1 和 β_2 之差定义为一个新参数 $\theta_1 = \beta_1 - \beta_2$。于是我们想检验

$$\mathrm{H}_0: \theta_1 = 0 \quad 对 \quad \mathrm{H}_1: \theta_1 < 0 \qquad\qquad (4.24)$$

（4.20）中的 t 统计量用 $\hat{\theta}_1$ 表示刚好就是 $t = \hat{\theta}_1 / \mathrm{se}(\hat{\theta}_1)$。关键是如何计算 $\mathrm{se}(\hat{\theta}_1)$。

我们的做法是：通过改写模型使 θ_1 直接作为方程中一个自变量的系数出现。

由于 $\theta_1 = \beta_1 - \beta_2$，所以我们可以写成 $\beta_1 = \theta_1 + \beta_2$。代入（4.17）并重新整理，给出方程

$$\log(wage) = \beta_0 + (\theta_1 + \beta_2)jc + \beta_2 univ + \beta_3 exper + u$$

$$= \beta_0 + \theta_1 jc + \beta_2 (jc + univ) + \beta_3 exper + u \qquad (4.25)$$

整理方程后主要的发现是：我们在假设检验中所关心的参数 θ_1 现在与变量 jc 相乘。截距仍是 β_0，而 $exper$ 的系数仍是 β_3。更重要的是，与 β_2 相乘的是一个新变量，即 $jc + univ$。因此，如果我们想直接估计 θ_1，并得到 $\hat{\theta}_1$ 的标准误，我们就必须构造一个新变量 $jc + univ$，并在回归模型中用它来取代 $univ$。在本例中，这个新变量有一个自然的解释：高等教育的总年数，所以我们定义 $totcoll = jc + univ$，并将（4.25）写成

$$\log(wage) = \beta_0 + \theta_1 jc + \beta_2 totcoll + \beta_3 exper + u \qquad (4.26)$$

参数 β_1 已从模型中消失，而 θ_1 却出现在回归方程中。实际上这个模型只是原模型一个不同的写法。使我们定义这个新模型的理由仅仅是，当我们估计这个新方程时，jc 的系数就是 $\hat{\theta}_1$，更重要的是，$se(\hat{\theta}_1)$ 会与系数估计值一起报告出来。我们想知道的 t 统计量就是回归软件包对变量 jc（不是 $totcoll$）报告的 t 统计量。

当我们使用前面用过的 6 763 个观测值进行估计时，结果就是

$$\widehat{\log(wage)} = 1.472 - 0.010\,2 jc + 0.076\,9 totcoll + 0.004\,9 exper$$

$$(0.021) \quad (0.006\,9) \quad (0.002\,3) \qquad\qquad (0.000\,2)$$

$$n = 6\,763,\ R^2 = 0.222 \qquad (4.27)$$

这个方程中唯一不能从方程（4.21）中得到的数字，就是估计值 $-0.010\,2$ 的标准误 $0.006\,9$。检验（4.18）的 t 统计量是 $(-0.010\,2)/0.006\,9 = -1.48$。相对单侧备择假设（4.19），$p$ 值约为 0.070，所以有证据（但不是很强）拒绝（4.18）。

截距与 $exper$ 的斜率估计值及其标准误都与（4.21）中的结果相同。这一点一定成立，而且它还为检查是否正确地估计了变形后的方程提供了一种方法。新变量 $totcoll$ 的系数与（4.21）中 $univ$ 的系数相同，标准误也一样。通过比较（4.17）和（4.25），我们知道一定是这样。

对 $\theta_1 = \beta_1 - \beta_2$ 计算一个 95% 的置信区间相当容易。使用标准正态的近似值，可以像通常一样得到这个置信区间：$\hat{\theta}_1 \pm 1.96 se(\hat{\theta}_1)$，也就是 $(-0.010\,2) \pm 0.013\,5$。

重写模型使之包含我们所关心参数的做法，在各种情况下都能奏效，而且易于实施。（至于其他的例子，可参见计算机练习 C1 和 C3。）

4.5　对多重线性约束的检验：F 检验

与任意一个 OLS 系数相关的 t 统计量都可以用来检验总体中对应的未知参数是否等于某个给定常数（通常但并不总是为零）。我们刚刚说明了如何利用变量代换

重新整理方程进行回归分析，从而检验关于 β_j 的一个线性组合。但到目前为止，我们只讨论了单个约束的假设。通常情况下，我们还想检验关于基本参数 β_0，β_1，…，β_k 的多重假设。我们首先从检验一组自变量是否对因变量都没有偏效应这个首要问题开始。

4.5a 对排除性约束的检验

我们已经知道如何检验某一自变量是否对因变量没有偏效应：使用 t 统计量。现在，我们想检验一组自变量是否对因变量都没有影响。更准确地说，原假设是在控制了一些变量之后，余下的那些变量对 y 没有任何影响。

为了说明检验一组变量的显著性是有用的，让我们考虑如下解释美国棒球职业大联盟中运动员薪水的模型：

$$\log(salary) = \beta_0 + \beta_1\,years + \beta_2\,gamesyr + \beta_3\,bavg$$
$$+ \beta_4\,hrunsyr + \beta_5\,rbisyr + u \tag{4.28}$$

式中，$salary$ 为 1993 年的总薪水；$years$ 为加入联盟的年数；$gamesyr$ 为平均每年参加比赛的次数；$bavg$ 为平均职业击球率（比方说 $bavg=250$）；$hrunsyr$ 为平均每年的本垒打次数；而 $rbisyr$ 则为每年的击球跑垒得分。假设我们想检验的原假设是：一旦控制了加入联盟的年数和每年的比赛次数，度量球员表现的统计指标（$bavg$、$hrunsyr$ 和 $rbisyr$）对薪水没有影响。从本质上讲，原假设所表达的是，由棒球统计指标度量的生产力水平对薪水没有影响。

原假设可以使用模型的参数表示为

$$H_0: \beta_3 = 0, \; \beta_4 = 0, \; \beta_5 = 0 \tag{4.29}$$

原假设（4.29）由三个**排除性约束**（exclusion restrictions）构成：若（4.29）正确，则在控制了 $years$ 和 $gamesyr$ 之后，$bavg$、$hrunsyr$ 和 $rbisyr$ 对 $\log(salary)$ 没有影响，就应该把它们从模型中排除。这是**多重约束**（multiple restrictions）的一个例子，因为我们对（4.28）中的参数施加了不止一个约束；以后我们还将看到多重约束的更一般性的例子。对多重约束进行的检验被称为**多重假设检验**（multiple hypotheses test）或**联合假设检验**（joint hypotheses test）。

（4.29）的备择假设应该是什么呢？如果我们认为是"即使控制了加入联盟的年数和每年参加比赛的次数，表现这一统计量仍有影响"，那么合适的备择假设也就是

$$H_1: H_0 \text{ 不正确} \tag{4.30}$$

如果 β_3、β_4 和 β_5 中至少有一个不为零，那么备择假设（4.30）就成立。（可以是任何一个或全部不为零。）我们这里构造的检验是为了侦查是否有违背 H_0 的迹象。尽管也可以将备择假设采用诸如 $H_1: \beta_3 > 0$ 或 $\beta_4 > 0$ 或 $\beta_5 > 0$ 之类的形式，但在这种备择假设下，上述检验将不会是最好的检验。我们没有足够的篇幅和统计方面的知识来讨论在多个单侧备择假设下更具功效的检验。

我们应该如何针对（4.30）检验（4.29）呢？我们想到使用变量 $bavg$、$hrunsyr$

和 $rbisyr$ 的 t 统计量，以决定是否每个变量都是单独显著的，并以此来检验
（4.29）。但这种做法并不合适。一个特定的 t 统计量只能检验一个对其他参数没有
任何限制的假设。此外，我们还要应对三个结果——因为每个 t 统计量给出一个结
果。怎样才能在 5% 的显著性水平上拒绝（4.29）呢？应该要求所有这三个或只是其
中一个 t 统计量在 5% 的显著性水平上显著吗？这些都是难以回答的问题，而幸运的
是，我们不必回答这些。此外，使用分离的 t 统计量来检验一个像（4.29）那样的多
重假设，可能极具误导性。我们需要一个能联合检验这些排除性约束的方法。

为了说明这些问题，我们使用 MLB1 中的数据来估计方程（4.28）。结果是

$$\widehat{\log(salary)} = 11.19 + 0.068\,9years + 0.012\,6gamesyr$$
$$(0.29) \quad (0.012\,1) \quad\quad (0.002\,6)$$
$$+ 0.000\,98bavg + 0.014\,4hrunsyr + 0.010\,8rbisyr$$
$$(0.001\,10) \quad\quad (0.016\,1) \quad\quad (0.007\,2)$$
$$n = 353,\ SSR = 183.186,\ R^2 = 0.627\,8 \tag{4.31}$$

式中，SSR 为残差平方和。（我们以后将用到它。）我们在 SSR 和 R^2 的小数点后都
保留了几位，以便以后进行比较。方程（4.31）显示，在 $years$ 和 $gamesyr$ 都统计
显著的同时，针对双侧备择假设，$bavg$、$hrunsyr$ 和 $rbisyr$ 中没有一个变量在 5%
的显著性水平上具有一个统计显著的 t 统计量。（$rbisyr$ 的 t 统计量最接近于显著；
其双侧备择假设的 p 值是 0.134。）于是，从三个 t 统计量来看，我们不能拒绝 H_0。

但这个结论却是错误的。为了看出这一点，我们必须推导出一个对多重约束的
检验，而且其分布是已知的。我们将看到残差平方和为检验多重假设提供了一个很
方便的途径。我们还将证明，R^2 如何用于检验排除性约束的特殊情形。

知道（4.31）中的残差平方和，并不能告诉我们（4.29）中假设的真伪。但它
能告诉我们，当我们将 $bavg$、$hrunsyr$ 和 $rbisyr$ 从模型中去掉时，SSR 会增加多
少。记住，因为所选择的 OLS 估计值都是为了最小化残差平方和，所以当我们从
模型中去掉变量时，SSR 总是增加的；这是数学上的事实。问题是，这种增加相对
于含有所有这些变量的模型的 SSR 来说，是否大到能足以拒绝原假设？

不含上述三个变量的模型便是

$$\log(salary) = \beta_0 + \beta_1 years + \beta_2 gamesyr + u \tag{4.32}$$

在假设检验的背景下，方程（4.32）是检验（4.29）的**受约束模型**（restricted
model）；模型（4.31）则被称为**不受约束模型**（unrestricted model）。受约束模型
的参数总比不受约束模型的参数要少一些。

当我们用 MLB1 中的数据来估计受约束模型时，我们得到

$$\widehat{\log(salary)} = 11.22 + 0.071\,3years + 0.020\,2gamesyr$$
$$(0.11) \quad (0.012\,5) \quad\quad (0.001\,3)$$
$$n = 353,\ SSR = 198.311,\ R^2 = 0.597\,1 \tag{4.33}$$

如我们所想，来自（4.33）的 SSR 比来自（4.31）的 SSR 要大一些，而受约束模型的 R^2 比不受约束模型的 R^2 要小一些。我们需要决定的是，SSR 从不受约束模型到受约束模型的增加（从 183.186 到 198.311），是否足以拒绝（4.29）？如同所有的检验一样，答案取决于检验的显著性水平。但我们在得到一个在 H_0 下其分布已知的统计量之前，还不可能在一个选定的显著性水平上进行检验。因此，我们需要一种方法，能合并这两个 SSR 中的信息，得到一个在 H_0 下分布已知的检验统计量。

我们不妨针对一般情形推导这个检验统计量，这样做并没有多困难。将具有 k 个自变量的不受约束模型写成

$$y = \beta_0 + \beta_1 x_1 + \cdots + \beta_k x_k + u \tag{4.34}$$

不受约束模型中的参数有 $k+1$ 个。（记住要增加一个截距参数。）假设我们有 q 个排除性约束要检验：即原假设表示，（4.34）中有 q 个变量的系数为零。为了记号上的方便，假定这 q 个变量是自变量中的最后 q 个：$x_{k-q+1}, \cdots, x_k$。（当然，变量的顺序是任意的，这并不重要。）原假设就被表示成

$$H_0: \beta_{k-q+1} = 0, \cdots, \beta_k = 0 \tag{4.35}$$

它对模型（4.34）施加了 q 个排除性约束。简单地说，（4.35）的备择假设就是（4.35）是错误的；这意味着（4.35）中列出的参数至少有一个不为零。当我们施加在 H_0 下的约束时，受约束模型则为：

$$y = \beta_0 + \beta_1 x_1 + \cdots + \beta_{k-q} x_{k-q} + u \tag{4.36}$$

在这一小节，我们假定受约束模型和不受约束模型都包含截距项，因为在实际中，含有截距项是最经常遇到的情况。

现在轮到检验统计量本身了。前面我们提到，当不受约束模型变为受约束模型时，SSR 的相对增加对检验假设（4.35）而言应该是有意义的。定义 **F 统计量**（F statistic）（或 F 比率）为

$$F \equiv \frac{(\mathrm{SSR}_r - \mathrm{SSR}_{ur})/q}{\mathrm{SSR}_{ur}/(n-k-1)} \tag{4.37}$$

式中，SSR_r 为受约束模型的残差平方和；SSR_{ur} 为不受约束模型的残差平方和。

你可能已经注意到，因为 SSR_r 不可能比 SSR_{ur} 小，所以 F 统计量总

思考题 4.4

考虑学生在标准化考试中的个人成绩 *score* 与一系列其他变量之间的关系。学校因素包括人均教室面积、学生平均支出、教师的平均薪水和全校总注册人数。其他学生特征变量为家庭收入、母亲的受教育程度、父亲的受教育程度和兄弟姐妹的个数。这个模型是

$$\begin{aligned} score = {}& \beta_0 + \beta_1 classize + \beta_2 expend \\ & + \beta_3 tchcomp + \beta_4 enroll + \beta_5 faminc \\ & + \beta_6 motheduc + \beta_7 fatheduc \\ & + \beta_8 siblings + u \end{aligned}$$

试表述一旦与学校相关的因素得到控制以后，学生特征变量对标准化考试成绩便没有影响这个原假设。这个例子的 k 和 q 是什么？写出这个模型的受约束形式。

是非负（而且几乎总是严格为正）。因此，如果你计算出了一个负的 F 统计量，那就肯定出了问题；通常是 F 统计量的分子中两个 SSR 的次序被颠倒了。同时，F 统计量分母中的 SSR 来自不受约束模型。最容易记住 SSR 在哪里出现的方法是，将 F 视为 SSR 从不受约束模型到受约束模型的相对增加量。

F 统计量分子中 SSR 的差值还要除以 q，q 就是从不受约束模型到受约束模型所施加的约束数（去掉了 q 个自变量）。于是我们可以写出

$$q = \text{分子自由度}(\text{numerator degrees of freedom}) = df_r - df_{ur} \qquad (4.38)$$

上式还表明，q 是受约束模型与不受约束模型的自由度之差。（回忆一下，$df =$ 观测次数－被估计参数的个数。）由于受约束模型参数较少，而每个模型都使用同样的 n 次观测，所以 df_r 总是大于 df_{ur}。

F 统计量分母中的 SSR 要除以不受约束模型的自由度：

$$n - k - 1 = \text{分母自由度}(\text{denominator degrees of freedom}) = df_{ur} \qquad (4.39)$$

实际上，F 的分母恰好就是不受约束模型中 $\sigma^2 = \text{Var}(u)$ 的一个无偏估计量。

在具体应用中计算 F 统计量比在描述一般情形时要容易一些，因为在描述一般情形时使用了许多烦琐的符号。我们首先找出不受约束模型的自由度 df_{ur}，然后数一下在受约束模型中排除了多少个变量，即 q。每个 OLS 回归都会报告 SSR，所以计算 F 统计量就很简单。

在棒球大联盟薪水的回归模型中，$n = 353$，完整模型（4.28）包含了 6 个变量。于是，$n - k - 1 = df_{ur} = 353 - 6 = 347$。受约束模型（4.32）比（4.28）少包括 3 个变量，所以 $q = 3$。因此，我们具有计算 F 统计量所需要的所有要素；在知道 F 统计量的用途后，我们再来计算它。

为了使用 F 统计量，我们必须知道它在原假设下的抽样分布，以选定临界值和拒绝法则。可以证明，在 H_0 下（并假定 CLM 假设成立），F 统计量服从自由度为 $(q, n - k - 1)$ 的 F 分布。我们把它写成

$$F \sim F_{q, n-k-1}$$

$F_{q, n-k-1}$ 分布的取值已被制成表格，可在统计表中查阅（见书末附录统计表 G 中的表 G.3），更重要的是，在统计软件中也可获得。

由于推导 F 分布所需要的数学十分复杂，所以我们不去推导它的分布。大致说来，可以证明，（4.37）实际上是两个独立的服从卡方分布的随机变量分别除以其自由度后的比率。分子是服从自由度为 q 的卡方分布的随机变量，分母是服从自由度为 $n - k - 1$ 的卡方分布的随机变量。这就是一个服从 F 分布的随机变量的定义（参见书末附录数学复习 B）。

从 F 的定义中能明显地看出，当 F 充分"大"时，我们将拒绝 H_0 而支持 H_1。需要多大则取决于我们选择的显著性水平。假设我们决定在 5% 的显著性水平上进行检验。令 c 为 $F_{q, n-k-1}$ 分布的第 95 个百分位数。这个临界值取决于 q（分子自由

度）和 $n-k-1$（分母自由度）。弄清楚分子和分母的自由度很重要。

　　F 分布 10%、5% 和 1% 的临界值在书末附录统计表 G 中的表 G.3 给出。拒绝法则很简单。一旦得到了 c，如果

$$F > c \tag{4.40}$$

我们就在所选定的显著性水平上拒绝 H_0 而支持 H_1。对于 5% 的显著性水平，$q=3$ 且 $n-k-1=60$，那么临界值就是 $c=2.76$。如果计算出来的 F 统计量超过 2.76，我们就在 5% 的显著性水平上拒绝 H_0。图 4.7 画出了 5% 显著性水平的临界值和拒绝域。对于同样的自由度，1% 水平的临界值则是 4.13。

　　在大多数应用中，分子自由度（q）都比分母自由度（$n-k-1$）小得多。在 $n-k-1$ 不大的情况下，因为不能准确估计无约束模型中的参数，所以在应用中可能会失败。当分母自由度达到约 120 时，F 分布对它的取值就不再敏感了。（这完全就像 t 分布随着 df 的变大而能很好地由标准正态分布近似一样。）因此，分布表中专门有一个分母 $df=\infty$ 的条目，这就是我们在大样本（因为 $n-k-1$ 也大）情况下所用的临界值。对于分子自由度极大的情况，类似的论断也成立，但在实际应用中，这种情况却很少发生。

　　如果拒绝 H_0，那么我们就说，x_{k-q+1}，$\cdots$，x_k 在适当的显著性水平上是**联合统计显著的**（jointly statistical significant）（或简单地说是联合显著的）。单靠这一个检验还不足以告诉我们，哪个变量对 y 具有偏效应；它们或许都影响 y，或许只有一个影响 y。如果原假设未被拒绝，那么这些变量就是**联合不显著的**（jointly insignificant），这就为我们将它们从模型中去掉提供了根据。

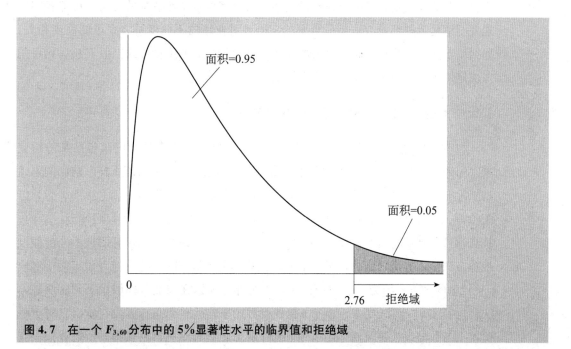

图 4.7　在一个 $F_{3,60}$ 分布中的 5% 显著性水平的临界值和拒绝域

对于棒球大联盟的例子，分子自由度为 3，分母自由度为 347，显著性水平为 5％ 的临界值是 2.60，而 1％的临界值是 3.78。如果 F 大于 3.78，我们就在 1％的显著性水平上拒绝原假设；如果 F 大于 2.60，我们就在 5％的显著性水平上拒绝原假设。

我们现在回头来检验我们在本节之初的假设：在控制了 $years$ 和 $gamesyr$ 后，$bavg$、$hrunsyr$ 和 $rbisyr$ 对运动员的薪水没有影响。实际上，最简单的办法是，先计算 $(SSR_r - SSR_{ur})/SSR_{ur}$，再将结果乘以 $(n-k-1)/q$；把公式表述成形如 (4.37) 那样，其目的是使我们更容易看清分子和分母的自由度。使用 (4.31) 和 (4.33) 中的 SSR，我们得到

$$F = \frac{198.311 - 183.186}{183.186} \times \frac{347}{3} \approx 9.55$$

这个数字远大于自由度为 3 和 347 的 F 分布在显著性水平为 1％时的临界值，所以，我们稳妥地拒绝 $bavg$、$hrunsyr$ 和 $rbisyr$ 对薪水没有影响的假设。

鉴于三个变量的 t 统计量都不显著，联合检验的结果看上去有些令人吃惊。事实上，$hrunsyr$ 和 $rbisyr$ 两个变量高度相关，而这种多重共线性则使得我们难以发现每个变量的偏效应；后者反映在单个变量的 t 统计量上。F 统计量检验这三个变量（包括 $bavg$）是否联合显著，而 $hrunsyr$ 和 $rbisyr$ 之间的多重共线性对检验这个联合假设而言就远没有那么重要了。在计算机练习 C5 中，要求你在去掉 $rbisyr$ 后重新估计模型，这种情况下 $hrunsyr$ 就变得十分显著。同理，当从模型中去掉 $hrunsyr$ 后，$rbisyr$ 也变得十分显著。

当变量高度相关时，F 统计量通常用于检验能否排除一组变量。例如，我们想检验企业的业绩是否影响总经理的薪水。有许多度量企业业绩的方法，可能我们事先并不清楚哪种度量方法是最重要的。既然对业绩的不同度量方式可能高度相关，那么由于多重共线性，就不太可能发现个别变量显著的度量方式。但 F 检验则可用来决定一组企业业绩的变量是否会影响薪水。

4.5b F 统计量和 t 统计量之间的关系

在本节我们已经看到，如何用 F 统计量来检验模型中是否应该包括某一组变量。如果我们用 F 统计量去检验单个自变量的显著性，结果会怎么样？前面的论述当然没有排除这种可能的情形。例如，我们可以取原假设为 $H_0: \beta_k = 0$ 和 $q=1$，以便检验 x_k 是否可从模型中去掉的单一变量排除性约束。在 4.2 节我们知道，β_k 的 t 统计量可用来检验这个假设。那么问题是：对于单个系数，是否有两种不同的假设检验方法？回答是否定的。可以证明，检验单个变量排除性的 F 统计量，等于对应 t 统计量的平方。因为 t_{n-k-1}^2 具有 $F_{1, n-k-1}$ 分布，所以在双侧备择假设下，这两种方法会得到完全一样的结果。由于 t 统计量可用来检验单侧备择假设，所以它对于检验单个参数假设就更灵活。还因为 t 统计量比 F 统计量更容易获得，所以我们没有理由去使用 F 统计量对单个参数假设进行检验。

我们还在大联盟棒球运动员薪水回归中看到，两个（或多个）各自具有不显著 t 统计量的变量，联合检验可能十分显著。还有一种可能，在一组解释变量中，一个变量的 t 统计量是显著的，但在常见的显著性水平上，这组变量却不是联合显著的。我们应该如何处理这类结果呢？具体而言，假设在一个含有许多解释变量的模型中，我们不能在 5% 的显著性水平上拒绝 β_1、β_2、β_3、β_4、β_5 都为 0 的原假设，而 β_1 的 t 统计量在 5% 的显著性水平上显著。从逻辑上讲，我们不能得到 $\beta_1 \neq 0$ 而 β_2、β_3、β_4、β_5 都为 0！但作为一个检验问题，我们有可能把一些不显著变量与一个显著变量捆绑在一起，并断定整个变量集是联合不显著的。（t 检验与 F 检验之间的这种可能冲突，给出了我们为什么不应该"接受"原假设的另一个例子；我们只是不能拒绝它们而已。）虽然规定 F 统计量用于检验一组系数是否不为 0，但它绝不是判断单个系数是否不为 0 的最佳检验。t 检验最适合检验单个假设。（用统计术语来说，包括 $\beta_1 = 0$ 之联合约束的 F 统计量，在检验 $\beta_1 \neq 0$ 时比通常的 t 检验缺乏功效。对检验功效的讨论，参见书末附录数学复习 C 的 C. 6 节。）

然而，我们有时可能在一些不显著变量中间隐藏一个统计显著的变量，如果不仔细报告回归结果，将可能导致错误。例如，在研究城市级别贷款许可率的决定因素时，假设 x_1 表示城市黑人家庭的比例，变量 x_2、x_3、x_4 和 x_5 表示按照家长年龄进行分组的家庭比例。在解释贷款许可率时，我们将包含收入、财富、信用等级等指标。假设在控制了其他变量后，家长年龄对贷款许可率没有影响。即便种族略有显著影响，但种族和年龄变量一起可能就是联合不显著的了。若一个作者想要得到种族不是影响因素的结果，他可能会简单地报告"将种族和年龄变量添加到方程中，但在 5% 的显著性水平上，它们不是联合显著的"。幸好，专家评论防止了这类误导性的结论，但你也应该注意，这种结果可能会出现。

通常，当一个变量在统计上十分显著时，将它与另一组变量联合检验，结果便是联合显著的。在这种情况下，同时拒绝这两个原假设在逻辑上是一致的。

4.5c F 统计量的 R^2 型

多数应用表明，使用受约束模型和不受约束模型的 R^2 来计算 F 统计量将更方便。原因之一在于，R^2 必定介于 0 和 1 之间，而 SSR 则在很大程度上依赖于 y 的度量单位，使得基于 SSR 的计算更为烦冗。利用 $\text{SSR}_r = \text{SST}(1 - R_r^2)$ 和 $\text{SSR}_{ur} = \text{SST}(1 - R_{ur}^2)$，代入（4.37），得到

$$F = \frac{(R_{ur}^2 - R_r^2)/q}{(1 - R_{ur}^2)/(n - k - 1)} = \frac{(R_{ur}^2 - R_r^2)/q}{(1 - R_{ur}^2)/df_{ur}} \tag{4.41}$$

（注意消掉了 SST 项。）此即所谓的 **F 统计量的 R^2 型**（R-squared form of the F statistic）。［应该注意的是，尽管方程（4.41）在检验排除性约束时很方便，但它不能用于检验所有的线性约束。在讨论如何检验一般的线性约束时，我们将会看到，有时需要使用 F 统计量的残差平方和的形式。］

4

由于 R^2 在几乎所有的回归中都会报告（但 SSR 却没有），所以，使用受约束模型和不受约束模型的 R^2 来检验排除一些变量就很容易。应该特别注意分子中 R^2 的顺序：先出现不受约束模型的 R^2［与（4.37）中 SSR 的顺序相反］。因为 $R^2_{ur} > R^2_r$，所以再次表明 F 总是正的。

在使用 R^2 型统计量检验排除一组变量时，重要的是，在将 R^2 放到（4.41）中之前不能将它平方。所有的回归结果都报告 R^2，把这些数字直接代入（4.41）即可。如棒球运动员薪水一例，我们可以使用（4.41）得到 F 统计量：

$$F = \frac{0.627\ 8 - 0.597\ 1}{1 - 0.627\ 8} \times \frac{347}{3} \approx 9.54$$

与我们前面得到的结论十分接近。（差别在于四舍五入产生的误差。）

例 4.9

孩子出生体重方程中父母的受教育程度

作为计算 F 统计量的另一个例子，考虑如下解释婴儿出生体重的模型：

$$bwght = \beta_0 + \beta_1 cigs + \beta_2 parity + \beta_3 faminc + \beta_4 motheduc + \beta_5 fatheduc + u$$

(4.42)

式中，$bwght$ 为以磅为单位的出生体重；$cigs$ 为母亲怀孕期间平均每天的抽烟数量；$parity$ 为这个孩子在子女中的排行；$faminc$ 为家庭年收入；$motheduc$ 为母亲受教育程度；而 $fatheduc$ 为父亲受教育程度。我们要检验的原假设是：在控制了 $cigs$、$parity$ 和 $faminc$ 后，父母的受教育程度对孩子出生时的体重没有影响。表示为 H_0：$\beta_4 = 0$，$\beta_5 = 0$，所以有 $q = 2$ 个排除性约束要检验。在不受约束模型（4.42）中有 $k+1 = 6$ 个参数，所以在不受约束模型中的 df 是 $n-6$，其中 n 代表样本容量。

我们将使用 BWGHT 中的数据来检验这个假设。尽管这个数据集包含了 1 388 个婴儿的信息，但在我们清点检验原假设所用到的观测数据时仍须十分小心。结果，样本中有197 个婴儿至少缺失变量 $motheduc$ 和 $fatheduc$ 中的一个信息；在估计不受约束模型时，这些观测都不能被包含进来。因而我们实际上只有 1 191 个观测值，所以在不受约束模型中自由度只有 1 191−6＝1 185。在估计受约束模型时，我们一定要使用这同样的 1 191 个观测（而不是可供使用的全部 1 388 个观测）。一般而言，在估计受约束模型以进行 F 检验时，我们必须使用与估计不受约束模型时同样的观测；否则这个检验就无效。在没有缺失数据的情况下，这当然不成问题。

分子的 df 为 2，分母的 df 为 1 185；查书末附录统计表 G 中的表 G.3 可知，5% 的临界值是 3.0。为了节省篇幅，我们就不报告计算结果，而只是给出 R^2 的值。对于完整的模型，R^2 是 $R^2_{ur} = 0.038\ 7$。将 $motheduc$ 和 $fatheduc$ 从回归中排除后，R^2 下降到 $R^2_r = 0.036\ 4$。因此，F 统计量是 $F = [(0.038\ 7 - 0.036\ 4)/(1 - 0.038\ 7)] \times (1\ 185/2) = 1.42$；因为它远远低于

5%的临界值，所以我们不能拒绝 H_0。换句话说，*motheduc* 和 *fatheduc* 在婴儿体重方程中是联合不显著的。大部分的统计软件包在 OLS 估计后都有检验多重假设时的内置命令，所以我们不必担心会出现在不同的数据集上运行两个模型的错误。软件一般在无约束模型的估计后运行这些命令，这意味着无论这些变量有多少缺失值，最小的数据集也会被充分利用。通过矩阵代数计算 F 统计量的方法（参见书末附录高级处理方法 E）不需要对约束模型进行估计。

4.5d 计算 F 检验的 p 值

p 值对报告 F 检验的结果十分有用。由于 F 分布取决于分子和分母的 df，所以只是看一下 F 统计量的值或一两个临界值，对拒绝原假设之证据的强弱很难有直观感受。

在 F 检验的背景下，p 值被定义为

$$p \text{ 值} = \mathrm{P}(\mathscr{F} > F) \tag{4.43}$$

式中，我们令 $\mathscr{F}$ 表示一个自由度为 $(q, n-k-1)$ 的 F 随机变量，F 是检验统计量的实际值。p 值与 t 统计量的 p 值具有相同的解释：若原假设是正确的，观察到的 F 值至少和我们所得到的 F 值一样大的概率。很小的 p 值就是拒绝 H_0 的证据。例如，p 值 = 0.016 意味着，在原假设正确时，观察到的 F 值至少和所得到的 F 值一样大的概率是 1.6%；我们在这种情况下通常会拒绝 H_0。如果 p 值 = 0.314，那么，在原假设正确时，观察到的 F 统计量的值至少和我们所得到的 F 值一样大的概率是 31.4%。多数人认为，这还不足以拒绝 H_0。

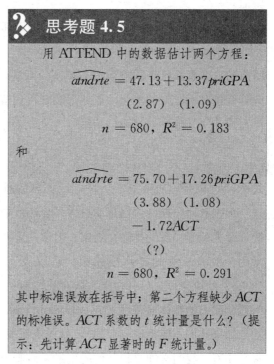

？ 思考题 4.5

用 ATTEND 中的数据估计两个方程：

$$\widehat{atndrte} = 47.13 + 13.37 priGPA$$
$$\quad\quad (2.87)\quad (1.09)$$
$$n = 680,\ R^2 = 0.183$$

和

$$\widehat{atndrte} = 75.70 + 17.26 priGPA$$
$$\quad\quad (3.88)\quad (1.08)$$
$$\quad\quad - 1.72 ACT$$
$$\quad\quad\quad (?)$$
$$n = 680,\ R^2 = 0.291$$

其中标准误放在括号中；第二个方程缺少 ACT 的标准误。ACT 系数的 t 统计量是什么？（提示：先计算 ACT 显著时的 F 统计量。）

如同 t 检验一样，一旦计算了 p 值，F 检验可以在任何显著性水平上进行。例如，如果 p 值 = 0.024，我们将在 5% 的显著性水平上拒绝 H_0，但在 1% 的显著性水平上则不能拒绝。

例 4.9 中 F 检验的 p 值是 0.238，所以即使在 20% 的显著性水平上，也不能拒绝 $\beta_{motheduc}$ 和 $\beta_{fatheduc}$ 都是零的原假设。

许多计量经济软件包都具有检验多重排除性约束的内置功能。与手动计算这些统计量相比，这些软件包有几个优点：出错的可能性极小，p 值能被自动计算出

来，像例 4.9 那样的数据缺失问题也无须我们花费精力，软件可以自动解决。

4.5e 回归的整体显著性的 F 统计量

大多数回归软件包还对一组特定的排除性约束进行了例行检验。无论是哪个模型，这些约束都具有相同的解释。在含有 k 个自变量的模型中，我们可以把原假设写成

H_0：x_1，x_2，$\cdots$，x_k 都不能解释 y

从某个方面来讲，这个原假设太过谨慎。它认为解释变量中没有一个能影响 y。这个原假设用参数表示就是，所有的斜率参数都是零：

$$H_0：\beta_1 = \beta_2 = \cdots = \beta_k = 0 \tag{4.44}$$

而备择假设是，至少有一个 β_j 不为零。另一种表述原假设的方法是，H_0：$E(y \mid x_1, x_2, \cdots, x_k) = E(y)$，所以，知道 x_1，x_2，$\cdots$，x_k 的值，并不会影响 y 的期望值。

在（4.44）中有 k 个约束，而当我们施加这些约束时，我们得到受约束模型

$$y = \beta_0 + u \tag{4.45}$$

所有的自变量都已经从方程中去掉了。现在，估计（4.45）的 R^2 为零；因为没有解释变量，所以 y 的变化一点儿都没有得到解释。因此，检验（4.44）的 F 统计量可写成

$$\frac{R^2/k}{(1-R^2)/(n-k-1)} \tag{4.46}$$

式中，R^2 就是 y 对 x_1，x_2，$\cdots$，x_k 回归的通常 R^2。

大多数回归软件包都自动报告（4.46）中的 F 统计量，使得我们很想利用这个统计量去检验一般的排除性约束。但你一定要保持清醒。（4.41）中的 F 统计量通常用于检验一般的排除性约束；它取决于受约束模型和不受约束模型的 R^2。（4.46）的特殊形式只有在检验所有自变量的联合性排除时才有效。有时我们称之为检验**回归的整体显著性**（overall significance of the regression）。

如果我们不能拒绝（4.44），就没有证据表明，有某个自变量能解释 y。这通常意味着，我们必须寻找其他的变量来解释 y。对于例 4.9，检验（4.44）的 F 统计量在 $k=5$ 和 $n-k-1=1$，$df=185$ 时约为 9.55。p 值在小数点后面四位都是零，所以有力地拒绝了（4.44）。因此，我们断定，$bwght$ 方程中的变量确实能解释 $bwght$ 的某些变化。被解释的变化并不多，只有 3.87%。但看上去很小的 R^2 却导致了高度显著的 F 统计量。这就解释了我们为什么要计算 F 统计量来检验联合显著性，而非仅仅看一下 R^2 的大小。

有时候，用于所有自变量联合不显著这一假设的 F 统计量也是研究的焦点。习题 10 就要求你利用股票回报数据去检验股票四年后的回报能否仅由期初所拥有的

信息来预测。在有效市场假说（efficient market hypothesis）下，回报应该是不可预测的；原假设刚好就是（4.44）。

4.5f 检验一般的线性约束

到目前为止，检验排除性约束仍是 F 统计量最重要的用途。但有时候，某种理论所蕴含的约束条件，比仅仅排除某些自变量更为复杂。这仍可以直接使用 F 统计量进行检验。

举一个例子，考虑如下方程：

$$\log(price) = \beta_0 + \beta_1 \log(assess) + \beta_2 \log(lotsize) + \beta_3 \log(sqrft)$$
$$+ \beta_4 bdrms + u \tag{4.47}$$

式中，$price$ 为住房价格；$assess$ 为住房的评估价值（在房屋售出以前）；$lotsize$ 为以英尺为单位的占地面积；$sqrft$ 为平方英尺数；而 $bdrms$ 则为卧室数。现在，假设我们想检验住房的评估价值是不是一个合理的定价。如果是这样，那么 $assess$ 变化 1%，$price$ 将随之变化 1%；即 $\beta_1 = 1$。此外，一旦控制了评估价值 $assess$，那么 $lotsize$、$sqrft$ 和 $bdrms$ 应该不能解释 $\log(price)$。总而言之，这些假设可表述成

$$H_0: \beta_1 = 1, \ \beta_2 = 0, \ \beta_3 = 0, \ \beta_4 = 0 \tag{4.48}$$

这里有四个约束要检验；有三个是排除性约束，但 $\beta_1 = 1$ 不是。我们如何使用 F 统计量来检验这个假设呢？

与在排除性约束情形中一样，我们先估计不受约束模型，在这里就是（4.47），然后施加（4.48）中的约束，得到受约束模型。第二步多少有些微妙，但我们所做的一切就是代入约束。如果我们将（4.47）写成

$$y = \beta_0 + \beta_1 x_1 + \beta_2 x_2 + \beta_3 x_3 + \beta_4 x_4 + u \tag{4.49}$$

那么受约束模型就是 $y = \beta_0 + x_1 + u$。现在，为了施加 x_1 的系数为 1 的约束，我们必须估计如下模型：

$$y - x_1 = \beta_0 + u \tag{4.50}$$

这只是一个具有截距（β_0）的模型，但与（4.49）中的因变量不同。计算 F 统计量的步骤是一样的：估计（4.50），得到 SSR（SSR_r），并将它与来自（4.49）的不受约束模型一起用于 F 统计量（4.37）。我们在检验 4 个约束，所以在不受约束模型中有 $df = n - 5$。F 统计量也就是 $[(SSR_r - SSR_{ur})/SSR_{ur}][(n-5)/4]$。

在代入数据之前，我们必须强调一点：由于（4.50）中的因变量不同于（4.49）中的因变量，所以我们在这个例子中不能使用 F 统计量的 R^2 型。这意味着，两个回归的总平方和将不同，而（4.41）也就不再等价于（4.37）。这是一个一般规律，如果在进行受约束回归时需要一个不同的因变量，就应该使用 F 统计量的 SSR 型。

使用 HPRICE1 中的数据估计的不受约束模型是

$$\widehat{\log(price)} = 0.264 + 1.043\log(assess) + 0.007\ 4\log(lotsize)$$
$$(0.570) \quad (0.151) \qquad\quad (0.038\ 6)$$
$$- 0.103\ 2\log(sqrft) + 0.033\ 84bdrms$$
$$(0.138\ 4) \qquad\quad (0.022\ 1)$$
$$n = 88,\ SSR = 1.822,\ R^2 = 0.773$$

如果我们分别用 t 统计量检验（4.48）中的每一个假设，那么我们不能拒绝任何一个假设。但"评估是理性的"是一个联合假设，所以我们应该联合检验这些约束。结果受约束模型的 SSR 是 $SSR_r = 1.880$，所以 F 统计量便是 $[(1.880 - 1.822)/1.822] \times (83/4) = 0.661$。自由度为（4，83）的 F 分布，在显著性水平为 5% 时的临界值约为 2.50，所以我们不能拒绝 H_0。实际上，没有任何证据拒绝评估值是合理的这个假设。

4.6 报告回归结果

在本章结束之际，我们就如何对相对复杂的实证研究报告多元回归结果给出一些指导性原则。这会让你知道如何阅读应用社会科学中发表的作品，同时也为你撰写自己的实证论文做好准备。在本书其余部分，我们还将通过各种例子来补充这个专题，但现在就可以给出其中的许多要点。

显而易见，我们总应该报告所估计的 OLS 系数估计值。对于分析中的关键变量，你应该对所估计的系数做出解释（这通常要求我们知道这些变量的度量单位）。例如，这个估计值是不是弹性，还是有其他的理解方式？我们应该对关键变量估计值的经济或实证重要性加以讨论。

标准误总是应该与所估计的系数一起报告。有些作者更喜欢报告 t 统计量而不是标准误（通常只是 t 统计量的绝对值）。尽管这样做也没错，但最好还是要报告标准误。首先，标准误能使我们认真考虑被检验的原假设；原假设并非总是总体参数为零。其次，有了标准误，计算置信区间就更容易了。

我们也总应该报告回归的 R^2。我们已经看到，除了提供拟合优度的一种度量外，它还使计算排除性约束的 F 统计量相对简单。报告残差平方和及回归标准误，有时也是一个好主意，但并非至关重要。估计任何一个方程的观测次数，也应该和估计出来的方程一起报告。

如果像我们到目前为止所做的一样，只估计少数几个模型，结果就可以总结在方程形式中。但在许多论文中，几个方程由许多不同的自变量集来估计。我们可能要对不同的人群估计同一个方程，或者我们的方程所解释的是不同的因变量。对于这些情形，最好将结果归纳在一个或多个表格中。表中应该清楚标明因变量，而自变量则应该列在第一列。标准误（或 t 统计量）可放在估计值下面的括号中。

例 4.10

教师的薪水与养老金之间的替换关系

令 *totcomp* 表示一名教师平均的全年总报酬，包括薪水 *salary* 和各种附加福利（养老金、健康保险等）。把标准工资方程加以扩展，总报酬应该是生产力及其他特征的一个函数。如标准做法那样，我们使用对数形式：

$$log（\text{totcomp}）＝f（生产力特征，其他因素）$$

式中，$f(\cdot)$ 为某种（尚未设定的）函数。记

$$totcomp ＝ 薪水＋福利 ＝ 薪水×（1＋福利／薪水）$$

这个方程表明，总报酬是 *salary* 和 1＋*b/s* 两项之积，其中 *b/s* 是"福利—薪水比"的简写。将这个方程取对数就得到 $\log(totcomp)＝\log(salary)＋\log(1＋b/s)$。现在，对于"较小"的 *b/s*，有 $\log(1＋b/s)≈b/s$；我们将使用这个近似。这就形成了一个计量模型

$$\log(salary) ＝ \beta_0 ＋ \beta_1(b/s) ＋ 其他因素$$

于是，检验薪水—福利之间的替换关系，就等同于检验 H_0：$\beta_1＝-1$，备择假设是：H_1：$\beta_1\neq-1$。

我们使用 MEAP93 中的数据去检验这个假设。这些数据是在学校层面上的平均值，而且我们没有观测到很多能影响总报酬的其他因素。我们要控制的因素包括学校规模（*enroll*）、平均每千名学生的教工数（*staff*），以及诸如学校辍学率和毕业率等指标。样本中平均的 *b/s* 约为 0.205，而其最大值为 0.450。

表 4.1 中给出了所估计的方程，其中标准误放在系数估计值下面的括号中。关键变量是福利—薪水比 *b/s*。

从表 4.1 的第一列我们可以看到，不控制任何其他因素，*b/s* 的 OLS 系数为 -0.825。检验原假设 H_0：$\beta_1＝-1$ 的 *t* 统计量是 $t＝[(-0.825)+1]/0.200≈0.875$，所以简单回

> **？ 思考题 4.6**
>
> 加入 *droprate* 和 *gradrate* 后，如何影响薪水—福利替换关系的估计值？这些变量在 5% 的显著性水平上是联合统计显著的吗？在 10% 的水平上呢？

归不能拒绝 H_0。在引入学校规模和教师规模（大致刻画了每个教师所教学生数）后，*b/s* 的系数估计值就变为 -0.605。现在检验 $\beta_1＝-1$ 的 *t* 统计量约为 2.39；因此，H_0 相对双侧备择假设在 5% 的显著性水平上被拒绝。变量 $\log(enroll)$ 和 $\log(staff)$ 在统计上都是极为显著的。

表 4.1 检验薪水—福利之间的替换关系

自变量	因变量：$\log(salary)$		
	(1)	(2)	(3)
b/s	-0.825 (0.200)	-0.605 (0.165)	-0.589 (0.165)

续表

	因变量：log(salary)		
自变量	(1)	(2)	(3)
log(enroll)	—	−0.087 4 (0.007 3)	−0.088 1 (0.007 3)
log(staff)	—	−0.222 (0.050)	−0.218 (0.050)
droprate	—	—	−0.000 28 (0.001 61)
gradrate	—	—	−0.000 97 (0.000 66)
截距	10.523 (0.042)	10.884 (0.252)	10.738 (0.258)
观测次数	408	408	408
R^2	0.040	0.353	0.361

4.7 对因果效应和政策分析的再次讨论

在 3.7e 节我们展示了，在控制足够的变量以确保分配是明确的情况下，如何利用多元回归获得在政策干预的背景下因果效应（或处理效应）的无偏估计量。尤其是在给定处理效应为常数 τ 后，我们可以得到

$$E\left(y \mid w, X\right)=\alpha+\tau w+X\gamma=\alpha+\tau w+\gamma_1 x_1+\cdots+\gamma_k x_k$$

式中，y 为结果或效应；w 为二元政策（处理）变量；x_j 为考虑到非随机分配的控制变量。由于假设 MLR.1 至 MLR.4 成立（并且我们从总体中随机抽取样本），所以我们知道 OLS 估计量 τ 是无偏的。若加上假设 MLR.5 和 MLR.6，我们可以计算出 τ 准确的推断值。例如，原假设为没有政策效应，即 $H_0 : \tau=0$，我们就可以用标准 t 统计量针对一个单侧或双侧的备择假设进行假设检验。若无视估计值 $\hat{\tau}$ 的量级，那么除非 $\hat{\tau}$ 在一个相当小的显著性水平上统计显著不为零（并且拥有与预期相同的符号），否则大部分研究者和行政官不会认为政策干预是有效的。在任何情况下讨论 $\hat{\tau}$ 的符号、量级及其统计显著性都是很重要的。或许我们更关心 τ 95% 的置信区间，因为这为我们提供了处理效应取值的一个合理范围。

我们也可以检验关于 γ_j 的假设，但是在政策环境下，除非我们想要进行回归结果的逻辑性的检查，否则很少会关心 x_j 的统计显著性。例如，我们会期望通过以往劳动力市场的收入来预测当前劳动力市场的收入。

我们现在重新考虑例 3.7，这一问题包含利用 JTRAIN98 计算的某个工作培训项目的估计效应。

例 4.11

评估工作培训项目

我们复制了简单回归和多元回归的估计结果，并把标准误放在了系数下面的括号内。回忆一下，结果变量 $earn98$ 以千美元为单位衡量：

$$\widehat{earn98} = 10.61 - 2.05train$$
$$\qquad\quad (0.28)\quad(0.48)$$
$$n = 1\,130, R^2 = 0.016 \tag{4.51}$$

$$\widehat{earn98} = 4.67 + 2.41train + 0.373earn96 + 0.363educ - 0.181age + 2.48married$$
$$\qquad\quad (1.15)\;(0.44)\qquad(0.19)\qquad\quad(0.064)\qquad(0.19)\qquad(0.43)$$
$$n = 1\,130, R^2 = 0.405 \tag{4.52}$$

正如在例 3.7 中讨论的那样，从简单回归到多元回归 $train$ 系数符号的变化是意想不到的。此外，（4.51）中的 t 统计量为 $(-2.05)/0.48 \approx -4.27$，这在统计上十分显著，并且意味着对于培训项目有极大的负效应。相反的是，（4.52）中的 t 统计量约为 5.47，这意味着在统计上十分显著并且有正效应。很清楚，我们更倾向于用多元回归的结果去估计工作培训项目。当然，可能是因为我们在（4.52）中忽略了一些重要的控制变量，但是至少我们能对员工间的差异做出解释。

可能现在该重新考虑我们在 3.4a 节里提到的多重共线性问题了。回忆一下，多重共线性仅在多元回归中才会出现，所以我们的讨论只与方程（4.52）有关。在方程（4.52）中，可能有两个甚至多个控制变量高度相关，也可能没有，对此我们并不关心。我们把 $earn96$、$educ$ 和 $married$ 都纳入方程是为了控制员工间的差异，这些差异或多或少决定了工作培训项目的参加情况，这很可能会导致处理效应的无偏估计。我们不担心估计控制变量系数时的误差，并且将 x_j 中高度相关的变量纳入方程中也与获得 τ 的可靠估计量无关。计算机练习 C14 要求你加入一个在 1996 年是否失业的哑变量，这与他在 1996 年的收入高度相关：$unem96 = 0$ 意味着 $earn96 = 0$。到目前为止，$unem96$ 和 $earn96$ 的关联并不重要。如果我们能知道 1995 年的收入 $earn95$，我们也会将它纳入方程中。

本章小结

我们在本章已探讨了统计推断这个十分重要的专题，它使我们能从一个随机样本中对总体模型做出一些推断。现将要点总结如下：

1. 在经典线性模型假设 MLR.1 到 MLR.6 下，OLS 估计量是服从正态分布的。

2. 在 CLM 假设下，t 统计量在原假设条件下服从 t 分布。

3. 针对单侧或双侧备择假设，我们利用 t 统计量对单个参数进行假设检验（分别使用单侧或双侧检验）。最常见的原假设是 $H_0：\beta_j = 0$，但我们有时也想在 H_0 下检验 β_j 的其他值。

4. 在经典线性假设检验中，我们首先选择一个显著性水平，它与 df 和备择假设一起决定了临界值，然后我们将 t 统计量与这个临界值进行比较。对 t 检验计算 p 值（拒绝原假设的最小显著性水平）更有意义，从而我们能在任何一个显著性水平上对原假设进行检验。

5. 在 CLM 假设下，可以对每个 β_j 构造一个置信区间。这些置信区间可以用来对任何一个关于 β_j 的原假设进行相对于一个双侧备择假设的检验。

6. 通过改写模型以（直接）包含我们所关注的参数，总可以检验那些涉及不止一个 β_j 的单个假设检验。随后，就可以使用标准的 t 统计量。

7. F 统计量可用于检验多重排除性约束，而且有两种不同的检验形式。一种是基于受约束模型和不受约束模型中的 SSR 得到的，更简便的形式则基于这两个模型的 R^2。

8. 在计算 F 统计量时，分子 df 是被检验的约束个数，而分母 df 则是不受约束模型的自由度。

9. F 检验的备择假设是双侧备择假设。在经典方法中，我们规定一个显著性水平，它与分子 df 和分母 df 一起决定了临界值。当统计量 F 大于临界值 c 时，就拒绝原假设。或者，我们可以计算一个 p 值来拒绝 H_0。

10. 使用 F 统计量残差平方和的形式可以检验一般的多重线性约束。

11. 一个回归的整体显著性的 F 统计量所检验的原假设是：全部斜率参数都是零，而对截距则没有任何限制。在 H_0 下，解释变量对 y 的期望值没有任何影响。

12. 当一个或更多个解释变量缺失数据时，在"手动"计算 F 统计量时请务必小心。也就是说，要么使用两个回归的残差平方和，要么使用两个回归的 R^2 和。只要有可能，最好是将计算留给有内置命令的统计软件包，该统计包在有无缺失数据时都能正确运行。

13. 统计推断对于项目评估和政策分析都很重要。一般而言，仅报告我们估计的经济（或实际）显著性是不够的。我们必须明白，不同的处理效应估计并不是完全由于样本差异造成的。从效应为零的原假设中得到的 p 值（甚至在 95% 的置信水平下）既能让我们确定经济显著性，也能确定统计显著性。

经典线性模型假定

现在该复习一下横截面回归的全套经典线性模型（CLM）假设了。每个假设下都是对其在多元回归分析中作用的评价。

假设 MLR. 1　（线性于参数）

总体模型可写成

$$y = \beta_0 + \beta_1 x_1 + \beta_2 x_2 + \cdots + \beta_k x_k + u$$

式中，β_0，β_1，$\cdots$，β_k 为我们所关心的未知参数（常数），而 u 则为无法观测的随机误差或随机干扰。

假设 MLR.1 描述了我们想要估计的总体关系，明确指出 β_j（即在其他条件不变的情况下，x_j 对 y 的影响）是我们关心的参数。

假设 MLR.2 （随机抽样）

我们有一个含 n 次观测的随机样本 $\{(x_{i1},\ x_{i2},\ \cdots,\ x_{ik},\ y_i):\ i=1,\ 2,\ \cdots,\ n\}$，它来自假设 MLR.1 中的总体模型。

这个随机抽样假设意味着，我们有可用于估计 β_j 的数据，而且所选择的数据代表了假设 MLR.1 中描述的总体。

假设 MLR.3 （不存在完全共线性）

在样本（因而在总体）中，没有一个自变量是常数，自变量之间也不存在严格的线性关系。

一旦我们有一个数据样本，我们需要知道，我们可以用这些数据计算 OLS 估计值 $\hat{\beta}_j$。假设 MLR.3 的作用是：如果每个自变量都存在样本间差异，而且自变量之间不存在精确的线性关系，我们便能计算 $\hat{\beta}_j$。

假设 MLR.4 （零条件均值）

给定解释变量的任何值，误差的期望值为零。换言之，

$$\mathrm{E}(u\mid x_1,\ x_2,\ \cdots,\ x_k)=0$$

如正文中所讨论的一样，假定无法观测的误差与解释变量大致无关，是推导每个 OLS 估计量第一个统计性质（即对应总体参数的无偏性）的关键。当然，所有上述假设都被用于证明无偏性。

假设 MLR.5 （同方差性）

给定任意解释变量值，误差 u 都具有相同的方差。换言之，

$$\mathrm{Var}(u\mid x_1,\ \cdots,\ x_k)=\sigma^2$$

与假设 MLR.4 相比，条件同方差假设次要一些；此外，假设 MLR.5 与 $\hat{\beta}_j$ 的无偏性无关。不过，条件同方差性仍有两个重要含义：(i) 我们能推导出更易于刻画的抽样方差表达式；(ii) 在高斯-马尔科夫假设 MLR.1 至 MLR.5 下，我们能断定 OLS 估计量是所有线性无偏估计中方差最小者。

假设 MLR.6 （正态性）

总体误差 u 独立于解释变量 $x_1,\ x_2,\ \cdots,\ x_k$，而且服从均值为零和方差为 σ^2 的正态分布：$u \sim \mathrm{Normal}(0,\ \sigma^2)$。

在本章中，我们增加假设 MLR.6 以得到 t 统计量和 F 统计量的精确抽样分布，于是我们便能进行精确的假设检验。在下一章中，我们将看到，如果我们有足够大的样本，便可以去掉假设 MLR.6。假设 MLR.6 还意味着 OLS 具有更强的有效性：在所有无偏估计中，OLS 估计量具有最小方差；比较的范围不再限于 $\{y_i:\ i=1,\ 2,\ \cdots,\ n\}$ 中的线性估计量。

关键术语

备择假设	联合统计显著的	F 统计量的 R^2 型

经典线性模型	最小方差无偏估计量	拒绝法则
经典线性模型（CLM）假设	多重假设检验	受约束模型
置信区间（CI）	多重约束	显著性水平
正态性假定	统计不显著的	分母自由度
原假设	统计显著的	经济显著性
分子自由度	t 比率	排除性约束
单侧备择假设	t 统计量	F 统计量
单侧检验	双侧备择假设	联合假设检验
p 值	双侧检验	联合不显著的
实际显著性	不受约束模型	临界值

习　题

1. 下面哪种因素可能导致通常 OLS 的 t 统计量无效（即在 H_0 下不服从 t 分布）？

(i) 条件异方差性。

(ii) 模型中两个自变量之间的样本相关系数达到 0.95。

(iii) 遗漏一个重要的解释变量。

2. 考虑一个用企业年销售额、股本回报率（roe，以百分数表示）和企业股票的回报（ros，以百分数表示）来解释 CEO 薪水的方程：

$$\log(salary) = \beta_0 + \beta_1 \log(sales) + \beta_2 roe + \beta_3 ros + u$$

(i) 用模型参数来表述如下原假设：在控制了 sales 和 roe 后，ros 对 CEO 的薪水没有影响。再给出备择假设的参数表述：股票市场更好的业绩会提高 CEO 的薪水。

(ii) 使用 CEOSAL1 中的数据，通过 OLS 可以得到如下方程：

$$\widehat{\log(salary)} = 4.32 + 0.280\log(sales) + 0.017\,4roe + 0.000\,24ros$$
$$\quad\quad\;\; (0.32)\;\; (0.035)\quad\quad\quad (0.004\,1)\quad\;\; (0.000\,54)$$
$$n = 209, R^2 = 0.283$$

如果 ros 提高 50 个百分点，预计 salary 会提高多大比例？ros 对 salary 实际上具有很大的影响吗？

(iii) 检验 ros 对 salary 没有影响的原假设，备择假设是 ros 对 salary 具有正效应。在 10% 的显著性水平上进行检验。

(iv) 你会在一个用企业业绩表示 CEO 报酬的最终模型中包括 ros 吗？给出你的解释。

3. 变量 rdintens 是研发支出（R&D）占销售额的百分比。销售额以百万美元度量。变量 profmarg 是利润占销售额的百分比。

利用 RDCHEM 中 32 家化工企业的数据，估计如下方程：

$$\widehat{rdintens} = 0.472 + 0.321\log(sales) + 0.050profmarg$$
$$\quad\quad (1.369)\;\; (0.216)\quad\quad\quad (0.046)$$
$$n = 32, R^2 = 0.099$$

(i) 解释 $\log(sales)$ 的系数。此外，如果 sales 增加 10%，估计 rdintens 会变化多少个百分点？这在经济上是一个很大的影响吗？

(ii) 检验 R&D 不随 $sales$ 而变化这一原假设，备择假设是：它随着销售额的增加而提高。在 5% 和 10% 的显著性水平上进行这个检验。

(iii) 解释 $profmarg$ 的系数，它在经济上显著吗？

(iv) $profmarg$ 对 $rdintens$ 是否在统计上有显著的影响？

4. 租金率是否受到一个大学城里学生人数的影响？令 $rent$ 表示美国一个大学城里单位租借面积的平均月租金，pop 表示城市总人口，$avginc$ 表示城市平均收入，$pctstu$ 表示学生人数占总人口的百分比。一个检验该关系的模型是

$$\log(rent) = \beta_0 + \beta_1 \log(pop) + \beta_2 \log(avginc) + \beta_3 pctstu + u$$

(i) 表述原假设：在其他条件不变的情况下，学生人数相对于总人口的大小对月租金没影响。并表述有影响时的备择假设。

(ii) 你预期 β_1 和 β_2 具有什么样的符号？

(iii) 利用 RENTAL 中 64 个大学城在 1990 年的数据所估计的方程为

$$\widehat{\log(rent)} = 0.043 + 0.066\log(pop) + 0.507\log(avginc) + 0.005\,6\,pctstu$$
$$\quad\;\; (0.844)\quad (0.039)\qquad\quad (0.081)\qquad\qquad (0.001\,7)$$
$$n = 64, R^2 = 0.458$$

"总人口增加 10% 将伴随着租金提高约 6.6%" 的说法有什么不妥？

(iv) 在 1% 的显著性水平上检验第 (i) 部分陈述的假设。

5. 考虑例 4.3 中的估计方程，其可用于研究每周缺课次数对大学 GPA 的影响：

$$\widehat{colGPA} = 1.39 + 0.412hsGPA + 0.015ACT - 0.083skipped$$
$$\quad\;\; (0.33)\quad (0.094)\qquad (0.011)\qquad (0.026)$$
$$n = 141, R^2 = 0.234$$

(i) 利用标准正态近似，求出 β_{hsGPA} 在置信水平为 95% 时的置信区间。

(ii) 相对于双侧备择假设，你能在 5% 的显著性水平上拒绝假设 $H_0: \beta_{hsGPA} = 0.4$ 吗？

(iii) 相对于双侧备择假设，你能在 5% 的显著性水平上拒绝假设 $H_0: \beta_{hsGPA} = 1$ 吗？

6. 在 4.5 节，我们使用了一个检验住房价格定价是否合理的例子。在那里，我们使用了 $price$ 和 $assess$ 的一个对数—对数模型 [参见方程 (4.47)]。这里，我们采用一个水平值—水平值的表述。

(i) 在简单回归模型

$$price = \beta_0 + \beta_1 assess + u$$

中，若 $\beta_1 = 1$ 且 $\beta_0 = 0$，则评价是合理的。所估计的方程是

$$\widehat{price} = -14.47 + 0.976assess$$
$$\qquad\;\; (16.27)\quad (0.049)$$
$$n = 88, \text{SSR} = 165\,644.51, R^2 = 0.820$$

首先，相对于双侧备择假设，检验 $H_0: \beta_0 = 0$。然后，相对于双侧备择假设，检验 $H_0: \beta_1 = 1$。你的结论是什么？

(ii) 为了检验联合假设 $\beta_0 = 0$ 和 $\beta_1 = 1$，我们需要约束模型的 SSR。这就要求在 $n = 88$ 的情况下计算 $\sum_{i=1}^{n} (price_i - assess_i)^2$，因为约束模型的残差刚好就是 $price_i - assess_i$。（由于两个参数在 H_0 下都被设定，

所以不需要约束模型的估计值。）最终得到 SSR＝209 448.99。对这个联合假设进行 F 检验。

（iii）现在检验模型

$$price = \beta_0 + \beta_1 assess + \beta_2 lotsize + \beta_3 sqrft + \beta_4 bdrms + u$$

中的假设 $H_0：\beta_2＝0$、$\beta_3＝0$ 和 $\beta_4＝0$。利用同样 88 个住房数据估计这个模型的 R^2 是 0.829。

（iv）如果 $price$ 的方差随着 $assess$、$sqrft$、$lotsize$ 或 $bdrms$ 而变化，你对第（iii）部分的 F 检验有什么看法？

7. 在例 4.7 中，我们利用非工会制造企业的数据，估计了废弃率与其他企业特征之间的关系。我们现在使用一个更大的企业样本来更深入地分析这个例子。

（i）例 4.7 中待估计的总体模型可写成

$$\widehat{\log(scrap)} = \beta_0 + \beta_1 hrsemp + \beta_2 \log(sales) + \beta_3 \log(employ) + u$$

利用 1987 年的 43 个观测，所估计的方程是

$$\widehat{\log(scrap)} = 11.74 - 0.042 hrsemp - 0.951\log(sales) + 0.992\log(employ)$$
$$(4.57) \quad (0.019) \quad\quad (0.370) \quad\quad\quad (0.360)$$
$$n = 43，R^2 = 0.310$$

将这个方程与仅用样本中 29 个非工会企业估计出来的结果进行对比。

（ii）证明这个总体模型也可以写成

$$\widehat{\log(scrap)} = \beta_0 + \beta_1 hrsemp + \beta_2 \log(sales/employ) + \theta_3 \log(employ) + u$$

其中 $\theta_3 \equiv \beta_2 + \beta_3$。〔提示：$\log(x_2/x_3) = \log(x_2) - \log(x_3)$。〕解释假设 $H_0：\theta_3 = 0$。

（iii）当估计第（ii）部分的方程时，我们得到

$$\widehat{\log(scrap)} = 11.74 - 0.042 hrsemp - 0.951\log(sales/employ) + 0.041\log(employ)$$
$$(4.57) \quad (0.019) \quad\quad (0.370) \quad\quad\quad (0.205)$$
$$n = 43，R^2 = 0.310$$

控制了工人培训和销量—雇员比后，是否企业越大，其废弃率也在统计上显著地更大？

（iv）检验假设：$sales/employ$ 提高 1%，废弃率也随之下降 1%。

8. 在经典线性模型假设 MLR.1 至 MLR.6 下，考虑含有三个自变量的多元回归模型：

$$y = \beta_0 + \beta_1 x_1 + \beta_2 x_2 + \beta_3 x_3 + u$$

你想检验的原假设是 $H_0：\beta_1 - 3\beta_2 = 1$。

（i）令 $\hat{\beta}_1$ 和 $\hat{\beta}_2$ 表示 β_1 和 β_2 的 OLS 估计量。用 $\hat{\beta}_1$ 和 $\hat{\beta}_2$ 的方差及其协方差求出 $\text{Var}(\hat{\beta}_1 - 3\hat{\beta}_2)$。$\hat{\beta}_1 - 3\hat{\beta}_2$ 的标准误是什么？

（ii）写出检验 $H_0：\beta_1 - 3\beta_2 = 1$ 的 t 统计量。

（iii）定义 $\theta_1 = \beta_1 - 3\beta_2$ 和 $\hat{\theta}_1 = \hat{\beta}_1 - 3\hat{\beta}_2$。写出一个涉及 β_0、θ_1、β_2 和 β_3 的回归方程，使你能直接得到 $\hat{\theta}_1$ 及其标准误。

9. 在第 3 章习题 3 中，我们估计了方程

$$\widehat{sleep} = 3\ 638.25 - 0.148 totwrk - 11.13 educ + 2.20 age$$
$$(112.28) \quad (0.017) \quad\quad (5.88) \quad\quad (1.45)$$
$$n = 706，R^2 = 0.113$$

其中的标准误是我们现在才同估计值一并给出的。

（i）相对于一个双侧备择假设，$educ$ 还是 age 在 5% 的显著性水平上是个别显著的？给出你的计算过程。

(ii) 从方程中去掉 *educ* 和 *age*，则给出

$$\widehat{sleep} = 3\,586.38 - 0.151totwrk$$
$$\qquad\quad (38.91) \quad\; (0.017)$$
$$n = 706,\ R^2 = 0.103$$

在 5% 的显著性水平上，*educ* 和 *age* 在原方程中是联合显著的吗？说明你所给答案的理由。

(iii) 在模型中包括 *educ* 和 *age*，是否显著影响所估计的睡眠和工作之间的替换关系？

(iv) 假设睡眠方程含有条件异方差性。这对第 (i) 和 (ii) 部分计算的检验意味着什么？

10. 回归分析还可以用来检验，市场是否在对股票估值时有效地使用了市场信息。为简便起见，令 *return* 为持有一个企业的股票在 1990 年末到 1994 年末的四年时间内得到的总回报。有效市场假说认为，这些回报不应该与 1990 年知道的信息存在系统性相关。如果期初就能搜集到的企业特征有助于预测股票回报，我们在选择股票时就能用到这个信息。

对于 1990 年，令 *dkr* 表示企业的债务—资本比率，*eps* 表示每股收益，*netinc* 表示净收入，而 *salary* 则表示 CEO 的总报酬。

(i) 使用 RETURN 中的数据，估计如下方程：

$$\widehat{return} = -14.37 + 0.321dkr + 0.043eps - 0.005\,1netinc + 0.003\,5salary$$
$$\qquad\quad (6.89) \quad (0.201) \quad\; (0.078) \quad\;\; (0.004\,7) \quad\;\;\; (0.002\,2)$$
$$n = 142,\ R^2 = 0.039\,5$$

检验这些解释变量在 5% 的显著性水平上是否联合显著。存在个别显著的解释变量吗？

(ii) 现在使用 *netinc* 和 *salary* 的对数形式重新估计这个模型：

$$\widehat{return} = -36.30 + 0.327dkr + 0.069eps - 4.74\log(netinc) + 7.24\log(salary)$$
$$\qquad\quad (39.37) \quad (0.203) \quad\; (0.080) \quad\;\;\; (3.39) \quad\qquad (6.31)$$
$$n = 142,\ R^2 = 0.033\,0$$

第 (i) 部分的结论有没有什么变化？

(iii) 在该样本中，一些公司没有债务，而另一些公司收益则为负。在第 (ii) 部分中，我们是否应该尝试用 *dkr* 和 *eps* 的对数来看拟合优度是否提高？试解释。

(iv) 总的来看，股票回报可预测性的证据是强还是弱？

11. 使用 CEOSAL2 中的数据得出下表，其中标准误在系数下面的括号中给出：

自变量	因变量：log(*salary*)		
	(1)	(2)	(3)
log(*sales*)	0.224 (0.027)	0.158 (0.040)	0.188 (0.040)
log(*mktval*)	—	0.112 (0.050)	0.100 (0.049)
profmarg	—	−0.002 3 (0.002 2)	−0.002 2 (0.002 1)
ceoten	—	—	0.017 1 (0.005 5)
comten	—	—	−0.009 2 (0.003 3)

续表

因变量：$\log(salary)$			
自变量	(1)	(2)	(3)
截距	4.94 (0.20)	4.62 (0.25)	4.57 (0.25)
观测次数	177	177	177
R^2	0.281	0.304	0.353

变量 $mktval$ 为企业的市场价值，$profmarg$ 为利润占销售额的百分比，$ceoten$ 为其就任当前公司 CEO 的年数，而 $comten$ 则是其在这个公司的总年数。

(i) 评价 $profmarg$ 对 CEO 薪水的影响。

(ii) 市场价值是否具有显著影响？试解释你的结论。

(iii) 解释 $ceoten$ 和 $comten$ 的系数。这些变量是统计显著的吗？

(iv) 你如何解释，在其他条件不变的情况下，你在当前公司任职时间越长，你的薪水越低？

12. 下列分析的数据来自 MEAP93，数据中包括十年级数学考试的学校层面的通过率（以百分比形式）。

(i) 变量 $expend$ 是以美元计的对每名学生的支出，而 $math10$ 是考试通过率。下述的简单回归包含 $math10$ 与 $lexpend = \log(expend)$：

$$\widehat{math10} = -69.34 + 11.16\, lexpend$$
$$(25.53) \quad (3.17)$$
$$n = 408,\ R^2 = 0.0297$$

解释 $lexpend$ 的系数。特别地，如果 $expend$ 增加 10%，估计出的 $math10$ 百分比变化是多少？你怎么看待估得的很大的负数截距？（$lexpend$ 的最小值是 8.11，而它的平均值是 8.37。）

(ii) 第 (i) 部分中的小 R^2 是否说明支出与其他影响 $math10$ 的因素有关？试解释。你认为如果支出是随机分派给学校的，也就是说，独立于其他的学校和学生的特征，不是学校所属地区决定的，R^2 会变大吗？

(iii) 当招生的对数和参加联邦免费午餐计划的学生百分比被纳入时，估计方程如下：

$$\widehat{math10} = -23.14 + 7.75\, lexpend - 1.26 lenroll - 0.324 lnchprg$$
$$(24.99) \quad (3.04) \quad\quad (0.58) \quad\quad (0.36)$$
$$n = 408,\ R^2 = 0.1893$$

试说明 $lexpend$ 的系数发生了什么变化。支出的系数仍在统计上显著不为零吗？

(iv) 你如何看待第 (iii) 部分中的 R^2？有哪些其他（学校层面）因素可以用于解释 $math10$？

13. MEAPSINGLE 中的数据用于估计下列包含四年级数学考试的成绩与在校学生的社会经济特征的方程。在学校层面衡量，变量 $free$ 是参加联邦免费午餐计划的学生百分比。变量 $medinc$ 是学校所在的同邮政编码地区的收入中位数，而 $pctsgle$ 是学生不和父母一起生活的百分比人数（也在邮政编码层面衡量）。也可见第 3 章的计算机练习 C11。

$$\widehat{math4} = 96.77 + 0.833 pctsgle$$
$$(1.60) \quad (0.071)$$
$$n = 299,\ R^2 = 0.380$$

$$\widehat{math4} = 93.00 - 0.275 pctsgle - 0.402 free$$
$$(1.63)\ (0.117)\qquad (0.070)$$

$$n = 299,\ R^2 = 0.459$$

$$\widehat{math4} = 24.49 - 0.274 pctsgle - 0.422 free - 0.752 lmedinc + 9.01 lexppp$$
$$(59.24)\ (0.161)\qquad (0.071)\qquad (5.358)\qquad (4.04)$$

$$n = 299,\ R^2 = 0.472$$

$$\widehat{math4} = 17.52 - 0.259 pctsgle - 0.420 free + 8.80 lexppp$$
$$(32.25)\ (0.117)\qquad (0.070)\qquad (3.76)$$

$$n = 299,\ R^2 = 0.472$$

(i) 解释第一个等式中变量 $pctsgle$ 系数的意义。说明将变量 $free$ 当作自变量加入时发生的情况。

(ii) 将每名学生的支出放入对数形式方程中，对学生表现会有统计上显著的影响吗？估计出的影响有多大？

(iii) 如果你必须从四个等式中选择一个作为 $pctsgle$ 的最佳估计并得到 $\beta_{pctsgle}$ 在 95% 置信水平上的置信区间，你将选择哪一个？为什么？

计算机练习

C1. 如下模型可用来研究竞选支出如何影响选举结果：

$$voteA = \beta_0 + \beta_1 \log(expendA) + \beta_2 \log(expendB) + \beta_3 prtystrA + u$$

式中，$voteA$ 为候选人 A 得到的选票百分数；$expendA$ 和 $expendB$ 分别为候选人 A 和 B 的竞选支出；而 $prtystrA$ 则度量 A 所在党派的实力（A 所在党派在最近一次总统选举中获得的选票百分比）。

(i) 如何解释 β_1？

(ii) 用参数表述如下原假设：A 的竞选支出每提高 1%，B 的竞选支出也提高 1%，二者相互抵消。

(iii) 利用 VOTE1 中的数据来估计上述模型，并以通常格式报告结果。A 的竞选支出会影响结果吗？B 的支出呢？你能用这些结论来检验第（ii）部分中的假设吗？

(iv) 估计一个模型，使之能直接给出检验第（ii）部分中假设所需用到的 t 统计量。你有什么结论？（使用双侧备择假设。）

C2. 本题利用 LAWSCH85 中的数据。

(i) 使用与第 3 章习题 4 一样的模型，表述并检验原假设：在其他条件不变的情况下，法学院排名对起始薪水中位数没有影响。

(ii) 新生年级的学生特征（即 LSAT 和 GPA）对解释 $salary$ 而言是个别或联合显著的吗？（注意解释 LSAT 和 GPA 的缺失数据。）

(iii) 检验是否要在方程中引入入学年级的规模（$clsize$）和教职工的规模（$faculty$）；只进行一次检验。（注意解释 $clsize$ 和 $faculty$ 的缺失数据。）

(iv) 还有哪些因素可能影响到法学院排名，但又没有包括在薪水回归中？

C3. 参考第 3 章的计算机练习 C2。现在，我们使用住房价格的对数作为因变量：

$$\log(price) = \beta_0 + \beta_1 sqrft + \beta_2 bdrms + u$$

（i）你想在住房增加一个 150 平方英尺的卧室的情况下，估计 price 变化百分比的一个置信区间。以小数形式表示就是 $\theta_1 = 150\beta_1 + \beta_2$。使用 HPRICE1 中的数据去估计 θ_1。

（ii）用 θ_1 和 β_1 表达 β_2，并代入 $\log(price)$ 的方程。

（iii）利用第（ii）部分中的结果，得到 $\hat{\theta}_1$ 的标准误，并使用这个标准误构造一个 95% 的置信区间。

C4. 在例 4.9 中，可以使用样本中所有 1 388 个观测数据去估计约束模型。使用所有观测值，计算 bwght 对 cigs、parity 和 faminc 回归的 R^2，并与例 4.9 中约束模型所报告的 R^2 相比较。

C5. 本题利用 MLB1 中的数据。

（i）使用方程（4.31）中所估计的模型，并去掉变量 rbisyr。hrunsyr 的统计显著性如何？hrunsyr 的系数又会如何？

（ii）在第（i）部分的模型中增加变量 runsyr（每年跑垒得分）、fldperc（防备率）和 sbasesyr（每年盗垒数）。这些因素中，哪一个是个别显著的？

（iii）在第（ii）部分的模型中，检验 bavg、fldperc 和 sbasesyr 的联合显著性。

C6. 本题利用 WAGE2 中的数据。

（i）考虑一个标准的工资方程

$$\log(wage) = \beta_0 + \beta_1 educ + \beta_2 exper + \beta_3 tenure + u$$

表述原假设：现有员工多接受一年培训与所有工人多一年的工作经验对 $\log(wage)$ 具有相同的影响。

（ii）在 5% 的显著性水平上，相对于双侧备择假设，通过构造一个 95% 的置信区间来检验第（i）部分中的原假设。你得到的结论是什么？

C7. 参考 4.4 节中所用的例子。你将使用数据集 TWOYEAR。

（i）变量 phsrank 表示一个人的高中百分位等级。（数字越大越好。比如 90 意味着，你的排名比所在班级中 90% 的同学更好。）求出样本中 phsrank 的最小值、最大值和平均值。

（ii）在方程（4.26）中增加变量 phsrank，并以通常格式报告 OLS 估计值。phsrank 在统计上显著吗？高中排名提高 10 个百分点能导致工资增加多少？

（iii）在方程（4.26）中增加变量 phsrank 显著改变了 2 年制和 4 年制大学教育回报的结论了吗？请解释。

（iv）数据集包含了一个被称为 id 的变量。若在方程（4.17）或（4.26）中增加 id，你预计它在统计上不会显著。请解释，双侧检验的 p 值是多少？

C8. 数据集 401KSUBS 包含了净金融财富（nettfa）、被调查者年龄（age）、家庭年收入（inc）、家庭规模（fsize）方面的信息，以及参与美国个人的特定养老金计划方面的信息。财富和收入变量都以千美元为单位记录。对于这里的问题，只使用无子女的已婚者数据（fsize=1）。

（i）数据集中有多少无子女已婚夫妇？

（ii）利用 OLS 估计模型

$$nettfa = \beta_0 + \beta_1 inc + \beta_2 age + u$$

并以通常格式报告结果。请注意，样本只能使用无子女的已婚者。解释斜率系数。斜率估计值有何出乎意料之处吗？

（iii）第（ii）部分的回归截距有重要意义吗？请解释。

（iv）在 1% 的显著性水平上，针对 $H_1: \beta_2 < 1$ 检验 $H_0: \beta_2 = 1$，求出 p 值。你能拒绝 H_0 吗？

(v) 如果你做一个 *nettfa* 对 *inc* 的简单回归，*inc* 的斜率估计值与第（ii）部分的估计值有很大的不同吗？为什么？

C9. 本题利用 DISCRIM 中的数据。（也可参见第 3 章的计算机练习 C8。）

(i) 利用 OLS 估计模型

$$\log(psoda) = \beta_0 + \beta_1 prpblck + \beta_2 \log(income) + \beta_3 prppov + u$$

并以通常格式报告结果。在 5% 的显著性水平上，相对一个双侧备择假设，β_1 统计显著不为 0 吗？在 1% 的显著性水平上呢？

(ii) $\log(income)$ 和 *prppov* 的相关系数是多少？每个变量都是统计显著的吗？报告双侧 *p* 值。

(iii) 在第（i）部分的回归中增加变量 $\log(hseval)$。解释其系数并报告 $H_0: \beta_{\log(hseval)} = 0$ 的双侧 *p* 值。

(iv) 在第（iii）部分的回归中，$\log(income)$ 和 *prppov* 的个别统计显著性有何变化？这些变量联合显著吗？（计算一个 *p* 值。）你如何解释你的答案？

(v) 给定前面的回归结果，在确定一个邮区的种族构成是否影响当地快餐价格时，你报告哪一个结果才最为可靠？

C10. 本题利用 ELEM94_95 中的数据。将所得到的结论与表 4.1 中的结论进行对比。因变量 *lavgsal* 表示教师平均薪水的对数，*bs* 表示平均福利与平均薪水的比率（以学校为单位）。

(i) 将 *lavgsal* 对 *bs* 进行简单回归。斜率估计值在统计上显著不为 0 吗？它在统计上显著不为 −1 吗？

(ii) 在第（i）部分的回归中增加变量 *lenrol* 和 *lstaff*。*bs* 的系数有何变化？这种情形与表 4.1 中的情形相比如何？

(iii) 第（ii）部分中 *bs* 系数的标准误为何比第（i）部分中的标准误更小？（提示：当增加变量 *lenrol* 和 *lstaff* 后，对误差方差和多重共线性会造成什么样的影响？）

(iv) *lstaff* 的系数为何为负？它的绝对值算大吗？

(v) 在回归中添加变量 *lunch*。保持其他条件不变，教师会因教育那些家庭条件不好的学生而得到补偿吗？请解释你的结论。

(vi) 你利用 ELEM94_95 得到的结论，与表 4.1 在形式上一致吗？

C11. 使用 HTV 中的数据回答此题。也可见第 3 章的计算机练习 C10。

(i) 估计回归模型

$$educ = \beta_0 + \beta_1 motheduc + \beta_2 fatheduc + \beta_3 abil + \beta_4 abil^2 + u$$

使用 OLS 方法，并以通常格式报告结果。检验：零假设为 *educ* 是线性相关于 *abil* 的，备择假设为 *educ* 与 *abil* 的二次方相关。

(ii) 使用第（i）部分中的方程，对 $H_0: \beta_1 = \beta_2$ 进行双侧检验。检验的 *p* 值是多少？

(iii) 向第（i）部分中增加两个大学学费变量，并确定它们是否在统计上联合显著。

(iv) *tuit*17 和 *tuit*18 的相关性如何？解释为什么使用两年学费的平均值可能比分别加入两者更好？当你使用均值后，结果如何？

(v) 为了使解释更合理，第（iv）部分中关于平均学费变量的发现重要吗？下一步可能是什么？

C12. 使用 ECONMATH 中的数据回答下列问题。

(i) 估计模型，用 *hsgpa*、*actmth* 和 *acteng* 去解释 *colgpa*。以通常格式报告结果。所有的自变量都在统计上显著吗？

（ii）考虑 *hsgpa* 增加一个标准差，大约为 0.343，假设 *actmth* 和 *acteng* 不变，$\widetilde{colgpa}$ 增加多少？*actmth* 增加多少个标准差才能使 $\widetilde{colgpa}$ 增加到与 *hsgpa* 增加一个标准差相同的程度？请说明。

（iii）零假设是 *actmth* 和 *acteng* 在总体中有相同的效应，对其进行双侧检验。报告 p 值并描述你的结论。

（iv）假定大学入学工作人员希望你使用第（i）部分中的变量数据构造一个等式去解释 *colgpa* 至少 50% 的变化。你将对工作人员说什么？

C13. 使用 GPA1 中的数据回答下列问题。这些数据在第 3 章计算机练习 C13 中被用于估计拥有个人电脑对大学 GPA 的影响。

（i）运行将 *colGPA* 回归到 *PC*、*hsGPA* 和 *ACT* 的回归模型，并写出 β_{PC} 95% 的置信区间。估计系数是否相对于双侧备择假设在 5% 的水平上统计显著？

（ii）讨论第（i）部分中 $\hat{\beta}_{hsGPA}$ 和 $\hat{\beta}_{ACT}$ 的统计显著性。*hsGPA* 和 *ACT* 哪个是预测 *colGPA* 时更重要的变量？

（iii）向第（i）部分的回归中加入 *fathcoll* 和 *mothcoll* 两个变量。这两个变量都个别统计显著吗？它们在 5% 的显著性水平上联合统计显著吗？

C14. 使用 JTRAIN98 中的数据回答下列问题。

（i）向（4.52）报告的回归方程中加入失业变量 *unem*96。解释其系数并讨论其符号和大小是否有意义。我们的估计是否统计显著？

（ii）与方程（4.52）相比，估计的工作培训影响发生了什么变化？它仍在经济上和统计上显著吗？

（iii）试找到 *earn*96 和 *unem*96 之间的关系。这与你预想的一样吗？请解释。

（iv）你在第（iii）部分中的发现意味着你应该从回归中去掉 *unem*96 吗？请解释。

第5章 多元回归分析：OLS的渐近性

在第 3 章和第 4 章中，我们讨论了总体模型

$$y = \beta_0 + \beta_1 x_1 + \beta_2 x_2 + \cdots + \beta_k x_k + u \tag{5.1}$$

中 OLS 估计量的有限样本性质（或称小样本性质、精确性质）。例如，在前四个高斯-马尔科夫假设下，OLS 估计量的无偏性就是一个有限样本性质（该性质在第 3 章推导），因为对于任何样本容量 n，它都成立（但需要略加限制的是，n 必须至少和回归模型中参数的总数 $k+1$ 一样大）。类似地，在全套高斯-马尔科夫假设下（从 MLR. 1 到 MLR. 5），OLS 是最优线性无偏估计量也是有限样本性质。

在第 4 章中，我们增加了经典线性模型假设 MLR. 6，它表明误差项 u 服从正态分布并独立于解释变量。在这一假设下，我们能够（以样本中的解释变量为条件）推导出 OLS 估计量的精确抽样分布。特别是，定理 4.1 表明，OLS 估计量具有正态的抽样性质，这便使得 t 和 F 统计量具有 t 和 F 分布。如果误差不服从正态分布，那么对于任意样本容量，t 统计量便不再服从精确的 t 分布，F 统计量也不再服从精确的 F 分布。

除了有限样本性质外，了解估计量和检验统计量的**渐近性质**（asymptotic properties）或**大样本性质**（large sample properties）也十分重要。定义这些性质不是针对特定的样本容量，而是针对样本容量无限增加的情况。幸运的是，在我们所做的假设下，OLS 具有令人满意的大样本性质。一个在实践中很重要的发现是：即使没有正态性假设（即假设 MLR. 6），t 和 F 统计量也近似服从 t 和 F 分布（至少在大样本情况下是如此）。我们在 5.1 节讨论 OLS 的一致性问题后，会在 5.2 节更详细地讨论这一点。

由于本章材料较难理解，而且读者可以在不深入理解其内容的情况下进行实证研究，因此本章可以被跳过。但是，当我们在第 7 章研究离散响应变量、在第 8 章中放松对异方差的假设、在第二部分中利用时间序列数据进行深入估计时，讨论大样本性质下的 OLS 便十分必要。此外，几乎所有先进计量经济学方法的合理性都

是通过大样本分析得出的。因此，想要继续了解第三部分的读者应当熟悉本章内容。

5.1 一致性

估计量的无偏性固然重要，但并非总能实现。例如，像我们在第 3 章讨论过的那样，在多元回归模型中，回归标准误 $\hat{\sigma}$ 便不是误差 u 的标准差 σ 的无偏估计量。尽管在假设 MLR.1 到 MLR.4 下，OLS 估计量是无偏的，但我们将在第 11 章发现，在时间序列回归中，OLS 估计量会失去无偏性。而且，我们还会在本书的第三部分遇到其他几个有用但有偏误的估计量。

因为并非所有有用的估计量都是无偏的，所以几乎所有的经济学家都同意，**一致性**（consistency）才是对一个估计量最基本的要求。著名计量经济学家克里夫·W. J. 格兰杰（Clive W. J. Granger）曾说过："如果你在 n 趋于无穷时还不能正确地得到它，那你就不应该做这件事。"这意味着，如果你对某一特定总体参数的估计不是一致的，那你就是在浪费时间。

针对一致性的描述，我们有几种不同的方法。书末附录数学复习 C 给出了规范的定义和结论，我们在这里只强调直觉上的理解。具体而言，对于某个 j，我们用 $\hat{\beta}_j$ 表示 β_j 的 OLS 估计量。对于每个 n，$\hat{\beta}_j$ 都有一个概率分布（代表其在不同随机样本容量下的可能取值）。由于在假设 MLR.1 到 MLR.4 下的 $\hat{\beta}_j$ 是无偏的，所以其分布的均值就是 β_j。如果估计量是一致的，那么随着样本容量的增加，$\hat{\beta}_j$ 就越来越紧密地分布在 β_j 的周围。当 n 趋于无穷时，$\hat{\beta}_j$ 的分布就紧缩成一个单一的点 β_j。实际上，这意味着，如果我们能搜集到所需要的样本数据，我们的估计量便可以任意接近于 β_j。图 5.1 说明了这种收敛性。

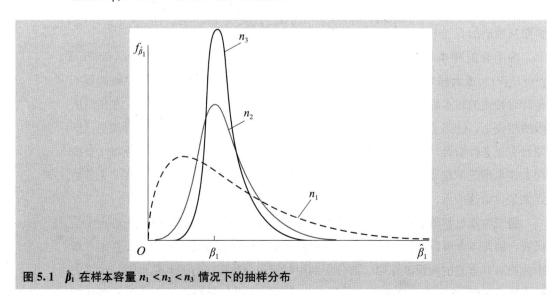

图 5.1 $\hat{\beta}_1$ 在样本容量 $n_1 < n_2 < n_3$ 情况下的抽样分布

　　当然，对于任何一个具体的应用而言，我们都有一个固定的样本容量，这便是难以理解诸如一致性等渐近性质的主要原因。一致性涉及一个样本容量变大（同时我们在每个样本容量下都得到大量随机样本）的假想实验。如果在数据越来越多的情况下，我们仍然不能更接近所关心的估计值，那便说明我们所使用的估计程序表现欠佳。

　　恰巧的是，一套假设同时蕴涵着 OLS 的无偏性和一致性。让我们用一个定理加以总结。

定理 5.1

OLS 的一致性

在假设 MLR.1 到 MLR.4 下，对所有的 $j=0, 1, \cdots, k$，OLS 估计量 $\hat{\beta}_j$ 都是 β_j 的一致估计。

　　利用书末附录高级处理方法 D 和 E 中所介绍的矩阵代数方法，我们很容易就能给出上述结论的一般性证明。但在简单回归模型中，我们可以毫不费力地证明定理 5.1。我们主要关注斜率估计量 $\hat{\beta}_1$。

　　证明过程与无偏性的证明相同：我们写下 $\hat{\beta}_1$ 的公式，然后将 $y_i = \beta_0 + \beta_1 x_{i1} + u_i$ 代入其中便得到：

$$\hat{\beta}_1 = \left[\sum_{i=1}^{n} (x_{i1} - \bar{x}_1) y_i \right] \bigg/ \left[\sum_{i=1}^{n} (x_{i1} - \bar{x}_1)^2 \right]$$

$$= \beta_1 + \left[n^{-1} \sum_{i=1}^{n} (x_{i1} - \bar{x}_1) u_i \right] \bigg/ \left[n^{-1} \sum_{i=1}^{n} (x_{i1} - \bar{x}_1)^2 \right] \tag{5.2}$$

这里把分子和分母同时除以 n 并不会改变表达式，但让我们可以直接应用大数定律。当我们在（5.2）式中的第二个等式中对均值应用大数定律时，分子和分母分别依概率收敛于总体值 $\mathrm{Cov}(x_1, u)$ 和 $\mathrm{Var}(x_1)$。给定 $\mathrm{Var}(x_1) \neq 0$（MLR.3 对此做了假定），我们便可以使用概率极限的性质（见书末附录数学复习 C）得到

$$\mathrm{plim}\, \hat{\beta}_1 = \beta_1 + \mathrm{Cov}(x_1, u)/\mathrm{Var}(x_1)$$

$$= \beta_1，因为 \mathrm{Cov}(x_1, u) = 0 \tag{5.3}$$

我们已经用到了第 2 章和第 3 章所讨论的结论，即 $\mathrm{E}(u \mid x_1) = 0$（假设 MLR.4）意味着 x_1 和 u 不相关（协方差为零）。

　　为保证概率极限的存在（这是一个技术上的问题），我们还应假定 $\mathrm{Var}(x_1) < \infty$ 和 $\mathrm{Var}(u) < \infty$（即它们的概率分布不会过于分散），但我们不考虑这些假设不成立的情况。更进一步地，我们可以放宽假设 MLR.3 以消除总体中的完全共线性。具体而言，假设 MLR.3 还不允许样本中的回归变量之间存在共线性。从技术上说，我们可以在没有完全共线性的总体中展现一致性，当然也不排除我们不幸地选取到了一组具有完全共线性的数据。从实践角度来看，这种区分并不重要，因为如果假设 MLR.3 不成立，我们便无法计算 OLS 估计量。

前面的论证，特别是方程（5.3）表明，即使我们仅假定了零相关，OLS 估计量在简单回归情形中也是一致的。事实上，在一般情形中也是这样。现在我们把这一点表述成一个假设。

假设 MLR. 4′ （零均值和零相关）

对所有的 $j=1$，2，$\cdots$，k，都有 $E(u)=0$ 和 $Cov(x_j,u)=0$。

假设 MLR. 4 包含了假设 MLR. 4′ 的内容，因此假设 MLR. 4′ 是一个比假设 MLR. 4 更弱的假设。一种刻画零条件均值假设 $E(u \mid x_1,x_2,\cdots,x_k)=0$ 的方式为：解释变量的任何函数都与 u 无关。而假设 MLR. 4′ 只要求每个 x_j 都与 u 无关（且 u 在总体中的均值为 0）。在第 2 章，我们利用假设 MLR. 4′ 给出了简单回归的普通最小二乘估计量，而对于多元回归情形中的普通最小二乘估计，方程（3.13）中给出的一阶条件无非是总体零相关假设（和零均值假设）在样本中的对应表述。因此，在某种意义上，假设 MLR. 4′ 是一个更自然的假设，因为它可以直接得到普通最小二乘估计值。进一步来说，当我们考虑一些违背假设 MLR. 4 的情形时，我们通常会想到，对某些 j，有 $Cov(x_j,u)\neq 0$。那么，到目前为止，我们为什么一直使用假设 MLR. 4 呢？这里有我们曾经提到过的两个原因。首先，如果 $E(u \mid x_1,x_2,\cdots,x_k)$ 与任何一个 x_j 都相关，那么，在假设 MLR. 4′ 下，普通最小二乘估计量便是有偏误（但一致）的。此前，由于我们主要考虑普通最小二乘估计量的有限样本性质（或称为精确的抽样性质），所以我们需要更强的零条件均值假设。

其次，更为重要的一点是，零条件均值假设意味着我们已经正确地设定了总体回归函数（PRF）。也就是说，在假设 MLR. 4 下，我们可以写出

$$E(y \mid x_1,\cdots,x_k)=\beta_0+\beta_1 x_1+\cdots+\beta_k x_k$$

于是我们可以得到解释变量对 y 的平均值或期望值的偏效应。如果我们只假定 MLR. 4′，那么，$\beta_0+\beta_1 x_1+\cdots+\beta_k x_k$ 便不一定代表了总体回归函数，我们也就面临着 x_j 的某些非线性函数（比如 x_j^2）与误差 u 相关的可能性。此类情形意味着我们忽略了非线性模型有助于我们更好地解释 y 的可能性。如果我们得知这一事实，通常就会选择非线性函数。换言之，多数情况下，我们总是希望得到总体回归函数的一个好的估计，因而零条件均值假设便很自然。不过，在解释线性模型的 OLS 估计时，较弱的零相关假设是有用的，因为它提供了总体回归函数的最佳线性近似。它同样被用于一些更高级的设定中，例如在第 15 章，当我们并不要求对总体回归函数进行模拟时。对于这个多少有些微妙的问题，更深入的讨论可参见 Wooldridge（2010，Chapter 4）以及本章末尾的习题 6。

5.1a 推导 OLS 的不一致性

正如 $E(u \mid x_1,x_2,\cdots,x_k)=0$ 不成立会导致 OLS 估计量出现偏误，u 和 x_1，

x_2，$\cdots$，x_k 中的任何一个相关，通常也会导致所有的 OLS 估计量都失去其一致性。我们通常可以把这个简单而又重要的观察总结为：如果误差与任何一个自变量相关，那么 OLS 估计量就是有偏且不一致的。这是极为不幸的，因为它意味着，随着样本容量的增大，偏误将继续存在。

在简单回归情形中，我们可以从方程（5.3）的第一个等号中得到不一致性（无论 u 和 x_1 是否相关，该等号都成立）。$\hat{\beta}_1$ 的**不一致性**（inconsistency）[有时也粗略地称为**渐近偏误**（asymptotic bias）] 为

$$\text{plim} \, \hat{\beta}_1 - \beta_1 = \text{Cov}(x_1, u)/\text{Var}(x_1) \tag{5.4}$$

因为 $\text{Var}(x_1) > 0$，所以，若 x_1 和 u 正相关，$\hat{\beta}_1$ 的不一致性就为正；而若 x_1 和 u 负相关，$\hat{\beta}_1$ 的不一致性就为负。如果相对 x_1 的方差而言，x_1 和 u 之间的协方差很小，那么这种不一致性就可以被忽略。不幸的是，由于 u 是观测不到的，所以我们无法估计出这个协方差有多大。

我们可以利用（5.4）式来推导遗漏变量偏误（参见第 3 章的表 3.2）的渐近模拟情况。假设真实模型 $y = \beta_0 + \beta_1 x_1 + \beta_2 x_2 + v$ 满足前四个高斯-马尔科夫假设，那么 v 的均值就是零，并且与 x_1 和 x_2 都不相关。如果 $\hat{\beta}_0$、$\hat{\beta}_1$ 和 $\hat{\beta}_2$ 表示 y 对 x_1 和 x_2 回归所得到的 OLS 估计量，那么定理 5.1 便意味着，这些估计量都是一致的。如果我们在回归中去掉 x_2，将 y 对 x_1 进行简单回归，那么便有 $u = \beta_2 x_2 + v$。令 $\tilde{\beta}_1$ 表示简单回归的斜率估计量。于是

$$\text{plim} \, \tilde{\beta}_1 = \beta_1 + \beta_2 \delta_1 \tag{5.5}$$

其中

$$\delta_1 = \text{Cov}(x_1, x_2)/\text{Var}(x_1) \tag{5.6}$$

因此，我们可以把这种不一致性看成偏误。它们的区别在于，不一致性是用 x_1 的总体方差与 x_1 和 x_2 之间的总体协方差表示的，而偏误则基于其样本对应量（因为我们以样本中 x_1 和 x_2 的值为条件）。

如果 x_1 和 x_2（在总体中）不相关，便有 $\delta_1 = 0$。此时，$\tilde{\beta}_1$ 是 β_1 的一致估计量（尽管不一定是无偏的）。如果 x_2 对 y 具有正的偏效应，导致 $\beta_2 > 0$；而且 x_1 和 x_2 正相关，导致 $\delta_1 > 0$，那么，$\tilde{\beta}_1$ 的不一致性便是正的。如此等等。我们可以从表 3.2 中得到不一致性或渐近偏误的方向。如果相对 x_1 的方差而言，x_1 和 x_2 之间的协方差很小，那么这种不一致性也会很小。

例 5.1

住房价格与住房到垃圾焚化炉的距离

令 y 表示一套住房的价格（*price*），x_1 表示该住房到一座新建垃圾焚化炉的距离（*distance*），x_2 表示住房的"质量"（*quality*）。变量 *quality* 有些模糊，因为它可以包含住房和占地面积、卧室和浴室的数量，以及诸如邻里关系的吸引力等无形价值。如果焚化

炉导致住房价格下降，那么 β_1 就应该为正：所有其他条件不变，远离焚化炉的住房价格更高。按照定义，由于在其他因素不变的情况下，质量越高的住房卖得越贵，所以 β_2 为正。如果焚化炉基本上都远离较好的住宅而建，那么 *distance* 和 *quality* 正相关，所以 $\delta_1 > 0$。因此，*price* 对 *distance*［或 $\log(price)$ 对 $\log(distance)$］的简单回归便倾向于高估焚化炉的影响：$\beta_1 + \beta_2 \delta_1 > \beta_1$。

> **？ 思考题5.1**
>
> 假设模型
>
> $$score = \beta_0 + \beta_1 skipped$$
> $$+ \beta_2 priGPA + u$$
>
> 满足前四个高斯-马尔科夫假设，式中，*score* 是期末考试分数；*skipped* 是逃课次数；而 *priGPA* 则是上一学期的 GPA。如果 $\tilde{\beta}_1$ 是 *score* 对 *skipped* 进行简单回归所得到的估计量，那么其渐近偏误的方向是什么？

根据 OLS 估计量不一致性的定义，很重要的一点是，随着样本观测数量的增加，这个问题并不会消失。事实上，更多的数据有可能使这个问题变得更糟：随着样本容量的增加，OLS 估计量会越来越接近于 $\beta_1 + \beta_2 \delta_1$。

在含有 k 个回归元的情形中，正如推导偏误变得更困难一样，推导不一致性的符号和大小也要比简单回归困难得多。我们要记住，在方程（5.1）的模型中，如果 x_1 和 u 相关，即使其他自变量和 u 不相关，通常情况下，所有 OLS 估计量都将是不一致的。比如，在 $k=2$ 的情形中，

$$y = \beta_0 + \beta_1 x_1 + \beta_2 x_2 + u$$

假设 x_2 和 u 不相关，但 x_1 和 u 相关，那么 OLS 估计量 $\hat{\beta}_1$ 和 $\hat{\beta}_2$ 通常都是不一致的（截距估计量也将是不一致的）。由于 x_1 和 x_2 通常是相关的，所以引起了 $\hat{\beta}_2$ 的不一致性。如果 x_1 和 x_2 不相关，那么 x_1 和 u 之间的任何相关都不会导致 $\hat{\beta}_2$ 的不一致性：即有 $\text{plim}\hat{\beta}_2 = \beta_2$。此时，$\hat{\beta}_1$ 的不一致性和（5.4）式中一样。在一般情形中，这一命题同样成立：如果 x_1 与 u 相关，但 x_1 和 u 与其他自变量均不相关，那么就只有 $\hat{\beta}_1$ 是不一致的，而且这个不一致性仍由（5.4）式给出。一般情形与第 3 章附录 3A. 4 节中的遗漏变量情形十分类似。

5.2 渐近正态和大样本推断

虽然估计量的一致性是一个重要性质，但仅有一致性还不足以让我们进行统计推断。仅知道估计量随着样本容量的增大而越来越接近总体值，还不足以支撑我们对参数假设进行检验。为了进行检验，我们还需要知道 OLS 估计量的抽样分布。在经典线性模型假设 MLR. 1 到 MLR. 6 下，定理 4.1 表明，抽样分布是正态的。这个结论正是在应用计量经济学中推导常用的 t 分布和 F 分布的基础。

5

　　OLS 估计量是否服从精确的正态性，关键取决于总体中误差（u）分布的正态性。如果误差 u_1，u_2，$\cdots$，u_n 是从某个非正态分布中随机抽取的，那么 $\hat{\beta}_j$ 也不是正态分布，这就意味着，t 统计量不再具有 t 分布，F 统计量也不再具有 F 分布。由于我们的推断取决于我们能否从 t 或 F 分布中得到临界值或 p 值，所以这是一个严重的问题。

　　回忆一下，假设 MLR. 6 相当于给定 x_1，x_2，$\cdots$，x_k，y 的分布是正态的。由于我们可以在一个特定的应用中观测到 y 而观测不到 u，所以考虑 y 是否可能服从正态分布更加容易。事实上，我们已经看到了几个 y 绝不可能服从正态分布的例子。一个正态分布的随机变量对称地分布在其均值两边，它可以取到任何一个正值或负值（但取每个值的概率都是 0），而且分布中超过 95％ 的面积位于两倍标准差之内。

　　在例 3.5 中，我们估计了一个模型，用来解释青年男子在一特定年份被拘捕的次数（$narr86$）。在总体中，多数人在这一年没有被拘捕过，而且绝大多数人最多只被拘捕过一次。（在由 2 725 名男性样本构成的数据集 CRIME1 中，只有不到 8％ 的人在 1986 年被拘捕过一次以上。）由于对样本中 92％ 的人来说，变量 $narr86$ 都只取两个值，所以它在总体中不可能接近正态分布。

　　在例 4.6 中，我们估计了另一个模型，用来解释 401(k) 养老金计划的参与率（$prate$）。图 5.2 中的频率分布（也被称为直方图）表明，$prate$ 的分布明显向右偏斜，而不是正态分布。事实上，在对 $prate$ 的观测中，有超过 40％ 都取值 100，即 100％ 的参与率。即便以解释变量为条件，这也违背正态性假设。

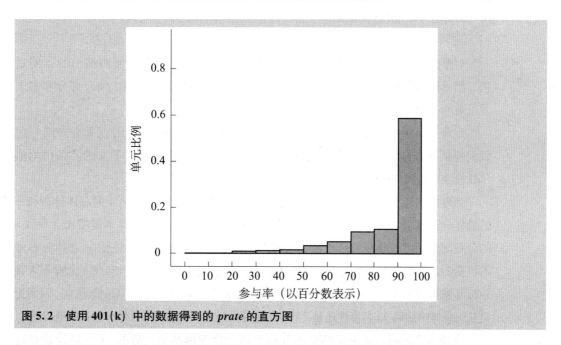

图 5.2　使用 401(k) 中的数据得到的 *prate* 的直方图

　　我们知道，正态性对 OLS 的无偏性没有影响，同时也不影响 OLS 是高斯-马尔科夫假设下最优线性无偏估计的结论。但基于 t 或 F 统计量的精确推断仍然需要假设 MLR.6。这是否意味着，在例 4.6 对 *prate* 的分析中，我们在决定哪个变量统计显著时，必须放弃 t 统计量呢？幸运的是，对这个问题的回答是否定的。即使 y_i 不是来自正态分布，我们也可以利用书末附录数学复习 C 的中心极限定理断定：OLS 估计量满足**渐近正态性**（asymptotic normality）。也就是说，在大样本容量的情况下，OLS 估计量是近似正态分布的。

定理 5.2

OLS 的渐近正态性

在高斯-马尔科夫假设 MLR.1 到 MLR.5 下，

(i) $\sqrt{n}(\hat{\beta}_j - \beta_j) \overset{a}{\sim} \text{Normal}(0, \sigma^2/a_j^2)$，其中 $\sigma^2/a_j^2 > 0$ 是 $\sqrt{n}(\hat{\beta}_j - \beta_j)$ 的**渐近方差**（asymptotic variance）；至于斜率系数，$a_j^2 = \text{plim} n^{-1} \sum_{i=1}^{n} \hat{r}_{ij}^2$，其中 $\hat{r}_{ij}$ 是 x_j 对其余自变量进行回归所得到的残差。我们称 $\hat{\beta}_j$ 为渐近正态分布（见书末附录数学复习 C）。

(ii) $\hat{\sigma}^2$ 是 $\sigma^2 = \text{Var}(u)$ 的一个一致估计量。

(iii) 对每个 j，都有

$$(\hat{\beta}_j - \beta_j)/\text{sd}(\hat{\beta}_j) \overset{a}{\sim} \text{Normal}(0, 1)$$

并且

$$(\hat{\beta}_j - \beta_j)/\text{se}(\hat{\beta}_j) \overset{a}{\sim} \text{Normal}(0, 1) \tag{5.7}$$

式中，$\text{se}(\hat{\beta}_j)$ 就是通常的 OLS 标准误。

对渐近正态的证明多少有些复杂，附录中也只勾勒了简单回归情形的证明过程。第（ii）部分得自大数定律，第（iii）部分则得自第（i）、第（ii）部分和书末附录数学复习 C 中所讨论的渐近性质。

定理 5.2 的重要之处在于，它去掉了正态性假设 MLR.6。对误差分布唯一的限制便是具有有限方差（我们也将一直这样假定）。我们还假定了 u 的零条件均值（MLR.4）和同方差性（MLR.5）。

为理解定理 5.2 的含义，在样本量增加的情况下，区分误差项 u 的总体分布和 $\hat{\beta}_j$ 的抽样分布这两个概念是十分重要的。一个常见的错误是：认为样本量增加会导致 u 的分布发生变化（即 u 的分布将越来越"接近"正态分布）。但要记住，总体分布是不可变的，且与样本量的大小无关。例如我们之前讨论的变量 *narr86*（一个青年人在 1986 年被拘捕的次数），该变量的类型是小的非负整数，这在总体中是确定的。因而无论从该总体中抽取 10 名男性还是 1 000 名男性的样本，显然对于总体分布都没有影响。

定理 5.2 表明，无论 u 的总体分布如何，合理标准化之后的 OLS 估计量都近似服从标准正态分布。由于 OLS 估计量涉及对样本均值的使用（以一种复杂的方式），因此这种近似来源于中心极限定理。事实上，对于几乎所有的总体分布来说，潜在误差均值的分布序列都是趋于正态分布的。

注意：无论用 $\hat{\beta}_j - \beta_j$ 的值除以 $\mathrm{sd}(\hat{\beta}_j)$（无法观测到，因为其结果取决于 σ）还是除以 $\mathrm{se}(\hat{\beta}_j)$（可以由数据计算得到，因为其结果取决于 $\hat{\sigma}$），标准化 $\hat{\beta}_j$ 均服从于渐近标准正态分布。换句话说，从渐近的观点出发，是否用 $\hat{\sigma}$ 代替 σ 并不重要。当然，用 $\hat{\sigma}$ 代替 σ 会影响标准化 $\hat{\beta}_j$ 的精确分布。例如，我们在第 4 章中看到，在经典线性模型的假设下，$(\hat{\beta}_j - \beta_j)/\mathrm{sd}(\hat{\beta}_j)$ 服从精确的 Normal$(0,1)$［即 N$(0,1)$］分布，而 $(\hat{\beta}_j - \beta_j)/\mathrm{se}(\hat{\beta}_j)$ 服从精确的 t_{n-k-1} 分布。

我们应该如何使用（5.7）式的结果呢？一种可能是，如果我们倾向于采取大样本分析，那么就应当使用标准正态分布作为参考，而非 t 分布。但是从实证角度来看，如下写法也是合理的：

$$(\hat{\beta}_j - \beta_j)/\mathrm{se}(\hat{\beta}_j) \overset{a}{\sim} t_{n-k-1} = t_{df} \tag{5.8}$$

这是由于 t_{df} 分布随着 df 的增大逐渐接近于 N$(0,1)$。因为我们知道，t_{n-k-1} 分布在 CLM 下是完全成立的，所以即使在假设 MLR.6 不成立的情况下，将 $(\hat{\beta}_j - \beta_j)/\mathrm{se}(\hat{\beta}_j)$ 视为 t_{n-k-1} 的随机变量也是有意义的。

等式（5.8）告诉我们，t 检验和置信区间的构建完全是在经典线性模型假设下进行的。这意味着，如果高斯-马尔科夫假设成立，我们根本没有必要改变对类似 *prate* 和 *narr*86 这些因变量的分析：在这两种情况下，我们都至少有 1 500 个观测值，这足以证明使用中心极限定理近似的合理性。

如果样本容量不是很大，那么当 u 不服从正态分布时，t 分布可能是 t 统计量分布的糟糕近似。不幸的是，在近似程度足够好之前，对于样本容量必须有多大并没有一般性的规定。有些计量经济学家认为 $n=30$ 就令人满意了，但这不足以应对 u 所有可能的分布情况。根据 u 的具体分布情况，我们可能需要先获取一些观测，再应用中心极限定理。此外，近似的质量不仅取决于 n，还取决于自由度 $n-k-1$：模型中的自变量越多，使用 t 近似需要的样本容量通常就越大。在自由度很小和非正态误差情况下的推断方法超出了本书的范围。我们将直接使用 t 统计量，而不去担心正态性假设。

非常重要的一点是，定理 5.2 要求同方差假设（以及零条件均值假设）。如果 $\mathrm{Var}(y \mid x)$ 不是常数，那么无论样本容量有多大，通常的 t 统计量和置信区间都是无效的；在出现异方差时，中心极限定理也不能帮助我们摆脱困境。基于这个原因，我们将用整个第 8 章来讨论出现异方差时的处理办法。

定理 5.2 的结论之一是：$\hat{\sigma}^2$ 是 σ^2 的一个一致估计量；同时，我们从定理 3.3 得知，在高斯-马尔科夫假设下，$\hat{\sigma}^2$ 是 σ^2 的无偏估计量。这个一致性意味着，$\hat{\sigma}$ 是 σ 的一致估计量，这对构建方程（5.7）中渐近正态的结论而言是很重要的。

记住 $\hat{\sigma}$ 出现在每个 $\hat{\beta}_j$ 的标准误中。实际上，$\hat{\beta}_j$ 的估计方差是

$$\widehat{\mathrm{Var}(\hat{\beta}_j)} = \frac{\hat{\sigma}^2}{\mathrm{SST}_j(1 - R_j^2)} \tag{5.9}$$

式中，SST_j 为样本中 x_j 的总平方和；而 R_j^2 则是将 x_j 对其余所有自变量进行回归所得到的 R^2。在 3.4 节中，我们研究了（5.9）的各个组成部分。现在，我们将在渐近分析的情况下进行阐述。随着样本容量的扩大，$\hat{\sigma}^2$ 依概率收敛于常数 σ^2，R_j^2 也趋近于一个严格介于 0 和 1 之间的数（所以 $1-R_j^2$ 也收敛于 0 和 1 之间的某个数）。x_j 的样本方差是 SST_j/n，所以 SST_j/n 也随着样本容量的增大而收敛于 $Var(x_j)$。这意味着，SST_j 增加的速度近似于样本容量增加的速度：$SST_j \approx n\sigma_j^2$，其中 σ_j^2 是 x_j 的总体方差。综上所述，$\widehat{Var(\hat{\beta}_j)}$ 以 $1/n$ 的速度收缩至零。这就说明了为什么样本容量越大越好。

> **思考题 5.2**
>
> 在一个样本容量很大的回归模型中，在假设 MLR.1 到 MLR.5 下，$\hat{\beta}_j$ 的 95% 近似置信区间是什么？我们把这个置信区间称为**渐近置信区间**（asymptotic confidence interval）。

当 u 不服从正态分布时，有时称（5.9）式的平方根为**渐近标准误**（asymptotic standard error），而 t 统计量也被称为**渐近 t 统计量**（asymptotic t statistics）。由于它们和我们在第 4 章讨论的两个统计量一样，所以我们仍把它们称为标准误和 t 统计量，只是在理解时要知道，有时它们只在大样本情况下才是正确的。对于由渐近标准误构造的置信区间也是如此。

利用前面有关估计方差的论述，我们可以写出

$$se(\hat{\beta}_j) \approx c_j/\sqrt{n} \tag{5.10}$$

式中，c_j 为一个不依赖于样本容量的常数，且为正。事实上，常数 c_j 可以表示为：

$$c_j = \frac{\sigma}{\sigma_j\sqrt{1-\rho_j^2}}$$

式中，$\sigma = sd(u)$，$\sigma_j = sd(x_j)$，ρ_j^2 是 x_j 对其他解释变量回归得到的 R^2。正如我们可以利用等式（5.9）判断哪个变量在高斯-马尔科夫假设下对 $Var(\hat{\beta}_j)$ 有影响，我们也可以用 c_j 的表达式来研究较大的误差标准差（σ）、x_j 中更大的总体差异（σ_j）以及总体中的多重共线性（ρ_j^2）的影响。

虽然等式（5.10）只是一个近似，但它也是一个有用的经验法则：标准误的预期收敛速度为样本容量平方根的倒数。

例 5.2

婴儿出生体重方程中的标准误

我们利用 BWGHT 中的数据估计了一种关系，其中因变量是婴儿出生时体重的对数，自变量是每天抽烟的数量（$cigs$）和家庭收入的对数（$faminc$）。观测总数为 1 388 个。使用前面一半的观测（694 个）得到 $\hat{\beta}_{cigs}$ 的标准误约为 0.001 3。使用全部观测所得到的标准误

约为 0.000 86。后一个标准误与前一个标准误的比为 0.000 86/0.001 3≈0.662。这相当接近于从（5.10）式中近似得到的比率 $\sqrt{694/1\,388}\approx0.707$。换句话说，方程（5.10）意味着，使用较大样本容量的标准误，应该约为使用较小样本容量的标准误的 70.7%。这个百分比相当接近于我们从标准误的比率中计算出来的比率 66.2%。

OLS估计量的渐近正态还意味着，在大样本容量情况下，F 统计量具有近似的 F 分布。因此，对排除性约束和其他多元假设的检验，与我们前面的做法别无二致。

5.2a　其他大样本检验：拉格朗日乘数统计量

一旦我们步入渐近分析的殿堂，就还有其他的检验统计量可用于假设检验。多数情况下，我们不需要使用 t 和 F 之外的统计量：如我们所见，无须正态性假设，t 和 F 统计量便具有大样本情况下的正确性。不过，有时候用其他方法检验多元排除性约束也很有用，我们现在就来讨论**拉格朗日乘数（LM）统计量** [Lagrange multiplier（LM）statistic]，它在现代计量经济学中已经受到了一定程度的欢迎。

"拉格朗日乘数统计量"一词源于约束条件下的最优化问题，这个专题超出了本书的研究范围。[参见 Davidson and MacKinnon（1993）。] 有时也用**得分统计量**（score statistic）的说法（也是来自微积分的最优化理论）。幸运的是，在线性回归的框架下，我们可以很简单地推导 LM 统计量，而无须钻研复杂的数学。

我们这里推导的 LM 统计量形式依赖于高斯-马尔科夫假设，也就是那些在大样本条件下使得 F 统计量有效的假设，但不需要正态性假设。

为了推导 LM 统计量，考虑包含 k 个自变量的多元回归模型：

$$y = \beta_0 + \beta_1 x_1 + \cdots + \beta_k x_k + u \tag{5.11}$$

我们想检验最后 q 个变量在总体中的参数是否都为零。原假设是

$$H_0: \beta_{k-q+1}=0, \cdots, \beta_k=0 \tag{5.12}$$

它对模型（5.11）施加了 q 个排除性约束。（5.12）的备择假设和 F 检验一样：这些参数中至少有一个不为零。

LM 统计量仅要求对约束模型进行估计。因此，假定我们进行了如下回归：

$$y = \tilde{\beta}_0 + \tilde{\beta}_1 x_1 + \cdots + \tilde{\beta}_{k-q} x_{k-q} + \tilde{u} \tag{5.13}$$

式中，"～"表示估计值都来自约束模型。具体而言，$\tilde{u}$ 表示约束模型的残差。（这种简单记法无非表示，我们从样本的每次观测中都得到一个约束残差。）

如果被排除变量 x_{k-q+1} 到 x_k 在总体中的系数都为零，那么在样本里，$\tilde{u}$ 便应该与这些变量中的每一个都不相关（至少近似不相关）。这便说明我们可以将这

些残差对被 H_0 排除的变量进行回归。*LM* 检验基本就是这样做的。然而事实证明，为了得到一个能使用的检验统计量，我们必须在回归中包含所有自变量（这是因为约束模型中遗漏的回归元通常都与模型中出现的回归元相关）。于是我们进行

$$\tilde{u} \text{ 对 } x_1, x_2, \cdots, x_k \text{ 的回归} \tag{5.14}$$

这就是**辅助回归**（auxiliary regression）的一个例子。辅助回归用于计算检验统计量，但回归系数并没有直接意义。

我们如何使用（5.14）中的回归结果来检验（5.12）呢？如果（5.12）是正确的，由于 $\tilde{u}$ 与所有自变量都近似不相关，所以即使存在抽样误差，（5.14）的 R^2 也应该"接近"于零。与通常的假设检验一样，问题是我们如何决定在一个选定的显著性水平下，统计量要多大才足以拒绝原假设？结果表明，在零假设条件下，样本容量乘以辅助回归（5.14）的 R^2 渐近服从自由度为 q 的卡方分布。这就给出了检验一组 q 个自变量联合显著性的简单方法。

q 个排除性约束的拉格朗日乘数统计量：

（i）将 y 对施加限制后的自变量集进行回归，并保留残差 $\tilde{u}$。

（ii）将 $\tilde{u}$ 对所有自变量进行回归，并得到 R^2，记为 $R_{\tilde{u}}^2$（以区别于将 y 作为因变量时所得到的 R^2）。

（iii）计算 $LM = nR_{\tilde{u}}^2$ ［样本容量乘以第（ii）步所得到的 R^2］。

（iv）将 LM 与 χ_q^2 分布中适当的临界值 c 相比较；如果 $LM > c$，拒绝原假设。最好能得到 p 值，即随机变量 χ_q^2 超过检验统计量值的概率。如果 p 值小于理想的显著性水平，就拒绝 H_0。否则，我们就不能拒绝 H_0。拒绝法则在本质上与 F 检验如出一辙。

根据其形式，*LM* 统计量有时也被称为 **$n - R^2$ 统计量**（n-R-squared statistic）。与 F 统计量不同，无约束模型中的自由度在进行 *LM* 检验时并没有什么作用。重要的是被检验的约束个数（q）、辅助回归 R^2 的大小（$R_{\tilde{u}}^2$）和样本容量（n）。由于 *LM* 统计量具有渐近性质，所以无约束模型中的 df 并不起作用。但我们必须要将 $R_{\tilde{u}}^2$ 乘以样本容量以得到 LM；如果 n 很大，$R_{\tilde{u}}^2$ 看上去较低的值仍可能导致联合显著性。

在举例之前，有一点需要注意。在第（i）步中，如果我们错误地将 y 对所有自变量进行回归，并将这个从无约束回归中得到的残差用于第（ii）步，我们就不可能得到一个有意义的统计量：由此得到的 R^2 将恰好为零！这是因为 OLS 选择的估计值使得残差在样本中与所有自变量都不相关［参见方程（3.13）］。因此，我们只能通过将约束残差对所有自变量进行回归来检验（5.12）。（将约束残差对受约束的自变量集进行回归也将导致 $R^2 = 0$。）

例 5.3

犯罪的经济模型

我们对例 3.5 的犯罪模型略加扩展来说明 LM 检验：

$$narr86 = \beta_0 + \beta_1 pcnv + \beta_2 avgsen + \beta_3 tottime + \beta_4 ptime86 + \beta_5 qemp86 + u$$

式中，$narr86$ 为一个人曾被拘捕的次数；$pcnv$ 为以前被捕后定罪的比例；$avgsen$ 为过去定罪后被判刑的平均时间长度；$tottime$ 为此人年满 18 岁后，于 1986 年以前在监狱里度过的总时间；$ptime86$ 为 1986 年此人在监狱里度过的月数；而 $qemp86$ 为此人在 1986 年合法就业的季度数。我们要使用 LM 统计量检验的原假设是：在控制了其他因素后，$avgsen$ 和 $tottime$ 对 $narr86$ 没有影响。

在第（i）步中，我们通过将 $narr86$ 对 $pcnv$、$ptime86$ 和 $qemp86$ 进行回归来估计约束模型；回归中排除了变量 $avgsen$ 和 $tottime$。我们从这个回归中得到 2 725 个残差 $\tilde{u}$。接下来，我们将

$$\tilde{u} \text{ 对 } pcnv \text{、} ptime86 \text{、} qemp86 \text{、} avgsen \text{ 和 } tottime \text{ 进行回归} \tag{5.15}$$

和往常一样，我们列出的自变量顺序并没有特殊意义。第二个回归产生了 $R_{\tilde{u}}^2$，结果约为 0.001 5。这看起来可能很小，但我们必须将它乘以 n 才能得到 LM 统计量：$LM = 2\,725 \times 0.001\,5 \approx 4.09$。自由度为 2 的卡方分布在显著性水平为 10% 时的临界值是 4.61（保留到小数点后两位；参见书末附录统计表 G 中的表 G.4）。于是，我们在 10% 的显著性水平下不能拒绝原假设 $\beta_{avgsen} = 0$ 和 $\beta_{tottime} = 0$。因为 p 值等于 $P(\chi_2^2 > 4.09) \approx 0.129$，所以我们可以在 15% 的显著性水平下拒绝 H_0。

比较来看，对 $avgsen$ 和 $tottime$ 进行联合显著性的 F 检验所得到的 p 值约等于 0.131，它与使用 LM 统计量所得到的 p 值相当接近。这无足为奇，因为这两个统计量犯第 I 类错误的概率（渐近地）相同。（即在原假设正确时，它们以相同的频率拒绝原假设。）

正如上例所表明的那样，在大样本情况下，我们几乎看不到 LM 和 F 检验的结果之间有什么重大分歧。由于绝大多数回归软件包都会例行计算 F 统计量，所以我们以后主要使用 F 统计量。但当应用研究中用到 LM 统计量时，你应该清楚这一点。

对 LM 统计量的最后一个评注是，类似对 F 统计量的讨论，你必须确保在第（i）步和第（ii）步中使用相同的观测。如果在原假设下被排除的某些自变量存在数据缺失问题，那么在第（i）步中，我们应该对删减后的数据集进行回归以得到残差。

5.3 OLS 的渐近有效性

我们知道，在高斯-马尔科夫假设下，OLS 估计量是最优线性无偏的。同时，

某一类估计量也是**渐近有效的**（asymptotically efficient）。要对这个问题做一般性的探讨需要矩阵代数和高深的渐近分析。现在，我们只在简单回归的情形中描述这个结论。

在模型

$$y = \beta_0 + \beta_1 x + u \tag{5.16}$$

中，在假设 MLR.4 下，u 的条件均值为零：$E(u \mid x) = 0$。这样就可以得到一系列 β_0 和 β_1 的一致估计量；如往常一样，我们关注斜率参数 β_1。令 $g(x)$ 为 x 的任意一个函数；比如 $g(x) = x_2$ 或 $g(x) = 1/(1 + \mid x \mid)$。那么 u 便与 $g(x)$ 无关（见书末附录数学复习 B 中的性质 CE.5）。对所有的观测 i，令 $z_i = g(x_i)$。假定 $g(x)$ 和 x 相关［记住，由于"相关"度量的是线性相关性，所以 $g(x)$ 和 x 可能不相关］，那么估计量

$$\tilde{\beta}_1 = \left[\sum_{i=1}^{n} (z_i - \bar{z}) y_i \right] \bigg/ \left[\sum_{i=1}^{n} (z_i - \bar{z}) x_i \right] \tag{5.17}$$

就是对 β_1 的一致估计。为了看出这一点，我们将 $y_i = \beta_0 + \beta_1 x_i + u_i$ 代入，并把 $\tilde{\beta}_1$ 写成

$$\tilde{\beta}_1 = \beta_1 + \left[n^{-1} \sum_{i=1}^{n} (z_i - \bar{z}) u_i \right] \bigg/ \left[n^{-1} \sum_{i=1}^{n} (z_i - \bar{z}) x_i \right] \tag{5.18}$$

现在，我们可以在分子和分母中应用大数定律，它们分别依概率收敛于 $\text{Cov}(z, u)$ 和 $\text{Cov}(z, x)$。给定 $\text{Cov}(z, x) \neq 0$*（所以 z 和 x 相关），由于在假设 MLR.4 下 $\text{Cov}(z, u) = 0$，所以我们有

$$\text{plim}\tilde{\beta}_1 = \beta_1 + \text{Cov}(z, u) / \text{Cov}(z, x) = \beta_1$$

证明 $\tilde{\beta}_1$ 服从渐近正态分布更加困难。不过，使用与附录中类似的论证，可以证明 $\sqrt{n}(\tilde{\beta}_1 - \beta_1)$ 服从渐近正态分布，且均值为零，渐近方差为 $\sigma^2 \text{Var}(z) / [\text{Cov}(z, x)]^2$。当 $z = x$ 时，$\text{Cov}(z, x) = \text{Cov}(x, x) = \text{Var}(x)$，可以得到 OLS 估计量的渐近方差。因此，$\sqrt{n}(\hat{\beta}_1 - \beta_1)$ 的渐近方差（其中 $\hat{\beta}_1$ 是 OLS 估计量）是 $\sigma^2 \text{Var}(x) / [\text{Var}(x)]^2 = \sigma^2 / \text{Var}(x)$。现在，柯西-施瓦兹不等式（见书末附录数学复习 B 的 B.4 节）意味着，$[\text{Cov}(z, x)]^2 \leqslant \text{Var}(z) \text{Var}(x)$，这意味着 $\sqrt{n}(\hat{\beta}_1 - \beta_1)$ 的渐近方差将不大于 $\sqrt{n}(\tilde{\beta}_1 - \beta_1)$ 的渐近方差。在高斯-马尔科夫假设下，我们已经针对简单回归情形证明了，OLS 估计量的渐近方差比形如（5.17）的任何一个估计量的渐近方差都小。［（5.17）中的估计量是工具变量估计量的一个例子，我们将在第 15 章详细研究。］如果同方差假设不成立，那么就有一些形如（5.17）的估计量具有比 OLS 更小的渐近方差。我们将在第 8 章看到这一点。

一般情形与此相似，但在数学上则要困难得多。在 k 个回归元的情形中，将 OLS 的一阶条件推广，可以得到一类一致估计量：

---

* 原书为 $\text{Cov}(z, u) \neq 0$。——译者注

$$\sum_{i=1}^{n} g_j(\mathbf{x}_i)(y_i - \tilde{\beta}_0 - \tilde{\beta}_1 x_1 - \cdots - \tilde{\beta}_k x_{ik}) = 0, \quad j = 0, 1, \cdots, k \qquad (5.19)$$

式中，$g_j(\mathbf{x}_i)$ 表示第 i 次观测的所有自变量的任意函数。通过比较 (5.19) 与 OLS 一阶条件 (3.13) 可以看出，当 $g_0(x_i) = 1$，$g_j(x_i) = x_{ij}$（$j = 1, 2, \cdots, k$）时，我们便得到了 OLS 估计量。由于我们可以使用 x_{ij} 的任意函数，所以 (5.19) 中的估计量具有无限多的种类。

定理 5.3 _____

OLS 的渐近有效性

在高斯-马尔科夫假设下，令 $\tilde{\beta}_j$ 表示从求解形如 (5.19) 的方程所得到的估计量，而 $\hat{\beta}_j$ 表示 OLS 估计量。那么，对于 $j = 0, 1, 2, \cdots, k$，OLS 估计量都具有最小的渐近方差：$\text{Avar} \sqrt{n}(\hat{\beta}_j - \beta_j) \leqslant \text{Avar} \sqrt{n}(\tilde{\beta}_j - \beta_j)$。

_____

在数学上，证明 (5.19) 中估计量的一致性十分困难，更不用说证明它们的渐近正态性了［参见 Wooldridge（2010，Chapter 5）］。

本章小结

作为本章材料背景所述的内容是相当有技术性的，但其实际含义却很简单。我们已经证明了，前四个高斯-马尔科夫假设意味着 OLS 是一致的。而且，无须假定误差来自一个正态分布的总体（相当于说，给定解释变量下的 y 不服从正态分布），我们便知道，在第 4 章了解到的所有检验和构造置信区间的方法都是渐近有效的。这意味着，即使在因变量并不近似于正态分布的情况下，我们也可以应用 OLS，并使用以前的检验方法。我们还证明了，检验排除性约束时，LM 统计量可以取代 F 统计量。

在结束本章之前，我们应该指出，对于类似例 5.3 的例子，可能有一些我们必须特别注意的问题。比如像 $narr86$ 那样的变量，它对于总体中的多数人来说都是 0 或 1，所以一个线性模型可能不足以刻画它与解释变量之间的函数关系。而且，即使一个线性模型能够描述预期的拘捕次数，模型也可能存在异方差性问题。这种问题不会随着样本容量的扩大而消失，我们还会在以后的章节中讨论这个问题。

关键术语

渐近偏误	渐近 t 统计量	不一致性
渐近置信区间	渐近方差	拉格朗日乘数（LM）统计量
渐近正态性	渐近有效	大样本性质

渐近性质	辅助回归	n-R^2 统计量
渐近标准误	一致性	得分统计量

习　题

1. 在满足假设 MLR.1 至 MLR.4 的简单回归中，我们证明了斜率估计量 $\hat{\beta}_1$ 是 β_1 的一致估计。利用 $\hat{\beta}_0 = \bar{y} - \hat{\beta}_1 \bar{x}$ 证明：$\text{plim}\hat{\beta}_0 = \beta_0$。[你在使用 $\beta_0 = E(y) - \beta_1 E(x_1)$ 的同时，还需要使用 $\hat{\beta}_1$ 的一致性和大数定律。]

2. 假设模型

$$pctstck = \beta_0 + \beta_1 funds + \beta_2 risktol + u$$

满足前四个高斯-马尔科夫假设，其中 $pctstck$ 表示工人养老金投资于股票市场的百分比，$funds$ 表示工人可以选择的共同基金的只数，而 $risktol$ 表示对风险承受能力的某种度量（$risktol$ 越大，则表明这个人对风险的承受能力越强）。如果 $funds$ 和 $risktol$ 正相关，那么 $pctstck$ 对 $funds$ 进行简单回归得到的斜率系数 $\tilde{\beta}_1$ 将有怎样的不一致性？

3. 数据集 SMOKE 包含美国成年人随机样本关于抽烟行为和其他变量的信息。变量 $cigs$ 是（平均）每天抽烟的数量。你是否认为，$cigs$ 在美国成年人这一总体中具有正态分布？试解释。

4. 在简单回归模型（5.16）中，我们在前四个高斯-马尔科夫假设下证明了形如（5.17）的估计量是斜率 β_1 的一致估计量。给定一个这样的估计量，定义 β_0 的估计量为 $\tilde{\beta}_0 = \bar{y} - \tilde{\beta}_1 \bar{x}$。证明 $\text{plim}\tilde{\beta}_0 = \beta_0$。

5. 下面的直方图是使用 ECONMATH 数据集中的变量 $score$ 创建的。共使用 30 个柱形作出直方图，每一格的高度是落入对应区间的观测的占比。正态分布的最佳拟合（使用样本均值和样本标准差）已添加进直方图中。

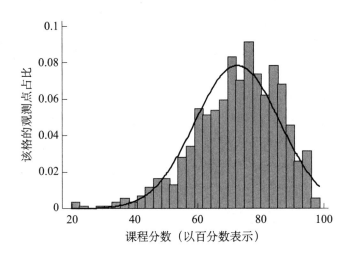

(i) 如果你使用正态分布估计 $score$ 超过 100 的可能性，答案会是 0 吗？为什么你的答案会与 $score$ 服从正态分布的假设矛盾？

(ii) 解释直方图的左尾发生了什么。在左尾部分，正态分布拟合是否良好？

6. 考虑方程 $y = \beta_0 + \beta_1 x + \beta_2 x^2 + u$，$E(u \mid x) = 0$。其中，解释变量 x 在总体中具有标准正态分布，且满足 $E(x) = 0$、$E(x^2) = Var(x) = 1$ 及 $E(x^3) = 0$。其中，$E(x^3) = 0$ 成立是因为标准正态分布关于零点

对称。我们想研究 β_1 的 OLS 估计量。于是，我们省略 x^2，计算简单回归的截距和斜率估计量。

（i）证明我们可以写出 $y = \alpha_0 + \beta_1 x + v$，其中 $E(v) = 0$。求出 v 和新的截距 α_0。

（ii）证明 $E(v \mid x)$ 依赖于 x，除非 $\beta_2 = 0$。

（iii）证明 $Cov(x, v) = 0$。

（iv）如果 $\tilde{\beta}_1$ 是 y_i 对 x_i 回归得到的斜率系数，那么 $\tilde{\beta}_1$ 对于 β_1 是一致的吗？是无偏的吗？请解释。

（v）讨论如果能够估计 β_1，将具有以下意义：β_1 是 $x = 0$ 时（即 x 的平均值），x 对 y 的偏效应。

（vi）解释为什么一致地估计 β_1 和 β_2 比仅仅估计 β_1 更有价值。

计算机练习

C1. 本题利用 WAGE1 中的数据。

（i）估计方程

$$wage = \beta_0 + \beta_1 educ + \beta_2 exper + \beta_3 tenure + u$$

保存残差并画出其直方图。

（ii）以 $\log(wage)$ 作为因变量重做第（i）部分。

（iii）你认为是水平值—水平值模型还是对数—水平值模型更倾向于满足假设 MLR. 6？

C2. 本题利用 GPA2 中的数据。

（i）使用所有 4 137 个观测，估计方程

$$colgpa = \beta_0 + \beta_1 hsperc + \beta_2 sat + u$$

并以标准格式报告结论。

（ii）使用前 2 070 个观测重新估计第（i）部分中的方程。

（iii）求出第（i）部分与第（ii）部分所得到的标准误的比率，并将这个比率与（5.10）中的结果相比较。

C3. 在第 4 章的（4.42）式中，使用数据集 BWGHT，计算检验 $motheduc$ 和 $fatheduc$ 是否为联合显著的 LM 统计量。在获得约束模型的残差时，确认约束模型的估计是只使用非约束模型所有变量均可获得的那些观测进行的。

C4. 一些统计量常用于检验总体分布的非正态性。这里我们将学习一个度量分布偏度的统计量。回忆一下，任何服从正态分布的随机变量都是关于其均值对称的。因此，如果我们将一个分布对称的随机变量标准化，即 $z = (y - \mu_y)/\sigma_y$，其中 $\mu_y = E(y)$，$\sigma_y = sd(y)$。那么 z 的均值为 0，方差为 1，且 $E(z^3) = 0$。给定数据的一个样本，$\{y_i : i = 1, \cdots, n\}$，通过使用公式 $z_i = (y_i - \hat{\mu}_y)/\hat{\sigma}_y$，我们可以在样本中标准化 y_i，其中 $\hat{\mu}_y$ 是样本均值；而 $\hat{\sigma}_y$ 是样本标准差。（我们忽略它们是基于样本的估计。）一个度量偏度的样本统计量是 $n^{-1} \sum_{i=1}^{n} = z_i^3$，或者进行自由度调整，用 $n-1$ 替代 n。如果 y 的总体服从正态分布，那么对标准化的样本值进行偏度度量的结果不应该显著异于 0。

（i）首先我们使用 401KSUBS 数据集，只保留 $fsize = 1$ 的观测，得出 inc 的偏度度量。对 $\log(inc)$ 进行同样的操作。哪一个变量的偏度更大，因此看起来更不像正态分布？

（ii）接下来使用 BWGHT2，得出 $bwght$ 和 $\log(bwght)$ 的偏度度量。你能总结出什么？

（iii）评价下面的命题：“对数形式转换往往使得一个正值变量看起来更接近正态分布。”

(iv) 如果我们关注回归中的正态性假定，是否应该评估 y 和 $\log(y)$ 的非条件分布？请解释。

C5. 考虑第 4 章计算机练习 C11 中使用 HTV 数据得到的分析，其中 $educ$ 是因变量。

(i) $educ$ 在样本中呈现了多少不同的值？$educ$ 的分布连续吗？

(ii) 画出变量 $educ$ 的柱状图，并附上正态分布曲线。$educ$ 的分布与正态分布接近吗？

(iii) 下面这个模型明显违背了哪条经典线性模型假设？

$$educ = \beta_0 + \beta_1 motheduc + \beta_2 fatheduc + \beta_3 abil + \beta_4 abil2 + u$$

在第 4 章计算机练习 C11 中，违背这一条将会如何改变统计推断步骤的进行？

C6. 使用 ECONMATH 的数据回答下列问题。

(i) 从逻辑上看，变量 $score$ 可以呈现的最小值和最大值分别是多少？样本中的最小值和最大值分别是多少？

(ii) 考虑线性模型

$$score = \beta_0 + \beta_1 colgpa + \beta_2 actmth + \beta_3 acteng + u$$

为什么不能假定经典线性模型的第 6 条假设对残差项 u 成立？使用通常的 t 统计量去检验 $H_0: \beta_3 = 0$ 会有什么后果？

(iii) 估计第（ii）部分的模型，得到检验 $H_0: \beta_3 = 0$ 的 t 统计量和相应的 p 值。针对其他人给出的下述命题："你不能相信 p 值，因为这一等式中的残差项显然不服从正态分布"，你将如何为你的发现进行辩护？

附录 5A

OLS 的渐近正态性

我们以简单回归为例简述 OLS 渐近正态性的证明 [见定理 5.2 (i)]。写出（5.16）式中的简单回归模型。然后，通过简单回归的常用代数方法，可得

$$\sqrt{n}\,(\hat{\beta}_1 - \beta_1) = (1/s_x^2)\left[n^{-1/2}\sum_{i=1}^{n}(x_i - \bar{x})u_i\right]$$

这里我们使用 s_x^2 来标记 $\{x_i: i=1, 2, \cdots, n\}$ 的样本方差。根据大数定律（见书末附录数学复习 C），$s_x^2 \xrightarrow{p} \sigma_x^2 = \mathrm{Var}(x)$。经典多元线性模型的假设 3 排除了完全多重共线性，这意味着 $\mathrm{Var}(x) > 0$（x_i 在样本中有变化，因此总体中的 x 不是常数）。下一步，$n^{-1/2}\sum_{i=1}^{n}(x_i - \bar{x})u_i = n^{-1/2}\sum_{i=1}^{n}(x_i - \mu)u_i + (\mu - \bar{x})\left[n^{-1/2}\sum_{i=1}^{n}u_i\right]$，这里 $\mu = \mathrm{E}(x)$ 是 x 的总体均值。现在，$\{u_i\}$ 是独立同分布随机变量的序列，均值为 0，方差为 σ^2，所以根据书末附录数学参考 C 的中心极限定理，当 $n \to \infty$ 时，$n^{-1/2}\sum_{i=1}^{n}u_i$ 收敛于正态分布 $N(0, \sigma^2)$。根据大数定律，$\mathrm{plim}(\mu - \bar{x}) = 0$。渐近理论的标准结果是：如果 $\mathrm{plim}(w_n) = 0$，并且 z_n 服从渐近正态分布，那么有 $\mathrm{plim}(w_n z_n) = 0$。[见伍德里奇（Wooldridge, 2010, Chapter 3）中的更多讨论。] 这意味着 $(\mu - \bar{x})\left[n^{-1/2}\sum_{i=1}^{n}u_i\right]$ 趋近于 0。下一步，由于在经典多元线性模型的假设 4 下，u 和 x 不相关，因此无穷的独立同分布序列 $\{(x_i - \mu)u_i: i=1, 2, \cdots\}$ 服从零均值。同时，在经典多元线性

模型假设 5 下，其方差为 $\sigma^2 \sigma_x^2$。因此，$n^{-1/2} \sum_{i=1}^{n} (x_i - \mu) u_i$ 渐近服从 $N(0, \sigma^2 \sigma_x^2)$ 的正态分布。我们刚刚展示了，$n^{-1/2} \sum_{i=1}^{n} (x_i - \bar{x}) u_i$ 和 $n^{-1/2} \sum_{i=1}^{n} (x_i - \mu) u_i$ 的差趋近于 0。渐近理论中的一个结论是：如果 z_n 服从渐近正态分布且 $plim(v_n - z_n) = 0$，那么 v_n 有着与 z_n 相同的渐近正态分布。由此可见，$n^{-1/2} \sum_{i=1}^{n} (x_i - \bar{x}) u_i$ 也服从渐近正态分布 $N(0, \sigma^2 \sigma_x^2)$。将所有项合在一起，有

$$\sqrt{n}(\hat{\beta}_1 - \beta_1) = (1/\sigma_x^2)\left[n^{-1/2} \sum_{i=1}^{n} (x_i - \bar{x}) u_i\right] + \left[(1/s_x^2) - (1/\sigma_x^2)\right]\left[n^{-1/2} \sum_{i=1}^{n} (x_i - \bar{x}) u_i\right]$$

因为 $plim(1/s_x^2) = 1/\sigma_x^2$，所以第二项趋向于 0。因此 $\sqrt{n}(\hat{\beta}_1 - \beta_1)$ 的渐近正态分布服从 $N(0, \{\sigma^2 \sigma_x^2\}/\{\sigma_x^2\}^2) = N(0, \sigma^2/\sigma_x^2)$。这便完成了简单回归情况下的证明：$a_1^2 = \sigma_x^2$。见伍德里奇（Wooldridge，2010，Chapter 4）的更一般情况。

第6章 多元回归分析：深入专题

本章汇集多元回归分析中的几个重要问题，这些问题在前面章节不便论及。这些问题虽然不如第3章和第4章的内容那样基本，但在大量使用多元回归的实证问题中具有重要地位。

6.1 数据的度量单位对 OLS 估计量的影响

我们在第2章的双变量回归中简要讨论了改变度量单位对 OLS 截距和斜率估计值的影响，还证明了改变度量单位不影响 R^2。现在我们回到数据测度单位的问题，考察由因变量或自变量的测度单位改变对标准误、t 统计量、F 统计量和置信区间的影响。

我们会发现，预计会发生的确实发生了。当对变量重新进行测度时，系数、标准误、置信区间、t 统计量和 F 统计量发生的改变保留了所有测量效应和测试结果。尽管这不足为奇（如果不是这样才让我们担心），但清晰地看到整个过程的发生是十分有益的。通常，数据度量单位变换用于修饰性目的，比如减少所估计系数小数点后0的数量。通过明智地选择度量单位，我们可以不做本质的改变，就让所估计方程更加美观。

虽然我们可以在一般意义下讨论这个问题，但用例子将更易说明。同样，在这里引入抽象符号也没有太多价值。

我们从一个将新生儿体重与吸烟和家庭收入联系起来的关系式入手：

$$\widehat{bwght} = \hat{\beta}_0 + \hat{\beta}_1 cigs + \hat{\beta}_2 famin \tag{6.1}$$

式中，$bwght$ 为新生儿体重，单位为盎司；$cigs$ 为孕妇在怀孕期间每天吸烟的数量；$faminc$ 为家庭年收入，单位为千美元。

使用 BWGHT 中的数据得到的方程估计结果如表 6.1 的第（1）列所示。括号内报告了标准误。$cigs$ 的估计值说明，如果孕妇每天多抽五根烟，新生儿体重预计约减少 $0.463\ 4 \times 5 = 2.317$ 盎司。$cigs$ 的 t 统计量为 -5.06，说明该变量极为统计显著。

现在假设我们以磅而非盎司为单位来度量新生儿体重。令 $bwghtlbs=bwght/16$ 表示新生儿的磅数。如果以此作为估计方程的因变量，OLS 估计量将如何变化？通过对方程（6.1）进行简单变形，很容易看出这样做对系数估计值的影响。将等式两边同时除以 16：

$$\widehat{bwght}/16 = \hat{\beta}_0/16 + (\hat{\beta}_1/16)cigs + (\hat{\beta}_2/16)faminc$$

因为等式左边是以磅为单位的新生儿体重，所以每个系数都要变成原先的 1/16。为了验证这一点，将 $bwghtlbs$ 对 $cigs$ 和 $faminc$ 回归，并把结果报告在表 6.1 的第（2）列。在保留四位有效数字的情况下，第（2）列中的截距和斜率刚好就是第（1）列中对应的数据除以 16。比如，$cigs$ 的系数现在是 $-0.028\ 9$，这意味着，如果 $cigs$ 增加 5 支，出生体重将减少 $0.028\ 9\times5=0.144\ 5$ 磅。以盎司为单位，则减少 $0.144\ 5\times16=2.312$ 盎司，与我们前面得到的 2.32 盎司相比只是因为保留小数位数不同而略有差异。要点是：无论如何度量因变量，一旦把影响转化成同样的度量单位，我们就会得到同样的结论。

那么统计显著性如何变化呢？恰如所料，将因变量的单位从盎司改变成磅，对自变量在统计上的重要程度没有影响。第（2）列中的标准误刚好就是第（1）列中标准误的 1/16。

表 6.1　数据度量单位改变的效应

因变量	（1）$bwght$	（2）$bwghtlbs$	（3）$bwght$
自变量			
$cigs$	$-0.463\ 4$ $(0.091\ 6)$	$-0.028\ 9$ $(0.005\ 7)$	—
$packs$	—	—	-9.268 (1.832)
$faminc$	$0.092\ 7$ $(0.029\ 2)$	$0.005\ 8$ $(0.001\ 8)$	$0.092\ 7$ $(0.029\ 2)$
截距项	116.974 (1.049)	$7.310\ 9$ $(0.065\ 6)$	116.974 (1.049)
观测次数	1 388	1 388	1 388
R^2	0.029 8	0.029 8	0.029 8
SSR	557 485.51	2 177.677 8	557 485.51
SER	20.063	1.253 9	20.063

经过简单计算即可表明，第（2）列中的 t 统计量实际正是第（1）列中的 t 统计量。第（2）列中置信区间的端点恰好也是第（1）列中对应的端点除以 16。这是因为置信区间与标准误变化同样的倍数。［注意，这里 95% 的置信区间就是 $\hat{\beta}_j\pm1.96\text{se}(\hat{\beta}_j)$。］

就拟合优度而言，两个回归中得到的 R^2 理所当然是一样的。注意到两个方程的残差平方和 SSR 和回归标准误 SER 有所不同，这些差异很容易解释。令 $\hat{u}_i$ 表示原方程（6.1）中第 i 个观测的残差。于是当因变量为 $bwghtlbs$ 时，残差仅仅是 $\hat{u}_i/16$。因此，第二个方程的残差平方和是 $(\hat{u}_i/16)^2 = \hat{u}_i^2/256$。这就是为什么第（2）列的残差平方和等于第（1）列中的 SSR 除以 256。

因为 $\text{SER} = \hat{\sigma} = \sqrt{\text{SSR}/(n-k-1)} = \sqrt{\text{SSR}/1\,385}$，所以第（2）列中的 SER 就是第（1）列中 SER 的 1/16。从另一思考角度，在以 $bwghtlbs$ 为因变量的方程中，其误差的标准差只是原方程误差标准差的 1/16。这并不意味着，我们已经通过改变出生体重的度量方法而减小了误差，较小的 SER 仅仅反映了度量单位的差异。

接下来，我们把因变量换回原来的度量单位：以盎司为单位的 $bwght$。相反，改变自变量之一 $cigs$ 的度量单位。定义 $packs$ 为每天抽烟的包数，于是 $packs = cigs/20$。这样系数和其他 OLS 统计量会如何变化呢？我们可以写出

$$\widehat{bwght} = \hat{\beta}_0 + (20\hat{\beta}_1)(cigs/20) + \hat{\beta}_2\,faminc = \hat{\beta}_0 + (20\hat{\beta}_1)\,packs + \hat{\beta}_2\,faminc$$

从而，截距和 $faminc$ 的系数都没有变化，只是 $packs$ 的系数是原 $cigs$ 系数的 20 倍。这在直觉上很有吸引力。$bwght$ 对 $packs$ 和 $faminc$ 进行回归的结论，列在表 6.1 的第（3）列中。顺便指出，在一个方程中同时包括 $cigs$ 和 $packs$ 是毫无意义的，这样将导致完全共线性，没有任何实质性的意义。

> **? 思考题6.1**
>
> 在初始方程（6.1）中，假设 $faminc$ 是以美元而不是千美元来度量。从而，定义变量 $fincdol = 1\,000\,faminc$。当用 $fincdol$ 代替 $faminc$ 时，OLS 统计量将如何变化？就报告回归结论而言，你认为是用美元度量收入好，还是用千美元度量收入好？

除了 $packs$ 的系数，第（3）列中还有另一个统计量与第（1）列中不同：$packs$ 的标准误是第（1）列中 $cigs$ 的标准误的 20 倍。这意味着，无论我们用支还是用包来度量抽烟量，检验其显著性的 t 统计量都是一样的。这是很自然的。

上例详细地阐述了重新测度因变量和自变量时的多种可能性。通常需要对经济中的美元金额进行重新测度，特别是在金额很大时。

在第 2 章我们证明了，如果因变量以对数形式出现，那么改变其度量单位不会影响斜率系数。这里同样如此：当因变量以对数形式出现时，改变因变量的度量单位仍不会影响任何一个斜率估计值。这是基于如下简单的事实：对于任何一个常数 $c_1 > 0$，都有 $\log(c_1 y_i) = \log(c_1) + \log(y_i)$。新的截距项将是 $\log(c_1) + \hat{\beta}_0$。同理，对任何 x_j，当它在回归中以 $\log(x_j)$ 的形式出现时，改变其度量单位只会影响截距项。这与我们对百分比变化和（特别是）弹性的了解一致：它们不会随着 y 或 x_j 度量单位的变化而变化。比如，如果我们设定（6.1）中的因变量为 $\log(bwght)$，估计这个方程，然后在因变量为 $\log(bwghtlbs)$ 的情况下重新估计它，那么，在这

两个回归中，*cigs* 和 *faminc* 的系数将相同，只是截距有所不同。

6.1a β 系数

在计量经济学应用中，有时会采用一个难以解释的尺度来度量一个关键变量。劳动经济学家经常在工资方程中考虑考试分数，而这些考试在给出分数时通常随意而不易解释（至少对经济学家来说如此!）。几乎在所有情形中，我们感兴趣的只是将个人得分与总体情况相比较。因此，与其研究考试分数高 10 分对小时工资有什么影响，不如研究考试分数提高 1 个标准差对小时工资有什么影响，后者更有意义。

假定我们已经得到样本标准差（在多数回归软件包中都很容易做到），当模型中的一个自变量提高其标准差的一定倍数时，我们很容易看到其对因变量的影响。这通常是个好主意。所以，当观察标准化考试分数（比如 SAT 分数）对大学 GPA 的影响时，我们可以求出 SAT 的标准差，并关注 SAT 分数提高一倍或两倍，标准差将会发生什么。

有时，当涉及的所有变量（因变量和自变量）都已标准化时，得到的回归结果也是有用的。一个变量在样本中通过减去其平均值并除以其标准差来标准化（见书末附录数学复习 C）。这意味着，我们对样本中的每一个变量都计算 "z 得分"。然后用这些 "z 得分" 进行回归。

为什么标准化很有用呢？最容易的办法是从变量都保持其原有形式的 OLS 方程开始：

$$y_i = \hat{\beta}_0 + \hat{\beta}_1 x_{i1} + \hat{\beta}_2 x_{i2} + \cdots + \hat{\beta}_k x_{ik} + \hat{u}_i \tag{6.2}$$

我们已经在方程中包括了表示观测次数的下标 i，以强调我们的标准化适用于所有的样本值。现在，如果我们对 (6.2) 式求出其平均方程，利用 $\hat{u}_i$ 具有零样本均值的事实，并将 (6.2) 式减去均值方程，则得到

$$y_i - \bar{y} = \hat{\beta}_1 (x_{i1} - \bar{x}_1) + \hat{\beta}_2 (x_{i2} - \bar{x}_2) + \cdots + \hat{\beta}_k (x_{ik} - \bar{x}_k) + \hat{u}_i$$

现令 $\hat{\sigma}_y$ 为因变量的样本标准差，$\hat{\sigma}_1$ 为 x_1 的样本标准差，$\hat{\sigma}_2$ 为 x_2 的样本标准差，依此类推。经过简单的代数运算，得到方程

$$(y_i - \bar{y})/\hat{\sigma}_y = (\hat{\sigma}_1/\hat{\sigma}_y)\hat{\beta}_1 [(x_{i1} - \bar{x}_1)/\hat{\sigma}] + \cdots$$
$$+ (\hat{\sigma}_k/\hat{\sigma}_y)\hat{\beta}_k [(x_{ik} - \bar{x}_k)/\hat{\sigma}_k] + (\hat{u}_i/\hat{\sigma}_y) \tag{6.3}$$

(6.3) 式中的每个变量都被标准化了，用其 z 得分代替，这就得到了新的斜率系数。比如，$(x_{i1} - \bar{x}_1)/\hat{\sigma}_1$ 的斜率系数为 $(\hat{\sigma}_1/\hat{\sigma}_y)/\hat{\beta}_1$。新系数即原系数 $\hat{\beta}_1$ 乘以 x_1 的标准差与 y 的标准差之比。截距项则完全消失。

通过省略下标 i 来改写 (6.3) 式会很有用：

$$z_y = \hat{b}_1 z_1 + \hat{b}_2 z_2 + \cdots + \hat{b}_k z_k + 误差项 \tag{6.4}$$

式中，z_y 表示 y 的 z 得分；z_1 表示 x_1 的 z 得分，等等。新的系数是

$$\hat{b}_j = (\hat{\sigma}_j/\hat{\sigma}_y) \, \hat{\beta}_j, \quad j=1, \cdots, k \qquad (6.5)$$

传统上称这些 $\hat{b}_j$ 为**标准化系数**（standardized coefficients）或 **β 系数**（beta coefficients）。（后面这个名称更常见，但不巧的是，我们已经用 $\hat{\beta}$ 来表示一般的 OLS 估计量了。）

方程（6.4）赋予 β 系数颇有意思的含义：如果 x_1 提高一倍的标准差，那么 $\hat{y}$ 就变化 $\hat{b}_1$ 倍的标准差。因此，我们不是以 y 或 x_j 的原有单位来度量其影响，而是以标准差为单位。由于它使得回归元的度量单位无关紧要，所以这个方程把所有解释变量都放到相同的地位上。在一个标准的 OLS 方程中，不能只看系数的大小，也不能断言具有最大系数的解释变量就"最重要"。我们在前面看到，通过将 x_j 标准化后，比较由此得到的 β 系数就更加有说服力。当回归方程仅有一个解释变量 x_1 时，其标准化的系数仅为 y 与 x_1 的样本相关系数，这表明该系数一定在 -1 到 1 之间。

即使在有些情况下，系数很容易解释——比如因变量和我们感兴趣的自变量是对数形式，那么该自变量前的 OLS 估计的系数就是估计的弹性——这里仍存有计算 β 系数的需要。虽然弹性不存在度量单位，但对某个特定的解释变量变化，比如 10%，可能代表更大或更小的变动域。例如，某州每个学生收入的变化大而其支出变化相对小，那么比较行为相应带来的收入和支出的弹性可能没有太大意义。比较 β 系数可能会有用。

我们总可以先将 y，x_1，$\cdots$，x_k 标准化，然后将 y 的 z 得分对 x_1，$\cdots$，x_k 的 z 得分进行 OLS 回归，从而得到 β 系数，其中由于截距项将为零，所以不一定要包含截距项。有些回归软件包通过一个简单的命令就能给出 β 系数。如下例子就说明了 β 系数的用处。

例 6.1

污染对住房价格的影响

我们使用例 4.5 中的数据（在文件 HPRICE2 中）来说明 β 系数的用处。回想一下，*nox* 是关键的自变量，它衡量了每个社区空气中的氧化亚氮含量。理解污染效应大小的方法之一（无须过问氧化亚氮对空气质量影响的基础科学知识），就是计算 β 系数。（另一种方法包含在例 4.5 中：我们通过使用 *price* 和 *nox* 的对数形式而得到 *nox* 的价格弹性。）

总体方程是一个水平值—水平值模型：

$$price = \beta_0 + \beta_1 nox + \beta_2 crime + \beta_3 rooms + \beta_4 dist + \beta_5 stratio + u$$

式中，除了 *crime* 之外的所有变量都和例 4.5 中的定义一样，*crime* 表示所报告的人均犯罪次数。如下方程中报告了 β 系数（每个变量都被转换成了其 z 得分）：

$$\widehat{zprice} = -0.340 znox - 0.143 zcrime + 0.514 zrooms - 0.235 zdist - 0.270 zstratio$$

这个方程表明，*nox* 提高一倍的标准差，会使价格减少 0.34 倍的标准差；*crime* 提高一倍的标准差，会使价格减少 0.14 倍的标准差。因此，总体中同样的相对变化，污染比犯罪会对住房价格产生更大的影响。用房间数（*rooms*）度量的住房大小，则具有最大的标准化影响。如果我们想知道每个自变量对平均住房价格在美元价值上的影响，就应该使用未经标准化的变量。

我们使用标准化还是未标准化的变量并不影响统计显著性：*t* 统计量在两种情形中相同。

6.2　对函数形式的进一步讨论

在前面几个例子中，我们已经看到了在计量经济学中处理被解释变量和解释变量之间非线性关系的最普遍的技巧：使用因变量或自变量的对数形式。我们还看到了一些包含自变量平方项的模型，但仍未给出系统性的处理方法。在本节中，我们讨论了一些应用研究中常见的函数形式的变形和推广。

6.2a　对使用对数函数形式的进一步讨论

首先，我们回忆一下如何解释模型

$$\log(price) = \beta_0 + \beta_1 \log(nox) + \beta_2 rooms + u \tag{6.6}$$

中的参数，其中变量都取自例 4.5。注意，全书的 $\log(x)$ 都表示 x 的自然对数。系数 β_1 就是 *price* 对 *nox*（污染）的弹性。系数 β_2 是在 $\Delta rooms = 1$ 时 $\log(price)$ 的变化，正如我们多次所见，把它乘以 100 就近似等于价格变化的百分数。值得一提的是，$100 \cdot \beta_2$ 有时也被称为 *price* 对 *rooms* 的半弹性。

当使用 HPRICE2 中的数据进行估计时，我们得到

$$\widehat{\log(price)} = 9.23 - 0.718 \log(nox) + 0.306 \, rooms$$
$$\quad\quad\quad (0.19)\,(0.066) \quad\quad\quad\quad (0.019)$$
$$n = 506, R^2 = 0.514 \tag{6.7}$$

因此，当 *nox* 提高 1% 时，*price* 在保持 *rooms* 不变的情况下会下降 0.718%。当 *rooms* 增加 1 时，*price* 会提高近 $100 \times 0.306 = 30.6\%$。

在这个应用研究中，所谓增加一个房间会使价格提高约 30.6% 的估计多少有些不准确。因为随着 $\log(y)$ 变得越来越大，$\%\Delta y \approx 100 \cdot \Delta \log(y)$ 的近似会越来越不精确，会出现近似误差。不过，使用一种简单的运算就能计算出精确的百分比变化。

为了描述这一程序，我们考虑一般估计模型

$$\widehat{\log(y)} = \hat{\beta}_0 + \hat{\beta}_1 \log(x_1) + \hat{\beta}_2 x_2$$

（增加其他自变量不致改变这个程序。）现在，固定 x_1，我们有 $\widehat{\Delta \log(y)} = \hat{\beta}_2 \Delta x_2$。使用指数和对数函数的简单数学性质，可给出所预计的 y 的精确百分比变化为

$$\%\Delta\hat{y} = 100 \cdot [\exp(\hat{\beta}_2 \Delta x_2) - 1] \tag{6.8}$$

乘以 100 后，就将比例变化转化成了百分数变化。当 $\Delta x_2 = 1$ 时，

$$\%\Delta\hat{y} = 100 \cdot [\exp(\hat{\beta}_2) - 1] \tag{6.9}$$

将 $x_2 = rooms$ 和 $\hat{\beta}_2 = 0.306$ 应用于住房价格一例，得到 $\%\widehat{\Delta price} = 100 \cdot [\exp(0.306) - 1] = 35.8\%$，它明显大于从（6.7）式中直接得到的近似百分比变化 30.6%。[顺带提及，由于 $\exp(\cdot)$ 是一个非线性函数，所以它不是一个无偏估计，但它是 $100 \cdot [\exp(\beta_2) - 1]$ 的一个一致估计量。这是因为概率极限可以与连续函数交换顺序，而期望值算子却不能。参见书末附录数学复习 C。]

方程（6.8）中的调整对于小的百分比变化而言没那么重要。比如，一方面，当我们在方程（6.7）中包括学生—教师比时，其估计系数便是 -0.052，这意味着若将 $stratio$ 提高 1，则 $price$ 近似下降 5.2%。精确的比例变化为 $\exp(-0.052) - 1 \approx -0.051$ 或 -5.1%。另一方面，如果我们将 $stratio$ 提高 5，那么价格的近似百分比变化就是 -26%，而从方程（6.8）中得到的精确变化为 $100 \times [\exp(-0.26) - 1] \approx -22.9\%$。

对百分比变化的对数近似还有一个优点：即使百分比变化很大，它也使得这种百分比近似十分合理。为了说明这一优点，我们再次考虑改变一个房间数对价格的影响。对数近似正好是将方程（6.7）中房间数的系数乘以 100，即 30.6%。我们还计算出，增加一个房间导致价格变化的精确百分比估计值是 35.8%。但如果我们想估计减少一个房间导致的价格百分比变化，情况又将怎么样呢？在方程（6.8）中，我们取 $\Delta x_2 = -1$ 和 $\hat{\beta}_2 = 0.306$，于是 $\%\widehat{\Delta price} = 100 \cdot [\exp(-0.306) - 1] = -26.4$，或下降 26.4%。注意，基于使用 $rooms$ 的系数而得到的近似介于 26.4 和 35.8 之间，结果总是出现在这个区间。换言之，仅使用这个系数（乘以 100）作为我们给出的估计值，总是介于自变量增加和减少所得到的估计值的绝对值之间。如果我们对房间增加或减少特别感兴趣，就可以使用基于方程（6.8）的计算方法。

刚才谈到的百分比变化的计算，其实质我们在经济学入门教材中曾经介绍过。比如，基于价格的大幅度变化来计算需求价格弹性，其结果取决于我们在计算百分比变化时使用的是起点还是终点的价格和需求量。使用对数近似，在思想上类似于计算需求弹性的弧弹性，即在计算百分比变化时，分母中使用平均价格和平均需求量。

我们已经看到，使用自然对数使得对系数的解释颇具吸引力，而且由于斜率系数不随测度单位而变化，所以我们可以忽略以对数形式出现的变量的度量单位。在应用研究中如此广泛地使用对数，还有其他几方面的原因。首先，当 $y > 0$ 时，使用 $\log(y)$ 作为因变量的模型，通常比使用 y 的水平值作为因变量的模型更接近

CLM 假定。严格为正的变量，其条件分布常常具有异方差性或偏态性；取对数后，即使不能消除这两方面的问题，也可以使之有所缓和。

使用对数的另一个潜在好处是对数通常会缩小变量的取值范围。这一点尤其适用于表示一些大额货币值的数据，例如公司的年销售额或者棒球运动员的薪水。人口变量也通常差异很大。缩小因变量和自变量的取值范围可以使得 OLS 的估计值对于异常（或极端）观测不是那么敏感。我们将在第 9 章专门探讨这种异常观测的问题。

然而，我们不能随意地使用对数变换，因为特殊情况下对数变换会产生极端值。例如，变量 y 的取值在 0 到 1 之间（比如：比例），并且值接近于 0。此时，$\log(y)$（当时是负的）极大，虽然原始数据 y 的边界为 0 和 1。

至于何时取对数，尽管没有一条金玉良言，但也有一些标准的经验法则。对于一个以正的美元数量为单位的变量，通常都可以取对数。对此，我们已经看到诸如工资、薪水、企业销售额和企业的市场价值等变量。像人口、雇员总数和学校注册人数等变量也常常以对数形式出现；它们具有大正整数的共同特征。

以年度量的变量（如受教育年数、工作经历、任职年限、年龄等），则通常以其原有形式出现。至于比例或百分比变量（如失业率、养老保险金的参与率、学生通过标准化考试的百分比、犯罪报告中的拘捕率等），尽管存在使用其水平值的趋势，但我们既可以使用其原有形式，也可以使用其对数形式。这是因为，任何一个涉及原变量（无论它是因变量还是自变量）的回归系数都具有一种百分点变化的解释。（对百分比变化和百分点变化之区别的回顾，可参见书末附录数学复习 A。）比方说，如果我们在回归中使用 $\log(unem)$，其中 $unem$ 是失业个人占总人口的百分比，我们必须仔细区别百分点变化和百分比变化。记住，如果 $unem$ 从 8 变化到 9，就是提高一个百分点，却从原来的失业水平上提高了 12.5%。使用对数意味着，我们在考虑失业率的百分比变化：$\log(9)-\log(8)\approx0.118$ 或 11.8%，也就是对实际提高 12.5% 的对数近似。

对数形式的一个限制是，变量不能取零或负值。但在 y 非负又可取零的情形下，有时会采用 $\log(1+y)$。除了从 $y=0$ 开始的变化（此时的百分比变化没有定义）外，通常的百分比变化几乎完全保留了其解释。一般而言，当 y 的数据相对包含较少的零时，使用 $\log(1+y)$，并以 $\log(y)$ 对估计值进行解释，通常是可以接受的。这样的一个例子是：y 是制造企业总体中平均对每个雇员

> **思考题 6.2**
>
> 假设每年因酒后驾车被拘捕的次数由
> $$\log(arrests)=\hat\beta_0+\hat\beta_1\log(pop)$$
> $$+\hat\beta_2 age16\_25$$
> $$+其他$$
> 决定，其中 $age16\_25$ 是年龄在 16～25 岁之间的人口比例。证明 $\hat\beta_2$ 具有如下（其他条件不变）解释：它是当年龄在 16～25 岁之间人口的百分比提高一个百分点时，$arrests$ 的百分比变化。

培训的小时数，只要大多数企业至少对一个工人进行培训。但技术上讲，$\log(1+y)$ 不可能呈正态分布（尽管它可能比 y 的异方差性稍弱）。其他有用（尽管更复杂）的方法便是第 17 章中的托宾和泊松模型。

使用对数形式的因变量有一个缺陷——更难以预测原变量的值。原模型使我们能预测 $\log(y)$，而不是 y。不过，把对 $\log(y)$ 的预测转变成对 y 的预测也是相当容易的（参见 6.4 节）。一个相关问题是：将 y 作为因变量的模型与将 $\log(y)$ 作为因变量的模型进行 R^2 的比较是不合逻辑的。它们解释的是不同变量的变化。我们将在 6.4 节讨论如何计算可比较的拟合优度指标。

6.2b 含二次项的模型

在应用经济学中，为了描述递减或递增的边际效应，也常常用到**二次函数**（quadratic functions）。你或许愿意在书末附录数学复习 A 中温习一下二次函数的性质。

在最简单的情形中，y 只取决于一个单独可观测因素 x，但又取决于其二次形式：

$$y = \beta_0 + \beta_1 x + \beta_2 x^2 + u$$

比如，取 $y=wage$ 和 $x=exper$。如我们在第 3 章所讨论的那样，这个模型算不上简单回归分析，但又很容易用多元回归来处理。

重要的是要记住，β_1 并没有度量 y 相对 x 的变化；保持 x^2 不变而改变 x 是毫无意义的。如果我们将估计方程写成

$$\hat{y} = \hat{\beta}_0 + \hat{\beta}_1 x + \hat{\beta}_2 x^2 \tag{6.10}$$

那么，我们就有如下近似：

$$\Delta\hat{y} \approx (\hat{\beta}_1 + 2\hat{\beta}_2 x)\Delta x, \text{ 故 } \Delta\hat{y}/\Delta x \approx \hat{\beta}_1 + 2\hat{\beta}_2 x \tag{6.11}$$

这说明，x 和 y 之间的斜率取决于 x 的值；所估计的斜率是 $\hat{\beta}_1 + 2\hat{\beta}_2 x$。如果我们代入 $x=0$，就会看到，$\hat{\beta}_1$ 可被解释为从 $x=0$ 到 $x=1$ 的近似斜率。其他情况都必须考虑第二项 $2\hat{\beta}_2 x$。

如果我们只对给定 x 的起始值及其变化时计算 y 的预计变化量感兴趣，我们就可以直接使用方程（6.10）：完全没有理由去使用微积分做近似计算。但我们通常对概括 x 对 y 的影响更感兴趣，那么方程（6.11）中对 $\hat{\beta}_1$ 和 $\hat{\beta}_2$ 的解释就为我们提供了这种概括。通常，我们可以代入样本中 x 的平均值，或某些有意义的数值，比如中位数或上下四分位点。

在多数应用中，$\hat{\beta}_1$ 为正，而 $\hat{\beta}_2$ 则为负。比如，使用 WAGE1 中的工资数据，我们得到

$$\widehat{wage} = 3.73 + 0.298 exper - 0.006\,1 exper^2$$
$$\qquad\quad (0.35)\ \ (0.041)\qquad\ (0.000\,9)$$
$$n=526,\ R^2=0.093 \tag{6.12}$$

所估计的这个方程意味着，$exper$ 对 $wage$ 具有递减的影响。工作经历的第一年约值每小时 30 美分（0.298 美元）。工作经历的第二年就没那么有价值了［根据方程（6.11）在 $x=1$ 处的近似，约为 $0.298-2\times0.006\,1\times1\approx0.286$，或 28.6 美分］。当工作经历从 10 年变化到 11 年时，预计工资只会提高约 $0.298-2\times0.006\,1\times10\approx0.176$，或 17.6 美分，依此类推。

当 x 的系数为正，而 x^2 的系数为负时，二次项便具有抛物线形态。总存在一个正的 x 值，此时 x 对 y 的影响为零；在此点之前，x 对 y 的影响为正；而在此点之后，x 对 y 的影响为负。实践中，重要的是要知道这个转折点出现在哪里。

在所估计的 $\hat{\beta}_1>0$ 和 $\hat{\beta}_2<0$ 的方程（6.10）中，转折点（或函数最大值点）总是 x 的系数与 x^2 系数的两倍之比：

$$x^*=|\hat{\beta}_1/(2\hat{\beta}_2)| \tag{6.13}$$

在工资一例中，$x^*=exper^*$ 就是 $0.298/(2\times0.006\,1)\approx24.4$（注意，我们在做这个计算时，去掉了 $-0.006\,1$ 的负号）。图 6.1 说明了这个二次项关系。

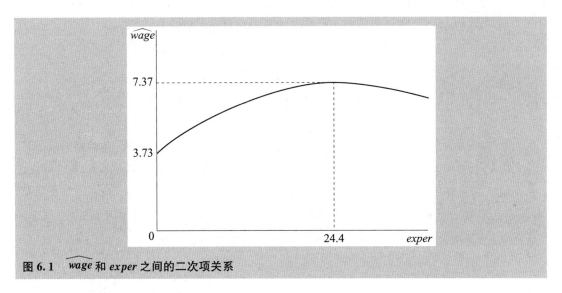

图 6.1 $\widehat{wage}$ 和 $exper$ 之间的二次项关系

在工资方程（6.12）中，工作经历的回报在约 24.4 年时达到零。我们该怎样解释它呢？可能的解释是，样本中可能根本就没几个人拥有 24 年的工作经历，所以曲线在 24 年以右的部分可以被忽略。使用二次项函数来刻画递减效应的代价是：二次项函数最终必须转向。若这个转折点超过了样本中绝大多数人的工作经历，那就不值得过多考虑。但在数据集 WAGE1 中，样本中约有 28% 的人具有 24 年以上的工作经历——这是一个很高的比例，所以不容忽视。

$exper$ 的回报确实有可能在到达某点之后变为负，但很难相信它会发生在 24 年的工作经历上。我们更愿意相信，所估计的 $exper$ 对 $wage$ 的影响是有偏误的，或者因为我们没有对其他因素进行解释，或者因为方程（6.12）中 $wage$ 和 $exper$ 之间的函数关系并不是完全正确。第 6 章的计算机练习 C2 要求你，除了通过将 $\log(wage)$

作为因变量外，还要控制受教育程度来解释上述可能性。

当一个模型的因变量是对数形式而解释变量以二次项形式出现时，为了做出一个有用的解释，需要特别小心。下例还表明，二次项也可以具有 U 形，而不是抛物线形。当方程（6.10）中的 $\hat{\beta}_1$ 为负而 $\hat{\beta}_2$ 为正时，就出现了 U 形关系；这就刻画了 x 对 y 的递增影响。

例 6.2

污染对住房价格的影响

我们通过在例 4.5 中包括 rooms 的二次项而修改住房价格模型：

$$\log(price) = \beta_0 + \beta_1 \log(nox) + \beta_2 \log(dist) + \beta_3 rooms$$
$$+ \beta_4 rooms^2 + \beta_5 stratio + u \tag{6.14}$$

利用 HPRICE2 中的数据估计上述模型，得到

$$\widehat{\log(price)} = 13.39 - 0.902\log(nox) - 0.087\log(dist)$$
$$(0.57) \quad (0.115) \quad\quad (0.043)$$
$$- 0.545rooms + 0.062rooms^2 - 0.048stratio$$
$$(0.165) \quad\quad (0.013) \quad\quad (0.006)$$
$$n = 506, \; R^2 = 0.603$$

二次项 $rooms^2$ 的 t 统计量约为 4.77，所以它在统计上是相当显著的。但解释 rooms 对 $\log(price)$ 的影响会怎么样呢？起初，其影响看起来有些奇怪。由于 rooms 的系数为负，而 $rooms^2$ 的系数为正，所以这个方程确实意味着，在 rooms 的值很低时，增加一个房间对 $\log(price)$ 具有负影响。到某个点后，开始变为正影响，这个二次项的形态意味着，price 对 rooms 的半弹性随着 rooms 的增加而递增。这种情况示于图 6.2。

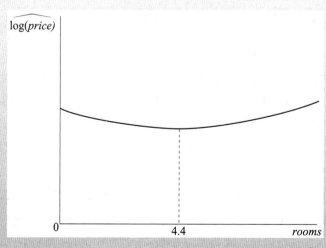

图 6.2 $\widehat{\log(price)}$ 作为 rooms 的二次项函数

我们利用 (6.13) 式得到 $rooms$ 的转折值（尽管 $\hat{\beta}_1$ 为负而 $\hat{\beta}_2$ 为正）。$rooms$ 系数的绝对值 0.545 除以 $rooms^2$ 系数 0.062 的两倍，就得到 $rooms^* = 0.545/(2 \times 0.062) \approx 4.4$；这个点在图 6.2 中被标示出来。

我们真的会相信，以三个卧室为起点，增加到四个卧室实际上会降低一套住房的预期价值吗？倒也不必。结果，506 个社区样本中只有 5 个社区住房的平均卧室数不足 4.4 间，约占样本的 1%。二次项在 4.4 左边的部分如此之小，以至实际上可以被忽略。在 4.4 的右边，我们看到，增加一个卧室对价格的百分比变化具有递增的影响：

$$\Delta \widehat{\log(price)} \approx [(-0.545 + 2 \times 0.062) rooms] \Delta rooms$$

因此

$$\%\Delta \widehat{(price)} \approx 100 \times [(-0.545 + 2 \times 0.062) rooms] \Delta rooms$$
$$= (-54.5 + 12.4 rooms) \Delta rooms$$

于是，比方说 $rooms$ 从 5 增加到 6 会导致价格提高约 $(-54.5) + 12.4 \times 5 = 7.5\%$；$rooms$ 从 6 增加到 7 会导致价格提高约 $(-54.5) + 12.4 \times 6 = 19.9\%$。这是一个很强的递增影响。

该例中房间对于 $\log(price)$ 的很强的递增影响阐明了一个重要的经验：不能仅关注平方项的系数（在本例中为 0.062），并且仅根据其量级过小就认定该系数过小，因而不予考虑。在二次式的许多应用中，变量平方上的系数经常在小数点后有一个或多个 0：毕竟，该系数衡量了随着 $x(rooms)$ 的变化，斜率如何变化。正如刚才所见，表面上很小的系数可能产生具有现实意义的影响。作为一般性的规则，必须计算偏效应并且观察它如何随 x 而变化才能判断平方项在实践中的重要性。为此，比较二次项模型下变化的斜率和具有线性项的模型得到的固定斜率是非常有用的。如果我们将 $rooms^2$ 从方程中剔除，$rooms$ 上的系数将变为 0.225，这表明对于每个房间数的增加（对于任意的房间数来说），价格的中值提高约 25.5%。这与二次项模型差异很大，在二次项模型中，当 $rooms = 6.45$ 时，影响为 25.5%，但是在 $rooms$ 减小或者增大时，价格将迅速变化。例如，当 $rooms = 7$ 时，下一个房间的回报约为 32.3%。

如果水平项和二次项的系数具有相同的符号（都为正或都为负），而解释变量必须非负（比如在解释变量为 $rooms$ 或 $exper$ 的情形中），通常会怎么样呢？在每种情形中，都没有 $x > 0$ 的转折点。比如，若 β_1 和 β_2 都为正，则 y 的最小期望值在 $x = 0$ 处取得，且 x 的增加总是对 y 有正的递增影响（若 $\beta_1 = 0$ 且 $\beta_2 > 0$，则意味着在 $x = 0$ 处的偏效应为零，并随着 x 的增加而递增，情况也是一样）。类似地，若 β_1 和 β_2 都为负，则 y 的最大期望值在 $x = 0$ 处取得，x 的增加对 y 有负的影响，而且影响的幅度随着 x 的变大而递增。

对于任意二次项方程转折点的一般公式为 $x^* = (-\hat{\beta}_1)/(2\hat{\beta}_2)$，这表明当 $\hat{\beta}_1$ 与 $\hat{\beta}_2$ 异号时得到的为正值，$\hat{\beta}_1$ 与 $\hat{\beta}_2$ 同号时得到的为负值。在 x 可以取正值和负值的情况

下，了解这个简单的公式是很有用的；计算转折点，同时将 x 在样本中的取值范围考虑进去就可以判断该转折点是否具有意义。

与对数一起使用二次式还有许多其他可能的情况。比如，允许（6.14）中的 $price$ 和 nox 之间有非常数的弹性而将（6.14）加以扩展，得到

$$\log(price) = \beta_0 + \beta_1 \log(nox) + \beta_2 [\log(nox)]^2$$
$$+ \beta_3 crime + \beta_4 rooms + \beta_5 rooms^2 + \beta_6 stratio + u \qquad (6.15)$$

若 $\beta_2 = 0$，则 β_1 就是 $price$ 对 nox 的弹性。否则，该弹性就取决于 nox 的水平。为了看出这一点，

$$\% \Delta price \approx [\beta_1 + 2\beta_2 \log(nox)] \% \Delta nox \qquad (6.16)$$

于是 $price$ 对 nox 的弹性就是 $\beta_1 + 2\beta_2 \log(nox)$，并取决于 $\log(nox)$ 的水平。

最后，回归模型中还可以包括其他多项式。二次式当然是最常见的，但迟早会出现一个三次或四次式。总成本函数的一个合理的函数形式通常是

$$cost = \beta_0 + \beta_1 quantity + \beta_2 quantity^2 + \beta_3 quantity^3 + u$$

对这类模型的估计并没有什么新的困难，只是对参数的解释更难以处理（尽管使用微积分要简单一些），故不再深入研究这些模型。

6.2c 含有交互项的模型

因变量对一个解释变量的偏效应、弹性或半弹性，有时很自然地取决于另一个解释变量的大小。比如，在模型

$$price = \beta_0 + \beta_1 sqrft + \beta_2 bdrms + \beta_3 sqrfr \cdot bdrms + \beta_4 bthrms + u$$

中，$bdrms$ 对 $price$ 的偏效应（保持所有其他变量不变）为

$$\frac{\Delta price}{\Delta bdrms} = \beta_2 + \beta_3 sqrft \qquad (6.17)$$

若 $\beta_3 > 0$，则方程（6.17）意味着，住房面积越大，增加一间卧室导致价格上涨得越多。换言之，住房的平方英尺数与卧室的间数之间存在着**交互效应**（interaction effect）。在总结 $bdrms$ 对 $price$ 的影响时，我们必须在某些有意义的 $sqrft$ 数值（比如样本的均值或上下四分位值）处计算方程（6.17）。至于 β_3 是否为零，不难检验。

在包含交互项时，需慎重对待原变量的参数解释。比如，在前面的住房价格方程中，方程（6.17）表明，β_2 表示 $bdrms$ 对一套面积为零平方英尺的住房的 $price$ 的影响。这种影响显然没有多大意义。相反，我们必须小心地把有意义的 $sqrft$ 值（比如样本均值或中位数）代入方程（6.17）的估计结果中。

通常，最好将模型重新参数化，使得原变量系数有一定的意义。考虑包含两个解释变量和一个交互项的模型：

$$y = \beta_0 + \beta_1 x_1 + \beta_2 x_2 + \beta_3 x_1 x_2 + u$$

前面刚刚提到，β_2 是 $x_1 = 0$ 时 x_2 对 y 的偏效应。这通常没有什么意义。我们

转而将模型重新参数化为

$$y = \alpha_0 + \delta_1 x_1 + \delta_2 x_2 + \beta_3 (x_1 - \mu_1)(x_2 - \mu_2) + u$$

式中，μ_1 和 μ_2 分别为 x_1 和 x_2 的总体均值。我们很容易看出，现在 x_2 的系数 δ_2 便是在 x_1 的均值处，x_2 对 y 的偏效应（通过将第二个方程中的交互项展开并比较系数，我们很容易证明 $\delta_2 = \beta_2 + \beta_3 \mu_1$，参数 δ_1 具有类似的解释）。因此，如果我们在构造交互项之前，先从变量中减去其均值（实践中通常是样本均值），则原始变量的系数便具有有用的解释。此外，我们立即得到在均值处偏效应的标准误。我们还完全可以将 μ_1 和 μ_2 换成解释变量其他某个有意义的值。如下例子便阐释了如何使用交互项。

例 6.3

出勤率对期末考试成绩的影响

用出勤率百分数、读大学之前的 GPA 和 ACT 分数来解释期末考试标准化成绩的一个模型是

$$stndfnl = \beta_0 + \beta_1 atndrte + \beta_2 priGPA + \beta_3 ACT + \beta_4 priGPA^2$$
$$+ \beta_5 ACT^2 + \beta_6 priGPA \cdot atndrte + u \tag{6.18}$$

（我们在 6.1 节讨论了使用标准化后的成绩的原因：更易于解释一个学生相对班上其他同学的成绩。）除了 $priGPA$ 和 ACT 的平方项之外，该模型还包括了一个 $priGPA$ 和出勤率 $atndrte$ 的交互项。其思想是：对于那些过去成绩不同（用 $priGPA$ 来度量）的同学，出勤率可能具有不同的影响。我们所关心的是出勤率对期末考试分数的影响：$\Delta stndfnl / \Delta atndrte = \beta_1 + \beta_6 priGPA$。

利用 ATTEND 中对学习"微观经济学原理"的学生所观测的 680 个数据，估计出来的方程是

$$\widehat{stndfnl} = 2.05 - 0.006\,7atndrte - 1.63priGPA - 0.128ACT$$
$$\quad\ (1.36)\ (0.010\,2) \qquad (0.48) \qquad\quad (0.098)$$
$$+ 0.296priGPA^2 + 0.004\,5ACT^2 + 0.005\,6priGPA \cdot atndrte$$
$$\quad (0.101) \qquad\quad (0.002\,2) \qquad\quad (0.004\,3)$$
$$n = 680,\ R^2 = 0.229,\ \overline{R}^2 = 0.222 \tag{6.19}$$

我们必须极其小心地解释这个方程。如果我们仅看 $atndrte$ 的系数，就会错误地得出结论：听课对期末考试分数具有负面影响。但这个系数只是度量了 $priGPA = 0$ 时的影响，而 $priGPA = 0$ 的情况又是没有意义的（在这个样本中，最小的 $priGPA$ 也约为 0.86）。我们还必须小心，不能仅看 β_1 和 β_6 的估计值就断定：由于每个 t 统计量都不显著，所以我们不能拒绝 $H_0: \beta_1 = 0$，$\beta_6 = 0$。实际上，这个联合假设的 F 检验的 p 值为 0.014，所以我

们在 5% 的显著性水平上，可以拒绝 H_0。这个例子很好地说明了，在检验一个联合假设时，孤立地看待每个 t 统计量，可能会误入歧途。

我们该如何估计 $atndrte$ 对 $stndfnl$ 的偏效应呢？唯有代入有意义的 $priGPA$ 值，才能得到其偏效应。样本中 $priGPA$ 的均值是 2.59，所以在 $priGPA$ 的平均值上，$atndrte$ 对 $stndfnl$ 的影响是 $(-0.0067)+0.0056 \times 2.59 \approx 0.0078$。其含义是什么呢？由于 $atndrte$ 是以百分比度量的，所以它意味着：$atndrte$ 提高 10 个百分点，会使 $\widehat{stndfnl}$ 比期末考试平均分数高出 0.078 倍的标准差。

我们怎么知道估计值 0.0078 在统计上是否异于零呢？这又要回到回归中来，其中，我们用 $(priGPA-2.59) \cdot atndrte$ 来取代 $priGPA \cdot atndrte$，$atndrte$ 的新系数就给出了在 $priGPA=2.59$ 时的估计效应，同时也给出了其标准误；回归中其他地方都没有变化。（我们在 4.4 节描述过这种手法。）进行这个新回归，则给出 $\hat{\beta}_1+\hat{\beta}_6 \times 2.59=0.0078$ 的标准误为 0.0026，从而得到 $t=0.0078/0.0026=3$。因此，在 $priGPA$ 的均值水平上，我们断定，出勤率对期末考试分数具有统计上显著的影响。

？思考题6.3

如果我们在方程（6.18）中增加 $\beta_7 ACT \cdot atndrte$ 一项，那么 $atndrte$ 对 $stndfnl$ 的偏效应是什么？

因为平方项 $priGPA^2$ 的出现，所以欲得到 $priGPA$ 对 $stndfnl$ 的影响要复杂得多。为了在 $priGPA$ 的均值水平和平均出勤率 82 下得到这种影响，我们就用 $(priGPA-2.59)^2$ 取代 $priGPA^2$，并用 $priGPA \cdot (atndrte-82)$ 取代 $priGPA \cdot atndrte$。$priGPA$ 的系数就变成了在均值水平上的偏效应，而且我们还得到了其标准误（参见第 6 章的计算机练习 C7）。

6.2d 计算平均偏效应

二次项、交互项和其他非线性方程形式的标志是偏效应取决于一个或多个自变量的取值。例如，我们刚刚在例 6.3 中看到，$atndrte$ 的偏效应取决于 $priGPA$ 的值。很容易看到，在（6.18）式中，$priGPA$ 的偏效应是

$$\beta_2+2\beta_4 priGPA+\beta_6 atndrte$$

（可以用简单的微积分或结合二次项与交互效应的公式验证。）（6.18）式中的修饰对于看到所有自变量的值改变时，$stndfnl$ 和每个自变量的联系的力量如何变化很有用。例如，（6.18）式的模型适用性承担着一个成本：用一个数字去描述自变量对 $stndfnl$ 的偏效应是棘手的。

通常要用一个值去描述因变量 y 和每一个自变量之间的关系。一个流行的总结度量是**平均偏效应**（average partial effect，APE），也被称为**平均边际效应**（average marginal effect）。平均偏效应背后的思想对（6.18）这样的模型很简单。在计算偏效应并代入估计所得的参数之后，我们对样本中每一个单元的偏效应取平均。

所以，估计得到的 $atndrte$ 对 $stndfnl$ 的偏效应是

$$\hat{\beta}_1 + \hat{\beta}_6 priGpA_i$$

我们不准备——报告 680 个学生的偏效应，而是对这些偏效应取均值得到

$$APE_{stndfnl} = \hat{\beta}_1 + \hat{\beta}_6 \overline{priGPA}$$

式中，$\overline{priGPA}$ 是 $priGPA$ 的样本均值。$APE_{stndfnl}$ 是（估算的）APE（平均偏效应）。$priGPA$ 的 APE 略微复杂一点：

$$APE_{priGPA} = \hat{\beta}_2 + 2\hat{\beta}_4 \overline{priGPA} + \hat{\beta}_6 \overline{atndrte}$$

$APE_{stndfnl}$ 和 APE_{priCPA} 都告诉了我们偏效应的均值。

在建立二次项和交互项之前，自变量关于其样本均值的中心化使得系数确凿地是平均偏效应。这在复杂模型中可能很麻烦。好在一些常用的回归软件包在 OLS 估计之后可用简单的命令计算平均偏效应。同样很重要的是，利用 APE 是 OLS 系数的线性组合这一事实，计算正确的标准误。既有二次项又有交互项的模型的 APE 及其标准误，比如例 6.3，可以简单地得到。

平均偏效应在模型不是非线性于参数时也很有用，我们将在第 17 章讨论。在这一点上，我们将重新回到平均偏效应的定义和计算中。

6.3 对拟合优度和回归元选择的进一步探讨

到目前为止，在评估回归模型时，我们还没有太多地关注 R^2 的大小，主要是因为初学的学生容易过分注意 R^2。正如我们将看到的那样，单纯基于 R^2 的大小而选择一组解释变量，可能会导致一些不合理的模型。在第 10 章我们将讨论，从时间序列回归中得到的 R^2 可以人为地偏高，并导致有误导性的结论。

经典线性模型假定中没有要求 R^2 必须大于某个特定值，R^2 无非就是 y 的变化中有多少能用总体中的 x_1，x_2，$\cdots$，x_k 解释。我们已经看到了几个 R^2 相当小的回归。虽然这意味着，我们没有考虑到几个对 y 有影响的因素，但并不意味着 u 中的因素与自变量相关。零条件均值假设 MLR.4 只是确定我们是否得到了自变量其他条件不变之影响的无偏估计量，而 R^2 的大小与此则没有直接关系。

一个较小的 R^2 确实表明，误差方差相对 y 的方差太大了，这意味着我们很难精确地估计 β_j。但记得我们在 3.4 节中看到，大样本容量可能抵消较大的误差方差：如果我们有足够的数据，即便我们没有控制许多无法观测的因素，也可能精确地估计偏效应。我们能否得到足够精确的估计值取决于具体应用。比如，假设一所大学随机资助一些新生购买计算机设备。如果资助量确实是随机决定的，我们便可以利用简单回归分析，估计资助量在其他条件不变的情况下对随后大学 GPA 的影响（由于随机分配，所以所有影响 GPA 的其他因素都与资助量无关）。由于看起来资助量很少能解释 GPA 的变化，所以这种回归得到的 R^2 可能很小。但如果我们有

很大的样本容量，我们或许能得到资助效果的足够精确的估计值。

分析 APPLE 中的数据集，对弱解释能力与 β_j 的无偏估计无关给出了另一个很好的说明。不像我们所用的其他数据集，APPLE 中的关键解释变量通过实验设定，即不考虑可能影响因变量的其他因素。我们想解释的变量 ecolbs 是一个家庭需要的（假想的）"环保"苹果磅数。调查者向每个家庭（实际上是家长）都描述了环保苹果、正常苹果的价格（regprc）和（假想的）环保苹果的价格（ecoprc）。由于这两个价格对每个家庭而言是随机指定的，所以它们与其他可观测因素（比如家庭收入）和不可观测因素（比如对清洁环境的渴望）都无关。因此，ecolbs 对 regprc 和 ecoprc 的回归（对如此生成的所有样本）将得到价格效应的无偏估计量。不过，这个回归的 R^2 只有 0.036 4：价格变量只解释了 ecolbs 中总波动的 3.64％。所以，我们在此对 y 的变化的解释微乎其微，但我们都知道，如此生成的数据完全可能得到 β_j 的无偏估计。（顺便提一下，增加可观测的家庭特征变量对解释能力的提高收效甚微。参见第 6 章的计算机练习 C11。）

但要记住，在方程中增加变量时，R^2 的相对变化则十分有用：(4.41) 中检验联合显著性的 F 统计量，关键取决于无约束模型和约束模型的 R^2 之差。

正如我们在 6.4 节中所看到的，一个小的 R^2 所引起的重要后果使预测变得更加困难。由于 y 的大多数变化都被不可观测的因素所解释（至少这些变量没有被包括在我们的模型中），因而在给定解释变量的值后利用 OLS 方程预测 y 未来的结果会非常困难。

6.3a 调整 R^2

大多数回归软件包都在报告 R^2 的同时，也报告一个被称为**调整 R^2**（adjusted R-squared）的统计量。由于在多数应用研究中都报告调整 R^2，而它又有某些有用的性质，所以我们在这一小节进行专门讨论。

为了看出如何调整通常的 R^2，最好把它写成

$$R^2 = 1 - (\text{SSR}/n)/(\text{SST}/n) \tag{6.20}$$

式中，SSR 为残差平方和；而 SST 为总平方和。与方程（3.28）相比，我们所做的只是将 SSR 和 SST 同时除以 n。这个表达式说明了 R^2 实际上度量了什么。定义 σ_y^2 为 y 的总体方差，并令 σ_u^2 表示误差项 u 的总体方差。（到目前为止，我们都是用 σ^2 来表示 σ_u^2，但在这里最好更明确一点。）**总体 R^2**（population R-squared）被定义为 $\rho^2 = 1 - \sigma_u^2/\sigma_y^2$；这就是 y 的变化在总体中能用自变量解释的比例。这正是我们通常认为的 R^2 所估计的东西。

我们知道，R^2 用 SSR/n 来估计 σ_u^2 是有偏误的。那么，为什么不用 SSR/$(n-k-1)$ 来取代 SSR/n 呢？而且由于 SST/$(n-1)$ 是 σ_y^2 的无偏估计量，所以我们还可以用 SST/$(n-1)$ 来取代 SST/n。利用这些估计量，我们可以得到调

整 R^2：

$$\overline{R}^2 = 1 - [\mathrm{SSR}/(n-k-1)]/[\mathrm{SST}/(n-1)]$$
$$= 1 - \hat{\sigma}^2/[\mathrm{SST}/(n-1)] \tag{6.21}$$

因为这个符号通常用来表示调整 R^2，所以有时也称为 $\overline{R}^2$（R-bar squared）。

　　虽然调整 R^2 有时还被称为修正 R^2（corrected R-squared），但由于这个名字意味着，作为一个总体 R^2 的估计量，$\overline{R}^2$ 比 R^2 多少要好一些，但不幸的是，通常不会认为 $\overline{R}^2$ 是一个更好的估计量，所以这个名字并不妥当。虽然人们不禁认为，$\overline{R}^2$ 纠正了 R^2 在估计总体 R^2 时的偏误，即 ρ^2，但事实并非如此：两个无偏估计量之比不是一个无偏估计量。

　　$\overline{R}^2$ 的根本吸引力在于，它为在一个模型中另外增加自变量施加了惩罚。我们知道，在一个回归方程中增加一个新的自变量，不可能使 R^2 下降。这是因为，随着更多自变量的加入，SSR 不会上升（而通常都是下降）。但 $\overline{R}^2$ 的公式表明，它明显取决于自变量的个数 k。如果在回归中增加一个自变量，那么，虽然 SSR 下降，但回归中的 $df = n-k-1$ 也下降。于是，当回归中增加一个新的自变量时，$\mathrm{SSR}/(n-k-1)$ 可能上升，也可能下降。

　　数学上有如下有趣的现象：如果我们在回归方程中增加一个新的自变量，那么，当且仅当新变量的 t 统计量在绝对值上大于 1 时，$\overline{R}^2$ 才会有所提高。（对此的一个推广是，在回归中增加一组变量时，当且仅当这些新变量联合显著性的 F 统计量大于 1 时，$\overline{R}^2$ 才会有所提高。）于是，我们立即看到，使用 $\overline{R}^2$ 来决定一个特定的自变量（或变量组）是否属于某个模型时，所得到的答案与标准的 t 或 F 检验不同（因为在传统的显著性水平上，大小为 1 的 t 或 F 统计量在统计上都是不显著的）。

　　有时得到一个用 R^2 表示 $\overline{R}^2$ 的表达式也很有用。经简单运算后得到

$$\overline{R}^2 = 1 - (1 - R^2)(n-1)/(n-k-1) \tag{6.22}$$

比如，若 $R^2 = 0.30$，$n = 51$，$k = 10$，则 $\overline{R}^2 = 1 - 0.70 \times 50/40 = 0.125$。于是，对于很小的 n 和很大的 k，$\overline{R}^2$ 可能会远低于 R^2。实际上，若通常的 R^2 很小，而且 $n-k-1$ 也很小，$\overline{R}^2$ 则确实有可能为负！比方说，你可以代入 $R^2 = 0.10$，$n = 51$ 和 $k = 10$ 来验证 $\overline{R}^2 = -0.125$。$\overline{R}^2$ 为负，表明它相对自由度个数而言是一个很差的拟合模型。

　　调整 R^2 有时和回归中通常的 R^2 一起报告，有时则只报告 $\overline{R}^2$ 来取代 R^2。重要的是要记住，在（4.41）式中的 F 统计量里用到的是 R^2，而不是 $\overline{R}^2$。同样，含有 $\overline{R}^2_r$ 和 $\overline{R}^2_{ur}$ 的 F 公式也是不成立的。

6.3b　利用调整 R^2 在两个非嵌套模型中进行选择

　　在 4.5 节，我们知道了如何计算 F 统计量来检验一组变量的联合显著性；这就使我们能够决定，在特定的显著性水平上，这一组变量中是否至少有一个会影响因

变量。但这个检验不能让我们决定哪个变量有影响。在某些情形下，我们想选择一个没有多余自变量的模型，调整 R^2 刚好可以帮助我们做到这一点。

在 4.5 节棒球大联盟的薪水模型中，我们看到，$hrunsyr$ 和 $rbisyr$ 都不是单独显著的，但这两个变量高度相关，所以我们想在下面两个模型中选择一个：

$$\log(salary) = \beta_0 + \beta_1 years + \beta_2 gamesyr + \beta_3 bavg + \beta_4 hrunsyr + u$$

和

$$\log(salary) = \beta_0 + \beta_1 years + \beta_2 gamesyr + \beta_3 bavg + \beta_4 rbisyr + u$$

在这两个方程中，由于没有哪一个是另一个的特殊情形，所以它们是**非嵌套模型**（nonnested models）。我们在第 4 章研究的 F 统计量，只能让我们检验嵌套模型：一个模型（约束模型）是另一个模型（无约束模型）的一种特殊情形。方程（4.32）和（4.28）即约束模型和无约束模型的例子。一种可能的办法是：构建一个包含原来两个模型中所有解释变量的复合模型，然后利用 F 检验，将原来的每个模型都针对这个一般化的复合模型进行检验。这一做法的问题在于，这两个模型既可能同时被拒绝，又可能没有一个被拒绝（正如 4.5 节中棒球大联盟的薪水模型那样）。因此，它并非总能提供一种方法，用来辨别含有非嵌套回归元的模型到底哪个更好。

在棒球运动员的薪水回归中，包含 $hrunsyr$ 的回归的 $\overline{R}^2$ 是 0.621 1，而包含 $rbisyr$ 的回归的 $\overline{R}^2$ 是 0.622 6。于是，基于调整 R^2 来看，含有 $rbisyr$ 的模型略微好一点。但其差别实际上相当小，从而我们在第 4 章的计算机练习 C5 中通过控制某些变量可能得到不同的答案。（因为两个非嵌套模型都包含 5 个参数，所以使用通常的 R^2 则得到同样的结论。）

当自变量组代表着不同的函数形式时，通过比较 $\overline{R}^2$ 而在不同的非嵌套自变量组之间进行选择，也是有价值的。考虑将 R&D 与企业销售额相联系的两个模型：

$$rdintens = \beta_0 + \beta_1 \log(sales) + u \tag{6.23}$$

$$rdintens = \beta_0 + \beta_1 sales + \beta_2 sales^2 + u \tag{6.24}$$

第一个模型通过将销售额的对数形式包括进来刻画了收益递减规律；第二个模型通过使用一个二次函数也刻画了收益递减规律。于是，第二个模型比第一个模型多包含一个参数。

使用 RDCHEM 中对 32 家化工企业的观测数据，估计方程（6.23）时所得到的 R^2 是 0.061，而估计方程（6.24）时所得到的 R^2 是 0.148。因此，看起来二次函数拟合得要好得多。但由于第一个模型比（6.24）包含的参数少一个，所以将通常的 R^2 进行比较，对第一个模型来说是不公平的。即（6.23）式是一个比（6.24）式更节省（parsimonious）的模型。

在所有其他条件都相同的情况下，模型越简单越好。由于通常的 R^2 对更复杂的模型不加约束，所以最好是使用 $\overline{R}^2$ 进行模型选择。（6.23）式的 $\overline{R}^2$ 是

0.030，而（6.24）式的 $\overline{R}^2$ 是 0.090。于是，即使根据自由度的差异进行调整之后，二次函数模型也略胜一筹。在每个回归中都增加利润率变量时，二次函数模型仍然更好。

在两个非嵌套模型之间进行选择时，利用 $\overline{R}^2$ 有一个重要的局限性：我们不能用它在因变量的不同函数形式之间进行选择。这很不幸，因

> **思考题 6.4**
>
> 解释为什么通过最大化 $\overline{R}^2$ 或最小化 $\hat{\sigma}$（回归标准误）来选择模型是一回事。

为我们常常想基于拟合优度作出决定，是应该用 y 作为因变量，还是应该用 $\log(y)$（或其他某种变形）作为因变量。但是，不论是 R^2 还是 $\overline{R}^2$，都不能用来确定这一点。原因很简单：无论我们在回归中使用的是什么因变量，R^2 所度量的都是因变量总变化中能被解释的比例。比如，y 和 $\log(y)$ 的总变化是不同的，将因变量形式不同的回归中所得到的调整 R^2 进行比较，是不能在哪个模型拟合得更好这个问题上告诉我们任何信息的；它们拟合的是两个完全不同的因变量。

例 6.4

CEO 的薪酬与企业业绩

考虑将 CEO 薪酬与企业业绩相联系的两个模型：

$$\widehat{salary} = 830.63 + 0.016\,3sales + 19.63roe$$
$$(223.90)\quad(0.008\,9)\qquad(11.08)$$
$$n = 209,\ R^2 = 0.029,\ \overline{R}^2 = 0.020 \tag{6.25}$$

和

$$\widehat{lsalary} = 4.36 + 0.275lsales + 0.017\,9roe$$
$$(0.29)\quad(0.033)\qquad(0.004\,0)$$
$$n = 209,\ R^2 = 0.282,\ \overline{R}^2 = 0.275 \tag{6.26}$$

式中，roe 是第 2 章讨论的股本回报率。为简便起见，$lsalary$ 和 $lsales$ 分别表示 $salary$ 和 $sales$ 的自然对数。我们已经知道如何解释这两个不同的估计方程。但我们能说一个模型比另一个模型拟合得好吗？

方程（6.25）的 R^2 表明，$sales$ 和 roe 只能解释样本中 CEO 薪水变化的约 2.9%。$sales$ 和 roe 都只具有少量的统计显著性。

方程（6.26）表明，$\log(sales)$ 和 roe 解释了 $\log(salary)$ 中变化的约 28.2%。用拟合优度的术语来说，看上去，这个高得多的 R^2 意味着模型（6.26）要好得多，但情况并非必然如此。样本中 $salary$ 的总平方和是 391 732 982，而 $\log(salary)$ 的总平方和只有 66.72。因此，$\log(salary)$ 中需要解释的变化要小得多。

从这一点来看，我们不妨使用 R^2 或 $\overline{R}^2$ 之外的一些特征，在这些模型之间做出选择。比如，（6.26）式中的 $\log(sales)$ 和 roe 比（6.25）式中的 $sales$ 和 roe 要统计显著得多，而（6.26）式中的系数可能更有意义。但为确定起见，我们还需要做出一个货真价实的拟合优度比较。

在 6.4 节，我们将给出一个拟合优度指标，使得我们能在 y 以水平值形式和对数形式出现的模型之间进行比较。

6.3c 回归分析中控制因素过多

在我们所讨论的许多例子中，以及在第 3 章对遗漏变量偏误的讨论中，我们曾担心过模型中会漏掉一个与自变量可能相关的重要因素。但是还有另一种可能，即我们在一个回归分析中控制了过多的变量。

如果我们过分强调拟合优度，就会在回归模型中无所顾忌地控制一些不应该控制的因素。为了避免这种错误，我们要记住对多元回归模型的其他条件不变的解释。

为了说明这个问题，设想我们在进行一项研究，以评价州啤酒税对交通事故死亡率的影响。其思想是：较高的啤酒税将减少对酒精的消费，同样会减少醉酒驾车，从而导致较低的交通事故死亡率。为了度量税收在其他条件不变情况下对死亡率的影响，我们可以将 $fatalities$ 模型化为包括啤酒税在内的几个因素的函数：

$$fatalities = \beta_0 + \beta_1 tax + \beta_2 miles + \beta_3 percmale + \beta_4 perc16\_21 + \cdots$$

式中，$miles$ 为驾驶的总里程数；$percmale$ 为州人口中男性所占的百分比；而 $perc16\_21$ 为人口中年龄在 16～21 岁之间的人所占的百分比；等等。注意，我们怎么没有包括一个能度量人均啤酒消费量的变量？我们在造成遗漏变量的偏误吗？答案是否定的。如果我们在这个方程中控制了啤酒消费量，那么，啤酒税会如何影响交通事故死亡率呢？在方程

$$fatalities = \beta_0 + \beta_1 tax + \beta_2 beercons \cdots$$

中，β_1 度量了在保持 $beercons$ 不变的情况下，死亡率因 tax 提高一个百分点而导致的差异。很难理解为什么这会有意义。除非我们想检验啤酒税的某种间接影响，否则就不应该控制 $beercons$ 在州与州之间的差别。诸如性别和年龄分布之类的其他因素，则应予以控制。

作为第二个例子，假设对一个发展中国家，我们想估计农民使用农药对家庭健康支出的影响。除了农药的用量之外，我们是否还应该使用看医生次数作为解释变量呢？不应该。健康支出包括看医生，而我们想得到农药的使用对健康支出的全部影响。如果我们将看医生次数作为解释变量包含进来，我们只是度量了农药的使用对看医生之外健康支出的影响。将看医生次数作为另一个对农药用量进行回归的因变量更讲得通。

以上例子就是在多元回归中所谓**过度控制**（over controlling）的情形。之所以导致这种情况，通常是因为担心遗漏一个重要变量可能带来潜在偏误。但重要的是记住多元回归的其他条件不变的性质。在有些情形中，某些因素应该随着一个政策变量的改变而有所变化，保持这些因素不变就没有意义了。

不幸的是，对某些特定因素是否应该进行控制，并非总是一目了然。比如，贝茨（Betts，1995）研究了高中的质量对以后收入的影响。他指出，如果更好的学校质量将导致更高的受教育程度，那么在回归中，既控制学校的质量指标又控制受教育程度将低估学校质量的回报。贝茨在方程中包括和不包括受教育程度的情况下分别进行了分析，以得到估计学校质量效应的一个范围。

为了明显地看出关注高 R^2 将如何招致麻烦，考虑 4.5 节中阐释的多重假设检验的住房价格一例。其中，我们想检验住房价格评估的合理性。我们将 $\log(price)$ 对 $\log(assess)$、$\log(lotsize)$、$\log(sqrft)$ 和 $bdrms$ 进行回归，并检验后三个变量的系数是否均不显著，并且 $\log(assess)$ 有单位系数。但如果我们改变分析目的，并估计一个享受价格模型（其中能得到各种住房特征的边际价值），结果会怎么样呢？我们是否应该在方程中包括 $\log(assess)$ 呢？包括 $\log(assess)$ 进行回归所得到的调整 R^2 为 0.762，而不包括它进行回归所得到的调整 R^2 为 0.630。仅从拟合优度来看，我们应该包括 $\log(assess)$。但如果我们的目标是为了决定占地面积、住房面积和卧室间数对住房价格的影响，包括 $\log(assess)$ 就不对了。方程中包括 $\log(assess)$ 等于是说，保持住房价格的某种度量不变，询问增加一间卧室对住房价格的另一种度量有多大影响。这对于评价住房特征来说没有意义。

如果我们记住不同的模型将起到不同的作用，并且注重对回归做其他条件不变的解释，我们就不会在一个回归模型中包含错误的因素。

6.3d 增加回归元以减少误差方差

我们刚刚看过几个例子，其中有些自变量尽管与因变量相关，但也不应该包括在回归模型中。一方面，我们从第 3 章了解到，在回归中增加一个新的自变量会加剧多重共线性的问题。另一方面，由于我们从误差项中取出了一些因素作为解释变量，所以总是可以减少误差方差，但一般而言，我们不知道哪方面的影响会占据主导地位。

但有一种明显情形：我们总是应该把那些既影响 y 又与所有我们所关心的自变量无关的自变量包含进来。为什么呢？这样做的原因很简单：增加这样一个变量，不会导致总体出现多重共线性（因此样本中的多重共线性应该可以忽略），却可以减小误差方差。在大样本容量的情况下，所有 OLS 估计量的标准误都将减小。

作为一个例子，考虑将个人对啤酒的需求作为全县平均啤酒价格的一个函数来估计。这样的假定也许是合理的：个人特征与全县水平的价格无关，所以将啤酒消费对全县啤酒价格进行简单回归，足以估计价格对个人需求的影响。但通过包括诸如年龄和受教育程度等个人特征，可能会得到啤酒需求价格弹性的更精确的估计值。如果这些因素影响需求并与价格无关，那么，至少在大样本中，价格系数的标准误将更小。

作为第二个例子，考虑 6.3 节之初给出的计算机设备资助一例。如果除了资助变量外，我们还控制了能解释大学 GPA 的其他因素，我们或许能得到资助效应更准确的估计值。高中 GPA 和排名、SAT 和 ACT 分数以及家庭背景变量等都可以考虑。由于资助量是随机分配的，所有其他控制变量都与资助量无关；样本中，资助量与其他自变量的多重共线性应该微不足道。但增加额外控制变量可能显著降低误差方差，从而导致资助效应的估计值更加精确。记住，这里的问题不是无偏性：无论是否增加高中表现和家庭背景等变量，我们得到的都是无偏和一致估计量。问题是要让估计量的抽样方差更小。

此外，当我们随机分配一项政策时，如果这些变量本身不受政策影响，不必担心我们的一些解释变量是不是"内生"的。例如，在研究职业培训项目中工时对劳动收入的影响时，我们可以把职业培训项目之前报告的教育程度包括在内。我们不必担心学校教育可能与"能力"等被忽略的因素相关，因为我们没有试图估计学校教育的回报。我们正在尝试评估职业培训计划的效果，可以在不影响职业培训效果的情况下，纳入任何不受职业培训影响的控制措施。我们必须避免的某些变量，例如职业培训计划后的教育程度，是因为有些人可能会因为分配给他们的工作培训计划的时间而决定接受更多的教育。

不幸的是，在社会科学中，我们知道新增解释变量与所关心解释变量无关的情形较为少见。但值得记住的是，当我们能找到这些变量时，在不引起多重共线性的情况下，可以将它们包括到模型中，以减小误差方差。

6.4 预测和残差分析

我们在第 3 章定义了 OLS 预测值或拟合值和 OLS 残差。虽然**预测**（predictions）确实有用，但由于预测值是通过使用 OLS 估计量而得到的，所以它们存在抽样波动的问题。现在，我们将在本节中说明，如何从 OLS 回归线得到一个预测值的置信区间。

从第 3 章和第 4 章我们知道，残差平方和及 R^2 都是通过残差得到的，所以残差对拟合优度和检验而言都很重要。经济学家有时候研究特定观测的残差，以增进对样本中个人（或企业、家庭等）的了解。

6.4a 预测的置信区间

假设我们有如下估计方程：

$$\hat{y} = \hat{\beta}_0 + \hat{\beta}_1 x_1 + \hat{\beta}_2 x_2 + \cdots + \hat{\beta}_k x_k \tag{6.27}$$

如果我们将自变量的具体数值代入其中，便得到 y 的一个预测值，在给定解释变量的具体值的情况下，它是对 y 的期望值的一个估计值。为强调起见，令 c_1，c_2，$\cdots$，c_k 分别表示 k 个自变量中每一个自变量的具体值；这些具体值可能对应于样本中的某个实际数据点，也可能没有哪个实际数据点与之对应。我们想要估计的参数是

$$\theta_0 = \beta_0 + \beta_1 c_1 + \beta_2 c_2 + \cdots + \beta_k c_k$$
$$= E\,(y \mid x_1 = c_1,\ x_2 = c_2,\ \cdots,\ x_k = c_k) \tag{6.28}$$

θ_0 的估计量是

$$\theta_0 = \hat{\beta}_0 + \hat{\beta}_1 c_1 + \hat{\beta}_2 c_2 + \cdots + \hat{\beta}_k c_k \tag{6.29}$$

实际上，这很容易计算。但如果我们想得到对这个预测值的不确定性的某种度量，结果会怎么样呢？自然而然的办法是，以 $\hat{\theta}_0$ 为中心，为 θ_0 构造一个置信区间。

为了得到 θ_0 的一个置信区间，我们需要 $\hat{\theta}_0$ 的标准误。于是，在 df 较大的情况下，我们可以利用经验法则 $\hat{\theta}_0 \pm 2 \cdot se(\hat{\theta}_0)$ 来构造一个 95% 的置信区间。（和往常一样，我们也可以使用 t 分布中精确的百分位。）

我们怎样才能得到 $\hat{\theta}_0$ 的标准误呢？这与我们在 4.4 节所遇到的问题相同：我们需要得到 OLS 估计量的线性组合的一个标准误。由于所有的 OLS 估计量通常都出现在 $\hat{\theta}_0$ 中（除非某些 c_j 为零），所以这里的问题要复杂得多。不过，我们在 4.4 节所用的方法在这里同样起作用。写出 $\beta_0 = \theta_0 - \beta_1 c_1 - \beta_2 c_2 - \cdots - \beta_k c_k$ 并代入方程

$$y = \beta_0 + \beta_1 x_1 + \cdots + \beta_k x_k + u$$

就得到

$$y = \theta_0 + \beta_1 (x_1 - c_1) + \beta_2 (x_2 - c_2) + \cdots + \beta_k (x_k - c_k) + u \tag{6.30}$$

换句话说，我们从对 x_j 的每一个观测中都减去 c_j 值，然后

$$y_i \text{ 对 } (x_{i1} - c_1),\ \cdots,\ (x_{ik} - c_k),\ i = 1,\ 2,\ \cdots,\ n \tag{6.31}$$

进行回归。从回归（6.31）的截距（或常数项）就可以得到（6.29）式中的预测值，更重要的是，还能得到其标准误。

作为一个例子，我们求大学 GPA 回归中预测值的一个置信区间，其中我们使用了高中学校的信息。

例 6.5

大学 GPA 预测值的置信区间

利用 GPA2 中的数据，我们得到预测大学 GPA 的如下方程：

$$\widehat{colgpa} = 1.493 + 0.001\,49sat - 0.013\,86hsperc$$
$$\qquad (0.075)\ (0.000\,07)\quad (0.000\,56)$$
$$- 0.060\,88hsize + 0.005\,46hsize^2$$
$$\quad (0.016\,50)\qquad (0.002\,27)$$
$$n = 4\,137,\ R^2 = 0.278,\ \bar{R}^2 = 0.277,\ \hat{\sigma} = 0.560 \tag{6.32}$$

其中，我们在报告估计值时保留了几位数字，以减小四舍五入的误差。当 $sat=1\,200$、$hs\text{-}perc=30$ 和 $hsize=5$（意味着 500）时，大学 GPA 的预测值是多少？通过将这些数值代入方程（6.32），很容易得到 $\widehat{colgpa}=2.70$（保留两位小数）。不幸的是，我们不能用方程（6.32）直接得到 $colgpa$ 的期望值在给定自变量值情况下的置信区间。得到置信区间的一个简单办法是，定义一个新的自变量组：$sat0=sat-1\,200$，$hsperc0=hsperc-30$，$hsize0=hsize-5$，$hsizesq0=hsize^2-25$。将 $colgpa$ 对这些新的自变量进行回归时，我们得到

$$\widehat{colgpa} = 2.700 + 0.001\,49\,sat0 - 0.013\,86\,hsperc0$$
$$\quad (0.020) \quad (0.000\,07) \qquad (0.000\,56)$$
$$- 0.060\,88\,hsize0 + 0.005\,46\,hsizesq0$$
$$\quad (0.016\,50) \qquad\quad (0.002\,27)$$
$$n = 4\,137,\ R^2 = 0.278,\ \overline{R}^2 = 0.277,\ \hat{\sigma} = 0.560$$

此回归与（6.32）式中的回归相比，唯一的不同之处就是它的截距（而这正是我们想预测的）及其标准误 0.020。斜率系数及其标准误与 R^2 等完全一样，这并非偶然；这也为是否进行了适当变换提供了一种检查方法。我们轻而易举就能构造出预期大学 GPA 的一个 95% 置信区间：$2.70 \pm 1.96 \times 0.020$ 或约从 2.66 到 2.74。由于样本容量很大，所以这个置信区间相当窄。

因为当每个解释变量的样本均值都为零时，截距估计量的方差便最小（简单回归的情形可参见习题 2.5），所以从（6.31）式中的回归可知，当 x_j 都取其均值时，预测值的方差是最小的。（即对所有的 j，都有 $c_j = \bar{x}_j$。）由于我们对接近数据中间值的回归线段最有信心，所以对这个结论不必过于吃惊。随着 c_j 的值越来越远离 $\bar{x}_j$，$\text{Var}(\hat{y})$ 变得越来越大。

前面的方法使我们对解释变量的任何值都能在 $\text{E}(y \mid x_1, x_2, \cdots, x_k)$ 的 OLS 估计值附近求得一个置信区间。换言之，用给定的协变量集，便能得到 y 在一个子总体中平均值的置信区间。但子总体中平均个体的置信区间不同于总体中一个特定单位（个人、家庭、企业等）的置信区间。在对 y 的未知结果构造置信区间时，我们必须考虑另一个十分重要的波动来源：观测不到的误差方差，它度量了我们对那些既影响 y 而又无法观测因素的忽略。

令 y^0 表示我们想为之构造一个置信区间——有时也称为**预测区间**（prediction interval）——的估计值。比如，y^0 可以表示不在我们原样本中的一个人或企业。令 $x_1^0, \cdots, x_k^0$ 为新的自变量值（假定我们能观测到），并令 u^0 为观测不到的误差。因此我们有

$$y^0 = \beta_0 + \beta_1 x_1^0 + \beta_2 x_2^0 + \cdots + \beta_k x_k^0 + u^0 \tag{6.33}$$

和前面一样，我们对 y^0 的最佳预测，就是给定解释变量，从 OLS 回归线估计 y^0 的期望值：$\hat{y}^0 = \hat{\beta}_0 + \hat{\beta}_1 x_1^0 + \hat{\beta}_2 x_2^0 + \cdots + \hat{\beta}_k x_k^0$。用 $\hat{y}^0$ 来预测 y^0 的**预测误差**（prediction error）是

$$\hat{e}^0 = y^0 - \hat{y}^0 = (\beta_0 + \beta_1 x_1^0 + \cdots + \beta_k x_k^0) + u^0 - \hat{y}^0 \tag{6.34}$$

现在，由于 $\hat{\beta}_j$ 是无偏的，所以 $\mathrm{E}(\hat{y}^0) = \mathrm{E}(\hat{\beta}_0) + \mathrm{E}(\hat{\beta}_1) x_1^0 + \mathrm{E}(\hat{\beta}_2) x_2^0 + \cdots + \mathrm{E}(\hat{\beta}_k) x_k^0 = \beta_0 + \beta_1 x_1^0 + \cdots + \beta_k x_k^0$。（和前面一样，这些期望值都以自变量的样本值为条件。）由于 u^0 的均值为零，所以 $\mathrm{E}(\hat{e}^0) = 0$。我们已经证明，预测误差的期望值为零。

在求 $\hat{e}^0$ 的方差时我们注意到，由于 u^0 与用来得到 $\hat{\beta}_j$ 的样本方差不相关，所以 u^0 与每个 $\hat{\beta}_j$ 都不相关。根据协方差的基本性质（参见书末附录数学复习 B），u^0 和 $\hat{y}^0$ 也不相关。于是，**预测误差的方差**（variance of the prediction error）（以自变量的所有样本内数值为条件）就是二者的方差之和：

$$\mathrm{Var}(\hat{e}^0) = \mathrm{Var}(\hat{y}^0) + \mathrm{Var}(u^0) = \mathrm{Var}(\hat{y}^0) + \sigma^2 \tag{6.35}$$

式中，$\sigma^2 = \mathrm{Var}(u^0)$ 为误差方差。$\hat{e}^0$ 的方差中有两个来源。第一个是 $\hat{y}^0$ 抽样误差，来自我们对 β_j 的估计。由于每个 $\hat{\beta}_j$ 都有一个与 $1/n$ 成比例的方差，其中 n 是样本容量，所以 $\mathrm{Var}(\hat{y}^0)$ 与 $1/n$ 成比例。这意味着，对于大样本情形，$\mathrm{Var}(\hat{y}^0)$ 可能很小。相比之下，σ^2 则是总体误差的方差：它不随样本容量的变化而变化。在许多例子中，σ^2 都将是（6.35）式中占主导地位的一项。

在经典线性模型假定下，$\hat{\beta}_j$ 和 u^0 都是正态分布的，所以 $\hat{e}^0$ 也是正态分布的（以解释变量的所有样本值为条件）。前面我们讨论过如何得到 $\mathrm{Var}(\hat{y}^0)$ 的一个无偏估计量，并在第 3 章得到了 σ^2 的一个无偏估计量。通过使用这些估计量，我们将 $\hat{e}^0$ 的标准误定义为

$$\mathrm{se}(\hat{e}^0) = \{[\mathrm{se}(\hat{y}^0)]^2 + \hat{\sigma}^2\}^{1/2} \tag{6.36}$$

利用与 $\hat{\beta}_j$ 的 t 统计量同样的逻辑，$\hat{e}^0 / \mathrm{se}(\hat{e}^0)$ 服从一个自由度为 $n - (k+1)$ 的 t 分布。于是

$$\mathrm{P}[-t_{0.025} \leqslant \hat{e}^0 / \mathrm{se}(\hat{e}^0) \leqslant t_{0.025}] = 0.95$$

其中，$t_{0.025}$ 为 t_{n-k-1} 分布中第 97.5 个百分位数。对很大的 $n - k - 1$，记住 $t_{0.025} \approx 1.96$。代入 $\hat{e}^0 = y^0 - \hat{y}^0$，经整理则给出 y^0 的一个 95% 预测区间：

$$\hat{y}^0 \pm t_{0.025} \cdot \mathrm{se}(\hat{e}^0) \tag{6.37}$$

一如既往，除非 df 太小，否则，一个很好的经验法则就是 95% 预测区间为 $\hat{y}^0 \pm 2\mathrm{se}(\hat{e}^0)$。由于（6.36）式中的 $\hat{\sigma}^2$，这个区间比 $\hat{y}^0$ 本身的置信区间更宽。为了反映 u^0 中我们未加控制的因素，它通常要宽得多。

例 6.6

未来的大学 GPA 的置信区间

假设我们想得到一名高中学生未来的大学 GPA 的一个 95% 置信区间，这名学生现在有 $sat = 1\,200$、$hsperc = 30$ 和 $hsize = 5$。在例 6.5 中，对所有具有特征 $sat = 1\,200$、$hsperc = 30$ 和 $hsize = 5$ 的学生，我们得到其平均 GPA 的一个 95% 置信区间；现在，我们想

得到具有这些特征的一名特定学生的95％置信区间。95％预测区间必须解释影响大学表现的个人无法观测因素的波动。我们已具备了得到 $colgpa$ 的一个置信区间所需要的各种条件。$se(\hat{y}^0)=0.020$，$\hat{\sigma}=0.560$，所以从（6.36）可知，$se(\hat{e}^0)=[(0.020)^2+(0.560)^2]^{1/2}\approx0.560$。注意，$se(\hat{y}^0)$ 相对 $\hat{\sigma}$ 而言是多么小：几乎 $\hat{e}^0$ 中的所有波动都来自 u^0 的波动。95％的置信区间为 $2.70\pm1.96\times0.560$ 或约从 1.60 到 3.80。这是一个很宽的置信区间，它表明，基于回归中所包含的因素，我们不可能显著地缩小一个人未来大学 GPA 的可能范围。（从某个方面看，这是一个好消息，因为它意味着，高中时的排名与 SAT 分数都不能注定一个人的大学成绩。）显然，具有相同 SAT 分数和高中排名的学生，其无法观测的特征变化很大。

6.4b 残差分析

有时，检查一下个体观测值，看因变量的实际值是高于还是低于预测值也很有帮助，即考查个别观测的残差。这个过程被称为**残差分析**（residual analysis）。经济学家已经知道，通过检查回归残差有助于购买住房。下面这个住房价格的例子就说明了残差分析。住房价格与住房的各种可观测特征都有关系。我们可以列出所发现的所有重要特征，如大小、卧室间数、卫生间数等。我们可以使用住房的一个样本来估计价格与各种因素之间的关系，结果我们对每一套住房都得到一个预测值和一个实际值。然后，我们就能构造出残差 $\hat{u}_i=y_i-\hat{y}_i$。残差负得越多的住房，至少基于我们所控制的因素而言，就是价格相对其特征被低估得最多的住房。当然，售价明显低于其预测价格，可能标志着住房有某种不理想的特征，是我们未能对其加以解释的，因此包含在观测不到的误差中。除了得到预测值和残差之外，使用方程（6.37）中描述的方法，为住房在未来可能的售价计算一个置信区间也很有意义。

利用 HPRICE1 中的数据，我们将 $price$ 对 $lotsize$、$sqrft$ 和 $bdrms$ 做一个回归。在 88 套住房的样本中，负得最多的残差是第 81 套住房，为 -120.206。因此，这套住房的要价比其预测值要低 120 206 美元。

> **？ 思考题 6.5**
>
> 你如何利用残差分析判断哪位球员相对其表现而言收入过高？

残差分析还有许多其他用处。对法学院进行排名的方法之一是，将起薪中位数对一系列学生特征（如新入学年级 LAST 分数的中位数、新入学年级大学 GPA 的中位数等）进行回归，并得到每个法学院的预测值和残差。残差最大的法学院预计具有最高的附加价值。（当然，一个人的起薪与法学院整体的中位数相比如何，仍有很大的不确定性。）这些残差可以与进入每个法学院的成本一起使用，来决定最好的价值；这将要求对未来的收益进行适当的贴现。

残差分析在司法决策中也能发挥作用。《纽约时报》上一篇题为《法官认为，是贫穷而不是隔离影响了学生的分数》（Judge Says Pupil's Poverty，Not Segregation，Hurts Scores，1995－06－28）的文章描述了一个重要的司法案件。根本问题是，哈特福德校区在标准化考试中相对于周边郊区表现不佳，是不是因为学校高度隔离情况下落后的学校质量？法官断定："考试分数的差距并不能说明哈特福德在教育学生方面做得不够或很差，也不能说明其学校就是失败的，因为基于相关的社会经济因素而预测的分数，正是人们预期的水平。"这个结论几乎肯定是基于平均分数或分数的中位数对康涅狄格州各校区的社会经济特征的回归分析而得出的。法官的结论表明，给定哈特福德校区学生的贫穷水平，实际的考试分数类似于从回归分析中预测出来的分数：哈特福德的残差并没有负到一定程度，以致足以断定学校本身才是考试分数偏低的原因。

6.4c 当因变量为 $\log(y)$ 时对 y 的预测

由于在经验研究中对因变量使用自然对数变换如此频繁，所以我们专门用这一小节来讨论因变量为 $\log(y)$ 时对 y 的预测。作为一个副产品，我们可以得到对对数模型拟合优度的一个度量，并能与水平值模型中的 R^2 相比较。

为了得到预测值，定义 $\log y = \log(y)$ 是有用的，这个记号用来强调，它是在如下模型中预测的 y 的对数：

$$\log y = \beta_0 + \beta_1 x_1 + \beta_2 x_2 + \cdots + \beta_k x_k + u \qquad (6.38)$$

在此方程中，x_j 可能是其他变量的某些变换；比如，我们在 CEO 薪水的例子中，可以令 $x_1 = \log(sales)$，$x_2 = \log(mktval)$，$x_3 = ceoten$。

给定 OLS 估计量，我们知道如何针对自变量的任意数值来预测 $\log y$：

$$\widehat{\log y} = \hat{\beta}_0 + \hat{\beta}_1 x_1 + \hat{\beta}_2 x_2 + \cdots + \hat{\beta}_k x_k \qquad (6.39)$$

现在，由于取对数函数的指数函数可将其还原成水平函数，所以我们首先猜想，预测 y 无非就是将 $\log(y)$ 的预测值转换成指数函数值：$\hat{y} = \exp(\widehat{\log y})$。但这并不奏效。实际上，它将系统地低估 y 的预测值。因为如果模型（6.38）服从 CLM 假设 MLR. 1 到 MLR. 6，那么就可以证明：

$$E(y \mid \mathbf{x}) = \exp(\sigma^2/2) \cdot \exp(\beta_0 + \beta_1 x_1 + \beta_2 x_2 + \cdots + \beta_k x_k)$$

式中，$\mathbf{x}$ 表示自变量，而 σ^2 表示 u 的方差。［如果 $u \sim N(0, \sigma^2)$，那么 $\exp(u)$ 的期望值就是 $\exp(\sigma^2/2)$。］这个方程表明，为了预测 y，需要进行一个简单的调整：

$$\hat{y} = \exp(\hat{\sigma}^2/2)\exp(\widehat{\log y}) \qquad (6.40)$$

式中，$\hat{\sigma}^2$ 无非就是 σ^2 的无偏估计量。因为回归标准误 $\hat{\sigma}^2$ 总是要报告的，所以得到 y 的预测值就很容易。因为 $\hat{\sigma}^2 > 0$，所以 $\exp(\hat{\sigma}^2/2) > 1$。对很大的 $\hat{\sigma}^2$，这个调整因子可能会显著地大于 1。

虽然（6.40）中的预测不是无偏的，但它却是一致的。不存在 y 的无偏预测，而且在多数情况下，（6.40）式就很不错了。但它确实依赖于误差项 u 的正态性。

我们在第 5 章证明了，即便 u 不服从正态分布，OLS 也具有令人满意的性质。所以，得到一个不依赖于正态性的预测很有帮助。如果我们只假定 u 独立于解释变量，那么我们就有

$$\mathrm{E}(y \mid \mathbf{x}) = \alpha_0 \exp(\beta_0 + \beta_1 x_1 + \beta_2 x_2 + \cdots + \beta_k x_k) \tag{6.41}$$

式中，α_0 为 $\exp(u)$ 的期望值，并且肯定大于 1。

给定一个估计值 $\hat{\alpha}_0$，我们就能将 y 预测为

$$\hat{y} = \hat{\alpha}_0 \exp(\widehat{\log y}) \tag{6.42}$$

同样，它也只不过是要求将对数模型中的预测值求指数函数，并将结果乘以 $\hat{\alpha}_0$。

在没有正态性假定的情况下，这两种方法都给出了估计 α_0 的方法。第一种方法基于 $\alpha_0 = \mathrm{E}[\exp(u)]$。为了估计 α_0，我们用一个样本均值来取代总体期望，并用 OLS 残差 $\hat{u}_i = \log(y_i) - \hat{\beta}_0 - \hat{\beta}_1 x_{i1} - \cdots - \hat{\beta}_k x_{ik}$ 来取代无法观测的误差 u_i。这样就得到矩法估计量（参见书末附录数学复习 C）

$$\hat{\alpha}_0 = n^{-1} \sum_{i=1}^{n} \exp(\hat{u}_i) \tag{6.43}$$

不必惊讶，$\hat{\alpha}_0$ 是 α_0 的一个一致估计量，但它不是无偏的，因为我们在一个非线性的函数中用 $\hat{u}_i$ 取代了 u_i。这种形式的 $\hat{\alpha}_0$ 就是段乃华 [Duan (1983)] 所谓的**模糊估计值**（smearing estimate）的一种特殊情形。由于普通最小二乘残差的样本均值为 0，所以，可以证明，对于任何一个数据集，都有 $\hat{\alpha}_0 > 1$。（从技术上讲，如果所有的普通最小二乘残差都等于 0，那么 $\hat{\alpha}_0$ 就应该等于 1，但在任何一个有意义的应用研究中，这种情形都不会出现。）由于肯定有 $\alpha_0 > 1$，所以 $\hat{\alpha}_0$ 肯定大于 1 还是适逢所需的。

基于一个过原点的简单回归，可以得到 α_0 的另一个不同的估计值。为了看出是如何估计的，定义 $m_i = \exp(\beta_0 + \beta_1 x_{i1} + \cdots + \beta_k x_{ik})$，于是，根据方程（6.41），我们便得到 $\mathrm{E}(y_i \mid m_i) = \alpha_0 m_i$。如果我们能够观测到 m_i，那么，我们就能从 y_i 对 m_i 的一个不含截距的回归中得到 α_0 的一个无偏估计值。我们转而将 β_j 用其普通最小二乘估计值来取代，并得到 $\hat{m}_i = \exp(\widehat{\log y_i})$，其中 $\widehat{\log y_i}$ 是将 $\log y_i$ 对 $x_{i1}, \cdots, x_{ik}$ 进行回归得到的拟合值（含截距项）。于是，$\check{\alpha}_0$ [为区别于方程（6.43）中的 $\hat{\alpha}_0$] 就是将 y_i 对 $\hat{\alpha}_i$ 进行简单回归（不含截距）所得的普通最小二乘斜率估计值：

$$\check{\alpha}_0 = \left(\sum_{i=1}^{n} \hat{m}_i^2 \right)^{-1} \left(\sum_{i=1}^{n} \hat{m}_i y_i \right) \tag{6.44}$$

我们把 $\check{\alpha}_0$ 称为 α_0 的回归估计值。和 $\hat{\alpha}_0$ 一样，$\check{\alpha}_0$ 是一致的，但不是无偏的。有意思的是，尽管在绝大多数应用研究中，$\check{\alpha}_0$ 都是大于 1 的，但我们却无法保证这一点。如果 $\check{\alpha}_0$ 小于 1，特别是如果它远小于 1，那就很可能违背了 u 与 x_j 相互独立的假定。如果 $\check{\alpha}_0 < 1$，一种可能就是使用了（6.43）式中的估计值，尽管这可能掩盖了使用 $\log(y)$ 的线性模型所带来的问题。

我们把估计步骤概括如下：

6.4d 当因变量为 $\log(y)$ 时对 y 的预测

1. 从 $\log y$ 对 x_1，$\cdots$，x_k 的回归中得到拟合值 $\widehat{\log y_i}$ 和残差 $\hat{u}_i$。

2. 通过方程（6.43）求出 $\hat{\alpha}_0$ 或通过方程（6.44）求出 $\check{\alpha}_0$。

3. 对于给定的 x_1，$\cdots$，x_k 的值，从（6.39）式求出 $\widehat{\log y}$。

4. 利用（6.42）式得到预测值 $\hat{y}$（利用 $\hat{\alpha}_0$ 或 $\check{\alpha}_0$）。

我们现在来说明如何利用这个程序来预测 CEO 的薪水。

例 6.7

6

对 CEO 薪水的预测

我们所考虑的模型是

$$\log(salary) = \beta_0 + \beta_1 \log(sales) + \beta_2 \log(mktval) + \beta_3 ceoten + u$$

所以 β_1 和 β_2 都表示弹性，而 $100\beta_3$ 则表示半弹性。利用 CEOSAL2 中的数据，估计的方程是

$$\widehat{lsalary} = 4.504 + 0.163 lsales + 0.109 lmktval + 0.011\ 7 ceoten$$
$$\qquad\quad (0.257)\quad (0.039)\qquad\quad (0.050)\qquad\qquad (0.005\ 3)$$
$$n = 177,\ R^2 = 0.318 \qquad\qquad\qquad\qquad\qquad\qquad (6.45)$$

式中，为清楚起见，令 lsalary、lsales 和 lmktval 分别表示 salary、sales 和 mktval 的对数。然后，我们对样本中的每一个观测都求出 $\hat{m}_i = \exp(\widehat{lsalary_i})$。

从（6.43）式中得到段乃华定义的模糊估计值约为 $\hat{\alpha}_0 = 1.136$，而从（6.44）式中得到的回归估计值为 $\check{\alpha}_0 = 1.117$。我们可以用其中任何一个估计值，根据 sales、mktval 和 ceoten 的任意取值来预测 salary。让我们在 sales = 5 000（因为单位是百万美元，所以这里意味着是 50 亿美元）、mktval = 10 000（或 100 亿美元）和 ceoten = 10 时，求薪水的预测值。根据（6.45）式，lsalary 的预测值是 $4.504 + 0.163 \times \log(5\ 000) + 0.109 \times \log(10\ 000) + 0.011\ 7 \times 10 \approx 7.013$，而 $\exp(7.013) \approx 1\ 110.983$。利用（6.43）式中 α_0 的估计值，薪水的预测值约为 1 262.077 或 1 262 077 美元。利用（6.44）式中的估计值，薪水的预测值约为 1 240 968 美元。它们之间的差别远小于它们与通过简单预测得到的 1 110 983 美元之间的差别。

我们可以使用前面求预测值的方法来判断用 $\log(y)$ 作为因变量的模型在预测 y 时的表现如何。我们已经有了对 y 为因变量的模型的度量指标：R^2 和调整 R^2。我们的目标是要找到 $\log(y)$ 模型中对拟合优度的一个度量，其能与 y 为因变量的模型中的 R^2 相媲美。

通过把 $\log(y)$ 的模型重新变换之后来预测 y，有几种不同的方式可以用来定

义拟合优度指标。这里，我们介绍一种易于实施的方法，而且无论我们是用方程 (6.40)、(6.43) 还是 (6.44) 来估计 α_0，这个指标都取相同的数值。为了给出这个指标，记住在用普通最小二乘法估计的如下线性回归方程中

$$\hat{y} = \hat{\beta}_0 + \hat{\beta}_1 x_1 + \cdots + \hat{\beta}_k x_k \tag{6.46}$$

通常的 R^2 无非就是 y_i 与 $\hat{y}_i$ 的相关系数的平方（见 3.2 节）。现在，如果我们转而计算方程 (6.42) 中的拟合值，即对所有观测 i 都计算 $\hat{y}_i = \hat{\alpha}_0 m_i$，那么利用 y_i 与这些拟合值之间相关系数的平方作为 R^2 也说得过去。由于某个变量乘以一个常数不会影响两个变量之间的相关系数，所以我们使用 α_0 的哪个估计值都无所谓。事实上，y 的［不是 $\log(y)$ 的］这个 R^2 指标正是 y_i 与 $\hat{m}_i$ 之间相关系数的平方。我们可以直接拿这个 R^2 与方程 (6.46) 的 R^2 作比较。

相关系数的平方度量不依赖于我们如何估计 α_0。第二种方法是计算一个基于平方余量和的 y 的 R^2。为了准确，假设我们使用方程 (6.43) 来估计 α_0。因此，预测 y_i 的余量为：

$$\hat{r}_i = y_i - \hat{\alpha}_0 \exp(\widehat{\log y_i}) \tag{6.47}$$

然后，我们就可以使用这些余量来计算平方余量和了。使用来自线性回归方程中的 R^2 的公式，我们可以得出

$$1 - \frac{\sum_{i=1}^n \hat{r}_i^2}{\sum_{i=1}^n (y_i - \bar{y})} \tag{6.48}$$

这可以作为一个可替代的拟合优度的度量，甚至可以与从关于 y 的线性模型中得出的 R^2 相媲美。注意，我们通过在方程 (6.47) 中代入这些估计值来替换 $\hat{\alpha}_0$，就可以在方程 (6.40) 和 (6.44) 中计算 α_0 的替换估计值。与 y_i 和 $\hat{m}_i$ 的平方相关不同，方程 (6.48) 中的 R^2 将取决于我们如何估计 α_0。使得 $\sum_{i=1}^n \hat{r}_i^2$ 最小化的估计出现在方程 (6.44) 中，但是这并不意味着我们应该更偏爱它（并且如果 $\tilde{\alpha}_0 < 1$，肯定不是这样）。我们真的不打算在 α_0 的不同估计值之间做选择，相反，我们一直在寻找可以和关于 y 的线性模型相媲美的拟合优度测量。

例 6.8

对 CEO 薪水的预测

在得到 $\hat{m}_i$ 之后，我们正好就得到了 $salary_i$ 与 $\hat{m}_i$ 之间的相关系数——0.493。它的平方大约是 0.243，这就是使用对数模型解释 $salary$［不是 $\log(salary)$］中变化的一个指标。［方程 (6.45) 中的 R^2，即 0.318，则告诉我们，这个对数模型大约解释了 $\log(salary)$ 中变化的 31.8%。］

作为一个能与之相媲美的线性模型，假设我们估计一个所有变量都以水平值出现的模型：

$$salary = \beta_0 + \beta_1 sales + \beta_2 mktval + \beta_3 ceoten + u \tag{6.49}$$

其关键区别在于，这个模型中的因变量是 $salary$。我们也可以在这个方程的右边使用 $sales$ 或 $mktval$ 的对数，但如果左边的 $salary$ 以水平值出现，右边都使用水平值更说得过去。利用同样 177 个观测来估计这个模型所得到的 R^2 为 0.201。因此，对数模型能更多地解释 $salary$ 中的变化，所以从拟合优度的角度来看，我们喜欢对数模型胜过 (6.49)。对数模型还因为看起来更现实且其参数更易于解释而更受偏爱。

如果保持模型 (6.38) 中的所有经典线性模型假定不变，我们在估计了 $\log(y)$ 的一个线性模型之后，轻而易举就能得到 $y^0 = \exp(\beta_0 + \beta_1 x_1^0 + \beta_2 x_2^0 + \cdots + \beta_k x_k^0 + u^0)$ 的预测区间。记住，x_1^0，x_2^0，$\cdots$，x_k^0 都是已知的，而 u^0 是部分地决定着 y^0 的无法观测的误差。根据方程 (6.37)，$\log y^0 = \log(y^0)$ 的一个 95% 预测区间无非就是 $\widehat{\log y}^0 \pm t_{0.025} \cdot se(\hat{e}^0)$，其中，$se(\hat{e}^0)$ 是利用原来的 n 个观测将 $\log(y)$ 对 x_1，$\cdots$，x_k 进行回归而得到的。令 $c_l = \widehat{\log y}^0 - t_{0.025} \cdot se(\hat{e}^0)$ 和 $c_u = \widehat{\log y}^0 + t_{0.025} \cdot se(\hat{e}^0)$ 分别表示 $\log y^0$ 预测区间的下界和上界，即 $P(c_l \leqslant \log y^0 \leqslant c_u) = 0.95$。由于指数函数是严格递增的，所以 $P[\exp(c_l) \leqslant \exp(\log y^0) \leqslant \exp(c_u)] = 0.95$ 也是成立的，即 $P[\exp(c_l) \leqslant y^0 \leqslant \exp(c_u)] = 0.95$。因此，我们可以把 $\exp(c_l)$ 和 $\exp(c_u)$ 分别看成 y^0 的一个 95% 预测区间的下界和上界。在 n 较大时，$t_{0.025} = 1.96$，因而 y^0 的一个 95% 预测区间就是从 $\exp[(-1.96) \cdot se(\hat{e}^0)] \exp(\hat{\beta}_0 + \mathbf{x}^0 \hat{\boldsymbol{\beta}})$ 到 $\exp[1.96 \cdot se(\hat{e}^0)] \exp(\hat{\beta}_0 + \mathbf{x}^0 \hat{\boldsymbol{\beta}})$，其中 $\mathbf{x}^0 \hat{\boldsymbol{\beta}}$ 是对 $\hat{\beta}_1 x_1^0 + \cdots + \hat{\beta}_k x_k^0$ 的简记。记住，$\hat{\beta}_j$ 和 $se(\hat{e}^0)$ 都是从 $\log(y)$ 作为因变量的回归中得到的。由于我们在方程 (6.38) 中假定了 u 的正态性，所以我们可能会用方程 (6.40) 来求 y^0 的一个点预测。与方程 (6.37) 有所不同的是，这个点预测不会处在下界 $\exp(c_l)$ 和上界 $\exp(c_u)$ 的正中间。通过在 t_{n-k-1} 分布中选择不同的分位数，我们还可以得到不同的 95% 预测区间值。如果 $q_{\alpha 1}$ 和 $q_{\alpha 2}$ 是满足 $\alpha_2 - \alpha_1 = 0.95$ 的分位数，我们就可以选择 $c_l = q_{\alpha 1} se(\hat{e}^0)$ 和 $c_u = q_{\alpha 2} se(\hat{e}^0)$。

作为一个例子，考虑 CEO 薪水回归，我们在 $sales$、$mktval$ 和 $ceoten$ 与例 6.7 中取值相同的情况下进行预测。方程 (6.43) 中的回归标准误约为 0.505，而 $\widehat{\log y}^0$ 的标准误约为 0.075。因此，利用方程 (6.36)，$se(\hat{e}^0) \approx 0.511$；就像在 GPA 的例子中一样，尽管这里的样本容量仅为 177，但这个误差方差还是吞没了参数的估计误差。$salary^0$ 的一个 95% 预测区间是 $\exp[(-1.96) \times 0.511] \exp(7.013)$ 到 $\exp(1.96 \times 0.511) \exp(7.013)$，或者约从 408.071 到 3 024.678，也就是 408 071 美元到 3 024 678 美元。在给定销售额、市场价值和现职任期的情况下，CEO 薪水的这个很宽的 95% 预测区间表明，还有许多决定着薪水的其他因素没有被包含在这个回归中。顺便指出，利用方程 (6.40) 所得到的这个薪水的点预测值约为 1 262 075 美元，它高于利用 α_0 的其他估计值得到的预测结果，并且与 95% 的预测区间的上界相比，它与下界更近。

本章小结

本章讨论了多元回归分析中的一些重要专题。

6.1 节阐释了，改变一个自变量的度量单位，对 OLS 系数的改变恰如所料：如果将 x_j 乘以 c，那么其系数就会除以 c。如果将因变量乘以 c，那么所有的 OLS 系数都要乘以 c。改变任何一个变量的度量单位，既不会影响 t 统计量，又不会影响 F 统计量。

我们讨论的 β 系数以标准差为单位度量了自变量对因变量的影响。要得到 β 系数，首先将因变量和自变量都转换成 z 得分，然后进行一个标准的 OLS 回归即可。

既然已经详细讨论了方程的形式，包括对数变换、二次方程和交互项，总结一下我们的结论应该会很有帮助。

何时使用对数

1. 系数具有百分比变化的解释力。我们可以忽略以对数形式出现的任何变量的度量单位，同时当变量为对数形式时，改变单位对于变量的系数没有影响，比如将美元变成千美元。

2. 被用作金额的对数永远为正，对于人口变量也一样，尤其当变量内存在很人差异时。对数很少用于按年计的变量，比如学校教育、年龄和经验。同时，对数形式很少用于已经成为百分比或者比例的变量，比如失业率或者一个测试的及格率。

3. 含有 $\log(y)$ 作为因变量的模型通常更容易满足经典线性模型假设。例如，模型更可能线性，异方差更可能成立，同时正态性更加可信。

4. 在很多情况下，使用 log 在很大程度上减小了变量的差异，使得 OLS 估计较少受到异常值的影响。然而，当 y 是分数或者许多观测值接近于零的情况下，$\log(y_i)$ 会比 y_i 差异更大。对于值非常接近于零的 y_i，$\log(y_i)$ 是具有很大量级的复数。

5. 如果 $y \geqslant 0$，但是 $y = 0$ 可能存在，那么我们不能使用 $\log(y)$。有时候可能会使用 $\log(1+y)$，但是这时候系数的解释则会变得困难。

6. 对某一解释变量的较大变化，我们能够计算出百分比变化效应较为精确的估计。

7. 当我们利用模型估计 $\log(y)$ 时，预测 y 会变得更加困难（虽然可能）。

何时使用二次项

1. 某一变量的二次项可用来描述递增或递减效应。

2. 二次项的转折点很容易被计算出来，同时也应当计算出来看是否有意义。

3. 具有符号为正的系数的二次项方程具有严格正的转折点；如果系数的符号均相同，则转折点为 x 的负值。

4. 表面上很小的变量平方的系数可能实际上具有重要的意义，它代表了变化的斜率。利用 t 检验来看二次项是否统计上显著，并计算当 x 取不同的值时斜率是否在实际中有重要意义。

5. 对于变量 x 具有二次项的模型，x 上的系数衡量了从 $x = 0$ 开始的偏效应［可以参考等式（6.11）］。如果 x 不可能取零或者零不是我们关心的值，那么在计算平方前，可以将 x 集中在我们所更关心的值周围，比如样本均值。计算机练习 C12 提供了一个例子。

何时使用交互项

1. 交互项使得解释变量的偏效应如 x_1 取决于另一个变量的水平，如 x_2，反之亦然。

2. 具有交互项的解释模型可能很棘手。x_1 上的系数 β_1 衡量了当 $x_2 = 0$ 时 x_1 对 y 的偏效应，这可能是不可能的或者是我们并不关心的。在建立交互项之前，集中 x_1 和 x_2 的值到我们关心的值周围通常会使得方程看起来更有吸引力。

3. 标准 t 检验可以用来确定交互项是否统计上显著。计算解释变量不同值的偏效应可以用来确定交互项的现实意义。

我们引入了调整 R^2——$\overline{R}^2$，替代 R^2 作为度量拟合优度的另一种选择。尽管在回归中增加另一个变量时，R^2 不可能下降，但 $\overline{R}^2$ 则惩治了回归元的个数，在增加自变量时，它有可能会减小。这就使得在解释变量个数不同的非嵌套模型之间进行选择时，$\overline{R}^2$ 更受欢迎。尽管 R^2 和 $\overline{R}^2$ 都不能用于比较因变量不同的模型，但如在 6.4 节所见，当我们在 y 和 $\log(y)$ 之间选择因变量时，要得到对拟合优度的可比较度量，也是相当容易的。

在 6.3 节，我们讨论了在获得最终模型的过程中，会遇到过度依赖 R^2 或 $\overline{R}^2$ 这个多少有些微妙的问题：在一个回归模型中不可能控制太多的因素。出于这个原因，重要的是，要预先考虑模型设定，特别是多元回归方程的其他条件不变之特性。既影响 y 又与所有其他解释变量无关的那些解释变量，可以在不导致多重共线性的情况下用来减小误差方差。

在 6.4 节，我们既说明了如何对从 OLS 回归线上得到的预测值构造置信区间，还说明了如何对 y 以后的一个未知值构造置信区间。

我们偶尔还想在回归模型的因变量是 $\log(y)$ 时来预测 y。6.4 节就解释了这种方法。最后，我们有时想知道某些特殊观测的残差符号及大小。我们可以使用残差分析来判断样本的某些特定观测的预测值是否远高于或远低于实际值。

关键术语

调整 R^2	非嵌套模型	二次函数	平均偏效应
过度控制	重新取样方法	β 系数	总体 R^2
残差分析	自举法	预测误差	模糊估计值
自举法标准误	预测区间	标准化系数	交互效应
预测	预测误差的方差		

习 题

1. 我们利用 CEOSAL1 中的数据估计了如下方程：

$$\widehat{\log(salary)} = 4.322 + 0.276\log(sales) + 0.021\,5roe - 0.000\,08roe^2$$
$$(0.324)\quad(0.033)\qquad\qquad(0.012\,9)\quad(0.000\,26)$$
$$n = 209, R^2 = 0.282$$

这个方程使得 roe 对 $\log(salary)$ 具有边际递减的影响。这种一般性是必然的吗？请解释。

2. 令 $\hat{\beta}_0$，$\hat{\beta}_1$，$\cdots$，$\hat{\beta}_k$ 为 y_i 对 x_{i1}，$\cdots$，$x_{ik}(i=1, 2, \cdots, n)$ 回归的 OLS 估计值。对于非零常数 c_1，$\cdots$，c_k，证明：$c_0 y_i$ 对 $c_1 x_{i1}$，$\cdots$，$c_k x_{ik}(i=1, 2, \cdots, n)$ 回归的 OLS 截距和斜率由 $\tilde{\beta}_0 = c_0 \hat{\beta}_0$，$\tilde{\beta}_1 = (c_0/c_1)\hat{\beta}_1$，$\cdots$，$\tilde{\beta}_k = (c_0/c_k)\hat{\beta}_k$ 给出。[提示：由于 $\hat{\beta}_j$ 是（3.13）式中一阶条件的解，从而 $\tilde{\beta}_j$ 也必将是因变量和自变量重新测度后的一阶条件的解。]

3. 使用 RDCHEM 中的数据，通过 OLS 得到如下方程：

$$\widehat{rdintens} = 2.613 + 0.000\,30\,sales - 0.000\,000\,070\,sales^2$$
$$(0.429)\quad(0.000\,14)\quad\quad(0.000\,000\,003\,7)$$
$$n = 32,\ R^2 = 0.148\,4$$

(i) $sales$ 对 $rdintens$ 的边际影响在什么时候开始变成负的？

(ii) 你会在模型中保留二次项吗？请解释。

(iii) 定义 $sales$ 为以十亿美元计的销售额：$salesbil = sales/1\,000$。用 $salesbil$ 和 $salesbil^2$ 作为自变量重写估计方程。务必报告标准误和 R^2。[提示：注意 $salesbil^2 = sales^2/(1\,000)^2$。]

(iv) 为了报告结果，你更喜欢哪个方程？

4. 如下模型使得受教育回报还取决于父母双方受教育程度的总和 $pareduc$：

$$\log(wage) = \beta_0 + \beta_1 educ + \beta_2 educ \cdot pareduc + \beta_3 exper + \beta_4 tenure + u$$

(i) 说明多接受一年教育对于回报的对数形式为

$$\Delta\log(wage)/\Delta educ = \beta_1 + \beta_2 pareduc$$

你对 β_2 有何期待？为什么？

(ii) 使用 WAGE2 中的数据，估计的等式是

$$\widehat{\log(wage)} = 5.65 + 0.047 educ + 0.000\,78 educ \cdot pareduc + 0.019 exper + 0.010 tenure$$
$$(0.13)\ (0.010)\quad\quad(0.000\,21)\quad\quad\quad(0.004)\quad\quad(0.003)$$
$$n = 722,\ R^2 = 0.169$$

（只有 722 个观测值包含了关于父母教育的全部信息。）解释交叉项的系数。选择 $pareduc$ 的两个特定值可能会有帮助——例如，如果父母均是大学学历则 $pareduc = 32$，或者父母均是高中学历则 $pareduc = 24$——然后比较 $educ$ 所估计的回报。

(iii) 当 $pareduc$ 作为分开的变量加入等式时，我们得到：

$$\widehat{\log(wage)} = 4.94 + 0.097 educ + 0.033 pareduc - 0.001\,6 educ \cdot pareduc + 0.020 exper + 0.010 tenure$$
$$(0.38)\ (0.027)\quad\quad(0.017)\quad\quad\quad(0.001\,2)\quad\quad\quad(0.004)\quad\quad(0.003)$$
$$n = 722,\ R^2 = 0.174$$

估计受教育的回报现在正向依赖于父母的教育程度了吗？检验零假设：受教育的回报不依赖于父母的教育程度。

5. 在例 4.2 中，因变量是学生通过 10 年级数学考试（$math10$）的百分比，将 $sci11$（11 年级学生通过科学考试的百分比）作为另一个解释变量讲得通吗？

6. 当我们把 $atndrte^2$ 和 $ACT \cdot atndrte$ 都增加到（6.19）的估计方程中时，R^2 就变成了 0.232。这些添加项在 10% 的显著性水平上是联合显著的吗？你会将它们包括在模型中吗？

7. 如下三个方程是使用 401K 中的 1 534 个观测估计出来的：

$$\widehat{prate} = 80.29 + 5.44mrate + 0.269age - 0.000\,13totemp$$
$$(0.78)\ (0.52)\qquad (0.045)\qquad (0.000\,04)$$
$$R^2 = 0.100,\ \overline{R}^2 = 0.098$$

$$\widehat{prate} = 97.32 + 5.02mrate + 0.314age - 2.66\log(totemp)$$
$$(1.95)\ (0.51)\qquad (0.044)\qquad (0.28)$$
$$R^2 = 0.144,\ \overline{R}^2 = 0.142$$

$$\widehat{prate} = 80.62 + 5.34mrate + 0.290age - 0.000\,43totemp + 0.000\,000\,003\,9totemp^2$$
$$(0.78)\quad (0.52)\qquad (0.045)\qquad (0.000\,09)\qquad\quad (0.000\,000\,000\,10)$$
$$R^2 = 0.108,\ \overline{R}^2 = 0.106$$

你更喜欢这三个模型中的哪一个？为什么？

8. 假设我们想估计酒精消费（alcohol）对大学 GPA（colGPA）的影响。除搜集 GPA 和酒精用量方面的信息外，我们还想得到出勤方面的信息（比如记为 attend 的听课率）。标准化考试（SAT）分数和高中 GPA（hsGPA）也可以得到。

(i) 在一个多元回归模型中，我们应该同时包含 attend 和 alcohol 作为解释变量吗？（考虑你该如何解释 $\beta_{alcohol}$。）

(ii) 应该包含 SAT 和 hsGPA 作为解释变量吗？请解释。

9. 如果我们从服从经典线性模型假设的式（6.38）开始，假设大样本 n，忽略 $\hat{\beta}_j$ 中的估计误差，那么 y^0 的置信水平为 95% 的预测区间是 $\left[\exp(-1.96\hat{\sigma})\exp(\widehat{\log y^0}),\ \exp(1.96\hat{\sigma})\exp(\widehat{\log y^0})\right]$。对 y^0 的点估计是 $\hat{y}^0 = \exp(\hat{\sigma}^2/2)\exp(\widehat{\log y^0})$。

(i) $\hat{\sigma}$ 取什么样的值，点估计会落在 95% 置信水平的置信区间内？这一条件在大多数案例中看起来成立吗？

(ii) 确认第（i）部分的条件在 CEO 薪资样本中成立。

10. 下面两个等式是使用 MEAPSINGLE 数据估计的。关键解释变量是 lexppp，即在学校层面上对每个学生支出的对数。

$$\widehat{math4} = 24.49 + 9.01lexppp - 0.422free - 0.752lmedinc - 0.274pctsgle$$
$$(59.24)\ (4.04)\qquad (0.071)\qquad (5.358)\qquad (0.161)$$
$$n = 229,\ R^2 = 0.472,\ \overline{R}^2 = 0.462$$

$$\widehat{math4} = 149.38 + 1.93lexppp - 0.060free - 10.78lmedinc - 0.397pctsgle + 0.667read4$$
$$(41.70)\ (2.82)\qquad (0.054)\qquad (3.76)\qquad (0.111)\qquad (0.042)$$
$$n = 229,\ R^2 = 0.749,\ \overline{R}^2 = 0.743$$

(i) 如果你是一个政策制定者，试图估计每个学生支出对数学考试表现的因果效应，解释为什么第一个方程比第二个方程中的两变量更加相关。对每个学生的支出增加 10%，预估影响会是什么？

(ii) 添加 read4 变量进入回归，对于除了 β_{lexppp} 之外的系数和统计显著性有奇异的影响吗？

(iii) 你将如何向只有回归基础知识的某些人解释，在当前情况下你偏好有着更小调整 R^2 的等式？

11. 考虑等式

$$y = \beta_0 + \beta_1 x + \beta_2 x^2 + u$$
$$E(u \mid x) = 0$$

其中解释变量 x 在总体中服从正态分布。特别地，$E(x)=0$，$E(x^2)=Var(x)=1$，$E(x^3)=0$。最后一个条件成立，是因为标准正态分布是关于零的对称分布。我们研究省略 x^2 对 OLS 估计量的影响并计算截距和斜率的简单回归估计。

(i) 证明可以写出

$$y = \alpha_0 + \beta_1 x + v$$

其中 $E(v)=0$。特别地，确定 v 和新的截距项 α_0。

(ii) 证明 $E(v \mid x)$ 取决于 x，除非 $\beta_2=0$。

(iii) 证明 $Cov(x, v)=0$。

(iv) 如果 $\hat{\beta}_1$ 是 y_i 对 x_i 回归的斜率系数，那么 $\hat{\beta}_1$ 对于 β_1 是否一致？是否无偏？

(v) 论证能够估计 β_1 在下述意义上是有价值的：β_1 是 $x=0$，即 x 的均值处，x 对 $E(y \mid x)$ 的偏效应。

(vi) 能够一致估计 β_1 和 β_2 要比仅估计 β_1 更有价值，试解释原因。

计算机练习

C1. 仅使用 KIELMC 中 1981 年的数据，回答如下问题。数据是 1981 年间在马萨诸塞州北安多佛市售出住房的数据；1981 年是开始建造地方垃圾焚化炉的一年。

(i) 为了研究垃圾焚化炉的位置对住房价格的影响，考虑简单回归模型

$$\log(price) = \beta_0 + \beta_1 \log(dist) + u$$

式中，$price$ 为住房的美元价格；$dist$ 为从住房到焚化炉的距离，以英尺为单位。谨慎地解释这个方程，如果焚化炉的出现会使住房价格下降，你预期 β_1 的符号是什么？估计这个方程，并解释你的结论。

(ii) 在第 (i) 部分的简单回归模型中增加变量 $\log(inst)$、$\log(area)$、$\log(land)$、$rooms$、$baths$ 和 age，其中 $inst$ 表示从家到州际高速公路的距离，$area$ 表示住房的平方英尺数，$land$ 表示占地的平方英尺数，$rooms$ 表示总的房间数，$baths$ 表示总的卫生间数，age 表示住房的年数。现在，你对焚化炉的影响有什么结论？解释为什么第 (i) 部分和第 (ii) 部分给出了相互矛盾的结论。

(iii) 向第 (ii) 部分的模型中添加 $[\log(inst)]^2$，结果会怎么样？你对函数形式的重要性有什么结论？

(iv) 当你向第 (iii) 部分的模型中添加 $\log(dist)$ 时，它是否显著？

C2. 本题利用 WAGE1 中的数据。

(i) 使用 OLS 估计方程

$$\log(wage) = \beta_0 + \beta_1 educ + \beta_2 exper + \beta_3 exper^2 + u$$

并以通常格式报告你的结果。

(ii) $exper^2$ 在 1% 的显著性水平上是统计显著的吗？

(iii) 使用近似

$$\%\Delta \widehat{wage} \approx 100(\hat{\beta}_2 + 2\hat{\beta}_3 exper)\Delta exper$$

求第 5 年工作经历的近似回报。第 20 年工作经历的近似回报是多少？

(iv) $exper$ 取什么值时，工作经历的增加实际上会降低预期的 $\log(wage)$？样本中有多少人具有比

该取值更长的工作经历？

C3. 考虑一个教育回报取决于工作经历（反之亦然）的模型：

$$\log(wage) = \beta_0 + \beta_1 educ + \beta_2 exper + \beta_3 educ \cdot exper + u$$

（i）证明：保持 $exper$ 不变，多受一年教育的回报（以小数表示）是 $\beta_1 + \beta_3 exper$。

（ii）陈述如下原假设：教育的回报并不取决于 $exper$ 的水平。你认为合适的备择假设是什么？

（iii）利用 WAGE2 中的数据，相对于你给出的备择假设来检验第（ii）部分中的原假设。

（iv）令 θ_1 表示 $exper = 10$ 时（以小数表示）的教育回报：$\theta_1 = \beta_1 + 10\beta_3$。求出 θ_1 的估计值及其 95% 的置信区间。（提示：写成 $\beta_1 = \theta_1 - 10\beta_3$，并代入方程；然后重新整理。这就给出了得到 θ_1 的置信区间所需做的回归。）

C4. 本题利用 GPA2 中的数据。

（i）估计模型

$$sat = \beta_0 + \beta_1 hsize + \beta_2 hsize^2 + u$$

式中，$hsize$ 为毕业年级的规模（以百为单位），以通常格式报告结果。二次项是统计显著的吗？

（ii）利用第（i）部分的估计方程，高中学校的"最优"规模是什么？说明你的答案。

（iii）这个分析是所有高中高年级学生学术成绩的代表吗？请解释。

（iv）用 $\log(sat)$ 作为因变量，求出估计的高中最优规模。它与你在第（ii）部分得到的结论很不同吗？

C5. 本题利用 HPRICE1 中的数据。

（i）估计模型

$$\log(price) = \beta_0 + \beta_1 \log(lotsize) + \beta_2 \log(sqrft) + \beta_3 bdrms + u$$

并以通常的 OLS 格式报告结果。

（ii）当 $lotsize = 20\,000$、$sqrft = 2\,500$ 和 $bdrms = 4$ 时，求出 $\log(price)$ 的预测值。利用 6.4 节中的方法，在同样的解释变量值的情况下，求出 $price$ 的预测值。

（iii）就解释 $price$ 中的变化而言，决定你是喜欢第（i）部分中的模型，还是喜欢模型

$$price = \beta_0 + \beta_1 lotsize + \beta_2 sqrft + \beta_3 bdrms + u$$

C6. 本题利用 VOTE1 中的数据。

（i）考虑一个含有竞选支出交互项的模型

$$voteA = \beta_0 + \beta_1 prtystrA + \beta_2 expendA + \beta_3 expendB + \beta_4 expendA \cdot expendB + u$$

保持 $prtystrA$ 和 $expendA$ 不变，$expendB$ 对 $voteA$ 的偏效应是什么？$expendA$ 对 $voteA$ 的偏效应是什么？β_4 的预期符号明显吗？

（ii）估计第（i）部分中的方程，并以通常格式报告结果。交互项是统计显著的吗？

（iii）求样本中 $expendA$ 的均值。固定 $expendA$ 为 300（300 000 美元）。候选人 B 另外支出 100 000 美元对 $voteA$ 的估计影响是什么？这个影响很大吗？

（iv）现在固定 $expendB$ 为 100。$\Delta expendA = 100$ 对 $voteA$ 的估计影响是什么？这讲得通吗？

（v）现在估计一个用候选人 A 的支出占竞选总支出的百分比 $shareA$ 取代交互作用项的模型。同时保持 $expendA$ 和 $expendB$ 不变而改变 $shareA$，这讲得通吗？

（vi）（要求具有一些微积分知识）在第（v）部分的模型中，保持 $prtystrA$ 和 $expendA$ 不变，求出 $expendB$ 对 $voteA$ 的偏效应。在 $expendA = 300$ 和 $expendB = 0$ 时进行计算，并评论你的结论。

C7. 本题利用 ATTEND 中的数据。

(i) 在例 6.3 的模型中，推出

$$\Delta stndfnl / \Delta priGPA \approx \beta_2 + 2\beta_4 \, priGPA + \beta_6 \, atndrte$$

当 $priGPA = 2.59$ 和 $atndrte = 82$ 时，利用方程（6.19）来估计偏效应。对你的估计进行解释。

(ii) 证明可将方程写成

$$stndfnl = \theta_0 + \beta_1 \, atndrte + \theta_2 \, priGPA + \beta_3 \, ACT + \beta_4 (priGPA - 2.59)^2 + \beta_5 \, ACT^2$$
$$+ \beta_6 \, priGPA(atndrte - 82) + u$$

式中，$\theta_2 = \beta_2 + 2\beta_4(2.59) + \beta_6(82)$。〔注意，截距已发生变化，但并不重要。〕用它求出第（i）部分得到的 $\hat{\theta}_2$ 的标准误。

(iii) 假设你用 $(priGPA - 2.59) \cdot (atndrte - 82)$ 取代 $priGPA(atndrte - 82)$。你将如何解释 $atndrte$ 和 $priGPA$ 的系数？

C8. 本题利用 HPRICE1 中的数据。

(i) 估计模型

$$price = \beta_0 + \beta_1 \, lotsize + \beta_2 \, sqrft + \beta_3 \, bdrms + u$$

并以通常格式报告你的结果，包括回归标准误。当我们代入 $lotsize = 10\ 000$、$sqrft = 2\ 300$ 和 $bdrms = 4$ 时，求出预测价格；将这个价格四舍五入到美元。

(ii) 做一个回归，使你能得到第（i）部分中预测值的一个 95% 置信区间。注意，由于四舍五入的误差，你的预测将多少有些不同。

(iii) 令 $price^0$ 为具有第（i）部分和第（ii）部分所述特征的住房的未知未来售价。求出 $price^0$ 的一个 95% 置信区间，并对这个置信区间的宽度进行评论。

C9. 数据集 NBASAL 包含了美国职业篮球联赛（NBA）269 位运动员的薪水信息和职业统计。

(i) 估计一个将每场得分（$points$）与加入联盟年数（$exper$）、age、大学期间打球年数（$coll$）相联系的模型。包含一个 $exper$ 的二次项；其他变量都应该以水平值形式进入模型。以通常格式报告结果。

(ii) 保持大学打球年数和年龄不变，从加入联盟的第几个年头开始，在 NBA 打球的经历实际上将降低每场得分？这讲得通吗？

(iii) 你为什么认为 $coll$ 具有负系数，而且统计显著？〔提示：NBA 运动员在读完大学之前被选拔出，甚至直接从高中选出。〕

(iv) 有必要在方程中增加 age 的二次项吗？一旦控制了 $exper$ 和 $coll$ 后，这对年龄效应意味着什么？

(v) 现在将 $\log(wage)$ 对 $points$、$exper$、$exper^2$、age 和 $coll$ 回归。以通常格式报告结果。

(vi) 在第（v）部分的回归中检验 age 和 $coll$ 是否联合显著。一旦控制了生产力和资历，这对考察年龄和受教育程度是否对工资具有单独影响这个问题有何含义？

C10. 本题利用 BWGHT2 中的数据。

(i) 用 OLS 估计方程

$$\log(bwght) = \beta_0 + \beta_1 \, npvis + \beta_2 \, npvis^2 + u$$

并以通常格式报告结果。二次项显著吗？

(ii) 基于第（i）部分中的方程，证明：最大化 $\log(bwght)$ 的产前检查次数约为 22。样本中有多少妇女至少有 22 次产前检查？

(iii) 在 22 次产前检查之后，预计出生体重实际上会下降，这有意义吗？请解释。

(iv) 在方程中增加母亲年龄，并使用二次函数形式。保持 npvis 不变，目前在什么生育年龄，孩子的出生体重最大？样本中有多大比例的妇女大于这个"最优"生育年龄？

(v) 你认为母亲年龄和产前检查次数解释了 $\log(bwght)$ 中的大部分变化吗？

(vi) 利用 npvis 和 age 的二次方程，确定用 bwght 的自然对数或水平值来预测 bwght 孰优孰劣。

C11. 利用 APPLE 来验证 6.3 节中的一些命题。

(i) 做 ecolbs 对 ecoprc 和 regprc 的回归，并以通常格式报告结论，包括 R^2 和调整 R^2。解释价格变量的系数，并评论它们的符号和大小。

(ii) 价格变量统计显著吗？报告个别 t 检验的 p 值。

(iii) ecolbs 拟合值的范围是什么？样本报告 ecolbs＝0 的比例是多少？请评论。

(iv) 你认为价格变量一起很好地解释了 ecolbs 中的变化了吗？请解释。

(v) 在第（i）部分的回归中增加变量 faminc、hhsize（家庭规模）、educ 和 age。求它们联合显著的 p 值。你得到了什么结论？

C12. 利用 401KSUBS 中 fsize＝1 的一个子集；这就将分析仅限于单身住户。（见第 4 章的计算机练习 C8。）

(i) 样本中最年轻的一家之主多少岁？这个年龄的一家之主有多少人？

(ii) 在模型

$$nettfa = \beta_0 + \beta_1 inc + \beta_2 age + \beta_3 age^2 + u$$

中，β_2 的字面解释是什么？它本身有什么意义吗？

(iii) 估计第（ii）部分中的模型，并以通常格式报告结果。你关心 age 的系数为负吗？请解释。

(iv) 由于样本中最年轻者为 25 岁，若认为给定收入水平下，25 岁时净总金融资产的平均量最低，这有意义吗？记住 age 对 nettfa 的偏效应为 $\beta_2 + 2\beta_3 age$，所以在 25 岁时的偏效应为 $\beta_2 + 2\beta_3(25) = \beta_2 + 50\beta_3$；称之为 θ_2。求 $\hat{\theta}_2$ 并得到检验 $H_0：\theta_2 = 0$ 的双侧 p 值。你应该得到 $\hat{\theta}_2$ 很小且在统计上也不显著的结论。[提示：方法之一是，估计模型 $nettfa = \alpha_0 + \beta_1 inc + \theta_2 age + \beta_3(age-25)^2 + u$，其中截距 α_0 不同于 β_0。也有其他方法。]

(v) 由于反对 $H_0：\theta_2 = 0$ 的证据很弱，所以取之为 0 并估计模型

$$nettfa = \alpha_0 + \beta_1 inc + \beta_3(age-25)^2 + u$$

根据拟合优度，这个模型比第（ii）部分中的模型拟合得更好吗？

(vi) 对第（v）部分中估计的方程，令 inc＝50（大致为平均值），画图给出 nettfa 和 age 的关系，但仅限于 age≥25。描述你所看到的情况。

(vii) 当方程中增加 inc 作为必要项时，验证会发生什么。

C13. 使用 MEAP00 中的数据回答下列问题。

(i) 估计模型

$$math4 = \beta_0 + \beta_1 lexppp + \beta_2 lenroll + \beta_3 lunch + u$$

使用 OLS 方法，以通常格式报告结果。每个解释变量都在 5％ 的显著性水平上统计显著吗？

(ii) 从第（i）部分的回归中得到拟合值。拟合值的范围是多少？与 math4 的真实值的范围比较呢？

(iii) 从第（i）部分的回归中得到残差。有最大正残差的学校建校代码是多少？提供对这一残差的解释。

(iv) 对所有解释变量增加其二次项进入等式，检验它们的联合显著性。你会把它们留在模型中吗？

（v）回到第（i）部分的模型中，将因变量和每个自变量除以样本标准差，重新回归。（保留常数项，除非你也将每个变量的均值减去了。）考虑到单位标准差，哪一个解释变量有着对数学考试通过率最大的影响效力？

C14. 使用 BENEFITS 中的数据回答下列问题。这是一个学校层面的数据集，教师薪酬和收益平均在 K-5 等级。背景见例 4.10。

（i）将 *lavgsal* 对 *bs* 做回归，以通常格式报告结果。你能拒绝 $H_0: \beta_{bs} = 0$ 而接受双侧备择假设吗？你能拒绝 $H_0: \beta_{bs} = -1$ 而接受 $H_1: \beta_{bs} > -1$ 吗？每个检验都报告 p 值。

（ii）定义 $lbs = \log(bs)$。确定变量 *lbs* 的范围和它的标准差。将变量 *bs* 的范围和标准差与之进行比较。

（iii）将 *lavgsal* 对 *lbs* 做回归。这一形式比第（i）部分中的回归好吗？

（iv）估计等式

$$lavgsal = \beta_0 + \beta_1 bs + \beta_2 lenroll + \beta_3 lstaff + \beta_4 lunch + u$$

以通常格式报告结果。*bs* 的系数发生了什么？现在它统计上异于 0 了吗？

（v）解释变量 *lstaff* 的系数。你觉得为什么它是负数？

（vi）将 *lunch2* 添加进第（iv）部分的等式中。它是统计显著的吗？计算二次曲线的拐点（最小值），将它展示在 *lunch* 的已得观测数据范围之中。有多少 *lunch* 的值比计算出的拐点高？

（vii）基于第（vi）部分的发现，描述教师工资如何与学校的贫困率相联系。就教师工资而言，保持其他因素不变，是否在学校 *lunch*=0（无贫困）、*lunch*=50 或 *lunch*=100（所有孩子都适用免费午餐计划）教书工资会更高？

附录 6A

6A.1 对自举法的简单介绍

在很多情况下，很难在数学上得到标准误的公式，或者它们被认为不是非常好的对真实估计量取样标准差的近似，我们可以依赖一个重新取样方法。一般观点是：将已观测到的数据作为总体，我们从中提取样本。最常用的**重新取样方法**（resampling method）是**自举法**（bootstrap）。（确实有几种自举法的形式，但是最一般的也是最易用的，称为非参数自举法，就是我们这里描述的方法。）

假设我们有一个对总体参数 θ 的估计量 $\hat{\theta}$。我们从一个大小为 n 的随机样本中得到估计，这个估计量可以作为 OLS 估计量（或者我们下面章节将讲到的估计量）的一个函数。我们将为 $\hat{\theta}$ 得出一个标准误，用于构建 t 统计量或置信区间。明显地，我们可以通过计算从原始数据中提取的不同随机样本的估计量，得到一个正当的标准误。

使用较为简单。如果我们从 1 到 n 列出我们的观测值，我们从这个单子里随机地可重复地取 n 个数。这将产生一个新的（大小为 n 的）数据集，包括原始数据，但是很多观测值会重复出现多次。（除了确实极端特殊的情况，我们重新取得了原始样本。）每次我们随机地从原始数据重新取样，我们可以使用曾用于原始数据的相同步骤去估计 θ。将 $\hat{\theta}^{(b)}$ 记作从自举样

本 b 中得到的估计值。现在，如果我们重复取样和估计 m 次，我们有 m 个新估计量，$\{\hat{\theta}^{(b)}: b=1, 2, \cdots, m\}$。$\hat{\theta}$ 的自举法标准误就是 $\hat{\theta}^{(b)}$ 的样本标准差，命名为

$$\mathrm{bse}(\hat{\theta}) = \left[(m-1)^{-1} \sum_{b=1}^{m} (\hat{\theta}^{(b)} - \bar{\hat{\theta}})^2 \right]^{1/2} \tag{6.50}$$

式中，$\bar{\hat{\theta}}$ 为自举估计量的均值。

如果从大小为 n 的样本中获得 θ 的一个估计量需要极少的计算时间，就像 OLS 方法中的情况，或我们本书中遇到的所有其他估计量，我们能承担得起的选择 m——自举法重复的数量——将会很大。一个标准值是 $m=1\,000$，但即使 $m=500$ 或者一个因故更小的值也可以产生一个可靠的标准误。记住我们从原始数据重新取样的次数 m 与样本大小 n 无关。（对于确定的超出本书之外的估计问题，较大的 n 可能会迫使我们做更少的自举法重复。）很多统计和计量软件包有进行自举法的命令，这使得计算自举标准误更为简单，特别是相对于经常需要获得一个渐近标准误的解析式的工作。

在大多数情况下通过使用自举样本计算 t 统计量（或 F 统计量）的 p 值或获得置信区间，这比获得自举法的用于构建 t 统计量或置信区间的标准误更好。参见霍罗维茨（Horowitz，2001）的一个全面论述。

6

第7章 含有定性信息的多元回归分析

我们在之前章节中的几乎所有讨论都聚焦于我们多元回归模型中的因变量、自变量有定量含义时的情形。如小时工资率、受教育年数、大学平均成绩、空气污染量、企业销售水平和被拘捕次数等。在每种情况下，变量都传递了有用的信息。在某些情况下，我们取自然对数，然后将系数转化为百分比变化。

在 2.7 节，我们引入了二值（或虚拟）解释变量的概念，并且讨论了对一个二值变量的简单回归如何能用于评估随机干预。在 3.7e 节和 4.7 节中，我们说明了当需要解释对照组和处理组之间的观测差异时，如何将项目评价拓展到多元回归的案例。

本章的目的是对如何把定性因素包含进回归模型里提供一个综合的分析。除了参与计划或接受新政策的指标外，个人的种族或族裔、婚姻状况、企业的行业（制造、零售等）以及城市所在的美国地区（南部、北部、西部等）也是定性因素的常见例子。

在 7.1 节讨论了描述定性信息的适当方法后，我们又在 7.2 节、7.3 节和 7.4 节说明了如何在多元回归模型中很容易地包含定性解释变量。这几节几乎涵盖了定性自变量用于横截面数据回归分析的所有普遍方法，包括在定性变量间、在定性和定量变量间创立交互关系。

我们在 7.5 节讨论了定性因变量的一种特殊情况，即二值因变量。此时多元回归模型被称为线性概率模型（LPM），并且系数可以解释为概率上的变化。虽然被一些计量经济学家极力诟病，但 LPM 的简便性使其在实证背景下非常有用。我们将在 7.5 节描述 LPM 的缺点，但它们通常在实证工作中是次要的。

7.6 节重新考虑了政策分析，包括潜在结果的视角，并提出了评估干预措施效果的灵活回归方法。7.7 节较为简短，解释了当 y 是具有定量含义 * 的离散变量时，如何解释多元回归估计。

---

* 原文是 quantitative meeting，按照上下文理解应为 quantitative meaning。——译者注

本章并未假设读者已阅读了第 2 章、第 3 章和第 4 章中关于潜在结果和政策分析的材料，因此将单独讨论如何将定性信息纳入回归中。

7.1　对定性信息的描述

定性信息通常以二值信息的形式出现：一个人是男还是女；一个人是否拥有一台个人计算机；一家企业是否向其雇员提供一类特定的退休金方案；一个州执行死刑与否。在所有这些例子中，有关信息可通过定义一个**二值变量**（binary variable）或一个**0—1 变量**（zero-one variable）来刻画。在计量经济学中，二值变量最常见的称呼是**虚拟变量**（dummy variable），尽管这个名称并不是特别形象。

在定义一个虚拟变量时，我们必须决定赋予哪个事件的值为 1 和哪个事件的值为 0。比如，在一项对个人工资决定的研究中，我们可能定义 *female* 为一个虚拟变量，并对女性取值 1，而对男性取值 0。这种情形中的变量名称就是取值 1 的事件。

> **？思考题 7.1**
>
> 假设在一项比较民主党和共和党候选人之间选举结果的研究中，你想标明每个候选人所在的党派。在这种情形中，名称 *party* 是二值变量的一个明智选择吗？更好的名称是什么？

通过定义 *male* 在一个人为男性时取值 1 并在一个人为女性时取值 0，也能刻画同样的信息。这两种情况都比使用 *gender* 更好，因为这个名称没有指出虚拟变量何时取值 1：*gender*＝1 对应于男性还是女性？虽然怎样称呼变量对得到回归结果而言并不重要，但好的定义方式会使方程的设立和解释都更清晰。

假设我们在工资的例子中已选择了 *female* 表示性别。此外，我们还定义了一个二值变量 *married*，并在一个人已婚时取值 1，而在其他情况下取值 0。表 7.1 给出了可能得到的一个数据集的部分列表。我们看到，第 1 个人为女性并且未婚，第 2 个人为女性并且已婚，第 3 个人为男性并且未婚，等等。

我们为什么要用数值 0 和 1 来描述定性信息呢？在某种意义上，这些值是任意的：用任意两个不同的数值都是一样的。我们将会看到，使用 0—1 变量来刻画定性信息的真正好处在于，它导致回归模型中的参数有十分自然的解释。

表 7.1　WAGE1 中的局部数据列表

个人编号	*wage*	*educ*	*exper*	*female*	*married*
1	3.10	11	2	1	0
2	3.24	12	22	1	1
3	3.00	11	2	0	0
4	6.00	8	44	0	1
5	5.30	12	7	0	1
⋮	⋮	⋮	⋮	⋮	⋮

续表

个人编号	*wage*	*educ*	*exper*	*female*	*married*
525	11.56	16	5	0	1
526	3.50	14	5	1	0

7.2 只有一个虚拟自变量

我们如何在回归模型中引入二值信息呢？在只有一个虚拟解释变量的最简单情形中，我们只在方程中增加一个虚拟变量作为自变量。比如，考虑如下决定小时工资的简单模型：

$$wage = \beta_0 + \delta_0 female + \beta_1 educ + u \tag{7.1}$$

我们用 δ_0 表示 *female* 的参数，以强调虚拟变量参数的含义；以后，我们还是使用最方便的符号。

在模型（7.1）中，只有两个被观测因素影响工资：性别和受教育程度。由于对女性 *female* = 1，而对男性 *female* = 0，所以参数 δ_0 具有如下含义：给定同等受教育程度（和同样的误差项 u），δ_0 是女性与男性之间在小时工资上的差异。因此，系数 δ_0 决定了对女性是否存在歧视：如果 $\delta_0 < 0$，那么在其他因素相同的情况下，女性总体上挣得要比男性少。

用期望的术语来讲，如果我们假定零条件均值假定 $E(u \mid female, educ) = 0$，那么

$$\delta_0 = E(wage \mid female = 1, educ) - E(wage \mid female = 0, educ)$$

由于 *female* = 1 对应于女性，且 *female* = 0 对应于男性，所以我们可以把这个模型更简单地写成

$$\delta_0 = E(wage \mid female, educ) - E(wage \mid male, educ) \tag{7.2}$$

这里的关键在于，在两个预期中，受教育程度是相同的；差值 δ_0 只是由于性别所致。

这种情况可以在图上描绘成男性与女性之间的**截距变化**（intercept shift）。在图 7.1 中，给出了 $\delta_0 < 0$ 的情形，从而男性比女性每小时都多挣一个固定的数量。这个差距与受教育程度无关，这就解释了为什么女性和男性的工资—教育曲线是平行的。

此时，你可能会思考，我们为什么没有在（7.1）式中包括另一个虚拟变量 *male*，它对男性取值 1 和对女性取值 0？原因在于这样做是多余的。在（7.1）式中，男性线的截距是 β_0，女性线的截距是 $\beta_0 + \delta_0$。由于只有两组数据，所以我们只需要两个不同的截距。这意味着，除了 β_0 之外，我们只需要一个虚拟变量；我们已经选择了针对女性的虚拟变量。由于 *female* + *male* = 1 意味着 *male* 是 *female* 的一个完全线性函数，所以使用两个虚拟变量将导致完全多重共线性。包括两个性别虚拟

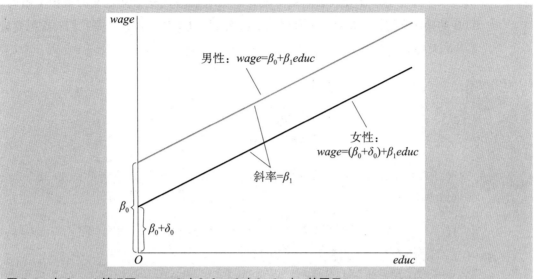

图 7.1　在 $\delta_0 < 0$ 情况下 $wage = \beta_0 + \delta_0\,female + \beta_1\,educ + u$ 的图示

变量，是所谓**虚拟变量陷阱**（dummy variable trap）中最简单的例子，当使用过多的虚拟变量来描述给定组数的数据时，就会掉进这种虚拟变量陷阱。我们后面还要讨论这个问题。

在（7.1）式中，我们已经选择了男性为**基组**（base group）或**基准组**（benchmark group），即与之进行比较的那一组。这就是为什么 β_0 表示了男性的截距，而 δ_0 为女性与男性之间的截距差异。通过将模型写成

$$wage = \alpha_0 + \gamma_0\,male + \beta_1\,educ + u$$

我们就能选择女性为基组，其中女性的截距是 α_0，而男性的截距则是 $\alpha_0 + \gamma_0$；这意味着 $\alpha_0 = \beta_0 + \delta_0$ 和 $\alpha_0 + \gamma_0 = \beta_0$。在任何一个实际应用中，我们如何选择基组并不重要，但重要的是，要保持基组不变。

有些研究者喜欢将模型中的总截距去掉，而将每一组的虚拟变量都包括进来。那么，这里的方程就是 $wage = \beta_0\,male + \alpha_0\,female + \beta_1\,educ + u$，其中男性的截距是 β_0，女性的截距是 α_0。在这种情形下，因为没有总截距，所以不存在虚拟变量陷阱。但由于检验截距的差值更加困难，而且对不含截距项的回归怎样计算 R^2 没有一个一致同意的方法，所以这个表达式很少有人使用。因此，我们总是引入一个总截距项作为基组的截距。

解释变量增多并没有多大的改变。取男性那一组为基组，除了控制受教育程度之外，还控制工作经历和现职任期的一个模型是

$$wage = \beta_0 + \delta_0\,female + \beta_1\,educ + \beta_2\,exper + \beta_3\,tenure + u \qquad (7.3)$$

如果 $educ$、$exper$ 和 $tenure$ 都是相关的生产力特征，那么男性与女性之间没有差别的原假设是 $H_0: \delta_0 = 0$。备择假设是对女性存在歧视，$H_1: \delta_0 < 0$。

我们怎样才能对工资歧视进行实际检验呢？答案很简单：完全像从前那样用

OLS 来估计模型，并使用通常的 t 统计量。当某些自变量被定义为虚拟变量时，OLS 的操作和统计理论都没有任何改变。迄今为止，唯一的改变是我们对虚拟变量系数的解释。

例 7.1

小时工资方程

利用 WAGE1 中的数据，我们估计模型（7.3）。目前，我们还是使用 $wage$ 而不是 $\log(wage)$ 作为因变量：

$$\widehat{wage} = -1.57 - 1.81 \, female + 0.572 \, educ + 0.25 \, exper + 0.141 \, tenure$$
$$\quad\quad (0.72) \quad (0.26) \quad\quad (0.049) \quad\quad (0.012) \quad\quad (0.021)$$
$$n = 526, \ R^2 = 0.364 \tag{7.4}$$

负截距（这里是男性组的截距）不是很有意义，因为样本中没有一个人具有接近于零年的 $educ$、$exper$ 和 $tenure$。$female$ 的系数则很有意思，因为它度量的是：在给定相同水平的 $educ$、$exper$ 和 $tenure$ 时，一个女性和一个男性在小时工资上的平均差距。如果我们找到受教育程度、工作经历和现职任期相同的一个女性和一个男性，那么平均来看，女性每小时比男性要少挣 1.81 美元。（记住，这可是用 1976 年的工资水平来度量的。）

重要的是记住，由于我们已经进行了多元回归并控制了 $educ$、$exper$ 和 $tenure$，所以这 1.81 美元的工资差距不能由男女在受教育程度、工作经历和现职任期水平上的平均差距来解释。我们可以断定，这 1.81 美元的差别是由性别或我们在回归中没有控制的与性别相关的因素所致。（用 2003 年的美元度量，这个工资差异约为 $4.09 \times 1.81 \approx 7.40$。）

将方程（7.4）中所有其他解释变量都去掉，便得到

$$\widehat{wage} = 7.10 - 2.51 \, female$$
$$\quad\quad (0.21) \quad (0.30)$$
$$n = 526, \ R^2 = 0.116 \tag{7.5}$$

如在 2.7 节中讨论的一样，方程（7.5）中的系数有一个简单的解释：这个截距就是样本中男性的平均工资（令 $female = 0$），所以男性平均每小时挣 7.10 美元。$female$ 的系数为女性和男性的平均工资差距。因此，样本中女性的平均工资是 $7.10 - 2.51 = 4.59$，或每小时 4.59 美元。（顺便指出，样本中有 274 个男性和 252 个女性。）

方程（7.5）为男性和女性这两组之间进行均值比较检验提供了一个简单的方法。估计性别差异 -2.51 的 t 统计量 -8.37 在统计上是十分显著的（当然 -2.51 在经济意义上也相当大）。一般而言，对一个常数和一个虚拟变量进行简单回归，是比较两组均值的直接方法。要使通常的 t 统计量生效，我们还必须假定同方差性，这就意味着，男女工资的总体方差相同。

由于方程（7.5）没有控制受教育程度、工作经历和现职任期上的差异，而且从总体上说，在这个样本中，女性的受教育程度、工作经历和现职任期都比男性要低，所以估计出来的男女工资差异比方程（7.4）要大。方程（7.4）给出了性别工资差距在其他条件不变情况下更可靠的估计值；这仍是一个很大的差别。

在许多情形下，虚拟自变量都反映了个人或其他经济单位的选择（而不是诸如性别等预先决定的变量）。对于这种情形，因果关系的问题再度成为一个核心议题。在下面这个例子中，我们想知道，拥有个人计算机是否将导致更高的大学平均成绩。

例 7.2

拥有计算机对大学 GPA 的影响

为了决定拥有计算机对大学平均成绩的影响，我们估计了模型

$$colGPA = \beta_0 + \delta_0 PC + \beta_1 hsGPA + \beta_2 ACT + u$$

式中，虚拟变量 PC 在学生拥有一台计算机时取值 1，而在其他情况下都取值 0。出于各种原因，拥有 PC 对 $colGPA$ 可能具有影响。一个学生的工作在计算机上完成的质量可能会更高，而且因为不必在计算机房等待而节省了时间。当然，如果一个学生拥有一台计算机，他或她也可能会更热衷于电脑游戏或在网上冲浪，所以 δ_0 并不明显为正。变量 $hsGPA$（高中时的 GPA）和 ACT（能力测验分数）都是控制变量：能力越强的学生（用高中 GPA 和 ACT 分数来度量），越可能需要电脑来工作，进而越可能拥有一台计算机。我们控制这些因素是因为我们想知道，如果我们随机抽取一个学生并给他一台个人计算机，那么拥有这台计算机对其 $colGPA$ 的平均影响有多大。

利用 GPA1 中的数据，我们得到

$$\widehat{colGPA} = 1.26 + 0.157PC + 0.447hsGPA + 0.008\ 7ACT$$
$$\qquad\quad (0.33)\quad (0.057)\qquad (0.094)\qquad\quad (0.010\ 5)$$
$$n = 141,\ R^2 = 0.219 \tag{7.6}$$

这个方程意味着，一个拥有一台计算机的学生，预计其 GPA 比一名条件相当但没有一台计算机的学生高出约 0.16 分（记住，$colGPA$ 和 $hsGPA$ 都是以四分制度量的）。这个影响也是十分显著的，其 $t_{PC} = 0.157/0.057 \approx 2.75$。

如果我们从方程中去掉 $hsGPA$ 和 ACT 会怎么样呢？显然，由于 ACT 的系数和 t 统计量都很小，所以去掉它几乎没有什么影响。但是 $hsGPA$ 十分显著，所以去掉它会影响到 β_{PC} 的估计值。将 $colGPA$ 对 PC 进行回归，给出 PC 的系数估计值约为 0.170，而标准误为 0.063；在此情形下，$\hat{\beta}_{PC}$ 及其 t 统计量不会改变太多。

在章末习题中，要求你在方程中控制一些其他因素，以分析拥有计算机的影响是否会消失，或至少明显变小。

前面每一个例子都可视为有**政策分析**（policy analysis）的含义。在第一个例子中，我们对工作中的性别歧视感兴趣。在第二个例子中，我们考虑了拥有计算机对大学成绩的影响。**项目评价**（program evaluation）是一种特殊的政策分析，我们在项目评价中想了解的是，某些经济或社会项目对个人、企业、邻居或城市的影响。

在最简单的项目评价中，把对象分为两组。**对照组**（control group）不参加这个项目，而**试验组**（experimental group）或**处理组**（treatment group）则参加。这些名称来自试验科学的文献，不应该从字面上进行理解。除非在极少数情形中，对对照组和处理组的选择都不是随机的。但在某些情况下，为了估计项目中的因果效应，可以使用多元回归分析来控制足够多的其他因素。

例 7.3

培训津贴对培训小时数的影响

利用 JTRAIN 中密歇根州制造企业在 1988 年的数据，我们得到如下估计方程：

$$\widehat{hrsemp} = 46.67 + 26.25grant - 0.98\log(sales) - 6.07\log(employ)$$
$$(43.41)\ (5.59)\qquad (3.54)\qquad\qquad (3.88)$$
$$n = 105,\ R^2 = 0.237 \tag{7.7}$$

因变量是企业对员工进行培训的人均小时数。变量 grant 是一个虚拟变量，1988 年得到工作培训津贴的企业取值 1，否则取值 0。变量 sales 和 employ 则分别表示企业的年销售额和员工人数。因为变量 hrsemp 对回归中所用到的 105 个企业中的 29 个都取值 0，所以它不能以对数形式进入回归方程。

变量 grant 在统计上是十分显著的，$t_{grant} = 4.70$。在控制了销售额和就业的情况下，得到津贴的企业平均对每个员工多培训 26.25 个小时。由于样本中平均每个员工培训的小时数约为 17，最大值也只有 164，所以 grant 像预期的那样对培训具有很大的影响。

$\log(sales)$ 的系数很小而且极不显著。$\log(employ)$ 的系数意味着，如果一个企业员工规模扩大 10%，那么它对其员工的培训约减少 0.61 个小时。其 t 统计量为 -1.56，只是处在统计显著的边缘上。

就像所有其他的自变量一样，我们需要知道，对一个定性变量所度量的影响是不是符合经济逻辑的。在方程（7.7）中，得到津贴和没有得到津贴的企业之间在培训上的差异，是由于津贴的原因吗？接受津贴会不会只是其他什么情况的一种表示呢？那些得到津贴的企业可能在没有得到津贴的情况下，一般也会更多地培训其工人。这个分析并没有哪里告诉我们，其所估计的是一种因果效应；我们必须知道，企业得到津贴是如何决定的。我们只能希望，我们已经尽可能多地控制了那些与企业是否得到津贴及其培训水平相关的因素。

在 7.6 节中，我们回到使用二值指标的政策分析，包括在潜在结果方面得到更灵活的结构。这些内容会在本书的其余部分再次出现。

7.2a 当因变量为 log(y) 时，对虚拟解释变量系数的解释

在应用研究中有一个常见的设定：当自变量中有一个或多个虚拟变量时，因变量则以对数形式出现。在这种情况下，我们该如何解释虚拟变量的系数呢？无足为奇，该系数具有一种百分比解释。

例 7.4

住房价格回归

利用 HPRICE1 中的数据，我们得到方程：

$$\widehat{\log(price)} = -1.35 + 0.168\log(lotsize) + 0.707\log(sqrft)$$
$$\quad\quad (0.65) \quad\quad (0.038) \quad\quad\quad\quad (0.093)$$
$$\quad + 0.027bdrms + 0.054colonial$$
$$\quad\quad (0.029) \quad\quad\quad (0.045)$$
$$\quad\quad n = 88, R^2 = 0.649 \quad\quad\quad\quad\quad\quad\quad\quad (7.8)$$

除了二值变量 colonial 之外，所有的变量都无须多加解释，如果住房是殖民地建筑风格的，则 colonial = 1。colonial 的系数有什么含义呢？给定 lotsize、sqrft 和 bdrms 的水平，一套殖民地建筑风格的住房与其他风格的住房在 $\widehat{\log(price)}$ 上的差别是 0.054。这意味着，保持其他因素不变，一套殖民地建筑风格住房的卖价预计约高出 5.4%。

这个例子表明，当 log(y) 是一个模型的因变量时，将虚拟变量的系数乘以 100，可解释为 y 在保持所有其他因素不变情况下的百分数差异。当一个虚拟变量的系数意味着 y 有较大比例的变化时，完全像 6.2 节中对半弹性的计算一样，我们可以得到精确的百分数变化。

例 7.5

对数小时工资方程

让我们将例 7.1 中工资方程的因变量换成 log(wage)，并增加 exper 和 tenure 的二次项来重新估计它：

$$\widehat{\log(wage)} = 0.417 - 0.297 female + 0.080 educ + 0.029 exper$$
$$\qquad (0.099)(0.036) \qquad\quad (0.007) \qquad\quad (0.005)$$
$$\qquad\quad - 0.000\,58 exper^2 + 0.032 tenure - 0.000\,59 tenure^2$$
$$\qquad\qquad (0.000\,10) \qquad\qquad (0.007) \qquad\quad (0.000\,23)$$
$$n = 526,\ R^2 = 0.441 \qquad\qquad\qquad (7.9)$$

利用例 7.4 中同样的近似，$female$ 的系数意味着，在 $educ$、$exper$ 和 $tenure$ 的相同水平上，女性比男性约少挣 $100 \times 0.297 = 29.7\%$。通过计算预期工资的精确百分数差异，我们可以做得更好。我们想得到的是，在保持所有其他因素不变的情况下，女性与男性工资差异的比例：$(\widehat{wage_F} - \widehat{wage_M})/\widehat{wage_M}$。从（7.9）式中我们得到：

$$\widehat{\log(wage_F)} - \widehat{\log(wage_M)} = -0.297$$

将它求指数函数并减去 1，则得到

$$(\widehat{wage_F} - \widehat{wage_M})/\widehat{wage_M} = \exp(-0.297) - 1 \approx -0.257$$

这个更准确的估计值意味着，一个女性的工资比一个与她相当的男性的工资大约低 25.7%。

如果我们在例 7.4 中进行同样的修正，将得到 $\exp(0.054) - 1 \approx 0.055\,5$，或约 5.6%。例 7.4 中的修正相比上例中的修正具有较小的影响，因为方程（7.8）中的虚拟变量系数比方程（7.9）中的虚拟变量系数要小得多。

一般地，如果 $\hat{\beta}_1$ 是一个虚拟变量（比方说 x_1）的系数，那么，当 $\log(y)$ 是因变量时，在 $x_1 = 1$ 时预测的 y 相对于在 $x_1 = 0$ 时预测的 y，精确的百分数变化为

$$100 \cdot [\exp(\hat{\beta}_1) - 1] \qquad\qquad\qquad (7.10)$$

估计值 $\hat{\beta}_1$ 可正可负，重要的是，在计算（7.10）式时，要保留它的符号。

对数近似的优点是提供了使用每个组作为基组的大小的估计。特别地，尽管方程（7.10）在估计 $x_1 = 1$ 时的 y 相对 $x_1 = 0$ 时增长的百分比时相对 $100 \cdot \hat{\beta}_1$ 来说更好，但如果我们变换基组，（7.10）就不是一个好的估计值了。在例 7.5 中，我们可以估计一个男性工资超过一个条件类似女性工资的百分比，估计值为 $100 \cdot [\exp(-\hat{\beta}_1) - 1] - 100 \cdot [\exp(0.291) - 1] \approx 34.6$。基于 $100 \cdot \hat{\beta}_1$ 的估计值 29.7 介于 25.7 和 34.6 之间（且接近二者的中值）。因此，报告"男性与女性预测工资的差异为 29.7%"而无须考虑哪一组为基组就显得有意义了。

7.3 使用多类别虚拟变量

我们可以在同一个方程中使用几个虚拟自变量。比如，我们可以在方程（7.9）中增加一个虚拟变量 $married$。$married$ 的系数给出了保持性别、$educ$、$exper$ 和

tenure 不变，那些已婚和未婚者在工资上的（近似）比例差异。当我们估计这个模型时，*married* 的系数（标准误在括号中）为 0.053（0.041），*female* 的系数则变成了 −0.290（0.036）。于是，估计"婚姻加薪"约为 5.3%，但在统计上并不显著异于零（*t*=1.29）。这个模型的一个重要局限在于，假定婚姻加薪对男性和女性而言都是一样的；如下例子则放松了这个假定。

例 7.6

对数小时工资方程

让我们估计一个工资对如下四组人都不同的模型：已婚男性、已婚女性、单身男性和单身女性。为了进行估计，我们必须选择一个基组；我们选择单身男性组。于是，我们必须对剩下的每一组都定义一个虚拟变量，并称之为 *marrmale*、*marrfem* 和 *singfem*。将这些变量代入 (7.9)（当然要去掉现在多余的变量 *female*），则给出

$$\widehat{\log(wage)} = 0.321 + 0.213marrmale - 0.198marrfem$$
$$\phantom{\widehat{\log(wage)} =}(0.100)\quad(0.055)\qquad\quad(0.058)$$
$$- 0.110singfem + 0.079educ + 0.027exper - 0.00054exper^2$$
$$(0.056)\qquad\quad(0.007)\qquad(0.005)\qquad(0.00011)$$
$$+ 0.029tenure - 0.00053tenure^2$$
$$(0.007)\qquad\quad(0.00023)$$
$$n = 526,\ R^2 = 0.461 \tag{7.11}$$

除 *singfem* 外，所有系数的 *t* 统计量在绝对值上都远大于 2。*singfem* 的 *t* 统计量约为 −1.96，相对于双侧备择假设，刚刚在 5% 的显著性水平上统计显著。

为了解释虚拟变量的系数，我们必须记住，我们选择了单身男性组为基组。因此，三个虚拟变量的估计值度量的都是，与单身男性相比，工资的比例差异。比方说，一方面，在保持受教育程度、工作经历和现职任期不变的情况下，已婚男性约比单身男性多挣 21.3%。[(7.10) 式中更精确的估计值约为 23.7%。] 另一方面，在其他变量相同的情况下，预计一个已婚女性比一个单身男性少挣 19.8%。

由于基组用方程 (7.11) 中的截距表示，所以我们只包括了四组中的三个作为虚拟变量。如果我们要在方程 (7.11) 中增加一个单身男性的虚拟变量，我们将因导致完全共线性而陷入虚拟变量陷阱。某些回归软件包将自动为你修正这个错误，而其他一些软件包则只告诉你存在着完全共线性。最好是细心地设定虚拟变量，因为它能使我们正确地解释最终的模型。

尽管单身男性组是方程 (7.11) 中的基组，但我们还是可以用这个方程来得到任意两组之间的估计差异。由于总体上的截距对每一组都是相同的，所以我们在求出差异时可以忽略

它。因此，估计单身女性和已婚女性的差异约为（−0.110）−（−0.198）＝0.088，这意味着单身女性比已婚女性约多挣8.8%。不幸的是，我们不能利用方程（7.11）来检验单身女性和已婚女性之间的估计差异是否统计显著。仅知道 *marrfem* 和 *singfem* 的标准误还不足以进行这个检验（参见4.4节）。最容易做到的是，选择二者之一作为基组，并重新估计这个方程。虽然没有什么明显的变化，但我们直接得到了我们所需要的估计值及其标准误。当我们用已婚女性组作为基组而重新估计时，便得到

$$\widehat{\log(wage)} = 0.123 + 0.411 marrmale + 0.198 singmale + 0.088 singfem + \cdots$$
$$\quad\quad\quad (0.106) \quad (0.056) \quad\quad (0.058) \quad\quad\quad (0.052)$$

当然，其中未报告的系数或标准误都没有变化。恰如所料，*singfem* 的估计值为0.088。现在，我们在得到这个估计值的同时也得到了一个标准误。对于总体中已婚女性和单身女性的工资没有差异的原假设，t 统计量为 $t_{singfem} = 0.088/0.052 \approx 1.69$。这只是拒绝原假设的微弱证据。我们还看到，已婚男性和已婚女性的估计差异在统计上是十分显著的（$t_{marrmale} = 7.34$）。

❓ 思考题 7.2

在 MLB1 中发现的棒球运动员薪水数据中，运动员有如下六个位置可供选择：*frstbase*、*scndbase*、*thrdbase*、*shrtstop*、*outfield* 和 *catcher*。为了说明不同位置上薪水的差异，我们以外场手（*outfield*）那一组为基组，你将把哪些虚拟变量作为自变量？

前面这个例子说明了在方程中包括虚拟变量象征着不同组的一般原则：如果回归模型具有 g 组或 g 类不同的截距，我们就需要在模型中包含 $g-1$ 个虚拟变量和一个截距。基组的截距就是模型的总截距，某一组的虚拟变量系数则表示了该组与基组之间在截距上的估计差异。一种办法是包括 g 个虚拟变量和一个截距，这将导致虚拟变量陷阱。另一种办法是包括 g 个虚拟变量而没有总截距。包括 g 个虚拟变量而不使用总截距的做法有时很有用，但这样做又有两个实际缺陷。首先，它使得对于相对基组差别的检验变得更烦琐。其次，在模型不包含总截距时，回归软件通常都会改变 R^2 的计算方法。具体而言，就是公式 $R^2 = 1 - \text{SSR}/\text{SST}$ 中的总平方和 SST，被一个没有将 y_i 减去其均值的总平方和 $\text{SST}_0 = \sum_{i=1}^{n} y_i^2$ 取代。由此得到的 $R_0^2 = 1 - \text{SSR}/\text{SST}_0$ 有时又被称为**未中心化 R^2**（uncentered R-squared）。不幸的是，作为一个拟合优度指标，R_0^2 几乎总是难以胜任。$\text{SST}_0 \geqslant \text{SST}$ 总是成立的，而且只有在 $\bar{y} = 0$ 时才取等号。通常，SST_0 总是远大于 SST，这就意味着 R_0^2 总是远大于 R^2。比如在前面的那个例子中，如果我们将 $\log(wage)$ 对 *marrmale*、*singlemale*、*marrfem*、*singfem* 和其他解释变量在不使用截距的情况下进行回归，Stata 报告的 R^2 就是 $R_0^2 = 0.948$。这么高的 R^2 是在计算中没有对总平方和进行中心化处理导致的假象。方程（7.11）给出了正确的 R^2 为0.461。包括 Stata 在内的有些回归软件，就算模型中没有包含总截距项，也有

强行计算中心化 R^2 的选项，而使用这一选择通常是一个好主意。在绝大多数情形中，任何一个基于比较 SSR 和 SST 而得到的 R^2，在计算 SST 时都应该对 y_i 围绕着 $\bar{y}$ 进行中心化处理。我们可以把这个 SST 看成是我们仅用样本均值 $\bar{y}$ 来预测每个 y_i 所得到的残差平方和。当然，对于任何一个模型，如果我们所度量的是这个模型相对于一个常数预测而言的拟合优度，那么我们肯定是把这个均值设定得太低了。对于一个没有截距项而又拟合得不太理想的模型，有可能 SSR>SST，这就意味着 R^2 可能为负。而未中心化的 R^2 总是介于 0 到 1 之间，这可能就解释了，为什么在回归模型没有估计截距时，它通常都是默认选择。

7.3a 通过使用虚拟变量来包含序数信息

假设我们想估计城市信用等级对地方政府债券利率（MBR）的影响。穆迪投资者服务公司和标准普尔等几家金融公司对地方政府债券的质量进行了级别评定，其等级取决于像违约概率等因素。（地方政府为降低其融资成本而喜欢较低的利率。）为简便起见，假设等级的范围是 $\{0，1，2，3，4\}$，0 为最低信用等级，4 为最高信用等级。这就是一个**序数变量**（ordinal variable）的例子。为简便起见，称这个变量为 CR。我们需要提出的问题是：如何将变量 CR 放到一个模型中去解释 MBR 呢？

一种可能是，就像包括所有其他解释变量一样把它包括进来：

$$MBR = \beta_0 + \beta_1 CR + 其他因素$$

其中，我们没有明确说明模型中其他因素指的是什么。那么，β_1 就是保持其他因素不变，当 CR 增加一个单位时 MBR 的百分数变化。不幸的是，很难解释 CR 一个单位的变化。我们知道增加 1 年受教育年限或每个学生多花 1 美元所包含的数量信息，但像信用等级之类的变量，典型地只有序数上的含义。我们知道 CR 为四比 CR 为三更好，但四级与三级之间的差距与一级和零级之间的差距一样吗？如果不一样，假定 CR 提高一个单位对 MBR 的影响为一个常数就讲不通了。

由于 CR 只取相当少的几个数值，所以我们能使用的一个更好的方法是：对 CR 的每个值都定义一个虚拟变量。因此，若 $CR=1$，则 $CR_1=1$，否则 $CR_1=0$；若 $CR=2$，则 $CR_2=1$，否则 $CR_2=0$；如此等等。实质上，我们把信用等级分为五个类别。然后，我们可以估计模型：

$$MBR = \beta_0 + \delta_1 CR_1 + \delta_2 CR_2 + \delta_3 CR_3 + \delta_4 CR_4 + 其他因素 \tag{7.12}$$

根据我们在模型中包括虚拟变量的规则，由于有五个类别，所以我们包括四个虚拟变量。这里省掉的一类是等于零的信用等级，所以它就是基组。（这就是为什么我们不需要对这一类别定义一个虚拟变量的原因。）系

> **思考题 7.3**
>
> 在模型（7.12）中，你如何检验信用等级对 MBR 没有影响的原假设？

数都很容易解释：δ_1 为信用等级为一级的城市和信用等级为零级的城市之间在 MBR 上的差异（保持其他因素不变）；δ_2 为信用等级为二级的城市与信用等级为零级的城市之间在 MBR 上的差异；如此等等。因为这里使得每两个信用等级之间的变动都可能具有不同的影响，所以使用方程（7.12）比简单地将 CR 作为一个单独变量代入方程更灵活。一旦定义了虚拟变量，估计则是相当容易的。

方程（7.12）将固定偏效应模型作为一个特殊情形包含进来。意味着固定偏效应模型的三个约束可写成 $\delta_2 = 2\delta_1$、$\delta_3 = 3\delta_1$ 和 $\delta_4 = 4\delta_1$。将其代入方程（7.12）并重新整理，我们得到 $MBR = \beta_0 + \delta_1(CR_1 + 2CR_2 + 3CR_3 + 4CR_4) +$ 其他因素。现在，与 δ_1 相乘的项无非就是原信用等级变量 CR。为了得到检验固定偏效应约束的 F 统计量，我们从方程（7.12）中求出无约束 R^2，并从 MBR 对 CR 和我们控制的其他因素的回归中求出约束 R^2。F 统计量便是从方程（4.41）中得到的，其中 $q=3$。

例 7.7

相貌吸引力对工资的影响

哈默梅什和比德尔（Hamermesh and Biddle，1994）在一个工资方程中使用了对相貌吸引力的某种度量。（与他们相比，文件 BEAUTY 包含了更少的变量和更多的观测。参见计算机练习 C12。）样本中的每个人都被面试主考官根据相貌的吸引力归为五类（不好看、相当普通、一般水平、好看、特别漂亮或潇洒）中的某一类。因为很少有人处在两个极端上，所以作者将人们分为三类进行回归分析：一般水平、低于一般水平和高于一般水平，其中一般水平的那一组是基组。利用来自 1977 年就业质量调查中的数据，在控制了通常的生产力特征之后，哈默梅什和比德尔对男性估计了方程：

$$\overline{\log(wage)} = \hat{\beta}_0 - 0.164\,belavg + 0.016\,abvavg + \text{其他因素}$$
$$(0.046)(0.033)$$
$$n = 700, \quad \overline{R}^2 = 0.403$$

并对女性估计了方程：

$$\overline{\log(wage)} = \hat{\beta}_0 - 0.124\,belavg + 0.035\,abvavg + \text{其他因素}$$
$$(0.066)(0.049)$$
$$n = 409, \quad \overline{R}^2 = 0.330$$

回归中控制的其他因素包括受教育程度、工作经历、现职任期、婚姻状况和种族等；对于更详尽的罗列，参见哈默梅什和比德尔文章中的表 3。为节省篇幅，文章中未报告其他变量的系数和截距。

对于男性，那些相貌低于一般水平的人，在其他条件（包括受教育程度、工作经历、现职任期、婚姻状况和种族）相同的情况下，预计比相貌处在一般水平的男性少挣约 16.4%。

这个影响在统计上显著异于零，t 统计量为 -3.57。类似地，相貌高于一般水平的男性预计要多挣约 1.6%，尽管这种影响在统计上并不显著（$t<0.5$）。

一个相貌低于一般水平的女性，比一个其他方面相当但相貌处在一般水平的女性少挣约 12.4%，t 统计量为 -1.88。与男性的情况一样，*abvavg* 的估计值在统计上并不显著异于零。

在相关的论文中，比德尔和哈默梅什（Biddle and Hamermesh，1998）采用更加同质的组（毕业于一所特定的法学院）重新估计了相貌对工资的影响。作者又发现了外貌对年度收入也有影响，这也许对于当律师的人来说没什么惊奇的。

在某些情况下，序数变量取值过多，以致不能对每个值都包括进来一个虚拟变量。比如，文件 LAWSCH85 包含了法学院毕业生起薪中位数的数据。一个关键的解释变量是法学院的排名。由于每个法学院都有一个排名，所以我们显然不能对每个排名都包括进来一个虚拟变量。如果我们不想直接把排名放到方程中，那么我们就可以把它分成几类。下面这个例子就说明了这种做法。

例 7.8

法学院排名对起薪的影响

定义虚拟变量 *top*10、*r*11_25、*r*26_40、*r*41_60、*r*61_100，并让这些变量在排名落在相应的区间时取值 1。我们以排名在 100 名以后的法学院为基组。所估计的方程是

$$\overline{\log(salary)} = 9.17 + 0.700top10 + 0.594r11\_25 + 0.375r26\_40 + 0.263r41\_60$$
$$\quad (0.41) \quad (0.053) \qquad (0.039) \qquad\quad (0.034) \qquad\quad (0.028)$$
$$+ 0.132r61\_100 + 0.005\,7LSAT + 0.041GPA + 0.036\log(libvol)$$
$$\quad (0.021) \qquad\quad (0.003\,1) \qquad\quad (0.074) \qquad\quad (0.026)$$
$$+ 0.000\,8\log(cost)$$
$$\quad (0.025\,1)$$
$$n = 136, R^2 = 0.911, \overline{R}^2 = 0.905 \tag{7.13}$$

我们立即看到，所有根据不同排名定义的虚拟变量在统计上都十分显著。*r*61_100 的估计值意味着，在保持 *LSAT*、*GPA*、*libvol* 和 *cost* 不变的情况下，排名在 61～100 之间的法学院的毕业生，与排名在 100 名之后的法学院毕业生相比，起薪的中位数要高约 13.2%。排名在前 10 名的法学院毕业生与排名在 100 名之后的法学院毕业生之间的差别就相当大了。使用方程（7.10）给出的精确计算，得到 $\exp(0.700)-1\approx1.014$，所以，预计排名在前 10 名的法学院毕业生的起薪中位数比排名在 100 名之后的法学院毕业生的起薪中位数要高出 100% 以上。

将排名分成不同组是否标志着一种改进呢？不妨将（7.13）式中的调整 R^2 与把排名作为一个单独变量时得到的调整 R^2 相比较：前者是 0.905，后者是 0.836，所以（7.13）式保证了回归具有足够的灵活性。

有意思的是，一旦将排名放到（无可否认，多少有些随意）给定的分类中，所有其他变量都变得不显著了。实际上，对 $LSAT$、GPA、$\log(libvol)$ 和 $\log(cost)$ 联合显著性的检验给出的 p 值为 0.055，介于显著与不显著之间。当 $rank$ 以其原有形式被包括在模型中时，联合显著性检验的 p 值在小数点后四位都是零。

对此例的最后一点评论：在推导普通最小二乘性质的过程中，我们假定使用的是随机样本。在本例中，一个法学院的排名必然取决于样本中其他法学院的排名，所以数据不能说是从所有法学院中独立抽取的，这就违背了上述假定。但由于误差项与解释变量不相关，所以不会导致任何严重问题。

7.4 涉及虚拟变量的交互作用

7.4a 虚拟变量之间的交互作用

就像具有定量意义的变量在回归模型中可以有交互作用一样，虚拟变量也能产生交互作用。在例 7.6 中我们其实已经看到了这样的一个例子，其中我们根据婚姻状况和性别定义了四个类别。事实上，我们可以在 $female$ 和 $married$ 分别出现的模型中，增加一个 $female$ 和 $married$ 的**交互项**（interaction term）来重建这个模型。这就使得婚姻对薪水的提升作用就像在方程（7.11）中那样与性别有关。为便于比较，含有 $female\text{-}married$ 交互项的估计模型为

$$\widehat{\log(wage)} = 0.321 - 0.110\,female + 0.213\,married$$
$$\quad (0.100) \quad (0.056) \qquad (0.055)$$
$$- 0.301\,female \cdot married + \cdots$$
$$\quad (0.072) \qquad\qquad\qquad\qquad (7.14)$$

式中，回归的其余部分必定与（7.11）式一样。方程（7.14）明确表明，性别和婚姻状况之间存在着统计显著的交互作用。这个模型还使我们得到所有四组之间的预期工资差异，但这里我们必须小心地将 0 和 1 的组合代入。

取 $female=0$ 和 $married=0$，这就排除了 $female$、$married$ 和 $female \cdot married$，所以对应于单身男性这个基组。通过在方程（7.14）中取 $female=0$ 和 $married=1$，就给出了已婚男性组的截距；这个截距是 $0.321+0.213=0.534$。如此等等。

方程（7.14）不过是得到各种性别—婚姻状况组合之间工资差异的一种不同方法。它与方程（7.11）相比并没有什么真正的优势；实际上，方程（7.11）更适合

检验任何一组与单身男性组（基组）之间的差异。

例 7.9

计算机使用对工资的影响

克鲁格（Krueger, 1993）估计了计算机使用对工资的影响。他定义了一个被称为 *compwork* 的虚拟变量，此变量在一个人工作中使用了计算机时取值 1。另一个虚拟变量 *comphome* 则在一个人在家使用计算机时取值 1。利用 1989 年人口普查中 13 379 个人的样本，克鲁格（Krueger, 1993，Table 4）得到

$$\widehat{\log(wage)} = \hat{\beta}_0 + 0.177\, compwork + 0.070\, comphome + 0.017\, compwork \cdot comphome$$
$$\qquad\qquad (0.009) \qquad\qquad (0.019) \qquad\qquad (0.023)$$
$$+ \text{其他因素} \qquad\qquad\qquad\qquad\qquad (7.15)$$

（其他因素就是工资回归中的标准因素，包括受教育程度、工作经历、性别和婚姻状况等；准确的列表可参见克鲁格的论文。）克鲁格没有报告截距，因为它没有任何重要性；我们需要知道的一切，就是由那些在工作中和在家都不使用计算机的人构成的基组。值得注意的是，在工作中使用计算机（但在家里不使用）者的估计回报约高出 17.7%。（更精确的估计值是 19.4%。）类似地，一个在家里使用计算机但在工作中不使用的人，与那些根本就不使用计算机的人相比，工资约高出 7%。在两种情况下都使用计算机的人，比那些在两种情况下都不使用计算机的人，工资约高出 26.4%（通过将三个系数相加并乘以 100 而得到），从方程（7.10）得到这种工资差距更精确的估计值为 30.2%。

（7.15）式中的交互项在统计上不显著，在经济上也不是很大。但把它放在方程中也没有带来什么害处。

7.4b　允许出现不同的斜率

我们现在已经看到了几个例子，表明在多元回归模型中允许任意几个组之间出现不同的截距。在有些情况下，虚拟变量也可能与那些非虚拟的解释变量有交互作用，使得出现了**斜率差异**（a difference in slopes）。继续看我们的工资一例，假设在男性和女性的工资之间存在着恒定差别的情况下（我们已经得到了这种差别的证据），我们还想检验男性和女性接受教育的回报是否相同。为简单起见，我们在模型中只包括受教育程度和性别。哪种模型会允许受教育回报上的差别呢？考虑模型

$$\log(wage) = (\beta_0 + \delta_0\, female) + (\beta_1 + \delta_1\, female)\, educ + u \qquad (7.16)$$

如果在模型（7.16）中代入 *female* = 0，我们会发现，男性这一组的截距是 β_0，而受教育的斜率是 β_1。对于女性，我们则代入 *female* = 1；于是其截距是 $\beta_0 + \delta_0$，而斜率是 $\beta_1 + \delta_1$。所以，δ_0 度量了男性和女性在截距上的差异，而 δ_1 度量了男性和

女性在受教育回报上的差异。δ_0 和 δ_1 的符号有四种情形，图 7.2 给出了两种。

图 7.2（a）表明了女性组的截距小于男性组，而且女性组直线的斜率也小于男性组的情形。这意味着，各种受教育程度的女性挣得都比男性少，而且其工资差距随着 $educ$ 的提高而扩大。图 7.2（b）表明了女性组的截距小于男性组，但女性组直线的斜率却大于男性组的情形。这意味着，女性在受教育程度很低的时候挣得比男性少，但随着受教育程度的提高，工资差距会逐渐缩小。到了一定程度后，在给定相同的受教育程度的情况下，女性挣得可能比男性多。给定估计方程，这个转折点很容易求出。

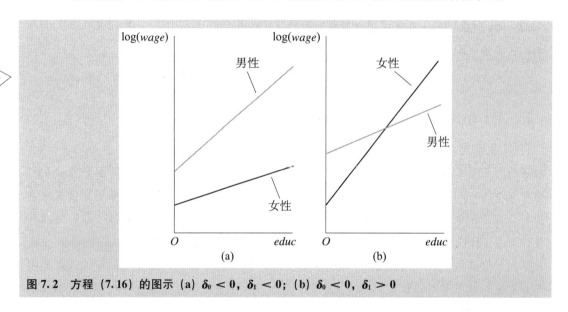

图 7.2　方程（7.16）的图示　(a) $\delta_0 < 0$, $\delta_1 < 0$; (b) $\delta_0 < 0$, $\delta_1 > 0$

我们如何估计模型（7.16）呢？为了应用 OLS，我们必须写成一个含有 $female$ 和 $educ$ 交互项的模型：

$$\log(wage) = \beta_0 + \delta_0 female + \beta_1 educ + \delta_1 female \cdot educ + u \qquad (7.17)$$

现在，就可以从 $\log(wage)$ 对 $female$、$educ$ 和 $female \cdot educ$ 的回归中估计出参数。在任何一个回归软件包中都能很容易地得到这个交互项。不要被 $female \cdot educ$ 奇怪的性质所吓倒，对于样本中的每个男性，它都等于零，而对于样本中的每个女性，它都等于其受教育程度。

一个重要的假设是：男性和女性受教育的回报是相同的。就模型（7.17）而论，它被表述成 $H_0: \delta_1 = 0$，这意味着 $\log(wage)$ 对 $educ$ 的斜率对男性和女性而言是相同的。注意，这个假设对截距差异 δ_0 没有做任何限制。在这个原假设下，允许男性和女性之间存在工资差异，只是这种工资差异在各种相同的受教育程度上都必须相同。图 7.1 就描述了这种情况。

我们还对受教育程度相同的男性和女性的平均工资相同这个假设感兴趣。这意味着，在这个原假设下，δ_0 和 δ_1 都必须同时为零。在方程（7.17）中，我们必须使用 F 检验来检验 $H_0: \delta_0 = 0$, $\delta_1 = 0$。而在只有截距差异的模型中，因为 $H_1: \delta_0 < 0$ 有力地拒绝了 $H_0: \delta_0 = 0$，所以我们拒绝这个假设。

例 7.10

对数小时工资方程

我们在方程（7.17）中增加工作经历和现职任期的二次式：

$$\overline{\log(wage)} = 0.389 - 0.227 female + 0.082 educ - 0.005\,6 female \cdot educ + 0.029 exper$$
$$\quad(0.119)\quad(0.168)\quad\quad(0.008)\quad\quad(0.013\,1)\quad\quad\quad\quad(0.005)$$
$$\quad - 0.000\,58 exper^2 + 0.032 tenure - 0.000\,59 tenure^2$$
$$\quad\quad(0.000\,11)\quad\quad\quad(0.007)\quad\quad\quad(0.000\,24)$$
$$\quad n = 526, R^2 = 0.441 \quad\quad\quad\quad\quad\quad\quad\quad\quad\quad (7.18)$$

这个方程中估计男性的教育回报为 0.082 或 8.2%。女性的教育回报为 $0.082 - 0.005\,6 = 0.076\,4$ 或约 7.6%。女性低 -0.56% 或刚超过半个百分点，在经济上不大，在统计上也不显著：t 统计量为 $(-0.005\,6)/0.013\,1 \approx -0.43$。我们因此断定，没有证据能够拒绝男女教育回报相同这个假设。

$female$ 的系数尽管在经济上仍然较大，但在通常的置信水平上不再显著（$t = -1.35$）。其系数及在不含交互项的方程中的 t 统计量分别是 -0.297 和 -8.25[参见方程（7.9）]。我们现在是否应该断定，没有统计显著的证据表明女性在相同的 $educ$、$exper$ 和 $tenure$ 时得到较低的回报？这将是一个严重的错误。由于我们已经在方程中增加了交互项 $female \cdot educ$，所以 $female$ 的估计系数与在方程（7.9）中的估计系数相比欠准确得多：标准误几乎提高了 5 倍（$0.168/0.036 \approx 4.67$）。其原因在于，$female$ 和 $female \cdot educ$ 在样本中高度相关。在此例中，有一种考虑多重共线性的可取方法：在方程（7.17）和（7.18）所估计的更一般的方程中，δ_0 度量了男性和女性在 $educ = 0$ 时的工资差异。由于样本中没有一个人具有甚至是接近于零年的受教育程度，所以我们在估计 $educ = 0$ 时的工资差异过程中，一度出现困难也就无足为奇了（受教育程度为零年时的工资差异也不是很有意义）。更有意义的做法是，比方说在样本的平均受教育程度（约 12.5）上估计性别差异。为此，我们将以 $female \cdot (educ - 12.5)$ 取代 $female \cdot educ$ 并重新进行回归；这只会改变 $female$ 的系数及其标准误。（见计算机练习 C7。）

如果我们对 $H_0: \delta_0 = 0, \delta_1 = 0$ 计算 F 统计量，会得到 $F = 34.33$，对于一个分子 $df = 2$ 和分母 $df = 518$ 的 F 随机变量而言，这是一个相当巨大的值：p 值在小数点后四位都是零。最后，我们宁可选择标志着男女间存在一个固定工资差异的模型（7.9）。

作为一个涉及交互项的更复杂的模型，我们现在来看看种族和城市种族构成对棒球大联盟中运动员薪水的影响。

思考题 7.4

你如何扩充（7.18）中所估计的模型，以便考虑 $tenure$ 的回报可能在性别上有所差异？

例 7.11

种族对棒球运动员薪水的影响

使用 MLB1 对 330 个大联盟棒球运动员估计了如下方程，并有其所在城市种族构成的统计量可供使用。变量 *black* 和 *hispan* 都是每个运动员的二值指标。（基组是白人运动员。）变量 *percblck* 是该队所处城市中黑人的百分比，而 *perchisp* 是拉美裔（主要是墨西哥裔）的比例。其他变量则度量了运动员在生产力和资历的方方面面。这里，我们感兴趣的是，在控制了所有这些其他变量之后，比赛对薪水的影响。

除了在方程中包括 *black* 和 *hispan* 外，我们还增加了交互项和 *black · percblck* 与 *hispan · perchisp*。所估计的方程是：

$$\widehat{\log(salary)} = 10.34 + 0.067\,3years + 0.008\,9gamesyr + 0.000\,95bavg + 0.014\,6hrunsyr$$
$$(2.18) \quad (0.012\,9) \qquad (0.003\,4) \qquad (0.001\,51) \qquad (0.016\,4)$$
$$+ 0.004\,5rbisyr + 0.007\,2runsyr + 0.001\,1fldperc + 0.007\,5allstar$$
$$(0.007\,6) \qquad (0.004\,6) \qquad (0.002\,1) \qquad (0.002\,9)$$
$$- 0.198black - 0.190hispan + 0.012\,5black · percblck$$
$$(0.125) \qquad (0.153) \qquad (0.005\,0)$$
$$+ 0.020\,1hispan · perchisp$$
$$(0.009\,8)$$
$$n = 330, \ R^2 = 0.638 \tag{7.19}$$

我们首先应该检验 *black*、*hispan*、*black · percblck* 和 *hispan · perchisp* 这四个种族变量是否联合显著。使用这同样的 330 个运动员，在去掉这四个种族变量后的 R^2 为 0.626。由于这里有四个约束，而且无约束模型的 $df = 330 - 13$，所以 F 统计量约为 2.63，这就得到了一个等于 0.034 的 p 值。所以，这些变量在 5% 的显著性水平上是联合显著的（尽管在 1% 的显著性水平上不是）。

我们如何解释这些种族变量的系数呢？在下述讨论中，所有的生产力因素都保持不变。首先，在保持 *perchisp* 不变的情况下，看看黑人运动员会怎么样。*black* 的系数 -0.198 确实意味着，如果一名黑人运动员居住在一个没有黑人的城市里（*percblck* $= 0$），那么这个黑人比一个条件相当的白人少挣约 19.8%。随着 *percblck* 的提高（由于 *perchisp* 保持不变，所以这意味着白人减少），黑人的薪水相对白人的薪水逐渐增加。在一个拥有 10% 的黑人的城市里，黑人的 log(*salary*) 比白人小 $(-0.198) + 10 \times 0.012\,5 = -0.073$，所以在这样一个城市里，黑人的薪水比白人约少 7.3%。当 *percblck* $= 20$ 时，黑人挣得比白人还要高出 5.2%。黑人比例最高的城市达到大约 74%（底特律）。

类似地，拉美裔在那些拉美裔比例很低的城市里挣得也比白人少。但我们很容易就能得到使白人和拉美裔的工资差异为零的 *perchisp*：必须使 $(-0.190) + 0.020\,1perchisp = 0$，

即 $perchisp=9.45$。对于那些拉美裔比例低于 9.45% 的城市而言，预计拉美裔挣得比白人少（给定黑人人口数），反之，如果拉美裔超过 9.45%，则预计拉美裔挣得比白人还要多。22 个样本城市中有 12 个城市的拉美裔占总人口的比例不足 6%。拉美裔的最大比例大约为 31%。

我们如何解释这些结论呢？我们不能简单地宣称，存在对黑人和拉美裔的歧视，因为在那些少数民族聚居的城市里，白人挣得比黑人和拉美裔还要少。城市种族构成对薪水的重要性可能源于运动员的偏好：可能最好的黑人运动员不成比例地居住在那些黑人较多的城市，而最好的拉美裔运动员则倾向于居住在那些拉美裔聚居的城市里。(7.19) 式中的估计值使我们能够确定存在某种关系，但我们不能辨别这两个假设。

7.4c 检验不同组之间回归函数上的差别

上例说明，虚拟变量与其他自变量的交互作用可以成为一个强有力的工具。有时候，我们想检验的原假设是，两个总体或两个组具有同一个回归函数，而备择假设是，各组之间有一个或多个斜率是不同的。我们在第 13 章讨论跨时横截面数据的混合时，还将看到这样的例子。

假设我们想检验，是否有一个相同的回归模型来描述大学男女运动员的大学 GPA。这个方程是

$$cumgpa=\beta_0+\beta_1 sat+\beta_2 hsperc+\beta_3 tothrs+u$$

式中，sat 为 SAT 分数；$hsperc$ 为高中的排名百分位；而 $tothrs$ 则为大学课程的总学时数。我们知道，为了出现不同的截距，可以包括男性或女性的一个虚拟变量。如果我们想让某个斜率取决于性别，只需在方程中包括一个适当变量与（比方说）$female$ 的乘积。

如果我们想检验男女之间是否存在差异，就必须允许模型的截距和斜率对两组而言都不相同：

$$cumgpa=\beta_0+\delta_0 female+\beta_1 sat+\delta_1 female \cdot sat+\beta_2 hsperc$$
$$+\delta_2 female \cdot hsperc+\beta_3 tothrs+\delta_3 female \cdot tothrs+u \qquad (7.20)$$

参数 δ_0 是女性组和男性组之间在截距上的差异，而 δ_1 则是男女之间在 sat 斜率上的差异，等等。男性和女性的 $cumgpa$ 都遵循同一个模型的原假设表述为

$$H_0: \delta_0=0, \delta_1=0, \delta_2=0, \delta_3=0 \qquad (7.21)$$

如果这些 δ_j 中有一个异于零，那么这个模型在男女之间就是不同的。

利用文件 GPA3 中春季学期的数据，完整的模型被估计为

$$\widehat{cumgpa}=1.48-0.353 female+0.001\,1sat+0.000\,75 female \cdot sat$$
$$(0.21)(0.411) \qquad (0.000\,2) \quad (0.000\,39)$$
$$-0.008\,5hsperc-0.000\,55 female \cdot hsperc+0.002\,3tothrs$$
$$(0.001\,4) \qquad (0.003\,16) \qquad (0.000\,9)$$

$$-0.000\,12\,female \cdot tothrs$$

$$(0.001\,63)$$

$$n=366,\ R^2=0.406,\ \overline{R}^2=0.394 \tag{7.22}$$

女性虚拟变量很显著，但没有一个交互项是显著的；只有交互项 $female \cdot sat$ 的 t 统计量接近于 2。但我们知道，检验像（7.21）这样联合假设，最好不要使用个别 t 统计量。为了计算 F 统计量，我们必须估计去掉 $female$ 和所有交互项后的约束模型；这样就得到一个约等于 0.352 的 R^2（受约束的 R^2），因而 F 统计量约为 8.14；p 值在小数点后五位都等于零，这就使我们能有力地拒绝（7.21）。因此，尽管个别地看，允许男女有别的方程（7.22）中的每一项在 5% 的显著性水平上都不显著，但男女运动员的 GPA 模型确实不同。

$female$ 和交互项的标准误较大，这使我们很难准确地讲，男女之间到底有什么不同。由于在得到男女差别时必须考虑交互项，所以我们必须极其小心地解释方程（7.22）。如果只看变量 $female$，我们将错误地得到如下结论：保持其他因素不变，女性的 $cumgpa$ 将比男性少约 0.353。它只是在设 sat、$hsperc$ 和 $tothrs$ 都等于零时所得到的估计差异，而这种情况并不是很有意义。在 $sat=1\,100$、$hsperc=10$ 和 $tothrs=50$ 时，预计女性和男性之间的差异为 $(-0.353)+0.000\,75\times1\,100-0.000\,55\times10-0.000\,12\times50\approx0.461$。也就是说，预计女运动员的 GPA 比同等条件的男运动员约高出半分。

在一个包含 sat、$hsperc$ 和 $tothrs$ 三个变量的模型中，添加所有交互项来检验组间差别则相当容易。在某些情况下，会涉及更多的变量，那么，另有一种计算 F 统计量的方法也很方便。它表明，即使在涉及许多自变量时，也能很容易地计算 F 统计量的残差平方和形式。

在含有 k 个解释变量和一个截距项的一般模型中，假设有两组，称为 $g=1$ 和 $g=2$。我们想检验这两组的截距和所有斜率都相同。对 $g=1$ 和 $g=2$，将模型写成

$$y=\beta_{g,0}+\beta_{g,1}x_1+\beta_{g,2}x_2+\cdots+\beta_{g,k}x_k+u \tag{7.23}$$

假设模型（7.23）中两组间的每个 β 都相同就产生了 $k+1$ 个约束（在 GPA 一例中，$k+1=4$）。我们可以认为无约束模型除了截距和变量本身外，还有一组虚拟变量和交互项，那么其自由度就是 $n-2(k+1)$。[在 GPA 一例中，$n-2(k+1)=366-2\times4=358$。] 迄今为止，还没有什么新东西。关键是要洞察到，无约束模型的残差平方和可通过两个分离的回归得到，这两个不同回归分别对应着两个不同的组。令 SSR_1 表示针对第一组估计（7.23）所得到的残差平方和；它涉及 n_1 个观测。令 SSR_2 表示针对第二组估计（7.23）所得到的残差平方和（n_2 个观测）。在上例中，若第一组为女性，则 $n_1=90$，$n_2=276$。现在，无约束模型的残差平方和无非就是 $\text{SSR}_{ur}=\text{SSR}_1+\text{SSR}_2$。而约束模型的残差平方和也就是将两组混合在一起并估计同一个方程时所得到的 SSR_P。一旦我们得到了这些，就可以像平常那样计算 F 统计量：

$$F=\frac{\mathrm{SSR}_P-(\mathrm{SSR}_1+\mathrm{SSR}_2)}{\mathrm{SSR}_1+\mathrm{SSR}_2} \cdot \frac{n-2(k+1)}{k+1} \qquad (7.24)$$

式中，n 为总观测次数。在计量经济学中，通常将这个特定的 F 统计量称为**邹至庄统计量**（Chow statistic）。由于邹至庄检验无非就是一个 F 检验，所以只有在同方差条件下才是有效的。特别是，在原假设下，两组的误差方差必须相等。和通常一样，渐近分析仍不需要正态性条件。

为了在 GPA 一例中应用邹至庄统计量，我们需要将两组混合并做回归所得到的 SSR，即 $\mathrm{SSR}_P=85.515$。样本中 90 个女性的 SSR 为 $\mathrm{SSR}_1=19.603$，而男性组的 SSR 则为 $\mathrm{SSR}_2=58.752$。因此，$\mathrm{SSR}_{ur}=19.603+58.752=78.355$。$F$ 统计量就是 $[(85.515-78.355)/78.355]\times(358/4)\approx8.18$；当然，考虑到四舍五入的误差，这就是我们在包含和不包含交互项的两个模型中，用 R^2 型 F 检验所得到的数值结果。（提醒一句：如果对每一组都分别估计一个回归，就不存在简单的 R^2 型检验；只有通过包括交互项来构造无约束模型时，才能使用 R^2 型检验。）

无论用什么方法进行邹至庄检验，它都有一个重要的局限，即原假设要求各组之间不存在任何差异。在更多情况下，允许组间的截距不同，再来检验斜率的差别会更有意义；我们已经在例 7.10 的工资方程中看到了一个这样的例子。有两种方法允许截距在原假设下有所不同。一是像在方程（7.22）中那样，包含组虚拟变量和所有的交互项，但只检验这些交互项的联合显著性。二是像在方程（7.24）中那样构造一个残差平方和的 F 统计量，但其中的约束平方和 [在方程（7.24）中被称为 SSR_P]，是通过只允许截距变化的回归而得到的。因为我们检验的是 k 个约束，而不是 $k+1$ 个，所以 F 统计量变为

$$F=\frac{\mathrm{SSR}_P-(\mathrm{SSR}_1+\mathrm{SSR}_2)}{\mathrm{SSR}_1+\mathrm{SSR}_2} \cdot \frac{n-2(k+1)}{k}$$

比如在 GPA 这个例子中，SSR_P 是采用男性和女性学生运动员的数据，用 $cumgpa$ 对 $female$、sat、$hsperc$ 和 $tothrs$ 回归得到的。

在 GPA 一例中，因为只有较少的解释变量，所以很容易估计方程（7.20）并检验假设 H_0：$\delta_1=0$，$\delta_2=0$，$\delta_3=0$。（原假设不对 δ_0 进行约束。）这三个约束的 F 统计量给出的 p 值等于 0.205。因此，我们在 20% 的置信水平下不能拒绝原假设。

不能拒绝交互项的参数都为零的假设，表明最好的模型就是只允许截距不同：

$$\widehat{cumgpa}=1.39 + 0.310female+0.001\,2sat-0.008\,4hsperc+0.002\,5tothrs$$
$$\qquad(0.18)\ \ (0.059)\qquad(0.000\,2)\quad(0.001\,2)\qquad(0.000\,7)$$
$$n=366,\ R^2=0.398,\ \overline{R}^2=0.392 \qquad (7.25)$$

（7.25）式中的斜率系数接近于（7.22）式中基组（男性）的斜率系数；去掉交互项几乎没有什么变化。但（7.25）式中的 $female$ 是高度显著的：其 t 统计量超过了 5，而这个估计值意味着，在给定 sat、$hsperc$ 和 $tothrs$ 的水平时，预计一名女运动员的 GPA 要比一名男运动员的 GPA 高 0.31 分。这实际上是一个十分重要的差异。

7.5 二值因变量：线性概率模型

到目前为止，我们已经学习了多元线性回归模型的许多性质和应用。我们在前面几节学习了如何通过二值自变量的使用，使得定性信息成为一个多元回归模型中的解释变量。在迄今为止的所有模型中，因变量 y 都具有定量含义（比如，y 表示美元数量、一项考试的分数、一种百分比，或这些变量的对数）。如果我们想用多元回归来解释一个定性事件，结果会怎么样？

在实践中经常遇到的最简单的情形中，我们想解释的事件是二值结果。换句话说，我们的因变量 y 只取 0 和 1 两个值。比如，可以定义 y 表示一个成年人是否受过高中教育；或者用 y 表示一个大学生在某给定的学年中是否非法使用过毒品；或者用 y 表示一个企业在某给定年份是否接管了另一个企业。在上述每一例中，我们都可以令 $y=1$ 表示一种结果，而 $y=0$ 表示另一种结果。

当我们写出

$$y = \beta_0 + \beta_1 x_1 + \cdots + \beta_k x_k + u \tag{7.26}$$

这个多元回归模型（其中 y 是一个二值变量）时，它有什么含义呢？由于 y 只能取两个值，所以 β_j 就不能被理解为，在保持所有其他因素不变的情况下，给定 x_j 一个单位的提高，导致的 y 的变化量：y 要么从 0 变化到 1，要么从 1 变化到 0。尽管如此，我们仍然能对 β_j 做出有用的解释。如果我们假定零条件均值假设 MLR.4 成立，即 $\mathrm{E}(u \mid x_1, \cdots, x_k) = 0$，那么，我们会像往常一样得到

$$\mathrm{E}(y|\mathbf{x}) = \beta_0 + \beta_1 x_1 + \cdots + \beta_k x_k$$

式中，$\mathbf{x}$ 是所有解释变量的简单记法。

关键的一点是，当 y 是一个取值 0 和 1 的二值变量时，$\mathrm{P}(y=1|\mathbf{x}) = \mathrm{E}(y|\mathbf{x})$［即"成功"（$y=1$）的概率等于 y 的期望值］总是成立的。于是，我们得到一个重要的方程：

$$\mathrm{P}(y=1|\mathbf{x}) = \beta_0 + \beta_1 x_1 + \cdots + \beta_k x_k \tag{7.27}$$

它说明成功的概率 $p(\mathbf{x}) = \mathrm{P}(y=1|\mathbf{x})$ 是 x_j 的一个线性函数。方程（7.27）是二值响应模型的一个例子，而 $\mathrm{P}(y=1|\mathbf{x})$ 又被称为**响应概率**（response probability）。（我们在第 17 章还将讨论其他的二值响应模型。）由于概率和必须等于 1，所以 $\mathrm{P}(y=0|\mathbf{x}) = 1 - \mathrm{P}(y=1|\mathbf{x})$ 也是 x_j 的一个线性函数。

因为这个响应概率是参数 β_j 的线性函数，所以，这种带有二值因变量的多元线性回归模型又被称为**线性概率模型**（linear probability model，LPM）。在 LPM 中，在保持其他因素不变的情况下，β_j 度量了因 x_j 的变化导致成功概率的变化：

$$\Delta\mathrm{P}(y=1|\mathbf{x}) = \beta_j \Delta x_j \tag{7.28}$$

有了这些，我们就能使用多元回归模型来估计各个解释变量对定性信息的影响。OLS 机制也和从前一样。

如果我们把所估计的方程写成

$$\hat{y} = \hat{\beta}_0 + \hat{\beta}_1 x_1 + \cdots + \hat{\beta}_k x_k$$

我们现在必须记住，$\hat{y}$ 就是预计的成功概率。因此，$\hat{\beta}_0$ 就是在每个 x_j 都等于 0 时预计的成功概率，它可能有意义，也可能没有什么意义。斜率系数 $\hat{\beta}_1$ 度量的是，当 x_1 提高一个单位时，成功概率的预期变化。

为了正确地解释线性概率模型，我们必须了解"成功"是由什么构成的。因此，最好给因变量取一个能描述事件 $y=1$ 的名字。举例而言，令 $inlf$（"参与劳动力市场"）是表示已婚妇女在 1975 年的劳动力参与状况的一个二值变量：如果一位妇女报告声称，她在该年度的某个时候曾为了工资而在家庭以外工作过，则 $inlf=1$，否则，$inlf=0$。我们假定劳动力参与还取决于其他收入来源，包括丈夫的收入（$nwifeinc$，以千美元计）、受教育程度（$educ$）、过去在劳动力市场的年数（$exper$）、年龄（age）、年龄低于 6 岁的子女数（$kidslt6$）和年龄介于 6～18 岁之间的子女数（$kidsge6$）。利用得自姆罗茨（Mroz, 1987）的 MROZ. RAW 中的数据，我们估计了如下线性概率模型，其中，在一个包含 753 个妇女的样本中，有 428 个人曾在 1975 年的某个时间参与过劳动力市场：

$$\widehat{inlf} = 0.586 - 0.003\,4nwifeinc + 0.038educ + 0.039exper - 0.000\,60exper^2$$
$$\quad (0.154)\quad (0.001\,4)\qquad\quad (0.007)\qquad (0.006)\qquad\quad (0.000\,18)$$
$$\quad - 0.016age - 0.262kidslt6 + 0.013\,0kidsge6$$
$$\quad (0.002)\qquad (0.034)\qquad\quad (0.013)$$
$$n = 753,\ R^2 = 0.264 \tag{7.29}$$

利用通常的 t 统计量，（7.29）式中除 $kidsge6$ 外的所有变量都是统计显著的，而且所有统计显著的变量都具有基于经济理论（或常识）所预期的影响。

为了解释这些估计值，我们必须记住，自变量的变化改变了 $inlf=1$ 的概率。比如，$educ$ 的系数意味着，保持方程（7.29）中所有的其他因素不变，多受一年教育使参与劳动力市场的概率提高了 0.038。如果我们直接看这个方程，多受 10 年教育会使参与劳动力市场的概率提高 $0.038 \times 10 = 0.38$，这在概率上是一个相当大的提高。图 7.3 描绘了劳动力参与概率与 $educ$ 之间的关系。为便于说明，其他的自变量固定在 $nwifeinc=50$、$exper=5$、$age=30$、$kidslt6=1$ 和 $kidsge6=0$ 的水平上。直到受教育年数达到 3.84 年，才会使预期的概率为负。由于样本中没有哪个妇女的受教育年数低于 5 年，所以，这应该不会引起太多的担心。所报告的受教育年数最高达到 17 年，这就使预期的概率达到 0.5。如果我们让其他自变量取不同的数值，预期概率的范围也会随之变化。但多受一年教育对劳动力参与概率的边际影响总是 0.038。

$nwifeinc$ 的系数意味着，如果 $\Delta nwifeinc=10$（意味着提高 10 000 美元），那么这位妇女参与劳动力市场的概率就会下降 0.034。由于以 1975 年美元计，收入提高10 000美元是相当大的，所以这个影响不是特别大。工作经历以二次项出现，使得过去的工作经历对劳动力参与概率具有递减的影响。保持其他因素不变，概率的估计变化近似为$0.039-2\times0.000\,6exper=0.039-0.001\,2exper$。过去的工作经历对劳动力参与概率没有影响的点为$0.039/0.001\,2=32.5$，这种工作经历是很长的：样本中的753个妇女中，只有13个人的工作经历超过32年。

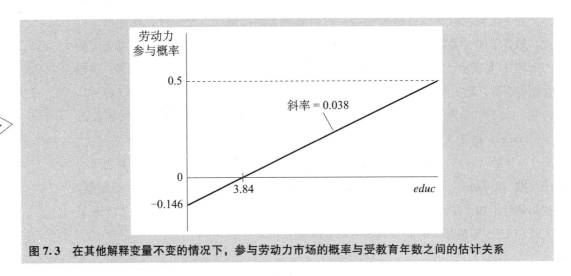

图7.3 在其他解释变量不变的情况下，参与劳动力市场的概率与受教育年数之间的估计关系

与较年长子女的个数不同，年幼子女的个数对劳动力参与具有巨大的影响。在给定其他变量水平的情况下，多一个不足6岁的子女，会使参与劳动力市场的概率减少0.262。样本中，只有不足20%的妇女有一个或一个以上年幼子女。

此例说明了如何轻而易举地估计和解释线性概率模型，但它也表现出了LPM的某些缺点。首先，很容易看到，如果我们在（7.29）式中代入自变量的某些特定组合数值，就能得到小于0或大于1的预测值。由于这些预测值都是概率，而概率必须介于0~1之间，所以这就有些尴尬。比如，预计一个妇女参与劳动力市场的概率为-0.10，它的含义是什么？实际上，样本中的753个妇女中，从（7.29）式中得到16个拟合值小于0，17个拟合值大于1。

一个相关的问题是，概率不可能与自变量所有的可能值线性相关。比如，（7.29）式预测，从0个年幼子女增加到1个年幼子女的影响，使母亲参与工作的概率下降0.262。如果这位妇女从1个年幼子女增加到2个，那么概率的预期下降也是这么多。看起来更现实的情况是，第一个小孩使参与工作的概率下降很多，而后来增加的子女则具有越来越小的边际影响。实际上，极端地看，（7.29）式意味着，从0个年幼子女增加到4个，使参与工作的概率减少$\widehat{\Delta inlf}=0.262(\Delta kidslt6)=0.262\times4=1.048$，但这是不可能的。

即便有这些问题，线性概率模型仍很有用处，并常常应用于经济学中。它通常对自变量取值在样本均值附近特别奏效。在劳动力参与一例中，样本中没有一个妇女有4个孩子；实际上，只有3个妇女有3个孩子。96%以上的妇女要么没有孩子，要么只有 1 个孩子。所以我们在解释所估计的方程时，也许应该仅关注这种情况。

在我们想做预测时，预测的概率超出单位区间会有一些问题。不过，仍有一些利用估计概率（甚至在估计概率为负或大于 1 时）预测 0—1 结果的方法。照常，令 $\hat{y}_i$ 表示拟合值，它不一定介于 0 和 1 之间。定义预测值 $\tilde{y}_i$ 在 $\hat{y}_i \geqslant 0.5$ 时取值 1 并在 $\hat{y}_i < 0.5$ 时取值 0。现在，我们便得到一组预测值 $\tilde{y}_i$，$i=1,\cdots,n$，这些预测值和 y_i 一样，取值不是 0 便是 1。利用 y_i 和 $\tilde{y}_i$ 的数据，我们可以得到正确预测 $y_i=1$ 和 $y_i=0$ 的频率以及全部正确预测的比例。若用百分比表示**全部正确预测百分比**（percent correctly predicted），便是二值因变量拟合优度的一个广泛使用的指标。第 7 章的计算机练习 C9（v）中给出了一个例子，17.1 节也在更高深的模型背景中给出了进一步的讨论。

由于 y 的二值特性，所以线性概率模型确实违背了一个高斯-马尔科夫假设。当 y 是一个二值变量时，其以 $\mathbf{x}$ 为条件的方差为

$$\text{Var}(y|\mathbf{x}) = p(\mathbf{x})[1-p(\mathbf{x})] \tag{7.30}$$

式中，$p(\mathbf{x})$ 为成功概率的简记：$p(\mathbf{x}) = \beta_0 + \beta_1 x_1 + \cdots + \beta_k x_k$。这意味着，除非概率与任何一个自变量都不相关，否则，线性概率模型中就一定存在着异方差性。我们从第 3 章知道，这不会导致 β_j 的 OLS 估计量出现偏误。但我们又从第 4 章和第 5 章知道，即使在大样本的情况下，同方差性对通常 t 和 F 统计量的有效性也至关重要。由于（7.29）式中的标准误并非总是有效，所以我们在使用时必须小心。我们还将在第 8 章说明，如何针对这种异方差性来修正标准误。最终表明，在许多应用研究中，通常的 OLS 统计量并非离谱，并且在应用研究中对线性概率模型进行标准的 OLS 分析仍可以接受。

例 7.12

拘捕率的一个线性概率模型

令 $arr86$ 为一个二值变量，若一个人在 1986 年间曾被拘捕过则取值 1，否则取值 0。总体是 1960 年或 1961 年在加利福尼亚出生并在 1986 年以前至少被拘捕过一次的青年人群。刻画 $arr86$ 的一个线性概率模型就是：

$$arr86 = \beta_0 + \beta_1 pcnv + \beta_2 avgsen + \beta_3 tottime + \beta_4 ptime86 + \beta_5 qemp86 + u$$

式中，$pcnv$ 表示以前被捕后定罪的比例；$avgsen$ 表示以前定罪后关进监狱的平均时间长度（以月为单位）；$tottime$ 表示从 18 岁到 1986 年坐牢的总月数；$ptime86$ 表示 1986 年坐牢的总月数；而 $qemp86$ 则表示此人 1986 年合法就业的季度数（取 0 到 4）。

我们利用例 3.5 中曾用过的数据集 CRIME1. RAW 中的数据。现在，因为样本中只有 7.2% 曾不止一次被拘捕，所以我们使用一个二值因变量。约 27.7% 的人在 1986 年被拘捕至少一次。所估计的方程是：

$$\widehat{arr86}=0.441-0.162pcnv+0.006\ 1avgsen-0.002\ 3tottime-0.022ptime86$$
$$(0.017)(0.021)\qquad(0.006\ 5)\qquad(0.005\ 0)\qquad(0.005)$$
$$-0.043qemp86$$
$$(0.005)$$
$$n=2\ 725,\ R^2=0.047\ 4 \tag{7.31}$$

截距 0.441 表示，一个从未定过罪（所以 $pcnv$ 和 $avgsen$ 都等于 0）、18 岁以后从未坐过牢、1986 年也没有进过监狱，而且整个 1986 年从未就业的人，预计会被拘捕的概率。无论个别地看还是联合地看，变量 $avgsen$ 和 $tottime$ 都不显著（F 统计量给出的 p 值为 0.347），而且如果说更长期的判刑能阻止犯罪的话，$avgsen$ 的符号则有些违背我们的直觉。格罗格（Grogger, 1991）利用这些数据的一个扩展数据集和一个不同的计量方法，发现 $tottime$ 对拘捕概率有统计显著的正影响，并认为 $tottime$ 就是对犯罪活动中形成的人力资本的一种度量。

虽然定罪概率的提高确实能降低拘捕概率，但我们在解释这个系数的大小时必须小心。变量 $pcnv$ 是介于 0 和 1 之间的一个比例；于是，$pcnv$ 从 0 变化到 1 实际上意味着从没有可能被定罪到必然被定罪。即便是这么大的变化，也只能使拘捕概率减小 0.162；$pcnv$ 提高 0.5 能使拘捕概率减小 0.081。

监禁的影响由 $ptime86$ 的系数给出。如果一个人在坐牢，那他就不可能被拘捕。由于 $ptime86$ 是以月为单位度量的，所以在监狱里多待 6 个月，会使拘捕概率减少 $0.022\times6=0.132$。方程（7.31）还给出了线性概率模型不是对所有自变量值都成立的另一个例子。如果一个人在 1986 年的 12 个月里都在坐牢，他在 1986 年就不可能被拘捕。取所有其他变量的值为 0，在 $ptime86=12$ 时预期被拘捕的概率为 $0.441-0.022\times12=0.177$，而不是 0。不过，如果我们从拘捕的无条件概率 0.277 开始，那么，12 个月的监禁则使拘捕概率基本下降到 0：$0.277-0.022\times12=0.013$。

最后，就业也显著降低了拘捕概率。在所有其他因素不变的情况下，一个四个季度都在工作的人，与一个完全不工作的人相比，被拘捕的可能性降低了 0.172。

我们还可以在含有虚拟因变量的模型中引入虚拟自变量。其系数度量了相对基组而言，成功概率的预期变化。比如，如果我们在拘捕方程中增加两个种族虚拟变量 $black$ 和 $hispan$，则得到

$$\widehat{arr86}=0.380-0.152pcnv+0.004\ 6avgsen-0.002\ 6tottime$$
$$(0.019)(0.021)\qquad(0.006\ 4)\qquad(0.004\ 9)$$
$$-0.024ptime86-0.038qemp86+0.170black+0.096hispan$$
$$(0.005)\qquad(0.005)\qquad(0.024)\qquad(0.021)$$
$$n=2\ 725,\ R^2=0.068\ 2 \tag{7.32}$$

式中，*black* 的系数意味着，在所有其他因素保持不变的情况下，一个黑人比一个白人（基组）被拘捕的概率要高出 0.17。换个说法就是，黑人比白人被拘捕的概率高 17 个百分点。这个差别还是统计显著的。类似地，拉美裔比白人被拘捕的概率也要高 0.096。

> **？ 思考题 7.5**
>
> 　　一个没有案底（所以 *pcnv*、*avgsen*、*tottime* 和 *ptime*86 都等于 0）而且在 1986 年的四个季度都在就业的黑人，预计其被拘捕的概率是多大？这个结论合理吗？

7.6　对政策分析和项目评价的进一步讨论

我们已经看到一些可用于政策评价的含虚拟变量模型。例 7.3 给出了一个项目评价的例子，其中某些企业得到了工作培训津贴，而其他企业则没有。

像我们前面提到的那样，由于在社会科学的多数例子中，对照组和处理组并不是随机指定的，所以我们在评价一个项目时还必须十分小心。再次考虑霍尔泽等人 (Holzer et al.，1993) 的研究，我们现在感兴趣的是，工作培训津贴对工人生产力（而不是工作培训的数量）的影响。我们所关心的方程是

$$\log(scrap) = \beta_0 + \beta_1 grant + \beta_2 \log(sales) + \beta_3 \log(employ) + u$$

式中，*scrap* 表示企业的废弃率，后两个变量作为控制变量被包括进来。二值变量 *grant* 表示企业在 1988 年是否得到了工作培训津贴。

在我们看估计值之前，可能担心一些影响工人生产力的无法观测因素（如受教育程度、能力、工作经历和现职任期的平均水平等）可能会与企业能否得到津贴相关。霍尔泽等人指出，津贴采取先到先供应的方式发放。但这并非等同于随机发放。工人生产力较低的企业可能看到了提高生产力的机会，并更加致力于申请津贴。

利用 JTRAIN 中 1988 年的数据——当时企业实际上都有资格得到津贴，我们得到

$$\widehat{\log(scrap)} = 4.99 - 0.052 grant - 0.455 \log(sales) + 0.639 \log(employ)$$
$$(4.66)(0.431)\qquad(0.373)\qquad\quad(0.365)$$
$$n = 50,\ R^2 = 0.072 \tag{7.33}$$

（50 个企业中的 17 个得到了培训津贴，而所有企业的平均废弃率为 3.47%。）*grant* 的点估计值 −0.052 意味着，给定 *sales* 和 *employ* 不变，得到津贴的企业，其废弃率比没有得到津贴的企业约低 5.2%。在培训津贴有效的情况下，虽然估计的方向与预期影响的方向一致，但其 *t* 统计量相当小。因此，通过对这个横截面的分析，我们必须承认，津贴对企业的生产力没有影响。我们在第 9 章还会回到这个

例子上来，并说明如何通过增加上一年度的信息而导致极为不同的结论。

即便在政策分析没有涉及将各个单位指派到对照组和处理组的情形中，我们也必须警惕包含了那些可能与所关心二值自变量系统相关的因素。这方面的一个很好的例子就是对种族歧视的检验。种族是一个不能由个人和政府官员所决定的因素。实际上，一个人在出生时就决定了其种族，所以种族看上去是外生变量的一个很好的例子。然而，基于历史原因，事实并非如此：各种族之间在背景上存在着系统差异，而这些差异在检验当前的歧视时又相当重要。

作为一个例子，考虑对贷款许可中歧视问题的检验。如果我们能搜集到个人抵押贷款申请方面的数据，那么我们就能定义一个虚拟变量 *approved*：若申请得到批准，则取值 1，否则取值 0。各种族在批准率上的系统差异就是歧视的一个指标。但由于批准贷款取决于许多其他因素，包括收入、财富、信用等级和偿还贷款的一般能力等，所以，如果这些因素在各种间存在着系统差异，我们就必须对其加以控制。一个检验歧视问题的线性概率模型可能就具有如下形式：

$$approved = \beta_0 + \beta_1 nonwhite + \beta_2 income + \beta_3 wealth + \beta_4 credrate + \text{其他因素}$$

由于 β_1 表示的是，给定方程中其他变量，非白人得到许可的概率与白人得到许可的概率差异的大小，所以，拒绝 H_0：$\beta_1 = 0$ 而支持 H_1：$\beta_1 < 0$ 就表明对少数民族存在歧视。如果 *income*、*wealth* 等在各种族间存在系统差异，那么，在一个多元回归分析中对这些因素加以控制就很重要。

7.6a 项目评价和非限制回归调整

在 7.3e 节中潜在结果的研究背景下，我们推导出能用于测试一项政策干预或项目的有效性的方程。让 w 再次作为二值政策指标且 x_1，x_2，$\cdots$，x_k 作为控制变量，我们得到了如下的总体回归方程：

$$E(y|w, \mathbf{x}) = \alpha + \tau w + \mathbf{x}\boldsymbol{\gamma} = \alpha + \tau w + \gamma_1 x_1 + \cdots + \gamma_k x_k \tag{7.34}$$

式中，$y = (1-w)y(0) + wy(1)$ 为观测结果，$[y(0)，y(1)]$ 为潜在结果或反事实结果。

在方程（7.34）中包含 x_j 的原因是要考虑到项目参与不服从随机分配的可能性。这种参与决策随个人特点而系统性变化的问题，通常被称为**自选择问题**（self-selection problem），也更广泛地被称作自我实现问题。比如，有资格参加如启智计划[*]等项目的孩子，能否参加在很大程度上取决于其父母的决策。因为家庭背景和组成在启智计划的参与决策中起到很大的作用，并且父母也倾向于预测孩子的结果，所以我们在考察启智计划的效果时，应该控制这些社会和经济方面的因素［比如，参见 Currie and Thomas（1995）］。

---

[*] 即 Head Start Program，政府为贫穷、残障或非英语家庭的年幼子女提供免费上幼儿园的机会，以帮助他们顺利地入读小学。——译者注

在因果推断的研究背景下，3.7e 节中引入的无混淆假设或可忽略性假设认为我们有充足的解释变量，因此项目的参与与否就像随机一样性质优良。当我们想估计一个项目或干预措施由 w 表示的效果时，解释变量 x_1，x_2，$\cdots$，x_k 通常被称为**协变量**（covariates）。这些都是很可能随参与决策和潜在结果的变化而变化的因素。

自选择问题不仅仅限于是否参与学校或政府的项目。在研究特定行为的经济和社会影响时，自选择问题都十分常见。比如，个体选择吸毒或饮酒。如果我们想研究这种行为对失业状况、收入或犯罪行为的影响，我们应该考虑到吸毒可能与影响潜在劳动或犯罪结果的因素相关。如果不考虑吸毒者和不吸毒者之间的系统性差异，我们不太可能获得令人信服的药物使用情况因果估计。

在研究更多聚合单元时，自选择也可能是一个问题。城市和州选择是否执行某些枪支管制法，这一决定可能与影响暴力犯罪的其他因素系统相关［比如，参见 Kleck and Patterson（1993）］。医院选择盈利或非盈利，这一决定可能与影响患者健康结果的医院特征有关。

大部分项目评价仍依据观测数据（或者说，非实验数据），所以通过 OLS 估计简单方程

$$y = \alpha + \tau w + u \tag{7.35}$$

并不可能得到因果效应的无偏估计或一致估计。通过包含适宜的协变量，(7.34) 式的估计可能更具说服力。在项目评价的研究背景下，使用回归：

$$y \text{ 关于 } w_i, x_{i1}, x_{i2}, \cdots, x_{ik}, i = 1, \cdots, n \tag{7.36}$$

被称作**回归调整**（regression adjustment），w_i 的系数 $\hat{\tau}$ 就是回归调整估计值。其核心思想是：我们利用对协变量 x_1，x_2，$\cdots$，x_k 的多元回归来调整单位之间的差异，以估计因果效应。

回顾 3.7e 节，除了无混淆外，方程 (7.34) 是在恒定的处理效果的有力假设下得出的：$\tau = y_i(1) - y_i(0)$，对于所有的 i。我们现在可以放松这个假设。我们仍坚持为方便而复现的无混淆或条件独立假设：

$$w \text{ 独立于 } [y(0), y(1)], \text{ 在 } \mathbf{x} = (x_1, \cdots, x_k) \text{ 的条件下} \tag{7.37}$$

我们同样假定条件均值为线性的，但现在我们可以用完全分离的方程来表示 $y(0)$ 和 $y(1)$。利用误差项 $u(0)$ 和 $u(1)$，$y(0)$ 和 $y(1)$ 可写作：

$$y(0) = \phi_0 + (\mathbf{x} - \boldsymbol{\eta})\boldsymbol{\gamma}_0 + u_0 = \phi_0 + \gamma_{0,1}(x_1 - \eta_1) + \cdots + \gamma_{0,k}(x_k - \eta_k) + u(0) \tag{7.38}$$

$$y(1) = \phi_1 + (\mathbf{x} - \boldsymbol{\eta})\boldsymbol{\gamma}_1 + u_1 = \phi_1 + \gamma_{1,1}(x_1 - \eta_1) + \cdots + \gamma_{1,k}(x_k - \eta_k) + u(1) \tag{7.39}$$

式中，$\eta_j = E(x_j)$ 为 x_j 的总体均值，$\phi_0 = E[y(0)]$ 且 $\phi_1 = E[y(1)]$。协变量 x_j 集中在其均值，因此截距 ϕ_0 和 ϕ_1 则为两个潜在结果的均值。方程 (7.38) 和 (7.39)

允许对单位 i 的 $y_i(1) - y_i(0)$ 的处理效应依赖于可观测值 $\mathbf{x}_i$ 和不可观测值。对于单位 i，处理效应为：

$$te_i = y_i(1) - y_i(0) = (\varphi_1 - \varphi_0) + (\mathbf{x}_i - \boldsymbol{\eta})(\boldsymbol{\gamma}_1 - \boldsymbol{\gamma}_0) + [u_i(1) - u_i(0)]$$

平均处理效应，即我们在这一节所说的 τ，为 $\tau = \varphi_1 - \varphi_0$。因为：

$$\mathrm{E}(te_i) = (\varphi_1 - \varphi_0) + \mathrm{E}\{(\mathbf{x}_i - \boldsymbol{\eta})(\boldsymbol{\gamma}_1 - \boldsymbol{\gamma}_0) + [u_i(1) - u_i(0)]\}$$
$$= \tau + \mathbf{0} \cdot (\boldsymbol{\gamma}_1 - \boldsymbol{\gamma}_0) + 0 = \tau$$

式中，$(\mathbf{x}_i - \boldsymbol{\eta})$ 有一个构造出的零均值，且 $u_i(0)$，$u_i(1)$ 有零均值，因为它们是条件均值中的误差项。观测到的结果 $y_i = y_i(0) + w_i[y_i(1) - y_i(0)]$ 可以写作：

$$y_i = \varphi_0 + \tau w_i + (\mathbf{x}_i - \boldsymbol{\eta})\boldsymbol{\gamma}_0 + w_i(\mathbf{x}_i - \boldsymbol{\eta})\boldsymbol{\delta} + u_i(0) + w_i[u_i(1) - u_i(0)] \quad (7.40)$$

式中，$\boldsymbol{\delta} = (\boldsymbol{\gamma}_1 - \boldsymbol{\gamma}_0)$。如果我们定义：

$$u_i = u_i(0) + w_i[u_i(1) - u_i(0)]$$

无混淆意味着：

$$\mathrm{E}(u_i | w_i, \mathbf{x}_i) = \mathrm{E}[u_i(0) | w_i, \mathbf{x}_i] + w_i\mathrm{E}\{[u_i(1) - u_i(0)] | w_i, \mathbf{x}_i\}$$
$$= \mathrm{E}[u_i(0) | \mathbf{x}_i] + w_i\mathrm{E}\{[u_i(1) - u_i(0)] | \mathbf{x}_i\} - 0 \quad (7.41)$$

方程（7.40）和（7.41）表明，我们进行了包含所有 w_i 间交互项和除均值控制变量的回归。为实施这个方法，我们还需将未知的样本均值 η_j 替换为样本平均值（包含 n 个观测值的全体样本）$\bar{x}_j$。这会得到用 n 个观测值运行的回归：

$$y_i \text{ 关于 } w_i, x_{i1}, \cdots, x_{ik}, w_i \cdot (x_{i1} - \bar{x}_1), \cdots, w_i \cdot (x_{ik} - \bar{x}_k) \quad (7.42)$$

w_i 的系数 τ 是平均的因果效应，或平均的处理效应。我们可以通过将 $(x_j - \bar{x}_j)$ 与交互项系数 $\hat{\delta}_j$ 相乘，来确定处理效应如何随 x_j 变化。注意，当 x_j 自身出现时，我们不必对其除均值，因为不这样做只会改变回归的截距值。但在构建交互项之前，将 x_j 除均值至关重要，以便获得作为 w_i 系数的平均处理效应。

τ 在（7.42）中的估计值与（7.36）不同，因为（7.36）省略了 k 个交互项。在文献中，"回归调整"一词通常指（7.42）中的更灵活的回归。为了强调，可以使用限制性回归调整（RRA）（使用符号 $\hat{\tau}_{rra}$）和非限制性回归调整（URA）（使用符号 $\hat{\tau}_{ura}$）来表示（7.36）和（7.42）。

事实证明，来自（7.42）的估计 $\hat{\tau}$ 可以从两个单独的回归中获得，就像 7.4c 节计算邹至庄统计量一样。处理细节能提供信息，因为它强调了非限制性回归调整的反事实性质。首先，我们对对照组和处理组分别进行回归。对于对照组，我们使用 n_0 个观测值（且 $w_i = 0$）运行

$$y_i \text{ 关于 } x_{i1}, x_{i2}, \cdots, x_{ik} \text{ 的回归}$$

并得到截距 $\hat{\alpha}_0$ 和 k 个斜率估计值 $\hat{\gamma}_{0,1}, \hat{\gamma}_{0,2}, \cdots, \hat{\gamma}_{0,k}$。我们用 n_1 个观测值（且 $w_i = 1$）做同样的操作，并得到截距 $\hat{\alpha}_1$ 和斜率 $\hat{\gamma}_{1,1}, \hat{\gamma}_{1,2}, \cdots, \hat{\gamma}_{1,k}$。

现在，我们在这里使用反事实推理：对于样本中的每个单位 i，无论该单位是否在对照组或处理组中，我们都会预测 $y_i(0)$ 和 $y_i(1)$。将预测值定义为：

$$\hat{y}_i^{(0)} = \hat{\alpha}_0 + \hat{\gamma}_{0,1} x_{i1} + \hat{\gamma}_{0,2} x_{i2} + \cdots + \hat{\gamma}_{0,k} x_{ik}$$

$$\hat{y}_i^{(1)} = \hat{\alpha}_1 + \hat{\gamma}_{1,1} x_{i1} + \hat{\gamma}_{1,2} x_{i2} + \cdots + \hat{\gamma}_{1,k} x_{ik}$$

对所有的 i。或者说,我们将单位 i 的解释变量放入两个回归函数中,以预测世界的两个状态的结果:对照状态和处理状态。然后自然地估计平均处理效应为:

$$n^{-1} \sum_{i=1}^{n} \left[\hat{y}_i^{(1)} - \hat{y}_i^{(0)} \right] = (\hat{\alpha}_1 - \hat{\alpha}_0) + (\hat{\gamma}_{1,1} - \hat{\gamma}_{0,1}) \bar{x}_1 + \cdots + (\hat{\gamma}_{1,k} - \hat{\gamma}_{0,k}) \bar{x}_k \quad (7.43)$$

通过一些代数过程,可以证明(7.43)式从回归(7.40)中生成了 $\hat{\tau}$。因此,两种似乎截然不同的使用多元回归来调整单位的差异的方法,得出了对 ATE 的相同估计。

大多数回归包的设计使计算(7.43)式很容易,因为它们计算出所有包含 $\{x_{ij}: j = 1, \cdots, k\}$ 信息的观测结果的预测值,无论估计中是否使用单位 i。然而,在"手工"计算(7.43)式时获得适当的标准误可能很棘手,尽管一些计量经济学软件内置了此计算环节。回归(7.42)总能得到 $\hat{\tau}$ 的有效标准误,但需要把每个 x_j 除均值后获得 k 个交互项。顺便说一句,我们可以通过使用 F 统计量测试 k 个交互项是否具有联合显著性,来获得兼容不同截距的邹至庄统计量。如果我们不能拒绝,我们可以回到施加共同斜率的回归(7.36)。

例 7.13

使用非限制性回归调整来评估工作培训项目

例 3.11 和例 4.11 曾用 JTRAIN98 中的数据来估计工作培训项目的效果。我们要解释的变量 $y = earn98$,是 1998 年的劳动力市场收入,即职业培训计划(1997 年进行)后的一年。收益变量以千美元为单位。变量 $w = train$ 是二值的参与(或"处理")指标。我们使用与例 4.11 相同的控制变量——$earn96$、$educ$、age 和 $married$——但现在在我们使用非限制性回归调整。为了进行比较,简单的均值差估计是 $\tau_{diffmeans} = -2.05(se = 0.48)$,方程(4.52)中报告的限制性回归调整估计值为 $\hat{\tau}_{ra} = 2.44(se = 0.44)$。具有完整交互项的估计方程为:

$$\widehat{earn98} = 5.08 + 3.11 train + 0.353 earn96 + 0.378 educ - 0.196 age + 2.76 married$$
$$\quad\quad (1.39)\ (0.53)\quad\quad (0.020)\quad\quad\quad (0.078)\quad\quad\quad (0.023)\quad\quad (0.55)$$
$$+ 0.133 train \cdot (earn96 - \overline{earn96}) - 0.035 train \cdot (educ - \overline{educ})$$
$$\quad (0.054)\quad\quad\quad\quad\quad\quad\quad\quad\quad\quad (0.137)$$
$$+ 0.058 train \cdot (age - \overline{age}) - 0.993 train \cdot (married - \overline{married})$$
$$\quad (0.041)\quad\quad\quad\quad\quad\quad\quad (0.883)$$
$$n = 1\,130,\ R^2 = 0.409 \quad\quad\quad\quad\quad\quad\quad\quad\quad\quad\quad\quad (7.44)$$

估计的平均处理效应为 $train$ 的系数 $\hat{\tau}_{tra} = 3.11(se = 0.53)$，且 $t_{train} > 5.8$ 在统计上非常显著。它也明显高于限制性回归调整估计，尽管交互项联合显著性的 F 统计量对应的 p 值 ≈ 0.113，因此交互项在 10% 的显著性水平上并不具有联合显著性。

例 7.13 证实了一些最终的结论。首先，为得到作为 $train$ 系数的平均处理效应，所有的解释变量，包括虚拟变量 $married$，在与 $train$ 创立交互项前必须除均值。用 $train \cdot married$ 替代最后的交互项使得 $train$ 的系数变为未婚男性的平均处理效应，其中平均值取自 $earn96^*$、$educ$ 和 age。估计值为 3.79（se = 0.81）。$train \cdot married$ 的系数与（7.44）式中一样，为 $-0.993(se = 0.883)$，且仍被解读为已婚和未婚男性在 ATE 上的差值。

在使用回归调整来估计工作培训项目等的效果时，我们的控制变量 x_1，x_2，…，x_k 总是有可能无法完全克服自选择问题的干扰。除非知道 w 是随机的，否则必须要随时保持注意。在观测数据中，即使有丰富的变量 x_j，在任一方向得到非真实效果的可能性通常都很高。柯里和科尔（Curried and Cole，1993）就是一个很好的例子。这两个作者研究了 AFDC（照顾有受抚养子女的家庭）的参与对儿童出生体重的影响。即使在控制了各种家庭和背景特征后，作者也获得了 OLS 估计值，其表明参与 AFDC 会降低出生体重。正如作者所指出的那样，很难相信 AFDC 参与本身会导致出生体重下降［更多示例参见 Currie（1995）］。

使用我们在第 15 章中讨论的不同计量经济学方法，柯里（Currie）和科尔（Cole）发现证据表明，AFDC 参与对出生体重没有影响，也没有积极影响。当自选择问题导致标准多元回归分析因缺乏足够的控制变量而出现偏差时，可以使用第 13 章、第 14 章和第 15 章所涵盖的更先进的方法。

7.7　离散因变量的回归结果解释

二元响应是离散随机变量中的极端情形：它只有两个数值，0 和 1。正如我们在 7.5 节中看到的，线性概率模型的系数可以被解释为，度量了 $y = 1$ 时因为解释变量增加一单位而引起的概率变动。我们也讨论了因为 y 只取 0 或 1，$P(y = 1) = E(y)$，这个等式在我们基于解释变量求 y 的条件期望时依然成立。

我们已经看到过其他在实际中离散因变量增加的例子，比如在特定年份一个人被逮捕的次数（例 3.5）。探究生育率影响因素的研究通常在回归分析中用存活的儿童作为因变量。像被捕次数一样，存活的儿童数只会是整数，并且 0 是最常出现的值，比如包含了大量博茨瓦纳妇女信息的文件 FERTIL2 中的数据。人口学家

---

* 原文为 $educ96$，按上下文理解应为 $earn96$。——译者注

通常关心教育对生育率的影响，尤其是希望判断教育是不是和生育率有因果关系。这样的例子就提出了一个问题：怎样解释回归结果？毕竟，没人能把小孩拆分了。

为了说明这个问题，我们用 FERTIL2 中的数据估计下面的回归：

$$\widehat{children} = -1.997 + 0.175age - 0.090educ$$
$$(0.094)\ (0.003)\quad (0.006)$$
$$n = 4\ 361,\ R^2 = 0.560 \tag{7.45}$$

这里，我们忽略了回归是否充分控制了所有影响生育率的因素。相反，我们只关注解释回归系数。

考虑我们最关心的系数，$\hat{\beta}_{educ} = -0.090$。如果我们按字面意思解释这个系数，就会得到每增加一年教育将使估计的儿童数减少 0.090 个，很明显，这对于任何妇女都不可能成立。在尝试解释 $\hat{\beta}_{age} = 0.175$ 时也会遇到同样的问题。我们应该怎样做才能让这些系数有意义呢？

通常为了解释回归结果，即便在 y 是离散的且数值较小时，也要记住 OLS 的解释——估计 x_j 对 y 的期望值（或平均值）的影响。一般地，在假设 MLR.1 和 MLR.4 下，

$$E(y|x_1,\ x_2,\ \cdots,\ x_k) = \beta_0 + \beta_1 x_1 + \cdots + \beta_k x_k \tag{7.46}$$

因此，β_j 就是在其他条件不变的情况下，x_j 的增加对 y 的期望值的影响。就像我们在 6.4 节中讨论的那样，给定一组 x_j 的值，我们把拟合值 $\hat{\beta}_0 + \hat{\beta}_1 x_1 + \cdots + \hat{\beta}_k x_k$ 解释为 $E(y|x_1,\ x_2,\ \cdots,\ x_k)$ 的一个估计。因此 $\hat{\beta}_j$ 就是我们对于当 $\Delta x_j = 1$ 时 y 的平均变动的估计（保持其他因素不变）。

由此，我们可以把上述解释应用到对方程（7.35）回归结果的解释中。系数 $\hat{\beta}_{educ} = -0.090$ 意味着，我们估计出若多接受一年的教育，平均生育率将下降 0.09 个儿童。对于这个解释有一个很好的总结，那就是如果 100 个妇女中的每一个都获得额外一年的教育，我们估计这些妇女总共会少生 9 个孩子。

在 y 本身是离散的情况下，我们把虚拟变量加入回归方程，对于在平均值意义下解释回归结果没有影响。采用 FERTIL2 中的数据，我们得到

$$\widehat{children} = -2.071 + 0.177age - 0.079educ - 0.362electric$$
$$(0.095)\ (0.003)\quad (0.006)\qquad (0.068)$$
$$n = 4\ 358,\ R^2 = 0.562 \tag{7.47}$$

式中，$electric$ 为虚拟变量，在被观测妇女的家中有电时等于 1。当然，一个妇女住在有电的房间里就会比住在没电的房间里少生 0.362 个小孩，这很不现实。但是我们可以说当把 100 个住在有电房间里的妇女和 100 个住在没电房间里的妇女相比较时（妇女们有相同的年龄和同等的学历），我们估计前者会少生约 36 个小孩。

顺便说一句，当 y 是离散的时候，线性模型不会总是给出对 E($y|x_1$，x_2，…，x_k）偏效应的最佳估计。第 17 章中包含有更多高级模型和估计方法，这些模型和方法在 y 的范围受限的情况下能更好地拟合数据。但是，用 OLS 估计的线性模型至少能在平均意义上给出好的真实偏效应的近似。

本章小结

我们在本章了解到，如何在回归分析中使用定性信息。在最简单的情形中，定义一个虚拟变量来区别两个组，而这个虚拟变量的系数估计了在其他条件不变情况下这两组之间的差异。若多于两个组，则可以定义一系列虚拟变量：若有 g 个组，则模型中就要包括 $g-1$ 个虚拟变量。对所有虚拟变量估计值的解释，都是相对于基组或基准组（模型中没有包含其虚拟变量的那一组）而言。

虚拟变量还可以用于在回归模型中包含诸如信用等级或选美排名等序数信息。我们只需要定义一系列虚拟变量来表示序数变量的不同结果，并允许其中的某个等级作为基组。

虚拟变量也能与定量变量相互作用，使不同组之间出现不同的斜率。在极端情形中，我们能够让每一组都既有自己的截距，又有自己的斜率。邹至庄检验可用来侦查各组之间是否有差异。多数情况下，在允许两个不同组之间存在着截距差异的情况下，检验其斜率是否相同就更有意义。在一个包括了虚拟变量组和所有变量之交互作用的无约束模型中，使用标准的 F 统计量就能做这种检验。

仅用 OLS 估计的线性概率模型，使我们能够利用回归分析来解释二值响应。现在，OLS 估计值可理解为，给定对应的解释变量变化一个单位，"成功"（$y=1$）的概率有多大变化。LPM 确实也有一些缺陷：它可能导致所预测的概率小于 0 或大于 1；它意味着，每个以其原始形式出现的解释变量的边际效应都是常数；而且它包含了异方差性。如果我们要得到解释变量在数据中间部分的偏效应估计值，那么前两个问题通常都不算严重。虽然异方差性确实使我们不能使用通常的 OLS 标准误和检验统计量，但如同我们在下一章将看到的那样，在样本足够大的情况下，问题便迎刃而解。

在 7.6 节中，我们讨论了二值变量如何用来评估政策和项目的问题。如同在所有回归分析中一样，我们必须记住，项目参与或者其他有政策意义的二元回归元可能会和未观察到的而又影响因变量的因素相关，这会导致通常的遗漏变量误差。

在本章结束时，我们讨论了在因变量是离散的情况下如何解释回归方程。关键是要记住，系数可以被解释为对因变量期望值的影响。

关键术语

基组	虚拟变量	政策分析
基准组	试验组	项目评价

二值变量	交互项	响应概率
邹至庄统计量	截距变化	自选择问题
对照组	线性概率模型（LPM）	处理组
协变量	序数变量	未中心化 R^2
斜率差异	全部正确预测百分比	0—1 变量
虚拟变量陷阱	政策分析	

习　题

1. 利用 SLEEP75 中的数据（也可参见第 3 章习题 3），我们得到如下估计方程：

$$\widehat{sleep} = 3\,840.83 - 0.163totwrk - 11.71educ - 8.70age + 0.128age^2 + 87.75male$$
$$(235.11)\ (0.018)\qquad (5.86)\qquad (11.21)\quad (0.134)\qquad (34.33)$$
$$n = 706,\ R^2 = 0.123,\ \overline{R}^2 = 0.117$$

式中，$sleep$ 是每周晚上睡眠的总分钟数；$totwrk$ 是每周花在工作上的总分钟数；$educ$ 和 age 则以年为单位；而 $male$ 是一个性别虚拟变量。

(i) 所有其他因素不变，有没有男性比女性睡眠更多的证据？这个证据有多强？

(ii) 工作与睡眠之间有统计显著的取舍关系吗？所估计的取舍关系是什么样的？

(iii) 为了检验年龄在其他因素不变的情况下对睡眠没有影响这个原假设，你还需要另外做什么回归？

2. 利用 BWGHT 中的数据，可估计出如下方程：

$$\widehat{\log(bwght)} = 4.66 - 0.004\,4cigs + 0.009\,3\log(faminc) + 0.016parity + 0.027male + 0.055white$$
$$(0.22)\ (0.000\,9)\quad (0.005\,9)\qquad\qquad (0.006)\qquad (0.010)\qquad (0.013)$$
$$n = 1\,388,\ R^2 = 0.047\,2$$

和

$$\widehat{\log(bwght)} = 4.65 - 0.005\,2cigs + 0.011\,0\log(faminc) + 0.017parity$$
$$(0.38)\ (0.001\,0)\qquad (0.008\,5)\qquad\qquad (0.006)$$
$$+ 0.034male + 0.045white - 0.003\,0motheduc + 0.003\,2fatheduc$$
$$(0.011)\qquad (0.015)\qquad (0.003\,0)\qquad\qquad (0.002\,6)$$
$$n = 1\,191,\ R^2 = 0.049\,3$$

变量定义和例 4.9 中一样，但我们增加了两个虚拟变量：一个虚拟变量表明孩子是不是男孩，另一个虚拟变量则表明这个孩子是不是白人。

(i) 在第一个方程中，解释变量 $cigs$ 的系数。具体而言，每天多抽 10 根烟对出生体重有何影响？

(ii) 在第一个方程中，保持其他因素不变，预计一个白人孩子的出生体重比一个非白人孩子重多少？这个差异是统计显著的吗？

(iii) 评价 $motheduc$ 的估计影响和统计显著性。

(iv) 从这些给定信息中，为什么不能计算出检验 $motheduc$ 和 $fatheduc$ 联合显著性的 F 统计量？为了计算这个统计量，还需要做些什么？

3. 利用 GPA2 中的数据，可估计出如下方程：

$$\widehat{sat} = 1\,028.10 + 19.30hsize - 2.19hsize^2 - 45.09female - 169.81black + 62.31female \cdot black$$

$$\quad\quad (6.29) \quad\quad (3.83) \quad\quad (0.53) \quad\quad\quad (4.29) \quad\quad\quad (12.71) \quad\quad\quad (18.15)$$

$$n = 4\,137, \; R^2 = 0.085\,8$$

式中，sat 是 SAT 的综合分数；$hsize$ 是以百人计学生所在高中毕业年级的学生规模；$female$ 是一个性别虚拟变量；而 $black$ 是一个种族虚拟变量（黑人取值 1，其他人都取值 0）。

(i) 有很强的证据支持模型中应该包括 $hsize^2$ 吗？从这个方程来看，最优的高中规模是什么？

(ii) 保持 $hsize$ 不变，非黑人女性和非黑人男性之间 SAT 分数的估计差异是多少？这个估计差异的统计显著性如何？

(iii) 非黑人男性和黑人男性之间 SAT 分数的估计差异是多少？检验其分数没有差异的原假设，备择假设是他们的分数存在差异。

(iv) 黑人女性和非黑人女性之间 SAT 分数的估计差异是多少？为了检验这个差异的统计显著性，你需要怎么做？

4. 一个解释 CEO 工资的等式如下：

$$\widehat{\log(salary)} = 4.59 + 0.257\log(sales) + 0.011roe + 0.158finance$$

$$\quad\quad (0.30) \quad (0.032) \quad\quad\quad\quad (0.004) \quad\quad (0.089)$$

$$\quad\quad + 0.181consprod - 0.283utility$$

$$\quad\quad\quad (0.085) \quad\quad\quad\quad (0.099)$$

$$n = 209, \; R^2 = 0.357$$

所使用的数据是 CEOSAL1，其中 $finance$、$consprod$ 和 $utility$ 是二值变量，代表行业为金融、消费品和公用事业。略去的行业是运输业。

(i) 当 $sales$ 和 roe 确定时，计算公用事业和运输业的估计的工资百分比近似差异。这一差异在 1% 的显著性水平上统计显著吗？

(ii) 使用等式（7.10）获得确定的公用事业和运输业的估计的工资百分比差异，将结果与第（i）部分中得到的结果比较。

(iii) 消费品行业和金融业之间估计的工资百分比差异近似是多少？写下能够让你检验差异是否统计显著的等式。

5. 在例 7.2 中，令 $noPC$ 表示一个虚拟变量：没有一台个人计算机的学生取值 1，否则取值 0。

(i) 如果用 $noPC$ 取代方程（7.6）中的 PC，所估计方程的截距会怎么样？$noPC$ 的系数是多少？（提示：写出 $PC = 1 - noPC$，并代入方程 $\widehat{colGPA} = \hat{\beta}_0 + \hat{\delta}_0 PC + \hat{\beta}_1 hsGPA + \hat{\beta}_2 ACT$。）

(ii) 如果用 $noPC$ 取代 PC，R^2 会有什么变化？

(iii) PC 和 $noPC$ 应该都作为自变量包括进模型中吗？请解释。

6. 为了检验工作培训项目对工人以后工资的有效性，我们设定了模型

$$\log(wage) = \beta_0 + \beta_1 train + \beta_2 educ + \beta_3 exper + u$$

式中，$train$ 表示的虚拟变量，在工人参与这个项目时取值 1。想象误差项包括了无法观测的工人能力。如果能力越低的工人被选派去参加这个项目的机会越大，而且我们使用 OLS 分析，你认为 β_1 的 OLS 估计量可能有什么样的偏误？（提示：参见第 3 章。）

7. 在方程（7.29）的例子中，假设我们定义 *outlf* 在妇女不属于劳动力范围时等于 1，否则等于 0。

（i）如果我们将 *outlf* 对方程（7.29）中的所有自变量做回归，截距和斜率的估计值会怎么样？（提示：$inlf = 1 - outlf$。将它代入总体方程 $inlf = \beta_0 + \beta_1 nwifeinc + \beta_2 educ + \cdots$，并重新整理。）

（ii）截距和斜率的标准误会有什么变化？

（iii）R^2 会有什么变化？

8. 假设你通过对工资、受教育程度、工作经历和性别的调查来搜集数据。而且，你还询问了抽烟方面的信息。原问题是：“上个月你抽过几包烟？”

（i）写出一个方程，使之在控制其他因素的情况下，能让你估计出抽烟对工资的影响。你应该能得出这样的结论：“每个月多抽 5 包烟，估计会使工资改变 $x\%$。”

（ii）写出一个模型，使你能检验女性和男性在抽烟对工资的影响上是否存在差异。你将怎样检验男女抽烟的影响是没有差异的？

（iii）假设你认为最好按抽烟量将人们分为四类：不抽者、浅尝者（每月 1～5 包）、适度者（每月 6～10 包）和重用者（每个月 10 包以上）。写出一个模型，使你能估计出抽烟对工资的影响。

（iv）利用第（iii）部分的模型，详细解释如何检验抽烟对工资没有影响的原假设。既要具体，又要包括对自由度的一个详细列表。

（v）利用你搜集来的调查数据做因果推断，会有哪些潜在的问题？

9. 令 d 表示一个（二值）虚拟变量，并令 z 表示一个定量变量。考虑模型

$$y = \beta_0 + \delta_0 d + \beta_1 z + \delta_1 d \cdot z + u$$

这是含有一个虚拟变量和一个定量变量的交互作用的一般性模型 [方程（7.17）中有一个例子]。

（i）由于没有重大变化，所以取误差为 $u = 0$。于是，当 $d = 0$ 时，我们可以把 y 和 z 之间的关系写成函数 $f_0(z) = \beta_0 + \beta_1 z$。当 $d = 1$ 时，同样写出 y 和 z 之间的关系，其中左边应该使用 $f_1(z)$，以表示 z 的线性函数。

（ii）假定 $\delta_1 \neq 0$（这意味着两条直线不平行），证明满足 $f_0(z^*) = f_1(z^*)$ 的 z^* 值为 $z^* = -\delta_0/\delta_1$。这是两条直线的交点 [如图 7.2（b）所示]。证明：z^* 为正的充分必要条件是 δ_0 和 δ_1 都为正。

（iii）利用 TWOYEAR 中的数据，估计如下方程：

$$\widehat{\log(wage)} = 2.289 - 0.357 female + 0.50 totcoll + 0.030 female \cdot totcoll$$
$$(0.011)(0.015) \qquad (0.003) \qquad (0.005)$$
$$n = 6\,763,\ R^2 = 0.202$$

其中所有系数和标准误都保留到小数点后三位。利用这个方程，求出使得男女 $\log(wage)$ 的预测值相等的 *totcoll* 值。

（iv）基于第（iii）部分的方程，女性能现实地获得足够多的大学教育而赶上男性的工资吗？请解释。

10. 对于每个居住在特定学校地区的孩子 i，定义 $voucher_i$ 为虚拟变量，当孩子被选入参与学校教育券项目时取 1。令 $score_i$ 等于孩子在随后的标准化考试中得到的分数。假定参与变量 $voucher_i$ 在某种意义下完全随机，独立于可以影响考试分数的可观测到和不可观测到的因素。

（i）如果你使用大小为 n 的随机样本以 $score_i$ 为因变量、$voucher_i$ 为自变量进行回归，OLS 估计量会提供教育券项目影响的无偏估计吗？

（ii）假定你可以收集额外的背景信息，比如家庭收入、家庭结构（例如，孩子是否和父母共同居住）和父母的教育水平。你是否需要控制这些因素以获得教育券项目影响的无偏估计？试解释。

（iii）为什么你应该将关于家庭背景的变量纳入回归中？是否有某种情况是你不会将背景变量纳入的？

11. 下面的等式是使用 ECONMATH 中的数据估计的，标准误在系数下面的括号中给出。班级平均分数用百分比度量，约 72.2；班级 50% 的学生恰好为男性；$colgpa$（个人学期初的平均绩点）大约为 2.81。

$$\widehat{score} = 32.31 + 14.32 colgpa$$
$$\phantom{\widehat{score} = }(2.00)\ (0.70)$$
$$n = 856,\ R^2 = 0.329,\ \overline{R}^2 = 0.328$$

$$\widehat{score} = 29.66 + 3.83 male + 14.57 colgpa$$
$$\phantom{\widehat{score} = }(2.04)(0.74)\quad\ (0.69)$$
$$n = 856,\ R^2 = 0.349,\ \overline{R}^2 = 0.348$$

$$\widehat{score} = 30.36 + 2.47 male + 14.33 colgpa + 0.479 male \cdot colgpa$$
$$\phantom{\widehat{score} = }(2.86)(3.96)\quad\ (0.98)\qquad\ (1.383)$$
$$n = 856,\ R^2 = 0.349,\ \overline{R}^2 = 0.347$$

$$\widehat{score} = 30.36 + 3.82 male + 14.33 colgpa + 0.479 male \cdot (colgpa - 2.81)$$
$$\phantom{\widehat{score} = }(2.86)(0.74)\quad\ (0.98)\qquad\ (1.383)$$
$$n = 856,\ R^2 = 0.349,\ \overline{R}^2 = 0.347$$

（i）解释第二个等式中 $male$ 的系数的意义，构建一个 β_{male} 置信水平为 95% 的置信区间。置信区间不包括 0 吗？

（ii）在第二个等式中，为什么 $male$ 的估计会不显著？我们是否应该得出结论：控制了 $colgpa$ 之后，$score$ 没有性别差异？〔提示：你可能想要计算一个 F 统计量，零假设是：在有交叉项模型中没有性别差异。〕

（iii）相比于第三个等式，为什么最后一个等式中 $male$ 的系数如此接近第二个等式中直接估计的数值呢？

12. 考虑例 7.11，其中在计算一个运动员的种族和一座城市的种族构成的交互项前，我们将城市组成的变量集中在样本平均值 $\overline{perblack}$ 和 $\overline{perchisp}$（分别约为 16.55 和 10.82）上。得到的估计方程为：

$$\widehat{\log(salary)} = 10.23 + 0.067\ 3 years + 0.008\ 9 gamesyr + 0.000\ 95 bavg + 0.014\ 6 hrunsyr$$
$$\phantom{\widehat{\log(salary)} = }(2.18)(0.012\ 9)\qquad (0.003\ 4)\qquad\quad (0.001\ 51)\qquad (0.016\ 4)$$
$$+ 0.004\ 5 rbisyr + 0.007\ 2 runsyr + 0.001\ 1 fldperc + 0.007\ 5 allstar$$
$$(0.007\ 6)\qquad (0.004\ 6)\qquad (0.002\ 1)\qquad (0.002\ 9)$$
$$+ 0.008\ 0 black + 0.027\ 3 hispan + 0.012\ 5 black \cdot (percblck - \overline{percblck})$$
$$(0.084\ 0)\qquad (0.108\ 4)\qquad (0.005\ 0)$$
$$+ 0.020\ 1 hispan \cdot (perchisp - \overline{perchisp})$$
$$(0.009\ 8)$$
$$n = 330,\ R^2 = 0.638$$

（i）为什么现在 $black$ 和 $hispan$ 的系数与在方程（7.19）中报告的大不相同？特别地，你如何解读这些系数？

(ii) 你怎么看待上述方程中 *black* 和 *hispan* 都在统计意义上不显著？

(iii) 比较上述方程与 (7.19)，还有其他东西发生变化了吗？为什么？

13. (i) 在用一个为 n 的样本的潜在结果研究背景下，用 $[y_i(0), y_i(1)]$ 表示单位 i 的一对潜在结果。定义平均值

$$\overline{y(0)} = n^{-1} \sum_{i=1}^{n} y_i(0)$$

$$\overline{y(1)} = n^{-1} \sum_{i=1}^{n} y_i(1)$$

并且定义样本平均处理效应（SATE）为 $SATE = \overline{y(1)} - \overline{y(0)}$。你能计算给定典型项目评价数据集时的 SATE 吗？

(ii) 令 $\bar{y}_0$ 和 $\bar{y}_1$ 分别作为对照组和处理组的观测值 y_i 的平均值。表明这些从 $\overline{y(0)}$ 到 $\overline{y(1)}$ 有什么不同。

计算机练习

C1. 本题利用 GPA1 中的数据。

(i) 在估计方程 (7.6) 中增加变量 *mothcoll* 和 *fathcoll*，并以通常格式报告结果。拥有个人电脑的估计影响会怎么样？PC 还是统计显著的吗？

(ii) 检验第 (i) 部分方程中 *mothcoll* 和 *fathcoll* 的联合显著性，不要忘记报告 p 值。

(iii) 在第 (i) 部分的模型中增加 $hsGPA^2$，并判断是否有必要进行这种扩展。

C2. 本题利用 WAGE2 中的数据。

(i) 估计模型

$$\log(wage) = \beta_0 + \beta_1 educ + \beta_2 exper + \beta_3 tenure + \beta_4 married + \beta_5 black + \beta_6 south + \beta_7 urban + u$$

并以通常格式报告结果。保持其他因素不变，黑人和非黑人之间的月薪差异近似为多少？这个差异是统计显著的吗？

(ii) 在这个方程中增加变量 $exper^2$ 和 $tenure^2$，证明即便在 20% 的显著性水平上，它们也不是联合显著的。

(iii) 扩展原模型，使受教育回报取决于种族，并检验受教育的回报是否的确取决于种族。

(iv) 再回到原模型，但现在允许四个不同人群（已婚黑人、已婚非黑人、单身黑人和单身非黑人）的工资有差别。估计已婚黑人和已婚非黑人之间的工资差异是多少？

C3. 一个允许棒球大联盟运动员的薪水因球员位置不同而不同的模型是：

$$\log(salary) = \beta_0 + \beta_1 years + \beta_2 gamesyr + \beta_3 bavg + \beta_4 hrunsyr$$
$$+ \beta_5 rbisyr + \beta_6 runsyr + \beta_7 fldperc + \beta_8 allstar$$
$$+ \beta_9 frstbase + \beta_{10} scndbase + \beta_{11} thrdbase + \beta_{12} shrtstop$$
$$+ \beta_{13} catcher + u$$

式中，外场手为基组。

(i) 表述如下原假设：在控制了其他因素后，接球手和外场手的收入大致相同。利用 MLB1 中的数据检验这个假设，并评论所估计薪水差异的大小。

(ii) 表述并检验如下原假设：一旦控制了其他因素，各个位置的平均薪水没有差别。

（iii）第（i）部分和第（ii）部分的结论一致吗？如果不一致，请解释。

C4. 本题利用 GPA2 中的数据。

（i）考虑方程

$$colgpa = \beta_0 + \beta_1 hsize + \beta_2 hsize^2 + \beta_3 hsperc + \beta_4 sat + \beta_5 female + \beta_6 athlete + u$$

式中，$colgpa$ 表示累计的大学 GPA，$hsize$ 表示高中毕业年级以百人计的规模，$hsperc$ 表示在毕业年级中学术排名的百分位，sat 表示 SAT 综合分数，$female$ 是一个二值变量，而 $athlete$ 也是一个运动员取值 1 的二值变量。你对这个方程中的系数有何预期？哪些你没有把握？

（ii）估计第（i）部分中的方程，并以通常格式报告结果。估计运动员和非运动员之间 GPA 的差异是多少？它是统计显著的吗？

（iii）从模型中去掉 sat 并重新估计这个方程。现在，作为运动员的估计影响有多大？讨论为什么这个估计值不同于第（ii）部分的结论。

（iv）在第（i）部分的模型中，允许作为运动员的影响会因性别不同而不同。检验如下原假设：在其他条件不变的情况下，女生是否为运动员没有差别。

（v）sat 对 $colgpa$ 的影响会因性别不同而不同吗？给出你的根据。

C5. 在第 4 章习题 2 中，我们在一个解释 CEO 薪水的模型中增加了变量企业股票的回报 ros；结果表明，ros 是不显著的。现在，定义一个虚拟变量 $rosneg$，它在 $ros < 0$ 时等于 1，而在 $ros \geq 0$ 时等于 0。利用 CEOSAL1 来估计模型

$$\log(salary) = \beta_0 + \beta_1 \log(sales) + \beta_2 roe + \beta_3 rosneg + u$$

讨论对 $\hat{\beta}_3$ 的解释及其统计显著性。

C6. 本练习题中使用 SLEEP75 的数据。关注的等式是

$$sleep = \beta_0 + \beta_1 totwrk + \beta_2 educ + \beta_3 age + \beta_4 age^2 + \beta_5 yngkid + u$$

（i）分别独立地为男性和女性估计这一等式，以通常格式报告结果。两个估计式有重要差异吗？

（ii）进行邹至庄检验，检验在睡眠等式中男性和女性的参数的等同性。使用检验的形式，即加入 $male$ 和交叉项 $male \cdot totwrk$，…，$male \cdot yngkid$ 并使用全数据集。检验的自由度是多少？你是否应该在 5% 的显著性水平上拒绝零假设？

（iii）现在，允许男性和女性的常数项不同，确定交叉项包括 $male$ 是否联合显著。

（iv）给定第（ii）和（iii）部分的结果，哪一个将是你最终的模型？

C7. 本题利用 WAGE1 中的数据。

（i）利用方程（7.18）估计在 $educ = 12.5$ 时的性别差异。并与 $educ = 0$ 时估计的性别差异进行比较。

（ii）做一个用以得到（7.18）的回归，但用 $female \cdot (educ - 12.5)$ 取代 $female \cdot educ$。你现在如何解释 $female$ 的系数？

（iii）第（ii）部分中 $female$ 的系数是统计显著的吗？与（7.18）相比较并进行评论。

C8. 本题利用 LOANAPP 中的数据。要解释的二值变量是 $approve$，如果一个人的抵押贷款得到许可则取值 1。主要的解释变量是虚拟变量 $white$，如果申请者是白人则取值 1。数据集中其他的申请者为黑人和拉美裔。

为了检验抵押贷款市场中的歧视，可使用一个线性概率模型：

$$approve = \beta_0 + \beta_1 white + 其他因素$$

（i）如果对少数民族存在歧视，并控制了适当的因素，那么，β_1 的符号是什么？

（ii）将 *approve* 对 *white* 做回归，并以通常格式报告结果。解释 *white* 的系数。它是统计显著的吗？该系数实际上大吗？

（iii）作为控制因素，增加变量 *hrat*、*obrat*、*loanprc*、*unem*、*male*、*married*、*dep*、*sch*、*cosign*、*chist*、*pubrec*、*morlat*1、*morlat*2 和 *vr*。*white* 的系数会有什么变化？仍有对非白人存在歧视的证据吗？

（iv）现在允许种族效应与度量了其他债务占收入比例的变量（*obrat*）存在交互作用。交互项显著吗？

（v）利用第（iv）部分的模型，在债务负担达到样本均值 *obrat*=32 时，作为白人对贷款许可的概率有多大的影响？构造这种影响的一个 95% 的置信区间。

C9.（许多美国工人可用的）401(k) 养老金计划的出现是否提高了净储蓄这一问题，吸引了大量研究兴趣。数据集 401KSUBS 包含了有关净金融资产（*nettfa*）、家庭收入（*inc*）、是否有资格参与 401(k) 计划的二值变量（*e401k*）和其他几个变量的信息。

（i）样本中有资格参与 401(k) 计划的家庭比例是多少？

（ii）估计一个用收入、年龄和性别解释 401(k) 资格的线性概率模型。包括收入和年龄的二次项，并以通常格式报告结果。

（iii）你认为 401(k) 资格独立于收入和年龄吗？性别呢？请解释。

（iv）求第（ii）部分中估计的线性概率模型的拟合值。有小于 0 或大于 1 的拟合值吗？

（v）利用第（iv）部分中的拟合值 $\widehat{e401k}_i$，定义在 $\widehat{e401k} \geqslant 0.5$ 时 $\widehat{e401k}_i = 1$，并在 $\widehat{e401k} < 0.5$ 时 $\widehat{e401k}_i = 0$。在 9 275 个家庭中，预计有多少家庭有资格参与 401(k) 计划？

（vi）对于没有资格参与 401(k) 计划的 5 638 个家庭，利用预测子 $\widehat{e401k}_i$，预测其中有多大比例没有参与 401(k) 计划？对于有资格参与 401(k) 计划的 3 637 个家庭，其中有多大比例的家庭有 401(k)？（如果你的计量经济软件具有"制表"命令则更好。）

（vii）总的正确预测百分比约为 64.9%。给定第（vi）部分的答案，你认为这是模型好坏的一个完备描述吗？

（viii）在线性概率模型中增加一个解释变量 *pira*。其他条件不变，若一个家庭中的某个成员拥有个人退休金账户，该家庭有资格参与 401(k) 计划的估计概率会提高多少？在 10% 的显著性水平上，它统计显著异于 0 吗？

C10. 本练习题使用 NBASAL 中的数据。

（i）估计线性回归模型，因变量为每场比赛的分数，自变量为联赛中的经验和位置（后卫、前锋或中锋）。纳入经验的二次项，使用中锋为基组。以通常格式报告结果。

（ii）为什么你不将所有三个位置虚拟变量都纳入第（i）部分的等式中？

（iii）保持经验不变，后卫的得分会比中锋更高吗？高多少？统计上显著吗？

（iv）现在，将婚姻状况加入等式中。保持经验和位置不变，已婚运动员会更高产（在每场比赛的得分更多）吗？

（v）加入婚姻状况和两个经验变量的交叉项。在这一扩展形式的模型中，是否有很强的证据支持婚姻状况影响每场比赛得分？

（vi）估计第（iv）部分中的模型，但使用每场比赛的助攻作为因变量。与第（iv）部分的结果相比，有值得注意的差异吗？试讨论。

C11. 本题利用 401KSUBS 中的数据。

(i) 计算样本中 *nettfa* 的平均值、标准差、最小值和最大值。

(ii) 检验假设：平均 *nettfa* 不会因为 401(k) 资格状况而有所不同；使用双侧备择假设。估计差异的美元数量是多少？

(iii) 根据第 7 章的计算机练习 C9 的第（ii）部分，$e401k$ 在一个简单回归模型中显然不是外生的；起码它随着收入和年龄而变化。以收入、年龄和 $e401k$ 作为解释变量估计 *nettfa* 的一个多元线性回归模型。收入和年龄应该以二次函数形式出现。现在，估计 401(k) 资格的美元效应是多少？

(iv) 在第（iii）部分估计的模型中，增加交互项 $e401k \cdot (age-41)$ 和 $e401k \cdot (age-41)^2$。注意样本中的平均年龄约为 41 岁，所以在新模型中，$e401k$ 的系数是 401(k) 资格在平均年龄处的估计效应。哪个交互项显著？

(v) 比较第（iii）部分和第（iv）部分的估计值，401(k) 资格在 41 岁处的估计效应差别大吗？请解释。

(vi) 现在，从模型中去掉交互项，但定义 5 个家庭规模虚拟变量：$fsize1$、$fsize2$、$fsize3$、$fsize4$ 和 $fsize5$。对有 5 个或 5 个以上成员的家庭，$fsize5$ 等于 1。在第（iii）部分估计的模型中，增加家庭规模虚拟变量；记得选择一个基组。这些家庭虚拟变量在 1% 的显著性水平上显著吗？

(vii) 现在，针对模型

$$nettfa = \beta_0 + \beta_1 inc + \beta_2 inc^2 + \beta_3 age + \beta_4 age^2 + \beta_5 e401k + u$$

在允许截距不同的情况下，做 5 个家庭规模类别的邹至庄检验。约束残差平方和 SSR_r 从第（iv）部分得到，因为那里的回归假定了相同的斜率。无约束残差平方和 $SSR_{ur} = SSR_1 + SSR_2 + \cdots + SSR_5$，其中 SSR_f 是从仅用家庭规模 f 估计的方程中得到的残差平方和。你应该明白，无约束模型中有 30 个参数（5 个截距和 25 个斜率），而约束模型中有 10 个参数（5 个截距和 5 个斜率）。因此，带检验的约束个数是 $q=20$，而且无约束模型的 df 为 $9\,275-30=9\,245$。

C12. 本题利用 BEAUTY 中的数据集，它包含了哈默梅什和比德尔（Hamermesh and Biddle，1994）报告变量的一个子集（但比其报告的回归中的观测更加有用）。

(i) 分别求男女相貌在一般水平之上的比例。相貌在一般水平之上和之下的人哪个更多？

(ii) 检验假设：男女相貌在一般水平之上的总体比例相同。报告女人比例更高的单侧 p 值。（提示：估计一个简单的线性概率模型最容易。）

(iii) 现在针对男女分别估计模型

$$\log(wage) = \beta_0 + \beta_1 belavg + \beta_2 abvavg + u$$

并以通常格式报告结果。在两种情形中都解释 $belavg$ 的系数。用语言解释假设 $H_0: \beta_1 = 0$ 相对 $H_1: \beta_1 < 0$ 的含义，并分别求出 p 值。

(iv) 有相貌在一般水平之上的女人比相貌一般的女人工资更高的充分证据吗？请解释。

(v) 对男人和女人，都增加解释变量 $educ$、$exper$、$exper^2$、$union$、$goodhlth$、$black$、$married$、$south$、$bigcity$、$smllcity$ 和 $service$。"相貌"变量的影响有重要变化吗？

C13. 本题利用 APPLE 中的数据。

(i) 定义一个二值变量 $ecobuy$ 在 $ecolbs>0$ 时取值 1，在 $ecolbs=0$ 时取值 0。换言之，在给定价格下，$ecobuy$ 标志着一个家庭是否购买环保苹果。多大比例的家庭声称要购买环保苹果？

(ii) 估计线性概率模型

$$ecobuy = \beta_0 + \beta_1 ecoprc + \beta_2 regprc + \beta_3 faminc + \beta_4 hhsize + \beta_5 educ + \beta_6 age + u$$

并以通常格式报告结果。仔细解释价格变量的系数。

（iii）在 LPM 中，非价格变量联合显著吗？（尽管存在异方差时，通常的 F 统计量并非有效，但我们还是使用它。）除价格变量外，哪个解释变量对购买环保苹果的决策具有最重要的影响？你认为这合理吗？

（iv）在第（ii）部分的模型中，用 $\log(faminc)$ 取代 $faminc$。使用 $faminc$ 和 $\log(faminc)$，哪个模型对数据拟合得更好？解释 $\log(faminc)$ 的系数。

（v）在第（iv）部分的估计中，有多少估计概率为负？多少大于 1？这应该引起你的注意吗？

（vi）对于第（iv）部分中的估计，计算结果 $ecobuy=0$ 和 $ecobuy=1$ 正确预测的百分比。模型预测哪个结果最好？

C14. 使用 CHARITY 中的数据回答本题。变量 $respond$ 是虚拟变量，如果这个人对慈善组织最近发出的一封邮件进行了回复，取值 1。变量 $resplast$ 是虚拟变量，如果这个人对慈善组织的上一封邮件进行了回复，$avggift$ 是过去礼物的均值（按荷兰盾计），$propresp$ 是这个人对过往邮件回复的比例。

（i）估计线性概率模型，因变量为 $respond$，自变量是 $resplast$ 和 $avggift$。以通常格式报告结果，并解释 $resplast$ 系数的意义。

（ii）过去礼物的均值看起来是否会影响回复的可能性？

（iii）将变量 $propresp$ 加入模型，并解释其系数。（这里小心：$propresp$ 升高一个单位是最大可能的改变。）

（iv）当 $propresp$ 加入回归式的时候，$resplast$ 系数将会怎么变化？这有意义吗？

（v）将变量 $mailsyear$，即平均每年的邮件数加入模型。估计它的效应有多大？为什么这可能不是研究影响回复内容的原因的好估计？

C15. 本题利用 FERTIL2 中的数据。

（i）找到样本中的变量 $children$ 的最小值和最大值。变量 $children$ 的均值是多少？有哪个女性的孩子的数量正好是均值吗？

（ii）百分之多少的女性家中有电？

（iii）计算没有电的家庭和有电的家庭中 $children$ 的均值。简述你的发现。使用简单的回归检验总体均值是否一样。

（iv）从第（iii）部分中，你能推断出有电"导致"女性有更少的孩子吗？

（v）估计式（7.37）中的多元回归式，但添加 $age2$、$urban$ 和三个宗教归属虚拟变量。有电的估计效应相比于第（iii）部分如何？是否依旧统计显著？

（vi）在第（v）部分的等式中加入 $electric$ 和 $educ$ 的交叉项。其系数是否统计上显著？$electric$ 的系数发生了什么？

（vii）$educ$ 的中位数和众数都是 7。在第（vi）部分的等式中，使用中心化的交叉项 $electric \cdot (educ-7)$ 替代 $electric \cdot educ$。相比于第（vi）部分，$electric$ 的系数变成了什么？为什么？相比于第（v）部分，$electric$ 的系数呢？

C16. 本题利用 CATHOLIC 中的数据。

（i）在整个样本中，在天主教高中上学的学生百分比是多少？计算在整个样本中 $math12$ 的均值。

（ii）以 $math12$ 为因变量、$cathhs$ 为自变量，进行简单回归，以通常格式报告结果。解释你的发现。

（iii）现在将变量 $lfaminc$、$motheduc$ 和 $fatheduc$ 加入第（ii）部分的回归。回归使用了多少观测值？

cathhs 的系数发生了什么？其统计显著性呢？

（iv）回到将 *math12* 回归到 *cathhs* 的简单回归，但是限制观测值只使用第（iii）部分中使用的。重要结论改变了吗？

（v）在第（iii）部分的多元回归中加入 *cathhs* 和每个解释变量的交叉项。交叉项独立或者联合显著吗？

（vi）在第（v）部分的回归中，*cathhs* 的系数发生了什么？解释为什么这个系数不是很有趣。

（vii）计算第（v）部分 *cathhs* 的平均偏效应。相比于第（iii）和（v）部分中的系数如何呢？

C17. 使用 JTRAIN98 中的数据回答此问题。变量 *unem98* 是表示工人在 1998 年是否失业的二值变量。它可以用于衡量工作培训在降低失业可能性方面的有效性。

（i）工作培训项目后，百分之多少的工人在 1998 年失业？与 1996 年的失业率相比如何？

（ii）运行 *unem98* 关于 *train* 的简单回归。你怎么解读 *train* 的系数？它是否统计显著？对你而言，是否有意义？

（iii）将解释变量 *earn96*，*educ*，*age* 和 *married* 添加到第（ii）部分中的回归里。现在解读估计出的培训效果。为什么与第（ii）部分中的大不相同？

（iv）现在在运行包含所有交互项的回归来进行完整的回归调整，其中所有变量（除了培训的指示量）集中在它们的样本均值附近：

$$unem98_i \text{ 对 } train_i, \ earn96_i, \ educ_i, \ age_i, \ married_i, \ train_i \cdot (earn96_i - \overline{earn96}),$$

$$train_i \cdot (educ_i - \overline{educ}), \ train_i \cdot (age_i - \overline{age}), \ train_i \cdot (married_i - \overline{married}) \text{ 做回归}$$

这个回归使用了所有的数据。和第（iii）部分相比，估计的平均处理效应有什么变化？它的标准误变化大吗？

（v）在第（iv）部分中的交互项是否联合显著？

（vi）验证如果运行两个分离的回归，并使用方程（7.43）中的公式，你得到的是一模一样的平均处理效应。也就是说，用对照组和处理组运行两个分离的回归，对样本中每个人得到拟合值 $\widehat{unem98}_i^{(0)}$ 和 $\widehat{unem98}_i^{(1)}$，然后计算：

$$\hat{\tau}_{wa} = n^{-1} \sum_{i=1}^{n} \left[\widehat{unem98}_i^{(1)} - \widehat{unem98}_i^{(0)} \right]$$

用第（iv）部分中 *train* 的系数进行检验。哪种方法能更方便地得到标准误？

第8章 异方差性

第 3 章多元回归分析中介绍的同方差假定表明，以解释变量为条件的（观测不到的）误差 u 的方差是常数。只要不可观测因素的方差随总体的不同部分（由不同的解释变量值所决定）而变化，同方差性就不能成立。比如，在一个储蓄方程中，如果影响储蓄而又无法观测因素的方差随收入而变化，就会出现异方差性。

我们在第 4 章和第 5 章看到，即便样本容量很大，要在线性回归模型中使用 OLS 估计的 t 检验、F 检验和置信区间，都需要同方差假定。我们在本章讨论出现异方差性时的一些修正措施，并说明如何检验是否存在异方差。我们从简要评论异方差性对普通最小二乘估计所造成的影响开始。

8.1 异方差性对 OLS 所造成的影响

再次考虑多元线性回归模型：

$$y = \beta_0 + \beta_1 x_1 + \beta_2 x_2 + \cdots + \beta_k x_k + u \tag{8.1}$$

在第 3 章，我们在前四个高斯-马尔科夫假设 MLR.1 到 MLR.4 下，证明了 OLS 估计量 $\hat{\beta}_0$，$\hat{\beta}_1$，$\hat{\beta}_2$，$\cdots$，$\hat{\beta}_k$ 的无偏性。我们在第 5 章证明了，上述四个假设意味着 OLS 的一致性。用误差方差表示为 $\mathrm{Var}(u \mid x_1, x_2, \cdots, x_k) = \sigma^2$ 的同方差假设 MLR.5，在证明 OLS 的无偏性和一致性的过程中，并没有起到什么作用。重要的是记住，异方差性并不会导致 β_j 的 OLS 估计量出现偏误或产生不一致性，但诸如省略一个重要变量之类的情况出现则具有这种影响。

我们对拟合优度指标 R^2 和 $\overline{R}^2$ 的解释也不受异方差性的影响。为什么？回顾 6.3 节，通常的 R^2 和调整 R^2 都是估计总体 R^2 的不同方法，而总体 R^2 无非就是 $1 - \sigma_u^2 / \sigma_y^2$，其中 σ_u^2 是总体误差方差，σ_y^2 则是 y 的总体方差。关键是，由于总体 R^2 中这两个方差都是无条件方差，所以总体 R^2 不受 $\mathrm{Var}(u \mid x_1, \cdots, x_k)$ 中出现异方差性的影响。而且，无论 $\mathrm{Var}(u \mid x_1, \cdots, x_k)$ 是否为常数，SSR/n 都一致地估计了 σ_u^2，SST/n 也一致地估计了 σ_y^2。当我们使用自由度调整时，依然如此。因此，无

论同方差假定是否成立，R^2 和 $\overline{R}^2$ 都一致地估计了总体 R^2。

如果异方差性不会导致偏误和不一致性，我们为什么还要引入它作为一个高斯-马尔科夫假设呢？回想第 3 章，估计量的方差 $\text{Var}(\hat{\beta}_j)$ 在没有同方差假定的情况下是有偏的。由于 OLS 标准误直接以这些方差为基础，所以它们都不能用来构造置信区间和 t 统计量。在出现异方差性时，通常普通最小二乘法的 t 统计量就不具有 t 分布，使用大样本容量也不能解决这个问题。类似地，F 统计量也不再服从 F 分布，而 LM 统计量也不服从一个渐近 χ^2 分布。总之，在出现异方差性的情况下，我们在高斯-马尔科夫假设下用来检验假设的统计量都不再成立。

我们还知道，表明 OLS 是最优线性无偏估计的高斯-马尔科夫定理，关键是依靠同方差假定。如果 $\text{Var}(u|\mathbf{x})$ 不是常数，OLS 就不再是 BLUE。此外，定理 5.3 中描述的一类估计量中，OLS 也不再是渐近有效的。如我们在 8.4 节中将看到的那样，在出现异方差性的情况下，可能会找到比 OLS 更有效的估计量（尽管这要求我们知道异方差的形式）。在样本容量相对较大时，得到一个有效估计量可能就不是那么重要。我们在下一节将说明，如何修正通常的 OLS 检验统计量，并使之至少渐近有效。

8.2 OLS 估计后的异方差—稳健推断

由于假设检验在计量经济分析中如此重要，而通常的 OLS 推断在出现异方差时一般都是错的，所以我们必须决定，是否应该完全放弃 OLS。幸运的是，OLS 仍然有用。在最近 20 年间，计量经济学家已经知道了该如何调整标准误、t 统计量、F 统计量和 LM 统计量，使之在出现**未知形式的异方差性**（heteroskedasticity of unknown form）时仍可用。这是很方便的，因为它意味着，无论总体中出现的异方差性类型如何，我们都能报告可用的新统计量。因为无论误差方差是否为常数，而且我们不需要知道到底是哪种情况，它们都（至少在大样本下）是有效的，所以我们把本节讨论的这种方法称为异方差—稳健过程。

我们首先概述在出现异方差时如何估计方差 $\text{Var}(\hat{\beta}_j)$。其理论推导远超出本书范围，但由于现在许多统计和计量经济软件包都有计算这些统计量的选项，所以对异方差—稳健方法的应用十分容易。

首先，考虑具有单个自变量的模型，其中为强调起见，我们用了下标 i：

$$y_i = \beta_0 + \beta_1 x_i + u_i$$

我们以后统统假定前四个高斯-马尔科夫假设成立。如果误差包含异方差性，那么

$$\text{Var}(u_i | x_i) = \sigma_i^2$$

式中，我们给 σ^2 加上下标 i，表示误差方差取决于 x_i 的特定值。

将 OLS 估计量写成

$$\hat{\beta}_1 = \beta_1 + \frac{\sum\limits_{i=1}^{n}(x_i - \bar{x})u_i}{\sum\limits_{i=1}^{n}(x_i - \bar{x})^2}$$

在假设 MLR. 1 到 MLR. 4 下（仅没有同方差假设），并以样本中 x_i 的值为条件，我们可利用与第 2 章同样的论证来证明

$$\mathrm{Var}(\hat{\beta}_1) = \frac{\sum\limits_{i=1}^{n}(x_i - \bar{x})^2\sigma_i^2}{\mathrm{SST}_x^2} \tag{8.2}$$

式中，$\mathrm{SST}_x = \sum_{i=1}^{n}(x_i - \bar{x})^2$ 为 x_i 的总平方和。当对所有的 i 都有 $\sigma_i^2 = \sigma^2$ 时，这个表达式就简化成通常形式 σ^2/SST_x。方程（8.2）明确表明，对于简单回归情形来说，在出现异方差性时，同方差条件下推导出来的方差公式就不再正确。

由于 $\hat{\beta}_1$ 的标准误直接基于对 $\mathrm{Var}(\hat{\beta}_1)$ 的估计，所以在出现异方差性时，我们就需要一种估计方程（8.2）的方法。怀特（White，1980）说明了这种做法。令 $\hat{u}_i$ 表示原来 y 对 x 做回归所得到的 OLS 残差。那么，对于任何形式的异方差（包括同方差），$\mathrm{Var}(\hat{\beta}_1)$ 的一个有效估计量都是

$$\frac{\sum\limits_{i=1}^{n}(x_i - \bar{x})^2\hat{u}_i^2}{\mathrm{SST}_x^2} \tag{8.3}$$

它很容易从 OLS 回归后的数据中计算出来。

方程（8.3）在哪种意义上会是 $\mathrm{Var}(\hat{\beta}_1)$ 的一个有效估计量呢？这相当微妙。简言之，可以证明，将方程（8.3）乘以样本容量 n 后，会依概率收敛于 $\mathrm{E}[(x_i - \mu_x)^2u_i^2]/(\sigma_x^2)^2$，即方程（8.2）与 n 之积的概率极限。最终，这就是用标准误构造置信区间和 t 统计量之所以正确的必要条件。大数定律和中心极限定理在证明这些收敛中起到关键作用。详细内容可参见怀特的原始论文，但那篇论文对技术的要求相当高。也可参见 Wooldridge（2010，Chapter 4）。

在一般多元回归模型

$$y = \beta_0 + \beta_1 x_1 + \cdots + \beta_k x_k + u$$

中，也有一个类似公式。可以证明，在假设 MLR. 1 到 MLR. 4 下，$\mathrm{Var}(\hat{\beta}_j)$ 的一个有效估计量是

$$\widehat{\mathrm{Var}}(\hat{\beta}_j) = \frac{\sum\limits_{i=1}^{n}\hat{r}_{ij}^2\hat{u}_i^2}{\mathrm{SSR}_j^2} \tag{8.4}$$

式中，$\hat{r}_{ij}$ 表示将 x_j 对所有其他自变量做回归所得到的第 i 个残差，而 SSR_j 则是这个回归的残差平方和（怎样对 OLS 估计值作排除其他变量影响的表述，参见 3.2 节）。方程（8.4）的平方根被称为 $\hat{\beta}_j$ 的**异方差—稳健的标准误**（heteroskedasticity-robust standard error）。在计量经济学中，这些稳健的标准误通常都由怀特（White，1980）提出。统计学的更早期著作 [特别是埃克（Eicker，1967）和休伯（Huber，

1967）] 也曾指出过得到这种稳健标准误的可能性。在应用研究中，有时又把它们称为怀特、休伯或埃克标准误（或用连字符将他们的名字连在一起）。我们只是把它们称为异方差—稳健的标准误，甚或在不引起混淆的情况下就称为稳健标准误。

有时，作为对自由度的一种修正，在将（8.4）式开平方之前先乘以 $n/(n-k-1)$。进行这种调整的根据是，如果 OLS 残差的平方 $\hat{u}_i^2$ 对所有观测 i 都相同——样本中同方差性是最可能的形式，那么我们将得到通常的 OLS 标准误。麦金农和怀特（MacKinnon and White，1985）还研究了对（8.4）式的其他修正。由于所有形式都只是渐近合理，而且它们渐近等价，所以没有哪个形式一定比所有其他形式都更好。通常，我们总是采用手边所用的回归软件包计算出来的任意形式。

一旦得到了异方差—稳健的标准误，构造一个**异方差—稳健的 t 统计量**（heteroskedasticity-robust t statistic）就很容易。回想 t 统计量的一般形式是

$$t = \frac{\text{估计值} - \text{假设值}}{\text{标准误}} \tag{8.5}$$

由于我们仍在使用 OLS 估计值，而且事先选定了假设值，所以通常 OLS 的 t 统计量和异方差—稳健的 t 统计量之间的唯一区别，就是如何计算标准误。

在等式（8.4）中，SSR_j 这一项可以被 $SST_j(1-R_j^2)$ 代替，其中，SST_j 是 x_j 的总平方和，R_j^2 是 x_j 对其余所有解释变量进行回归所得到的一般 R^2。[我们在推导等式（3.51）时使用了这一隐含的相等关系。] 因此，x_j 非常微小的变化，或者是 x_j 和其他解释变量之间很强的线性关系——即多重共线性——可能导致异方差—稳健的标准误变得很大。我们在 3.4 节中曾经讨论过与一般最小二乘回归标准差相关的类似问题。

例 8.1

同时使用异方差—稳健的标准误的对数工资方程

虽然我们在例 7.6 中估计了这个模型，但现在，我们要在报告通常的 OLS 标准误的同时，也把异方差—稳健的标准误报告出来。有几个估计值在报告时多给出了几位数字，以便我们将通常的标准误与异方差—稳健的标准误相比较：

$$\widehat{\log(wage)} = 0.321 + 0.213\,marrmale - 0.198\,marrfem - 0.110\,singfem + 0.078\,9\,educ$$
$$\quad (0.100) \quad (0.055) \qquad (0.058) \qquad (0.056) \qquad (0.006\,7)$$
$$\quad [0.109] \quad [0.057] \qquad [0.058] \qquad [0.057] \qquad [0.007\,4]$$

$$+ 0.026\,8\,exper - 0.000\,54\,exper^2 + 0.029\,1\,tenure - 0.000\,53\,tenure^2$$
$$\quad (0.005\,2) \qquad (0.000\,11) \qquad (0.006\,8) \qquad (0.000\,23)$$
$$\quad [0.005\,1] \qquad [0.000\,11] \qquad [0.006\,9] \qquad [0.000\,24]$$

$$n = 526, \ R^2 = 0.461 \tag{8.6}$$

在对应的 OLS 估计值下面，通常的 OLS 标准误放在圆括号（）中，而异方差—稳健的标准误则放在方括号 [] 中。由于这个方程仍然是由 OLS 估计而来，所以唯一的新内容就是方括号中的数字。

从方程（8.6）来看，有几点很明显。首先，在这个特定应用中，任何一个使用通常的 t 统计量而被认为统计显著的变量，使用异方差—稳健的 t 统计量时，仍然是统计显著的。这是因为这两组标准误相差不大。（与之相联系的 p 值则略有不同，因为稳健的 t 统计量与通常非稳健的 t 统计量不同。）标准误相对变化最大的是 $educ$ 的系数：通常的标准误是 0.006 7，而稳健标准误是 0.007 4。不过，这个稳健标准误仍然意味着，稳健的 t 统计量在 10 以上。

方程（8.6）还表明，稳健标准误既可以大于通常的标准误，又可以小于通常的标准误。例如，$exper$ 的稳健标准误为 0.005 1，而其通常的标准误则为 0.005 5。我们事先并不知道哪个会更大。从经验来看，常常发现稳健标准误比通常的标准误更大。

在结束这个例子之前，我们必须强调，到目前为止，我们还不知道，在方程（8.6）背后的总体模型中是否出现了异方差性。我们所做的只是在报告通常的标准误的同时，也报告那些不管是否出现异方差性都正确的（渐近）标准误。我们可以看出，在这个例子中，使用稳健标准误没有推翻任何一个重要结论。虽然这种情况在应用研究中经常发生，但在其他情形下，通常的标准误与稳健标准误之间的差距则大得多。作为这种差别相当明显的例子，参见第 8 章的计算机练习 C2。

此时，你可能会问如下问题：如果异方差—稳健的标准误比通常的 OLS 标准误适用的情况更多，我们为什么还非要使用通常的标准误不可呢？这是一个敏锐的问题。在横截面数据研究中还使用它们的原因之一是，如果同方差假定成立，而且误差又服从正态分布，那么，无论样本容量的大小如何（参见第 4 章），通常的 t 统计量都服从精确的 t 分布。而稳健标准误和稳健的 t 统计量只有在样本容量越来越大时才能使用，即使在 CLM 假设是正确的情况下也是如此。在小样本容量的情况下，稳健的 t 统计量的分布可能不是那么接近于 t 分布，从而使我们的推断可能犯错误。

在大样本容量的情况下，我们就有理由在横截面数据分析中总是只报告异方差—稳健的标准误，而且在应用研究中，这种做法越来越多。像方程（8.6）那样同时报告两个标准误的做法也很常见，以便读者判断是否有些结论对所用标准误都有敏感的反应。

还有可能得到对任意一个未知形式的异方差性都保持稳健的 F 和 LM 统计量。**异方差—稳健的 F 统计量**（heteroskedasticity-robust F statistic）（或其简单变换）又被称为异方差—稳健的瓦尔德统计量。对瓦尔德统计量的一般性探讨需要使用矩阵代数，并在书末附录高级处理方法 E 中简要给出；更详尽的分析参见 Wooldridge（2010，Chapter 4）。不过，由于许多统计软件包现在都例行计算这种统计量，所以将异方差—稳健的 F 和 LM 统计量用于排除性约束也很直截了当。

异方差—稳健的 F 统计量

利用 GPA3 中春季学期的数据，我们估计了如下方程：

$$\widehat{cumgpa}=1.47+0.001\,14sat-0.008\,57hsperc+0.002\,50tothrs$$
$$(0.23)\quad(0.000\,18)\quad(0.001\,24)\qquad(0.000\,73)$$
$$[0.22]\quad[0.000\,19]\quad[0.001\,40]\qquad[0.000\,73]$$
$$+0.303female-0.128black-0.059white$$
$$(0.059)\qquad(0.147)\qquad(0.141)$$
$$[0.059]\qquad[0.118]\qquad[0.110]$$
$$n=366,\ R^2=0.400\,6,\ \bar{R}^2=0.390\,5 \tag{8.7}$$

通常的标准误和异方差—稳健的标准误之间的差别仍不是很大，而且使用稳健的 t 统计量不会改变任何一个自变量的统计显著性。联合显著性检验也不会受到太大影响。假设我们想检验的原假设是：在控制了所有其他因素之后，$cumgpa$ 在不同种族之间没有差异。这个原假设可表述为 H_0：$\beta_{black}=0$，$\beta_{white}=0$。一旦我们从约束模型中得到了 R^2，就很容易得到通常的 F 统计量；最后得到的这个 R^2 为 0.398 3。于是 F 统计量为 $[(0.400\,6-0.398\,3)/(1-0.400\,6)]\times(359/2)\approx0.69$。如果出现了异方差性，这个检验形式便不正确。异方差—稳健的统计量没有简单的形式，但可通过一些特定的统计软件包计算出来。计算出来的异方差—稳健的 F 统计量为 0.75，与非稳健形式的数值只是略有出入。这个稳健检验的 p 值为 0.474，与标准的显著性水平并不接近。无论使用哪种检验，我们都不能拒绝原假设。

在异方差条件下，通常的 SSR 型 F 统计量不是有效的，因此在对两个组共同的系数进行邹至庄检验时，我们必须谨慎行事。如果存在异方差，包括两个组误差方差不同的简单情形，方程（7.24）中 F 统计量的形式都不是有效的。然而，我们仍可以通过这样的方式，即加入一个虚拟变量，同时加入虚拟变量和其他所有解释变量的交互项来区分两个组，从而进行异方差—稳健性的邹至庄检验。之后我们再检验两个回归方程是否无差异——通过检验虚拟变量及所有交互项的系数是否为0——或在虚拟变量系数不受约束的条件下，检验所有斜率是否一致。例题见计算机练习 C14。

8.2a 计算异方差—稳健的 *LM* 统计量

并不是所有回归软件包都能计算异方差—稳健的 *F* 统计量。因此，若能找到一种方法，让我们能得到多重排除性约束的一个异方差—稳健检验，而又不需要特殊的计量经济软件，那就方便了。这实际上便是任何一个回归软件包都很容易计算的**异方差—稳健的 *LM* 统计量**（heteroskedasticity-robust *LM* statistic）。

> **？ 思考题 8.1**
>
> 评价如下论断：异方差—稳健的标准误总是比通常的标准误更大。

为了说明稳健 *LM* 统计量的计算，考虑模型

$$y = \beta_0 + \beta_1 x_1 + \beta_2 x_2 + \beta_3 x_3 + \beta_4 x_4 + \beta_5 x_5 + u$$

并假设我们想检验 $H_0: \beta_4 = 0$，$\beta_5 = 0$。为了得到通常的 *LM* 统计量，我们将首先估计约束模型（即不含 x_4 和 x_5 的模型），以得到残差 $\tilde{u}$。然后将 $\tilde{u}$ 对所有自变量进行回归，而且 $LM = n \cdot R_{\tilde{u}}^2$，其中 $R_{\tilde{u}}^2$ 就是从这个回归中得到的 R^2。

要得到异方差—稳健形式的统计量还需要更多的工作。有一种只需要 OLS 回归便能计算这种统计量的方法。我们需要将 x_4 对 x_1、x_2、x_3 回归所得到的残差 $\tilde{r}_1$ 和将 x_5 对 x_1、x_2、x_3 回归所得到的残差 $\tilde{r}_2$。于是，我们将原假设中所排除的自变量对原假设中所包括的所有自变量做回归，并且每次都得到一个残差。最后一步看上去有些古怪（但它毕竟只是一个计算工具），即做如下不包括截距项的回归：

$$1 \text{ 对 } \tilde{r}_1\tilde{u}, \tilde{r}_2\tilde{u} \text{ 回归} \tag{8.8}$$

是的，我们实际上定义了一个对所有观测都等于 1 的因变量。我们将这个因变量对乘积 $\tilde{r}_1\tilde{u}$ 和 $\tilde{r}_2\tilde{u}$ 做回归。稳健性 *LM* 统计量其实就是 $n - \text{SSR}_1$，其中 SSR_1 刚好是回归（8.8）中通常的残差平方和。

究其原因，多少有些技术化。基本上看来，这是在构造适合于 *LM* 检验的稳健标准误，如同构造适合于 *t* 检验的稳健标准误那样。[更详尽的讨论可参见 Wooldridge（1991b）或 Davidson and MacKinnon（1993）。]

现在，我们在一般情形下总结对异方差—稳健的 *LM* 统计量的计算。

异方差—稳健的 *LM* 统计量：

1. 从约束模型中得到 $\tilde{u}$。

2. 将原假设中所排除的每个自变量分别对原假设所包含的所有自变量进行回归；如果有 q 个被排除变量，就得到 q 个残差 $(\tilde{r}_1, \tilde{r}_2, \cdots, \tilde{r}_q)$ 构成的集合。

3. （对所有的观测都）求出每个 $\tilde{r}_j$ 和 $\tilde{u}$ 的积。

4. 在不包括截距的情况下将 1 对 $\tilde{r}_1\tilde{u}, \tilde{r}_2\tilde{u}, \cdots, \tilde{r}_q\tilde{u}$ 做回归。异方差—稳健的 *LM* 统计量就是 $n - \text{SSR}_1$，其中 SSR_1 是最后这个回归通常的残差平方和。在 H_0 下，*LM* 渐近服从 χ_q^2 分布。

一旦得到了稳健的 *LM* 统计量，假设的拒绝规则和 *p* 值计算都与 5.2 节中通常的 *LM* 统计量一样。

例 8.3

异方差—稳健的 *LM* 统计量

我们利用 CRIME1 中的数据来检验过去在定罪后的平均刑期对当年（1986 年）被拘捕次数是否有影响。所估计的模型是

$$\widehat{narr86} = 0.561 - 0.136pcnv + 0.017\,8avgsen - 0.000\,52avgsen^2 - 0.394ptime86$$
$$\quad\ \ (0.036)\ \ (0.040)\qquad (0.009\,7)\qquad (0.000\,30)\qquad\quad (0.008\,7)$$
$$\quad\ \ [0.040]\ \ [0.034]\qquad [0.010\,1]\qquad [0.000\,21]\qquad\quad [0.006\,2]$$
$$\qquad\qquad - 0.050\,5qemp86 - 0.001\,48inc86 + 0.325black + 0.193hispan$$
$$\qquad\qquad\quad (0.014\,4)\qquad\quad (0.000\,34)\qquad (0.045)\qquad (0.040)$$
$$\qquad\qquad\quad [0.014\,2]\qquad\quad [0.000\,23]\qquad [0.058]\qquad [0.040]$$
$$\qquad\qquad n = 2\,725,\ R^2 = 0.072\,8 \tag{8.9}$$

在这个例子中，某些通常的标准误和稳健标准误之间存在着更明显的差别。比如变量 $avgsen^2$ 的通常 *t* 统计量约为 -1.73，而稳健的 *t* 统计量约为 -2.48。因此，$avgsen^2$ 在使用稳健标准误时更加显著。

$avgsen$ 对 $narr86$ 的影响多少有些难以解释。由于二者之间存在着二次关系，所以我们能计算出什么时候对 $narr86$ 有正影响，什么时候对 $narr86$ 有负影响。转折点是 $0.017\,8/(2 \times 0.000\,52) \approx 17.12$；记住它是按月度量的。这确实意味着，当 $avgsen$ 低于 17 个月时，$narr86$ 与 $avgsen$ 正相关；而在 17 个月以后，预期 $avgsen$ 会具有威慑作用。

为了看出平均刑期对 $narr86$ 是否具有统计显著的影响，我们必须检验联合假设 H_0：$\beta_{avgsen} = 0$，$\beta_{avgsen^2} = 0$。利用通常的 *LM* 统计量（参见 5.2 节），我们得到 $LM = 3.54$；在一个自由度为 2 的卡方分布中，可得到 *p* 值 $= 0.170$。于是，我们即使在 15% 的显著性水平上都不能拒绝 H_0。异方差—稳健的 *LM* 统计量为 $LM = 4.00$（保留两位小数），*p* 值 $= 0.135$。这仍不是拒绝 H_0 的有力证据；看来 $avgsen$ 对 $narr86$ 没有一种很强的影响。[顺便指出，当 $avgsen$ 单独出现在（8.9）式中，也就是说没有二次项时，通常的 *t* 统计量为 0.658，而其稳健 *t* 统计量为 0.592。]

8.3　对异方差性的检验

无论是否存在异方差性，异方差—稳健的标准误都为计算渐近于 *t* 分布的 *t* 统

计量提供了一种简单方法。我们还看到，异方差—稳健的 F 和 LM 统计量都是现成的。进行这些检验并不需要知道是否存在异方差性。不过，仍有一些很好的理由，要求找到一些能侦查是否存在异方差性的简单检验。首先，正如我们在上一节中所提到的那样，通常的 t 统计量在经典线性模型假定之下具有精确的 t 分布。为此，除非存在出现异方差性的证据，否则，许多经济学家仍然更希望看到，报告的是通常的 OLS 标准误和检验统计量。其次，如果存在异方差性，那么 OLS 估计量就不再是最优线性无偏估计量。如我们在 8.4 节中将看到的那样，当异方差的形式已知时，有可能会得到一个比 OLS 更好的估计量。

多年来，人们已经提出过许多种检验异方差性的方法。其中有些方法尽管有能力侦查异方差性，但并不直接检验误差方差与自变量无关的假定。我们将仅考虑较现代的检验，它们能侦查出使通常的 OLS 统计量无效的异方差类型。同时还具备将所有检验都放在同一框架中的好处。

像平常一样，我们从如下线性模型开始：

$$y = \beta_0 + \beta_1 x_1 + \beta_2 x_2 + \cdots + \beta_k x_k + u \tag{8.10}$$

在本节仍然维持假设 MLR.1 到 MLR.4。特别是我们假定 $E(u|x_1, x_2, \cdots, x_k) = 0$，从而 OLS 是无偏且一致的。

我们取原假设为：假设 MLR.5 是正确的，即

$$H_0: \text{Var}(u|x_1, x_2, \cdots, x_k) = \sigma^2 \tag{8.11}$$

即同方差这个理想的假定成立，并要求在不成立时，数据能够告诉我们。如果我们不能在一个充分小的显著性水平上拒绝方程（8.11），那么我们通常就会断定异方差性不成问题。但请记住，我们绝不会接受 H_0；只不过是不能拒绝而已。

由于我们假定 u 的条件期望值为零，所以 $\text{Var}(u|\mathbf{x}) = E(u^2|\mathbf{x})$，因而同方差性的原假设就等价于

$$H_0: E(u^2|x_1, x_2, \cdots, x_k) = E(u^2) = \sigma^2$$

这说明，为了检验是否违背了同方差假定，我们想检验 u^2 是否与一个或多个解释变量相关（在期望值的意义上）。若 H_0 是错误的，则给定自变量，u^2 的期望值便可能是 x_j 的某个函数。一个简单方法就是假定一个线性函数：

$$u^2 = \delta_0 + \delta_1 x_1 + \delta_2 x_2 + \cdots + \delta_k x_k + v \tag{8.12}$$

式中，v 为给定 x_j 下均值为零的一个误差项。仔细看看这个方程中的因变量：它是原回归方程（8.10）中误差项的平方。同方差的原假设是

$$H_0: \delta_1 = \delta_2 = \cdots = \delta_k = 0 \tag{8.13}$$

在这个原假设下，常常有理由假定（8.12）中的误差 v 与 $x_1, x_2, \cdots, x_k$ 无关。然后我们从 5.2 节知道，为检验解释 u^2 的自变量的整体显著性，可用 F 或 LM 统计量来检验（8.13）。尽管 u^2 不是正态分布的（比如，若 u 是正态分布的，则 u^2/σ^2 便服从 χ_1^2 分布），但这两个统计量都是渐近合理的。如果我们能观测到样本中的

u^2，我们利用所有 n 个观测，通过 u^2 对 x_1，x_2，$\cdots$，x_k 的 OLS 回归，就能轻而易举地计算出这个统计量。

如我们前面曾强调过的那样，我们虽然永远不知道总体模型中的实际误差，但我们确实能得到它们的估计值：OLS 残差 $\hat{u}_i$ 是第 i 个观察误差 u_i 的一个估计值。因此，我们可以估计方程

$$\hat{u}^2 = \delta_0 + \delta_1 x_1 + \delta_2 x_2 + \cdots + \delta_k x_k + 误差 \tag{8.14}$$

并对 x_1，x_2，$\cdots$，x_k 的联合显著性计算 F 或 LM 统计量。结果表明，用 OLS 残差取代误差并不影响 F 或 LM 统计量的大样本分布性质，尽管相当复杂。

F 和 LM 统计量都取决于回归（8.14）的 R^2；为与估计方程（8.10）所得到的 R^2 相区别，我们把它称为 $R_{\hat{u}^2}^2$。于是，F 统计量就是

$$F = \frac{R_{\hat{u}^2}^2/k}{(1 - R_{\hat{u}^2}^2)/(n-k-1)} \tag{8.15}$$

式中，k 为（8.14）中的回归元个数；它与（8.10）中的自变量个数相同。由于大多数回归软件包都自动计算检验回归整体显著性的 F 统计量，所以几乎没有必要手算（8.15）。在同方差的原假设下，这个 F 统计量（渐近地）服从一个 $F_{k,n-k-1}$ 分布。

同方差的 LM 统计量恰好是样本容量乘以方程（8.14）中的 R^2：

$$LM = n \cdot R_{\hat{u}^2}^2 \tag{8.16}$$

在原假设下，LM 渐近服从 χ_k^2 分布。在做了回归（8.14）后，这个统计量也很容易得到。

这个 LM 形式的检验通常被称为**布鲁施-帕甘异方差检验**（Breusch-Pagan test for heteroskedasticity，简记为 BP test）。布鲁施和帕甘（Breusch and Pagan，1979）提出了一个假定误差正态分布的检验形式。肯克（Koenker，1981）也提出了（8.16）中 LM 统计量的检验形式，由于其适用性更广泛，所以一般更受欢迎。

我们把用 BP 检验来检验异方差性的步骤总结如下：

布鲁施-帕甘异方差检验：

1. 照例用 OLS 估计模型（8.10）。得到 OLS 残差平方 $\hat{u}^2$（每次观测得到一个）。

2. 做（8.14）中的回归。记下这个回归的 R^2，即 $R_{\hat{u}^2}^2$。

3. 计算 F 统计量或 LM 统计量并计算 p 值（前者用 $F_{k,n-k-1}$ 分布，后者用 χ_k^2 分布）。如果该 p 值相当小，即低于选定的显著性水平，那么我们就拒绝同方差性的原假设。

如果 BP 检验得到一个足够小的 p 值，就应该采取某种修正措施。一种可能措施就是使用异方差—稳健的标准误，并检验上一节中讨论的统计量。另一种可能措施在 8.4 节讨论。

例 8.4

住房价格方程中的异方差性

我们使用 HPRICE1 中的数据来检验一个简单的住房价格方程中的异方差性。利用所有变量的水平值所估计的方程是：

$$\widehat{price} = -21.77 + 0.002\,07lotsize + 0.123sqrft + 13.85bdrms$$
$$\qquad\quad (29.48) \quad (0.000\,64) \qquad (0.013) \qquad (9.01)$$
$$n = 88,\ R^2 = 0.672 \qquad\qquad\qquad\qquad\qquad (8.17)$$

这个方程丝毫也没有告诉我们，该总体模型中的误差是否存在异方差性。我们需要将 OLS 残差的平方对自变量做回归。$\hat{u}^2$ 对 $lotsize$、$sqrft$ 和 $bdrms$ 回归所得到的 R^2 为 $R^2_{\hat{u}^2} = 0.160\,1$。在 $n = 88$ 和 $k = 3$ 的情况下，得到检验自变量显著性的 F 统计量 $F = [0.160\,1/(1 - 0.160\,1)] \times (84/3) \approx 5.34$。相应的 p 值为 0.002，它是拒绝原假设的有力证据。LM 统计量为 $88 \times 0.160\,1 \approx 14.09$；它给出的 p 值 $\approx 0.002\,8$（利用 χ^2_3 分布），从而得到与 F 统计量本质上相同的结论。这就意味着，方程 (8.17) 中报告的通常的标准误是不可靠的。

我们在第 6 章中提到，使用因变量的对数函数形式有一个好处，就是通常能够消除异方差性。在本例中，我们取 $price$、$lotsize$ 和 $sqrft$ 的对数形式，使得 $price$ 对 $lotsize$ 和 $sqrft$ 的弹性为常数。所估计的方程是

$$\widehat{\log(price)} = -1.30 + 0.168\log(lotsize) + 0.700\log(sqrft) + 0.37bdrms$$
$$\qquad\quad (0.65) \quad (0.038) \qquad\qquad (0.093) \qquad\qquad (0.028)$$
$$n = 88,\ R^2 = 0.643 \qquad\qquad\qquad\qquad\qquad (8.18)$$

将这个回归的 OLS 残差平方对 $\log(lotsize)$、$\log(sqrft)$ 和 $bdrms$ 做回归，给出 $R^2_{\hat{u}^2} = 0.048\,0$。因此，$F = 1.41$（$p$ 值 $= 0.245$），而 $LM = 4.22$（p 值 $= 0.239$）。所以，我们不能拒绝对数函数形式模型中同方差性的原假设。我们注意到，在许多经验研究中都出现过对数形式因变量的情况，其异方差性较弱。

如果我们猜测异方差性只取决于某些自变量，我们很容易就能改造布鲁施-帕甘检验：只要将 $\hat{u}^2$ 对我们所选择的任何自变量做回归，并进行适当的 F 或 LM 检验。记住，恰当的自由度取决于以 $\hat{u}^2$ 为因变量的回归中自变量的个数；方程 (8.10) 中出现的自变量个数并不重要。

思考题 8.2

考虑工资方程 (7.11)，并且你认为 $\log(wage)$ 的条件方差与 $educ$、$exper$ 或 $tenre$ 都无关。不过，你担心 $\log(wage)$ 的方差在已婚男性、已婚女性、单身男性和单身女性这四个人口组之间不同。为了检验异方差性，你应该做什么样的回归？F 检验的自由度是多少？

如果残差平方只对单个自变量做回归，那么异方差检验恰好就是该变量通常的 t 统计量。显著的 t 统计量表明异方差性是个问题。

8.3a 怀特异方差检验

我们在第 5 章证明了，如果所有的高斯-马尔科夫假设都成立，通常的 OLS 标准误和检验统计量都是渐近有效的。此时，同方差假定 $\mathrm{Var}(u_1 \mid x_1, \cdots, x_k) = \sigma^2$ 可由如下较弱的假定所取代，即误差平方 u^2 与所有自变量（x_j）、所有自变量的平方（x_j^2）和所有自变量的交叉乘积（$x_j x_h$，$j \neq h$）都不相关。这一观察促使怀特（White，1980）提出了对异方差性的一种检验方法，即在方程（8.14）中增加所有自变量的平方和交叉乘积项。这个检验明显想检验那些使通常的 OLS 标准误和检验统计量无效的异方差形式。

当模型包含 $k=3$ 个自变量时，怀特检验则基于如下估计：

$$\hat{u}^2 = \delta_0 + \delta_1 x_1 + \delta_2 x_2 + \delta_3 x_3 + \delta_4 x_1^2 + \delta_5 x_2^2 + \delta_6 x_3^2 + \delta_7 x_1 x_2 + \delta_8 x_1 x_3$$
$$+ \delta_9 x_2 x_3 + 误差项 \tag{8.19}$$

与布鲁施-帕甘检验相比，这个方程多了 6 个回归元。**怀特异方差检验**（White test for heteroskedasticity）就是检验方程（8.19）中除截距外所有的 δ_j 都为 0 的 LM 统计量。因而在这一情形下，要检验 9 个约束。对于这个假设，我们也可以使用 F 检验；这两个检验都具有渐近有效性。

在原方程只有 3 个自变量的情况下，方程（8.19）就有 9 个自变量。原方程若有 6 个自变量，怀特回归一般会涉及 27 个回归元（除非某些是多余的）。回归元过多是怀特检验纯粹形式的一个缺陷：对于那些自变量个数适中的模型，它要用掉很多自由度。

有可能得到一个比怀特检验更容易实施而且自由度更节省的检验。为了得到这个检验，回忆怀特检验与布鲁施-帕甘检验之间的区别，前者包含了自变量的平方项和交叉乘积项。我们不需要用那么多自变量的函数同样可以做到这一点。一种建议是，在异方差检验中使用 OLS 拟合值。记住，对于每次观测 i，拟合值都被定义为

$$\hat{y}_i = \hat{\beta}_0 + \hat{\beta}_1 x_{i1} + \hat{\beta}_2 x_{i2} + \cdots + \hat{\beta}_k x_{ik}$$

它们只是自变量的线性函数。如果我们将拟合值平方，那么我们就得到自变量所有平方项和所有交叉乘积项的一个特殊函数。这就表明，通过估计方程

$$\hat{u}^2 = \delta_0 + \delta_1 \hat{y} + \delta_2 \hat{y}^2 + 误差项 \tag{8.20}$$

式中，$\hat{y}$ 表示拟合值，就能检验异方差性。重要的是，在这个方程中不要将 $\hat{y}$ 和 y 相混淆。我们使用拟合值，是因为它们是自变量（及所估计参数）的函数；在方程（8.20）中使用 y，不会得到异方差性的有效检验。

对于方程（8.20）中的原假设 $\mathrm{H}_0 : \delta_1 = 0$ 和 $\delta_2 = 0$，我们可以使用 F 或 LM 统

计量。这样就导致了无论原模型中有多少个自变量，检验同方差性的原假设都只有两个约束。如此减少自由度常常是个好办法，而且使检验易于实施。

由于在给定 x_j 时，$\hat{y}$ 是对 y 的期望值的一个估计，所以在认为方差随着期望值 $E(y|\mathbf{x})$ 而变化时，利用方程（8.20）来检验异方差性就很有用。因为可以把方程（8.20）看成对方程（8.19）中的参数施加了限制，所以，方程（8.20）中的检验就可以看成是怀特检验的一种特殊情形。

怀特异方差检验的特例：

1. 像平常一样用 OLS 估计模型（8.10）。得到 OLS 残差 $\hat{u}$ 和拟合值 $\hat{y}$。计算 OLS 残差的平方 $\hat{u}^2$ 和拟合值的平方 $\hat{y}^2$。

2. 做方程（8.20）中的回归。记下这个回归的 R^2，即 $R_{\hat{u}^2}^2$。

3. 构造 F 或 LM 统计量并计算 p 值（前者用 $F_{2,n-3}$ 分布，后者用 χ_2^2 分布）。

例 8.5

对数住房价格方程中怀特检验的特殊形式

我们将怀特检验的特殊情形应用到方程（8.18）中，其中我们使用 LM 形式的统计量。要记住的重要一点是，χ^2 分布的自由度总是 2。$\hat{u}^2$ 对 $\widehat{lprice}$、$(\widehat{lprice})^2$ 的回归［其中 $\widehat{lprice}$ 表示从方程（8.18）得到的拟合值］给出 $R_{\hat{u}^2}^2 = 0.039\,2$；于是，$LM = 88 \times 0.039\,2 \approx 3.45$，而 p 值 $= 0.178$。与布鲁施-帕甘检验所提供的结论相比，这是存在异方差性的更强证据，但我们即使在 15% 的显著性水平上仍不能拒绝同方差性的原假设。

在结束本节之前，我们应该讨论一个重要的解释。我们把利用一个异方差检验而拒绝原假设解释为存在异方差性的证据。如果我们维持假设 MLR.1 到 MLR.4，这种解释就是适当的。但如果违背了 MLR.4［具体而言，就是 $E(y|\mathbf{x})$ 的函数形式被错误地设定］，那么，即使 $\mathrm{Var}(y|\mathbf{x})$ 是常数，异方差检验也可能会拒绝 H_0。比如，如果我们在一个回归模型中漏掉了一个或多个二次项，或者在应该使用对数模型时却使用了水平模型，对异方差性的检验都可能是显著的。这一点已经使某些经济学家将异方差检验看成是一般的模型误设检验。不过，对于函数形式误设的问题，有更好、更直接的检验，我们将在 9.1 节讨论一些这样的检验。既然函数形式误设的问题比异方差性更重要，所以最好是先对函数形式进行明确的检验。然后，如果我们对函数形式感到满意了，就可以检验异方差性。

8.4 加权最小二乘估计

如果利用 8.3 节中的检验方法之一发现存在异方差性，那么，我们在 8.2 节了解到，一种可能的回应是，在用 OLS 估计之后，使用异方差—稳健的统计量。在提出异方差—稳健的统计量之前，对发现存在异方差性的回应是，明确其具体形式并使用加权最小二乘法，也就是我们本节将介绍的。我们将会指出，如果我们正确估计了方差的形式（作为解释变量的函数），这样使用加权最小二乘法（WLS）将比 OLS 更有效，而且由此得到具有 t 和 F 分布的 t 和 F 统计量。我们还将讨论在 WLS 程序中使用方差的错误形式所具有的含义。

8.4a 除了一个常数倍数以外，异方差是已知的

令 $\mathbf{x}$ 表示方程（8.10）中所有的解释变量，并假定

$$\mathrm{Var}(u|\mathbf{x})=\sigma^2 h(\mathbf{x}) \tag{8.21}$$

式中，$h(\mathbf{x})$ 是解释变量的某种函数，并决定着异方差性。由于方差必须为正，所以对所有可能的自变量值都有 $h(\mathbf{x})>0$。我们在本小节假定函数 $h(\mathbf{x})$ 为已知。虽然总体参数 σ^2 未知，但我们能从一个数据样本中估计它。

对于从总体中的一个随机抽取，我们可以写出 $\sigma_i^2=\mathrm{Var}(u_i|\mathbf{x}_i)=\sigma^2 h(\mathbf{x}_i)=\sigma^2 h_i$，其中我们再次用 $\mathbf{x}_i$ 表示第 i 次观测的所有自变量，由于自变量随着观测而变化，所以 h_i 随着每次观测而变化。比如，考虑简单的储蓄函数

$$sav_i=\beta_0+\beta_1 inc_i+u_i \tag{8.22}$$

$$\mathrm{Var}(u_i|inc_i)=\sigma^2 inc_i \tag{8.23}$$

式中，$h(x)=h(inc)=inc$：误差方差与收入水平成正比。这意味着，随着收入的提高，储蓄的可变性也在提高。（如果 $\beta_1>0$，储蓄的期望值也随着收入的提高而增加。）由于 inc 总是正的，所以方程（8.23）中的方差总能保证为正。u_i 的标准差（以 inc_i 为条件）就是 $\sigma\sqrt{inc_i}$。

我们如何用方程（8.21）中的信息去估计 β_j 呢？本质上，我们先取包含了异方差误差的原方程

$$y_i=\beta_0+\beta_1 x_{i1}+\beta_2 x_{i2}+\cdots+\beta_k x_{ix}+u_i \tag{8.24}$$

然后把它转换成一个具有同方差误差的方程（并满足其他的高斯-马尔科夫假设）。由于 h_i 仅是 $\mathbf{x}_i$ 的函数，所以 $u_i/\sqrt{h_i}$ 以 $\mathbf{x}_i$ 为条件的期望值为0。而且，由于 $\mathrm{Var}(u_i|\mathbf{x}_i)=\mathrm{E}(u_i^2|\mathbf{x}_i)=\sigma^2 h_i$，所以 $u_i/\sqrt{h_i}$ 的方差（以 $\mathbf{x}_i$ 为条件）为 σ^2：

$$\mathrm{E}\big[(u_i/\sqrt{h_i})^2\big]=\mathrm{E}(u_i^2)/h_i=(\sigma^2 h_i)/h_i=\sigma^2$$

其中，为简单起见，我们已经省略了以 $\mathbf{x}_i$ 为条件。我们可以将方程（8.24）两边同时除以 $\sqrt{h_i}$，得到

$$y_i/\sqrt{h_i}=\beta_0/\sqrt{h_i}+\beta_1(x_{i1}/\sqrt{h_i})+\beta_2(x_{i2}/\sqrt{h_i})+\cdots+\beta_k(x_{ik}/\sqrt{h_i})+(u_i/\sqrt{h_i}) \tag{8.25}$$

或

$$y_i^*=\beta_0 x_{i0}^*+\beta_1 x_{i1}^*+\cdots+\beta_k x_{ik}^*+u_i^* \tag{8.26}$$

式中，$x_{i0}^* = 1/\sqrt{h_i}$，其他标星号的变量都表示将原对应变量除以 $\sqrt{h_i}$。

方程（8.26）看起来有些奇怪，但重要的是记住，我们之所以这样推导，是为了得到比 OLS 的效率性质更好的 β_j 的估计量。原方程（8.24）中的截距项 β_0 现在与变量 $x_{i0}^* = 1/\sqrt{h_i}$ 相乘。β_j 中的每一个斜率参数都与一个新的变量相乘，使得对这些新变量很难做出有用的解释。但如果我们联想到，为了解释模型及其参数，我们总想回到原方程（8.24），这样做就应该不会引起什么问题。

在前面储蓄方程的例子中，变形后的方程为

$$sav_i / \sqrt{inc_i} = \beta_0 (1/\sqrt{inc_i}) + \beta_1 \sqrt{inc_i} + u_i^*$$

其中，我们利用了等式 $inc_i / \sqrt{inc_i} = \sqrt{inc_i}$。不过，$\beta_1$ 仍是收入的边际储蓄倾向，这是我们从方程（8.22）得到的解释。

方程（8.26）对其参数而言是线性的（所以它满足假设 MLR.1），而且随机抽样的假设也没有改变。此外，以 x_i^* 为条件，u_i^* 具有零均值和常方差（σ^2）。这就意味着，如果原方程满足了前四个高斯-马尔科夫假设，那么，变换后的方程（8.26）就满足所有的五个高斯-马尔科夫假设。同时，如果 u_i 具有正态分布，那么 u_i^* 也具有方差为 σ^2 的正态分布。因此，如果原模型满足除同方差假设之外所有的经典线性模型假设，那么变换后的方程就会满足全部的经典线性模型假设（MLR.1 到 MLR.6）。

因为我们知道 OLS 在高斯-马尔科夫假设下具有很吸引人的性质（比如 BLUE），所以上一段的讨论建议我们用普通最小二乘法来估计方程（8.26）中的参数。这些估计量 β_0^*，β_1^*，…，β_k^* 将与原方程中的 OLS 估计量有所区别。这些 β_j^* 正是**广义最小二乘（GLS）估计量** [generalized least squares（GLS）estimators] 的例子。这里，GLS 估计量被用来对付误差中的异方差性。我们在第 12 章还将碰到其他的 GLS 估计量。

由于方程（8.26）满足所有的理想假定，所以，从利用变换后的变量所做的回归中能够得到标准误、t 统计量和 F 统计量。方程（8.26）的残差平方和除以自由度就是 σ^2 的一个无偏估计量。而且，因为这些 GLS 估计量都是 β_j 的最优线性无偏估计量，所以必然比从原方程得到的 OLS 估计量 $\hat{\beta}_j$ 更有效。实质上，在将变量变换之后，我们只需要进行标准的 OLS 分析。但我们必须记住，要将估计值放到原方程中去解释。

这种纠正异方差性的 GLS 估计量又被称为**加权最小二乘（WLS）估计量** [weighted least squares（WLS）estimators]。这个名称来自如下事实：β_j 最小化了残差平方的加权和，其中每个残差平方的权数都为 $1/h_i$。其思想是，对误差方差越大的观测赋予越小的权数；OLS 则对每个观测都赋予相同的权数，因为在总体的每一部分的误差方差都相同时，这样做是最好的。从数学上讲，WLS 估计量便是使下

式尽可能小的 b_j 值：

$$\sum_{i=1}^{n} (y_i - b_0 - b_1 x_{i1} - b_2 x_{i2} - \cdots - b_k x_{ik})^2 / h_i \qquad (8.27)$$

将 $1/h_i$ 的平方根放进残差平方的表达式里，表明加权后的残差平方和等于变换后变量的残差平方和：

$$\sum_{i=1}^{n} (y_i^* - b_0 x_{i0}^* - b_1 x_{i1}^* - b_2 x_{i2}^* - \cdots - b_k x_{ik}^*)^2$$

既然 OLS 最小化了残差平方和（无论自变量与因变量如何定义），于是，最小化（8.27）的 WLS 估计量无非就是从（8.26）得到的 OLS 估计量。请注意：（8.27）中的残差平方和以 $1/h_i$ 为权数，而（8.26）中变换后的变量却以 $1/\sqrt{h_i}$ 为权数。

加权最小二乘估计量可以对任何一组正的权数加以定义，而 OLS 正是对所有观测都赋予相等权数的特殊情形。有效的 GLS 程序赋予每个残差平方的权数，都是 u_i 在给定 $\mathbf{x}_i$ 下条件方差的倒数。

为进行加权最小二乘而对变量进行变形可能很烦琐，而且难免会出差错。幸运的是，大多数现代回归软件包都能做加权最小二乘估计。通常，在给出原模型中自变量和因变量的同时，只需确定加权函数即可。这样做不仅不太容易出错，而且能让我们在原模型中解释加权最小二乘估计值。实际上，我们可以用通常格式写出所估计的方程。虽然估计值和标准误与 OLS 所得到的不同，但我们解释那些估计值、标准误和检验统计量的方式都是一样的。

内置 WLS 选项的计量分析软件包会导出含有 WLS 估计量和标准误的 R^2（和调整 R^2）的报告。通常情况下，最小二乘的 R^2 是通过加权残差平方和和加权总平方和得到的，其中，残差平方和是通过最小化方程（8.27）得到的，加权总平方和是通过将方程（8.27）中的所有斜率系数项 b_1，b_2，$\cdots$，b_k 设为零，然后用同样的权重得到的。作为检验拟合优度的标尺，R^2 并非特别有用，虽然它可以有效度量 y_i^* 而非 y_i 的解释方差项。尽管如此，按上述方法计算出来的最小二乘 R^2 仍适合用来计算具有排他性限制条件下的 F 统计量（假设我们已经采取适当方式确定了方差方程）。至于在 OLS 的情形下，SST 项无效，F 统计量是依据加权 SSR 项得到的。

对方程（8.26）进行普通最小二乘回归得到的 R^2 度量拟合优度的作用更小，因为计算 SST 几乎毫无意义：在对回归过程中的截距项进行必要的剔除的条件下，在回归中计算 SST 时通常会缺乏对 y_i^* 的适当中心化（centering）。这也是采用预先编入回归过程的 WLS 选项的另一个原因，这样至少导出的 R^2 会将含有所有独立变量的模型与只含有一个截距项的模型进行适当的对比。由于在检验排他性限制时 SST 无效，对其计算不当不会对 F 统计量的 R^2 形式造成影响。然而，通过这种方式计算出的 R^2 会让人认为方程比实际情况拟合得更优。

例 8.6

金融财富方程

我们现在要估计的方程，用收入（以千美元计的 inc），以及包括年龄、性别和表示一个人是否有资格享受 401(k) 养老金计划的指标变量，解释了总金融财富净值（也即以千美元计的 nettfa）。我们使用 401KSUBS 中单身个人（fsize＝1）的数据。在第 6 章的计算机练习 C12 中，我们发现 age 的一个特殊的二次函数 $(age-25)^2$，能够与一个无约束的二次函数一样好地拟合数据。此外，由于样本中的最低年龄是 25 岁，所以这种约束形式给出了一个简化解释：在 age＝25 以后，nettfa 就是 age 的一个增函数。

表 8.1 报告了回归结果。由于我们怀疑存在异方差性，所以我们报告了普通最小二乘的异方差—稳健的标准误。加权最小二乘估计值及其标准误都是在 $\mathrm{Var}(u\,|\,inc)=\sigma^2 inc$ 的假定下得到的。

表 8.1　因变量：nettfa

自变量	(1) OLS	(2) WLS	(3) OLS	(4) WLS
inc	0.821 (0.104)	0.787 (0.063)	0.771 (0.100)	0.740 (0.064)
$(age-25)^2$	—	—	0.025 1 (0.004 3)	0.017 5 (0.001 9)
male	—	—	2.48 (2.06)	1.84 (1.56)
e401k	—	—	6.89 (2.29)	5.19 (1.70)
截距	−10.57 (2.53)	−9.58 (165)	−20.98 (3.50)	−16.70 (1.96)
观测次数	2 017	2 017	2 017	2 017
R^2	0.082 7	0.070 9	0.127 9	0.111 5

使用普通最小二乘法，在没有控制其他因素的情况下，估计收入增加 1 美元将导致 nettfa 提高约 82 美分；加权最小二乘估计则小一些，约为 79 美分。二者差别不大；我们当然也不能认为它们相等。在我们假定模型的 $\mathrm{Var}(nettfa\,|\,inc)=\sigma^2 inc$ 是正确的情况下，加权最小二乘系数确实比普通最小二乘具有更小的标准误，约小 40%。

增加其他控制变量在一定程度上降低了 inc 的系数，但普通最小二乘估计值仍比加权最小二乘估计值大。同样，β_{inc} 的加权最小二乘估计值更加准确。从 age＝25 开始，年龄具有递增的影响，而且普通最小二乘估计值反映出更大的影响。β_{age} 的加权最小二乘估计值在这里也更加准确。虽然性别对 nettfa 没有统计显著的影响，但具有参与 401(k) 计划的资格却有显著影响：普通最小二乘的估计结果为：保持收入、年龄和性别不变，那些有资格的人具有的总金融资产净值约高出 6 890 美元。加权最小二乘估计值明显小于普通最小二乘估计值，这就表明这个均值方程中的函数形式被错误设定了。（一种可能性就是 $e401k$ 与 inc 存在相互影响；参见计算机练习 C11。）

利用加权最小二乘法，如果我们使用表 8.1 中报告的 R^2，那么检验 $(age-25)^2$、$male$ 和 $e401k$ 联合显著性的 F 统计量约为 30.8。在自由度为 2 和 2 012 的情况下，p 值直至小数点后 15 位都是 0；当然，既然年龄和 401(k) 变量都具有非常大的 t 统计量，那么，得到这个结论也就无足为奇了。

> **? 思考题 8.3**
>
> 利用表 8.1 第（1）列报告的 OLS 回归所得到的残差，$\hat{u}^2$ 对 inc 回归得到的 t 统计量为 2.96。看上去我们应该担心金融财富方程中存在异方差性吗？

究其本质而言，假定金融财富方程中的误差方差与收入成正比是有些随意的。事实上，在多数情形中，我们在选择加权最小二乘权重时都有一定的任意性。不过，有一种情况，WLS 所需要的权数会自然地来自其背后的计量模型。如果我们拥有的不是个体数据，而是某个组或某个地理区域中的数据平均值，就会发生这种情况。比如，假设我们感兴趣的是，确定一个工人对其 401(k) 养老金计划参与数额与该计划慷慨程度之间的函数关系，令 i 表示一个特定的企业，而 e 表示该企业内的某一个雇员。一个简单的模型是

$$contrib_{i,e}=\beta_0+\beta_1 earns_{i,e}+\beta_2 age_{i,e}+\beta_3 mrate_i+u_{i,e} \tag{8.28}$$

式中，$contrib_{i,e}$ 表示为第 i 个企业的雇员 e 每年投入的数额；$earns_{i,e}$ 表示此人每年的收入；$age_{i,e}$ 表示此人的年龄；$mrate_i$ 表示该企业为雇员投入的每一美元而为其匹配的数量。

如果（8.28）满足高斯-马尔科夫假设，那么，给定不同雇主所雇用的雇员样本，我们就能估计它。不过，假如我们只有雇主提供的投入值、收入和雇员年龄的平均值。换句话说，没有个人层次的数据可供使用，令 $\overline{contrib}_i$ 表示第 i 个企业中雇员在养老金账户中的平均投入量，$\overline{earns}_i$ 和 $\overline{age}_i$ 也做类似定义。令 m_i 表示企业 i 的雇员人数；我们假定这是一个已知的数量。于是，如果我们将方程（8.28）对第 i 个企业中所有的雇员进行平均，我们就能得到企业层次上的方程

$$\overline{contrib}_i=\beta_0+\beta_1\overline{earns}_i+\beta_2\overline{age}_i+\beta_3 mrate_i+\bar{u}_i \tag{8.29}$$

式中，$\bar{u}_i=m_i^{-1}\sum_{e=1}^{m_i}u_{i,e}$ 表示第 i 个企业中所有雇员的平均误差。如果我们的样本中有 n 个企业，那么（8.29）刚好就是一个可由 OLS 来估计的标准多元线性回归模型。如果原模型（8.28）满足高斯-马尔科夫假设，这个估计量就是无偏的，而个人的误差 $u_{i,e}$ 都与企业规模 m_i 无关［因为这样一来，若给定了方程（8.29）中的解释变量，$\bar{u}_i$ 的期望值为零］。

如果个人层次上的方程满足同方差假设，而且第 i 个企业雇员的误差彼此无关，那么我们便可以证明，企业层次上的方程（8.29）具有一个特定形式的异方差性。具

体而言，如果对所有的 i 和 e 都有 $\mathrm{Var}(u_{i,e})=\sigma^2$，而且对第 i 个企业内的雇员 $e\neq g$ 都有 $\mathrm{Cov}(u_{i,e},u_{i,g})=0$，那么就有 $\mathrm{Var}(\bar{u}_i)=\sigma^2/m_i$；这正好就是一些具有共同方差的随机变量平均值的方差公式。换言之，误差项 $\bar{u}_i$ 的方差随着企业规模的扩大而减小。在这种情况下，$h_i=1/m_i$，因而最有效的估计程序就是以企业雇员人数为权数（$1/h_i=m_i$）的加权最小二乘估计。这就保证了较大的企业得到较大的权数。从而为我们在只有企业层次的平均数据的情况下，给出估计个人层次模型中参数的一种有效方法。

在我们使用城市、县、州或国家水平的人均数据时，也会出现类似的加权。如果个人层次的方程满足高斯-马尔科夫假设，那么，人均方程中的误差方差就与人口规模的倒数成比例。因此，以人口规模为权数的加权最小二乘法就比较合适。比如，假设我们有城市水平上的人均啤酒消费量（以盎司为单位）、总人口中年龄在 21 岁以上的人口百分比、成年人的平均受教育程度、平均收入水平和城市啤酒价格水平方面的数据，那么，以城市人口为权数的加权最小二乘法，就能估计如下城市水平模型：

$$beerpc=\beta_0+\beta_1 perc21+\beta_2 avgeduc+\beta_3 incpc+\beta_4 price+u$$

以企业规模、城市人口为权数的优势，必须以其背后个体方程的同方差性为条件。如果个体方程中存在着异方差性，那么恰当的权数就取决于异方差的形式。而且，如果同一组（比方说同一个企业）之内的误差存在相关，则 $\mathrm{Var}(\bar{u}_i)\neq\sigma^2/m_i$；参见本章习题 7。对诸如 (8.29) 之类方程中 $\mathrm{Var}(\bar{u}_i)$ 形式的不确定性，正是为什么越来越多的研究者在利用人均数据估计模型时，简单地使用 OLS 并计算稳健的标准误和检验统计量的原因。另一种办法是，以组规模进行加权，但在 WLS 估计中报告异方差—稳健的统计量。这就确保了在个人层次的模型满足高斯-马尔科夫假设时，估计是有效的；又通过稳健的推断，对个体层次的异方差和组内相关都加以考虑。

8.4b　必须估计异方差函数：可行 GLS

在上一小节中，我们看到了几个异方差已知为乘积形式的例子。在大多数情况下，异方差的确切形式并不明显。换句话说，很难找到上一节中的函数 $h(\mathbf{x}_i)$。不过，在多数情况下，我们可以模型化函数 h，并利用数据来估计这个模型中的未知参数，从而得到每个 h_i 的估计值，记为 $\hat{h}_i$。在 GLS 变换中用 $\hat{h}_i$ 取代 h_i 就得到了一个估计量，被称为**可行的 GLS（FGLS）估计量** [feasible GLS（FGLS）estimator]。可行的 GLS 有时又被称为估计的 GLS 或 EGLS。

虽然有多种模型化异方差性的方法，但我们将学习一种特殊的、相当灵活的方法。假定

$$\mathrm{Var}(u|\mathbf{x})=\sigma^2 \exp(\delta_0+\delta_1 x_1+\delta_2 x_2+\cdots+\delta_k x_k) \tag{8.30}$$

$x_1,x_2,\cdots,x_k$ 是回归模型 [参见方程 (8.1)] 中出现的自变量，而 δ_j 为未知参

数。虽然也有可能出现 x_j 的其他函数形式，但我们将主要考虑方程（8.30）。用上一小节的记号，即 $h(\mathbf{x})=\exp(\delta_0+\delta_1 x_1+\delta_2 x_2+\cdots+\delta_k x_k)$。

你可能想知道我们为什么会使用（8.30）中的指数函数。毕竟，在用布鲁施-帕甘检验来检验异方差性时，我们曾假定异方差性是 x_j 的一个线性函数。虽然像（8.12）那样的线性形式在用于异方差检验时也很好，但在用加权最小二乘法对异方差性进行修正时却会有问题。我们以前曾遇到过产生这个问题的原因：线性模型不能保证预测值都为正，而为了进行 WLS，要求我们估计的方差必须为正。

如果参数 δ_j 已知，我们就只需像上一小节那样直接应用 WLS。可惜这种情况不是很现实。最好是先用数据去估计这些参数，然后再使用这些参数的估计值来构造权数。我们如何估计 δ_j 呢？实质上，我们将借助一个小小的修改，把这个方程变换成一个可用 OLS 估计的线性形式。

在假定（8.30）之下，我们可以写成

$$u^2=\sigma^2\exp(\delta_0+\delta_1 x_1+\delta_2 x_2+\cdots+\delta_k x_k)v$$

式中，v 以 $\mathbf{x}=(x_1, x_2, \cdots, x_k)$ 为条件时的均值等于 1。如果我们假定 v 确实与 $\mathbf{x}$ 无关，我们就可以写成

$$\log(u^2)=\alpha_0+\delta_1 x_1+\delta_2 x_2+\cdots+\delta_k x_k+e \tag{8.31}$$

式中，e 的均值等于 0 且与 $\mathbf{x}$ 无关；此方程中的截距与 δ_0 也不同，但无关紧要。因变量是平方误的对数。由于方程（8.31）满足高斯-马尔科夫假设，所以我们可利用 OLS 得到 δ_j 的无偏估计量。

和平常一样，我们必须以 OLS 残差来取代观测不到的 u。所以，我们做

$$\log(\hat{u}^2) \text{ 对 } x_1, x_2, \cdots, x_k \text{ 的回归} \tag{8.32}$$

我们实际上只想从这个回归中得到拟合值，称之为 $\hat{g}_i$。然后，h_i 的估计值无非就是

$$\hat{h}_i=\exp(\hat{g}_i) \tag{8.33}$$

现在在方程（8.27）中，我们以权数 $1/\hat{h}_i$ 取代 $1/h_i$，并使用 WLS，简要步骤概括如下：

纠正异方差性的一个可行的 GLS 程序：

1. 将 y 对 $x_1, x_2, \cdots, x_k$ 做回归并得到残差 $\hat{u}$。

2. 通过先将 OLS 残差进行平方，然后取自然对数，得到 $\log(\hat{u}^2)$。

3. 做方程（8.32）中的回归并得到拟合值 $\hat{g}$。

4. 求出（8.32）中拟合值的指数：$\hat{h}=\exp(\hat{g})$。

5. 以 $1/\hat{h}$ 为权数，用 WLS 估计方程

$$y=\beta_0+\beta_1 x_1+\cdots+\beta_k x_k+u$$

换言之，我们在方程（8.27）中用 $\hat{h}_i$ 取代了 h_i。记住，第 i 个观测的残差平方得到的权重是 $1/\hat{h}_i$。如果我们转而首先把所有变量进行变换，然后做普通最小二乘，那么，包括截距在内的每个变量都被乘以了 $1/\sqrt{\hat{h}_i}$。

如果我们能在 WLS 程序中使用 h_i 而不是 $\hat{h}_i$，我们就知道，我们的估计量将是

无偏的；事实上，假定我们已经正确地模型化了异方差性，它们还将是最优线性无偏估计量。不得不用同样的数据去估计 h_i 就意味着，FGLS 估计量不再是无偏估计量（因此也不可能是 BLUE）。不过，FGLS 估计量仍是一致的，而且比 OLS 更渐近有效。由于对方差参数的估计，所以很难证明这一点。但如果我们忽略这一点（确实可以忽略），其证明就类似于证明 OLS 在定理 5.3 中的一类估计量里是有效的。无论如何，对于大样本情形，当有迹象表明异方差性使 OLS 估计值的标准误变大时，FGLS 作为 OLS 的一个替代方法，便颇具吸引力。

我们必须记住，FGLS 估计量是方程

$$y = \beta_0 + \beta_1 x_1 + \cdots + \beta_k x_k + u$$

中参数的估计量。正如 OLS 估计值度量了每个 x_j 对 y 的边际影响一样，FGLS 的估计值也是如此。我们之所以用 FGLS 估计值取代 OLS 估计值，是因为前者更有效，而且其相关的检验统计量具有 t 和 F 分布，至少在大样本中如此。如果我们对方程（8.30）中所设定的方差存在某种疑虑，那么我们可以对数据变换后的方程使用异方差—稳健的标准误和检验统计量。

另一种估计 h_i 的有用方法是，用 OLS 拟合值及其平方取代回归（8.32）中的自变量。换言之，从

$$\log(\hat{u}^2) \text{ 对 } \hat{y}, \hat{y}^2 \tag{8.34}$$

的回归中得到拟合值 $\hat{g}_i$，然后和方程（8.33）中所做的完全一样求 $\hat{h}_i$。在前面的程序中，只有第 3 步发生了变化。

如果我们利用回归（8.32）去估计方差函数，你可能想知道，我们能否只用相同的回归去检验异方差性（可以使用 F 或 LM 检验）？实际上，帕克（Park，1966）曾提出了这种思路。遗憾的是，与 8.3 节所讨论过的检验相比，帕克检验有一些问题。首先，其原假设必须比同方差性更强，即 u 和 **x** 必须相互独立。布鲁施-帕甘和怀特检验则没有提这种要求。其次，利用 OLS 残差 $\hat{u}$ 取代（8.32）中的 u，即便在大样本容量的情况下，也可能导致 F 统计量偏离 F 分布。在我们已经讨论过的其他检验中，也没有这个问题。出于这些原因，在检验异方差性时，我们不主张使用帕克检验。回归（8.32）能很好地为加权最小二乘效劳的原因在于，我们只需要 δ_j 的一致估计量，而回归（8.32）当然能够做到。

例 8.7

对香烟的需求

我们利用 SMOKE 中的数据来估计一个对日香烟消费量的需求函数。由于大多数人不抽烟，所以因变量 *cigs* 对大多数观测都等于 0。因为线性模型能导致负的预测值，所以不太

理想。不过，通过一个线性模型，我们仍能对抽烟的决定因素有所了解。

用普通最小二乘法估计出来的方程（圆括号中给出了通常的 OLS 标准误）是：

$$\widehat{cigs} = -3.64 + 0.880\log(income) - 0.751\log(cigpric) - 0.501educ$$

$$\phantom{\widehat{cigs} = } (24.08)(0.728) \qquad (5.773) \qquad\qquad (0.167)$$

$$\phantom{\widehat{cigs} = } + 0.771age - 0.009\,0age^2 - 2.83restaurn$$

$$\phantom{\widehat{cigs} = } (0.160) \qquad (0.001\,7) \qquad (1.11)$$

$$n = 807,\ R^2 = 0.052\,6 \tag{8.35}$$

式中，$cigs$ 为每天抽烟的数量；$income$ 为年收入；$cigpric$ 为每包香烟的价格（以美分为单位）；$educ$ 为受教育年数；age 为（以年为单位的）年龄；$restaurn$ 为一个二值变量（若此人居住的州禁止在餐馆抽烟，则取值 1，否则取值 0）。

由于我们还要做加权最小二乘估计，所以我们就不再报告 OLS 的异方差—稳健的标准误。（顺便提一句，807 个拟合值中有 13 个小于 0，占样本的比例不到 2%，而且也不值得特别考虑。）

方程（8.35）中的收入和香烟价格都不是统计显著的，而且它们的影响实际上也不大。比如，如果收入提高 10%，预计 $cigs$ 提高 $(0.880/100) \times 10 = 0.088$，或者说，每天增加不到十分之一根香烟。价格影响的幅度也与此类似。

每多受一年教育，就使平均每天抽烟的数量减少半根，而且这个影响是统计显著的。抽烟量还与年龄呈二次函数关系。在年龄达到 $age = 0.771/(2 \times 0.009) \approx 42.83$ 岁之前，抽烟量随年龄的增长而增加，随后则随年龄的增长而减少。这个二次函数的两项都是统计显著的。禁止在餐馆抽烟几乎使日均抽烟量减少了 3 根。

方程（8.35）背后的误差项含有异方差性吗？将 OLS 残差的平方对（8.35）中的自变量做布鲁施-帕甘回归［参见方程（8.14）］，得到 $R_{\hat{u}}^2 = 0.040$。虽然这么小的 R^2 看上去似乎不存在异方差性，但我们必须记住，要计算 F 或 LM 统计量。如果样本容量很大，那么一个看起来很小的 $R_{\hat{u}}^2$ 也能导致对同方差性强有力的拒绝。LM 统计量为 $LM = 807 \times 0.040 = 32.28$，而且这是一个 χ_6^2 随机变量的结果。p 值低于 0.000 015，这是异方差性的极强的证据。

因此，我们以方程（8.32）为基础，利用可行 GLS 程序重新估计这个方程。加权最小估计值为

$$\widehat{cigs} = 5.64 + 1.30\log(income) - 2.94\log(cigpric) - 0.463educ$$

$$\phantom{\widehat{cigs} = } (17.80)(0.44) \qquad (4.46) \qquad\qquad (0.120)$$

$$\phantom{\widehat{cigs} = } + 0.482age - 0.005\,6age^2 - 3.46restaurn$$

$$\phantom{\widehat{cigs} = } (0.097) \qquad (0.000\,9) \qquad (0.80)$$

$$n = 807,\ R^2 = 0.113\,4 \tag{8.36}$$

现在收入效应是统计显著的，而且在数量上更大。价格效应也明显更大，但仍不是统计显

著的。[其原因之一在于，$cigpric$ 只随样本中不同的州而变化，所以 $\log(cigpric)$ 的波动性比 $\log(income)$、$educ$ 和 age 都要小得多。]

其他变量的估计值自然也多少有些变化，但基本情况仍然相同。抽烟量与所受教育负相关，与年龄呈二次关系，并且与餐馆禁止抽烟的限制负相关。

在用 WLS 估计之后，我们必须小心计算检验多重假设的 F 统计量。（不论是使用 F 统计量的残差平方形式还是 R^2 形式，都是如此。）重要之处在于，在估计无约束模型和约束模型时要采用相同的权数。我们应该首先用 OLS 估计无约束模型。一旦我们得到了权数，就可以将它们用来估计约束模型。F 统计量也就可以像平常那样计算。幸运的是，许多回归软件包在 WLS 估计之后，都有一个简单的命令来检验联合约束，所以我们不需要亲自做约束模型回归。

例 8.7 暗示着一个在应用加权最小二乘时有时会出现的问题：OLS 和 WLS 估计值可能相差甚远。在抽烟需求方程中，由于所有的系数都保持相同的符号，而且只有那些用 OLS 估计时在统计上不显著的变量才变化最大，所以这不是什么大问题。由于抽样误差的存在，所以 OLS 和 WLS 估计值总有所不同。问题是，它们的差异是否足以改变重要的结论？

如果 OLS 和 WLS 得到符号不同而又都统计显著的估计值（比如，OLS 价格弹性为正而又显著，而 WLS 价格弹性为负而又显著），或者估计值数量上的差异确实很大，我们就应该表示怀疑。具体而言，这标志着其他高斯-马尔科夫假设之一是错误的，特别是对误差的零条件均值假设（MLR.4）。u 和任何一个自变量之间的相关都会导致 OLS 和 WLS 的偏误和不一致，而且偏误的大小通常都不同。豪斯曼检验 [Hausman（1978）] 可用来规范地比较 OLS 和 WLS 估计值，以看出其差距是否超过了抽样误差的范围。这个检验超出了本书的范围。在多数情况下，非正式地"打量一下"估计值就足以发现问题。

> **思考题 8.4**
>
> 令 $\hat{u}_i$ 为从没有加权的 (8.36) 式中得到的 WLS 残差，并令 $\widehat{cigs}_i$ 表示拟合值。（这些都是利用与 OLS 相同的表达式得到的，它们的差别只是因为 β_j 的估计值不同。）判定是否已经消除异方差性的一种方法是，在一个异方差检验中使用 $\hat{u}_i^2/\hat{h}_i = (\hat{u}_i/\sqrt{\hat{h}_i})^2$。[如果 $h_i = \text{Var}(u_i \mid \mathbf{x}_i)$，那么变换后的残差就应该没有什么异方差的迹象。] 这有许多可能性，但一种可能性（基于变换后方程中的怀特检验）就是将 $\hat{u}_i^2/\hat{h}_i$ 对 $\widehat{cigs}_i/\sqrt{\hat{h}_i}$ 和 $\widehat{cigs}_i^2/\hat{h}_i$ 进行回归（含截距）。在我们使用 SMOKE 时，联合 F 统计量为 11.15。看上去我们对异方差性的修正实际上消除异方差性了吗？

8.4c 如果所假定的异方差函数是错误的会怎么样？

我们刚才指出，如果 OLS 和 WLS 得到极其不同的估计值，那么条件均值 $E(y \mid \mathbf{x})$ 的设定就很可能是错误的。如果对于我们所选定的函数 $h(\mathbf{x})$，$\mathrm{Var}(y \mid \mathbf{x}) \neq \sigma^2 h(\mathbf{x})$，而且正是在这个意义上，我们所使用的方差函数被错误地设定了，那么，WLS 有何性质呢？最重要的问题就是，$h(\mathbf{x})$ 的错误设定会不会导致 WLS 估计量的偏误或不一致呢？幸运的是，答案是否定的，至少在假设 MLR.4 下，不会导致这样的问题。回忆前面曾讲过，如果 $E(u \mid \mathbf{x}) = 0$，那么，对于任意一个恒为正的函数 $h(\mathbf{x})$，$\mathbf{x}$ 的任何一个函数都与 u 不相关，因此，加权误差 $u / \sqrt{h(\mathbf{x})}$ 与加权回归元 $x_j / \sqrt{h(\mathbf{x})}$ 也不相关。正如我们刚才讨论的那样，这就是为什么我们把 OLS 估计量与 WLS 估计量之间的巨大差别看作函数形式误设的标志的原因所在。如果我们估计函数，比如 $h(\mathbf{x}, \delta)$ 中的参数，那么我们就不能再认为 WLS 是无偏的，但它通常还是一致的（无论方差函数的设定正确与否）。

如果在假设 MLR.1 和 MLR.4 下，WLS 至少也是一致的，那么，在方差函数被误设的情况下使用 WLS 又有何影响呢？这里有两个方面的影响。第一个也是最重要的影响是，即使在大样本中，通常在 $\mathrm{Var}(y \mid \mathbf{x}) = \sigma^2 h(\mathbf{x})$ 的假定下计算的 WLS 标准误和检验统计量都不再可靠。比如，表 8.1 第 (4) 列中的 WLS 估计值和标准误假定 $\mathrm{Var}(nettfa \mid inc, age, male, e401k) = \sigma^2 inc$；所以我们不仅假定方差仅取决于收入，还假定它是收入的一个线性函数。如果这个假定是错误的，那么标准误（以及我们利用那些标准误得到的任何一个统计量）都将是不可靠的。幸运的是，有一个简单的修复方法：正如对于任意形式的异方差性，我们都能得到 OLS 估计值的稳健标准误一样，在方差函数被误设的情况下，我们也能得到 WLS 估计值的稳健标准误。很容易看出为什么是这样的。把变形后的方程写成

$$y_i / \sqrt{h_i} = \beta_0 (1 / \sqrt{h_i}) + \beta_1 (x_{i1} / \sqrt{h_i}) + \cdots + \beta_k (x_{ik} / \sqrt{h_i}) + u_i / \sqrt{h_i}$$

现在，如果 $\mathrm{Var}(u_i \mid \mathbf{x}_i) \neq \sigma^2 h_i$，那么，加权误差 $u_i / \sqrt{h_i}$ 就是异方差的。于是，我们可以在用 OLS 估计了这个方程之后（记住，它等同于 WLS），使用通常的异方差—稳健的标准误。

为了探明在实际中，关于 WLS 稳健的推断是如何实现的，表 8.2 的第 2 列复制了表 8.1 的第 4 列，而第 3 列给出的标准误则对 $\mathrm{Var}(u_i \mid \mathbf{x}_i) \neq \sigma^2 inc_i$ 保持稳健。

表 8.2 $nettfa$ 方程的 WLS 估计

自变量	使用非稳健标准误	使用稳健标准误
inc	0.740 (0.064)	0.740 (0.075)
$(age-25)^2$	0.017 5 (0.001 9)	0.017 5 (0.002 6)

续表

自变量	使用非稳健标准误	使用稳健标准误
male	1.84 (1.56)	1.84 (1.31)
e401k	5.19 (1.70)	5.19 (1.57)
截距	−16.70 (1.96)	−16.70 (2.24)
观测次数	2 017	2 017
R^2	0.111 5	0.111 5

第 3 列中的标准误容许方差函数被误设。我们看到，一方面，对于收入和年龄变量，稳健标准误略高于通常的 WLS 标准误——当然足以使置信区间变大。另一方面，与假定了正确的方差函数相比，*male* 和 *e401k* 的稳健标准误实际上更小一些。在普通最小二乘法中使用异方差—稳健的标准误时，我们曾看到，也有可能出现这种情况。

即便我们使用（8.30）中那样灵活的方差函数形式，也不能保证我们得到正确的模型。尽管指数形式的异方差函数颇具吸引力而且又足够灵活，但毕竟它也只是一个模型。因此，在使用 WLS 估计之后，计算足够稳健的标准误和检验统计量总是一个好主意。

对 WLS 的一个现代批评是，如果方差函数被错误设定，那就不能保证它比 OLS 更有效。事实的确如此：如果 $\mathrm{Var}(y \mid \mathbf{x})$ 既不是常数，又不等于 $\sigma^2 h(\mathbf{x})$，其中 $h(\mathbf{x})$ 是我们建议使用的异方差模型，那么，我们就不能从方差（或者在方差参数必须估计时的渐近方差）角度来评价 OLS 和 WLS 的优劣。不过，这个理论上正确的批评忽略了一个重要事实。那就是，在异方差非常严重的时候，与在估计中完全不考虑异方差而直接使用 OLS 相比，使用一个错误的异方差形式并应用 WLS 还是更好一些。像（8.30）这样的模型可以很好地近似各种异方差函数，并得到（渐近）方差更小的估计量。即便在例 8.6 中，异方差形式被假定为 $\mathrm{Var}(nettfa \mid \mathbf{x}) = \sigma^2 inc$ 的简单形式时，足够稳健的 WLS 标准误也要远小于足够稳健的 OLS 标准误。（对这两个稳健标准误的比较是在相当的背景下进行的：我们假定既不是同方差的，方差的形式也不是 $\sigma^2 inc$。）比如，稳健的 WLS 标准误约为 0.075，比稳健的 OLS 标准误低 25%。对 $(age-25)^2$ 而言，稳健的 WLS 标准误约为 0.002 6，比稳健的 OLS 标准误低约 40%。

8.4d 存在异方差性时的预测和预测区间

如果我们从满足假设 MLR.1 至 MLR.4 的标准线性模型开始，但容许异方差具有 $\mathrm{Var}(y \mid \mathbf{x}) = \sigma^2 h(\mathbf{x})$ 的形式 [见方程（8.21）]，那么，异方差的出现仅在影响 β_j 的估计方面影响了 y 的点预测。当然，对一个容量为 n 的样本使用 WLS 来得到

$\hat{\beta}_j$ 是很自然的。在已知解释变量值 x^0 的情况下，我们对一个无法观测的结果 y^0 的预测具有与 6.4 节中同样的形式：$\hat{y}^0 = \hat{\beta}_0 + \mathbf{x}^0\hat{\boldsymbol{\beta}}$。这是合乎常理的：一旦知道了 $E(y|\mathbf{x})$，我们就基于它来进行预测；$Var(y|\mathbf{x})$ 的结构没有起到什么直接作用。

另外，预测区间却直接取决于 $Var(y|\mathbf{x})$ 的性质。记得在 6.4 节中，我们曾在经典线性模型假定下构造了一个预测区间。现在假设除了（8.21）取代了同方差假设 MLR.5 之外，其他所有的线性经典模型假设都成立。我们知道，WLS 估计量都是最优线性无偏估计量，而且由于正态性假设，这些估计量还服从（条件）正态分布。利用 6.4 节中同样的方法，我们可以得到 $se(\hat{y}^0)$，只不过我们现在使用的是 WLS。〔一个简单的方法是把它写成 $y_i = \theta_0 + \beta_1(x_{i1} - x_1^0) + \cdots + \beta_k(x_{ik} - x_k^0) + u_i$，其中 x_j^0 是我们在求 y 的预测值时所使用的对应解释变量值。我们可以用 WLS 估计这个方程，并得到 $\hat{y}^0 = \hat{\theta}_0$ 和 $se(\hat{y}^0) = se(\hat{\theta}_0)$。〕我们还需要估计 y^0 中无法观测部分 u^0 的标准差。但 $Var(u^0|\mathbf{x} = \mathbf{x}^0) = \sigma^2 h(\mathbf{x}^0)$，于是 $se(u^0) = \hat{\sigma}\sqrt{h(\mathbf{x}^0)}$，其中 $\hat{\sigma}$ 是 WLS 估计的回归标准误。因此，95% 预测区间就是

$$\hat{y}^0 \pm t_{0.025} \cdot se(\hat{e}_0) \tag{8.37}$$

式中，$se(\hat{e}_0) = \{[se(\hat{y}_0)^2 + \hat{\sigma}^2 h(\mathbf{x}^0)]\}^{1/2}$。

只有在我们无须估计方差函数的情况下，这个区间才是准确的。如果我们像在模型（8.30）中那样对参数进行估计，那么，我们就不能得到一个准确的预测区间。事实上，解释 $\hat{\beta}_j$ 和 $\hat{\delta}_j$（方差参数）中的估计误差是十分困难的。在 6.4 节所看到的两个例子中，参数的估计误差远远比不上无法观测因素 u^0 的变化。因此，我们只需用 $\hat{h}(\mathbf{x}^0)$ 取代 $h(\mathbf{x}^0)$，就仍可使用方程（8.37）。事实上，如果完全忽略参数估计误差，我们就可以从 $se(\hat{e}_0)$ 中直接去掉 $se(\hat{y}^0)$。〔记住，$se(\hat{y}^0)$ 以 $1/\sqrt{n}$ 的速度收敛于 0，而 $se(u^0)$ 大致保持不变。〕

我们也能得到模型

$$\log(y) = \beta_0 + \beta_1 x_1 + \beta_2 x_2 + \cdots + \beta_k x_k + u \tag{8.38}$$

中 y 的预测值，其中 u 是异方差的。我们假定 u 服从具有某种特殊异方差形式的条件正态分布。我们假定方程（8.30）中的指数形式，但增加正态性假定：

$$u|x_1, x_2, \cdots, x_k \sim \text{Normal}[0, \exp(\delta_0 + \delta_1 x_1 + \cdots + \delta_k x_k)] \tag{8.39}$$

作为一种简记符号，我们把方差函数写成 $\exp(\delta_0 + \mathbf{x}\boldsymbol{\delta})$。于是，因为在给定 $\mathbf{x}$ 的情况下，$\log(y)$ 服从均值为 $\beta_0 + \mathbf{x}\boldsymbol{\beta}$，方差为 $\exp(\delta_0 + \mathbf{x}\boldsymbol{\delta})$ 的正态分布，所以有

$$E(y|\mathbf{x}) = \exp[\beta_0 + \mathbf{x}\boldsymbol{\beta} + \exp(\delta_0 + \mathbf{x}\boldsymbol{\delta})/2] \tag{8.40}$$

现在，我们利用方程（8.38）的 WLS 估计来估计 β_j 和 δ_j。也就是说，在利用 OLS 得到残差之后，做方程（8.32）中的回归来求拟合值

$$\hat{g}_i = \hat{\alpha}_0 + \hat{\delta}_1 x_{i1} + \cdots + \hat{\delta}_k x_{ik} \tag{8.41}$$

然后，就像在（8.33）中那样得到 $\hat{h}_i$。利用这些 $\hat{h}_i$，我们便得到 WLS 估计值 $\hat{\beta}_j$，同时根据加权残差平方和计算出 $\hat{\sigma}^2$，然后与原始模型中 $Var(u|\mathbf{x})$，$\delta_0 = \alpha_0 + \log(\sigma^2)$

对比，从而有 $\text{Var}(u \mid \mathbf{x}) = \sigma^2 \exp(\alpha_0 + \delta_1 x_1 + \cdots + \delta_k x_k)$。于是，方差估计值为 $\hat{\sigma}^2 \exp(\hat{g}_i) = \hat{\sigma}^2 \hat{h}_i$。对每个 i，我们都能得到一个拟合值

$$\hat{y}_i = \exp(\widehat{\log y_i} + \hat{\sigma}^2 \hat{h}_i / 2) \tag{8.42}$$

根据 6.4 节介绍的方法，我们可以利用这些拟合值求出 R^2：使用 y_i 与 $\hat{y}_i$ 之间相关系数的平方。

对于任意解释变量值 $\mathbf{x}^0$，我们都可以把 $\text{E}(y \mid \mathbf{x} = \mathbf{x}^0)$ 估计为

$$\hat{\text{E}}(y \mid \mathbf{x} = \mathbf{x}^0) = \exp[\hat{\beta}_0 + \mathbf{x}^0 \hat{\boldsymbol{\beta}} + \hat{\sigma}^2 \exp(\hat{\alpha}_0 + \mathbf{x}^0 \hat{\boldsymbol{\delta}}) / 2] \tag{8.43}$$

式中，$\hat{\beta}_j$ 为 WLS 估计值；$\hat{\alpha}_0$ 为（8.41）式中的截距；δ_j 为（8.41）式中的斜率。σ^2 根据 WLS 估计得到。

求（8.42）中预测值的一个适当标准误在计算上十分复杂，但就像在 6.4 节中那样，利用一种重新抽样的方法（比如第 6 章附录 6A 中介绍的自举法）去求标准误还是相当容易的。

在我们估计一个异方差模型时，求预测区间就更有挑战性，而完整的讨论又很复杂。不过，在 6.4 节看到的两个例子中，误差方差远大于估计误差，即使忽略所有参数的估计误差，我们也只可能犯小小的错误。基于 6.4 节中类似的逻辑，一个近似 95% 的预测区间（在样本容量很大时）就是从 $\exp[(-1.96) \cdot \hat{\sigma}\sqrt{\hat{h}(\mathbf{x}^0)}] \exp(\hat{\beta}_0 + \mathbf{x}^0 \hat{\boldsymbol{\beta}})$ 到 $\exp[1.96 \cdot \hat{\sigma}\sqrt{\hat{h}(\mathbf{x}^0)}] \exp(\hat{\beta}_0 + \mathbf{x}^0 \hat{\boldsymbol{\beta}})$，其中 $\hat{h}(\mathbf{x}^0)$ 是估计的方差函数在 $\mathbf{x}^0$ 处的值，即 $\hat{h}(\mathbf{x}^0) = \exp(\hat{\alpha}_0 + \hat{\delta}_1 x_1^0 + \cdots + \hat{\delta}_k x_k^0)$。就像在 6.4 节中一样，我们只需要在端点求指数，就能够得到这个近似区间。

8.5 再议线性概率模型

如我们在 7.5 节所见，当因变量 y 是一个二值变量时，除非所有斜率参数都为零，否则模型就一定包含异方差性。我们现在开始分析这个问题。

处理线性概率模型中异方差性问题的最简单方法，就是继续使用 OLS 估计，但也要计算检验统计量的稳健标准误。这就忽略了我们实际上知道 LPM 的异方差形式这个事实。不过，LPM 的 OLS 估计值很简单，而且常常能得到令人满意的结果。

例 8.8

已婚妇女的劳动力参与

在 7.5 节劳动力参与的例子［见方程（7.29）］中，我们报告了通常的 OLS 标准误。现在我们同时计算异方差—稳健的标准误，并报告在通常标准误下面的方括号中：

$$inlf = 0.586 - 0.003\,4nwifeinc + 0.038educ + 0.039exper - 0.000\,60exper^2$$

$$\quad (0.154)(0.001\,4) \quad\quad (0.007) \quad\quad (0.006) \quad\quad (0.000\,18)$$

$$\quad [0.151][0.001\,5] \quad\quad [0.007] \quad\quad [0.006] \quad\quad [0.000\,19]$$

$$\quad - 0.016age - 0.262kidslt6 + 0.013\,0kidsge6$$

$$\quad (0.002) \quad\quad (0.034) \quad\quad (0.013\,2)$$

$$\quad [0.002] \quad\quad [0.032] \quad\quad [0.013\,5]$$

$$n = 753,\; R^2 = 0.264 \tag{8.44}$$

有几个稳健标准误在报告的精度上和 OLS 标准误完全相同；所有差异实际上都很小。因此，尽管异方差性在理论上是个问题，但在实践中并不是什么问题，至少对于本例而言如此。结果常常是，通常的 OLS 标准误和检验统计量与异方差—稳健的标准误与检验统计量类似。此外，要计算二者还要付出一定程度的努力。

一般而言，OLS 估计量在 LPM 中都不是有效的。回忆 LPM 中 y 的条件方差为

$$\text{Var}(y|\mathbf{x}) = p(\mathbf{x})[1 - p(\mathbf{x})] \tag{8.45}$$

其中，

$$p(\mathbf{x}) = \beta_0 + \beta_1 x_1 + \cdots + \beta_k x_k \tag{8.46}$$

为响应概率（$y=1$ 的成功概率）。概率显然取决于未知的总体参数 β_j。不过，我们确实得到了这些参数的无偏估计量，即 OLS 估计量。把 OLS 估计量代入方程（8.46），我们就得到了 OLS 拟合值。因此，对每个观测 i，$\text{Var}(y_i|\mathbf{x}_i)$ 由

$$\hat{h}_i = \hat{y}_i(1 - \hat{y}_i) \tag{8.47}$$

估计出来，其中 $\hat{y}_i$ 为第 i 次观测的 OLS 拟合值。现在，我们就像在 8.4 节中那样应用可行的 GLS。

遗憾的是，能对每个 i 估计 h_i 并不意味着我们就能直接进行 WLS 估计。原因就是我们在 7.5 节曾简要讨论过的问题：拟合值 $\hat{y}_i$ 不一定落在单位区间内。如果 $\hat{y}_i < 0$ 或 $\hat{y}_i > 1$，方程（8.40）表明 $\hat{h}_i$ 为负。由于 WLS 程序对第 i 次观测总要乘以 $1/\sqrt{\hat{h}_i}$，所以如果某个观测的 $\hat{h}_i$ 为负（或等于 0），那么这个方法就宣告失败。换言之，WLS 的所有权数都必须为正。

在某些情况下，对于所有的 i，都有 $0 < \hat{y}_i < 1$，此时就可以用 WLS 估计 LPM。在那些观测数据很多而成功或失败的概率都很小的情形中，发现某些拟合值位于单位区间之外颇为常见。若是这样，像方程（8.44）中劳动力参与一例所做的那样，最容易的办法就是放弃 WLS 并报告异方差—稳健的统计量。另一种办法是调整那些小于 0 或大于 1 的拟合值，然后用于 WLS。一种建议是在 $\hat{y}_i < 0$ 时取 $\hat{y}_i = 0.01$，而在 $\hat{y}_i > 1$ 时取 $\hat{y}_i = 0.99$。遗憾的是，这就要求研究者任意选择——比方说，为什么不用 0.001 和 0.999 作为调整值？如果多数拟合值都位于单位区间

之外，对拟合值的调整就能影响结论；在这种情况下，仅仅使用 OLS 可能是最好的办法。

用加权最小二乘法估计线性概率模型：

1. 用 OLS 估计模型并得到拟合值 $\hat{y}$。

2. 判断是否所有的拟合值都位于单位区间内。如果是这样，就进行第 3 步。否则，就需要进行某种调整而使所有的拟合值都位于单位区间内。

3. 构造方程（8.47）中的估计方差。

4. 以 $1/\hat{h}$ 为权数，用 WLS 估计方程

$$y = \beta_0 + \beta_1 x_1 + \cdots + \beta_k x_k + u$$

例 8.9

学生拥有个人计算机的决定因素

我们利用 GPA1 中的数据来估计学生拥有计算机的概率。用 PC 表示一个二值变量，若学生拥有一台计算机则取值 1，否则取值 0。变量 $hsGPA$ 表示其高中时的 GPA，ACT 表示能力测验分数，而 $parcoll$ 也是一个二值变量，若父母中至少有一人读过大学则取值 1。（将父母是否读过大学分开考虑，不会得到个别显著的结论，因为它们是完全高度相关的。）

用 OLS 估计出来的方程是

$$\widehat{PC} = -0.000\,4 + 0.065 hsGPA + 0.000\,6 ACT + 0.221 parcoll$$
$$\quad (0.490\,5)\,(0.137) \qquad (0.015\,5) \qquad (0.093)$$
$$\quad [0.488\,8]\,[0.139] \qquad [0.015\,8] \qquad [0.087]$$
$$n = 141,\ R^2 = 0.041\,5 \tag{8.48}$$

恰如例 8.8 一样，通常的标准误和稳健标准误之间没有明显差异。不过，我们还用 WLS 估计了这个模型。因为所有的 OLS 拟合值都在单位区间之内，所以就无须进行调整：

$$\widehat{PC} = 0.026 + 0.033 hsGPA + 0.004\,3 ACT + 0.215 parcoll$$
$$\quad (0.477)\,(0.130) \qquad (0.015\,5) \qquad (0.086)$$
$$n = 141,\ R^2 = 0.046\,4 \tag{8.49}$$

OLS 和 WLS 估计值之间没有重大差异。唯一显著的解释变量是 $parcoll$，而且我们在两种情况下都估计出，如果父母中有一方读过大学，拥有计算机的概率约高出 0.22。

本章小结

我们首先回顾了普通最小二乘法在出现异方差性时的性质。异方差性虽然不会导致 OLS 估计量的偏误和不一致性，却导致通常的标准误和检验统计量都不再成立。我们说明了如何

计算异方差—稳健的标准误和 t 统计量，这些在多数回归软件包中都会例行计算。大多数回归软件包还会计算一个异方差—稳健的 F 统计量。

我们讨论了检验异方差性的两种常见方法：布鲁施-帕甘检验和怀特检验的一个特例。这两个统计量还涉及将 OLS 残差的平方对自变量（BP）或拟合值和拟合值的平方（怀特）做回归。如此则得到一个简单的 F 检验是渐近有效的；还有这些检验的拉格朗日乘数形式。

出现异方差性时，OLS 就不再是最优线性无偏估计量。若知道异方差性的形式，则可使用广义最小二乘（GLS）估计。这就使得加权最小二乘成为得到 BLUE 估计量的一种方法。WLS 估计得到的检验统计量，或者在误差正态分布时确切有效，或者在误差非正态分布时渐近有效。当然，这里假定我们已经有了异方差性的正确模型。

更常见的是，我们在应用 WLS 之前必须先估计一个异方差模型。由此得到的可行的GLS 估计量不再是无偏的，但它仍是一致和渐近有效的。WLS 回归所得到的通常的统计量也是渐近有效的。我们又讨论了一种确保对所有观测的估计方差都严格为正的方法，这正是应用 WLS 的前提。

如我们在第 7 章所讨论的那样，二值因变量的线性概率模型必然具有异方差的误差项。处理这个问题的一个简单办法就是计算异方差—稳健的统计量。另外，如果所有的拟合值（即所估计的概率）都严格地介于 0 和 1 之间，那么就可以利用加权最小二乘法得到渐近有效的估计量。

关键术语

布鲁施-帕甘异方差检验（BP 检验）   异方差—稳健的 LM 统计量

可行的 GLS（FGLS）估计量   异方差—稳健的标准误

广义最小二乘（GLS）估计量   异方差—稳健的 t 统计量

未知形式的异方差性   加权最小二乘（WLS）估计量

异方差—稳健的 F 统计量   怀特异方差检验

习 题

1. 下面哪种情况是异方差性造成的结果？

(i) OLS 估计量 $\hat{\beta}_j$ 是不一致的。

(ii) 通常的 F 检验不再服从 F 分布。

(iii) OLS 估计量不再是 BLUE。

2. 考虑如下解释每月啤酒消费量的线性模型：

$$beer = \beta_0 + \beta_1 inc + \beta_2 price + \beta_3 educ + \beta_4 female + u$$

$$E(u|inc, price, educ, female) = 0$$

$$Var(u|inc, price, educ, female) = \sigma^2 inc^2$$

写出将它变换成一个具有同方差误差的方程。

3. 判断正误：当模型中遗漏了重要变量时，WLS 优于 OLS。

4. 利用 GPA3 中的数据，对秋季第二学期的学生估计了如下方程：

$$\widehat{trmgpa} = -2.12 + 0.900crsgpa + 0.193cumgpa + 0.001\,4tothrs$$

$$(0.55)\ (0.175)\qquad (0.064)\qquad\quad (0.001\,2)$$

$$[0.55]\,[0.166]\qquad [0.074]\qquad\quad [0.001\,2]$$

$$+0.001\,8sat - 0.003\,9hsperc + 0.351female - 0.157season$$

$$(0.002)\qquad (0.018)\qquad (0.085)\qquad (0.098)$$

$$[0.002]\qquad [0.019]\qquad [0.079]\qquad [0.080]$$

$$n = 269,\ R^2 = 0.465$$

式中，$trmgpa$ 为本学期的 GPA；$crsgpa$ 为所修全部课程加权平均的 GPA；$cumgpa$ 为本学期前的 GPA；$tothrs$ 为本学期前的总学分；sat 为 SAT 分数；$hsperc$ 为其在高中班级中排名的百分位；$female$ 为一个性别虚拟变量；而 $season$ 也为一个虚拟变量，并在该学生在秋季有学生运动赛事时取值 1。通常的标准误和异方差—稳健的标准误分别报告在圆括号和方括号中。

(i) 变量 $crsgpa$、$cumgpa$ 和 $tothrs$ 都有预期的估计效应吗？这些变量中有哪些在 5% 的显著性水平上是统计显著的？使用不同的标准误是否有影响？

(ii) 为什么原假设 H_0：$\beta_{crsgpa} = 1$ 有意义？利用这两种标准误，在 5% 的显著性水平上针对双侧备择假设检验这个原假设。描述你的结论。

(iii) 利用两种标准误来检验有体育赛事对学期 GPA 是否有影响。拒绝原假设的显著性水平与所用的标准误有关系吗？

5. 变量 $smokes$ 是一个二值变量，如果一个人抽烟则赋值 1，否则为 0，利用 SMOKE 中的数据，我们估计出了 $smokes$ 的一个线性概率模型如下：

$$\widehat{smokes} = 0.656 - 0.069\log(cigpric) + 0.012\log(income) - 0.029educ$$

$$(0.855)\ (0.204)\qquad\qquad (0.026)\qquad\qquad (0.006)$$

$$[0.856]\,[0.207]\qquad\qquad [0.026]\qquad\qquad [0.006]$$

$$+0.020age - 0.000\,26age^2 - 0.101restaurn - 0.026white$$

$$(0.006)\quad (0.000\,06)\qquad (0.039)\qquad\quad (0.052)$$

$$[0.005]\quad [0.000\,06]\qquad [0.038]\qquad\quad [0.050]$$

$$n = 807,\ R^2 = 0.062$$

变量 $white$，若受调查者为白种人则为 1，否则为 0。其他非独立变量在例 8.7 中已有定义。通常的以及异方差—稳健的标准误都已导出。

(i) 两组标准误之间有什么重大的差异吗？

(ii) 其他变量不变，若教育年限增加 4 年，那么抽烟的估计概率会有什么变化？

(iii) 在什么时候，age 增加一年会降低抽烟的概率？

(iv) 解释二值变量 $restaurn$（若该人居住的城市有餐厅禁烟管制措施，则该虚拟变量为 1）系数的含义。

(v) 第 206 号受访者有如下特征：$cigpric = 67.44$，$income = 6\,500$，$educ = 16$，$age = 77$，$restaurn = 0$，$white = 0$，以及 $smokes = 0$。计算出该受访者的预测抽烟概率，并对结果进行评价。

6. 将异方差性的布鲁施-帕甘检验和怀特检验的特征相结合有不同的方法。正文中没有讨论的一种可能性是

$$将 \hat{u}_i^2 对 x_{i1}，x_{i2}，\cdots，x_{ik}，\hat{y}_i^2，i=1，\cdots，n 做回归$$

其中，$\hat{u}_i$ 是 OLS 残差，$\hat{y}_i$ 是 OLS 拟合值。于是，我们可以检验 x_{i1}，x_{i2}，$\cdots$，x_{ik} 和 $\hat{y}_i^2$ 的联合显著性。（当然，我们在这个回归中总是包含一个截距。）

(i) 与所建议的异方差 F 检验相联系的自由度是多少？

(ii) 解释为什么上述回归的 R^2 总是至少和 BP 回归与怀特检验特殊情形的 R^2 一样大？

(iii) 第 (ii) 部分是否意味着这个新检验总能比 BP 或怀特检验特殊情形估计量得到更小的 p 值？请解释。

(iv) 假设有人还建议在新提出的这个检验中增加 $\hat{y}_i$。你认为这个主意如何？

7. 考虑一个雇员水平的模型

$$y_{i,e}=\beta_0+\beta_1 x_{i,e,1}+\beta_2 x_{i,e,2}+\cdots+\beta_k x_{i,e,k}+f_i+v_{i,e}$$

式中，无法观测变量 f_i 是在一个给定的企业 i 内，对每个雇员的"企业效应"。误差项 $v_{i,e}$ 是企业 i 中雇员 e 所独具的。诸如方程（8.28）中的综合误差就是 $u_{i,e}=f_i+v_{i,e}$。

(i) 假定 $\mathrm{Var}(f_i)=\sigma_f^2$，$\mathrm{Var}(v_{i,e})=\sigma_v^2$，而 f_i 和 $v_{i,e}$ 无关。证明 $\mathrm{Var}(u_{i,e})=\sigma_f^2+\sigma_v^2$；称为 σ^2。

(ii) 现在假设对 $e\neq g$，$v_{i,e}$ 和 $v_{i,g}$ 无关。证明 $\mathrm{Cov}(u_{i,e}，u_{i,g})=\sigma_f^2$。

(iii) 令 $\bar{u}_i=m_i^{-1}\sum_{e=1}^{m_i}u_{i,e}$ 表示一个企业内综合误差的平均。证明 $\mathrm{Var}(\bar{u}_i)=\sigma_f^2+\sigma_v^2/m_i$。

(iv) 讨论第 (iii) 部分对于利用企业层次的平均数据进行 WLS 估计的意义，其中第 i 次观测所用的权数就是通常的企业规模。

8. 以下方程是利用 ECONMATH 中的数据估计出来的。第一个方程针对男性，第二个方程针对女性。第三个及第四个方程结合了男性和女性。

$$\widehat{score}=20.52+13.60colgpa+0.670act$$
$$\qquad\quad(3.72)\ (0.94)\qquad\ (0.150)$$
$$n=406，R^2=0.402\,5，\mathrm{SSR}=38\,781.38$$

$$\widehat{score}=13.79+11.89colgpa+1.03act$$
$$\qquad\quad(4.11)\ (1.09)\qquad\ (0.18)$$
$$n=408，R^2=0.366\,6，\mathrm{SSR}=48\,029.82$$

$$\widehat{score}=15.60+3.17male+12.82colgpa+0.838act$$
$$\qquad\quad(2.80)\ (0.73)\qquad(0.72)\qquad(0.116)$$
$$n=814，R^2=0.394\,6，\mathrm{SSR}=87\,128.96$$

$$\widehat{score}=13.79+6.73male+11.89colgpa+1.038act+1.72male\cdot colgpa-0.364male\cdot act$$
$$\qquad\quad(3.91)\ (5.55)\qquad(1.04)\qquad(0.17)\qquad(1.44)\qquad\quad(0.232)$$
$$n=814，R^2=0.396\,8，\mathrm{SSR}=86\,811.20$$

(i) 计算出通常的邹至庄统计量来检验原假设：回归方程无论对男性或者女性均是相同的。并得出该检验的 p 值。

(ii) 计算出通常的邹至庄统计量来检验原假设：斜率系数无论对男性或者女性均是相同的，并导出 p 值。

(iii) 是否有足够信息计算出前两问中统计量的异方差—稳健的对应值？并进行解释。

9. 考虑潜在的结果框架，其中 w 是二元处理指标，潜在的结果是 $y(0)$ 和 $y(1)$。假设 w 是随机分配的，则 w 独立于 $[y(0), y(1)]$。令 $\mu_0 = E[y(0)]$，$\mu_1 = E[y(1)]$，$\sigma_0^2 = Var[y(0)]$，$\sigma_1^2 = Var[y(1)]$。

(i) 定义观测结果 $y = (1-w)y(0) + wy(1)$，令 $\tau = \mu_1 - \mu_0$ 是平均处理效应，证明你能够写出

$$y = \mu_0 + \tau w + (1-w)v(0) + wv(1)$$

式中，$v(0) = y(0) - \mu_0$ 且 $v(1) = y(1) - \mu_1$。

(ii) 令 $u = (1-w)v(0) + wv(1)$ 是

$$y = \mu_0 + \tau w + u$$

的误差项，证明

$$E(u|w) = 0$$

对于数量为 n 的随机样本，由 y_i 对 w_i 的简单回归，这一发现暗示了关于 OLS 估计量 τ 的哪些统计特性？当 $n \to \infty$ 时，将发生什么？

(iii) 证明

$$Var(u|w) = E(u^2|w) = (1-w)\sigma_0^2 + w\sigma_1^2$$

误差方差中通常是否存在异方差性？

(iv) 如果你认为 $\sigma_1^2 \neq \sigma_0^2$，且 $\hat{\tau}$ 是 OLS 估计量，你如何获得 $\hat{\tau}$ 的一个有效的标准误差？

(v) 在获得 OLS 残差项 $\hat{u}_i$，$i = 1, \cdots, n$ 后，请提出一种能够对 σ_0^2 和 σ_1^2 进行一致估计的回归。[提示：你应该首先对残差项进行平方。]

计算机练习

C1. 考虑如下解释睡眠行为的模型：

$$sleep = \beta_0 + \beta_1 totwrk + \beta_2 educ + \beta_3 age + \beta_4 age^2 + \beta_5 yngkid + \beta_6 male + u$$

(i) 写出一个模型，容许 u 的方差在男女之间有所不同。这个方差不应该取决于其他因素。

(ii) 利用 SLEEP75 中的数据估计异方差模型中的参数。（你必须先用 OLS 估计 $sleep$ 方程，以得到 OLS 残差。）u 的估计方差对于男人和女人而言哪个更高？

(iii) u 的方差对男女而言是否有显著不同？

C2. (i) 利用 HPRICE1 中的数据得到方程（8.17）的异方差—稳健的标准误。讨论其与通常的标准误之间有何重要差异？

(ii) 对方程（8.18）重复第（i）步操作。

(iii) 此例对异方差性和对因变量所做的变换说明了什么？

C3. 在方程（8.18）中应用异方差性的完全怀特检验 [参见方程（8.19）]。用卡方统计量计算 p 值。你得到了什么结论？

C4. 本题利用 VOTE1 中的数据。

(i) 估计一个以 $voteA$ 为因变量并以 $prtysrA$、$democA$、$\log(expendA)$ 和 $\log(expendB)$ 为自变量的模型，得到 OLS 残差 $\hat{u}_i$，并将这些残差对所有的自变量进行回归。解释你为什么得到 $R^2 = 0$。

(ii) 现在计算异方差性的布鲁施-帕甘检验。使用 F 统计量的形式并报告 p 值。

(iii) 同样利用 F 统计量的形式计算异方差性的特殊怀特检验。现在异方差性的证据有多强？

C5. 本题利用 PNTSPRD 中的数据。

（i）变量 $sprdcvr$ 是一个二值变量，若在大学篮球比赛中实际分数差距超过拉斯维加斯让分 *，则此变量取值 1。$sprdcvr$ 的期望值（比方说 μ）表示在一场随机抽取的比赛中分差超过让分的概率。在 10% 的显著性水平上相对于 H_1：$\mu \neq 0.5$ 检验 H_0：$\mu = 0.5$，并讨论你的结果。（提示：将 $sprdcvr$ 只对一个截距项进行回归便得到一个 t 统计量，利用这个 t 统计量很容易完成。）

（ii）553 个样本中有多少场比赛是在中立场地上进行的？

（iii）估计线性概率模型

$$sprdcvr = \beta_0 + \beta_1 favhome + \beta_2 neutral + \beta_3 fav25 + \beta_4 und25 + u$$

并以通常格式报告结果。（报告通常的标准误和异方差—稳健的标准误。）哪个变量在实际上和统计上都是最显著的？

（iv）解释为什么在原假设 H_0：$\beta_1 = \beta_2 = \beta_3 = \beta_4 = 0$ 下，模型中不存在异方差性。

（v）利用通常的 F 统计量检验第（iv）部分的原假设，你得到了什么结论？

（vi）给定上述分析，你会不会认为，利用赛前可利用的信息有可能系统地预测拉斯维加斯让分能否实现？

C6. 在例 7.12 中，我们估计了一个线性概率模型，以说明一个年轻人在 1986 年是否被拘捕：

$$arr86 = \beta_0 + \beta_1 pcnv + \beta_2 avgsen + \beta_3 tottime + \beta_4 ptime86 + \beta_5 qemp86 + u$$

（i）用 OLS 估计此模型，并验证其全部估计值都严格地介于 0 和 1 之间。最大和最小的估计值各是多少？

（ii）像 8.5 节所讨论的那样，用加权最小二乘法估计这个方程。

（iii）用 WLS 估计值决定 $avgsen$ 和 $tottime$ 在 5% 的显著性水平上是否联合显著。

C7. 本题利用 LOANAPP 中的数据。

（i）估计第 7 章的计算机练习 C8 第（iii）部分中的方程，计算其异方差—稳健的标准误。将 β_{white} 的 95% 的置信区间与非稳健的置信区间相比较。

（ii）从第（i）部分的回归中计算拟合值。其中有没有哪个估计值小于 0？有没有哪个估计值大于 1？而这些情况对加权最小二乘估计的应用意味着什么？

C8. 本题利用 GPA1 中的数据。

（i）利用 OLS 估计一个将 $colGPA$ 与 $hsGPA$、ACT、$skipped$ 和 PC 相联系的模型。求 OLS 残差。

（ii）计算怀特异方差检验的特殊情形。在 $\hat{u}_i^2$ 对 $\widehat{colGPA}_i$ 和 $\widehat{colGPA}_i^2$ 的回归中，求拟合值 $\hat{h}_i$。

（iii）验证第（ii）部分得到的拟合值都严格为正。然后利用权数 $1/\hat{h}_i$ 求加权最小二乘估计值。根据对应的 OLS 估计值，将逃课和拥有计算机之影响的加权最小二乘估计值与对应的 OLS 估计值相比较。它们的统计显著性如何？

（iv）在第（iii）部分的 WLS 估计中，求异方差—稳健的标准误。换言之，容许第（ii）部分中所估计的方差函数可能误设（参见习题 4）。标准误与第（iii）部分相比有很大变化吗？

C9. 在例 8.7 中，我们计算了香烟需求方程的 OLS 和一系列 WLS 估计值。

（i）求方程（8.35）中的 OLS 估计值。

（ii）求出方程（8.36）的 WSL 估计中所用的 $\hat{h}_i$，并重新得到方程（8.36）。根据这个方程，求加权残差和拟合值；分别称之为 $\hat{u}_i$ 和 $\hat{y}_i$。（比如在 Stata 中，未加权的残差和拟合值默认给出。）

---

* 这是让球迷在让分情况下猜球队胜负的赌博，因让分额度在著名的赌城拉斯维加斯评定而得名。——译者注

(iii) 令 $\tilde{u}_i = \hat{u}_i / \sqrt{\hat{h}_i}$ 和 $\tilde{y}_i = \hat{y}_i / \sqrt{\hat{h}_i}$ 表示加权量。通过将 $\tilde{u}_i^2$ 对 $\tilde{y}_i$ 和 $\tilde{y}_i^2$ 回归，进行怀特异方差检验的特殊情形，一定要照常包含截距项。你在加权残差中发现异方差性了吗？

(iv) 第（iii）部分的结论对于求（8.36）时建议使用的同方差形式有何含义？

(v) 在容许方差函数被误设的情况下，求 WLS 估计值的有效标准误。

C10. 本题利用 401KSUBS 中的数据。

(i) 利用 OLS 估计 $e401k$ 的一个线性概率模型，解释变量为 inc、inc^2、age、age^2 和 $male$。求通常的 OLS 标准误和异方差—稳健的标准误。它们之间有重要差别吗？

(ii) 在怀特异方差检验的特殊情形中，我们将 OLS 残差的平方对 OLS 拟合值的二次函数（即 $\hat{u}_i^2$ 对 $\hat{y}_i$ 和 $\hat{y}_i^2$，$i = 1$，…，n）回归，证明 $\hat{y}_i$ 系数的概率极限应该为 1，$\hat{y}_i^2$ 系数的概率极限应该为 -1，截距项的概率极限应该为 0。{提示：记得 $\text{Var}(y|x_1, \cdots, x_k) = p(\mathbf{x})[1 - p(\mathbf{x})]$，其中 $p(\mathbf{x}) = \beta_0 + \beta_1 x_1 + \cdots + \beta_k x_k$。}

(iii) 对第（i）部分估计的模型，求怀特检验，并看系数估计值是否大致对应于第（ii）部分中描述的理论值。

(iv) 在验证了第（i）部分的拟合值都介于 0 和 1 之间后，求这个线性概率模型的加权最小二乘估计值。它们与 OLS 估计值有重大差别吗？

C11. 本题利用 401KSUBS 中的数据，限制样本中 $fsize = 1$。

(i) 在表 8.1 估计出的模型中加入交叉项 $e401k \cdot inc$。用 OLS 方法估计该方程并得出普通和稳健的标准误。从交叉项的统计显著性中，你能得到什么结论？

(ii) 使用与表 8.1 相同的权重 $1/inc_i$，用 WLS 方法估计出更一般的模型。计算出 WLS 估计量通常和稳健的标准误。在使用稳健的标准误的条件下，交叉项是否在统计上显著？

(iii) 讨论更一般模型中 $e401k$ 的 WLS 系数项。这个数值本身是否有意义？请解释。

(iv) 将交叉项修改为 $e401k \cdot (inc - 30)$，用 WLS 方法对该模型重新进行估计；样本中的平均收入约为 29.44。请解释 $e401k$ 系数的含义。

C12. 用 MEAP00 中的数据回答以下问题：

(i) 用 OLS 方法估计以下模型并得到通常的和完全稳健的标准误。这两者通常应当如何进行比较？

$$math4 = \beta_0 + \beta_1 lunch + \beta_2 \log(enroll) + \beta_3 \log(exppp) + u$$

(ii) 应用怀特检验针对异方差性的特殊情况。F 检验的价值在哪里？你能得出什么结论？

(iii) 将 $\widehat{math4_i}$、$\widehat{math4_i^2}$ 作为回归元，对 $\log(\hat{u}_i^2)$ 进行回归，设 $\hat{g}_i$ 为该回归的拟合值，其中 $\widehat{math4_i}$ 为 OLS 拟合值，$\hat{u}_i$ 为 OLS 的残差，试得出 $\hat{g}_i$。设 $\hat{h}_i = \exp(\hat{g}_i)$，用 $\hat{h}_i$ 得出 WLS 估计结果。结果和 OLS 系数项相比有无较大区别？

(iv) 得出允许方差方程误设情况下的 WLS 标准误。结果和通常的 WLS 标准误区别大吗？

(v) 在估计 $math4$ 的支出效应上，OLS 和 WLS 哪一种更加准确？

C13. 用 FERTIL2 中的数据回答以下问题。

(i) 估计以下模型：

$$children = \beta_0 + \beta_1 age + \beta_2 age^2 + \beta_3 educ + \beta_4 electric + \beta_5 urban + u$$

并导出通常的和异方差—稳健的标准误。稳健的标准误数值是否总会比非稳健的标准误大？

(ii) 加入三个宗教虚拟变量，并检验它们是否联合显著。稳健与非稳健的 p 值分别是多少？

(iii) 利用第（ii）部分中的回归过程，得出拟合值 $\hat{y}$ 以及残差 $\hat{u}$。将 $\hat{y}$、$\hat{y}^2$ 作为回归元对 $\hat{u}^2$ 进行回归，并检验两个回归元的联合显著性。得出方程中 $children$ 变量存在异方差性这一结论。

（iv）你认为在第（iii）部分中得到的存在异方差性的结论是否有实际意义？

C14. 用 BEAUTY 中的数据回答以下问题：

（i）利用统计了男性和女性的数据池，估计以下方程：

$$lwage = \beta_0 + \beta_1 belavg + \beta_2 abvavg + \beta_3 female + \beta_4 educ + \beta_5 exper + \beta_6 exper^2 + u$$

并在系数项下面导出异方差—稳健的标准误结果。系数项的符号和数值大小是否出现了不寻常的情况？ *female* 变量的数值大小是否符合实际情况？是否显著？

（ii）在第（i）部分的方程中加入 *female* 与其他所有解释变量的交叉项（共 5 项）。对这 5 个交叉项分别进行通常的和异方差—稳健的 *F* 检验，验证其联合显著性。异方差—稳健的检验是否在任何重要的意义上改变了结果？

（iii）在包含交叉项的模型中，确定那些涉及外表的变量——*female • belavg* 和 *female • abvavg*——是否联合显著，其系数项是否如实际情况般小？

8

第9章 模型设定和数据问题的进一步讨论

我们在第 8 章讨论了高斯-马尔科夫假设不成立的一种情况。虽然误差的异方差性也可以被看成是一种模型误设，但它只是相对次要的一种。异方差性的出现并不会导致 OLS 估计量的偏误或不一致性。而且，通过调整置信区间、t 统计量和 F 统计量，我们可以很容易地在 OLS 估计之后做出正确的推断；甚至通过使用加权最小二乘法，还能得到更加有效的估计量。

在本章中，我们将讨论误差 u 和一个或多个解释变量相关这个更加严重的问题。记得在第 3 章我们提到过，无论出于什么原因，如果 u 与解释变量 x_j 相关，我们就称 x_j 为一个**内生解释变量**（endogenous explanatory variable）。我们还进行了更详尽的讨论，指出了一个解释变量为什么会内生的三个原因。此外，我们还将探讨在某些情形下可能的补救措施。

我们在第 3 章和第 5 章已经看到，遗漏一个关键变量能导致误差与某些解释变量相关，从而通常导致所有的 OLS 估计量都是偏误和不一致的。在遗漏的变量是模型中一个解释变量的函数的特殊情形下，模型就存在**函数形式误设**（functional form misspecification）的问题。

我们在 9.1 节首先讨论函数形式误设所造成的后果，以及如何对它进行检验。在 9.2 节，我们说明如何使用代理变量解决或至少减轻遗漏变量的偏误。在 9.3 节，我们推导并解释在特定形式的**测量误差**（measurement error）下所引起的 OLS 偏误。9.4 节则讨论其他数据问题。

本章所有的估计程序都以 OLS 估计为基础。如同我们下面所见，导致误差与某些解释变量之间相关的有些问题，不可能通过对单个横截面数据使用 OLS 而解决。我们把另外一些估计方法的探讨推后到第三部分。

9.1 函数形式误设

如果一个多元回归模型没有正确地解释因变量和所观测解释变量之间的关系，

它就存在函数形式误设的问题。比如，若小时工资由 $\log(wage) = \beta_0 + \beta_1 educ + \beta_2 exper + \beta_3 exper^2 + u$ 决定，但我们遗漏了工作经历的平方项 $exper^2$，那么我们就会遇到一个函数形式误设的问题。从第 3 章我们已经知道，这通常会导致 β_0、β_1 和 β_2 的估计量产生偏误。（因为 $exper^2$ 已从模型中剔除，所以我们不估计 β_3。）因此，错误地设定 $exper$ 对 $\log(wage)$ 的影响方式，通常会导致教育回报 β_1 的估计量出现偏误。偏误的大小取决于 β_3 的大小，以及 $educ$、$exper$ 和 $exper^2$ 之间的相关关系。

在估计工作经历的回报时情况更糟：即使我们能得到 β_2 的一个无偏估计量，我们也不可能估计出工作经历的回报，因为它等于 $\beta_2 + 2\beta_3 exper$（以小数形式）。仅使用 β_2 的无偏估计量可能起误导作用，特别是在 $exper$ 取极端值时。

作为另一个例子，假设 $\log(wage)$ 方程是

$$\log(wage) = \beta_0 + \beta_1 educ + \beta_2 exper + \beta_3 exper^2 + \beta_4 female$$
$$+ \beta_5 female \cdot educ + u \tag{9.1}$$

式中，$female$ 是一个二值变量。如果我们遗漏了交互项 $female \cdot educ$，那么我们就误设了函数形式。一般而言，我们不可能得到其他任何一个参数的无偏估计量，而且由于教育回报取决于性别，所以遗漏交互项后，我们在估计什么因素的回报并不清楚。

遗漏自变量的函数并不是模型出现函数形式误设的唯一方式。例如，如果 (9.1) 是满足前四个高斯-马尔科夫假设的真实模型，但我们却用 $wage$ 而不是 $\log(wage)$ 作为因变量，我们就不能得到偏效应的无偏或一致估计量。虽然后面的检验对这种函数形式误设问题有一定的识别能力，但还有更好的检验，我们在下一小节对非嵌套的不同函数形式进行检验时将会提到。

错误地设定一个模型的函数形式肯定会导致严重的后果。不过，从重要性来看，这个问题也是次要的：按定义，我们已经有了要得出一个很好地拟合数据的函数关系所需的必要变量的所有数据。这一点可与下一节提出的问题形成鲜明的对照，因为在下一节，将有一个我们不能搜集到其数据的关键变量被省略。

我们已经有了一个强有力的工具来检验误设函数形式：联合排除性约束的 F 检验。通常，在模型中添加任何一个显著变量的平方项并进行一个联合显著性检验都是讲得通的。如果所增加的平方项是显著的，就可以把它们放到模型中（代价是对模型的解释更复杂）。然而，显著的平方项又可能是函数有其他形式这一问题的征兆，比如在应该用变量的对数值时却使用了水平值，或相反。很难确定函数形式误设的准确原因。幸运的是，在许多情形下，使用某些变量的对数形式和添加二次项，就足以发现经济学中许多重要的非线性关系。

例 9.1

犯罪的经济模型

表 9.1 包含了犯罪经济模型（参见例 8.3）中的 OLS 估计值。我们首先估计了不含二次项的模型；其结果见第（1）列。

在第（2）列中，则增加了 $pcnv$、$ptime86$ 和 $inc86$ 的平方项；我们之所以选择这些变量的平方项，是因为它们在第（1）列中都是显著的。由于变量 $qemp86$ 是一个只取五个值的离散变量，所以我们在第（2）列中也没有包括它的平方项。

表 9.1　因变量：*narr*86

自变量	(1)	(2)
$pcnv$	−0.133 (0.040)	0.553 (0.154)
$pcnv^2$	—	−0.730 (0.156)
$avgsen$	−0.011 (0.012)	−0.017 (0.012)
$tottime$	0.012 (0.009)	0.012 (0.009)
$ptime86$	−0.041 (0.009)	0.287 (0.004)
$ptime86^2$	—	−0.029 6 (0.003 9)
$qemp86$	−0.051 (0.014)	−0.014 (0.017)
$inc86$	−0.001 5 (0.000 3)	−0.003 4 (0.000 8)
$inc86^2$	—	0.000 007 (0.000 003)
$black$	0.327 (0.045)	0.292 (0.045)
$hispan$	0.194 (0.040)	0.164 (0.039)
截距项	0.569 (0.036)	0.505 (0.037)
观测次数	2 725	2 725
R^2	0.072 3	0.103 5

这些平方项中的每一个都是显著的，而且它们联合在一起也是非常显著的（$df=3$ 和 2 713 时 $F=31.37$；p 值几乎为零）。所以，看起来原模型忽视了某些潜在重要的非线性关系。

? 思考题 9.1

我们在表 9.1 的第（2）列中为什么没有包括 *black* 和 *hispan* 的平方项？加入 *black* 和 *hispan* 与表中其他变量的交互项有意义吗？

二次项的出现使得对模型的解释多少有些困难。比如，*pcnv* 不再具有严格的威慑效应：*narr*86 和 *pcnv* 之间的关系在 *pcnv* = 0.365 之前为正，此后为负。我们可能会认为，在 *pcnv* 的值较小时，只有很小甚至没有威慑效应；这一效应只在先前定罪率较高时才开始起作用。为了验证这个结论，我们必须使用比二次项更复杂的函数形式。可能 *pcnv* 并非完全外生。比如，那些在过去未被定罪的人（故 *pcnv* = 0）可能会偶尔犯罪，所以他们在 1986 年被拘捕的可能性也较小。这就使估计值产生了偏误。

类似地，*narr*86 和 *ptime*86 之间的关系在 *ptime*86 = 4.85（几乎有 5 个月在坐牢）之前为正，此后为负。由于样本中的大多数人 1986 年都没有坐过牢，所以我们又必须小心地解释这些结论。

合法收入在 *inc*86 = 242.85 之前对 *narr*86 都具有负效应；由于收入以百美元度量，所以这意味着年收入为 24 285 美元。样本中只有 46 个人的收入高于这个水平。于是，我们能断定，*narr*86 和 *inc*86 负相关，且具有递减的影响。

由于因变量的性质，例 9.1 是一个棘手的函数形式问题。还有一些其他模型，在理论上更适合于处理只取几个整数值的因变量。我们将在第 17 章简要地讨论这些模型。

9.1a 对函数形式误设问题的一般检验：RESET

为了检验一般的函数形式误设，我们已经提出了一些检验方法。事实表明，拉姆齐（Ramsey，1969）的**回归设定误差检验**（regression specification error test，RESET）在这方面很有用。

RESET 背后的思想相当简单。如果原模型

$$y = \beta_0 + \beta_1 x_1 + \cdots + \beta_k x_k + u \tag{9.2}$$

满足假设 MLR.4，那么在方程（9.2）中添加自变量的非线性关系应该是不显著的。在例 9.1 中，我们添加了显著解释变量的二次项。尽管这样做通常能检验出函数形式误设，但如果原模型中有许多解释变量，它又有使用掉大量自由度的缺陷（如同异方差性的怀特检验的直接形式那样，要消耗大量的自由度）。此外，添加二次项还不能得到被忽略的某些特定非线性关系。而 RESET 则在方程（9.2）中添加 OLS 拟合值的多项式，以检验函数形式误设的一般形式。

为了实施 RESET，我们必须决定在一个扩大回归中包括多少个拟合值的函数。虽然对这个问题没有正确的回答，但在大多数应用研究中，都表明平方项和三次方项很有用。

令 $\hat{y}$ 表示估计（9.2）所得到的 OLS 拟合值。考虑扩大方程

$$y = \beta_0 + \beta_1 x_1 + \cdots + \beta_k x_k + \delta_1 \hat{y}^2 + \delta_2 \hat{y}^3 + \text{误差项} \qquad (9.3)$$

这个方程看起来有些奇怪，因为原估计的拟合值的函数现在却作为解释变量出现。实际上，我们对（9.3）中的估计参数并不感兴趣；我们只是利用这个方程来检验（9.2）是否漏掉了重要的非线性关系。要记住，$\hat{y}^2$ 和 $\hat{y}^3$ 都只是 x_j 的非线性函数而已。

原假设是：（9.2）是正确设定的形式。于是，RESET 就是在扩大模型（9.3）中检验 $H_0: \delta_1 = 0$，$\delta_2 = 0$ 的 F 统计量。显著的 F 统计量则表明存在某种函数形式的问题。在大样本情况下，F 统计量的分布在原假设（和高斯-马尔科夫假设）下渐近服从 $F_{2,n-k-3}$。扩大模型（9.3）的 df 为 $n-k-1-2 = n-k-3$。也可以使用 LM 型检验（卡方分布的 df 为 2）。而且，利用 8.2 节中讨论的方法，还可以进行对异方差保持稳健的检验。

例 9.2

9

住房价格方程

我们估计了两个住房价格模型。第一个方程的所有变量都是水平值：

$$price = \beta_0 + \beta_1 lotsize + \beta_2 sqrft + \beta_3 bdrms + u \qquad (9.4)$$

第二个方程使用了除 bdrms 外所有变量的对数形式：

$$\log(price) = \beta_0 + \beta_1 llotsize + \beta_2 lsqrft + \beta_3 bdrms + u \qquad (9.5)$$

利用 HPRICE1 中 $n=88$ 套住房数据，结果方程（9.4）的 RESET 统计量为 4.67；它就是随机变量 $F_{2,82}$（$n=88$，$k=3$）的值，相应的 p 值为 0.012。这就是方程（9.4）中存在函数形式误设的证据。

方程（9.5）的 RESET 统计量为 2.56，p 值为 0.084；于是，我们在 5% 的显著性水平上不能拒绝方程（9.5）（尽管在 10% 的显著性水平上会拒绝）。基于 RESET，方程（9.5）中的对数—对数模型更可取。

在上例中，我们尝试了两个解释住房价格的模型。一个被 RESET 拒绝，而另一个则未被拒绝（至少在 5% 的显著性水平上）。通常事情并没有这么简单。RESET 的一个缺陷是，当模型被拒绝后，它不能为我们该怎么做提供一个现实的方向。利用 RESET 拒绝（9.4）并非立即表明（9.5）就是下一步。之所以估计（9.5），是因为常弹性模型易于解释，且具有良好的统计性质。在此例中，它还碰巧通过了函数形式检验。

有人声称 RESET 是模型误设的一个很一般性的检验，包括对无法观测遗漏变量和异方差性的检验。不幸的是，如此使用 RESET 多属误导。可以证明，只要被

遗漏变量的期望值是模型中所包括自变量的线性函数，RESET 就无法检验出变量遗漏问题［参见 Wooldridge（2001，Section 2.1）］。而且，如果正确设定了函数形式，RESET 对于检验异方差性就无能为力。归根到底，RESET 只是一个函数形式检验而已。

9.1b 对非嵌套模型的检验

试图对函数形式误设的其他类型（比如，试图决定某一自变量究竟应以水平值形式还是对数形式出现）做出检验，使我们离开了经典假设检验的辖域。有可能要相对模型

$$y = \beta_0 + \beta_1 \log(x_1) + \beta_2 \log(x_2) + u \tag{9.6}$$

来检验模型

$$y = \beta_0 + \beta_1 x_1 + \beta_2 x_2 + u \tag{9.7}$$

或者把这两个模型反过来。[*] 然而，它们是**非嵌套模型**（nonnested model，参见第 6 章），所以我们不能仅使用标准的 F 检验。已经有人提出了两种不同的方法。一种方法是，构造一个综合模型，将每个模型都作为一个特殊情形包含在其中，然后检验导致每个模型的约束。在目前的例子中，综合模型就是

$$y = \gamma_0 + \gamma_1 x_1 + \gamma_2 x_2 + \gamma_3 \log(x_1) + \gamma_4 \log(x_2) + u \tag{9.8}$$

我们首先检验 H_0：$\gamma_3 = 0$，$\gamma_4 = 0$，作为对方程（9.6）的检验。我们也可以检验 H_0：$\gamma_1 = 0$，$\gamma_2 = 0$，作为对方程（9.7）的检验。这种方法由米松和理查德（Mizon and Richard，1986）提出。

另一种方法由戴维森和麦金农（Davidson and MacKinnon，1981）提出。他们指出，若（9.6）正确，则从另一个模型（9.7）得到的拟合值在（9.6）中应该是不显著的。因此，为了检验（9.6），我们首先用 OLS 估计模型（9.7）以得到拟合值，并记为 $\check{y}$。然后，**戴维森-麦金农检验**（Davidson-MacKinnon test）则基于方程中 $\check{y}$ 的得到 t 统计量：

$$y = \beta_0 + \beta_1 x_1 + \beta_2 x_2 + \theta_1 \check{y} + 误差项$$

因为 $\check{y}$ 是关于 x_1 和 x_2 的非线性方程，故若（9.6）是正确的条件均值模型，则 $\check{y}$ 应当是显著的。（相对双侧备择假设）显著的 t 统计量则是拒绝（9.7）的证据。

类似地，如果 $\hat{y}$ 表示估计（9.6）所得到的拟合值，那么，对（9.7）的检验就是模型

$$y = \beta_0 + \beta_1 \log(x_1) + \beta_2 \log(x_2) + \theta_1 \hat{y} + 误差项$$

如果 t 统计量显著，则拒绝（9.6）。同样，这两个检验可用于检验任意两个具有相同因变量的非嵌套模型。

非嵌套检验也有一些问题。首先，不一定会出现一个明显好的模型。两个模型可能都被拒绝，也可能没有一个被拒绝。在后一种情形中，我们可以使用调整 R^2 进行选择。如果两个模型都被拒绝，则有更多的工作要做。不过，重要的是要知

道，使用这种或那种形式的实际后果：如果关键自变量对 y 的影响没有较大差异，那么使用哪个模型实际上并不重要。

第二个问题是，比方说用戴维森-麦金农检验拒绝了（9.7），这并不意味着（9.6）就是正确的模型。模型（9.7）可能会因多种误设的函数形式而被拒绝。

一个甚至更加困难的问题是，在比较因变量不同的模型时，如何进行非嵌套检验？典型的情况就是，一个因变量是 y，一个因变量是 $\log(y)$。我们在第 6 章看到，用刚刚得到的拟合优度度量进行比较，需要小心行事。虽然有人提出了解决这个问题的检验，但对该问题的分析超出了本书的范围。［有一种易于理解且便于实施的检验，可参见 Wooldridge（1994a）。］

9.2　对无法观测解释变量使用代理变量

当一个模型通常因不可获得数据而排除了一个关键变量时，就会出现更困难的问题。考虑一个明确提出能力（$abil$）会影响 $\log(wage)$ 的工资方程：

$$\log(wage) = \beta_0 + \beta_1 educ + \beta_2 exper + \beta_3 abil + u \tag{9.9}$$

这个模型明确表明，我们在度量 $educ$ 和 $exper$ 的回报时，希望保持能力不变。如果 $educ$ 与 $abil$ 相关，那么将 $abil$ 放到误差项中就会导致 β_1（和 β_2）的 OLS 估计量有偏误，这已经是一个反复出现的问题了。

我们在方程（9.9）中主要关心的是斜率参数 β_1 和 β_2。我们实际上并不关心能否得到截距 β_0 的无偏或一致估计量；如我们稍后将看到的那样，这通常是不可能得到的。此外，由于观测不到 $abil$，所以我们从未想过去估计 β_3；事实上，由于能力充其量只是一个模糊的概念，所以我们也不知道如何去解释 β_3。

我们怎样才能解决（或至少减小）像（9.9）这样的方程中因遗漏变量而导致的偏误呢？一种可能是，找到遗漏变量的一个**代理变量**（proxy variable）。大致说来，代理变量就是某种与我们在分析中试图控制的无法观测变量相关的东西。在工资方程中，一种可能性就是用智商或 IQ 作为能力变量的一个代理。这并不要求 IQ 就等同于能力；我们只需要 IQ 与能力相关，在下面的分析中我们将加以说明。

全部的关键思想都可以用一个有三个自变量的模型加以说明，其中有两个自变量是可以观测的：

$$y = \beta_0 + \beta_1 x_1 + \beta_2 x_2 + \beta_3 x_3^* + u \tag{9.10}$$

我们假定有 y、x_1 和 x_2 的数据［在工资方程的例子中，分别是 $\log(wage)$、$educ$ 和 $exper$］。虽然无法观测解释变量 x_3^*，但我们有 x_3^* 的一个代理变量，并称之为 x_3。

我们对 x_3 有什么要求呢？起码，它应该与 x_3^* 有某种关系。这一点由简单回归方程

$$x_3^* = \delta_0 + \delta_3 x_3 + v_3 \tag{9.11}$$

表示，其中 v_3 是因 x_3^* 与 x_3 并非完全相关所导致的误差。参数 δ_3 度量了 x_3^* 与 x_3 之间的关系；特别是，我们认为 x_3^* 和 x_3 正相关，所以 $\delta_3 > 0$。如果 $\delta_3 = 0$，则 x_3 不是 x_3^* 合适的代理变量。(9.11) 中的截距 δ_0，无非是容许 x_3^* 和 x_3 以不同的尺度来度量。（比方说，在美国这个总体中，肯定不能要求无法观测能力变量与 IQ 具有相等的平均值。）

我们如何才能够利用 x_3 得到 β_1 和 β_2 的无偏（或至少是一致）估计量呢？建议是，假装认为 x_3 就是 x_3^*，所以我们做

$$y \text{ 对 } x_1, x_2, x_3 \text{ 的回归} \tag{9.12}$$

因为我们在做 OLS 之前，只是用 x_3 取代了 x_3^*，所以我们称之为**遗漏变量问题的植入解**（plug-in solution to the omitted variables problem）。如果 x_3 确实与 x_3^* 相关，这看起来是合理的。不过，由于 x_3 与 x_3^* 并不相同，所以我们应该确定这个做法什么时候确实能给出 β_1 和 β_2 的一致估计量。

植入解能得到 β_1 和 β_2 的一致估计量所需的假定，可分为对 u 的假定和对 v_3 的假定：

（1）误差 u 与 x_1、x_2 和 x_3^* 都不相关，这就是对模型 (9.10) 的一个标准假定。而且，u 与 x_3 也不相关。后一个假定只是意味着，一旦总体模型中包括了 x_1、x_2 和 x_3^*，x_3 就无足轻重了。既然 x_3 是 x_3^* 的一个代理变量，所以根据定义，实质上的确如此：是 x_3^* 而不是 x_3 影响 y。因此，假定 u 与 x_1、x_2、x_3^* 和 x_3 都不相关不是很有争议。（这个假定的另一种表述是，给定所有这些变量，u 的期望值为 0。）

（2）误差 v_3 与 x_1、x_2 和 x_3 都不相关。v_3 与 x_1、x_2 不相关的假定要求 x_3 是 x_3^* 的一个"好"的代理变量。最容易看出这一点的办法是，用条件期望的术语类似地写出这些假定：

$$E(x_3^* | x_1, x_2, x_3) = E(x_3^* | x_3) = \delta_0 + \delta_3 x_3 \tag{9.13}$$

最重要的第一个等式表明，一旦控制了 x_3，x_3^* 的期望值就与 x_1 或 x_2 无关。换句话说，一旦排除了 x_3 的影响，x_3^* 就与 x_1 和 x_2 零相关。

在工资方程 (9.9) 中，IQ 是能力的代理变量，条件 (9.13) 就变成

$$E(abil | educ, exper, IQ) = E(abil | IQ) = \delta_0 + \delta_3 IQ$$

因此，能力的平均水平只随 IQ 而变化，不随 educ 和 exper 而变化。这种说法合理吗？或许不完全正确，但与真实情况可能很接近。在工资方程中包括 IQ 来观察教育的估计回报有什么变化，当然值得一做。

我们很容易看出，前面的假定足以使植入解发挥作用。如果我们将方程 (9.11) 代入方程 (9.10) 并做简单运算，则得到：

$$y = (\beta_0 + \beta_3 \delta_0) + \beta_1 x_1 + \beta_2 x_2 + \beta_3 \delta_3 x_3 + u + \beta_3 v_3$$

将这个方程中的合成误差记为 $e=u+\beta_3 v_3$；它取决于我们所关心的模型（9.10）中的误差和代理变量方程中的误差 v_3。由于 u 和 v_3 的均值都为零，而且都与 x_1、x_2、x_3 无关，所以 e 的均值也为零，并与 x_1、x_2、x_3 无关。将这个方程写成：

$$y=\alpha_0+\beta_1 x_1+\beta_2 x_2+\alpha_3 x_3+e$$

式中，$\alpha_0=\beta_0+\beta_3\delta_0$ 为新的截距项，α_3 为代理变量 x_3 的斜率参数。像我们前面提到的那样，当我们做模型（9.12）中的回归时，不会得到 β_0 和 β_3 的无偏估计量；但我们能得到 α_0、β_1、β_2 和 α_3 的无偏（或至少是一致）估计量。重要的是，我们能得到参数 β_1 和 β_2 很好的估计值。

在多数情形中，α_3 的估计值实际上比 β_3 的估计值更有意义。比如，在工资方程中，α_3 度量了在 IQ 的分数多 1 分时的工资回报。

例 9.3

IQ 作为能力的代理变量

文件 WAGE2 来自布莱克波恩和纽马克（Blackburn and Neumark，1992）的文章，它包含了 935 名男性在 1980 年的月薪、受教育程度、人口统计方面的几个变量和 IQ 值等信息。作为解决遗漏能力变量所致偏误的一种方法，我们在一个标准对数工资方程中增加 IQ 变量。结果在表 9.2 中给出。

表 9.2　因变量：$\log(wage)$

自变量	(1)	(2)	(3)
$educ$	0.065 (0.006)	0.054 (0.007)	0.018 (0.041)
$exper$	0.014 (0.003)	0.014 (0.003)	0.014 (0.003)
$tenure$	0.012 (0.002)	0.011 (0.002)	0.011 (0.002)
$married$	0.199 (0.039)	0.200 (0.039)	0.201 (0.039)
$south$	-0.091 (0.026)	-0.080 (0.026)	-0.080 (0.026)
$urban$	0.184 (0.027)	0.182 (0.027)	0.184 (0.027)
$black$	-0.188 (0.038)	-0.143 (0.039)	-0.147 (0.040)
IQ	—	0.003 6 (0.001 0)	$-0.000 9$ (0.005 2)
$educ \cdot IQ$	—	—	0.000 34 (0.000 38)
截距	5.395 (0.113)	5.176 (0.128)	5.648 (0.546)
观测次数	935	935	935
R^2	0.253	0.263	0.263

我们感兴趣的是，在增加 IQ 变量后，教育的估计回报会有什么变化。第（1）列包含了不用 IQ 作为代理变量时的估计值。此时教育的估计回报为 6.5%。如果我们认为被遗漏的能力变量与 educ 正相关，那么我们就会认为这个估计值偏高。（更准确地说，所有随机样本的平均估计值都将过高。）当在方程中增加 IQ 后，教育回报下降到 5.4%，这印证了我们先前对遗漏能力变量所致偏误的想法。

在赫恩斯特恩和默里（Herrnstein and Murray，1994）合著的一本颇具争议的书《贝尔曲线》（*The Bell Curve*）中，详细印证了 IQ 对社会经济产出的影响。第（2）列表明，在控制了其他几个因素后，IQ 对工资所得确实具有统计显著的正影响。在其他条件相同的情况下，IQ 提高 10 分，预计会使月工资增加 3.6%。因为在美国总体中 IQ 的标准差为 15，所以 IQ 提高一个标准差，就会伴随着收入 5.4% 的提升。这就等同于多受一年教育对工资的预期影响。从第（2）列显然可见，教育在提高工资方面仍具有重要作用，尽管其影响没有原来估计的那么大。

在第（1）列和第（2）列中还有其他一些有趣的现象。在方程中加入 IQ 只使 R^2 从 0.253 提高到 0.263。log(*wage*) 中大部分的波动都没有被第（2）列中的因素所解释。此外，在方程中增加 IQ 也未能消除黑人和白人男性在估计工资上的差异：一个在 IQ、受教育程度、工作经历等方面都和白人男性一样的黑人男性，预计其所挣的工资比白人约少 14.3%，而且这个差异是相当统计显著的。

思考题9.2

就表 9.2 第（3）列中 educ 的系数较小且在统计上不显著这一事实，你如何解释？（提示：当方程中出现 educ·IQ 时，对 educ 的系数该做何解释？）

表 9.2 中的第（3）列还包括了交互项 educ·IQ。这就使得 educ 和 abil 在决定 log(*wage*) 的过程中，具有相互影响的可能性。我们可能会认为，能力越强的人，其教育回报就越高，但事实证明并非如此：交互项不显著，且交互项的引入在使模型复杂化的同时，还使得 educ 和 IQ 单独地看也不显著。因此，第（2）列的估计值更为可取。

在本例中没有理由只使用能力的一个代理变量就停止。数据集 WAGE2 还包含了每个人在工作领域内知识（*Knowledge of the World of Work*，KWW）测验中的分数。这就给出了对能力的一种不同的度量，它可以取代 IQ 或与 IQ 一起用于估计教育回报（参见第 9 章的计算机练习 C2）。

容易看出，如果代理变量不符合前述假定，使用一个代理变量仍将导致偏误。假设方程（9.11）不成立，无法观测变量 x_3^* 与所有可观测变量都相关：

$$x_3^* = \delta_0 + \delta_1 x_1 + \delta_2 x_2 + \delta_3 x_3 + v_3 \tag{9.14}$$

式中，v_3 的均值为零且与 x_1、x_2、x_3 都不相关。方程（9.11）假定 δ_1 和 δ_2 都为零。通过将方程（9.14）代入（9.10），我们得到

$$y = (\beta_0 + \beta_3 \delta_0) + (\beta_1 + \beta_3 \delta_1) x_1 + (\beta_2 + \beta_3 \delta_2) x_2 + \beta_3 \delta_3 x_3 + u + \beta_3 v_3 \tag{9.15}$$

由此得到 $\text{plim}(\hat{\beta}_1) = \beta_1 + \beta_3 \delta_1$ 和 $\text{plim}(\hat{\beta}_2) = \beta_2 + \beta_3 \delta_2$。［得到这个结果的原因是，(9.15) 中的误差 $u + \beta_3 v_3$ 的均值为零，且与 x_1、x_2 和 x_3 都不相关。］在前面 $x_1 = educ$ 和 $x_3^* = abil$ 的例子中 $\beta_3 > 0$，所以，若 $abil$ 和 $educ$ 有正的偏相关（$\delta_1 > 0$），则 $\hat{\beta}_1$ 存在正的偏误（不一致性）。因此，如果 IQ 不是一个很好的代理变量，那么用 IQ 作为代理变量仍将得到教育回报的向上偏误。但我们有理由希望，这个偏误比我们完全忽略遗漏能力变量时小。

有一种批评观点认为：在回归方程中增加变量，比如在含有 $educ$ 变量的回归方程中加入 IQ 这一变量，会加剧多重共线性的问题，可能导致 β_{educ} 估计值的准确性下降。但是，这一观点忽略了两个重要的因素。第一，IQ 变量的加入之所以能降低误差方差，是因为能力中可以被 IQ 解释的部分被从误差项中移除了。一般地，这也会反映在回归方程标准误的减小上（尽管由于自由度调整，我们没有减小回归方程标准误的需求）。第二，同时也是最重要的一点是，如果我们想要获取偏差较小的 β_{educ} 估计值，那么多重共线性是无法避免的：$educ$ 和 IQ 之所以相关，是因为 $educ$ 和 $abil$ 被认为是相关的，而且 IQ 是 $abil$ 的一个代理变量。如果 $abil$ 值是可观测的，我们会将其纳入回归方程，当然，由于 $educ$ 和 $abil$ 相关，这同样会带来不可避免的多重共线性。

代理变量也可以以二值信息的形式出现。在例 7.9［参见方程 (7.15)］中，我们讨论了克鲁格（Krueger, 1993）对工作中使用计算机的回报估计。克鲁格还包括了一个二值变量，以表示一个工人在家是否使用计算机（以及在工作中和在家中使用计算机的一个交互项）。他在方程中把在家使用计算机的情况包括进来，主要是要作为无法观测"技术能力"的代理变量，这种技术能力既能直接影响工资，又与工作中的计算机使用情况相关。

9.2a 用滞后因变量作为代理变量

在某些应用研究中，如前面的工资一例，对于要控制哪些无法观测因素，我们至少都会有些模糊的认识，这就使我们能够选择代理变量。但在另外一些应用研究中，我们猜测一个或多个自变量与遗漏变量相关，可是对如何得到遗漏变量的代理变量却一筹莫展。在这种情况下，我们可以将较早时期的因变量值包括进来加以控制。这种方法对政策分析特别有用。

虽然在横截面方程中使用一个**滞后因变量**（lagged dependent variable）提高了对数据的要求，但也为解释导致因变量现期差异的历史因素找到了一个简单方法，而这种现期差异用其他方法都很难解释。比如，某些城市过去都曾有过高犯罪率。同时，导致现在和过去犯罪率很高的无法观测因素中，许多都是相同的。类似地，某些大学传统上都比其他大学的学术成就更胜一筹。惯性影响也是通过引入 y 的滞后值来刻画的。

考虑一个解释城市犯罪率的简单方程：

$$crime = \beta_0 + \beta_1 unem + \beta_2 expend + \beta_3 crime_{-1} + u \tag{9.16}$$

式中，$crime$ 表示对人均犯罪次数的某种度量；$unem$ 表示城市失业率；$expend$ 表示在执法方面的人均支出；而 $crime_{-1}$ 则表示以前某个年度的犯罪率（可以是去年或几年前的某一年）。我们感兴趣的是失业率和执法支出对犯罪率的影响。

在方程中包括 $crime_{-1}$ 的目的何在呢？当然，由于犯罪具有惯性，所以我们预期 $\beta_3 > 0$。但把它放到方程中的主要原因在于，历史上犯罪率高的城市对犯罪的预防也会花更多的钱。因此，我们（计量经济学家）观测不到而又影响 $crime$ 的因素，可能会与 $expend$（和 $unem$）相关。如果我们运用一个纯粹的横截面分析，我们不可能得到执法支出对犯罪率之因果效应的无偏估计量。但通过在方程中包括 $crime_{-1}$，我们至少可以做如下试验：如果两个城市以前有相同的犯罪率，现在又有相同的失业率，那么 β_2 就度量了执法支出每增加 1 美元对犯罪率的影响。

例 9.4

城市犯罪率

我们来估计方程（9.16）中犯罪模型的一个常弹性形式（由于 $unem$ 是个百分数，所以保留其水平值形式）。CRIME2 中的数据来自 1987 年的 46 个城市。也有 1982 年的犯罪率数据可用，我们在试图控制那些影响犯罪率而又可能与当年执法支出相关的不可观测因素时，将其用作另外一个自变量。表 9.3 包含了有关结果。

表 9.3　因变量：$\log(crmrte_{87})$

自变量	(1)	(2)
$unem_{87}$	-0.029 (0.032)	0.009 (0.020)
$\log(lawexpc_{87})$	0.203 (0.173)	-0.140 (0.109)
$\log(crmrte_{82})$	—	1.194 (0.132)
截距	3.34 (1.25)	0.076 (0.821)
观测次数	46	46
R^2	0.057	0.680

在方程中没有滞后犯罪率时，失业率和执法支出的影响都是违背直觉的；尽管 $\log(lawexpc_{87})$ 的 t 统计量为 1.17，但没有一个是统计显著的。一种可能性是，增加的执法支出改善了报案手续，所以报告了更多的犯罪。但也有另一种可能性：近来犯罪率高的城市在执法支出上花了更多的钱。

把 5 年前犯罪率的对数加进来，对支出系数具有很大的影响。犯罪率对支出的弹性变成 -0.14，且 $t=-1.28$。虽然这算不上十分显著，但它表明，一旦样本中有了更多的城市，一个更复杂的模型可能给出显著的结论。

无足为奇，现在的犯罪率与过去的犯罪率强相关。估计值表明，如果 1982 年的犯罪率高出 1%，那么预计 1987 年的犯罪率约高出 1.19%。我们不能拒绝现在的犯罪率对过去犯罪率的弹性为 1 的原假设 $[t=(1.194-1)/0.132\approx1.47]$。虽然增加过去的犯罪率明显提高了回归的解释能力，但这没什么好奇怪的。将滞后犯罪率包括进来的主要原因是，为了在其他条件不变的情况下估计 $\log(lawexpc_{87})$ 对 $\log(crmrte_{87})$ 的影响时，得到一个更好的估计值。

作为控制无法观测变量的一般方法，将滞后的 y 放到方程中的做法谈不上完美无缺。但在估计政策变量对发生的各种结果的影响时，它可用于得到一个更好的估计值。

添加 y 的滞后值，并不是使用两年数据来控制遗漏变量的唯一办法。当我们在第 13 章和第 14 章讨论面板数据方法时，我们将探讨使用相同横截面单元在不同时点出现的重复数据的其他方法。

9.2b 对多元回归的不同看法

本节对代理变量的讨论表明，当我们不一定能观测到所有有关的解释变量时，我们还有解释多元回归分析的另一种方法。到目前为止，我们都像方程（9.9）一样设定了所考虑的总体模型具有加式误差。我们对上述例子的讨论，取决于我们是否有无法观测的解释变量（我们称之为"能力"）的一个适当代理变量（这里使用 IQ，其他检验分数更加具体）。

多元回归的一个结构松散而又更具一般性的方法，就是放弃用无法观测因素来设定模型。相反，我们从已经有一系列可观测解释变量这个前提出发，其中包括诸如读书年数等核心变量，以及可观测的测试分数等控制变量。然后，我们以所观测的解释变量为条件来模型化 y 的均值。比如，在用 $lwage$ 表示 $\log(wage)$ 的工资例子中，我们可以估计 $\mathrm{E}(lwage\,|\,educ, exper, tenure, south, urban, black, IQ)$，这正是我们在表 9.2 中报告的结果。现在的区别在于，我们更适度地设定目标。也就是说，我们不再引入方程（9.9）中模糊的"能力"概念，而是直接估计受教育程度在保持 IQ（及其他可观测因素）不变情况下的影响。这就无须讨论 IQ 是不是能力的适当代理。结果，我们可能没有回答方程（9.9）背后的问题，我们回答了我们关心的问题：如果两个人具有相同的 IQ 水平（以及相同的工作经历和现职任期等），但他们的受教育程度相差一年，那么预计他们的对数工资有多大差别？

作为另一个例子，如果我们在学校层次的回归中包含贫困率作为一个解释变量，来评价支出对标准化考试分数的影响，我们应该承认，贫困率只是粗略地刻画了不同学校学生及其家长的相关差别。但因为我们无法找到学生"能力"、家长"参与"等因素的适当代理变量，所以这通常就是我们所拥有的全部信息，而控制贫困率总比什么都不做更好一些。几乎可以肯定，要得到支出在其他条件不变情况下的影响，控制贫困率比把它置于我们的分析之外更加准确。

在回归分析的某些应用中，我们感兴趣的仅仅是在给定解释变量（$x_1, \cdots, x_k$）的情况下，预测结果变量 y。在这种情形中，考虑估计系数因遗漏变量而导致的"偏误"就没有多大意义。相反，我们应该考虑如何得到一个预测尽可能好的模型，并保证我们没有把那些预测时无法观测的变量作为解释变量包含进来。比如，一个学院或一所大学的领导感兴趣的问题可能是，用学生申请入学时可以度量的变量来预测学生在学院的成功，比如平均成绩。那些可以度量的变量包括高中时的表现（可能只是高中时的平均成绩，但也可能是某些特殊类型课程的成绩）、标准化考试分数、各种活动（比如辩论赛或数学俱乐部）的参与情况，甚至家庭背景变量。我们不应该表示包括大学考勤情况的变量，因为在学生申请时，我们还不能观察到学生在大学的考勤情况。我们不应该因为遗漏考勤变量所导致的"偏误"而苦恼地绞扭双手：我们无意于度量高中平均成绩在保持大学考勤情况不变情况下的影响。类似地，因为我们不能观察到诸如动机等因素，所以我们不要为了系数中的偏误而忧虑重重。很自然，为了进行预测，如果我们能够度量动机变量，可能对我们明显有帮助，但在不能度量这种变量的情况下，我们就只好用能够观测到的解释变量来拟合一个最好的模型。

9.2c 潜在结果和代理变量

我们在 2.7 节、3.7 节、4.7 节中介绍了潜在结果框架，在 7.6 节中也给出了更一般性的介绍。而代理变量的概念与我们介绍过的潜在结果框架有关。令 $y(0)$ 和 $y(1)$ 表示潜在结果，w 表示二元治疗指标。当我们将解释变量 $\mathbf{x} = (x_1, x_2, \cdots, x_k)$ 加入一个含有解释变量 w 的回归中时，理解我们正在做什么的一种思路是：我们使用 $\mathbf{x}$ 作为影响潜在结果 $y(0)$ 和 $y(1)$ 的无法观测因素的一组代理变量，也可能与参与决策有关（$w=1$ 或 $w=0$）。写为：

$$y(0) = \mu_0 + v(0)$$
$$y(1) = \mu_1 + v(1)$$

式中，μ_0 和 μ_1 是两个反事实平均数，$\tau_{ate} = \mu_1 - \mu_0$ 是平均治疗效果。参与选择问题意味着 w 可以与不可观测的 $v(0)$ 和 $v(1)$ 联系起来。在 3.7 节和 7.6 节中讨论的可忽略性假设或无混淆假设意味着以 $\mathbf{x}$ 为条件，w 独立于 $[v(0), v(1)]$。这基本上是假设 $\mathbf{x}$ 的元素作为不可观测因素的合适代理。假设线性函数形式如 7.6 节所示，

$$\mathrm{E}[v(0) | w, \mathbf{x}] = \mathrm{E}[v(0) | \mathbf{x}] = (\mathbf{x} - \boldsymbol{\eta}) \boldsymbol{\beta}_0$$

和

$$E[v(1)|w, \mathbf{x}]=E[v(1)|\mathbf{x}]=(\mathbf{x}-\boldsymbol{\eta})\boldsymbol{\beta}_1$$

式中，$\boldsymbol{\eta}=E(\mathbf{x})$。两个方程中的第一个等式，我们认为代表着条件独立性或无混淆假设，实际上与代理变量条件相同：以 $\mathbf{x}$ 为条件，w 与影响 $[y(0), y(1)]$ 的不可观测因素无关。从 7.6 节我们知道，无混淆假设加上线性函数形式导致了一个带有交互项的回归：

$$y_i \text{ 对 } w_i, \mathbf{x}_i, w_i \cdot (\mathbf{x}-\bar{\mathbf{x}}), i=1, \cdots, n$$

其中，$\bar{\mathbf{x}}$ 是样本平均值的向量，回归跨越整个样本。w_i 系数 $\hat{\tau}_{ate}$ 是对平均治疗效果的估计。进一步的讨论见 7.6 节。

9.3　随机斜率模型

在我们到目前为止对回归的讨论中，一直都假定总体中的个人具有相同的斜率系数，或者斜率即便不同，也只是在一些可以度量的特征上有所差别，在这种情况下，我们就使用包含交互项的回归模型。比如，就像我们在 7.4 节中看到的那样，通过在对数工资方程中容许受教育程度与性别虚拟变量相互影响，我们就能让男性与女性的教育回报有所差别。

我们在这里考虑一个相关但不同的问题：如果一个变量的偏效应取决于那些随着总体单位的不同而不同的无法观测因素，结果会怎么样呢？如果只有一个解释变量 x，我们就可以把这个一般模型（为强调总体单位的差别，对于从总体中随机抽取的个体 i）写成

$$y_i=a_i+b_ix_i \tag{9.17}$$

式中，a_i 为单位 i 的截距；b_i 为斜率。在第 2 章的简单回归模型中，我们曾假定 $b_i=\beta$，并把 a_i 记为误差 u_i。（9.17）中的模型有时被称为**随机系数模型**（random coefficient model）或**随机斜率模型**（random slope model），因为无法观测的斜率系数 b_i 被看成是与观测数据 (x_i, y_i) 和无法观测的截距 a_i 一起从总体中随机抽取的。作为一个例子，如果 $y_i=\log(wage_i)$，而 $x_i=educ_i$，于是，（9.17）式就容许教育回报 b_i 因人而异。如果 b_i（就像 a_i 一样）包含无法度量的能力变量，那么，多读一年书的偏效应也可能取决于个人能力。

使用一个容量为 n 的随机样本，我们（暗含地）同时抽取 n 个 a_i 值（以及对 x 和 y 的观测数据）和 n 个 b_i 值。很自然，我们不能对每个 i 都估计一个斜率——或一个截距。但我们希望能够估计平均斜率（和平均截距），其中平均是对总体而言的。因此，定义 $\alpha=E(a_i)$ 和 $\beta=E(b_i)$。于是，β 就是 x 对 y 的平均偏效应，我们把 β 称为**平均偏效应**（average partial effect，APE）或**平均边际效应**（average marginal effect，AME）。在对数工资的情形中，β 就是总体中多读一年书的平均回报率。

如果我们记 $a_i=\alpha+c_i$ 和 $b_i=\beta+d_i$，那么，d_i 就是个人对 APE 的偏离。根据

构造，有 $E(c_i)=0$ 和 $E(d_i)=0$。代入（9.17）式便得到

$$y_i=\alpha+\beta x_i+c_i+d_i x_i=\alpha+\beta x_i+u_i \tag{9.18}$$

式中，$u_i=c_i+d_i x_i$。（为了便于区分符号，我们现在用 a_i 的均值 α 表示截距，用 b_i 的均值 β 表示斜率。）换言之，我们可以把一个随机系数模型写成一个常系数模型，只是误差项中包含了无法观测的 d_i 与可观测的解释变量 x_i 的乘积。

在什么情况下将 y_i 对 x_i 进行简单回归就能得到 β（和 α）的无偏估计值呢？我们可以援引第 2 章的无偏性结论。如果 $E(u_i|x_i)=0$，那么普通最小二乘法通常是无偏的。当 $u_i=c_i+d_i x_i$ 时，无偏的充分条件就是 $E(c_i|x_i)=E(c_i)=0$ 和 $E(d_i|x_i)=E(d_i)=0$。我们可以用因人而异的截距和斜率把这些条件写成

$$E(a_i|x_i)=E(a_i) \text{ 和 } E(b_i|x_i)=E(b_i) \tag{9.19}$$

也就是说，a_i 和 b_i 都均值独立于 x_i。这是一个有用的结论：如果我们容许斜率因人而异，只要它们的均值独立于解释变量，那么，OLS 就能够一致地估计这些斜率的总体平均值。

（9.18）式中的误差项几乎肯定包含了异方差性。事实上，如果 $\text{Var}(c_i|x_i)=\sigma_c^2$，$\text{Var}(d_i|x_i)=\sigma_d^2$，而且 $\text{Cov}(c_i,d_i|x_i)=0$，那么就有

$$\text{Var}(u_i|x_i)=\sigma_c^2+\sigma_d^2 x_i^2 \tag{9.20}$$

因此，除非 $\sigma_d^2=0$，即对所有 i 都有 $b_i=\beta$，否则 u_i 中一定存在异方差。我们知道如何解释这种类型的异方差性。我们可以使用普通最小二乘法并计算异方差—稳健的标准误及检验统计量，或者我们也可以估计（9.20）式中的方差函数并应用加权最小二乘法。当然，后面这种方法对随机截距和斜率施加了同方差约束，因而我们想让加权最小二乘分析对（9.20）式违背同方差性的情况保持足够的稳健。

鉴于方程（9.20），有些作者喜欢把回归模型中的异方差性一般都看成来自随机斜率系数。但我们应该记住，方程（9.20）只是一种特殊形式，它没有考虑 a_i 或 b_i 中存在异方差的可能性。我们不能令人信服地把一个截距和斜率都独立于 x_i 的随机斜率模型和 a_i 中存在异方差的常斜率模型区分开来。

对多元回归的处理与此类似。通常，多元回归模型被写成

$$y_i=a_i+b_{i1}x_{i1}+b_{i2}x_{i2}+\cdots+b_{ik}x_{ik} \tag{9.21}$$

于是，通过记 $a_i=\alpha+c_i$ 和 $b_{ij}=\beta_j+d_{ij}$，我们有

$$y_i=\alpha+\beta_1 x_{i1}+\cdots+\beta_k x_{ik}+u_i \tag{9.22}$$

式中，$u_i=c_i+d_{i1}x_{i1}+\cdots+d_{ik}x_{ik}$。如果我们保持均值独立假定 $E(a_i|\mathbf{x}_i)=E(a_i)$ 和 $E(b_{ij}|\mathbf{x}_i)=E(b_{ij})(j=1,\cdots,k)$，于是有 $E(y_i|\mathbf{x}_i)=\alpha+\beta_1 x_{i1}+\cdots+\beta_k x_{ik}$，而且使用一个随机样本，运用普通最小二乘法就能得到 α 和 β_j 的无偏估计量。就像在简单回归情形中一样，$\text{Var}(u_i|\mathbf{x}_i)$ 几乎肯定是异方差的。

我们可以让 b_{ij} 既取决于可观测的解释变量，又取决于无法观测的因素。比如，假设在 $k=2$ 的情况下，x_{i2} 取决于 x_{i1}，即 $b_{i2}=\beta_2+\delta_1(x_{i1}-\mu_1)+d_{i2}$，其中 $\mu_1=$

$E(x_{i1})$。如果我们假定 $E(d_{i2} \mid \mathbf{x}_i) = 0$（并对 c_i 和 d_{i1} 做类似假定），那么，$E(y_i \mid x_{i1}, x_{i2}) = \alpha + \beta_1 x_{i1} + \beta_2 x_{i2} + \delta_1 (x_{i1} - \mu_1) x_{i2}$，这就意味着我们得到了一个 x_{i1} 和 x_{i2} 的交互项。由于我们从 x_{i1} 中减去了其均值 μ_1，所以 β_2 就是 x_{i2} 的平均偏效应。

本节分析的底线是，如果斜率独立于或至少均值独立于解释变量，那么，容许随机斜率还是相当简单的。此外，我们轻而易举就能把斜率模型化为解释变量的函数，这样得到的模型就包含解释变量的平方或乘积项。当然，我们在第 6 章曾讨论过，即便在没有引入随机斜率概念的情况下，这种模型何以有用。随机斜率设定又为这种模型另外给出了一个合理依据。如果随机截距以及某些斜率与部分回归元相关，可想而知，估计就更加困难。我们将在第 15 章讨论内生解释变量的问题。

9.4 有测量误差时 OLS 的性质

在经济应用研究中，我们有时候不能搜集到那些确实影响经济行为的变量数据。一个很好的例子是，一个家庭在试图决定某年向慈善机构捐款多少时所面临的边际所得税率。很难得到边际税率，或者说，很难把各种收入水平的税率概括成单个数字。但我们可基于总收入和总税收支付计算出一个平均税率。

当我们在一个回归模型中使用经济变量不精确的度量时，我们的模型就包含了测量误差。在本节中，我们推导测量误差对普通最小二乘估计所造成的后果。虽然 OLS 在一些特定的假定下是无偏的，但在其他情况下它又是有偏误的。在某些偏误的情形下，我们能推导出渐近偏误的大小。

如我们将看到的那样，测量误差问题与上一节讨论的遗漏变量—代理变量问题具有类似的统计结构，但它们在概念上是不同的。在代理变量情形中，我们在寻找一个与无法观测变量多少有些联系的变量。在测量误差情形中，我们没观测到的变量却具有定义完好的定量含义（如边际税率或年收入），但我们对它测量的记录可能包含了误差。比如，报告的年收入是对实际年收入的一种测量，而 IQ 值却是能力的一个代理变量。

代理变量与测量误差问题之间另一个重要的区别在于：在测量误差问题中，被误测的自变量通常是主要的焦点之一；而在代理变量情形中，被遗漏变量的偏效应很少成为关注的核心，我们通常关心的是其他自变量的影响。

在我们详加考虑之前，应该记住，只有计量经济学家所能为之搜集数据的变量与影响个人、家庭、企业等决策的变量不同时，测量误差才会成为问题。

9.4a 因变量中的测量误差

我们首先从只有因变量存在测量误差的情况开始。令 y^* 表示我们（一如既往，在总体中）欲加以解释的变量。比如，可以是家庭年度储蓄。回归模型具有通常的形式：

$$y^* = \beta_0 + \beta_1 x_1 + \cdots + \beta_k x_k + u \tag{9.23}$$

而且，假定它满足高斯-马尔科夫假设。我们令 y 表示对 y^* 的可观测度量。在储蓄一例中，y 就是所报告的年度储蓄。不幸的是，家庭在报告他们的家庭年度储蓄时并不完美，容易漏掉某些项目或高估投入基金的数量。一般而言，我们可以想象 y 和 y^* 有所不同，至少对于家庭总体中的一部分来说如此。

（总体中的）**测量误差**（measurement error）被定义为观测值和实际值之差：

$$e_0 = y - y^* \tag{9.24}$$

对于总体中随机抽取的某个 i，我们可以写出 $e_{i0} = y_i - y_i^*$，但重要的一点是，总体中的测量误差与其他因素如何相关。为了得到一个可估计的模型，我们把它改写成 $y^* = y - e_0$，并代入方程（9.23），整理得到：

$$y = \beta_0 + \beta_1 x_1 + \cdots + \beta_k x_k + u + e_0 \tag{9.25}$$

方程（9.25）中的误差项为 $u + e_0$。由于 y，x_1，x_2，$\cdots$，x_k 都可以观测到，所以我们就能用 OLS 来估计这个模型。实质上，我们无非忽略了 y 是 y^* 的一个不完美度量这一事实，并像通常一样进行操作。

以 y 取代 y^* 的普通最小二乘估计在什么情况下能得到 β_j 的一致估计量呢？由于原模型（9.23）满足高斯-马尔科夫假设，所以 u 的均值为零且与每个 x_j 都不相关。唯一自然的做法就是假定测量误差的均值也为零；否则，我们得到截距 β_0 的一个有偏估计量，这很少成为值得忧虑的原因。更为重要的是我们就测量误差 e_0 和解释变量 x_j 之间关系所做的假定。通常的假定是，y 的测量误差在统计上独立于每个解释变量。若果真如此，则从方程（9.25）得到的 OLS 估计量就是无偏和一致的。进一步讲，通常的 OLS 推断程序（t、F 和 LM 统计量）也都有效。

若 e_0 和 u 像通常假定的那样不相关，则有 $\mathrm{Var}(u + e_0) = \sigma_u^2 + \sigma_0^2 > \sigma_u^2$。这意味着，因变量的测量误差导致误差方差比没有测量误差时更大；这当然也导致 OLS 估计量的方差更大。预计会是这样，但我们却无能为力（除非搜集更多的数据）。基本要点是，若测量误差与自变量不相关，那么 OLS 估计就具有良好的性质。

例 9.5

有测量误差的储蓄方程

考虑一个储蓄方程

$$sav^* = \beta_0 + \beta_1 inc + \beta_2 size + \beta_3 educ + \beta_4 age + u$$

但实际储蓄（sav^*）可能与报告的储蓄（sav）不一致。问题在于，一方面，sav 中测量误差的大小是否与其他变量系统相关？假定测量误差与 inc，$size$，$educ$ 和 age 不相关可能是合理的。另一方面，我们也会想到，收入越高或受教育越多的家庭可能报告其储蓄时也越准确。除非我们能搜集到 sav^* 的更多数据，否则我们永远也不会知道测量误差是否和 inc 或 $educ$ 相关；然后每个观测的测量误差都可以由 $e_{i0} = sav_i - sav_i^*$ 计算。

当因变量是对数形式时，即因变量为 $\log(y^*)$ 时，测量误差方程自然就有如下形式：

$$\log(y) = \log(y^*) + e_0 \qquad (9.26)$$

这种形式来自 y 的**倍乘测量误差**（multiplicative measurement error）：$y = y^* a_0$，其中 $a_0 > 0$ 且 $e_0 = \log(a_0)$。

例 9.6

废弃率中的测量误差

在 7.6 节我们讨论的一个例子中，我们想决定工作培训津贴是否会减少制造业企业里的废弃率。我们当然希望企业报告的废弃率在度量时不存在误差。（实际上，样本中的大多数企业甚至根本就不报告废弃率。）在一个简单的回归模型中，便可表述为

$$\log(scrap^*) = \beta_0 + \beta_1 grant + u$$

式中，$scrap^*$ 为真正的废弃率，而 $grant$ 则是表示该企业是否得到津贴的虚拟变量。测量误差方程为

$$\log(scrap) = \log(scrap^*) + e_0$$

测量误差 e_0 与企业是否得到津贴无关吗？犬儒主义者可能认为，得到津贴的企业为了说明津贴的有效性而更可能低报其废弃率。若是如此，则在可估计方程中，

$$\log(scrap) = \beta_0 + \beta_1 grant + u + e_0$$

误差 $u + e_0$ 就与 $grant$ 负相关。这就导致 β_1 存在向下的偏误，从而倾向于使培训项目看起来比实际上更有效。（记住，由于提高的工人生产力与较低的废弃率相联系，所以 β_1 负得越多，就意味着项目越有效。）

本小节的起码结论是：如果因变量的测量误差与一个或多个解释变量系统相关，就会导致 OLS 的偏误。如果测量误差像通常那样只是一个与解释变量无关的随机报告误差，那么 OLS 就完全适用。

9.4b 解释变量中的测量误差

传统上认为，某个解释变量中存在测量误差的问题，比因变量中的测量误差严重得多。在本小节，我们将看看为什么会是这样。

我们首先从简单的回归模型开始，

$$y = \beta_0 + \beta_1 x_1^* + u \qquad (9.27)$$

而且我们假定它至少满足前四个高斯-马尔科夫假设。这意味着，对（9.27）进行 OLS 估计将得到 β_0 和 β_1 的无偏和一致估计量。问题是，x_1^* 观测不到。但我们有对 x_1^* 的一个测量值 x_1。比方说，x_1^* 是实际收入，而 x_1 是报告收入。

总体中的测量误差无非是

$$e_1 = x_1 - x_1^* \tag{9.28}$$

而其取值可能为正、负或零。我们假定总体中平均的测量误差为零：$E(e_1) = 0$。做此假定很自然，而且无论如何也不会影响以下重要结论。下面的分析将保持的假定是：u 与 x_1^* 和 x_1 都不相关。利用条件期望的形式，我们可以写成 $E(y|x_1^*, x_1) = E(y|x_1^*)$，这个式子只是表明，在控制了 x_1^* 之后，x_1 不影响 y。我们使用了与代理变量情形相同的假定，而且没有什么争议；根据定义，它几乎总能成立。

我们想知道，如果我们仅以 x_1 取代 x_1^* 并将 y 对 x_1 回归，那么 OLS 具有什么样的性质？其性质关键取决于我们对测量误差所做的假定。有两个假定已成为计量经济学文献中的焦点，而且它们都代表了截然不同的极端。第一个假定是，e_1 与所观测到的测量值 x_1 不相关：

$$Cov(x_1, e_1) = 0 \tag{9.29}$$

根据（9.28）式中的关系，如果假定（9.29）正确，则 e_1 一定与无法观测变量 x_1^* 相关。为了决定 OLS 在此情形下的性质，我们写出 $x_1^* = x_1 - e_1$ 并代入方程（9.27）：

$$y = \beta_0 + \beta_1 x_1 + (u - \beta_1 e_1) \tag{9.30}$$

由于我们已经假定 u 和 e_1 的均值都为零，且与 x_1 无关，所以 $u - \beta_1 e_1$ 的均值也为零并与 x_1 无关。于是，以 x_1 取代 x_1^* 的 OLS 估计得到了 β_1（以及 β_0）的一致估计量。由于 u 与 e_1 无关，所以（9.29）中误差的方差为 $Var(u - \beta_1 e_1) = \sigma_u^2 + \beta_1^2 \sigma_{e_1}^2$。因此，除非 $\beta_1 = 0$，否则测量误差就会提高误差方差。但这并不会影响任何一个 OLS 性质（除了 $\hat{\beta}_j$ 的方差比我们能直接观测到 x_1^* 时更大）。

e_1 与 x_1 无关的假定，类似于我们在 9.2 节所做的代理变量假定。由于这个假定意味着 OLS 具有其全部优良性质，所以这并不是计量经济学家在提到解释变量的测量误差时所经常考虑的。**经典变量误差**（classical errors-in-variables，CEV）假定是指，测量误差与无法观测的解释变量无关：

$$Cov(x_1^*, e_1) = 0 \tag{9.31}$$

将所观测到的测量值写成真正的解释变量与测量误差之和：

$$x_1 = x_1^* + e_1$$

再假定 x_1 的两个成分无关，便得到了经典变量误差假定。（这个假定与对 u 的假定无关；我们仍保留 u 与 x_1^* 和 x_1 并因此与 e_1 无关的假定。）

如果假定（9.31）成立，那么 x_1 与 e_1 就一定相关：

$$Cov(x_1, e_1) = E(x_1 e_1) = E(x_1^* e_1) + E(e_1^2) = 0 + \sigma_{e_1}^2 = \sigma_{e_1}^2 \tag{9.32}$$

因此，在 CEV 假定下，x_1 与 e_1 之间的协方差就等于测量误差的方差。

根据方程（9.30），我们可以看出，x_1 与 e_1 相关将引起问题。由于 u 和 x_1 无关，所以 x_1 与合成误差 $u - \beta_1 e_1$ 之间的协方差就是

$$\text{Cov}(x_1,\ u-\beta_1 e_1)=-\beta_1 \text{Cov}(x_1,\ e_1)=-\beta_1 \sigma_{e_1}^2$$

因此，在 CEV 情形下，y 对 x_1 的 OLS 回归将给出一个有偏而又不一致的估计量。

利用第 5 章中的渐近结论，我们可以决定 OLS 中不一致的数量。$\hat{\beta}_1$ 的概率极限就是 β_1 加上 x_1 与 $u-\beta_1 e_1$ 的协方差和 x_1 的方差之比：

$$\text{plim}(\hat{\beta}_1)=\beta_1+\frac{\text{Cov}(x_1,\ u-\beta_1 e_1)}{\text{Var}(x_1)}=\beta_1-\frac{\beta_1\sigma_{e_1}^2}{\sigma_{x_1}^{2*}+\sigma_{e_1}^2}$$

$$=\beta_1\left(1-\frac{\sigma_{e_1}^2}{\sigma_{x_1}^{2*}+\sigma_{e_1}^2}\right)=\beta_1\left(\frac{\sigma_{x_1}^{2*}}{\sigma_{x_1}^{2*}+\sigma_{e_1}^2}\right) \tag{9.33}$$

其中我们用到了 $\text{Var}(x_1)=\text{Var}(x_1^*)+\text{Var}(e_1)$。

方程（9.33）很有趣。用来乘以 β_1 的项 $\text{Var}(x_1^*)/\text{Var}(x_1)$ 总小于 1〔CEV 假定（9.31）的一个含义〕。因此，$\text{plim}(\hat{\beta}_1)$ 总比 β_1 更接近于 0。这种情况被称为 OLS 因经典变量误差而导致的**衰减偏误**（attenuation bias）：平均而言（或在大样本中），所估计的 OLS 影响将会变小。特别是，若 β_1 为正，则 $\hat{\beta}_1$ 倾向于低估 β_1。虽然这是一个重要结论，但它有赖于 CEV 结构。

如果 x_1^* 的方差相对于测量误差的方差很大，那么 OLS 中的不一致性将会很小。这是因为，当 $\sigma_{x_1}^{2*}/\sigma_{e_1}^2$ 很大时，$\text{Var}(x_1^*)/\text{Var}(x_1)$ 将接近于 1。因此，取决于 x_1^* 的方差相对于 e_1 的方差而言究竟有多大，测量误差不一定导致很大的偏误。

当我们引入更多的解释变量时，情况就更复杂了。为便于说明，考虑模型

$$y=\beta_0+\beta_1 x_1^*+\beta_2 x_2+\beta_3 x_3+u \tag{9.34}$$

其中三个解释变量中的第一个有测量误差。我们做出一个很自然的假定：u 与 x_1^*、x_2、x_3 和 x_1 都不相关。同样，关键假定是针对测量误差 e_1 的假定。几乎在所有情况下，都假定 e_1 与不存在测量误差的解释变量 x_2 和 x_3 无关。关键问题是，e_1 是否与 x_1 无关？若无关，则 y 对 x_1、x_2 和 x_3 的 OLS 回归将得到一致估计量。这一点很容易看出来，只需将方程写成

$$y=\beta_0+\beta_1 x_1+\beta_2 x_2+\beta_3 x_3+u-\beta_1 e_1 \tag{9.35}$$

式中，u 和 e_1 都与所有的解释变量无关。

在 CEV 假定（9.31）之下，因为在方程（9.35）中 e_1 和 x_1 相关，所以 OLS 将是有偏和不一致的。记住，这意味着，一般而言，所有的 OLS 估计量都是有偏的，而不仅仅是 $\hat{\beta}_1$。方程（9.33）中推导的衰减偏误会怎么样呢？结果在估计 β_1 时仍存在衰减偏误：可以证明，

$$\text{plim}(\hat{\beta}_1)=\beta_1\left(\frac{\sigma_{r_1}^{2*}}{\sigma_{r_1}^{2*}+\sigma_{e_1}^2}\right) \tag{9.36}$$

式中，r_1^* 表示方程 $x_1^*=\alpha_0+\alpha_1 x_2+\alpha_2 x_3+r_1^*$ 中的总体误差。当 x_1 是唯一被错误度量的变量时，公式（9.36）对 k 个变量的一般情形也成立。

对于估计不存在测量误差的变量的 β_j 来说，就没有那么明确的结论。在 x_1^* 与 x_2 和 x_3 都不相关的特殊情形中，$\hat{\beta}_2$ 和 $\hat{\beta}_3$ 都是一致的。但在实践中几乎不存在这种

情况。一般说来，单个变量的测量误差会导致所有估计量都不一致。不幸的是，偏误的大小甚至方向都不容易得到。

例 9.7

存在测量误差的 GPA 方程

考虑估计家庭收入在控制了 $hsGPA$（高中平均成绩）和 SAT（学术能力测试）后对大学 GPA 的影响这个问题。可能的情况是，尽管家庭收入对大学之前的成绩很重要，但它对学生在大学的成绩没有直接影响。为检验这一点，我们可能会提出模型

$$colGPA = \beta_0 + \beta_1 faminc^* + \beta_2 hsGPA + \beta_3 SAT + u$$

式中，$faminc^*$ 为实际家庭年收入。（它可能会以对数形式出现，但为便于说明，我们采用水平值形式。）$colGPA$、$hsGPA$ 和 SAT 的精确数据相对容易得到。但家庭收入，特别是学生报告的家庭收入，很容易被误测。如果 $faminc = faminc^* + e_1$，而且 CEV 假定成立，那么，用报告的家庭收入取代实际家庭收入，将使 β_1 的 OLS 估计量产生向 0 的偏误。其后果之一就是，在对 $H_0: \beta_1 = 0$ 的检验中发现 $\beta_1 > 0$ 的可能性下降。

当然，测量误差也可能出现在不止一个解释变量中，或出现在某些解释变量和因变量之中。如我们前面所讨论的那样，通常假定因变量的测量误差与所有的解释变量都无关，无论这些解释变量能否观测到。在对 CEV 假定进行推广之后的条件下，推导 OLS 估计量的偏误很复杂，而且不会得到明确的结论。

在某些情况下，方程（9.31）中的 CEV 假定不可能正确。考虑例 9.7 的一个变形：

$$colGPA = \beta_0 + \beta_1 smoked^* + \beta_2 hsGPA + \beta_3 SAT + u$$

式中，$smoked^*$ 表示一名学生在过去 30 天内实际抽烟的次数；$smoked$ 表示学生对如下问题的回答：你在过去的 30 天内抽过多少包烟？假设我们认为标准的测量误差模型是正确的：

$$smoked = smoked^* + e_1$$

即便我们假定学生都试图如实地回答，CEV 假定也不可能成立。完全不抽烟的学生（所以 $smoked^* = 0$）可能会报告 $smoked = 0$，所以对那些从不抽烟的学生而言，测量误差为零。当 $smoked^* > 0$ 时，学生极有可能会错算其在过去 30 天内抽烟的数量。这就说明，测量误差 e_1 和实际抽烟的数量 $smoked^*$ 相关，这就违背了（9.31）中的 CEV 假定。不幸的是，至于不满足方程（9.29）或（9.31）的测量误差有何含义，推导起来相当困难，而且超出了本书的研究范围。

在结束本节之前，我们强调一下，CEV 假定（9.31）先验地看，并不比意味着 OLS 估计量一致性的假定（9.29）更好或更坏。事实可能介于二者之间，如果

e_1 同时与 x_1^* 和 x_1 相关，那么 OLS 就是不一致的。这就提出了一个重要问题：在有经典的变量误差或其他某种与 x_1 相关的测量误差的情况下，我们就一定会得到不一致的估计量吗？幸运的是，回答是否定的。第 15 章将表明，在某些假定下，即便出现了一般性的测量误差，也能一致地估计出参数。我们把这一讨论留待那时再作分析，因为它要求我们离开 OLS 估计的辖域（参见习题 7，看看如何用多个措施来降低衰减偏差）。

9.5　数据缺失、非随机样本和异常观测

上一节讨论的测量误差问题也可被看成一个数据问题：我们不能得到我们所关注变量的数据。而且，在经典的变量误差模型中，合成误差项与被误测的自变量相关，因而违背了高斯-马尔科夫假设。

我们在前几章反复讨论的另一个数据问题是解释变量之间的多重共线性。记住，解释变量之间的相关并不违背任何假设。当两个自变量高度相关时，很难估计每个变量的偏效应。但这一点正确地反映在通常的 OLS 统计量之中。

在本节中，我们对可能违背随机抽样假设 MLR.2 的数据问题加以介绍。我们可以分离出非随机抽样对 OLS 没有影响的情形。但在其他情形中，非随机抽样则会导致 OLS 估计量有偏和不一致。我们将在第 17 章对这个问题进行更完整的探讨，并证明这里所做出的几个论断。

9.5a　数据缺失

数据缺失（missing data）问题可能会以多种形式出现。我们通常对一群人、一些学校、一些城市等搜集一个随机样本，而后来又发现，找不到样本中几个单位的某些关键变量信息。比如，在数据集 BWGHT 中，1 388 个观测中有 196 个没有母亲、父亲或父母双方受教育的信息。在法学院起薪中位数的数据集 LAWSCH85 中，156 个学院中有 6 个没有报告其新生 LSAT 成绩中位数的信息；某些法学院还缺失其他变量的信息。

如果一个观测缺失了其因变量或一个自变量的数据，那么这个观测就不能用于多元回归分析。实际上，如果正确地标示了缺失的数据，那么所有现代回归软件包都会跟踪缺失的数据，并在回归计算时简单地忽略相应观测。我们在有关婴儿出生体重的例 4.9 中清楚地看到了这一点，由于缺少父母受教育方面的信息，有 197 个观测被删除了。

在关于信息缺失的文献中，基于一组仅针对 y 和 $x_1, \cdots, x_k$ 的具有完整信息

的观测值的估计量，称为**完整情况估计量**（complete cases estimator），如早前所述，这个估计量是计算 OLS 所用的默认估计量（以及后文涉及的所有估计量）。除了降低样本规模，在使用 OLS 估计量的同时忽略缺失的数据，是否会有什么统计上的后果？用缺失信息相关文献中的说法［例如，Little and Rubin（2002，Chapter 1）］，如果数据是**完全随机缺失**（missing completely at random）（有时又称为**MCAR**），则缺失的数据不会造成统计上的影响。MCAR 的假定暗示了数据缺失的原因，若从统计意义上说，是独立于那些会影响 y 的观测到和未观测到的因素的。从实际效果来看，我们仍可以假设数据是在总体中随机抽样得到的，故而假设 MLR.2 仍然成立。

当 MCAR 成立时，有数种方式使用从完整情况估计（complete cases estimation）遗落的序列中得到的部分信息。不幸的是，除了 MCAR 之外，一些简单的策略只能在强假设下产生一致的估计量。作为说明，假设对于多元回归模型，y 和 x_1，x_2，$\cdots$，x_{k-1} 数据均可获得，但解释变量 x_k 的数据有时无法获得。一个常见的"解决方案"是创建两个新变量。对于序列 i，第一个变量如 Z_{ik}，定义为当 x_{ik} 被观测到时，则值为 x_{ik}，否则为 0。第二个变量为"数据缺失指标"（missing data indicator）m_{ik}，若 x_{ik} 缺失则为 1，若 x_{ik} 能观测到则为 0。定义了这两个变量之后，所有序列都可用于以下回归：

$$y_i \text{ 对 } x_{i1}, x_{i2}, \cdots, x_{i,k-1}, Z_{ik}, m_{ik}, i = 1, \cdots, n$$

容易理解这个过程十分具有吸引力，我们称之为**缺失指示方法**（missing indicator method，MIM）。假设原始样本量为 $n = 1\,000$，但 x_{ik} 缺少了 30%。使用完整情况估计量将只使用 700 个观测值，而 MIM 回归将基于所有 1 000 个样本。不幸的是，观测量的增加在很大程度上是有欺骗性的，因为 MIM 估计量只有在强假设下才具有良好的统计特性。特别是，除了 MCAR，一致性本质上要求 x_k 与其他解释变量 x_1，x_2，$\cdots$，x_{k-1} 无关，如琼斯（Jones，1996）所述，阿布里韦亚和唐纳德（Abrevaya and Donald，2018）对此进行了扩展。当然，很难知道 MIM 中的偏差和不一致性在实际中是否重要。我们可以肯定的一点是，在回归中省略 m_{ik} 是一个非常糟糕的想法，因为这与在缺少 x_{ik} 时将 x_{ik} 设置为零是一样的。习题 9.10 研究 MCAR 如何在简单回归模型中保持一致性。读者可以参考阿布里韦亚和唐纳德（Abrevaya and Donald，2018）来了解为什么 MCAR 在包含其他回归变量时是不够的。此外，阿布里韦亚和唐纳德（Abrevaya and Donald，2018）讨论了在某些变量缺少数据时囊括信息的更稳健的方法。这些方法远远超出了本书的范围。

一个基于前面讨论的重要结果是：因为 MIM 方法需要更强的假设来保持一致性，MIM 的估计量稳健性远远低于使用完整情况估计量。正如我们在下一小节中将会看到的，即使当数据缺失的原因和 $(x_1, x_2, \cdots, x_k)$ 是系统相关的时（这是 MCAR 明确排除的情况），仍可证明完整信息估计量是一致的。另外，完全情形估计对 $(x_1, x_2, \cdots, x_k)$ 之间的相关性没有限制。

关于如何根据填充的缺失数据来利用这部分信息，有更多复杂的构想，但这些内容超出了本书的讨论范围。建议读者参见 Little and Rubin（2002）以及 Abrevaya and Donald（2018）。

9.5b 非随机样本

当数据缺失导致样本变成总体的一个非随机样本时，就更成问题了。MCAR假设确保了我们用来观测一组数据集的序列和缺失了一些变量的序列没有系统上的差异。不幸的是，MCAR 常常是不实际的。一个不满足 MCAR 的数据缺失机制的例子可见数据集 CARD，其中有 949 个人的 IQ 指标缺失，假如对于低 IQ 值的人来说 IQ 数值缺失的可能性更大，那么这个机制就违反了 MCAR 假定。比如，在婴儿出生体重的数据集中，若那些受教育程度低于平均水平的人缺失数据的概率更大，情况会怎么样？或者我们在 9.2 节使用了一个包括 IQ 值的工资数据集，而且在构造这个数据集时，去掉了样本中几个没有 IQ 值的人。如果高智商的人更容易得到其 IQ 值，那么这个样本就不能代表总体，也就违背了随机抽样假设 MLR.2，我们肯定会担心其对 OLS 估计的影响。

幸运的是，非随机抽样的某些特定类型也并不会导致 OLS 的偏误和不一致性。在（没有假设 MLR.2 的）高斯-马尔科夫假设下，事实表明，样本可在自变量的基础上加以选择，而且不会导致任何统计问题。这就是基于自变量的样本选择，它是**外生样本选择**（exogenous sample selection）的一个例子。

在统计学文献中，在缺失数据的基础上的外生样本选择通常被称为**随机缺失**（missing at random，MAR），但这并非一个特别好的说法，因为缺失数据的概率是可以依赖于解释变量的。"随机"一词似乎意味着缺失不能系统地依赖于任何东西，但这实际上是"完全随机"所表达的意思。换句话说，MAR 要求缺失与 u 无关，但允许它依赖于 $(x_1, x_2, \cdots, x_k)$，而 MCAR 表示缺失与 $(x_1, x_2, \cdots, x_k)$ 和 u 均无关。参见利特尔和鲁宾（Little and Rubin，2002，Chapter 1）的进一步讨论。

为便于说明，假设我们在估计一个储蓄函数，其中年储蓄取决于收入、年龄、家庭规模及其他某些因素。一个简单的模型是

$$saving = \beta_0 + \beta_1 income + \beta_2 age + \beta_3 size + u \tag{9.37}$$

假设我们的数据集是基于对 35 岁以上人群的调查，所以我们得到所有成年人的一个非随机样本。虽然不是很理想，但我们仍能利用这个非随机样本得到总体模型（9.37）中参数的无偏和一致估计量。我们在此不进行规范的证明，OLS 基于非随机样本而又无偏的原因在于，回归函数 E($saving | income, age, size$) 对由 $income, age$ 或 $size$ 所刻画的总体中的任何一个子集都是一样的。如果自变量在这个子总体中有充分的变化，那么基于这个自变量的选择，除了导致较小的样本容量外，就算不上什么严重问题。

在刚刚提到的 IQ 一例中，由于没有一个基于 IQ 的固定规则来确定某人是否属于样本，所以情况就没有那么明确了。不过，进入样本的概率随着 IQ 的提高而提高。如果决定样本选择的其他因素独立于工资方程中的误差项，那么我们就得到另一种外生样本选择的情况，而使用选择样本的 OLS 在其他高斯-马尔科夫假设下也将具有其全部理想性质。

当样本选择以因变量 y 为基础时，情况就大不一样了，这种情况被称为基于因变量的样本选择，也是**内生样本选择**（endogenous sample selection）的一个例子。如果基于因变量值高于或低于某给定值而选择样本的话，OLS 在估计总体模型时总会产生偏误。比如，假设我们想估计所有成人总体中个人财富与其他几个因素之间的关系：

$$wealth = \beta_0 + \beta_1 educ + \beta_2 exper + \beta_3 age + u \tag{9.38}$$

假设样本中只包含了财富不足 25 万美元的人。这是我们所关注总体的一个非随机样本，而且它基于因变量的值而加以选择。利用财富不足 25 万美元的人构成的样本，将导致（9.38）中的参数估计量有偏和不一致。简言之，原因在于，总体回归 $\mathrm{E}(wealth | educ, exper, age)$ 并不等于以财富不足 25 万美元者为条件的期望均值。

其他抽样模式通常是故意得到总体的**非随机样本**（nonrandom sample）。一个常见的数据搜集方法是**分层取样**（stratified sampling），其中总体被恰好分成互不重叠的几组或几层。然后，有些组比其总体比例更加频繁地取样，而有些组取样的比例则低于总体比例。比如，有些调查故意对少数群体或低收入组过度取样。是否需要特殊的方法，取决于分层是外生的（基于外生解释变量）还是内生的（基于因变量）。假设进行一项军人调查，因为本打算研究女军人收入的决定因素，所以对女军人过度取样。（在搜集分层样本时，经常对总体中所占比例相对较小的组过度取样。）如果对男军人也有取样，我们就可以对分层样本使用 OLS，在估计所有军人的教育回报和工作经历回报的同时，也能估计出性别差异。（我们可能想假定教育和工作经历的回报不存在性别差异。）由于分层是针对一个解释变量（即性别）而进行的，所以 OLS 是无偏而又一致的。

相反，如果调查对低收入军人过度取样，那么，由于分层是内生的，所以利用分层样本的 OLS 就不能一致地估计军人工资方程的参数。在这种情形下，便需要特殊的计量经济方法［参见 Wooldridge（2010，Chapter 19）］。

分层取样是非随机抽样的一个相当明显的例子。其他样本选择问题就更加微妙了。例如，在前面几个例子中，我们曾估计了各种变量，特别是受教育程度和工作经历对小时工资的影响。我们从头到尾所用的数据集 WAGE1，实质上都是工作者的一个随机样本。劳动经济学家通常感兴趣的是，估计受教育程度对工资报价的影响。其思想是，每个达到工作年龄的人都面临着一个小时工资报价，他或她既可以在那个工资水平上去工作，又可以不工作。对于那些工作的人来说，工资报价刚好

就是其目前所挣的工资。对于那些不工作的人来说，我们通常观察不到其工资报价。现在，由于工资报价方程

$$\log(wage^o) = \beta_0 + \beta_1 educ + \beta_2 exper + u \tag{9.39}$$

代表了所有适龄工人构成的总体，所以我们就不可能用这个总体的一个随机样本来估计它；相反，我们只有那些正在工作的人的工资报价数据（尽管我们也有那些不工作者在 $educ$ 和 $exper$ 方面的数据）。如果我们用正在工作者的一个随机样本去估计（9.39），我们能得到无偏估

> **? 思考题 9.4**
>
> 假设我们对在任总统的竞选支出对选民支持率的影响感兴趣。某些在任总统做出不追求连任的选择。如果我们只能搜集到那些确实希望连任的在任者在投票支持率和支出方面的数据，那么这里有内生样本选择的可能吗？

计量吗？这种情况并不清楚。由于样本是基于个人的工作决策而选择的（而不是基于工资报价的高低），所以这与前面那种情形不同。不过，由于工作决策可能与那些影响工资报价的无法观测因素相关，所以选择可能是内生的，而且可能导致 OLS 估计量中存在样本选择偏误。我们在第 17 章将讨论一些用于检验和纠正样本选择偏误的方法。

9.5c 异常数据和有重要影响的观测

在某些应用研究中，特别是（但不仅仅是）在数据集较小时，OLS 估计值会受到一个或几个观测的影响。对这种 **异常数据**（outliers）或 **有重要影响的观测**（influential observations）的详尽讨论超出了本书的范围，因为规范地讨论这个问题需要一定的矩阵代数。粗略地讲，如果将一个观测从回归分析中去掉，会使得 OLS 估计值发生"很大"的实际变化，那它就是一个异常数据。异常数据的概念也有些模糊，因为它要求将一次观测的变量值与样本中其余观测的变量值进行比较。不过，我们还是要小心提防"异常"观测，因为它们可能对普通最小二乘估计值有很大的影响。

OLS 对异常观测敏感是因为它最小化了残差平方和：在最小二乘的最小化问题中，越大的（正或负）残差，其权数就越大。如果我们略微变动一下样本，估计值就发生很大的变化，那么我们就要注意了。

统计学家和计量经济学家在从理论上研究异常数据问题时，有时认为数据是来自给定总体（尽管其分布不同寻常，以致出现了一些极端值）的一个随机样本，有时又假定异常数据来自一个不同的总体。从实践的观点来看，出现异常数据的原因有二。最易于处理的情况是，在输入数据时出了差错。在数字后面多加一个零或点错了小数点的位置，都会使 OLS 估计值出错，特别是在样本容量很小的时候。为了发现数据输入过程中的错误，计算摘要统计量（特别是最小值或最大值）总是一个好主意。不幸的是，数据的错误输入并不总是那么明显。

在从一个很小的总体中抽样时，如果总体中的一个或几个元素在某个重要方面与总体中其他元素差别很大，也可能出现数据异常的问题。要决定在回归分析中留下还是去掉这种观测，可能很困难，而且由此得到的估计量的统计性质也很复杂。异常观测也能通过提高解释变量的方差（减小标准误）而提供重要信息。但在一个或几个数据点会显著改变结论时，也许应该分别在包括和不包括这些异常观测的情况下各报告一个 OLS 结果。

例 9.8

R&D 的强度与企业规模

假设 R&D 支出占销售额的百分比（$rdintens$）与企业销售额 $sales$（以百万美元计）和利润占销售额的百分比（$profmarg$）相关：

$$rdintens = \beta_0 + \beta_1 sales + \beta_2 profmarg + u \tag{9.40}$$

利用 RDCHEM 中 32 家化工企业的数据估计的 OLS 方程为：

$$\widehat{rdintens} = 2.625 + 0.000\,053 sales + 0.044\,6 profmarg$$
$$\quad\quad (0.586)\ (0.000\,044)\quad\quad (0.046\,2)$$
$$n = 32,\ R^2 = 0.076\,1,\ \overline{R}^2 = 0.012\,4$$

在此回归中，即便在 10% 的显著性水平上，$sales$ 和 $profmarg$ 在统计上都不显著。

32 家企业中，有 31 家的年销售额低于 200 亿美元，而有 1 家企业的年销售额接近 400 亿美元。图 9.1 表明了这家企业与样本中其他企业有多大的差距。从销售额看，这家企业的销售额超过了其他每家企业销售额的两倍，所以在不包括此点的情况下估计这个模型可能是个好主意。当我们这么做时，则得到

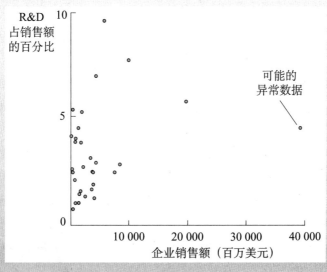

图 9.1　R&D 的强度相对企业规模的散点图

$$\widehat{rdintens} = 2.297 + 0.000\,186\,sales + 0.047\,8\,profmarg$$
$$\qquad\quad (0.592)(0.000\,084) \qquad (0.044\,5)$$
$$n = 31,\ R^2 = 0.172\,8,\ \overline{R}^2 = 0.113\,7$$

如果将这家最大的企业从回归中去掉，那么系数就超过原来系数的 3 倍，而且其 t 统计量现在也超过了 2。利用较小企业的样本，我们将断定 R&D 与企业规模之间有统计显著的正效应。利润率仍不显著，而且其系数也变化不大。

有时也用使用了所有观测的 OLS 回归中的残差来定义异常数据，但这通常不是一个好办法，因为普通最小二乘估计值对残差平方和进行了调整，并使之尽可能地小。在上例中，包含最大的一家企业使得普通最小二乘回归线平坦了许多，这就使得估计残差不是特别大。事实上，在使用所有 32 个观测时，最大企业的残差为 −1.62，它与残差均值（根据构造，残差均值为 0）之间的差别甚至还不到一个估计标准差（$\hat{\sigma} = 1.82$）。

学生化残差（studentized residuals）是通过将原普通最小二乘残差除以其标准差估计值（以样本中的解释变量为条件）而得到的。虽然学生化残差表达式要用到矩阵代数，但我们发现有一个简单的技巧可以用来计算任何一个观测的学生化残差。即定义一个虚拟变量，让它对那个观测（比方说观测 h）取值为 1，而对其他观测都取值为 0，并把它与其他解释变量一起包含在回归中（使用所有观测）。这个虚拟变量的系数就有一个有用的解释：它就是从仅用所有其他观测的回归线中得到的观测 h 的残差。因此，我们从这个虚拟变量的系数可以看出，这个观测与不用该观测所得到的回归之间到底有多远。更有甚者，这个虚拟变量的系数正好等于观测 h 的学生化残差。在经典线性模型假定下，这个 t 统计量服从 t_{n-k-2} 分布。因此，一个较大的 t 统计量值（绝对值）意味着相对其估计标准差而言，其残差较大。

对于例 9.8，如果我们对最大的企业（数据文件中的第 10 个观测）定义一个虚拟变量，并把它作为一个额外的回归元包括进来，那么它的系数就是 −6.57，这就证明了，这个最大企业的观测离使用所有其他观测所得到的回归线相距甚远。不过，其学生化残差只有 −1.82。虽然这是一个略为显著的 t 统计量（双侧 p 值 = 0.08），但它还不是样本中最大的学生化残差。如果我们对 $rdintens$ 值最大的观测（即第 1 个观测，$rdintens \approx 9.42$）使用同一方法，虚拟变量的系数为 6.72，其 t 统计量为 4.56。因此，根据这个指标，第 1 个观测远比第 10 个观测更加异常。但去掉第 1 个观测仅略微改变 $sales$ 的系数（从 0.000 053 变成约 0.000 051），尽管 $profmarg$ 的系数变得更大而且在统计上变得显著。那么，第 1 个观测也是"异常数据"吗？这些计算表明，就算数据集很小，在我们试图判断哪些观测该从回归分析中排除时，也可能会遇到困难。不幸的是，学生化残差的大小不一定与一个观测对 OLS 斜率估计值的影响相对应，而且在同时进行判断时就更加如此。

使用学生化残差的一个一般性问题是：为了计算一个特定观测的残差，事实上所有其他观测都被用于估计回归线。换言之，当我们求第 1 个观测的学生化残差时，我们在估计截距和斜率时使用了第 10 个观测。既然在包含最大企业（第 10 个观测）时回归线变得很平坦，$rdintens$ 值最大的第 1 个观测远离回归线就无足为奇了。

当然，我们可以同时增加两个虚拟变量（第 1 个观测和第 10 个观测各使用一个），其结果是，我们仅用剩下的 30 个观测来估计回归线。如果我们不用第 1 个观测和第 10 个观测估计这个方程，那么结果是

$$\widehat{rdintens} = 1.939 + 0.000\,160\,sales + 0.070\,1\,profmarg$$
$$(0.459)(0.000\,65) \qquad (0.034\,3)$$
$$n = 30, \quad R^2 = 0.271\,1, \quad \overline{R}^2 = 0.217\,1$$

第 1 个观测的虚拟变量的系数为 $6.47 (t = 4.58)$，第 10 个观测的虚拟变量的系数为 $-5.41 (t = -1.95)$。注意，$sales$ 和 $profmarg$ 的系数都是统计显著的，后者相对于双侧备择假设刚好在约 5% 的显著性水平上是显著的（p 值 $= 0.051$）。即使在这个回归中，仍有另外两个观测的学生化残差大于 2（对应于 R&D 强度大于 6 的剩下两个观测）。

某些函数形式对异常观测就没那么敏感了。我们在 6.2 节中曾提到，对大多数经济变量来说，取对数会显著地缩小数据的取值范围，而且所得到的函数形式（如常弹性模型）也能解释更宽泛的数据取值范围。

例 9.9

R&D 强度

我们可以用如下模型来检验 R&D 的强度是否随着企业规模的扩大而提高：

$$rd = sales^{\beta_1} \exp(\beta_0 + \beta_2\,profmarg + u) \tag{9.41}$$

于是，保持其他因素不变，当且仅当 $\beta_1 > 1$ 时，R&D 的强度才会随着销售额的增加而提高。对方程（9.41）取对数，得到

$$\log(rd) = \beta_0 + \beta_1 \log(sales) + \beta_2\,profmarg + u \tag{9.42}$$

当我们使用所有 32 家企业的数据时，回归方程是

$$\widehat{\log(rd)} = -4.378 + 1.084\log(sales) + 0.021\,7\,profmarg$$
$$(0.468)(0.060) \qquad (0.012\,8)$$
$$n = 32, \quad R^2 = 0.918\,0, \quad \overline{R}^2 = 0.912\,3$$

而去掉最大的企业后得到的方程是

$$\widehat{\log(rd)} = -4.404 + 1.088\log(sales) + 0.021\ 8profmarg$$

$$(0.511)(0.067) \qquad\qquad (0.013\ 0)$$

$$n = 31, \quad R^2 = 0.903\ 7, \quad \overline{R}^2 = 0.896\ 8$$

这两个结论在实践中是一样的。在任何一种情形下，我们都不能相对于 H_1：$\beta_1 > 1$ 而拒绝原假设 H_0：$\beta_1 = 1$。（为什么？）

在某些情形下，我们一开始就怀疑某特定观测与样本中所有其他观测根本不同。这种情况通常在我们使用诸如城市、县或州层次的加总数据时会发生。如下即是一例。

例 9.10

州婴儿死亡率

在《美国统计摘要》（*Statistical Abstract of the United States*）中可以得到婴儿死亡率、人均收入和医疗保健（某种度量）的州一级数据。我们在此给出一个相当简单的分析，以说明异常数据的影响。我们得到美国 50 个州和哥伦比亚特区 1990 年的数据。变量 *infmort* 表示每 1 000 个新生婴儿在出生后第一年死亡的人数，*pcinc* 表示人均收入，*physic* 表示每 100 000 个市民拥有的医生人数，而 *popul* 表示人口总数（以千人计）。所用数据包含在 INFMRT 中。我们在模型中使用自变量的对数形式：

$$\widehat{infmort} = 33.86 - 4.68\log(pcinc) + 4.15\log(physic) - 0.088\log(popul)$$

$$(20.43)(2.60) \qquad\quad (1.51) \qquad\qquad (0.287)$$

$$n = 51, \quad R^2 = 0.139, \quad \overline{R}^2 = 0.084 \qquad\qquad (9.43)$$

恰如所料，预计较高的人均收入会降低婴儿死亡率。但人均更多的医生数却伴随着更高的婴儿死亡率，这多少有些违背直觉。婴儿死亡率看上去与人口规模没什么关系。

由于哥伦比亚特区在一些小的区域内极度贫穷，而在另一些小区域内则藏有巨富，所以它与其他州不同。实际上，1990 年哥伦比亚特区的婴儿死亡率为 20.7，与之相对比，婴儿死亡率第二高的州也只有 12.4。哥伦比亚特区每 100 000 个市民拥有的医生人数为 615，而第二高的州只有 337。哥伦比亚特区极高的医生比例和极高的婴儿死亡率肯定会影响估计结果。如果我们从回归中去掉哥伦比亚特区，则得到

$$\widehat{infmort} = 23.95 - 0.57\log(pcinc) - 2.74\log(physic) - 0.629\log(popul)$$

$$(12.42)(1.64) \qquad\quad (1.19) \qquad\qquad (0.191)$$

$$n = 50, \quad R^2 = 0.273, \quad \overline{R}^2 = 0.226 \qquad\qquad (9.44)$$

我们现在发现，人均更多的医生会降低婴儿死亡率，而且估计值在 5% 的显著性水平上统计

显著地异于零。人均收入的影响急剧下降，而且不再具有统计显著性。在方程（9.44）中，在人口越多的州，婴儿死亡率越高，而且这种关系在统计上极为显著。此外，当从回归中去掉哥伦比亚特区后，$infmort$ 的波动被解释得更多。显然，哥伦比亚特区对原始估计值有相当明显的影响，我们在任何深入一步的分析中都可能要将它去掉。

例 9.8 表明，在试图判断哪些观测是异常数据时，甚至在判断哪些观测对 OLS 估计值具有重要影响时，对观测数据的检查都不是一件容易的事。更高深的分析要使用更规范的方法来判断哪些观测有可能是有重要影响的观测。贝尔斯利、库和韦尔什（Belsley，Kuh，and Welsh，1980）利用矩阵代数定义了一个观测的杠杆率，这个概念规范地描述了一个观测对 OLS 估计值的影响是大还是小。这些作者还对标准化残差和学生化残差进行了更深入的探讨。

9.6 最小绝对离差估计

不是试图判断是否有哪些观测对 OLS 估计值具有过分影响，另一种处理异常数据的方法是使用一种对异常数据不如 OLS 那么敏感的估计方法。应用计量经济学家广泛使用的这种方法之一就是所谓的**最小绝对离差**（least absolute deviations，LAD）。在一个线性模型中，最小绝对离差估计量最小化了残差绝对值之和：

$$\min_{b_0, b_1, \cdots, b_k} \sum_{i=1}^{n} \mid y_i - b_0 - b_1 x_{i1} - \cdots - b_k x_{ik} \mid \tag{9.45}$$

与最小化了残差平方和的 OLS 不同，最小绝对离差估计值没有闭式表达式可用——也就是说，我们不能写出它们的表达式。事实上，求解方程（9.45）中的问题历来计算起来都很复杂，特别是在样本容量很大以及解释变量很多的时候。但随着过去 20 年来计算速度的大幅提高，即便对于很大的数据集，也很容易计算最小绝对离差估计值。

图 9.2 展示了 OLS 和 LAD 的目标函数。LAD 的目标函数在零点两侧均为线性，也就是说，如果残差增加了一单位，那么 LAD 的目标函数也会增长一单位。相比之下，OLS 的目标函数则更侧重于较大的残差，而这也使得 OLS 对异常值更为敏感。

由于 LAD 没有给较大的残差赋予更大的权重，所以它与 OLS 相比对数据中的极端值变化就没有那么敏感了。事实上，我们知道，LAD 的设计是为了在给定 x_1，x_2，$\cdots$，x_k 的条件下估计 y 的**条件中位数**（conditional median），而不是估计 y 的条件均值。由于中位数不受极端观测较大变化的影响，所以 LAD 参数估计值对异常观测有充分的回弹余地。（对样本中位数的简要讨论，可参见书末附录数学复习 A 中的 A.1 节。）在选择估计值时，OLS 将每个残差都进行平方，所以，就像我们在例 9.8 和例 9.10 中所看到的那样，OLS 估计值对异常观测可能非常敏感。

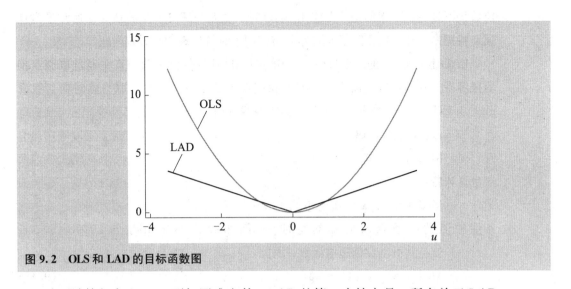

图 9.2　OLS 和 LAD 的目标函数图

除了计算起来比 OLS 更加困难之外，LAD 的第二个缺点是，所有关于 LAD 估计量的统计推断都只有在样本容量逐渐增大的情况下才是合理的。[其表达式多少有些复杂并需要使用矩阵代数，而我们在这里不需要它们。凯恩克（Koenker，2005）给出了全面的介绍。] 记住，在经典线性模型假定下，t 和 F 统计量都具有精确的 t 和 F 分布。在使用 LAD 时，尽管有这些检验的渐近形式可用（计算 LAD 估计值的软件都例行报告这些结果），但它们只在大样本中才是正当的。就像计算 LAD 估计值带来了额外的计算负担一样，LAD 缺乏精确的推断也只是一个次要的考虑，因为在使用 LAD 的绝大多数情形中，都要使用成千上万的观测。当然，如果在像例 9.8 中只有 $n=32$ 那样，我们使用大样本近似可能是迫不得已。在某种意义上，由于在经典线性模型的某个假定不成立时，我们经常也必须使用大样本近似来说明 OLS 推断的合理性，所以，LAD 与 OLS 也就没有多大的差别。

LAD 有一个更微妙但也更重要的缺陷，那就是它并非总能一致地估计条件均值函数 $\mathrm{E}(y|x_1, \cdots, x_k)$ 中出现的参数。前面曾提到，LAD 是为了估计对条件中位数的影响。一般而言，给定协变量 $x_1, \cdots, x_k$，只有在 y 围绕着 $\beta_0+\beta_1 x_1+\cdots+\beta_k x_k$ 对称分布的时候，均值和中位数才相同。（换言之，总体误差项 u 关于 0 对称。）记得无论误差是否对称分布，OLS 都能得到条件均值中参数的无偏而又一致的估计量；高斯-马尔科夫假设中没有出现对称性。当 LAD 和 OLS 都应用于非对称分布情形时，从 LAD 估计出来的（比方说 x_1 的）偏效应有可能与 OLS 得到的偏效应有很大的不同。但这种差别可能只反映了均值与中位数之间的差别，而与异常观测无关。例子见第 9 章的计算机练习 C9。

如果我们假定模型（9.2）中的总体误差 u 独立于 $(x_1, \cdots, x_k)$，那么，无论 u 的分布是否对称，LAD 和 OLS 的斜率估计值应该只因抽样误差而有所区别。截距估计值通常不同，以反映如下事实：若 u 的均值为零，但在非对称情况下，其中位数仍不是零。不幸的是，在应用 LAD 时，误差与解释变量的独立性通常异常地强。特别是，独立性排除了非对称分布应用中时常出现的异方差问题。

LAD 胜过 OLS 的一个优点是：由于 LAD 估计的是中值，其在经过单调变换后很容易得到偏效应和预测。接下来我们考虑最常见的变换，取自然对数。假设 $\log(y)$ 服从一个误差项条件中位数为零的线性模型：

$$\log(y) = \beta_0 + \mathbf{x}\boldsymbol{\beta} + u \tag{9.46}$$

$$\mathrm{Med}(u|\mathbf{x}) = 0 \tag{9.47}$$

这也意味着：

$$\mathrm{Med}[\log(y)|\mathbf{x}] = \beta_0 + \mathbf{x}\boldsymbol{\beta}$$

条件中值的一条众所周知的特性——例如参见 Wooldridge（2010，Chapter 12）——就是其可以穿越递增函数。因此，

$$\mathrm{Med}(y|\mathbf{x}) = \exp(\beta_0 + \mathbf{x}\boldsymbol{\beta}) \tag{9.48}$$

由此得出结论：β_j 是 $\mathrm{Med}(y|\mathbf{x})$ 关于 x_j 的半弹性系数。也就是说，线性方程（9.46）中 x_j 的偏效应可以用于揭示非线性模型（9.48）中的偏效应。而且重要的是，无论方程（9.47）中的 u 服从何种分布，这一现象均成立，且不用假设 u 和 $\mathbf{x}$ 相互独立。相比之下，如果我们为 $\mathrm{E}[\log(y)|\mathbf{x}]$ 设定一个特有的线性模型，一般来说，都无法得到 $\mathrm{E}(y|\mathbf{x})$。进一步来说，在 $\mathbf{x}$ 给定的条件下，如果我们给 u 一个完整的分布假设，那么原则上，我们可以解得 $\mathrm{E}(y|\mathbf{x})$。我们在等式（6.40）中 $\log(y)$ 服从经典线性模型的假设下，涵盖了这一特殊情况。然而，一般来说，我们无法从 $\mathrm{E}[\log(y)|\mathbf{x}]$ 的模型中获得 $\mathrm{E}(y|\mathbf{x})$，即便我们总是能从 $\mathrm{Med}[\log(y)|\mathbf{x}]$ 的模型中获知 $\mathrm{Med}[y|\mathbf{x}]$。习题 9 探究了 $\log(y)$ 线性模型中的异方差性如何扰乱我们得到 $\mathrm{E}(y|\mathbf{x})$ 的能力。

最小绝对离差正是通常所谓稳健回归的一种特殊情形。不幸的是，这里"稳健"一词容易引起混淆。在统计文献中，一个稳健的回归估计量对极端值相对缺乏敏感性。事实上，具有较大残差的观测被赋予的权数比最小二乘法中的权数要小。[伯克（Berk，1990）简单探讨了那些对异常观测保持稳健的估计量。] 基于前面的讨论，用计量经济学的说法，为了能一致地估计参数，LAD 估计量要求额外的假定，所以它不是条件均值的稳健估计量。在方程（9.2）中，要么给定 $(x_1, \cdots, x_k)$ 下 u 关于 0 对称分布，要么 u 必须独立于 $(x_1, \cdots, x_k)$。而 OLS 则不要求这些。

LAD 同样也是分位数回归的特殊情况，分位数回归被用于检验 x_j 在分布的不同部分的效应，而不仅仅是中值（或均值）。例如，在一份关于使用特定的养老金计划是如何影响财富量的研究中，它可以用来检验这一影响在高收入人群、低收入人群和中等收入人群中的不同。伍德里奇（Wooldridge，2010，Chapter 12）包括了一个处理方式和一些分位数回归的例子。

本章小结

我们又进一步研究了实证横截面分析中经常出现的一些重要的设定和数据问题。误设的函数形式使所估计的方程难以解释。不过，通过增加二次项、计算 RESET，或者对一个非嵌套的对立模型使用戴维森-麦金农检验，就可以检验出不正确的函数形式，无须搜集额外的数据。

遗漏变量问题的解决就更困难了。在 9.2 节，我们基于使用遗漏变量的代理变量，讨论了一种可能的解决办法。在一些合理的假定之下，在一个 OLS 回归中包括一个代理变量会消除（或至少是减小）偏误。使用这种方法的困难在于，难以找到代理变量。一般可能的办法是使用因变量前一年的数据。

应用经济学家常常很关心测量误差。在经典变量误差（CEV）假定下，因变量的测量误差对 OLS 的统计性质没有什么影响。相反，在一个自变量的 CEV 假定下，被误测变量系数的 OLS 估计量会产生向零的偏误。而其他变量系数的偏误则可大可小，而且难以确定。

从一个潜在总体中进行非随机抽样，可能会导致 OLS 的偏误。当样本选择与误差项 u 相关时，OLS 通常有偏且不一致。另外，外生样本选择（或者基于解释变量，或者独立于 u）并不会导致 OLS 出现问题。数据集中的异常数据可能对 OLS 估计值具有很大的影响，特别是在样本很小的情况下。这就要求至少是不规范地辨别出异常数据，并在剔除被疑为是异常数据的情况下，重新估计模型。

最小绝对离差估计是 OLS 的替代选择，它对异常数据没有那么敏感，并能够给出条件中位数参数的一致估计值。在过去 20 年中，随着计算数学的进展及对 LAD 和 OLS 优势与劣势了解的深入，LAD 越来越多地被用于实证研究，常常作为 OLS 的一项补充出现。

关键术语

衰减偏误	有重要影响的观测	非随机样本
平均边际效应（AME）	滞后因变量	异常数据
平均偏效应（APE）	最小绝对离差（LAD）	遗漏变量问题的植入解
经典变量误差（CEV）	测量误差	代理变量
完整情况估计量	随机缺失（MAR）	完全随机缺失（MCAR）
条件中位数	数据缺失	随机系数（斜率）模型
戴维森-麦金农检验	倍乘测量误差	回归设定误差检验（RESET）
内生解释变量	非嵌套模型	分层取样
内生样本选择	多元测量误差	学生化残差
外生样本选择	函数形式误设	

9

习 题

1. 在第 4 章习题 11 中，利用 CEOSAL2 中的数据估计模型

$$\log(salary) = \beta_0 + \beta_1 \log(sales) + \beta_2 \log(mktval) + \beta_3 \, profmarg + \beta_4 \, ceoten + \beta_5 \, comten + u$$

所得到的 R^2 为 $R^2 = 0.353 (n = 177)$。若添加 $ceoten^2$ 和 $comten^2$ 后，$R^2 = 0.375$。此模型中是否有函数形式误设的证据？

2. 让我们对第 8 章的计算机练习 C4 略加修改，使用 1988 年通过选举而当选的现任总统在 1990 年的投票结果。候选人 A 于 1988 年当选而试图在 1990 年连任；$voteA90$ 表示候选人 A 在 1990 年获得两党投票的份额。候选人 A 在 1988 年所获得的投票份额被用作候选人质量的代理变量。所有其他变量都是1990 年选举中所出现的变量。利用 VOTE2 中的数据，估计了如下方程：

$$\widehat{voteA90} = 75.71 + 0.312 \, prtystrA + 4.93 \, democA$$
$$\quad\quad (9.25)\,(0.046) \quad\quad\quad (1.01)$$
$$\quad\quad - 0.929 \log(expendA) - 1.950 \log(expendB)$$
$$\quad\quad\quad (0.684) \quad\quad\quad\quad\quad (0.281)$$
$$n = 186, \ R^2 = 0.495, \ \overline{R}^2 = 0.483$$

和

$$\widehat{voteA90} = 70.81 + 0.282 \, prtystrA + 4.52 \, democA$$
$$\quad\quad (10.01)\,(0.052) \quad\quad\quad (1.06)$$
$$\quad\quad - 0.839 \log(expendA) - 1.846 \log(expendB) + 0.067 \, voteA88$$
$$\quad\quad\quad (0.687) \quad\quad\quad\quad\quad (0.292) \quad\quad\quad\quad (0.053)$$
$$n = 186, \ R^2 = 0.499, \ \overline{R}^2 = 0.485$$

(i) 解释 $voteA88$ 的系数并讨论其统计显著性。

(ii) 添加 $voteA88$ 对其他系数具有很大的影响吗？

3. 令 $math10$ 表示密歇根州高中学生在一次标准化数学考试中的及格百分比（也可参见例 4.2）。我们感兴趣的是估计每个学生的支出对其数学成绩的影响。一个简单的模型是

$$math10 = \beta_0 + \beta_1 \log(expend) + \beta_2 \log(enroll) + \beta_3 \, poverty + u$$

式中，$poverty$ 表示贫困生的比例。

(i) 变量 $lnchprg$ 表示学校有资格享受联邦政府午餐资助计划的学生比例。为什么它是 $poverty$ 的一个合适的代理变量？

(ii) 下表包含了有和没有 $lnchprg$ 作为解释变量时的 OLS 估计值。解释为什么支出对 $math10$ 的影响在第（2）列比在第（1）列要低。第（2）列中的这种影响在统计上仍大于 1 吗？

	因变量：$math10$	
自变量	(1)	(2)
$\log(expend)$	11.13 (3.30)	7.75 (3.04)

续表

因变量：$math10$		
自变量	(1)	(2)
$\log(enroll)$	0.022 (0.615)	-1.26 (0.58)
$lnchprg$	—	-0.324 (0.036)
截距项	-69.24 (26.72)	-23.14 (24.99)
观测次数	428	428
R^2	0.029 7	0.189 3

（iii）在其他条件相同的情况下，越大的学校通过率越低吗？请解释。

（iv）解释第（2）列中 $lnchprg$ 的系数。

（v）你如何理解 R^2 从第（1）列到第（2）列的显著提高？

4. 如下方程用儿童年龄、母亲受教育程度、父亲受教育程度和家庭子女数来解释儿童每周看电视的小时数：

$$tvhours^* = \beta_0 + \beta_1 age + \beta_2 age^2 + \beta_3 motheduc + \beta_4 fatheduc + \beta_5 sibs + u$$

我们担心在我们的调查中 $tvhours^*$ 有测量误差。令 $tvhours$ 表示所报告的每周看电视的小时数。

（i）在这个应用研究中，经典变量误差（CEV）假定有什么要求？

（ii）你认为 CEV 假定有可能成立吗？请解释。

5. 在例 4.4 中，我们针对一个大学样本，估计了一个联系校园犯罪与学生注册人数的模型。由于很多学校在 1992 年都没有报告其校园犯罪数据，所以我们所使用的样本并不是美国大学的一个随机样本。你认为大学没有报告校园犯罪可被视为外生的样本选择吗？请解释。

6. 在模型（9.17）中，若 a_i 与 x_i 不相关，且 b_i 与 x_i、x_i^2 相关［比（9.19）式更弱的假设］，证明 OLS 一致地估计了 α 和 β。［提示：仿照（9.18）式写出方程，回想第 5 章，截距和斜率满足 OLS 一致性的充分条件是 $E(u_i)=0$ 以及 $\mathrm{Cov}(x_i, u_i)=0$。］

7. 考虑包含了经典测量误差的简单回归方程，$y=\beta_0+\beta_1 x^* + u$，其中 x^* 有 m 个观测值。将这些观测值写做 $z_h = x^* + e_h$，$h=1, \cdots, m$。假设 x^* 与 u，$e_1, \cdots, e_m$ 不相关，且测量误差两两不相关，有相同的方差 σ_e^2。设 $w=(z_1+\cdots+z_m)/m$ 为 x^* 观测值的均值。故对每个观测值 i，$w_i=(z_{i1}+\cdots+z_{im})/m$ 是 m 个观测值的均值。设 $\bar{\beta}_1$ 为 y_i 对 1，w_i，$i=1, \cdots, n$ 使用随机样本数据的简单回归的 OLS 估计值。

（i）证明

$$\mathrm{plim}(\bar{\beta}_1) = \beta_1 \left[\frac{\sigma_{x^*}^2}{\sigma_{x^*}^2 + (\sigma_e^2/m)} \right]$$

［提示：$\mathrm{plim}(\bar{\beta}_1)=\mathrm{Cov}(w, y)/\mathrm{Var}(w)$。］

（ii）与只能获得一个观测值（即 $m=1$）的情况对比，$\bar{\beta}_1$ 的不一致性如何？当 m 值增大时，会出现什么情况？请做出评价。

8. 这个练习的目的在于表明：对函数形式的检验不能作为对遗漏变量的一般性检验而被依赖，假设以 x_1 和 x_2 为条件，y 对 x_1 和 x_2 回归的一个线性模型满足高斯-马尔科夫假设：

$$y=\beta_0+\beta_1 x_1 + \beta_2 x_2 + u$$

$$E(u|x_1, x_2) = 0$$

$$Var(u|x_1, x_2) = \sigma^2$$

为了使问题更加有趣，假定 $\beta_2 \neq 0$。

进一步假定 x_2 与 x_1 有简单线性关系：

$$x_2 = \delta_0 + \delta_1 x_1 + r$$

$$E(r|x_1) = 0$$

$$Var(r|x_1) = \tau^2$$

（i）证明：

$$E(y|x_1) = (\beta_0 + \beta_2 \delta_0) + (\beta_1 + \beta_2 \delta_1)x_1$$

在随机抽样的条件下，y 对 x_1 的简单回归的 OLS 估计值的概率极限是多少？简单回归的估计量是否为 β_1 的一致估计量？

（ii）若 y 对 x_1、x_1^2 进行回归，则 x_1^2 系数项的概率极限是多少？并解释。

（iii）使用替代变量，证明有：

$$y = (\beta_0 + \beta_2 \delta_0) + (\beta_1 + \beta_2 \delta_1)x_1 + u + \beta_2 r$$

可见，若定义 $v = u + \beta_2 r$，则 $E(v|x_1) = 0$，$Var(v|x_1) = \sigma^2 + \beta_2^2 \tau^2$。这将对第（ii）部分中 x_1^2 的 t 统计量产生什么后果？

（iv）对于加入 x_1 的一个非线性变量——尤其是 x_1^2——以找到遗漏的变量 x_2，你能得到什么结论？

9. 假设 $\log(y)$ 是一个包含线性异方差的线性模型，表示为：

$$\log(y) = \beta_0 + \mathbf{x}\boldsymbol{\beta} + u$$

$$u|\mathbf{x} \sim Normal[0, h(\mathbf{x})]$$

因此，以 $\mathbf{x}$ 为条件的 u 满足均值（包括中值）为 0 且方差 $h(\mathbf{x})$ 依赖于 $\mathbf{x}$ 的正态分布。因为 $Med(u|\mathbf{x}) = 0$，方程（9.48）满足：$Med(y|\mathbf{x}) = \exp(\beta_0 + \mathbf{x}\boldsymbol{\beta})$。进一步地，利用第 6 章中结果的延伸，可以得到：

$$E(y|\mathbf{x}) = \exp[\beta_0 + \mathbf{x}\boldsymbol{\beta} + h(\mathbf{x})/2]$$

（i）假设 $h(\mathbf{x})$ 可以是任何正值函数，能否得出 $\partial E(y|\mathbf{x})/\partial x_j$ 与 β_j 同号的结论？

（ii）假设 $h(\mathbf{x}) = \delta_0 + \mathbf{x}\boldsymbol{\delta}$（且忽略线性方程并非一定为正的问题）。证明存在一个特定的变量如 x_1，对 $Med(y|\mathbf{x})$ 具有负效应而对 $E(y|\mathbf{x})$ 有正效应。

（iii）考虑 6.4 节的情况，其中 $h(\mathbf{x}) = \sigma^2$。你将如何利用 $E(y|\mathbf{x})$ 的估计值来预测 y？如何利用 $Med(y|\mathbf{x})$ 的估计值来预测 y？哪个预测值总是较大？

10. 这道习题表明，若"缺失性"（missingness）与影响 y 的观测到与未观测到的因素都无关，则在一个简单的回归模型中加入一个关于解释变量缺失的数据的虚拟变量，可以得到斜率系数的一致估计量。我们定义变量 m，当我们没有观测到 x 时 $m = 1$，若观测到了则 $m = 0$。我们假定 y 总是可以观测到的。则总体模型如下：

$$y = \beta_0 + \beta_1 x + u$$

$$E(u|x) = 0$$

（i）解释以下这个更强的假设：

$$E(u|x, m) = 0$$

具体地，什么样的数据缺失机制会导致这个假设失效？

（ii）证明我们总可以写出：

$$y = \beta_0 + \beta_1(1-m)x + \beta_1 mx + u$$

(iii) 设 $\{(x_i, y_i, m_i): i=1, \cdots, n\}$ 是从总体中随机抽取的，其中当 $m_1=1$ 时，表示 x_i 缺失。解释变量 $z_i = (1-m_i)x_i$ 的本质。特别地，当 x_i 缺失时，该变量将等于什么？

(iv) 设 $\rho = P(m=1)$ 并假定 m 和 x 都是独立的。证明：

$$\text{Cov}[(1-m)x, \ mx] = -\rho(1-\rho)\mu_x$$

其中 $\mu_x = E(x)$。对于估计 y_i 对 $z_i (i=1, \cdots, n)$ 回归中的 β_1，这说明了什么？

(v) 若 m 和 x 是独立的，可以证明：

$$mx = \delta_0 + \delta_1 m + v$$

其中 v 与 m 和 $z = (1-m)x$ 均不相关，解释为什么这使 m 成为 mx 的一个合适的代理变量？对于以下回归中 z_i 的系数而言，这意味着什么？

$$y_i \text{ 对 } z_i, \ m_i, \ i=1, \cdots, n$$

(vi) 假设对于儿童总体，y 是从学校的记录得到的标准测试分数，x 为家庭自愿透露的家庭收入（有些家庭没有透露其收入）。那么假定 m 和 x 是独立的是否符合实际？请解释。

11. (i) 在表 9.2 的第（3）列中，$educ$ 的系数是 0.018，统计上不显著；IQ 的系数为负，为 $-0.000\,9$，统计上也不显著，请解释发生了什么。

(ii) 为了使 $educ$ 和 IQ 的系数更合理，你可能会运行什么样的仍然包括交互作用的回归？请解释。

计算机练习

C1. (i) 在第 7 章的计算机练习 C5 所估计的模型中，应用方程（9.3）中的 RESET。此方程中有函数形式误设的证据吗？

(ii) 计算一个异方差—稳健形式的 RESET。你在第（i）部分的结论改变了吗？

C2. 本题利用 WAGE2 中的数据。

(i) 在例 9.3 中，用变量 KWW（"工作领域内知识"测试分数）取代 IQ 作为能力的代理变量。在此情形下，估计的教育回报是多少？

(ii) 现在用 IQ 和 KWW 一起作为代理变量。所估计的教育回报会怎样？

(iii) 在第（ii）部分中，IQ 和 KWW 是个别显著的吗？它们联合显著吗？

C3. 本题利用 JTRAIN 中的数据。

(i) 考虑简单回归模型

$$\log(scrap) = \beta_0 + \beta_1 grant + u$$

式中，$scrap$ 表示企业的废弃率；$grant$ 是表示是否得到工作培训津贴的一个虚拟变量。你能想到 u 中无法观测因素可能会与 $grant$ 相关的原因吗？

(ii) 利用 1988 年的数据估计这个简单的回归模型。（你应该有 54 个观测。）得到工作培训津贴显著地降低了企业的废弃率了吗？

(iii) 现在增加一个解释变量 $\log(scrap_{87})$。这将如何改变 $grant$ 的估计影响？解释 $grant$ 的系数。相对单侧备择假设 $H_1: \beta_{grant} < 0$，它在 5% 的显著性水平上统计显著吗？

(iv) 相对双侧备择假设，检验 $\log(scrap_{87})$ 的参数为 1 的原假设。报告检验的 p 值。

(v) 利用异方差—稳健的标准误，重复第（iii）部分和第（iv）部分，并简要讨论任何明显的差异。

C4. 本题利用 INFMRT 中 1990 年的数据。

（i）重新估计方程（9.43），但现在对哥伦比亚特区这个观测引进一个虚拟变量（记为 DC）。解释 DC 的系数，并评论其大小和显著性。

（ii）将第（i）部分所得到的估计值和标准误与方程（9.38）中的估计值和标准误进行比较。根据这种对单个观测引进一个虚拟变量的做法，你能得到什么结论？

C5. 利用 RDCHEM 中的数据，进一步考查异常数据对 OLS 估计值的影响，并看 LAD 如何对异常数据缺乏敏感性。模型是

$$rdintens = \beta_0 + \beta_1 sales + \beta_2 sales^2 + \beta_3 profmarg + u$$

式中，你应该首先定义 sales 的度量单位为 10 亿美元，从而使得估计值更容易解释。

（i）在包括和不包括年销售额近 400 亿美元的企业的情况下，用 OLS 估计上述方程。讨论估计系数的明显差别。

（ii）再次在包括和不包括最大企业的情况下，用 LAD 估计同一方程。讨论估计系数的重要差别。

（iii）基于第（i）和第（ii）部分的结论，你认为 OLS 和 LAD 哪个方法对异常观测更有弹性余地？

C6. 去掉例 4.10 中教师津贴低于薪水 1% 的学校，重新做这个例子。

（i）这样做将减少多少个观测？

（ii）去掉这些观测对所估计的替代关系有重要影响吗？

C7. 本题利用 LOANAPP 中的数据。

（i）有多少个观测的 obrat>40，即其他债务负担超过其总收入的 40%？

（ii）在第 7 章的计算机练习 C8 中，去掉 obrat>40 的观测，重新估计第（iii）部分中的模型。white 的系数估计值和 t 统计量将会怎样？

（iii）β_{white} 看起来对所使用的样本过度敏感吗？

C8. 本题利用 TWOYEAR 中的数据。

（i）变量 stotal 是一项标准化测试变量，可用作无法观测的能力的代理变量。求 stotal 的样本均值和标准差。

（ii）做 jc 和 univ 对 stotal 的简单回归。两个大学教育变量都与 stotal 统计相关吗？请解释。

（iii）在方程（4.17）中增加 stotal，并检验两年制大专和四年制大学教育具有相同回报的假设，备择假设是四年制大学的回报更高。你的结论与 4.4 节中的结论有何区别？

（iv）在第（iii）部分估计的方程中增加 $stotal^2$。测试分数变量的二次项有必要吗？

（v）在第（iii）部分的方程中增加 stotal · jc 和 stotal · univ。这两项联合显著吗？

（vi）你通过使用 stotal 而控制能力变量的最终模型是什么？说明你的理由。

C9. 在本题中你将比较 401(k) 合格计划对净金融资产的影响的 OLS 估计和 LAD 估计。模型为

$$nettfa = \beta_0 + \beta_1 inc + \beta_2 inc^2 + \beta_3 age + \beta_4 age^2 + \beta_5 male + \beta_6 e401k + u$$

（i）利用 OLS 估计这个方程，以通常格式报告结果，并解释 e401k 的系数。

（ii）利用布鲁施-帕甘检验，使用 OLS 残差检验异方差性。u 看上去独立于解释变量吗？

（iii）用 LAD 估计这个方程，并以对 OLS 同样的方式报告结果。解释 e401k 的系数。

（iv）调和第（i）部分和第（iii）部分的结论。

C10. 本题需要利用 JTRAIN2 和 JTRAIN3 两个数据集。前者是工作培训试验的结果。而文件 JTRAIN3 包含了所观测到的数据，其中个人基本上是自己决定是否参加工作培训。数据集包含同一时期

的数据。

(i) 在数据集 JTRAIN2 中，男性参加工作培训的比例是多大？在 JTRAIN3 中的比例又是多大？你认为为什么会有这么大的差距？

(ii) 利用 JTRAIN2，做 $re78$ 对 $train$ 的简单回归。参与工作培训对真实工资的估计影响有多大？

(iii) 现在，在第（ii）部分的回归中增加控制变量 $re74$、$re75$、$educ$、age、$black$ 和 $hisp$。工作培训对 $re78$ 的估计影响变化大吗？何以至此？（提示：记得这些都是实验数据。）

(iv) 利用 JTRAIN3 中的数据做第（ii）和第（iii）部分的回归，只报告 $train$ 的估计系数及其 t 统计量。现在，控制额外因素的影响如何？为什么？

(v) 定义 $avgre=(re74+re75)/2$。求这两个数据集中的样本均值、标准差、最小值和最大值。这些数据集代表了 1978 年同样的总体吗？

(vi) 在数据集 JTRAIN2 中，几乎 96% 的男性的 $avgre$ 低于 10 000 美元。只利用这些男性的数据，

做 $re78$ 对 $train$、$re74$、$re75$、$educ$、age、$black$ 和 $hisp$ 的回归

并报告培训估计值及其 t 统计量。对 JTRAIN3 也只利用 $avgre \leqslant 10$ 的男性做同样的回归。就这个低收入男性子样本而言，试验数据集和非试验数据集估计的培训效应有何差别？

(vii) 现在，只针对 1974 年和 1975 年失业的男性，利用每个数据集做 $re78$ 对 $train$ 的简单回归。培训的估计值又有何差别？

(viii) 利用你前面的回归结果，试讨论：在比较试验估计值和非试验估计值的背后，拥有可比较总体的潜在重要性。

C11. 先得到滞后谋杀率 $mrdrte_{-1}$，然后仅利用 MURDER 中 1993 年的数据完成这个练习。

(i) 进行 $mrdrte$ 对 $exec$、$unem$ 的回归。$exec$ 的系数及 t 统计量是多少？这个回归是否提供了任何证明极刑的威慑效力的证据？

(ii) 1993 年得克萨斯报道的处决案有多少件？（事实上这是当年与过去两年内处决案件数量的总和。）与其他州相比，这个结果如何？在第（i）部分的回归中给得克萨斯加入一个虚拟变量。这个变量的 t 统计量数值是否通常较大？从这个结果来看，得克萨斯是否显得是"异常项"？

(iii) 在第（i）部分中加入滞后谋杀率，则 $\hat{\beta}_{exec}$ 及其统计显著性会发生什么变化？

(iv) 对于第（iii）部分中的回归，得克萨斯是否显得是"异常项"？若从回归中将得克萨斯除去，对 $\hat{\beta}_{exec}$ 会产生什么影响？

C12. 用 ELEM94_95 中的数据回答以下问题。同时可参见第 4 章的计算机练习 C10。

(i) 使用所有数据，$lavgsal$ 对 bs、$lenrol$、$lstaff$ 以及 $lunch$ 进行回归。导出 bs 的系数项以及通常和异方差—稳健的标准误。对于 $\hat{\beta}_{bs}$ 在经济和统计上的显著性，你能得出什么结论？

(ii) 将 $bs>0.5$ 的四个观测值除去，即其中平均收益大于平均工资一半的部分。那么 bs 的系数项变为多少？在使用异方差—稳健的标准误的条件下，该系数项是否仍在统计上显著？

(iii) 确认四个 $bs>0.5$ 的观测值是 68，1 127，1 508 以及 1 670。分别为这四个观测值各定义一个虚拟变量（例如你可以将它们设为 $d68$，$d1127$，$d1508$ 以及 $d1670$）。将虚拟变量加入第（i）部分的回归中并确认其他变量的 OLS 系数项以及标准误取第（ii）部分结果中的数值。那么在这四个虚拟变量中，哪一个的 t 统计量在 5% 的显著性水平下显著异于 0？

(iv) 检验在数据集中，第（iii）部分中有最大学生化残差（最大的虚拟变量 t 统计量）的数据点对 OLS 估计有很大的影响（即去掉有最大学生化残差的观测值后对所有观测值进行回归）。那么轮流除去

$bs>0.5$ 的其他三个观测值，是否会有什么重大的影响？

(v) 关于 OLS 估计对单一观测值的敏感程度（即便是在大样本条件下），你能得到什么结论？

(vi) 验证 LAD 估计量对于在回归中加入第（iii）部分中的观测值并不敏感。

C13. 利用 CEOSAL2 中的数据回答以下问题：

(i) 使用所有观测值，其中 lsalary、lsales 以及 lmktvale 均为自然对数值，对以下模型进行 OLS 估计：

$$lsalary = \beta_0 + \beta_1 lsales + \beta_2 lmktval + \beta_3 ceoten + \beta_4 ceoten^2 + u$$

导出通常的 OLS 标准误（你也可以验证异方差—稳健的标准误是否类似）。

(ii) 得到第（i）部分回归的学生化残差，设为 str_i。其中有多少个残差的绝对值大于 1.96？若这些学生化残差是标准正态分布的独立抽样，你预期在 177 个抽样中将有多少个绝对值大于 2？

(iii) 仅用 $|str_i| \leqslant 1.96$ 的观测值对第（i）部分的方程重新进行估计。新的系数值和原来的结果相比有何变化？

(iv) 使用所有数据对第（i）部分的方程进行 LAD 估计，β_1 的估计值与哪一个 OLS 估计值更接近：使用完整样本估计值还是使用有限样本的估计值？β_3 呢？

(v) 评价这个说法："根据学生化残差的极端值除去异常值后，在使用完全样本的条件下，将使得 OLS 估计值更接近 LAD 估计值。"

C14. 利用 ECONMATH 中的数据回答以下问题，人口模型如下：

$$score = \beta_0 + \beta_1 act + u$$

(i) 有多少学生的 ACT 分数缺失？样本的分数值是多少？定义一个新变量 actmiss，若 act 数据缺失则为 1，否则为 0。

(ii) 引入一个新变量，例如 act0，若 act 存在则等于 act 的分数，若 act 缺失则为 0。得出 act0 的平均值并与 act 的平均值进行比较。

(iii) 仅用信息完整的数据集对 score 和 act 进行简单回归。你得到了怎样的斜率系数和异方差—稳健的标准误？

(iv) 利用所有数据对 score 和 act0 进行简单回归，将得到的斜率系数和第（iii）部分中的结果进行对比，并作出评价。

(v) 利用所有数据进行以下回归：

$$score_i \text{ 对 } act0_i, actmiss_i$$

$act0_i$ 的斜率估计值是多少？与第（iii）部分和第（iv）部分中的结果对比如何？

(vi) 对比第（iii）部分和第（v）部分中的回归，使用所有数据和加入数据缺失指标是否改善了 β_1 的估计值？

(vii) 若在第（iii）部分和第（v）部分的回归中加入变量 colgpa，则第（vi）部分的答案是否有变化？

第二部分

时间序列数据的回归分析

在对如何应用多元回归模型处理横截面数据问题有了清楚的了解之后，我们便可以转向时间序列数据的计量经济分析。我们将主要借助普通最小二乘法，而与之有关的具体操作和推断工作，我们在前面章节已经介绍过了。然而，正如我们在第1章所述，时间序列数据具有某些横截面数据不具有的特点，在应用普通最小二乘法时，应该对这些特点给予特别的关注。

第10章探讨基本的回归分析，并注意一些时间序列数据所特有的问题。我们提出了用于时间序列数据的高斯–马尔科夫和经典线性模型的一系列假设，并讨论了函数形式、虚拟变量、趋势和季节性等问题。

既然某些时间序列模型必然违背高斯–马尔科夫假设，所以第11章描述了这些违背情况的性质，并给出普通最小二乘法的大样本性质。由于不能继续假定随机抽样，为了确保通常的渐近分析有效，我们必须探讨能够限制时间序列在时间上相关的条件。

第12章转向一个重要的新问题：时间序列回归中误差项的序列相关。我们讨论这种相关的后果、检验方式和处理方法。这一章还解释了仕时间序列模型中异方差性是如何产生的。

第10章 时间序列数据的基本回归分析

在这一章，我们开始研究用时间序列数据估计线性回归模型时 OLS 的性质。10.1 节讨论了时间序列数据和横截面数据的一些概念性区别。10.2 节给出了几个在实证社会科学领域中经常用到的时间序列回归例子。接下来，我们把注意力转向 OLS 估计量的有限样本性质，并介绍时间序列回归条件下的高斯-马尔科夫假设和经典线性模型假设。尽管这些假设与横截面情形中的假设有相同之处，但也存在着需要强调的重要区别。

另外，我们还将回到横截面回归中曾遇到过的一些问题，比如如何应用和解释对数函数形式和虚拟变量。10.5 节讨论在多元回归中如何把趋势包括进来，以及如何解释季节性的重要问题。

10.1 时间序列数据的性质

时间序列数据区别于横截面数据的一个明显特点是，时间序列数据集是按照时间顺序排列的。例如，在第 1 章，我们简要地讨论了一个时间序列数据集，它包含了波多黎各的就业、最低工资及其他经济变量数据。在这个数据集中，我们必须知道 1971 年的数据是紧跟在 1970 年的数据后面的。在社会科学领域，为了分析时间序列数据，我们必须承认过去可能会影响未来，而不是反过来［与电影《星际迷航》（*Star Trek*）不同］。为了强调时间序列数据的正确顺序，表 10.1 列出了美国通货膨胀率和失业率的部分数据。这些数据来自各期美国《总统经济报告》（*Economic Report of the President*，ERP），包括 2018 年的报告（表 B.10 和表 B.11）。

表 10.1　1948—2017 年美国通货膨胀率和失业率的部分数据列表（%）

年份	通货膨胀率	失业率
1948	8.1	3.8
1949	−1.2	5.9

续表

年份	通货膨胀率	失业率
1950	1.3	5.3
1951	7.9	3.3
.	.	.
.	.	.
.	.	.
2012	2.1	8.1
2013	1.5	7.4
2014	1.6	6.2
2015	0.1	5.3
2016	1.3	4.9
2017	2.1	4.4

横截面数据和时间序列数据间的另一个区别更加微妙。在第 3 章和第 4 章中，基于从适当的总体中随机抽取样本的想法，我们讨论了 OLS 估计量的统计性质。横截面数据为什么应该被视为随机结果？这不难理解：从总体中抽取的不同样本，通常会得到自变量和因变量（如教育、工作经验、工资等）的不同取值。因此，通过不同的随机样本计算出来的 OLS 估计值通常也有所不同，这就是为什么我们认为 OLS 统计量是随机变量。

我们应该怎样认识时间序列数据的随机性呢？很明显，经济时间序列满足作为随机变量结果所要求的直观条件。例如，我们今天不知道道琼斯工业指数在下一个交易日收盘时会是多少，我们也不知道加拿大下一年的年产出增长率会是多少。既然这些变量的结果都无法事先预料，它们当然应该被视为随机变量。

正式地，一个标有时间下标的随机变量序列被称为一个**随机过程**（stochastic process）或**时间序列过程**（time series process）（stochastic 是 random 的同义词，都译为随机）。当我们搜集到一个时间序列数据集时，我们便得到该随机过程的一个可能结果或实现（realization）。我们只能看到一个实现，因为我们不能让时间倒转重新开始这个过程（这与横截面分析中只能搜集一个随机样本相似）。然而，如果特定历史条件有所不同，我们通常会得到这个随机过程的另一种不同的实现，这解释了为什么我们把时间序列数据看作随机变量之结果。一个时间序列过程的所有可能的实现集，便相当于横截面分析中的总体。时间序列数据集的样本容量，就是我们观察变量的时期数。

10.2　时间序列回归模型的例子

在这一节，我们讨论时间序列模型的两个例子，它们在经验时间序列分析中很有用，而且很容易用普通最小二乘法进行估计。我们还将在第 11 章研究其他模型。

10.2a 静态模型

假设我们有两个变量（例如 y 和 z）的时间序列数据，并对 y_t 和 z_t 标注相同的时期。把 y 和 z 联系起来的一个**静态模型**（static model）为：

$$y_t = \beta_0 + \beta_1 z_t + u_t, \ t=1,\ 2,\ \cdots,\ n \tag{10.1}$$

"静态模型"的名称来源于我们正在对 y 和 z 的同期关系模型化这一事实。通常，若认为 z 在时间 t 的一个变化对 y 有直接影响：$\Delta y_t = \beta_1 \Delta z_t$，便设定一个静态模型，此时 $\Delta u_t = 0$。当我们想了解 y 和 z 之间的替代关系时，也可以使用静态回归模型。

静态模型的一个例子是静态菲利普斯曲线，表示为：

$$inf_t = \beta_0 + \beta_1 unem_t + u_t \tag{10.2}$$

式中，inf_t 是年通货膨胀率，$unem_t$ 是年失业率。这种形式的菲利普斯曲线实际上假定了一个不变的自然失业率和固定的通货膨胀预期。它可以用来研究同一时期内失业率和通货膨胀率之间的替代关系。[参见 Mankiw（1994，Section 11-2）。]

当然，在一个静态回归模型中也可以有多个解释变量。令 $mrdret_t$ 表示某特定城市在第 t 年间平均每 10 000 人中发生的谋杀次数，$convrtet_t$ 表示谋杀的定罪率，$unemt_t$ 表示本地失业率，$yngmle_t$ 代表当地人口中年龄在 18～25 岁的男性人口的比例。这样，一个用来解释谋杀案发生率的静态多元回归模型为：

$$mrdrte_t = \beta_0 + \beta_1 convrte_t + \beta_2 unem_t + \beta_3 yngmle_t + u_t \tag{10.3}$$

借助这样一个模型，我们希望能够对相关问题进行估计。例如，在其他条件不变的情况下，估计提高定罪率对犯罪活动的影响。

10.2b 有限分布滞后模型

在**有限分布滞后模型**［finite distributed lag（FDL）model］中，我们容许一个或多个变量对 y 的影响有一定的时滞。例如，考虑如下模型：

$$gfr_t = \alpha_0 + \delta_0 pe_t + \delta_1 pe_{t-1} + \delta_2 pe_{t-2} + u_t \tag{10.4}$$

式中，gfr_t 为生育率（每 1 000 个育龄妇女生育孩子的个数）；pe_t 为个人所得税减免的实际美元金额。我们想从总体上看一看，生育孩子的决策是否与生孩子的税收价值有关系。方程（10.4）意味着，由于生理和行为方面的原因，生育孩子的决策并非直接源于个人所得税减免的变化。

方程（10.4）是下面这个模型的一个例子：

$$y_t = \alpha_0 + \delta_0 z_t + \delta_1 z_{t-1} + \delta_2 z_{t-2} + u_t \tag{10.5}$$

它是一个二阶 FDL。为了理解（10.5）中的系数，假设 z 在第 t 期之前的所有时期都是一个等于 c 的常数。在第 t 期，z 提高一个单位变为 $c+1$，然后在第 $t+1$ 期再回到原水平。（即 z 的提高是暂时的。）更准确地说，

$$\cdots,\ z_{t-2}=c,\ z_{t-1}=c,\ z_t=c+1,\ z_{t+1}=c,\ z_{t+2}=c,\ \cdots$$

为了集中研究其他条件不变情况下 z 对 y 的影响，设每个时期的误差项均为0。那么，

$$y_{t-1} = \alpha_0 + \delta_0 c + \delta_1 c + \delta_2 c$$

$$y_t = \alpha_0 + \delta_0 (c+1) + \delta_1 c + \delta_2 c$$

$$y_{t+1} = \alpha_0 + \delta_0 c + \delta_1 (c+1) + \delta_2 c$$

$$y_{t+2} = \alpha_0 + \delta_0 c + \delta_1 c + \delta_2 (c+1)$$

$$y_{t+3} = \alpha_0 + \delta_0 c + \delta_1 c + \delta_2 c$$

从前两个方程得到 $y_t - y_{t-1} = \delta_0$，它表明 δ_0 是 z 在第 t 期提高一个单位所引起的 y 的即期变化。δ_0 通常被称作**即期倾向**（impact propensity）或**即期乘数**（impact multiplier）。

类似地，$\delta_1 = y_{t+1} - y_{t-1}$ 是这个暂时变化发生后，下一时期 y 的变化，$\delta_2 = y_{t+2} - y_{t-1}$ 是这个变化发生两个时期后 y 的变化。在第 $t+3$ 期，y 回到了初始水平：$y_{t+3} = y_{t-1}$，这是因为我们假定（10.5）中 z 只有两期滞后。如果把 δ_j 作为 j 的函数作图，便得到**滞后分布**（lag distribution），它概括了 z 的一个暂时变化对 y 的动态影响。图 10.1 给出了两阶 FDL 模型的一个可能的滞后分布。（当然，我们永远不知道参数 δ_j 的真实值，只能估计出 δ_j 的值，然后再画出估计的滞后分布。）

图 10.1 中的滞后分布意味着，最大的影响发生在第一期滞后。这个滞后分布有一种很有用的解释。如果我们把 y 的初始值标准化为 $y_{t-1} = 0$，这个滞后分布就描绘出由于 z 暂时提高一个单位所导致的 y 的后续所有取值。

我们也对 z 的永久性提高所导致的 y 的变化感兴趣。在第 t 期之前，z 等于常数 c。从第 t 期起，z 永久性地提高为 $c+1$。即当 $s<t$ 时，$z_s = c$；当 $s \geq t$ 时，$z_s = c+1$。我们再次把误差都设为 0，便得到：

$$y_{t-1} = \alpha_0 + \delta_0 c + \delta_1 c + \delta_2 c$$

$$y_t = \alpha_0 + \delta_0 (c+1) + \delta_1 c + \delta_2 c$$

$$y_{t+1} = \alpha_0 + \delta_0 (c+1) + \delta_1 (c+1) + \delta_2 c$$

$$y_{t+2} = \alpha_0 + \delta_0 (c+1) + \delta_1 (c+1) + \delta_2 (c+1)$$

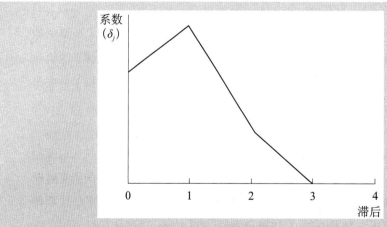

图 10.1　一个有两期非零滞后的滞后分布：最大影响发生在第一期滞后

随着 z 从第 t 期开始永久性提高，一期后 y 提高了 $\delta_0 + \delta_1$，两期后 y 提高了 $\delta_0 + \delta_1 + \delta_2$。两个时期以后，$y$ 没有进一步变化。这表明，z 的当期系数与滞后系数之和 $\delta_0 + \delta_1 + \delta_2$，等于 z 的永久性提高导致的 y 的长期变化，它被称为**长期倾向**（long-run propensity，LRP）或**长期乘数**（long-run multiplier）。LRP 是在分布滞后模型中人们经常关注的问题。

举例来说，在方程（10.4）中，δ_0 度量了 pe 增加 1 美元导致的生育率的即期变化。正如前面所指出的，我们有理由相信，δ_0 即便非零也是一个比较小的数。但是，δ_1 或 δ_2 或二者之和可能为正。若 pe 永久性地增加 1 美元，两年之后，gfr 便有 $\delta_0 + \delta_1 + \delta_2$ 这么大幅度的变化。这个模型假定两年后没有进一步的变化，这一点是否符合实际则是一个经验问题。

一个 q 阶有限分布滞后模型可写成：

$$y_t = \alpha_0 + \delta_0 z_t + \delta_1 z_{t-1} + \cdots + \delta_q z_{t-q} + u_t \tag{10.6}$$

静态模型作为一种特例也被包含其中，只要把 $\delta_1, \delta_2, \ldots, \delta_q$ 都设为 0 便可以了。有时，估计一个分布滞后模型的主要目的是检验 z 是否对 y 有滞后影响。即期倾向总是同期 z 的系数 δ_0。我们偶尔从方程（10.6）中省略 z_t，这样即期倾向便为 0。一般情况下，可通过将（估计的）δ_j 作为 j 的函数来绘出滞后分布。对于任意的 h，我们都可以将**累积效应**（cumulative effect）定义为 $\delta_0 + \delta_1 + \cdots + \delta_q$，即当 x 永久性地增加 1 单位后，h 值的预计变化。一旦估计得到 δ_j，我们就可以将累积效应定义为 h 的一个方程。累积效应的长期倾向（LRP）就是 z_{t-j} 的所有变量的系数之和：

$$\text{LRP} = \delta_0 + \delta_1 + \cdots + \delta_q \tag{10.7}$$

因为 z 的不同时期滞后之间经常明显相关，即方程（10.6）中存在多重共线性，所以很难得到单个 δ_j 的估计值。有意思的是，即便无法准确估计 δ_j，我们也经常能很好地估计出 LRP。我们稍后将看到一个例子。

> **？ 思考题 10.1**
>
> 在一个年度数据方程中，假设
> $$int_t = 1.6 + 0.48 inf_t - 0.15 inf_{t-1} + 0.32 inf_{t-2} + u_t$$
> 式中，int 是利率，inf 是通货膨胀率，那么，即期倾向和长期倾向分别是多少？

我们可能遇到不止一个带有滞后的变量，也可能需要在 FDL 模型中添加更多的当期变量。例如，育龄妇女的平均教育水平可以作为一个变量加入方程（10.4）中，以说明改变妇女教育水平的作用。

10.2c　标注时间的惯例

当模型中含有滞后解释变量时（我们在下一章会看到含有滞后 y 的模型），对初始观测的处理容易产生混乱。比如，若在方程（10.5）中，我们假定它从 $t=1$ 开始成立，那么第一期的解释变量便是 z_1、z_0 和 z_{-1}。我们的惯例是，既然它们是样本中的初始值，我们就从 $t=1$ 开始标注时间。实际上，这不是什么重要问题，因为回归分析软件包会自动追踪可以用来估计滞后模型的所有观测。但是在本章和接下来的两章，我们有必要对回归方程所表示的第一期进行约定。

10.3　经典假设下 OLS 的有限样本性质

在这一节，我们将完整地列出标准假设下 OLS 的有限样本（小样本）性质。我们要特别注意，为了包含时间序列回归的情形，需要对横截面分析中所做的假设加以修改。

10.3a　OLS 的无偏性

第一个假设是指，时间序列过程服从一个线性于参数的模型。

假设 TS.1　线性于参数

随机过程 $\{(x_{t1}, x_{t2}, \cdots, x_{tk}, y_t): t=1, 2, \cdots, n\}$ 服从线性模型

$$y_t = \beta_0 + \beta_1 x_{t1} + \cdots + \beta_k x_{tk} + u_t \tag{10.8}$$

式中，$\{u_t: t=1, 2, \cdots, n\}$ 是误差或干扰序列。其中，n 是观测次数（时期数）。

在符号 x_{tj} 中，t 表示时期，和通常一样，j 表示 x_{tj} 是 k 个解释变量中的一个。横截面回归中使用的术语在这里同样有效：y_t 是因变量、被解释变量或回归子，x_{tj} 是自变量、解释变量或回归元。

本质上，我们应该视假设 TS.1 等同于假设 MLR.1（横截面回归的第一个假设），但我们现在为时间序列数据设定了一个线性模型。通过适当定义 x_{tj}，10.2 节中的例子便可以写成（10.8）的形式。例如，通过令 $x_{t1}=z_t$，$x_{t2}=z_{t-1}$，$x_{t3}=z_{t-2}$，便可以得到方程（10.5）。

为了便于阐述和讨论余下几个假设，我们令 $\mathbf{x}_t=(x_{t1}, x_{t2}, \cdots, x_{tk})$ 代表方程在第 t 期的自变量集，令 $\mathbf{X}$ 代表所有时期全部的自变量集。不妨把 $\mathbf{X}$ 看作 n 行和 k 列的阵列，它反映了在经济软件包中时间序列数据的存储方式：$\mathbf{X}$ 的第 t 行为 $\mathbf{x}_t$，由 t 期的所有自变量组成。因此，$\mathbf{X}$ 的第一行与 $t=1$ 对应，第二行与 $t=2$ 对应，第 n 行与 $t=n$ 对应。表 10.2 给出了一个例子，它使用了方程（10.3）中的解释变量，并取 $n=8$。

表 10.2　方程（10.3）中解释变量 $\mathbf{X}$ 的例子

t	*convrte*	*unem*	*yngmle*
1	0.46	0.074	0.12
2	0.42	0.071	0.12
3	0.42	0.063	0.11

续表

t	*convrte*	*unem*	*yngmle*
4	0.47	0.062	0.09
5	0.48	0.060	0.10
6	0.50	0.059	0.11
7	0.55	0.058	0.12
8	0.56	0.059	0.13

与横截面回归一样，我们需要排除回归元之间的完全共线性。

假设 TS.2　无完全共线性

在样本中（并因而在潜在的时间序列过程中），没有任何自变量是恒定不变的，或者是其他自变量的一个完全线性组合。

在第 3 章中，我们在横截面数据背景下详细讨论过这个假设。这个问题对时间序列数据而言在本质上是一样的。记住，假设 TS.2 容许解释变量之间的相关，但它不容许样本中的完全相关。

在时间序列分析中，OLS 无偏性的最后一个假设类似于假设 MLR.4，它还使假设 MLR.2 中的随机抽样没有必要。

假设 TS.3　零条件均值

对每一个 t，给定所有时期的解释变量，误差项 u_t 的期望值为 0。用数学表示为：

$$\mathrm{E}(u_t \mid \mathbf{X}) = 0, \quad t = 1, 2, \cdots, n \tag{10.9}$$

这是一个关键假设，我们需要对它的含义有一个直观的理解。在横截面情形中，从无关性的角度来考虑这个假设最为容易：假设 TS.3 意味着，t 时期的误差项 u_t 与每个时期的任何解释变量都无关。我们是用条件均值来阐述这个假设的，这就意味着我们必须正确地设定 y_t 和解释变量之间的函数关系。如果 u_t 独立于 $\mathbf{X}$ 且 $\mathrm{E}(u_t) = 0$，那么假设 TS.3 自动成立。

在学习过第 3 章的横截面分析后，我们要求 u_t 与时间下标同为 t 的解释变量不相关也就不足为奇了。用条件均值来表示，即

$$\mathrm{E}(u_t \mid x_{t1}, \cdots, x_{tk}) = \mathrm{E}(u_t \mid \mathbf{x}_t) = 0 \tag{10.10}$$

当方程（10.10）成立时，我们称 x_{tj} 是**同期外生的**（contemporaneously exogenous）。方程（10.10）意味着 u_t 和同时期的解释变量无关：$\mathrm{Corr}(x_{tj}, u_t) = 0$，对所有的 j 都成立。

假设 TS.3 不仅要求同期外生性，即使 $s \neq t$，u_t 也必须与 x_{sj} 无关。这是在很强的意义上说，解释变量必须是外生的。因此，当假设 TS.3 成立时，我们称解释变

量**严格外生**（strictly exogenous）。在第 11 章，我们将阐明，方程（10.10）足以证明 OLS 估计量的一致性。但是，为了证明 OLS 是无偏的，我们需要严格外生性假定。

在横截面情形中，我们并没有明确指出第 i 个人的误差项与样本中其他人的解释变量有何联系。没有必要那样做的原因是，由于抽样是随机的（假设 MLR. 2），u_i 自动独立于第 i 个人以外其他观测中的解释变量。在时间序列情形中，把抽样视为随机很不恰当，因此，我们必须明确假定 u_t 的期望值与任何时期的解释变量都不相关。

很重要的一点是要看到，假设 TS. 3 并没有限制不同时期自变量或 u_t 的相关性，它只是说，u_t 的平均值与任何时期的解释变量都无关。

能导致 t 时期的无法观测因素与任何时期任一解释变量相关的情况，都会致使假设 TS. 3 不成立。导致无效的两个主要情形是遗漏变量以及对某些回归元的测量误差。但因为其他不甚明显的原因，严格外生性假定也可能不成立。在如下简单的静态回归模型中，

$$y_t = \beta_0 + \beta_1 z_t + u_t$$

假设 TS. 3 不但要求 u_t 和 z_t 不相关，而且要求 u_t 与 z 的过去值和将来值都不相关。这有两重含义。第一，z 对 y 没有滞后影响，如果 z 对 y 的确有滞后影响，我们就应该估计一个分布滞后模型。更微妙的一点是，严格外生性排除了误差项的即期变化可能导致 z 未来变化的可能性，这就有效地排除了 y 对 z 未来值的反馈作用。举个例子，我们考虑一个用人均警官数来解释城市犯罪率的简单静态模型：

$$mrdrte_t = \beta_0 + \beta_1 polpc_t + u_t$$

假定 u_t 与 $polpc_t$ 甚至过去 $polpc_t$ 的值无关也许有道理。为了方便讨论，我们假定事实就是如此。但是，假设这个城市根据过去犯罪率的高低来调整警力规模，这就意味着，$polpc_{t+1}$ 可能会与 u_t 相关（因为较高的 u_t 会导致较高的 $mrdrte_t$）。若果真如此，则假设 TS. 3 一般不成立。

在分布滞后模型中，也存在这样的顾虑。通常，我们不担心 u_t 会与过去的 z 相关，因为我们在模型中控制了过去的 z。但是 u 对将来的 z 的反馈，却是一个令人头痛的问题。

严格外生的解释变量无法对 y 在过去发生的变化作出反应。农业生产函数中诸如降雨量之类的因素满足这样的要求：未来年份的降雨量不受现在或过去产量的影响。但是，类似于劳动投入量这种变量可能就不是严格外生的，因为它是由农民选择的，而农民可能根据上一年的产量来调整劳动投入。政策变量，如货币供给的增长、福利开支、高速公路的限速等经常受结果变量过去情况的影响。在社会科学中，很多解释变量都明显违背严格外生性假定。

即使假设 TS. 3 不太现实，但为了得到 OLS 估计量的无偏性，我们还是要以它为出发点。对静态和有限分布滞后模型的大多数分析，都通过解释变量非随机（或在重复样本中保持不变）这个更强的假设来确保假设 TS. 3 的成立。对时间序列观

测而言，非随机假设显然是错误的；就 x_{tj} 的随机性质来看，假设 TS.3 具有更加现实的优点，同时，它把 OLS 的无偏性所需要的 u_t 和解释变量如何相关的必要假设分离出来了。

定理 10.1

OLS 的无偏性

在假设 TS.1、TS.2 和 TS.3 下，以 X 为条件，OLS 估计量是无偏的，并因此也无条件地（当期望存在时）成立：$E(\hat{\beta}_j)=\beta_j$，$j=0，1，\cdots，k$。

这个定理的证明与第 3 章定理 3.1 的证明如出一辙，因此这里将其省略。将定理 10.1 与定理 3.1 进行比较可以发现，我们放弃了随机抽样的假定，取而代之的是，给定所有时期的解释变量

> **？ 思考题 10.2**
>
> 在 FDL 模型 $y_t=\alpha_0+\delta_0 z_t+\delta_1 z_{t-1}+u_t$ 中，我们需要对序列 $\{z_0，z_1，\cdots，z_n\}$ 做怎样的假设才能使假设 TS.3 成立呢？

时，对每个时期 t，u_t 的均值都为 0。若这个假设不成立，则不能证明 OLS 是无偏的。

我们在 3.3 节对遗漏变量偏误的分析，在时间序列情形中同样适用。特别是表3.2 及相关讨论，可照常用来判断遗漏变量所导致偏误的方向。

10.3b OLS 估计量的方差和高斯-马尔科夫定理

我们需要增加两个假设，才能完成时间序列回归的高斯-马尔科夫定理。第一个是我们在横截面分析中就熟悉的假设。

假设 TS.4 **同方差性**

以 $\mathbf{X}$ 为条件，在所有时期 t，u_t 的方差都相等：$\mathrm{Var}(u_t \mid \mathbf{X})=\mathrm{Var}(u_t)=\sigma^2$，$t=1$，$2，\cdots，n$。

这个假设意味着，$\mathrm{Var}(u_t \mid \mathbf{X})$ 不能依赖于 $\mathbf{X}$（只要 u_t 和 $\mathbf{X}$ 相互独立就足够了），而且，$\mathrm{Var}(u_t)$ 在所有时期都保持不变。当假设 TS.4 不成立时，与横截面情形一样，我们称误差是异方差的。这方面的例子很多，比如，考虑基于通货膨胀率（inf_t）和联邦赤字占国内生产总值的百分比（def_t）来确定三个月期国库券利率（$i3_t$）的方程：

$$i3_t = \beta_0 + \beta_1 inf_t + \beta_2 def_t + u_t \tag{10.11}$$

其他条件不变，假设 TS.4 要求影响利率的无法观测因素在不同时期具有恒定的方差。因为政策体制的变化明显会影响到利率的波动，所以这个假设很可能是不对的。另外一种可能的情况是，利率的波动取决于通货膨胀水平或赤字的相对规模。

这也会违背同方差性假设。

当 $\text{Var}(u_t \mid \mathbf{X})$ 确实依赖于 $\mathbf{X}$ 时，它常常依赖于 t 时期的解释变量 x_t。我们在第 12 章将看到，至少在某些假设下，第 8 章的异方差检验也能用于时间序列回归。

时间序列分析的最后一个高斯-马尔科夫假设是新的。

假设 TS.5	无序列相关

以 $\mathbf{X}$ 为条件，任意两个不同时期的误差都不相关：$\text{Corr}(u_t, u_s \mid \mathbf{X}) = 0$，$t \neq s$。

对这个假设最简单的理解方法是忽略以 $\mathbf{X}$ 为条件。这样，假设 TS.5 就变成

$$\text{Corr}(u_t, u_s) = 0，对所有 t \neq s \tag{10.12}$$

（这也是视 $\mathbf{X}$ 为非随机时表述无序列相关假设的方式。）在考察假设 TS.5 是否成立时，我们把注意力集中在方程（10.12）上，因为它容易理解一些。

当方程（10.12）不成立时，我们说方程（10.8）中的误差有**序列相关**（serial correlation）或**自相关**（autocorrelation）的问题，因为不同时期的误差彼此相关。考虑相邻时期误差的情形：当 $u_{t-1} > 0$ 时，一般来说，下一个时期的误差 u_t 也是正的，于是 $\text{Corr}(u_t, u_{t-1}) > 0$，这样，误差项便存在序列相关的问题。在方程（10.11）中，这就意味着，如果当前利率意外地高，那么下一时期的利率就可能会高于平均水平（给定通货膨胀和赤字水平）。我们将在第 12 章看到，这是对许多时间序列应用中误差项的合理描述。现在，我们就认为假设 TS.5 成立。

很重要的是，假设 TS.5 没有提到不同时期自变量之间的相关。例如，方程（10.11）中，不同时期的 inf_t 几乎必然是相关的，但这与假设 TS.5 成立与否无关。

一个很自然的问题是：在第 3 章和第 4 章中，我们为什么不假定不同横截面观测的误差是无关的呢？答案在于随机抽样的假定：当抽样是随机的时，对于任意两次观测 i 和 h，u_i 和 u_h 都是相互独立的。可以证明，在随机抽样条件下，以样本中所有解释变量为条件，不同观测的误差是独立的。因此，就我们当前目的而言，序列相关只是时间序列回归中的一个潜在问题。（在第 13 章和第 14 章，序列相关问题将与面板数据分析一起出现。）

假设 TS.1 到 TS.5 是时间序列应用中适当的高斯-马尔科夫假设，但它们也有其他用途。有时，假设 TS.1 到 TS.5 能在横截面应用中得到满足，即便随机抽样不是一个合理假设，比如，当横截面单元相对于总体来说过大时就是如此。假设我们有一个市一级的横截面数据集。某些解释变量在同一个州之内的不同城市之间可能相关，比如财产税率或人均福利金。只要各个城市的误差彼此无关，不同观测中解释变量的相关不会导致在验证高斯-马尔科夫假设时出现问题。不过在本章，我们的主要兴趣还是要把高斯-马尔科夫假设应用于时间序列回归问题。

定理 10.2

OLS 的样本方差

在时间序列高斯-马尔科夫假设 TS.1 到 TS.5 下，以 $\mathbf{X}$ 为条件，$\hat{\beta}_j$ 的条件方差为：

$$\mathrm{Var}(\hat{\beta}_j \mid \mathbf{X}) = \sigma^2 / [\mathrm{SST}_j(1 - R_j^2)], \quad j = 1, \cdots, k \tag{10.13}$$

式中，SST_j 为 x_{ij} 的总平方和；R_j^2 为由 x_j 对所有其他自变量回归得到的 R^2。

方程（10.13）中的方差与第 3 章在横截面高斯-马尔科夫假设下推导的方差完全一样。既然它的证明与定理 3.2 的证明非常相似，这里略去。第 3 章讨论的导致方差变大的因素，包括解释变量间的多重共线性，都直接适用于时间序列情形。

在假设 TS.1 到 TS.5 下，通常的误差方差估计量也是无偏的，而且高斯-马尔科夫定理成立。

定理 10.3

σ^2 的无偏估计

在假设 TS.1 到 TS.5 下，估计量 $\hat{\sigma}^2 = \mathrm{SSR}/df$ 是 σ^2 的一个无偏估计量，其中 $df = n - k - 1$。

定理 10.4

高斯-马尔科夫定理

在假设 TS.1 到 TS.5 下，以 $\mathbf{X}$ 为条件，OLS 估计量是最优线性无偏估计量。

这里起码的结论是：OLS 在假设 MLR.1 至 MLR.5 下具备的所有理想的有限样本性质，在假设 TS.1 至 TS.5 下也同样具备。

> **？ 思考题 10.3**
>
> 在 FDL 模型 $y_t = \alpha_0 + \delta_0 z_t + \delta_1 z_{t-1} + u_t$ 中，说明解释变量中多重共线性的性质。

10.3c　经典线性模型假设下的推断

为了能够使用通常的 OLS 标准误、t 统计量和 F 统计量，我们需要增加最后一个假设，它类似于横截面分析中所用的正态性假设。

假设 TS.6　正态性
误差 u_t 独立于 $\mathbf{X}$，且具有独立同分布 $\mathrm{Normal}(0, \sigma^2)$。

假设 TS.6 蕴涵了假设 TS.3、TS.4 和 TS.5，但它更强，因为它还假定了独立性和正态性。

定理 10.5 _____

正态抽样分布

在时间序列的 CLM 假设 TS.1 至 TS.6 下，以 **X** 为条件，OLS 估计量遵循正态分布。而且，在原假设下，每个 t 统计量都服从 t 分布，F 统计量都服从 F 分布，通常构造的置信区间也是有效的。

_____

定理 10.5 的含义非常重要。它意味着，当假设 TS.1 到 TS.6 成立时，我们曾学过的横截面回归估计与推断的全部结论都可以直接应用到时间序列回归中。这样，t 统计量可以用来检验个别解释变量的统计显著性，而 F 统计量可用来检验联合显著性。

正如在横截面情形中，通常推断程序的优劣与其背后的假定是一致的。时间序列数据的经典线性模型假设比横截面数据的假设要更有约束性——特别是，严格外生性和无序列相关的假设不太现实。尽管如此，CLM 框架仍是很多应用的一个很好的起点。

10

例 10.1

静态菲利普斯曲线

为确定一般情况下失业和通货膨胀之间是否存在替代关系，我们可以在方程（10.2）中相对 H_1：$\beta_1 < 0$ 而检验 H_0：$\beta_1 = 0$。如果经典线性模型假设成立，我们便可以使用通常 OLS 计算的 t 统计量。利用文件 PHLLIPS 估计方程（10.2），我们仅使用到 2006 年的数据（在之后的练习中，例如第 11 章的计算机练习 C12 和 C10，你会被要求使用到 2017 为止的所有年份，在第 18 章的数个预测练习中我们都使用了 2007—2017 年的数据）。简单回归估计值为

$$\widehat{inf}_t = 1.01 + 0.505 unem_t$$
$$\qquad\quad (1.49)(0.257)$$
$$n = 59,\ R^2 = 0.065,\ \overline{R}^2 = 0.049 \qquad\qquad (10.14)$$

这个方程并没有表明 $unem$ 和 inf 之间有替代关系：$\beta_1 > 0$。β_1 的 t 统计量约为 1.96，这就得到相对双侧备择假设的 p 值 0.055。因此，如果通货膨胀和失业之间有什么关系的话，那也是正向关系。

以上分析存在着一些问题，但我们现在还无法详细论述，在第 12 章我们将发现 CLM 假设并不成立。另外，静态菲利普斯曲线可能不是判断通货膨胀和失业之间是否有短期替代关系的最佳模型。宏观经济学家一般更倾向于使用附加预期的菲利普斯曲线，我们将在第 11 章举一个简单的例子。

在第二个例子中，我们利用美国经济的年度数据估计方程（10.11）。

例 10.2

通货膨胀和赤字对利率的影响

INTDEF 中的数据来自 2004 年《总统经济报告》（表 B.73 和表 B.79），时间跨度从 1948 年到 2003 年。变量 $i3$ 是三个月期国库券利率，inf_t 是根据消费者价格指数（CPI）得出的年通货膨胀率，def_t 是联邦赤字占 GDP 的百分比。所估计的方程为：

$$\widehat{i3_t} = 1.73 + 0.606\, inf_t + 0.513\, def_t$$
$$\quad\quad (0.43)\ (0.082)\quad\quad (0.118)$$
$$n = 56,\ R^2 = 0.602,\ \overline{R}^2 = 0.587 \tag{10.15}$$

这些估计值表明，通货膨胀上升或赤字相对规模扩大都会提高短期利率，它们的影响都与经济学基本原理的预期一致。比如，若通货膨胀率上升 1%，其他条件不变，$i3$ 将提高 0.606 个百分点。inf 和 def 在统计上都十分显著，当然，这需要以 CLM 假设成立为前提条件。

10.4 函数形式、虚拟变量和指数

在前面章节中学到的所有函数形式都可以用在时间序列回归中。其中，最重要的是自然对数：在应用研究中经常出现具有恒定百分比效应的时间序列回归。

例 10.3

波多黎各的就业和最低工资

卡斯蒂洛-弗里曼和弗里曼（Castillo-Freeman and Freeman，1992）利用波多黎各的就业率、最低工资及其他变量的年度数据，来研究美国的最低工资对波多黎各就业的影响。其模型的一个简化形式为：

$$\log(prepop_t) = \beta_0 + \beta_1 \log(mincov_t) + \beta_2 \log(usgnp_t) + u_t \tag{10.16}$$

式中，$prepop_t$ 为波多黎各第 t 年的就业率（就业人口占总人口的比例）；$usgnp_t$ 为美国的真实国民生产总值（单位：10 亿美元）；$mincov$ 度量了最低工资相对于平均工资的重要性，具体来说，$mincov = (avgmin/avgwage) \cdot avgcov$，其中，$avgmin$ 是平均最低工资，$avgwage$ 是总体平均工资，$avgcov$ 是平均工资的覆盖率（实际上受益于最低工资法的工人比例）。

利用 PRMINWGE 中 1950—1987 年的数据，得出

$$\overline{\log(prepop_t)} = -1.05 - 0.154\log(mincov_t) - 0.012\log(usgnp_t)$$

$$(0.77)\ (0.065)\qquad\qquad (0.089)$$

$$n = 38,\ R^2 = 0.661,\ \overline{R}^2 = 0.641 \qquad\qquad (10.17)$$

$prepop$ 对 $mincov$ 的估计弹性是 -0.154，而根据 $t = -2.37$，它在统计上是显著的。因此，更高的最低工资降低了就业率，这与古典经济学的预言一样。GNP 变量在统计上不显著，但是，下一节我们把时间趋势考虑进来时，将得出不同的结论。

我们也可以把对数函数形式用于分布滞后模型。例如，假定用季度数据表示的货币需求（M_t）与国内生产总值（GDP_t）之间的关系为：

$$\log(M_t) = \alpha_0 + \delta_0\log(GDP_t) + \delta_1\log(GDP_{t-1}) + \delta_2\log(GDP_{t-2})$$
$$+ \delta_3\log(GDP_{t-3}) + \delta_4\log(GDP_{t-4}) + u_t$$

方程中的即期倾向 δ_0 也被称为**短期弹性**（short-run elasticity），它度量了 GDP 增长 1% 时货币供给的即期百分比变化。长期倾向 $\delta_0 + \delta_1 + \cdots + \delta_4$ 有时也被称为**长期弹性**（long-run elasticity），它度量了 GDP 持久地增长 1%，4 个月后货币供给的百分比变化。

二值或虚拟自变量在时间序列应用中也相当有用。既然观测单位是时间，所以虚拟变量代表某特定事件在每个时期是否发生。例如，对于年度数据，我们可以通过定义一个变量 $democ_t$，以表示在每一年中美国总统属于民主党还是共和党，若是民主党，变量取值 1，否则取值 0。或者，在考察死刑对得克萨斯州谋杀率的影响时，我们可以定义一个年度虚拟变量，如果得克萨斯州在那一年有死刑制度，变量值为 1，否则为 0。

通常，在某些时期与数据集中涵盖的其他时期有系统差别时，可用虚拟变量将这些时期分离出来。

例 10.4

个人税收豁免对生育率的影响

总生育率（gfr）是每 1 000 个育龄妇女生育孩子的个数。对 1913—1984 年这段时间，方程

$$gfr_t = \beta_0 + \beta_1 pe_t + \beta_2 ww2_t + \beta_3 pill_t + u_t$$

用个人税收减免的实际美元金额（pe）和两个虚拟变量解释了 gfr。变量 $ww2$ 在 1941—1945 年间为 1，这个时期美国被卷入第二次世界大战。变量 $pill$ 从避孕药开始用于控制生育的 1963 年后一直为 1。

利用 FERTIL3 中的数据［取自惠廷顿、阿尔姆和彼得斯（Whittington，Alm，and Peters，1990）的文章］，得到

$$\widehat{gfr_t} = 98.68 + 0.083pe_t - 24.24ww2_t - 31.59pill_t$$
$$\qquad (3.21)\ (0.030) \qquad (7.46) \qquad\quad (4.08)$$
$$n = 72,\ R^2 = 0.473,\ \overline{R}^2 = 0.450 \qquad\qquad\qquad (10.18)$$

每一个变量的双侧检验在 1% 的显著性水平上都显著。我们发现二战期间的生育率较低：对于给定的 pe，gfr 减少了 24 个，降幅很大。（从 1913 年到 1984 年，gfr 在 65～127 之间变动。）类似地，自避孕药问世以来，生育率也大幅下降。

有经济意义的变量是 pe。这段时期 pe 的平均值是 100.40 美元，变化范围是 0～243.83 美元。pe 的系数表明，pe 每增加 12 美元，gfr 大约增加 1 个，这种影响不可小觑。

在 10.2 节我们提到生育率对 pe 变化的反应滞后。估计一个含两期滞后的分布滞后模型，得到

$$\widehat{gfr_t} = 95.87 + 0.073pe_t - 0.0058pe_{t-1} + 0.034pe_{t-2} - 22.12ww2_t - 31.30pill_t$$
$$\qquad (3.28)\ (0.126) \qquad (0.1557) \qquad\ (0.126) \qquad\ (10.73) \qquad (3.98)$$
$$n = 70,\ R^2 = 0.499,\ \overline{R}^2 = 0.459 \qquad\qquad\qquad (10.19)$$

在这个回归中，我们只有 70 次观测，这是因为 pe 滞后两次减少了两次观测。pe 变量的系数估计得很不准确，每一个变量都不是个别显著的。事实上，pe_t、pe_{t-1} 和 pe_{t-2} 明显相关，这种多重共线性使得估计每个滞后的影响非常困难。然而，pe_t、pe_{t-1} 和 pe_{t-2} 是联合显著的，F 统计量的 p 值为 0.012。因此，pe 的确对 gfr 有影响［正如我们在方程（10.18）中所见］，但我们还没有足够好的估计值，以判断这种影响是即期的，还是存在一期或两期的滞后（或都有一些）。实际上，pe_{t-1} 和 pe_{t-2} 不是联合显著的（p 值＝0.95），正是由于这个原因，我们使用静态模型还算合理。不过，为便于说明，让我们求出本模型中长期倾向的置信区间。

方程（10.19）中估计的 LRP 是 $0.073 - 0.0058 + 0.034 \approx 0.101$。但我们在方程（10.19）中没有得到这个估计值的标准误所需的足够信息。为得到 LRP 估计值的标准误，我们使用 4.4 节建议的技巧，令 $\theta_0 = \delta_0 + \delta_1 + \delta_2$ 表示 LRP，并用 θ_0、δ_1 和 δ_2 表示 δ_0，$\delta_0 = \theta_0 - \delta_1 - \delta_2$。然后，将 δ_0 代入模型

$$gfr_t = \alpha_0 + \delta_0 pe_t + \delta_1 pe_{t-1} + \delta_2 pe_{t-2} + \cdots$$

便得到

$$gfr_t = \alpha_0 + (\theta_0 - \delta_1 - \delta_2)pe_t + \delta_1 pe_{t-1} + \delta_2 pe_{t-2} + \cdots$$
$$\qquad = \alpha_0 + \theta_0 pe_t + \delta_1(pe_{t-1} - pe_t) + \delta_2(pe_{t-2} - pe_t) + \cdots$$

在这个方程中，我们可以通过将 gfr_t 对 pe_t、$(pe_{t-1} - pe_t)$、$(pe_{t-2} - pe_t)$、$ww2_t$ 和 $pill_t$ 进行回归而得到 $\hat{\theta}_0$ 及其标准误。pe_t 的系数及其标准误就是我们所需要的。运行这个回归

得到 $\hat{\theta}_0 = 0.101$（与上面的结果一样）和 $se(\hat{\theta}_0) = 0.030$［从方程（10.19）无法计算出来］。$\hat{\theta}_0$ 的 t 统计量约为 3.37，$\hat{\theta}_0$ 在较小的显著性水平上异于 0。即使 δ_j 都不是个别显著的，但 LRP 非常显著，它的 95% 置信区间大约是 0.041～0.160。

惠廷顿、阿尔姆和彼得斯（Whittington，Alm，and Peters，1990）考虑了更多期滞后的可能，但他们对系数加以限制，以减轻妨碍估计单个 δ_j 的多重共线性问题（具体方法参见例 10.6）。我们的主要兴趣在于 LRP，就估计它而言，施加这种限制没有必要。惠廷顿、阿尔姆和彼得斯还控制了女性平均工资和失业率等变量。

在所谓**事件研究**（event study）中，二值解释变量是关键成分。事件研究的目标是为了确定某个特定的事件是否会影响到某项结果。研究产业组织的经济学家研究了特定事件对公司股票价格的影响。例如，罗斯（Rose，1985）研究了新的货运管理条例对货运公司股票价格的影响。

用于这类事件研究的一个简单的方程是：

$$R_t^f = \beta_0 + \beta_1 R_t^m + \beta_2 d_t + u_t$$

式中，R_t^f 为公司 f 在 t 时期（通常为一周或一个月）的股票收益；R_t^m 为市场收益率（通常由整个股票市场的指数计算而来）；d_t 为用来表示某一事件发生时的虚拟变量。比如，对于一个航空公司，d_t 可以表示该公司在第 t 周发生了一次意外事故或幸免于事故。方程中包含 R_t^m，控制了整个市场波动与航空事故碰到一起的可能性。有时，也使用多个虚拟变量。比如，如果事件是指颁布了一项关系到某个公司的新管理条例，我们就要用一个虚拟变量标识条例宣布前的几个星期，用另一个虚拟变量标识条例宣布后的几个星期。第一个虚拟变量可以检验是否存在内幕消息。

在给出事件研究的例子之前，我们需要讨论一下**指数**（index number）的概念，以及名义和真实经济变量的区别。一个指数一般是浓缩了大量信息的单个数值。在时间序列分析中，特别是在宏观经济应用方面，经常使用指数。指数的一个例子是工业生产指数（IIP），它由联邦储备委员会按月计算。IIP 测量了范围很广的一系列工业的生产，因此，它在某一年的大小没有什么数量意义。为了解释 IIP 的大小，我们必须知道**基期**（base period）和**基值**（base value）。在 1997 年《总统经济报告》中，基年是 1987 年，基值是 100。（把基期的 IIP 设为 100 只不过是一种习惯；它和把 IIP 设为 1 具有同样的意义，而且确实有一些指数的基值被设为 1。）因为 1992 年的 IIP 是 107.7，所以我们可以说 1992 年的工业产值比 1987 年高 7.7%。我们可以用任意两年的 IIP 计算这两年工业产值的百分比差异。例如，因为 1970 年的 IIP 是 61.4，1979 年的 IIP 是 85.7，所以工业产值在 20 世纪 70 年代增长了约 39.6%。

改变任何一种指数的基期都很容易。而且，有时我们必须进行这种修改，从而为具有不同基期的指数设定一个共同的基期。例如，如果想把 IIP 的基期从 1987 年改到 1982 年，我们只要把每年的 IIP 的值除以 1982 年的值，再乘以 100（这就使得基期 1982 年的值为 100）。一般地，公式为：

$$newindex_t = 100(oldindex_t / oldindex_{\text{newbase}}) \qquad (10.20)$$

式中，$oldindex_{\text{newbase}}$ 为新基准年的原指数值。例如，基年是 1987 年时，1992 年的 IIP 是 107.7，如果我们把基期变为 1982 年，1992 年的 IIP 将变成 $100 \times (107.7/81.9) = 131.5$（因为 1982 年原来的 IIP 为 81.9）。

指数的另一个重要例子是价格指数，如消费者价格指数（CPI）。在例 10.1 中我们已经利用 CPI 计算了通货膨胀率。和 IIP 一样，CPI 只有在不同年份或月份（若使用月份数据）之间进行比较时才有意义。在 1997 年的 ERP 中，1970 年的 CPI 是 38.8，1990 年的 CPI 是 130.7。因此，这 20 年间一般价格水平上升了将近 237%。（在 1997 年，CPI 被重新定义，以使 1982 年、1983 年和 1984 年的平均值为 100，因此，基期被写为 1982—1984 年。）

除了用来计算通货膨胀率，价格指数在把名义美元数（现值美元数）换算成真实美元数（不变价格美元数）度量的时间序列时，也是必需的。大多数经济行为被认为受真实变量而非名义变量的影响，例如，古典经济学认为劳动供给受真实工资率而非名义工资率的影响。如果我们有价格指数（如 CPI），从名义工资率算出真实工资率就很容易。首先，要把 CPI 除以 100，以使基期的值为 1，然后，如果 w 代表以名义美元度量的工资率，由于 $p = \text{CPI}/100$，那么真实工资率就是 w/p，这个工资率是用 CPI 基期的美元价值度量的。举个例子，1997 年 ERP 的表 B.45 中，分别列出了用名义价值和 1982 年的美元价值（这意味着用来计算真实工资率的 CPI 以 1982 年为基年）度量的平均小时工资。该表显示，1960 年的名义工资率是 2.09 美元/小时，但用 1982 年的美元价值衡量则是 6.79 美元/小时。真实工资率在 1973 年达到最高点，用 1982 年的美元价值衡量是 8.55 美元/小时，到 1995 年则下降到 7.40 美元/小时。可见，过去 22 年间，真实工资率不容忽视地降低了。（如果我们对比一下 1973 年和 1995 年的名义工资，很容易被误导：1973 年为 3.94 美元，1995 年为 11.44 美元。既然真实工资事实上下降了，所以名义工资的上升完全是由通货膨胀造成的。）

标准的经济产出都是用真实价值表示的。其中最重要的是国内生产总值，即 GDP。常见的出版物上报告的 GDP 增长率，一直都是真实 GDP 的增长率。在 2012 年 ERP 的表 B-2 中，用 2005 年的 10 亿美元为单位报告了 GDP。在例 10.3 中，我们用同样的方法度量了产量即真实国民生产总值。

真实值变量和自然对数结合起来使用，便会发生很有趣的事情，例如，假设平均每周工作小时数与真实工资的关系是：

$$\log(hours) = \beta_0 + \beta_1 \log(w/p) + u$$

鉴于 $\log(w/p) = \log(w) - \log(p)$，所以上式可写成

$$\log(hours) = \beta_0 + \beta_1 \log(w) + \beta_2 \log(p) + u \qquad (10.21)$$

式中，约束条件是 $\beta_2 = -\beta_1$。因此，只有真实工资才影响劳动供给的假定，对模型（10.21）中的参数施加了限制条件。如果 $\beta_2 \neq -\beta_1$，那么价格水平对劳动供给就有影响，在工人不能充分理解真实和名义工资之间的区别时，就会出现这种情形。

指数的实际计算过程中有很多实际问题，但这里探讨它们离题太远。对价格指数的详细讨论，在多数中级宏观经济学教材中都能找到，比如 Mankiw（1994，Chapter 2）。对我们来说，重要的是要学会在回归分析中使用指数。正如前面提到的，既然指数的大小不能提供特别的信息，所以它们经常以对数形式出现，以便使回归系数具有百分比变化的解释。

我们现在给出一个同样使用指数的事件研究的例子。

例 10.5

反倾销调查和化学产品进口

克鲁伯和波拉德（Krupp and Pollard，1996）分析了美国化学工业对多种进口化学产品的反倾销调查。我们这里把注意力集中在工业用化学产品氯化钡上，它在很多化学过程和石油生产中被用作清洁剂。20 世纪 80 年代，美国的氯化钡生产商认为，中国以不合理的低价向美国出口氯化钡（这种行为被称为倾销）。1983 年 10 月，它们向美国国际贸易委员会（ITC）提出了反倾销申请。ITC 在 1984 年 10 月制定了有利于美国氯化钡生产商的条例。在这个事件中，有一些有意思的问题，但我们只触及其中的几个。第一，在反倾销调查前的一段时期进口量异常之高吗？第二，反倾销调查后进口有明显的变化吗？第三，有利于美国产业的决策执行后，进口究竟减少了多少？

为回答这些问题，我们仿效克鲁伯和波拉德定义三个虚拟变量：$befile6$，它在开始调查前的 6 个月为 1；$affile6$ 表示开始调查后的 6 个月；$afdec6$ 代表调查结束并确认构成倾销行为后的 6 个月。因变量 $chnimp$ 是从中国进口的氯化钡数量，我们采用它的对数形式。解释变量包括：化工产量指标 $chempi$（控制了对氯化钡的总需求）；石油产量指标 gas（另一个需求变量）；汇率指标 $rtwex$，它度量了美元对另外几种货币的坚挺程度；这些解释变量都采用对数形式。1977 年 6 月的化学产量指标被定义为 100。我们这里的分析与克鲁伯和波拉德的区别在于，所有变量都采用自然对数形式（当然，虚拟变量除外），而且，我们还在同一个回归中包含了所有这三个虚拟变量。

利用 1978 年 2 月—1988 年 12 月的月度数据，得到

$$\widehat{\log(chnimp)} = -17.80 + 3.12\log(chempi) + 0.196\log(gas) + 0.983\log(rtwex)$$
$$(21.05) \quad (0.48) \qquad\qquad (0.907) \qquad\qquad (0.400)$$
$$+ 0.060\,befile6 - 0.032\,affile6 - 0.565\,afdec6$$
$$(0.261) \qquad\quad (0.264) \qquad\quad (0.286)$$
$$n = 131, \ R^2 = 0.305, \ \overline{R}^2 = 0.271 \qquad\qquad (10.22)$$

方程显示，$befile6$ 在统计上不显著，所以没有证据表明在反倾销调查前的 6 个月，来自中国的进口量异常之高。而且，虽然对 $afdec6$ 的估计为负，但系数非常小（表明从中国的进口下降了 3.2%），它在统计上是不显著的。$afdec6$ 的系数显示，做出有利于美国厂商决策后的 6 个月，从中国进口氯化钡的数量大幅度地下降了，这个结果并不惊人。既然有这么大的效果，我们计算出准确的百分比变化：$100 \times [\exp(-0.565) - 1] = -43.2\%$。这个系数的双侧检验在 5% 的水平上是显著的。

控制变量系数的符号与我们的预料一致：总化工产量的增长增加了对清洁剂的需求；石油产量没有显著地影响从中国的进口；$\log(rtwex)$ 的系数显示，美元相对于其他货币的升值增加了从中国进口的需求，这与经济理论的预测相同。（事实上，弹性并非显著地异于 1。为什么？）

定量变量和定性变量的交互项也经常用于时间序列分析。下面便是一个具有实际意义的例子。

例 10.6

选举结果和经济形势

费尔（Fair，1996）总结了他用经济形势解释总统选举结果的研究工作。他利用 1916—1992 年（每 4 年一次）的数据得到的 20 次观测，解释了两党选举中民主党候选人获得选票的比例。我们来估计费尔模型的一个简化形式（这里使用的变量名比他所用的变量更形象）：

$$demvote = \beta_0 + \beta_1 \, partyWH + \beta_2 \, incum + \beta_3 \, partyWH \cdot gnews + \beta_4 \, partyWH \cdot inf + u$$

式中，$demvote$ 为两党选举中民主党候选人获得选票的比例。解释变量 $partyWH$ 类似于一个虚拟变量，民主党在白宫执政时取值为 1，共和党执政时取值为 -1。费尔用这个变量约束了共和党执政的影响与民主党执政的影响相同，但符号相反。从理论上讲，这是一个很自然的约束，因为两党所得份额之和应为 1。它还节约了两个自由度，这在观测次数如此有限的情况下尤其重要。类似地，变量 $incum$ 在民主党在任总统参加竞选时定义为 1，在共和党在任总统参加竞选时定义为 -1，其他情况为 0。变量 $gnews$ 是政府执政的前 15 个（总共有 16 个）季度中，人均真实产出增长率超过 2.9%（年增长率）的季度数。inf 是本届政府的前 15 个季度的年均通货膨胀率。更准确的定义参见 Fair（1996）。

经济学家们最感兴趣的是交互项 $partyWH \cdot gnews$ 和 $partyWH \cdot inf$。因为 $partyWH$ 在民主党执政时等于 1，所以 β_3 度量了好的经济消息对执政党的影响；我们预计 $\beta_3 > 0$。类似地，β_4 度量了通货膨胀对执政党的影响。由于执政期间的通货膨胀被当作坏消息，所以我们预计 $\beta_4 < 0$。

用 FAIR 中的数据估计出来的方程为：

$$\widehat{demvote} = 0.481 - 0.043\ 5\ partyWH + 0.054\ 4\ incum$$
$$(0.012)(0.040\ 5) \qquad (0.023\ 4)$$
$$+ 0.010\ 8\ partyWH \cdot gnews - 0.007\ 7\ partyWH \cdot inf$$
$$(0.004\ 1) \qquad (0.003\ 3)$$
$$n = 20,\ R^2 = 0.663,\ \overline{R}^2 = 0.573 \tag{10.23}$$

除了 $partyWH$ 外，所有变量都在 5% 的水平上显著。处于执政党的位置可以带来相当于所得选票份额 5.4% 的选票。（切记，$demvote$ 用得票比例表示。）另外，好的经济消息有正的影响：每个季度的好消息能带来约 1.1 个百分点的选票。通货膨胀正如所料有负的影响：如果平均年通货膨胀上升 2 个百分点，执政党在选举中会失去 1.5 个百分点的选票。

我们可以利用这个方程，预测 1996 年民主党的比尔·克林顿（Bill Clinton）和共和党的鲍勃·多尔（Bob Dole）之间进行总统竞选的结果。［自由竞选者罗斯·佩罗（Ross Perol）被排除了，因为费尔的方程只能用于两党竞选的情况。］既然克林顿以当政者的身份参加竞选，所以 $partyWH=1$，$incum=1$。在克林顿执政的前 15 个季度，人均实际 GDP 年增长率有三次超过 2.9%，所以 $gnews=3$。用 1997 年 ERP 中的表 B.4 列出的 GDP 平减指数算出从 1991 年第四季度到 1996 年第三季度的年均通货膨胀率为 3.019（用费尔的公式计算）。把以上结果代入式（10.23），得到

$$\widehat{demvote} = 0.481 - 0.043\ 5 + 0.054\ 4 + 0.010\ 8 \times 3 - 0.007\ 7 \times 3.019 \approx 0.501\ 1$$

因此，基于 11 月份选举前的信息，可以预测克林顿将获得两党选举中稍多一些的选票：大约 50.1%。实际上，他得到了选票的 54.65%。

10.5 趋势和季节性

10.5a 描述有趋势的时间序列

很多经济时间序列都有随着时间而上升的共同趋势。为了能用时间序列数据作出因果推断，我们必须承认一些时间序列包含有**时间趋势**（time trend）。忽略两个序列按相同或相反趋势延伸的事实，会导致如下错误结论：认为一个变量的变化由另一个变量的变化所致。在很多情况下，两个时间序列过程表现出相关性，仅仅是因为，由于某些无法观测因素的作用，二者具有共同的时间趋势而已。

图 10.2 画出了美国从 1947 年到 1987 年劳动生产率（每小时产量）的曲线。这个序列呈现出明显的上升趋势，这反映出工人的生产能力随着时间的推移而不断提高的事实。

也有一些序列，至少在特定时期内，有明显的下降趋势。因为正的趋势更常见，我们将集中研究它们。

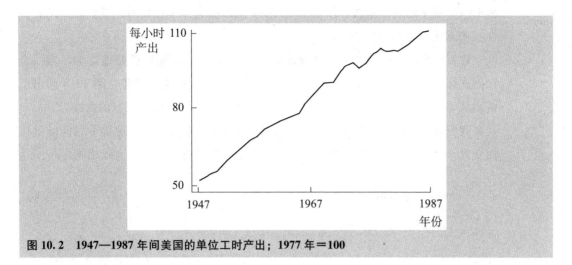

图 10.2　1947—1987 年间美国的单位工时产出；1977 年＝100

　　什么样的统计模型能充分地描述有趋势的行为呢？一个常见的办法是把序列 $\{y_t\}$ 写成

$$y_t = \alpha_0 + \alpha_1 t + e_t, \quad t = 1, 2, \cdots \tag{10.24}$$

在这种最简单的情形中，$\{e_t\}$ 是独立同分布（i. i. d.）序列，且 $E(e_t) = 0$，$Var(e_t) = \sigma_e^2$。注意参数 α_1 与时间 t 相乘的形式，它形成了一个**线性时间趋势**（linear time trend）。方程（10.24）中的 α_1 很容易理解：在其他因素（被包括在 e_t 中）不变时，α_1 度量了随着时间的流逝，y_t 从一个时期到下一个时期的变化。我们可以通过定义 e_t 在 $t-1$ 到 t 的时间段内的变化为 $\Delta e_t = e_t - e_{t-1}$ 来将之数学化。方程（10.24）暗示了，当 $\Delta e_t = 0$ 时，

$$\Delta y_t = y_t - y_{t-1} = \alpha_1$$

　　另一种考虑具有线性时间趋势的序列的办法是，它的平均值是时间的线性函数：

$$E(y_t) = \alpha_0 + \alpha_1 t \tag{10.25}$$

若 $\alpha_1 > 0$，则一般来说，y_t 随着时间的推移而递增，所以有向上的趋势。若 $\alpha_1 < 0$，则 y_t 就有向下的趋势。y_t 的值因为存在着随机性并不刚好落在（10.25）式中的直线上，但它的期望值落在这条直线上。与均值不同，y_t 的方差不随时间的推移而变化：$Var(y_t) = Var(e_t) = \sigma_e^2$。

　　若 $\{e_t\}$ 是一个独立同分布序列，则 $\{y_t\}$ 是一个独立（但非同分布）序列。对趋势时间序列更现实的描述是允许 $\{e_t\}$ 在不同时期相关，但这并没有改变线性时间趋势的本质。实际上，在经典线性模型假设下，对回归分析来说，重要的

> **思考题 10.4**
>
> 　　在例 10.4 中，我们把总生育率作为一个有限分布滞后模型中的因变量。从 1950 年到 20 世纪 80 年代中期，gfr 有明显的下降趋势。一个 $\alpha_1 < 0$ 的线性趋势对未来所有时期都现实吗？请说明理由。

是 $E(y_t)$ 是 t 的线性函数。在第 11 章探讨 OLS 的大样本性质时，我们将讨论容许 $\{e_t\}$ 有多大程度的时间相关。

许多经济时间序列都能用**指数趋势**（exponential trend）更好地近似，当一个序列在每个时期都具有相同的平均增长率时，它就具有指数趋势。图 10.3 画出了美国从 1948 年到 1995 年每年名义进口额（ERP1997，表 B-101）的曲线。

我们看到，在较早年代，每年进口量的变化相对很小，但变化随着时间的推移而变大。这与不变平均增长率一致，因为每个时期的百分比变化大致相同。

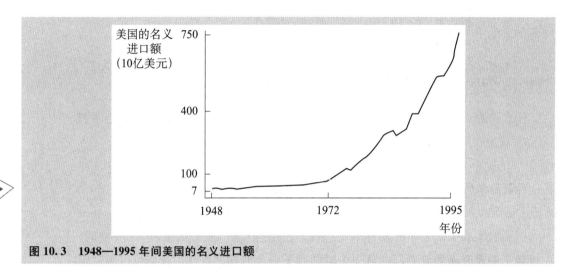

图 10.3 1948—1995 年间美国的名义进口额

在实践中，时间序列中的指数趋势可以通过建立有线性趋势的自然对数模型得到（假设 $y_t > 0$）：

$$\log(y_t) = \beta_0 + \beta_1 t + e_t, \quad t = 1, 2, \cdots \tag{10.26}$$

将两边取指数后，y_t 便表现出指数趋势：$y_t = \exp(\beta_0 + \beta_1 t + e_t)$。如果我们要在线性回归模型中使用指数趋势时间序列，（10.26）式就是表示这种序列的最方便的办法。

我们怎样解释（10.26）式中的 β_1 呢？对于很小的变化，$\Delta\log(y_t) = \log(y_t) - \log(y_{t-1})$ 近似等于 y_t 变化的比例：

$$\Delta\log(y_t) \approx (y_t - y_{t-1})/y_{t-1} \tag{10.27}$$

方程（10.27）的右边又被称作 y 从 $t-1$ 时期到 t 时期的**增长率**（growth rate）。要想把增长率变为百分数，我们只要把它乘以 100 就可以了。如果 y_t 服从（10.26）式，取差并设 $\Delta e_t = 0$ 便得到，

$$\Delta\log(y_t) = \beta_1, \quad \text{对所有的 } t \tag{10.28}$$

也就是说，β_1 近似等于 y_t 每期增长率的平均值。例如，若 t 代表年份，$\beta_1 = 0.027$，则 y_t 以平均每年 2.7% 的速度增长。

尽管线性和指数趋势最为常见，但实际遇到的趋势可能比它们更加复杂。比如，我们可能会遇到二次时间趋势：

$$y_t = \alpha_0 + \alpha_1 t + \alpha_2 t^2 + e_t \tag{10.29}$$

而非（10.24）中的线性趋势模型。若 α_1 和 α_2 为正，则这个趋势的斜率递增，这一点可以通过计算近似斜率（e_t 保持不变）看出：

$$\frac{\Delta y_t}{\Delta t} \approx \alpha_1 + 2\alpha_2 t \tag{10.30}$$

〔如果你对微积分比较熟悉，可以看出方程（10.30）的右边是 $\alpha_0 + \alpha_1 t + \alpha_2 t^2$ 对 t 的导数。〕若 $\alpha_1 > 0$，但 $\alpha_2 < 0$，趋势便呈现驼峰状。这对某些趋势序列来说可能不是太好的描述，因为它要求上升的趋势最终变成下降的趋势。然而，对于比方程（10.24）和（10.26）更复杂的趋势来说，在某个特定的时段里，它可能是时间序列建模的灵活有效的方法。

10.5b　在回归分析中使用趋势变量

在回归分析中说明有趋势的被解释或解释变量并不困难。首先，趋势变量并不一定违背经典线性模型的假设 TS.1 到 TS.6。但是，我们必须谨慎考虑到某些无法观测的趋势因素既影响 y_t 又可能与解释变量相关。如果忽略这种可能性，我们便可能得到 y_t 与一个或多个解释变量之间的伪回归关系。仅因为每个变量都随着时间的推移而增长，便得到两个或多个趋势变量之关系的现象，便是**伪回归问题**（spurious regression problem）的一个例子。所幸的是，只要增加一个时间趋势变量就可以消除这个问题。

为具体起见，考虑一个 y_t 受两个可观测因素 x_{t1} 和 x_{t2} 影响的模型。除了这两个变量以外，还有一些无法观测的因素，也随着时间的推移而系统地增长或缩减。满足以上特征的模型为：

$$y_t = \beta_0 + \beta_1 x_{t1} + \beta_2 x_{t2} + \beta_3 t + u_t \tag{10.31}$$

它可以理解成 $x_{t3} = t$ 时的多元线性回归。考虑到这个方程中的趋势，我们就可以明确认识到 y_t 可能会基于本质上与 x_{t1} 和 x_{t2} 无关的原因而不断增加（$\beta_3 > 0$）或下降（$\beta_3 < 0$）。如果方程（10.31）满足假设 TS.1、TS.2 和 TS.3，那么省略 t 而只做 y_t 对 x_{t1} 和 x_{t2} 的回归，一般会得到 β_1 和 β_2 的偏误估计值，因为我们实际上已经从回归方程中省略了一个重要的变量 t。这种情况在 x_{t1} 和 x_{t2} 本身有趋势时尤为严重，因为它们可能与 t 高度相关。下面的例子说明了时间趋势如何导致了伪回归。

例 10.7

住房投资与价格

HSEINV 中的数据是对美国从 1947 年到 1988 年住房投资和住房价格指数的年度观测。令 *invpc* 表示真实人均住房投资（以千美元计），*price* 表示住房价格指数（在 1982 年为 1）。我们采用一个常弹性形式的简单回归方程，它可被看作是一个住房存量的供给方程，得出

$$\widehat{\log(invpc)} = -0.550 + 1.241\log(price)$$
$$(0.043) \quad (0.382)$$

$$n = 42, \ R^2 = 0.208, \ \overline{R}^2 = 0.189 \tag{10.32}$$

人均投资对价格的弹性非常大，统计上也是显著的，它并非统计上异于1。在这里我们必须小心，$invpc$ 和 $price$ 都有上升的趋势。特别是，如果我们将 $\log(invpc)$ 对 t 回归，得到一个趋势系数 0.008 1（标准误＝0.001 8）；将 $\log(price)$ 对 t 回归，则得到趋势系数 0.004 4（标准误＝0.000 4）。虽然趋势系数的标准误不一定可靠（这些回归包含了严重的序列相关），但这些系数估计值的确揭示了上升的趋势。

为了解释变量的趋势行为，我们增加一个时间趋势：

$$\widehat{\log(invpc)} = -0.913 - 0.381\log(price) + 0.009\ 8\ t$$
$$(1.36) \quad (0.679) \quad (0.003\ 5)$$

$$n = 42, \ R^2 = 0.341, \ \overline{R}^2 = 0.307 \tag{10.33}$$

现在结论就大不相同了：估计出的价格弹性是负的，而且在统计上也非显著异于 0；时间趋势是统计显著的，其系数意味着，平均每年 $invpc$ 有将近1%的增长。从这个分析中，我们根本就无法得到真实人均住房投资受价格影响的结论，因为存在着被包含在时间趋势中的因素，它们能够影响 $invpc$，却没有被包括在模型中。由于价格也有随着时间的推移而上升的趋势，所以方程（10.32）的结果反映了 $invpc$ 和 $price$ 之间的伪回归关系。

在有些情形中，若自变量和因变量有不同类型的趋势（比如一个向上、另一个向下），增加一个时间趋势可使关键解释变量更显著，但自变量围绕其趋势线的变动会导致因变量偏离其趋势线的变动。

例 10.8

生育方程

我们在生育方程（10.18）中添加一个线性时间趋势，便得到

$$\widehat{gfr_t} = 111.77 + 0.279pe_t - 35.59ww2_t + 0.997pill_t - 1.15t$$
$$(3.36) \quad (0.040) \quad (6.30) \quad (6.626) \quad (0.19)$$

$$n = 72, \ R^2 = 0.662, \ \overline{R}^2 = 0.642 \tag{10.34}$$

上面的 pe 系数是（10.18）中估计值的 3 倍多，并且也显著得多。有意思的是，一旦我们加进线性趋势，$pill$ 就变得不显著了。从估计中可以看出，保持其他条件不变，gfr 在这段时期内基本上是不断下降的。

既然总生育率在 1913—1984 年间表现出先上升后下降的趋势，我们就可以采用二次趋势，并看出 pe 的估计影响是多么稳健：

$$\widehat{gfr_t} = 124.09 + 0.348pe_t - 35.88ww2_t - 10.12pill_t - 2.53t + 0.0196t^2$$

$$(4.36) \quad (0.040) \quad (5.71) \quad\quad (6.34) \quad\quad (0.39) \quad (0.005\,0)$$

$$n = 72, \; R^2 = 0.727, \; \overline{R}^2 = 0.706 \tag{10.35}$$

pe 系数变得更大了，统计上也更显著了。现在，$pill$ 表现出预料中的负影响，并且也达到了显著的边缘，此外，两个趋势项都是显著的。由此可见，在解释 gfr 不同寻常的趋势行为上，二次趋势是一种灵活有效的方法。

你可能会对例 10.8 有疑问：为什么停留在二次趋势上呢？没有理由阻止我们添加像 t^3 这样的自变量，实际上，这样做也有可能是合理的（见计算机练习 C6）。但我们必须注意，在模型中增加趋势项时不能太过轻率。我们想用相对简单的趋势来刻画因变量波动中未被模型中自变量解释的部分。若包含 t 的足够高阶多项式，我们可以很好地追踪任何一个序列。但这对找出哪个解释变量影响 y_t 没有多大帮助。

10.5c　对含时间趋势回归的去趋势解释

在回归模型中引进时间趋势，相当于在回归分析中，在使用原始数据之前，便将它们**去趋势**（detrending）。为具体起见，我们考察模型（10.31），但得出的结论更具一般性。

我们将 y_t 对 x_{t1}、x_{t2} 和 t 进行回归，便得到拟合方程

$$\hat{y} = \hat{\beta}_0 + \hat{\beta}_1 x_{t1} + \hat{\beta}_2 x_2 + \hat{\beta}_3 t \tag{10.36}$$

我们可以引用第 3 章中对 OLS 的偏效应解释，证明 $\hat{\beta}_1$ 和 $\hat{\beta}_2$ 可通过如下步骤得到。

（i）将 y_t、x_{t1} 和 x_{t2} 分别对常数项和时间趋势 t 回归，并记录残差 $\ddot{y}_t$、$\ddot{x}_{t1}$ 和 $\ddot{x}_{t2}$，$t = 1, 2, \cdots, n$。例如，

$$\ddot{y}_t = y_t - \hat{\alpha}_0 - \hat{\alpha}_1 t$$

因此，我们可以把 $\ddot{y}_t$ 当成去除了线性趋势后的 y。在将 y_t 去趋势的过程中，我们用 OLS 估计了模型

$$y_t = \alpha_0 + \alpha_1 t + e_t$$

这个回归的残差 $\hat{e}_t = \ddot{y}_t$ 去除了 y 中的趋势（至少在样本中）。对 $\ddot{x}_{t1}$ 和 $\ddot{x}_{t2}$ 的解释与此类似。

（ii）做

$$\ddot{y}_t \text{ 对 } \ddot{x}_{t1} \text{ 和 } \ddot{x}_{t2} \tag{10.37}$$

的回归（截距不是必要的，但是保留截距也没什么影响，因为估计出来的截距将是 0）。这个回归刚好得到（10.36）中的 $\hat{\beta}_1$ 和 $\hat{\beta}_2$。

这意味着，我们最感兴趣的估计值 $\hat{\beta}_1$ 和 $\hat{\beta}_2$，可认为来自一个没有时间趋势的回归，但在这个回归中，我们首先去除了因变量和所有自变量的趋势。无论有多少个自变量，也无论趋势是二次的还是更高次的，上述结论都同样成立。

如果从（10.36）中漏掉 t，即没有去趋势的过程，y_t 就可能与一个或多个 x_{tj} 相关。造成相关的原因，无非是因为它们都包含一个趋势。我们在例 10.7 中见过这种情况。如果趋势项是统计显著的，而且在回归中加入时间趋势会使结果有重大改变，那么没有考虑趋势的最初结果就应该被视为谬误。

对 $\hat{\beta}_1$ 和 $\hat{\beta}_2$ 的解释表明：如果某个自变量含有趋势，那么，即使 y_t 不含趋势，在回归中包含趋势项也是一个好主意。假如 y_t 没有明显的趋势，但 x_{t1} 可能随时间的推移而上升，那么去掉回归中的趋势变量，即使 x_{t1} 沿着其趋势的变动对 y_t 有影响，看起来也好像 x_{t1} 对 y_t 没有影响。若在回归中包含 t，便能刻画这种影响。

例 10.9

波多黎各的就业

我们在方程（10.17）中加入一个线性趋势，估计结果为：

$$\overline{\log(prepop_t)} = -8.70 - 0.169 \log(mincov_t) + 1.06 \log(usgnp_t) - 0.032\, t$$
$$(1.30)\ (0.044) \qquad\qquad (0.18) \qquad\qquad (0.005)$$
$$n = 38,\ R^2 = 0.847,\ \overline{R}^2 = 0.834 \qquad\qquad\qquad (10.38)$$

$\log(usgnp)$ 的系数发生了显著变化：从不显著的 -0.012 提高到非常显著的 1.06。最低工资的系数只有微小变化，然而标准误明显变小了，而标准误的变小使 $\log(mincov)$ 比以前更加显著了。

变量 $prepop_t$ 没有表现出明显的向上或向下的趋势，但 $\log(usgnp)$ 表现出向上的线性趋势。[$\log(usgnp)$ 对 t 的回归得到系数 0.03，因此在此期间 $usgnp$ 每年增长 3%。] 我们可以这样理解估计值 1.06：当 $usgnp$ 提高到长期趋势之上 1% 时，$prepop$ 约提高 1.06%。

10.5d 因变量有趋势时 R^2 的计算

时间序列回归中的 R^2 通常很大，特别是与通常横截面数据的 R^2 相比。这意味着我们对时间序列数据中影响 y 的因素知道得更多吗？不一定。一方面，时间序列数据经常是以总量形式出现（比如美国的平均小时工资率），而总量数据通常比个人、家庭或企业数据容易解释一些，后者通常是横截面数据的性质。但是，当因变量含有趋势时，时间序列回归中的普通或调整 R^2 可能会人为地变大。记住，R^2 是用来度量误差方差相对 y 的方差有多大，这可以通过调整 R^2 的公式直接看出来：

$$\overline{R}^2 = 1 - (\hat{\sigma}_u^2 / \hat{\sigma}_y^2)$$

式中，$\hat{\sigma}_u^2$ 是误差方差的无偏估计，$\hat{\sigma}_y^2 = \text{SST}/(n-1)$，$\text{SST} = \sum_{t=1}^{n}(y_t - \bar{y})^2$。在 y_t 含有趋势时，只要回归中包含了时间趋势，估计误差方差就不成问题。但当 $\text{E}(y_t)$ 含有趋势（比如线性趋势）时［见（10.24）］，$\text{SST}/(n-1)$ 就不再是 $\text{Var}(y_t)$ 的无偏或一

致估计。事实上，$\text{SST}/(n-1)$ 明显高估了 $\text{Var}(y_t)$，因为它没有解释 y_t 的趋势。

在因变量满足线性、二次或其他任何多项式趋势时，很容易计算出一种"拟合优度"指标，这种指标事先过滤掉了时间趋势对 y_t 的影响。最简单的一种方法是：在一个因变量已经被去趋势的回归中计算普通的 R^2。比如，如果模型是（10.31），我们首先就要做 y_t 对 t 的回归，得到残差 $\ddot{y}_t$。然后，

$$\ddot{y}_t \text{ 对 } x_{t1}, x_{t2} \text{ 和 } t \text{ 回归} \tag{10.39}$$

这个回归的 R^2 是

$$1 - \frac{\text{SSR}}{\sum\limits_{t=1}^{n} \ddot{y}_t^2} \tag{10.40}$$

其中，SSR 等于方程（10.36）中的残差平方和。由于 $\sum_{t=1}^{n} \ddot{y}_t^2 \leqslant \sum_{t=1}^{n} (y_t - \bar{y})^2$（而且通常是严格小于），从方程（10.40）得出的 R^2 不大于，而且通常要小于从方程（10.36）得出的 R^2。（两个回归中的残差平方和相等。）如果 y_t 有很强的线性时间趋势，方程（10.40）会比通常的 R^2 小很多。

方程（10.40）中的 R^2 能够更好地反映出 x_{t1} 和 x_{t2} 能在多大程度上解释 y_t，因为它过滤掉了时间趋势的影响。毕竟，我们总是可以用某种趋势来解释有趋势的变量，但这并不意味着我们发现了引起 y_t 变动的某种因素。我们还可以利用方程（10.40）计算出调整 R^2：把 SSR 除以 $(n-4)$，因为它是方程（10.36）的自由度；把 $\sum_{t=1}^{n} \ddot{y}_t^2$ 除以 $(n-2)$，因为在对 y_t 去趋势时，估计了两个趋势参数。一般地，SSR 除以通常回归（包括时间趋势）中的 df，而 $\sum_{t=1}^{n} \ddot{y}_t^2$ 则除以 $(n-p)$，其中 p 是在对 y_t 去趋势时估计的趋势参数个数。伍德里奇（Wooldridge，1991a）提供了针对自由度修正的详细建议，但是，通过一个简单的计算方法，同样可以得到近似值：使用 $\ddot{y}_t$ 对 t，t^2，…，t^p，x_{t1}，…，x_{tk} 做回归所得的调整 R^2。这要求我们只从 y_t 中去除时间趋势以获得 $\ddot{y}_t$，然后用 $\ddot{y}_t$ 来计算常见的拟合优度测度。

10

例 10.10

住房投资

在例 10.7 中我们看到，在住房投资方程中，连同 $\log(price)$ 一起包含一个线性时间趋势，对价格弹性有明显影响。字面上看，从回归（10.33）中得出的 R^2，"解释了" $\log(invpc)$ 波动的 34.1%。但这是有误导性的。如果我们除去 $\log(invpc)$ 中的趋势，并将得到的变量对 $\log(price)$ 和 t 做回归，R^2 就变成 0.008，而且调整 R^2 实际上是负的。因此，$\log(price)$ 围绕其趋势的变动，对 $\log(invpc)$ 围绕其趋势的变动实际上完全没有解释能力。这与方程（10.33）中 $\log(price)$ 很小的 t 统计量相一致。

在结束这一小节之前，我们必须声明一点：在计算 F 统计量的 R^2 形式来检验多重假设时，我们只用通常未经去趋势的 R^2。记住，使用 R^2 型 F 统计量只是一种计算上的策略，因此常用的公式总是合适的。

10.5e 季节性

如果一个时间序列是每月或每季度（甚至每周或每天）观测而得到的，它就有可能表现出**季节性**（seasonality）。比如，美国中西部每月新屋动工（housing start）数量受到天气情况的强烈影响。尽管天气情况多少有些随机，但我们可以相信，1 月份的天气一般比 6 月份的天气更加恶劣，所以 6 月份的新屋动工数量一般比 1 月份高。一种模型化这一现象的方法是：容许序列 y_t 的期望值在每个月份有所不同。作为另一个例子，由于圣诞节的缘故，第四季度的零售额通常都比前三个季度更高。同样，通过让平均零售额随季度而变化，也能刻画这种现象。这可能是在考虑了趋势均值之后所作出的选择。例如，最近一年的第一季度零售额要比 30 年前第四季度的零售额更高，这是因为零售额一直在稳步上升。不管怎样，如果我们比较某特定年份中的平均销售额，那么季节性的节日因素倾向于使第四季度的零售额更大。

尽管很多月份或季度的数据序列都表现出季节性变化，但也并非一律如此。比如，每月利息率或通货膨胀率就没有明显的季节性变化。而且，有季节性变化的序列通常在公布之前就已经进行了**季节调整**（seasonally adjusted）。原则上，经季节调整之后的序列已经除掉了其中的季节性因素。有多种方法进行季节调整，更仔细的讨论则超出了本书的研究范围。[详细分析可参见 Harvey（1990）和 Hylleberg（1992）。]

季节调整是如此普遍，以至在很多情况下我们根本就无法获得未经调整的数据。美国的季度 GDP 是一个典型的例子。在每年的《总统经济报告》中，很多宏观经济变量都是按月报告的（至少最近几年如此），而那些表现出季节性变化的变量都经过了季节调整。宏观经济时间序列的主要来源（包括 Citibase），也对很多序列进行了季节调整。因此，需要我们自己进行季节调整的范围是很有限的。

有时，我们确实要面对一些未经季节调整的数据。知道一些处理回归模型中季节性的简单方法对我们很有好处。一般来讲，我们可以在模型中包括一组**季节虚拟变量**（seasonal dummy variables）来解释因变量或自变量或二者中的季节性。

办法很简单。假设我们有月度数据，而且认为每一年的季节性大致相同。例如，因为圣诞节总在每年的同一时间到来，我们可以预料一年中最后几个月的零售额总体上要高于前几个月。或者，既然不同年份的天气变化大致相似，所以，平均来看，中西部的新屋动工数量在夏季月份要多于冬季月份。能够描述这种现象的一个通用模型为：

$$y_t = \beta_0 + \delta_1 feb_t + \delta_2 mar_t + \delta_3 apr_t + \cdots + \delta_{11} dec_t$$
$$+ \beta_1 x_{t1} + \cdots + \beta_k x_{tk} + u_t \qquad (10.41)$$

式中，feb_t，mar_t，$\cdots$，dec_t 是标志着
时期 t 是否对应于相应月份的虚拟变
量。在这个公式中，1 月是基准月，
β_0 是代表 1 月份的截距。一旦控制
了 x_{tj}，若 y_t 中没有季节性，则从 δ_1
到 δ_{11} 都为 0。这很容易利用一个 F 检验来验证。

? 思考题 10.5

在方程（10.41）中，3 月份的截距是
多少？并解释为什么季节虚拟变量满足严
格外生性假定。

例 10.11

反倾销调查的影响

在例 10.5 中我们使用了未经季节调整的月度数据（见文件 BARIUM）。因此，我们应
该添加季节虚拟变量，以确定重要结论没有变化。平均看来，在调查之前的几个月可能比
其他月份的进口量更高或更低。我们像在（10.41）式中那样添加 11 个月份的虚拟变量，
并检验它们的联合显著性，得到 p 值＝0.59，所以季节虚拟变量不是联合显著的。而且，
从统计显著性来看，原来的估计值都没有什么重要变化。克鲁伯和波拉德（Krupp and
Pollard，1996）还使用 3 个季节（秋季、春季和夏季，冬季作为基准季）的虚拟变量而非
全部月份的虚拟变量；结果基本不变。

如果是季度数据，我们必须使用四个季度中三个季度的虚拟变量，余下一个作
为基准季度。有时，我们可以允许季节虚拟变量与某些 x_{tj} 有交互作用，从而使 x_{tj}
对 y_t 的影响在不同年份有所不同。

诚如在回归中包含一个时间趋势并理解为首先对数据去趋势一样，在回归中加
进季节虚拟变量，可以被解释为将数据**去季节化**（deseasonalizing）。为具体起见，
考虑 $k＝2$ 时的方程（10.41），x_1 和 x_2 的 OLS 斜率系数 $\hat{\beta}_1$ 和 $\hat{\beta}_2$ 能通过以下方法
得到：

（i）将 y_t、x_{t1} 和 x_{t2} 分别对一个常数和月度虚拟变量 feb_t，mar_t，$\cdots$，dec_t 进行
回归，保留残差为 $\ddot{y}_t$、$\ddot{x}_{t1}$ 和 $\ddot{x}_{t2}$，$t＝1$，2，$\cdots$，n。例如，

$$\ddot{y}_t = y_t - \hat{a}_0 - \hat{a}_1 feb_t - \hat{a}_2 mar_t - \cdots - \hat{a}_{11} dec_t$$

这是对月度时间序列去季节化的一种方法。对 $\ddot{x}_{t1}$ 和 $\ddot{x}_{t2}$ 的解释与此相似。

（ii）不用月度虚拟变量，将 $\ddot{y}_t$ 对 $\ddot{x}_{t1}$ 和 $\ddot{x}_{t2}$ 回归 [与方程（10.37）相同]，得到
$\hat{\beta}_1$ 和 $\hat{\beta}_2$。

在有些情况下，若 y_t 明显有季节性，一个更好的"拟合优度"指标便是基于
去季节化后的 y_t 的 R^2。它过滤掉了所有不能由 x_{tj} 解释的季节性影响。伍德里奇
（Wooldridge，1991a）建议对不同情况采用特定的自由度调整方法，或者当因变量
被去季节化以后，也可以直接简单地使用调整 R^2。

表现出季节性的时间序列也可能具有某种趋势，在这种情况下，我们就应该估计一个既包含时间趋势变量又包含季节虚拟变量的回归模型。这个回归使用的是既去趋势又去季节化的序列。伍德里奇（Wooldridge，1991a）讨论了"拟合优度"统计量：实质上，在计算 R^2 之前，我们通过对一个时间趋势和季节虚拟变量做回归，已经对 y_t 完成了去趋势和去季节化操作。

本章小结

在本章中，我们探讨了使用时间序列数据的基本回归分析。在与横截面分析相似的假设下，OLS 是无偏的（在假设 TS.1 至 TS.3 成立时），OLS 是 BLUE 的（在假设 TS.1 至 TS.5 成立时），而且，通常的标准误、t 统计量和 F 统计量都可以用于统计推断（在假设 TS.1 至 TS.6 成立时）。由于多数时间序列数据中存在着时间相关，所以我们必须对所有时期的误差与解释变量有何关联，以及误差本身的时间相关做出明确假定。虽然经典线性模型假设对时间序列应用有相当强的限制，但它是一个很自然的起点。我们将其应用于静态模型和有限分布滞后模型。

对数形式和虚拟变量在时间序列分析和事件研究中经常使用。我们还讨论了指数与用名义和实际美元价值度量的时间序列。

通过在回归方程中引入时间和季节虚拟变量，在多元回归的框架下很容易处理趋势和季节性。我们指出，把通常的 R^2 当作"拟合优度"指标存在很多问题；并建议了几种基于去趋势和去季节化的方法。

时间序列回归的经典线性模型假设

以下是时间序列回归分析的六个经典线性模型（CLM）假设概述。假设 TS.1 至 TS.5 是高斯-马尔科夫假设（它意味着 OLS 是 BLUE 的，并具有通常的抽样方差）的时间序列版。证明 OLS 的无偏性，只需要假设 TS.1 至 TS.3。和在横截面回归中一样，使用正态性假设 TS.6，我们便能对任意样本容量进行精确的统计推断。

假设 TS.1　（线性于参数）

随机过程 $\{(x_{t1}, x_{t2}, \cdots, x_{tk}, y_t): t=1, 2, \cdots, n\}$ 服从线性模型

$$y_t = \beta_0 + \beta_1 x_{t1} + \beta_2 x_{t2} + \cdots + \beta_k x_{tk} + u_t$$

其中，$\{u_t: t=1, 2, \cdots, n\}$ 是误差或干扰序列。其中，n 是观测次数（时期数）。

假设 TS.2　（无完全共线性）

在样本中（并因而在潜在的时间序列过程中），没有任何自变量是恒定不变的，或者是其他自变量的一个完全线性组合。

假设 TS.3　（零条件均值）

对每一个 t，给定所有时期的解释变量，误差项 u_t 的期望值为 0。用数学表示为，

$E(u_t \mid \mathbf{X}) = 0$，$t = 1$，$2$，$\cdots$，$n$。

假设 TS.3 取代了横截面回归的 MLR.4，而且它意味着我们不必做随机抽样假设 MLR.2。记住，假设 TS.3 意味着，每一时期 t 的误差都与所有时期的所有解释变量无关（当然也包括第 t 期）。

假设 TS.4　（同方差性）

以 $\mathbf{X}$ 为条件，在所有时期 t，u_t 的方差都相等：$\mathrm{Var}(u_t \mid \mathbf{X}) = \mathrm{Var}(u_t) = \sigma^2$，$t = 1$，$2$，$\cdots$，$n$。

假设 TS.5　（无序列相关）

以 $\mathbf{X}$ 为条件，任意两个不同时期的误差都不相关：$\mathrm{Corr}(u_t, u_s \mid \mathbf{X}) = 0$，$t \neq s$。

记得我们为了在随机抽样假定下推导横截面回归的同方差公式，曾与同方差假设一起引入了无序列相关的假设。我们在第 12 章将看到，假设 TS.5 经常被违背，从而使得通常的统计推断很不可靠。

假设 TS.6　（正态性）

误差 u_t 独立于 $\mathbf{X}$，且具有独立同分布 $\mathrm{Normal}(0, \sigma^2)$。

关键术语

自相关	增长率	季节调整
基期	即期乘数	序列相关
基值	即期倾向	短期弹性
同期外生	指数	伪回归问题
累积效应	滞后分布	静态模型
去季节化	线性时间趋势	随机过程
去趋势	长期弹性	严格外生
事件研究	长期乘数	时间序列过程
指数趋势	长期倾向（LRP）	时间趋势
有限分布滞后（FDL）模型	季节虚拟变量	季节性

习　题

1. 你是否同意以下命题？并对你的判断给出简要说明。

(i) 像横截面观测一样，我们可以假定大多数时间序列观测是独立分布的。

(ii) 时间序列回归中的 OLS 估计量在前三个高斯-马尔科夫假设下是无偏的。

(iii) 在多元回归中，一个含有趋势的变量不能用作因变量。

(iv) 在使用年度时间序列观测时，不存在季节性问题。

2. 设 $gGDP_t$ 为国内生产总值的年百分比变化，int_t 为短期利率。假设 $gGDP_t$ 通过以下方程和利率相联系：

$$gGDP_t = \alpha_0 + \delta_0 int_t + \delta_1 int_{t-1} + u_t$$

式中，u_t 与 int_t、int_{t-1} 以及利率的其他历史值均不相关，假设美国联邦储备委员会采用以下利率规则：

$$int_t = \gamma_0 + \gamma_1(gGDP_{t-1} - 3) + v_t$$

式中，$\gamma_1 > 0$。（当上一年的 GDP 增长率超过 3% 时，联邦储备委员会上调利率以防止经济过热。）若 v_t 与 int_t 和 u_t 的所有历史值都不相关，论证 int_t 必然与 u_{t-1} 相关。（提示：将第一个方程滞后一期，然后将 $gGDP_{t-1}$ 代入第二个方程。）这违反了高斯-马尔科夫假设中的哪一条？

3. 假设 y_t 符合一个二阶 FDL 模型：

$$y_t = \alpha_0 + \delta_0 z_t + \delta_1 z_{t-1} + \delta_2 z_{t-2} + u_t$$

令 z^* 代表 z_t 的均衡值，y^* 代表 y_t 的均衡值，于是

$$y^* = \alpha_0 + \delta_0 z^* + \delta_1 z^* + \delta_2 z^*$$

证明：由于 z^* 的变化引起的 y^* 的变化等于长期倾向与 z^* 的变化之积，即

$$\Delta y^* = LRP \cdot \Delta z^*$$

它给出了 LRP 的另一种解释。

4. 从方程（10.22）中去掉三个事件指标变量，我们得到 $R^2 = 0.281$，$\overline{R}^2 = 0.264$。这些事件指标变量在 10% 的水平上是联合显著的吗？

5. 假设你有关于新屋动工、利率和真实人均收入的季度数据。请构造一个解释了变量中可能存在趋势和季节性的模型。

6. 在例 10.4 中我们看到，分布滞后模型中个别滞后系数的估计值很不准确。减轻多重共线性问题的一种办法就是假定 δ_j 具有相对简单的形式。具体而言，考虑一个含四期滞后的模型：

$$y_t = \alpha_0 + \delta_0 z_t + \delta_1 z_{t-1} + \delta_2 z_{t-2} + \delta_3 z_{t-3} + \delta_4 z_{t-4} + u_t$$

现在假定 δ_j 是 j 的二次函数：

$$\delta_j = \gamma_0 + \gamma_1 j + \gamma_2 j^2$$

式中，γ_0、γ_1 和 γ_2 为参数。这是多项式分布滞后（PDL）模型的一个例子。

(i) 将每个 δ_j 的公式代入分布滞后模型，并把它写成用 γ_h 表示的模型，$h = 0, 1, 2$。

(ii) 解释你用来估计 γ_h 的回归方程。

(iii) 上面的多项式分布滞后模型是一般模型的一个约束形式。它受到了多少个约束？你如何来检验它们？（提示：用 F 检验。）

7. 在例 10.4 中我们把明显包括长期倾向 θ_0 的模型写成

$$gfr_t = \alpha_0 + \theta_0 pe_t + \delta_1(pe_{t-1} - pe_t) + \delta_2(pe_{t-2} - pe_t) + u_t$$

为简单起见，我们省略了其他解释变量。像通常的多元回归分析一样，θ_0 应该具有其他条件不变的解释。也就是说，保持 $pe_{t-1} - pe_t$ 和 $pe_{t-2} - pe_t$ 不变，若 pe_t 增加 1 美元，则 gfr_t 应该改变 θ_0。

(i) 若保持 $pe_{t-1} - pe_t$ 和 $pe_{t-2} - pe_t$ 不变，但 pe_t 增加，那么 pe_{t-1} 和 pe_{t-2} 应该如何变化？

(ii) 第（i）部分中的答案如何有助于你把上述方程中的 θ_0 理解为 LRP？

8. 方程（10.8）给出的线性模型中，若满足以下条件，则称解释变量 $x_t = (x_{t1}, \cdots, x_{tk})$ 序列外生（有时又称作弱外生性）：

$$E(u_t \mid x_t, x_{t-1}, \cdots, x_1) = 0, \ t = 1, 2, \cdots$$

故在给出解释变量当前和所有历史值的条件下，误差是不可预测的。

（i）解释为什么严格外生性隐含了序列外生性条件。

（ii）解释为什么序列外生性隐含了同期外生性条件。

（iii）在序列外生性假设下，OLS 估计值是否一般都是无偏的？请解释。

（iv）考虑以下解释年 HIV 感染率（HIVrate）作为州、区域及省人均安全套使用率（pccon）的滞后分布模型：

$$\mathrm{E}(HIVrate_t \mid pccon_t,\ pccon_{t-1},\ \cdots,\ ) = \alpha_0 + \delta_0\, pccon_t + \delta_1\, pccon_{t-1} + \delta_2\, pccon_{t-2} + \delta_3\, pccon_{t-3}$$

解释为什么这个模型满足序列外生性假设。严格外生性假设是否也成立？

计算机练习

C1. 1979 年 10 月美联储放弃了以货币供给为目标的政策，开始直接以短期利率为目标。利用 INTDEF 中的数据，定义一个在 1979 年之后的年份等于 1 的虚拟变量，把这个虚拟变量加到方程（10.15）中，看看在 1979 年后利率方程有没有什么变化？你能得出什么结论？

C2. 本题利用 BARIUM 中的数据。

（i）在方程（10.22）中增加一个线性时间趋势。除了趋势变量以外的其他变量是统计上显著的吗？

（ii）在第（i）部分估计的方程中，检验除了时间趋势以外所有其他变量的联合显著性。你能得到什么结论？

（iii）在这个方程中添加月度虚拟变量，以检验季节性。增加月度虚拟变量对其他估计值及其标准误有重要影响吗？

C3. 在最低工资方程（10.38）中增加变量 $\log(prgnp)$。这个变量显著吗？解释其系数。增加变量 $\log(prgnp)$ 对估计的最低工资效应有何影响？

C4. 利用 FERTIL3 中的数据，验证方程（10.19）LRP 的标准误约为 0.030。

C5. 本题利用 EZANDERS 中的数据。数据是 1980 年 1 月—1988 年 11 月期间，印第安纳州安德森市的每月失业救济金登记人数。1984 年，一个工业区（EZ）建立在安德森市（印第安纳州的其他城市也建立了类似的工业区）。[详细情况参见 Papke（1994）。]

（i）将 $\log(uclms)$ 对一个时间趋势变量和 11 个月度虚拟变量进行回归。这段时期中失业救济金登记人数的总体趋势如何？（解释时间趋势的系数。）失业救济金登记中有季节性的证据吗？

（ii）在第（i）部分的回归中增加一个虚拟变量 ez，并令其在安德森市建立工业区的月份取值为 1。建立工业区看起来是否减少了失业救济金登记人数？减少了多少？[你应该用第 7 章的公式（7.10）。]

（iii）若要把第（ii）部分得到的影响全部归因于工业区的建立，需要做哪些假定？

C6. 本题利用 FERTIL3 中的数据。

（i）将 gfr_t 对 t 和 t^2 回归，并保留残差，便得到去趋势的 gfr_t，即 $\ddot{gf_t}$。

（ii）将 $\ddot{gf_t}$ 对方程（10.35）中所有变量（包括 t 和 t^2）回归。比较得出的 R^2 与方程（10.35）中的 R^2 有何不同。你有何结论？

（iii）在方程（10.35）中加入 t^3 后重新进行估计。这个新增变量在统计上显著吗？

C7. 本题利用 CONSUMP 中的数据。

（i）估计一个反映真实人均（非耐用品和服务）消费增长与真实人均可支配收入增长之间关系的简

单回归模型，并都使用对数变化量表示。以通常格式报告结果。解释方程并讨论其统计显著性。

（ii）在第（i）部分的方程中添加真实人均可支配收入增长的一期滞后。你对消费增长的滞后调整有何看法？

（iii）在第（i）部分的方程中添加真实利率，它影响消费增长吗？

C8. 本题利用 FERTIL3 中的数据。

（i）在方程（10.19）中加入 pe_{t-3} 和 pe_{t-4}，并检验这些滞后的联合显著性。

（ii）求出第（i）部分中模型的长期倾向及其标准误，并与从方程（10.19）中得到的结果相比较。

（iii）估计习题 6 中的多项式分布滞后模型，求出 LRP 的估计值，并与从无约束模型中得到的结果相比较。

C9. 本题利用 VOLAT 中的数据。变量 $rsp500$ 是标准普尔 500 股票指数的月回报，以年回报率表示。（既包括价格变动带来的收益，也包括分得的红利。）变量 $i3$ 是三个月期国库券的收益率，$pcip$ 是工业生产的百分比变化，这些也都以年率表示。

（i）考虑方程

$$rsp500_t = \beta_0 + \beta_1 pcip_t + \beta_2 i3_t + u_t$$

你认为 β_1 和 β_2 应该有什么样的符号？

（ii）用 OLS 估计上述方程，以通常格式报告结果，并解释系数的符号和大小。

（iii）哪些变量是统计显著的？

你在第（iii）部分中的结论是否意味着从标准普尔 500 中获得的收益是可预测的？说明理由。

C10. 利用 INTDEF 中的数据，考虑方程（10.15）中估计的模型。

（i）求出这个样本时期内 inf 和 def 之间的相关系数，并加以评论。

（ii）在方程中加入 inf 和 def 的一期滞后，并以通常格式报告结果。

（iii）将通货膨胀效应的估计 LRP 与方程（10.15）中相对应的 LRP 进行比较。二者有很大差别吗？

（iv）模型中这两个滞后在 5% 的水平上是联合显著的吗？

C11. 文件 TRAFFIC2 包含了加州 1981 年 1 月—1989 年 12 月车祸、交通法规和其他变量的 108 个月度观测。利用这个数据集回答本题。

（i）加州的安全带法规在哪一年的哪个月生效？高速公路上的限速何时提高到每小时 65 英里？

（ii）将变量 $\log(totacc)$ 对一个线性时间趋势和 11 个月度虚拟变量（1 月作为基期）进行回归。解释时间趋势变量的系数估计值。你认为交通事故总数中存在季节性吗？

（iii）在第（ii）部分的回归中添加变量 $wkends$、$unem$、$spdlaw$ 和 $beltlaw$。讨论失业变量系数。你认为它的符号和大小合理吗？

（iv）在第（iii）部分的回归中，解释 $spdlaw$ 和 $beltlaw$ 的系数。估计的影响如你所料吗？请解释。

（v）变量 $prcfat$ 是至少导致 1 人死亡的交通事故百分数。注意这个变量是一个百分数，而不是比例。在此期间 $prcfat$ 的平均值是多少？其大小看来正确吗？

（vi）用 $prcfat$ 而非 $\log(totacc)$ 作为因变量重做第（iii）部分的回归。讨论最高限速和安全带法规变量的估计效应和显著性。

C12. （i）用 PHILLIPS 中所有数据估计方程（10.2），并导出通常格式的结果。观测值有多少个？

（ii）将第（i）部分中的估计结果和方程（10.14）的结果进行对比。特别地，增加额外的年份是否有利于得到通货膨胀和失业的估计的平衡？请解释。

（iii）现仅用 2007—2017 年的数据进行回归。估计结果与方程（10.14）中的有何不同？使用最近 7 年的数据所得到的估计值是否准确到足以得出确定的结论？请解释。

（iv）考虑以下简单的回归程序：首先我们将 n 个时间序列观测值分为早期阶段和晚期阶段。在第一个阶段（早期）中包含 n_1 个观测值，第二个阶段中包含 n_2 个观测值。根据本题的前几问，评价这一观点："一般来说，我们可以预期使用所有 n 个观测值得到的斜率估计值将大致和用两个时间阶段分别得到的估计值的加权平均值相等，其中权重分别为 n_1/n 和 n_2/n。"

C13. 本题利用 MINWAGE 中的数据。具体而言，就是利用第 232 部门（男性和男孩用品部门）的就业和工资序列数据。变量 $gwage232$ 是第 232 部门平均工资的月增长率（对数的变化），$gemp232$ 是第 232 部门的就业增长率，$gmwage$ 是联邦最低工资的增长率，而 $gcpi$ 是（城市）消费者价格指数的增长率。

（i）将变量 $gwage232$ 对 $gmwage$ 和 $gcpi$ 进行回归。你认为 $\hat{\beta}_{gmwage}$ 的符号和大小合理吗？请解释。$gmwage$ 在统计上显著吗？

（ii）在第（i）部分的方程中增加 $gmwage$ 的 1～12 阶滞后变量。为了估计第 232 部门中最低工资的增加对平均工资增长率的长期影响，你认为有必要包括这些滞后变量吗？请解释。

（iii）将变量 $gemp232$ 对 $gmwage$ 和 $gcpi$ 进行回归。最低工资增长看起来对同期的 $gemp232$ 有影响吗？

（iv）在就业增长方程中增加 $gmwage$ 的 1～12 阶滞后变量。在短期或长期中，最低工资的提高对就业增长具有统计显著的影响吗？请解释。

C14. 用 APPROVAL 中的数据回答以下问题。数据集中包含了乔治·W. 布什总统任期内共 78 个月的数据（数据截止于 2007 年 7 月，在布什离任之前）。除了多个事件的经济变量和二值变量，数据中还包括了一个由 Gallup 收集的支持率 $approve$。（注意：读者还可以尝试完成第 11 章计算机练习 C14，以对涉及分析这些数据的计量问题有更全面的了解。）

（i）支持率 $approve$ 的变动范围是多少？其平均值是多少？

（ii）估计以下方程：

$$approve_t = \beta_0 + \beta_1 lcpifood_t + \beta_2 lrgasprice_t + \beta_3 unemploy_t + u_t$$

其中前两个变量采用对数形式。并导出通常格式的估计值。

（iii）解释第（ii）部分系数估计值的含义。对估计中效应的符号、规模以及统计显著性进行评价。

（iv）在第（ii）部分的方程中加入二值变量 $sep11$ 和 $iraqinvade$。解释虚拟变量系数的含义，它们是否统计显著？

（v）在第（iv）部分中加入的虚拟变量是否改变了其他估计值？第（iv）部分是否有系数项难以合理解释？

（vi）在第（iv）部分的回归加入 $lsp500$，控制其他变量，证券市场是否对总统支持率有重大效应？

第11章 OLS用于时间序列数据的其他问题

在第 10 章，我们在逐渐增强的假定条件下，讨论了 OLS 用于时间序列数据的有限样本性质。在时间序列的整套经典线性模型假设 TS.1 到 TS.6 下，OLS 恰好具有在横截面数据条件下推导出来的所有理想性质。类似地，统计推理的方式也与横截面分析的统计推断方式相同。

从第 5 章的横截面分析中，我们知道研究 OLS 的大样本特性是有充分理由的。例如，如果误差项不是从正态分布中抽取的，我们就必须依靠中心极限定理（CLT）来为常见的 OLS 检验统计量和置信区间提供依据。

在时间序列的情况下，大样本分析显得尤其重要。（具有讽刺意味的是，大的时间序列样本非常难以得到；但我们除了借助于大样本近似外，通常别无选择。）在 10.3 节中，我们解释了在静态和分布滞后模型中如何违反严格外生性假设（TS.3）。我们在 11.2 节中将看到，含滞后因变量的模型必定违背假设 TS.2。

不幸的是，时间序列问题的大样本分析较横截面问题的大样本分析遇到的困难要多很多。在第 5 章，我们得到了 OLS 在随机抽样条件下的大样本性质。但是当我们允许不同时期的观测值彼此相关时，问题就更加复杂了。尽管如此，那些重要的极限定理对某些（尽管不是全部）时间序列过程依然成立。关键在于，不同时期变量之间的相关性是否足够快地趋于 0。在回归分析中，我们要特别注意那些明显具有时间相关性的时间序列。本章将对回归分析中这种序列所特有的某些问题给予警示。

11.1 平稳和弱相关时间序列

在本节中，我们将介绍在对时间序列数据的回归分析中，使用通常的大样本近似所需要的一些重要概念。对这些问题的一般性了解很重要，但详尽细节不必强求。

11.1a 平稳和非平稳时间序列

从历史上看，**平稳过程**（stationary process）的概念在时间序列分析中一直占有重要地位。所谓平稳时间序列过程，就是概率分布在随着时间的推移而稳定的过程，其意义如下：如果我们从这个序列中任取一个随机变量集，并把这个序列向前移动 h 个时期，那么其联合概率分布仍然保持不变。平稳性的规范定义如下：

平稳随机过程（stationary stochastic process）：对于随机过程 $\{x_t: t=1, 2, \cdots\}$，如果对于每一个时间指标集 $1 \leqslant t_1 < t_2 < \cdots < t_m$ 和任意整数 $h \geqslant 1$，$(x_{t_1}, x_{t_2}, \cdots, x_{t_m})$ 的联合分布都与 $(x_{t_1+h}, x_{t_2+h}, \cdots, x_{t_m+h})$ 的联合分布相同，那么这个随机过程就是平稳的。

这个定义有点抽象，但它的含义很简单。含义之一是（取 $m=1$ 和 $t_1=1$）：对所有 $t=2, 3, \cdots$，x_t 与 x_1 都有相同的分布。换言之，序列 $\{x_t: t=1, 2, \cdots\}$ 是同分布的。当然，平稳性的要求不止这些。例如，对任意 $t \geqslant 1$，(x_1, x_2) 的联合分布（序列中的前两项）必须与 (x_t, x_{t+1}) 的联合分布相同。和前面一样，这里对 x_t 和 x_{t+1} 之间的关系没有施加任何限制，而实际上它们可能会高度相关。平稳性要求对于所有时期，任何相邻两项之间的相关关系具有相同的性质。

不平稳的随机过程称为**非平稳过程**（nonstationary process）。因为平稳性是基础的随机过程的一个方面，并不是可以单独实现的，所以我们很难判断所搜集到的数据是否由一个平稳过程生成。但是，要指出某些序列不是平稳的却很容易。一个过程若具有 10.5 节讨论的那种时间趋势，它显然是非平稳的：至少它的均值随时间的推移而变化。

有时，一个较弱形式的平稳性就足够了。假定 $\{x_t: t=1, 2, \cdots\}$ 的二阶矩是有限的，即 $E(x_t^2) < \infty$ 对所有的 t 都成立，那么可以使用下面的定义。

协方差平稳过程（covariance stationary process）：对于一个具有有限二阶矩 $[E(x_t^2) < \infty]$ 的随机过程 $\{x_t: t=1, 2, \cdots\}$，若：(i) $E(x_t)$ 为常数；(ii) $Var(x_t)$ 为常数；(iii) 对任何 $t, h \geqslant 1$，$Cov(x_t, x_{t+h})$ 仅取决于 h 而不取决于 t，那么它就是**协方差平稳的**（covariance stationary）。

> **思考题 11.1**
>
> 假设 $\{y_t: t=1, 2, \cdots\}$ 是由 $y_t = \delta_0 + \delta_1 t + e_t$ 生成的，其中 $\delta_1 \neq 0$，$\{e_t: t=1, 2, \cdots\}$ 是均值为 0、方差为 σ_e^2 的 i.i.d. 序列。那么，(i) $\{y_t\}$ 是协方差平稳的吗？(ii) $y_t - E(y_t)$ 是协方差平稳的吗？

协方差平稳只考虑随机过程的前两阶矩：这个过程的均值和方差不随着时间而变化，而且 x_t 和 x_{t+h} 的协方差只取决于这两项之间的距离 h，与起始时期 t 的位置无关。由此立即可知，x_t 与 x_{t+h} 之间的相关性也只取决于 h。

如果一个平稳过程具有有限二阶矩，那么它一定是协方差平稳的，但反过来未必正确。有时，为强调平稳性是比协方差平稳更强的要求，前者被称为严格平稳的

（strict stationary）。由于严格平稳性简化了我们后面对某些假定的表述，所以我们使用的"平稳性"，总是意味着严格平稳。

时间序列计量经济学是如何使用平稳性这一概念的呢？在技术层面上，平稳性简化了大数定律（LLN）和中心极限定理的表述，尽管我们在本章不用考虑规范表述。在操作层面上，如果我们想通过回归分析掌握两个或多个变量之间的关系，就需要假定某种跨时期的平稳性。如果允许两个变量（比如说 y_t 和 x_t）之间的关系在不同时期随意变化，那么在只能得到时间序列的单个实现的情况下，我们就无法知道一个变量的变化如何影响另一个变量。

实际上，在表述时间序列数据的多元回归模型时，我们假定了一定形式的平稳性，即 β_j 不随时间的推移而变化。除此之外，假设 TS.4 和 TS.5 意味着误差过程的方差不随时间的推移而变化；而且两个相邻时期的误差之间的相关系数为 0，当然也不会随着时间的推移而变化。

11.1b 弱相关时间序列

平稳性关系到一个过程在时间推移过程中的联合分布。弱相关则是一个完全不同的概念，随着随机变量 x_t 和 x_{t+h} 之间时间距离 h 的变大，弱相关对二者之间有多大程度的相关施加了限定。对于平稳时间序列来说，弱相关这个概念很容易理解：粗略地讲，对于一个平稳时间序列过程 $\{x_t: t=1, 2, \cdots\}$，若随着 h 无限增大，x_t 和 x_{t+h} "近乎独立"，则称之为**弱相关的**（weakly dependent）。如果序列是非平稳的，也有一个类似的命题成立，但我们必须假定"近乎独立"的概念不取决于起点 t。

以上对弱相关的描述有些模糊。我们无法规范地定义弱相关，是因为没有一个定义能包含所有情形。虽然有许多弱相关的特殊形式被规范定义，但它们都超出了本书的研究范围。［对这些概念更高深的探讨，可参见 White（1984），Hamilton（1994）和 Wooldridge（1994b）。］

就我们的目的而言，有弱相关含义的一个直观概念就足够了。对于协方差平稳序列，可以用相关系数来刻画弱相关：如果随着 $h \to \infty$，x_t 和 x_{t+h} 之间的相关系数"足够快"地趋于 0，这个协方差平稳的时间序列就是弱相关的。（由于协方差平稳，所以相关系数与起点 t 无关。）换言之，随着变量在时间上的距离变大，它们之间的相关系数变得越来越小。随着 $h \to \infty$，$\mathrm{Corr}(x_t, x_{t+h}) \to 0$ 的协方差平稳序列被称为**渐近无关的**（asymptotically uncorrelated）。这是直观描述弱相关的常见方式。从技术上讲，我们需要假定相关系数足够快地收敛于 0，但我们略而不谈。

弱相关为什么对回归分析如此重要呢？本质上，它取代了能使大数定律（LLN）和中心极限定理（CLT）成立的随机抽样假设。对于时间序列数据，最著名的中心极限定理要求平稳性和某种形式的弱相关；因此，在多元回归分析中使用平稳而又弱相关的时间序列最为理想。在 11.2 节，借助 LLN 和 CLT，我们便能够相当一般性地证明 OLS 的合理性。不是弱相关的时间序列（在 11.3 节我们将看到这方面的例子）一般不满足 CLT，这就是把它们用于多元回归分析中具有欺骗性的原因。

弱相关时间序列最简单的例子是独立同分布序列：一个独立序列无疑是弱相关序列。弱相关序列的一个更有意思的例子是：

$$x_t = e_t + \alpha_1 e_{t-1}, \ t=1,\ 2,\ \cdots \tag{11.1}$$

其中，$\{e_t:\ t=0,\ 1,\ \cdots\}$ 是均值为 0、方差为 σ_e^2 的独立同分布序列。过程 $\{x_t\}$ 被称为**一阶移动平均过程** [moving average process of order one，MA(1)]：x_t 是 e_t 和 e_{t-1} 的一个加权平均；在下一期，我们去掉 e_{t-1}，x_{t+1} 便取决于 e_{t+1} 和 e_t。把方程 (11.1) 中 e_t 的系数设为 1 仍不失一般性。[在方程 (11.1) 中，我们使用 x_t 和 e_t 作为时间序列过程的一般标志。它们与时间序列回归模型中的解释变量和误差没有什么关系，尽管解释变量和误差都可以是 MA(1) 过程。]

为什么 MA(1) 过程是弱相关的呢？序列中的相邻两项之间是相关的：这是因为 $x_{t+1} = e_{t+1} + \alpha_1 e_t$，$\mathrm{Cov}(x_t,\ x_{t+1}) = \alpha_1 \mathrm{Var}(e_t) = \alpha_1 \sigma_e^2$。因为 $\mathrm{Var}(x_t) = (1+\alpha_1^2)\sigma_e^2$，所以 $\mathrm{Corr}(x_t, x_{t+1}) = \alpha_1/(1+\alpha_1^2)$。例如，若 $\alpha_1 = 0.5$，则 $\mathrm{Corr}(x_t, x_{t+1}) = 0.4$。[当 $\alpha_1 = 1$ 时出现最大的正相关；此时 $\mathrm{Corr}(x_t,\ x_{t+1}) = 0.5$。] 不过，当我们看序列中距离在两期或两期以上的变量时，这些变量是无关的，因为它们相互独立。例如，$x_{t+2} = e_{t+2} + \alpha_1 e_{t+1}$ 是独立于 x_t 的，因为 $\{e_t\}$ 在所有时期 t 都是独立的。由于假定 $\{e_t\}$ 是同分布的，所以方程 (11.1) 中的 $\{x_t\}$ 实际上是平稳的。因此，MA(1) 是平稳的弱相关序列，并且可以把大数律和中心极限定理用于 $\{x_t\}$。

一个更常见的例子是：

$$y_t = \rho_1 y_{t-1} + e_t, \ t=1,\ 2,\ \cdots \tag{11.2}$$

序列的初始点是 $y_0(t=0)$，且 $\{e_t:\ t=1,\ 2,\ \cdots\}$ 是均值为 0、方差为 σ_e^2 的独立同分布序列。我们还假定 e_t 独立于 y_0 和 $\mathrm{E}(y_0)=0$。方程 (11.2) 被称为**一阶自回归过程** [auto regressive process of order one，AR(1)]。

AR(1) 过程弱相关的一个关键假设是稳定性条件 $|\rho_1|<1$。一旦条件满足，我们称 $\{y_t\}$ 是一个**稳定的 AR(1) 过程** [stable AR(1) process]。

为了看出一个稳定的 AR(1) 过程是渐近无关的，最好假定它是协方差平稳的。（实际上，可以证明 $\{y_t\}$ 是严格平稳的，但证明多少有些技术性。）于是，我们知道 $\mathrm{E}(y_t)=\mathrm{E}(y_{t-1})$；而根据 $\rho_1 \neq 1$ 的方程 (11.2)，只有在 $\mathrm{E}(y_t)=0$ 时，$\mathrm{E}(y_t)=\mathrm{E}(y_{t-1})$ 才可能成立。求方程 (11.2) 的方差，根据 e_t 和 y_{t-1} 相互独立（所以无关）的事实，有 $\mathrm{Var}(y_t)=\rho_1^2\mathrm{Var}(y_{t-1})+\mathrm{Var}(e_t)$。所以，在协方差平稳的条件下，一定有 $\sigma_y^2 = \rho_1^2\sigma_y^2 + \sigma_e^2$。根据稳定性条件 $\rho_1^2 < 1$，我们很容易解出 σ_y^2。

$$\sigma_y^2 = \sigma_e^2/(1-\rho_1^2) \tag{11.3}$$

现在我们可以求出 y_t 和 y_{t+h}（$h \geq 1$）之间的协方差。利用反复迭代便得到

$$y_{t+h} = \rho_1 y_{t+h-1} + e_{t+h} = \rho_1(\rho_1 y_{t+h-2} + e_{t+h-1}) + e_{t+h}$$

$$= \rho_1^2 y_{t+h-2} + \rho_1 e_{t+h-1} + e_{t+h} = \cdots$$
$$= \rho_1^2 y_t + \rho_1^{h-1} e_{t+1} + \cdots + \rho_1 e_{t+h-1} + e_{t+h}$$

因为对所有 t 都有 $\mathrm{E}(y_t) = 0$，所以我们可以把最后一个式子乘以 y_t 并取期望，得到 $\mathrm{Cov}(y_t, y_{t+h})$。因为对所有 $j \geq 1$，都有 e_{t+j} 与 y_t 无关，于是

$$\mathrm{Cov}(y_t, y_{t+h}) = \mathrm{E}(y_t y_{t+h})$$
$$= \rho_1^h \mathrm{E}(y_t^2) + \rho_1^{h-1} \mathrm{E}(y_t e_{t+1}) + \cdots + \mathrm{E}(y_t e_{t+h})$$
$$= \rho_1^h \mathrm{E}(y_t^2) = \rho_1^h \sigma_y^2$$

因为 σ_y 既是 y_t 又是 y_{t+h} 的标准差，所以我们可以很容易对任意 $h \geq 1$ 得到 y_t 和 y_{t+h} 的相关系数：

$$\mathrm{Corr}(y_t, y_{t+h}) = \mathrm{Cov}(y_t, y_{t+h}) / \sigma_y \sigma_y = \rho_1^h \tag{11.4}$$

特别地，$\mathrm{Corr}(y_t, y_{t+1}) = \rho_1$，所以 ρ_1 是序列中任意相邻两项之间的相关系数。

等式（11.4）非常重要，因为它表明，尽管对任意 $h \geq 1$，y_t 和 y_{t+h} 都相关，但它们的相关系数随着 h 变大而变得非常小：因为 $|\rho_1| < 1$，所以随着 $h \to \infty$，$\rho_1^h \to 0$。即使 ρ_1 比较大（比如为 0.9，说明相邻两项之间有很高的相关性），y_t 和 y_{t+h} 之间的相关性还是会很快地趋于 0。举个例了，$\mathrm{Corr}(y_t, y_{t+5}) = 0.591$，$\mathrm{Corr}(y_t, y_{t+10}) = 0.349$，$\mathrm{Corr}(y_t, y_{t+20}) = 0.122$。若 t 表示年份，这就意味着，y 相距 20 年的两个结果之间的相关系数为 0.122。若 ρ_1 越小，则相关性消逝得越快。（你可以试一试 $\rho_1 = 0.5$ 的情况来验证这个结论。）

这个分析颇具启发性地阐明了一个稳定的 AR(1) 过程是弱相关的。AR(1) 过程在时间序列数据的多元回归分析中特别重要。我们将在第 12 章介绍它在其他方面的应用，在第 18 章探讨它在预测中的作用。

还有很多其他类型的弱相关时间序列，其中包括自回归和移动平均过程的混合过程。但就我们目前的研究目的而言，前面用到的几种就够了。

在结束本节之前，我们必须强调在时间序列计量经济学中经常引起混淆的一点。趋势序列虽然肯定是非平稳的，但也可能是弱相关的。实际上，在第 10 章的简单线性时间趋势模型［见方程（10.24）］中，序列 $\{y_t\}$ 就是弱相关的。如果一个序列是弱相关的，而且围绕着其时间趋势是平稳的，我们便称之为**趋势—平稳过程**（trend-stationary process）。（这个名字起得不是很形象，因为我们在假定平稳性的同时也假定了弱相关。）只要模型中包含了适当的时间趋势，这样的过程就可以像第 10 章中那样用于回归分析。

11.2　OLS 的渐近性质

在第 10 章我们看到，在研究某些时间序列问题的时候，经典线性模型的假设无法得到满足。在这种情况下，我们必须像在横截面分析中那样，借助于 OLS 的大样本性质。在本节，我们将阐述几个假设和主要结果，来更一般地证明 OLS 的合理性。

本章中的定理证明起来有些难度，因此我们把它们省略。可以参见 Wooldridge（1994b）。

假设 TS. 1′　线性与弱相关

除了增加假设 $\{(\mathbf{x}_t, y_t): t=1, 2, \cdots\}$ 是平稳和弱相关的之外，假设 TS. 1′和假设 TS. 1 完全相同。具体而言，大数定律和中心极限定理可适用于样本均值。

对于参数中线性的要求意味着我们可以把模型写成：

$$y_t = \beta_0 + \beta_1 x_{t1} + \cdots + \beta_k x_{tk} + u_t \tag{11.5}$$

式中，β_j 为待估计参数。与第 10 章不同，x_{tj} 可以包含因变量的滞后，解释变量的滞后也像往常一样可以包括进来。

为了便于陈述和解释假设，我们在假设 TS. 1′中包含了平稳性。如果我们像在书末附录高级处理方法 E 中那样仔细推导 OLS 的渐近性质，平稳性还起到简化推导的作用。但平稳性对 OLS 的标准渐近性质并非必不可少。（就像 11.1 节提到的那样，通过假定 β_j 在不同时期保持不变，我们已经假定了分布中的某种稳定性。）与假设 TS. 1 相比，假设 TS. 1′额外增加的重要约束是弱相关假定。在 11.1 节，我们花了大量时间讨论弱相关性，因为它绝非一个无关紧要的假设。从技术上讲，假设 TS. 1′要求多重时间序列的弱相关性（包括 y_t 以及 x_t 中的各个元素），这个假设即对它们各期的联合分布做出了限制。个中细节并非特别重要，且超出了本书范围，可以参见 Wooldridge（1994）。更重要的是理解一些违背弱相关假设的时间序列过程，并探讨它们在多元回归模型中的应用。这也是下一章我们要探讨的内容。

很自然，我们仍要排除完全共线性。

假设 TS. 2′　无完全共线性

与假设 TS. 2 相同。

假设 TS. 3′　零条件均值

解释变量 $\mathbf{x}_t = (x_{t1}, x_{t2}, \cdots, x_{tk})$ 像方程（10.10）中那样是**同期外生的**（contemporaneously exogenous）：$\mathrm{E}(u_t \mid \mathbf{x}_t) = 0$。

这是对 u_t 和解释变量之间关系最自然的假设。它比假设 TS. 3 弱得多，因为它没有对 u_t 与其他时期解释变量之间的关系做任何限制。稍后我们会举一些满足假设 TS. 3′的例子。根据平稳性，若同期外生性对某一时期成立，则对所有时期都成立。放松平稳性无非就是要求我们假定这个条件对 $t=1, 2, \cdots$ 都成立。

出于某种目的，最好了解如下仅要求 u_t 的条件均值为零且与每个 x_{tj} 都无关的一致性结论：

$$\mathrm{E}(u_t) = 0, \ \mathrm{Cov}(x_{tj}, u_t) = 0, \ j = 1, \cdots, k \tag{11.6}$$

我们将主要用到零条件均值假设，因为在它的基础上可以进行最直接的渐近分析。

定理 11.1

OLS 的一致性

在假设 TS. 1′、TS. 2′和 TS. 3′成立时，OLS 估计量是一致的：$\text{plim}\hat{\beta}_j = \beta_j$，$j = 0$，$1$，$\cdots$，$k$。

定理 10.1 和定理 11.1 之间有一些关键的区别。首先，在定理 11.1 中，我们得到 OLS 估计量的一致性结论，但并不一定是无偏的。其次，在定理 11.1 中，我们弱化了解释变量必须外生的假定，转而要求潜在的时间序列是弱相关的。弱相关对于求近似分布结果也很关键，我们稍后再谈。

例 11.1

静态模型

考虑一个含有两个解释变量的静态模型：

$$y_t = \beta_0 + \beta_1 z_{t1} + \beta_2 z_{t2} + u_t \tag{11.7}$$

在弱相关条件下，使 OLS 有一致性的充分条件是：

$$E(u_t \mid z_{t1}, z_{t2}) = 0 \tag{11.8}$$

这个条件排除了 u_t 中含有被遗漏且与 z_{t1} 或 z_{t2} 相关的变量的情形。而且，没有 z_{t1} 或 z_{t2} 的函数与 u_t 相关，因此，就像横截面情形一样，假设 TS. 3′排除了错误设定的函数形式。其他诸如变量 z_{t1} 和 z_{t2} 中包含测量误差等问题，也会导致（11.8）不成立。

重要的是，假设 TS. 3′并没有排除像 u_{t-1} 和 z_{t1} 之间相关这类情况。如果 z_{t1} 与过去的 y_{t-1} 有关系，便可能出现这类相关，例如：

$$z_{t1} = \delta_0 + \delta_1 y_{t-1} + v_t \tag{11.9}$$

比如，z_{t1} 可能是一个诸如货币供给的月度百分比变化等政策变量，而这种变化取决于上个月的通货膨胀率（y_{t-1}）。这种机制一般会导致 z_{t1} 和 u_{t-1} 相关（代入 y_{t-1} 便会发现这一点）。这种反馈在假设 TS. 3′下是容许的。

例 11.2

有限分布滞后模型

在有限分布滞后模型

$$y_t = \alpha_0 + \delta_0 z_t + \delta_1 z_{t-1} + \delta_2 z_{t-2} + u_t \tag{11.10}$$

中，一个很自然的假设是，给定当期和所有过去的 z_t，u_t 的期望值为 0：

$$\mathrm{E}(u_t \mid z_t, z_{t-1}, z_{t-2}, z_{t-3}, \cdots)=0 \qquad (11.11)$$

这意味着，一旦 z_t、z_{t-1} 和 z_{t-2} 被包括在方程中，便没有 z 的更高阶滞后能影响 $\mathrm{E}(y_t \mid z_t, z_{t-1}, z_{t-2}, z_{t-3}, \cdots)$；否则，我们就可以在方程中加入更高阶滞后。例如，$y_t$ 为每年投资的百分比变化，z_t 是第 t 年的利率。当我们令 $\mathbf{x}_t=(z_t, z_{t-1}, z_{t-2})$ 时，假设 TS. $3'$ 便得到满足，于是 OLS 满足一致性。与上例一样，TS. $3'$ 并不排除 y 对未来 z 值有反馈作用的可能性。

上述两例不一定需要渐近理论作为依据，因为解释变量可能都是严格外生的。下面一个例子显然违背了严格外生性假设，因此，我们只能求助于 OLS 的大样本性质。

例 11.3

AR(1) 模型

考虑 AR(1) 模型：

$$y_t = \beta_0 + \beta_1 y_{t-1} + u_t \qquad (11.12)$$

其中，在给定 y 的所有过去值时，误差 u_t 的期望值为 0：

$$\mathrm{E}(u_t \mid y_{t-1}, y_{t-2}, \cdots)=0 \qquad (11.13)$$

将以上两个方程结合起来，意味着：

$$\mathrm{E}(y_t \mid y_{t-1}, y_{t-2}, \cdots)=\mathrm{E}(y_t \mid y_{t-1})=\beta_0 + \beta_1 y_{t-1} \qquad (11.14)$$

这个结论非常重要。首先，它意味着，一旦控制了 y 的一期滞后，y 的更高阶滞后都不会影响 y 的期望值。（这就是"一阶"名称的由来。）其次，这个关系被假定为线性的。

既然 x_t 只包含 y_{t-1}，方程（11.13）便意味着假设 TS. $3'$ 成立。与之相对照，无偏性所需要的严格外生假定（即假设 TS. 3）却不成立。因为所有时期的解释变量集包含除了最后一期之外的所有 y 值（$y_0, y_1, \cdots, y_{n-1}$），所以假设 TS. 3 要求对所有的时期 t，u_t 都与 $y_0, y_1, \cdots, y_{n-1}$ 之中的任意一个无关，而 AR(1) 模型满足不了这个要求。实际上，因为在方程（11.13）中，u_t 和 y_{t-1} 无关，所以 u_t 和 y_t 一定相关。事实上，容易看出 $\mathrm{Cov}(y_t, u_t)=\mathrm{Var}(u_t)>0$。因此，含一期滞后因变量的模型不可能满足严格外生性假设 TS. 3。

正如我们在 11.1 节中所述，为了使弱相关条件成立，我们必须假定 $|\beta_1|<1$。如果这个条件成立，那么定理 11.1 意味着，通过将 y_t 对 y_{t-1} 进行回归所得到的 OLS 估计量便是 β_0 和 β_1 的一致估计量。不幸的是，$\hat{\beta}_1$ 是有偏误的。而且，若样本容量比较小，或者 β_1 接近于 1，则偏误可能会很大。（若 β_1 接近于 1，则 $\hat{\beta}_1$ 可能有严重的向下偏误。）对中大样本来说，$\hat{\beta}_1$ 应该是 β_1 的一个较好的估计值。

在使用标准推断程序时，我们需要做出同方差和无序列相关的假设。这些假设的限制性不如第 10 章中相应的经典线性模型假设那么强。

假设 TS. 4′ 　同方差

误差是**同期同方差的**（contemporaneously homoskedastic），即对所有的 t，都有 $\mathrm{Var}(u_t \mid \mathbf{x}_t) = \sigma^2$。

假设 TS. 5′ 　无序列相关

对所有的 $t \neq s$，都有 $\mathrm{E}(u_t u_s \mid \mathbf{x}_t, \mathbf{x}_s) = 0$。

在假设 TS. 4′ 中，我们只以 t 时期的解释变量为条件（与假设 TS. 4 相比较）。在假设 TS. 5′ 中，我们只以 u_t 和 u_s 对应时期的解释变量为条件。根据定义，这个假设有点难以解释，但是，它是研究各种时间序列回归中 OLS 的大样本性质的恰当条件。在考虑假设 TS. 5′ 时，我们经常忽略它是以 x_t 和 x_s 为条件的，而只考虑是否对所有 $t \neq s$，都有 u_t 和 u_s 无关。

序列相关通常是静态和有限分布滞后回归中遇到的问题：无法保证不同时期的无法观测因素 u_t 是无关的。重要的是，在方程（11.12）和（11.13）所表述的 AR(1) 模型中，假设 TS. 5′ 确实成立。由于 t 时期的解释变量是 y_{t-1}，所以我们必须证明：对所有的 $t \neq s$，都有 $\mathrm{E}(u_t u_s \mid y_{t-1}, y_{s-1}) = 0$。为此，我们不妨假设 $s < t$。（另一种情况是对称的。）因为 $u_s = y_s - \beta_0 - \beta_1 y_{s-1}$，所以 u_s 是 t 时期之前 y 的函数。但根据方程（11.13），有 $\mathrm{E}(u_t \mid u_s, y_{t-1}, y_{s-1}) = 0$，所以 $\mathrm{E}(u_t u_s \mid u_s, y_{t-1}, y_{s-1}) = u_s \mathrm{E}(u_t \mid y_{t-1}, y_{s-1}) = 0$。根据迭代期望定律（见书末附录数学复习 B），有 $\mathrm{E}(u_t u_s \mid y_{t-1}, y_{s-1}) = 0$。这一点很重要：只要方程（11.12）中只有一期滞后，误差就一定是序列无关的。在 11.4 节，我们将更一般性地讨论动态模型的这个特点。

现在，我们得到了一个实际上等同于横截面情形的渐近结果。

定理 11.2 _____

OLS 的渐近正态性

在假设 TS. 1′ 至 TS. 5′ 下，OLS 估计量是渐近正态分布的。而且，通常的 OLS 标准误、t 统计量、F 统计量和 LM 统计量是渐近有效的。

这个定理为第 10 章中至少部分例子提供了进一步的理论依据：即使经典线性模型假定不成立，OLS 依然是一致的，通常的推断程序也是有效的。当然，前提是假设 TS. 1′ 至 TS. 5′ 都成立。在下一节，我们将讨论在哪些情况下弱相关假设可能不成立。序列相关和异方差性的问题将在第 12 章探讨。

例 11.4

有效市场假说

我们可以利用渐近分析来验证一种有效市场假说（efficient market hypothesis, EMH）。令 y_t 为纽约证券交易所综合指数的每周百分比收益（从某周三收盘到下周三收盘）。有效市场假说的一个严格形式是说，在第 t 周之前的市场上可以观测到的信息，应该对预测第 t 周的收益没有任何帮助。如果我们只使用 y 的过去信息，EMH 可表述为：

$$\mathrm{E}(y_t \mid y_{t-1}, y_{t-2}, \cdots) = \mathrm{E}(y_t) \tag{11.15}$$

如果（11.15）是错的，我们就可以用过去的每周收益信息来预测当期收益。EMH 推定，这样的投资机会必定会被发现，并几乎在瞬间消失。

检验（11.15）的一个简单方法是：设定（11.12）中的 AR(1) 模型作为对立模型。那么，原假设就是 $H_0: \beta_1 = 0$。在原假设下，根据（11.15），有假设 TS.3$'$ 成立，于是，正如我们在前面讨论过的那样，序列相关不成问题。同方差假设是 $\mathrm{Var}(y_t \mid y_{t-1}) = \mathrm{Var}(y_t) = \sigma^2$，我们刚刚假定了它是成立的。在原假设下，股票收益是序列无关的，所以我们可以放心地假定它们是弱相关的。根据定理 11.2，我们可以用 $\hat{\beta}_1$ 通常的 t 统计量相对 $H_1: \beta_1 \neq 0$ 来检验 $H_0: \beta_1 = 0$。

NYSE 中的每周收益是利用 1976 年 1 月—1989 年 3 月的数据计算而来。如果星期三是节假日，在这种少见的情况下，便用下一个交易日的收盘价来计算。在这一时期里，平均每周收益为 0.196%，最高的每周收益为 8.45%，最低的是 −15.32%（出现在 1987 年 10 月的股市崩盘期间）。这个 AR(1) 模型估计为：

$$\widehat{return}_t = 0.180 + 0.059 return_{t-1}$$
$$\qquad\quad (0.081)(0.038)$$
$$n = 689, \ R^2 = 0.003\,5, \ \overline{R}^2 = 0.002\,0 \tag{11.16}$$

$return_{t-1}$ 系数的 t 统计量约为 1.55，因此，即使在 10% 的显著性水平上，相对双侧备择假设也不能拒绝 $H_0: \beta_1 = 0$。这个估计值确实表明，纽约证券交易所的股票收益从某一周到下一周略有正相关，但这种相关性并不足以正当地拒绝有效市场假说。

在上例中，使用一个 AR(1) 模型来检验 EMH，或许不能检验出间隔大于一周的每周收益相关性。其实，使用不止一期滞后的模型估计起来也并不难。例如，一个二阶自回归模型或 AR(2) 模型为：

$$y_t = \beta_0 + \beta_1 y_{t-1} + \beta_2 y_{t-2} + u_t$$
$$\mathrm{E}(u_t \mid y_{t-1}, y_{t-2}, \cdots) = 0 \tag{11.17}$$

要保证 AR(2) 过程是弱相关的，β_1 和 β_2 还必须满足平稳性条件；但这并不算什么问题，因为原假设声称 EMH 是成立的：

$$H_0: \beta_1 = \beta_2 = 0 \tag{11.18}$$

如果我们再增加一个同方差假设 $\text{Var}(u_t \mid y_{t-1}, y_{t-2}) = \sigma^2$，便可以使用标准的 F 统计量检验（11.18）。如果我们估计 $return_t$ 的一个 AR(2) 模型，便得到：

$$\widehat{return_t} = 0.186 + 0.060\, return_{t-1} - 0.038\, return_{t-2}$$
$$\quad\quad\quad (0.081)(0.038) \quad\quad\quad (0.038)$$
$$n = 688,\ R^2 = 0.004\ 8,\ \overline{R}^2 = 0.001\ 9$$

（其中，因为方程中又多了一期滞后，所以我们又失去了一次观测。）单独地看，这两期滞后在 10% 的水平上都不显著。它们也不是联合显著的：利用 $R^2 = 0.004\ 8$，F 统计量近似为 $F = 1.65$；这个 F 统计量的 p 值（自由度为 2 和 685）大约是 0.193。因此，即使在 15% 的显著性水平上，我们也不能拒绝（11.18）。

例 11.5

附加预期的菲利普斯曲线

附加预期的菲利普斯曲线的一个线性形式可以写成：

$$inf_t - inf_t^e = \beta_1(unem_t - \mu_0) + e_t$$

式中，μ_0 是自然失业率，inf_t^e 是在第 $t-1$ 年形成的预期通货膨胀率。这个模型假定自然失业率是恒定的，宏观经济学家对此持怀疑态度。实际失业和自然失业之差被称为周期性失业（cyclical unemployment）。实际通货膨胀与预期通货膨胀之差被称为未预料到的通货膨胀（unanticipated inflation）。误差项 e_t 被宏观经济学家称为供给冲击（supply shock）。如果在未预料到的通货膨胀和周期性失业之间有相互替代关系，就有 $\beta_1 < 0$。[对附加预期的菲利普斯曲线更详尽的讨论，参见 Mankiw（1994，Section 11 - 2）。]

为完成这个模型，我们需要对通货膨胀的预期作一个假设。在适应性预期（adaptive expectation）下，当前通货膨胀的预期值取决于最近观测到的通货膨胀。一个极其简单的形式是，今年的预期通货膨胀就是去年的通货膨胀：$inf_t^e = inf_{t-1}$。（在 18.1 节可以看到适应性预期的另一种表述。）在此假设下，我们可以得到：

$$inf_t - inf_{t-1} = \beta_0 + \beta_1 unem_t + e_t$$

或

$$\Delta inf_t = \beta_0 + \beta_1 unem_t + e_t$$

其中，$\Delta inf_t = inf_t - inf_{t-1}$，$\beta_0 = -\beta_1 \mu_0$。（因为 $\beta_1 < 0$ 而且 $\mu_0 > 0$，所以 β_0 预期为正。）因此，在适应性预期下，附加预期的菲利普斯曲线揭示了通货膨胀的变化与失业水平和供给冲击 e_t 之间的关系。如果像通常假设的那样，e_t 与 $unem_t$ 无关，那么我们可以通过 OLS 一致地估计出 β_0 和 β_1。（不一定要作其他假设，比如，未来的失业率不受当前供给冲击的影响。）我们假定 TS.1' 至 TS.5' 都成立。利用 PHILLIPS 中直至 2006 年的数据，便可以估计出：

$$\widehat{\Delta inf_t} = 2.82 - 0.515\, unem_t$$
$$(1.18)(0.202)$$
$$n = 58,\ R^2 = 0.104,\ \overline{R}^2 = 0.089 \tag{11.19}$$

方程（11.19）揭示出周期性失业和未预料到的通货膨胀率之间有如下替代关系：$unem$ 上升一个百分点会使得预料之外的通货膨胀有多于半个百分点的下降。这种影响是显著的（双侧 p 值≈0.014）。我们可以把它和例 10.1 中的静态菲利普斯曲线进行比较，发现通货膨胀和失业率之间存在轻微的正向关系。

因为可以把自然失业率写成 $\mu_0 = \beta_0 / (-\beta_1)$，所以我们就可以用方程（11.19）计算出自然失业率的估计值：$\hat{\mu}_0 = \hat{\beta}_0 / (-\hat{\beta}_1) = 2.82 / 0.515 \approx 5.48$。我们估计自然失业率大约是 5.6，这正好在宏观经济学家所认可的范围之内：历史上，5%～6% 是自然失业率常见的引用范围。由于这个估计值是 OLS 估计量的非线性函数，所以很难求它的标准误。伍德里奇（Wooldridge，2010，Chapter 3）介绍了一般非线性函数理论。在这个应用中，标准误为 0.577，这就得到自然失业率的一个 95% 的渐近置信区间（基于标准正态分布）约为 4.35～6.61。

在假设 TS.$1'$ 到 TS.$5'$ 下，我们可以证明：在定理 5.3 所描述的一类估计量中，OLS 统计量是渐近有效的，无非就是把横截面的观测下标 i 换成了时间序列下标 t。最后，如果一个模型中的解释变量含有时

> **? 思考题 11.2**
>
> 假设预期形成的方式为：$inf_t = (1/2)\cdot inf_{t-1} + (1/2)\cdot inf_{t-2}$。你将用什么样的回归来估计附加预期的菲利普斯曲线？

间趋势，只要它们是趋势平稳的，那么模型仍能有效地满足假设 TS.$1'$ 到 TS.$5'$。只要方程在必要时包含了时间趋势，常见的推断程序就是渐近有效的。

11.3　在回归分析中使用高度持续性时间序列

上一节说明，只要使用的时间序列是弱相关的，常见的 OLS 推断程序在比经典线性模型假设更弱的假设下依然可靠。不幸的是，很多经济的时间序列不是弱相关的。如果第 10 章中的 CLM 假设都成立，那么在回归分析中使用强相关的时间序列应该也不成问题。但是，当数据不是弱相关的时候，常见的推断程序对这些假设是否成立非常敏感，因为我们无法借助于大数定律和中心极限定理。在本节，我们举几个**高度持续性**（highly persistent）或**强相关**（strongly dependent）时间序列的例子，并说明如何对它们进行变换以用于回归分析。

11.3a　高度持续性时间序列

在简单的 AR(1) 模型（11.2）中，假定 $|\rho_1| < 1$ 对序列的弱相关性极其关

键。事实表明，许多经济时间序列最好用 $\rho_1=1$ 的 AR(1) 模型来刻画。这时，我们可以写成：

$$y_t = y_{t-1} + e_t, \ t = 1, \ 2, \ \cdots \qquad (11.20)$$

其中，我们再次假定 $\{e_t: t=1, \ 2, \ \cdots\}$ 是均值为 0、方差为 σ_e^2 的独立同分布序列。我们还假定初始值 y_0 是独立于 e_t $(t \geqslant 1)$ 的。

(11.20) 中的过程被称为一个 **随机游走**（random walk）。这个名称得自如下事实：在这个过程中，t 时期的 y 等于上一期值 y_{t-1} 加上一个独立于 y_{t-1} 的零均值随机变量。有时，通过对革新值（innovations）e_t 的性质做不同假定（比如用无关来代替独立性），可以给出随机游走的不同定义，但是，目前的定义足矣。

首先，我们求出 y_t 的期望值。利用反复迭代很容易得到：

$$y_t = e_t + e_{t-1} + \cdots + e_1 + y_0$$

两边取期望值，便得到：

$$E(y_t) = E(e_t) + E(e_{t-1}) + \cdots + E(e_1) + E(y_0) = E(y_0)，对所有 t \geqslant 1$$

因此，随机游走的期望值不取决于 t。一个常见的假设是 $y_0=0$（这个过程从 0 时期的 0 开始），此时，对所有的 t 都有 $E(y_t)=0$。

然而，随机游走的方差却随着时间的推移而变化。为了计算一个随机游走的方差，简单起见，我们假定 y_0 是非随机的，于是有 $\text{Var}(y_0)=0$；这样做对主要结论并无影响。于是，根据 $\{e_t\}$ 的独立同分布假设，有：

$$\text{Var}(y_t) = \text{Var}(e_t) + \text{Var}(e_{t-1}) + \cdots + \text{Var}(e_1) = \sigma_e^2 t \qquad (11.21)$$

换句话说，随机游走的方差是时间的线性函数，随着时间的推移而递增，从而表明这个过程不可能是平稳的。

更为重要的是，随机游走表现出了高度持续性的行为，这是因为现在的 y 值对于决定遥远未来的 y 值都有非常重要的作用。为了看出这一点，我们写出从现在开始 h 期以后的 y 值：

$$y_{t+h} = e_{t+h} + e_{t+h-1} + \cdots + e_{t+1} + y_t$$

假设现在是 t 时期，我们想根据当期值 y_t 计算 y_{t+h} 的期望值。由于给定 y_t 时 e_{t+j} 的期望值为 0 $(j \geqslant 1)$，所以我们有

$$E(y_{t+h} \mid y_t) = y_t，对所有 h \geqslant 1 \qquad (11.22)$$

这意味着，无论我们展望多远，y_{t+h} 的最好预测值总是今天的 y_t 值。不妨把这种情况与稳定的 AR(1) 情形相比较，在后面那种情况下，可类似地证明：

$$E(y_{t+h} \mid y_t) = \rho_1^h y_t，对所有 h \geqslant 1$$

在稳定性条件 $|\rho_1|<1$ 下，$E(y_{t+h} \mid y_t)$ 随着 h 趋于 ∞ 而趋近于 0：y_t 的值变得越来越不重要，而且 $E(y_{t+h} \mid y_t)$ 也越来越接近于无条件期望值 $E(y_t)=0$。

当 $h=1$ 时，方程 (11.22) 就与我们在例 11.5 中使用的适应性预期假设一样了：如果通货膨胀服从随机游走模式，那么，给定通货膨胀的所有过去值，inf_t 的

期望值无非就是 inf_{t-1}。所以，通货膨胀的随机游走模型为适应性预期提供了合理依据。

我们还可以看到，当 $\{y_t\}$ 服从随机游走模型时，对于 t 很大的情形，y_t 和 y_{t+h} 的相关性接近于 1。如果 $Var(y_0)=0$，可以证明：

$$Corr(y_t, y_{t+h}) = \sqrt{t/(t+h)}$$

所以，它们的相关程度取决于起始点 t（从而 $\{y_t\}$ 不是协方差平稳的）。另外，对于固定的 t，当 h 趋于无穷时，相关性趋于 0，但速度不是很快。事实上，t 越大，这种相关性随着 h 变大而趋于 0 的速度越慢。如果让 h 取一个比较大的值（比如说 $h=100$），我们总可以找到一个足够大的 t，使得 y_t 和 y_{t+h} 之间的相关性任意接近于 1。（假设 $h=100$，如果我们想使得相关性大于 0.95，只要 $t>1\,000$ 就可以了。）因此，随机游走模型不满足渐近无关序列的要求。

图 11.1 画出了一个随机游走的两种可能的情况，其中初始值为 $y_0=0$，且 $e_t \sim$ Normal$(0, 1)$。一般来说，要想凭对时间序列曲线的观察来判断它是否为随机游走并不是一件容易的事。下面，我们将介绍区分弱相关和强相关序列的一种非规范方法；规范的统计检验将在第 18 章中介绍。

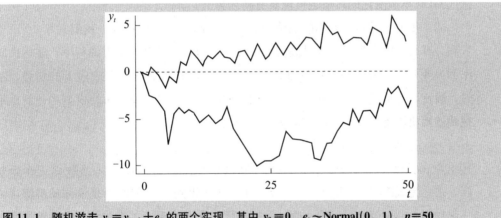

图 11.1 随机游走 $y_t = y_{t-1} + e_t$ 的两个实现，其中 $y_0=0$，$e_t \sim$ Normal$(0, 1)$，$n=50$

公认能用随机游走很好地描述的一个序列是三个月期国库券利率。图 11.2 画出了 1948—1996 年间国库券利率的年度数据。

随机游走是所谓**单位根过程**（unit root process）的一个特例。这个名字来自 AR(1) 模型中的 $\rho_1=1$ 这一事实。更一般类型的单位根过程可以像 (11.20) 式中那样生成，只不过这里的 $\{e_t\}$ 可以是普通的弱相关序列。[例如，$\{e_t\}$ 本身可以服从一个 MA(1) 或一个稳定的 AR(1) 过程。]当 $\{e_t\}$ 不是一个独立同分布序列的时候，我们前面推导的随机游走性质便不再成立。但 $\{y_t\}$ 的关键性质能得以保留：现在的 y 值与即使很遥远未来的 y 值都高度相关。

从政策角度看，知道一个经济时间序列是否具有高度持续性往往很重要。我们就以美国国内生产总值为例。如果 GDP 是渐近无关的，那么下一年的 GDP 水平最

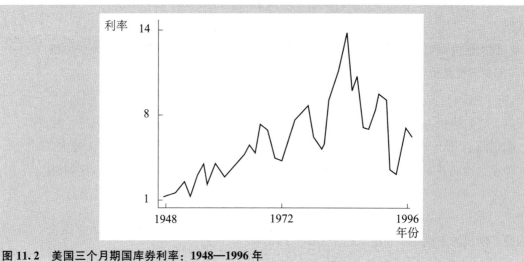

图 11.2　美国三个月期国库券利率：1948—1996 年

多与很多年之前（例如 30 年前）的 GDP 有弱相关关系。这意味着一项很久以前作用于 GDP 的政策，现在几乎没有什么持续影响。相反，如果 GDP 是强相关的，那么明年的 GDP 可以与很多年前的 GDP 都高度相关。于是，我们应该认识到，一项造成 GDP 离散变化的政策也可能具有持久影响。

非常重要的是，千万不能混淆趋势行为和高度持续性行为。我们在第 10 章曾看到，有趋势的序列不一定是高度持续性的。同时，很多人认为像利率、通货膨胀率和失业率等因素是高度持续性的，但它们又没有明显的向上或向下的趋势。不过，通常高度持续性的序列也包含了明显的趋势。导致这种行为的模型之一便是**带截距的随机游走**（random walk with drift）：

$$y_t = \alpha_0 + y_{t-1} + e_t, \quad t = 1, 2, \cdots \tag{11.23}$$

其中，$\{e_t: t = 1, 2, \cdots\}$ 和 y_0 具有与随机游走模型同样的性质。参数 α_0 是个新东西，被称为截距项（drift term）。本质上，为了得到 y_t，常数 α_0 是连同随机噪声 e_t 一起加到上一期值 y_{t-1} 上的。通过反复迭代，我们发现 y_t 的期望值具有一种线性时间趋势：

$$y_t = \alpha_0 t + e_t + e_{t-1} + \cdots + e_1 + y_0$$

因此，若 $y_0 = 0$，则 $E(y_t) = \alpha_0 t$；若 $\alpha_0 > 0$，y_t 的期望值随时间的推移而递增；若 $\alpha_0 < 0$，它便又随时间的推移而下降。利用单纯随机游走情形中的推算方法，我们可以证明 $E(y_{t+h} \mid y_t) = \alpha_0 h + y_t$，所以在 t 时期，对 y_{t+h} 的最佳预测值是 y_t 加上截距项 $\alpha_0 h$。y_t 的方差与纯粹随机游走情况下的方差完全相同。

图 11.3 给出了带截距的随机游走的一个实现，其中，$n = 50$，$y_0 = 0$，$\alpha_0 = 2$，e_t 是服从 Normal(0, 9) 的随机变量。正如我们从图中所见，y_t 倾向于随时间的推移而增长，但这个序列并非规律地向趋势线靠拢。

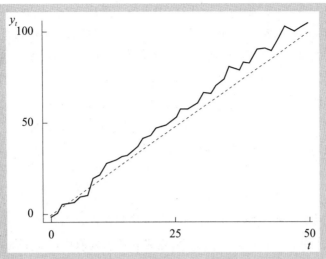

图 11.3　带截距的随机游走的一个实现：$y_t = 2 + y_{t-1} + e_t$，$y_0 = 0$，$e \sim \mathrm{Normal}(0, 9)$，$n = 50$。虚线是 y_t 的期望值：$\mathrm{E}(y_t) = 2t$

带截距的随机游走是单位根过程的另一个例子，因为它是含截距的 AR(1) 模型中 $\rho_1 = 1$ 时的特例：

$$y_t = \alpha_0 + \rho_1 y_{t-1} + e_t$$

当 $\rho_1 = 1$ 而 $\{e_t\}$ 是任一弱相关过程时，我们得到了一大类均值有线性趋势的高度持续性时间序列过程。

11.3b　高度持续性时间序列的变换

可以用单位根过程表示的一类高度持续性时间序列，在不满足 CLM 假设的情况下，一旦用于回归方程，可能导致极具误导性的结果。我们在第 18 章将更详细地研究伪回归的问题，但现在我们必须意识到潜在的问题。幸运的是，只要做一些简单变换，就可以使单位根过程变为弱相关的。

弱相关过程被称为**零阶单整**（integrated of order zero）或 **I(0)**。实际上这意味着，在回归分析中使用它们之前，无须对这种序列进行任何处理：这种序列的均值已经满足标准的极限定理。单位根过程，例如随机游走（有或没有截距项）被称作**一阶单整**（integrated of order one）或 **I(1)**，这意味着这个过程的**一阶差分**（first difference）便是弱相关的（而且通常是平稳的）。I(1) 时间序列常称为**差分平稳过程**（difference-stationary process），但由于这个名称过于强调差分之后的平稳性而不是强调差分的弱相关，所以这种提法多少有些误导性。

对于一个随机游走过程来说，最容易看明白 I(1) 过程的概念。如果 $\{y_t\}$，$t = 1, 2, \cdots$ 如同在（11.20）式中那样生成，就有：

$$\Delta y_t = y_t - y_{t-1} = e_t, \quad t = 2, 3, \cdots \tag{11.24}$$

因此，一阶差分后的序列 $\{\Delta y_t: t = 2, 3, \cdots\}$ 实际上是一个独立同分布序列。更一般地讲，若 $\{y_t\}$ 是由（11.24）生成的，其中 $\{e_t\}$ 是弱相关过程，则 $\{\Delta y_t\}$ 就是弱相关的。因此，当怀疑某些过程是一阶单整时，我们经常进行一阶差分，从而使它们可以用于回归分析；稍后，我们将看几个例子。个别情况下，符号"Δ"可以同时代表"改变"和"差异"。在实际数据中，如果初始的变量被称作 y，那么它的改变或差异就被表示成 cy 或 dy，例如，价格（price）的改变量就被表示成 cprice。

很多严格正的时间序列 y_t 是这样的：$\log(y_t)$ 是一阶单整的。在这种情况下，我们可以在回归分析中使用对数的差分，$\Delta\log(y_t) = \log(y_t) - \log(y_{t-1})$。换言之，因为

$$\Delta\log(y_t) \approx (y_t - y_{t-1})/y_{t-1} \tag{11.25}$$

所以我们可以直接使用 y_t 的比例或百分比变化；我们在例 11.4 中就是这么做的，在那里我们并没有用股票价格 p_t 来表述有效市场假说，而是用每周价格变化的百分数 $return_t = 100[(p_t - p_{t-1})/p_{t-1}]$。（11.25）式中的数值通常被称为**增长率**（growth rate），用小数来衡量。当我们使用数据时，知道增长率是以小数还是百分数衡量的十分重要。有时如果原始的变量是 y，它的增长率就是 gy，所以对每个 t，$gy_t = \log(y_t) \quad \log(y_{t-1})$ 或者 $gy_t = (y_t - y_{t-1})/y_{t-1}$，通常这些数量都被乘以 100，从而使小数变为百分数。

在回归分析中使用时间序列之前先对它们进行差分，还有另一个好处：它除掉了所有的线性时间趋势。这一点很容易通过把存在线性趋势的变量写成如下形式看出来：

$$y_t = \gamma_0 + \gamma_1 t + v_t$$

其中，v_t 的均值为 0。于是，$\Delta y_t = \gamma_1 + \Delta v_t$，所以 $\mathrm{E}(\Delta y_t) = \gamma_1 + \mathrm{E}(\Delta v_t) = \gamma_1$。换言之，$\mathrm{E}(\Delta y_t)$ 是常数。当 $\log(y_t)$ 符合线性时间趋势时，对 $\log(y_t)$ 也有同样的结论。因此，我们可以不在回归中引进时间趋势，只要对那些表现出明显趋势的变量进行差分就行了。

11.3c 判断时间序列是否为 I(1)

判断某个特定时间序列的情况是 I(1) 的结果还是 I(0) 的结果可能相当困难。虽然统计检验可以用来解决这一问题，但通常更加复杂；我们将在第 18 章进行简要探讨。

也有一些非规范的方法，可以提供实用的判断原则，以确定一个时间序列是否可以用弱相关来大致描述。一个非常简单的工具是受 AR(1) 模型启发得来的：若 $|\rho_1| < 1$，则这个过程是 I(0)；若 $\rho_1 = 1$，它便是 I(1)。我们在前面已经证明，当 AR(1) 过程稳定的时候，$\rho_1 = \mathrm{Corr}(y_t, y_{t-1})$。因此，我们可以通过 y_t 和 y_{t-1} 的样本相关系数来估计 ρ_1。这个样本相关系数被称为 $\{y_t\}$ 的**一阶自相关**（first order autocorrelation），记为 $\hat{\rho}_1$。通过应用大数定律，可以证明当 $|\rho_1| < 1$ 时，$\hat{\rho}_1$ 是 ρ_1 的一致估计。（但 $\hat{\rho}_1$ 不是 ρ_1 的无偏估计量。）

我们可以借助 $\hat{\rho}_1$ 的值来判断一个过程是 I(1) 还是 I(0)。不幸的是，因为 $\hat{\rho}_1$ 是一个估计值，所以我们永远也无法确知是否有 $\rho_1<1$。比较理想的情况是，我们可以计算 ρ_1 的一个置信区间，看它是否包含 $\rho_1=1$ 这个值，但这么做相当困难：当 ρ_1 接近于 1 和 ρ_1 远小于 1 时，估计量 $\hat{\rho}_1$ 的抽样分布极为不同。（实际上，当 ρ_1 接近于 1 时，$\hat{\rho}_1$ 可能有严重的向下偏误。）

在第 18 章，我们将说明如何相对于 $H_1:\rho_1<1$ 检验 $H_0:\rho_1=1$。目前，我们只能把 $\hat{\rho}_1$ 当作判断一个序列是否需要差分的大致准则。对于是否该进行差分的判断，并没有一个硬性规定。大多数经济学家认为，如果 $\hat{\rho}_1>0.9$，就需要进行差分；也有些人认为，只要 $\hat{\rho}_1>0.8$，就应该进行差分。

当我们研究的序列有明显的向上或向下的趋势时，在经过除趋势后得到的一阶

例 11.6

生育方程

在例 10.4 中，我们用个人所得税减免额 pe 解释了总生育率 gfr。这些序列的一阶自相关程度都很高：gfr 的 $\hat{\rho}_1=0.977$，pe 的 $\hat{\rho}_1=0.964$。这些都强烈地暗示着单位根行为的存在，这就给我们在第 10 章中分析此例时使用常用的最小二乘 t 统计量带来了严重问题。记住，t 统计量只有在全套经典线性模型假设下才具有精确的 t 分布。为了以某种方式放松这些假设，并应用渐近分析，我们通常需要其背后的序列是 I(0) 过程。

我们现在用一阶差分的方法来估计这个方程（为了简单起见，我们省略了虚拟变量）：

$$\Delta \widehat{gfr} = -0.785 - 0.043\Delta pe$$
$$(0.502) \quad (0.028)$$
$$n=71, R^2=0.032, \overline{R}^2=0.018 \tag{11.26}$$

现在，pe 的增加会降低同期的 gfr，尽管这个估计在 5% 的水平上并非统计显著异于 0。这个结果与我们以前在水平值上估计模型而得出的结果有很大的不同，它使我们对以前的分析产生了怀疑。

如果我们加进 Δpe 的两期滞后，情况就会好一些：

$$\Delta \widehat{gfr} = -0.964 - 0.036\Delta pe - 0.014\Delta pe_{-1} + 0.110\Delta pe_{-2}$$
$$(0.468) \quad (0.027) \quad\quad (0.028) \quad\quad\quad (0.027)$$
$$n=69, R^2=0.233, \overline{R}^2=0.197 \tag{11.27}$$

尽管 Δpe 和 Δpe_{-1} 的系数为负，但它们的系数都很小，而且是联合不显著的（p 值 = 0.28）。第二期滞后非常显著，表明 pe 的变化与两年后 gfr 的变化之间正相关。这比当期就看到影响更为合理。对这个方程的一阶差分形式的进一步分析，见第 11 章的计算机练习 C5。

自相关更有意义。如果数据未经除趋势，自回归的相关性倾向于被高估，这会为我们在趋势过程中发现单位根带来偏误。

例 11.7

工资和生产率

变量 $hrwage$ 是美国的平均小时工资，$outphr$ 是每小时产出。要估计小时工资相对小时产出的弹性，方法之一便是估计方程：

$$\log(hrwage_t) = \beta_0 + \beta_1 \log(outphr_t) + \beta_2 t + u_t$$

其中包含了时间趋势，因为 $\log(hrwage)$ 和 $\log(outphrt)$ 都表现出明显的线性递增趋势。利用 EARNS 中从 1947 年到 1987 年的数据，我们得到：

$$\overline{\log(hrwage_t)} = -5.33 + 1.64\log(outphr_t) - 0.018t$$
$$\quad\quad (0.37) \quad (0.09) \quad\quad\quad (0.002)$$
$$n = 41, \, R^2 = 0.971, \, \overline{R}^2 = 0.970 \tag{11.28}$$

（我们在这里报告了常见的拟合优度指标；若能像在 10.5 节中那样，在对因变量除趋势的基础上报告这些指标，就更好了。）估计的弹性看起来太大：生产率提高 1% 会使真实工资增长约 1.64%。因为标准误很小，所以 95% 的置信区间很容易就排除了单位弹性的可能。美国工人自己或许都不敢相信，生产率每提高 1%，他们的工资就上升 1.5% 以上。

要慎重看待方程（11.28）中的回归结果。即使对 $\log(hrwage)$ 除线性趋势以后，一阶自相关仍为 0.967；而且，对于除趋势的 $\log(outphr)$，$\hat{\rho}_1 = 0.954$。这些数字表明，这两个序列都有单位根，所以我们用一阶差分来重新估计这个方程（我们不再需要时间趋势了）：

$$\widehat{\Delta\log(hrwage_t)} = -0.003\,6 + 0.809\Delta\log(outphr)$$
$$\quad\quad\quad (0.004\,2)(0.173)$$
$$n = 40, \, R^2 = 0.364, \, \overline{R}^2 = 0.348 \tag{11.29}$$

现在，生产率提高 1%，估计真实工资上升约 0.81%，而且估计值并非统计显著异于 1。调整 R^2 说明，产出的增长能够解释真实工资上升的 35%。在第 11 章的计算机练习 C2 中，你可以看到这个模型使用了一阶差分的一个简单分布滞后形式。

在前面两个例子中，因变量和自变量看起来都有单位根。在其他情形中，我们可能会碰到单位根过程与弱相关过程（尽管可能含有趋势）的某种混合，第 11 章的计算机练习 C1 即是一例。

11.4 动态完备模型和无序列相关

在（11.12）的 AR(1) 模型中，我们证明了，在假设（11.13）下，误差

$\{u_t\}$ 在满足假设 TS. $5'$ 的意义上一定是**序列无关的**（serially uncorrelated）：假定不存在序列相关，实际上等同于假定 $E(y_t \mid y_{t-1}, y_{t-2}, \cdots)$ 中只包含 y 的一期滞后。

我们可以对其他回归模型给出类似的命题吗？答案是肯定的。尽管规定误差项序列无关的假设可能是不合理的，例如，考虑简单的静态回归模型：

$$y_t = \beta_0 + \beta_1 z_t + u_t \tag{11.30}$$

其中，y_t 和 z_t 是同期变量。若 OLS 是一致的，我们只需要 $E(u_t \mid z_t) = 0$。通常，$\{u_t\}$ 是序列相关的。不过，如果我们假定

$$E(u_t \mid z_t, y_{t-1}, z_{t-1}, \cdots) = 0 \tag{11.31}$$

则（正如我们稍后一般性地证明的那样）假设 TS. $5'$ 成立。尤其是，$\{u_t\}$ 是序列无关的。自然地，假设（11.31）意味着 z_t 是同期外生的，即 $E(u_t \mid z_t) = 0$。

为了洞悉（11.31）的含义，我们将（11.30）和（11.31）等价地写为：

$$E(y_t \mid z_t, y_{t-1}, z_{t-1}, \cdots) = E(y_t \mid z_t) = \beta_0 + \beta_1 z_t \tag{11.32}$$

其中，第一个等式是我们现在感兴趣的问题。其含义是，一旦控制了 z_t，y 或 z 的滞后无助于解释当前的 y。这是一个很强的要求，并且当滞后因变量具有预测功能时是不合理的，而这又是非常普遍的情况；如果（11.32）中的第一个等式不成立，那么我们预计误差会序列相关。

下面，我们考虑一个含有两期滞后的有限分布滞后模型：

$$y_t = \beta_0 + \beta_1 z_t + \beta_2 z_{t-1} + \beta_3 z_{t-2} + u_t \tag{11.33}$$

既然我们希望得到 z 对 y 的滞后影响，所以就很自然地假定（11.33）刻画了分布滞后动态：

$$E(y_t \mid z_t, z_{t-1}, z_{t-2}, z_{t-3}, \cdots) = E(y_t \mid z_t, z_{t-1}, z_{t-2}) \tag{11.34}$$

即 z 最多有两期滞后对 y 有影响。若（11.31）成立，则我们还可以进一步指出：一旦我们控制了 z 及其两期滞后，y 的滞后和 z 的其他滞后都无法影响当前的 y：

$$E(y_t \mid z_t, y_{t-1}, z_{t-1}, \cdots) = E(y_t \mid z_t, z_{t-1}, z_{t-2}) \tag{11.35}$$

方程（11.35）比（11.32）可能性更大一些，但它同样排除了 y 的滞后项对当前 y 有额外的预测能力。

接下来，考虑一个分别含有 y 和 z 的一期滞后的模型：

$$y_t = \beta_0 + \beta_1 z_t + \beta_2 y_{t-1} + \beta_3 z_{t-1} + u_t$$

既然这个模型中包括一期滞后因变量，所以（11.31）是一个很自然的假设，因为它意味着：

$$E(y_t \mid z_t, y_{t-1}, z_{t-1}, y_{t-2}, \cdots) = E(y_t \mid z_t, y_{t-1}, z_{t-1})$$

换言之，一旦控制了 z_t、y_{t-1} 和 z_{t-1}，没有 y 或 z 的其他滞后能够影响当前的 y。

在如下一般模型中：

$$y_t = \beta_0 + \beta_1 x_{t1} + \cdots + \beta_k x_{tk} + u_t \tag{11.36}$$

其中，解释变量 $\mathbf{x}_t = (x_{t1}, \cdots, x_{tk})$ 可能包含也可能不包含 y 或 z 的滞后，(11.31) 变成了：

$$\mathrm{E}(u_t \mid \mathbf{x}_t, y_{t-1}, \mathbf{x}_{t-1}, \cdots) = 0 \tag{11.37}$$

用 y_t 表示为：

$$\mathrm{E}(y_t \mid \mathbf{x}_t, y_{t-1}, \mathbf{x}_{t-1}, \cdots) = \mathrm{E}(y_t \mid \mathbf{x}_t) \tag{11.38}$$

换言之，无论 $\mathbf{x}_t$ 包含什么，它都包括了足够多的滞后，以至 y 和解释变量的其他滞后对解释 y 都没有任何意义。当这个条件成立时，我们得到了一个**动态完备模型**（dynamically complete model）。我们前面曾看到，对静态模型和有限分布滞后模型来说，动态完备性可能是一个非常强的假设。

一旦开始把 y 的滞后值当成解释变量，我们通常认为这个模型便是动态完备的。我们将在第 18 章讨论这个说法的例外情况。

因为 (11.37) 等价于

$$\mathrm{E}(u_t \mid \mathbf{x}_t, u_{t-1}, \mathbf{x}_{t-1}, u_{t-2}) = 0 \tag{11.39}$$

所以我们可以证明，动态完备模型一定满足假设 TS.5$'$。（它的推导并不重要，可以将它跳过而又不失连续性。）为具体起见，设 $s < t$，利用迭代期望法则（见书末附录数学复习 B），有

$$\mathrm{E}(u_t u_s \mid \mathbf{x}_t, \mathbf{x}_s) = \mathrm{E}[\mathrm{E}(u_t u_s \mid \mathbf{x}_t, \mathbf{x}_s, u_s) \mid \mathbf{x}_t, \mathbf{x}_s]$$
$$= \mathrm{E}[u_s \mathrm{E}(u_t \mid \mathbf{x}_t, \mathbf{x}_s, u_s) \mid \mathbf{x}_t, \mathbf{x}_s]$$

其中第二个等式得自 $\mathrm{E}(u_t u_s \mid \mathbf{x}_t, \mathbf{x}_s, u_s) = u_s \mathrm{E}(u_t \mid \mathbf{x}_t, \mathbf{x}_s, u_s)$。现在，由于 $s < t$，所以 $(\mathbf{x}_t, \mathbf{x}_s, u_s)$ 是 (11.39) 中条件集（conditioning set）的一个子集。因此，(11.39) 意味着 $\mathrm{E}(u_t \mid \mathbf{x}_t, \mathbf{x}_s, u_s) = 0$，于是，

$$\mathrm{E}(u_t u_s \mid \mathbf{x}_t, \mathbf{x}_s) = \mathrm{E}(u_s \cdot 0 \mid \mathbf{x}_t, \mathbf{x}_s) = 0$$

这便说明假设 TS.5$'$ 成立。

> **？ 思考题 11.3**
>
> 如果 (11.33) 成立，其中 $u_t = e_t + \alpha_1 e_{t-1}$，且 $\{e_t\}$ 是一个均值为 0、方差为 σ_e^2 的独立同分布序列，那么，方程 (11.33) 可能是动态完备的吗？

因为设定一个动态完备模型意味着不存在序列相关，那么是否所有的模型都应该是动态完备的呢？正如我们在第 18 章将要看到的那样，对于预测的目的而言，答案是肯定的。有些人认为所有的模型都应该是动态完备的，而一个模型中误差的序列相关是错误设定的信号。但这种观点过于极端，有时，我们只对静态模型（例如菲利普斯曲线）或有限分布滞后模型（例如给定生产力提高 1%，测度工资的长期百分比变化）感兴趣。在第 12 章，我们将讨论如何检验和纠正这些模型中的序列相关。

例 11.8

生育方程

在方程（11.27）中，我们估计了 Δgfr 对 Δpe 的一个分布滞后模型，并包含了 Δpe 的两期滞后。为了让这个模型在（11.38）的意义上是动态完备的，Δgfr 的滞后和 Δpe 的其他滞后都不应出现在模型中。我们很容易通过添加 Δgf_{t-1} 看出这个结论是错的：其系数估计值是 0.300，t 统计量是 2.84。所以，从（11.38）的意义上来看，这个模型不是动态完备的。

我们对此应该如何解释呢？对有滞后因变量的一般模型的解释将放在第 18 章来讲。但（11.27）不是动态完备的这一事实表明，误差中可能存在着序列相关。我们将在第 12 章看到如何对此进行检验和纠正。

动态完备的概念不应该与模型中包含适当滞后的更弱的假定相混淆。在模型（11.36）中，如果

$$\mathrm{E}(u_t \mid \mathbf{x}_t, \mathbf{x}_{t-1}, \cdots) = \mathrm{E}(u_t) = 0, \ t = 1, \ 2, \ \cdots \tag{11.40}$$

那么，解释变量就被称为**序列外生的**（sequentially exogenous）。正如我们在第 10 章习题 8 中讨论的一样，严格外生性意味着序列外生性，而序列外生性又意味着同期外生性。进一步而言，由于（$\mathbf{x}_t, \ \mathbf{x}_{t-1}, \ \cdots$）是（$\mathbf{x}_t, \ y_{t-1}, \ \mathbf{x}_{t-1}, \ \cdots$）的一个子集，所以动态完备性就意味着序列外生性。如果 $\mathbf{x}_t$ 包含 y_{t-1}，那么序列外生性与动态完备性就是相同的条件。关键在于，当 $\mathbf{x}_t$ 不包含 y_{t-1} 时，那么，在刻画 y_t 与所有其他解释变量及 y 的过去值之间的关系的意义上，序列外生性容许动态但不完备的可能性。但在有限分布滞后模型［比如方程（11.27）所估计的方程］中，我们可能并不关心过去的 y 对当前的 y 是否有预测力。我们主要关心的是，为了刻画分布滞后的动态，我们使用的解释变量的滞后阶数是否足够。比如，如果我们假定 $\mathrm{E}(y_t \mid z_t, \ z_{t-1}, \ z_{t-2}, \ z_{t-3}, \ \cdots) = \mathrm{E}(y_t \mid z_t, \ z_{t-1}, \ z_{t-2}) = \alpha_0 + \delta_0 z_t + \delta_1 z_{t-1} + \delta_2 z_{t-2}$，那么，回归元 $\mathbf{x}_t = (z_t, \ z_{t-1}, \ z_{t-2})$ 就是序列外生的，因为我们假定两阶滞后就足以刻画分布滞后动态。但在 $\mathrm{E}(y_t \mid z_t, \ y_{t-1}, \ z_{t-1}, \ y_{t-2}, \ z_{t-2}, \ \cdots) = \mathrm{E}(y_t \mid z_t, \ z_{t-1}, \ z_{t-2})$ 的意义上，这种模型通常不是动态完备的，而且我们也不关心这一点。此外，在一个有限分布滞后模型中，解释变量可能是也可能不是严格外生的。

11.5　时间序列模型的同方差假设

时间序列回归中的同方差假设，特别是假设 TS.4′，看起来与横截面回归中的同方差假设非常类似。但由于 $\mathbf{x}_t$ 可能既包括 y 的滞后，又包括滞后解释变量，所

以我们简要地讨论一下同方差假设在不同时间序列回归中的含义。

在如下简单的静态模型中：

$$y_t = \beta_0 + \beta_1 z_t + u_t \tag{11.41}$$

假设 TS.4′ 要求

$$\text{Var}(u_t \mid z_t) = \sigma^2$$

因此，即使 $E(y_t \mid z_t)$ 是 z_t 的线性函数，$\text{Var}(y_t \mid z_t)$ 也一定是常数。这一点很容易理解。

在例 11.4 中，我们看到，对于（11.12）中的 AR(1) 模型，同方差假设是：

$$\text{Var}(u_t \mid y_{t-1}) = \text{Var}(y_t \mid y_{t-1}) = \sigma^2$$

即使 $E(y_t \mid y_{t-1})$ 取决于 y_{t-1}，$\text{Var}(y_t \mid y_{t-1})$ 也不会。所以，y_t 分布的分散程度不可能取决于 y_{t-1}。

现在情况比较清楚，如果我们有模型：

$$y_t = \beta_0 + \beta_1 z_t + \beta_2 y_{t-1} + \beta_3 z_{t-1} + u_t$$

同方差假设就是：

$$\text{Var}(u_t \mid z_t, y_{t-1}, z_{t-1}) = \text{Var}(y_t \mid z_t, y_{t-1}, z_{t-1}) = \sigma^2$$

所以 u_t 的方差不可能取决于 z_t、y_{t-1} 和 z_{t-1}（或时间的其他函数）。一般情况下，无论模型中出现什么样的解释变量，我们必须假定在解释变量给定时 y_t 的方差是个常数。如果模型中包含滞后的 y 或滞后解释变量，我们就需要明确地排除异方差的动态形式（这是我们将在第 12 章学习的内容）。但是，在静态模型中，我们只关心 $\text{Var}(y_t \mid z_t)$。在方程（11.41）中，我们并不需要对 $\text{Var}(y_t \mid y_{t-1})$ 直接施加任何限制。

本章小结

本章阐明了在一定条件下，利用渐近分析可以证明 OLS 的合理性。在理想条件下，时间序列过程是平稳和弱相关的，但平稳性并不是很关键，要应用标准的大样本结果，特别是中心极限定理，弱相关是必要的。

只要模型中包含了时间趋势（像 10.5 节中那样），若含有确定性趋势的过程是弱相关的，便可直接用于回归分析。对含有季节性的过程有类似的命题。

当时间序列具有高度持续性（它们有单位根）时，我们在把它们直接用于回归模型时必须极其慎重（除非我们相信第 10 章的 CLM 假设成立）。使用水平值变量的另一种方法是使用变量的一阶差分。对大多数高度持续性的经济时间序列来说，一阶差分是弱相关的。使用一阶差分改变了模型的性质，但这种方法通常与水平值模型具有同样的信息含量。当数据具有高度持续性时，我们通常更信赖一阶差分结果。在第 18 章，我们将探讨一些在多元回归分析中使用 I(1) 变量的更新而又更高级的方法。

当模型具有完备动态的性质时，也就是在方程中无须任何变量的其他滞后时，我们便看到了序列无关的误差。这一点非常有用，因为某些模型被假定为完备动态的，比如自回归模型。在静态模型和有限分布滞后模型中，动态完备性假设经常不正确，这通常意味着误差是序列相关的。我们在第 12 章将看到如何处理这类问题。

时间序列回归的"渐近"高斯-马尔科夫假设

以下是本章为时间序列回归进行大样本推断所需要使用的 5 个假设概述。记住，时间序列型的经典线性模型假设常常被违背，特别是严格外生性、无序列相关性和正态性假设，所以我们才引入这一套新的假设。本章的一个重要观点是：为了保证适用中心极限定理，便要求某种弱相关性。OLS 的一致性（非无偏性）仅需要假设 TS.1′ 至 TS.3′。当我们增加假设 TS.4′ 和 TS.5′ 时，在大样本中使用通常的置信区间、t 统计量和 F 统计量便渐近有效。不像高斯-马尔科夫和经典线性模型假设，假设 TS.1′ 至 TS.5′ 都没有具有历史意义的名称。不过，这些与高斯-马尔科夫假设类似的假设，使得我们能够使用标准推断。与通常的大样本分析一样，我们完全无须正态性假设。

假设 TS.1′　（线性与弱相关）

随机过程 $\{(x_{t1}, x_{t2}, \cdots, x_{tk}, y_t): t=1, 2, \cdots, n\}$ 是平稳的、弱相关的，并且服从线性模型

$$y_t = \beta_0 + \beta_1 x_{t1} + \beta_2 x_{t2} + \cdots + \beta_k x_{tk} + u_t$$

其中，$\{u_t: t=1, 2, \cdots, n\}$ 是误差或干扰序列。这里 n 是观测次数（时期数）。

假设 TS.2′　（无完全共线性）

在样本（因此在潜在的时间序列过程）中，没有一个自变量是常数或者刚好是其他自变量的线性组合。

假设 TS.3′　（零条件均值）

解释变量是同期外生的，即 $\mathrm{E}(u_t \mid x_{t1}, \cdots, x_{tk})=0$。记住，假设 TS.3′ 明显比严格外生性假设 TS.3 更弱。

假设 TS.4′　（同方差）

误差是同期同方差的，即 $\mathrm{Var}(u_t \mid \mathbf{x}_t)=\sigma^2$，其中 $\mathbf{x}_t$ 是 $(x_{t1}, x_{t2}, \cdots, x_{tk})$ 的简单记法。

假设 TS.5′　（无序列相关）

对所有的 $t\neq s$，有 $\mathrm{E}(u_t u_s \mid \mathbf{x}_t, \mathbf{x}_s)=0$。

关键术语

渐近无关的	一阶自相关	序列外生的
一阶自回归过程［AR(1)］	增长率	序列无关的

同期外生的	高度持续性	稳定的 AR(1) 过程
同期同方差的	一阶单整 [I(1)]	平稳过程
协方差平稳的	零阶单整 [I(0)]	强相关的
差分平稳过程	协方差平稳过程	趋势—平稳过程
动态完备模型	一阶移动平均过程 [MA(1)]	单位根过程
一阶差分	非平稳过程	弱相关的
随机游走	带截距的随机游走	严格平稳的

习 题

1. 令 $\{x_t : t=1, 2, \cdots\}$ 为一个协方差平稳过程，定义 $\gamma_h = \mathrm{Cov}(x_t, x_{t+h})$，$h \geq 0$ [因此 $\gamma_0 = \mathrm{Var}(x_t)$]。证明 $\mathrm{Corr}(x_t, x_{t+h}) = \gamma_h / \gamma_0$。

2. 令 $\{e_t : t=-1, 0, 1, \cdots\}$ 为均值为 0、方差为 1 的独立同分布随机变量序列。定义如下随机过程：

$$x_t = e_t - (1/2)e_{t-1} + (1/2)e_{t-2}, \ t=1, 2, \cdots$$

(i) 求 $\mathrm{E}(x_t)$ 和 $\mathrm{Var}(x_t)$。它们取决于 t 吗？

(ii) 证明 $\mathrm{Corr}(x_t, x_{t+1}) = -1/2$，$\mathrm{Corr}(x_t, x_{t+2}) = 1/3$。（提示：最简单的方法是利用习题 1 中的公式。）

(iii) 在 $h > 2$ 时，$\mathrm{Corr}(x_t, x_{t+h})$ 是多少？

(iv) $\{x_t\}$ 是渐近无关过程吗？

3. 假设时间序列过程 $\{y_t\}$ 由 $y_t = z + e_t$，对所有 $t=1, 2, \cdots$ 生成，其中 $\{e_t\}$ 是满足 $\mathrm{E}(e_t)=0$ 和 $\mathrm{Var}(e_t)=\sigma_e^2$ 的独立同分布序列。随机变量 z 不随时间的推移而变化，它满足 $\mathrm{E}(z)=0$ 和 $\mathrm{Var}(z)=\sigma_z^2$，并独立于 $\{e_t\}$。

(i) 求 y_t 的期望值。它取决于 t 吗？

(ii) 求 $\mathrm{Cov}(y_t, y_{t+h})$，$y_t$ 是否为协方差平稳的呢？

(iii) 由第 (i) 和第 (ii) 部分的结论证明，$\mathrm{Corr}(y_t, y_{t+h}) = \sigma_z^2 / (\sigma_z^2 + \sigma_e^2)$。

(iv) 序列 $\{y_t\}$ 渐近无关吗？

4. 令 $\{y_t : t=1, 2, \cdots\}$ 像在 (11.20) 中那样服从一个随机游走过程，且 $y_0=0$。证明：对于 $t \geq 1$，$h > 0$，都有 $\mathrm{Corr}(y_t, y_{t+h}) = \sqrt{t/(t+h)}$。

5. 对于美国经济体系，令 $gprice$ 表示总价格水平的月增长率，$gwage$ 表示每小时工资的月增长率。[二者都是通过计算对数差分得到的：$gprice = \Delta\log(price)$，$gwage = \Delta\log(wage)$。] 利用 WAGEPRC 中的月度数据，我们估计了如下分布滞后模型：

$$gprice = -0.000\,93 + 0.119\,gwage + 0.097\,gwage_{-1} + 0.040\,gwage_{-2}$$
$$\qquad (0.000\,57) \quad (0.052) \qquad (0.039) \qquad\quad (0.039)$$

$$+ 0.038\,gwage_{-3} + 0.081\,gwage_{-4} + 0.107\,gwage_{-5} + 0.095\,gwage_{-6}$$
$$\quad (0.039) \qquad\quad (0.039) \qquad\quad (0.039) \qquad\quad (0.039)$$

$$+ 0.104\,gwage_{-7} + 0.103\,gwage_{-8} + 0.159\,gwage_{-9} + 0.110\,gwage_{-10}$$
$$\quad (0.039) \qquad\quad (0.039) \qquad\quad (0.039) \qquad\quad (0.039)$$

$$+0.103 gwage_{-11}+0.016 gwage_{-12}$$
$$(0.039)\qquad\quad (0.052)$$
$$n=273,\ R^2=0.317,\ \overline{R}^2=0.283$$

(i) 描述估计的滞后分布。$gwage$ 的哪一个滞后对 $gprice$ 的影响最大？哪一个滞后的系数最小？

(ii) 哪些滞后的 t 统计量小于 2？

(iii) 估计的长期倾向是多少？它与 1 有很大的不同吗？解释本例中的 LRP 告诉了我们什么。

(iv) 你将用什么样的模型来直接求出 LRP 的标准误？

(v) 你将怎样检验 $gwage$ 的 6 阶以上滞后的联合显著性？F 分布的 dfs 是多少？（注意：你又失去了 6 个观测。）

6. 令 $hy6_t$ 表示在 $t-1$ 时期买入六个月期国库券并在 t 时期（三个月后）当作三个月期国库券卖出的持有期收益率（用百分比表示）。令 $hy3_{t-1}$ 表示在 $t-1$ 时期购买三个月期国库券的持有期收益率。在 $t-1$ 时期，$hy3_{t-1}$ 是已知的；但由于在 $t-1$ 时期还无法知道 $p3_t$（t 时期三个月期国库券的价格），所以 $hy6_t$ 是未知的。预期假说（expectation hypothesis，EH）认为，这两种不同的三个月投资总体上应该是相同的。数学上，我们可以把这个结论表达为一个条件期望：

$$\mathrm{E}(hy6_t \mid I_{t-1})=hy3_{t-1}$$

式中，I_{t-1} 表示直至 $t-1$ 时期的所有可观测信息。因此，我们要估计模型：

$$hy6_t=\beta_0+\beta_1 hy3_{t-1}+u_t$$

并检验 H_0：$\beta_1=1$。［我们也可以检验 H_0：$\beta_0=0$，但因为我们买入有不同到期日的资产常常会带来期限溢价（term premium），这便容许 $\beta_0\neq 0$。］

(i) 利用 INTQRT 中的数据（每三个月为一个时期），用 OLS 估计上述方程，得到：

$$\widehat{hy6}_t=-0.058+1.104 hy3_{t-1}$$
$$\qquad\quad (0.070)\ (0.039)$$
$$n=123,\ R^2=0.866$$

在 1% 的显著性水平上，你想针对 H_1：$\beta_1\neq 1$ 而拒绝 H_0：$\beta_1=1$ 吗？估计值看起来实际上异于 1 吗？

(ii) EH 的另一个含义是：一旦控制了 $hy3_{t-1}$，就没有其他第 $(t-1)$ 期或更早时期的变量有助于解释 $hy6_t$。把六个月和三个月期国库券差价的一个滞后包含到模型中，得到：

$$\widehat{hy6}_t=-0.123+1.053 hy3_{t-1}+0.480(r6_{t-1}-r3_{t-1})$$
$$\qquad\quad (0.067)\quad\ (0.039)\qquad\ (0.109)$$
$$n=123,\ R^2=0.885$$

现在，$hy3_{t-1}$ 的系数统计显著异于 1 吗？差价的滞后项是显著的吗？根据这个方程，如果 $r6$ 在 $t-1$ 时期高于 $r3$，你应该投资于六个月期国库券还是三个月期国库券？

(iii) $hy3_t$ 和 $hy3_{t-1}$ 之间的样本相关程度为 0.914。这为什么会使我们对前面的分析产生担心？

(iv) 在第（ii）部分估计的方程中，你如何检验季节性？

7. 一个局部调整模型（partial adjustment model）如下：

$$y_t^*=\gamma_0+\gamma_1 x_t+e_t$$
$$y_t-y_{t-1}=\lambda(y_t^*-y_{t-1})+a_t$$

式中，y_t^* 是 y 的理想或最优水平；y_t 是实际（观测到的）水平。举例来说，y_t^* 是某公司理想的存货增量，x_t 是该公司销售的增量。参数 γ_1 度量了 x_t 对 y_t^* 的影响。第二个方程描述了如何依据 t 时期 y 的理想

水平与 $t-1$ 时期 y 的实际水平来调整 t 时期 y 的实际水平。参数 λ 度量了调整的速度，且满足 $0<\lambda<1$。

(i) 将第一个方程中的 y_t^* 代入第二个方程，证明我们可以写成

$$y_t = \beta_0 + \beta_1 y_{t-1} + \beta_2 x_t + u_t$$

并且，用 γ_j 和 λ 来表示 β_j，用 e_t 和 a_t 来表示 u_t。因此，由局部调整模型推出了一个有滞后的因变量和同期 x 的模型。

(ii) 如果 $\mathrm{E}(e_t \mid x_t,\ y_{t-1},\ x_{t-1},\ \cdots) = \mathrm{E}(a_t \mid x_t,\ y_{t-1},\ x_{t-1},\ \cdots) = 0$，而且所有序列都是弱相关的，你将如何估计 β_j？

(iii) 如果 $\hat{\beta}_1 = 0.7$ 且 $\hat{\beta}_2 = 0.2$，那么 γ_1 和 λ 的估计值各是多少？

8. 假设存在如下方程：

$$y_t = \alpha + \delta_t + \beta_1 x_{t1} + \cdots + \beta_k x_{tk} + u_t$$

其满足序列外生的假设［见方程（11.40）］。

(i) 假定对方程做差，得到下式：

$$\Delta y_t = \delta + \beta_1 \Delta x_{t1} + \cdots + \beta_k \Delta x_{tk} + \Delta u_t$$

为什么直接对此式做 OLS 估计的结果往往是不一致的？

(ii) 对原方程的解释变量做什么样的假设可以使得差分方程的 OLS 估计是一致的？

(iii) 假定 $z_{t1},\ \cdots,\ z_{tk}$ 是一系列与 y_t 同时产生的解释变量。如果我们设定静态回归方程：

$$y_t = \beta_0 + \beta_1 z_{t1} + \cdots + \beta_k z_{tk} + u_t$$

描述如果 $z_t = x_t$ 是序列外生的，其所需要的假设有哪些？你认为这些假设在经济现实中是否通常成立？

计算机练习

C1. 本题利用 HSEINV 中的数据。

(i) 求出 $\log(invpc)$ 中的一阶自相关，然后再求 $\log(invpc)$ 除掉线性趋势后的自相关。对 $\log(price)$ 做相同的计算。这两个序列中哪个可能有单位根？

(ii) 基于第（i）部分的结论估计方程：

$$\log(invpc_t) = \beta_0 + \beta_1 \Delta \log(price_t) + \beta_2 t + u_t$$

并以通常格式报告结果。对系数 $\hat{\beta}_1$ 作出解释，并判断它是否统计显著。

(iii) 除掉 $\log(invpc_t)$ 的线性趋势，然后在第（ii）部分的回归方程中使用除趋势的因变量（见 10.5 节），R^2 有何变化？

(iv) 现在用 $\Delta \log(invpc_t)$ 作为因变量。结果与第（ii）部分相比有何不同？时间趋势还是显著的吗？为什么？

C2. 在例 11.7 中，用自然对数的变化来定义小时工资和小时产出的增长率：$ghrwage = \Delta\log(hrwage)$，$goutphr = \Delta\log(outphr)$。考虑方程（11.29）中模型的一个简单扩展：

$$ghrwage_t = \beta_0 + \beta_1 goutphr_t + \beta_2 goutphr_{t-1} + u_t$$

它允许生产力增长率的提高对工资增长率既有当期的影响，又有滞后的影响。

(i) 利用 EARNS 中的数据估计这个方程，并以通常格式报告结果。$goutphr$ 的滞后值统计显著吗？

(ii) 如果 $\beta_1 + \beta_2 = 1$，生产力增长率的一个永久性提高将会在一年后完全反映到更高的工资增长率

上。相对于双侧备择假设检验 H_0：$\beta_1+\beta_2=1$。注意，最简单的做法是，像在第 10 章的例 10.4 中那样改写方程，使 $\theta=\beta_1+\beta_2$ 直接出现在模型中。

(iii) 模型中需要 $goutphr_{t-2}$ 吗？请解释。

C3. (i) 在例 11.4 中，给定过去的收益，t 时期的期望收益有可能是 $return_{t-1}$ 的二次函数。为了检验这种可能性，利用 NYSE 中的数据估计

$$return_t = \beta_0 + \beta_1 return_{t-1} + \beta_2 return_{t-1}^2 + u_t$$

以通常格式报告结果。

(ii) 陈述并检验 $E(return_t \mid return_{t-1})$ 不取决于 $return_{t-1}$ 这一原假设。（提示：这里要检验两个约束。）你有何结论？

(iii) 从模型中去掉 $return_{t-1}^2$，但增加交互作用项 $return_{t-1} \cdot return_{t-2}$。再来检验有效市场假说。

(iv) 基于过去股票收益进行股票每周收益的预测，你有何结论？

C4. 本题利用 PHILLIPS 中的数据，但只到 1996 年。

(i) 在例 11.5 中，我们假定自然失业率是常数。在另一种形式的附加预期的菲利普斯曲线中，自然失业率受历史失业水平的影响。最简单的情况是，t 时期的自然失业率与 $unem_{t-1}$ 相等。如果我们假定适应性预期，便得到一个通货膨胀和失业率都是一阶差分形式的菲利普斯曲线：

$$\Delta inf = \beta_0 + \beta_1 \Delta unem + u$$

估计这个模型，以通常格式报告结果，并讨论 $\hat{\beta}_1$ 的符号、大小和统计显著性。

(ii) 方程（11.19）和第（i）部分中的模型，哪一个对数据拟合得更好？请解释。

C5. (i) 在方程（11.27）中添加一个线性时间趋势。在一阶差分方程中，时间趋势是必要的吗？

(ii) 从（11.27）中去掉时间趋势并添加变量 $ww2$ 和 $pill$（不要对虚拟变量进行差分）。这两个变量在 5% 的水平上是显著的吗？

(iii) 在方程（11.27）中添加一个线性时间趋势并添加变量 $ww2$ 和 $pill$，则与第（i）部分相比，时间趋势项系数的数量和显著性如何变化？与第（ii）部分相比，$pill$ 系数的数量和显著性如何变化？

(iv) 用第（iii）部分中的模型估计 LRP 并求出其标准误。与从（10.19）得到的结果相比较，在（10.19）中 gfr 和 pe 是以水平值形式而非差分形式出现的。请问你是否认为生育率和免税额之间存在比较稳健的联系？

C6. 令 $inven_t$ 表示美国 t 年份的真实存货价值，GDP_t 表示真实国内生产总值，$r3_t$ 表示（事后）三个月期国库券的真实利率。事后真实利率（近似）为 $r3_t=i3_t-inf_t$，其中 $i3_t$ 是三个月期国库券利率，inf_t 是年通货膨胀率［参见 Mankiw（1994，Section 6-4）］。存货变化 $\Delta inven_t$ 是当年的存货投资，将 $cinven$ 和 $cGDP$，也就是 GDP 的变化联系起来的存货投资的加速数模型为：

$$cinven_t = \beta_0 + \beta_1 cGDP_t + u_t$$

其中，$\beta_1>0$［比如，参见 Mankiw（1994，Chapter 17）］。

(i) 利用 INVEN 中的数据估计这个加速数模型。以通常格式报告结果并解释方程的含义。$\hat{\beta}_1$ 是统计上大于 0 的吗？

(ii) 如果真实利率上升了，那么持有存货投资的机会成本上升，所以真实利率上升将导致存货下降。把真实利率加进加速数模型并讨论所得到的结论。

(iii) 真实利率的水平值形式比其一阶差分形式 $\Delta r3_t$ 更有效吗？

C7. 本题利用 CONSUMP 中的数据。一种消费的持久收入假说（permanent income hypothesis，

PIH）认为，消费的增长是不可预测的。[还有一种持久收入假说认为，消费本身的变化是不可预测的；参见曼昆（Mankiw, 1994, Chapter 15）对持久收入假说的讨论。]令 $gc_t = \log(c_t) - \log(c_{t-1})$ 表示人均真实（非耐用品和服务）消费的增长。那么持久收入假说意味着 $E(gc_t \mid I_{t-1}) = E(gc_t)$，这里的 I_{t-1} 表示在 $t-1$ 时期所知道的信息；此时，t 代表年份。

（i）通过估计 $gc_t = \beta_0 + \beta_1 gc_{t-1} + u_t$ 来检验持久收入假说。明确表述原假设和备择假设。你能得出什么结论？

（ii）在第（i）部分的回归中添加变量 gy_{t-1}、$i3_{t-1}$ 和 inf_{t-1}。这些新变量在 5% 的水平上是单独或联合显著的吗？（确保报告正确的 p 值。）

（iii）在第（ii）部分的回归中，gc_{t-1} 的 p 值和 t 统计量如何？这是否表明数据支持持久收入假说？

（iv）在第（ii）部分的回归中，四个解释变量的 F 统计量及其对应的 p 值是多少？这是否支持你在第（i）部分中对持久收入假说的判断？

C8. 本题利用 PHILLIPS 中的数据。

（i）仅使用截至 2003 年的数据估计失业率的 AR(1) 模型。用这个方程预测 2004 年的失业率。将它与 2004 年的实际失业率进行比较。

（ii）在第（i）部分的方程中增加通货膨胀的一期滞后，再次确保仅使用截至 2003 年的数据。inf_{t-1} 统计上显著吗？

（iii）利用第（ii）部分中的方程预测 2004 年的失业率。这个结果比第（i）部分的结果更好还是更糟？

（iv）利用 6.4 节的方法构造 2004 年失业率的 95% 的置信区间。2004 年的实际失业率在这个区间内吗？

C9. 本题利用 TRAFFIC2 中的数据。第 10 章的计算机练习 C11 曾要求你分析这些数据。

（i）计算变量 $prcfat$ 的一阶自相关。你认为 $prcfat$ 包含单位根吗？失业率也一样吗？

（ii）估计一个将 $prcfat$ 的一阶差分 $\Delta prcfat$ 与第 10 章的计算机练习 C11 第（iv）部分中的同样变量相联系的多元回归模型，只是你还应该对失业率进行一阶差分。于是，模型中包含一个线性时间趋势、月度虚拟变量、周末变量和两个政策变量；不要将这些变量进行差分。你发现什么有意思的结论了吗？

（iii）评论如下命题："在做多元回归之前，我们总应该将怀疑具有单位根的时间序列进行一阶差分，因为这样做是一种安全策略，而且应该得到与使用水平值类似的结论。"[在回答这个问题时，最好先做（如果你还没有做过的话）第 10 章的计算机练习 C11 第（iv）部分中的回归。]

C10. 本题利用 PHILLIPS 中的数据。你需要使用 56 年的数据。

（i）再次估计（11.19）式并以通常格式报告结果。当你加入了近年的数据后，截距项和系数是否发生了显著变化？

（ii）获取一个关于自然失业率的估计量，比较此估计量与例 11.5 中的相关数据。

（iii）计算 $unem$ 项的一阶自相关。你认为其根是否接近于 1？

（iv）用 $cunem$ 项代替 $uenm$ 作为解释变量。哪种情况下 R^2 更大？

C11. 奥肯定理[参见 Mankiw（1994, Chapter 2）]指出了真实 GDP 的年增长率 $pcrgdp$ 以及年失业率的变化 $cunem$ 之间的数量关系：

$$pcrgdp = 3 - 2 \cdot cunem$$

如果失业率稳定，则年经济增长率稳定在 3% 左右。失业率每增加 1%，经济增长速度减慢 2%。（这种关系并不解释任何因果联系，仅仅表述其统计上的数值关系。)

为了了解美国的经济数据是否支持奥肯定理，我们建立模型来估计

$$pcrgdp_t = \beta_0 + \beta_1 cunem_t + u_t$$

(i) 使用 OKUN 中的数据估计上述方程。你预期你是否会得到斜率为 -2、截距为 3 的方程呢? 结果如何?

(ii) 构建 t 统计量以检验 H_0: $\beta_1 = -2$。请问你是否用双侧检验在一个合理的显著性水平上拒绝了这一原假设?

(iii) 构建 t 统计量以检验 H_0: $\beta_0 = 3$。请问你是否用双侧检验在 5% 的显著性水平上拒绝了这一原假设? 拒绝的显著性水平如何?

(iv) 构建 F 统计量并找出其 p 值以检验 H_0: $\beta_0 = 3$, $\beta_1 = -2$。请问你是否用双侧检验在 10% 的显著性水平上拒绝了这一原假设? 总的来说，你认为数据是否支持奥肯定理?

C12. 本题利用 MINWAGE 中的数据，特别是第 232 部门 (男性和男孩用品部门) 中的工资和就业序列。变量 $gwage232$ 是第 232 部门中平均工资的月增长率 (对数的变化)，$gemp232$ 是第 232 部门中的就业增长率，$gmwage$ 是联邦最低工资的增长率，$gcpi$ 是 (城市) 消费者价格指数的增长率。

(i) 求 $gwage232$ 中的一阶自相关。这个序列看起来是弱相关的吗?

(ii) 用 OLS 估计动态模型

$$gwage232_t = \beta_0 + \beta_1 gwage232_{t-1} + \beta_2 gmwage_t + \beta_3 gcpi_t + u_t$$

保持上个月的工资增长率和 CPI 增长率不变，联邦最低工资的提高导致了 $gwage232_t$ 的同期提高吗? 请解释。

(iii) 现在在第 (ii) 部分的方程中添加就业增长率的一阶滞后 $gemp232_{t-1}$，它是统计显著的吗?

(iv) 与不含 $gwage232_{t-1}$ 和 $gemp232_{t-1}$ 的模型相比，增加这两个滞后变量显著改变了最低工资变量的估计效应了吗?

(v) 做 $gmwage232_t$ 对 $gwage232_{t-1}$ 和 $gemp232_{t-1}$ 的回归，并算出 R^2。评论这个 R^2 值如何有助于你对第 (iv) 部分的回答。

C13. 本题利用 BEVERIDGE 中的数据，数据包含美国的月度空置率与失业率数据，数据区间是 2000 年 12 月—2012 年 2 月。

(i) 找到 $urate$ 与 $urate\_1$ 之间的相关关系。你认为这一相关系数描述了一个单位根过程，还是一个弱相关过程?

(ii) 使用空置率 $vrate$，重复第 (i) 部分的过程。

(iii) 贝弗里奇曲线使用了最简单的线性关系描述失业率与空置率:

$$urate_t = \beta_0 + \beta_1 vrate_t + u_t$$

并预期得到负的 β_1 系数。用 OLS 进行估计并报告结果。你是否找到了负的相关关系?

(iv) 解释你为什么不相信第 (iii) 部分中由 OLS 汇报的 β_1 系数的置信区间? (针对此类回归所需的工具参见第 18 章。)

(v) 如果你在回归之前对 $urate$ 和 $vrate$ 做差分，回归估计的系数比起第 (iii) 部分中会如何变化? 是否在统计上显著异于 0? (本例指出了在 OLS 之前先做一次差分并非一定是一个合理的决定，更多细节请参见第 18 章。)

C14. 本题利用 APPOVAL 中的数据回答下列问题。第 10 章的计算机练习 C14 曾要求你分析过这些

11

数据。

（i）计算变量 *approve* 和 *lrgasprice* 的一阶自相关，请问其系数是否存在接近单位根问题？

（ii）考虑如下模型：

$$approve_t = \beta_0 + \beta_1 lcpifood_t + \beta_2 lrgasprice_t + \beta_3 unemploy_t + \beta_4 sep11_t + \beta_5 iraqinvade_t + u_t$$

其中，前两个变量是对数形式的。根据第（i）部分的结论，你是否会直接对此式做 OLS 回归？

（iii）对第（ii）部分的所有变量（包括虚拟变量）进行差分，你得到的 β_2 系数是怎样的？其是否显著？（并报告 p 值。）

（iv）你得到的 β_4 系数是怎样的？其是否统计显著？

（v）在第（ii）部分增加变量 $lsp500$，并通过一阶差分进行估计。讨论你加入的股市变量的系数及其含义。

11

第12章 时间序列回归中的序列相关和异方差性

本章将讨论多元回归模型中误差的序列相关这一重要问题。在第11章，我们了解到如果一个动态模型被恰当地完全给定了，它的误差就不存在序列相关性。所以，序列相关检验可以用来识别动态错误设定。此外，即使模型没有被错误设定，静态模型和有限分布滞后模型也经常具有序列相关的误差。因此，了解这些有用模型中存在序列相关的后果及相应的补救措施是很有必要的。

本章结构——至少是前几节——与第8章类似。在12.1节，我们展示了误差项序列相关时OLS方法的性质。在12.2节，我们展示了如何计算带有序列相关一般形式的OLS估计量的标准误。此前，这一主题被认为更高级，因此不在入门书籍中讨论。但是，就像在横截面分析中使用OLS和调整具有一般异方差的标准误已经相当普遍，在时间序列回归中使用OLS并计算序列相关—稳健的标准误也很常见。在12.3节，我们研究序列相关性检验的问题。我们将学习用于严格外生自变量模型的检验，以及对一般的解释变量渐近有效模型（包括滞后因变量）的检验。12.4节解释了在考虑特定模型时如何修正序列相关性，前提是我们假定解释变量有严格外生性。12.5节展示了如何使用差分数据消除残差项的序列相关性。

在第8章，我们讨论了横截面分析中异方差性的检验和修正。在12.6节，我们将说明，横截面中使用的方法如何扩展到时间序列分析。这两种情况下操作方法基本相同，但我们必须强调一些涉及时间序列观测中序列相关性的微妙差异。另外，我们还简要讨论了异方差动态形式的结果。

12.1 含序列相关误差时 OLS 的性质

12.1a 无偏性和一致性

在第10章，我们在时间序列回归的前3个高斯-马尔科夫假设（TS.1至

TS.3）成立的条件下，证明了 OLS 估计量的无偏性。其中，定理 10.1 对误差是否序列相关未做任何假设。因此只要解释变量是严格外生的，无论误差中的序列相关程度如何，$\hat{\beta}_j$ 都无偏。这类似于误差中的异方差不会造成 $\hat{\beta}_j$ 的偏误。

在第 11 章，我们把严格外生性假设放松到 $E(u_t \mid \mathbf{x}_t)=0$，甚至零相关性，并证明了当数据是弱相关的时候，$\hat{\beta}_j$ 仍然是一致的（但不一定无偏）。这一结论不会随着对误差中序列相关的假设而改变。

12.1b 有效性和推断

因为高斯-马尔科夫定理（定理 10.4）要求误差的同方差性和序列无关性，所以在出现序列相关时，OLS 便不再是 BLUE 了。更为重要的是，通常的 OLS 标准误和检验统计量也不再有效，而且连渐近有效都谈不上。在前 4 个高斯-马尔科夫假设和误差项的 **AR(1) 序列相关** ［AR(1) serial correlation］模型下，我们可以通过计算 OLS 估计量的方差看出这一点。更准确地说，我们假定：

$$u_t = \rho u_{t-1} + e_t, \ t=1, 2, \cdots, n \tag{12.1}$$

$$|\rho| < 1 \tag{12.2}$$

其中，e_t 是均值为 0，方差为 σ_t^2 的无关随机变量；（12.2）这个假设实际上是第 11 章中的稳定性条件。

我们考虑如下简单回归模型中 OLS 斜率估计量的方差：

$$y_t = \beta_0 + \beta_1 x_t + u_t$$

而且，为了简化公式，我们假定 x_t 的样本均值是 $0(\bar{x}=0)$。于是 β_1 的 OLS 估计量 $\hat{\beta}_1$ 可写成：

$$\hat{\beta}_1 = \beta_1 + \text{SST}_x^{-1} \sum_{t=1}^{n} x_t u_t \tag{12.3}$$

式中，$\text{SST}_x = \sum_{t=1}^{n} x_t^2$。现在，在计算 $\hat{\beta}_1$ 的基于 $\mathbf{X}$ 的条件方差时，我们必须解释 u_t 中的序列相关性：

$$\text{Var}(\hat{\beta}_1) = \text{SST}_x^{-2} \text{Var}\left(\sum_{t=1}^{n} x_t u_t \right)$$

$$= \text{SST}_x^{-2} \left[\sum_{t=1}^{n} x_t^2 \text{Var}(u_t) + 2 \sum_{t=1}^{n-1} \sum_{j=1}^{n-t} x_t x_{t+j} E(u_t u_{t+j}) \right] \tag{12.4}$$

$$= \sigma^2 / \text{SST}_x + 2(\sigma^2 / \text{SST}_x^2) \sum_{t=1}^{n-1} \sum_{t=1}^{n-t} \rho^j x_t x_{t+j}$$

式中，$\sigma^2 = \text{Var}(u_t)$，并且我们利用了 $E(u_t u_{t+j}) = \text{Cov}(u_t, u_{t+j}) = \rho^j \sigma^2$ ［见方程（11.4）］。方程（12.4）中的第一项 σ^2 / SST_x 是 $\rho=0$ 时 $\hat{\beta}_1$ 的方差，也就是我们熟悉的高斯-马尔科夫假设条件下的 OLS 方差。如果我们忽略序列相关并照常估计这一方差，那么当 $\rho \neq 0$ 时，方差的估计量通常是有偏的，因为它忽略了方程（12.4）中的第二项。我们在后面的例子中将看到，$\rho > 0$ 是很常见的，在这种情况下，对所

有的 j 都有 $\rho^j>0$。此外，回归模型中不同期的自变量通常正相关，所以对大多数时期的 t 和 $t+j$ 来说，$x_t x_{t+j}$ 都为正。因此，在大多数经济应用中 $\sum_{t=1}^{n-1}\sum_{j=1}^{n-t}\rho^j x_t x_{t+j}$ 都是正的，所以通常的 OLS 方差公式 σ^2/SST_x 低估了 OLS 估计量的真实方差。若 ρ 很大或 x_t 具有高度的序列正相关（这很常见），则通常 OLS 方差估计量的偏误就可能很大。我们倾向于把 OLS 估计量想象得比实际上更为精确。

若 $\rho<0$，则 ρ^j 在 j 是奇数时为负，在 j 是偶数时为正，于是就很难确定 $\sum_{t=1}^{n-1}\sum_{j=1}^{n-t}\rho^j x_t x_{t+j}$ 的符号。事实上，通常使用的 OLS 方差公式也可能高估了 $\hat\beta_1$ 的真实方差。无论是哪种情况，在出现序列相关时，通常的方差估计量都是 $\mathrm{Var}(\hat\beta_1)$ 的有偏估计。

因为 $\hat\beta_1$ 的标准误是 $\hat\beta_1$ 的标准差的估计值，所以在出现序列相关的时候使用通常的 OLS 标准误就不再有效。因此，检验单个假设的 t 统计量将失效。因为较小的标准误意味着较大的 t 统计量，所以当 $\rho>0$ 时，

> **思考题 12.1**
>
> 假定 u_t 不服从 AR(1) 模型，而是服从 MA(1) 模型 $u_t=e_t+\alpha e_{t-1}$。求出 $\mathrm{Var}(\hat\beta_1)$ 并证明：若 $\alpha\neq0$，则它不同于一般的公式。

常用的 t 统计量往往过大。常用于检验多重假设的 F 和 LM 统计量也不再可靠。

12.1c 拟合优度

有时我们会看到这样一种观点：时间序列回归模型中的误差若存在序列相关，我们常用的拟合优度指标 R^2 和调整 R^2 便失效了。幸运的是，只要数据是平稳且弱相关的，事实就并非如此。为了发现为什么这些指标依然有效，让我们回想曾在横截面分析中将总体 R^2 定义为 $1-\sigma_u^2/\sigma_y^2$（见 6.3 节）。在使用平稳且弱相关数据的时间序列回归分析中，这一定义依然有效：误差和因变量的方差都不随时间的推移而变化。根据大数定律，R^2 和调整 $\overline{R}^2$ 都是总体 R^2 的一致估计。这一结论本质上与横截面分析中有异方差性的情况相同（见 8.1 节）。由于不存在总体 R^2 的一个无偏估计量，所以讨论 R^2 中因序列相关所致的偏误毫无意义。实际上我们只能说，我们的拟合优度指标仍是总体参数的一致估计量。若 $\{y_t\}$ 是一个 I(1) 过程，那么这一结论就失效了，因为 $\mathrm{Var}(y_t)$ 随着 t 增加；此时的拟合优度便没有什么意义。我们在 10.5 节曾讨论过 y_t 均值中的趋势或季节性在计算 R^2 时也能并应该予以解释。其他违背平稳性的情形通常不会增加对 R^2 和调整 $\overline{R}^2$ 的解释的难度。

12.1d 出现滞后因变量时的序列相关

计量经济学的初学者经常受到警告：回归中出现滞后因变量时，误差有序列相关的危险。几乎所有计量经济学教材都包含某种形式的如下说法："在出现滞后因

变量和序列相关的误差时，OLS 是不一致的。"不幸的是，作为一般论断，这个命题是错误的。虽然也有一定的正确性，但一定要说得非常准确才行。

为了便于说明，假定给定 y_{t-1} 时 y_t 的期望值是线性的：

$$E(y_t \mid y_{t-1}) = \beta_0 + \beta_1 y_{t-1} \tag{12.5}$$

其中我们假定了数据的平稳性，即 $|\beta_1| < 1$。我们可以加上误差项，把（12.5）式写成：

$$y_t = \beta_0 + \beta_1 y_{t-1} + u_t \tag{12.6}$$

$$E(u_t \mid y_{t-1}) = 0 \tag{12.7}$$

根据以上构造，这个模型满足 OLS 的一致性所要求的关键假设 TS.3′，即零条件均值假设；因此 OLS 估计量 $\hat{\beta}_0$ 和 $\hat{\beta}_1$ 是一致的。重要的是要看到，若没有进一步的假设，误差 $\{u_t\}$ 可能序列相关。条件（12.7）保证了 u_t 与 y_{t-1} 不相关，但 u_t 和 y_{t-2} 却可能相关。因为 $u_{t-1} = y_{t-1} - \beta_0 - \beta_1 y_{t-2}$，$u_t$ 和 u_{t-1} 之间的协方差是 $-\beta_1 \text{Cov}(u_t, y_{t-2})$，并不一定为 0。因此，虽然误差表现出序列相关性，模型也包含了一个滞后因变量，但 OLS 还是给出了 β_0 和 β_1 的一致估计量，因为它们是条件期望公式（12.5）中的参数。误差中的序列相关性将导致用于检验的 OLS 统计量不再可靠，但它不影响一致性。

那么，如果误差是序列相关的，且解释变量中包含一个滞后因变量，在什么情况下 OLS 才是不一致的呢？如果完全按照方程（12.6）的情形，把模型写成误差形式，然后又像（12.1）和（12.2）那样假定 $\{u_t\}$ 服从一个稳定的 AR(1) 过程，即

$$E(e_t \mid u_{t-1}, u_{t-2}, \cdots) = E(e_t \mid y_{t-1}, y_{t-2}, \cdots) = 0 \tag{12.8}$$

OLS 便是不一致的。因为根据假设，e_t 与 y_{t-1} 不相关，$\text{Cov}(y_{t-1}, u_t) = \rho \text{Cov}(y_{t-1}, u_{t-1})$，除非 $\rho = 0$，否则它就不等于 0。这就导致在 y_t 对 y_{t-1} 的回归中，β_0 和 β_1 的 OLS 估计量是不一致的。

现在我们看到了，当误差 u_t 也服从 AR(1) 模型时，对方程（12.6）的 OLS 估计将得到不一致的估计量。不过，这个表述固然正确，仍难免有误导性，我们必须提问：当误差服从 AR(1) 模型时，估计方程（12.6）中的参数有什么意义呢？我们很难想象出有意义的情形。至少方程（12.5）中的参数告诉了我们 y_t 在给定 y_{t-1} 时的期望值。当我们把（12.6）和（12.1）结合起来，便发现 y_t 实际上服从一个二阶自回归模型，或 AR(2) 模型。为了说明这一点，我们把它写成 $u_{t-1} = y_{t-1} - \beta_0 - \beta_1 y_{t-2}$，并代入 $u_t = \rho u_{t-1} + e_t$。于是，方程（12.6）可写成：

$$
\begin{aligned}
y_t &= \beta_0 + \beta_1 y_{t-1} + \rho(y_{t-1} - \beta_0 - \beta_1 y_{t-2}) + e_t \\
&= \beta_0(1-\rho) + (\beta_1 + \rho) y_{t-1} - \rho \beta_1 y_{t-2} + e_t \\
&= \alpha_0 + \alpha_1 y_{t-1} + \alpha_2 y_{t-2} + e_t
\end{aligned}
$$

式中，$\alpha_0 = \beta_0(1-\rho)$，$\alpha_1 = \beta_1 + \rho$，$\alpha_2 = -\rho \beta_1$。给定公式（12.8）时，它满足：

$$E(y_t \mid y_{t-1}, y_{t-2}, \cdots) = E(y_t \mid y_{t-1}, y_{t-2}) = \alpha_0 + \alpha_1 y_{t-1} + \alpha_2 y_{t-2} \quad (12.9)$$

这个方程意味着，给定 y 的所有过去值，y_t 的期望值取决于 y 的两期滞后。我们在第 18 章将看到，在包括预测在内的实际应用中，我们感兴趣的是方程（12.9）。我们对参数 α_j 特别感兴趣。在 AR(2) 模型的适当稳定性条件下（我们将在 12.4 节探讨），（12.9）式的 OLS 估计便得到 α_j 的一致且渐近正态的估计值。

实质问题是：我们需要为一个模型中既有滞后因变量又有序列相关的误差找到一个合适的理由。通常，动态模型误差中的序列相关，无非标志着没有完全给定动态回归函数：在上例中，我们应该在方程中添加 y_{t-2}。

在第 18 章，我们将看到几个含滞后因变量的例子，其中的误差是序列相关的，而且与 y_{t-1} 也相关。但是，即使在这些情况下，误差也不是一个自回归过程。

12.2　在 OLS 回归后的序列相关—稳健推断

在时间序列分析中普通最小二乘很有吸引力，因为它对满足一致性仅要求同期外生性。因此，近些年来，有一种流行做法是使用 OLS 并计算相当任意的序列相关（及异方差）形式下有效的标准误。这种标准误现在在不少计量经济学软件包中被频繁计算。

为了说明如何得到序列相关—稳健标准误，我们考虑方程（12.4），它是一个简单回归模型中 OLS 斜率估计量的方差，而这个模型的误差服从 AR(1) 过程。通过代入 ρ 和 σ^2 的标准估计量，我们能轻而易举地估计这一方差。唯一的问题在于它假定了 AR(1) 模型成立和同方差性。这些假设都可能放松。

其中戴维森和麦金农（Davidson and MacKinnon，1993）探讨了一般性的对异方差性和序列相关均保持稳健的标准误。这里，我们只介绍一种简单方法，用以计算任何 OLS 系数的稳健标准误。

我们这里介绍的处理方法来自伍德里奇（Wooldridge，1989）。考虑如下标准多元线性回归模型：

$$y_t = \beta_0 + \beta_1 x_{t1} + \cdots + \beta_k x_{tk} + u_t, \ t = 1, 2, \cdots, n \quad (12.10)$$

我们曾用 OLS 估计过它。具体来说，我们的兴趣在于得到 $\hat{\beta}_1$ 的一个序列相关—稳健标准误。这不难做到。把 x_{t1} 写成其余自变量和误差项的一个线性函数：

$$x_{t1} = \delta_0 + \delta_2 x_{t2} + \cdots + \delta_k x_{tk} + r_t$$

式中，误差 r_t 的均值为 0，且与 x_{t2}，x_{t3}，$\cdots$，x_{tk} 都不相关。

那么，可以证明 OLS 估计量 $\hat{\beta}_1$ 的渐近方差为：

$$AVar(\hat{\beta}_1) = \Big[\sum_{t=1}^{n} E(r_t^2) \Big]^{-2} Var\Big(\sum_{t=1}^{n} r_t u_t \Big)$$

在无序列相关的假设 TS.5′ 下，$\{a_t \equiv r_t u_t\}$ 是序列无关的，于是（同方差条件下）通常的 OLS 标准误和异方差—稳健的标准误都是有效的。但如果假设 TS.5′ 不成立，$\text{AVar}(\hat{\beta}_1)$ 的表达式就必须考虑 $t \neq s$ 时 a_t 和 a_s 之间的相关性。实际中，一旦两项之间的时间距离超过几个时期，通常就可以假定它们的相关性几乎为 0。记住，因为在弱相关的条件下相关性必然趋近于 0，所以这个方法是合理的。

遵循尼威和韦斯特（Newey and West，1987）的一般性框架，伍德里奇（Wooldridge，1989）证明了 $\text{AVar}(\hat{\beta}_1)$ 可估计如下：令"$se(\hat{\beta}_1)$"表示通常（但不正确）的 OLS 标准误，令 $\hat{\sigma}$ 表示用 OLS 估计（12.10）的通常的回归标准误 [或均方根误差（root mean squared error）]。令 $\hat{r}_t$ 表示如下辅助回归的残差：

$$x_{t1} \text{ 对 } x_{t2},\ x_{t3},\ \cdots,\ x_{tk} \tag{12.11}$$

（照常包含一个常数项）。对于某个选定的整数 $g > 0$，定义

$$\hat{v} = \sum_{t=1}^{n} \hat{a}_t^2 + 2 \sum_{h=1}^{g} [1 - h/(g+1)] \left(\sum_{t=h+1}^{n} \hat{a}_t \hat{a}_{t-h} \right) \tag{12.12}$$

式中，

$$\hat{a}_t = \hat{r}_t \hat{u}_t,\ t = 1,\ 2,\ \cdots,\ n$$

它看起来多少有点复杂，但实际上做起来很容易。（12.12）式中的整数 g 被称作**截取滞后**（truncation lag），控制了在计算标准误时允许有多大程度的序列相关。一旦我们有了 $\hat{v}$，$\hat{\beta}_1$ 的**序列相关—稳健标准误**（serial correlation-robust standard error）就是：

$$se(\hat{\beta}_1) = ["se(\hat{\beta}_1)"/\hat{\sigma}]^2 \sqrt{\hat{v}} \tag{12.13}$$

换句话说，我们取 $\hat{\beta}_1$ 的通常 OLS 标准误，除以 $\hat{\sigma}$，然后把所得的结果平方，接着再乘以 $\hat{v}$ 的平方根。所得到的这个标准误就可以用来构建 $\hat{\beta}_1$ 的置信区间和 t 统计量。

看一下 $\hat{v}$ 在某些简单情形中是什么样子，有助于加深我们的认识。当 $g=1$ 时，

$$\hat{v} = \sum_{t=1}^{n} \hat{a}_t^2 + \sum_{t=2}^{n} \hat{a}_t \hat{a}_{t-1} \tag{12.14}$$

当 $g=2$ 时，

$$\hat{v} = \sum_{t=1}^{n} \hat{a}_t^2 + (4/3) \left(\sum_{t=2}^{n} \hat{a}_t \hat{a}_{t-1} \right) + (2/3) \left(\sum_{t=3}^{n} \hat{a}_t \hat{a}_{t-2} \right) \tag{12.15}$$

可见，g 越大，修正序列相关所包含的项就越多。（12.12）中的因子 $[1 - h/(g+1)]$ 的意义在于保证 $\hat{v}$ 实际上非负。[尼威和韦斯特（Newey and West，1987）证明了这一点。] 我们显然需要 $\hat{v} \geq 0$，因为 $\hat{v}$ 是方差估计值，而且它的平方根出现在（12.13）中。

（12.13）中的标准误对任意形式的异方差性也是稳健的。（在时间序列研究中，序列相关—稳健标准误有时也被称为**异方差和自相关一致标准误** [heteroskedasticity and autocorrelation consistent（HAC）standard error。] 实际上，如果我们去掉（12.12）式中的第二项，那么（12.13）式就变成了我们在第 8 章曾讨论过的一般异方差—稳健的标准误了（没有自由度的调整）。

（12.13）中的标准误所依据的理论技术性很强，也有点微妙。记住，我们一开始就声明我们并不知道序列相关的具体形式。如果事实的确如此，我们怎么选择截取滞后 g 的值并保证为其为整数呢？理论告诉我们，只要 g 随着样本容量而增加，（12.13）对相当任意形式的序列相关都能奏效。其思想是：样本容量越大，我们对（12.12）中序列相关关系的数量就可以越灵活。最近有很多有关 g 和 n 之间关系的研究，我们在此不予深究。对于年度数据，我们可以选一个较小的 g，比如 $g=1$ 或 $g=2$，便可以解释大多数的序列相关。对于季度或月度数据，假定我们有足够多的数据，g 就应该更大一些（比如，对季度数据，就选 $g=4$ 或 8，对月度数据，就选 $g=12$ 或 24）。在计算**尼威-韦斯特标准误**（Newey-West standard errors）时，计量经济软件 Eviews® 使用 $4(\frac{n}{100})^{2/9}$ 的整数，这一形式出现在尼威和韦斯特（Newey and West，1994）研究中，但这一公式仅出现在他们的初级阶段，而非最后关于 g 的选择。实际上，尼威和韦斯特（Newey and West，1994）建议取 $n^{1/3}$ 的倍数，而倍数大小取决于初始阶段的数据。斯托克与沃森（Stock and Watson，2014，Chapter 15）推荐取 g 为 $g=(3/4)n^{1/3}$ 的整数部分，这一形式是他们根据安德鲁斯（Andrews，1991）在误差为 AR(1) 过程及 $\rho=0.5$ 的假设下的研究结论得到的。还有一些人建议取 $n^{1/4}$ 的整数部分。比如，$n=70$（这对于二战以后的年度数据是合理的），$4\times(\frac{70}{100})^{2/9}\approx3.695$，$(3/4)\times70^{1/3}\approx3.091$ 而 $70^{1/4}\approx2.893$，取整结果分别为 3、3 和 2。你可以继续观察，随着 n 增大会发生什么，比如 $n=280$（即 70 年的季度数据）。

下面我们来总结一下怎样计算 $\hat{\beta}_1$ 的序列相关—稳健标准误。当然，因为我们可以把任意一个自变量放到第一的位置上，所以下面的步骤适用于计算任何一个斜率系数的标准误。对于不同的系数，我们甚至可以使用不同的截取滞后，尽管这一做法不常见。

$\hat{\beta}_1$ 的序列相关—稳健标准误：

（i）用 OLS 估计（12.10），得到"$\text{se}(\hat{\beta}_1)$"，$\hat{\sigma}$ 和 OLS 残差 $\{\hat{u}_t\colon t=1,\cdots,n\}$。

（ii）通过辅助回归（12.11）计算残差 $\{\hat{r}_t\colon t=1,\cdots,n\}$。然后，构造 $\hat{a}_t=\hat{r}_t\hat{u}_t$（对每个 t）。

（iii）对于选定的 g，根据（12.12）计算 $\hat{v}$。

（iv）根据（12.13）计算 $\text{se}(\hat{\beta}_1)$。

先前的过程可以在任何支持基本 OLS 回归的软件上使用。许多专业的计量经济学软件包都有计算所谓 HAC 标准误的内置命令，因此无须执行单独的步骤。解释这些命令如何运作需要矩阵代数的知识，但是思路与刚才提供的过程非常相似。

从过往经验来看，在有序列相关时，序列相关—稳健标准误一般要比通常的 OLS 标准误更大。这是因为在多数情况下误差是正序列相关的。但是，也存在

$\{u_t\}$ 明显序列相关，而某些系数的常用 OLS 标准误和序列相关—稳健（SC—稳健）标准误相当接近的情况：是 $\hat{a}_t = \hat{r}_t \hat{u}_t$ 的样本自相关决定了 $\hat{\beta}_1$ 的稳健标准误。

在最初引入后，SC—稳健标准误（HAC）的使用在一定程度上落后于仅对异方差性保持稳健的标准误，这有几个原因。原因之一是大型横截面数据（此时异方差—稳健的标准误基本具有良好的性质）比大型时间序列数据更为普遍。当序列相关明显而样本容量又很小（这里说的"小"，可以大到像 100 这样的数值）时，尼威-韦斯特标准误（Newey-West standard errors）的表现可能很糟糕。人们犹豫是否计算尼威-韦斯特标准误的原因是需要选择方程（12.12）中的带宽（bandwidth）g。因此，尼威-韦斯特标准误的计算无法自动完成，除非你允许计量经济学软件使用经验法则。即使这样做，你仍然必须服从选择。不幸的是，标准误可能对 g 的选择十分敏感。有关讨论参见 Kiefer and Vogelsang（2005）。

尽管如此，尼威-韦斯特标准误及其变体现在已广泛用于 OLS 估计的静态和分布式滞后模型。正如我们多次讨论的那样，OLS 的一致性不需要解释变量的严格外生性，这使得当解释变量的未来结果可能受到当前误差 u_t 的影响时，这一特征极具吸引力。如果解释变量严格外生，那么我们可以通过广义最小二乘法对 OLS 进行改进，我们将在 12.4 节中讨论这一点。如果尼威-韦斯特标准误似乎过大而无法让我们了解真实效果，我们至少应该尝试使用 GLS 方法。

例 12.1

波多黎各最低工资

在第 10 章中（见例 10.9），我们估计了最低工资对波多黎各就业率的影响。我们现在计算最低工资变量对应的 OLS 系数的尼威-韦斯特标准误。正如第 10 章的计算机练习 C3 一样，我们加入了 $\log(prgnp)$ 作为额外的控制变量。因此，解释变量包括 $\log(mincov)$、$\log(usgnp)$、$\log(prgnp)$ 以及一个线性时间趋势。

就业率对最低工资的弹性 OLS 估计值为 $\hat{\beta}_1 = -0.2123$，常用的 OLS 标准误是 "$\text{se}(\hat{\beta}_1)$"$= 0.0402$。回归标准误 $\hat{\sigma} = 0.0328$。此外，用前面 $g=2$ 时的步骤 [见（12.15）]，我们得到 $\hat{v} = 0.000805$。于是，SC—稳健标准误为 $\text{se}(\hat{\beta}_1) = [(0.0402/0.0328)]^2 \times \sqrt{0.000805} \approx 0.0426$。正如我们可预料的，SC—稳健（HAC）标准误大于 OLS 标准误，尽管只大了 6%。HAC 的 t 统计量大约是 -4.98，所以估计的弹性仍然非常显著。（当然，稳健置信区间略宽一些。）由于在计算 OLS 的标准误时在一定程度上考虑了序列相关性，我们可以对推断更有信心。

基弗和沃格桑（Kiefer and Vogelsang，2005）给出了一种不同的方法，能够在出现任意形式的序列相关时得到可靠的推断。相较于担心为了让 t 统计量服从渐近标准正态分布而容许 g 增加的速度（作为 n 的一个函数），他们在容许 $b = (g+1)/n$

确定为一个非零比例的情况下，推导出 t 统计量的大样本分布。［在尼威-韦斯特设定的背景中，$(g+1)/n$ 总是收敛于 0。］比如 $b=1$ 和 $g=n-1$，这就意味着我们包含了方程（12.12）中的每个协方差项。由此得到的 t 统计量虽然不服从大样本的标准正态分布，但基弗和沃格桑证明了，它服从渐近分布，他们还给出了适当的临界值表。对于一个显著性水平为 5% 的双侧检验，这个临界值是 4.771，而对于一个显著性水平为 10% 的双侧检验，这个临界值是 3.764。与标准正态分布的临界值相比，我们需要的 t 统计量明显更大。但我们无须再担心选择方程（12.12）中协方差的个数。

在结束本节之前，我们注意到，虽然有可能构造检验多重假设的序列相关—稳健的 F 型统计量，但在这里不打算介绍这么高级的内容。［相关探讨参见 Wooldridge（1991b，1995）和 Davidson and MacKinnon（1993）。］许多计量经济学软件会在 OLS 回归后按常规方式计算此类统计数据，但是，显然我们需要在尼威-韦斯特估计量中指定截取滞后。

12.3　序列相关性检验

上一节的方法表明，我们可以获得 OLS 估计量在序列相关一般形式（和异方差）下有效的标准误。因此，从原则上讲，我们的研究没有理由超出使用 OLS 计算所谓 HAC 标准误和统计数据这一范围。尽管如此，我们仍可能出于某些原因需要检测误差中是否存在序列相关。首先，使用 HAC 估计量需要我们选择带宽，而不同研究者的不同选择会导致不同的标准误——即使不存在序列相关。因此，如果无法通过检测得到序列相关的相当简单形式，则最好不要轻易为序列相关调整标准误。

检测序列相关性的第二个原因是我们有可能获得更有效的统计量，至少在解释变量严格外生的条件下。如果没有序列相关的足够有力的证据，追求仅在序列相关时能改进 OLS 的估计策略是毫无意义的。这一决定与横截面分析中以加权最小二乘取代 OLS 的决定本质上相同：在使用 WLS 之前，我们首先需要异方差存在的证据。我们将在 12.4 节讨论如何使用广义最小二乘解释序列相关性。

最后，我们可能已指定了一种模型，以使误差在理想情况下不具有序列相关性。当目标是预测且模型包含滞后因变量时，尤其如此。我们可以使用序列相关性的存在作为简单的诊断，以表明我们的模型缺少至少某些变量的滞后项，因此需要更关注模型的确定。

在本节，我们将学习在如下标准线性模型中误差项 $\{u_t: t=1, 2, \cdots\}$ 的序列相关检测的问题：

$$y_t = \beta_0 + \beta_1 x_{t1} + \cdots + \beta_k x_{tk} + u_t$$

我们首先考虑回归元是严格外生的情形。记得这就要求误差 u_t 与所有期的回归元都不相关（见 10.3 节），因此，在其他条件不变的情况下，它排除了那些含有滞后因变量的模型。

12.3a 严格外生时对 AR(1) 序列相关的 t 检验

尽管在多元回归模型中，误差项可能出现多种形式的序列相关，但最常见（也是最容易解决）的模型是由方程（12.1）和（12.2）给出的 AR(1) 模型。在 12.1 节，我们解释了，当误差一般地序列相关时，运用 OLS 将意味着什么，并且我们在含 AR(1) 误差的简单回归模型中推导了 OLS 斜率估计量的方差。在 12.2 节我们展示了修改 OLS 标准误以容许一般的序列相关性和异方差性。现在我们来说明，如何检验 AR(1) 序列相关的存在。原假设是，不存在序列相关；于是，就像检验异方差性一样，我们假定最理想的情况，并要求数据提供足够强有力的证据，表明无序列相关这一理想假设不成立。

首先，在解释变量严格外生的假设下，我们推导一个大样本的检验：给定自变量的全部历史信息，u_t 的期望值为 0。除此之外，在方程（12.1）中我们必须假设：

$$\mathrm{E}(e_t \mid u_{t-1}, u_{t-2}, \cdots) = 0 \tag{12.16}$$

和

$$\mathrm{Var}(e_t \mid u_{t-1}) = \mathrm{Var}(e_t) = \sigma_e^2 \tag{12.17}$$

这些都是 AR(1) 模型的标准假设（当 $\{e_t\}$ 是独立同分布序列时成立），它们使得我们可以把第 11 章的大样本结论应用于动态回归。

如同检验异方差性那样，原假设就是相应的高斯-马尔科夫假设正确。在 AR(1) 模型中，误差序列无关的原假设是：

$$\mathrm{H}_0: \rho = 0 \tag{12.18}$$

怎样来检验这个假设呢？如果 u_t 被观测到，那么，在（12.16）和（12.17）条件下，我们可以把定理 11.2 的渐近正态结论直接应用于动态回归模型：

$$u_t = \rho u_{t-1} + e_t, \ t = 2, \cdots, n \tag{12.19}$$

（在原假设 $\rho = 0$ 下，$\{u_t\}$ 显然是弱相关的。）换言之，对所有 $t = 2, \cdots, n$，我们可以通过将 u_t 对 u_{t-1} 做不含截距的回归来估计 ρ，而且可以使用 $\hat{\rho}$ 的常用 t 统计量。可是这个做法行不通，因为我们无法观测到 u_t。但是正如异方差检验中一样，我们可以用对应的 OLS 残差 $\hat{u}_t$ 代替 u_t。由于 $\hat{u}_t$ 取决于估计量 $\hat{\beta}_0, \hat{\beta}_1, \cdots, \hat{\beta}_k$，$\hat{u}_t$ 对 t 统计量的分布是否有影响并不明显。幸运的是，由于严格外生性假设，t 统计量的大样本分布不受 OLS 残差取代误差的影响。这个结论的证明超出了本书的范围，可参见 Wooldridge（1991b）。

我们可以很简单地概括一下 AR(1) 序列相关的渐近检验：

回归元严格外生时 AR(1) 序列相关的检验：

(i) 进行 y_t 对 $x_{t1}, x_{t2}, \cdots, x_{tk}$ 的 OLS 回归，得到 OLS 残差 $\hat{u}_t$，$t = 1, 2, \cdots, n$。

(ii) 做如下回归：

$$\hat{u}_t \text{ 对 } \hat{u}_{t-1}, \text{ 对所有 } t = 2, \cdots, n \tag{12.20}$$

得到 $\hat{u}_{t-1}$ 的系数 $\hat{\rho}$ 及其 t 统计量 $t_{\hat{\rho}}$。（这个回归可以包含也可以不包含截距；$\hat{\rho}$ 的 t 统计量会略受影响，但在这两种情况下都是渐近有效的。）

（iii）按照通常的方法，用 $t_{\hat{\rho}}$ 去检验 H_1：$\rho \neq 0$ 与 H_0：$\rho = 0$。（实际上，因为 $\rho > 0$ 往往是更容易出现的，所以备择假设也可采用 H_1：$\rho > 0$。）一般地，只要 H_0 在 5％的水平上被拒绝，我们就认为序列相关是一个需要处理的问题。和以前一样，我们最好汇报这个检验的 p 值。

在判断是否有必要考虑序列相关的问题时，我们应该注意实际显著性和统计显著性的区别。如果样本容量较大，即使 $\hat{\rho}$ 实际上很小，我们还是有可能发现序列相关；当 $\hat{\rho}$ 接近于 0 时，常用的 OLS 推断程序基本上也都不至于太离谱［见方程（12.4）］。当然，由于时间序列数据集通常较小，所以这种情况在时间序列应用中较为少见。

例 12.2

菲利普斯曲线中 AR(1) 序列相关的检验

我们在第 10 章估计了一个静态的菲利普斯曲线模型，它解释了美国的通货膨胀和失业之间的权衡关系（见例 10.1）。在第 11 章，我们研究了一种特殊的附加预期的菲利普斯曲线，加入了适应性预期的假设（见例 11.5）。现在，我们来检验每个方程中是否有序列相关。因为附加预期的曲线将 $\Delta inf_t = inf_t - inf_{t-1}$ 作为因变量，所以我们就少了一次观测值。

在使用 2006 年至今的数据估算出的静态菲利普斯曲线中，（12.20）中回归的结果为：$\hat{\rho} = 0.571$，$t = 5.48$，而 p 值 $= 0.000$（$n = 58$ 个观测值，第一项由于残差的滞后而舍弃）。这便是一阶正序列相关的有力证据。这一发现的结论之一是：第 10 章中的标准误和 t 统计量都不再适用，我们应该为斜率计算 HAC 标准误。相比之下，在附加预期的菲利普斯曲线中，检验 AR(1) 序列相关的结果是：$\hat{\rho} = -0.033$，$t = -0.29$ 和 p 值 $= 0.773$（57 次观测）：在附加预期的菲利普斯曲线中，不存在 AR(1) 序列相关的证据。我们也更倾向于附加于其上的版本，因为估算的权衡作用（负斜率）在经济理论中更有意义。

尽管（12.20）中的检验方法是从 AR(1) 模型推导出来的，但这种检验方法也可以用于检验其他类型的序列相关。记住，$\hat{\rho}$ 是 u_t 和 u_{t-1} 之相关系数的一致估计量。一方面，任何形式的序列相关——只要导致了相邻误差项彼此相关——都可以使用这种方法检验出来。另一方面，它无法检验出当相邻误差项无关时，$\text{Corr}(u_t, u_{t-1}) = 0$ 的序列相关。（例如，u_t 和 u_{t-2} 可能相关。）

在使用（12.20）中的常用 t 统计量时，我们必须假定（12.19）中的误差满足适当的同方差假设（12.17）。实际上，让这种检验对 e_t 的异方差性保

思考题 12.2

你将如何利用回归（12.20）来构造 ρ 的近似 95％的置信区间？

持稳健相当容易：只要用第 8 章中通常的异方差—稳健的 t 统计量就行了。例 12.2 中的静态菲利普斯曲线的异方差—稳健的 t 统计量是 3.98，它比非稳健 t 统计量要小，但仍然非常显著。在 12.5 节，我们将进一步讨论时间序列回归及其动态形式中的异方差问题。

12.3b 经典假设条件下的德宾-沃森检验

AR(1) 序列相关的另一种检验方法是德宾-沃森检验。**德宾-沃森（DW）统计量**［Durbin-Watson（DW）statistic］也是以 OLS 残差为基础的：

$$DW = \frac{\sum_{t=2}^{n}(\hat{u}_t - \hat{u}_{t-1})^2}{\sum_{t=1}^{n}\hat{u}_t^2} \tag{12.21}$$

简单运算即表明 DW 和（12.20）式中的 $\hat{\rho}$ 有密切联系：

$$DW \approx 2(1-\hat{\rho}) \tag{12.22}$$

上述关系并不精确的原因之一是，$\hat{\rho}$ 的分母是 $\sum_{t=2}^{n}\hat{u}_{t-1}^2$，而 DW 统计量的分母是所有 OLS 残差的平方和。即使样本容量不是很大，（12.22）式中的近似通常也接近正确值。因此，基于 DW 的检验和基于 $\hat{\rho}$ 的 t 检验在概念上是一样的。

德宾和沃森（Durbin and Watson, 1950）推导出了 DW 基于 **X** 的条件分布，其中需要全套经典线性模型假设，包括误差项的正态性。不幸的是，这个分布取决于自变量的值。（它还取决于样本容量、回归元个数和回归是否包含截距等。）尽管有些计量经济软件制表列出了 DW 的临界值和 p 值，但不少软件包并不提供这些数据。无论在什么情况下，这些数据都依赖于全套 CLM 假设。

有几本计量经济学教材认为，临界值的上下界取决于理想的置信水平、备择假设、观测数量和回归元个数。（我们假定模型中包含截距项。）通常情况下，计算 DW 检验的备择假设是：

$$H_1：\rho>0 \tag{12.23}$$

根据（12.22）中的近似关系，$\hat{\rho}\approx0$ 意味着 $DW\approx2$，而 $\hat{\beta}=0$ 意味着 $DW<2$。因此，为了拒绝原假设（12.18）而支持（12.23），我们希望找到一个显著小于 2 的 DW 值。不幸的是，由于求 DW 的原分布比较困难，我们必须将 DW 与两组临界值进行比较。这些临界值通常被标志为 d_U（上界）和 d_L（下界）。若 $DW<d_L$，则拒绝 H_0 而支持（12.23）；若 $DW>d_U$，便不能拒绝 H_0。若 $d_L\leqslant DW\leqslant d_U$，则无结论。

举个例子，如果我们选择显著性水平为 5%，$n=45$，$k=4$，$d_U=1.720$，$d_L=1.336$［参见 Savin and White (1977)］。如果 $DW<1.336$，我们在 5% 的水平上拒绝没有序列相关的原假设；如果 $DW>1.72$，我们不能拒绝 H_0；如果 $1.336\leqslant DW\leqslant1.72$，我们便无法从检验中得到结论。

在例 12.2 的静态菲利普斯曲线中，经计算 $DW=0.80$。根据萨文和怀特（Savin and White，1997），我们可以求出 $k=1$，$n=50$ 时的 1% 下界值：$d_L=1.32$。因此，我们在 1% 的水平上拒绝无序列相关的原假设，从而证明了正序列相关的存在。（利用以前的 t 检验，我们可以得到 p 值在小数点后 3 位数字都是 0。）对于附加预期的菲利普斯曲线，$DW=1.77$，它正好落在 5% 水平上的接受域（$d_U=1.59$）。

DW 相对（12.20）中 t 检验的唯一优点是可以列出一个精确的 DW 抽样分布。但是，所列出的临界值只有在满足所有 CLM 假设的情况下才有效，而且它们可能导致很宽的无结论区域，因此 DW 的实际缺陷就很大了。（12.20）中得到的 t 统计量计算简便，而且即使误差不是正态分布的，它也是渐近有效的。即便存在取决于 x_{tj} 的异方差，t 统计量也是有效的；并且很容易使之对任何形式的异方差都稳健。

12.3c　回归元非严格外生时 AR(1) 序列相关的检验

当解释变量不是严格外生的时候，会有一个或更多的 x_{tj} 与 u_{t-1} 相关，即使在大样本情况下，回归（12.20）中的 t 统计量和德宾-沃森统计量都不再有效。非严格外生回归元的一个重要情形是模型中包含滞后因变量的情况：y_{t-1} 和 u_{t-1} 显著相关。当模型中包含一个滞后因变量，且其他回归元都非随机（或者，更一般地，严格外生）时，德宾（Durbin，1970）提出了两种替代 DW 统计量的办法。第一种被称为德宾 h 统计量（Durbin's h statistic）。这个统计量在实践中有一个缺点，就是它不是总能计算出来，所以我们在此不予讨论。

德宾的另一个统计量计算起来比较简单，而且不论有多少个非严格外生的解释变量，它都是有效的。如果解释变量恰好是严格外生的，这个检验方法同样奏效。

一般回归元的序列相关检验：

（i）将 y_t 对 x_{t1}，…，x_{tk} 回归，得到 OLS 残差 $\hat{u}_t$，$t=1$，2，…，n。

（ii）进行如下回归：

$$\hat{u}_t \text{ 对 } \hat{u}_{t-1}, x_{t1}, x_{t2}, \cdots, x_{tk}, \quad t=2, \cdots, n \tag{12.24}$$

得到 $\hat{u}_{t-1}$ 的系数 $\hat{\rho}$ 及其 t 统计量 $t_{\hat{\rho}}$。

（iii）照常用 $t_{\hat{\rho}}$ 去检验 H_1：$\rho \neq 0$（或者用单侧备择假设）和 H_0：$\rho=0$。

在方程（12.24）中，我们将 OLS 残差对所有自变量进行回归，其中包括截距和滞后残差。滞后残差的 t 统计量是在 AR(1) 模型（12.19）[当我们在 H_0 下增加条件 $\text{Var}(u_t \mid \mathbf{x}_t, u_{t-1})=\sigma^2$ 时]中检验（12.18）的有效方法。x_{tj} 中可以出现任何个数的滞后因变量，同时还允许存在其他非严格外生的解释变量。

将 x_{t1}，…，x_{tk} 明确包含在回归方程中，这容许每个 x_{tj} 与 u_{t-1} 相关，这就保证了 $t_{\hat{\rho}}$ 在大样本情况下有渐近 t 分布。（12.20）中的 t 统计量忽略了 x_{tj} 和 u_{t-1} 之间可能的相关性，所以，在回归元不是严格外生的情况下是无效的。顺便提一下，由于 $\hat{u}_t = y_t - \hat{\beta}_0 - \hat{\beta}_1 x_{t1} - \cdots - \hat{\beta}_k x_{tk}$，所以可以证明，如果用 y_t 取代 $\hat{u}_t$ 作为（12.24）中

的因变量，$\hat{u}_{t-1}$ 的 t 统计量不变。

我们很容易使（12.24）中的 t 统计量对未知形式的异方差性保持稳健［特别是在 $\text{Var}(u_t \mid \mathbf{x}_t, u_{t-1})$ 不是常数时］：只要使用 $\hat{u}_{t-1}$ 的异方差—稳健的 t 统计量即可。

例 12.3

检验最低工资方程中的 AR(1) 序列相关

在例 12.1 中，我们计算了就业率对最低工资的弹性估计的 HAC 标准误。现在我们来检验误差中是否包含了 AR(1) 序列相关，所用的检验并不假定最低工资和 GNP 有严格外生性。我们假定潜在的随机过程是弱相关的，但我们通过在回归中包含 t 而容许它们包含线性时间趋势。

令 $\hat{u}_t$ 代表 OLS 残差，使用现有的 37 次观测，做如下

$$\hat{u}_t \text{ 对 } \hat{u}_{t-1}, \log(mincov), \log(usgnp), \log(prgnp), t \text{ 的回归}$$

得到 $\hat{u}_{t-1}$ 的估计系数是 $\hat{\rho} = 0.481$，$t = 2.89$（双侧 p 值 $= 0.007$）。因此，有足够的证据表明误差中有 AR(1) 序列相关，这意味着我们得到的 $\hat{\beta}_j$ 的 t 统计量不能用于推断。但别忘了，若 u_t 与每个解释变量都同期无关，则 $\hat{\beta}_j$ 仍然是一致的。碰巧，我们若使用回归（12.20），便得到 $\hat{\rho} = 0.417$，$t = 2.63$，此时的检验结果大体相似。有趣的是，尽管有正序列相关的有力证据，例 12.1 中的 HAC 标准误仅比常用的 OLS 标准误大一些。

12.3d 更高阶序列相关的检验

（12.24）中的检验方法很容易扩展到更高阶序列相关的情况。举个例子，假定我们想在 AR(2) 模型

$$\text{H}_0: \rho_1 = 0, \ \rho_2 = 0$$

中检验

$$u_t = \rho_1 u_{t-1} + \rho_2 u_{t-2} + e_t \tag{12.25}$$

这种序列相关模型使得我们可以检验二阶序列相关。和以前一样，我们用 OLS 方法求出 OLS 残差 $\hat{u}_t$。接着，我们做

$$\hat{u}_t \text{ 对 } \hat{u}_{t-1}, \hat{u}_{t-2}, x_{t1}, x_{t2}, \cdots, x_{tk}, t = 3, \cdots, n \text{ 的回归}$$

以得到 $\hat{u}_{t-1}$ 和 $\hat{u}_{t-2}$ 联合显著性的 F 检验。如果这两个滞后项在足够小的水平上（比如 5%）是联合显著的，我们便拒绝（12.25），认为误差是序列相关的。

更一般地，我们可以在如下 q 阶自回归模型中检验序列相关：

$$u_t = \rho_1 u_{t-1} + \rho_2 u_{t-2} + \cdots + \rho_q u_{t-q} + e_t \tag{12.26}$$

原假设是：

$$H_0: \rho_1 = 0, \ \rho_2 = 0, \ \cdots, \ \rho_q = 0 \qquad (12.27)$$

AR(q) 序列相关的检验：

(i) 做 y_t 对 $x_{t1}, \cdots, x_{tk}$ 的 OLS 回归，求出 OLS 残差 $\hat{u}_t$，$t=1, 2, \cdots, n$。

(ii) 进行回归：

$$\hat{u}_t \text{ 对 } \hat{u}_{t-1}, \ \hat{u}_{t-2}, \ \cdots, \ \hat{u}_{t-q}, \ x_{t1}, \ x_{t2}, \ \cdots, \ x_{tk}, \text{ 对所有 } t=(q+1), \cdots, n$$

$$(12.28)$$

(iii) 计算（12.28）中 $\hat{u}_{t-1}, \hat{u}_{t-2}, \cdots, \hat{u}_{t-q}$ 联合显著的 F 检验。［也可以把 y_t 作为（12.28）中的因变量来计算 F 统计量，结果相同。］

如果假定 x_{tj} 是严格外生的，以致 x_{tj} 与 $u_{t-1}, u_{t-2}, \cdots, u_{t-q}$ 无关，那么，x_{tj} 便可以从（12.28）中省略。在回归中包含 x_{tj}，可以使得无论有没有严格外生性假设，检验都是有效的。这个检验需要同方差假设：

$$\text{Var}(u_t \mid \mathbf{x}_t, u_{t-1}, \cdots, u_{t-q}) = \sigma^2 \qquad (12.29)$$

我们可以参照第 8 章描述的方法，计算异方差—稳健的 F 统计量。

另一种计算 F 检验的方法是使用拉格朗日乘数（Lagrange multiplier, LM）形式的统计量。（我们在第 5 章的横截面分析中介绍过用于检验排除性约束的 LM 统计量。）检验（12.27）的 LM 统计量是：

$$LM = (n - q) R_{\hat{u}}^2 \qquad (12.30)$$

式中，$\hat{R}_{\hat{u}}^2$ 是回归（12.28）中的通常 R^2。在原假设下，$LM \overset{a}{\sim} \chi_q^2$。它通常被称作 AR($q$) 序列相关的**布鲁施-戈弗雷检验**（Breusch-Godfrey test）。LM 统计量还要求（12.29），但是，我们可以通过变换使它对异方差保持稳健。［详尽分析参见 Wooldridge（1991b）。］

例 12.4

AR(3) 序列相关的检验

在氯化钡工业的事件研究中（见例 10.5），我们使用了月度数据，因此我们想检验是否存在更高阶的序列相关。为便于说明，我们检验方程（10.22）中误差的 AR(3) 序列相关。利用回归（12.28），$\hat{u}_{t-1}, \hat{u}_{t-2}$ 和 $\hat{u}_{t-3}$ 联合显著性的 F 统计量是 $F=5.12$。最初我们有观测值 $n=131$，而在辅助回归（12.28）中我们失去了三次观测。因为我们在本例中估计了（12.28）中的 10 个参数，所以 F 统计量的自由度 df 为 3 和 118。F 统计量的 p 值是 0.002 3，这就是存在 AR(3) 序列相关的有力证据。如果我们尝试说明（10.22）的回归发现，我们应该使用尼威-韦斯特标准误，考虑到 131 个样本，或许我们可以使用 3 或 4 作为截取滞后。

对于未经季节调整的季度或月度数据，我们有时希望能够检验序列相关的季节形式。例如，对于季度数据，我们可以假定如下自回归模型：

$$u_t = \rho_4 u_{t-4} + e_t \tag{12.31}$$

根据 AR(1) 序列相关检验，我们对检验程序应该很清楚了。若回归元是严格外生的，我们可以在回归

$$\hat{u}_t \ 对 \ \hat{u}_{t-4}, \ 对于所有 \ t = 5, \cdots, n$$

中使用 $\hat{u}_{t-4}$ 的 t 检验，也可以使用修正的德宾-沃森检验［参见 Wallis（1972）］。若 x_{tj} 不是严格外生的，我们可以用（12.24）中的回归，只需用 $\hat{u}_{t-4}$ 替换 $\hat{u}_{t-1}$ 即可。

> **？ 思考题 12.3**
>
> 假定你有季度数据，并想检验是否有一阶或四阶序列相关。若回归元是严格外生的，你将如何进行？

在例 12.4 中，数据是月度数据且未经季节调整。因此，我们有必要检验 u_t 和 u_{t-12} 之间的相关性。$\hat{u}_t$ 对 $\hat{u}_{t-12}$ 的回归得到 $\hat{\rho}_{12} = -0.187$，p 值 $= 0.028$，所以证据表明存在负的季节自相关。（如果把回归元也包括进来，结果只是稍有变化：$\hat{\rho}_{12} = -0.170$，p 值 $= 0.052$。）这有点不正常，也没有一个明显合理的解释。

12.4 回归元严格外生时序列相关的修正

若用 12.3 节中的检验方法检验到序列相关的存在，我们就必须对此采取一定的措施。如果我们的目标是估计一个有完整动态的模型，我们就需要重新设定模型，例如包含更多滞后项。在实际应用中，我们的目标不是要估计一个完整的动态模型，而是要找到一个进行有效统计推断的方法。

在 12.1 节我们清晰地看到了为什么存在序列相关性时常见的 OLS 标准误和检验数据不再有效。12.2 节展现了如何使用尼威-韦斯特（Newey and West，1987）推广的方法构建对一般形式的序列相关和异方差—稳健的标准误——所谓 HAC 标准误。正如在 12.2 节所述，使用 OLS 并校正标准误很有吸引力，因为我们只需要保持解释变量的同期外生性即可。（在分布式滞后模型中，同期外生与顺序外生实际上是相同的——也就是说，我们有足够多的滞项后来解决任何滞后效应。）除了必须选择截取滞后，使用带有尼威-韦斯特标准误的 OLS 的主要缺点是：OLS 估计量可能不精确。特别是，尼威-韦斯特标准误可能太大，以致置信区间很宽。我们可能会估算出较大的实际效果，但由于标准误较大，因此估算值在统计上可能并不显著。

如果 OLS 的尼威-韦斯特标准误似乎过大而无法使用，我们还有另一种选择：我们可以对序列相关性建模，然后应用广义最小二乘法。这是解决 $\{u_t: t = 1, 2, \cdots\}$ 中序列相关问题的更传统的方案，可以追溯到 Cochrane and Orcutt（1949）；另见 Prais and Winsten（1954）。对序列相关进行建模并使用可行的 GLS 类似于对

横截面回归中的异方差建模后使用加权最小二乘。

应用于序列相关问题的 GLS 统计特性的初始研究假定回归变量是非随机的，或者在重复的样本中是固定的。现在我们知道，基于 GLS 的序列相关校正的一致性的关键要求是回归变量严格外生。（我们知道，要使 OLS 保持无偏，就需要严格的外生性，但这对于保持一致是不必要的。）因此在应用 GLS 之前我们应当确定解释变量至少应该满足某种形式的严格外生性——对此我们稍后进行精确说明。我们当然不应该使用 GLS 方法来估计具有滞后因变量的模型，但是我们也知道，在其他有趣的情况下，严格外生性也会失效。GLS 需要更严格的外生性假设这一事实部分解释了为什么使用带有 HAC 标准误的 OLS 变得越来越流行。假定严格的外生性并使用 GLS，潜在的收益是我们可以获得比 OLS 更（渐近）有效的估计量。另外，如果我们成功地对序列相关建模，则可以简化推断。

我们从最常用的序列相关模型 AR(1) 模型开始我们的处理。

12.4a　在 AR(1) 模型中求最优线性无偏估计量

我们先假定高斯-马尔科夫假设 TS.1 到 TS.4 都成立，但放宽假设 TS.5。具体而言，我们假定误差服从 AR(1) 模型：

$$u_t = \rho u_{t-1} + e_t, \quad \text{对于所有 } t = 1, 2, \cdots \tag{12.32}$$

记得假设 TS.3 意味着，u_t 的基于 $\mathbf{X}$ 的条件均值为 0。在下面的分析中，为简化符号，我们省去以 $\mathbf{X}$ 为条件。于是，我们将 u_t 的方差写为：

$$\text{Var}(u_t) = \sigma_e^2 / (1 - \rho^2) \tag{12.33}$$

为简单起见，考虑只有一个解释变量的情况：

$$y_t = \beta_0 + \beta_1 x_t + u_t, \quad \text{对于所有 } t = 1, 2, \cdots, n$$

由于这个方程的问题在于 u_t 中存在序列相关，所以就有必要对方程进行变换，以消除序列相关。当 $t \geqslant 2$ 时，我们有：

$$y_{t-1} = \beta_0 + \beta_1 x_{t-1} + u_{t-1}$$
$$y_t = \beta_0 + \beta_1 x_t + u_t$$

现在，我们把第一个方程两边都乘以 ρ，然后再把它从第二个方程中减去，我们得到：

$$y_t - \rho y_{t-1} = (1 - \rho)\beta_0 + \beta_1 (x_t - \rho x_{t-1}) + e_t, \quad t \geqslant 2$$

其中，我们使用了 $e_t = u_t - \rho u_{t-1}$ 的事实。上式可以写成：

$$\tilde{y}_1 = (1 - \rho)\beta_0 + \beta_1 \tilde{x}_t + e_t, \quad t \geqslant 2 \tag{12.34}$$

式中，

$$\tilde{y}_1 = y_t - \rho y_{t-1}, \quad \tilde{x} = x_t - \rho x_{t-1} \tag{12.35}$$

被称为**准差分数据**（quasi-differenced data）。（若 $\rho = 1$，它们是差分数据，但我们假定 $|\rho| < 1$。）（12.34）中的误差项是序列无关的；实际上，这个方程满足所有

的高斯-马尔科夫假设。这意味着，如果知道了 ρ，我们就可以通过将 $\tilde{y}_t$ 对 $\tilde{x}_t$ 回归而估计出 β_0 和 β_1，当然我们要把估计的截距除以 $(1-\rho)$。

（12.34）的 OLS 统计量还不完全是 BLUE，因为它们没有利用第一个时期的数据。这个问题很容易解决，我们可以把 $t=1$ 时的方程表示为：

$$y_1 = \beta_0 + \beta_1 x_1 + u_1 \tag{12.36}$$

由于每个 e_t 都与 u_1 无关，所以我们可以把（12.36）加进（12.34）中，仍然保持了误差的序列无关。但是，根据（12.33），$\mathrm{Var}(u_1)=\sigma_e^2/(1-\rho^2)>\sigma_e^2=\mathrm{Var}(e_t)$。[当 $|\rho| \geqslant 1$ 时，方程（12.33）显然不成立，这也是我们假定平稳性条件的原因。] 这样，我们必须把方程（12.36）两边都乘以 $(1-\rho^2)^{1/2}$，以使误差有相同的方差：

$$(1-\rho^2)^{1/2}y_1 = (1-\rho^2)^{1/2}\beta_0 + \beta_1(1-\rho^2)^{1/2}x_1 + (1-\rho^2)^{1/2}u_1$$

或

$$\tilde{y}_1 = (1-\rho^2)^{1/2}\beta_0 + \beta_1\tilde{x}_1 + \tilde{u}_1 \tag{12.37}$$

式中，$\tilde{u}_1=(1-\rho^2)^{1/2}u_1$，$\tilde{y}_1=(1-\rho^2)^{1/2}y_1$，等等。（12.37）式中误差的方差为 $\mathrm{Var}(\tilde{u}_1)=(1-\rho^2)\mathrm{Var}(u_1)=\sigma_e^2$，于是我们可以把（12.37）和（12.34）一并用于 OLS 回归。这就在假设 TS.1 到 TS.4 和 u_t 的 AR(1) 模型下，得到了 β_0 和 β_1 的 BLUE 估计量。这是广义最小二乘（GLS）估计量的另一个例子。在第 8 章，我们在异方差条件下研究过其他 GLS 估计量。

在回归中增加更多回归元，情况大致相同。当 $t \geqslant 2$ 时，我们利用方程：

$$\tilde{y}_t = (1-\rho)\beta_0 + \beta_1\tilde{x}_{t1} + \cdots + \beta_k\tilde{x}_{tk} + e_t \tag{12.38}$$

其中 $\tilde{x}_{tj}=x_{tj}-\rho x_{t-1,j}$。当 $t=1$ 时，我们有 $\tilde{y}_1=(1-\rho^2)^{1/2}y_1$，$\tilde{x}_{1j}=(1-\rho^2)^{1/2}x_{1j}$，而截距为 $(1-\rho^2)^{1/2}\beta_0$。对于给定的 ρ，对数据进行变换并进行 OLS 检验相当简单。否则 GLS 估计量——也就是对变换后数据进行 OLS 检验得到的估计量——一般与原来的 OLS 统计量不同，除非 $\rho=0$。GLS 统计量最终是 BLUE 的，而且因为变换后方程中的误差是序列无关和同方差的，所以从变换后的方程中得出的 t 统计量和 F 统计量都是有效的（至少是渐近有效的，而如果误差 e_t 服从正态分布，则完全有效）。

12.4b 有 AR(1) 误差的可行 GLS 估计

GLS 估计量存在的问题是：实践中我们很少知道 ρ。不过，我们已经知道了如何获得 ρ 的一致估计量：与在方程（12.20）中完全一样，只要将 OLS 残差对其滞后项回归即可。接下来，我们用这个估计值 $\hat{\rho}$ 取代 ρ，以获得准差分变量。然后，对下面的方程应用 OLS：

$$\tilde{y}_t = \beta_0\tilde{x}_{t0} + \beta_1\tilde{x}_{t1} + \cdots + \beta_k\tilde{x}_{tk} + 误差项_t \tag{12.39}$$

式中，对 $t \geqslant 2$，$\tilde{x}_{t0}=(1-\hat{\rho})$，而 $\tilde{x}_{10}=(1-\hat{\rho}^2)^{1/2}$。这便得到 β_j 的**可行 GLS**（feasible

GLS，简记为 FGLS）估计量。方程（12.39）中的误差项既包含 e_t，也包含 $\hat{\rho}$ 的估计误差内容。幸运的是，$\hat{\rho}$ 的估计误差并不影响 FGLS 估计量的渐近分布。

AR(1) 模型的可行 GLS 估计：

(i) 做 y_t 对 x_{t1}，$\cdots$，x_{tk} 的 OLS 回归，求出 OLS 残差 $\hat{u}_t$，$t = 1, 2, \cdots, n$。

(ii) 做方程（12.20）的回归，求出 $\hat{\rho}$。

(iii) 用 OLS 估计方程（12.39）中的 β_0，β_1，$\cdots$，β_k。常见的标准误、t 统计量和 F 统计量都是渐近有效的。

用 $\hat{\rho}$ 来代替 ρ 的代价是：可行 GLS 估计量失去了易于处理的有限样本性质。特别是，当数据弱相关时，尽管它仍然一致，但不再无偏。此外，即使方程（12.38）中的 e_t 服从正态分布，但因为存在着 $\hat{\rho}$ 的估计误差，所以 t 和 F 统计量也只是渐近服从 t 和 F 分布。这在多数情况下是可行的，但在样本容量较小时，我们还是要慎重一些。

既然 FGLS 估计量并非无偏，我们当然不能说它是 BLUE 的。不过，当序列相关的 AR(1) 模型成立（而且解释变量严格外生）时，它还是比 OLS 估计量更渐近有效。这个命题再次假定了时间序列是弱相关的。

根据估计 ρ 和处理第一次观测的方法不同，AR(1) 模型的 FGLS 估计有很多种名称。**科克伦-奥卡特（CO）估计**（Cochrane-Orcutt estimation）省略了第一次观测，用的是（12.20）中的 $\hat{\rho}$，而**普莱斯-温斯顿（PW）估计**（Prais-Winsten estimation）则按照上述方法使用了第一次观测。从渐近性角度，用不用第一次观测并没有多大差别，但因为很多时间序列样本很小，所以在实际应用中，这种差别仍值得注意。

实践中，科克伦-奥卡特方法和普莱斯-温斯顿方法都可以使用迭代模式。也就是说，一旦用（12.20）中的 $\hat{\rho}$ 求出 FGLS 估计量，我们就可以计算出一组新的残差，利用新的残差又可以从（12.20）求出 ρ 的新估计值，再利用新估计值 $\hat{\rho}$ 对数据进行转换，然后可以用 OLS 来估计（12.39）。我们可以把这个过程重复多次，直至 ρ 的估计值与上一次的估计值差别很小为止。很多回归软件包能够自动实施迭代程序，所以不会给我们自己带来任何额外的负担。其实，很难说进行多次迭代计算效果更好，这在某些情况下可能有帮助，但从理论上讲，这种迭代估计量与只进行一次迭代的估计量具有相同的大样本性质。想要了解关于这些及其他方法的详细内容，可参见 Davidson and MacKinnon（1993，Chapter 10）。

例 12.5

事件研究中的普莱斯-温斯顿估计

同样使用 BARIUM 中的数据，我们用迭代普莱斯-温斯顿方法估计例 10.5 中的方程。为便于比较，我们在表 12.1 中也给出了 OLS 结论。

普莱斯-温斯顿估计中统计上显著的系数与 OLS 估计值没有太大差别［特别是 $\log(chempi)$、$\log(rtwex)$ 和 $afdec6$ 的系数］。统计上不显著的系数，因采用的方法不同而有所变化，甚至有明显变化，这一点不足为奇。

我们注意到第 3 列里的标准误一律比第 2 列里的对应标准误更高。这是正常现象，因为普莱斯-温斯顿标准误至少解释了 AR(1) 序列相关；而 OLS 标准误却没有把它考虑在内。正如我们在 12.1 节所见，OLS 标准误通常低估了 OLS 估计值的实际样本方差，因而在出现显著的序列相关时不应该再被信赖。因此，国际贸易委员会的决策对中国进口的影响远没有我们想象的那么统计显著（$t_{afdec6} = -1.69$）。本章末尾的计算机练习 C15 要求你计算 OLS 的尼威-韦斯特标准误。在标准研究中，这些错误如果不能完全替代 OLS 标准误，也至少会与常用的 OLS 标准误一起报告。

最后，PW 估计报告的 R^2 在本例中远低于 OLS 估计的 R^2。不过，这两个 R^2 不可比。OLS 的 R^2 依然基于未经变换的因变量和自变量所做的回归。而 PW 的 R^2 则来自利用变换后的因变量对变换后的自变量所做的回归。这个 R^2 实际上度量了什么尚不清楚；我们只是习惯性地计算它而已。

表 12.1 有关工资和其他个人特征的横截面数据集

系数	OLS	普莱斯-温斯顿
$\log(chempi)$	3.12	2.94
	(0.48)	(0.63)
$\log(gas)$	0.196	1.05
	(0.907)	(0.98)
$\log(rtwex)$	0.983	1.13
	(0.400)	(0.51)
$befile6$	0.060	-0.016
	(0.261)	(0.322)
$affile6$	-0.032	-0.033
	(0.264)	(0.322)
$afdec6$	-0.565	-0.577
	(0.286)	(0.342)
截距	-17.80	-37.08
	(21.05)	(22.78)
$\hat{\rho}$	—	0.293
观测值	131	131
R^2	0.305	0.202

12.4c　OLS 和 FGLS 的比较

在科克伦-奥卡特或普莱斯-温斯顿方法的某些应用中，FGLS 估计值在某些方面明显异于 OLS 估计值。（例 12.5 不属于这种情况。）通常我们认为这就证实了合理的 GLS 比 OLS 更为优越。不幸的是，事情并没有这么简单。为探明究竟，我们考虑回归模型：

$$y_t = \beta_0 + \beta_1 x_t + u_t$$

其中的时间序列过程是平稳的。现在，我们假定大数定律成立，那么，若：

$$\text{Cov}(x_t, u_t) = 0 \tag{12.40}$$

β_1 的 OLS 估计便是一致的。早些时候，我们曾断言，在严格外生性这一比 (12.40) 更为严格的假设下，FGLS 是一致的。实际上可以证明，为了使 FGLS 一致，除了 (12.40) 以外，最宽松的假设是：x_t 与 x_{t+1} 之和与 u_t 无关：

$$\text{Cov}[(x_{t-1} + x_{t+1}), u_t] = 0 \tag{12.41}$$

也就是说，FGLS 的一致性要求 u_t 与 x_{t-1}、x_t 及 x_{t+1} 都不相关。

我们如何证明 (12.41)［与 (12.40) 一起］是必需的呢？如果像在科克伦-奥卡特方法中那样，假定 ρ 已知，并去掉第一个时期的数据，证明便很简单。当我们使用 $\hat{\rho}$ 时，证明过程在技术上艰难一些，而且没有提供什么新的见解。由于一次观测不可能影响到估计量的渐近性质，所以去掉它也无妨。现在，利用已知的 ρ，GLS 估计量在一个误差为 $u_t - \rho u_{t-1}$ 的方程中用 $x_t - \rho x_{t-1}$ 作为回归元。根据定理 11.1，我们知道 OLS 一致性的关键假设是误差与回归元不相关。这里，我们需要 $\text{E}[(x_t - \rho x_{t-1})(u_t - \rho u_{t-1})] = 0$。若将期望展开，便得到

$$\begin{aligned}
\text{E}[(x_t - \rho x_{t-1})(u_t - \rho u_{t-1})] &= \text{E}(x_t u_t) - \rho\text{E}(x_{t-1} u_t) - \rho\text{E}(x_t u_{t-1}) \\
&\quad + \rho^2 \text{E}(x_{t-1} u_{t-1}) \\
&= -\rho[\text{E}(x_{t-1} u_t) + \text{E}(x_t u_{t-1})]
\end{aligned}$$

因为根据 (12.34)，有 $\text{E}(x_t u_t) = \text{E}(x_{t-1} u_{t-1}) = 0$。现在，在平稳性假设下，有 $\text{E}(x_t u_{t-1}) = \text{E}(x_{t+1} u_t)$，因为我们只是把时期向前移动了一期。因此

$$\text{E}(x_{t-1} u_t) + \text{E}(x_t u_{t-1}) = \text{E}[(x_{t-1} + x_{t+1}) u_t]$$

最后这个期望值就是方程 (12.41) 中的协方差，因为 $\text{E}(u_t) = 0$。我们证明了，想让 β_1 的 GLS 是一致的，方程 (12.41)［和 (12.40) 一起］必须成立。［当然，若 $\rho = 0$，我们便不需要方程 (12.41)，因为我们又回到了 OLS。］

我们的推导表明，OLS 和 FGLS 可能会由于方程 (12.41) 不成立而得到极为不同的估计值。在这种情况下，因为在方程 (12.40) 下 OLS 是一致的，而 FGLS 不一致，所以 OLS 优于 FGLS。如果 x 对 y 有滞后影响，或者 x_{t+1} 对 u_t 的变化具有反作用，那么 FGLS 可能给出具有误导性的结果。

由于 OLS 和 FGLS 是不同的估计方法，所以我们从不期待它们能给出相同的估计值。如果有存在序列相关的证据，而它们给出了 β_j 的相似估计值，那么 FGLS 方法更可取，因为它的估计量更有效，而且 FGLS 统计量至少渐近有效。当 OLS 和 FGLS 的估计值存在实际差别时，更困难的一个问题出现了：我们很难判断这种

差别是否统计显著。虽然可使用豪斯曼（Hausman，1978）提出的一般方法，但它超出了本书的范围。

在下面的例子给出的情形中，OLS 和 FGLS 就存在着重要差异。

例 12.6

静态菲利普斯曲线

表 12.2 使用 2006 年以来的观测值，给出了例 10.1 中静态菲利普斯曲线的 OLS 估计值和迭代普莱斯-温斯顿估计值。

表 12.2　因变量：inf

系数	OLS	普莱斯-温斯顿
$unem$	0.458 (0.289)	-0.716 (0.313)
截距	1.424 (1.719)	8.296 (2.231)
$\hat{\rho}$	—	0.781
观测值	49	49
R^2	0.053	0.136

我们感兴趣的是 $unem$ 的系数，用 PW 和 OLS 两种方法得到的估计值差别很大。因为 PW 估计值与通货膨胀和失业率之间的权衡关系相一致，所以我们倾向于考虑 PW 估计值。实际上，PW 估计值与把 inf 和 $unem$ 都进行一阶差分后得到的结果非常接近（见第 11 章的计算机练习 C4），这是因为使用 $\hat{\rho}=0.781$ 对 PW 进行的准差分类似于一阶差分，所以这种情况也讲得通。可能 inf 和 $unem$ 的水平值不相关，但它们的一阶差分存在负相关关系。

像静态菲利普斯曲线这样的例子为实证研究者提出了难题。一方面，如果我们真正对静态关系感兴趣，而失业和通货膨胀又是 I(0) 过程，那么无须额外假设，OLS 就能给出一致估计量。但失业、通货膨胀或二者都可能存在单位根，在这种情形下，OLS 不一定具有它通常的优良性质；我们将在第 18 章进一步讨论这个问题。在例 12.6 中，FGLS 给出了更有经济意义的估计值；因为它类似于一阶差分，FGLS 具有（近似）消除单位根的优势。

12.4d　对更高阶序列相关的修正

对更高阶序列相关进行修正也是可能的。哈维（Harvey，1990）对此进行了一般性的探讨。这里，我们以 AR(2) 序列相关为例阐释其方法：

$$u_t = \rho_1 u_{t-1} + \rho_2 u_{t-2} + e_t$$

式中，$\{e_t\}$ 满足 AR(1) 模型所做的假设。现在稳定性条件更复杂一些，可以证明，它们包括［见 Harvey（1990）］：

$$\rho_2 > -1, \ \rho_2 - \rho_1 < 1 \ \text{和} \ \rho_1 + \rho_2 < 1$$

例如，若 $\rho_1 = 0.8$ 和 $\rho_2 = -0.3$，模型就是稳定的；若 $\rho_1 = 0.7$ 和 $\rho_2 = 0.4$，则模型不稳定。

假定稳定性条件成立后，我们就可以得到能够消除序列相关的变换。在简单回归模型中，当 $t > 2$ 时，很容易实现这种变换：

$$y_t - \rho_1 y_{t-1} - \rho_2 y_{t-2} = \beta_0(1 - \rho_1 - \rho_2) + \beta_1(x_t - \rho_1 x_{t-1} - \rho_2 x_{t-2}) + e_t$$

或

$$\tilde{y}_t = \beta_0(1 - \rho_1 - \rho_2) + \beta_1 \tilde{x}_t + e_t, \ t = 3, 4, \cdots, n \tag{12.42}$$

如果我们知道 ρ_1 和 ρ_2 的值，我们在对变量进行变换之后，用 OLS 估计这个方程就会很容易。因为很少能够知道 $\hat{\rho}_1$ 和 $\hat{\rho}_2$，所以我们只有去估计它们。我们依旧可以利用 OLS 的残差 $\hat{u}_1$：通过

$$\hat{u}_t \ \text{对} \ \hat{u}_{t-1}, \hat{u}_{t-2}, \ t = 3, \cdots, n$$

回归，便得到 $\hat{\rho}_1$ 和 $\hat{\rho}_2$。［它与回归元是严格外生时检验 AR(2) 序列相关所用的回归相同。］然后，我们再用 $\hat{\rho}_1$ 和 $\hat{\rho}_2$ 取代 ρ_1 和 ρ_2 对变量进行变换。这样就得到一种可行的 GLS 估计量。如果我们有多个解释变量，那么对每个变量都进行如下变换：当 $t > 2$ 时，$\tilde{x}_{tj} = x_{tj} - \hat{\rho}_1 x_{t-1,j} - \hat{\rho}_2 x_{t-2,j}$。

对前两个观测的处理还需要一点技巧。可以证明，因变量和每个自变量（包括截距）都应该进行如下变换：

$$\tilde{z}_1 = \{(1 + \rho_2)[(1 - \rho_2)^2 - \rho_1^2]/(1 - \rho_2)\}^{1/2} z_1$$

$$\tilde{z}_2 = (1 - \rho_2^2)^{1/2} z_2 - [\rho_1(1 - \rho_1^2)^{1/2}/(1 - \rho_2)] z_1$$

式中，z_1 和 z_2 分别代表 $t = 1$ 和 $t = 2$ 时的因变量或自变量。我们在这里就不推导这些变换了。简单地说，它们消除了前两次观测之间的序列相关，并且使它们的误差方差都等于 σ_e^2。

幸运的是，适合于时间序列分析的计量经济软件包能够很容易地估计具有 AR(q) 误差的模型；我们很少需要亲自计算这些变换后的变量。

12.4e　如果序列相关建模出错，会发生什么？

与误差 $\{u_t: t = 1, 2, \cdots, n\}$ 包含的序列相关形式的可能相比，即使是 AR(2) 模型也很简单，而我们在实践中通常看到使用的是最简单的 AR(1) 模型。如果我们选择的模型不正确怎么办？或者，也许 AR(1) 模型是正确的，但误差中含有异方差会怎样？如果误差不服从 AR(1) 模型，是否 CO 或者 PW 估计就毫无价值呢？

当然不是。12.4c 节的计算表明，只要解释变量满足方程（12.41）中的严格外生性假设［以及方程（12.40）中的同期外生性］，那么具有序列相关错误的模型并

不会引起 β_j 的不一致估计。这是需要再次强调的重要结论：解释变量的外生性——而不是误差的序列相关或方差特性——才是一致性的关键。但是在准微分方程（12.38）[或者它的可行版本（12.39）]中常用的 OLS 推断是不正确的，因为这样 $\{e_t: t=1, 2, \cdots, n\}$ 会包含序列相关性。例如，如果 $\{u_t\}$ 实际上服从 AR（2）模型而我们使用了 AR（1）模型，（12.38）中的误差将表现出复杂的序列相关形式。幸运的是，修正通常的 FGLS 推断十分容易：因为（12.39）是由 OLS 估算的，所以我们可以将尼威-韦斯特标准误应用于该方程式。换句话说，获得准差分变量，在 OLS 回归中使用它们，并应用尼威-韦斯特或其他一些 HAC 标准误。另外，标准误对于 $\{u_t\}$ 中的任意异方差性均稳健。

如果我们认为 AR（1）模型是正确的，但是担心 $\{e_t\}$ 中的异方差，那么在通过 OLS 估计（12.39）时，我们可以获得常用的异方差—稳健的标准误。12.6d 节将更详细地介绍这种可能性。

在使用 FGLS 分析之后使用 HAC 推断的想法可能看起来很奇怪：毕竟，使用 CO 或 PW 之类的唯一目的是消除序列相关性。但是，在执行推断时并不需要严格对待它们，尤其是在使用简单模型时。即使 AR（1）模型不是正确的模型，使用 PW 校正（假定是严格外生的 x_{tj}）也很有可能比 OLS 更有效。通过 AR（1）模型考虑一些序列相关性可能比忽略估计中的序列相关性要好得多。但是，细心的研究人员很容易承认 AR（1）结构可能不正确，或者可能存在异方差，因此进行了充分稳健的推断。此类策略未内置在标准计量经济学软件中，但"手动"实施也相当容易。

当讨论 OLS 和加权最小二乘的相对优点时，我们在 8.4c 节中遇到了类似的情况。假定我们正确设定了条件均值，则使用具有不正确异方差函数的 WLS 可能比使用 OLS 更好，因为 WLS 可能会提高效率。但是，在通过计算允许一般异方差性的标准误来比较估计量时，我们必须客观，不要假定我们选择的是正确的。相同的原理适用于使用 FGLS 进行序列相关校正时。

12.5 差分和序列相关

在第 11 章，我们提出差分并把它看作使单整过程变为弱相关的方式。在处理具有高度持续性的数据时，就可以从另一个角度看到差分的优越之处。假定我们从如下简单回归模型开始：

$$y_t=\beta_0+\beta_1 x_t+u_t, \quad t=1, 2, \cdots \tag{12.43}$$

式中，u_t 服从 AR（1）过程（12.32）。正如我们在 11.3 节提到的，也正如我们在第 18 章将更详尽讨论的那样，当变量 y_t 和 x_t 是一阶单整，即 I（1）的时候，通常的 OLS 推断程序可能非常有误导性。在（12.43）中的误差 $\{u_t\}$ 服从随机游走这种极端情形中，这个方程没有任何意义，因为 u_t 的方差随着时间 t 上升。而对方程进行差分更符合逻辑：

$$\Delta y_t=\beta_1 \Delta x_t+\Delta u_t, \quad t=2, \cdots, n \tag{12.44}$$

若 u_t 服从随机游走，则 $e_t \equiv \Delta u_t$ 便具有零均值和同方差，而且是序列无关的。这样，假定 e_t 和 Δx_t 无关，我们就可以用 OLS 估计 (12.44)。在估计中，我们失去了第一次观测。

即使 u_t 不服从随机游走，只要 ρ 是正的，而且比较大，一阶差分往往也是个好主意：它可以消除大部分的序列相关。当然，方程 (12.44) 与 (12.43) 不同，并且我们在比较不同方程式的 OLS 估计值时必须牢记这一点。就推断而言，正如我们可以将尼威-韦斯特应用于 (12.37) 一样，在通过 OLS 估算 (12.38) 之后，我们可以做相同的事情。我们不一定要假定 (12.38) 中没有序列相关性。使用多个解释变量，结论也完全不变。

例 12.7

对利率方程进行差分

在例 10.2 中，我们估计了一个将三个月期国库券利率与通货膨胀、联邦赤字联系起来的方程［见方程 (10.15)］。如果我们通过估计方程 (10.15) 得到残差，并将残差对其一阶滞后进行回归，便得到 $\hat{\rho} = 0.623$ (0.110)，它很大并且在统计上非常显著。因此，至少在这个问题中，序列相关是个问题。

如果我们把数据进行差分并加以回归，便得到

$$\Delta i3_t = 0.042 + 0.149\, \Delta inf_t - 0.181\, \Delta def_t + \hat{e}_t$$
$$\qquad (0.171) \quad (0.092) \qquad\ (0.148)$$
$$n = 55,\ R^2 = 0.176,\ \overline{R}^2 = 0.145 \tag{12.45}$$

该回归的系数与使用水平值得到的系数有很大的不同，这就表明要么解释变量不是严格外生的，要么一个或多个解释变量具有单位根。事实上，$i3_t$ 和 $i3_{t-1}$ 的相关系数约为 0.885，这就表明把 (10.15) 理解成一个有意义的回归是不正确的。此外，差分回归本质上不存在序列相关的问题：将 $\hat{e}_t$ 对 $\hat{e}_{t-1}$ 进行回归得到 $\hat{\rho} = 0.072$ (0.134)。由于一阶差分消除了可能存在的单位根和序列相关问题，所以我们可能对方程 (12.45) 的估计值及其标准误比 (10.15) 的估计值及其标准误更有信心。差分方程表明，每年的利率变化与通货膨胀的变化只存在弱正相关，而 Δdef_t 的系数实际上是负的（尽管在双侧备择假设中，即便在 20% 的显著性水平上，它也不是统计显著的）。

正如我们在第 11 章中解释的那样，做出是否进行差分的决策是比较困难的。但这一讨论指出，差分的另一优点是消除了序列相关性。我们将在第 18 章继续回到这个问题。

？ 思考题 12.4

假定在用 OLS 估计一个模型之后，你从回归 (12.20) 中估计 ρ 并得到 $\hat{\rho} = 0.92$。你将怎么办？

12.6 时间序列回归中的异方差性

在第 8 章，我们讨论了横截面数据应用中检验和修正异方差性的问题。异方差也可能出现在时间序列模型中，它虽不会造成 $\hat{\beta}_j$ 的偏误或不一致，但确实能导致通常的标准误、t 统计量和 F 统计量失效。这与横截面条件下的情况一样。

在时间序列回归应用中，异方差问题受到的关注不多，因为序列相关误差的问题往往更亟待解决。尽管如此，在时间序列回归中，对异方差进行检验和修正方面的问题，还是值得探讨。

既然通常的 OLS 统计量在假设 TS. $1'$ 到 TS. $5'$ 成立时渐近有效，我们感兴趣的是，同方差假设 TS. $4'$ 不成立时会出现什么情况。假设 TS. $3'$ 排除了某些种类的测量误差和遗漏变量等错误设定的可能性，而假设 TS. $5'$ 排除了误差有序列相关的可能性。需要强调的是，序列相关的误差所引起的问题不是检验和修正异方差所能处理的。

12.6a 异方差—稳健的统计量

在研究横截面回归中的异方差时，我们注意到，异方差不影响 OLS 估计量的无偏性和一致性。在时间序列回归中，也有完全一样的结论，通过回顾无偏性所需要的假设（定理 10.1）和一致性所要求的假设（定理 11.1），你就会明白这一点。

在 8.2 节，我们讨论了如何调整常用的 OLS 标准误、t 统计量和 F 统计量，以适应未知形式的异方差。在假设 TS. $1'$、TS. $2'$、TS. $3'$ 和 TS. $5'$ 下，对时间序列回归进行同样的调整也能奏效。因此，如果同方差假设是唯一不成立的假设，那么大多数计量经济学软件很容易提供有效的推断。

12.6b 对异方差的检验

有时，我们希望检验时间序列回归中的异方差性，尤其是当样本容量相对较小，以致我们对异方差—稳健的统计量的表现不太放心时。第 8 章中介绍的检验方法可以直接在这里应用，但需注意几点。第一，误差 u_t 不应该序列相关；任何序列相关通常会导致异方差检验无效。因此，最好先检验序列相关。如果我们怀疑有异方差，应该使用异方差—稳健的检验。于是，在对序列相关进行某些修正后，我们便可以检验异方差。

第二，考虑布鲁施-帕甘异方差检验所用的如下方程：

$$u_t^2 = \delta_0 + \delta_1 x_{t1} + \cdots + \delta_k x_{tk} + v_t \tag{12.46}$$

式中，原假设为 $H_0: \delta_1 = \delta_2 = \cdots = \delta_k = 0$。为了使 F 统计量（用 $\hat{u}_t^2$ 代替 u_t^2 作为因变量）有效，我们必须假定误差 $\{v_t\}$ 自身是同方差（就像在横截面情形中一样）

和序列不相关的。所有标准的异方差检验方法，包括 8.3 节讨论的怀特检验，都隐含地做出了以上假设。假定 $\{v_t\}$ 序列无关，就排除了某些特定形式的动态异方差性，我们将在下一小节分析。

如果我们在 u_t 中发现了异方差性（但 u_t 是序列无关的），那么就可以使用异方差—稳健检验统计量。另一个办法是像 8.4 节那样使用**加权最小二乘法**（weighted least squares）。时间序列情形中的加权最小二乘法与横截面情形中的加权最小二乘法操作起来完全相同。

例 12.8

异方差和有效市场假说

在例 11.4 中，我们估计了简单的模型：

$$return_t = \beta_0 + \beta_1 return_{t-1} + u_t \tag{12.47}$$

有效市场假说（EMH）认为 $\beta_1 = 0$。当我们用 NYSE 中的数据检验这个假说时，我们得到了 $n = 689$ 时的 $t_{\beta_1} = 1.55$。在这种大样本条件下，没有足够的证据否定有效市场假

> **？思考题 12.5**
> 如何计算方程（12.47）中异方差的怀特检验？

说。而有效市场假说指出，给定过去的观测信息，期望收益是个定值，但它对条件方差只字未提。实际上，异方差的布鲁施-帕甘检验需要进行 OLS 残差的平方 $\hat{u}_t^2$ 对 $return_{t-1}$ 的回归：

$$\hat{u}_t^2 = 4.66 - 1.104 return_{t-1} + residual_t$$
$$\quad\quad\quad (0.43)\ \ (0.201)$$
$$n = 689,\ R^2 = 0.042 \tag{12.48}$$

$return_{t-1}$ 的 t 统计值大约是 -5.5，标志着存在异方差性的强有力证据。因为 $return_{t-1}$ 的系数为负，所以我们得到一个有趣的结论：当以前的收益高时，股票收益率的波动就减小，反之亦然。因此，我们得到了许多金融研究得出的共同结论：股票收益的期望值不依赖于它的过去值，但是收益的方差却依赖于过去的收益。

12.6c　自回归条件异方差

近年来，经济学家开始对动态形式的异方差性感兴趣。当然，若 x_t 包含一个滞后因变量，则像（12.46）中那样的异方差性就是动态的。但是，异方差的动态形式也会出现在没有动态的回归方程模型中。

为了说明这一点，让我们考虑一个简单的静态回归模型：

$$y_t = \beta_0 + \beta_1 z_t + u_t$$

并假定高斯-马尔科夫假设成立。这意味着 OLS 估计量是 BLUE。同方差假设是说，$\mathrm{Var}(u_t \mid \mathbf{Z})$ 是恒定的，其中的 $\mathbf{Z}$ 代表 z_t 的全部 n 个结果。即使给定 $\mathbf{Z}$ 时 u_t 的方差是恒定的，异方差性还是可能以其他方式出现。恩格尔（Engle, 1982）指出，给定过去的误差，考察 u_t 的条件方差（以 $\mathbf{Z}$ 为条件被省去了）。恩格尔提出了所谓的**自回归条件异方差**（autoregressive conditional heteroskedasticity，ARCH）模型。一阶 ARCH 模型是：

$$\mathrm{E}(u_t^2 \mid u_{t-1}, u_{t-2}, \cdots) = \mathrm{E}(u_t^2 \mid u_{t-1}) = \alpha_0 + \alpha_1 u_{t-1}^2 \tag{12.49}$$

式中，我们省去了它是以 $\mathbf{Z}$ 为条件的。只有在 $\mathrm{E}(u_t \mid u_{t-1}, u_{t-2}, \cdots)$ 即误差序列无关时，这个方程才代表了 u_t 在给定 u_t 过去值条件下的条件方差。因为条件方差必定是正的，所以这个模型只有在 $\alpha_0 > 0$ 且 $\alpha_1 \geqslant 0$ 时才有意义；若 $\alpha_1 = 0$，则方差方程中就没有动态。

把（12.49）写成如下形式具有启发性：

$$u_t^2 = \alpha_0 + \alpha_1 u_{t-1}^2 + v_t \tag{12.50}$$

式中，根据定义，v_t 的期望值（给定 $u_{t-1}, u_{t-2}, \cdots$）为 0。（但由于约束条件 $v_t \geqslant -\alpha_0 - \alpha_1 u_{t-1}^2$，所以 v_t 与过去的 u_t 不独立。）方程（12.50）看起来很像 u_t^2 的一个自回归模型（因此得名 ARCH）。和通常的 AR(1) 模型一样，这个方程的稳定性条件是 $\alpha_1 < 1$。如果 $\alpha_1 > 0$，即使 u_t 本身不是序列相关的，误差的平方也包含（正）序列相关。

（12.50）对 OLS 有何含义呢？因为我们一开始就假定高斯-马尔科夫假设成立，所以 OLS 当然是 BLUE。而且，即使 u_t 不是正态分布的，我们知道，通常的 OLS 检验统计量在假设 TS.1′ 到 TS.5′ 下也渐近有效，而含有 ARCH 误差的静态模型和分布滞后模型都满足这 5 个假设。

如果 OLS 在 ARCH 下仍然有理想性质，我们为什么还要关心静态和分布滞后模型中 ARCH 形式的异方差呢？我们应该考虑两个原因。第一，我们有可能得到 β_j 的一致（但非无偏）估计量，它比 OLS 估计量更渐近有效。基于（12.50）的加权最小二乘方法即可做到。在假定误差 u_t 具有条件正态分布的情况下，使用极大似然法也可以实现这一目标。第二，不同领域的经济学家都对条件方差的动态产生了兴趣。恩格尔最初将它应用于英国通货膨胀的方差，这使得他发现上一期的误差越大（u_{t-1}^2 更大），本期的误差方差也越大。方差经常被用来度量波动性，而波动在资产定价理论中又是关键要素，所以 ARCH 模型在实证金融研究中越来越重要。

ARCH 模型也适用于条件均值存在动态的情况。例如，假定有因变量 y_t、一个同期外生变量 z_t，及

$$\mathrm{E}(y_t \mid z_t, y_{t-1}, z_{t-1}, y_{t-2}, \cdots) = \beta_0 + \beta_1 z_t + \beta_2 y_{t-1} + \beta_3 z_{t-1}$$

也就是说，在动态回归中只出现了 y 和 z 的最多一期滞后。一般思路是假定 $\mathrm{Var}(y_t \mid z_t, y_{t-1}, z_{t-1}, y_{t-2}, \cdots)$ 为常数，就像我们在第 11 章讨论的那样。但这个方差也可以服从一个 ARCH 模型：

$$\mathrm{Var}(y_t \mid z_t, y_{t-1}, z_{t-1}, y_{t-2}, \cdots) = \mathrm{Var}(u_t \mid z_t, y_{t-1}, z_{t-1}, y_{t-2}, \cdots)$$
$$= \alpha_0 + \alpha_1 u_{t-1}^2$$

式中，$u_t = y_t - \mathrm{E}(y_t \mid z_t, y_{t-1}, z_{t-1}, y_{t-2}, \cdots)$。我们在第 11 章了解到，ARCH 的出现并不会影响 OLS 的一致性，通常的异方差—稳健的标准误和检验统计量都是有效的。（记住，它们对任何形式的异方差性都是有效的，而 ARCH 不过是一种特殊形式的异方差性而已。）

如果你对 ARCH 模型及其推广感兴趣，请参见 Bollerslev，Chou，and Kroner（1992）和 Bollerslev，Engle，and Nelson（1994）的超过 24 年的经典调查。

例 12.9

股票收益的 ARCH

在例 12.8 中我们看到，每周股票收益中存在异方差。这种异方差实际上可以用（12.50）中的 ARCH 模型来更好地刻画。如果我们从（12.47）中计算 OLS 残差并进行平方，然后将它们对滞后残差的平方进行回归，便得到

$$\hat{u}_t^2 = 2.95 + 0.337\hat{u}_{t-1}^2 + residual_t$$
$$\quad (0.44) \ (0.036)$$
$$n = 688, \ R^2 = 0.114 \tag{12.51}$$

$\hat{u}_t^2$ 的 t 统计量大于 9，这表明有很强的 ARCH。如我们前面所讨论的那样，$t-1$ 时期较大的误差意味着今天股票收益具有更大的方差。

重要的是要看到，虽然 OLS 残差的平方是自相关的，但 OLS 残差本身却不是（这与有效市场假说是一致的）。将 $\hat{u}_t$ 对 $\hat{u}_{t-1}$ 进行回归，得到 $\hat{\rho} = 0.0014$ 和 $t_{\hat{\rho}} = 0.038$。

12.6d 回归模型中的异方差和序列相关

我们无法排除回归模型中同时出现异方差性和序列相关的可能性。如果没有把握，我们总可以像 12.5 节描述的那样，使用 OLS 方法并计算一个充分稳健的标准误。

我们通常把时间序列相关的问题看成最重要的问题，因为相较于异方差，它往往对标准误和估计量的有效性有更大的影响。在 12.2 节我们已经知道，要得到对任意形式异方差性都稳健的序列相关检验相当容易。

如果我们用这种检验来寻找序列相关，就可以采用科克伦-奥卡特变换［见方程

（12.38）]，然后在变换后的方程中，使用异方差—稳健的标准误和检验统计量。或者，我们甚至可以使用布鲁施-帕甘或怀特检验来检验方程（12.38）中的异方差性。

换言之，我们可以对异方差和序列相关建模，再通过一个加权最小二乘法AR(1)组合的步骤来修正这两者。具体而言，考虑模型：

$$y_t = \beta_0 + \beta_1 x_{t1} + \cdots + \beta_k x_{tk} + u_t$$
$$u_t = \sqrt{h_t}\, v_t \tag{12.52}$$
$$v_t = \rho v_{t-1} + e_t, \ |\rho| < 1$$

其中，解释变量 $\mathbf{X}$ 在所有时期 t 都独立于 e_t，而 h_t 是 x_{tj} 的一个函数。过程 $\{e_t\}$ 的均值为 0，方差为常数 σ_e^2，而且是序列不相关的。因此，$\{v_t\}$ 符合稳定的 AR(1) 过程的所有条件。除了序列相关性，误差项 u_t 也存在异方差：

$$\mathrm{Var}(u_t \mid \mathbf{x}_t) = \sigma_v^2 h_t$$

其中，$\sigma_v^2 = \sigma_e^2/(1-\rho^2)$。但 $v_t = u_t/\sqrt{h_t}$ 是同方差的，且服从一个稳定的 AR(1) 模型。因此，变换后的方程

$$y_t/\sqrt{h_t} = \beta_0(1/\sqrt{h_t}) + \beta_1(x_{t1}/\sqrt{h_t}) + \cdots + \beta_k(x_{tk}/\sqrt{h_t}) + v_t \tag{12.53}$$

具有 AR(1) 误差。现在，如果我们已有特定形式的异方差性（即我们知道 h_t），就可以用标准的 CO 或 PW 方法来估计（12.53）。

在大多数情况下，我们必须首先估计 h_t。下面的方法则将 8.4 节的加权最小二乘法和 12.3 节的 AR(1) 序列相关修正相结合。

具有异方差性和 AR(1) 序列相关的可行 GLS：

(i) 用 OLS 估计（12.52）并保留残差 $\hat{u}_t$。

(ii) 将 $\log(\hat{u}_t^2)$ 对 x_{t1}，$\cdots$，x_{tk}（或对 $\hat{y}_t$，$\hat{y}_t^2$）回归，得到拟合值，记为 $\hat{g}_t$。

(iii) 求出 h_t 的估计值：$\hat{h}_t = \exp(\hat{g}_t)$。

(iv) 用标准的科克伦-奥卡特或普莱斯-温斯顿方法估计如下变换后的方程：

$$\hat{h}_t^{-1/2} y_t = \hat{h}_t^{-1/2}\beta_0 + \beta_1 \hat{h}_t^{-1/2} x_{t1} + \cdots + \beta_k \hat{h}_t^{-1/2} x_{tk} + error_t \tag{12.54}$$

如果模型（12.52）中的假设成立，那么，从上述程序得到的 FGLS 估计量就是渐近有效的。更重要的是，从 CO 或 PW 估计得到的所有标准误和检验统计量都是渐近有效的。如果我们容许方差函数的设定有误，或者容许不服从 AR(1) 模型的任意序列相关，那么，我们就能对（12.54）应用准差分，并由此用 OLS 估计得到的方程，然后得到尼威-韦斯特标准误。通过这样处理，即使我们错误设定了异方差或序列相关模型，我们也能够在保证了推断（渐近）可靠的同时，使用这种渐近有效的方法。

本章小结

我们讨论了多元回归模型中误差的序列相关这一重要问题。相邻误差之间的正相关较为

普遍，尤其是在静态和有限分布滞后模型中。误差中的序列相关导致通常的 OLS 标准误和统计量有误导性［（尽管 $\hat{\beta}_j$）仍然可能是无偏的，或至少是一致的］。一般来讲，OLS 标准误会低估参数估计值的真正不确定性。

计量经济学和统计软件包现在可以例行计算对一般序列相关性稳健的标准误和检验数据；此外，它们还对未知形式的异方差具有稳健性。正如我们在 12.2 节和 12.4c 节中讨论的那样，相较于序列相关的 GLS 解决方案，OLS 在更弱的假设下是一致的。因此，使用 OLS 并计算所谓的 HAC 标准误已成为普遍现象，其中最流行的是尼威-韦斯特标准误。

如果 OLS 之后的尼威-韦斯特标准误小到可以接受的程度，我们甚至可能不在乎是否存在序列相关性。但是，正如我们在 12.3 节中讨论的那样，我们有充分的理由想知道残差是否明显自相关。在严格外生条件下获得测试结果，甚至放宽严格外生的条件假设，都非常容易。它仅要求对残差滞后项（可能还有解释变量）进行 OLS 残差回归。

在具有严格外生回归元的模型中，我们可以使用一种可行的 GLS 程序（科克伦-奥卡特方法或普莱斯-温斯顿方法）来修正 AR(1) 序列相关。这一结果估计值不同于 OLS 估计值：FGLS 估计值是通过对准差分变量进行 OLS 估计得到的。假定 AR(1) 模型是正确的，同时残差为同方差，从变换后方程中得到的所有常见检验统计量都是渐近有效的。几乎所有回归软件包都能够估计含 AR(1) 误差的模型。

最后，我们讨论了时间序列模型中异方差性的某些特殊性质。和横截面分析中一样，最重要的一种异方差，就是取决于解释变量的异方差；它决定了常用的 OLS 估计量是否有效。第 8 章中介绍的布鲁施-帕甘和怀特检验可以直接应用于此，只要误差不是序列相关的就行了。近年来，经济学家（特别是研究金融市场的经济学家）对动态形式的异方差性越来越感兴趣。ARCH 模型就是动态异方差性的一个主要例子。

关键术语

AR(1) 序列相关	自回归条件异方差（ARCH）
布鲁施-戈弗雷检验	科克伦-奥卡特（CO）估计
德宾-沃森（DW）统计量	可行 GLS（FGLS）
异方差和自相关一致（HAC）标准误	尼威-韦斯特标准误
普莱斯-温斯顿（PW）估计	准差分数据
序列相关—稳健标准误	截取滞后
加权最小二乘法	

习　题

1. 当回归模型中的误差具有 AR(1) 序列相关时，为什么 OLS 标准误倾向于低估 $\hat{\beta}_j$ 的抽样方差？OLS 标准误总是过小吗？

2. 解释如下命题有什么问题：当存在序列相关时，科克伦-奥卡特和普莱斯-温斯顿估计方法都被用于得到 OLS 估计的有效标准误。

3. 在例 10.6 中，我们使用了 FAIR 的数据来估计了费尔预测美国总统选举结果的一个模型的变形。

(i) 对于这个方程中的误差项序列无关，你有何论据？（提示：总统选举多长时间进行一次？）

(ii) 将方程（10.23）的 OLS 残差对滞后残差进行回归，得到 $\hat{\rho}=-0.068$ 和 $se(\hat{\rho})=0.240$。你对 u_t 中的序列相关有何结论？

(iii) 在检验序列相关时，这个应用中的小样本容量会令你不放心吗？

4. 判断对错："如果回归模型的误差包含 ARCH，它们一定是序列相关的。"

5. (i) 在第 10 章的计算机练习 C5 的工业区事件研究中，OLS 残差对滞后残差的回归给出了 $\hat{\rho}=0.841$ 和 $se(\hat{\rho})=0.053$。这对于 OLS 来说有何含义？

(ii) 如果你想使用 OLS，又想得到 EZ 系数的一个有效标准误，你将怎样做？

6. 在例 12.8 中，我们发现方程（12.47）的 u_t 中存在异方差的证据。因此，我们来计算异方差—稳健的标准误（在 [·] 里）以及常用的标准误：

$$\widehat{return}_t = 0.180 + 0.059 return_{t-1}$$
$$(0.081)\ (0.038)$$
$$[0.085]\ [0.069]$$
$$n = 689,\ R^2 = 0.003\,5,\ \overline{R}^2 = 0.002\,0$$

使用异方差—稳健的 t 统计量对 $return_{t-1}$ 的显著性有何影响？

7. 考虑一个时间序列数据中的标准的多重线性回归方程：

$$y_t = \beta_0 + \beta_1 x_{t1} + \cdots + \beta_k x_{tk} + u_t$$

假设 TS.1、TS.2、TS.3、TS.4 均成立。

(i) 假定你认为误差序列服从 AR(1) 过程，其系数为 ρ，于是我们通过普莱斯-温斯顿（PW）方法进行估计。如果误差项并不服从 AR(1) 过程——举例来说，它可能服从 AR(2) 过程，或者 MA(1) 过程——为什么用普莱斯-温斯顿（PW）方法时，估计的标准误是错误的？

(ii) 参考尼威和韦斯特的方法，你能否找到普莱斯-温斯顿（PW）方法估计下的有效标准误？详细描述你的步骤。[提示：(12.32) 式可能对此有所帮助。此外，如果 $\{u_t\}$ 不服从 AR(1) 过程，那么 e_t 可以用 $u_t - \rho u_{t-1}$ 来替代，其中系数 ρ 是估计量 $\hat{\rho}$ 的概率极限。那么现在，通常地，$\{u_t - \rho u_{t-1}\}$ 是否序列无关？如果不是，你能做些什么？]

(iii) 如果假设 TS.4 不成立，解释为什么你对于第 (ii) 部分的答案不会变化。

8. 假定在静态或滞后分布的时间序列回归中，你可以使用 $n=280$ 个季度观测值。在尼威-韦斯特估计量中，滞后项 g 的合理值是什么？

计算机练习

C1. 在例 11.6 中，我们估计了一个一阶差分形式的有限分布滞后模型：

$$cgfr_t = \gamma_0 + \delta_0 cpe_t + \delta_1 cpe_{t-1} + \delta_2 cpe_{t-2} + u_t$$

利用 FERTIL3 中的数据来检验误差中是否存在 AR(1) 序列相关。

C2. (i) 利用 WAGEPRC 中的数据，估计第 11 章习题 5 中的分布滞后模型。用回归（12.20）来检验 AR(1) 序列相关。

(ii) 用迭代科克伦-奥卡特（CO）方法重新估计这个模型。长期倾向的新估计值是多少？

(iii) 用迭代 CO 求出 LRP 的标准误。（这要求你估计一个修正方程。）判断 LRP 估计值在 5% 的水平上是否统计显著异于 1。

C3. (i) 第 11 章计算机练习 C6 的第 (i) 部分要求你估计存货投资的加速模型。检验这个方程中的 AR(1) 序列相关。

(ii) 如果你发现序列相关的证据，用科克伦-奥卡特（CO）方法重新估计这个方程，并将所得结果与以前的结果进行比较。

C4. (i) 利用 NYSE 中的数据估计方程（12.48）。令 $\hat{h}_t$ 表示这个方程的拟合值（条件方差的估计值）。有多少个 $\hat{h}_t$ 是负的？

(ii) 在方程（12.48）中增加 $return_{t-1}^2$，然后计算拟合值 $\hat{h}_t$。有负的 $\hat{h}_t$ 吗？

(iii) 利用第 (ii) 部分得到的 $\hat{h}_t$，用加权最小二乘法（像在 8.4 节中那样）估计（12.47）。将 β_1 的估计值与方程（11.16）中的对应结果相比较。检验假设 $H_0:\beta_1=0$ 并与 OLS 的结果进行比较。

(iv) 现在用 WLS 估计方程（12.47），并用方程（12.51）中估计的 ARCH 模型求出 $\hat{h}_t$。这时，你的结果与第 (iii) 部分的结果是否相同？

C5. 考虑例 10.6 中同样形式的费尔模型（Fair's model）。现在，我们不去预测民主党在两党选举中的得票比例，而去估计一个表示民主党是否获胜的线性概率模型。

(i) 用虚拟变量 demwins 来代替（10.23）中的 demvote，并以通常格式报告结果。哪些因素影响获胜概率？请用到 1992 年为止的数据。

(ii) 有多少个拟合值小于 0？有多少个拟合值大于 1？

(iii) 采用下面的预测规则：如果 $\widehat{demwins}>0.5$，你就可以预测民主党会获胜；否则，共和党将获胜。那么，在这 20 次选举中，这个模型有多少次正确地预测了实际结果？

(iv) 代入 1996 年的解释变量值。预测克林顿赢得这次选举的可能性有多大。事实上，克林顿获胜了，你的预测结果是否与事实相符？

(v) 对误差中的 AR(1) 序列相关做异方差—稳健的 t 检验。你有何发现？

(vi) 求出第 (i) 部分估计值的异方差—稳健的标准误。t 统计量有什么明显的变化吗？

C6. (i) 在第 10 章的计算机练习 C7 中，你估计了消费增长和可支配收入增长之间的一种简单关系。检验这个方程中的 AR(1) 序列相关（用 CONSUMP 数据）。

(ii) 在第 11 章的计算机练习 C7 中，你通过消费的增长对其一期滞后的回归检验了持久收入假说。在做完这个回归后，再通过残差平方对 gc_{t-1} 和 gc_{t-1}^2 的回归来检验异方差。你有何结论？

C7. (i) 在第 12 章的习题 4 中，利用 BARIUM 中的数据，求迭代科克伦-奥卡特估计值。

(ii) 普莱斯-温斯顿和科克伦-奥卡特估计值进行似吗？你预计它们会相似吗？

C8. 本题使用 TRAFFIC2 中的数据。

(i) 做 prcfat 对含有线性时间趋势、月份虚拟变量及变量 wkends、unem、spdlaw 和 beltlaw 的 OLS 回归。利用方程（12.20）中的回归检验误差中的 AR(1) 序列相关。使用假定了严格外生回归元的检验说得过去吗？

(ii) 利用尼威-韦斯特估计量中的 4 阶滞后，求 spdlaw 和 beltlaw 的系数的序列相关和异方差—稳健的标准误。这将如何影响这两个政策变量的统计显著性？

（iii）现在，利用迭代普莱斯-温斯顿程序估计模型，并将估计值与 OLS 估计值进行比较。政策变量的系数或统计显著性有重大变化吗？

C9. 文件 FISH 包含了纽约市富尔顿鱼市（Fulton Fish Market）上鱼价和销售量的 97 次日观测数据。利用变量 $\log(avgprc)$ 作为因变量。

（i）将 $\log(avgprc)$ 对四个工作日虚拟变量（星期五作为基准）进行回归，并包含一个线性时间趋势。有证据表明价格在一周之内会出现系统变化吗？

（ii）现在，增加变量 $wave2$ 和 $wave3$，它们度量了过去几天的浪高。这些变量个别显著吗？描述一种机制，使得海面越是风大浪急，鱼价就越高。

（iii）在回归中增加了 $wave2$ 和 $wave3$ 后，时间趋势有何变化？接下来会发生什么？

（iv）解释为什么回归中所有的解释变量都被安全地假设为严格外生的。

（v）检验误差中的 AR(1) 序列相关。

（vi）利用 4 阶滞后求尼威-韦斯特标准误。$wave2$ 和 $wave3$ 的 t 统计量如何？与通常 OLS 的 t 统计量相比，你预计它会变大还是变小？

（vii）现在，求第（ii）部分中估计模型的普莱斯-温斯顿估计值。$wave2$ 和 $wave3$ 是联合显著的吗？

C10. 利用 PHILLIPS 中的数据回答下列问题。

（i）利用整个数据集，用 OLS 估计静态菲利普斯曲线方程 $inf_t = \beta_0 + \beta_1 unem_t + u_t$，并以通常格式报告结果。

（ii）从第（i）部分中求 OLS 残差 $\hat{u}_t$，并通过 $\hat{u}_t$ 对 $\hat{u}_{t-1}$ 的回归求出 ρ。（在这个回归中包含一个截距项没问题。）有序列相关的强有力证据吗？

（iii）现在通过迭代普莱斯-温斯顿程序估计静态菲利普斯曲线模型。将 β_1 的估计值与表 12.2 中得到的估计值进行比较。添加以后的年份，估计值有很大变化吗？

（iv）不用普莱斯-温斯顿，而是使用迭代科克伦-奥卡特。ρ 的最终估计值有多相似？β_1 的 PW 和 CO 估计值有多相似？

C11. 本题利用 NYSE 中的数据。

（i）估计方程（12.47）中的模型并求 OLS 残差平方。求 $\hat{u}_t^2$ 在整个样本中的平均值、最小值和最大值。

（ii）利用 OLS 残差平方估计如下异方差性模型：

$$\text{Var}(u_t \mid return_{t-1}, return_{t-2}, \cdots) = \text{Var}(u_t \mid return_{t-1}) = \delta_0 + \delta_1 return_{t-1} + \delta_2 return_{t-1}^2$$

计算并给出估计系数、标准误、R^2 和调整 R^2。

（iii）将条件方差描述成滞后 $return_{-1}$ 的函数。方差在 $return_{-1}$ 取何值时最小？这个最小方差是多少？

（iv）为了预测动态方差，第（ii）部分的模型得到了负的方差估计值吗？

（v）相较于例 12.9 中的 ARCH(1) 模型，第（ii）部分中的模型拟合效果更好还是更差？请解释。

（vi）在方程（12.51）的 ARCH(1) 回归中添加二阶滞后 $\hat{u}_{t-2}^2$。这个滞后看起来重要吗？ARCH(2)模型比第（ii）部分中的模型拟合得更好吗？

C12. 本题利用 INVEN 中的数据；请回顾第 11 章的计算机练习 C6。

（i）得到加速模型 $\Delta inven_t = \beta_0 + \beta_1 \Delta GDP_t + u_t$ 的 OLS 残差序列，并用 u_t 对 u_{t-1} 的回归测试其是否序列相关。ρ 系数应该是多少？序列相关带来的问题是否严重？

（ii）用 PW 估计上式，将估计结果与 OLS 估计进行比较。你预期它们的系数是否有差异？

C13. 本题利用 OKUN 中的数据；同样参考第 11 章的计算机练习 C11。

(i) 估计方程 $pcrgdp_t = \beta_0 + \beta_1 cunem_t + u_t$，对误差项进行 AR(1) 序列相关检验。此时并不假定 $\{cunem_t, t=1, 2, \cdots\}$ 严格外生。你的结论如何？

(ii) 将残差平方和 $\hat{u}_t$ 对 $cunem_t$ 回归（这也是我们在回归中所用的异方差的布鲁施-帕甘检验），你得到了什么结论？

(iii) 获取异方差—稳健的标准误，并比较其与 OLS 的标准误是否差异显著。

C14. 本题利用 MINWAGE 中的数据，使用第 232 部分。

(i) 用 OLS 估计模型

$$gwage232_t = \beta_0 + \beta_1 gmwage_t + \beta_2 gcpi_t + u_t$$

并检验误差中的 AR(1) 序列相关。假定 $gmwage_t$ 或 $gcpi_t$ 严格外生影响大吗？你的结论是什么？

(ii) 计算第 (i) 部分 OLS 估计量的尼威-韦斯特标准误（滞后项设置为 12 阶），用尼威-韦斯特方法计算的标准误和普通的 OLS 标准误相比有什么区别？

(iii) 现在计算 OLS 的异方差—稳健的标准误，并与常用的 OLS 标准误、尼威-韦斯特标准误进行比较。序列相关或异方差在此问题中是否产生了较大的影响？

(iv) 在初始方程中使用 BP 检验测试误差项是否存在明显的异方差性。

(v) 在第 (i) 部分的方程中增加 $gmwage$ 的 $1\sim12$ 阶滞后项。计算这 12 个滞后项的联合 F 检验的 p 值，并与异方差—稳健检验的 p 值比较。针对异方差性的调整如何影响滞后项的显著性？

(vi) 使用尼威-韦斯特方法计算第 (v) 部分联合显著检验的 p 值。你能得出什么结论？

(vii) 如果你遗漏了 $gmwage$ 的滞后项，那么长期倾向的估计结果会有显著不同吗？

C15. 使用 BARIUM 中的数据回答下列问题：

(i) 表 12.1 中报告了 OLS 的标准误，其往往小于对应的 GLS（普莱斯-温斯顿方法）的标准误，解释为什么存在这一差别。

(ii) 再次对表 12.1 中标为"OLS"的列进行估计，但本次设定窗口 $g=4$（4 个月），以得到 $lchempi$ 变量的尼威-韦斯特标准误，并与通常的 OLS 标准误进行比较。与 PW 标准误比较又如何？同样的，分析比较 $afdec6$ 变量的标准误。

(iii) 设定窗口 $g=12$（12 个月），重新完成第 (ii) 部分的计算。窗口从 4 增大到 12，$lchempi$ 和 $afdec6$ 标准误有什么变化？

C16. 本题利用 APPROVAL 中的数据，也可参见第 11 章的计算机练习 C14。

(i) 估计下式：

$$approve_t = \beta_0 + \beta_1 lcpifood_t + \beta_2 lrgasprice_t + \beta_3 unemploy_t + \beta_4 sep11_t + \beta_5 iraqinvade_t + u_t$$

使用一阶差分并测试一阶差分方程的误差项是否 AR(1) 序列相关。特别的，令 e_t 为一阶差分估计的 OLS 残差，用 e_t 对 e_{t-1} 回归。计算回归的 p 值。ρ 的估计量是多少？

(ii) 用普莱斯-温斯顿方法估计一阶差分方程。β_2 估计与一阶差分方程的 OLS 估计相比是否出现了显著的差异？

(iii) 继续用 OLS 估计一阶差分方程。然后分别选定滞后期为 1、4、8 期，计算尼威-韦斯特标准误。讨论 β_2 估计在这三种标准误下的统计显著性。

“十三五”国家重点出版物出版规划项目

经济科学译丛

计量经济学导论

下

现代观点 / 第七版

Introductory Econometrics

A Modern Approach
/ Seventh Edition

Jeffrey M.Wooldridge

杰弗里 · M. 伍德里奇 / 著

涂海洋　王文佳　夏　苗　张成思　邹炬伸 / 译

中国人民大学出版社
· 北京 ·

简要目录

附　录

第三部分　高深专题

附　录

高深专题

我们现在转向一些更深入的专题上来，这些专题在一学期的入门课程中不一定会有所介绍，其中有些还要用到比第一部分和第二部分的多元回归分析更多的数学技巧。第13章阐述如何把多元回归应用到独立的混合横截面数据。我们可以通过引进一些时间虚拟变量来研究变量关系如何随时间而变化，除此之外，这里所涉及的问题都非常类似于标准的横截面分析。混合横截面可以非常有效地用于政策分析，一项政策被实施于小组层面，我们不仅有至少一个控制组，而且还有干预前后的时期。我们还将阐明如何在回归的框架中分析面板数据集。第14章则讨论更高深的面板数据方法，不过这些方法在应用研究中总是被例行使用。第15章和第16章考虑内生解释变量的问题。在第15章中，我们介绍工具变量法，它是解决遗漏变量问题和测量误差问题的一种方法。两阶段最小二乘法在实证经济学中相当常用，而且是估计联立方程模型（我们在第16章将转而讨论的一个专题）必不可少的方法。

第17章探讨了一些常用于横截面分析的相当高深的专题，包括受限因变量模型和样本选择偏误的纠正方法。第18章则转到另一个方向，介绍了时间序列计量经济学的一些新进展，它们在估计动态关系时用处很大。

第19章对那些必须写学期论文或其他应用社会科学论文的学生应该有所帮助，该章对如何选题、收集并分析数据以及论文写作都提出了一些具体建议。

第13章 跨时横截面的混合：简单面板数据方法

直到现在，我们所讨论的多元回归分析，要么使用纯粹的横截面数据，要么使用纯粹的时间序列数据。虽然这两种情形在实际应用中都很常见，但在经验（实证）研究中，也越来越多地用到兼有横截面和时间序列维数的数据集。事实上，兼有横截面和时间序列两个方面的数据，常能给重要的政策问题研究带来曙光。我们将在本章中看到几个例子。

本章我们将分析两种数据集。一是 **独立混合横截面**（independently pooled cross section）数据。它是在不同时点（经常，但并不一定是不同年份）从一个大总体里进行随机抽样的结果。例如，我们每年从美国工作的工人总体里，抽取一个关于小时工资、受教育程度、工作经验等的随机样本。或者，我们每隔一年就对某大都市区出售的住房抽取一个关于售价、平方公尺面积、卫生间数的随机样本。从统计学的观点看，这些数据集有一个重要特点：它们都是由独立抽取的观测所构成。这也是我们做横截面分析时的一个主要性质：保持其他条件不变，它排除了不同观测误差项的相关。

一个独立混合横截面和单独一个随机样本的差异在于，在不同时点上对总体进行抽样很可能导致观测点（即观测结果）不是同分布（identically distributed）的情形。比如，随着时间的流逝，大多数国家的工资和受教育程度分布都已经改变。我们将会看到，这实际上是一个容易对付的问题，即可以在多元回归模型中容许截距，甚至在某些情形中还容许斜率随时间而改变。在13.1节中，我们就会考虑这样的模型。在13.1节中，我们将讨论如何把不同时间的横截面混合起来，用于评价政策的改变。

另一种是 **面板数据**（panel data）集。它虽然兼有横截面和时间序列维度，但在一些重要方面却不同于独立混合横截面，如要想收集面板数据［有时又称 **纵列数据**（longitudinal data）］，我们要在不同时间跟踪（或试图跟踪）相同的一些个人、家庭、企业、城市、州或其他单位。例如，在一个时点上，从某总体中随机地收集了一些人的个人工资、工作小时数、受教育程度和其他因素的一个面板数据集，那么，在以后的若干个时点上，要对同样这些人反复采访，以便得到同样一群人在不同年份里的工资、工作小时数、受教育程度等数据。

从学区、城市、县、州和国家收集面板数据相当容易，从而大大推动了用面板数据集去做政策分析；我们在后面的分析中将看到一些例子。就面板数据的计量经济分析而言，我们不能假定不同时点的观测是独立分布的。例如，影响着某人 1990 年工资收入的那些无法观测的因素（比如能力）仍将影响该人在 1991 年的工资；影响着某城市 1985 年犯罪率的那些无法观测因素仍将影响该城市 1990 年的犯罪率。因此，还需研究出可用于分析面板数据的特殊模型和方法。在 13.3 节、13.4 节和 13.5 节，我们将描述简单的差分法，以消除所研究单位不随时间而变化的那些无法观测属性。由于面板数据方法比较深奥，我们将主要凭直观来描述估计程序中的统计性质，而把推导细节留作本章附录。在第 14 章讨论更复杂的面板数据方法时，我们将采取同样的策略。

13.1 跨时独立横截面的混合

许多关于个人、家庭和企业的调查，每隔一段时间，常常是每隔一年，就会重复进行一次。一个例子是《当前人口调查》（*Current Population Survey*，CPS），它每年都对家庭随机地抽取一次（例如，参见含有 1978—1985 年调查数据的 CPS78_85）。如果每个时期都抽取一个随机样本，那么把所得到的随机样本合并起来，就给出了一个独立混合横截面。

使用独立混合横截面的一个理由是要加大样本容量，把不同时点从同一总体中抽取的多个随机样本混合起来使用，我们可以获取更精密的估计量和更具功效的检验统计量。只有当因变量和某些自变量保持着不随时间而变化的关系时，混合才是有用的。

如在引言中所提到的，使用混合横截面只会带来少量的统计复杂性。典型地说，总体在不同时期会有不同的分布。为了反映这一事实，我们允许截距在不同时期（通常是不同年份）有不同的值。通过包含虚拟变量（比如某一年除外，每年都增加一个虚拟变量，通常把样本中最早的一年选做基年），轻而易举即可达到这一目的。此外，误差方差还可能随时间而变，这正是我们以后要讨论的一些内容。

有时，年度虚拟变量的系数变化模式本身就是我们所感兴趣的。例如，人口学家也许对下述问题感兴趣：对教育加以控制后，35 岁以上妇女的生育模式在 1972—1984 年间有无变化？下面的例子说明了怎样利用带有**年度虚拟变量**（year dummy variables）的多元回归分析来回答这一问题。

例 13.1

不同时期的妇女生育率

FERTIL1 中的数据库［类似于桑德（Sander，1992）所用的数据库］，来源于美国民意研究中心（National Opinion Research Center）1972—1984 年间的双数年（包括 1972 年和 1984 年）的《社会总调查》（*General Social Survey*）。我们利用其中的数据来估计一个用于解释妇女生育小孩总数（*kids*）的模型。

一个令人感兴趣的问题是：在控制了其他可观测因素之后，这段时间里的生育率出现过什么变化？我们所控制的因素是受教育年数、年龄、种族、16 岁时生活的地区以及 16 岁时的生活环境。估计结果由表 13.1 给出。

表 13.1　妇女生育的决定因素

因变量：*kids*

自变量	系数	标准误
educ	−0.128	0.018
age	0.532	0.138
age^2	−0.005 8	0.001 6
black	1.076	0.174
east	0.217	0.133
northcen	0.363	0.121
west	0.198	0.167
farm	−0.053	0.147
othrural	−0.163	0.175
town	0.084	0.124
smcity	0.212	0.160
y74	0.268	0.173
y76	−0.097	0.179
y78	−0.069	0.182
y80	−0.071	0.183
y82	−0.522	0.172
y84	−0.545	0.175
常数项	−7.742	3.052
$n = 1\ 129$		
$R^2 = 0.129\ 5$		
$\overline{R}^2 = 0.116\ 2$		

基年是 1972 年。年度虚拟变量的系数表明，在 20 世纪 80 年代早期生育率有一个明显下落。例如，*y82* 的系数意味着，在保持教育、年龄和其他因素不变的情况下，1982 年和

1972 年相比，一位妇女平均少生育 0.52 个孩子，或者说大约少半个孩子。这是一个很大的下跌：若保持教育、年龄和其他因素不变，在 1982 年每 100 个妇女预计将比 1972 年同等条件的妇女少生育约 52 个小孩。因为我们控制了教育，这一下跌就和因平均受教育程度的提高而导致的生育率下降没有联系。（1972 年的平均受教育年数为 12.2，而 1984 年为 13.3。）$y82$ 和 $y84$ 代表解释变量所不能解释的生育率下降。

既然个别地看，1982 年度和 1984 年度虚拟变量的系数都非常显著，那么多个年度虚拟变量构成的一组变量也非常地联合显著就无足为奇了：不含年度虚拟变量的回归的 R^2 是 0.101 9，这就得到 $F_{6,1\,111} = 5.87$ 和 p 值 ≈ 0。

受更多教育的妇女有较少的小孩，并且估计值是非常显著的。在其他条件不变的情况下，100 名受大学教育的妇女和 100 名仅受高中教育的妇女相比，生育的小孩要少约 51 个：$0.128 \times 4 = 0.512$。年龄对生育有抑制作用。（二次式的转折点在 $age = 46$ 处。到了这个年龄，大多数妇女已停止生育小孩。）

表 13.1 中估计的模型假定每个解释变量（特别是受教育程度）的影响都保持不变。这一点正确与否，尚不清楚；计算机练习 C1 要求你阐释这个问题。

最后，所估计方程的误差项中或许存在着异方差性。可利用第 8 章的方法来处理这个问题。但这里有一个有意思的区别：误差方差即使不随着 $educ$、age、$black$ 等变量而变，还可能随时间而变。然而，异方差—稳健的标准误及其检验统计量仍是确当的。通过将 OLS 残差的平方对表 13.1 中的所有自变量（包括年度虚拟变量）回归，就能得到布鲁施-帕甘检验。（至于怀特统计量这个特殊情况，和平常一样，还要把拟合值 $kids$ 及其平方用作自变量。）加权最小二乘程序应能解决误差可能随时间而变的问题。在 8.4 节所讲的程序中，还要把年度虚拟变量放到方程（8.32）中。

？ 思考题 13.1

在阅读表 13.1 时，有人声称，若表中其他条件不变，则预计一名黑人妇女要比一名非黑人妇女多生育一个孩子。你同意吗？

我们还可以通过一个年度虚拟变量和某些主要解释变量之间的交互作用来考察这些变量的影响在某个特定时期是否发生了变化。下例便分析了教育回报和性别差异在 1978—1985 年间是否发生了变化。

例 13.2

教育回报和工资中性别差异的变化

将 1978 年（基年）和 1985 年的横截面数据相混合，得到 $\log(wage)$ 的一个方程（其中 $wage$ 为小时工资）是

$$\log(wage) = \beta_0 + \delta_0 y85 + \beta_1 educ + \delta_1 y85 \cdot educ + \beta_2 exper + \beta_3 exper^2$$
$$+ \beta_4 union + \beta_5 female + \delta_5 y85 \cdot female + u \tag{13.1}$$

式中大多数解释变量我们现在应该都已经熟悉。变量 $union$（工会）是一个虚拟变量；如果某人是工会会员，它就等于 1，否则等于 0。变量 $y85$ 也是一个虚拟变量，如果观测值来自 1985 年就等于 1，如果来自 1978 年就等于 0。在 1978 年的样本中有 550 人，而在 1985 年则是另一组不同的 534 人。

1978 年的截距是 β_0，而 1985 年的截距是 $\beta_0 + \delta_0$。1978 年的教育回报是 β_1，而 1985 年的教育回报是 $\beta_1 + \delta_1$。因此，δ_1 度量了多受一年教育获得的回报经过 7 年时间以后所发生的变化。最后，男女对数工资的差别在 1978 年是 β_5；在 1985 年是 $\beta_5 + \delta_5$。于是，通过检验 $H_0: \delta_5 = 0$，就能检验性别差异[*]在这 7 年里没有变化的原假设。表示性别差异已减少的备择假设则是 $H_1: \delta_5 > 0$。为简单起见，我们假定工作经验和工会会员资格在两个时期里对工资都有同样的影响。

在我们呈现估计结果之前，仍有一个问题需要澄清，即小时工资是以名义（或当时）美元计算的。因为名义工资可以仅因通货膨胀而增加，而我们真正感兴趣的却是每个解释变量对真实工资的影响，那么，假定我们决定用 1978 年美元来度量工资，这就要求我们把 1985 年工资平减为 1978 年美元。（利用 1997 年《总统经济报告》中的消费者价格指数，平减因子就是 $107.6/65.2 \approx 1.65$。）虽然用 1.65 去除每个人在 1985 年的工资很容易，但我们将发现，如果回归中含有一个 1985 年变量，并且用对数工资（而不是工资）作为因变量，就没有必要这样做。取对数形式，用真实工资也好、名义工资也好，只会影响年度虚拟变量 $y85$。为了看出这一点，以 $P85$ 为 1985 年工资的基准（如果用 CPI，它就是 1.65）。然后取 1985 年样本中第 i 个人真实工资的对数，就是

$$\log(wage_i/P85) = \log(wage_i) - \log(P85)$$

这里，尽管每个人的工资（$wage_i$）不同，而 $\log(P85)$ 却是相同的，因此 $\log(P85)$ 将被吸收到 1985 年的截距之中。（如果比方说，对不同地区的人使用不同的价格指数，这个结论便要改变。）基本要点是：为了研究教育回报和性别差异曾经发生了怎样的变化，我们不需要在方程（13.1）中把名义工资转换成真实工资。计算机练习 C2 要求你对现在这个例子证实这一点。

如果我们忘记对 1978 年和 1985 年考虑不同的截距，那么使用名义工资将会得到严重具有误导性的结果。如果我们使用工资而不是对数工资，那么记住使用真实工资并且引入一个年度虚拟变量便很重要。

无论我们用美元价值去表示因变量还是自变量，以上讨论一般都成立。只要美元数额是以对数形式出现，并且对所有时期都采用了虚拟变量（当然，基期除外），总价格平减因子的使用只会影响那些截距，而不会改变任何一个斜率估计值。

现在我们用 CPS78_85 中的数据来估计方程式：

$$\log(wage) = 0.459 + 0.118y85 + 0.074\,7educ + 0.018\,5y85 \cdot educ$$
$$\qquad\quad (0.093)\ (0.124)\qquad (0.006\,7)\qquad\quad (0.009\,4)$$
$$+ 0.029\,6exper - 0.000\,40exper^2 + 0.202union$$
$$\quad (0.003\,6)\qquad\quad (0.000\,08)\qquad\quad (0.030)$$
$$- 0.317female + 0.085y85 \cdot female$$
$$\quad (0.037)\qquad\quad (0.051)$$

$$n = 1\,084,\ R^2 = 0.426,\ \overline{R}^2 = 0.422 \qquad\qquad (13.2)$$

1978 年的教育回报估计约为 7.5%；1985 年的教育回报约为 9.35%，即高出了 1.85 个百分点。由于交互项的 t 统计量为 $0.018\,5/0.009\,4 \approx 1.97$，在双侧备择假设下，教育回报的差异在 5% 的水平上统计显著。

性别差异怎么样呢？在 1978 年，其他条件相同的妇女工资比男性工资约少 31.7%（更准确的估计是 27.2%）。到 1985 年，$\log(wage)$ 的差别是 $(-0.317) + 0.085 = -0.232$。因此，性别差异（从 1978 年到 1985 年）已降低了 8.5 个百分点。交互项的 t 统计量约为 1.67，这意味着相对于 δ_5 为正的单侧备择假设来说，它在 5% 的水平上显著。

如果我们在方程（13.2）中考虑所有自变量与 $y85$ 的交互作用，又会出现什么情况呢？这等同于估计两个不同的方程，一个对 1978 年而另一个对 1985 年。有时这样做是合适的。例如，在第 7 章，我们曾讨论了克鲁格（Krueger，1993）的一项研究。他估计了工作中使用电脑的回报，他分别估计了两个方程：一个使用 1984 年的 CPS 数据，另一个使用 1989 年的 CPS 数据。通过比较不同时期教育回报的变化，以及是否对电脑的使用加以控制，他估计出，在这 5 年期间，所观测到的教育回报的增加，有 1/3~1/2 可归功于电脑的使用［见 Krueger（1993，Tables Ⅷ and Ⅸ）］。

13.1a 对跨时结构性变化的邹至庄检验

在第 7 章，我们讨论过，如何用邹至庄检验（无非就是一种 F 检验）来判断多元回归函数在两组数据之间有无差别，我们同样可把这种检验用于两个不同的时期。检验的一种形式是：把混合估计的残差平方和看作约束 SSR；无约束的 SSR 则是对两个时期分别估计而得的两个 SSR 之和。计算这些统计量的具体步骤如 7.4 节所述。还有异方差—稳健的形式可用（见 8.2 节）。

例 13.2 给出了对两个时期计算邹至庄检验统计量的另一方法：先将每一变量对两个年度虚拟变量之一形成交互作用，再检验这个年度虚拟变量和全部交互项是否联合显著。由于回归模型中的截距常随时间而变（比方说，在住房价格一例中，起因于通货膨胀），这个成熟的邹至庄检验便能识破是否有这种变化。通常人们更感兴趣的是，设置一个截距差异，然后检验某些斜率系数是否随时间而变（像我们在例 13.2 中所做的那样）。

还可对多于两个时期进行邹至庄检验。就像在两个时期情形中一样，允许截距随着时间而变化并检验斜率系数是否也发生了变化，通常更有意义。一种办法是，通过使用所有时期虚拟变量（定义基组的时期除外）与一个、几个或所有解释变量的交互项，并检验这些交互项的联合显著性，我们一般总能检验斜率系数的恒定性。计算机练习 C1 和 C2 便是这样的例子。若时期很多，解释变量也不少，则构造一套完整的交互项可能十分烦琐。另一种办法是，我们可以改造第 7 章的计算机练习 C11 中第（vi）部分描述的方法。首先，做一个允许不同时期有不同的截距的混合回归来估计约束模型；这就得到 SSR_r。然后，对 T 个时期中的每个时期都做一个回归，并分别得到残差平方和。无约束残差平方和便是 $SSR_{ur} = SSR_1 + SSR_2 + \cdots + SSR_T$。若有 k 个解释变量（不包括截距和时期虚拟变量）和 T 个时期，我们便需要检验 $(T-1)k$ 个约束。而无约束模型中有 $T + Tk$ 个待估计参数。所以，若 $n = n_1 + n_2 + \cdots + n_T$ 等于总观测次数，则 F 检验的 df 为 $(T-1)k$ 和 $n - T - Tk$。我们照常计算 F 统计量：$[(SSR_r - SSR_{ur})/SSR_{ur}][(n - T - Tk)/(T-1)k]$。不幸的是，和所有基于残差平方和或 R^2 的 F 检验一样，这个检验不能对异方差性保持稳健（包括方差在不同时期之间的变化）。为了得到一个异方差—稳健的检验，我们必须构造交互项并做一个混合回归。

13.2　利用混合横截面做政策分析

混合横截面对于评价某一事件或政策的影响可能非常有用。下面的事件研究案例表明，两个横截面数据集如何被用来判断该事件的经济效果，这两个数据集一个收集于事件发生之前，另一个收集在事件发生之后。

例 13.3

垃圾焚化炉的区位对住房价格的影响

基尔和麦克莱恩（Kiel and McClain，1995）曾研究了在马萨诸塞州北安德沃市，一个新建的垃圾焚化炉对住房价值的影响。他们利用多年的数据并作了相当复杂的计量经济分析，我们将只利用两年的数据和一些简化模型，但我们的分析仍与之相似。

1978 年开始传言要在北安德沃市兴建一座垃圾焚化炉，最终于 1981 年开始动工，人们预料动工后不久焚化炉便会投入运转；事实上 1985 年才开始运转。我们将利用 1978 年住房出售的价格数据和 1981 年售价的另一个样本数据。我们的假设是，靠近焚化炉的房价相对远离焚化炉的房价要下跌。*

为便于说明，若住房位于焚化炉 3 英里以内，我们便称之为靠近。[但计算机练习 C3 则要求你像基尔和麦克莱恩（Kiel and McClain, 1995）那样，使用住房到焚化炉的实际距离。]我们先来看看距离的远近对房价的美元影响。这就要求我们用不变美元来度量价格。我们一律用波士顿住房价格指数按 1978 年美元计算房价，令 $rprice$ 为真实住房价格。

一位天真的分析者会仅仅使用 1981 年的数据并估计一个非常简单的模型：

$$rprice = \gamma_0 + \gamma_1 nearinc + u \tag{13.3}$$

其中，$nearinc$ 是在住房靠近焚化炉时等于 1，否则等于 0 的一个二值变量。用 KIELMC 中的数据估计这个方程，得到

$$\widehat{rprice} = 101\ 307.5 - 30\ 688.27 nearinc$$
$$\qquad\qquad (3\ 093.0)\quad (5\ 827.71)$$
$$n = 142, \quad R^2 = 0.165 \tag{13.4}$$

因为这是一个仅对单个虚拟变量的简单回归，所以截距就是远离焚化炉的住房平均售价，而 $nearinc$ 的系数则代表靠近焚化炉与远离焚化炉的住房平均售价之差。估计结果表明，前者的平均售价比后者的要低 30 688.27 美元。t 统计量的绝对值大于 5；从而我们可以强有力地拒绝靠近焚化炉的住房与远离的住房有相同价值这一原假设。**

不幸的是，方程（13.4）并不意味着焚化炉的位置是造成较低房价的原因。其实，如果我们对 1978 年（在尚无焚化炉传言之前）做同样的回归，得到

$$\widehat{rprice} = 82\ 517.23 - 18\ 824.37 nearinc$$
$$\qquad\qquad (2\ 653.79)\quad (4\ 744.59)$$
$$n = 179, \quad R^2 = 0.082 \tag{13.5}$$

因此，即使在没有任何关于焚化炉的传言之前，靠近焚化炉选址的平均房价就比远离它的平均房价（82 517.23 美元）低了 18 824.37 美元；而且这一差额也是统计显著的。这正符合焚化炉本来就要建造在房价较低地带的观点。

这样一来，我们怎么能说新建一个焚化炉会压低房价呢？关键在于看到 $nearinc$ 的系数在 1978—1981 年间的变化，1981 年的平均房价差异比 1978 年的要大得多（30 688.27 美元与 18 824.37 美元），即使把差异折算成不靠近焚化炉的平均房价的百分比也不算小，$nearinc$ 的两个系数之差是

$$\hat{\delta}_1 = (-30\ 688.27) - (-18\ 824.37) = -11\ 863.9$$

这便是焚化炉对其附近房价之影响的估计值。在经验经济学中，δ_1 曾被称为**双重差分估计量**（difference-in-differences estimator），因为它可表示为

$$\hat{\delta}_1 = (\overline{rprice}_{81,nr} - \overline{rprice}_{81,fr}) - (\overline{rprice}_{78,nr} - \overline{rprice}_{78,fr}) \tag{13.6}$$

---

* 指维持假设。——译者注

** 指原假设。——译者注

其中，"nr"代表"靠近焚化炉位置"，而"fr"代表"远离焚化炉位置"。换句话说，δ_1 就是两个区位住房价格的平均差价在两个不同时期的差别。

为了检验 δ_1 是否显著异于零，我们需要通过回归分析求出它的标准误。其实，δ_1 可通过估计

$$rprice = \beta_0 + \delta_0 y81 + \beta_1 nearinc + \delta_1 y81 \cdot nearinc + u \qquad (13.7)$$

而得到，估计时用到两个年份的混合数据。截距 β_0 代表 1978 年不靠近焚化炉的一所住房的平均价格。参数 δ_0 概括了北安德沃市的全部住房价格从 1978 年到 1981 年的变化。[比较一下方程（13.4）和方程（13.5），即表明相对于波士顿住房价格指数而言，北安德沃市的房价在这一时期急剧上升。] $nearinc$ 的系数 β_1 度量了与焚化炉的出现无关的区位效应：如同我们在方程（13.5）中所见，即便在 1978 年，靠近焚化炉位置的住房售价原本就低于较为远离焚化炉的住宅。

我们关注的参数是交互项 $y81 \cdot nearinc$ 的系数 δ_1：如果我们假定不论距离焚化炉址远近的住房，都不会因为其他原因而按不同比率升值，δ_1 便度量了房价因新建焚化炉而下跌的幅度。

方程（13.7）的估计值见表 13.2 中的第（1）列。我们无法从方程（13.4）和（13.5）中得到的唯一数字就是 δ_1 的标准误。δ_1 的 t 统计量约为 -1.59，相对于单侧备择假设来说，它仅达到显著性水平 5% 的边缘（p 值 ≈ 0.057）。

表 13.2　焚化炉的位置对住房价格的影响

	因变量：$rprice$		
自变量	（1）	（2）	（3）
常数项	82 517.23 （2 726.91）	89 116.54 （2 406.05）	13 807.67 （11 166.59）
$y81$	18 790.29 （4 050.07）	21 321.04 （3 443.63）	13 928.48 （2 798.75）
$nearinc$	$-18\ 824.37$ （4 875.32）	9 397.94 （4 812.22）	3 780.34 （4 453.42）
$y81 \cdot nearinc$	$-11\ 863.90$ （7 456.65）	$-21\ 920.27$ （6 359.75）	$-14\ 177.93$ （4 987.27）
其他控制变量	无	age, age^2	全部数据集
观测次数	321	321	321
R^2	0.174	0.414	0.660

基尔和麦克莱恩（Kiel and McClain，1995）在他们的焚化炉区位分析中，把住房的种种特征都包括进来。这样做有两个很好的理由。第一，1981 年出售的在焚化炉附近的住房种类可能与 1978 年出售的在焚化炉附近的住房已经有了系统差别；若是这样，则控制这些特征就可能很重要。第二，同样重要的是，即使两个年份的住房特征值没有改变，但包含它们能大大降低误差方差，从而降低 δ_1 的标准误。（有关讨论可参见 6.3 节。）在第（2）列，我们控制了住房使用年数（新旧程度）的一个二次式，这将大大提高 R^2（通过降低残差方差）。现在，$y81 \cdot nearinc$ 的系数已大幅度提高，而其标准误则更低。

除了在第（2）列控制的年岁变量外，第（3）列还控制了到达州际高速公路的英尺距离（*intst*）、以英尺计的土地面积（*land*）、以英尺计的住房面积（*area*）、房间数（*rooms*）和卫生间数（*baths*）。由此得到的 $y81 \cdot nearinc$ 系数估计值虽然与未控制任何变量的估计值更接近，但相应的标准误小多了：$\hat{\delta}_1$ 的 t 统计量约为 -2.84。因此，我们在第（3）列得到的效应比第（1）列显著得多。因为第（3）列控制了最多的因素，而且有最小的标准误（除了在本例中无关紧要的常数项），所以其估计值更为可取。在第（3）列中，*nearinc* 的系数小得多而且不显著，这一事实表明，第（3）列所包含的特征基本上概括了决定房价的最重要的住房特征。

为达到介绍方法的目的，在表 13.2 中我们使用了真实房价的水平值。若在分析中使用 $\log(price)$ [或 $\log(rprice)$]，便得到一个近似百分比效应，将会更有意义。这时，基本模型变为：

$$\log(price) = \beta_0 + \delta_0 y81 + \beta_1 nearinc + \delta_1 y81 \cdot nearinc + u \qquad (13.8)$$

现在，$100 \cdot \delta_1$ 便是焚化炉致使房价下跌的近似百分数。[恰如例 13.2，用 $\log(price)$ 而非 $\log(rprice)$ 仅仅影响 $y81$ 的系数。] 使用同样的 321 个混合观测便给出

$$\widehat{\log(price)} = 11.29 + 0.457y81 - 0.340nearinc - 0.063y81 \cdot nearinc$$
$$\qquad\quad (0.31)\ (0.045) \qquad (0.055) \qquad\quad (0.083)$$
$$n = 321, R^2 = 0.409 \qquad (13.9)$$

交互项的系数意味着，由于新焚化炉的建造，靠近它的住房约丧失 6.3% 的价值。然而，这个估计值却在统计上并非异于零。但当我们利用全部控制变量时，如表 13.2 第（3）列所示（注意 *intat*、*land* 和 *area* 均以对数形式出现），$y81 \cdot nearinc$ 的系数将变为 -0.132，其 t 统计量约为 -2.53。这再次说明，控制其他因素最终是很重要的。使用对数形式，我们估计靠近焚化炉的住房约贬值 13.2%。

用于上例的方法论有着许多应用，尤其是当数据来自**自然实验**（natural experiment）或**准实验**（quasi-experiment）的时候。当某些外生事件（常常是政府的政策改变）改变了个人、家庭、企业或城市运行的环境时，便产生了自然实验。一个自然实验总有一个不受政策变化影响的对照（control）组和一个被认为受政策变化影响的处理（treatment）组，它不同于真实实验（true experiment）。在真实实验中，处理组和对照组是随机而明确地抽取的；而在自然实验中，对照组和处理组均来自某个具体的政策变化。为了控制好对照组和处理组之间的系统差异，我们需要两个年份的数据，一个在政策改变以前，另一个在政策改变之后。于是我们的样本就按使用目的划分为 4 组：变化前的对照组和变化后的对照组，变化前的处理组和变化后的处理组。

把对照组称为 C，处理组称为 T，并令处理组 T 中观测的 dT 等于 1；否则等于 0。再令 $d2$ 为第二个（政策改变后）时期的虚拟变量，我们感兴趣的方程便是

$$y = \beta_0 + \delta_0 d2 + \beta_1 dT + \delta_1 d2 \cdot dT + 其他因素 \tag{13.10}$$

其中，y 是我们关注的结果变量。像例 13.3 那样，δ_1 度量了政策效应。若回归中没有其他因素，δ_1 就是双重差分估计量：

$$\hat{\delta}_1 = (\bar{y}_{2,T} - \bar{y}_{2,c}) - (\bar{y}_{1,T} - \bar{y}_{1,c}) \tag{13.11}$$

其中，字母上方的横线表示平均，第一个下标表示年，第二个下标表示组。通过重新整理（13.11），我们可以得到

$$\hat{\delta}_1 = (\bar{y}_{2,T} - \bar{y}_{1,T}) - (\bar{y}_{2,c} - \bar{y}_{1,c}) \tag{13.12}$$

这提供了对 DD 估计量的一个不同的解释。式中第一项 $\bar{y}_{2,T} - \bar{y}_{1,T}$ 是处理组随时间的推移含义的变化。只有在我们能假设在这两个时间段中没有外部因素发生变化时，这个数量才是政策效果的一个好的估计量。（这是一个只适用于处理组的前后估计量。）为了证实这一可能性，我们计算了控制组 $\bar{y}_{2,c} - \bar{y}_{1,c}$ 的平均值的相同趋势。通过用 $\bar{y}_{2,T} - \bar{y}_{1,T}$ 减去 $\bar{y}_{2,c} - \bar{y}_{1,c}$，我们希望得到项目或干预的因果影响的一个好的估计量。

一般双重差分估计量的结构如表 13.3 所示。像（13.11）式和（13.12）式一样，表 13.3 显示，参数 δ_1 有两种估计方法：（1）在每个时期都计算处理组与控制组的平均值之差，然后再将不同时期的上述差值进行差分，就像（13.11）式那样；（2）分别计算处理组和控制组不同时期的平均值变化，然后将这些变化进行差分，就像（13.12）式那样。估计值 $\hat{\delta}_1$，也可写作 $\hat{\delta}_{DD}$，不会依赖于我们进行差分的方式，但有两种不同的解释方法是有帮助的。

表 13.3　双重差分估计量的说明

	之前	之后	之后－之前
对照组	β_0	$\beta_0 + \delta_0$	δ_0
处理组	$\beta_0 + \beta_1$	$\beta_0 + \delta_0 + \beta_1 + \delta_1$	$\delta_0 + \delta_1$
处理组－对照组	β_1	$\beta_1 + \delta_1$	δ_1

我们可以在差分框架和我们之前章节中讨论过的潜在产量框架之间建立联系。例如，可参见 7.6 节。系数 δ_1 可被解释为**平均处理效应**（average treatment effect，ATE），其中，在第二个时间段中，"处理"是指 T 组。

当我们在方程（13.10）中增加解释变量（以便控制被抽样的总体在这两个时期间可能有的系统变化）时，δ_1 的 OLS 估计值不再具有（13.11）那种简单形式，但有类似的含义。

例 13.4

工人工伤补偿法对离岗周数的影响

迈耶、维斯库斯和德宾 ［Meyer，Viscusi，and Durbin（MVD），1995］研究了一名受伤工人领取工人补偿金的持续时间（以周计算）。在 1980 年 7 月 15 日那一天，肯塔基州提高了工人补偿金所支付的每周工资封顶值（the cap on weekly earning）。封顶值的这一提

高理应对低收入工人的福利没有影响，但它将使高收入工人继续领取工人补偿金时付出较少的代价。因此，低收入工人构成了对照组，而高收入工人构成了处理组；我们把高收入工人定义为受政策变化前封顶值约束的那些人。MVD 利用政策变化之前和之后的两个随机样本，检验了更丰厚的工人补偿金是否延长了人们离开工作岗位的时间（其他条件均不变）。他们首先以 log(durat)（表示持续时间的对数）为因变量做一个双重差分分析。令 afchnge 为政策变化后观测的虚拟变量，而 highearn 为高收入者的虚拟变量。使用 INJURY 中的数据的估计方程为（标准误在括号中给出）：

$$\overline{\log(durat)} = 1.126 + 0.007\,7afchnge + 0.256highearn + 0.191afchnge \cdot highearn$$
$$(0.031)(0.044\,7) \qquad (0.047) \qquad (0.069)$$
$$n = 5\,626, R^2 = 0.021 \tag{13.13}$$

因此，$\hat{\delta}_1 = 0.191$（$t = 2.77$），这就意味着，由于收入封顶值的提高，高收入者领取工人补偿金的平均时间延长了约 19%。afchnge 的系数既小且统计不显著：正如所料，收入封顶值的提高对低收入工人领取工人补偿金的平均时间长度没有影响。

尽管我们还不能对因变量的变化作出很多解释，但为了较准确地估计一种政策变化的影响，这却是一个不错的例子。(13.12) 式中的虚拟变量仅解释了 log(durat) 变化的 2.1%。这也讲得通：显然还有许多影响工人领取工人补偿金时间长度的因素，比如受伤的严重性等。幸好我们用了一个很大的样本，从而得到了一个显著的 t 统计量。

MVD 还增加了各种解释变量以控制性别、婚姻情况、年龄、行业和工伤种类，从而得以说明在这两年里工人情况和工伤种类可能有系统差异。但控制了这些因素后，仍看不出对 δ_1 的估计值有什么影响。（参见第 13 章的计算机练习 C4。）

> **? 思考题 13.2**
>
> 你如何解释方程（13.12）中 highearn 的系数及其 t 统计量？

有时，两组人群由居住在美国两个邻州的人构成。例如，为了评价调整香烟税对香烟消费的影响，我们可以在两个年份里分别从两个州抽取随机样本。A 州作为对照组，没有调整香烟税，作为处理组的 B 州，这两年间提高（或降低）了税率。结果变量将是关于香烟消费的一个度量，从而可以估计方程（13.10），以确定税率对香烟消费的影响。

关于自然实验方法论和更多的一些例子，可参见迈耶（Meyer，1995）的一篇有趣的综述文章。

13.2a 添加额外的控制组

传统的两组、两时期双重差分设置的一个缺点是，它假设在没有干预的情况下，结果 y 的任何趋势将保持相同的速度。（这可能是一个积极或消极的趋势。）例如，假设我们正在研究扩大医疗保健对特定州低收入家庭的影响。正如迈耶、维斯库斯和德宾（Meyer，Viscusi，and Durbin，1995）的研究中，我们可以将不受政策变化影响的中等收入家庭作为对照组。在使用基本的 DD 设置时，我们必须假设，在没有干预的情况下，低收入和中等收入家庭的平均健康趋势将是相同的。这个假设通常被称为**平行趋势假设**（parallel trends assumption）。违反平行趋势假设会威胁到 DD 所使用的识别策略，通过研究式（13.12）中给出的 $\hat{\delta}_{DD}$ 的表达式可以看出：DD 估计仅仅是处理组和对照组估计趋势的差异。

一种更具灵活性的方法是从不同的对照组收集信息。例如，假设在另一个州没有干预。如果我们认为低收入和中等收入家庭之间的健康结果趋势的任何差异在各州之间是相似的，我们可以把没有干预的州作为对照，以获得更加令人信服的估计。

具体来说，令 L 表示低收入家庭，M 表示中等收入家庭。用 B 表示干预发生的状态，用 A 表示控制状态。设 dL 为表示低收入家庭的虚拟变量，dB 为表示状态 B 的虚拟变量，$d2$ 为表示第二个时间段的虚拟变量。现在我们估算这个方程：

$$y = \beta_0 + \beta_1 dL + \beta_2 dB + \beta_3 dL \cdot dB + \delta_0 d2 + \delta_1 d2 \cdot dL + \delta_2 d2 \cdot dB$$
$$+ \delta_3 d2 \cdot dL \cdot dB + u \tag{13.14}$$

y 是对健康结果的某种衡量。方程（13.14）分别包括每个虚拟变量、三个成对的相互作用，以及三重相互作用项，$d2 \cdot dL \cdot dB$。最后一项是处理指标；其他条款作为控制组，允许不同时间、收入群体和州之间存在差异。注意，低收入人群的趋势通过 $d2 \cdot dL$ 项被允许不同于中等收入者，但是为了解释 δ_3 的政策效应，我们假设在不存在政府干预时，L 和 M 组间不存在任何趋势差异。

解释上述方程的最简单方法是研究 δ_3 的 OLS 估计量。经过一些烦琐的代数运算，可以证明：

$$\hat{\delta}_3 = [(\bar{y}_{2,L,B} - \bar{y}_{1,L,B}) - (\bar{y}_{2,M,B} - \bar{y}_{1,M,B})] - [(\bar{y}_{2,L,A} - \bar{y}_{1,L,A})$$
$$- (\bar{y}_{2,M,A} - \bar{y}_{1,M,A})]$$
$$= \hat{\delta}_{DD,B} - \hat{\delta}_{DD,A} = \hat{\delta}_{DDD} \tag{13.15}$$

括号中的第一项是通常的只使用施加新策略的状态下的 DD 估计量。它以来自同一州的中等收入家庭作为对照组。第二项是不执行新策略状态下的 DD 估计量。如果 L 组和 M 组的健康趋势在 A 州没有差异，并且没有其他影响健康结果的干预措施，那么 $\hat{\delta}_{DD,A}$ 应该是 0。一般来说，我们用 $\hat{\delta}_{DD,B}$ 减去 $\hat{\delta}_{DD,A}$ 来估计政策效果，以考虑 L 组和 M 组可能不同的趋势。如果 L 和 M 组的不同趋势也因状态不同而不同，那么甚至（13.15）式也将不会产生一致的政策效应估计值。

估计量 $\hat{\delta}_3$ 通常称为**三重差分**（difference-in-difference-in-differences）估计量，可以记作 $\hat{\delta}_{DDD}$。我们得到了两个 DD 估计量，然后对它们进行差分。在获取 DDD 估计量时，由于容易获得异方差—稳健的标准误，所以将 OLS 应用于式（13.14）是很方便的。另外，在 DD 的情况下，我们可以包括控制变量 $x_1, \cdots, x_k$，可以考虑合成效果，也可以减少误差方差，以提高 $\hat{\delta}_{DDD}$ 的精度。

13.2b　混合横截面政策分析的一般框架

扩展 DD 基本方法的另一种途径是获得多个对照组和处理组以及两个以上的时

间段。我们可以通过允许一种普遍的干预模式来创建一个非常普遍的政策分析框架，在这种干预模式下，一些单位从来不"处理"，而另一些单位可以在不同的时间段处理。甚至有可能在研究的早期，一些单位受到政策的约束，但后来政策就被取消了。作为警告，在一般的干预模式下，试图将问题融入基本的 DD 甚至 DDD 框架是错误的。

引入一个下标 i 来代表一个单独的单位是有帮助的，它可以是一个人、一个家庭、一个公司、一所学校，等等。每个 i 属于一对 (g, t)，其中 g 是一组，t 是一个时间段。通常，这些群体是基于地理位置的，如城市、县、州或省，但我们已经看到了一些例子，这些群体可以是其他的东西（例如，低收入者和高收入者）。最常见的是，t 代表一年，但它可以比一年短得多，或者我们可以把时间段定得超过一年。

在一般情况下，我们感兴趣的是在群体层面上应用的政策干预。为了让人信服，至少对某些小组应该有一个前后对照期。其他组可能是控制组，因为策略从未执行过。在最简单的情况下，政策由一个虚拟变量表示，如 x_{gt}，当第 t 年的 g 组受到政策干预时，x_{gt} 为 1，否则为 0。在进行任何分析之前，正确地编码这个变量是非常重要的。对于许多组和时间段，x_{gt} 的 0 和 1 模式可能很复杂。政策干预在不同群体之间交错，以及政策被取消，可能导致这种复杂性，这增加了我们评估政策变化影响的能力。重要的是，不要认为 x_{gt} 总是可以通过交互指示组和时间段的虚拟变量来构造，就像在基本的 DD 设置中一样。

给定政策变量 x_{gt}，我们现在可以写出一个可以用来估计政策效果的方程。灵活（但不是完全灵活）的模型是：

$$y_{igt} = \lambda_t + \alpha_g + \beta x_{gt} + \mathbf{z}_{igt}\gamma + u_{igt}, \quad i = 1, \cdots, N_{gt};$$
$$g = 1, \cdots, G; \quad t = 1, \cdots, T \tag{13.16}$$

式中，符号表示组/时间单元 (g, t) 有 N_{gt} 个观测值。变量 y_{igt} 在单位水平测量，解释变量 $\mathbf{z}_{igt}$ 也是如此。回想一下，$\mathbf{z}_{igt}\gamma$ 是几个解释变量乘以系数的简写。

参数 λ_t 是捕获外部因素的聚合时间效应。例如，如果 g 对状态进行索引，λ_t 可以是平等影响所有州的全国范围的因素。在大多数政策研究中，考虑这些因素是非常重要的，因为不同时期的政策执行往往是捆绑的。如果我们不包括 λ_t，那么我们可能会错误地得出政策有影响的结论。或者，如果有政策影响，我们会估计影响很小或根本没有政策影响。组效应 α_g——例如，如果 g 索引了状态，则为状态效应——解释了组中随时间推移的不变系统差异。政策的执行往往取决于我们可能无法充分衡量的群体特征，而这些因素也可能会影响到 y_{ug}。无论 g 代表的是县或州，还是不同的年龄或收入群体，这都是正确的。

在估计（13.16）时，我们仅通过包含虚拟变量来考虑时间和群体效应。换句话说，我们对于每个时间段定义虚拟变量，比如 dt；对于每组则定义群哑变量 dg。在实践中，可以包括拦截，但不包括一组和一段时间（通常是第一段，但任何一段都可以）。然后我们使用混合 OLS 估计（13.16），其中混合是所有个体和所有 (g, t) 对。我们感兴趣的系数是 β。变量 $\mathbf{z}_{igt}$ 可以包括仅在 (g, t) 水平变化的测量变量，

但也如下标 i 所示，包括个体特定的协变量。当我们将策略赋值作为固定值，通过抽样误差来看待估计的不确定性时，利用混合 OLS 估计中的异方差—稳健标准误来得到适当的推断。

（13.16）式中的设置可以应用于重要的问题，如研究最低工资对劳动力市场的影响。在美国，最低工资可以在城市水平上变化，在这种情况下，g 指标是县，尽管研究州水平变化最常见。个体结果 y_{igt} 可以是小时工资（可能是它的日志）或就业状态。考虑到时间和城市（或州）的影响是非常重要的。此外，我们可能有关于个人教育、工作经验和背景变量的信息；这些控制将包括在 $\mathbf{z}_{igt}$ 中。

（3.16）式强加了自己的版本的一个平行趋势的假设，因为对所有组 g，λ_t 都具有相同的影响。特别是，对于所有的 (g, t)，把变量 $\mathbf{z}_{igt}$ 和 x_{gt} 都设置为 0。然后，对于给定的 g 组，y_{igt} 只是 λ_t 的简单追踪。放松这个假设的一种方法是使用**类属特异性**（group-specific）的线性时间趋势，如果我们至少有 $T \geqslant 3$ 个时间段。特别地，我们将（13.16）替换为

$$y_{igt} = \lambda_t + \alpha_g + \psi_g t + \beta x_{gt} + \mathbf{z}_{igt}\gamma + u_{igt} \tag{13.17}$$

式中，ψ_g 捕捉了 g 组的线性趋势。请注意，我们仍然希望包括聚合效应，因为 ψ_g 项将线性趋势强加于每个组。我们仍然希望 λ_t 能考虑非线性聚合时间效应。在估计中，我们将丢掉另一个 λ_t，因为我们已经部分地考虑了群体特定趋势的累积时间效应。

在最低工资的例子中，很容易想象最低工资和劳动力市场结果的趋势因城市（或州）而不同。

为什么我们应该只使用线性群体特定趋势？事实上，在很多时间段中，我们可以包括更复杂的趋势，比如一个群体特定的二次型。但是，我们包含的条款越多，需要的政策指标 x_{gt} 的变化就越多，以便确定政策的影响。在极端情况下，我们可以考虑为所有 (g, t) 对包括单独的虚拟变量，称为：

$$y_{igt} = \theta_{gt} + \beta x_{gt} + \mathbf{z}_{igt}\gamma + u_{igt} \tag{13.18}$$

式中，θ_{gt} 是每个 (g, t) 对的不同截距。这个公式比包括（13.17）在内的任何前面的方程都更普遍。不幸的是，估计 β 也是没有用的，因为 x_{gt} 只在 (g, t) 水平上变化，因此与截距存在完全共线性。

如果兴趣存在于 γ 的元素中——例如，兴趣应用的政策适用于至少一些 (g, t) 对中的不同单位——那么（13.18）就变得有吸引力。在操作上，不像（13.16）中那样，仅仅包括时间的单独虚拟变量和组的单独虚拟变量，而是包括完整的时间组交互：$dt \cdot dg$，对所有 $t = 1, \cdots, T$ 和 $g = 1, \cdots, G$。这允许每个组有自己非常灵活的时间趋势。

扩展多个策略变量很简单，而且策略变量不需要是二元变量。例如，向量 $\mathbf{x}_{gt}$ 可以包括，例如，州 g 在第 t 年的州级最低工资，如果州是一个有工作权利的州，则还可以加上一个等于 1 的虚拟变量。或者，也许我们有个体层面的健康结果 y_{igt}，而 $\mathbf{x}_{gt}$ 是国家层面健康政策变量的向量（集合），它可以是连续的或离散的。然后

（13.16）就变成：

$$y_{igt} = \lambda_t + \alpha_g + \mathbf{x}_{gt}\boldsymbol{\beta} + \mathbf{z}_{igt}\boldsymbol{\gamma} + u_{igt}$$

$$= \lambda_t + \alpha_g + \beta_1 x_{gt1} + \cdots + \beta_K x_{gtK} + \gamma_1 z_{igt1} + \cdots + \gamma_J z_{igtJ} + u_{igt} \tag{13.19}$$

式中，β_j 衡量了不同政策的效果（其他条件相同）。如果我们认为这项政策需要一段时间才能产生全面影响，我们甚至可以纳入滞后的政策指标。例如，如果 p_{gt} 是时段 t 的政策指标，我们可以估计一个等式，例如

$$y_{igt} = \lambda_t + \alpha_g + \beta_1 p_{gt} + \beta_2 p_{g,t-1} + \beta_3 p_{g,t-2} + \gamma_1 z_{igt1} + \cdots + \gamma_J z_{igtJ} + u_{igt}$$

当然，包括滞后需要更多的时间周期。一般情况下，公式（13.17）以类似的方式进行修改。

13.3 两时期面板数据分析

现在我们转到最简单的面板数据分析：对个人、学校、企业、城市或其他横截面，我们有两年的数据，称之为 $t=1$ 和 $t=2$。这两年不一定要相邻。但 $t=1$ 对应于较早年份。例如，文件 CRIME2 含有 1982 年和 1987 年的 46 个城市的犯罪和失业（以及其他方面的）数据，因此，$t=1$ 对应于 1982 年，而 $t=2$ 对应于 1987 年。

如果我们使用 1987 年的横截面数据，并做一个 $crmrte$ 对 $unem$ 的回归，结果会怎么样？我们观察得到

$$\widehat{crmrte} = 128.38 - 4.16unem$$

$$(20.76) \quad (3.42)$$

$$n = 46, \quad R^2 = 0.033$$

如果我们随便解释这个估计方程，它就意味着增加失业率会降低犯罪率，这显然不是我们所预料的。$unem$ 的系数在标准的显著性水平上还不算统计显著；充其量我们也只是发现犯罪率和失业率没有联系。

如本书一直强调的，这个简单的回归方程很可能遇到了遗漏变量的问题。一个可能的解决方法是试图控制更多的因素，比如年龄分布、性别分布、受教育程度、执法力度等。在多元回归分析中有许多因素可能难以控制。在第 9 章我们曾说明，把以前某年（本例中就是 1982 年）的 $crmrte$ 包括到分析中来，有助于控制不同城市在历史上有不同犯罪率的事实。这是利用两个年份的数据来估计因果效应的一种方法。

利用面板数据的另一方法是把影响因变量的无法观测因素分为两类：一类是恒常不变的，另一类则随时间而变。令 i 表示横截面单位，t 表示时期，我们可将含有单个可观测解释变量的模型写成

$$y_{it} = \beta_0 + \delta_0 d2_t + \beta_1 x_{it} + a_i + u_{it}, \quad t = 1, 2 \tag{13.20}$$

在符号 y_{it} 中，i 表示个人、企业、城市等，而 t 表示时期。变量 $d2_t$ 是一个在 $t=1$ 时取值 0 而在 $t=2$ 时取值 1 的虚拟变量；它不随 i 而变，这也说明了它为什么没有下标 i。因此，$t=1$ 时的截距是 β_0，而 $t=2$ 时的截距是 $\beta_0 + \delta_0$。如同使用独立混合横截面的情形，允许截距随时间而变对大多数应用来说都是重要的。在犯罪一例

中，在美国有一种长期趋势，使得美国每个城市的犯罪率都在改变，也许经过 5 年就可以明显看出来。

变量 a_i 概括了影响着 y_{it} 但又不随着时间而变化的所有无法观测的因素（a_i 没有下标 t 这一事实就告诉我们它不随时间而变）。a_i 一般都被称为**不可观测效应**（unobserved effect），在应用研究中也常常被称为**固定效应**（fixed effect），这有助于我们记住 a_i 在时间上是固定的，（13.20）中的模型被称为**不可观测效应模型**（unobserved effects model）或**固定效应模型**（fixed effects model）*。在应用中，你也许还会看到，有人把 a_i 称为**不可观测异质性**（unobserved heterogeneity）（或者个人异质性、企业异质性、城市异质性等）。

误差 u_{it} 常被称为**特异性误差**（idiosyncratic error）或时变（time-varying）误差，因为它代表因时而变且影响着 y_{it} 的那些无法观测因素。这和纯粹时间序列回归方程中的误差非常相像。

用于描述 1982 年和 1987 年城市犯罪率的一个简单的不可观测效应模型是

$$crmrte_{it} = \beta_0 + \delta_0 d87_t + \beta_1 unem_{it} + a_i + u_{it} \tag{13.21}$$

式中，$d87$ 是代表 1987 年的虚拟变量。由于 i 表示不同城市，所以我们把 a_i 称为不可观测城市效应或城市固定效应：它代表了影响城市犯罪率且不随时间而变化的全部因素。诸如城市位于美国的某一区域等地理特征，均包含于 a_i 之中。其他许多因素不一定毫无变化，但在 5 年期间，可视为大致不变。后者可包括居民的某些人口特性（年龄、种族和教育），不同城市对犯罪的报道有其各自的方法，而且生活在不同城市的居民对待犯罪会有不同的态度。这些却是变化缓慢的。出于历史上的原因，不同城市可能有很不相同的犯罪率，这些现象至少部分地由不可观测效应 a_i 加以描述。

给定两年的面板数据，我们该如何估计感兴趣的参数 β_1 呢？一种可能性是，直接把两年的数据混合起来，然后用 OLS，基本上和 13.1 节的做法一样。这种方法有两个缺点，最重要的一点是，为了使混合的 OLS 得到 β_1 的一个一致估计量，我们就必须假定不可观测效应 a_i 与 x_{it} 无关。只要把（13.20）写成

$$y_{it} = \beta_0 + \delta_0 d2_t + \beta_1 x_{it} + v_{it}, \ t=1, \ 2 \tag{13.22}$$

便很容易看出这一点，其中，$v_{it} = a_i + u_{it}$ 常被称为**复合误差**（composite error）。从我们有关 OLS 的知识看，为了使 OLS 一致地估计 β_1（以及其他参数），我们必须假定 v_{it} 与 x_{it} 无关，其中 $t=1$ 或 2。而且无论我们使用单个横截面还是混合使用两个横截面，这个观点都是对的。

> **❓ 思考题 13.3**
>
> 假定 a_i、u_{i1} 和 u_{i2} 都具有零均值且两两无关。证明：$\text{Cov}(v_{i1}, v_{i2}) = \text{Var}(a_i)$，从而，除非 $a_i=0$，否则复合误差在时间上便存在正的序列相关。这对于来自混合 OLS 估计的通常 OLS 标准误来说，意味着什么？

---

* 注意：不可观测效应模型和固定效应模型并非等同。——译者注

因此，即使我们假定特异性误差 u_{it} 与 x_{it} 无关，如果 a_i 与 x_{it} 相关的话，混合 OLS 估计就是偏误且不一致的。由此造成的偏误有时又称为**异质性偏误**（heterogeneity bias），然而，它确实是由于遗漏了一个不随时间而变化的变量所致。

为说明所出现的情况，我们用 CRIME2 中的数据对（13.21）做混合 OLS 估计。因有 46 个城市和每个城市各两年的数据，我们共有 92 个观测值：

$$\widehat{crmrte} = 93.42 + 7.94d87 + 0.427unem$$

$$(12.74)(7.98) \quad (1.188)$$

$$n = 92, \ R^2 = 0.012 \tag{13.23}$$

（在报告所估计的方程时，通常都把下标 i 和 t 略去。）（13.23）中 unem 的系数虽然是正的，但其 t 统计量却非常小。可见，使用混合两年的 OLS 和使用单个横截面相比没有什么实质性变化。因为使用混合的 OLS 并没有解决遗漏变量的问题，所以这个结果也无足为奇。（由于存在第 13 章习题 3 中描述的序列相关问题，所以这个方程中的标准误是不正确的，但因混合 OLS 不是这里讨论的焦点，我们暂且忽略这个问题。）

在大多数应用中，收集面板数据的主要理由是为了考虑不可观测效应 a_i 与解释变量相关。例如，在犯罪方程中，我们想让 a_i 中不可观测却又影响着犯罪率的城市因素与失业率也相关。事实上这很容易做到：因为 a_i 是不随时间而变化的常数，所以我们可以取两个年份的数据之差。说得更准确一点，对横截面的第 i 个观测值，把两年的方程分别写为

$$y_{i2} = (\beta_0 + \delta_0) + \beta_1 x_{i2} + a_i + u_{i2} \quad (t = 2)$$

$$y_{i1} = \beta_0 + \beta_1 x_{i1} + a_i + u_{i1} \quad (t = 1)$$

如果我们将第一个方程减去第二个方程，便得到

$$(y_{i2} - y_{i1}) = \delta_0 + \beta_1(x_{i2} - x_{i1}) + (u_{i2} - u_{i1})$$

或

$$\Delta y_i = \delta_0 + \beta_1 \Delta x_i + \Delta u_i \tag{13.24}$$

其中，"Δ"表示从 $t = 1$ 到 $t = 2$ 的变化。不可观测效应 a_i 不再出现于（13.24）：它已被"差分掉"了，而且（13.24）中的截距实际上是截距从 $t = 1$ 到 $t = 2$ 的变化。

我们称之为**一阶差分方程**（first-differenced equation）的方程（13.24）相当简单。它无非就是单个横截面方程，但每个变量都取其时间上的差分。只要基本假定得到满足，我们可以用第一部分所讲的方法去分析（13.24）。其中最重要的假定是：Δu_i 与 Δx_i 无关。如果在每个时期 t，特异性误差 u_{it} 都与两个时期的解释变量无关，这个假定就是对的。这是我们在第 10 章讲时间序列模型时遇到过的**严格外生性**（strict exogeneity）假定。特别是，这个假定排除了 x_{it} 代表滞后因变量 $y_{i,t-1}$ 的情形。不同于第 10 章，我们允许 x_{it} 与不随时间而变化的无法观测因素相关。当我们求出（13.24）中 β_1 的 OLS 估计量时，便把由此得到的估计量称为**一阶差分估**

计量（first-differenced estimator）。

在犯罪一例中，假定 Δu_i 与 $\Delta unem_i$ 无关虽然可能合理，但也可能不对。例如，假设执法力度（这是特异性误差中的一个因素）在失业率减少的城市中要加大一些，这就造成了 Δu_i 与 $\Delta unem_i$ 之间的负相关，从而导致 OLS 估计量出现偏误。自然，通过在方程中添加更多的因素，这个问题可在一定程度上得以克服，这是我们以后要讲到的。和通常一样，既然我们还没有把足够多的随时间而变化的因素考虑进来，所以在方程中添加一些因素总是可能的。

另一个关键条件是，Δx_i 必须因 i 的不同而有所变化。如果解释变量对任何一次横截面观测来说都不随时间而变，或者在每一次观测中都出现等量的变化，这一条件便不成立，对犯罪一例来说，因为所有城市的犯罪率都随时间而变化，所以这不是什么问题。但若 i 代表个人，而 x_{it} 是一个代表性别的虚拟变量，则对所有 i 都有 $\Delta x_i=0$；这时我们显然不能用 OLS 来估计（13.24）。这一点其实可以圆满地加以解释：由于我们允许 a_i 与 x_{it} 相关，所以我们就不要指望能把 a_i 对 y_{it} 的影响与不随时间而变的任何变量的影响分离开来。

我们需要用于通常 OLS 统计量的唯一其他假定，就是（13.24）要满足同方差性。在许多情况下，这个假定是合理的。并且，如果该假定不成立，我们也知道怎样用第 8 章的方法去检验并修正异方差性。有时候，干脆直接假定（13.24）满足所有经典线性模型假设了事。这样一来，OLS 估计量便是无偏的，而且全部统计推断都是精确的。

现在我们用犯罪率的例子来估计（13.24），得到

$$\Delta \widehat{crmrte}=15.40+2.22\Delta unem$$
$$(4.70)\quad(0.88)$$
$$n=46，R^2=0.127 \tag{13.25}$$

现在终于得到犯罪率与失业率之间正的统计显著关系。由此可见，在本例中差分掉时间上恒定的效应，使得结果大不相同。（13.25）的截距也告诉了我们一些有趣的事情：即使 $\Delta unem=0$，我们也能预测犯罪率（每千人的犯罪次数）增加了 15.40。这反映了从 1982 年到 1987 年全美犯罪率的现实增长趋势。

即使我们不从不可观测效应模型（13.20）开始，利用不同时期的差分仍有其直观意义。我们不去估计一个标准的横截面关系（这会遇到遗漏变量的困扰，以致难以得出其他条件不变的结论），而是通过方程（13.24）明确地考虑解释变量在不同时期的变化如何影响 y 在同一时期内的变化。不管怎样，记住（13.20）仍然很有用：它明确地告诉我们，能够在保持 a_i 不变的情况下估计 x_{it} 对 y_{it} 的影响。

虽然取两年面板数据的差分是控制不可观测效应的有效方法，却要付出代价。首先，面板数据比单个横截面更难以收集，特别是关于个人的数据。我们必须进行一次调查，然后跟踪所有个人再进行另一次跟踪调查。在进行第二次调查时，要查

找跟踪对象通常很困难。对于诸如企业等调查对象，有些企业更有破产或兼并的可能。而得到学校、城市、县、州和国家的面板数据要容易得多。

即便我们得到了一个面板数据集，用于消除 a_i 的差分也可能大大减少解释变量中的波动性。尽管在每个时期 t，x_{it} 在横截面中都具有明显变化，但 Δx_i 仍可能没有什么变化。我们在第 3 章了解到，在用 OLS 估计（13.24）时，Δx_i 的一个微小变化可能导致 $\hat{\beta}_1$ 的标准误很大。我们虽然可以利用很大的横截面来克服这一困难，但并非总能奏效。而且，利用较长时间间隔的差分有时比利用逐年的变化好。

作为一个例子，考虑估计教育回报的问题，现在使用个人的两年面板数据。第 i 个人的模型是

$$\log(wage_{it}) = \beta_0 + \delta_0 d2_t + \beta_1 educ_{it} + a_i + u_{it},\ t = 1,\ 2$$

式中，a_i 包含观测不到的能力，它可能与 $educ_{it}$ 相关。我们仍然考虑不同时期有不同的截距，用以说明总生产力增长（以及通货膨胀，如果 $wage_{it}$ 是名义工资的话）。因为按照定义，天生能力是不随时间而变化的，所以面板数据方法看来对教育回报的估计是合乎理想的。一阶差分方程是

$$\Delta \log(wage_i) = \delta_0 + \beta_1 \Delta educ_i + \Delta u_i \tag{13.26}$$

而且我们可以用 OLS 估计这个方程，问题在于，我们感兴趣的是正在工作的成年人，但是对大多数就业者而言，不同时期的受教育程度并没有改变。如果我们的样本中只有一小部分人的 $\Delta educ_i$ 不等于零，要想从（13.26）得到 β_1 的准确估计值就很困难，除非我们有一个相当大的样本。用一阶差分方程来估计教育回报，理论上是个好主意，但凭现有的大多数面板数据库，它又不是那么奏效。

增加一些解释变量不致引起什么困难，我们从如下不可观测效应模型开始：

$$y_{it} = \beta_0 + \delta_0 d2_t + \beta_1 x_{it1} + \beta_2 x_{it2} + \cdots + \beta_k x_{itk} + a_i + u_{it} \tag{13.27}$$

其中，$t = 1$ 和 2。这个方程因为每个解释变量都有三个下标而看似更加复杂。第一个下标是横截面观测单位，第二个是时期，而第三个无非就是变量标志。

例 13.5

睡眠与工作比较

我们利用来自比德尔和哈默梅什（Biddle and Hamermesh，1990）中 SLP75 _ 81 的两年面板数据，估计睡眠与工作之间的替代关系。在第 3 章的习题 3 中，我们仅用了 1975 年的横截面。1975 年和 1981 年两年的面板数据集含有 239 人，比含有 700 人的 1975 年横截面要小得多。以分钟计的每周睡眠总时间的一个不可观测效应模型是

$$slpnap_{it} = \beta_0 + \delta_0 d81_t + \beta_1 totwrk_{it} + \beta_2 educ_{it} + \beta_3 marr_{it} + \beta_4 yngkid_{it}$$
$$+ \beta_5 gdhlth_{it} + a_i + u_{it},\ t = 1,\ 2$$

不可观测效应 a_i 可被称为不可观测个人效应或个人固定效应。容许 a_i 与 $totwrk_{it}$ 相关有着潜在的重要性：影响人们睡眠多少（在 a_i 中刻画）的因素（有些是生理上的），很可能与花在工作上的时间量相关。有些人就是精力比较充沛，使得他们睡眠较少而工作较多。变量 $educ$ 是受教育年数，$marr$ 是婚姻虚拟变量，$yngkid$ 是用于表示有无年幼子女的虚拟变量，而 $gdhlth$ 是"健康良好"虚拟变量，注意，性别或种族不随时间而变，所以我们没有把它们包含进来（这和横截面分析不一样）；它们都是 a_i 的一部分。我们的主要兴趣在于 β_1。

取两年间的差分得到可估方程

$$\Delta slpnap_i = \delta_0 + \beta_1 \Delta totwrk_i + \beta_2 \Delta educ_i + \beta_3 \Delta marr_i + \beta_4 \Delta yngkid_i + \beta_5 \Delta gdhlth_i + \Delta u_i$$

假定特异性误差的改变量 Δu_i 与所有解释变量的改变量都无关，我们便能用 OLS 得到无偏估计量。这就给出了

$$\widehat{\Delta slpnap} = -92.63 - 0.227\Delta totwrk - 0.024\Delta educ$$
$$\qquad\quad (45.87) \quad (0.036) \qquad\quad (48.759)$$
$$\qquad\quad + 104.21\Delta marr + 94.67\Delta yngkid + 87.58\Delta gdhlth$$
$$\qquad\quad (92.86) \qquad\quad (87.65) \qquad\quad (76.60)$$
$$\qquad\quad n = 239, \ R^2 = 0.150 \qquad\qquad\qquad\qquad\qquad (13.28)$$

$\Delta totwrk$ 的系数表明了睡眠与工作之间的替代关系：保持其他因素不变，每多工作一小时，睡眠就要减少 $0.227 \times 60 = 13.62$ 分钟。t 统计量（-6.31）非常显著。除截距外，再没有其他估计值是显著的了。对除 $\Delta totwrk$ 以外全部变量的联合显著性 F 检验表明，p 值 $= 0.49$，意味着它们在任何合理的显著性水平上都不是联合显著的，从而可把它们从方程中去掉。

$\Delta educ$ 的标准误相对于其估计值来说特别大，这就是先前对工资方程所描述的现象。在 239 人的样本中有 183 人（占 76.6%）所受的教育在这 6 年期间没有变化；有 90% 的人最多只多受了一年教育。$\hat\beta_2$ 的极大标准误反映出，教育的变化太少，以致 β_2 的估计值没有任何精确度。但不管怎样，β_2 实际上是很小的。

面板数据还可用来估计有限分布滞后模型。即使我们只设定两年的方程，也需要收集多年的数据才能处理其中的滞后解释变量。下面是一个简单例子。

例 13.6

犯罪率对破案率的分布滞后

艾迪（Eide，1994）利用挪威警区的面板数据估计了犯罪率的一个分布滞后模型。唯一的解释变量是"破案百分数"（$clrprc$），即代表犯罪导致被定罪的百分数。犯罪率数据来自 1972 年和 1978 年两年。因为过去的破案率很可能对当前的犯罪有一种抑制作用，所以我们仿照艾迪的分析，把 $clrprc$ 滞后一年和两年，便得到如下的两年不可观测效应模型：

$$\log(crime_{it}) = \beta_0 + \delta_0 d78_t + \beta_1 clrprc_{i,t-1} + \beta_2 clrprc_{i,t-2} + a_i + u_{it}$$

将方程取差分后再用 CRIME3 中的数据去估计它，得到

$$\Delta \overline{\log(crime)} = 0.086 - 0.004\ 0\Delta clrprc_{-1} - 0.013\ 2\Delta clrprc_{-2}$$

$$(0.064) \qquad (0.004\ 7) \qquad\qquad (0.005\ 2)$$

$$n = 53,\ R^2 = 0.193,\ \overline{R}^2 = 0.161 \qquad\qquad (13.29)$$

第二个滞后项为负且统计显著，意味着两年前更高的破案率对今年的犯罪有抑制作用。具体地说，两年前的 $clrprc$ 提高 10 个百分点，会导致今年的估计犯罪率下降 13.2%。这表示将更多的警力资源用于破案并及时宣判，可以减少未来的犯罪。

13.3a 面板数据的编排

在计量经济研究中使用面板数据时，需要知道这些数据是怎样贮存的。我们必须注意数据的编排，以使相同的横截面单位（个人、企业、城市等）在不同时期能很容易地联系起来。具体地说，假设我们有关于城市的两个不同年份的数据集。为了大多数目的，登记数据的最好方法是，对每个城市都安排两个记录，每年一个，每个城市的第一个记录对应于较早的一年，第二个记录对应于较晚的一年。这两个记录应该放在相邻位置（如相邻的两行）。这样，100 个城市各两年，就包含 200 个记录。头两个记录用于样本中第一个城市，下两个记录用于第二个城市，依此类推（作为一个例子，参见第 1 章的表 1.5）。这样就很容易构造差分并把这些差分贮存在每个城市的第二个记录中，也便于做能与差分估计相比较的混合横截面分析。

本书的两期面板数据集大多数都是这样贮存的（如 CRIME2、CRIME3、GPA3、LOWBRTH 和 RENTAL）。对于多于两个时期的面板数据，我们直接推广这种模式。

编排两期面板数据的第二种方法是，对每个横截面单位仅安排一个记录。这就需要对每个变量做两次登入，每个时期一个。SLP75_81 中的面板数据就是这样编排的。每个人都有关于变量 $slpnap75$、$slpnap81$、$totwrk75$、$totwrk81$ 等数据。构造从 1975 年到 1981 年的差分也很容易。属于这种结构的其他面板数据集还有 TRAFFIC1 和 VOTE2。把数据都安排在一个记录里，其缺点是无法按照（指电脑）两期的原始数据进行混合 OLS 分析。而且，这种编排方法不适应多于两期的面板数据集，后者是我们将要在 13.5 节中考虑的情形。

13.4 用两时期面板数据做政策分析

面板数据对于政策分析非常有用，特别是项目评估。在最简单的项目评估背景中，在第一个时期先得到个人、企业或城市等单位的一个样本。然后让其中一部分

横截面单位（即处理组中的单位）参与下一个时期举办的某个项目，那些不参与项目的单位则作为对照组。这和以前讨论过的自然实验很相像，但有一个重要区别：每个时期都出现同样的横截面单位。

作为一个例子，假定我们想评价密歇根州工作培训项目对制造业企业工人生产率的影响（也可参见第 9 章的计算机练习 C3）。令 $scrap_{it}$ 表示第 t 年第 i 个企业的废弃率（每 100 件商品中由于有缺陷而必须废弃的件数）。$grant_{it}$ 是一个二值指标变量，若企业 i 在第 t 年得到工作培训津贴，它便等于 1。对 1987 年和 1988 年两年，模型是

$$scrap_{it} = \beta_0 + \delta_0 y88_t + \beta_1 grant_{it} + a_i + u_{it}, \quad t = 1, 2 \tag{13.30}$$

式中，$y88_t$ 表示 1988 年的虚拟变量，而 a_i 是无法观测的企业效应或企业固定效应。不可观测效应包括平均雇员能力、资本、管理技能等；这些因素在这两年期间基本保持不变。我们关注 a_i 可能与企业是否领取这项津贴系统相关。例如，项目负责人对工人技能较低的企业给予优先考虑。或者，恰恰相反，项目负责人为了显示工作培训项目的有效性，也许把津贴拨给有较高劳动生产率的企业。事实上，在这个特定的项目中，津贴的发放是按先到先得的原则。但是，一个企业是否及早申请津贴也许和它的工人生产率有关。不管怎样，用单个横截面或混合两个横截面的分析都将得到有偏误而又不一致的估计量。

取差分以消去 a_i，可以给出

$$\Delta scrap_i = \delta_0 + \beta_1 \Delta grant_i + \Delta u_i \tag{13.31}$$

因此，只需将废弃率的变化对津贴指标变量的变化进行回归即可。因 1987 年尚无企业领取津贴，即对所有 i，都有 $grant_{i1} = 0$，所以 $\Delta grant_i = grant_{i2} - grant_{i1} = grant_{i2}$，它无非表示一个企业在 1988 年是否领取了津贴。然而，一般来说，由于必须消去不可观测效应模型（13.30）中的 a_i，所以取所有变量（包括虚拟变量）的差分仍然重要。

利用 JTRAIN 中的数据估计一阶差分方程，得到

$$\widehat{\Delta scrap} = -0.564 - 0.739 \Delta grant$$
$$(0.405) \quad (0.683)$$
$$n = 54, \ R^2 = 0.022$$

因此，我们估计，享受工作培训津贴使得废弃率平均降低 0.739。但这个估计值并非统计上异于零。

使用 $\log(scrap)$ 估计百分比效应，得到较强的结果：

$$\widehat{\Delta \log(scrap)} = -0.057 - 0.317 \Delta grant$$
$$(0.097) \quad (0.164)$$
$$n = 54, \ R^2 = 0.067$$

即享受工作培训津贴估计能使废弃率降低约 27.2%。［我们可以根据方程（7.10）

得到这个估计值：$\exp(-0.317)-1 \approx -0.272$。] t 统计量约为 -1.93，在显著界线的边缘上。作为对比，$\log(scrap)$ 对 $y88$ 和 $grant$ 的混合 OLS 回归得到 $\hat{\beta}_1 = 0.057$（标准误 $=0.431$）。因此，我们没有发现废弃率与工作培训津贴之间有任何显著的关系。由于这一结果与一阶差分估计相差甚远，所以它向我们表明，工人能力越低的企业越有可能获得培训津贴。

更一般地研究项目评估模型颇有用处。令 y_{it} 为结果变量，并令 $prog_{it}$ 为项目参与虚拟变量。最简单的不可观测效应模型为

$$y_{it} = \beta_0 + \delta_0 d2_t + \beta_1 prog_{it} + a_i + u_{it} \tag{13.32}$$

如果项目参与仅发生在第二个时期，那么在差分方程中 β_1 的 OLS 估计量就有一个非常简单的表达式：

$$\hat{\beta}_1 = \overline{\Delta y_{treat}} - \overline{\Delta y_{control}} \tag{13.33}$$

即我们计算处理组和对照组在这两个时期的平均变化，然后取两者之差便是 $\hat{\beta}_1$。这是对两个混合横截面而言，方程（13.11）所描述的双重差分估计量的面板数据翻版。有了面板数据，便潜在具有一个重要优势。我们可以对于同样的横截面单位取 y 在不同时期的差分，由此得以控制个人、企业或城市特有的效应，如同（13.32）中的模型所表明的那样。

如果项目参与发生在两个时期，$\hat{\beta}_1$ 就不能写成（13.33）那样，但对它的解释仍然一样：它代表 y 均值因项目参与所致的变化。

控制随时间而变化的因素，不会改变任何重要内容。我们只需取这些变量的差分，连同 $\Delta prog$ 一起把它们包括进来，这样就可以控制那些可能与项目选拔相关且随着时间而变化的变量。

同样的差分方法适用于分析任何因城市或州而异的政策效应。如下便是一个简单的例子。

例 13.7

酒后驾驶法对交通死亡事故的影响

为了制止酒后驾驶，美国许多州都采取了各不相同的政策。这里我们将研究两类法规：开瓶法（规定司机或乘客携带开瓶的酒精饮料为非法）和行政权力法（司机因酒后驾驶被捕后，法院可在未判刑之前吊销其执照）。一种可能做的分析是，利用州的单一横截面数据，将行车死亡事故（或其他与酒后驾驶有关的）变量对标示着每种法规是否出现的虚拟变量进行回归。但这种分析方法不一定能奏效；因为每个州都是按照立法程序来决定它是否需要这些法规。所以，法规的出现很可能与近年来酒后驾驶的平均死亡事故有关。一种较有说服力的分析是，使用某些州实施新法规的那段时间的面板数据（而另一些州也许在这一时期里废除了现行法规）。文件 TRAFFIC1 含有全部 50 个州和哥伦比亚特区的

1985 年和 1990 年两年数据。因变量是每行驶 1 亿英里的交通事故致死人数（*dthrte*）。在 1985 年有 19 个州采用开瓶法，而 1990 年有 22 个州采用这种法规。在 1985 年有 21 个州采用行政权力法，而 1990 年采用行政权力法的州增加到 29 个。

在一阶差分后利用 OLS 得到

$$\Delta \widehat{dthrte} = -0.497 - 0.420\Delta open - 0.151\Delta admn$$
$$\qquad\quad (0.052) \quad (0.206) \qquad (0.117) \qquad\qquad (13.34)$$
$$n = 51, \ R^2 = 0.119$$

这些估计值表明，采取开瓶法，使交通事故死亡率降低了 0.42；给定 1985 年的平均死亡率为 2.7，而其标准差为 0.6，这是一个不容忽略的下降。这个估计值相对于一个双侧备

> **? 思考题 13.4**
>
> 在例 13.7 中，对于华盛顿州有 $\Delta admn = -1$，解释其含义。

择假设来说，在 5% 的水平上统计显著。行政权力法则有较小的效应，其 t 统计量仅为 −1.29；但有我们所预期的符号，此方程的截距表明，无论法规有无变化，所有的州在这 5 年期间的交通事故死亡率均已大大降低。平均而言，那些实施开瓶法的州，死亡率则有更进一步的降低。

其他法规也可能影响交通事故死亡率，比如安全带法、骑摩托车戴头盔法、最高限速法。此外，还可以控制年龄和性别分布，以及各州诸如"母亲反对酒后驾驶"之类组织的影响。

13.5　多于两时期的差分法

差分法还可用于多期数据。为了说明，假定我们有 N 个人且每人都有 $T = 3$ 个时期的数据，一般的固定效应模型是，对于 $t = 1$，2 和 3，

$$y_{it} = \delta_1 + \delta_2 d2_t + \delta_3 d3_t + \beta_1 x_{it1} + \cdots + \beta_k x_{itk} + a_i + u_{it} \qquad (13.35)$$

（因此观测的总次数是 $3N$。）注意到，现在除截距外，包含了两个时期的虚拟变量。容许每个时期都有一个不同的截距是个好主意，尤其是在时期为数不多的情况下。基期照常是 $t = 1$。第 2 个时期的截距是 $\delta_1 + \delta_2$，依此类推，我们主要感兴趣的是 β_1，β_2，$\cdots$，β_k。如果不可观测效应 a_i 与任一解释变量相关，则对这 3 年数据使用混合 OLS 将导致有偏误而又不一致的估计值。

关键假定是，特异性误差与每一时期的解释变量都无关：

$$\text{Cov}(x_{itj}, u_{is}) = 0, \ \text{对于所有 } t, s \text{ 和 } j \qquad (13.36)$$

即在我们把不可观测效应 a_i 去掉后，解释变量都是严格外生的。（用零条件期望值陈述的严格外生性假定，见本章附录。）假定（13.36）排除了未来的解释变量会对特异性误差的当前变化有所回应的情形；但当 x_{itj} 是滞后因变量时，这种情形则必定发生。如果我们遗漏了一个重要的随时间而变化的变量，那么一般地说，

（13.36）式是不成立的。一个或多个解释变量有测量误差时，正如我们在第 9 章中看到的那样，也会使（13.36）式成为谬误。对于这种情形如何补救，将在第 15 章和第 16 章中讨论。

若 a_i 与 x_{itj} 相关，则在（13.36）式的条件下，x_{itj} 将与复合误差 $v_{it}=a_i+u_{it}$ 相关。我们可以取相邻期的差分把 a_i 去掉。对于 $T=3$ 的情形，我们从第二期减去第一期，并从第三期减去第二期，得到

$$\Delta y_{it}=\delta_2\Delta d2_t+\delta_3\Delta d3_t+\beta_1\Delta x_{it1}+\cdots+\beta_k\Delta x_{itk}+\Delta u_{it} \tag{13.37}$$

其中，$t=2$ 和 3。当 $t=1$ 时，因没有可从 $t=1$ 的方程中减去的东西，所以就没有 $t=1$ 时的差分方程。现在，（13.37）就代表样本中每个人各两个时期的方程。如果该方程满足经典线性模型假定，则混合 OLS 将给出无偏估计量，并且 t 和 F 统计量可用于假设检验。还可诉之于渐近结果。为使 OLS 是一致的，有一个重要的要求，就是对所有的 j 与 $t=2$ 和 3，Δu_{it} 都与 Δx_{itj} 无关。这是对两时期情形的自然推广。

注意（13.37）是如何包含年度虚拟变量 $d2_t$ 和 $d3_t$ 的差分的。当 $t=2$ 时，$\Delta d2_t=1$ 而 $\Delta d3_t=0$；当 $t=3$ 时，$\Delta d2_t=-1$ 而 $\Delta d3_t=1$。因此，（13.37）不含截距。就某些目的而言，这不太方便，比如计算 R^2。除非我们对原模型（13.28）中的时间截距直接感兴趣（这种情形是少有的），否则我们不如估计一个含有截距和单个时期（常常是第三个时期）虚拟变量的一阶差分方程。换言之，该方程变为

$$\Delta y_{it}=\alpha_0+\alpha_3 d3_t+\beta_1\Delta x_{it1}+\cdots+\beta_k\Delta x_{itk}+\Delta u_{it},\ t=2,\ 3$$

β_j 的估计值都是一样的，并且现在，R^2 被正确计算了。估计（13.17）式中方程的原因之一是，我们可以比较直接使用混合 OLS 水平上的估计和我们在第 14 章将介绍的方法所做的估计。

对多于 3 个时期的情形，方法也与此类似。如果 N 个横截面单位中的每一个都有同样的 T 期数据，我们就说数据集是**平衡面板数据**（balanced panel）：我们对所有个人、企业、城市等都有相同的时期。当 T 相对于 N 而言较小时，我们应该对每个时期都包含一个虚拟变量，以说明建模时未考虑到的长期变化。因此，经过一阶差分，方程看起来就像

$$\Delta y_{it}=\delta_2\Delta d2_t+\delta_3\Delta d3_t+\cdots+\delta_T\Delta dT_t++\beta_1\Delta x_{it1}+\cdots+\beta_k\Delta x_{itk}+\Delta u_{it},$$
$$t=2,\ 3,\ \cdots,\ T \tag{13.38}$$

在这个一阶差方程中，每个单位 i 有 $T-1$ 个时期的数据，总共有 $N(T-1)$ 个观测。为了得到有用的 R^2 测度，我们可以用估测一个横截面来替代，并包含虚拟变量 $d3_t$，$d4_t$，$\cdots$，dT_t，以取代虚拟差分。

假设观测已适当编排，并且仔细地进行了差分，用混合 OLS 估计（13.38）式便很简单。为了能进行一阶差分，数据文件应含有 NT 个记录。头 T 个记录用于第一个横截面观测，并按日期编排；其次的 T 个记录用于第二个横截面观测，也按年代编排；依此类推。然后，计算差分，将 $t-1$ 期到 t 期的变化储存在 t 期的记录

上。因此，$t=1$ 期的差分对所有的 N 个横截面观测来说都应是缺失的。不做到这一步，你就会冒着在回归分析中使用虚假观测的风险。比方说，如果将第 $i-1$ 个人的最后一次观测从第 i 个人的第一次观测中减去，便会制造出一个无效观测。如果你用差分数据做回归，而得到的报告是 NT 或 $NT-1$ 次观测，那么你肯定是忘记了设置 $t=1$ 的观测缺失。

当我们使用多于两期的数据时，欲使通常的标准误和检验统计量确当，我们必须假定 Δu_{it} 是序列无关的。这个假定虽然有时合理，但它并不因为我们假定了原有特异性误差没有序列相关（我们在第 14 章中将要用到的一个假定）便自然成立。事实上，若假定 u_{it} 序列无关且具有恒定方差，则可以证明 Δu_{it} 与 $\Delta u_{i,t+1}$ 之间的相关系数为 -0.5。若 u_{it} 遵循一个稳定的 AR(1) 模型，则 u_{it} 将是序列相关的。只有当 u_{it} 遵循一个随机游走时，Δu_{it} 才是序列无关的。

检验一阶差分方程中的序列相关很容易。令 $r_{it}=\Delta u_{it}$ 表示原始误差的一阶差分。若 r_{it} 遵循 AR(1) 模型 $r_{it}=\rho r_{i,t-1}+e_{it}$，我们很容易就能检验 H_0：$\rho=0$。首先，通过混合 OLS 估计（13.38）并求出残差 $\hat{r}_{it}$。

然后将 $\hat{r}_{it}$ 对 $\hat{r}_{i,t-1}$（$t=3$，$\cdots$，T，$i=1$，$\cdots$，N）做一个简单的混合 OLS 回归，并计算 $\hat{r}_{i,t-1}$ 系数的标准 t 检验。（或者我们可以使用异方差—稳健的 t 统计量。）$\hat{r}_{i,t-1}$ 的系数 $\hat{\rho}$ 便是 ρ 的一致估计量。由于我们在使用滞后残差，所以我们丧失了一个时期。例如，我们原来有 $T=3$，差分方程就只有 $T=2$ 个时期，而序列相关检验就是将第三个时期的残差对第二个时期的残差做一个横截面回归而已。我们后面将给出一个例子。

如果我们探测序列相关——甚至我们没有费心去检测序列相关性——想要将标准误调整成允许不受限制形式的序列相关和异方差性是可能的。这种方法一般被归为**聚类—稳健标准误**（cluster-robust standard errors），将在本章附录中做一个非技术性的描述，对其的正式描述可参见 Wooldridge（2010，Chapter 10）。标准方法假设观测值在 i 上是独立的，但是，如果有一个中等规模的 N 和一个不是太大的 T，该方法也允许任意形式的序列相关（同时还有异方差性）。

比这些日期更不普通，但依然有用的是，通过使用可行的 GLS，我们能对 r_{it} 中出现的 AR(1) 序列相关加以修正。本质上，在每个横截面观测内，我们都将使用基于上一段描述的 $\hat{r}_{it}$ 进行普莱斯-温斯顿变换。（这里，我们显然喜欢普莱斯-温斯顿变换胜于科克伦-奥卡特变换，因为去掉第一个时期意味着损失 N 个横截面观测。）不幸的是，对时间序列回归进行 AR(1) 修正的标准软件包不能适用。标准的普莱斯-温斯顿方法会把观测看成对 i 和 t 的一个 AR(1) 过程；但因我们假定观测对 i 而言是独立的，所以这个方法就失去了意义。伍德里奇（Wooldridge，2010，Chapter 10）

> **？ 思考题 13.5**
>
> Δu_{it} 中的序列相关会造成一阶差分估计量的偏误和不一致性吗？为什么序列相关是一个问题？

讨论了一个人如何能在第一个差分方程中使用 GLS 方法，并且在一些统计软件包中，有一些特殊的命令可以执行这些估计。

若误差中没有序列相关，则通常处理异方差性的方法都是适用的。我们可以使用异方差—稳健标准误最简单的形式，也可以使用第 8 章介绍的布鲁施-帕甘和怀特异方差检验。

对多于两年的面板数据取差分，如下面的例子所示，对于政策分析而言，是非常有用的。

例 13.8

企业园区对失业贴补申请的影响

帕普克（Papke，1994）研究了印第安纳州企业园区（EZ）计划对失业贴补申请人数的影响。她分析了从 1980 年到 1988 年印第安纳州的 22 个城市。1984 年有 6 个企业园区被批准，并且 1985 年又批准了 4 个。在她的样本中，有 12 个城市在此期间没有成立企业园区，从而这些城市可用作控制组。

一个简单的政策评价模型是

$$\log(uclms_{it}) = \theta_t + \beta_1 ez_{it} + a_i + u_{it}$$

式中，$uclms_{it}$ 是第 t 年第 i 个城市的失业贴补申请人数。参数 θ_t 无非代表每个时期的一个不同截距。一般地，在此期间，全州的失业贴补申请人数在下降，而且这应在不同年份的截距上得到反映。若城市 i 在时期 t 被批准成立企业园区，则二值变量 ez_{it} 等于 1；我们感兴趣的是 β_1。因为企业园区的审批不是随机的（企业园区通常是经济萧条的地域），所以很可能 ez_{it} 和 a_i 正相关。（较高的 a_i 意味着较多的失业贴补申请人数，从而导致批准成立 EZ 的较大机会。）于是，为了消除 a_i，我们应取方程的差分：

$$\Delta\log(uclms_{it}) = \delta_1 \Delta d81_t + \delta_2 \Delta d82_t + \cdots + \delta_8 \Delta d88_t + \beta_1 \Delta ez_{it} + \Delta u_{it} \tag{13.39}$$

此方程的因变量，即 $\log(uclms_{it})$ 的改变量，是从 $t-1$ 年到 t 年失业贴补申请人数的近似年增长率。我们可以用 EZUNEM 中的数据对 1981—1988 年估计这个方程；总样本大小是 $22 \times 8 = 176$。β_1 的估计值是 $\hat{\beta}_1 = -0.182$（标准误＝0.078）。由此看来，每出现一个 EZ 将导致失业贴补申请人数大约下降 16.6%[$\exp(-0.182) - 1 \approx -0.166$]。这是一种经济上较大且统计上显著的效应。

当我们把滞后 OLS 残差添加到差分方程（同时失去 1981 年）中时，便得到 $\hat{\rho} = -0.197$（$t = -2.44$），从而看到有一些负序列相关的证据。当我们计算 ez 虚拟变量的标准误时，该标准误对两个序列相关都是稳健的，正如本章附录中所描述的，该标准误为 0.092，它高于前面报告的通常的 OLS 标准误。聚类—稳健的 t 统计量约为 -1.98，因此，估计的企业园区的统计显著性不太大。

例 13.9

北卡罗来纳州的县犯罪率

康韦尔和特朗布尔（Cornwell and Trumbull，1994）利用 1981—1987 年北卡罗来纳州 90 个县的数据，估计了一个不可观测效应的犯罪模型；数据见 CRIME4。这里我们是估计他们的模型的一个简化版本。我们取方程在时间上的差分，以消除不可观测效应 a_i。（康韦尔和特朗布尔用的是一个不同的变换，我们将在第 14 章讨论。）a_i 可能包含地理区位、对犯罪的态度、历史记录和报告惯例等各种因素。犯罪率指人均犯罪次数，$prbarr$ 是估计的逮捕概率，$prbconv$ 是估计的判罪概率（假定已逮捕），$prbpris$ 是被判入狱的概率（假定已判罪），$avgsen$ 是平均服刑期限，而 $polpc$ 是人均警察数。按照标准的刑事计量研究，我们取所有变量的对数，以估计各种弹性。我们还引进全套年度虚拟变量，以控制犯罪率在该州的变化趋势，我们对 1982—1987 年估计了这个差分方程。圆括号中给出了通常的 OLS 标准误；方括号中给出了对序列相关和异方差性都保持稳健的标准误。

$$\Delta \widehat{\log(crmrte)} = 0.008 - 0.100d83 - 0.048d84 - 0.005d85$$
$$(0.017)(0.024) \quad (0.024) \quad (0.023)$$
$$[0.014][0.022] \quad [0.020] \quad [0.025]$$

$$+0.028d86 + 0.041d87 - 0.327\Delta\log(prbarr)$$
$$(0.024) \quad (0.024) \quad (0.030)$$
$$[0.021] \quad [0.024] \quad [0.056]$$

$$-0.238\Delta\log(prbconv) \quad -0.165\Delta\log(prbpris)$$
$$(0.018) \quad (0.026)$$
$$[0.040] \quad [0.046]$$

$$-0.022\Delta\log(avgsen) \quad +0.398\Delta\log(polpc)$$
$$(0.022) \quad (0.027)$$
$$[0.026] \quad [0.103]$$

$$n=540, \quad R^2=0.433, \quad \overline{R}^2=0.422 \tag{13.40}$$

三个概率变量（逮捕、判罪和入狱的概率）都有预期的符号且都是统计显著的。例如，逮捕概率每增加 1%，预期会使犯罪率降低 0.33%。平均判刑变量有一定的抑制作用，但统计上不显著。

人均警察变量的系数有些奇怪，而且是大多数试图解释犯罪率的研究特征之一。从因果关系上加以解释，即人均警察每增加 1%，犯罪率将提高约 0.4%（常用的 t 统计量非常之大，差不多是 15）。很难相信增加警察会导致更多的犯罪。到底怎么回事呢？至少有两种可能性。首先，犯罪率变量的计算来自犯罪报告。也许当警察更多的时候，会有更多的犯罪报告。其次，由于其他原因，方程中的警察变量是内生的；地方政府可能在它们预期犯罪率要上升时加强了警察力量。在此情形下，（13.33）式就不能按因果方式进行解释了。在第 15 章和第 16 章两章中，我们将讨论能解释它的另一种内生形式的模型与估计方法。

8.3 节中怀特异方差检验的特殊情形给出了 $F=75.48$ 和 p 值 $=0.000\ 0$，可见有异方差性的强烈证据。（从技术上讲，如果还出现了序列相关，这个检验便不确当，但它仍有很大的启发意义。）对 AR(1) 序列相关的检验给出了 $\hat{\rho}=-0.233$，$t=-4.77$，故存在负的序列相关。方括号中的标准误是针对序列相关和异方差性而经过修正的。（参见本章附录的讨论。虽然没有任何变量丧失其统计显著性，但显著的抑制变量的 t 统计量却明显变小。例如，判罪概率的 t 统计量用平常的 OLS 标准误计算是 -13.22，而用完全稳健的标准误计算则是 -6.10。等价地说，用稳健标准误来构造的置信区间比用通常 OLS 标准误构造的置信区间（适当地）宽得多。

我们自然也能把邹至庄检验用于一阶差分估计的面板数据模型。就像在混合横截面情形中一样，我们很少想检验不同时期的截距是否相同；出于多种原因，我们预期截距是不同的。检验不同时期的斜率系数是否相同要有意义得多，而通过引入我们所关心的解释变量与时期虚拟变量的交互项，我们很容易进行这种检验。有趣的是，虽然我们不能估计那些不随时间而变化的变量的斜率，但仍可以检验这些不随时间而变化的变量的偏效应是否随着时间而变化。作为一个说明，假设我们观测 2000 年、2002 年和 2004 年工作人群的一个随机样本，并把（对数工资 $lwage$）模型设定为：

$$lwage_{it}=\beta_0+\delta_1 d02_t+\delta_2 d04_t+\beta_1 female_i+\gamma_1 d02_t female_i+\gamma_2 d04_t female_i$$
$$+\mathbf{z}_{it}\boldsymbol{\lambda}+a_i+u_{it}$$

式中，$\mathbf{z}_{it}\boldsymbol{\lambda}$ 是模型中所包含的其他解释变量及其系数的简记。当我们进行一阶差分时，就消除了 2000 年的截距 β_0 以及 2000 年不同性别的工资差异 β_1。不过，$d01_t female_i$ 的变化量 $(\Delta d01_t)\ female_i$ 没有被消除。于是，我们可以估计 2002 年和 2004 年相对于 2000 年的工资差异有何变化，而且我们可以检验是否 $\gamma_1=0$、$\gamma_2=0$ 或二者同时成立。我们可能也会问，加入工会导致的工资增加在不同时期是否有所变化？在这种情况下，我们在模型中就要包括 $union_{it}$、$d02_t union_{it}$ 和 $d04_t union_{it}$。由于假定了不同时期的 $union_{it}$ 有所变化，所以，所有这些解释变量的系数都可以被估计出来。

如果你想通过差分的方法估计一个包含交互项的模型，可能有点棘手。比如，在上述包含是否加入工会的方程中，我们必须把交互项 $d02_t union_{it}$ 和 $d04_t union_{it}$ 进行差分。我们不能直接把 $d02_t \Delta union_{it}$ 和 $d04_t \Delta union_{it}$ 或 $(\Delta d02_t)\ union_{it}$ 和 $(\Delta d04_t) union_{it}$ 作为它们的差分。

作为一个一般性的结论，重要的是要回到原模型，并记得差分是用于消除 a_i。在面板数据分析中，使用把一阶差分作为一个选择的命令是最容易的。（我们在第

14 章还会看到一些其他选择。）

13.5a 一阶差分面板数据的潜在缺陷

在本节和上一节中，我们都指出，为了消除不随时间而变化的不可观测效应，将面板数据在不同时期进行差分是获得因果效应的有价值的方法。不过，差分并非畅通无阻。我们还讨论了，当关键解释变量在不同时期变化不大时，使用这种方法的潜在问题（若解释变量根本就不随时间而变化，这种方法便毫无用处）。不幸的是，即便在 x_{itj} 中有足够的时间变化，一阶差分（FD）估计仍可能存在严重偏误。我们已经提到，回归元的严格外生性是一个关键假定。不幸的是，如伍德里奇（Wooldridge，2010，Section 11-1）所讨论的，若回归元不是严格外生的（比方说 x_{itj} 中包含 $y_{i,t-1}$），则更多的时期通常仍不能消除 FD 估计量的不一致性。

FD 估计量的另一个重要缺陷在于，若一个或多个解释变量存在测量误差，特别是 9.3 节讨论的**经典变量中的误差模型**（classical errors-in-variables model），它可能比混合 OLS 更糟。对一个测量糟糕的回归元进行差分，相对其与差分误差（因经典测量误差所致）之间的相关，便减少了它的变化，从而导致了相当大的潜在偏误。解决这种问题可能十分困难。参见 15.8 节和 Wooldridge（2010，Chapter 11）。

本章小结

我们学习了分析独立混合横截面和面板数据集的方法。当我们在不同时期（通常是不同年份）抽取不同的随机样本时，就有了独立横截面。主要的估计方法是利用混合数据的 OLS，并且有通常的推断程序可用，包括对异方差性的修正。（因为在不同时间的样本是独立抽取的，所以没有序列相关的问题。）由于时间序列维度，我们常常考虑不同时间有不同的截距。我们还可以通过时间虚拟变量与某些主要变量的交互作用，来看这些主要变量在时间上是如何变化的。这对于利用自然实验进行政策评价研究来说尤其重要。在应用研究尤其是政策分析中，越来越多地用到面板数据集。

当我们在不同时期对相同的横截面单位进行跟踪时，就有了面板数据集。若我们认为，不随时间而变化的（个人、企业、城市）不可观测特征可能与模型中的解释变量相关，而我们又想对这些特征加以控制，这时面板数据集便最有用。消除不可观测效应的一个方法是，将相邻时期的数据进行差分。这样就能把标准的 OLS 分析用于这些差分数据。于是，使用两期数据的结果，就是对差分数据做一个横截面回归。在同方差假定下，通常的推断程序渐近确当；在正态性假定下还可以作出精确的推断。

对多于两期的情形，我们可以把混合 OLS 用于差分数据；由于取了差分，我们便失去了第一个时期，除同方差性外，我们还必须假设差分误差无序列相关，以便应用通常的 t 和 F 统计量（本章附录包含了一系列有关假设）。自然，任何不随时间而变化的变量都会从分析中去掉。附录中讨论了如何计算不受限制的序列相关和异方差形式的标准误。

关键术语

平均处理效应	一阶差分估计量	面板数据
平衡面板数据	固定效应	平行趋势假设
聚类	固定效应模型	准实验
聚类—稳健标准误	类属特异性	严格外生性
复合误差	异质性偏误	不可观测效应
双重差分估计量	特异性误差	不可观测效应模型
三重差分估计量	独立混合横截面	不可观测异质性
一阶差分方程	纵列数据	年度虚拟变量
自然实验		

习 题

1. 在例 13.1 中，假定除教育以外，所有其他因素的平均值都不随时间而改变，而平均受教育程度在 1972 年的样本中为 12.2 年，在 1984 年的样本中为 13.3 年。利用表 13.1 中的估计值，估计平均生育率在 1972—1984 年间的变化。（不要忘记解释截距变化和平均受教育程度的变化。）

2. 利用 KIELMC 中的数据，对 1978 年和 1981 年估计了如下方程：

$$\widehat{\log(price)} = 11.49 - 0.547nearinc + 0.394y81 \cdot nearinc$$
$$(0.26) \quad (0.058) \qquad (0.080)$$
$$n = 321, R^2 = 0.220$$

和

$$\widehat{\log(price)} = 11.18 + 0.563y81 - 0.403y81 \cdot nearinc$$
$$(0.27) \quad (0.044) \quad (0.067)$$
$$n = 321, R^2 = 0.337$$

试将交互项 $y81 \cdot nearinc$ 的估计值和方程（13.9）中的相应估计值进行比较。为什么这些估计值差别这么大？

3. 当我们拥有两年的独立横截面（而不是面板数据）时，为什么不能使用一阶差分方法？

4. 如果我们认为（13.14）中的 β_1 为正，且 Δu_i 和 $\Delta unem_i$ 负相关，那么，在一阶差分方程中，β_1 的 OLS 估计量会有什么偏误？〔提示：回顾（5.4）式。〕

5. 假设我们想估计若干个变量对年储蓄的影响，并且我们拥有 1990 年 1 月 31 日和 1992 年 1 月 31 日所收集的个人面板数据。如果我们包括了一个 1992 年的年度虚拟变量并利用一阶差分，那么我们还能在原模型中包含有年龄变量吗？请解释。

6. 1985 年，无论佛罗里达州还是佐治亚州都没有禁止交通工具内部打开酒类的法律。但 1990 年，佛罗里达州通过了此法律，但佐治亚州未通过。

（i）假设你对 1985 年和 1990 年所有驾驶年龄的总体收集随机样本，假定 *arrest* 是当年是否因为酒驾被捕的二值变量，假设不依赖于其他任何变量，写出一个线性概率方程，使得你能够测试该法律是否减少了酒驾被捕率？哪个系数能够描述这一减少效果？

（ii）为什么你需要控制一些其他变量？你会选择控制哪些变量呢？

（iii）现在，假设你可以在县级层面收集 1985 年和 1990 年的数据，方程因变量为不同年度的酒驾被捕率，该方程及数据的结构与第（i）部分有哪些异同？你使用了哪些计量方法？

7.（i）利用 INJURY 中肯塔基州的数据，从（13.12）式中去掉 *afchnge* 后估计的方程为

$$\widehat{\log(durat)} = 1.129 + 0.253 highearn + 0.198 afchnge \cdot highearn$$

$$(0.022)\ (0.042) \qquad\quad (0.052)$$

$$n = 5\,626,\ R^2 = 0.021$$

交互项的估计值与（13.13）中的估计值相当接近，这令人吃惊吗？请解释。

（ii）当包含 *afchnge* 而去掉 *highearn* 后，结果是

$$\widehat{\log(durat)} = 1.233 - 0.100 afchnge + 0.447 afchnge \cdot highearn$$

$$(0.023)\ (0.040) \qquad\quad (0.050)$$

$$n = 5\,626,\ R^2 = 0.016$$

为什么现在交互项的系数远大于（13.13）中的系数？［提示：在方程（13.10）中，若 $\beta_1 = 0$，对处理组和对照组做的假定是什么？］

计算机练习

C1. 本题利用 FETRIL1 中的数据。

（i）对例 13.1 所估计的方程，检验 16 岁时的生活环境对生育率是否有影响（以大城市为基组）。报告 F 统计量的值及其 p 值。

（ii）检验 16 岁时所在区域（以南方为基组）对生育率是否有影响。

（iii）令 u 为总体方程中的误差项。假设你认为 u 的方差随时间而变（但不随 *educ*、*age* 等而变）。那么刻画这一特点的一个模型是

$$u^2 = \gamma_0 + \gamma_1 y74 + \gamma_2 y76 + \cdots + \gamma_6 y84 + v$$

利用这个模型去检验 u 的异方差性。［提示：你的 F 检验应有 6 和 1 122 个自由度。］

（iv）在表 13.1 所估计的方程中增加交互项 $y74 \cdot educ$，$y76 \cdot educ$，$\cdots$，$y84 \cdot educ$。解释这些项代表了什么？它们是联合显著的吗？

C2. 本题利用 CPS78_85 中的数据。

（i）你怎样解释方程（13.2）中 $y85$ 的系数？对它是否有一种令人感兴趣的解释？（这里你要小心；你必须说明交互项 $y85 \cdot educ$ 和 $y85 \cdot female$。）

（ii）保持其他因素不变，你估计一个接受了 12 年教育的男子的名义工资增加了多少个百分点？给出一种回归以得到这个估计值的一个置信区间。［提示：为了得到这个置信区间，要用 $y85 \cdot (educ - 12)$ 取代 $y85 \cdot educ$；参见例 6.3。］

（iii）令所有的工资均以 1978 年美元计算，重新估计方程（13.2）。具体地说，定义 1978 年的真实工资为 $rwage = wage$，而 1985 年的真实工资为 $rwage = wage/1.65$。现在估计方程（13.2）时用 $\log(rwage)$ 代替 $\log(wage)$。哪些系数将不同于方程（13.2）中的系数？

（iv）解释为什么你在第（iii）部分中的回归给出的 R^2 不同于方程（13.2）所给出的 R^2。（提示：两个回归的残差，从而残差平方和是相同的。）

（v）试描述从 1978 年到 1985 年参加工会的作用发生了什么变化。

（vi）从方程（13.2）开始，检验会员工资差别是否随时间而变。（应使用简单的 t 检验。）

（vii）你在第（v）部分和第（vi）部分中的结论是否相互矛盾？请解释。

C3. 本题利用 KIELMC 中的数据。

（i）变量 $dist$ 是从每个住房到焚烧炉位置的英尺距离。考虑模型

$$\log(price) = \beta_0 + \delta_0 y81 + \beta_1 \log(dist) + \delta_1 y81 \cdot \log(dist) + u$$

如果建造焚烧炉会减少其附近的住房价值，那么 δ_1 的符号将是什么？若 $\beta_1 > 0$，则意味着什么？

（ii）估计第（i）部分中的模型并以通常格式报告结果。解释 $y81 \cdot \log(dist)$ 的系数。你得到了什么结论？

（iii）在方程中增加 age、age^2、$rooms$、$baths$、$\log(intst)$、$\log(land)$ 和 $\log(area)$。现在，你对焚烧炉对住房价值的影响会作出什么结论？

C4. 本题利用 INJURY 中的数据。

（i）使用肯塔基州的数据，增加 $male$、$married$ 和全套行业及工伤类型虚拟变量作为解释变量，重新估计方程（13.13）。在控制了这些其他因素后，$afchnge \cdot highearn$ 的估计值有何变化？这个估计值仍然统计显著吗？

（ii）你对第（i）部分中较小的 R^2 有什么可说的？这是否意味着这个方程无用呢？

（iii）用密歇根州的数据估计方程（13.13）。比较密歇根州和肯塔基州的交互项估计值。密歇根州的估计值在统计上显著吗？你对此如何解释？

C5. 本题利用 RENTAL 中的数据。1980 年和 1990 年的数据包括各大学城的房租和其他变量。我们的意图是，看看更多学生的出现会不会影响房租。不可观测效应模型是

$$\log(rent_{it}) = \beta_0 + \delta_0 y90_t + \beta_1 \log(pop_{it}) + \beta_2 \log(avginc_{it}) + \beta_3 pctstu_{it} + a_i + u_{it}$$

式中，pop 为城市人口；$avginv$ 为平均收入；而 $pctstu$ 为学生人口占城市人口的百分数（按学年计算）。

（i）用混合 OLS 估计方程并以通常格式报告结果。你如何理解 1990 年虚拟变量的估计值？你得到的 $\hat{\beta}_{pctstu}$ 是多少？

（ii）你在第（i）部分中报告的标准误是否真实？请解释。

（iii）现在，将方程差分并用 OLS 估计。把你对 β_{pctstu} 的估计值和第（ii）部分相比较。学生人口的相对规模看来对房租有影响吗？

（iv）对第（iii）部分中的一阶差分方程求异方差—稳健的标准误。这是否改变了你的结论？

C6. 本题利用 CRIME3 中的数据。

（i）在例 13.6 的模型中，检验假设 $\mathrm{H}_0: \beta_1 = \beta_2$。（提示：定义 $\theta_1 = \beta_1 - \beta_2$ 并用 θ_1 和 β_2 来表示 β_1。以此代入方程并加以整理，对 θ_1 做 t 检验。）

（ii）若 $\beta_1 = \beta_2$，则差分方程可写成

$$\Delta \log(crime_i) = \delta_0 + \delta_1 \Delta avgclr_i + \Delta u_i$$

式中 $\delta_1 = 2\beta_1$，且 $avgclr_i = (clrprc_{i,-1} + clrprc_{i,-2})/2$ 是前两年的平均破案百分数。

(iii) 估计第（ii）部分中的方程。与（13.22）比较调整 R^2。你最后会选用哪一个模型？

C7. 本题利用 GPA3 中的数据。数据集来自某大学秋季和春季两个学期的 366 名学生运动员［类似的一个分析参见 Maloney and McCormick（1993），但现在我们利用一个真正的面板数据集］。因为有了每个学生的两学期数据，所以适用于一个不可观测效应模型。我们主要关注的问题是：运动员们是否在其赛季所在的那个学期里成绩更差？

(i) 用混合 OLS 估计一个以学期 GPA（$trmgpa$）为因变量的模型。解释变量是 $spring$、sat、$hsperc$、$female$、$black$、$white$、$frstsem$、$tothrs$、$crsgpa$ 和 $season$。试解释 $season$ 的系数。它统计显著吗？

(ii) 在仅参与秋季运动项目的运动员中，大多数是足球运动员。假定足球运动员的能力水平和其他运动员的能力水平有系统差异。如果 SAT 分数和中学成绩百分位数不能很好地反映一个人的能力水平，那么混合 OLS 估计量将是有偏误的。请解释。

(iii) 现在取两个学期数据的差分，有哪些变量将随之消失？现在检验赛季效应。

(iv) 你能想象出一个或多个有潜在重要性而又不随时间而变化的变量在此分析中被我们忽略了吗？

C8. VOTE2 含有 1988 年和 1990 年众议院选举的面板数据。只有在 1988 年获胜并在 1990 年再次参加竞选的人才会出现在样本中；这些人是在位的竞选人。用候选双方的费用来解释在位者得票份额的一个不可观测效应模型是

$$vote_{it} = \beta_0 + \delta_0 d90_t + \beta_1 \log(inexp_{it}) + \beta_2 \log(chexp_{it}) + \beta_3 incshr_{it} + a_i + u_{it}$$

式中，$incshr_{it}$ 是在总竞选支出中在位者所占的份额（用百分比表示）。不可观测效应 a_i，包括在位者诸如"品质"等特征和选区的诸多特征，都不随时间而变化。在位者的性别、党派在时间上都不变，因此都属于 a_i。我们关注的是竞选费用对选举结果的影响。

(i) 取给定方程在两个年份的差分并用 OLS 估计差分方程。问哪些变量相对于一个双侧备择假设在 5% 的水平上是个别显著的？

(ii) 在第（i）部分的方程中，检验 $\Delta\log(inexp)$ 和 $\Delta\log(chexp)$ 的联合显著性。报告其 p 值。

(iii) 用 $\Delta incshr$ 作为唯一的自变量，重新估计第（i）部分中的方程。解释 $\Delta incshr$ 的系数。例如，如果在位者的支出份额增加 10 个百分点，你预计这会怎样影响在位者的得票份额？

(iv) 重复一遍第（iii）部分，但现在仅使用两次挑战者相同的情形。［这样一来，我们便可以控制挑战者属于 a_i 的那些特征。列维特（Levitt，1994）做过一项广泛得多的分析。］

C9. 本题利用 CRIME4 中的数据。

(i) 在数据集中增加每个工资变量的对数，然后用一阶差分估计模型。这些变量的引入如何影响例 13.9 中那些司法变量的系数？

(ii) 第（i）部分中的工资变量都有预期的符号吗？它们是联合显著的吗？请解释。

C10. 本题利用 JTRAIN 中的数据，用以判断职业训练补助是否会对劳动者的人均职业训练时间产生影响。3 年的基础模型如下所示：

$$hrsemp_{it} = \beta_0 + \delta_1 d88_t + \delta_2 d89_t + \beta_1 grant_{it} + \beta_2 grant_{it-1} + \beta_3 \log(employ)_{it} + a_i + u_{it}$$

(i) 使用一阶差分估计上式。请问有多少家公司被用于此估计？又有多少观测值被用于此估计？（我们假设公司拥有所有变量的所有三期的数据。）

(ii) 汇报 $grant$ 变量的系数与显著性水平。

(iii) 解释为什么 $grant_{-1}$ 变量的系数不显著。

（iv）平均来讲，大公司是更多还是更少地训练它们的劳工呢？这个训练的差别又有多大？

C11. 文件 MATHPNL 包含了密歇根各个学区在 1992—1998 年的面板数据。它是学区层次上的数据，与帕普克（Papke，2005）所用的学校层次数据相似。这个方程中我们关注的因变量是 $math4$，即一个学区四年级学生通过数学标准化考试的百分数。主要的解释变量是 $rexpp$，即学区平均每个学生的真实支出，以 1997 年美元计。支出变量以对数形式出现。

（i）考虑静态不可观测效应模型

$$math4_{it} = \delta_1 y93_t + \cdots + \delta_6 y98_t + \beta_1 \log(rexpp_{it}) + \beta_2 \log(enrol_{it}) + \beta_3 lunch_{it} + a_i + u_{it}$$

式中，$enrol_{it}$ 表示学区总注册学生人数；$lunch_{it}$ 表示学区中学生有资格享受学校午餐计划的百分数。（所以 $lunch_{it}$ 是学区贫穷率的一个相当好的度量指标。）证明：若平均每个学生的真实支出提高 10%，则 $math4_{it}$ 约改变 10 个百分点。

（ii）利用一阶差分估计第（i）部分中的模型。最简单的方法就是在一阶差分方程中包含一个截距项和 1994—1998 年度虚拟变量。解释支出变量的系数。

（iii）现在，在模型中添加支出变量的一阶滞后，并用一阶差分重新估计。注意你又失去了一年的数据，所以你只能用始于 1994 年的变化。讨论即期和滞后支出变量的系数和显著性。

（iv）求第（iii）部分中一阶差分回归的异方差—稳健的标准误。支出变量的这些标准误与第（iii）部分相比如何？

（v）现在，求对异方差性和序列相关都保持稳健的标准误。这对滞后支出变量的显著性有何影响？

（vi）通过进行一个 AR(1) 序列相关检验，验证差分误差 $r_{it} = \Delta u_{it}$ 含有负序列相关。

（vii）基于充分稳健的联合检验，模型中有必要包含学生注册人数和午餐项目变量吗？

C12. 本题利用 MURDER 中的数据。

（i）利用 1990 年和 1993 年的数据，用混合 OLS 估计方程

$$mrdrte_{it} = \delta_0 + \delta_1 d93_t + \beta_1 exec_{it} + \beta_2 unem_{it} + a_i + u_{it}, \quad t = 1, 2$$

并以通常格式报告结果。不必担心通常的 OLS 标准误因 a_i 的出现而不适当。你估计出了死刑的威慑效应吗？

（ii）计算 FD 估计值（只使用 1990—1993 年的差分；在 FD 回归中，你应该有 51 个观测）。现在，你对威慑效应有何结论？

（iii）在第（ii）部分的 FD 回归中，求残差 $\hat{e}_i$。做 $\hat{e}_i^2$ 对 $\Delta exec_i$ 和 $\Delta unem_i$ 的布鲁施-帕甘回归，并计算异方差性的 F 检验。同样做怀特检验的特殊情形〔即将 $\hat{e}_i^2$ 对 $\hat{y}_i$ 和 $\hat{y}_i^2$ 回归，其中拟合值得自第（ii）部分〕。你对 FD 方程中的异方差性有何结论？

（iv）做第（ii）部分中同样的回归，但求异方差—稳健的 t 统计量。结果怎么样？

（v）你感觉 $\Delta exec_i$ 的哪个 t 统计量更值得信赖，是通常的 t 统计量，还是异方差—稳健的 t 统计量？为什么？

C13. 本题利用 WAGEPAN 中的数据。

（i）考虑不可观测效应模型

$$lwage_{it} = \beta_0 + \delta_1 d81_t + \cdots + \delta_7 d87_t + \beta_1 educ_i + \gamma_1 d81_t educ_i + \cdots + \gamma_7 d87_t educ_i + \beta_2 union_{it} + a_i + u_{it}$$

式中容许 a_i 与 $educ_i$ 和 $union_{it}$ 相关。利用一阶差分，你能估计哪些参数？

（ii）用 FD 估计第（i）部分中的方程，并检验不同时期的教育回报没有变化的原假设。

（iii）利用一个足够稳健的检验，也就是容许 FD 误差 u_{it} 中存在任何形式的异方差和序列相关的检

验，检验第（ii）部分中的假设。你的结论有变化吗？

（iv）现在，容许是否加入工会的差别（与受教育水平一起）在不同时期有所变化，用 FD 估计这个方程。1980 年加入工会与不加入工会的估计工资差别是多少？1987 年呢？这个差别在统计上显著吗？

（v）检验工会关系差别在不同时期没有发生变化的原假设，并根据你对第（iv）部分的回答讨论你的结论。

C14. 本题利用 JTRAIN3 中的数据。

（i）估计简单回归模型 $re78 = \beta_0 + \beta_1 train + u$，并以通常格式报告结论。基于这个回归，1976 年和 1977 年的工作培训看上去对 1978 年的真实劳动工资有正的影响吗？

（ii）现在使用真实劳动工资的变化 $cre = re78 - re75$ 作为因变量。（由于我们假定 1975 年之前没有工作培训，所以我们没有必要对 $train$ 进行差分。也就是说，如果我们定义 $ctrain = train78 - train75$，那么，由于 $train75 = 0$，所以 $ctrain = train78$。）现在，培训的估计影响有多大？讨论它与第（i）部分估计值的比较。

（iii）利用通常的 OLS 标准误和异方差—稳健的标准误求培训效应的 95% 置信区间，并描述你的结论。

C15. 本题利用 HAPPINESS 中的数据，其包含 1994—2006 年通过 GSS（综合社会调查）得到的独立混合截面数据。因变量为 HAPPINESS 的一个度量"$vhappy$"，其是一个二值变量：1 代表很幸福，0 代表不是很幸福。

（i）哪一年的样本容量最大？哪一年最小？本样本中，多少比例的人认为他们很幸福？

（ii）因变量 $vhappy$ 对所有虚拟变量进行回归（去掉 $y94$，因为以 1994 年为基年）。汇报异方差—稳健的统计量，检验原假设中认为自己很幸福的人的比例不会随着时间的推移而变化，并汇报该检验的 p 值。

（iii）在第（ii）部分的基础上，加入 $occattend$ 和 $regattend$ 变量。并解释其系数（记住，是其相对于基组的系数）。你如何总结前往教堂的次数对于幸福的影响？

（iv）定义变量 $highinc$，如果一个人的家庭收入高于 25 000 美元，则其为 1（很不幸，每一年都使用相同的门槛，因此通胀不起作用。同样，25 000 美元很难被定义为高收入）。模型在第（iii）部分的基础上加入了 $highinc$、$unem10$、$educ$ 以及 $teens$ 变量，则 $regattend$ 的影响是否仍然像第（iii）部分一样呢？其显著性水平呢？

（v）讨论第（iv）部分新加入的变量回归后的数量级、符号以及显著性水平，你是否认为回归是合理的？

（vi）控制第（iv）部分中的因素。结果是否因为性别或种族差异而变化？检验你的猜测。

C16. 本题利用 COUNTYMURDERS 中的数据回答下列问题。数据包括美国 2 197 个郡的谋杀以及处刑（死刑）数据。

（i）找到各郡及各年份的总样本谋杀率的均值，其标准差是多少？有多少比例的样本的谋杀率是 0？

（ii）有多少比例的样本的处刑数是 0？处刑率的最大值是多少？你认为为什么其均值那么小？

（iii）考虑如下模型：

$$murdrate_{it} = \theta_t + \beta_1 execs_{it} + \beta_2 execs_{i,t-1} + \beta_3 percblack_{it} + \beta_4 percmale_i$$
$$+ \beta_5 perc1019 + \beta_6 perc2029 + a_i + u_{it}$$

式中，θ 代表时间变量，a 代表郡本身的固定效应，u 代表异质性。为了使混合 OLS 估计的系数（尤其是

β_1、β_2）一致，我们需要对 α 和处刑率变量施加怎样的假设？

（iv）对第（iii）部分的模型进行 OLS 估计，并汇报 β_1、β_2 的系数（使用 OLS 标准误）。你的估计结果是否支持处刑遏制谋杀率的观点？你的观点是什么？

（v）即使 OLS 估计是一致的，你认为你在第（iv）部分所使用的标准误是可信的吗？请解释。

（vi）现在对第（iii）部分进行一阶差分估计以消除固定效应。汇报 β_1、β_2 的系数，并说明其与第（iv）部分中的系数是否有显著差异。

（vii）根据第（vi）部分的结果，说明你的估计结果是否支持处刑遏制谋杀率的观点？如果可能，使用一种对序列自相关以及异方差—稳健的标准误估计代替原 OLS 标准误，以得到更准确的结果。

附录 13A

13A.1 使用一阶差分混合 OLS 法的假设

在这个附录中，我们提供了对一阶差分估计量假设的谨慎陈述。文中只包括这些表述的少数验证，但是所有验证都可以在伍德里奇的书（Wooldridge，2010，Chapter 10）中找到。

假设 FD.1

对每个 i，模型是

$$y_{it} = \beta_1 x_{it1} + \cdots + \beta_k x_{itk} + a_i + u_{it}, \ t = 1, \cdots, T$$

式中，β_j 为待估参数，而 a_i 为未观测到的效应。

假设 FD.2

我们的横截面上有随机样本。

假设 FD.3

每个解释变量都随时间而改变（至少有些 i），解释变量中没有完全共线性关系存在。

对于下一个假设，令 $\mathbf{X}_i$ 表示解释变量在所有时期的横截面观测 i 上的观测值很有用。$\mathbf{X}_i$ 包括 x_{itj}，$t = 1, \cdots, T$，$j = 1, \cdots, k$。

假设 FD.4

对于每个 t，给定所有时期下的解释变量和不可观测效应，个体误差项的期望值为 0：$\mathrm{E}(u_{it} \mid \mathbf{X}_i, a_i) = 0$。

当假设 FD.4 成立时，我们有时说 x_{itj} 是在不可观测效应下严格外生的。想法是这样的：一旦我们控制了 a_i，对于所有的 s 和 t，都有 x_{isj} 和保留的个体误差项 u_{it} 线性不相关。

如上所述，假设 FD.4 强于所需。我们使用假设的这一形式是因为它强调了我们关注等式

$$\mathrm{E}(y_{it} \mid \mathbf{X}_i, a_i) = \mathrm{E}(y_{it} \mid \mathbf{x}_{it}, a_i) = \beta_1 x_{it1} + \cdots + \beta_k x_{itk} + a_i$$

所以，β_j 度量了观测到的解释变量既定时的偏效应，或者"控制"不可观测效应 a_i。假设 FD.4 的一个重要的暗示和对一阶差分估计量无偏的充分条件是 $\mathrm{E}(\Delta u_{it} \mid \mathbf{X}_i) = 0$，$t = 2, \cdots$，$T$。事实上，为了一致性，我们可以简单地假设对所有 $t = 2, \cdots, T$ 和 $j = 1, \cdots, k$，Δx_{itj} 与

Δu_{it} 是不相关的。详见伍德里奇（Wooldridge，2010，Chapter 10）的更多讨论。

在前四个假设下，一阶差分估计量是无偏的。关键假设是假设 FD. 4，即解释变量的严格外生性。在相同的假设下我们可以看到一阶差分估计量在 T 给定而 N 趋向于无穷（可能更加一般化）时是一致的。

下面两个假设确定了从一阶差分的混合 OLS 方法中得到的标准误和检验统计量的结果是（渐近）成立的。

假设 FD. 5

以所有解释变量为条件，差分后误差项的方差是常数：$Var(\Delta u_{it} \mid \mathbf{X}_i)=0$，$t=2$，…，$T$。

假设 FD. 6

对于所有的 $t \neq s$，个体误差项的差分是不相关的（以所有的解释变量为条件）：$Cov(\Delta u_{it}, \Delta u_{is} \mid \mathbf{X}_i)=0$，$t \neq s$。

假设 FD. 5 保证了差分误差项 Δu_{it} 是同方差的。假设 FD. 6 说明了差分误差项是序列不相关的，且 u_{it} 满足随机游走（见第 11 章）。在假设 FD. 1 到假设 FD. 6 下，β_j 的一阶差分估计量是最优无偏估计量（以解释变量为条件）。

假设 FD. 7

以 $\mathbf{X}_i$ 为条件，Δu_{it} 是相互独立的同正态分布的随机变量。

当我们添加假设 FD. 7 时，一阶差分估计量服从正态分布，差分混合 OLS 方法的 t 统计量和 F 统计量就是 t 分布和 F 分布。没有假设 FD. 7，我们可以依靠常用的渐近近似。

13A. 2 计算对序列相关和未知形式的异方差保持稳健的标准误

因为在假设 FD. 1 至假设 FD. 4 成立时 N 趋向于无穷，一阶差分估计量是一致的，所以如果能够使用简单的方法得到合适的标准误和检验统计量，以允许一阶差分估计量的序列相关性和异方差性，即 $e_{it}=\Delta u_{it}$，会非常便利。幸运的是，假设 N 大小适当，且 T 不需要"太大"，完全稳健的标准误和统计量就会一应俱全。在书中提到的详尽的处理超过了本书的水平。技术性的论据将第 8 章和第 12 章描述的视角结合在一起，已经讨论过统计量稳健于异方差和序列相关。实际上，面板数据有一个重要的优势：因为我们有一个（大）横截面，假如 T 不是"太大"，我们可以允许不限制误差项 $\{e_{it}\}$ 的序列相关。在 12.5 节我们可以将其与尼威-韦斯特方法相对比，这里估计出的协方差矩阵的权重下降，因为观测值在时间上相距较远。伍德里奇（Wooldridge，2010，Chapter 10）提供了进一步的讨论。

在面板数据背景下得到完全稳健的标准误和检验统计量的一般方法是**聚类**（clustering），其想法是从聚类取样文献中得到的。具体来说就是：每个横截面单元被定义为一段时间内观测值的聚类，并且有着主观相关性和序列相关性，且在每个聚类内都允许方差改变。很多计量软件包都有计算聚类标准误和检验统计量的选项。大多数命令看起来像这样：

regress cy cd2 cd3…cdT cx1 cx2…cxk, noconstant cluster（id）

这里"id"是指每个横截面单元包含的单独的识别符变量（每个变量之前的"c"意为"change"）。在"regress"命令末尾的选项"cluster（id）"告诉软件报告所有的标准误和检验统计量——包括 t 统计量和 F 统计量——以使其能在有任何异方差和序列相关性的大横截面上成立。"noconstant"选项会抑制截距，因为它会通过差分来被消除。另一种选择是允许一个常量并包含在水平形式上的时间虚拟变量 $d3$，$d4$，$\cdots$，dT。这不会改变对利益解释变量的估计，只会改变时间效应。

有些包有一个不需要提前进行差分的选项，这节省了一些工作，可能会导致更少的错误，而且还提醒我们感兴趣的等式是横向的，差分结果表述在一个估计方程中：

regress D. (y d2 d3 $\cdots$ dT x1 x2$\cdots$xk)，noconstant cluster（id）

D. () 表示括号里的所有内容都不同。

报告聚类—稳健标准误和测试统计数据目前在现代面板数据的实证工作中非常普遍。标准误会大于通常的 OLS 标准误或仅对异方差进行校正的标准误，但聚类—稳健标准误也可能更小。在任何情况下，如果 N 适度较大，T 不太大，则聚类—稳健标准误能更好地反映混合 OLS 系数的不确定性。

聚类对序列相关有一个重要的解释：它不解释任何横截面相关。事实上，我们假设总体的单位 i 是独立的。消除横截面相关性的一个潜在来源，即不可观察到的影响 a_i，可以有所帮助。此外，通过时间虚拟变量控制总时间效应可以解释常见冲击造成的横截面相关性。

13

第14章　高级面板数据方法

本章中，我们讨论估计不可观测效应面板数据模型的两种方法，这些方法被使用的普遍程度不低于一阶差分法。虽然这些方法有些难以描述和实施，却得到了几个计量经济学软件包的支持。

在14.1节，我们讨论固定效应估计量，它像一阶差分法那样，也在估计之前先做一个变换，在估计之前消除不可观测效应 a_i，任何不随时间而变化的解释变量也将随着 a_i 一道被消除。

当我们认为不可观测效应与所有解释变量都无关时，14.2节的随机效应估计量对我们来说更具吸引力。如果我们对方程有良好的控制，那么我们可以认为余下未被考虑的异质性只能引起合成误差项中的序列相关，而不会导致合成误差与诸解释变量之间的相关性。用广义最小二乘法估计随机效应模型则相当容易，许多计量经济学软件包都能进行例行处理。

14.3节介绍了一种相对较新的相关随机效应方法。该方法对固定效应和随机效应方法进行了综合，并且被证实在实践中非常有用。

在14.4节，我们将阐明面板数据方法如何应用于其他数据结构，包括配对和聚类样本的情形。

14.1　固定效应估计法

取一阶差分仅是消除固定效应 a_i 的许多方法之一。在某些假定下，起到更好作用的一种替代方法是所谓的**固定效应变换**（fixed effects transformation）。为了说明这是怎样的一种方法，暂且考虑仅有一个解释变量的模型：对每个 i，有

$$y_{it} = \beta_1 x_{it} + a_i + u_{it}, \quad t = 1, 2, \cdots, T \tag{14.1}$$

现在对每个 i 求方程对时间的平均，便得到

$$\bar{y}_i = \beta_1 \bar{x}_i + a_i + \bar{u}_i \tag{14.2}$$

式中，$\bar{y}_i = T^{-1} \sum_{i=1}^{T} y_{it}$，如此等等。$a_i$ 不随时间变化，因此它同时出现在方程（14.1）

和（14.2）中。如果对于每个 t，都用（14.1）减去（14.2），我们便得到

$$y_{it} - \bar{y}_i = \beta_1 (x_{it} - \bar{x}_i) + u_{it} - \bar{u}_i, \quad t = 1, 2, \cdots, T$$

或

$$\ddot{y}_{it} = \beta_1 \ddot{x}_{it} + \ddot{u}_{it}, \quad t = 1, 2, \cdots, T \tag{14.3}$$

式中，$\ddot{y}_{it} = y_{it} - \bar{y}_i$ 是 y 的**除时间均值数据**（time-demeaned data）；$\ddot{x}_{it}$ 和 $\ddot{u}_{it}$ 可以类似定义。固定效应变换又称**组内变换**（within transformation）。方程（14.3）的要点在于，不可观测效应 a_i 已随之消失，从而提醒我们应该使用混合 OLS 去估计（14.3）。基于除时间均值变量的混合 OLS 估计量被称为**固定效应估计量**（fixed effects estimator）或**组内估计量**（within estimator）。后一种称谓是因为用于（14.3）的 OLS 使用了每个观测个体不同时间的横截面数据 y 和 x。

组间估计量（between estimator）是由横截面方程（14.2）的 OLS 估计量得到的（其中我们包含了一个截距 β_0）：我们同时使用 y 和 x 对时间的平均值，然后做一个横截面回归。我们不打算详细论述组间估计量，因为如果 a_i 与 $\bar{x}_i$ 相关（见本章末尾习题 2），它将是有偏误的。而如果我们认为 a_i 与 x_{it} 无关，则使用随机效应估计量更好一些，这是我们在 14.2 节将要讨论的。组间估计量忽视了变量如何随着时间而变化的重要信息。

在方程中添加更多的解释变量差别不大。原始的**不可观测效应模型**（unobserved effects model）将是

$$y_{it} = \beta_1 x_{it1} + \beta_2 x_{it2} + \cdots + \beta_k x_{itk} + a_i + u_{it}, \quad t = 1, 2, \cdots, T \tag{14.4}$$

我们只需对每个解释变量（包括诸如时期虚拟变量）都除去其时间均值，然后利用全部除时间均值后的变量做混合 OLS 回归即可。一般除时间均值后的方程是

$$\ddot{y}_{it} = \beta_1 \ddot{x}_{it1} + \beta_2 \ddot{x}_{it2} + \cdots + \beta_k \ddot{x}_{itk} + \ddot{u}_{it}, \quad t = 1, 2, \cdots, T \tag{14.5}$$

我们用混合 OLS 来估计它。

> **？？ 思考题 14.1**
>
> 假如在一个家庭储蓄方程中，令 $kids_{it}$ 表示第 i 个家庭在第 t 年拥有的儿童数，$t = 1990$ 年、1991 年和 1992 年。如果对样本中大多数家庭来说，儿童人数在这 3 年期间都没有变化，那么，为了估计儿童人数对储蓄的影响，这可能会导致什么样的问题？

在解释变量的严格外生性假定下，固定效应估计量是无偏的：粗略地说，特异性误差 u_{it} 应与所有时期的每个解释变量都无关。（关于假定的准确表达见本章附录。）固定效应估计量恰如一阶差分估计量，容许 a_i 与任何时期的解释变量任意相关。正因为如此，凡是在时间上恒定的解释变量都必定随固定效应变换而消失：如果 x_{it} 在时间 t 上是恒定的，则对所有的 i 和 t，都有 $\ddot{x}_{it} = 0$。因此，我们不能包含诸如出生地或某城市是否靠近河流等变量。

为使简单的 OLS 分析有效，还需要做的假定是误差 u_{it} 具有同方差性和时间上的序列不相关性；参见本章附录。

还有一个微妙之处是，如何决定固定效应估计量的自由度？当我们用混合 OLS 估计除时间均值的方程（14.5）时，我们总共有 NT 个观测值和 k 个自变量。［注意（14.5）中没有截距；它被固定效应变换消去了。］因此，表面看来，我们有 $(NT-k)$ 个自由度，但这样计算是不对的。对每个横截面观测对象 i，由于对时间取平均，我们都失去了一个自由度。换言之，对每个 i，不同时期 t 的去均值误差 $\ddot{u}_{it}$ 之和为零，所以损失了一个自由度。（对原始的特异性误差 u_{it} 则没有这样的限制。）因此，适当的自由度是 $df=NT-N-k=N(T-1)-k$。幸好，凡具有固定效应估计功能的现代回归软件包都能适当地计算出 df。但是，如果我们需要自己来做除时间均值运算并且用混合 OLS 进行估计，我们就有必要对标准误和 t 统计量加以修正。

例 14.1

工作培训对企业废弃率的影响

我们利用 54 个企业在 1987 年、1988 年和 1989 年报告的每年报废率数据。在 1988 年以前没有任何企业享受培训津贴；到 1988 年有 19 个企业获得津贴；而在 1989 年又有 10 个不同的企业获得津贴。因此，我们还须考虑 1988 年受到额外工作培训的工人在 1989 年具有更高生产力的可能性。这可通过引进一个津贴指示变量的滞后值轻松解决。还可引进 1988 年和 1989 年的年度虚拟变量。结果见表 14.1。

表 14.1　废弃率方程的固定效应估计

因变量：$\log(scrap)$	
自变量	系数（标准误）
$d88$	-0.080 (0.109)
$d89$	-0.247 (0.133)
$grant$	-0.252 (0.151)
$grant_{-1}$	-0.422 (0.210)
观测次数	162
自由度	104
R^2	0.201

我们采取的报告结果的方式强调必须根据不可观测效应模型（14.4）来解释那些估计值。我们明确地控制着未观测的、不随时间而变化的效应 a_i。除时间均值虽然能让我们估计出 β_j，但（14.5）式并不是解释估计值的最好方程。

思考题 14.2

根据密歇根计划，如果某企业在某年领取了津贴，它就没有资格在下一年再领取津贴。这对于 $grant$ 与 $grant_{-1}$ 之间的相关系数意味着什么？

有趣的是，培训津贴滞后项的估计值的有效性远远大于当期项：工作培训至少在一年以后才有效果。由于因变量取了对数形式，所以预期 1988 年获得津贴的企业将于 1989 年降低其报废率 34.4％ [exp(−0.422)−1≈−0.344]；$grant_{-1}$ 的系数在 5％ 的水平上通过了双侧检验。$grant$ 的系数则在 10％ 的水平上显著，即系数的大小并非无足轻重。注意，df 为 $N(T−1)−k=54×(3−1)−4=104$。

$d89$ 的系数表明，即使工作培训津贴没有出现，1989 年的报废率也远低于基年 1987 年。因此，考虑这些总效应是重要的。如果我们忽略了年份虚拟变量，就会把劳动生产力的长期增长归功于工作培训津贴。表 14.1 表明，即使控制了生产力的总趋势，工作培训津贴的估计效应仍不算小。

最后，考虑模型中的滞后效应是很关键的。如果我们漏掉了 $grant_{-1}$，就等于假定工作培训的效应不会延续到下一年。当我们去掉 $grant_{-1}$ 时，对 $grant$ 的估计将是 −0.082（$t=−0.65$）；它要小得多，而且在统计上不显著。

当我们用固定效应方法来估计不可观测效应模型时，我们还不清楚究竟应该怎样衡量拟合优度。表 14.1 所给的 R^2 是根据组内变换计算的：它是从 (14.5) 式的估计中得到的 R^2。因此，应把它解释为 y_{it} 随时间的变化被解释变量随时间的推移所解释的部分。关于 R^2 的计算，还可以有其他方法，之后我们会讨论其中之一。

虽然不能把时间上恒定的那些变量本身包括到固定效应模型中来，却能把它们与随时间而变化的变量，特别是年度虚拟变量交互起来分析。例如，在一个工资方程中，对我们样本中的每个人来说，受教育程度不随着时间而变化，我们就可以把教育同每个年度虚拟变量交互起来，看教育回报如何演变。但我们无法利用固定效应方法去估计基期的教育回报（这意味着，我们无法估计任一个时期的教育回报）；我们只能看到每年的教育回报与基期的区别。14.3 节描述了一个方法，能够估算不随时间改变的变量系数而又保全分析中的固定效应特性。

当我们把全部年度虚拟变量都包含进来时（即除第一年外每年都安排一个年度虚拟变量），那么，对于任何在时间上的变化为常数的变量，我们都无法估计其影响。一个例子是：假如在一个样本中，每人每年都在工作，因此每过一年，每人的工作经验就增长一年。现在，考虑这样的以年计的工作经验面板数据。a_i 的出现说明了在初始时期不同的人有不同的工作经验（以年计）。但从此以后，每增加一年工作经验的影响，就无法同总的时间效应区分开来了（因为每个人都增长了同样多的工作经验）。如果不分别安排这些年度虚拟变量，而是考虑一个线性时间趋势，这一结论也是正确的：因为对每个人来说，经验都无法区别于线性趋势。

例 14.2

教育回报随着时间的推移而发生变化了吗?

WAGPAN 中的数据取自 Vella and Verbeek (1998)。样本中的 545 个男性员工,在 1980—1987 年期间,每人每年都在工作。在这段时间里,数据集里的一些变量随时间而变,主要有工作经验、婚姻状况及工会会员身份这三个重要变量。另一些变量,诸如种族和教育等重要变量,则不随时间的推移而变。如果我们使用固定效应(或一阶差分)方法,就不能把种族、教育或经验放到方程中来。然而我们能把教育与所有从 1981 年到 1987 年的年度虚拟变量的交互项放进来,以便检验在这段时间里教育回报是否不变。我们用 $\log(wage)$ 作为因变量,还使用经验的一个二次式:婚否、是否为工会会员等虚拟变量,全套年度虚拟变量,以及交互项 $d81 \cdot educ$,$d82 \cdot educ$,$\cdots$,$d87 \cdot educ$(作为自变量)。

对所有这些交互项的估计值都是正的,并且一般地看,越是最近的年份,估计值越大。$d87educ$ 有最大的系数 0.030,其 $t = 2.48$。换言之,估计 1987 年的教育回报比基年 1980 年高 3 个百分点。(由于上述原因,我们没有得到基年的教育回报估计值。)其他显著的交互项是 $d86 \cdot educ$(系数 $= 0.027$,$t = 2.23$)。对越早年份的估计值越小,且在 5% 的水平上相对于双侧备择假设来说不显著。如果我们对全部 7 个交互项的显著性做一个联合 F 检验,便得到 p 值 $= 0.28$。这里给出这样一个例子:一组变量中虽有某些变量个别而论是显著的,但全组联合起来看却是不显著的。[F 检验的 df 是 7 和 3 799;后一数值来自 $N(T-1) - k = 545 \times (8-1) - 16 = 3\ 799$。]一般地说,这些结果符合教育回报在这一时期的增长。

14.1a　虚拟变量回归

关于固定效应模型,传统的观点认为,不可观测效应 a_i 对每个 i 来说,都是一个有待估计的参数。于是,方程 (14.4) 中的 a_i 就是第 i 个人(或第 i 个企业、第 i 个城市,等等)的截距,它和诸 β_j 一起有待我们去估计。(显然,如果只有一个横截面,是无法估计各个 β_j 的:这里有 $N+k$ 个待估计参数,却只有 N 个观测。)对每个 i 估计一个截距的方法,是连同解释变量一起,给每一个横截面观测安排一个虚拟变量(也许还给每个时期安排有虚拟变量)。这一方法常被称为**虚拟变量回归**(dummy variable regression)。即使 N 还不是很大(比方在例 14.1 中 $N = 54$)时,使用此法的结果会导致产生许多解释变量,以致在大多数情况下,解释变量多到无法进行回归的程度。因此,虚拟变量法对含有许多横截面观测的面板数据集来说不是很现实。

然而，虚拟变量回归有一些令人感兴趣的特点。最主要的是，它所给出的 β_j 估计值，与我们用去均值数据所做回归得到的估计值恰好一样，而且标准误和其他主要统计量也是一样。因此，可以从虚拟变量回归得到固定效应估计量。做虚拟变量回归的一个好处是，可以直接算出恰当的自由度。但由于现在许多计量经济学软件包都备有编好的固定效应法程序可用，这一好处已退居次要了。

从虚拟变量回归算出的 R^2 通常都比较高。这是因为我们对每一横截面单位都包含了一个虚拟变量，以致能解释数据中大部分的变化。例如，我们利用虚拟变量回归（由于 $N=22$，这是可能的），通过固定效应估计例 13.8 中的不可观测效应模型，便得到 $R^2=0.933$。我们不应对这个 R^2 值如此之大而过于兴奋：由于同时使用了年度和城市虚拟变量，所以能够解释失业补贴中的大部分变化，这不足为奇。恰如例 13.8 中的情形，ez 虚拟变量的估计值比 R^2 更重要。

从虚拟变量回归得到的 R^2，可按通常方法用于计算 F 检验。当然，这里假定了经典线性模型是成立的（见本章附录）。特别是，我们能够检验所有的横截面虚拟变量（共 $N-1$ 个，因为要选择 1 个单位作为基组）的联合显著性。无约束 R^2 得自含有全部虚拟变量的一个回归；约束 R^2 则来自不含有这些虚拟变量的回归。在绝大多数应用研究中，这些虚拟变量都会是联合显著的。我们需要理解的很重要的一点是，$\hat{a}_i$ 在统计意义上不同并不意味着混合 OLS，即不考虑每个观测值的固定影响，不具有一致性。异质性的存在并不意味着异质性与解释变量 x_{itj} 相关。实际上，假定我们只有一个解释变量 x_{it}，这个变量随时间和观测样本均匀分布，则 x_{it} 必定与 a_i 和 u_{is} 相互独立，$s=1，2，\cdots，T$。然而在群体中 a_i 确实有可能有实质性的不同，对于 $\hat{a}_i$ 的联合 F 检验大概率会检测出这个不同。

有时，我们会关注估计的截距 $\hat{a}_i$。这种情形出现在我们想研究 i 变化时 $\hat{a}_i$ 的分布或我们要检查某特定企业或城市的 $\hat{a}_i$ 是否高于或低于样本均值的时候。这些估计值虽然可直接从虚拟变量回归得到，但备有固定效应程序的软件包却很少把它们报告出来（因为这些估计值 $\hat{a}_i$ 为数太多了）。且不管 N 多大，在做了固定效应估计之后，要计算 $\hat{a}_i$ 都是相当容易的：

$$\hat{a}_i = \bar{y}_i - \hat{\beta}_1 \bar{x}_{i1} - \cdots - \hat{\beta}_k \bar{x}_{ik}，\quad i=1，\cdots，N \tag{14.6}$$

式中，变量上方的横线指对时间的平均，而 $\hat{\beta}_j$ 是固定效应估计量。例如，我们在控制了各种因时而变的因素下，估计了一个犯罪模型，这样我们就能求出某一城市的 $\hat{a}_i$，借以判断其导致犯罪的不可观测效应是高于还是低于平均水平。

有些支持固定效应估计的计量经济软件则报告"截距"，鉴于我们前面曾指出，除时间均值的过程消除了所有不随时间而变化的变量（包括一个总截距），所以这个"截距"可能导致混淆。［见方程（14.5）。］在固定效应（FE）估计中报告一个总截距，起源于我们把 a_i 看成一个待估计参数。特别是，所报告的截距是 $\hat{a}_i$ 在 i 上的平均值。换言之，总截距实际上是个人截距的均值，它是 $a=\mathrm{E}(a_i)$ 的一个无偏而又一致的估计量。

在大多数研究中，$\hat{\beta}_j$ 才是人们的兴趣所在，因而除时间均值的方程被用来求 β_j 的估计值。另外，一般地说，最好把 a_i 看作是在组内变换过程中我们所要控制的遗漏变量。a_i 可被估计的理由通常是脆弱的：事实上，即使 $\hat{a}_i$ 是无偏的（在本章附录中的假设 FE.1 至 FE.4 下），给定 T，随着 $N \to \infty$，它也是不一致的。理由是，因为我们每增加一个横截面观测，也增加了一个新的 a_i。一旦 T 被固定了，我们就没有对每个 a_i 积累任何信息。随着 T 变得更大，我们就可得到 a_i 更好的估计值，但大多数面板数据集都属于 N 大而 T 小的类型。

14.1b　是固定效应还是一阶差分？

至此，不考虑混合 OLS，我们已得出了估计不可观测效应模型的两种方法：一是取数据的差分，一是除去时间均值。我们怎样知道用哪一种好呢？

我们可以立即解决其中一种情况：当 $T = 2$ 时，FE 和 FD 的估计值及其全部检验统计量完全一样，故可随便选用一种。当然，FE 估计值与 FD 估计值之间的等价性要求我们在每种情况下都估计相同的模型。特别是，像我们在第 13 章中讨论过的那样，在 FD 方程中包含一个截距是很自然的；这个截距实际上就是原两期模型中第二个时期的截距；因此，欲使 FE 估计与包含截距的 FD 估计完全相同，还必须在 FE 估计中包含表示第二个时期的虚拟变量。

在 $T = 2$ 时，取一阶差分有一个好处：几乎不管用的是什么计量经济学软件包，一阶差分法都可以直截了当地实施，而且在 FD 估计之后，还很容易计算异方差—稳健的统计量（因为在 $T = 2$ 时，FD 估计就是横截面回归）。

当 $T \geqslant 3$ 时，FE 和 FD 估计量便不相同。因为在假设 FE.1 到 FE.4 下，二者都是无偏的，所以我们不能用无偏性作为准则。而且在假设 FE.1 到 FE.4 下，二者都是一致的（固定 T，而 $N \to \infty$）。对于较大的 N 和较小的 T，FE 和 FD 之间的选择关键在其估计量的相对效率，而这将由特异性误差 u_{it} 中的序列相关性来决定。（因效率比较要建立在同方差误差的基础之上，故我们做了 u_{it} 的同方差性假设。）

当 u_{it} 无序列相关时，固定效应法比一阶差分更有效（并且得自固定效应的标准误是确切的）。因为固定效应模型的模型表述几乎总是伴随着（有时候只是暗含）序列无关的特异性误差，所以 FE 估计量的使用更为常见。但我们应记住，这一假定可能是错的。在许多应用中，可以预计随时间而变化的不可观测因素是序列相关的。如果 u_{it} 遵循一个随机游走（就是说有一个很强的正的序列相关），那么差分 Δu_{it} 便序列无关，这时一阶差分法便更好。在许多情形中，u_{it} 表现出某种正的序列相关，却未必达到一个随机游走的程度，这时要比较 FE 和 FD 估计量的效率就不那么容易了。

在做了 FE 估计之后再检验 u_{it} 是否序列无关就很困难了：我们能够估计的是除

时间均值的误差 $\ddot{u}_{it}$，而不是 u_{it}。但在 13.3 节中，我们曾说明了怎样检验误差差分 Δu_{it} 是否序列无关。若看起来是这种情形，便可用 FD。若发现在 Δu_{it} 中明显有负的序列相关，FE 也许是较好的方法。将这两种方法都试一下常常是一个好主意：如果结果都差不多，也就无所谓了。

当 T 很大时，尤其是当 N 还不是很大时（比如，$N=20$ 而 $T=30$），使用固定效用估计量必须保持警惕。虽然在经典固定效应假定下的精确分布结果对任何 N 和 T 都适用，但当 N 小而 T 大时，这些结果对假定情况的违背是极其敏感的。特别是，如果我们遇到单位根过程（参见第 11 章），就可能出现伪回归问题。一阶差分具有将一个单整时间序列过程转化成一个弱相关过程的优点。因此，我们若使用一阶差分，即便在 T 大于 N 时，也能援引中心极限定理。特异性误差中的正态性便不再需要，而异方差性和序列相关都能像我们在第 13 章中讨论的那样处理。用固定效应估计量进行推断，对特异性误差中的正态性、异方差性和序列相关更加敏感。

像一阶差分估计量一样，固定效应估计量可能对一个或多个解释变量中的经典测量误差很敏感。不过，若每个 x_{itj} 都与 u_{it} 无关，但违背了严格外生性假定（比如，回归元中包含滞后因变量，或者 u_{it} 与解释变量的未来结果之间有某种反馈），则 FE 估计量可能明显比 FD 估计量偏误更小（除非 $T=2$）。一个重要的理论事实是：FD 估计量中的偏误不取决于 T，而 FE 估计量中的偏误则以速度 $1/T$ 趋于零。详细情况可参见 Wooldridge（2010，Section 10-7）。

当 FE 和 FD 给出明显不同的结果时，通常在两者之间作出取舍就很困难。同时报告两组结果并试图判断差异的原因所在也是可行的。

14.1c　非平衡面板数据的固定效应法

在一些面板数据集（特别是个人或企业数据集）中，样本中缺少了某些横截面单位的某些年份数据。这时，我们称数据集为**非平衡面板数据**（unbalanced panel data）。非平衡面板数据的固定效应法并不比平衡面板数据的固定效应法困难多少。设 T_i 为横截面单位 i 的时期数，我们只需用 T_i 个观测去做除时间均值的运算。观测总数将是 $T_1+T_2+\cdots+T_N$。和平衡面板数据的情形一样，对每一个观测横截面，都因除时间均值运算而失去一个自由度。任何一个做固定效应的回归软件包都会做出适当的自由度损失调整。虚拟变量回归也和平衡面板数据情形完全一样，但要适当地调整自由度。

容易看出，在固定效应分析中，只有一个时期的那些横截面单位将不起任何作用。对于这样的观测单位，除时间均值的计算结果都是零，自然于估计无补。（如果对所有的 i，T_i 最多是 2，我们就可以用一阶差方法：如果某个 i 的 $T_i=1$，我们就无法取两个时期的差分。）

和某些反对固定效应估计量的人批评的理由相反，除去那些只有一期的观测样本并不会导致偏误或者不一致性。$T_i=1$ 的观测样本在 FE 的环境下不会对我们研

究 β_j 产生任何影响,因此这些样本被很好地忽略了。计量软件包经常报告有多少横截面观测样本被忽略。

要明确面板数据为什么会变成非平衡的,则属于(非平衡面板数据)更加困难的问题。例如,对城市或州来说,有时一些重要变量的某年数据缺失了。如果一些 i 的数据缺失的理由与特异性误差 u_{it} 无关,非平衡面板数据就不会引发什么问题。当我们的数据是与个人、家庭或企业相关时,事情往往比较复杂。试想,比方说,我们在 1990 年抽取了制造业企业的一个随机样本,并且我们对工会化如何影响企业的获利性感兴趣。我们希望能利用面板数据分析去控制一些不可观测的工人与管理特征;这些特征不但影响着获利性,还可能与参加工会的人占全厂工人的比例相关。如果我们在随后的一些年份里再次收集数据,有些企业会因企业倒闭或被其他公司兼并而消失。如果是这样,我们在随后的时期所获得的也许是一个非随机样本。问题是:如果我们把固定效应法应用到这个非平衡面板数据上,怎样才会得到无偏(或至少是一致)估计量呢?

如果一个企业离开样本〔称为耗损(attrition)〕的理由与特异性误差(指那些随时间而变化且影响着利润的误差)相关,那么,由此造成的样本截面问题(见第 9 章)就会导致偏误估计量。这是本例中的一个严肃考虑。然而,固定效应分析有一个可利用的地方,就是它容许耗损与不可观测效应 a_i 相关。意思是说,初始抽样中的一些单位比另一些更有可能从调查中消失,而这一点已由 a_i 刻画了。

对于综合数据的缺失问题,FE 与 FD 相比有一个优势。名义上,FE 能最大化估计过程中使用的观测个体的数量。然而当使用 FD 时,只有当时间 t 和 $t-1$ 的观测值都是全的时候我们才能对时间 t 进行一阶差分。考虑一个极端情况,x_{it},$T=7$ 为可以观测到的时间的最大值。如果对某一个观测个体 i,奇数期的数据都是缺失的,则没有一期可以使用 FD(对 $t=2$,3,…,T,一阶差分的数据都是缺失的)。然而,FE 可以使用第 1,3,5,7 期的数据。如果缺失数据的问题是纯粹的损耗,FD 和 FE 都使用了最大数量的观测个体(如果它们在 t 期都被观测到,在 $t-1$ 期也应该都被观测到)。

例 14.3

工作培训对企业废弃率的影响

我们在表 14.1 的分析中增加两个变量:$\log(sales_{it})$ 和 $\log(employ_{it})$,其中 *sales* 是企业的年销售量,而 *employ* 是雇工人数。在 54 个企业中有 3 个因为没有销售和就业数据,所以完全从分析中消失。另外有 5 个观测值由于在某些年份缺失了一个或两个变量的数据而消失,这样就只剩下 $n=148$。把固定效应法用到这个非平衡综合数据上,基本上大同小异,只是津贴效应变大了一些:$\beta_{grant}=-0.297$,$t_{grant}=-1.89$;$\beta_{grant-1}=-0.536$,$t_{grant-1}=-2.389$。

当数据的选择可能与特异性误差有关时，综合数据中的耗损问题比较复杂，而且超出了本书的范围。［比如可参见 Wooldridge（2010，Chapter 19）。］

14.2 随机效应模型

如前，我们从同一个不可观测效应模型开始：

$$y_{it}=\beta_0+\beta_1 x_{it1}+\cdots+\beta_k x_{itk}+a_i+u_{it} \tag{14.7}$$

其中，我们明确引入一个截距项，使得我们能够假定不可观测效应 a_i 有零均值而又不失一般性。通常我们容许解释变量中出现时间虚拟变量。不管使用固定效应法还是一阶差分法，目的都是要把 a_i 消去。这是因为 a_i 被认为与一个或多个 x_{itj} 相关。但设想我们认为 a_i 与任何一个解释变量在任何时期都无关，那么，使用消去 a_i 的变换则导致了非有效估计量。

如果我们假定不可观测效应 a_i 与每一个解释变量都无关：

$$\text{Cov}(x_{itj}, a_i)=0, \ t=1, \ 2, \ \cdots, \ T; \ j=1, \ 2, \ \cdots, \ k \tag{14.8}$$

则方程（14.7）就成为一个**随机效应模型**（random effects model）。事实上，理想的随机效应假定包括全部固定效应假定，再加上 a_i 独立于所有时期中每一个解释变量的假设。（关于实际用到的假设，参见本章附录。）如果我们认为不可观测效应 a_i 会与任何一个解释变量相关，就应该使用固定效应或者一阶差分。

在连同随机效应假设的（14.8）下，我们应该怎样去估计 β_j 呢？如果我们相信 a_i 与解释变量无关，则可用单个横截面一致地估计 β_j：根本不需要什么面板数据。但是使用单个横截面显然忽视了其他时期的许多有用信息。我们可以按照混合 OLS 程序利用这些信息：也就是将 y_{it} 对解释变量也许还加上时间虚拟变量做 OLS 回归，在随机效应假定下，这样做也能得到 β_j 的一致估计量。但它忽略了模型的基本要点。如果我们定义**合成误差项**（composite error term）为 $v_{it}=a_i+u_{it}$，则（14.7）可写为

$$y_{it}=\beta_0+\beta_1 x_{it1}+\cdots+\beta_k x_{itk}+v_{it} \tag{14.9}$$

由于 a_i 在每个时期都是合成误差的一部分，所以不同时期的 v_{it} 应该序列相关。事实上，在随机效应假定下，

$$\text{Corr}(v_{it}, \ v_{is})=\sigma_a^2/(\sigma_a^2+\sigma_u^2), \ t\neq s$$

式中，$\sigma_a^2=\text{Var}(a_i)$，$\sigma_u^2=\text{Var}(u_{it})$。误差项中这种正的（也必然是正的）序列相关可能很显著：由于通常的混合 OLS 标准误忽视了这种相关，所以不正确，从而常用的检验统计量也不正确。在第 12 章中我们曾说明，如何用广义最小二乘法来估计带有自回归序列相关的模型，我们也可以用 GLS 解决这里的序列相关性问题。为了使该程序具有良好的性质，我们必须有足够大的 N 和相对小的 T。我们还假定有一个平衡面板数据集，尽管我们的方法可推广到非平衡的情形。

为了推导 GLS 变换以消去误差中的序列相关，要用到复杂的矩阵代数［例如，

参见 Wooldridge（2010，Chapter 10）]。但变换本身却很简单，定义

$$\theta = 1 - [\sigma_u^2 / (\sigma_u^2 + T\sigma_a^2)]^{1/2} \tag{14.10}$$

它介于 0 与 1 之间。于是，变换后的方程是

$$y_{it} - \theta\overline{y_i} = \beta_0(1-\theta) + \beta_1(x_{it1} - \theta\overline{x_{i1}}) + \cdots + \beta_k(x_{itk} - \theta\overline{x_{ik}}) + (v_{it} - \theta\overline{v_i}) \tag{14.11}$$

其中，变量上方的横线表示时间平均值。这个方程颇为有趣，它使用每个变量的**拟去均值数据**（quasi-demeaned data）。固定效应估计量从相应变量中减去其时间平均值，而随机效应变换只减去其时间平均值的一个比例，这个比例取决于 σ_u^2、σ_a^2 和时期数 T。GLS 估计量无非就是方程（14.11）的混合 OLS 估计量，很难看出方程（14.11）中的误差是序列无关的，然而事实却如此。（见本章末习题 3。）

方程（14.11）中的变换容许我们考虑不随时间而变化的解释变量，与固定效应或一阶差分模型相比，这是随机效应（RE）模型的一个优点。* 之所以有这一优点，是因为 RE 假定不可观测效应与所有解释变量都无关，无论这些解释变量是否随时间而变化。例如，在一个工资方程中，我们可以引进一个教育变量，即便它不随着时间而变化。但我们假定的是，教育与包含着能力和家庭背景的 a_i 无关。在许多应用中，使用面板数据纯粹就是为了容许不可观测效应与解释变量之间有相关关系。

实际上，参数 θ 一般是未知的，但又总是可以估计的。有不同的估计方法，例如，可根据混合 OLS 或固定效应做出估计。通常，$\hat{\theta}$ 采取 $\hat{\theta} = 1 - \{1/[1+T(\hat{\sigma}_a^2/\hat{\sigma}_u^2)]\}^{(1/2)}$ 的形式，其中 $\hat{\sigma}_a^2$ 是 σ_a^2 的一个一致估计量，而 $\hat{\sigma}_u^2$ 是 σ_u^2 的一个一致估计量。这些估计量是根据混合 OLS 残差或固定效应残差而计算的。一种可能性是：$\hat{\sigma}_a^2 = [NT(T-1)/2 - (k+1)]^{-1} \sum_{i=1}^{N} \sum_{t=1}^{T-1} \sum_{s=t+1}^{T} \hat{v}_{it}\hat{v}_{is}$，其中 $\hat{v}_{it}$ 是用混合 OLS 估计（14.9）的残差。我们据此可以通过 $\hat{\sigma}_u^2 = \hat{\sigma}_v^2 - \hat{\sigma}_a^2$ 来估计 σ_u^2，其中 $\hat{\sigma}_v^2$ 是从混合 OLS 得到的通常回归标准误的平方。[关于这些估计量的其他讨论，可参见 Wooldridge（2010，Chapter 10）。]

有许多计量经济软件包都支持随机效应模型的估计，并自动计算某些形式的 $\hat{\theta}$。用 $\hat{\theta}$ 代替 θ 的可行 GLS 估计量被称为**随机效应估计量**（random effects estimator）。在本章附录的随机效应假设下，该估计量是一致（但不是无偏）的，并且当 T 固定时，估计量随着 N 增大而趋近于正态分布。当 N 小而 T 大时，随机效应（RE）估计量的性质基本未知，尽管在这种情况下肯定还要用到这种估计量。

方程（14.11）使我们能够把 RE 估计量与混合 OLS 和固定效应联系起来。当 $\hat{\theta} = 0$ 时便得到混合 OLS，当 $\theta = 1$ 时则得到 FE。实际上，估计值 $\hat{\theta}$ 永远不会是 0 或 1。但如果 $\hat{\theta}$ 接近于 0，RE 估计量就会接近混合 OLS 估计值。当不可观测效应 a_i 相对不重要时（因为相对于 σ_u^2，它的方差很小），就会出现这种情形。但更常见的是

---

* 可比较（14.11）和（14.3）或（14.5）。——译者注

σ_a^2 相对地比 σ_u^2 大，这时 $\hat{\theta}$ 将接近 1。随着 T 增大，$\hat{\theta}$ 趋于 1，从而使得 RE 和 FE 两种估计非常类似。

通过把方程（14.11）中的准去均值误差写成 $v_{it} - \theta \bar{v}_i = (1-\theta)a_i + u_{it} - \theta \bar{u}_i$，我们就能更清楚地看到随机效应相对固定效应的优点。这个简单表达式清楚地告诉我们，在随机效应估计所用的变换方程中，无法观测因素 a_i 的权重为 $(1-\theta)$。尽管 a_i 与一个或多个 x_{itj} 之间的相关导致了随机效应估计中的不一致性，但我们看到，这种相关已经被因子 $(1-\theta)$ 削弱了。随着 $\theta \to 1$，偏误项趋于零，因为 RE 估计量趋于 FE 估计量，所以当然是这样。若 θ 接近于 0，我们便在误差项中留下了不可观测效应的更大比例，结果 RE 估计量的渐近偏误也将更大。

在 FE 和 RE 的应用中，通常计算混合 OLS 估计值也很有价值。这三个估计值集的比较可以帮助我们判断，把无法观测的影响 a_i（像混合 OLS 那样）完全放在误差项或（像 RE 变换那样）部分放在误差项中所导致的偏误的性质。但我们必须记住，即使 a_i 在所有时期与所有解释变量都无关，混合 OLS 的标准误及其检验统计量一般也都是不可靠的：它们忽略了合成误差 $v_{it} = a_i + u_{it}$ 中通常明显存在的序列相关。就像我们在第 13 章中曾提到的那样（见例 13.9），我们还是有可能计算出对 v_{it} 中任意形式的序列相关（和异方差性）都保持稳健的标准误和检验统计量的，而且常用的统计软件通常都有这个选项。［比如，参见 Wooldridge（2010，Chapter 10）。］

例 14.4

使用面板数据的一个工资方程

我们再次使用 WAGEPAN 中的数据估计一个男性工资方程。我们用三种方法：混合 OLS、随机效应和固定效应。在前两种方法中，我们可以把 *educ* 和种族虚拟变量［黑人（*black*）和拉美裔（*hispan*）］包括进来，而在固定效应分析中，这些变量将消失。随时间而变的变量是 *exper*、$exper^2$、*union* 和 *married*。如 14.1 节所述，*exper* 将在 FE 分析中消失（但 $exper^2$ 会保留下来）。每个回归都包含全部年度虚拟变量。估计结果见表 14.2。

表 14.2　工资方程的三种不同估计量

自变量	因变量：log($wage$)		
	混合 OLS	随机效应	固定效应
educ	0.091 (0.005)	0.092 (0.011)	—
black	−0.139 (0.024)	−0.139 (0.048)	—
hispan	0.016 (0.021)	0.022 (0.043)	—

续表

自变量	因变量：log(*wage*)		
	混合 OLS	随机效应	固定效应
exper	0.067 (0.014)	0.106 (0.015)	—
exper^2	-0.0024 (0.000 8)	$-0.004 7$ (0.000 7)	$-0.005 2$ (0.000 7)
married	0.108 (0.016)	0.064 (0.017)	0.047 (0.018)
union	0.182 (0.017)	0.106 (0.018)	0.080 (0.019)

　　混合 OLS 和随机效应两个估计量给出的 *educ*、*black* 和 *hispan* 的系数类似。混合 OLS 标准误就是通常的 OLS 标准误。这些标准误由于忽略了正的序列相关而低估了真正的标准误；我们在这里报告它们只是为了进行比较。关于经验的变化则有些不同，并且

> **？ 思考题 14.3**
>
> 　　会员增益的固定效应估计值比 OLS 估计值低约 10 个百分点。对于 *union* 和不可观测效应之间的相关，这给了我们什么强有力的提示？

在随机效应估计中，已婚和加入工会的增益明显下降。当我们用固定效应法把不可观测效应全部消除后，已婚的增益减少到大约 4.7%，但它仍然统计显著。结婚增益的下降符合越是能干的男子（用一个更高的不可观测效应 a_i 刻画）就越可能已婚的那种想法。因此，在混合 OLS 估计中，结婚增益的一大部分反映出如下事实：结了婚的男子即使不结婚也能挣更多的钱。剩下的系数 4.7% 至少有两种可能的解释：（1）结了婚的男子确实有更高的生产力，或者（2）因为成婚是一个稳定性信号，所以雇主给已婚男子某种奖励。我们无法区分这两种可能的解释。

　　在随机效应估计中，θ 的估计值是 $\hat{\theta}=0.643$，这就有助于解释，为什么对随时间而变化的变量而言，RE 估计值更靠近 FE 而不是混合 OLS 估计值？

14.2a　随机效应还是混合 OLS?

　　有时人们基于检验 H_0：$\sigma_a^2=0$ 在随机效应模型和混合 OLS 模型之间进行选择。这一做法的原理是：$\sigma_a^2=0$ 意味着没有不可观测效应，此时我们只需要使用混合 OLS。布鲁施和帕甘（Breusch and Pagan，1980）发展了这样一个检验，但是从现代角度讲，它的作用有限。最重要的是，这个检验的结果并没有说明混合 OLS 是否有相合性。a_i 的存与它是否与 x_{itj} 有关没有关系。实际上，如果 a_i 与任何解释变量相关，RE 和混合 OLS 都是不相合的。

　　这个检验的第二个缺点是：它是对在复合方差项 $v_{it}=a_i+u_{it}$ 下序列正相关性的有效检验。在传统的设定下，我们假设 u_{it} 序列无关，任何 v_{it} 和 v_{is} 之间的相关性都

被认为是由于 a_i 的存在。但是 u_{it} 可能服从（比如说）AR(1) 过程并且有正的序列相关性，这一正相关性会被布鲁施-帕甘（B-P）检验发现。在各种情形下，这个检验一般会拒绝原假设，因为在包含时间但是我们不能加入滞后项自变量的时候，误差项中一般会出现正的序列相关性。

BP 检验的另一个缺点相对来讲小一些，但是依然和稳健推断的精神相违背。具体来说，检验假设所有没有观测到的变量均服从正态分布且同方差。但是对于 RE 或 POLS 方法来说，没有一个假设是保证相合性所必需的。

尽管 BP 检验的结果基本不会太出人意料，也不会有太多信息，但我们有很充足的理由尽量使用 RE 而非 POLS。首先，就像（14.11）式中，RE 将 θ 从误差项中移除了，所以相比而言 POLS 的偏差可能更小。其次，尽管误差项的结构并不像 RE 假设的那么简单，RE 估计量还是比 POLS 更有效，因为 RE 至少移除了部分序列相关性。

14.2b　随机效应还是固定效应？

由于固定效应容许 a_i 与 x_{itj} 任意相关，而随机效应则不然，因此普遍认为在其他条件保持不变时 FE 是更令人信服的工具。随机效应在某些特定情形中仍可适用。最明显的是，若关键解释变量不随着时间而变化，我们就不能用 FE 估计其对 y 的影响。例如，在表 14.2 中，我们必须依赖教育回报的 RE（或混合 OLS）估计值。当然，因为我们希望假定不可观测效应与所有解释变量都无关，所以我们只能使用随机效应。特别是，若使用随机效应，则在解释变量中包含的非时变控制变量将尽可能多。（使用 FE 分析就不必包含这种控制变量。）由于 RE 通常更有效，所以 RE 比混合 OLS 更可取。

如果我们关心的是一个时变解释变量，是否存在一种使用 RE 而非 FE 的情形呢？但 $Cov(x_{itj}, a_i)=0$ 的情形应该被视为例外而不是规则。如果关键政策变量由试验设定（比如孩子每年被随机地分配不同规模的班级），那么用随机效应模型应该适合于估计班级规模对成绩的影响。不幸的是，在绝大多数情形中，回归元本身是选择过程的结果，并可能与由 a_i 刻画的个人偏好和能力相关。

常见的情况是，研究者同时使用随机效应和固定效应，然后规范地检验时变解释变量系数的统计显著差别。（所以，在表 14.2 中，这将是 $exper^2$、$married$ 和 $union$ 的系数。）豪斯曼（Hausman，1978）首先提出这样一种检验，而某些计量经济软件则在本章附录中列出的全套随机效应假定下，例行计算豪斯曼检验。其思想是：除非豪斯曼检验拒绝（14.8）式，否则便使用随机效应估计值。实际上，不能拒绝这个假设则意味着，RE 和 FE 估计值充分接近，以致使用哪一个无所谓；或者 FE 估计值中的抽样变化如此之大，以致无法断定实际显著的差异是统计显著的。在后一种情形中，我们想知道数据中是否有提供系数精确估计值的足够信息。

豪斯曼检验的拒绝被视为关键的 RE 假定（14.8）是错误的，于是使用 FE 估计值。（当然，和在统计推断的所有应用中一样，应该区分实际显著差别和统计显著差别。）进一步的讨论，参见 Wooldridge（2010，Section 10-7）。在接下来的章节，我们将讨论另外一个计算更简便的选择 RE 和 FE 两种方法的途径。

最后一句警告。在阅读经验作品时，你会发现作者选择固定抑或随机效应的依据是：a_i 是否被适当地看作待估的参数随机变量。这种考虑通常是错误的。在本章，无论我们决定如何估计 β_j，我们在不可观测效应模型（14.7）中始终将 a_i 视为随机变量。我们曾强调，确定我们是使用 FE 还是使用 RE 的关键问题是，我们能否合理地假定 a_i 与所有 x_{itj} 都无关？不过，在面板数据方法的某些应用中，我们不能把我们的样本当作一个大总体中的随机样本，特别是在观测单位是很大的地理单位时（比如州或省）。于是，把每个 a_i 都看作每个横截面单位待估计的不同截距，通常也讲得通。在这种情形中，我们就使用固定效应：请记住，使用固定效用便等同于容许每个横截面单位都有一个不同的截距。幸运的是，无论我们是否参与对 a_i 性质的哲学辩论，对使用总量数据的政策分析而言，FE 几乎总比 RE 更令人信服。

14.3　相关随机效应方法

在某些应用中，我们可以把 a_i（不可观测效应）合理地当作随机变量应用，再加上我们得到的观测变量，这时就有了一个途径来允许 a_i 与观测的解释变量相关。为了介绍这个方法，请回顾等式（14.1）中只含单个随时间变化解释变量 x_{it} 的简单模型。与其假设 a_i 与 $\{x_{it} : t=1, 2, \cdots, T\}$ 不相关（正如我们在随机效应方法中所假设的），或是对方程去均值以消去 a_i（正如我们在固定效应方法中所做的），我们不如对 a_i 与 $\{x_{it} : t=1, 2, \cdots, T\}$ 的相关关系建立模型。因为按照定义，a_i 是不随时间变化的常量，允许它与 x_{it} 的平均水平相关有一定的理由。更具体地说，与之前一样令 $\bar{x}_i = T^{-1} \sum_{t=1}^{T} x_{it}$ 为时间平均值。假设如下简单线性关系成立：

$$a_i = \alpha + \gamma \bar{x}_i + r_i \tag{14.12}$$

式中，假设 r_i 与每个 x_{it} 都不相关。因为 $\bar{x}_i$ 是 x_{it} 的一个线性方程，

$$\mathrm{Cov}(\bar{x}_i, r_i) = 0 \tag{14.13}$$

等式（14.12）和（14.13）表明，在 $\gamma \neq 0$ 的任何情况下，a_i 都与 $\bar{x}_i$ 相关。

在与（14.1）结合运用的**相关随机效应**（correlated random effects，CRE）方法（14.12）中，用后项替换前项，得到

$$y_{it} = \beta x_{it} + \alpha + \gamma \bar{x}_i + r_i + u_{it} = \alpha + \beta x_{it} + \gamma \bar{x}_i + r_i + u_{it} \tag{14.14}$$

等式（14.14）很有趣，因为它仍有一个合成误差项 $r_i + u_{it}$，包含一个非时变的不可观测常量 r_i 和特定冲击 u_{it}。重要的是，当我们用 r_i 替换 a_i 时，假设（14.8）仍

成立。而且，因为假设对任意 s 和 t，u_{it} 与 x_{is} 无关，u_{it} 亦与 $\bar{x}_i$ 无关。将所有这些假设加总，得到以下随机效应估算等式：

$$y_{it} = \alpha + \beta x_{it} + \gamma \bar{x}_i + r_i + u_{it} \qquad (14.15)$$

这与随机效应估计下的一般方程类似，只不过增加了重要的时间平均变量 $\bar{x}_i$。$\bar{x}_i$ 的增加控制了 a_i 与序列 $\{x_{it}: t=1, 2, \cdots, T\}$ 的相关关系。剩下的 r_i 与 x_{it} 没有相关关系。

大部分计量程序包都能很容易地算出特定单位的时间平均值 $\bar{x}_i$。假设我们对横截面每个单位 i 都计算出了这个值，如果我们对等式（14.15）进行 RE 回归分析，会得到什么呢？注意（14.15）的估算提供了 $\hat{\alpha}_{CRE}$、$\hat{\beta}_{CRE}$ 和 $\hat{\gamma}_{CRE}$——CRE 估算值。就 $\hat{\beta}_{CRE}$ 而言，答案有一些出人意料。可证得［例如，参见 Wooldridge（2010，Chapter 10）］

$$\hat{\beta}_{CRE} = \hat{\beta}_{FE} \qquad (14.16)$$

式中，$\hat{\beta}_{FE}$ 表示等式（14.3）的 FE 估算值。换句话说，增加时间平均值 $\bar{x}_i$ 和用随机效应与减去时间平均值以及用混合最小二乘是相同的。

尽管无须利用（14.15）得到 $\hat{\beta}_{FE}$，但 CRE 和 FE 之中的 β 估算值相等，为 FE 提供了很好的解释：在衡量 x_{it} 对 y_{it} 的偏效应时，它控制了平均水平 $\bar{x}_i$。比如，假设 x_{it} 是一国 i 在年份 t 对公司利润收取的一个税率，y_{it} 是全国水平经济产出的某个衡量指标。通过在方程中包含 $\bar{x}_i$，即在该国 T 年内的平均税率中包含 $\bar{x}_i$，我们实际上允许了历史性高税率与历史性低税率间的系统性差异，这种差异可能也会影响经济产出。

我们也能够使用等式（14.15）来看为什么 FE 估算值通常较 RE 估算值不精确。如果我们在等式（14.15）中设定 $\gamma=0$，就得到通常的 RE 中 β 的估计值。相反，我们从第 3 章的多元回归分析中知道了 x_{it} 和 $\bar{x}_i$ 的相关关系，即多重共线性，这可能导致 $\hat{\beta}_{FE}$ 有更大的方差。特别是当 x_{it} 随着时间 t 变动较小时，$\hat{\beta}_{FE}$ 的方差会更大，在这种情况下，x_{it} 和 $\bar{x}_i$ 倾向于高度相关。对任意 i，在 x_{it} 均不随时间波动的限制情况下，x_{it} 和 $\bar{x}_i$ 存在完全相关关系，FE 不能提供 β 的估算值。

除了提供综合 FE 和 RE 的方法以外，我们是否还有另外的理由考虑 CRE 方法，尽管它只是简单地提供 β 的 FE 估算值？是的，起码有两个。第一，CRE 方法提供了一个简单、正式的选择 FE 和 RE 的方法。在使用 CRE 方法在 RE 和 FE 之间做出选择的时候，我们必须保证包含了 RE 方程中出现的任何不随时间变化的量。一般来说，假设 x_{it1}，x_{it2}，$\cdots$，x_{itk} 随时间的均值为 $\bar{x}_{i1}$，$\cdots$，$\bar{x}_{ik}$。记 z_{i1}，$\cdots$，z_{im} 为不随时间变化的量，$d2_t$，$\cdots$，dT_t 为时间虚拟变量，则 CRE 方程可以写为

$$y_{it} = \alpha_1 + \alpha_2 d2_t + \cdots + \alpha_T dT_t + \beta_1 x_{it1} + \cdots + \beta_k x_{itk} + \gamma_1 \bar{x}_{i1} + \cdots + \gamma_k \bar{x}_{ik}$$
$$+ \delta_1 z_{i1} + \cdots + \delta_m z_{im} + r_i + u_{it} \qquad (14.17)$$
$$t = 1, 2, \cdots, T$$

在平衡的条件下，注意到我们没必要加入时间虚拟变量的均值，因为每一个都是对 (i, t) 对而言简单的 $1/T$。换句话说，我们只是在某些时候在等式两边加上一个

相同的常数 $1/T$。由于我们已经加入了一个截距项，因此时间虚拟变量的均值 $d2_t$，$\cdots$，dT_t 是多余的。

当等式（14.17）是由 RE（或者甚至只是混合 POLS）估计的时候，我们得到

$$\hat{\beta}_{CRE,j} = \hat{\beta}_{FE,j}, \quad j = 1, 2, \cdots, k$$

$$\hat{\alpha}_{CRE,t} = \hat{\alpha}_{FE,t}, \quad t = 1, \cdots, T \tag{14.18}$$

原假设是 RE 就足够了，即我们不需要 CRE（等价的，FE 方法），即

$$\text{H}_0: \gamma_1 = \gamma_2 = \cdots = \gamma_k = 0 \tag{14.19}$$

因此这里限制条件的个数和 β_j 的个数是相等的。使用现代软件，我们可以让这个检验在 $\{u_{it}\}$ 有序列相关性且 r_i 或者 u_{it} 有异方差的情况下是稳健的（参见附录中的讨论）。在任何情形下，尤其是 N 非常大的时候，我们可能得到一个非常显著的结果拒绝（14.19）式中的原假设，但是 RE 和 FE 在实践中并没有很大的区别。

在用 CRE 实现 RE 和 FE 间的选择的时候，将常数项 z_{i1}，z_{i2}，$\cdots$，z_{im} 包括进来很重要。如果这些限制足够良好，我们可能不需要将 $\bar{x}_{ij}$ 加入模型中，即 RE 就足够了。如果我们在（14.17）式中忽略 z_{ih}，我们会遗漏重要的变量。是否包含 z_{ih} 与我们能否得到像（14.18）中展现的那样的 FE 估计量无关，我们只要将全套随时间变化的均值 $\bar{x}_{i1}$，$\cdots$，$\bar{x}_{ik}$ 加入就能得到 FE 估计量。

CRE 方法另一个有用的副产物是，我们可以得到不随时间变化的变量的系数 $\hat{\delta}_1$，$\cdots$，$\hat{\delta}_m$。有些研究员抱怨说，在使用 FE 的时候得不到这些系数，CRE 方法纠正了这个问题。我们在解释 $\hat{\delta}_j$ 的时候必须非常小心，因为 z_{ij} 可能和原始的异质性 a_i 相关。不过，我们可以检验 $\hat{\delta}_j$ 的逻辑一致性，并且通常它们的符号和大小都是有意义的。无论如何，就像上面所说的，这些变量必须包括在（14.19）的检验中。

有人在使用 CRE 方法的时候会考虑滞后项如何处理，或者标准的函数形式，比如平方项和交互项，如何引入。后者非常简单，方法就是将所有随时间变化的解释变量的均值引入，同时引入平方项和交互项的均值。例如，我们可以把 CRE 应用到下面的模型中：

$$y_{it} = \alpha_t + \beta_1 x_{it1} + \beta_2 x_{it2} + \beta_3 x_{it1}^2 + \beta_4 x_{it1} x_{it2} + \delta_1 z_{i1} + \delta_2 z_{i2} + \psi_1 x_{it1} z_{i1} + a_i + u_{it},$$

$$t = 1, \cdots, T \tag{14.20}$$

式中，α_t 表示不同的时间截距。CRE 方法要求我们将 x_{it1}，x_{it2}，x_{it1}^2，$x_{it1} x_{it2}$ 和 $x_{it1} z_{i1}$ 随时间的均值引入模型。最后一个就是简单的 $\bar{x}_{i1} z_{i1}$，因为 $\{x_{it1} x_{it2}: t = 1, \cdots, T\}$ 和 $\{x_{it1}^2: t = 1, \cdots, T\}$ 的均值分别是

$$T^{-1} \sum_{t=1}^{T} x_{it1} x_{it2}, \quad T^{-1} \sum_{t=1}^{T} x_{it1}^2$$

这些只是与 $\bar{x}_{i1}$，$\bar{x}_{i2}$ 和 $\bar{x}_{i1} z_{i1}$ 一起被列入方程，方程由随机效应估计。固定效应估计值 β_1，β_2，β_3，β_4 和 ψ_1 将被重新估计，我们同时也获得了 δ_1 和 δ_2 的估计值。为了让 x_{it1} 和 x_{it2} 的系数解释有意义，我们可能在获得单位特定的时间均值前对 x_{it1}，x_{it2} 和 z_{i1} 去均值（从 i 到 t，在每种情况下都使用样本均值）。

CRE 方法考虑滞后项稍微更有技术含量，和非平衡的面板数据问题关系密切。关键问题在于，每个变量随时间的均值都要被计算。例如，我们的样本从 $t=1$ 开始，我们希望估计含有滞后项的方程

$$y_{it} = \alpha_t + \beta_0 w_{it} + \beta_1 w_{i,t-1} + \beta_2 w_{i,t-2} + \mathbf{x}_{it}\boldsymbol{\psi} + \mathbf{z}_i\boldsymbol{\delta} + a_i, \quad t=3, 4, \cdots, T \quad (14.21)$$

此时所有的时间均值都要使用从 $t=3$ 开始的数据，因为第一期和第二期被忽略了。即便在计算 $\bar{\mathbf{x}}_i$ 的时候也是一样的。原因是，我们希望对所有变量，CRE 的估计量就是 FE 的估计量，而这只有当所有的时间均值都被计算进去的时候才能得到保证。

本章末的计算机练习 C14 就体现了相关随机效应方法在 AIRFARE 数据库中对平衡面板数据的应用，以及在相关随机效应框架下如何对比测试固定效应和随机效应。

14.3a 非平衡面板数据

相关随机效应方法也可以在非平衡面板数据中应用，但需要考虑一些问题。为了获得一个可以复制时变解释变量固定效应的估计量，我们在构造时间平均值的时候要非常注意。特别是对于 y 或者任意 x_j，一段时间内只有观察到了（y_{it}，x_{it1}，$\cdots$，x_{itk}）的所有数据值时，才可以形成时间平均值 $\bar{y}_i$ 或者 $\bar{x}_{ij}$。可以通过定义一个虚拟变量 s_{it} 来描述这种情形，当取得（y_{it}，x_{it1}，$\cdots$，x_{itk}）的**完整观测值**（complete case indicator）时，虚拟变量 s_{it} 取值为 1，如果其中任一变量缺失（当然包括整个时间段数据缺失），s_{it} 取值为 0。（我们会在第 17 章讨论面板数据出现数据缺失时的解决办法。）在此定义下，对 $\{y_{it}\}$ 时间平均值的合理表达应该为

$$\bar{y}_i = T_i^{-1} \sum_{t=1}^{T} s_{it} y_{it}$$

式中，T_i 代表完整时间区间中截面数据 i 所有观测值的数量，换言之，我们只对拥有完整数据集的变量进行时间平均。

另一个细微的问题是，当把时间区间虚拟变量或者任何仅随时间 t 变化而与 i 无关的变量纳入模型中时，我们也就需要包括这些变量的时间平均值（这与时间平均值是常数的平衡面板数据不同）。例如，如果 $\{w_t: t=1, \cdots, T\}$ 是一组总的时间变量，例如一组时间虚拟变量或者一组线性时间趋势，则

$$\bar{w}_i = T_i^{-1} \sum_{t=1}^{T} s_{it} w_t$$

由于面板数据的不平衡性，$\bar{w}_i$ 总会随着 i 发生变化（除非所有横截面数据中都没有相同的时间区间）。那些随 i 和 t 变化的变量，其聚集时间效应的时间平均值从很多软件包中都很容易获得。

当我们使用非平衡面板数据时，不论我们使用传统的随机效应估计量还是相关的随机效应形式，随机效应估计量方法都会或多或少发生变化。即在等式（14.10）中出现并在等式（14.11）中用以获得拟去均值数据的参数 θ，随着观察到的时间区间数量 i 变化。尤其是，在等式（14.10）中，简单地用 T_i 来替代 T。在采用非平

衡面板数据时，支持随机效应估计的计量经济学软件包可以辨别出其中的差异，所以从使用者的角度而言，不需要任何特殊的操作。

最重要的一点是，如果经过合理计算得到了时间平均值，则采用诸如等式（14.17）得到的结果与在平衡面板数据下的情形相同。我们仍然可以对时间平均值使用统计显著性检验来选择是采用固定效应还是纯随机效应，并且相关随机方法也支持我们将时间常数变量纳入其中。

在固定效应估计中，关键是理解为什么面板数据是非平衡的。在纯随机效应模型中，任何时间区间内，选择表示量 s_{it} 不能和等式（14.7）中的合成误差 $a_i + u_{it}$ 相关。另外，如伍德里奇（Wooldridge，2010，Chapter 19）阐述的，随机效应估计量是不一致的。14.1 节讨论了固定效应估计量可以实现选择表示量 s_{it} 和固定效应 a_i 之间的任意联系。因此，在非平衡面板数据中，固定效应估计量更为稳健。此外，正如我们所熟知的，固定效应也可以实现时变解释变量和 a_i 之间的任意联系。

14.4 用面板数据进行一般政策分析

在 13.4 节中，我们讨论了前后对照实验中如何应用两期面板数据进行政策评估。我们观察每一个单元 i 的两期变化，比如个体、公司、学校区域或者国家。在最初阶段，所有这些单元都不受制于干预。接着，一个干预作用于其中部分个体，之后我们得到第二年施加所有个体影响后的干预数据。在我们不控制其他解释变量不变的前提下，估计的政策影响就是（13.33）式中的双重差分估计量的面板数据版本。

我们现在知道，当 $T=2$ 时，FE 和 FD 统计量没有区别，因此将 FE 应用到项目估值方程

$$y_{it} = \eta_1 + \alpha_2 d2_t + \beta w_{it} + a_i + u_{it}, \ t=1, \ 2$$

中，将得到 DD 统计量 $\hat{\beta}_{DD}$，其中 $w_{i1} = 0$ 对任意 i 恒成立。

这一两期的前后对照设定相当强大，但是它也只是一个更一般的政策分析框架的特例。一个广义的框架非常容易使用，其结果在一系列时间虚拟变量下总的时间效应给定且通过一阶差分或者 FE（也可以用 CRE 方法）可以消除未观测到的异质性的时候也相对可靠。一个一般性的公式如下：

$$y_{it} = \eta_1 + \alpha_2 d2_t + \cdots + \alpha_T dT_t + \beta w_{it} + \mathbf{x}_{it}\boldsymbol{\psi} + a_i + u_{it}, \ t=1, \ \cdots, \ T \quad (14.22)$$

式中，w_{it} 是一个二值干预变量，而我们关心的是 β。这个公式考虑了灵活的总的时间效应和其他控制变量 $\mathbf{x}_{it}$。程序变量 w_{it} 可以有任何形式。典型的，有的个体可能永远没有政策参与，此时 $w_{it}=0$，$t=1$，$\cdots$，T。一般情况下，w_{it} 在初始情况下等于 0，然后在后续变成 1，但是我们可能有交错干预的情况，例如，有些县可能在 2010 年就受到某一政策变化的影响，而其他县可能直到 2012 年才开始受该政策变化的影响。很重要的一点是，确认对于任何 i 和 t，w_{it} 都是定义良好的，但是一旦

这个工作完成，后面的估计和推断都是非常直接的。

为了让 w_{it} 系统性地和 a_i 相关，应该使用 FE 或者 FD 估计 (14.22)，同时使用聚类稳健方差。我们并没有做什么特别的，因为 w_{it} 是二元的。特别的，如果我们用的是 FD，估计的方程应该是

$$\Delta y_{it} = \alpha_2 \Delta d2_t + \cdots + \alpha_T \Delta dT_t + \beta \Delta w_{it} + \Delta \mathbf{x}_{it} \boldsymbol{\psi} + \Delta u_{it}, \quad t=2, \cdots, T \quad (14.23)$$

然后我们也可以使用 FE 估计量，比较它们的结果。

考虑动态影响过程的思路也很直接。例如，如果考虑两期滞后项的影响，我们可以用 FD 和 FE 估计

$$y_{it} = \eta_1 + \alpha_2 d2_t + \cdots + \alpha_T dT_t + \beta_0 w_{it} + \beta_1 w_{i,t-1} + \beta_2 w_{i,t-2} + \mathbf{x}_{it} \boldsymbol{\psi} + a_i + u_{it},$$
$$t=3, \cdots, T \quad (14.24)$$

现代计量经济学包让我们很容易将滞后项考虑进去，并且，如果我们偏向于使用 FD，同时也很容易考虑差分滞后项。

在估计类似于 (14.22) 和 (14.24) 的公式的时候，一定要注意不要强行套用传统的双重差分（DID）框架。DID 的设定是 (14.22) 式的特殊形式，其中 $T=2$ 且 $w_{i1}=0$。另外，在基本的 DID 设定中，程序变量可以写为 $w_{it} = prog_i \cdot d2_t$，$t=1$，2，其中 $prog_i$ 指个体 i 是否最终有干预，$d2_t$ 是表示是不是第二个时间段的虚拟变量。在存在交错干预和多个时期的情况下，我们不能将 w_{it} 写成这种简单的形式，也没有这个必要。关键在于，我们需要定义 w_{it}，使得当个体 i 在时间 t 为"处理组"时，$w_{it}=1$，反之为 0。无论这个分析是动态的还是静态的都是一样。

14.4a 关于政策分析的进一步考虑

如果 w_{it} 对过去的冲击有响应，除非 w_{it} 是随机的，即便是公式 (14.22) 的 FE 或者 FD 估计也可能产生不可靠的结果。准确地说，考虑 t 时刻对 y_{it} 的一个冲击，例如 y_{it} 是 i 县在 t 时刻的贫困率，w_{it} 是某种政府救助措施（这个变量不必是二元的）。如果 u_{it} 一般比较高，很可能对 $w_{i,t+1}$ 造成影响，比方说，第二年的失业补助可能会增加。这个反馈违背了严格外生性假设，给 FD 和 FE 都制造了麻烦。最后的结果是：至少使用三个时期，我们就可以很容易地检验这个反馈：简单地将下一期的 w_{it} 加入方程中并且运用 FD 或者 FE 估计结果。具体的，使用 FE 估计下面的方程：

$$y_{it} = \eta_1 + \alpha_2 d2_t + \cdots + \alpha_{T-1} d(T-1)_t + \beta w_{it} + \delta w_{i,t+1} + \mathbf{x}_{it} \boldsymbol{\psi} + a_i + u_{it},$$
$$t=1, \cdots, T-1 \quad (14.25)$$

并且计算 δ 的一个聚类稳健的 t 统计量。我们的想法是：控制这一期的干预情况（如果合适的话可能有滞后期）不变，下一期的政策安排不能帮助我们预测这一期的结果。我们使用 FE，因为 w_{it} 和 a_i 在任意一期都可能相关。在使用这个检验的时候，我们不应该对系数作任何解释，除了 δ 的符号会告诉我们一些这个反馈的本质。我们估计 (14.25)，忽略最后一期，来决定 FE 和 FD 是否有偏差。（就像

14.1b 节讨论的那样，FE 对反馈有些弹性而 FD 没有，但是当 T 很小的时候，FE 估计量依然可能有隐含的偏差。）

有些文章将类似（14.25）中的检验称为**证伪检验**（falsification test）。例如，在教育经济中，这些检验被用于决定是否应该用一个非随机的分配机制将学生分配到各个教室中。严谨起见，我们令 y_{it} 表示 t 年级的第 i 个学生在一次标准测试中的成绩，记 w_{it} 为班级的规模。假设检验 H：$\delta=0$ 只意味着一旦我们控制了现在的班级规模、其他相关因素和未观测到的影响，未来的班级规模并不能对今年学生在考试中的表现产生随机影响。［如果后来的班级规模有影响，我们就会将检验用到类似（14.24）的模型中。］在估计所谓的教师增加值的时候，变量 w_{it} 会被一个包含多个二值变量的向量代替，二值变量表示教师的分配。然后，我们会检验，例如五年级的老师是否有助于预测四年级学生的考试成绩。

伍德里奇（Wooldridge，2010，Chapter 11）讨论了基本模型的延伸，这个延伸可以用于政策分析（一般的面板数据也可以）。一个有用的模型是**异质性趋势模型**（heterogeneous trend model，有时称为随机趋势模型）：

$$y_{it}=\eta_1+\alpha_2 d2_t+\cdots+\alpha_T dT_t+\beta w_{it}+\mathbf{x}_{it}\boldsymbol{\psi}+a_i+g_i t+u_{it}, \quad t=1, \cdots, T$$

(14.26)

新加入的项是 $g_i t$，一个基于个体的、对每个个体都不同的时间趋势。关键是，就像 a_i 一样，g_i 也是观测不到的。如果政策干预不仅和个体之间的差分水平相关（就像 a_i 捕捉的那样），也和趋势差分相关（现在被 $g_i t$ 捕捉），则一般的 FE 和 FD 分析会是有偏误的且关于 β 不具有一致性。我们依然需要以一种灵活的方式来考虑总体的波动，方式是加入总的时间虚拟变量。（尽管我们会忽略时间虚拟变量，因为每个个体独特的线性趋势可以替代总的时间效应。）

估计（14.26）式的一种方法非常直接。先用一阶差分消去 a_i：

$$\Delta y_{it}=\alpha_2 \Delta d2_t+\cdots+\alpha_T \Delta dT_t+\beta\Delta w_{it}+\Delta\mathbf{x}_{it}\boldsymbol{\psi}+g_i+\Delta u_{it}, \quad t=2, \cdots, T$$

(14.27)

其中我们用到了一个简单的代换 $g_i t-g_i(t-1)=g_i$。现在，公式（14.27）和基本的不可观测效应模型有相同的结构，且都有不可观测效应 g_i，唯一的不同是，所有变量都是一阶差分的。就像伍德里奇（Wooldridge，2010，Section 11-7）中讨论的那样，一个有吸引力的策略是将 FE 估计应用到（14.27）式中，并确认一个聚类稳健的标准误。注意这样做要求我们从 $T\geqslant 3$ 时间段开始。这是考虑另外一种异质性来源（即与其他解释变量相关）的代价。

14.5 把面板数据方法用于其他的数据结构

各种面板数据方法都可用于一些不涉及时间的特定数据结构。例如，在人口统计学中，常用兄弟姐妹（*siblings*）（有时是孪生的）去控制观测不到的家庭及背景特征。通常我们希望容许无法观测的"家庭效应"（在一个家庭内对所有兄弟姐妹都一样）与可以观测的解释变量相关。如果那些解释变量在一个家庭内的兄弟姐妹之间有所变化，那么在两兄弟或两姐妹之间取差分（或更一般地利用一个家庭内部的组内变换）就是一种可取的估计方法。通过消除不可观测效应，我们就消除了由复杂的家庭背景特征导致的潜在偏误。在支持 FE 估计的回归软件中，对这种数据结构实施固定效应估计也相当简单。

作为一个例子，格罗尼姆斯和科伦曼（Geronimus and Korenman，1992）利用成对的姐妹数据，研究未成年生育对未来经济状况造成的影响。当经济状况就是相对于需要（取决于子女数）的收入时，模型便是

$$\log(incneeds_{fs}) = \beta_0 + \delta_0 sister2_s + \beta_1 teenbrth_{fs} + \beta_2 age_{fs} + 其他因素 + a_f + u_{fs}$$

$$(14.28)$$

式中，f 指家庭；而 s 指该家庭中的姐妹之一。姐姐的截距是 β_0，妹妹的是 $\beta_0 + \delta_0$。所关注的变量是 $teenbrth_{fs}$，这是一个二值变量，当家庭 f 的姐妹 s 在十几岁时生育小孩时，它就等于 1。变量 age_{fs} 是家庭 f 中姐妹 s 当时的年龄。格罗尼姆斯和科伦曼还用了其他一些控制变量。仅随家庭而变的不可观测效应 a_i 是一个不可观测的家庭效应或家庭固定效应。分析中的主要问题是：$teenbrth$ 与家庭效应是否相关？如果是相关的，那么混合家庭和姐妹的 OLS 分析，就会给出未成年妈妈对日后经济状况的影响的一个有偏误的估计量。解决这个问题的方法很简单：在每个家庭之内，在姐妹之间取 (14.28) 的差分，于是得到

$$\Delta\log(incneeds) = \delta_0 + \beta_1 \Delta teenbrth + \beta_2 \Delta age + \cdots + \Delta u \qquad (14.29)$$

这样就消除了家庭效应 a_f，并可用 OLS 估计这个结果方程。注意这里并没有任何时间因素：差分是在一家之内的姐妹间进行的。而且，我们还容许 (14.28) 式中的姐妹之间

> **思考题 14.4**
>
> 若使用差分法，在 (14.28) 中引入父母亲的种族虚拟变量还会有意义吗？请解释。

有不同的截距，从而导致差分方程 (14.29) 中的截距非零。如果每个家庭中的姐妹进入数据的顺序基本上是随机的，那么所估计的截距应该接近于零。但即便在这种情形下，在 (14.29) 式中包含一个截距也无大碍，包含截距考虑到如下事实：所列出的第一个姐妹可能总是最贫困的。

格罗尼姆斯和科伦曼利用 1982 年在全国青年妇女纵向数据调查（National Longitudinal Survey of Young Women）中的 129 对姐妹，先用混合 OLS 估计 β_1 为 -0.33 和 -0.26，后一个估计值是对家庭背景变量（诸如父母亲所受教育）作了控制之后得到的；两个估计值都在统计上非常显著 [见 Geronimus and Korenman (1992，Table 3)]。因此，未成年做母亲对今后家庭收入有相当大的影响。然而，在对差分方程进行估计时，$teenbrth$ 的系数却变为 -0.08，既小而又非统计显著。

这表明，大体上说，影响一个妇女未来收入的主要因素是家庭背景，而不是在未成年时当了妈妈。

格罗尼姆斯和科伦曼还调研了其他几种经济状况和另外两个数据组；在某些情形中，这种家庭内估计值是经济上重要且统计上显著的。他们还指出，当我们控制了姐妹的受教育程度之后，这些效应会如何全部消失。

阿申费尔特和克鲁格（Ashenfelter and Krueger，1994）利用整套差分方法估计了教育回报。他们获得了一个由 149 对同卵双胞胎构成的样本，并收集了关于收入、教育以及其他变量的信息。使用同卵双胞胎，理由在于他们应具有相同的潜在能力。通过双胞胎之间的差分，而不是对混合数据做 OLS，就可把这种能力因素差分掉。因为同卵双胞胎在年龄、性别和种族上都是一样的，这些因素都将从差分方程中消失。因此，阿申费尔特和克鲁格将 log(earnings) 的差分对教育的差分做回归，并估计出教育回报约为 9.2%（$t = 3.83$）。有趣的是，这比（控制了性别、年龄和种族的）混合 OLS 估计值 8.4% 还要大。阿申费尔特和克鲁格还用随机效应法估计了方程，并得到教育回报为 8.7%。（参阅他们论文中的表 5。）这个随机效应分析在操作上无异于两时期的面板数据情形。

格罗尼姆斯和科伦曼（Geronimus and Korenman，1992）以及阿申费尔特和克鲁格（Ashenfelter and Krueger，1994）所用的样本是**配对样本**（matched pairs sample）的两个例子。一般地说，固定和随机效应法都可用于**聚类样本**（cluster sample）。聚类样本和截面数据的外在表现形式是一样的，却有一个显著的不同：聚类单位是从人口集群中抽样得到的，而不是从人群中直接抽取个体。在先前的例子中，每个家庭都是从众多家庭中抽样得到的，我们进一步获得了至少两名家庭成员的数据，因此，每个家庭都是一个聚类组。

在另一个例子中，假定我们想要构造一个关于个人养老金参与计划决定的模型。我们可能可以从工作人群中得到一组随机样本，假定从美国的工作人群中抽样，此外，从公司群体中抽样一部分公司的做法也是很普遍的。一旦选中了样本公司，就可以在每个公司内部收集所有员工或者一部分员工的信息。不管采用哪一种方法收集信息，最后的结果数据都是聚类样本，因为最初的抽样是在公司层面进行的。公司层面不可观测的特点（以及可观测的特点）都可能在员工的参与决定中体现出来，并且我们必须要解释这种公司内部的联系。当我们认为这种不可观测**聚类效应**（cluster effect）与解释变量之一或多个相关时，固定效应估计便更为可取，(14.12) 式中的 a_i 就是一个例子。这时，我们可以仅仅引进在聚类内至少是多少有些变化的解释变量。每个聚类的大小难以相同，因此我们在非平衡面板数据中使用固定效应是有效的。

学生成果评价的教育数据也可以以聚类样本的形式呈现，即先从学校群中抽样部分学校作为样本，然后获得每所学校的学生信息。每一所学校都是一个聚类集群，实现学校影响和关键解释变量之间的联系是很重要的——比如一个学生是否会

14

参加州赞助的家庭辅导项目。因为学生参加辅导的比例可能在不同学校有不同结果，或许此时采用固定效应估计方法是好的选择。我们经常可以看到作者的简化表达："我在分析中包括了学校的固定效应。"

相关随机效应方法可以很快地应用于聚类样本，因为如果只是出于估计的目的，一个聚类样本和非平衡面板数据的行为是类似的。现在，加入等式的平均值是在聚类平均值范围内的——例如学校间学生的平均值。面板数据的唯一不同就是序列相关这一概念在异方差中是不相关的。此外，正如伍德里奇（Wooldridge，2010，Chapter 20）阐述的，不管是使用固定效应还是相关随机效应，我们依然有许多使用聚类—稳健的标准误的理由。在使用 CRE 时，聚类的需求非常明显，因为部分聚类的影响依然在误差项中。对于 FE，这个不那么明显，但是被忽略的斜率的异质性已经导致了聚类的相关性。

在某些情形中，关键的解释变量（通常是政策变量）只是在群体的层次上有所变化，而不是在同一个群体的内部变化。在这种情形中，固定效应方法就不适用。比如，我们可能想估计某种教师质量指标对学生成绩的影响，其中每个类似群体就是一个小学班级。由于同类群体中的所有学生都有同样的老师，所以，消除"班级效应"也就消除了任何一种可以观测的教师质量指标。如果我们在方程中有很好的控制变量，对非平衡聚类样本使用随机效应方法可能是合理的。至于面板数据，欲使 RE 给出令人信服的估计值，关键是要求解释变量与无法观测的聚类效应无关。大部分计量经济软件都能够毫不费力地对非平衡聚类样本进行随机效应估计。

当通过固定效应来消除聚类效应不太可行或不太理想时，也常常对聚类样本使用混合 OLS 方法。不过，对于面板数据，除非不存在聚类效应，否则通常的 OLS 标准误都是不正确的，于是，应该使用容许"聚类相关"（和异方差性）的稳健标准误。某些回归软件包具有简单的命令，针对一般性的聚类相关（及异方差性），对通常的标准误和检验统计量加以修正。这些修正方法等同于对面板数据集混合 OLS 方法的修正，见例 13.9 中的报告。例如，帕普克（Papke，1999）估计了一个线性概率模型，这个模型根据企业是否采取固定缴款计划来判断它是否继续执行既定的福利养老金计划。因为这里很可能出现了一种企业效应，致使同一企业之内的不同计划之间有相关关系，帕普克便对线性概率模型中的常用 OLS 标准误作了聚类抽样以及异方差性方面的修正。

在结束这一节之前还需要做一些最后的陈述。假定固定效应、随机效应、聚类—稳健标准推断法都是可用的，寻找可能不存在的使用聚类方法的理由就非常吸引人了。例如，如果从群体中获得了一组随机样本，那么在采用 OLS 估计后就无须解释计算标准差时出现的聚类效应。将这些数据单位放入事后组——也就是在已经获得了随机样本后——并非是使结论对于聚类联系稳健的理由。

为了解释这一点，我们假定从美国四年级学生群体中抽样出 50 000 个随机样本，并用横截面回归的标准化方法对这些数据进行合理研究。有趣的地方是，将学生按照 50 个州加上哥伦比亚特区进行分组——假定含有州的识别标示——之后将这些数据看作聚类样本。但这种做法有可能是错误的，州级聚类标准误可能会出现非常大的系统标准误值。但也可能出现很小的系统标准误值，因为分组抽样暗含的渐近理论认为每一个聚类群体的规模都是较小的。不管是哪一种情况，一个简单的思想实验就可以证明聚类的做法可能是错误的。例如，如果我们知道每个学生居住地所在的县，为什么不在县级水平上进行分组呢？或者采用更为粗糙的划分标准，我们可以将美国划分为四个人口普查区，并把这四个区域视为聚类群体——这可能就会出现一组不同的标准差（没有理论证明这一点）。如果把这一观点推广得更极端，可能会有人认为我们只有一个聚类群体：整个美国在这种情况下就无法定义其聚类标准差，并且也不可能进行推论。由于是事后定义的分组——也就是在已经获得了随机样本后才会出现问题。在一个真正的聚类样本中，首先从所有的聚类群体中抽样出这部分聚类群体，再从这些群体中抽样出个体。阿巴迪、阿西、英本斯和伍德里奇（Abadie, Athey, Imbens, and Wooldridge, 2018）进一步讨论了这个问题。

在一种情况下聚类很吸引人，即便是随机样本下，这种情况就是当关键的政策变量被施加到不同的组，而这些组又是聚类的标准时。例如，我们可能评估一个县水平上的政策干预的影响（比如一个最低工资法案），我们获得了劳动力市场上一些随机劳动力个体的信息。我们是否进行聚类分析取决于我们希望预测的因果关系相关的思想实验。如果我们不进行聚类，那么只有在我们能够明显观测到的样本上，同方差假设才是成立的，例如有些县有联邦平均水平的最低工资，有些县的最低工资更高。但是这个识别尤其是在以后可能不同。如果不进行聚类，我们只能根据随机抽样考虑样本方差。如果我们进行聚类，我们也要考虑由于政策干预的不同导致的不确定性。不出意外，考虑政策干预的不确定性（在随机抽样的条件下）会极大地增加标准误，但是理想情况下我们可以得到随机效应的一个置信区间，这可以解释不同的隐含的分配。不幸的是，对于某些问题，聚类是不可能实现的。当我们没有很多组的时候，这种问题就会出现，比如在标准的 DID 设定中，我们只有四个组（前期和后期的实验组和对照组）。此时我们唯一的资源就是计算一般意义上的异方差—稳健标准误。伍德里奇（Wooldridge, 2003）对此有更深入的讨论。

当我们在随机抽样之后发现获得了一个聚类水平的变量时，可能出现相似的情形。例如，假设我们有一个随机的学生样本，然后我们用一个学校的学生去计算一个学校水平上的贫困率。我们能否实现目标，取决于贫困水平是否有同辈效应。用这样的一个变量可能很容易造成校内学生的聚类相关性。因此，在讨论可能有同辈影响的变量时，我们一般需要考虑聚类相关性。然而，我们需要记住，只有当我们有一个足够大的聚类数量且聚类的规模不是特别大的时候，聚类标准误才是被修正的。不幸的是，我们不容易确定确切的样本容量来支持聚类，不过在有些时候，30或者 20 类效果会比较好（如果每个类都相对较小）。例如，可以参见 Hansen（2007）。

本章小结

本章我们继续对面板数据方法进行讨论，学习了固定效应和随机效应估计量，也介绍了作为一个整体框架的相关随机效应方法。我们学习了估计带有不可观测（即观测不到的）效应的面板数据模型的两种常用方法。当特异性误差无序列相关（并且具有同方差）时，与一阶差分法相比，固定效应估计量是有效的。这里我们并没有假定不可观测效应 a_i 与解释变量之间是否相关。和做一阶差分一样，任何非时变的解释变量都将从分析中消失。虽然固定效应法直接适用于非平衡面板数据，但我们必须假定，某些时期数据缺失的原因与特异性误差之间无系统的关系。

当我们认为不可观测效应与所有解释变量都无关时，随机效应估计量便适用。这时可把 a_i 留在误差项里，并且由此产生的序列相关可通过广义最小二乘法加以处理。对拟去均值数据做混合回归，便方便地得到可行 GLS。所估计的变换参数值 $\hat{\theta}$ 表明，估计结果究竟更接近于混合 OLS 估计值还是固定效应估计值。如果全部随机效应假设都成立，随机效应估计量就是渐近地（在固定 T 时随着 N 变大）比混合 OLS、一阶差分或固定效应估计量（这些都是无偏的、一致的且渐近正态的）更有效。

近年来，面板数据模型的相关随机效应方法变得越来越流行，主要是因为它允许通过简单的检验来在 FE 和 RE 之间进行选择，并且允许在时变变量的 FE 估计方程中加入时间常数变量。

我们讨论了政策分析的一个基本框架，其中允许有任何时期或任何模式的"处理组"分配。最基本的 DID 是特殊情况。但是通过小心地定义干预指标，我们可以很容易地考虑动态影响，然后用 FE 或者 FD 估计方程。

最后，当我们拥有配对或聚类样本时，第 13 章和第 14 章两章中所讲的面板数据方法都可利用。可通过差分或组内变换消除聚类效应。如果聚类效应与解释变量无关，就可使用混合 OLS，但这时应对标准误和检验统计量做聚类相关方面的修正。随机效应估计也是一种可能性。

关键术语

聚类效应	证伪检验	随机效应模型
聚类样本	固定效应估计量	除时间均值数据
聚类	固定效应变换	非平衡面板
合成误差项	异质性趋势模型	不可观测效应模型
除时间均值数据	配对样本	组内估计量
相关随机效应	拟去均值数据	组内变换
虚拟变量回归	随机效应估计量	

习　题

1. 假设 (14.4) 中的特异性误差 $\{u_{it}: t=1, 2, \cdots, T\}$ 序列无关且具有常方差 σ_u^2。证明相邻差分 Δu_{it} 和 $\Delta u_{i,t+1}$ 的相关系数为 -0.5。因此，在理想的 FE 假定下，一阶差分导致了一个已知其值的负序列相关。

2. 包含单个解释变量且用于获得组间估计量的等式如下：

$$\bar{y}_i = \beta_0 + \beta_1 \bar{x}_i + a_i + \bar{u}_i$$

式中，上划线代表这一时期的平均值。由于等式中已经包括了一个截距项，我们可以假定 $E(a_i)=0$。假定 $\bar{u}_i$ 与 $\bar{x}_i$ 不相关，但对所有的 t 值（因为横截面数据中的随机抽样，对所有的 i 值也符合），$Cov(x_{it}, a_i)=\sigma_{xa}$ 都成立。

(i) 如果 $\tilde{\beta}_1$ 是组间估计量，即 OLS 估计量使用时间平均值，证明

$$plim\tilde{\beta}_1 = \beta_1 + \sigma_{xa}/Var(\bar{x}_i)$$

其中，概率极限定义为 $N \to \infty$。[提示：参见 (5.5) 式和 (5.6) 式。]

(ii) 进一步假定对于所有的 $t=1, 2, \cdots, T$，x_{it} 都不相关且具有恒定方差 σ_x^2，证明 $plim\tilde{\beta}_1 = \beta_1 + T(\sigma_{xa}/\sigma_x^2)$。

(iii) 如果在时间跨度上解释变量不是高度相关的，第 (ii) 部分对当包含更多的时间区间时，组间估计量的不一致性是否会更小这一问题持有怎样的观点？

3. 在随机效应模型中，定义合成误差为 $v_{it} = a_i + u_{it}$，其中 a_i 与 u_{it} 无关，而且 u_{it} 有常方差 σ_u^2 并且是序列无关的。定义 $e_{it} = v_{it} - \theta \bar{v}_i$，其中 θ 由 (14.10) 式给出。

(i) 证明 $E(e_{it}) = 0$。

(ii) 证明 $Var(e_{it}) = \sigma_u^2$，$t=1, \cdots, T$。

(iii) 证明对 $t \neq s$，有 $Cov(e_{it}, e_{is}) = 0$。

4. 为确定大学生校际运动成绩对申请人的影响，你对 I 区大学的一个样本收集了 1985 年、1990 年和 1995 年的入学申请数据。

(i) 你会把怎样度量体育成绩的变量放在方程中吗？有什么样的时期安排问题？

(ii) 你想在方程中控制哪些其他因素？

(iii) 试写出一个方程，用以估计体育成绩对申请人数的百分数变化的影响。你如何估计这个方程？为什么选用这一方法？

5. 设想你能在某一个学期对大学三、四年级学生的一个随机样本收集到他们所修课程的如下数据：标准化的期终考试成绩、到课率、指示该课是否为学生的主修课的一个虚拟变量、学期开始前的累积平均学习成绩以及 SAT 分数。

(i) 你为什么会把这些数据归类为聚类样本？大致上，你预期能从一个典型学生得到大概多少次观测？

(ii) 写出一个类似于方程 (14.28) 那样的模型，用到课率和其他特征去解释期终考试成绩。以 s 做学生下标，c 做课程下标，对同一个学生，哪一个变量是不变的？

(iii) 如果你把所有的数据混合起来并使用 OLS，那么，对影响成绩和到课率的不可观测学生特征，你正在做一些什么假定？SAT 和学期前 GPA 在这方面扮演着什么角色？

（iv）如果你认为 SAT 和学期前 GPA 不足以刻画学生能力，你如何估计到课率对期终考试成绩的影响？

6. 利用计量经济软件 Stata® 11 中的"聚类"（cluster）选项，便得到表 14.2 中的混合 OLS 估计值充分稳健［即对合成误差 $\{v_{it} : t=1, \cdots, T\}$ 中的序列相关和异方差性保持稳健］的标准误为 $\text{se}(\hat{\beta}_{educ})=$ 0.011，$\text{se}(\hat{\beta}_{black})=0.051$，$\text{se}(\hat{\beta}_{hispan})=0.039$，$\text{se}(\hat{\beta}_{exper})=0.020$，$\text{se}(\hat{\beta}_{exper2})=0.001\,0$，$\text{se}(\hat{\beta}_{married})=$ 0.026，$\text{se}(\hat{\beta}_{union})=0.027$。

（i）这些标准误与非稳健标准误相比一般如何？为什么？

（ii）混合 OLS 的稳健标准误与 RE 的标准误相比如何？解释变量是否随时间变化有什么关系吗？

（iii）计算出 RE 估计下充分稳健的标准误，Stata® 11 得到如下结果（我们只关注随时间变化的变量的系数）：$\text{se}(\hat{\beta}_{exper})=0.16$，$\text{se}(\hat{\beta}_{expersq})=0.000\,8$，$\text{se}(\hat{\beta}_{married})=0.19$，$\text{se}(\hat{\beta}_{union})=0.21$。［这些结果对于（$u_{it}$：$t=1, \cdots, T$）任何序列相关和特异性误差的异方差性，以及 a_i 的异方差性都是稳健的。］这些充分稳健的标准误与表 14.2 中 RE 的一般标准误相比如何？你会得到怎样的结论？

（iv）将第（iii）部分的四种标准误与其分别在混合 OLS 估计中对应的部分进行比较，你对稳健的 RE 标准误都低于稳健的混合 OLS 标准误这一观点是怎么看的？

7. CENSUS 2000 是针对美国个体数据的随机样本。本题我们感兴趣的是构建一个简单的回归模型，以周收入的常用对数 lweekinc 对教育 educ 进行回归。数据库中包含 29 501 个观测值。每个个体都与各自的州的标识相联系，包括 50 个州以及哥伦比亚特区。一种较为粗略的地理区分是 puma，采纳了 610 个不同的标准来表示比州范围更小的地理区域。

运行这个简单的用 lweekinc 对 educ 回归的方程，得到斜率为 0.108 3（保留小数点后四位）。异方差—稳健的标准误是 0.002 4，聚类 puma 水平的标准误约为 0.002 7，聚类州水平的标准误约为 0.003 3。为了计算置信区间，哪个标准误最可靠？请解释。

8. 考虑关于某个随机样本 i 的不可观测效应模型，其中 a_t 表示不同年份的截距：

$$y_{it}=\alpha_2 d2+\cdots+\alpha_t dT+\beta_1 x_{it1}+\beta_2 x_{it2}+\beta_3 x_{it2}^2+\gamma_1 z_{i1}+\gamma_2 z_{i2}+\gamma_3 z_{i2}^2$$
$$+\gamma_4 x_{it1}z_{i1}+a_i+u_{it},\ t=1, 2, \cdots, T$$

假定面板数据是均衡的，对一个给定的 i，写出你要使用 RE 估计量估计的 CRE 方程。哪个参数应该是固定效应的估计量？

计算机练习

C1. 本题利用 RENTAL 中的数据。数据是关于 1980 年和 1990 年一些大学城的房租及其他变量。用意是要看看，更多的学生到来对房租是否有影响。不可观测效应模型是

$$\log(rent_{it})=\beta_0+\delta_0 y90_t+\beta_1 \log(pop_{it})+\beta_2 \log(avginc_{it})+\beta_3 pctstu_{it}+a_i+u_{it}$$

式中，pop 为城市人口；avginc 为平均收入；而 pctstu 为学生人口占城市人口的百分数（按学年计）。

（i）用混合 OLS 估计方程并以通常格式报告结果。你如何解释 1990 年度虚拟变量的估计值？你得到的 $\hat{\beta}_{pctstu}$ 为多少？

（ii）你在第（i）部分报告的标准误确当吗？请解释。

（iii）现在取方程的差分，再用 OLS 去估计。将 β_{pctstu} 的估计值和第（i）部分的估计值相比较。学生人口的相对规模看来对房租有影响吗？

（iv）用固定效应估计模型，以验证你得到和第（iii）部分同样的估计值和标准误。

C2. 本题利用 CRIME4 中的数据。

（i）使用固定效应法而不是差分法重新估计例 13.9 中关于犯罪的不可观测效应模型。系数的符号和大小有什么明显变化？其统计显著性如何？

（ii）在数据集中添加每个工资变量的对数，再用固定效应法估计模型。添加这些变量如何影响第（i）部分有关司法变量的系数？

（iii）第（ii）部分的工资变量都带有预期的符号吗？请解释。它们是联合显著的吗？

C3. 本题利用 JTRAIN 中的数据，以确定工作培训津贴对每个雇员工作培训小时数的影响。三年的基本模型是：

$$hrsemp_{it} = \beta_0 + \delta_1 d88_t + \delta_2 d89_t + \beta_1 grant_{it} + \beta_2 grant_{i,t-1} + \beta_3 \log(employ_{it}) + a_i + u_{it}$$

（i）用固定效应法估计方程。在此估计中利用了多少个企业？如果每个企业都有这三年的所有变量数据（特别是 $hrsemp$ 的数据），总观测个数会是多少？

（ii）解释 $grant$ 的系数并评论它的显著性。

（iii）$grant_{-1}$ 不显著有什么令人吃惊之处吗？请解释。

（iv）平均地说，更大的企业为其职工提供了更多还是更少的培训？差别有多大？（比方说，职工多10%的企业，培训的平均小时数增多或减少了多少？）

C4. 在例 13.8 中，我们使用帕普克（Papke，1994）的失业补贴数据去估计企业园区对失业补贴申领的影响。帕普克还使用了一个容许每个城市都有其时间趋势的模型：

$$\log(uclms_{it}) = a_i + c_i t + \beta_1 ez_{it} + u_{it}$$

式中，a_i 和 c_i 都是不可观测效应，这样就可以考虑城市之间更多的异质性。

（i）证明：如果对上述方程取差分，便得到

$$\Delta \log(uclms_{it}) = c_i + \beta_1 \Delta ez_{it} + \Delta u_{it}, t = 2, \cdots, T$$

注意，在此差分方程中包含一个固定效应 c_i。

（ii）用固定效应法估计差分方程。β_1 的估计值是什么？它和例 13.8 中的估计值有很大差别吗？企业园区的作用仍是统计显著的吗？

（iii）在第（ii）部分的估计中添加全部年度虚拟变量，β_1 的估计值有何变化？

C5.（i）在例 14.4 的工资方程中，为了估计工会会员的工资增益，解释职业虚拟变量为什么可能是重要的遗漏变量。

（ii）如果样本中每名男性在 1981—1987 年间都拥有相同的职业，你在固定效应估计中还需要包含职业虚拟变量吗？请解释。

（iii）利用 WAGEPAN 中的数据（包括方程中的 8 个职业虚拟变量），使用固定效应法估计方程。$union$ 的系数变化很大吗？其统计显著性如何？

C6. 把交互项 $union_{it} \cdot t$ 添加到表 14.2 所估计的方程中，看看工资增长是否与会员身份有关。同时用随机效应法和固定效应法估计方程并比较其结果。

C7. 本题利用 MURDER 中有关谋杀率和死刑的州一级数据。

（i）考虑不可观测效应模型：

$$mrdrte_{it} = \eta_t + \beta_1 exec_{it} + \beta_2 unem_{it} + a_i + u_{it}$$

式中，η_t 无非表示不同年份的截距，而 a_i 表示各州的不可观测效应。如果过去对被判谋杀者的死刑有某

种威慑作用，那么 β_1 的符号应该是正还是负？你认为 β_2 应该有什么样的符号？请解释。

（ii）仅利用 1990 年和 1993 年的数据，用混合 OLS 估计第（i）部分中的方程。忽略合成误差中的序列相关问题。你发现威慑效应的证据了吗？

（iii）利用 1990 年和 1993 年的数据，再用固定效应法估计方程。既然只用两年数据，所以你或许可以利用一阶差分。现在，有威慑效应的证据吗？有多强？

（iv）计算第（iii）部分估计的异方差—稳健的标准误。

（v）找出 1993 年死刑变量取值最大的州。（变量 $exec$ 是 1991 年、1992 年和 1993 年执行死刑的总人数。）这个数值比第二高的值大多少？

（vi）在分析中去掉得克萨斯州，利用一阶差分估计方程。计算通常和异方差—稳健的标准误。现在有什么结论？为什么？

（vii）利用所有三年数据，并用固定效应法估计模型。在分析中包含得克萨斯州。与仅使用 1990 年和 1993 年数据的估计相比，讨论威慑效应的大小和统计显著性。

C8. 本题利用 MATHPNL 中的数据。类似第 13 章计算机练习 C11 中的一阶差分分析，这里将做一个固定效应分析。我们关心的模型是：

$$math4_{it} = \delta_1 y94_t + \cdots + \delta_5 y98_t + \gamma_1 \log(rexpp_{it}) + \gamma_2 \log(rexpp_{i,t-1})$$
$$+ \phi_1 \log(enrol_{it}) + \phi_2 lunch_{it} + a_i + u_{it}$$

式中，因为滞后支出变量，第一个可用年份（基年）是 1993 年。

（i）用混合 OLS 估计模型，并报告通常的标准误。为使得 a_i 的期望值非零，你应该与年度虚拟变量一起包含一个截距项。支出变量的估计效应是什么？求 OLS 的残差 $\hat{v}_{it}$。

（ii）$lunch_{it}$ 系数的符号在意料之中吗？解释系数的大小。你认为学区的贫穷率对考试通过率有很大的影响吗？

（iii）利用 $\hat{v}_{it}$ 对 $\hat{v}_{i,t-1}$ 的回归计算 AR(1) 序列相关的一个检验。你应该在回归中使用 1994—1998 年的数据。验证存在很强的正序列相关，并讨论原因。

（iv）现在用固定效应法估计方程。滞后的支出变量仍显著吗？

（v）你为什么认为在固定效应估计中，注册学生人数和午餐项目变量不是联合显著的？

（vi）定义支出的总（或长期）效应为 $\theta_1 = \gamma_1 + \gamma_2$。利用代换 $\gamma_1 = \theta_1 - \gamma_2$ 求 $\hat{\theta}_1$ 的标准误。［提示：利用以 $\log(rexpp_{it})$ 和 $z_{it} = \log(rexpp_{i,t-1}) - \log(rexpp_{it})$ 为解释变量的标准固定效应估计应该可以。］

C9. PENSION 数据包括了美国直接参与养老计划的工人信息。其中一些观察值是对同一家庭中的夫妇进行观察获得的，所以这组数据含有小部分聚类样本（聚类规模为 2）。

（i）忽略家庭的聚类性，用 OLS 方法估计模型：

$$pctstck = \beta_0 + \beta_1 choice + \beta_2 prftshr + \beta_3 female + \beta_4 age$$
$$+ \beta_5 educ + \beta_6 finc25 + \beta_7 finc35 + \beta_8 finc50 + \beta_9 finc75$$
$$+ \beta_{10} finc100 + \beta_{11} finc101 + \beta_{12} wealth89 + \beta_{13} stckin89$$
$$+ \beta_{14} irain89 + u$$

上述变量在数据库中都有定义。最有趣的变量是 $choice$ 变量，它是一个虚拟变量，当一个工人拥有在不同的投资产品中分配自己的养老基金的选择权时，取值为 1。$choice$ 变量的估计效应是多少？它是统计显著的吗？

（ii）收入、财富、持有股票量、个人退休账户控制这些变量都是重要变量吗？请解释。

(iii) 确定数据组当中含有多少个不同的家庭。

(iv) 现在得到对一个家庭内部聚类相关性稳健的 OLS 估计标准误，这些标准误和一般 OLS 估计标准误差别大吗？你对这一结果是否感到惊讶？

(v) 仅对一个家庭中的配偶因素进行差分来估计这个等式，为什么第（ii）部分涉及的解释变量在一阶差分后就不存在了呢？

(vi) 第（v）部分中保留下来的还有显著的解释变量吗？你是否感到意外？

C10. 本题利用 AIRFARE 中的数据。我们的兴趣在于估计模型

$$\log(fare_{it}) = \eta_t + \beta_1 concen_{it} + \beta_2 \log(dist_i) + \beta_3 [\log(dist_i)]^2 + a_i + u_{it}, \ t = 1, \cdots, 4$$

式中，η_t 意味着，我们容许每年的截距有所不同。

(i) 用混合 OLS 估计上述方程，注意包含年度虚拟变量。若 $\Delta concen = 0.10$，估计 $fare$ 提高了多少个百分点？

(ii) β_1 的通常 OLS 的 95% 置信区间是什么？它为什么可能不太可靠？如果你有能计算充分稳健标准误的统计软件，求出 β_1 的充分稳健的 95% 置信区间。与通常的置信区间相比较，并加以评论。

(iii) 描述 $\log(dist)$ 的二次项出现的情况。特别是，$dist$ 取何值时，$\log(fare)$ 和 $dist$ 之间开始出现正向关系？［提示：首先计算 $\log(dist)$ 的转折点，然后取指数。］转折点出现在数据范围之外吗？

(iv) 现在用随机效应法估计方程。β_1 的估计值有何变化？

(v) 现在用固定效应法估计方程。β_1 的 FE 估计值是多少？它为何与 RE 估计值相当类似？（提示：RE 估计的 $\hat{\theta}$ 是多少？）

(vi) 指出由 a_i 刻画的两个航线特征（除起降距离之外）。这些特征可能与 $concen_{it}$ 相关吗？

(vii) 你相信航线更集中会提高飞机票票价吗？最佳估计值是什么？

C11. 本题假定你已经有了一个统计软件，并能对面板数据方法中任意形式的序列相关和异方差性计算稳健标准误。

(i) 对表 14.1 中的混合 OLS 估计值，求（合成误差 $v_{it} = a_i + u_{it}$ 中）容许任意形式序列相关和异方差性的标准误。$educ$、$married$ 和 $union$ 的稳健标准误与非稳健标准误相比如何？

(ii) 现在，在容许特异性误差 u_{it} 中存在任意形式的序列相关和异方差性的情况下，求固定效应估计值的稳健标准误。它们与非稳健的 FE 标准误相比如何？

(iii) 混合 OLS 和 FE 中，序列相关情况下的标准误调整对哪种方法来说更重要？为什么？

C12. 本题利用 ELEM94_95 中的数据。这些数据是有关密歇根州小学的。本题中，我们把数据看成聚类样本，其中每个学校都是一个学区聚类样本中的一部分。

(i) 一个学区中学校的最多数量和最少数量是多少？每个学区的学校平均数量是多少？

(ii) 利用混合 OLS（即将所有 1 848 个学校混合在一起），估计一个将 $lavgsal$ 与 bs、$lenrol$、$lstaff$ 和 $lunch$ 相联系的模型；也可参见第 9 章的计算机练习 C12。bs 的系数和标准误是多少？

(iii) 求对学区内聚类相关（和异方差性）保持稳健的标准误。bs 的 t 统计量有何变化？

(iv) 去掉 $bs > 0.5$ 的四个观测，仍用混合 OLS 求出 $\hat{\beta}_{bs}$ 及其聚类—稳健标准误。现在，关于薪水与福利之间的替代关系，有更多的证据吗？

(v) 容许一个学区内的学校存在共同的学区效应，用固定效应法估计这个方程。再次去掉 $bs > 0.5$ 的四个观测，现在，你对薪水与福利之间的替代关系有何结论？

(vi) 根据你在第（iv）和（v）部分的估计值，讨论通过学区固定效应而容许教师的薪酬在不同学区

14

系统变化的重要性。

C13. DRIVING 数据库包括 1980—2004 年共 25 年的州级面板数据（包括美国 48 个大陆州）。许多驾驶法律在数据库中都有体现，包括驾驶员会被认定醉酒的酒精水平。同时也有一些自我认定法律，比如在什么样的情况下可以不经审判直接吊销驾照，还有安全带法律。这些法律同时涉及了一些经济变量和人口变量。

(i) 如何定义变量 *tot fatrte*？该变量在 1980 年、1992 年和 2004 年的年度平均值是多少？做 *tot fatrte* 对 1981—2004 年虚拟变量的回归，并描述你的结论，这一阶段的驾驶状况是否变得更安全了？请解释。

(ii) 在第（i）部分的回归中加入变量 *bac*08、*bac*10、*perse*、*sbprim*、*sbsecon*、*sl70plus*、*gdl*、*perc*14_24、*unem*、*vehicmilespc*。解释 *bac*08 和 *bac*10 系数的含义。自我认定法律对于死亡率是否有负面影响？实施基本的安全带法律会有怎样的影响？（注意如果在一年的某个时间制定了一项法律，则这段时间占当年的比例就代替了 0—1 指标。）

(iii) 用固定效应（在州级水平）重新估计第（ii）部分的模型。*bac*08、*bac*10、*perse* 和 *sbprim* 的系数与混合 OLS 估计相比有什么变化？你认为哪一组的估计结果更为可靠？

(iv) 假定人均驾驶英里 *vehicmilespc* 增加了 1 000。用 FE 估计法，变量 *tot fatrte* 的估计效应是什么？请详细解释这一估计结果，就像向非专业人士阐述一样。

(v) 如果模型中存在序列相关或者特异性误差存在异方差性，则第（iii）部分得出的标准误就是无效的。如果可能，在固定效应估计中采用聚类—稳健标准误。此时第（iii）部分政策变量的统计显著性发生了什么变化？

C14. 本题利用 AIRFARE 数据库来解决问题。下列估计可以与本章计算机练习 C10 进行比较。

(i) 计算变量 *concen* 的时间平均值，将其定义为 *concenbar*。有多少个不同的时间平均值？列出最大值和最小值。

(ii) 以随机效应估计等式：

$$lfare_{it} = \beta_0 + \delta_1 y98_t + \delta_2 y99_t + \delta_3 y00_t + \beta_1 concen_{it} + \beta_2 ldist_i + \beta_3 ldistsq_i + \gamma_1 concenbar_i + a_i + u_{it}$$

证明 $\hat{\beta}_1$ 和 C10 中 FE 估计得到的结果相同。

(iii) 如果在第（ii）部分的估计中去掉变量 *ldist* 和 *ldistsq*，但保留 *concenbar*，$\hat{\beta}_1$ 的估计值发生了怎样的变化？γ_1 的估计值会发生怎样的变化？

(iv) 运用第（ii）部分的等式和一般 RE 标准误，双侧备择检验 $H_0 : \gamma_1 = 0$，并得到 *p* 值，在估计的过程中，通过对 RE 和 FE 的对比，你得到了什么结论？

(v) 如果可能，在第（iv）部分的检验中得到 *t* 值（并由此得到 *p* 值），并且 *t* 值对于随机序列相关和异方差性都是稳健的，这一点会改变第（iv）部分得到的结论吗？

C15. 本题利用 COUNTRYMURDERS 数据库来解决问题。这个数据库包括了美国 2 197 个县的谋杀和执行判决（死刑）的数据。参照第 13 章计算机练习 C16。

(i) 考虑模型

$$murdrate_{it} = \theta_t + \delta_0 execs_{it} + \delta_1 execs_{i,t-1} + \delta_2 execs_{i,t-2} + \delta_3 execs_{i,t-3} + \beta_5 percblack_{it}$$
$$+ \beta_6 percmale_{it} + \beta_7 perc1\,019_{it} + \beta_8 perc2\,029_{it} + a_i + u_{it}$$

式中，θ_t 代表每个时间区间不同的截距，a_i 表示县固定效应，u_{it} 是特异性误差。为什么在这个等式中加入关键变量 *execs* 的滞后项是有意义的？

(ii) 对第（i）部分的等式采用 OLS 估计，并得到 δ_0、δ_1、δ_2 和 δ_3 的估计值以及一般混合 OLS 标准

误。你估计死刑对于谋杀是否有制止效应？请给出包含 a_i 的解释。

（iii）现在使用固定效应估计第（i）部分中的方程，δ_j 的新估计值是什么？是否与第（ii）部分得到的结果显著不同？

（iv）获得第（iii）部分中估计的长期倾向，使用一般 FE 标准误，LRP 是否统计上异于零？

（v）如果可能，获得 FE 估计中对 $\{u_{it}\}$ 随机异方差、序列相关都稳健的标准误。δ_j 的统计显著性有什么变化？估计的 LRP 值有什么变化？

C16. 使用 WAGEPAN. DTA 中的数据回答下面的问题。

（i）使用 $lwage$ 作为因变量，估计一个只有斜率和从 $d81$ 到 $d87$ 的时间虚拟变量的模型。使用混合 OLS、RE、FE 和 FD（在后一种情形中，你需要对时间虚拟变量和 $lwage$ 进行一阶差分，然后忽略一个整体的常数项）。你从时间虚拟变量的系数中能得出什么结论？

（ii）加入不随时间变化的量 $educ$、$black$ 和 $hisp$，然后用 OLS 和 RE 估计模型。如何比较这些系数？如果用 FE 估计这个公式会怎么样？

（iii）当模型中仅包含只随 t 或者 i 变化的变量时，你从四种估计方法中能得到什么结论？

（iv）现在用 RE 估计下面的等式：

$$lwage_{it} = \alpha_t + \beta_1 union_{it} + \beta_2 married_{it} + \beta_3 educ_i + \beta_4 black_i + \beta_5 hisp_i + c_i + u_{it}$$

系数看来是否合理？非稳健和聚类—稳健的方差相比如何？

（v）现在使用 FE 估计等式：

$$lwage_{it} = \alpha_t + \beta_1 union_{it} + \beta_2 married_{it} + c_i + u_{it}$$

确保你加入了所有的时间虚拟变量，以反映不同的斜率。估计的 β_1 和 β_2 与第（iv）部分中的相比如何？计算常规的 FE 标准误和聚类—稳健标准误，二者相比又如何？

（vi）得到关于时间的均值 $\overline{union_i}$ 和 $\overline{married_i}$，同时还有 $educ$、$black$、$hisp$。将这些加入第（iv）部分的方程中。说明 CRE 估计的 β_1 和 β_1 的 FE 估计量是一样的。

（vii）得到一个稳健的、可变附加项的豪斯曼检验。你从中得到了关于使用 FE 还是 RE 的什么结论？

（viii）让 $educ$ 对 $union$ 和 $married$ 都有交互作用，然后使用 FE 估计模型。交互项是单独显著还是联合显著？为什么 $union$ 和 $married$ 的系数估计不准确？

（ix）估计第（viii）部分中 $union$ 和 $married$ 的均值的效应。如何将之与第（v）部分中的 FE 估计量进行比较？

（x）证明在第（viii）部分中 CRE 估计量和 FE 估计量相同。（提示：你需要将 $\overline{union_i}$、$\overline{married_i}$、$educ_i \cdot \overline{union_i}$、$educ_i \cdot \overline{married_i}$ 加入 CRE 估计中。）

C17. 使用 SCHOOL93_98 中的数据回答下面的问题。使用命令 xtest schid year 设定横截面和时间维度。

（i）总共有多少个学校？是不是每一个学校都有六年内每一年的记录？说明所有学校 1993 年的 $lavgrexpp$ 数据都是缺失的。

（ii）创建一个分类指标 s，即当且仅当该学校在 $math4$、$lavgrexpp$、$lunch$ 和 $lenrol$ 中都没有缺失数据时，其值为 1。然后，定义一个变量 $tobs$，记为每个学校记录的完整年份的数量。哪些学校有给定的所有这些年的数据？（注意，任何学校 1993 年的 $lavgrexpp$ 数据都是缺失的。）去掉 $tobs=0$ 的学校。

（iii）使用 RE 估计一个表示 $math4$ 与 $lavgrexpp$、$lunch$ 和 $lenrol$ 的关系的模型。确保包括完整的时间虚拟变量。在 $math4$ 上学校开支的估计效应是多少？聚类—稳健的 t 统计量是多少？

（iv）现在使用 RE 估计第（iii）部分中的模型。开支的估计效应和聚类—稳健的置信区间是多少？和第（iii）部分中的 RE 统计量比起来如何？

（v）在 RE/FE 估计中加入所有解释变量随时间变化的均值。你需要使用第（ii）部分中的筛选指标。说明当你将这些加入并且用 RE 估计时，对于随时间变化的解释变量，你得到的是 FE 估计量。如果你将 $y95$、$y96$、$y97$、$y98$ 去掉会怎么样？

（vi）RE 统计量需要被拒绝而选择 FE 统计量吗？请解释。

附录 14A

14A.1 固定效应和随机效应的假设

在这个附录中，我们提供了固定效应和随机效应估计的假设的陈述。我们也提供了对在不同集合的假设中估计量的性质的讨论。文中包括这些表述的验证，但是也可以在伍德里奇（Wooldridge，2010，Chapter 10）中找到。

假设 FE.1

对于每个 i，模型是

$$y_{it} = \beta_1 x_{it1} + \cdots + \beta_k x_{itk} + a_i + u_{it}, \quad t = 1, \cdots, T$$

式中，β_j 为待估参数；a_i 为不可观测效应。

假设 FE.2

我们从横截面中取一个随机样本。

假设 FE.3

每个解释变量都在时间维度上变化（至少对于某些 i），在解释变量中没有完全共线性关系存在。

假设 FE.4

对于每个 t，给定所有时期下的解释变量和不可观测效应，个体误差项的期望值为 0：$E(u_{it} \mid \mathbf{X}_i, a_i) = 0$。

在前四个假设下——与一阶差分估计量的假设一致——固定效应模型估计量是无偏的。再一次地，关键假设是严格外生性假设 FE.4。在这些相同的假设下，当 T 固定而 N 趋向无穷时，固定效应估计量是一致的。

假设 FE.5

$$\text{Var}(u_{it} \mid \mathbf{X}_i, a_i) = \text{Var}(u_{it}) = \sigma_u^2, \quad \text{对所有 } t = 1, \cdots, T$$

假设 FE.6

对于所有的 $t \neq s$，个体误差是不相关的（以所有的解释变量和 a_i 为条件）：$\text{Cov}(u_{it}, u_{is} \mid \mathbf{X}_i, a_i) = 0$，$t \neq s$。

在假设 FE.1 至 FE.6 下，固定效应估计量是 β_j 最优线性无偏估计量。因为一阶差分估计量是线性的和无偏的，所以它是逊于固定效应估计量的。使得固定效应估计优于一阶差分估计的假设是 FE.6，它表明个体误差是序列不相关的。

假设 FE.7

以 $\mathbf{X}_i$ 和 a_i 为条件，u_{it} 相互独立，独立于分布于 $N(0，\sigma_u^2)$。

假设 FE.7 暗示了假设 FE.4、FE.5 和 FE.6，但是它更强，因为它假设误差项是正态分布的。如果我们加入假设 FE.7，固定效应估计量是正态分布的，t 统计量和 F 统计量就服从于 t 分布和 F 分布。没有假设 FE.7，我们可以依靠渐近的近似。但是，不做特殊的假设，这些近似需要大 N 和小 T。

理想的随机效应假设包括假设 FE.1、FE.2、FE.4、FE.5 和 FE.6。（假设 FE.7 可以加入，但是实践中给我们带来的收益很少，因为我们需要估计 θ。）因为我们只是减去了时间平均项，而我们现在可以允许时间上恒定的解释变量，所以假设 FE.3 被替换为下述假设：

假设 RE.1

解释变量中没有完全多重共线性。

允许时间上恒定的回归元的成本在于，我们必须加入关于未观测效应 a_i 如何与被解释变量相关的假设。

假设 RE.2

除了假设 FE.4，给定所有的解释变量，a_i 的期望值是常数：$E(a_i \mid \mathbf{X}_i) = \beta_0$。

这是排除了未观测效应和解释变量相关性的假设，是固定效应和随机效应的关键区别。因为我们估计 a_i 与 $\mathbf{x}_{it}$ 的所有元素都不相关，我们可以包括时间上恒定的解释变量。（技术上，准时间去中心化只是减去了时间上均值的部分，而不是在整个时间上取平均。）我们陈述假设 RE.4 时允许 a_i 的非零期望，所以随机效应下的模型包含了截距项 β_0，如（14.7）式。记住，通常我们也加入一系列时期的截距项，并将第一年作为基年。

我们也需要假定 a_i 的同方差性如下：

假设 RE.3

除了假设 FE.5，给定所有解释变量，a_i 的方差是常数：$\mathrm{Var}(a_i \mid \mathbf{X}_i) = \sigma_a^2$。

在 6 个随机效应假设（FE.1、FE.2、RE.3、RE.4、RE.5 和 FE.6）下，当 N 变大而 T 不变时，随机效应估计量是一致的且是渐近正态分布的。实际上，在前四个假设成立而最后两个假设不成立时，一致性和渐近正态性对于通常的随机效应标准误和检验统计量是不成立的。在 6 个假设下，随机效应估计量渐近有效。这意味着，大样本下，随机效应估计量比对应的混合 OLS 方法（如果合适的话，混合 OLS 使用稳健标准误）有更小的标准误。对于时间上恒定的解释变量（只用固定效应估计）的系数而言，随机效应比固定效应估计量更有效——常常程度更甚。但是固定效应不是意味着在随机效应假设下有效；固定效应是倾向于对 a_i 和 x_{itj} 之间的相关系数保持稳健。正如计量中常常发生的，这里有着稳健性和效率之间的权衡取舍。见伍德里奇（Wooldridge，2010，Chapter 10）对这里的表述所做的验证。

14A.2 对固定效应和随机效应的序列相关性和异方差—稳健的推断

使用固定效应、随机效应甚至相关随机效应方法对面板数据模型进行推断的关键假设之一是，假设残差项 $\{u_{it} : t=1，\cdots，T\}$ 没有序列相关性——见假设 FE.6。当然，异方差也会成为一个问题，但是也可以被标准推断排除在外（见假设 FE.5）。正如第 13 章的附录所述，当我们有 $T \geqslant 3$ 个时期时，一阶差分估计也会出现相同的问题。

幸运的是，正如一阶差分估计，现在有在使用随机效应或相关随机效应方法时得出对于假设 RE.5 的完全稳健推断（即对于违背假设 FE.5 和 FE.6 的情况稳健）的简单解决方法。正如一阶差分中所做的，得到完全稳健标准误和检验统计量的普遍方法是**聚类**（clustering）。然而现在，聚类方法应用于一个差分等式。例如，对于固定效应估计，聚类应用于时间去均值的（14.5）式。对于随机效应估计，聚类应用于准时间中心化（14.11）式。［一个对于相关随机效应的类似的表述成立，但时间均值会作为独立的解释变量进入。］细节详见 Wooldridge（2010，Chapter 10），该内容对本书而言太过超前。但是理解聚类的目的并不超前：如果可能，我们应该计算在一系列较弱假设成立时在大横截面中成立的标准误、置信区间和检验统计量。固定效应估计量只需要假设 FE.1 和 FE.4 就能满足无偏性和一致性（当 N 趋向无穷而 T 固定时）。因此，一个严谨的研究者至少应该检验序列相关性稳健和误差项中的异方差性是否影响推断。经验显示常常如此。

应用聚类—稳健推断来解决面板数据中的序列相关性不是简单地在 N 远大于 T 时就一定是正当的。在确定的时间序列决定的约束条件下，分类讨论见第 11 章，当 T 与 N 的量级相似时，只要两个都不小，固定效应估计量的聚类—稳健推断就可以被认为是正当的。这一结论来自汉森的工作（Hansen，2007）。一般地，在 N 小且 T 大的情况下，聚类方法在理论上是不正当的。

在固定效应或随机效应估计之后计算聚类—稳健估计量在许多计量软件包中是简单的，通常需要选项形式为 "cluster（id）" 且附于固定效应或随机效应的估计命令之后。正如一阶差分的情况，"id" 指的是一个横截面的识别符。对聚类样本使用固定效应或随机效应模型时，聚类识别符的解释都成立。

14

第15章　工具变量的估计与两阶段最小二乘法

在本章中，我们将在多元回归模型中进一步研究**内生性解释变量**（endogenous explanatory variable）的问题。在第 3 章中，我们注意到，当重要的解释变量缺失时，OLS 的估计量是有偏的；在第 5 章中，我们探讨了当存在**遗漏变量**（omitted variable）问题时，OLS 的估计量通常是不一致的。在第 9 章中，我们发现如果我们能为无法观测到的解释变量寻找一个合适的代理变量，遗漏变量的误差是可以被消除的（或者说是可以减轻的）。遗憾的是，并不是总能找到合适的代理变量。

在前两章，我们解释了，在遗漏变量中存在非时变解释变量的情况下，如何用固定效应模型和一阶差分模型去估计时变的独立变量。虽然这个方法是有用的，但是我们并不总能找到面板数据。如果我们感兴趣的是那些非时变变量，即使我们能找到面板数据，该方法的作用也很微弱，因为固定效应模型和一阶差分模型会将非时变变量消去。另外，目前我们学到的面板数据方法也不能帮助我们解决与解释变量相关的时变遗漏变量的问题。

在这一章里，我们将采取一种不同的方法来解决内生性问题。你将了解到如何用工具变量解决一个或多个内生型变量的问题。在实际应用中，两阶段最小估计法（2SLS 或 TSLS）的使用频率仅次于最小二乘法（OLS）的使用频率。

我们首先会展示在存在遗漏变量的情况下，工具变量法如何被使用，以获得一致估计量。工具变量也可以在某些假设条件下，用来解决**变量误差**（error-in-variable，EIV）问题。第 16 章将展示如何使用工具变量法消除联立性问题。

我们对工具变量估计的处理紧随我们在第一部分中对最小二乘法的处理，我们在第一部分假设我们从潜在总体中获得了一个随机样本。这是一个理想的起点，因为它除了简化表示之外，它还强调了进行 IV 估计的重要假设是基于潜在总体（与 OLS 一样）。正如我们在第二部分展示的，OLS 可以应用到时间序列数据上，同样的，OLS 也可以被用到工具变量法的处理中。15.7 节将讨论当工具变量法被用于处理时间序列数据时会引起的一些问题。在 15.8 节，我们将介绍混合横截面数据以及面板数据的应用。

15.1 动机：简单回归模型中的遗漏变量

面对可能发生的遗漏变量偏误（或无法观测的异方差性），迄今为止我们已经讨论了三种解决方案：（1）我们可以忽略此问题，得到有偏而又不一致的估计量；（2）我们可以尝试为无法观测的变量寻找并使用一个适宜的代理变量；（3）我们可以假定遗漏变量不随时间而变化，并且运用第 13 章与第 14 章中学到的固定效应法或一阶差分法。若能把估计值与关键参数的偏误方向一同给出，则第一种解决方案便令人满意。例如，如果我们认为一个正参数（比如工作培训对未来工资的影响）的估计量有向零偏误，并且我们找到了一个统计上显著的正估计值，那么我们也能从中得到一些结论：工作培训对工资有正的影响，虽然我们很可能低估了该影响。不幸的是，相反的情况经常发生，我们的估计值可能在数值上太大了，以致我们难以得出任何有用的结论。

9.2 节中讨论的代理变量法也能获得令人满意的结果，但并不总是可以找到一个好的代理。该方法试图通过用一个或更多代理变量取代无法观测的变量来解决遗漏变量的问题。

另一种方法是将无法观测的变量留在误差项中，但不用 OLS 估计模型，而是运用一种承认存在遗漏变量的估计方法。这便是工具变量法。

举例来说，考虑成年劳动者的工资方程中存在无法观测的能力变量这个问题。一个简单的模型是：

$$\log(wage) = \beta_0 + \beta_1 educ + \beta_2 abil + e$$

式中，e 为误差项。在第 9 章中，我们展示了在某些假定下，如何使用诸如 IQ 作为能力的代理变量，然后通过以下回归得到 β_1 的一致估计：

$$\log(wage) \text{ 对 } educ, IQ \text{ 做回归}$$

然而，假定不能得到适当的代理变量（或这个代理变量不具备获取 β_1 的一致估计结果所需的性质）。那么，我们便把 $abil$ 放入误差项中，而只留下简单回归模型：

$$\log(wage) = \beta_0 + \beta_1 educ + u \tag{15.1}$$

式中，u 包含了 $abil$。当然，如果 $educ$ 与 $abil$ 相关，那么使用 OLS 法估计方程（15.1），则会得到 β_1 有偏而又不一致的估计量。

然而，假如我们能为 $educ$ 找到一个工具变量，仍可以根据方程（15.1）进行估计。为了描述该方法，我们将简单回归模型写成：

$$y = \beta_0 + \beta_1 x + u \tag{15.2}$$

其中，我们认为 x 与 u 相关（有非零的协方差）：

$$\text{Cov}(x, u) \neq 0 \tag{15.3}$$

无论 x 与 u 是否相关，工具变量法都行得通，但是若 x 与 u 不相关，我们还是应该使用 OLS，详细原因我们在后面会有说明。

若 x 与 u 相关，为了得到 β_0 和 β_1 的一致估计量，我们还需要一些额外信息。这些信息由一个满足某些性质的新变量给出。假定我们有一个可观测的变量 z，它满足两个假定：（1）z 与 u 不相关，即，

$$\text{Cov}(z, u) = 0 \tag{15.4}$$

（2）z 与 x 相关，即，

$$\text{Cov}(z, x) \neq 0 \tag{15.5}$$

我们则称 z 是 x 的**工具变量**（instrumental variable，IV），有时也简称为 x 的**工具**（instrument）。

有时候，人们把工具 z 满足方程（15.4）的要求概括为"z 在方程（15.2）中是外生的"，所以我们经常把方程（15.4）称为**工具外生性**（instrumental exogeneity）条件。从遗漏变量的角度看，工具外生性意味着，（一旦 x 和 u 中的遗漏变量被控制，）z 应当对 y 没有偏效应，并且 z 与该遗漏变量也不相关。方程（15.5）意味着，z 必然与内生性解释变量 x 有着或正或负的相关关系。这个条件有时被称为**工具相关性**（instrumental relevance）（即"z 在解释 x 的波动时有重要作用"）。

工具变量的两个要求之间有一个非常重要的区别。因为（15.4）式涉及变量 z 与无法观测的误差项 u 的协方差，我们通常无法对它进行检验：在绝大多数情形中，我们必须借助于经济行为或反思来保证 $\text{Cov}(z, u) = 0$ 这一假定成立。在有些情形中，我们也许能找到 u 中所包含的某些因素的一个可观测的代理变量，此时我们便可以通过检查 z 和代理变量是否大致无关来验证这一假定。当然，如果我们能够找到 u 中重要因素的一个好的代理变量，我们就可以把代理作为一个解释变量直接添加到方程中，然后用普通最小二乘法估计这个扩展方程。见 9.2 节。

有些读者可能想知道我们为什么不采用下面提到的两个方法验证（15.4）的条件。给定一个包含 n 个观测点的样本，获得将 y_i 回归到 x_i 的残差值 $\hat{u}_i$，然后通过检验 $\hat{u}_i$ 与 z_i 的样本相关系数的显著性来论证 z_i 与不可观测误差 u_i 是否相关。但是该方法存在逻辑问题。我们之所以不使用 OLS 回归，是因为我们认为通过 OLS 得到的 β_0 和 β_1 的估计值，由于 x 和 u 的相关性，是不一致的。因此，我们通过 OLS 回归计算的残差项 $\hat{u}_i = y_i - \hat{\beta}_0 - \hat{\beta}_1 x_i$ 并不能作为 u_i 有效的估计量。因此，我们并不能通过研究 $\hat{u}_i$ 与 z_i 的相关性来学到任何东西。相关的建议是将 y_i 对 x_i 和 z_i 做回归，如果 z_i 的系数不显著，我们就认为 z_i 与 u_i 无关，z_i 满足外生性的要求。再一次，因为 x 的内生性，无论 z_i 的系数是否显著，该方法都是无效的。我们不得不承认，在现有的设定下，我们没有办法检验（15.4），除非我们使用外部信息。

相比之下，给定一个总体的随机样本，z 与 x（在总体中）的相关性可以被检验。最容易的方法是估计一个 x 与 z 之间的简单回归。在总体中，我们有

$$x = \pi_0 + \pi_1 z + v \tag{15.6}$$

从而，由于 $\pi_1 = \text{Cov}(z, x)/\text{Var}(z)$，所以方程（15.5）中的假定当且仅当 $\pi_1 \neq 0$ 时成立。通过假设检验，我们就能够在充分小的显著性水平上，相对双侧备择假设 $H_1 : \pi_1 \neq 0$ 而拒绝原假设

$$H_0 : \pi_1 = 0 \tag{15.7}$$

如果真是这样，我们就能有把握地证明方程（15.5）是成立的。

对于（15.1）中的 $\log(wage)$ 方程，$educ$ 的工具变量 z 必须：（1）与能力（以及其他影响工资的无法观测因素）不相关，（2）与教育相关。诸如一个人的社会保险号中最后一位数字之类的变量几乎一定满足第一个必需条件：与能力不相关，因为它是随机决定的。然而，正是由于社会保险号尾号的随机性，该变量与教育亦不相关，由于它违背了方程（15.5）中的工具变量相关性要求，因而是 $educ$ 的一个糟糕的工具变量。

我们所说的被忽略变量的代理变量由于相反的原因成为一个糟糕的工具变量。例如，在存在遗漏能力的 $\log(wage)$ 例子中，$abil$ 的代理变量应该尽可能与 $abil$ 高度相关。而工具变量必须与 $abil$ 不相关。因此，尽管 IQ 作为 $abil$ 的一个备选代理变量不错，但由于它不满足方程（15.4）中有关工具变量的外生性要求，因而作为 $educ$ 的工具变量是很糟糕的。

其他可能的备选工具变量是否满足方程（15.4）中的外生性要求就不是那么清楚了。劳动经济学家已在工资方程中使用家庭背景作为教育的 IV。例如，母亲的教育（$motheduc$）与孩子的教育是正相关的，这一点通过收集劳动者数据样本并做 $educ$ 对 $motheduc$ 的简单回归便可以看出来。因此，$motheduc$ 满足方程（15.5）。问题是，母亲的教育也可能与孩子的能力有关（它可以通过影响母亲的能力，或者孩子幼年所受的教育来对孩子的能力产生影响）。

（15.1）中 $educ$ 的另一个备选 IV 是成长过程中兄弟姐妹的数目（$sibs$）。一般地说，较多的兄弟姐妹与较低的平均教育水平相联系。因此，如果兄弟姐妹的数目与能力不相关，它可以充当 $educ$ 的工具变量。

再举一个例子，考虑逃课对期末考试成绩的因果影响。在一个简单的回归框架中，我们有

$$score = \beta_0 + \beta_1 skipped + u \tag{15.8}$$

式中，$score$ 为期末考试成绩；$skipped$ 为该学期逃课的总次数。当然，我们可能担心 $skipped$ 与 u 中其他因素相关：越有能力而又积极的学生可能逃课也越少。因而 $score$ 对 $skipped$ 的简单回归，可能不会给出逃课对期末成绩因果影响的可靠估计。

什么可能是 $skipped$ 的好 IV？我们所需要的是对 $score$ 无直接影响，且与学生能力及积极性不相关的 IV。同时，该 IV 必须与 $skipped$ 相关。一个选择是住宿区与学校之间的距离。一所规模较大的大学中，会有部分学生乘车去学校，这也许会

增加逃课的可能性（由于恶劣的天气、睡过头等原因）。因而，*skipped* 可能与 *distance* 正相关；这一点可通过 *skipped* 对 *distance* 的回归并作一个 *t* 检验得以验证，正如前面所描述的。

　　distance 是否与 *u* 无关呢？在简单回归模型（15.8）中，*u* 中的一些因素可能与 *distance* 相关。例如，低收入家庭的学生可能不住在学校；若收入影响学生成绩，可能会导致 *distance* 与 *u* 相关。15.2 节将说明如何在多元回归的背景下使用 IV，所以其他影响 *score* 的因素可以直接包含在模型中。这时，*distance* 可能就是 *skipped* 的一个比较好的 IV。如果学生能力有一个好的代理变量（例如该学期之前的累计 GPA），那么可能根本就不需要 IV 法。

　　在使用工具变量法估计之前，需要最后强调的一点是：在使用方程（15.6）的简单回归去检验原假设（15.7）的过程中，不仅仅要注意 π_1 的统计显著性，还要注意它的符号（甚至大小）。要论证为什么变量 z 是内生性解释变量 x 的好 IV，需要先讨论 x 和 z 的关系类型。举例来说，由于基因和家庭背景的影响，孩子的教育（x）与母亲的教育（z）应该是正相关的。如果在你的数据样本中发现两者事实上是负相关的，也就是说，$\hat{\pi}_1 < 0$，那么用母亲的教育水平作为孩子教育水平的工具变量就不太有说服力了。［并且这与条件（15.4）是否成立无关。］在度量逃课对期末成绩是否有影响的例子中，为了证明用距离作逃课的 IV 的合理性，需要得到逃课与距离的正向显著相关关系；负向相关关系很难证明工具变量的合理性［而且表明存在着能够驱动负向相关关系的重要遗漏变量，在模型（15.8）中必须加入这些变量］。

　　现在我们来论证，工具变量法能够用于一致地估计方程（15.2）中的参数。具体而言，我们将说明方程（15.4）与（15.5）中的假定能够用来识别参数 β_1。在这一点上，参数的**识别**（identification）意味着我们可以根据总体矩写出 β_1，而总体矩可用样本数据来估计。为了根据总体协方差写出 β_1，我们利用方程（15.2）：z 与 y 之间的协方差为

$$\text{Cov}(z, y) = \beta_1 \text{Cov}(z, x) + \text{Cov}(z, u)$$

现在，在方程（15.4）中 $\text{Cov}(z, u) = 0$ 与方程（15.5）中 $\text{Cov}(z, x) \neq 0$ 的假定下，我们可以解出 β_1 为：

$$\beta_1 = \frac{\text{Cov}(z, y)}{\text{Cov}(z, x)} \tag{15.9}$$

［注意，若 z 与 x 不相关，即 $\text{Cov}(z, x) = 0$，这个简单的代数关系便不成立。］方程（15.9）表明，β_1 是 z 和 y 之间的总体协方差除以 z 和 x 之间的总体协方差，这说明 β_1 被识别了。给定一个随机样本，我们用对应的样本量来估计总体量。在分子和分母中约去样本容量后，我们得到 β_1 的**工具变量（IV）估计量** ［instrumental variables（IV）estimator］：

$$\beta_1 = \frac{\sum_{i=1}^{n}(z_i - \bar{z})(y_i - \bar{y})}{\sum_{i=1}^{n}(z_i - \bar{z})(x_i - \bar{x})} \tag{15.10}$$

给定样本的 x、y 和 z 数据，很容易通过方程（15.10）获得 IV 估计值。β_0 的 IV 估计量为 $\hat{\beta}_0 = \bar{y} - \hat{\beta}_1 \bar{x}$，除了斜率估计量 $\hat{\beta}_1$ 现在是 IV 估计量之外，$\hat{\beta}_0$ 看起来与 OLS 中的截距估计量的公式一样。

当 $z = x$ 时，我们很容易获得 β_1 的 OLS 估计量。换句话说，当 x 是外生的时，它可用作自身的 IV，IV 估计量便等同于 OLS 估计量。

大数定律的一个简单应用表明，若满足方程（15.4）和（15.5）中的假定，β_1 的 IV 估计量便具有一致性：$\text{plim}(\hat{\beta}_1) = \beta_1$。若任一假定不成立，IV 估计量都将是不一致的（这一点后面将进一步研究）。IV 估计量的一个特点是：当事实上 x 与 u 相关（以致确实需要工具变量来估计）时，它实质上绝不是无偏的。在小样本中，这意味着 IV 估计量可能有相当大的偏误，这就是为什么我们希望有大样本的一个原因。

在讨论 IV 变量的应用时，注意论述的语言是非常重要的。与 OLS 一样，IV 也是一种估计方法。工具变量模型和 OLS 模型这些措辞都是不合理的。众所周知，一个模型就是一个方程，类似于（15.8），而方程（15.8）是一般模型方程（15.2）的一个特例。当我们建立了一个模型，比如（15.2）时，我们可以选择许多不同的方法来估计模型的参数。本章之前我们集中于研究 OLS 估计法，但是，我们在第 8 章也学习了如何使用加权最小二乘法作为替代（并且权重的选择有着诸多可能性）。如果我们能找到 x 的好的 IV 变量 z，就可以使用工具变量法估计了。毫无疑问，估计方法的选择需要考虑模型本身和我们对模型所做的各种假设。但估计量是有明确定义的，并且与潜在的模型或者模型假设都无关。记住，一个估计量简单说来就是整合数据的一个规则。当一个研究人员使用了诸如"我估计了一个 IV 模型"的措辞时，虽然我们大概明白他的意思，但根本的问题在于，这样的用语暴露出他并不了解一个模型和一个估计方法之间的不同之处。

15.1a 用 IV 估计量做统计推断

已知 IV 和 OLS 估计量具有类似的结构，我们不难推断在大样本的情况下，IV 估计量近似服从正态分布。为了对 β_1 进行推断，我们需要一个可用于计算 t 统计量和置信区间的标准误，通常的方法是增加一个同方差假定，这和在 OLS 的情况下一样。唯一不同的是，条件同方差的假定是以工具变量为条件而不是以内生性解释变量 x 为条件。所以现在，除了前面关于 u、x 和 z 的假定之外，我们增加假定

$$\text{E}(u^2 \mid z) = \sigma^2 = \text{Var}(u) \tag{15.11}$$

可以证明，在（15.4）、（15.5）和（15.11）的假定下，$\hat{\beta}_1$ 的渐近方差为：

$$\frac{\sigma^2}{n\sigma_x^2\rho_{x,z}^2} \tag{15.12}$$

式中，σ_x^2 为 x 的总体方差；σ^2 为 u 的总体方差；$\rho_{x,z}^2$ 为 x 与 z 的总体相关系数的平方，它告诉我们在总体中 x 与 z 的相关度。如同 OLS 估计量一样，IV 估计量的渐近方差以 $1/n$ 的速度趋向 0，这里 n 代表样本容量。

方程（15.12）引起人们兴趣的原因有二。第一，它提供了一种求 IV 估计量的标准误的方法。（15.12）中的所有量均可以在给定随机样本的情况下得到一致的估计量。为了估计 σ_x^2，我们简单地计算出 x_i 的样本方差；为了估计 $\rho_{x,z}^2$，我们可以做 x_i 对 z_i 的回归来获得 R^2，即 $R_{x,z}^2$。最后，为了估计 σ^2，我们可以运用 IV 残差，

$$\hat{u}_i = y_i - \hat{\beta}_0 - \hat{\beta}_1 x_i, \quad i=1, 2, \cdots, n$$

式中，$\hat{\beta}_0$ 与 $\hat{\beta}_1$ 是 IV 估计量。σ^2 的一致估计量看起来就像从简单 OLS 回归中得到的 σ^2 估计量：

$$\hat{\sigma}^2 = \frac{1}{n-2}\sum_{i=1}^{n} \hat{u}_i^2$$

其中，使用自由度进行修正是标准做法（尽管随着样本容量的增加，这种修正几乎没有什么影响）。

$\hat{\beta}_1$ 的（渐近）标准误是所估计渐近方差的平方根。这个渐近方差由下式给出：

$$\frac{\hat{\sigma}^2}{\text{SST}_x \cdot R_{x,z}^2} \tag{15.13}$$

式中，SST_x 是 x_i 的总平方和［记住 x_i 的样本方差是 SST_x/n，因而约去样本容量后，我们得到方程（15.13）］。所得到的标准误可用于构造 t 统计量，以检验关于 β_1 的假设，或者得到 β_1 的置信区间。$\hat{\beta}_0$ 也有一个标准误，我们在此忽略不提。任何现代计量经济学软件包都会计算出任一 IV 估计量的标准误；不必手动完成这些计算。

令方程（15.12）受到关注的第二个原因是：它允许我们比较 IV 估计量和 OLS 估计量（即 x 与 u 不相关时）的渐近方差。在高斯-马尔科夫假设下，OLS 估计量的方差为 σ^2/SST_x，而 IV 估计量类似的计算式为 $\sigma^2/(\text{SST}_x \cdot R_{x,z}^2)$；两者的区别仅在于 IV 方差的分母中出现了 $R_{x,z}^2$。由于 R^2 总是小于 1，所以这个 IV 的方差总是大于 OLS 方差（当 OLS 有效时）。若 $R_{x,z}^2$ 很小，则 IV 方差会比 OLS 方差大得多。记住，$R_{x,z}^2$ 衡量的是样本中 x 与 z 之间线性关系的强弱。若 x 与 z 只是轻度相关，则 $R_{x,z}^2$ 便很小，而这将转化为 IV 估计量的一个非常大的样本方差。z 与 x 越高度相关，$R_{x,z}^2$ 便越接近于 1，IV 估计量的方差就越小。在 $z=x$ 的情况下，$R_{x,z}^2=1$，我们得到了 OLS 的方差，这正在预料之中。

上述讨论突出了当 x 与 u 不相关时进行 IV 估计的一个重要代价：IV 估计量的渐近方差总是大于（有时远大于）OLS 估计量的渐近方差。

15

例 15.1

估计已婚女性的教育回报

我们用 MROZ 中关于已婚职业女性的数据来估计以下简单回归模型的教育回报：

$$\log(wage) = \beta_0 + \beta_1 educ + u \tag{15.14}$$

为便于比较，我们首先得到 OLS 估计值：

$$\widehat{\log(wage)} = -0.185 + 0.109 educ$$
$$\qquad\qquad (0.185) \quad (0.014)$$
$$n = 428, R^2 = 0.118 \tag{15.15}$$

β_1 的估计值表明，多接受一年的教育可得到约 11% 的回报。

接下来，我们用父亲的受教育程度（*fatheduc*）作为 *educ* 的工具变量。我们必须认为 *fatheduc* 与 *u* 不相关，并且要求 *educ* 与 *fatheduc* 相关。做一个 *educ* 对 *fatheduc* 的简单回归（样本中只有职业女性），我们可以非常容易地验证这一点：

$$\widehat{educ} = 10.24 + 0.269 fatheduc$$
$$\qquad\qquad (0.28) \quad (0.029)$$
$$n = 428, R^2 = 0.173 \tag{15.16}$$

fatheduc 的 *t* 统计量为 9.28，说明 *educ* 与 *fatheduc* 之间存在统计显著的正相关关系。（实际上，*fatheduc* 解释了样本中 *educ* 约 17% 的变化。）用 *fatheduc* 作为 *educ* 的 IV，得到：

$$\widehat{\log(wage)} = 0.441 + 0.059 educ$$
$$\qquad\qquad (0.446) \quad (0.035)$$
$$n = 428, R^2 = 0.093 \tag{15.17}$$

教育回报的 IV 估计值为 5.9%，大约是 OLS 估计值的 1/2。这表明 OLS 估计值过高，且与遗漏能力变量的偏误一致。但我们应该记住，首先，这些都是仅从一个样本中得出的估计值：我们根本不知道 0.109 是否高于真正的教育回报，或者 0.059 更接近真正的教育回报。其次，IV 估计量的标准误是 OLS 标准误的 2.5 倍。（这在我们的预料之中，原因已在前面给出。）运用 OLS 得到 β_1 的 95% 置信区间，比运用 IV 所得到的对应区间要狭窄得多；事实上，IV 估计值的置信区间包含了 OLS 估计值的置信区间。因此，尽管实践中方程（15.15）与（15.17）之间的差异很大，但我们并不知道这种差异在统计上是否显著。在 15.5 节，我们将说明如何对此进行检验。

在上例中，运用 IV 估计出的教育回报小于运用 OLS 的估计结果，这符合我们的预期。但如下例子则表明，情况并非总是如此。

例 15.2

估计对男性的教育回报

现在我们再用 WAGE2 来估计男性的教育回报。我们用 *sibs*（兄弟姐妹的数目）作为 *educ* 的工具变量。它们是负相关的，我们可以从如下简单回归中得以证实：

$$\widehat{educ} = 14.14 - 0.228\,sibs$$

$$(0.11)\ (0.030)$$

$$n = 935, R^2 = 0.057$$

该方程意味着，每多一个兄弟姐妹，总是伴随着受教育平均年数减少约 0.23 年。我们若假定 *sibs* 与方程（15.14）中的误差项不相关，则 IV 估计量便具有一致性。用 *sibs* 作为 *educ* 的工具变量估计方程（15.14），得到：

$$\widehat{\log(wage)} = 5.13 + 0.122\,educ$$

$$(0.36)(0.026)$$

$$n = 935$$

（计算得到 R^2 为负数，因而我们没有报告。后面将从 IV 估计的角度对 R^2 进行讨论。）相比之下，β_1 的 OLS 估计值是 0.059，标准误是 0.006。与前面的例子不同，现在 IV 估计值比 OLS 估计值大得多。尽管我们不知道该差异是否在统计上显著，但它不会与 OLS 中遗漏能力变量所造成的偏误相吻合。有可能 *sibs* 也与能力相关：较多的兄弟姐妹意味着平均受父母的照料较少，这可能导致较低的能力。另一个解释是，由于 *educ* 中的测量误差，OLS 估计量有向零的偏误。该解释不能完全令人信服，因为 *educ* 未必满足经典的变量误差模型，这一点我们已在 9.3 节中讨论过。

在前面的例子中，内生性解释变量（*educ*）与工具变量（*fatheduc*，*sibs*）均有数量含义。然而事实上，这两类变量都可以是二值变量。安格里斯特和克鲁格（Angrist and Krueger，1991）利用美国的男性人口调查数据，在他们最简单的分析中，提出了 *educ* 的一个巧妙的二值工具变量 *frstqrt*。如果某男性是在第一季度出生的，令 *frstqrt* 等于 1，否则为 0。方程（15.14）中的扰动项——特别是其中的能力因素——似乎应该与出生季度不相关。但是，*frstqrt* 还要与 *educ* 相关才可以。事实表明，在基于出生季度的总体中，教育年数确实有系统性差异。安格里斯特和克鲁格有力地论证了这是在各州实行的义务就学法造成的。简单地说，年初出生的学生往往入学较晚。因此，他们在达到义务教育年龄时（大部分州定为 16 岁），所受的教育略少于入学较早的学生。而对于已完成高中学业的学生来说，安格里斯特和克鲁格证实了其受教育年数与出生季度并无关系。

因为受教育年数在各出生季度之间的变化仅仅是微乎其微的——这意味着

15

（15.13）中的 $R^2_{x,z}$ 非常小——安格里斯特和克鲁格需要很大的样本容量来得到一个合理而准确的 IV 估计值。利用 1920—1929 年出生的 247 199 位男性数据，得到教育回报的 OLS 估计值为 0.080 1（标准误为 0.000 4），IV 估计值为 0.071 5（0.021 9）；见安格里斯特和克鲁格论文的表Ⅲ。注意到 OLS 估计值的 t 统计量很大（约为 200），然而 IV 估计值的 t 统计量仅为 3.26。因而 IV 估计值在统计上异于 0，但其置信区间比基于 OLS 估计的置信区间宽得多。

安格里斯特和克鲁格有一个有趣的发现：IV 估计值与 OLS 估计值相差并不多。实际上，利用下一个十年中出生的男性数据，得出 IV 估计值稍微高于 OLS 估计值。对此可以这样解释：上述现象说明在用 OLS 估计工资方程时不存在遗漏能力变量的偏误。可是，安格里斯特和克鲁格的论文在计量经济学界受到了非难。如同邦德、耶格和贝克（Bound，Jaeger，and Baker，1995）讨论的那样，出生季度与影响工资的其他无法观测的变量并非明显地无关。我们在下一小节中将解释，即使 z 与 u 之间有少量相关，也会导致 IV 估计量存在严重问题。

对于政策分析，内生性解释变量往往是二值变量。例如，安格里斯特（Angrist，1990）研究了参加越南战争的老兵，其终身收入因参加越战而受到的影响。一个简单模型为：

$$\log(earns) = \beta_0 + \beta_1 veteran + u \tag{15.18}$$

式中，$veteran$ 为二值变量。疑问在于，用 OLS 估计该方程时，可能存在一个自选择（self-selection）的问题，这一点我们在第 7 章曾提到过：也许人们因为能从军队中得到最多的收入而选择参军，或者参军的决策与其他影响收入的因素相关。这些问题都将导致 $veteran$ 与 u 相关。

> **？ 思考题 15.1**
>
> 如果某些分到较小征兵抽签号的人得到了额外的教育来减少被征用的概率，抽签号仍是方程（15.18）中 $veteran$ 的好的工具变量吗？

安格里斯特指出，越南战争的征兵抽签提供了一个**自然试验**（natural experiment）（也可参见第 13 章），从而产生了 $veteran$ 的一个工具变量。年轻人分到的抽签号决定了他们是否会被征召去参加越南战争。因为号码（最终）是随机分配的，所以征兵抽签号与扰动项 u 不相关似乎是可信的。但是号码足够小*的人必须参加越南战争，使得参军的概率与抽签号相关。若以上两点都正确，则征兵抽签号是 $veteran$ 的好的工具变量。

在实际中，我们也可能遇到一个二值的内生性解释变量与一个二值的工具变量的情况。

---

* 指号码小于某个数。——译者注

15.1b　低质的工具变量条件下 IV 的性质

我们已经看到，尽管当 z 与 u 不相关，而 z 与 x 存在着或正或负的相关关系时，IV 是一致性的，但当 z 与 x 只是弱相关时，IV 估计值的标准误可能很大。此外，z 与 x 之间的弱相关可能产生更加严重的后果：这时，即便 z 与 u 只是适度相关，IV 估计量的渐近偏误也可能很大。

我们可以以在 z 与 u 相关的情况下，对 IV 估计量进行概率极限分析来观察这一点。令 $\hat{\beta}_{1,\text{IV}}$ 表示 IV 估计量，则可以推出：

$$\text{plim}\hat{\beta}_{1,\text{IV}} = \beta_1 + \frac{\text{Corr}(z, u)}{\text{Corr}(z, x)} \cdot \frac{\sigma_u}{\sigma_x} \tag{15.19}$$

式中，σ_u 和 σ_x 分别代表总体中 u 和 x 的标准差。该方程中有趣的一点是，它包含了相关系数。它表明，即使 $\text{Corr}(z, x)$ 很小，IV 估计量的不一致性可能会非常大。因此，即便我们只考虑一致性，若 z 与 u 之间的相关系数小于 x 与 u 之间的相关系数，则使用 IV 也不一定比 OLS 更好。由于 $\text{Corr}(x, u) = \text{Cov}(x, u)/(\sigma_x\sigma_u)$，连同方程（5.3）一起，我们就可以将 OLS 估计量的概率极限（称之为 $\hat{\beta}_{1,\text{OLS}}$）写为：

$$\text{plim}\hat{\beta}_{1,\text{OLS}} = \beta_1 + \text{Corr}(x, u) \cdot \frac{\sigma_u}{\sigma_x} \tag{15.20}$$

通过比较这两个公式发现，对 IV 和 OLS 而言，渐近偏误的方向可能是不同的。比如，假设 $\text{Corr}(x, u) > 0$，$\text{Corr}(z, x) > 0$，而 $\text{Corr}(z, u) < 0$。于是，IV 估计量便存在一个向下的偏误，而 OLS 估计量具有向上的（渐近）偏误。实践中，这种情形可能很少见。当偏误的方向相同而 z 和 x 的相关性又很小时，就更成问题。具体来说，假设 z 和 x 都与 u 正相关，而且 $\text{Corr}(z, u) > 0$。那么，只有在 $\text{Corr}(z, u)/\text{Corr}(z, x) < \text{Corr}(x, u)$ 时，IV 估计量才比 OLS 估计量的渐近偏误更小。如果 $\text{Corr}(z, x)$ 很小，那么 z 和 u 之间看似很小的相关性就可能被放大，从而使得我们就算仅考虑偏误，IV 也不如 OLS 好。比如，如果 $\text{Corr}(z, x) = 0.2$，那么，欲使 IV 比 OLS 具有更小的渐近偏误，$\text{Corr}(z, u)$ 必须小于 $\text{Corr}(x, u)$ 的五分之一。在许多应用研究中，工具变量与 x 之间的相关系数都小于 0.2。不幸的是，由于我们对 $\text{Corr}(z, u)$ 和 $\text{Corr}(x, u)$ 的相对大小一无所知，所以我们不可能确切地知道哪个估计量具有最大的渐近偏误［当然，除非我们假定 $\text{Corr}(z, u) = 0$］。

在前面提到的安格里斯特和克鲁格（Angrist and Krueger, 1991）一例中，x 是受教育年数，z 是一个指示出生季度的二值变量，z 与 x 之间的相关性非常小。邦德、耶格和贝克（Bound, Jaeger, and Baker, 1995）讨论了出生季度与 u 可能有些相关的原因。从方程（15.19）中，我们看到，这将会导致 IV 估计量有相当大的偏误。

当 z 与 x 完全不相关时，无论 z 是否与 u 不相关，事情都尤其糟糕。接下来的

15

例子说明，为什么我们应当时常检查内生性解释变量是否与备选的 IV 相关。

例 15.3

估计母亲抽烟对婴儿出生体重的影响

在第 6 章中，我们估计了母亲抽烟对婴儿出生体重的影响。没有其他解释变量时，模型为：

$$\log(bwght) = \beta_0 + \beta_1 packs + u \tag{15.21}$$

式中，*packs* 为母亲每天抽烟的包数。我们担心 *packs* 与其他健康因素或者获得良好产前护理的可能性相关，以致 *packs* 与 *u* 可能相关。*packs* 的一个可能工具变量是所居住州的香烟价格 *cigprice*。我们假定 *cigprice* 与 *u* 不相关（即使州政府对健康护理的支持可能与香烟税相关）。

如果香烟是典型的消费品，基本的经济理论表明，*packs* 与 *cigprice* 负相关，所以 *cigprice* 可用作 *packs* 的 IV。为验证这一点，我们利用 BWGHT 中的数据，做 *packs* 对 *cigprice* 的回归：

$$\widehat{packs} = 0.067 + 0.000\,3 cigprice$$
$$\qquad\quad (0.103)(0.000\,8)$$

$$n = 1\,388, \ R^2 = 0.000\,0, \ \overline{R}^2 = -0.000\,6$$

这说明怀孕期间抽烟与香烟价格之间没有关系。考虑到抽烟有使人上瘾的特性，该结论可能不会太令人惊讶。

因为 *packs* 与 *cigprice* 不相关，所以我们不应该在方程（15.21）中用 *cigprice* 作为 *packs* 的 IV，但如果我们用了会怎么样？IV 的结果将为：

$$\widehat{\log(bwght)} = 4.45 + 2.99 packs$$
$$\qquad\qquad\ (0.91)(8.70)$$

$$n = 1\,388$$

（所报告的 R^2 为负数。）*packs* 的系数极大，就连符号都出乎意料。标准误也非常大，因此 *packs* 不显著。但因为 *cigprice* 不满足作为 IV 的一个要求（我们总可以检验）即方程（15.5）中的假定，所以估计值没有意义。

上例表明，当工具相关性条件 $\text{Corr}(z, x) \neq 0$ 不成立时，IV 估计可能得到奇怪的结论。实践中特别有意思的所谓**弱工具**（weak instruments）问题，就被大致定义为 z 和 x 之间的相关度"很低"（但不为零）的问题。在一个具体应用中，很难定义多低才算很低，但最近的一些理论研究，在模拟实验的帮助下对这个问题给出了一些解释。通过把 z 和 x 之间的相关系数模型化为样本容量的函数，斯泰格和斯托克（Staiger and Stock，1997）规范了弱工具变量问题；特别地，他们假设其

相关系数以速度 $1/\sqrt{n}$ 收敛于 0。并且不必惊讶，这里 IV 估计量的渐近分布与通常的假定相关系数固定不变且不为零而得到的渐近分布是不同的。斯托克-斯泰格的研究有一个重要结论：基于通常的 t 统计量和标准正态分布的常用统计推断可能有严重的误导性。我们将在 15.3 节中进一步讨论这个问题。

15.1c IV 估计后计算 R^2

大多数回归软件包运用标准公式 $R^2 = 1 - SSR/SST$ 计算 IV 估计之后的 R^2，其中 SSR 是 IV 残差的平方和，SST 是 y 的总平方和。与 OLS 中的情况不同，由于 IV 的 SSR 实际上可能大于 SST，所以 IV 估计中的 R^2 可能为负。尽管报告 IV 估计的 R^2 不会有什么害处，但也不是很有用。当 x 与 u 相关时，我们不能将 y 的方差分解成 $\beta_1^2 \mathrm{Var}(x) + \mathrm{Var}(u)$，因此对 IV 估计得到的 R^2 没有合理的解释。另外，正如我们将在 15.3 节中讨论的，这些 R^2 不能以通常方式用于计算联合约束的 F 检验。

如果我们的目标是要得到最大的 R^2，我们将总是使用 OLS。因为 IV 法试图在 x 与 u 相关时，为 x 在其他条件不变的情况下对 y 的影响提供一个更好的估计值；拟合优度不是 IV 法的考虑因素。如果我们不能一致地估计 β_1，那么从 OLS 中得到再高的 R^2 也不会让人感到欣慰。

15.2 多元回归模型的 IV 估计

简单回归模型的 IV 估计量很容易延伸至多元回归的情形。我们从仅有一个解释变量与误差项相关的情形开始。实际上，考虑两个解释变量的标准线性模型：

$$y_1 = \beta_0 + \beta_1 y_2 + \beta_2 z_1 + u_1 \tag{15.22}$$

我们称之为**结构方程**（structural equation），以强调我们的兴趣在于 β_j，这个方程仅仅表明了自变量与因变量之间的因果关系。在此我们用一个新的符号来区分内生变量与**外生变量**（exogenous variables）。因变量 y_1 显然是内生的，因为它与 u_1 相关。变量 y_2 和 z_1 是解释变量，u_1 是误差。通常，我们假定 u_1 的期望值为 0：$\mathrm{E}(u_1) = 0$。我们用 z_1 表示该变量在方程（15.22）中是外生的（z_1 与 u_1 不相关）。我们用 y_2 表示该变量可能与 u_1 相关。我们没有详细地说明为什么 y_2 与 u_1 相关，但现在最好认为 u_1 包含一个与 y_2 相关的遗漏变量。方程（15.22）中的符号源自联立方程模型（我们将在第 16 章中讨论），但我们把它更广泛地用于多元回归模型中，目的是容易区分外生变量和内生变量。

方程（15.22）的一个例子是：

$$\log(wage) = \beta_0 + \beta_1 educ + \beta_2 exper + u_1 \tag{15.23}$$

式中，$y_1 = \log(wage)$，$y_2 = educ$，$z_1 = exper$。换句话说，我们假定 $exper$ 在方程（15.23）中是外生的，但由于通常理解的原因，我们认为 $educ$ 可能与 u_1 相关。

我们知道，如果用 OLS 估计（15.22），所有的估计量将是有偏而又不一致的。因此，我们采用上一节中建议的策略，寻找 y_2 的工具变量。既然假定了 z_1 与 u_1 不相关，我们能否假定 y_2 与 z_1 相关而将 z_1 用作 y_2 的工具呢？答案是不能。既然 z_1 自身作为解释变量出现在（15.22）中，它就不能用作 y_2 的工具变量。我们需要另外一个（15.22）中未出现的外生变量，不妨称之为 z_2。因此，关键假定是 z_1 和 z_2 与 u_1 不相关；我们还假定 u_1 具有零均值，当方程包含截距时，这并不失一般性。

$$\mathrm{E}(u_1)=0,\ \mathrm{Cov}(z_1,\ u_1)=0\ \text{和}\ \mathrm{Cov}(z_2,\ u_1)=0 \tag{15.24}$$

给定零均值假定，后两个假定等价于 $\mathrm{E}(z_1 u_1)=\mathrm{E}(z_2 u_1)=0$，因而我们可以通过矩估计的方法求解（15.24）的对应样本方程来得到 $\hat{\beta}_0$、$\hat{\beta}_1$ 和 $\hat{\beta}_2$：

$$\sum_{i=1}^{n}(y_{i1}-\hat{\beta}_0-\hat{\beta}_1 y_{i2}-\hat{\beta}_2 z_{i1})=0$$

$$\sum_{i=1}^{n}z_{i1}(y_{i1}-\hat{\beta}_0-\hat{\beta}_1 y_{i2}-\hat{\beta}_2 z_{i1})=0$$

$$\sum_{i=1}^{n}z_{i2}(y_{i1}-\hat{\beta}_0-\hat{\beta}_1 y_{i2}-\hat{\beta}_2 z_{i1})=0 \tag{15.25}$$

这是三个未知量 $\hat{\beta}_0$、$\hat{\beta}_1$ 和 $\hat{\beta}_2$ 的三个线性方程组，给定 y_1、y_2、z_1 和 z_2 的数据，该方程组一定有解。这些估计量叫做工具变量估计量。如果我们认为 y_2 是外生的，并选择 $z_2=y_2$，方程（15.25）恰恰就是 OLS 估计量的一阶条件；参见方程（3.13）。

思考题 15.2

假设我们想估计抽烟对大学平均成绩的影响。对于大四学生构成的总体，令 *daysused* 表示一个学生在过去一个月中抽烟的天数，考虑结构方程

$$colGPA=\beta_0+\beta_1 daysused+\beta_2 SAT+u$$

（i）令 *perHS* 表示该学生所在的高中毕业班中，报告定期抽烟的学生百分数。若这是 *daysused* 的一个备选 IV，写出 *daysused* 的约简型。你认为（15.27）式可能正确吗？

（ii）你认为结构方程中的 *percHS* 确实是外生的吗？这里可能存在什么问题？

我们仍需要工具变量 z_2 与 y_2 相关，但是这两个变量必须相关的含义因（15.22）中存在 z_1 而变得复杂。我们现在需要从偏相关的角度来表述这一假定。表述该条件最容易的方法是，将内生性解释变量写成关于外生变量和误差项的一个线性函数：

$$y_2=\pi_0+\pi_1 z_1+\pi_2 z_2+v_2 \tag{15.26}$$

式中，根据构造，有 $\mathrm{E}(v_2)=0$，$\mathrm{Cov}(z_1,\ v_2)=0$ 和 $\mathrm{Cov}(z_2,\ v_2)=0$，$\pi_j$ 是未知参数。关键的识别条件 ［除了方程（15.24）之外］还有：

$$\pi_2\neq 0 \tag{15.27}$$

换句话说，排除了 z_1 的影响后，y_2 与 z_2 仍然相关。该相关可正可负，但不为 0。方程（15.27）很容易检验：我们通过 OLS 估计方程（15.26），并使用 t 检验（也许要使之对异方差性保持稳健）。我们应时常检验这一假定。不幸的是，我们不能检验 z_1 和 z_2 与 u_1 不相关；我们只能寄希望于经济逻辑和反思。

方程（15.26）是**约简型方程**（reduced form equation）的一个例子，它意味着我们是用外生变量来表述内生变量的。这个名称源自联立方程模型（我们将在下一章研究），但是只要有内生性解释变量，它便是一个有用的概念，这个名称帮助我们把它和结构方程（15.22）区分开来。

在模型中增添更多的**外生解释变量**（exogenous explanatory variables）是简单易行的。将结构模型写成

$$y_1 = \beta_0 + \beta_1 y_2 + \beta_2 z_1 + \cdots + \beta_k z_{k-1} + u_1 \qquad (15.28)$$

式中，y_2 被认为与 u_1 相关。令 z_k 是方程（15.28）中未包含的一个外生变量。因此，我们假定

$$\text{E}(u_1) = 0, \ \text{Cov}(z_j, u_1) = 0, \ j = 1, \cdots, k \qquad (15.29)$$

在（15.29）下，$z_1, \cdots, z_{k-1}$ 是（15.28）中出现的外生变量。事实上，在估计（15.28）中的 β_j 时，这些变量都可以充当自己的工具。$k = 2$ 时的特殊情形在方程组（15.25）中给出；z_1 和 z_2 一起出现在求解 IV 估计值的矩条件集之中。更一般地，$z_1, \cdots, z_{k-1}$ 和 y_2 的工具变量 z_k 一起出现在矩条件集中。

y_2 的约简型是：

$$y_2 = \pi_0 + \pi_1 z_1 + \cdots + \pi_{k-1} z_{k-1} + \pi_k z_k + v_2 \qquad (15.30)$$

我们需要 z_k 与 y_2 之间存在某些偏相关关系：

$$\pi_k \neq 0 \qquad (15.31)$$

在方程（15.29）和（15.31）的假定下，z_k 是 y_2 的一个有效 IV。［我们不关心方程（15.30）中其余的 π_j；它们可能部分或全部为 0。］一个次要的补充假定是，外生变量之间不存在完全线性关系；这类似于 OLS 情况下的非完全共线性假定。

为了进行标准的统计推断，我们需要假定 u_1 的同方差性。在 15.3 节中，我们将在更一般情形中仔细地表述这些假定。

例 15.4

用邻近大学作为教育的 IV

卡德（Card，1995）利用 1976 年的一个男性样本中的工资和受教育程度数据来估计教育回报。他为受教育程度选择的工具变量，是标志着一个人是否在一所四年制大学附近成长（*nearc*4）的虚拟变量。在一个 log(*wage*) 方程中，他还使用了其他的标准控制变量：经验、黑人虚拟变量、居住在大城市及其郊区（SMSA）和居住在南方的虚拟变量、一整套地域虚拟变量以及 1966 年在何处居住的 SMSA 虚拟变量。为了使 *nearc*4 成为一个有效工具，它必须与工资方程中的误差项不相关（我们假定如此），而且必须与 *educ* 偏相关。为验证后一个要求，我们用 *educ* 对 *nearc*4 及方程中出现的所有外生变量做回归。（即我们估计 *educ* 的约简型。）利用 CARD 中的数据，我们得到如下约简形式的估计结果：

$$educ = 16.64 + 0.320nearc4 - 0.413exper + \cdots$$
$$\quad (0.24) \quad (0.088) \qquad (0.034)$$
$$n = 3\ 010,\ R^2 = 0.477$$

我们的兴趣在于 $nearc4$ 的系数及其 t 统计量。其系数意味着，在其他因素（经历、种族、地域等）固定的情况下，1966 年曾住在大学附近的人在 1976 年所受的教育比不在大学附近长大的人平均多出约 1/3 年，$nearc4$ 的 t 统计量是 3.64，其对应的 p 值在小数点后的前三位数字均为 0。因此，若 $nearc4$ 与误差项中的无法观测因素不相关，我们便可以用 $nearc4$ 作为 $educ$ 的 IV。

OLS 和 IV 估计值由表 15.1 给出。就像 OLS 的标准差，报告中的 IV 标准差在估计误差方差时考虑了自由度的调整。一些统计软件包缺失自由度的调整，其他的软件包则含有自由度调整。

表 15.1　因变量：log($wage$)

自变量	OLS	IV
$educ$	0.075 (0.003)	0.132 (0.055)
$exper$	0.085 (0.007)	0.108 (0.024)
$exper^2$	$-0.002\ 3$ (0.000 3)	$-0.002\ 3$ (0.000 3)
$black$	-0.199 (0.018)	-0.147 (0.054)
$smsa$	0.136 (0.020)	0.112 (0.032)
$south$	-0.148 (0.026)	-0.145 (0.027)
观测次数	3 010	3 010
R^2	0.300	0.238

其他控制变量：$smsa66$，$reg662$，$\cdots$，$reg669$

有趣的是，教育回报的 IV 估计值将近是 OLS 估计值的两倍，而 IV 估计值的标准误却比 OLS 的标准误大 18 倍还多。IV 估计值的 95% 置信区间是从 0.024 到 0.239，这是一个很宽的范围。当我们认为 $educ$ 内生时，我们要得到教育回报的一致估计量所必须付出的代价将是更大的置信区间。

正如前面讨论的，我们认为在 IV 估计中，较小的 R^2 并不奇怪：按照定义，由于 OLS 最小化了残差平方和，所以 OLS 的 R^2 将总是大一些。

值得注意的是，对于 y_1 来说，也同样存在一个约简型方程，尤其是在对政策干预影响的研究中。在方程（15.28）中，z_k 是 y_2 的 IV，则 y_1 的约简型模型通常可以写成：

$$y_1 = \gamma_0 + \gamma_1 z_1 + \cdots + \gamma_k z_k + e_1 \tag{15.32}$$

式中，$\gamma_j = \beta_j + \beta_1 \pi_j$，$j < k$，$\gamma_k = \beta_1 \pi_k$，并且 $e_1 = u_1 + \beta_1 v_2$。——上述等式可以通过将（15.30）代入（15.28）并且整理得到。因为在方程（15.32）中 z_j 是外生的，我们可以应用 OLS 法得到系数 γ_j 的一致估计。换句话说，我们可以直接用 y_1 对所有的外生变量，包括 y_2 的工具变量 z_k 做回归来估计 γ_j。仅当我们想要估计方程（15.28）中的系数 β_1 时，才需要用到工具变量法。

当 y_2 表示参加的 0—1 变量，并且 z_k 是项目参与资格的 0—1 变量时——我们希望 z_k 在不同个体间是随机分布的或者至少是其他外生性变量 z_1，$\cdots$，z_{k-1}（例如收入）的函数——此时系数 γ_k 有很有趣的解释。它是对于拥有资格的影响的一种估计，而不是对项目本身的影响的一种估计。它不像（15.28）中的系数 β_1 那样，度量了项目本身的影响，γ_k 解释了一些具有资格的单位选择不参与项目的可能性。在项目评估的例子中，γ_k 就是意向治疗参数的一个例子：它度量了拥有资格的影响，而不是实际参与的影响。意向治疗参数 $\gamma_k = \beta_1 \pi_k$ 取决于实际参与 β_1 的影响，以及由于获得参与资格而发生的实际参加概率的变化 π_k（通常是变大）。〔当 y_2 是二值变量时，方程（15.30）是一个线性概率模型，并且可以看到 π_k 度量了在 y_2 取1，而 z_k 从 0 变化到 1 时，其他条件不变情况下该概率的变化。〕

15.3　两阶段最小二乘法

在上一节中，我们假定有单个内生性解释变量（y_2）和 y_2 的一个工具变量。但往往我们有不止一个外生变量，它们都被排斥在结构模型之外，且可能与 y_2 相关，这意味着它们是 y_2 的有效 IV。在本节中，我们讨论如何运用多个工具变量。

15.3a　单个内生性解释变量

重新考虑结构模型（15.22），它有一个内生和一个外生解释变量。假定现在我们有两个被排斥在方程（15.22）之外的外生变量：z_2 和 z_3。z_2 和 z_3 不出现在（15.22）中，且与误差项 u_1 不相关的假定被称为**排除性约束**（exclusion restrictions）。

如果 z_2 和 z_3 都与 y_2 相关，我们就可仅用其中之一作为 IV，如同上一节那样。但这样一来，我们将有两个 IV 估计量，而一般地说没有一个会是有效的。由于 z_1、z_2 和 z_3 各自与 u_1 不相关，它们的任何线性组合也与 u_1 不相关，因此，外生变量的任何线性组合都是有效的 IV。为寻找最好的 IV，我们选择与 y_2 最高度相关的线性组合。这正是由 y_2 的约简型方程所给出的，写作

$$y_2 = \pi_0 + \pi_1 z_1 + \pi_2 z_2 + \pi_3 z_3 + v_2 \tag{15.33}$$

其中，

$$\mathrm{E}(v_2)=0, \mathrm{Cov}(z_1, v_2)=0, \mathrm{Cov}(z_2, v_2)=0, \mathrm{Cov}(z_3, v_2)=0$$

那么，y_2 最好的 IV（在本章附录中给出的假定下）是方程（15.33）中 z_j 的线性组合，我们称之为 y_2^*：

$$y_2^* = \pi_0 + \pi_1 z_1 + \pi_2 z_2 + \pi_3 z_3 \tag{15.34}$$

为了使该 IV 与 z_1 不是完全相关的，我们需要 π_2 或 π_3 中至少有一个不为 0：

$$\pi_2 \neq 0 \text{ 或 } \pi_3 \neq 0 \tag{15.35}$$

一旦我们假定 z_j 全部是外生的，这便是关键的识别假定。（π_1 的值是不相关的。）如果 $\pi_2 = 0$ 且 $\pi_3 = 0$，结构方程（15.22）便不能识别。我们可以运用 F 统计量来检验 H_0：$\pi_2 = 0$ 且 $\pi_3 = 0$，其备择假设为（15.35）。

考虑（15.33）的一个有用方式是，将 y_2 分成两部分。第一部分是 y_2^*，这是 y_2 中与误差项 u_1 不相关的部分。第二部分是 v_2，它可能与 u_1 相关——这就是为什么 y_2 可能是内生变量的原因。

在给出 z_j 数据的基础上，如果我们知道总体参数 π_j，便可对每次观测都计算 y_2^*。在实践中这根本不现实。然而，正如我们在上一节中所看到的，我们总是可以用 OLS 估计约简型。这样，利用样本，我们将 y_2 对 z_1、z_2 和 z_3 回归，获得拟合值：

$$\hat{y}_2 = \hat{\pi}_0 + \hat{\pi}_1 z_1 + \hat{\pi}_2 z_2 + \hat{\pi}_3 z_3 \tag{15.36}$$

（即对每个 i，我们都有 $\hat{y}_{i2}$。）此时，我们应该首先验证方程（15.33）中的 z_2 与 z_3 在一个相当小的显著性水平（不大于 5%）联合显著。若 z_2 与 z_3 在（15.33）中不是联合显著的，做 IV 估计便是在浪费时间。

一旦有了 $\hat{y}_2$，我们便可以用它作为 y_2 的 IV。用于估计 β_0、β_1 和 β_2 的三个方程是方程组（15.25）中的前两个方程，和代替第三个方程的

$$\sum_{i=1}^{n} \hat{y}_{i2}(y_{i1} - \hat{\beta}_0 - \hat{\beta}_1 y_{i2} - \hat{\beta}_2 z_{i1}) = 0 \tag{15.37}$$

求解关于三个未知量的三个方程，便得到 IV 估计量。

在多重工具条件下，IV 估计量也叫做**两阶段最小二乘（2SLS）估计量**（two stage least squares estimator）。原因很简单。运用 OLS 代数可以证明，当我们用 $\hat{y}_2$ 作为 y_2 的 IV 时，IV 估计值 $\hat{\beta}_0$、$\hat{\beta}_1$ 和 $\hat{\beta}_2$ 等同于下面回归中得到的 OLS 估计值：

$$y_1 \text{ 对 } \hat{y}_2 \text{ 和 } z_1 \text{ 做回归} \tag{15.38}$$

换句话说，我们可以通过两个阶段来获得 2SLS。**第一阶段**（first stage）是做（15.36）中的回归，我们得到拟合值 $\hat{y}_2$。第二阶段是做（15.38）中的 OLS 回归。因为我们用 $\hat{y}_2$ 代替了 y_2，所以，2SLS 估计值与 OLS 估计值有实质上的差异。

有些经济学家喜欢这样来解释（15.38）中的回归：拟合值 $\hat{y}_2$ 是 y_2^* 的估计形式，y_2^* 与 u_1 不相关。因此，2SLS 在做（15.38）的 OLS 回归之前先"清除了" y_2 中与 u_1 的相关性。这一说法可通过将 $y_2 = y_2^* + v_2$ 代入（15.22）中，以发现其正确性：

$$y_1 = \beta_0 + \beta_1 y_2^* + \beta_2 z_1 + u_1 + \beta_1 v_2 \tag{15.39}$$

现在复合误差 $u_1 + \beta_1 v_2$ 有零均值，且与 y_2^* 和 z_1 都不相关，这就是（15.38）中的 OLS 估计有效的原因。

大多数计量经济软件包对 2SLS 都有专门的指令，所以无须明确地分两阶段进行。实际上，在大多数情况下，你应当避免用手工完成第二阶段的工作，因为这样得到的标准误和检验统计量是不正确的。［原因是（15.39）中的误差项包括 v_2，但标准误只包括 u_1 的方差。］任何支持 2SLS 的回归软件都要求有因变量、解释变量（内生和外生）和全部工具变量（即所有外生变量）。其结果通常十分类似于 OLS 结果。

在 y_2 有单个 IV 的模型（15.28）中，15.2 节得出的 IV 估计量等同于 2SLS 估计量。因此，当我们对每个内生性解释变量都有一个 IV 时，我们可称估计方法为 IV 或 2SLS。

增加更多外生变量，方法上也没有什么变化。例如，假定工资方程为

$$\log(wage) = \beta_0 + \beta_1 educ + \beta_2 exper + \beta_3 exper^2 + u_1 \tag{15.40}$$

式中，u_1 与 $exper$ 和 $exper^2$ 均不相关。假定我们还认为母亲和父亲的教育程度与 u_1 不相关，那么我们可以将它们都用作 $educ$ 的 IV。$educ$ 的约简型方程为

$$educ = \pi_0 + \pi_1 exper + \pi_2 exper^2 + \pi_3 motheduc + \pi_4 fatheduc + v_2 \tag{15.41}$$

识别的要求是 $\pi_3 \neq 0$ 或 $\pi_4 \neq 0$（或二者都非零）。

例 15.5

职业女性的教育回报

现用 MROZ 中的数据来估计方程（15.40）。首先，我们在（15.41）中用 F 检验来检验 $H_0: \pi_3 = 0, \pi_4 = 0$。结果是 $F = 124.76$，p 值 $= 0.0000$。正如所料，$educ$ 与父母的受教育水平都（偏）相关。

当我们用 2SLS 估计（15.40）时，得到的估计方程为：

$$\overline{\log(wage)} = 0.048 + 0.061 educ + 0.044 exper - 0.0009 exper^2$$
$$\quad\quad (0.400)\,(0.031)\quad\quad (0.013)\quad\quad (0.0004)$$
$$n = 428, \ R^2 = 0.136$$

所估计的教育回报约为 6.1%，相比之下，OLS 估计值约为 10.8%。由于教育回报 2SLS 估计值有相对大的标准误，在 5% 的显著性水平上进行双侧检验，几乎不显著。

本章附录中给出了 2SLS 具备理想的大样本性质所需要的假定，但在此进行简要的综述仍有必要。如果我们写出如（15.28）中的结构方程：

$$y_1 = \beta_0 + \beta_1 y_2 + \beta_2 z_1 + \cdots + \beta_k z_{k-1} + u_1 \tag{15.42}$$

然后我们假定每个 z_j 与 u_1 都不相关。另外我们至少需要一个与 y_2 偏相关的外生变

量不在方程（15.42）之中。这便保证了一致性。为了使通常的 2SLS 标准误和 t 统计量渐近有效，我们还需要同方差性假定：结构误差 u_1 的方差不会与任何外生变量有关。对于时间序列上的应用，我们需要更多的假定，这将在 15.7 节中看到。

15.3b 多重共线性与 2SLS

在第 3 章中，我们介绍了多重共线性问题，并说明了回归元之间的相关关系如何导致了 OLS 估计值较大的标准误。多重共线性在 2SLS 估价法下会造成更严重的结果。我们可以把 β_1 的 2SLS 估计量的（渐近）方差近似地写为：

$$\sigma^2 / [\widehat{\mathrm{SST}}_2 (1 - \hat{R}_2^2)] \tag{15.43}$$

其中，$\sigma^2 = \mathrm{Var}(u_1)$，$\widehat{\mathrm{SST}}_2$ 是 $\hat{y}_2$ 的总波动，$\hat{R}_2^2$ 是将 $\hat{y}_2$ 对其他所有出现在结构方程中的外生变量做回归得到的 R^2。2SLS 的方差大于 OLS 的方差的原因有二。第一，根据构造，$\hat{y}_2$ 比 y_2 的波动性更小。（记住，总平方和＝解释平方和＋残差平方和；y_2 的波动构成总平方和，而 $\hat{y}_2$ 的波动构成第一阶段回归的解释平方和。）第二，$\hat{y}_2$ 与方程（15.42）中外生变量之间的相关往往比 y_2 与这些变量之间的相关大得多。这在本质上解释了 2SLS 中的多重共线性问题。

为便于说明，考虑例 15.4。当 $educ$ 对表 15.1 中的外生变量做回归时（不包括 $nearc4$），$R^2 = 0.475$；这是中等程度的多重共线性，但重要的是，$\hat{\beta}_{educ}$ 的 OLS 标准误相当小。当我们获得第一阶段的拟合值 $\widehat{educ}$，并将它们对表 15.1 中的外生变量做回归时，$R^2 = 0.995$，这表明 $\widehat{educ}$ 与表中其余外生变量之间有很大程度的多重共线性。（这个很大的 R^2 并不太令人吃惊，因为 $\widehat{educ}$ 是关于表 15.1 中所有外生变量和 $nearc4$ 的一个函数。）方程（15.43）表明，接近 1 的 $\hat{R}_2^2$ 可导致 2SLS 估计值有非常大的标准误。然而如同在 OLS 条件下一样，大样本容量有助于抵消很大的 $\hat{R}_2^2$。

15.3c 检测弱工具变量

在 15.1 节中我们简单讨论了弱工具变量的问题。我们专注于等式（15.19），该等式展示了如果工具变量 z 与解释变量 x 之间存在极小的相关性，就可能导致非常大的不一致性（以及偏差）。在等式（15.42）的多方程模型中也可能出现相同的问题：对于 y_2 而言，我们是采用一个工具变量还是多于我们所需要的若干个工具变量？

我们提到了斯泰格和斯托克（Staiger and Stock，1997）的研究结论，现在进一步深入讨论这个研究的实际含义。值得注意的是，斯泰格和斯托克研究的情况中所有工具变量都是外生的。在工具变量都满足外生性这一要求的前提下，他们专注于研究工具变量与 y_2 存在极小相关性的情况，他们还研究了标准误的有效性、置信区间以及在考虑系数 β_1 的情况下对 y_2 回归结果的 t 值。他们用构建弱相关性模型的方法得到了一个重要结论：即便样本规模非常大，2SLS 估计量也可能是有偏的，并且其分布显著不同于标准正态分布。

在斯泰格和斯托克的基础上，斯托克和约吉［Stock and Yogo（SY），2005］提出了检测弱工具变量导致实质偏差情形的方法并扭曲了统计推断结论。斯托克和约吉从一阶回归中获得了有关 t 值（含有一个工具变量）和 F 值（含有多个工具变量）大小的结论。这个结论太过理论化。相反地，我们描述了一些斯托克和约吉提出的更便于应用的简单的经验规则。

SY 成果的关键应用是：在一般显著性水平上进行一阶回归时不仅仅需要从统计上拒绝零假设。例如在等式（15.6）中，在 5％ 的显著性水平上，仅拒绝（15.7）中阐释的零假设是不够的。在对工具变量估计量进行偏差计算时，SY 建议，如果一阶段 t 统计量的绝对值大于 $\sqrt{10} \approx 3.2$，就可以继续使用一般工具变量的结论。读者需要注意，这个值远高于标准正态分布 95％ 的置信水平值 1.96，即通常我们用于表示标准的 5％ 的显著性水平。在含有单个内生性解释变量 y_2 和单个工具变量 z_k 的多元回归模型中，经验规则也同样适用，在检验（15.31）的假设时，t 统计值的绝对值至少要达到 3.2。

SY 的研究也包含了 2SLS 的情形。在这种情况下，我们要专注于第一阶段 y_2 排除的工具变量的 F 统计值，SY 给出的标准是 $F > 10$。（当只存在一个工具变量时，$t^2 = F$，此时这个标准对于 t 值也同样适用。）在等式（15.34）中，对变量 y_2 有两个工具变量：z_2 和 z_3，零假设

$$H_0：\pi_2 = 0，\pi_3 = 0$$

下的 F 统计值应当是 $F > 10$。记住，这并不是对（15.34）所有外生变量的总体 F 值。我们只检验了 y_2 的建议工具变量的系数，即在等式（15.22）中外生变量没有出现。在例 15.5 中，F 的相关统计值是 124.76，远高于 10，表示我们不需要担心弱工具变量问题。（当然，对父母受教育水平变量的外生性仍存疑。）

经验法则所要求的 F 统计值要大于 10 这一点在大多数模型中较为适用，也方便记忆。然而，就像所有的经验法则都包含统计推断一样，不能将 10 作为"一刀切"的标准。例如，如果 F 值为 9.94，通常可以继续研究，因为这个值已经非常接近 10 了。经验法则应当作为指导方针。在 y_2 含有多个工具变量，例如 5 个或更多的情形下，SY 也给出了许多细节性建议。

一个更复杂的问题是，在我们感兴趣的方程（15.28）或者简约模型（一阶段回归）中的内生性解释变量（15.30）存在异方差问题时，我们该怎么办？斯托克和约吉［Stock and Yogo（SY），2005］的讨论中并不允许异方差性出现在任何方程中（或在时间序列或面板数中的序列相关）。所以对一阶段回归的 t、F 统计量的要求更严格是合理的。奥利和弗鲁格（Olea and Pflueger，2013）的工作成果指出，为了确保工具变量足够有效，一阶段回归的 F 统计量应该以 20 为标准而不是 10。相关方面的研究仍在继续。

15

15.3d 多个内生性解释变量

两阶段最小二乘也可以用于含有不止一个内生性解释变量的模型中。例如，考虑模型

$$y_1 = \beta_0 + \beta_1 y_2 + \beta_2 y_3 + \beta_3 z_1 + \beta_4 z_2 + \beta_5 z_3 + u_1 \tag{15.44}$$

式中，$E(u_1) = 0$，u_1 与 z_1、z_2 和 z_3 不相关，变量 y_2 和 y_3 是内生性解释变量：每个都可能与 u_1 相关。

为了用 2SLS 估计（15.44），我们需要至少两个不出现在（15.44）中的外生变量，且与 y_2 和 y_3 相关。假定我们有两个被排斥的外生变量，即 z_4 和 z_5。然后，根据对单个内生性解释变量的分析，我们需要 z_4 或者 z_5 出现在 y_2 和 y_3 的约简型中。（与前面一样，我们可以用 F 统计量来检验。）尽管这对于识别是必要的，但不幸的是，它不是充分的。假定 z_4 出现在每个约简型中，而 z_5 在两个约简型中都没有出现。那么，我们并非真正拥有两个外生变量与 y_2 和 y_3 偏相关。两阶段最小二乘不会获取 β_j 的一致估计量。

一般地，当我们在回归模型中有不止一个内生性解释变量时，在若干复杂的情况下仍可能无法识别。但是，我们可以容易地表述识别的一个必要条件，叫做**阶条件**（order condition）。

方程识别的阶条件：我们需要被排斥的外生变量至少与结构方程中包括的内生性解释变量一样多。验证阶条件很简单，因为它只需数一数内生和外生变量的个数。识别的充分条件被称为**秩条件**（rank condition）。我们在前面已看到不少秩条件的特例——例如，围绕方程（15.35）的讨论。对秩条件的一般表述需要矩阵代数，这超出了本书的范围。[参见 Wooldridge（2010，Chapter 5）。] 要获得弱工具变量的诊断是一件更为困难的事情。

> **思考题 15.3**
>
> 如下模型用一个是否存在枪支管理法的二值变量及其他控制变量来解释城市的暴力犯罪率：
>
> $$\begin{aligned} violent = \beta_0 &+ \beta_1 guncontrol \\ &+ \beta_2 unem + \beta_3 popul \\ &+ \beta_4 percblck + \beta_5 age18\_21 \\ &+ \cdots \end{aligned}$$
>
> 一些研究者估计了类似的方程，他们运用诸如国家步枪协会中城市会员的数目、枪支杂志订阅者的数目等变量作为 guncontrol 的工具变量。[例如，参见 Kleck and Patterson（1993）。] 它们是令人信服的工具吗？

15.3e 2SLS 估计后对多个假设的检验

在一个用 2SLS 估计的模型中，检验多个假设时我们必须小心。正如我们在第 4 章对 OLS 的了解那样，运用 F 统计量的残差平方和形式或 R^2 形式是很诱人的。然而，2SLS 中的 R^2 可能为负数的事实表明，事实上，通常计算 F 统计量的方法可能不适合。实际上，我们若用 2SLS 残差去计算受约束和无约束模型的 SSR，便不

能保证 $SSR_r \geqslant SSR_{ur}$；如果相反的情况成立，则 F 统计量将为负数。

将第二阶段回归［例如方程（15.38）］得到的残差平方和与 SSR_{ur} 结合起来，以获得一个在大样本下近似服从 F 分布的统计量，这种方法是可行的。因为许多计量经济学软件包中都有操作简单的检验指令，用于检验 2SLS 估计后的多个假设，这里不作详细介绍。戴维森和麦金农（Davidson and MacKinnon，1993）及伍德里奇（Wooldridge，2010，Chapter 5）含有如何计算 2SLS 之 F 统计量的讨论。

15.4　变量误差问题的 IV 解决方法

在上一节中，我们提出用工具变量作为解决遗漏变量问题的方法，然而它们也能用于处理测量误差的问题。作为说明，考虑模型

$$y = \beta_0 + \beta_1 x_1^* + \beta_2 x_2 + u \tag{15.45}$$

式中，y 和 x_2 是可观测的，而 x_1^* 则观测不到。令 x_1 是 x_1^* 的一个可观测度量：$x_1 = x_1^* + e_1$，其中 e_1 是测量误差。在第 9 章中，我们说明了 x_1 与 e_1 之间的相关导致了 OLS（其中用 x_1 代替了 x_1^*）的有偏和不一致性。写出下式，就可以看到这一点：

$$y = \beta_0 + \beta_1 x_1 + \beta_2 x_2 + (u - \beta_1 e_1) \tag{15.46}$$

若经典的变量误差（CEV）假定成立，则 β_1 的 OLS 估计量有向零偏误。在没有进一步的假定时，我们对此毫无办法。

在一些情况下，我们可以用 IV 方法来解决测量误差问题。在方程（15.45）中，我们假定 u 与 x_1^*、x_1 和 x_2 不相关；在 CEV 的情况下，我们假定 e_1 与 x_1^* 和 x_2 不相关。这就意味着 x_2 在方程（15.46）中是外生的，只是 x_1 与 e_1 相关。我们需要的是 x_1 的 IV。这样的 IV 必须与 x_1 相关，与 u 不相关［从而它必须被排斥在方程（15.45）之外］，并且与测量误差 e_1 不相关。

一种方法是获取 x_1^* 的第二个度量，即 z_1。既然影响 y 的是 x_1^*，所以假定 z_1 与 u 不相关再自然不过了。如果我们写成 $z_1 = x_1^* + a_1$，其中 a_1 是 z_1 的测量误差，那么我们必须假定 a_1 与 e_1 不相关。换句话说，x_1 和 z_1 都错误地测量了 x_1^*，但它们的测量误差之间并不相关。当然，x_1 和 z_1 通过它们与 x_1^* 的相关而相关，因而我们可以用 z_1 作为 x_1 的 IV。

什么时候我们可以得到一个变量的两个度量呢？有时，当一群工人被问及他们的年薪时，他们的雇主可以提供第二个度量。对于夫妻俩，每一方都可以独立地报告储蓄或家庭收入的水平。在 14.3 节所引用的阿申费尔特和克鲁格（Ashenfelter and Krueger，1994）的研究中，每个双胞胎都被问及他或她的兄弟姐妹所受教育年数；这便给出了第二个度量，它可以在工资方程中用作自我报告的受教育程度的 IV。（阿申费尔特和克鲁格还结合差分和 IV 来解释遗漏变量问题；15.8 节对此有更多的讨论。）然而一般地说，一个解释变量有两个度量还是少见。

15

另一个方法是运用其他外生变量，将它们作为潜在误测变量的 IV。例如，我们在例 15.5 中用 *motheduc* 和 *fatheduc* 作为 *educ* 的 IV，便可以达到这一目的。如果我们认为 $educ=educ^*+e_1$，若 *motheduc* 和 *fatheduc* 与测量误差 e_1 不相关，那么例 15.5 中的 IV 估计值便不会受测量误差的影响。比起假定 *motheduc* 和 *fatheduc* 与方程（15.45）的 u 中所包含的能力不相关，这可能更加合理。

当使用测验成绩类的变量来控制无法观测的特征时，也可以运用 IV 估计法。在 9.2 节，我们说明了在某些假定下，代理变量可用于解决遗漏变量问题。在例 9.3 中，我们用 IQ 作为无法观测能力的代理变量。这仅仅需要在模型中添加 IQ 并作一个 OLS 回归。但是当 IQ 不完全满足代理变量的假定时，便存在另一种行之有效的选择。现举例说明，将工资方程写成

$$\log(wage)=\beta_0+\beta_1 educ+\beta_2 exper+\beta_3 exper^2+abil+u \qquad (15.47)$$

这里我们又一次看到了遗漏变量问题。但是我们有两种测验成绩作为能力的指标。我们假定成绩可写为

$$test_1=\gamma_1 abil+e_1$$

和

$$test_2=\delta_1 abil+e_2$$

式中，$\gamma_1>0$，$\delta_1>0$。既然影响工资的是能力，我们就可以假定 $test_1$ 和 $test_2$ 与 u 不相关。如果我们根据第一种测验成绩写出 *abil*，并将之代入（15.47），便得到

$$\log(wage)=\beta_0+\beta_1 educ+\beta_2 exper+\beta_3 exper^2+\alpha_1 test_1+(u-\alpha_1 e_1) \quad (15.48)$$

式中，$\alpha_1=1/\gamma_1$。现在，如果我们假定 e_1 与（15.47）中包括 *abil* 在内的所有解释变量都不相关，那么 e_1 与 $test_1$ 必须相关。[注意到 *educ* 在（15.48）中不是内生的；而 $test_1$ 却是。]这意味着用 OLS 估计（15.48）将得到 β_j（和 α_1）的不一致估计量。在我们所做的假定下，$test_1$ 不满足代理变量假定。

如果我们假定 e_2 也与（15.47）中的所有解释变量不相关，并且 e_1 与 e_2 不相关，那么 e_1 与第二种测验成绩 $test_2$ 不相关。因此，$test_2$ 可用作 $test_1$ 的 IV。

例 15.6

用两种测验成绩作为能力的标志

我们利用 WAGE2 中的数据实施前面的过程，其中 IQ 起着第一种测验成绩的作用，KWW（工作领域内知识）是第二种测验成绩。解释变量与例 9.3 中的一样：*educ*、*exper*、*tenure*、*married*、*south*、*urban* 和 *black*。我们不是像表 9.2 第（2）列中那样添加 IQ 做 OLS 估计，而是添加 IQ，并用 KWW 作为它的工具。*educ* 的系数是 0.025（se=0.017）。这是一个很低的估计值，且在统计上无异于零。该结论令人费解，它表明我们的某个假定不成立；也许 e_1 与 e_2 相关。

15.5　内生性检验与过度识别约束检验

在本节中，我们在工具变量估计的背景下介绍两个重要的检验。

15.5a　内生性检验

当解释变量是外生变量时，2SLS 估计量的有效性不如 OLS；正如我们所见，2SLS 估计值会有非常大的标准误。因此，检验一个解释变量的内生性便很有必要，它告诉我们是否需要 2SLS 法。获取这样的检验相当简单。

为了说明，假定我们仅有一个疑似内生变量的变量：

$$y_1 = \beta_0 + \beta_1 y_2 + \beta_2 z_1 + \beta_3 z_2 + u_1 \tag{15.49}$$

式中，z_1 和 z_2 是外生的。我们另外有两个（15.49）中未出现的外生变量 z_3 和 z_4。若 y_2 与 u_1 不相关，我们就应该用 OLS 估计（15.49）。对此我们如何检验呢？豪斯曼（Hausman，1978）建议直接比较 OLS 和 2SLS 估计值，判断其差异是否在统计上显著。毕竟，如果所有变量都是外生的，则 OLS 和 2SLS 都是一致的。如果 2SLS 与 OLS 在统计上具有明显的差异，我们可以断定，y_2 必定是内生的（其中 z_j 保持外生性）。

故而分别计算 OLS 和 2SLS 估计值，观察它们是否在统计上具有明显的差异是一个不错的方法。为了判断两者是否显著不同，利用回归来检验似乎更加方便。回归检验以 y_2 的约简型为基础，此处即为

$$y_2 = \pi_0 + \pi_1 z_1 + \pi_2 z_2 + \pi_3 z_3 + \pi_4 z_4 + v_2 \tag{15.50}$$

现在，因为各个 z_j 与 u_1 不相关，y_2 与 u_1 不相关的充要条件是 v_2 与 u_1 不相关；这正是我们需要检验的。写成 $u_1 = \delta_1 v_2 + e_1$，其中 e_1 与 v_2 不相关，且有零均值。那么，u_1 与 v_2 不相关的充要条件是 $\delta_1 = 0$。检验这一点最容易的方法是将 v_2 作为添加的回归元包括在（15.49）中，做 t 检验。这么做唯一的问题是：v_2 不能被观测到，因为它是（15.50）中的误差项。但是因为我们能用 OLS 估计 y_2 的约简型，所以我们可以获得约简型残差 $\hat{v}_2$。因此，我们用 OLS 估计

$$y_1 = \beta_0 + \beta_1 y_2 + \beta_2 z_1 + \beta_3 z_2 + \delta_1 \hat{v}_2 + 误差项 \tag{15.51}$$

并用 t 统计量检验 $H_0: \delta_1 = 0$。如果我们在很小的显著性水平上拒绝了 H_0，我们便可以根据 v_2 与 u_1 的相关性断定 y_2 是内生的。

检验单个解释变量的内生性：

（i）通过将 y_2 对所有外生变量（包括结构方程中的外生变量和额外的 IV）回归而估计 y_2 的约简型方程。得到残差 $\hat{v}_2$。

（ii）在（包括 y_2 的）结构方程中添加 $\hat{v}_2$，并用一个 OLS 回归检验 $\hat{v}_2$ 的显著性。若 $\hat{v}_2$ 的系数统计显著异于零，我们便断定 y_2 确实是内生的。我们可能需要用

到一个异方差—稳健的 t 检验。

例 15.7

职业女性的教育回报

通过仅利用职业女性的数据估计约简型（15.41），从中获得残差 $\hat{v}_2$，并将它们包括在（15.40）中，我们可以检验（15.40）中 *educ* 的内生性。当我们这么做时，$\hat{v}_2$ 的系数 $\hat{\delta}_1 = 0.058$，且 $t=1.67$。它是 u_1 与 v_2 之间适度正相关的证据。故而，同时报告两个估计值也许是个好主意，因为教育回报的 2SLS 估计值（6.1%）远低于 OLS 估计值（10.8%）。

第（ii）步中的回归有一个有趣的特点：所有变量（当然，除了 $\hat{v}_2$）的系数估计值都等同于 2SLS 估计值。例如，用 OLS 法估计（15.51）所得到的 $\hat{\beta}_j$ 估计值等同于方程（15.49）中的 2SLS 估计值。因此可以方便地检验出你是否在内生性检验中选择了正确的回归方程。同时，它还对 2SLS 估计法给出了另一个解释，即：在（15.51）的 OLS 回归中把 $\hat{v}_2$ 包括进来，从而消除了 y_2 的内生性。所以，当我们一开始选择用 OLS 估计（15.49）时，进一步可以在方程中添加 $\hat{v}_2$，观察 $\hat{\beta}_1$ 有多大变化，从而确定将 y_2 看作内生性变量的必要程度。无论统计检验的结果如何，我们都能看出 $\hat{\beta}_1$ 的变化是否合乎预期而且实际显著。

如果最后，2SLS 估计量被选择，通过使用内嵌的 2SLS 程序而不是从回归（15.51）中得到的，我们可以得到标准误。只有在原假设 $\delta_1 = 0$ 下，从 OLS 回归（15.51）中得到的标准误才是合理的。

我们还可以检验多个解释变量的内生性。对于每个疑似内生变量，我们如第（i）步那样获得约简型残差。然后，我们用 F 统计量检验这些残差在结构方程中的联合显著性。如果检验结果显示这些残差联合显著，则表明这些疑似变量中至少有一个是内生的。所检验的排除约束的数目，就是疑似内生性解释变量的个数。

15.5b 过度识别约束检验

当我们在 15.1 节中介绍简单的工具变量估计量时，我们强调 IV 必须满足两个要求：它必须与误差（外生性）不相关，且与内生性解释变量相关。现在我们已经看到，即使在有额外解释变量的模型中，如何在约简型回归中用一个 t 检验（单个 IV）或 F 检验（多个 IV）来验证第二个要求是否成立。在前文的单个 IV 估计量中，我们注意到第一个要求不能被检验。然而，如果有不止一个工具变量，我们就能有效地检验它们中的一部分是否与结构误差不相关。

举例来说，在 y_2 有两个工具变量 z_3 和 z_4 的条件下，重新考虑方程（15.49）。记住，z_1 和 z_2 本质上就是其自身的工具。由于 y_2 有两个工具变量，所以我们可以

仅用 z_3 作为 y_2 的 IV 来估计（15.49）；由此得到 β_1 的 IV 估计量，记为 $\hat{\beta}_1$。然后我们仅用 z_4 作为 y_2 的 IV 来估计（15.49）；由此得到的 IV 估计量记为 $\tilde{\beta}_1$。如果所有的 z_j 都是外生的，而且 z_3 和 z_4 都与 y_2 部分相关，那么 $\hat{\beta}_1$ 和 $\tilde{\beta}_1$ 就都是 β_1 的一致估计量。因此，如果我们选择工具的逻辑非常合理，那么 $\hat{\beta}_1$ 和 $\tilde{\beta}_1$ 之间的差别应该仅是抽样误差。豪斯曼（Hausman，1978）提出，我们可以基于这两个估计量的差 $\hat{\beta}_1 - \tilde{\beta}_1$ 来检验 z_3 和 z_4 是否都是外生的。稍后我们会给出一个更简单的检验方法，但在这之前，我们应该先了解如何解释这个检验的结果。

如果我们判定 $\hat{\beta}_1$ 和 $\tilde{\beta}_1$ 在统计上是不同的，那么，我们必须承认 z_3、z_4 或二者都不满足外生性假定。但不幸的是，我们不知道到底是哪种情况（除非我们一开始就直接断言，比方说 z_3 是外生的）。举例来说，如果 y_2 表示对数工资方程中的受教育年数，z_3 表示母亲的受教育水平，z_4 表示父亲的受教育水平，那么，这两个 IV 估计量有统计显著的差别，就意味着父母之一或双方的受教育水平变量与（15.54）中的 u_1 相关。

当然，拒绝工具变量外生的结果是很严重的，要求更换估计方法。但在比较 IV 估计值时，更严重而又微妙的问题是，如果两个工具都不满足外生性要求，它们也可能很近似。在上例中，如果母亲的受教育程度与 u_1 正相关，那么父亲的受教育程度亦应该如此。因此，尽管这两个 IV 估计值都是不一致的，但它们很相似。实际上，由于本例中选择工具变量的逻辑类似，所以尽管它们分别用于不同的 IV 估计过程，却有可能得到类似的估计值，但它们都是不一致的。这里的结论是：即使我们的 IV 程序通过了豪斯曼检验，我们也不应该盲目乐观。

在比较这两个 IV 估计值时，另一个问题是：虽然它们看起来确实不同，但我们不能从统计上拒绝它们是同一个总体参数一致估计值的原假设。比如，在用 IV 估计（15.40）时，*motheduc* 被用作唯一的工具，*educ* 的系数是 0.049（0.037）。如果我们只用 *fatheduc* 作为 *educ* 的 IV，*educ* 的系数是 0.070（0.034）。［不出意料，利用父母双方的受教育水平作为 IV 得到的估计值介于二者之间，即 0.061（0.031）。］从政策角度看，多受一年教育的估计回报率是 5% 还是 7% 有很大的差别。但就像例 15.8 所说明的那样，这个差别不是统计显著的。

上述比较同一参数不同 IV 估计值的过程是检验**过度识别约束**（overidentifying restrictions）的其中一例。一般思想是：我们所拥有的工具多于得到一致估计结果所需要的工具数量。在上例中，我们拥有的工具数量比实际需要的多一个，而这就导致有一个过度识别约束有待检验。在一般情形中，假设我们拥有的工具数量比需要的数量多出 q 个。比如，在只有一个外生解释变量 y_2 的情况下，而 y_2 又有三个工具可用，那么，我们就有 $q=3-1=2$ 个过度识别约束。当 q 为 2 或 2 以上时，比较几个不同的 IV 估计值就变得很困难。但我们可以很容易地基于 2SLS 残差计算出一个检验统计量。其思想是：如果所有的工具都是外生的，那么，除了抽样误差外，2SLS 残差与工具应该不相关。但如果有 $k+1$ 个参数和 $k+1+q$ 个工具，那么，2SLS 残差的均值为 0，而且与这些工具的 k 个线性组合都不相关。（这个数学结论包含了 OLS 残差均值为 0 并与 k 个解释变量不相关的特殊情形。）因此，我们需要检验 2SLS 的残差与这些工具的 q 个线性方程是否相关，并且我们不需要确定具体的函数形式；检验会自动为我们做到这一点。

当本章附录列出的同方差假定 2SLS.5 成立时，如下基于回归的检验就是可靠的。

过度识别约束检验：

（i）用 2SLS 法估计结构方程，获得 2SLS 残差 $\hat{u}_1$。

（ii）将 $\hat{u}_1$ 对所有外生变量回归，获得 R^2，即 R_1^2。

（iii）在所有 IV 都与 u_1 不相关的原假设下，$nR_1^2 \overset{a}{\sim} \chi_q^2$，其中，$q$ 是模型之外的工具变量数目减去内生性解释变量的总数目。如果 nR_1^2 超过了 χ_q^2 分布中的（例如）5% 临界值，我们拒绝 H_0，并推断出至少部分 IV 不是外生的。

例 15.8

职业女性的教育回报

当我们在方程（15.40）中用 *motheduc* 和 *fatheduc* 作为 *educ* 的 IV 时，我们有一个过度识别约束。将 2SLS 残差 $\hat{u}_1$ 对 *exper*、*exper²*、*motheduc* 和 *fatheduc* 回归，得到 $R_1^2 = 0.000\,9$。因此，$nR_1^2 = 428 \times 0.000\,9 = 0.385\,2$，这在 χ_1^2 分布中是一个非常小的值（p 值 = 0.535）。因此，父母亲的受教育程度变量通过了过度识别检验。当我们将丈夫的受教育程度（*huseduc*）添加到 IV 表中，我们得到了两个过度识别约束，$nR_1^2 = 1.11$（p 值 = 0.574）。因此，将 *huseduc* 添加到 IV 表中似乎是合理的，因为它减少了 2SLS 估计值的标准误：运用所有三个工具，得到 *educ* 的 2SLS 估计值为 0.080（se = 0.022），比不运用 *huseduc* 作为 IV 时的结果（$\hat{\beta}_{educ} = 0.061$，se = 0.031）显著得多。

当 $q = 1$ 时，一个很自然的问题是：这个以回归方程为基础的检验与直接比较估计值的检验相比如何呢？事实上，这两种检验方法的结果渐近相同。实践中，一般就采用计算两个 IV 估计值并看它们有多大的不同的方法。更一般地，当 $q \geqslant 2$ 时，我们可以将运用所有 IV 的 2SLS 估计值与只用一个工具的 IV 估计值进行比较。通过这种比较，我们就能够看出各个 IV 估计值是否确实不同，而无须考虑过度识别检验拒绝与否。

在前面的例子中，我们提到了关于 2SLS 的一个普遍事实：在标准的 2SLS 假定下，在表中增加变量提高了 2SLS 的渐近有效性。可是，这就要求任何一个新工具实际上都是外生的（否则，2SLS 甚至将不是一致的），而且这只是一个渐近结果。在有限的样本容量下，增加过多的工具（即增加过度识别约束的数目）会导致

2SLS 出现严重偏误。详细的讨论将使我们大大偏离正题。邦德、耶格和贝克（Bound，Jaeger，and Baker，1995）给出了一个很好的例子，他们认为安格里斯特和克鲁格（Angrist and Krueger，1991）用许多工具变量获得的教育回报的 2SLS 估计值，很可能是严重有偏的。（即使有成百上千的观测值！）

只要我们有多于所需的工具变量，我们都可以使用过度识别检验。如果我们有恰好足够的工具，该模型便被称为是恰好识别的，第（ii）部分的 R^2 将恒等于零。正如我们前面提到的，在恰好识别的情况下，我们不能检验工具的外生性。

该检验能对任意形式的异方差性都保持稳健；关于细节，参见 Wooldridge（2010，Chapter 5）。

15.6 异方差条件下的 2SLS

2SLS 估计中的异方差性提出了本质上与 OLS 情况下相同的问题。最重要的是能够在异方差形式未知且任意的情况下，获得（渐近）稳健的标准误与检验统计量。事实上，如果用 $\hat{\gamma}_{ij}$ 对其他 $\hat{x}_{ij}$ 进行回归就得到了 $\hat{x}_{ji}$，其中"^"表示在第一阶段（针对内生解释变量）回归中得到的拟合值，那么表达式（8.4）就仍是有效的。伍德里奇（Wooldridge，2010，Chapter 5）做了更详尽的讨论。有些软件包也例行做此检验。

事实上，我们也能用与第 8 章讨论过的布鲁施-帕甘检验相似的方法来检验异方差性。令 $\hat{u}$ 表示 2SLS 残差，并令 z_1，z_2，…，z_m 表示所有外生解释变量（包括那些用作内生变量 IV 的变量）。那么，在合理的假定下［例如，在伍德里奇（Wooldridge，2010，Chapter 5）中已有详细说明］，用 $\hat{u}^2$ 对 z_1，z_2，…，z_m 回归，其中用于联合显著检验的 F 统计量就是一个检验异方差性的渐近有效的统计量。若 z_j 联合显著，则拒绝同方差的原假设。

如果我们将它应用于例 15.8 中，用 $motheduc$、$fatheduc$ 和 $huseduc$ 作为 $educ$ 的工具，得到 $F_{5,422}=2.53$，p 值 $=0.029$。在 5% 的显著性水平上，这就是异方差性的证据。我们也可以计算出异方差—稳健的标准误来说明这一点。

如果我们知道误差项的方差是如何依赖于外生变量的，就可以用加权 2SLS 方法，本质上，它与 8.4 节中一样。在估计出 $\mathrm{Var}(u \mid z_1, z_2, \cdots, z_m)$ 的模型后，我们将第 i 次观测的因变量、解释变量和所有工具变量都除以 $\sqrt{h_i}$，其中 $\hat{h}_i$ 表示所估计的方差。（常数既是解释变量又是 IV，将它除以 $\sqrt{h_i}$；参见 8.4 节。）这样，我们就通过转换工具在转换方程中应用了 2SLS 法。

15.7 将 2SLS 应用于时间序列方程

当我们将 2SLS 应用于时间序列数据时，第 10、11 和 12 章中对 OLS 所作的许多考虑都同样适用于此。写出每一时期的结构方程为：

$$y_t = \beta_0 + \beta_1 x_{t1} + \cdots + \beta_k x_{tk} + u_t \tag{15.52}$$

其中也许一个或多个解释变量 x_{tj} 与 u_t 相关。用 z_{t1}，$\cdots$，z_{tm} 表示一组外生变量：

$$E(u_t) = 0, \text{Cov}(z_{tj}, u_t) = 0, j = 1, \cdots, m$$

思考题 15.4

检验政府支出增长对产出增长之影响的一个模型是：

$$gGDP_t = \beta_0 + \beta_1 gGOV_t + \beta_2 INVRAT_t$$
$$+ \beta_3 gLAB_t + u_t$$

式中，g 表示增长，GDP 是真实国内生产总值，GOV 是真实政府支出，INVRAT 是国内投资总额占 GDP 的比率，LAB 是劳动力规模。［参见拉姆（Ram，1986）中的方程 (6)。］在什么样的假定下，一个表示 $t-1$ 年的总统是否为共和党人的虚拟变量，可以成为 $gGOV_t$ 的合适 IV？

该模型中任何一个外生解释变量同时也都是一个 z_{tj}。为了识别，必须有 $m \geq k$（我们的外生变量至少与解释变量一样多）。

对时间序列或横截面数据来说，2SLS 的运作机制是完全相同的，只是对于时间序列数据，2SLS 的统计性质依赖于潜在序列的趋势性和相关性质。特别是，如果因变量或解释变量含有趋势，我们就必须小心地把趋势包括进来。由于时间趋势是外生的，所以它总是可以作为自身的工具变量。如果运用了月份或季度数据，季节虚拟变量同样可作为工具。

具有强持续性（有单位根）的序列必须谨慎处理，正像 OLS 的情况那样。往往在估计之前要对方程进行差分，包括对工具变量进行差分。

在第 11 章对于 OLS 渐近性质的类似假定下，针对时间序列数据的 2SLS 估计量是一致的，且渐近地服从正态分布。实际上，如果我们在表述假定时用工具变量代替解释变量，我们只需要增加对 2SLS 的识别假定。例如，同方差假定可表述为：

$$E(u_t^2 \mid z_{t1}, \cdots, z_{tm}) = \sigma^2 \tag{15.53}$$

无序列相关的假定可表述为：

$$E(u_t u_s \mid \mathbf{z}_t, \mathbf{z}_s) = 0, \text{对于所有 } t \neq s \tag{15.54}$$

式中，$\mathbf{z}_t$ 表示 t 时期的所有外生变量。完整的假定在本章附录中给出。我们会在第 16 章中给出运用 2SLS 处理时间序列的例子；也可参见计算机练习 C4。

如同在 OLS 的情况下那样，时间序列数据往往难以满足无序列相关的假定。幸运的是，检验 AR(1) 的序列相关十分简单。如果我们写出 $u_t = \rho u_{t-1} + e_t$，并将之代入方程（15.52），便得到：

$$y_t = \beta_0 + \beta_1 x_{t1} + \cdots + \beta_k x_{tk} + \rho u_{t-1} + e_t, t \geq 2 \tag{15.55}$$

为检验 $H_0: \rho_1 = 0$，我们必须用 2SLS 残差 $\hat{u}_{t-1}$ 代替 u_{t-1}。此外，如果（15.52）中的 x_{tj} 是内生的，那么它在（15.55）中也是内生的，所以我们仍需要一个 IV。又因为 e_t 与 u_t 的所有过去值都不相关，所以 $\hat{u}_{t-1}$ 可用作它自身的工具。

在 2SLS 之后检验 AR(1) 序列相关：

(i) 用 2SLS 估计（15.52），获得 2SLS 残差 $\hat{u}_t$。

(ii) 用 2SLS 估计

$$y_t = \beta_0 + \beta_1 x_{t1} + \cdots + \beta_k x_{tk} + \rho \hat{u}_{t-1} + 误差项_t, \quad t = 2, \cdots, n$$

式中，除 $\hat{u}_{t-1}$ 之外，使用与第（i）步相同的工具。用 $\hat{\rho}$ 的 t 统计量检验 H_0：$\rho = 0$。

正如第 12 章中该检验的 OLS 版本那样，虽然 t 统计量仅具有渐近的正确性，但在实践中它往往会很奏效。可用异方差—稳健型的检验来提防异方差性。此外，还可把滞后残差添加到方程中，以便运用一个联合的 F 检验来检验更高阶的序列相关。

如果我们检测出序列相关会怎么样呢？一些计量经济软件将计算那些对形式相当一般的序列相关和异方差性保持稳健的标准误。如果你用你的计量软件包进行计算，这会非常简单、方便。其计算与 12.5 节中 OLS 的那些计算非常相似。〔参见伍德里奇（Wooldridge，1995）中的公式和其他计算方法。〕

另一个选择是运用 AR(1) 模型，并修正序列相关。运作过程与 OLS 的过程非常相似，并对工具变量施加了额外的约束。准差分方程与方程（12.32）相同：

$$\bar{y}_t = \beta_0(1 - \rho) + \beta_1 \tilde{x}_{t1} + \cdots + \beta_k \tilde{x}_{tk} + e_t, \quad t \geq 2 \tag{15.56}$$

式中，$\tilde{x}_{tj} = x_{tj} - \rho x_{t-1,j}$。（正如在 12.3 节中，我们可以使用 $t = 1$ 时的观测，但为简单起见，我们在此略而不论。）问题是：我们能用什么作为工具变量呢？运用准差分工具，$\tilde{z}_{tj} = z_{tj} - \rho z_{t-1,j}$ 是一个自然的想法。不过，只有方程（15.52）中的原误差 u_t 在时期 t、$t-1$ 和 $t+1$ 都与工具不相关，这个想法才是可行的。也就是说，工具变量在（15.52）中必须是严格外生的。这就排除了滞后因变量作为 IV 的可能性。它也排除了 IV 的未来变动对误差 u_t 现在和过去的变化会做出反应的情形。

含 AR(1) 误差的 2SLS：

(i) 用 2SLS 估计（15.52），获得 2SLS 残差 $\hat{u}_t$，$t = 1, 2, \cdots, n$。

(ii) 从 $\hat{u}_t$ 对 $\hat{u}_{t-1}$（$t = 2, \cdots, n$）的回归中获得 $\hat{\rho}$ 并对所有 $t \geq 2$，构造准差分变量 $\bar{y}_t = y_t - \hat{\rho} y_{t-1}$，$\tilde{x}_{tj} = x_{tj} - \hat{\rho} x_{t-1,j}$，和 $\tilde{z}_{tj} = z_{tj} - \hat{\rho} z_{t-1,j}$。（记住，在大多数情况下，有些 IV 也是解释变量。）

(iii) 运用 $\tilde{z}_{tj}$ 作为工具，用 2SLS 估计（15.56）（其中 ρ 用 $\hat{\rho}$ 代替）。假定（15.56）满足本章附录中的 2SLS 假定，通常的 2SLS 检验统计量便是渐近有效的。

我们也可以像普莱斯-温斯顿（Prais-Winsten）估计法处理含有外生解释变量的模型那样，使用第一期的数据。要得到第一期的变换结果，只需要将变量（因变量、解释变量和工具变量）值都乘以 $(1 - \hat{\rho})^{1/2}$ 即可。（参见 12.3 节。）

15.8　将 2SLS 应用于混合横截面和面板数据

对独立混合横截面数据运用工具变量法并不会引起新的问题。正如应用 OLS 法来估计一样，我们需要在模型中包括代表时间段的虚拟变量，以便把总的时间效应考虑进来。这时虚拟变量都是外生的（因为时间的趋势是外生的），所以它们充当了自身的工具变量。

例 15.9

教育对生育率的影响

在例 13.1 中，我们利用 FERTIL1 中的混合横截面，在控制了其他各种因素的条件下，估计教育对女性生育率的影响。正如桑德（Sander，1992）那样，我们考虑 $educ$ 在方程中为内生的可能性。用母亲和父亲的教育水平（$meduc$，$feduc$）作为 $educ$ 的工具变量。β_{educ} 的 2SLS 估计值是 -0.153（se＝0.039），相比之下，OLS 估计值为 -0.128（se＝0.018）。就教育对生育率的影响而言，2SLS 估计值多少要更大一些，但 2SLS 的标准误超过 OLS 标准误的两倍。（实际上，基于 2SLS 的 95％置信区间无疑包含了 OLS 估计值。）β_{educ} 的 OLS 和 2SLS 估计值在统计上无明显差异，这一点通过 15.5 节中 $educ$ 的内生性检验就可以看出来：当把约简型残差 $\hat{v}_2$ 和表 13.1 中的其他回归元（包括 $educ$）一起包括进来时，它的 t 统计值是 0.702，这在任何合理的水平下都不显著。因此，在这种情况下，我们得出结论：2SLS 与 OLS 之间的差异源自抽样误差。

在存在无法观测的效应，且一个或多个随时间而变化的解释变量具有内生性的情况下，为了一致地估计参数，工具变量估计可与面板数据方法（特别是一阶差分）相结合。以下简单的例子便说明了这种方法上的结合。

例 15.10

工作培训与工人生产力

假定我们要估计多接受一个小时的工作培训对工人生产力的影响。对 1987 年和 1988 年两年，考虑简单的面板数据模型：

$$\log(scrap_{it})=\beta_0+\delta_0 d88_t+\beta_1 hrsemp_{it}+a_i+u_{it}, \ t=1, \ 2$$

式中，$scrap_{it}$ 为企业 i 第 t 年的废弃率；$hrsemp_{it}$ 为平均每位雇员所接受的工作培训小时数。照例，我们的模型中包括不同的年度截距项以及一个对时间恒定的无法观测的工厂效应 a_i。

出于 13.2 节中讨论的原因，我们也许担心 $hrsemp_{it}$ 与 a_i 相关，后者包含了无法观测的工人能力。如同前面一样，我们通过差分来消除 a_i：

$$\Delta\log(scrap_i)=\delta_0+\beta_1 \Delta hrsemp_i+\Delta u_i \tag{15.57}$$

一般而言，我们会用 OLS 来估计该方程。但若 Δu_i 与 $\Delta hrsemp_i$ 相关时怎么办？例如，一个企业也许在雇用更多熟练工人的同时，会降低工作培训小时数。在这种情况下，我们需要找到一个工具变量。通常，此类 IV 很难找到，但我们可以利用某些企业在 1988 年得到了工作培训补助这个事实来寻找工具。如果我们假定补助的分配与 Δu_i 不相关（这合情合理，因为补助是在 1988 年初划拨的），那么倘若 $\Delta hrsemp$ 与 $\Delta grant$ 相关，$\Delta grant_i$ 就是一个有效的 IV。利用 JTRAIN 中 1987 年与 1988 年之间的差分数据，第一阶段的回归为：

$$\Delta \widehat{hrsemp} = 0.51 + 27.88 \Delta grant$$

$$(1.56)(3.13)$$

$$n = 45, \ R^2 = 0.392$$

这证实了平均每位雇员所受工作培训的小时数变化与 1988 年得到了工作培训补助有很强的正相关。事实上，得到了工作培训补助，使每位雇员平均接受的培训增加了约 28 小时。补助分配约解释了 $\Delta hrsemp$ 中 40% 的波动。方程（15.57）的两阶段最小二乘估计结果为

$$\Delta \log(scrap) = -0.033 - 0.014 \Delta hrsemp$$

$$(0.127) \quad (0.008)$$

$$n = 45, \ R^2 = 0.016$$

这意味着，每位工人接受的工作培训都增加了 10 小时，估计废弃率将下降约 14%。对于样本中的工厂，1988 年平均的工作培训时间约为每人 17 小时，最低为 0，最高为 88 小时。

相比之下，方程（15.57）的 OLS 估计得出 $\hat{\beta}_1 = -0.0076$（se $= 0.0045$），β_1 的 2SLS 估计值在大小上差不多是它的两倍，且在统计上也稍微显著一些。

当 $T \geqslant 3$ 时，差分方程可能包含序列相关。15.7 节中对 AR(1) 序列相关的检验和修正同样适用，其中所有的回归对 i 和 t 都是混合的。因为我们想保留整个样本时期，所以应该对最初的时期使用普莱斯-温斯顿变换。

对于包含滞后因变量的不可观测效应模型，要获得一致估计也需要使用 IV 估计方法。原因在于，进行了差分之后，由于 $y_{i,t-1}$ 与 $u_{i,t-1}$ 的相关导致 $\Delta y_{i,t-1}$ 与 Δu_{it} 也相关。我们可用 y 的两期或更长期滞后作为 $\Delta y_{i,t-1}$ 的 IV。［详细情况参见 Wooldridge（2010，Chapter 11）。］

差分后的工具变量同样可用于配对样本中。阿申费尔特和克鲁格（Ashenfelter and Krueger，1994）在孪生子之间对工资方程进行差分，以消除不可观测的能力因素：

$$\log(wage_2) - \log(wage_1) = \delta_0 + \beta_1 (educ_{2,2} - educ_{1,1}) + (u_2 - u_1)$$

式中，$educ_{1,1}$ 为孪生长子报告的自己的读书年数；$educ_{2,2}$ 为孪生次子报告的自己的读书年数。为了将自己报告的读书年数的可能测量误差考虑在内，阿申费尔特和克鲁格运用 $(educ_{2,1} - educ_{1,2})$ 作为 $(educ_{2,2} - educ_{1,1})$ 的 IV，其中 $educ_{2,1}$ 是孪生长子报告的孪生次子的读书年数，$educ_{1,2}$ 是孪生次子报告的孪生长子的读书年数。β_1 的 IV 估计值是 0.167（$t = 3.88$），相比之下，一阶差分的 OLS 估计值为 0.092（$t = 3.83$）［参见 Ashenfelter and Krueger（1994，Table 3）］。

本章小结

在第 15 章中，我们介绍了工具变量的方法，当一个或多个解释变量为内生时，它可对线性模型中的参数进行一致估计。工具变量必须具备两个性质：（1）它必须是外生的，即与结构方程中的误差项不相关；（2）它必须与内生性解释变量偏相关。寻找具有这两个性质的变量常常富有挑战性。

两阶段最小二乘的方法在实证社会科学中非常常见，它容许工具变量数比我们的解释变量更多。如果使用恰当，在存在内生性解释变量时，它使我们能够估计出其他条件不变的效应，在横截面、时间序列和面板数据应用中都是如此。但若工具变量很糟糕（这意味着它们与误差项相关，或仅与内生性解释变量弱相关，或二者兼有），则 2SLS 可能还不如 OLS。

我们若有恰当的工具变量，便可以用 15.5 节中的检验来观察一个解释变量是否内生。此外，尽管我们无法检验是否所有的 IV 都是外生的，但我们至少可以检验它们中的一部分是外生的——假定我们拥有的工具数比进行一致估计所需的工具数还多（即模型是过度识别的）。运用类似于外生解释变量模型所用的方法，我们可以检验并处理异方差性和序列相关性。

在本章中，我们用遗漏变量问题和测量误差问题说明了工具变量方法。IV 法在联立方程模型中也是必不可少的。这一点我们将在第 16 章中讨论。

关键术语

内生性解释变量	工具	秩条件
变量误差（EIV）	工具变量	过度识别约束
排除性约束	工具变量（IV）估计量	工具外生性
约简型方程	外生解释变量	工具相关性
两阶段最小二乘（2SLS）估计量	第一阶段	自然试验
识别	遗漏变量	弱工具

习 题

1. 考虑一个简单模型，来估计在大型公立大学中个人电脑拥有率（PC）对毕业生平均绩点的影响：

$$GPA = \beta_0 + \beta_1 PC + u$$

（i）为什么个人电脑拥有率可能与 u 相关？

（ii）解释为什么个人电脑拥有率有可能与父母的年收入相关。如果相关，这是否意味着父母的收入是 PC 的好的 IV？为什么？

（iii）假定四年前学校承诺将会给一半的新生提供购买电脑的补助，而收到补助的学生是随机挑选的，请详细解释你将如何利用这则信息来构建 PC 的工具变量。

2. 假设你想如同例 6.3 那样估计出勤率对学生成绩的影响。一个基本模型是

$$stnd\,fnl = \beta_0 + \beta_1 atndrte + \beta_2 priGPA + \beta_3 ACT + u$$

其中变量的定义与第 6 章相同。

(i) 令 $dist$ 为学生宿舍到教学楼的距离。你认为 $dist$ 与 u 不相关吗？

(ii) 假定 $dist$ 与 u 不相关，要成为 $atndrte$ 的一个有效 IV，$dist$ 还必须另外满足什么假定？

(iii) 假定我们如同在方程（6.18）中那样增加交互项 $priGPA \cdot atndrte$：

$$stnd\,fnl = \beta_0 + \beta_1 atndrte + \beta_2 priGPA + \beta_3 ACT + \beta_4 priGPA \cdot atndrte + u$$

若 $atndrte$ 与 u 相关，则一般认为 $priGPA \cdot atndrte$ 也与 u 相关。$priGPA \cdot atndrte$ 的一个好 IV 将是什么呢？[提示：若 $E(u \mid priGPA, ACT, dist) = 0$（在 $priGPA$、ACT、$dist$ 均外生时出现），则 $priGPA$ 和 $dist$ 的任何函数都与 u 不相关。]

3. 考虑简单回归模型

$$y = \beta_0 + \beta_1 x + u$$

令 z 为 x 的二值工具变量。运用（15.10），证明 IV 估计量 $\hat{\beta}_1$ 可以写成：

$$\hat{\beta}_1 = (\bar{y}_1 - \bar{y}_0) / (\bar{x}_1 - \bar{x}_0)$$

其中，$\bar{y}_0$ 和 $\bar{x}_0$ 是 $z_i = 0$ 的那部分样本中 y_i 和 x_i 的样本均值，而 $\bar{y}_1$ 和 $\bar{x}_1$ 是 $z_i = 1$ 的那部分样本中 y_i 和 x_i 的样本均值。该估计量称为群组估计量，它由瓦尔德（Wald, 1940）最先提出。

4. 假定给定美国某个州，你想要利用年度数据，估计州最低工资对 18～25 岁年轻人就业（EMP）的影响。一个简单的模型为：

$$gEMP_t = \beta_0 + \beta_1 gMIN_t + \beta_2 gPOP_t + \beta_3 gGSP_t + \beta_4 gGDP_t + u_t$$

式中，MIN_t 为最低实际工资；POP_t 为 18～25 岁的人口；GSP_t 为州地区生产总值；GDP_t 为美国国内生产总值。前缀 g 表示从 $t-1$ 年到 t 年的增长率，通常用对数之差来近似计算。

(i) 如果我们担心，该州对于最低工资的选择是基于一些（对我们来说）无法观测但对年轻人就业有影响的因素来确定的，那么 OLS 估计存在什么问题？

(ii) 令 $USMIN_t$ 为美国最低工资，它也是一个实际量。你认为 $gUSMIN_t$ 与 u_t 不相关吗？

(iii) 按照法律，各州的最低工资都必须不低于全国最低工资。解释为什么这使得 $gUSMIN_t$ 成为 $gMIN_t$ 的一个潜在 IV。

5. 参考方程（15.19）和（15.20）。假定 $\sigma_u = \sigma_x$，因而误差项中的总体波动与 x 中的总体波动一样。假定工具变量 z 与 u 轻微相关：$\text{Corr}(z, u) = 0.1$，又假定 z 与 x 具有略微强一些的相关：$\text{Corr}(z, x) = 0.2$。

(i) IV 估计量的渐近偏误是多少？

(ii) x 与 u 之间必须存在多大程度的相关，OLS 才比 2SLS 具有更大的渐近偏误？

6. (i) 在含有一个内生性解释变量、一个外生解释变量和一个额外的外生变量的模型中，将 y_2 的约简型（15.26）代入结构方程（15.22），便得到 y_1 的约简型为：

$$y_1 = \alpha_0 + \alpha_1 z_1 + \alpha_2 z_2 + v_1$$

求以 β_j 和 π_j 表示的 α_j。

(ii) 求以 u_1、v_2 和参数表示的约简型残差 v_1。

(iii) 你如何一致地估计 α_j？

7. 如下的简单模型是用来度量选校方案对标准化测验成绩的影响的［关于动机，参见 Rouse (1998)；关于对罗斯（Rouse）数据子集的分析，参见计算机练习 C11］：

$$score = \beta_0 + \beta_1 choice + \beta_2 faminc + u_1$$

式中，score 为一次全州范围内的测验成绩；choice 为一个二值变量，表示一个学生去年是否去所选择的学校上学；faminc 为家庭收入。choice 的工具是 grant，即资助学生用于择校学费的美元数量。资助金额因家庭收入水平的不同而不同，因此我们在方程中要控制 faminc。

(i) 尽管方程中有 faminc，为什么 choice 还可能与 u_1 相关？

(ii) 如果在每个收入等级中，资助金额是随机分配的，那么 grant 是否与 u_1 不相关？

(iii) 写出 choice 的约简型方程。我们需要什么而使 grant 与 choice 偏相关？

(iv) 写出 score 的约简型方程。解释它为什么有用？（提示：你如何解释 grant 的系数？）

8. 假定你想检验女子高中的女生是否比男女同校的女生数学成绩更好。你有来自美国某个州高中女生的一个随机样本。score 是标准化数学测验的成绩。令 girlhs 为表示是否就读于女子高中的虚拟变量。

(i) 在方程中你应该控制什么其他因素？（你应当能合理地搜集到这些因素的数据。）

(ii) 写出 score 关于 girlhs 和你在第（i）部分中所列其他因素的方程。

(iii) 假定第（ii）部分父母的支持和动机是误差项内不可测量的因素。它们是否很可能与 girlhs 相关？请解释。

(iv) 讨论使女生家 20 英里范围内女子高中的数目成为 girlhs 的一个有效 IV 所需的假定。

(v) 假定当你估计 girlhs 的简化形式时，你发现 numghs（20 英里半径范围内女子高中的数量）的系数是负值且统计上显著。你认为继续将 numghs 作为 girlhs 的工具变量进行估计是合理的吗？请解释。

9. 假定方程（15.8）中没有 skipped 的工具变量的较好选择。但你有关于学生的两则信息：综合 SAT 成绩和以往学期的累积 GPA。若不进行 IV 估计，你会做些什么？

10. 在近来的一篇论文中，埃文斯和施瓦布（Evans and Schwab, 1995）研究了就读于天主教高中对将来读大学的概率所产生的影响。为具体起见，令 college 为二值变量，如果读大学则等于 1，否则为 0。令 CathHS 也为二值变量，如果就读于天主教高中则等于 1。一个线性概率模型是：

$$college = \beta_0 + \beta_1 CathHS + 其他因素 + u$$

式中，其他因素包括性别、种族、家庭收入和父母的受教育程度。

(i) 为什么 CathHS 可能与 u 相关？

(ii) 埃文斯和施瓦布拥有关于每个学生在大二时进行的标准化测验成绩数据。我们用这些变量能做些什么，以改进就读于天主教高中在其他条件不变情况下的估计值？

(iii) 令 CathRel 为二值变量，若学生是天主教徒则等于 1。讨论它成为前面方程中 CathHS 的一个有效的 IV 所需的两个要求。其中哪一个可加以检验？

(iv) 不足为奇，作为天主教徒对是否就读于一所天主教高中有正向显著的影响。你认为 CathRel 作为 CathHS 的工具变量令人信服吗？

11. 考虑一个简单的时间序列模型，其中解释变量具有经典的测量误差：

$$y_t = \beta_0 + \beta_1 x_t^* + u_t$$
$$x_t = x_t^* + e_t \tag{15.58}$$

式中，u_t 有零均值，且与 x_t^* 和 e_t 不相关。我们只观测到 y_t 和 x_t。假定 e_t 有零均值，与 x_t^* 不相关，而且 x_t^* 也有零均值（最后一项假定只是为了数学上的简化）。

（i）写出 $x_t^* = x_t - e_t$，并将之代入方程（15.58）。证明：若 $\beta_1 > 0$，则新方程中的误差项 v_t 与 x_t 负相关。这对于从 y_t 对 x_t 做回归得到 β_1 的 OLS 估计量来说，意味着什么？

（ii）除前面的假定之外，假定 u_t 和 e_t 均与 x_t^* 和 e_t 的所有过去值，特别是与 x_{t-1}^* 和 e_{t-1} 不相关。证明：$E(x_{t-1} v_t) = 0$，其中 v_t 是第（i）部分模型的误差项。

（iii）x_t 与 x_{t-1} 是否很可能相关？请解释。

（iv）为了一致地估计 β_0 和 β_1，第（ii）部分和第（iii）部分能为我们提供什么有用的策略？

计算机练习

C1. 本题利用 WAGE2 中的数据。

（i）在例 15.2 中，如果用 sibs 作为 educ 的一个工具，教育回报的 IV 估计值是 0.122。为了使你自己确信，运用 sibs 作为 educ 的 IV，与仅将 sibs 代入以取代 educ 并做 OLS 回归的确是不一样的，试将 $\log(wage)$ 对 sibs 进行回归，并解释你的结果。

（ii）变量 brthord 是出生的次序（对最先出生的子女，brthord 为 1，对第二个出生的子女，其值为 2，等等）。解释为什么 educ 可能与 brthord 负相关。进行 educ 对 brthord 的回归，判断是否存在统计上显著的负相关。

（iii）在方程（15.1）中用 brthord 作为 educ 的一个 IV。报告并解释其结果。

（iv）现在，假定我们将兄弟姐妹的数目作为解释变量引入工资方程。这在某种程度上控制了家庭背景。
$$\log(wage) = \beta_0 + \beta_1 educ + \beta_2 sibs + u$$
假设我们想用 brthord 作为 educ 的 IV，并假定 sibs 是外生的。educ 的约简型是：
$$educ = \pi_0 + \pi_1 sibs + \pi_2 brthord + v$$
表述并检验识别假定。

（v）用 brthord 作为 educ 的 IV（sibs 作为自身的 IV），估计第（iv）部分的方程。评论 $\hat{\beta}_{educ}$ 和 $\hat{\beta}_{sibs}$ 的标准误。

（vi）运用第（iv）部分的拟合值 $\widehat{educ}$，计算 $\widehat{educ}$ 与 sibs 之间的相关性。用该结论解释你在第（v）部分中发现的结果。

C2. FERTIL2 中的数据含有 1988 年博茨瓦纳妇女关于孩子数目、受教育年数、年龄和宗教、经济地位等变量的信息。

（i）用 OLS 估计以下模型：
$$children = \beta_0 + \beta_1 educ + \beta_2 age + \beta_3 age^2 + u$$
并解释估计值。特别是，固定 age 不变，再受一年教育对生育率的影响估计是多少？如果 100 位妇女再受一年教育，预期她们的孩子数目将减少多少？

（ii）frsthalf 是虚拟变量，若该妇女在上半年内分娩则取值 1。假定 frsthalf 与第（i）部分中的误差项不相关，请说明 frsthalf 是 educ 的一个合理的 IV 备选。（提示：你需要做一次回归。）

（iii）通过用 frsthalf 作为 educ 的 IV，估计第（i）部分中的模型。将所估计的教育影响与第（i）部分中得到的 OLS 估计值进行比较。

（iv）在模型中增加二值变量 electric、tv 和 bicycle。假定它们都是外生的。用 OLS 和 2SLS 估计方程，并比较 $educ$ 的估计系数。解释 tv 的系数，以及为什么拥有电视对生育率有负效应。

C3. 本题利用 CARD 中的数据。

（i）我们在例 15.4 中所估计的方程可写成：

$$\log(wage)=\beta_0+\beta_1 educ+\beta_2 exper+\cdots+u$$

其中，其他解释变量在表 15.1 中列出。为了使 IV 具有一致性，$educ$ 的 IV，即 $nearc4$，必须与 u 不相关。$nearc4$ 是否与误差项内的因素，例如无法观测的能力相关？请解释。

（ii）对于数据集中的男性子样本，可以得到其 IQ 分数。做 IQ 对 $nearc4$ 的回归，以验证平均 IQ 分数是否因该男子在四年制大学附近长大而改变。你将得出什么结论？

（iii）现在，将 IQ 对 $nearc4$、$smsa66$ 及 1966 年地域性虚拟变量 $reg662,\cdots,reg669$ 进行回归。排除了地域性虚拟变量之后，IQ 是否与 $nearc4$ 相关？如何使该答案与你在第（ii）部分中发现的结果相符？

（iv）在第（ii）和第（iii）部分，对于在 $\log(wage)$ 方程中控制 $smsa66$ 和 1966 年地域性虚拟变量的重要性，你将得出什么结论？

C4. 本题利用 INTDEF 中的数据。关于三个月期国库券利率与通货膨胀率（从消费者价格指数中计算）的一个简单方程为：

$$i3_t=\beta_0+\beta_1 inf_t+u_t$$

（i）用 OLS 估计该方程，为了后面的比较，略去时期 1。以通常格式报告结果。

（ii）一些经济学家认为消费者价格指数错误地测量了真实的通货膨胀率，以致第（i）部分的 OLS 承受了测量误差偏误。用 inf_{t-1} 作为 inf_t 的 IV，重新估计第（i）部分的方程。β_1 的 IV 估计值与 OLS 估计值相比如何？

（iii）现在做方程的一阶差分：

$$\Delta i3_t=\beta_0+\beta_1 \Delta inf_t+\Delta u_t$$

用 OLS 估计它，并将 β_1 的估计值与前面的估计值相比较。

（iv）在第（iii）部分的差分方程中，你能否用 Δinf_{t-1} 作为 Δinf_t 的 IV？请解释。（提示：Δinf_t 与 Δinf_{t-1} 是否充分地相关？）

C5. 本题利用 CARD 中的数据。

（i）表 15.1 中，教育回报的 IV 和 OLS 估计值之间的差异从经济学角度来说是重要的。从 $educ$ 对 $nearc4$，$exper$，$exper^2$，$black$，$smsa$，$south$，$smsa66$，$reg662,\cdots,reg669$（见表 15.1）的约简型回归中得出约简型残差。用这些来检验 $educ$ 是否外生；也就是说，判断 OLS 与 IV 之间的差异在统计上是否显著。

（ii）增加 $nearc2$ 作为工具，用 2SLS 估计方程。$educ$ 的系数变化很大吗？

（iii）检验第（ii）部分中的单个过度识别约束。

C6. 本题利用 MURDER 中的数据。变量 $mrdrte$ 是谋杀率，即每 100 000 个人中发生谋杀案的数目。变量 $exec$ 是当年和前两年中被处决的犯人总数；$unem$ 是州失业率。

（i）有多少个州在 1991 年、1992 年或 1993 年中至少处决了一个犯人？哪个州处决得最多？

（ii）利用 1990 年和 1993 年两年的数据，做一个 $mrdrte$ 对 $d93$、$exec$ 和 $unem$ 的混合回归。你如何解释 $exec$ 的系数？

（iii）仅利用从 1990 年到 1993 年的变化（对总共 51 个观测值），用 OLS 估计以下方程：

$$\Delta mrdrte=\delta_0+\beta_1 \Delta exec+\beta_2 \Delta unem+\Delta u$$

并以通常格式报告结果。现在，处以死刑是否看起来具有威慑作用？

（iv）处决的变化至少可能部分地与预期谋杀率的变化有关，因而 $\Delta exec$ 与第（iii）部分中的 Δu 相关。假定 $\Delta exec_{-1}$ 与 Δu 不相关也许是合乎情理的。（毕竟，$\Delta exec_{-1}$ 依赖于三年或更久以前进行的处决数。）将 $\Delta exec$ 对 $\Delta exec_{-1}$ 做回归，看它们是否充分相关；解释 $\Delta exec_{-1}$ 的系数。

（v）用 $\Delta exec_{-1}$ 作为 $\Delta exec$ 的 IV，重新估计第（iii）部分的方程。假定 $\Delta unem$ 是外生的。你从第（iii）部分得出的结论将怎样变化？

C7. 本题利用 PHILLIPS 中的数据。

（i）例 11.5 中，我们估计了如下形式的附加预期的菲利普斯曲线：

$$\Delta inf_t = \beta_0 + \beta_1 unem_t + e_t$$

其中，$\Delta inf_t = inf_t - inf_{t-1}$。用 OLS 估计该方程时，我们假定供给冲击 e_t 与 $unem_t$ 不相关。如果这是错误的，关于 β_1 的 OLS 估计量，可做什么解释？

（ii）假定 e_t 在给定所有过去信息的条件下是不可预期的：$E(e_t \mid inf_{t-1}, unem_{t-1}, \cdots) = 0$。解释为什么这使得 $unem_{t-1}$ 成为 $unem_t$ 的一个好的 IV 候选者。

（iii）将 $unem_t$ 对 $unem_{t-1}$ 做回归。$unem_t$ 与 $unem_{t-1}$ 是否显著相关？

（iv）用 IV 估计附加预期的菲利普斯曲线。以通常格式报告结果，并将之与例 11.5 中的 OLS 估计值进行比较。

C8. 本题利用 401KSUBS 中的数据。我们感兴趣的方程是一个线性概率模型：

$$pira = \beta_0 + \beta_1 p401k + \beta_2 inc + \beta_3 inc^2 + \beta_4 age + \beta_5 age^2 + u$$

这里的目标是要检验参与一项 401(k) 计划与拥有一个个人退休账户（IRA）是否有替代关系。因此，我们想估计 β_1。

（i）用 OLS 估计方程，并讨论 $p401k$ 的估计影响。

（ii）为了估计这两种不同类型的退休储蓄计划在其他条件不变情况下的替代关系，使用普通最小二乘法可能有什么问题？

（iii）变量 $e401k$ 是一个二值变量，并在一个工人有资格参与一项 401(k) 计划时取值 1。解释欲使 $e401k$ 成为 $p401k$ 的一个有效 IV 所需要的条件。这些假定看起来合理吗？

（iv）估计 $p401k$ 的约简型方程，并验证 $e401k$ 与 $p401k$ 具有显著的偏相关。因为约简型也是一个线性概率模型，所以使用一个异方差—稳健的标准误。

（v）现在，用 IV 估计结构方程，并将 β_1 的估计值与 OLS 估计值相比较。你同样应该得到异方差—稳健的标准误。

（vi）利用一个异方差—稳健的检验，检验如下原假设：$p401k$ 实际上是外生的。

C9. 本题是为了将正确使用 2SLS 估计法得到的估计值和标准误，与那些因使用过程不当而得到的估计值和标准误相比较。利用数据文件 WAGE2。

（i）利用 2SLS 法估计

$$\log(wage) = \beta_0 + \beta_1 educ + \beta_2 exper + \beta_3 tenure + \beta_4 black + u$$

式中，$sibs$ 是 $educ$ 的 IV。以通常格式报告结果。

（ii）现在手工进行 2SLS。即首先将 $educ_i$ 对 $sibs_i$、$exper_i$、$tenure_i$ 和 $black_i$ 进行回归，并得到拟合值 $\widehat{educ}_i$，$i = 1, \cdots, n$。然后，做 $\log(wage_i)$ 对 $\widehat{educ}_i$、$exper_i$、$tenure_i$ 和 $black_i$，$i = 1, \cdots, n$ 的第二阶段回归。证明 $\hat{\beta}_j$ 与第（i）部分中得到的结果相同，但标准误多少有些不同。在手工计算 2SLS 时，从

第二阶段回归中得到的标准误通常不太合适。

（iii）现在，使用如下两步法，它通常会得到 β_i 不一致的参数估计值，以及不那么一致的标准误。第一步，将 $educ_i$ 仅对 $sibs_i$ 回归，并得到拟合值 $\widetilde{educ_i}$。（注意，这是一个不正确的第一阶段回归。）然后，在第二步，做 $\log(wage_i)$ 对 $\widetilde{educ_i}$、$exper_i$、$tenure_i$ 和 $black_i$，$i=1,\cdots,n$ 的回归。从这个不正确的两步法中得到的教育回报估计值与正确的 2SLS 估计值相比如何？

C10. 本题使用 HTV 数据库。

（i）以 $educ$ 对 $\log(wage)$ 运行一次简单的 OLS 回归。在不控制其他变量因素的情况下，在 95% 的置信水平下，接受一年教育可以得到的回报是多少？

（ii）变量 $ctuit$，单位以千美元计，表示面向 17～18 岁学生的大学学费的变化。证明 $educ$ 和 $ctuit$ 基本上不相关。如果在简单的回归分析中将 $ctuit$ 作为 $educ$ 一个可能的工具变量，又能说明什么呢？

（iii）在第（i）部分的简单回归模型中加入二次项和关于当前居民以及 18 岁居民的全部区域虚拟变量，还要包括居民和 18 岁居民的城市指标。此时接受一年教育的估计回报是多少？

（iv）再次将 $ctuit$ 作为 $educ$ 的潜在工具变量，估计 $educ$ 的退化形式。〔自然，$educ$ 的退化形式此时已经包含了第（iii）部分中的解释变量。〕证明变量 $ctuit$ 在 $educ$ 的退化形式中是统计显著的。

（v）通过将 $ctuit$ 作为 $educ$ 的工具变量来对第（iii）部分中的方程进行估计，教育回报的置信区间与第（iii）部分中用 OLS 估计得到的置信区间相比有什么区别？

（vi）你认为第（v）部分中的工具变量估计过程是有说服力的吗？

C11. 本题使用 VOUCHER 数据库，这个数据库是劳斯 1998 年使用过的数据库的子集，用来估计择校对于学术成就的影响。在一个择校学校上学需要用一张教育券进行支付，并且券的获得是通过在所有申请者中抽签来决定的。本题选定的这个子集中每一个学生都有 1994 年数学测试的有效成绩（劳斯样本中可获得的最后一年数据）。不幸的是，正如劳斯指出的，许多学生的测试成绩都没有记录，这可能与学校削减规模相关（即离开密尔沃基公立学校范围）。这些数据中既包括申请了教育券计划并通过的学生，也包括申请了却没有被接受的学生，还包括没有申请的学生。因此，尽管这些券的获得者是在申请者中通过抽签决定的，我们也不一定能获得教育券随机抽中的人所在人群的随机样本。（一个需要考虑的事情是，那些从来没有申请过的学生与那些申请过的学生可能存在系统性差异——我们基于数据是无法发现这些差异的。）

劳斯（Rouse，1998）使用了我们在第 14 章讨论的面板数据类型来研究学生的固定效应；她也使用了工具变量法。本题要求你进行横截面分析，将赢得教育券作为择校的工具变量。实际上，我们有每个学生的多年样本数据，构建两个变量，第一个是 $choiceyrs$，是 1991—1994 年学生在择校学校上学的时间，变量取值从 0 到 4。第二个是 $selectyrs$，代表学生抽中教育券的时间。如果一个学生在 1990 年申请了这个项目并获得了教育券，$selectyrs=4$；如果在 1991 年申请并获得了教育券，$selectyrs=3$，依此类推。研究关注的结果是 $mnce$，表示学生在 1994 年进行的数学考试中取得的百分制成绩。

（i）在 990 个样本学生中，有多少人从来没有获得过教育券？有多少人 4 年都拥有教育券？有多少人实际上在择校学校就读 4 年？

（ii）以 $selectyrs$ 对 $choiceyrs$ 进行简单回归。这些变量的相关度是否符合你的预期？相关程度有多强？$selectyrs$ 对于 $choiceyrs$ 是否为一个合理的备选工具变量？

（iii）以 $choiceyrs$ 对 $mnce$ 进行简单回归。你发现了什么？这是你所期望的吗？如果在回归中加入变

量 *black*、*hispanic* 和 *female*，会发生怎样的变化？

(iv) 为什么 *choiceyrs* 在诸如下列等式中是内生变量？

$$mnce = \beta_0 + \beta_1 choiceyrs + \beta_2 black + \beta_3 hispanic + \beta_4 female + u_1$$

(v) 运用工具变量估计第（iv）部分的等式，以 *selectyrs* 作为 *choiceyrs* 的工具变量。使用工具变量是否体现出在择校学校学习对学生有积极效果？你如何理解其他解释变量的系数？

(vi) 为了控制先前成绩对随机抽签结果造成影响的可能性（以及预测规模削减），在第（iv）部分的等式中加入变量 *mnce90*——1990 年的数学分数。分别采用 OLS 和工具变量 IV 法估计等式，并比较 β_1 的结果。在采用工具变量的估计中，在择校学校上学一年对于百分制数学成绩而言有多大价值？这一点实际上是否有较大影响？

(vii) 为什么第（vi）部分的分析并不是完全令人信服的？［提示：与第（v）部分进行比较，观测值的数量有什么变化？为什么会有变化？］

(viii) 变量 *choiceyrs1*、*choiceyrs2* 等都是表示一个学生本可以在择校学校上学年数的虚拟变量（1991—1994 年间）。*selectyrs1*、*selectyrs2* 等虚拟变量也有类似的定义，即指被抽中的时间。估计下列等式：

$$mnce = \beta_0 + \beta_1 choiceyrs1 + \beta_2 choiceyrs2 + \beta_3 choiceyrs3 + \beta_4 choiceyrs4 + \beta_5 black$$
$$+ \beta_6 hispanic + \beta_7 female + \beta_8 mnce90 + u_1$$

通过工具变量法，将四项 *selectyrs* 虚拟变量作为工具变量。（像之前一样，变量 *black*、*hispanic* 和 *female* 作为自己的工具变量。）描述你的结论，这些结论有意义吗？

C12. 本题使用 CATHOLIC 数据库。模型是

$$math12 = \beta_0 + \beta_1 cathhs + \beta_2 lfaminc + \beta_3 motheduc + \beta_4 fatheduc + u$$

式中，*cathhs* 是一个二值变量，代表一个学生是否在天主教高中上学。

(i) 样本中有多少学生？其中上天主教高中学生所占的百分比是多少？

(ii) 用 OLS 方法估计上述等式，β_1 的估计值是多少？95% 的置信区间是多少？

(iii) 将 *parcath* 作为 *cathhs* 的工具变量，估计 *cathhs* 的退化形式。变量 *parcath* 的 t 值是多少？是否存在工具变量不符合标准的问题？

(iv) 用工具变量法来估计等式，将 *parcath* 作为 *cathhs* 的工具变量。估计值与 95% 水平的置信区间和 OLS 估计的结果相比是什么样的？

(v) 检验零假设：*cathhs* 是外生性的。这个检验的 P 值是多少？

(vi) 假定在上述模型中加入了 *cathhs* 和 *motheduc* 的相互作用变量 $cathhs \cdot motheduc$，为什么它是一般内生性的？为什么变量 $pareduc \cdot motheduc$ 是 $cathhs \cdot motheduc$ 的理想工具变量？

(vii) 在第（vi）部分加入互动项之前，首先找到变量 *motheduc* 的样本均值，并构造 $cathhs \cdot (motheduc - \overline{motheduc})$ 和 $parcath \cdot (motheduc - \overline{motheduc})$，将第一个变量作为互动项加入模型中，将第二个变量作为工具变量。当然，*cathhs* 也是工具化的，这个互动项是统计上显著的吗？

(viii) 将第（vii）部分 *cathhs* 的系数和第（iv）部分进行比较，对于估计平均分而言，互动项是否有显著影响？

C13. 使用 LABSUP 中的数据来回答以下问题。这些是近 32 000 名黑人或西班牙裔妇女的数据。样本中的每个女人都结婚了。它是安格里斯特和埃文斯（Angrist and Evans，1998）使用的数据的子集。我们关注每周工作时间（*hours*）和儿童数量（*kids*）的变化。样本中的所有妇女至少有两个孩子。*kids*

的两个潜在的工具变量被怀疑是内源性的，从两个孩子开始产生外源性变异。请参阅原始文章，以供进一步讨论。

（i）估计等式

$$hours = \beta_0 + \beta_1 kids + \beta_2 nonmomi + \beta_3 educ + \beta_4 age + \beta_5 age^2 + \beta_6 black + \beta_7 hispan + u$$

由 OLS 求出，并获得异方差—稳健的标准误。解释 $kids$ 的系数，并讨论其统计意义。

（ii）安格里斯特和埃文斯建议使用 $samesex$ 作为工具变量，如果前两个孩子具有相同的生物学性别，则该二值变量等于 1。你认为为什么人们争论它是一个 $kids$ 的相关工具变量？

（iii）进行以下回归：

$$kids_i \text{ 对 } samesex_i, \ nonmoni_i, \ educ_i, \ age_i \ age_i^2, \ black_i, \ hispan_i \text{ 的回归}$$

检验第（ii）部分的说法是否成立。并解释 $samesex$ 的系数。$samesex$ 在统计上有多显著？

（iv）你能想到在第（i）部分的等式中，$samesex$ 与 u 相关的机制吗？（可以假设生物性别是随机确定的。）[提示：一个家庭的财务状况可能受到何种影响，这取决于他们是否有两个同性子女或两个异性子女。]

（v）通过将其添加到第（i）部分的回归中并测试其重要性来检查 $samesex$ 的外生性是否合理。

（vi）使用 $samesex$ 作为孩子的 IV，在第（i）部分中获得方程的 IV 估计。$kids$ 的系数与 OLS 估计值如何比较？IV 估算准确吗？

（vii）现在添加 $multil2nd$ 作为工具变量。从第一阶段回归中获得 F 统计数据，并确定 $samesex$ 与 $multil2nd$ 是否足够稳健。

（ix）使用第（viii）部分的估计，是否有强有力的证据表明 $kids$ 在 $hours$ 方程中是内生的？

（x）在第（viii）部分中，有多少个过度识别限制？能否通过过度识别测试？

附录 15A

15A.1　两阶段最小二乘法的假设

本附录涵盖了 2SLS 在具有理想的大样本属性下的假设。

我们首先陈述在随机抽样下横截面应用的假设。然后，我们讨论需要添加哪些内容以将其应用于时间序列和面板数据。

15A.2　两阶段最小二乘法的假设 1（线性于参数）

基于总体的模型可以写为：

$$y = \beta_0 + \beta_1 x_1 + \beta_2 x_2 + \cdots + \beta_k x_k + u$$

式中，β_0、β_1，…，β_k 是我们感兴趣但未知的参数（该参数是常数）；u 是无法观测到的误差或随机扰动项。工具变量记为 z_j。

值得强调的是，两阶段最小二乘法的假设 1 与 MLR.1 一致。（除了 2SLS.1 提到了工具变量 z_j 的表示法。）换句话说，我们感兴趣的模型与 β_j 的 OLS 估计模型相同。有时，很容易忽视我们可以将不同的估算方法应用于同一模型这一事实。我们常常能听到研究者说："我估计了一个 OLS 模型"或"我使用了一个 2SLS 模型"，这样的表述是无意义的。OLS 和 2SLS 是将两种不同的估计方法应用到同一模型。在模型的不同假设下，它们确实具有理想的统计特性，但它们所估计的关系由 2SLS. 1（或 MLR. 1）中的方程给出。这一点类似于第 13 章和第 14 章中未观察到的面板数据模型效应：混合 OLS、一阶差分、固定效应和随机效应是同一模型的不同估计方法。

15A. 3　两阶段最小二乘法的假设 2（随机样本）

我们拥有基于 y 的随机样本，以及 x_j 和 z_j。

15A. 4　两阶段最小二乘法的假设 3（秩条件）

（i）工具变量之间不存在完全共线性。（ii）秩条件用于参数的识别。

如果如同方程（15.42）那样只拥有一个内生性变量，秩条件就很容易描述。我们令 z_1，$\cdots$，z_m 代表外生性变量。其中 z_k，$\cdots$，z_m 并不出现在结构化模型（15.42）中。y_2 的简约模型如下：

$$y_2 = \pi_0 + \pi_1 z_1 + \pi_2 z_2 + \cdots + \pi_{k-1} z_{k-1} + \pi_k z_k + \cdots + \pi_m z_m + v_2$$

我们需要 π_k，$\cdots$，π_m 至少有一个不为零。这需要至少有一个外生变量没有出现在方程（15.42）中（阶条件）。描述两个或多个内生性解释变量的秩条件需要运用矩阵代数。［参见 Wooldridge（2010，Chapter 5）。］

15A. 5　两阶段最小二乘法的假设 4（外生性工具变量）

扰动项 u 有零均值，并且每一个工具变量都与 u 不相关。

记住，任何与 u 不相关的 x_j 也可以充当工具变量。

15A. 6　引理 15A. 1

在 2SLS. 1 到 2SLS. 4 的假设下，两阶段最小二乘法的估计是一致的。

15A. 7　两阶段最小二乘法的假设 5（同方差性）

记 $\mathbf{z}$ 为所有工具变量。于是有 $\mathrm{E}(u^2 \mid \mathbf{z}) = \sigma^2$。

15A. 8　引理 15A. 2

在 2SLS. 1 到 2SLS. 5 的假设下，两阶段最小二乘法的估计值服从渐近正态分布。渐近方差的一致估计量如方程（15.43）所示，其中 σ^2 用 $\hat{\sigma}^2 = (n-k-1)^{-1} \sum_{i=1}^{n} \hat{u}_i^2$ 替代。$\hat{u}_i$ 为两阶段最小二乘法的残差项。

在给出的五个假设下，2SLS 估计值也是最佳的 IV 估计值。我们在这里只陈述结果，具体证明可以在伍德里奇（Wooldridge，2010，Chapter 5）中找到。

15A.9　引理 15A.3

在假设 2SLS.1 到 2SLS.5 下，在使用外部变量的线性组合作为工具的 IV 估计值中，2SLS 估计值渐近有效。

如果同方差假设不成立，2SLS 估计量依然是渐近正态分布的，但其标准差（包括 t 统计量和 F 统计量）需要进行调整，有许多计量软件包可以实现这些功能。另外，通常来说 2SLS 估计量不再是渐近有效的 IV 估计量。在本章中，我们不会进一步地学习更有效的估计量。[参见 Wooldridge（2010，Chapter 8）。]

对于时间序列数据，我们需要增加一些假设。首先，我们必须假设所有的序列（包括 IVs）都是弱相关的：这保证了大数定律和中心极限定理的应用。为了进一步保证通常所用的标准误和检验值是有效的以及估计值的渐近有效性，我们还必须加上一个序列不相关性假设。

15A.10　两阶段最小二乘法的假设 6（序列不相关性）

方程（15.54）成立。

面板数据应用中也需要类似的无序列相关假设。我们在 15.7 节讨论了序列相关性的测试和更正。

15

第16章 联立方程模型

在上一章中，我们说明了如何使用工具变量解决两种内生性问题：遗漏变量和测量误差。这两个问题从概念上很容易理解。针对遗漏变量的情形，为了估计一个或多个观测到的解释变量在其他条件不变时对因变量的影响，我们需要保持一个（或多个）变量固定不变。针对有测量误差的情形，我们本想估计某个（或某些）解释变量对 y 的影响，却错误地对解释变量进行了度量。在这两种情形下，如果我们能够收集到更好的数据，就能应用 OLS 方法估计感兴趣的参数。

有关解释变量的另一种重要的内生性问题是**联立性**（simultaneity）。当一个或多个解释变量与因变量被联合确定时，联立性问题就会出现，尤其是通过均衡机制确定因变量的情况（后文会提到）。在本章中，我们会学习估计简单**联立方程模型**（simultaneous equations model，SEM）的方法。尽管对联立方程模型的系统性处理方法超出了本书的讨论范围，但本章基本能够覆盖那些被广泛使用的模型。

估计联立方程模型的首要方法就是工具变量法。因此，解决联立性问题的方法基本上与使用工具变量解决遗漏变量和测量误差问题的方法是一致的。但设计和解释 SEM 是富有挑战性的。因此，在 16.1 节，我们将首先讨论联立方程模型的性质和研究范围。在 16.2 节，我们将进一步证实，对联立方程的一个方程使用 OLS，估计结果一般都是有偏且不一致的。

16.3 节一般性地描述了一个两方程联立模型的识别和估计。16.4 节则简要探讨了包含多个方程的联立模型。联立方程模型还可以用于对加总的时间序列进行建模。在 16.5 节，我们讨论了此类模型中出现的一些特殊问题。16.6 节则涉及面板数据的联立方程模型。

16.1 联立方程模型的性质

使用联立方程模型最重要的一点是，系统中的每个方程都要有其他条件不变的因果性解释。由于我们只能观察到均衡结果，因此在构造联立方程模型中的各个方程时，我们就需要运用反事实思维。换句话说，我们必须从潜在结果和实际结果这两方面考虑。

考虑一个只存在两种状态的世界——工人可能参加或不参加一个工作培训项目——我们已经在 2.7 节、3.7 节和 7.6 节等地方对潜在结果设定做了详细阐释。联立方程模型框架下的讨论会更加复杂，因为我们需要连续化表示潜在事实。例如，对牛奶的需求是有关牛奶价格（和其他变量）的函数。牛奶的需求函数决定了某人在某特定价格下会购买多少牛奶。不过从本意上讲，我们不需要正式地引入表述表示潜在结果的连续化符号体系，不那么严谨地通过例子来阐释反事实思考便已经足够了。

一个有关 SEM 的典型案例是某个商品或生产要素（如劳动）的供给和需求方程。为简洁起见，令 h_s 表示农业工人每年提供的劳动小时数（在县一级水平上度量），令 w 表示向这类工人提供的平均小时工资。一个简单的劳动供给方程就是

$$h_s = \alpha_1 w + \beta_1 z_1 + u_1 \tag{16.1}$$

式中，z_1 为某个影响劳动供给的可观测变量——如本县制造业的平均工资。误差项 u_1 则包括了其他能够影响劳动供给的因素。［这些因素中许多都可以观测到，并可以放到方程（16.1）中；为了说明基本概念，我们只包含了这些因素中的一个，即 z_1。］方程（16.1）是**结构方程**（structural equation）的一个例子。结构方程的得名是由于劳动供给函数是从经济理论中推导而来并且蕴含因果性解释。系数 α_1 度量了劳动供给如何随工资的变化而变化：如果 h_s 和 w 都是对数形式，则 α_1 表示劳动供给弹性。我们通常预期 α_1 为正（尽管经济理论并不排除 $\alpha_1 \leqslant 0$）。劳动供给弹性在决定工人愿意工作的小时数随工资收入税率改变的变动情况时是非常重要的。如果 z_1 是制造业工资，我们预期 $\beta_1 \leqslant 0$：即其他因素不变的情况下，如果制造业工资提高，便会有更多的工人进入制造业而非农业。

在描述劳动供给曲线时，我们需要保持 z_1 和 u_1 不变，把工作小时数表示成工资的函数。z_1 或 u_1 的改变会移动劳动供给曲线，它们之间的区别在于，z_1 能被观测到，而 u_1 不能。因此，z_1 有时被称为可观测的供给移动因子，而 u_1 被称为不可观测的供给移动因子。

方程（16.1）与我们之前研究过的方程有什么不同呢？实际上，这种区别很微妙。尽管方程（16.1）对于所有可能的工资水平都应该成立，我们却不能一般性地认为工资在某横截面县样本中的变化是完全外生性的。如果能通过实验改变县样本中农业和制造业的工资水平，再调查各个县工人的劳动力供给 h_s，我们就可以应用 OLS 方法进行估计了。但不幸的是，这不是一个可操作的实验。取而代之，我们必须知道农业和制造业两个部门的平均工资水平，以及被用于农业生产的工作小时数。在决定如何分析这些数据时，我们需要明白它们最好用劳动力供给与需求的相互作用进行描述。在假定劳动力市场出清的条件下，我们实际上观测到的是均衡工资水平和工作小时数。

为了描述均衡工资水平与工作小时数是怎样确定的，我们需要引入劳动力需求

函数。假定劳动需求由下式给出：

$$h_d = \alpha_2 w + \beta_2 z_2 + u_2 \tag{16.2}$$

式中，h_d 表示需求的小时数。和供给函数一样，我们保持 z_2 和 u_2 不变，将需求的小时数作为工资的函数画出来。变量 z_2（比方说农地面积）是可观测的需求移动因子，而 u_2 是不可观测的需求移动因子。

恰如劳动供给方程一样，劳动需求方程也是一个结构方程：它可以通过最大化农民的利润来得到。如果 h_d 和 w 都是对数形式，则 α_2 表示劳动需求弹性，经济理论告诉我们 $\alpha_2 < 0$。同时，由于劳动和土地在生产中是互补品，因此我们预期 $\beta_2 > 0$。

我们可以注意到方程（16.1）和（16.2）描述了完全不同的关系。劳动供给是工人的一个行为方程，而劳动需求则是农民的一个行为方程。每个方程都要有一个其他条件不变的因果性解释，并且彼此间是相互独立的。它们在经济分析中的联系只是由于观测到的工资水平和工作小时数是供给和需求曲线的交点。换句话说，对于每个县 i，所观测到的工作小时数 h_i 和所观测到的工资水平 w_i 由下面的均衡条件决定：

$$h_{is} = h_{id} \tag{16.3}$$

因为我们只能观测到每个县 i 的均衡小时数，所以我们用 h_i 表示所观测到的小时数。

将方程（16.3）中的均衡条件与劳动供给和需求方程合并，就得到：

$$h_i = \alpha_1 w_i + \beta_1 z_{i1} + u_{i1} \tag{16.4}$$

和

$$h_i = \alpha_2 w_i + \beta_2 z_{i2} + u_{i2} \tag{16.5}$$

其中我们明确地包括下标 i，以强调 h_i 和 w_i 都表示各个县的均衡观测值。这两个方程就构成了一个联立方程模型（SEM），它有几个重要特征。首先，给定 z_{i1}、z_{i2}、u_{i1} 和 u_{i2}，这两个方程就决定了 h_i 和 w_i。（实际上，我们必须假定 $\alpha_1 \neq \alpha_2$，即供给函数和需求函数的斜率不同；参见习题 1。）出于这个原因，h_i 和 w_i 是这个 SEM 中的**内生变量**（endogenous variables）。z_{i1} 和 z_{i2} 怎么样呢？由于它们不由该模型决定，因此被视为**外生变量**（exogenous variables）。从统计学角度来看，有关 z_{i1} 和 z_{i2} 的关键假设是：它们都与供给和需求误差（分别是 u_{i1} 和 u_{i2}）无关。由于出现在结构方程中，因此这两种误差可以被看作是**结构误差**（structural errors）的例子。

第二个重点是，如果模型中不包括 z_1 和 z_2，我们就无法分辨哪个是供给方程、哪个是需求方程。当 z_1 表示制造业工资时，从经济学逻辑上讲，它是农业劳动力供给中的一个因素，因为它度量了从事农业工作的机会成本；当 z_2 表示农地面积时，生产理论告诉我们，它应出现在劳动力需求函数中。因此，我们知道方程

（16.4）代表劳动供给，而方程（16.5）代表劳动需求。如果 z_1 和 z_2 相同——例如本县成人平均受教育程度，它能够同时影响供给和需求——那么这两个方程看起来便是一样的，我们也就无法知道估计的是哪一个方程了。简言之，这说明了联立方程模型中的识别问题，我们将在 16.3 节进行更一般性的讨论。

SEM 最令人信服的例子都与劳动供给与需求这个例子具有相同的特点。每个方程都应该具有独立的、其他条件不变的行为解释。由于我们只能观测到均衡结果，所以在具体说明一个 SEM 时，就要求我们问这样一些反事实问题：如果工资不处于均衡水平，工人将提供多少劳动？例 16.1 给出了对 SEM 的另一种解释，其中每个方程都具有其他条件不变的解释。

例 16.1

谋杀率与警力规模

城市通常要决定，执法力度要增加到什么水平才会使该市的谋杀率下降。解决这个问题的一个简单的横截面模型是：

$$murdpc = \alpha_1 polpc + \beta_{10} + \beta_{11} incpc + u_1 \tag{16.6}$$

式中，$murdpc$ 表示人均谋杀数，$polpc$ 表示人均配备的警察数量，而 $incpc$ 表示人均收入。（因此，我们没有包括下标 i。）我们将人均收入作为这个方程的外生变量。实践中，我们还将包括其他变量，诸如年龄、性别分布、受教育水平、地理变量及度量惩罚严厉程度的变量等等。不过为简化起见，我们只考虑方程（16.6）。

我们希望回答的问题是：如果一个城市外生性地增加警力，平均谋杀率会降低吗？如果我们能对一个随机的城市样本外生性地选择警力规模，我们就可以使用 OLS 方法估计（16.6）了。显然我们不可能进行这样的实验。那么我们能够不管怎样都认为警力规模是被外生决定的吗？大概不行。一个城市的执法支出至少部分地由其预期谋杀率决定。为了反映这一点，我们阐述第二个关系：

$$polpc = \alpha_2 murdpc + \beta_{20} + 其他因素 \tag{16.7}$$

我们预期 $\alpha_2 > 0$：其他因素不变时，预期谋杀率越高的城市，其人均警察数量也越多。一旦我们确定了（16.7）中的其他因素，就得到了一个两方程的联立方程模型。我们实际上只关心方程（16.6），但正如我们将在 16.3 节中看到的那样，为了估计第一个方程，我们需要精确地知道第二个方程是如何设定的。

其中重要的一点是，方程（16.7）描述了城市警官的行为，而方程（16.6）则描述了潜在谋杀犯的行为。这显然就是每个方程其他条件不变的因果解释，故而方程（16.6）和（16.7）组成了一个适当的联立方程模型。

我们接着给出一个不适合使用 SEM 的例子。

例 16.2

住房支出和储蓄

我们假定对于人群中一个随机的家庭，其年度住房支出和储蓄由下面两个式子联合决定：

$$housing = \alpha_1 saving + \beta_{10} + \beta_{11} inc + \beta_{12} educ + \beta_{13} age + u_1 \tag{16.8}$$

$$saving = \alpha_2 housing + \beta_{20} + \beta_{21} inc + \beta_{22} educ + \beta_{23} age + u_2 \tag{16.9}$$

式中，inc 表示年收入，而 $educ$ 和 age 都以年度计量。这些方程初看起来像是确定住房和储蓄支出水平的合理方法。但我们必须问一下：其中任一方程在没有另一个方程的情况下有什么价值？由于住房支出和储蓄支出都由同一个家庭做出选择，所以没有一个方程具有其他条件不变的解释。因此，问如下问题便是毫无意义的：如果家庭年收入提高 10 000 美元，保持 $saving$ 不变，住房支出将改变多少？如果家庭收入提高，一个家庭一般都会改变其住房支出和储蓄的最优组合。但方程（16.8）似乎是说，我们想要知道保持 $saving$ 不变，inc、$educ$ 或 age 的变化对住房支出有何影响。这种思维试验很无趣。任何一个基于经济学原理特别是效用最大化原理的模型，都将使 $housing$ 和 $saving$ 的最优选择作为 inc 及住房和储蓄的相对价格的函数。变量 $educ$ 和 age 将影响消费偏好、储蓄偏好和风险偏好。因此，$housing$ 和 $saving$ 应该分别作为收入、受教育程度、年龄和其他影响效用最大化问题的变量（如住房和其他储蓄方式不同的回报率）的函数。

即使我们认为方程（16.8）和（16.9）中的 SEM 讲得通，也没有办法估计其参数。（我们将在 16.3 节更一般性地讨论这个问题。）除非我们假定收入、受教育程度或年龄在一个方程出现而在另一个方程不出现（这种做法讲不通），否则这两个方程无法区分。

尽管这是 SEM 一个不好的例子，但我们仍对如下检验感兴趣：在其他条件不变的情况下，住房支出和储蓄之间是否存在一种权衡关系。此时，除非模型有遗漏变量或测量误差的问题，否则我们仅需要用 OLS 方法估计（16.8）这一个方程。

例 16.2 具有过度应用 SEM 的特征。这里的问题在于这两个内生变量是由相同的经济变量决定的。因此，没有一个方程能独自成立。另一个不正确使用 SEM 的例子是，对每周学习小时数和每周工作小时

? 思考题 16.1

一个标准广告模型描述了垄断企业如何选择利润最大化的价格和广告支出水平。这是否意味着我们应该使用 SEM 来对这些企业层面的变量建模？

数建模。这是因为每个学生都同时选择这些变量——它们可能是工作所挣的工资、学生的学习能力、对于大学的积极性等变量的函数。正如例 16.2 中，当学习和工

作小时数分别是对方的函数时，设定两个方程是不合理的。这里的宝贵经验是：仅仅因为两个变量被同时决定并不意味着联立方程模型是适用的。为了使一个 SEM 有意义，其中每个方程都应该具有其他条件不变的、独立于另一个方程的解释。而我们之前讨论的供给和需求的例子及例 16.1 都具有这个特征。通常情况下，由一些简单经济模型所支持的推理，可以帮助我们更恰当地使用 SEM（包括知道什么时候不应该使用 SEM）。

16.2 OLS 中的联立性偏误

在简单模型中，当一个解释变量与因变量被同时决定时，它通常也与误差项相关，这就导致 OLS 估计存在偏误和不一致性。我们考虑两方程的结构模型：

$$y_1 = \alpha_1 y_2 + \beta_1 z_1 + u_1 \tag{16.10}$$

$$y_2 = \alpha_2 y_1 + \beta_2 z_2 + u_2 \tag{16.11}$$

并专注于估计第一个方程。变量 z_1 和 z_2 都是外生的，所以均与 u_1 和 u_2 无关。为简单起见，我们将每个方程的截距项都去掉了。

为了证明 y_2 通常与 u_1 相关，我们对这两个方程求解，并用外生变量和误差项表示 y_2。如果我们将方程（16.10）的右边作为 y_1 代入方程（16.11）中，则得到：

$$y_2 = \alpha_2 (\alpha_1 y_2 + \beta_1 z_1 + u_1) + \beta_2 z_2 + u_2$$

或

$$(1 - \alpha_2 \alpha_1) y_2 = \alpha_2 \beta_1 z_1 + \beta_2 z_2 + \alpha_2 u_1 + u_2 \tag{16.12}$$

现在为了解出 y_2，我们必须对参数做一假设：

$$\alpha_2 \alpha_1 \neq 1 \tag{16.13}$$

这个假设是否具有约束力取决于具体情况。在例 16.1 中，我们认为 $\alpha_1 \leqslant 0$ 且 $\alpha_2 \geqslant 0$，这就意味着 $\alpha_1 \alpha_2 \leqslant 0$；因此，方程（16.13）对例 16.1 而言很合理。

假定（16.13）中的条件成立，我们就可以在（16.12）的两侧除以（$1 - \alpha_2 \alpha_1$），从而将 y_2 写成

$$y_2 = \pi_{21} z_1 + \pi_{22} z_2 + v_2 \tag{16.14}$$

式中，$\pi_{21} = \alpha_2 \beta_1 / (1 - \alpha_2 \alpha_1)$，$\pi_{22} = \beta_2 / (1 - \alpha_2 \alpha_1)$ 和 $v_2 = (\alpha_2 u_1 + u_2)/(1 - \alpha_2 \alpha_1)$。用外生变量和误差项表示 y_2 的方程（16.14）是 y_2 的**约简型方程**（reduced form equation），我们在第 15 章介绍工具变量估计法时介绍过这个概念。参数 π_{21} 和 π_{22} 被称为**约简型参数**（reduced form parameters）；注意它们是结构方程（16.10）和（16.11）中出现的**结构型参数**（structural form parameters）的非线性函数。

约简型误差（reduced form error）v_2 是结构型误差 u_1 和 u_2 的线性函数。因为 u_1 和 u_2 都与 z_1 和 z_2 无关，所以 v_2 也与 z_1 和 z_2 无关。因此，可以应用 OLS 法一致地估计 π_{21} 和 π_{22}，我们在两阶段最小二乘估计中有相同的过程（下一节将返回来讨论）。此外，约简型参数有时也有直接意义，尽管这里我们只关心对方程

(16.10) 的估计。

在假设 (16.13) 下，y_1 的约简型也存在；代数运算与得到方程 (16.14) 所用的运算相似。它具有与 y_2 的约简型方程相同的特征。

我们可以用方程 (16.14) 证明，除非在特殊假设下，否则对方程 (16.10) 使用 OLS 估计将导致方程 (16.10) 中 α_1 和 β_1 的估计量有偏误且不一致。因为根据假设，z_1 和 u_1 不相关，所以问题便在于，y_2 和 u_1 是否也不相关？我们从约简型方程 (16.14) 可以看到，y_2 和 u_1 相关等价于 v_2 和 u_1 相关（因为假定 z_1 和 z_2 外生）。但 v_2 是 u_1 和 u_2 的一个线性函数，所以它一般都会与 u_1 相关。事实上，如果我们假定 u_1 和 u_2 不相关，那么只要 $\alpha_2 \neq 0$，v_2 和 u_1 就一定相关。即便 α_2 等于 0——这意味着方程 (16.11) 中没有出现 y_1——如果 u_1 和 u_2 相关，v_2 和 u_1 也将相关。

当 $\alpha_2=0$ 且 u_1 和 u_2 不相关时，y_2 和 u_1 才不相关。这是相当强的要求：如果 $\alpha_2=0$，则 y_2 与 y_1 就不是联合决定的。如果我们增加 u_1 和 u_2 零相关的假设，就排除了 u_1 中与 y_2 相关的遗漏变量和测量误差。在这种情况下，能使用 OLS 估计方程 (16.10) 也就不足为奇了。

当 y_2 与 u_1 因联立而相关时，我们就说 OLS 方法存在**联立性偏误** (simultaneity bias)。正如我们在第 3 章和第 5 章对遗漏变量偏误的讨论中所看到的那样，一般来说得到系数的偏误方向是很复杂的。但在一些简单模型中，我们可以决定偏误的方向。例如，我们去掉 z_1 来简化方程 (16.10)，并假定 u_1 和 u_2 不相关。那么 y_2 和 u_1 之间的协方差为

$$\text{Cov}(y_2, u_1) = \text{Cov}(v_2, u_1) = [\alpha_2/(1-\alpha_2\alpha_1)]\text{E}(u_1^2)$$
$$= [\alpha_2/(1-\alpha_2\alpha_1)]\sigma_1^2$$

式中，$\sigma_1^2 = \text{Var}(u_1) > 0$。因此，$\alpha_1$ 的 OLS 估计量的渐近偏误（或不一致性）就与 $\alpha_2/(1-\alpha_2\alpha_1)$ 具有相同的符号。如果 $\alpha_2>0$ 且 $\alpha_2\alpha_1<1$，则渐近偏误为正。（不幸的是，正如我们在 3.3 节计算遗漏变量偏误时一样，这些结论并不能推及更一般的模型，但它们可作为一个有用的指导。）比如在例 16.1 中，我们认为 $\alpha_2>0$ 且 $\alpha_2\alpha_1 \leqslant 0$，这意味着 α_1 的 OLS 估计量将有正的偏误。如果 $\alpha_1=0$，那么 OLS 将大致估计得出警察数量的增多对谋杀率具有正向的影响；一般而言，α_1 的估计量有向上的偏误。因为我们预期警力规模的提高会减少谋杀率（在其他条件不变的情况下），那么向上的偏误说明 OLS 方法将会低估投入更大警力的效果。

16.3 结构方程的识别和估计

正如我们在上一节所见，在联立方程组中应用 OLS 方法估计其中一个结构方程是有偏误且不一致的。在第 15 章中我们学习了应用两阶段最小二乘法来解决内

生性解释变量的问题。我们现在来说明怎样在 SEM 中应用 2SLS 法。

这里 2SLS 的应用机制与第 15 章中相似。区别在于，由于我们对每个内生变量都设定了一个结构方程，所以我们立即能看出是否有足够的 IV 去估计每个方程。我们从讨论识别问题开始。

16.3a 两方程联立模型的识别

我们在第 15 章提到了识别的概念。当我们使用 OLS 估计一个模型时，关键的识别条件是每个解释变量都与误差项无关。正如我们在 16.2 节证明的那样，这个重要的条件对 SEM 而言一般不再成立。但如果我们有一些工具变量，则仍能识别（或一致地估计）一个 SEM 方程中的参数，就像存在遗漏变量或测量误差的情况一样。

在我们考虑一般性的两方程 SEM 之前，不妨先从一个简单的供给和需求的例子开始。把这个系统的均衡形式（即施加条件 $q_s = q_d = q$）写成

$$q = \alpha_1 p + \beta_1 z_1 + u_1 \qquad (16.15)$$

和

$$q = \alpha_2 p + u_2 \qquad (16.16)$$

为简明起见，令 q 表示县级水平的人均牛奶消费量，令 p 表示该县每加仑牛奶的平均价格，令 z_1 表示牛饲料的价格，并假定它外生于牛奶的供给与需求。这意味着，方程（16.15）必须是供给方程，因为牛饲料的价格会改变供给（$\beta_1 < 0$）但不改变需求。而需求方程则没有包含可观测的需求移动因子。

给定（q, p, z_1）的一个随机样本，能估计出这些方程中的哪一个呢？即哪个是**可识别方程**（identified equation）呢？结论是需求方程（16.16）可识别，而供给方程则不能。通过使用第 15 章 IV 估计的规则，我们很容易看出这一点：可以用 z_1 作为方程（16.16）中价格的一个 IV。但由于 z_1 出现在方程（16.15）中，所以我们没有供给方程中价格的 IV。

直觉上讲，需求方程之所以能被识别，是因为我们有可观测变量 z_1，它使供给方程移动却又不影响需求方程。假定没有误差，给定 z_1 的波动，我们可以像图 16.1 那样画出需求曲线。如果存在不可观测的需求移动因子 u_2，则使我们估计的需求方程含有误差，但只要 z_1 与 u_2 无关，这些估计量就都是一致的。

因为没有外生可观测的因素导致需求曲线移动，所以就画不出供给方程。有些观测不到的因素导致需求曲线移动也没有什么用；我们需要可观测的因素。如果像（16.2）中的劳动需求方程那样，我们有一个可观测的外生需求移动因子——比如牛奶需求方程中的收入——那么供给方程也将是可识别的。

总之，在由方程（16.15）和（16.16）构成的系统中，正是供给方程中一个外生变量的出现，才使我们能估计需求方程。

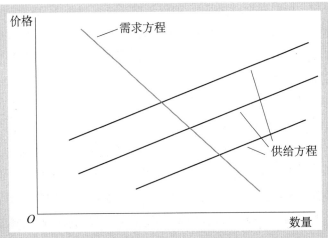

图 16.1　移动供给方程来勾画出需求方程：对每一个不同的外生变量 z_1 画出一条供给方程

将识别问题的讨论推广到一般的两方程模型并不困难。把这两个方程写为

$$y_1 = \beta_{10} + \alpha_1 y_2 + \mathbf{z}_1 \boldsymbol{\beta}_1 + u_1 \tag{16.17}$$

和

$$y_2 = \beta_{20} + \alpha_2 y_1 + \mathbf{z}_2 \boldsymbol{\beta}_2 + u_2 \tag{16.18}$$

式中，y_1 和 y_2 是内生变量，而 u_1 和 u_2 是结构误差项。第一个方程中的截距是 β_{10}，而第二个方程中的截距是 β_{20}。变量 $\mathbf{z}_1$ 表示出现在第一个方程中的 k_1 个外生变量的集合：$\mathbf{z}_1 = (z_{11}, z_{12}, \cdots, z_{1k_1})$。类似地，变量 $\mathbf{z}_2$ 表示出现在第二个方程中的 k_2 个外生变量的集合：$\mathbf{z}_2 = (z_{21}, z_{22}, \cdots, z_{2k_2})$。在许多情况下，$\mathbf{z}_1$ 和 $\mathbf{z}_2$ 有重叠部分。作为一个简略形式，我们用符号

$$\mathbf{z}_1 \boldsymbol{\beta}_1 = \beta_{11} z_{11} + \beta_{12} z_{12} + \cdots + \beta_{1k_1} z_{1k_1}$$

和

$$\mathbf{z}_2 \boldsymbol{\beta}_2 = \beta_{21} z_{21} + \beta_{22} z_{22} + \cdots + \beta_{2k_2} z_{2k_2}$$

即 $\mathbf{z}_1 \boldsymbol{\beta}_1$ 表示第一个方程中的所有外生变量分别乘上一个系数，$\mathbf{z}_2 \boldsymbol{\beta}_2$ 类似。（有些作者用记号 $\mathbf{z}_1{}' \boldsymbol{\beta}_1$ 和 $\mathbf{z}_2{}' \boldsymbol{\beta}_2$。如果你对计量经济学的矩阵代数方法感兴趣，可参见书末附录高级处理方法 E。）

$\mathbf{z}_1$ 和 $\mathbf{z}_2$ 一般都包含着不同外生变量的事实意味着，我们对模型施加了**排除性约束**（exclusion restrictions）。换句话说，我们假定某些外生变量不会出现在第一个方程中，而另有一些不会出现在第二个方程中。如我们在前面供给和需求的例子中看到的那样，这就使得我们能够区分这两个结构方程。

我们什么时候能解方程（16.17）和（16.18）从而得到 y_1 和 y_2（表示成所有外生变量与结构误差 u_1 和 u_2 的线性函数）呢？条件与方程（16.13）一样，即 $\alpha_2 \alpha_1 \neq 1$。证明过程与 16.2 节中的简单模型完全相同。在这个假设下，y_1 和 y_2 的约简型存在。

关键问题是：在什么条件下，我们能估计比方说（16.17）中的参数？这是一

个识别问题。识别方程（16.17）的**秩条件**（rank condition）很容易表述。

识别一个结构方程的秩条件：识别两方程联立方程模型中第一个方程的充要条件是，第二个方程中至少包含一个并不出现在第一个方程中的外生解释变量（且该变量具有非零系数）。

这是识别方程（16.17）的充分必要条件。我们在第 15 章讨论的**阶条件**（order condition）是秩条件所必需的。识别第一个方程的阶条件是说，该方程至少要排除一个外生变量。一旦两个方程都设定之后，检验阶条件就很简单。秩条件的要求则多一些：外生性变量中至少有一个是被第一个方程排除在外的，且在第二个方程中具有非零的总体系数。这就保证了至少有一个外生变量被第一个方程略去，且确实出现在 y_2 的约简型中，所以我们可以用这些变量作为 y_2 的工具变量。如同在第 15 章一样，我们可用一个 t 或 F 检验来检验这一点；下面有几个例子。

第二个方程的识别自然与第一个方程的识别如出一辙。同时，如果我们将方程写成 16.1 节中劳动供给与需求的例子那样（即 y_1 出现在两个方程的左边，y_2 出现在两个方程的右边），识别条件也是一样的。

例 16.3

已婚工作妇女的劳动供给

为了说明识别问题，考虑已婚工作妇女的劳动供给。为了取代需求函数，我们将工资报价写成工作小时数和通常的生产力变量的一个函数。加上均衡条件，这两个结构方程为

$$hours = \alpha_1 \log(wage) + \beta_{10} + \beta_{11} educ + \beta_{12} age + \beta_{13} kidslt6 + \beta_{14} nwifeinc + u_1 \quad (16.19)$$

和

$$\log(wage) = \alpha_2 hours + \beta_{20} + \beta_{21} educ + \beta_{22} exper + \beta_{23} exper^2 + u_2 \quad (16.20)$$

式中，变量 age 为该妇女以年度量的年龄；$kidslt6$ 为不到 6 岁的子女的数量；$nwifeinc$ 为该妇女的非工资收入（包括其丈夫的收入）；而 $educ$ 和 $exper$ 则分别为其受教育的年数和先前工作的年数。假定除 $hours$ 和 $\log(wage)$ 之外所有的变量都是外生的。（这是一个脆弱的假设，因为 $educ$ 可能与任何一个方程中遗漏的能力变量相关。但为了说明问题，我们忽略遗漏能力变量的问题。）这个系统的函数形式——其中 $hours$ 以水平值形式出现，但 $wage$ 以对数形式出现——在劳动经济学中相当流行。我们可以通过定义 $y_1 = hours$ 和 $y_2 = \log(wage)$ 而将这个系统写成方程（16.17）和（16.18）的形式。

第一个方程是供给函数。因为劳动供给方程中没有 $exper$ 和 $exper^2$ 这两个外生变量，所以它满足阶条件。这些排除性约束是关键的假设：我们假定，一旦控制了工资、受教育程度、年龄、幼年子女数和其他收入，过去的工作经验对当前的劳动供给没有影响。人们当然可以对这个假设提出质疑，但我们为说明问题方便而使用它。

给定方程（16.19）和（16.20），识别第一个方程的秩条件是：方程（16.20）中的 $exper$ 和 $exper^2$ 至少有一个具有非零系数。若 $\beta_{22}=0$ 并且 $\beta_{23}=0$，则第二个方程中就没有任何被第一个方程排除在外的外生变量了（$educ$ 在两个方程中出现）。我们也可用 $\log(wage)$ 的约简型

$$\log(wage)=\pi_{20}+\pi_{21}educ+\pi_{22}age+\pi_{23}kidslt6+\pi_{24}nwifeinc$$
$$+\pi_{25}exper+\pi_{26}exper^2+v_2 \tag{16.21}$$

等价地表述识别（16.19）的秩条件。想要进行识别，我们需要 $\pi_{25}\neq 0$ 或 $\pi_{26}\neq 0$，如我们在第 15 章讨论过的那样，我们可以利用一个标准的 F 统计量来检验它。

识别工资报价方程（16.20）的条件是，方程（16.19）中的 age、$kidslt6$ 或 $nwifeinc$ 中至少有一个具有非零系数。这就等于假定 $hours$ 的约简型——具有与（16.21）右边相同的形式——至少取决于 age、$kidslt6$ 或 $nwifeinc$ 中的一个。在设定工资报价方程时，我们假定一旦解释了工作小时数、受教育程度和工作经历，age、$kidslt6$ 和 $nwifeinc$ 对所提供的工资没有影响。不过如果这些变量对生产力多少有些直接影响，或者妇女因其年龄或年幼子女数量而被歧视时，这些假设就很糟糕了。

在例 16.3 中，我们取所关心的总体为已婚的工作妇女（所以均衡的工作小时数为正）。这就排除了已婚但选择不在外工作的妇女群体。在模型中包括这部分妇女会带来一些困难。例如，如果一个妇女不工作，我们就不能观察到她的工资报价。我们会在第 17 章讨论这些问题；但现在，我们必须仅针对 $hours>0$ 的已婚妇女考虑方程（16.19）和（16.20）。

例 16.4

通货膨胀与开放度

罗默（Romer，1993）提出了通货膨胀的理论模型，并且推断越"开放"的国家应该具有越低的通货膨胀率。他的实证分析是用自 1973 年以来进口占国内（或国民）生产总值的比例——这是他对开放度的度量——来解释（自 1973 年以来的）年平均通货膨胀率。除了使用 OLS 估计关键方程外，他还使用了工具变量。尽管罗默没有在一个联立方程组中设定两个方程，但他的思想中有一个两方程的方程组：

$$inf=\beta_{10}+\alpha_1 open+\beta_{11}\log(pcinc)+u_1 \tag{16.22}$$
$$open=\beta_{20}+\alpha_2 inf+\beta_{21}\log(pcinc)+\beta_{22}\log(land)+u_2 \tag{16.23}$$

式中，$pcinc$ 表示美国 1980 年以美元计的人均收入（假定为外生变量）；$land$ 表示美国以平方英里计的土地面积（也假定为外生变量）。方程（16.22）是我们所关心的，并假定 $\alpha_1<0$（越开放的国家通货膨胀率越低）。第二个方程揭示了这样一个事实，即开放程度应

思考题 16.2

如果我们有每个国家自 1973 年以来的货币供给增长数据，并假定其为外生变量。这有助于我们识别方程 (16.23) 吗？

该由平均通货膨胀率和其他因素共同决定。变量 $\log(pcinc)$ 在两个方程中都出现，而假定 $\log(land)$ 仅在第二个方程中出现。其思想是，在其他条件不变的情况下，越小的国家可以越开放（所以 $\beta_{22}<0$）。

利用前面所说的识别规则，若 $\beta_{22}\neq0$，则方程 (16.22) 可识别。方程 (16.23) 则因两个外生变量都包含在内而不能识别。但我们感兴趣的正是 (16.22)。

16.3b 使用 2SLS 进行估计

一旦我们决定了哪个方程可以被识别，就可以用两阶段最小二乘法估计它。工具变量由任一方程中出现的外生变量构成。

例 16.5

已婚工作妇女的劳动供给

利用 MROZ 中已婚工作妇女的数据，我们使用 2SLS 方法估计劳动供给方程 (16.19)。全部工具变量集包括 $educ$、age、$kidslt6$、$nwifeinc$、$exper$ 和 $exper^2$。估计出的劳动供给曲线为：

$$\widehat{hours} = 2\,225.66 + 1\,639.56\log(wage) - 183.75educ - 7.81age$$
$$\qquad(574.56)\quad(470.58)\qquad\quad(59.10)\qquad(9.38)$$
$$-198.15kidslt6 - 10.17nwifeinc$$
$$\quad(182.93)\qquad\quad(6.61)$$
$$n = 428 \tag{16.24}$$

报告中的标准误是经自由度调整后计算的结果。该方程表明，劳动供给曲线向上倾斜。$\log(wage)$ 的估计系数具有如下解释：保持其他条件不变，$\Delta\widehat{hours} = 16.4(\%\Delta wage)$。通过将这最后一个方程的两边同时乘以 $100/hours$，我们可以计算出劳动供给弹性：

$$100 \cdot (\Delta\widehat{hours}/hours) \approx (1\,640/hours)(\%\Delta wage)$$

或

$$\%\Delta\widehat{hours} \approx (1\,640/hours)(\%\Delta wage)$$

这意味着劳动供给（对工资的）弹性无非就是 $1\,640/hours$。[在这个模型中，由于 $hours$ 而非 $\log(hours)$ 是方程 (16.24) 中的因变量，所以这个弹性不是常数。] 在平均工作小时数 1 303 这个水平上，估计的弹性是 $1\,640/1\,303 \approx 1.26$，这意味着工资每提高 1%，工作小时数的增加大于 1%，由此估计出来的弹性很大。工作小时数越高，弹性会越小；而在较低的小时数水平，如在 $hours=800$ 时，弹性将超过 2。

　　作为比较，当用 OLS 估计方程（16.19）时，$\log(wage)$ 的系数是 -2.05（se$=$ 54.88），这意味着工资对于工作小时数没有影响。为了证明 $\log(wage)$ 在方程（16.19）中实际上是内生的，我们可以进行 15.5 节中的检验。当我们在方程中增加约简型残差 $\hat{v}_2$ 并用 OLS 估计时，$\hat{v}_2$ 的 t 统计量为 -6.61，这是相当显著的，所以 $\log(wage)$ 可以被视作内生变量。

　　工资报价方程（16.20）也可以用 2SLS 估计。结果是：

$$\widehat{\log(wage)}=-0.656+0.000\,13hours+0.110educ$$
$$\qquad(0.338)\quad(0.000\,25)\qquad(0.016)$$
$$\qquad+0.035exper-0.000\,71exper^2$$
$$\qquad(0.019)\qquad(0.000\,45)$$
$$n=428 \tag{16.25}$$

与之前的工资方程不同，它将 $hours$ 作为一个解释变量包括进来，并且使用 2SLS 估计法来处理 $hours$ 的内生性（这里假定 $educ$ 和 $exper$ 是外生的）。$hours$ 的系数在统计上不显著，这意味着，没有证据表明工资报价会随着工作小时数的增加而提高。其他系数与我们去掉 $hours$ 并用 OLS 估计这个方程时所得到的结果类似。

　　通过工具变量估计开放度对通货膨胀的影响也很直观。

例 16.6

通货膨胀与开放度

　　在利用 OPENNESS 中的数据估计方程（16.22）之前，我们需要先检查一下，$open$ 与所提出的工具变量 $\log(land)$ 之间是否存在充分的偏相关关系。约简型的回归表达式为

$$\widehat{open}=117.08+0.546\log(pcinc)-7.57\log(land)$$
$$\qquad(15.85)\quad(1.493)\qquad\quad(0.81)$$
$$n=114,\ R^2=0.449$$

$\log(land)$ 的 t 统计量的绝对值超过了 9，这也支持了罗默关于国家越小越开放的论断。这个回归中 $\log(pcinc)$ 相当不显著的事实并不重要。

　　利用 $\log(land)$ 作为 $open$ 的一个 IV 估计（16.22），得到

$$\widehat{inf}=26.90-0.337open+0.376\log(pcinc)$$
$$\qquad(15.40)\quad(0.144)\quad(2.015)$$
$$n=114 \tag{16.26}$$

思考题 16.3

你如何检验 *open* 的 OLS 和 IV 估计值在统计上是否存在显著差别？

open 的系数对单侧备择假设（$\alpha_1 < 0$）在约 1‰ 的置信水平上仍是统计显著的。这个结果在经济学上也很重要：进口占 GDP 的份额每提高一个百分点，年通货膨胀率约降低三分之一个百分点。对比而言，其 OLS 估计值为 -0.215（se＝0.095）。

16.4　多于两个方程的系统

联立方程模型也可以由两个以上的方程组成。研究这些模型的一般性识别很困难并且需要用到矩阵代数。一旦一般系统中的一个方程被证明是可识别的，就可以用 2SLS 方法估计它。

16.4a　三个及更多个方程联立模型的识别问题

我们将用一个三方程的系统来说明在识别复杂的 SEM 中出现的问题。省略截距项，将模型写成

$$y_1 = \alpha_{12} y_2 + \alpha_{13} y_3 + \beta_{11} z_1 + u_1 \tag{16.27}$$

$$y_2 = \alpha_{21} y_1 + \beta_{21} z_1 + \beta_{22} z_2 + \beta_{23} z_3 + u_2 \tag{16.28}$$

$$y_3 = \alpha_{32} y_2 + \beta_{31} z_1 + \beta_{32} z_2 + \beta_{33} z_3 + \beta_{34} z_4 + u_3 \tag{16.29}$$

式中，y_g 表示内生变量，z_j 表示外生变量。参数的第一个下标表示方程的编号，第二个则表示变量的编号；我们用 α 表示内生变量的参数，β 表示外生变量的参数。

这些方程中的哪一个可被估计呢？对于含有两个以上方程的 SEM，通常证明其中一个方程的可识别性很困难，但看出哪些方程不能被识别还是比较容易的。在方程组（16.27）到（16.29）中，我们很容易看出，（16.29）不能被识别。因为这个方程包含了所有外生变量，所以我们找不到 y_2 的工具变量。因此，我们不能一致地估计这个方程的参数。根据我们在 16.2 节的讨论，OLS 估计通常也是不一致的。

方程（16.27）怎么样呢？由于 z_2、z_3 和 z_4 都被这个方程排除了，所以直观来看有可识别的希望——这是排除性约束的另一个例子。尽管这个方程有两个内生变量 y_2 和 y_3，但我们有三个潜在工具变量。因此，方程（16.27）通过了阶条件。为完整起见，我们给出 SEM 一般化的阶条件。

识别的阶条件：对 SEM 中任何一个方程，如果它排除的外生变量数不少于其右侧包含的内生变量数，那么它就满足识别的阶条件。

第二个方程（16.28）排除了一个外生变量 z_4，而在其右侧只有一个内生变量

y_1，所以也通过了阶条件。

正如我们在第 15 章和上一节所讨论的那样，阶条件只是识别的必要条件而非充分条件。例如，若 $\beta_{34}=0$，则 z_4 就不会在这个系统的任何地方出现，这意味着它与 y_1、y_2 或 y_3 都不相关。如果 $\beta_{34}=0$，那么因为 z_4 不能用作 y_1 的一个工具变量，所以第二个方程就不能识别。这再次说明，一个方程能否被识别取决于其他方程中的系数值（但我们又不可能确切地知道这些参数值）。

还有许多微妙的情况，使得复杂 SEM 中的方程无法被识别。为了得到充分条件，我们需要扩展两方程的系统中识别的秩条件。这是可以做到的，但需要用到矩阵代数［参见 Wooldridge（2010，Chapter 9）］。故而在许多具体应用中，人们假定除非一个方程明显不能被识别，否则只要满足阶条件，就认为该方程是可以识别的。

第 15 章有关过度识别方程和恰好识别方程的术语与 SEM 同时产生。用阶条件的术语来说，（16.27）是**过度识别方程**（overidentified equation），因为我们只需要（y_2 和 y_3 的）两个工具变量，但我们实际上有三个（z_2、z_3 和 z_4）；在这个方程中有一个过度识别约束。一般而言，过度识别约束个数等于系统中外生变量的总数减去这个方程中解释变量的总数。这一点可以通过 15.5 节的过度识别检验来证明。方程（16.28）是**一个恰好识别方程**（just identified equation），而第三个方程是**一个不可识别方程**（unidentified equation）。

16.4b 估计

无论一个 SEM 中有多少个方程，每个可识别的方程都可以用 2SLS 估计。某特定方程的工具可由在这个系统中任何地方出现的外生变量组成。对内生性、异方差性、序列相关性和过度识别约束的检验可像在第 15 章中那样进行。

结果表明，对于任何一个由两个或两个以上方程构成的系统，只要被正确设定并符合某些附加假设，系统估计方法一般都比用 2SLS 逐个地估计每一个方程更加有效。在 SEM 背景下，最常见的系统估计法是三阶段最小二乘法。不管有无内生解释变量，这些方法都超出了本书的范围［参见 Wooldridge（2010，Chapters 7 and 8）］。

16.5 利用时间序列建立联立方程模型

对 SEM 最早的应用之一是，估计一个用于描述国家经济体系的大型联立方程系统。总需求的一个简单凯恩斯模型是（不考虑出口和进口）：

$$C_t = \beta_0 + \beta_1(Y_t - T_t) + \beta_2 r_t + u_{t1} \tag{16.30}$$

$$I_t = \gamma_0 + \gamma_1 r_t + u_{t2} \tag{16.31}$$

$$Y_t \equiv C_t + I_t + G_t \tag{16.32}$$

式中，C_t 表示消费，Y_t 表示收入，T_t 表示税收收入，r_t 表示利率，I_t 表示投资，G_t 表示政府支出。［参见 Mankiw（1994，Chapter 9）。］为简洁起见，假定 t 代表年份。

第一个方程是总消费函数，其中消费取决于可支配收入、利率和观测不到的结构误差 u_{t1}。第二个方程是一个很简单的投资函数。方程（16.32）是国民收入核算中的一个恒等式：根据定义成立，不含误差。因此，估计（16.32）没有意义；但为了使模型更完整，我们仍需要这个方程。

由于这个系统中有三个方程，所以一定有三个内生变量。给定前两个方程，显然我们想让 C_t 和 I_t 成为内生变量。此外，由于核算恒等式的存在，所以 Y_t 也是内生的。我们可以假定 T_t、r_t 和 G_t 是外生的，至少在这个模型中是外生的，所以它们与 u_{t1} 和 u_{t2} 不相关。（我们后面将讨论做这种假设存在的问题。）

如果 r_t 是外生的，那么用 OLS 估计（16.31）就很自然。但消费函数取决于可支配收入这个内生性解释变量，其内生性可由 Y_t 的内生性推得。在维持前文外生假设的条件下，我们有两个工具可用：T_t 和 G_t。因此，如果延续我们估计横截面方程的惯例，就能选择 (T_t, G_t, r_t) 作为 2SLS 法的工具变量估计方程（16.30）了。

由于以下几个原因，现在很少估计像（16.30）到（16.32）这样的模型。首先，很难在总量的水平上证明税收、利率和政府支出都外生这个假设。税收显然直接取决于收入；比如，第 t 年有一个边际收入税率 τ_t，则 $T_t = \tau_t Y_t$。我们很容易通过在方程（16.30）中以 $(1-\tau_t)Y_t$ 取代 $(Y_t - T_t)$ 来表示这种情况，而且如果我们假定政府支出是外生的，那么我们就能用 2SLS 估计这个方程。如果税率是外生的，我们也可以把它放到工具变量的名单中。但政府支出和税率真的是外生的吗？如果政府独立于经济系统中发生的情况而确定支出和税率，它们原则上当然就是外生的。但在现实中，这一点很难实现：政府支出一般都取决于收入水平，在高收入水平上征收较低的边际税率也能得到相同的税收收入。此外，假定利率外生也有很大的问题。我们可以设定一个包括货币供给与需求的更现实的模型，然后利率就可由 C_t、I_t 和 Y_t 联合决定。但随后找到足够的外生变量来识别这些方程就相当困难了（而且这些模型仍存在上述问题）。

有人认为，政府支出中像国防支出之类的部分——如参见 Hall（1988）和 Ramey（1991）——在大量的联立方程应用中都是外生的。但这种看法并未得到一致认同，而且无论如何，国防支出也并不总是与内生解释变量适当地相关［相关讨论可参见 Shea（1993），而一个例子可参见计算机练习 C6］。

从（16.30）到（16.32）这些模型的第二个问题是，它完全是静态的。特别是对于月份或季度数据，但即便是年度数据，我们通常也预期有调整时滞。（支持静态凯恩斯类型模型的一种论点是：该模型倾向于描述长期情况而不担心短期的动态。）把模型的动态机制考虑进来并不是非常困难。比如，我们可以在方程（16.31）中增加滞后收入：

$$I_t = \gamma_0 + \gamma_1 r_t + \gamma_2 Y_{t-1} + u_{t2} \qquad (16.33)$$

换句话说，我们在投资方程中增加了一个**滞后内生变量**（lagged endogenous variable）（但不是 I_{t-1}）。我们可以在这个方程中把 Y_{t-1} 当作一个外生变量吗？对 u_{t2} 做一些特殊的假设，则回答是肯定的。我们通常专门将一个 SEM 中的滞后内生变量**称为前定变量**（predetermined variable）。外生变量的滞后值也是前定变量。如果我们假定 u_{t2} 与当前的外生变量（标准的）及所有过去的内生和外生变量都无关，那么 Y_{t-1} 就与 u_{t2} 无关。给定 r_t 的外生性，我们就能用 OLS 估计方程（16.33）。

如果在方程（16.30）中增加滞后消费，并对 u_{t1} 做出与上一段落中 u_{t2} 相同的假设，则可以在这个方程把 C_{t-1} 看成外生变量。当期可支配收入仍然是内生的：

$$C_t = \beta_0 + \beta_1(Y_t - T_t) + \beta_2 r_t + \beta_3 C_{t-1} + u_{t1} \tag{16.34}$$

所以我们可利用工具（T_t，G_t，r_t，C_{t-1}）和 2SLS 估计这个方程；如果投资由（16.33）决定，则 Y_{t-1} 应加到工具变量的行列中。〔为解释其原因，我们可以利用（16.32）、（16.33）和（16.34）求出 Y_t 用外生变量和前定变量 T_t、r_t、G_t、C_{t-1}、Y_{t-1} 表示的约简型。由于 Y_{t-1} 出现在这个约简型中，因此它也可被用作工具变量。〕

在加总的 SEM 中加入动态机制，至少从预测的角度，是对静态 SEM 的一个明显改进。但利用加总时间序列数据估计 SEM 时仍存在一些重要问题（我们在第 11 章和第 15 章讨论过部分内容）。回顾 OLS 和 2SLS 方法在时间序列中的应用，其推断的有效性一般取决于是否满足**弱依赖**（weak dependence）条件。不幸的是，总消费、收入、投资甚至利率这些时间序列似乎都违背了弱依赖的要求。（用第 11 章的术语，它们有单位根。）此外，这些序列还倾向于具有指数趋势，但是这种趋势可以通过使用对数变换和设定不同的函数形式来部分去除。通常不要说小样本，即便是大样本，在面对含有 I(1) 变量的方程时，OLS 和 2SLS 的性质都很复杂，取决于各种假设。我们将在第 18 章简要讨论这些问题。汉密尔顿（Hamilton，1994）给出了更高级而又不失一般性的处理方法。

前面的讨论是否意味着 SEM 不能有效地应用于时间序列数据？当然不是。含有趋势和高度持续性的问题可通过设定一阶差分或增长率的系统而回避。但我们应该意识到，这个系统与根据水平值设定的系统不同。〔比如，如果我们设定消费的增长是可支配收入增长和利率变化的函数，其形式就与方程（16.30）不同。〕我们在前面还讨论过，引进动态机制并不是特别困难。最后，寻找能放进 SEM 中的真正外生变量，对非总体数据而言通常容易一些。比如，谢伊（Shea，1993）描述了如何将其他产业的产出（更准确地讲是产出增长）用作制造业的工具来估计供给方程。拉米（Ramey，1991）也利用时间序列数据，令人信服地运用工具变量法估计了产业成本函数。

下面这个例子说明，如何用总量数据检验一个重要的经济理论——消费的持久收入理论，即通常所谓的持久收入假说（PIH）。严格地讲，本例中所用到的方法并非基于联立方程模型，但我们可以认为消费和收入的增长（以及利率）是被联合决定的。

例 16.7

对持久收入假说的检验

坎贝尔和曼昆（Campbell and Mankiw，1990）利用工具变量法检验了各种形式的持久收入假说。我们利用 CONSUMP 从 1959 年到 1995 年的年度数据来模仿他们其中的一个分析。坎贝尔和曼昆使用的是截止到 1985 年的季度数据。

坎贝尔和曼昆估计的一个方程（用我们的符号体系表达）是

$$gc_t = \beta_0 + \beta_1 gy_t + \beta_2 r3_t + u_t \tag{16.35}$$

式中，$gc_t = \Delta\log(c_t)$ 表示真实人均消费（耐用品除外）的年增长率；gy_t 表示真实可支配收入的增长率，而 $r3_t$ 表示以（过去）三个月国库券的利率回报度量的真实利率；$r3_t = i3_t - inf_t$，其中通货膨胀率是基于消费者价格指数计算的。

消费和可支配收入的增长率是没有趋势和弱依赖关系的；我们还要假定 $r3_t$ 也是这样，以便我们能应用标准的渐近理论。

方程（16.35）的关键特征是：根据 PIH，已知 $t-1$ 期或此前所观测到的全部信息时，误差项的条件均值为 0：$E(u_t \mid I_{t-1}) = 0$。但 u_t 不一定与 gy_t 或 $r3_t$ 无关；我们通常认为这些变量是联合决定的，尽管没有写下一个三方程联立方程组。

由于 u_t 与 $t-1$ 期及此前的所有变量均无关，所以估计（16.35）的有效工具是 gc、gy 和 $r3$ 的滞后值（以及其他可观测变量的滞后项，但我们此处没有使用）。我们所关心的假设是什么呢？PIH 的纯粹形式是 $\beta_1 = \beta_2 = 0$。坎贝尔和曼昆认为，如果总体中有一定比例的人消费当期收入而不是持久收入，那么 β_1 就为正。同时，PIH 系统的真实利率不是常数时就意味着 $\beta_2 > 0$。

当我们选择 gc_{-1}、gy_{-1} 和 $r3_{-1}$ 作为内生性变量 gy_t 和 $r3_t$ 的工具变量，并通过 2SLS 方法估计（16.35）时，便得到：

$$\widehat{gc_t} = 0.008\,1 + 0.586 gy_t - 0.000\,27 r3_t$$
$$\quad\quad (0.003\,2)(0.135)\quad\;\; (0.000\,76)$$
$$n = 35,\ R^2 = 0.678 \tag{16.36}$$

由于 gy 的系数从经济学的角度来说是较大的（可支配收入提高 1% 导致消费的增长超过 0.5%），并且统计上显著（$t = 4.34$），所以 PIH 的纯粹形式被强烈拒绝。相比之下，真实利率系数很小并且在统计上不显著。这些发现与坎贝尔和曼昆所得到的结论在定量角度上是一致的。

PIH 还意味着误差 $\{u_t\}$ 是序列不相关的。在 2SLS 估计后，我们得到残差 $\hat{u}_t$，并将 $\hat{u}_{t-1}$ 作为方程（16.36）的一个附加解释变量；我们仍然使用 gc_{t-1}、gy_{t-1}、$r3_{t-1}$，并让 $\hat{u}_{t-1}$ 充当自己的工具变量（参见 15.7 节）。$\hat{u}_{t-1}$ 的系数为 $\hat{\rho} = 0.187$（se = 0.133），这表明存在

16

某种正序列相关，尽管在 5% 的显著性水平上还不明显。坎贝尔和曼昆（Campbell and Mankiw, 1990）还讨论了为什么即便 PIH 成立，也能在可利用的季度数据误差项中发现正序列相关；其中有些关注点可扩展到年度数据。

在时间序列应用中，利用趋势变量或 I(1) 变量的增长率做 SEM 相当普遍。例如，谢伊（Shea, 1993）估计了用增长率设定的产业供给曲线。

如果一个结构模型包含了时间趋势（刻画了未直接包括在模型中的外生趋势因素），那么趋势就可以作为自己的 IV。

> **？ 思考题 16.4**
>
> 假定你能拿到某城市有关人均鱼消费量、人均收入、鱼肉价格及鸡肉和牛肉价格的月度数据；收入与鸡肉和牛肉价格是外生的。假定鱼的需求不存在季节性，但鱼的供给存在季节性。你如何利用这些信息去估计一个常弹性的鱼肉需求方程？设定一个方程并讨论其识别问题。（提示：你应有鱼肉价格的 11 个工具变量。）

16.6 利用面板数据建立联立方程模型

联立方程模型也能用于处理面板数据。比如，我们可以像在例 16.3 中那样，估计在特定时期内工作的一群人的劳动供给和工资报价方程。除了允许每个时期内的变量被同时决定外，我们还容许每个方程中都有观测不到的影响因素。在一个劳动供给方程中，我们容许存在观测不到的且不随时间变化的闲暇偏好因素。

利用面板数据估计 SEM 的基本方法有两步：（1）利用固定效应变换或一阶差分消除所关心的方程中观测不到的影响因素；（2）寻找变换后的方程中内生变量的工具变量。这可能极具挑战性，因为为了使分析具有说服力，我们需要找到随时间而变化的工具。为探究其原因，写下一个用于面板数据的 SEM：

$$y_{it1} = \alpha_1 y_{it2} + \mathbf{z}_{it1} \boldsymbol{\beta}_1 + a_{i1} + u_{it1} \tag{16.37}$$

$$y_{it2} = \alpha_2 y_{it1} + \mathbf{z}_{it2} \boldsymbol{\beta}_2 + a_{i2} + u_{it2} \tag{16.38}$$

式中，i 表示横截面，t 表示时间区间，而 $\mathbf{z}_{it1} \boldsymbol{\beta}_1$ 或 $\mathbf{z}_{it2} \boldsymbol{\beta}_2$ 则表示每个方程中一系列外生解释变量的线性方程。最一般化的分析容许观测不到的影响因素 a_{i1} 和 a_{i2} 与所有解释变量甚至 $\mathbf{z}$ 中的元素都相关。不过，我们假定特有结构误差 u_{it1} 和 u_{it2} 与两个方程中任一时期的 $\mathbf{z}$ 变量都不相关；这就是说，$\mathbf{z}$ 是外生的。除非在特别的环境下，否则 y_{it2} 与 u_{it1} 相关，而 y_{it1} 与 u_{it2} 相关。

假如我们感兴趣的是方程（16.37）。由于复合误差 $a_{i1} + u_{it1}$ 潜在地与所有解释变量都相关，我们不能用 OLS 估计它。假设我们对时间差分以去掉不可观测的影响 a_{i1}：

$$\Delta y_{it1} = \alpha_1 \Delta y_{it2} + \Delta \mathbf{z}_{it1} \boldsymbol{\beta}_1 + \Delta u_{it1} \tag{16.39}$$

（与差分或去除时间均值一样，我们只能估计时变变量的影响，这些变量至少对某些横截面单元来说是随时间变化的。）现在根据假设，这个方程中的误差项与 $\Delta\mathbf{z}_{it1}$ 无关。但 Δy_{it2} 和 Δu_{it1} 很可能相关。因此，我们需要 Δy_{it2} 的一个工具变量。

就像纯横截面数据或时间序列数据的情形一样，可能的工具变量来自另一个方程：在 $\mathbf{z}_{it2}$ 中而又不在 $\mathbf{z}_{it1}$ 中的元素。实践中，我们需要 $\mathbf{z}_{it2}$ 中随时间变化而又不在 $\mathbf{z}_{it1}$ 中的元素。这是因为我们需要 Δy_{it2} 的一个工具变量，而一个变量从一个时期到另一个时期的变化不太可能与外生变量的水平值高度相关。实际上，如果我们将方程（16.38）差分，便可以看到 Δy_{it2} 的工具变量自然就是那些在 $\Delta\mathbf{z}_{it2}$ 中而又不在 $\Delta\mathbf{z}_{it1}$ 中的元素。

作为该种问题的一个例子，考虑例 16.3 中劳动供给函数的一个面板数据形式。假定我们在差分后得到方程

$$\Delta hours_{it} = \beta_0 + \alpha_1 \Delta\log(wage_{it}) + \Delta(\text{其他因素}_{it})$$

而我们希望用 $\Delta exper_{it}$ 作为 $\Delta\log(wage_{it})$ 的一个工具变量。问题是，由于我们考察的人每个时期都在工作，所以对所有的 i 和 t 都有 $\Delta exper_{it} = 1$。（每个人在一年后都增加了一年的工作经历。）我们不能用一个对所有的 i 和 t 都取相同值的 IV，因此我们必须另找一个。$\Delta\log(wage_{it})$ 的一个可能工具变量是州级或地级的最低工资变化。（正如 2018 年 1 月，美国有超过 40 个地区的最低工资高于州最低工资。）由此，在劳动力供给函数中，$\Delta\log(wage_{it})$ 的约简型应包括不同时期的所有虚拟变量，以便使最低工资的变化成为个人劳动力供给的外生变量。

通常，一个实验项目的参与情况可以用来获得面板数据情况下的工具变量。在例 15.10 中，为了确定工作培训对工人生产力的影响，我们将工作培训津贴的获得作为培训小时数变化的一个工具变量。实际上，我们可以通过一个 SEM 考虑这个问题：虽然工作培训和工人生产力是联合决定的，但工作培训津贴的获得在方程（15.57）中却是外生的。

在应用面板数据的研究中，我们有时能想出一个巧妙的、令人信服的工具变量，下例可作说明。

例 16.8

关押人数对暴力犯罪率的影响

为了估计关押人数的增加与州级犯罪率的因果关系，莱维特（Levitt，1996）使用监狱过度拥挤的诉讼案件数作为关押人数增加的工具变量。莱维特估计的方程是一阶差分的形式；我们因此可以写出其潜在的固定效应模型：

$$\log(crime_{it}) = \theta_t + \alpha_1\log(prison_{it}) + \mathbf{z}_{it1}\boldsymbol{\beta}_1 + a_{i1} + u_{it1} \qquad (16.40)$$

式中，θ_t 表示不同时期的截距，而 $crime$ 和 $prison$ 则以十万人为单位度量。（关押人数变量在上一年的最后一天度量。）向量 $\mathbf{z}_{it1}$ 包含了莱维特在文章中列出的其他控制变量，包括

人均警察数的对数形式、人均收入的对数形式、失业率、黑人比例和城市居住者的比例，以及年龄分布的比例。

将方程（16.40）差分，便能得到莱维特所估计的方程：

$$\Delta\log(crime_{it}) = \xi_t + \alpha_1\Delta\log(prison_{it}) + \Delta\mathbf{z}_{it1}\boldsymbol{\beta}_1 + \Delta u_{it1} \tag{16.41}$$

犯罪率和关押人数（更准确地讲是两个变量的增长率）的联立性，使得对方程（16.41）的 OLS 估计通常都是不一致的。利用暴力犯罪率和莱维特所用数据（在文件 PRISON 中，从 1980 年到 1993 年共 $51\times14=714$ 个观测值）的一个子集，我们得到 α_1 的混合 OLS 估计值 -0.181（se=0.048）。我们还用混合 2SLS 估计了方程（16.41），其中 $\Delta\log(prison)$ 的工具变量是两个二值变量，分别表示在本年或过去两年中是否对过度拥挤的诉讼作出最后判决。α_1 的混合 2SLS 估计值为 -1.032（se=0.370）。因此，2SLS 估计的影响要大得多；无足为奇，它也不准确得多。莱维特（Levitt，1996）利用更长期的数据（但缺失某些州早期的数据）和更多的工具变量，也得出了类似的结论。

检验 $r_{it1}=\Delta u_{it1}$ 中的 AR(1) 序列相关则很容易。在混合 2SLS 估计之后，得到残差 $\hat{r}_{it1}$。然后在原方程中包含这些残差的一阶滞后项，并用 2SLS 法估计方程，其中 $\hat{r}_{it1}$ 充当自己的工具变量。第一年的数据由于滞后而失去了。于是，常规 2SLS 法估计后得到的滞后残差项的 t 统计量便可以有效地检验序列相关性。在例 16.8 中，$\hat{r}_{it1}$ 的系数仅约为 0.076，$t=1.67$。由极小的系数和中等大小的 t 统计量，我们可以放心地假定序列无关。

利用面板数据估计 SEM 的另一种方法是，使用固定效应变换，然后像混合 2SLS 那样应用一个 IV 技巧。一个简单的步骤是，用混合 2SLS 估计去除了时间均值的方程，方程具有如下形式：

$$\ddot{y}_{it1} = \alpha_1\ddot{y}_{it2} + \ddot{\mathbf{z}}_{it1}\boldsymbol{\beta}_1 + \ddot{u}_{it1}, \ t=1, \ 2, \ \cdots, \ T \tag{16.42}$$

式中，$\ddot{\mathbf{z}}_{it1}$ 和 $\ddot{\mathbf{z}}_{it2}$ 都是工具变量。这就等价于在一个虚拟变量表达式中使用 2SLS，其中特定单位的虚拟变量作为其自身的工具变量。艾尔斯和莱维特（Ayres and Levitt，1998）用 2SLS 在一个除时间均值方程中估计了 LoJack 电子防盗装置对城市汽车失窃率的影响。如果直接估计方程（16.42），则 df 需要修正为 $N(T-1)-k_1$，其中 k_1 是 α_1 和 $\boldsymbol{\beta}_1$ 中元素的总个数。把特定单位虚拟变量包括进来并对原始数据应用混合 2SLS，即得到正确的 df。伍德里奇（Wooldridge，2010，Chapter 11）给出了一个更详细地使用 2SLS 处理面板数据的方法。

本章小结

联立方程模型适用于具有深厚反事实推理的情况，尤其是系统中每个方程都具有其他条件不变的因果性解释。让每个方程分别描述市场中不同的侧面或不同经济个体的行为关系，便是联立方程模型很好的例子。虽然供给与需求方程往往最常被举例，但 SEM 在经济学和社会科学中还有许多其他应用。

SEM 的一个重要特征是，通过充分设定系统，哪个变量被假定为外生的以及每个方程会出现哪些变量都很清楚。给定一个完全的系统，我们可以确定哪些方程可以识别（即能被估计）。在两方程系统的重要情形中，很容易说明（如）第一个方程的识别条件，即第一个方程至少排除了一个在第二个方程中系数非零的外生变量。

就像我们从之前章节中学到的那样，对一个包含内生解释变量方程的 OLS 估计，一般都会给出有偏误和不一致的估计结果。相反，2SLS 则可用于估计系统中任何一个可识别的方程。有一些更深奥的系统方法可供使用，但这超出了我们的分析范围。

遗漏变量和联立性在应用中的区别并不总是那么明显。暂不说测量误差，这两个问题可以出现在同一方程中。一个很好的例子就是已婚妇女的劳动供给。受教育年数（*educ*）同时出现在劳动供给和工资报价函数中［参见方程（16.19）和（16.20）］。如果遗漏的能力变量出现在劳动供给函数的误差项中，那么工资和受教育程度都是内生的。重要的是，用 2SLS 方法来估计方程能够解决所有这些问题。

SEM 也可以用于时间序列数据。像 OLS 估计一样，我们在应用 2SLS 时必须警惕趋势性和单整过程。诸如序列相关的问题可以像在 15.7 节中那样处理。我们还给出了一个如何利用面板数据估计 SEM 的例子，其中为了消除不可观测变量的影响，方程都做了一阶差分。然后我们就像在第 15 章中那样用混合 2SLS 估计了差分方程。另外，在某些情况下，我们可以将包括 IV 在内的所有变量都去除时间均值，然后用混合 2SLS 法估计；这等价于对每个横截面观测引进一个虚拟变量后使用 2SLS，其中的虚拟变量作为其自身的工具变量。SEM 在面板数据中的应用是很强有力的，因为它们允许我们在处理联立性问题的同时控制住观测不到的异质性。这种应用越来越常见，而且也不是特别难估计。

关键术语

内生变量	过度识别方程	联立性偏误
排除性约束	前定变量	联立方程模型（SEM）
外生变量	秩条件	结构方程
可识别方程	约简型方程	结构误差
恰好识别方程	约简型误差	结构型参数
阶条件	联立性	不可识别方程

习 题

1. 写出一个"供给与需求形式"的两方程系统，即方程的左边都是变量 y_t（具体地讲，是"数量"）：

$$y_1 = \alpha_1 y_2 + \beta_1 z_1 + u_1$$

$$y_1 = \alpha_2 y_2 + \beta_2 z_2 + u_2$$

(i) 若 $\alpha_1 = 0$ 或 $\alpha_2 = 0$,解释为什么 y_1 存在一个约简型。(记住 y_1 的一个约简型表达式就是外生变量和结构误差的一个线性函数。)若 $\alpha_1 \neq 0$ 且 $\alpha_2 = 0$,求出 y_2 的约简型。

(ii) 若 $\alpha_1 \neq 0$、$\alpha_2 \neq 0$ 且 $\alpha_1 \neq \alpha_2$,求出 y_1 的约简型。在这种情形下,y_2 有约简型吗?

(iii) 在供给与需求的例子中,$\alpha_1 \neq \alpha_2$ 的条件有可能满足吗?请解释。

2. 令 *corn* 表示县级人均玉米消费的蒲式耳数,*price* 表示每蒲式耳玉米的价格,*income* 表示全县人均收入,而令 *rainfall* 表示在玉米成长最后季节的降雨英寸数。下面的联立方程模型施加了供需相等的均衡条件:

$$corn = \alpha_1 price + \beta_1 income + u_1$$

$$corn = \alpha_2 price + \beta_2 rainfall + \gamma_2 rainfall^2 + u_2$$

哪个是供给方程?哪个是需求方程?请解释。

3. 在第 3 章的习题 3 中,我们估计了一个方程,来检验一个随机样本中每个人每周花在睡眠上的分钟数(*sleep*)和每周花在工作上的分钟数(*totwrk*)之间的替代关系。方程中还包括受教育程度和年龄。由于每个人是同时选择 *sleep* 和 *totwrk* 的,所估计的睡眠和工作之间的替代关系会遭到"联立性偏误"的批评吗?请解释。

4. 假定年收入与酒的消费数量由 SEM 来确定。

$$\log(earnings) = \beta_0 + \beta_1 alcohol + \beta_2 educ + u_1$$

$$alcohol = \gamma_0 + \gamma_1 \log(earnings) + \gamma_2 educ + \gamma_3 \log(price) + u_2$$

式中,*price* 代表酒的地域价格指标,包括州和当地的税。假定变量 *educ* 和 *price* 是外生变量,如果 β_1、β_2、γ_1、γ_2、γ_3 都不为零,可以确定哪一个方程?你将如何估计这个方程?

5. 为了确定使用避孕套能否有效减少有性行为的高中生之间性疾病的传播,一个简单的模型是

$$infrate = \beta_0 + \beta_1 conuse + \beta_2 permale + \beta_3 avginc + \beta_4 city + u_1$$

式中,*infrate* 表示有性行为的学生中感染性病的比例,*conuse* 表示声称合理地、有规律地使用了避孕套的男孩子的比例,*avginc* 表示平均家庭收入,而 *city* 则是一个表示所在学校是否位于城里的虚拟变量;这个模型是在学校层面的。

(i) 对上述方程作出其他条件不变的因果性解释,β_1 的符号应该是什么?

(ii) 为什么 *infrate* 和 *conuse* 可能是联合决定的?

(iii) 如果避孕套使用率随着性病感染率的提高而提高,那么在方程

$$conuse = \gamma_0 + \gamma_1 infrate + 其他因素$$

中,$\gamma_1 > 0$,此时用 OLS 估计 β_1 可能产生的偏误是什么?

(iv) 令 *condis* 表示一个二值变量,若学校有分发避孕套项目则取值 1。解释如何利用这一变量对 β_1(和其他系数)进行 IV 估计。我们必须在每个方程中对 *condis* 做怎样的假设?

6. 考虑一个雇主根据工人参加工会的百分比及其他因素而提供养老金计划的线性概率模型:

$$pension = \beta_0 + \beta_1 percunion + \beta_2 avgage + \beta_3 avgeduc + \beta_4 percmale + \beta_5 percmarr + u_1$$

(i) 为什么 *percunion* 和 *pension* 可能是联合决定的?

(ii) 假定你可以对企业工人进行调查,并搜集工人家庭的信息。你能否想出哪些信息可用于构造 *percunion* 的一个 IV?

(iii) 你如何检验你所想到的变量是否为 *percunion* 的一个合理的备择 IV?

7. 一所大学要求你估计对女子篮球比赛门票的需求。你能搜集到 10 个赛季总共约 150 次观测的时间序列数据。一个可能的模型是：

$$lATTEND_t = \beta_0 + \beta_1 lPRICE_t + \beta_2 WINPERC_t + \beta_3 RIVAL_t + \beta_4 WEEKEND_t + \beta_5 t + u_t$$

式中，$PRICE_t$ 表示门票价格（可能以真实价格度量，比如通过地区消费者价格指数进行平减）；$WINPERC_t$ 表示球队当前获胜的概率；$RIVAL_t$ 表示一个标志着比赛是否势均力敌的虚拟变量；而 $WEEKEND_t$ 表示一个标志着球赛是否在周末进行的虚拟变量。l 表示自然对数，所以这个需求函数具有常价格弹性。

（i）为什么在这个方程中加入一个时间趋势是个好想法？

（ii）门票供给由体育馆的容量固定；假定这个供给 10 年不变，那么供给的数量不随价格而变化。这是否意味着价格在这个需求方程中必然是外生变量？（提示：回答是否定的。）

（iii）假定门票的名义价格缓慢变化（如在每个赛季之初）。体育委员会部分基于上个赛季的平均售票和该队上个赛季的胜率来选择价格。在什么样的条件下，上个赛季的胜率（$SEASPERC_{t-1}$）是 $lPRICE$ 的一个有效的工具变量？

（iv）在方程中包括男子篮球比赛的真实价格（的对数）看起来合理吗？请解释。经济理论预测其系数的符号是什么样的？你能想到另外一个与男子篮球相关而又属于女子观众方程的变量吗？

（v）如果你担心某些序列（特别是 $lATTEND$ 和 $lPRICE$）有单位根，你如何改变所估计的方程？

（vi）如果某些比赛的门票售空，这会导致估计需求方程出现什么问题？（提示：如果门票售空，你一定观察到真实需求了吗？）

8. 平均来看，每个学生的上学支出对当地住房价值的影响有多大？令 $HPRICE$ 表示校区内住房价格的中位数，而令 $EXPEND$ 表示学生的平均上学支出。利用 1992 年、1994 年和 1996 年的面板数据，我们给出模型

$$lHPRICE_{it} = \theta_t + \beta_1 lEXPEND + \beta_2 lPOLICE_{it} + \beta_3 lMEDINC_{it} + \beta_4 PROPTAX_{it} + a_{i1} + u_{it1}$$

式中，$POLICE_{it}$ 表示人均警力支出；$MEDINC_{it}$ 表示收入中位数；而 $PROPTAX_{it}$ 表示财产税率；l 表示自然对数。由于住房价格直接影响学校基金的收益，所以支出和住房价格被同时决定。

假定学校的融资方式在 1994 年发生了巨大变化：不再征收地方财产税，学校的资金来源基本上由州级单位决定。令 $lSTATEALL_{it}$ 表示州政府在第 t 年对地区 i 拨款的对数，一旦我们控制了支出和地区的固定影响，上述方程中哪个是外生变量？你如何估计 β_1？

计算机练习

C1. 本题利用 SMOKE 中的数据。

（i）估计抽烟影响年收入（可能通过因病损失的工作日或生产力效应）的一个模型是

$$\log(income) = \beta_0 + \beta_1 cigs + \beta_2 educ + \beta_3 age + \beta_4 age^2 + u_1$$

式中，$cigs$ 表示平均每天抽烟的数量。你如何解释 β_1？

（ii）为了反映香烟消费与收入可能同时决定的事实，一个香烟需求方程是

$$cigs = \gamma_0 + \gamma_1 \log(income) + \gamma_2 educ + \gamma_3 age + \gamma_4 age^2 + \gamma_5 \log(cigpric) + \gamma_6 restaurn + u_2$$

式中，$cigpric$ 表示每包香烟的价格（美分），而 $restaurn$ 表示一个二值变量，并在这个人所定居的州禁止在餐馆里抽烟时等于 1。假定这些变量对个人而言都是外生的，你预期 γ_5 和 γ_6 具有什么样的符号？

（iii）在什么样的条件下，第（i）部分中的收入方程可被识别？

(iv) 用 OLS 估计收入方程并讨论 β_1 的估计值。

(v) 估计 cigs 的约简型。（记住这要求将 cigs 对所有外生变量回归。）$\log(cigpric)$ 和 restaurn 在约简型中显著吗？

(vi) 现在用 2SLS 估计收入方程。将它对 β_1 的估计值与 OLS 估计值作比较。

(vii) 你认为香烟价格和禁止在餐馆里抽烟在收入方程中是外生的吗？

C2. 本题利用 MROZ 中的数据。

(i) 用 $\log(hours)$ 作为因变量重新估计例 16.5 中的劳动供给函数。将估计出的弹性（现在是常数）与方程（16.24）在平均工作小时数处所得到的估计值相比较。

(ii) 在第（i）部分中的劳动供给方程中，容许 educ 因遗漏了能力变量而成为内生变量。用 motheduc 和 fatheduc 作为 educ 的 IV。记住，你现在的方程中有两个内生变量。

(iii) 检验第（ii）部分中 2SLS 估计的过度识别约束。这些 IV 通过检验了吗？

C3. 本题利用 OPENNESS 中的数据。

(i) 由于 $\log(pcinc)$ 在方程（16.22）和 open 的约简型中都是不显著的，所以将它从分析中去掉。使用 OLS 和 IV 在没有 $\log(pcinc)$ 的情况下估计（16.22）。有什么重要结论发生变化了吗？

(ii) 仍不分析 $\log(pcinc)$，land 或 $\log(land)$ 是 open 更好的工具变量吗？（提示：将 open 对二者分别以及同时回归。）

(iii) 现在回到（16.22）中，在方程中增加虚拟变量 oil 并视之为外生变量。用 IV 估计方程。其他条件不变时，作为一个石油生产国对通货膨胀有影响吗？

C4. 本题利用 CONSUMP 中的数据。

(i) 在例 16.7 中，用 15.5 节的方法检验在估计（16.35）时的过度识别约束。你的结论是什么？

(ii) 由于潜在的数据度量问题和信息滞后，坎贝尔和曼昆（Campbell and Mankiw, 1990）使用所有变量的二阶滞后值作为工具变量。只用 gc_{t-2}、gy_{t-2} 和 $r3_{t-2}$ 作为工具变量重新估计方程（16.35）。这些估计值与方程（16.36）中的那些估计值相比如何变化？

(iii) 将 gy_t 对第（ii）部分中的 IV 回归，并检验 gy_t 与它们是否充分相关。这一点为什么重要？

C5. 利用 2005 年或以后的《总统经济报告》来更新 CONSUMP 中至少截止到 2003 年的数据。重新估计方程（16.35）。有什么重要结论发生变化了吗？

C6. 本题利用 CEMENT 中的数据。

(i) 将水泥价格的月增长率（gprc）表示成供给数量增长率（gcem）的函数，写出静态供给函数是：

$$gprc_t = \alpha_1 gcem_t + \beta_0 + \beta_1 gprcpet + \beta_2 feb_t + \cdots + \beta_{12} dec_t + u_t^s$$

式中，gprcpet（汽油价格上涨率）被假定为外生变量，而 $feb, \cdots, dec$ 为月度虚拟变量。你预期 α_1 和 β_1 的符号是什么？用 OLS 估计这个方程。供给函数向上倾斜吗？

(ii) 变量 gdefs 是美国真实国防支出的月增长率。gdefs 要作为 gcem 的一个好的工具变量，你需要对它做什么假设？检验 gcem 是否与 gdefs 偏相关。（不用担心约简型中可能存在序列相关。）你能用 gdefs 作为估计供给函数中的一个 IV 吗？

(iii) 谢伊（Shea, 1993）认为建住宅楼的产出增长率（gres）和非住宅楼的产出增长率（gnon）是 gcem 的有效工具变量。其思想是，存在一些与供给误差 u_t^s 大致无关的需求移动因子。检验 gcem 是否与 gres 和 gnon 偏相关；同样不用担心约简型中的序列相关。

(iv) 利用 gres 和 gnon 作为 gcem 的工具变量估计供给函数。你对水泥的静态供给函数得到了什么结

16

论？［动态供给函数显然是向上倾斜的；参见 Shea（1993）。］

C7. 参考例 13.9 并利用 CRIME4 中的数据。

（i）假定你在做差分以消除不可观测效应后，认为 $\Delta\log(polpc)$ 与 $\Delta\log(crmrte)$ 是同时决定的；特别是犯罪的增加与警察人数的增加有关系。这对解释方程（13.33）中 $\Delta\log(polpc)$ 的正系数有何帮助？

（ii）变量 $taxpc$ 表示全县人均征税量。将它排除在犯罪方程之外合理吗？

（iii）在包括了潜在的工具变量 $\Delta\log(taxpc)$ 后，利用混合 OLS 估计 $\Delta\log(polpc)$ 的约简型。$\Delta\log(taxpc)$ 看起来是一个很好的备选 IV 吗？

（iv）假定在几年后，北卡罗来纳州资助某些县扩大其警察规模。你如何利用这个信息估计增加的警察对犯罪率的影响？

C8. 本题利用得自格雷迪（Graddy，1995）的数据集 CRIME4。这个数据集也曾用于计算第 12 章的计算机练习 C9。现在，我们用它估计一个鱼肉需求函数。

（i）假定每个时期均衡的鱼肉需求方程可写成：

$$\log(totqty_t)=\alpha_1\log(avgprc_t)+\beta_{10}+\beta_{11}mon_t+\beta_{12}tues_t+\beta_{13}wed_t+\beta_{14}thurs_t+u_{t1}$$

容许需求在一周中的每一天都有所不同。把价格变量视为内生的，获得需求方程参数的一致估计还需要什么额外信息？

（ii）变量 $wave2_t$ 和 $wave3_t$ 度量了过去几天的海浪高度。为了在估计需求方程时将 $wave2_t$ 和 $wave3_t$ 用作 $\log(avgprc_t)$ 的 IV，我们还需要哪两个假设？

（iii）将 $\log(avgprc_t)$ 对周工作日虚拟变量和两个浪高指标进行回归。$wave2_t$ 和 $wave3_t$ 联合显著吗？这个检验的 p 值是多少？

（iv）现在用 2SLS 估计需求方程。需求价格弹性的 95％置信区间是什么？所估计的弹性合理吗？

（v）求 2SLS 残差 $\hat{u}_{t1}$。在用 2SLS 估计需求方程时增加一个滞后 $\hat{u}_{t-1,1}$。记住用 $\hat{u}_{t-1,1}$ 作为自己的工具。需求方程误差中有 AR(1) 序列相关的证据吗？

（vi）假定供给方程明显取决于海浪变量，为了估计供给价格弹性，我们需要哪两个假设？

（vii）在 $\log(avgprc_t)$ 的约简型方程中，周工作日虚拟变量联合显著吗？你对能够估计供给弹性有何结论？

C9. 本题利用 AIRFARE 中 1997 年的数据。

（i）美国航线机票的一个简单需求函数为

$$\log(passen)=\beta_{10}+\alpha_1\log(fare)+\beta_{11}\log(dist)+\beta_{12}[\log(dist)]^2+u_1$$

式中，$passen$ 为日均乘客量；$fare$ 为平均票价；$dist$ 为航线距离（以英里计）。如果这真的是一个需求函数，α_1 的符号是什么？

（ii）用 OLS 估计第（i）部分中的方程。估计出的价格弹性是什么？

（iii）考虑变量 $concen$，它度量了市场集中程度。（具体而言，它就是最大航空公司所占的商业份额。）用语言解释，要在需求方程中把 $concen$ 看成外生的，我们必须假定什么？

（iv）现在假定 $concen$ 在需求方程中是外生的。估计 $\log(fare)$ 的约简型，并证实 $concen$ 对 $\log(fare)$ 有正的（偏）效应。

（v）用 IV 估计需求函数。现在估计的需求价格弹性是什么？它与 OLS 估计值相比如何变化？

（vi）利用 IV 估计值，描述座位需求如何取决于航线距离。

C10. 本题利用 AIRFARE 数据库中全部的面板数据，其中处于联立方程中不可观测效应的需求方

程是

$$\log(passen_{it}) = \theta_{t1} + \alpha_1 \log(fare_{it}) + a_{i1} + u_{it1}$$

我们将距离变量纳入 a_{i1} 中。

(i) 以固定效应估计需求模型，确保将年份的虚拟变量加入方程中来解释不同的截距。估计弹性是多少？

(ii) 以固定效应来估计简化形式

$$\log(fare_{it}) = \theta_{t2} + \pi_{21} concen_{it} + a_{i2} + v_{it2}$$

以适合的检验来确保变量 $concen_{it}$ 可以被用作 $\log(fare_{it})$ 的工具变量。

(iii) 以固定效应转化和工具变量来估计需求方程，就像等式（16.42）一样。估计出的弹性是多少？是否在统计上显著？

C11. 估计恩格尔曲线的一般方法是将支出份额作为总费用的一个函数，可能还包含人口变量。通常形式如下：

$$sgood = \beta_0 + \beta_1 ltotexpend + demopraphics + u$$

式中，$sgood$ 表示对某种特定物品的消费占总消费的比例；$ltotexpend$ 表示总消费的常用对数。β_1 的大小和符号在许多消费分类中都有意义。

为了解释 $ltotexpend$ 潜在的内生性——可以被视作遗漏变量或者联立方程的问题，也可能两者兼有——家庭收入的常用对数通常会被作为工具变量。以 $lincome$ 代表家庭收入的常用对数。对这个问题剩下的部分，用来源于 Blundell, Duncan, and Pendakur (1998) 的 EXPENDSHARES 数据库解决。

(i) 以食物消费份额 $sfood$ 作为因变量。其取值范围是多少？对取值不为零这一结果，你是否感到意外？

(ii) 使用 OLS 估计等式

$$sfood = \beta_0 + \beta_1 ltotexpend + \beta_2 age + \beta_3 kids + u$$

并写出 $ltotexpend$、$\beta_{OLS,1}$ 和异方差—稳健的标准误。解释结果。

(iii) 使用 $income$ 作为 $ltotexpend$ 的一个工具变量，估计 $ltotexpend$ 的约简型方程；确定包含 age 和 $kids$。假定（16.43）式中的 $incoming$ 是外生的，那么 $incoming$ 是不是 $ltotexpend$ 一个有效的工具变量？

(iv) 现在使用工具变量估计（16.43）式。$\beta_{IV,1}$ 相比 $\beta_{OLS,1}$ 如何变化？95% 置信水平下的稳健置信区间又如何变化？

(v) 使用 15.5 节中的检验，检验（16.43）式中 $ltotexpend$ 外生的零假设。请确定报告并解释了 p 值。是否有任何过度识别的条件用于检验？

(vi) 用 $salcohol$ 替换（16.43）式中的 $sfood$，使用 OLS 和 2SLS 方法估计等式。$ltotexpend$ 的系数如何变化？

C12. 本题利用 PRISON 中的数据。参照例 16.8，数据集中所有以"g"开头的变量都是年间增长率，通过计算自然对数的变化量得到。例如，$gcriv_{it} = \log(criv_{it}) - \log(criv_{i,t-1})$。所有以"c"开头的变量都是年间水平值变化量。例如，$cunemi_t = unemi_t - unem_{i,t-1}$。

(i) 使用 OLS 估计等式

$$gcriv_{it} = \xi_t + \alpha_1 gpris_{it} + \beta_1 gincpc_{it} + \beta_2 gpolpc_{it} + \beta_3 cag0\_14_{it} + \beta_4 cag15\_17_{it} + \beta_5 cag18\_24_{it}$$
$$+ \beta_6 cag25\_34_{it} + \beta_7 cunem_{it} + \beta_8 cblack_{it} + \beta_9 cmetro_{it} + \Delta u_{it}$$

并验证 $\hat{\alpha}_1 = 20.181$（se=5.048）。参数 ξ_t 是为了提醒你包含 1981—1993 年间的年度虚拟变量。

(ii) 估计 $gpris_{it}$ 的约简型方程

$$gpris_{it} = \eta_t + \gamma_1 final1_{it} + \gamma_2 final2_{it} + \pi_1 gincpc_{it} + \pi_2 gpolpc_{it} + \pi_3 cag0\_14_{it} + \pi_4 cag15\_17_{it}$$
$$+ \pi_5 cag18\_24_{it} + \pi_6 cag25\_34_{it} + \pi_7 cunem_{it} + \pi_8 cblack_{it} + \pi_9 cmetro_{it} + \Delta u_{it}$$

式中，$final1it$ 和 $final2it$ 是工具变量。验证 γ_1 和 γ_2 都是正数。它们在统计上显著吗？$H_0 : \gamma_1 = \gamma_2 = 0$ 的 F 统计量是多少？（不要忘记包含全部年度虚拟变量。）

(iii) 将 $final1_{it}$ 和 $final2_{it}$ 作为 $gpris_{it}$ 的工具变量，获得第（i）部分中方程的 2SLS 估计。验证 $\hat{\alpha}_1 = 21.032$（se＝0.370）。

(iv) 如果你有能计算异方差—稳健的标准误和序列相关性的计量经济学软件，对第（iii）部分中的方程进行 2SLS 估计。$\hat{\alpha}$ 的标准误会怎样变化？

(v) 用差分形式 $\Delta final1_{it}$ 和 $\Delta final2_{it}$ 作为工具变量来重新估计第（iii）部分中的约简型方程。（由于对工具变量进行了差分，你会丢失 1980 年的数据。）式 $\Delta final1_{it}$ 和 $\Delta final2_{it}$ 是 $gpris_{it}$ 强有力的工具变量吗？你倾向于用差分还是水平值作为工具变量？估计第（iii）部分中的约简型方程，确保去掉 1980 年的数据，从而保证使用相同的数据集得出你有关工具强度的结论。

16

第17章 受限因变量模型和样本选择的修正

我们在第 7 章研究了线性概率模型，它不过是多元回归模型在二值因变量情况下的一个应用。二值因变量只是**受限因变量**（limited dependent variable，LDV）的特例。广义上看，一个 LDV 就是一个取值范围明显受到限制的因变量。二值变量只取 0 和 1 两个值，当然是 LDV。在 7.7 节中，我们讨论了对多元回归中非连续变量的解释问题，那时我们主要关注的对象是 y 取较小的整数值的情况，例如一个年轻人在一年中被捕的次数或者是一个女人生的小孩的数目。我们还看到过其他受限因变量的例子：养老金参与率必须介于 0 和 100 之间，一个人在给定年份被拘捕的次数也是一个非负的整数，而大多数大学的 GPA 也介于 0 和 4.0 之间。

我们欲解释的大多数经济变量都以某种方式受到限制，通常都要求它们必须为正值。例如，小时工资、住房价格和名义利率都必须大于 0。但并非所有这种变量都需要特别处理。如果一个严格为正的变量取许多不同的值，那么很少需要特殊的计量模型。而当 y 是离散的且只取少数几个值时，把它看成一个近似连续的变量就毫无意义。y 的离散性本身并不意味着线性模型就不合适。但如我们在第 7 章对二值响应的讨论中所见，线性概率模型有缺陷。在 17.1 节，我们讨论 logit 和 probit 模型，它们都克服了 LPM 的缺陷；但其不足之处在于更难以解释。

计量经济分析中还会出现其他类型的受限因变量，特别是在建立个人、家庭和企业行为的模型时。优化行为常常会导致总体中不可忽略的一部分**角点解响应**（corner solution response）；也就是说，选择数量 0 或 0 美元是最优的。比如，在任一给定年份，有相当数量的家庭的慈善捐助为 0。因此，虽然年度家庭慈善捐助的总体分布散布于一个很大的正数范围内，但在数字 0 上却相当集中。尽管线性模型可能适合于刻画慈善捐助的期望值，但线性模型又可能对某些家庭做出负值的预测。由于许多观测都是 0，所以就不可能取对数。我们在 17.2 节讨论的托宾模型显然就是为模型化角点解因变量而设计的。

另一类重要的 LDV 是只取非负整数的计数变量。17.3 节将说明，泊松回归模型如何很好地模型化计数变量。

在某些情形下，我们观测到受限因变量是由于对数据进行了截取，这个问题我们将在 17.4 节介绍。在 17.5 节探讨的样本选择一般性问题中，我们观察到的是潜在总体的一个非随机样本。

虽然受限因变量模型也能用于时间序列和面板数据中，但通常它们都用于横截面数据。样本选择问题通常都源于横截面或面板数据。在本章，我们只关注其在横截面数据中的应用。伍德里奇（Wooldridge，2010）则在面板数据模型的背景下提出了这些问题，并对其在横截面数据和面板数据中的应用进行了更详尽的探讨。

17.1 二值响应的 logit 和 probit 模型

虽然估计和使用线性概率模型很简单，但它有我们在 7.5 节所讨论的那些缺陷。最重要的两个不足是，拟合出来的概率可能小于 0 或大于 1，且任何一个解释变量（以水平值形式出现）的偏效应都是不变的。使用更复杂的**二值响应模型**（binary response models）可以克服 LPM 的这些缺陷。

在一个二值响应模型中，我们所关注的核心基本上是响应概率

$$P(y=1|\mathbf{x})=P(y=1|x_1, x_2, \cdots, x_k) \tag{17.1}$$

式中，我们用 $\mathbf{x}$ 表示全部解释变量所构成的集合。比如，当 y 是一个就业指标时，可能就包括诸如受教育程度、年龄、婚姻状况、包括是否参加了最近一次工作培训项目的一个二值指标变量和其他影响就业状况的各种个人特征。

17.1a 设定 logit 和 probit 模型

在 LPM 中，我们假定响应概率对一系列参数 β_j 是线性的；见方程（7.27）。为避免 LPM 的局限性，考虑形如

$$P(y=1|\mathbf{x})=G(\beta_0+\beta_1 x_1+\cdots+\beta_k x_k)=G(\beta_0+\mathbf{x\beta}) \tag{17.2}$$

的一类二值响应模型，其中 G 是一个取值范围严格介于 0 和 1 之间的函数：对所有实数 z，都有 $0<G(z)<1$。这就确保估计出来的响应概率严格地介于 0 和 1 之间。如在前面的章节中一样，这里 $\mathbf{x\beta}=\beta_1 x_1+\cdots+\beta_k x_k$。

为了保证概率介于 0 与 1 之间，研究者已经提出了函数 G 的各种非线性形式。我们这里将讨论的两个函数形式（与 LPM 一起）被用于绝大多数应用之中。在 **logit 模型**（logit model）中，G 是对数函数：

$$G(z) = \exp(z)/[1+\exp(z)] = \Lambda(z) \tag{17.3}$$

对所有的实数 z，它都介于 0 和 1 之间。它是一个标准逻辑斯蒂随机变量的累积分布函数。在 **probit 模型**（probit model）中，G 是标准正态的累积分布函数（cdf），可表示为积分

$$G(z) = \phi(z) \equiv \int_{-\infty}^{z} \phi(v)\mathrm{d}v \tag{17.4}$$

式中，$\phi(z)$ 是标准正态密度函数：

$$\phi(z) = (2\pi)^{-1/2}\exp(-z^2/2) \tag{17.5}$$

G 的这个选择也确保了方程（17.2）对所有参数和 x_j 的值都严格介于 0 和 1 之间。

方程（17.3）和（17.4）中的 G 函数都是增函数。它们都是在 $z=0$ 时增加得最快，在 $z \to -\infty$ 时，$G(z) \to 0$，而在 $z \to \infty$ 时，$G(z) \to 1$。逻辑斯蒂函数画在图 17.1 中，而标准正态累积分布函数的形状与逻辑斯蒂的累积分布函数十分相似。

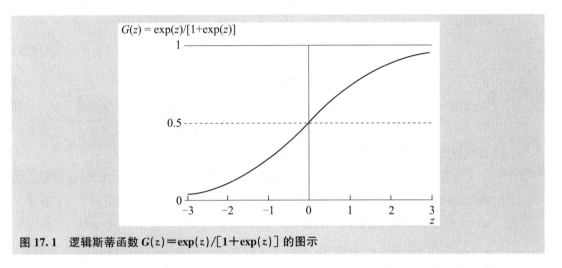

图 17.1　逻辑斯蒂函数 $G(z) = \exp(z)/[1+\exp(z)]$ 的图示

Logit 和 probit 模型都可以从一个满足经典线性模型假定的**潜在变量模型**（latent variable model）推导出来。令 y^* 为一个由

$$y^* = \beta_0 + \mathbf{x}\boldsymbol{\beta} + e, \; y = 1[y^* > 0] \tag{17.6}$$

决定的无法观测变量或潜在变量。我们在其中引入记号 $1[\cdot]$ 来定义一个二值结果。函数 $1[\cdot]$ 被称为指标函数，它在括号中的事件正确时取值 1，而在其他情况下取值 0。因此，若 $y^* > 0$，则 y 为 1；若 $y^* \leqslant 0$，则 y 为 0。我们假定 e 独立于 $\mathbf{x}$，并服从标准的逻辑斯蒂分布或标准正态分布。但无论在哪种情况下，e 的分布都对称于 0，这意味着对所有的实数 z 都有 $1-G(-z)=G(z)$。经济学家倾向于 e 的正态假定，这就是计量经济学中使用 probit 模型比 logit 模型更为普遍的原因。此外，由于正态分布的性质，用 probit 模型就更容易分析我们后面将讨论的几个设定问题。

从方程（17.6）和给定的假定中，我们可以推导出 y 的响应概率：

$$\begin{aligned}
\mathrm{P}(y=1\mid\mathbf{x}) &= \mathrm{P}(y^*>0\mid\mathbf{x}) = \mathrm{P}[e>-(\beta_0+\mathbf{x}\boldsymbol{\beta})\mid\mathbf{x}] \\
&= 1-G[-(\beta_0+\mathbf{x}\boldsymbol{\beta})] = G(\beta_0+\mathbf{x}\boldsymbol{\beta})
\end{aligned}$$

恰好与方程（17.2）相同。

在二值响应模型的大多数应用中，主要目的都是解释 x_j 对响应概率 $\mathrm{P}(y=1\mid\mathbf{x})$ 的影响。而潜在变量表达式给我们留下的印象是：我们主要关心每个 x_j 对 y^* 的影响。如我们将看到的，就 logit 和 probit 模型而言，x_j 对 $E(y^* \mid \mathbf{x}) = \beta_0 + \mathbf{x}\boldsymbol{\beta}$ 和 $E(y \mid \mathbf{x}) = P(y = 1 \mid \mathbf{x}) = G(\beta_0 + \mathbf{x}\boldsymbol{\beta})$ 影响的方向总是一致的。但潜在变量 y^* 很难具有一个良好定义的度量单位。（比如，y^* 可能是从两个不同的行动中所得到的效用水平之差。）因此，每个 β_j 的大小本身并非特别有用（与线性概率模型形成鲜明对照）。多数情况下，我们想估计 x_j 对成功概率 $P(y = 1 \mid \mathbf{x})$ 的影响，但由于 $G(\cdot)$ 的非线性，所以这个问题有些复杂。

要得到基本上连续的变量对响应概率的偏效应，我们就必须用微积分。如果 x_j 是一个大致连续的变量，它对 $p(\mathbf{x}) = P(y = 1 \mid \mathbf{x})$ 的偏效应可通过如下偏导数得到：

$$\frac{\partial p(\mathbf{x})}{\partial x_j} = g(\beta_0 + \mathbf{x}\boldsymbol{\beta})\beta_j，\text{ 其中，} g(z) \equiv \frac{\mathrm{d}G}{\mathrm{d}z}(z) \tag{17.7}$$

由于 G 是一个连续随机变量的累积分布函数，所以 g 是一个概率密度函数。在 logit 和 probit 情形中，$G(\cdot)$ 是一个严格递增的累积分布函数，于是对所有的 z，都有 $g(z) > 0$。因此，x_j 对 $p(\mathbf{x})$ 的偏效应通过正量 $g(\beta_0 + \mathbf{x}\boldsymbol{\beta})$ 而取决于 $\mathbf{x}$，这就意味着偏效应总是具有与 β_j 一样的符号。

方程（17.7）表明，任何两个连续解释变量的相对影响都与 $\mathbf{x}$ 无关：x_j 和 x_h 的偏效应之比为 β_j/β_h。在 g 关于 0 对称分布（唯一的众数是 0）的典型情形中，在 $\beta_0 + \mathbf{x}\boldsymbol{\beta} = 0$ 时出现了最大的影响。例如，在 $g(z) = \phi(z)$ 的 probit 情形中，$g(0) = \phi(0) = 1/\sqrt{2\pi} \approx 0.40$。在 logit 情形中，$g(z) = \exp(z)/[1 + \exp(z)]^2$，所以 $g(0) = 0.25$。

比方说，如果 x_1 是一个二值解释变量，那么在保持其他变量不变的情况下，x_1 从 0 变化到 1 的偏效应就是

$$G(\beta_0 + \beta_1 x_1 + \beta_2 x_2 + \cdots + \beta_k x_k) - G(\beta_0 + \beta_2 x_2 + \cdots + \beta_k x_k) \tag{17.8}$$

这里同样取决于所有其他变量 x_j 的值。比如，若 y 是一个就业指标，而 x_1 是一个表示是否参加工作培训项目的二值虚拟变量，那么方程（17.8）就反映了就业概率因工作培训项目而发生的改变；这还取决于受教育程度和工作经历等其他影响就业能力的变量。注意到，知道了 β_1 的符号，就足以决定此项目的影响是正还是负。但为了得到影响的大小，我们还必须估计（17.8）中的数量。

我们也可以对其他的离散变量（如子女数量）用（17.8）中的差分。若 x_k 表示这个变量，则 x_k 从 c_k 变化到 $c_k + 1$ 对概率的影响就是

$$G[\beta_0 + \beta_1 x_1 + \beta_2 x_2 + \cdots + \beta_k(c_k + 1)]$$
$$- G(\beta_0 + \beta_1 x_1 + \beta_2 x_2 + \cdots + \beta_k c_k) \tag{17.9}$$

很容易在方程中把标准函数形式包括在解释变量之中。比如，在模型

$$P(y = 1 \mid \mathbf{z}) = G(\beta_0 + \beta_1 z_1 + \beta_2 z_1^2 + \beta_3 \log(z_2) + \beta_4 z_3)$$

中，z_1 对 $P(y = 1 \mid \mathbf{z})$ 的偏效应是 $\partial P(y = 1 \mid \mathbf{z})/\partial z_1 = g(\beta_0 + \mathbf{x}\boldsymbol{\beta})(\beta_1 + 2\beta_2 z_1)$，$z_2$ 对响应概率的偏效应是 $\partial P(y = 1 \mid \mathbf{z})/\partial z_2 = g(\beta_0 + \mathbf{x}\boldsymbol{\beta})(\beta_3/z_2)$，其中 $\mathbf{x}\boldsymbol{\beta} = \beta_1 z_1 + \beta_2 z_1^2 + \beta_3 \log(z_2) + \beta_4 z_3$。因此，$g(\beta_0 + \mathbf{x}\boldsymbol{\beta})(\beta_3/100)$ 是响应概率在 z_2 增加 1% 时的近

似变化。

有时我们还想计算响应概率对一个解释变量的弹性，但我们必须小心解释概率的百分比变化。比如，概率从 0.04 提高到 0.06 表示概率提高了 2 个百分点，但它也相对于初始值提高了 50%。利用微积分可以证明，上述模型中 $P(y=1 \mid \mathbf{z})$ 对 z_2 的弹性为 $\beta_3[g(\beta_0 + \mathbf{x}\boldsymbol{\beta})/G(\beta_0 + \mathbf{x}\boldsymbol{\beta})]$。对 z_3 的弹性为 $(\beta_4 z_3)[g(\beta_0 + \mathbf{x}\boldsymbol{\beta})/G(\beta_0 + \mathbf{x}\boldsymbol{\beta})]$。在第一种情形中，弹性总是与 β_2 具有相同的符号，但它通常取决于所有参数和所有解释变量值。如果 $z_3 > 0$，那么，第二个弹性总是与 β_4 具有相同的符号。

含有解释变量交互项的模型可能就更难处理一些，但我们应该计算偏导数，并将偏导数在我们感兴趣的解释变量值处取值即可。在计算离散变量的影响时（无论模型有多复杂），我们都应该使用方程（17.9）。我们在 17.1d 小节中将进一步讨论这个问题。

17.1b logit 和 probit 模型的极大似然估计

我们该如何估计非线性的二值响应模型呢？要估计 LPM，我们可以使用普通最小二乘法（参见 7.5 节）或加权最小二乘法（参见 8.5 节）。由于 $E(y \mid \mathbf{x})$ 的非线性性质，所以 OLS 和 WLS 都不适用。虽然我们可以使用这些方法的非线性形式，但使用**极大似然估计**（maximum likelihood estimation，MLE）也不会更复杂（可以参见本章附录 17A，其中有简短的讨论）。到目前为止，我们还不怎么需要 MLE，尽管我们确实注意到，在经典线性模型假定下，OLS 估计量也是极大似然估计量（以解释变量为条件）。但在估计受限因变量模型时，极大似然估计的方法则必不可少。因为极大似然估计基于 y 在给定 $\mathbf{x}$ 下的分布，所以 $\mathrm{Var}(y \mid \mathbf{x})$ 中的异方差性自动得到解释。

假定我们有一个容量为 n 的随机样本。为了得到以解释变量为条件的极大似然估计量，我们需要 y_i 在给定 $\mathbf{x}_i$ 下的密度函数。我们可以把它写成：

$$f(y \mid \mathbf{x}_i; \boldsymbol{\beta}) = [G(\mathbf{x}_i\boldsymbol{\beta})]^y [1 - G(\mathbf{x}_i\boldsymbol{\beta})]^{1-y}, \; y = 0, 1 \tag{17.10}$$

其中，为简单起见，我们把截距放到向量 $\mathbf{x}_i$ 中。我们很容易看到，当 $y=1$ 时，我们得到 $G(\mathbf{x}_i\boldsymbol{\beta})$，而当 $y=0$ 时，我们得到 $1 - G(\mathbf{x}_i\boldsymbol{\beta})$。第 i 次观测的**对数似然函数**（log-likelihood function）是参数和数据（$\mathbf{x}_i, y_i$）的函数，可通过对方程（17.10）取对数得到：

$$\ell_i(\boldsymbol{\beta}) = y_i \log[G(\mathbf{x}_i\boldsymbol{\beta})] + (1 - y_i)\log[1 - G(\mathbf{x}_i\boldsymbol{\beta})] \tag{17.11}$$

由于 logit 和 probit 模型的 $G(\cdot)$ 都严格介于 0 和 1 之间，所以 $\ell_i(\boldsymbol{\beta})$ 对所有 $\boldsymbol{\beta}$ 值都有完好的定义。

将方程（17.11）对所有观测求和，即得到样本容量为 n 的对数似然函数：$\mathscr{L}(\boldsymbol{\beta}) = \sum_{i=1}^{n} \ell_i(\boldsymbol{\beta})$。$\boldsymbol{\beta}$ 的 MLE（记为 $\hat{\boldsymbol{\beta}}$）最大化了这个似然函数。若 $G(\cdot)$ 是标准 logit 的累积分布函数，则 $\hat{\boldsymbol{\beta}}$ 为 logit 估计量；若 $G(\cdot)$ 是标准正态的累积分布函数，

则 $\hat{\boldsymbol{\beta}}$ 为 probit 估计量。

由于最大化问题的非线性性质，我们无法写出 logit 或 probit 极大似然估计值的公式。这除了带来计算上的问题外，还使得 logit 和 probit 模型的统计理论比 OLS 甚至 2SLS 都困难得多。不过，关于随机样本的（条件）MLE 的一般理论意味着，在很一般性的条件下，MLE 是一致的、渐近正态的和渐近有效的。［一般性的讨论，可参见 Wooldridge（2010，Chapter 13）。］我们在此只使用这些结论；如果我们理解了这些统计量的含义，应用 logit 和 probit 模型都相当容易。

每个 $\hat{\beta}_j$ 都带有一个（渐近的）标准误，其表达式很复杂，且在本章附录中给出。一旦有了这些标准误（任何支持 logit 和 probit 的软件包都会与系数估计值一起报告这些标准误），我们就能像对 OLS、2SLS 和曾讨论的其他估计量一样，构造（渐近的）t 检验和置信区间。特别是，要检验 $H_0 : \beta_j = 0$，我们在决定了单侧或双侧备择假设后，就能计算 t 统计量 $\hat{\beta}_j / \mathrm{se}(\hat{\beta}_j)$ 并以通常的方式进行检验。

17.1c 多重假设的检验

我们也可以对 logit 和 probit 模型中的多个约束进行检验。在多数情况下，都像 4.5 节一样对多个排除性约束进行检验。我们这里只考虑排除性约束。

有三种方法检验 logit 和 probit 模型中的排除性约束。拉格朗日乘数或得分检验就像在 5.2 节中的线性情形中一样，只需要在原假设下对模型进行估计；由于很少用得分检验去检验排除性约束，所以我们在此不予讨论。［至于得分检验在二值响应模型中的其他应用，可参见 Wooldridge（2010，Chapter 15）。］

瓦尔德（Wald）检验只要求估计无约束模型。在线性模型的情形下，**瓦尔德统计量**（Wald statistic）在进行简单变换后实质上就是 F 统计量，所以，没有必要单独讨论瓦尔德统计量。瓦尔德统计量的表达式在伍德里奇（Wooldridge，2010，Chapter 15）中给出。凡容许在估计无约束模型后检验排除性约束的计量经济软件包都计算了这个统计量。它服从一个渐近的 χ^2 分布，其中 df 等于被检验的约束个数。

如果约束模型和无约束模型都很容易估计（如同通常含有排除性约束的情形一样），那么似然比（likelihood ratio，LR）检验就很有诱惑力。LR 检验基于与线性模型中 F 检验同样的概念。F 检验度量了从模型中去掉变量时残差平方和的增加。LR 检验基于无约束模型和约束模型的对数似然函数之差。其思想是：由于 MLE 最大化了对数似然函数，所以去掉变量一般会导致一个较小（至少不会更大）的对数似然值。（这就像从一个回归中去掉变量不可能使 R^2 增加一样。）问题是，对数似然值的下降程度是否大到足以断定被去掉的变量是重要的？一旦我们有了一个检验统计量和一系列的临界值，就能做出这个判断。

似然比统计量（likelihood ratio statistic）是对数似然值之差的两倍：

$$LR = 2(\mathscr{L}_{ur} - \mathscr{L}_r) \tag{17.12}$$

式中，$\mathscr{L}_{ur}$ 表示无约束模型的对数似
然值；而 $\mathscr{L}_r$ 表示约束模型的对数似
然值。由于 $\mathscr{L}_{ur} \geqslant \mathscr{L}_r$，所以 LR 总是
非负数，且通常严格为正。在计算二
值响应模型的 LR 统计量时，重要的
是要知道，对数似然函数总是一个负
数。这可以从方程（17.11）中得到：
因为 y_i 不是 0 就是 1，而且对数函数
中的两个变量都严格介于 0 与 1 之
间，这就意味着它们的自然对数为
负。对数似然函数为负，并不改变我
们计算 LR 统计量的方法；我们只需
在方程（17.12）中保留负号即可。

之所以在方程（17.12）中需要
乘以 2，是为了使得 LR 在 H_0 下服
从渐近 χ^2 分布。如果我们检验 q 个
排除性约束，则 $LR \overset{a}{\sim} \chi_q^2$。这意味
着，要在 5% 的显著性水平上检验
H_0，我们必须用 χ_q^2 分布中第 95 个
百分位作为临界值。大多数软件包
都能很容易地计算出 p 值。

> **思考题 17.1**
>
> 解释一个企业在给定年份是否被另一
> 个企业接管的概率单位模型是
> $$P(takeover = 1 \mid \mathbf{x})$$
> $$= \Phi(\beta_0 + \beta_1 avgpro$$
> $$+ \beta_2 mktval$$
> $$+ \beta_3 debtearn$$
> $$+ \beta_4 ceoten$$
> $$+ \beta_5 ceosal$$
> $$+ \beta_6 ceoage)$$
>
> 式中，$takeover$ 表示一个二值响应变量；$avgpro$ 表示过去几年企业的平均利润率；$mktval$ 表示企业的市场价值；$debtearn$ 表示债务收益比；$ceoten$、$ceosal$ 和 $ceoage$ 分别表示企业首席执行官的任期、年薪和年龄。陈述一个虚拟假设，表明在其他因素不变的情况下，与 CEO 有关的变量对接管概率没有影响。LR 或瓦尔德检验的 χ^2 分布中，df 是多少？

17.1d 解释 logit 和 probit 模型的估计值

从实践角度看，在有了现代计算机后，logit 或 probit 模型最困难的方面是表述和解释结论。所有做 logit 和 probit 的软件包都报告系数估计值及其标准误和对数似然函数值，在应用研究中，都应该把这些报告出来。系数给出了每个 x_j 对响应概率偏效应的符号，而 x_j 的统计显著性则由我们能否在一个足够小的显著性水平上拒绝 $H_0: \beta_j = 0$ 来决定。

如同我们在 7.5 节针对线性概率模型而进行的简要讨论那样，我们可以计算一种度量拟合优度的方法，即所谓的**正确预测百分比**（percent correctly predicted）。我们照常定义 y_i 的一个二值预测元在预测概率至少为 0.5 时取值 1，否则取值 0。从数学上讲，若 $G(\hat{\beta}_0 + \mathbf{x}_i \hat{\boldsymbol{\beta}}) \geqslant 0.5$，则 $\tilde{y}_i = 1$。若 $G(\hat{\beta}_0 + \mathbf{x}_i \hat{\boldsymbol{\beta}}) < 0.5$，则 $\tilde{y}_i = 0$。给定 $\{\tilde{y}_i : i = 1, 2, \cdots, n\}$，我们可以看出，在整个观测中 $\tilde{y}_i$ 对 y_i 的预测有多好。对于每个有序数对 $(y_i, \tilde{y}_i)$，都有四种可能的结果；在二者都为 0 或都为 1 时，我们便做出了正确预测。在其中一个为 0、一个为 1 的两种情形中，我们便做出了不

正确的预测。正确预测百分比就是 $\tilde{y}_i = y_i$ 的次数百分比。

尽管正确预测百分比是一个有用的拟合优度指标，但它可能有误导性。特别是，甚至在最不可能结果的预测极其糟糕的情况下，也有可能得到相当高的正确预测百分比。比如，假设 $n = 200$，其中 160 个 $y_i = 0$，而在 160 个观测中，140 个 $\tilde{y}_i$ 也为 0（所以我们正确预测了 0 结果的 87.5%）。即便 $y_i = 1$ 时没有一个预测是正确的，我们仍正确地预测了所有结果的 70%（140/200＝0.70）。通常，我们希望对最不可能的结果（比如一个人因犯罪而被捕）有一定的预测能力，所以我们应该首先知道预测每种结果的好坏。因此，对每种结果都计算正确预测百分比也有意义。习题 1 要求你证明，总的正确预测百分比是 $\hat{q}_0$（$y_i = 0$ 时的正确预测百分比）和 $\hat{q}_1$（$y_i = 1$ 时的正确预测百分比）的加权平均，其中权数分别是样本中 0 和 1 的比例。

有人批评上述预测规则使用了临界值 0.5，特别是在结果之一很不可能时。比如，若 $\bar{y} = 0.08$（样本中只有 8% 的"成功"概率），则我们可能永远也不会预测 $y_i = 1$，因为成功的估计概率绝不超过 0.5。另一种方法是使用样本中的成功比例（前例中为 0.08）作为临界值。换言之，定义若 $G(\hat{\beta}_0 + \mathbf{x}\hat{\boldsymbol{\beta}}) \geqslant 0.08$，则 $\tilde{y}_i = 1$，否则为 0。利用这个规则当然提高了预测成功的次数，但也不是没有代价：我们在预测 0（"失败"）时必然犯更多的错误，可能多很多。从总的正确预测百分比来看，它甚至可能比使用临界值 0.5 更糟糕。

第三种可能性是，选择使得样本中 $\tilde{y}_i = 1$ 的比例等于（或很接近于）$\bar{y}$ 的临界值。换言之，搜索临界值 $\tau(0 < \tau < 1)$ 使得：我们若在 $G(\hat{\beta}_0 + \mathbf{x}\hat{\boldsymbol{\beta}}) \geqslant \tau$ 时定义 $\tilde{y}_i = 1$，则 $\sum_{i=1}^{n} \tilde{y}_i \approx \sum_{i=1}^{n} y_i$。（用试错法找到理想的 τ 值可能很烦琐，但终究是可行的。在某些情形中，不可能让成功预测的次数恰好等于样本中的成功次数。）现在，给定这个 $\tilde{y}_i$ 集，我们便可以计算每种结果的正确预测百分比和总的正确预测百分比。

还有各种二值响应的**伪 R^2**（pseudo R-squared）度量。麦克法登（McFadden，1974）提出的度量是 $1 - \mathcal{L}_{ur} / \mathcal{L}_0$，其中 $\mathcal{L}_{ur}$ 表示被估计模型的对数似然函数值，而 $\mathcal{L}_0$ 则表示只有截距项的模型中的对数似然函数值。这个指标为什么讲得通呢？记住对数似然函数为负，所以 $\mathcal{L}_{ur} / \mathcal{L}_0 = |\mathcal{L}_{ur}| / |\mathcal{L}_0|$。而且 $|\mathcal{L}_{ur}| \leqslant |\mathcal{L}_0|$。如果协变量没有解释能力，那么 $\mathcal{L}_{ur} / \mathcal{L}_0 = 1$，而伪 R^2 便为 0；正如在一个协变量没有解释能力的线性回归中，通常的 R^2 为 0 一样。通常 $|\mathcal{L}_{ur}| < |\mathcal{L}_0|$，此时 $1 - \mathcal{L}_{ur} / \mathcal{L}_0 > 0$。若 $\mathcal{L}_{ur}$ 等于 0，则伪 R^2 等于 1。实际上，在一个 probit 或 logit 模型中，$\mathcal{L}_{ur}$ 不可能达到 0，因为那就要求在 $y_i = 1$ 时估计的概率都为 1，而在 $y_i = 0$ 时估计的概率都为 0。

Probit 和 logit 的伪 R^2，与线性概率模型之 OLS 估计的通常 R^2 有更直接的联系。对 probit 或 logit 模型，令 $\hat{y}_i = G(\hat{\beta}_0 + \mathbf{x}\hat{\boldsymbol{\beta}})$ 为拟合概率。由于这些概率也是 $E(y_i | \mathbf{x}_i)$ 的估计值，所以我们可以根据 $\hat{y}_i$ 与 y_i 有多接近来计算 R^2。记住，在一个线性回归框架中，这是求通常 R^2 的一个数学上等价的方法；参见方程（3.29）。因此，我们可以像从线性概率模型的估计中计算通常 R^2 那样，直接计算 probit 和

logit 模型的伪 R^2。无论如何,拟合优度通常不是那么重要,试图在其他条件不变的情况下得到解释变量令人信服的影响估计值才至关重要。

我们常常想估计 x_j 对响应概率 $P(y=1 \mid \mathbf{x})$ 的影响。若 x_j 是(大致)连续的,则对 x_j 的"较小"变化,有

$$\Delta \hat{P}(y=1 \mid \mathbf{x}) \approx [g(\hat{\beta}_0 + \mathbf{x}\hat{\boldsymbol{\beta}})\hat{\beta}_j] \Delta x_j \tag{17.13}$$

所以,对 $\Delta x_j = 1$,估计成功概率的变化大致为 $g(\hat{\beta}_0 + \mathbf{x}\hat{\boldsymbol{\beta}})\hat{\beta}_j$。与线性概率模型相比较,使用 probit 或 logit 模型的代价是,由于比例因子 $g(\hat{\beta}_0 + \mathbf{x}\hat{\boldsymbol{\beta}})$ 取决于 $\mathbf{x}$(即所有解释变量),所以我们更难以概括方程(17.13)中的偏效应。一种可能性是将 $\mathbf{x}$ 有意义的值(比如均值、中位数、最小值、最大值、上下四分位)代入,然后看 $g(\hat{\beta}_0 + \mathbf{x}\hat{\boldsymbol{\beta}})$ 如何变化。尽管颇具吸引力,但这可能十分麻烦,而且即便解释变量个数有限,也会得到过多的信息。

为了快速了解偏效应的大小,如果有一个乘以每个 $\hat{\beta}_j$(或至少是那些大致连续变量的系数)的比例因子,那就方便了。例行估计 probit 和 logit 模型的计量经济软件包中经常使用的一个方法是:将每个解释变量都代之以样本均值。换言之,调整因子是

$$g(\hat{\beta}_0 + \bar{\mathbf{x}}\hat{\boldsymbol{\beta}}) = g(\hat{\beta}_0 + \hat{\beta}_1 \bar{x}_1 + \hat{\beta}_2 \bar{x}_2 + \cdots + \hat{\beta}_k \bar{x}_k) \tag{17.14}$$

式中,$g(\cdot)$ 在 probit 情形中为标准正态分布,在 logit 情形中为 $g(z) = \exp(z)/[1+\exp(z)]^2$。方程(17.14)背后的思想是:将它乘以 $\hat{\beta}_j$,我们便得到样本中"平均"个人的 x_j 的偏效应。因此,如果将一个系数乘以方程(17.14),我们通常得到**平均个人偏效应**(partial effect at the average,PEA)。

利用 PEA 来刻画解释变量的偏效应至少有两个潜在问题。首先,若某些解释变量是离散的,则它们的平均在样本(或总体)中没有对应个人。比如,若 $x_1 = female$,而样本中 47.5% 的人为女性,代入 $\bar{x}_1 = 0.475$ 来表示"平均"个人到底有什么意义呢?其次,如果一个连续变量以非线性函数形式(比如自然对数或二次函数)出现,那么,我们就不清楚到底要代入非线性函数值的平均值,还是将变量的平均值代入非线性函数?比如,我们用 $\overline{\log(sales)}$ 还是用 $\log(\overline{sales})$ 来表示平均企业规模呢?计算方程(17.14)中比例因子的计量经济软件默认前者:所写的软件是计算 probit 或 logit 估计中所包含回归元的平均值。

计算比例因子的特别方法回避了代入解释变量什么值的问题。相反,第二个比例因子通过在样本中对个体偏效应的平均而得到,所得到的结果有时被称为**平均偏效应**(average partial effect,APE),有时候也被称为**平均边际效应**(average marginal effect,AME)。对一个连续解释变量 x_j,平均偏效应为 $n^{-1} \sum_{i=1}^{n} [g(\hat{\beta}_0 + \mathbf{x}_i \hat{\boldsymbol{\beta}})\hat{\beta}_j] = [n^{-1} \sum_{i=1}^{n} g(\hat{\beta}_0 + \mathbf{x}_i \hat{\boldsymbol{\beta}})]\hat{\beta}_j$,乘以 $\hat{\beta}_j$ 的项便是比例因子:

$$n^{-1} \sum_{i=1}^{n} g(\hat{\beta}_0 + \mathbf{x}_i \hat{\boldsymbol{\beta}}) \tag{17.15}$$

方程（17.15）在估计了 probit 和 logit 模型之后很容易计算，其中，在 probit 和 logit 情形中分别有 $g(\hat{\beta}_0+\mathbf{x}_i\hat{\boldsymbol{\beta}})=\exp(\hat{\beta}_0+\mathbf{x}_i\hat{\boldsymbol{\beta}})$ 和 $g(\hat{\beta}_0+\mathbf{x}_i\hat{\boldsymbol{\beta}})=\exp(\hat{\beta}_0+\mathbf{x}_i\hat{\boldsymbol{\beta}})/[1+\exp(\hat{\beta}_0+\mathbf{x}_i\hat{\boldsymbol{\beta}})]^2$。由于在方程（17.15）中，我们使用了非线性函数的平均，而不是 ［像在方程（17.14）中那样］使用变量平均值的非线性函数，所以这两个比例因子不同，而且可能相当不同。

由于上述两个比例因子都取决于方程（17.13）中的微分近似，所以对离散解释变量没有什么意义。相反，对于离散解释变量，最好用方程（17.9）直接估计概率变化。对于 x_k 从 c_k 变化到 c_k+1，基于方程（17.14）得到的离散偏效应为

$$G[\hat{\beta}_0 + \hat{\beta}_1 \bar{x}_1 + \cdots + \hat{\beta}_{k-1} \bar{x}_{k-1} + \hat{\beta}_k(c_k+1)]$$
$$-G(\hat{\beta}_0 + \hat{\beta}_1 \bar{x}_1 + \cdots + \hat{\beta}_{k-1} \bar{x}_{k-1} + \hat{\beta}_k c_k) \tag{17.16}$$

式中，G 在 probit 情形中是标准正态累积分布函数，而在 logit 情形中，$G(z)=\exp(z)/[1+\exp(z)]$。通常与 LPM 估计值更加可比的平均偏效应为

$$n^{-1}\sum_{i=1}^{n}\{G[\hat{\beta}_0+\hat{\beta}_1 x_{i1}+\cdots+\hat{\beta}_{k-1}x_{ik-1}+\hat{\beta}_k(c_k+1)]$$
$$-G(\hat{\beta}_0+\hat{\beta}_1 x_{i1}+\cdots+\hat{\beta}_{k-1}x_{ik-1}+\hat{\beta}_k c_k)\} \tag{17.17}$$

方程（17.7）的结果是偏效应，因为所有的除了 x_k 以外的解释变量都被固定为其观测值。这个解不一定是 x_k 从 c_k 变化到 c_k+1 的边际效应，因为从 c_k 到 c_k+1 的变动不一定是一个边际的变动，这将取决于对 x_k 的定义。求 probit 或 logit 模型的方程（17.17）实际上相当简单。首先，对于每个观测值，估计被选定的两个 x_k 值的成功概率，然后代入其他解释变量的实际结果。（因此我们拥有 n 个预估差值）。然后对所有观测值的预估概率差值取平均。方程（17.16）和方程（17.17）中二值变量 x_k 的解利用计量经济学软件包如 Stata® 很容易求得。

若 x_k 是一个二值变量，方程（17.17）便有一个特别有用的解释。对每个 i，我们都估计 $x_k=1$ 和 $x_k=0$ 时 $y_i=1$ 的预估概率差值，即

$$G(\hat{\beta}_0+\hat{\beta}_1 x_{i1}+\cdots+\hat{\beta}_{k-1}x_{i,k-1}+\hat{\beta}_k)-G(\hat{\beta}_0+\hat{\beta}_1 x_{i1}+\cdots+\hat{\beta}_{k-1}x_{i,k-1})$$

对每个 i，无论 $x_{ik}=1$ 还是 $x_{ik}=0$，这个差都表示 x_k 从 0 变化到 1 的估计效应。例如，如果 y 代表一个人在参加就业培训（用 x_k 表示）后就业与否的指示器（当一个人就业时 y 取值为 1），然后我们就可以估计世界上两种状态中每个人的就业概率之差。这正是我们在 3.7e 节、4.7 节和 7.6a 节中讨论过的潜在产出框架的反事实。在当前的案例中，潜在产出、$y(0)$ 和 $y(1)$ 都是二值变量。我们不需要在线性模型中使用回归调整，也就是使用线性概率模型，相反我们可以使用 logit 模型或者 probit 模型。如果 x_k 是参加就业培训项目的指示器，y 是就业指示器，我们可以对世界上处于这两种状态的每个个体估计出就业概率——即使我们只能看到他们的一种状态（就业或者没有就业）。当我们对这些不同个体间的预估概率差值取平均时，我们就获得了平均效应。相比于线性回归，使用 logit 模型或者 probit 模型使得获取平均处理效应更加困难，特别是其标准差。然而，许多计量经济软件包已经可

以很方便地解决这些问题。本章末的习题 8 用非线性模型详细探讨了潜在产出框架。

再举一个可以使用方程（17.17）的例子，其中 $c_k = 0$，以学习一个重要的政策问题。假设 y 表示一个家庭申请按揭是否被批准，而 x_k 表示一个种族二值变量（比方说非白人取值为 1）。于是，对于每个家庭，在家长是非白人和白人的两种情况下，我们都能把获得按揭的概率的估计差异估计为收入、财富、信用评价等因素 [即 $(x_{i1}, x_{i2}, \cdots, x_{ik})$ 中的元素] 的函数。如果我们控制了足够多的因素，那么，这个概率差的平均水平还是能够得到种族效应的一个令人信服的估计值的。

在使用 probit、logit 和 LPM 的应用研究中，在比较偏效应时，计算 probit 和 logit 的比例因子是有意义的。有时，人们还想更快地比较不同估计值的大小。像前面提到的一样，对 probit 而言，$g(0) \approx 0.4$，而对 logit 而言，$g(0) \approx 0.25$。因此，为了使 logit 和 probit 的斜率估计值可比较，我们或者将 probit 的估计值乘以 0.4/0.25 = 1.6，或者将 logit 的估计值乘以 0.625。在线性概率模型中，$g(0)$ 实际上就是 1，所以 logit 的斜率估计值应该除以 4 才大致可与 LPM 的估计值相比；而 probit 的斜率估计值则应该除以 2.5 才大致可与 LPM 的估计值相比。当然，在大多数情形中，我们仍用方程（17.15）中 logit 和 probit 的比例因子更准确地进行比较。对二值解释变量，我们使用（17.25）中的 logit 和 probit。

例 17.1

已婚妇女的劳动力参与

我们现在用 MROZ 中的数据，通过 logit 和 probit 来估计例 8.8（也可参见 7.5 节）中的劳动力参与模型。我们还报告了例 8.8 中利用异方差—稳健的标准误得到的线性概率模型估计值。表 17.1 给出了结果（括号中为标准误）。

表 17.1　劳动力参与的 LPM，logit 和 probit 估计

自变量	因变量：$inlf$		
	LPM (OLS)	logit (MLE)	probit (MLE)
$nwifeinc$	−0.0034 (0.0015)	−0.021 (0.008)	−0.012 (0.005)
$educ$	0.038 (0.007)	0.221 (0.043)	0.131 (0.025)
$exper$	0.039 (0.006)	0.206 (0.032)	0.123 (0.019)
$exper^2$	−0.00060 (0.00019)	0.0032 (0.0010)	0.0019 (0.0006)
age	−0.016 (0.002)	−0.088 (0.015)	0.053 (0.008)

17

续表

自变量	因变量：$inlf$		
	LPM（OLS）	logit（MLE）	probit（MLE）
$kidslt6$	−0.262	−1.443	0.868
	(0.032)	(0.204)	(0.119)
$kidsge6$	0.013	0.060	0.036
	(0.014)	(0.075)	(0.043)
常数	0.586	0.425	0.270
	(0.152)	(0.860)	(0.509)
正确预测的百分比	73.4	73.6	73.4
对数似然值	—	−401.77	−401.30
伪 R^2	0.264	0.220	0.221

思考题 17.2

利用概率单位估计值和微积分近似计算，当 $exper$ 从 10 提高到 11 时，响应概率的近似变化是多少？

这三个模型的结论是一致的。每个模型所得到系数的符号都相同，而且统计显著的变量都一样。LPM 的伪 R^2 刚好就是通常对 OLS 报告的 R^2；对 logit 和 probit 而言，伪 R^2 是基于前述对数似然值而计算的。

如同我们所强调的那样，各模型的系数大小不能直接比较。我们转而计算方程（17.14）和（17.15）中的比例因子。我们若在样本中自变量的平均值（包括 $exper^2$、$kidslt6$ 和 $kidsge6$ 的平均值）处计算标准正态概率密度函数 $\phi(\hat{\beta}_0 + \hat{\beta}_1 x_1 + \hat{\beta}_2 x_2 + \cdots + \hat{\beta}_k x_k)$，结果近似为 0.391。当我们为 logit 情形计算（17.14）时，得到的结果约为 0.243。二者之比 0.391/0.243≈1.61，这就很接近于简单的经验法则：为了使 probit 估计值与 logit 估计值可比，需要将 probit 估计值乘以 1.6。不过，为了将 probit 和 logit 估计值与 LPM 估计值相比较，最好使用方程（17.15）。这些比例因子约为 0.301（probit）和 0.179（logit）。比如，$educ$ 的 logit 系数在换算后约为 0.179×0.221≈0.040，$educ$ 的 probit 系数在换算后约为 0.301×0.131≈0.039；都与 LPM 估计值 0.038 相当接近。即便是离散变量 $kidslt6$，换算后的 logit 和 probit 系数也很类似于 LPM 系数 −0.262。它们分别是 0.179×（−1.443）≈−0.258（logit）和 0.301×（−0.868）≈−0.261（probit）。

表 17.2 报告了三种回归模型中所有解释变量的平均偏效应。我们利用 Stata®13 计算估计量和标准误。这些平均偏效应将所有解释变量视为连续的，即使对儿童数量这种变量亦然。计算 $exper$ 的平均偏效应时需要格外小心，因为模型包含 $exper$ 的二次项。即使在线性模型中，我们也需要先求导数，然后计算平均值。在代表 LPM 模型的一列中，$exper$ 的平均偏效应是对 $exper$ 求导后再取均值的结果，即对所有的 i 分别计算 0.039−0.001 2$exper_i$ 的值并取平均。（其他变量的平均偏效应直接为表 17.1 中 OLS 模型对应的系数 LPM 列。）计算 probit 和 logit 模型中 $exper$ 的平均偏效应时，同样需要考虑二次项的影响。由表可见，所有解释变量的平均偏效应系数大小和显著性在三种模型中均高度一致。

17

表 17.2　劳动力参与模型的平均偏效应

自变量	LPM	logit	probit
$nwifeinc$	$-0.003\,4$	$-0.003\,8$	$-0.003\,6$
	$(0.001\,5)$	$(0.001\,5)$	$(0.001\,4)$
$educ$	0.038	0.039	0.039
	(0.007)	(0.007)	(0.007)
$exper$	0.027	0.025	0.026
	(0.002)	(0.002)	(0.002)
age	-0.016	-0.016	-0.016
	(0.002)	(0.002)	(0.002)
$kidslt6$	-0.262	-0.258	-0.261
	(0.032)	(0.032)	(0.032)
$kidsge6$	0.013	0.011	0.011
	(0.014)	(0.013)	(0.013)

　　LPM 模型与 logit 和 probit 模型的最大区别在于，LPM 假定 $educ$、$kidslt6$ 等自变量的边际效应为常数，而 logit 和 probit 模型则意味着偏效应是递减的。在 LPM 模型中，估计增加一个年幼子女会使劳动力市场参与的概率下降约 0.262（无论这个妇女已经有了多少个年幼子女，也不管其他解释变量为多大）。我们可以将它与 probit 模型估计的边际效应相比较。为简洁起见，找一个 $nwifeinc=20.13$、$educ=12.3$、$exper=10.6$、$age=42.5$（基本上都是样本均值）和 $kidsge6=1$ 的妇女。估计她从没有年幼子女到有一个年幼子女会使她参与劳动力市场的概率下降多少？我们在其他自变量取上述值的情况下，分别在 $kidslt6=1$ 和 $kidslt6=0$ 处计算标准正态累积密度函数 $\Phi(\hat{\beta}_0+\hat{\beta}_1 x_1+\cdots+\hat{\beta}_k x_k)$。我们大致得到 $0.373-0.707=-0.334$，这意味着妇女有一个年幼子女时会使劳动力市场参与的概率降低约 0.334。它与换算的 probit 系数 -0.347 相差不大。如果一位妇女的年幼子女数从一个增加到两个，她参与劳动力市场的概率下降得更多，但边际效应并不大：$0.117-0.373=-0.256$。有趣的是，线性概率模型的估计值（被认为是估计了平均值附近的效应）实际上介于这两个估计值之间。（需要注意的是，这里的计算一般都保留到小数点后三位，但是计量软件给出的结果保留的小数位会更多，以便降低误差。）

　　图 17.2 说明了，从非线性二值响应模型估计的响应概率与从线性概率模型估计的结果有何不同。图中以受教育年限为横坐标，将线性概率模型和 probit 模型估计的劳动力参与概率估计值绘制成图。（logit 模型和 probit 模型的图形非常类似。）在两种情形中，除 $educ$ 外的其他解释变量都取其样本均值。具体而言，图示的两个方程分别是：$\widehat{inlf}=0.102+0.038educ$（线性概率模型）和 $\widehat{inlf}=\Phi(-1.403+0.131educ)$（probit 模型）。在受教育程度较低时，线性概率模型比 probit 模型估计的劳动力参与概率更高。比如在受 8 年教育时，线性概率模型估计的劳动力参与概率为 0.406，而 probit 模型的估计值约为 0.361。在受教育 $11\frac{1}{3}$ 年左右时，二者的估计值相同。在更高的受教育程度上，probit 模型便得到更高的劳动力参与概

17

率。在这个样本中，受教育程度最低为 5 年、最高为 17 年，所以我们确实不应该在这个范围之外进行比较。

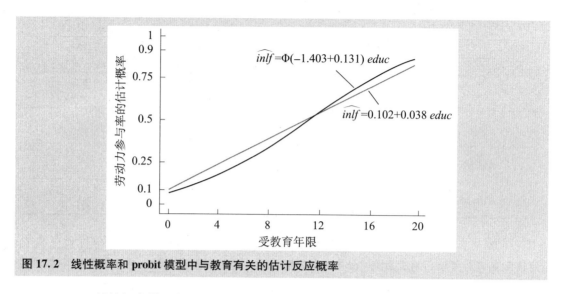

图 17.2　线性概率和 probit 模型中与教育有关的估计反应概率

　　线性概率模型中有关内生解释变量的问题在 logit 模型和 probit 模型中同样也会出现。虽然我们在这里没有篇幅对它们进行讨论，但利用与两阶段最小二乘相关的方法有可能对内生解释变量进行检验和纠正。埃文斯和施瓦布（Evans and Schwab，1995）估计了一个学生是否上大学的 probit 模型，其中关键的解释变量是一个表明该学生是否就读于教会学校的虚拟变量。埃文斯和施瓦布用极大似然法估计了一个模型，以便内生地考虑这个变量。［对这些方法的解释，可参见 Wooldridge（2010，Chapter 15）。］

　　在 probit 模型的背景下，另外两个问题也值得注意。第一个是潜在变量模型 (17.6) 中 e 的非正态性。自然地，如果 e 不服从标准正态分布，那么响应概率就不具有 probit 的形式。虽然有些作者倾向于强调估计 β_j 时的不一致性，但除非我们只关心影响的方向，否则就是把注意力摆错了位置。由于响应概率未知，所以即使得到了 β_j 的一致估计，我们仍不能估计偏效应的大小。

　　第二个设定问题（仍用潜在变量模型中的术语定义）是 e 的异方差性。若 $\mathrm{Var}(e \mid \mathbf{x})$ 取决于 $\mathbf{x}$，则响应概率不再具有 $G(\beta_0 + \mathbf{x}\boldsymbol{\beta})$ 的形式；相反，它取决于方差的形式并要求更一般的估计。由于含有自变量之灵活函数形式的 logit 和 probit 模型十分奏效，所以这种模型在实践中并不常用。

　　对二值响应模型略加修改，就适用于独立混合横截面数据或其他观测上独立但不一定同分布的数据集。为了解释总的时间效应，通常还在模型中包括年度或其他时期虚拟变量。如同线性模型一样，logit 和 probit 模型也可用于在自然实验的背景下评价某些政策的影响。

　　线性概率模型也可适用于面板数据；典型地，可通过固定效应来估计它（参见第 14 章）。近来，具有不可观测效应的 logit 和 probit 模型越来越流行。这些模型因响应概率的非线性性质而变得复杂，而且难以估计和解释。［参见 Wooldridge（2010，Chapter 15）。］

17.2 用于角点响应的托宾模型

正如在本章开篇中提及的，另一类重要的受限因变量在严格为正值时大致连续，但总体中有一个不可忽略的部分取值为 0。个人在某给定月份用于喝酒方面的花费就是一例。在美国 21 岁以上的总体中，这个变量的取值范围很大。但有相当大比例的人，在喝酒方面的花费为 0。下面对托宾模型的讨论省略了对某些细节的验证。［这些验证在伍德里奇（Wooldridge，2010，Chapter 17）中给出。］

令 y 表示一个实际上在严格正值域上连续但以正概率取值 0 的变量。我们完全可以使用 y 的一个线性模型。事实上，线性模型可能是对 $E(y \mid x_1, x_2, \cdots, x_k)$ 的良好近似，特别是对均值附近的 x_j 而言。但我们可能会得到负的拟合值，从而导致 y 的预测值为负；这与用 LPM 解释二值结果的问题相似。此外，假定以水平值形式出现的解释变量对 $E(y \mid \mathbf{x})$ 的偏效应为常数，也可能有误导性。$\mathrm{Var}(y \mid \mathbf{x})$ 可能是异方差性的，尽管我们通过计算异方差—稳健的标准误和检验统计量，可以很容易地对付一般性的异方差性。由于 y 的分布堆积在 0 处，所以显然不可能具有条件正态分布。因此，所有推断都将只有渐近合理性，就像线性概率模型一样。

在某些情形中，一个模型能给出 y 的非负估计值，并且在很宽的解释变量范围内都有不错的偏效应，也是很重要的。而且有时候，我们还想在给定 $x_1, x_2, \cdots,$ x_k 的情况下，估计 y 分布除了条件均值之外的特征。**托宾模型**（Tobit model）对于实现这些目标相当方便。通常，托宾模型用一个基本的潜在变量来表示所观测到的响应 y：

$$y^* = \beta_0 + \mathbf{x}\boldsymbol{\beta} + u, \ u \mid \mathbf{x} \sim \mathrm{Normal}(0, \sigma^2) \tag{17.18}$$

$$y = \max(0, y^*) \tag{17.19}$$

潜在变量 y^* 满足经典线性模型假定；具体而言，它服从具有线性条件均值的正态同方差分布。方程（17.19）意味着，当 $y^* \geqslant 0$ 时，所观测到的变量 y 等于 y^*，但当 $y^* < 0$ 时，则 $y = 0$。由于 y^* 正态分布，所以 y 在严格正值上连续分布。具体而言，在 y 取正值时，给定 $\mathbf{x}$ 下 y 的密度与给定 $\mathbf{x}$ 下 y^* 的密度一样。而且，由于 u/σ 服从标准正态分布且独立于 $\mathbf{x}$，所以

$$P(y = 0 \mid \mathbf{x}) = P(y^* < 0 \mid \mathbf{x}) = P(u < -\mathbf{x}\boldsymbol{\beta} \mid \mathbf{x})$$
$$= P(u/\sigma < -\mathbf{x}\boldsymbol{\beta}/\sigma \mid \mathbf{x}) = \Phi(-\mathbf{x}\boldsymbol{\beta}/\sigma) = 1 - \Phi(\mathbf{x}\boldsymbol{\beta}/\sigma)$$

为了记法上的简便，我们将截距项放到了 $\mathbf{x}$ 中。因此，若 $(\mathbf{x}_i, y_i)$ 是得自总体的一次随机抽取，则在给定 $\mathbf{x}_i$ 下 y_i 的密度为

$$(2\pi\sigma^2)^{-1/2} \exp[-(y - \mathbf{x}_i\boldsymbol{\beta})^2/(2\sigma^2)] = (1/\sigma)\phi[(y - \mathbf{x}_i\boldsymbol{\beta})/\sigma], \ y > 0 \tag{17.20}$$

$$P(y_i = 0 \mid \mathbf{x}_i) = 1 - \Phi(\mathbf{x}_i\boldsymbol{\beta}/\sigma) \tag{17.21}$$

式中，ϕ 为标准正态密度函数。

我们可以从方程（17.20）和（17.21）得到每个观测 i 的对数似然函数：

$$\ell_i(\boldsymbol{\beta}, \sigma) = 1(y_i = 0)\log[1 - \Phi(\mathbf{x}_i\boldsymbol{\beta}/\sigma)]$$
$$+ 1(y_i > 0)\log\{(1/\sigma)\phi[(y_i - \mathbf{x}_i\boldsymbol{\beta})/\sigma]\} \tag{17.22}$$

> **思考题 17.3**
>
> 令 y 表示美国总体中已婚妇女婚外情的次数；我们想用她（特别是她是否外出工作）、她的丈夫及其家庭的其他特征来解释这个变量。这是一个很好的托宾模型吗？

注意这个函数是如何取决于 u 的标准差 σ 和 β_j 的。通过将方程（17.22）对 i 求和，就可以得到容量为 n 的一个随机样本的对数似然函数。通过最大化这个对数似然函数，可得到 $\boldsymbol{\beta}$ 和 σ 的极大似然估计值；这要使用数值方法，尽管在大多数情况下都能很容易地由软件例行算出。

像在 logit 和 probit 模型中一样，每个托宾估计值都有标准误，因此可以用来构造每个 $\hat{\beta}_j$ 的 t 统计量；用于求标准误的矩阵表达式很复杂，这里就不再给出。[例如，参见 Wooldridge（2010，Chapter 17）。]

用瓦尔德检验或似然比检验很容易对多个排除性约束进行检验。瓦尔德检验与 logit 或 probit 情形的瓦尔德检验具有类似的形式；LR 检验总是由方程（17.12）给出，其中，我们对约束模型和无约束模型当然都是使用托宾对数似然函数。

17.2a 对托宾估计值的解释

利用现代计算机，得到托宾模型的极大似然估计值并不比得到线性模型的 OLS 估计值困难多少，而且二者的结果通常很相似。这就使我们禁不住像解释线性回归的估计值那样解释托宾模型的 $\hat{\beta}_j$。不幸的是，事情并没有那么容易。

我们从方程（17.18）可以看出，β_j 度量了 x_j 对 $E(y^* \mid \mathbf{x})$ 的偏效应，其中 y^* 是潜在变量。有时，y^* 也会有一个有意义的经济含义，但通常都没有。我们想解释的变量是 y，它是所观测到的结果（比如工作的小时数或慈善捐款数）。例如，作为一个政策问题，我们感兴趣的是，工作的小时数对边际税率变化的敏感性。

我们可以从方程（17.21）估计出 $P(y=0 \mid \mathbf{x})$，当然我们也能估计出 $P(y>0 \mid \mathbf{x})$。如果我们想估计作为 $\mathbf{x}$ 函数的 y 的期望值，结果会怎么样呢？在托宾模型中，有两个期望值值得特别注意：因为基于 $y>0$ 而有时被称为"条件期望"的 $E(y \mid y>0, \mathbf{x})$，和不幸被称为"无条件期望"的 $E(y \mid \mathbf{x})$。（其实这两个期望值都以解释变量为条件。）期望值 $E(y \mid y>0, \mathbf{x})$ 告诉我们，对于给定的 $\mathbf{x}$ 值，y 在 y 为正值的子总体中的期望值。给定 $E(y \mid y>0, \mathbf{x})$，我们很容易就得到 $E(y \mid \mathbf{x})$：

$$E(y \mid \mathbf{x}) = P(y > 0 \mid \mathbf{x}) \cdot E(y \mid y > 0, \mathbf{x})$$
$$= \Phi(\mathbf{x}\boldsymbol{\beta}/\sigma) \cdot E(y \mid y > 0, \mathbf{x}) \tag{17.23}$$

为得到 $E(y \mid y > 0, \mathbf{x})$，我们利用正态分布随机变量的一个结论：若 $z \sim$ Normal$(0, 1)$，则 $E(z \mid z > c) = \phi(c) / [1 - \Phi(c)]$ 对任意常数 c 都成立。但由于 $\phi(-c) = \phi(c)$，$1 - \Phi(-c) = \Phi(c)$，且 u/σ 服从独立于 $\mathbf{x}$ 的标准正态分布，所以 $E(y \mid y > 0, \mathbf{x}) = \mathbf{x}\boldsymbol{\beta} + E(u \mid u > -\mathbf{x}\boldsymbol{\beta}) = \mathbf{x}\boldsymbol{\beta} + \sigma E[(u/\sigma) \mid (u/\sigma) > -\mathbf{x}\boldsymbol{\beta}/\sigma] = \mathbf{x}\boldsymbol{\beta} + \sigma\phi(\mathbf{x}\boldsymbol{\beta}/\sigma)/\Phi(\mathbf{x}\boldsymbol{\beta}/\sigma)$。

我们可以将其总结为

$$E(y \mid y > 0, \mathbf{x}) = \mathbf{x}\boldsymbol{\beta} + \sigma\lambda(\mathbf{x}\boldsymbol{\beta}/\sigma) \tag{17.24}$$

式中，$\lambda(c) = \phi(c)/\Phi(c)$ 被称为**反米尔斯比率**（inverse Mills ratio）；它是标准正态概率密度函数和标准正态累积分布函数在 c 处的值之比。

方程（17.24）很重要。它表明，y 以 $y > 0$ 为条件的期望值等于 $\mathbf{x}\boldsymbol{\beta}$ 与一个严格为正的项之和，这个正项等于 σ 乘以反米尔斯比率在 $\mathbf{x}\boldsymbol{\beta}/\sigma$ 处的值。这个方程还表明，为什么只对 $y_i > 0$ 的观测用 OLS 还不能一致地估计 β；实质上，反米尔斯比率是被漏掉的一个变量，并且一般与 $\mathbf{x}$ 的元素相关。

合并方程（17.23）和（17.24），就得到

$$\begin{aligned} E(y \mid \mathbf{x}) &= \Phi(\mathbf{x}\boldsymbol{\beta}/\sigma)[\mathbf{x}\boldsymbol{\beta} + \sigma\lambda(\mathbf{x}\boldsymbol{\beta}/\sigma)] \\ &= \Phi(\mathbf{x}\boldsymbol{\beta}/\sigma)\mathbf{x}\boldsymbol{\beta} + \sigma\phi(\mathbf{x}\boldsymbol{\beta}/\sigma) \end{aligned} \tag{17.25}$$

其中第二个等式成立是因为 $\Phi(\mathbf{x}\boldsymbol{\beta}/\sigma)\lambda(\mathbf{x}\boldsymbol{\beta}/\sigma) = \phi(\mathbf{x}\boldsymbol{\beta}/\sigma)$。这个方程表明，当 y 服从一个托宾模型时，$E(y \mid \mathbf{x})$ 是 $\mathbf{x}$ 和 $\boldsymbol{\beta}$ 的一个非线性函数。尽管不甚明显，但可以证明，方程（17.25）的右边对任何 $\mathbf{x}$ 和 $\boldsymbol{\beta}$ 值都恒为正。因此，一旦我们估计了 $\boldsymbol{\beta}$，就能确定 y 的预测值［即 $E(y \mid \mathbf{x})$ 的估计值］为正。保证 y 的预测值为正的代价是：方程（17.25）比 $E(y \mid \mathbf{x})$ 的线性模型更加复杂。正如我们将看到的那样，x_j 对 $E(y \mid y > 0, \mathbf{x})$ 和 $E(y \mid \mathbf{x})$ 的偏效应与系数 β_j 具有相同的符号，但影响的大小则取决于所有解释变量和参数值。因为 σ 出现在方程（17.25）中，所以偏效应取决于 σ 也就无足为奇了。

如果 x_j 是一个连续变量，我们就能通过微分求出偏效应。首先，

$$\partial E(y \mid y > 0, \mathbf{x}) / \partial x_j = \beta_j + \beta_j \cdot \frac{d\lambda}{dc}(\mathbf{x}\boldsymbol{\beta}/\sigma)$$

假定 x_j 与其他回归元不存在函数相关。通过将 $\lambda(c) = \phi(c)/\Phi(c)$ 进行微分，并利用 $d\Phi/dc = \phi(c)$ 和 $d\phi/dc = -c\phi(c)$，可以证明 $d\lambda/dc = -\lambda(c)[c + \lambda(c)]$。因此，

$$\partial E(y \mid y > 0, \mathbf{x}) / \partial x_j = \beta_j\{1 - \lambda(\mathbf{x}\boldsymbol{\beta}/\sigma)[\mathbf{x}\boldsymbol{\beta}/\sigma + \lambda(\mathbf{x}\boldsymbol{\beta}/\sigma)]\} \tag{17.26}$$

这表明 x_j 对 $E(y \mid y > 0, \mathbf{x})$ 的偏效应并非仅由 β_j 决定。大括号中的项给出了调整因子，它取决于 $\mathbf{x}$ 的一个线性函数 $\mathbf{x}\boldsymbol{\beta}/\sigma = (\beta_0 + \beta_1 x_1 + \cdots + \beta_k x_k)/\sigma$。可以证明，这个调整因子严格介于 0 和 1 之间。实践中，我们可以通过代入 β_j 和 σ 的 MLE 来估计方程（17.26）。像 logit 和 probit 模型一样，我们必须代入 x_j 的值，通常是它的均值或其他有意义的值。

方程（17.26）揭示了一个微妙之处，在将托宾模型应用于角点解时，这一微妙之处有时会被忽略：参数 σ 直接出现在偏效应之中，所以 σ 的估计值对于偏效应

的估计至关重要。有时候，σ 被称为 "从属" 参数（意味着它是辅助性的或不重要的）。尽管 σ 的值确实不影响偏效应的符号，但它会影响偏效应的大小，而我们通常对解释变量的经济重要性感兴趣。因此，把 σ 刻画成从属参数是有误导性的，而且造成将来自角点解应用的托宾模型与在真实数据截取中的应用相混淆。（参见17.4 节。）

诸如弹性之类的所有常见经济量都能计算出来。比如，以 $y>0$ 为条件，y 对 x_1 的弹性为

$$\frac{\partial \mathrm{E}(y \mid y>0, \mathbf{x})}{\partial x_1} \cdot \frac{x_1}{\mathrm{E}(y \mid y>0, \mathbf{x})} \tag{17.27}$$

当 x_1 以各种函数形式（包括水平值形式、对数形式和二次函数形式）出现时，都可以计算上式。

若 x_1 是一个二值变量，则 $\mathrm{E}(y \mid y>0, \mathbf{x})$ 在 $x_1=1$ 与 $x_1=0$ 时的差就给出了我们感兴趣的影响。其他离散变量（如子女数量）也可类似处理。

我们可用方程（17.25）求 $\mathrm{E}(y \mid \mathbf{x})$ 对连续变量 x_j 的偏导数。这个导数解释了从 $y=0$ 开始的人，为什么在 x_j 变化时可能选择 $y>0$：

$$\frac{\partial \mathrm{E}(y \mid \mathbf{x})}{\partial x_j} = \frac{\partial \mathrm{P}(y>0 \mid \mathbf{x})}{\partial x_j} \cdot \mathrm{E}(y \mid y>0, \mathbf{x})$$
$$+ \mathrm{P}(y>0 \mid \mathbf{x}) \cdot \frac{\partial \mathrm{E}(y \mid y>0, \mathbf{x})}{\partial x_j} \tag{17.28}$$

因为 $\mathrm{P}(y>0 \mid \mathbf{x})=\Phi(\mathbf{x}\boldsymbol{\beta}/\sigma)$，所以

$$\frac{\partial \mathrm{P}(y>0 \mid \mathbf{x})}{\partial x_j} = (\beta_j/\sigma)\phi(\mathbf{x}\boldsymbol{\beta}/\sigma) \tag{17.29}$$

而且，一旦我们代入 β_j 和 σ 的 MLE 及 x_j 的特定值，便可估计方程（17.28）中的每一项。

引人注目的是，我们若将方程（17.26）和（17.29）代入方程（17.28），并利用对任何 c 都成立的 $\Phi(c)\lambda(c)=\phi(c)$，便得到

$$\frac{\partial \mathrm{E}(y \mid \mathbf{x})}{\partial x_j} = \beta_j \Phi(\mathbf{x}\boldsymbol{\beta}/\sigma) \tag{17.30}$$

方程（17.30）使我们能大致比较 OLS 和托宾估计值。[方程（17.30）也可以利用 $\mathrm{d}\phi(z)/\mathrm{d}z = -z\phi(z)$ 的事实直接从方程（17.25）推导出来。] 从 y_i 对 x_{i1}，x_{i2}，…，x_{ik}（$i=1$，…，n）的回归（即利用所有数据）得到的 OLS 斜率系数，比方说 $\hat{\gamma}_j$，是 $\partial \mathrm{E}(y \mid \mathbf{x})/\partial x_j$ 的直接估计值。为了使托宾估计值 $\hat{\beta}_j$ 与 $\hat{\gamma}_j$ 具有可比性，我们必须将 $\hat{\beta}_j$ 乘以一个调整因子。

就像在 probit 和 logit 情形中一样，计算系数的调整因子至少对连续的解释变量而言，有两种常见方法。这两种方法都是基于方程（17.30）。一是在样本均值处求偏效应 PEA，即求 $\Phi(\mathbf{x}\boldsymbol{\beta}/\hat{\sigma})$ 在样本均值处的值，得到 $\Phi(\bar{\mathbf{x}}\hat{\boldsymbol{\beta}}/\hat{\sigma})$。然后我们可以用这个因子乘以连续解释变量的系数。这里的 PEA 与 probit 和 logit 情形中的 PEA

具有同样的缺陷：由于样本均值要么没有意思，要么毫无意义，所以我们可能对"平均个人"的偏效应不感兴趣。此外，我们还必须选择：是使用非线性函数的平均值，还是将样本的平均值代入非线性函数。

在多数情形中，平均偏效应（APE）都更为可取。这里，我们把调整因子计算为 $n^{-1} \sum_{i=1}^{n} \Phi(\mathbf{x}\hat{\boldsymbol{\beta}}/\hat{\sigma})$。与 PEA 不同，APE 不要求我们代入总体中的一个假想的或不存在的单位，而且也不存在有关把样本均值代入非线性函数的选择问题。与 PEA 一样，由于对任意一个解释变量值都有 $0 < \Phi(\mathbf{x}\hat{\boldsymbol{\beta}}/\hat{\sigma}) < 1$，所以 APE 比例因子也总是介于 0 与 1 之间。事实上，由于 $\hat{P}(y_i > 0 \mid \mathbf{x}_i) = \Phi(\mathbf{x}_i\hat{\boldsymbol{\beta}}/\hat{\sigma})$，所以在 $y_i = 0$ 的观测越少时，APE 比例因子和 PEA 比例因子都越接近于 1。在所有 $y_i > 0$ 的极端情形中，托宾和 OLS 的参数估计值都相同。[当然，如果对所有 i，都有 $y_i > 0$，我们就没有理由使用托宾模型。在一个线性回归模型中使用 $\log(y_i)$ 就更恰当。]

不幸的是，对于离散解释变量，比较 OLS 和托宾估计值没那么容易（尽管使用连续解释变量的比例因子通常是一个有用的近似）。对于托宾模型，一个离散解释变量（比如一个二值变量）的偏效应真正应该通过估计方程（17.25）中的 $E(y \mid \mathbf{x})$ 而得到。比如，若 x_1 是一个二值变量，我们应该先代入 $x_1 = 1$，然后代入 $x_1 = 0$。如果我们设定其他解释变量在其样本均值处，便得到一个偏效应度量，类似于 logit 和 probit 情形的（17.16）。我们若计算每个人的期望值之差，然后求这些差值的平均，便得到一个类似（17.17）的平均偏效应。幸运的是，现代许多计量经济软件包对公平计量模型包括托宾模型，都常规性地计算 APE，并且允许连续和离散解释变量两种形式存在。

例 17.2

已婚妇女的年度劳动力供给

文件 MROZ 包括了 753 个已婚妇女在工作小时数方面的数据，其中有 428 个妇女当年在家庭以外工作挣工资，另外 325 个妇女的工作小时数则为 0。而对于那些工作小时数为正的妇女而言，工作的时间范围也相当宽，从 12 小时到 4 950 小时。因此，年工作小时数很适合用托宾模型。我们还用 OLS（使用全部 753 个观测）估计了一个线性模型。结论由表 17.3 给出。

该表具有几个值得注意的特征。首先，托宾系数估计值具有与对应的 OLS 估计值相同的符号，而且统计显著性也类似。（可能的例外是 $nwifeinc$ 和 $kidsge6$ 的系数，但其 t 统计量大小相当。）其次，尽管人们禁不住想比较 OLS 估计值和托宾估计值的大小，但并不是很有信息价值。我们必须小心，不要因为 $kidslt6$ 的托宾系数大致是 OLS 系数的两倍，就认为托宾模型中工作小时数对年幼子女数量的反应要大得多。

我们可以将托宾估计值乘以适当的调整因子，使之与 OLS 估计值大致可比。结果因子 $n^{-1}\sum_{i=1}^{n}\Phi(\mathbf{x}_i\hat{\boldsymbol{\beta}}/\hat{\sigma})$ 约为 0.589，我们可以用它得到托宾估计的平均偏效应。比如，我们若将 educ 的系数乘以 0.589，便得到 $0.589\times80.65\approx47.50$（即多 47.5 个小时），它比 OLS 偏效应 28.8 小时大不少。所以，即便是估计平均效应，托宾估计值也比对应的 OLS 估计值明显更大。表 17.4 展示了所有变量的平均偏效应，在线性模型中，除 exper 变量包含二次项效应之外，其他变量的平均偏效应就是 OLS 模型中相应的系数。平均偏效应和标准误均由 Stata® 13 软件计算得到并保留两位小数，因为近似位数的原因，这些数字可能和将托宾模型系数直接乘以 0.589 所得的结果略有不同。托宾模型中 nwifeinc、educ 和 kidslt6 的系数都显著大于 OLS 中相应的系数。exper 和 age 的平均偏效应相近，而对于变量 kidage6，系数在两个模型中都很不显著，托宾模型中的数值会更小一些。

表 17.3 年工作小时数的 OLS 和托宾估计

	自变量：小时数	
自变量	线性（OLS）	托宾（MLE）
nwifeinc	−3.45 (2.24)	−8.81 (4.46)
educ	28.76 (13.04)	80.65 (21.58)
exper	65.67 (10.79)	131.56 (17.28)
$exper^2$	−0.700 (0.372)	−1.86 (0.54)
age	−30.51 (4.24)	−54.41 (7.42)
kidslt6	−42.09 (57.46)	−894.02 (111.88)
kidsge	−32.78 (22.80)	−16.22 (38.64)
常数	1 330.48 (274.88)	965.31 (446.44)
对数似然值	—	−3 819.09
R^2	0.266	0.274
$\hat{\sigma}$	750.18	1 122.02

相反，如果我们想估计在解释变量平均值处多受一年教育的影响，我们就应计算比例因子 $\Phi(\overline{\mathbf{x}}\hat{\boldsymbol{\beta}}/\hat{\sigma})$。最后结果约为 0.645［其中我们使用了平均工作经历的平方 $\overline{(exper)}^2$ 而非 $exper^2$ 的平均］。这个偏效应约为 52 小时，也几乎是 OLS 估计值的两倍。

表 17.4 工作小时模型的平均偏效应

自变量	线性	托宾
nwifeinc	−3.45 (2.24)	−5.19 (2.62)
educ	28.76 (13.04)	47.47 (12.62)
exper	50.78 (4.45)	48.79 (3.59)
age	−30.51 (4.24)	−32.03 (4.29)
*kidslt*6	−442.09 (57.46)	−526.28 (64.71)
*kidsge*6	−32.78 (22.80)	−9.55 (22.75)

我们还报告了线性回归模型和托宾模型的 R^2。OLS 的 R^2 和通常一样。而对托宾模型来说，R^2 则是 y_i 和 $\hat{y}_i$ 之间相关系数的平方，其中 $\hat{y}_i = \Phi(\mathbf{x}_i\hat{\boldsymbol{\beta}}/\hat{\sigma})\mathbf{x}_i\hat{\boldsymbol{\beta}} + \hat{\sigma}\phi(\mathbf{x}_i\hat{\boldsymbol{\beta}}/\hat{\sigma})$ 是 $\mathrm{E}(y \mid \mathbf{x}=\mathbf{x}_i)$ 的估计值。这个式子是受到如下启发而得出的，即通常 OLS 的 R^2 等于 y_i 与其拟合值之相关系数的平方［参见方程 (3.29)］。在像托宾模型这样的非线性模型中，相关系数的平方并不像方程 (3.28) 那样等同于一个基于残差平方和的 R^2。这是因为，像前面定义的那样，拟合值和残差 $y_i - \hat{y}_i$ 在样本中并非不相关。将 R^2 定义为 y_i 和 $\hat{y}_i$ 之相关系数的平方，具有总是介于 0 和 1 之间的优点；而基于残差平方和的 R^2 则不一定具有这个性质。

我们可以看到，从 R^2 这个度量指标来看，托宾条件均值函数对工作小时数数据的拟合多少要好一些，但并不明显。不过，我们应记住，托宾估计值的选择并不是为了最大化 R^2（而是为了最大化对数似然函数），而 OLS 估计值却是为了在给定线性函数形式下能得到最高 R^2 的估计值。

根据构造，*hours* 的所有托宾拟合值都是正的。相比之下，OLS 拟合值则有 39 个为负。尽管负预测值有些令人担忧，但 753 个观测中的 39 个也就刚超过 5% 而已。目前还不是很清楚，OLS 的负拟合值如何转换成估计的偏效应之差。图 17.3 将 $\mathrm{E}(hours \mid \mathbf{x})$ 的估计值绘制成受教育程度的函数；对于托宾模型，其他解释变量都取在它们的均值处 $\widehat{hours} = 387.19 + 28.76\,educ$。对于线性模型，绘制成图的方程是 $\widehat{hours} = \Phi[(-694.12 + 80.65educ)/1\,122.02] \cdot (-694.12 + 80.65educ) + 1\,122.02 \cdot \phi[(-694.12 + 80.65\,educ)/1\,122.02]$。如图 17.3 所示，即便在相当高的受教育程度上，线性模型也给出了预期工作小时数明显更高的估计值。比如，在受 8 年教育的时候，工作小时数的 OLS 预测值约为 617.5，而托宾估计值约为 423.9。在受 12 年教育的时候，*hours* 的预测值分别是 732.7 和 598.3。两条预测线在受教育程度达到 17 年之后相交，但样本中没有一个女性受过 17 年以上的教育。托宾线递增的斜率明显标志着受教育程度对期望工作小时数具有递增的边际影响。

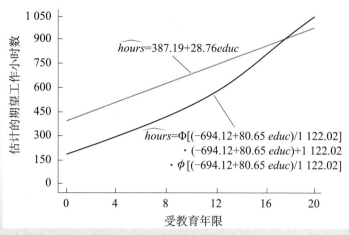

图 17.3 线性和托宾模型中与教育有关的小时数的估计值

17.2b 托宾模型中的设定问题

托宾模型，特别是（17.24）和（17.25）中的期望表达式，实质上依赖于其背后潜在变量模型中的正态性和同方差性。当 $E(y \mid \mathbf{x}) = \beta_0 + \beta_1 x_1 + \cdots + \beta_k x_k$ 时，我们从第 5 章知道，y 的条件正态性在无偏性、一致性和大样本推断中都不起作用。异方差性不会影响 OLS 的无偏性和一致性，尽管我们为了进行近似推断而必须计算稳健标准误和检验统计量。在一个托宾模型中，如果方程（17.18）中的任意一个假定不成立，就很难知道托宾估计值在估计什么东西。不过，在偏离假定不远的情况下，托宾模型仍可能会很好地估计对条件均值的偏效应。虽然有可能在（17.18）中做更一般的假定，但这种模型的估计和解释都要复杂得多。

至少在某些应用中，托宾模型有一个潜在的重要局限性，即以 $y > 0$ 为条件的期望值与 $y > 0$ 的概率有密切联系。这一点从方程（17.26）和（17.29）中显而易见。具体而言，x_j 对 $P(y > 0 \mid \mathbf{x})$ 的影响，就像对 $E(y \mid y > 0, \mathbf{x})$ 的影响一样，与 β_j 成比例，这两个函数乘以 β_j 都为正，并仅通过 $\mathbf{x}\boldsymbol{\beta}/\sigma$ 而取决于 $\mathbf{x}$。这就排除了某些有趣的可能性。比如，考虑一项人寿保险政策的价值与一个人年龄之间的关系。由于年轻人可能根本就不那么喜欢有人寿保险，所以 $y > 0$ 的概率随年龄的增加而提高（至少在到达某一点之前）。以有人寿保险为条件，因为随着人们越来越接近其寿命的终点，人寿保险就越来越不重要，所以这些政策的价值随着年龄的增加而递减。在托宾模型中则不容许这种可能性。

非正式地评价托宾模型是否适当的方法之一是估计一个 probit 模型，其中的二值结果（比方说 w）在 $y > 0$ 时取值 1，而在 $y = 0$ 时取值 0。于是，从方程（17.21）看，w 服从一个 probit 模型，其中 x_j 的系数是 $\gamma_j = \beta_j / \sigma$。这意味着我们可以用 probit 模型对每个 j 都估计 β_j 与 σ 之比。若托宾模型成立，则 probit 估计值应

接近于 $\hat{\beta}_j / \hat{\sigma}$，其中 $\hat{\beta}_j$ 和 $\hat{\sigma}$ 是托宾估计值。虽然它们因抽样误差而不可能完全相同，但我们可以检查某些成问题的符号。比如，若 $\hat{\gamma}_j$ 显著并且为负，而 $\hat{\beta}_j$ 为正，则说明托宾模型可能不合适。或者说，若 $\hat{\gamma}_j$ 和 $\hat{\beta}_j$ 的符号相同，但 $|\hat{\beta}_j / \hat{\sigma}|$ 远大于或远小于 $|\hat{\gamma}_j|$，这也表明可能有问题。可是对那些在两个模型中都不显著的解释变量，其符号不同或相差很大都不用过多担心。

在年工作小时数的例子中，$\hat{\sigma} = 1\,122.02$。将 $nwifeinc$ 的托宾系数除以 $\hat{\sigma}$，得到 $(-8.81)/1\,122.02 \approx -0.007\,9$；$nwifeinc$ 的 probit 系数约为 -0.012，二者有差别，但差别不大。$kidslt6$ 的托宾系数除以 $\hat{\sigma}$ 约为 -0.797，与 probit 估计值约为 -0.868 相比，同样不是巨大的差别，但仍表明，有年幼子女对最初劳动力参与决策的影响，比在她已经参与劳动力市场后对其选择劳动小时数的影响更大。（托宾模型有效地平均了这两种影响。）我们不知道这些影响在统计上是否不同，但它们的大小相当。

如果我们断定托宾模型不合适，结果会怎么样呢？在托宾模型看起来不适合时，还可以使用一些通常被称为栅栏（hurdle）模型或两部分（two-part）模型的模型。它们具有的共同特点是：$P(y > 0 \mid \mathbf{x})$ 和 $E(y \mid y > 0, \mathbf{x})$ 取决于不同的参数，所以 x_j 对这两个函数可能具有极为不同的影响。〔对这些模型的介绍，可参见 Wooldridge（2010，Chapter 17）。〕

17.3 泊松回归模型

另一类非负因变量是**计数变量**（count variable），它可以取非负整数值 $\{0, 1, 2, \cdots\}$。我们特别感兴趣的是，y 只取包括 0 在内的有限几个值的情况。这样的例子有妇女曾生育的子女数、某人在某年被拘捕的次数或一个企业在某年申请专利的个数等。出于前面针对二值和托宾响应所讨论的同样原因，$E(y \mid x_1, x_2, \cdots, x_k)$ 的线性模型恐怕不能对所有解释变量值提供最好的拟合。（不过，像我们在例 3.5 中所做的一样，从一个线性模型开始总是有价值的。）

像托宾结果一样，因为计数变量取值有 0，所以我们不能对它取对数。一个有价值的方法是将期望值模型化为一个指数函数：

$$E(y \mid x_1, x_2, \cdots, x_k) = \exp(\beta_0 + \beta_1 x_1 + \cdots + \beta_k x_k) \tag{17.31}$$

由于 $\exp(\cdot)$ 总为正，所以方程（17.31）确保了 y 的预测值也总为正。在书末附录数学复习 A 中的图 A.5 给出了指数函数的图示。

尽管方程（17.31）比线性模型更复杂，但我们基本上已经知道如何去解释其系数。将方程（17.31）取对数，表明

$$\log[E(y \mid x_1, x_2, \cdots, x_k)] = \beta_0 + \beta_1 x_1 + \cdots + \beta_k x_k \tag{17.32}$$

所以期望值的对数是线性的。因此，利用我们在前面章节中经常使用的对数函数的

近似特征，有

$$\% \Delta \mathrm{E}(y \mid \mathbf{x}) \approx (100\beta_j)\Delta x_j$$

换言之，给定 x_j 提高一个单位，$100\beta_j$ 大致表示了 $\mathrm{E}(y \mid \mathbf{x})$ 变化的百分数。有时需要一个更精确的估计值，我们通过检查期望值的离散变化很容易得到一个这样的估计值。保持除 x_k 外所有的解释变量不变，并令 x_k^0 为其初始值，x_k^1 为其后来值。于是，期望值的比例变化为

$$\left[\exp(\beta_0 + \mathbf{x}_{k-1}\boldsymbol{\beta}_{k-1} + \beta_k x_k^1)/\exp(\beta_0 + \mathbf{x}_{k-1}\boldsymbol{\beta}_{k-1} + \beta_k x_k^0)\right] - 1 = \exp(\beta_k \Delta x_k) - 1$$

式中，$\mathbf{x}_{k-1}\boldsymbol{\beta}_{k-1}$ 是 $\beta_1 x_1 + \cdots + \beta_{k-1}x_{k-1}$ 的简记，$\Delta x_k = x_k^1 - x_k^0$。当 $\Delta x_k = 1$（比如 x_k 是一个虚拟变量，我们把它从 0 变化到 1）时，这个变化量就是 $\exp(\beta_k) - 1$。给定 $\hat{\beta}_k$，我们得到 $\exp(\hat{\beta}_k) - 1$，将它乘以 100 后，就把比例变化转化成了变化的百分数。

比如，如果对一些变量 $z_j > 0$，则 $x_j = \log(z_j)$，那么，β_j 就可以解释为关于 z_j 的一个弹性。技术上，因为我们无法计算当 $y = 0$ 时的百分比变化，因此，这就是 y 关于 z_j 的期望值的弹性。为了我们的目的，这一区别并不重要。在实践中，我们起码可以像将 $\log(y)$ 作为因变量的线性模型那样解释方程（17.31）中的系数。其中也有一些我们在此不必深究的微妙差别。

因为方程（17.31）是其参数的一个非线性函数［记住 $\exp(\cdot)$ 是一个非线性函数］，所以我们不能使用线性回归方法。我们可以使用像 OLS 那样的最小化残差平方和的非线性最小二乘法。然而，我们发现所有标准计数数据的分布都表现出异方差性，而非线性最小二乘又没有充分利用这一点［参见 Wooldridge（2010，Chapter 12）］。因而，我们要依赖于极大似然估计和拟极大似然估计这个相关的重要方法。

在第 4 章，我们把正态性作为线性回归的标准分布假定而引进。正态性假定对取值范围很大的（大致）连续因变量而言是合理的。计数变量不可能具有正态分布（因为正态分布是能取所有值的连续变量），而且如果它只取很少的几个值，那么这个分布与正态分布就相差很远。对计数数据来说，令人满意的分布则是**泊松分布**（Poisson distribution）。

由于我们感兴趣的是解释变量对 y 的影响，所以我们必须看一下以 $\mathbf{x}$ 为条件的泊松分布。因为泊松分布完全由其均值决定，所以我们只需设定 $\mathrm{E}(y \mid \mathbf{x})$。我们假定它具有与（17.31）同样的形式，简记为 $\exp(\mathbf{x}\boldsymbol{\beta})$。于是，以 $\mathbf{x}$ 为条件，y 等于 h 的概率是

$$\mathrm{P}(y = h \mid \mathbf{x}) = \exp[-\exp(\mathbf{x}\boldsymbol{\beta})][\exp(\mathbf{x}\boldsymbol{\beta})]^h/h!, \quad h = 0, 1, \cdots$$

式中，$h!$ 表示阶乘（参见书末附录数学复习 B）。这个作为**泊松回归模型**（Poisson regression model）基础的分布，使我们能求出对应于解释变量所有值的条件概率。比如，$\mathrm{P}(y = 0 \mid \mathbf{x}) = \exp[-\exp(\mathbf{x}\boldsymbol{\beta})]$。一旦我们有了 β_j 的估计值，就可以代入其中，求出 $\mathbf{x}$ 取各个值的概率。

给定一个随机样本 $\{(\mathbf{x}_i, y_i) : i = 1, 2, \cdots, n\}$，我们可以构造对数似然

函数：

$$\mathcal{L}(\boldsymbol{\beta}) = \sum_{i=1}^{n} \ell_i(\boldsymbol{\beta}) = \sum_{i=1}^{n} \{ y_i \mathbf{x}_i \boldsymbol{\beta} - \exp(\mathbf{x}_i \boldsymbol{\beta}) \} \tag{17.33}$$

式中，我们去掉了 $-\log(y_i!)$ 一项，因为它与 $\boldsymbol{\beta}$ 无关。最大化这个对数似然函数很简单，尽管得不到泊松 MLE 的显式（closed-form）解。

在最大化对数似然函数之后，就容易得到泊松估计值 $\hat{\beta}_j$ 的标准误；见本章附录中的公式。任何一个软件包都会把它们与 $\hat{\beta}_j$ 一起报告出来。

和 probit、logit 及托宾模型一样，我们不能将一个指数函数之泊松估计值的大小与一个线性函数之 OLS 估计值直接对比。不过，至少对于连续的解释变量，大致的比较总还是可能的。若方程（17.31）成立，则 x_j 对 $E(y \mid x_1, x_2, \cdots, x_k)$ 的偏效应为 $\partial E(y \mid x_1, x_2, \cdots, x_k)/x_j = \exp(\beta_0 + \beta_1 x_1 + \cdots + \beta_k x_k) \cdot \beta_j$。这个表达式得自微积分中的链式法则，因为指数函数的导数仍是指数函数。如果我们令 $\hat{\gamma}_j$ 表示 y 对 $x_1, x_2, \cdots, x_k$ 回归的 OLS 斜率系数，我们便可以大致比较 $\hat{\gamma}_j$ 与指数回归函数的平均偏效应的大小。有意思的是，在这种情形中，APE 比例因子 $n^{-1} \sum_{i=1}^{n} \exp(\hat{\beta}_0 + \hat{\beta}_1 x_{i1} + \cdots + \hat{\beta}_k x_{ik}) = n^{-1} \sum_{i=1}^{n} \hat{y}_i$ 无非就是 y_i 的样本平均 $\bar{y}$，其中我们把拟合值定义为 $\hat{y}_i = \exp(\hat{\beta}_0 + \mathbf{x}_i \hat{\boldsymbol{\beta}})$。换言之，对于具有指数均值函数的泊松回归，拟合值的平均值等同于 y_i 原结果的平均值——就像在线性回归情形中一样。这就使得我们很容易调整泊松估计值 $\hat{\beta}_j$，并使之与对应的 OLS 估计值 $\hat{\gamma}_j$ 可比：对于连续解释变量，我们可以将 $\hat{\gamma}_j$ 与 $\bar{y} \cdot \hat{\beta}_j$ 进行比较。

尽管泊松 MLE 分析是分析计数数据的自然起点，但它常常受到诸多限制。泊松分布的所有概率以及更高阶矩完全由其均值决定。特别是，方差等于均值：

$$\text{Var}(y \mid \mathbf{x}) = E(y \mid \mathbf{x}) \tag{17.34}$$

这一点具有很大的局限性，而且事实表明，多数应用都与此不符。幸运的是，泊松分布具有一个很好的稳健性质：不管泊松分布成立与否，我们仍能得到 β_j 的一致和渐近正态估计量。［详细情况可参见 Wooldridge（2010，Chapter 18）。］这与 OLS 估计量相似，无论正态性假定成立与否，它都是一致和渐近正态的；只是 OLS 在正态性假定下还是 MLE。

当我们在没有假定泊松分布完全正确的情况下使用泊松 MLE 时，我们称之为**拟极大似然估计**（quasi-maximum likelihood estimation，QMLE）。由于泊松 QMLE 在许多计量经济软件包中都编有程序，所以使用起来很方便。不过，除非泊松方差假定（17.34）成立，否则还要对标准误进行调整。

当我们假定方差与均值成比例时，可对标准误进行简单调整：

$$\text{Var}(y \mid \mathbf{x}) = \sigma^2 E(y \mid \mathbf{x}) \tag{17.35}$$

式中，$\sigma^2 > 0$ 是未知参数。当 $\sigma^2 = 1$ 时，我们就得到泊松方差假定。当 $\sigma^2 > 1$ 时，方差对所有的 $\mathbf{x}$ 都大于均值；由于此时方差比泊松情形的方差大（在计数回归的大多数应用中都可观察到这一点），所以被称为**过度散布**（overdispersion）。被称为**散布不足**

（underdispersion）的情形 $\sigma^2 < 1$ 则不那么常见，但在方程（17.35）中也是容许的。

在方程（17.35）下，很容易调整通常的泊松 MLE 标准误。令 $\hat{\beta}_j$ 表示泊松 QMLE，并定义残差为 $\hat{u}_i = y_i - \hat{y}_i$，其中 $\hat{y}_i = \exp(\hat{\beta}_0 + \hat{\beta}_1 x_1 + \cdots + \hat{\beta}_k x_k)$ 为拟合值。和往常一样，第 i 次观测的残差就是 y_i 与其拟合值之差。σ^2 的一个一致估计量是 $(n-k-1)^{-1} \sum_{i=1}^{n} \hat{u}_i^2 / \hat{y}_i$，其中除以 $\hat{y}_i$ 是为了进行适当的异方差调整，而 $n-k-1$ 是给定 n 个观测和 $k+1$ 个估计值 $\hat{\beta}_0, \hat{\beta}_1, \cdots, \hat{\beta}_k$ 时的自由度。令 $\hat{\sigma}$ 为 $\hat{\sigma}^2$ 的正平方根，我们将通常的泊松标准误乘以 $\hat{\sigma}$。若 $\hat{\sigma}$ 明显大于 1，则修正的标准误可以比象征性的（一般不正确的）泊松 MLE 标准误大很多。

> **？ 思考题 17.4**
>
> 假设我们得到 $\hat{\sigma}^2 = 2$。调整标准误与通常的泊松 MLE 标准误相比如何？准 LR 统计量与通常的 LR 统计量相比如何？

即便方程（17.35）也不完全是一般性的。恰如在线性模型中一样，我们可以得到完全不限制方差的泊松 QMLE 的标准误。[进一步的解释，可参见 Wooldridge（2010，Chapter 18）。]

在泊松分布下，我们可用似然比统计量来检验排除性约束，这个统计量总是具有方程（17.12）中的形式。如果我们有 q 个排除性约束，那么这个统计量在原假设下就近似服从 χ_q^2 分布。在不那么有限制性的假定（17.35）下，可进行一种简单调整〔然后我们就称这个统计量为**准似然比统计量**（quasi-likelihood ratio statistic）〕：将方程（17.12）除以从无约束模型中得到的 $\hat{\sigma}^2$。

例 17.3

拘捕次数的泊松回归

我们现在将有许多用处的泊松回归模型用于例 9.1CRIME1 中的拘捕数据。因变量 *narr86* 是一个人在 1986 年被拘捕的次数。这个变量对样本 2 725 个人中的 1 970 个人都是 0，而且只有 8 个 *narr86* 的值大于 5。因此，泊松回归模型比线性回归模型更适合。表 17.5 还给出了线性回归模型 OLS 估计值的结论。

表 17.5 被拘捕的年轻男性数量的决定因素

因变量：*narr86*		
自变量	线性（OLS）	指数（泊松 QMLE）
pcnv	−0.132 (0.040)	−0.402 (0.085)
avgsen	−0.011 (0.012)	−0.024 (0.020)
tottime	0.012 (0.009)	0.024 (0.015)

续表

自变量	线性（OLS）	指数（泊松 QMLE）
	因变量：$narr86$	
$ptime86$	−0.041 (0.009)	−0.099 (0.021)
$qemp86$	−0.051 (0.014)	−0.038 (0.029)
$inc86$	−0.0015 (0.0003)	−0.0081 (0.0010)
$black$	0.327 (0.045)	0.661 (0.074)
$hispan$	0.194 (0.040)	0.500 (0.074)
$born60$	−0.022 (0.033)	2.051 (0.064)
常数	0.577 (0.038)	−0.600 (0.067)
对数似然值	—	−2 248.76
R^2	0.073	0.077
$\hat{\sigma}$	0.829	1.232

OLS 的标准误就是通常的标准误；我们当然可以使之对异方差性保持稳健。泊松回归的标准误通常是极大似然标准误。因为 $\hat{\sigma}=1.232$，所以泊松回归的标准误应该乘以这个因子（因此每个修正后的标准误约高出 23%）。比如，$tottime$ 的一个更可靠的标准误是 $1.23 \times 0.015 \approx 0.018\,5$，相应的 t 统计量约为 1.3。虽然对标准误的调整使所有变量的显著性都有所下降，但其中有几个仍十分统计显著。

OLS 和泊松系数并不直接可比，而且它们具有极为不同的含义。例如，$pcnv$ 的系数意味着，若 $\Delta pcnv=0.10$，则被拘捕的期望次数下降 0.013 次（$pcnv$ 是先前被拘捕后被定罪的比例）。泊松系数则意味着，$\Delta pcnv=0.10$ 使预期拘捕约降低 4% [$0.402 \times 0.10 = 0.040\,2$，乘以 100 后就得到百分数影响]。作为一个政策问题，这表明，如果我们将被定罪的概率提高 0.10，就能使总拘捕次数下降 4%。

$black$ 的泊松系数意味着，在其他条件不变的情况下，一个黑人被拘捕的次数比一个同等白人预期高出约 $100 \times [\exp(0.661)-1] \approx 93.7\%$。

就像在表 17.2 中对托宾模型的应用一样，我们这里也报告了泊松回归的一个 R^2。它是 y_i 与 $\hat{y}_i = \exp(\hat{\beta}_0 + \hat{\beta}_1 x_{i1} + \cdots + \hat{\beta}_k x_{ik})$ 之间相关系数的平方。使用这个拟合优度度量的动机与托宾模型一样。我们看到，用泊松 QMLE 估计的指数回归模型拟合得略微好一些。记住，OLS 估计值的选择是为了最大化 R^2，但泊松估计值则不是。（泊松估计值最大化了对数似然函数。）

在实践中，还有人提出并使用了其他的计数数据回归模型，这些模型都以各种方式推广了泊松分布。如果我们感兴趣的是 x_j 对平均响应的影响，就没有什么理由不用泊松回归；它简单，通常能给出好的结论，并具有前面讨论的稳健性质。实际上，假定（17.31）成立，我们可以将泊松回归用于结果具有托宾形式的 y。这可能会给出对平均影响的很好估计。当我们对估计诸如 $P(y>1 \mid \mathbf{x})$ 之类的概率感兴趣时，泊松回归就更有用。［比如，参见 Cameron and Trivedi（1998）。］

17.4 截取和截断回归模型

17.1节、17.2节和17.3节中的模型适用于应用计量经济研究中频繁出现的各种受限因变量。在利用这些方法时，重要的是记住，我们对二值响应使用 probit 或 logit 模型，对角点解结果使用托宾模型，对计数响应使用泊松回归模型，因为我们希望使用的模型能说明 y 分布的重要特征。这不是数据的可观测性问题。比如，在例17.2中将托宾模型应用于妇女劳动供给的研究中，观测工作小时数没有问题：无非总体中有相当一部分已婚妇女选择不工作而已。在将泊松回归应用到年拘捕次数时，我们在总体的一个随机样本中观测到每个年轻人的因变量，但因变量既可以是其他小的正整数，也可以等于零。

不幸的是，一个结果变量中的聚集（比如总体中取值为零的比例相当大）与数据截取问题的区别可能产生混淆。特别是在使用托宾模型时尤其如此。在本书中，17.2节介绍的标准托宾模型只是用于角点解结果。但有关托宾模型的文献通常也把另一种情形放在同一框架中处理：响应变量在某个临界值之上或之下截取。典型的截取是因为调查设计，有时候也可能是因为制度上的约束。我们将数据截取问题与角点解结果分开处理，并用一个**截取回归模型**（censored regression model）来解决数据截取的问题。实质上，用一个截取回归模型解决的问题是响应变量 y 的数据缺失问题。尽管我们能够随机地从总体中抽取样本单位，并能够得到所有样本单位的解释变量信息，但对某些 i，我们缺少 y_i 的结果。不过，我们仍知道所缺少的这些信息是高于还是低于某个给定的临界值，而这一信息为我们估计参数提供了有用的信息。

当我们在抽样方案中以 y 为依据排除了总体的一个子集时，就出现了**截断回归模型**（truncated regression model）。换句话说，虽然我们没有潜在总体中的一个随机样本，但我们知道哪些单位会被包括到样本中的规则。这个规则由 y 是否高于或低于某个特定的临界值来决定。我们以后还会更详尽地解释截取回归模型和截断回归模型的区别。

17.4a 截取回归模型

尽管截取回归模型无须借助于分布假定而定义，但我们在本小节还是研究**截取正态回归模型**（censored normal regression model）。我们想要解释的变量 y 服从经典线性模型。为强调概念，我们在从总体的一个随机抽取上加下标 i：

$$y_i = \beta_0 + \mathbf{x}_i\boldsymbol{\beta} + u_i, \ u_i \mid \mathbf{x}_i, \ c_i \sim \text{Normal}(0, \ \sigma^2) \tag{17.36}$$

$$w_i = \min(y_i, c_i) \tag{17.37}$$

我们不观测 y_i，只有在它小于截取值 c_i 时才进行观测。注意方程（17.36）包括了 u_i 独立于 c_i 的假定。（为明确起见，我们明确考虑从上截取或右端截取；而从下截取或左端截取的问题可类似处理。）

右端数据截取的一个例子是**顶端编码**（top coding）。当一个变量达到顶端编码时，我们只知道它的值达到了某个临界值。对于高于这个临界值的回答，我们只知道这个变量至少和临界值一样大。比如，在某些调查中，家庭财富有顶端编码。假设受访者被问及其财富状况，通常允许他们回答"高于 50 万美元"。于是，我们可以观察到那些财富不足 50 万美元的受访者的实际财富，但不能观察到那些财富高于 50 万美元的受访者的实际财富。在这种情况下，截取临界值 c_i 对所有的 i 都是一样的。在多数情况下，截取临界值随着个人和家庭的特征而变化。

> **？ 思考题 17.5**
>
> 令 mvp_i 表示工人 i 的边际价值产品；它是一个企业产品的价格与这个工人的边际产量之积。假定 mvp_i 是诸如受教育程度、工作经历等外生变量及不可观测误差的一个线性函数。在完全竞争和没有制度约束的情况下，每个工人所得到的工资都是他或她的边际价值产品。令 $minwage_i$ 表示工人 i 的最低工资，并因其所处的州不同而不同。我们观测 mvp_i 和 $minwage_i$ 的较大者作为 $wage_i$。写出观测工资的适当模型。

如果观察到 $(\mathbf{x}, y)$ 的一个随机样本，我们就简单地用 OLS 估计 $\boldsymbol{\beta}$，而且统计推断也是标准的。（为简单起见，我们再次将截距项放到 $\mathbf{x}$ 中。）截取将带来问题。利用与托宾模型相似的论证，当 OLS 回归只利用非截取的观测值时（即 $y_i < c_i$），就会产生不一致的估计量 β_j。除非不存在数据的截取问题，否则利用所有的观测值得到的 w_i 对 $\mathbf{x}_i$ 的 OLS 就会与 β_j 不一致。这种情形与托宾模型类似，但背后的问题相当不同。在托宾模型中，我们是为结果常常为 0 的经济行为建立模型；并且假定托宾模型反映了这一点。而在截取回归中，由于某种原因，数据被截取了，所以我们遇到的是数据选择问题。

在假定（17.36）和（17.37）下，给定 $(\mathbf{x}_i, w_i)$ 的一个随机值，我们可用极大似然法估计 $\boldsymbol{\beta}$（和 σ^2）。为此，给定 $(\mathbf{x}_i, c_i)$，我们需要 w_i 的密度函数。对于未截取的观测，$w_i = y_i$，而且 w_i 的密度与 y_i 的密度 Normal$(\mathbf{x}_i\boldsymbol{\beta}, \sigma^2)$ 相同。而对于被截取的观测，我们需要 w_i 在给定 $\mathbf{x}_i$ 下等于截取值 c_i 的概率：

$$P(w_i = c_i \mid \mathbf{x}_i) = P(y_i \geqslant c_i \mid \mathbf{x}_i) = P(u_i \geqslant c_i - \mathbf{x}_i\boldsymbol{\beta}) = 1 - \Phi[(c_i - \mathbf{x}_i\boldsymbol{\beta})/\sigma]$$

我们可以将这两部分合并，以得到 w_i 在给定 $\mathbf{x}_i$ 和 c_i 下的密度函数：

$$f(w \mid \mathbf{x}_i, c_i) = 1 - \Phi[(c_i - \mathbf{x}_i\boldsymbol{\beta})/\sigma], \quad w = c_i \tag{17.38}$$

$$= (1/\sigma)\phi[(w - \mathbf{x}_i\boldsymbol{\beta})/\sigma], \quad w < c_i \tag{17.39}$$

通过将每个 i 的密度函数取自然对数，就得到观测 i 的对数似然函数。将这些对数

似然函数对 i 求和，我们就能将这个和对 β_j 及 σ 最大化，从而得到 MLE。

必须知道，在随机抽样的情况下，我们可以像在线性回归模型中那样解释 β_j。这与应用托宾模型（其中我们所关心的期望值是 β_j 的非线性函数）时很不相同。

截取回归模型的一个重要应用是**持续期间分析**（duration analysis）。持续期间是一个度量某事件发生之前持续时间的变量。比如，我们可能想解释一个从监狱释放的重罪犯下次被捕前持续的天数。对于某些重罪犯，这种情况可能再也不会发生，或者要经过很长的时间，以致我们在分析数据时不得不对持续期间进行截取。

在截取正态回归的持续期间应用中，和在顶端编码应用中一样，我们常常使用自然对数作为因变量，这意味着我们对（17.37）中的截取临界值也取对数。如我们在本书中所见，利用因变量的对数变换，可能会引起将参数解释为百分比变化的问题。此外，由于取对数的多数都是正变量，所以持续期间变量的对数明显比持续期间变量本身更接近正态分布。

例 17.4

罪犯再犯的持续期间

文件 RECID 包含的数据是北卡罗来纳监狱中的犯人在释放后到再次被捕所持续的月数；称之为 *durat*。有些犯人在狱中参加了工作培训。我们还控制了一系列人口变量及对监狱和犯罪历史的度量。

在 1 445 个犯人中，有 893 人在追踪的持续期间内未被捕；因此，这些观测要被截取掉。截取时间因人而异，从 70 个月到 81 个月不等。

表 17.6 给出了对 $\log(durat)$ 进行截取正态回归的结果。每个系数乘以 100，都表示在其他条件不变的情况下，对应的解释变量每提高一个单位，估计预期持续期间变化的百分数。

表 17.6 中有几个系数很有意思。变量 *priors*（以前被定罪的次数）和 *tserved*（在监狱里度过的总月数）对直至下次被拘捕之前的持续时间都有负影响。这表明这些变量对犯罪活动有坏的影响，而不是起到阻碍作用。比如，此前多被定一次罪，使得到下次被拘捕的时间几乎减少 14%。多服役一年使这个持续期间约减少 $100 \times 12 \times 0.019 = 22.8\%$。多少有些令人吃惊的发现是，一个因重罪服刑的人与一个不是因重罪而服刑的人相比，估计其预期持续期间要长差不多 56% [$\exp(0.444) - 1 \approx 0.56$]。

表 17.6 罪犯再犯的截取回归估计

因变量：$\log(durat)$	
自变量	系数（标准误）
workprg	−0.063 (0.120)
priors	−0.137 (0.021)

续表

因变量：log($durat$)	
自变量	系数（标准误）
$served$	−0.019
	(0.003)
$felon$	0.444
	(0.145)
$alcohol$	−0.635
	(0.144)
$drugs$	−0.298
	(0.133)
$black$	−0.543
	(0.117)
$married$	0.341
	(0.140)
$educ$	0.023
	(0.025)
age	0.003 9
	(0.000 6)
常数	4.099
	(0.348)
对数似然值	−1 597.06
$\hat{\sigma}$	1.810

那些有吸毒或酗酒历史的人，预期到其下次被捕的持续期间则明显短一些。（变量 $alcohol$ 和 $drugs$ 都是二值变量。）老人和在服刑期间就已经结婚的人，预期到其下次被拘捕的持续期间则明显长一些。黑人的累犯持续期间明显短一些，约短42％ [exp(−0.543) − 1 ≈ −0.42]。

关键的政策变量 $workprg$ 并没有达到理想效果。点估计值是，在其他条件不变的情况下，参加工作培训的人与没有参加工作培训的人相比，估计其再犯的持续期间约短6.3％。这个系数的 t 统计量很小，所以我们可能会得出结论，认为工作培训没有影响。这可能是一个自选择问题，也可能是指派参加培训的方式所导致的结果。当然，也可能就是因为工作培训是不奏效的。

在这个例子中，关键是对截取做出解释，特别是因为有62％的累犯的持续期间都被截取掉了。如果我们直接对整个样本应用 OLS，把截取区间当作没有截取一样，那么系数估计值就明显不一样。实际上，它们都向 0 缩减。比如，$priors$ 的系数就变成−0.059（se＝0.009），而 $alcohol$ 的系数则变成−0.262（se＝0.060）。尽管其影响的方向是一样的，但这些变量的重要性大大削弱。截取回归估计值则可靠得多。

还有其他方式度量表 17.6 中每个解释变量对持续期间的影响，而不是只关注对预期持续期间的影响。对现代持续期间分析的讨论超出了本书的范围。[对这方面的介绍，可参见 Wooldridge（2010，Chapter 22）。]

若违背了截取正态回归模型的任一假定（特别是存在异方差性和非正态性），则 MLE 一般都是不一致的。这就说明，由于利用非截取样本的 OLS 在不要求正态性和同方差性的情况下能得到一致估计，所以截取的潜在成本也很大。有些方法不要求我们假定一个分布，但它们过于高深。[参见 Wooldridge（2010，Chapter 19）。]

17. 4b 截断回归模型

截断回归模型与截取回归模型在以下重要方面存在不同：在截取数据中，我们只是简单地从总体中随机选取样本。然而产生的问题是，尽管我们可以得到每一个选取的样本的解释变量，但是结果 y 只能够在一定的阈值之间。然而在截断回归中，我们会首先选取总体的一部分，然后再在其中选取样本。因此，有一部分总体就不会被我们观察到。特别是，对于这部分总体，我们不了解它们的解释变量的情况。截断数据的现象在针对特定目标进行调查的时候会经常出现，可能因为考虑了成本的问题，于是完全忽视总体的其他部分。然而，研究人员也许希望用截断样本得到的结果来回答关于总体的问题，必须要注意的是，截断样本得到的结果只是针对总体中一部分的研究。

作为一个例子，豪斯曼和怀斯（Hausman and Wise，1977）利用一个负收入税实验的数据来研究收入的各种决定因素。一个家庭的收入必须低于 1967 年贫困线（贫困线取决于家庭规模）的 1.5 倍才会包括在研究中。豪斯曼和怀斯想利用这些数据来估计整个总体的工资方程。

截断正态回归模型从一个满足经典线性模型假定的潜在总体模型开始：

$$y = \beta_0 + \mathbf{x}\boldsymbol{\beta} + u, \quad u \mid \mathbf{x} \sim \text{Normal}(0, \sigma^2) \tag{17.40}$$

记住，这是一个很强的假定集，因为 u 不仅不能与 x 相关，而且要呈正态分布。我们考虑这个模型是因为要放松它有困难。

在方程（17.40）下我们知道，给定总体的一个随机样本，OLS 是最有效的估计程序。问题出在我们不能观测到总体的一个随机样本：假定 MLR. 2 不成立。具体而言，一个随机抽取 $(\mathbf{x}_i, y_i)$ 只有在 $y_i \leqslant c_i$ 时才能被观测到，其中 c_i 是可以取决于外生变量（特别是 $\mathbf{x}_i$）的截断临界值。（在豪斯曼和怀斯的例子中，c_i 取决于家庭规模。）这意味着，如果 $\{(\mathbf{x}_i, y_i): i = 1, \cdots, n\}$ 是我们所观测到的样本，y_i 就一定小于或等于 c_i。这就不同于截取回归模型；在截取回归模型中，我们对所有随机抽取观测都观测到了 $\mathbf{x}_i$；而在截断模型中，我们只在 $y_i \leqslant c_i$ 时才观测到 $\mathbf{x}_i$。

为了估计 β_j（和 σ），我们需要 y_i 在给定 $y_i \leqslant c_i$ 和 $\mathbf{x}_i$ 下的分布。这个分布可写成

$$g(y \mid \mathbf{x}_i, c_i) = \frac{f(y \mid \mathbf{x}_i\boldsymbol{\beta}, \sigma^2)}{F(c_i \mid \mathbf{x}_i\boldsymbol{\beta}, \sigma^2)}, \quad y \leqslant c_i \tag{17.41}$$

式中，$f(y \mid \mathbf{x}\boldsymbol{\beta}, \sigma^2)$ 表示均值为 $\beta_0 + \mathbf{x}\boldsymbol{\beta}$ 和方差为 σ^2 的正态密度，而 $F(c_i \mid \mathbf{x}\boldsymbol{\beta}, \sigma^2)$

则是具有同样均值和方差的正态累积分布函数在 c_i 处的值。这个以 $y_i \leqslant c_i$ 为条件的密度表达式符合直觉：它是给定 **x** 下 y 的总体密度除以 y_i 小于或等于 c_i 的概率 $P(y_i \leqslant c_i \mid \mathbf{x}_i)$。事实上，我们通过除以在 $f(\,\cdot\mid \mathbf{x}_i\boldsymbol{\beta},\sigma^2)$ 之下、c_i 以左的面积而将密度重新标准化。

如果我们将方程（17.41）取对数，然后对 i 求和并对 β_j 和 σ^2 最大化这个和，我们便得到极大似然估计量。由此得到一致的渐近正态估计量，包括标准误和对数似然统计量在内的推断也都是标准的。［参见 Wooldridge（2010，Chapter 19）。］

如果将例 17.4 中被截取的所有观测数据都去掉，我们就可以把它当作一个截断样本来分析。这将给我们 552 个来自截断正态分布的观测，其中的截断点因 i 而异。不过，我们无论如何也不能如此分析持续期间数据（或顶端编码数据），因为它删除了有用的信息。我们知道 893 个持续期间数据的下界和解释变量，这本身就是有用的信息；截取回归用到这些信息，而截断回归则没有用到。

在豪斯曼和怀斯（Hausman and Wise，1977）给出的一个更好的截断回归例子中，他们强调，将 OLS 应用于一个右截断的样本，一般会导致估计量向零偏误。这一点在直觉上讲得通。假设我们关心的是收入与受教育程度之间的关系。如果只观测收入低于某个临界值的人，我们就砍断了收入分布的上端。这就倾向于使估计线相对于整个总体中的真实回归线来说变得平坦。图 17.4 说明了将收入在 5 万美元处从上截断的情况。尽管我们观测到空心圆圈表示的数据点，但我们观测不到实心圆圈表示的数据集。利用截断样本的回归分析得不到一致估计量。顺便提及，如果图 17.4 中的样本是被截取而不是截断（即我们有顶端编码数据），那么我们就能观测到图 17.4 中所有点的受教育程度，但对于收入在 5 万美元以上者，我们便不知道其准确的收入数量，只知道其收入至少有 5 万美元。实质上，实心圆圈所表示的所有观测都将垂直下落到 $income = 50$ 的水平线上。

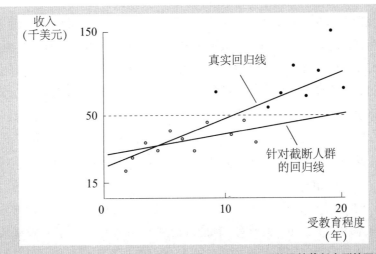

图 17.4 一条真实的或总体的回归线，以及观察到的收入低于 50 000 美元的截断人群的不正确的回归线

像在截取回归中一样，如果违背了方程（17.40）中的同方差正态假定，那么截断正态的 MLE 就是有偏误和不一致的。也有不要求做这些假定的方法，有关讨论和参考资料可参见 Wooldridge（2010，Chapter 19）。

17.5 样本选择纠正

截断回归是所谓**非随机样本选择**（nonrandom sample selection）这个一般问题的特殊情形。但对调查问卷的设计并不是非随机样本选择的唯一原因。回答者常常不能对某些问题做出回答，也会导致因变量和自变量的数据缺失。由于我们在估计中不能利用这些观测，所以我们应该考虑，去掉它们是否会使我们的估计量出现偏误。

另一个一般性的例子是通常所谓的**从属截断**（incidental truncation）。因为另一个变量的结果的关系，这里我们不能观察到 y。有代表性的例子是劳动经济学中估计的所谓工资报价函数。人们关注的是，诸如受教育程度等各种因素如何影响劳动力市场中工人所赚取的工资。对于参加劳动力市场的人，我们可以观察到其工资报价就是其当前工资。但对那些目前不在劳动力市场的人，我们就不能观察到其工资报价。因为参加工作可能与观测不到而又影响工资报价的因素系统相关，所以只用参加工作者的数据（到目前为止，我们在所有工资方面的例子中都是这么做的），可能导致工资报价方程中的参数估计量产生偏误。

非随机样本选择也会出现在面板数据中。在最简单的情形中，我们有两年的数据，但有些人可能因退休等而离开了样本。在人员自然衰减可能与项目有效性相关的政策分析中，这就特别成问题。

17.5a OLS 什么时候对选择样本是一致的？

我们在 9.5 节简要地讨论了几种可忽略的样本选择问题。其关键区别在于外生和内生样本选择。一方面，在截断托宾情形中，我们得到的显然是内生样本选择，因而 OLS 是有偏误和不一致的。另一方面，如果样本仅由外生解释变量决定，我们就得到外生样本选择。介于这两个极端之间的情形则不甚明确，因而我们现在对它们做出小心的定义和假定。总体模型是

$$y = \beta_0 + \beta_1 x_1 + \cdots + \beta_k x_k + u, \ \mathrm{E}(u \mid x_1, x_2, \cdots, x_k) = 0 \tag{17.42}$$

将一个从中进行随机抽取的总体模型写成如下形式会有所帮助：

$$y_i = \mathbf{x}_i \boldsymbol{\beta} + u_i \tag{17.43}$$

式中，$\mathbf{x}_i\boldsymbol{\beta}$ 是 $\beta_0 + \beta_1 x_{i1} + \beta_2 x_{i2} + \cdots + \beta_k x_{ik}$ 的简记。现在，令 n 表示来自总体的一个随机样本的容量。如果对所有 i 都能观测到 y_i 和每个 x_{ij}，我们就能使用 OLS。如果出于某种原因，某个观测 i 的 y_i 或某些自变量不能观测到。但至少对于有些观测，我们能观测到其变量集的全部信息。为每个 i 定义一个选择指标 s_i，若我们观

测到（y_i，$\mathbf{x}_i$）的全部，则 $s_i = 1$；否则 $s_i = 0$。因此，$s_i = 1$ 表示我们在分析中将用到这个观测；$s_i = 0$ 则表示不用这个观测。我们感兴趣的是，OLS 估计量在使用**选择样本**（selected sample）（即使用 $s_i = 1$ 的观测）时的统计性质。因此，我们使用观测的个数 n_1 小于 n。

于是很容易得到使 OLS 成为一致（甚至无偏）估计的条件。事实上，不用估计 (17.43)，我们可以只估计方程

$$s_i y_i = s_i \mathbf{x}_i \boldsymbol{\beta} + s_i u_i \tag{17.44}$$

当 $s_i = 1$ 时，我们就得到方程 (17.43)；当 $s_i = 0$ 时，我们就得到 $0 = 0 + 0$，这显然没有告诉我们 $\boldsymbol{\beta}$ 的任何信息。将 $s_i y_i$ 对 $s_i \mathbf{x}_i$（$i = 1, 2, \cdots, n$）回归，等同于利用 $s_i = 1$ 的观测将 y_i 对 $\mathbf{x}_i$ 回归。因此，我们可以通过对一个随机样本研究 (17.44) 来了解 $\hat{\beta}_j$ 的一致性。

从第 5 章的分析知道，若误差项的均值为 0 且与解释变量无关，则从方程 (17.44) 得到的 OLS 估计量就是一致的。在总体中，零均值假定是 $\mathrm{E}(su) = 0$，而零相关假定可表述为

$$\mathrm{E}[(sx_j)(su)] = \mathrm{E}(sx_j u) = 0 \tag{17.45}$$

式中，s、x_j 和 u 都是代表总体的随机变量；由于 s 是一个二值变量，所以我们用到事实 $s^2 = s$。如果我们观测到一个随机样本的全部变量，那么条件 (17.45) 就与我们所需要的条件 $\mathrm{E}(x_j u) = 0$ 不同。因此，在总体中，我们需要 u 与 sx_j 无关。

无偏性的关键条件是 $\mathrm{E}(su \mid sx_1, \cdots, sx_k) = 0$。和通常一样，这个假定比一致性所需要的假定更强。

如果 s 仅是解释变量的函数，那么 sx_j 也只是 x_1，x_2，$\cdots$，x_k 的一个函数；根据方程 (17.42) 中的条件均值假定，sx_j 也与 u 无关。实际上，因为 $\mathrm{E}(u \mid x_1, x_2, \cdots, x_k) = 0$，所以 $\mathrm{E}(su \mid sx_1, \cdots, sx_k) = s\mathrm{E}(u \mid sx_1, \cdots, sx_k) = 0$。这就是**外生样本选择**（exogenous sample selection）的情形，其中 $s_i = 1$ 完全由 x_{i1}，$\cdots$，x_{ik} 决定。举一个例子，如果我们估计一个工资方程，其中的解释变量是受教育程度、工作经历、现职任期、性别、婚姻状况等假定为外生的变量，那么我们就能基于某些或全部解释变量来选择样本。

如果样本选择在 s_i 独立于（$\mathbf{x}_i$，u_i）的意义上完全是随机的，那么因为在方程 (17.42) 下 $\mathrm{E}(x_j u) = 0$，所以 $\mathrm{E}(sx_j u) = \mathrm{E}(s)\mathrm{E}(x_j u) = 0$。因此，如果我们从一个随机样本开始，并随机地去掉一些观测，那么 OLS 仍是一致的。事实上，给定所选择的样本中不存在完全共线性，则 OLS 在这种情形中仍是无偏的。

如果 s 取决于解释变量，附加的随机项又独立于 $\mathbf{x}$ 和 u，那么 OLS 也是无偏和一致的。比如，假设 IQ 得分也是工资方程中的一个解释变量，但某些人没有 IQ 数据。假设我们认为，选择过程可描述如下：若 $IQ \geqslant v$，则 $s = 1$；若 $IQ < v$，则 $s = 0$，其中 v 是一个独立于 IQ、u 和其他解释变量的随机变量，并且观测不到。这意味着

我们更可能观测到高的 IQ，但总有某种观测不到任何 IQ 的可能性。以解释变量为条件，s 独立于 u，这意味着 $E(u \mid x_1, x_2, \cdots, x_k, s) = E(u \mid x_1, x_2, \cdots, x_k)$，且根据对总体模型的假定，最后一个期望值等于 0。如果我们增加同方差性假定 $E(u^2 \mid \mathbf{x}, s) = E(u^2) = \sigma^2$，那么通常的 OLS 标准误和检验统计量就都成立了。

到目前为止，我们已经看到了几种选择样本的 OLS 是无偏或至少一致的情形。选择样本的 OLS 什么时候不一致呢？我们已经看到了一个例子：利用截断样本的回归。当从上截断时，若 $y_i \leqslant c_i$，则 $s_i = 1$，其中 c_i 是截断临界值。等价地说，若 $u_i \leqslant c_i - \mathbf{x}_i\boldsymbol{\beta}$，则 $s_i = 1$。由于 s_i 直接取决于 u_i，所以 s_i 和 u_i 不可能无关，即使以 $\mathbf{x}_i$ 为条件也不可能。这就是为什么选择样本的 OLS 不能一致地估计 β_j 的原因。s 与 u 还有方式不那么明显的相关；我们将在下一小节考虑。

关于 OLS 一致性方面的结论可推广到工具变量估计。如果总体中的 IV 记为 z_h，那么 2SLS 一致性的关键条件是 $E(sz_h u) = 0$，后者在 $E(u \mid \mathbf{z}, s) = 0$ 时成立。因此，如果选择完全由外生变量 $\mathbf{z}$ 决定，或者 s 取决于独立于 u 和 $\mathbf{z}$ 的其他因素，那么选择样本的 2SLS 通常都是一致的。我们其实需要假定解释变量和工具变量在总体的被选择部分适当相关。伍德里奇（Wooldridge，2010，Chapter 19）包含了对这些假定的精确表述。

还可以证明，当选择完全是外生变量的函数时，非线性模型（如 logit 和 probit 模型）的极大似然估计将给出一致和渐近正态的估计量，而通常的标准误和检验统计量也都成立。［同样参见 Wooldridge（2010，Chapter 19）。］

17.5b 从属截断

如我们前面提到的那样，样本选择的常见形式是从属截断。我们再次从 (17.42) 中的总体模型开始。不过，假定我们将总能观测到解释变量 x_j。问题是：我们只能观测到总体中 y 的一个子集。我们能否观测到 y 的决定规则并不直接取决于 y 的结果。主要的例子出现于 $y = \log(wage^o)$，其中 $wage^o$ 是工资报价或一个人在劳动力市场上能得到的小时工资。如果一个人在被调查时确实在工作，那么由于我们假定了工资是可观测的，所以我们就能得到其工资报价。但对于那些没有工作的人，我们就不能得到其 $wage^o$。因此，工资报价的截断就是从属性的，因为它取决于另一个变量（可以说是劳动力市场参与变量）。重要的是，我们一般都能观测到个人的所有信息，如受教育程度、先前的工作经历、性别和婚姻状况等。

通常处理从属截断问题的方法是：在我们考虑的总体模型中添加一个明确的选择方程：

$$y = \mathbf{x}\boldsymbol{\beta} + u, \quad E(u \mid \mathbf{x}) = 0 \tag{17.46}$$

$$s = 1[\mathbf{z}\boldsymbol{\gamma} + v \geqslant 0] \tag{17.47}$$

式中，若我们观测到 y，则 $s = 1$，否则 $s = 0$。我们假定 $\mathbf{x}$ 和 $\mathbf{z}$ 的各个元素都可以观测到，记 $\mathbf{x}\boldsymbol{\beta} = \beta_0 + \beta_1 x_1 + \cdots + \beta_k x_k$ 和 $\mathbf{z}\boldsymbol{\gamma} = \gamma_0 + \gamma_1 z_1 + \cdots + \gamma_m z_m$。

我们主要感兴趣的方程是（17.46），在给定一个随机样本下，我们可以用 OLS 估计 **β**。选择方程（17.47）取决于可观测变量 z_h 和不可观测误差 v。我们将做的一个标准假定是：**z** 在方程（17.46）中是外生的：

$$E(u \mid \mathbf{x}, \mathbf{z}) = 0$$

实际上，为了让下面提出的方法能很好地起作用，我们将要求 **x** 是 **z** 的一个严格子集；任何一个 x_j 都是 **z** 的一个元素，而 **z** 的某些元素则不在 **x** 中。我们后面会看到，这一点为什么很关键。

假定样本选择方程中的误差项 v 独立于 **z**（因而 **x**）。我们还假定 v 具有标准正态分布。很容易看到，u 和 v 之间的相关一般会导致样本选择问题。为了看出其原因，我们假定 (u, v) 独立于 **z**。于是，以 **z** 和 v 为条件对方程（17.46）取期望，并利用 **x** 是 **z** 的一个子集这一事实，便得到

$$E(y \mid \mathbf{z}, v) = \mathbf{x}\boldsymbol{\beta} + E(u \mid \mathbf{z}, v) = \mathbf{x}\boldsymbol{\beta} + E(u \mid v)$$

其中，$E(u \mid \mathbf{z}, v) = E(u \mid v)$ 是因为 (u, v) 独立于 **z**。现在，如果 u 和 v 是联合正态的（且均值为 0），那么就有参数 ρ，使得 $E(u \mid v) = \rho v$。因此，

$$E(y \mid \mathbf{z}, v) = \mathbf{x}\boldsymbol{\beta} + \rho v$$

虽然我们没有观测到 v，但我们可以利用这个方程计算 $E(y \mid \mathbf{z}, s)$，然后将它具体化到 $s = 1$。我们现在有

$$E(y \mid \mathbf{z}, s) = \mathbf{x}\boldsymbol{\beta} + \rho E(v \mid \mathbf{z}, s)$$

由于根据方程（17.47），s 和 v 相关，而且 v 具有标准正态分布，所以当 $s = 1$ 时，我们可以证明 $E(v \mid \mathbf{z}, s)$ 就是反米尔斯比 $\lambda(\mathbf{z}\boldsymbol{\gamma})$。这就得到一个重要方程

$$E(y \mid \mathbf{z}, s = 1) = \mathbf{x}\boldsymbol{\beta} + \rho\lambda(\mathbf{z}\boldsymbol{\gamma}) \tag{17.48}$$

方程（17.48）表明，给定 **z** 及 y 的可观测性，y 的期望值等于 $\mathbf{x}\boldsymbol{\beta}$ 加上取决于反米尔斯比在 **zγ** 处值的一个附加项。记住，我们希望估计 **β**。这个方程表明，如果将 $\lambda(\mathbf{z}\boldsymbol{\gamma})$ 这一项作为附加回归元包括进来，我们只用选择的样本就能估计它。

若 $\rho = 0$，则 $\lambda(\mathbf{z}\boldsymbol{\gamma})$ 就不会出现，而且 y 对 **x** 利用选择样本做 OLS 就能一致地估计 **β**。否则，我们实质上省略了一个通常与 **x** 相关的变量 $\lambda(\mathbf{z}\boldsymbol{\gamma})$。什么时候 $\rho = 0$ 呢？答案是在 u 和 v 不相关时。

由于 **γ** 未知，所以我们不能对每个 i 计算 $\lambda(\mathbf{z}_i\boldsymbol{\gamma})$。但根据我们已做的假定，$s$ 在给定 **z** 时服从一个 probit 模型：

$$P(s = 1 \mid \mathbf{z}) = \Phi(\mathbf{z}\boldsymbol{\gamma}) \tag{17.49}$$

因此，我们可以利用全部样本将 s_i 对 $\mathbf{z}_i$ 做 probit 来估计 **γ**，然后我们便立即可以估计 **β**。这个程序最近在计量经济学中被称为**赫克曼方法**（Heckit method），因赫克曼（Heckman, 1976）的贡献而得名，我们对它概括如下。

样本选择纠正：

（ⅰ）利用所有 n 个观测，估计一个 s_i 对 $\mathbf{z}_i$ 的 probit 模型，并得到估计值 $\hat{\gamma}_h$。对

每个 i 计算反米尔斯比 $\hat{\gamma}_i = \lambda(z_i\hat{\gamma})$。（实际上，我们只需要对 $s_i = 1$ 的 i 这样做。）

(ii) 利用选择样本，即 $s_i = 1$ 的观测（比方说其中的 n_1 个），做如下回归

$$y_i \text{ 对 } x_i, \hat{\lambda}_i \tag{17.50}$$

则 $\hat{\beta}_j$ 就是一致的，并近似正态分布。

从回归（17.50）中可得到对选择偏误的一个简单检验。即我们可用 $\hat{\lambda}_i$ 通常的 t 统计量作为对 $H_0 : \rho = 0$ 的一个检验。在 H_0 下，不存在样本选择问题。

当 $\rho \neq 0$ 时，（17.50）中报告的通常的 OLS 标准误并不完全正确。这是因为，它们没有考虑对 γ 的估计中使用了回归（17.50）中同样的观测和其他一些观测。有些计量经济软件包计算出了正确的标准误。[不幸的是，它不像对异方差性的调整那么简单。进一步的讨论可参见 Wooldridge（2010，Chapter 6）。] 在多数情况下，调整并不会带来重大改变，但事先很难知道该不该进行调整（除非 $\hat{\rho}$ 很小并且不显著）。

我们刚刚提到，x 应该是 z 的一个严格子集。这有两层含义。首先，方程（17.46）中作为解释变量出现的任何一个元素，也应该是选择方程中的一个解释变量。尽管在很少见的情况下，从选择方程中去掉一些元素也讲得通，但在 z 中包含 x 中的所有元素，代价并不大；而若不正确地排除某些元素，则会导致不一致性。

第二层重要含义是：我们在 z 中至少有一个元素不在 x 中。这意味着，我们需要一个影响选择但对 y 没有偏效应的变量。尽管不是必须应用这个程序（实际上，在 $z = x$ 时我们可以机械地进行这两步），但除非我们在方程（17.46）中有一个排除性约束，否则结论通常都不是很可信。其原因是，尽管反米尔斯比是 z 的一个非线性函数，但它常常可以用一个线性函数很好地近似。若 $z = x$，则 $\hat{\lambda}_i$ 可能与 x_i 的元素高度相关。如我们所知，这种多重共线性可能导致 $\hat{\beta}_j$ 很高的标准误。从直觉上讲，如果我们没有一个既影响选择而又不影响 y 的变量，那么，要将方程（17.46）中的样本选择与函数形式误设区分开来，即便不是不可能，也是极其困难的。

例 17.5

已婚妇女的工资报价方程

我们对 MROZ 中已婚妇女的数据进行样本选择纠正。记住样本中的 753 个妇女中，有 428 人当年在工作。工资报价方程是以 $\log(wage)$ 为因变量并以 $educ$、$exper$ 和 $exper^2$ 作为解释变量的标准方程。为了检验和纠正（因观测不到未工作妇女的工资报价而导致的）样本选择偏误，我们需要估计一个劳动力市场参与的 probit 模型。除了受教育程度和工作经历外，我们还包括了表 17.1 中的一些因素：其他收入、年龄、年幼子女个数和年龄较大的子女个数。工资报价方程中对这四个变量的排除只是一个假定：我们假定给定生产力

因素，$nwifeinc$、age、$kidslt6$ 和 $kidsge6$ 对工资报价没有影响。可从表 17.1 中的 probit 结论明显看出，至少 age 和 $kidslt6$ 对劳动力市场参与有很大的影响。

表 17.7 包含了 OLS 和赫克曼的结论。［赫克曼结论的标准误正是回归（17.50）中通常的标准误。］在工资报价方程中，没有样本选择问题的迹象。$\hat{\lambda}$ 系数的 t 统计量很小（0.239），所以我们不能拒绝 H_0：$\rho=0$。同样重要的是，表 17.7 中估计的斜率系数实际上没有很大的差别。所估计的教育回报只相差十分之一个百分点。

表 17.7　已婚妇女的工资报价方程

因变量：$\log(wage)$

自变量	OLS	Heckit
$educ$	0.108 (0.014)	0.109 (0.016)
$exper$	0.042 (0.012)	0.044 (0.016)
$exper^2$	−0.000 81 (0.000 39)	−0.000 86 (0.000 44)
常数	−0.522 (0.199)	−0.578 (0.307)
$\hat{\lambda}$	—	0.032 (0.134)
样本量	428	428
R^2	0.157	0.157

进行两步估计方法的另一种办法是完全极大似然估计。由于它要求得到 y 和 s 的联合分布，所以更为复杂。利用前面的程序检验样本选择通常都行得通；如果没有样本选择问题的证据，就没有必要继续下去。如果侦查出样本选择偏误，我们就可以使用两步估计值或用 MLE 同时估计回归和选择方程。［可参见 Wooldridge（2010，Chapter 19）。］

在例 17.5 中，我们不仅知道一个妇女这一年中是否工作，我们还知道每个妇女工作多少小时。事实证明，我们在另一种样本选择程序中可利用这一信息。我们不是使用反米尔斯比 $\hat{\lambda}_i$，而是使用托宾残差 $\hat{v}_i$，在 $y_i>0$ 时，这个残差可计算为 $\hat{v}_i=y_i-\mathbf{x}_i\hat{\boldsymbol{\beta}}$。可以证明，在（17.50）的回归中，以 $\hat{v}_i$ 取代 $\hat{\lambda}_i$ 也能得到 β_j 的一致估计，而且 $\hat{v}_i$ 的 t 统计量也是样本选择偏误的一个有效检验。虽然这种方法具有利用了更多信息的优点，但它没有那么广泛的适用性。［参见 Wooldridge（2010，Chapter 19）。］

还有许多关于样本选择的专题。其中值得一提的一个是在可能的样本选择偏误之外含有内生解释变量的模型。把含有单个内生解释变量的模型写成

$$y_1=\alpha_1 y_2+\mathbf{z}_1\boldsymbol{\beta}_1+u_1 \tag{17.51}$$

式中，y_1 只有在 $s=1$ 时才能观测到，而 y_2 只能与 y_1 一起观测到。举个例子来说，

y_1 表示在任者的得票百分比，而 y_2 则表示在任者的竞选支出在竞选总支出中的百分比。对于不参加竞选的在任者来说，我们就观察不到 y_1 或 y_2。如果我们有一些影响参与竞选的决策而又与竞选支出相关的外生因素，我们就能用工具变量法估计 α_1 和 $\boldsymbol{\beta}_1$ 中的元素。为了令人信服，我们需要（17.51）中没有出现的两个外生变量。事实上，一个应该影响选举决策，另一个应该与 y_2 相关［用 2SLS 估计方程（17.51）的通常要求］。简单地讲，方法就是用 probit 估计选择方程，其中所有的外生变量都在 probit 方程中出现。然后，我们把反米尔斯比放到（17.51）中，再用 2SLS 估计这个方程。由于反米尔斯比只取决于外生变量，所以它可作为自身的工具变量。我们把所有外生变量都当作其他的工具变量。和从前一样，我们可以用 $\hat{\lambda}_i$ 的 t 统计量作为对选择偏误的一个检验。［更多的信息，可参见 Wooldridge（2010，Chapter 19）。］

本章小结

我们在本章探讨了几个在应用研究特别是在计量经济研究中时常用到的高级方法。logit 和 probit 模型用于二值响应变量。这些模型与线性概率模型相比有一些优点：拟合概率介于 0 和 1 之间，偏效应递减。logit 和 probit 模型的主要问题是：它们更难以解释。

托宾模型适用于非负结果，其中大量结果聚集于 0，而正值也有宽广的取值范围。许多个人选择变量都具有这个特征，如劳动力供给、人寿保险的数量和养老基金投资于股票的数量。与 logit 和 probit 模型一样，给定 **x**，y 的期望值（以 $y>0$ 为条件或无条件）非线性地取决于 **x** 和 $\boldsymbol{\beta}$。我们给出这些期望的表达式和每个 x_j 对这些期望的偏效应公式。在估计了托宾模型之后，可以用极大似然法进行估计。

当因变量是一个计数变量（即取非负整数值）时，泊松回归模型则很合适。给定 x_j 下 y 的期望值具有指数形式。根据 x_j 是水平值形式或是对数形式而对参数做半弹性或弹性解释。总之，我们可以像在以 $\log(y)$ 为因变量的线性模型中那样解释参数，也能用 MLE 估计这些参数。不过，由于泊松分布施加了方差等同于均值的限制，所以通常要计算那些容许过度散布或散布不足的标准误和检验统计量。这些都是对 MLE 通常的标准误和统计量的简单调整。

截取和截断回归模型处理的是特殊形式的数据缺失问题。在截取回归中，因变量在一个临界值之上或之下被截取。我们可以利用截取后的结果，因为我们总能观测到解释变量，好比在持续期间分析或对观测做顶端编码的分析中那样。截断回归模型在总体的一部分被完全排除时出现：我们没有观察到那些抽样方案中没有包含的单位的任何信息。这是样本选择问题之特例。

17.5 节对非随机样本选择进行了系统讨论。我们证明了，外生样本选择并不影响 OLS 应用于子样本时的一致性，而内生样本选择则有影响。我们还说明了，如何对一般的从属截断问题［观测因另一变量（如劳动力市场参与）的结果而缺失了 y］检验和纠正其样本选择偏误。在这些情况下，赫克曼方法相对容易实施。

关键术语

平均边际效应（AME）	外生样本选择	极大似然估计（MLE）
平均偏效应（APE）	赫克曼方法	二值响应模型
从属截断	非随机样本选择	截取正态回归模型
反米尔斯比率	过度散布	潜在变量模型
平均个人偏效应（PEA）	截取回归模型	似然比统计量
角点解响应	受限因变量（LDV）	正确预测百分比
计数变量	logit 模型	泊松分布
持续期间分析	对数似然函数	泊松回归模型
probit 模型	响应概率	截断回归模型
伪 R^2	选择样本	散布不足
准似然比统计量	托宾模型	瓦尔德统计量
顶端编码	拟极大似然估计（QMLE）	截断正态回归模型

习 题

1. (i) 对于一个二值响应 y，令 $\bar{y}$ 表示样本中 1 的比例（等于 y_i 的样本均值）。令 $\hat{q}_0$ 表示结果为 $y=0$ 的正确预测百分比，而 $\hat{q}_1$ 表示结果为 $y=1$ 的正确预测百分比。若 $\hat{p}$ 是整体的正确预测百分比，证明 $\hat{p}$ 是 $\hat{q}_0$ 和 $\hat{q}_1$ 的一个加权平均：

$$\hat{p} = (1-\bar{y})\hat{q}_0 + \bar{y}\hat{q}_1$$

(ii) 在一个容量为 300 的样本中，假设 $\bar{y}=0.70$，所以有 210 个结果为 $y_i=1$，90 个结果为 $y_i=0$。假设 $y=0$ 的正确预测百分比为 80，而 $y=1$ 的正确预测百分比为 40。求总体正确预测百分比。

2. 令 grad 为标记某大学一名学生运动员能否在 5 年内毕业的二值变量。令 hsGPA 与 SAT 分别代表高中平均绩点与 SAT 考试成绩。令 study 为每周在学校自习室中学习的时长。假定我们使用 420 个学生运动员的数据，得到如下 logit 模型：

$$\hat{P}(grad=1 \mid hsGPA, SAT, study)$$
$$= \Lambda(-1.17 + 0.24hsGPA + 0.000\,58SAT + 0.073study)$$

式中，$\Lambda(z)=\exp(z)/[1+\exp(z)]$ 是逻辑斯蒂方程。给定 hsGPA 的值为 3.0，SAT 的值为 1 200，计算一个每周在学校自习室中学习 10 小时的学生与学习 5 小时学生毕业概率的差异。

3. （要求具有一些微积分知识）(i) 在托宾模型中假设 $x_1=\log(z_1)$，而且这是 **x** 中唯一出现 z_1 的地方。证明

$$\frac{\partial E(y \mid y>0, \mathbf{x})}{\partial z_1} = (\beta_1/z_1)\{1-\lambda(\mathbf{x\beta}/\sigma)[\mathbf{x\beta}/\sigma+\lambda(\mathbf{x\beta}/\sigma)]\} \tag{17.52}$$

式中，β_1 是 $\log(z_1)$ 的系数。

（ii）若 $x_1 = z_1$ 且 $x_2 = z_1^2$，证明

$$\frac{\partial E(y \mid y > 0, \mathbf{x})}{\partial z_1} = (\beta_1 + 2\beta_2 z_1)\{1 - \lambda(\mathbf{x}\boldsymbol{\beta}/\sigma)[\mathbf{x}\boldsymbol{\beta}/\sigma + \lambda(\mathbf{x}\boldsymbol{\beta}/\sigma)]\}$$

式中，β_1 和 β_2 分别是 z_1 和 z_1^2 的系数。

4. 令 mvp_i 表示工人 i 的边际价值产品，即企业产品的价格与该工人边际产品的乘积。假定

$$\log(mvp_i) = \beta_0 + \beta_1 x_{i1} + \cdots + \beta_k x_{ik} + u_i$$

$$wage_i = \max(mvp_i, minwage_i)$$

式中解释变量包括受教育程度、工作经历等；而 $minwage_i$ 是第 i 个人适当的最低工资。用 $\log(mvp_i)$ 和 $\log(minwage_i)$ 表示 $\log(wage_i)$。

5.（要求具有一些微积分知识）令 $patents$ 表示一个企业在给定年份申请专利的件数。假定给定 $sales$ 和 RD 下 $patents$ 的条件期望为

$$E(patents \mid sales, RD) = \exp[\beta_0 + \beta_1 \log(sales) + \beta_2 RD + \beta_3 RD^2]$$

式中，$sales$ 是企业的年销售量；而 RD 是在过去 10 年间在研发方面的总支出。

（i）你将如何估计 β_j？通过讨论 $patents$ 的性质说明你的回答是正确的。

（ii）你将如何解释 β_1？

（iii）求出 RD 对 $E(patents \mid sales, RD)$ 的偏效应。

6. 对美国所有家庭构成的总体考虑一个家庭储蓄方程：

$$sav = \beta_0 + \beta_1 inc + \beta_2 hhsize + \beta_3 educ + \beta_4 age + u$$

式中，$hhsize$ 表示家庭规模；$educ$ 表示户主受教育年数；而 age 表示户主的年龄。假定 $E(u \mid inc, hhsize, educ, age) = 0$。

（i）假设样本只包括户主年龄在 25 岁以上的家庭。如果对这样一个样本使用 OLS，我们能得到 β_j 的无偏估计量吗？请解释。

（ii）现在假设我们的样本只包括无子女的已婚夫妇。我们能估计储蓄方程中的所有参数吗？我们能估计哪些参数？

（iii）假设我们从样本中排除储蓄超过每年 25 000 美元的家庭。OLS 能得到 β_j 的一致估计量吗？

7. 假设你被一所大学雇佣，任务是研究一个申请入读该校的学生实际上是否会入读的决定因素。他们给了你去年申请学生的一个很大的随机样本。你还有每个学生是否入读、高中表现、家庭收入、得到的助学援助、种族和地理变量的信息。有人对你说："对这些数据的任何分析都会得到有偏误的结论，因为它不是所有大学（而只是这所大学）申请者的一个随机样本。"你怎么看待这种批评？

8. 考虑如下项目评估问题：w 是一个二值指示变量，潜在产出是 $y(0)$ 和 $y(1)$，如同我们在 3.7e 节、4.7 节、7.6a 节中讨论的一样。对于一系列控制变量 $x_1, x_2 \cdots x_k$ 定义了两个反事实的条件均值函数。

$$m_0(\mathbf{x}) = E[y(0) \mid \mathbf{x}]$$

$$m_1(\mathbf{x}) = E[y(1) \mid \mathbf{x}]$$

如果 $y(0)$ 和 $y(1)$ 是二值变量，它们代表着响应概率。如果我们希望进一步得到线性概率模型，我们可能会使用 logit 模型或者 probit 模型。如果结果是一个计数变量，我们很可能使用指数模型。如果 $y(0)$ 和 $y(1)$ 是角点解，我们也可以使用托宾模型。

我们曾经提到平均效应是

$$\tau_{ate} = \mu_1 - \mu_0 = \mathrm{E}[y(1)] - \mathrm{E}[y(0)]$$

（i）解释为什么

$$\tau_{ate} = \mathrm{E}[m_1(\mathbf{x})] - \mathrm{E}[m_0(\mathbf{x})]$$

其中这两个期望都必然超过 $\mathbf{x}$ 的分布［提示：使用书末附录数学复习 B 中提到的迭代期望］。

（ii）如果已知方程 $m_0(x)$ 和 $m_1(x)$，并且有一个随机样本 $\{\mathbf{x}_i: i=1, \cdots, n\}$，解释一下为什么

$$\tilde{\tau}_{ate} = n^{-1} \sum_{i=1}^{n} [m_1(\mathbf{x}_i) - m_0(\mathbf{x}_i)]$$

是 τ_{ate} 的无偏估计量。

（iii）现在考虑我们已知模型 $m_0(\mathbf{x}, \boldsymbol{\theta}_0)$，$m_1(\mathbf{x}, \boldsymbol{\theta}_1)$ 的情况，$\boldsymbol{\theta}_0$ 和 $\boldsymbol{\theta}_1$ 为参数并且有这两个参数的估计量 $\hat{\boldsymbol{\theta}}_0$，$\hat{\boldsymbol{\theta}}_1$，现在你会如何估计 τ_{ate}？

（iv）像往常一样，定义观测响应为：

$$y = (1-w)y(0) + wy(1)$$

证明如果 w 在 $\mathbf{x}$ 上条件独立于 $[y(0), y(1)]$，那么

$$\mathrm{E}(y \mid w, \mathbf{x}) = (1-w)m_0(\mathbf{x}) + wm_1(\mathbf{x})$$

因此，

$$\mathrm{E}(y \mid w=0, \mathbf{x}) = m_0(\mathbf{x})$$

$$\mathrm{E}(y \mid w=1, \mathbf{x}) = m_1(\mathbf{x})$$

（v）如果 $y(0)$ 和 $y(1)$ 遵循带有响应概率的 logit 模型或者 probit 模型

$$G(\alpha_0 + \mathbf{x}\boldsymbol{\beta}_0)$$

$$G(\alpha_1 + \mathbf{x}\boldsymbol{\beta}_1)$$

相应的，你会如何估计所有这些参数？你会如何估计 τ_{ate}？

计算机练习

C1. 本题利用 PNTSPRD 中的数据。

（i）变量 *favwin* 是一个二值变量，在拉斯维加斯所押的球队胜出了预定的分数差时取值 1。估计所押球队获胜概率的线性概率模型为

$$\mathrm{P}(favwin=1 \mid spread) = \beta_0 + \beta_1 spread$$

如果分数差包括了所有的相关信息，我们预期 $\beta_0 = 0.5$。请解释。

（ii）用 OLS 估计第（i）部分的模型。相对于双侧备择假设检验 H_0：$\beta_0 = 0.5$。同时使用通常的标准误和异方差—稳健的标准误。

（iii）*spread* 在统计上显著吗？当 *spread*＝10 时，被押球队获胜的估计概率是多少？

（iv）现在对 $\mathrm{P}(favwin=1 \mid spread)$ 估计一个 probit 模型。解释和检验截距项为 0 的原假设。［提示：注意 $\Phi(0)=0.5$。］

（v）利用 probit 模型估计当 *spread*＝10 时被押球队获胜的概率。并与第（iii）部分的 LPM 估计值相比较。

（vi）在 probit 模型中增加变量 *favhome*、*fav25* 和 *und25*，并用似然比检验来检验这些变量的联合显著性。（χ^2 分布中的自由度是多少？）解释这个结果，注意分数差是否包括了赛前可观测到的全部信息

这个问题。

C2. 本题利用 LOANAPP 中的数据；也可参见第 7 章的计算机练习 C8。

（i）估计一个 *approve* 对 *white* 的 probit 模型。求出白人和黑人贷款许可的估计概率。与线性概率估计值相比如何？

（ii）现在在这个 probit 模型中增加变量 *hrat*、*obrat*、*loanprc*、*unem*、*male*、*married*、*dep*、*sch*、*cosign*、*chist*、*pubrec*、*mortlat*1、*mortlat*2 和 *vr*。有对非白人歧视的统计上显著的证据吗？

（iii）用 logit 估计模型的第（ii）部分，将 *white* 的系数与 probit 估计值相比较。

（iv）使用方程（17.17）估计在 probit 模型和 logit 模型中歧视效应的大小。

C3. 本题利用 FRINGE 中的数据。

（i）样本中有多大百分比的工人 *pension* 等于 0？对于养老金不等于 0 的工人，*pension* 的取值范围为多大？为什么托宾模型适合于模型化 *pension*？

（ii）估计一个用 *exper*、*age*、*tenure*、*educ*、*depends*、*married*、*white* 和 *male* 解释 *pension* 的托宾模型。白人和男性的养老金统计上显著地高一些吗？

（iii）对于同样 35 岁、单身无赡养负担、受 16 年教育和有 10 年工作经验的一个白人男子和一个非白人女子，利用第（ii）部分中的结果估计其期望养老金的差异。

（iv）在这个托宾模型中添加 *union*，并评论其显著性。

（v）以养老金—收益比 *peratio* 作为因变量，再做第（iv）部分中的托宾模型。（注意这个比值介于 0 和 1 之间，但常常取值 0，而永远不会接近于 1。因此用托宾模型作为一个近似很好。）性别或种族对养老金—收益比有影响吗？

C4. 在例 9.1 中，我们在估计 *narr*86 的线性模型中加入二次项 *pcnv*²、*ptime*86² 以及 *inc*86²。

（i）使用 CRIME1 中的数据，将这些项加入例 17.3 的泊松回归模型中。

（ii）利用公式 $\hat{\sigma} = (n-k-1)^{-1} \sum_{i=1}^{n} \hat{\sigma}_i^2 / \hat{y}_i$ 来计算 σ^2 的估计值。存在过度散布的证据吗？应当如何调整泊松 MLE 模型的标准误？

（iii）利用第（i）和第（ii）部分的结果和表 17.5 的数据，计算三个二次项拟似然比统计量的联合显著性。你的结论是什么？

C5. 参见第 13 章的表 13.1。在那里，我们利用 FERTIL1 中的数据，估计了妇女已生育子女数 *kids* 的一个线性模型。

（i）利用表 13.1 中同样的变量估计 *kids* 的一个泊松回归模型。解释 *y*82 的系数。

（ii）保持其他因素不变，黑人妇女和非黑人妇女在生育上的估计百分数差异是多少？

（iii）求 $\hat{\sigma}$。有过度散布和散布不足的证据吗？

（iv）计算泊松回归中的拟合值以及作为 $kids_i$ 和 $\widehat{kids_i}$ 之相关系数平方的 R^2。并与线性回归模型中的 R^2 相比较。

C6. 利用 RECID 中的数据，通过 OLS（仅用 552 个未截取的持续期间）估计例 17.4 中的模型。一般性地评论这些估计值与表 17.4 中估计值的比较。

C7. 本题利用 MROZ 中的数据。

（i）利用在工作的 428 个妇女的数据，通过以 *exper*、*exper*²、*nwifeinc*、*age*、*kidslt*6 和 *kidsge*6 为解释变量的 OLS 来估计受教育的回报。报告 *educ* 的估计值及其标准误。

（ii）现在用赫克曼方法估计受教育的回报，其中所有外生变量都在第二阶段的回归中出现。换句话说，就是做 log(*wage*) 对 *educ*、*exper*、*exper*^{2}、*nwifeinc*、*age*、*kidslt6*、*kidsge6* 和 $\hat{\lambda}$ 的回归。将估计的教育回报及其标准误与第（i）部分的结果相比较。

（iii）只用 428 个工作妇女的观测，将 $\hat{\lambda}$ 对 *educ*、*exper*、*exper*^{2}、*nwifeinc*、*age*、*kidslt6* 和 *kidsge6* 回归。R^2 为多大？这如何有助于解释你在第（ii）部分得到的结果？（提示：考虑多重共线性。）

C8. 文件 JTRAIN2 包含了对一群男人进行工作培训试验的数据。这些人在 1976 年 1 月—1977 年中进入培训，培训项目在 1977 年 12 月结束。其思想是想检验参与工作培训项目是否影响失业概率和 1978 年的工资。

（i）变量 *train* 是工作培训指标变量。样本中有多少人参与了工作培训项目？一个男人实际参加工作培训最多达几个月？

（ii）将 *train* 对 *unem74*、*unem75*、*age*、*educ*、*black*、*hisp* 和 *married* 等几个人口统计和培训前变量做一个线性回归。这些变量在 5% 的显著性水平上联合显著吗？

（iii）估计第（ii）部分中线性模型的一个 probit 形式。计算所有变量联合显著性的似然比检验。你得到了什么结论？

（iv）基于第（ii）部分和第（iii）部分的答案，为解释 1978 年的失业状况，参与工作培训可视为外生变量吗？请解释。

（v）做 *unem78* 对 *train* 的简单回归，并以方程形式报告结果。估计参与工作培训项目对 1978 年失业的概率有何影响？它统计显著吗？

（vi）做 *unem78* 对 *train* 的 probit 模型。将 *train* 的 probit 系数与第（v）部分线性模型中得到的系数相比较有意义吗？

（vii）求出第（v）部分和第（vi）部分的拟合概率。解释它们为什么相同。为了度量工作培训项目的效果和统计显著性，你将采用哪个方法？

（viii）在第（v）部分和第（vi）部分的模型中加入第（ii）部分中的所有变量作为额外控制变量。现在拟合概率还相同吗？它们之间有何关系？

C9. 本题利用 APPLE 中的数据。这些电话调查数据是为了得到（假想的）"环保"苹果需求。调查者向每个家庭都（随机地）介绍了正常苹果和环保苹果的一组价格，并询问他们愿意购买每种苹果的磅数。

（i）对于样本中的 660 个家庭，有多少家庭报告称在预定价格上不愿意购买环保苹果？

（ii）变量 *ecolbs* 看上去在严格正值上具有连续分布吗？你的回答对 *ecolbs* 的托宾模型的适当性有何含义？

（iii）以 *ecoprc*、*regprc*、*faminc* 和 *hhsize* 作为解释变量，估计一个托宾模型。哪些变量在 1% 的水平上显著？

（iv）*faminc* 和 *hhsize* 联合显著吗？

（v）第（iii）部分中价格变量系数的符号与你的预期一致吗？请解释。

（vi）令 β_1 和 β_2 为 *ecoprc* 和 *regprc* 的系数，相对一个双侧备择假设，检验假设 H_0：$-\beta_1 = \beta_2$。报告检验的 p 值。（如果你的回归软件不能很容易地计算这种检验，你可能还要参考 4.4 节。）

（vii）对样本中的所有观测求 $E(ecolbs \mid \mathbf{x})$ 的估计值 [见方程（17.25）]。称之为 $\widehat{ecolbs}_i$。最大和最小拟合值分别是多少？

（viii）计算 *ecolbs*$_i$ 和 $\widehat{ecolbs}_i$ 之相关系数的平方。

（ix）现在，利用第（iii）部分中同样的解释变量，估计 *ecolbs* 的一个线性模型。为什么 OLS 估计值比托宾估计值小那么多？从拟合优度来看，托宾模型比线性模型更好吗？

17

（x）评价如下命题："由于托宾模型的 R^2 如此之小，所以估计的价格效应可能是不一致的。"

C10. 本题利用 SMOKE 中的数据。

（i）变量 *cigs* 是平均每天抽烟的数量。样本中有多少人根本就不抽烟？有多大比例的人声称每天抽 20 支？你为什么认为抽 20 支香烟的人会抽烟过量？

（ii）给定你对第（i）部分的回答，*cigs* 看起来具有条件泊松分布吗？

（iii）用 $\log(cigprice)$、$\log(income)$、*white*、*educ*、*age* 和 age^2 作为解释变量，估计 *cigs* 的一个泊松回归模型。估计的价格和收入弹性是多少？

（iv）利用极大似然标准误，价格和收入变量在 5% 的水平上统计显著吗？

（v）求方程（17.35）后面介绍的 σ^2 估计值。$\hat{\sigma}$ 是多少？你应该如何调整第（iv）部分中的标准误？

（vi）利用第（v）部分中调整后的标准误，价格和收入弹性现在统计显著异于零吗？请解释。

（vii）利用更稳健的标准误，教育和年龄变量显著吗？你如何解释 *educ* 的系数？

（viii）求泊松回归模型的拟合值 $\hat{y}_i$。找出最大值和最小值，并讨论指数模型对瘾君子的预测表现。

（ix）利用第（viii）部分的拟合值，求 $\hat{y}_i$ 和 y_i 之相关系数的平方。

（x）使用第（iii）部分中的解释变量（及相同的函数形式），用 OLS 估计 *cigs* 的一个线性模型。线性模型和指数模型哪个拟合得更好？两者的 R^2 很大吗？

C11. 本题利用 CPS91 中的数据。这些是已婚妇女的数据，其中也包括每个丈夫的收入和人口统计方面的信息。

（i）报告参与劳动的妇女比例是多少？

（ii）只利用工作女性（你别无选择）的数据，用 OLS 估计工资方程：

$$\log(wage) = \beta_0 + \beta_1 educ + \beta_2 exper + \beta_3 exper^2 + \beta_4 black + \beta_5 hispanic + u$$

以通常格式报告结果。不同种族有明显的工资差别吗？

（iii）在第（ii）部分的工资方程中引进解释变量 *nwifeinc* 和 *kidslt*6，估计 *inlf* 的一个 probit 模型。后两个变量具有预期的符号吗？它们统计显著吗？

（iv）为了检验和（可能的话）修正工资方程中进入劳动力的选择性，请说明为什么 *nwifeinc* 和 *kidslt*6 有助于解释 *inlf*。你对工资方程中的 *nwifeinc* 和 *kidslt*6 必须做什么假定？

（v）计算每个观测的反米尔斯比，并把它作为一个额外回归元添加到第（ii）部分的工资方程中。其双侧 p 值是多少？根据 3 286 个观测，你认为它特别小吗？

（vi）在工资方程中添加反米尔斯比，系数有重大改变吗？请解释。

C12. 利用 CHARITY 中的数据回答如下问题。

（i）变量 *respond* 是表示个体是否积极响应最近一次捐款请求的二值变量，如果个体同意捐款则取值为 1。数据集仅包括了过去至少同意过一次捐款请求的个体。数据集中的哪一部分是在最近一次中同意捐款的个体？

（ii）估计以 *respond* 为因变量的 probit 模型，模型中的解释变量为 *resplast*、*weekslast*、*propresp*、*mailsyear* 和 *avggift*。哪些变量是统计显著的？

（iii）计算 *mailsyear* 的平均偏效应，并与线性模型中的系数做比较。

（iv）使用同样的解释变量，估计以 *gift*，即最近一次的捐款数量（以荷兰盾为单位）作为因变量的托宾模型。现在哪些解释变量是显著的？

（v）比较托宾模型与线性概率模型中 *mailsyear* 的平均偏效应。它们类似吗？

（vi）第（ii）部分和第（iv）部分中的估计结果与托宾模型可比吗？请解释。

C13. 利用 HTV 中的数据回答如下问题。

（i）利用全样本数据，估计以 log($wage$) 为因变量，以 $educ$、$abil$、$exper$、nc、$west$、$south$ 和 $urban$ 为自变量的 OLS 模型。

（ii）现在用 $educ$<16 的样本来估计模型。损失的样本占原样本的比例是多少？现在每多接受一年教育的回报是多少？请和第（i）部分中的结果进行比较。

（iii）现在去除所有 $wage$≥20 的观测值，也就是说，样本中所有的观测值每小时工资均低于 20 美元。估计第（i）部分的回归模型，并分析 $educ$ 项的系数。（因为正态截断数据假设 y 是连续的，理论上删除 $wage$≥20 或 $wage$>20 的样本是没有差异的。在实践中，也包括在这个例子中，因为有工资恰为 20 美元的个体，结果可能略有不同。）

（iv）利用第（iii）部分的样本，利用截断回归［右截断点为 log(20)］估计模型。假设第（i）部分的模型是一致的，截断模型的估计结果成功地复原了第（i）部分中的结果吗？给出可能的解释。

C14. 利用 HAPPINESS 中的数据回答以下问题。同时参考第 13 章中的计算机练习 C15。

（i）估计一个 probit 模型，其中 $vhappy$ 为因变量，$occattend$、$regattend$ 以及一系列年份二值变量为控制变量。如何将这些系数与线性概率模型的估计结果相比较？

（ii）定义一个变量，$highinc$，如果家庭收入高于 25 000 美元则取值为 1。在线性概率模型中，加入 $highinc$、$unem10$、$educ$ 和 $teens$ 作为控制变量。变量 $regattend$ 的平均效应如何？它在统计上显著吗？

（iii）讨论在第（ii）部分新加入的四个变量的平均偏效应及其显著性。这些估计结果符合直觉吗？

（iv）控制第（ii）部分的因素后，不同种族和性别间有显著的幸福感差异吗？请解释。

C15. 本题利用来自 Terza（2002）的数据集 ALCOHOL。数据集中包含 9 822 个男性的劳动力市场信息，以及是否酗酒、地理位置和其他家庭背景信息。在本题中，你将研究酗酒对就业情况的影响，就业情况以二值变量 $employ$ 表示，如果就业则取值为 1。如果取值为 0，这位男性或者失业，或者不在劳动力群体中。

（i）在调查时，哪部分样本正在被雇佣？哪部分样本酗酒？

（ii）以 $employ$ 为因变量、$abuse$ 为自变量做简单线性回归，以通常格式报告结果，并获取异方差—稳健的标准误。解释回归结果。二值之间的关系是你所期望的吗？它在统计上显著吗？

（iii）以 $employ$ 为因变量、$abuse$ 为自变量估计一个 probit 模型。系数的符号和显著性与第（ii）部分相同吗？probit 模型的平均偏效应与线性概率模型的结果相比如何？

（iv）获取线性概率模型的拟合值，并汇报 $abuse$=0 与 $abuse$=1 时的结果。这些结果应当如何同 probit 模型相比较？为什么？

（v）针对第（ii）部分的线性概率模型，加入如下控制变量：age、$agesq$、$educ$、$educsq$、$married$、$famsize$、$white$、$northeast$、$midwest$、$south$、$centcity$、$outercity$、$qrt1$、$qrt2$ 和 $qrt3$。变量 $abuse$ 的系数和显著性有什么变化？

（vi）利用第（v）部分的变量估计一个 probit 模型。计算 $abuse$ 的平均偏效应和统计量。估计的效应和线性模型中相同吗？是否接近呢？

（vii）衡量每个个体整体健康状况的变量也包含在数据集中。这样的变量是否显然应当作为控制变量？请解释。

（viii）为什么在以 $employ$ 为因变量的方程中，$abuse$ 应当被认定有内生性呢？你认为 $mothalc$ 和

fathalc，即表示个体父母是否酗酒的变量，能否作为 *abuse* 的有效工具变量？

（ix）以 *mothalc* 和 *fathalc* 作为 *abuse* 的工具变量，使用两阶段最小二乘法重新估计第（v）部分中的线性概率模型。两阶段最小二乘法的结果和 OLS 的结果差距大吗？

（x）用 15.5 节中介绍的方法测试 *abuse* 在线性概率模型中是否为内生的。

C16. 利用 CRIME1 中的数据回答如下问题。

（i）对于表 17.5 中报告的估计值，计算其相应的异方差—稳健的标准误。就系数统计显著性而言，是否使用稳健标准误会导致显著的差异吗？

（ii）获取第二列中泊松估计量的全稳健标准误，即不需要假设（17.35）的标准误。（你可能需要能够计算该标准误的软件包。）对于 β_{pncv}，将用全稳健标准误计算出的 95％置信区间与表 17.5 中使用标准误计算得出的结果相比较。

（iii）计算泊松回归中每一个变量的平均偏效应。对于变量 *black*、*hispan* 和 *born60*，使用二值变量公式进行计算。将 *qemp86* 和 *inc86* 的平均偏效应与 OLS 回归的结果相比较。

（iv）如果你的统计软件包在第（iii）部分中汇报了稳健的标准误，请将 OLS 模型中 β_{pncv} 的稳健 t 统计量与泊松回归模型中 *pncv* 使用稳健 t 统计量计算的平均偏效应相比较。

C17. 利用 JTRAIN98 中的数据回答下列问题。并参考例 3.7、例 4.11 和例 7.13 中关于线性模型分析的内容。此处你将会使用托宾模型，因为结果 *earn*98 有时候为 0。

（i）例子中有多少个观测值（*men*）的 *earn*98 取值为 0？在样本中占比大吗？

（ii）利用 *train*，*earn*96，*educ* 和 *married* 作为解释变量估计 *earn*98 的托宾模型。报告 $\hat{\beta}_{train}$ 和它的标准误。系数的正负和你预想的一样吗？在统计上显著性程度如何？

（iii）比较托宾模型中的 $\hat{\beta}_{train}$ 和 OLS 得出来的 $\hat{\gamma}_{train}$ 系数量度合理吗？请解释。

（iv）在第（ii）部分中获取 *train* 的平均偏效应和它的标准差。（许多计量经济学程序包已经将计算内嵌到命令中。）与 OLS 系数 $\hat{\gamma}_{train}$ 相比如何？统计显著性呢？

（v）对于托宾模型估计量，包括 *earn*96、*educ* 和 *married* 与 *train* 的交互项。现在计算 *train* 的 APE（ATE）及其标准误。与例 7.13 中带有全交互项的线性模型相比如何？〔偶然的，由于非线性条件均值函数，对于获得 ATE 来说，在创建交互项之前对 *earn*96、*educ* 和 *married* 进行去均值处理并不会有帮助。然而，这将会让系数相对于那些没有交互项的托宾模型更加可比。〕

（vi）解释一下为什么第（v）部分中的估计量与对于控制组和实验组估计两个分离的托宾模型相比不一样，然后按照以下形式求得 ATE：

$$n^{-1}\sum_{i=1}^{n}\left[\hat{m}_1(\mathbf{x}_i)-\hat{m}_0(\mathbf{x}_i)\right]$$

式中，$\hat{m}_0(\cdot)$ 是使用控制组（非训练组）获得的估计均值函数；$\hat{m}_1(\cdot)$ 是使用实验组获得的估计均值函数，$\mathbf{x}_i=(earn96_i，educ_i，married_i)$。

附录 17A

17A.1 含解释变量的极大似然估计

书末附录数学复习 C 针对估计一个无条件分布参数的最简单情形介绍了极大似然法

（MLE）。但无论我们是用 OLS 还是用 MLE 来估计计量经济模型，绝大多数模型都有解释变量。MLE 对非线性模型来说是必不可少的，这里，我们就简要介绍一下这个一般方法。

本章讨论的所有模型都可以写成如下形式。令 $f(y\,|\,\mathbf{x},\boldsymbol{\beta})$ 表示在 $\mathbf{x}_i=\mathbf{x}$ 的条件下从总体中随机抽取到的 y_i 的密度函数。$\boldsymbol{\beta}$ 的极大似然估计量（MLE）最大化了对数似然函数

$$\max_{\mathbf{b}}\sum_{i=1}^{n}\log f(y\,|\,\mathbf{x}_i,\mathbf{b}) \tag{17.53}$$

式中，向量 $\mathbf{b}$ 是这个最大化问题中的名义变量。在多数情形中，我们记为 $\hat{\boldsymbol{\beta}}$ 的极大似然估计量在大样本中都是一致的，并近似服从正态分布。除非在极其特殊的环境中，我们一般都无法写出 $\hat{\boldsymbol{\beta}}$ 的表达式，但尽管如此，上述性质依然成立。

对于二值响应情形（logit 和 probit），条件密度由 $f(1\,|\,\mathbf{x},\boldsymbol{\beta})=\mathrm{P}(y_i=1\,|\,\mathbf{x}_i)=G(\mathbf{x}_i\boldsymbol{\beta})$ 和 $f(0\,|\,\mathbf{x},\boldsymbol{\beta})=\mathrm{P}(y_i=0\,|\,\mathbf{x}_i)=1-G(\mathbf{x}_i\boldsymbol{\beta})$ 两个值确定。事实上，密度函数的一个简便写法是 $f(y\,|\,\mathbf{x},\boldsymbol{\beta})=[1-G(\mathbf{x}\boldsymbol{\beta})]^{(1-y)}[G(\mathbf{x}\boldsymbol{\beta})]^{y}$，$y=0,1$。因此，我们可以把方程（17.53）写成

$$\max_{\mathbf{b}}\sum_{i=1}^{n}\{(1-y_i)\log[1-G(\mathbf{x}_i\mathbf{b})]+y_i\log[G(\mathbf{x}_i\mathbf{b})]\} \tag{17.54}$$

一般而言，利用最大化一个函数的迭代方法，现代计算机很快就能找到方程（17.54）的解。即使数据集相当大，总计算时间通常也是相当快的。

托宾模型、截取和截断回归的对数似然函数也只是略微复杂一些，这主要取决于除 $\boldsymbol{\beta}$ 以外的方差参数。根据正文中得到的密度函数，它们很容易推导。详细情形可参见 Wooldridge（2010）。

17A.2　受限因变量模型中的渐近标准误

对本章所介绍模型和方法的渐近标准误的推导，远远超出了本书的研究范围。这些推导不仅要求矩阵代数，还要求非线性估计的高级渐近理论。伍德里奇（Wooldridge，2010）中给出了仔细分析这些方法和几个推导所要求的背景知识。

看一下能至少推出某些方法之渐近标准误的公式，颇有启发意义。给定二值响应模型 $\mathrm{P}(y=1\,|\,\mathbf{x})=G(\mathbf{x}\boldsymbol{\beta})$，其中 $G(\cdot)$ 是 logit 或 probit 函数，而 $\boldsymbol{\beta}$ 是 $k\times 1$ 参数向量，$\hat{\boldsymbol{\beta}}$ 的渐近方差矩阵可估计为一个 $k\times 1$ 矩阵：

$$\widehat{\mathrm{Avar}}(\hat{\boldsymbol{\beta}})\equiv\Big(\sum_{i=1}^{n}\frac{[g(\mathbf{x}_i\hat{\boldsymbol{\beta}})]^2\mathbf{x}_i'\mathbf{x}_i}{G(\mathbf{x}_i\hat{\boldsymbol{\beta}})[1-G(\mathbf{x}_i\hat{\boldsymbol{\beta}})]}\Big)^{-1} \tag{17.55}$$

（对矩阵代数的简介可参见书末附录高级处理方法 D。）去掉涉及 $g(\cdot)$ 和 $G(\cdot)$ 的项，这个公式看起来很像 OLS 估计量的估计方差矩阵去掉 $\hat{\sigma}^2$。方程（17.55）中的表达式解释了响应概率的非线性性质［即 $G(\cdot)$ 的非线性性质］和二值响应模型中异方差性的特殊形式：$\mathrm{Var}(y\,|\,\mathbf{x})=G(\mathbf{x}\boldsymbol{\beta})[1-G(\mathbf{x}\boldsymbol{\beta})]$。

方程（17.55）中主对角元素的平方根就是 $\hat{\beta}_j$ 的渐近标准误，在支持 logit 和 probit 分析的计量经济软件包中，都会例行地把它们报告出来。一旦我们有了这些，就能以通常的方式得到（渐近）t 统计量和置信区间。

17

方程（17.55）中的矩阵也是对 $\boldsymbol{\beta}$ 的多元约束进行瓦尔德检验的基础［参见 Wooldridge（2010，Chapter 15）］。

托宾模型的渐近方差矩阵更为复杂，但结构类似。注意到我们也可以得到 $\hat{\sigma}$ 的一个标准误。在方程（17.35）中容许 $\sigma^2 \neq 1$，泊松回归的渐近方差具有与（17.55）类似的结构：

$$\widehat{\operatorname{Avar}}(\hat{\boldsymbol{\beta}}) = \hat{\sigma}^2 \left(\sum_{i=1}^{n} \exp(\mathbf{x}_i \hat{\boldsymbol{\beta}}) \mathbf{x}_i{}' \mathbf{x}_i \right)^{-1} \tag{17.56}$$

该矩阵主对角元素的平方根就是渐近标准误。若泊松假定成立，我们可以从这个公式中去掉 $\hat{\sigma}^2$（因为 $\sigma^2 = 1$）。

完全稳健的协方差矩阵估计量形式在可以从伍德里奇（Wooldridge，2010，Chapter 18）中得到：

$$\widehat{\operatorname{Avar}}(\hat{\boldsymbol{\beta}}) = \left[\sum_{i=1}^{n} \exp(\mathbf{x}_i \hat{\boldsymbol{\beta}}) \mathbf{x}_i{}' \mathbf{x}_i \right]^{-1} \left(\sum_{i=1}^{n} \hat{u}_i^2 \mathbf{x}_i{}' \mathbf{x}_i \right) \left[\sum_{i=1}^{n} \exp(\mathbf{x}_i \hat{\boldsymbol{\beta}}) \mathbf{x}_i{}' \mathbf{x}_i \right]^{-1}$$

式中，$\hat{u}_i = y_i - \exp(\mathbf{x}_i \hat{\boldsymbol{\beta}})$ 是泊松回归的残差。这一表达式结构类似于 OLS 法的异方差—稳健的标准协方差矩阵估计量，可以使用很多软件包例行地计算出完全稳健的标准误。

截取回归、截断回归和赫克曼样本选择纠正模型的渐近标准误都更复杂，尽管它们具有与前面公式相同的特征。［细节可参见 Wooldridge（2010）。］

17

第18章 时间序列高级专题

在本章，我们将讨论时间序列计量经济学中一些更复杂的问题。我们在第10、11和12章的几个地方强调过，由于许多经济相关的时间序列具有趋势性和持续性的特点，因此我们在回归分析中使用时间序列数据时需要特别注意。本章除了要讨论无限分布滞后模型及预测等话题外，还要讨论在分析单位根过程的时间序列时，现有的最新进展。

在18.1节，我们将介绍无限分布滞后模型，该模型容许一个解释变量的变化影响因变量的所有将来值。从概念上来说，这些模型只不过是第10章有限分布滞后模型的直接拓展；但想要估计这些模型还是有一些有趣的挑战。

在18.2节，我们将说明如何规范地检验时间序列过程中的单位根。回顾第11章，为了能够应用通常的渐近理论，我们需要排除单位根过程。因为单位根的出现意味着，当期的一个冲击具有长期的、持续的影响，所以判断一个过程是否有单位根自然是我们所感兴趣的。

在18.3节，我们将探讨两个时间序列过程（都含有单位根）之间的伪回归概念。主要结论是：即使两个具有单位根的时间序列相互独立，但如果用其中一个过程对另一个做回归，还是很有可能得到一个统计显著的 t 统计量的。这个结论提醒我们，当因变量和自变量都是单整过程时，使用标准的（我们之前应用的）推断会导致严重后果。

"协整"的概念适用于这样的情况：当两个时间序列过程都是 I(1)，但二者的线性组合却是 I(0) 时；在这种条件下，将一个序列对另一个序列回归就不是伪回归。相反，这时的回归告诉了我们两个序列之间长期存在的某些关系。两个序列之间的协整关系还意味着一类特殊的动态模型，即误差修正模型。我们将在18.4节介绍。

在18.5节，我们将概述预测问题，并把本章和前几章中的所有工具都综合起来，以说明如何使用回归方法来预测时间序列的未来结果。因为有关预测问题的文献很丰富，所以我们只能把注意力集中在最常见的回归方法上。我们也将谈到有关格兰杰因果关系的问题。

18.1 无限分布滞后模型

令 $\{(y_t,z_t): t=\cdots,-2,-1,0,1,2,\cdots\}$ 代表一个双变量时间序列过程（我们只能观测到它的一部分）。**无限分布滞后模型** [infinite distributed lag (IDL) model] 是将 y_t 与 z 的当期和所有过去值联系起来的模型，可表示为：

$$y_t=\alpha+\delta_0 z_t+\delta_1 z_{t-1}+\delta_2 z_{t-2}+\cdots+u_t \tag{18.1}$$

式中，z 的滞后项可以回溯到无限的过去。这个模型只是对现实的一个近似，因为没有哪个经济过程是从无限远的过去开始的。与有限分布滞后模型不同的是，无限分布滞后模型不要求在某个特定的滞后期截断。

为了让方程（18.1）有意义，随着 j 趋于无穷大，滞后系数 δ_j 必须趋于 0。这并不是说 δ_2 在数量上比 δ_1 小；它只是说，z_{t-j} 对 y_t 的影响必须随着 j 无限递增而最终变得很小。在大多数实际应用中，它也有相应的经济含义：很早时期的 z 对 y 的解释能力不如最近时期的 z。

即使我们认为（18.1）是一个有用的模型，如果没有某些限制，我们显然也不能估计它。一个原因是：我们只能观察到数据的有限历史。然而方程（18.1）涉及无限个参数，δ_0，δ_1，δ_2，$\cdots$，因此它们不可能毫无限制地被估计出来。在后文中，我们会对 δ_j 施加一些让我们能够估计（18.1）的限制条件。

与有限分布滞后模型一样，（18.1）的即期倾向就是 δ_0（见第 10 章）。一般地，δ_h 与在 FDL 中具有相同的解释。假设 $s<0$ 时，$z_s=0$；$s>1$ 时，$z_0=1$，$z_s=0$。也就是说，z 在 $t=0$ 时期暂时性地增加一个单位，然后又回到它的初始值 0。对所有 $h\geq 0$，我们都有 $y_h=\alpha+\delta_h+u_h$，所以有

$$\mathrm{E}(y_h)=\alpha+\delta_h \tag{18.2}$$

其中我们使用了 u_t 有零均值的标准假定。可见，给定 z 在 0 时期的一个单位暂时变化，δ_h 就是 $\mathrm{E}(y_h)$ 的改变值。我们刚才说过，为了让无限分布滞后模型有意义，δ_h 必须随着 h 渐增而趋于 0。这意味着，z 的一个暂时变化对 y 的期望值没有长期影响：随着 $h\to\infty$，$\mathrm{E}(y_h)=\alpha+\delta_h\to\alpha$。

为了便于阐述，我们假定过程 z 从 $z_s=0$ 开始，而一个单位的增加发生在 $t=0$ 时期。更一般地，如果 z（相对于任意一个初始值）在 t 时期暂时增加一个单位，那么，δ_h 就度量了 h 个时期后 y 的期望值变化。滞后分布（δ_h 作为 h 的函数描绘出来的分布）显示了：给定 z 暂时的一单位增加，未来的 y 所服从的期望路径。

模型（18.1）中的长期倾向等于所有滞后系数之和：

$$LRP=\delta_0+\delta_1+\delta_2+\delta_3+\cdots \tag{18.3}$$

其中，我们假定了无限和是良好定义的。因为 δ_j 必须收敛于 0，所以对于足够大的

p，LRP 常常能够用形如 $\delta_0+\delta_1+\cdots+\delta_p$ 的有限和很好地近似。为了解释 LRP，假设在 $s<0$ 时，过程 z_t 稳定在 $z_s=0$。在 $t=0$ 时期，这个过程永久性地增加一个单位。比如说，如果 z_t 是货币供应量的百分比变化，而 y_t 是通货膨胀率，那么，我们感兴趣的是货币供应量永久性地增加一单位（一个百分点）的影响。也就是说，当 $s<0$ 时，z_s 用 0 替换，当 $t\geq0$ 时，z_t 用 1 替换，我们得到：

$$y_h=\alpha+\delta_0+\delta_1+\cdots+\delta_h+u_h$$

其中，$h\geq0$ 是任何时间期限。因为对任何 t，u_t 的均值均为 0，所以有

$$\mathrm{E}(y_h)=\alpha+\delta_0+\delta_1+\cdots+\delta_h \tag{18.4}$$

［不妨比较一下方程（18.4）和（18.2）。］随着时间期限的扩大，也就是说，随着 $h\to\infty$，根据定义，（18.4）的右边就是长期倾向加上 α。所以，给定 z 一个单位的永久性增加，LRP 度量了 y 的期望值的长期变化。

> **？ 思考题 18.1**
>
> 假设 $s<0$ 时，$z_s=0$；$s>1$ 时，$z_s=0$，$z_0=1$，$z_1=1$。请求出 $\mathrm{E}(y_{-1})$、$\mathrm{E}(y_0)$ 和 $h\geq1$ 时的 $\mathrm{E}(y_h)$。当 h 趋于无穷大时，情况又会如何？

前面对 LRP 的推导及 δ_j 的解释都利用了误差有零均值这一事实；和以前一样，若模型包含了截距，这就算不上什么假定。更仔细地看看我们的推导过程就会发现，我们假定任何时期 z 的变化都不会对 u_t 的期望值有影响。这就是我们在第 10章介绍的严格外生性假定（具体而言，就是假定 TS.3）的无限分布滞后型。规范的表述是

$$\mathrm{E}(u_t\mid\cdots,z_{t-2},z_{t-1},z_t,z_{t+1},\cdots)=0 \tag{18.5}$$

它使得 u_t 的期望值不依赖于任何时期的 z。虽然方程（18.5）在很多应用中是很自然的，但它也排除了其他很重要的可能情况。实际上，方程（18.5）不允许 y_t 对将来的 z 有反馈，因为在 $h>0$ 时，z_{t+h} 必须与 u_t 无关。在通货膨胀/货币供应量增长率的例子中，y_t 是通货膨胀，z_t 是货币供应量的增长率，方程（18.5）排除了今天的通货膨胀与将来货币供给增加相关的情况。考虑到货币供给政策常常倾向于将利率和通货膨胀保持在一定的水平，所以上述假定可能不太符合实际情况。

我们在下一节将介绍的一个 δ_j 估计方法要以严格外生性假定为条件，才能得到 δ_j 的一致估计量。更弱一点的假定是：

$$\mathrm{E}(u_t\mid z_t,z_{t-1},\cdots)=0 \tag{18.6}$$

在方程（18.6）下，误差与现在和过去的 z 都不相关，但它有可能与将来的 z 相关；这就容许 z_t 所服从的政策规则能够依赖于过去的 y。有时候，（18.6）便足以估计 δ_j；我们将在下一小节解释这一点。

要提醒你注意的是，方程（18.5）和（18.6）都没有提到 $\{u_t\}$ 在序列相关方面的性质（这正好与有限分布滞后模型中的情形相同）。因为在 11.4 节所讨论的意义上，方程（18.1）一般不是动态完备的，所以我们或许认为 $\{u_t\}$ 应该是序列相

关的。我们稍后将研究序列相关的问题。

如果方程（18.6）成立而（18.5）不成立，我们如何解释滞后系数和 LRP 呢？答案是：和以前一样。尽管我们的观测数据是由 y_t 和未来 z 值之间的某种反馈而生成，但我们仍然可以做上述思维（或有悖事实的）实验。例如，尽管有关货币供应量增长率的数据不能被视作是严格外生的，但我们当然可以研究货币供应量永久性增加一个单位对通货膨胀有什么影响。

18.1a 几何（或考依克）分布滞后模型

因为一般而言有无数个 δ_j，所以在没有一些约束的情况下，我们不可能一致地估计出它们。方程（18.1）最简单的形式是**几何（或考依克）分布滞后**［geometric (or Koyck) distributed lag，GDL］，它仍取决于无限个滞后期。在这个模型中，δ_j 仅取决于两个参数：

$$\delta_j = \gamma \rho^j, \quad |\rho| < 1, \quad j = 0, 1, 2, \cdots \tag{18.7}$$

参数 γ 和 ρ 可正可负，但 ρ 的绝对值一定要小于 1。这保证了随着 $j \to \infty$，$\delta_j \to 0$。实际上，这个收敛的速度很快。（例如，当 $\rho = 0.5$，$j = 10$ 时，$\rho^j = 1/1\ 024 < 0.001$。）

GDL 的即期倾向（IP）无非就是 $\delta_0 = \gamma$，所以即期倾向的符号由 γ 的符号决定。比如说，若 $\gamma > 0$，且 $\rho > 0$，则所有滞后系数都是正的。若 $\rho < 0$，则滞后系数的符号正负交替（j 为奇数时，ρ^j 是负的）。长期倾向就更难获得，不过，我们可以使用如下几何级数求和的标准结论：对于 $|\rho| < 1$，$1 + \rho + \rho^2 + \cdots + \rho^j + \cdots = 1/(1-\rho)$，所以

$$LRP = \gamma/(1-\rho)$$

LRP 与 γ 的符号相同。

如果我们把方程（18.7）代入（18.1），便得到一个模型，它依赖于无限期的 z。尽管如此，如果我们做一个简单的减法运算，就可以得到一个可估计的模型。把 t 时期和 $t-1$ 时期的无限分布滞后模型写出来，即为

$$y_t = \alpha + \gamma z_t + \gamma \rho z_{t-1} + \gamma \rho^2 z_{t-2} + \cdots + u_t \tag{18.8}$$

和

$$y_{t-1} = \alpha + \gamma z_{t-1} + \gamma \rho z_{t-2} + \gamma \rho^2 z_{t-3} + \cdots + u_{t-1} \tag{18.9}$$

如果把第二个方程两边乘以 ρ，然后从第一个方程中减去，便只剩下几项：

$$y_t - \rho y_{t-1} = (1-\rho)\alpha + \gamma z_t + u_t - \rho u_{t-1}$$

我们可以把它写成：

$$y_t = \alpha_0 + \gamma z_t + \rho y_{t-1} + u_t - \rho u_{t-1} \tag{18.10}$$

式中，$\alpha_0 = (1-\rho)\alpha$。这个方程看起来像一个含有滞后因变量的标准方程，而且同期的 z_t 也出现在方程中。因为 γ 是 z_t 的系数，而 ρ 是 y_{t-1} 的系数，所以我们可以估计出这些参数。［如果由于某些原因，我们感兴趣的是 α，那么估计完 γ 和 α_0 后总能求出 $\hat{\alpha} = \hat{\alpha_0}/(1-\hat{\rho})$。］

方程（18.10）的简洁性多少有些误导性。因为这个方程中的误差 $u_t - \rho u_{t-1}$ 一般会与 y_{t-1} 相关。从方程（18.9）中可以清楚地看出，u_{t-1} 和 y_{t-1} 是相关的。因此，如果我们把方程（18.10）写为：

$$y_t = \alpha_0 + \gamma z_t + \rho y_{t-1} + v_t \tag{18.11}$$

式中，$v_t \equiv u_t - \rho u_{t-1}$，那么可以看出，$v_t$ 和 y_{t-1} 一般都是相关的。如果没有其他假定，对（18.11）进行 OLS 估计会得到不具有相合性的 γ 和 ρ 的估计值。

当 u_t 独立于 z_t 及 z 和 y 的所有过去值时，就会出现 v_t 和 y_{t-1} 必定相关的情况。于是，由于方程（18.8）是动态完备的，所以 u_t 与 y_{t-1} 不相关。根据方程（18.9），v_t 和 y_{t-1} 之间的协方差就是 $-\rho \mathrm{Var}(u_{t-1}) = -\rho \sigma_u^2$，它只有在 $\rho = 0$ 时才为 0。我们很容易看出，v_t 是序列相关的：因为 $\{u_t\}$ 是序列不相关的，所以有 $\mathrm{E}(v_t v_{t-1}) = \mathrm{E}(u_t u_{t-1}) - \rho \mathrm{E}(u_{t-1}^2) - \rho \mathrm{E}(u_t u_{t-2}) + \rho^2 \mathrm{E}(u_{t-1} u_{t-2}) = -\rho \sigma_u^2$。当 $j > 1$ 时，$\mathrm{E}(v_t v_{t-j}) = 0$。所以，$\{v_t\}$ 是一个一阶移动平均过程（见 11.1 节）。对于含有因变量的滞后期并具有某种特定类型序列相关的模型——该模型还是从我们最初关心的那个模型推导出来的——上述移动平均过程和方程（18.11）就构成了这个模型的一个例子。

如果我们做出严格外生性假定（18.5），那么 z_t 就与 u_t 和 u_{t-1} 都无关，并因此也与 v_t 无关。于是，如果能够为 y_{t-1} 找到合适的工具变量，我们就可以用 IV 法估计（18.11）。y_{t-1} 的一个好 IV 是什么呢？根据假定，u_t 和 u_{t-1} 都与 z_{t-1} 无关，因此，v_t 也与 z_{t-1} 无关。如果 $\gamma \neq 0$，即使剔除 z_t 的局部影响后，z_{t-1} 和 y_{t-1} 也是相关的。因此，我们可以用工具（z_t, z_{t-1}）去估计方程（18.11）。一般而言，就像我们在 15.7 节所讨论的那样，需要根据 $\{v_t\}$ 中的序列相关来调整标准误。

IV 估计的另一种替代办法则利用了 $\{u_t\}$ 可能包含某种特定形式的序列相关这一事实。具体而言，除了方程（18.6）以外，假定 $\{u_t\}$ 还服从 AR(1) 模型：

$$u_t = \rho u_{t-1} + e_t \tag{18.12}$$

$$\mathrm{E}(e_t \mid z_t, y_{t-1}, z_{t-1}, \cdots) = 0 \tag{18.13}$$

重要的是要注意到，出现在方程（18.12）中的 ρ 与方程（18.11）中 y_{t-1} 所乘的参数相同。若方程（18.12）和（18.13）成立，我们便可以把方程（18.10）写成：

$$y_t = \alpha_0 + \gamma z_t + \rho y_{t-1} + e_t \tag{18.14}$$

在方程（18.13）成立时，它是一个动态完备的模型。由第 11 章可知，可以用 OLS 求出这些参数的相合的而又渐近正态估计量。这就变得很方便，因为无须解决误差中的序列相关问题。若 e_t 满足同方差假定 $\mathrm{Var}(e_t \mid z_t, y_{t-1}) = \sigma_e^2$，就可以使用通常的推断方法。一旦我们估计出了 γ 和 ρ，就能够很容易地估计 LRP：$\widehat{\mathrm{LRP}} = \hat{\gamma}/(1-\hat{\rho})$。许多计量经济软件包有一些简单的命令，允许我们得到估计 LRP 的标准误。

这个程序的简单性完全依赖于潜在的强假定，即 $\{u_t\}$ 服从一个与方程（18.7）具有相同参数 ρ 的 AR(1) 过程。这个假定通常不亚于假定 $\{u_t\}$ 是序列不相关的。不过，因为估计量的一致性非常依赖于这个假定，所以我们最好先检验一下它。一个简单的检验方法是：先设定 $\{u_t\}$ 为一个 AR(1) 过程，但它具有不同的参数，比如 $u_t = \lambda u_{t-1} + e_t$。为了检验 H_0：$\lambda = \rho$，麦克莱恩和伍德里奇（McClain and Wooldridge, 1995）设计了一种简单的拉格朗日乘数检验，并且可以在用 OLS 估计了（18.14）之后进行计算。

几何分布滞后模型可以扩展到多个解释变量的情形（于是每个解释变量都有无限的 DL）。但那样的话，我们必须可以把 $z_{t-j, h}$ 的系数写成 $\gamma_h \rho^j$。换句话说，虽然对每个解释变量来说 γ_h 都不同，但 ρ 是一样的。于是，我们可以写出：

$$y_t = \alpha_0 + \gamma_1 z_{t1} + \cdots + \gamma_k z_{tk} + \rho y_{t-1} + v_t \tag{18.15}$$

含有多个 z 时，也会出现只含有一个 z 时曾出现的问题。在对方程（18.12）和（18.13）进行自然而然的引申之后［用 $z_t = (z_{t1}, \cdots, z_{tk})$ 代替了 z_t］，OLS 便是相合而又渐近正态的。或者说，也可以使用 IV 方法。

18.1b 有理分布滞后模型

几何 DL 意味着对滞后分布施加了相当强的限制。当 $\gamma > 0$ 且 $\rho > 0$ 时，δ_j 是正的，而且单调递减至 0。当然，我们也有可能得到更一般的无限分布滞后模型。GDL 是通常被称作**有理分布滞后模型**［rational distributed lag（RDL）model］的一个特殊情况。一般性的探讨超出了本书的研究范围［哈维（Harvey, 1990）是一本很好的参考书］，但我们还是可以介绍一种简单而又实用的扩展。

这种 RDL 模型通常很容易通过在方程（18.11）中增加一期 z 的滞后来描述：

$$y_t = \alpha_0 + \gamma_0 z_t + \rho y_{t-1} + \gamma_1 z_{t-1} + v_t \tag{18.16}$$

式中，$v_t = u_t - \rho u_{t-1}$，这与以前是一样的。通过反复迭代可以证明，（18.16）等价于无限分布滞后模型：

$$
\begin{aligned}
y_t =& \alpha + \gamma_0 (z_t + \rho z_{t-1} + \rho^2 z_{t-2} + \cdots) \\
& + \gamma_1 (z_{t-1} + \rho z_{t-2} + \rho^2 z_{t-3} + \cdots) + u_t \\
=& \alpha + \gamma_0 z_t + (\rho \gamma_0 + \gamma_1) z_{t-1} + \rho(\rho \gamma_0 + \gamma_1) z_{t-2} \\
& + \rho^2 (\rho \gamma_0 + \gamma_1) z_{t-3} + \cdots + u_t
\end{aligned}
$$

在这里，我们仍然需要假定 $|\rho| < 1$。从最后一个等式我们可以读出滞后分布。特别是，即期倾向为 γ_0，而在 $h \geqslant 1$ 时，z_{t-h} 的系数是 $\rho^{h-1}(\rho \gamma_0 + \gamma_1)$。因此，即使 $\rho > 0$，这个模型仍允许即期倾向的符号与其他滞后系数不同。不过，若 $\rho > 0$，则对于所有的 $h \geqslant 1$，δ_h 都与 $\rho \gamma_0 + \gamma_1$ 具有相同的符号。图 18.1 描绘了 $\rho = 0.5$，$\gamma_0 = -1$，$\gamma_1 = 1$ 时的滞后分布。

计算长期倾向的最简单办法，就是把所有时期 t 的 y 和 z 都置于其长期值（比方说 y^* 和 z^*）上，然后我们就可以求出 y^* 相对于 z^* 的变化（参见第 10 章习题 3）。于是我们有 $y^* = \alpha_0 + \gamma_0 z^* + \rho y^* + \gamma_1 z^*$，其解为 $y^* = \alpha_0 / (1 - \rho) + z^* (\gamma_0 +$

$\gamma_1)/(1-\rho)$。现在，我们利用 $LRP=\Delta y^*/\Delta z^*$ 的事实便得到：

$$LRP=(\gamma_0+\gamma_1)/(1-\rho)$$

因为 $|\rho|<1$，所以 LRP 的符号由 $\gamma_0+\gamma_1$ 决定，而且，当且仅当 $\gamma_0+\gamma_1=0$ 时，LRP 为 0，恰如图 18.1 所示。

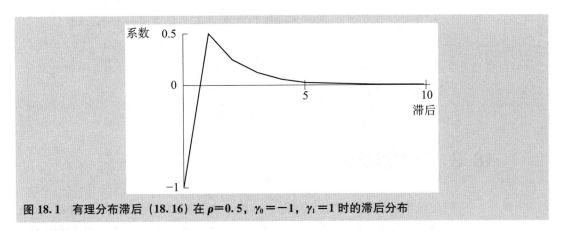

图 18.1 有理分布滞后（18.16）在 $\rho=0.5$，$\gamma_0=-1$，$\gamma_1=1$ 时的滞后分布

例 18.1

住房投资和住宅价格通胀

通过将 OLS 分别应用于（18.14）和（18.16），我们估计了基本的几何分布滞后模型和有理分布滞后模型。因变量是去除了线性趋势以后的 $\log(invpc)$ [就是说，我们对 $\log(invpc)$ 做了线性去除趋势]。z_t 用价格指数的上升来表示。这就容许我们估计住宅价格通胀如何影响住房投资围绕其趋势的变化。利用 HSEINV 中的数据，估计出的结果在表 18.1 中给出。

表 18.1 住房投资的分布滞后模型

自变量	因变量：除趋势后的 $\log(invpc)$	
	几何 DL	有理 DL
$gprice$	3.095	3.256
	(0.933)	(0.970)
y_{-1}	0.340	0.547
	(0.132)	(0.152)
$gprice_{-1}$	—	−2.936
		(0.973)
常数项	−0.010	0.006
	(0.018)	(0.017)
长期倾向	4.689	0.706
样本量	41	40
调整 R^2	0.375	0.504

由于 $gprice_{-1}$ 非常显著，所以数据显然拒绝几何分布滞后模型。调整 R^2 也表明 RDL 拟合得更好。

这两个模型给出的长期倾向估计值有很大差别。如果我们错误地使用了 GDL，估计的 LRP 接近 5：住房价格通胀率永久性地提高一个百分点，将使长期住房投资增加 4.7%（超出其趋势值）。经济上，这不太合理。通过估计有理分布滞后模型得到的 LRP 值小于 1。实际上，因为在任何显著性水平上，我们都不能拒绝原假设 $H_0: \gamma_0 + \gamma_1 = 0$（$p$ 值 = 0.83），所以没有 LRP 异于 0 的证据。这是一个很好的例子，它说明了因为遗漏相关滞后变量而错误地设定模型动态何以导致错误的结论。

18.2 单位根检验

我们现在开始讨论一个重要问题：检验一个时间序列是否服从**单位根**（unit roots）过程。在第 11 章，我们曾介绍了一些不够清楚和不规范的原则，用以判断一个序列是否为 I(1)。在很多情况下，我们需要单位根的规范检验。我们稍后将会明白，一定要慎重使用这些检验方法。

检验单位根的一种最简单的方法是从 AR(1) 模型开始：

$$y_t = \alpha + \rho y_{t-1} + e_t, \quad t = 1, 2, \cdots \tag{18.17}$$

式中，y_0 是观测的初始值。在本节中，我们都令 $\{e_t\}$ 表示一个在给定 y 的过去观测值时均值为 0 的过程：

$$E(e_t \mid y_{t-1}, y_{t-2}, \cdots, y_0) = 0 \tag{18.18}$$

[在方程（18.18）下，$\{e_t\}$ 被称为关于 $\{y_{t-1}, y_{t-2}, \cdots\}$ 的**鞅差分序列**（martingale difference sequence）。如果假定 $\{e_t\}$ 服从均值为 0 的独立同分布，且独立于 y_0，那么它也满足方程（18.18）。]

如果 $\{y_t\}$ 服从方程（18.17），当且仅当 $\rho = 1$ 时它有单位根。若 $\alpha = 0$，且 $\rho = 1$，$\{y_t\}$ 便服从一个不带截距项的随机游走 [残差项 e_t 满足（18.18）]。若 $\alpha \neq 0$，且 $\rho = 1$，则 $\{y_t\}$ 是带截距项的随机游走，这就意味着 $E(y_t)$ 是 t 的线性函数。带截距项的单位根过程与不带截距项的单位根过程表现极为不同。不过，人们经常还是在原假设中对 α 不予以设定，这也是我们要使用的方法。于是，原假设是，$\{y_t\}$ 有一个单位根：

$$H_0: \rho = 1 \tag{18.19}$$

几乎在所有的情况下，我们都只对单侧备择假设

$$H_1: \rho < 1 \tag{18.20}$$

感兴趣。（实践中，这就意味着 $0 < \rho < 1$，因为对我们怀疑有单位根的序列而言，$\rho < 0$ 的可能性极小。）备择假设 $H_1: \rho > 1$ 很少考虑，因为它意味着 y_t 会爆炸式地

增长。实际上，若 $\alpha>0$，在 $\rho>1$ 时，y_t 的均值就有一个指数上升趋势。

当 $|\rho|<1$ 时，$\{y_t\}$ 是一个稳定的 AR(1) 过程，也就是说，它是弱相关或渐近无关的。回顾第 11 章中，当 $|\rho|<1$ 时，有 $\text{Corr}(y_t, y_{t+h})=\rho^h \to 0$。因此，以 (18.20) 为备择假设检验模型 (18.17) 中的 (18.19)，实际上是以 "$\{y_t\}$ 是 I(0)" 为备择假设来检验 $\{y_t\}$ 是不是 I(1)。[我们这里之所以不以 I(0) 为原假设，是因为对于严格在 -1 和 1 之间的任意 ρ 值，$\{y_t\}$ 都是 I(0)，而经典假设检验难以处理这种情况。当然，也有把 I(0) 设为原假设而把 I(1) 设为备择假设的一些检验办法，但要采取不同的思路。比如参见 Kwiatkowski, Phillips, Schmidt, and Shin (1992)。]

进行单位根检验的一个简便方程是，将方程 (18.17) 的两边同时减去 y_{t-1}，并定义 $\theta=\rho-1$：

$$\Delta y_t=\alpha+\theta y_{t-1}+e_t \tag{18.21}$$

在方程 (18.18) 下，这是一个动态的完整模型，于是以 $H_1: \theta<0$ 为备择假设检验 $H_0: \theta=0$ 看起来就很直接。问题在于，在 H_0 成立时，y_{t-1} 是 I(1)，所以 t 统计量之渐近标准正态分布背后的常用中心极限定理不再适用：即使在大样本的条件下，t 统计量也不再有近似标准正态分布。t 统计量在 H_0 下的渐近分布被称为**迪基-富勒 (DF) 分布** [Dickey-Fuller (DF) distribution]，因迪基和富勒 (Dickey and Fuller, 1979) 而得名。

虽然不能使用通常的临界值，但至少在相应的临界值被列表给出以后，我们完全可以对方程 (18.21) 中的 $\hat{\theta}$ 使用通常的 t 统计量。由此得到的检验被称为单位根的**迪基-富勒 (DF) 检验** [Dickey-Fuller (DF) test]。得到该渐近临界值的理论相当复杂，在高级时间序列计量经济学教材中有所探讨。[比如参见 Banerjee, Dolado, Galbraith, and Hendry (BDGH, 1993)。] 相比之下，使用这些结果却很容易。从迪基和富勒 (Dickey and Fuller, 1979) 的原创研究开始，t 统计量的临界值已经被几位学者列表给出。表 18.2 包含了不同显著性水平上的大样本临界值，它选自 BDGH (1993, Table 4.2)。(针对小样本进行了调整的临界值也可以在 BDGH 中找到。)

如果 $t_{\hat{\theta}}<c$，其中 c 是表 18.2 中的一个负值，我们便相对 $H_1: \theta<0$ 而拒绝原假设 $H_0: \theta=0$。例如，在 5% 的显著性水平上进行检验，如果 $t_{\hat{\theta}}<-2.86$，我们就拒绝原假设。这要求 t 统计量的大小要远大于[*] 使用标准正态临界值时的大小，后者是 -1.65。如果我们用标准正态临界值来检验单位根，那么在 H_0 实际正确却被拒绝的可能性会远大于 5%。

表 18.2 单位根 t 检验的渐近临界值：无时间趋势

显著性水平	1%	2.5%	5%	10%
临界值	-3.43	-3.12	-2.86	-2.57

---

[*] 指在绝对值上。——译者注

18

例 18.2

三个月期国库券利率的单位根检验

我们利用 INTQRT 中的季度数据来检验三个月期国库券利率中的单位根。估计 (18.20) 便得到：

$$\Delta \widehat{r3_t} = 0.625 - 0.091 r3_{t-1}$$

$$\qquad\qquad\ (0.261)\ (0.037)$$

$$n = 123,\ R^2 = 0.048 \qquad\qquad\qquad (18.22)$$

按照惯例，我们在估计值下面的括号中报告了标准误。需要提醒你注意的是，我们不能用这些标准误来构造置信区间，也不能用它们进行传统的 t 检验，因为有单位根存在时，t 检验和平常不一样。$r3_{t-1}$ 的系数表明，ρ 的估计值为 $\hat{\rho} = 1 + \hat{\theta} = 0.909$。虽然它小于 1，我们却无法判断 ρ 是否统计上小于 1。$r3_{t-1}$ 的 t 统计量是 $(-0.091)/0.037 = -2.46$。根据表 18.2，10% 水平上的临界值是 -2.57，所以我们在 10% 的水平上无法相对 $H_1: \rho < 1$ 拒绝 $H_0: \rho = 1$。

和其他假设检验一样，当我们不能拒绝 H_0 时，我们不能说接受 H_0。为什么？假设在前面的例子中我们用标准的 t 统计量来检验 $H_0: \rho = 0.9$——这个 t 统计量是渐近有效的，因为在 H_0 下 y_t 是 I(0)。然后，我们求出 $t = 0.001/0.037$，这个值很小，不足以否定 $\rho = 0.9$。但是，我们同时接受 $\rho = 1$ 和 $\rho = 0.9$ 便讲不通。

当我们不能拒绝单位根时，就像前面的例子中那样，我们只能得出结论，认为数据没有提供足够的证据以否定 H_0。在这个例子中，所进行的检验的确提供了一些否定 H_0 的证据，因为 t 统计量接近于 10% 的临界值。（计算 p 值是比较理想的做法，但由于非正态分布的缘故，我们需要特殊的软件。）另外，虽然 $\hat{\rho}$ 意味着 $\{r3_t\}$ 有相当程度的持续性，但是，在 $\rho = 0.9$ 时的 AR(1) 模型中，距离 10 个时期的两个观测之间的相关性大约是 0.35，而不是 $\rho = 1$ 时的接近于 1。

如果我们用 $r3_t$ 作为回归分析中的一个解释变量，情况会怎样呢？单位根检验的结果意味着，我们应该非常慎重：如果 $r3_t$ 有单位根，通常的渐近近似不一定成立（我们在第 11 章讨论过）。一个解决办法是，在分析中使用 $r3_t$ 的一阶差分。在 18.4 节我们将会看到，这并不是唯一的可能性。

在有更复杂动态的模型中，我们也需要单位根检验。如果 $\{y_t\}$ 服从 $\rho = 1$ 时的 (18.17)，那么 Δy_t 就是序列无关的。通过用更多的滞后来扩大方程 (18.21)，我们很容易就可以使得 $\{\Delta y_t\}$ 服从一个 AR 模型。比如：

$$\Delta y_t = \alpha + \theta y_{t-1} + \gamma_1 \Delta y_{t-1} + e_t \qquad\qquad (18.23)$$

式中，$|\gamma_1| < 1$。这就确保了在 $H_0: \theta = 0$ 下，$\{\Delta y_t\}$ 服从一个稳定的 AR(1) 模型。在备择假设 $H_1: \theta < 0$ 下，可以证明 $\{y_t\}$ 服从一个稳定的 AR(2) 模型。

更一般地，我们可以在方程中加进 Δy_t 的 p 期滞后项，以表示这个过程的动态。单位根检验的原假设都十分相似：

$$将 \Delta y_t 对 y_{t-1}, \Delta y_{t-1}, \cdots, \Delta y_{t-p} 做回归 \tag{18.24}$$

并对 y_{t-1} 的系数 $\hat{\theta}$ 进行 t 检验，方法与从前一样。DF 检验的这个广义形式常常被称为**增广迪基-富勒（ADF）检验**［augmented Dickey-Fuller（ADF）test］，因为这个回归增加了滞后变化 Δy_{t-h}。临界值和拒绝规则与以前一样。在方程（18.24）中增加滞后项的差分是为了消除 Δy_t 中的序列相关。在方程（18.24）中增加的滞后项越多，我们丢掉的初始观测值也越多。如果我们增加了过多的滞后，检验的小样本功效（small sample power）便大打折扣。但是，如果我们增加的滞后太少，那么即使在渐近的意义上，检验水平[*]也不正确，因为表 18.2 中临界值的有效性以模型设定的动态完备性为前提。通常来说，滞后长度往往由数据频率（和样本容量）决定。对于年度数据，一个或两个滞后足矣。对于月度数据，则可能包含 12 个滞后。但在任何实际问题中，并没有什么硬性规定。

有意思的是，滞后项的变化项（差分项）的 t 统计量具有近似的 t 分布。任何一组 Δy_{t-h} 项的联合分布的 F 统计量也是渐近有效的。（这些都以 11.5 节讨论的同方差假定为条件。）因此，我们可以利用标准的检验判断在方程（18.24）中是否有足够多的滞后变化项（差分项）。

例 18.3

美国年度通货膨胀的单位根检验

利用以消费者价格指数（CPI）为基础的美国年度通货膨胀数据，我们检验一下通货膨胀中的单位根（见 PHILLIPS），数据的时间从 1948 年到 2010 年。在增广 DF 回归中添加 Δinf_t 的一期滞后，得到：

$$\Delta \widehat{inf_t} = 1.21 - 0.300 inf_{t-1} + 0.102 \Delta inf_{t-1}$$
$$\quad\quad (0.43)\ (0.093) \quad\quad (0.115)$$
$$n = 61,\ R^2 = 0.155$$

单位根检验的 t 统计量是 $(-0.300)/0.093 = -3.23$。因为 2.5% 的临界值是 -3.12，并且 $t < -3.12$，我们在 2.5% 的水平上拒绝存在单位根的原假设。ρ 的估计值 $\hat{\rho}$ 大约是 0.700，并不是显著地接近于 1。因此，结合统计学意义上的拒绝规则，我们有足够强的证据可以否定通货膨胀中存在单位根。滞后项 Δinf_{t-1} 有一个约为 0.89 的 t 统计量，所以我们没有必要把它包含在模型中，但我们不可能事先预见到这一点。如果我们去掉 Δinf_{t-1}，拒绝单位根的证据就变得更强：$\hat{\theta} = -0.334$（$\hat{\rho} = 0.666$）且 $t_{\hat{\theta}} \approx -3.55$，这样的话，我们可以在显著性水平为 1% 的情形下拒绝存在单位根（原假设）。

---

[*] 指检验的显著性水平。——译者注

对于明显含有趋势的时间序列，我们需要对这个单位根检验进行修改。如果我们不在 DF 回归中控制一个时间趋势，一个趋势—平稳过程［其均值有线性趋势，但围绕其趋势又是 I(0) 的］便可能会被错误地当作单位根过程。换言之，如果我们对一个有趋势但又是 I(0) 的过程做通常的 DF 或增广 DF 检验，拒绝单位根的功效可能会很小。

为了分析有时间趋势的序列，我们把基本的方程变为：

$$\Delta y_t = \alpha + \delta t + \theta y_{t-1} + e_t \tag{18.25}$$

其中，原假设仍然是 $H_0 : \theta = 0$，备择假设是 $H_1 : \theta < 0$。在备择假设下，y_t 是一个趋势—平稳过程。如果 $\{y_t\}$ 有单位根，那么就有 $\Delta y_t = \alpha + \delta t + e_t$，所以除非 $\delta = 0$，否则 y_t 的变化量有一个线性于 t 的均值。［可以证明，$E(y_t)$ 实际上是 t 的二次函数。］经济序列的一阶差分通常有一个线性趋势，所以一个更为合适的原假设或许是 $H_0 : \theta = 0,\ \delta = 0$。虽然可能用 F 检验来检验这个联合假设（但对临界值要进行修正），但用 t 检验来仅仅检验 $H_0 : \theta = 0$ 则更为常见。我们在这里就采用这种方法。［有关联合检验的更详尽探讨，见 BDGH（1993，Section 4.4）。］

当我们在模型中包含一个时间趋势时，检验的临界值就发生了变化。直觉上，这是因为对一个单位根过程除趋势，会使得它看起来更像一个 I(0) 过程。所以，我们要求更大的 t 统计量值才能拒绝 H_0。对于包含时间趋势的 t 检验，DF 临界值被列在表 18.3 中，它们取自 BDGH（1993，Table 4.2）。

表 18.3　单位根 t 检验的渐近临界值：线性时间趋势

显著性水平	1%	2.5%	5%	10%
临界值	−3.96	−3.66	−3.41	−3.12

例如，为了在 5% 的水平上拒绝单位根假设，我们需要 $\hat{\theta}$ 的 t 统计量小于 −3.41，在没有时间趋势时，这个数据应该是 −2.86。

正如在没有趋势的情形中一样，我们可以在方程（18.25）中增加 Δy_t 的滞后，以解释序列相关。

18

例 18.4

美国真实国内生产总值对数中的单位根

我们可以把有时间趋势的单位根检验应用于 INVEN 中的美国 GDP 数据。这些年度数据始于 1959 年，止于 1995 年。我们检验 $\log(GDP_t)$ 中是否有单位根。这个序列明显有一个看似线性的趋势。我们在模型中加进 $\Delta\log(GDP_t)$ 的一阶滞后来解释动态，$\Delta\log(GDP_t)$ 无非就是（以小数形式表示的）GDP 的增加：

$$\widehat{gGDP}_t = 1.65 + 0.005\ 9t - 0.210\log(GDP_{t-1}) + 0.264gGDP_{t-1}$$

$$\qquad\qquad (0.67)\ (0.002\ 7)\ (0.087) \qquad\qquad (0.165)$$

$$n = 35,\ R^2 = 0.268 \qquad\qquad\qquad\qquad (18.26)$$

通过这个方程，我们得到 $\hat{\rho} = 1 - 0.21 = 0.79$，它明显小于 1。但我们不能拒绝在 GDP 的对数中存在单位根：$\log(GDP_{t-1})$ 的 t 统计量是 $(-0.210)/0.087 = -2.41$，它比 10% 水平的临界值 -3.12 大很多。$gGDP_{t-1}$ 的 t 统计量是 1.60，相对于双侧备择假设，它在 10% 的水平近乎显著。

关于单位根，我们有什么结论呢？尽管 ρ 的点估计值不是特别接近于 1，但我们还是不能拒绝单位根。当我们的样本容量较小时（$n = 35$ 被认为相当小），如果一个过程近乎有单位根，那么拒绝单位根的原假设总是件很困难的事。利用更长时期的更多数据，许多研究者发现，几乎没有反对 $\log(GDP)$ 的单位根假设的证据。这使得他们中的很多人都假定 GDP 的增加是 I(0)，也就是说，$\log(GDP)$ 是 I(1)。不幸的是，由于现在所能获得的样本容量较小，我们对这个结论还不是太有信心。

如果我们忽略时间趋势，反对 H_0 的证据就更少了，因为 $\hat{\theta} = -0.023$ 且 $t_{\hat{\theta}} = -1.92$。这里 ρ 的估计值更接近于 1 了，但由于漏掉了时间趋势，得到的结论是有误导性的。

你可能会有这样的想法：把方程（18.26）中时间趋势的 t 统计量与标准正态分布或 t 分布的临界值进行比较，来看看时间趋势是否显著。不幸的是，趋势项的 t 统计量没有渐近标准正态分布（除非 $|\rho| < 1$）。虽然已经知道这个 t 统计量的渐近分布，但还是很少用到它。一般而言，我们靠直觉（或时间序列描点图）来判断是否应该在 DF 检验中包含一个趋势项。

单位根检验还有许多变形。在仅适用于明显无趋势序列的一个变形中，回归中不含截距项；即令方程（18.21）中的 α 为 0。DF 检验的这种变形很少被使用，因为如果 $\alpha \neq 0$，就会有偏误。此外，我们也可以考虑更为复杂的时间趋势，比如二次时间趋势。不过，这类方法也很少使用。

另一类检验方法则试图用不同的方式来解释 Δy_t 中的序列相关，而不是在方程（18.21）或（18.25）中加入滞后项。这种方法与我们在 12.5 节讨论过的 OLS 估计量的序列相关—稳健标准误有关。其主要思想是：对 Δy_t 中的序列相关尽可能表现为一无所知。在实际计算中，ADF 检验的表现已经很不错了。[对其他检验方法的讨论，参见 BDGH（1993，Section 4-3）。]

18.3 伪回归

在横截面背景下，我们用"伪回归"一词来描述这样一种情形，即两个变量通过各自与第三个变量的相关关系而产生联系。但是，当我们控制了第三个变量，比

如说 z 时，x 对 y 的偏效应即等于 0。很自然，这种情况也会发生在 I(0) 变量的时间序列分析中。

我们在 10.5 节曾讨论过，在有上升或下降趋势的时间序列之间可能会发现一种谬误关系。若这些序列在除去各自的时间趋势后是弱相关的，则只要在回归模型中加进一个时间趋势项，便能很好地解决问题。

我们在处理一阶单整过程时，会遇到新的麻烦。即使两个序列的均值没有趋势，但做两个独立的 I(1) 序列的回归时，也常常会得到一个显著的 t 统计量。

为了更准确地分析，不妨令 $\{x_t\}$ 和 $\{y_t\}$ 是由如下方程产生的随机游走过程：

$$x_t = x_{t-1} + a_t, \ t = 1, \ 2, \ \cdots \tag{18.27}$$

和

$$y_t = y_{t-1} + e_t, \ t = 1, \ 2, \ \cdots \tag{18.28}$$

其中，$\{a_t\}$ 和 $\{e_t\}$ 都是独立同分布的残差项，它们的均值为 0，方差分别为 σ_a^2 和 σ_e^2。为简单起见，将初始值设为 $x_0 = y_0 = 0$。还假定 $\{a_t\}$ 和 $\{e_t\}$ 是相互独立的过程。这意味着 $\{x_t\}$ 和 $\{y_t\}$ 也是相互独立的。但是，如果我们做如下回归：

$$\hat{y}_t = \hat{\beta}_0 + \hat{\beta}_1 x_t \tag{18.29}$$

并求出 $\hat{\beta}_1$ 的通常 t 统计量和通常 R^2，情况会是怎样的呢？因为 y_t 和 x_t 之间是独立的，我们希望 plim $\hat{\beta}_1 = 0$。更为重要的是，如果我们在 5% 的水平上，相对于 H_1：$\beta_1 \neq 0$ 而检验 H_0：$\beta_1 = 0$，我们希望 $\hat{\beta}_1$ 的 t 统计量在每 100 次中有 95 次（也就是 95% 的时候）都不显著。通过模拟，格兰杰和纽博尔德（Granger and Newbold，1974）证明了事实并非如此：即使 y_t 和 x_t 相互独立，但在 y_t 对 x_t 的多次回归中，有很大比例的次数都会得到一个统计显著的 t 统计量，而且远大于名义显著性水平。格兰杰和纽博尔德把这种现象称为**伪回归问题**（spurious regression problem）：y 和 x 之间根本没有关系，但使用 t 统计量的 OLS 回归往往意味着它们之间存在某种关系。

> **思考题 18.2**
>
> 在上述设定下，若 $\{x_t\}$ 和 $\{y_t\}$ 分别由方程（18.27）和（18.28）生成，且 $\{a_t\}$ 和 $\{e_t\}$ 都是独立同分布序列。Δy_t 对 Δx_t 回归的斜率系数（比如 $\hat{\gamma}_1$）的概率极限（plim）是什么？描述 $\hat{\gamma}_1$ 的 t 统计量有怎样的行为。

近期的模拟结果由戴维森和麦金农（Davidson and MacKinnon，1993，Table 19.1）给出，其中，α_t 和 e_t 都由独立同分布正态随机变量生成，总共生成了 10 000 个样本。当样本容量 $n = 50$ 时，在 5% 的置信水平上，相对双侧备择假设，H_0：$\beta_1 = 0$ 的标准 t 统计量在 H_0 下大约有 66.2% 的次数都拒绝 H_0；而非只有 5% 的次数。随着样本容量的增大，情况变得更糟：当 $n = 250$ 时，原假设在 84.7% 的次数里都被拒绝。

让我们来看看如果做水平 y 对水平 x 的回归会出现什么情况。把方程（18.27）的背景模型写为：

$$y_t = \beta_0 + \beta_1 x_t + u_t \tag{18.30}$$

为了使 $\hat{\beta}_1$ 的 t 统计量在大样本下有一个近似标准正态分布，起码 $\{u_t\}$ 应该是一个零均值且序列无关的过程。但在 H_0：$\beta_1 = 0$ 下，$y_t = \beta_0 + u_t$，因为 y_t 是一个初始值为 $y_0 = 0$ 的随机游走，所以仅当 $\beta_0 = 0$——更重要的是——仅当 $u_t = y_t = \sum_{j=1}^{t} e_j$ 时，方程（18.30）在 H_0 下才成立。换言之，u_t 在 H_0 下是一个随机游走。这显然连第 11 章的高斯-马尔科夫假设的渐近形式都不满足。

在方程中包含一个时间趋势也不会改变我们的结论。如果 y_t 或 x_t 是一个带截距项的随机游走，而我们却没有在模型中包含时间趋势，伪回归的问题将更加严重。如果 $\{a_t\}$ 和 $\{e_t\}$ 是一般的 $\mathrm{I}(0)$ 过程，而不是独立同分布过程时，也有同样性质的结论。

通常的 t 统计量除了不具备极限标准正态分布外（实际上，随着 $n \to \infty$，它会增加到无限大），R^2 的行为也是非标准的。在横截面条件下或在有 $\mathrm{I}(0)$ 时间序列变量的回归中，R^2 依概率收敛于总体 R^2：$1 - \sigma_u^2 / \sigma_y^2$。但在使用 $\mathrm{I}(1)$ 过程的伪回归中则不是这样。R^2 并没有一个定义完好的概率极限，它实际上收敛于一个随机变量。规范地表述这一思想超出了本书的研究范围。[对 t 统计量和 R^2 渐近性质的讨论可以在 BDGH（Section 3-1）中找到。]其含义是，即使 $\{y_t\}$ 和 $\{x_t\}$ 是相互独立的时间序列过程，R^2 是一个很大数值的概率也会很高。

在多个自变量都是 $\mathrm{I}(1)$，或其中有些是 $\mathrm{I}(0)$ 时，也存在同样的问题。如果 y_t 是 $\mathrm{I}(1)$，而且，至少有一些解释变量是 $\mathrm{I}(1)$ 时，所得的回归结果就可能是错的。

使用 $\mathrm{I}(1)$ 变量导致伪回归的可能性相当重要，并促使经济学家们重新审视那些 t 统计量非常显著和 R^2 特别高的总量时间序列回归。在下一节，我们将证明只有当 $\mathrm{I}(1)$ 因变量和某个 $\mathrm{I}(1)$ 自变量确实有关系时，做它们的回归才能提供有价值的信息。

18.4 协整和误差修正模型

上一节对伪回归问题的讨论，肯定使人们对回归分析中使用 $\mathrm{I}(1)$ 变量的水平值特别谨慎。在前面章节中，我们曾建议，在把 $\mathrm{I}(1)$ 变量用于线性回归模型之前，无论是用 OLS 还是用工具变量法估计它们，都应该先进行差分。这当然是个稳妥的办法，而且在格兰杰-纽博尔德关于伪回归的经典论文发表之后，许多时间序列回归都采用这种方法。不幸的是，总是对 $\mathrm{I}(1)$ 变量取差分，限制了我们所能回答问题的范围。

18.4a 协整

恩格尔和格兰杰（Engle and Granger，1987）规范探讨了**协整**（cointegration）的概念，使得包含 I(1) 变量的回归也可能是有意义的。虽然完整的协整分析需要复杂的数学，但我们在这里可以介绍诸多实际应用所需要的一些基本问题和方法。

如果 $\{y_t: t=0, 1, \cdots\}$ 和 $\{x_t: t=0, 1, \cdots\}$ 是两个 I(1) 过程，那么，一般而言，对于任何 β，$y_t-\beta x_t$ 都是一个 I(1) 过程。但是，对某些 $\beta \neq 0$ 值来说，$y_t-\beta x_t$ 有可能是一个 I(0) 过程，这意味着，它有常均值、固定方差和仅取决于序列中任意两个变量之间时间间隔的自相关系数，而且，该过程是渐近无关的。若存在这样的 β，我们就说 y 和 x 是协整的，并称 β 为协整参数。[当然，我们也可以考虑 $\gamma \neq 0$ 时的 $x_t-\gamma y_t$：因为如果 $y_t-\beta x_t$ 是 I(0)，那么，$x_t-(1/\beta)\, y_t$ 也是 I(0)。所以，y_t 和 x_t 的线性组合不是唯一的，但如果我们把 y_t 的系数固定为 1，它们的线性组合就是唯一的。见习题 3。为简单起见，我们只考虑 $y_t-\beta x_t$ 形式的线性组合。]

> **思考题 18.3**
>
> 令 $\{(y_t, x_t): t=1, 2, \cdots\}$ 是二元时间序列，且每个序列都是不带截距项的 I(1)。若 y_t 和 x_t 是协整的，则 y_t 和 x_{t-1} 也是协整的，请解释。

为便于说明，我们不妨取 $\beta=1$，假设令 $y_0=x_0=0$，并写出 $y_t=y_{t-1}+r_t$，$x_t=x_{t-1}+v_t$，其中 $\{r_t\}$ 和 $\{v_t\}$ 是两个均值为零的 I(0) 过程。于是，y_t 和 x_t 都倾向于到处徘徊，而且无规律地回归初始值 0。与此相反，如果 y_t-x_t 是 I(0)，它就有 0 均值，并且会有规律地向 0 回归。

下面举一个具体的例子。令 $r6_t$ 代表六个月期国库券（在 t 季度末）的年利率，$r3_t$ 代表三个月期国库券的年利率。（这些通常都被称为债券等价收益率，在金融栏目里有关于它们的报告。）在例 18.2 中，利用 INTQRT 中的数据，我们没有发现能拒绝 $r3_t$ 有单位根这个假设的证据；$r6_t$ 也是如此。定义六个月期和三个月期国库券利率的价差为 $spr_t=r6_t-r3_t$。那么，利用方程（18.21），得到 spr_t 的 DF 统计量是 -7.71（$\hat{\theta}=-0.67$，或 $\hat{\rho}=0.33$）。因此，我们强烈拒绝 spr_t 有单位根这一假设，而支持 spr_t 是 I(0)。结论是：尽管 $r6_t$ 和 $r3_t$ 都是单位根过程，但它们之差却是 I(0) 过程。换句话说，$r6_t$ 和 $r3_t$ 是协整的。

本例中的协整和许多例子一样，有其经济解释。如果 $r6_t$ 和 $r3_t$ 不是协整的，那么二者之间的利差就可能变得很大，没有汇合的趋势。但根据简单的套利理论，这不太可能。假设价差 spr_t 在几个时期都持续增大，使得六个月期国库券成为一种更理想的投资品种，那么，投资者就会从三个月期国库券转向六个月期国库券，从而使得六个月期国库券的价格上升、三个月期国库券的价格下降。因为利率是与价格反方向变动的，$r6$ 就会下降，$r3$ 则上升，一直到价差消失为止。所以，$r6$ 和 $r3$

之间较大的差距不可能持续下去：价差有回归均值的倾向。（这个价差实际上有很小的正均值，因为长期投资者相对于短期投资者需要略高一些的回报。）

价差 spr_t 不会长期偏离其均值这一现象，也可以用另一种方法来描述：$r6$ 和 $r3$ 有一种长期关系。为了说明，令 $\mu = E(spr_t)$ 代表价差的期望值。于是，我们可以写出

$$r6_t = r3_t + \mu + e_t$$

式中，$\{e_t\}$ 是一个均值为 0 的 I(0) 过程。当 $e_t = 0$ 或 $r6^* = r3^* + \mu$ 时，均衡或长期关系就会出现。在任何时期，都可能发生对均衡的偏离，但这种偏离是暂时的：存在着把 $r6$ 和 $r3$ 往均衡关系上拉拢的经济力量。

在利率的例子中，我们利用经济学上的逻辑指出，如果 y_t 和 x_t 是协整的，β 的值应该是多少。如果我们有一个 β 的假设值，那么检验两个序列是否协整就很简单：只要定义一个新变量 $s_t = y_t - \beta x_t$，然后用通常的 DF 或增广 DF 检验 $\{s_t\}$ 便可以。如果我们拒绝 $\{s_t\}$ 中存在单位根的假设，而支持 I(0) 这个备择假设，那么，y_t 和 x_t 就是协整的。也就是说，原假设是：y_t 和 x_t 不是协整的。

当（潜在的）协整系数 β 未知时，对协整的检验就更困难。在检验 $\{s_t\}$ 中的单位根之前，我们必须首先估计 β。如果 y_t 和 x_t 是协整的，最终你会发现，从回归

$$y_t = \hat{\alpha} + \hat{\beta} x_t \tag{18.31}$$

得到的 OLS 估计量 $\hat{\beta}$ 是 β 的一致估计量。问题在于，原假设声称这两个序列不是协整的，这就意味着，在 H_0 条件下，我们做了一个伪回归。幸运的是，即使 β 是估计得到的，我们也可能列表给出临界值。在估计 β 时，我们对来自方程（18.31）中的残差 $\hat{u}_t = y_t - \hat{\alpha} - \hat{\beta} x_t$ 运用 DF 或增广 DF 检验。唯一的区别是，这里的临界值考虑到了对 β 的估计。这种检验方法叫做**恩格尔-格兰杰检验**（Engle-Granger test）法，表 18.4 给出了渐近临界值。[取自 Davidson and MacKinnon（1993，Table 20.2）。]

表 18.4　协整检验的渐近临界值：无时间趋势

显著性水平	1%	2.5%	5%	10%
临界值	−3.90	−3.59	−3.34	−3.04

在基本检验中，我们做 $\Delta \hat{u}_t$ 对 $\hat{u}_{t-1}$ 的回归，然后将 $\hat{u}_{t-1}$ 的 t 统计量与表 18.4 中的理想临界值进行比较。如果 t 统计量小于临界值，我们认为 $y_t - \beta x_t$ 对于某个 β 是 I(0)，也就是说，y_t 和 x_t 是协整的。我们可以在模型中添加 $\Delta \hat{u}_t$ 的滞后，以解释序列相关。如果我们比较一下表 18.4 中的临界值和表 18.2 中的临界值，就会发现，为了证明协整的存在，我们必须得到一个比通常的 DF 临界值在绝对值上更大的 t 统计量。这是因为最小化残差平方和的 OLS，即使在 y_t 和 x_t 没有协整关系时，也倾向于给出看似 I(0) 序列的残差。

与使用通常的 DF 检验一样，我们可以通过引入 $\Delta \hat{u}_t$ 的滞后作为解释变量而扩

18

充恩格尔-格兰杰检验。

如果 y_t 和 x_t 不是协整的，y_t 对 x_t 的回归就是谬误的，不能告诉我们什么有价值的信息：因为 y 和 x 之间没有任何长期关系。我们仍可以做一阶差分形式的变量 Δy_t 和 Δx_t 及其滞后的回归。但我们应该解释这些回归的本来面目：它们用 x 的差分解释了，y 的差分与水平值之间的关系没有必然联系。

如果 y_t 和 x_t 是协整的，那么在下一小节你将看到，我们可以利用这种协整关系来设定更为一般的动态模型。

前面的讨论假定 y_t 和 x_t 都不带截距项。这个假定对于利率来说是合理的，但对其他时间序列未必合适。如果 y_t 和 x_t 包含截距项，$E(y_t)$ 和 $E(x_t)$ 就是时间的线性（通常是增）函数。协整的严格定义要求 $y_t - \beta x_t$ 是没有趋势的 I(0)。为了看看都需要什么条件，我们写出 $y_t = \delta t + g_t$ 和 $x_t = \lambda t + h_t$，其中 $\{g_t\}$ 和 $\{h_t\}$ 是 I(1) 过程，δ 是 y_t 中的截距项 $[\delta = E(\Delta y_t)]$，而 λ 是 x_t 中的截距项 $[\lambda = E(\Delta x_t)]$。现在，如果 y_t 和 x_t 是协整的，必定存在一个 β，使得 $g_t - \beta h_t$ 是 I(0)。但是，

$$y_t - \beta x_t = (\delta - \beta\lambda)t + (g_t - \beta h_t)$$

一般是一个趋势—平稳过程。协整的严格形式要求没有趋势，所以有 $\delta = \beta\lambda$。对于带截距项的 I(1) 过程，随机部分（即 g_t 和 h_t）有可能是协整的，但导致 $g_t - \beta h_t$ 是 I(0) 的参数 β，并没有消除这个线性时间趋势。

无须考虑趋势部分，只要做回归：

$$\hat{y}_t = \hat{\alpha} + \hat{\eta}t + \hat{\beta}x_t \tag{18.32}$$

并对残差 $\hat{u}_t$ 应用通常的 DF 或增广 DF 检验，我们便可以检验 g_t 和 h_t 之间的协整关系。渐近的临界值被列在表 18.5 中。[取自 Davidson and MacKinnon (1993, Table 20.2)。]

表 18.5 协整检验的渐近临界值：线性时间趋势

显著性水平	1%	2.5%	5%	10%
临界值	−4.32	−4.03	−3.78	−3.50

在这种情况下，协整的存在允许 $y_t - \beta x_t$ 有线性趋势的可能性。但至少表明它不是 I(1)。

18

例 18.5

生育率和个人税收减免之间的协整

在第 10 章和第 11 章，我们用各种各样的模型估计了在美国的总生育率（gfr）和个人税收减免（pe）的实际金额之间的关系。水平值形式和差分形式的静态回归结果有很大差异。水平值形式的回归，在包含时间趋势时，给出了 pe 的 OLS 系数等于 0.187（se=0.035），

而 $R^2 = 0.500$。在一阶差分形式下（没有趋势），Δpe 的系数是 -0.043（se $= 0.028$，而 $R^2 = 0.032$）。尽管还有其他原因造成了这些差异（比如分布滞后动态被错误设定），水平值回归和差分回归之间的分歧提醒我们要检验变量间的协整关系。当然，这需要假定 gfr 和 pe 是 I(1) 过程。看来情况的确如此：在增广 DF 检验中，有一个滞后的改变量和一个线性时间趋势，它们都有大约是 -1.47 的 t 统计量，而且所估计的 AR(1) 系数接近于 1。

如果我们做 gfr 对 t 和 pe 的回归，求出残差，并应用有一个滞后的增广 DF 检验，得到 $\hat{u}_{t-1}$ 的 t 统计量为 -2.43，它离 10% 的临界值 -3.50 比较远。因此，我们的结论是：几乎没有证据表明 gfr 和 pe 之间有协整，即使考虑到它们都有各自的趋势，结论也相同。我们在前面用水平值形式得到的回归结果很可能有伪回归的问题。

不过好消息是，当我们使用一阶差分形式并添加两阶滞后时［见方程 (11.27)］，我们发现 Δpe 对 Δgfr 有总体上显著为正的长期影响。

如果我们认为两个序列是协整的，就常常想检验有关协整系数的假设。例如，一种理论可能会认为协整系数为 1。比较理想的情况是，我们可以用一个 t 统计量来检验。

我们明确地介绍无时间趋势的情况，尽管把它引申到有线性趋势的情况很容易。当 y_t 和 x_t 是 I(1) 并且有协整关系时，我们可以写成：

$$y_t = \alpha + \beta x_t + u_t \tag{18.33}$$

式中，u_t 是一个均值为 0 的 I(0) 过程。一般来讲，$\{u_t\}$ 中包含了序列相关，但我们从第 11 章知道，这并不影响 OLS 的一致性。我们以前提到过，把 OLS 用于 (18.33) 可以一致地估计出 β（以及 α）。糟糕的是，因为 x_t 是 I(1)，所以通常的推断程序未必适用：OLS 不是渐近正态分布的，而且 $\hat{\beta}$ 的 t 统计量也不一定有渐近的 t 分布。我们从第 10 章了解到，如果 $\{x_t\}$ 是严格外生的（见假设 TS.3），而且误差是同方差、序列无关和正态分布的，那么 OLS 估计量也是正态分布的（在给定解释变量的条件下），而且 t 统计量刚好服从 t 分布。不幸的是，这些条件在大多数应用中都显得过强。协整并未规定 $\{x_t\}$ 和 $\{u_t\}$ 之间的特定关系，实际上，它们可以任意地相关。此外，除了要求 u_t 是 I(0) 以外，y_t 和 x_t 之间的协整对 u_t 中的序列相关没有任何约束。

幸运的是，虽然 $\{x_t\}$ 没有严格外生性这一 (18.33) 的特性使得推断变得非常困难，但仍可补救。因为 x_t 是 I(1)，所以严格外生性的适当概念是：对所有 s 和 t，u_t 都与 Δx_s 无关。对于所有与 t 比较接近的 s，通过把 u_t 写成 Δx_s 的函数，我们总能（至少近似地）利用这组新的误差来解决问题。比如：

$$u_t = \eta + \phi_0 \Delta x_t + \phi_1 \Delta x_{t-1} + \phi_2 \Delta x_{t-2} + \gamma_1 \Delta x_{t+1} + \gamma_2 \Delta x_{t+2} + e_t \tag{18.34}$$

根据构造，e_t 与出现在方程中的每个 Δx_s 都不相关。我们希望 e_t 与 Δx_s 更远的滞后项和其先导值都不相关。我们知道，随着 $|s-t|$ 变大，e_t 和 Δx_s 之间的相关性趋近于 0，因为它们是 I(0) 过程。现在，我们把方程 (18.34) 代入 (18.33)，便得到：

$$y_t = \alpha_0 + \beta x_t + \phi_0 \Delta x_t + \phi_1 \Delta x_{t-1} + \phi_2 \Delta x_{t-2} + \gamma_1 \Delta x_{t+1} + \gamma_2 \Delta x_{t+2} + e_t \quad (18.35)$$

这个方程看起来有点怪，将来的 Δx_s 与 Δx_t 的当前及滞后值一起出现在方程中。问题的关键在于，x_t 的系数仍然是 β，而且，根据构造，x_t 在这个方程中现在是严格外生的了。严格外生性假定是求 $\hat{\beta}$ 的渐近正态 t 统计量所需要的一个重要条件。若对所有 $s \neq t$，u_t 都与所有的 Δx_s 无关，我们便可以将 Δx_t 的所有先导值和滞后值都去掉，仅留下同期变化 Δx_t。于是，我们估计的方程看起来更标准一些，只是仍包含了 x_t 的一阶差分及其水平值：$y_t = \alpha_0 + \beta x_t + \phi_0 \Delta x_t + e_t$。实际上，增加 Δx_t 便解决了 x_t 和 u_t 之间的同期内生性。（记住，任何内生性都不会导致不一致性，但我们正试图得到一个渐近正态的 t 统计量。）我们是否需要包含同期变化的先导值和滞后值，以及应该包含多少，实际上都是一个经验问题。我们每增加一个先导值或滞后值，都会丧失一次观测，除非我们的数据集很大，否则这种代价可能很高。

从方程（18.35）中得到 β 的 OLS 估计量，被称作 β 的**先导和滞后估计量**（leads and lags estimators），这是因为它利用 Δx 的方法而得名［比如参见 Stock and Watson（1993）］。方程（18.35）中唯一令我们担心的问题是，$\{e_t\}$ 中存在序列相关的可能性。通过计算 $\hat{\beta}$ 的序列相关—稳健标准误（如 12.5 节中所描述的那样）或使用标准的 AR(1) 纠正（比如科克伦-奥卡特方法），便可以解决这个问题。

例 18.6

利率的协整参数

在前面，我们检验了 $r6$ 和 $r3$（六个月期和三月期国库券利率）之间的协整关系——通过假定协整参数为 1。这就使得我们发现了协整，并很自然地得出协整参数等于 1 的结论。尽管如此，我们还是来直接估计一下协整参数并检验 $H_0: \beta = 1$。我们采用先导和滞后估计值，其中使用 $\Delta r3_t$ 的两个先导值、两个滞后值及其当期的改变量。β 的估计值是 $\hat{\beta} = 1.038$，通常的 OLS 标准误是 0.008 1。所以，$H_0: \beta = 1$ 的 t 统计量是 $(1.038-1)/0.008\,1 \approx 4.69$，它是拒绝 H_0 的有力证据。（当然，1.038 在经济上是否异于 1 也是一个需要考虑的问题。）因为没有证据表明残差中有序列相关，所以我们可以把这个 t 统计量当作渐近正态分布的。［作为一个比较，不用 $\Delta r3$ 的先导值、滞后值和同期值（因而可多使用 5 次观测），β 的 OLS 估计值是 1.026（se=0.007 7）。］但得自方程（18.33）的 t 统计量不一定有效。

协整参数还有许多其他估计量，而且这仍将是一个十分活跃的研究领域。协整的概念可以应用于两个以上的过程，但相应的解释、检验和估计都更为复杂。一个问题是，即使我们把一个系数规范化为 1，还可能同时存在着多种协整关系。BDGH 提供了这方面的一些讨论和几个文献。

18.4b　误差修正模型

协整的概念不但使我们了解了两个序列之间潜在的长期关系，也大大丰富了我们可以处理的动态模型种类。如果 y_t 和 x_t 是 I(1) 过程而且不是协整的，我们可能会估计一个一阶差分形式的动态模型。举个例子，考虑方程：

$$\Delta y_t = \alpha_0 + \alpha_1 \Delta y_{t-1} + \gamma_0 \Delta x_t + \gamma_1 \Delta x_{t-1} + u_t \tag{18.36}$$

其中，给定 Δx_t、Δy_{t-1}、Δx_{t-1} 及进一步的滞后，u_t 的均值为零。这实质上就是方程 (18.16)，只不过是一阶差分形式而非水平值形式。如果把它当作一个有理分布滞后模型，我们可以求出即期倾向、长期倾向，以及 Δy 的滞后分布（用 Δx 的分布滞后表达）。

如果 y_t 和 x_t 是协整的，协整参数为 β，那么我们便又有了一个 I(0) 变量，于是我们可以把它放在 (18.36) 中。令 $s_t = y_t - \beta x_t$，这里的 s_t 是 I(0)，而且，为简单起见，我们假定 s_t 有零均值。现在，我们可以把 s_t 的滞后加到方程中去了。在最简单的情形中，我们只加进 s_t 的一个滞后：

$$\begin{aligned}\Delta y_t &= \alpha_0 + \alpha_1 \Delta y_{t-1} + \gamma_0 \Delta x_t + \gamma_1 \Delta x_{t-1} + \delta s_{t-1} + u_t \\ &= \alpha_0 + \alpha_1 \Delta y_{t-1} + \gamma_0 \Delta x_t + \gamma_1 \Delta x_{t-1} + \delta(y_{t-1} - \beta x_{t-1}) + u_t\end{aligned} \tag{18.37}$$

式中，$\mathrm{E}(u_t \mid I_{t-1}) = 0$，而 I_{t-1} 包含了 Δx_t 及 x 和 y 所有过去值的信息。$\delta(y_{t-1} - \beta x_{t-1})$ 这一项被称为**误差修正项**（error correction term），而方程 (18.37) 便是**误差修正模型**（error correction model）的一个例子。（在某些误差修正模型中，x 的同期变化 Δx_t 被省略了。是否包含它部分地取决于方程的目的。在预测中，Δx_t 极少被包括进去，具体的原因我们在 18.5 节将会看到。）

误差修正模型使得我们可以研究 y 和 x 之间关系的短期动态。为简单起见，考虑一个没有 Δy_t 和 Δx_t 滞后项的模型：

$$\Delta y_t = \alpha_0 + \gamma_0 \Delta x_t + \delta(y_{t-1} - \beta x_{t-1}) + u_t \tag{18.38}$$

式中，$\delta < 0$。如果 $y_{t-1} > \beta x_{t-1}$，那么前一时期的 y 已经超过了均衡水平；因为 $\delta < 0$，误差修正项会把 y 往回拉，使它回到均衡水平。类似地，如果 $y_{t-1} < \beta x_{t-1}$，误差修正项就会使 y 朝着返回均衡的方向有一个正的变化。

如何估计一个误差修正模型中的那些参数呢？如果我们知道 β 就很容易了。例如，在 (18.38) 中，我们只要做 Δy_t 对 Δx_t 和 s_{t-1} 的回归就可以了，其中 $s_{t-1} = (y_{t-1} - \beta x_{t-1})$。

例 18.7

持有期收益率的误差修正模型

在第 11 章的习题 6 中我们做了 $hy6_t$ 对 $hy3_{t-1}$ 的回归，其中 $hy6_t$ 是在 $t-1$ 时期买入六个月期国库券并在 t 时期把它当作三个月期国库券卖掉，如此持有三个月而获得的收益率

18

思考题 18.4

在持有期收益率的误差修正模型中，你如何检验 $H_0: \gamma_0 = 1, \delta = -1$？

（百分数），$hy3_{t-1}$ 为在 $t-1$ 时期买入三个月期国库券而获得的三个月持有期收益率。预期假说意味着回归的斜率系数不会在统计上异于 1。但是，有迹象表明 $\{hy3_t\}$ 中有单位根，这就使得标准回归分析出现了问题。我们将假定这两个持有期收益率都是 $I(1)$ 过程。预期假说起码意味着，$hy6_t$ 和 $hy3_{t-1}$ 有协整关系且 β 等于 1，看起来是这种情况（见计算机练习 C5）。在这个假定下，误差修正模型是：

$$\Delta hy6_t = \alpha_0 + \gamma_0 \Delta hy3_{t-1} + \delta(hy6_{t-1} - hy3_{t-2}) + u_t$$

其中，给定 $t-1$ 时期或更早的 $hy3$ 和 $hy6$ 值，u_t 有零均值。误差修正模型中变量的滞后项根据预期假说设置。

利用 INTQRT 中的数据，得到：

$$\widehat{\Delta hy6_t} = 0.090 + 1.218\Delta hy3_{t-1} - 0.840(hy6_{t-1} - hy3_{t-2})$$
$$\quad (0.043) \quad (0.264) \qquad\qquad (0.244)$$
$$n = 122, \ R^2 = 0.790 \tag{18.39}$$

误差修正系数是负的，也很显著。例如，若六个月期国库券的持有期收益率比三个月期国库券的持有期收益率高出 1%，则 $hy6$ 在下一季度就平均下降 0.84%。有意思的是，$\hat{\delta} = -0.84$ 不是统计上异于 -1 的，只要计算 95% 的置信区间就可以看出这一点。

在许多其他的例子中，协整参数必须估计出来。那么，我们把 s_{t-1} 换成 $\hat{s}_{t-1} = y_{t-1} - \hat{\beta} x_{t-1}$，其中 $\hat{\beta}$ 可以是 β 的各种估计量。我们已经讨论了标准的 OLS 估计量以及先导和滞后估计量。但这时又出现了一个问题：$\hat{\beta}$ 的抽样变化会怎样影响误差修正模型中对其他参数的推断呢？幸而，如同恩格尔和格兰杰（Engle and Granger，1987）所证明的，我们可以（渐近地）忽略 β 的初步估计所造成的影响。这个性质很方便，而且意味着误差修正模型中参数估计量的渐近有效性，不受我们是使用 $\hat{\beta}$ 的 OLS 估计量还是使用先导和滞后估计量的影响。当然，在任何一个特定样本中，$\hat{\beta}$ 的选择通常会对误差修正参数估计值产生影响，但我们没有一个系统的方法判断 β 应该使用哪个估计量。用 $\hat{\beta}$ 代替 β 的程序被称为**恩格尔-格兰杰两阶段程序**（Engle-Granger two-step procedure）。

18.5 预测

在某些经济学分支中，预测经济时间序列相当重要，它现在仍是一个很活跃的研究领域。在本节，我们集中研究以回归为基础的预测方法。戴伯尔德（Diebold，2001）就预测问题进行了全面介绍，其中包括一些最新进展。

在这一节，假定我们的主要兴趣是预测一个时间序列过程的将来值，而不一定是要估计因果性或结构性经济模型。

首先最好介绍一些与模型具体形式无关的基本预测原理。假设我们在 t 时期想要预测 y 在 $t+1$ 时期的结果，即 y_{t+1}，所用时期单位可以是一年、一个季度、一个月、一个星期或一天。令 I_t 代表我们在 t 时期可以观测到的所有信息。这个**信息集**（information set）包含 y_t 和 y 的先导值，常常还包括其他变量在 t 或更早时期的值。我们可以用无数种方法来组合这些信息去预测 y_{t+1}。有没有哪种方法是最好的呢？

如果我们设定了与预测误差相联系的损失（loss），答案便是肯定的。令 f_t 代表在 t 时期对 y_{t+1} 所做的预测。我们称 f_t 为**提前一期预测**（one-step-ahead forecast）。**预测误差**（forecast error）是 $e_{t+1} = y_{t+1} - f_t$，一旦观测到 y_{t+1} 的结果，它的值便知道了。损失的最常见度量是误差平方 e_{t+1}^2，多元线性回归模型的最小二乘估计也是根据它推导出来的。预测误差的平方对称地对待正负误差，即越大的误差得到的权重也越大。例如，$+2$ 和 -2 带来的损失是一样的，它们都是预测误差为 $+1$ 和 -1 时损失的 4 倍。预测误差的平方是**损失函数**（loss function）的一种。另一种常见的损失函数是预测误差的绝对值 $|e_{t+1}|$。由于稍后将会看到的原因，我们现在集中研究误差平方损失。

给定误差平方损失函数，我们就可以确定怎样最大程度地利用 t 时期的信息来预测 y_{t+1}。但我们必须认识到，在 t 时期，我们并不知道 e_{t+1}；因为 y_{t+1} 是一个随机变量，所以 e_{t+1} 也就是一个随机变量。所以，任何一种选择 f_t 的标准必须以我们在 t 时期知道的信息为基础。很自然的想法是，当 I_t 给定时，我们就选择使预测误差平方的期望最小的预测值：

$$\mathrm{E}(e_{t+1}^2 \mid I_t) = \mathrm{E}[(y_{t+1} - f_t)^2 \mid I_t] \tag{18.40}$$

概率论的一个基本结论是（见书末附录数学复习 B 中的性质 CE.6），条件均值 $\mathrm{E}(y_t \mid I_t)$ 使方程（18.40）最小化。换句话说，给定 t 时期的信息，如果想要最小化预测误差平方的期望，给定 t 时期我们所知道的所有变量，我们的预测应该是 y_{t+1} 的期望值。

对于很多常见的时间序列过程，这个条件期望值都很容易求出来。假设 $\{y_t: t=0, 1, \cdots\}$ 是一个**鞅差分序列**（martingale difference sequence，MDS），并设 I_t 为 $\{y_t, y_{t-1}, \cdots, y_0\}$，即 y 的过去观测值。根据定义，对所有 t，都有 $\mathrm{E}(y_{t+1} \mid I_t) = 0$；在 t 时期对 y_{t+1} 最好的预测永远是 0！在 18.2 节我们讲过，一个均值为 0 的独立同分布序列是一个鞅差分序列。

在鞅差分序列中，过去对预测将来毫无用处。人们普遍认为，股票收益非常近似于 MDS，或许会有正的均值。无论怎样，关键是 $\mathrm{E}(y_{t+1} \mid y_t, y_{t-1}, \cdots) = \mathrm{E}(y_{t+1})$：条件均值等于无条件均值，在这种情况下，过去的 y 对预测将来的 y 没有任何帮助。

18

如果对所有的 $t \geqslant 0$ 都有 $\mathrm{E}(y_{t+1} \mid y_t, y_{t-1}, \cdots, y_0) = y_t$，过程 $\{y_t\}$ 就是一个**鞅**（martingale）。[如果 $\{y_t\}$ 是一个鞅，那么 $\{\Delta y_t\}$ 就是一个鞅差分序列，后者便由此得名。]下一期 y 的预测值总是现在这个时期的 y 值。

下面是更复杂一点的模型：

$$\mathrm{E}(y_{t+1} \mid I_t) = \alpha y_t + \alpha(1-\alpha)y_{t-1} + \cdots + \alpha(1-\alpha)^t y_0 \qquad (18.41)$$

式中，$0 < \alpha < 1$ 是我们必须作出选择的参数。这种预测方法被称为**指数平滑法**（exponential smoothing），因为滞后 y 的权重按指数级数下降至 0。

之所以把期望值写成（18.41），是因为它可以得到非常简单的递推关系。设 $f_0 = y_0$。于是，$t > 1$ 时，预测值可以通过下面的等式求出：

$$f_t = \alpha y_t + (1-\alpha)f_{t-1}$$

换句话说，y_{t+1} 的预测值是 y_t 和在 $t-1$ 时期对 y 的预测值的加权平均。指数平滑法只适用于某些十分特殊的时间序列，而且需要我们选择 α。我们下面将要介绍的回归方法就灵活得多。

前面的讨论围绕着只提前一个时期预测 y。在 t 时期预测 y_{t+h}（h 为正整数）的过程中出现的一般性问题也基本类似。特别是，如果我们用预测误差平方的期望来度量损失，最好的预测子仍然是 $\mathrm{E}(y_{t+h} \mid I_t)$。在处理**提前多期预测**（multiple-step-ahead-forecast）时，我们用 $f_{t,h}$ 来表示在 t 时期对 y_{t+h} 的预测。

18.5a 用于预测的回归模型类型

我们可以利用许多不同的回归模型来预测一个时间序列的将来值。第 10 章中用于时间序列数据的第一个回归模型便是静态模型。为了说明怎样用这个模型进行预测，假定我们只有一个解释变量：

$$y_t = \beta_0 + \beta_1 z_t + u_t \qquad (18.42)$$

暂时假定 β_0 和 β_1 已知。在 $t+1$ 时期，方程为 $y_{t+1} = \beta_0 + \beta_1 z_{t+1} + u_{t+1}$。现在如果在 t 时期已知 z_{t+1}，于是它便是 I_t 的一个组成部分，而且 $\mathrm{E}(u_{t+1} \mid I_t) = 0$，那么，

$$\mathrm{E}(y_{t+1} \mid I_t) = \beta_0 + \beta_1 z_{t+1}$$

式中，I_t 包括 z_{t+1}，y_t，z_t，$\cdots$，y_1，z_1。这个方程的右边是在 t 时期对 y_{t+1} 的预测值。这种预测方法常被称为**条件预测**（conditional forecast），因为它是以我们知道 z 在 $t+1$ 时期的值为条件的。

不幸的是，我们任何时候都很少能够知道未来时期的解释变量值。除非包含时间趋势和季节虚拟变量（我们后面会明确讨论），否则我们在 t 时期知道的关于 z_{t+1} 的其他信息是很少的。有时，我们希望能给出几个 z_{t+1} 的条件预测。

作为预测模型的（18.42）还有一个问题：$\mathrm{E}(u_{t+1} \mid I_t) = 0$ 意味着 $\{u_t\}$ 不能包含序列相关，但我们在大多数静态回归模型中看到它是错的。[习题 8 要求你在含 AR(1) 误差的简单分布滞后模型中推导出预测值。]

如果我们在第 t 期不知道 z_{t+1}，就不能把它包括在 I_t 中。于是，有：

$$E(y_{t+1} \mid I_t) = \beta_0 + \beta_1 E(z_{t+1} \mid I_t)$$

这意味着，为了预测 y_{t+1}，我们必须依据相同的信息集首先预测 z_{t+1}。因为我们没有假定在第 t 期知道 z_{t+1}，所以这种方法通常被称为**无条件预测**（unconditional forecast）。事实上，这个名称多少也有些用词不当，因为我们的预测仍然是以 I_t 中的信息为条件。但是，这一名称在预测文献中已经根深蒂固了。无非在用于预测时，被我们赋予一个特定的含义罢了。

就预测而言，除非由于某些原因使我们不得不用方程（18.42）中的静态模型，否则，最好所设定的模型仅取决于 y 和 z 的滞后值。这便省却了一些步骤，不必在预测 y 之前还要预测右边的变量。很容易就想到的一个模型是：

$$y_t = \delta_0 + \alpha_1 y_{t-1} + \gamma_1 z_{t-1} + u_t$$
$$E(u_t \mid I_{t-1}) = 0 \tag{18.43}$$

式中，I_{t-1} 包括第 $t-1$ 期及其以前的 y 和 z。于是，在第 t 期对 y_{t+1} 的预测就是 $\delta_0 + \alpha_1 y_t + \gamma_1 z_t$；若已知这些参数值，则代入 y_t 和 z_t 的值即可。

如果我们只想用 y 的过去值预测 y 的将来值，那么我们可以从（18.43）中去掉 z_{t-1}。当然，我们也可以在方程中加进 y 或 z 的更多滞后，或其他变量的滞后。特别是对于提前一期预测来说，这类模型可能很有用。

18.5b 提前一期预测

利用像（18.43）这样的模型，求样本期结束后下一时期的预测值相对简单。令 n 代表样本容量。y_{n+1} 的预测值是：

$$\hat{f}_n = \hat{\delta}_0 + \hat{\alpha}_1 y_n + \hat{\gamma}_1 z_n \tag{18.44}$$

其中我们假定参数已经用 OLS 估计出来。我们在 $\hat{f}_n$ 上面加一个帽（∧），是为了强调我们估计了回归模型中的参数。（如果我们知道这些参数，那么预测值便不会有估计误差。）预测误差（我们只有到第 $t+1$ 期才能知道它的值）是：

$$\hat{e}_{n+1} = y_{n+1} - \hat{f}_n \tag{18.45}$$

如果我们在预测方程中加入 y 或 z 的更多滞后，样本中前几次观测值就会被丢掉更多。

y_n 的预测值 f_n 常被称作**点预测**（point forecast）。我们也能够获得一个**预测区间**（forecast interval）。预测区间与我们在 6.4 节所讲的**预测区间**（prediction interval）实质上是相同的。在那里我们说明了，在经典线性模型假定下，如何求出一个恰好 95% 的预测区间。预测区间也采用完全相同的计算方法。如果模型不满足经典线性模型假定［比如像方程（18.44）那样，模型包含有滞后因变量］，那么，只要在 I_{t-1} 给定时，u_t 是均值为零且方差为常数的正态分布，那么预测区间便仍然是渐近有效的。（这就保证了，OLS 统计量是具有通常 OLS 方差的渐近正态分布；

而且 u_{n+1} 独立于均值为 0 和方差为 σ^2 的 OLS 估计量。）令 $\text{se}(\hat{f}_n)$ 表示预测值的标准误，$\hat{\sigma}$ 为回归标准误。[根据 6.4 节，我们可以做 y_t 对 $y_{t-1}-y_n$ 和 $z_{t-1}-z_n$ 的回归，$t=1$，2，$\cdots$，n；也就是说，在做回归之前将 y 的每个滞后项都减去 y 在第 n 期的值，对 z 也做同样的处理，这样求出的截距和它的标准误就是我们所要的 $\hat{f}_n$ 和 $\text{se}(\hat{f}_n)$。]于是，

$$\text{se}(\hat{e}_{n+1}) = \{[\text{se}(\hat{f}_n)]^2 + \hat{\sigma}^2\}^{1/2} \tag{18.46}$$

而（近似）95% 的预测区间是：

$$\hat{f}_n \pm 1.96 \cdot \text{se}(\hat{e}_{n+1}) \tag{18.47}$$

因为 $\text{se}(\hat{f}_n)$ 大致与 $1/\sqrt{n}$ 成正比，所以 $\text{se}(\hat{f}_n)$ 相对误差 u_{n+1} 中由 $\hat{\sigma}$ 度量的不确定性来说通常很小。

许多计量经济软件包有写好的指令，用来计算（18.46）式中的标准误。如果没有类似的软件包，我们也可以对回归结果进行简单处理，以得到相同的分析结果。此外，我们可以使用在 9.5c 节用来得到学生化残差的那个回归方程来对我们计算的结果进行检查。特别地，假设我们想要预测当 $t=n+1$ 时 y_t 的值，于是我们利用前 n 个观测值去估计相关的参数。结果显示，（18.46）式中的标准误就是当我们用 $n+1$ 个观测值进行回归时，表示第 $n+1$ 个观测值的哑变量对应的标准误。换句话说，当 $t=n+1$ 时，令 $dnp1_t$（其中 $np1$ 代表着"n 加上 1"）等于 1，反之等于 0，然后做回归：

将 y_t 对 y_{t-1}，z_{t-1}，$dnp1_t$ 回归，其中 $t=2$，$\cdots$，$n+1$

那么 $dnp1_t$ 的回归系数其实就是预测误差 $\hat{e}_{n+1}=y_{n+1}-\hat{f}_n$。更重要的是，这个系数的标准误就是（18.46）式中的标准误。上述这个方法对于想要计算预测标准误，却不能直接计算的计量软件而言是很方便的。

例 18.8

预测美国的失业率

利用 PHILLIPS 中 1948—2010 年的数据，我们来预测一下美国公民在 2011 年的失业率。我们使用两个模型。第一个是 $unem$ 的简单 AR(1) 模型：

$$\widehat{unem}_t = 1.366 + 0.775 unem_{t-1}$$
$$\quad\quad (0.524)\ (0.090)$$
$$n=62,\ \overline{R}^2=0.547,\ \hat{\sigma}=1.065 \tag{18.48}$$

在第二个模型中，我们增加通货膨胀率的一年滞后：

$$\widehat{unem}_t = 1.085 + 0.719 unem_{t-1} + 0.158 inf_{t-1}$$
$$\quad\quad (0.482)\ (0.083)\quad\quad (0.043)$$
$$n=62,\ \overline{R}^2=0.626,\ \hat{\sigma}=0.967 \tag{18.49}$$

(18.49) 式中滞后的通货膨胀率非常显著（$t \approx 3.7$），而且从第二个方程得到的调整 R^2 比第一个方程高得多。不过，这并不一定意味着第二个方程将得到 2011 年更好的预测值。到目前为止，我们只能说，利用直至 2010 年的数据，通货膨胀的一个滞后项有助于解释失业率的波动性。

为了得出 2011 年的预测值，我们需要知道 2010 年的 unem 和 inf。它们分别是 9.6 和 1.6。因此，从方程（18.48）得到 $unem_{2011}$ 的预测值是 $1.366 + 0.775 \times 9.6 \approx 8.81$。从方程（18.49）得到的预测值是 $1.085 + 0.719 \times 9.6 + 0.158 \times 1.6 \approx 8.24$。（如果你使用一个计量经济软件包直接得到这些预测值，则这两个预测值只是略有不同，就像这两个方程中预测的系数已经四舍五入到了小数点后三位。）而美国 2011 年的实际失业率是 8.9，所以来自更简单的模型得到的预测效果更好。但是我们要提醒读者，这个结论只是对于 2011 这一年而言，要知道 2011 年美国还处在自 2008 年开始的大衰退阶段中。

我们可以很容易地求出 95% 的预测区间。我们做 $unem_t$ 对 $unem_{t-1} - 9.6$ 和 $inf_{t-1} - 1.6$ 的回归，得到截距为 8.24（我们已经把它作为预测值计算出来了）和 $se(\hat{f}_n) = 0.376$。因此，由于 $\hat{\sigma} = 0.967$，我们便有 $se(\hat{e}_{n+1}) = [(0.376)^2 + (0.967)^2]^{1/2} \approx 1.038$。根据（18.47）得到 95% 的预测区间是 $8.24 \pm 1.96 \times 1.038$，或者说大约是 $[6.2, 10.3]$。这是一个很宽的区间，而 2011 年的实际值 8.9 正好在这个区间之内。如同我们所料，u_{n+1} 的标准误 0.967 占 $se(\hat{e}_{n+1})$ 的很大比例。

一个专业预测员常常必须对每个时期都进行预测。比如，在第 n 期，他要预测 y_{n+1}。接着，当 y_{n+1} 和 z_{n+1} 已知后，他又要预测 y_{n+2}。即使预测员已经决定采用模型（18.43）了，预测 y_{n+2} 仍有两个选择。第一个选择是用 $\hat{\delta}_0 + \hat{\alpha}_1 y_{n+1} + \hat{\gamma}_1 z_{n+1}$，其中参数是利用前 n 次观测估计而来。第二个选择是利用所有 $n+1$ 次观测重新估计这些参数，然后用相同的公式去预测 y_{n+2}。为了对随后时期进行预测，我们一般可以用由前 n 次观测估计得到的参数；或者，我们也可以在每次得到新的数据后，利用全部观测更新回归参数。虽然第二种方法需要进行更多的运算，但增加的工作量相对来说是次要的，它可能会（虽然并不一定）更好，因为这些回归系数至少在一定程度上根据新数据进行了调整。

下面我们就举一个具体的例子。假设我们希望预测 2012 年的失业率，采用的模型中只有 unem 和 inf 的一期滞后。那么，第一种方法是：把 2011 年的失业率和通货膨胀的数值代入方程（18.49）的右边；因为在 2011 年 unem = 8.9，inf = 3.2，$unem_{2012}$ 的预测值为 $1.085 + 0.719 \times 8.9 + 0.158 \times 3.2 \approx 7.99$。我们可以近似为 8.0。第二种方法是：增加 2011 年的观测重新估计方程，然后再利用新方程预测 $unem_{2012}$，保留两位小数，第二种方法得到的结果是 8.06；当我们近似到 8.1 时，就得到了 2012 年真实的失业率。两种预测方法得到的结果十分接近，这是因为仅仅增加一年的数据对方程（18.49）的 OLS 估计影响较小。

方程（18.43）中的模型被称为**向量自回归（VAR）模型**［vector autoregressive (VAR) model］。我们从第 11 章了解到什么是自回归模型，即只用自己的过去值来模型化一个序列 $\{y_t\}$。在向量自回归模型中，我们用几个序列的过去值来模型化这几个序列（如果你熟悉线性代数，便知道这就是"向量"一词的来源）。如果我们有两个序列 y_t 和 z_t，向量自回归模型就可以由如下方程组成：

$$y_t = \delta_0 + \alpha_1 y_{t-1} + \gamma_1 z_{t-1} + \alpha_2 y_{t-2} + \gamma_2 z_{t-2} + \cdots \tag{18.50}$$

和

$$z_t = \eta_0 + \beta_1 y_{t-1} + \rho_1 z_{t-1} + \beta_2 y_{t-2} + \rho_2 z_{t-2} + \cdots$$

其中，给定 y 和 z 的过去信息，每个方程都包含一个期望值为 0 的误差。在方程（18.43）中［以及在（18.49）所估计的例子中］，我们假定每个变量有一期滞后便足以反映出所有的动态。（$unem_{t-2}$ 和 inf_{t-2} 之联合显著性的 F 检验，便证实了每个变量只需要一期滞后即可。）

就像例 18.8 所阐明的那样，VAR 方程在预测方面很有用。在很多情况下，我们对只预测一个变量 y 感兴趣，这时，我们只需要估计和分析有关 y 的方程。我们当然也可以在方程（18.50）中添加其他滞后变量，比如说 w_{t-1}，w_{t-2}，…，只要方程包含了所有变量足够多的滞后，而且方程满足时间序列回归的同方差假定，OLS 就可以有效地估计出这种方程。

像（18.50）这样的方程使得我们在控制了过去的 y 之后，可以检验过去的 z 是否有助于预测 y_t。一般地，若

$$E(y_t \mid I_{t-1}) \neq E(y_t \mid J_{t-1}) \tag{18.51}$$

我们便称 z 是 y 的格兰杰原因，其中 I_{t-1} 包含 y 和 z 的所有过去信息，而 J_{t-1} 只包括 y 的过去信息。当方程（18.51）成立时，除了过去的 y 以外，过去的 z 对于预测 y_t 也是有用的。"格兰杰原因"中的"原因"一词一定要谨慎解释。z 是 y 的"原因"的唯一含义就是方程（18.51）。尤其是，它并没有说 y 和 z 之间有同期因果关系，所以，它并不能帮助我们判断在有关 y_t 和 z_t 的方程中，z_t 是外生的还是内生的。［这也是**格兰杰因果关系**（Granger causality）的概念不适用于纯粹横截面分析的原因。］

一旦假定了一个线性模型，并决定了在 $E(y_t \mid y_{t-1}, y_{t-2}, \cdots)$ 中应该包含多少个 y 的滞后，我们轻而易举就可以检验 z 不是 y 的格兰杰原因这一原假设。更具体而言，假设 $E(u_t \mid y_{t-1}, y_{t-2}, \cdots)$ 只取决于三阶滞后：

$$y_t = \delta_0 + \alpha_1 y_{t-1} + \alpha_2 y_{t-2} + \alpha_3 y_{t-3} + u_t$$

$$E(u_t \mid y_{t-1}, y_{t-2}, \cdots) = 0$$

现在，在 z 不是 y 的格兰杰原因这一原假设下，我们往方程中添加 z 的任何滞后，其总体系数都应该为零。如果添加 z_{t-1}，我们就只要对 z_{t-1} 作一个 t 检验。如果添加 z 的两阶滞后，我们就可以用 F 检验来看看如下方程中 z_{t-1} 和 z_{t-2} 的联合显著性：

$$y_t = \delta_0 + \alpha_1 y_{t-1} + \alpha_2 y_{t-2} + \alpha_3 y_{t-3} + \gamma_1 z_{t-1} + \gamma_2 z_{t-2} + u_t$$

18

（若存在异方差性，我们便可以使用异方差—稳健形式的检验。在 H_0 下不会有序列相关性存在，因为模型是动态完备的。）

有一个实际问题：我们如何决定要包含 y 和 z 的哪些滞后呢？首先，我们从估计 y 的一个自回归模型开始，并运用 t 和 F 检验来决定应该有多少个 y 的滞后出现在模型中。对于年度数据，滞后数量一般都很小，比如 1 或 2。对于季度或月度数据，滞后的数量往往多一些。一旦 y 的自回归模型确定下来，我们就可以检验 z 的滞后。z 的滞后数量的选择不怎么重要，因为当 z 不是 y 的格兰杰原因时，没有一个 z 的滞后值集是显著的。对于年度数据，一般只要 1 个或 2 个滞后就够了；对于季度数据，通常要 4 个或 8 个；对于月度数据，可能要 6 个或 12 个，如果数据足够多，也可以是 24 个。

在方程（18.49）中，我们实际上已经完成了一个格兰杰因果性检验的例子。拟合失业数据最好的自回归模型是 AR(1) 模型。我们在方程（18.49）中增加通货膨胀的一个滞后，它是很显著的。因此，通货膨胀是失业率的格兰杰原因。

格兰杰因果性还有一个有用的广义定义。令 $\{w_t\}$ 为第三个序列（或者，它也可以代表几个增加进来的序列）。于是，若方程（18.51）成立，z 就是 y 以 w 为条件的格兰杰原因。需要注意的是，此时的 I_{t-1} 包含了 y、z 和 w 的过去信息，而 J_{t-1} 只包括 y 和 w 的过去信息。当然也有可能，z 是 y 的格兰杰原因，却不是 y 以 w 为条件的格兰杰原因。若原假设是：z 不是 y 以 w 为条件的格兰杰原因，在 y 还取决于滞后的 y 和滞后的 w 的一个模型中，检验滞后的 z 的显著性便可以检验上述原假设。例如，以利率的变化为条件，欲检验货币供给的增加是不是导致真实 GDP 增加的格兰杰原因，我们可以将 $gGDP_t$ 对 $gGDP$、Δint 和 gM 的滞后项进行回归，然后对 gM 的滞后项做显著性检验。［比如，参见 Stock and Watson (1989)。］

18.5c　提前一期预测的比较

在几乎所有预测问题中，都有几种不相上下的预测方法可供选择。即便仅限于回归模型，仍然有许多可能性。应该在模型中包括哪些变量？用多少个滞后呢？应该用变量的对数形式、水平值形式，还是一阶差分呢？

为了确定预测方法，我们需要一个规则来确定哪种方法是最合适的。宽泛地讲，可以区分为**样本内准则**（in-sample criteria）和**样本外准则**（out-of-sample criteria）。在回归框架中，样本内准则包括 R^2 和调整 R^2。还有许多其他模型选择统计量，我们在此不一一介绍［比如，参见 Ramanathan（1995，Chapter 4）。］

就预测而言，使用样本外准则更好，因为预测本质上就是一个样本外问题。一个模型也许在用于估计其参数的样本中对 y 拟合得比较好，但并不一定在预测时就有好的表现。一个样本外的比较方法大致为，用样本的前一部分去估计模型中的参数，然后用样本中余下的部分来判断它的预测能力。这就模拟了我们在不知道变量的将来值时所要做的事情。

18

假设我们有 $n+m$ 次观测，其中的前 n 次观测被我们用来估计模型中的参数，其余的 m 次观测用于预测。令 $\hat{f}_{n+h}$ 代表 $h=0，1，\cdots，m-1$ 时 y_{n+h+1} 的提前一期预测。这 m 个预测误差是 $\hat{e}_{n+h+1}=y_{n+h+1}-\hat{f}_{n+h}$。当我们的预测超出了样本之外时，怎样衡量模型预测得有多好呢？有两个衡量标准最为常见。一是**均方根误**（root mean squared error，RMSE）：

$$RMSE=\left(m^{-1}\sum_{h=0}^{m-1}\hat{e}_{n+h+1}^2\right)^{1/2} \tag{18.52}$$

它实质上就是预测误差的样本标准差（未作任何自由度调整）。如果对两种或多种预测方法计算 RMSE，我们更喜欢有最小样本外 RMSE 的方法。

另一个衡量标准是**绝对平均误差**（mean absolute error，MAE），就是预测误差的绝对值的平均值：

$$MAE=m^{-1}\sum_{h=0}^{m-1}|\hat{e}_{n+h+1}| \tag{18.53}$$

MAE 同样是越小越好。其他准则包括最大绝对预测误差的最小化等。

例 18.9

失业率预测的样本外比较

在例 18.8 中，我们发现方程（18.49）比（18.48）明显更好地拟合了 1948—2010 年数据，然而，在预测 2011 年的失业率方面，来自方程（18.48）的预测更接近于实际数据。现在，我们仍用直至 2010 年的数据来估计这两个模型，以比较 2011—2017 年的提前一期预测。这就留下 7 次样本外观测（准确地说 $n=62$，$m=7$）用于方程（18.52）和（18.53）。在关于 unem 的 AR(1) 模型中，RMSE=0.606，MAE=0.515。在增加了滞后通货膨胀的模型（一阶 VAR 模型）中，RMSE=0.394，MAE=0.327。因此，无论根据 RMSE 还是 MAE，包含了 inf_{t-1} 的模型都得到 2011—2017 年更好的样本外预测值——即使在 2011 年这一年该模型的表现较差。

还有一种方法，与只利用前 n 次观测来估计模型的参数不同，我们也可以在每增加了一次观测后都重新估计模型，再用新模型进行下一个时期的预测。

18.5d 提前多期预测

提前多于一个时期进行预测一般比只提前一个时期要难一些。我们可以正式表述为：假设我们要在 t 时期和更早的时期 $s(s<t)$ 分别预测 y_{t+1}，那么，$\text{Var}[y_{t+1}-\text{E}(y_{t+1}\mid I_t)]\leqslant\text{Var}[y_{t+1}-\text{E}(y_{t+1}\mid I_s)]$，而且，不等式经常是严格不等的。这里，我们不作一般性的证明，只从直观上考虑一下它的含义：预测 y_{t+1} 的预测误差方

差，在基于较少信息时更大。

若 $\{y_t\}$ 服从一个 AR(1) 模型（包括随机游走模型，而且可能带有截距项），则很容易证明，随着预测期限的延伸，预测误差的方差逐渐变大。模型为：

$$y_t = \alpha + \rho y_{t-1} + u_t$$

$$E(u_t \mid I_{t-1}) = 0, \quad I_{t-1} = \{y_{t-1}, y_{t-2}, \cdots\}$$

其中，以 I_{t-1} 为条件，$\{u_t\}$ 具有常方差 σ^2。在 $t+h-1$ 时期，预测 y_{t+h} 的值是 $\alpha + \rho y_{t+h-1}$，预测误差就是 u_{t+h}。因此，提前一期预测的方差是 σ^2。为了求出提前多期预测值，我们利用反复迭代：

$$y_{t+h} = (1 + \rho + \cdots + \rho^{h-1})\alpha + \rho^h y_t + \rho^{h-1} u_{t+1} + \rho^{h-2} u_{t+2} + \cdots + u_{t+h}$$

在第 t 期，对于所有的 $j \geqslant 1$，u_{t+j} 的期望值都为 0。所以

$$E(y_{t+h} \mid I_t) = (1 + \rho + \cdots + \rho^{h-1})\alpha + \rho^h y_t \tag{18.54}$$

而且，预测误差为 $e_{t,h} = \rho^{h-1} u_{t+1} + \rho^{h-2} u_{t+2} + \cdots + u_{t+h}$，它是一系列不相关随机变量之和，所以和的方差就等于方差之和：$\mathrm{Var}(e_{t,h}) = \sigma^2[\rho^{2(h-1)} + \rho^{2(h-2)} + \cdots + \rho^2 + 1]$。因为 $\rho^2 > 0$，所以每一项乘以 σ^2 后都是正的，因此预测误差方差随着 h 的上升而增大。当 $\rho^2 < 1$ 时，预测方差收敛于 $\sigma^2/(1-\rho^2)$，它正好是 y_t 的无条件方差。在随机游走（$\rho = 1$）的情况下，$f_{t,h} = \alpha h + y_t$，而且 $\mathrm{Var}(e_{t,h}) = \sigma^2 h$，所以，随着预测期限 h 的延伸，预测方差无限增大。这说明，预测一个随机游走的遥远将来是很困难的，无论是否带有截距项。比方说，对遥远未来的利率进行预测，明显就不是那么准确。

方程（18.54）表明，一旦我们用 OLS 估计了 ρ，用 AR(1) 模型进行多期预测就比较容易。在第 n 期，y_{n+h} 的预期值是：

$$\hat{f}_{n,h} = (1 + \hat{\rho} + \cdots + \hat{\rho}^{h-1})\hat{\alpha} + \hat{\rho}^h y_n \tag{18.55}$$

除非 $h = 1$，否则要想计算预测区间就更困难，因为很难求出 $\hat{f}_{n,h}$ 的标准误。不过，与误差项的标准差相比，$\hat{f}_{n,h}$ 的标准误通常还算比较小，而后者可以被估计为 $\hat{\sigma}[\hat{\rho}^{2(h-1)} + \hat{\rho}^{2(h-2)} + \cdots + \hat{\rho}^2 + 1]^{1/2}$，这里的 $\hat{\sigma}$ 是通过 AR(1) 估计得到的回归标准误。我们可以用这个结果求出一个近似的置信区间。比如，当 $h = 2$ 时，一个近似的 95% 置信区间（对于较大的 n）是：

$$\hat{f}_{n,2} \pm 1.96 \hat{\sigma}(1 + \hat{\rho}^2)^{1/2} \tag{18.56}$$

因为我们低估了 y_{n+h} 的标准差，所以这个置信区间偏窄，但可能不会窄很多，尤其是在 n 很大的时候。

一个不是那么传统但很有用的方法是：对每个预测期限都估计一个不同的模型。例如，假设我们希望提前两个时期预测 y。若 I_t 仅取决于直至 t 时期的 y，我们便可以假定 $E(y_{t+2} \mid I_t) = \alpha_0 + \gamma_1 y_t$ [我们在前面看到过，如果 $\{y_t\}$ 服从一个 AR(1) 模型，它就会成立]。我们可以通过做 y_t 对截距和 y_{t-2} 的回归来估计 α_0 和

γ_1。假设这个方程中的误差包含序列相关（相邻时期的误差是相关的），我们仍然可以得到 α_0 和 γ_1 的一致且渐近正态估计量。那么，在第 n 期，y_{n+2} 的预测值就是 $\hat{f}_{n,2} = \hat{\alpha}_0 + \hat{\gamma}_1 y_n$。另外，很重要的是，这个回归的标准误刚好就是我们计算预测值的置信区间所需要的标准误。不幸的是，为了得到 $\hat{f}_{n,2}$ 的标准误，利用提前一期预测的方法，要求我们求出一个在 12.5 节曾介绍过的那种序列相关—稳健的标准误。在误差方差是常数时，随着 n 增大，标准误趋于 0。因此，使用方程（18.56），并用将 y_t 对 y_{t-2} 做回归所得到的 SER 替代 $\hat{\sigma}(1+\hat{\rho}^2)^{1/2}$，便可以得到一个近似区间。但必须牢记，我们在这里忽略了 $\hat{\alpha}_0$ 和 $\hat{\gamma}_1$ 中的估计误差。

我们也可以用更复杂的自回归模型来计算提前多期的预测值。比如，假设 $\{y_t\}$ 服从一个 AR(2) 模型，而我们希望在第 n 期预测 y_{n+2}。于是，$y_{n+2} = \alpha + \rho_1 y_{n+1} + \rho_2 y_n + u_{n+2}$。所以：

$$E(y_{n+2} | I_n) = \alpha + \rho_1 E(y_{n+1} | I_n) + \rho_2 y_n$$

我们可以把它写成：

$$f_{n,2} = \alpha + \rho_1 f_{n,1} + \rho_2 y_n$$

这样，一旦得到了提前一期预测值，我们就可以得到第 n 期的提前两期预测值。若 AR(2) 模型的参数已经用 OLS 估计出来，我们便可以操作如下：

$$\hat{f}_{n,2} = \hat{\alpha} + \hat{\rho}_1 \hat{f}_{n,1} + \hat{\rho}_2 y_n \tag{18.57}$$

既然我们可以在时期 n 计算出 $\hat{f}_{n,1} = \hat{\alpha} + \hat{\rho}_1 y_n + \hat{\rho}_2 y_{n-1}$，于是，把它与 y_n 一起代入方程（18.57），便得到 $\hat{f}_{n,2}$。对任何 $h > 2$，欲得到 AR(2) 模型的提前 h 期预测，很容易发现如下递推关系：$\hat{f}_{n,h} = \hat{\alpha} + \hat{\rho}_1 \hat{f}_{n,h-1} + \hat{\rho}_2 \hat{y}_{n,h-2}$。

同样的逻辑可用于求 VAR 模型的提前多期预测。为了说明，假设我们有：

$$y_t = \delta_0 + \alpha_1 y_{t-1} + \gamma_1 z_{t-1} + u_t \tag{18.58}$$

和

$$z_t = \eta_0 + \beta_1 y_{t-1} + \rho_1 z_{t-1} + v_t$$

我们若想在第 n 期预测 y_{n+1}，便可以利用 $\hat{f}_{n,1} = \hat{\delta}_0 + \hat{\alpha}_1 y_n + \hat{\gamma}_1 z_n$。类似地，$z_{n+1}$ 在第 n 期的预测值（比如说）为 $\hat{g}_{n,1} = \hat{\eta}_0 + \hat{\beta}_1 y_n + \hat{\rho}_1 z_n$。现在，假设我们想在第 n 期得到 y 的提前两期预测值。根据方程（18.58），我们有：

$$E(y_{n+2} | I_n) = \delta_0 + \alpha_1 E(y_{n+1} | I_n) + \gamma_1 E(z_{n+1} | I_n)$$

［因为 $E(u_{n+2} | I_n) = 0$，］所以我们可以把预测值写为：

$$\hat{f}_{n,2} = \hat{\delta}_0 + \hat{\alpha}_1 \hat{f}_{n,1} + \hat{\gamma}_1 \hat{g}_{n,1} \tag{18.59}$$

这个方程表明，y 的提前两期预测值取决于 y 和 z 的提前一期预测值。一般来讲，利用如下递归公式，我们便可以得到 y 的提前多期预测值：

$$\hat{f}_{n,h} = \hat{\delta}_0 + \hat{\alpha}_1 \hat{f}_{n,h-1} + \hat{\gamma}_1 \hat{g}_{n,h-1}, \quad h \geq 2$$

例 18.10

提前两年预测失业率

为了用方程（18.49）提前两年预测失业率（比如说，用到 2010 年为止的数据预测 2012 年的失业率），我们需要一个通货膨胀模型。用 unem 和 inf 的滞后项表示 inf 的最好模型，看起来是简单的 AR(1) 模型（$unem_{-1}$ 在添加到回归中时并不显著）：

$$\widehat{inf_t} = 1.149 + 0.666 inf_{t-1}$$

$$(0.446) \quad (0.094)$$

$$n = 62, \bar{R}^2 = 0.448$$

我们若把 2010 年的 inf 值 $inf_{2010} = 1.6$ 代入方程的右边，便得到 2011 年 inf 的预测值

$$\widehat{inf_{2011}} = 1.149 \times 0.666 \times 1.6 \approx 2.21$$

接着，我们把它和预测值 $\widehat{unem_{2011}} = 8.24$ [我们在前面曾利用方程（18.49）得到] 一起代入方程（18.49）来预测 $unem_{2012}$：

$$\widehat{unem_{2012}} = 1.085 + 0.719 \times 8.24 + 0.158 \times 2.21 \approx 7.36$$

通过将 umem 和 inf 在 2011 年的数值代入方程（18.49）得到的 $unem_{2012}$ 的提前一期预测值大约为 7.99，而 2012 年的实际失业率约为 8.1%，这就意味着，在这种情况下，提前一期预测值较提前多期预测值略胜一筹。事实上，我们期望的结果也是如此；通常来说，上述结论都是对的，因为提前一期的预测是基于更多的（事实上是更新的）信息做出的。

恰如提前一期预测，样本外均方根误或绝对平均误差也可以作为提前多期的预测方法而被选择。

18.5e 有趋势、季节性和单整过程的预测

现在，我们开始预测那些表现出趋势性、季节性或单位根的序列。在第 10 章和第 11 章我们曾介绍过，处理回归模型中趋势因变量或趋势自变量的方法是：在模型中包含时间趋势，其中最常见的是线性趋势。趋势也可以包含在预测方程中，但一定要慎重行事。

在最简单的情形中，假设 $\langle y_t \rangle$ 有一个线性趋势，但它围绕其趋势的变化是不可预测的。于是我们可以写出：

$$y_t = \alpha + \beta t + u_t, \ \mathrm{E}(u_t \mid I_{t-1}) = 0, \ t = 1, \ 2, \ \cdots \tag{18.60}$$

其中和往常一样，I_{t-1} 包含直至第 $t-1$ 期所观测到的所有信息（它至少包含 y 的过去信息）。对于任何 $h \geqslant 1$，我们如何在第 n 期预测 y_{n+h} 呢？这很简单，因为 $\mathrm{E}(y_{n+h} \mid I_n) = \alpha + \beta(n+h)$。预测误差方差无非就是 $\sigma^2 = \mathrm{Var}(u_t)$（假定不同时期的方差相同）。若

18

我们利用前 n 次观测，用 OLS 估计出 α 和 β，那么在第 n 期，我们对 y_{n+h} 的预测便是 $\hat{f}_{n,h} = \hat{\alpha} + \hat{\beta}(n+h)$。换言之，我们只要把与 y 对应的时期值代入所估计的趋势函数即可。例如，如果用 BARIUM 中的 $n=131$ 次观测来预测美国每月从中国进口氯化钡的数量，我们便得到 $\hat{\alpha}=249.56$ 和 $\hat{\beta}=5.15$。样本期间到 1988 年 12 月为止，所以 6 个月后从中国进口数量的预测值为 $249.56 + 5.15 \times 137 = 955.11$，以短吨计。* 作为比较，1988 年 12 月的实际值是 1 087.81，它大于 6 个月后的预测值。图 18.2 给出了这个序列及其估计的趋势线。

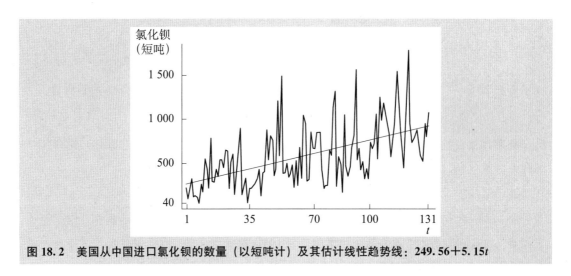

图 18.2　美国从中国进口氯化钡的数量（以短吨计）及其估计线性趋势线：249.56＋5.15t

我们在第 10 章曾讨论过，大多数经济时间序列都最好（至少近似）用常增长率来刻画，这就意味着 $\log(y_t)$ 有一个线性时间趋势。假设我们用 n 次观测得到如下方程：

$$\log(y_t) = \hat{\alpha} + \hat{\beta}t, \quad t=1, 2, \cdots, n \tag{18.61}$$

? 思考题 18.5

假设你把 $\{y_t: t=1, 2, \cdots, 46\}$ 模型化为一个线性时间趋势，其中年度数据始于 1950 年并止于 1995 年。定义变量 $year_t$ 的取值范围从 50（$t=1$ 时）至 95（$t=46$ 时）。如果你估计方程 $\hat{y} = \hat{\gamma} + \hat{\delta} year_t$，把得到的 $\hat{\gamma}$ 和 $\hat{\delta}$ 与 $\hat{y}_t = \hat{\alpha} + \hat{\beta}t$ 中得到的 $\hat{\alpha}$ 和 $\hat{\beta}$ 进行比较，有何不同？从这两个方程中得到的预测值又有何区别？

那么，为了预测未来任何时期 $n+h$ 的 $\log(y_t)$ 值，我们只需照常将 $n+h$ 代入趋势方程即可。但这并不能让我们预测出 y，而在很多时候我们偏偏又想知道 y。有人不禁想通过对 $\hat{\alpha} + \hat{\beta}(n+h)$ 取指数来计算 y_{n+h} 的预测值，但出于我们在 6.4 节给出的同样原因，这种做法不甚正确。我们必须适当解释隐含在方程（18.61）中的误差。最简单的方法

---

* 即以 2 000 磅为单位，约折合 1 800 斤。——译者注

是，利用这 n 次观测，将 y_t 对 $\exp(\widehat{\log y_t})$ 做不含截距的回归。令 $\hat{\gamma}$ 为 $\exp(\widehat{\log y_t})$ 的斜率系数。那么在第 $n+h$ 期，y 的预测值无非就是：

$$\hat{f}_{n,h} = \hat{\gamma} \exp\left[\hat{a} + \hat{\beta}(n+h)\right] \tag{18.62}$$

举个例子，我们若用 NYSE 中纽约证券交易所指数的前 687 周数据，便得到 $\hat{a} = 3.782$ 和 $\hat{\beta} = 0.001\,9$ [通过做 $\log(price_t)$ 对一个线性时间趋势的回归]；这就说明，指数平均每周上涨约 0.2%。我们若将 $price$ 对取指数以后的拟合值进行回归，便得到 $\hat{\gamma} = 1.018$。现在我们利用方程（18.62）预测 4 周后即样本中最后一周的 $price$：$1.018 \times \exp(3.782 + 0.001\,9 \times 691) \approx 166.12$。实际值是 164.25，所以我们预测的结果偏高。但这个结果比估计前 687 周的一个线性时间趋势得到的结果要好得多：第 691 周的预测值是 152.23，预测结果明显过低。

虽然趋势模型在预测中很有用，但我们要慎重使用这种方法，特别是对带截距项的单整序列预测遥远未来时。考虑一个带截距项的随机游走，便可以看出潜在问题。在 $t+h$ 时期，我们可以把 y_{t+h} 写成：

$$y_{t+h} = \beta h + y_t + u_{t+1} + \cdots + u_{t+h}$$

式中，β 是截距项系数（通常 $\beta > 0$），给定 I_t，每个 u_{t+j} 都有零均值和常方差 σ^2。我们在前面曾看到，t 时期对 y_{t+h} 的预测值为 $E(y_{t+h} \mid I_t) = \beta h + y_t$，预测误差方差是 $\sigma^2 h$。如果我们改用线性趋势模型，情况会如何呢？令 y_0 为这个过程在第 0 期的初始值，我们把它当作非随机的。于是，可以写成：

$$y_{t+h} = y_0 + \beta(t+h) + u_1 + u_2 + \cdots + u_{t+h}$$
$$= y_0 + \beta(t+h) + v_{t+h}$$

这看起来有些像一个截距为 $\alpha = y_0$ 的线性趋势模型。但误差 v_{t+h} 在有零均值的同时，也有方差 $\sigma^2(t+h)$。因此，如果我们在 t 时期用线性趋势 $y_0 + \beta(t+h)$ 来预测 y_{t+h}，预测误差方差为 $\sigma^2(t+h)$，而当我们用 $\beta h + y_t$ 预测时，误差方差是 $\sigma^2 h$。预测方差之比为 $(t+h)/h$，若 t 很大，这个比率就会很大。起码的结论是：我们不应该使用线性时间趋势去预测带截距的随机游走。（第 18 章的计算机练习 C8 要求你比较美国一般生育率的两种预测结果：一是利用时间的三次趋势线，二是利用简单的随机游走模型。）

如果使用过时的数据来估计趋势参数，而且这个过程的趋势线随后出现了明显的变化，那么确定性趋势可能会得到糟糕的预测结果。有时，外生冲击（比如 20 世纪 70 年代的石油危机）可以改变趋势变量的轨迹。如果用一个过时的趋势线来预测遥远的未来，预测结果可能相去甚远。使用最新数据求趋势线的参数，便可以减轻这个问题。

我们完全可以把趋势和其他模型结合起来进行预测。比如，我们可以在 AR(1) 模型中添加一个线性趋势，若序列具有线性趋势，但围绕其趋势又是稳定的 AR 过程，这种预测方法便非常奏效。

18

预测具有确定季节性（月度或季度）的过程也简单。比如，BARIUM 包含美国从 1978 年到 1988 年汽油的月产量数据。这个序列没有明显的趋势，但它有很强的季节性特点。（汽油产量在夏季月份和 12 月偏高。）在最简单的模型中，我们做 gas（以加仑计）对表示 11 个月份虚拟变量（比方说从 2 月到 12 月）的回归。于是，对将来任何一个月的预测就是截距加上那个月对应虚拟变量的系数。（对于 1 月，预测值就是回归中的截距。）我们还可以在模型中增加变量的滞后项和时间趋势，使之广泛适用于有季节性的一般序列。

对有单位根过程的预测也值得特别注意。在前面，以直至第 n 期的信息为条件，我们得到了一个随机游走的期望值。在第 n 期，为了预测一个随机游走（可能带截距项 α）h 个时期以后的值，我们用到了 $\hat{f}_{n,h} = \hat{\alpha}h + y_n$，其中 $\hat{\alpha}$ 是 Δy_t 的值到 $t = n$ 时的样本均值。（若没有时间趋势，我们便取 $\hat{\alpha} = 0$。）这种方法便强加了单位根。另一种方法是，估计 $\{y_t\}$ 的 AR(1) 模型，然后运用预测公式（18.55）。这种方法虽然没有在方程中强加单位根，但是如果出现了单位根，随着 n 增大，$\hat{\rho}$ 便依概率收敛于 1。不过，$\hat{\rho}$ 有可能非常不同于 1，特别是在样本容量不是很大的时候。哪种方法能带来更好的样本外预测，则是一个经验性问题。如果在 AR(1) 模型中，ρ 小于 1，哪怕只小一点，AR(1) 模型也可能会提供更好的长期预测值。

一般而言，有两种方法可以用来预测 I(1) 过程。第一种方法是在模型中强加单位根。对于提前一期的预测，给定直至 t 时期的信息，我们得到一个用于预测 y 的变化 Δy_{t+1} 的模型。于是，因为 $y_{t+1} = \Delta y_{t+1} + y_t$，所以 $E(y_{t+1} \mid I_t) = E(\Delta y_{t+1} \mid I_t) + y_t$。因此，$y_{n+1}$ 在第 n 期的预测值为：

$$\hat{f}_n = \hat{g}_n + y_n$$

式中，$\hat{g}_n$ 是 Δy_{t+1} 在第 n 期的预测值。通常将 AR 模型（它一定是稳定的）或者向量自回归用于模型化 Δy_t。

通过把 y_{n+h} 写成如下形式，可以把以上方法扩展到提前多期预测：

$$y_{n+h} = (y_{n+h} - y_{n+h-1}) + (y_{n+h-1} - y_{n+h-2}) + \cdots + (y_{n+1} - y_n) + y_n$$

或

$$y_{n+h} = \Delta y_{n+h} + \Delta y_{n+h-1} + \cdots + \Delta y_{n+1} + y_n$$

所以，y_{n+h} 在第 n 期的预测值为：

$$\hat{f}_{n,h} = \hat{g}_{n,h} + \hat{g}_{n,h-1} \cdots + \hat{g}_{n,1} + y_n \tag{18.63}$$

式中，$\hat{g}_{n,j}$ 是 Δy_{n+j} 在第 n 期的预测值。比如，我们可以把 Δy_t 模型化为一个稳定的 AR(1)，然后用方程（18.55）求出提前多期预测值（将 Δy_t 对 Δy_{t-1} 回归，并以 y_n 取代 Δy_n，便得到 $\hat{\alpha}$ 和 $\hat{\rho}$）。然后把它们代入方程（18.63）。

第二种预测 I(1) 变量的方法是：利用 $\{y_t\}$ 的一般 AR 或 VAR 模型。这里没有强加单位根。例如，我们若使用 AR(2) 模型

$$y_t = \alpha + \rho_1 y_{t-1} + \rho_2 y_{t-2} + u_t \qquad (18.64)$$

则 $\rho_1 + \rho_2 = 1$。如果我们代入 $\rho_1 = 1 - \rho_2$ 并整理，便得到 $\Delta y_t = \alpha - \rho_2 \Delta y_{t-1} + u_t$，这是一个差分形式的稳定 AR(1) 模型，它使得我们又回到了前面介绍的那种方法。我们可以直接用 OLS 估计 (18.64)。这个回归的一个漂亮之处在于，我们可以使用 $\hat{\rho}$ 的通常 t 统计量来判断 y_{t-2} 是否显著。（这就假定了同方差假定成立；否则，我们可以使用异方差—稳健的统计量。）虽然我们不给出规范证明，但从直觉来看，把方程改写为 $y_t = \alpha + \gamma y_{t-1} - \rho_2 \Delta y_{t-1} + u_t$ 就可以看出这一点，其中 $\gamma = \rho_1 + \rho_2$。即使 $\gamma = 1$，ρ_2 也是一个平稳的弱相关序列 $\{\Delta y_{t-1}\}$ 的系数的相反数。因为这个回归结果与方程 (18.64) 中的结果相同，所以我们可以直接使用 (18.64)。

作为一个例子，让我们使用直至 1979 年的观测来估计 FERTIL3 中一般生育率的一个 AR(2) 模型。（计算机练习 C8 要求你用这个模型进行预测，这也是我们把样本末的部分观测保留下来的原因。）

$$\widehat{gfr_t} = 3.22 + 1.272 gfr_{t-1} - 0.311 gfr_{t-2}$$
$$(2.92)(0.120) \qquad (0.121)$$
$$n = 65,\ R^2 = 0.949,\ \overline{R}^2 = 0.947 \qquad (18.65)$$

二阶滞后的 t 统计量大约是 -2.57，它在约 1% 的水平上统计显著异于 0。（一阶滞后也有一个非常显著的 t 统计量，根据 $\hat{\rho}_2$ 使用的同样逻辑，它还服从一个渐近的 t 分布。）无论是经过调整的还是没有经过调整的 R^2，作为拟合优度指标都不能提供特别有价值的信息，因为 gfr 明显包含了单位根，所以，讨论我们在多大程度上解释了 gfr 的方差根本就没有什么意义。

方程 (18.65) 中两个滞后项的系数之和为 0.961，它接近于 1，而且在统计上也不显著异于 1（通过对方程 $\Delta gfr_t = \alpha + \theta gfr_{t-1} + \delta_1 \Delta gfr_{t-1} + u_t$ 应用 ADF 检验，便可以验证这一点）。即使我们没有施加单位根约束，但就像前面曾讨论过的那样，我们仍然可以使用方程 (18.65) 进行预测。

在结束本节之前，对于使用 I(1) 变量的向量自回归模型背景中的预测，我们指出了一种潜在的改进。假设 $\{y_t\}$ 和 $\{z_t\}$ 都是 I(1) 过程。预测 y 的方法之一是：估计变量 Δy_t 和 Δy_t 的一个双变量自回归模型，然后用方程 (18.63) 得到提前一期或多期的预测值；这种方法在本质上与我们前面介绍的第一种方法相同。但是，如果 y_t 和 z_t 是协整的，在预测 Δy_t 所用的信息集中，我们就有更平稳和更稳定的变量，即 $y_{t-1} - \beta z_{t-1}$ 的滞后，其中 β 为协整参数。一个简单的误差修正模型是

$$\Delta y_t = \alpha_0 + \alpha_1 \Delta y_{t-1} + \gamma_1 \Delta z_{t-1} + \delta_1 (y_{t-1} - \beta z_{t-1}) + e_t$$
$$E(e_t | I_{t-1}) = 0 \qquad (18.66)$$

为了预测 y_{n+1}，我们用直至第 n 期的观测来估计协整参数 β，然后像 18.4 节所介绍的那样，用 OLS 估计误差修正模型的参数。那么，预测 Δy_{n+1} 就很简单：只要把 Δy_n、Δz_n 和 $y_n - \hat{\beta} z_n$ 代入所估计的方程。在得到 Δy_{n+1} 后，将它和 y_n 加起来

即可。

重新整理误差修正模型，我们可以写成：

$$y_t = \alpha_0 + \rho_1 y_{t-1} + \rho_2 y_{t-2} + \delta_1 z_{t-1} + \delta_2 z_{t-2} + u_t \qquad (18.67)$$

它是 y_t 和 z_t 的 VAR 模型中的第一个方程，其中 $\rho_1 = 1 + \alpha_1 + \delta$，$\rho_2 = -\alpha_1$ 等等。注意到，这个方程中有 5 个参数，和误差修正模型一样多。结论是：从预测的角度看，水平值形式的 VAR 模型和误差修正模型在本质上是一样的。但是，在更一般的误差修正模型中，就没有这样的结论。比如，假设在方程（18.66）中 $\alpha_1 = \gamma_1 = 0$，但我们还有一个误差修正项 $\delta_2(y_{t-2} - \beta z_{t-2})$。于是，这个误差修正模型只涉及 4 个参数，而方程（18.67）（其中 y 和 z 都有相同的滞后阶数）则包含了 5 个参数。所以，误差修正模型能节约参数；也就是说，它通常比水平值形式的 VAR 模型更简洁（parsimonious）。

如果 y_t 和 z_t 是 I(1) 但又不是协整的，那么适当的模型将是没有误差修正项的（18.66）。它可被用来预测 Δy_{n+1}，我们可以把它与 y_n 加起来用于预测 y_{n+1}。

本章小结

本章所探讨的时间序列专题被例行用于实证宏观经济学、实证金融学及许多其他实际应用领域。我们是从说明如何解释和估计无限分布滞后模型开始的。这些模型比类似的有限分布滞后模型使用更少的参数提供了灵活的滞后分布。几何分布滞后模型，或者更为一般的有理分布滞后模型，是最常见的无限分布滞后模型。使用有关简单动态方程的标准计量经济学程序，就可以估计它们。

在时间序列计量经济学中，单位根检验已经是司空见惯。如果一个序列有单位根，那么在很多情况下，通常的大样本正态近似便不再有效。此外，一个单位根过程有这样一种性质，即残差项具有持久影响，这个问题本身就很值得研究。虽然有许多单位根检验方法，但 DF 检验（及其扩展的增广 DF 检验）大概最为常见，也最容易操作。通过在 DF 回归中添加一个趋势变量，我们就容许单位根检验中存在一个线性趋势。

当一个 I(1) 序列 y_t 对另一个 I(1) 序列 x_t 回归时，即使这些序列不包含明显的趋势，但我们仍非常担心伪回归的问题。这一点已经在随机游走的情况下进行了详尽研究：即使两个随机游走相互独立，基于通常的临界值，斜率系数显著性的 t 检验会比名义检验水平更频繁地拒绝假设。此外，R^2 倾向于为一个随机变量，而不是 0（我们将 y_t 的差分对 x_t 的差分进行回归时应该得到 0）。

在一种重要的情形中，涉及 I(1) 变量的回归也不是伪回归，那就是序列协整的时候。这意味着这两个 I(1) 变量的线性函数是 I(0)。若 y_t 和 x_t 是 I(1)，但 $y_t - x_t$ 是 I(0)，则 y_t 和 x_t 就不会随时间的推移波动太大。若原假设是没有协整，备择假设是有协整，则有一些简单的检验办法，其一是对从静态回归中得到的残差使用 DF 单位根检验。也有一些简单的协整参数的估计量，具有近似标准正态分布（和渐近有效置信区间）的 t 统计量。我们在 18.4

节介绍了先导和滞后估计量。

y_t 和 x_t 之间的协整意味着，在一个有关 Δx_t 和 Δy_t 的模型中可能出现一些误差修正项；这些误差修正项是 $y_t - \beta x_t$ 的滞后，其中 β 是协整参数。估计误差修正模型，可用一种简单的两阶段估计法。首先，用一个静态回归（或者先导和滞后回归）来估计 β。然后，用 OLS 估计一个一阶差分形式的简单动态模型，模型中应包含误差修正项。

18.5 节介绍了预测方面的问题，侧重于以回归为基础的预测方法。静态模型，或更一般地，包含与因变量同期解释变量的模型，预测的作用相当有限，因为我们还需要预测解释变量。如果我们代入（未知的）未来解释变量的假设值，便得到一个条件预测值。无条件预测无异于构造一个 y_t 的模型，其中把 y_t 表示成预测时所观测到的过去信息的函数。动态回归模型可例行使用，包括自回归和向量自回归模型。除了得到提前一期的点预测值之外，我们还讨论了预测区间的构造问题，它类似于预测区间的构造。

有很多种选择预测方法的准则。最为常见的性能指标是均方根误和绝对平均误差。二者都是估计了平均预测误差的大小。用样本外预测计算这些指标最为有益。

提前多期预测给我们带来了新的挑战，而且出现了较大的预测误差方差。尽管如此，对于自回归和向量自回归模型而言，仍可计算提前多期预测值，并能得到近似的预测区间。

预测有趋势的序列和 I(1) 序列时需要特别小心。有确定趋势的过程，可以在回归模型中包含时间趋势（还可以包含变量的滞后）加以预测。确定性趋势有一个不足——它的长期预测的效果可能不太好，这是因为：一旦估计出模型，线性趋势表示不断增加或减少。预测 I(1) 过程的一种典型方法是，预测这个过程的差分，然后把变量的水平值与所预测的差分相加。或者，也可以使用序列水平值形式的向量自回归模型。若序列是协整的，则可以使用误差修正模型。

关键术语

增广迪基-富勒（ADF）检验	先导和滞后估计量	协整
损失函数	条件预测（值）	损失函数
迪基-富勒（DF）分布	鞅	迪基-富勒（DF）检验
鞅差分序列	恩格尔-格兰杰检验	绝对平均误差（MAE）
恩格尔-格兰杰两阶段程序	提前多期预测	误差修正模型
提前一期预测	指数平滑法	样本外准则
预测误差	点预测	预测区间
有理分布滞后（RDL）模型	几何（或考依克）分布滞后	均方根误（RMSE）
格兰杰因果关系	伪回归问题	无限分布滞后（IDL）模型
无条件预测	信息集	单位根
样本内准则	向量自回归（VAR）模型	

18

习 题

1. 考虑 $k=2$ 时的方程 (18.15)。用 IV 法估计 γ_h 和 ρ，你将用什么作为 y_{t-1} 的工具变量？

2. 一个能给出含滞后因变量之计量经济模型的颇有意思的经济模型，把 y_t 和 x_t 的期望值（x_t^*）相联系，其中 x_t 的期望值是以在第 $t-1$ 期所观测到的所有信息为条件的：

$$y_t = \alpha_0 + \alpha_1 x_t^* + u_t \tag{18.68}$$

对 $\{u_t\}$ 的一个自然假定是 $E(u_t \mid I_{t-1})=0$，其中 I_{t-1} 代表在第 $t-1$ 期有关 y 和 x 的所有信息；这意味着 $E(y_t \mid I_{t-1})=\alpha_0+\alpha_1 x_t^*$。为了完成这个模型，需要一个关于如何形成期望 x_t^* 的假定。我们在 11.2 节看到过一个适应性预期的简单例子，在那里有 $x_t^*=x_{t-1}$。一个更复杂的适应性预期机制为：

$$x_t^* - x_{t-1}^* = \lambda(x_{t-1} - x_{t-1}^*) \tag{18.69}$$

式中，$0<\lambda<1$。这个方程意味着，预期变化要根据上一期的实现值是高于还是低于其预期值而做出反应。假定 $0<\lambda<1$ 说明预期变化是上一期预测误差的一个比例。

(i) 上述两个方程意味着：

$$y_t = \lambda \alpha_0 + (1-\lambda)y_{t-1} + \lambda \alpha_1 x_{t-1} + u_t - (1-\lambda)u_{t-1}$$

[提示：把方程 (18.68) 滞后一个时期并乘以 $(1-\lambda)$，然后从方程 (18.68) 中减去。再利用 (18.69)。]

(ii) 在 $E(u_t \mid I_{t-1})=0$ 下，$\{u_t\}$ 是序列无关的。对误差 $v_t = u_t - (1-\lambda)u_{t-1}$ 来讲，这意味着什么？

(iii) 如果把第 (i) 部分中的方程改写为：

$$y_t = \beta_0 + \beta_1 y_{t-1} + \beta_2 x_{t-1} + v_t$$

我们如何一致地估计 β_j？

(iv) 给定 β_j 的一致估计值，你将如何一致地估计 λ 和 α_1？

3. 假设 $\{y_t\}$ 和 $\{x_t\}$ 都是 I(1) 序列，但对于某个 $\beta \neq 0$，$y_t - \beta z_t$ 是 I(0)。证明对于任何 $\delta \neq \beta$，$y_t - \delta z_t$ 一定是 I(1)。

4. 考虑方程 (18.37) 中的误差修正模型。证明：如果你添加误差修正项的另一个滞后 $y_{t-2} - \beta x_{t-2}$，这个方程便出现了完全多重共线性的问题。[提示：证明 $y_{t-2} - \beta x_{t-2}$ 是 $y_{t-1} - \beta x_{t-1}$、Δx_{t-1} 和 Δy_{t-1} 的一个完全线性函数。]

5. 假设过程 $\{(x_t, y_t): t=0, 1, 2, \cdots\}$ 满足方程：

$$y_t = \beta x_t + u_t$$

和

$$\Delta x_t = \gamma \Delta x_{t-1} + v_t$$

其中，$E(u_t \mid I_{t-1})=E(v_t \mid I_{t-1})=0$，$I_{t-1}$ 包含 x 和 y 在第 $t-1$ 期及此前的所有信息，$\beta \neq 0$，且 $|\gamma|<1$ [于是 x_t 因而 y_t 是 I(1)]。证明：这两个方程意味着如下形式的一个误差修正模型：

$$\Delta y_t = \gamma_1 \Delta x_{t-1} + \delta(y_{t-1} - \beta x_{t-1}) + e_t$$

其中，$\gamma_1 = \beta \gamma$，$\delta = -1$，$e_t = u_t + \beta v_t$。（提示：首先从第一个方程的两边减去 y_{t-1}。然后在右边加上并减去一个 βx_{t-1}，并重新整理。最后，利用第二个方程得到包含 Δx_{t-1} 的误差修正模型。）

6. 利用 TRAFFIC2 中的月度数据估计如下方程：

$$\widehat{pcip} = 1.54 + 0.344\,pcip_{-1} + 0.074\,pcip_{-2} + 0.073\,pcip_{-3} + 0.031\,pcsp_{-1}$$
$$\phantom{\widehat{pcip} = } (0.56)\quad (0.042)\qquad\quad (0.045)\qquad\quad (0.042)\qquad\quad (0.013)$$
$$n=554,\ R^2=0.174,\ \overline{R}^2=0.168$$

式中，$pcip$ 是月度工业生产值的变动百分比（已年化），$pcsp$ 是标准普尔 500 指数的变动百分比（同样已年化）。

(i) 如果过去三个月的 $pcip$ 和 $pcsp_{-1}$ 均为 0，本月的工业生产值预计增长多少？这个值在统计上显著异于 0 吗？

(ii) 如果过去三个月的 $pcip$ 均为 0 但 $pcsp_{-1}$ 是 10，本月的工业生产值预计增长多少？

(iii) 请总结股票市场对真实经济活动的影响。

7. 令 gM_t 表示货币供给的年增加，$unem_t$ 表示失业率。假定 $unem_t$ 服从稳定的 AR(1) 模型，请详细说明你将如何检验 gM 是否为 $unem$ 的格兰杰原因。

8. 假设 y_t 服从下列模型：

$$y_t = \alpha + \delta_1 z_{t-1} + u_t$$
$$u_t = \rho u_{t-1} + e_t$$
$$E(e_t \mid I_{t-1}) = 0$$

式中，I_{t-1} 包含了 y 和 z 在第 $t-1$ 期及此前的所有信息。

(i) 证明：$E(y_{t+1} \mid I_t) = (1-\rho)\alpha + \rho y_t + \delta_1 z_t - \rho \delta_1 z_{t-1}$。（提示：写出 $u_{t-1} = y_{t-1} - \alpha - \delta_1 z_{t-2}$，并把它代入第二个方程；然后把得到的结果代入第一个方程，再取条件期望。）

假设你用 n 次观测来估计 α、δ_1 和 ρ。写出用来预测 y_{t-1} 的方程。

(ii) 为什么说含有 z 的一阶滞后和 AR(1) 序列相关的模型是如下模型的一个特殊情形？

$$y_t = \alpha_0 + \rho y_{t-1} + \gamma_1 z_{t-1} + \gamma_2 z_{t-2} + e_t$$

(iv) 利用含有 AR(1) 序列相关的模型进行预测，第 (iii) 部分有何含义？

9. 令 $\{y_t\}$ 代表一个 I(1) 序列。假设 $\hat{g}_n$ 是 Δy_{n+1} 的提前一期预测值，令 $\hat{f}_n = \hat{g}_n + y_n$ 为 y_{n+1} 的提前一期预测值。解释为什么预测 Δy_{n+1} 和 y_{n+1} 有相同的预测误差。

10. 考虑在方程（18.8）中的几何分布模型，并把它写成方程（18.11）中估计方程的形式：

$$y_t = \alpha_0 + \gamma z_t + \rho y_{t-1} + v_t$$

式中，$v_t = u_t - \rho u_{t-1}$。

(i) 假设你只愿意假设在方程（18.6）中有序列外生性。那么，为什么一般来说 z_t 和 v_t 是相关的？

(ii) 解释为什么当我们将 (z_t, z_{t-1}) 作为 IV 来估计方程（18.11）时，在 (18.6) 条件下得到的估计结果通常是不一致的？当我们使用 IV 估计量的时候，你可以检验 z_t 和 v_t 是相关还是不相关的吗？

(iii) 当仅有方程（18.6）成立时，评价下面的方案：运用工具变量法（IV），使用工具变量 (z_{t-1}, z_{t-2}) 估计方程（18.11）。

(iv) 解释运用两阶段最小二乘法（2SLS），使用工具变量 (z_t, z_{t-1}, z_{t-2}) 估计方程（18.11），你有什么发现！

(v) 方程（18.16）是一个关于合理的分布滞后模型的估计方程，你将如何仅在方程（18.6）下估计系数？你的方法是否存在一些实际的难题？

计算机练习

C1. 本题利用 WAGEPRC 中的数据。第 11 章习题 5 给出了 $gprice$ 对 $gwage$ 的一个有限分布滞后模型的估计值，其中用到了 $gwage$ 的 12 阶滞后。

（i）估计 $gprice$ 对 $gwage$ 的一个简单几何 DL 模型。特别是，用 OLS 估计方程（18.11）。所估计的即期倾向和长期倾向（LRP）是多少？概述所估计的滞后分布。

（ii）把所估计的即期倾向和 LRP 与第 11 章的习题 5 中得到的结果进行比较。并比较一下所估计的滞后分布有何不同。

（iii）现在来估计（18.16）中的有理分布滞后模型。概述所估计的滞后分布，并比较这里估计的 IP 和 LRP 与第（ii）部分中得到的结果有何不同。

C2. 本题利用 HSEINV 中的数据。

（i）检验 $\log(invpc)$ 是否有单位根，模型中含有一个线性时间趋势和 $\Delta\log(invpct)$ 的两阶滞后，显著性水平取为 5%。

（ii）用第（i）部分中的方法检验 $\log(price)$ 中的单位根。

（iii）给定第（i）部分和第（ii）部分的结果，那么检验 $\log(invpc)$ 和 $\log(price)$ 之间的协整还有意义吗？

C3. 本题利用 VOLAT 中的数据。

（i）估计 $pcip$ 的一个 AR(3) 模型，再加入一个四阶滞后，并证明它是非常不显著的。

（ii）在第（i）部分的 AR(3) 模型中，添加 $pcsp$ 的三个滞后来检验 $pcsp$ 是否为 $pcip$ 的格兰杰原因。小心陈述你的结论。

（iii）在第（ii）部分的模型中，添加三个月期国库券利率 $i3$ 变化量的三阶滞后。以过去的 $\Delta i3$ 为条件，$pcsp$ 是 $pcip$ 的格兰杰原因吗？

C4. 在检验例 18.5 的 gfr 和 pe 之间的协整过程中，在方程（18.32）中添加 t^2，并求出 OLS 残差。在增广 DF 中包含一阶滞后。新的结论是什么？这个检验的 5% 临界值是 -4.15。

C5. 本题利用 INTQRT 中的数据。

（i）在例 18.7 中，我们估计了六个月期国库券持有期收益率的一个误差修正模型，其中三个月期国库券持有期收益率的一阶滞后为解释变量。我们假定方程 $hy6_t=\alpha+\beta hy3_{t-1}+u_t$ 的协整参数为 1。现在，添加 $\Delta hy3_{t-1}$ 的先导变化 $\Delta hy3_t$、同期变化 $\Delta hy3_{t-1}$ 和滞后变化 $\Delta hy3_{t-2}$。即估计方程

$$hy6_t = \alpha + \beta hy3_{t-1} + \phi_0\,\Delta hy3_t + \phi_1\,\Delta hy3_{t-1} + \rho_1\,\Delta hy3_{t-2} + e_t$$

并以方程形式报告结果。相对于双侧备择假设，检验 $H_0: \beta=1$。假定方程中已经有了足够多的先导和滞后，使得 $\{\Delta hy3_{t-1}\}$ 在这个方程中是严格外生的，我们不必担心序列相关。

（ii）在（18.39）的误差修正模型中，添加 $\Delta hy3_{t-2}$ 和（$hy6_{t-2}-hy3_{t-3}$）。这两项是联合显著的吗？你认为怎样才是适当的误差修正模型？

C6. 本题利用 PHILLIPS 中的数据。

（i）用直至 1997 年的数据估计（18.48）和（18.49）中的模型。参数估计值与（18.48）和（18.49）中的结果相比有很大的不同吗？

（ii）用新方程预测 $unem_{2016}$，小数点后保留两位数。哪个方程预测得更好？

（iii）使用包含 inf_{t-1} 的方程［该方程在第（i）部分被估计］来预测 $unem_{2017}$。你将需要获得 2016 年的 $unem$ 和 inf 数据。接下来使用 2016 年的数据重新估计系数，并使用更新的估计值来预测 $unem_{2017}$。使用额外年份数据获得的系数估计值会产生更好的预测吗？

（iv）使用包含 inf_{t-1} 的方程［该方程在第（i）部分被估计］获得关于 $unem$ 的领先两期预测值。你将需要从第（ii）部分获得 $unem_{2016}$ 的预测。此外，对通胀使用 AR(1) 模型，使用 2015 年的数据来预测

2016 年的通胀。

C7. 本题利用 BARIUM 中的数据。

（i）用前 119 次观测（即不包含 1988 年的最后 12 个月观测），估计线性趋势模型 $chnimp_t = \alpha + \beta t + u_t$。这个回归的标准误是什么？

（ii）同样用除了最后 12 个月以外的所有数据，估计 $chnimp$ 的一个 AR(1) 模型。把这个回归的标准误与第（i）部分中的标准误相比较。哪个模型提供了更好的样本内拟合？

（iii）用第（i）部分和第（ii）部分中的模型计算 1988 年 12 个月的提前一期预测误差。（每个方法都应该得到 12 个预测误差。）计算并比较这两种方法的 RMSE 和 MAE。就样本外提前一期预测而言，哪种方法效果更好？

（iv）在第（i）部分的回归中添加月度虚拟变量。它们是联合显著的吗？（当我们检验联合显著性时，不必担心误差中轻度的序列相关。）

C8. 本题利用 FERTIL3 中的数据。

（i）以时间为横轴，画出 gfr 的曲线。在整个样本期间，它包含了明显的向上或向下的趋势吗？

（ii）利用直至 1979 年的数据，估计 gfr 的立方时间趋势模型（即将 gfr 对 t、t^2、t^3 和截距项进行回归）。评论这个回归的 R^2。

（iii）用第（ii）部分中的模型，计算从 1980 年到 1984 年的提前一期预测误差的 MAE。

（iv）利用到 1979 年为止的数据，做 Δgfr_t 仅对一个常数的回归。这个常数统计显著异于 0 吗？如果我们假定 gfr_t 服从一个随机游走，同时也假定时间趋势项为 0，这样做合理吗？

（v）用随机游走模型预测从 1980 年到 1984 年的 gfr：gfr_{n+1} 的预测值无非就是 gfr_n。求出 MAE。它与第（iii）部分中得到的 MAE 有何区别？你更喜欢哪一种预测方法？

（vi）用直至 1979 年的数据，估计 gfr 的 AR(2) 模型。第二个滞后项显著吗？

（vii）用 AR(2) 模型求出 1980—1984 年的 MAE。这个更一般的模型比随机游走模型的样本外预测效果更好吗？

C9. 本题利用 CONSUMP 中的数据。

（i）令 y_t 代表真实个人可支配收入。用直至 1989 年的数据估计如下模型：

$$y_t = \alpha + \beta t + \rho y_{t-1} + u_t$$

并以通常格式报告结果。

（ii）用第（i）部分估计的方程预测 1990 年的 y。预测误差是多少？

（iii）用第（i）部分估计的参数，计算 20 世纪 90 年代提前一期预测值的 MAE。

（iv）把 y_{t-1} 从方程中去掉后，计算相同时期内的 MAE。在模型中包含 y_{t-1} 更好一些吗？

C10. 本题利用 INTQRT 中的数据。

（i）利用除了最后 4 年（16 个季度）以外的所有数据，估计 $\Delta r6_t$ 的一个 AR(1) 模型。（我们用差分形式，因为 $r6_t$ 看起来好像有单位根。）用最后 16 个季度的数据，求出 $\Delta r6$ 提前一期预测的 RMSE。

（ii）在第（i）部分的方程中加入误差修正项 $spr_{t-1} = r6_{t-1} - r3_{t-1}$。（这相当于假定了协整参数为 1。）计算最后 16 个季度的 RMSE。在这里，误差修正项对样本外预测有什么帮助吗？

（iii）现在请你估计协整参数，而不是把它设为 1。再利用最后 16 个季度的数据求出样本外 RMSE。它与第（i）部分和第（ii）部分中的结果有什么不同？

（iv）如果你想要预测的是 $r6$ 而不是 $\Delta r6$，你的结论会有所变化吗？请解释。

C11. 本题利用 VOLAT 中的数据。

(i) 证实 $lsp500 = \log(sp500)$ 和 $lip = \log(ip)$ 看来都包含了单位根。利用含四阶滞后变化的 DF 检验，在包含和不含线性时间趋势的情况下分别进行检验。

(ii) 做 $lsp500$ 对 lip 的简单回归。评论 t 统计量和 R^2 的大小。

(iii) 利用第（ii）部分的残差检验 $lsp500$ 和 lip 是否协整。利用标准的 DF 检验和含两阶滞后的 ADF 检验。你得到了什么结论？

(iv) 在第（ii）部分的回归中添加一个线性时间趋势，并利用第（iii）部分同样的检验来检验协整关系。

(v) 看来股票价格与真实经济活动之间有长期均衡关系吗？

C12. 本题也利用 VOLAT 中的数据。计算机练习 C11 研究了股价与工业产值间的长期关系。在本题中，你将利用变动百分比研究格兰杰因果问题。

(i) 估计包含 $pcip_t$，即工业生产率变动百分比（已年化）的 AR(3) 模型。展示二阶滞后与三阶滞后在 2.5% 的显著性水平上是联合显著的。

(ii) 在第（i）部分估计的方程中加入 $pcsp_t$ 的一阶滞后项。该项显著吗？能否从该结果得出工业产值增长与股价增长之间的格兰杰因果关系？

(iii) 重新估计第（ii）部分的方程，但是使用异方差—稳健的标准误。这会改变第（ii）部分的结果吗？

C13. 本题利用 TRAFFIC2 中的数据。这些月度数据记载了 1981—1989 年加利福尼亚州的交通事故信息，我们也在第 10 章的计算机练习 C11 中利用过这个数据。

(i) 使用标准的 DF 回归检验 $ltotacc_t$ 序列是否包含单位根。你能在 2.5% 的显著性水平下拒绝存在单位根的假设吗？

(ii) 在第（i）部分加入两个滞后项，进行 ADF 单位根检验。你能得出什么结论？

(iii) 在 ADF 检验中加入时间趋势项。现在结果有变化吗？

(iv) 给定第（i）部分至第（iii）部分的结果，你认为 $ltotacc_t$ 最好应该被描述为关于线性时间趋势的 I(0) 过程还是 I(1) 过程？

(v) 利用含两阶滞后的 ADF 检验测试死亡率百分比 $prcfat_t$ 有无单位根。在这个例子中，是否包含时间趋势项会影响你的判断吗？

C14. 本题利用 MINWAGE.DTA 中的 sector 232 数据。

(i) 确认 $lwage232_t$ 和 $lemp232_t$ 是否为 I(1) 过程。使用包含线性时间趋势项的 ADF 检验，分别对 $wage232_t$ 和 $emp232_t$ 的一阶滞后项进行检验。这些序列具有单位根的原假设是否存在疑问？

(ii) 以 $lemp232_t$ 对 $lwage232_t$ 做回归并检验协整关系。请使用允许两阶滞后的调整恩格尔-格兰杰模型，分别以带时间趋势项与不带时间趋势项的形式进行检验。你能得到什么结论？

(iii) 现在以 $lemp232_t$ 为因变量进行回归，自变量包括真实对数工资 $lrwage232_t = lwage232_t - lcpi_t$ 以及时间趋势项。你发现协整关系了吗？使用真实工资而非名义工资是否使协整关系在统计上更"明显"了？

(iv) 在第（iii）部分的协整回归中，有哪些可能遗漏的因素？

C15. 本题中，你将从协整的角度研究贝弗里奇曲线（Beveridge Curve）。BEVERIDGE 文件包含了美国 2000 年 12 月—2012 年 2 月的数据。

(i) 使用标准 DF 检验（含常数项）及含 *curate* 两阶滞后的 ADF 检验测试 *urate* 是否含有单位根。你能得出什么结论？ADF 检验中的 *curate* 滞后项显著吗？它会影响单位根测试的结果吗？

(ii) 使用空置率变量 *vrate* 重做第（i）部分。

(iii) 假设 *urate* 和 *vrate* 都是 I(1) 过程，贝弗里奇曲线：

$$urate_t = \alpha + \beta vrate + u_t$$

该曲线仅当 *urate* 与 *vrate* 存在协整关系时才有意义（协整系数 $\beta < 0$）。使用恩格尔-格兰杰协整检验（不含滞后项）测试有无协整关系。协整关系在 10% 的水平上显著吗？在 5% 的水平上呢？

(iv) 生成 $cvrate_t$ 的领先和滞后估计量 $cvrate_{t+1}$ 和 $cvrate_{t-1}$，并作为符合 I(0) 的解释变量加入第（iii）部分的方程中。使用四阶滞后（即在 12.5 节中 $g=4$）获取尼威-韦斯特标准误。β 的 95% 置信区间是多少？这个置信区间与对序列相关（异方差）不稳健的置信区间相比如何？

(v) 重新进行恩格尔-格兰杰协整检验，但在 ADF 回归中包含两期滞后项。结果如何？你对 *urate* 与 *vrate* 协整关系的稳健性做何评论？

C16. 本题利用 PHILIPS 中的数据。

(i) 利用数据集中直到 2017 的所有年份数据，将 Δinf_t 对 Δinf_{t-1} 做回归，注意该回归带有截距。并且检验原假设：$\{inf_t\}$ 是 I(1) 过程；备择假设 $\{inf_t\}$ 是 I(0) 过程，在什么样的显著性水平下，你可以拒绝原假设？

(ii) 在第（i）部分中得到的 ρ 的估计值是多少？你会认为它几乎和 1 不同吗？

(iii) 现在，将 Δinf_{t-1} 作为回归项加入回归方程中，并进行 ADF 回归。此时，你在第（i）部分中得到的结论发生改变了吗？新的结果说明了 Δinf_{t-1} 是否应该在回归中吗？

第19章 完成一个实证项目

在这一章中，我们将以完成一篇学期论文为重点，讨论一项成功的经验分析的构成要素。在此，除了帮助你回忆全书中出现过的重要内容以外，我们还会强调在应用研究中反复出现的重要主题。为了激发读者的想象力，我们还对一些专题提供建议，并给出一些经济研究材料和数据来源供读者参考。

19.1 问题的提出

提出一个原则上需要用数据来回答的非常明确的问题是很重要的。如果没有明确的分析目标，那么你的研究将无从下手。若因为有丰富的数据集可用，你便试图在想法尚未成熟之时就开始收集资料，结果往往适得其反。如果没有明确阐述你的假设和你将要估计的模型类型，那么你很可能会忘记收集某些重要变量的信息，或是从错误的总体中取样，甚至收集错误时期的数据。

当然，这并不意味着你要凭空臆造一个问题，尤其是在做学期论文的时候，更不能野心太大。因此在选择题目的时候，你必须确信现有的数据来源足以让你在指定的时间内回答你的问题。

在选题时，你必须明确，你对经济学或者其他社会科学的哪一个领域感兴趣。举例来说，在学完"劳动经济学"课程之后，你可能发现一些能进行实证检验的理论，或具有某些政策含义的关系。劳动经济学家不断地发现能够解释工资差异的新变量，其中包括高中阶段的教学质量［Card and Krueger（1992）和 Betts（1995）］、数学与科学的课程量［Levine and Zimmerman（1995）］，以及学生的身体特征［Hamermesh and Biddle（1994），Averett and Korenman（1996），Biddle and Hamermesh（1998）以及 Hamermesh and Parker（2005）］等。而州或地方公共财政研究人员则致力于研究地方经济活动如何依赖于经济政策变量，例如财产税、销售税、服务水平和质量（如学校、消防队和警察局）等［比如参见 White（1986）；Papke（1987）；Bartik（1991）；Netzer（1992）；以及 Mark，McGuire，and Papke（2000）］。

研究教育问题的经济学家感兴趣的问题是：支出如何影响学生成绩［Hanush-ek（1986）］，就读某类学校是否会提高学生成绩［比如 Evans and Schwab（1995）］，以及哪些因素影响私立学校的选址［Downes and Greenstein（1996）］。

宏观经济学家对各种总量时间序列之间的关系兴趣十足。例如国内生产总值的增长与固定资产投资或机器设备的增长之间的关系［参见 De Long and Summers（1991）］，或是税收对利率的影响［比如 Peek（1982）］。

估计最具描述性的模型当然有其原因。举例来说，财产税评估员利用模型（享乐定价模型）估计家庭最近尚未出售住房的价值。这就涉及一个将房屋价格与其特征（大小、卧室间数、卫生间数等）相联系的回归模型。作为学期论文，这不足以令人兴奋，因为我们不太可能从中得到新颖结论，而且这一分析也没有什么明显的政策含义。可是如果增加邻里犯罪率作为一个解释变量，我们就能确定犯罪率对房屋价格的影响有多重要，这将有助于估计犯罪的成本。

有些关系的估计利用了描述性的宏观经济数据。例如，一个总量储蓄函数能用来估计总量边际储蓄倾向和储蓄对资产回报（如利率）的响应。如果使用一个曾发生过政治动乱的国家的时间序列数据，并判断储蓄率在政局不稳时期是否有下降趋势，这样的分析便会更有意思。

一旦你确定了研究领域，就有各种方法查找有关这一主题的论文。《经济文献杂志》（*Journal of Economic Literature*，JEL）有一套细致的分类体系，其中每篇论文都有一组标识码，从而将其归于经济学的某一子领域之中。JEL 还包含了在其他各类期刊中发表的文章列表，根据主题进行分类，甚至包含某些论文的简短摘要。

互联网（Internet）服务使得搜寻各种主题的已发表论文更为方便。例如，*EconLit* 就为许多大学所订阅。*EconLit* 使得使用者能根据作者名、主题、题目中的关键词等方式对几乎所有经济学期刊进行全面检索。《社会科学引用索引》（*Social Science Citation Index*）在寻找与社会科学各个领域相关的论文时非常有用，包括那些时常被其他著作引用的热门论文。

网络搜索引擎"谷歌学术"（Google Scholar）对于追踪各类专题研究或某位作者的研究特别有帮助。尤其对于那些尚未在学术期刊上发表或有待发表的作品而言，这个搜索引擎更加有用。

在构思一个题目时，对以下几个问题要做到心中有数。首先，要使一个问题让人感兴趣，并不需要它具有广泛的政策含义；相反地，它可以只有局部意义。例如，你对住在大学"兄弟会"（fraternity）* 中是否会提高学生 GPA 感兴趣。虽然

19

---

* 美国大学很有传统的男生组织，女生组织则被称为"姐妹会"（sorority）；这种联谊会的名称一般由几个希腊字母组成，比如"SP"。新生入会条件比较苛刻，通常是富有白人的子女，每年的会费为几千美元，住宿条件比一般学生更好。——译者注

这个问题不一定能让本校以外的人感兴趣，但至少会引起校内部分人的关注。另外，你也许只是从局部兴趣出发分析问题，最后却得到普遍关注，比如，确定什么因素会影响大学校园的酗酒现象，以及有什么学校规章可以对其加以遏制。

其次，利用美国经济的标准宏观经济总量数据来进行真正原创性的研究非常困难，尤其对于一篇要在半个或一个学期之内完成的论文来说更是如此。比如，货币增长和政府支出增长等因素是否会影响经济增长，是职业宏观经济学家长期并将继续研究的问题。

利用现有信息能否系统地预测股票或其他资产的回报这一问题，显然已经被研究得非常透彻。然而，这并不意味着你应该回避对宏观或经验金融模型的估计，因为仅增加一些更新的数据便使我们的争论更有建设性。另外，有时你会发现对经济总量和金融回报有重要影响的新变量，这样的发现往往会令人非常激动。

问题是，多用几年的数据，为美国经济或一些更大的经济社会估计一个标准的菲利普斯曲线或总量消费函数，不太可能为我们带来更多的洞见，尽管对学生来说会有些启发。然而，你可以利用一个较小国家的数据，估计一个静态或动态的菲利普斯曲线，或是贝弗里奇曲线（可以让曲线的斜率取决于前期信息），或是检验有效市场假说等。

在非宏观层面上，同样有许多被广泛研究的问题。举例来说，劳动经济学家发表了许多有关教育回报的论文。因为这个问题很重要，所以研究仍在继续，而且新的数据集和新的计量经济学方法也在继续发展。例如，正如我们在第 9 章所见，对无法观测的能力来说，有些数据集就比其他数据集提供了更好的代理变量。（比较WAGE1 和 WAGE2。）在其他情况下，我们可能得到面板数据或者自然实验数据（见第 13 章），使得我们能从不同的角度思考一个老问题。

再举一例，犯罪学家对研究各种法律对犯罪的影响颇感兴趣。死刑是否有威慑作用，学者们对此长期争论不休。类似地，经济学家对税收能否减少烟酒消费很感兴趣（同样在其他条件不变的意义上）。随着我们掌握越来越多年的州一级数据，一个更为丰富的面板数据集就会产生，它能够帮助我们更好地回答重大的政策问题。另外，还可以对新近出现的反犯罪革新（例如社区警察的出现）评估其有效性。

在表述你的问题时，跟你的同学、老师和朋友讨论你的想法会有所帮助。你应该能够让他们相信你对问题的回答值得关注。（当然，你能否口才极好地回答问题则是另一回事，但你需要从一个有意思的问题开始。）若被问及你的论文，而你回答："我正在做有关犯罪的论文"或是"我的论文是关于利率的"，这极有可能说明你只确定了一个宽泛的研究领域，却没有表述出一个真正的问题。你应该这样回答："我正在研究美国的社区警察对城市犯罪率的影响"或者"我正在考虑巴西通货膨胀的波动性如何影响短期利率"。

19.2　文献回顾

所有论文，无论长短，都应该包含对相关文献的综述。几乎没有人会试图进行尚无前期成果的经验项目。如果你通过期刊或**在线搜索服务**（online search services）（例如 *EconLit*）寻找一个题目，那么你所做的正是文献检索。如果你自行选题（例如研究吸毒对学习成绩的影响），那么可能就要更辛苦一些。但在线搜索服务使这一工作容易得多，例如你可以通过关键词、题目中出现的单词或者作者等进行搜索。然后你就可以通过论文摘要，了解它们与你自己的研究有多大关系。

在进行文献检索时，你应该考虑到，利用少量关键词可能搜寻不到相关题目。例如，如果你在研究吸毒对工资或 GPA 的影响，或许你应该查阅一些有关饮酒量如何影响这些因素的文献。虽然了解如何进行全面的文献检索是一种有待掌握的技巧，但你在检索之前可以多加思考，以减少麻烦。

如何将文献综述包含在论文中，则因人而异。有些人喜欢独辟专节，称为"文献综述"；而另一些人则喜欢将文献综述作为序言的一个部分。尽管详尽的文献综述可能值得独立成节，但这仍取决于个人喜好。如果学期论文是课程的重点（比如在一个高级专题研讨或高级计量经济学课程中），你的文献综述就有可能相当详尽。第一学期计量经济学课程之末的学期论文往往较短，而文献综述也要简洁一些。

19.3　数据的收集

19.3a　确定适当的数据集

为学期论文收集数据可能富有教育意义而又令人激动，有时候也可能令人沮丧。你首先必须确定用于回答你所提问题的数据类型。正如我们在前言及全书中讨论的那样，数据集有多种形式。最常见的类型是横截面、时间序列、混合横截面和面板数据集。

有些问题可以用我们介绍过的任何一种数据结构进行分析。例如，在研究更强的执法力度能否降低犯罪率时，我们可以利用一些城市的横截面数据，或者某个给定城市的时间序列数据，也可以选择一些城市的面板数据集——它包含一些相同城市两年或多年的数据。

确定收集何种数据通常取决于分析的性质。为了回答个人或家庭层面的问题，我们通常只需要找到单个横截面数据；它们往往通过调查取得。接着，我们要自问：我们能否获得一个足够丰富的数据集，以进行在其他条件不变下的分析？例如，假设我们想知道，通过个人退休账户（IRA）进行储蓄的家庭（这种储蓄具有有利税率），是否非 IRA 储蓄较少？换言之，是否 IRA 储蓄无非就是挤出了其他形

19

式的储蓄而已？有些数据集，例如消费者财务调查，包括了每年不同家庭样本的不同储蓄类型的信息。利用这样的数据集会产生一些问题，其中最重要的一个或许是，是否有足够多的控制变量（包括收入、人口统计特性和储蓄偏好的代理变量）来进行其他条件不变下的合理分析？若这便是唯一可用的数据集，我们就必须尽我们所能来处理它们。

在处理有关公司、城市、州县等横截面数据时，也会出现同样的问题。在大多数情况下，我们能否利用单个横截面数据进行其他条件不变的分析，这一点并不明显。例如，任何有关执法对犯罪率之影响的研究，都必须认识到执法支出的内生性。如果利用标准的回归方法，那么无论我们有多少控制变量，或许都很难完成一个令人信服的其他条件不变下的分析。（参见 19.4 节更多的讨论。）

在阅读了关于面板数据方法的高深章节之后，你便知道同一横截面单位两个或多个不同时期的数据，让我们能够控制那些不随时间而改变的不可观测效应，而这些效应通常弄得单个横截面上的回归狼狈不堪。个人或家庭的面板数据集相对难以获得（尽管还是有一些重要的数据集，比如收入动态追踪调查），但使用这样的数据集可能非常令人信服。企业的面板数据也是有的。例如，企业财务分析资料库（Compustat）和证券价格研究中心（CRSP）便收集了企业财务信息的大型面板数据集。对于诸如学校、城市、县和州等更大单位，面板数据则更容易获得，因为这些单位不会随着时间的推移而消失，而且政府机构会负责每年收集这些相同变量的信息。例如，联邦调查局会收集并报告城市犯罪率的详细信息。本章末列出了一些数据来源。

数据以多种形式出现。一些数据集，特别是历史数据，通常仅以印刷资料的形式出现。如果数据集不大，亲自把来源于印刷资料的数据输入电脑也简便易行。有时候，有些已发表的论文中附带小数据集，特别是时间序列应用研究。这些资料都可用于经验研究，也许还可以补充一些近年数据。

许多数据集都有电子版可用。各种政府机构也都在其网站上提供数据。私人公司有时候也收集数据集并使之更便于使用，但要收取一定的费用。论文作者通常也愿意提供电子版的数据集。网上有越来越多的数据集可用。网络是**网上数据库**（online databases）的资源宝库。无数含有经济及相关数据集的网站不断涌现。另外，有些网站提供了经济学家感兴趣的数据集的链接；其中有些在本章末列出。通常，网上搜索数据源很容易，而且将来会越来越方便。

19.3b 输入并储存数据

一旦你确定了数据类型并找到了数据来源，就必须把数据转变为可用格式。如果数据在磁盘里，它已经具备了一定的形式，而且是有望被广泛使用的一种形式。用磁盘形式获取数据最灵活的方法是将其作为标准的**文本（ASCII）文件**（text file）。所有统计与计量经济软件包都容许这种原始数据存储方式。通常，只要该文本文件结构适当，很容易就能把文本文件直接读入计量经济软件。本书所用的数据文件便提供了横截面、时间序列、混合横截面和面板数据通常存储方式的例子。通常，数据应该具备表格形式，每次观测占一行；而数据集的每一列则代表不同的变量。偶尔你也会遇到以列代表观测次数而以行代表不同变量的数据存储方式。这并不是理想的方式，但大部分软件包也能读取这种形式的数据，然后把它改过来。所以自然地，关键是要了解数据在读入计量经济软件之前是如何组织的。

对时间序列数据集来说，只有一种合理方式进行数据的输入和存储，即以时间为序，最早的时期列为第一次观测，最近的时期列为最后一次观测。最好能把标志着年份或（如有必要）季度或月份的变量包括进来。这将使得今后能估计各种模型，包括考虑到不同时期的季节性和结构突变的模型。对混合横截面数据来说，通常最好是把最早一年的横截面放在第一个观测区里，接着是第二年的横截面，如此等等（参见例子 FERTIL1）。这种安排并不关键，但为每次观测赋予一个标志着年份的变量则非常重要。

对面板数据来说，正如我们在 13.5 节中讨论的那样，最好将每个横截面观测的所有年份按照时间顺序排列。有了这样的顺序，我们就可以利用第 13 章和第 14 章的所有面板数据方法。对于面板数据，让每个横截面单位都具备一个独特的标识符和一个年度变量非常重要。

如果你获得了印刷资料形式的数据，就可以有多种选择将其输入电脑。首先，你可以利用标准**文本编辑器**（text editor）创建一个文本文件。（这就是本书中某些原始数据集最初创建的方法。）通常要求每一行开始一次新的观测，并且每一行的变量有相同的顺序（特别地，每一行的条目数都要相等），而且数值与数值之间至少需要由一个空格分开。有时候，使用一个分隔符（如逗号）可能会更好，但这取决于你所使用的软件。如果你缺失了某些变量的某些观测，你就必须决定如何将其表示出来；仅留下一个空格通常行不通。许多回归软件包都接受以句号为缺损值的标志。有些人倾向于用一个数字（可能是所考虑变量的一个不可能值）来表示缺损值。若不小心，这样做就非常危险；我们稍后讨论这个问题。

如果你有非数值数据（比方说，你想把一个样本中的大学名称或城市名称包括进来），那么你应该检查一下你将要使用的计量经济软件包，以确定输入这种变量（通常叫做字符串）的最佳方法。通常字符串都被放置在双引号或单引号之间。有的文本文件遵循严格的形式，即通常用一个小程序来读取文本文件。不过你还是要检查一下你的计算机软件以了解详细信息。

另一种通常可用的选择是利用**电子制表软件**（spreadsheet）来输入你的数据，比方说 Excel。它与文本文件相比有一些优点。首先，因为每个变量的每次观测都是一个单元，所以不太可能有两个数字连在一起。（如果你忘记在数字之间输入空格，这种情形在文本文件中就会出现。）其次，电子制表软件允许对数据进行操作，例如进行归类和计算均值等。如果你所使用的软件包能进行精密的数据管理，那么

19

这第二个优点就不是那么重要了；许多软件包，包括 Eviews 和 Stata，都属于这一类。如果你利用电子制表软件进行最初的数据输入，那么通常你必须把数据以计量经济学软件包可读的形式报告出来。这通常很简单，因为从电子制表软件可以使用多种格式输出文本文件。

第三种备选方法是直接把数据输入你的计量经济学软件。这种方法就不再需要文本编辑器或电子制表软件，但更为笨拙，因为你不能在不同的观测上自由移动来进行更改或添加。

从互联网上下载的数据形式多样，通常数据都以文本文件的形式出现，但区别不同变量的方式也有所不同；对面板数据集来说，数据排序的方式有所不同。一些互联网上的数据集以电子表格的形式出现，这种情况下你就必须用合适的电子制表软件来读取它们。

19.3c　检查、清理并总结数据

在经验分析中，熟悉你将要使用的数据集尤其重要。如果你自己输入数据，你肯定对它了如指掌。但如果你从外界获取数据，就应该花一些时间了解它的结构和习惯。即使是广泛使用且大量储存的数据也会有缺陷。如果你使用来自某论文作者的数据集，你就必须意识到数据集的构筑方式可能会被忽略。

前面我们回顾了不同数据集存储的标准方法。你还需要知道缺损值如何标识。较为可取的方法是用一个非数字符号，例如句号，标明缺损值。如果是利用诸如"999"或者"－1"这些数字来作为缺损值的标识，那么在利用这些观测进行统计计算时就必须非常小心。你的计量经济软件包或许不知道某一数字实际上表示一个缺损值：很有可能这样的观测会被当作有效数值而使用，从而产生极其错误的结果。最好的办法是把所有代表缺损值的数字符号改为其他不会与实数数据混淆的符号（例如句号）。

你还必须知道数据集中变量的性质。哪些是二值变量？哪些是序数（例如信用评级）？变量的测量单位是什么？比方说，货币价值是用美元、千美元、百万美元还是其他什么单位测量的？表示比率的变量是用百分数还是比例表示？例如辍学率、通货膨胀率、工会参与率或利率等。

特别是对于时间序列数据来说，关键是要了解货币价值是用名义（当前）美元价值度量，还是用真实（恒定）美元价值度量。如果是用真实美元价值度量，那么基年或基期又是什么？

如果你从一位作者那里得到一个数据集，那么有些变量已经以一定的方式进行了变换。比方说，有时候只有变量的对数形式（如工资或薪水）出现在数据集中。当然，用变量的对数形式也是可以的，但是你可能会想重新获得原始的数据，以进行摘要统计的计算。

检查数据集中的错误对保持任何数据分析的完整性都是必要的。在分析中找出

所有（或至少是最重要）变量的最小值、最大值、均值和标准差通常会很有用。例如，如果你发现你的样本中受教育程度的最小值是−99，你就会知道受教育程度的输入值中，至少有一个要被设为缺损值。经过进一步检查，如果受教育程度有几次观测值为−99，那么你可以信心十足地说，你发现了受教育程度缺损值的标志。作为另一个例子，如果你发现一个城市样本的谋杀案平均定罪率为 0.632，你就知道这个定罪率是以比率而不是百分数测量的。那么，如果最大值大于 1，那么这有可能是一个印刷错误。（发现数据集中大部分比率变量以百分数输入，而一部分以比率输入，或反之，这些情况并不罕见。这样的数据编码错误虽然难以发现，但进行这样的尝试是很重要的。）

我们在使用时间序列数据时同样要小心。若使用月度或季度数据，我们就必须知道哪些变量（若有的话）经过了季节性调整。数据变换同样要格外小心。假设我们有月度数据集，而且想要从中产生从一个月到下一个月的变化量。为此，我们必须确定数据是按时间顺序排列的，从最早时期到最晚时期。若出于某些原因情况并非如此，差分将得到一堆垃圾。为确保数据正确排列，运用一个时期标识变量会有所帮助。对于年度数据，知道年份就足够了，但我们还必须知道年份是以 4 位数还是 2 位数输入的（比方说，1998 或 98）。至于月度或季度数据，也最好有一个或多个标识月度或季度的变量。对于月度数据，我们可以拥有一组虚拟变量（11 或 12个），或者用一个标识月份的变量（1～12 或是一个字符串变量，如 jan, feb 等）。

无论是否用年、月或季度标识变量，我们都可以在所有计量经济软件包中轻易地构建时间趋势。如果标识出月度或季度，那么构建季节虚拟变量就很简单；至少，我们需要知道第一次观测的月度或季度。

处理面板数据更具挑战性。在第 13 章中，作为控制不可观测效应的一般方法，我们讨论了对差分数据的混合 OLS。在构建差分数据时，我们应该小心不要产生虚构观测。假设我们有 1992—1997 年的城市平衡面板数据。即使数据在每个横截面单元内都按时间先后排序（这是在开始之前首先要做的事情），一个粗心的差分将会给出样本中所有城市（除第一个城市外）产生的 1992 年的观测。这一观测将是 1992 年城市 i 的值减去 1997 年城市 $i-1$ 的值；这显然是胡闹。因此，我们必须保证，所有差分变量的 1992 年数据都是缺失的。

19.4　计量经济分析

本书集中介绍计量经济分析，但在本节，我们不是为了复习计量经济方法。不过，对于在经验分析中需要考虑的问题，我们会提供一些一般性的指导原则。

我们前面曾讨论过，在确定了主题之后，我们必须搜集一个合适的数据集。假设这也已经完成了，我们接着就必须确定适当的计量经济方法。

如果你的课程强调利用横截面或时间序列数据对多元线性回归模型进行普通最

小二乘估计，那么计量经济方法在很大程度上就已经确定了。这不一定有坏处，因为 OLS 仍然是使用最广泛的计量方法。当然，你还必须确定，是否需要 OLS 的某种变形，例如加权最小二乘或对时间序列回归中的序列相关加以修正。

为说明 OLS 的合理性，你还必须在一个令人信服的场合说明你的模型满足 OLS 的关键假定。如同我们详细讨论过的那样，第一个问题是：误差项是否与解释变量不相关？理想的情况是：你能够控制足够多的其他变量来假设留在误差项中的因素与回归元不相关。特别是在处理个人、家庭或者企业层次的横截面数据时，自选择问题（我们在第 7 章和第 15 章中讨论过）通常很重要。例如，在 19.3 节的 IRA 一例中，或许对储蓄有不可观测偏好的家庭也正是那些开立了 IRA 的家庭。你还应该能够证明，其他潜在的内生因素（即测量误差和联立性）不是严重问题。

在设定你的模型时，你还必须确定采取何种函数形式。某些变量是否应该以对数形式出现？（在计量经济学应用中，答案通常是肯定的。）某些变量是否应该以水平值和平方值形式出现，以便刻画递减效应？定性因素应该怎样出现？对不同的属性和群体，仅用二值（虚拟）变量够吗？或者，需要考虑它们与定量变量的交互作用吗？（见第 7 章的详细讨论。）

特别是对于初学者，一个常见错误是，在回归模型中不正确地包含以数值给出但又不具备定量信息的解释变量。比如，在一个包含工资、受教育程度、工作经验和其他变量信息的个人数据集中，有可能包含"职业"变量。通常对不同的职业只是任意编码；小学教师的编码为 453，计算机技术员的编码为 751，它们只是为了让我们能区别这两个职业。（在职业提高一个单位没有定量意义的情况下，度量职业提高一个单位的影响又有何意义呢?）相反，对不同的职业应该定义不同的虚拟变量（若职业太多，可以定义职业组的虚拟变量）。于是，虚拟变量便可以包含在回归模型中。当序数定性变量作为一个解释变量被包含在模型中时，便出现了一个不是很过分的问题。假设工资数据集中包含一个衡量"工作满意度"的变量，它被定义为从 1 到 7，7 表示最满意。若有足够多的数据，我们还想定义工作满意度 2~7 的 6 个虚拟变量，而将工作满意度 1 作为基组。通过在回归中包含 6 个工作满意度虚拟变量，我们便能够分析响应变量与工作满意度之间十分灵活的关系。直接使用工作满意度变量的原始形式，暗含地假设了序数变量增加一个单位具有定量含义。而影响的方向通常能适当地得以估计，但序数变量的系数难以解释。若序数变量取很多值，则我们可以定义取值范围的一组虚拟变量。见 17.3 节中的例子。

我们有时候想解释一个序数响应变量。比如我们可以把上述工作满意度作为一个回归模型中的因变量，而用工人或业主的特征作为自变量。不幸的是，使用原始形式的工作满意度变量，模型中的系数很难解释：它们分别度量了自变量提高一个单位导致的工作满意度变化。有些模型（最常见的是序数概率单位或序数对数单位模型）适合于序数响应。这些模型在本质上都扩展了我们在第 17 章中讨论的二值概率单位或对数单位模型。[对序数响应模型的分析，参见 Wooldridge（2010，Chapter 16）。]一个简单的解决办法就是：把序数响应转化成二值响应。比如，我们可以定义一个变量，它在工作满意度至少为 4 时取值 1，否则取值 0。不幸的是，创造一个二值变量扔掉了大量信息，而且要使用一个多少有些任意的断点。

对横截面分析来说，一个不是最主要但仍重要的问题是：是否存在异方差性？在第 8 章中，我们说明了解决这一问题的方法。最简单的办法是计算异方差—稳健的统计量。

正如我们在第 10、11 和 12 章中强调的那样，对时间序列的应用需要格外小心。应使用水平值估计方程吗？若用水平值，是否需要时间趋势变量呢？用数据的差分是否更合适呢？如果是月度数据或季度数据，是否应该考虑季节性？如果你考虑动态（比如分布滞后动态），应该包含多少阶滞后？虽然应该从基于直觉或常识的滞后开始，但这最终还是一个实证问题。

如果你的模型有潜在的设定错误，比方说遗漏变量，而且你使用 OLS，那么你应该尝试一些我们在第 3 章和第 5 章中讨论过的某种**误设分析**（misspecification analysis）。基于合理假定，你能够确定估计量的偏误方向吗？

如果你已经学习了工具变量的方法，便知道可以用它来解决各种形式的内生问题，包括遗漏变量（第 15 章）、变量误差（第 15 章）和联立性（第 16 章）。自然地，你需要仔细想想你所考虑的工具变量是否可能奏效。

经验社会科学方面的优秀论文应包含**敏感度分析**（sensitivity analysis）。宽泛地讲，这意味着你首先估计一个初始模型，然后用一些看似合理的方法修改它。理想的情况是，重要的结论不致改变。例如，如果你把酒精消费量的一个度量作为解释变量（如在 GPA 的方程中），或者用一个表示酒精使用的虚拟变量来替代定量度量，这两种做法能够得到性质相似的结果吗？如果表示用量的二值变量是显著的，而表示酒精用量的数量变量不是，那么酒精用量就可能反映出某些影响着 GPA 且与酒精用量相关的不可观测属性，但这需要根据具体情况进行考虑。

如果某些观测值与样本群体非常不同（比方说，在样本中，有几个公司比其他公司大得多），那么如果把这些观测值从估计中排除，你的结果会有很大改变吗？如果是，你可能就不得不改变函数形式以容许这些观测，或者证明它们属于一个完全不同的模型。第 9 章曾讨论过异常数据问题。

使用面板数据又额外导致了一些计量经济问题。假设你收集了两个时期的数据。无须借助工具变量，至少也有 4 种方法来利用这两个时期的面板数据。你可以像在第 13 章中讨论的那样，在标准 OLS 分析中混合这两个时期。虽然相对于单个横截面来说，这样做或许可以扩大样本容量，但它并没有控制不随时间而变化的不可观测因素。另外，由于不可观测效应，这种方程中的误差几乎总是序列相关的。只要在给定所有时期解释变量值的情况下，不可观测效应具有零均值，随机效应估计法就可以修正序列相关问题，并给出渐近有效的估计量。

19

　　另一种可能性是在第二年的方程中增加滞后因变量。在第 9 章，我们把它作为至少可以缓解遗漏变量问题的一种方法而提出，因为在任何情况下，我们都要保持因变量的最初结果固定不变。正如我们在第 13 章中讨论的那样，这通常会导致与取数据差分相似的结果。

　　当我们拥有更多年的面板数据时，除了上述办法，我们还有一个新的选择。我们可以利用固定效应变换来消除不可观测因素的影响。（只有两年数据时，变换效果和取差分一样。）在第 15 章，我们说明了工具变量法如何与面板数据变换结合，以进一步放宽外生性假定。同时使用几种合理的计量经济方法并比较其结果通常是一个好主意。这通常能够帮助我们确定哪一个假定可能是错误的。

　　即使你在设计题目、阐述模型、收集数据和运用计量经济方法的过程中非常谨慎，你仍有可能（至少在某些时候）得到令人迷惑的结果。此时，很自然的想法是尝试不同的模型、不同的估计方法，甚或不同的数据子集，直到结果与预期更加一致。实际上，所有的应用研究人员在找到"最佳"模型之前，都会搜索各种不同的模型。不幸的是，**数据挖掘**（data mining）的实践破坏了我们在计量经济学分析中所做的假定。OLS 和其他估计量的无偏性结论，以及我们为假设检验而推导的 t 分布和 F 分布，都假设我们观察到一个服从总体模型的样本，并对该模型只估计一次。估计初始模型的一个变化形式违背了这一假定，因为我们在模型设定搜索时利用了相同的数据集。实际上，通过利用这些数据来重新设定模型，我们便利用了检验的结果。从不同的模型设定中得到的估计值和检验就不是彼此独立的。

　　一些设定搜索已经被编制为标准软件包中的程序。最常见的一种是逐步回归，也就是在多元回归分析中运用了解释变量的不同组合，以试图获得最优模型。利用逐步回归也可以有不同的方法，在这里我们不想评论它们。一般的思路是：要么从一个大模型开始，然后保留 p 值低于某个显著性水平的变量，或者从一个简单模型开始，然后加入 p 值显著的变量。有时候也用 F 检验来检验一组变量。不幸的是，最终的模型通常取决于变量被丢弃或添加的顺序。［详细情况可参见 Draper and Smith（1981）。］另外，这是严重的数据挖掘形式，而且在最终模型中也难以解释 t 和 F 统计量。有人也许会说，逐步回归只是把研究人员在寻找不同模型时所做的事情自动化了。然而，在大多数应用研究中，一个或两个解释变量才是我们的主要兴趣所在，我们的目标是要了解，这些变量的系数对于其他变量的取舍或函数形式的变化有多稳健。

　　原则上，有可能把数据挖掘的影响包含在我们的统计推断中；但实践中却非常困难且极其罕见，特别是在复杂的经验工作中更是如此。［参见利默（Leamer，1983）对这一问题充满魅力的描述。］通过搜索大量模型或估计方法，直至得到一个显著结论，然后只报告这个结果，我们也许可以把数据挖掘的弊端最小化。如果一个变量仅在所估计模型的一小部分中统计显著，那么这个变量极有可能在总体中没有影响。

19.5　实证论文的写作

写一篇使用计量经济分析的论文非常具有挑战性，但也是有价值的。一篇成功的论文，既包括对数据仔细而又令人信服的分析，又包括出色的解释和讲解。因此，你必须对你的题目有透彻的理解、对计量经济方法有很好的理解，并具备坚实的写作技巧。如果你发现写作经验论文非常困难，也不要灰心；大多数专业研究人员都花费了多年时间来学习如何巧妙地进行经验分析，并以令人信服的形式写出其结果。

虽然写作风格因人而异，但许多论文还是遵循相同的轮廓。以下段落包含了文章每一节标题的要旨，并解释了每一节应该涵盖的内容。这只是一些建议，不一定要严格遵守。在最终论文中，每一节都应以数字进行标识，通常第一节从引言开始。

19.5a　引言

引言陈述了研究的基本目标，并解释了其重要性。它一般包括一个文献综述，表明有哪些工作已经完成，以及前期研究可以怎样改进。（我们在 19.2 节曾指出，篇幅较长的文献综述可独立成节。）提出一些简单的统计量或者图表以揭示一个看似矛盾的关系，是介绍论文主题的有用方法。举例来说，假设你正在写作一篇关于某个发展中国家影响生育率之因素的论文，并把重点放在妇女的受教育水平上。介绍这一主题的富有感染力的方法，是制作一个表格或图形，以说明（比方说）生育率在逐渐下降，并简要解释你希望如何研究导致这一下降的因素。此时，或许你已经知道，在其他条件不变的情况下，受教育水平越高的女性生育的孩子越少，而随着时代的进步，平均受教育水平在持续提高。

大部分研究人员喜欢在引言中总结其论文的结论。这是抓住读者注意力的有效方法。例如，在一个 30 学时的课程中，逃课 10 个小时的影响如何呢？也许你会声明这一影响的最佳估计值大约是降低半分（四分制）。但因为还没有介绍得到这个估计值的方法和数据，所以概括起来不宜太复杂。

19.5b　概念（或理论）框架

在这一节中，要描述你回答所提问题的主要方法。它可以是规范的经济理论，但在许多情况下，它只是对回答问题时出现的概念性问题进行直观讨论。

举例来说，假设你正在研究经济机会和惩罚的严厉性对犯罪行为的影响。解释参与犯罪的一个方法是：给定合法和非法活动的工资率，度量因参与犯罪活动而招致惩罚的概率及严厉性，设定一个效用最大化问题，其中个人选择花在合法和非法活动上的时间。这个演练的用处在于，它告诉你哪些变量应包括在经验分析中；对这些变量应如何出现在模型中给予指导（但很少具体）。

通常没有必要写出一个经济理论。对计量经济政策分析而言，往往常识就足以设定一个模型。例如，假设你想估计参与"有子女家庭的补助计划"（AFDC）对儿童在校表现的影响。AFDC 提供收入补贴，但参与该计划的同时也更容易获得医疗补助和其他福利。这种分析的困难之处在于确定应该控制的一组变量。在这个例子中，我们可以控制家庭收入（包括 AFDC 和任何其他福利收入）、母亲的受教育程度、家庭是否居住在城区以及其他变量。然后引进一个 AFDC 参与的指标变量，（有望）测量参与 AFDC 的非收入福利。对应该控制哪些变量以及参与 AFDC 改善在校表现的机制的讨论，便替代了规范的经济理论。

19.5c 计量经济模型和估计方法

最好专辟一节，介绍你在论文"结果"一节中将要估计和给出的方程。这可以帮助你整理思路，从而让你明确关键的解释变量是什么，以及应该解释哪些其他因素。写出一些包含误差项的方程，使得你能够讨论 OLS 是不是一个适当的估计方法。

对一个模型和一个估计方法的区别，应该在这一节中指出。一个模型代表了一个总体关系（广义的定义还包括时间序列方程）。例如，我们应该写出

$$colGPA = \beta_0 + \beta_1 alcohol + \beta_2 hsGPA + \beta_3 SAT + \beta_4 female + u \tag{19.1}$$

来描述大学 GPA 和饮酒量之间的关系，同时控制方程中的一些其他变量。假设这一方程代表一个总体，比方说一所大学的所有本科生。β_1 或 $colGPA$ 上没有"帽"（∧），因为这是一个模型，而不是估计方程。我们没有写出 β_j 的数值，因为我们不知道（而且永远也不会知道）这些数值。以后我们会估计它们。在这一节，不要提前给出你的经验结果。换句话说，不要从一个一般模型开始，接着就说你删去一些变量，因为它们被证明是不显著的。这样的讨论应该留到"结果"一节中。

将城市汽车偷窃率与失业率和定罪率相联系的一个时间序列模型的可能形式如下：

$$thefts_t = \beta_0 + \beta_1 unem_t + \beta_2 unem_{t-1} + \beta_3 cars_t + \beta_4 convrate_t + \beta_5 convrate_{t-1} + u_t \tag{19.2}$$

式中，下标 t 对强调方程中的动态性质很有用（在这个例子中，要考虑失业率和机动车偷窃定罪率有滞后影响）。

在设定了模型之后，讨论估计方法便自然而然。在大多数情形中都使用 OLS，但比方说在时间序列方程中，你也许会用可行 GLS 进行序列相关修正（见第 12 章）。但是，估计模型的方法与模型本身要明显区别开来。说诸如"一个 OLS 模型"这样的话是没有什么意义的。普通最小二乘是一种估计方法，加权最小二乘法、科克伦-奥卡特方法等也是。通常对任何一个模型都有许多估计方法。你应该解释为什么你所选择的方法是有道理的。

19

从潜在的经济模型得到一个可估计的计量经济模型，其中用到的任何假定都要进行清楚的讨论。例如，在 19.1 节中提到过的高中质量的例子，如何度量学校质量的问题是分析的关键。是应该使用平均 SAT 分数、入读学生的毕业比例、学生与教师的人数比例、教师的平均受教育水平，还是这些因素的某种组合，或者应该使用其他可能的度量呢？

无论是否给出理论模型，我们都要对函数形式做出假设。如你所知，常弹性和常半弹性模型很有吸引力，因为系数易于解释（作为百分比）。如何选择函数形式没有硬性的原则，但 6.2 节中讨论过的准则在实践中却很奏效。你不需要对函数形式进行长篇讨论，但略微提及你要估计的是弹性还是半弹性模型，也会有所帮助。举例来说，如果你要估计某变量对工资或薪水的影响，因变量几乎可以肯定是采用对数形式的，而且你也许从一开始就可以把它包含到方程中。你不需要介绍在"结果"一节中将要报告的所有（甚至大部分）函数形式。

通常经验经济学中使用的数据都是以城市或县为单位。举例来说，假设在中小城市构成的总体中，你想检验这样一个假定：拥有一支小职业棒球队能导致这个城市的离婚率下降。在这个例子中，你必须考虑越大的城市离婚人数越多这样一个事实。解释城市大小的方法之一是，以城市人口或成年人口为单位来度量离婚数量。因此，一个合理的模型是

$$\log(div/pop) = \beta_0 + \beta_1 mlb + \beta_2 perCath + \beta_3 \log(inc/pop) + \text{其他因素} \quad (19.3)$$

式中，mlb 是一个虚拟变量；若该城市有一支小型棒球队，则取值 1；$perCath$ 是人口中天主教徒的百分数（因此，它若为 34.6 则表示 34.6%）。注意 div/pop 是离婚率，它一般说来比绝对离婚数更容易解释。

控制人口的另一种方法是估计模型

$$\log(div) = \gamma_0 + \gamma_1 mlb + \gamma_2 perCath + \gamma_3 \log(inc) + \gamma_4 \log(pop) + \text{其他因素} \quad (19.4)$$

保持人口、天主教徒百分数、收入和其他因素不变，当我们关注的参数 γ_1 被乘以 100 之后，就给出了离婚率的百分数差异。在方程（19.3）中，β_1 度量了一支小棒球队对 div/pop 的百分比影响，当离婚数量或人口二者之一发生变化时，它都会改变。利用 $\log(div/pop) = \log(div) - \log(pop)$ 和 $\log(inc/pop) = \log(inc) - \log(pop)$ 的事实，我们可以把方程（19.3）改写为：

$$\log(div) = \beta_0 + \beta_1 mlb + \beta_2 perCath + \beta_3 \log(inc) + (1-\beta_3)\log(pop) + \text{其他因素}$$

它说明方程（19.3）是（19.4）在 $\gamma_4 = (1-\beta_3)$ 且 $\gamma_j = \beta_j$，$j = 0$，1，2，3 时的一个特殊情形。换言之，方程（19.4）等价于把 $\log(pop)$ 作为额外的解释变量添加到（19.3）中。这使得单独检验人口（变量）对离婚率的影响更加简单。

如果你利用一个更高级的估计方法，例如最小二乘法，你就需要给出这样做的

理由。如果你用 2SLS，就需要详细讨论一个（或多个）内生解释变量所选择的 IV 是有效的。我们在第 15 章中曾提到，一个变量要成为一个好的 IV，有两个要求。首先，它既不包含在我们所考虑的方程（结构方程）中，又外生于这个方程。这是我们必须假设的。其次，它必须与内生解释变量有某种偏相关。我们可以检验这一点。比方说，在方程（19.1）中，作为饮酒量的 IV，你也许会用一个表示学生是否住宿舍（dorm）的二值变量。这要求居住环境对 colGPA 没有直接影响［使得它可被方程（19.1）所忽略］，而且它与 u 中影响 colGPA 的无法观测因素不相关。我们同样还需要通过 alcohol 对 dorm、hsGPA、SAT 和 female 的回归，来验证 dorm 与 alcohol 偏相关。（详情见第 15 章。）

利用面板数据，你或许能解释遗漏变量（或者遗漏异质性）的问题。同样地，写出一两个方程，便很容易描述这个问题。事实上，最好能说明，如何将不同时期的方程求差分，以消除不随时间而变化的不可观测因素；这就得到一个可用 OLS 估计的方程。或者，如果你使用固定效应估计，只需简单说明即可。

作为一个简单的例子，假设你正在检验：较高的县税率是否会减少经济活动（例如用人均制造业产出来度量）。假设对 1982 年、1987 年和 1992 年，该模型为：

$$\log(manuf_{it}) = \beta_0 + \delta_1 d87_t + \delta_2 d92_t + \beta_1 tax_{it} + \cdots + a_i + u_{it}$$

式中，$d87_t$ 和 $d92_t$ 为年虚拟量；tax_{it} 为 i 县在第 t 期的税率（用百分比形式）。在方程中我们会有其他随时间而变化的量，包括从事商业活动成本的度量（例如平均工资）、工人生产能力的度量（如用平均受教育程度度量）等。a_i 是固定效应，包括所有不随时间而改变的因素，u_{it} 是特异性误差项。为消除 a_i，我们可以对这些年的数据求差分，或者利用除时间均值（固定效应变换）后的时间序列。

前面遇到的问题都能够作为一个提醒，说明用自然对数变化在实证研究中是非常普遍的。我们在第 6 章和第 7 章已经讨论过了这样做的好处。有时，一个人会面临解释变量可能会取很大的正值或者零的问题。比如，用 penbens 代表一部分工人的养老金福利价值。在一些养老金计划中，工人只有在工作一定年限以后才能得到相应的福利，所以未达到年限工人的 penbens 是 0。对于其他工人，penbens 可能是相当可观的，特别是当它是由未来福利现金流的现值衡量的时候。用 penbens 当作解释变量可能会导致估计对于一些小的扰动非常敏感的情况（在 9.5c 节中讨论的由于极端值产生的现象）。我们不能用 log(penbens)，因为 log(0) 是没有定义的，并且如果我们尝试创建 log(penbens)，所有的软件包都会对于 penbens=0 的情况插入缺失值指标。但是经过一个简单的修正，log(1＋penbens) 就是一个定义良好的变量，即使 penbens=0，同时自然对数有能够压缩变量范围的好处，并且可能减少异常值所带来的敏感性。这样的一个解决方法可能比丢弃有较大值的 penbens 或者用专断的方法来处理大的变量值更被偏好。

19.5d　数据

你应该总是用一节来仔细描述经验分析中所使用的数据。如果你的数据不是标准的，或尚未被其他研究人员广泛使用，这就尤其重要。原则上，你应该介绍足够的信息，以便读者可以获得数据并重新进行你的分析。特别是，所有可用的公共数据来源都应包括在参考文献中，而且小的数据集也可以列在附录中。如果你使用自己通过调查收集到的数据，在附录中也应给出一份调查问卷。

在讨论数据来源的时候，要明确每个变量的单位。（例如，收入是用百美元还是千美元度量的。）列出一个变量定义表对读者来说也非常有用。表中出现的名字应与下一节中用于描述计量经济结果的名字一致。

给出一个摘要统计量表，其中包括每个变量的最小值、最大值、均值和标准差等，也是很有信息价值的。这种表格使得在下一节解释系数估计值时更加容易，而且它强调了变量的测量单位。对二值变量来说，唯一需要的摘要统计量就是样本中取值为 1 的比例（等同于样本均值）。对趋势变量来说，诸如均值等统计量不是太有意义。而对样本中计算一个变量的平均增长率，常常也很有用。

你应该清楚地指出你有多少次观测。对时间序列数据集来说，要明确你在分析中用到的年份，包括对历史上任何特殊时期（如第二次世界大战）的描述。如果你使用一个混合横截面或面板数据集，一定要报告每年有多少横截面单位（人、城市等）。

19.5e　结果

本节应包括你在建模一节中所给模型的估计。你可以从一个非常简单的分析开始。例如，假设毕业班学生进入大学的百分数（*percoll*）被用来度量某人就读高中的质量。那么，一个待估计的方程为

$$\log(wage) = \beta_0 + \beta_1\, percoll + u$$

当然，它并未控制既决定工资又与 *percoll* 相关的一些其他因素。但是，一个简单的分析便可以将读者带入一个更为深奥微妙的分析之中，并揭示对其他变量进行控制的重要性。

如果仅仅估计了几个方程，你可以用方程的形式给出结果，标准误用圆括号括起来置于估计系数之下。如果你的模型有几个解释变量，并且你给出了一般模型的一些变形，那么用表格形式报告结果就比方程形式更好。大多数论文都至少应该有一张表，至少包括每个方程的 R^2 和观测次数。其他统计量，例如调整 R^2，也可以列出来。

最重要的事情是，讨论你对经验结果的解释及其力度。系数具有预期的符号吗？它们在统计上显著吗？如果一个系数统计显著但有着违背直觉的符号，这又怎么可能是正确的呢？它或许揭示了数据或计量经济方法的一个问题（比方说，因为有遗漏变量的问题，所以以 OLS 可能不合适）。

务必描述主要解释变量系数的大小。通常有一个或两个政策变量对研究非常重要。它们的符号、大小和统计显著性都必须仔细对待。切记要区分经济上和统计上

19

的显著性。如果一个 t 统计量很小，就应该弄清楚，是因为系数实际上很小，还是因为它的标准误很大。

除了讨论最一般模型中的估计值，你还可以提供一些有趣的特例，特别是那些需要检验某些多重假设的例子。例如，在确定产业间工资差异的研究中，你可以给出没有产业虚拟变量的方程；这就使得读者很容易检验产业差别是否统计显著（利用 F 检验的 R^2 形式）。不要过于担心为发现"最优"解释变量组合而舍弃某些变量的问题。正如我们前面提到的，这是一项困难甚至不太明确的任务。只有在删除一组变量实质性地改变了所关注系数的大小和/或显著性时，这一点才显得重要。去掉一组变量来简化模型（如二次项或交互项），可以通过 F 检验来说明其合理性。

如果你使用了至少两种不同的方法（如 OLS 和 2SLS，或时间序列的水平值和差分，或混合 OLS 和面板数据集的差分），那么，你应该对任何关键差别都做出解释。特别是，若 OLS 给出了违背直觉的结果，2SLS 或面板数据方法能够改进估计值吗？或反之成立吗？

19.5f 结论

这可以是简短的一节，以总结你所了解的内容。比方说，你也许想介绍你格外关注的系数的大小。结论中还应讨论所得结论的限定条件，并建议进一步研究的方向。不妨设想读者要先看结论，再决定是否阅读论文的其余部分。

19.5g 体例方面的注意事项

你应该给你的论文起一个足以反映其主题的名称，但题目名字不能太长。论文题目应该位于单独的标题页，这一页上还应该包括你的姓名、单位以及课程编号（如果有必要）。标题页上还可以包括一个简短的摘要，或者也可以把摘要放在单独的另一页上。

论文应该以两倍行距打印出来。所有方程都必须另起一行、居中并且连续编号，即编为（1）、（2）、（3）等。大的图表可以放在正文后面。在文章中，用作者和时间给出文献引用，如 White（1980）。论文末的参考文献部分应采用标准格式。本书末的参考文献便是一些例子。

当你在"计量经济模型和估计方法"一节中引入一个方程时，你应该说明重要的变量：因变量和一个或多个关键自变量。如果你想强调某个自变量，你可以写出如下方程：

$$GPA = \beta_0 + \beta_1 alcohol + \mathbf{x}\boldsymbol{\delta} + u$$

或者

$$\log(wage) = \beta_0 + \beta_1 educ + \mathbf{x}\boldsymbol{\delta} + u$$

记号 $\mathbf{x}\boldsymbol{\delta}$ 是其他解释变量的简化。这样，你只需要一般性地描述它们；在"数据"

一节中可用一张表对它们进行具体说明。举例来说，在研究影响首席执行官收入的因素时，你可以使用一个像表 19.1 那样的表格。利用帕普克和伍德里奇（Papke and Wooldridge，1996）中表 1 的数据或者数据集 401K 中的数据，你可以构造一个像表 19.2 那样的摘要统计量表。

在"结果"一节中，你可以像我们通常所做的那样以方程形式写出估计值。也可以使用表格形式，特别是在用不同解释变量集估计了几个模型时，表格非常有用。如果你用方程写出估计值，例如：

$$\widehat{\log(salary)} = 2.45 + 0.236\log(sales) + 0.008roe + 0.061ceoten$$
$$\quad\quad\quad (0.93)\ (0.115)\quad\quad (0.003)\quad (0.028)$$
$$n = 204,\ R^2 = 0.351$$

一定要在第一个方程附近注明标准误在括号里。报告检验 $H_0: \beta_j = 0$ 的 t 统计量或其绝对值也是可以接受的，但最重要的是说明你在做什么。

表 19.1　变量描述

salary	1990 年的年薪（包括奖金）（千美元）
sales	1990 年企业销售额（百万美元）
roe	1988—1990 年平均净资产回报率（百分比）
pcsal	1988—1990 年工资变化的百分数
pcroe	1988—1990 年 *roe* 变化的百分数
indust	若是工业企业则为 1，否则为 0
finance	若是金融企业则为 1，否则为 0
consprod	若是消费品企业则为 1，否则为 0
util	若是公用事业单位则为 1，否则为 0
ceoten	担任公司 CEO 的年数

表 19.2　摘要统计量

变量	均值	标准差	最小值	最大值
prate	0.869	0.167	0.023	1
mrate	0.746	0.844	0.011	5
employ	4 621.01	16 299.64	53	443 040
age	13.14	9.63	4	76
sole	0.415	0.493	0	1

观测次数 = 3 784

如果你用表格形式报告结果，则要明确注明因变量和自变量，并且把标准误或者 t 统计量（前者更好）注明在系数下方。有些作者喜欢用星号标志不同显著性水平下的统计显著性（例如，一颗星表示 5% 的显著性水平，两颗星表示 1%

而非5%的显著性水平等）。如果你在行文中仔细讨论了解释变量的显著性，这就不必要了。

表19.3展示的是从帕普克和伍德里奇（Papke and Wooldridge，1996）表2中得到的结果值。

表19.3　OLS结果、因变量：参与率

自变量	(1)	(2)	(3)
$mrate$	0.156 (0.012)	0.239 (0.042)	0.218 (0.342)
$mrate^2$	—	−0.087 (0.043)	−0.096 (0.073)
$\log(emp)$	−0.112 (0.014)	−0.112 (0.014)	−0.098 (0.111)
$\log(emp)^2$	0.005 7 (0.000 9)	0.005 7 (0.000 9)	0.005 2 (0.000 7)
age	0.006 0 (0.001 0)	0.005 9 (0.001 0)	0.005 0 (0.002 1)
age^2	−0.000 07 (0.000 02)	−0.000 07 (0.000 02)	−0.000 6 (0.000 02)
$sole$	−0.000 1 (0.005 8)	0.000 8 (0.005 8)	0.000 6 (0.006 1)
常数项	1.213 (0.051)	0.198 (0.052)	0.085 (0.041)
产业虚拟变量？	否	否	是
观测次数	3 784	3 784	3 784
R^2	0.143	0.152	0.162

说明：标准误在估计值下面的括号内给出。

如果你选择的因变量和自变量单位使得系数不至于过大或者过小，你的结果就更易于阅读和解释。对于你的系数或标准误，永远也不应报告诸如1.051e−007或3.524e+006这种数字，而且不应该使用科学计数法。如果系数极其小或者极其大，就要像我们在第6章中讨论过的那样，重新度量因变量或自变量。你还应该限制小数点后的位数，以表示正确的精确度。例如，如果你的回归软件包估计一个系数为0.548 210 59，你就应该在论文中将其报告为0.548甚或0.55即可。

通常，你的计量经济软件用于给出结果的命令不应该出现在论文中；只有结果才重要。若使用某个特殊命令以实现某个特定的估计方法，则可以在附录中加以介绍。对于那些支持你的分析而又不是至关重要的附加结论，附录总是一个好去处。

本章小结

我们在本章讨论了一个成功的经验研究所必须具备的要素，还给出了能够提高分析质量的建议。而最终任何研究的成功，关键都取决于你所投入的细心和努力。

关键术语

数据挖掘	敏感度分析	互联网
电子制表软件	误设分析	文本编辑器
网上数据库	文本（ASCII）文件	在线搜索服务

样本经验项目

综观全书，我们看到了许多计量经济分析的实例，这些例子要么直接来自已出版的著作，要么受到这些著作的激发。希望这些例子让你很好地了解了经验分析的范围。我们下面额外列出了一些例子，已经有人发现或者可能会发现这些问题颇有意思，目的是为了激发你的想象力；我们不打算详细给出具体模型、数据要求或者其他估计方法。用一个学期去完成这些项目之一应该是可能的。

1. 在你所在的大学，亲自进行一次校园调查来回答你所关注的问题。例如：工作对大学 GPA 有何影响？你可以向学生询问其高中 GPA、大学 GPA、ACT 或 SAT 分数、每周工作小时数、体育运动的参与情况、主修专业、性别和种族等问题。然后用这些变量来创造一个解释 GPA 的模型。每周增加一小时的工作时间会对 GPA 产生多大的影响（如果有的话）？一个值得关注的问题是，工作时间或许是内生的：它或许与影响大学 GPA 的不可观测因素相关，或者较低的 GPA 会导致学生更多地工作。

更好的方法是，搜集这个学期之前的累积 GPA，然后得到最近这个学期的 GPA、这个学期的工作量及其他变量。现在，累积 GPA 可在方程中用作控制变量（解释变量）。

2. 上述题目可以有许多变形。你可以研究吸毒或喝酒或加入"兄弟会"对 GPA 的影响。你也许要控制许多家庭背景变量和过去表现变量。

3. 城市的枪支管制法能够减少暴力犯罪吗？这种问题很难用单个横截面来回答，因为城市和州的法律通常是内生的。[作为一个例子，可参见 Kleck and Patterson（1993）。他们利用了横截面数据和工具变量法，但他们的 IV 值得怀疑。]面板数据对这种背景下的因果推断会非常有用。至少，你可以控制前一年的暴力犯罪率。

4. 洛和麦克费特斯（Low and McPheters，1983）使用了工资率、警察死亡风险估计值及其他一些控制变量的城市横截面数据。他们想确定，在因公受伤或死亡风险更高的城市工作，警察是否因此而得到了补偿。

5. 父母同意法 * 会提高未成年少女的生育率吗？为此你可以利用州一级的数据：要么一个给定州的

---

* 即未成年少女堕胎至少需要父母一方同意，美国目前大概有 30 个州有这种法律。——译者注

时间序列，要么更好地使用各州的面板数据集。相同的法律降低了未成年少女的堕胎率吗？《美国统计摘要》包含有各种州一级的数据。列文、特雷纳和齐默尔曼（Levine，Trainor，and Zimmerman，1996）研究了堕胎资金约束对类似结果的影响。诸如找到堕胎地点的便利性等其他因素，也可能影响未成年少女的生育和堕胎率。

6. 交通法的改变会影响交通死亡率吗？麦卡锡（McCarthy，1994）分析了加利福尼亚州的月度时间序列数据，可用一组虚拟变量来标志某些法律生效的月份。文件 TRAFFIC2 包含了麦卡锡所使用的数据。另一种方法是获取美国各州的面板数据集，由此你可以使用不同州和不同时期的法律变化。弗里德曼（Freedman，2007）利用各个州 25 年的酒驾、安全带使用情况以及限速的数据，做了国家层面上的分析。数据见文件 DRIVING。

马拉赫和辛德拉（Mullahy and Sindelar，1994）利用与州法律和酒税相匹配的个人数据来估计法律和税收对酒后驾驶概率的影响。

7. 黑人在信贷市场上受到歧视吗？亨特和沃克（Hunter and Walker，1996）考察了这个问题；我们在第 7 章的计算机练习 C8 和第 17 章的计算机练习 C2 中使用了他们的数据。

8. 职业运动员有结婚奖励吗？科伦曼和纽马克（Korenman and Neumark，1991）运用各种计量经济方法发现，已婚男性明显享受着工资奖励，但由于他们不能直接观测生产力，所以其分析仍有局限。（此外，他们还使用了各种职业中的男性数据。）职业运动员是一个有意思的群体，因为我们很容易收集他们的薪水和各种生产力指标，所以方便了我们研究结婚对其收入的影响。有关美国职业篮球协会（NBA）中运动员的数据集 NBASAL 便是一例。对于每个运动员，我们都有其得分、篮板、助攻、上场时间和人口统计方面的信息。就像在第 6 章的计算机练习 C9 中那样，我们可以利用多元回归分析来检验这些生产力指标是否因结婚与否而有所不同。我们也可以利用这种数据，在解释了生产力差别之后，检验已婚男性是否收入更高。（比如，NBA 业主或许认为已婚男性为球队带来了稳定性，或至少对球队形象更好。）对于高尔夫和网球等个人运动项目，年收入直接反映了生产力，这种数据很容易与年龄和经验一起搜集。

9. 回答这个问题：抽烟者的生产力较低吗？此问题的一个变形为：吸烟的工人会请更多的病假吗（其他条件相同）？马拉赫和波特尼（Mullahy and Portney，1990）利用个人数据评估了这一问题。而你可以利用诸如大城市一级的数据。诸如制造业平均生产力等因素可能与制造业工人中吸烟者的百分数有关。其他变量应加以控制，例如工人的平均受教育程度、每个工人平均拥有的资本量和城市规模等（你还能想到更多）。

10. 最低工资能缓解贫穷吗？你可以利用州或县的数据来回答这个问题。其思想是，最低工资会因州而异，因为有些州的最低工资比联邦政府的最低工资高。而且，在一个州之内，名义最低工资也会随着时间的推移而改变，部分因为联邦政府工资水平的变化，部分因为州的工资水平的变化。纽马克和瓦斯彻（Neumark and Wascher，1995）利用州的面板数据，估计了最低工资对年轻工人的就业率和入学率的影响。

11. 哪些因素会影响公立学校的学生表现呢？在大多数州，都很容易得到学校一级或至少学区一级的数据。平均每个学生的支出有影响吗？师生比例有影响吗？由于支出与诸如家庭收入或贫穷率等其他因素相关，所以很难估计其他条件不变情况下的影响。密歇根州的高中数据集 MEAP93 含有对贫穷率的度量。另一种可能性是利用面板数据，或者至少控制前一年对学生表现的度量（如平均考试成绩或者学生通过一门考试的百分数）。

你可以考察影响学生表现的不那么明显的因素。例如，在控制了收入之后，家庭结构对这个问题有影响吗？或许双亲中仅有一人有收入的家庭对学生表现有积极的影响。（至少有两种途径：家长花更多的时间与孩子待在一起，或者他们到学校当志愿者。）在控制了收入和其他因素的情况下，单亲家庭的影响是怎样的？你可以把一年或两年的普查数据与学区数据相结合。

附近有更多私立学校的公立学校会因为竞争而对学生的教育更好吗？这里有一个难以处理的联立性问题，因为私立学校很可能坐落在公立学校已经较差的地区。霍克斯比（Hoxby，1994）使用的是工具变量法，其中各种宗教的人口比例作为私立学校数目的 IV。

劳斯（Rouse，1998）研究了一个不同的问题：因密尔沃基教育券计划 * 而入读私立学校的学生是否比不能入读的学生表现更好？她利用了面板数据，并控制了无法观测的学生效应。数据见文件 VOUCHER。

12. 股票的超额回报或股票指数能够用滞后的价格股息比来预测吗？或者，能用滞后利率或每周货币政策来预测吗？挑选一个国外股票指数或者是一个不太著名的美国指数，这个分析将会非常有趣。为解释超额股票回报，科克伦（Cochrane，1997）对最新的理论和经验结果进行了全面综述。

13. 在棒球卡市场上有种族歧视吗？这一分析将棒球卡的价格与影响价格的因素（比如职业统计、该球员是否进入名人堂等）相联系。保持其他因素不变，黑人或拉美裔运动员的卡是否被折价出售？

14. 你可以检验体育运动的赌博市场是否有效。例如，在选择足球或篮球比赛的分差时，分差是否包含了所有可用信息？数据集 PNTSPRD 包含了大学男子篮球比赛的信息。结果变量是二值的。是否让分取胜了吗？于是，为了预测球队是否让分取胜，你可以试图在每场比赛之前获取已有信息。（祝你好运！）一个包含高校足球和男子篮球比赛分差及结果的历史数据的有用网站是 www.goldsheet.com。

15. 大学体育运动的成功对学校其他方面（申请人数、学生质量及非体育系的质量）有何影响（如果有的话）？麦考密克和廷斯利（McCormick and Tinsley，1987）研究了一些主要大学的运动成就对入学新生 SAT 分数的影响。这里时间的选择很重要：不妨认为，刚结束的胜利影响了目前的申请和学生质量。我们必须控制其他许多因素（如学费和对学校质量的度量），以使分析令人信服，因为如果不控制其他变量，在学术表现和运动成绩之间就会有负相关。近来，塔克（Tucker，2004）做了关于学术表现和运动成绩关系的检验，并同时观察了体育成就如何影响校友的贡献。

一个变形是，将足球或者男子篮球的自然对手相匹配，而将学校之间的差别看成赢得足球比赛或赢得一场或多场篮球比赛的函数。ATHLET1 和 ATHLET2 为可扩充和可更新的两个小数据集。

16. 收集一个县样本某两年的谋杀率（比方说从 FBI 的《统一犯罪报告》）数据。选取近几年以便经济和人口统计变量都容易从美国《县市数据库》中获得。你还可以得到这两个年度之间县一级的死亡总人数和死刑人数。如果年份是 1990 年和 1985 年，你可以估计

$$mrdrte_{90} = \beta_0 + \beta_1 \, mrdrte_{85} + \beta_2 \, executions + 其他因素$$

式中，我们关注的是 *executions* 的系数。滞后谋杀率和其他因素则是控制变量。如果要用两年以上的数据，那么可以利用第 13 章和第 14 章的面板数据方法。

其他因素也可以作为犯罪的阻止因素。举例来说，克洛宁格（Cloninger，1991）给出了警察致命反击影响犯罪率的横截面分析。

19

----

* 美国政府在教育市场化情况下，为了让穷人的孩子同样可能享受入读私立学校的好处而提供教育券，私立学校凭收到的教育券可以到政府换取等额现金。——译者注

作为一个类比，我们可以考虑，哪些因素影响大学校园的犯罪率？生活在兄弟会或者姐妹会中的学生比例会有影响吗？警力规模或者所用的警察种类有关系吗？（在这里推断因果关系的时候要小心。）采取接送计划有助于减少犯罪吗？邻近社区的犯罪率有影响吗？最近，各学院和大学都要求报告其犯罪统计；而在早些年，则完全是自愿报告。

17. 哪些因素会影响州一级的制造业生产力呢？除了资本和工人的受教育水平，你还可以考虑一下工会化的程度。这里，利用四个调查年份（比如 1980 年、1990 年、2000 年和 2010 年）的一个面板数据分析可能最具说服力。克拉克（Clark，1984）给出了一个关于工会化程度如何影响公司业绩和生产力的分析。还有其他哪些变量可能解释生产力？

公司一级的数据可以从企业财务分析光盘（Compustat）中获得。例如，你可以研究，在保持其他条件不变时，工会化程度的改变是否会影响一个公司的股票价格？

18. 利用州和国家层面的数据或者（如果可能的话）学区层面的数据，研究一下影响平均每个学生教育支出的因素。一个有意思的问题是：其他条件（例如收入和居民的受教育水平）不变，一个老人比例较高的地区，学校支出较少吗？将人口普查数据与校区支出数据相配合，便可得到一个很大的横截面。美国教育部汇编了这种数据。

19. 州的规章（例如骑摩托车必须戴头盔的法规）对摩托车驾驶者的死亡率有何影响？或者，划船法案的区别（例如最低驾船年龄）有助于解释划船事故率吗？美国交通部汇编了这种信息。可以与《美国统计摘要》的数据结合起来进行研究。在这里，面板数据分析看来是正当的。

20. 哪些因素会影响产出的增长？两个值得关注的因素是通货膨胀和投资［见 Blomström, Lipsey, and Zejan (1996)］。你可以利用一个值得你关注的国家的时间序列数据。或者，你也可以利用多个国家的横截面数据，就像 De Long and Summers（1991）一样。弗里德曼和库特纳（Friedman and Kuttner, 1992）发现有迹象表明，至少在 20 世纪 80 年代，商业票据利率与国库券利率之间的差异影响了真实产出。

21. 在美国经济（或其他经济）中，公司合并是怎样一种行为？通过证明美国经济中根据历史增长率无法预测每年企业合并数量的对数之差（大致就是增长率），舒加特和托利森（Shughart and Tollison, 1984）把这种并购刻画成一个随机游走。这一结论仍然成立吗？它在不同的行业中都成立吗？哪些过去的经济活动指标可以用来预测并购？

22. 哪些因素可以解释就业和工资中的种族和性别差异？举例来说，霍尔泽（Holzer, 1991）重新检查了"空间不协调假说"（spatial mismatch hypothesis）的证据，以解释黑人和白人就业率上的差异。科伦曼和纽马克（Korenman and Neumark, 1992）研究了生育对妇女工资的影响，而赫舍和斯特拉顿（Hersch and Stratton, 1997）则关注家庭负担对男女工资的影响。

23. 收集青少年就业率、最低工资和影响青少年就业因素的月度或季度数据，估计最低工资对青少年就业的影响。索伦（Solon, 1985）利用了美国的季度数据，而卡斯蒂罗-弗里曼和弗里曼（Castillo-Freeman and Freeman, 1992）利用了波多黎各的年度数据。分析美国低收入州的时间序列数据或许仍有价值，其中最低工资的变化可能有最大的影响。

24. 在城市层面上估计犯罪率的一个时间序列模型。克洛宁格和萨特里厄斯（Cloninger and Sartorius, 1979）就是一例。作为一种新方法，你可以估计片警或者午夜篮球节目（较新的反犯罪创举）的效果。因果推断需慎重对待。包含一个滞后因变量或许有所帮助。因为你所使用的是时间序列数据，所以要当心伪回归问题。

格罗格（Grogger，1990）利用每日凶杀案的数据来估计死刑的威慑效果。是否还有其他因素（比方说关于警方致命反击的新闻）对日犯罪数也有影响？

25. 电脑的使用会产生总生产力效应吗？你需要得到有关生产力、雇员使用电脑的百分数和其他因素的（或许是国家层次的）时间序列数据。用于研发的支出（也许作为总销售额的比例）是否应该考虑进来？有哪些社会因素（比如饮酒或离婚率）可能影响生产力？

26. 哪些因素会影响首席执行官的薪水？文件 CEOSAL1 和 CEOSAL2 含有各种公司业绩指标与诸如任期和教育等信息的数据集。你当然也可以更新这些数据文件或者寻找其他有意思的因素。罗斯和谢泼德（Rose and Shepard，1997）将公司多元化作为 CEO 报酬的一个重要决定因素。

27. 各州之间税码的差异会影响外商直接投资量吗？海因斯（Hines，1996）研究了州的公司税以及申请国外税收信贷的能力对吸收美国以外投资的影响。

28. 哪些因素影响选举结果？选举支出与其有关系吗？对特定问题的投票与其有关系吗？当地的经济状况呢？例如，参见 Levitt（1994）及数据集 VOTE1 和 VOTE2。费尔（Fair，1996）做过美国总统大选的一个时间序列分析。

29. 检验商店和饭馆是否不自主地存在种族价格歧视。格兰迪（Graddy，1997）利用新泽西和宾夕法尼亚的快餐店数据和邮区层次的特征，考察价格是否因地方人口特征的不同而有所变化。她发现标准商品（如碳酸饮料）的价格因黑人居民比例的提高而提高。（她的数据被包含在文件 DISCRIM 之中。）你可以通过向商店或饭馆调查相同商品的价格而搜集当地的类似数据，并与最新人口普查数据结合使用。详细分析过程参见格兰迪的论文。

30. 对你自己的"旁听"进行研究，以检验雇佣中的种族和性别歧视。（书末附录数学复习 C 的例 C.3 介绍了一个这样的研究。）找两个资历相当的朋友，比如一男一女，去申请当地酒吧或饭馆的工作。你为他们提供具有相同工作经历和背景的假简历，其中只有性别（或种族）区别。然后观察谁得到面试机会和工作。纽马克（Neumark，1996）描述了在费城进行的一项这种研究。另一种研究是检验相貌吸引力或特殊特征（比如肥胖、文身或身体某个部位穿孔等明显特征）在雇佣决策中是否起作用。你使用的每一对观察对象应该具有相同的性别，可能找到自愿参与这项研究的人不是那么容易。

31. 哈默梅什和帕克（Hamermesh and Parker，2005）试图分析一个大学老师的外貌与学生给予的评价之间的关系。这可以通过在校园中进行调查来完成，让学生们在网上评价老师们的外貌并给出排名，从而获得数据。但是，理论上来说，老师们不能由正在教或者曾经教过的学生来评价，因为这些学生给出的评价会受到老师所给成绩的影响。

32. 用面板数据研究不同的经济政策对区域经济增长的影响。这些研究自然要包括对税收和消费的研究，但是其他经济政策也可能非常有趣。例如，克雷格、杰克逊和汤姆森（Craig，Jackson，and Thomson，2007）研究了小企业协会贷款担保安排对每单位资本收入的增长的影响。

33. 布林德和沃森（Blinder and Waston，2014）基于美国数据，研究现任总统党派能否解释一些经济变量的系统性差异，特别是真实 GDP 增长率。你可以更新最近季度的数据，或研究其他变量，如就业。

34. 一个普遍的让那些关注大学体育的人感兴趣的问题是：那些所谓的专家能否为预测团队的成功提供价值？比如，在男子大学生赛季的开始，会有很多赛前排名被公布。一个通常被引用的是 *rating-percentage index*，也叫 RPI。RPI 在整个赛季中，根据一支队伍的胜数、负数、比赛场地与赛程安排进行计算。赛前 RPI 的计算基于过去赛季的数据。一个有趣的问题是：赛前 RPI 能否帮助预估队伍的成

19

功？比如，在 NCAA 篮球锦标赛中，被观测到的赛前变量，包括最近赛季队伍的表现度量、教练的经验和新来的招聘班底等，能够解释队伍的胜率。如果赛前 RPI 在其他因素被控制后没有帮助，那么我们可以得到排名没有任何额外信息的结论。相反的，或许 RPI 的计算十分巧妙导致其是对预测团队表现重要的唯一统计变量。包括许多年以及上百支队伍所需要的用于检验假设的数据已经列在网上。

期刊列表

下面列举了人们熟知的部分期刊，包括商业、经济和其他社会科学的经验研究。这类期刊的完整列表可以在互联网上找到：http：//www. econlit. org。

American Economic Review

American Journal of Agricultural Economics

American Political Science Review

Applied Economics

Brookings Papers on Economic Activity

Canadian Journal of Economics

Demography

Economic Development and Cultural Change

Economic Inquiry

Economica

Economics Letters

Empirical Economics

Federal Reserve Bulletin

International Economic Review

International Tax and Public Finance

Journal of Applied Econometrics

Journal of Business and Economic Statistics

Journal of Development Economics

Journal of Economic Education

Journal of Empirical Finance

Journal of Environmental Economics and Management

Journal of Finance

Journal of Health Economics

Journal of Human Resources

Journal of Industrial Economics

Journal of International Economics

19

Journal of Labor Economics

Journal of Monetary Economics

Journal of Money，Credit and Banking

Journal of Political Economy

Journal of Public Economics

Journal of Quantitative Criminology

Journal of Urban Economics

National Bureau of Economic Research Working Paper Series

National Tax Journal

Public Finance Quarterly

Quarterly Journal of Economics

Regional Science & Urban Economics

Review of Economic Studies

Review of Economics and Statistics

数据资源

全世界有无数数据资源可用。大多数国家的政府都汇编了大量数据；在美国，普及且易于获得的数据资源，例如 *Economic Report of the President*，*the Statistical Abstract of the United States* 以及 *County and City Data Book*，我们都已经提及。许多国家的国际金融数据每年都会在 *International Financial Statistics* 上发表。各种杂志，像 *Business Week* 和 *U.S. News and World Report*，通常会发表统计数据（例如 CEO 的薪水和公司业绩，或者学科排名），这些数据非常新而且能够在计量经济学分析中得到应用。

与试图提供列表的做法不同，我们列出一些互联网网址，为经济学家提供全面的资料来源。对经济学家来说，一个很有用的站点为 *Resources for Economists on the Internet*，它是由纽约州立大学奥斯威戈分校的 Bill Goffe 维护的。网址是 http：//www.rfe.org。这个网站给出了期刊、数据资源的链接，以及专业和理论经济学家列表。使用起来相当简单。

另外，*Journal of Applied Econometrics* 和 *Journal of Business and Economics Statistics* 还有一些数据存档，它们包括了近年来发表的大部分论文中用到的数据集。如果你找到了令你感兴趣的数据集，那么这是一条非常好的可行之路，因为其中大部分数据的清理和格式化工作都已经完成。不利之处在于，这些数据集的一部分适用于比我们本书所学更高深的计量经济分析。另外，用标准计量经济方法估计较简单的模型作为比较，通常会有帮助。

许多大学，比如加州大学伯克利分校、密歇根大学和马里兰大学，都拥有大量的数据集以及各种数据集链接。你所在学校的图书馆说不定有大量关于商业、经济和其他社会科学的数据库链接。地方联邦储备银行，例如圣路易斯分行，也掌握了各种数据。National Bureau of Economic Research 会把它的部分研究人员所用的数据集刊登出来。现在州和地方政府也发布了大量的数据，而这些数据可以通过互联网找到。人口普查数据可以通过美国人口普查署公开得到。（两份有用的刊物分别是逢以 2 和 7 结尾的年份出版的 *Economic Census* 和每十年之初出版的 *Census of the Population and Housing*。）其他机构，例如美国司法部，同样也向公众公布一些数据。

19

附录

基本数学工具

本附录包括了计量经济分析中用到的一些基本数学，我们简明扼要地论述了求和算子的各种性质，研究了线性和某些非线性方程的性质，并复习了比例和百分数。我们还介绍了一些在应用计量经济学中常见的特殊函数，包括二次函数和自然对数，前 4 节只要求基本的代数技巧，A.5 节则对微积分进行了简要回顾。虽然要理解本书的大部分内容，微积分并非必须掌握的内容，但在一些章节的附录和第三部分的某些高深专题中，我们还是用到了微积分。

A.1 求和算子与描述统计量

求和算子（summation operator）是一个表示多个数求和运算的缩略符号，它在统计学和计量经济分析中扮演着重要角色。如果 $\{x_i: i=1, 2, \cdots, n\}$ 表示 n 个数的一个序列，那么我们就把这 n 个数的和写为：

$$\sum_{i=1}^{n} x_i \equiv x_1 + x_2 + \cdots + x_n \tag{A.1}$$

性质 Sum. 1：对任意常数 c，

$$\sum_{i=1}^{n} c = nc \tag{A.2}$$

性质 Sum. 2：对任意常数 c，

$$\sum_{i=1}^{n} cx_i = c \sum_{i=1}^{n} x_i \tag{A.3}$$

性质 Sum. 3：若 $\{(x_i, y_i): i=1, 2, \cdots, n\}$ 是 n 个数对构成的一个集合，且 a 和 b 是常数，则：

$$\sum_{i=1}^{n} (ax_i + by_i) = a \sum_{i=1}^{n} x_i + b \sum_{i=1}^{n} y_i \tag{A.4}$$

还要注意，有些情况不能使用求和算子，令 $\{(x_i, y_i): i=1, 2, \cdots, n\}$ 为 n 个数对构成的一个集合，且 $y_i \neq 0, \forall i$，则：

$$\sum_{i=1}^{n} (x_i/y_i) \neq \Big(\sum_{i=1}^{n} x_i \Big) / \Big(\sum_{i=1}^{n} y_i \Big)$$

换言之，比率之和不等于和的比率，当 $n=2$ 时，利用初等数学的知识便知道这个等式不成立：$x_1/y_1 + x_2/y_2 \neq (x_1 + x_2)/(y_1 + y_2)$。类似地，除非在特殊情况下，否则平方的和也不等于和的平方：$\sum_{i=1}^{n} x_i^2 \neq \big(\sum_{i=1}^{n} x_i \big)^2$。取 $n=2$，容易看出这两个量通常是不相等的：$x_1^2 + x_2^2 \neq (x_1 + x_2)^2 = x_1^2 + 2x_1 x_2 + x_2^2$。

给定 n 个数 $\{x_i: i=1, 2, \cdots, n\}$，我们把它们加起来再除以 n，便可算出它们的**平均数**（average）或均值：

$$\bar{x} = (1/n) \sum_{i=1}^{n} x_i \tag{A.5}$$

当这些 x_i 是某特定变量（如受教育年数）的一个数据样本时，我们常称之为样本均值，以强调它是从一个特定的数据集中计算出来的。样本均值是**描述统计量**（descriptive statistic）的一个例子；此时，这个统计量描述了点集 x_i 的集中趋势。

均值还有一些必须掌握的基本性质。首先，假设我们取 x 的每次观测值，并从中减去其均值：$d_i \equiv x_i - \bar{x}$（这里"d"表示对均值的离差）。那么，这些离差之和必为零：

$$\sum_{i=1}^{n} d_i = \sum_{i=1}^{n} (x_i - \bar{x}) = \sum_{i=1}^{n} x_i - \sum_{i=1}^{n} \bar{x} = \sum_{i=1}^{n} x_i - n\bar{x} = n\bar{x} - n\bar{x} = 0$$

或概括为：

$$\sum_{i=1}^{n} (x_i - \bar{x}) = 0 \tag{A.6}$$

可用一个简单的例子说明这是怎么回事。假定 $n=5$ 且 $x_1=6$，$x_2=1$，$x_3=-2$，$x_4=0$ 和 $x_5=5$，那么 $\bar{x}=2$，并且去掉均值的样本是 $\{4, -1, -4, -2, 3\}$。这些值加起来便等于零，正如方程（A.6）所述。

在第 2 章对回归分析的论述中，我们还需要知道有关样本均值离差的更多代数性质，其中较为重要的一个性质是，离差平方和等于 x_i 的平方和减去 $\bar{x}$ 平方的 n 倍：

$$\sum_{i=1}^{n} (x_i - \bar{x})^2 = \sum_{i=1}^{n} x_i^2 - n(\bar{x})^2 \tag{A.7}$$

利用求和算子的基本性质就能证明这一点：

$$\begin{aligned}
\sum_{i=1}^{n} (x_i - \bar{x})^2 &= \sum_{i=1}^{n} (x_i^2 - 2x_i\bar{x} + \bar{x}^2) \\
&= \sum_{i=1}^{n} x_i^2 - 2\bar{x} \sum_{i=1}^{n} x_i + n(\bar{x})^2 \\
&= \sum_{i=1}^{n} x_i^2 - 2n(\bar{x})^2 + n(\bar{x})^2 = \sum_{i=1}^{n} x_i^2 - n(\bar{x})^2
\end{aligned}$$

给定两个变量的数据集 $\{(x_i, y_i): i=1, 2, \cdots, n\}$，可以证明：

$$\begin{aligned}
\sum_{i=1}^{n} (x_i - \bar{x})(y_i - \bar{y}) &= \sum_{i=1}^{n} x_i(y_i - \bar{y}) \\
&= \sum_{i=1}^{n} (x_i - \bar{x})y_i = \sum_{i=1}^{n} x_i y_i - n(\bar{x} \cdot \bar{y}) \tag{A.8}
\end{aligned}$$

附录

这是对方程（A.7）的一个推广［对所有 i，都令 $y_i = x_i$，便得到（A.7）］。

在本书的多数地方，均值都是我们关注的集中趋势指标，但有时也用**中位数**（median）或样本中位数表示中心值。为了得到 n 个数（$x_1, \cdots, x_n$）的中位数，我们先把 x_i 的值按从小到大的顺序排列。然后，若 n 是奇数，则样本中位数就是按顺序居中的那个数，例如，给定一组数字 $\{-4, 8, 2, 0, 21, -10, 18\}$，中位数就是 2（因为按从小到大的顺序排列为 $\{-10, -4, 0, 2, 8, 18, 21\}$）。如果我们把这个序列的最大值 21 改成它的两倍即 42，中位数仍然是 2。相比之下，样本均值则从 5 变到 8，是一个不小的变化。一般地说，中位数和均值相比，对数列中极（大或小）值的变化没那么敏感。这就是为什么在概述某个城市或某县的收入或房价时，常常报告"收入中位数"或"房价中位数"，而不报告其均值的原因。

若 n 是偶数，则居中数字便有两个，此时定义中位数的方法就不是唯一的。通常把中位数定义为两个居中数字的均值（仍指从小到大排序的数列）。利用这一规则，数集 $\{4, 12, 2, 6\}$ 的中位数就是 $(4+6)/2 = 5$。

A.2　线性函数的性质

由于容易解释和运算，所以线性函数在计量经济学中扮演重要角色，如果两个变量 x 和 y 的关系是：

$$y = \beta_0 + \beta_1 x \tag{A.9}$$

我们便说 y 是 x 的**线性函数**（linear function），而 β_0 和 β_1 是描述这一关系的两个参量（数字），β_0 为**截距**（intercept），β_1 为**斜率**（slope）。

一个线性函数的定义特征在于，y 的改变量总是 x 的改变量的 β_1 倍：

$$\Delta y = \beta_1 \Delta x \tag{A.10}$$

式中，Δ 表示"改变量"，换句话说，x 对 y 的**边际效应**（marginal effect）是一个等于 β_1 的常数。

例 A.1

线性住房支出函数

假定每月住房支出和每月收入的关系式是：

$$housing = 164 + 0.27 income \tag{A.11}$$

那么，每增加 1 美元收入，就有 27 美分用于住房支出，如果家庭收入增加 200 美元，那么住房支出就增加 $0.27 \times 200 = 54$ 美元。图 A.1 描绘了这个函数的图形。

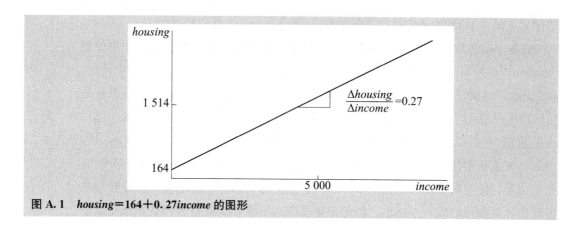

图 A.1 *housing*＝164＋0.27*income* 的图形

机械地解释方程（A.11），即使是一个没有收入的家庭，也有 164 美元的住房支出，这当然是不真实的。对低收入水平，这个线性函数不会很好地描述 *housing* 和 *income* 之间的关系，这就是为什么我们最终还得用其他函数形式来描述这种关系。

在方程（A.11）中，收入用于住房的边际消费倾向（MPC）是 0.27。它不同于平均消费倾向（APC）：

$$\frac{housing}{income}=\frac{164}{income}+0.27$$

APC 并非常数，它总比 MPC 大，但随着收入的增加而越来越接近 MPC。

多于两个变量的线性函数也很容易定义，假定 y 与两个变量 x_1 和 x_2 有一般形式的关系：

$$y=\beta_0+\beta_1 x_1+\beta_2 x_2 \tag{A.12}$$

由于这个函数的图形是三维的，所以相对难以想象，不过 β_0 仍然是截距（即 $x_1=0$ 和 $x_2=0$ 时 y 的取值），且 β_1 和 β_2 都是特定斜率的度量。由（A.12），给定 x_1 和 x_2 的改变量，y 的改变量是

$$\Delta y=\beta_1 \Delta x_1+\beta_2 \Delta x_2 \tag{A.13}$$

若 x_2 不改变，即 $\Delta x_2=0$，则有

$$\Delta y=\beta_1 \Delta x_1, \quad 如果 \Delta x_2=0$$

因此，β_1 是关系式在 x_1 坐标上的斜率：

$$\beta_1=\frac{\Delta y}{\Delta x_1}, \quad 如果 \Delta x_2=0$$

因为它度量了保持 x_2 固定时，y 如何随 x_1 而变，所以常把 β_1 叫做 x_1 对 y 的**偏效应**（partial effect）。由于偏效应涉及保持其他因素不变，所以它与**其他条件不变**（ceteris paribus）的概念有密切联系，参数 β_2 可作类似的解释，即若 $\Delta x_1=0$，则 $\beta_2=\Delta y/\Delta x_2$，因此 β_2 是 x_2 对 y 的偏效应。

附录

例 A.2

对 CD 的需求

假定大学生每月对 CD 的需求量与 CD 的价格和每个月的零花钱有如下关系：

$$quantity = 120 - 9.8 price + 0.03 income$$

式中，$price$ 为每张 CD 的价格；$income$ 以美元为单位。需求曲线表示在保持收入（和其他因素）不变的情况下，$quantity$ 和 $price$ 的关系。图 A.2 描绘了它在收入水平为 900 美元时的二维图形。需求曲线的斜率 -9.8 是价格对数量的偏效应：保持收入固定不变，如果 CD 的价格上升 1 美元，那么需求量就下跌 9.8，我们把 CD 只能离散购买的事实抽象化。收入增加只是使需求线向上移动（改变了截距），但斜率仍然不变。

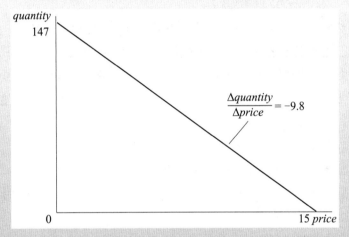

图 A.2　$quantity = 120 - 9.8 price + 0.03 income$ 在 $income$ 固定为 900 美元时的图形

A.3　比例与百分数

比例与百分数在应用经济学中扮演如此重要的角色，以致我们有必要在工作中熟悉它们。在日常的报刊中有许多以百分数形式出现的数量，如利息率、失业率和中学毕业率等。

一项重要的技能就是知道怎样在比例和百分数之间进行转换。用 100 乘以一个比例就容易地得到一个百分数，例如在一个县里有高中学历的成年人占的比例是 0.82，那么我们就说 82％的成年人有高中学历，思考百分数和比例的另一方法是，比例是百分数的小数形式。例如，如果一个年收入 30 000 美元的家庭，报告其边际税率为 28％，那么，增加 1 美元收入的应付所得税比例就是 0.28（或 28 美分）。

在使用百分数时，我们常常需要把它转换成小数形式。例如，若一个州的销售税是 6％，而在一件应税商品上的支出是 200 美元，则需付销售税 200 美元×0.06＝12

美元。若定期存款的年回报是 7.6%，而在年初存入 3 000 美元，你的利息收入便是 3 000美元×0.076＝228 美元，而并非将 3 000 乘以 7.6。

有时在大众媒体中误把比例报道为百分数，对此我们务必提防。如果我们看到，"饮酒高中生的百分数是 0.57"，我们就知道这实际上是 57%（而不是像字面所言，仅比半个百分点多一点），大学排球迷也许熟悉新闻惯用语，知道"她的击球成功百分数是 0.372"实际上是说，她击球成功的百分比是 37.2%。

在计量经济学中，我们常对测量各种数量的变化感兴趣。令 x 代表某个变量，比如说个人收入、某社区中的犯罪次数或某企业的利润。令 x_0 和 x_1 为 x 的两个值：x_0 是初始值，x_1 是后来值。例如，x_0 是某人在 1994 年的年收入，而 x_1 是同一个人在 1995 年的年收入。那么 x 从 x_0 变到 x_1 的**比例变化**（proportional change）或**相对变化**（relative change）就是

$$(x_1-x_0)/x_0=\Delta x/x_0 \tag{A.14}$$

这里自然假定了 $x_0\neq0$，换句话说，为了得到比例变化，只需用 x 的初始值去除它的变化。这是把变化标准化为与单位无关的一种方法。例如一个人的收入从每年 30 000美元变化到每年 36 000 美元，则其比例变化是 6 000/30 000＝0.20。

更常见的是用百分数表示变化，x 从 x_0 变到 x_1 的**百分数变化**（percentage change）就是

$$\%\Delta x=100(\Delta x/x_0) \tag{A.15}$$

式中的记号 $\%\Delta x$ 读作 "x 的百分数变化"。例如，当收入从 30 000 美元变化为 33 750美元时，收入便增加了 12.5%；为了得到这个结果，只需用 100 乘以比例变化 0.125。

我们必须当心不要把百分数变化报告成比例变化。比方说，在前面的例子中，把收入的百分数变化报道为 0.125 就不正确，这样会引起混乱。

当我们所考虑的变化是关于美元数或人口一类的变量时，百分数变化的含义并无含糊之处。而在经济学和其他社会科学中常常出现，变量本身就是百分数，此时计算百分数变化就需要谨慎一些。比如，令 x 代表某城市中受过大学教育的成年人百分数。假定初始值是 $x_0=24$（24%受过大学教育）而新值是 $x_1=30$。利用这两个 x 值就能计算受过大学教育人口百分数的变化。一方面，计算 x 的变化 Δx。本例中 $\Delta x=x_1-x_0=6$：受过大学教育人口的百分数增加 6 个百分点。另一方面，我们可以利用方程（A.15）来计算 $\%\Delta x=100\times[(30-24)/24]=25$。

在这个例子中，百分点变化和百分数变化很不一样。**百分点变化**（percentage point change）指这两个百分数的变化，而百分数变化则指相对于初始值的这一变化。总之，我们要十分注意所计算的是哪种变化。细心的研究者会把二者区分得清清楚楚；然而，有些学术研究也会和大众报刊一样，对所报道的变化是哪种类型含糊不清。

例 **A.3**

密歇根州提高销售税税率

1994 年 3 月，密歇根州选民批准销售税税率从 4% 提高到 6%。在政治宣传中，该措施的支持者宣称，销售税税率增加了两个百分点，或每一美元增加了两美分。反对增加销售税的人则称销售税提高了 50%，两个说法都正确；只是测量销售税提高的方法各异。自然，每一方都以最有利于自身立场的方式进行报道。

对于像薪水之类的变量，讨论"薪水的百分点变化"则毫无意义，因为薪水不是以百分数衡量的。我们可以用美元或百分数来描述薪水的变化。

A.4　若干特殊函数及其性质

在 A.2 节中，我们复习了线性函数的基本性质。我们曾经指出，像 $y=\beta_0+\beta_1 x$ 这样的线性函数有一个重要性质：不管 x 的初始值是什么，x 每变化一个单位都会导致 y 的同样变化。如我们前面所注意到的，这等于说 x 对 y 的边际效应是常数，这对许多经济关系来说多少有点不真实。例如，边际报酬递减这个重要的经济概念就不符合线性关系。

为了建立各种经济现象的模型，我们需要研究一些非线性函数。**非线性函数**（nonlinear function）的特点是：给定 x 的变化，y 的变化依赖于 x 的初始值。某些非线性函数常出现于经验经济学中，我们有必要知道怎样去解释它们，对非线性函数的完整理解将把我们引领到微积分领域。这里，我们仅概述这种函数的最重要性质，一些推导细节留待 A.5 节介绍。

A.4a　二次函数

刻画报酬递减规律的一个简单方法就是在线性关系中添加一个二次项。考虑方程式

$$y=\beta_0+\beta_1 x+\beta_2 x^2 \tag{A.16}$$

式中，β_0、β_1 和 β_2 是参数。当 $\beta_1>0$ 且 $\beta_2<0$ 时，y 和 x 之间的关系呈抛物线状，如图 A.3 所示，其中 $\beta_0=6$，$\beta_1=8$ 和 $\beta_2=-2$。

当 $\beta_1>0$ 且 $\beta_2<0$ 时，可以证明（利用下一节中的微积分），函数的最大值出现在

$$x^*=\beta_1/(-2\beta_2) \tag{A.17}$$

例如，若 $y=6+8x-2x^2$（从而 $\beta_1=8$ 且 $\beta_2=-2$），则 y 的最大值出现在 $x^*=8/4=2$ 处，并且这个最大值是 $6+8\times2-2\times(2)^2=14$（见图 A.3）。

方程（A.16）意味着 x 对 y 的**边际效应递减**（diminishing marginal effect），

这很容易从图中看出。假定我们从 x 的一个较小值开始，然后把 x 增大（比方说）c。我们若从 x 的一个更大值开始，并同样将其增大 c，则对 y 会有更大的影响。事实上，一旦 $x>x^*$，x 增加将使 y 减小。

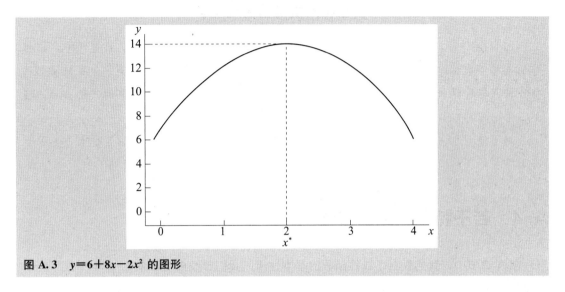

图 A.3 $y=6+8x-2x^2$ 的图形

说 x 对 y 的边际效应递减，无异于说图 A.3 中函数的斜率随着 x 的增大而减小。虽然这从图中清晰可见，但是我们通常总想量化斜率变化的速度。应用微积分知识，便给出这个二次函数的近似斜率为：对于 x 的"微小"变化，有

$$斜率 = \frac{\Delta y}{\Delta x} \approx \beta_1 + 2\beta_2 x \tag{A.18}$$

[方程（A.18）的右端是方程（A.16）中函数对 x 的**导数**（derivative）。] 这个关系可另外写作

$$\Delta y \approx (\beta_1 + 2\beta_2 x)\Delta x，对于"微小的" \Delta x \tag{A.19}$$

为了看出这个近似到底有多好，再次以函数 $y=6+8x-2x^2$ 为例。根据方程（A.19），$\Delta y \approx (8-4x)\Delta x$。现在，假定我们从 $x=1$ 开始并将 x 改变 $\Delta x=0.1$，利用（A.19），$\Delta y \approx (8-4) \times 0.1 = 0.4$。当然，我们能够通过求 $x=1$ 和 $x=1.1$ 时的 y 值来准确地计算 y 的变化：$y_0 = 6+8 \times 1-2 \times (1)^2 = 12$ 和 $y_1 = 6+8 \times 1.1-2 \times (1.1)^2 = 12.38$，从而 y 的精确变化是 0.38。可见近似计算的 $\Delta y \approx 0.4$ 相当接近。

现在，假定我们从 $x=1$ 开始但 x 改变一个较大的量：$\Delta x=0.5$，那么近似计算给出 $\Delta y \approx 4 \times 0.5 = 2$，精确变化可通过求 $x=1$ 和 $x=1.5$ 时的 y 来确定。前者的 y 值是 12，而后者是 $6+8 \times 1.5-2 \times (1.5)^2 = 13.5$，从而实际变化是 1.5（不是 2）。由于 x 的变化较大，所以近似效果要差一些。

在许多应用中，对 x 的任意初始值和微小变化，方程（A.19）都可用于计算 x 对 y 的近似边际效应。并且，在必要时，我们可以一直计算准确的变化值。

附录

例 A.4

一个二次工资函数

假定每小时工资和参加劳动年数（$exper$）之间的关系是：

$$wage = 5.25 + 0.48exper - 0.008exper^2 \qquad (A.20)$$

此函数和图 A.3 中的函数有相同的形状。利用方程（A.17），$exper$ 直到转折点 $exper^* = 0.48/(2 \times 0.008) = 30$ 为止，对工资都有正效应。第一年工作经验大约值 0.48 或 48 美分 [用 $x = 0$ 和 $\Delta x = 1$ 代入（A.19）的结果]。每增加一年工作经验，所增加的工资都比前一年所增加的要少，这就反映了工作经验的边际报酬递减。在 30 年处再增加一年工作经验实际上将使工资降低。这并非很现实，但它是用二次函数刻画边际效应递减的后果之一：在某点处，函数必然达到最大，然后向下弯曲。出于实际目的，最大值常出现在一个足够大的点，以致出现转折无关紧要，但并非总是这样。

若 $\beta_1 < 0$ 且 $\beta_2 > 0$，则方程（A.16）的二次函数图形就呈 U 形，这时边际报酬递增，函数的最小值出现在点 $(-\beta_1)/(2\beta_2)$ 处。

A.4b　自然对数

在计量经济分析中起着最重要作用的非线性函数是**自然对数**（natural logarithm）。在本书中，我们把自然对数 [或简称为**对数函数**（log function）] 记为

$$y = \log(x) \qquad (A.21)$$

你也许记得用过不同符号表示这个自然对数；最常用的是 $\ln(x)$ 或 $\log_e(x)$。当对数使用几个不同的底数时，这些不同的符号是有用的。目前，只有自然对数才重要，因此我们在全书中都用 $\log(x)$ 表示自然对数。这和许多统计软件使用符号的习惯相符，尽管也有人使用 $\ln(x)$ [而且大多数计算器都使用 $\ln(x)$]。经济学家兼用 $\log(x)$ 和 $\ln(x)$，当你阅读应用经济学论文时，知道这一点会有所帮助。

函数 $y = \log(x)$ 仅对 $x > 0$ 有定义，它的图形见图 A.4。知道如何求 $\log(x)$ 的值并非十分重要。目前，我们不妨把这个函数看作一个黑匣子：我们可以将任何 $x > 0$ 代入，并通过计算器或计算机求出 $\log(x)$。

从图 A.4 显然可见如下性质。首先，当 $y = \log(x)$ 时，y 和 x 的关系表现出边际报酬递减。对数和图 A.3 中二次函数的一个重要区别是：当 $y = \log(x)$ 时，x 对 y 永远没有负效应：函数的斜率随着 x 的增大越来越接近零，然而这个斜率永远到不了零，所以更不会是负的。

附录

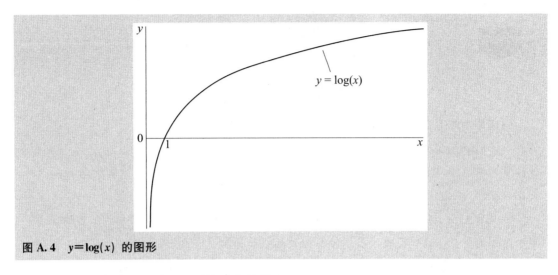

图 A.4 $y=\log(x)$ 的图形

从图 A.4 看，以下结论也很明显：

$\log(x)<0$，对于 $0<x<1$

$\log(1)=0$

$\log(x)>0$，对于 $x>1$

特别是，$\log(x)$ 可正可负。对数函数的一些有用性质包括

$\log(x_1 \cdot x_2)=\log(x_1)+\log(x_2)$，$x_1$，$x_2>0$

$\log(x_1/x_2)=\log(x_1)-\log(x_2)$，$x_1$，$x_2>0$

$\log(x^c)=c\log(x)$，$x>0$，c 为任意实数

有时，我们必须利用这些性质。

对数可用于计量经济学应用中的各种近似计算。首先，对于 $x\approx0$，有 $\log(1+x)\approx x$。你不妨用 $x=0.02$，0.1，0.5 试试看这个近似计算的质量随着 x 变大而恶化。一个更为有用的性质是：两对数之差可用作比例变化的近似值。令 x_0 和 x_1 为两个正数，可以证明（利用微积分），对 x 的微小变化，有

$$\log(x_1)-\log(x_0)\approx(x_1-x_0)/x_0=\Delta x/x_0 \qquad (A.22)$$

如果我们用 100 乘以方程（A.22）并记 $\Delta\log(x)=\log(x_1)-\log(x_0)$，那么，对 x 的微小变化，便有

$$100 \cdot \Delta\log(x) \approx \%\Delta x \qquad (A.23)$$

"微小"的含义取决于具体情况。我们在本书中将会看到一些例子。

如果精确的百分数变化很容易计算，为什么还要用方程（A.23）去做近似计算呢？我们马上就能看到，为什么（A.23）的近似计算在计量经济学中仍然有用。首先，我们用两个例子说明这种近似计算究竟有多好。

假定 $x_0=40$ 和 $x_1=41$。那么，利用 $100(x_1-x_0)/x_0$，x 从 x_0 变到 x_1 的百分数变化就是 2.5%。现在，$\log(41)-\log(40)=0.024\,7$（取 4 位小数），若乘以 100 就非常接近 2.5，所以这个近似计算相当好。再考虑一个大得多的变化：$x_0=40$ 和

$x_1 = 60$。精确的百分数变化是 50%，而 $\log(60) - \log(40) \approx 0.405\,5$，从而近似值为 40.55%，这就相去甚远。

既然方程（A.23）只适合于微小变化，它所给出的近似计算又为什么有用呢？为了做出有力的回答，我们首先定义 y 对 x 的**弹性**（elasticity）为

$$\frac{\Delta y}{\Delta x} \cdot \frac{x}{y} = \frac{\%\Delta y}{\%\Delta x} \tag{A.24}$$

换言之，y 对 x 的弹性就是当 x 增加 1% 时 y 的百分数变化。这个概念在初级经济学中就应该熟悉了。

若 y 是 x 的线性函数：$y = \beta_0 + \beta_1 x$，则这个弹性是

$$\frac{\Delta y}{\Delta x} \cdot \frac{x}{y} = \beta_1 \cdot \frac{x}{y} = \beta_1 \cdot \frac{x}{\beta_0 + \beta_1 x} \tag{A.25}$$

它明显取决于 x 值。（这是基本需求理论中一个熟知结论的推广：弹性并非沿着需求线保持不变。）

不仅在需求理论中，在许多应用经济学领域，弹性都是非常重要的。在许多情况下，使用一个常弹性模型都很方便，而对数函数能帮助我们设定这样的模型。如果我们对 x 和 y 都使用方程（A.23）中的近似，那么这个弹性就近似等于 $\Delta \log(y) / \Delta \log(x)$。因此，一个常弹性模型可近似描述为方程

$$\log(y) = \beta_0 + \beta_1 \log(x) \tag{A.26}$$

式中，β_1 为 y 对 x 的弹性（假定 x、$y > 0$）。

例 A.5

常弹性需求函数

若 q 代表需求量而 p 代表价格，并且二者的关系为

$$\log(q) = 4.7 - 1.25\log(p)$$

则需求的价格弹性是 -1.25。粗略地说，价格每增加 1%，将导致需求量下降 1.25%。

从上面的分析过程来看，（A.26）中的 β_1 似乎只是接近于弹性。然而实际上，当用微积分来定义弹性时（见 A.5 节），我们会发现上述定义是精确的。为了便于计量经济分析，方程（A.26）定义了一个**常弹性模型**（constant elasticity model），这类模型在实证经济学中扮演着重要角色。

在实证研究工作中还经常出现使用对数函数的其他可能性。假定 $y > 0$，且

$$\log(y) = \beta_0 + \beta_1 x \tag{A.27}$$

则 $\Delta \log(y) = \beta_1 \Delta x$，从而 $100 \cdot \Delta \log(y) = (100 \cdot \beta_1)\Delta x$，由此可知，当 y 和 x 有方程（A.27）所示的关系时，

$$\%\Delta y \approx (100 \cdot \beta_1)\Delta x \tag{A.28}$$

例 A.6

对数工资方程

假设小时工资与受教育年数有如下关系：

$$\log(wage) = 2.78 + 0.094educ$$

应用方程（A.28），就有

$$\%\Delta wage \approx 100 \times 0.094\Delta educ = 9.4\Delta educ$$

由此可知，多受一年教育将使小时工资增加约 9.4%。

通常把 $\%\Delta y/\Delta x$ 称为 y 对 x 的**半弹性**（semi-elasticity），半弹性表示当 x 增加一个单位时 y 的百分数变化。我们刚才所要表明的是，在模型（A.27）中，半弹性是个常数并且等于 $100 \cdot \beta_1$，在例 A.6 中，我们可以方便地把工资和教育的关系概括为：多受一年教育（无论所受教育的起点如何）都将使工资提高约 9.4%。这就说明了，这类模型为什么在经济学中起到重要作用。

另一种关系式在应用经济学中也是有意义的：

$$y = \beta_0 + \beta_1\log(x) \tag{A.29}$$

式中，$x > 0$。怎样解释这个方程呢？若取 y 的变化，则有 $\Delta y = \beta_1\Delta\log(x)$，这又可写为 $\Delta y = (\beta_1/100)\,[100 \cdot \Delta\log(x)]$。这样，利用方程（A.23）中的近似计算，我们就有

$$\Delta y \approx (\beta_1/100)(\%\Delta x) \tag{A.30}$$

换句话说，当 x 增加 1% 时，y 变化 $\beta_1/100$ 个单位。

例 A.7

劳动供给函数

假定一个工人的劳动供给可描述为

$$hours = 33 + 45.1\log(wage)$$

式中，$wage$ 为小时工资，而 $hours$ 为每周工作小时数，于是，由方程（A.30）得到

$$\Delta hours \approx (45.1/100)(\%\Delta wage) = 0.451\%\Delta wage$$

换言之，工资每增加 1%，将使每周工作小时增加约 0.45 或略小于半个小时。若工资增加 10%，则 $\Delta hours = 0.451 \times 10 = 4.51$ 或约四个半小时，我们不宜对更大的工资百分数变化应用这个近似计算。

附录

A. 4c　指数函数

在结束本节之前，仍有必要再讨论一种与对数有关的特殊函数。首先考虑方程 (A. 27)，其中 $\log(y)$ 是 x 的线性函数，但是怎样写出 y 本身作为 x 的一个函数呢？**指数函数**（exponential function）便给出了答案。

我们把这个指数函数写为 $y=\exp(x)$，它的图形由图 A. 5 给出。我们从图 A. 5 看到，$\exp(x)$ 对任何 x 值都有定义，而且总是大于零。有时人们把它写成 $y=e^x$，但我们不用这个符号。指数函数的两个重要的数值是 $\exp(0)=1$ 和 $\exp(1)=2.718\,3$（取 4 位小数）。

指数函数在如下意义上是对数函数的反函数：对所有 x，都有 $\log[\exp(x)]=x$，而对 $x>0$，有 $\exp[\log(x)]=x$。换言之，对数"逆转了"指数，反之亦然。（这就是人们有时把指数函数叫做反对数函数的原因。）特别地，要看到 $\log(y)=\beta_0+\beta_1 x$ 等价于

$$y=\exp(\beta_0+\beta_1 x)$$

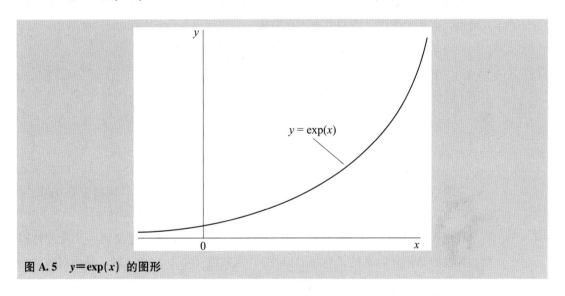

图 A. 5　$y=\exp(x)$ 的图形

若 $\beta_1>0$，则 x 和 y 之间的关系就有如同图 A. 5 一样的形状。因此，若 $\log(y)=\beta_0+\beta_1 x$ 且 $\beta_1>0$，则 x 对 y 有一递增的边际影响。对于例 A. 6，这就是说，多接受一年教育比前面接受一年教育带来了更大的工资变化。

指数函数的两个有用性质是 $\exp(x_1+x_2)=\exp(x_1)\exp(x_2)$ 和 $\exp[c\cdot\log(x)]=x^c$。

附录

A. 5　微分学

在上一节，我们提到的几种近似计算都是以微积分为基础的。令 $y=f(x)$，这

里 f 表示某种函数。那么，对于 x 的微小变化，我们有

$$\Delta y \approx \frac{df}{dx} \cdot \Delta x \tag{A.31}$$

式中，df/dx 表示函数 f 在起始点 x_0 处计算的导数值。我们还可把它写为 dy/dx。

例如，若 $y=\log(x)$，则 $dy/dx=1/x$。利用方程（A.31）以及在 x_0 处计算的 dy/dx，我们就有 $\Delta y \approx (1/x_0)\Delta x$ 或 $\Delta\log(x) \approx \Delta x/x_0$，这就是方程（A.22）所给出的近似计算。

在应用计量经济学时，因为我们要用导数来定义一个函数在给定点的斜率，所以回顾几个函数的导数有诸多裨益。这样我们就能在 x 有微小变化时，利用（A.31）求 y 的近似变化。对于线性函数，导数无非就是我们所希望的直线斜率：若 $y=\beta_0+\beta_1 x$，则 $dy/dx=\beta_1$。

若 $y=x^c$，则 $dy/dx=cx^{c-1}$。两个函数之和的导数就是两个导函数之和：$d[f(x)+g(x)]/dx=df(x)/dx+dg(x)/dx$。常数与任何函数之积的导数都等于这个常数与导函数之积：$d[cf(x)]/dx=c[df(x)/dx]$。这些简单的法则使我们能求出更复杂函数的导数。其他法则（诸如乘积、商以及链法则），对于学过微积分的人来说，应耳熟能详，我们在此不再赘述。

经济学中常用的一些函数及其导数是

$$y=\beta_0+\beta_1 x+\beta_2 x^2; \quad dy/dx=\beta_1+2\beta_2 x$$

$$y=\beta_0+\beta_1/x; \quad dy/dx=-\beta_1/(x^2)$$

$$y=\beta_0+\beta_1\sqrt{x}; \quad dy/dx=(\beta_1/2)x^{-1/2}$$

$$y=\beta_0+\beta_1\log(x); \quad dy/dx=\beta_1/x$$

$$y=\exp(\beta_0+\beta_1 x); \quad dy/dx=\beta_1\exp(\beta_0+\beta_1 x)$$

在最后一个表达式中，若 $\beta_0=0$ 且 $\beta_1=1$，便得到 $y=\exp(x)$，同时也有 $dy/dx=\exp(x)$。

我们在 A.4 节注意到，在使用微积分时，方程（A.26）定义了一个常弹性模型。弹性的微积分定义是 $(dy/dx)(x/y)$。当方程（A.26）成立时，利用对数和指数函数的性质，可以证明 $(dy/dx)(x/y)=\beta_1$。

当 y 是多元函数时，**偏导数**（partial derivative）的概念便很重要。假定

$$y=f(x_1, x_2) \tag{A.32}$$

此时便有两个偏导数，一个关于 x_1，另一个关于 x_2。y 对 x_1 的偏导数在这里记为 $\frac{\partial y}{\partial x_1}$，就是把 x_2 看作常数时（A.32）对 x_1 的普通导数。类似地，$\frac{\partial y}{\partial x_2}$ 就是固定 x_1 时（A.32）对 x_2 的导数。

偏导数之所以有用，和普通导数有用的道理差不多。我们可以把 y 的变化近似计算为

$$\Delta y \approx \frac{\partial y}{\partial x_1} \cdot \Delta x_1, \text{ 固定 } x_2 \text{ 不变} \tag{A.33}$$

因此，就像我们在线性模型中所做的那样，微积分能使我们在非线性模型中定义偏效应。事实上，若

$$y = \beta_0 + \beta_1 x_1 + \beta_2 x_2$$

$$\frac{\partial y}{\partial x_1} = \beta_1, \quad \frac{\partial y}{\partial x_2} = \beta_2$$

这些偏导数可被视为 A.2 节中所定义的偏效应。

一个更复杂一点的例子是

$$y = 5 + 4x_1 + x_1^2 - 3x_2 + 7x_1 \cdot x_2 \tag{A.34}$$

现在，方程（A.34）对 x_1 的（偏）导数（视 x_2 为常数）无非就是

$$\frac{\partial y}{\partial x_1} = 4 + 2x_1 + 7x_2$$

注意到，这个导数取决于 x_1 和 x_2，方程（A.34）对 x_2 的（偏）导数则是 $\frac{\partial y}{\partial x_2} = -3 + 7x_1$，它仅依赖于 x_1。

例 A.8

含交互项的工资方程

把工资与受教育年数和工作经验（以年计）相联系的一个函数是

$$wage = 3.10 + 0.41educ + 0.19exper - 0.004exper^2 + 0.007educ \cdot exper \tag{A.35}$$

$exper$ 对 $wage$ 的偏效应就是方程（A.35）的偏导数：

$$\frac{\partial wage}{\partial exper} = 0.19 - 0.008exper + 0.007educ$$

这是增加一年工作经验所导致的工资的近似变化。注意这个偏效应与 $exper$ 和 $educ$ 的初始水平都有关系。例如，一个从 $educ = 12$ 和 $exper = 5$ 开始的工人，增加一年工作经验，将使工资增加约 $0.19 - 0.008 \times 5 + 0.007 \times 12 = 0.234$ 或 23.4 美分。准确的变化可以通过在点（$exper = 5$ 和 $educ = 12$）处和在点（$exper = 6$，$educ = 12$）处计算（A.35），然后取二者之差而得到。计算结果是 0.23，这和近似计算的结果非常接近。

在最小化或最大化单变量或多变量函数时，微分计算起着重要作用。如果 $f(x_1, x_2, \cdots, x_k)$ 是一个 k 元可微函数，则 $x_1^*, x_2^*, \cdots, x_k^*$ 在所有可能的 x_j 值中最小化或最大化 f 的必要条件是

$$\frac{\partial f}{\partial x_i}(x_1^*, x_2^*, \cdots, x_k^*) = 0, \quad j = 1, 2, \cdots, k \tag{A.36}$$

换言之，f 的所有偏导数在 x_h^* 处都必须取值为零。这些条件被称为函数最小化或最大化的一阶条件（first order condition）。实践中我们希望解出方程（A.36）的 x_h^*，然后利用其他准则来判断我们是否已得到函数的最小值或最大值。这里，我

附录

们不需要讨论这些准则。[关于多元微积分及其在优化函数中的应用，可参见 Sydsaeter and Hammond（1995）。]

本章小结

这里所回顾的数学工具，对于理解回归分析至关重要。概率和统计将在附录数学复习 B 和数学复习 C 中讨论。非线性函数（特别是二次、对数和指数函数）的材料，对理解现代应用经济研究至关重要。虽然某些数学推导要用到微积分，但了解这些函数并不要求高深的微积分知识。

关键术语

平均数	截距	其他条件不变
线性函数	百分数变化	常弹性模型
对数函数	百分点变化	导数
偏效应	比例变化	描述统计量
中位数	相对变化	边际效应递减
自然对数	半弹性	弹性
非线性函数	斜率	指数函数
边际效应	求和算子	

习 题

1. 下表含有 10 个家庭的每月住房支出。

家庭	每月住房支出（美元）
1	300
2	400
3	350
4	1 100
5	640
6	480
7	450
8	700
9	670
10	530

（i）求每月住房支出的均值。

（ii）求每月住房支出的中位数。

（iii）如果每月住房支出以百美元计而不是以美元计，平均支出和中位数支出又是什么？

（iv）假设第 8 个家庭的每月住房支出增大到 900 美元，而其余家庭的支出不变，再计算住房支出的均值和中位数。

2. 假设下述方程描述了某学期的平均旷课次数（*missed*）和到学校的距离（*distance*，以英里计）之间的关系：

$$missed = 3 + 0.2distance$$

（i）画出这条直线并标明坐标，你怎样解释这个方程的截距？

（ii）某人住处离学校 5 英里，他的平均旷课次数是多少？

（iii）住在离学校 10 英里的地方和住在离学校 20 英里的地方，其平均旷课次数相差多少？

3. 在例 A.2 中，CD 的需求量同价格和收入的关系是 $quantity = 120 - 9.8price + 0.03income$。如果 $price = 15$ 而 $income = 200$，对 CD 的需求是多少？这对于用线性函数描述需求曲线有何含义？

4. 假定美国的失业率从某年的 6.4% 变到下一年的 5.6%。

（i）失业率下降了多少个百分点？

（ii）失业率下降的百分数是多少？

5. 假定持有某企业股票的回报从某年的 15% 变到下一年的 18%。大多数股民声称股票回报只增加了 3%，而首席执行官则声称该企业股票的回报已上升 20%。试解释其中的分歧。

6. 假定 A 某年挣 35 000 美元，而 B 某年挣 42 000 美元。

（i）求 B 薪水超过 A 薪水的准确百分数。

（ii）利用自然对数之差求近似的百分数差异。

7. 假定下述模型描述了年薪（*salary*）与先前参与劳动力市场的年数（即经验 *exper*）之间的关系：

$$\log(salary) = 10.6 + 0.027exper$$

（i）当 $exper = 0$ 时 *salary* 是多少？当 $exper = 5$ 时 *salary* 又是多少？（提示：你需要做指数运算。）

（ii）利用方程（A.28）计算，当 *exper* 增加 5 年时，年薪增加百分数的近似值。

（iii）利用第（i）部分的结果计算，当 $exper = 5$ 和 $exper = 0$ 时的准确百分数差异。

8. 令 *grthemp* 代表 1990—1995 年县一级的就业增长比例，并令 *salestax* 代表县一级的销售税率（以比例形式给出），试解释下列方程中的截距和斜率：

$$grthemp = 0.043 - 0.78salestax$$

9. 假定某种农作物的产量（蒲式耳/亩）与施肥量（磅/亩）的关系为

$$yield = 120 + 0.19\sqrt{fertilizer}$$

（i）用几个数值代入 *fertilizer*，勾画出这个关系式的图形。

（ii）把这个图形同 *yield* 和 *fertilizer* 之间的线性函数相比较。

10. 假定某一国家的所有毕业班学生统一参加一场标准化的考试，令 *score* 代表一位学生在此次考试中的成绩，人们发现学生的考试成绩 *score* 和学生所在班级的大小有如下关系：

$$score = 45.6 + 0.082class - 0.000\,147class^2$$

式中，*class* 表示所在毕业班的学生人数。

（i）你如何解释等式中数值 45.6 的字面含义？就实际而言，请说明它是否有意义并做出解释。

（ii）从公式来看，毕业班的最佳人数是多少（能够使 *score* 最大化的班级人数）？（答案精确到整数。）请问此时的最高成绩是多少？

（iii）请作图说明第（ii）部分的答案。

（iv）以上结果能否说明 *score* 和 *class* 之间有明确的决定关系？也就是问，在毕业班班级人数已知的前提下，你能否确定该班学生的考试成绩？并给出明确的解释。

11. 考虑线性函数

$$y = \beta_0 + \beta_1 x$$

（i）令（x_1，y_1）和（x_2，y_2）是线上的两个点。证明（$\bar{x}$，$\bar{y}$）也在线上，其中 $\bar{x} = (x_1 + x_2)/2$，$\bar{y} = (y_1 + y_2)/2$。

（ii）将第（i）部分中的结论扩展到 n 个点的情形，$\{(x_i, y_i)：i = 1, \cdots, n\}$。

12.（i）令 $\{x_i：i = 1, 2, \cdots, n\}$ 为含有 n 个点的集合，$\bar{x}$ 为其均值。假设下标 i 被分成两组，第一组包含 n_1 个下标，第二组包含 n_2 个下标（$n_1 + n_2 = n$）。不失一般性地，将每个样本排序为

$$\{x_1, x_2, \cdots, x_{n1}, x_{n1+1}, x_{n1+2}, \cdots, x_n\}$$

这样第一组的数据点就会先出现。令

$$\bar{x}_1 = n_1^{-1} \sum_{i=1}^{n_1} x_i，\quad \bar{x}_2 = n_2^{-1} \sum_{i=n_1+1}^{n} x_i$$

为两组的样本均值。证明

$$\bar{x} = \left(\frac{n_1}{n}\right)\bar{x}_1 + \left(\frac{n_2}{n}\right)\bar{x}_2 = w_1\bar{x}_1 + w_2\bar{x}_2$$

所以，$\bar{x}$ 可以表示为两个子组平均值的加权平均值。

（ii）权重 w_1 和 w_2 有什么直观的意义？请解释。

（iii）第（i）部分的发现如何扩展到 g 组的情况，其中每组含样本个数是 $n_1, n_2, \cdots, n_g$。

13.（i）令 $\{x_i：i = 1, 2, \cdots, n\}$ 为含有 n 个点的集合，对所有 i，$x_i > 0$。$\sum_{i=1}^{n} \frac{1}{x_i} = \frac{1}{\sum_{i=1}^{n} x_i}$ 总是成立吗？

（ii）第（i）部分中的等式是否总是成立，如果 $x_i = c$，对所有 i，其中 $c > 0$？

概率论基础

本附录概括了基础概率论的重点概念。附录数学复习 B 和数学复习 C 主要是为了复习，并非用来替代一门概率与统计课程。然而，凡是本书用到的概率和统计学概念，都包括在这些附录之中。

概率论对商学、经济学及其他社会科学的学生十分重要。例如，一家航空公司要考虑只有 100 个座位的航班，应接受多少个预订座位的问题。如果少于 100 人需要预订座位，就应该全部接受。但若多于 100 人要求预订怎么办？一个稳妥的办法就是最多接受 100 个预订。然而，有些人预订了座位，到起航时却不见人来。所以，即使接受了 100 个预订，仍存在飞机未能满载的情况。结果造成公司收入的损失。另一个策略是接受多于 100 个预订，并希望到时有些人不来，使得最后的乘客数尽可能接近 100 人。但由于订座过多，这一政策将冒着要对搭不上飞机的人进行赔偿的风险。

其中一个自然的问题是：公司接受多少预订座位才是最优的？这并非一个无关紧要的问题。不管怎样，给定有关（航空公司成本和人们不会错过乘机的频率）信息的条件下，我们能利用基本的概率论知识得到一个解答。

B.1 随机变量及其概率分布

假设我们掷一枚硬币 10 次，并计算出现正面的次数，这就是一个**实验**（experiment）的例子。一般地说，一个实验是指至少在理论上能够无限重复下去的任何一种程序，并且它有一个定义完好的结果集。原则上，我们可以一次又一次地完成掷硬币的程序。在掷硬币之前，我们知道出现正面的次数是一个从 0 到 10 的整数，因此这个实验的结果有着完好的定义。

一个**随机变量**（random variable）是指一个具有数值特征并由一个实验来决定其结果的变量。在掷硬币的例子中，掷一枚硬币 10 次出现正面的次数就是随机变量的一个例子。在掷硬币 10 次之前，我们不知道会出现正面多少次。

一旦掷完 10 次并统计正面次数，我们就得到随机变量在这个实验的一次特定试验中的结果。再做一次试验可能会产生不同的结果。

在前面提到的飞机订座例子中，不错过预订航班的人数是一个随机变量：在特定航班起飞之前，我们不知道有多少人会出现。

在分析商学和社会科学中所收集的数据时，对随机变量及其性质有一个基本的了解很重要。在整个附录 B 和附录 C 中，按照概率和统计学的惯例，我们一律用大写字母如常见的 W、X、Y 和 Z 表示随机变量，而用相应的小写字母 w、x、y 和 z 表示随机变量的特定结果。例如，在掷硬币实验中，令 X 为一枚硬币投掷 10 次出现正面的次数。所以，X 并不是任何具体数值，但我们知道 X 将在集合 $\{0, 1, 2, \cdots, 10\}$ 中取一个值。比方说，一个特殊的结果是 $x=6$。

我们用下标表示一系列随机变量。例如，我们记录在美国随机选择的 20 个家庭去年的收入。我们可以用 X_1，X_2，$\cdots$，X_{20} 表示这些随机变量，并用 x_1，x_2，$\cdots$，x_{20} 表示其特殊结果。

如定义所言，即使随机变量描述的是一些定性事件，我们也总是定义它的结果是数值。例如，考虑只掷一枚硬币，其两个结果是正面和反面。我们可以定义一个随机变量如下：如果出现正面则 $X=1$；如果出现反面则 $X=0$。

一个只能取 0 和 1 两个值的随机变量叫做**贝努利（或二值）随机变量** [Bernoulli (or binary) random variable]。在基础概率论中有一个传统，把事件 $X=1$ 叫做"成功"，而把事件 $X=0$ 叫做"失败"。在具体应用中，成功—失败的称谓不一定符合通常的成功或失败概念，但它是我们准备采用的一个有用术语。

B. 1a 离散随机变量

离散随机变量（discrete random variable）是指一个只取有限个或可数的无限个数值的随机变量。"可数的无限个"是这样一个概念：虽然随机变量可取无限个值，但这些值可以和正整数一一对应起来。由于"可数的无限个"和"不可数的无限个"之间的差别有些微妙，所以我们将集中讨论只取有限个值的离散随机变量。拉森和马克斯（Larsen and Marx，1986，Chapter 3）中有详细论述。

贝努利随机变量是离散随机变量最简单的例子。完整描述贝努利随机变量的行为，仅需要用到它取值为 1 的概率。在掷硬币的例子中，如果这枚硬币是"公平"的，那么 $P(X=1)=1/2$（读作"X 等于 1 的概率是一半"）。由于概率的总和必须是 1，所以还有 $P(X=0)=1/2$。

社会科学家所感兴趣的事物不限于掷硬币，因此我们还必须考虑更一般的情形。再次考虑航空公司必须决定让多少人预订只有 100 个座位的航班问题。

这个问题可以用多个贝努利随机变量的方式分析如下：对一个随机挑选的乘客，定义这样一个贝努利随机变量 X，如果预订座位的人到时出现，则 $X=1$；否则 $X=0$。

没有理由认为某一乘客出现的概率是 $1/2$；原则上，这个概率可以是 0 与 1 之间的任何一个数。暂且把它叫做 θ，于是

$$P(X=1)=\theta \tag{B.1}$$
$$P(X=0)=1-\theta \tag{B.2}$$

例如，若 $\theta=0.75$，则有 75% 的机会乘客在订座之后到时出现，并有 25% 的机会到时不出现。从直观上看便知，θ 值的大小在决定航空公司的订座策略中起着关键作用。给定飞机订座的历史数据，怎样估计 θ 是数理统计学的主题之一，在附录数学复习 C 中我们要转到这类问题上来。

更一般的情形是，一个离散随机变量要由它的全部可能值和取每个值的相应概率完整描述。如果 X 取 k 个可能值 $\{x_1, x_2, \cdots, x_k\}$，则其概率 $p_1, p_2, \cdots, p_k$ 被定义为

$$p_j=P(X=x_j), \; j=1, 2, \cdots, k \tag{B.3}$$

式中，每个 p_j 都在 0 与 1 之间，并且

$$p_1+p_2+\cdots+p_k=1 \tag{B.4}$$

方程 (B.3) 读作："X 取值 x_j 的概率等于 p_j"。

方程 (B.1) 和 (B.2) 表明一个贝努利随机变量的成功和失败概率完全由 θ 值决定。由于贝努利随机变量如此流行，我们就为它设计了一个特殊符号：$X\sim$ Bernoulli(θ)，读作 "X 服从一个成功概率为 θ 的贝努利分布"。

X 的**概率密度函数**（probability density function，pdf）概括了 X 的可能结果及其相应概率的信息：

$$f(x_j)=p_j, \; j=1, 2, \cdots, k \tag{B.5}$$

而且对某个 j，凡是不等于 x_j 的 x，都有 $f(x)=0$。换言之，对任何实数 x，$f(x)$ 都是随机变量 X 取该特定值 x 的概率。当我们涉及多于一个随机变量时，有时需要给所考虑的 pdf 加一个下标：例如 f_X 是 X 的 pdf，f_Y 是 Y 的 pdf，等等。

给定任一离散随机变量的 pdf，就不难计算关于该随机变量的任何事件的概率。例如，设 X 为一名篮球运动员在两次罚球中的命中次数，因此 X 的三个可能值是 $\{0, 1, 2\}$。假定 X 的 pdf 是

$$f(0)=0.20, \; f(1)=0.44 \text{ 和 } f(2)=0.36$$

附录

这三个概率之和必然为 1。利用这个 pdf，我们能算出该运动员至少投中一球的概率：$P(X\geqslant1)=P(X=1)+P(X=2)=0.44+0.36=0.80$。$X$ 的 pdf 如图 B.1 所示。

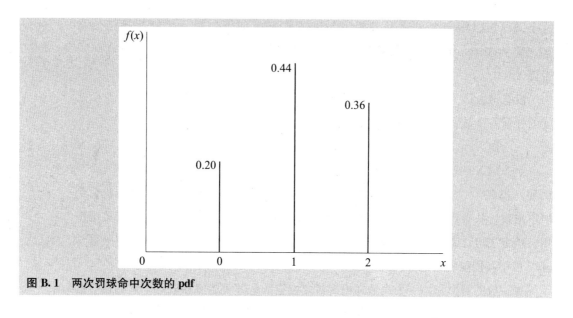

图 B.1　两次罚球命中次数的 pdf

B. 1b　连续随机变量

一个**连续随机变量**（continuous random variable）是指一个取任何实数的概率都为零的变量。这个定义有点违背直觉，因为在任何应用中，我们最终都会观测到一个随机变量取得的某种结果。这里的思想是，一个连续随机变量 X 的可能取值太多，我们无法用正整数去计数，因而，逻辑上的一致性就要求 X 必须以零概率取每一个值。由于实际测量总是离散的，所以最好是把取值众多的随机变量看作是连续的。例如，一件商品价格的最精细度量就是用美分来表示。我们可以想象按大小把所有可能的价格都一一列出（即使这一序列可以无限地继续下去），从而在技术上把价格变成一个离散随机变量。然而，价格的可能值毕竟太多了，把它套到离散随机变量的操作方法中去是不现实的。

我们可以对连续随机变量定义一个概率密度函数，并且和定义离散随机变量一样，pdf 提供了关于随机变量可能结果的信息。但是，讨论一个连续随机变量取某特定值的概率是没有意义的，我们用一个连续随机变量的 pdf 仅限于计算取值在一定范围内的事件的概率。例如，设 a 和 b 为常数，且 $a<b$。X 落在 a 与 b 之间的概率 $P(a \leqslant X \leqslant b)$ 就是 pdf 曲线之下、a 与 b 之间的面积，如图 B.2 所示。如果你熟悉微积分，你会认出它就是函数 f 在点 a 和 b 之间的积分。pdf 之下的整个面积必然等于 1。

在计算连续随机变量的概率时，最方便的是使用**累积分布函数**（cumulative distribution function，cdf）。设 X 为任何随机变量，它对任何实数 x 的 cdf 被定义为

$$F(x) \equiv P(X \leqslant x) \tag{B.6}$$

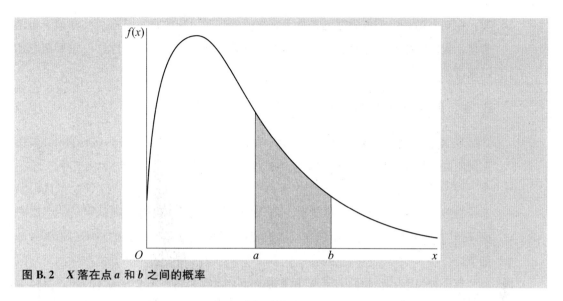

图 B.2 *X* 落在点 *a* 和 *b* 之间的概率

对于离散随机变量，将 pdf 对所有满足 $x_j \leqslant x$ 的 x_j 进行求和便得到（B.6）。而对于一个连续随机变量，$F(X)$ 就是概率密度函数 f 之下、点 x 以左的面积。因为 $F(X)$ 就是一个概率，所以它总是介于 0 与 1 之间。此外，若 $x_1 < x_2$，则 $P(X \leqslant x_1) \leqslant P(X \leqslant x_2)$，即 $F(x_1) \leqslant F(x_2)$。这意味着 cdf 是 x 的一个增（至少非减）函数。

cdf 有如下两个对计算概率颇为有用的重要性质：

$$\text{对任何数 } c，\ P(X > c) = 1 - F(c) \tag{B.7}$$

$$\text{对任何两个数 } a < b，\ P(a < X \leqslant b) = F(b) - F(a) \tag{B.8}$$

我们在学习计量经济学时，用 cdf 仅计算连续随机变量的概率，所以在概率命题中的不等式是否严格不等便无所谓了。也就是说，对于一个连续随机变量 X，有

$$P(X \geqslant c) = P(X > c) \tag{B.9}$$

和

$$P(a < X < b) = P(a \leqslant X \leqslant b) = P(a \leqslant X < b) = P(a < X \leqslant b) \tag{B.10}$$

方程（B.9）和（B.10），与（B.7）和（B.8）相结合，大大扩充了利用连续 cdf 所能进行的概率计算。

对于概率和统计学中所有重要的连续分布，其累积分布函数已被制成表格，其中最为人们熟知的是正态分布，我们将在 B.5 节中与某些相关分布一起介绍。

B.2 联合分布、条件分布与独立性

在经济学中，我们常对涉及多于一个随机变量的事件的发生感兴趣。例如，在先前的飞机订座例子中，航空公司也许对订座者到时是否出现，同时是否为公务旅客颇感兴趣；这就是联合分布的一个例子。或者，公司也许对如下的条件分布感兴

趣：在某人是一位公务旅客的条件下，他或她到时出现的概率是多少？在接下来两节里，我们将把联合分布和条件分布的概念以及随机变量的独立性这一重要概念加以规范。

B.2a 联合分布与独立性

令 X 和 Y 为离散随机变量。那么 (X, Y) 的**联合分布**（joint distribution）由它们的联合概率密度函数充分描述：

$$f_{X,Y}(x, y) = P(X=x, Y=y) \qquad (B.11)$$

上式右端是 $X=x$ 和 $Y=y$ 的概率。当 X 和 Y 连续时，我们又可以定义一个联合 pdf，但由于本书并未明显使用连续随机变量的联合 pdf，所以我们将不讨论其中的细节。

有一种情形，若我们知道 X 和 Y 的 pdf，就容易得到它们的联合 pdf。具体而言，我们说 X 和 Y 相互独立的充要条件是，对所有 x 和 y，都有

$$f_{X,Y}(x, y) = f_X(x) f_Y(y) \qquad (B.12)$$

式中，f_X 是 X 的 pdf，而 f_Y 是 Y 的 pdf。在多个随机变量的背景中，f_X 和 f_Y 这两个 pdf 常被称为边缘概率密度函数，以区别于联合 pdf 即 $f_{X,Y}$。这个独立性定义兼适用于离散和连续随机变量。

为了理解（B.12）的含义，最简单的方法是考虑离散情形。如果 X 和 Y 都是离散的，那么（B.12）就等同于

$$P(X=x, Y=y) = P(X=x)P(Y=y) \qquad (B.13)$$

换言之，$X=x$ 且 $Y=y$ 的概率就是两个概率 $P(X=x)$ 与 $P(Y=y)$ 之积。（B.13）的一个含义是，因为仅需要知道 $P(X=x)$ 与 $P(Y=y)$，所以计算联合概率相当容易。

若两个随机变量不独立，则称它们相依。

> **例 B.1**

罚球命中率

考虑篮球运动员的两次罚球。令 X 为贝努利随机变量：如果第一次命中它等于 1，否则等于 0。再令 Y 为贝努利随机变量：如果第二次命中它等于 1，否则等于 0。假设该运动员每次罚球的命中率都是 80%，即 $P(X=1)=P(Y=1)=0.8$，问两罚两中的概率是多少？

若 X 和 Y 独立，则很容易回答这个问题：$P(X=1, Y=1)=P(X=1)P(Y=1)=0.8 \times 0.8=0.64$。因此，有 64% 的机会两罚两中。若第二次命中的机会依赖于第一次是否命中，即 X 和 Y 不独立，这种简单计算便不正确。

随机变量的独立性是一个十分重要的概念。在下一小节里，我们将阐明，若 X 和 Y 独立，则知道 X 的结果并不改变 Y 出现各种可能结果的概率，反之亦然。关于独立性的一个有用结论是：若 X 和 Y 独立，而我们对任意函数 g 和 h 定义两个新的随机变量 $g(X)$ 和 $h(Y)$，则这些新的随机变量也是独立的。

这里没有必要限于两个随机变量。若 X_1，X_2，$\cdots$，X_n 是 n 个随机变量，则它们的联合 pdf 是 $f(x_1, x_2, \cdots, x_n) = P(X_1 = x_1, X_2 = x_2, \cdots, X_n = x_n)$。随机变量 X_1，X_2，$\cdots$，X_n 是**独立随机变量**（independent random variable）的充要条件是：它们的联合 pdf 对任何 $(x_1, x_2, \cdots, x_n)$ 都是个别 pdf 之积。独立性的这一定义对连续随机变量也成立。

独立性概念在求概率统计中的一些经典分布时扮演着重要角色。前面我们曾定义贝努利随机变量为表示某事件是否发生的 0—1 变量。我们常常对一系列贝努利试验中的成功次数感兴趣。独立贝努利试验的一个标准例子是反复抛掷一枚硬币。由于任何特定的一次抛掷结果都和其他各次抛掷的结果不相干，所以独立性是一个适当的假定。

在更复杂的情况中，独立性也常常是一种合理的近似。在飞机订座的例子中，假设航空公司对某特定航班接受了 n 个预订。对于每个 $i = 1, 2, \cdots, n$，令 Y_i 表示乘客到时是否出现的贝努利随机变量：若乘客 i 到时出现，则 $Y_i = 1$，否则，$Y_i = 0$。再次令 θ 表示成功（利用了订座）的概率，每个 Y_i 都有一个贝努利 (θ) 分布。作为一种近似，我们不妨假定这些 Y_i 是相互独立的，尽管实际上并非确切如此：一些人会结队而行，这就意味着其中一个人是否出现和其他所有人是否出现并非无关。然而，建立这类相关性的模型很复杂，所以我们也许还是愿意使用独立性假设作为一种近似方法。

我们主要关注的变量是在 n 个订座中有乘客出现的总数。把这个变量叫做 X。令每个 Y_i 在第 i 个订座人出现时取值 1，便可以写作 $X = Y_1 + Y_2 + \cdots + Y_n$。现假定每个 Y_i 有成功的概率 θ，并且这些 Y_i 是独立的，于是可以证明，X 服从一个**二项分布**（binomial distribution）。即 X 的概率密度函数是

$$f(x) = \binom{n}{x} \theta^x (1-\theta)^{n-x}, \quad x = 0, 1, 2, \cdots, n \tag{B.14}$$

式中，$\binom{n}{x} = \dfrac{n!}{x! \, (n-x)!}$，并且对任意整数 n，$n!$（读作 "n 的阶乘"）定义为 $n! = n \cdot (n-1) \cdot (n-2) \cdots 1$。规定 $0! = 1$。当一个随机变量 X 的 pdf 由方程 (B.14) 给出时，我们写作 $X \sim \text{Binomial}(n, \theta)$。方程 (B.14) 可用来对任何从 0 到 n 的 x 值计算 $PV(X = x)$。

如果航班有 100 个座位，则航空公司关注 $P(X > 100)$。假设在开始时 $n = 120$，即公司接受了 120 个预订座位，而每个人出现的概率是 $\theta = 0.80$，那么，$P(X > 100) = P(X = 101) + P(X = 102) + \cdots + P(X = 120)$。和式中的每一项概率都可从 $n =$

120 和 $\theta = 0.80$ 的方程（B.14）中求出，只需用适当的 x（从 101 到 120）代入即可。这是一项繁重的手算过程，幸而有许多统计软件包含有计算这类概率的命令。在本例中，有多于 100 个人出现的概率约为 0.659，这个过多订座的风险也许是航空公司所不愿承受的。如果把预订数改为 110，那么多于 100 名乘客出现的概率则仅约为 0.024。

B.2b 条件分布

在计量经济学中，我们通常对一个随机变量（称之为 Y）与另外一个或多个随机变量的联系感兴趣。暂且假设我们只对一个变量的影响感兴趣，并称之为 X。关于 X 如何影响 Y，我们所能知道的都包含在给定 X 时 Y 的**条件分布**（conditional distribution）中，由条件概率密度函数概括的这一信息被定义为：对所有满足 $f_X(x) > 0$ 的 x 值，都有

$$f_{Y|X}(y|x) = f_{X,Y}(x,y)/f_X(x) \tag{B.15}$$

当 X 和 Y 都是离散变量时，（B.15）最容易解释。这时，

$$f_{Y|X}(y|x) = P(Y=y|X=x) \tag{B.16}$$

其中，上式右端读作"给定 $X=x$ 时 $Y=y$ 的概率"。当 Y 是连续变量时，由于前述理由，$f_{Y|X}(y|x)$ 不能直接解释为概率，但可通过计算条件 pdf 之下的面积来求出条件概率。

条件分布的一个重要性质是，若 X 和 Y 是独立随机变量，知道 X 取什么值无助于确定 Y 取各值的概率（反之亦然）。这就是说，$f_{Y|X}(y|x) = f_Y(y)$，而且 $f_{X|Y}(x|y) = f_X(x)$。

例 B.2

罚球命中率

再次考虑篮球运动员两次罚球投篮的例子。假定条件密度是

$$f_{Y|X}(1|1) = 0.85, \quad f_{Y|X}(0|1) = 0.15$$

$$f_{Y|X}(1|0) = 0.70, \quad f_{Y|X}(0|0) = 0.30$$

这意味着球员第二次罚球命中的概率依赖于第一次罚球是否命中：如果第一次命中，则第二次命中的概率是 0.85；如果第一次失误，则第二次命中的概率是 0.70。这就是说，X 和 Y 不是独立的，而是相关的。

我们若知道 $P(X=1)$，便可以计算 $P(X=1, Y=1)$。假定第一次命中的概率是 0.8，即 $P(X=1) = 0.8$，那么，由方程（B.15），我们得到两罚两中的概率为

$$P(X=1, Y=1) = P(Y=1|X=1) \cdot P(X=1) = 0.85 \times 0.8 = 0.68$$

附录

B. 3　概率分布的特征

多数情况下我们只对随机变量分布的少数几个性质感兴趣。这些特征可分成三类：集中趋势的度量、波动或分散程度的度量以及两个随机变量之间关联性的度量。我们将在 B. 4 节中讨论最后一类特征。

B. 3a　集中趋势的一种度量：期望值

期望值是在我们的计量经济学学习中遇到的最重要的概率性概念之一。设 X 为一随机变量。它的**期望值**（expected value），记作 $E(X)$，有时记作 μ_x，甚至简单地记为 μ，就是对 X 的所有可能值的一个加权平均。权数由概率密度函数决定。有时期望值又被称为总体均值，特别是在我们强调 X 代表了总体中的某个变量时。

当 X 是取有限个值［比方说 $\{x_1, x_2, \cdots, x_k\}$］的离散随机变量时，期望值的准确定义最为简单。令 $f(x)$ 表示 X 的概率密度函数，则 X 的期望值为加权平均：

$$E(X) = x_1 f(x_1) + x_2 f(x_2) + \cdots + x_k f(x_k) \equiv \sum_{j=1}^{k} x_j f(x_j) \qquad (B.17)$$

给定 pdf 在 X 的每个可能结果处的取值，这很容易计算。

例 B. 3

计算一个期望值

假定 X 分别以概率 1/8、1/2 和 3/8 取值 -1、0 和 2，则
$$E(X) = (-1) \times (1/8) + 0 \times (1/2) + 2 \times (3/8) = 5/8$$

此例说明期望值有一个多少有点奇怪的特征：X 的期望值可以是一个 X 本身取不到的数。我们知道 X 取的值是 -1、0 和 2，但它的期望值却是 5/8。这使得期望值用来表征某些离散随机变量的集中趋势是有缺陷的，不过稍后我们将看到，期望值一类的计算是很有用的。

如果 X 是一个连续随机变量，则 $E(X)$ 被定义为一个积分：

$$E(X) = \int_{-\infty}^{\infty} x f(x) \mathrm{d}x \qquad (B.18)$$

假定这个积分有完好的定义。这仍然可解释为一个加权平均。和离散情形不一样，$E(X)$ 总是 X 的可能结果之一。本书中，虽然我们需要用到概率论中某些特殊随机变量期望值的有关熟悉结论，但我们并不需要用积分去计算期望值。

附录

给定随机变量 X 和函数 $g(\cdot)$，我们可以产生一个新的随机变量 $g(X)$。例如，若 X 是一随机变量，则 X^2 和 $\log(X)$（$X>0$）也是随机变量。$g(X)$ 的期望值仍然是一个加权平均：

$$\mathrm{E}[g(X)] = \sum_{j=1}^{k} g(x_j) f_x(x_j) \tag{B.19}$$

或者，对一个连续随机变量来说，

$$E[g(X)] = \int_{-\infty}^{\infty} g(x) f_X(x)\mathrm{d}x \tag{B.20}$$

例 B. 4

X^2 的期望值

对于例 B.3 中的随机变量，令 $g(X)=X^2$，便有

$$\mathrm{E}(X^2)=(-1)^2\times(1/8)+(0)^2\times(1/8)+(2)^2\times(3/8)=13/8$$

在例 B.3 中，我们算得 $\mathrm{E}(X)=5/8$，因此 $[\mathrm{E}(X)]^2=25/64$。这说明 $\mathrm{E}(X^2)$ 不同于 $[\mathrm{E}(X)]^2$。事实上，对于一个非线性函数 $g(X)$，除非在极其特殊的情形中，否则一般都有 $\mathrm{E}[g(X)]\neq g[\mathrm{E}(X)]$。

若 X 和 Y 是随机变量，则对任何函数 g，$g(X, Y)$ 也是一随机变量，因而可以定义它的期望值。当 X 和 Y 都是离散的，且分别取值 $\{x_1, x_2, \cdots, x_k\}$ 和 $\{y_1, y_2, \cdots, y_m\}$ 时，其期望值就是

$$\mathrm{E}[g(X, Y)] = \sum_{h=1}^{k} \sum_{j=1}^{m} g(x_h, y_j) f_{X,Y}(x_h, y_j)$$

式中，f_{XY} 是 (X, Y) 的联合 pdf。对于连续随机变量，这个定义因涉及积分而变得更加复杂，我们在此不予讨论。这个定义很容易推广到两个以上的随机变量。

B. 3b 期望值的性质

在计量经济学中，我们并不是那么关心计算各种分布的期望值；重要的计算别人已做过多遍，我们只要相信他们就行了。但我们需要用少数简单规则去计算一些期望值。这些规则非常重要，故标识如下：

性质 E. 1： 对任意常数 c，$\mathrm{E}(c)=c$。

性质 E. 2： 对任意常数 a 和 b，$\mathrm{E}(aX+b)=a\mathrm{E}(X)+b$。

性质 E.2 的一个有用含义是，若 $\mu=\mathrm{E}(X)$，并且定义一个新随机变量 $Y=X-\mu$，那么 $\mathrm{E}(Y)=0$；这相当于在性质 E.2 中取 $a=1$ 和 $b=-\mu$。

作为性质 E.2 的一个例子，令 X 为某地某日中午的摄氏温度；假定预期温度为 $\mathrm{E}(X)=25$。现令 Y 为华氏温度，则 $Y=32+(9/5)X$。由性质 E.2，期望华氏温

度是 $E(Y)=32+(9/5)\times E(X)=32+(9/5)\times 25=77$。

广而言之，计算多个随机变量的线性函数期望值也很容易。

性质 E. 3： 如果 $\{a_1, a_2, \cdots, a_n\}$ 是常数而 $\{X_1, X_2, \cdots, X_n\}$ 是随机变量，则

$$E(a_1X_1+a_2X_2+\cdots+a_nX_n)=a_1E(X_1)+a_2E(X_2)+\cdots+a_nE(X_n)$$

或者，利用求和符号，

$$E\left(\sum_{i=1}^{n}a_iX_i\right)=\sum_{i=1}^{n}a_iE(X_i) \tag{B.21}$$

作为一个特例，取每个 $a_i=1$，我们有

$$E\left(\sum_{i=1}^{n}X_i\right)=\sum_{i=1}^{n}E(X_i) \tag{B.22}$$

因此，和的期望值就是期望值之和。在数理统计的推导中常常用到这个性质。

例 B. 5

求期望收入

令 X_1、X_2 和 X_3 分别为比萨店在某日出售的小、中、大比萨个数。这些随机变量的期望值是 $E(X_1)=25$，$E(X_2)=57$ 和 $E(X_3)=40$。小、中、大比萨的价格分别是 5.50 美元、7.60 美元和 9.15 美元。因此，该日出售比萨的期望收入是

$$E(5.50X_1+7.60X_2+9.15X_3)=5.50E(X_1)+7.60E(X_2)+9.15E(X_3)$$
$$=5.50\times 25+7.60\times 57+9.15\times 40$$
$$=936.70$$

即 936.70 美元。这不过是期望收入，具体某一天的实际收入一般都会有所差异。

我们还可以利用性质 E. 3 来证明，若 $X\sim \text{Binomial}(n, \theta)$，则 $E(X)=n\theta$。即 n 次贝努利试验的期望成功次数无非就是试验次数乘以任一次试验成功的概率。把 X 写成 $X=Y_1+Y_2+\cdots+Y_n$，其中 $Y_i\sim \text{Bernoulli}(\theta)$，就容易看出这一点。于是，

$$E(X)=\sum_{i=1}^{n}E(Y_i)=\sum_{i=1}^{n}\theta=n\theta$$

可以把这个结果应用到飞机订座的例子中。在这个例子中，公司接受了 $n=120$ 个订座，并且乘客出现的概率是 $\theta=0.85$。乘客出现的期望数是 $120\times 0.85=102$。因此，如果现有 100 个座位，预期出现的乘客数就已过大，这关系到航空公司接受 120 个预订是否明智的问题。

其实，航空公司应该定义一个利润函数，用以说明每售出一个座位的净收入以及每把一位乘客从航班中排挤出去的成本。因为出现的人数是一个随机变量，所以

附录

利润函数也是随机的。令 r 为来自每位乘客的利润。（为简单起见，你可把它看作机票的价格。）令 c 为每位被排挤出航班的乘客的获赔金额。r 和 c 都不是随机的；并假定对航空公司来说是已知的。令 Y 表示航班的利润。那么，对 100 个座位来说，

$$Y=\begin{cases} rX, & \text{如果 } X\leqslant 100 \\ 100r-c(X-100), & \text{如果 } X>100 \end{cases}$$

第一个方程给出了当起飞前出现的乘客数不多于 100 时的利润；第二个方程则给出了当出现的乘客数大于 100 时的利润。［在后一种情形中，来自售票的纯收入是 $100r$，因为全部 100 个座位的机票均已售出，而 $c(X-100)$ 就是接受多于 100 个订座的成本。］利用 X 遵从 Binomial$(n, 0.85)$ 分布（其中 n 代表所接受的预订数）这个事实就可以求出期望利润 E(Y)，并且是 n（以及 r 和 c）的函数。要直接计算 E(Y) 会相当困难，但可以通过计算机很快地求出。一旦给定 r 和 c，就能从不同的 n 值中搜寻最大化期望利润的 n 值。

B.3c 集中趋势的另一度量：中位数

期望值只不过是定义一个随机变量集中趋势的可能方法之一，度量集中趋势的另一方法是用**中位数**（median）。中位数的一般定义过于复杂，对我们来说还用不着。若 X 是连续的，则 X 的中位数（比方说 m）就是这样一个数：pdf 之下的一半面积在 m 之左，另一半面积在 m 之右。

当 X 是离散的，且取有限奇数个值时，中位数就是按大小排序后居中的一个数。例如，若 X 可能取的值是 $\{-4, 0, 2, 8, 10, 13, 17\}$，则 X 的中位数是 8。若 X 可能取偶数个值，则实际上有两个中位数；有时取这两个数的平均，便得到唯一的中位数。例如，X 的取值是 $\{-5, 3, 9, 17\}$，则中位数是 3 和 9；如果取其平均，我们就得到中位数等于 6。

一般而言，中位数，有时记为 Med(X)，和期望值 E(X) 是不相同的。作为集中趋势的度量，不能说哪一个比另一个更好；两者都是度量 X 之分布中心的有效方法。在一种特殊情形中，中位数和期望值（均值）是相同的。若 X 围绕着 μ 值而**对称分布**（symmetric distribution），则 μ 既是期望值又是中位数。从数学上看，条件是对一切 x 都要有 $f(\mu+x)=f(\mu-x)$。图 B.3 说明了这种情形。

B.3d 波动性的度量：方差与标准差

尽管一个随机变量的集中趋势颇有价值，但它还不能告知我们关于这个随机变量分布的一切。图 B.4 给出了两个具有相同均值的随机变量的 pdf。显然 X 的分布比 Y 的分布更紧密地集中在其中心周围。我们自然希望有一种简单方法来刻画分布分散程度的差别。

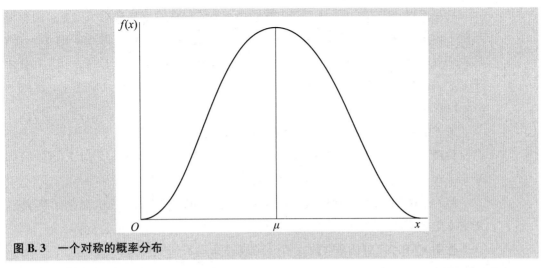

图 B. 3　一个对称的概率分布

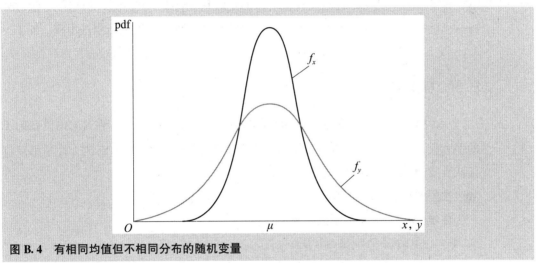

图 B. 4　有相同均值但不相同分布的随机变量

B. 3e　方差

对一个随机变量 X，令 $\mu = \mathrm{E}(X)$。为了度量 X 离其期望值多远，有许多种方法，而最简单的一种代数方法是用差异的平方 $(X-\mu)^2$。（平方是为了消除距离度量的符号，由此得到的正值符合我们对距离的直观认识。）因这一距离随 X 的每一结果而变，故本身就是一个随机变量。正如我们需要用一个数来总结 X 的集中趋势，我们也需要用一个数来告知我们 X 平均而言离 μ 有多远。一个这样的数就是**方差**（variance），它告诉了我们 X 与其均值的期望距离：

$$\mathrm{Var}(X) \equiv \mathrm{E}\left[(X-\mu)^2\right] \tag{B. 23}$$

方差有时记为 K_x^2，或在不致引起混淆的情况下简记为 σ^2。由方程（B. 23）可知，方差必定非负。

作为一种计算方法，注意到下列关系是有用的：

$$\sigma^2 = \mathrm{E}(X^2 - 2X\mu + \mu^2) = \mathrm{E}(X^2) - 2\mu^2 + \mu^2 = \mathrm{E}(X^2) - \mu^2 \tag{B. 24}$$

附录

利用方程（B.23）或（B.24），我们都不必区分连续或离散随机变量：两种情形的方差定义都是一样的。最经常用的方法是，先计算 $E(X)$，再计算 $E(X^2)$，然后利用方程（B.24）中的公式。例如，若 $X \sim$ Bernoulli(θ)，则 $E(X) = \theta$，并且由于 $X^2 = X$，故 $E(X^2) = \theta$。于是，由方程（B.24）可知，$Var(X) = E(X^2) - \mu^2 = \theta - \theta^2 = \theta(1-\theta)$。

方差的两个重要性质如下：

性质 VAR. 1：当且仅当存在常数 c 使得 $P(X=c)=1$ 时 [此时 $E(X)=c$]，$Var(X)=0$。

第一个性质是说，任何常数的方差都是零，而且，若一个随机变量有零方差，则它本质上就是常量。

性质 VAR. 2：对任意常数 a 和 b，都有 $Var(aX+b)=a^2 Var(X)$。

这意味着，把一个常数加到一个随机变量上不会改变其方差，但用一个常数乘以一个随机变量将使其方差增大该常数的平方倍。例如，若 X 指摄氏温度，而 $Y=32+(9/5)X$ 为华氏温度，则 $Var(Y)=(9/5)^2 Var(X)=(81/25)Var(X)$。

B. 3f 标准差

一个随机变量的**标准差**（standard deviation），记为 sd(X)，就是它的方差的正的平方根：sd$(X) \equiv +\sqrt{Var(X)}$。标准差有时又记作 σ。标准差有两个性质可以直接从性质 VAR. 1 和性质 VAR. 2 推出。

性质 SD. 1：对任意常数 c，sd$(c)=0$。

性质 SD. 2：对任意常数 a 和 b，

$$sd(aX+b) = |a| sd(X)$$

特别是，若 $a>0$，则 sd$(aX)=a \cdot$ sd(X)。

最后这个性质使标准差使用起来比方差更为自然。例如，假定 X 是代表以千美元计收入的一个随机变量。我们若定义 $Y=1\,000X$，则 Y 代表以美元度量的收入。假如 $E(X)=20$，且 sd$(X)=6$，则 $E(Y)=1\,000\,E(X)=20\,000$，且 sd$(Y)=1\,000sd(X)=6\,000$，可见期望值和标准差都同样增加 1 000 倍。如果使用方差，我们将得到 $Var(Y)=(1\,000)^2 Var(X)$，也就是 Y 的方差是 X 方差的 100 万倍。

B. 3g 标准化一个随机变量

作为方差和标准差性质的一个应用（而且本身也是有实际意义的一个问题），假如给定随机变量 X，我们将它减去其均值 μ 并除以其标准差 σ，便定义了一个新的随机变量

$$Z \equiv \frac{X-\mu}{\sigma} \tag{B.25}$$

这又可写为 $Z=aX+b$，其中 $a \equiv (1/\sigma)$，而 $b \equiv -(\mu/\sigma)$。于是，由性质

E.2 知，

$$E(Z) = aE(X) + b = (\mu/\sigma) - (\mu/\sigma) = 0$$

由性质 VAR.2 知，

$$\text{Var}(Z) = a^2 \text{Var}(X) = (\sigma^2/\sigma^2) = 1$$

因此，随机变量 Z 的均值为 0，方差（或者标准差）为 1。这一过程有时被称为将随机变量 X 标准化，而 Z 则叫做**标准化随机变量**（standardized random variable）。（在初级统计学教程中，有时把它叫做 X 的 z 变换。）重要的是要记住，在方程（B.25）的分母中出现的是标准差而非方差。我们即将看到，这一变换常用于统计推断。

作为特例，令 $E(X) = 2$ 和 $\text{Var}(X) = 9$，则 $Z = (X - 2)/3$ 具有零均值和单位方差。

B.3h　偏度与峰度

我们可以利用一个随机变量的标准化形式来定义一个随机变量分布的其他特征。利用所谓的高阶矩就能够刻画这些特征。比如，（B.25）中随机变量 Z 的三阶矩就可以用来判断一个分布是否围绕着其均值对称分布。我们可以写作

$$E(Z^3) = E[(X - \mu)^3]/\sigma^3$$

如果 X 围绕着 μ 对称分布，那么 Z 就围绕着 0 对称分布。（除以 σ^3 并不改变分布的对称性。）这就意味着 Z 的密度在任意两点 z 和 $-z$ 都是一样的，从而这又意味着，在计算 $E(Z^3)$ 时，$z > 0$ 时的正值 z^3 正好与负值 $(-z)^3 = -z^3$ 抵消。于是，如果 X 围绕着 0 对称分布，则 $E(Z) = 0$。通常 $E[(X - \mu)^3]/\sigma^3$ 被看成 X 分布的**偏度**（skewness）指标。在统计学背景中，我们可能利用数据来估计 $E(Z^3)$，以判断一个潜在总体的分布是否对称。

计算 Z 的如下四阶矩也很有用：

$$E(Z^4) = E[(X - \mu)^4]/\sigma^4$$

由于 $Z^4 \geqslant 0$，所以 $E(Z^4) \geqslant 0$（而且在任何有意义的情形中，它都严格大于 0）。没有参考值就很难解释 $E(Z^4)$ 的值，但这个值越大，就意味着 X 的分布尾部越厚。四阶矩 $E(Z^4)$ 因而被称为 X 分布的**峰度**（kurtosis）。在 B.5 节，我们将求出正态分布的 $E(Z^4)$。

B.4　联合与条件分布的特征

B.4a　关联度：协方差与相关

虽然两个随机变量的联合 pdf 完整地描述了它们之间的关系，但对于它们大致如何相互关联，仍需要一个扼要的度量手段。正如期望值和方差一样，这类似于要用一个数字来概括整个分布的某一方面，现在要概括的便是两个随机变量的联合 pdf。

附录

B. 4b 协方差

令 $\mu_x = E(X)$ 和 $\mu_Y = E(Y)$，并考虑随机变量 $(X-\mu_x)(Y-\mu_Y)$。若 X 和 Y 都超过其均值，便有 $(X-\mu_x)(Y-\mu_Y) > 0$。若 $X < \mu_x$ 且 $Y < \mu_Y$，则仍然有这个结果。另外，若 $X > \mu_x$ 且 $Y < \mu_Y$，或反之，则 $(X-\mu_x)(Y-\mu_Y) < 0$。但这个乘积怎样能告诉我们 X 和 Y 之间有什么关系呢？

两个随机变量 X 和 Y 之间的**协方差**（covariance）（有时也叫做总体协方差，以强调它考虑的是描述一个总体的两个随机变量之间的关系），被定义为乘积 $(X-\mu_x)(Y-\mu_Y)$ 的期望值：

$$\text{Cov}(X, Y) \equiv E[(X-\mu_x)(Y-\mu_Y)] \tag{B. 26}$$

有时又记为 σ_{XY}。若 $\sigma_{XY} > 0$，则平均而言，当 X 超过其均值时，Y 也超过其均值。若 $\sigma_{XY} < 0$，则平均而言，当 X 超过其均值时，Y 便低于其均值。

计算 $\text{Cov}(X, Y)$ 的几个有用表达式如下：

$$\text{Cov}(X, Y) = E[(X-\mu_x)(Y-\mu_Y)] = E[(X-\mu_x)Y]$$
$$= E[X(Y-\mu_Y)] = E(XY) - \mu_x\mu_Y \tag{B. 27}$$

由方程（B. 27）可知，若 $E(X)=0$ 或 $E(Y)=0$，则 $\text{Cov}(X, Y) = E(XY)$。

协方差度量两个随机变量之间的**线性相依性**（linear dependence）。一个正的协方差表示两个随机变量同向移动，而一个负的协方差则表示两个随机变量反向移动。我们即将看到，解释一个协方差的大小可能有些曲折。

由于协方差度量了两个随机变量是怎样一种关系，一个很自然的问题便是：协方差和独立性概念有何联系？这将由以下性质给出回答。

性质 COV. 1：若 X 和 Y 相互独立，则 $\text{Cov}(X, Y) = 0$。

此性质来自方程（B. 27）以及在 X 和 Y 相互独立时 $E(XY) = E(X)E(Y)$ 的事实。重要的是要记住，性质 COV. 1 的反命题并不成立：X 和 Y 之间的协方差为零并不意味着 X 和 Y 相互独立。事实上，存在随机变量 X，如果 $Y=X^2$，则 $\text{Cov}(X, Y) = 0$。[任何 $E(X) = 0$ 且 $E(X^3) = 0$ 的随机变量 X 都有此性质。] 然而，若 $Y=X^2$，则 X 和 Y 显然不独立：一旦知道了 X，必然知道 Y。所以，X 和 X^2 之间能够有零协方差，看来颇为奇怪，而这正好说明了，作为随机变量之间一般性联系的度量，协方差是有缺陷的。但当关系式至少近似于线性时，协方差便很有用。

协方差的第二个主要性质涉及线性函数之间的协方差。

性质 COV. 2：对任意常数 a_1、b_1、a_2 和 b_2，都有

$$\text{Cov}(a_1X+b_1, \ a_2Y+b_2) = a_1a_2\text{Cov}(X, \ Y) \tag{B. 28}$$

性质 COV. 2 的一个重要含义在于，两个随机变量之间的协方差会因为将两者或两者之一乘以一个常数而改变。这在经济学中之所以重要，是因为诸如货币变量和通货膨胀率等，都可使用不同的度量单位进行定义而不改变其实质。

最后，知道任何两个随机变量之协方差的绝对值肯定不会超过它们的标准差之积也有用处；此即著名的柯西-施瓦兹不等式（Cauchy-Schwartz inequality）。

性质 COV. 3：$|\text{Cov}(X, Y)| \leqslant \text{sd}(X)\text{sd}(Y)$

B. 4c 相关系数

假定我们想知道劳动总体中受教育程度和年薪之间的关系，我们就可令 X 代表教育，Y 代表薪水，然后计算它们的协方差。然而我们得到的答案却取决于教育和薪水的度量单位。性质 COV. 2 意味着，教育和薪水之间的协方差，视薪水是以美元还是以千美元度量或者教育是以月还是以年计算而定。很明显，变量度量单位的选择对它们有多强的关系并没有影响。但是，它们之间的协方差却与度量单位有关。

取决于度量单位是协方差的一个缺陷，为克服这一缺陷，现引进 X 和 Y 的**相关系数**（correlation coefficient）：

$$\text{Corr}(X,Y) = \frac{\text{Cov}(X,Y)}{\text{sd}(X) \cdot \text{sd}(Y)} = \frac{\sigma_{XY}}{\sigma_X \sigma_Y} \tag{B.29}$$

X 和 Y 的相关系数有时记作 ρ_{XY}（而且有时称为总体相关）。

因 σ_X 和 σ_Y 都为正，故 $\text{Cov}(X, Y)$ 和 $\text{Corr}(X, Y)$ 的符号必然相同，而且，当且仅当 $\text{Cov}(X, Y) = 0$ 时 $\text{Corr}(X, Y) = 0$。协方差的某些性质可移植到相关性上。若 X 和 Y 独立，则 $\text{Corr}(X, Y) = 0$，但相关系数为零并不意味着它们独立，因为相关系数也是线性相依的一个度量。然而，由于下述性质，相关系数的大小比协方差的大小更容易解释。

性质 CORR. 1：$-1 \leqslant \text{Corr}(X, Y) \leqslant 1$

若 $\text{Corr}(X, Y) = 0$，或等价地 $\text{Cov}(X, Y) = 0$，则 X 和 Y 之间就不存在线性关系，并称 X 和 Y 为**不相关随机变量**（uncorrelated random variables）；否则 X 和 Y 就是相关的。$\text{Corr}(X, Y) = 1$ 意味着一个完全的正线性关系，意思是说，我们对某常数 a 和某常数 $b > 0$，可以写出 $Y = a + bX$。$\text{Corr}(X, Y) = -1$ 则意味着一个完全的负线性关系，使得对某个 $b < 0$ 有 $Y = a + bX$。1 和 -1 两个极端情形很少出现。接近 1 或 -1 的 ρ_{XY} 值便意味着较强的线性关系。

如前面所提及的，X 和 Y 之间的相关不因 X 或 Y 的度量单位而改变。下面说明了更一般的情形。

性质 CORR. 2：对于常数 a_1，b_1，a_2 和 b_2，若 $a_1 a_2 > 0$，则

$$\text{Corr}(a_1 X + b_1, a_2 Y + b_2) = \text{Corr}(X, Y)$$

若 $a_1 a_2 < 0$，则

$$\text{Corr}(a_1 X + b_1, a_2 Y + b_2) = -\text{Corr}(X, Y)$$

作为一个例子，假定薪水和教育的总体相关系数是 0.15。这一度量将与用美元、千美元或任何其他单位计算薪水都无关；与用年、季、月或其他单位来衡量受

附录

教育时间也无关。

B.4d 随机变量之和的方差

一旦定义了协方差和相关系数，就可以把方差的主要性质完整地列出来。

性质 VAR.3：对于常数 a 和 b，有

$$\text{Var}(aX+bY)=a^2\text{Var}(X)+b^2\text{Var}(Y)+2ab\text{Cov}(X,Y)$$

由此立即可知，若 X 和 Y 不相关［从而 $\text{Cov}(X,\ Y)=0$］，则

$$\text{Var}(X+Y)=\text{Var}(X)+\text{Var}(Y) \tag{B.30}$$

和

$$\text{Var}(X-Y)=\text{Var}(X)+\text{Var}(Y) \tag{B.31}$$

在后一情形中，要注意为什么差的方差竟是（两个）方差之和，而不是方差之差。

作为（B.30）的一个例子，令 X 为星期五夜晚某酒店赚到的利润，而 Y 为接下来星期六夜晚赚到的利润。因此，$Z=X+Y$ 就是这两个夜晚赚到的利润。假定 X 和 Y 都有一个 300 美元的期望值和一个 15 美元的标准差（因而方差为 225）。两夜晚的期望利润将是 $\text{E}(Z)=\text{E}(X)+\text{E}(Y)=2\times300=600$ 美元。若 X 和 Y 独立，从而它们也不相关，则总利润的方差便是两个方差之和：$\text{Var}(Z)=\text{Var}(X)+\text{Var}(Y)=2\times225=450$。于是总利润的标准差是 $\sqrt{450}$ 或约为 21.21 美元。

表达式（B.30）和（B.31）可推广到多于两个变量的情形。为了阐明这一推广情形，我们需要一个定义。若随机变量 $\{X_1,\ \cdots,\ X_n\}$ 中的每一变量都与集合中其他任何一个变量不相关，我们便称其为**两两不相关的随机变量**（pairwise uncorrelated random variables）。也就是说，对所有的 $i\neq j$，都有 $\text{Cov}(X_i,\ X_j)=0$。

性质 VAR.4：若 $\{X_1,\ \cdots,\ X_n\}$ 是两两不相关的随机变量且 $\{a_i:\ i=1,\ \cdots,\ n\}$ 是常数，则

$$\text{Var}(a_1X_1+\cdots+a_nX_n)=a_1^2\text{Var}(X_1)+\cdots+a_n^2\text{Var}(X_n)$$

用求和符号便可写为

$$\text{Var}\left(\sum_{i=1}^{n}a_ix_i\right)=\sum_{i=1}^{n}a_i^2\text{Var}(X_i) \tag{B.32}$$

性质 VAR.4 的一个特殊情形就是，对所有 i 都取 $a_i=1$。这时，对两两不相关的随机变量来说，和的方差就是方差之和：

$$\text{Var}\left(\sum_{i=1}^{n}x_i\right)=\sum_{i=1}^{n}\text{Var}(X_i) \tag{B.33}$$

附录

因为独立随机变量是不相关的（见性质 COV.1），所以独立随机变量之和的方差便是各个方差之和。

若各 X_i 不是两两不相关的，则 $\text{Var}\left(\sum_{i=1}^{n}a_iX_i\right)$ 的表达式要复杂得多；我们必须在方程（B.32）的右边加上 $2a_ia_j\text{Cov}(x_i,\ x_j)$（对任意 $i>j$）。

我们可以利用（B.33）推导出一个二项随机变量的方差。令 $X\sim\text{Binomial}(n,\ \theta)$，

并写作 $X = Y_1 + \cdots + Y_n$，其中 Y_i 是独立 Bernoulli(θ) 随机变量。于是，由（B.33）可知，$\text{Var}(X) = \text{Var}(Y_1) + \cdots + \text{Var}(Y_n) = n\theta(1-\theta)$。

在航空订座的例子中 $n = 120$ 和 $\theta = 0.85$，到时出现乘客人数的方差便是 $120 \times 0.85 \times 0.15 = 15.3$，因而它的标准差约为 3.9。

B.4e 条件期望

协方差和相关系数都是对两个随机变量之间线性关系的度量，并且对称地处理两者。在社会科学中更多的情况是，我们想用一个变量 X 去解释另一个变量 Y。而且，若 Y 和 X 有非线性形式的关系，则我们还希望知道这个形式。把 Y 叫做被解释变量，而 X 叫做解释变量。例如 Y 代表每小时工资，而 X 代表受过正式教育的年数。

我们曾介绍过给定 X 下 Y 的条件概率密度函数这一概念。这样，我们也许想知道工资的分布如何随着教育水平而变化。然而，我们常常需要用一个简单的方法来概括这个分布。由于在给定 $X = x$ 下，Y 的分布一般都取决于这个 x 值，所以只用单个数字来概括是不够的。不过，我们可以通过给定 X 下 Y 的**条件期望**（conditional expectation）（这有时又称条件均值）来概括 Y 和 X 之间的关系。意思是说，一旦我们知道 X 取了某个特定值 x，我们就能根据 X 的这个结果算出 Y 的期望值。我们把这个期望值记作 $\text{E}(Y \mid X = x)$ 或简记为 $\text{E}(Y \mid x)$。一般情形是，随着 x 的改变，$\text{E}(Y \mid x)$ 也会改变。

当 Y 是取值 $\{y_1, \cdots, y_m\}$ 的离散随机变量时，则有

$$\text{E}(Y \mid x) = \sum_{j=1}^{m} y_j f_{Y \mid X}(y_j \mid x)$$

当 Y 连续时，$\text{E}(Y \mid x)$ 便由 $y f_{Y \mid X}(y \mid x)$ 对 y 的所有可能值求积分来定义。好比无条件期望，条件期望也是对 Y 所有可能值的一个加权平均，只不过这时的权数反映了 X 已取了某个特殊值的情形。因此，$\text{E}(Y \mid x)$ 是 x 的某个函数，这个函数告诉了我们 Y 的期望值如何随 x 而变化。

作为一个例子，令 (X, Y) 代表一个工人总体，其中 X 为受教育年数，Y 为小时工资。那么，$\text{E}(Y \mid X = 12)$ 便是总体中所有受了 12 年教育（相当于读完高中）的工人的平均小时工资。$\text{E}(Y \mid X = 16)$ 则是所有受过 16 年教育的工人的平均小时工资。跟踪各种教育水平的期望值，便为工资和教育之间的关系提供了重要信息。参见图 B.5 中的图解。

原则上，可以在每个教育水平上求出小时工资的期望值，然后将这些期望值列表。由于教育的变化范围很大（且可度量为一年的某个分数），所以用这种方法显示平均工资和教育程度之间的关系很烦琐。计量经济学中的典型方法是，设定一些足以刻画这种关系的简单函数。作为一个例子，假设 *WAGE* 在给定 *EDUC* 时的期望值是如下线性函数：

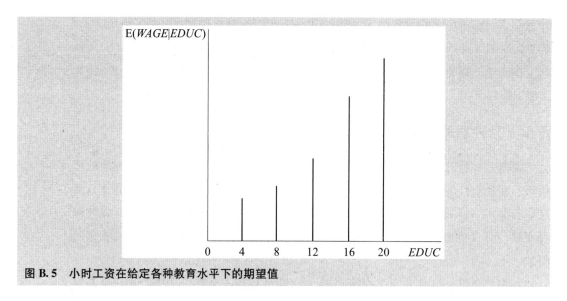

图 B.5 小时工资在给定各种教育水平下的期望值

$$\text{E}(WAGE \mid EDUC) = 1.05 + 0.45EDUC$$

假定这一关系对工人总体成立，则受 8 年教育者的平均工资是 $1.05 + 0.45 \times 8 = 4.65$ 或 4.65 美元。受 16 年教育者的平均工资是 8.25 或 8.25 美元。$EDUC$ 的系数意味着，多受一年教育，期望小时工资增加 0.45 或 45 美分。

条件期望也可能是一个非线性函数。例如，假设令 $\text{E}(Y \mid x) = 10/x$，其中 X 是一个恒大于零的随机变量。这个函数的图形示于图 B.6。它可以代表一个需求函数，其中 Y 为需求量，而 X 为价格。若 Y 和 X 的关系确实如此，则诸如相关分析一类的线性关联分析便不合适。

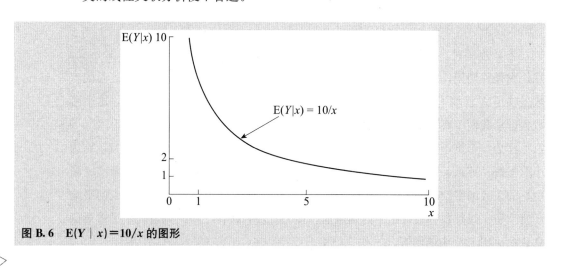

图 B.6 $\text{E}(Y \mid x) = 10/x$ 的图形

B.4f 条件期望的性质

条件期望的一些基本性质对计量经济分析中的推导颇为有用。

性质 CE.1： 对任意函数 $c(X)$，都有 $\text{E}[c(X) \mid X] = c(X)$。

第一个性质意味着，当我们计算以 X 为条件的期望值时，X 的函数可视同常数。

例如 $E(X^2 \mid X) = X^2$。直观上，这无非就是说，若知道了 X，也就知道了 X^2。

性质 CE.2：对函数 $a(X)$ 和 $b(X)$，有

$$E[a(X)Y + b(X) \mid X] = a(X)E(Y \mid X) + b(X)$$

例如，我们能很容易地计算像 $XY + 2X^2$ 这种函数的条件期望：$E[XY + 2X^2 \mid X] = XE[Y \mid X] + 2X^2$。

下一个性质把独立性和条件期望的概念紧密地联系起来。

性质 CE.3：若 X 和 Y 相互独立，则 $E(Y \mid X) = E(Y)$。

这个性质意味着，若 X 和 Y 相互独立，则 Y 在给定 X 时的期望值与 X 无关，这时 $E(Y \mid X)$ 必定等于 Y 的（无条件）期望。在工资与教育一例中，假设工资独立于教育，则高中毕业生和大学毕业生的平均工资便相同。因为这几乎无疑是错误的，所以我们不能假定工资与教育是独立的。

下面是性质 CE.3 的一个特例：若 U 和 X 独立，并且 $E(U) = 0$，则 $E(U \mid X) = 0$。

条件期望还有一些性质，与 $E(Y \mid X)$ 事实上是 X 的一个函数 [比如 $E(Y \mid X) = \mu(X)$] 有关。由于 X 是一个随机变量，所以 $\mu(X)$ 也就是一个随机变量。而且，$\mu(X)$ 有一个概率分布，因而有一个期望值。一般地说，直接计算 $\mu(X)$ 的期望值十分困难。**迭代期望法则**（law of iterated expectation）告诉我们，$\mu(X)$ 的期望值就等于 Y 的期望值。我们把它写作：

性质 CE.4：$E[E(Y \mid X)] = E(Y)$。

这个性质乍看来有点难以掌握。它是说，如果我们先把 $E(Y \mid X)$ 看作 X 的函数，再求这个函数的期望值，那么结果就是 $E(Y)$。这一点并非显而易见，但可借助期望值的定义推导出来。

令 $Y = WAGE$ 和 $X = EDUC$，其中 $WAGE$ 为小时工资，而 $EDUC$ 为受教育年数。假定给定 $EDUC$ 下 $WAGE$ 的期望值是 $E(WAGE \mid EDUC) = 4 + 0.60EDUC$，且 $E(EDUC) = 11.5$。迭代期望法则便意味着 $E(WAGE) = E(4 + 0.60EDUC) = 4 + 0.60E(EDUC) = 4 + 0.60 \times 11.5 = 10.90$ 或 10.90 美元/小时。

下一个性质是迭代期望法则的一个更一般表述。

性质 CE.4'：$E(Y \mid X) = E[E(Y \mid X, Z) \mid X]$。

换言之，求 $E(Y \mid X)$ 可分为两步：先对其他任一随机变量 Z 求 $E(Y \mid X, Z)$，然后以 X 为条件求 $E(Y \mid X, Z)$ 的期望值。

性质 CE.5：若 $E(Y \mid X) = E(Y)$，则 $Cov(X, Y) = 0$ [因而 $Corr(X, Y) = 0$]。事实上，X 的每个函数都与 Y 不相关。

该性质的含义是，若对 X 的改变不能改变 Y 的期望值，则 X 和 Y 必然不相关。性质 CE.5 的逆命题并不成立：若 X 和 Y 不相关，$E(Y \mid X)$ 仍可能取决于 X。例如，取 $Y = X^2$。于是 $E(Y \mid X) = X^2$，它显然是 X 的函数。然而，正如我们在讨论协方差和相关系数时所提到的，X 和 X^2 可能不相关。条件期望刻画了相关分析所完全忽略的 X 和 Y 之间的非线性关系。

附录

性质 CE. 4 和性质 CE. 5 有两个主要含义：若 U 和 X 是满足 $E(U \mid X)=0$ 的随机变量，则 $E(U)=0$，而且 U 和 X 不相关。

性质 CE. 6：若 $E(Y^2) < \infty$，且对某个函数 g 有 $E[g(X^2)]<\infty$，则 $E\{[Y-\mu(X)]^2 \mid X\} \leqslant E\{[Y-g(X)]^2 \mid X\}$ 和 $E\{[Y-\mu(X)]^2\}\leqslant E\{[Y-g(X)]^2\}$。

性质 CE. 6 在论述预测或预报问题时非常有用。第一个不等式是说，我们若用以 X 为条件预测误差平方的期望值作为预测波动性的一种度量，则条件均值比用 X 的任何其他函数作为 Y 的预测值都更好。条件均值还使得预测误差平方的无条件期望最小化。

B. 4g 条件方差

给定随机变量 X 和 Y，Y 以 $X=x$ 为条件的方差，无非就是在给定 $X=x$ 下与 Y 的条件分布相联系的方差：$E\{[Y-E(Y \mid x)]^2 \mid x\}$。公式

$$\mathrm{Var}(Y|X=x)=E(Y^2|x)-[E(Y|x)]^2$$

对计算很有用。我们只是偶尔才需要计算条件方差，但我们仍必须在回归分析的一些专题中，假定并使用条件方差。

举一个例子来说，令 $Y=SAVING$ 和 $X=INCOME$（每年都对全部家庭这个总体测量这两个变量）。假设 $\mathrm{Var}(SAVING|INCOMEV)=400+0.25INCOME$。这就是说，随着收入增加，储蓄水平的方差也在增加。重要的是要看到，$SAVING$ 的方差和 $INCOME$ 之间的关系，与 $SAVING$ 的期望值和 $INCOME$ 之间的关系毫无联系。

我们叙述一个关于条件方差的有用性质。

性质 CV. 1：若 X 和 Y 相互独立，则 $\mathrm{Var}(Y \mid X)=\mathrm{Var}(Y)$。

因为在给定 X 下 Y 的分布与 X 无关，而 $\mathrm{Var}(Y \mid X)$ 无非就是这个分布的特征之一，所以这个性质相当明显。

B. 5 正态及其有关分布

B. 5a 正态分布

正态分布和由它衍生出来的分布是统计学和计量经济学中最广泛使用的分布。假定在总体上定义的随机变量是正态分布，将使概率计算得以简化。此外，为了进行统计学和计量经济学中的推断，即使背后的总体不一定是正态的，我们仍然在很大程度上要依靠正态及其有关分布。我们必须推迟对细节的讨论，但应肯定这些分布一直在本书中反复出现。

正态随机变量是一个可以取任何值的连续随机变量。它的概率密度函数有一个我们熟悉的钟形形状，如图 B. 7 所示。

在数学上，X 的 pdf 可写为：

$$f(x) = \frac{1}{\sigma\sqrt{2\pi}}\exp[-(x-\mu)^2/2\sigma^2], \quad -\infty < x < \infty \tag{B.34}$$

其中，$\mu = E(X)$ 和 $\sigma^2 = Var(X)$。我们说 X 有一个均值为 μ 和方差为 σ^2 的**正态分布**（normal distribution），记作 $X \sim Normal(\mu, \sigma^2)$。因正态分布对称于 μ，故 μ 也是 X 的中位数。有时又把正态分布叫做高斯分布，以纪念著名统计学家高斯（C. F. Gauss）。

一些随机变量粗略地看似乎遵循正态分布。人类身高和体重、考试得分以及某县失业率，大体上都有类似于图 B.7 形状的 pdf。另一些分布如收入分布，则不像正态密度函数那样分布。在大多数国家里，收入都不对称于任何数值而分布；分布是朝上端偏斜的。有时一个变量可通过变换而获得正态性。

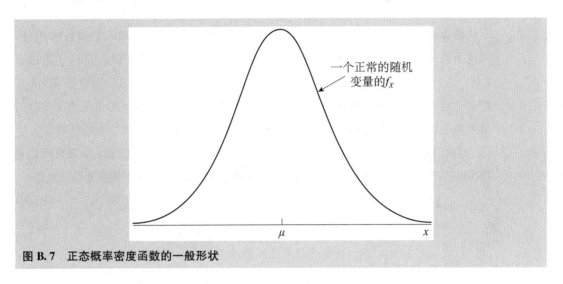

图 B.7　正态概率密度函数的一般形状

一个常见的变换是取自然对数，这对取正值的随机变量来说是有意义的。若 X 是正的随机变量（比如收入），而 $Y = \log(X)$ 具有正态分布，我们便说 X 服从一个**对数正态**（lognormal）分布。人们发现，对数正态分布颇适合许多国家的收入分布。诸如商品价格等另一些变量看来也适合描述为对数正态分布。

B.5b　标准正态分布

正态分布的一种特殊情形是它的均值为 0 和方差为 1，因而标准差也为 1。若随机变量 Z 服从 $Normal(0, 1)$ 分布，我们便说它服从**标准正态分布**（standard normal distribution），一个标准正态随机变量的 pdf 被记为 (z)；根据 $\mu = 0$ 和 $\sigma^2 = 1$ 的 (B.34)，它由下式给出：

$$\phi(z) = \frac{1}{\sqrt{2\pi}}\exp(-z^2/2), \quad -\infty < z < \infty \tag{B.35}$$

标准正态累积分布函数被记为 $\Phi(z)$，它被取为 ϕ 之下、Z 以左的面积；见图 B.8。回忆一下 $\Phi(z) = P(Z \leqslant z)$；因 Z 是连续的，故也可写成 $\Phi(z) = P(Z < z)$。

附录

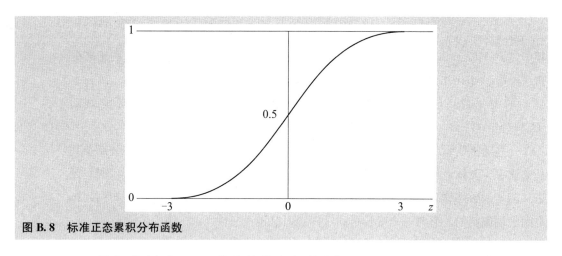

图 B. 8　标准正态累积分布函数

没有可用来求 $\Phi(z)$ 值的简单公式〔因为 $\Phi(z)$ 是（B. 35）中函数的积分，而这个积分没有一个封闭形式〕。然而 $\Phi(z)$ 的值很容易制成表格；表 G. 1 给出了 z 从 -3.1 到 3. 1 的 $\Phi(z)$ 值。对于 $z\leqslant-3.1$，$\Phi(z)$ 小于 0. 001，而对于 $z\geqslant3.1$，$\Phi(z)$ 大于 0. 999。大多数统计学和计量经济学软件包都含有计算标准正态 cdf 值的简单命令，因此我们完全能避免使用印刷表格而获得对应于任意 z 值的概率。

借助于概率论中的基本结论（特别是有关 cdf 的性质 B. 7 和性质 B. 8），我们可以利用标准正态 cdf 计算涉及一个标准正态随机变量的任何事件的概率。最重要的公式是

$$P(Z>z)=1-\Phi(z) \tag{B.36}$$

$$P(Z<-z)=P(Z>z) \tag{B.37}$$

和

$$P(a\leqslant Z\leqslant b)=\Phi(b)-\Phi(a) \tag{B.38}$$

因为 Z 是连续随机变量，所以无论不等式是否严格，这三个公式都成立。比如，$P(Z>0.44)=1-0.67=0.33$，$P(Z<-0.92)=P(Z>0.92)=1-0.821=0.179$ 和 $P(-1<Z\leqslant0.5)=0.692-0.159=0.533$。

另一个有用的表达式是，对任何 $c>0$，都有

$$P(|Z|>c)=P(Z>c)+P(Z<-c)=2\cdot P(Z>c)=2[1-\Phi(c)] \tag{B.39}$$

就是说，Z 的绝对值大于某个正常数 c 的概率，就是概率 $P(Z>c)$ 的两倍；这反映了标准正态分布的对称性。

在大多数应用中，我们首先遇到的是一个正态分布的随机变量 $X\sim\text{Normal}(\mu,\sigma^2)$，其中 μ 异于零且 $\sigma^2\neq1$。利用以下性质，可将任何一个正态随机变量转换成一个标准正态分布。

性质 NORMAL. 1：若 $X\sim\text{Normal}(\mu,\sigma^2)$，则 $(X-\mu)/\sigma\sim\text{Normal}(0,1)$。

性质 NORMAL. 1 说明了如何把任意一个正态随机变量转换成标准正态。例如，$X\sim\text{Normal}(3,4)$，而我们要计算 $P(X\leqslant1)$。我们总是把 X 规范化到一个标准正态变量：

$$P(X \leqslant 1) = P(X-3 \leqslant 1-3) = P\left(\frac{X-3}{2} \leqslant -1\right) = P(Z \leqslant -1)$$
$$= \Phi(-1) = 0.159$$

例 B.6

正态随机变量的概率

首先让我们计算当 $X \sim \text{Normal}(4, 9)$ 时的 $P(2 < X \leqslant 6)$（因为 X 是连续随机变量，所以用 $<$ 或 $\leqslant$ 都无关紧要）。现在

$$P(2 < X \leqslant 6) = P\left(\frac{2-4}{3} < \frac{X-4}{3} \leqslant \frac{6-4}{3}\right) = P(-2/3 < Z \leqslant 2/3)$$
$$= \Phi(0.67) - \Phi(-0.67) = 0.749 - 0.251 = 0.498$$

再让我们来计算 $P(|X| > 2)$：

$$P(|X| > 2) = P(X > 2) + P(X < -2)$$
$$= P[(X-4)/3 > (2-4)/3] + P[(X-4)/3 < (-2-4)/3]$$
$$= 1 - \Phi(-2/3) + \Phi(-2)$$
$$= 1 - 0.251 + 0.023 = 0.772$$

B.5c　正态分布的其他性质

在结束本小节之前，我们再给出几个以后将会用到的正态分布性质。

性质 NORMAL.2：若 $X \sim \text{Normal}(\mu, \sigma^2)$，则 $aX+b \sim \text{Normal}(a\mu+b, a^2\sigma^2)$。

例如，若 $X \sim \text{Normal}(1, 9)$，则 $Y = 2X+3$ 也是正态分布的，其均值为 $2E(X)+3=5$，方差为 $2^2 \times 9 = 36$，而 $\text{sd}(Y) = 2\text{sd}(X) = 6$。

前面我们曾讨论过，一般而言，相关系数为零不同于独立性。而对于正态分布的随机变量而言，相关系数为零却是独立性的充分条件。

性质 NORMAL.3：若 X 和 Y 联合正态分布，则它们独立的充要条件是 $\text{Cov}(X, Y) = 0$。

性质 NORMAL.4：独立同分布正态随机变量的任意线性组合都是正态分布的。

例如 X_i：$i = 1, 2$ 和 3 是分布为 $\text{Normal}(\mu, \sigma^2)$ 的独立随机变量。定义 $W = X_1 + 2X_2 - 3X_3$，则 W 是正态分布的；我们只需求出它的均值和方差。即，

$$E(W) = E(X_1) + 2E(X_2) - 3E(X_3) = \mu + 2\mu - 3\mu = 0$$

并且

$$\text{Var}(W) = \text{Var}(X_1) + 4\text{Var}(X_2) + 9\text{Var}(X_3) = 14\sigma^2$$

性质 NORMAL.4 还意味着，独立正态分布随机变量的平均是一个正态分布变量。若 $Y_1, Y_2, \cdots, Y_n$ 为独立随机变量，且每一变量都服从 $\text{Normal}(\mu, \sigma^2)$ 分布，则

$$\bar{Y} \sim \text{Normal}(\mu, \sigma^2/n) \tag{B.40}$$

附录

这个结论在对正态总体均值的统计推断中起着关键作用。

我们还要知道正态分布的其他特征，尽管它们在本书中的作用不甚明显。由于正态分布变量围绕其均值对称分布，所以它的偏度等于 0，即 $E[(X-\mu)^3]=0$。进一步可以证明

$$E[(X-\mu)^4]/\sigma^4 = 3$$

即 $E(Z^4)=3$，其中 Z 服从标准正态分布。由于正态分布在概率统计中如此常见，所以任意一个给定的随机变量 X（其四阶矩存在）的峰度指标都被定义为 $E[(X-\mu)^4]/\sigma^4-3$，也就是与标准正态分布峰度值的相对关系。如果 $E[(X-\mu)^4]/\sigma^4>3$，那么 X 分布的尾部就比正态分布的尾部更厚（就像后面将要介绍的 t 分布一样，这种情况多少有些常见）；如果 $E[(X-\mu)^4]/\sigma^4<3$，那么 X 分布的尾部就比正态分布的尾部更薄（罕见情形）。

B.5d χ^2 分布

χ^2 分布可直接从独立标准正态随机变量推导出来。令 Z_i：$i=1, 2, \cdots, n$ 为独立随机变量，都服从标准正态分布。定义一个新随机变量为 Z_i 的一个平方和：

$$X= \sum_{i=1}^{n} Z_i^2 \tag{B.41}$$

于是，X 即所谓具有 n 个**自由度**（degrees of freedom，df）的 **χ^2 分布**（chi-square distribution）。记为 $X \sim \chi_n^2$。χ^2 分布中的 df 对应于方程（B.41）中求和的项数。自由度概念在我们的统计和计量经济分析中扮演着重要角色。

含有不同自由度的 χ^2 分布的 pdf 图形由图 B.9 给出；我们不需要这个 pdf 的公式，所以在这里不把它重新写出来。由方程（B.41）明显看到，χ^2 随机变量总是非负的，而且不像正态分布那样，χ^2 分布不对称于任何点。可以证明，若 $X \sim \chi_n^2$，则 X 的期望值为 n［（B.41）中的项数］，而 X 的方差是 $2n$。

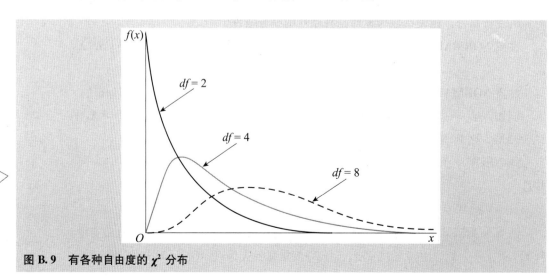

图 B.9　有各种自由度的 χ^2 分布

B. 5e t 分布

t 分布在经典统计学和多元回归分析中广为应用；它可以从一个标准正态分布和一个 χ^2 分布得到。

设 Z 服从标准正态分布，而 X 服从自由度为 n 的 χ^2 分布。于是，随机变量

$$T = \frac{Z}{\sqrt{X/n}} \tag{B.42}$$

便服从自由度为 n 的 **t 分布**（t distribution），我们把它记为 $T \sim t_n$。t 分布的自由度得自（B. 42）分母中的 χ^2 随机变量。

t 分布的 pdf 有一个类似于标准正态分布的形状，只是它更散开一些，因而尾端有较大的面积。t 分布随机变量的期望值为零（严格地说，期望值仅当 $n > 1$ 时存在），方差为 $n/(n-2)$（这里要求 $n > 2$；当 $n \le 2$ 时，分布没有散开，方差将不存在）。图 B. 10 对不同自由度描绘了 t 分布的 pdf。随着自由度不断变大，t 分布越来越接近于标准正态分布。

B. 5f F 分布

统计学和计量经济学中的另一重要分布是 F 分布。特别是在多元回归分析中，要用 F 分布去检验假设。

为了定义 F 随机变量，令 $X_1 \sim \chi^2_{k_1}$ 和 $X_2 \sim \chi^2_{k_2}$，并假定 X_1 和 X_2 独立，则随机变量

$$F = \frac{K_1/k_1}{K_2/k_2} \tag{B.43}$$

服从一个自由度为 (k_1, k_2) 的 **F 分布**（F distribution）。我们把它记为 $F \sim F_{k_1, k_2}$。图 B. 11 对不同自由度描绘了 F 分布的 pdf。

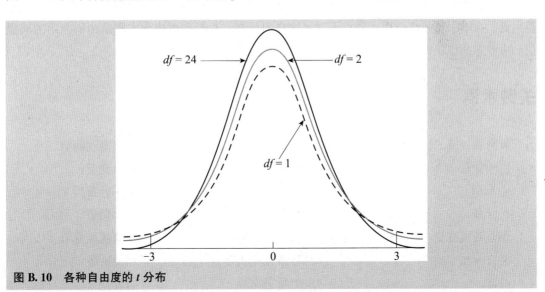

图 B. 10　各种自由度的 t 分布

附录

F_{k_1,k_2} 中自由度的顺序关系重大。整数 k_1 因为与分子中的 χ^2 变量相联系而被称为分子自由度。类似地，整数 k_2 因为与分母中的 χ^2 变量相联系而被称为分母自由度。这似乎有点难以理解，因为（B.43）又可写为 $(X_1k_2)/(X_2k_1)$，这样一来，k_1 反而出现在分母中了。但请记住，分子 df 是指（B.43）分子中 χ^2 变量的 df，分母 df 也可用类似的方法解释。

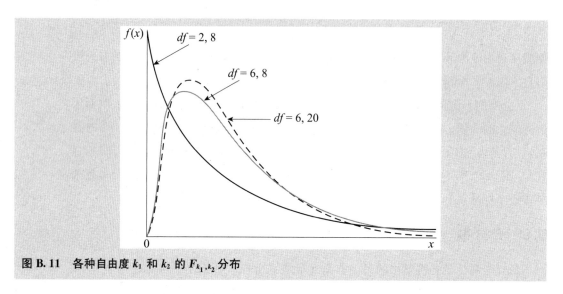

图 B.11 各种自由度 k_1 和 k_2 的 F_{k_1,k_2} 分布

本章小结

在本附录中，我们复习了计量经济学中所需要的概率论概念。你应该从初级概率统计课程中学习了其中大部分内容。某些较高深的问题，诸如条件期望，现在还不需要掌握，可以等到这些概念出现在本书第一部分讨论回归分析的时候，再去消化和理解。

在一门统计学入门课程中，注意力应该放在对一些特殊分布计算其均值、方差、协方差等上面。在本书第一部分中，我们不需要这样的计算：我们主要依靠本附录中所介绍的期望值和方差等的性质即可。

关键术语

附录

迭代期望法则	t 分布	累积分布函数
中位数	不相关随机变量	自由度
两两不相关的随机变量		

习　题

1. 假设一名高中生准备参加 SAT 考试。试解释为什么他或她的最终 SAT 分数适合于看作一个随机变量。

2. 令 X 为一个服从 Normal(5, 4) 分布的随机变量。求以下事件的概率：

(i)　P($X \leqslant 6$)；

(ii)　P($X > 4$)；

(iii)　P($|X-5| > 1$)。

3. 某些共同基金的运作年复一年地胜过市场运作（意即持有共同基金的股份比持有诸如 S&P500 的证券组合有更高的回报），这一事实引起了许多讨论。为具体起见，考虑 10 年期间，并令总体为《华尔街日报》在 1995 年 1 月 1 日报告的 4 170 个共同基金。我们说优于市场运作是随机的，意即每个基金任一年都有 50—50 的（百分数）机会运作得比市场更好，而且各年的运作是独立的。

(i)　若业绩相对于市场运作真的是随机的，则任一特定基金在整个 10 年里都运作得比市场更好的概率是多少？

(ii)　在 4 170 个共同基金中，在整个 10 年中都运作得比市场更好的期望的基金代码是多少？

(iii)　4 170 个基金中至少有 1 个基金在整个 10 年里都运作得比市场更好的概率又是多少？如何解释你的答案？

(iv)　如果你有一个能计算二项式概率的统计软件，求至少有 5 个基金在整个 10 年期间都运作得比市场更好的概率。

4. 对美国一个随机抽取的县，令 X 代表 65 岁以上的就业者在成人中所占的比例，或者说老年就业率。因此 X 的值介于 0 与 1 之间。假定 X 的累积分布函数由 $F(x) = 3x^2 - 2x^3$ 给出，其中 $0 \leqslant x \leqslant 1$。求老年就业率至少是 0.6（即 60%）的概率。

5. 1995 年，刚好在挑选 O. J. 辛普森谋杀审判案的陪审员之前，一次民意测验发现，约有 20% 的成年人认为辛普森是无罪的（在该案的许多人证物证已向公众透露之后）。暂且忽略这个 20% 是根据总体的一个子样本估计出来的事实；为了说明概念，不妨把它看作在挑选陪审员之前相信辛普森无罪的人所占的真正百分数。假定从总体中随机并且独立地挑选（尽管事实并非如此）12 个陪审员。

(i)　求陪审团中至少有 1 人在陪审员挑选之前就认为辛普森无罪的概率。［提示：定义这个 Binomial(12, 0.20) 随机变量 X 为相信辛普森无罪的陪审员人数。］

(ii)　求陪审团中至少有 2 人相信辛普森无罪的概率。［提示：P($X \geqslant 2$) = 1 − P($X \leqslant 1$)，而 P($X \leqslant 1$) = P($X = 0$) + P($X = 1$)。］

6.（要求具有一些微积分知识）令 X 为美国某个州被判有汽车盗窃罪的人要在监狱中服刑的年数。假定 X 的 pdf 为

$$f(x) = (1/9)x^2,\ 0 < x < 3$$

用积分法求期望的监禁年数。

附录

7. 如果一名篮球运动员的罚球命中率是 74%，那么，他或她在一次有 8 个罚球机会的比赛中，平均而言，将会投进多少个球？

8. 假定一名大学生正在修读三门课：一门 2 学分、一门 3 学分和一门 4 学分。2 学分课的期望成绩是 3.5，而 3 学分课和 4 学分课的期望成绩都是 3.0。该学期其总 GPA 的期望值是什么？（注意每门课的成绩要用它在总学分中所占的份额来加权。）

9. 令 X 为美国大学教授以千美元计的年薪。假定平均年薪是 52.3，年薪的标准差是 14.6。求以美元计的年薪均值和标准差。

10. 假定在一所大型大学里，大学平均成绩 GPA 和 SAT 的关系由条件期望 $E(GPA|SAT)=0.70+0.002SAT$ 给出。

(i) 求当 $SAT=800$ 时的期望 GPA。求 $E(GPA \mid SAT=1\,400)$，并评论这一差异。

(ii) 若该大学的平均 SAT 为 1 100，则平均 GPA 是多少？（提示：利用性质 CE.4。）

(iii) 若一个学生 SAT 分数是 1 100，这是否意味着他或她会得到第 (ii) 部分中的 GPA？请解释。

11. (i) 令 X 为取值 -1 或 1 的两点分布，取两个值的可能性各为 1/2。计算 $E(X)$ 和 $E(X^2)$。

(ii) 令 X 为取值 1 或 2 的两点分布，取两个值的可能性各为 1/2。计算 $E(X)$ 和 $E(1/X)$。

(iii) 根据 (i) 和 (ii)，试说明：一般情况下，若 $g(\cdot)$ 为非线性函数，则 $E[g(X)] \neq g[E(X)]$。

(iv) 给定 (B.43) 中 F 随机变量的定义，试证明

$$E(F)=E\left(\frac{1}{X_2/k_2}\right)$$

你能得出 $E(F)=1$ 的结论吗？

12. 几何分布可以用来描述某一特定事件发生前的试验次数。例如，我们可能会反复掷硬币，直到人像首次出现。如果硬币是均匀的，每次投掷得到人像（正面）的概率是 0.5。此外，我们可以假定这些试验是独立的。正面首次出现的投掷可以用一个随机变量 X 来表示。

对于一般的几何分布，我们保持独立性假设——诚然，这有时过于严苛——但允许任何试验中发生的事件的概率为 θ（$0<\theta<1$）。我们假设每次试验的概率都是相同的。在投掷硬币的例子中，让硬币朝向我们偏好的方向，例如正面，就意味着 $\theta>0.5$。另一个例子是一个失业的人不断地参加面试，直到找到第一份工作。θ 就是在任何特定的面试中获得工作机会的概率。为了遵循几何分布，我们假设 θ 在所有的面试中是相同的，结果在面试中是独立的。这两个假设可能都太过严苛。

描述几何分布的一种方法是定义伯努利（二进制）变量序列，如 W_1，W_2，W_3，… 如果 $W_k=1$，那么事件发生在第 k 次试验中；如果 $W_k=0$，它不会发生。假设 W_k 在 k 之间是独立的，通过伯努利（θ）分布，所以 $P(W_k=1)=\theta$。

(i) 用 X 表示第一个事件发生的试验。X 的可能值是 $\{1，2，3，\cdots\}$。证明对于任意正整数 k，$P(X=k)=(1-\theta)^{k-1}\theta$。

（提示：如果 $X=k$，你一定观察到了 $k-1$ 次失败后紧接着是一次成功。）

(ii) 运用几何分布的公式证明

$$P(X \leqslant k)=1-(1-\theta)^k，k=1，2，\ldots$$

(iii) 假设你已经连续观察到 29 次失败。若 $\theta=0.4$，第 30 次试验成功的概率是多少？

(iv) 在第 (iii) 部分的设定中，在进行任何试验之前，第一次成功发生在第 30 次试验之前的概率是多少？

（v）第（iii）部分和第（iv）部分的答案矛盾吗？请解释。

13. 1985 年 3 月，NCAA 男子篮球锦标赛的参赛队伍增加到了 64 支。从那时起，每年的锦标赛都包括 4 场比赛：第 1 梯队和第 16 梯队的比赛。第 1 梯队据说包括 4 支最有资格的球队。属于第 16 梯队的球队通常被认为是场上最弱的 4 支球队。为了回答这个问题，我们将做一些简化的假设，使计算更容易。

（i）假设第 16 梯队打败第 1 梯队的概率为 ρ（$0<\rho<1$）。（在实践中，ρ 随每场比赛而变化，但我们假设它在所有比赛和各年份中都是相同的。）假设第 1 梯队的比赛结果和第 16 梯队的比赛结果是相互独立的。表明至少一个属于第 16 梯队的球队在某一年获胜的概率是 $1-(1-\rho)^4$。计算 $\rho=0.02$ 时，这件事发生的概率。[提示：你可以定义四个二进制变量，比如 Z_1，Z_2，Z_3 和 Z_4，如果某一局是第 16 梯队赢，则 $Z_i=1$。然后先计算 $P(Z_1=0, Z_2=0, Z_3=0$ 和 $Z_4=0)$。]

（ii）让 X 代表第 16 梯队在锦标赛中击败第 1 梯队的次数。假设历年独立——这是一个非常合理的假设——解释了为什么 X 呈几何分布，并且在一个给定的试验中"成功"的概率是 $\theta=1-(1-\rho)^4$。

（iii）在 2017 年 NCCA 男子锦标赛中，巴尔的摩县第 16 梯队中的马里兰大学球队击败了第 1 梯队中的弗吉尼亚大学球队。发现 P($X\leqslant33$)。假设 $\rho=0.02$。求 P($X\leqslant33$)。请从 1985 年 2 月的篮球比赛观众的角度来解释这个概率。

（iv）当 $\rho=0.02$ 时，在 2018 年 2 月，第 16 梯队在 2018 年 3 月的锦标赛中击败第 1 梯队的概率是多少？（这在过去 32 年里从未发生过。）为什么这与你在第（iii）部分的回答有如此大的不同？

（v）导出通式

$$P(X\leqslant k)=1-(1-\rho)^{4k}$$

附录

数理统计基础

C.1 总体、参数与随机抽样

统计推断指利用来自某总体的一个样本而对总体有所了解。所谓**总体**（population），是指任何定义完好的一组对象，这些对象可以是个人、企业、城市或其他诸多可能性，所谓"了解"，可以有多种含义，但大致归类为估计（estimation）和假设检验（hypothesis testing）两个范畴。

举几个例子也许能帮助你理解这些术语。劳动经济学家想了解美国全体就业成人的教育回报，问再多受一年教育，工资平均增加的百分数是多少？要获得美国全体就业人口的工资和教育信息既不现实又不经济，但我们可以获得总体中一个子集的数据。利用收集到的这些数据，一位劳动经济学家也许能报告他或她对再受一年教育的回报的最好估计为 7.5％。这就是点估计（point estimate）的一个例子。或者，他或她想报告一个范围，比方说"教育的回报在 5.6％和 9.4％之间"。这是区间估计（interval estimate）的一个例子。

城市经济学家也许想知道邻里犯罪监控计划是否与低犯罪率有关。经过在取自总体的一个样本中比较安排和不安排监控计划的邻里犯罪率，他或她可以得到两个结论之一：邻里犯罪监控计划对犯罪率确有影响，或者没有影响。这个例子就属于假设检验的范畴。

统计推断的第一步是要明确所关注的总体。这也许不言自明，但务必使之非常具体才行。一旦明确了总体是什么，就可对所关注的总体关系建立或设定一个模型。这个模型将涉及一些概率分布或概率分布的特征，而这又取决于一些未知参数。所谓参数，就是一些决定变量关系方向和强度的常数。在上述劳动经济学的例子中，所关注的参数是总体中的教育回报（率）。

C. 1a　抽样

为复习统计推断的概念，我们集中考虑最简单的可能情形，令 Y 为一个随机变量，代表着概率密度函数为 $f(y; \theta)$ 的一个总体，其中 $f(y; \theta)$ 依赖于单个参数 θ。假定除了 θ 值未知外，Y 的概率密度函数（pdf）是已知的。不同的 θ 值将意味着不同的概率分布，因此我们对 θ 值感兴趣。如果能得到该总体的某种样本，我们就能了解 θ 的某些情况。最容易处理的抽样方案是随机抽样。

随机抽样。若 Y_1，Y_2，$\cdots$，Y_n 是具有同一概率密度函数 $f(y; \theta)$ 的独立随机变量，我们称 $\{Y_1, Y_2, \cdots, Y_n\}$ 为一个来自 $f(y; \theta)$ 的**随机样本**（random sample）〔或者说来自由 $f(y; \theta)$ 所代表的总体的一个随机样本〕。

当 $\{Y_1, \cdots, Y_n\}$ 是来自密度函数为 $f(y; \theta)$ 的一个随机样本时，我们又称 Y_i 是取自 $f(y; \theta)$ 的独立同分布（independent, identically distributed, i. i. d.）样本。在一些情况中，我们将不需要完整地设定这个共同分布是什么。

在随机抽样的定义中，Y_1，Y_2，$\cdots$，Y_n 的随机性质反映了这样的事实：在抽样实际完成之前，许多不同结果都有可能。例如，我们获取了 $n = 100$ 个美国家庭的家庭收入，那么对于由 100 个家庭构成的每个不同样本，我们观测到的收入都将有所不同。一旦得到了一个样本，我们就得到一个数集，比方说 $\{Y_1, Y_2, \cdots, Y_n\}$，这就是我们要加以研究的数据。假定这个样本来自一个随机抽样模式是否合适，还要求我们对实际抽样过程有所了解。

取自贝努利分布的随机样本常被用来说明一些统计概念，而且这种样本也会出现在实证应用之中。若 Y_1，Y_2，$\cdots$，Y_n 是独立随机变量，且都服从 Bernoulli(θ) 分布，以致 $P(Y_i = 1) = \theta$ 而 $P(Y_i = 0) = 1 - \theta$，则 $\{Y_1, \cdots, Y_n\}$ 就构成一个来自 Bernoulli(θ) 分布的随机样本。作为说明，考虑附录数学复习 B 讨论过的飞机订座例子。令每个 Y_i 都表示提前预订乘客 i 到时是否出现：若乘客 i 出现则 $Y_i = 1$；否则 $Y_i = 0$。这里，θ 是从所有预定乘客总体中随机抽取的一个人按时来乘坐飞机的概率。

在其他许多应用中，可以假定随机样本取自一个正态分布（总体）。若 $\{Y_1, \cdots, Y_n\}$ 是一个来自 Normal(μ, σ^2) 总体的随机样本，则该总体由两个参数即均值 μ 和方差 σ^2 来刻画。通常人们主要关心的是 μ，但 σ^2 本身也很重要。要对 μ 做出推断常常需要了解 σ^2。

C. 2　估计量的有限样本性质

我们在本节研究所谓估计量的有限样本性质。"有限样本"一词来自如下事实：无论样本容量有多大，所讨论的性质对任何样本容量都成立。有时又把这些性质叫做小样本性质。在 C.3 节中，我们讨论随着样本容量无限增大，估计量所表现出来

附录

的"渐近性质"。

C. 2a 估计量与估计值

为了研究估计量的性质，我们必须给估计量下一个定义。给定一个随机样本 $\{Y_1, \cdots, Y_n\}$，它来自一个取决于某未知参数 θ 的总体分布，θ 的一个**估计量**（estimator）就是赋予样本每个可能结果一个 θ 值的法则。这个法则在进行抽样之前就已经确立；具体而言，无论实际得到什么样的数据，这个法则都不会改变。

作为估计量的一个例子，令 $\{Y_1, \cdots, Y_n\}$ 为取自均值为 μ 的总体的一个随机样本。μ 的一个很自然的估计量，就是这个随机样本的均值：

$$\bar{Y} = n^{-1} \sum_{i=1}^{n} Y_i \tag{C.1}$$

我们把 $\bar{Y}$ 叫做**样本均值**（sample average），但是，它不同于我们在附录数学复习 A 中作为一个描述统计量而定义的一个数集的样本均值。现在要把 $\bar{Y}$ 看作一个估计量。给定随机变量 $Y_1, \cdots, Y_n$ 的任何一种结果，我们都用同样的法则去估计 μ，即取其平均。对于实际结果 $\{y_1, \cdots, y_n\}$，**估计值**（estimator）就是该样本的均值：$\bar{y} = (y_1 + y_2 + \cdots + y_n)/n$。

例 C. 1

城市失业率

假设我们得到美国 10 个城市的如下失业率样本：

城市	失业率
1	5.1
2	6.4
3	9.2
4	4.1
5	7.5
6	8.3
7	2.6
8	3.5
9	5.8
10	7.5

我们对美国平均城市失业率的估计值是 $\bar{y}$。一般地说，每个样本都有一个不同的估计值，但求估计值的法则是一样的，不管在样本中出现的是哪些城市，也不管样本中有多少个城市。

更一般地说，参数 θ 的一个估计量 W 可表示为一个抽象的数学公式：

$$W = h(Y_1, Y_2, \cdots, Y_n) \tag{C.2}$$

h 代表随机变量 Y_1，Y_2，$\cdots$，Y_n 的某个已知函数。如同样本均值的特殊情形那样，W 也因取决于随机样本而成为一个随机变量：W 随着我们从总体中抽到不同的随机样本而可能改变。当我们把一个特定的数集［比如 $\{y_1, y_2, \cdots, y_n\}$］代入函数 h 中时，便得到 θ 的一个估计值，记为 $w = h(y_1, y_2, \cdots, y_n)$。有时把 W 叫做点估计量，而把 w 叫做点估计值，以区别于 C.5 节将要介绍的区间估计量和区间估计值。

为了评价不同的估计方法，我们研究随机变量 W 的概率分布的各种性质。一个估计量的分布常被称为**抽样分布**（sampling distribution），因为这个分布描述了 W 在不同随机样本上取各种结果的可能性。由于有无限种组合数据以估计参数的法则，所以我们需要一些有意义的准则来挑选估计量，或者至少能淘汰一些估计量。因此，我们必须告别描述统计量的范畴，不再仅为总结一组数据而计算诸如样本均值之类的东西。在数理统计学中，我们研究的是估计量的抽样分布。

C.2b 无偏性

原则上，给定 Y_i 的概率分布和函数 h，我们就能求出 W 的整个抽样分布。通常，在评价 W 作为 θ 的一个估计量时，集中考虑 W 分布的少数几个特征比较容易。一个估计量的第一个重要性质就是关于它的期望值。

无偏估计量。若 θ 的估计量 W 对一切可能的 θ 值，都有

$$E(W) = \theta \tag{C.3}$$

则 W 是一个**无偏估计量**（unbiased estimator）。

一个估计量若是无偏的，则其概率分布的期望值就等于它所估计的参数。无偏性并不是说我们用任何一个特定样本得到的估计值等于 θ，或者很接近 θ。而是说，如果我们能够从总体中抽取关于 Y 的无限多个样本，并且每次都计算一个估计值，那么将所有随机样本的这些估计值平均起来，我们便得到 θ。由于在大多数应用中，我们仅使用一个随机样本，所以这个思维实验有些抽象。

对于一个不是无偏的估计量，我们定义它的偏误如下。

一个估计量的偏误。如果 W 是 θ 的一个**偏误估计量**（biased estimator），则它的偏误可定义为

$$\text{Bias}(W) \equiv E(W) - \theta \tag{C.4}$$

图 C.1 给出了两个估计量；第一个是无偏的，而第二个有正的偏误。

一个估计量的无偏性和可能偏误的大小取决于 Y 的分布和函数 h。通常，Y 的分布不是我们所能控制的（虽然我们常常为这个分布选择一个模型）：它也许由自然规律或社会力量来决定。但法则 h 的选择则操纵在我们手中，我们若想要一个无

偏估计量，就必须对 h 做相应的选择。

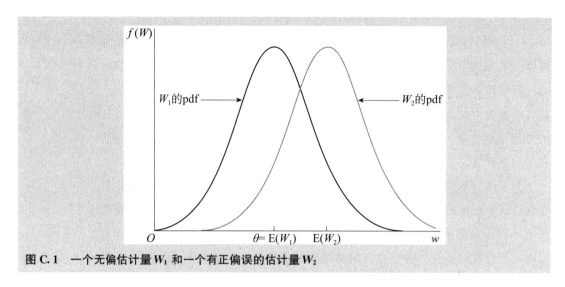

图 C.1　一个无偏估计量 W_1 和一个有正偏误的估计量 W_2

可以证明，有些估计量在很一般的情形下是无偏的。现在我们来证明，样本均值 $\bar{Y}$ 是总体均值 μ 的一个无偏估计量，不管其背后的总体如何分布。利用我们在 B.3 节中讨论的期望值性质 E.1 和 E.2，便有

$$E(\bar{Y}) = E\Big((1/n)\sum_{i=1}^{n}Y_i\Big) = (1/n)E\Big(\sum_{i=1}^{n}Y_i\Big) = (1/n)\Big(\sum_{i=1}^{n}E(Y_i)\Big)$$

$$= (1/n)\Big(\sum_{i=1}^{n}\mu\Big) = (1/n)(n\mu) = \mu$$

为了做假设检验，我们还有必要从均值为 μ 的总体中估计方差 σ^2。令随机样本 $\{Y_1, Y_2, \cdots, Y_n\}$ 取自 $E(Y)=\mu$ 和 $\mathrm{Var}(Y)=\sigma^2$ 的总体，定义估计量为

$$S^2 = \frac{1}{n-1}\sum_{i=1}^{n}(Y_i-\bar{Y})^2 \tag{C.5}$$

它常被称为**样本方差**（sample variance）。可以证明，S^2 是 σ^2 的无偏估计量；$E(S^2)=\sigma^2$。用 $n-1$ 而不用 n 作除数，是因为均值 μ 的使用是估计而非已知的。若 μ 已知，则 σ^2 的一个无偏估计量将是 $n^{-1}\sum_{i=1}^{n}(Y_i-\mu)^2$。然而实践中很少知道 μ。

虽然无偏性作为估计量的一个性质颇有吸引力（它的反义词"偏误"确实有些消极含义），但它并非没有问题。无偏性的一个缺点是，一些合理甚至相当好的估计量却不是无偏的。我们很快要看到这方面的一个例子。

无偏性的另一重要缺点是，实际上存在着相当糟糕的无偏估计量。考虑我们在估计一个总体的均值 μ。假定我们不用样本均值 $\bar{Y}$ 去估计 μ，而是在收集一个容量为 n 的样本后，只保留第一个观测，并抛弃所有其余观测，然后用 $W \equiv Y_1$ 作为 μ 的估计量，因为 $E(Y_1)=\mu$，所以这个估计量也是无偏的。很可能你已经意识到，忽略除第一个观测值以外的所有观测值不是一个明智的估计方法：它把样本中的大部分信息都丢弃了。例如，取 $n=100$，我们有随机变量 Y 的 100 个观测结果，但

是我们只使用了第一个观测值去估计 E(Y)。

C.2c 估计量的抽样方差

上一小节末的例子表明，我们还需要用更多的准则来评价一个估计量的好坏。无偏性仅保证估计量的概率分布有一个等于它所估计参数的均值。这自然是好的，但我们还需知道这个估计量的分布究竟有多么分散。一个估计量可以在平均意义下等于 θ，但它仍然会以很大的概率偏离到很远处，在图 C.2 中，W_1 和 W_2 都是 θ 的无偏估计量，但 W_1 的分布更紧密地集中在 θ 的周围：给定到 θ 的任一距离，W_1 超过这个距离的概率总是小于 W_2 超过这个距离的概率。用 W_1 作为我们的估计量意味着，我们得到一个估计值非常远离 θ 的随机样本，可能性相对较小。

为了概括图 C.2 所示的情形，我们要用到一个估计量的方差（或标准差）。记得这是一个分布的分散程度指标。因为估计量的方差与一个抽样分布相联系，所以通常称为**抽样方差**（sampling variance）。要记住，抽样方差不是一个随机变量，而是一个常数。

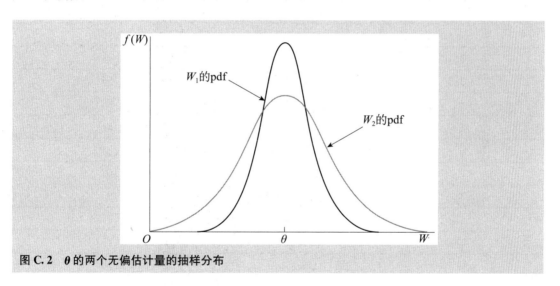

图 C.2 θ 的两个无偏估计量的抽样分布

现在，我们来求用以估计总体均值 μ 的样本均值的方差：

$$\mathrm{Var}(\bar{Y}) = \mathrm{Var}\Big((1/n)\sum_{i=1}^{n}Y_i\Big) = (1/n^2)\mathrm{Var}\Big(\sum_{i=1}^{n}Y_i\Big) = (1/n^2)\Big(\sum_{i=1}^{n}\mathrm{Var}(Y_i)\Big)$$

$$= (1/n^2)\Big(\sum_{i=1}^{n}\sigma^2\Big) = (1/n^2)(n\sigma^2) = \sigma^2/n \tag{C.6}$$

注意我们如何使用 B.3 节和 B.4 节中的方差性质（VAR.2 和 VAR.4）以及 Y_i 的独立性。总之，若 $\{Y_i: i=1, 2, \cdots, n\}$ 是取自均值为 μ 和方差为 σ^2 的总体的一个随机样本，则 $\bar{Y}$ 有和总体一样的均值，但它的方差等于总体方差 σ^2 除以样本容量 n。

$\mathrm{Var}(\bar{Y}) = \sigma^2/n$ 的一个重要含义是，增大样本容量可以使它非常接近于零。这

附录

是一个合理估计量的关键特征，我们将在 C.3 节回到这个问题上来。

如图 C.2 所示，在无偏估计量中，我们偏好有最小方差的估计量。这就使我们能淘汰某些估计量。对一个来自均值为 μ 和方差为 σ^2 的总体的随机样本，我们知道 $\bar{Y}$ 是无偏的，且 $\text{Var}(\bar{Y})=\sigma^2/n$。那么仅用第一次观测 Y_1 的估计量又怎样呢？既然 Y_1 是来自总体的一个随机抽取，就应有 $\text{Var}(Y_1)=\sigma^2$。因此，即便样本较小，$\text{Var}(Y_1)$ 和 $\text{Var}(\bar{Y})$ 之间的差异也可能很大。如果 $n=10$，那么 $\text{Var}(Y_1)$ 便是 $\text{Var}(\bar{Y})=\sigma^2/10$ 的 10 倍。这就给了我们一个规范方法来排除 Y_1 作为 μ 的估计量。

为了强调这一点，表 C.1 给出了一个小型模拟研究的结果。利用统计软件 Stata®，从一个 $\mu=2$ 和 $\sigma^2=1$ 的正态分布中生成样本容量为 10 的 20 个随机样本；我们的兴趣在于估计 μ。对 20 个随机样本中的每一个，我们都计算两个估计值 y_1 和 $\bar{y}$，这些值列在表 C.1 中。从表中可以看出，y_1 的值远比 $\bar{y}$ 分散；y_1 的取值范围从 -0.64 到 4.27，而 $\bar{y}$ 的取值范围仅从 1.16 到 2.58。此外，20 个样本中有 16 个样

表 C.1　对 $\mu=2$ 的一个 Normal $(\mu, 1)$ 分布的估计量模拟

重复	y_1	$\bar{y}$
1	-0.64	1.98
2	1.06	1.43
3	4.27	1.65
4	1.03	1.88
5	3.16	2.34
6	2.77	2.58
7	1.68	1.58
8	2.98	2.23
9	2.25	1.96
10	2.04	2.11
11	0.95	2.15
12	1.36	1.93
13	2.62	2.02
14	2.97	2.10
15	1.93	2.18
16	1.14	2.10
17	2.08	1.94
18	1.52	2.21
19	1.33	1.16
20	1.21	1.75

本的 $\bar{y}$ 比 y_1 更接近于 $\mu = 2$。所有模拟中 y_1 的平均值约为 1.89，而 $\bar{y}$ 的平均值为 1.96。这两个平均值都接近于 2，说明了这两个估计量的无偏性。（通过做多于 20 次重复，还能使这些均值更接近 2。）但是只比较这些随机抽样的平均值，会掩盖样本均值 $\bar{Y}$ 作为 μ 的估计量远胜于 Y_1 的事实。

C. 2d　有效性

在上一小节中对 $\bar{Y}$ 和 Y_1 的方差比较，是比较不同无偏估计量的一般方法之一例。

相对有效性。假如 W_1 和 W_2 是 θ 的两个无偏估计量，那么，如果对所有的 θ 都有 $\mathrm{Var}(W_1) \leqslant \mathrm{Var}(W_2)$ 且至少对一个 θ 值不等式严格成立，则称 W_1 比 W_2 更有效。

前面我们证明了，为估计总体均值 μ，只要 $n > 1$，对任何 σ^2 值都有 $\mathrm{Var}(\bar{Y}) < \mathrm{Var}(Y_1)$。但我们不能一味根据最小方差准则在无偏估计量中进行选择。给定 θ 的两个无偏估计量，一个可能对某些 θ 值有较小方差，而另一个则对另一些 θ 值有较小方差。

如果仅限于考虑某一类估计量，我们就能证明样本均值有最小方差。习题 C. 2 要求你证明，在所有线性于 Y_1，Y_2，$\cdots$，Y_n 的无偏估计量中，$\bar{Y}$ 具有最小方差。这里的假定是：各个 Y_i 有共同的均值和方差，且两两不相关。

如果不仅限于考虑无偏估计量，那么比较方差大小就毫无意义。例如，在估计总体均值 μ 时，我们可以考虑一个退化估计量：不管我们抽取到什么样本，这个估计量总取为零。自然而然，这个估计量的方差是零（因为对每个随机样本，它都是同一个值）。但这个估计量的偏误是 $-\mu$，当 $|\mu|$ 很大时，它是一个很糟糕的估计量。

比较不一定无偏估计量的一个方法是计算估计量的**均方误**（mean squared error，MSE）。如果 W 是 θ 的一个估计量，则它的 MSE 被定义为 $\mathrm{MSE}(W) = \mathrm{E}[(W - \theta)^2]$。MSE 度量了估计量 W 与 θ 的平均距离。可以证明，$\mathrm{MSE}(W) = \mathrm{Var}(W) + [\mathrm{Bias}(W)]^2$。因此 $\mathrm{MSE}(W)$ 取决于方差和偏误（如果有偏误的话）。这样一来，对于任何两个估计量，即使其中之一或两者都有偏误，我们也能加以比较。

C. 3　估计量的渐近或大样本性质

在 C. 2 节中我们看到，作为总体均值 μ 的估计量，Y_1 尽管无偏，却是一个糟糕的估计量，它的方差可能比样本均值的方差大得多。Y_1 的一个明显特征是，对任何样本容量，它都具有同样的方差。看来，要求任何估计程序都必须随着样本容量的扩大而变得更好也是合乎情理的。为了估计总体均值 μ，$\bar{Y}$ 的方差随着 n 逐渐

附录

变大而递减，在这个意义上，它变得越来越好；而 Y_1 就没有这种变化。

研究估计量的渐近（asymptotic）或大样本（large sample）性质可以避免一些可笑的估计量。此外，对那些不是无偏的和不容易求出其方差的估计量，可以起到积极的作用。

渐近分析涉及如何近似一个估计量的抽样分布特征。这些近似取决于样本容量。不幸的是，我们无法说出要使渐近分析适当需要多大的样本容量，因为这取决于潜在的总体分布。然而，我们已经知道，对 $n=20$ 的样本容量，大样本近似有时也很奏效。

C. 3a 一致性

估计量的第一个渐近性质告诉我们，随着样本容量无限增加，用以估计某参数的估计量距离该参数有多远。

一致性。令 W_n 为 θ 基于容量为 n 的一个样本 Y_1，Y_2，…，Y_n 的一个估计量。那么，若随着 $n \to \infty$，对任一 $\varepsilon > 0$，都有

$$P(|W_n - \theta| > \varepsilon) \to 0 \tag{C.7}$$

W_n 便是 θ 的一个**一致估计量**（consistent estimator）。若 W_n 不是 θ 的一致的估计量，则说它是**非一致的**（inconsistent）。

若 W_n 是一致的，我们也说 θ 是 W_n 的**概率极限**（probability limit），记作 $\text{plim}(W_n) = \theta$。

和无偏性不一样（无偏性是估计量在给定样本容量下的一个特征），一致性描述了估计量的抽样分布在样本容量变大时的特征。为了强调这一点，我们在陈述上述定义时，就已对估计量加上样本容量 n 这个下标，并将在本节中始终保持这个惯常做法。

方程（C.7）看起来颇具技术性，而且如果仅仅基于基本概率论原理相当难以证明。相比之下，要解释（C.7）则很容易。它意味着 W_n 的分布越来越集中于 θ，粗略地讲，对于越来越大的样本容量，W_n 离开 θ 很远的可能性越来越小。图 C.3 说明了这个趋势。

如果一个估计量不是一致的，那么即便我们有无限多的数据，也无助于对 θ 的了解。出于这个原因，一致性就成为统计学或计量经济学中对所用估计量的一个起码要求。我们将遇到一些估计量在某些假定下是一致的，而当这些假定不成立时，它又是非一致的。若估计量是非一致的，我们通常能求出它的概率极限，以便知道这些概率极限究竟离 θ 有多远，这很重要。

我们在前面曾指出，无偏估计量不一定是一致的，但那些随着样本容量增大而方差缩减至零的无偏估计量都是一致的。这个结果可规范陈述如下：若 W_n 是 θ 的无偏估计量，且随着 $n \to \infty$ 而有 $\text{Var}(W_n) \to 0$，则 $\text{plim}(W_n) = \theta$。利用全部数据样本的无偏估计量，通常其方差都随着样本容量的扩大而缩减至零，因而是一致的。

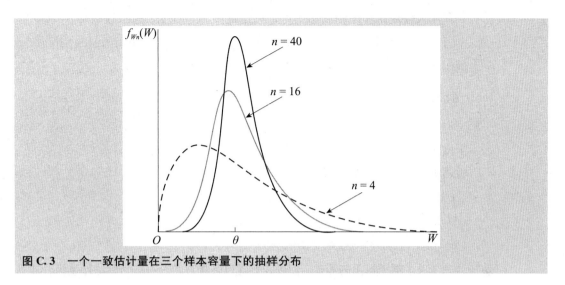

图 C.3 一个一致估计量在三个样本容量下的抽样分布

一致估计量的一个很好的例子是，取自均值为 μ 和方差为 σ^2 的总体的一个随机样本的均值。我们已经证明了该样本均值对 μ 是无偏的。

在方程（C.6）中，对于任何一个样本容量 n，我们都推导出 $\mathrm{Var}(\bar{Y}_n) = \sigma^2/n$。因此，随着 $n \to \infty$，有 $\mathrm{Var}(\bar{Y}_n) \to 0$，所以，$\bar{Y}_n$ 除了无偏外，还是 μ 的一致估计量。

$\bar{Y}_n$ 是 μ 的一致估计量，即使不存在 $\mathrm{Var}(\bar{Y}_n)$，这一结论也是成立的。这个经典结论被称为**大数定律**（law of large numbers，LLN）。

大数定律。令 $Y_1, Y_2, \cdots, Y_n$ 是均值为 μ 的独立同分布随机变量，于是

$$\mathrm{plim}(\bar{Y}_n) = \mu \tag{C.8}$$

大数定律意味着，我们若对估计总体均值 μ 感兴趣，通过选取一个足够大的样本，便能得到一个任意接近 μ 的数。这个基本结论和概率极限的基本性质相结合，便可以证明一些相当复杂的估计量是一致的。

性质 PLIM. 1：令 θ 为某参数并定义一个新参数 $\gamma = g(\theta)$，$g(\cdot)$ 代表某连续函数。假设 $\mathrm{plim}(W_n) = \theta$，定义 γ 的一个估计量为 $G_n = g(W_n)$。于是，

$$\mathrm{plim}(G_n) = \gamma \tag{C.9}$$

这个结论常常可表述为：对于一个连续函数 $g(\theta)$，我们有

$$\mathrm{plim}\, g(W_n) = g(\mathrm{plim}\, W_n) \tag{C.10}$$

"假定 $g(\theta)$ 是连续的"，这一技术性要求常被人们用非技术性的语言描述为："它是一个能通过笔不离纸画出来的函数"。因为本书中遇到的所有函数都是连续的，所以我们就不对连续函数进行规范定义。连续函数的例子有如：$g(\theta) = a + b\theta$，其中 a 和 b 是常数；$g(\theta) = \theta^2$，$g(\theta) = 1/\theta$，$g(\theta) = \sqrt{\theta}$，$g(\theta) = \exp(\theta)$ 等。我们将不必再提连续性假定了。

作为一个一致但偏误估计量的重要例子，考虑从均值为 μ 和方差为 σ^2 的总体中估计标准差 σ。我们曾声称样本方差 $S_n^2 = \dfrac{1}{n-1} \sum_{i=1}^{n} (Y_i - \bar{Y}_n)^2$ 是方差 σ^2 的无偏

估计。利用大数定律和一些数学知识，可以证明 S_n^2 也是 σ^2 的一致估计。$\sigma = \sqrt{K^2}$ 的一个自然估计量为 $S_n = \sqrt{S_n^2}$（其中，平方根总取其正值）。因为平方根的期望值不是期望值的平方根（见 B.3 节），所以称为**样本标准差**（sample standard deviation）的 S_n 不是一个无偏的估计量。然而，由性质 PLIM.1，$\mathrm{plim} S_n = \sqrt{\mathrm{plim} S_n^2} = \sqrt{K^2} = \sigma$，因此，$S_n$ 是 σ 的一个一致估计量。

下面是概率极限的另一些有用性质：

性质 PLIM.2：若 $\mathrm{plim}(T_n) = \alpha$ 和 $\mathrm{plim}(U_n) = \beta$，则

(i) $\mathrm{plim}(T_n + U_n) = \alpha + \beta$；

(ii) $\mathrm{plim}(T_n U_n) = \alpha\beta$；

(iii) $\mathrm{plim}(T_n / U_n) = \alpha / \beta$，给定 $\beta \neq 0$。

这三个关于概率极限的等式，使得我们能以各种方式把一些一致估计量组合成另一些一致估计量。例如，令 $\{Y_1, \cdots, Y_n\}$ 为一个样本容量为 n 的工人年薪随机样本，其背后的总体是受过高中教育的工人，并记其总体均值为 μ_Y。再令 $\{Z_1, \cdots, Z_n\}$ 为另一个随机样本，其背后的总体是受过大学教育的工人，并记其总体均值为 μ_Z。我们想估计这两类工人年薪的百分数差异，即估计 $\gamma = 100 \cdot (\mu_Z - \mu_Y) / \mu_Y$。（这是大学毕业生平均年薪高于中学毕业生平均年薪的百分数。）由于 $\overline{Y_n}$ 和 $\overline{Z_n}$ 分别是 μ_Y 和 μ_Z 的一致估计量，所以根据性质 PLIM.1 和性质 PLIM.2 的（iii）可知：

$$G_n \equiv 100 \cdot (\overline{Z}_n - \overline{Y}_n) / \overline{Y}_n$$

是 γ 的一个一致估计量。G_n 正是样本中 $\overline{Z}_n$ 和 $\overline{Y}_n$ 的百分数差异，因而它是一个很自然的估计量。G_n 虽然不是 γ 的一个无偏估计量，但仍是一个不错的估计量，除非 n 很小。

C.3b 渐近正态性

一致性是点估计量的一个性质。虽然它告诉我们，随着样本容量变大，这个估计量的分布将围绕所估参数而靠拢到一点上，但它根本没有告诉我们这个分布在给定样本容量时的形状。为了构造区间估计量和检验假设，我们需要有一种方法来近似我们的估计量分布。大多数计量经济估计量的分布，在大样本条件下，都可用正态分布很好地近似，这就激发我们给出如下定义。

渐近正态性：令 $\{Z_n: n = 1, 2, \cdots\}$ 是一个随机变量序列，使得对所有的数 z，都有

$$\text{随着 } n \to \infty, \ P(Z_n \leqslant z) \to \Phi(z) \tag{C.11}$$

式中，$\Phi(z)$ 是标准正态累积分布函数。于是便称 Z_n 服从一个渐近标准正态分布。此时，我们常记作 $Z_n \overset{a}{\sim} \mathrm{Normal}(0, 1)$。波浪号上方的"$a$"表示"渐近"或"近似"的意思。

性质（C.11）是说，随着样本容量 n 变大，Z_n 的累积分布函数变得越来越接近于标准正态分布的 cdf。当**渐近正态性**（asymptotic normality）成立时，对于较大的 n，我们近似有 $P(Z_n \leqslant z) \approx \Phi(z)$。因此，可以用标准正态概率去近似关于 Z_n 的概率。

中心极限定理（central limit theorem，CLT）是概率与统计学中最强有力的结论之一。它表明任何（具有有限方差的）总体的一个随机样本的均值经过标准化后，都服从一个渐近标准正态分布。

中心极限定理。 令 $\{Y_1, Y_2, \cdots, Y_n\}$ 为一个有均值 μ 和方差 σ^2 的随机样本。于是，

$$Z_n = \frac{\overline{Y}_n - \mu}{\sigma/\sqrt{n}} = \frac{\sqrt{n}(\overline{Y} - \mu)}{\sigma} \tag{C.12}$$

服从一个渐近标准正态分布。

方程（C.12）中的变量 Z_n 就是 $\overline{Y}_n$ 的标准化形式：我们从 $\overline{Y}_n$ 中减去了 $E(\overline{Y}_n) = \mu$，然后除以 $sd(\overline{Y}_n) = \sigma/\sqrt{n}$。这样，无论 Y 的总体分布是什么，Z_n 都有和标准正态分布一样的零均值和单位方差。令人惊奇的是，随着 n 变大，Z_n 的整个分布便任意接近于标准正态分布。

我们可以把方程（C.12）中的标准化变量写成 $\sqrt{n}(\overline{Y}_n - \mu)/\sigma$，它向我们表明，为了得到有用的极限分布，我们必须将样本均值与总体均值之差乘以样本容量的平方根。若不乘以 $\sqrt{n}$，我们只能得到依概率收敛于零的 $(\overline{Y}_n - \mu)/\sigma$。换言之，随着 $n \to \infty$，$(\overline{Y}_n - \mu)/\sigma$ 的分布仅向一个点靠拢，我们知道，对于合理的样本容量，这不可能是一个很好的近似。乘以 $\sqrt{N}$ 便确保了 Z_n 的方差保持不变。实践中，我们经常把 $\overline{Y}_n$ 视为均值为 μ 和方差为 σ^2/n 的近似正态分布，这就为我们给出了正确的统计方法，因为它得到了方程（C.12）中的标准化变量。

统计学和计量经济学中遇到的大多数估计量都可写为样本均值的函数，这时我们就能应用大数定律和中心极限定理。当两个一致估计量都服从渐近正态分布时，我们便选择渐近方差最小的那个估计量。

除了方程（C.12）中的标准化样本均值外，还有许多取决于样本均值的其他统计量也是渐近正态的。一个重要的统计量是将方程（C.12）中的 σ 代之以它的一致估计量 S_n 而得到的：对于很大的 n，

$$\frac{\overline{Y}_n - \mu}{S_n/\sqrt{n}} \tag{C.13}$$

也服从一个近似标准正态分布。方程（C.12）和（C.13）的精确（有限样本）分布肯定不同，但对于很大的 n，其差异往往小到可以忽略不计。

本节中每个用 n 作为下标的变量都是为了强调渐近或大样本分析的性质。渐近分析的要义一旦清楚，再继续这样做下去，则只会体现出符号的冗杂，而无益于增

进理解。从现在起，我们略去下标 n，并相信你能记住估计量总是和样本容量有关的；诸如一致性和渐近正态性等性质均指样本容量在无限增大的情形。

C.4 参数估计的一般方法

到现在为止，我们一直用样本均值来说明估计量的有限和大样本性质。我们不禁要问：有没有一般的估计方法能得到具有诸如无偏性、一致性和有效性等良好性质的估计量呢？

我们的回答是：有。但对各种估计方法的详细探讨超出了本书的范围；这里只给出一些非正式的讨论。透彻的讨论可参见 Larsen and Marx（1986，Chapter 5）。

C.4a 矩法

给定总体分布中的一个参数 θ，通常都有多种方法获得 θ 的无偏和一致估计量。尝试所有不同的方法，并根据 C.2 节和 C.3 节的准则加以比较，这是不现实的。幸好已经证明了一些方法有良好的一般性质，并且它们的合理性大多相当直观。

我们在前面各节中曾研究过，样本均值可作为总体均值的无偏估计量，样本方差可作为总体方差的无偏估计量。这些估计量便是**矩法**（method of moment）估计量的一些例子。基本上，矩法估计是这样进行的：参数 θ 表现出与 Y 分布中的某个期望值有某种关系，通常是与 $E(Y)$ 或 $E(Y^2)$（虽然有时会有更独特的选择）有关系。例如，我们感兴趣的参数 θ 与总体均值 μ 有 $\theta = g(\mu)$ 的关系，其中 g 表示某个函数。由于样本均值 $\overline{Y}$ 是 μ 的一个无偏且一致估计量，用 $\overline{Y}$ 代替 μ 便很自然，这样就得到了 θ 的估计量 $g(\overline{Y})$。估计量 $g(\overline{Y})$ 对 θ 是一致的；若 $g(\mu)$ 是 μ 的线性函数，则 $g(\overline{Y})$ 还是无偏的。我们所做的就是用样本矩 $\overline{Y}$ 代替了相应的总体矩 μ。"矩法"的名称便由此而来。

我们现在来介绍讨论回归分析时用得着的另外两个矩法估计量。回想两个随机变量 X 和 Y 的协方差曾被定义为 $\sigma_{XY} = E[(X - \mu_x)(Y - \mu_Y)]$。矩法告诉我们用 $n^{-1} \sum_{i=1}^{n} (X_i - \overline{X})(Y_i - \overline{Y})$ 估计 σ_{XY}，这是 σ_{XY} 的一个一致估计量，但不是无偏的，其原因本质上与样本方差有偏的原因相同，即用 n 而非 $n-1$ 作为除数。**样本协方差**（sample covariance）被定义为

$$S_{XY} = \frac{1}{n-1} \sum_{i=1}^{n} (X_i - \overline{X})(Y_i - \overline{Y}) \tag{C.14}$$

可以证明，这是 σ_{XY} 的一个无偏误估计量（当样本无限增大时，用 $n-1$ 代替 n 没有差别，因此这个估计量仍是一致的）。

在 B.4 节曾讨论过，两个变量之间的协方差常常难以解释。我们通常对相关系数更感兴趣。由于总体相关系数是 $\rho_{XY} = \sigma_{XY}/(\sigma_x \sigma_Y)$，故矩法示意我们把 ρ_{XY} 估

计为

$$R_{XY} = \frac{S_{XY}}{S_X S_Y} = \frac{\sum_{i=1}^{n}(X_i - \overline{X})(Y_i - \overline{Y})}{\left(\sum_{i=1}^{n}(X_i - \overline{X})^2\right)^{1/2}\left(\sum_{i=1}^{n}(Y_i - \overline{Y})^2\right)^{1/2}} \tag{C.15}$$

它被称为**样本相关系数**（sample correlation coefficient）或简称样本相关。注意我们已把样本协方差和样本标准差中的除数 $n-1$ 消去了。事实上，即使我们用 n 除两者，最后也会得到同样的公式。

可以证明，样本相关系数理所当然永远在区间 $[-1, 1]$ 内。因为 S_{XY}、S_X 和 S_Y 都是对应总体参数的一致估计量，所以 R_{XY} 也是总体相关系数 ρ_{XY} 的一致估计量。然而，有两个理由使得 R_{XY} 是一个偏误估计量。第一，S_X 和 S_Y 分别是 σ_X 和 σ_Y 的偏误估计量。第二，R_{XY} 是估计量之比，所以它不太可能是无偏的（即便 S_X 和 S_Y 无偏）。虽然在数理统计学中，ρ_{XY} 不存在无偏估计量已是一个经典的结论，但 R_{XY} 的偏误对我们的目的来说并不重要。

C. 4b　极大似然法

另一个一般性的估计方法便是许多初级统计课程都讨论的极大似然法（maximum likelihood）。这里只需在最简单情形中扼要概述即可。令 $\{Y_1, Y_2, \cdots, Y_n\}$ 为来自总体分布 $f(y; \theta)$ 的一个随机样本。因为假定了随机抽样，所以 $\{Y_1, Y_2, \cdots, Y_n\}$ 的联合分布无非就是各个密度之积：$f(y_1; \theta)f(y_2; \theta)\cdots f(y_n; \theta)$。在离散情形中，这就是 $P(Y_1=y_1, Y_2=y_2, \cdots, Y_n=y_n)$。现在定义似然函数为

$$L(\theta; Y_1, \cdots, Y_n) = f(Y_1; \theta)f(Y_2; \theta)\cdots f(Y_n; \theta)$$

这是一个随机变量，因为它取决于随机样本 $\{Y_1, Y_2, \cdots, Y_n\}$ 的结果。θ 的**极大似然估计量**（maximum likelihood estimator），且称之为 W，是使似然函数最大化的 θ 值。（这就是为什么我们把 L 写成 θ 及随机样本的一个函数的原因。）显然，这个值取决于随机样本。极大似然原理是说，在所有可能的 θ 值中，应选取使观测数据有极大似然性的 θ 值，直觉上，这是估计 θ 的一种合理方法。

通常使用对数似然函数更加方便，将似然函数取对数，得到对数似然函数：

$$\mathscr{L}(\theta) = \log[L(\theta; Y_1, Y_2, \cdots, Y_n)] = \sum_{i=1}^{n}\log[f(Y_i; \theta)] = \sum_{i=1}^{n}\ell(\theta; X_i)$$

$$\tag{C.16}$$

其中我们利用了积的对数等于对数之和。因为方程（C.16）是独立同分布的随机变量之和，所以分析得自方程（C.16）的估计量相对比较容易。

极大似然估计（MLE）通常是一致性的，而且有时候是无偏的。然而许多其他的估计量也是这样。MLE 之所以广受欢迎，这是因为，首先，若总体模型 $f(y; \theta)$ 设定正确，则它一般都是最渐近有效的估计量。其次，MLE 有时是**最小方差无偏估计量**（minimum variance unbiased estimator）；即在 θ 的所有无偏估计量中，它

附录

的方差最小。[这些命题的证明，参见 Larsen and Marx（1986，Chapter 5）。]

在第 17 章，我们将需要用极大似然法估计更复杂计量模型的参数。在计量经济学中，我们几乎总是对给定解释变量集（比如 X_1，X_2，…，X_k）下 Y 的条件分布感兴趣。于是，我们将方程（C.16）中的密度替换为 $f(Y_i \mid K_{i1}, \cdots, K_{ik}; \theta_1, \cdots, \theta_p)$，其中这个密度容许取决于 p 个参数 $\theta_1, \cdots, \theta_p$。幸而，为了成功应用极大似然法，我们不必钻研太多计算问题或大样本统计理论。伍德里奇（Wooldridge，2010，Chapter 13）探讨了极大似然估计的理论。

C.4c 最小二乘法

第三类估计量，即在本书中扮演着主要角色的估计量，是所谓**最小二乘估计量**（least squares estimator）。我们曾经看到过最小二乘的一个例子：样本均值 $\bar{Y}$ 是总体均值 μ 的一个最小二乘估计量。我们已经知道 $\bar{Y}$ 是一个矩法估计量。它怎么又会是一个最小二乘估计量呢？可以证明，使离差平方和

$$\sum_{i=1}^{n} (Y_i - m)^2$$

尽可能小的 m 值是 $m = \bar{Y}$。证明这一点并不难，但我们略去其代数运算。

对于某些重要分布，包括正态和贝努利分布，样本均值 $\bar{Y}$ 还是总体均值 μ 的极大似然估计量。因此，最小二乘、矩法和极大似然原理常常会给出同样的结果。在其他情形中，这些估计量也是类似的，但不完全相同。

C.5 区间估计与置信区间

C.5a 区间估计的性质

从一个特定样本中得到的点估计值，本身还不足以对检验经济理论或进行政策探讨提供足够的信息。一个点估计值也许是研究者对总体值的最好猜测，但根据其性质，并不能告诉我们估计值到底离总体参数有"多么"接近。作为一个例子，假定某研究者根据工人的一个随机样本报告说，工作培训津贴使小时工资增加了6.4%。我们怎能知道一旦工人总体都接受了培训，其效果是否会接近这个数字呢？由于我们不知道总体值，所以无法知道某一特定估计值究竟离它有多近。然而，我们能作出概率意义下的陈述，并由此诞生区间估计。

我们已经知道评价一个估计量的不确定性的一个方法：求出它的抽样标准差。将点估计值连同估计量的标准差一起报告，提供了估计值的某些精确度信息。然而，这个标准差依赖于未知的总体参数，就算这个问题可以忽略，连同点估计值一起报告标准差，也并没有直接陈述总体值很可能落在相对于估计值的什么地方。而通过构造**置信区间**（confidence interval）能克服这一局限。

我们用一个例子来解释置信区间的概念。假定总体服从 Normal$(\mu, 1)$ 分布，并令 $\{Y_1, \cdots, Y_n\}$ 是来自这个总体的一个随机样本。（为便于说明，我们假定总体方差已知且等于 1；然后我们再说明怎样对付方差未知的现实情形。）样本均值 $\bar{Y}$ 服从一个均值为 μ 和方差为 $1/n$ 的正态分布：$\bar{Y} \sim \text{Normal}(\mu, 1/n)$。现在将 $\bar{Y}$ 标准化，因为标准化的 $\bar{Y}$ 服从一个标准正态分布，所以我们有

$$P\left[-1.96 < \frac{\bar{Y}-\mu}{1/\sqrt{n}} < 1.96\right] = 0.95$$

括号中的事件等同于事件 $\bar{Y} - 1.96/\sqrt{n} < \mu < \bar{Y} + 1.96/\sqrt{n}$，所以

$$P(\bar{Y} - 1.96/\sqrt{n} < \mu < \bar{Y} + 1.96/\sqrt{n}) = 0.95 \tag{C.17}$$

因为方程（C.17）告诉我们，随机区间 $[\bar{Y} - 1.96/\sqrt{n}, \bar{Y} + 1.96/\sqrt{n}]$ 包含总体均值 μ 的概率是 0.95 或 95%，所以它有些意义。这一信息使我们能构造 μ 的区间估计值，方法是通过把均值的样本结果 $\bar{y}$ 代入而得到。因此，

$$[\bar{y} - 1.96/\sqrt{n}, \bar{y} + 1.96/\sqrt{n}] \tag{C.18}$$

给出了 μ 的一个区间估计例子。它又被称为一个 95% 置信区间，这个区间可简记为 $\bar{y} \pm 1.96/\sqrt{n}$。

一旦观测到样本数据 $\{y_1, y_2, \cdots, y_n\}$，方程（C.18）中的置信区间便容易计算；$\bar{y}$ 是依赖于数据的唯一因素。例如，假定 $n = 16$，并且 16 个数据点的均值是 7.3，则 μ 的这个 95% 置信区间是 $7.3 \pm 1.96/\sqrt{16} = 7.3 \pm 0.49$，即 [6.81, 7.79]。根据构造可知，$\bar{y} = 7.3$ 是此区间的中心。

置信区间虽容易计算，但较难理解。当我们说方程（C.18）是 μ 的一个 95% 置信区间时，我们的意思是说，随机区间

$$[\bar{Y} - 1.96/\sqrt{n}, \bar{Y} + 1.96/\sqrt{n}] \tag{C.19}$$

包含 μ 的概率是 0.95。换言之，在抽取随机样本之前，方程（C.19）便有 95% 的机会包含 μ。方程（C.19）是**区间估计量**（interval estimator）的一个例子。它是一个随机区间，因为端点随不同的样本而变。

人们常常这样解释置信区间："μ 落在区间（C.18）上的概率是 0.95"。这种解释是错误的。一旦样本被观测到，且 $\bar{y}$ 也已计算出来，则置信区间的上下限只是两个数字（在上述例子中就是 6.81 和 7.79）而已。总体参数 μ 虽然未知，但也仅是个常数。因此 μ 或者落入或者不落入区间（C.18）（我们永远也不会确切知道是哪一种情形）。一旦利用现有的数据把置信区间计算出来，就不再有概率的问题。概率解释来自如下事实：利用所有随机样本构造这样的置信区间，其中有 95% 将包含 μ。

为了强调置信区间的意义，在表 C.2 中列出从 Normal$(2, 1)$ 分布中取出的 20 个容量为 $n = 10$ 的随机样本（或复制）的计算结果，对 20 个样本中的每一个，都求出 $\bar{y}$，并把方程（C.18）计算为 $\bar{y} \pm 1.96/\sqrt{10} = \bar{y} \pm 0.62$（保留两位小数）。你

可以看到，每个随机样本的区间都有所变化。20 个区间中的 19 个包含了总体值 μ。只有第 19 次复制中的 μ 没有落在置信区间内。换句话说，有 95％的样本给出了包含 μ 的置信区间。对于只有 20 次复制的情形，这个结果不是必然的，但在这个特定的模拟实验中却得到了这一结果。

表 C.2 利用 $\mu=2$ 的 $(\mu, 1)$ 分布模拟的置信区间

复制	$\bar{y}$	95％区间	包含 μ 吗?
1	1.98	(1.36, 2.60)	是
2	1.43	(0.81, 2.05)	是
3	1.65	(1.03, 2.27)	是
4	1.88	(1.26, 2.50)	是
5	2.34	(1.72, 2.96)	是
6	2.58	(1.96, 3.20)	是
7	1.58	(0.96, 2.20)	是
8	2.23	(1.61, 2.85)	是
9	1.96	(1.34, 2.58)	是
10	2.11	(1.49, 2.73)	是
11	2.15	(1.53, 2.77)	是
12	1.93	(1.31, 2.55)	是
13	2.02	(1.40, 2.64)	是
14	2.10	(1.48, 2.72)	是
15	2.18	(1.56, 2.80)	是
16	2.10	(1.48, 2.72)	是
17	1.94	(1.32, 2.56)	是
18	2.21	(1.59, 2.83)	是
19	1.16	(0.54, 1.78)	否
20	1.75	(1.13, 2.37)	是

C.5b 正态分布总体均值的置信区间

从方程（C.18）推导的置信区间有助于说明如何去构造并解释置信区间。实践中，为了求一个正态总体均值，方程（C.18）因假定方差已知为 1 而不是很有用。很容易把（C.18）推广到标准差 σ 为任意已知值的情形：95％置信区间是

$$[\bar{y}-1.96\sigma/\sqrt{n}, \ \bar{y}+1.96\sigma/\sqrt{n}] \tag{C.20}$$

因此，当 σ 已知时，μ 的置信区间便已构造出来。为了考虑 σ 未知的情形，我们必须用一个估计值。令

附录

$$s = \left(\frac{1}{n-1}\sum_{i=1}^{n}(Y_i-\bar{y})^2\right)^{1/2} \tag{C.21}$$

表示样本标准差。于是，用 σ 的估计值 s 代替方程（C.20）中的 σ，我们就能求出一个完全依赖于观测数据的置信区间。不幸的是，由于 s 取决于特定样本，这就不能保持 95% 的置信水平。换言之，因为常数 σ 已被随机变量 s 代替，所以随机区间 $[\bar{Y}\pm1.96(S/\sqrt{n})]$ 包含 μ 的概率不再是 0.95。

我们该怎样做下去呢？我们必须依靠 t 分布，而不是使用标准正态分布。t 分布得自

$$\frac{\bar{Y}-\mu}{S/\sqrt{n}}\sim t_{n-1} \tag{C.22}$$

式中，$\bar{Y}$ 是样本均值；S 是随机样本 $\{Y_1,\cdots,Y_n\}$ 的样本标准差。我们将不去证明方程（C.22）；在许多文献中都可以找到它的详细证明〔例如，Larsen and Marx（1986，Chapter 7）〕。

为了构造一个 95% 的置信区间，令 c 表示 t_{n-1} 分布中的第 97.5 分位数。换言之，c 是这样一个值，使得 t_{n-1} 中的面积有 95% 落在 $-c$ 与 c 之间：$P(-c<t_{n-1}<c)=0.95$。（c 值依赖于自由度 $n-1$，但我们没有标明。）图 C.4 说明了 c 的选择。一旦适当选定了 c，随机区间 $[\bar{Y}-c\cdot S/\sqrt{n},\ \bar{Y}+c\cdot S/\sqrt{n}]$ 包含 μ 的概率就是 0.95。对于一个特定的样本，这个 95% 置信区间将计算为

$$[\bar{y}-c\cdot s/\sqrt{n},\ \bar{y}+c\cdot s/\sqrt{n}] \tag{C.23}$$

对各个不同自由度的 c 值，可从附录 G 统计表的表 G.2 中查到。例如，当 $n=20$ 时，自由度是 $n-1=19$，$c=2.093$。于是，95% 置信区间是 $[\bar{y}\pm2.093(s/\sqrt{20})]$，其中 $\bar{y}$ 和 s 都是从样本计算出来的值。即使 $s=\sigma$（可能性很小），方程（C.23）中的置信区间也因为 $c>1.96$ 而比方程（C.20）中的更宽。自由度越小，方程（C.23）越宽。

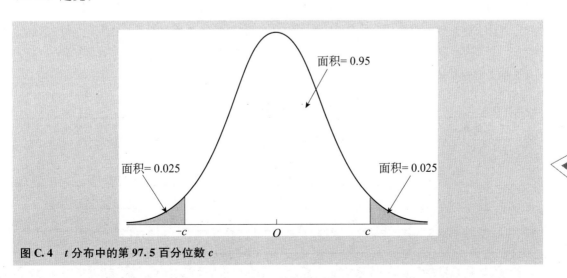

面积 = 0.95

面积 = 0.025

面积 = 0.025

图 C.4 t 分布中的第 97.5 百分位数 c

附录

更一般地，令 c_α 表示 t_{n-1} 分布中的第 $100(1-\alpha)$ 百分位数，则可把 $100(1-\alpha)\%$ 置信区间取为

$$[\bar{y}-c_{\alpha/2}s/\sqrt{n}, \ \bar{y}+c_{\alpha/2}s/\sqrt{n}] \tag{C.24}$$

要得到 $c_{\alpha/2}$，首先要选择 α 并知道自由度 $n-1$；然后才能使用表 G.2。大多数情形都是用 95% 置信区间。

有一个简单的方法去记住怎样构造一个正态分布均值的置信区间。回忆 $\mathrm{sd}(\bar{Y})=\sigma/\sqrt{n}$，而 $s/\sqrt{n}$ 是 $\mathrm{sd}(\bar{Y})$ 的点估计（值），于是有时把相应的随机变量 $S/\sqrt{n}$ 叫做 $\bar{Y}$ 的**标准误**（standard error）。因为出现在公式中的是点估计值 $s/\sqrt{n}$，我们就把 $\bar{y}$ 的标准误定义为 $\mathrm{se}(\bar{y})=s/\sqrt{n}$。于是方程（C.24）可简写为

$$[\bar{y}\pm c_{\alpha/2}\cdot\mathrm{se}(\bar{y})] \tag{C.25}$$

这个方程就说明了，为什么一个估计值的标准误概念在计量经济学中扮演着重要角色。

 例 C.2

工作培训津贴对工人生产力的影响

霍尔泽、布洛克、奇诺姆和诺特（Holzer，Block，Cheatham，and Knott，1993）通过搜集密歇根州 1988 年领取了工作培训津贴的制造企业样本的"废弃率"信息，研究了工作培训津贴对工人生产力的影响。表 C.3 列出了 20 家企业的废弃率。废弃率被度量为，每生产的 100 件商品中不能使用而必须报废的件数。这些企业都在 1988 年领取了工作培训津贴；1987 年还没有津贴拨款。我们的兴趣在于，对所有得到津贴的总体而言，构造 1987—1988 年废弃率变化的一个置信区间。

假定废弃率的改变是正态分布的。因为 $n=20$，所以废弃率变化量的均值 μ 的一个 95% 置信区间是 $[\bar{y}\pm2.093\cdot\mathrm{se}(\bar{y})]$，其中 $\mathrm{se}(\bar{y})=s/\sqrt{n}$。数值 2.093 是 t_{19} 分布中的第 97.5 百分位。对这个特定样本数据，$\bar{y}=-1.15$ 且 $\mathrm{se}(\bar{y})=0.54$（都保留两位小数），因此得到 95% 置信区间为 $[-2.28，-0.02]$。由于此区间不包括零值，所以我们的结论是：有 95% 的把握，总体废弃率变化的均值 μ 不是零。

表 C.3 密歇根州 20 家制造企业的废弃率

企业	1987 年	1988 年	变化量
1	10	3	−7
2	1	1	0
3	6	5	−1
4	0.45	0.5	0.05
5	1.25	1.54	0.29

续表

企业	1987 年	1988 年	变化量
6	1.3	1.5	0.2
7	1.06	0.8	−0.26
8	3	2	−1
9	8.18	0.67	−7.51
10	1.67	1.17	−0.5
11	0.98	0.51	−0.47
12	1	0.5	−0.5
13	0.45	0.61	0.16
14	5.03	6.7	1.67
15	8	4	−4
16	9	7	−2
17	18	19	1
18	0.28	0.2	−0.08
19	7	5	−2
20	3.97	3.83	−0.14
平均	4.38	3.23	−1.15

　　这里，例 C.2 主要是为了说明方法，因为作为一个计量经济分析，它还有一些潜在的严重缺陷。最重要的是，它假定废弃率的任何系统下降都是由于工作培训津贴的影响。但是在这一年里，许多事情的发生都可能与工人生产力的变化有关系。从这一分析看，我们无法知道平均废弃率的下降是否归功于工作培训津贴，抑或至少部分地归功于一些外部力量。

C.5c　95％置信区间的一个简单经验法则

　　对任何样本容量和任何置信水平都可计算方程（C.25）中的置信区间。如我们在 B.4 节所见，t 分布随着自由度的增大而接近于标准正态分布。特别地，对于 $\alpha = 0.05$，随着 $n \to \infty$，而有 $c_{\alpha/2} \to 1.96$，尽管对于每个 n，$c_{\alpha/2}$ 总比 1.96 大。求一个近似的 95％置信区间的经验法则，就是将它取为

$$[\bar{y} \pm 2 \cdot \mathrm{se}(\bar{y})] \tag{C.26}$$

换言之，我们求 $\bar{y}$ 的标准误，再计算 $\bar{y}$ 加上和减去它的两倍标准误，便得到这个置信区间。对于很大的 n，它稍宽了一些，而对于很小的 n，它又窄了一些。如我们从例 C.2 所见，即使 n 小到 20，方程（C.26）仍可用作正态分布均值的一个 95％置信区间，也就是说，为了获得一个相当接近的 95％置信区间，大可不必参照 t

附录

分布表。

C.5d 对非正态总体的渐近置信区间

在一些应用中，总体明显不是正态的。一个重要的例子是随机变量只取 0 和 1 两个值的贝努利分布。在其他情形中，非正态总体没有标准的分布。但如果样本足够大，以至中心极限定理能为样本均值 $\overline{Y}$ 分布给出一个良好的近似，非正态也无关紧要。对于很大的 n，一个近似的 95％置信区间是

$$\left[\overline{y}\pm 1.96 \cdot \mathrm{se}(\overline{y})\right] \tag{C.27}$$

其中数值 1.96 是标准正态分布的第 97.5 百分位。机械地看，计算一个近似置信区间无异于正态情形。一个细微的差异在于，标准误的倍数来自标准正态分布而不是 t 分布，因为我们在引用渐近理论。由于 t 分布随 df 增加而接近标准正态，所以方程（C.25）作为近似 95％区间完全合理；有些人认为方程（C.25）比（C.27）更可取，因为前者对于正态总体而言是一个精确的结果。

例 C.3

雇佣中的种族歧视

1988 年华盛顿特区的城市管理部门做了一项调查，研究在雇用员工时的种族歧视程度。有 5 对申请者参加了几个工作面试。每一对申请者中都有一个黑人和一个白人。他们的简历表明，他们有几乎完全相同的工作经验、受教育程度和确定工作能力的其他因素。目的就是要使两个人除种族外尽可能相似。参加面试的两个申请者都申请相同的工作。研究者记下哪一申请者被录用。这是所谓配对分析（matched pairs analysis）的一个例子。在配对分析中，每次试验都由两个人（或两个企业、两个城市等）的数据构成，而除了一个重要特征外，这两个人其他各个方面都很相似。

令 θ_B 代表黑人被录用的概率；θ_W 代表白人被录用的概率。我们关注的主要是差值 $\theta_B - \theta_W$。令 B_i 表示一个贝努利变量，若雇主 i 录用黑人则取值 1，否则取值 0。类似地，若雇主 i 录用白人则 $W_i = 1$，否则 $W_i = 0$。这 5 对申请者对所有雇主共进行了 $n = 241$ 次试验（雇主进行了 241 次成对的面试）。θ_B 和 θ_W 的无偏估计量是 $\overline{B}$ 和 $\overline{W}$，代表面试中黑人和白人被录用的比例。

为了由此计算总体均值的置信区间，我们定义一个新的变量 $Y_i = B_i - W_i$。现在，Y 可以取三个值：若黑人未被录用而白人被录用，则 Y 取值 -1；若两人都被录用或都未被录用，则 Y 取值 0；若黑人被录用而白人未被录用，则 Y 取值 1。于是，$\mu \equiv \mathrm{E}(Y_i) = \mathrm{E}(B_i) - \mathrm{E}(W_i) = \theta_B - \theta_W$。

Y_i 的分布肯定不是正态的——它既是离散的，而又仅取三个值。然而，利用大样本方法可以得到 $\theta_B - \theta_W$ 的一个近似置信区间。

该城市管理部门的调查数据保存在文件 AUDIT 中。使用这 241 个观测数据点，得到 $\bar{b}=0.224$ 而 $\bar{w}=0.357$，因此 $\bar{y}=0.224-0.357=-0.133$。即有 22.4% 的黑人申请者被录用，而白人申请者有 35.7% 被录用。这是歧视黑人的初步证据。然而，通过计算 μ 的一个置信区间，我们可以有更深入的了解。为了计算一个近似的 95% 置信区间，我们需要有样本标准差。计算结果是 $s=0.482$ [利用方程 (C.21)]。利用方程 (C.27)，我们得到 $\mu=\theta_B-\theta_W$ 的一个 95% 置信区间为 $(-0.133)\pm1.96\times(0.482/\sqrt{241})=(-0.133)\pm0.031=[-0.164,-0.102]$。近似的 99% 置信区间是 $(-0.133)\pm2.58\times(0.482/\sqrt{241})=[-0.213,-0.053]$。这自然比 95% 置信区间包含着一个更宽的数值范围。但即使是 99% 置信区间，也不包含零值。因此，我们非常有信心地说，总体差值 $\theta_B-\theta_W$ 不是零。

在我们转向假设检验之前，最好再回顾一下度量了估计量的总体分布和抽样分布分散程度的各种总体量和样本量。这些量在统计分析中很常见，对它们的引申对于本书中的回归分析非常重要。数量 σ 是（未知的）总体标准差；它度量了 Y 分布的分散程度。将 σ 除以 $\sqrt{n}$，我们便得到 $\bar{Y}$（样本均值）的**抽样标准差**（sampling standard deviation）。而 σ 是总体的一个固定特征，随着 $n\rightarrow\infty$，$\mathrm{sd}(\bar{Y})=\sigma/\sqrt{n}$ 收缩至 0：随着样本容量的扩大，我们的 μ 的估计量越来越精确。

对于一个特定样本，σ 的估计值 s 被称为样本标准差，因为它得自样本。（我们又把随着样本的变化而变化的潜在随机变量 S 称为样本标准差。）就像 $\bar{y}$ 是 μ 的估计值一样，s 是在给定样本下对 σ 的"最佳猜测"。$s/\sqrt{n}$ 就是我们所说的 $\bar{y}$ 的标准误，它是我们对 $\sigma/\sqrt{n}$ 的最佳估计。总体参数 μ 的置信区间直接取决于 $\mathrm{se}(\bar{y})=s/\sqrt{n}$。由于这个标准误随着样本容量的扩大收缩至 0，所以样本容量越大通常意味着置信区间越小。因此，我们清楚地看到，更多数据的好处之一，就是它们导致置信区间更窄。一个估计值的标准误概念（它通常在绝大多数情况下都以速度 $1/\sqrt{n}$ 向 0 收敛），在假设检验（就像我们在下一节将看到的那样）、置信区间的构造以及多元回归背景的检验分析中都起着重要作用（就像第 4 章讨论的那样）。

C.6　假设检验

到现在为止，我们回顾了如何评价点估计量，并看到（在总体均值的情形中）如何构造和解释置信区间。但有时我们感兴趣的问题需要有一个明确的肯定或否定答案。这里给出几个例子：(1) 一个工作培训计划有效地提高了平均的工人生产力了吗？（参见例 C.2。）(2) 黑人在员工雇佣中受到歧视吗？（参见例 C.3。）(3) 更严厉的州酒后驾驶法减少了因酒后驾驶而被逮捕的次数吗？设计利用样本数据来回答这种问题的方法即所谓的假设检验。

附录

C.6a 假设检验的基础

为了说明有关假设检验的问题，考虑一个选举问题。假定在一次选举中有两个候选人 A 和 B。据报道，候选人 A 已得到 42％的选民票，而候选人 B 得到 58％的选民票。姑且把这个百分比看成选民总体的真正百分比。

候选人 A 深信更多的民众会投他的票，因此想调查选举是否有作弊情况。有一点统计学知识的候选人 A，雇用了一个咨询机构去随机地抽取 100 名选举人的一个样本，并记录了每名选举人是否投他的票。假定在所收集的样本中，有 53 人投了赞成候选人 A 的票。这一样本估计值 53％明显超过所报道的总体值 42％。候选人 A 是否应得出结论说选举确实是一个骗局？

虽然表面看来，候选人 A 的得票率被低估了，但我们还不能肯定。即使总体中只有 42％的人赞成候选人 A，在一个 100 人的样本中仍有可能观测到 53 人投了 A 的赞成票。问题是：这个样本证据有多强烈地反对官方报道的百分数 42％？

处理这个问题的一个方法是设立一个**假设检验**（hypothesis test）。令 θ 表示总体中赞成候选人 A 的真实比例。所报告结果准确的假设可表述为

$$H_0 : \theta = 0.42 \tag{C.28}$$

这是**原假设**（null hypothesis）的一个例子。我们总是把原假设记为 H_0。在假设检验中，原假设扮演的角色，类似于许多司法制度中正在受审的被告人：正如被告人在未被证明有罪之前就无辜一样，原假设在数据强有力地予以拒绝之前就是真实的。在本例中，候选人 A 必须拿出相当强的证据来反对方程（C.28），才会赢得一次重新计票。

在选举的例子中，**备择假设**（alternative hypothesis）是选举中赞成候选人 A 的真实比例大于 0.42：

$$H_1 : \theta > 0.42 \tag{C.29}$$

为了能得出 H_0 错误而 H_1 正确的结论，我们提出反对 H_0 的证据必须"不仅仅是合理的怀疑"。在我们感到反对 H_0 的证据强有力之前，我们需要在 100 张选票中有多少是赞成 A 的呢？大多数人都会同意，在容量为 100 的样本中只观测到 43 张赞成票，不足以推翻原始选举结果；这样的结果完全在预料的抽样波动范围之内。另外，我们也不需要观测到有 100 张赞成 A 的票再对 H_0 提出怀疑。100 人中有 53 人赞成是否足以拒绝 H_0 就不甚明了了。答案有赖于怎样量化"不仅仅是合理的怀疑"。

附录

在讨论如何量化假设检验的不确定性之前，我们首先要消除一些其他的疑虑。你也许注意到方程（C.28）与（C.29）的假设并未囊括所有的可能性：θ 也可能小于 0.42。但我们对这样的可能性并不感兴趣，因为这种可能性与推翻选举结果这一目的没有任何关系。因此我们可以在开始时就表明会忽略 $\theta < 0.42$ 的情况。然而也有一些作者为了使原假设和备择假设囊括所有的可能性而将 H_0 设为：$\theta \leqslant 0.42$。这

时如果原假设成立，由于 θ 值存在多种可能，因此也称这种原假设为复合原假设〔相比而言，方程（C.28）属于简单原假设〕。在本例中，由于拒绝 $\theta \leqslant 0.42$ 时最困难的是拒绝 $\theta = 0.42$，因此在这里原假设是复合还是简单其实并无影响（也就是说，如果我们以 $\theta > 0.42$ 为备择假设而拒绝了 $\theta = 0.42$，那么逻辑上我们一定可以拒绝任何比 0.42 更小的值）。因此，基于方程（C.28）的检验过程与基于 H_0：$\theta \leqslant 0.42$ 的检验过程相同。本书更倾向于将原假设设为简单原假设。

在假设检验中，我们会犯两种错误：首先，我们可能拒绝一个其实是真的原假设。这叫做**第 I 类错误**（type I error）。在选举例子中，当赞成候选人 A 的真实比例事实上是 0.42 而我们拒绝了 H_0 时，就出现了第 I 类错误。第二种错误是指 H_0 实际上是错误的，但我们并没有拒绝它。这叫做**第 II 类错误**（type II error）。在选举的例子中，如果 $\theta > 0.42$ 而我们没有拒绝 H_0，就出现了第 II 类错误。

在我们作出是否拒绝原假设的决定之后，我们不是做了正确的决定就是犯了一种错误。我们永远不会确切知道是否犯了错误。然而，我们能计算出犯了第 I 类错误或第 II 类错误的概率。人们在构造假设检验的规则时，使得犯第 I 类错误的概率相当小。通常我们把一个检验的**显著性水平**（significance level）〔或简称检验水平（或大小）〕定义为犯第 I 类错误的概率；并典型地记为 α，用符号表示就是

$$\alpha = P(\text{拒绝 } H_0 \mid H_0) \tag{C.30}$$

等式的右端读作："当 H_0 为真时拒绝 H_0 的概率"。

经典的假设检验要求我们，在做一个检验时，一开始就定下一个 α 值。当我们设定了 α 值，就基本上量化了我们对犯第 I 类错误的容忍度。通常的 α 值有 0.10、0.05 和 0.01。若 $\alpha = 0.05$，则研究者为了侦察出对 H_0 的偏离，愿意以 5% 的机会错误地拒绝 H_0。

一旦选定显著性水平，我们就想把犯第 II 类错误的概率降到最低。或者说，我们想对所有有意义的对立情况使**一个检验的功效**（power of a test）最大。一个检验的功效无非就是 1 减去犯第 II 类错误的概率。数学上，

$$\pi(\theta) = P(\text{拒绝 } H_0 \mid \theta) = 1 - P(\text{犯第 II 类错误} \mid \theta)$$

式中，θ 指参数的真实值。自然，我们希望每当原假设是错误的时候，这个功效都能等于 1。但为了保持较小的显著性水平，这是办不到的。我们只能在给定显著性水平下，选择功效最大化的检验。

C.6b 检验关于正态总体均值的假设

为了相对于一个备择假设而去检验一个原假设，我们需要挑选一个检验统计量（或简称统计量）和一个临界值。统计量和临界值的选择，则基于方便原则和给定检验显著性水平下功效最大化的原则。在本小节中我们回顾如何检验关于正态总体均值的那些假设。

一个**检验统计量**（test statistic），记为 T，是指随机样本的某个函数。当我们

对某个特定结果计算统计量时，就得到这个统计量的一个结果，我们把它记为 t。

给定一个统计量，我们便能定义一个拒绝规则，来决定什么时候我们拒绝 H_0 而支持 H_1。在本教材中，所有的拒绝规则都基于一个检验统计量的值 t 与一个**临界值**（critical value）c 的比较。所有导致拒绝原假设的 t 值一起被称为**拒绝域**（rejection region）。为了定出临界值，我们要首先决定检验的显著性水平。于是，给定 α，与 α 相联系的临界值就由 H_0 被假定为正确时 T 的分布来决定。我们将此临界值写为 c，而略去其与 α 有关的事实。

对 $\text{Normal}(\mu, \sigma^2)$ 总体的均值 μ 进行假设检验则很容易。把原假设表述为

$$H_0: \mu = \mu_0 \tag{C.31}$$

其中，μ_0 是我们设定的值。在多数应用中 $\mu_0 = 0$，但不等于 0 的一般情形也与之类似。

怎样选择拒绝规则仍与备择假设的性质有关。人们感兴趣的三种备择假设是

$$H_1: \mu > \mu_0 \tag{C.32}$$

$$H_1: \mu < \mu_0 \tag{C.33}$$

和

$$H_1: \mu \neq \mu_0 \tag{C.34}$$

方程（C.32）给出了一个**单侧备择假设**（one-sided alternative），（C.33）亦然。当备择假设是（C.32）时，原假设实际上是 $H_0: \mu \leq \mu_0$，因为只有当 $\mu > \mu_0$ 时我们才会拒绝 H_0。如果我们仅在 μ 至少和 μ_0 一样大时才对 μ 值感兴趣，那么单侧备择假设（C.32）便是适当的。方程（C.34）是一个**双侧备择假设**（two-sided alternative）。我们若对任何偏离原假设的情况都感兴趣，它就比较合适。

先考虑（C.32）中的备择假设。直觉上，当样本均值 $\bar{y}$ "足够"大于 μ_0 时，我们便应拒绝 H_0 而支持 H_1。但我们应如何确定，在选定的显著性水平上，$\bar{y}$ 是否大到足以拒绝 H_0 呢？这要求我们知道当原假设正确时而拒绝它的概率。我们不直接考虑 $\bar{y}$，而是使用它的标准化形式，并用样本标准差 s 代替其中的 σ：

$$t = \sqrt{n}(\bar{y} - \mu_0)/s = (\bar{y} - \mu_0)/\text{se}(\bar{y}) \tag{C.35}$$

式中，$\text{se}(\bar{y}) = s/\sqrt{n}$ 是 $\bar{y}$ 的标准误。给定数据样本，t 很容易求出。我们使用 t 是因为在原假设下，随机变量

$$T = \sqrt{n}(\bar{Y} - \mu_0)/S$$

服从一个 t_{n-1} 分布。现假定我们决定使用 5% 的显著性水平，于是临界值 c 的选择将使得 $P(T < c \mid H_0) = 0.05$；即犯第 I 类错误的概率是 5%。一旦我们求出 c，拒绝规则就是

$$t > c \tag{C.36}$$

式中，c 是 t_{n-1} 分布中的第 $100(1-\alpha)$ 百分位数；作为一个百分数的显著性水平将是 $100 \cdot \alpha\%$。这是一个**单侧检验**（one-tailed test）的例子，因为其拒绝域位于 t 分

布的一尾；图 C.5 说明了这一点。不同的显著性水平将会导致不同的临界值。

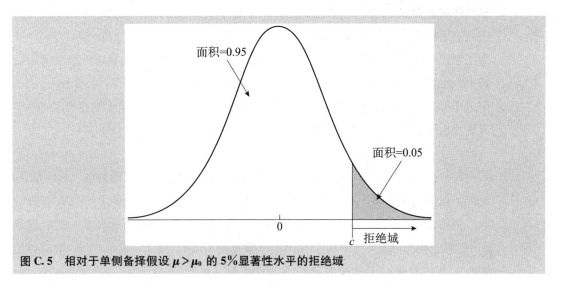

图 C.5 相对于单侧备择假设 $\mu > \mu_0$ 的 5% 显著性水平的拒绝域

方程（C.35）中的统计量常被称为检验 H_0：$\mu = \mu_0$ 的 **t 统计量**（t statistic）。t 统计量用 $\bar{y}$ 的标准误 $\mathrm{se}(\bar{y})$ 度量了 $\bar{y}$ 到 μ_0 的距离。

对单侧备择假设（C.33）的拒绝规则与此类似。相对于方程（C.33），只要

企业园区对工商业投资的影响

在某特定州被准予建立企业园区的城市总体中 [关于印第安纳州，可参见 Papke（1994）]，令 Y 代表一个城市在成为企业园区前后的一年中投资变化的百分数。假定 Y 服从一个 Normal(μ, σ^2) 分布。企业园区对商业投资没有影响的原假设是 H_0：$\mu = 0$；而有积极影响的备择假设是 H_1：$\mu > 0$（我们假定不会出现消极影响）。假定我们想在 5% 的水平上检验 H_0。此时的检验统计量便是

$$t = \frac{\bar{y}}{s/\sqrt{n}} = \frac{\bar{y}}{\mathrm{se}(\bar{y})} \tag{C.37}$$

假定我们有 36 个城市被准予建立企业园区的一个样本，查表知临界值 $c = 1.69$（见附录 G 统计表中的表 G.2）。因而，若 $t > 1.69$，我们就拒绝 H_0 而支持 H_1。假定样本给出 $\bar{y} = 8.2$ 和 $s = 23.9$。由此可得 $t \approx 2.06$，从而在 5% 的水平上拒绝 H_0。

就是说，我们的结论是：在 5% 的显著性水平上，企业园区对平均投资有正影响。1% 的临界值是 2.44，所以还不能在 1% 的水平上拒绝 H_0。这里存在和例 C.2 同样的缺陷：我们没有控制那些此间可能影响城市投资的其他因素，所以还不能说我们找到了因果关系。

附录

$$t < -c \tag{C.38}$$

显著性水平为 $100 \cdot \alpha\%$ 的检验便拒绝 H_0。换言之，我们在寻找那些负的 t 统计量值（这意味着 $\bar{y} < \mu_0$），使之离零足够远，以至能够拒绝 H_0。

至于双侧备择假设，我们必须小心选择临界值，以使检验的显著性水平仍是 α。若 H_1 由 $H_1: \mu \neq \mu_0$ 给出，则 $\bar{y}$ 的绝对值远离 μ_0，我们便拒绝 H_0：一个比 μ_0 大得多或小得多的 $\bar{y}$，都为拒绝 H_0 而支持 H_1 提供了证据。如下拒绝规则便给出了一个显著性水平为 $100 \cdot \alpha\%$ 的检验：

$$|t| > c \tag{C.39}$$

式中，$|t|$ 是方程（C.35）中 t 统计量的绝对值。这是一个**双侧检验**（two-tailed test）。这时我们必须小心选择临界值：c 是 t_{n-1} 分布中的第 $100(1-\alpha/2)$ 百分位数。例如 $\alpha = 0.05$ 时，这个临界值便是 t_{n-1} 分布中的第 97.5 百分位数。这就保证了 H_0 在正确时只有 5% 的机会被拒绝（参见图 C.6）。例如，取 $n = 22$，则临界值为 $c = 2.08$，这是 t_{21} 分布中的第 97.5 百分位数（见表 G.2）。为了在 5% 的水平上拒绝 H_0 而支持 H_1，t 统计量的绝对值必须超过 2.08。

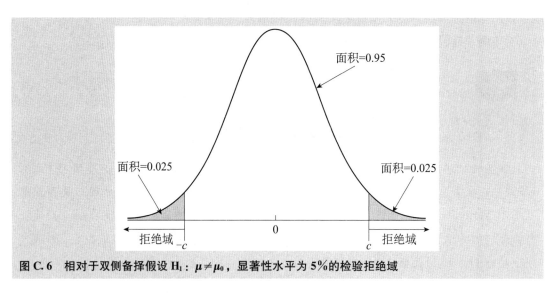

图 C.6　相对于双侧备择假设 $H_1: \mu \neq \mu_0$，显著性水平为 5% 的检验拒绝域

熟悉假设检验的适当用语十分重要。有时人们把一个适当的词句"我们未能在 5% 的显著性水平上拒绝 H_0 而支持 H_1"换成"我们在 5% 的水平上接受 H_0"。可是后者的措辞欠妥当。基于同样的数据集，常常有许多假设都是不能拒绝的。拿前面的选举例子来说，若说 $H_0: \theta = 0.42$ 和 $H_0: \theta = 0.43$ 都"被接受"，便出现了逻辑上的矛盾，因为其中只能有一个正确。但两者都未被拒绝却完全有可能。由于这个缘故，我们常说"未能拒绝 H_0"而非"接受 H_0"。

附录

C.6c　对非正态总体的渐近检验

若样本容量大到足以应用中心极限定理（参见 C.3 节），则无论总体分布是否

正态，对总体均值进行假设检验的程序都一样。其理论依据来自如下事实：在原假设下，

$$T=\sqrt{n}(\bar{Y}-\mu_0)/S \stackrel{a}{\sim} \text{Normal}(0，1)$$

因此，对于很大的 n，我们可以将方程（C.35）中的 t 统计量和来自标准正态分布的临界值相比较。因为随着 n 变大，t_{n-1} 分布收敛于标准正态分布，所以对于极其大的 n，t 临界值和标准正态临界值非常接近。由于渐近理论是以 n 无限增大为依据的，所以它不能告诉我们到底是标准正态临界值好还是 t 临界值好。对于中等大小的 n 值，比方说 $30\sim60$，传统习惯使用 t 分布，因为我们知道，对于正态总体，这样做也是正确的。对于 $n>120$，如何在 t 分布和标准正态分布之间进行选择基本上就没有什么关系，因为这时二者的临界值实际上是相同的。

因为对非正态总体来说，无论是用标准正态还是用 t 分布来选取临界值，都仅仅是近似有效的，我们所选的临界值也仅有近似意义；因此，对非正态总体来说，我们的显著性水平实际上是渐近的显著性水平。就是说，如果我们选择一个 5％ 的显著性水平，而我们的总体是非正态的，那么真实的显著性水平将会大于或小于 5％（而且我们不知道属于哪一种情形）。当样本容量足够大时，实际显著性水平将会非常接近 5％。从实践的角度说，这个差别并不重要，因此，我们现在就把限定词"渐近"省略。

　例 C.5

员工雇佣中的种族歧视

在城市管理部门对雇佣中的歧视进行研究的例子（见例 C.3）中，我们主要感兴趣的是检验 H_0：$\mu=0$，其备择假设是 H_1：$\mu<0$，其中 $\mu=\theta_B-\theta_W$ 是黑人和白人被雇用的概率之差。记得 μ 是变量 $Y=B-W$ 的总体均值，其中 B 和 W 都是二值指标变量。通过对 $n=241$ 对申请者的比较，我们曾得到 $\bar{y}=-0.133$ 和 $\text{se}(\bar{y})=0.482/\sqrt{241}\approx0.031$。用于检验 H_0：$\mu=0$ 的 t 统计量的值是 $t=(-0.133)/0.031\approx-4.29$。你会记得，由附录数学复习 B，标准正态分布和有 240 个自由度的 t 分布实际上没什么区别。数值 -4.29 位于分布左尾，离 0 如此之远，以致我们可在任何合理的显著性水平上拒绝 H_0。事实上，0.005（半个百分点）的临界值（相对单侧备择假设的检验）约是 -2.58。一个等于 -4.29 的 t 值是支持 H_1 而不支持 H_0 的强有力证据。因此，我们的结论是：雇佣中存在种族歧视。

附录

C.6d　p 值的计算和使用

事先选定一个显著性水平的传统要求意味着，不同的研究者利用同样的数据和同样的方法去检验同样的假设，最终可能会得到不同的结论。先报告我们所进行检

验的显著性水平，在一定程度上解决了这个问题，但是也不能完全解决。

为了提供更多的信息，我们可以问如下问题：我们检验原假设并未被拒绝的最大显著性水平是什么？这个最大值就是一个检验的 **p 值**（p-value），有时被称为**概率值**（prob-value）。和事先选定一个显著性水平并算出临界值相比，计算 p 值多少更麻烦一些。但随着计算越来越快速、便捷，求 p 值也相当容易。

作为一个说明，考虑在一个 Normal(μ, σ^2) 总体中检验 $H_0: \mu=0$ 的问题。我们利用统计量 $T=\sqrt{n} \cdot \bar{Y}/S$，并假定 n 足够大，以至能认为 T 在 H_0 下服从一个标准正态分布。假设我们的样本给出 T 的观测值是 $t=1.52$（注意我们省略了选择显著性水平的步骤）。既然已经知道了 t 值，我们就能找出尚不能拒绝 H_0 的最大显著性水平。这就是以 t 为临界值的相应显著性水平。因为我们的检验统计量 T 在 H_0 下服从标准正态分布，所以有

$$p \text{ 值} = P(T > 1.52 \mid H_0) = 1 - \Phi(1.52) = 0.065 \tag{C.40}$$

式中，$\Phi(\cdot)$ 代表标准正态 cdf。换言之，本例中的 p 值，就是在一个正态分布中，检验统计量的观测值在 1.52 以右的面积。参见图 C.7 中的说明。

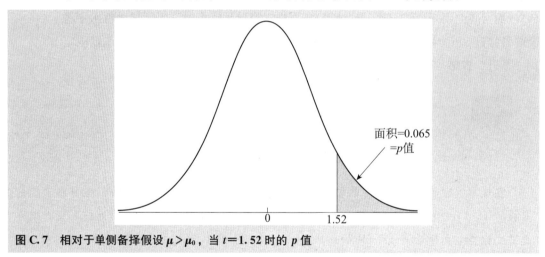

面积=0.065
=p值

0   1.52

图 C.7　相对于单侧备择假设 $\mu > \mu_0$，当 $t=1.52$ 时的 p 值

由于 p 值 $=0.065$，所以我们进行检验后不能拒绝 H_0 的最大显著性水平是 6.5%。如果在低于 6.5% 的水平（比方说 5%）上进行检验，我们仍不能拒绝 H_0。但如果在大于 6.5% 的水平（比方说 10%）上完成检验，我们就会拒绝 H_0。有了 p 值，我们可以在任何水平上进行检验。

还可对本例中的 p 值作另一种有用的解释：它是在原假设正确时我们观测到 T 值为 1.52 的概率。如果原假设确实正确，我们只有 6.5% 的机会观测到一个为 1.52 的 T 值。这个机会是否小到足以拒绝 H_0，取决于我们对第 I 类错误的容忍度。如我们将所见，对于所有其他情形，p 值都有类似的解释。

一般而言，小的 p 值都是对 H_0 有疑问的证据，因为它表明在 H_0 正确的情况下，出现这种数据结果的概率很小。在前面的例子中，若 t 更大，比如 $t=2.85$，

附录

则 p 值将是 $1-\Phi(2.85)\approx0.002$。这意味着，若原假设正确，我们观测到 T 值为 2.85 的概率是 0.002。怎样解释这一点呢？要么我们得到了一个很不平常的样本，要么原假设便是错误的。除非对第 I 类错误几乎不能容忍，否则我们都会拒绝原假设。另外，较大的 p 值则是怀疑 H_0 的弱证据。假设在上例中我们得到的是 $t=0.47$，那么 p 值 $=1-\Phi(0.47)=0.32$。即使 H_0 正确，也有 0.32 的概率观测到一个比 0.47 大的 T 值。这个概率如此之大，要怀疑 H_0 是证据不足的，除非我们对第 I 类错误有一个非常高的容忍度。

为了能用 t 分布去检验关于总体均值的假设，我们需要一个详细的数值表以计算 p 值。表 G.2 仅允许我们算出 p 值的上下界。幸而，现在有许多统计学和计量经济软件包能例行地计算 p 值，并且还为计算 p 值提供了 t 及其他分布的 cdf 计算。

例 C.6

工作培训津贴对工人生产力的影响

再次考虑例 C.2 中霍尔格等人（Holger et al.，1993）的数据。从政策角度看，有两个有意思的问题。首先，什么是废弃率平均变化 μ 的最好估计值？我们已经在表 C.3 中列出了 20 个企业所得到的平均废弃率变化：废弃率变化的样本均值是 -1.15。相对于 1987 年的初始平均废弃率，这表示废弃率下降了约 26.3% $[(-1.15)/4.38\approx-0.263]$，这一变化并非微不足道。

我们也许还想知道，样本是否对得到津贴的制造业企业总体提供了强有力的证据？于是，原假设是 $H_0: \mu=0$，其备择假设是 $H_1: \mu<0$，其中 μ 是废弃率的平均变化。我们要相对于 H_1 检验 H_0。在 H_0 下，工作培训津贴对平均废弃率无影响。而在 H_1 下表示有积极影响。我们不关心另一种可能性 $\mu>0$；所以原假设实际上是 $H_0: \mu\geqslant0$。

由于 $\bar{y}=-1.15$ 和 $se(\bar{y})=0.54$，故 $t=(-1.15)/0.54=-2.13$。这低于 5% 临界值 -1.73（来自一个 t_{19} 分布）而高于 1% 临界值 -2.54。此时 p 值可计算为：

$$p \text{ 值}=P(T_{19}<-2.13) \tag{C.41}$$

式中，T_{19} 表示自由度为 19 的 t 分布随机变量。此不等式与方程（C.40）中的符号相反，这是因为其备择假设是（C.33），（C.41）中的概率就是 t_{19} 分布中 -2.13 以右的面积（见图 C.8）。

利用附录 G 统计表中的表 G.2，我们只知道 p 值介于 0.025 与 0.01 之间，但它比较接近 0.025（因为第 97.5 百分位数约为 2.09）。利用诸如 Stata® 的统计包，我们能计算精确的 p 值。计算结果是约为 0.023，这是反对 H_0 的合理证据。于是，我们有足够的证据，在 2.5%（更不用说 5%）的显著性水平上，拒绝培训津贴没有效果的原假设。

附录

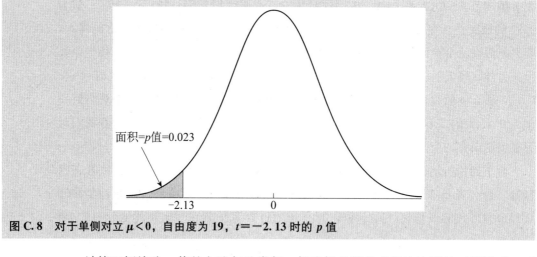

图 C. 8 对于单侧对立 $\mu < 0$，自由度为 **19**，$t = -2.13$ 时的 p 值

计算双侧检验 p 值的方法与此类似，但我们必须考虑拒绝法则的双侧性质。对总体均值作 t 检验，p 值计算为：

$$P(|T_{n-1}| > |t|) = 2P(T_{n-1} > |t|) \tag{C.42}$$

式中，t 是检验统计量的值，而 t_{n-1} 是 t 随机变量。（对于很大的 n，用标准正态随机变量代替 T_{n-1}。）于是，计算 t 统计量的绝对值，求 t_{n-1} 分布中此值以右的面积，再取其两倍。

对于非正态总体，很难求精确的 p 值，但可通过同样的计算而求出渐近的（asymptotic）p 值，这些 p 值对大样本成立，比如，对于 $n > 120$，我们就可利用标准正态分布。表 G.1 很详尽，足以获得准确的 p 值，但我们也可利用一个统计学或计量经济学程序。

例 C. 7

员工雇佣中的种族歧视

利用城市管理部门的配对数据（$n = 241$），我们算得 $t = -4.29$。若 Z 是一个标准正态随机变量，则实践中 $P(Z < -4.29)$ 便等于零。换句话说，在本例中，（渐近的）p 值几乎是零。这是拒绝 H_0 的强有力证据。

p 值使用总结：

（i）选取一个检验统计量 T，并明确备择假设的性质，从而决定拒绝法则是 $t > c$，$t < -c$ 还是 $|t| > c$。

（ii）以 t 统计量的观测值作为临界值，并计算该检验的相应显著性水平。这就是 p 值。若拒绝法则的形式为 $t > c$，则 p 值 $= P(T > t)$。若拒绝法则是 $t < -c$，则 p 值 $= P(T < t)$；若拒绝法则是 $|t| > c$，则 p 值 $= P(|T| > |t|)$。

（iii）若显著性水平 α 已经选定，则当 p 值 $< \alpha$ 时，我们便在 $100 \cdot \alpha\%$ 的水平上

拒绝 H_0；而当 p 值 $\geq \alpha$ 时，我们就不能在 $100 \cdot \alpha\%$ 的水平上拒绝 H_0。也就是说，小的 p 值才会导致拒绝 H_0。

C.6e 置信区间与假设检验之间的关系

因为构造置信区间和做假设检验都涉及概率命题，所以很自然想到它们之间可能有某种联系。事实确实如此。在置信区间构造完之后，我们便可进行各种假设检验。

我们讨论过的置信区间都是双侧的。（在本书中我们不需要构造单侧置信区间。）因此，置信区间可用于检验有双侧备择假设的原假设。对于总体均值的检验，原假设由（C.31）给出，其备择假设为（C.34）。假定我们已构造 μ 的一个 95% 置信区间。于是，若 μ 在 H_0 下的假设值 μ_0 不在该置信区间内，则我们以 5% 的水平拒绝 $H_0: \mu = \mu_0$ 而支持 $H_1: \mu \neq \mu_0$。反之，若 μ_0 落入该区间，我们便不能在 5% 的水平上拒绝 H_0。应注意，一旦置信区间被构造，对 μ_0 的任何值都可以进行检验，并且由于置信区间包含不止一个点，所以有许多个原假设未遭拒绝。

例 C.8

培训津贴与工人生产率

在霍尔泽等人的例子中，我们构造了废弃率平均变化 μ 的一个 95% 置信区间为 $[-2.28, -0.02]$。由于此区间不包含 0，我们就能在 5% 的水平上拒绝 $H_0: \mu = 0$ 而支持 $H_1: \mu \neq 0$。该置信区间还告诉我们，我们不能在 5% 的水平上拒绝 $H_0: \mu = -2$。事实上，给定这个置信区间，存在一个我们所不能拒绝的原假设的闭集。

C.6f 实际与统计显著性的对比

在至今讨论过的例子里，我们给出了有关总体参数的三种证据：点估计值、置信区间和假设检验。这些工具对于了解总体参数都同等重要。目前，学生中存在一种强调置信区间和假设检验的趋势，因为我们能把置信或显著性水平置于其上，所以这种趋势可以理解。然而，无论在何种研究中，我们都必须解释点估计值的大小（magnitude）。

$\bar{y}$ 的符号和大小决定了其**实际显著性**（practical significance），并容许我们讨论一项政策或干预效应的方向，以及所估计的影响到底是"大"还是"小"。另外，$\bar{y}$ 的**统计显著性**（statistical significance）则取决于 t 统计量的大小。为了检验 $H_0: \mu = 0$，t 统计量无非就是 $t = \bar{y}/\text{se}(\bar{y})$。换言之，统计显著性取决于 $\bar{y}$ 与其标准误之比。于是，t 统计量很大，也许是因为 $\text{se}(\bar{y})$ 小。在应用研究中，讨论实际显著性和统计显著性都很重要，我们必须知道一个在实践中不是特别大的估计值有可能在

附录

统计上显著。一个估计值在实践中是否重要则取决于研究背景和个人判断，所以没有判断实际显著性的准绳。

高速公路宽度对上下班时间的影响

设 Y 为都市上班族在公路加宽之前和之后所花时间的改变量，以分钟计。假定 $Y \sim$ Normal(μ, σ^2)。表示拓宽公路没有减少平均交通时间的原假设是 $H_0: \mu = 0$；表示减少平均交通时间的备择假设是 $H_1: \mu < 0$。假定为了确定公路的拓宽计划是否有效，我们抽取了一个容量为 $n = 900$ 的上班族随机样本。经计算，上下班时间的平均变化为 $\bar{y} = -3.6$，而样本标准差为 $s = 32.7$；因而 $se(\bar{y}) = 32.7 / \sqrt{900} \approx 1.09$。$t$ 统计量是 $t = (-3.6)/1.09 \approx -3.30$，这在统计上非常显著；其 p 值基本上等于零（0.000 5）。所以，我们的结论是：公路拓宽对平均上下班交通时间有统计上的显著效果。

若研究的报告仅限于假设检验的结果，则可能有误导性。只报告统计显著性，便掩盖了所估计的平均上下班时间减少相当微不足道（只有 3.6 分钟）的事实。因此，我们应该首先与显著性检验一起报告点估计值 -3.6。

当处理大样本时，我们常常会发现统计上显著的点估计值在实践中并不显著。为了讨论清楚为什么会发生这种情况，如下定义会有些帮助。

检验一致性。只要 H_1 正确，一个**一致检验**（consistent test）就会随着样本容量增大而以趋于 1 的概率拒绝 H_0。

检验一致性的另一说法是，只要 H_1 正确，随着样本容量趋于无限，该检验的功效将越来越接近 1。本书中所讨论的检验都具有这一性质。拿关于总体均值的假设检验来说，由于 $\bar{Y}$ 的方差随着样本容量的变大而收敛于 0，因此得到检验的一致性。检验 $H_0: \mu = 0$ 的 t 统计量是 $T = \bar{Y}(S\sqrt{n})$。既然 $\text{plim}(\bar{Y}) = \mu$ 且 $\text{plim}(S) = \sigma$，于是，若 $\mu > 0$，则 T 随着 $n \to \infty$ 而（以很高的概率）变得越来越大。换言之，不管 μ 多么接近 0，对于足够大的样本，我们都几乎能够肯定地拒绝 $H_0: \mu = 0$。而这与 μ 在实际意义上是否大无关。

C.7 关于符号的备注

在对概率与统计学的回顾中，以及在附录数学复习 B 中，我们细心地按照标准的惯例去标识随机变量、估计量和检验统计量。例如，我们用 W 表示一个估计量（随机变量），而用 w 表示一个特殊的估计值（随机变量 W 的结果）。区分一个估计量和一个估计值，对理解估计和假设检验中的各种概念都很重要。然而，由于一些模型更加复杂，要进行这种区分很快就成为计量经济分析中的一种负担：模型会涉及很多随机变量和参数，为了忠实于概率与统计学中通用的惯例，就需要添加许多符号。

在正文中，我们用了计量经济学中广泛使用的一种更简单的惯例。若 θ 是总体参数，则记号 $\hat{\theta}$（读作"θ 帽"）就用来表示 θ 的估计量和估计值。这种符号的好处在于，它用简单的方法把一个估计量和待估计的总体参数联系起来。这样，若总体参数是 β，则 $\hat{\beta}$ 就表示 β 的估计量或估计值；若参数是 σ^2，则 $\hat{\sigma}^2$ 便是 σ^2 的估计量或估计值；等等。有时，我们讨论同一参数的两种估计量，这时我们需要用一个不同的符号，比如 $\tilde{\theta}$（读作"θ 弯"）。

尽管放弃概率与统计学中用以标识估计量、随机变量和检验统计量的惯例加重了读者的责任，可是一旦你把估计量和估计值的区别弄明白了，这也算不了什么负担。当我们讨论 $\hat{\theta}$ 的统计性质（诸如推导它是否无偏或一致）时，必然把 $\hat{\theta}$ 看成一个估计量。另外，如果我们写 $\hat{\theta}=1.73$，则明显地在指来自给定样本数据的一个点估计值。一旦你对概率与统计学有了很好的理解，由于这样使用 $\hat{\theta}$ 而造成的混淆应该能够减少到最低限度。

本章小结

我们讨论了计量经济分析高度依赖的若干数理统计专题。基本概念是估计量，它无非就是把数据组合起来估计总体参数的一个规则。我们讨论了估计量的各种性质。最重要的小样本性质是无偏性和有效性，后者取决于无偏估计量的方差比较。大样本性质关系到样本不断增大时得到的一系列估计量，并且也是计量经济学的依赖对象。任何一个有用的估计量都是一致的。中心极限定理意味着，在大样本中，大多数估计量的抽样分布都是近似正态的。

一个估计量的抽样分布可用于构造置信区间，在估计正态分布的均值和计算非正态情形的近似置信区间时，我们看到了这一点。通过将一个检验统计量与一个临界值相比较，便可以进行经典的假设检验，它要求设定一个原假设、一个备择假设和一个显著性水平。另一种方法是，计算一个 p 值，使得我们能够在任何一个显著性水平上进行这种检验。

关键术语

备择假设	极大似然估计量	样本协方差
渐近正态性	均方误（MSE）	样本标准差
偏误	矩法	样本方差
偏误估计量	最小方差无偏估计量	抽样分布
中心极限定理（CLT）	原假设	抽样标准差

附录

置信区间	单侧备择假设	抽样方差
一致估计量	单侧检验	显著性水平
一致检验	总体	标准误
临界值	一个检验的功效	统计显著性
估计值	实际显著性	t 统计量
估计量	概率极限	检验统计量
假设检验	p 值	双侧备择假设
非一致的	随机样本	双侧检验
区间估计量	拒绝域	第 I 类错误
大数定律（LLN）	样本均值	第 II 类错误
最小二乘估计量	样本相关系数	无偏估计量
对数似然	极大似然法	估计量

习 题

1. 令 Y_1、Y_2、Y_3 和 Y_4 为来自具有均值 μ 和方差 σ^2 的总体的独立同分布随机变量。令 $\bar{Y} = \frac{1}{4}(Y_1 + Y_2 + Y_3 + Y_4)$ 代表这 4 个随机变量的均值。

(i) 用 μ 和 σ^2 表示的 $\bar{Y}$ 的期望值和方差是什么？

(ii) 现在，考虑 μ 的另一个估计量：

$$W = \frac{1}{8}Y_1 + \frac{1}{8}Y_2 + \frac{1}{4}Y_3 + \frac{1}{2}Y_4$$

这是 Y_i 的另一个加权平均例子。证明 W 也是 μ 的一个无偏估计量。求 W 的方差。

(iii) 根据你对第（i）部分和第（ii）部分的答案，你认为 μ 的哪个估计量好一些，$\bar{Y}$ 还是 W？

2. 这是习题 1 的一个更一般的形式。令 Y_1，Y_2，$\cdots$，Y_n 是有相同均值 μ 和相同方差 σ^2 的两两无关随机变量。令 $\bar{Y}$ 表示样本均值。

(i) 定义 μ 的线性估计量为

$$W_a = a_1 Y_1 + a_2 Y_2 + \cdots + a_n Y_n$$

式中，a_i 为常数。为使 W_a 成为 μ 的一个无偏估计量，需要对 a_i 施加什么约束？

(ii) 求 $\mathrm{Var}(W_a)$。

(iii) 对任何数 a_1，a_2，$\cdots$，a_n，以下不等式恒成立：$(a_1 + a_2 + \cdots + a_n)^2 / n \leqslant a_1^2 + a_2^2 + \cdots + a_n^2$。利用此不等式连同第（i）部分和第（ii）部分，证明只要 W_a 是无偏的，就有 $\mathrm{Var}(W_a) \geqslant \mathrm{Var}(\bar{Y})$，因而 $\bar{Y}$ 是最优线性无偏估计量。〔提示：当 a_i 满足第（i）部分所施加的约束时，不等式会变成什么？〕

3. 令 $\bar{Y}$ 为有均值 μ 和方差 σ^2 的随机样本的样本均值。考虑 μ 的两个不同估计量：$W_1 = [(n-1)/n]\, \bar{Y}$ 和 $W_2 = \bar{Y}/2$。

(i) 说明 W_1 和 W_2 都是 μ 的偏误估计量并求出此偏误。随着 $n \to \infty$，这些偏误会变成什么情形？试评论随着 n 变大，两个估计量的偏误有何重要差异？

(ii) 求 W_1 和 W_2 的概率极限。〔提示：利用性质 PLIM.1 和性质 PLIM.2；对于 W_1，注意

plim $[(n-1)/n]=1$。〕哪个估计量是一致的?

(iii) 求 $\mathrm{Var}(W_1)$ 和 $\mathrm{Var}(W_2)$。

(iv) 论证当 μ "接近" 于零时, W_1 是一个比 $\bar{Y}$ 更好的估计量。(同时考虑偏误和方差。)

4. 对于正随机变量 X 和 Y, 假定在给定 X 下 Y 的期望值是 $\mathrm{E}(Y\mid X)=\theta X$。未知参数 θ 表明了 Y 的期望值如何随 X 而变化。

(i) 定义随机变量 $Z=Y/X$。证明 $\mathrm{E}(Z)=\theta$。〔提示: 利用性质 CE.2 连同迭代期望法则——性质 CE.4。具体地说, 先证明 $\mathrm{E}(Z\mid X)=\theta$, 再利用性质 CE.4。〕

(ii) 利用第 (i) 部分证明估计量 $W_1=n^{-1}\sum_{i=1}^{n}(Y_i/X_i)$ 对 W 是无偏的, 其中 $\{(X_i,Y_i): i=1, 2, \cdots, n\}$ 是一个随机样本。

(iii) 解释估计量 $W_2=\bar{Y}/\bar{x}$ (其中上横线表示样本均值) 为何不同于 W_1。不过, 证明 W_2 也是 θ 的无偏估计量。

(iv) 下表列出了艾奥瓦州几个县的谷物产量数据。美国农业部 (USDA) 根据卫星照片预测了每个县的谷物公顷数。研究者在卫星照片上辨认用于种植谷物的像素数〔以便去掉用于比方说种植豆类或未耕地的像素数〕, 并用这些像素数去预测实际的 (用于种植谷物的) 公顷数。为了给出一个各县通用的预测方程, USDA 调查了一些选定县里的农场主, 以获得每公顷的谷物产量。令 Y_i=第 i 县的谷物产量, 并令 X_i=第 i 县卫星照片中的谷物像素数。一共对 8 个县作了 $n=17$ 次观测。试用这个样本来计算第 (ii) 部分和第 (iii) 部分所涉及的 θ 的估计值。这些估计值相似吗?

耕种地	谷物产量	种值谷物的像素数
1	165.76	374
2	96.32	209
3	76.08	253
4	185.35	432
5	116.43	367
6	162.08	361
7	152.04	288
8	161.75	369
9	92.88	206
10	149.94	316
11	64.75	145
12	127.07	355
13	133.55	295
14	77.70	223
15	206.39	459
16	108.33	290
17	118.17	307

附录

5. 令 Y 为一个 Bernoulli(θ) 随机变量, $0<\theta<1$。假定我们对估计机会比率 $\gamma=\theta/(1-\theta)$, 即成功概率与失败概率之比感兴趣。给定一个随机样本 $\{Y_1, \cdots, Y_n\}$, 我们知道 θ 的一个无偏且一致估计量是

$\bar{Y}$，即 n 次试验中成功次数占的比例。γ 的一个自然估计量是 $G=\bar{Y}/(1-\bar{Y})$，即样本中成功的比例与失败的比例之比。

（i）为什么 G 不是 γ 的无偏估计量？

（ii）利用 PLIM. 2（iii），说明 G 是 γ 的一致估计量。

6. 州长雇用你去研究一项酒税是否会减少你所在州的酒平均消费量。你能够对一个随机抽取的个人样本，得到个人在税前和税后年份里的酒消费量差异（以盎司计算）。对从总体随机抽取的第 i 个人，用 Y_i 表示他在酒消费上的变化。把这些 Y_i 看成来自一个 Normal(μ,σ^2) 总体的随机样本。

（i）原假设是平均酒消费没有变化。试用 μ 把它正式表述出来。

（ii）备择假设是酒消费有所减少。用 μ 表示这个对立。

（iii）现在，假定你的样本容量是 $n=900$，并且你得到估计值 $\bar{y}=-32.8$ 和 $s=466.4$。计算相对 H_1 检验 H_0 的 t 统计量；求该检验的 p 值。（因为有了一个很大的样本容量，尽可使用表 G.1 所列的标准正态分布。）你会在 5% 的水平上拒绝 H_0 吗？在 1% 水平上又如何？

（iv）你会说所估计的消费下降算是很大吗？评论这个估计值的实际和统计显著性。

（v）为了推断从税收变化到酒消费之间的因果关系，在你的分析中，对这两年间决定酒消费的因素做了什么暗含假定？

7. 面包房的新经理声称，现在的工人生产率高于原有经理时代，因此，工资都"普遍增加"了，令 W_i^b 为原有经理时代工人 i 的工资；W_i^a 为新经理时代工人 i 的工资。差值为 $D_i \equiv W_i^a - W_i^b$。假定 D_i 是来自 Normal(μ,σ^2) 分布的一个随机变量。

（i）利用下表中 15 个工人的数据构造 μ 的一个 95% 置信区间。

工人	先前的工资	后来的工资
1	8.30	9.25
2	9.40	9.00
3	9.00	9.25
4	10.50	10.00
5	11.40	12.00
6	8.75	9.50
7	10.00	10.25
8	9.50	9.50
9	10.80	11.50
10	12.55	13.10
11	12.00	11.50
12	8.65	9.00
13	7.75	7.75
14	11.25	11.50
15	12.65	13.00

（ii）正式表述平均工资没有变化这个原假设，特别是在 H_0 下，$E(D_i)$ 是什么？如果雇用你来研究新经理提法的有效性，那么用 $\mu=E(D_i)$ 来表述的适当的备择假设是什么？

（iii）在 5% 和 1% 的显著性水平上，相对于所表述的备择假设，检验第（ii）部分的原假设。

（iv）求第（iii）部分检验的 p 值。

8. 《纽约时报》（1990-02-05）报道了全国篮球联赛（NBA）中前十名 3 分手的 3 分投篮表现。下表总结了这些数据：

球员	FGA-FGM
Mark Price	429—188
Trent Tucker	833—345
Dale Ellis	1 149—472
Craig Hodges	1 016—396
Danny Ainge	1 051—406
Byron Scott	676—260
Reggie Miller	416—159
Larry Bird	1 206—455
Jon Sundvold	440—166
Brian Taylor	417—157

注：FGA＝投篮次数；FGM＝投篮命中次数。

对给定的一名球员，一次特定投篮的结果可模型化为一个贝努利（0—1）变量：令 Y_i 为投篮结果，若投中则 $Y_i=1$；若不中则 $Y_i=0$。令 θ 代表任何一次 3 分投篮命中的概率。θ 的自然估计量是 $\bar{Y}=$ FGM/FGA。

(i) 估计 Mark Price 的 θ。

(ii) 求估计量 $\bar{Y}$ 的标准差，用 θ 和投篮次数 n 来表示这个标准差。

(iii) $(\bar{Y}-\theta)/se(\bar{Y})$ 的渐近分布是标准正态的，其中 $se(\bar{Y})=\sqrt{\bar{Y}(1-\bar{Y})/n}$。利用这个结论，检验 Mark Price 相对于 $H_1:\theta<0.5$ 的原假设 $H_0:\theta=0.5$。使用 1% 的显著性水平。

9. 假定在一个不知名的国家，它的军事独裁者举行了一次全民公决（是否信任的投票），并声称他拥有 65% 的赞成票。一个人权组织怀疑有舞弊情况，并雇用你去检验独裁者所声称内容的真实性，你有能够在该国随机抽取 200 名投票人的经费。

(i) 令 X 代表取自全体投票人总体的 200 人的一个随机样本中的赞成票数。如果确实有全体投票人的 65% 赞成这位独裁者，那么 X 的期望值是什么？

(ii) X 的标准差是什么？仍假定在全民公决中投赞成票的人的真正比例是 0.65。

(iii) 现在，你收集了一个 200 人的样本，并发现有 115 人真的投了赞成票。且假定真的有 65% 的全体公民投赞成票，那么，利用 CLM 近似从一个容量为 200 的随机样本得到 115 或更少赞成票的概率是多少？

(iv) 对一些没有受过统计学训练的人，你如何向他们解释第（iii）部分数字的意义呢？

10. 在罢工过早地结束了 1994 年的大联盟棒球赛季节之前，圣地亚哥教士队的托尼·格温在 419 次击球中击中了 165 次，得到了一个 0.394 的击球成功率。这里要讨论的是，格温是不是当年的一位潜在的 0.400 击球手呢？这个问题可以用格温在某一次击球时击中的概率（把它叫做 θ）来表述。令 Y_i 为 Bernoulli(θ) 标示变量，若格温在第 i 次击球时击中则取值 1，否则取值 0。于是 y_1，y_2，…，y_n 构成一个来自 Bernoulli(θ) 分布的随机样本，其中 θ 是击中概率，并且 $n=419$。

格温的击球成功率是我们对 θ 的最好估计，它也就是成功的比例：$\bar{y}=0.394$，利用 $se(\bar{y})=\sqrt{\bar{y}(1-\bar{y})/n}$ 这一结论，再利用标准正态分布，构造 θ 的一个近似 95% 置信区间。你认为是否有强有力的证据，足以拒绝格温是一位潜在的 0.400 击球手？请解释。

11. 假设在第一学年末，随机选择 400 名大学生并给予他们购买新电脑的学校补助。对于每个学生 i，变量 Y_i 表示该生二年级绩点与一年级绩点的差值。假如平均变化量 $\bar{y}=0.132$，标准差 $s=1.27$，GPA 的平均变化显著异于 0 吗？

12. （需要具有一些微积分知识）一个计数随机变量 Y 取非负整数值 $\{0, 1, 2, \cdots\}$。计数变量最常见的分布是泊松（θ）分布，其中参数 θ 为 Y 的期望值：$\theta=\mathrm{E}(Y)$。概率密度函数为

$$f(y; \theta) = \begin{cases} \exp(-\theta)\theta^y / y!, & y=0, 1, 2, \cdots \\ 0, & \text{其他} \end{cases}$$

可以得到 $\mathrm{Var}(Y)=\theta$，即均值和方差相等。

(i) 对于总体中的随机变量 Y_i，求出其对数似然函数。对于含 n 个变量的随机样本，其对数似然函数是什么？[提示：参考方程（C.16）。]

(ii) 运用 C.7 节中的符号，找出多元线性回归方程的一阶条件，$\hat{\theta}$，并证明 $\hat{\theta}=\bar{Y}$。

(iii) $\hat{\theta}$ 为什么是无偏的？

(iv) 将 $\bar{Y}$ 用 θ 和 n 表示出来。

(v) $\bar{Y}$ 为什么是一致的？

(vi) Y 是否服从泊松分布会影响多元线性方程的无偏性和一致性吗？

(vii) 当 $n \to \infty$ 时，$\dfrac{\sqrt{n}\,(\bar{Y}-\theta)}{\sqrt{\theta}}$ 服从什么分布？

(viii) 若 $\mathrm{E}(Y)=\theta$ 但 $\mathrm{Var}(Y)=\upsilon(\theta)>0$（即当泊松分布不准确时），修改第（vii）部分中的随机变量，使其极限分布不依赖于 θ。

矩阵代数概述

本附录概括了矩阵代数的一些概念（包括概率代数），以供附录高级处理方法 E 中研究矩阵表述的多元线性回归模型之需。这些内容在正文中都没有用到过。

D.1 基本定义

定义 D.1 （矩阵）

一个**矩阵**（matrix）就是一个矩形数组。更准确地讲，一个 $m \times n$ 矩阵就有 m 行和 n 列。正整数 m 被称为行维数，n 被称为列维数。

我们用大写黑体字母表示矩阵。我们一般可以将一个 $m \times n$ 矩阵写成

$$\mathbf{A} = \begin{bmatrix} a_{ij} \end{bmatrix} = \begin{bmatrix} a_{11} & a_{12} & a_{13} & \cdots & a_{1n} \\ a_{21} & a_{22} & a_{23} & \cdots & a_{2n} \\ \vdots & \vdots & \vdots & & \vdots \\ a_{m1} & a_{m2} & a_{m3} & \cdots & a_{mn} \end{bmatrix}$$

式中，a_{ij} 表示第 i 行和第 j 列的元素。比如 a_{25} 表示 $\mathbf{A}$ 中第 2 行和第 5 列的数字。一个 2×3 矩阵的具体例子是

$$\mathbf{A} = \begin{bmatrix} 2 & -1 & 7 \\ -4 & 5 & 0 \end{bmatrix} \tag{D.1}$$

其中 $a_{13} = 7$。简写 $\mathbf{A} = \begin{bmatrix} a_{ij} \end{bmatrix}$ 通常用于定义矩阵运算。

定义 D.2 （方阵）

方阵（square matrix）具有相同的行数和列数。一个方阵的维数就是其行数和列数。

定义 D.3 （向量）

(i) 一个 $1 \times m$ 的矩阵被称为一个（m 维）**行向量**（row vector），并可记为 $\mathbf{x} \equiv (x_1, x_2, \cdots, x_m)$。

（ii）一个 $n \times 1$ 的矩阵则被称为一个**列向量**（column vector），可记为

$$\mathbf{y} \equiv \begin{bmatrix} y_1 \\ y_2 \\ \vdots \\ y_n \end{bmatrix}$$

定义 D. 4　（对角矩阵）

当一个方阵 $\mathbf{A}$ 的非主对角线元素都为 0（即对所有的 $i \neq j$ 都有 $a_{ij} = 0$）时，它就是一个**对角矩阵**（diagonal matrix）。我们总能将一个对角矩阵写成

$$\mathbf{A} = \begin{bmatrix} a_{11} & 0 & 0 & \cdots & 0 \\ 0 & a_{22} & 0 & \cdots & 0 \\ \vdots & \vdots & \vdots & & \vdots \\ 0 & 0 & 0 & \cdots & a_{nn} \end{bmatrix}$$

定义 D. 5　（单位矩阵和零矩阵）

（i）用 $\mathbf{I}$（或为了强调维数而用 $\mathbf{I}_n$）表示的 $n \times n$ **单位矩阵**（identity matrix）就是主对角线位置上都是 1 而其他位置上都是 0 的对角矩阵：

$$\mathbf{I} \equiv \mathbf{I}_n \equiv \begin{bmatrix} 1 & 0 & 0 & \cdots & 0 \\ 0 & 1 & 0 & \cdots & 0 \\ \vdots & \vdots & \vdots & & \vdots \\ 0 & 0 & 0 & \cdots & 1 \end{bmatrix}$$

（ii）一个用 $\mathbf{0}$ 表示的 $m \times n$ **零矩阵**（zero matrix）就是所有元素都为 0 的 $m \times n$ 矩阵。它不一定是方阵。

D. 2　矩阵运算

D. 2a　矩阵加法

两个都是 $m \times n$ 维的矩阵 $\mathbf{A}$ 和 $\mathbf{B}$，可通过对应元素相加而相加：$\mathbf{A} + \mathbf{B} = [a_{ij} + b_{ij}]$。更准确地，

$$\mathbf{A} + \mathbf{B} = \begin{bmatrix} a_{11} + b_{11} & a_{12} + b_{12} & \cdots & a_{1n} + b_{1n} \\ a_{21} + b_{21} & a_{22} + b_{22} & \cdots & a_{2n} + b_{2n} \\ \vdots & \vdots & & \vdots \\ a_{m1} + b_{m1} & a_{m2} + b_{m2} & \cdots & a_{mn} + b_{mn} \end{bmatrix}$$

比如，

$$\begin{bmatrix} 2 & -1 & 7 \\ -4 & 5 & 0 \end{bmatrix} + \begin{bmatrix} 1 & 0 & -4 \\ 4 & 2 & 3 \end{bmatrix} = \begin{bmatrix} 3 & -1 & 3 \\ 0 & 7 & 3 \end{bmatrix}$$

附录

不同维数的矩阵不能相加。

D. 2b 数乘

给定任意一个实数 γ（常被称为一个数量），**数乘**（scalar multiplication）被定义为 $\gamma \mathbf{A} \equiv [\gamma a_{ij}]$，或

$$\gamma \mathbf{A} = \begin{bmatrix} \gamma a_{11} & \gamma a_{12} & \cdots & \gamma a_{1n} \\ \gamma a_{21} & \gamma a_{22} & \cdots & \gamma a_{2n} \\ \vdots & \vdots & & \vdots \\ \gamma a_{m1} & \gamma a_{m2} & \cdots & \gamma a_{mn} \end{bmatrix}$$

比如，若 $\gamma = 2$，且 $\mathbf{A}$ 是等式（D.1）中的矩阵，则

$$\gamma \mathbf{A} = \begin{bmatrix} 4 & -2 & 14 \\ -8 & 10 & 0 \end{bmatrix}$$

D. 2c 矩阵乘法

为了使矩阵 $\mathbf{A}$ 乘以矩阵 $\mathbf{B}$ 以得到 $\mathbf{AB}$，$\mathbf{A}$ 的列维数和 $\mathbf{B}$ 的行维数必须相同。因此，令 $\mathbf{A}$ 为一个 $m \times n$ 矩阵，而 $\mathbf{B}$ 为一个 $n \times p$ 矩阵。于是**矩阵乘法**（matrix multiplication）被定义为

$$\mathbf{AB} = \left[\sum_{k=1}^{n} a_{ik} b_{kj} \right]$$

换句话说，新矩阵 $\mathbf{AB}$ 的第 (i, j) 个元素，等于 $\mathbf{A}$ 中第 i 行的每个元素与 $\mathbf{B}$ 中第 j 列对应元素的乘积之和。如下简图可能使这个过程更一目了然：

$$\overset{\mathbf{A}}{\underset{\text{第 } i \text{ 行} \rightarrow}{\begin{bmatrix} & & & & \\ a_{i1} & a_{i2} & a_{i3} & \cdots & a_{in} \\ & & & & \end{bmatrix}}} \overset{\mathbf{B}}{\begin{bmatrix} b_{1j} \\ b_{2j} \\ b_{3j} \\ \vdots \\ b_{nj} \end{bmatrix}} = \overset{\mathbf{AB}}{\begin{bmatrix} & \\ \sum_{k=1}^{n} a_{ik} b_{kj} & \\ & \end{bmatrix}}$$

第 j 列　　第 (i, j) 个元素

其中，根据附录数学复习 A 中求和运算的定义

$$\sum_{k=1}^{n} a_{ik} b_{kj} = a_{i1} b_{1j} + a_{i2} b_{2j} + \cdots + a_{in} b_{nj}$$

例如

$$\begin{bmatrix} 2 & -1 & 0 \\ -4 & 1 & 0 \end{bmatrix} \begin{bmatrix} 0 & 1 & 6 & 0 \\ -1 & 2 & 0 & 1 \\ 3 & 0 & 0 & 0 \end{bmatrix} = \begin{bmatrix} 1 & 0 & 12 & -1 \\ -1 & -2 & -24 & 1 \end{bmatrix}$$

附录

我们也可以将一个矩阵与一个向量相乘。如果 $\mathbf{A}$ 是一个 $n \times m$ 矩阵，而 $\mathbf{y}$ 是一个 $m \times 1$ 的向量，那么 $\mathbf{Ay}$ 就是一个 $n \times 1$ 的向量。如果 $\mathbf{x}$ 是一个 $1 \times n$ 的向量，那么 $\mathbf{xA}$ 就是一个 $1 \times m$ 的向量。

矩阵加法、数乘和矩阵乘法可以各种方式组合，而且这些运算还满足几个熟悉的基本数值运算规则。在如下性质的表中，$\mathbf{A}$、$\mathbf{B}$ 和 $\mathbf{C}$ 都具有运算所需的适当维数，而 α 和 β 则是实数。这些性质中的大多数都很容易从定义得到说明。

矩阵乘法的性质。（1）$(\alpha+\beta)\mathbf{A}=\alpha\mathbf{A}+\beta\mathbf{A}$；（2）$\alpha(\mathbf{A}+\mathbf{B})=\alpha\mathbf{A}+\alpha\mathbf{B}$；（3）$(\alpha\beta)\mathbf{A}=\alpha(\beta\mathbf{A})$；（4）$\alpha(\mathbf{AB})=(\alpha\mathbf{A})\mathbf{B}$；（5）$\mathbf{A}+\mathbf{B}=\mathbf{B}+\mathbf{A}$；（6）$(\mathbf{A}+\mathbf{B})+\mathbf{C}=\mathbf{A}+(\mathbf{B}+\mathbf{C})$；（7）$(\mathbf{AB})\mathbf{C}=\mathbf{A}(\mathbf{BC})$；（8）$\mathbf{A}(\mathbf{B}+\mathbf{C})=\mathbf{AB}+\mathbf{AC}$；（9）$(\mathbf{A}+\mathbf{B})\mathbf{C}=\mathbf{AC}+\mathbf{BC}$；（10）$\mathbf{IA}=\mathbf{AI}=\mathbf{A}$；（11）$\mathbf{A}+\mathbf{0}=\mathbf{0}+\mathbf{A}=\mathbf{A}$；（12）$\mathbf{A}-\mathbf{A}=\mathbf{0}$；（13）$\mathbf{A0}=\mathbf{0A}=\mathbf{0}$；（14）即使 $\mathbf{AB}$ 和 $\mathbf{BA}$ 都有定义，仍然可能 $\mathbf{AB}\neq\mathbf{BA}$。

最后一个性质值得进一步评论。如果 $\mathbf{A}$ 是一个 $n \times m$ 矩阵，而 $\mathbf{B}$ 是一个 $m \times p$ 矩阵，那么 $\mathbf{AB}$ 就有定义；而 $\mathbf{BA}$ 只有在 $n=p$（$\mathbf{A}$ 的行维数等于 $\mathbf{B}$ 的列维数）时有定义。如果 $\mathbf{A}$ 是一个 $m \times n$ 矩阵，而 $\mathbf{B}$ 是一个 $n \times m$ 矩阵，那么 $\mathbf{AB}$ 和 $\mathbf{BA}$ 就都有定义；但除非 $\mathbf{A}$ 和 $\mathbf{B}$ 都是方阵，否则它们具有不同的维数。即便 $\mathbf{A}$ 和 $\mathbf{B}$ 都是方阵，除非在特殊情形下，否则 $\mathbf{AB}\neq\mathbf{BA}$ 仍可能成立。

D.2d 转置

定义 D.6　（转置）

令 $\mathbf{A}=[a_{ij}]$ 表示一个 $m \times n$ 矩阵。用 $\mathbf{A}'$（读作 $\mathbf{A}$ 一撇）表示 $\mathbf{A}$ 的**转置**（transpose），是将 $\mathbf{A}$ 的行和列互换后得到的 $n \times m$ 矩阵。我们可以把它写成 $\mathbf{A}' \equiv [a_{ji}]$。比如，

$$\mathbf{A}=\begin{bmatrix} 2 & -1 & 7 \\ -4 & 5 & 0 \end{bmatrix}, \quad \mathbf{A}'=\begin{bmatrix} 2 & -4 \\ -1 & 5 \\ 7 & 0 \end{bmatrix}$$

转置的性质：（1）$(\mathbf{A}')'=\mathbf{A}$；（2）对任意数 α，$(\alpha\mathbf{A})'=\alpha\mathbf{A}'$；（3）$(\mathbf{A}+\mathbf{B})'=\mathbf{A}'+\mathbf{B}'$；（4）$(\mathbf{AB})'=\mathbf{B}'\mathbf{A}'$，其中 $\mathbf{A}$ 和 $\mathbf{B}$ 分别是 $m \times n$ 矩阵和 $n \times k$ 矩阵；（5）$\mathbf{x}'\mathbf{x}=\sum_{i=1}^{n} x_i^2$，其中 $\mathbf{x}$ 是一个 $n \times 1$ 向量；（6）如果 $\mathbf{A}$ 是一个各行分别由 $1 \times k$ 的向量 $\mathbf{a}_1$，$\mathbf{a}_2$，$\cdots$，$\mathbf{a}_n$ 给出的 $n \times k$ 矩阵，那么我们可以写成

$$\mathbf{A}=\begin{bmatrix} \mathbf{a}_1 \\ \mathbf{a}_2 \\ \vdots \\ \mathbf{a}_n \end{bmatrix}$$

于是，$\mathbf{A}'=(\mathbf{a}_1', \mathbf{a}_2', \cdots, \mathbf{a}_n')$。

定义 D.7　（对称矩阵）

一个方阵 $\mathbf{A}$ 是一个**对称矩阵**（symmetric matrix）的充分必要条件是 $\mathbf{A}'=\mathbf{A}$。

如果 $\mathbf{X}$ 是任何一个 $n \times k$ 矩阵，那么 $\mathbf{X}'\mathbf{X}$ 总有定义并且是一个对称矩阵，通过应用转置的第一和第四条性质即可看出（参见习题 3）。

D.2e 分块矩阵的乘法

令 $\mathbf{A}$ 表示一个行由 $1 \times k$ 向量 $\mathbf{a}_1$，$\mathbf{a}_2$，$\cdots$，$\mathbf{a}_n$ 给出的 $n \times k$ 矩阵，令 $\mathbf{B}$ 表示一个行由 $1 \times m$ 向量 $\mathbf{b}_1$，$\mathbf{b}_2$，$\cdots$，$\mathbf{b}_n$ 给出的 $n \times m$ 矩阵：

$$\mathbf{A}=\begin{bmatrix} \mathbf{a}_1 \\ \mathbf{a}_2 \\ \vdots \\ \mathbf{a}_n \end{bmatrix}, \quad \mathbf{B}=\begin{bmatrix} \mathbf{b}_1 \\ \mathbf{b}_2 \\ \vdots \\ \mathbf{b}_n \end{bmatrix}$$

那么，

$$\mathbf{A}'\mathbf{B}=\sum_{i=1}^{n}\mathbf{a}'_i\mathbf{b}_i$$

式中，$\mathbf{a}'_i\mathbf{b}_i$ 对每个 i 都是一个 $k \times m$ 矩阵。因此，$\mathbf{A}'\mathbf{B}$ 可写成 n 个 $k \times m$ 矩阵之和。作为一种特殊情形，我们有

$$\mathbf{A}'\mathbf{A}=\sum_{i=1}^{n}\mathbf{a}'_i\mathbf{a}_i$$

式中，$\mathbf{a}'_i\mathbf{a}_i$ 对所有的 i 都是一个 $k \times k$ 矩阵。

更一般的分块矩阵乘法形式如下。假设 $\mathbf{A}$（$m \times n$）与 $\mathbf{B}$（$n \times p$）两个矩阵可写为：

$$\mathbf{A}=\begin{bmatrix} \mathbf{A}_{11} & \mathbf{A}_{12} \\ \mathbf{A}_{21} & \mathbf{A}_{22} \end{bmatrix}, \quad \mathbf{B}=\begin{bmatrix} \mathbf{B}_{11} & \mathbf{B}_{12} \\ \mathbf{B}_{21} & \mathbf{B}_{22} \end{bmatrix}$$

式中，$\mathbf{A}_{11}$ 为 $m_1 \times n_1$ 矩阵，$\mathbf{A}_{12}$ 为 $m_1 \times n_2$ 矩阵，$\mathbf{A}_{21}$ 为 $m_2 \times n_1$ 矩阵，$\mathbf{A}_{22}$ 为 $m_2 \times n_2$ 矩阵，$\mathbf{B}_{11}$ 为 $n_1 \times p_1$ 矩阵，$\mathbf{B}_{12}$ 为 $n_1 \times p_2$ 矩阵，$\mathbf{B}_{21}$ 为 $n_2 \times p_1$ 矩阵，$\mathbf{B}_{22}$ 为 $n_2 \times p_2$ 矩阵。很自然的，这里有 $m_1+m_2=m$，$n_1+n_2=n$ 和 $p_1+p_2=p$。

当我们计算乘积 $\mathbf{AB}$ 时，表达式形式就像子块是常数一样：

$$\mathbf{AB}=\begin{bmatrix} \mathbf{A}_{11}\mathbf{B}_{11}+\mathbf{A}_{11}\mathbf{B}_{21} & \mathbf{A}_{11}\mathbf{B}_{12}+\mathbf{A}_{12}\mathbf{B}_{22} \\ \mathbf{A}_{21}\mathbf{B}_{11}+\mathbf{A}_{22}\mathbf{B}_{21} & \mathbf{A}_{21}\mathbf{B}_{12}+\mathbf{A}_{22}\mathbf{B}_{22} \end{bmatrix}$$

注意右边的每个矩阵乘法都是可行的，因为各相乘子块的维度均符合矩阵乘法的要求。

D.2f 迹

一个矩阵的迹是仅对方阵定义的一个很简单的运算。

定义 D.8 （迹）

对任何一个 $n \times n$ 矩阵 $\mathbf{A}$，用 $\mathrm{tr}(\mathbf{A})$ 表示的**矩阵 $\mathbf{A}$ 的迹**（trace of a matrix $\mathbf{A}$）

就是其主对角线元素之和。从数学上看即

$$\text{tr}(\mathbf{A}) = \sum_{i=1}^{n} a_{ii}$$

迹的性质。（1）$\text{tr}(\mathbf{I}_n) = n$；（2）$\text{tr}(\mathbf{A}') = \text{tr}(\mathbf{A})$；（3）$\text{tr}(\mathbf{A} + \mathbf{B}) = \text{tr}(\mathbf{A}) + \text{tr}(\mathbf{B})$；（4）对任意数 α，都有 $\text{tr}(\alpha\mathbf{A}) = \alpha\text{tr}(\mathbf{A})$；（5）$\text{tr}(\mathbf{AB}) = \text{tr}(\mathbf{BA})$，其中 $\mathbf{A}$ 是 $m \times n$ 矩阵，而 $\mathbf{B}$ 是 $n \times m$ 矩阵。

D. 2g 逆

对方阵而言，逆矩阵是一个很重要的概念。

定义 D. 9 （逆）

对一个 $n \times n$ 矩阵 $\mathbf{A}$，如果 $\mathbf{A}^{-1}\mathbf{A} = \mathbf{A}^{-1}\mathbf{A} = \mathbf{I}_n$，则 $\mathbf{AA}^{-1}$ 表示矩阵 $\mathbf{A}$ 的**逆**（inverse）。在这种情况下，$\mathbf{A}$ 就是可逆的或非奇异的。否则，它就是不可逆的或奇异的。

逆的性质。（1）如果逆存在，它是唯一的；（2）如果 $\alpha \neq 0$，且 $\mathbf{A}$ 是可逆的，则 $(\alpha\mathbf{A})^{-1} = (1/\alpha)\ \mathbf{A}^{-1}$；（3）如果 $\mathbf{A}$ 和 $\mathbf{B}$ 都是 $n \times n$ 可逆矩阵，则 $(\mathbf{AB})^{-1} = \mathbf{B}^{-1}\mathbf{A}^{-1}$；（4）$(\mathbf{A}')^{-1} = (\mathbf{A}^{-1})'$。

我们不讨论计算一个矩阵的逆的步骤。任何一本矩阵代数的教科书都会有这种计算的详细例子。

D. 3 线性独立与矩阵的秩

对一组具有相同维数的向量而言，知道其中一个向量是否可表达成其余向量的线性组合很重要。

定义 D. 10 （线性独立）

令 $\{\mathbf{x}_1,\ \mathbf{x}_2,\ \cdots,\ \mathbf{x}_r\}$ 是一组向量。当且仅当

$$\alpha_1\mathbf{x}_1 + \alpha_2\mathbf{x}_2 + \cdots + \alpha_r\mathbf{x}_r = \mathbf{0} \tag{D. 2}$$

意味着 $\alpha_1 = \alpha_2 = \cdots = \alpha_r = 0$ 时，它们才是**线性独立向量**（linearly independent vector）。如果 （D. 2）对一组不全为零的系数成立，那么 $\{\mathbf{x}_1,\ \mathbf{x}_2,\ \cdots,\ \mathbf{x}_r\}$ 就是线性相关的。

$\{\mathbf{x}_1,\ \mathbf{x}_2,\ \cdots,\ \mathbf{x}_r\}$ 线性相关的说法等于说，其中至少有一个向量可写成其他向量的线性组合。

定义 D. 11 （秩）

（i）令 $\mathbf{A}$ 是一个 $n \times m$ 矩阵。**矩阵 $\mathbf{A}$ 的秩**（rank of matrix $\mathbf{A}$）用 $\text{rank}(\mathbf{A})$ 表示，就是 $\mathbf{A}$ 线性独立的最大列数。

（ii）如果 $\mathbf{A}$ 是一个 $n \times m$ 矩阵，且 $\text{rank}(\mathbf{A}) = m$，那么 $\mathbf{A}$ 就是**列满秩**（full column rank）。

如果 $\mathbf{A}$ 是一个 $n \times m$ 矩阵，它的秩最大为 m。如果一个矩阵的列构成一个线性独立集，它就是列满秩的。比如 3×2 矩阵

$$\begin{bmatrix} 1 & 3 \\ 2 & 6 \\ 0 & 0 \end{bmatrix}$$

的秩最大为 2。实际上它的秩是 1，因为第二列是第一列的 3 倍。

秩的性质。 (1) $\text{rank}(\mathbf{A}') = \text{rank}(\mathbf{A})$；(2) 若 $\mathbf{A}$ 是一个 $n \times k$ 矩阵，则 $\text{rank}(\mathbf{A}) \leqslant \min\{n, k\}$；(3) 若 $\mathbf{A}$ 是一个 $k \times k$ 矩阵，且 $\text{rank}(\mathbf{A}) = k$，则 $\mathbf{A}$ 是满秩的。

D.4 二次型与正定矩阵

定义 D.12 （二次型）

令 $\mathbf{A}$ 为 $n \times n$ 对称矩阵。与矩阵 $\mathbf{A}$ 相关的二次型，就是对所有 $n \times 1$ 向量 $\mathbf{x}$ 定义的实值函数：

$$f(\mathbf{x}) = \mathbf{x}'\mathbf{A}\mathbf{x} = \sum_{i=1}^{n} a_{ii} x_i^2 + 2 \sum_{i=1}^{n} \sum_{j>i}^{n} a_{ij} x_i x_j$$

定义 D.13 （正定和半正定）

(i) 对于一个对称矩阵 $\mathbf{A}$，如果对除 $\mathbf{x} = \mathbf{0}$ 外的所有 $n \times 1$ 向量 $\mathbf{x}$，都有 $\mathbf{x}'\mathbf{A}\mathbf{x} > 0$，那么我们就说 $\mathbf{A}$ 是**正定的**（positive definite, p. d.）。

(ii) 对于一个对称矩阵 $\mathbf{A}$，如果对所有 $n \times 1$ 向量 $\mathbf{x}$，都有 $\mathbf{x}'\mathbf{A}\mathbf{x} \geqslant 0$，那么我们就说 $\mathbf{A}$ 是**半正定的**（positive semi-definite, p. s. d.）。

如果一个矩阵是正定或半正定的，它就自动被假定为对称的。

正定和半正定矩阵的性质。 (1) 正定矩阵的主对角线元素都严格为正，而半正定矩阵的主对角线元素都非负；(2) 若 $\mathbf{A}$ 是正定矩阵，则 $\mathbf{A}^{-1}$ 存在并正定；(3) 若 $\mathbf{X}$ 是一个 $n \times k$ 矩阵，则 $\mathbf{X}'\mathbf{X}$ 和 $\mathbf{X}\mathbf{X}'$ 都是半正定的；(4) 若 $\mathbf{X}$ 是一个 $n \times k$ 矩阵，且 $\text{rank}(\mathbf{X}) = k$，则 $\mathbf{X}'\mathbf{X}$ 是正定（因此也是满秩）的。

D.5 幂等矩阵

定义 D.14 （幂等矩阵）

令 $\mathbf{A}$ 为 $n \times n$ 对称矩阵。当且仅当 $\mathbf{A}\mathbf{A} = \mathbf{A}$ 时，我们称 $\mathbf{A}$ 为一个**幂等矩阵**（idempotent matrix）。

如

$$\begin{bmatrix} 1 & 0 & 0 \\ 0 & 0 & 0 \\ 0 & 0 & 1 \end{bmatrix}$$

附录

就是一个幂等矩阵，直接相乘即可验证。

幂等矩阵的性质。令 $\mathbf{A}$ 为 $n \times n$ 幂等矩阵。（1）$\text{rank}(\mathbf{A}) = \text{tr}(\mathbf{A})$；（2）$\mathbf{A}$ 是半正定矩阵。

我们可以构造一些很一般的幂等矩阵。令 $\mathbf{X}$ 表示一个 $\text{rank}(\mathbf{X}) = k$ 的 $n \times k$ 矩阵。定义

$$\mathbf{P} \equiv \mathbf{X}(\mathbf{X}'\mathbf{X})^{-1}\mathbf{X}'$$

$$\mathbf{M} \equiv \mathbf{I}_n - \mathbf{X}(\mathbf{X}'\mathbf{X})^{-1}\mathbf{X}' = \mathbf{I}_n - \mathbf{P}$$

于是 $\mathbf{P}$ 和 $\mathbf{M}$ 都是对称幂等矩阵，且 $\text{rank}(\mathbf{P}) = k$ 和 $\text{rank}(\mathbf{M}) = n - k$。这些秩很容易利用性质 1 得到：$\text{tr}(\mathbf{P}) = \text{tr}[(\mathbf{X}'\mathbf{X})^{-1}\mathbf{X}\mathbf{X}']$（根据迹的性质 5）$= \text{tr}(\mathbf{I}_k) = k$（根据迹的性质 1）。接下来很容易得到 $\text{tr}(\mathbf{M}) = \text{tr}(\mathbf{I}_n) - \text{tr}(\mathbf{P}) = n - k$。

D.6 线性形式和二次型的微分

对于一个给定的 $n \times 1$ 向量 $\mathbf{a}$，考虑对所有 $n \times 1$ 向量 $\mathbf{x}$，由

$$f(\mathbf{x}) = \mathbf{a}'\mathbf{x}$$

定义的线性函数。f 对 $\mathbf{x}$ 的导数是 $1 \times n$ 阶偏导数向量，也就是

$$\partial f(\mathbf{x}) / \partial \mathbf{x} = \mathbf{a}'$$

对于一个 $n \times n$ 对称矩阵 $\mathbf{A}$，定义二次型

$$g(\mathbf{x}) = \mathbf{x}'\mathbf{A}\mathbf{x}$$

于是

$$\partial g(\mathbf{x}) / \partial \mathbf{x} = 2\mathbf{x}'\mathbf{A}$$

是一个 $1 \times n$ 向量。

D.7 随机向量的矩和分布

为了利用矩阵推导 OLS 估计量的期望值和方差，我们需要定义一个**随机向量**（random vector）的期望值和方差。顾名思义，一个随机向量无非就是一个随机变量向量。我们还需要定义多元正态分布。这些概念无非就是对附录数学复习 B 中所讨论概念的推广。

D.7a 期望值

定义 D.15 （期望值）

（i）若 $\mathbf{y}$ 是一个 $n \times 1$ 随机向量，用 $\text{E}(\mathbf{y})$ 表示的 $\mathbf{y}$ 的**期望值**（expected value）就是期望值向量：$\text{E}(\mathbf{y}) = [\text{E}(y_1), \text{E}(y_2), \cdots, \text{E}(y_n)]'$。

（ii）若 $\mathbf{Z}$ 是 $n \times m$ 随机矩阵，则 $\text{E}(\mathbf{Z})$ 是期望值的 $n \times m$ 矩阵：$\text{E}(\mathbf{Z}) = [\text{E}(z_{ij})]$。

期望值的性质。（1）若 $\mathbf{A}$ 为 $m \times n$ 矩阵，而 $\mathbf{b}$ 是一个 $n \times 1$ 向量，且二者都是非随机的，则 $\mathrm{E}(\mathbf{Ay}+\mathbf{b}) = \mathbf{A}\mathrm{E}(\mathbf{y})+\mathbf{b}$；（2）若 $\mathbf{A}$ 是 $p \times n$ 矩阵，而 $\mathbf{B}$ 是 $m \times k$ 矩阵，且二者都是非随机的，则 $\mathrm{E}(\mathbf{AZB}) = \mathbf{A}\mathrm{E}(\mathbf{Z})\mathbf{B}$。

D.7b 方差—协方差矩阵

定义 D.16 （方差—协方差矩阵）

若 $\mathbf{y}$ 是一个 $n \times 1$ 随机向量，用 $\mathrm{Var}(\mathbf{y})$ 表示的 $\mathbf{y}$ 的**方差—协方差矩阵**（variance-covariance matrix）就定义为：

$$\mathrm{Var}(\mathbf{y}) = \begin{bmatrix} \sigma_1^2 & \sigma_{12} & \cdots & \sigma_{1n} \\ \sigma_{21} & \sigma_2^2 & \cdots & \sigma_{2n} \\ \vdots & \vdots & & \vdots \\ \sigma_{n1} & \sigma_{n2} & \cdots & \sigma_n^2 \end{bmatrix}$$

式中，$\sigma_j^2 = \mathrm{Var}(y_j)$ 和 $\sigma_{ij} = \mathrm{Cov}(y_i, y_j)$。换句话说，方差—协方差矩阵的主对角线上依次是 y 中每个元素的方差，而主对角线之外则是协方差。由于 $\mathrm{Cov}(y_i, y_j) = \mathrm{Cov}(y_j, y_i)$，所以立即知道方差—协方差矩阵是对称的。

方差的性质。（1）若 $\mathbf{a}$ 是一个 $n \times 1$ 非随机向量，则 $\mathrm{Var}(\mathbf{a}'\mathbf{y}) = \mathbf{a}'\mathrm{Var}(\mathbf{y})\mathbf{a} \geqslant 0$。（2）若 $\mathrm{Var}(\mathbf{a}'\mathbf{y}) > 0$ 对所有 $\mathbf{a} \neq \mathbf{0}$ 都成立，则 $\mathrm{Var}(\mathbf{y})$ 是正定的。（3）$\mathrm{Var}(\mathbf{y}) = \mathrm{E}[(\mathbf{y}-\boldsymbol{\mu})(\mathbf{y}-\boldsymbol{\mu})']$，其中 $\boldsymbol{\mu} = \mathrm{E}(\mathbf{y})$。（4）若 $\mathbf{y}$ 的各个元素都不相关，则 $\mathrm{Var}(\mathbf{y})$ 是一个对角阵。而且若对 $j = 1, 2, \cdots, n$ 都有 $\mathrm{Var}(y_j) = \sigma^2$，则 $\mathrm{Var}(\mathbf{y}) = \sigma^2 \mathbf{I}_n$。（5）如果 $\mathbf{A}$ 是一个 $m \times n$ 非随机矩阵，而 $\mathbf{b}$ 是一个 $n \times 1$ 非随机向量，那么 $\mathrm{Var}(\mathbf{Ay}+\mathbf{b}) = \mathbf{A}[\mathrm{Var}(\mathbf{y})]\mathbf{A}'$。

D.7c 多元正态分布

在附录数学复习 B 中，对一个随机变量的正态分布进行了某种程度的讨论。我们需要将正态分布扩展到随机向量的情形。由于不需要，所以我们将不给出概率分布函数的表达式。重要的是要知道，一个多元正态随机向量完全由其均值和方差—协方差矩阵所刻画。因此，如果 $\mathbf{y}$ 是一个均值为 $\boldsymbol{\mu}$ 和方差—协方差矩阵为 $\boldsymbol{\Sigma}$ 的 $n \times 1$ 多元正态随机向量，那么我们可以写成 $\mathbf{y} \sim \mathrm{Normal}(\boldsymbol{\mu}, \boldsymbol{\Sigma})$。现在，我们来讨论**多元正态分布**（multivariate normal distribution）的几个有用的性质。

多元正态分布的性质。（1）如果 $\mathbf{y} \sim \mathrm{Normal}(\boldsymbol{\mu}, \boldsymbol{\Sigma})$，那么 $\mathbf{y}$ 中的每个元素都是正态分布的。（2）如果 $\mathbf{y} \sim \mathrm{Normal}(\boldsymbol{\mu}, \boldsymbol{\Sigma})$，那么 $\mathbf{y}$ 中任意两个元素 y_i 和 y_j 相互独立的充分必要条件是它们不相关，即 $\sigma_{ij} = 0$。（3）如果 $\mathbf{y} \sim \mathrm{Normal}(\boldsymbol{\mu}, \boldsymbol{\Sigma})$，那么 $\mathbf{Ay}+\mathbf{b} \sim \mathrm{Normal}(\mathbf{A}\boldsymbol{\mu}+\mathbf{b}, \mathbf{A}\boldsymbol{\Sigma}\mathbf{A}')$，其中 $\mathbf{A}$ 和 $\mathbf{b}$ 是非随机的。（4）如果 $\mathbf{y} \sim \mathrm{Normal}(\mathbf{0}, \boldsymbol{\Sigma})$，那么对于非随机矩阵 $\mathbf{A}$ 和 $\mathbf{B}$，$\mathbf{Ay}$ 和 $\mathbf{By}$ 独立的充分必要条件是 $\mathbf{A}\boldsymbol{\Sigma}\mathbf{B}' = \mathbf{0}$。特别是，若 $\boldsymbol{\Sigma} = \sigma^2 \mathbf{I}_n$，则 $\mathbf{AB}' = \mathbf{0}$ 是 $\mathbf{Ay}$ 和 $\mathbf{By}$ 独立的充分必要条件。（5）如果 $\mathbf{y} \sim \mathrm{Normal}$

附录

$(\mathbf{0}, \sigma^2 \mathbf{I}_n)$，$\mathbf{A}$ 是一个 $k \times n$ 非随机矩阵，而 $\mathbf{B}$ 是一个 $n \times n$ 对称幂等矩阵，那么 $\mathbf{Ay}$ 和 $\mathbf{y'By}$ 独立的充分必要条件是 $\mathbf{AB} = \mathbf{0}$。（6）如果 $\mathbf{y} \sim \text{Normal}(\mathbf{0}, \sigma^2 \mathbf{I}_n)$，而 $\mathbf{A}$ 和 $\mathbf{B}$ 又都是非随机的对称幂等矩阵，那么 $\mathbf{y'Ay}$ 和 $\mathbf{y'By}$ 独立的充分必要条件是 $\mathbf{AB} = \mathbf{0}$。

D.7d χ^2 分布

我们在附录数学复习 B 中定义了 χ^2 **随机变量**（chi-square random variable）为独立的标准正态随机变量的平方和。用向量表示为，若 $\mathbf{u} \sim \text{Normal}(\mathbf{0}, \mathbf{I}_n)$，则 $\mathbf{u'u} \sim \chi_n^2$。

χ^2 **分布的性质。**（1）若 $\mathbf{u} \sim \text{Normal}(\mathbf{0}, \mathbf{I}_n)$，且 $\mathbf{A}$ 是一个 $\text{rank}(\mathbf{A}) = q$ 的对称幂等矩阵，则 $\mathbf{u'Au} \sim \chi_q^2$。（2）若 $\mathbf{u} \sim \text{Normal}(0, \mathbf{I}_n)$，且 $\mathbf{A}$ 和 $\mathbf{B}$ 是满足 $\mathbf{AB} = \mathbf{0}$ 的 $n \times n$ 对称幂等矩阵，则 $\mathbf{u'Au}$ 和 $\mathbf{u'Bu}$ 是相互独立的随机变量。（3）若 $\mathbf{z} \sim \text{Normal}(\mathbf{0}, \mathbf{C})$，其中 $\mathbf{C}$ 是一个非奇异矩阵，则 $\mathbf{z'C^{-1}z} \sim \chi_m^2$。

D.7e t 分布

我们在附录数学复习 B 中也定义了 t **分布**（t distribution）。现在增加一个重要的性质。

t **分布的性质。**若 $\mathbf{u} \sim \text{Normal}(\mathbf{0}, \mathbf{I}_n)$，$\mathbf{c}$ 是一个 $n \times 1$ 非随机向量，$\mathbf{A}$ 是一个秩为 q 且 $\mathbf{Ac} = \mathbf{0}$ 的非随机 $n \times n$ 对称幂等矩阵，则 $\{\mathbf{c'u}/(\mathbf{c'c})^{1/2}\}/(\mathbf{u'Au}/q)^{1/2} \sim t_q$。

D.7f F 分布

记得两个独立的 χ^2 随机变量分别除以各自自由度而标准化后的比值就是一个 F **随机变量**（F random variable）。

F **分布的性质**：若 $\mathbf{u} \sim \text{Normal}(0, \mathbf{I}_n)$，且 $\mathbf{A}$ 和 $\mathbf{B}$ 是满足 $\text{rank}(\mathbf{A}) = k_1$，$\text{rank}(\mathbf{B}) = k_2$ 和 $\mathbf{AB} = \mathbf{0}$ 的 $n \times n$ 非随机对称幂等矩阵，则 $(\mathbf{u'Au}/k_1)/(\mathbf{u'Bu}/k_2) \sim F_{k_1, k_2}$。

本章小结

本高级处理方法包含了用矩阵研究经典线性模型所需的浓缩背景信息。尽管这里的材料能自圆其说，但主要还是为那些熟悉矩阵代数和多元统计的读者作一回顾，而且将在附录高级处理方法 E 中广泛使用。

关键术语

χ^2 随机变量	矩阵	矩阵乘法
行向量	单位矩阵	多元正态分布
对角矩阵	逆矩阵	正定的

期望值	线性独立向量	半正定的
F 随机变量	矩阵	二次型
随机向量	方阵	转置
矩阵的秩	对称矩阵	方差—协方差矩阵
列向量	t 分布	零矩阵
数乘	矩阵的迹	

习 题

1. (i) 利用如下定义计算 **AB**：

$$\mathbf{A}=\begin{bmatrix} 2 & -1 & 7 \\ -4 & 5 & 0 \end{bmatrix}, \quad \mathbf{B}=\begin{bmatrix} 0 & 1 & 6 \\ 1 & 8 & 0 \\ 3 & 0 & 0 \end{bmatrix}$$

(ii) **BA** 存在吗？

2. 如果 **A** 和 **B** 都是 $n \times n$ 对角阵，证明 **AB＝BA**。

3. 令 **X** 表示任何一个 $n \times k$ 矩阵，证明 **X′X** 是一个对称矩阵。

4. (i) 利用迹的性质证明 $\mathrm{tr}(\mathbf{A}'\mathbf{A})＝\mathrm{tr}(\mathbf{AA}')$ 对任何 $n \times m$ 矩阵 **A** 都成立。

(ii) 用 $\mathbf{A}=\begin{bmatrix} 2 & 0 & -1 \\ 0 & 3 & 0 \end{bmatrix}$ 验证 $\mathrm{tr}(\mathbf{A}'\mathbf{A})＝\mathrm{tr}(\mathbf{AA}')$。

5. (i) 利用逆的定义证明：若 **A** 和 **B** 是 $n \times n$ 非奇异矩阵，则 $(\mathbf{AB})^{-1}＝\mathbf{B}^{-1}\mathbf{A}^{-1}$。

(ii) 若 **A**、**B** 和 **C** 都是 $n \times n$ 非奇异矩阵，用 $\mathbf{A}^{-1}$、$\mathbf{B}^{-1}$ 和 $\mathbf{C}^{-1}$ 表示 $(\mathbf{ABC})^{-1}$。

6. (i) 证明：若 **A** 是一个 $n \times n$ 对称正定矩阵，则 **A** 的主对角元素一定严格为正。

(ii) 写出一个主对角元素严格为正但不是正定的 2×2 对称矩阵。

7. 令 **A** 表示一个 $n \times n$ 对称正定矩阵。证明：若 **P** 是任何一个 $n \times n$ 非奇异矩阵，则 $\mathbf{P}'\mathbf{AP}$ 都是正定的。

8. 利用向量方差的性质 3 证明性质 5。

9. 令 **a** 表示一个 $n \times 1$ 维非随机向量，令 **u** 表示一个 $n \times 1$ 维随机向量并且有 $\mathrm{E}(\mathbf{uu}')＝\mathbf{I}_n$，证明

$$\mathrm{E}[\mathrm{tr}(\mathbf{auu}'\mathbf{a}')]＝\sum_{i=1}^{n} a_i^2 。$$

10. 根据 F 随机变量的定义，利用前文给出的 χ^2 分布的性质证明 F 分布的性质（考虑二次型的比率）。

11. 令 **X** 为 $n \times k$ 的分块矩阵：

$$\mathbf{X}=(\mathbf{X}_1 \quad \mathbf{X}_2)$$

式中，$\mathbf{X}_1$ 的维度为 $n \times k_1$，$\mathbf{X}_2$ 的维度为 $n \times k_2$。

(i) 证明：

$$\mathbf{X}'\mathbf{X}=\begin{pmatrix} \mathbf{X}_1'\mathbf{X}_1 & \mathbf{X}_1'\mathbf{X}_2 \\ \mathbf{X}_2'\mathbf{X}_1 & \mathbf{X}_2'\mathbf{X}_2 \end{pmatrix}$$

每个分块的维度是多少？

附录

（ii）令 $\mathbf{b}$ 为 $k\times 1$ 的向量，分块为

$$\mathbf{b}=\begin{bmatrix}\mathbf{b}_1\\\mathbf{b}_2\end{bmatrix}$$

式中，$\mathbf{b}_1$ 的维度为 $k_1\times 1$，$\mathbf{b}_2$ 的维度为 $k_2\times 1$。证明：

$$(\mathbf{X}'\mathbf{X})\ \mathbf{b}=\begin{bmatrix}(\mathbf{X}_1'\mathbf{X}_1)\mathbf{b}_1+(\mathbf{X}_1'\mathbf{X}_2)\mathbf{b}_2\\(\mathbf{X}_2'\mathbf{X}_1)\mathbf{b}_1+(\mathbf{X}_2'\mathbf{X}_2)\mathbf{b}_2\end{bmatrix}$$

12.（i）证明：若 $\mathbf{A}$ 是一个 $n\times n$ 对称矩阵，且 $\mathbf{A}$ 与 $\mathbf{I}_n-\mathbf{A}$ 都为半正定矩阵，则 $\mathbf{A}$ 的主对角元素属于 $[0,1]$。

（ii）证明若 $\mathbf{A}$ 为 n 维对称幂等矩阵，则 $\mathbf{A}$ 一定是半正定矩阵。

（iii）证明 $\mathbf{I}_n$ 是唯一可逆的 $n\times n$ 维对称幂等矩阵。

矩阵形式的线性回归模型

本附录利用矩阵符号和矩阵代数（参见附录高级处理方法 D 中的概述），推导了多元线性回归模型中普通最小二乘估计的各个结论。这里给出的材料比正文中的内容深入得多。

E.1 模型与普通最小二乘估计

在整个附录高级处理方法 E 中，我们都用下标 t 表示观测次数，并用 n 表示样本容量。写出如下含有 $k+1$ 个参数的多元线性回归模型是有益的：

$$y_t = \beta_0 + \beta_1 x_{t1} + \beta_2 x_{t2} + \cdots + \beta_k x_{tk} + u_t, \quad t = 1, 2, \cdots, n \tag{E.1}$$

式中，y_t 表示第 t 次观测的因变量，而 x_{tj}，$j = 1, 2, \cdots, k$ 都是自变量。注意我们这里的标记习惯与正文中不同：我们称 β_0 为截距项，而用 $\beta_1, \cdots, \beta_k$ 表示斜率参数。

对每个 t，定义一个 $1 \times (k+1)$ 向量 $\mathbf{x}_t = (1, x_{t1}, \cdots, x_{tk})$，并令 $\boldsymbol{\beta} = (\beta_0, \beta_1, \cdots, \beta_k)'$ 表示所有参数的 $(k+1) \times 1$ 向量。于是我们可以将方程（E.1）写成

$$y_t = \mathbf{x}_t \boldsymbol{\beta} + u_t, \quad t = 1, 2, \cdots, n \tag{E.2}$$

［有些作者更喜欢将 $\mathbf{x}_t$ 定义为一个列向量，在那种情况下，方程（E.2）中的 $\mathbf{x}_t$ 将由 $\mathbf{x}_t'$ 替代。但从数学上讲，把它定义为一个行向量更有意义。］通过适当地定义数据向量和矩阵，我们可以把方程（E.2）完全写成矩阵形式。令 $\mathbf{y}$ 表示 y 的 $n \times 1$ 观测向量：$\mathbf{y}$ 的第 t 个元素是 y_t。令 $\mathbf{X}$ 表示解释变量的观测数据的 $n \times (k+1)$ 矩阵。换句话说，$\mathbf{X}$ 的第 t 行由向量 $\mathbf{x}_t$ 构成。详尽地写出即是：

$$\underset{n \times (k+1)}{\mathbf{X}} \equiv \begin{bmatrix} \mathbf{x}_1 \\ \mathbf{x}_2 \\ \vdots \\ \mathbf{x}_n \end{bmatrix} = \begin{bmatrix} 1 & x_{11} & x_{12} & \cdots & x_{1k} \\ 1 & x_{21} & x_{22} & \cdots & x_{2k} \\ \vdots & \vdots & \vdots & & \vdots \\ 1 & x_{n1} & x_{n2} & \cdots & x_{nk} \end{bmatrix}$$

最后，令 $\mathbf{u}$ 表示观测不到的误差项 $n \times 1$ 向量。于是，我们可以将所有 n 个观

测的（E.2）写成**矩阵形式**（matrix notation）：

$$\mathbf{y} = \mathbf{X}\boldsymbol{\beta} + \mathbf{u} \tag{E.3}$$

记住，由于 $\mathbf{X}$ 是 $n \times (k+1)$ 矩阵，而 $\boldsymbol{\beta}$ 是 $(k+1) \times 1$ 向量，所以 $\mathbf{X}\boldsymbol{\beta}$ 是 $n \times 1$ 向量。

像在 3.2 节中一样，对 $\boldsymbol{\beta}$ 的估计要从最小化残差平方和开始。对任意可能的 $(k+1) \times 1$ 参数向量 $\mathbf{b}$，定义残差平方和为

$$\text{SSR}(\mathbf{b}) = \sum_{t=1}^{n} (y_t - \mathbf{x}_t\mathbf{b})^2$$

普通最小二乘估计值的 $(k+1) \times 1$ 向量 $\hat{\boldsymbol{\beta}} = (\hat{\beta}_1, \hat{\beta}_2, \cdots, \hat{\beta}_k)'$ 对所有可能的 $(k+1) \times 1$ 向量 $\mathbf{b}$ 最小化了 $\text{SSR}(\mathbf{b})$。这是多元微积分中的一个问题。最小化残差平方和的 $\hat{\boldsymbol{\beta}}$ 一定是**一阶条件**（first order condition）

$$\partial \text{SSR}(\hat{\boldsymbol{\beta}}) / \partial \mathbf{b} \equiv 0 \tag{E.4}$$

的解。利用 $(y_t - \mathbf{x}_t\mathbf{b})^2$ 对 $\mathbf{b}$ 的导数是 $1 \times (k+1)$ 向量 $-2(y_t - \mathbf{x}_t\mathbf{b})\mathbf{x}_t$ 的事实，方程（E.4）等价于

$$\sum_{t=1}^{n} \mathbf{x}'_t (y_t - \mathbf{x}_t\hat{\boldsymbol{\beta}}) \equiv 0 \tag{E.5}$$

（我们已经除以 2 并取了转置。）我们可以把一阶条件写成

$$\sum_{t=1}^{n} (y_t - \hat{\beta}_0 - \hat{\beta}_1 x_{t1} - \cdots - \hat{\beta}_k x_{tk}) = 0$$

$$\sum_{t=1}^{n} x_{t1} (y_t - \hat{\beta}_0 - \hat{\beta}_1 x_{t1} - \cdots - \hat{\beta}_k x_{tk}) = 0$$

$$\vdots$$

$$\sum_{t=1}^{n} x_{tk} (y_t - \hat{\beta}_0 - \hat{\beta}_1 x_{t1} - \cdots - \hat{\beta}_k x_{tk}) = 0$$

除了标记习惯不同外，这与方程（3.13）中的一阶条件是一样的。我们想以矩阵形式写出这些一阶条件，使之更有用。利用附录高级处理方法 D 中的分块矩阵公式，我们看出（E.5）等价于

$$\mathbf{X}'(\mathbf{y} - \mathbf{X}\hat{\boldsymbol{\beta}}) = \mathbf{0} \tag{E.6}$$

或

$$(\mathbf{X}'\mathbf{X})\hat{\boldsymbol{\beta}} = \mathbf{X}'\mathbf{y} \tag{E.7}$$

可以证明，方程（E.7）至少有一个解。多个解对我们并没有什么帮助，因为我们在求给定数据下唯一的 OLS 估计值集。假定 $(k+1) \times (k+1)$ 对称矩阵 $\mathbf{X}'\mathbf{X}$ 是非奇异的，我们就可以将方程（E.7）的两边同时左乘 $(\mathbf{X}'\mathbf{X})^{-1}$，以得到 OLS 估计量 $\hat{\boldsymbol{\beta}}$：

$$\hat{\boldsymbol{\beta}} = (\mathbf{X}'\mathbf{X})^{-1}\mathbf{X}'\mathbf{y} \tag{E.8}$$

这是对多元线性回归模型进行矩阵分析的关键公式。假定 $\mathbf{X}'\mathbf{X}$ 可逆就等于假定 $\text{rank}(\mathbf{X}) = (k+1)$，即 $\mathbf{X}$ 的列都是线性独立的。这也就是第 3 章中 MLR.3 的矩阵形式。

在我们继续讨论之前，需要指出方程（E.8）的值得留意之处。人们不禁要对

附录

$\hat{\boldsymbol{\beta}}$ 的这个公式简化如下：

$$\hat{\boldsymbol{\beta}} = (\mathbf{X}'\mathbf{X})^{-1}\mathbf{X}'\mathbf{y} = \mathbf{X}^{-1}(\mathbf{X}')^{-1}\mathbf{X}'\mathbf{y} = \mathbf{X}^{-1}\mathbf{y}$$

这个推导的疏漏之处在于，$\mathbf{X}$ 通常都不是方阵，所以就不可求逆。换句话说，除非 $n = (k+1)$（实践中这种情况几乎不可能发生），否则我们就不能写 $(\mathbf{X}'\mathbf{X})^{-1} = \mathbf{X}^{-1}(\mathbf{X}')^{-1}$。

OLS 拟合值和残差的 $n \times 1$ 向量由下式给出：

$$\hat{\mathbf{y}} = \mathbf{X}\hat{\boldsymbol{\beta}}, \quad \hat{\mathbf{u}} = \mathbf{y} - \hat{\mathbf{y}} = \mathbf{y} - \mathbf{X}\hat{\boldsymbol{\beta}}$$

从（E.6）和对 $\hat{\mathbf{u}}$ 的定义我们可以看到，$\hat{\boldsymbol{\beta}}$ 的一阶条件就是

$$\mathbf{X}'\hat{\mathbf{u}} = 0 \tag{E.9}$$

由于 $\mathbf{X}$ 的第一列完全由 1 构成，所以方程（E.9）意味着，当方程中包含了截距项时，残差和总是 0，而且每个自变量和 OLS 残差之间的样本协方差也是 0。（我们在第 3 章讨论了这两个性质。）

残差平方和可被写成

$$\text{SSR} = \sum_{t=1}^{n} \hat{u}_t^2 = \hat{\mathbf{u}}'\hat{\mathbf{u}} = (\mathbf{y} - \mathbf{X}\hat{\boldsymbol{\beta}})'(\mathbf{y} - \mathbf{X}\hat{\boldsymbol{\beta}}) \tag{E.10}$$

第 3 章中所有的代数性质都可以用矩阵形式推导出来。比如，我们可以证明，总平方和等于解释平方和加上残差平方和 [参见方程（3.27）]。使用矩阵的证明并不比使用求和符号简单，所以我们就不再另外进行推导。

多元回归的矩阵方法可用作对回归做几何解释的基础。这里涉及的概念远比我们在附录高级处理方法 D 中所讨论的概念高深。[参见 Goldberger（1991）或 Greene（1997）。]

E.1a 弗里施-沃定理

在 3.2 节中，我们为最小二乘法估计值给出了一种"剔除"其他变量影响的解释。利用矩阵标记，我们可以非常一般地建立起剔除其他变量影响的解释。将 $n \times (k+1)$ 维的矩阵分块如下：

$$\mathbf{X} = (\mathbf{X}_1 \mid \mathbf{X}_2)$$

式中，$\mathbf{X}_1$ 为 $n \times (k_1+1)$ 维的矩阵且包含截距项——虽然定理成立并不一定要求这一点——$\mathbf{X}_2$ 则为 $n \times (k_2+1)$ 维的矩阵。我们依旧假设 $\mathbf{X}$ 的秩为 $k+1$，这意味着 $\mathbf{X}_1$ 的秩为 k_1+1，而 $\mathbf{X}_2$ 的秩为 k_2。

考虑估计量 $\hat{\boldsymbol{\beta}}_1$ 和 $\hat{\boldsymbol{\beta}}_2$，它们来自如下（长）回归式：

$$\mathbf{y} \text{ 对 } \mathbf{X}_1, \mathbf{X}_2 \text{ 回归}$$

如我们所知，多元回归中 $\mathbf{X}_2$ 的系数，$\hat{\boldsymbol{\beta}}_2$，一般不同于直接将 $\mathbf{y}$ 对 $\mathbf{X}_2$ 回归所得的系数 $\tilde{\boldsymbol{\beta}}_2$。一种理解二者区别的方法是：我们可以从"短"回归式中获得 $\hat{\boldsymbol{\beta}}_2$，但首先必须将 $\mathbf{X}_1$ 的影响从 $\mathbf{X}_2$ 中剔除。考虑如下两步：

附录

（ⅰ）将 $\mathbf{X}_2$（中的每一列）对 $\mathbf{X}_1$ 做回归，获得残差 $\ddot{\mathbf{X}}_2$。$\ddot{\mathbf{X}}_2$ 可以写作：

$$\ddot{\mathbf{X}}_2 = \left[\mathbf{I}_n - \mathbf{X}_1(\mathbf{X}'_1\mathbf{X}_1)^{-1}\mathbf{X}'_1\right]\mathbf{X}_2 = (\mathbf{I}_n - \mathbf{P}_1)\mathbf{X}_2 = \mathbf{M}_1\mathbf{X}_2$$

式中，$\mathbf{P}_1 = \mathbf{X}_1(\mathbf{X}'_1\mathbf{X}_1)^{-1}\mathbf{X}'_1$，$\mathbf{M}_1 = \mathbf{I}_n - \mathbf{P}_1$，均是 $n \times n$ 的对称幂等阵。

（ⅱ）将 $\mathbf{y}$ 对 $\ddot{\mathbf{X}}_2$ 做回归，将 $k_2 \times 1$ 的系数向量记为 $\ddot{\boldsymbol{\beta}}_2$。

弗里施-沃定理［Frisch-Waugh（FW）theorem］表明：

$$\ddot{\boldsymbol{\beta}}_2 = \hat{\boldsymbol{\beta}}_2$$

值得注意的是，FW 定理基本上没有提及长回归系数 $\hat{\boldsymbol{\beta}}_2$ 与短回归系数 $\tilde{\boldsymbol{\beta}}_2$ 是否相等。通常 $\hat{\boldsymbol{\beta}}_2 \neq \tilde{\boldsymbol{\beta}}_2$。但是，如果 $\mathbf{X}'_1\mathbf{X}_2 = \mathbf{0}$，那么有 $\ddot{\mathbf{X}}_2 = \mathbf{M}_1\mathbf{X}_2 = \mathbf{X}_2$，在这种情况下有 $\ddot{\boldsymbol{\beta}}_2 = \tilde{\boldsymbol{\beta}}_2$，则由 FW 可知，$\hat{\boldsymbol{\beta}}_2 = \tilde{\boldsymbol{\beta}}_2$。同样值得注意的是，我们从 $\mathbf{y}$ 中"分离"出 $\mathbf{X}_1$ 的影响可得 $\hat{\boldsymbol{\beta}}_2$。换言之，令 $\ddot{\mathbf{y}}$ 为 $\mathbf{y}$ 对 $\mathbf{X}_1$ 回归所得的残差，即：

$$\ddot{\mathbf{y}} = \mathbf{M}_1\mathbf{y}$$

然后将 $\ddot{\mathbf{y}}$ 对 $\ddot{\mathbf{X}}_2$ 回归，可获得 $\hat{\boldsymbol{\beta}}_2$。需要重点理解的是，仅仅将 $\mathbf{X}_1$ 从 $\mathbf{y}$ 中分离出来是不够的。关键的一步是将 $\mathbf{X}_1$ 从 $\mathbf{X}_2$ 中剥离出来。章末的习题 6 要求你推导 FW 定理，并深入探究一些相关的问题。

另一个有用的代数事实是，如果我们将 $\ddot{\mathbf{y}}$ 对 $\ddot{\mathbf{X}}_2$ 回归并保存残差 $\ddot{\mathbf{u}}$，这个残差和原始（长）回归中的残差是相同的。

$$\ddot{\mathbf{y}} = \ddot{\mathbf{X}}_2\hat{\boldsymbol{\beta}}_2 = \ddot{\mathbf{u}} = \hat{\mathbf{u}} = \mathbf{y} - \mathbf{X}_1\hat{\boldsymbol{\beta}}_1 - \mathbf{X}_2\hat{\boldsymbol{\beta}}_2$$

其中我们运用了 FW 定理的结果 $\ddot{\boldsymbol{\beta}}_2 = \hat{\boldsymbol{\beta}}_2$。如果将 $\mathbf{y}$ 对 $\ddot{\mathbf{X}}_2$ 回归，我们无法获得原始 OLS 回归的残差（但我们确实获得了 $\hat{\boldsymbol{\beta}}_2$）。

在强有力的计算机发明之前，FW 定理的结果有些时候用于便利计算。时至今日，这个结论更多具有理论价值，而且对理解 OLS 的机制也有帮助。例如，在第 10 章中，我们使用 FW 定理说明在多元回归中加入时间趋势项在代数上和回归之前将所有解释变量消除时间趋势所获得的结果是相同的。在第 14 章中，FW 定理同样被用于阐明我们从去时间趋势数据中通过 OLS 获得的固定效应估计量，同样可以使用（长）含虚拟变量的回归得到。

E.2 OLS 的有限样本性质

尽管矩阵代数能推导 OLS 估计量 $\hat{\boldsymbol{\beta}}$ 的期望值和方差，但我们从假定开始就要小心谨慎。

附录

假定 E.1　线性于参数

模型可写成方程（E.3）那样，其中 $\mathbf{y}$ 是一个可观测的 $n \times 1$ 向量，$\mathbf{X}$ 是一个可观测的 $n \times (k+1)$ 矩阵，而 $\mathbf{u}$ 是不可观测的 $n \times 1$ 误差或干扰项向量。

假定 E.2　　不存在完全共线性

矩阵 $\mathbf{X}$ 的秩为 $(k+1)$。

这是对排除解释变量之间线性相关假定的谨慎表述。在假定 E.2 下，$\mathbf{X}'\mathbf{X}$ 是非奇异的，所以 $\hat{\boldsymbol{\beta}}$ 是唯一的，并可写成 (E.8)。

假定 E.3　　零条件均值

以整个矩阵 $\mathbf{X}$ 为条件，每个 u_t 的均值都为 0：$\mathrm{E}(u_t \mid \mathbf{X})=0$，$t=1, 2, \cdots, n$。

以向量形式表示假定 E.3 即为：

$$\mathrm{E}(\mathbf{u} \mid \mathbf{X})=\mathbf{0} \tag{E.11}$$

在随机抽样假定 MLR.2 下，MLR.4 蕴涵了这个假定。在时间序列应用中，假定 E.3 对解释变量施加了严格的外生性假定，我们在第 10 章曾详细讨论过。这就排除了未来值与 u_t 相关的解释变量；具体而言，它删除了滞后因变量。在假定 E.3 下，我们在计算 $\hat{\boldsymbol{\beta}}$ 的期望值时可以 x_{tj} 为条件。

定理 E.1

OLS 的无偏性

在假定 E.1、E.2 和 E.3 下，OLS 估计量 $\hat{\boldsymbol{\beta}}$ 是 $\boldsymbol{\beta}$ 的无偏估计。

证明： 利用假定 E.1 和假定 E.3 并经过简单运算得到

$$\hat{\boldsymbol{\beta}}=(\mathbf{X}'\mathbf{X})^{-1}\mathbf{X}'\mathbf{y}=(\mathbf{X}'\mathbf{X})^{-1}\mathbf{X}'(\mathbf{X}\boldsymbol{\beta}+\mathbf{u})$$
$$=(\mathbf{X}'\mathbf{X})^{-1}(\mathbf{X}'\mathbf{X})\boldsymbol{\beta}+(\mathbf{X}'\mathbf{X})^{-1}\mathbf{X}'\mathbf{u}=\boldsymbol{\beta}+(\mathbf{X}'\mathbf{X})^{-1}\mathbf{X}'\mathbf{u} \tag{E.12}$$

式中我们用到 $(\mathbf{X}'\mathbf{X})^{-1}(\mathbf{X}'\mathbf{X})=\mathbf{I}_{k+1}$。以 $\mathbf{X}$ 为条件取期望，得到

$$\mathrm{E}(\hat{\boldsymbol{\beta}} \mid \mathbf{X})=\boldsymbol{\beta}+(\mathbf{X}'\mathbf{X})^{-1}\mathbf{X}'\mathrm{E}(\mathbf{u} \mid \mathbf{X})$$
$$=\boldsymbol{\beta}+(\mathbf{X}'\mathbf{X})^{-1}\mathbf{X}'\mathbf{0}=\boldsymbol{\beta}$$

因为在假定 E.3 下，$\mathrm{E}(\mathbf{u} \mid \mathbf{X})=\mathbf{0}$。这个证明显然与 $\boldsymbol{\beta}$ 的值无关，所以我们已经证明了 $\hat{\boldsymbol{\beta}}$ 是无偏的。

为了得到 $\hat{\boldsymbol{\beta}}$ 最简单形式的方差—协方差矩阵，我们施加同方差性和不存在序列相关的假定。

假定 E.4　　同方差性

$\mathrm{Var}\,(u_t \mid \mathbf{X})=\sigma^2$，$t=1, 2, \cdots, n$ □

正如我们在本书中所讨论的，特别是在第 8 章和第 12 章中所讨论的，异方差性——即假定 E.4 的失败——对于任何数据结构（横截面、时间序列、面板）都不能被排除。

附录

假定 E.5   不存在序列相关

以 **X** 为条件，对所有 $t \neq s$，误差项都不相关。

$$\text{Cov}(u_t, u_s | \mathbf{X}) = 0, \text{ 对所有 } t \neq s \ \square$$

在随机抽样的情况下，假定 E.5 自动成立，这也解释了为何其在第 10 章中才出现。而对于时间序列的应用研究而言，假定 E.5 排除了不同时期的误差之间存在相关的可能性。正如我们在第 10、11、12 章所讨论的，假定 E.5 有时可能是不切实际的，尤其当模型不包含 y_t 的滞后项时。（假定 E.3 排除了 $\mathbf{x}_t$ 中包含 y_{t-1} 的情况。）

以矩阵形式，我们可以将假定 E.4 和 E.5 写成

$$\text{Var}(\mathbf{u} | \mathbf{X}) = \sigma^2 \mathbf{I}_n \tag{E.13}$$

假定 E.4 和 E.5 成立时，n 维方差—协方差矩阵 $\text{Var}(\mathbf{u} | \mathbf{X})$ 只与一个系数有关，即方差（σ^2），我们通常称 **u** 具有**数量方差—协方差矩阵**（scalar variance-covariance matrix）。

假定 E.1 到 E.5 组成了**高斯-马尔科夫假设**（Gauss-Markov assumption）。这些假设的陈述统一了我们在第 3 章的横截面分析和第 10 章的时间序列分析中所使用的条件。

利用（E.13）中简洁的表达式，我们可以推导出**高斯-马尔科夫假设下 OLS 估计量**（variance-covariance matrix of the OLS estimator）**的方差—协方差矩阵**。

定理 E.2

OLS 估计量的方差—协方差矩阵

在假定 E.1 到 E.5 下，

$$\text{Var}(\hat{\boldsymbol{\beta}} | \mathbf{X}) = \sigma^2 (\mathbf{X}'\mathbf{X})^{-1} \tag{E.14}$$

证明：从方程（E.12）中的最后一个公式，我们有

$$\text{Var}(\hat{\boldsymbol{\beta}} | \mathbf{X}) = \text{Var}[(\mathbf{X}'\mathbf{X})^{-1}\mathbf{X}'\mathbf{u} | \mathbf{X}] = (\mathbf{X}'\mathbf{X})^{-1}\mathbf{X}'[\text{Var}(\mathbf{u} | \mathbf{X})]\mathbf{X}(\mathbf{X}'\mathbf{X})^{-1}$$

现在我们利用假定 E.4 得到

$$\text{Var}(\hat{\boldsymbol{\beta}} | \mathbf{X}) = (\mathbf{X}'\mathbf{X})^{-1}\mathbf{X}'(\sigma^2 \mathbf{I}_n)\mathbf{X}(\mathbf{X}'\mathbf{X})^{-1}$$

$$= \sigma^2(\mathbf{X}'\mathbf{X})^{-1}(\mathbf{X}'\mathbf{X})(\mathbf{X}'\mathbf{X})^{-1} = \sigma^2(\mathbf{X}'\mathbf{X})^{-1}$$

方程（E.14）意味着，$\hat{\beta}_j$ 的方差（以 **X** 为条件）由 σ^2 乘以 $(\mathbf{X}'\mathbf{X})^{-1}$ 的主对角线上第 j 个元素而得到。至于斜率系数，我们在方程（3.51）中给出了一个可解释的公式。方程（E.14）还告诉了我们如何得到任意两个 OLS 估计值之间的协方差：将 σ^2 与 $(\mathbf{X}'\mathbf{X})^{-1}$ 主对角线以外的某个适当元素相乘。我们在第 4 章证明了，如何通过适当重写模型，在构造置信区间和进行假设检验时避免明确求出协方差。

现在可以证明很一般性的高斯-马尔科夫定理了。

附录

定理 E.3

高斯-马尔科夫定理

在假定 E.1 到 E.5 下，$\hat{\boldsymbol{\beta}}$ 是最优线性无偏估计量。

证明： $\boldsymbol{\beta}$ 的其他任何一个线性估计量都可以写成

$$\tilde{\boldsymbol{\beta}} = \mathbf{A}'\mathbf{y} \tag{E.15}$$

式中，$\mathbf{A}$ 是一个 $n \times (k+1)$ 矩阵。为了使 $\tilde{\boldsymbol{\beta}}$ 成为以 $\mathbf{X}$ 为条件的无偏估计量，$\mathbf{A}$ 必须由非随机数字和 $\mathbf{X}$ 的函数构成。（例如 $\mathbf{A}$ 就不能是 $\mathbf{y}$ 的函数。）为了看出对 $\mathbf{A}$ 所需要的进一步限制，写出

$$\tilde{\boldsymbol{\beta}} = \mathbf{A}'(\mathbf{X}\boldsymbol{\beta} + \mathbf{u}) = (\mathbf{A}'\mathbf{X})\boldsymbol{\beta} + \mathbf{A}'\mathbf{u} \tag{E.16}$$

于是，

$$\begin{aligned} \mathrm{E}(\tilde{\boldsymbol{\beta}} \mid \mathbf{X}) &= \mathbf{A}'\mathbf{X}\boldsymbol{\beta} + \mathrm{E}(\mathbf{A}'\mathbf{u} \mid \mathbf{X}) \\ &= \mathbf{A}'\mathbf{X}\boldsymbol{\beta} + \mathbf{A}'\mathrm{E}(\mathbf{u} \mid \mathbf{X})，因为 \mathbf{A} 是 \mathbf{X} 的一个函数 \\ &= \mathbf{A}'\mathbf{X}\boldsymbol{\beta}，因为 \mathrm{E}(\mathbf{u} \mid \mathbf{X}) = \mathbf{0} \end{aligned}$$

为了使 $\tilde{\boldsymbol{\beta}}$ 成为 $\boldsymbol{\beta}$ 的无偏估计量，必须有 $\mathrm{E}(\tilde{\boldsymbol{\beta}} \mid \mathbf{X}) = \boldsymbol{\beta}$ 对所有的 $(k+1) \times 1$ 向量 $\boldsymbol{\beta}$ 都成立，即

$$\mathbf{A}'\mathbf{X}\boldsymbol{\beta} = \boldsymbol{\beta}，对所有 (k+1) \times 1 向量 \boldsymbol{\beta} \tag{E.17}$$

由于 $\mathbf{A}'\mathbf{X}$ 是一个 $(k+1) \times (k+1)$ 矩阵，所以当且仅当 $\mathbf{A}'\mathbf{X} = \mathbf{I}_{k+1}$ 时，（E.17）成立。方程（E.15）和（E.17）就刻画了 $\boldsymbol{\beta}$ 的所有线性无偏估计量的共同特征。

接下来，我们根据假定 E.4，从（E.16）得到

$$\mathrm{Var}(\tilde{\boldsymbol{\beta}} \mid \mathbf{X}) = \mathbf{A}'\left[\mathrm{Var}(\mathbf{u} \mid \mathbf{X})\right]\mathbf{A} = \sigma^2 \mathbf{A}'\mathbf{A}$$

因此，

$$\begin{aligned} \mathrm{Var}(\tilde{\boldsymbol{\beta}} \mid \mathbf{X}) - \mathrm{Var}(\hat{\boldsymbol{\beta}} \mid \mathbf{X}) &= \sigma^2\left[\mathbf{A}'\mathbf{A} - (\mathbf{X}'\mathbf{X})^{-1}\right] \\ &= \sigma^2\left[\mathbf{A}'\mathbf{A} - \mathbf{A}'\mathbf{X}(\mathbf{X}'\mathbf{X})^{-1}\mathbf{X}'\mathbf{A}\right]，因为 \mathbf{A}'\mathbf{X} = \mathbf{I}_{k+1} \\ &= \sigma^2\mathbf{A}'\left[\mathbf{I}_n - \mathbf{X}(\mathbf{X}'\mathbf{X})^{-1}\mathbf{X}'\right]\mathbf{A} \\ &\equiv \sigma^2\mathbf{A}'\mathbf{M}\mathbf{A} \end{aligned}$$

式中，$\mathbf{M} \equiv \mathbf{I}_n - \mathbf{X}(\mathbf{X}'\mathbf{X})^{-1}\mathbf{X}'$。由于 $\mathbf{M}$ 是对称等幂矩阵，所以 $\mathbf{A}'\mathbf{M}\mathbf{A}$ 对任意 $n \times (k+1)$ 矩阵 $\mathbf{A}$ 都是半正定的。这就证明了 OLS 估计量是 BLUE。这一点有什么重要意义呢？令 $\mathbf{c}$ 表示任意一个 $(k+1) \times 1$ 向量，并考虑一个线性组合 $\mathbf{c}'\boldsymbol{\beta} = c_0\beta_0 + c_1\beta_1 + c_2\beta_2 + \cdots + c_k\beta_k$，它是一个数量。$\mathbf{c}'\boldsymbol{\beta}$ 的无偏估计量是 $\mathbf{c}'\hat{\boldsymbol{\beta}}$ 和 $\mathbf{c}'\tilde{\boldsymbol{\beta}}$。但由于 $\left[\mathrm{Var}(\mathbf{c}'\tilde{\boldsymbol{\beta}} \mid \mathbf{X}) - \mathrm{Var}(\mathbf{c}'\hat{\boldsymbol{\beta}} \mid \mathbf{X})\right]$ 是半正定的，所以

$$\mathrm{Var}(\mathbf{c}'\tilde{\boldsymbol{\beta}} \mid \mathbf{X}) - \mathrm{Var}(\mathbf{c}'\hat{\boldsymbol{\beta}} \mid \mathbf{X}) = \mathbf{c}'\left[\mathrm{Var}(\tilde{\boldsymbol{\beta}} \mid \mathbf{X}) - \mathrm{Var}(\hat{\boldsymbol{\beta}} \mid \mathbf{X})\right]\mathbf{c} \geqslant 0$$

因此，OLS 在用于估计 $\boldsymbol{\beta}$ 的任何一个线性组合时，总得到最小方差。具体而言，对 β_j 的其他任何线性无偏估计量，都有 $\mathrm{Var}(\hat{\beta}_j \mid \mathbf{X}) \leqslant \mathrm{Var}(\tilde{\beta}_j \mid \mathbf{X})$。

附录

误差方差 σ^2 的无偏估计量可写成

$$\hat{\sigma}^2 = \hat{\mathbf{u}}'\hat{\mathbf{u}} / (n - k - 1)$$

它与方程（3.56）相同。

定理 E.4

$\hat{\sigma}^2$ 的无偏性

在假定 E.1 到 E.5 下，$\hat{\sigma}^2$ 是 σ^2 的无偏估计：对所有 $\sigma^2 > 0$，都有 $E(\hat{\sigma}^2 | \mathbf{X}) = \sigma^2$。

证明： 写下 $\hat{\mathbf{u}} = \mathbf{y} - \mathbf{X}\hat{\boldsymbol{\beta}} = \mathbf{y} - \mathbf{X}(\mathbf{X}'\mathbf{X})^{-1}\mathbf{X}'\mathbf{y} = \mathbf{M}\mathbf{y} = \mathbf{M}\mathbf{u}$，其中 $\mathbf{M} = \mathbf{I}_n - \mathbf{X}(\mathbf{X}'\mathbf{X})^{-1}\mathbf{X}'$，且最后一个等式成立是因为 $\mathbf{M}\mathbf{X} = \mathbf{0}$。因为 $\mathbf{M}$ 是对称等幂矩阵，所以

$$\hat{\mathbf{u}}'\hat{\mathbf{u}} = \mathbf{u}'\mathbf{M}'\mathbf{M}\mathbf{u} = \mathbf{u}'\mathbf{M}\mathbf{u}$$

因为 $\mathbf{u}'\mathbf{M}\mathbf{u}$ 是一个数量，所以它就等于它的迹。因此

$$\begin{aligned}
E(\mathbf{u}'\mathbf{M}\mathbf{u} | \mathbf{X}) &= E[\text{tr}(\mathbf{u}'\mathbf{M}\mathbf{u}) | \mathbf{X}] = E[\text{tr}(\mathbf{M}\mathbf{u}\mathbf{u}') | \mathbf{X}] \\
&= \text{tr}[E(\mathbf{M}\mathbf{u}\mathbf{u}') | \mathbf{X}] = \text{tr}[\mathbf{M}E(\mathbf{u}\mathbf{u}') | \mathbf{X}] \\
&= \text{tr}(\mathbf{M}\sigma^2\mathbf{I}_n) = \sigma^2\text{tr}(\mathbf{M}) = \sigma^2(n-k-1)
\end{aligned}$$

最后一个等式成立是因为 $\text{tr}(\mathbf{M}) = \text{tr}(\mathbf{I}_n) - \text{tr}[\mathbf{X}(\mathbf{X}'\mathbf{X})^{-1}X'] = n - \text{tr}((\mathbf{X}'\mathbf{X})^{-1}X'X) = n - \text{tr}(I_{k+1}) = n - (k+1) = n-k-1$。因此，

$$E(\hat{\sigma}^2 | \mathbf{X}) = E(\mathbf{u}'\mathbf{M}\mathbf{u} | \mathbf{X})/(n-k-1) = \sigma^2$$

E.3 统计推断

当我们增加最后一个经典线性模型假定后，$\hat{\boldsymbol{\beta}}$ 就服从多元正态分布，从而得到标准检验统计量所要求的 t 和 F 分布（第 4 章有所讨论）。

> **假定 E.6　误差的正态性**
>
> 以 $\mathbf{X}$ 为条件，u_t 服从独立同分布 $\text{Normal}(0, \sigma^2)$。换言之，给定 $\mathbf{X}$，$\mathbf{u}$ 服从均值为 0 和方差—协方差矩阵为 $\sigma^2\mathbf{I}_n$ 的多元正态分布：$\mathbf{u} \sim \text{Normal}(0, \sigma^2\mathbf{I}_n)$。

假定 E.6 暗含着假定 E.3、E.4 和 E.5，但它更强大，因为它假定了每个 u_t 都有一个 $\text{Normal}(0, \sigma^2)$ 分布。作为一个技术点，假定 E.6 意味着 u_t 在整个 t 上都实际上是独立的，而不是仅仅不相关。从实践角度看，这一区别不重要。假定 E.1 到 E.6 是用矩阵术语表达的**经典线性模型**（classical linear model，CLM），且它们通常被视为高斯-马尔科夫假设加上误差的正态性。

定理 E.5

$\hat{\boldsymbol{\beta}}$ 的正态性

在经典线性模型假定 E.1 到 E.5 下，以 $\mathbf{X}$ 为条件，$\hat{\boldsymbol{\beta}}$ 服从均值为 $\boldsymbol{\beta}$ 和方差—协方差矩阵为 $\sigma^2(\mathbf{X}'\mathbf{X})^{-1}$ 的多元正态分布。

定理 E.5 是进行涉及 $\boldsymbol{\beta}$ 的统计推断的基础。事实上，与我们在附录高级处理方法 D 中概述的 χ^2、t 和 F 分布的性质一起，我们可以用定理 E.5 证明，t 统计量在假定 E.1 到 E.5 下（并在虚拟假设下）服从 t 分布，F 统计量也与此类似。我们以对 t 统计量的证明来加以说明。

定理 E.6

t 统计量的分布

在假定 E.1 到 E.6 下，

$$(\hat{\beta}_j - \beta_j)/\mathrm{se}(\hat{\beta}_j) \sim t_{n-k-1},\ j=0,\ 1,\ \cdots,\ k$$

证明：证明过程要分几步进行；如下证明都以 $\mathbf{X}$ 为条件。首先，根据定理 E.5，有 $(\hat{\beta}_j - \beta_j)/\mathrm{sd}(\hat{\beta}_j) \sim \mathrm{Normal}(0,\ 1)$，其中 $\mathrm{sd}(\hat{\beta}_j) = \sigma\sqrt{C_{jj}}$，而 C_{jj} 是 $(\mathbf{X}'\mathbf{X})^{-1}$ 中主对角线上的第 j 个元素。然后在假定 E.1 到假定 E.5 下，以 $\mathbf{X}$ 为条件，有

$$(n-k-1)\hat{\sigma}^2/\sigma^2 \sim \chi^2_{n-k-1} \tag{E.18}$$

这是因为 $(n-k-1)\hat{\sigma}^2/\sigma^2 = (\mathbf{u}/\sigma)'\mathbf{M}(\mathbf{u}/\sigma)$，其中 $\mathbf{M}$ 是定理 E.4 中定义的 $n\times n$ 对称幂等矩阵。但根据假定 E.5，$\mathbf{u}/\sigma \sim \mathrm{Normal}(\mathbf{0},\ \mathbf{I}_n)$。于是根据附录高级处理方法 D 中 χ^2 分布的性质 1，就得到 $(\mathbf{u}/\sigma)'\mathbf{M}(\mathbf{u}/\sigma) \sim \chi^2_{n-k-1}$（因为 $\mathbf{M}$ 的秩为 $n-k-1$）。

我们还需要证明 $\hat{\boldsymbol{\beta}}$ 和 $\hat{\sigma}^2$ 是独立的。但 $\hat{\boldsymbol{\beta}} = \boldsymbol{\beta} + (\mathbf{X}'\mathbf{X})^{-1}\mathbf{X}'\mathbf{u}$，而 $\hat{\sigma}^2 = \mathbf{u}'\mathbf{M}\mathbf{u}/(n-k-1)$。现在，由于 $\mathbf{X}'\mathbf{M} = \mathbf{0}$，所以 $[(\mathbf{X}'\mathbf{X})^{-1}\mathbf{X}']\mathbf{M} = \mathbf{0}$。于是根据附录高级处理方法 D 中多元正态分布的性质 5，得知 $\hat{\boldsymbol{\beta}}$ 和 $\mathbf{M}\mathbf{u}$ 是独立的。由于 $\hat{\sigma}^2$ 是 $\mathbf{M}\mathbf{u}$ 的一个函数，所以 $\hat{\boldsymbol{\beta}}$ 和 $\hat{\sigma}^2$ 也是独立的。

最后，我们可以写出

$$(\hat{\beta}_j - \beta_j)/\mathrm{se}(\hat{\beta}_j) = [(\hat{\beta}_j - \beta_j)/\mathrm{sd}(\hat{\beta}_j)]/(\hat{\sigma}^2/\sigma^2)^{1/2}$$

它是一个标准正态随机变量和一个 $\chi^2_{n-k-1}/(n-k-1)$ 随机变量的平方根之比。我们刚刚证明了它们是独立的，所以根据对 t 随机变量的定义，$(\hat{\beta}_j - \beta_j)/\mathrm{se}(\hat{\beta}_j)$ 服从 t_{n-k-1} 分布。由于这个分布与 $\mathbf{X}$ 无关，所以它也是 $(\hat{\beta}_j - \beta_j)/\mathrm{se}(\hat{\beta}_j)$ 的无条件分布。

通过这个定理，我们可以代入 β_j 的任意一个假设值，并像通常那样利用 t 统计量进行假设检验。

在假定 E.1 到假定 E.5 下，我们可以针对 $\boldsymbol{\beta}$ 的无偏估计量（同样以 $\mathbf{X}$ 为条件）的方差—协方差矩阵计算所谓的克拉默-拉奥（Cramer-Rao）下界［参见 Greene (1997, Chapter 4)］。可以证明它等于 $\sigma^2(\mathbf{X}'\mathbf{X})^{-1}$，恰好就是 OLS 估计量的方差—协方差矩阵。这就意味着，$\hat{\boldsymbol{\beta}}$ 是 $\boldsymbol{\beta}$ 的**最小方差无偏估计量**（minimum variance unbiased estimator）（以 $\mathbf{X}$ 为条件）：对其他任何一个无偏估计量 $\tilde{\boldsymbol{\beta}}$，$\mathrm{Var}(\tilde{\boldsymbol{\beta}}|\mathbf{X}) - \mathrm{Var}(\hat{\boldsymbol{\beta}}|\mathbf{X})$ 都是半正定矩阵；我们无须仅限于考虑对 $\mathbf{y}$ 为线性的估计量。

很容易证明，在假定 E.5 下，OLS 估计量实际上是 $\boldsymbol{\beta}$ 的极大似然估计量。对每个 t，给定 $\mathbf{X}$，y_t 的分布都是 $\mathrm{Normal}(\mathbf{x}_t\boldsymbol{\beta},\ \sigma^2)$。由于以 $\mathbf{X}$ 为条件 y_t 是独立的，所

附录

以样本的似然函数可从密度之积得到：

$$\prod_{t=1}^{n} (2\pi\sigma^2)^{-1/2} \exp[-(y_t - \mathbf{x}_t\boldsymbol{\beta})^2/(2\sigma^2)]$$

将这个函数对 $\boldsymbol{\beta}$ 和 σ^2 最大化，就等于最大化其自然对数：

$$\sum_{t=1}^{n} [-(1/2)\log(2\pi\sigma^2) - (y_t - \mathbf{x}_t\boldsymbol{\beta})^2/(2\sigma^2)]$$

为了得到 $\hat{\boldsymbol{\beta}}$，这就等于在最小化 $\sum_{t=1}^{n} (y_t - \mathbf{x}_t\boldsymbol{\beta})^2$（除以 $2\sigma^2$ 不影响最优化），这正是 OLS 所求解的问题。我们所用的 σ^2 的估计量 SSR$/(n-k)$，实际上不是 σ^2 的 MLE；这个 MLE 是一个有偏误的估计量 SSR$/n$。由于 σ^2 的无偏估计量导致 t 和 F 统计量在虚拟假设下恰好具有 t 和 F 分布，所以我们总是使用这个无偏估计量而不是用 MLE。

在假定 E.5 的条件下我们得到的 OLS 估计量是：MLE 意味着在正态分布的条件下 MLE 具有稳健性。理由很简单。我们知道在假定 E.1 至假定 E.3 下 OLS 估计量是无偏的；残差项的正态性既没有在假定 E.4 中出现，也没有体现在证明过程中。正如下一节将要证明的那样，在大样本的情况下，即使不服从正态分布，OLS 估计量同样具有一致性。OLS 估计量的这些统计学性质告诉我们基于正态对数似然函数的 MLE 对于概率分布具有一致性：无论分布律的具体形式如何，我们仍然可以得到一致性估计量（在假定 E.1 至假定 E.3 的条件下）。正如 17.3 节中讨论的那样，在没有假设服从正态分布的情况下，我们经常称极大似然估计量为**拟极大似然估计量**（quasi-maximum likelihood estimator，QMLE）。

一般地，MLE 的一致性依赖于服从正态分布的假设，从而得到 MLE 估计量对于参数是一致的。我们刚刚发现正态分布仅仅是一个特例。除此之外，一些其他分布同样具有这样的性质，例如 17.3 节中提到的泊松分布。伍德里奇（Wooldridge，2010，Chapter 18）也讨论了其他一些例子。

E.4 某些渐近分析

多元回归模型的矩阵方法也可使得渐近性质的推导更加简练。事实上，我们可给出第 11 章中命题的一般性证明。

我们从证明定理 11.1 中的一致性结论开始。记住这些假定（作为特殊情形）包含了随机抽样下横截面分析的假定。

定理 11.1 的证明。就像在附录高级处理方法 E 的习题 1 中那样，并使用假设 TS.1′，我们把 OLS 估计量写成：

$$\begin{aligned}
\hat{\boldsymbol{\beta}} &= \left(\sum_{t=1}^{n} \mathbf{x}_t'\mathbf{x}_t\right)^{-1} \left(\sum_{t=1}^{n} \mathbf{x}_t'y_t\right) = \left(\sum_{t=1}^{n} \mathbf{x}_t'\mathbf{x}_t\right)^{-1} \left(\sum_{t=1}^{n} \mathbf{x}_t'(\mathbf{x}_t\boldsymbol{\beta} + u_t)\right) \\
&= \boldsymbol{\beta} + \left(\sum_{t=1}^{n} \mathbf{x}_t'\mathbf{x}_t\right)^{-1} \left(\sum_{t=1}^{n} \mathbf{x}_t'u_t\right) \\
&= \boldsymbol{\beta} + \left(n^{-1}\sum_{t=1}^{n} \mathbf{x}_t'\mathbf{x}_t\right)^{-1} \left(n^{-1}\sum_{t=1}^{n} \mathbf{x}_t'u_t\right)
\end{aligned} \tag{E.19}$$

附录

现在，根据大数定律，有

$$n^{-1} \sum_{t=1}^{n} \mathbf{x}'_t \mathbf{x}_t \overset{p}{\to} \mathbf{A} \text{ 和 } n^{-1} \sum_{t=1}^{n} \mathbf{x}'_t u_t \overset{p}{\to} \mathbf{0} \tag{E.20}$$

式中，$\mathbf{A} = \mathrm{E}(\mathbf{x}'_t \mathbf{x}_t)$ 在假设 TS. $2'$ 下是一个 $(k+1) \times (k+1)$ 非奇异矩阵，我们还利用了在假设 TS. $3'$ 下 $\mathrm{E}(\mathbf{x}'_t u_t) = 0$ 的结论。现在，我们必须使用附录数学复习 C 中性质 PLIM. 1 的矩阵形式。即因为 $\mathbf{A}$ 是非奇异的，所以

$$\left(n^{-1} \sum_{t=1}^{n} \mathbf{x}'_t \mathbf{x}_t \right)^{-1} \overset{p}{\to} \mathbf{A}^{-1} \tag{E.21}$$

[伍德里奇（Wooldridge，2010，Chapter 3）对这些收敛类型进行了讨论。] 现在，由（E.19）、（E.20）和（E.21），得到

$$\mathrm{plim}(\hat{\boldsymbol{\beta}}) = \boldsymbol{\beta} + \mathbf{A}^{-1} \cdot \mathbf{0} = \boldsymbol{\beta}$$

这就完成了证明。

接下来，我们勾勒一下定理 11.2 中的渐近正态性结论。

定理 11.2 的证明。 我们从（E.19）可写出

$$\sqrt{n}(\hat{\boldsymbol{\beta}} - \boldsymbol{\beta}) = \left(n^{-1} \sum_{t=1}^{n} \mathbf{x}'_t \mathbf{x}_t \right)^{-1} \left(n^{-1/2} \sum_{t=1}^{n} \mathbf{x}'_t u_t \right)$$

$$= \mathbf{A}^{-1} \left(n^{-1/2} \sum_{t=1}^{n} \mathbf{x}'_t u_t \right) + o_p(1) \tag{E.22}$$

式中，"$o_p(1)$" 是一个依概率收敛于零的余项。这一项等于 $\left[\left(n^{-1} \sum_{t=1}^{n} \mathbf{x}'_t \mathbf{x}_t \right)^{-1} - \mathbf{A}^{-1} \right] \left(n^{-1/2} \sum_{t=1}^{n} \mathbf{x}'_t u_t \right)$。方括号中的项依概率收敛于零（根据证明定理 11.1 中同样的论证），而由于 $\left(n^{-1/2} \sum_{t=1}^{n} \mathbf{x}'_t u_t \right)$ 根据中心极限定理收敛于一个多元正态分布，所以它是依概率有界的。渐近理论中一个众所周知的结论是：这样的两项之积依概率收敛于零。而且，$\sqrt{n}(\hat{\boldsymbol{\beta}} - \boldsymbol{\beta})$ 从 $\mathbf{A}^{-1} \left(n^{-1/2} \sum_{t=1}^{n} \mathbf{x}'_t u_t \right)$ 得到了其渐近分布。有关这个证明中所用收敛结论的更详细情况，参见 Wooldridge（2010，Chapter 3）。

根据中心极限定理，$\left(n^{-1/2} \sum_{t=1}^{n} \mathbf{x}'_t u_t \right)$ 服从均值为零和 $(k+1) \times (k+1)$ 方差—协方差矩阵为 $\mathbf{B}$ 的一个渐近正态分布。于是，$\sqrt{n}(\hat{\boldsymbol{\beta}} - \boldsymbol{\beta})$ 便服从均值为零和方差—协方差矩阵为 $\mathbf{A}^{-1}\mathbf{B}\mathbf{A}^{-1}$ 的渐近多元正态分布。我们现在证明了，在假设 TS. $4'$ 和假设 TS. $5'$ 下，$\mathbf{B} = \sigma^2 \mathbf{A}$。（这里一般表达式也有用处，因为它成为第 12 章讨论的 OLS 之异方差—稳健和序列相关—稳健标准误的基础。）首先，在假设 TS. $5'$ 下，对 $t \neq s$，$\mathbf{x}'_t u_t$ 和 $\mathbf{x}'_s u_s$ 无关，为什么？为简单起见，假设 $s < t$。于是，根据迭代期望法则，$\mathrm{E}(\mathbf{x}'_t u_t u_s \mathbf{x}_s) = \mathrm{E}[\mathrm{E}(u_t u_s | \mathbf{x}'_t \mathbf{x}_s) \mathbf{x}'_t \mathbf{x}_s] = \mathrm{E}[\mathrm{E}(u_t u_s | \mathbf{x}'_t \mathbf{x}_s) \mathbf{x}'_t \mathbf{x}_s] = \mathrm{E}[0 \cdot \mathbf{x}'_t \mathbf{x}_s] = 0$。协方差为零便意味着和的方差等于方差之和。但 $\mathrm{Var}[\mathbf{x}'_t u_t] = \mathrm{E}(\mathbf{x}'_t u_t u_t \mathbf{x}_t) = \mathrm{E}(u_t^2 \mathbf{x}'_t \mathbf{x}_t)$。根据迭代期望法则，$\mathrm{E}(u_t^2 \mathbf{x}'_t \mathbf{x}_t) = \mathrm{E}[\mathrm{E}(u_t^2 \mathbf{x}'_t \mathbf{x}_t | \mathbf{x}_t)] = \mathrm{E}[\mathrm{E}(u_t^2 | \mathbf{x}_t) \mathbf{x}'_t \mathbf{x}_t] = \mathrm{E}(\sigma^2 \mathbf{x}'_t \mathbf{x}_t) = \sigma^2 \mathrm{E}(\mathbf{x}'_t \mathbf{x}_t) = \sigma^2 \mathbf{A}$，其中我们利用了在假设 TS. $3'$ 和假设 TS. $4'$ 下 $\mathrm{E}(u_t^2 | \mathbf{x}_t) = \sigma^2$ 的结论。这就证明了 $\mathbf{B} = \sigma^2 \mathbf{A}$，所以在假设 TS. $1'$ 至假设 TS. $5'$ 下，我们有

附录

$$\sqrt{n}(\hat{\boldsymbol{\beta}}-\boldsymbol{\beta}) \overset{a}{\sim} \text{Normal}(\mathbf{0},\ \sigma^2 \mathbf{A}^{-1}) \tag{E.23}$$

这就完成了证明。

根据方程（E.23），我们把 $\hat{\boldsymbol{\beta}}$ 视为近似均值为 $\boldsymbol{\beta}$ 和方差为 $\sigma^2 \mathbf{A}^{-1}/n$ 的正态分布。这里除以样本容量 n 在预料之中：$\hat{\boldsymbol{\beta}}$ 的近似方差—协方差矩阵以速度 $1/n$ 收敛于零。当我们将 σ^2 代之以其一致估计量 $\hat{\sigma}^2 = \text{SSR}/(n-k-1)$，并将 $\mathbf{A}$ 代之以其一致估计量 $n^{-1}\sum_{t=1}^{n}\mathbf{x}_t'\mathbf{x}_t = \mathbf{X}'\mathbf{X}/n$，我们便得到 $\hat{\boldsymbol{\beta}}$ 的渐近方差估计量

$$\widehat{\text{AVar}(\hat{\boldsymbol{\beta}})} = \hat{\sigma}^2(\mathbf{X}'\mathbf{X})^{-1} \tag{E.24}$$

注意到两个除数 n 相互抵消，（E.24）的右边正是我们在高斯-马尔科夫假设下估计 OLS 方差矩阵的常用方法。总之，我们证明了，在假设 TS.1′ 至假设 TS.5′ 下（假设 TS.1 至假设 TS.5 是其特殊情形），通常的标准误和 t 统计量都是渐近有效的。欲求单个假设检验的临界值和 p 值，使用通常的 t 分布完全合法。有意思的是，在第 11 章的一般背景下，假定误差的正态性［比如给定 $\mathbf{x}_t$, u_{t-1}, $\mathbf{x}_{t-1}$, …, u_1, $\mathbf{x}_1$ 下，u_t 服从 $\text{Normal}(0,\ \sigma^2)$］不一定有帮助，因为在这种正态性假定下，$t$ 统计量一般都不具有精确的 t 分布。我们若不假定解释变量的严格外生性，欲求精确的分布结论，即便不是不可能，也会极其困难。

如果我们对上述论证略加修改，便可推导出一个异方差—稳健的方差—协方差矩阵。关键在于，我们必须单独估计 $\text{E}(u_t^2\mathbf{x}_t'\mathbf{x}_t)$，因为它不再等于 $\sigma^2\text{E}(\mathbf{x}_t'\mathbf{x}_t)$。但如果 $\hat{u}_t$ 是 OLS 残差，则一个一致估计量便是

$$(n-k-1)^{-1}\sum_{t=1}^{n}\hat{u}_t^2\mathbf{x}_t'\mathbf{x}_t \tag{E.25}$$

其中，除数 $n-k-1$ 而非 n 是调整后的自由度，通常有助于估计量的有限样本性质。我们利用方程（E.25）中的表达式，便得到

$$\widehat{\text{AVar}(\hat{\boldsymbol{\beta}})} = [n/(n-k-1)](\mathbf{X}'\mathbf{X})^{-1}\left(\sum_{t=1}^{n}\hat{u}_t^2\mathbf{x}_t'\mathbf{x}_t\right)(\mathbf{X}'\mathbf{X})^{-1} \tag{E.26}$$

这个矩阵主对角线元素的平方根，正是我们在 8.2 节在纯粹横截面情形中得到的异方差—稳健的标准误。我们还能将 12.5 节得到的序列相关—（和异方差—）稳健标准误进行矩阵形式的扩展，但由于序列相关，取代（E.25）的矩阵相当复杂。比如参见 Hamilton（1994，Section 10-5）。

E.4a 检验多重假设的瓦尔德统计量

类似方法可用于求检验多重假设的**瓦尔德统计量**（Wald statistic）的渐近分布。令 $\mathbf{R}$ 表示一个 $q\times(k+1)$ 矩阵，其中 $q\leqslant(k+1)$。假定对 $(k+1)\times 1$ 参数向量 $\boldsymbol{\beta}$ 的 q 个约束可表示成 H_0：$\mathbf{R}\boldsymbol{\beta}=\mathbf{r}$，其中 $\mathbf{r}$ 是一个 $q\times 1$ 未知参数向量。在假设 TS.1′ 至假设 TS.5′ 下，可以证明，在 H_0 下，

$$[\sqrt{n}(\mathbf{R}\hat{\boldsymbol{\beta}}-\mathbf{r})]'(\sigma^2\mathbf{R}\mathbf{A}^{-1}\mathbf{R}')^{-1}[\sqrt{n}(\mathbf{R}\hat{\boldsymbol{\beta}}-\mathbf{r})] \overset{a}{\sim} \chi_q^2 \tag{E.27}$$

其中，$\mathbf{A} = \mathrm{E}(\mathbf{x}_t' \mathbf{x}_t)$，就像在定理 11.1 和定理 11.2 的证明中一样。方程（E.25）背后的直觉很简单。因为 $\sqrt{n}(\hat{\boldsymbol{\beta}} - \boldsymbol{\beta})$ 大致服从 $\mathrm{Normal}(\mathbf{0}, \sigma^2 \mathbf{A}^{-1})$ 分布，所以根据附录高级处理方法 D 中多元正态分布的性质 3，$\mathbf{R}[\sqrt{n}(\hat{\boldsymbol{\beta}} - \boldsymbol{\beta})] = \sqrt{n}\mathbf{R}(\hat{\boldsymbol{\beta}} - \boldsymbol{\beta})$ 近似于 $\mathrm{Normal}(\mathbf{0}, \sigma^2 \mathbf{R}\mathbf{A}^{-1}\mathbf{R}')$。在 H_0 下，$\mathbf{R}\boldsymbol{\beta} = \mathbf{r}$，所以 $\sqrt{n}(\mathbf{R}\hat{\boldsymbol{\beta}} - \mathbf{r}) \overset{a}{\sim} \mathrm{Normal}(\mathbf{0}, \sigma^2 \mathbf{R}\mathbf{A}^{-1}\mathbf{R}')$。根据 χ^2 分布的性质 3，若 $z \sim \mathrm{Normal}(\mathbf{0}, \sigma^2 \mathbf{R}\mathbf{A}^{-1}\mathbf{R}')$，则 $z'(\sigma^2 \mathbf{R}\mathbf{A}^{-1}\mathbf{R}')^{-1}z \sim \chi_q^2$。为了规范地得到最终结论，我们还需要使用这个性质的渐近形式，可见 Wooldridge（2010，Chapter 3）。

给定（E.25）中的结论，我们通过将 $\mathbf{A}$ 和 σ^2 代之以其一致估计量，便得到一个可计算的统计量；这样做不会改变渐近分布。结果便是所谓的瓦尔德统计量，在消去样本容量并稍作运算之后，可写成

$$W = (\mathbf{R}\hat{\boldsymbol{\beta}} - \mathbf{r})'[\mathbf{R}(\mathbf{X}'\mathbf{X})^{-1}\mathbf{R}']^{-1}(\mathbf{R}\hat{\boldsymbol{\beta}} - \mathbf{r})/\hat{\sigma}^2 \tag{E.28}$$

在 H_0 下，$W \overset{a}{\sim} \chi_q^2$，其中我们称 q 为待检验约束的个数。若 $\hat{\sigma}^2 = \mathrm{SSR}/(n-k-1)$，则可以证明，$W/q$ 恰好就是我们在第 4 章为检验多重线性约束而得到的 F 统计量。[比如参见 Greene（1997，Chapter 7）。] 因此，在第 10 章的经典线性模型假设 TS.1 至 TS.6 下，W/q 恰好服从 $F_{q, n-k-1}$ 分布。在假设 TS.1' 至假设 TS.5' 下，我们只能得到（E.28）中的渐近结论。不过，把通常的 F 统计量视为近似 $F_{q, n-k-1}$ 分布，既合适又常见。

利用（E.26）中的矩阵取代 $\hat{\sigma}^2(\mathbf{X}'\mathbf{X})^{-1}$，便得到一个对未知异方差形式保持稳健的瓦尔德统计量，还能类似得到一个对异方差和序列相关都稳健的检验统计量。但这种稳健型的检验统计量不能通过约束模型和无约束模型的残差平方和或 R^2 计算出来。

本章小结

本附录利用矩阵方法简要地讨论了线性回归模型。虽然为使用矩阵代数的较高年级准备了这些内容，但不需要先读它再读正文中的内容。事实上，本附录所证明的一些结论，在我们的正文中都出现过：或者未经证明而直接表述，或者只在特例情形下予以证明，或者以前的证明方法更加麻烦。使用矩阵代数后，可以对其他专题（如渐近性质、工具变量估计和面板数据模型等）进行更简明的处理。详细情况可参见包括 Davidson and MacKinnon（1993）、Greene（1997）、Hayashi（2000）和 Wooldridge（2010）在内的高级计量经济学教材。

附录

关键术语

经典线性模型	矩阵符号	OLS 估计量的方差——协方差矩阵
一阶条件	最小方差无偏估计量	瓦尔德统计量

弗里施-沃定理 数量方差—协方差矩阵 拟极大似然估计量

高斯-马尔科夫假设

习 题

1. 令 $\mathbf{x}_t$ 表示观测 t 的 $1 \times (k+1)$ 解释变量向量。证明 OLS 估计量 $\hat{\boldsymbol{\beta}}$ 可以写成

$$\hat{\boldsymbol{\beta}} = \Big(\sum_{t=1}^n \mathbf{x}'_t \mathbf{x}_t \Big)^{-1} \Big(\sum_{t=1}^n \mathbf{x}'_t y_t \Big)$$

通过将每个和都除以 n，证明 $\hat{\boldsymbol{\beta}}$ 是样本均值的一个函数。

2. 令 $\hat{\boldsymbol{\beta}}$ 表示 OLS 估计值的 $(k+1) \times 1$ 向量。

(i) 证明对任何一个 $(k+1) \times 1$ 向量 $\mathbf{b}$，我们都可以将残差平方和写成

SSR$(\mathbf{b}) = \hat{\mathbf{u}}'\hat{\mathbf{u}} + (\hat{\boldsymbol{\beta}} - \mathbf{b})' \mathbf{X}'\mathbf{X}(\hat{\boldsymbol{\beta}} - \mathbf{b})$

[提示：写出 $(\mathbf{y} - \mathbf{Xb})'(\mathbf{y} - \mathbf{Xb}) = [\hat{\mathbf{u}} + \mathbf{X}(\hat{\boldsymbol{\beta}} - \mathbf{b})]'[\hat{\mathbf{u}} + \mathbf{X}(\hat{\boldsymbol{\beta}} - \mathbf{b})]$ 并利用 $\mathbf{X}'\hat{\mathbf{u}} = \mathbf{0}$ 的事实。]

(ii) 请解释：在假定 $\mathbf{X}$ 的秩为 $k+1$ 后，第（i）部分中 SSR$(\mathbf{b})$ 的表达式是如何证明了 $\hat{\boldsymbol{\beta}}$ 是所有可能的 $\mathbf{b}$ 值中唯一最小化 SSR$(\mathbf{b})$ 的向量的。

3. 令 $\hat{\boldsymbol{\beta}}$ 表示 $\mathbf{y}$ 对 $\mathbf{X}$ 回归得到的 OLS 估计值。令 $\mathbf{A}$ 表示一个 $(k+1) \times (k+1)$ 非奇异矩阵并定义 $\mathbf{z}_t \equiv \mathbf{x}_t \mathbf{A}$，$t = 1, \cdots, n$。因此 $\mathbf{z}_t$ 是 $1 \times (k+1)$ 向量并且是一个非退化的 $\mathbf{x}_t$ 的线性组合。令 $\mathbf{Z}$ 表示以 $\mathbf{z}_t$ 为行的 $n \times (k+1)$ 矩阵。令 $\tilde{\boldsymbol{\beta}}$ 表示 $\mathbf{y}$ 对 $\mathbf{Z}$ 回归所得到的 OLS 估计值。

(i) 证明：$\tilde{\boldsymbol{\beta}} = \mathbf{A}^{-1}\hat{\boldsymbol{\beta}}$。

(ii) 令 $\hat{y}_t$ 表示原回归的拟合值，而令 $\tilde{y}_t$ 表示 $\mathbf{y}$ 对 $\mathbf{Z}$ 回归的拟合值。证明对所有 $t = 1, 2, \cdots, n$，都有 $\tilde{y}_t = \hat{y}_t$。这两个回归的残差相比如何？

(iii) 证明估计的 $\tilde{\boldsymbol{\beta}}$ 的方差矩阵为 $\hat{\sigma}^2 \mathbf{A}^{-1}(\mathbf{X}'\mathbf{X})^{-1}\mathbf{A}^{-1'}$，其中 $\hat{\sigma}^2$ 是从 $\mathbf{y}$ 对 $\mathbf{X}$ 的回归中所得到的通常方差估计值。

(iv) 令 $\hat{\beta}_j$ 表示 y_t 对 $1, x_{t1}, \cdots, x_{tk}$ 回归所得到的 OLS 估计值，令 $\tilde{\beta}_j$ 表示 y_t 对 $1, a_1 x_{t1}, \cdots, a_k x_{tk}$ 回归所得到的 OLS 估计值，其中 $a_j \neq 0$，$j = 1, \cdots, k$。利用第（i）部分的结论求出 $\tilde{\beta}_j$ 和 $\hat{\beta}_j$ 之间的关系。

(v) 给定第（iv）部分中的假设，使用第（iii）部分证明 se$(\tilde{\beta}_j) = $ se$(\hat{\beta}_j)/|a_j|$。

(vi) 给定第（iv）部分中的假设，证明 $\tilde{\beta}_j$ 和 $\hat{\beta}_j$ 的 t 统计量的绝对值相等。

4. 假定模型 $\mathbf{y} = \mathbf{X}\boldsymbol{\beta} + \mathbf{u}$ 满足高斯-马尔科夫假设，令 $\mathbf{G}$ 表示一个 $(k+1) \times (k+1)$ 的非奇异、非随机矩阵，定义 $\boldsymbol{\delta} = \mathbf{G}\boldsymbol{\beta}$，所以 $\boldsymbol{\delta}$ 也是一个 $(k+1) \times 1$ 向量。令 $\hat{\boldsymbol{\beta}}$ 表示 OLS 估计量的 $(k+1) \times 1$ 向量，并定义 $\hat{\boldsymbol{\delta}} = \mathbf{G}\hat{\boldsymbol{\beta}}$ 为 $\boldsymbol{\delta}$ 的 OLS 估计量。

(i) 证明 E$(\hat{\boldsymbol{\delta}} \mid \mathbf{X}) = \boldsymbol{\delta}$。

(ii) 用 σ^2、$\mathbf{X}$ 和 $\mathbf{G}$ 表示 Var$(\hat{\boldsymbol{\delta}} \mid \mathbf{X})$。

(iii) 利用习题 3 验证 $\hat{\boldsymbol{\delta}}$ 和 Var$(\hat{\boldsymbol{\delta}} \mid \mathbf{X})$ 的适当估计值得自 $\mathbf{y}$ 对 $\mathbf{XG}^{-1}$ 的回归。

(iv) 现在，令 $\mathbf{c}$ 为一个至少有一个非零项的 $(k+1) \times 1$ 向量。为简单起见，假定 $c_k \neq 0$。定义 $\theta = \mathbf{c}'\boldsymbol{\beta}$，所以 θ 是一个数量。定义 $\delta_j = \beta_j$，$j = 0, 1, \cdots, k-1$ 和 $\delta_k = \theta$。说明如何定义一个 $(k+1) \times (k+1)$ 非奇异矩阵 $\mathbf{G}$，使得 $\boldsymbol{\delta} = \mathbf{G}\boldsymbol{\beta}$。（提示：$\mathbf{G}$ 的前 k 行都应该包含 k 个 0 和一个 1。最后一行是什么？）

(v) 证明第（iv）部分中 $\mathbf{G}$ 的选择

$$\mathbf{G}^{-1} = \begin{bmatrix} 1 & 0 & 0 & \cdots & 0 \\ 0 & 1 & 0 & \cdots & 0 \\ \vdots & \vdots & \vdots & & \vdots \\ 0 & 0 & \cdots & 1 & 0 \\ -c_0/c_k & -c_1/c_k & \cdots & -c_{k-1}/c_k & 1/c_k \end{bmatrix}$$

利用 $\mathbf{G}^{-1}$ 的这个表达式和第（iii）部分的结论，推定 $\hat{\theta}$ 及其标准误作为如下回归中 x_{tk}/c_k 的系数而得到：

$$y_t \text{ 对} [1-(c_0/c_k)x_{tk}], [x_{t1}-(c_1/c_k)x_{tk}], \cdots,$$

$$[x_{t,k-1}-(c_{k-1}/c_k)x_{tk}], x_{tk}/c_k, t=1, \cdots, n \text{ 做回归}$$

通过将 β_k 表示成 θ 和 β_0, β_1, $\cdots$, β_{k-1} 的函数，代入原模型并重新整理，便恰好得到上述回归。因此，我们规范地说明了，为求参数的一个线性组合的标准误，本书一直使用的一个诀窍的合理性。

5. 假定模型 $\mathbf{y}=\mathbf{X}\boldsymbol{\beta}+\mathbf{u}$ 满足高斯-马尔科夫假设，并令 $\hat{\boldsymbol{\beta}}$ 表示 $\boldsymbol{\beta}$ 的 OLS 估计量。令 $\mathbf{Z}=\mathbf{G}(\mathbf{X})$ 是 $\mathbf{X}$ 的 $n \times (k+1)$ 矩阵函数，并假定 $(k+1) \times (k+1)$ 矩阵 $\mathbf{Z}'\mathbf{X}$ 是非奇异的。定义 $\boldsymbol{\beta}$ 的一个新估计量为 $\tilde{\boldsymbol{\beta}}=(\mathbf{Z}'\mathbf{X})^{-1}\mathbf{Z}'\mathbf{y}$。

（i）证明 $\mathrm{E}(\tilde{\boldsymbol{\beta}}|\mathbf{X})=\boldsymbol{\beta}$，所以以 $\mathbf{X}$ 为条件，$\tilde{\boldsymbol{\beta}}$ 也是无偏的。

（ii）求 $\mathrm{Var}(\tilde{\boldsymbol{\beta}}|\mathbf{X})$。确定这是一个取决于 $\mathbf{Z}$、$\mathbf{X}$ 和 σ^2 的 $(k+1) \times (k+1)$ 对称矩阵。

（iii）你更偏爱哪个估计量，$\hat{\boldsymbol{\beta}}$ 还是 $\tilde{\boldsymbol{\beta}}$？请解释。

6. 考虑弗里施-沃定理。

（i）使用分块矩阵，展示一阶条件 $(\mathbf{X}'\mathbf{X})\hat{\boldsymbol{\beta}}=\mathbf{X}'\mathbf{y}$ 可以被写作

$$\mathbf{X}_1'\mathbf{X}_1\hat{\boldsymbol{\beta}}_1 + \mathbf{X}_1'\mathbf{X}_2\hat{\boldsymbol{\beta}}_2 = \mathbf{X}_1'\mathbf{y}$$

$$\mathbf{X}_2'\mathbf{X}_1\hat{\boldsymbol{\beta}}_1 + \mathbf{X}_2'\mathbf{X}_2\hat{\boldsymbol{\beta}}_2 = \mathbf{X}_2'\mathbf{y}$$

（ii）将第一个等式乘以 $\mathbf{X}_2'\mathbf{X}_1(\mathbf{X}_1'\mathbf{X}_1)^{-1}$，并减去第二个等式，证明：

$$(\mathbf{X}_2'\mathbf{M}_1\mathbf{X}_2)\hat{\boldsymbol{\beta}}_2 = \mathbf{X}_2'\mathbf{M}_1\mathbf{y}$$

式中，$\mathbf{M}_1=\mathbf{I}_n-\mathbf{X}_1(\mathbf{X}_1'\mathbf{X}_1)^{-1}\mathbf{X}_1'$。进一步推导可得：

$$\hat{\boldsymbol{\beta}}_2=(\ddot{\mathbf{X}}_2'\ddot{\mathbf{X}}_2)^{-1}\ddot{\mathbf{X}}_2'y$$

（iii）利用第（ii）部分的结论证明

$$\hat{\boldsymbol{\beta}}_2 = (\ddot{\mathbf{X}}_2'\ddot{\mathbf{X}}_2)^{-1}\ddot{\mathbf{X}}_2'\ddot{y}$$

（iv）利用性质 $\mathbf{M}_1\mathbf{X}_1=\mathbf{0}$，证明用 $\ddot{y}$ 对 $\ddot{\mathbf{X}}_2$ 回归所得残差 $\ddot{\mathbf{u}}$ 与用 $\mathbf{y}$ 对 $\mathbf{X}_1$、$\mathbf{X}_2$ 回归所得残差 $\hat{\mathbf{u}}$ 是相同的。

［提示：根据定义和 FW 定理有

$$\ddot{\mathbf{u}}=\ddot{y}-\ddot{\mathbf{X}}_2\hat{\boldsymbol{\beta}}_2=\mathbf{M}_1(\mathbf{y}-\mathbf{x}_2\hat{\boldsymbol{\beta}}_2)=\mathbf{M}_1(\mathbf{y}-\mathbf{X}_1\hat{\boldsymbol{\beta}}_1-\mathbf{X}_2\hat{\boldsymbol{\beta}}_2)$$

请读者自行完成其余部分。］

7. 假设以矩阵符号表示的线性模型

$$\mathbf{y}=\mathbf{X}\boldsymbol{\beta}+\mathbf{u}$$

满足假定 E.1、E.2、E.3。将模型分块写为：

$$\mathbf{y}=\mathbf{X}_1\boldsymbol{\beta}_1+\mathbf{X}_2\boldsymbol{\beta}_2+\mathbf{u}$$

式中，$\mathbf{X}_1$ 为 $n \times (k_1+1)$ 维的矩阵，$\mathbf{X}_2$ 则为 $n \times k_2$ 维的矩阵。

（i）考虑如下估计 $\boldsymbol{\beta}_2$ 的方法。首先，将 $\mathbf{y}$ 对 $\mathbf{X}_1$ 回归并获得残差，命名为 $\ddot{y}$。然后，将 $\ddot{y}$ 对 $\mathbf{X}_2$ 回归，获得系数 $\tilde{\boldsymbol{\beta}}_2$。展示 $\tilde{\boldsymbol{\beta}}_2$ 通常是有偏的，并说明偏误是什么。［你应当发现 $\mathrm{E}(\tilde{\boldsymbol{\beta}}_2|\mathbf{X})$ 是由 $\boldsymbol{\beta}_2$、$\mathbf{X}_2$ 以及残差

附录

生成矩阵 $\mathbf{M}_1$ 所构成的。]

（ii）一个特例：

$$\mathbf{y} = \mathbf{x}_1 \boldsymbol{\beta}_1 + \beta_k \mathbf{X}_k + \mathbf{u}$$

式中，$\mathbf{X}_k$ 是变量 x_{tk} 构成的 $n \times 1$ 维向量。证明：

$$\mathrm{E}(\tilde{\beta}_k \mid \mathbf{X}) = \left(\frac{SSR_k}{\sum_{t=1}^{n} x_{tk}^2} \right) \beta_k$$

式中，SSR_k 是将 x_{tk} 对 1，x_{t1}，x_{t2}，…，$x_{t,k-1}$ 回归所得的残差平方和。为什么在上式中与 β_k 相乘的因式永远不会大于 1？

（iii）假设你知道系数 $\boldsymbol{\beta}_1$。说明使用 $\mathbf{y} - \mathbf{X}_1 \boldsymbol{\beta}_1$ 对 $\mathbf{X}_2$ 回归可以得到（基于 $\mathbf{X}$ 的）$\boldsymbol{\beta}_2$ 的无偏估计。

8. 在多元线性回归的背景下，定义 $n \times n$ 矩阵

$$\mathbf{M} = \mathbf{I}_n - \mathbf{X} (\mathbf{X}'\mathbf{X})^{-1} \mathbf{X}'$$

（i）证明矩阵 $\mathbf{M}$ 是对称幂等矩阵。

（ii）证明矩阵 $\mathbf{M}$ 的对角线上的元素 m_{tt} 均满足 $0 \leqslant m_{tt} \leqslant 1$，$t = 1, 2, \cdots, n$。

（iii）假设线性模型 $\mathbf{y} = \mathbf{X}\boldsymbol{\beta} + \mathbf{u}$ 满足高斯-马尔科夫假设，令 $\hat{\mathbf{u}}$ 为 OLS 向量的残差。

证明：

$$\mathrm{E}(\hat{\mathbf{u}}\hat{\mathbf{u}}' \mid \mathbf{X}) = \sigma^2 \mathbf{M}$$

（iv）说明当误差 $\{u_t : t = 1, 2, \cdots, n\}$ 满足同方差性和不相关性（即满足高斯-马尔科夫假设）时，OLS 残差是序列相关且异方差的。

9. 考虑总体模型

$$\mathbf{y} = \mathbf{X}\boldsymbol{\beta} + u$$

且 　　$\mathrm{E}(u \mid \mathbf{x}) = \mathbf{0}$

式中，$\mathbf{x}$ 是 $1 \times (k+1)$ 维向量，

$$\mathbf{x} = (1, x_1, x_2, \cdots, x_k)$$

令 $\{(\mathbf{x}_i, y_i) : i = 1, 2, \cdots, n\}$ 为一随机样本。证明假定 E.3 与 E.5 成立。

第 2 章

思考题 2.1：方程（2.6）适用于未观察到的因素——如学生能力、动机、年龄等——与出勤率无关的情况。换句话说，不可观测变量的平均值（u）不取决于出席的值（x）。

思考题 2.2：大约 11.05 美元。这是因为，从 1976 年和 2003 年的平均工资来衡量，消费者价格指数（CPI）的平减指数计算为 $19.06/5.90=3.23$。将 3.42 美元乘以 3.23，得到 11.05 美元。

思考题 2.3：这个等式将是 $salaryhun=9\,631.91+185.01roe$，这很容易通过将方程（2.39）乘以 10 看出。

思考题 2.4：计算公式为 $\widehat{salaryhun}=9\,631.91+185.01roe$，用方程（2.39）乘以 10 就可以很容易地看出。

思考题 2.5：方程（2.58）可以写成 $\mathrm{Var}(\hat{\beta}_0)=(\sigma^2 n^{-1})\left(\sum_{i=1}^{n}x_i^2\right)/\left(\sum_{i=1}^{n}(x_i-\bar{x})^2\right)$，其中被 $\sigma^2 n^{-1}$ 相乘的项大于或等于 1，但当且仅当 $\bar{x}=0$ 时等于 1。当这一项等于 1 时，方差取最小值：$\mathrm{Var}(\hat{\beta}_0)=\sigma^2/n$。

第 3 章

思考题 3.1：这些因素包括年龄和性别分布、警力规模（或更一般地说，用于打击犯罪的资源）、人口和一般历史因素。这些因素肯定可能与 $prbconv$ 和 $avgsen$ 相关，这意味着方程（3.5）不成立。例如警力规模可能与 $prbcon$ 和 $avgsen$ 都相关，因为一些城市在预防犯罪和执法方面投入了更多的精力，我们应该尽可能多地考虑这些因素。

思考题 3.2：大约 3.06。利用 OLS 关于预测值和残差的第三个性质，将所有自变量的平均值代入 OLS 回归方程中，得到因变量平均值。所以 $\overline{colGPA}=1.29+0.453\,\overline{hsGPA}+0.009\,4\,\overline{ACT}=1.29+0.453\times3.4+0.009\,4\times24.2\approx3.06$。您可以在 GPA1 中检查 $colGPA$ 的平均值，以验证其精确到小数点后两位。

思考题 3.3：并不违背。因为尽管变量 $shareA$ 是变量 $expendA$ 和 $expendB$ 的一个精确的非线性函数：$shareA = 100 \times [expendA/(expendA + expendB)]$，但它并不是它们的精确线性组合。因此，将 $expendA$、$expendB$ 和 $shareA$ 作为解释变量是合理的。

思考题 3.4：正如我们在 3.4 节中所讨论的，如果我们对 x 对 y 的影响感兴趣，那么其他解释变量（x_2、x_3 等）之间的相关性不会影响 $\mathrm{Var}(\hat{\beta}_1)$。这些变量作为控制变量被包括在内，我们不必担心控制变量之间的共线性。当然，我们之所以对它们进行控制，主要是因为我们认为它们与出勤率相关，但这对于进行**其他条件不变**（ceteris paraibus）的分析是必要的。

第 4 章

思考题 4.1：在这些假设下，满足高斯-马尔可夫假设：u 与解释变量相互独立，所以 $\mathrm{E}(u \mid x_1, \cdots, x_k) = \mathrm{E}(u)$，$\mathrm{Var}(u \mid x_1, \cdots, x_k) = \mathrm{Var}(u)$。而且，很容易看出 $\mathrm{E}(u) = 0$。因此，假设 MLR4 和 MLR5 成立。但是，不满足经典线性模型假设，因为 u 不是正态分布（这违反了假设 MLR.6）。

思考题 4.2：$\mathrm{H}_0: \beta_1 = 0$；$\mathrm{H}_1: \beta_1 < 0$。

思考题 4.3：因为 $\hat{\beta}_1 = 0.56 > 0$，对应的 p 值是 0.086。因为我们进行的是单侧检验 $\mathrm{H}_1: \beta_1 > 0$，因此单侧 p 值是双侧检验 p 值的一半，即 0.043。

思考题 4.4：$\mathrm{H}_0: \beta_5 = \beta_6 = \beta_7 = \beta_8 = 0$。$k = 0$ 和 $q = 4$。该回归方程的受约束形式为：

$$score = \beta_0 + \beta_1 classize + \beta_2 expend + \beta_3 tchcomp + \beta_4 enroll + u$$

思考题 4.5：检验排除 ACT 的 F 统计量是 $[(0.291 - 0.183)/(1 - 0.291)]$ $(680 - 3) \approx 103.13$。因此，t 统计量的绝对值是 10.16。但是，关于 ACT 的 t 统计量取值为负，这是因为 $\widehat{\beta_{ACT}}$ 是负数，因此 $t_{ACT} = -10.16$。

思考题 4.6：差不了多少。进行 $droprate$ 和 $graduate$ 的联合显著性 F 检验是很容易的。可以从表 4.1 中的 R^2 计算 F 统计量：$F = [(0.361 - 0.353)/(1 - 0.361)](402/2) \approx 2.52$。从附录统计表 G 的表 G.3a 中得到的 10% 临界值为 2.30；从附录统计表 G 的表 G.3b 中可以看出，5% 临界值为 3，对应的 p 值约为 0.82。因此，$droprate$ 和 $graduate$ 在 10% 的显著性水平上是共同显著的，但在 5% 的显著性水平上不显著。无论如何，对这些变量的控制对 b/s 系数的影响很小。

第 5 章

思考题 5.1：假设 $\beta_2 > 0$（$score$ 正向取决于 $priGPA$）和 $\mathrm{Cov}(skipped, priGPA) < 0$（$skipped$ 和 $priGPA$ 是负相关的），我们有 $\beta_2 \delta_1 < 0$，这意味着 plim。因为 β_1 被认为是负的（或者至少是非正的），一个简单的回归很可能高估逃课的重要性。

思考题 5.2：$\hat{\beta}_j \pm 1.96 se(\hat{\beta}_j)$ 是渐近的 95% 置信区间。或者，我们可以将 1.96 替换为 2。

第 6 章

思考题 6.1：因为 $fincdol = 1\,000\,faminc$，所以 $fincdol$ 的系数为 $faminc$ 的系数除以 $1\,000$，即 $0.092\,7/1\,000 = 0.000\,092\,7$。标准差也下降了 $1\,000$。因此 t 统计量不会改变，其他 OLS 统计量也不会改变。但是为了方便阅读，最好是以千美元来衡量家庭收入。

思考题 6.2：我们采用更一般的回归方程：

$$\log(y) = \beta_0 + \beta_1 \log(x_1) + \beta_2 x_2 + \cdots$$

其中 x_2 是一个比例而不是百分比。在其他条件相同的情况下，$\Delta \log(y) = \beta_2 \Delta x_2$，$100 \cdot \Delta \log(y) = \beta_2 (100 \cdot \Delta x)$，或 $\%\Delta y \approx \beta_2 (100 \cdot \Delta x_2)$。现在，因为 Δx_2 是比例部分的变化，$100 \cdot \Delta x_2$ 是一个百分点的变化。特别是，如果 $\Delta x_2 = 0.01$，那么 $100 \cdot \Delta x_2 = 1$，这相当于一个百分点的变化。但 β_2 是当 $100 \cdot \Delta x_2 = 1$ 时，y 的百分比变化。

思考题 6.3：新的回归模型为：$stndfnl = \beta_1 + \beta_1 atndrte + \beta_2 priGPA + \beta_3 ACT + \beta_4 priGPA^2 + \beta_5 ACT^2 + \beta_6 priGPA \cdot atndrte + \beta_7 ACT \cdot atndrte + u$，因此 $andte$ 对 $stndfnl$ 的偏效应为 $\beta_1 + \beta_6 priGPA + \beta_7 ACT$。这是我们乘以 $\Delta atndrte$ 得到的在 $stndfni$ 中其他条件相同的变化。

思考题 6.4：由 (6.21) 式可知，$\bar{R} = 1 - \hat{\sigma}^2 / [\text{SST}/(n-1)]$。对于给定的样本和给定的因变量，$\text{SST}/(n-1)$ 是固定的。当我们使用不同的解释变量集时，只有 $\hat{\sigma}^2$ 发生变化。当 $\hat{\sigma}^2$ 减少时，$\bar{R}^2$ 增加。如果我们使 $\hat{\sigma}$ 因此使 $\hat{\sigma}^2$ 尽可能小，我们就能让 $\bar{R}^2$ 尽可能大。

思考题 6.5：对于一个选定的运动，比如说，NBA 的球员，我们可以收集大量的统计数据来描述每个球员在场上的表现，变量包括上场比赛、每场比赛上场时间、每场比赛得分、每场比赛篮板、每场比赛助攻和防守效率的措施。由不同纬度的变量可以构成一个实际集合，这些变量能表明 NBA 篮球运动员的生产力。使用有关工资和绩效的数据，我们可以运行一个关于工资的回归，或者，我们可以对严格正的变量取对数，比如，$lsalary = \log(salary)$，来直接评估球员的表现。具体来说，回归拟合值能给出我们基于球员表现预测的对数工资。然后，我们可以计算残差，看看哪些球员的实际工资高于预测值（"多付"的球员），哪些球员的残差为负（"少付"的球员）。记住，残差的总和总是为零。因此，通过回归方程，我们一定能发现一些球员是"多付"、一些是"少付"。

第 7 章

思考题 7.1：不，因为不清楚什么时候 $party$ 是 1，什么时候它是 0。一个更好的名字应该是像 Dem 这样的：民主党候选人为 1，共和党候选人为 0。或者，Rep：共和党候选人为 1，民主党候选人为 0。

思考题 7.2：以 $outfiled$ 为基组，我们可以在回归中加入 $frstbase$、$scndbase$、$thrdbase$、$shrtstop$ 和 $catcher$ 这些虚拟变量。

附录

思考题 7.3：这里的原假设是：$H_0：\delta_1=\delta_2=\delta_3=\delta_4=0$，所以这里有 4 个限制。像往常一样，我们将使用 F 检验（其中 $q=4$，k 取决于其他解释变量的数量）。

思考题 7.4：因为 $tenure$ 是二次方的，我们应该允许男性和女性分开的二次方。也就是说，我们会加上 $female \cdot tenure$ 和 $female \cdot tenure^2$ 的解释变量。

思考题 7.5：我们将 $pcnv=0$，$avgsen=0$，$tottime=0$，$ptime86=0$，$qemp86=4$，$black=1$，$hispan=0$ 代入方程（7.31）：$\widehat{arr86}=0.380-0.038\times4+0.170=0.398$，也就是说，差不多是 4。很难知道这是否"合理"。对于一个没有前科的人来说，这个估计可能看起来很高，但要记住，在 1986 年之前，这些人至少被拘捕过一次。

第 8 章

思考题 8.1：例如，在方程（8.7）中，$black$ 变量的普通标准误是 0.147，而异方差—稳健标准误是 0.118。

思考题 8.2：F 检验可通过将 $\hat{u}^2$ 对 $marrmale$、$marrfem$ 和 $singfem$ 进行回归而获得。这个回归中有 3 个自变量和 526 个观测值，因此对应的自由度 df 分别为 3 和 522。

思考题 8.3：当然，统计检验的结果表明有一些值得关注的原因：2.96 的 t 统计量是非常显著的，这意味着财富方程中存在异方差。作为一件实际的事情，我们知道，WLS 标准误 0.063 远低于 OLS 的异方差—稳健标准误 0.104。因此异方差似乎是实际重要的。（另外，非稳健的 OLS 标准误为 0.061，这太乐观了。因此，即使我们简单地对未知形式的异方差调整 OLS 标准误，也会导致不可忽视的影响。）

思考题 8.4：具有 $(2，\infty)$ 自由度的 F 分布的 1% 临界值是 4.61。11.15 的 F 统计量则远远高于 1% 的临界值，因此我们强烈拒绝原假设，即转换后的残差 $u_i/\sqrt{h_i}$ 是同方差的。（实际上，p 值小于 0.000 02，这是从 $F_{2,804}$ 分布获得的。）这意味着我们用 $Var(u \mid \mathbf{x})$ 模型不足以完全消除 u 中的异方差。

第 9 章

思考题 9.1：这些是二元变量，因此对它们进行平方没有效果：$black^2=black$，$hispan^2=hispan$。

思考题 9.2：当 $educ \cdot IQ$ 在回归方程中时，$educ$ 的系数，比如 β_1，表示当 $IQ=0$ 时 $educ$ 对 $\log(wage)$ 的影响。（$educ$ 的偏效应是 $\beta_1+\beta_9 IQ$。）在我们感兴趣的样本人群中，没有一个人的智商接近于零。人口的平均智商是 100，第（3）列的教育收益估计为 $0.018+0.000 34\times100=0.052$，这几乎就是我们在第（2）列中得到的教育系数。

思考题 9.3：否。如果 $educ^*$ 是一个整数，这意味着某人没有受过超过上一个年级的教育，那么测量误差为零。如果 $educ^*$ 不是一个整数，$educ<educ^*$，那么测量误差为负。至少 e_1 不能有零均值，并且 e_1 和 $educ^*$ 可能相关。

思考题 9.4：现任总统不参选的决定可能与他或她在选举中的表现有系统的联系。因此，我们可能只有一个在职者的样本，平均而言，他们比所有可能的竞选者都要强大。如果我们感兴趣的总体包括所有在职者，这会导致样本选择问题。但是，如果我们只关注竞选支出对谋求连任的现任者选举结果的影响，就不存在样本选择问题了。

第 10 章

思考题 10.1：即期倾向为 0.48，而长期倾向为 0.48－0.15＋0.32＝0.65。

思考题 10.2：解释变量为 $x_{t1}＝z_t$ 和 $x_{t2}＝z_{t-1}$，不存在完美的共线性意味着它们不是常数，它们也不可能在样本中存在完全共线性。这就排除了 z_1，…，z_n 或者 z_0，z_1，…，z_{n-1} 取相同值的可能性。但它也消除了其他样式。例如，如果 $z_t＝a＋bt$，对于常数 a 和 b，则 $z_{t-1}＝a＋b(t-1)＝(a＋bt)－b＝z_t－b$，它是关于 z 的一个完全线性函数。

思考题 10.3：如果 $\{z_t\}$ 随着时间的推移缓慢移动，就像许多经济时间序列的水平值或对数值的情况一样，那么 z_t 和 z_{t-1} 可以是高度相关的。例如，在 PHILLIPS 中，$unem_t$ 和 $unem_{t-1}$ 之间的相关性是 0.75。

思考题 10.4：不。因为当 t 变大时，具有 $\alpha_1＜0$ 的线性时间趋势变得负得越来越大。由于 gfr 不能为负，所以具有负趋势系数的线性时间趋势不能代表未来所有时间段的 gfr。

思考题 10.5：mar 的截距为 $\beta_0＋\delta_2$。季节虚拟变量是严格外生的，因为它们遵循一个确定性的模式。例如，月份并不因自变量或因变量的变化而变化。

第 11 章

思考题 11.1：（1）不对，因为 $E(y_t)＝\delta_0＋\delta_1 t$ 取决于 t。（2）对，因为 $y_t－E(y_t)＝e_t$ 是一个独立同分布的序列。

思考题 11.2：我们将 $inf_t^e＝(1/2)\cdot inf_{t-1}＋(1/2)\cdot inf_{t-2}$ 插入 $inf_t－inf_t^e＝\beta_1(unem_t－\mu_0)＋e_t$，并且重新整理：$inf_t－(1/2)\cdot(inf_{t-1}＋inf_{t-2})＝\beta_0＋\beta_1 unem_t＋e_t$，其中 $\beta_0＝-\beta_1\mu_0$，和之前一样。因此，我们可以将 y_t 对 $unem_t$ 进行回归，其中 $y_t＝inf_t－(1/2)\cdot(inf_{t-1}＋inf_{t-2})$。注意到我们在构建 y_t 的时候失去了前两个观测。

思考题 11.3：不是，因为 u_t 和 u_{t-1} 是相关的。特别地，如果 $\alpha_1\neq0$，$Cov(u_t, u_{t-1})＝E[(e_t＋\alpha_1 e_{t-1})(e_{t-1}＋\alpha_1 e_{t-2})]＝\alpha_1 E(e_{t-1}^2)＝\alpha_1\sigma_e^2\neq0$。如果误差是相关的，则模型不是动态完备的。

第 12 章

思考题 12.1：我们使用方程（12.4）。现在，只有相邻项是相关的。特别地，$x_t u_t$ 和 $x_{t+1}u_{t+1}$ 之间的协方差是 $x_t x_{t+1}Cov(u_t, u_{t+1})＝x_t x_{t+1}\alpha\sigma_e^2$。因此，表达式转化为：

$$\mathrm{Var}(\hat{\beta}_1) = \mathrm{SST}_x^{-2} \Big(\sum_{t=1}^{n} x_t^2 \mathrm{Var}(u_t) + 2\sum_{t=1}^{n-1} x_t x_{t+1} E(u_t u_{t+1}) \Big)$$

$$= \sigma^2/\mathrm{SST}_x + (2/\mathrm{SST}_x^2) \sum_{t=1}^{n-1} \alpha \sigma_e^2 x_t x_{t+1}$$

$$= \sigma^2/\mathrm{SST}_x + \alpha \sigma_e^2 (2/\mathrm{SST}_x^2) \sum_{t=1}^{n-1} x_t x_{t+1}$$

其中 $\sigma^2 = \mathrm{Var}(u_t) = \sigma_e^2 + \alpha_1^2 \sigma_e^2 = \sigma_e^2(1+\alpha_1^2)$。除非 x_t 和 x_{t+1} 在样本中是不相关的，否则当 $\alpha_1 \neq 0$ 时，第二项都是非零的。注意，如果 x_t 和 x_{t+1} 是正相关的，并且 $\alpha < 0$，则真实方差实际上小于通常的方差。当方程处于水平值时（与一阶差分相反），典型的情况是 $\alpha > 0$，x_t 和 x_{t+1} 之间正相关。

思考题 12.2：$\hat{\rho} \pm 1.96 \mathrm{se}(\hat{\rho})$，其中 $\mathrm{se}(\hat{\rho})$ 是回归中报告的标准误。或者，我们可以使用异方差—稳健的标准误。证明它是渐近有效的是复杂的，因为 OLS 残差依赖于 $\hat{\beta}_j$，但还是可以证明。

思考题 12.3：我们脑海中的模型是 $u_t = \rho_1 u_{t-1} + \rho_4 u_{t-4} + e_t$，我们希望检验的原假设是 $\mathrm{H}_0: \rho_1 = 0$，$\rho_4 = 0$，对应的备择假设是 H_0 为假。我们可以将 $\hat{u}_t$ 对 $\hat{u}_{t-1}$ 和 $\hat{u}_{t-4}$ 进行回归，这样可以得到检验联合显著性的 F 统计量（我们事实上检验的是两个约束）。

思考题 12.4：由于 $\hat{\rho} = 0.92$ 非常接近于 1，因此如果采用水平值回归可能会产生一些问题，所以我们将使用一阶差分法来估计方程。更多的讨论请参见第 18 章。

思考题 12.5：由于只有一个解释变量，所以怀特检验可以通过将 $\hat{u}_t^2$ 对 $return_{t-1}$ 和 $return_{t-1}^2$ 进行回归得到（与往常一样，具有截距）并计算 F 检验以检验 $return_{t-1}$ 和 $return_{t-1}^2$ 的联合显著性。如果这些值在一个足够小的意义水平上是联合显著的，我们将拒绝同方差的原假设。

第 13 章

思考题 13.1：是的，假设我们已经控制了所有相关因素。$black$ 的系数为 1.076，标准误为 0.174，与 1 没有统计学差异。95% 置信区间约为 0.735 至 1.417。

思考题 13.2：$highearn$ 的系数表明，在收入上限没有任何变化的情况下，高收入者花在工人补偿上的时间要多得多，平均为 29.2%［因为 $\exp(0.256) - 1 \approx 0.292$］。

思考题 13.3：$E(v_{i1}) = E(a_i + u_{i1}) = E(a_i) + E(v_{i1}) = 0$。类似地，$E(v_{i2}) = 0$。因此，$v_{i1}$ 和 v_{i2} 之间的协方差是 $E(v_{i1} v_{i2}) = E[(a_i + u_{i1})(a_i + u_{i2})] = E(a_i^2) + E(a_i u_{i1}) + E(a_i u_{i2}) + E(u_{i1} u_{i2}) = E(a_i^2)$，因为假设所有协方差项都为零。但是 $E(a_i^2) = \mathrm{Var}(a_i)$，因为 $E(a_i) = 0$。这会导致每个 i 内的误差随时间变化的正的序列相关性，从而使得混合 OLS 回归中常规的 OLS 标准误有偏。

思考题 13.4：因为 $\Delta admn = admn_{90} - admn_{85}$ 是 0—1 虚拟变量的差分，它可以是 -1，当且仅当 $admn_{90} = 0$ 和 $admn_{85} = 1$ 时。换句话说，华盛顿州自身有一个行

政法律在 1985 年制定但在 1990 年被废除。

思考题 13.5：不，正如它不会导致严格外生解释变量的时间序列回归中的有偏性和不一致性一样。有两个原因值得关注。首先，任何方程中的误差序列相关性通常会导致常规的 OLS 标准误和检验统计量有偏。其次，这意味着混合 OLS 不如考虑序列相关性的估计量那样有效（如第 12 章讨论的那样）。

第 14 章

思考题 14.1：无论我们使用一阶差分还是组内变换，在估计 $kids_{it}$ 的系数的时候都会面临困难。例如，使用组内变换，如果 $kids_{it}$ 在家庭 i 内没有变化，那么，对于 $t=1$，2，3，有 $\ddot{kids}_{it}=kids_{it}-\overline{kids}_i=0$。只要一些家庭的 $kids_{it}$ 有变化，我们就可以计算固定效应估计量，但 $kids$ 的系数可能是非常不精确的估计。这是固定效应估计（或一阶差分估计）中多重共线性的一种形式。

思考题 14.2：如果一家企业在第一年没有领取津贴，那么它在第二年可能会领取津贴，也可能不会。但是如果一家企业确实在第一年领取了津贴，那么它就不能在第二年领取津贴。也就是说，如果 $grant_{-1}=1$，那么 $grant=0$。这导致了 $grant$ 和 $grant_{-1}$ 之间的负相关关系。我们可以使用 JTRAIN 中 1989 年的数据，通过将 $grant$ 对 $grant_{-1}$ 进行回归来验证这一点。使用样本中的所有企业，我们得到

$$\widehat{grant} = 0.248 - 0.248\, grant_{-1}$$
$$(0.035)\ (0.072)$$
$$n = 157,\ R^2 = 0.070$$

$grant_{-1}$ 上的系数必须是截距的负值，因为当 $grant_{-1}=1$ 时，$\widehat{grant}=0$。

思考题 14.3：它表明，不可观测效应 a_i 与 $union_{it}$ 联合正相关，记住，混合 OLS 在误差项中留下了 a_i，而固定效应删除了 a_i。根据定义，a_i 对 $\log(wage)$ 有正效应。通过标准的遗漏变量分析（见第 3 章），当解释变量（$union$）与遗漏变量（a_i）正相关时，OLS 具有向上的偏误。因此，"加入工会"似乎与一个和时间无关但是却影响工资的变量正相关。

思考题 14.4：如果一个家庭中的所有姐妹都是同父同母的，就不需要了。然后因为父母的种族变量不会变化，所以它们会在方程（14.13）中被差分掉。

第 15 章

思考题 15.1：可能不会。在简单方程（15.18）中，教育年限是误差项的一部分。如果一些人因分到较小征兵抽签号而得到了额外的教育，那么抽签号与受教育程度负相关，这违反了方程（15.4）中对工具变量的第一要求。

思考题 15.2：(i) 对于方程（15.27），我们要求高中同辈群体的影响延续到大学。换句话说，对于给定的 SAT 分数，一个上过抽烟比较流行的高中的学生在大学里会抽更多的烟。即使识别条件方程（15.27）成立，链接也可能是弱的。

（ii）我们必须假设，学生在高中抽烟的比例与影响大学平均绩点的不可观测因素无关。虽然我们通过把 SAT 纳入考虑范围来控制高中的质量，但这可能还不够。也许在为学生上大学做了更多准备工作的高中，抽烟的学生也更少。或者抽烟可能与平均收入水平相关。当然，这些都是经验性的问题，我们也许能回答、也许不能回答。

思考题 15.3：虽然国家步枪协会（NRA）和枪支杂志订阅者的普遍程度可能与枪支管理法的存在有关，但并不明显的是，它们与影响暴力犯罪率的不可观测因素无关。事实上，我们可能会说，对枪支感兴趣的人口是高犯罪率的反映，而控制经济和人口变量不足以反映这一点。很难令人信服地说，在暴力犯罪方程中，这些是真正的外生因素。

思考题 15.4：同往常一样，有两项要求。首先，在扣除了投资率和劳动力增长后，政府支出的增长应该与总统所在的政党有系统的联系。换句话说，工具变量必须与内生的解释变量部分相关。虽然我们可能会认为，在共和党总统任期内，政府支出增长较慢，但这在美国并不总是正确的，必须对简化式 $gGov_t = \pi_0 + \pi_1 REP_{t-1} + \pi_2 INVRAT_t + \pi_3 gLAB_t + v_t$ 回归中 REP_{t-1} 的系数进行 t 检验。我们必须假设总统所在的政党对 $gGDP$ 没有能够分开的其他影响。这一假设有可能被违背，比如，货币政策会由于总统所在政党的不同系统性地发生变化，而这一变化会对 GDP 增长产生额外的影响。

第 16 章

思考题 16.1：可能不会。正是因为企业共同选择价格和广告支出，我们才对广告的外生变化的实验不感兴趣，我们想知道的是对价格的影响。因此，我们将价格和广告建模为需求和成本变量的函数。这就是经济学理论的落脚点。

思考题 16.2：我们必须假设两件事。首先，货币供应量的增长应该出现在方程（16.22）中，这样它就与 inf 部分相关。其次，我们必须假设货币供给增长不出现在方程（16.23）中。如果我们认为必须将货币供应量的增长纳入方程（16.23），那么我们仍然缺少一个 inf 的工具变量。当然，货币供应量增长是外生的假设也可以受到质疑。

思考题 16.3：使用第 15 章中的豪斯曼检验。具体而言，令 $\hat{v}_2$ 为将 $open$ 对 $\log(pcinc)$ 和 $\log(land)$ 进行回归的 OLS 的残差。然后，将 inf 对 $open$，$\hat{v}_2$ 和 $\log(pcinc)$ 进行回归，接着计算 $\hat{v}_2$ 的 t 统计量并检验其显著性。如果 $\hat{v}_2$ 显著，那么 2SLS 和 OLS 在统计上是不一样的。

思考题 16.4：需求函数的形式是：

$$\log(fish_t) = \beta_0 + \beta_1 \log(prcfish_t) + \beta_2 \log(inc_t)$$
$$+ \beta_3 \log(prcchick_t) + \beta_4 \log(prcbeef_t) + u_{t1}$$

这里使用对数，使得所有的弹性都是常数。根据假设，需求函数不包含季节性，因此方程不包含月度虚拟变量（例如，2 月，3 月，…，12 月的虚拟变量，当我们以 1 月为基准月时）。此外，根据假设，鱼的供应是季节性的，这意味着供应函数至少依赖于一些月度虚拟变量。即使没有解出 $\log(prcfish)$ 的缩略形式，我们也可以得出结论：它取决于月度虚拟变量。由于这些都是外生的，因此在估计需求函数的时候，它们可以被用来作为 $\log(pricfish)$ 的工具变量。因此，我们在估计对鱼的需求函数的时候，可以将月份虚拟变量作为 $\log(prcfish)$ 的工具变量。该模型能被识别要求至少有一个月的虚拟变量的系数非零，并且出现在 $\log(prcfish)$ 的约简型中。

第 17 章

思考题 17.1：H_0：$\beta_4 = \beta_5 = \beta_6 = 0$，因此在 LR 或者瓦尔德检验中有三个约束，或者说自由度为 3。

思考题 17.2：首先，函数 $\Phi(\hat{\beta}_0 + \hat{\beta}_1 nwifeinc + \hat{\beta}_2 educ + \hat{\beta}_3 exper + \hat{\beta}_4 exper^2 + \cdots)$ 关于变量 $exper$ 的偏导数为 $\phi(\cdot)(\hat{\beta}_3 + 2\hat{\beta}_4 exper)$，其中，$\phi(\cdot)$ 在给定值和经验的初始水平下被计算。因此，我们需要计算标准正态分布的分布函数在 $0.270 - 0.012 \times 20.13 + 0.131 \times 12.3 + 0.123 \times 10 - 0.001\ 9 \times 10^2 - 0.053 \times 42.5 - 0.868 \times 0 + 0.036 \times 1 \approx 0.463$ 下的取值，在这里，我们将经验的初始水平（10）代入计算。但是，$\phi(0.463) = (2\pi)^{1/2} \exp[(-0.463)^2 / 2] \approx 0.358$。接下来，我们将它乘以 $\hat{\beta}_3 + 2\hat{\beta}_4 exper$，此时 $exper$ 取值为 10。因此，在微积分下近似的偏效应大小为 $0.358 \times (0.123 - 2 \times 0.001\ 9 \times 10) \approx 0.030$。换句话说，在给定的解释变量值和初始值 $exper = 10$ 处，下一年的经验会将劳动力参与的概率提前约 0.03。

思考题 17.3：不是。婚外情的数量是一个非负整数，假定在人口的很大一部分中为零或很小的数字。使用托宾模型是不现实的，该模型虽然允许在零处堆积，但将 y 视为连续分布在正值上。在形式上，假设 $y = \max(0, y^*)$，其中 y^* 是正态分布的，当 $y > 0$ 时，这和婚外情数量的离散性是不一致的。

思考题 17.4：调整后的标准误是通常的泊松 MLE 标准误乘以 $\hat{\sigma} = \sqrt{2} \approx 1.41$，因此调整后的标准误将高出 41% 左右。准 LR 统计量是通常的 LR 统计量除以 $\hat{\sigma}$，因此它将是通常 LR 统计量的一半。

思考题 17.5：根据假设，$mvp_i = \beta_0 + \mathbf{x}_i \boldsymbol{\beta} + u_i$，其中和常规设定一样，$\mathbf{x}_i \boldsymbol{\beta}$ 表示所有外生变量的线性函数。现在，观察到的工资是最低工资和边际产量乘积中最大的，因此 $wage_i = \max(minwage_i, mvp_i)$，这和方程（17.34）非常类似，只不过 max 运算符替换了 min 运算符。

第 18 章

思考题 18.1：我们可以将这些值直接代入方程（18.1）并取期望值。首先由于 $z_s = 0$，对于所有 $s < 0$，有 $y_{-1} = \alpha + u_{-1}$。然后，$z_0 = 1$，所以 $y_0 = \alpha + \delta_0 + u_0$。对于 $h \geqslant 1$，有 $y_h = \alpha + \delta_{h-1} + \delta_h + u_h$，因为这些误差项的期望值为零，所以有，对于所有

附录

$h \geqslant 1$，$E(y_{-1})=\alpha$，$E(y_0)=\alpha+\delta_0$，$E(y_h)=\alpha+\delta_{h-1}+\delta$。因此，随着 $h \to \infty$，$\delta_h \to 0$。随后可得出，随着 $h \to \infty$，有 $E(y_h) \to \alpha$。也就是说，在时期 0，y_h 的期望值回归到 z 增加之前的期望值。这是有道理的：虽然 z 的增长持续了两个时期，但它仍然是暂时的增长。

思考题 18.2：在所描述的设置下，Δy_t 和 Δx_t 是相互独立的独立同分布序列。特别地，Δy_t 和 Δx_t 是不相关的。如果 $\hat{\gamma}_t$ 是将 Δy_t 对 Δx_t，$t=1$，2，$\cdots$，n 进行回归的斜率系数，那么 $\text{plim}\hat{\gamma}_t=0$。这是自然的，因为我们将一个 I(0) 过程对另一个 I(0) 过程进行回归，并且这两个 I(0) 过程还是不相关的。我们写出这个等式 $\Delta y_t=\gamma_0+\gamma_1 \Delta x_t+e_t$，因为 $\{e_t\}$ 独立于 $\{\Delta x_t\}$，所以严格外生性假设成立。而且，$\{e_t\}$ 是序列不相关和同方差的。根据第 11 章的定理 11.2，$\hat{\gamma}_t$ 的 t 统计量为近似的标准正态分布。如果 e_t 为正态分布，经典线性模型假设成立，t 统计量则服从 t 分布。

思考题 18.3：写出 $x_t=x_{t-1}+a_t$，其中 $\{a_t\}$ 服从 I(0) 过程。根据假设，存在一个线性组合，比如 $s_t=y_t-\beta x_t$，也是 I(0) 过程。现在，$y_t-\beta x_{t-1}=y_t-\beta(x_t-a_t)=s_t+\beta a_t$。根据假设，因为 s_t 和 a_t 是 I(0) 过程，所以就是 $s+\beta a_t$。

思考题 18.4：仅用 F 检验中的残差平方和形式，并假定为同方差。受限的 SSR 可以通过将 $\Delta hy6_t-\Delta hy3_{t-1}+(hy6_{t-1}-hy3_{t-2})$ 回归到一个常数上得到。注意到 a_0 是当在方程 $\Delta hy6_t=\alpha_0+\gamma_0 \Delta hy3_{t-1}+\delta(hy6_{t-1}-hy3_{t-2})$ 中施加约束时唯一需要被估计的参数。无约束的残差平方和由方程（18.39）得到。

思考题 18.5：我们首先拟合两个方程 $\hat{y}_t=\hat{\alpha}+\hat{\beta}t$ 和 $\hat{y}_t=\hat{\gamma}+\hat{\delta}year_t$。我们可以通过标注 $year_t=t+49$ 来获得参数之间的关系。将其代入第二个等式中可以得到 $\hat{y}_t=\hat{\gamma}+\hat{\delta}(t+49)=(\hat{\gamma}+49\hat{\delta})+\hat{\delta}t$。将斜率和截距与第一个等式匹配得到 $\hat{\delta}=\hat{\beta}$，因此 t 和 $year_t$ 的斜率是相同的，我们还可以得到 $\hat{\alpha}=\hat{\gamma}+49\hat{\delta}$。一般来说，当我们使用 $year$ 而不是 t 时，截距会改变，但斜率不会改变。（你可以通过使用时间序列数据集之一如 HSEINV 或 INVEN 来验证）。无论我们使用 t 还是某种 $year$ 的度量方法，都不会改变拟合值；自然地，它也不会改变对未来值的预测。截距只是根据回归中包含的不同趋势进行了适当调整。

附录G 统计表

表 G.1 标准正态分布的累积区域

z	0	1	2	3	4	5	6	7	8	9
−3.0	0.001 3	0.001 3	0.001 3	0.001 2	0.001 2	0.001 1	0.001 1	0.001 1	0.001 0	0.001 0
−2.9	0.001 9	0.001 8	0.001 8	0.001 7	0.001 6	0.001 6	0.001 5	0.001 5	0.001 4	0.001 4
−2.8	0.002 6	0.002 5	0.002 4	0.002 3	0.002 3	0.002 2	0.002 1	0.002 1	0.002 0	0.001 9
−2.7	0.003 5	0.003 4	0.003 3	0.003 2	0.003 1	0.003 0	0.002 9	0.002 8	0.002 7	0.002 6
−2.6	0.004 7	0.004 5	0.004 4	0.004 3	0.004 1	0.004 0	0.003 9	0.003 8	0.003 7	0.003 6
−2.5	0.006 2	0.006 0	0.005 9	0.005 7	0.005 5	0.005 4	0.005 2	0.005 1	0.004 9	0.004 8
−2.4	0.008 2	0.008 0	0.007 8	0.007 5	0.007 3	0.007 1	0.006 9	0.006 8	0.006 6	0.006 4
−2.3	0.010 7	0.010 4	0.010 2	0.009 9	0.009 6	0.009 4	0.009 1	0.008 9	0.008 7	0.008 4
−2.2	0.013 9	0.013 6	0.013 2	0.012 9	0.012 5	0.012 2	0.011 9	0.011 6	0.011 3	0.011 0
−2.1	0.017 9	0.017 4	0.017 0	0.016 6	0.016 2	0.015 8	0.015 4	0.015 0	0.014 6	0.014 3
−2.0	0.022 8	0.022 2	0.021 7	0.021 2	0.020 7	0.020 2	0.019 7	0.019 2	0.018 8	0.018 3
−1.9	0.028 7	0.028 1	0.027 4	0.026 8	0.026 2	0.025 6	0.025 0	0.024 4	0.023 9	0.023 3
−1.8	0.035 9	0.035 1	0.034 4	0.033 6	0.032 9	0.032 2	0.031 4	0.030 7	0.030 1	0.029 4
−1.7	0.044 6	0.043 6	0.042 7	0.041 8	0.040 9	0.040 1	0.039 2	0.038 4	0.037 5	0.036 7
−1.6	0.054 8	0.053 7	0.052 6	0.051 6	0.050 5	0.049 5	0.048 5	0.047 5	0.046 5	0.045 5
−1.5	0.066 8	0.065 5	0.064 3	0.063 0	0.061 8	0.060 6	0.059 4	0.058 2	0.057 1	0.055 9
−1.4	0.080 8	0.079 3	0.077 8	0.076 4	0.074 9	0.073 5	0.072 1	0.070 8	0.069 4	0.068 1
−1.3	0.096 8	0.095 1	0.093 4	0.091 8	0.090 1	0.088 5	0.086 9	0.085 3	0.083 8	0.082 3
−1.2	0.115 1	0.113 1	0.111 2	0.109 3	0.107 5	0.105 6	0.103 8	0.102 0	0.100 3	0.098 5
−1.1	0.135 7	0.133 5	0.131 4	0.129 2	0.127 1	0.125 1	0.123 0	0.121 0	0.119 0	0.117 0
−1.0	0.158 7	0.156 2	0.153 9	0.151 5	0.149 2	0.146 9	0.144 6	0.142 3	0.140 1	0.137 9
−0.9	0.184 1	0.181 4	0.178 8	0.176 2	0.173 6	0.171 1	0.168 5	0.166 0	0.163 5	0.161 1
−0.8	0.211 9	0.209 0	0.206 1	0.203 3	0.200 5	0.197 7	0.194 9	0.192 2	0.189 4	0.186 7
−0.7	0.242 0	0.238 9	0.235 8	0.232 7	0.229 6	0.226 6	0.223 6	0.220 6	0.217 7	0.214 8
−0.6	0.274 3	0.270 9	0.267 6	0.264 3	0.261 1	0.257 8	0.254 6	0.251 4	0.248 3	0.245 1
−0.5	0.308 5	0.305 0	0.301 5	0.298 1	0.294 6	0.291 2	0.287 7	0.284 3	0.281 0	0.277 6
−0.4	0.344 6	0.340 9	0.337 2	0.333 6	0.330 0	0.326 4	0.322 8	0.319 2	0.315 6	0.312 1

续表

z	0	1	2	3	4	5	6	7	8	9
−0.3	0.382 1	0.378 3	0.374 5	0.370 7	0.366 9	0.363 2	0.359 4	0.355 7	0.352 0	0.348 3
−0.2	0.420 7	0.416 8	0.412 9	0.409 0	0.405 2	0.401 3	0.397 4	0.393 6	0.389 7	0.385 9
−0.1	0.460 2	0.456 2	0.452 2	0.448 3	0.444 3	0.440 4	0.436 4	0.432 5	0.428 6	0.424 7
−0.0	0.500 0	0.496 0	0.492 0	0.488 0	0.484 0	0.480 1	0.476 1	0.472 1	0.468 1	0.464 1
0.0	0.500 0	0.504 0	0.508 0	0.512 0	0.516 0	0.519 9	0.523 9	0.527 9	0.531 9	0.535 9
0.1	0.539 8	0.543 8	0.547 8	0.551 7	0.555 7	0.559 6	0.563 6	0.567 5	0.571 4	0.575 3
0.2	0.579 3	0.583 2	0.587 1	0.591 0	0.594 8	0.598 7	0.602 6	0.606 4	0.610 3	0.614 1
0.3	0.617 9	0.621 7	0.625 5	0.629 3	0.633 1	0.636 8	0.640 6	0.644 3	0.648 0	0.651 7
0.4	0.655 4	0.659 1	0.662 8	0.666 4	0.670 0	0.673 6	0.677 2	0.680 8	0.684 4	0.687 9
0.5	0.691 5	0.695 0	0.698 5	0.701 9	0.705 4	0.708 8	0.712 3	0.715 7	0.719 0	0.722 4
0.6	0.725 7	0.729 1	0.732 4	0.735 7	0.738 9	0.742 2	0.745 4	0.748 6	0.751 7	0.754 9
0.7	0.758 0	0.761 1	0.764 2	0.767 3	0.770 4	0.773 4	0.776 4	0.779 4	0.782 3	0.785 2
0.8	0.788 1	0.791 0	0.793 9	0.796 7	0.799 5	0.802 3	0.805 1	0.807 8	0.810 6	0.813 3
0.9	0.815 9	0.818 6	0.821 2	0.823 8	0.826 4	0.828 9	0.831 5	0.834 0	0.836 5	0.838 9
1.0	0.841 3	0.843 8	0.846 1	0.848 5	0.850 8	0.853 1	0.855 4	0.857 7	0.859 9	0.862 1
1.1	0.864 3	0.866 5	0.868 6	0.870 8	0.872 9	0.874 9	0.877 0	0.879 0	0.881 0	0.883 0
1.2	0.884 9	0.886 9	0.888 8	0.890 7	0.892 5	0.894 4	0.896 2	0.898 0	0.899 7	0.901 5
1.3	0.903 2	0.904 9	0.906 6	0.908 2	0.909 9	0.911 5	0.913 1	0.914 7	0.916 2	0.917 7
1.4	0.919 2	0.920 7	0.922 2	0.923 6	0.925 1	0.926 5	0.927 9	0.929 2	0.930 6	0.931 9
1.5	0.933 2	0.934 5	0.935 7	0.937 0	0.938 2	0.939 4	0.940 6	0.941 8	0.942 9	0.944 1
1.6	0.945 2	0.946 3	0.947 4	0.948 4	0.949 5	0.950 5	0.951 5	0.952 5	0.953 5	0.954 5
1.7	0.955 4	0.956 4	0.957 3	0.958 2	0.959 1	0.959 9	0.960 8	0.961 6	0.962 5	0.963 3
1.8	0.964 1	0.964 9	0.965 6	0.966 4	0.967 1	0.967 8	0.968 6	0.969 3	0.969 9	0.970 6
1.9	0.971 3	0.971 9	0.972 6	0.973 2	0.973 8	0.974 4	0.975 0	0.975 6	0.976 1	0.976 7
2.0	0.977 2	0.977 8	0.978 3	0.978 8	0.979 3	0.979 8	0.980 3	0.980 8	0.981 2	0.981 7
2.1	0.982 1	0.982 6	0.983 0	0.983 4	0.983 8	0.984 2	0.984 6	0.985 0	0.985 4	0.985 7
2.2	0.986 1	0.986 4	0.986 8	0.987 1	0.987 5	0.987 8	0.988 1	0.988 4	0.988 7	0.989 0
2.3	0.989 3	0.989 6	0.989 8	0.990 1	0.990 4	0.990 6	0.990 9	0.991 1	0.991 3	0.991 6
2.4	0.991 8	0.992 0	0.992 2	0.992 5	0.992 7	0.992 9	0.993 1	0.993 2	0.993 4	0.993 6
2.5	0.993 8	0.994 0	0.994 1	0.994 3	0.994 5	0.994 6	0.994 8	0.994 9	0.995 1	0.995 2
2.6	0.995 3	0.995 5	0.995 6	0.995 7	0.995 9	0.996 0	0.996 1	0.996 2	0.996 3	0.996 4
2.7	0.996 5	0.996 6	0.996 7	0.996 8	0.996 9	0.997 0	0.997 1	0.997 2	0.997 3	0.997 4
2.8	0.997 4	0.997 5	0.997 6	0.997 7	0.997 7	0.997 8	0.997 9	0.997 9	0.998 0	0.998 1
2.9	0.998 1	0.998 2	0.998 2	0.998 3	0.998 4	0.998 4	0.998 5	0.998 5	0.998 6	0.998 6
3.0	0.998 7	0.998 7	0.998 7	0.998 8	0.998 8	0.998 9	0.998 9	0.998 9	0.999 0	0.999 0

例子：如果 Z~Normal(0, 1)，则 P(Z≤−1.32)＝0.093 4 且 P(Z≤1.84)＝0.967 1。

资料来源：该表是通过使用 Stata® 函数 normal 得出的。

附录

表 G.2　t 分布的关键值

		显著性水平				
单尾		0.10	0.05	0.025	0.01	0.005
双尾		0.20	0.10	0.05	0.02	0.01
	1	3.078	6.314	12.706	31.821	63.657
	2	1.886	2.920	4.303	6.965	9.925
	3	1.638	2.353	3.182	4.541	5.841
	4	1.533	2.132	2.776	3.747	4.604
	5	1.476	2.015	2.571	3.365	4.032
	6	1.440	1.943	2.447	3.143	3.707
	7	1.415	1.895	2.365	2.998	3.499
	8	1.397	1.860	2.306	2.896	3.355
	9	1.383	1.833	2.262	2.821	3.250
	10	1.372	1.812	2.228	2.764	3.169
	11	1.363	1.796	2.201	2.718	3.106
D	12	1.356	1.782	2.179	2.681	3.055
e	13	1.350	1.771	2.160	2.650	3.012
g	14	1.345	1.761	2.145	2.624	2.977
r	15	1.341	1.753	2.131	2.602	2.947
e	16	1.337	1.746	2.120	2.583	2.921
e	17	1.333	1.740	2.110	2.567	2.898
s	18	1.330	1.734	2.101	2.552	2.878
o	19	1.328	1.729	2.093	2.539	2.861
f	20	1.325	1.725	2.086	2.528	2.845
	21	1.323	1.721	2.080	2.518	2.831
F	22	1.321	1.717	2.074	2.508	2.819
r	23	1.319	1.714	2.069	2.500	2.807
e	24	1.318	1.711	2.064	2.492	2.797
e	25	1.316	1.708	2.060	2.485	2.787
d	26	1.315	1.706	2.056	2.479	2.779
o	27	1.314	1.703	2.052	2.473	2.771
m	28	1.313	1.701	2.048	2.467	2.763
	29	1.311	1.699	2.045	2.462	2.756
	30	1.310	1.697	2.042	2.457	2.750
	40	1.303	1.684	2.021	2.423	2.704
	60	1.296	1.671	2.000	2.390	2.660
	90	1.291	1.662	1.987	2.368	2.632
	120	1.289	1.658	1.980	2.358	2.617
	∞	1.282	1.645	1.960	2.326	2.576

例子：自由度为 25 的单尾检测的 1％关键值为 2.485。自由度更大（＞120）的双尾检测的 5％关键值为 1.96。

资料来源：该表是通过使用 Stata® 函数 invttail 得出的。

附录

表 G.3a F 分布的 10%关键值

		1	2	3	4	5	6	7	8	9	10
					自由度的数值						
D e n o m i n a t o r	10	3.29	2.92	2.73	2.61	2.52	2.46	2.41	2.38	2.35	2.32
	11	3.23	2.86	2.66	2.54	2.45	2.39	2.34	2.30	2.27	2.25
	12	3.18	2.81	2.61	2.48	2.39	2.33	2.28	2.24	2.21	2.19
	13	3.14	2.76	2.56	2.43	2.35	2.28	2.23	2.20	2.16	2.14
	14	3.10	2.73	2.52	2.39	2.31	2.24	2.19	2.15	2.12	2.10
	15	3.07	2.70	2.49	2.36	2.27	2.21	2.16	2.12	2.09	2.06
	16	3.05	2.67	2.46	2.33	2.24	2.18	2.13	2.09	2.06	2.03
	17	3.03	2.64	2.44	2.31	2.22	2.15	2.10	2.06	2.03	2.00
	18	3.01	2.62	2.42	2.29	2.20	2.13	2.08	2.04	2.00	1.98
	19	2.99	2.61	2.40	2.27	2.18	2.11	2.06	2.02	1.98	1.96
D e g r e e s o f F r e e d o m	20	2.97	2.59	2.38	2.25	2.16	2.09	2.04	2.00	1.96	1.94
	21	2.96	2.57	2.36	2.23	2.14	2.08	2.02	1.98	1.95	1.92
	22	2.95	2.56	2.35	2.22	2.13	2.06	2.01	1.97	1.93	1.90
	23	2.94	2.55	2.34	2.21	2.11	2.05	1.99	1.95	1.92	1.89
	24	2.93	2.54	2.33	2.19	2.10	2.04	1.98	1.94	1.91	1.88
	25	2.92	2.53	2.32	2.18	2.09	2.02	1.97	1.93	1.89	1.87
	26	2.91	2.52	2.31	2.17	2.08	2.01	1.96	1.92	1.88	1.86
	27	2.90	2.51	2.30	2.17	2.07	2.00	1.95	1.91	1.87	1.85
	28	2.89	2.50	2.29	2.16	2.06	2.00	1.94	1.90	1.87	1.84
	29	2.89	2.50	2.28	2.15	2.06	1.99	1.93	1.89	1.86	1.83
	30	2.88	2.49	2.28	2.14	2.05	1.98	1.93	1.88	1.85	1.82
	40	2.84	2.44	2.23	2.09	2.00	1.93	1.87	1.83	1.79	1.76
	60	2.79	2.39	2.18	2.04	1.95	1.87	1.82	1.77	1.74	1.71
	90	2.76	2.36	2.15	2.01	1.91	1.84	1.78	1.74	1.70	1.67
	120	2.75	2.35	2.13	1.99	1.90	1.82	1.77	1.72	1.68	1.65
	∞	2.71	2.30	2.08	1.94	1.85	1.77	1.72	1.67	1.63	1.60

附录

例子：数值 $df=2$ 和数值 $df=40$ 的 10%关键值是 2.44。

资料来源：该表是通过使用 Stata® 函数 invFtail 得出的。

表 G. 3b F 分布的 5%关键值

		自由度的数值									
		1	2	3	4	5	6	7	8	9	10
D	10	4.96	4.10	3.71	3.48	3.33	3.22	3.14	3.07	3.02	2.98
e	11	4.84	3.98	3.59	3.36	3.20	3.09	3.01	2.95	2.90	2.85
n	12	4.75	3.89	3.49	3.26	3.11	3.00	2.91	2.85	2.80	2.75
o	13	4.67	3.81	3.41	3.18	3.03	2.92	2.83	2.77	2.71	2.67
m	14	4.60	3.74	3.34	3.11	2.96	2.85	2.76	2.70	2.65	2.60
i	15	4.54	3.68	3.29	3.06	2.90	2.79	2.71	2.64	2.59	2.54
n	16	4.49	3.63	3.24	3.01	2.85	2.74	2.66	2.59	2.54	2.49
a	17	4.45	3.59	3.20	2.96	2.81	2.70	2.61	2.55	2.49	2.45
t	18	4.41	3.55	3.16	2.93	2.77	2.66	2.58	2.51	2.46	2.41
o	19	4.38	3.52	3.13	2.90	2.74	2.63	2.54	2.48	2.42	2.38
r	20	4.35	3.49	3.10	2.87	2.71	2.60	2.51	2.45	2.39	2.35
D	21	4.32	3.47	3.07	2.84	2.68	2.57	2.49	2.42	2.37	2.32
e	22	4.30	3.44	3.05	2.82	2.66	2.55	2.46	2.40	2.34	2.30
g	23	4.28	3.42	3.03	2.80	2.64	2.53	2.44	2.37	2.32	2.27
r	24	4.26	3.40	3.01	2.78	2.62	2.51	2.42	2.36	2.30	2.25
e	25	4.24	3.39	2.99	2.76	2.60	2.49	2.40	2.34	2.28	2.24
s	26	4.23	3.37	2.98	2.74	2.59	2.47	2.39	2.32	2.27	2.22
o	27	4.21	3.35	2.96	2.73	2.57	2.46	2.37	2.31	2.25	2.20
f	28	4.20	3.34	2.95	2.71	2.56	2.45	2.36	2.29	2.24	2.19
	29	4.18	3.33	2.93	2.70	2.55	2.43	2.35	2.28	2.22	2.18
F	30	4.17	3.32	2.92	2.69	2.53	2.42	2.33	2.27	2.21	2.16
r	40	4.08	3.23	2.84	2.61	2.45	2.34	2.25	2.18	2.12	2.08
e	60	4.00	3.15	2.76	2.53	2.37	2.25	2.17	2.10	2.04	1.99
e	90	3.95	3.10	2.71	2.47	2.32	2.20	2.11	2.04	1.99	1.94
d	120	3.92	3.07	2.68	2.45	2.29	2.17	2.09	2.02	1.96	1.91
o m	∞	3.84	3.00	2.60	2.37	2.21	2.10	2.01	1.94	1.88	1.83

例子：数值 $df=4$ 和更大的数值 df（∞）的 5%关键值是 2.37。

资料来源：该表是通过使用 Stata® 函数得出的。

表 G.3c F 分布的 1% 关键值

					自由度的数值					
		1	2	3	4	5	6	7	8	9	10
	10	10.04	7.56	6.55	5.99	5.64	5.39	5.20	5.06	4.94	4.85
D	11	9.65	7.21	6.22	5.67	5.32	5.07	4.89	4.74	4.63	4.54
e	12	9.33	6.93	5.95	5.41	5.06	4.82	4.64	4.50	4.39	4.30
n	13	9.07	6.70	5.74	5.21	4.86	4.62	4.44	4.30	4.19	4.10
o	14	8.86	6.51	5.56	5.04	4.69	4.46	4.28	4.14	4.03	3.94
m	15	8.68	6.36	5.42	4.89	4.56	4.32	4.14	4.00	3.89	3.80
i	16	8.53	6.23	5.29	4.77	4.44	4.20	4.03	3.89	3.78	3.69
n	17	8.40	6.11	5.18	4.67	4.34	4.10	3.93	3.79	3.68	3.59
a	18	8.29	6.01	5.09	4.58	4.25	4.01	3.84	3.71	3.60	3.51
o	19	8.18	5.93	5.01	4.50	4.17	3.94	3.77	3.63	3.52	3.43
r	20	8.10	5.85	4.94	4.43	4.10	3.87	3.70	3.56	3.46	3.37
D	21	8.02	5.78	4.87	4.37	4.04	3.81	3.64	3.51	3.40	3.31
e	22	7.95	5.72	4.82	4.31	3.99	3.76	3.59	3.45	3.35	3.26
g	23	7.88	5.66	4.76	4.26	3.94	3.71	3.54	3.41	3.30	3.21
r	24	7.82	5.61	4.72	4.22	3.90	3.67	3.50	3.36	3.26	3.17
e	25	7.77	5.57	4.68	4.18	3.85	3.63	3.46	3.32	3.22	3.13
e	26	7.72	5.53	4.64	4.14	3.82	3.59	3.42	3.29	3.18	3.09
s	27	7.68	5.49	4.60	4.11	3.78	3.56	3.39	3.26	3.15	3.06
o	28	7.64	5.45	4.57	4.07	3.75	3.53	3.36	3.23	3.12	3.03
f	29	7.60	5.42	4.54	4.04	3.73	3.50	3.33	3.20	3.09	3.00
F	30	7.56	5.39	4.51	4.02	3.70	3.47	3.30	3.17	3.07	2.98
r	40	7.31	5.18	4.31	3.83	3.51	3.29	3.12	2.99	2.89	2.80
e	60	7.08	4.98	4.13	3.65	3.34	3.12	2.95	2.82	2.72	2.63
e	90	6.93	4.85	4.01	3.54	3.23	3.01	2.84	2.72	2.61	2.52
d	120	6.85	4.79	3.95	3.48	3.17	2.96	2.79	2.66	2.56	2.47
o											
m	∞	6.63	4.61	3.78	3.32	3.02	2.80	2.64	2.51	2.41	2.32

例子：数值 $df = 3$ 和数值 $df = 60$ 的 1% 关键值是 4.13。

资料来源：该表是通过使得 Stata® 函数 invFtail 得到的。

表 G.4 λ^2 分布的关键值

		显著性水平		
		0.10	0.05	0.01
	1	2.71	3.84	6.63
	2	4.61	5.99	9.21
	3	6.25	7.81	11.34
	4	7.78	9.49	13.28
	5	9.24	11.07	15.09
	6	10.64	12.59	16.81
D	7	12.02	14.07	18.48
e	8	13.36	15.51	20.09
g	9	14.68	16.92	21.67
r	10	15.99	18.31	23.21
e	11	17.28	19.68	24.72
e	12	18.55	21.03	26.22
s	13	19.81	22.36	27.69
o	14	21.06	23.68	29.14
f	15	22.31	25.00	30.58
	16	23.54	26.30	32.00
F	17	24.77	27.59	33.41
r	18	25.99	28.87	34.81
e	19	27.20	30.14	36.19
e	20	28.41	31.41	37.57
d	21	29.62	32.67	38.93
o	22	30.81	33.92	40.29
m	23	32.01	35.17	41.64
	24	33.20	36.42	42.98
	25	34.38	37.65	44.31
	26	35.56	38.89	45.64
	27	36.74	40.11	46.96
	28	37.92	41.34	48.28
	29	39.09	42.56	49.59
	30	40.26	43.77	50.89

例子：$df=8$ 的 5% 关键值是 15.51。

资料来源：该表是通过使用 Stata® 函数 invchi2tail 得出的。

附录

参考文献

Angrist, J. D. (1990), "Lifetime Earnings and the Vietnam Era Draft Lottery: Evidence from Social Security Administrative Records," *American Economic Review* 80, 313–336.

Angrist, J. D., and A. B. Krueger (1991), "Does Compulsory School Attendance Affect Schooling and Earnings?" *Quarterly Journal of Economics* 106, 979–1014.

Ashenfelter, O., and A. B. Krueger (1994), "Estimates of the Economic Return to Schooling from a New Sample of Twins," *American Economic Review* 84, 1157–1173.

Averett, S., and S. Korenman (1996), "The Economic Reality of the Beauty Myth," *Journal of Human Resources* 31, 304–330.

Ayres, I., and S. D. Levitt (1998), "Measuring Positive Externalities from Unobservable Victim Precaution: An Empirical Analysis of Lojack," *Quarterly Journal of Economics* 108, 43–77.

Banerjee, A., J. Dolado, J. W. Galbraith, and D. F. Hendry (1993), *Co-Integration, Error-Correction, and the Econometric Analysis of Non-Stationary Data*. Oxford: Oxford University Press.

Bartik, T. J. (1991), "The Effects of Property Taxes and Other Local Public Policies on the Intrametropolitan Pattern of Business Location," in *Industry Location and Public Policy*, ed. H. W. Herzog and A. M. Schlottmann, 57–80. Knoxville: University of Tennessee Press.

Becker, G. S. (1968), "Crime and Punishment: An Economic Approach," *Journal of Political Economy* 76, 169–217.

Belsley, D., E. Kuh, and R. Welsch (1980), *Regression Diagnostics: Identifying Influential Data and Sources of Collinearity*. New York: Wiley.

Berk, R. A. (1990), "A Primer on Robust Regression," in *Modern Methods of Data Analysis*, ed. J. Fox and J. S. Long, 292–324. Newbury Park, CA: Sage Publications.

Betts, J. R. (1995), "Does School Quality Matter? Evidence from the National Longitudinal Survey of Youth," *Review of Economics and Statistics* 77, 231–250.

Biddle, J. E., and D. S. Hamermesh (1990), "Sleep and the Allocation of Time," *Journal of Political Economy* 98, 922–943.

Biddle, J. E., and D. S. Hamermesh (1998), "Beauty, Productivity, and Discrimination: Lawyers' Looks and Lucre," *Journal of Labor Economics* 16, 172–201.

Blackburn, M., and D. Neumark (1992), "Unobserved Ability, Efficiency Wages, and Interindustry Wage Differentials," *Quarterly Journal of Economics* 107, 1421–1436.

Blinder, A. S., and M. W. Watson (2014), "Presidents and the U.S. Economy: An Econometric Exploration," National Bureau of Economic Research Working Paper No. 20324.

Blomström, M., R. E. Lipsey, and M. Zejan (1996), "Is Fixed Investment the Key to Economic Growth?" *Quarterly Journal of Economics* 111, 269–276.

Blundell, R., A. Duncan, and K. Pendakur (1998), "Semiparametric Estimation and Consumer Demand," *Journal of Applied Econometrics* 13, 435–461.

Bollerslev, T., R. Y. Chou, and K. F. Kroner (1992), "ARCH Modeling in Finance: A Review of the Theory and Empirical Evidence," *Journal of Econometrics* 52, 5–59.

Bollerslev, T., R. F. Engle, and D. B. Nelson (1994), "ARCH Models," in *Handbook of Econometrics*, volume 4, chapter 49, ed. R. F. Engle and D. L. McFadden, 2959–3038. Amsterdam: North-Holland.

Bound, J., D. A. Jaeger, and R. M. Baker (1995), "Problems with Instrumental Variables Estimation When the Correlation between the Instruments and Endogenous Explanatory Variables Is Weak," *Journal of the American Statistical Association* 90, 443–450.

Breusch, T. S., and A. R. Pagan (1979), "A Simple Test for Heteroskedasticity and Random Coefficient Variation," *Econometrica* 47, 987–1007.

Cameron, A. C., and P. K. Trivedi (1998), *Regression Analysis of Count Data*. Cambridge: Cambridge University Press.

Campbell, J. Y., and N. G. Mankiw (1990), "Permanent Income, Current Income, and Consumption," *Journal of Business and Economic Statistics* 8, 265–279.

Card, D. (1995), "Using Geographic Variation in College Proximity to Estimate the Return to Schooling," in *Aspects of Labour Market Behavior: Essays in Honour of John Vanderkamp*, ed. L. N. Christophides, E. K. Grant, and R. Swidinsky, 201–222. Toronto: University of Toronto Press.

Card, D., and A. Krueger (1992), "Does School Quality Matter? Returns to Education and the Characteristics of Public Schools in the United States," *Journal of Political Economy* 100, 1–40.

Castillo-Freeman, A. J., and R. B. Freeman (1992), "When the Minimum Wage Really Bites: The Effect of the U.S.-Level Minimum on Puerto Rico," in *Immigration and the Work Force*, ed. G. J. Borjas and R. B. Freeman, 177–211. Chicago: University of Chicago Press.

Clark, K. B. (1984), "Unionization and Firm Performance: The Impact on Profits, Growth, and Productivity," *American Economic Review* 74, 893–919.

Cloninger, D. O. (1991), "Lethal Police Response as a Crime Deterrent: 57-City Study Suggests a Decrease in Certain Crimes," *American Journal of Economics and Sociology* 50, 59–69.

Cloninger, D. O., and L. C. Sartorius (1979), "Crime Rates, Clearance Rates and Enforcement Effort: The Case of Houston, Texas," *American Journal of Economics and Sociology* 38, 389–402.

Cochrane, J. H. (1997), "Where Is the Market Going? Uncertain Facts and Novel Theories," *Economic Perspectives* 21, Federal Reserve Bank of Chicago, 3–37.

Cornwell, C., and W. N. Trumbull (1994), "Estimating the Economic Model of Crime Using Panel Data," *Review of Economics and Statistics* 76, 360–366.

Craig, B. R., W. E. Jackson III, and J. B. Thomson (2007), "Small Firm Finance, Credit Rationing, and the Impact of SBA-Guaranteed Lending on Local Economic Growth," *Journal of Small Business Management* 45, 116–132.

Currie, J. (1995), *Welfare and the Well-Being of Children.* Chur, Switzerland: Harwood Academic Publishers.

Currie, J., and N. Cole (1993), "Welfare and Child Health: The Link between AFDC Participation and Birth Weight," *American Economic Review* 83, 971–983.

Currie, J., and D. Thomas (1995), "Does Head Start Make a Difference?" *American Economic Review* 85, 341–364.

Davidson, R., and J. G. MacKinnon (1981), "Several Tests of Model Specification in the Presence of Alternative Hypotheses," *Econometrica* 49, 781–793.

Davidson, R., and J. G. MacKinnon (1993), *Estimation and Inference in Econometrics.* New York: Oxford University Press.

De Long, J. B., and L. H. Summers (1991), "Equipment Investment and Economic Growth," *Quarterly Journal of Economics* 106, 445–502.

Dickey, D. A., and W. A. Fuller (1979), "Distributions of the Estimators for Autoregressive Time Series with a Unit Root," *Journal of the American Statistical Association* 74, 427–431.

Diebold, F. X. (2001), *Elements of Forecasting.* 2nd ed. Cincinnati: South-Western.

Downes, T. A., and S. M. Greenstein (1996), "Understanding the Supply Decisions of Nonprofits: Modeling the Location of Private Schools," *Rand Journal of Economics* 27, 365–390.

Draper, N., and H. Smith (1981), *Applied Regression Analysis.* 2nd ed. New York: Wiley.

Duan, N. (1983), "Smearing Estimate: A Nonparametric Retransformation Method," *Journal of the American Statistical Association* 78, 605–610.

Durbin, J. (1970), "Testing for Serial Correlation in Least Squares Regressions When Some of the Regressors Are Lagged Dependent Variables," *Econometrica* 38, 410–421.

Durbin, J., and G. S. Watson (1950), "Testing for Serial Correlation in Least Squares Regressions I," *Biometrika* 37, 409–428.

Eicker, F. (1967), "Limit Theorems for Regressions with Unequal and Dependent Errors," *Proceedings of the Fifth Berkeley Symposium on Mathematical Statistics and Probability* 1, 59–82. Berkeley: University of California Press.

Eide, E. (1994), *Economics of Crime: Deterrence and the Rational Offender.* Amsterdam: North-Holland.

Engle, R. F. (1982), "Autoregressive Conditional Heteroskedasticity with Estimates of the Variance of United Kingdom Inflation," *Econometrica* 50, 987–1007.

Engle, R. F., and C. W. J. Granger (1987), "Cointegration and Error Correction: Representation, Estimation, and Testing," *Econometrica* 55, 251–276.

Evans, W. N., and R. M. Schwab (1995), "Finishing High School and Starting College: Do Catholic Schools Make a Difference?" *Quarterly Journal of Economics* 110, 941–974.

Fair, R. C. (1996), "Econometrics and Presidential Elections," *Journal of Economic Perspectives* 10, 89–102.

Franses, P. H., and R. Paap (2001), *Quantitative Models in Marketing Research.* Cambridge: Cambridge University Press.

Freeman, D. G. (2007), "Drunk Driving Legislation and Traffic Fatalities: New Evidence on BAC 08 Laws," *Contemporary Economic Policy* 25, 293–308.

Friedman, B. M., and K. N. Kuttner (1992), "Money, Income, Prices, and Interest Rates," *American Economic Review* 82, 472–492.

Geronimus, A. T., and S. Korenman (1992), "The Socioeconomic Consequences of Teen Childbearing Reconsidered," *Quarterly Journal of Economics* 107, 1187–1214.

Goldberger, A. S. (1991), *A Course in Econometrics.* Cambridge, MA: Harvard University Press.

Graddy, K. (1995), "Testing for Imperfect Competition at the Fulton Fish Market," *Rand Journal of Economics* 26, 75–92.

Graddy, K. (1997), "Do Fast-Food Chains Price Discriminate on the Race and Income Characteristics of an Area?" *Journal of Business and Economic Statistics* 15, 391–401.

Granger, C. W. J., and P. Newbold (1974), "Spurious Regressions in Econometrics," *Journal of Econometrics* 2, 111–120.

Greene, W. (1997), *Econometric Analysis.* 3rd ed. New York: MacMillan.

Griliches, Z. (1957), "Specification Bias in Estimates of Production Functions," *Journal of Farm Economics* 39, 8–20.

Grogger, J. (1990), "The Deterrent Effect of Capital Punishment: An Analysis of Daily Homicide Counts," *Journal of the American Statistical Association* 410, 295–303.

Grogger, J. (1991), "Certainty vs. Severity of Punishment," *Economic Inquiry* 29, 297–309.

Hall, R. E. (1988), "The Relation between Price and Marginal Cost in U.S. Industry," *Journal of Political Economy* 96, 921–948.

Hamermesh, D. S., and J. E. Biddle (1994), "Beauty and the Labor Market," *American Economic Review* 84, 1174–1194.

Hamermesh, D. H., and A. Parker (2005), "Beauty in the Classroom: Instructors' Pulchritude and Putative Pedagogical Productivity," *Economics of Education Review* 24, 369–376.

Hamilton, J. D. (1994), *Time Series Analysis.* Princeton, NJ:

Princeton University Press.

Hansen, C.B. (2007), "Asymptotic Properties of a Robust Variance Matrix Estimator for Panel Data When T Is Large," *Journal of Econometrics* 141, 597–620.

Hanushek, E. (1986), "The Economics of Schooling: Production and Efficiency in Public Schools," *Journal of Economic Literature* 24, 1141–1177.

Harvey, A. (1990), *The Econometric Analysis of Economic Time Series*. 2nd ed. Cambridge, MA: MIT Press.

Hausman, J. A. (1978), "Specification Tests in Econometrics," *Econometrica* 46, 1251–1271.

Hausman, J. A., and D. A. Wise (1977), "Social Experimentation, Truncated Distributions, and Efficient Estimation," *Econometrica* 45, 319–339.

Hayasyi, F. (2000), *Econometrics*. Princeton, NJ: Princeton University Press.

Heckman, J. J. (1976), "The Common Structure of Statistical Models of Truncation, Sample Selection, and Limited Dependent Variables and a Simple Estimator for Such Models," *Annals of Economic and Social Measurement* 5, 475–492.

Herrnstein, R. J., and C. Murray (1994), *The Bell Curve: Intelligence and Class Structure in American Life*. New York: Free Press.

Hersch, J., and L. S. Stratton (1997), "Housework, Fixed Effects, and Wages of Married Workers," *Journal of Human Resources* 32, 285–307.

Hines, J. R. (1996), "Altered States: Taxes and the Location of Foreign Direct Investment in America," *American Economic Review* 86, 1076–1094.

Holzer, H. (1991), "The Spatial Mismatch Hypothesis: What Has the Evidence Shown?" *Urban Studies* 28, 105–122.

Holzer, H., R. Block, M. Cheatham, and J. Knott (1993), "Are Training Subsidies Effective? The Michigan Experience," *Industrial and Labor Relations Review* 46, 625–636.

Horowitz, J. (2001), "The Bootstrap," in *Handbook of Econometrics*, volume 5, chapter 52, ed. E. Leamer and J. L. Heckman, 3159–3228. Amsterdam: North Holland.

Hoxby, C. M. (1994), "Do Private Schools Provide Competition for Public Schools?" National Bureau of Economic Research Working Paper Number 4978.

Huber, P. J. (1967), "The Behavior of Maximum Likelihood Estimates under Nonstandard Conditions," *Proceedings of the Fifth Berkeley Symposium on Mathematical Statistics and Probability* 1, 221–233. Berkeley: University of California Press.

Hunter, W. C., and M. B. Walker (1996), "The Cultural Affinity Hypothesis and Mortgage Lending Decisions," *Journal of Real Estate Finance and Economics* 13, 57–70.

Hylleberg, S. (1992), *Modelling Seasonality*. Oxford: Oxford University Press.

Kane, T. J., and C. E. Rouse (1995), "Labor-Market Returns to Two- and Four-Year Colleges," *American Economic Review* 85, 600–614.

Kiefer, N. M., and T. J. Vogelsang (2005), "A New Asymptotic Theory for Heteroskedasticity-Autocorrelation Robust Tests," *Econometric Theory* 21, 1130–1164.

Kiel, K. A., and K. T. McClain (1995), "House Prices during Siting Decision Stages: The Case of an Incinerator from Rumor through Operation," *Journal of Environmental Economics and Management* 28, 241–255.

Kleck, G., and E. B. Patterson (1993), "The Impact of Gun Control and Gun Ownership Levels on Violence Rates," *Journal of Quantitative Criminology* 9, 249–287.

Koenker, R. (1981), "A Note on Studentizing a Test for Heteroskedasticity," *Journal of Econometrics* 17, 107–112.

Koenker, R. (2005), *Quantile Regression*. Cambridge: Cambridge University Press.

Korenman, S., and D. Neumark (1991), "Does Marriage Really Make Men More Productive?" *Journal of Human Resources* 26, 282–307.

Korenman, S., and D. Neumark (1992), "Marriage, Motherhood, and Wages," *Journal of Human Resources* 27, 233–255.

Krueger, A. B. (1993), "How Computers Have Changed the Wage Structure: Evidence from Microdata, 1984–1989," *Quarterly Journal of Economics* 108, 33–60.

Krupp, C. M., and P. S. Pollard (1996), "Market Responses to Antidumping Laws: Some Evidence from the U.S. Chemical Industry," *Canadian Journal of Economics* 29, 199–227.

Kwiatkowski, D., P. C. B. Phillips, P. Schmidt, and Y. Shin (1992), "Testing the Null Hypothesis of Stationarity against the Alternative of a Unit Root: How Sure Are We That Economic Time Series Have a Unit Root?" *Journal of Econometrics* 54, 159–178.

Lalonde, R. J. (1986), "Evaluating the Econometric Evaluations of Training Programs with Experimental Data," *American Economic Review* 76, 604–620.

Larsen, R. J., and M. L. Marx (1986), *An Introduction to Mathematical Statistics and Its Applications*. 2nd ed. Englewood Cliffs, NJ: Prentice-Hall.

Leamer, E. E. (1983), "Let's Take the Con Out of Econometrics," *American Economic Review* 73, 31–43.

Levine, P. B., A. B. Trainor, and D. J. Zimmerman (1996), "The Effect of Medicaid Abortion Funding Restrictions on Abortions, Pregnancies, and Births," *Journal of Health Economics* 15, 555–578.

Levine, P. B., and D. J. Zimmerman (1995), "The Benefit of Additional High-School Math and Science Classes for Young Men and Women," *Journal of Business and Economics Statistics* 13, 137–149.

Levitt, S. D. (1994), "Using Repeat Challengers to Estimate the Effect of Campaign Spending on Election Outcomes in the U.S. House," *Journal of Political Economy* 102, 777–798.

Levitt, S. D. (1996), "The Effect of Prison Population Size on Crime Rates: Evidence from Prison Overcrowding Legislation," *Quarterly Journal of Economics* 111, 319–351.

Little, R. J. A., and D. B. Rubin (2002), *Statistical Analysis with Missing Data*. 2nd ed. Wiley: New York.

Low, S. A., and L. R. McPheters (1983), "Wage Differentials and the Risk of Death: An Empirical Analysis," *Economic Inquiry* 21, 271–280.

Lynch, L. M. (1992), "Private Sector Training and the Earnings of Young Workers," *American Economic Review* 82, 299–312.

MacKinnon, J. G., and H. White (1985), "Some Heteroskedasticity Consistent Covariance Matrix Estimators with Improved Finite Sample Properties," *Journal of Econometrics* 29, 305–325.

Maloney, M. T., and R. E. McCormick (1993), "An Examination of the Role that Intercollegiate Athletic Participation Plays in Academic Achievement: Athletes' Feats in the Classroom," *Journal of Human Resources* 28, 555–570.

Mankiw, N. G. (1994), *Macroeconomics*. 2nd ed. New York: Worth.

Mark, S. T., T. J. McGuire, and L. E. Papke (2000), "The Influence of Taxes on Employment and Population Growth: Evidence from the Washington, D.C. Metropolitan Area," *National Tax Journal* 53, 105–123.

McCarthy, P. S. (1994), "Relaxed Speed Limits and Highway Safety: New Evidence from California," *Economics Letters* 46, 173–179.

McClain, K. T., and J. M. Wooldridge (1995), "A Simple Test for the Consistency of Dynamic Linear Regression in Rational Distributed Lag Models," *Economics Letters* 48, 235–240.

McCormick, R. E., and M. Tinsley (1987), "Athletics versus Academics: Evidence from SAT Scores," *Journal of Political Economy* 95, 1103–1116.

McFadden, D. L. (1974), "Conditional Logit Analysis of Qualitative Choice Behavior," in *Frontiers in Econometrics*, ed. P. Zarembka, 105–142. New York: Academic Press.

Meyer, B. D. (1995), "Natural and Quasi-Experiments in Economics," *Journal of Business and Economic Statistics* 13, 151–161.

Meyer, B. D., W. K. Viscusi, and D. L. Durbin (1995), "Workers' Compensation and Injury Duration: Evidence from a Natural Experiment," *American Economic Review* 85, 322–340.

Mizon, G. E., and J. F. Richard (1986), "The Encompassing Principle and Its Application to Testing Nonnested Hypotheses," *Econometrica* 54, 657–678.

Mroz, T. A. (1987), "The Sensitivity of an Empirical Model of Married Women's Hours of Work to Economic and Statistical Assumptions," *Econometrica* 55, 765–799.

Mullahy, J., and P. R. Portney (1990), "Air Pollution, Cigarette Smoking, and the Production of Respiratory Health," *Journal of Health Economics* 9, 193–205.

Mullahy, J., and J. L. Sindelar (1994), "Do Drinkers Know When to Say When? An Empirical Analysis of Drunk Driving," *Economic Inquiry* 32, 383–394.

Netzer, D. (1992), "Differences in Reliance on User Charges by American State and Local Governments," *Public Finance Quarterly* 20, 499–511.

Neumark, D. (1996), "Sex Discrimination in Restaurant Hiring: An Audit Study," *Quarterly Journal of Economics* 111, 915–941.

Neumark, D., and W. Wascher (1995), "Minimum Wage Effects on Employment and School Enrollment," *Journal of Business and Economic Statistics* 13, 199–206.

Newey, W. K., and K. D. West (1987), "A Simple, Positive Semi-Definite Heteroskedasticity and Autocorrelation Consistent Covariance Matrix," *Econometrica* 55, 703–708.

Papke, L. E. (1987), "Subnational Taxation and Capital Mobility: Estimates of Tax-Price Elasticities," *National Tax Journal* 40, 191–203.

Papke, L. E. (1994), "Tax Policy and Urban Development: Evidence from the Indiana Enterprise Zone Program," *Journal of Public Economics* 54, 37–49.

Papke, L. E. (1995), "Participation in and Contributions to 401(k) Pension Plans: Evidence from Plan Data," *Journal of Human Resources* 30, 311–325.

Papke, L. E. (1999), "Are 401(k) Plans Replacing Other Employer-Provided Pensions? Evidence from Panel Data," *Journal of Human Resources*, 34, 346–368.

Papke, L. E. (2005), "The Effects of Spending on Test Pass Rates: Evidence from Michigan," *Journal of Public Economics* 89, 821–839.

Papke, L. E., and J. M. Wooldridge (1996), "Econometric Methods for Fractional Response Variables with an Application to 401(k) Plan Participation Rates," *Journal of Applied Econometrics* 11, 619–632.

Park, R. (1966), "Estimation with Heteroskedastic Error Terms," *Econometrica* 34, 888.

Peek, J. (1982), "Interest Rates, Income Taxes, and Anticipated Inflation," *American Economic Review* 72, 980–991.

Pindyck, R. S., and D. L. Rubinfeld (1992), *Microeconomics*. 2nd ed. New York: Macmillan.

Ram, R. (1986), "Government Size and Economic Growth: A New Framework and Some Evidence from Cross-Section and Time-Series Data," *American Economic Review* 76, 191–203.

Ramanathan, R. (1995), *Introductory Econometrics with Applications*. 3rd ed. Fort Worth: Dryden Press.

Ramey, V. (1991), "Nonconvex Costs and the Behavior of Inventories," *Journal of Political Economy* 99, 306–334.

Ramsey, J. B. (1969), "Tests for Specification Errors in Classical Linear Least-Squares Analysis," *Journal of the Royal Statistical Association*, Series B, 71, 350–371.

Romer, D. (1993), "Openness and Inflation: Theory and Evidence," *Quarterly Journal of Economics* 108, 869–903.

Rose, N. L. (1985), "The Incidence of Regulatory Rents in the Motor Carrier Industry," *Rand Journal of Economics* 16, 299–318.

Rose, N. L., and A. Shepard (1997), "Firm Diversification and CEO Compensation: Managerial Ability or Executive Entrenchment?" *Rand Journal of Economics* 28, 489–514.

Rouse, C. E. (1998), "Private School Vouchers and Student Achievement: An Evaluation of the Milwaukee Parental Choice Program," *Quarterly Journal of Economics* 113, 553–602.

Sander, W. (1992), "The Effect of Women's Schooling on Fertility," *Economic Letters* 40, 229–233.

Savin, N. E., and K. J. White (1977), "The Durbin-Watson Test for Serial Correlation with Extreme Sample Sizes or Many Regressors," *Econometrica* 45, 1989–1996.

Shea, J. (1993), "The Input-Output Approach to Instrument Selection," *Journal of Business and Economic Statistics* 11, 145–155.

Shughart, W. F., and R. D. Tollison (1984), "The Random Character of Merger Activity," *Rand Journal of Economics* 15, 500–509.

Solon, G. (1985), "The Minimum Wage and Teenage Employment: A Re-analysis with Attention to Serial Correlation and Seasonality," *Journal of Human Resources* 20, 292–297.

Staiger, D., and J. H. Stock (1997), "Instrumental Variables Regression with Weak Instruments," *Econometrica* 65, 557–586.

Stigler, S. M. (1986), *The History of Statistics*. Cambridge, MA: Harvard University Press.

Stock, J. H., and M. W. Watson (1989), "Interpreting the Evidence on Money-Income Causality," *Journal of Econometrics* 40, 161–181.

Stock, J. H., and M. W. Watson (1993), "A Simple Estimator of Cointegrating Vectors in Higher Order Integrated Systems," *Econometrica* 61, 783–820.

Stock, J. H., and M. Yogo (2005), "Asymptotic Distributions of Instrumental Variables Statistics with Many Instruments," in *Identification and Inference for Econometric Models: Essays in Honor of Thomas Rothenberg*, ed. D. W. K. Andrews and J. H. Stock, 109–120. Cambridge: Cambridge University Press.

Stock, J. W., and M. W. Watson (2008), "Heteroskedasticity-Robust Standard Errors for Fixed Effects Panel Data Regression," *Econometrica* 76, 155–174.

Sydsaeter, K., and P. J. Hammond (1995), *Mathematics for Economic Analysis*. Englewood Cliffs, NJ: Prentice Hall.

Terza, J. V. (2002), "Alcohol Abuse and Employment: A Second Look," *Journal of Applied Econometrics* 17, 393–404.

Tucker, I. B. (2004), "A Reexamination of the Effect of Big-time Football and Basketball Success on Graduation Rates and Alumni Giving Rates," *Economics of Education Review* 23, 655–661.

Vella, F., and M. Verbeek (1998), "Whose Wages Do Unions Raise? A Dynamic Model of Unionism and Wage Rate Determination for Young Men," *Journal of Applied Econometrics* 13, 163–183.

Wald, A. (1940), "The Fitting of Straight Lines If Both Variables Are Subject to Error," *Annals of Mathematical Statistics* 11, 284–300.

Wallis, K. F. (1972), "Testing for Fourth-Order Autocorrelation in Quarterly Regression Equations," *Econometrica* 40, 617–636.

White, H. (1980), "A Heteroskedasticity-Consistent Covariance Matrix Estimator and a Direct Test for Heteroskedasticity," *Econometrica* 48, 817–838.

White, H. (1984), *Asymptotic Theory for Econometricians*. Orlando: Academic Press.

White, M. J. (1986), "Property Taxes and Firm Location: Evidence from Proposition 13," in *Studies in State and Local Public Finance*, ed. H. S. Rosen, 83–112. Chicago: University of Chicago Press.

Whittington, L. A., J. Alm, and H. E. Peters (1990), "Fertility and the Personal Exemption: Implicit Pronatalist Policy in the United States," *American Economic Review* 80, 545–556.

Wooldridge, J. M. (1989), "A Computationally Simple Heteroskedasticity and Serial Correlation-Robust Standard Error for the Linear Regression Model," *Economics Letters* 31, 239–243.

Wooldridge, J. M. (1991a), "A Note on Computing R-Squared and Adjusted R-Squared for Trending and Seasonal Data," *Economics Letters* 36, 49–54.

Wooldridge, J. M. (1991b), "On the Application of Robust, Regression-Based Diagnostics to Models of Conditional Means and Conditional Variances," *Journal of Econometrics* 47, 5–46.

Wooldridge, J. M. (1994a), "A Simple Specification Test for the Predictive Ability of Transformation Models," *Review of Economics and Statistics* 76, 59–65.

Wooldridge, J. M. (1994b), "Estimation and Inference for Dependent Processes," in *Handbook of Econometrics*, volume 4, chapter 45, ed. R. F. Engle and D. L. McFadden, 2639–2738. Amsterdam: North-Holland.

Wooldridge, J. M. (1995), "Score Diagnostics for Linear Models Estimated by Two Stage Least Squares," in *Advances in Econometrics and Quantitative Economics*, ed. G. S. Maddala, P. C. B. Phillips, and T. N. Srinivasan, 66–87. Oxford: Blackwell.

Wooldridge, J. M. (2001), "Diagnostic Testing," in *Companion to Theoretical Econometrics*, ed. B. H. Baltagi, 180–200. Oxford: Blackwell.

Wooldridge, J. M. (2010), *Econometric Analysis of Cross Section and Panel Data*. 2nd ed. Cambridge, MA: MIT Press.

术语表

A

调整 R^2（adjusted R-squared） 多元回归分析中拟合优度的度量指标，在估计误差方差时，用自由度的调整来对额外添加解释变量进行惩罚。

备择假设（alternative hypothesis） 检验虚拟假设时的相对假设。

AR(1) 序列相关〔AR（1）serial correlation〕 时间序列回归模型中的误差遵循 AR(1) 模型。

渐近偏误（asymptotic bias） 见不一致性（inconsistency）。

渐近置信区间（asymptotic confidence interval） 大样本容量下近似确当的置信区间。

渐近正态性（asymptotic normality） 适当正态化后样本分布收敛到标准正态分布的估计量。

渐近性质（asymptotic properties） 当样本容量无限增加时适用的估计量和检验统计量性质。

渐近标准误（asymptotic standard error） 大样本下确当的标准误。

渐近 t 统计量（asymptotic t statistic） 大样本下近似服从标准正态分布的 t 统计量。

渐近方差（asymptotic variance） 为了获得渐近标准正态分布，我们必须将估计量除以某个值，这个值的平方即是渐近方差。

渐近有效（asymptotically efficient） 服从渐近正态分布的一致估计量中渐近方差最小的一个便是渐近有效的。

渐近不相关（asymptotically uncorrelated） 时间序列过程中，随着两个时点上随机变量的时间间隔增加，它们之间的相关系数趋于零。〔也可参见弱独立（weakly dependent）。〕

衰减偏误（attenuation bias） 总是朝向零的估计量偏误；因而，有衰减偏误的估计量，其期望绝对值小于参数的绝对值。

增广迪基-富勒检验（augmented Dickey-Fuller test） 包含变量的滞后变化作为回归元而进行的单位根检验。

自相关（autocorrelation） 见序列相关（serial correlation）。

自回归条件异方差（ARCH）〔autoregressive conditional heteroskedasticity（ARCH）〕 给定过去信息，误差方差线性依赖于过去误差平方的动态异方差性模型。

一阶自回归过程〔AR(1)〕（autoregressive

process of order one [AR(1)]） 一个时间序列模型，其当前值线性依赖于上一期值加上一个无法预测的扰动。

辅助回归（auxiliary regression） 用于计算检验统计量（如异方差性和序列相关的检验统计量）或其他任何不估计模型主要参数的回归。

平均边际效应（average marginal effect） 见平均偏效应（average partial effect）。

平均偏效应（average partial effect） 对于不是常数的偏效应，在特定总体中将偏效应加以平均。

平均处理效应（average treatment effect） 处理或政策效应在整个总体中的平均值。

B

平衡面板（balanced panel） 对所有横截面单元，均有所有年份（或时期）数据可用的面板数据集。

基组（base group） 在包含虚拟解释变量的多元回归模型中，由截距代表的组。

基期（base period） 对于指数数字，例如价格或生产指数，其他所有时期均用来作为衡量标准的时期。

基值（base value） 为构造指数数字而对基期指定的值；通常基值为 1 或 100。

基准组（benchmark group） 见基组（base group）。

最优线性无偏估计量（BLUE）[best linear unbiased estimator（BLUE）] 在所有线性无偏估计量中，有最小方差的估计量。在高斯-马尔科夫假设下，OLS 是以解释变量样本值为条件的 BLUE。

β 系数（beta coefficients） 见标准化系数（standardized coefficients）。

偏误（bias） 一个估计量的期望值与其拟估计参数的总体值之差。

偏误估计量（biased estimator） 期望或抽样均值与待估计的总体值有差异的估计量。

向零偏误（biased towards zero） 描述的是一个估计量的期望绝对值小于总体参数的绝对值。

二值响应模型（binary response model） 二值（虚拟）因变量模型。

二值变量（binary variable） 见虚拟变量（dummy variable）。

二项分布（binomial distribution） n 次独立的贝努利试验中成功次数的概率分布，其中每次试验成功的概率都相同。

两变量回归模型（bivariate regression model） 见简单线性回归模型（simple linear regression model）。

BLUE 见最优线性无偏估计量（best linear unbiased estimator）。

自举法（bootstrap） 利用有限的样本资料经由多次重复抽样，重新建立起足以代表母体样本分布之新样本的抽样方法。

自举标准误（bootstrap standard error） 从自举法抽样形成的各个样本中得出的某个估计值的样本标准差。

布鲁施-戈弗雷检验（Breusch-Godfrey test） 渐近正确的 AR(p) 序列相关检验，以 AR(1) 最为流行；该检验容许滞后因变量和其他非严格外生的回归元。

布鲁施-帕甘检验（Breusch-Pagan test） 将 OLS 残差的平方对模型中解释变量做回归的一种异方差检验。

C

因果效应（causal effect） 一个变量在其他条件不变情况下的变化对另一个变量产生的影响。

因果（处理）效应［causal (treatment) effect］ 观测值受到与未受处理（如政策）所产生的结果的差异。

截取正态回归模型（censored normal regression model） 截取回归模型的特殊情形，潜在的总体模型满足经典线性模型假定。

截取回归模型（censored regression model） 截取因变量高于或低于某已知临界值数据的多元回归模型。

中心极限定理（CLT）［central limit theorem (CLT)］ 这是概率论的一个关键结论。它意味着，随着样本容量的扩大，独立随机变量甚至弱相关随机变量均值用标准差进行标准化之后，具有一个趋于标准正态的分布。

其他条件不变（ceteris paribus） 其他所有相关因素均保持固定不变。

χ^2 分布（chi-square distribution） 将独立的标准正态随机变量的平方相加所得到的概率分布。求和的项数等于分布的自由度。

χ^2 随机变量（chi-square random variable） 一个具有 χ^2 分布的随机变量。

邹至庄统计量（Chow statistic） 检验不同组（如男性和女性）或不同时期（如政策变化前后）的回归参数相等的 F 检验。

经典变量误差（CEV）［classical errors-in-variables (CEV)］ 观测结果等于实际变量加上一个独立或至少不相关的测量误差的测量误差模型。

经典线性模型（classical linear model） 全套经典线性模型假设下的多元线性回归模型。

经典线性模型（CLM）假设［classical linear model (CLM) assumptions］ 对多元回归分析的理想假定集：横截面分析为假设 MLR. 1 至 MLR. 6，时间序列分析为假设 TS. 1 至 TS. 6。假设包括线性于参数、无完全共线性、零条件均值、同方差、无序列相关和误差正态性。

聚类效应（cluster effect） 对聚类群中所有单位（通常为人）有共同影响的不可观测效应。

聚类—稳健标准误（cluster-robust standard errors） 面板数据中，允许形式不受限制的序列相关和异方差的标准误估计值，这类标准误要求大的横截面（N）和不过长的时间序列（T）。

聚类样本（cluster sample） 自然聚类或群组（通常由人组成）的样本。

聚类（clustering） 在面板数据中，计算标准差（或者某个统计量）使之对于异方差和序列相关性都稳健的方法。

科克伦-奥卡特（CO）估计［Cochrane-Orcutt (CO) estimation］ 估计含 AR(1) 误差和严格外生解释变量的多元线性回归模型的一种方法；与普莱斯-温斯顿估计不同，科克伦-奥卡特估计不使用第一期的方程。

判定系数（coefficient of determination） 见 R^2。

协整（cointegration） 其概念是，两个一阶单整序列的线性组合是零阶单整的。

列向量（column vector） 将数字排成一列的一个向量。

完整情况估计量（complete cases indicators） 一个虚拟变量，当且仅当拥有某一观测值对应的全部变量的数据时等于 1，否则等于 0。

合成误差（composite error） 见合成误差项（composite error term）。

合成误差项（composite error term） 面板数据模型中不随时间而变化的不可观测效应与特异性误差之和。

条件分布（conditional distribution） 一个随机变量在给定一个或多个其他随机变量值

的条件下所服从的概率分布。

条件期望（conditional expectation） 一个随机变量（称为因变量或被解释变量）的期望或平均值，它由其他一个或多个随机变量（称为自变量或解释变量）的值来决定。

条件预测（conditional forecast） 假定某些解释变量的未来值已知的预测。

条件独立（conditional independence） 当以某些控制变量为条件后，处理变量和结果变量可以视为相互独立的。

条件中位数（conditional median） 当以某些解释变量为条件后，相应变量的中位数。

条件方差（conditional variance） 一个随机变量在给定其他一个或多个随机变量条件下的方差。

置信区间（CI）［confidence interval（CI）］ 用于构造随机区间的规则，使得在所有数据集中，有某个百分比（由置信水平决定）的数据集会给出包含总体值的区间。

一致性（consistency） 一个估计量随着样本容量增大而依概率收敛于正确的总体值。

一致估计量（consistent estimator） 当样本容量无限增大时，依概率收敛到总体参数的估计量。

一致检验（consistent test） 在对立假设条件下，拒绝虚拟假设的概率在样本容量无限增大时收敛于1的检验。

常弹性模型（constant elasticity model） 因变量对解释变量的弹性为常数的模型；在多元回归中，两者均以对数形式出现。

同期同方差（contemporaneously homoskedastic） 在时间序列或面板数据应用中，以相同时期的回归元为条件，误差方差保持不变。

同期外生（contemporaneously exogenous） 在时间序列或面板数据应用中，若一个回归元与同期误差项无关（但可能与其他时期误差相关），它便是同期外生的。

连续随机变量（continuous random variable） 取任何特定值的概率都为零的随机变量。

控制组（control group） 在项目评估中，不参与该项目的组。

控制变量（control variable） 见解释变量（explanatory variable）。

角点解响应（corner solution response） 在严格正值上大致连续的非负因变量，但它有一定的比例取零值。

相关随机效应（correlated random effects） 进行面板数据分析时，将不可观测效应与解释变量的序列相关纳入考虑的一种建模方法，一般为线性模型。

相关系数（correlation coefficient） 两个随机变量之间线性相关的衡量，它与测量单位无关，且以 −1 和 1 为界。

计数变量（count variable） 取非负整数值的变量。

反事实结果（counterfactual outcomes） 反事实推断过程得出的不同结果。

反事实推理（counterfactual reasonings） 一种政策评价的方法，想象同一观测点（如个体、公司、国家等）处于两种不同的世界状态之下（例如存在和不存在政策）。

协方差（covariance） 两个随机变量之间线性相关的衡量。

协方差—平稳（covariance stationary） 均值和方差为常数的时间序列过程，且序列中任意两个随机变量之间的协方差仅与它们的间隔有关。

协变量（covariate） 见解释变量（explanatory variable）。

临界值（critical value） 在假设检验中，用于与检验统计量比较来决定是否拒绝虚拟假设的值。

横截面数据集（cross-sectional data set）　在给定时点从总体中抽取的数据集。

累积分布函数（cumulative distribution function）　给出一个随机变量小于或等于某个指定实数的概率的函数。

累积效应（cumulative effect）　在任一时点上，某一解释变量的永久变化带来的响应变量的变化值——经常用于分布滞后模型的有关内容。

D

数据频率（data frequency）　收集时间序列数据的区间。年度、季度和月度是最常见的数据频率。

数据挖掘（data mining）　用相同的数据集估计众多模型以寻求"最佳"模型的做法。

戴维森-麦金农检验（Davidson-MacKinnon test）　相对于非嵌套对立假设而对一个模型的检验；在模型中包含对立模型的拟合值，并使用对拟合值的 t 检验即可进行。

自由度（df）[degrees of freedom（df）]　在多元回归模型分析中，观测值的个数减去待估参数的个数。

分母自由度（denominator degrees of freedom）　F 检验中无约束模型的自由度。

因变量（dependent variable）　在多元回归模型（和其他各种模型）中的被解释变量。

导数（derivative）　用微积分定义一个光滑函数的斜率。

描述统计量（descriptive statistic）　用于概括一组数字的统计量；样本均值、样本中位数、样本标准差是最常见的。

去季节化（deseasonalizing）　月度或季度时间序列中季节成分的消除。

去趋势（detrending）　从时间序列中除去时间趋势的做法。

对角阵（diagonal matrix）　主对角线以外元素都为零的矩阵。

迪基-富勒分布（Dickey-Fuller distribution）　用以检验单位根虚拟假设的 t 统计量的极限分布。

迪基-富勒（DF）检验[Dickey-Fuller（DF）test]　在 AR(1) 模型中，对单位根虚拟假设的 t 检验。[也可参见增广迪基-富勒检验（augmented Dickey-Fuller test）。]

斜率差异（difference in slopes）　所描述的是模型中的某些斜率参数，因组或时期的不同而不同。

双重差分估计量（difference-in-differences estimator）　用两时期数据进行政策分析时出现的一个估计量。其一个形式适用于独立混合横截面，另一个形式适用于面板数据集。

差分平稳过程（difference-stationary process）　在某个时间序列一阶差分后是平稳的，则称为差分平稳过程。

边际效应递减（diminishing marginal effect）　随着解释变量值的递增，解释变量的边际效应递减。

离散随机变量（discrete random variable）　取值个数有限或无限可数的随机变量。

分布滞后模型（distributed lag model）　将因变量与自变量的当前值和过去值联系起来的时间序列模型。

干扰（disturbance）　见误差项（error term）。

向下偏误（downward bias）　估计量的期望值低于参数的总体值。

虚拟因变量（dummy dependent variable）　见二值响应模型（binary response model）。

虚拟变量（dummy variable）　取值为 0 或 1

的变量。

虚拟变量回归（dummy variable regression） 在面板数据背景下，对每个横截面单位都包含有一个虚拟变量（连同其余解释变量一起）而进行的回归。该回归得到固定效应估计量。

虚拟变量陷阱（dummy variable trap） 自变量中包含过多虚拟变量所造成的错误；当模型中既有整体截距又对每一组都设有一个虚拟变量时，便掉入该陷阱之中。

持续期间分析（duration analysis） 截取回归模型的一个应用，其中因变量是某一事件发生之前所经历的时间，例如失业者再就业之前的时间。

德宾-沃森（DW）统计量[Durbin-Waston (DW) statistic] 在经典线性回归假设下，用于检验时间序列回归模型之误差项中的一阶序列相关的统计量。

动态完备模型（dynamically complete model） 更多的滞后因变量或滞后解释变量都无助于解释因变量均值的时间序列模型。

E

计量经济模型（econometric model） 将因变量与一组解释变量和未观测到的干扰相联系的方程，方程中的未知总体参数决定了各解释变量在其他条件不变下的效应。

经济模型（economic model） 从经济理论或不那么规范的经济逻辑中得出的关系。

经济显著性（economic significance） 见实际显著性（practical significance）。

弹性（elasticity） 给定一个变量在其他条件不变下增加 1%，另一个变量变化的百分数。

经验分析（empirical analysis） 在规范的计量分析中，用数据检验理论、估计关系式或

评价政策有效性的研究。

内生解释变量（endogenous explanatory variable） 在多元回归模型中，由于遗漏变量、测量误差或联立性原因而与误差项相关的解释变量。

内生样本选择（endogenous sample selection） 非随机样本选择，其选择直接地或通过方程中的误差项与因变量相联系。

内生变量（endogenous variables） 在联立方程模型中，由系统内方程决定的变量。

恩格尔-格兰杰检验（Engle-Granger test） 原假设为两个列之间不存在协整关系的一种检验；其检验统计量如同 DF 统计量一样也是通过 OLS 残差计算得到。

恩格尔-格兰杰两阶段程序（Engle-Granger two-step procedure） 估计误差修正模型的两步法，其中第一阶段估计协整参数，第二阶段估计误差修正参数。

误差修正模型（error correction model） 一阶差分形式并且包含误差修正项的时间序列模型，它起到将两个 $I(1)$ 序列带回长期均衡的作用。

误差项（扰动）[error term (disturbance)] 在简单或多元回归方程中，包含了影响因变量的无法观测因素。误差项也可能包含被观测的因变量或自变量中的测量误差。

误差方差（error variance） 多元回归模型中误差项的方差。

变量误差（errors-in-variables） 因变量或某些自变量有测量误差的情况。

估计值（estimate） 估计量对一特定样本数据所取的数值。

估计量（estimator） 组合数据以得出总体参数数值的规则；规则的形式不依赖于所得到的特定样本。

事件研究（event study） 一个事件（例如政

府规制或经济政策的变化）对结果变量之影响的计量分析。

排除一个有关变量（excluding a relevant variable） 在多元回归分析中，遗漏了一个对因变量有非零偏效应的变量。

排除性约束（exclusion restrictions） 说明某些变量被排斥在模型之外（或具有零总体参数）的约束。

外生解释变量（exogenous explanatory variable） 与误差项不相关的解释变量。

外生样本选择（exogenous sample selection） 或者取决于外生解释变量，或者与所考虑方程中的误差项不相关的样本选择。

外生变量（exogenous variable） 任何与所考虑模型中的误差项不相关的变量。

期望值（expected value） 对一个随机变量（包括估计量）分布的中心趋势的一种度量。

实验（experiment） 在概率论中，表示结果不确定事件的通用术语。在计量分析中，它表示通过将个体随机分配到对照组和处理组而收集数据的情形。

实验数据（experimental data） 通过进行受控实验而获得的数据。

试验组（experimental group） 见处理组（treatment group）。

解释平方和（SSE）〔explained sum of squares (SSE)〕 多元回归模型中拟合值的总样本变异。

被解释变量（explained variable） 见因变量（dependent variable）。

解释变量（explanatory variable） 在回归分析中，用于解释因变量之变异的变量。

指数函数（exponential function） 一个数学函数，其定义为对所有值有递增的斜率，但变化的比例固定。

指数平滑法（exponential smoothing） 预测变量的一个简单方法，它涉及该变量以前所有结果的某种加权。

指数趋势（exponential trend） 有固定增长率的趋势。

F

F 分布（F distribution） 两个独立 χ^2 分布的随机变量分别除以各自自由度后相除所获得的概率分布。

F 随机变量（F random variable） 一个服从 F 分布的随机变量。

F 统计量（F statistic） 在多元回归模型中，用于检验关于参数的多重假设的统计量。

证伪检验（falsification test） 一种用于检验严格外生性假设的方法，其中包含了政策变量的未来值作为当期结果变量的决定因素。

可行的 GLS（FGLS）估计量〔feasible GLS (FGLS) estimator〕 方差或相关参数未知，因而必须先进行估计的 GLS 程序。〔也可参见广义最小二乘估计量（generalized least squares estimators）。〕

有限分布滞后（FDL）模型〔finite distributed lag (FDL) model〕 允许一个或多个解释变量对因变量有滞后效应的动态模型。

一阶差分（first difference） 通过对相邻时期取差分而对时间序列进行的一种变换，即用后一时期减去前一时期。

一阶差分方程〔first-differenced (FD) equation〕 在时间序列或面板数据模型中，因变量和自变量均取一阶差分的方程。

一阶差分估计量〔first-differenced (FD) estimator〕 在面板数据背景下，应用于不同时期数据之一阶差分的混合 OLS 估计量。

一阶自相关（first order autocorrelation） 一个按时序排列的序列中，各个两两相邻的观测值之间的相关系数。

一阶条件（first order conditions） 用于求解 OLS 估计值的线性方程组。

第一阶段（first stage） 两阶段最小二乘法的第一阶段，将内生变量回归于所有工具变量和外生解释变量。

拟合值（fitted values） 在各观测中将自变量的值插入 OLS 回归线时，所得到的因变量估计值。

固定效应（fixed effect） 见无法观测效应（unobserved effect）。

固定效应估计量（fixed effects estimator） 对于不可观测效应面板数据模型，将混合 OLS 用于除时间均值方程而得到的估计量。

固定效应模型（fixed effects model） 容许每个时期的不可观测效应与解释变量任意相关的不可观测效应面板数据模型。

固定效应变换（fixed effects transformation） 从面板数据得到除时间均值的数据。

预测误差（forecast error） 实际结果与预测结果之差。

预测区间（forecast interval） 在预测中，一个时间序列变量尚未实现的将来值的一个置信区间。[也可参见预测区间（prediction interval）。]

函数形式误设（functional form misspecification） 一个模型遗漏了解释变量的函数（例如二次项），或错误使用了因变量或某些自变量的函数，此时所产生的问题即函数形式误设。

G

高斯-马尔科夫假设（Gauss-Markov assumptions） 使 OLS 成为 BLUE 的一组假设（假设 MLR.1 至 MLR.5 或假设 TS.1 至 TS.5）。

高斯-马尔科夫定理（Gauss-Markov theo-rem） 该定理表明，在五个高斯-马尔科夫假设下（对于横截面或时间序列模型），OLS 估计量是 BLUE（以解释变量的样本值为条件）。

广义最小二乘（GLS）估计量 [generalized least squares (GLS) estimator] 通过对原始模型的变换，解释了误差方差的已知结构（异方差性）、误差中的序列相关形式或同时解释二者的估计量。

几何（或考依克）分布滞后 [geometric (or Koyck) distributed lag] 滞后系数以几何级数递减的无限分布滞后模型。

格兰杰因果关系（Granger causality） 因果关系的一种狭隘概念，其中，在控制了 y_t 的过去值以后，一个序列（x_t）的过去值有助于预测另一个序列（y_t）的将来值。

类属特异性（group-specific） 面板数据中，允许随组别变化的时间趋势（区别于对所有观测点施加相同的时间趋势）。

增长率（growth rate） 时间序列中相对于前一时期的比例变化。可将它近似为对数差分或以百分数形式报告。

H

赫克曼方法（Heckit method） 一种计量经济程序，用于纠正由于从属截尾或以一些其他非随机形式缺失数据所导致的样本选择偏误。

异质性偏误（heterogeneity bias） 由于遗漏异质性（或遗漏变量）所致的 OLS 偏误。

异质性趋势模型（heterogeneous trend model） 一种允许时间趋势随个体观测点变化的面板数据模型，此类模型以一阶差分的方式进行估计，且要求数据至少有三个时期。

异方差性（heteroskedasticity） 给定解释变量，误差项的方差不为常数。

异方差和自相关一致标准误〔heteroskedasticity and autocorrelation consistent（HAC）standard errors〕 一种 OLS 标准误的形式，同时对于异方差性和序列相关性保持稳健。

未知形式的异方差性（heteroskedasticity of unknown form） 以一未知的任意形式依赖于解释变量的异方差性。

异方差—稳健的 F 统计量（heteroskedasticity-robust F statistic） 对未知形式的异方差性保持（渐近）稳健的 F 统计量。

异方差—稳健的 LM 统计量（heteroskedasticity-robust LM statistic） 对未知形式的异方差性保持（渐近）稳健的 LM 统计量。

异方差—稳健的标准误（heteroskedasticity-robust standard error） 对未知形式的异方差性保持（渐近）稳健的标准误。

异方差—稳健的 t 统计量（heteroskedasticity-robust t statistic） 对未知形式的异方差性保持（渐近）稳健的 t 统计量。

高度持续性（highly persistent） 时间序列过程，其中遥远将来的结果与当前结果高度相关。

同方差性（homoskedasticity） 回归模型中的误差在解释变量条件下具有不变方差。

假设检验（hypothesis test） 相对于对立假设，对虚拟假设或维持假设的统计检验。

I

幂等矩阵（idempotent matrix） 一个乘以自己之后等于自己的矩（方）阵。

识别（identification） 能一致地估计的总体参数或参数组。

可识别方程（identified equation） 对参数可进行一致估计的方程，尤其是在含有内生解释变量的模型中。

单位矩阵（identity matrix） 主对角线元素都为 1 且其他元素都为 0 的方阵。

特异性误差（idiosyncratic error） 在面板数据模型中，既在各单位（如个体、企业或城市）之间变化，又随时间变化的误差。

可忽略分配（ignorable assignment） 见条件独立（conditional independence）。

即期弹性（impact elasticity） 在分布滞后模型中，给定自变量增加 1%，因变量当即变化的百分数。

即期乘数（impact multiplier） 见即期倾向（impact propensity）。

即期倾向（impact propensity） 在分布滞后模型中，自变量增加一个单位，因变量的当即变化。

从属截断（incidental truncation） 样本选择问题，指一个变量（通常为因变量）仅对于另一变量的某些结果才能被观测到。

包含一个无关变量（inclusion of an irrelevant variable） 用 OLS 估计方程时，回归模型中包含了总体参数为零的解释变量。

非一致性（inconsistency） 估计的概率极限与参数值之差。

非一致的（inconsistent） 随着样本容量的增大，一个估计量不（依概率）收敛于正确的总体参数。

独立随机变量（independent random variables） 联合分布等于边际分布之积的随机变量。

自变量（independent variable） 见解释变量（explanatory variable）。

独立混合横截面（independently pooled cross section） 将独立随机样本在不同时点上进行混合所得到的数据集。

指数（index number） 关于经济行为（例如生产或价格）总量信息的统计量。

无限分布滞后（IDL）模型［infinite distributed lag（IDL）model］ 自变量的变化对因变量产生的冲击影响到无限未来的分布滞后模型。

有重要影响的观测（influential observation） 见异常观测（outliers）。

信息集（information set） 在预测时，形成预测之前可观测到的变量集。

样本内准则（in-sample criteria） 基于用来求参数估计值的样本内的拟合优度选取预测模型的一种标准。

工具外生性（instrument exogeneity） 在使用工具变量估计中，要求工具变量与误差项序列无关。

工具相关性（instrument relevance） 在使用工具变量估计中，要求工具变量能够部分地解释模型中内生变量的变化。

工具变量（IV）［instrumental variable（IV）］ 在含有内生解释变量的方程中，不出现在方程中、与方程中的误差无关且与内生解释变量（偏）相关的变量。

工具变量（IV）估计量［instrumental variable（IV）estimator］ 当一个或多个内生解释变量可获得工具变量时，线性模型所用的一个估计量。

一阶单整［I(1)］（intergrated of order one［I(1)］） 需要做一阶差分来得到 I(0) 过程的时间序列过程。

零阶单整［I(0)］（intergrated of order zero［I(0)］） 一个平稳而又弱相关的时间序列过程，当用于回归分析时，它满足大数定律和中心极限定理。

交互作用（interaction effect） 在多元回归中，一个解释变量的偏效应取决于另一个不同解释变量的值。

交互项（interaction term） 回归模型中等于

两个解释变量之积的一个自变量。

截距（intercept） 在一个直线方程中，y 变量在 x 变量等于 0 时的值。

截距参数（intercept parameter） 多元线性回归模型中，当所有自变量都为零时，给出因变量期望值的参数。

截距变化（intercept shift） 回归模型中的截距，因组或时期的不同而不同。

互联网（Internet） 全球计算机网络，可用于获得信息和下载数据库。

区间估计量（interval estimator） 一种用数据得到总体参数上下界的规则。［也可参见置信区间（confidence interval）。］

逆（inverse） 对一个 $m \times n$ 矩阵，它的逆（若存在）就是左乘和右乘原矩阵都得到单位矩阵的那个 $n \times n$ 矩阵。

反米尔斯比率（inverse Mills ratio） 添加到多元回归模型中以消除样本选择偏误的一项。

J

联合分布（joint distribution） 决定了两个或多个随机变量出现结果之概率的概率分布。

联合假设检验（joint hypotheses test） 一个涉及对模型中参数不止一个约束的检验。

联合不显著的（jointly insignificant） 在预定的显著性水平上，利用 F 检验，不能拒绝一组解释变量的系数都为零。

联合统计显著的（jointly statistically significant） 在一个选定的显著性水平上，两个或多个解释变量具有零总体系数的虚拟假设被拒绝。

恰好识别方程（just identified equation） 对含有内生解释变量的那些模型来说，一个能识别，但若减少一个工具变量则不能识别的方程。

K

峰度（kurtosis）　该指标用标准化后的随机变量的四阶距来衡量分布的厚尾性。该指标的值经常被拿来和标准正态分布的峰度作比较，标准正态分布的峰度为 3。

L

滞后分布（lag distribution）　在无限或有限分布滞后模型中，把滞后系数作为滞后长度的函数绘制成图。

滞后因变量（lagged dependent variable）　等于以前时期因变量的解释变量。

滞后内生变量（lagged endogenous variable）　在联立方程模型中，某一内生变量的滞后值。

拉格朗日乘数统计量〔Lagrange multiplier (_LM_) statistic〕　仅在大样本下确当的检验统计量，它可用于检验遗漏变量、异方差性、序列相关和不同模型的设定问题。

大样本性质（large sample properties）　见渐近性质（asymptotic properties）。

潜在变量模型（latent variable model）　指这样一个模型，其中观测到的因变量假定为潜在的或无法观测变量的函数。

迭代期望定律（law of iterated expectations）　概率论的一个结论，它把无条件期望和条件期望联系起来。

大数定律（LLN）〔law of large numbers (LLN)〕　说明随机样本的平均值依概率收敛到总体平均值的定理；LLN 对平稳的和弱相关时间序列也成立。

先导和滞后估计量（leads and lags estimator）　含 I(1) 变量的回归中协整参数的估计量，它包含了解释变量的现在、一部分过去和一部分未来的一阶差分作为回归元。

最小绝对离差（LAD）〔least absolute deviations (LAD)〕　基于最小化残差绝对值之和而估计多元回归模型参数的方法。

最小二乘估计量（least squares estimator）　一个最小化残差平方和的估计量。

似然比统计量（likelihood ratio statistic）　用极大似然估计受约束与无约束模型之后，可用于检验单个或多重检验的统计量。该统计量是无约束与受约束对数似然函数之差的两倍。

受限因变量〔limited dependent variable (LDV)〕　其变化范围在重要的程度上受到限制的因变量或响应变量。

线性函数（linear function）　自变量变化一个单位，因变量的变化为常数的函数。

线性概率模型（LPM）〔linear probability model (LPM)〕　响应概率对参数为线性的二值响应模型。

线性时间趋势（linear time trend）　作为时间之线性函数的一种趋势。

线性独立向量（linearly independent vectors）　其中没有一个向量能写成其他向量之线性组合的一组向量。

对数函数（log function）　一种斜率为正但递减的数学函数，它仅在自变量为正时才有定义。

对数单位（logit）模型（logit model）　关于二值响应的一种模型，其中的响应概率为逻辑斯蒂函数在解释变量的线性函数上的取值。

对数似然函数（log-likelihood function）　等于对数似然值之和，其中每个观测的对数似然值都是因变量的概率密度在给定解释变量时的对数。它是待估计参数的一个函数。

纵列数据（longitudinal data） 见面板数据（panel data）。

长期弹性（long-run elasticity） 因变量和自变量都是以对数形式出现的分布滞后模型中的长期倾向。因此，长期弹性是给定解释变量 1% 的增加，被解释变量最终变化的百分数。

长期乘数（long-run multiplier） 见长期倾向（long-run propensity）。

长期倾向 ［long-run propensity（LRP）］ 在一个分布滞后模型中，给定自变量永久性地增加一个单位，因变量最终的变化量。

损失函数（loss function） 一种度量预测值与实际结果不同所造成损失的函数，最常见的例子是绝对值损失和平方损失。

M

边际效应（marginal effect） 自变量的很小变化导致的对因变量的影响。

鞅（martingale） 一种时间序列过程，给定序列的所有过去结果，其期望值等于最近一期的值。

鞅差分序列（martingale difference sequence） 鞅的一阶差分。给定序列的过去值，它是不可预测的（或有零均值）。

配对样本（matched pair sample） 每个观测值都与另一个观测值相匹配的一种样本，如由夫妻或两个兄弟（姐妹）组成的样本。

矩阵（matrix） 数字的一种排列方式。

矩阵乘法（matrix multiplication） 一个将两个可乘矩阵乘到一起的算法。

矩阵形式（matrix notation） 基于矩阵代数的一种便利的数学表示方法，用来表述和计算多元回归模型。

极大似然估计（MLE）［maximum likelihood estimation（MLE）］ 一种应用广泛的估计方法，通过最大化对数似然函数来选择参数估计值。

绝对平均误差（MAE）［mean absolute error（MAE）］ 一项预测表现指标，计算为预测误差绝对值的平均。

均值独立（mean independent） 多元回归中的重要假设，意味着不可观测的误差的均值并不随解释变量值的变化而变化。

均方误（MSE）［mean squared error（MSE）］ 一个估计量与总体值距离平方的期望值，等于方差加上偏误的平方。

测量误差（measurement error） 所观测变量与多元回归方程中的变量之差。

中位数（median） 在概率分布中，它是这样一个数：在它之下有 50% 的概率、在它之上也有 50% 的概率。在一个数据样本中，它是经过排序后位置居中的数字。

微数缺测性（micronumerosity） 由戈德伯格首先提出的一个概念，用以描述计量经济估计量在样本容量较小时的性质。

最小方差无偏估计量（minimum variance unbiased estimator） 在所有无偏估计量中方差最小的那个估计量。

数据缺失（missing data） 当我们没有观测到样本中某些观测（个人、城市、时期等）的对应变量值时出现的一类数据问题。

缺失指示方法（missing indicator method） 一种处理解释变量存在缺失值的方法，除解释变量外，还包含一个二值变量，当解释变量缺失时取 0，从而允许使用完整数据集。

误设分析（misspecification analysis） 确定遗漏变量、测量误差、联立性或其他某种模型误设所导致的可能偏误的过程。

一阶移动平均过程 ［MA(1)］（moving average process of order one ［MA(1)］） 作为一个零均值、常方差和不相关随机过程的当前值和一期滞后值的线性函数而生成的时间序列过程。

多重共线性（multicollinearity） 指多元回归模型中自变量之间相关的术语；当某些相关性"很大"时，就会出现多重共线性，但对实际大小并没有明确的规定。

多重假设检验（multiple hypotheses test） 对涉及不止一个参数约束之虚拟假设的检验。

多元线性回归（MLR）模型［multiple linear regression（MLR）model］ 一个线性于参数的模型，其中因变量是自变量的函数加上一个误差项。

多元回归分析（multiple regression analysis） 在多元线性回归模型中进行估计和推断的一类分析。

多重约束（multiple restrictions） 对计量经济模型参数有不止一个约束。

提前多期预测（multiple-step-ahead forecast） 对一期以后的时间序列进行预测。

倍乘测量误差（multiplicative measurement error） 所观测到的变量等于不可观测实际变量与一个正测量的误差之积，此时的测量误差即为积性测量误差。

多元正态分布（multivariate normal distribution） 多元随机变量的一种分布，其中随机变量的每个线性组合都服从一元（一维）正态分布。

N

n-R^2 统计量（n-R-squared statistic） 见拉格朗日乘数统计量（Lagrange multiplier statistic）。

自然试验（natural experiment） 通常政策或制度的变化无意之中造成经济环境的外生变化，这种情况被称为自然实验。其中经济

环境有时用一个解释变量来表示。

自然对数（natural logarithm） 见对数函数（logarithmic function）。

尼威-韦斯特标准误（Newey-West standard errors） 一种特定形式的 HAC 标准误，在这种情形下，滞后期被设定为 4（n/100）的 2/9 次方的整数部分。

非实验数据（nonexperimental data） 不是通过控制实验而得到的数据。

非线性函数（nonlinear function） 一个斜率不是常数的函数。

非嵌套模型（nonnested models） 没有一个模型可以通过对参数施加约束而表示成另一个模型之特例的两（或多）个模型。

非随机样本（nonrandom sample） 不是从我们所考虑总体中随机抽样而得到的样本。

非随机样本选择（nonrandom sample selection） 样本并非从总体中随机抽取，而是根据个体特征选择的。

非平稳过程（nonstationary process） 联合分布在不同时期有所变化的一种时间序列过程。

正态分布（normal distribution） 在统计学和计量经济学中构造总体模型时经常用到的一种概率分布。它的概率分布函数呈钟形。

正态性假定（normality assumption） 经典线性模型假定之一。它是指以解释变量为条件的误差（或因变量）服从正态分布。

原假设（null hypothesis） 在经典假设检验中，我们把这个假设当作真的，要求数据能够提供足够的证据才能否定它。

分子自由度（numerator degrees of freedom） 在 F 检验中，待检验约束的个数。

O

观测数据（observational data） 见非实验数

据（nonexperimental data）。

OLS 见普通最小二乘法（ordinary least squares）。

OLS 截距估计值（OLS intercept estimate） OLS 回归线的截距。

OLS 回归线（OLS regression line） 将因变量的预测值与自变量相联系的方程，其参数估计值通过 OLS 而得到。

OLS 斜率估计值（OLS slope estimate） OLS 回归线中的一个斜率。

遗漏变量偏误（omitted variable bias） 当回归中遗漏了有关变量时，OLS 估计量中出现的偏误。

遗漏变量（omitted variables） 我们打算控制但在估计回归模型的过程中被漏掉的那些变量。

单侧备择假设（one-sided alternatives） 被表述为参数值大于（或小于）虚拟条件下假设值的一种备择假设。

提前一期预测（one-step-ahead forecast） 向前一期预测的时间序列。

单侧检验（one-tailed test） 与单侧对立假设相对的假设检验。

网上数据库（online databases） 可以通过计算机互联网进入的数据库。

在线搜索服务（online search services） 帮助人们根据主题、名称、标题或关键词在互联网或网上数据库中搜索资料的计算机软件。

阶条件（order condition） 在有一个或多个内生解释变量的模型中识别参数的必要条件：所有外生变量的个数必须不少于解释变量的个数。

序数变量（ordinal variable） 通过排列顺序传达信息的一种数据，它们的大小本身并不说明任何问题。

普通最小二乘法（OLS）〔ordinary least squares（OLS）〕 多元线性回归模型中参数的一种估计方法。最小二乘估计值通过最小化残差平方和而得到。

异常数据（outliers） 在数据集中，与大量其他数据有明显区别的观测：或因为某种错误，或因为生成它们的模型与生成其他大多数数据的模型不同。

样本外准则（out-of-sample criteria） 基于计算参数估计值时未使用的一部分样本来选择预测模型的一种准则。

过度控制（over controlling） 在一个多元回归模型中，包含了这样的解释变量：在研究一个或多个解释变量的其他条件不变效应时，不应该保持它们不变；当变量本身就是回归元中所包含的干预或政策结果时，便可能出现这种情况。

一个回归的整体显著性（overall significance of a regression） 对多元回归方程中所有解释变量进行的一种联合显著性检验。

过度散布（overdispersion） 在模型化一个计数变量时，方差大于均值。

过度识别方程（overidentified equation） 在含有内生解释变量的模型中，工具变量个数严格大于内生解释变量个数的方程。

过度识别约束（overidentifying restrictions） 在线性模型中，工具变量个数多于内生解释变量个数所导致的额外矩条件。

模型的过度识别（overspecifying a model） 见包含一个无关变量（inclusion of an irrelevant variable）。

P

p 值（*p*-value） 指能够拒绝虚拟假设的最低显著性水平。等价地，它也指虚拟假设不能被拒绝的最大显著性水平。

两两无关随机变量（pairwise uncorrelated random variables） 两个或多个随机变量集合中每两个随机变量都不相关。

面板数据（panel data） 通过在不同时期对横截面重复观测而得到的数据集。在平衡的面板中，同样的单位在每个时期都出现。在不平衡的面板中，有些单位往往由于自然损耗而不会在每个时期都出现。

平行趋势假设（parallel trends assumption） 假设在不存在处理时，处理组和控制组结果变量的任何趋势的方向和变化率都相同。

偏导数（partial derivative） 在不止一个变量的光滑函数中，函数在某个方向上的斜率。

偏效应（partial effect） 保持回归模型中的其他因素不变，某个解释变量对因变量的影响。

平均个人偏效应〔partial effect at the average（PEA）〕 在偏效应并非恒定的模型中，解释变量的均值处的偏效应。

全部正确预测百分比（percent correctly predicted） 在二值响应模型中，预测的 0 或 1 与实际结果相一致的次数占总次数的百分数。

百分数变化（percentage change） 等于变量变化的比例再乘以 100。

百分点变化（percentage point change） 用百分数度量的变量的变化。

完全共线性（perfect collinearity） 在多元回归中，一个自变量是一个或多个其他自变量的线性函数。

遗漏变量问题的植入解（plug-in solution to the omitted variables problem） 在 OLS 回归中，用以代替不可观测遗漏变量的代理变量。

点预测（point forecast） 一个将来结果的预测值。

泊松分布（Poisson distribution） 计数变量的一种概率分布。

泊松回归模型（Poisson regression model） 计数因变量的一种模型。其中，以解释变量为条件，名义上假定因变量服从泊松分布。

政策分析（policy analysis） 用计量经济方法评价政策效果的一种实证分析。

混合横截面（pooled cross section） 通常在不同时点收集到的相互独立的横截面组合而成的一个单独数据集。

混合 OLS 估计（pooled OLS estimation） 使用独立混合横截面、面板数据或聚类样本的 OLS 估计。其中，不同时期（或群组）及不同横截面单位的观测都混合在一起。

总体模型（population model） 一种描述了总体特征的模型，特别是多元线性回归模型。

总体 R^2（population R-squared） 总体中，因变量的变异中由解释变量解释的比例。

总体回归函数（population regression function） 见条件期望（conditional expectation）。

正定的（positive definite） 一个使得所有二次型（除一个退化二次型为零外）都严格为正的对称矩阵。

半正定的（positive semi-definite） 一个使得所有二次型都是非负的对称矩阵。

一个检验的功效（power of a test） 当虚拟假设错误时拒绝它的概率；这种功效取决于对立假设下的总体参数值。

实际显著性（practical significance） 与统计显著性不同，某个估计值的实际或经济显著性，用它的符号和大小来衡量。

普莱斯-温斯顿（PW）估计〔Prais-Winsten（PW）estimation〕 一种用来估计含 AR(1) 误差和严格外生解释变量的多元线

性回归模型的方法；不同于科克伦-奥克特方法，它在估计中要用到第一个时期的方程。

前定变量（predetermined variable） 在联立方程模型中，一个滞后内生变量或滞后外生变量。

被预测变量（predicted variable） 见因变量（dependent variable）。

预测（prediction） 把解释变量的具体值代入所估计的模型（通常是多元回归模型中）而得到一个结果的估计值。

预测误差（prediction error） 实际结果与预测结果之差。

预测区间（prediction interval） 多元回归模型中，因变量的未知结果的一个置信区间。

预测元变量（predictor variable） 见解释变量（explanatory variable）。

概率密度函数（pdf） ［probability density function（pdf）］ 是这样一种函数：对于离散随机变量，它给出了这个随机变量落在每个值上的概率；对于连续随机变量，pdf 之下的面积则给出了各种事件的概率。

概率极限（probability limit） 估计量随着样本容量无限增大而趋近的数值。

Probit 模型（Probit model） 一种二值响应模型，其中响应概率为标准正态 cdf 在解释变量的一个线性函数处取值。

项目评估（program evaluation） 用计量经济方法求出某个特定私人或公共项目所产生影响的一种分析。

比例变化（proportionate change） 一个变量相对其初始值的变化；从数学上讲，就是用变化量除以初始值。

代理变量（proxy variable） 多元回归分析中，一个与不可观测解释变量有关系但又不相同的可观测变量。

伪 R^2（pseudo R-squared） 限值因变量模型的任何一个拟合优度指标值。

Q

二次型（quadratic form） 将一个对称方阵同时左乘和右乘一个向量而得到的一个数学函数。

二次函数（quadratic functions） 包含一个或多个解释变量平方的函数；它刻画了解释变量对因变量的递减或递增影响。

拟去均值数据（quasi-demeaned data） 在面板数据的随机效应估计中，它是每个时期的原始数据减去时间均值的一个比例；对每个横截面观测都要进行这样的计算。

准差分数据（quasi-differenced data） 在估计含 AR(1) 序列相关的回归模型时，它是当期数据减去前一期数据的某个倍数，其中的倍数是 AR(1) 模型中的参数。

准实验（quasi-experiment） 见自然实验（natural experiment）。

拟似然比统计量（quasi-likelihood ratio statistic） 就像泊松回归模型中那样，对可能的分布误设加以修正的似然比统计量。

拟极大似然估计（QMLE） ［quasi-maximum likelihood estimation（QMLE）］ 对数似然函数可能与因变量的实际条件分布不一致的一种极大似然估计。

R

随机分配（random assignment） 观测值以完全随机的方式分配至处理组和控制组（亦即分配方式不是任何可观测特征的函数）。

随机对照试验 ［randomized controlled trial (RCT)］ 一种实验设计方法，处理组（存在政策）和控制组（不存在政策）随机地从总体中选取，假设两组之前不存在处理前差异，所有观测到的差异都来自为处理组施加的政策。

回归调整（regression adjustment） 一种通过增加额外控制变量来处理非随机分配的方法，增加这些变量允许模型识别政策的因果效应。

R^2（R-squared） 在多元回归模型中，因变量的总样本变异中由自变量所解释的比例。

F 统计量的 R^2 型（R-squared form of the F statistic） 检验排除性约束的 F 统计量，用约束和无约束模型中得到的 R^2 表示。

随机系数（斜率）模型[random coefficient (slope) model] 在多元回归中，允许斜率估计值受不同个体独有的未观测变量影响。

随机效应估计量（random effects estimator） 不可观测效应模型中的一种可行 GLS 估计量。其中假定不可观测效应与每个时期的解释变量都不相关。

随机效应模型（random effects model） 不可观测效应面板数据模型。其中假定不可观测效应与每个时期的解释变量都不相关。

随机样本（random sample） 从特定总体中随机抽样而得到的样本。

随机抽样（random sampling） 从总体中随机抽取每次观测的一种抽样模式。特别是，每个单位被抽取的可能性都相同，而且每次抽取都与所有其他抽取独立。

随机变量（random variable） 结果不确定的变量。

随机向量（random vector） 由随机变量构成的向量。

随机游走（random walk） 在这样一种时间序列中，下一期的值等于本期值加上一个独立（或至少是不相关）的误差项。

带截距的随机游走（random walk with drift） 每个时期都加进一个常数（或截距）的随机

游走。

秩条件（rank condition） 识别含一个或多个内生解释变量的模型的充分条件。

矩阵的秩（rank of a matrix） 一个矩阵中线性独立的列数。

有理分布滞后（RDL）模型[rational distributed lag (RDL) model] 一种无限分布滞后模型，其中滞后分布取决于相对较少的参数。

约简型方程（reduced form equation） 一个线性方程，其中内生变量是外生变量与无法观测误差的函数。

约简型误差（reduced form error） 约简型方程中出现的误差。

约简型参数（reduced form parameters） 约简型方程中出现的参数。

回归子（regressand） 见因变量（dependent variable）。

回归设定误差检验（RESET）[regression specification error test (RESET)] 在多元回归模型中，对函数形式的一般性检验；它是对原 OLS 估计拟合值的平方、三次方以及可能更高次幂之联合显著性的 F 检验。

过原点回归（regression through the origin） 截距被设为 0 的回归分析，它的斜率照常通过最小化残差平方和求出。

回归元（regressor） 见解释变量（explanatory variable）。

拒绝域（rejection region） 拒绝虚拟假设的检验统计量值集。

拒绝法则（rejection rule） 在假设检验中，决定在什么情况下拒绝虚拟假设并支持对立假设的法则。

相对变化（relative change） 见比例变化（proportionate change）。

重新取样方法（resampling method） 通过

对原数据集进行多次取样形成一系列子样本，再计算各个子样本集的标准差估计值，用于近似原数据集标准差（或统计量分布）的方法。

残差（residual） 实际值与拟合（或预测）值之差；在用于计算 OLS 回归线的样本中，每次观测都有一个残差。

残差分析（residual analysis） 在估计多元回归模型后，研究某次特定观测之残差的符号和大小的一类分析。

剩余平方和（residual sum of squares） 见残差平方和（sum of squared residuals）。

响应概率（response probability） 在二值响应模型中，以解释变量为条件，因变量取值为 1 的概率。

响应变量（response variable） 见因变量（dependent variable）。

受约束模型（restricted model） 在假设检验中，施加虚拟假设所要求的所有约束之后得到的模型。

回顾数据（retrospective data） 根据过去信息而不是根据当前信息搜集的数据。

均方根误（RMSE）［root mean squared error (RMSE)］ 多元回归分析中回归标准误的另一个名称。

行向量（row vector） 排成一行的数字向量。

S

样本均值（sample average） n 个数之和除以 n，它度量了中心化趋势。

样本相关性（sample correlation） 对于两个随机变量的结果，样本协方差除以两个样本标准差之积便是样本相关系数。

样本相关系数（sample correlation coefficient） （总体）相关系数从一个数据样本中得到的估计值。

样本协方差（sample covariance） 两个随机变量之总体协方差的一个无偏估计量。

样本回归函数（SRF）［sample regression function (SRF)］ 见 OLS 回归线（OLS regression line）。

样本标准差（sample standard deviation） 总体标准差的一个一致估计量。

样本方差（sample variance） 总体方差的一个无偏而又一致估计量。

抽样分布（sampling distribution） 一个估计量在所有可能样本结果上的概率分布。

抽样标准差（sampling standard deviation） 一个总体标准差的一致估计量。

抽样方差（sampling variance） 一个估计量的抽样分布的方差；它度量了抽样分布的分散程度。

数乘（scalar multiplication） 将一个向量或矩阵乘上一个数量（数字）的算法。

数量方差—协方差矩阵（scalar variance-covariance matrix） 所有主对角线元素都是正的相同常数，且其他元素都为零的一个方差—协方差矩阵。

得分统计量（score statistic） 见拉格朗日乘数统计量（Lagrange multiplier statistic）。

季节虚拟变量（seasonal dummy variables） 用来表示一年中季度或月度的一组虚拟变量。

季节性（seasonality） 月度或季度时间序列的一个特征，其均值随着一年中季节的不同而系统地变化。

季节性调整（seasonally adjusted） 用某种统计程序，可能是对季节性虚拟变量做回归，来消除月度或季度时间序列中的季节性成分。

选择样本（selected sample） 不是通过随机

抽样得到，而是基于某些可观测或不可观测的特征而选取的样本数据。

自选择（self-selection） 根据采取某项行动的收益（或成本）而决定是否选择该行动。

自选择问题（self-selection problem） 存在非随机分配，以及控制组和处理组分配系统性取决于个体特征时出现的问题。

半弹性（semi-elasticity） 自变量增加一个单位导致因变量的百分比变化。

敏感度分析（sensitivity analysis） 检查关键解释变量的估计效应和统计显著性是否对添加其他解释变量、函数形式、去掉潜在的异常观测和不同的估计方法敏感的过程。

序列外生性（sequentially exogenous） 是时间序列模型（或面板模型）中解释变量的一种特性，其特征是：该模型的残差序列基于当前和以前信息的条件均值为 0，这相对于序列无关假设是一个较弱版本。

序列相关（serial correlation） 在时间序列或面板数据模型中，不同时期的误差之间的相关性。

序列相关—稳健标准误（serial correlation-robust standard error） 不管模型中的误差是否序列相关，都（渐近）确当的估计量标准误。

序列不相关（serially uncorrelated） 在时间序列或面板数据模型中，不同时期的误差两两之间不相关。

短期弹性（short-run elasticity） 因变量和自变量都以对数形式出现的分布滞后模型中的即期倾向。

显著性水平（significance level） 假设检验中发生第 I 类错误的概率。

简单线性回归模型（simple linear regression model） 因变量是单个自变量和一个误差项之线性函数的模型。

联立性（simultaneity） 这个术语意味着，在多元线性回归模型中，至少有一个解释变量与因变量同时决定。

联立性偏误（simultaneity bias） 用 OLS 估计联立方程模型中的一个方程时出现的偏误。

联立方程模型（SEM）[simultaneous equations model（SEM）] 同时决定两个或多个内生变量的一种模型，其中每个内生变量都可能是其他内生变量和外生变量以及误差项的函数。

偏度（skewness） 一个用于衡量某分布偏离对称状态的指标，它是基于标准化随机变量的三阶矩。

斜率参数（slope parameter） 多元回归模型中自变量的系数。

模糊估计值（smearing estimate） 一种用于估计响应变量水平值的变形方法，此前，该响应变量的自然对数的线性模型已经被估计出来。

电子制表软件（spreadsheet） 用来输入和处理数据的计算机软件。

伪相关（spurious correlation） 两个变量之间的相关，不是因为二者有因果关系，可能是因为它们都取决于另一个无法观测的因素。

伪回归问题（spurious regression problem） 如果回归分析表明两个或多个无关时间序列具有一定关系，而仅仅因为它们每个都有趋势，或都是单整时间序列（如随机游走），或上面两种情况同时出现，此时便出现了伪回归问题。

稳定的 AR(1) 过程 [stable AR(1) process] 滞后变量的系数绝对值小于 1 的 AR(1) 过程。序列中的两个随机变量的相关系数，随着它们之间时间间隔的增大，而以几何速度递减至 0，所以稳定的 AR(1) 过程是弱相关的。

标准差（standard deviation） 衡量随机变量分布之分散程度的常用指标。

$\hat{\beta}_j$ 的标准差（standard deviation of $\hat{\beta}_j$） 衡量 $\hat{\beta}_j$ 抽样分布之分散程度的常用指标。

$\hat{\beta}_1$ 的标准误（standard error of $\hat{\beta}_1$） OLS 斜率估计量的标准误，在简单回归模型中等于

$$SE(\hat{\beta}_1) = \frac{\hat{\sigma}}{\sqrt{SST_x}}。$$

$\hat{\beta}_j$ 的标准误（standard error of $\hat{\beta}_j$） $\hat{\beta}_j$ 抽样分布之标准差的估计值。

回归标准误（SER）[standard error of the regression (SER)] 在多元回归分析中，总体误差的标准差估计值，等于残差平方和与自由度之商的平方根。

标准化系数（standardized coefficients） 一种回归系数，它度量了自变量增加一个标准差时，因变量的改变是其标准差的倍数。

标准化随机变量（standardized random variable） 通过减去其期望值并除以其标准差而变换的随机变量；新变量的均值为 0，标准差为 1。

静态模型（static model） 只有同时期的解释变量才会影响因变量的一种时间序列模型。

平稳过程（stationary process） 边际和所有联合分布都不随时间而变化的一种时间序列过程。

统计显著性（statistical significance） 用一个检验统计量（通常是一个 t 统计量）的大小度量的一个估计值的重要性。

统计上异于零（statistically different from zero） 见统计显著（statistically significant）。

统计不显著的（statistically insignificant） 在选定的显著性水平上，无法拒绝总体参数等于 0 的虚拟假设。

统计显著的（statistically significant） 在选定的显著性水平上，相对于特定的对立假设，拒绝总体参数等于 0 的虚拟假设。

随机过程（stochastic process） 标注了时间下标的一个随机变量序列。

分层取样（stratified sampling） 一种非随机抽样模式，其中总体首先被分成不重叠、无遗漏的几层，然后在每层抽取随机样本。

严格外生性（strict exogeneity） 时间序列或面板数据模型中的假定之一，在解释变量严格外生的情况下成立。

严格外生（strictly exogenous） 时间序列或面板数据模型中的解释变量的一个特征：以所有时期的解释变量为条件、任何时期的误差项都有零均值；更宽松的一种说法是用相关系数为 0 来表述的。

强相关（strongly dependent） 见高度持续性（highly persistent）。

结构方程（structural equation） 由经济理论或非规范经济推理推导出来的方程。

结构误差（structural error） 结构方程中的误差项，该结构方程可以是联立方程模型中的一个方程。

结构型参数（structural form parameters） 结构方程中出现的参数。

学生化残差（studentized residuals） 依次剔除每个观测值，得到残差序列的标准差估计值，再除以 $n-1$ 计算出的残差序列。

残差平方和[sum of squared residual (SSR)] 多元回归模型中，所有观测的 OLS 残差的平方和。

求和算子（summation operator） 用 $\sum$ 表示的一个符号，用来定义一组数据之和。

对称分布（symmetric distribution） 由围绕其中位数及其均值（若有均值的话）对称分布的概率密度函数所刻画的概率分布。

对称矩阵（symmetric matrix） 等于其转置的一个方阵。

T

t 分布（t distribution） 一个标准正态随机变量与一个独立 χ^2 随机变量的平方根之比的分布，其中 χ^2 随机变量首先要除以其 df。

t 比率（t ratio） 见 t 统计量（t statistic）。

t 统计量（t statistic） 用来对计量经济学模型中关于参数的单个假设进行检验的一种统计量。

检验统计量（test statistic） 用于假设检验的一种法则，它对每个样本结果都给出一个数值。

文本编辑器（text editor） 用来编辑文本文件的计算机软件。

文本（ASCII）文件[text（ASCII）file] 一种通用的文件格式，它可以在各种计算机平台之间传送。

除时间均值数据（time-demeaned data） 对于横截面单位，将其每个时期的数据都减去不同时期的均值后得到的面板数据。

时间序列数据（time series data） 搜集一个或多个变量的不同时期数据。

时间序列过程（time series process） 见随机过程（stochastic process）。

时间趋势（time trend） 时间的函数，它是趋势时间序列过程的期望值。

托宾模型（Tobit model） 因变量以正概率取值 0 并在正数集上连续分布的一种模型。[也可参见角点解响应（corner solution response）。]

顶端编码（top coding） 一种截取数据的形式。如果一个变量高于给定的临界值，它的值就不报告出来，我们只知道它至少和这个临界值一样大。

总平方和（SST）[total sum of squares（SST）] 因变量相对于其样本均值的总样本变异。

一个矩阵的迹（trace of a matrix） 一个方阵的主对角线元素之和。

转置（transpose） 将一个矩阵的行和列互换而得到的新矩阵。

处理组（treatment group） 在项目评估中，参与这一项目的群组。

趋势—平稳过程（trend-stationary process） 一旦消除了时间趋势后变得平稳的过程；通常暗含着除趋势序列是弱相关的。

真实模型（true model） 将因变量与有关自变量和干扰联系起来的实际总体模型，其中零条件均值假定成立。

截断正态回归模型（truncated normal regression model） 截断回归模型的一种特殊情形，其潜在总体模型满足经典线性模型假定。

截断回归模型（truncated regression model） 横截面数据的一种线性回归模型。其抽样模式基于因变量的结果而完全排除一部分总体。

双侧备择假设（two-sided alternative） 总体参数既可以大于又可以小于虚拟假设所述值的一种备择假设。

两阶段最小二乘（2SLS）估计量[two stage least squares（2SLS）estimator] 做内生解释变量对所有外生变量的回归，将得到的拟合值作为内生解释变量的工具变量，由此计算出来的工具变量估计量就是两阶段最小二乘估计量。

双侧检验（two-tailed test） 相对于双侧备择检验的检验方法。

第 I 类错误（type I error） 拒绝了正确虚拟假设的错误。

第Ⅱ类错误（type Ⅱ error） 不能拒绝错误虚拟假设的错误。

U

非平衡面板（unbalanced panel） 某些横截面单位缺失了某些年份（或时期）数据的面板数据。

无偏估计量（unbiased estimator） 期望值（或抽样分布的均值）等于总体值（与总体值的大小无关）的估计量。

未中心化 R^2（uncentered R-squared） 计算整体平方和（SST）时未去除因变量样本均值，并据此 SST 计算出的 R^2。

无条件预测（unconditional forecast） 无须知道或假定未来解释变量值的预测。

无混淆分配（unconfounded assignment） 见条件独立（conditional independence）。

不相关随机变量（uncorrelated random variables） 没有线性关系的随机变量。

设定不足的模型（underspecifying a model） 见排除一个有关变量（excluding a relevant variable）。

不可识别方程（unidentified equation） 含一个或多个内生解释变量，且找不到足够多的工具变量来识别其相应参数的方程。

单位根过程（unit root process） 一种高度持续性的时间序列过程，当期值等于上一期的值加上一个弱相关的干扰项。

不可观测效应（unobserved effect） 在面板数据模型中，误差项中不随时间而变化的无法观测变量。对于聚类样本来说，它就是其中所有单位共有的一个无法观测变量。

单位根（unit roots） 在时间序列过程 $y_t = \alpha + \rho y_{t-1} + u_t$ 中，如果 $\rho = 1$，称 y_t 含有一个单位根。此过程也称为随机游走，为不可预测过程。

不可观测效应模型（unobserved effects model） 一种使用面板数据或聚类样本的模型，它的误差项包含不可观测效应。

不可观测异质性（unobserved heterogeneity） 见不可观测效应（unobserved effect）。

无约束模型（unrestricted model） 在假设检验中，对参数没有任何限制条件的模型。

向上偏误（upward bias） 一个估计量的期望值大于总体参数值。

V

方差—协方差矩阵（variance-covariance matrix） 对一个随机向量，通过将方差放到主对角线上并把协方差放到主对角线之外的适当位置上而定义的半正定矩阵。

OLS 估计量的方差—协方差矩阵（variance-covariance matrix of the OLS estimator） OLS 系数向量的抽样方差—协方差矩阵。

方差膨胀因子（variance inflation factor） 多元回归分析中，在高斯-马尔科夫假设下，由于解释变量之间存在序列相关从而影响样本方差矩阵的情形。

预测误差的方差（variance of the prediction error） 在基于估计的多元回归方程预测因变量未来值时出现的误差的方差。

向量自回归（VAR）模型［vector autoregressive（VAR）model］ 两个或多个时间序列的模型，其中每个变量都被模型化为所有变量过去值的线性函数，再加上一个干扰项；给定观测变量的所有过去值，这个干扰项的均值为 0。

W

瓦尔德统计量（Wald statistic） 大量计量经济学背景中进行假设检验的一般检验统计量；通常，瓦尔德统计量服从渐近 χ^2 分布。

弱工具变量（weak instruments） 那些只和内生解释变量有很弱相关性的工具变量。

弱依赖（weakly dependent） 描述时间序列过程的一个术语，其中随机变量在两个不同时间之间的相互依赖指标（比如相关系数）随着时间间隔的增大而减小。

加权最小二乘（WLS）估计量〔weighted least squares（WLS）estimator〕 用来对某种已知形式的异方差进行调整的估计量。其中，每个残差平方都用一个等于误差（估计）方差的倒数作为权数。

怀特异方差检验（White test for heteroskedasticity） 一种异方差检验，将残差的平方回归于解释变量的线性和非线性函数。

组内估计量（within estimator） 见固定效应估计量（fixed effects estimator）。

组内变换（within transformation） 见固定效应变换（fixed effects transformation）。

Y

年虚拟变量（year dummy variables） 对于具有时间序列成分的数据集，在相关年份等于1而在所有其他年份都等于0的虚拟（二值）变量。

Z

零条件均值假定（zero conditional mean assumption） 多元回归分析中所用的一个关键假定；它的含义是：给定解释变量的任意值，误差的期望值都等于0。（参见假定 MLR. 4、TS. 3 和 TS. 3′。）

零矩阵（zero matrix） 所有元素都为零的矩阵。

0—1变量（zero-one variable） 见虚拟变量（dummy variable）。

中国人民大学出版社经济类引进版教材推荐

经济科学译丛

20 世纪 90 年代中期，中国人民大学出版社推出了"经济科学译丛"系列丛书，引领了国内经济学汉译名著的第二次浪潮。"经济科学译丛"出版了上百种经济学教材，克鲁格曼《国际经济学》、曼昆《宏观经济学》、平狄克《微观经济学》、博迪《金融学》、米什金《货币金融学》等顶尖经济学教材的出版深受国内经济学专家和读者好评，已经成为中国经济学专业学生的必读教材。想要了解更多图书信息，可扫描下方二维码。

经济科学译丛书目

金融学译丛

21 世纪初，中国人民大学出版社推出了"金融学译丛"系列丛书，引进金融体系相对完善的国家最权威、最具代表性的金融学著作，将实践证明最有效的金融理论和实用操作方法介绍给中国的广大读者，帮助中国金融界相关人士更好、更快地了解西方金融学的最新动态，寻求建立并完善中国金融体系的新思路，促进具有中国特色的现代金融体系的建立和完善。想要了解更多图书信息，可扫描下方二维码。

金融学译丛书目

双语教学用书

为适应培养国际化复合型人才的需求，中国人民大学出版社联合众多国际知名出版公司，打造了"高等学校经济类双语教学用书"系列丛书，该系列丛书聘请国内著名经济学家、学者及一线授课教师进行审核，努力做到把国外真正高水平的适合国内实际教学需求的优秀原版图书引进来，供国内读者参考、研究和学习。想要了解更多图书信息，可扫描下方二维码。

高等学校经济类双语教学用书书目

图书在版编目（CIP）数据

计量经济学导论：现代观点：第七版/（美）杰弗里·M. 伍德里奇著；涂海洋等译 . -- 北京：中国人民大学出版社，2023.5

（经济科学译丛）

ISBN 978-7-300-31308-5

Ⅰ．①计… Ⅱ．①杰… ②涂… Ⅲ．①计量经济学 Ⅳ．①F224.0

中国国家版本馆 CIP 数据核字（2023）第 031325 号

"十三五"国家重点出版物出版规划项目

经济科学译丛

计量经济学导论：现代观点（第七版）

杰弗里·M. 伍德里奇 著

涂海洋 王文佳 夏 苗 张成思 邹炬伸 译

Jiliang Jingjixue Daolun：Xiandai Guandian

出版发行	中国人民大学出版社	
社 址	北京中关村大街 31 号	**邮政编码** 100080
电 话	010 - 62511242（总编室）	010 - 62511770（质管部）
	010 - 82501766（邮购部）	010 - 62514148（门市部）
	010 - 62515195（发行公司）	010 - 62515275（盗版举报）
网 址	http://www.crup.com.cn	
经 销	新华书店	
印 刷	涿州市星河印刷有限公司	
开 本	787 mm×1092 mm 1/16	**版 次** 2023 年 5 月第 1 版
印 张	59.25 插页 2	**印 次** 2024 年 10 月第 4 次印刷
字 数	1 263 000	**定 价** 158.00 元（上下册）

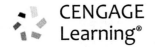
CENGAGE
Learning®

Supplements Request Form（教辅材料申请表）

Lecture's Details（教师信息）			
Name： （姓名）		Title： （职务）	
Department： （系科）		School/University： （学院/大学）	
Official E-mail： （学校邮箱）		Lecturer's Address/ Post Code： （教师通讯地址/邮编）	
Tel： （电话）			
Mobile： （手机）			

Adoption Details（教材信息）	原版□　翻译版□　影印版□
Title：（英文书名） Edition：（版次） Author：（作者）	
Local Publisher： （中国出版社）	

Enrolment： （学生人数）	Semester： （学期起止日期时间）	

Contact Person & Phone/E-Mail/Subject:
（系科/学院教学负责人电话/邮件/研究方向）
（我公司要求在此处标明系科/学院教学负责人电话/传真号码并在此加盖公章。）

教材购买由我□　我作为委员会的一部分□　其他人□〔姓名：　　　　　　〕决定。

Please fax or post the complete form to（请将此表格传真至）:

CENGAGE LEARNING BEIJING
ATTN: Higher Education Division
TEL: (86)10-82862096/95/97
FAX: (86)10-82862089
EMAIL: asia.inforchina@cengage.com
www.cengageasia.com
ADD: 北京市海淀区科学院南路2号
　　　融科资讯中心C座南楼12层1201室　　100190

Note：Thomson Learning has changed its name to CENGAGE Learning

中国人民大学会计系列教材

《基础会计（原初级会计学）

（第12版·立体化数字教材版）》

学习指导与模拟实训

秦玉熙　袁蓉丽　编著

中国人民大学出版社
·北京·

图书在版编目（CIP）数据

《基础会计（原初级会计学）（第12版·立体化数字教材版）》学习指导与模拟实训／秦玉熙，袁蓉丽编著.
北京：中国人民大学出版社，2024.8. --（中国人民大学会计系列教材）. -- ISBN 978-7-300-33124-9

Ⅰ.F230

中国国家版本馆 CIP 数据核字第 2024TF7846 号

国家级教学成果奖
中国人民大学会计系列教材
《基础会计（原初级会计学）（第12版·立体化数字教材版）》学习指导与模拟实训
秦玉熙　袁蓉丽　编著
《Jichu Kuaiji (Yuan Chuji Kuaijixue)（Di 12 Ban·Litihua Shuzi Jiaocai Ban)》Xuexi Zhidao yu Moni Shixun

出版发行	中国人民大学出版社		
社　　址	北京中关村大街 31 号	邮政编码	100080
电　　话	010 - 62511242（总编室）	010 - 62511770（质管部）
	010 - 82501766（邮购部）	010 - 62514148（门市部）
	010 - 62515195（发行公司）	010 - 62515275（盗版举报）
网　　址	http://www.crup.com.cn		
经　　销	新华书店		
印　　刷	天津鑫丰华印务有限公司		
开　　本	787 mm×1092 mm　1/16	版　次	2024 年 8 月第 1 版
印　　张	23 插页 1	印　次	2025 年 4 月第 4 次印刷
字　　数	443 000	定　价	54.00 元

前　言

　　会计作为社会学科，它的每一个概念、每一项原则、每一种方法背后都有其内在逻辑，有些方法之所以要这样规定，而不那样规定，不仅是因为会计处理方法上的不同，还因为立法者、管理者的意图和目的的差异。如何选用会计方法，如实反映企业的财务状况和经营成果，做出合理、有道德、合法的商业决策？这需要对每一个问题抽丝剥茧进行分析和思考，只有这样才能牢牢"掌握"会计而不是仅仅浮在表面地"知道"会计！

　　培养思考的能力是大学教育的重要责任。只有不断思考，不断提出问题，社会才会不断创新和进步。如果每个问题都有答案，那就意味着问题或者话题的结束，没有答案的问题才是值得进一步研究的问题。

　　全书共有三个层次的思考题：一是**教材章后的思考题**，是浅层次的知识性题目，主要考察学生对教材基础知识的掌握。二是**学习指导书中的疑难问题**，是对会计知识的进一步提升，主要考察学生对知识的拓展能力。三是**课程思政思考题**，是密切围绕立德树人的教育目标，结合会计专业和会计初级知识的特点设计的，目的是希望学生在进入会计专业学习伊始就树立正确的世界观、价值观和人生观，为自己的职业生涯搭好桥、铺好路。

　　学习指导书作为主教材的向导，是学习会计专业知识的得力助手，不仅有所有练习题的参考答案，更有对教材知识的提炼，包括全书知识的思维导图和各章思维导图，以加深学生对全书知识的直观理解，梳理各章知识点之间的逻辑关系。总结、归纳各章重点、难点和疑点以及对重点、难点、疑点的解答都有助于知识面的拓宽和学习效率的提高。

　　本书在借鉴上一版优点的基础上，为配合《基础会计（原初级会计学）（第12版·立体化数字教材版）》的学习，做了如下修改：

　　1. 对所有客观题（判断题、单选题和多选题）进行梳理，删除并修改了部分题目。

为便于学生答题和教师组卷，本书除了在纸质书上提供客观题及参考答案，还将客观题制作成线上题库，逐一给出了详细解析、知识点和难易程度，便于学生随时随地扫码做题，提交后不仅可立即查看分数等，还可查看详细的解析。

上述题库不仅方便教师安排课堂小测验，也有助于教师利用组卷系统在线生成试卷，线上布置作业、测试和考试；试卷自动打分，教师可随时查看班级作业完成情况，方便教师做好过程考核。

凡购买正版图书的读者，扫描封面背面贴的二维码卡片，注册后即可**免费**使用上述资源。

2. 重新绘制了第 1 章总论和第 8 章成本计算的思维导图。

3. 为第 5 章企业主要经济业务的核算新增常见的 9 种银行结算方式的介绍。

4. 为第 8 章成本计算新增内容提炼了重点、难点和疑点，配置了相关练习题，并提供了参考答案。

5. 为第 9 章财产清查新增案例"用 AI 数猪"提供了较为详尽的答案。

6. 模拟实训按照使用习惯重新排版。

会计是理论与实践并重的学科，需要大量的练习和实践。练习和实践分两部分：一是针对各章知识点，教材每章后有思考题、练习题和案例题；指导书上有判断题、单项选择题和多项选择题。二是较为系统的知识运用，如本指导书第 12 章"账务处理程序"和配套的模拟实训小册子。

模拟实训的练习，可拆开配合第 4 章"会计凭证"的学习，将外来原始凭证按要素填制完整，以备学完第 12 章"账务处理程序"后的一次大课堂练习。以小组为单位（5 人一组），各成员承担相应角色（会计主管、会计人员、出纳、审核），通过分工来共同完成将企业经济业务转化为会计信息的过程，体验从填制和审核原始凭证、编制记账凭证、登记会计账簿、编制试算平衡表到最后出具财务报表的完整过程，以及会计凭证的装订、传递程序，培养各组成员之间相互交流、沟通、组织、协调和配合的能力，实现会计从理论到实务的一次华丽转身。

会计是一门古老的学科。那些刻于泥板、誊写于莎草纸、书写于竹简、镌刻于石头、铸于青铜上的珍贵会计史料，有别于传记性质的重大历史事件和历史人物，也有别于通过诗词歌赋得以流传下来的神话和歌谣，它们通过直白的记录留下了人类经济活动的轨迹，让我们重新感知历史的演变过程，铭记会计在人类历史长河中所做出的安邦治国的历史贡献。

会计是一门美丽的学科，它有最简洁的语言——会计分录，最优美的等式——会计等式，最清晰的对应关系——丁字账户，最有说服力的证据——财务报表。它为我们勾画出企业的相貌和特征，引领我们进入商业的美妙世界。如果会计能为你打开一扇企业的大门，我们愿做牵你走进大门的引路人！

目　录

全书思维导图

信达天下诚为贵

德法兼修济世民

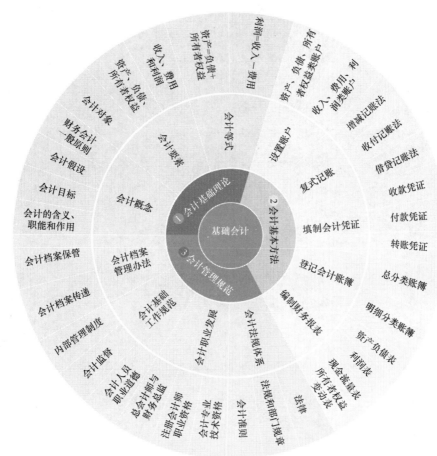

基础会计

1 会计基础理论
- 会计概念
  - 会计的含义、职能和作用
  - 会计目标
  - 会计假设
  - 财务会计一般原则
- 会计对象
  - 资产、负债、所有者权益
  - 收入、费用和利润
- 会计要素
  - 资产=负债+所有者权益
  - 收入-费用=利润
- 会计等式

2 会计基本方法
- 设置账户
  - 资产、负债、所有者权益类账户
  - 收入、费用、利润类账户
- 复式记账
  - 增减记账法
  - 收付记账法
  - 借贷记账法
- 填制会计凭证
  - 收款凭证
  - 付款凭证
  - 转账凭证
- 登记会计账簿
  - 总分类账簿
  - 明细分类账簿
- 编制财务报表
  - 资产负债表
  - 利润表
  - 现金流量表
  - 所有者权益变动表

3 会计管理规范
- 会计档案管理办法
  - 会计档案保管
  - 会计档案传递
- 会计基础工作规范
  - 内部管理制度
  - 会计监督
  - 会计人员职业道德
  - 总会计师与财务总监
- 会计职业发展
  - 注册会计师职业资格
  - 会计专业技术资格
- 会计法规体系
  - 会计准则
  - 法规和部门规章
  - 法律

第1章 总 论

思维导图

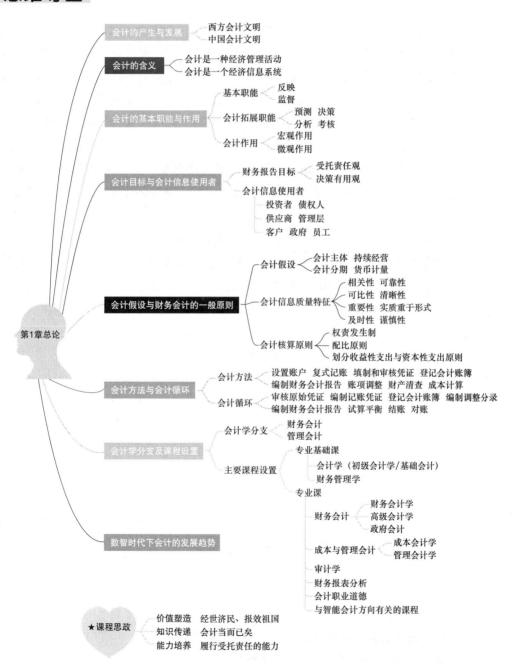

1.1 学习指导

1.1.1 学习重点

本章的学习重点是**了解什么是会计，会计有什么作用**。理解以财务报告为目标建立的一套会计程序和方法以及程序和方法背后的一套理论和原则。这需要在了解会计的产生与社会经济发展之间的关系基础上，理解会计学作为一门经济管理学科具有的社会属性，从而理解不同时代、不同认知、不同信息掌握情况下人们对会计的本质、职能及作用的各种认识。同时，需要从会计的演化历程中了解会计从最初的简单记录行为，逐渐产生出很多管理功能如财产分配、利润分配、税收缴纳、成本计算等的逻辑，以及会计要达到决策有用性（相关性）、考核受托责任所需要的信息质量特征。明白会计的一般原则对会计确认、计量、记录和报告的指引作用。

会计同时又是一门实践性和操作性很强的学科，有一套成熟的会计方法和程序，作为初学者，在了解会计的历史背景和理论的基础上，重点掌握会计将经济信息转化为会计信息的**逻辑、程序和方法**。会计的八大方法（设置账户、复式记账、填制和审核凭证、登记账簿、成本计算、财产清查、账项调整和编制财务会计报告）以及会计程序（会计循环），是本书的重要知识点，但在第 1 章只需有一个初步的了解，后面将分章详细学习。

总之，第 1 章是对会计的一个概览，内容比较抽象，同学们只要大致对会计有一个初步认识，明白会计这个精密系统的各种零部件是由哪些组成的以及背后的理论支持。

1.1.2 学习难点和疑点

本章的难点是**如何理解财务报告的目标以及在此基础上建立的一套逻辑、程序和方法**。需要思考的问题如下：

（1）财务报告的目标为什么是双重目标而不是单一目标？

（2）如何理解财务报告的双重目标：受托责任和决策有用性？

（3）会计信息质量特征中的相关性与可靠性是否存在矛盾？

（4）为什么要以权利和义务来确认收入和费用？

（5）权责发生制为什么要强调本期与非本期的概念？

（6）为什么要将当期的收入与当期的费用进行配比？

（7）资本性支出与收益性支出的内涵是什么？

（8）为什么要有会计假设？

（9）会计循环中的每一个环节对于会计信息加工的意义是什么？

只有将这些基础性问题思考清楚以后，才能融会贯通，真正理解和掌握会计作为一门学科、会计作为一种职业、会计作为一项工作的内涵以及需要掌握的知识结构。

1.1.3　疑难解答

1. 财务会计报告目标是现代财务会计建立的逻辑起点

从会计几千年的演化历史来看，会计最初是为了记录，再发展为对财产物资的管理，进而寻求最大的经济效益。到了近代，特别是随着股份有限公司的建立，出现了所有权与经营权的分离，投资者不再直接参与企业的经营，从而催生了对高质量会计信息的需求，现代会计围绕决策有用性，不断修改会计的确认、计量、记录和报告的方法以满足投资者的决策需求。慢慢地将重心转移到以决策有用性为目标来建立会计的逻辑和框架，最典型的就是对公允价值的全面推行。

关于会计的逻辑起点，即会计的本源和开端问题，学术界有过很多观点，归纳起来主要有：（1）会计假设起点；（2）会计环境起点；（3）财务报告目标起点；（4）会计本质起点；（5）会计对象起点等。最有影响的是会计假设逻辑起点和财务报告目标逻辑起点。现行财务会计系统则是建立在财务报告目标逻辑起点之上的，这也是资本市场发展到一定程度之后的一种选择，当股票市值超过一国的 GDP，甚至是倍数关系时，为经济服务的会计必然会选择有利于投资者做出是否投资、投资多少、何时退出投资等决策需要的信息。会计信息的相关性就显得特别重要，会计计量基础也逐渐转向公允价值计量。

以财务报告目标为逻辑起点，主要是基于对会计是一个信息系统的认识。作为信息系统，必须要先设立目标（知道做什么），再围绕目标建立起一系列的方法和程序，以引导和制约会计的行为（如何做）。在会计准则没有建立之前，目标成为指引和判断会计行为的标准。目标对于系统的重要性决定了以会计目标作为逻辑起点的客观必然性。

事实上，会计目标的确定还受政治、经济、法律、法规等环境的影响，尤其是经济环境的影响。比如，资本市场上上市公司的股权越来越分散，委托代理关系越来越模糊，受托责任观在慢慢淡化，决策有用观则变得更为紧迫和重要。当然，这主要是从会计服务于资本市场这个角度来理解的。

从加强企业内部管理、提高经济效益这个角度来理解会计，则又会出现不同的理论和评价方法。因此，具有社会科学属性的会计要服务于不同的目的。请同学们学会辩证思考问题。

会计是一门非常典型的先有实践后有理论的学科。由于决策有用观在西方占据主导地位，倒推出的概念框架就不断去迎合决策有用观的目标，包括会计的基本概念、计量属性的选择、财务报表的列报等都围绕财务会计报告的目标进行设计，也相对形成了一个具有内在逻辑一致的会计准则体系。

2018 年 3 月 29 日，国际会计准则理事会（International Accounting Standards Board）发布了全面修订后的《财务报告概念框架》，主要包括：（1）通用目的财务报告的目标；（2）有用信息的财务质量特征；（3）财务报表和报告主体；（4）财务报表要素；（5）确认和终止确认；（6）计量；（7）列报和披露；（8）资本和资本保持的概念。其中，将通用财务报告的目标确定为"提供有关报告主体，对现有和潜在的投资者、债权人以及其他信贷者做出向主体提供资源决策有用的财务信息"。

概念框架是准则中的准则，具有指导规范具体会计准则的作用。财务会计概念框架的第一层就是财务报告的目标。将财务报告目标作为财务会计概念框架的逻辑起点有其内在的逻辑。要进行会计理论研究，先要构建概念框架，因此财务会计概念框架又是财务会计理论研究的逻辑起点。

2. 财务报告的双重目标

事实上，财务报告很难做到单一目标，因为社会本身就是一个复杂的集合体，会计信息需要满足不同层次的需要，从企业经营和管理角度，需要会计提供更加客观、真实、可靠的数据进行经营决策，否则会导致对市场做出误判，影响企业的发展。因而对受托责任的评价和考核同样具有重要的意义，也许这会更加接近会计本质。会计信息的有用性只是会计信息作用的一部分，不能作为会计信息作用的全部，毕竟企业的生死存亡更是问题的根本，当然这又是一个"蛋与鸡"的哲学命题。这在一定程度上丰富了我们看待问题的思路与看法，为了兼顾各方需求，尽量披露更多高质量的财务会计信息。

3. 会计信息的相关性与可靠性

会计信息的相关性主要是指会计信息的有用性，如果会计信息能够影响会计信息使用者进行判断、决策，就说明该信息具有相关性，否则就不具有相关性。会计信息的可靠性是指会计提供的信息要具备真实性、准确性和可验证性。可靠性要求企业应当以实际发生的交易或者事项为依据进行确认、计量、记录和报告，如实反映各项符合确认和计量要求的会计要素及其他相关信息，保证会计信息真实可靠、内容完整。如果会计信息不能被证实，则不具有可靠性。不具有可靠性的信息，无论是考核管理层的受托责任，还是帮助会计信息使用者做出决策，都会产生误导并引发混乱。

会计信息有时很难做到既可靠又相关，特别是在物价不断变动的情况下，历史成本信息相对客观、可靠，但相关性又不够。比如 10 年前的房屋成交价是客观的、真实的，但不能据以指导今天进行购置房屋的决策。

4. 会计假设是会计核算的前提

假设是若干理论的原始命题，是进行演绎推理或科学论证的前提条件（裘宗舜，2009）。会计假设是指会计运用思维、想象，对所要从事的会计确认、计量、记录和报告中可能遇到的不确定性问题事先设定的前提。会计需要在相对稳定的环境中进行确认、计量、记录和报告。

会计在确认、计量、记录和报告的过程中，首先要解决为谁核算的问题，即会计服务的主体，为其限定一个空间范围；对外进行报告时，要限定一个报告范围。这就会涉及一个会计主体的概念与法律主体的概念，每个公司都是一个独立的法律主体，可以像自然人一样独立承担民事责任和法律责任，一个法律主体可以是一个独立的会计主体，一个独立的法律主体也可以划分为若干进行独立核算的经济实体，形成若干独立的会计主体。此外，由于企业规模的扩大，一个集团控制一个子公司或若干子公司时，需要将母子公司的财务报表进行合并，以合并报表的方式对外披露信息，也就是将若干独立的法律主体或者会计主体的活动变成一个报告主体对外进行报告。

其次是持续经营假设。由于企业从事经营活动的客观环境具有不确定性，加之企业经营管理不善，企业停业、关闭、破产，与自然人会衰老病死一样是很正常的一件事情，如果不对企业的经营活动做出持续经营假设，则很多业务无法进行处理，特别是对长期资产的处理，如对厂房、机器设备计提折旧等。所以需要一个持续经营的假设，即假设企业在可预见的将来不会被清算、停业破产。

再次是会计分期假设。由于企业的经济业务是持续不断的，何时计算成本、何时计算利润、何时对外进行报告又成了需要加以假设的问题。为了定期对外提供财务报告，会计人为地将企业持续不断的经营过程切分为相等的期间，按年、半年、一个季度、一个月等进行一次结账，算出企业在这个期间的经营成果（利润或是亏损），并对外进行报告。

最后是货币计量假设。核算和报告的数据必须是能够用货币计量的，因为货币是统一的价值尺度，能够进行汇总，进行加减乘除，因此又需要一个货币计量的假设。由于货币本身的价值是波动的，又必须假设币值是稳定的。

总之，会计假设是会计进行确认、计量、记录和报告的前提，为企业在持续经营条件下进行会计核算限定了**空间范围、时间长度和计量手段**。如果没有这些限定，就不能在一个默认的前提下客观、真实、准确地反映企业的财务状况、经营成果和现金流量的信息。

此外，会计期间假设还是会计技术方法（如折旧方法）产生的前提。

5. 权利与义务是收入和费用的确认标准

权利与义务是一对相辅相成的概念。例如，作为销货方，有按合同交付商品或提供服务的义务（责任），当然也有收取货币资金或者收取货款的权利（应收账款）。作为购货方，有权利得到你所购买的商品或服务，当然，也要承担支付货款的责任（义务）。

会计在确认收入和费用时，也强调权利与义务的关系，主要是强调**收入和费用之间的因果关系，费用是因，收入是果**。为获取收入而付出的代价就是费用，换句话说，这笔费用对收入是有贡献的，费用创造了收入。收入与费用抵减以后就是利润。因此需要将相关的收入与相关的费用进行配比，计算出一个期间的利润，或者一项商品或服务上获得的利润。

按照会计分期假设，企业利润事实上是按照时间来计算的，这就会导致现金的收付期与权利的受益期不在一个期间，常常导致错配。表面上看收入与费用的配比是为了符合会计期间假设的规定，有时将收入推迟确认，是为了判断**义务是否得到履行，风险是否得到控制，证据是否充足，控制权是否转移**。只有符合收入确认条件以后才能确认收入，所以才会有收到现金但不确认收入，没有收到现金反而可以确认收入的处理结果。与之相对应的费用才能与之进行配比。费用与当期收入进行匹配，资本性支出则与未来期间的收入进行匹配，因此，在会计上，划分哪些收入和费用属于本期或是非本期就显得尤其重要。

6. 如何理解会计循环中每一个环节对于信息加工的意义

会计循环是指将企业**经济信息转化为会计信息**的程序或步骤。对会计循环的理解可以从两个方面进行：第一，从会计期间的角度理解会计循环，或者从广义的角度理解会计循环，是从交易或事项的确认开始，依次经过计量、记录，实现对交易或事项的会计处理，到最后编制财务会计报表（从学术层面可将其归纳为确认、计量、记录和报告），完成一个会计期间的会计循环，下一个会计期间依然按此顺序进行会计循环；第二，从实际操作层面来理解会计循环，或者从狭义的角度理解会计循环，是从填制和审核凭证开始，依次经过登记账簿、成本计算、财产清查等加工程序，到最后编制财务会计报表，完成一次会计循环，可简称为凭证、账簿和报表三个主要环节。

会计信息的收集和进入会计系统是从确认、计量开始的，从具体记录方法来看，是从填制和审核凭证开始的。会计信息的进一步加工是通过登记账簿、成本计算、财产清查进行的，从凭证、账簿到财务报表，会计信息逐步系统化，按照会计信息使用者的要求加工整理，进行再次确认。**会计循环的每一个环节都是会计信息不断浓缩、会计信息质量不断提高的过程。**

7. 从经济信息到将会计信息提供给使用者这一过程需要经过哪些环节

从经济信息（企业发生的经济业务）到将会计信息提供给使用者（编制并公布财务会计报告）这一过程需要经过以下环节：

（1）初次确认。以能否用货币计量为标准分析发生的经济业务，将能够以货币计量且符合确认标准的经济业务纳入会计核算系统，并确定经济业务的发生对会计要素的具体影响。

（2）入账。通过审核原始凭证分析具体的经济业务，编制会计分录，填制记账凭证或登记日记账，将能够以货币表现的经济业务记录到会计信息的载体上。

（3）过账。根据已编制的记账凭证或日记账登入总分类账和明细分类账的过程称为过账。

（4）结账。结账分狭义结账和广义结账。狭义结账是指将各种收入类账户和成本费用类账户结转到"本年利润"（一个暂时性、临时性的账户），以结清收入和成本费用类账户，计算出本期的经营成果（赚钱还是亏损）。广义结账是指将所有账户的本期发生额（借方发生额和贷方发生额）和期末余额计算出来，以方便编制财务报表。因此，结账工作一般在会计期末进行。

（5）编制调整前的试算平衡表。根据账簿中记载的余额、发生额等编制试算平衡表，以检验账簿记录的正确性。

（6）编制期末调整分录并过账。依据权责发生制原则对分类账户的有关记录进行调整，以便正确计算当期损益；对未入账的经济业务编制调整分录，以使各账户反映最新的情况。

（7）编制调整后的试算平衡表。由于编制了期末调整分录并过账，需要编制调整后的试算平衡表，再次检验账簿记录的正确性。

（8）编制正式的财务会计报表。根据调整后的试算平衡表编制正式的资产负债表、利润表、现金流量表和所有者权益变动表。

1.2　练习题

1.2.1　判断题

第 1 章　判断题
即测即评

T1-1　会计的产生和发展是随着社会经济的发展而发展的，经济越发展，

会计越重要。 （　　）

T1－2 管理活动论认为会计是一项经济管理工作。 （　　）

T1－3 管理活动论和信息系统论对会计本质的看法存在分歧，信息系统论认为会计只为决策咨询服务。 （　　）

T1－4 会计的核算职能即是会计的管理职能。 （　　）

T1－5 会计的基本职能一是反映，二是监督。 （　　）

T1－6 会计监督主要从交易活动和会计核算两个层面进行。 （　　）

T1－7 从会计演进的历史中可以发现，会计进行核算和监督的目的主要是提高企业的经济效益。 （　　）

T1－8 不论会计的宏观作用还是微观作用，都是通过会计提供的信息来发挥的。 （　　）

T1－9 会计核算方法是指对企业经济业务进行连续、系统、全面、综合的确认、计量、记录和报告所采用的各种方法。 （　　）

T1－10 分析和考核也是会计核算的方法之一。 （　　）

T1－11 我国《企业会计准则——基本准则》将财务报告目标确定为双重目标，财务报告信息既要反映受托责任，又要决策相关。 （　　）

T1－12 只有单位才是企业的利益相关者。 （　　）

T1－13 企业的利益相关者既与企业存在经济利益关系，同时又是会计信息的需求者。 （　　）

T1－14 会计假设是会计核算的前提。 （　　）

T1－15 会计主体一定是法律主体，法律主体大于会计主体。 （　　）

T1－16 会计分期假设是持续经营假设的前提。 （　　）

T1－17 凡是不能进行货币计量的交易或事项，都无法确认为会计上的资产、负债、所有者权益、收入和费用。 （　　）

T1－18 谨慎性原则是指在有可供选择的方法时，尽量选择不高估费用和损失的方法。 （　　）

T1－19 由于资本性支出的受益期是跨期的，因此需先将该支出计入资产，待该资产被消耗时再转换为费用。 （　　）

T1－20 由于收益性支出的受益期是当期，因此，会计将其支出直接作为当期的费用处理。 （　　）

第 1 章　单选题
即测即评

1.2.2　单选题

S1－1 会计学之父卢卡·帕乔利（　　）年出版了《算术、几何、比与比例概要》一书，在计算与记录要论这一章中全面总结了当时流行的威尼斯复式记账法。

　　A. 1492　　　　　　　　　　　B. 1494

　　C. 1202　　　　　　　　　　　D. 1594

S1-2 （　　）年，世界上第一个会计职业团体——爱丁堡特许会计师协会成立，使会计的作用获得了社会的认可。

　　A. 1494　　　　　　　　　　　B. 1654

　　C. 1754　　　　　　　　　　　D. 1854

S1-3 在中国，（　　）的诞生标志着中式簿记由单式记账向复式记账的转变。

　　A. 龙门账　　　　　　　　　　B. 四脚账

　　C. 朱出墨入记账法　　　　　　D. 结绳记账法

S1-4 我国在 20 世纪 80 年代对会计的认识有两种比较有代表性的观点，一种观点是管理活动论，还有一种观点是（　　）。

　　A. 艺术论　　　　　　　　　　B. 信息系统论

　　C. 分配论　　　　　　　　　　D. 审查论

S1-5 （　　）指标通常作为世界《财富》500 强的排名依据。

　　A. 资产　　　　　　　　　　　B. 负债

　　C. 收入　　　　　　　　　　　D. 费用

S1-6 会计的基本职能是（　　）。

　　A. 核算与监督　　　　　　　　B. 分析与考核

　　C. 预测和决策　　　　　　　　D. 核算与分析

S1-7 在企业利益相关者中，企业风险的最终承担者是（　　）。

　　A. 债权人　　　　　　　　　　B. 投资者

　　C. 客户　　　　　　　　　　　D. 供应商

S1-8 下列各项中，不是会计假设的是（　　）。

　　A. 会计主体　　　　　　　　　B. 持续经营

　　C. 货币计量　　　　　　　　　D. 权责发生制

S1-9 下列各项中，作为货币计量前提（货币计量的隐含假设）的是（　　）。

　　A. 会计主体　　　　　　　　　B. 持续经营

　　C. 会计分期　　　　　　　　　D. 币值稳定

S1-10 会计核算要求以实际发生的交易或事项为依据进行会计确认、计量、记录和报告，其会计信息质量要求是（　　）。

　　A. 相关性　　　　　　　　　　B. 谨慎性

　　C. 可比性　　　　　　　　　　D. 可靠性

S1-11 "会计核算应当采用一致的会计政策，不得随意变更。如有变更，应在财务报告附注中说明理由及其对企业财务状况和经营成果所造成的影响"依据的原则是（　　）。

A. 可比性 　　　　　　　　　　B. 可靠性

C. 可理解性 　　　　　　　　　D. 及时性

S1－12 下列各项中，体现可比性要求的是（　　）。

A. 会计信息口径一致 　　　　　B. 按照交易的实质进行会计处理

C. 会计信息必须真实 　　　　　D. 会计处理方法简单明了

S1－13 下列各项中，属于实质重于形式原则中所指的"实质"是（　　）。

A. 交易或事项的法律形式 　　　B. 交易或事项的经济实质

C. 会计核算的法律依据 　　　　D. 会计核算的一般规律

S1－14 会计原则中属于修订原则的是（　　）。

A. 资本性支出与收益性支出 　　B. 权责发生制原则

C. 历史成本原则 　　　　　　　D. 实质重于形式的原则

S1－15 当会计核算在有可供选择的方法时，尽量选择不高估资产和收入的原则是（　　）。

A. 重要性原则 　　　　　　　　B. 谨慎性原则

C. 实质重于形式原则 　　　　　D. 配比原则

S1－16 会计核算的基础是（　　）。

A. 可靠性 　　　　　　　　　　B. 权责发生制

C. 可比性 　　　　　　　　　　D. 谨慎性

S1－17 从权责发生制衍生出来的（　　），是正确确认利润的基础。

A. 收付实现制 　　　　　　　　B. 历史成本原则

C. 配比原则 　　　　　　　　　D. 重要性原则

S1－18 主要向外部信息使用者提供企业财务状况、经营成果和现金流量信息的是（　　）。

A. 管理会计 　　　　　　　　　B. 财务管理

C. 财务会计 　　　　　　　　　D. 审计

1.2.3　多选题

第1章　多选题
即测即评

M1－1 会计核算职能是会计的基本职能之一。会计的核算（反映）职能主要包括（　　）。

A. 记录 　　　　　B. 计算

C. 报告 　　　　　D. 分析

E. 考核

M1－2 会计除核算和监督两个基本职能之外，还有（　　）等拓展职能。

A. 预测   B. 决策

C. 控制   D. 分析

E. 考核

M1－3 会计对交易的监督，主要从（　　）方面进行。

A. 恰当性   B. 准确性

C. 合法性   D. 合理性

E. 及时性

M1－4 实务中对企业经济活动的监督除内部监督以外，还包括外部监督。外部监督主体主要包括（　　）。

A. 财政部门   B. 审计机构

C. 税务部门   D. 证监会

E. 国家金融监管总局

M1－5 会计核算方法包括（　　）。

A. 设置账户   B. 复式记账

C. 填制和审核凭证   D. 登记账簿

E. 编制财务报表

M1－6 下列单位负责人中应该保证财务报告的真实性和完整性的有（　　）。

A. 公司董事长   B. 工程师

C. 销售人员   D. 主管会计工作的负责人

E. 总会计师（或首席财务官）

M1－7 会计循环是指将企业经济信息转化为会计信息的会计程序。会计程序主要由三大环节构成，三大环节是指（　　）。

A. 对账结账   B. 试算平衡

C. 填制和审核会计凭证   D. 登记会计账簿

E. 编制财务报表

M1－8 下列利益相关者中，属于企业外部利益相关者的有（　　）。

A. 投资者   B. 债权人

C. 供应商   D. 员工

E. 客户

M1－9 会计假设是会计核算的前提，一般公认的四个会计假设是（　　）。

A. 会计主体   B. 持续经营

C. 会计分期   D. 货币计量

E. 币值稳定

M1-10 * 实务中，会计核算除采用货币计量尺度以外，还可以采用（   ）。

A. 时间量度 　　　　　　　　　　B. 实物量度

C. 劳动量度 　　　　　　　　　　D. 价值指标

E. 会计计量

M1-11 会计信息质量特征是保证企业财务会计报告信息有助于管理和决策所应具备的基本特征，主要包括（   ）。

A. 可靠性 　　　　　　　　　　　B. 相关性

C. 可比性 　　　　　　　　　　　D. 清晰性

E. 及时性

M1-12 下列会计信息质量要求中，体现可比性要求的有（   ）。

A. 采用一致的会计政策 　　　　　B. 会计信息的口径一致

C. 满足会计信息使用者的需求 　　D. 不得随意变更会计政策

E. 及时进行会计处理

M1-13 下列会计信息质量要求中，体现及时性的有（   ）。

A. 及时收集原始凭证 　　　　　　B. 及时处理原始凭证

C. 及时进行账务处理 　　　　　　D. 及时传递会计信息

E. 清晰性

M1-14 下列各项中，属于谨慎性原则具体运用的有（   ）。

A. 低估资产 　　　　　　　　　　B. 低估收益

C. 低估费用和损失 　　　　　　　D. 算足费用和损失

E. 高估收益

1.2.4 课程思政思考题

1. 阅读西方会计文明和中国会计文明，评价会计在人类历史长河中所做的安邦治国的历史贡献。

2. 阅读"周公制礼与财计制度"，如何理解中国先贤以德治国、用好税赋收入以及奖惩制度的基础首先是财计制度的建立和完善？

3. 阅读"嘉量与汉代酿酒成本"，谈谈计量器具标准化对维护社会公平、公正的意义。

4. 习近平总书记在十九届中央纪委四次全会上强调，要以党内监督为主导，推动人大监督、民主监督、行政监督、司法监督、审计监督、财会监督、同级监督、群众监督、舆论监督有机贯通、相互协调。请结合九大监督（即人大监督、

---

* 标有 * 的题超出了教材的知识点范围。

民主监督、行政监督、司法监督、审计监督、财会监督、同级监督、群众监督和舆论监督），谈谈你对国家将财会监督纳入党和国家监督体系的认识。

5. 作为会计学生或者准会计人员，如何理解"信达天下诚为贵，德法兼修济世民"？

6. 谨慎性又称稳健性，是会计职业的一种思维方式，如何将谨慎性思维运用到日常的工作或生活中？

7. 通过分析案例"区分会计主体与非会计主体的活动"，说明如何明辨是非，杜绝在职消费。

8. 在数字经济、人工智能环境下，如何利用大数据充分挖掘企业非财务信息，帮助投资者做出更好的决策？

1.3 练习题参考答案

1.3.1 判断题

T1-1 √	T1-2 √	T1-3 ×
T1-4 ×	T1-5 √	T1-6 √
T1-7 √	T1-8 √	T1-9 √
T1-10 ×	T1-11 √	T1-12 ×
T1-13 √	T1-14 √	T1-15 ×
T1-16 ×	T1-17 √	T1-18 ×
T1-19 √	T1-20 √	

1.3.2 单选题

S1-1 B	S1-2 D	S1-3 A
S1-4 B	S1-5 C	S1-6 A
S1-7 B	S1-8 D	S1-9 D
S1-10 D	S1-11 A	S1-12 A
S1-13 B	S1-14 D	S1-15 B
S1-16 B	S1-17 C	S1-18 C

1.3.3 多选题

| M1-1 ABC | M1-2 ABDE | M1-3 CD |

M1-4	ABCDE	M1-5	ABCDE	M1-6	ADE
M1-7	CDE	M1-8	ABCE	M1-9	ABCD
M1-10	ABC	M1-11	ABCDE	M1-12	ABD
M1-13	ABCD	M1-14	ABD		

1.3.4　课程思政思考题（略）

1.4　教材课后部分习题参考答案

1.4.1　思考题（略）

1.4.2　案例题

案例回放：张先生经营的是一家小商店，平时的个人消费也从小商店取用，且从不记账。税务人员提出他有逃避缴纳税款的嫌疑。

案例分析：从案例信息可以得知，张先生是一名个体工商户。个体工商户是指有经营能力并依照《个体工商户条例》的规定经工商行政管理部门登记，从事工商业经营的自然人或家庭。根据《民法典》第56条的规定，个体工商户的债务，个人经营的，以个人财产承担；家庭经营的，以家庭财产承担。个体工商户一般以缴纳个人所得税的方式完成纳税义务。个体工商户应按照税务部门的规定设置账簿进行核算。税务部门对账证健全、核算准确的个体工商户，可以实行查账征收；对生产经营规模小又确无建账能力的个体工商户，可采用定期定额征收的方式进行征收。

不管当地税务部门对张先生采用哪一种征税方式，都不应该混淆张先生小商店的经营活动与张先生的个人消费。张先生直接将小商店的商品取为家用，混淆了个人消费导致的商品减少与小商店正常销售减少的区别，如果将商品的减少（包括售卖减少和张先生个人消费减少）全部作为已销售商品的成本（主营业务成本），势必会降低小商店的利润，从而导致税收的减少。即使税务部门对其定期定额征收，也会影响税务部门对其经营规模和能力的判断，影响税收定额的制定。

从会计来看，小店虽小，但也是独立的会计主体。会计主体为会计核算和报告限定了一个空间范围。空间范围包含两层意思：一是要划清单位与单位之间的界限，也就是说，A企业记录和报告的经济活动只限于A企业发生的，不能把B企业的经济活动算在A企业的头上。二是要公私分明，也就是要划清企业所有者的活动和企业的活动，换句话说，不能将企业所有者个人的开支列在企业的账上。

从税法来看，用于个人消费的商品视同销售。张先生取用的商品应该算作小商店的收入。

偷税是指纳税人以不缴或者少缴为目的，故意违反税收法规，采用伪造、变更、欺骗、隐瞒事实等方式逃避纳税的违法行为。张先生从不记账，混淆了本应出售并获利的商品与自己个人消费的界限，减少了小店的应得利润，符合偷税的定义。因此，税务人员据此做出张先生有逃避税收的推测有一定的道理。

第 2 章　会计要素与会计等式

思维导图

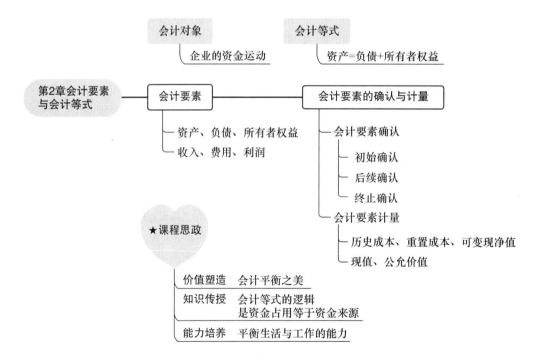

2.1　学习指导

2.1.1　学习重点

　　本章的学习重点是**在了解一个会计主体的经济活动与会计对象之间的关系的基础上，进一步理解会计要素与会计等式之间的逻辑关系**。掌握会计要素的概念、分类和确认条件。明确企业从事的经济活动（筹资活动、投资活动和经营活动）就是会计要进行核算和监督的内容，即会计对象。会计上的经济业务包括交易与事项。

　　理解收入、费用、利得、损失对企业所有者权益的影响。掌握负债与所有者权益的共性与差异，资产与费用之间的转换关系。

　　明确会计等式的恒等性是复式记账方法得以建立的基础，会计等式中的三要素（资产、负债、所有者权益）是构成资产负债表的骨架，利润计算公式中的三要素（收入、费用、利润）是构成利润表的骨架。

　　不同计量属性有不同的适用环境和条件，历史成本计量模式和公允价值计量模式会对企业资产、负债、所有者权益、收入、费用和利润产生完全不同的结果。

2.1.2　学习难点和疑点

　　本章的难点是**会计要素的确认与计量**，其中收入的确认和资产的计量（价）是财务会计的难中之难。采用不同的计量属性会产生不同的计量模式，最典型的是历史成本计量模式和公允价值计量模式。对同一会计事项采用历史成本计量模式和公允价值计量模式得出的结果大相径庭，特别是在历史成本与公允价值相差很大的情况下。对不同会计要素的确认与计量是财务会计的核心知识，贯穿中级财务会计和高级财务会计的学习。因此，作为初学者对其大致了解即可。本章需要思考的问题如下：

　　（1）会计对象为什么被抽象为资金运动？

　　（2）会计上所称的交易与事项有区别吗？

　　（3）会计六大要素之间的关联性可以通过什么公式来加以表达？

　　（4）为什么利润是属于投资者的？

　　（5）为什么不论经济业务是否繁杂，都不会破坏会计等式的平衡关系，会计等式永远恒等？

　　（6）控制权与所有权有何区别？为什么会计能将只有控制权而没有所有权的

物资确认为企业的资产？

（7）会计五种计量属性的适用环境和条件有哪些不同？

（8）历史成本计量模式与公允价值计量模式的根本区别是什么？

（9）不同计量模式会对企业财务状况和经营成果产生什么影响？

2.1.3　疑难解答

1. 会计对象、资金运动、交易与事项

（1）会计对象被抽象为资金运动，是因为企业一切经济活动的背后都是资金的收付，表现为资金在企业各个银行账户之间的划拨。

资金是指货币本身及财产物资在流通过程中的货币表现。资金的初始状态是货币资金，购入商品后就表现为财产物资，货币资金和财产物资在流通领域或者在生产领域流动起来就形成资金的运动，资金运动的背后其实就是资金结算（收付），表现为资金从一个公司的账户划拨到另一个公司的银行账户。

（2）资金运动的起点是资金的投入（从投资方理解），从筹资方理解就是企业的筹资活动。为便于理解，我们从投资方这个角度来加以认识。投入企业的资金包括投资者投入的资金和债权人投入的资金，投资者和债权人对投入企业的资金分别享有所有者权益和债权人权益，投资者投入的资金，企业不用偿还，形成企业永久的资本，供企业长期使用；债权人投入的资金，企业负有偿还本金和利息的义务，再长的债务最终都是需要偿还的。

投入企业的资金在形成所有者权益和债权人权益的同时，也收到投资方和债权人划拨到企业账户的资金，资金的最开始形态是货币资金。企业收到投资款后，就会用这些资金去购买机器设备，备货（商业企业进货，制造业购进原材料）准备销售和生产，这些资金就会沉淀在机器设备（固定资产）和存货（商品、原材料等）上，通过对原材料的加工和生产，制造出产品，再通过销售将其出售，资金就会在供应商、商家或者厂家的银行账户上流转，最终将商品或产品销售给客户，从而实现货币资金的回流，资金从客户账户划入企业账户，资金就完成了一次循环，比如投入100元，最后收回200元。两者之差100元就是企业赚取的利润。企业用赚取的利润再次购入材料、组织生产、进行销售，周而复始，不断地循环和周转。

为便于学术研究，资金在不同时间节点上的存在状态有不同的称谓，处于采购原材料阶段的资金叫储备资金，处于生产阶段的资金叫生产资金，处于完工但还未售出阶段的资金叫成品资金，销售阶段回笼的资金叫货币资金$^+$，期望收回的资金大于投入时的资金。

由此可以看出，随着企业生产经营活动的展开，企业资金从货币资金形态依次经过采购、生产和销售三个环节，分别表现为储备资金、生产资金、成品资金等不同的存在形态，最后又回到货币资金形态，这种运动过程称为资金的循环。资金周而复始地不断循环，称为资金的周转。

资金运动的终点是资金的退出。资金退出分持续经营下的退出和终止经营下的退出。

持续经营下的退出，是指企业在正常经营过程中资金退出企业，不再参与企业资金的循环与周转，主要业务有偿还债务、缴纳税金和向投资者分配利润。

终止经营下的资金退出，是指企业关闭清算后将资金分配给股东。一般讲资金的退出，主要是指企业在正常经营状态下的资金退出。

（3）会计上所称的交易与事项，统称为经济业务。交易主要是指企业发生的购销、投融资等经济活动；事项主要是企业会计内部基于会计的原理、原则所进行的技术性处理业务，如计提折旧、估计坏账等。

以上是从一般层面来理解。事实上，分清交易与事项对于会计人员理解各项具体会计准则，选用会计计量属性，增强会计专业判断能力，简化会计处理是大有裨益的。

由于交易涉及不同主体之间的购销或者价值转移，是一种交易行为，因此交易应该体现公平原则，一般采用公允价值进行计量。事项一般不涉及外部，是一个主体内部各部门之间的资源转移。例如，车间到仓库领取原材料，计提固定资产折旧等业务就可以直接按照成本进行结算，不需要按照公允价值重新计量。又如，在非货币性资产交换中，要判断交易双方是否存在关联关系，如果存在关联关系，就是"一家人"在进行交换，是会计事项而非交易，计量属性则选择账面价值（按历史成本）；如果交易双方不具有关联关系，则交换是在不同会计主体之间的交换，是交易行为，计量属性采用公允价值。

只有深刻理解了交易具有商业实质的内涵（有现金流入或者流出），才能在后续的学习中轻松理解和应对诸如企业合并中，为什么同一控制下的合并采用账面价值，不确认损益，而非同一控制下要采用公允价值，确认损益的具体规定。此外，还有对视同销售等业务的理解。视同销售是一个税法概念，税法将下列行为视同销售需要缴税：非货币性资产交换，将货物、财产、劳务用于偿债、集资、职工福利和利润分配等用途。会计处理时需按照公允价值确认销售收入，同时结转已销售产品的成本并照章纳税。

2. 会计要素与会计等式

会计要素是从会计的角度解释构成企业经济活动的必要因素，也是根据交易或事项对于可确定的财务会计对象的分类或概括。企业的经济活动可通过资产、负债、所有者权益、收入、费用、利润六个会计要素加以描述。

资产是指过去的交易或者事项形成的并由企业拥有或者控制的、预期会给企业带来经济利益的资源。负债是过去的交易或事项形成的、预期会导致经济利益流出企业的现时义务。所有者权益是指所有者在企业资产中享有的经济利益，是企业资产扣除负债后，由所有者享有的剩余权益。收入是指企业在日常活动中发生的、会导致所有者权益增加的、与所有者投入资本无关的经济利益的总流入。费用是指企业在日常活动中发生的、会导致所有者权益减少的、与向所有者分配利润无关的经济利益的总流出。利润是指企业一定会计期间的经营成果，全部收入与全部费用相比较的结果就是利润（如果是负数就是亏损）。

其中，资产、负债与所有者权益之间存在恒等性。资产是资金的表现形式，即资金的去处；负债与所有者权益是企业资产的来源，表明企业资产的资金来自何处，资产的总额不可能超过资金的来源总额，犹如硬币的两面。

收入与费用之差是利润（亏损）。收入会增加所有者权益，费用会减少所有者权益。企业的所有者是企业风险的最终承担者，利润（亏损）归所有者（投资者）。

3. 支出、成本与费用

支出的范围最广，凡是发生现金流出的业务都可以统称为支出，支出可以形成资产，可以形成费用，也可以是纯粹的偿还债务，甚至是纯捐赠支出。按支出的受益期间划分，可以将支出分为资本性支出和费用化支出。通常将受益期超过一个会计期间的支出称为资本性支出；受益期在一个会计期间内的支出称为费用化支出。费用化支出可以立即作为费用进入利润表，抵减当期的收入。资本化支出则形成资产，需要根据受益期间将资产分期转化为费用，计入利润表。因而又将资本化支出分成两个部分——已消耗部分和未消耗部分。已消耗部分是指已使用或销售，会直接或间接转化为费用；未消耗部分则继续以资产的形式留在资产负债表中。

成本与费用在一般人眼里可以替换使用，并被默认为为取得某物而付出的代价。但在会计眼里，成本是有所指的：一是为取得资产而付出的代价，如存货成本、固定资产成本，因而是对象化的支出；二是为取得收入而付出的代价，如主营业务成本、其他业务成本。费用是即期被消耗的资源，如管理费用中的会议费、餐饮费等，销售费用中的广告费用，财务费用中的手续费等。因而，费用的受益期是当期，直接进入利润表，费用包括管理费用、销售费用、财务费用、折旧费用、税金及附加和所得税费用等。

资产的成本最终都会转化为费用，这主要是从资产被耗费、被使用、被出售的角度来理解的。不同的资产有不同的转化方式，存货销售以后可以一次性转化为费用，在财务会计报表中不直接用费用两字，用的是主营业务成本，其含义是已经销售的库存商品的成本，突出其是为取得营业收入而付出的代价。而固定资产成本的转化则是通过分期计提折旧的方式进行的，并按照该固定资产使用的部门不同而记入不同的费用账户。例如，将公司总部使用电脑的折旧记入"管理费用"，将销售部门使用电脑的折旧记入"销售费用"。所有这些成本（费用）都记入当期利润表，与当期的收入进行抵减，以计算出当期的营业利润。

　　支出、成本与费用之间的关系见下图。

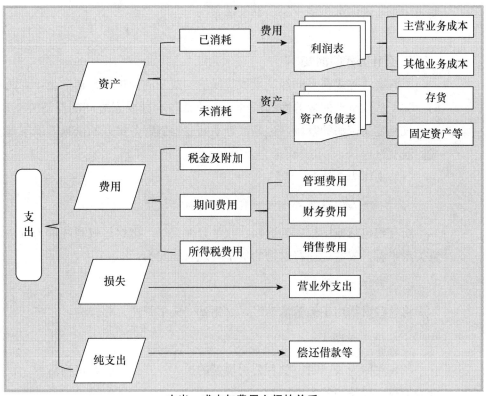

支出、成本与费用之间的关系

4. 任何经济业务都不会破坏会计等式的恒等性

　　任何经济业务都是有来源就有去处，来去金额相等。比如一笔资产的增加必然对应一笔资产的减少，或者一笔负债的增加，或者一笔所有者权益的增加，或者一笔收入的增加。一笔费用的增加必然对应一笔资产的减少或者负债的增加。

　　从资产与权益的关系来看，企业有多少资产就有多少权益，或者反过来说，有多少权益就有多少资产，在任何情况下资产与权益都保持着数额相等的关系。这样的数量关系用等式表示就是：资产＝权益。由于企业的权益又分为债权人权益和所有者权益，上述会计等式可变换为：资产＝债权人权益＋所有者权益。从公司角度，债权人权益即为公司的负债，所以会计等式又可变为：资产＝负债＋所有者权益。这个等式将资产、负债、所有者权益三个会计基本要素用数学符号联系起来，清晰地反映了三者之间的关系，我们称之为基本会计等式。

　　企业发生的任何经济业务，不管是投资业务、筹资业务还是经营业务都不会破坏会计等式的恒等性。会计等式可以反映企业在任何一个时点上的资产、负债和所有者权益的金额，且金额之间保持着相等的平衡关系。其背后揭示的是企业资金运作的内在逻辑以及资产带来的权益由谁来主张的问题。

具体而言，等式左边体现的是企业的经济资源，右边体现的是经济关系。会计等式是初学会计的同学要仔细体会和深入理解的地方，一个简单的等式就能够简明扼要地指明各要素之间的基本关系。

5. 会计等式的演变

了解会计等式在不同经济发展阶段的构成及演变过程是初学会计者的不二法门。除了从数量上的恒等性理解外，更要从各会计要素之间的经济关系来理解；它不仅是复式记账的基础，也是试算平衡和编制财务报表的依据。以下是会计等式的演变过程：

（1）主体为个体时。

$$一个人的财物＝该人对其财物的所有权$$

所有权包括使用权、处置权、收益分配权等，把这些权利统称为权益，从数量关系来看，权益是这些财物的货币表现。等式为：

$$财物＝权益$$

将这些财物用于经营活动时，财物就变成了资产。等式为：

$$资产＝权益$$

（2）主体为公司时。随着公司规模的扩大，开始向金融机构借款，权益将细分为债权人权益和所有者权益。

$$资产＝债权人权益＋所有者权益$$

债权人权益从公司角度理解，就是负债，因此等式为：

$$资产＝负债＋所有者权益$$

（3）当公司有盈利时。

$$所有者权益＝初始投入资本（实收资本或股本）＋利润（收入－费用）$$

（4）当公司分红时。公司将一部分利润分配给投资者，会计核算时将冲减"利润分配——未分配利润"，为便于理解，等式中仍用分红。

$$资产＝负债＋实收资本（股本）＋利润－分红$$
$$资产＝负债＋实收资本（股本）＋收入－费用－分红$$

（5）将负号移到等式左边。

$$资产＋费用（成本）＋分红＝负债＋实收资本（股本）＋收入$$

等式的右边告诉你，"钱"是借来的，还是股东投资的，还是自己销售赚取的。等式左边告诉你"钱"是形成资产了，还是花掉了，还是分配给股东了。

因此，会计等式背后的逻辑是资金占用＝资金来源，反映企业的钱从哪里来，又用到哪里去了。

6. 广义收入与广义费用

现行会计准则中收入和费用是狭义的概念，主要用于反映企业经常性的损益，但非经常性损益也是影响企业利润的主要因素。为了包含这两者，学者们主张用广义收入加以概括，广义收入包括主营业务收入、其他业务收入、投资收益、营业外收入和其他收益（主要反映政府补助）。投资收益一般是指非金融投资类公司因投资业务（股权投资、债权投资等）而产生的投资收益，如果是专业投资机构，则投资是其主营业务，投资收益就是主营业务收入。同学们在理解和思考问题时，要在一定的时空范围、一定的会计主体之下。广义费用包括商品生产经营成本、期间费用（管理费用、财务费用和销售费用）、投资损失（会计核算时统一用"投资收益"会计科目，负数或反向就是投资损失）、营业外支出、所得税费用等。

7. 确认是会计核算程序的第一步

会计核算程序包括四个相互关联的程序——确认、计量、记录和报告，确认是首要程序，是其他三个程序的基础。

确认（recognition）即辨认（identifying）。实务中，首先需要对交易的事实真相进行去伪存真，具体在操作层面就是要对取得的原始凭证比如发票进行辨识，一是辨识真假发票；二是辨识该发票是不是本企业购买商品取得的发票。在回答"是"的基础上，再按照会计的确认标准判断其符合哪个会计要素的定义，将其归入符合定义的会计要素；该会计要素是否能够可靠地计量，在可计量的基础上，再按照权责发生制的要求，决定计入哪个会计期间，何时确认；最后按照凭证、账簿和财务报表的顺序分步记录和反映。

在整个确认过程中还要考虑重要性原则、如实反映和相关性等的要求，是一个十分复杂的推演和判断过程。

会计确认归纳起来就是要解决应否确认、何时确认和如何确认这三个问题。

8. 所有权、控制权与使用权

所有权是物权中最重要的，也是最完全的一项权利，具有绝对性、排他性和永续性三个特征。财产持有人依法对自己的财产享有占有权、使用权、收益权、处置权四项权利。

在实务中，企业的资产不是都具有所有权，虽然不是企业的资产，但拥有对资产的控制权、使用权和收益权。典型的是通过租赁取得对资产的控制权和使用权而获取利益。因此，会计在对资产进行定义时，使用了一个修订性原则——实质重于形式的原则。实质是指经济实质，形式是指法律形式，在确认一项资产时，不具有控制权的资产也可以确认为企业的一项资产，进入会计系统，通过"使用权资产"来反映。

控制权相对所有权而言，最主要的是使用权和收益权。控制权是所有权实现形式的集中体现，是所有权最根本的方面，任何所有权都需要控制权来实施和完成。

9. 五种计量属性的适用条件及关系

历史成本就是交易发生时的价格。所有资产在取得时的成本（或成交价格）都可以说是当时的公允价值。当时的公允价值就是取得资产时的历史成本，要动态地看待公允价值。

可变现净值是预估的价值，也可以理解为脱手价格，即资产出售时可以变卖获得的净值（预计收入－预计费用及相关税费）。

重置成本一般是针对同一资产，想要获得或者重新建造时需要付出的代价，也可理解为入手价格。

现值是一种估计值，在对资产进行估价时，主要考虑该项资产在未来的某一段期间内能够带来多少现金流，由于不同时点的现金流具有不同的价值，不能直接进行相加，但是都换算成当下时点的价值（现值）就可以相加了。即将未来的钱按照一定的折现率予以折现。通俗来讲，现在的 100 元与 1 年后收到的 100 元是不等值的，未来的钱没有现在的钱值钱，所以要打折计算，这个折扣其实可理解为利息，因为货币具有时间价值。现值就是扣除利息以后的价值。

公允价值是指在计量日，市场的参与者在有序市场购买资产或承担负债的价值。之所以强调计量日的价格，是因为非计量日的价格也许又发生了改变。市场参与者主要强调交易双方都知悉所交易标的的情况，是知情者参与的交易。有序市场强调的是公开、透明、易于找到交易对手的市场。在符合这些条件后所达成交易的价格就是公允价值。

10. 历史成本计量模式与公允价值计量模式的存在基础

历史成本计量模式和公允价值计量模式的出现，主要是由主体持有资产的目的决定的。如果主体持有资产的目的在于长期使用（如厂房、机器），则比较适合采用历史成本进行计量；如果主体持有资产的目的在于通过交易获取利益（如购买股票、债券短期获利），特别关心持有金融资产的公允价值的变动，则采用公允价值计量模式比较合适。

历史成本计量模式对应的是历史成本计量属性,历史成本具有广泛的采用基础,符合会计记账要有凭据的要求,容易获得交易时的原始凭证,具有可靠性。而公允价值大部分情况下没有交易的凭证,只能按市价、相同或类似资产的交易价格经调整或估计后入账。公允价值计量模式对交易当时的价格或者成本并不是特别关注,更为关注的是资产或者负债当前的市场价格变化及未来趋势,具有更强的相关性。

历史成本比较适合实物资产的计量,公允价值比较适合金融资产的计量。两种计量模式的主要区别在后续计量上,按历史成本计量模式计量的资产,一般采用单向调整,只对价值贬损做出处理,一般通过计提资产减值准备的方式进行,这种做法更切合谨慎性(稳健性)原则。金融资产价格变动快,风险大,为了更好地揭示金融资产的特点,会计在处理上就采用了双向调整的方法,比如交易性金融资产就通过"公允价值变动损益"账户进行调整,当交易性金融资产价格上升时,一方面调增交易性金融资产的价值,另一方面增加公允价值变动损益;当交易性金融资产价格下跌时,一方面调减交易性金融资产的价值,另一方面调减公允价值变动损益。如此就在会计上形成了两种完全不同的计量模式,它们对企业财务状况、经营成果都会带来不同的影响,具体影响参见本书第 35 页对案例的解答。

2.2　练习题

2.2.1　判断题

第 2 章　判断题
即测即评

T2-1　会计对象是指企业的资金运动,即企业的经济活动。　　　　　(　　)

T2-2　投资活动产生投资收益,经营活动产生营业利润。　　　　　(　　)

T2-3　会计学上所称的经济业务,又称会计事项,主要是指在经济活动中使资金发生增减变动的交易或事项。　　　　　(　　)

T2-4　凡是不能给企业带来经济利益的资源都不是企业的资产。　　(　　)

T2-5　预付账款是企业的负债。　　　　　(　　)

T2-6　无形资产是指企业拥有或控制的没有实物形态的非货币性长期资产。

(　　)

T2-7　负债是一种现时义务,预期会导致经济利益流出企业。　　(　　)

T2-8　未分配利润是指企业尚未指定用途,留待以后再分配的利润。

(　　)

T2-9　收入将带来经济利益的流出,费用将带来经济利益的流入。　(　　)

T2 - 10 收入包括主营业务收入和其他业务收入。 （ ）

T2 - 11 主营业务收入主要反映企业销售商品或提供服务获得的收入。

（ ）

T2 - 12 非日常活动带来的收入通过其他业务收入进行核算。 （ ）

T2 - 13 利得和损失是偶发的，不具有重复性。 （ ）

T2 - 14 企业利润主要来自企业经营活动和投资活动。 （ ）

T2 - 15 企业发生的各种业务活动，都不会破坏会计等式的平衡关系。 （ ）

T2 - 16 等式左边总资产增加，等式右边的负债或者所有者权益必然不会等额增加。 （ ）

T2 - 17 会计等式在任何时点都是平衡的。 （ ）

T2 - 18 收入增加不会影响会计等式的金额。 （ ）

T2 - 19 亏损会增加所有者权益。 （ ）

T2 - 20 借新债还旧债，也不会破坏会计等式的恒等关系。 （ ）

T2 - 21 可变现净值是已经发生的交易的价格。 （ ）

T2 - 22 公允价值是一个动态的概念，历史成本也是当时的公允价值。 （ ）

T2 - 23 企业资产价值一旦确定，是不能够改变的。 （ ）

T2 - 24 按历史成本计量模式提供的信息是最相关的。 （ ）

T2 - 25 按公允价值计量模式提供的信息是最可靠的。 （ ）

2.2.2　单选题

第2章　单选题
即测即评

S2 - 1 下列经济活动中，属于企业经营活动的是（ 　　）。

A. 购买原材料　　　　　　　　B. 购买股票

C. 购买债券　　　　　　　　　D. 借款

S2 - 2 下列经济业务中，不会引起现金变化的会计事项是（ 　　）。

A. 购买原材料　　　　　　　　B. 借款

C. 销售商品　　　　　　　　　D. 计提折旧

S2 - 3 下列项目中，属于资产项目的是（ 　　）。

A. 应收账款　　　　　　　　　B. 应付账款

C. 应付债券　　　　　　　　　D. 实收资本

S2 - 4 下列项目中，属于负债项目的是（ 　　）。

A. 银行存款　　　　　　　　　B. 固定资产

C. 应付债券　　　　　　　　　D. 实收资本

S2 - 5 下列项目中，属于所有者权益项目的是（ 　　）。

A. 应收票据　　　　　　　　　B. 存货

C. 应付债券　　　　　　　　　　　D. 实收资本

S2-6　下列资产项目中，除（　　）之外，都是企业的流动资产。

A. 无形资产　　　　　　　　　　　B. 库存现金

C. 银行存款　　　　　　　　　　　D. 应收账款

S2-7　下列各项目中，属于流动资产的是（　　）。

A. 固定资产　　　　　　　　　　　B. 无形资产

C. 应付债券　　　　　　　　　　　D. 应收账款

S2-8　下列项目中，属于长期负债的是（　　）。

A. 应付账款　　　　　　　　　　　B. 应付票据

C. 应交税费　　　　　　　　　　　D. 长期借款

S2-9　收入会导致企业（　　）增加，（　　）增加。

A. 资产　所有者权益　　　　　　　B. 负债　资产

C. 费用　负债　　　　　　　　　　D. 资产　费用

S2-10　下列项目中，用（　　）来表示非日常活动带来的利得。

A. 主营业务收入　　　　　　　　　B. 其他业务收入

C. 营业外收入　　　　　　　　　　D. 营业外支出

S2-11　下列项目中，（　　）不属于税金与附加。

A. 消费税　　　　　　　　　　　　B. 房产税

C. 印花税　　　　　　　　　　　　D. 所得税

S2-12　下列费用中，不属于期间费用的是（　　）。

A. 管理费用　　　　　　　　　　　B. 财务费用

C. 销售费用　　　　　　　　　　　D. 存货成本

S2-13　税后利润一般是指企业总利润扣除（　　）之后的利润。

A. 所得税费用　　　　　　　　　　B. 房产税

C. 印花税　　　　　　　　　　　　D. 城市维护建设税

S2-14　企业资产按照取得时的实际成交价格进行计量，采用的计量属性是（　　）。

A. 公允价值　　　　　　　　　　　B. 历史成本

C. 可变现净值　　　　　　　　　　D. 现值

第 2 章　多选题
即测即评

2.2.3　多选题

M2-1　企业经济活动包括（　　）。

A. 股权筹资活动　　　　　　　　　B. 债权筹资活动

C. 购买有价证券　　　　　　　　　D. 购置固定资产

E. 购买原材料

M2 - 2　会计要素包括（　　）。

A. 资产　　　　　　　　　　　　　　B. 负债

C. 所有者权益　　　　　　　　　　　D. 收入和费用

E. 利润

M2 - 3　下列项目中，（　　）属于资产负债表项目。

A. 资产　　　　　　　　　　　　　　B. 负债

C. 所有者权益　　　　　　　　　　　D. 收入

E. 费用

M2 - 4　下列项目中，属于项目权益的是（　　）。

A. 资产　　　　　　　　　　　　　　B. 负债

C. 所有者权益　　　　　　　　　　　D. 收入

E. 费用

M2 - 5　下列项目中，（　　）属于利润表项目。

A. 资产　　　　　　　　　　　　　　B. 负债

C. 利润　　　　　　　　　　　　　　D. 收入

E. 费用

M2 - 6　下列项目中，（　　）属于资产项目。

A. 库存现金　　　　　　　　　　　　B. 银行存款

C. 存货　　　　　　　　　　　　　　D. 应付账款

E. 应收票据

M2 - 7　下列项目中，（　　）属于负债项目。

A. 库存现金　　　　　　　　　　　　B. 应付票据

C. 应付职工薪酬　　　　　　　　　　D. 应付账款

E. 实收资本

M2 - 8　下列项目中，（　　）属于所有者权益项目。

A. 银行存款　　　　　　　　　　　　B. 资本公积

C. 盈余公积　　　　　　　　　　　　D. 未分配利润

E. 实收资本

M2 - 9　下列资产项目中，（　　）属于流动资产。

A. 现金　　　　　　　　　　　　　　B. 银行存款

C. 存货　　　　　　　　　　　　　　D. 固定资产

E. 无形资产

M2 - 10　下列负债项目中，（　　）属于长期负债。

A. 应付账款　　　　　　　　　　　　B. 预付账款

C. 短期借款　　　　　　　　　　　　D. 长期借款

E. 应付债券

M2 - 11　下列权益项目中，（　　　）属于留存收益项目。

A. 负债　　　　　　　　　　　　　　B. 股本

C. 资本公积　　　　　　　　　　　　D. 盈余公积

E. 未分配利润

M2 - 12　下列项目中，（　　　）用来反映企业日常活动中的核心业务。

A. 主营业务收入　　　　　　　　　　B. 主营业务成本

C. 其他业务收入　　　　　　　　　　D. 其他业务成本

E. 营业外收入

M2 - 13　属于非日常活动的项目有（　　　）。

A. 营业外收入　　　　　　　　　　　B. 营业外支出

C. 利息收入　　　　　　　　　　　　D. 收入

E. 费用

M2 - 14　下列费用中，属于期间费用的有（　　　）。

A. 主营业务成本　　　　　　　　　　B. 其他业务成本

C. 管理费用　　　　　　　　　　　　D. 销售费用

E. 财务费用

M2 - 15　会计基本等式由（　　　）项目组成。

A. 资产　　　　　　　　　　　　　　B. 负债

C. 所有者权益　　　　　　　　　　　D. 收入

E. 费用

M2 - 16　下列经济业务中，会引起会计恒等式两边同时发生增减变动的有
（　　　）。

A. 用银行存款偿还前欠应付货款　　　B. 购进材料未付款

C. 从银行提取现金　　　　　　　　　D. 向银行借款存入银行

E. 销售商品未收款

M2 - 17　下列经济业务中，引起资产一增一减的有（　　　）。

A. 以银行存款购买设备　　　　　　　B. 从银行提取现金

C. 以银行存款购买材料　　　　　　　D. 接受股东投资

E. 借新债还旧债

M2 - 18　企业接受股东的投资，将导致（　　　）。

A. 资产增加　　　　　　　　　　　　B. 负债增加

C. 所有者权益增加　　　　　　　　　D. 费用增加

E. 收入增加

M2 – 19 会计计量属性包括（ ）。

A. 历史成本   B. 公允价值

C. 现值   D. 可变现净值

E. 重置成本

2.2.4　课程思政思考题

1. 什么是债权人？什么是所有者？从《破产法》规定的清偿顺序，理解为什么债权人的权益要高于所有者权益。

2. 如何将会计等式平衡的思想运用到自己的学习和日常生活中？

3. 为什么权利可以放弃？义务却不能放弃？在会计要素中，你理解的义务主要是什么？

4. 在大学期间，你已投入的时间和金钱以及将要投入的时间和金钱，你认为是资产、负债还是费用？为什么？

5. 请用资产、负债的概念解释个人与社会、国家发展的关系。

2.3　练习题参考答案

2.3.1　判断题

T2 – 1　√	T2 – 2　√	T2 – 3　√
T2 – 4　√	T5 – 5　×	T2 – 6　√
T2 – 7　√	T2 – 8　√	T2 – 9　×
T2 – 10　√	T2 – 11　√	T2 – 12　×
T2 – 13　√	T2 – 14　√	T2 – 15　√
T2 – 16　×	T2 – 17　√	T2 – 18　×
T2 – 19　×	T2 – 20　√	T2 – 21　×
T2 – 22　√	T2 – 23　×	T2 – 24　×
T2 – 25　×		

2.3.2　单选题

S2 – 1　A	S2 – 2　D	S2 – 3　A
S2 – 4　C	S2 – 5　D	S2 – 6　A

S2 - 7　D　　　　　　　S2 - 8　D　　　　　　　S2 - 9　A

S2 - 10　C　　　　　　S2 - 11　D　　　　　　S2 - 12　D

S2 - 13　A　　　　　　S2 - 14　B

2.3.3　多选题

M2 - 1　ABCDE　　　　M2 - 2　ABCDE　　　　M2 - 3　ABC

M2 - 4　BC　　　　　　M2 - 5　CDE　　　　　M2 - 6　ABCE

M2 - 7　BCD　　　　　M2 - 8　BCDE　　　　M2 - 9　ABC

M2 - 10　DE　　　　　M2 - 11　DE　　　　　M2 - 12　AB

M2 - 13　AB　　　　　M2 - 14　CDE　　　　M2 - 15　ABC

M2 - 16　ABDE　　　　M2 - 17　ABC　　　　M2 - 18　AC

M2 - 19　ABCDE

2.3.4　课程思政思考题（略）

2.4　教材课后部分习题参考答案

2.4.1　思考题（略）

2.4.2　练习题

E2 - 1　练习经济业务对会计等式的影响。

业务序号	资产	＝	负债	＋	所有者权益
1	I		I		NE
2	D		D		NE
3	I		I		NE
4	I		NE		I
5	I, D		NE		NE
6	I, D		NE		NE

E2 - 2　练习经济业务对会计等式的影响。

王先生的公司在发生上述经济活动之后，会计等式依然保持平衡的关系。

资产（109 400）＝负债（0）＋所有者权益（109 400）

具体变化如下：

(1) 银行存款（100 000）＝实收资本（100 000）

(2)
　　银行存款　　　＝实收资本＋未分配利润
（100 000－3 600）　（100 000）　　（－3 600）

(3)
　　银行存款　　　＝实收资本＋　未分配利润
（96 400－ 6 000）　（100 000）　（－3 600－6 000）

(4)
　　银行存款　　　＋库存商品＝实收资本＋未分配利润
（90 400－80 000）　（80 000）　（100 000）　（－9 600）

(5)
　　银行存款　　　＋　　库存商品
（10 400＋99 000）　（80 000－80 000）

＝实收资本＋　　　未分配利润
（100 000）　（99 000－9 600－80 000）

E2－3　练习利润的计算方法（按权责发生制）。

王先生公司6月份发生的四笔经济业务中，有三笔业务会影响公司的利润，分别是业务（1）（2）（4）。

公司5—6月的利润计算如下：

利润＝收入－费用
　　＝（销售商品收入99 000＋代售佣金1 000）－（商品成本80 000
　　　＋房租600＋办公费6 000＋滞纳金300＋宣传费100）
　　＝100 000－87 000
　　＝13 000（元）

该公司5—6月份的利润为13 000元。

如果要将利润的构成表达得更加清晰，可以将利润分为营业利润和非营业利润。以下采用倒推法演示各数据之间的逻辑关系。

利润＝营业利润＋非营业利润＝13 300－300＝13 000（元）
营业利润＝主营业务利润(销售商品利润)＋其他业务利润(代销佣金)
　　　　＝12 300＋1 000＝13 300（元）
主营业务利润＝毛利－管理费用－销售费用
　　　　　　＝19 000－6 600－100＝12 300（元）
毛利＝主营业务收入－主营业务成本＝99 000－80 000＝19 000（元）
管理费用＝租金费用＋办公费用＝600＋6 000＝6 600（元）

其中

租金费用＝3 600/12×2＝600（元）

销售费用＝广告费(宣传费)＝100(元)

其他业务利润＝代销佣金＝1 000(元)

非营业利润＝营业外收入－营业外支出＝0－300＝－300(元)

2.4.3　案例题

案例回放：公司 10 年前以 100 万元购买的办公室，现在市价为 1 000 万元。在对外报告时，公司财务人员与财务经理出现了分歧，一个主张按历史成本计量模式，一个主张按公允价值计量模式。

案例分析：该案例涉及会计中最重要的两种计量模式：历史成本计量模式和公允价值计量模式。历史成本，又称实际成本，是指为取得或制造某项财产物资实际支付的代价。公允价值是指市场参与者在计量日发生的有序交易中，出售一项资产所能收到或者转移一项负债所需支付的价格。它们是五种计量属性（历史成本、重置成本、可变现净值、现值和公允价值）中的两种。其实，在初始计量中，历史成本也是当初交易时的公允价值。由于市场环境的改变，资产价格发生涨跌，对持有资产是否需要进行调整，在会计上形成了两种不同的计量模式。资产价格上涨时，对持有资产不做调整的称为历史成本计量模式。但在价格下跌时，出于谨慎性原则，需要对资产计提减值准备。无论是资产价格上涨还是下跌，对持有资产都要做出调整的称为公允价值计量模式。两种计量模式对企业财务状况和经营成果都会产生很大影响。该案例中，房屋价格已由 100 万元涨到 1 000 万元，如果按历史成本计量模式，在对外报告时，该套房屋的账面价值忽略折旧仍然是 100 万元。但如果按照公允价值计量模式，该房屋要按 1 000 万元对外报告，两者相差 900 万元。更为重要的是，如果该公司的利润为 600 万元，按历史成本计量模式，利润不受影响，仍然按 600 万元对外报告。但如果按照公允价值计量模式，对外报告的利润则是 1 500 万元，两者相差 900 万元。因此，不同的计量模式会产生不一样的计量结果。

案例问题回答：

（1）财务人员提出按 100 万元对外报告，采用的是历史成本计量模式。

（2）公司经理提出按 1 000 万元对外报告，采用的是公允价值计量模式。

（3）我赞成财务人员的观点。正如财务人员给出的理由，房屋虽然涨价了，但我们并不想出售，仍然要继续在这里办公，房屋的功能或者说使用价值并没有得到提升。没有必要对资产做出调整，否则会造成账面富贵的假象。当然，从财务经理的角度考虑业绩考核的问题，也不无道理，但业绩考核过关了，真要进行兑现的时候，是无法兑现的，除非将房屋出售，但房屋出售以后，我们又去哪里办公呢？重新购买，依然要付出 1 000 万元的代价才能重新拥有。因此，公允价值信息对要在当下做出是否购买房屋的决策是有意义的，因为10年后的现在必须以市场价格才能获得同样的资产。但对使用者来说，就没有必要按照公允价值计量模式。

因此，对资产采用什么计量模式，取决于资产的用途，或者综合考虑管理层的意图。

思维导图

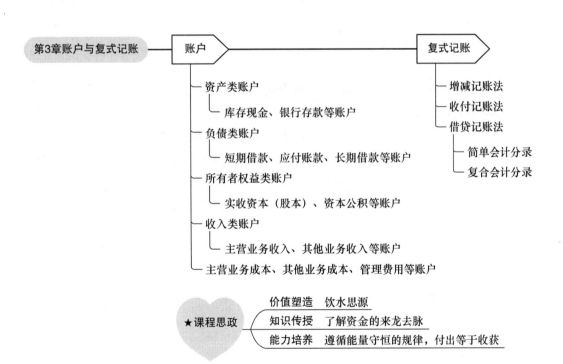

3.1　学习指导

3.1.1　学习重点

本章的学习重点是**在了解复式记账原理的基础上，学会采用借贷记账法来记录企业的经济业务**（熟练编制会计分录）。借贷记账法的记账规则是"**有借必有贷，借贷必相等**"，其理论基础是会计恒等式。要善于利用账户的对应关系来理解企业经济业务的来龙去脉。要熟练掌握借贷记账法，需要牢记约定俗成的账户结构，明白增减的记账方向，正确使用"借"和"贷"来指代会计科目的增减变化。要像学习单词一样，逐步记住每个会计科目的核算内容和使用方法。学会编制试算平衡表，利用借贷记账法自动平衡的原理，验证记账是否有错。培养严谨、细致的会计专业素养。

3.1.2　学习难点和疑点

本章的难点是**对会计科目的正确使用**。常用的会计科目有 80 个左右，不同业务使用不同的会计科目，不同的会计科目对应不同的账户结构，不同账户使用前需要用借或贷来指代会计科目的增减变化。要熟练使用必须进行大量的练习，尤其是复合会计分录的编制。复合会计分录对应账户关系较为复杂，需要精通业务。本章需要思考的问题如下：

（1）会计科目与会计账户的关系如何？账户结构是人为规定的吗？

（2）为什么要采用复式记账法而不是单式记账法来记录企业的经济业务？

（3）"借"和"贷"的具体含义究竟是什么？

3.1.3　疑难解答

1.　会计科目与会计账户

会计科目是对各个会计要素的进一步分解、细化和标准化，以方便记录企业发生的每一项经济业务，换句话说，企业发生的每一项经济业务都能够直接找到对应的会计科目。会计科目只是经济业务内容浓缩后的一个名称，还无法完成对企业经济业务的记录，因为每一项经济业务都会引起资金的增减变化，要将增减变化记录下来，就必须借助账户的结构来完成。所谓账户的结构，就是规定在什么地方记录增加，在什么地方记录减少。由于经济业务带来的变化只有两个，要么增加要么减少，于是会计就在一个平面上画出一条垂直线，将这个平面分为左边和右边，再在这条垂直线的上方画一条水平线，在水平线上写上会计科目，然后规定垂直线的左边记录增加（或者减少），垂直线的右边记录减少（或者增加），一个功能齐全的标准账户就形成了。但是，究竟哪边登记增加，哪边登记减少，必须加以约定，不然，哪边都可以登记增加，哪边都可以登记减少。此外，增加还是减少需要一个记账符号来加以标识，会计选择用"借"来代表左边，用"贷"来表示右边，这样账户的记录就有两组组合，一组是借方表示增加，贷方表示减少；另一组刚好相反，贷方记录增加，借方记录减少。这时，需要将五种类型的账户重新分类变成两大类，资产与费用为一大类，负债、所有者权益和收入为一大类，并分别约定它们的记账方向。凡是属于资产、费用类的账户，借方表示增加，贷方表示减少；凡是属于负债、所有者权益和收入类的账户，贷方表示增加，借方表示减少。可见，账户就是具有一定结构的会计科目。所谓账户的结构，就是约定账户的左方记录增加还是减少，账户的右方记录增加还是减少的规定。账户结构是人为的规定，按照约定俗成记住就可以了。

2. 会计等式与丁字形账户的登记

将会计等式放入丁字形账户，有利于理解账户的记账规则。

会计等式如下：

$$资产＋费用(成本)＋分红＝负债＋股本＋收入$$

丁字形账户如下：

左边（借方）	会计科目	右边（贷方）

等号左边增加登记在丁字形账户的左边，等号右边增加登记在丁字形账户的右边，减少则相反。

如果将丁字形账户的左边固定为借方，丁字形账户的右边固定为贷方，简称"左借右贷"，无论是等式两边同时增加还是同时减少，还是等式两边内部的一增一减，都能保证记录一个在贷方，一个在借方。

等式左边表示某一时点的资金占用（运用），等式右边表示为某一时点的资金来源，该变形的等式揭示了资金的来龙和去脉。

$$资金占用(运用)＝资金来源$$

从资金的来源与去向将资产、成本（费用）、分红类账户归为一大类（去向），将权益（负债＋所有者权益）和收入归为一个大类（来源）来理解账户的结构既简单又清晰。

利得和损失没有因果关系，但将其加入等式不会破坏会计等式的恒等性和记账规则的理解。将利得和损失加入等式后为：

$$资产＋费用（成本）＋损失＋分红＝负债＋所有者权益＋收入＋利得$$

3. 单式记账与复式记账

单式记账和复式记账是两种不同思维方式下的记账方法。单式记账可以说是一种简单的记账方法，对每项经济业务只记一笔账，只用一个会计科目来记录钱的去向或者钱的来源。当一切交易都要用钱来进行结算的时候，单式记账也许还是一种最简洁的记账方式，因为可以默认一方为现金的支出。但是随着商品经济的发展，交易方式和融资方式日益复杂，就需要采用复式记账的方法来反映经济业务的来龙去脉，完整呈现一项经济业务的全貌。所以，不同方法的演进，都是从简单到复杂，都是为了适应当时社会经济状况的发展水平。

4. "借"和"贷"的具体含义

1907年，谢霖和孟森将借贷记账法从日本引入中国。在日文中，"借"是向他人借，"贷"是借给他人，具有明确的含义。而中文的"借"和"贷"，有资金融通的意思。"借"既可以表示借入，也可以表示借出；"贷"既可以表示贷入，也可以表示贷出。只有在分清借款人是谁，出借人是谁，贷款人是谁，放贷人是谁时，才能分清谁是债务人，谁是债权人。

那么，"借"和"贷"本身的基本含义究竟是什么呢？

人们对某物（钱、物）保留所有权，而把使用权让给（在一段时间内）别人，这种行为叫作贷；人们取得所有者的允许得到对某物的使用权，这种行为叫作借。

贷有三种基本含义：

（1）以归还为前提，由所有者将自己的钱或物借给别人，让别人使用；

（2）收一定量的租金，由所有者将自己的东西借给别人，让别人使用；

（3）与钱或归还无关，用自己的智慧或力量帮助别人。

与此对应，借也有三种基本含义：

（1）以归还为前提，从所有者那里借东西时；

（2）借用东西需要交付一定量租金时；

（3）与钱或归还无关，在接受别人帮助时也可以用。[①]

此外，英文中的"credit"是信任（trust），你将钱存入银行，银行就信任

---

① 金焕玑. 日语借贷关系的教学. 黑龙江大学学报（外语版），1978（00）：69-72.

你，记入你存折账户的贷方（credit），表示你是银行的债权人，随着信用的积累，银行就会发信用卡（credit card）给你；你从银行取钱记入你存折账户的借方（debit），表示你是银行的债务人，储蓄卡是 debit card。因此，credit 在英文中是标准的债权，debit 是标准的债务。

　　会计中的借贷是从 13 世纪的热那亚、佛罗伦萨的信贷业务中发展而来，在办理借贷业务时，很容易将每笔经济业务的发生视为人的借贷关系，并通过设置人名账户来加以反映。

　　记账方法是以 di dare（他应给我）和 di avere（我应给他＝他应有得）之类的动词作为转账记录符号的复式记录。他应给我（he must give me）相当于今天的"借"，表示对客户的债权，我应给他（he shall have）相当于今天的"贷"，表示对客户的债务。这种对"借"和"贷"的认识，是从银行的角度出发，所谓"借"，所谓"贷"，分别指的是"借主"和"贷主"。[①]

　　也可以将借和贷看成是一对反义词，是从两个侧面来反映同一笔资金的运动状况，"借"表示资金的运用、用途、现有状态、终点状态，"贷"表示资金的来源、原有状态、起点状态，因而有"有借必有贷，借贷必相等"的借贷记账规则。

　　现代意义上的借贷记账法，借用"借"和"贷"两个字不是要分清谁是债务人，谁是债权人，而是将其作为记账符号，写在会计科目的前面，表示其增减的含义。当用"借"和"贷"来表示账户增减含义时，借贷就失去了本身字面上的含义，只是一个纯粹的记账符号而已。

　　英文可用"Dr."代表借方，"Cr."代表贷方。

　　资产和费用类账户的借方表示增加，贷方表示减少；负债、所有者权益和收入类账户的借方表示减少，贷方表示增加。

3.2　练习题

3.2.1　判断题

第 3 章　判断题
即测即评

T3-1　会计科目是账户的名称。　　　　　　　　　　　　　　（　　）

T3-2　会计科目有结构，会计账户没有结构。　　　　　　　　（　　）

T3-3　会计科目是对会计要素的进一步分类，是会计核算的最小单元。（　　）

T3-4　会计账户既有名称又有结构，可以连续系统地反映经济业务的增减

---

①　文硕. 西方会计史：会计发展的五次浪潮（上）. 北京：经济科学出版社，2012.

变化。　　　　　　　　　　　　　　　　　　　　　　　　　　　　（　　）

T3-5　账户是根据会计科目设置的，具有一定的格式和结构，用于分类反映会计要素增减变动情况及其结果的载体。　　　　　　　　　　　　　（　　）

T3-6　资产类账户的贷方记录增加，借方记录减少。　　　　　　（　　）

T3-7　负债与所有者权益类账户的借方记录增加，贷方记录减少。（　　）

T3-8　收入类账户的借方记录减少，贷方记录增加，费用类账户的结构与此刚好相反。　　　　　　　　　　　　　　　　　　　　　　　（　　）

T3-9　费用类账户的结构与资产类账户相同，是因为随着时间的推移，资产最终都会转化为费用，费用是瞬间的资产。　　　　　　　　　　（　　）

T3-10　任何账户的正常余额都在记录增加额的那一方，因此，资产类账户的余额在借方，负债和所有者权益类账户的余额在贷方。　　　（　　）

T3-11　账户本期的期末余额为下期的期初余额。　　　　　　（　　）

T3-12　单式记账法是指在业务发生时，只在一个账户进行记录的方法。

　　　　　　　　　　　　　　　　　　　　　　　　　　　　　（　　）

T3-13　复式记账法的依据是会计恒等式，需要在两个或两个以上的账户中以相等的金额进行记录。　　　　　　　　　　　　　　　　（　　）

T3-14　收付记账法不是复式记账法。　　　　　　　　　　　（　　）

T3-15　借贷记账法下账户的基本结构是相同的，即每一个账户的左边为借方，右边为贷方。　　　　　　　　　　　　　　　　　　　　（　　）

T3-16　根据"有借必有贷，借贷必相等"的记账规则，所有账户的借方发生额合计数必然等于其贷方发生额合计数。　　　　　　　　　　（　　）

T3-17　标明某项经济业务应借应贷账户名称及其金额的一种记录，称为会计分录。　　　　　　　　　　　　　　　　　　　　　　　　　　（　　）

T3-18　复合会计分录实际上是由若干简单会计分录复合而成的。（　　）

T3-19　多借多贷会计分录由于账户对应关系不清楚，因此，企业应禁止编制多借多贷的会计分录。　　　　　　　　　　　　　　　　　（　　）

T3-20　试算平衡表既可以按本期发生额进行编制，也可以按期末余额进行编制。　　　　　　　　　　　　　　　　　　　　　　　　　　　（　　）

T3-21　试算平衡并不意味着记账完全正确。　　　　　　　　（　　）

第3章　单选题
即测即评

3.2.2　单选题

S3-1　会计科目是对（　　）的具体分类。

A. 会计对象　　　　　　　　　B. 会计要素

C. 会计主体　　　　　　　　　D. 会计等式

S3 - 2　下列账户中的期末余额一般在借方的是（　　）。

A. 累计折旧　　　　　　　　　　B. 短期借款

C. 应付账款　　　　　　　　　　D. 库存商品

S3 - 3　下列账户中借方表示减少的是（　　）。

A. 资产类账户　　　　　　　　　B. 成本类账户

C. 费用支出类账户　　　　　　　D. 所有者权益类账户

S3 - 4　对于收入类账户，下列说法正确的是（　　）。

A. 增加额记入账户的借方　　　　B. 增加额记入账户的贷方

C. 期末结转后有余额　　　　　　D. 期末有借方余额

S3 - 5　费用（成本）类账户的借方登记（　　）。

A. 增加额或本期结转额　　　　　B. 减少发生额

C. 期末余额　　　　　　　　　　D. 本期结转额

S3 - 6　下列项目中属于非流动（长期）负债的科目是（　　）。

A. 应付账款　　　　　　　　　　B. 应付票据

C. 应交税费　　　　　　　　　　D. 长期借款

S3 - 7　下列不属于总账科目的是（　　）。

A. 原材料　　　　　　　　　　　B. 甲材料

C. 应付账款　　　　　　　　　　D. 应收账款

S3 - 8　非日常活动带来的利得是通过（　　）科目来核算的。

A. 主营业务收入　　　　　　　　B. 其他业务收入

C. 营业外收入　　　　　　　　　D. 营业外支出

S3 - 9　非日常活动带来的损失是通过（　　）来核算的。

A. 主营业务收入　　　　　　　　B. 其他业务收入

C. 营业外收入　　　　　　　　　D. 营业外支出

S3 - 10　单式记账法是指在经济业务发生时，需要在（　　）中进行记录。

A. 一个账户　　　　　　　　　　B. 两个账户

C. 三个账户　　　　　　　　　　D. 四个账户

S3 - 11　借贷记账法的记账符号是（　　）。

A. 入和出　　　　　　　　　　　B. 增和减

C. 收和付　　　　　　　　　　　D. 借和贷

S3 - 12　能够自动平衡的复式记账方法是（　　）。

A. 增减记账法　　　　　　　　　B. 收付记账法

C. 借贷记账法　　　　　　　　　D. 四柱结算法

S3 - 13　下列属于发生额试算平衡公式的是（　　）。

A. 借方期初余额＋借方本期发生额－贷方本期发生额＝借方期末余额

B. 全部账户本期借方发生额合计数＝全部账户本期贷方发生额合计数

C. 贷方期初余额＋贷方本期发生额－借方本期发生额＝贷方期末余额

D. 全部账户借方期末余额合计数＝全部账户贷方期末余额合计数

S3－14 能够通过试算平衡查找的错误是（　　）。

A. 重复登记某项经济业务　　　　　B. 漏记某项经济业务

C. 应借应贷账户的借贷金额不符　　D. 应借应贷账户的借贷方向颠倒

S3－15 某公司期末余额试算平衡表的资料如下：

账户名称	本期发生额（元）	
	借方	贷方
库存现金	15 000	
银行存款	173 900	
Y 账户		
应付账款		98 200
实收资本		200 000

则 Y 账户（　　）。

A. 有借方余额 109 300 元　　　　B. 有贷方余额 109 300 元

C. 有借方余额 101 800 元　　　　D. 有贷方余额 101 800 元

3.2.3 多选题

第 3 章 多选题
即测即评

M3－1 设置会计科目的原则是（　　）。

A. 符合企业特点　　　　B. 满足管理需要

C. 统一性与灵活性相结合　D. 简单明确、字义相符、通俗易懂

E. 保持相对稳定性

M3－2 会计科目表中，将会计科目分为（　　）。

A. 资产类　　　　　　　　B. 负债类

C. 所有者权益类　　　　　D. 成本类

E. 损益类

M3－3 下列各项中，可以作为一级会计科目的有（　　）。

A. 固定资产　　　　　　　B. 运输设备

C. 原材料　　　　　　　　D. 实收资本

E. 盈余公积

M3－4 与资产类账户结构相反的账户是（　　）。

A. 资产类账户　　　　　　B. 负债类账户

C. 收入类账户　　　　　　D. 所有者权益类账户

E. 费用类账户

M3－5 与银行存款账户结构相同的账户有（ ）。

A. 库存现金 B. 固定资产

C. 应收账款 D. 应付账款

E. 管理费用

M3－6 与收入账户结构相同的账户有（ ）。

A. 库存现金 B. 银行存款

C. 库存商品 D. 应付账款

E. 实收资本

M3－7 下列账户中，属于利润表账户的有（ ）。

A. 主营业务收入 B. 其他业务利润

C. 主营业务成本 D. 其他业务成本

E. 营业外收入

M3－8 下列账户中，属于资产负债表账户的有（ ）。

A. 营业外收入 B. 营业外支出

C. 应收票据 D. 库存商品

E. 固定资产

M3－9 下列各项中，反映流动资产的账户有（ ）。

A. 固定资产 B. 累计折旧

C. 实收资本 D. 库存商品

E. 银行存款

M3－10 下列各项中，反映负债的账户有（ ）。

A. 预收账款 B. 预付账款

C. 应收账款 D. 应付账款

E. 其他应付款

M3－11 下列各项中，反映所有者权益的账户有（ ）。

A. 实收资本 B. 盈余公积

C. 本年利润 D. 未分配利润

E. 应付利润

M3－12 下列各项中，反映资产增减变动情况的账户有（ ）。

A. 原材料 B. 本年利润

C. 固定资产 D. 利润分配

E. 其他应收款

M3－13 下列各项中，反映收入情况的账户有（ ）。

A. 本年利润 B. 利润分配

C. 主营业务收入　　　　　　　　　　D. 其他业务收入

E. 所得税费用

M3－14　下列各项中，反映费用情况的账户有（　　）。

A. 库存商品　　　　　　　　　　　　B. 原材料

C. 销售费用　　　　　　　　　　　　D. 财务费用

E. 管理费用

M3－15　下列账户中，属于损益类的账户有（　　）。

A. 主营业务收入　　　　　　　　　　B. 其他业务收入

C. 管理费用　　　　　　　　　　　　D. 销售费用

E. 财务费用

M3－16　下列账户中，属于成本计算类的账户有（　　）。

A. 研发支出　　　　　　　　　　　　B. 消费税

C. 生产成本　　　　　　　　　　　　D. 教育费附加

E. 车船税

M3－17　销售商品尚未收款业务，涉及的会计科目有（　　）。

A. 应付账款　　　　　　　　　　　　B. 应收账款

C. 主营业务收入　　　　　　　　　　D. 库存现金

E. 本年利润

M3－18　复式记账法包括（　　）。

A. 增减记账法　　　　　　　　　　　B. 收付记账法

C. 借贷记账法　　　　　　　　　　　D. 跛脚记账法

E. 四柱记账法

M3－19　以下说法中，符合借贷记账法的记账规则的有（　　）。

A. 一项资本增加，另一项资本减少

B. 一项资产增加，一项资本减少

C. 一项负债增加，另一项负债减少

D. 一项资本增加，一项负债减少

E. 一项资产增加，另一项资产减少

M3－20　在借贷记账法下，下列属于借方表示的事项包括（　　）。

A. 资产的减少或权益的增加　　　　　B. 资产的增加或权益的增加

C. 资产的减少或权益的减少　　　　　D. 资产的增加或权益的减少

E. 负债的减少或所有者权益的减少

M3－21　试算平衡，是指根据借贷记账法的记账规则和会计恒等式，通过对（　　）的汇总计算，来检查账户记录是否正确的一种方法。

A. 所有性质相同账户的发生额　　　　B. 所有性质相同账户的余额

C. 所有账户的期初余额   D. 所有账户的期末余额

E. 所有账户的本期发生额

M3－22 账户记录中，不能由试算平衡表发现的错误有（   ）。

A. 一笔经济业务全部被漏记

B. 一笔经济业务全部被重记

C. 一笔经济业务借贷双方金额上发生同样的错误

D. 一笔经济业务应借应贷的账户相互颠倒

E. 会计分录的借贷双方在过入总分类账时误记了性质相同的账户

3.2.4 课程思政思考题

1. 根据会计设置账户的原理，如果要核算自己对社会的价值，你认为需要为自己开设哪些账户？

2. 请结合复式记账原理，谈谈你对把资金的来源与运用记录清楚同"饮水思源"之间的联系的认识。

3. 从"借入"和"贷出"这个角度理解什么是属于自己的，什么是属于别人的。有的人借了别人的东西就不归还了，你认为对吗？

4. 第 5 章课后案例的名称为"有种利润叫诚信"，如果设立"诚信"账户，请说明该账户的性质及使用方法。

3.3 练习题参考答案

3.3.1 判断题

T3－1 √	T3－2 ×	T3－3 √
T3－4 √	T3－5 √	T3－6 ×
T3－7 ×	T3－8 √	T3－9 √
T3－10 √	T3－11 √	T3－12 √
T3－13 √	T3－14 ×	T3－15 √
T3－16 √	T3－17 √	T3－18 √
T3－19 ×	T3－20 √	T3－21 √

3.3.2 单选题

S3－1 B	S3－2 D	S3－3 D

S3 – 4	B	S3 – 5	A	S3 – 6	D
S3 – 7	B	S3 – 8	C	S3 – 9	D
S3 – 10	A	S3 – 11	D	S3 – 12	C
S3 – 13	B	S3 – 14	C	S3 – 15	A

3.3.3　多选题

M3 – 1	ABCDE	M3 – 2	ABCDE	M3 – 3	ACDE
M3 – 4	BCD	M3 – 5	ABCE	M3 – 6	DE
M3 – 7	ACDE	M3 – 8	CDE	M3 – 9	DE
M3 – 10	ADE	M3 – 11	ABCD	M3 – 12	ACE
M3 – 13	CD	M3 – 14	CDE	M3 – 15	ABCDE
M3 – 16	AC	M3 – 17	BC	M3 – 18	ABC
M3 – 19	ACDE	M3 – 20	DE	M3 – 21	CDE
M3 – 22	ABCDE				

3.3.4　课程思政思考题（略）

3.4　教材课后部分习题参考答案

3.4.1　思考题（略）

3.4.2　练习题

E3 – 1　练习会计分录的编制。

（1）向银行借入 1 年期银行存款 100 万元。

　　借：银行存款　　　　　　　　　　　　　　　　　　　　1 000 000

　　　　贷：短期借款　　　　　　　　　　　　　　　　　　　　　1 000 000

（2）从银行提取现金 1 万元。

　　借：库存现金　　　　　　　　　　　　　　　　　　　　　10 000

　　　　贷：银行存款　　　　　　　　　　　　　　　　　　　　　　10 000

（3）向光大公司购入商品 200 万元，货款未付。

　　借：库存商品　　　　　　　　　　　　　　　　　　　　2 000 000

　　　　贷：应付账款　　　　　　　　　　　　　　　　　　　　　2 000 000

（4）将应付光大公司的货款 100 万元转作投资款。

| 借：应付账款 | 1 000 000 | |
| 贷：实收资本 | | 1 000 000 |

（5）用银行存款支付光大公司欠款 50 万元。

| 借：应付账款 | 500 000 | |
| 贷：银行存款 | | 500 000 |

（6）将出售商品取得的收入 300 万元存入银行。

| 借：银行存款 | 3 000 000 | |
| 贷：主营业务收入 | | 3 000 000 |

（7）结转已售产品成本 200 万元。

| 借：主营业务成本 | 2 000 000 | |
| 贷：库存商品 | | 2 000 000 |

（8）用现金支付罚款 1 000 元。

| 借：营业外支出 | 1 000 | |
| 贷：库存现金 | | 1 000 |

E3-2　练习丁字形账户的登记方法。

将上述经济业务过入下列丁字形账户中，并计算出本期发生额和期末余额。丁字形账户中的期初余额为假定数。

银行存款

期初余额　30 000	
（1）1 000 000	（2）10 000
（6）3 000 000	（5）500 000
本期发生额 4 000 000	本期发生额　510 000
期末余额　3 520 000	

短期借款

	期初余额　10 000
	（1）1 000 000
	本期发生额 1 000 000
	期末余额　1 010 000

库存商品

期初余额　28 500	
（3）2 000 000	（7）2 000 000
本期发生额 2 000 000	本期发生额 2 000 000
期末余额　28 500	

库存现金

期初余额　1 500	
（2）10 000	（8）1 000
本期发生额　10 000	本期发生额　1 000
期末余额　10 500	

应付账款

	期初余额　20 000
（4）1 000 000	（3）2 000 000
（5）500 000	
本期发生额 1 500 000	本期发生额 2 000 000
	期末余额　520 000

实收资本

	期初余额　30 000
	（4）1 000 000
本期发生额	本期发生额 1 000 000
	期末余额　1 030 000

主营业务收入		主营业务成本	
	（6）3 000 000	（7）2 000 000	
	本期发生额 3 000 000	本期发生额 2 000 000	

营业外支出	
	（8）1 000
本期发生额	1 000

E3-3　练习三栏式试算平衡表的编制。

根据 E3-2 计算出的本期发生额和期末余额编制三栏式试算平衡表。

金额单位：元

项目	期初余额		本期发生额		期末余额	
	借方	贷方	借方	贷方	借方	贷方
库存现金	1 500		10 000	1 000	10 500	
银行存款	30 000		4 000 000	510 000	3 520 000	
库存商品	28 500		2 000 000	2 000 000	28 500	
短期借款		10 000		1 000 000		1 010 000
应付账款		20 000	1 500 000	2 000 000		520 000
实收资本		30 000		1 000 000		1 030 000
主营业务收入				3 000 000		3 000 000
主营业务成本			2 000 000		2 000 000	
营业外支出			1 000		1 000	
合计	60 000	60 000	9 511 000	9 511 000	5 560 000	5 560 000

第4章 会计凭证

思维导图

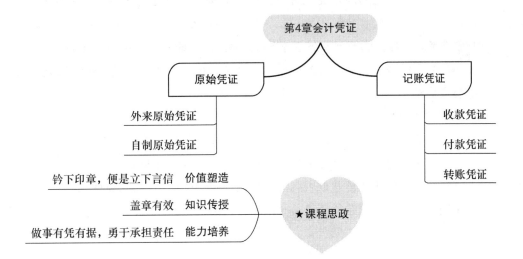

4.1 学习指导

4.1.1 学习重点

本章的学习重点是在了解原始凭证是证明企业经济业务发生或完成的重要证据的基础上，理解原始凭证是保证会计信息真实性的第一道关卡，掌握收款凭证、付款凭证和转账凭证的填制方法。明白会计凭证上每个图章、每个签名的意义，以及这些签名与企业内部控制之间的关系。

4.1.2 学习难点和疑点

本章的难点是对原始凭证进行实质性的审核。首先要学会辨识原始凭证的真伪，熟悉各种财经纪律和法律法规，了解公司业务及上下游企业的特点。能够准确判断业务，并能正确地记录在各种形式和格式的凭证上。需要思考的问题如下：

（1）手续齐备、记录完整的原始凭证是否最真实地记录了企业经济业务的发生与完成？

（2）如何真正发挥内部控制的作用？

（3）如何保证盖下去的每一枚章都认真履行了自己的职责？

（4）如何通过对会计凭证的审核来履行会计的管理职能？

（5）严格的凭证传递是否既能起到内部牵制的作用，又能起到提高工作效率的作用？为什么说原始凭证是最具法律效力的证据？

4.1.3 疑难解答

1. 会计凭证、内部控制与明确经济责任

会计凭证是记录经济业务事项发生或完成情况的书面证明。内部控制是指利用单位内部分工产生的相互制约、相互联系的关系，形成一系列具有控制职能的方法、措施和程序。企业经济业务发生后，需要由执行或完成该项经济业务的有关人员取得或者填制会计凭证，详细说明该项经济业务的内容、发生时间，并在相应的会计凭证上签名或盖章；取得或填制会计凭证后，要由有关人员进行审核；经审核无误，并由审核人员签章后，才可作为记账的依据，编制记账凭证，进行账簿登记。因此，填制和审核凭证可以如实反映经济业务的内容，保证会计

信息的真实性。

会计凭证的填制与审核需要由不同的会计人员来承担，通过会计凭证的填制和审核，使有关责任人在其职权范围内各司其职，各负其责，相互牵制，加强内部控制。因此，建立会计凭证的填制和审核制度是完善内部控制制度的重要方面，同时利用凭证填制、审核的手续制度，还可以进一步完善经济责任制，明确经济责任。

2. 会计凭证的审核与会计管理职能

通过对会计凭证的审核，可以检查经济业务的发生是否符合有关法规、制度，是否符合业务经营、财务收支的方针和计划、预算的规定，确保经济业务的合理性、合法性和有效性。监督经济业务的发生、发展，控制经济业务的有效实施，是发挥会计管理职能的重要内容。

3. 会计凭证的传递与内部控制和工作效率

会计凭证的传递是指从会计凭证的取得或填制时起至归档保管过程中，在单位内部有关部门和人员之间的传递程序。正确组织会计凭证的传递，对于及时处理和登记经济业务，提高工作效率，建立健全内部控制系统，明确经济责任，防止错误和舞弊行为，实行会计监督等具有重要作用。从一定意义上说，会计凭证的传递在单位内部经营管理各环节之间起着协调和组织的作用。会计凭证传递程序是构成企业管理规章制度和会计控制系统的重要组成部分，传递程序科学与否，说明该企业管理的科学程度和内部控制的有效程度。

好的内部控制制度是建立在内部牵制原则基础上的，内部牵制原则是内部控制系统的基础性准则，主要是指办理经济业务的各项手续、制度要相互制约、相互监督。按照内部牵制的思想设计各项管理和经营制度，是指单位的领导、各职能部门、基层机构及其人员之间，在处理各项经济业务时建立相互联系、相互制约的管理和经营制度体系，通过其相互联系、相互制约的关系，达到控制经济活动的目的。内部牵制制度特别强调相互制约的关系，要求在处理各项经济业务时，应由多人负责，共同完成，并相互制约，防止一人包办，尤其要将钱、物、账分开管理，同时建立复核查对制度。在组织会计凭证的传递时，必须根据办理经济业务手续所需的时间，规定会计凭证在哪些环节需要停留及其停留时间，保证经济业务及时记录。

各单位在制定会计凭证的传递程序，规定其传递时间时，通常要考虑以下两点，以合理组织会计凭证传递：（1）根据各单位经济业务的特点、企业内部机构组织、人员分工情况以及经营管理的需要，从完善内部控制制度的角度出发，规定各种会计凭证的联次及其传递流程，使经办业务的部门及其人员及时办理各种凭证手续，既符合内部牵制原则，又提高工作效率；（2）根据有关部门和人员办理经济业务的必要时间，与相关部门和人员协商制定会计凭证在各经办环节的停留时间，以便合理确定办理经济业务的最佳时间，及时反映、记录经济业务的发生和完成情况。

4. 原始凭证的法律效力

原始凭证是在经济业务发生或完成时取得或填制的，是记录、证明经济业务已经发生或完成的原始证据。尤其是外来原始凭证，是企业与外部单位发生经济往来业务时，从外部单位取得的。原始凭证上记载着大量经济信息，是证明经济业务发生的初始文件，与记账凭证相比，具有较强的法律效力，可以作为诉讼的依据，是一种很重要的凭证。

4.2 练习题

4.2.1 判断题

第 4 章 判断题
即测即评

T4-1 所有的会计凭证都是登记会计账簿的依据。　　　（　　）

T4-2 所有的会计凭证都必须由经办人员和相关负责人签名或盖章。　　　（　　）

T4-3 原始凭证要按规定填写，文字要简要，字迹要清楚，易于辨认，汉字大写金额不得使用简化字代替。　　　（　　）

T4-4 原始凭证是进行会计核算的原始依据。　　　（　　）

T4-5 外来原始凭证一般都属于一次凭证，自制原始凭证一般都属于累计凭证。　　　（　　）

T4-6 限额领料单只限于领用一次材料。　　　（　　）

T4-7 外来原始凭证遗失时，取得签发单位盖有财务章的证明，经单位负责人批准后，可代作原始凭证。　　　（　　）

T4-8 为简化核算，可将类似的经济业务汇总编制一张汇总原始凭证。（　　）

T4-9 审核原始凭证记录的经济业务是否符合企业生产经营活动的需要、是否符合有关计划和预算，属于合理性审核。　　　（　　）

T4-10 记账凭证是根据会计账簿记录填制的。　　　（　　）

T4-11 记账凭证记录的内容必须与所附原始凭证上的内容一致。　　　（　　）

T4-12 记账凭证一般由会计人员填制，不用审核。　　　（　　）

T4-13 收款凭证一般按库存现金和银行存款分别编制。　　　（　　）

T4-14 付款凭证是出纳人员付出货币的依据。　　　（　　）

T4-15 在采用专用记账凭证（收、付、转）时，与货币收付无关的业务一律编制转账凭证。　　　（　　）

T4 – 16 从银行提取现金时,按习惯可以编制现金收款凭证。 （ ）

T4 – 17 单式记账凭证是依据单式记账法填制的。 （ ）

T4 – 18 记账凭证的填制日期应是经济业务发生或完成的日期。 （ ）

T4 – 19 企业出售产品一批,售价 5 000 元,收到一张转账支票送存银行。这笔业务应编制的记账凭证为收款凭证。 （ ）

T4 – 20 税务部门统一印制的增值税专用发票属于专用原始凭证。 （ ）

T4 – 21 会计凭证传递应当满足内部控制制度的要求,使传递程序合理有效。
（ ）

T4 – 22 任何单位在完成经济业务手续和记账后,必须将会计凭证按规定立卷归档,形成会计档案资料,妥善保管,以便日后随时查阅。 （ ）

4.2.2 单选题

第 4 章 单选题
即测即评

S4 – 1 会计凭证分为原始凭证和记账凭证,这种分类的标准是（ ）。

A. 用途和填制程序 B. 形成来源

C. 用途 D. 填制方式

S4 – 2 下列各项中,属于原始凭证主要作用的是（ ）。

A. 登记会计账簿的依据 B. 证明经济业务发生或完成

C. 对经济业务进行分类 D. 保证会计账簿记录的正确性

S4 – 3 自制原始凭证分为一次凭证、累计凭证等,这种分类的标准是（ ）。

A. 用途和填制程序 B. 形成来源

C. 填制手续和内容 D. 填制程序

S4 – 4 下列各项中,属于外来原始凭证的是（ ）。

A. 提货单 B. 发出材料汇总表

C. 购货发票 D. 领料单

S4 – 5 下列各项中,不属于自制原始凭证的是（ ）。

A. 购货发票 B. 限额领料单

C. 销售产品成本计算表 D. 入库单

S4 – 6 将同类经济业务汇总编制的原始凭证称为（ ）。

A. 一次凭证 B. 累计凭证

C. 记账凭证 D. 汇总原始凭证

S4 – 7 在一定期间内连续记录若干项同类经济业务的会计凭证是（ ）。

A. 原始凭证 B. 累计凭证

C. 记账凭证 D. 一次凭证

S4-8 从外单位取得的原始凭证，必须加盖（　　）。

A. 单位负责人印章　　　　　　　　B. 单位会计印章

C. 单位财务主管印章　　　　　　　D. 填制单位的公章或电子签名

S4-9 在会计凭证中签名盖章是为了明确（　　）。

A. 经济责任　　　　　　　　　　　B. 经济业务的主要内容

C. 经济业务的种类　　　　　　　　D. 经济业务的来龙去脉

S4-10 对于不真实、不合法的原始凭证，会计人员的正确处理是（　　）。

A. 不受理并向有关负责人报告

B. 退回补办手续后再按规定的会计手续办理

C. 不受理并退回原始凭证

D. 根据该原始凭证编制记账凭证

S4-11 下列人员中，填制记账凭证的是（　　）。

A. 出纳人员　　　　　　　　　　　B. 会计人员

C. 经办人员　　　　　　　　　　　D. 主管人员

S4-12 下列各项中，属于记账凭证填制依据的是（　　）。

A. 经济业务　　　　　　　　　　　B. 财务报表

C. 账簿记录　　　　　　　　　　　D. 审核后的原始凭证

S4-13 下列各项中，作为登记会计账簿依据的是（　　）。

A. 经济业务　　　　　　　　　　　B. 原始凭证

C. 审核后的记账凭证　　　　　　　D. 财务报表

S4-14 如果企业发生货币资金之间的收付业务，应编制（　　）。

A. 收款凭证　　　　　　　　　　　B. 付款凭证

C. 转账凭证　　　　　　　　　　　D. 原始凭证

S4-15 对货币收付以外的业务应编制的凭证是经审核后的（　　）。

A. 收款凭证　　　　　　　　　　　B. 付款凭证

C. 转账凭证　　　　　　　　　　　D. 原始凭证

S4-16 出纳人员付出货币资金依据的是（　　）。

A. 收款凭证　　　　　　　　　　　B. 付款凭证

C. 转账凭证　　　　　　　　　　　D. 原始凭证

S4-17 企业将现金送存银行时，应填制（　　）。

A. 支票存根　　　　　　　　　　　B. 汇款单

C. 现金存款凭条　　　　　　　　　D. 发票

S4-18 出纳人员根据收款凭证收款或根据付款凭证付款后，为避免重收重付，应（　　）。

A. 在凭证上加盖"收讫"或"付讫"戳记

B. 由收款人员或付款人员在备查簿上签名

C. 由出纳人员在备查簿登记

D. 由出纳人员在凭证上划线注销

S4 - 19 以下经济业务中，应填制转账凭证的是（   ）。

A. 职工借支差旅费 5 000 元   B. 以现金 2 000 元购买办公用品

C. 销售甲产品收入现金 3 000 元   D. 购入设备一台，价款 60 000 元未付

S4 - 20 某单位会计部第 8 号记账凭证的会计事项需要填制 3 张记账凭证，则 3 张凭证编号为（   ）。

A. 8，9，10   B. 8 (1/3)，8 (2/3)，8 (3/3)

C. 25/3，26/3，27/3   D. 8-1，8-2，8-3

4.2.3 多选题

M4 - 1 《会计基础工作规范》规定，除（   ）可以不附原始凭证外，其他记账凭证必须附有原始凭证。

A. 结账   B. 销售业务

C. 更正错误的记账凭证   D. 购买材料

E. 提取现金

M4 - 2 填制和审核会计凭证的作用有（   ）。

A. 记录经济业务   B. 监督经济活动

C. 提供记账依据   D. 控制经济运行

E. 明确经济责任

M4 - 3 会计凭证按用途和填制程序可分为（   ）。

A. 原始凭证   B. 累计凭证

C. 记账凭证   D. 转账凭证

E. 收款凭证

M4 - 4 下列各项中，属于原始凭证基本要素的有（   ）。

A. 凭证名称   B. 经济业务内容

C. 填制凭证日期   D. 数量、单价和金额

E. 所附原始凭证的张数

M4 - 5 下列各项中，属于原始凭证填制要求的有（   ）。

A. 记录真实   B. 连续编号

C. 内容完整   D. 书写格式规范

E. 附件数量完整

M4 - 6 原始凭证审核的内容有（   ）。

第4章 多选题
即测即评

A. 原始凭证的真实性　　　　　　B. 经济业务内容的合法性

C. 原始凭证的完整性　　　　　　D. 原始凭证的正确性

E. 原始凭证的合理性

M4-7　支付款项的原始凭证，必须有（　　　）。

A. 收款单位　　　　　　　　　　B. 收款人的收款证明

C. 支付单位的收款证明　　　　　D. 支付单位经办人的收款证明

E. 第三方证明

M4-8　下列各项中，属于自制原始凭证的包括（　　　）。

A. 借款单　　　　　　　　　　　B. 领料单

C. 工资结算汇总表　　　　　　　D. 材料请购单

E. 记账凭证

M4-9　下列单据属于原始凭证的包括（　　　）。

A. 销货发票　　　　　　　　　　B. 销售合同

C. 材料入库单　　　　　　　　　D. 领料单

E. 工资计算单

M4-10　下列各项中，属于外来原始凭证的有（　　　）。

A. 销售商品发票　　　　　　　　B. 火车票

C. 记账凭证　　　　　　　　　　D. 自制汇总原始凭证表

E. 购进材料发票

M4-11　下列各项中，属于记账凭证基本要素的有（　　　）。

A. 会计科目　　　　　　　　　　B. 所附原始凭证张数

C. 记账金额　　　　　　　　　　D. 凭证编号

E. 记账标记

M4-12　记账凭证审核的内容主要有（　　　）。

A. 项目填写是否齐全　　　　　　B. 所附原始凭证内容是否真实

C. 科目是否正确　　　　　　　　D. 金额是否正确

E. 书写是否规范

M4-13　记账凭证按与货币收付业务是否有关可分为（　　　）。

A. 汇总记账凭证　　　　　　　　B. 收款凭证

C. 付款凭证　　　　　　　　　　D. 转账凭证

E. 复式记账凭证

M4-14*① 下列业务中，需要填制收款凭证的业务是（　　　）。

A. 接受投资者投资，收到投资款　　B. 用银行存款购买机器设备

---

① M4-14 至 M4-16 加＊号的三道题，待学完第 5 章后再做。

C. 销售商品取得银行存款　　　　D. 将现金存入银行

E. 结转原材料的采购成本

M4 - 15[*]　下列业务中，需要填制付款凭证的业务是（　　　）。

A. 向金融机构借款，已存入银行

B. 用银行存款购买原材料

C. 支付员工工资

D. 将现金存入银行

E. 结转原材料的采购成本

M4 - 16[*]　下列业务中，需要填制转账凭证的业务是（　　　）。

A. 用银行存款购买原材料

B. 结转原材料的采购成本

C. 将制造费用分配计入产品成本

D. 结转已完工产品成本

E. 结转已销售商品成本

M4 - 17　会计凭证传递应当满足（　　　）。

A. 内部控制制度的要求　　　　　B. 传递程序合理有效

C. 及时传递　　　　　　　　　　D. 不得积压

E. 归档保管

4.2.4　课程思政思考题

1. 会计在编制记账凭证时，为什么必须附上原始凭证？如何将会计记账必须"有凭有据"的思想融入自己的学习、生活和工作中？

2. 查看习近平 2012 年考察河北省阜平县时留下的晚餐菜单、2014 年考察河南兰考县的晚餐收据和 2015 年看望陕西省梁家河村民时在原梁家河大队党支部书记梁玉明家的午餐收据复印件。^① 你从这些原始凭证中获得了哪些信息？有何启发？

3. 阅读"印章文化与会计用章"，结合盖章有效的规则，谈谈你对"钤下印章，便是立下言信"的理解。

4. 2016—2020 年期间，杭州市桐庐县桐君街道下属美丽桐君开发有限公司、桐庐十里洲农业综合开发有限公司原会计张斌，利用自己一人掌管十里洲公司的公章、法人章和财务章的便利和公司对财物不进行定期审核与盘点等管理漏洞，通过伪造街道借款合同和拆迁补偿协议等方式，将公司资金转入本人、丈夫和表

---

① 图片来源：2018 年 11 月 23 日作者在国家博物馆参观"伟大的变革：庆祝改革开放 40 周年大型展览"时拍摄，具体请扫描主教材第 86 页的二维码。

弟账户用于购买理财产品。4年间挪用公款2 948.5万元，非法获利376.8万元。2020年11月，张斌因挪用公款、贪污罪被桐庐县人民法院判处有期徒刑七年三个月，并处罚金20万元。[①] 为规避上述案件的发生，你认为单位印章应该如何管理？原始凭证应该如何进行审核？

4.3 练习题参考答案

4.3.1 判断题

T4-1 ×	T4-2 √	T4-3 √
T4-4 √	T4-5 ×	T4-6 ×
T4-7 √	T4-8 √	T4-9 √
T4-10 ×	T4-11 √	T4-12 ×
T4-13 √	T4-14 √	T4-15 √
T4-16 ×	T4-17 ×	T4-18 ×
T4-19 √	T4-20 ×	T4-21 √
T4-22 √		

4.3.2 单选题

S4-1 A	S4-2 B	S4-3 C
S4-4 C	S4-5 A	S4-6 D
S4-7 B	S4-8 D	S4-9 A
S4-10 A	S4-11 B	S4-12 D
S4-13 C	S4-14 B	S4-15 C
S4-16 B	S4-17 C	S4-18 A
S4-19 D	S4-20 B	

4.3.3 多选题

M4-1 AC	M4-2 ABCDE	M4-3 AC
M4-4 ABCD	M4-5 ABCD	M4-6 ABCDE

---

① 贪欲让他滑向深渊. (2021-08-25). 中央纪委国家监委网站（www.ccdi.gov.cn）.

M4 - 7	AB	M4 - 8	ABCD	M4 - 9	ABCDE
M4 - 10	ABE	M4 - 11	ABCDE	M4 - 12	ABCDE
M4 - 13	BCD	M4 - 14	AC	M4 - 15	BCD
M4 - 16	BCDE	M4 - 17	ABCD		

4.3.4　课程思政思考题（略）

4.4　教材课后部分习题参考答案

4.4.1　思考题（略）

4.4.2　练习题

E4 - 1　练习付款凭证的编制。

借：原材料　　　　　　　　　　　　　　　　　　　　　　　　2 000

　　应交税费——应交增值税（进项税额）　　　　　　　　　　260

　　贷：银行存款　　　　　　　　　　　　　　　　　　　　　　2 260

将上述会计分录做成实务中的付款凭证（见下表）。

付 款 凭 证

贷方科目：银行存款　　　　　　　　　2020 年 3 月 31 日　　　　　　　　　银付　1　号

摘　　要	借方科目			金额										记账 ✓
	总账科目	明细科目	三级账户	亿	千	百	十	万	千	百	十	元	角	分	
从金秋林业公司购入原材料一批，价税合计 2 260 元	原材料							2	0	0	0	0	0	
	应交税费	应交增值税	进项税额						2	6	0	0	0	
合　计								¥	2	2	6	0	0	0	

财务主管：　　　　记账：　　　　出纳：　　　　审核：　　　　制单：×××　　　　附件 3 张

E4 - 2　练习收款凭证的编制。

主营业务收入＝70 000×10＝700 000(元)

增值税＝700 000×13％＝91 000(元)

借：银行存款　　　　　　　　　　　　　　　　　　　　　　　791 000

　　贷：主营业务收入　　　　　　　　　　　　　　　　　　　700 000

　　　　应交税费——应交增值税（销项税额）　　　　　　　　91 000

将上述会计分录做成实务中的收款凭证（见下表）。

收 款 凭 证

借方科目：银行存款　　　　　　　2020 年 12 月 21 日　　　　　　　银收　1　号

摘　要	贷方科目			金额										记账√
	总账科目	明细科目	三级账户	亿	千	百	十	万	千	百	十	元	角	分	
销售商品 10 件，价税合计 791 000 元	主营业务收入						7	0	0	0	0	0	0	0	
	应交税费	应交增值税	销项税额				9	1	0	0	0	0	0	0	
合　计					¥	7	9	1	0	0	0	0	0	0	

财务主管：　　　　记账：　　　　出纳：　　　　审核：　　　　制单：×××　　　　附件 3 张

E4 - 3　练习转账凭证的编制。

借：主营业务成本　　　　　　　　　　　　　　　　　　　　9 000 000

　　贷：库存商品　　　　　　　　　　　　　　　　　　　　9 000 000

将上述分录做成实务中的转账凭证（见下表）。

转 账 凭 证

2020 年 12 月 9 日　　　　　　　转收 1　号

摘　要	会计科目		借方金额										贷方金额										记账√
	总账科目	明细科目	亿	千	百	十	万	千	百	十	元	角	分	亿	千	百	十	万	千	百	十	元	角	分	
结转已售库存商品的生产成本 900 万元	主营业务成本				9	0	0	0	0	0	0	0	0												
	库存商品															9	0	0	0	0	0	0	0	0	
合　计				¥	9	0	0	0	0	0	0	0	0		¥	9	0	0	0	0	0	0	0	0	

财务主管：　　　　记账：　　　　审核：　　　　制单：×××　　　　附件 1 张

第5章　企业主要经济业务的核算

思维导图

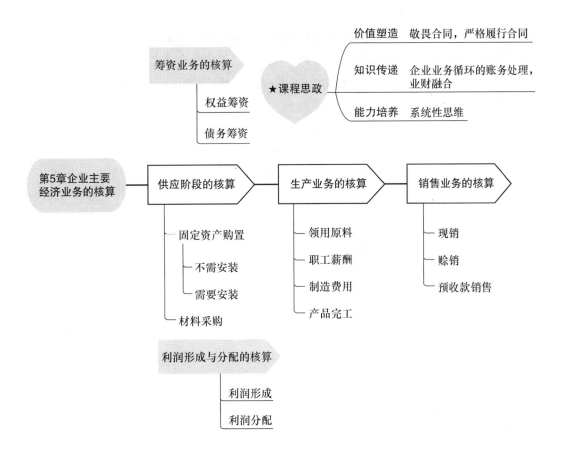

筹资业务的核算
- 权益筹资
- 债务筹资

★课程思政
- 价值塑造　敬畏合同，严格履行合同
- 知识传递　企业业务循环的账务处理，业财融合
- 能力培养　系统性思维

第5章企业主要经济业务的核算

供应阶段的核算
- 固定资产购置
  - 不需安装
  - 需要安装
- 材料采购

生产业务的核算
- 领用原料
- 职工薪酬
- 制造费用
- 产品完工

销售业务的核算
- 现销
- 赊销
- 预收款销售

利润形成与分配的核算
- 利润形成
- 利润分配

5.1 学习指导

5.1.1 学习重点

本章的学习重点是**通过掌握一家公司从资金筹集、材料采购、产品生产、商品销售到利润的形成和分配业务的会计核算和账务处理流程，了解账户之间的对应关系以及每个阶段业务之间的逻辑联系，了解每一个会计数据的产生过程及处理方法，达到熟练编制会计分录的目的。**更为重要的是，要透过这些数据了解一家企业的经营模式，分析可能存在的问题，参与企业的经营管理。

5.1.2 学习难点和疑点

本章的难点是**能否形成系统性思维，全面处理一家企业从资金投入到资金退出（分利）的完整业务循环的能力。**在这个过程中学会思考：

（1）人们为什么要以公司的形式来从事经济活动？

（2）企业有哪几种组织形式？

（3）企业采用的是什么营运模式？

（4）企业借来的钱与股东投入的钱有什么不同？

（5）企业需要缴纳的税金是怎么处理的？

（6）资产与收入和费用的关系是什么？

（7）不能仅停留在用会计分录将企业发生的经济业务加以恰当记录的层面，还要理解各个业务阶段的"主干"账户的作用和使用方法。

（8）"在途物资""生产成本"账户如果出现借方余额，其表达的经济含义是什么？

（9）制造费用与管理费用有何区别和联系？

（10）为什么要将资产类账户"库存商品"转化为费用类账户"主营业务成本"？

（11）利润分配明细分类账户中为什么只剩下"未分配利润"明细账户？

5.1.3 疑难解答

1. 人们从事经济活动为什么要成立公司

（1）从承担的责任来看：

以自然人或者家庭直接从事经营活动，在我国一般称为个体工商户。个体工商户承担的财产责任是个人财产与家庭财产。换句话说，个人或家庭的财产与用于投资经营的财产没有分清界限，如果有债务，承担的是无限责任。

以公司形式从事经营活动，首先就将个人财产与投入公司的财产进行了分离，公司承担的是有限责任，即股东以个人出资额为限，公司以公司的财产为限来承担债务责任。所以，一般公司的名称都是×××有限责任公司。

（2）从融资能力来看：

以公司名义从事经营活动的最大好处是可以以公司的名义筹措资金，以公司的名义从事一切生产经营活动，且只承担有限责任，可以规避个人倾家荡产的命运。以公司做背书筹措资金远比以个人名义筹措资金更有信誉，更容易获得信任，更容易获得较大金额的资金。

（3）从降低成本和规模效应来看：

由于可以融得更多的资金，其规模一般超过个体工商户，规模优势带来的成本降低使其产品更具有竞争优势。

2. 企业有哪几种组织形式

企业组织形式是指企业财产及其社会化生产的组织状态，它表明一个企业的财产构成、内部分工协作与外部社会经济联系的方式。企业组织形式从法律上可分为独资、合伙和公司三种形式。

（1）独资。个人独资企业是指依照《中华人民共和国个人独资企业法》在中国境内设立，由一个自然人投资，财产为投资人个人所有，投资人以其个人财产对企业债务承担无限责任的经营实体。所谓无限责任，主要是指公司在破产清算时所要承担的责任。

（2）合伙。合伙企业是企业合伙人按照合伙协议成立的企业，合伙人通常有两个以上。合伙制分普通合伙制和有限合伙制。普通合伙需要承担无限责任，有限合伙承担有限责任。

（3）公司。公司是依法成立的，公司以公司财产为限，股东以出资额为限的有限公司。公司分有限责任公司和股份有限公司。

有限责任公司是指由一个以上五十个以下的股东出资设立，每个股东以其所认缴的出资额对公司承担有限责任，公司以其全部财产对其债务承担责任的经济组织，债权人不能追溯股东个人的财产。

股份有限公司是指按照政府特定批准程序设立的，全部注册资本由等额股份构成并通过发行股票（或股权证）筹集资本，股东仅以出资额为限，公司以其全部财产对其债务承担责任的有限责任公司。《中华人民共和国公司法》规定股份有限公司的发起人应为一人以上二百人以下，其中应当有半数以上发起人在中华人民共和国境内有住所。注册资本为在公司登记机关登记的已发行股份的股本总额。

不同企业组织形式是适应不同的经济发展形成的，在所承担的责任和享有的权益上各有优劣，在税收缴纳方面也存在差异，独资企业、合伙企业缴纳个人所得税，公司制企业作为企业法人，需要以公司的名义缴纳企业所得税，股东个人以个人名义缴纳个人所得税。

在法律上，独资、合伙和公司是独立的法律主体，在会计上，它们都是独立的会计主体。会计主体从范围而言，可以大于法律主体，也可以小于法律主体。比如一个集团有 5 个子公司，这 6 个独立的法律主体可以合成一个财务会计报告主体对外报告；一个企业内部的一个车间或部门也可以成为一个独立的会计主体，可见，会计主体可以不是独立的法律主体。

3. 本章中的案例企业（大美同心口罩有限责任公司）采用的是什么经营模式？企业一般需要设置哪些部门来保障生产经营活动的顺利进行

大美同心口罩有限责任公司主要的经营模式是通过生产口罩来赚取利润，同时也做一些间接投资（如购买上市公司股票）赚取利润。所以其利润由经营利润和投资收益两部分组成。

作为制造业，最为重要的部门是生产车间和销售部门，为了保障车间的生产和产品的销售，企业需要设置劳动人事、供应、生产、销售、财务等管理部门协调工作。

4. 企业借来的钱（负债）与股东投入的钱（所有者权益）有什么不同

负债和所有者权益都是企业资金的主要来源。负债是要偿还的，包括本金和利息。股东（投资者）的投资款则不需要偿还，是企业的永久资本。投资者有参与企业经营管理和分享利润的权利，但同时也是公司风险的最终承担者，亏损也要由投资者来承担。

5. 会计对各种税收的处理方法

国家在基础设施、国防安全、教育、环保等领域为企业创造了生产经营的良好环境和空间，照章纳税是每个企业的责任和义务，也是企业存在的意义。企业需要缴纳的主要税收是增值税、企业所得税、房产税、关税、车船税、教育费附加、印花税等。

会计对税收的处理大致有以下几种方法。

（1）直接作为成本。比如进口商品的关税，可以直接作为进口材料、机器、设备等的成本。

（2）从当期营业收入中直接抵减。比如，消费税、房产税、印花税、车船税、教育费附加等可计入税金及附加，直接从当期营业收入中抵减。

（3）从所得之中进行扣除。例如，所得税是对企业所得开征的一种税，换句话说，赚钱了要缴纳所得税，亏损则不用缴纳。因为是用企业赚来的钱缴纳的，所以会冲减"利润分配——未分配利润"。

（4）充当"二传手"。例如，增值税是一种流转税，国家只对在流转过程中的增值部分进行征税，因而采用的是抵扣法，即用增值税销项税额减去增值税进项税额的方法进行缴纳。理论上说，增值税的实际承担者是消费者，但由企业代为缴纳。

6. 资产、收入与费用的关系

企业通过对资产运用来获取收益。也可以这样理解：企业是以消耗资产为代价赚取收入，消耗的资产就转化成费用，与取得的收入进行配比，计算出企业的利润。

7. 资金结算方法

企业货币资金的收付称为资金的结算。《中华人民共和国现金管理暂行条例》规定，结算点①以上的资金需通过银行转账结算。转账结算是指通过银行或网上支付平台将款项从付款单位账户划转到收款单位账户的货币收付行为。银行提供的资金结算方法主要有支票结算、银行汇票结算、银行本票结算、汇兑结算、托收承付结算、委托收款结算、商业汇票结算、信用卡结算等。这些结算主要通过票据和非票据来完成，票据分支票、汇票和本票。

因此，每个企业需要到银行开设账户，并指定一个基本账户用于提取现金或转账，其他账户只能用于转账。随着互联网安全性的进一步提高及新技术的广泛运用，电子票据、网上银行、第三方支付如手机支付等方式将结算进一步简化。现有结算小法将逐步被新的结算方式所取代。目前企业都会办理网银业务，但银行提供业务的基本逻辑不变。银行提供给企业的结算方法见下表。

资金结算方法

序号	种类	概念	签发人	类别	起点额	有效期（从签发次日起）	适用范围
1	支票	支票是由出票人签发，委托银行见票时无条件支付确定的金额给收款人或持票人的票据	出票人（存款人）	现金支票 转账支票	100 元	10 天	同城异地

---

① 结算点会随着经济总量的增加不断变化。1988 年由国务院发布的《中华人民共和国现金管理暂行条例》规定的结算点是 1 000 元。现在多数企业都超过了这一规定。

续表

序号	种类	概念	签发人	类别	起点额	有效期（从签发次日起）	适用范围
2	商业汇票	商业汇票是由出票人（付款人或存款人）签发的，由承兑人承兑，并于到期日向收款人或被背书人支付款项的一种票据。承兑是指票据付款人承诺在到期日会无条件支付汇票上载明金额的行为	付款人或收款人	商业承兑汇票或银行承兑汇票	1 000 元	6 个月	异地
3	银行汇票	出票银行签发，由其在见票时按实际结算金额无条件支付给收款人或持票人的票据	银行	记名汇票	500 元	1 个月	同城异地
4	银行本票	由银行签发，承诺自己在见票时无条件支付确定的金额给收款人或持票人的票据	银行	定额或不定额	100 元	2 个月	同城
5	汇兑	汇款人委托银行将款项支付给收款人的一种结算方式	汇款人	电汇、信汇	无规定		异地
6	委托收款	收款人委托银行向付款人收取款项的一种结算方式	收款人	电报（邮寄划回）	无规定		同城异地
7	托收承付	根据购销合同由收款人发货后委托银行向异地付款人收取款项，付款人承诺付款的一种结算方式	收款人	邮寄或电报	10 000 元（新华书店系统为1 000 元）	验单 3 天、验货 10 天	异地
8	银行卡	由商业银行向单位或个人发行的具有消费信用、转账结算、存取现金等全部或部分功能的信用支付工具。分信用卡和借记卡	持卡人	信用卡（授信额度内先用后付）借记卡（无透支功能）	无规定	根据客户信用不同授信额度、时间不同	同城异地
9	信用证	由开证银行依据申请人的申请开出的，凭符合信用证条款的单据支付的付款承诺。	银行	进口开征提货担保、不可撤销等	按实际金额	跟单国内信用证的有效期最长不得超过6 个月	国际结算为主国内信用证结算始于 1997 年

8. 支票、汇票与本票

支票、汇票与本票是三种最常见的结算方式，它们之间既有相同点也有不同点。

相同点主要表现在：

（1）都是具有一定格式的票据。票据格式包括形式和记载事项，需要严格遵守《票据法》的规定。票据持票人凭票据上所记载的权利内容来证明其票据权利，票据权利内容和票据有关事项以票据上记载的文字为准，不受票据上文字以外事项的影响。

（2）都是具有支付功能的票据。通过银行账户之间的划拨，可以解决现金支付在手续上的烦琐，并起到有效监督企业资金使用的合规性和合理性的作用。

不同点主要表现在：

（1）当事人不同。汇票和支票有三个基本当事人，即出票人、付款人和收款人；而本票只有出票人（付款人和出票人为同一个人）和收款人。

（2）主债务人不同。支票和本票的主债务人是出票人，而汇票的主债务人在承兑前是出票人，在承兑后是承兑人。

（3）付款人不同。支票可委托银行或其他法定金融机构进行支付；汇票可委托他人付款；本票可约定本人付款。

（4）付款期限不同。支票付款期为 10 天（从签发的次日算起，到期日遇节假日顺延）；汇票最长时间为 6 个月；本票付款期为 1 个月。

（5）使用地点不同。支票和汇票适用于同城和异地，本票只适用于同城。

（6）追索权不同。支票、本票持有人只对出票人有追索权，而汇票持有人在票据的有效期内对出票人、背书人、承兑人都有追索权。

此外，远期汇票需要出票人承诺兑付，支票和本票无须承兑。汇票可以采用背书（在票据背面签字盖章并载明日期的法律行为）的方式自由转让与流通，且无须征得债务人的同意。

9. 供应阶段的主干账户"在途物资"

在企业进入正常经营后，供应阶段主要是为生产做好所需原辅材料的准备阶段，会计需要设置"在途物资"账户来归集采购原辅材料的成本，原辅材料的采购成本除了购买价格即发票上的价款金额以外，还需要支付运输费、装卸费、搬运费、挑选整理费、运抵仓库前的仓储费、承担定额内损失（比如热胀冷缩导致的差异等）、进口关税等。在实务中，有些是采用预付款，有些是货到才付款等，不管怎样都会导致传递到会计部门的单据时间不一，财务人员清理汇总后才能计算出采购一批原辅材料的成本。由于材料种类繁多，支付方式不同，导致有的材料已支付货款，但是还未运抵企业，或即使运抵企业，还未验收入库，这些在账上都不能形成可使用的原材料，只有货到且验收入库了，才能从"在途物资"账户的贷方转入"原材料"账户的借方。期末，如果"在途物资"有借方余额，表明尚未完成采购手续的在途物资的成本，在编制资产负债表时，并入存货项目。

"在途物资"是企业采用实际成本法核算材料成本时所用的账户，如果采用计划成本法，则将账户改为"材料采购"。计划成本法请参考《财务会计学》。

10. 生产阶段的主干账户"生产成本"

生产阶段是制造产品的阶段。会计的任务是计算出各种产品的总成本和单位成本，需要设置"生产成本"账户将生产产品所消耗的各种原辅材料、燃料动力、人工和费用加以归集，计算出产品的制造成本。实务中，生产部门去仓库领用原材料是通过凭证的传递来完成的，生产部门按照生产任务书，填制所需材料的领用单，仓库按照领用单明细出货，再将其中一联交给财务部门，财务部门据此将这批材料的成本记入"生产成本"账户的借方，人工成本则按照车间制作的生产工人工资表，将生产工人的工资记入"生产成本"账户的借方。生产成本除包括这两项直接材料和直接人工成本以外，还包括各种间接费用，这些费用不能直接计入产品成本，需要先通过"制造费用"账户进行归集，再按一定的标准分配给所生产的产品。这些费用包括机器设备的折旧，水电气的消耗，机物料的消耗，车间管理人员的办公费、工资、福利等。归集完成以后，按照公平、合理的分摊原则，将制造费用按生产工人的工资、机器小时数、产品的数量等标准进行分配，计入产品成本。这样，生产产品的三大费用就汇总完成了。对于已完工部分，经检验合格后（处于可供出售状态），按照产品入库单，从"生产成本"账户的贷方转入"库存商品"账户的借方。"生产成本"借方余额则表示未完工部分产品的成本，俗称"在产品"，在对外报告时，并入资产负债表存货项目。

11. 制造费用与管理费用的区别

管理费用和制造费用是成本费用类科目，有些费用项目是相同的，如折旧、水电、办公费、管理人员工资、福利等，但费用发生的地点不同，一个是厂部或公司层级的，一个是车间层级的，会计在归集费用时遵循的是"费用属地"原则，即在什么地方发生，就记入什么账户。管理层级发生的费用项目要比制造费用多一些，如董事会费、董事津贴、环境保护、咨询费、顾问费、业务招待费、差旅费、工会经费等。制造费用主要是除直接材料、直接人工以外与生产有关的费用。

管理费用是组织和管理企业而发生的费用，制造费用是组织和管理生产所发生的费用。管理费用作为期间费用直接进入利润表从当期的收入中扣除。制造费用是产品成本的组成部分，先进入生产成本，待销售后转为主营业务成本，与主营业务收入进行配比。

12. 为什么要将"库存商品"转化为"主营业务成本"

企业将生产出来的产品，按照销售价格出售以后，一方面要按照售价确认主营业务收入，另一方面需要按照产品的生产成本减少库存商品，并以相等的金额增加主营业务成本，这个步骤被称为结转已售产品的成本。其目的，一方面用主营业务成本与主营业务收入进行对比，计算出销售商品的利润；另一方面反映已将产品交付给客户后企业库存商品的减少。销售商品和结转已售商品成本是通过两笔会计分录来完成的，一是增加收入的分录，借记"银行存款"，贷记"主营业务收入"，二是结转已售产品成本的分录，借记"主营业务成本"，贷记"库存商品"。涉及四个账户，最终主营业务成本和主营业务收入账户都被清为零，库存商品被交付给了客户，账上只剩下银行存款，回到货币资金形态，完成了一次资金的循环。如果企业持续经营，这笔资金又会投入下一次经营循环。

13. 利润分配账户为什么只剩下一个未分配利润明细账

企业将赚来的利润一部分用于利润分配，一部分留下来继续参与企业的经营循环和周转。在进行分配的时候，需要设置明细分类账户，了解利润分配的去向，一旦分配完成，这些明细账户就要归零，比如提取的法定盈余公积、任意盈余公积，分配给投资者的利润等。剩下没有被分配掉的部分，就留下来放在"利润分配——未分配利润"明细账户中，是构成资产负债表中所有者权益部分"未分配利润"这个项目的一个组成部分。资产负债表中未分配利润包括两个部分：一是期初未分配利润，即以前年度留存下来的部分；二是当期未分配出去的部分，共同形成未来期间可供分配的利润。

5.2 练习题

第 5 章 判断题
即测即评

5.2.1 判断题

T5-1 我国将增值税纳税人分为小规模纳税人和一般纳税人，分别适用不同的税率。 （　）

T5-2 有限责任公司承担无限责任，股份有限公司承担有限责任。（　）

T5-3 公司通过发行股票来筹措资金是债务融资。 （　）

T5-4 公司通过发行债券来筹措资金是股权融资。 （　）

T5-5 从会计处理的结果来看，短期借款一般只代表本金，长期借款则含本金和利息。 （　）

T5-6 购买固定资产支付的增值税进项税额要计入固定资产的成本，购买材料支付的增值税进项税额不计入材料的采购成本。　　　　　　　（　　）

T5-7 采购材料过程中的所有损耗都可以计入材料的采购成本。（　　）

T5-8 生产成本只包括直接成本，不包括间接成本。（　　）

T5-9 生产成本账户期末余额的含义是未完工产品（在产品）。（　　）

T5-10 库存商品一般按成本计价，不按售价计价。（　　）

T5-11 结转已售商品的成本是指将库存商品的成本转为主营业务成本，以便计算利润。　　　　　　　　　　　　　　　　　　　　　　　　（　　）

T5-12 税金及附加的税基是企业应交的增值税。（　　）

T5-13 销售费用属于期间费用。（　　）

T5-14 所得税是企业的一项费用。（　　）

T5-15 盈余公积不可用来弥补亏损。（　　）

T5-16 法定盈余公积是按照《公司法》的要求计提的。（　　）

T5-17 分配利润会减少企业的未分配利润。（　　）

T5-18 未分配利润包括期初未分配利润和当期赚取的利润。（　　）

第5章　单选题
即测即评

5.2.2 单选题

S5-1 下列筹资活动中，属于股权融资的是（　　）。

A. 短期借款　　　　　　　　B. 长期借款

C. 发行股票　　　　　　　　D. 发行债券

S5-2 购买需要安装的固定资产，要将其安装成本先记入（　　），再转入"固定资产"账户。

A. "在建工程"账户的借方　　　B. "在建工程"账户的贷方

C. "生产成本"账户的借方　　　D. "生产成本"账户的贷方

S5-3 以下项目中，除了（　　）都是材料采购成本。

A. 购买价格　　　　　　　　B. 运输费用

C. 挑选整理费用　　　　　　D. 增值税

S5-4 生产成本中包含的间接费用是指（　　）。

A. 直接材料　　　　　　　　B. 直接人工

C. 制造费用　　　　　　　　D. 管理费用

S5-5 将已完工的产品转入（　　）账户。

A. "原材料"　　　　　　　　B. "库存商品"

C. "主营业务成本"　　　　　D. "制造费用"

S5 - 6　销售商品取得的收入是通过（　　）账户来核算的。

A. "主营业务收入"　　　　　　　　B. "其他业务收入"

C. "营业外收入"　　　　　　　　　D. "营业外支出"

S5 - 7　转让原材料取得的收入是通过（　　）账户来核算的。

A. "主营业务收入"　　　　　　　　B. "其他业务收入"

C. "营业外收入"　　　　　　　　　D. "营业外支出"

S5 - 8　结转已售产品的成本，借记"主营业务成本"，贷记（　　）账户。

A. "主营业务收入"　　　　　　　　B. "其他业务成本"

C. "库存商品"　　　　　　　　　　D. "营业外支出"

S5 - 9　印花税记入（　　）账户。

A. "主营业务支出"　　　　　　　　B. "其他业务支出"

C. "税金及附加"　　　　　　　　　D. "管理费用"

S5 - 10　未分配利润是（　　）账户的明细账。

A. "资本公积"　　　　　　　　　　B. "盈余公积"

C. "本年利润"　　　　　　　　　　D. "利润分配"

5.2.3　多选题

M5 - 1　我国营改增以后，一般纳税人适用的增值税基本税率为（　　）。

A. 3%　　　　　　　　　　　　　B. 6%

C. 13%　　　　　　　　　　　　　D. 9%

E. 16%

第 5 章　多选题　即测即评

M5 - 2　企业主要经济业务包括（　　）。

A. 筹资业务　　　　　　　　　　　B. 采购业务

C. 生产业务　　　　　　　　　　　D. 销售业务

E. 利润的形成与分配

M5 - 3　下列筹资活动中，属于债务融资的有（　　）。

A. 短期借款　　　　　　　　　　　B. 长期借款

C. 发行股票　　　　　　　　　　　D. 发行债券

E. 股权转让

M5 - 4　材料采购成本包括（　　）等。

A. 购买价格　　　　　　　　　　　B. 增值税（专票）

C. 运输费　　　　　　　　　　　　D. 保险费

E. 装卸费

M5 - 5 采购材料发生的共同费用可以用（ ）作为分配基础。

A. 重量　　　　　　　　　　　B. 体积

C. 长度　　　　　　　　　　　D. 材料的价值

E. 生产工人工资

M5 - 6 制造费用可以用（ ）作为分配基础（标准）。

A. 产品数量　　　　　　　　　B. 产品生产成本

C. 产品市价　　　　　　　　　D. 机器小时数

E. 生产工人工资

M5 - 7 生产成本包括（ ）。

A. 原材料　　　　　　　　　　B. 辅助材料

C. 燃料动力　　　　　　　　　D. 生产工人工资

E. 管理费用

M5 - 8 营业收入包括（ ）。

A. 主营业务收入　　　　　　　B. 其他业务收入

C. 管理费用　　　　　　　　　D. 销售费用

E. 财务费用

M5 - 9 税金及附加包括（ ）。

A. 消费税　　　　　　　　　　B. 城市维护建设税

C. 教育费附加　　　　　　　　D. 车船税

E. 印花税

M5 - 10 期间费用包括（ ）。

A. 主营业务成本　　　　　　　B. 投资收益

C. 管理费用　　　　　　　　　D. 销售费用

E. 财务费用

M5 - 11 利润分配明细账包括（ ）。

A. 未分配利润　　　　　　　　B. 提取法定盈余公积

C. 应付利润　　　　　　　　　D. 提取任意盈余公积

E. 资本公积

5.2.4　课程思政思考题

1. 第 5 章的会计主体是一家虚拟的大美同心口罩有限公司，从事的是医用口罩和 N95 口罩的生产和销售，这些产品属于第二类医疗器械，需要进行备案。你认为国家对特殊行业采用备案制度的好处是什么？

2. 企业任何经济业务都是通过订立合同或契约来完成的，你认为签订合同与履行合约义务哪一个更重要？

3. 企业每花一笔钱，为什么都要事先提出申请，再经过审批，最后凭票付款？你认为该流程是否有必要？如何将流程思维运用到学习和工作中？

4. 企业经营离不开各个环节各个部门的配合，从资金筹集、材料采购、产品生产、商品销售到利润分配等，会计为此建立了一套逻辑严密的账户核算体系，使企业的每一笔支出、每一笔收入都环环相扣，一分不差。从会计核算的严密性，思考系统性思维对个人人生规划的启示。

5. 例 5-37 是大美同心口罩有限公司向武汉红十字会捐赠 10 万元，现行财务会计是将其作为营业外支出，你认为企业的捐赠行为是公益活动吗？从本质上看是社会财富的第几次分配？

6. 企业在经营过程中需要缴纳各种税费，请查找任何一家上市公司的年报，总结该公司需要缴纳的税收类别及金额。在资料整理过程中，思考企业纳税的义务、社会责任与国家财政收入、国防开支、教育开支、基础设施建设等支出之间的关系，再结合"共同富裕"，思考对个人收入进行第三次分配的深刻含义。

7. 教材第 5 章通过二维码展现了大美同心口罩有限公司基本情况、会计核算制度、手工账套及账务处理程序和主要岗位人物图谱及岗位职责，以及 45 笔主要经济业务近 150 张业务单据，其目的是什么？请谈一下你对业财融合的理解。

5.3　练习题参考答案

5.3.1　判断题

T5-1　√	T5-2　×	T5-3　×
T5-4　×	T5-5　√	T5-6　×
T5-7　×	T5-8　×	T5-9　√
T5-10　√	T5-11　√	T5-12　×
T5-13　√	T5-14　√	T5-15　×
T5-16　√	T5-17　√	T5-18　√

5.3.2　单选题

S5-1　C	S5-2　A	S5-3　D
S5-4　C	S5-5　B	S5-6　A
S5-7　B	S5-8　C	S5-9　C
S5-10　D		

5.3.3 多选题

M5-1　BCD	M5-2　ABCDE	M5-3　ABD
M5-4　ACDE	M5-5　ABCD	M5-6　ABCDE
M5-7　ABCD	M5-8　AB	M5-9　ABCDE
M5-10　CDE	M5-11　ABCD	

5.3.4 课程思政思考题（略）

5.4 教材课后部分习题参考答案

5.4.1 思考题（略）

5.4.2 练习题

E5-1　练习筹资业务的核算。

（1）某科学家于 20×6 年 6 月，以发明专利发起设立领先科技有限责任公司，专利估价 200 万元。

借：无形资产——专利权　　　　　　　　　　　　2 000 000
　　贷：实收资本——个人资本　　　　　　　　　　　　2 000 000

（2）当地政府以科技园区的一栋厂房投资入股，厂房估价 350 万元。

借：固定资产——厂房　　　　　　　　　　　　　3 500 000
　　贷：实收资本——国家资本　　　　　　　　　　　　3 500 000

（3）领先科技收到一家企业的投资款 150 万元。

借：银行存款　　　　　　　　　　　　　　　　　1 500 000
　　贷：实收资本——法人资本　　　　　　　　　　　　1 500 000

（4）向华夏银行借入期限为半年、利率为 5% 的借款 100 万元。

借：银行存款　　　　　　　　　　　　　　　　　1 000 000
　　贷：短期借款　　　　　　　　　　　　　　　　　1 000 000

（5）向工商银行借入 300 万元用于新产品的研究与开发。借款期限为 3 年，利率为 9%，期满后一次归还本金和利息。

借：银行存款　　　　　　　　　　　　　　　　　3 000 000
　　贷：长期借款　　　　　　　　　　　　　　　　　3 000 000

E5 - 2　练习供应阶段的业务核算。

（1）从国外进口一批设备（不需要安装），价值 300 万元，进口增值税为 39 万元，关税为 30 万元，运费 2 万元，全部货款已支付。

固定资产采购成本＝买价＋运费＋关税＝300＋2＋30＝332（万元）

借：固定资产——设备 　　　　　　　　　　　　　　　　　3 320 000
　　应交税费——应交增值税（进项税额）　　　　　　　　　 390 000
　　贷：银行存款　　　　　　　　　　　　　　　　　　　　　3 710 000

（2）向华新公司购进甲种材料 100 万元，增值税 13 万元，货款约定 3 个月后支付。

借：在途物资——甲材料 　　　　　　　　　　　　　　　　1 000 000
　　应交税费——应交增值税（进项税额）　　　　　　　　　 130 000
　　贷：应付账款——华新公司　　　　　　　　　　　　　　 1 130 000

（3）公司开出转账支票一张，向朝阳公司支付购进乙种材料款 80 万元，增值税税率为 13％。

借：在途物资——乙材料　　　　　　　　　　　　　　　　　 800 000
　　应交税费——应交增值税（进项税额）　　　　　　　　　 104 000
　　贷：银行存款　　　　　　　　　　　　　　　　　　　　　 904 000

（4）用银行存款支付上述甲、乙两种材料的运输费 3 万元（按采购成本分配）。

分配率＝3/（100＋80）≈0.016 667

甲材料分配的运输费＝1 000 000×0.016 667＝16 667（元）

乙材料分配的运输费＝30 000－16 667＝13 333（元）

借：在途物资——甲材料　　　　　　　　　　　　　　　　　　16 667
　　　　　　　——乙材料　　　　　　　　　　　　　　　　　 13 333
　　贷：银行存款　　　　　　　　　　　　　　　　　　　　　　30 000

（5）用银行存款支付上述甲种材料的购货款及增值税，合计 113 万元。

借：应付账款——华新公司 　　　　　　　　　　　　　　　1 130 000
　　贷：银行存款　　　　　　　　　　　　　　　　　　　　 1 130 000

（6）甲、乙两种材料已验收入库，结转材料的采购成本。

借：原材料——甲材料 　　　　　　　　　　　　　　　　　1 016 667
　　　　　　——乙材料　　　　　　　　　　　　　　　　　 813 333
　　贷：在途物资——甲材料　　　　　　　　　　　　　　　 1 016 667
　　　　　　　　　——乙材料　　　　　　　　　　　　　　　813 333

（7）向蓝天公司预付 50 万元，采购丙种材料。

借：预付账款 　　　　　　　　　　　　　　　　　　　　　　500 000
　　贷：银行存款　　　　　　　　　　　　　　　　　　　　　 500 000

（8）购入丙种材料，价税合计 226 万元（其中货款 200 万元，增值税 26 万元），丙种材料要一个月后才能运抵企业。

借：在途物资——丙材料		2 000 000
应交税费——应交增值税（进项税额）		260 000
贷：银行存款		1 760 000
预付账款		500 000

E5-3　练习生产阶段的业务处理。

（1）生产 A 产品领用甲种材料 60 万元、乙种材料 30 万元。

借：生产成本——A 产品		900 000
贷：原材料——甲材料		600 000
——乙材料		300 000

（2）生产 B 产品领用甲种材料 30 万元、乙种材料 40 万元。

借：生产成本——B 产品		700 000
贷：原材料——甲材料		300 000
——乙材料		400 000

（3）支付车间水电费 2 万元。

借：制造费用		20 000
贷：银行存款		20 000

（4）支付车间设备维护保养费用 5 万元。

借：制造费用		50 000
贷：银行存款		50 000

（5）月末计算生产 A 产品的生产工人工资为 5 万元，生产 B 产品的生产工人工资为 4 万元，管理人员工资为 3 万元，车间管理人员工资为 1 万元。

借：生产成本——A 产品		50 000
——B 产品		40 000
管理费用		30 000
制造费用		10 000
贷：应付职工薪酬		130 000

（6）次月 15 日从银行提取现金 13 万元发放工资。

借：库存现金		130 000
贷：银行存款		130 000
借：应付职工薪酬		130 000
贷：库存现金		130 000

（7）计提本月机器设备折旧 25 000 元。

借：制造费用		25 000
贷：累计折旧		25 000

(8) 将制造费用按生产工人生产两种产品的工资比例计入生产成本。

$$制造费用＝水电费＋设备维护保养费＋工资＋折旧$$
$$＝2＋5＋1＋2.5＝10.5(万元)$$
$$制造费用分配率＝制造费用/生产工人工资$$
$$＝105\ 000/(50\ 000＋40\ 000)≈1.17$$

A 产品承担的制造费用＝50 000×1.17＝58 500(元)

B 产品承担的制造费用＝105 000－58 500＝46 500(元)

借：生产成本——A 产品	58 500
——B 产品	46 500
贷：制造费用	105 000

(9) 结转已完工产品的生产成本，假设 A 产品已全部完工，B 产品只完工 80%。

$$A 产品成本＝直接材料＋职工薪酬＋制造费用$$
$$＝900\ 000＋50\ 000＋58\ 500$$
$$＝1\ 008\ 500(元)$$
$$B 产品成本＝直接材料＋职工薪酬＋制造费用$$
$$＝(700\ 000＋40\ 000＋46\ 500)×80\%$$
$$＝629\ 200(元)$$

借：库存商品——A 产品	1 008 500
——B 产品	629 200
贷：生产成本——A 产品	1 008 500
——B 产品	629 200

E5－4　练习销售阶段的业务处理。

(1) 公司销售 A 产品 50 台，每台单价为 18 000 元。适用增值税税率为 13%。

借：银行存款	1 017 000
贷：主营业务收入	900 000
应交税费——应交增值税（销项税额）	117 000

(2) 公司采用赊销方式售出 A 产品 20 台，每台单价为 18 000 元，增值税为 46 800 元。

借：应收账款	406 800
贷：主营业务收入	360 000
应交税费——应交增值税（销项税额）	46 800

(3) 公司与 X 公司签订一份销售 A 产品 10 台的合同，收取定金 100 000 元，存入银行。

借：银行存款	100 000
贷：预收账款——X 公司	100 000

（4）公司交付 10 台 A 产品给 X 公司，单价为 18 000 元，适用增值税税率为 13%。

借：银行存款		103 400
预收账款		100 000
贷：主营业务收入		180 000
应交税费——应交增值税（销项税额）		23 400

（5）公司销售 80 套 B 产品给 Y 公司，单位售价为 15 000 元，适用增值税税率为 13%，公司收到 Y 公司签发的一张不带息银行承兑汇票 1 356 000 元。

借：应收票据		1 356 000
贷：主营业务收入		1 200 000
应交税费——应交增值税（销项税额）		156 000

（6）支付广告费 200 000 元。

借：销售费用		200 000
贷：银行存款		200 000

（7）支付销售机构网点办公费 30 000 元。

借：销售费用		30 000
贷：银行存款		30 000

（8）月末计算销售机构人员工资 100 000 元。

借：销售费用		100 000
贷：应付职工薪酬		100 000

（9）公司与客户签订的销售合同金额为 2 640 000 元，按 0.3‰缴纳印花税。

借：税金与附加		792
贷：银行存款		792

（10）结转上述已售 A 产品 90 台的成本 906 300 元，B 产品 80 套 626 400 元。

借：主营业务成本		1 532 700
贷：库存商品——A 产品		906 300
——B 产品		626 400

（11）公司将其发明专利以专利许可的方式授权其他公司使用，收取的专利使用费为 150 000 元。

借：银行存款		150 000
贷：其他业务收入		150 000

E5－5　练习利润的形成与分配阶段的业务处理。

（1）公司在交付 B 产品时，逾期 5 天，按合同约定，支付违约罚款 1 508 元。

借：营业外支出 ——违约罚款		1 508
贷：银行存款		1 508

（2）分摊应由本月承担的无形资产摊销费用 30 000 元。

    借：其他业务成本　　　　　　　　　　　　　　　　　　　　　30 000

      贷：累计摊销　　　　　　　　　　　　　　　　　　　　　　　30 000

（3）将所有收入加以汇总，转入"本年利润"的贷方。

    主营业务收入＝900 000＋360 0000＋180 000＋1 200 000

              ＝2 640 000（元）

    借：主营业务收入　　　　　　　　　　　　　　　　　　　2 640 000

      其他业务收入　　　　　　　　　　　　　　　　　　　　150 000

      贷：本年利润　　　　　　　　　　　　　　　　　　　　2 790 000

（4）将所有成本费用加以汇总，转入"本年利润"的借方。其中销售费用为：

    销售费用＝200 000＋30 000＋100 000＝330 000（元）

    借：本年利润　　　　　　　　　　　　　　　　　　　　　1 925 000

      贷：主营业务成本　　　　　　　　　　　　　　　　　　1 532 700

        其他业务成本　　　　　　　　　　　　　　　　　　　30 000

        营业外支出　　　　　　　　　　　　　　　　　　　　 1 508

        销售费用　　　　　　　　　　　　　　　　　　　　　330 000

        管理费用　　　　　　　　　　　　　　　　　　　　　30 000

        税金及附加　　　　　　　　　　　　　　　　　　　　　 792

（5）计算所得税费用，所得税税率为 15%。

    利润总额＝2 790 000－1 925 000＝865 000（元）

    应纳税所得额＝865 000－150 000＝715 000（元）

    所得税费用＝715 000×15%＝107 250（元）

    借：所得税费用　　　　　　　　　　　　　　　　　　　　　107 250

      贷：应交税费——应交所得税　　　　　　　　　　　　　107 250

同时，将所得税费用结转至本年利润账户。

    借：本年利润　　　　　　　　　　　　　　　　　　　　　　107 250

      贷：所得税费用　　　　　　　　　　　　　　　　　　　107 250

（6）将本月净利润结转至"利润分配——未分配利润"账户。

    借：本年利润　　　　　　　　　　　　　　　　　　　　　　757 750

      贷：利润分配——未分配利润　　　　　　　　　　　　　757 750

（7）按税后利润计提 10% 的盈余公积。

    税后利润＝865 000－107 250＝757 750（元）

    法定盈余公积＝757 750×10%＝75 775（元）

　　　借：利润分配——提取法定盈余公积　　　　　　　　　　　　75 775

　　　　　贷：盈余公积——法定盈余公积　　　　　　　　　　　　　75 775

　　（8）将"利润分配——提取法定盈余公积"75 775元结转至"利润分配——未分配利润"。

　　　借：利润分配——未分配利润　　　　　　　　　　　　　　75 775

　　　　　贷：利润分配——提取法定盈余公积　　　　　　　　　　　75 775

　　（9）通过丁字形账户计算"利润分配——未分配利润"的余额。

利润分配——未分配利润

75 775	757 750
	余额　681 975

5.4.3　案例题

　　案例分析：我们在编制会计分录之前，首先要明确会计主体是谁，会计期间有多长，采用的记账基础是什么，采用什么记账方法，记账本位币是什么。只有这些问题都明确以后，才能完成案例的要求。

　　案例解答：

　　会计主体：中国人民大学诚信小摊（简称人大诚信店）。虽然人大诚信店没有到市场监管部门注册，成为一个独立的法律主体从事经营活动，但不妨碍将其作为一个独立的会计主体来看待，因此，会计主体是人大诚信店。

　　会计期间：2013年3月19日至6月30日。

　　记账基础：权责发生制。

　　记账方法：借贷记账法。

　　记账本位币：人民币。

　　业务处理：

　　1. 编制会计分录

　　（1）五位同学向人大诚信店投入现金3 150元。

　　五位同学的身份是人大诚信店的投资者（股东），这笔现金对人大诚信店来说是一笔融资款。在记录库存现金增加3 150元的同时，要增加所有者权益项目实收资本3 150元。

　　　借：库存现金　　　　　　　　　　　　　　　　　　　　3 150

　　　　　贷：实收资本——五位同学　　　　　　　　　　　　　　3 150

　　（2）用现金购买货架220元、白板及钱箱40元。

　　用现金260元购买货架、白板及钱箱，库存现金减少，在其贷方反映。货架、白板和钱箱的单位价值都低于一般单位的固定资产标准，但任何分类都是相对而言的，根据所购资产的用途和小摊的规模，将其记入"固定资产"的借方。

借：固定资产——货架　　　　　　　　　　　　　　　220

　　　　——白板及钱箱　　　　　　　　　　　　　 40

　贷：库存现金　　　　　　　　　　　　　　　　　　 260

（3）接受捐助一把太阳伞，价值 200 元。

太阳伞对人大诚信店来说，无疑也是归入固定资产了，在借方反映。接受捐助不是企业经营活动（买卖）获得的，不是企业的收入，是企业获得的一项好处，即利得。用"营业外收入"账户进行核算，记入"营业外收入"的贷方。

借：固定资产——太阳伞　　　　　　　　　　　　　 200

　贷：营业外收入——捐赠利得　　　　　　　　　　　 200

（4）用现金 7 140 元分 6 次（650 元、1 040 元、1 060 元、1 180 元、2 350 元、860 元）购入文具、食品、生活用品。

在实务中，每次进货都要详细登记。为简化核算，把 6 次进货合为一次，记入"库存商品"的借方，明细略。现金减少记入"库存现金"的贷方。

借：库存商品　　　　　　　　　　　　　　　　　　7 140

　贷：库存现金　　　　　　　　　　　　　　　　　　7 140

（5）经营 3 个多月的收入大概 9 996 元（按购买商品成本的 140%估计）。

人大诚信店经营 3 个多月，获得收入 9 996 元（按成本加成 40%确定）。这个售价的制定也需要一定的依据，不是自己想定多少就是多少，一般参考行业的毛利率。该案例假定毛利率为 40%，毛利率的计算公式是"（售价－进价）/售价"。销售取得的现金称作收入，用主营业务收入进行核算，收入的增加记录在"主营业务收入"的贷方。

借：库存现金　　　　　　　　　　　　　　　　　　9 996

　贷：主营业务收入　　　　　　　　　　　　　　　　9 996

（6）隔壁水果店利用诚信店销售水果，诚信店每份提成 1~2 元，共收到 20 元。

人大诚信店收取隔壁水果店的提成费，不是主要的经营活动，可将其作为其他业务收入，记入该账户的贷方。

借：库存现金　　　　　　　　　　　　　　　　　　 20

　贷：其他业务收入——水果销售提成　　　　　　　　 20

（7）为雅安地震灾区及公益活动捐出现金 679 元。

人大诚信店为地震灾区及公益捐赠，是赠予方，直接导致现金流出，记入"营业外支出"的借方。该支出没有回报，与营业外收入之间没有因果关系。

借：营业外支出——捐赠支出　　　　　　　　　　　 679

　贷：库存现金　　　　　　　　　　　　　　　　　　 679

（8）大风把钱刮走、校外黑手和差错造成的损失大约为 2 035 元。

大风把钱刮走、校外黑手和差错造成的损失都是不可控因素造成的，不具有重复性。不能列为费用，是诚信店的损失。这种损失，会计上称为非常损失，列入"营业外支出"的借方进行核算。

借：营业外支出——非常损失　　　　　　　　　　　　　　　2 035

　　贷：库存现金　　　　　　　　　　　　　　　　　　　　　　　2 035

（9）结转已售库存商品的成本 7 000 元。

进货的支出称作成本。为什么要结转已售库存商品的成本？在第 1 章我们强调会计核算的作用之一是要正确计算企业的盈亏，权责发生制原则衍生的收入与费用配比原则告诉我们，如果不结转已售库存商品的成本，就无法计算企业的利润，因此，企业在确认收入的同时要计算一笔成本。销售商品是人大诚信店的主要经济活动，其收入在"主营业务收入"账户中进行核算，对应的成本则用"主营业务成本"进行核算，记入"主营业务成本"的借方，并贷记"库存商品"，表示库存商品已交付给客户。

借：主营业务成本　　　　　　　　　　　　　　　　　　　7 000

　　贷：库存商品　　　　　　　　　　　　　　　　　　　　　　7 000

2. 过丁字账

通过编制 9 笔会计分录，已经将人大诚信店的所有经济业务记录下来了，但上面记录的信息比较分散，不能立刻得到管理者需要的信息，比如，现在手里的现金还有多少？存货卖出去多少，还有多少没有卖出去？为了得到更加系统、综合的信息，我们还要将这些数据进一步加工，浓缩为我们所需要的信息。方法就是按照会计分录涉及的会计科目开列丁字账，再按业务发生的先后顺序，将其一一抄入对应的丁字账，计算出本期发生额和期末余额。人大诚信店开列的丁字账如下：

库存现金			
①	3 150	②	260
⑤	9 996	④	7 140
⑥	20	⑦	679
		⑧	2 035
本期借方发生额	13 166	本期贷方发生额	10 114
期末余额	3 052		

实收资本		
	①	3 150
	期末余额	3 150

固定资产		
②	260	
③	200	
期末余额	460	

库存商品		
④	7 140	⑨	7 000
期末余额	140	

主营业务收入		
	⑤	9 996
	本期发生额	9 996

主营业务成本		
⑨	7 000	
本期发生额	7 000	

其他业务收入		
	⑥	20
	本期发生额	20

营业外收入		
	③	200
	本期发生额	200

营业外支出		
⑦	679	
⑧	2 035	
本期发生额	2 714	

3. 编制试算平衡表

如果想验证一下上述丁字账中的记录是否有误，是否相等，可以编制一张试算平衡表。人大诚信店的试算平衡表见下表。

试算平衡表

2013 年 6 月 30 日　　　　　　　　　　　　　金额单位：元

项目	本期发生额		期末余额	
	借方	贷方	借方	贷方
库存现金	13 166	10 114	3 052	
库存商品	7 140	7 000	140	
固定资产	460		460	
实收资本		3 150		3 150
主营业务收入		9 996		9 996
其他业务收入		20		20
营业外收入		200		200
主营业务成本	7 000		7 000	
营业外支出	2 714		2 714	
合计	30 480	30 480	13 366	13 366

第6章　账户的分类

思维导图

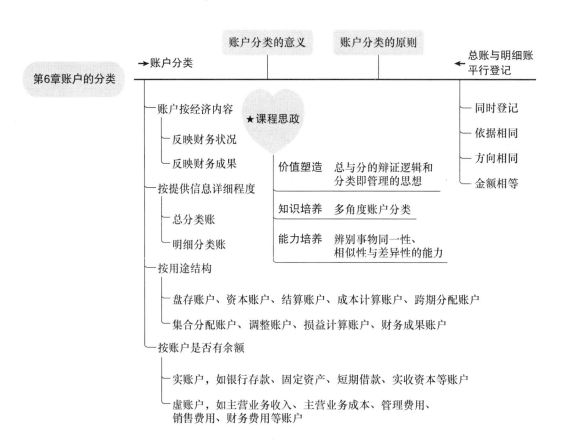

6.1　学习指导

6.1.1　学习重点

本章的学习重点是**理解账户分类的意义和账户按不同标准的分类结果，掌握平行登记的原理**。账户分类是为了从相互联系的账户中探求其相互之间的联系和区别，认识设置和运用账户的规律性。账户分类标准是依据账户具有的一些特征确定的，而每一个账户都具有若干特征，因此每一个账户都可以按不同的标准加以分类。账户按经济内容分类是最基础、最基本的分类；按提供信息详细程度划分，便于对实物资产和债权债务进行管理；按账户是否有余额划分，便于理解永久账户与期间（暂时性、临时性）账户的区别；按账户用途和结构分类，可以揭示账户的特征，有利于加深对账户的认识。

6.1.2　学习难点和疑点

本章的难点是**如何理解账户分类所蕴含的管理思想**。

（1）账户在经济内容分类的基础上为什么还要按结构与用途的分类？

（2）收入类账户、费用类账户、本年利润账户为何在年末要关闭，使其余额为零？

（3）总分类账户与明细分类账户为什么要平行登记？

6.1.3　疑难解答

1. 账户分类所蕴含的管理思想

分类即是管理，没有分类就没有管理。也可以将这句话用在会计上，没有账户也就没有会计，会计方法的核心机能是由账户组成的。账户是对经济业务进行分类的标志，浓缩和简化了大量的企业交易。分类是会计观察和了解企业经济业务内容和特征的第一步，仔细寻找它们之间的相似与不同之处，将相同特征的项目放在一类，不同特征的项目放在另一类，并以不同方式来进行识别。这可以从古代先民的分类中得到启发。

古巴比伦人采用不同形状和尺寸的泥板来记录不同内容的文件。例如，有关土地买卖的文件采用圆形黏土记录板；有关法律的文件采用较大较厚的正方形黏土记录板；有关会计契约方面的文件往往使用小块的正方形黏土记录板；神殿内的重要文件则采用锥形记录板。①

古希腊人开始用分类分项核算经济内容取代叙述式的文字记录。例如，公元前 180 年编制的特洛斯神殿（Temple of Delos）的计算书将收入总额细分为租赁土地和房屋的收入、其他租金收入和通行税收入，以及贷款利息收入诸类进行核算，并将一年的支出分成"每月的经费"和"由法律和告示规定的经费"两大类。第二类支出项目又细分为工资、祭祀若干项目。在文明古国诞生的类似这样的分类（或分项）核算法，是人类"会计科目"设置和运用起源的标志，尤其是它的进一步发展和完善，为近代"会计科目"的诞生奠定了坚实的基础。②

会计分类涵盖方方面面，包括会计主体的区分（包含单位与单位的区分、所有者和所有者的企业的区分）、会计期间的划分（本期与非本期的区分）、所有者与债权人的区分、投入资本与经营所得的区分、日常经济活动与非日常经济活动的区分、部门与部门的区分、管理层与员工的区分、增加与减少的区分、期初与期末的区分、总账与明细账的区分等。

按同类项目汇总经济业务这一观念，是总账成立的基本条件。没有它，就不会有总账存在，而没有总账，就不会有我们理解的簿记。③

对会计而言，区分所有者（投资者）的投资与经营活动产生的利润是最重要的划分，可以充分体现经营者的受托责任，进一步将日常活动产生的利润与非日常活动产生的利润加以区别，也是分清责任的最好注脚。因为日常活动（企业为完成其经营目标所从事的经常性及其关联的活动）是经营者能够直接控制的活动，非日常活动则是不能控制的，与经营者的努力没有关系，比如突发性政治事件和自然灾害等。

从资金的来源渠道开始，会计就在进行极为细致的划分，首先将资金区分为是投资者投入的，还是向别人借来的。投资者的投资会形成企业的永久资本，不需要偿还，借别人的钱时间再长也是需要偿还的，是企业的债务。当用这些资金去购买厂房、机器和设备时，又形成了各种实物资产，供企业生产、经营使用。这些资产在经营者的精心组织和运作之下得到了增值，增值的部分是通过利润体现的，利润又是通过收入抵减费用之差得到的。

因此，为了便于在会计中进行记录，需要将企业的经济业务进行分类，设置相应的账户进行核算。首先根据不同类账户之间性质的根本区别，将账户按经济内容分为六大类：资产类账户、负债类账户、所有者权益类账户、收入类账户、费用类账户和利润类账户。再遵循同一大类中的相似性做具体的细分，

①②③　文硕. 西方会计史：会计发展的五次浪潮（上）. 北京：经济科学出版社，2012.

比如将资产划分为库存现金、银行存款、交易性金融资产、原材料、固定资产等；负债也进一步分为银行借款、应付账款、应付股利、应付债券等；所有者权益又分为实收资本（股本）、资本公积、盈余公积和未分配利润；收入分为主营业务收入、其他业务收入、投资收益、租金收入、营业外收入等；费用分为主营业务成本、其他业务成本、营业外支出、管理费用、财务费用、销售费用等。

从上述分类中，可以看出会计的主要内容都带有经济性质，明显感觉到那种资金流转于各个账户之间的微妙关系及体现出来的财富流动。"有许多账户的内容反映了财富的投入、提取、分配、借入、贷出、拥有和结欠，这些账户用于记录影响企业的资产、负债和资本的企业理财活动，其他一些账户（记录企业经营活动）则反映财富的生产、交换、损失和利得。负债和资本账户说明企业财富的来源的某些方面，资产账户说明用于产生更多财富的财富状况，收入账户说明从生产流出中产生的财富流入，成本和费用账户则说明用于形成产品流出带来收入流入的财富。"[①]

资本账户是肩负使损益账户平衡，并使余额账户的编制成为可能的重任而出现的。[②] 反过来理解，也可以说损益账户是用来验证财务状况是否正确的工具。

2. 账户可以按不同特征进行分类

账户分类是为了从相互联系的账户中探求其相互之间的区别，认识设置和运用账户的规律性。账户分类标准是依据账户具有的一些特征确定的，而每一个账户都具有若干特征，因此每一个账户都可以按不同的标准加以分类。

如"原材料"账户，从会计要素来看，它属于资产类账户，反映企业在生产经营过程中必不可少的流动资产；从提供指标的详细程度来看，它属于总分类账户，总括地反映企业原材料的增减变动及结存情况。账户按提供指标详细程度分类，目的在于把握不同层次账户提供核算指标的规律性，以便准确运用各级账户，提供不同层级的核算指标，满足经营管理的不同需要。

借助账户的分类可以揭示账户的特征，有利于加深对账户的认识。比如资产与费用之间存在转化的关系，最初以资产形态表现的资产，随着其使用、消耗，最终都会转化为费用，存货消耗后，构成产品成本的一部分，出售后转化为已售产品的成本进入"主营业务成本"账户；固定资产通过计提折旧转化为费用，也可以说费用是瞬间的资产。由此，资产类账户与费用类账户的结构相同就不难理解了。

---

① A. C. 利特尔顿. 会计理论结构. 北京：中国商业出版社，1989.

② 文硕. 西方会计史：会计发展的五次浪潮（上）. 北京：经济科学出版社，2012.

账户设置是会计分类思想的延续，会计账簿是分类的汇总和总结。从这个角度，可以认为"会计是进行分类以便浓缩信息。对大量的交易进行浓缩的目的在于使企业的经济活动易于理解。浓缩的直接结果就是会计报表"①。

综上所述，从企业内部而言，会计的精髓在于分类，分类的目的在于管理。从企业外部而言，分类的目的在于浓缩信息，对外提供财务会计报表。

3. 为什么要关闭虚账户，使其余额为零

会计计算利润的方式一般有两种，一是按照项目，二是按照时间（期间）。按项目来计算，相对比较简单，将项目启动到项目结束的时间作为一个经营周期来计算利润。按时间来计算利润，相对比较复杂，以时间（年、半年、季度、月）为期间来计算利润，会涉及影响超过一个期间的业务，也就是说一项业务会被分成几个期间来报告。由于是按期间来计算利润，按期间来报告，一个期间内所记录的收入和费用就是在此期间形成，期间一结束，就要将其清为零，以开始下一个会计期间的收入和费用的记录。类似的账户还有本年利润。

4. 总分类账户与明细分类账户为什么要平行登记

总分类账户和明细分类账户反映的交易内容相同，只是金额不同，一个是总账，一个是明细账。在进行登记时要平行登记，包括同时登记、方向相同、依据相同和金额相等，即总分类账户的金额要等于所属明细分类账金额之和。

总账与明细账如果不平行登记，总账就统驭不了明细账，明细账也起不到补充总账信息的作用，总账与明细账就失去了管理企业账产物资和债权债务的作用。

6.2 练习题

6.2.1 判断题

第6章 判断题
即测即评

T6 - 1 账户分类有助于分门别类地反映企业的经济活动。（　　）

T6 - 2 会计按经济内容分类，事实上就是按会计要素来进行分类。

（　　）

T6 - 3 盘存类账户主要是指资产类和负债类账户。（　　）

T6 - 4 结算类账户主要是指负债类账户。（　　）

T6 - 5 应收账款是债权类结算账户。（　　）

---

① A. C. 利特尔顿. 会计理论结构. 北京：中国商业出版社，1989.

T6-6　应付账款是债务类结算账户。　　　　　　　　　　（　　）

T6-7　调整账户与被调整账户的结构刚好相同。　　　　　（　　）

T6-8　累计折旧是固定资产的备抵（抵减）账户。　　　　（　　）

T6-9　调整账户不能脱离被调整账户而独立存在。　　　　（　　）

T6-10　实收资本和资本公积属于资本性质的账户。　　　（　　）

T6-11　总分类账户统驭明细分类账户，明细分类账户是对总分类账户的补充。　　　　　　　　　　　　　　　　　　　　　　　　　　（　　）

T6-12　总分类账户的金额不等于所属明细分类账户的金额之和。　（　　）

T6-13　总分类账户和明细分类账户所反映的经济业务内容相同，只是提供指标的详细程度不同。　　　　　　　　　　　　　　　　　　（　　）

T6-14　实账户是指有期末余额的账户，如利润表账户。　　（　　）

T6-15　虚账户是指没有期末余额的账户，如利润表账户。　（　　）

T6-16　没有虚账户将不便于计算各期的经营成果。　　　　（　　）

6.2.2　单选题

S6-1　账户按经济内容分类，事实上就是按（　　）来分类。

　　A. 账户结构　　　　　　　　　B. 会计要素

　　C. 余额　　　　　　　　　　　D. 发生额

S6-2　除盈余公积外，属于留存收益账户的是（　　）。

　　A. 实收资本　　　　　　　　　B. 投资收益

　　C. 资本公积　　　　　　　　　D. 未分配利润

S6-3　下列账户中，属于明细分类账户的是（　　）。

　　A. 资产类账户　　　　　　　　B. 成本类账户

　　C. 所有者权益账户　　　　　　D. 机器设备类

S6-4　下列账户中，属于盘存类账户的是（　　）。

　　A. 应付账款　　　　　　　　　B. 库存商品

　　C. 应收账款　　　　　　　　　D. 主营业务收入

S6-5　下列账户中，属于成本计算类账户的是（　　）。

　　A. 生产成本　　　　　　　　　B. 原材料

　　C. 股本　　　　　　　　　　　D. 管理费用

S6-6　下列账户中，（　　）是跨期摊配账户。

　　A. 长期借款　　　　　　　　　B. 长期待摊费用

　　C. 本年利润　　　　　　　　　D. 利润分配

第 6 章　单选题
即测即评

S6－7 下列账户中，属于备抵性质的账户是（　　）。

A. 累计折旧　　　　　　　　　B. 应付票据

C. 应交税费　　　　　　　　　D. 长期借款

S6－8 下列账户中，属于集合分配性质的账户是（　　）。

A. 原材料　　　　　　　　　　B. 甲材料

C. 制造费用　　　　　　　　　D. 财务费用

S6－9 下列账户中，有期末余额的账户是（　　）。

A. 主营业务收入　　　　　　　B. 其他业务收入

C. 营业外收入　　　　　　　　D. 固定资产

S6－10 下列账户中，没有期末余额的账户是（　　）。

A. 本年利润　　　　　　　　　B. 未分配利润

C. 银行存款　　　　　　　　　D. 原材料

6.2.3　多选题

第6章　多选题
即测即评

M6－1 账户分类的原则是（　　）。

A. 有利于编制财务报表

B. 揭示账户的特征

C. 不同类型的账户反映不同类型的经济业务

D. 同一类型的账户在重大方面彼此相似

E. 有利于了解账户的规律

M6－2 账户按结构与用途可分为（　　）。

A. 盘存账户　　　　　　　　　B. 资本账户

C. 结算账户　　　　　　　　　D. 成本计算账户

E. 调整账户

M6－3 与银行存款盘存账户结构相同的账户有（　　）。

A. 库存现金　　　　　　　　　B. 固定资产

C. 应收账款　　　　　　　　　D. 应付账款

E. 库存商品

M6－4 与实收资本账户结构相同的账户有（　　）。

A. 股本　　　　　　　　　　　B. 资本公积

C. 盈余公积　　　　　　　　　D. 未分配利润

E. 银行存款

M6－5 下列账户中属于结算类账户的有（　　）。

A. 应交税费　　　　　　　　　B. 应付职工薪酬

C. 应收账款 D. 应付账款

E. 库存商品

M6-6 下列账户中属于调整账户的有（　　　）。

A. 应交税费 B. 累计折旧

C. 材料成本差异 D. 应付账款

E. 其他应收款

M6-7 资产减值准备对应的被调整账户有（　　　）。

A. 应收账款 B. 存货

C. 固定资产 D. 无形资产

E. 应付账款

M6-8 下列账户中，（　　　）是实账户。

A. 应付账款 B. 预付账款

C. 财务费用 D. 长期借款

E. 应付债券

M6-9 下列账户中，（　　　）是虚账户。

A. 管理费用 B. 资本公积

C. 未分配利润 D. 财务费用

E. 销售费用

M6-10 下列各项中，需要设置明细分类账户的总分类账户有（　　　）。

A. 累计折旧 B. 本年利润

C. 利润分配 D. 银行存款

E. 实收资本

M6-11 总分类账户与明细分类账户在登记时，要遵循平行登记的原理，包括（　　　）。

A. 同时登记 B. 依据相同

C. 方向相同 D. 金额相等

E. 虚账户

6.2.4　课程思政思考题

1. 账户分类是会计的一大法宝，从分类即管理的这个角度谈一下对账户分类的认识，以及对重大公共事件（如新冠疫情，各种自然灾害如台风、暴雨洪灾、火灾等）管理的启示。

2. 从不同角度，按不同标准对账户进行分类，对认识事物的本质有什么启示意义？

3. 按账户期末是否有余额，会计将账户分为实账户和虚账户。会计按期将虚账户清零的做法，对调节个人情绪有什么启发？

6.3　练习题参考答案

6.3.1　判断题

T6-1　√	T6-2　√	T6-3　×
T6-4　×	T6-5　√	T6-6　√
T6-7　×	T6-8　√	T6-9　√
T6-10　√	T6-11　√	T6-12　×
T6-13　√	T6-14　×	T6-15　√
T6-16　√		

6.3.2　单选题

S6-1　B	S6-2　D	S6-3　D
S6-4　B	S6-5　A	S6-6　B
S6-7　A	S6-8　C	S6-9　D
S6-10　A		

6.3.3　多选题

M6-1　CD	M6-2　ABCDE	M6-3　ABE
M6-4　ABCD	M6-5　ABCD	M6-6　BC
M6-7　ABCD	M6-8　ABDE	M6-9　ADE
M6-10　CDE	M6-11　ABCD	

6.3.4　课程思政思考题（略）

6.4　教材课后习题参考答案

6.4.1　思考题（略）

6.4.2　练习题

E6-1　练习账户分类。

经济业务	会计科目	按经济内容分类	按用途结构分类	实/虚账户
生产设备	固定资产	资产类账户	盘存账户	实账户
厂房	固定资产	资产类账户	盘存账户	实账户
生产用原材料	原材料	资产类账户	盘存账户	实账户
某职工借支差旅费	其他应收款	资产类账户	结算账户	实账户
存放在银行的款项	银行存款	资产类账户	盘存账户	实账户
销售商品取得的货款	主营业务收入	收入类账户	损益类账户	虚账户
应付给购货方的款项	应付账款	负债类账户	结算账户	实账户
未完工产品	在产品	资产类账户	盘存账户	实账户
完工产品	库存商品	资产类账户	盘存账户	实账户
已销售商品的成本	主营业务成本	费用类账户	损益类账户	虚账户
支付管理部门水电费	管理费用	费用类账户	损益类账户	虚账户
出纳保管的现金	库存现金	资产类账户	盘存账户	实账户
销售商品支付的运费	销售费用	费用类账户	损益类账户	虚账户

E6-2　练习调整账户与被调整账户之间的关系。

（1）第 1 年计提折旧的会计分录如下：

借：制造费用　　　　　　　　　　　　　　　　　　　　　　　20 000

　　贷：累计折旧　　　　　　　　　　　　　　　　　　　　　　　20 000

（2）用丁字形账户表示第 1 年计提折旧后调整账户与被调整账户之间的关系。

被调整账户 （固定资产）		调整账户 （累计折旧）	
100 000			20 000

（3）固定资产净值＝固定资产－累计折旧

＝100 000－ 20 000

＝80 000（元）

E6 - 3 练习总账与明细账的平行登记。

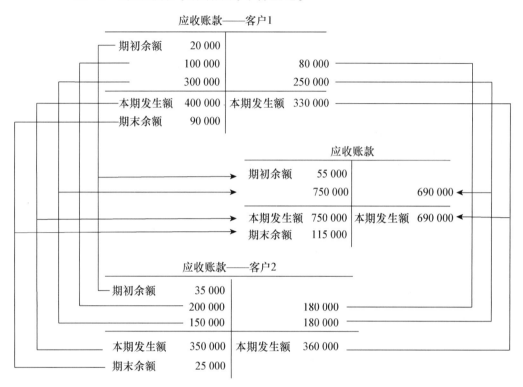

思维导图

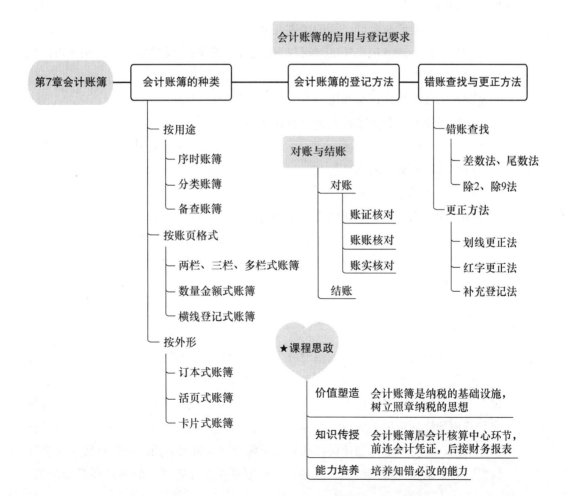

7.1　学习指导

7.1.1　学习重点

本章的重点是在了解已有大量记账凭证的基础上为什么还要设置会计账簿？设置会计账簿的意义何在？掌握会计账簿的种类、格式及填制方法。

7.1.2　学习难点和疑点

本章的难点是**如何利用会计账簿真正管理企业的每一项经济业务，发挥会计账簿连续、系统、全面反映的作用，体会会计信息从分散到集中的会计智慧。**需要思考的问题如下：

（1）会计凭证与会计账簿的区别在哪里？

（2）会计凭证（记账凭证）可以取代会计账簿吗？反过来，会计账簿可以取代记账凭证吗？

（3）为什么库存现金和银行存款要单独设置日记账？

（4）日记账与分类账在登记上有什么不同？

（5）出纳员为什么不能登记除现金日记账和银行存款日记账以外的分类账簿？

（6）结账和对账的意义何在？

（7）如何结账？

（8）为什么要规定账簿启用和更换的规则？

（9）如果在登记账簿时发生了错误，应该如何查找和更正？

7.1.3　疑难解答

1. 会计凭证与会计账簿

会计凭证与会计账簿是编制财务会计报告的必经步骤。会计凭证分原始凭证和记账凭证，原始凭证是编制记账凭证的依据，记账凭证是登记会计账簿的依据。会计凭证可以将大量的原始凭证附在背后，便于审计和内部会计人员查找核实。从原始凭证到记账凭证的编制，都是会计人员按照会计准则和经济信息进行职业判断，运用一定的会计科目和复式记账规则，将大量的经济信息转化为会计信息，并记录在记账凭证上。但是，这些记录在会计凭证上的信息还是分散的、不系统的。为了把分散在会计凭证中的大量核算资料加以集中归类反映，为经营管理提供系统、完整的核算资料，并为编制财务报表提供依据，就必须设置和登记会计账簿。

会计账簿简称账簿，是指由具有一定格式、互有联系的若干账页组成，可以全面、系统、序时、分类记录各项经济业务的簿籍。在会计实务中，按照记账规则根据会计凭证将会计科目填入某一账页后，该账页就成为记录、反映该会计科目所规定核算内容的账户，各账户之间的相互关系通过账户对应关系来体现。设置和登记账簿是会计核算的专门方法之一。账簿的设置和登记，对于全面、系统、序时、分类反映各项经济业务，充分发挥会计在经济管理中的作用，具有重要意义。

一份会计凭证一般只反映一笔经济业务，提供的信息是零星的、分散的。而会计账簿是对相同业务进行的汇总记录，能够提供全面、综合、系统的信息。

2. 日记账、分类账簿与内部控制

日记账一般是指库存现金日记账和银行存款日记账。由于现金和银行存款是企业重要的资产，同时又非常容易出问题，为了加强内部控制必须坚持内部牵制原则，实行钱、账分管，出纳人员不得负责登记现金日记账和银行存款日记账以外的任何账簿。出纳人员登记现金日记账和银行存款日记账后，应将各种收款、付款凭证交由会计人员据以登记总分类账及有关的明细分类账。通过"库存现金"和"银行存款"总账与日记账的定期核对，达到控制现金日记账、银行存款日记账的目的。

实务中通过对出纳人员和会计人员的合理分工，如出纳管钱不管账（总账），会计人员管总账不管钱，严格执行就可以起到相互牵制的作用。

根据日记账对应的账户开设的分类账簿分别反映了这些钱的来源与去处，由于现金和银行存款收付频繁，需要日清月结，为了简化分类账的登记，可以根据企业经济业务的繁简和经营管理的需要，将相同经济业务汇总后进行登记。比如对主营业务收入的确认，其依据都是公司开出的销售发票，就可以将发票 3 天或 5 天一汇总，编制一张记账凭证，把相同的记账凭证再按时间间隔进行汇总，就可以减少登记账簿的次数。但对相应的库存商品、原材料等明细账就要根据需要及时加以记录，否则就会出现账上没有记录，但仓库已经堆积如山，或者实物资产已经销售或者领用，但账上无东西可领，即实务中的红字现象。因此，凭证的传递和及时登记会计账簿对实物资产的管理意义重大。

3. 对账与结账

对账就是在有关经济业务入账以后，进行账簿记录的核对。

在会计工作中，由于种种原因，难免发生记账、计算等差错，也难免出现账实不符的现象。为了确保账簿记录的正确、完整、真实，在有关经济业务入账之后，必须进行账簿记录的核对。对账工作是为保证账证相符、账账相符和账实相符而进行的一项检查性工作。下面以账账核对为例。

账账核对主要包括：

（1）总分类账有关账户核对。主要核对总分类账对应各账户借方期末余额合计数与贷方期末余额合计数是否相等，借方本期发生额合计数与贷方本期发生额合计数是否相等。

（2）总分类账与明细分类账核对。主要核对总分类账各账户的期末余额与所属各明细分类账户的期末余额之和是否相等，总分类账各账户的本期发生额与所属各明细分类账户的本期发生额之和是否相等。

（3）总分类账与日记账核对。主要核对总分类账中"库存现金"和"银行存款"账户的期末余额与相对应的日记账的期末余额是否相等。

（4）会计部门的财产物资明细账与财产物资保管和使用部门的有关明细账核对。主要核对会计部门的各种财产物资明细账期末余额与财产物资保管和使用部门的有关财产物资明细账期末余额是否相等。

此外，还有账表核对。主要核对总分类账簿上的内容和金额是否与财务报表项目上列报的内容和金额相符。

结账是指会计在期末对账簿记录进行结算的账务处理工作。一般需要在会计期末计算并结转各账户的本期发生额和期末余额。结账程序主要包括以下两个步骤：

（1）结账前，必须将属于本期内发生的各项经济业务和应由本期受益的收入、负担的费用全部登记入账。不得把将要发生的经济业务提前入账，也不得把已经在本期发生的经济业务延至下期（甚至以后期间）入账。为了确保结账的正确性，在本期发生的各项经济业务全部登记入账的基础上，须按照会计核算原则的要求，将有关的转账事项编制原始凭证，并据以编制记账凭证，记入有关账簿。

（2）结账时，应结出每个账户的期末余额，期末余额分月结、季结和年结余额。

需要结出当月（季）发生额的（如各项收入、费用账户等），应单列一行进行发生额的登记，在摘要栏内注明"本月（季）合计"字样，并在下面划通栏单红线。

对于需要结计本年累计发生额的明细账户，每月结账时，应在"本月合计"行下结出自年初起至本月末止的累计发生额，登记在月份发生额下面，在摘要栏内注明"本年累计"字样，并在下面通栏划单红线。12月末的"本年累计"就是全年累计发生额，全年累计发生额下划通栏双红线。

年末结账时，将有余额的账户结转下年，并在摘要栏注明"结转下年"字样；在下一会计年度新建有关账户的第一行余额栏内填写上年结转的余额，并在摘要栏注明"上年结转"字样，使年末有余额账户的余额如实地在账户中加以反映，以免混淆有余额的账户和无余额的账户。

4. 账簿的启用与更换

账簿是重要的会计档案。为了确保账簿记录的合规性和完整性，明确记账责任，在启用账簿时，应在账簿封面上写明单位名称和账簿名称。在账簿扉页上应附账簿使用登记表或账簿启用表，其内容包括启用日期、账簿页数、记账人员和会计主管人员姓名，并加盖人名章和单位公章。记账人员或会计人员调动工作时，应注明交接日期、接管人员和监交人员姓名，由交接双方人员签名或盖章。

启用订本式账簿，对于未印制顺序号的账簿，应从第一页到最后一页按序编定页数，不得跳页、缺号。使用活页式账簿，应按账页顺序编号，并定期装订成册。装订后再按实际使用的账页顺序编定页数，另加目录，标明每个账户的名称和页次。

账簿更换：一般情况下，总账、日记账和多数明细账应每年更换一次，但固定资产明细账或固定资产卡片、备查账簿等可以继续使用，不必每年更换新账。是否更换，何时更换，可视企业具体情况而定。

各种需要更换的账簿，在进行年终结账时，各账户的年末余额都要直接抄入新账的有关账户中。因会计制度改变而需要变更账户名称及其核算内容的，应在上年度结账时编制余额调整分录，按本会计年度的账户名称、核算内容，将上年度有关账户的余额进行合并或分解结出新账中应列出的余额，然后过渡到新账中的各有关账户，或者在上年度结账后，通过编制余额调整工作底稿的方式将上年度有关账户余额分解、归并为本年度有关账户的余额，然后开设本年度新账，并将余额抄入有关账户第一行并标明余额方向，同时在摘要栏内注明"上年结转"或"年初余额"字样。上年末编制的余额调整分录，应与上年度会计凭证一并归档保管；编制的余额调整工作底稿应与上年度的账簿一并归档保管。过入新账的有关账户余额的结转事项，无须再编制结转分录。

5. 登记账簿

（1）登记账簿时，将会计凭证日期、编号、业务内容摘要、金额和其他有关资料逐项登记入账，做到数字准确，摘要清楚，登记及时。

（2）登记完毕后，要在会计凭证上签名或盖章，并在记账凭证中的"记账符

号"栏注明已经登账的符号（如"√"），表示已经记账。

（3）账簿中书写的文字和数字上面要留适当空距，不要写满格，一般应占格距的1/2。

（4）登记账簿要用蓝黑或黑色墨水笔书写，不得使用圆珠笔（银行的复写账簿除外）或铅笔书写。但下列情况可以用红色墨水笔记账：

1）按照红字冲账的记账凭证，冲销错误记录。

2）在不设借或贷等栏的多栏式账页中，登记减少数。

3）在三栏式账户的余额栏前，如未印明余额的方向，在余额栏内登记负数余额。

4）会计制度中规定的其他用红字登记的记录。

（5）各种账簿按页次顺序连续登记，不得跳行、隔页。如果发生跳行、隔页，应将空行、空页划线注销，或注明"此行空白"或"此页空白"字样，并由记账人员签名或盖章。

（6）凡需要结出余额的账户，结出余额后，应在"借或贷"等栏内写明"借"或"贷"等字样。没有余额的账户，应在"借或贷"等栏内写"平"字，并在余额栏内用"0"表示。现金日记账和银行存款日记账必须逐日结出余额。

（7）每一账页登记完毕结转下页时，应结出本页合计数及余额，写在本页最后一行和下页第一行有关栏内，并在本页的摘要栏内注明"过次页"字样，在次页的摘要栏内注明"承前页"字样。

（8）由于记账凭证错误而导致账簿记录发生错误，应按已经更正的记账凭证登记账簿，进行更正。

6. 错账的查找与更正

实务中，会计人员摸索出了一些行之有效的方法，可针对不同的错误使用。

（1）差数法。差数法是按照错账的差数查找错账的方法。

（2）尾数法。对于发生的角、分的差错可以只查找小数部分，以提高查错的效率。

（3）除2法。除2法是以差数除以2来查找错账的方法。

（4）除9法。除9法是以差数除以9来查找错账的方法。适用于以下三种情况：第一，将数字写小。第二，将数字写大。第三，相邻数字颠倒。

更正错账的方法：

（1）划线更正。又称红线更正。如果发现账簿记录有错误，而其所依据的记账凭证没有错误，即纯属记账时文字或数字的笔误，应采用划线更正的方法进行更正。更正以后要在划线更正处签名或盖章以示负责。

（2）红字更正。又称红字冲销。在会计上，以红字记录表明对原记录的冲减。红字更正适用于以下两种情况：

1）根据记账凭证所记录的内容记账以后，发现记账凭证中的应借、应贷会计科目或记账方向有错误，应采用红字更正法。

2）根据记账凭证所记录的内容记账以后，发现记账凭证中应借、应贷的会计科目、记账方向都没有错误，记账凭证和账簿记录的金额相吻合，只是所记金额大于应记的正确金额，应采用红字更正法，将其差额进行冲销。

（3）补充登记。又称蓝字补记。根据记账凭证所记录的内容记账以后，发现记账凭证中应借、应贷的会计科目和记账方向都没有错误，记账凭证和账簿记录的金额相吻合，只是所记金额小于应记的正确金额，应采用补充登记法，将差额补充登记。

7.2 练习题

第 7 章 判断题
即测即评

7.2.1 判断题

T7-1 只有经过审核无误的记账凭证，才能作为登记会计账簿的依据。

（　　）

T7-2 会计账簿是连接记账凭证和财务报表的中间环节。（　　）

T7-3 账户与账簿的联系十分密切，可以说账户等于账簿。（　　）

T7-4 现金日记账和银行存款日记账，又称特种日记账，必须采用订本式账簿。

（　　）

T7-5 能提供某一类经济业务增减变化总括会计信息的账簿是总分类账。

（　　）

T7-6 按经济业务发生的时间先后顺序，逐日逐笔进行登记的账簿是明细分类账。

（　　）

T7-7 备查账簿是对某些在日记账和分类账中未能记录或记录不全的经济业务进行补充登记的账簿，各单位必须设置。

（　　）

T7-8 三栏式账簿是指具有日期、摘要、金额三个栏目格式的账簿。（　　）

T7-9 三栏式总分类账一般采用订本式账簿。（　　）

T7-10 多栏式明细分类账一般适用于债权、债务结算户的明细分类账。

（　　）

T7-11 活页账是指账页装在活页账夹中，在账簿登记完后也不固定装订在一起。

（　　）

T7-12 在设置多栏式现金、银行存款日记账的情况下，可根据多栏式日记

账中各科目的发生额的合计数，在月末登记总分类账，而不再根据收款凭证和付款凭证登记总分类账。 （　　）

T7－13　各种明细账的登记依据，既可以是原始凭证，也可以是记账凭证。 （　　）

T7－14　各种明细账的登记可以按业务量大小逐日逐笔登记，或者三天一登记，七天一登记。 （　　）

T7－15　为了满足内部牵制原则，实行钱账分管，通常由出纳人员根据收付款凭证进行现金收支；然后，将收付款后的现金收款凭证和付款凭证交给会计人员，由会计人员登记三栏式现金日记账。 （　　）

T7－16　登记账簿必须用蓝、黑墨水书写，不得使用圆珠笔、铅笔书写，更不得用红色墨水书写。 （　　）

T7－17　各账户在一张账页记满时，应在该账页最后一行结出余额，并在"摘要"栏注明"过次页"字样。 （　　）

T7－18　总分类账和明细分类账必须采用平行登记的规则进行登记。（　　）

T7－19　为便于核对库存现金，出纳人员应保管现金，登记现金日记账和现金总账。 （　　）

T7－20　为全面、系统、连续、详细地反映有关现金的收支情况，所有单位均应设置现金日记账，并由出纳人员根据审核无误的收款凭证、付款凭证和转账凭证，按照业务发生的先后顺序逐日逐笔登记。 （　　）

T7－21　一般来说，日记账应与收付款凭证相核对，总账应与记账凭证相核对，明细账应与记账凭证或原始凭证相核对。 （　　）

T7－22　在结账前发现账簿记录有文字或数字错误，而记账凭证没有错误，可采用划线更正法更正。 （　　）

T7－23　已经登记入账的记账凭证，在当年内发现科目、金额有误，可以用红字填写一张与原内容相同的记账凭证，在摘要栏注明冲销某月某日某号凭证字样，再用蓝字做一张正确的记账凭证并登记入账。 （　　）

T7－24　结账和更正错误的记账凭证可以不附原始凭证。 （　　）

T7－25　某会计人员在填制记账凭证时，误将9 800元记为8 900元，并已登记入账。月终结账前发现错误，更正时应采用划线更正法。 （　　）

T7－26　新的会计年度开始时，必须更换全部账簿，不得只更换总账和现金日记账、银行存款日记账。 （　　）

7.2.2　单选题

第7章　单选题
即测即评

S7－1　下列关于账簿的表述，错误的是（　　）。

A. 账簿可以为定期编制财务报表提供资料

B. 登记账簿是会计核算的一种重要方法

C. 总账可以提供每一项交易的发生日期

D. 账簿是考核企业经营成果、加强经济核算的重要依据

S7 - 2　（　　）为编制财务报表提供直接的依据。

A. 会计凭证　　　　　　　　　　B. 会计账簿

C. 利润计算　　　　　　　　　　D. 会计科目

S7 - 3　账簿按（　　）的不同，可分为序时账簿、分类账簿、备查账簿。

A. 用途　　　　　　　　　　　　B. 外表形式

C. 格式　　　　　　　　　　　　D. 启用时间

S7 - 4　现金日记账和银行存款日记账必须采用（　　）账簿。

A. 活页式　　　　　　　　　　　B. 订本式

C. 备查　　　　　　　　　　　　D. 卡片式

S7 - 5　现金日记账和总分类账一般采用（　　）账页。

A. 两栏式　　　　　　　　　　　B. 三栏式

C. 多栏式　　　　　　　　　　　D. 数量金额式

S7 - 6　企业从银行提取现金时，登记现金日记账的依据是（　　　）。

A. 现金收款凭证　　　　　　　　B. 现金付款凭证

C. 银行存款收款凭证　　　　　　D. 银行存款付款凭证

S7 - 7　企业在分别设置现金收入日记账和现金支出日记账的情况下，每日结清现金余额时应通过的账簿是（　　　）。

A. 现金收入日记账　　　　　　　B. 现金支出日记账

C. 现金总账　　　　　　　　　　D. 现金备查账簿

S7 - 8　下列明细账中，不宜采用三栏式账页格式的是（　　　）。

A. 应收账款明细账　　　　　　　B. 应付账款明细账

C. 管理费用明细账　　　　　　　D. 短期借款明细账

S7 - 9　下列适合采用多栏式明细账格式核算的是（　　　）。

A. 原材料　　　　　　　　　　　B. 管理费用

C. 应付账款　　　　　　　　　　D. 库存商品

S7 - 10　下列账簿中采用卡片式账簿的是（　　　）。

A. 现金日记账　　　　　　　　　B. 固定资产

C. 总分类账　　　　　　　　　　D. 明细分类账

S7 - 11　下列各项中，可以在借贷方均设多栏的账户是（　　　）。

A. 本年利润　　　　　　　　　　B. 主营业务收入

C. 管理费用　　　　　　　　　　D. 生产成本

S7-12 "原材料"明细账采用的账簿格式是（　　）。

A. 三栏式明细分类账　　　　　　B. 活页式

C. 数量金额式明细分类账　　　　D. 多栏式明细分类账

S7-13 "应收账款"总账科目所属明细账的资料如下："应收账款——A公司"借方余额200万元；"应收账款——B公司"借方余额400万元；"应收账款——C公司"贷方余额300万元；"应收账款——D公司"贷方余额100万元。如果不考虑其他因素，则"应收账款"科目期末余额为（　　）万元。

A. 200　　　　　　　　　　　　B. 600

C. 900　　　　　　　　　　　　D. 1 000

S7-14* 按照规定，不能用红色墨水记账的情况是（　　）。

A. 按照红字更正法冲销错误记录

B. 在三栏式账页的余额栏前，如未印明余额方向的，在余额栏内登记负数余额

C. 在借方多栏式明细账页中，登记增加数

D. 根据国家统一会计制度的规定可以用红字登记的其他会计账簿

S7-15 账实核对是指账簿记录与财产物资实有数额是否相符合，下列不属于账实核对的是（　　）的核对。

A. 总分类账簿与序时账簿

B. 银行存款日记账余额与银行对账单余额

C. 各种实物资产明细账余额与实有数额

D. 债权、债务明细账余额与对方单位的账面记录

S7-16* 需要结计本月发生额的账户，结计"过次页"的本页合计数应当是（　　）。

A. 自本月初起至本页末止发生额合计数

B. 自本月初起至本页末止的累计数

C. 本页末余额

D. 本页的发生额合计

S7-17 结账时应划通栏双红线的情形是（　　）。

A. 月结　　　　　　　　　　　　B. 季结

C. 半年结　　　　　　　　　　　D. 年结

S7-18 某会计人员根据记账凭证登记入账时，误将600元填写为6 000元，而记账凭证无误。对此正确的更正方法是（　　）。

A. 红字更正法　　　　　　　　　B. 补充登记法

C. 划线更正法　　　　　　　　　D. 蓝字更正法

S7-19 若记账凭证上的会计科目和应借应贷方向未错，但所记金额小于应

记金额，并据以登记入账，对此较为恰当简便的更正方法是（　　）。

A. 划线更正法　　　　　　　　B. 红字更正法

C. 补充登记法　　　　　　　　D. 编制相反分录冲减

S7-20　下列各项中，可以概括总分类账与明细分类账平行登记要点的是（　　）。

A. 依据相同、方向一致、金额相等、期间相同

B. 方向一致、颜色相同、金额相等

C. 同时登记、同方向登记、同金额登记

D. 依据相同、方向一致、颜色相同

S7-21　在实际工作中，利用平行登记的数量结果检查账簿记录的正确性时，通常采用的手段是（　　）。

A. 编制试算平衡表

B. 编制科目汇总表

C. 编制明细分类账户本期发生额和余额明细表

D. 编制科目余额表

S7-22　总账、日记账和多数明细账应（　　）更换一次。

A. 每年　　　　　　　　　　　B. 两年

C. 半年　　　　　　　　　　　D. 视单位具体情况而定

S7-23　账簿记录中的日期一般应按（　　）填写。

A. 记账凭证上的日期　　　　　B. 原始凭证上的日期

C. 实际登记账簿的日期　　　　D. 月末

S7-24　以下各项中不符合账簿平时管理的具体要求的是（　　）。

A. 各种账簿应分工明确，指定专人管理

B. 会计账簿只允许在财务室内随意翻阅查看

C. 会计账簿除需要与外单位核对外，一般不能携带外出

D. 账簿不能随意交与其他人员管理

S7-25　新的会计年度开始，启用新账时，可以继续使用，不必更换新账的是（　　）。

A. 现金日记账　　　　　　　　B. 总分类账

C. 银行存款日记账　　　　　　D. 固定资产卡片

7.2.3　多选题

M7-1　设置和登记账簿的作用是（　　）。

A. 记载和存储会计信息　　　　B. 分类和汇总会计信息

第 7 章　多选题
即测即评

C. 检查和校正会计信息　　　　D. 编报和输出会计信息

E. 汇总原始凭证

M7 - 2　账簿按用途分类，可分为（　　）。

A. 序时账簿　　　　　　　　　B. 订本式账簿

C. 分类账簿　　　　　　　　　D. 备查账簿

E. 活页账

M7 - 3　账簿按其外形特征分类，可分为（　　）。

A. 订本式账簿　　　　　　　　B. 三栏式账簿

C. 卡片式账簿　　　　　　　　D. 活页式账簿

E. 分类账簿

M7 - 4　下列各项中，属于任何会计主体都必须设置的账簿有（　　）。

A. 现金日记账　　　　　　　　B. 银行存款日记账

C. 总分类账簿　　　　　　　　D. 明细分类账簿

E. 日记总账

M7 - 5　下列各项中，作为登记账簿依据的有（　　）。

A. 收款凭证　　　　　　　　　B. 汇总收款凭证

C. 科目汇总表　　　　　　　　D. 复式记账凭证

E. 付款凭证

M7 - 6　下列各项中，可以作为明细分类账登记依据的有（　　）。

A. 原始凭证　　　　　　　　　B. 汇总记账凭证

C. 记账凭证　　　　　　　　　D. 公司章程

E. 科目汇总表

M7 - 7　下列各项中，适用于现金、银行存款日记账账页格式的有（　　）。

A. 三栏式　　　　　　　　　　B. 多栏式

C. 卡片式　　　　　　　　　　D. 数量金额式

E. 活页式

M7 - 8　下列各项中，适用三栏式明细分类账账页格式的有（　　）。

A. 管理费用明细账　　　　　　B. 原材料明细账

C. 应付账款明细账　　　　　　D. 预收账款明细账

E. 应收账款明细账

M7 - 9　下列各项中，适用数量金额式明细分类账账页格式的有（　　）。

A. 库存商品明细账　　　　　　B. 生产成本明细账

C. 应付账款明细账　　　　　　D. 原材料明细账

E. 固定资产明细账

M7 - 10　下列各项中，适用多栏式明细分类账账页格式的有（　　）。

A. 应收账款明细账   B. 应付账款明细账

C. 管理费用明细账   D. 生产成本明细账

E. 本年利润明细账

M7-11* 下列各项中，属于活页式账簿优点的有（　　）。

A. 根据实际需要增加账页   B. 避免账页的遗失

C. 便于会计人员的分工   D. 便于更换账页

E. 便于记录不同的经济业务

M7-12 下列各项中，应在备查账簿中记录的有（　　）。

A. 经营租赁租入的固定资产

B. 发行股票的股数、股东所占的比例

C. 供货单位的名称

D. 生产产品的品种

E. 固定资产的使用期限

M7-13 银行存款日记账的登记方法有（　　）。

A. 定期汇总登记   B. 逐笔结清余额

C. 日清日结   D. 按照对账单的金额结算余额

E. 按照银行存款总账结清余额

M7-14 对账的内容包括（　　）。

A. 账证核对   B. 账账核对

C. 人员核对   D. 账实核对

E. 账簿格式核对

M7-15* 账簿登记完成后还应进行的工作有（　　）。

A. 在会计凭证上签字或盖章

B. 在账簿上签字或盖章

C. 在会计凭证的标记栏内进行标记

D. 在账簿摘要栏写明摘要

E. 在会计凭证上注明所附原始凭证

M7-16 会计记录如果采用红色墨水登记账簿，则其适用的情形有（　　）。

A. 按照红字冲账的记账凭证冲销错误记录

B. 在不设借贷栏的多栏式账页中，登记减少金额

C. 在期末结账时，用红色墨水画通栏红线

D. 三栏式账户的余额栏前，如未注明余额方向，在余额栏内登记负数
余额

E. 按照红字冲账的原理，冲销错误的报表数据

M7-17 如果发生下列错误，可用划线更正法的有（　　）。

A. 在结账前，发现记账凭证无误，但账簿记录中文字有误

B. 发现记账凭证金额错误，并已登记入账

C. 发现记账凭证金额错误，原始凭证无误，记账凭证尚未登记入账

D. 在结账后，发现记账凭证无误，但账簿记录中数字有误

E. 在结账前，发现记账凭证无误，但账簿记录中数字登账有误

M7－18　如果发生下列错误，可以采用红字更正法的有（　　）。

A. 记账凭证中会计科目错误

B. 记账凭证中记账方向错误

C. 记账凭证中错误金额大于正确金额

D. 记账凭证中会计科目有错且错误金额小于正确金额

E. 记账凭证中摘要不符合实际情况

M7－19　下列错账更正法中需要填写更正记账凭证并据以登账的有（　　）。

A. 划线更正法　　　　　　　　　B. 补充登记法

C. 红字更正法　　　　　　　　　D. 刮擦挖补法

E. 替代法

M7－20　属于账实核对的有（　　）。

A. 库存现金日记账账面余额与实存数的核对

B. 银行存款日记账账面余额与银行对账单的核对

C. 各种财产物资明细账账面余额与实存数的核对

D. 各种应收款项明细账余额与有关债务人相关账面余额的核对

E. 各种应付款项明细账余额与有关债权人相关账面余额的核对

7.2.4　课程思政思考题

1. 1673 年法国颁布的《商事王令》规定，"每一个批发商均应设置反映自己业务的账簿，破产时若发现未设置账簿，应视为欺诈破产，以死刑处之"。为什么在 17 世纪就有如此严厉的对不设置账簿的处罚？请结合当时的历史背景加以分析。

2.《中华人民共和国会计法》第 3 条规定，各单位必须依法设置会计账簿，并保证其真实、完整。第 42 条规定，授意、指使、强令会计机构、会计人员及其他人员伪造、变造会计凭证、会计账簿，编制虚假财务报告或者藏匿、故意销毁依法应当保存的会计凭证、会计账簿、财务会计报告，由县级以上人民政府财政部门给予警告、通报批评，可以并处二十万元以上一百万元以下的罚款；情节严重的，可以并处一百万元以上五百万元以下的罚款；属于公职人员的，还应当依法给予处分；构成犯罪的，依法追究刑事责任。你对上述规定有何看法？

3.《中华人民共和国税收征收管理办法》第 63 条规定，纳税人伪造、变造、

隐匿、擅自销毁账簿、记账凭证，或者在账簿上多列支出或者不列、少列收入，或者经税务机关通知申报而拒不申报或者进行虚假的纳税申报，不缴或者少缴应纳税款的，是偷税。对纳税人偷税的，由税务机关追缴其不缴或者少缴的税款、滞纳金，并处不缴或者少缴的税款百分之五十以上五倍以下的罚款；构成犯罪的，依法追究刑事责任。根据《中华人民共和国刑法修正案》（一）的规定，在我国《刑法》第 162 条后增加一条，作为第 162 条之一："隐匿或者故意销毁依法应当保存的会计凭证、会计账簿、财务会计报告，情节严重的，处五年以下有期徒刑或者拘役，并处或者单处二万元以上二十万元以下罚金。"请从以上规定中谈谈你对企业设置会计账簿、税法规定查账征税以及刑法修正案对销毁会计账簿进行刑事处罚的意义。

4. 总账与明细账为什么要遵循平行登记的原则？如何理解总与分、统驭与被统驭？实务中如何发挥会计明细账对企业财产物资的保护作用？

5. 会计错账的更正方法对培养有错就改的良好习惯有什么意义？

7.3　练习题参考答案

7.3.1　判断题

T7 - 1　√	T7 - 2　√	T7 - 3　×
T7 - 4　√	T7 - 5　√	T7 - 6　×
T7 - 7　×	T7 - 8　×	T7 - 9　√
T7 - 10　×	T7 - 11　×	T7 - 12　√
T7 - 13　√	T7 - 14　√	T7 - 15　×
T7 - 16　×	T7 - 17　√	T7 - 18　√
T7 - 19　×	T7 - 20　×	T7 - 21　√
T7 - 22　√	T7 - 23　√	T7 - 24　√
T7 - 25　×	T7 - 26　×	

7.3.2　单选题

S7 - 1　C	S7 - 2　B	S7 - 3　A
S7 - 4　B	S7 - 5　B	S7 - 6　D
S7 - 7　A	S7 - 8　C	S7 - 9　B
S7 - 10　B	S7 - 11　A	S7 - 12　C
S7 - 13　A	S7 - 14　C	S7 - 15　A

S7 - 16　A	S7 - 17　D	S7 - 18　C
S7 - 19　C	S7 - 20　A	S7 - 21　C
S7 - 22　A	S7 - 23　A	S7 - 24　B
S7 - 25　D		

7.3.3　多选题

M7 - 1　ABCD	M7 - 2　ACD	M7 - 3　ACD
M7 - 4　ABCD	M7 - 5　ABDE	M7 - 6　AC
M7 - 7　AB	M7 - 8　CDE	M7 - 9　AD
M7 - 10　CDE	M7 - 11　AC	M7 - 12　ABE
M7 - 13　BC	M7 - 14　ABD	M7 - 15　AC
M7 - 16　ABCD	M7 - 17　AE	M7 - 18　ABCD
M7 - 19　BC	M7 - 20　ABCDE	

7.3.4　课程思政思考题（略）

7.4　教材课后部分习题参考答案

7.4.1　思考题（略）

7.4.2　练习题

E7 - 1　练习错账的更正。

（1）上述会计分录有误。收回前欠货款应该冲减应收账款，而不是确认一笔营业外收入。

（2）更正如下：

①用红字金额填制一张与原错误分录相同的记账凭证，冲销原有的错误分录：

借：银行存款　　　　　　　　　　　　　　　　　　　　　1 130 000

　贷：营业外收入　　　　　　　　　　　　　　　　　　　　　　1 130 000

若没有红笔，可在金额部分加框，表示红字。

借：银行存款　　　　　　　　　　　　　　　　　　　　　$\boxed{1\ 130\ 000}$

　贷：营业外收入　　　　　　　　　　　　　　　　　　　　　　$\boxed{1\ 130\ 000}$

②用蓝字填制一张正确的记账凭证，注明"订正×年×月×号凭证"。

　　借：银行存款　　　　　　　　　　　　　　　　　　　1 130 000

　　　贷：应收账款　　　　　　　　　　　　　　　　　　　1 130 000

③登入总分类账簿，以丁字形账户替代。

银行存款			营业外收入			应收账款	
1 130 000				1 130 000			② 1 130 000
① 1 130 000			① 1 130 000				
② 1 130 000				0			
1 130 000							

　　通过上述更正分录，会计总分类账簿中就只留下正确的记录，银行存款增加 1 130 000 元，应收账款减少 1 130 000 元。

E7 – 2　练习红字更正法。

　　企业生产车间管理人员使用转账支票购买的办公用品 1 050 元，应计入制造费用。由于已经根据错误的记账凭证登记了账簿，因此，应采用红字更正法进行更正。方法如下：

　　①用红字金额填制一张与原错误分录相同的记账凭证，冲销原有的错误分录：

　　　借：管理费用　　　　　　　　　　　　　　　　　　　　　1 050

　　　　贷：银行存款　　　　　　　　　　　　　　　　　　　　1 050

　　②用蓝字填制一张正确记账凭证，注明"订正×年×月×号凭证"。

　　　借：制造费用　　　　　　　　　　　　　　　　　　　　　1 050

　　　　贷：银行存款　　　　　　　　　　　　　　　　　　　　1 050

将更正分录过入如下会计账簿（丁字账）：

管理费用			银行存款			制造费用	
1 050				1 050		② 1 050	
① 1 050			① 1 050				
			② 1 050				
0				1 050			

　　其更正后的结果为：制造费用增加 1 050 元，银行存款减少 1 050 元，为正确记录；将误记的管理费用冲减为零。

E7 – 3　练习补充登记法。

　　将少记的差额 2 000 元（5 000 − 3 000）补记为：

　　　借：销售费用　　　　　　　　　　　　　　　　　　　　　2 000

　　　　贷：银行存款　　　　　　　　　　　　　　　　　　　　2 000

并根据该记账凭证过入如下会计账簿（丁字账）：

销售费用	
3 000	
补　2 000	
5 000	

银行存款	
	3 000
	补　2 000
	5 000

经过上述更正后，这笔业务产生的销售费用借方发生额为 5 000 元，银行存款贷方发生额为 5 000 元，为正确记录。

第8章 成本计算

思维导图

第8章成本计算

成本计算概述
- 成本内涵
- 成本计算对象
- 成本计算的意义
- 成本计算的原则
- 制造企业成本计算的相关规则

发出存货成本的计算
- 存货盘存制度
  - 实地盘存制
  - 永续盘存制
- 发出存货的计价方法
  - 先进先出法
  - 后进先出法
  - 加权平均法
  - 个别计价法
- 存货跌价准备

固定资产折旧
- 固定资产折旧的计算方法
  - 直线法（见第5章）
  - 加速折旧法
    - 双倍余额递减法
    - 年数总和法
- 固定资产折旧计提的账务处理
- 固定资产折旧计提的相关规定

固定资产减值
- 固定资产减值计提
- 计提固定资产减值准备设置的账户
- 固定资产减值准备计提的账务处理

★课程思政
- 价值塑造　节约成本即创造价值
- 知识传递　设计决定成本的高低　不同成本计算方法计算的成本是不同的
- 能力培养　培养前瞻性思维的能力

8.1　学习指导

8.1.1　学习重点

本章学习重点是在了解成本与费用是不同概念的基础上，理解成本计算的对象及其意义，掌握资产取得成本的核算方法，理解成本不仅受价格的影响，而且受存货数量的影响，不同的盘存制度对存货数量的确定方法不同，掌握发出存货的各种计价方法、存货跌价准备的计提、固定资产折旧和减值。

8.1.2　学习难点和疑点

1. 发出存货的计价方法

发出存货的计价方法，即**对成本流转假设下各种不同计价方法对发出存货的成本的影响，继而对企业利润、期末存货价值所带来的不同结果的理解**。需要思考的问题如下：

（1）存货的不同盘存制度适用的范围是什么？

（2）发出存货成本的计价方法各有什么特点？

（3）如何根据存货成本流转假设方法选择适合本企业存货特点的方法？

2. 存货跌价准备计提

需要思考的问题如下：

（1）存货跌价准备计提的原则是什么？体现什么会计信息质量的要求？

（2）"资产减值损失"和"存货跌价准备"账户的结构是什么？

（3）存货跌价准备对期末存货价值的影响是什么？

3. 固定资产折旧

需要考虑的问题如下：

（1）固定资产折旧的含义是什么？

（2）加速折旧法包括哪些方法？是怎么计算折旧的？

（3）"累计折旧"账户的特点是什么？其对应的账户有哪些？

（4）加速折旧法的特点是什么？和直线法相比，加速折旧法对期末固定资产价值、企业利润的影响有什么不同？

（5）固定资产折旧计提方法的选择和变更有什么要求？

4. 固定资产减值

需要考虑的问题如下：

（1）固定资产减值如何计提？

（2）"固定资产减值准备"账户的结构是什么？

（3）固定资产减值对期末固定资产价值的影响是什么？

8.1.3　疑难解答

1. 永续盘存制与实地盘存制

存货盘存制度是指期末结存存货数量的确定方法。按照确定各项存货账存数的方法将其分为永续盘存制和实地盘存制。

永续盘存制又称账面盘存制，是根据账簿记录计算账面结存数的方法。在这种方法下，存货的增加和减少，平时都要根据会计凭证连续登记入账，随时可以根据账簿记录结出账面结存数。账面结存数的计算公式如下：

期末账面结存数＝期初账面结存数＋本期增加数－本期减少数

实地盘存制又称实地盘存法，是根据实地盘点或技术推算得到期末实存数量，作为确认各项存货账面结存数的方法。在这种方法下，对于存货的增加，平时都要根据会计凭证连续登记入账；但对于存货的减少则不做记录，也无法结算账面结存数，只有到了期末再根据实地盘点或技术推算所得的实存数量作为账面结存数，然后倒轧出本期财产物资的减少数。本期减少数的计算公式如下：

本期减少数＝期初账面结存数＋本期增加数－期末实际结存数

永续盘存制可以在账簿中反映存货的收入、发出和结存情况，并从数量和金额两方面进行管理控制；账簿上的结存数量可以通过盘点加以核对。如果账簿上的结存数量与实存数量不符，可以及时查明原因。因此，企业一般采用永续盘存制对存货进行核算。

采用实地盘存制，平时只记录购进成本，不记录发出的数量、金额，可以简化存货的核算工作。但这种盘存制度不能从账面上随时反映存货的收入、发出和结存情况，只能通过定期盘点，计算、结转发出存货的成本。由于倒轧发出存货的成本，使结转的发出成本中可能包含非正常耗用的成本，因此，只有一些价值低、品种多、收发频繁的存货采用实地盘存制。

2. 存货成本流转假设

存货成本流转假设是指通过假定存货成本与存货实物的流动关系来确定期末

存货和销售成本的方法，并不要求存货的实物与其成本保持一致。换句话说，存货成本流转假设忽略存货实物的流动，直接按照存货成本的流动假设来计算发出存货的成本。

发出存货的计价方法主要有：

（1）先进先出法。先进先出法以先购进的存货先发出为假定前提。日常发出材料等存货的实际成本，要按库存存货中最先购进的那批存货的实际成本计价。如果发出的存货属于最先购入的两批或三批，且单价不同，就要用两个或三个不同的单价计价。这种计价方法的特点是使存货的账面结存价值接近于近期市场价格。

（2）后进先出法。后进先出法以后购进的存货先发出为假定前提。日常发出材料等存货的实际成本要按库存存货中最后购进的那批存货的实际成本计价。如果发出的属于最后购入的两批或三批，且单价不同，就要用两个或三个不同的单价计价。这种计价方法的特点是使发出存货的价值接近于近期市场价格。在通货膨胀条件下，能保证成本、费用的有效补偿，符合会计核算谨慎性原则的要求。我国《企业会计准则》禁止企业采用后进先出法。

（3）加权平均法。采用这种方法，发出存货的单价是以期初结存数和本期增加数进行加权平均计算的，即以期初结存存货的实际成本与本期增加存货的实际成本之和，除以期初结存存货数量与本期增加存货数量之和，求得存货平均单价。其计算公式如下：

$$存货平均单价 = \frac{期初结存存货实际成本 + 本期增加存货实际成本}{期初结存存货数量 + 本期增加存货数量}$$

采用这种方法，只有期末才能根据上述公式计算存货的平均单价，并对发出存货进行计价，进而计算存货结存的金额。平时从存货明细账中看不出存货的结存价值，不利于存货的日常管理工作，但这种计价方法能够减少计价的工作量。

（4）移动平均法。采用这种方法，发出存货的单价是以上次结存存货的平均单价计算的。即用以前结存存货的实际成本加上本批增加存货的实际成本，除以以前结存存货的数量加上本批增加存货的数量，求得存货的平均单价，作为发出存货的计价标准。其计算公式如下：

$$存货平均单价 = \frac{以前结存存货实际成本 + 本批增加存货实际成本}{以前结存存货数量 + 本批增加存货数量}$$

采用这种方法，每购进一批存货，就要重新计算一次单价，每发出一次存货，都要按上次结存存货的平均单价作为本次发出存货的单价，因而存货的计价工作量较大。其优点是存货计价工作可以分散在月内进行。

（5）个别计价法。采用这种方法，是以某批存货增加时的实际单位成本作为该批存货发出的实际成本，即发出某批存货要根据该批存货购入时的实际单位成本计算。这种方法的优点是能正确地计算发出存货的实际成本，并随时掌握实际库存情况。但采用这种方法，要求确认发出存货和期末结存存货所属购进的批别。为此，必须按购进批别设置存货明细账，对其进行详细记录。入库时，应挂上标签，分别存放，分别保管，以便发出时便于识别是哪批购进的。这种计价方法一般只适用于价值高、数量少的存货。在采用个别计价法时，发出存货价值及期末存货价值根据下式计算：

$$发出存货价值＝发出存货数量×该批存货实际单位成本$$
$$期末存货价值＝期末存货数量×该批存货实际单位成本$$

3. 企业该如何选择存货计价方法

由于各种发出存货计价方法带来的计算结果不同，对企业财务状况和经营成果将会产生深远影响，因此，企业应根据自身特点，对存货的构成进行分析，哪些存货易于受市场价格波动影响，哪些存货的价格相对稳定，判断未来一段时期内整个宏观经济形势对经济的影响及资产价格走势，再根据管理层的意图，选择适合行业特点的存货计价方法。会计核算方法一经选定，一般是不能随意改变的，若改变核算方法需要有充足的理由加以说明。

4. 存货跌价准备计提的原则

根据存货准则的规定，资产负债表日，存货应当按照成本与可变现净值孰低计量，存货成本高于其可变现净值的，应当计提存货跌价准备，计入当期损益。这个计提原则就是成本与可变现净值孰低原则。其中，"资产负债表日"是指对外公布财务报表之日。在我国，一般是指季末、半年末和年末。"成本"是指任何一种以实际成本为基础的存货计价方法（除后进先出法外）计算的期末存货价值。"可变现净值"是指其估计售价减去估计的销售费用和相关税费后的金额。其计算公式如下：

$$\begin{matrix} 直接对外出售存货的 \\ 可变现净值 \end{matrix} ＝ \begin{matrix} 估计 \\ 售价 \end{matrix} － \begin{matrix} 估计的 \\ 销售费用 \end{matrix} － \begin{matrix} 估计的 \\ 相关税费 \end{matrix}$$

需要进一步加工才能对外销售的存货，其可变现净值的计算是在前述计算公式的基础上再扣除估计的继续加工成本。

计提存货跌价准备是谨慎性会计信息质量的要求。

5. "资产减值损失"和"存货跌价准备"账户

"资产减值损失"科目核算其计提各项资产减值准备所形成的损失。该科目按照资产减值损失的项目进行明细核算。该科目借方登记发生额（增加数），贷方登记结转额（减少数）。期末结转后，该科目无余额。

"存货跌价准备"科目核算企业对存货计提的跌价准备。该科目是存货项目的备抵科目。可按存货项目或类别进行明细核算。该科目贷方登记计提额（增加数），借方登记转回额或转销额（减少数），期末余额在贷方，反映企业已计提但尚未转销的存货跌价准备。

6. 存货跌价准备对期末存货价值的影响

企业通常应当按照单个存货项目计提存货跌价准备，企业存货的期末价值是存货成本扣减累计存货跌价准备后的金额。

7. 固定资产折旧的含义

企业在生产经营过程中使用固定资产而使其损耗导致价值减少，固定资产由于损耗而减少的价值就是折旧。折旧概念的基础是权责发生制以及体现这一制度要求的配比原则。按照配比原则，固定资产的成本不仅仅是为取得当期收入而发生的成本，也是为取得以后各项收入而发生的成本，即固定资产成本是为在固定资产有效使用期内取得收入而发生的成本，自然与收入相配比。因此，为了使减少的固定资产价值得到及时补偿，需要将折旧费用分期计入产品成本或费用中。

8. 加速折旧法

加速折旧法的特点是在固定资产有效使用年限的前期多提折旧，后期少提折旧，从而相对加快折旧的速度，以使固定资产成本在有效使用年限中加快得到补偿。加速折旧法包括双倍余额递减法和年数总和法。

（1）双倍余额递减法。双倍余额递减法是指在先不考虑固定资产预计净残值的情况下，根据每期期初固定资产原价减去累计折旧后的余额乘以双倍的直线法折旧率来计算固定资产折旧的一种方法。计算公式如下：

年折旧率＝2/预计使用年限×100%

年折旧额＝固定资产账面净值×年折旧率

月折旧额＝年折旧额/12

为简化核算，在我国现行会计实务中，采用双倍余额递减法计提固定资产折旧时，应在其折旧年限到期前两年内，将固定资产净值扣除预计净残值后的余额平均摊销。

（2）年数总和法。年数总和法是将固定资产的原价减去预计净残值的余额，乘以一个以固定资产尚可使用年限为分子、以预计使用年限逐年数字之和为分母的逐年递减的分数计算每年折旧额的一种方法。计算公式如下：

$$年折旧率＝尚可使用年限/预计使用年限的逐年数字之和×100\%$$
$$年折旧额＝(原价－预计净残值)×年折旧率$$
$$尚可使用年限:n,n－1,n－2,\cdots,1$$
$$预计使用年限的逐年数字之和＝n+(n－1)+(n－2)+\cdots+1$$
$$＝n×(n+1)/2$$

9. "累计折旧"账户及其对应账户

计提折旧就是根据固定资产的受益对象将固定资产成本分期分配计入有关的成本或费用中。例如，生产部门使用的固定资产计提折旧，记入"制造费用"账户；管理部门使用的固定资产计提折旧，记入"管理费用"账户；专设销售机构使用的固定资产计提折旧，记入"销售费用"账户；自行建造固定资产过程中使用的固定资产计提折旧，记入"在建工程"账户。

企业设置"累计折旧"账户，核算固定资产的成本已转化为费用的累计金额，冲减固定资产的价值。"累计折旧"是固定资产的备抵账户，一般只有贷方发生额和期末余额。贷方登记当期计提的折旧金额，贷方余额反映到当前为止固定资产成本已转化为费用的累计金额。只有固定资产报废（清理）或出售时才会减记（减少）累计折旧。

企业计提固定资产折旧时，一方面使折旧费用增加，记入"制造费用""管理费用""销售费用""在建工程"等账户的借方；另一方面使固定资产账面价值减少，记入"累计折旧"账户的贷方。

10. 加速折旧法对期末固定资产价值、企业利润的影响

加速折旧法下企业在固定资产有效使用年限的前期多提折旧，后期少提折旧，从而相对加快折旧的速度，以使固定资产成本在有效使用年限中加快得到补偿。因此，和直线法相比，采用加速折旧法，企业在固定资产有效使用年限前期的利润少些，后期多些，固定资产期末价值前期低些，后期高些。由此可见，折旧方法通过影响折旧费用，继而影响资产负债表中的固定资产净值和利润表中的利润。

11. 固定资产折旧计提方法的选择和变更

折旧方法选择不同，所计提的折旧额也不同。因此，企业需要根据具体情况和相关的制度规定选择合适的折旧方法。

折旧方法一经确定，原则上不得随意变更。如需变更，除了满足会计政策变更的规定程序外（包括提出申请、评价可操作性、董事会审议通过和股东会批准等），还应在财务报告附注中予以说明。但是，与固定资产有关的经济利益预期

实现方式有重大改变的，应当改变固定资产折旧方法，作为会计估计变更。

12. 固定资产减值的计提

每年年末，企业购置固定资产后，由于固定资产市价持续下跌或是技术陈旧、资产损失以及长期闲置导致资产老化等原因，导致其可收回金额低于账面价值。这种情况称之为固定资产减值。根据《企业会计准则第 8 号——资产减值》的规定，企业应当按照可收回金额低于其账面价值的差额计提减值准备，并计入当期损益。固定资产可收回金额应当根据固定资产的公允价值减去处置费用后的净额与固定资产预计未来现金流量的现值两者之间较高者确定。固定资产的公允价值减去处置费用后的净额与固定资产预计未来现金流量的现值，只要有一项超过了资产的账面价值，就表明固定资产没有发生减值，不需再估计另一项金额。

13. "固定资产减值准备"账户

计提固定资产减值准备时，设置"固定资产减值准备"账户。"固定资产减值准备"科目核算企业对固定资产计提的减值准备，是固定资产的备抵科目。该科目借方登记结转的固定资产减值准备，贷方登记计提额（增加数），期末余额在贷方，反映企业已计提但尚未转销的固定资产减值准备。需要注意的是，固定资产减值损失一经确认，在以后会计期间不得转回。以后期间处置固定资产时，需同时结转固定资产减值准备，这部分知识详见财务会计学课程。

企业计提固定资产减值准备时，一方面使资产减值损失增加，记入"资产减值损失"账户的借方；另一方面使固定资产账面价值减少，记入"固定资产减值准备"账户的贷方。

14. 固定资产减值对期末固定资产价值的影响

企业固定资产的期末价值是固定资产成本扣减累计折旧和累计减值准备后的金额。

8.2　练习题

第 8 章　判断题
即测即评

8.2.1　判断题

T8 - 1　成本计算是会计核算方法之一。　　　　　　　　（　　）

T8 - 2　成本计算主要是对已完工产品成本的计算。　　　（　　）

T8－3　成本计算方法是复式记账法的基础，是正确计算损益的基础。

（　　）

T8－4　广义的成本计算存在于企业经济活动的全过程，任何一项活动纳入会计核算系统，都涉及成本的计算。　　　　　　　　　　　　　（　　）

T8－5＊　成本计算的目的之一是确定耗费的补偿尺度。　（　　）

T8－6　资产一旦投入使用即转化为费用，因此，耗费资产的成本计算可以转化为费用的计算。　　　　　　　　　　　　　　　　　　　（　　）

T8－7＊　外购材料的取得成本由材料的买价构成。　（　　）

T8－8　间接（共同）费用需要在各成本计算对象之间进行分配。　（　　）

T8－9＊　某企业外购 A，B 两种材料，其中 A 材料的买价为 100 000 元，B 材料的买价为 300 000 元，运杂费为 5 000 元。如果按材料买价分摊运杂费，则 A 材料的取得成本为 102 500 元。　　　　　　　　　　　　　　（　　）

T8－10　只要是为购进固定资产发生的支出，不论其金额大小，应全部计入固定资产的取得成本。　　　　　　　　　　　　　　　　　　　（　　）

T8－11＊　某企业购进一台设备，其买价为 60 000 元，运输费 2 000 元，保险费 500 元，安装费 1 000 元，则该固定资产的成本为 62 500 元。　（　　）

T8－12　自制产品的制造成本由领用材料成本和制造费用两部分构成。

（　　）

T8－13　采用永续盘存制时，可以随时从账簿中结出各项存货的账面结存数。

（　　）

T8－14　采用实地盘存制时，可以随时从账簿中结出各项存货的账面结存数。

（　　）

T8－15　不论采用何种盘存制度，账面上都应该反映存货的增减变动及结存情况。　　　　　　　　　　　　　　　　　　　　　　　　　　　（　　）

T8－16　永续盘存制加大了明细账的核算工作，因而企业较少采用。（　　）

T8－17　期初结存存货价值＋本期购进存货价值＝本期减少存货价值＋期末结存存货价值。　　　　　　　　　　　　　　　　　　　　　　　（　　）

T8－18　在物价下跌时，采用先进先出法计算的发出存货成本和期末存货价值，符合谨慎性原则。　　　　　　　　　　　　　　　　　　　　（　　）

T8－19　在物价上涨时，采用后进先出法对发出存货和期末存货进行计价，不符合谨慎性原则。　　　　　　　　　　　　　　　　　　　　（　　）

T8－20　采用全月一次加权平均法对存货进行计价时，存货加权平均成本与现行成本存在一定差距。　　　　　　　　　　　　　　　　　　　（　　）

T8－21　移动平均法既适用于永续盘存制，又适用于实地盘存制。　（　　）

T8－22　个别计价法有可能使企业利用计价方法调节损益。　（　　）

T8-23* 仓库发出材料用于产品生产时，应借记"营业成本"科目，贷记"原材料"科目。 （　　）

T8-24 企业在生产过程中发生的各种耗费，形成制造产品的成本。（　　）

T8-25* 产品制造成本中的直接材料和直接人工属于直接费用，制造费用属于间接费用。 （　　）

T8-26* 生产过程中发生的直接费用计入产品的制造成本，间接费用计入管理费用。 （　　）

T8-27* 本期发生的生产费用应全部计入完工产品成本。 （　　）

T8-28* 企业在生产过程中为生产产品发生的各种耗费构成制造产品的成本。 （　　）

T8-29* "生产成本"科目借方余额表示期末在产品成本。 （　　）

T8-30* 制造业企业的产品成本包括企业在生产产品过程中所发生的材料费用、职工薪酬以及不能直接计入而按一定标准分配计入的各种间接费用。 （　　）

T8-31 从财务会计视角看，未消耗的成本在资产负债表中列报，已经消耗了的成本在利润表中列报。 （　　）

T8-32* 在间接费用分配中，对不同项目只能平均分配。 （　　）

T8-33 永续盘存要逐日逐笔登记收入发出的存货，并随时计算结余数，因此，期末存货账户的余额与实际库存一定相符。 （　　）

T8-34 永续盘存制的计算公式为：期初账面结存数＋本期收入数－本期减少数＝期末账面结存数。 （　　）

T8-35 在物价不断上涨的情况下，采用先进先出法会导致企业存货的期末价值被低估，增加当期的利润，增加企业的应交所得税。 （　　）

T8-36 实地盘存制下，平时记录存货的增加业务，不记录存货的减少业务，期末通过实地盘点或技术推算确定账面结存数量，然后倒轧出本期存货的减少数量。 （　　）

T8-37 累计折旧就是减少的固定资产价值。 （　　）

T8-38 固定资产折旧费用都计入管理费用中。 （　　）

T8-39 利用双倍余额递减法计算固定资产折旧时，先不考虑固定资产预计净残值。 （　　）

T8-40 企业不得随意变更折旧方法。如需变更，需要满足会计政策变更的规定程序，还应在财务报表附注中予以说明。 （　　）

T8-41 当月增加的固定资产，当月不计提折旧；当月减少的固定资产，当月仍计提折旧。 （　　）

T8-42 有迹象表明，企业已经计提了减值准备的固定资产减值因素消失时，其计提的减值准备应该按照账面价值超过其可收回金额的差额全部予以转回。

（　　）

T8-43　固定资产在计提了减值准备后，在以后处置该项固定资产时，不需要考虑所计提的固定资产减值金额。　　　　　　　　　　　　　　　　（　　）

8.2.2　单选题

S8-1[*]　成本计算是（　　）。

A. 确定成本范围的过程

B. 确定计算对象总成本和单位成本的过程

C. 确定核算对象的过程

D. 确定补偿范围的过程

S8-2[*]　某企业外购 A，B 两种材料，A 材料买价 20 万元，B 材料 30 万元，两种材料共发生运杂费 5 000 元。如果运杂费按材料的买价分摊，则 B 材料的取得成本为（　　）元。

A. 302 500　　　　　　　　　　　B. 305 000

C. 303 000　　　　　　　　　　　D. 300 000

S8-3[*]　某企业自制产品，领用材料的成本为 100 000 元，人工费用为 10 000 元，制造费用为 8 000 元。如果不考虑其他因素的影响，自制产品的成本为（　　）元。

A. 100 000　　　　　　　　　　　B. 110 000

C. 118 000　　　　　　　　　　　D. 108 000

S8-4[*]　某企业购进固定资产的买价为 50 000 元，增值税 6 500 元，运输费 100 元，包装费 80 元，途中保险费 50 元。该项固定资产的取得成本为（　　）元。

A. 50 000　　　　　　　　　　　B. 56 730

C. 50 130　　　　　　　　　　　D. 50 230

S8-5　企业采用永续盘存制对存货进行核算时，存货账簿平时记录的内容是（　　）。

A. 对各项财产物资的增加数和减少数，都不在账簿中登记

B. 只在账簿中登记财产物资的减少数，不登记财产物资的增加数

C. 只在账簿中登记财产物资的增加数，不登记财产物资的减少数

D. 对各项财产物资的增加数和减少数，都要根据会计凭证在账簿中登记

S8-6　企业采用实地盘存制对存货进行核算时，存货账簿平时记录的内容是（　　）。

A. 只在账簿中登记财产物资的减少数，不登记财产物资的增加数

B. 只在账簿中登记财产物资的增加数，不登记财产物资的减少数

C. 对各项财产物资的增加数和减少数，都要根据会计凭证登记入账

D. 通过财产清查据以确定财产物资增加数和减少数，并据此登记入账

S8-7 在物价不断下跌的情况下，体现谨慎性原则的存货计价方法是（　　　）。

A. 个别计价法　　　　　　　　　　B. 先进先出法

C. 后进先出法　　　　　　　　　　D. 加权平均法

S8-8 在物价上涨的情况下，体现谨慎性原则的存货计价方法是（　　　）。

A. 个别计价法　　　　　　　　　　B. 先进先出法

C. 后进先出法　　　　　　　　　　D. 加权平均法

S8-9 下列各项中，体现人为因素较多的存货计价方法是（　　　）。

A. 个别计价法　　　　　　　　　　B. 先进先出法

C. 后进先出法　　　　　　　　　　D. 加权平均法

S8-10 下列各项中，只能在期末计算发出存货成本的计价方法是（　　　）。

A. 个别计价法　　　　　　　　　　B. 先进先出法

C. 后进先出法　　　　　　　　　　D. 加权平均法

S8-11 某企业 A 材料期初结存 200 件，单价 100 元，金额为 20 000 元；本期购进 500 件，单价 100 元；本期发出 600 件，毁损 10 件。采用永续盘存制时，本期发出材料的成本为（　　　）元。

A. 60 000　　　　　　　　　　　　B. 61 000

C. 51 000　　　　　　　　　　　　D. 50 000

S8-12 某企业 A 材料期初结存 200 件，单价 100 元，金额为 20 000 元；本期购进 500 件，单价 100 元；期末结存（盘点）90 件。采用实地盘存制时，本期发出材料的成本为（　　　）元。

A. 60 000　　　　　　　　　　　　B. 61 000

C. 51 000　　　　　　　　　　　　D. 50 000

S8-13 某企业 A 材料的有关资料见下表。

A 材料明细账

金额单位：元
数量单位：件

20××年		摘要	收入			发出			结存		
月	日		数量	单价	金额	数量	单价	金额	数量	单价	金额
8	1	月初结存							100	10	1 000
	10	购进	200	10.50	2 100						
	18	发出				200					
	20	购进	400	11	4 400						
	25	发出				200					
	30	发出				200					

如果该企业采用先进先出法，8 月份发出材料的成本为（　　）元。

A. 6 600　　　　　　　　　　　　　B. 6 500

C. 6 400　　　　　　　　　　　　　D. 6 429

S8 - 14　依据第 13 题的资料，如果该企业采用后进先出法，8 月份发出材料的成本为（　　）元。

A. 6 400　　　　　　　　　　　　　B. 6 429

C. 6 500　　　　　　　　　　　　　D. 6 413

S8 - 15　依据第 13 题的资料，如果该企业采用全月一次加权平均法，8 月份发出材料的成本为（　　）元。

A. 6 400　　　　　　　　　　　　　B. 6 429

C. 6 500　　　　　　　　　　　　　D. 6 413

S8 - 16　依据第 13 题的资料，如果该企业采用移动平均法，8 月份发出材料的成本为（　　）元。

A. 6 400　　　　　　　　　　　　　B. 6 429

C. 6 500　　　　　　　　　　　　　D. 6 413

S8 - 17　结转销售产品成本时，应借记的科目是（　　）。

A. "主营业务成本"　　　　　　　　B. "生产成本"

C. "本年利润"　　　　　　　　　　D. "主营业务收入"

S8 - 18*　企业为生产产品而发生的直接费用，对此费用进行归集应设置的会计科目是（　　）。

A. "库存商品"　　　　　　　　　　B. "生产成本"

C. "管理费用"　　　　　　　　　　D. "主营业务成本"

S8 - 19*　生产产品领用材料 100 000 元，车间一般耗用 10 000 元，厂部领用 1 000 元。如果不考虑其他因素的影响，应记入 "生产成本" 科目的金额为（　　）元。

A. 100 000　　　　　　　　　　　　B. 110 000

C. 111 000　　　　　　　　　　　　D. 11 000

S8 - 20*　某企业生产 A 产品，本期领用材料 50 000 元，发放工资 20 000 元，提取折旧 10 000 元，其他制造费用 15 000 元。假设 "生产成本——A 产品" 期初余额 15 000 元，期末余额 20 000 元，则完工产品成本为（　　）元。

A. 110 000　　　　　　　　　　　　B. 95 000

C. 90 000　　　　　　　　　　　　　D. 80 000

S8 - 21*　下列选项中，作为 "制造费用" 核算的是（　　）。

A. 销售人员的工资　　　　　　　　B. 生产车间主任的工资

C. 生产领用的原材料　　　　　　　D. 行政管理人员工资

S8 - 22　我国现行会计准则禁止使用的发出存货计价方法是（　　）。

A. 个别计价法　　　　　　　　　B. 加权平均法

C. 后进先出法　　　　　　　　　D. 先进先出法

S8 - 23　存货跌价准备计提的依据是资产负债表日存货的成本与可变现净值孰低原则。可变现净值是指（　　）。

A. 存货估计售价减去估计的销售费用和相关税费后的金额

B. 存货的重置成本

C. 存货的公允价值

D. 存货的估计售价

S8 - 24　某企业采用月末一次加权平均法计算发出材料成本。2024 年 3 月 1 日结存甲材料 300 件，单位成本 30 元；3 月 15 日购入甲材料 200 件，单位成本 35 元；3 月 20 日购入甲材料 500 件，单位成本 25 元，发出甲材料 400 件。3 月份发出甲材料的成本为（　　）元。

A. 10 000　　　　　　　　　　　B. 11 400

C. 14 000　　　　　　　　　　　D. 12 000

S8 - 25　资产负债表日，当存货成本低于可变现净值时，存货按（　　）计量。

A. 成本　　　　　　　　　　　　B. 可变现净值

C. 公允价值　　　　　　　　　　D. 现值

S8 - 26　在物价不断上涨时期，一个企业可以选择的发出存货的计价方法中，若要使期末存货余额最高（其他条件不变），可以采用的计价方法是（　　）。

A. 全月一次加权平均法　　　　　B. 移动加权平均法

C. 先进先出法　　　　　　　　　D. 个别计价法

S8 - 27　某企业存货按实际成本计价，采用先进先出法计算发出成本。2024 年 3 月，A 存货的期初结存数量 200 件，单价 15 元；3 月 5 日购入 100 件，单价 12 元；3 月 15 日销售 250 件；3 月 20 日购入 100 件，单价 14 元。不考虑其他因素，2024 年 3 月 31 日该企业 A 存货的期末结存成本为（　　）元。

A. 2 000　　　　　　　　　　　B. 2 150

C. 1 400　　　　　　　　　　　D. 1 500

S8 - 28　资产负债表日，存货按照"成本与可变现净值孰低"原则计提存货跌价准备，是（　　）会计信息质量的要求。

A. 可比性　　　　　　　　　　　B. 可靠性

C. 及时性　　　　　　　　　　　D. 谨慎性

S8 - 29　2023 年 12 月 31 日，阳光零售企业 A 商品账面余额为 5 000 000

元，由于市场价格下跌，该商品预计可变现净值为 4 700 000 元，"存货跌价准备"科目期初余额为零。不考虑其他因素，A 商品期末计提存货跌价准备的会计处理正确的是（　　）。

  A. 借：营业外支出   300 000

    贷：存货跌价准备   300 000

  B. 借：信用减值损失   300 000

    贷：存货跌价准备   300 000

  C. 借：管理费用   300 000

    贷：存贷跌价准备   300 000

  D. 借：资产减值损失   300 000

    贷：存货跌价准备   300 000

S8-30　2023 年末，某企业某项存货的账面成本为 800 000 元，可变现净值为 730 000 元。2024 年末该项存货的可变现净值为 850 000 元。2024 年末该企业对该项存货计提的存货跌价准备应该是（　　）元。

  A. 补提 70 000   B. 转回 70 000

  C. 补提 50 000   D. 转回 50 000

S8-31　A、B、C 三家公司分别于 2023 年 6 月 30 日在 XYZ 公司购入一台碎石机，碎石机的购买价格为 740 万元，预计使用年限为 5 年，预计净残值为 20 万元。A 公司固定资产采用直线折旧法计提折旧。B 公司采用年数总和法计提折旧。C 公司采用双倍余额递减法计提折旧。2023 年，三家公司中因碎石机折旧计提对公司当年利润影响最大的为（　　）公司，该公司应计提折旧（　　）万元。

  A. B 公司　72   B. B 公司　120

  C. C 公司　134   D. C 公司　148

S8-32　"累计折旧"账户是"固定资产"账户的备抵账户，反映固定资产的（　　）。

  A. 使用后的账面净值   B. 因使用而减少的价值

  C. 公允价值   D. 原始价值

S8-33　以下各因素中，计提固定资产折旧时通常不考虑的是（　　）。

  A. 固定资产原值   B. 固定资产预计净残值

  C. 固定资产使用年限   D. 固定资产实际净残值

S8-34　下列固定资产折旧方法中，初期不需要考虑固定资产预计净残值的方法是（　　）。

  A. 双倍余额递减法   B. 工作总量法

  C. 直线法   D. 年数总和法

S8 - 35 下列关于固定资产折旧方法的说法中，不正确的是（　　）。

A. 年数总和法计算的固定资产年折旧额逐年递减

B. 年限平均法需要考虑固定资产的预计净残值，计算的年折旧额相等

C. 双倍余额递减法计算的固定资产年折旧额每年相等

D. 加速折旧法下，前期计提折旧多些，后期计提折旧少些

S8 - 36 丙公司为高新技术企业，其生产设备采用双倍余额法计提折旧。该生产设备原值为 200 万元，预计净残值为 20 万元，预计使用年限为 5 年。该生产设备第四年的折旧额为（　　）万元。

A. 11.6　　　　　　　　　　　　　B. 36

C. 17.28　　　　　　　　　　　　D. 40

S8 - 37 固定资产减值，是指资产的（　　）低于其账面价值的情况。

A. 可变现净值　　　　　　　　　B. 可收回金额

C. 预计未来现金流量现值　　　　D. 公允价值

S8 - 38 计提固定资产减值准备时，借记的会计科目是（　　）。

A. 管理费用　　　　　　　　　　B. 投资收益

C. 资产减值损失　　　　　　　　D. 营业外支出

S8 - 39 下列各项中，关于减值损失的表述正确的是（　　）。

A. 固定资产减值损失一经确认，在以后会计期间不得转回

B. 机器设备的减值损失一经确认，在以后会计期间可以转回

C. 存货跌价损失一经确认，在以后会计期间不得转回

D. 以前减记存货价值的影响因素已经消失的，减记的金额也不予以恢复

S8 - 40* 2023 年 12 月 31 日，长安公司一台原价 500 万元、已提折旧 210 万元、已提减值准备 20 万元的机器设备出现减值迹象，经过减值测试，其未来现金流量的现值是 250 万元，公允价值减去处置费用后的净额是 240 万元。不考虑其他因素，2023 年 12 月 31 日，长安公司应该为该项机器设备计提减值准备的金额为（　　）万元。

A. 10　　　　　　　　　　　　　B. 20

C. 30　　　　　　　　　　　　　D. 50

8.2.3　多选题

第 8 章　多选题
即测即评

M8 - 1 下列各项中，属于成本计算内容的有（　　）。

A. 资产采购成本计算　　B. 商品销售成本计算

C. 负债成本计算　　　　D. 产品生产成本计算

E. 所有者权益成本计算

M8 - 2[*]　下列各项中，包括在外购材料取得成本中的有（　　）。

A. 买价　　　　　　　　　　　B. 定额内的途中损耗

C. 运杂费　　　　　　　　　　D. 非正常损耗

E. 入库前的挑选整理费

M8 - 3[*]　下列各项中，会因材料取得成本计算的正确性受到影响的有（　　）。

A. 资产期末结存价值　　　　　B. 净利润

C. 资产发出价值　　　　　　　D. 费用

E. 投入资本价值

M8 - 4[*]　下列各项中，应列入产品制造成本的有（　　）。

A. 入库前的整理费　　　　　　B. 领用材料成本

C. 保管费　　　　　　　　　　D. 制造费用

E. 生产车间管理人员工资费用

M8 - 5[*]　下列各项中，包括在固定资产取得成本中的有（　　）。

A. 买价　　　　　　　　　　　B. 运输费

C. 修理费　　　　　　　　　　D. 保险费

E. 安装费

M8 - 6[*]　下列各项中，用于归集资产取得成本的账户有（　　）。

A. 在途物资　　　　　　　　　B. 主营业务成本

C. 生产成本　　　　　　　　　D. 在建工程

E. 库存商品

M8 - 7　下列各项中，属于存货盘存制度的有（　　）。

A. 永续盘存制　　　　　　　　B. 权责发生制

C. 实地盘存制　　　　　　　　D. 收付实现制

E. 历史成本

M8 - 8　永续盘存制下，存货账簿上平时登记的内容有（　　）。

A. 期初余额　　　　　　　　　B. 本期增加额

C. 本期减少额　　　　　　　　D. 期末余额

E. 增减数量

M8 - 9　实地盘存制下，计算发出存货成本包括的内容有（　　）。

A. 正常耗用　　　　　　　　　B. 非正常耗用

C. 毁损金额　　　　　　　　　D. 增加金额

E. 结存金额

M8 - 10　下列各项中，属于发出存货计价方法的有（　　）。

A. 个别计价法　　　　　　　　B. 先进先出法

C. 后进先出法　　　　　　　　D. 加权平均法

E. 移动平均法

M8-11 在物价持续上涨或下跌时期，下列存货计价方法中对实现利润影响较大的有（　　）。

A. 加权平均法　　　　　　　　B. 先进先出法

C. 后进先出法　　　　　　　　D. 移动平均法

E. 个别计价法

M8-12 在实地盘存制下，对发出存货进行计价时，下列各因素中已知的有（　　）。

A. 期初存货价值　　　　　　　B. 本期增加存货价值

C. 期末存货价值　　　　　　　D. 本期减少存货价值

E. 存货总价值

M8-13*　企业对发出材料进行核算，编制领用材料分录时可能涉及的会计科目有（　　）。

A. "材料采购"　　　　　　　　B. "原材料"

C. "生产成本"　　　　　　　　D. "管理费用"

E. "制造费用"

M8-14*　下列各项中，包括在产品制造成本中的有（　　）。

A. 直接材料　　　　　　　　　B. 制造费用

C. 直接人工　　　　　　　　　D. 管理费用

E. 销售费用

M8-15*　下列各项中，属于直接构成产品成本的材料有（　　）。

A. 主要原材料　　　　　　　　B. 辅助材料

C. 车间一般耗用材料　　　　　D. 燃料

E. 生产设备用的备件

M8-16*　下列各项中，属于直接构成产品成本的人工费用有（　　）。

A. 产品生产工人的工资　　　　B. 产品生产工人的福利费

C. 车间管理人员的工资　　　　D. 车间管理人员的福利费

E. 行政管理人员的工资

M8-17*　下列各项中，属于制造费用的有（　　）。

A. 车间管理人员的工资　　　　B. 生产用固定资产折旧费

C. 生产用设备的修理费　　　　D. 生产产品的水电费

E. 企业照明用电的电费

M8-18 成本计算的客体可以是（　　）。

A. 一件产品　　　　　　　　　B. 一个项目

C. 一栋厂房　　　　　　　　　D. 一个科室

M8－19　我国企业对发出存货的实际成本进行计价的方法有（　　）。

A. 个别计价法　　　　　　　　B. 加权平均法

C. 先进先出法　　　　　　　　D. 后进先出法

M8－20　实地盘存制的缺点是（　　）。

A. 不能随时反映存货收入、发出和结存的动态，不利于存货的管理

B. 存货明细记录的工作量大

C. 容易掩盖存货管理中自然和人为的损失

D. 只能到期末盘点时计算、结转发出存货的成本，而不能随时结转成本

M8－21　成本计算对于企业的经营管理至关重要。通过成本计算，可以（　　）。

A. 为产品合理定价提供基础　　B. 反映成本费用支出的合理性

C. 考核成本计划完成情况　　　D. 反映利润构成

M8－22　存货发出采用先进先出法核算，在物价持续下跌的情况下将会使企业（　　）。

A. 低估期末存货价值　　　　　B. 高估期末存货价值

C. 低估当期利润　　　　　　　D. 高估当期利润

M8－23　下列关于存货的说法中，正确的是（　　）。

A. 采用移动加权平均法可以在月度内随时结转发出存货的成本。

B. 采用月末一次加权平均法不可以在月度内随时结转发出存货的成本。

C. 存货是报表项目，原材料、库存商品也是报表项目。

D. 资产负债表日，当存货成本低于可变现净值时，存货按成本计价。

M8－24　下列关于存货减值的说法中，不正确的有（　　）。

A. 当存货成本低于可变现净值时，企业应当计提存货跌价准备

B. 资产负债表日，存货应当按照成本与可变现净值孰低计量

C. 企业计提的存货跌价准备在持有期间不可以转回

D. 存货跌价准备科目的期末余额一般在借方，反映企业已计提但尚未转销的存货跌价准备

M8－25　下列各项中，不属于加速折旧方法的有（　　）。

A. 工作量法　　　　　　　　　B. 双倍余额递减法

C. 年数总和法　　　　　　　　D. 使用年限法

M8－26　对于需要加工才能对外销售的在产品，下列各项中属于在确定其可变现净值时应考虑的因素有（　　）。

A. 在产品加工成产成品后对外销售的预计销售价格

B. 在产品未来加工成产成品估计将要发生的加工成本

C. 在产品加工成产成品后对外销售预计发生的销售费用

D. 在产品已经发生的生产成本

M8-27 2023年12月20日，某企业购入一台设备，原价为2 000万元，预计使用年限5年，预计净残值5万元，采用双倍余额递减法计提折旧。下列各项中，该企业计提折旧的结果表述不正确的有（　　）。

A. 年折旧率为33%
B. 2024年折旧额为665万元
C. 应计折旧总额为1 995万元
D. 2024年折旧额为800万元

M8-28 以下固定资产中，不应当计提折旧的有（　　）。

A. 企业临时性短期出租给其他企业使用的固定资产
B. 因季节性原因而暂停使用的固定资产
C. 已提足折旧仍继续使用的机器设备
D. 按规定单独估价作为固定资产入账的土地

M8-29 下列有关固定资产和累计折旧账户的表述，不正确的有（　　）。

A. 累计折旧账户借方登记固定资产价值的转入
B. 累计折旧是费用类账户
C. 累计折旧账户的贷方登记固定资产原始价值减少的金额
D. 固定资产的贷方登记固定资产原始价值减少的金额

M8-30 以下关于固定资产折旧的说法中，不正确的是（　　）。

A. 销售部门使用的固定资产计提折旧计入管理费用
B. 自行研发使用的固定资产计提折旧计入研发支出
C. 生产车间的固定资产计提折旧计入制造费用
D. 自行建造固定资产过程中使用的固定资产计提折旧计入制造费用

M8-31 下列关于固定资产减值的表述中，不符合会计准则规定的是（　　）。

A. 企业应当按照可收回金额低于其账面价值的差额计提减值准备
B. 固定资产的公允价值减去处置费用后的净额高于其账面价值，但预计未来现金流量的现值低于其账面价值，应当计提减值
C. 固定资产可收回金额应当根据固定资产的公允价值减去处置费用后的净额与固定资产预计未来现金流量的现值两者之间较低者确定
D. 固定资产的公允价值减去处置费用后的净额与固定资产预计未来现金流量的现值，只要有一项超过了资产的账面价值，就表明固定资产没有发生减值，不需再估计另一项金额

M8-32 下列各项中，关于减值损失的表述正确的是（　　）。

A. 固定资产减值损失一经确认，在以后会计期间不得转回
B. 机器设备的减值损失一经确认，在以后会计期间不得转回
C. 存货跌价损失一经确认，在以后会计期间不得转回
D. 即使以前减记存货价值的影响因素已经消失，减记的金额也不予以恢复

M8 - 33[*] 企业在计提了固定资产减值准备后，下列会计处理不正确的是
（ ）。

A. 固定资产预计使用寿命变更的，应当改变固定资产折旧年限

B. 固定资产预计净残值发生变更的，应当改变固定资产折旧方法

C. 与该项固定资产有关的经济利益预期实现方式有重大改变的，应当改变固定资产折旧方法

D. 以后期间如果该项固定资产减值因素消失，那么可以把原先计提的减值准备全部予以转回

8.3 练习题参考答案

8.3.1 判断题

T8 - 1 √	T8 - 2 ×	T8 - 3 ×
T8 - 4 √	T8 - 5 √	T8 - 6 √
T8 - 7 ×	T8 - 8 √	T8 - 9 ×
T8 - 10 ×	T8 - 11 ×	T8 - 12 ×
T8 - 13 √	T8 - 14 ×	T8 - 15 ×
T8 - 16 ×	T8 - 17 √	T8 - 18 √
T8 - 19 ×	T8 - 20 √	T8 - 21 √
T8 - 22 √	T8 - 23 ×	T8 - 24 ×
T8 - 25 √	T8 - 26 ×	T8 - 27 ×
T8 - 28 √	T8 - 29 √	T8 - 30 √
T8 - 31 √	T8 - 32 √	T8 - 33 ×
T8 - 34 √	T8 - 35 ×	T8 - 36 √
T8 - 37 √	T8 - 38 ×	T8 - 39 √
T8 - 40 √	T8 - 41 √	T8 - 42 ×
T8 - 43 ×		

8.3.2 单选题

S8 - 1 D	S8 - 2 C	S8 - 3 C
S8 - 4 D	S8 - 5 D	S8 - 6 B
S8 - 7 B	S8 - 8 C	S8 - 9 A

S8 – 10	D	S8 – 11	A	S8 – 12	B
S8 – 13	C	S8 – 14	C	S8 – 15	B
S8 – 16	D	S8 – 17	A	S8 – 18	B
S8 – 19	A	S8 – 20	C	S8 – 21	B
S8 – 22	C	S8 – 23	A	S8 – 24	B
S8 – 25	A	S8 – 26	C	S8 – 27	A
S8 – 28	D	S8 – 29	D	S8 – 30	B
S8 – 31	D	S8 – 32	B	S8 – 33	D
S8 – 34	A	S8 – 35	C	S8 – 36	A
S8 – 37	B	S8 – 38	C	S8 – 39	A
S8 – 40	B				

8.3.3　多选题

M8 – 1	ABD	M8 – 2	ABCE	M8 – 3	ABCD
M8 – 4	BDE	M8 – 5	ABDE	M8 – 6	ACD
M8 – 7	AC	M8 – 8	ABCDE	M8 – 9	ABC
M8 – 10	ABCDE	M8 – 11	BC	M8 – 12	AB
M8 – 13	BCDE	M8 – 14	ABC	M8 – 15	ABD
M8 – 16	AB	M8 – 17	ABCD	M8 – 18	ABCD
M8 – 19	ABC	M8 – 20	ACD	M8 – 21	ABC
M8 – 22	AC	M8 – 23	ABD	M8 – 24	ACD
M8 – 25	AD	M8 – 26	ABC	M8 – 27	AB
M8 – 28	BD	M8 – 29	ABC	M8 – 30	AD
M8 – 31	BC	M8 – 32	AB	M8 – 33	BD

8.4　教材课后部分习题参考答案

8.4.1　思考题（略）

8.4.2　练习题

E8 – 1　存货跌价准备的计提。

借：资产减值损失　　　　　　　　　　　　　　　　　　　　　600 000

　　贷：存货跌价准备　　　　　　　　　　　　　　　　　　　　600 000

E8-2 练习发出存货的成本的核算。

（1）先进先出法。中原食品有限公司某品牌挂面在先进先出法下的已销售的挂面成本（主营业务成本）和期末余额（结存金额）计算如下：

先进先出法

金额单位：元
数量单位：箱

2023 年		摘要	收入			发出			结存		
月	日		数量	单价	金额	数量	单价	金额	数量	单价	金额
9	9	采购	3 000	600	1 800 000				3 000	600	1 800 000
	10	销售				1 600	600	960 000	1 400	600	840 000
	15	采购	2 000	700	1 400 000				1 400	600	840 000
									2 000	700	1 400 000
	16	销售				1 200	600	720 000	200	600	120 000
									2 000	700	1 400 000
	20	采购	1 000	800	800 000				200	600	120 000
									2 000	700	1 400 000
									1 000	800	800 000
	21	销售				200	600	120 000	200	700	140 000
						1 800	700	1 260 000	1 000	800	800 000
		本月合计	6 000		4 000 000	4 800		3 060 000	1 200		940 000

据上表可知，采用先进先出法计算的本期销货成本（主营业务成本）为 3 060 000 元，期末结存余额为 940 000 元。

（2）加权平均法。中原食品有限公司某品牌挂面加权平均法下的已销售的挂面成本（主营业务成本）和期末余额（结存金额）计算如下：

全月一次加权平均法

金额单位：元
数量单位：箱

2023 年		摘要	收入			发出			结存		
月	日		数量	单价	金额	数量	单价	金额	数量	单价	金额
9	9	采购	3 000	600	1 800 000				3 000	600	1 800 000
	10	销售				1 600			1 400		
	15	采购	2 000	700	1 400 000				3 400		
	16	销售				1 200			2 200		
	20	采购	1 000	800	800 000				3 200		
	21	销售				2 000			1 200		
		本月合计	6 000		4 000 000	4 800	666.67	3 200 016	1 200	666.67	799 984

$$全月一次加权平均单位成本 = [(3\ 000 \times 600) + (2\ 000 \times 700) + (1\ 000 \times 800)]/6\ 000$$

$$\approx 666.67(元/箱)$$

据上表可知，在全月一次加权平均法下：

$$已销售挂面的成本＝4\ 800×666.67$$
$$＝3\ 200\ 016（元）$$
$$库存挂面的成本＝4\ 000\ 000－3\ 200\ 016$$
$$＝799\ 984（元）$$

实务中一般使用上月计算出来的全月一次加权平均单位成本，这样就可以计算每一次发出存货的成本。本题使用本月计算出来的加权平均单位成本。

采用全月一次加权平均法计算的本期销货成本（主营业务成本）为 3 200 016 元，期末结存余额为 799 984 元。

（3）移动加权平均法。中原食品有限公司某品牌挂面移动加权平均法下的已销售的挂面成本（主营业务成本）和期末余额（结存金额）计算如下：

移动加权平均法

金额单位：元
数量单位：箱

2023年		摘要	收入			发出			结存		
月	日		数量	单价	金额	数量	单价	金额	数量	单价	金额
9	9	采购	3 000	600	1 800 000				3 000	600	1 800 000
	10	销售				1 600	600	960 000	1 400	600	840 000
	15	采购	2 000	700	1 400 000				3 400	658.82	2 240 000
	16	销售				1 200	658.82	790 584	2 200	658.82	1 449 416
	20	采购	1 000	800	800 000				3 200	702.94	2 249 416
	21	销售				2 000	702.94	1 405 880	1 200	702.94	843 536
		本月合计	6 000		4 000 000	4 800		3 156 464	1 200	702.94	843 536

移动加权平均法下，每进一次货需要计算一次加权平均成本。

$$9月15日计算的加权平均单位成本＝（840\ 000＋1\ 400\ 000）/（1\ 400＋2\ 000）$$
$$＝658.82（元/箱）$$

9月16日销售挂面的成本＝1 200×658.82＝790 584（元）

$$9月20日计算的加权平均单位成本＝（1\ 449\ 416＋800\ 000）/（2\ 200＋1\ 000）$$
$$＝702.94（元/箱）$$

9月21日销售挂面的成本＝2 000×702.94＝1 405 880（元）

据上表可知，在移动加权平均法下：

$$已销售挂面的成本＝960\ 000＋790\ 584＋1\ 405\ 880$$
$$＝3\ 156\ 464（元）$$

库存挂面的成本＝4 000 000－3 156 464

$$＝843 536(元)$$

采用移动加权平均法计算的本期销货成本（主营业务成本）为 3 156 464 元，期末结存余额为 843 536 元。有尾差 8 元，可并入本期销货成本（体现谨慎性原则），本期销货成本则为 3 156 472 元。

（4）后进先出法。中原食品有限公司某品牌挂面在后进先出法下的已销售的挂面成本（主营业务成本）和期末余额（结存金额）计算如下：

后进先出法

金额单位：元
数量单位：箱

2023 年		摘要	收入			发出			结存		
月	日		数量	单价	金额	数量	单价	金额	数量	单价	金额
9	9	采购	3 000	600	1 800 000				3 000	600	1 800 000
	10	销售				1 600	600	960 000	1 400	600	840 000
	15	采购	2 000	700	1 400 000				1 400 2 000	600 700	840 000 1 400 000
	16	销售				1 200	700	840 000	1 400 800	600 700	840 000 560 000
	20	采购	1 000	800	800 000				1 400 800 1 000	600 700 800	840 000 560 000 800 000
	21	销售				1 000 800 200	800 700 600	800 000 560 000 120 000	1 200	600	720 000
		本月合计	6 000		4 000 000	4 800		3 280 000	1 200	600	720 000

据上表可知，采用后进先出法计算的本期销货成本（主营业务成本）为 3 280 000 元，期末结存余额为 720 000 元。

E8-3 掌握各种不同计提折旧额的方法。

分别采用直线法、双倍余额递减法和年数总和法计算 2023—2026 年的折旧额，如下表所示：

不同折旧方法下的年折旧额

金额单位：元

折旧方法	2023 年	2024 年	2025 年	2026 年
直线法	34 500	34 500	34 500	34 500
双倍余额抵减法	72 000	36 000	15 000	15 000
年数总和法	55 200	41 400	27 600	13 800

思维导图

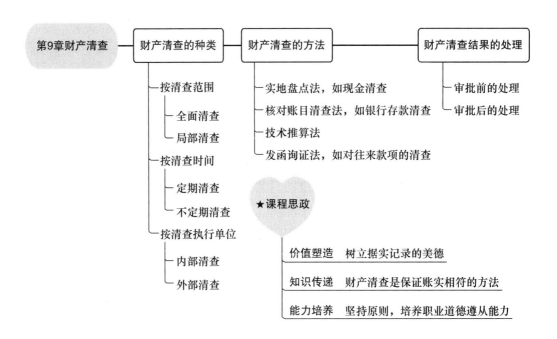

9.1　学习指导

9.1.1　学习重点

本章的学习重点是**在了解财产清查是保证账实相符的手段的基础上，理解财产清查对于编制财务报表、保证报表数据真实可靠的重要性**。掌握不同财产需要采用不同的清查方法和技巧，理解财产清查结果分两步进行处理的必要性以及为此设置的"待处理财产损溢"账户的使用方法。

9.1.2　学习难点和疑点

本章的难点是**对需要采用技术推算法才能进行盘点的财产物资的清查结果的理解，掌握需要对方配合才能核对的债权债务清查技巧和方法**。需要思考的问题如下：

（1）财产清查是必经步骤吗？

（2）哪些原因会导致财产物资的实存数与账存数之间存在差异？

（3）企业银行存款日记账为什么会与银行记录存在差异？

（4）对盘点结果，特别是对通过抽样等技术方法加以判断鉴别的财产物资如何理解？

9.1.3　疑难解答

1. 账存数、实存数与财产清查的作用

账存数一般是指企业会计账簿中记录的企业财产物资、债权债务的账面余额。实存数是指企业通过实地盘点或者核对的方法所确定的企业财产物资和债权债务的实有数。通常情况下，这两者存在一定差异。

保证财务信息资料的真实性，是对会计信息最重要的质量要求。但是，由于各种主客观原因，往往会出现某些财产物资实存数与账存数不符的现象。因此，必须进行财产清查，对各项财产物资和债权债务进行定期或不定期的盘点和核对，在账实相符的基础上编制财务报表。

财产清查是通过对各项财产物资进行盘点和核对，确定其实存数，查明实存数与其账存数是否相符的一种专门方法。其作用可归纳为：

（1）确保核算资料的真实可靠；

（2）健全财产物资的管理制度；

（3）促进财产物资的安全完整及有效使用；

（4）保证结算制度的贯彻执行。

2. 财产清查的方法

财产物资的清查方法可分为两类：

（1）清查财产物资实存数的方法。这类方法主要是从数量方面对财产物资进行清查，一般包括实地盘点法和技术推算法两种。

1）实地盘点法是通过实地清点或用计量器具确定各项财产物资实存数量的方法。这种方法适用于各项实物财产物资的清查。

2）技术推算法是通过技术推算确定有关财产物资实存数量的方法。这种方法是通过量方、计尺等方法确定有关财产物资实有数量，一般适用于那些大量成堆或难以逐一清点其数量的财产，如堆放的煤或油罐中的油等。

（2）清查财产物资金额的方法。这类方法主要是从金额方面对财产物资进行清查，包括账面价值法、评估确认法、协商议价法、查询核实法等。

1）账面价值法是根据账面价值确定财产物资实存金额的方法。这种方法根据各项财产物资的实有数量和账面价值（单位价值）确定财产物资的实存金额，适用于结账前进行的财产清查。

2）评估确认法是根据资产评估的价值确定财产物资实存金额的方法。这种方法根据资产的特点，由专门的评估机构依据资产评估方法，对有关财产物资进行评估，以评估确认的价值作为财产物资的实存金额，适用于企业改组、隶属关系改变、联营、单位撤销、清产核资等情况。

3）协商议价法是根据涉及资产利益的有关各方，按照互惠互利的原则，以达成的协议价确定财产物资实存金额的方法。这种方法以协商议价作为财产物资的价值，适用于企业联营投资等情况。

4）查询核实法是依据账簿记录，以一定的查询方式，核查财产物资、货币资金、债权债务数量及其实存金额的方法。这种方法根据查询结果进行分析，以确定有关财产物资、货币资金、债权债务的实物数量和实存金额，适用于债权债务、委托代销、委托加工、出租出借的财产物资以及外埠临时存款等的查询核实。

3. 未达账项与银行存款余额调节表。

未达账项是指企业和银行之间由于凭证传递等原因，导致记账时间不一致而发生的一方已经入账，另一方尚未入账的事项。未达账项一般分为以下四种情况：

    （1）企业已收款记账，银行未收款未记账的款项；

    （2）企业已付款记账，银行未付款未记账的款项；

    （3）银行已收款记账，企业未收款未记账的款项；

    （4）银行已付款记账，企业未付款未记账的款项。

    上述任何一种未达账项的存在，都会使企业银行存款日记账的余额与银行开出的对账单的余额不符，月末就需要编制银行存款余额调节表加以调节使其相符。

    银行存款余额调节表的编制方法主要是余额调节法。余额调节法是指编制调节表时，在双方（开户行和企业各为一方）现有银行存款余额基础上，各自加减未达账项进行调节的方法。调节的方式也有两种：一种是补记式，即双方在原有余额基础上，各自补记对方已入账而本单位尚未入账的账项（包括增加和减少款项），然后检查经过调节后的账面余额是否相等；另一种是还原式，又称冲销式，即双方在原有余额基础上，各自将本单位已入账而对方尚未入账的款项（包括增加和减少款项），从本单位原有账面余额中冲销，然后检查经过调节后的账面余额是否相等。

    值得注意的是，银行存款余额调节表不能作为原始凭证进行账簿调整，只有等未达账项变成已达账项以后才能作为入账的依据。

4. 待处理财产损溢

    为了核算和监督财产清查结果的账务处理情况，需设置"待处理财产损溢"账户。这个账户是一个过渡账户，使用期间是从发现账存实存不一致起到有关部门批准进行处理时为止。该账户的借方先登记发生的待处理盘亏、毁损的金额，待盘亏、毁损的原因查明并经审批后，再从该账户的贷方转入有关账户的借方；该账户的贷方先登记发生的待处理盘盈的金额，待盘盈的原因查明并经审批后，再从该账户的借方转入有关账户的贷方。

9.2 练习题

9.2.1 判断题

第 9 章 判断题
即测即评

    T9 - 1 财产清查是指通过对货币资金、实物资产和往来款项等财产物资进行盘点或核对，确定其实存数，查明账存数与实存数是否相符的一种专门方法。

                                                                      （   ）

T9-2　在一般情况下，全面清查既可以是定期清查，也可以是不定期清查。

（　　）

T9-3　局部清查一般适用于对流动性较大的财产物资和货币资金的清查。

（　　）

T9-4　单位撤销时，应进行局部清查。　　　　　　　　　　　　（　　）

T9-5　实地盘点法与技术推算法相比，花费的时间少，工作量也要小得多。

（　　）

T9-6　在各种实物的清查过程中，实物保管人员必须在场，参加盘点，但不宜单独承揽财产清查工作。　　　　　　　　　　　　　　　　　（　　）

T9-7　对贵重物资一般要经常进行局部清查，至少应每月清查盘点一次。

（　　）

T9-8　库存现金的清查是通过实地盘点法进行的。　　　　　　　（　　）

T9-9　银行存款余额调节表是一种对账记录，因此是原始凭证。　（　　）

T9-10　对未达账项进行调节后的余额表明企业可以实际支取的存款额。

（　　）

T9-11　对未达账项应编制银行存款余额调节表进行调节，同时将未达账项编制记账凭证调整入账。　　　　　　　　　　　　　　　　　　　（　　）

T9-12　银行存款余额调节表编制完毕，若调节的余额相符或差额相符，表明账簿记录基本无错误；若余额或差额不符，表明账簿记录一定有错误。（　　）

T9-13　盘盈的材料可以冲减管理费用。　　　　　　　　　　　　（　　）

T9-14　盘亏的材料一般作为营业外支出处理。　　　　　　　　　（　　）

T9-15　对财产清查结果进行账务处理时，一律调整账存数。　　　（　　）

T9-16　对财产清查结果进行账务处理时，都必须按相反方向对冲"待处理财产损溢"账户。　　　　　　　　　　　　　　　　　　　　　　（　　）

T9-17　"待处理财产损溢"账户是损益类账户。　　　　　　　　　（　　）

T9-18　转销盘盈、盘亏的固定资产，一律作为营业外收支处理。（　　）

T9-19　某企业盘盈固定资产一项，其原值估计为5 000元，五成新，编制的会计分录为借记"固定资产"科目5 000元，贷记"累计折旧"科目2 500元，贷记"营业外收入"科目2 500元。　　　　　　　　　　　　　　（　　）

第9章　单选题
即测即评

9.2.2　单选题

S9-1　在编制年度财务报表之前，企业需要（　　）财产清查。

A. 对企业重要财产进行重点

B. 对企业所有财产进行全面

C. 对企业一部分财产进行局部

D. 对企业流动性较大的财产进行全面

S9-2 下列各项中,适合现金清查采用的方法是( )。

A. 实地盘点法　　　　　　　　B. 账面价值法

C. 技术推算法　　　　　　　　D. 查询核实法

S9-3 下列各项中,属于技术推算法适用范围的是( )。

A. 流动性较大的物资　　　　　B. 固定资产

C. 大量成堆或难以逐一清点的存货　D. 检查账表是否相符

S9-4 银行对账单指的是( )。

A. 银行转来的记录　　　　　　B. 企业会计所作的记录

C. 财产清查人员所作的记录　　D. 出纳的记录

S9-5 对银行存款进行清查时,需核对的是( )。

A. 银行存款日记账与总账

B. 银行存款日记账与银行存款收付款凭证

C. 银行存款日记账与银行对账单

D. 银行存款总账与银行存款收付款凭证

S9-6 "待处理财产损溢"账户借方核算( )。

A. 发生待处理财产的盘亏或毁损数

B. 财产盘盈数

C. 发生待处理财产的盘盈数

D. 结转已批准处理的财产盘亏数或毁损数

S9-7 盘盈现金经批准处理时应借记的科目是( )。

A. "待处理财产损溢"　　　　　B. "其他应付款"

C. "库存现金"　　　　　　　　D. "营业外收入"

S9-8 某企业银行存款日记账7月31日的余额为164 049元,对账单列出银行代收应收账款2 000元、代付水费100元。如果不考虑其他因素的影响,其调节后余额为( )元。

A. 164 049　　　　　　　　　　B. 166 049

C. 165 949　　　　　　　　　　D. 166 149

S9-9 20××年3月31日,D公司编制的银行存款余额调节表显示,调节后的余额均为2 596 000元,企业和银行均不存在记账错误。但经逐笔勾对,发现3月份存在以下两笔未达账项:(1)D公司购买原材料开出支票支付货款25 000元,并已登记入账,但持票人尚未向银行办理进账手续,银行尚未记账;(2)银行已为企业收取货款60 000元,但D公司尚未收到收款通知,尚未记账。20××年3月31日,D公司账面存款余额和银行对账单存款余额分别是（　　）元和（　　）元。

A. 2 561 000　2 656 000　　　　B. 2 536 000　2 621 000

C. 2 571 000　2 656 000　　　　D. 2 656 000　2 621 000

S9 - 10　盘亏的存货，报经批准处理后进行账务处理时，应该分别情况记入有关账户，但不计入（　　）。

A. 管理费用　　　　　　　　　B. 制造费用

C. 营业外支出　　　　　　　　D. 其他应收款

S9 - 11　盘盈的存货在批准处理前，应贷记的会计科目是（　　）。

A. "待处理财产损溢"　　　　　B. "管理费用"

C. "营业外收入"　　　　　　　D. "资本公积"

S9 - 12　存货发生定额内损耗，应记入的会计科目是（　　）。

A. "待处理财产损溢"　　　　　B. "管理费用"

C. "营业外支出"　　　　　　　D. "其他应收款"

S9 - 13　盘亏的固定资产经批准后，应将其差额借记的会计科目是（　　）。

A. "待处理财产损溢"　　　　　B. "营业外收入"

C. "营业外支出"　　　　　　　D. "累计折旧"

S9 - 14　某企业盘亏固定资产一项，原价 10 000 元，已提折旧 4 000 元，净值 6 000 元，则应记入 "待处理财产损溢" 科目的金额为（　　）元。

A. 10 000　　　　　　　　　　B. 6 000

C. 4 000　　　　　　　　　　D. 0

S9 - 15　某企业盘盈固定资产一项，报经批准后将其已计入待处理财产损溢的部分，贷记（　　）会计科目。

A. "营业外收入"　　　　　　　B. "营业外支出"

C. "累计折旧"　　　　　　　　D. "以前年度损益调整"

9.2.3　多选题

第9章　多选题
即测即评

M9 - 1　财产清查的作用主要体现在（　　）。

A. 保证账实相符　　　B. 提高会计资料的准确性

C. 保障资产的安全　　　D. 保障资产的完整

E. 加速资金周转，提高经济效益

M9 - 2　导致账实不符的常见原因有（　　）。

A. 收发计量器具导致的计量误差

B. 会计人员疏漏导致的错误

C. 实物资产的物理化学性能导致的误差

D. 未达账项

E. 贪污盗窃和不可抗力事件导致的毁损灭失

M9 - 3　财产清查按清查的范围可分为（　　）。

A. 重点清查

B. 定期清查

C. 全面清查

D. 局部清查

E. 内部清查

M9 - 4　下列各项中，属于全面清查适用范围的有（　　）。

A. 年终决算前

B. 单位撤销

C. 资产评估

D. 单位合并

E. 每月月末

M9 - 5　下列各项中，属于不定期清查适用范围的有（　　）。

A. 更换财产保管人

B. 发生自然灾害损失

C. 发生意外损失

D. 更换现金保管人

E. 单位撤销

M9 - 6　财产清查按照时间划分，可分为（　　）。

A. 全面清查

B. 局部清查

C. 定期清查

D. 不定期清查

E. 现金清查

M9 - 7　企业除了在编制财务报表之前进行定期的内部财产清查，还有下列（　　）等外部单位为专项目的对其进行财产清查。

A. 上级主管机关

B. 国家审计机关

C. 司法部门

D. 注册会计师

E. 税务机关

M9 - 8　财产清查的一般程序主要包括（　　）。

A. 成立清查小组

B. 确定清产对象、范围，明确清查任务

C. 制定清查方案

D. 填制盘存清单

E. 根据盘存清单填制实物、往来款项清查结果报告表

M9 - 9　实存账存对比表不是（　　）。

A. 登记总分类账的直接依据

B. 调整账簿记录的记账凭证

C. 调整账簿记录的原始凭证

D. 登记日记账的直接依据

E. 编制财务报表的直接依据

M9 - 10　未达账项是指（　　）。

A. 企业已收款记账，银行未收款未记账的款项

B. 企业已付款记账，银行未付款未记账的款项

C. 银行已收款记账，企业未收款未记账的款项

D. 银行已付款记账，企业未付款未记账的款项

E. 银行和企业都没有收付的款项

M9－11 下列各项中，可以作为财产清查原始凭证的有（　　）。

A. 实存账存对比表 　　　　B. 现金盘点报告表

C. 未达账项登记表 　　　　D. 结算款项核对登记表

E. 出纳人员赔偿现金短缺的收据

M9－12 对于存货和固定资产等各项财产物资的数量清查，一般采用的方法有（　　）。

A. 账面价值法 　　　　　B. 实地盘点法

C. 技术推算法 　　　　　D. 查询核实法

E. 评估确认法

M9－13 下列各项中，属于实地盘点法适用范围的有（　　）。

A. 各项实物财产物资 　　B. 银行存款

C. 库存现金 　　　　　　D. 应付账款

E. 实收资本

M9－14 下列各项中，适合采用发函询证的方法进行财产清查的有（　　）。

A. 应收账款 　　　　　　B. 银行存款

C. 出租出借包装物 　　　D. 委托加工材料

E. 应付账款

M9－15 下列各项中，构成账实核对主要内容的有（　　）。

A. 现金日记账与现金实存数的核对

B. 银行存款日记账与银行对账单的核对

C. 材料明细账与材料实存数的核对

D. 应收账款明细账与债务单位对账单的核对

E. 固定资产明细账与固定资产实存数的核对

M9－16 采用余额调节法（还原式）时，应在银行对账单余额的基础上加减的项目有（　　）。

A. 加银行已付入账企业未付入账的款项

B. 减银行已收入账企业未收入账的款项

C. 加企业已付入账银行未付入账的款项

D. 减企业已收入账银行未收入账的款项

E. 银行未入账企业未入账的收入事项

M9－17 企业进行财产清查后，与账面数进行比较后可能产生的结果有（　　）。

A. 账实一致

B. 账存数大于实存数

C. 毁损

D. 账存数小于实存数

E. 财产质量不符

M9-18 下列各项中，属于"待处理财产损溢"账户借方登记的内容有（　　）。

A. 发生的待处理财产盘亏数

B. 发生的待处理财产盘盈数

C. 批准转销的待处理财产盘亏数

D. 批准转销的待处理财产盘盈数

E. 发生的待处理财产毁损数

M9-19 存货盘亏并经批准后进行会计处理时，涉及的借方科目有（　　）。

A. "管理费用"

B. "其他应收款"

C. "应付职工薪酬"

D. "营业外支出"

E. "待处理财产损溢"

M9-20 固定资产盘亏、经批准处理前涉及的借方科目可能有（　　）。

A. "固定资产"

B. "累计折旧"

C. "其他应收款"

D. "营业外支出"

E. "待处理财产损溢"

9.2.4 课程思政思考题

1. 财产清查是保证账实相符、财务报告数据真实的前提。如何理解定期清产与不定期清查的意义？你认为自己的财产是否也需要进行定期盘点清查？

2. 财产清查对反腐倡廉有什么作用？

3. 如何杜绝实务中企业以白条抵库、私设"小金库"的行为？

4. 如何将传统资产盘点方法与数字经济下的高科技技术相结合来提升财产清查的质量？

9.3 练习题参考答案

9.3.1 判断题

T9-1 √	T9-2 √	T9-3 √
T9-4 ×	T9-5 ×	T9-6 √

T9－7　√	T9－8　√	T9－9　×
T9－10　×	T9－11　×	T9－12　√
T9－13　√	T9－14　×	T9－15　√
T9－16　√	T9－17　×	T9－18　×
T9－19　×		

9.3.2　单选题

S9－1　B	S9－2　A	S9－3　C
S9－4　A	S9－5　C	S9－6　A
S9－7　A	S9－8　C	S9－9　B
S9－10　B	S9－11　A	S9－12　B
S9－13　C	S9－14　B	S9－15　D

9.3.3　多选题

M9－1　ABCDE	M9－2　ABCDE	M9－3　CD
M9－4　ABCD	M9－5　ABCDE	M9－6　CD
M9－7　ABCDE	M9－8　ABCDE	M9－9　ABDE
M9－10　ABCD	M9－11　AB	M9－12　BC
M9－13　AC	M9－14　ACDE	M9－15　ABCDE
M9－16　CD	M9－17　ABD	M9－18　ADE
M9－19　ABD	M9－20　BE	

9.3.4　课程思政思考题（略）

9.4　教材课后部分习题参考答案

9.4.1　思考题（略）

9.4.2　练习题

E9－1　练习存货盘亏的账务处理。

第一步，先将盘亏的原材料（实际数小于账面数）进行冲减，使其账实相符；同时，记入"待处理财产损溢——待处理流动资产损溢"的借方，等待查明原因进行处理。会计分录如下：

借：待处理财产损溢——待处理流动资产损溢 18 000

　　贷：原材料——甲材料 18 000

第二步，根据题中给定的盘亏原因，做如下处理：

（1）材料短缺中，属于定额内合理损耗的部分。

借：管理费用 300

　　贷：待处理财产损溢——待处理流动资产损溢 300

（2）非正常损失部分，作为残料收回部分增加"原材料"，保险公司赔款记入"其他应收款——保险公司"，剩余部分作"营业外支出"处理。会计分录如下：

借：原材料 260

　　其他应收款——保险公司 17 000

　　营业外支出——非常损失 440

　　贷：待处理财产损溢——待处理流动资产损溢 17 700

E9－2　练习货币资金、实物清查的账务处理。

（1）填制库存现金盘点报告表。

库存现金盘点报告表

20×6 年 11 月 30 日

实存金额（元）	账存金额（元）	对比结果（打"√"）		备注（处理意见）
		溢余	短缺	
32 000	30 000	（√）	（　）	记入"其他应付款"

负责人签章：（李某）　　　　盘点人签章：（王某）　　　　出纳人签章：（张某）

（2）填制银行存款余额调节表。

20×6 年 11 月 30 日　　　　　　　　金额单位：元

项目	金额	项目	金额
企业银行存款日记账余额	280 000	银行对账单余额	350 000
（＋）银行已收，企业未收	130 000	（＋）企业已收，银行未收	50 000
（－）银行已付，企业未付	18 000	（－）企业已付，银行未付	8 000
调节后存款余额	392 000	调节后存款余额	392 000

（3）编制固定资产盘亏报经批准前和批准后的会计分录。

1）批准前。

借：待处理财产损溢——待处理非流动资产损溢 18 000

　　累计折旧 10 000

　　贷：固定资产——Y 设备 28 000

2）批准后。

借：营业外支出   18 000

 贷：待处理财产损溢——待处理非流动资产损溢   18 000

9.4.3 案例题

（1）什么是活物资产？会计中的生物资产包括哪些内容（请查生物资产准则）？

根据《企业会计准则第5号——生物资产》，生物资产是指有生命的动物和植物。生物资产分为消耗性生物资产、生产性生物资产和公益性生物资产。消耗性生物资产，是指为出售而持有的、或在将来收获为农产品的生物资产，包括生长中的大田作物、蔬菜、用材林以及存栏待售的牲畜等。生产性生物资产，是指为产出农产品、提供劳务或出租等目的而持有的生物资产，包括经济林、薪炭林、产畜和役畜等。公益性生物资产，是指以防护、环境保护为主要目的的生物资产，包括防风固沙林、水土保持林和水源涵养林等。

（2）企业进行财产清查的目的是什么？实地盘点方法和技术推算方法的适用场景及各自利弊是什么？

财产清查是指通过对货币资金、实物资产和往来款项等财产物资进行盘点或核对，确定其实存数，查明账存数与实存数是否相符的一种专门方法。

企业通过财产清查，可以加强管理，保证财产物资核算的真实性和完整性。具体而言，财产清查的目的主要有：

1）保证账实相符，提高会计资料的准确性。通过财产清查，可以查明各项财产物资的实有数量，确定实有数量与账面数量之间的差异，查明原因和责任，以便采取有效措施，消除差异，改进工作，从而保证账实相符，提高会计资料的准确性。

2）切实保障各项财产物资的安全完整。通过财产清查，可以查明各项财产物资的保管情况是否良好，有无因管理不善造成霉烂、变质、损失浪费，或者被非法挪用、贪污盗窃的情况，以便采取有效措施，改善管理，切实保障各项财产物资的安全完整。

3）加速资金周转，提高资金使用效益。通过财产清查，可以查明各项财产物资的库存和使用情况，合理安排生产经营活动，充分利用各项财产物资，加速资金周转，提高资金使用效果。

实地盘点法是在实物存放现场逐一清点数量或者使用计量仪器确定其实存数的一种方法。

适用范围：适用于容易清点或计量的财产物资以及现金等货币资金的清查。例如对原材料、包装物、库存商品、固定资产的清查。

采用实地盘点法获得的数字准确可靠，但是工作量较大。

技术推算法是指运用科学技术手段推算特定物资的实存数量的方法。

适用范围：主要适用于量大、难以逐一清点的物资，如露天堆放的煤炭、矿石、石材等。石油、仓储粮食等货物，也常常采用技术推算法。

和实地盘点法相比，采用技术推断法获得的数字不够准确，但是花费时间少，工作量较小。

延伸思考（略）。

第 10 章　账项调整

思维导图

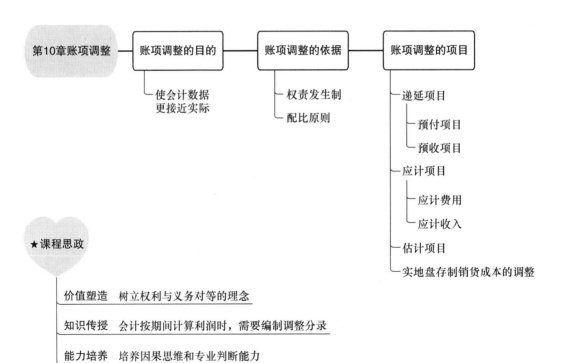

第10章账项调整 —— 账项调整的目的 —— 账项调整的依据 —— 账项调整的项目

账项调整的目的
└ 使会计数据更接近实际

账项调整的依据
├ 权责发生制
└ 配比原则

账项调整的项目
├ 递延项目
│　├ 预付项目
│　└ 预收项目
├ 应计项目
│　├ 应计费用
│　└ 应计收入
├ 估计项目
└ 实地盘存制销货成本的调整

★ 课程思政

价值塑造	树立权利与义务对等的理念
知识传授	会计按期间计算利润时，需要编制调整分录
能力培养	培养因果思维和专业判断能力

10.1　学习指导

10.1.1　学习重点

本章的学习重点是在对"为何要从企业持续不断的经营周期中截取一个片段（按会计期间）来反映企业的财务状况和经营成果"这个问题做出合理解释的基础上，来理解**编制财务会计报告之前一定要进行账项调整的目的以及账项调整的理论依据，掌握递延项目、应计项目、估计项目的调整方法和调整分录的编制**。

10.1.2　学习难点和疑点

本章的难点是**如何理解现代财务会计按照权利与义务来确认收入和费用，而不是按照资金的实际收付来确认收入和费用**。需要思考的问题如下：

（1）按照受益期进行账项调整的会计信息是否就一定优于按现金的收付期确认的收入和费用？

（2）由权责发生制衍生出来的配比原则和三种配比方式该如何选择和使用？

（3）如何进行本期收入和费用的调整？

（4）如何理解调整分录中的会计科目？

10.1.3　疑难解答

1. 为什么要分期计算利润，分期对外报告

马克思在《资本论》中对簿记的发展过程及其重要性有过深刻的阐述，"过程越是按照社会规模进行，越是失去纯粹私人的性质，作为对过程的监督和观念上的总括的簿记就越是必要；因此，簿记对资本主义生产，比对手工业和农民的分散生产更为必要"①。

手工业一般以家庭作坊为主，不需要分期计算，也无须报告，一般规模不大，所有账目记在心里就可以了。即使较大的家族企业也是如此，只有政府要征税时，才分期计算损益。

---

① 马克思. 资本论：第 2 卷. 北京：人民出版社，2004.

从德国福格尔家族1527—1553年编制的财产目录来看，福格尔家族先后进行了5次大决算，除1527年是间隔17年才进行损益决算外，其余基本上都是6年或7年的期间损益计算。因为当时奥格斯堡的城市法明确规定，任何一位银行家、商人，每隔6年均得提交有关财产税的申报单。①

农业受自然环境影响，严格按照春播、夏种、秋收、冬藏的自然规律，年复一年地进行轮作，其产品绝大部分保鲜时间短、不易储藏，生产多少基本就消费多少，消费不了只好自行分解，回归农田；一年的收成也一目了然，这种自给自足的小农经济不对农具、耕牛等进行折旧，也不需要对外报告。这便是马克思所说的分散的手工业者和农民的情况。

17世纪，随着海洋贸易的兴起，一种有期限的股份形式成了远洋贸易的主要资金来源，大家共同出资，每次航行结束就进行一次资产和利润的清算，以便在股东之间进行分配。下一次航行再吸收冒险家的资本。这种资本的非永久性、贸易活动的非连续性和合伙的有限性，自然形成了分期计算利润的需求。

但是，随着大型合伙制企业的产生，尤其是19世纪公司制企业的出现，其性质就发生了根本改变。一是资金筹措方式发生了改变，资本成了企业永久的资本；二是大量工厂的兴建、机器设备的购入带来的成本分摊成了一个不能回避的问题，股东的回报也不能等到歇业清算时才进行计算。

股份有限公司将股东与企业隔离开来，股东手上只有一张证明投资的纸，用股东投资的钱购买的资产是企业的资产，因为法律赋予了企业法人资格，拥有自然人一样的民事行为能力。这种所有权与经营权相分离的状况，也催生了单独向股东汇报的财务报告，在工业革命发生最早的英国，实际业务中已广泛采用年度决算制，它表明定期损益计算在英国已成风气。比如1844年公司法出台后，英国的投资者开始期盼着"在每次例行的股东会议中都能够看到……一张'全面而公允'的资产负债表……（并且）……指定审计师，在每次会议上都宣读对资产负债表的审计报告"（Skinner，1987）。

分期提供报告的前提是分期计算损益。分期计算损益，首先要解决如何将长期资产的成本计入每一会计期间。早在1878年英国曼彻斯特的会计员托马斯·巴特斯比（Thomas Battersby）就提出了"主要成本"的概念，认为应将折旧费用作为主要成本的项目之一。

1899年，纽约证券交易所要求上市公司定期提供财务报表，至此，定期提供财务报告就成了上市公司必须履行的义务。

综上所述，分期计算利润，分期对外报告的原因可以归纳为：一是企业存续的时间更长，出现了长期资产的概念，需要将资产在存续期间转化为费用，以正

---

① 文硕.西方会计史：会计发展的五次浪潮（上）.北京：经济科学出版社，2012.

确地计算出各期的损益；二是公司制尤其是股份有限公司所有权与经营权分离，需要经营者向股东定期进行报告；三是国家税收征管的需要。

2. 按权责发生制提供的信息是否优于按收付实现制提供的信息

从道理上看，按权责发生制提供的信息更合情合理，因为权利与义务的对等性是人们普遍接受的价值观。

按权责发生制提供的数据具有平滑的作用，避免了按收付实现制提供的数据的大起大落，更有利于会计信息使用者对公司业绩的预测和判断。

3. 配比原则与三种配比方式

从权责发生制衍生出一个重要的"配比原则"，使得相关的收入和相关的费用可以在同一个期间进行对比，以计算出当期的利润（亏损）。更通俗的说法是可以在同一张利润表中得到配比。配比的方式有因果配比、系统而合理的配比、期间配比。

因果配比最好理解，销售商品、提供劳务的收入与销售商品或提供劳务的成本进行配比。

采用系统而合理的方法进行配比，实质上是解决长期资产的成本如何与其所产生的当期收入进行配比的问题。

期间配比，是指那些对收入创造有巨大贡献，但又找不到合适的配比对象，只好将其当期发生的管理费用、销售费用和财务费用与当期的收入进行配比。

4. 如何进行本期收入和本期费用的账项调整

本期收入的调整主要涉及应计收入和预收账款。应计收入主要是指本期已经发生并符合收入确认标准，但尚未收到相应款项的收入。如应收金融机构的存款利息、应收的销售货款等。凡属于本期的收入，不管其款项是否收到，都应作为本期收入，期末将尚未收到的款项调整入账。预收账款是指企业已经收取有关款项，但未交付商品或提供劳务，需在期末按本期已完成的比例，分摊本期已确认收入的金额，并调整以前已收到款项的预收账款，即将负债转为收入。

本期费用与支出的调整主要涉及应计费用。应计费用是指那些已在本期发生，因款项未付而未登记入账的费用。如应付银行借款利息支出、保险费支出、修理费用支出等。凡属于本期的费用，不管其款项是否支付，都应作为本期费用处理。期末应将那些属于本期但尚未支付的费用调整入账。费用分摊是指企业支出的受益期超过一个会计期间，为了正确计算各个会计期间的盈亏，就需要将已受益的部分调整出来作为费用，如固定资产折旧。

5. 再话会计科目的设置及使用

严格意义上说，会计科目的设置属于企业内部核算范畴，一般的外部信息使用者无法查看，外部信息使用者只能看到企业对外公布的财务会计报表，因此，财务会计报表格式的标准化和统一相较于会计科目的标准化和统一更为重要。换句话说，会计科目的名称或称谓，只要言简意赅就可以了，比如折旧费用，在我国必须按照"谁受益，谁负担"的原则，分别在"制造费用""销售费用""管理费用"等账户中进行核算，而国外可能就只在一个"折旧费用"科目中核算即可，同理，工资费用只需在一个会计科目"工薪费用"中核算，而我国则需记入"生产成本""制造费用""销售费用""管理费用"等账户中进行核算。这里体现出两种不同的管理风格，一个只需要一个费用总额即可，一个需要细分到不同部门不同费用科目，核算更加细致。再如，同样是土地、厂房、设备等资产，我国需要分设两个账户，因为企业对土地只有使用权，使用权在"无形资产"账下核算，厂房机器设备等在"固定资产"账下核算，国外一般只用一个科目"土地、厂场、设备"（plant equipment property），这些差异体现的是对业务的理解、管理目标和信息质量的要求不同。

一项经济业务的发生究竟选用什么会计科目，对初学者本身就具有挑战，更不用说还要根据企业独特的经济业务来设置恰当的会计科目。但随着知识的积累，我们必须具备这样的能力。否则，连简单的定期存款也无法核算。

银行存款是用于转账结算的资金，分活期存款和定期存款。定期存款是银行与存款人双方在存款时事先约定期限、利率，到期后支取本息的存款。利率确定、期限确定、到期能如数收回本金和利息，几乎没有风险，当然极端情况（银行破产）除外。表面上看，只是从活期存款账户转入定期存款账户，或者变成存款单，但定期存款实质上还是属于让渡资产使用权的行为，通过银行放贷，收取利息后再分一部分利息收入给存款人，按道理也应该算是投资收益。但按照习惯，一般不将银行存款利息作为收入，而是直接冲减财务费用。因此，仅利息就可以有三种做法：一是单独设置"利息收入"（金融机构）账户核算；二是作为"投资收益"核算；三是冲减"财务费用"。

相对应地，将短期存款变为定期存款，应该用什么会计科目核算，也涉及几种处理方法：一是在"其他货币资金"科目下设置二级账户"定期存款"；二是直接设置一个一级账户"定期存款"；三是在"银行存款"账户下设置二级账户"定期存款"。教材选择的是第一种方案，理由如下：定期存款相当于限定了用途的存款，不能随时支取，若提前支取银行则按短期存款利率计算。因此，为了有别于银行存款，便选择"其他货币资金"会计科目进行核算。

其他货币资金主要用于核算有别于现金和银行存款支取方式和管理方式的货币资金，如银行汇票存款、信用证保证金存款、存出投资款等（这些业务参见

"财务会计学"课程）。在其他货币资金下设置定期存款明细账，能够很好地与银行存款相区别。当然，其他两种方案也是可以采用的。

其实采用哪个方案不是问题的关键，关键是如何在财务报表中列报。当企业有定期存款时，一定要判断该定期存款剩余时间还有多长。短于一年到期的，应归入其他流动资产；长于一年到期的，则归入其他非流动资产，在现金流量表上也不能将这部分定期存款的本息作为现金或现金等价物列报。

此外，在采用实地盘存制下对已售存货成本调整时，设置了"购货"账户。可以说"购货"账户是专门为采用实地盘存制的企业设置的一个账户，专门用于记录平时采购存货的增加，凡是学过会计的人一看这个账户就明白这家企业采用的是实地盘存制，一般规模不大，平时只需要对购进的存货做个记录即可，减少的存货不做记录，期末进行盘点，通过公式"期初存货＋本期购货－期末存货＝销售成本"，就可以倒推出已出售（已使用）的存货成本。

由此可见，会计科目的选择或者设置需要灵活性与原则性相结合，才能如实地反映企业经济活动的全貌。不同国家、不同地区的会计科目设置及报表格式存在一定差异，但万变不离其宗。

10.2　练习题

第 10 章　判断题
即测即评

10.2.1　判断题

T10-1　会计分期假设是账项调整的主要原因。（　　）

T10-2　账项调整的依据是权责发生制。（　　）

T10-3　账项调整的目的是使企业计算的利润更加接近实际。（　　）

T10-4　账项调整只对资产和负债进行调整，对收入和费用不会产生影响。
（　　）

T10-5　收付实现制以应收应付为标准对已入账的资产和费用进行调整。（　　）

T10-6　权责发生制以实收实付为标准进行账项调整。（　　）

T10-7　递延项目是指现金已在本期收到或支付，但不在本期确认，而要推迟到以后期间确认的项目。（　　）

T10-8　预付费用又称递延费用，是指预先支付货币资金而由其后几个会计期间共同受益的项目。（　　）

T10-9　预收收入是企业的一项资产。（　　）

T10-10　应计项目是指在现金实际收付之前确认收入或费用的项目，包括应计费用和应计收入。（　　）

T10-11 预付费用的特点是费用支付在前，现金发生在后。 （　　）

T10-12 应计费用的特点是费用确认在前，现金发生在后。 （　　）

T10-13 实务中，企业每个月计提的折旧也是一种账项调整。 （　　）

T10-14 按收付实现制和权责发生制调整的结果总是相等。 （　　）

T10-15 权责发生制下，会计期末在计算利润之前必须进行账项调整。

（　　）

T10-16 经过期末账项调整，账簿记录中有关收入和费用科目所记录的金额，便是应归属本期收入和费用的金额。 （　　）

10.2.2 单选题

第10章 单选题
即测即评

S10-1 会计的（　　）假设是会计分期假设的基础。

A. 持续经营 　　　　　　　　B. 货币计价

C. 会计主体 　　　　　　　　D. 币值稳定

S10-2 账项调整的直接原因是（　　）假设。

A. 持续经营 　　　　　　　　B. 会计分期

C. 权责发生制 　　　　　　　D. 币值稳定

S10-3 会计期末，企业进行账项调整的依据是（　　）。

A. 权责发生制 　　　　　　　B. 收付实现制

C. 成本计算 　　　　　　　　D. 会计分期

S10-4 递延项目除了预付账款外，还包括（　　）。

A. 应计费用 　　　　　　　　B. 应计收入

C. 预收账款 　　　　　　　　D. 利息收入

S10-5 应计项目除了应计收入外，还包括（　　）。

A. 预收账款 　　　　　　　　B. 预付费用

C. 应计费用 　　　　　　　　D. 利息收入

S10-6 下列项目中，（　　）属于估计项目。

A. 预付租金 　　　　　　　　B. 预收账款

C. 利息费用 　　　　　　　　D. 产品质量保证

S10-7 企业发生预收出租固定资产租金的业务，此项经济业务产生的影响是（　　）。

A. 资产增加，同时负债增加 　　B. 资产增加，同时收入增加

C. 所有者权益增加，同时费用减少 　D. 资产增加，同时负债减少

S10-8 下列各项中，属于本期收入但尚未收到款项的项目是（　　）。

A. 银行借款利息 　　　　　　B. 银行存款利息

C. 预收账款　　　　　　　　　　　D. 预付账款

S10－9　下列各项中，属于本期费用但尚未支付款项的项目是（　　　）。

A. 银行借款利息　　　　　　　　　B. 银行存款利息

C. 预收账款　　　　　　　　　　　D. 应收账款

10.2.3　多选题

第 10 章　多选题
即测即评

M10－1　账项调整的项目有（　　　）。

A. 预付账款　　　　　　　　　　　B. 预收账款

C. 应计费用　　　　　　　　　　　D. 应计收入

E. 坏账损失

M10－2　下列属于递延项目的有（　　　）。

A. 预付账款　　　　　　　　　　　B. 预收账款

C. 应计费用　　　　　　　　　　　D. 应计收入

E. 固定资产折旧

M10－3　下列属于应计项目的有（　　　）。

A. 估计项目　　　　　　　　　　　B. 预收账款

C. 应计费用　　　　　　　　　　　D. 应计收入

E. 预付账款

M10－4　费用与收入相配比的方式有（　　　）。

A. 因果配比　　　　　　　　　　　B. 期间配比

C. 系统而合理的配比　　　　　　　D. 历史成本原则

E. 公允价值原则

M10－5　在计算固定资产折旧时，下列项目中需要估计的是（　　　）。

A. 固定资产实际购买价格　　　　　B. 固定资产报价

C. 固定资产使用年限　　　　　　　D. 净残值

E. 折旧率

M10－6　下列项目中需要在期末进行账项调整的是（　　　）。

A. 属于本期收入，但尚未收到款项

B. 属于本期费用，但尚未支付款项

C. 本期已收款，已作收入处理

D. 本期已付款，已作费用处理

E. 期末计算应缴纳的税金

M10－7　下列各项中，属于本期收入但尚未收到款项的调整有（　　　）。

A. 银行存款利息收入　　　　　　　B. 债券利息收入

C. 应付购货款   D. 银行借款利息支出

E. 预收租金收入

10.2.4 课程思政思考题

1. 如何理解权利？如何理解义务？会计中哪些会计科目核算的是权利，哪些会计科目核算的是义务？

2. 从权责发生制衍生出来的配比原则是因果逻辑思维的结果，请结合因果逻辑关系，谈一谈学习付出与收获的关系。

3. 账项调整是会计分期的需要，大学四年的学习是否需要进行分期调整？可能需要进行哪些"账项调整"？

10.3 练习题参考答案

10.3.1 判断题

T10-1 √	T10-2 √	T10-3 √
T10-4 ×	T10-5 ×	T10-6 ×
T10-7 √	T10-8 √	T10-9 ×
T10-10 √	T10-11 ×	T10-12 √
T10-13 √	T10-14 ×	T10-15 √
T10-16 √		

10.3.2 单选题

S10-1 A	S10-2 B	S10-3 A
S10-4 C	S10-5 C	S10-6 D
S10-7 A	S10-8 B	S10-9 A

10.3.3 多选题

M10-1 ABCDE	M10-2 AB	M10-3 CD
M10-4 ABC	M10-5 CDE	M10-6 ABE
M10-7 AB		

10.3.4 课程思政思考题（略）

10.4 教材课后部分习题参考答案

10.4.1 思考题（略）

10.4.2 练习题

E10-1 练习调整分录的编制。

（1）不需调整。

（2）借：管理费用 6 000
    贷：预付费用——租金 6 000

（3）不需调整。

（4）借：预收账款 10 000
    贷：主营业务收入 10 000

（5）借：财务费用——利息费用 200
    贷：应付利息 200

E10-2 对比收付实现制与权责发生制。

权责发生制与收付实现制结果对比见下表。

20×7 年 1—6 月 金额单位：元

项目		收付实现制		权责发生制	
序号	经济业务	收入	费用	收入	费用
1	借款 100 万元，半年应计利息 3 万元				30 000
2	支付全年租金 120 万元		1 200 000		600 000
3	赊购检测线 100 万元，按 10 年计提折旧				50 000
4	购进汽车 2 000 万元		20 000 000		
5	销售汽车收入 4 500 万元	45 000 000		45 000 000	
6	半年维修收入 30 万元	300 000		300 000	
7	全年租金收入 24 万元	240 000		120 000	
8	半年日常运营费 25 万元		250 000		250 000
9	已售汽车成本 4 200 万元				42 000 000
10	属于上半年的销售奖励 3 万元			30 000	
11	合计	45 540 000	21 450 000	45 450 000	42 930 000
12	利润	24 090 000		2 520 000	

10.4.3 案例题

1. 编制会计分录，见下表。

金额单位：元

经济业务	收付实现制		权责发生制	
（1）收到5位理发师的投资款50万元。	借：银行存款 　贷：实收资本	500 000 500 000	借：银行存款 　贷：实收资本	500 000 500 000
（2）预收会员费40万元。	借：银行存款 　贷：主营业务收入	400 000 400 000	借：银行存款 　贷：预收账款	400 000 400 000
（3）向银行借款30万元。期限1年，利率4%。	借：银行存款 　贷：短期借款	300 000 300 000	借：银行存款 　贷：短期借款	300 000 300 000
（4）理发业务收入90万元。	借：银行存款 　贷：主营业务收入	90 0000 900 000	借：银行存款 　贷：主营业务收入	900 000 900 000
（5）护手业务收入5万元。	借：银行存款 　贷：其他业务收入	50 000 50 000	借：银行存款 　贷：其他业务收入	50 000 50 000
（6）预付水电费20万元。	借：营业成本——水电费 　贷：银行存款	200 000 200 000	借：预付账款——水电费 　贷：银行存款	200 000 200 000
（7）购买洗发水、护手霜等用品8万元。	借：营业成本——洗发水等 　贷：银行存款	80 000 80 000	借：存货——洗发水等 　贷：银行存款	80 000 80 000
（8）结转成本8万元（本质上是调整分录）。			借：主营业务成本 　贷：存货——洗发水等	80 000 80 000
（9）支付新增面积两年租金16万元。	借：营业成本——租金 　贷：银行存款	160 000 160 000	借：长期待摊费用——预付租金 　　　　　　　　160 000 　贷：银行存款　160 000	
（10）支付工资50万元。	借：营业成本——工资 　贷：银行存款	500 000 500 000	借：营业成本 　贷：银行存款	500 000 500 000
（11）缴纳所得税3万元。	借：所得税费用 　贷：银行存款	30 000 30 000	借：所得税费用 　贷：银行存款	30 000 30 000

2. 编制调整分录（为了理解理发店整个营业成本的组成，将所有成本费用通过"营业成本"账户核算）。

（1）20×6年已支付两年原面积租金20万元，20×7年1—6月按配比原则应承担原面积租金5万元（20/4）。

借：营业成本——租金 50 000

　贷：长期待摊费用——预付租金 50 000

（2）有预付卡顾客消费 20 万元。

借：预收账款 200 000

贷：主营业务收入 200 000

（3）调整利息费用 6 000 元（300 000×4‰×6/12）。

借：财务费用 6 000

贷：应付利息 6 000

（4）1—6 月实际应负担的水电费为 18 万元。

借：营业成本 180 000

贷：预付账款——水电费 180 000

（5）调整新增面积 20×7 年 1—6 月应承担的半年租金 4 万元（16/4）。

借：营业成本——租金 40 000

贷：长期待摊费用——预付租金 40 000

3. 分别按收付实现制和权责发生制编制利润表。

利润表

20×7 年 1—6 月　　　　　　　　　　金额单位：元

项目	收付实现制	权责发生制
营业收入	1 350 000	1 150 000
减：营业成本	940 000	856 000
其中：租金	160 000	90 000
水电费	200 000	180 000
洗发水等	80 000	80 000
利息费用		6 000
工资	500 000	500 000
税前利润	410 000	294 000
减：所得税费用	30 000	30 000
净利润	380 000	264 000

4. 按收付实现制确认的利润比按权责发生制确认的利润多 116 000 元。两者差异产生的原因主要是两者确认收入和费用的标准不同。收付实现制比权责发生制多确认收入 20 万元，主要是将会员还未消费的预收款确认为收入。费用方面收付实现制比权责发生制多确认费用 84 000 元（租金多确认 7 万元，水电费多确认 2 万元，利息费用少确认 6 000 元）。

第 11 章　财务会计报告

思维导图

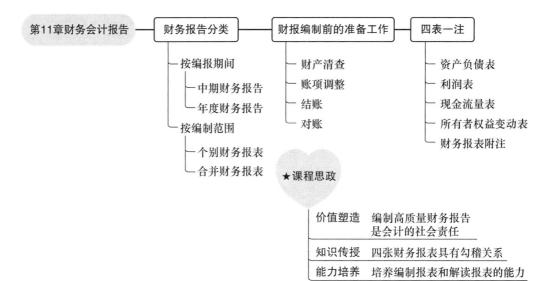

11.1　学习指导

11.1.1　学习重点

本章的学习重点是**在了解财务会计报告是会计最终产品的基础上，理解企业为什么要提供四张财务报表和附注**，掌握每一张财务报表的概念、格式和编制方法以及每一张财务报表所传达的经济信息的含义。

11.1.2　学习难点和疑点

本章的难点是**理解各报表内各个项目之间的逻辑关系以及报表之间的关联性**。需要思考的问题如下：

（1）为什么要提供四张财务报表（资产负债表、利润表、现金流量表和所有者权益变动表），而不是其中的两张或者三张财务报表？

（2）如果财务报表存在虚假陈述和不实数据，谁应对财务会计报告的真实性负责？

（3）附注与财务报表主表之间是什么关系？

（4）只提供四张主表而不提供附注是否可行？

11.1.3　疑难解答

1. 财务会计报告与附注

财务会计报告由财务报表、财务报表附注和财务情况说明书组成。财务会计报告分为年度、半年度、季度和月度财务会计报告。年度、半年度财务会计报告应当包括财务报表和财务情况说明书。财务报表是对企业财务状况、经营成果和现金流量的结构性表述，至少应当包括下列组成部分：（1）资产负债表；（2）利润表；（3）现金流量表；（4）所有者权益变动表；（5）附注。

资产负债表是反映企业在某一特定日期的财务状况的财务报表，也称财务状况表。因其所列报的是时点数据，故又称为"静态报表"。资产负债表的作用主要有：（1）可以提供某一日期资产的总额及其结构，表明企业拥有或控制的资源及其分布情况；（2）可以提供某一日期负债的总额及其结构，表明企业未来需要用多少资产或劳务清偿债务以及清偿时间；（3）可以反映所有者所拥有的权益，据以判断资本保值增值的情况以及对负债的保障程度。

利润表又称损益表，是反映企业在一定会计期间的经营成果的财务报表。因其所记载的是期间数据，故又称为"动态报表"。利润表的作用主要有：（1）反映一定会计期间收入的实现情况；（2）反映一定会计期间的费用耗费情况；（3）反映企业经济活动成果的实现情况，据以判断资本保值增值等情况。

现金流量表是指反映企业一定会计期间内现金和现金等价物的流入和流出情况的报表。

所有者权益变动表是列示所有者权益各组成部分的当期增减变动情况的报表。该表在各列中逐项列出了所有者权益的各个项目，然后在各行中逐项列出了期初余额（与上期资产负债表的数据一致）、本期增加额及其发生原因、本期减少额及其发生原因，最后列出了期末余额（与本期资产负债表数据一致）。这样，通过所有者权益变动表，就可以了解所有者权益各个项目在过去整个会计期间内增减变动的全貌。

只有编制了财务报告，才能反映企业的财务状况、经营成果、现金流量情况，才能满足会计信息使用者的需要。

附注披露与报表列示不可相互代替。企业不应以附注披露代替确认和计量，不恰当的确认和计量也不能通过充分披露相关会计政策来纠正。如果按照各项会计准则规定披露的信息不足以让报表使用者了解特定交易或事项对企业财务状况和经营成果的影响，企业还应当披露其他必要信息。

2. 资产负债表的编制

资产负债表一般提供的是两个时点的数据，又称为比较资产负债表。资产负债表中的"年初数"栏内各项目的金额，应根据上年末资产负债表的"期末数"栏内各项目的金额填列。资产负债表中的"期末数"栏内各项目的金额，应根据期末资产类、负债类、所有者权益类等账户的期末余额填列。如果企业在编制资产负债表前编制了工作底稿，可根据工作底稿中的"资产负债表"栏内各项目的金额填列。

填列方法可归纳为以下几种：

（1）直接根据总账科目的余额填列。如短期借款、应付职工薪酬、应交税费、实收资本、盈余公积等。

（2）根据几个总账科目的余额计算填列。如"货币资金"项目，应当根据"库存现金""银行存款""其他货币资金"等科目的期末余额计算填列。

（3）根据总账科目和明细科目的余额分析计算填列。如"长期借款"项目，通常应当根据"长期借款"总账科目余额扣除"长期借款"科目所属明细科目中将于一年内到期的部分填列。

（4）根据总账科目与其备抵科目抵销后的净额填列。如"固定资产"项目，应当根据"固定资产"科目期末余额，减去"累计折旧"和"固定资产减值准备"科目期末余额后的金额填列。

3. 利润表的编制

利润表根据"收入－费用＝利润"这一计算公式，依照一定的标准和次序，把企业一定时期内的收入、费用和利润项目予以适当排列编制而成。

利润表按利润形成进行排列，其格式有多步式和单步式两种。

多步式利润表是通过多步计算求出当期利润。一般分为以下几步：

（1）从营业收入出发，减去营业成本得出营业毛利。

（2）营业毛利减去税金及附加、销售费用、管理费用、研发费用、财务费用、资产减值损失、信用减值损失，加上其他收益、投资收益、公允价值变动收益、资产处置收益等得出营业利润。

（3）营业利润加上营业外收入，减去营业外支出等项目，得出利润总额，又称税前利润。

（4）利润总额减去所得税费用为企业净利润，又称税后利润。

利润表中的"本年累计数"栏反映各项目自年初起至本月末止的累计实际发生数，应根据本月数与前期累计数填列。

利润表中的"本月数"栏反映各项目的本月实际发生数，应根据收入类和费用类等账户的本期发生额填列，或根据结账前的余额填列。如果企业在编制利润表前编制了工作底稿，也可根据工作底稿中的"利润表"栏内各项目的金额填列。

4. 各财务报表项目之间的勾稽关系

所谓财务报表之间的勾稽关系，是指各报表之间在关系上存在相互依存的关系，在金额上存在一定的数量关系。

资产负债表的资产总额等于负债总额加上所有者权益总额，负债和所有者权益的增加必然带来资产的增加，负债和所有者权益的减少必然带来资产的减少。

利润表中的利润等于收入减去费用，收入的增加必然带来资产的增加或者负债的减少，费用的增加必然带来资产的减少或者负债的增加，反之亦然。利润表中净利润是资产负债表中未分配利润的组成部分，如果是新设企业，这两个数据还是相等的。

现金流量表中经营活动现金净流量、投资活动现金净流量和筹资活动现金净流量之间也存在相互利用的关系，如果经营活动带来的现金流量不能满足经营活动和投资活动的现金流量需求，就会扩大对筹资活动现金流量的需求，且三部分的现金流量之和等于企业在这一阶段总的现金流量，期末现金和现金等价物等于资产负债表中货币资金加上现金等价物。现金流量表同时也解释了资产负债表中货币资金发生增减变动的原因。

所有者权益变动表一方面揭示了所有者权益发生变动的原因是所有者投资引起的实收资本或者股本、资本公积的增加，以及由于企业盈利带来盈余公积计提的增加和未分配利润的增加；另一方面也反映由于非经营性因素引起的所有者权益的变动如会计政策变更或者会计差错引起的前期损益调整的增减。总之，所有者权益变动表能更好地解释资产负债表中所有者权益发生变动的原因。

11.2 练习题

11.2.1 判断题

第 11 章 判断题
即测即评

T11-1 财务会计报告，又称财务报告，由财务报表、财务报表附注和财务情况说明书组成。　　　　　　　　　　　　　（　　）

T11-2 财务报表的编制基础是持续经营。　　　　　　　　（　　）

T11-3 为了充分发挥财务报告的作用，应当定期向投资者、债权人、有关政府部门以及其他报表使用者提供财务报告。　　　（　　）

T11-4 企业在编制财务报表前，一般应该进行账证核对、账账核对、账实核对，并进行期末账项调整，以保证会计信息的有用性。　（　　）

T11-5 披露财务报表就可以不披露报表附注，或者披露了报表附注就可以不披露财务报表。　　　　　　　　　　　　　　　　　（　　）

T11-6 财务报表一般都是比较财务报表。　　　　　　　　　（　　）

T11-7 资产负债表是依据"资产＝负债＋所有者权益"恒等式设计的。　　　　　　　　　　　　　　　　　　　　　　　　　　（　　）

T11-8 资产负债表是反映企业在某一特定期间财务状况的报表。（　　）

T11-9 资产负债表是动态报表。　　　　　　　　　　　　　（　　）

T11-10 资产负债表的资产按流动性大小排列：流动性小的资产排在前面，流动性大的排在后面。　　　　　　　　　　　　　　（　　）

T11-11 资产负债表的格式有单步式和多步式。　　　　　　　（　　）

T11-12 资产负债表中的"存货"项目应根据"原材料""库存商品"等账户的期末余额合计数填列。　　　　　　　　　　　　　　　　（　　）

T11-13 在任何情况下，"应收账款"项目都是根据"应收账款"总账的期

末余额填列的。　　　　　　　　　　　　　　　　　　　　　　（　　　）

T11 - 14　利润表是"收入－费用＝利润"的扩展形式。　　　（　　　）

T11 - 15　利润表是反映企业在某一日期经营成果及其分配情况的报表。
　　　　　　　　　　　　　　　　　　　　　　　　　　　　　（　　　）

T11 - 16　在没有增资、减资或利润分配的情况下，企业年度利润表中"利润总额"应该和年末与年初净资产的差额相等。　　　　（　　　）

T11 - 17　利润表中的净利润一般是指企业利润总额扣除所得税费用以后的差额。　　　　　　　　　　　　　　　　　　　　　　（　　　）

T11 - 18　资产负债表中的未分配利润应与"本年利润"账户的期末余额相等。
　　　　　　　　　　　　　　　　　　　　　　　　　　　　　（　　　）

T11 - 19　"税金及附加"项目是根据"税金及附加"账户的期末余额填列的。
　　　　　　　　　　　　　　　　　　　　　　　　　　　　　（　　　）

T11 - 20　现金流量表是指反映企业在某一时点上的现金及现金等价物流入和流出情况的财务报表。　　　　　　　　　　　　　　（　　　）

T11 - 21　现金等价物是企业持有期限短、流动性强、易于转换为已知金额现金、价值变动风险很大的投资。　　　　　　　　　　（　　　）

T11 - 22　从购买之日起三个月内到期的债券投资可视为现金等价物。（　　　）

T11 - 23　所有者权益变动表是列示所有者权益各组成部分的当期增减变动情况的报表。　　　　　　　　　　　　　　　　　　　（　　　）

T11 - 24　只有资产负债表和利润表才有附注。　　　　　　　（　　　）

T11 - 25　对外披露财务报告时，财务会计报告应当由单位负责人和主管会计的负责人、会计机构负责人签名并盖章。　　　　　（　　　）

11.2.2　单选题

S11 - 1　关于财务报告，以下论述中错误的是（　　　）。

A. 财务报告能总括、综合、清晰明了地反映会计主体的经营状况

第 11 章　单选题
即测即评

B. 财务报告的信息使用者包括上级主管机关、投资者、债权人和内部经营管理者等

C. 为加快财务报表的编制和报送进度，可以先编制财务报表，再核对账证

D. 财务报表之间的数据是相互关联的

S11 - 2　财务报表中各项目数据的直接来源是（　　　）。

A. 原始凭证　　　　　　　　　　B. 记账凭证

C. 日记账　　　　　　　　　　　D. 账簿记录

S11-3 资产负债表是主要的财务报表，它反映企业某一特定日期的（　　）。

A. 所有者权益变动　　　　　　B. 经营成果

C. 现金流量　　　　　　　　　D. 财务状况

S11-4 下列各项中，属于资产负债表设计依据的是（　　）。

A. 会计恒等式　　　　　　　　B. 复式记账原理

C. 账户结构原理　　　　　　　D. 收入－费用＝利润

S11-5 资产负债表的项目按类别采用左右平衡对照的结构，在此基础上的分类是（　　）。

A. 资产、负债和所有者权益

B. 收入、费用和利润

C. 资产、负债、所有者权益、收入、费用、利润

D. 资金来源、资金运用

S11-6 我国企业资产负债表采用（　　）结构。

A. 多步式　　　　　　　　　　B. 单步式

C. 报告式　　　　　　　　　　D. 账户式

S11-7 资产负债表中资产项目的顺序是按项目的（　　）排列的。

A. 重要性程度　　　　　　　　B. 流动性大小

C. 收益性高低　　　　　　　　D. 金额大小

S11-8 资产负债表中所有者权益项目的排列顺序是（　　）。

A. 未分配利润—盈余公积—资产公积—实收资本

B. 实收资本—盈余公积—资本公积—未分配利润

C. 实收资本—资本公积—盈余公积—未分配利润

D. 资本公积—盈余公积—未分配利润—实收资本

S11-9 下列报表项目中，可以根据总账金额直接填列的是（　　）。

A. 货币资金　　　　　　　　　B. 应收账款

C. 短期借款　　　　　　　　　D. 固定资产

S11-10 下列报表项目中，需要根据多个账户计算填列的是（　　）。

A. 应付职工薪酬　　　　　　　B. 短期借款

C. 存货　　　　　　　　　　　D. 实收资本

S11-11 资产负债表中，可以根据总账科目余额直接填列的项目是（　　）。

A. 交易性金融资产　　　　　　B. 应收账款

C. 预付账款　　　　　　　　　D. 其他应收款

S11-12 某企业"库存现金"总账借方余额3 500元，"银行存款——工商银行"明细账借方余额360 000元，"银行存款——建设银行"明细账借方余额210 000元。如果不考虑其他因素，该企业资产负债表中"货币资金"项目填列

的金额为（   ）元。

  A. 3 500   B. 363 500

  C. 570 000   D. 573 500

S11－13 资产负债表中的"应收账款"项目填列的依据是（   ）。

  A. "应收账款"总分类账户期末余额

  B. "应收账款"总分类账户所属各明细分类账户的期末借方余额合计

  C. "应收账款"和"应付账款"总分类账所属各明细分类账的期末借方余额
   合计

  D. "应收账款"与"坏账准备"抵减后的差额

S11－14 某企业"应收账款——A 公司"明细账借方余额 1 500 万元，"应收账款——B 公司"明细账借方余额 1 200 万元，"应收账款——C 公司"明细账借方余额 300 万元。如果不计提坏账准备，资产负债表中"应收账款"项目的金额为（   ）万元。

  A. 2 400   B. 2 700

  C. 3 000   D. 5 100

S11－15 某企业"在途物资"总账借方余额 300 万元，"生产成本"总账借方余额 560 万元，"库存商品"总账借方余额 400 万元。如果不考虑其他因素的影响，该企业资产负债表中"存货"项目的填列金额为（   ）万元。

  A. 700   B. 860

  C. 1 260   D. 1 310

S11－16 （   ）是反映企业在一定时期内经营成果的财务报表。

  A. 现金流量表   B. 资产负债表

  C. 股东权益增减变动表   D. 利润表

S11－17 企业编制利润表的依据是（   ）。

  A. 借方余额账户   B. 贷方余额账户

  C. 损益类账户的本期发生额   D. 盘存类账户

S11－18 下列各项中，属于利润表反映内容的是（   ）。

  A. 企业在一定期间内的财务状况

  B. 企业在一定期间内的经营成果

  C. 企业在一定期间内的营业现金流入

  D. 企业在一定期间内的所有者权益变化

S11－19 多步式利润表是通过多步计算求出当期损益的，为此利润表通常把利润分解为（   ）。

  A. 营业利润、利润总额和净利润

  B. 毛利、营业利润和应税利润额

C. 营业收入、营业利润和可分配利润

D. 毛利、营业利润和利润总额

S11 - 20　G 公司 20××年 1 月份利润表"本期金额"栏有关数字如下：营业利润 32 000 元，营业外收入 5 000 元，营业外支出 50 000 元。G 公司 1 月份利润总额为（　　）元。

A. －32 000　　　　　　　　　　B. 32 000

C. 13 000　　　　　　　　　　　D. －13 000

S11 - 21　现金流量表中的"现金等价物"是指（　　）。

A. 3 年前购买的债券在 3 个月之内将到期

B. 计划在 3 个月内将出售的交易性金融资产

C. 购买的期限短于 3 个月到期的债券

D. 将转让的股权投资

S11 - 22　在所有者权益变动表中，与企业当期经营活动无关的项目是（　　）。

A. 会计政策变更和前期差错更正的累计影响

B. 投资者投入资本

C. 向所有者分配利润

D. 提取盈余公积

11.2.3　多选题

第 11 章　多选题
即测即评

M11 - 1　财务报表是对企业财务状况、经营成果和现金流量的结构性表述，至少应当包括（　　）。

A. 资产负债报表　　　B. 利润表

C. 现金流量表　　　　D. 所有者权益变动表

E. 附注

M11 - 2　编制财务会计报告的目的之一是满足会计信息使用者的需要，会计信息使用者包括（　　）。

A. 投资者　　　　　　　　　　B. 债权人

C. 上级主管部门和监管部门　　D. 企业内部管理人员

E. 公司员工

M11 - 3＊　监管部门（证监会）要求上市公司定期披露的报表为（　　）。

A. 日报表　　　　　　　　　　B. 月度报表

C. 季度报表　　　　　　　　　D. 半年度报表

E. 年度报表

M11 - 4　在编制财务报表过程中，企业管理层应当利用所有可获得的信息来评价企业自报告期末起 12 个月的持续经营能力，评价时需要考虑（　　）。

 A. 宏观政策风险   B. 市场经营风险

 C. 偿债能力   D. 财务弹性

 E. 企业目前或长期的盈利能力

M11 - 5　财务报表编制前的准备工作包括（　　）。

 A. 严格审核会计账簿的记录和有关资料

 B. 进行全面的财产清查

 C. 进行账项调整

 D. 按规定的时间结账

 E. 严格审核原始凭证记录的资料

M11 - 6　资产负债表作为企业主要的财务报表之一，其作用有（　　）。

 A. 了解企业拥有或控制的资产总额及其构成情况

 B. 评价企业的偿债能力和筹资能力

 C. 考察企业资本的保全和增值情况

 D. 预测企业未来的财务状况和财务安全程度等

 E. 了解企业的负债和所有者权益情况

M11 - 7　资产负债表的下列项目中，需要根据总账科目余额减去其备抵科目后的净额填列的有（　　）。

 A. 应收账款   B. 长期股权投资

 C. 存货   D. 固定资产

 E. 无形资产

M11 - 8　资产负债表的下列项目中，可以直接根据账户余额填列的有（　　）。

 A. 应收账款   B. 应付职工薪酬

 C. 实收资本   D. 盈余公积

 E. 短期借款

M11 - 9　下列项目中，属于流动资产的有（　　）。

 A. 库存现金   B. 存货

 C. 银行存款   D. 无形资产

 E. 应收账款

M11 - 10　下列各项中，属于流动负债的有（　　）。

 A. 应收账款   B. 其他应付款

 C. 预付账款   D. 其他应收款

 E. 应交税费

M11 - 11　资产负债表中"货币资金"项目的填列依据有（　　）。

 A. 库存现金   B. 短期借款

C. 银行存款   D. 实收资本

E. 其他货币资金

M11－12 资产负债表中"存货"项目的填列依据有（   ）。

A. 在途物资   B. 库存商品

C. 原材料   D. 生产成本

E. 受托加工物资

M11－13 下列各项中，属于融资形成的项目有（   ）。

A. 应收账款   B. 短期借款

C. 应付账款   D. 实收资本

E. 应付职工薪酬

M11－14 资产负债表中所有者权益是企业资产扣除负债后的剩余权益，反映企业在某一特定日期股东（投资者）拥有的净资产的总额，它一般按照（   ）分项列示。

A. 实收资本（股本）   B. 资本公积

C. 盈余公积   D. 未分配利润

E. 应付职工薪酬

M11－15 下列各项中，影响期末资产负债表中"未分配利润"项目填列依据的有（   ）。

A. 实收资本   B. 期初未分配利润

C. 应付利润   D. 提取盈余公积

E. 净利润

M11－16 利润表中的"营业收入"项目应根据（   ）科目的本期发生额计算填列。

A. 主营业务收入   B. 营业外收入

C. 投资收益   D. 其他业务收入

E. 税金及附加

M11－17 下列各项中，影响利润表中"营业利润"项目计算的因素有（   ）。

A. 主营业务收入   B. 管理费用

C. 营业外收入   D. 主营业务成本

E. 税金及附加

M11－18 下列各项中，属于费用项目的有（   ）。

A. 营业利润   B. 所得税费用

C. 销售费用   D. 利润总额

E. 净利润

M11－19 现金流量表根据现金流量产生的来源将其分为（   ）。

A. 期初结存的现金   B. 经营活动产生的现金流

C. 投资活动产生的现金流   D. 筹资活动产生的现金流

E. 期末现金

M11-20 财务报表附注是为帮助理解财务报表的内容而对报表的有关项目等所作的解释,财务报表附注需要说明的项目包括（   ）。

A. 所采用的主要会计处理方法

B. 会计处理方法的变更情况、变更原因以及对财务状况和经营成果的影响

C. 非经常性项目的说明

D. 财务报表中有关项目的明细资料

E. 其他有助于理解和分析财务报表需要说明的事项

11.2.4 课程思政思考题

1. 财务报告的主要内容是财务报表,财务报表是会计的最终成果,其中资产负债表又是四张财务报表的家底,是企业利润的源泉,是企业规模和能力的象征。如果将企业资产负债表换成人生的资产负债表,你的资产会有哪些呢?

2. 如果将企业资产负债表中的资产按照时间线来划分,固定资产代表过去的资产（生产能力已固化）,在建工程是正在建设的资产（代表即将可确定的生产潜力）,开发支出则代表企业未来的生产能力和利润潜力。请找任意一家上市公司最近3~5年的年度资产负债表,列表分析这三个项目的占比及变化,预测企业的未来发展。

3. 利润表是企业的最终经营成果,是收入和费用对比后的差额。在费用项目中有一个研发费用,代表企业对研发新产品的投入力度。请查找华为最近5年的利润表,计算华为研发费用占全部费用的比重,谈谈研发投入、科技创新与国家民族复兴之间的关系。

4. 请编制一张自己本学期学习投入与学习产出的利润表。

11.3 练习题参考答案

11.3.1 判断题

T11-1 √	T11-2 √	T11-3 √
T11-4 √	T11-5 ×	T11-6 √
T11-7 √	T11-8 ×	T11-9 ×

T11-10 ×	T11-11 ×	T11-12 √
T11-13 ×	T11-14 √	T11-15 ×
T11-16 √	T11-17 √	T11-18 ×
T11-19 ×	T11-20 ×	T11-21 ×
T11-22 √	T11-23 √	T11-24 ×
T11-25 √		

11.3.2　单选题

S11-1　C	S11-2　D	S11-3　D
S11-4　A	S11-5　A	S11-6　D
S11-7　B	S11-8　C	S11-9　C
S11-10　C	S11-11　A	S11-12　D
S11-13　D	S11-14　C	S11-15　C
S11-16　D	S11-17　C	S11-18　B
S11-19　A	S11-20　D	S11-21　C
S11-22　A		

11.3.3　多选题

M11-1　ABCD	M11-2　ABCDE	M11-3　CDE
M11-4　ABCDE	M11-5　ABCD	M11-6　ABCDE
M11-7　ABCDE	M11-8　BCDE	M11-9　ABCE
M11-10　BE	M11-11　ACE	M11-12　ABCD
M11-13　BD	M11-14　ABCD	M11-15　BCDE
M11-16　AD	M11-17　ABDE	M11-18　BC
M11-19　BCD	M11-20　ABCDE	

11.3.4　课程思政思考题（略）

11.4　教材课后部分习题参考答案

11.4.1　思考题（略）

11.4.2　练习题

E11-1　练习资产负债表上项目的填列。

（1）资产负债表上列示的货币资金是三个账户（库存现金、银行存款和其他货币资金）的余额之和。

$$\frac{货币资金借方}{期末余额}=\frac{库存现金}{借方余额}+\frac{银行存款}{借方余额}+\frac{其他货币资金}{借方余额}$$

列入资产负债表货币资金项目的金额＝300＋5 000＋300＝5 600（万元）

（2）资产负债表上列示的固定资产项目的金额是固定资产账面价值。

固定资产账面价值＝固定资产借方余额－累计折旧贷方余额

列入资产负债表的固定资产金额＝6 000－1 000＝5 000（万元）

E11-2　练习利润表的编制。

1. 根据经济业务编制会计分录。

（1）记录销售收入。

借：银行存款	3 000 000
应收账款	1 520 000
贷：主营业务收入	4 000 000
应交税费——应交增值税（销项税额）	520 000

（2）记录部分已预收货款的销售收入。

借：预收账款	1 000 000
银行存款	1 260 000
贷：主营业务收入	2 000 000
应交税费——应交增值税（销项税额）	260 000

（3）收回应收账款。

借：银行存款	1 520 000
贷：应收账款	1 520 000

（4）支付广告费。

借：销售费用——广告费	50 000
贷：银行存款	50 000

（5）支付总部管理部门办公经费，计提总部办公大楼的固定资产折旧。

借：管理费用——办公费	100 000
贷：银行存款	100 000
借：管理费用——折旧费	2 000 000
贷：累计折旧	2 000 000

（6）结转已售商品成本 3 600 000 元。

借：主营业务成本　　　　　　　　　　　　　　　　　3 600 000

　　贷：库存商品　　　　　　　　　　　　　　　　　　　3 600 000

（7）转账向灾区捐赠救灾款 990 000 元。

借：营业外支出——捐赠支出　　　　　　　　　　　　990 000

　　贷：银行存款　　　　　　　　　　　　　　　　　　　990 000

2. 编制利润表（列示出季度数据）。

利润表

编制单位：×企业　　　　　　　　　20××年×季度　　　　　　　　金额单位：元

项目	金额
一、营业收入	6 000 000
减：营业成本	3 600 000
销售费用	50 000
管理费用	2 100 000
二、营业利润	250 000
减：营业外支出	990 000
三、利润总额	－740 000

E11-3　练习资产负债表的编制。

根据中兴实业有限责任公司 20×6 年 12 月 31 日有关总账账户和明细账余额编制的资产负债表如下：

资产负债表

编制单位：中兴实业有限责任公司　　20×6 年 12 月 31 日　　　　　　金额单位：元

资产	期末余额	负债和所有者权益	期末余额
货币资金	2 300 000	短期借款	6 000 000
交易性金融资产	500 000	应付账款	5 000 000
应收账款	3 000 000	预收账款	4 000 000
预付账款	500 000	其他应付款	60 000
其他应收款	60 000	应付职工薪酬	900 000
存货	230 000 000	应交税费	300 000
流动资产合计	236 360 000	流动负债合计	16 260 000
固定资产	80 000 000	长期借款	13 000 000
非流动资产合计	80 000 000	非流动负债合计	13 000 000
		实收资本	200 000 000
		盈余公积	73 600 000
		未分配利润	13 500 000
		所有者权益合计	287 100 000
资产总计	316 360 000	负债和所有者权益总计	316 360 000

E11－4　练习利润表的编制。

根据中兴实业有限责任公司 20×6 年度有关收入、费用类总账账户的发生额编制的利润表如下：

利润表

编制单位：中兴实业有限责任公司　　　　20×6 年度　　　　　　金额单位：元

项目	金额
一、营业收入	63 000 000
减：营业成本	41 700 000
税金及附加	800 000
销售费用	1 100 000
管理费用	3 600 000
财务费用	2 900 000
加：投资收益	600 000
二、营业利润	13 500 000
加：营业外收入	280 000
三、利润总额	13 780 000
减：所得税费用	3 305 000
四、净利润	10 475 000

E11－5　练习开立账户（用丁字形账户），编制试算平衡表。

（1）开立丁字账。

银行存款

(5-1)	5 000 000	(5-7)	452 000
(5-4)	2 000 000	(5-8-1)	2 260 000
(5-5-1)	1 000 000	(5-8-2)	135 600
(5-6-1)	800 000	(5-9)	30 000
(5-23)	1 000 000	(5-10)	1 084 800
(5-25)	50 000	(5-11)	76 300
(5-28)	45 200	(5-13)	100 000
(5-34)	1 196 400	(5-14)	24 300
(5-38)	1 715	(5-19)	373 800
		(5-30)	106 000
		(5-31)	5 650
		(5-33)	1 002 000
		(5-37)	100 000
		(5-41-2)	554 900
		(5-44)	300 000
发生额	11 093 315	发生额	6 605 350
期末余额	4 487 965		

实收资本

		(5-1)	5 000 000
		(5-2)	3 500 000
		(5-3)	1 500 000
		(5-4)	1 111 100
发生额	0	发生额	11 111 100
		期末余额	11 111 100

资本公积——资本溢价

		(5-4)	888 900
发生额	0	发生额	888 900
		期末余额	888 900

固定资产

(5-2)	3 500 000		
(5-7)	400 000		
(5-8-3)	2 120 000		
发生额	6 020 000	发生额	0
期末余额	6 020 000		

无形资产

(5-3)	1 500 000		
发生额	1 500 000	发生额	0
期末余额	1 500 000		

短期借款

		(5-5-1)	1 000 000
发生额	0	发生额	1 000 000
		期末余额	1 000 000

财务费用

(5-5-2)	10 000	(5-40)	18 000
(5-6-2)	8 000		
发生额	18 000	发生额	18 000

应付利息

		(5-5-2)	10 000
发生额	0	发生额	10 000
		期末余额	10 000

长期借款

		(5-6-1)	800 000
		(5-6-2)	8 000
发生额	0	发生额	808 000
		期末余额	808 000

应交税费

(5-7)	52 000	(5-23)	175 500
(5-8-1)	260 000	(5-24)	432 250
(5-8-2)	15 600	(5-26)	5 850
(5-10)	124 800	(5-28)	5 200
(5-11)	6 300	(5-35-1)	581 050
(5-12)	15 600	(5-34)	12 000
(5-14)	14 300	(5-35-1)	49 750
(5-15)	85 800	(5-35-3)	49 750
(5-30)	6 000	(5-36)	3 482.5
(5-31)	650	(5-36)	1 492.5
(5-35-1)	618 800	(5-36)	995
(5-35-1)	12 000	(5-41-1)	554 900
(5-35-2)	49 750		
(5-41-2)	554 900		
发生额	1 816 500	发生额	1 872 220

在建工程

(5-8-1)	2 000 000	(5-8-3)	2 120 000
(5-8-2)	120 000		
发生额	2 120 000	发生额	2 120 000

库存现金

(5-9)	30 000	(5-11)	2 000
(5-26)	850		
发生额	30 850	发生额	2 000
期末余额	28 850		

在途物资

(5-10)	960 000	(5-16)	1 922 000
(5-11)	72 000		
(5-12)	120 000		
(5-14)	110 000		
(5-15)	660 000		
发生额	1 922 000	发生额	1 922 000

应付票据

		(5-12)	135 600
发生额	0	发生额	135 600
		期末余额	135 600

预付账款

(5-13)	100 000	(5-14)	100 000
发生额	100 000	发生额	100 000

应付账款

		(5-15)	745 800
发生额	0	发生额	745 800
		期末余额	745 800

原材料

(5 - 16)	1 922 000	(5 - 17)	1 842 000
		(5 - 29)	32 000
发生额	1 922 000	发生额	1 874 000
期末余额	48 000		

生产成本

(5 - 17)	1 842 000	(5 - 22)	2 384 700
(5 - 18)	402 000		
(5 - 21)	140 700		
发生额	2 384 700	发生额	2 384 700

制造费用

(5 - 18)	38 700	(5 - 21)	140 700
(5 - 20)	102 000		
发生额	140 700	发生额	140 700

管理费用

(5 - 18)	120 000	(5 - 40)	218 750
(5 - 31)	5 000		
(5 - 32)	93 750		
发生额	218 750	发生额	218 750

应付职工薪酬

(5 - 19)	373 800	(5 - 18)	560 700
发生额	373 800	发生额	560 700
		期末余额	186 900

累计折旧

		(5 - 20)	102 000
		发生额	102 000
		期末余额	102 000

库存商品

(5 - 22)	2 384 700	(5 - 27)	2 249 795
发生额	2 384 700	发生额	2 249 795
期末余额	134 905		

应收账款

(5 - 23)	525 500		
发生额	525 500	发生额	0
期末余额	525 500		

主营业务收入

(5 - 39)	4 720 000	(5 - 23)	1 350 000
		(5 - 24)	3 325 000
		(5 - 26)	45 000
发生额	4 720 000	发生额	4 720 000

应收票据

(5 - 24)	3 757 250		
发生额	3 757 250	发生额	0
期末余额	3 757 250		

预收账款

(5 - 26)	50 000	(5 - 25)	50 000
发生额	50 000	发生额	50 000

主营业务成本

(5 - 27)	2 249 795	(5 - 40)	2 249 795
发生额	2 249 795	发生额	2 249 795

其他业务收入

(5 - 39)	40 000	(5 - 28)	40 000
发生额	40 000	发生额	40 000

其他业务成本

(5 - 29)	32 000	(5 - 40)	32 000
发生额	32 000	发生额	32 000

销售费用

(5 - 30)	100 000	(5 - 40)	100 000
发生额	100 000	发生额	100 000

累计摊销

		(5 - 32)	93 750
		发生额	93 750
		期末余额	93 750

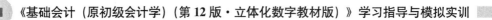

交易性金融资产

(5-33)	1 000 000	(5-34)	1 000 000
发生额	1 000 000	发生额	1 000 000

投资收益

(5-33)	2 000	(5-34)	196 400
(5-34)	12 000		
(5-39)	182 400		
发生额	196 400	发生额	196 400

税金及附加

(5-36)	5 970	(5-40)	5 970
发生额	5 970	发生额	5 970

营业外支出

(5-37)	100 000	(5-40)	100 000
发生额	100 000	发生额	100 000

营业外收入

(5-39)	1 715	(5-38)	1 715
发生额	1 715	发生额	1 715

本年利润

(5-40)	2 724 515	(5-39)	4 944 115
(5-41-3)	554 900		
(5-42)	1 664 700		
发生额	4 944 115	发生额	4 944 115

所得税费用

(5-41)	554 900	(5-41-3)	554 900
发生额	554 900	发生额	554 900

利润分配

(5-43)	332 940		
(5-44)	300 000	(5-42)	1 664 700
(5-45)	632 940	(5-45)	632 940
发生额	1 265 880	发生额	2 297 640
		期末余额	1 031 760

盈余公积

		(5-43)	332 940
		发生额	332 490
		期末余额	332 490

应付利润

(5-44)	300 000	(5-44)	300 000
发生额	300 000	发生额	300 000

（2）大美同心口罩有限公司 2020 年 6 月 30 日结账后试算平衡表。

大美同心口罩有限公司结账后试算平衡表

2020 年 6 月 30 日　　　　　　　　　　　　　　　　金额单位：元

会计科目	期初余额		本期发生额		期末余额	
	借方	贷方	借方	贷方	借方	贷方
库存现金			30 850	2 000	28 850	
银行存款			11 093 315	6 605 350	4 487 965	
应收票据			3 757 250		3 757 250	
应收账款			525 500		525 500	
在途物资			1 922 000	1 922 000	0	
预付账款			100 000	100 000	0	
原材料			1 922 000	1 874 000	48 000	
生产成本			2 384 700	2 384 700	0	

续表

会计科目	期初余额		本期发生额		期末余额	
	借方	贷方	借方	贷方	借方	贷方
制造费用			140 700	140 700	0	
库存商品			2 384 700	2 249 795	134 905	
在建工程			2 120 000	2 120 000	0	
固定资产			6 020 000		6 020 000	
累计折旧				102 000		102 000
无形资产			1 500 000		1 500 000	
累计摊销				93 750		93 750
交易性金融资产			1 000 000	1 000 000	0	
短期借款				1 000 000		1 000 000
应付票据				135 600		135 600
应付账款				745 800		745 800
预收账款			50 000	50 000		0
应付职工薪酬			373 800	560 700		186 900
应交税费			1 816 500	1 872 220		55 720
应付利息				10 000		10 000
应付利润			300 000	300 000		
长期借款				808 000		808 000
实收资本				11 111 100		11 111 100
资本公积				888 900		888 900
盈余公积				332 940		332 940
未分配利润			1 265 880	2 297 640		1 031 760
主营业务收入			4 720 000	4 720 000		0
其他业务收入			40 000	40 000		0
营业外收入			1 715	1 715		0
投资收益			196 400	196 400		0
主营业务成本			2 249 795	2 249 795	0	
其他业务成本			32 000	32 000	0	
营业外支出			100 000	100 000	0	
税金及附加			5 970	5 970	0	
销售费用			100 000	100 000	0	
管理费用			218 750	218 750	0	
财务费用			18 000	18 000	0	
所得税费用			554 900	554 900	0	
本年利润			4 944 115	4 944 115	0	
合计			51 888 840	51 888 840	16 502 470	16 502 470

11.4.3　案例题

1. 编制财务报表

如果我们想了解人大诚信店 3 个月的经营结果、财务状况和现金流量的信息，可以根据第 5 章案例题答案中的试算平衡表的数据编制简单的资产负债表、利润表和现金流量表。

现金流量表

2013 年 3 月 19 日至 6 月 30 日　金额单位：元

一、经营活动产生的现金流量	
销售文具等收到的现金	9 996
代卖水果收到的现金	20
购买文具等支付的现金	7 140
捐赠支付的现金	679
遭受损失减少的现金	2 035
经营活动产生的现金净流量	162
二、投资活动产生的现金流量	
购买固定资产支付的现金	260
投资活动产生的净现金流量	－260
三、筹资活动产生的现金流量	
收到投入的资本	3 150
现金期末余额	3 052

利润表

2013 年 3—6 月　金额单位：元

第 1 行	营业收入	10 016
第 2 行	减：营业成本	7 000
第 3 行	营业利润	3 016
第 4 行	加：营业外收入	200
第 5 行	减：营业外支出	2 714
第 6 行	利润总额	502

资产负债表

2013 年 6 月 30 日　　金额单位：元

资产	库存现金	3 052	负债	—	—
	存货	140	所有者权益	实收资本	3 150
	固定资产	460		未分配利润	502
	合计	3 652		合计	3 652

2. 进一步思考

（1）利润表中的利润、现金流量表中的现金余额与资产负债表中的资产总额，简称利润、现金和资产，这三者之间相互关联并具有内在的逻辑关系。

首先，资产总额 3 652 元中包括现金 3 052 元。

其次，人大诚信店是现金交易，因此，现金余额 3 052 元中有 502 元是小店赚取的现金（利润）。

一般情况下：利润不等于现金，换句话说，利润表中的利润与资产负债表中的现金一般是不相等的。分以下三种情况：

1）如果全部是现销业务，有多少利润应该对应多少现金；

2）如果全部是赊销，利润对应的则全部是应收账款或应收票据；

3）如果部分现销、部分赊销，则利润对应的资产，部分是应收账款或应收票据，部分是现金（银行存款）。

（2）与最初投入的 3 150 元相比，人大诚信店赚了 502 元。除了利润表显示的利润总额为 502 元外，还可以通过期末净资产减去期初净资产加以验证。净资产＝资产－负债，由于人大诚信店无负债，净资产＝总资产，期初总资产为 3 150 元，期末总资产为 3 652 元，其差 502 元（3 562－3 150）即赚取的利润。因此：

$$收入－费用＝期末净资产－期初净资产$$

在没有新的投资、分红和退出投资的情况下，上述等式可以相互验证企业计算的利润是否有误。

（3）如何理解诚信？

《礼记·中庸》记载："诚者，天之道也，诚之者，人之道也。""诚"是天的根本属性，努力求诚以达到合乎诚的境界则是为人之道。北宋理学家程颐曰："以实之谓信。""信"是一种践行行为，要真诚无伪，言行一致。《论语·为政》记载"人而无信，不知其可也"。不讲信用，在社会上就无立足之地，什么事情也做不成。诚信作为安身立命之本，是自古以来形成的传统观念和美德，以史鉴今，诚信的意义就愈发重要。

诚信是人与人之间交往、企业与企业之间交易的媒介。诚信不仅是一个伦理学的范畴，更是一个道德规范。因为任何法律条文不管有多严密，如果当事人心存恶念，就总有应对之法。

不诚信虽然可以投机取巧，使企业获得暂时的成功，但从根本上抑制了企业的可持续发展，并且败坏社会风气。在市场经济条件下，如果缺乏诚意，不讲信用，不仅违背公平交易和正当竞争的原则，更会严重影响整个经济的安全运行。

因此，从个人层面，需要每个人安分守己，踏踏实实做好人、做好事，不投机专营、不要小聪明，做真实的自己；从企业层面，每个企业都以诚信为本，诚实经营，不欺上瞒下、不偷工、不减料、不造假，用货真价实的产品赢得消费者的认同。

只有当每个人都讲诚信，每个企业都切实做到了诚信经营，整个社会才能营造出一种积极向上、诚信为善的友好氛围，商业环境才能得到净化，从而减少纠纷和因纠纷而消耗的社会资源，降低社会的交易成本，促进经济的良性循环和持续增长。

诚信何尝不是一份更为丰厚的"利润"呢！

（4）人大诚信店的模式可以推广吗？

人大诚信店的模式作为一个试金石，在一定范围可以成立，但很难推广。这种无人照看的小摊虽然方便了同学，但不可避免会带来一定的损失，最终入不敷出，停止经营。在自律的同时，也需要强大的他律。

（5）从组织形式、管理、经营及会计等方面为人大诚信店提些建议。

人大诚信店如果要持续经营下去，应该成为一个合法的主体，到当地工商局注册成立一家公司，其组织形式需要充分考虑信用建立、风险承担、税收以及未来发展等诸多因素之后，选择独资、合伙还是有限责任公司。

人大诚信店目前所面临的最突出的管理问题是如何保障资产的安全，包括实物资产和货币资产以及如何平衡学业与经营之间的关系。

经营上，努力调查同学们的实际需求，扩大品类，适当降低价格，以此作为平台，接受更多的委托代理销售业务。

会计上要健全核算制度，可聘请学过会计的同学担任会计，为人大诚信店单独建账，独立核算，定期提供三大财务报表。

思维导图

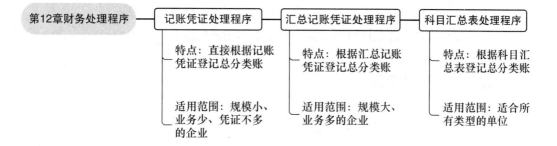

第12章财务处理程序　　记账凭证处理程序　　汇总记账凭证处理程序　　科目汇总表处理程序

特点：直接根据记账凭证登记总分类账　　特点：根据汇总记账凭证登记总分类账　　特点：根据科目汇总表登记总分类账

适用范围：规模小、业务少、凭证不多的企业　　适用范围：规模大、业务多的企业　　适用范围：适合所有类型的单位

★课程思政

价值塑造　树立程序即秩序的理念

知识传授　财务处理程序是将凭证、账簿组织起来的方式

能力培养　培养流程思维的能力

12.1　学习指导

12.1.1　学习重点

本章的学习重点是在了解会计凭证与会计账簿的有机组合是财务报表得以产生的前提的基础上，**理解企业的各种账务处理程序的特点与不同，并掌握常见的账务处理程序及适用的前提和优缺点**。

12.1.2　学习难点和疑点

本章的难点是**不同的企业应如何选择不同的账务处理程序**，不同账务处理程序会给会计工作组织和会计人员安排带来哪些变化。需要思考的问题如下：

（1）采用不同的账务处理程序是否会得到不一样的财务报表？

（2）科目汇总表核算形式是否优于汇总记账凭证核算形式？

12.1.3　疑难解答

1. 账务处理程序与财务报表

财务报表是会计的最终产品，从企业获得第一张原始凭证到财务报表的报出，其间经历的过程其实就是会计信息的加工过程。会计的三大核心程序——会计凭证填制、会计账簿登记和财务报表编制，每一个过程又都是会计信息加工、浓缩的过程。狭义的账务处理程序就是要解决从会计凭证到会计账簿应如何连接的问题，涉及会计人员的分工和工作效率问题。不管采用何种账务处理程序，都不会影响财务报表的质量，都会得到金额相同的财务报表。

账务处理程序又称会计核算组织程序、会计核算形式，是指会计凭证、会计账簿、财务报表相结合的方式，包括账簿组织和记账程序。账簿组织是指会计凭证和会计账簿的种类、格式，会计凭证与账簿之间的联系方法；记账程序是指由填制、审核原始凭证到填制、审核记账凭证，登记日记账、明细分类账和总分类账，编制财务报表的工作程序和方法等。通俗地解释，会计核算形式是指在手工记账的情形下，财务会计部门各会计人员之间的分工合作方式。

科学、合理地选择账务处理程序的意义主要有：（1）有利于规范会计工作，保证会计信息加工过程的严密性，提高会计信息质量；（2）有利于保证会计记录的完整性和正确性，增强会计信息的可靠性；（3）有利于减少不必要的会计核算环节，提高会计工作效率，保证会计信息的及时性。

常见的账务处理程序包括记账凭证账务处理程序、汇总记账凭证账务处理程序和科目汇总表账务处理程序。

2. 汇总记账凭证账务处理程序与科目汇总表账务处理程序

汇总记账凭证账务处理程序是指先根据原始凭证或汇总原始凭证填制记账凭证，定期根据记账凭证分类编制汇总收款凭证、汇总付款凭证和汇总转账凭证，再根据汇总记账凭证登记总分类账的一种账务处理程序。

科目汇总表账务处理程序，又称记账凭证汇总表账务处理程序，是指根据记账凭证定期编制科目汇总表，再根据科目汇总表登记总分类账的一种账务处理程序。

两者的区别在于：前者分别按照收款凭证、付款凭证和转账凭证定期进行汇总，再根据汇总的收款凭证、付款凭证和转账凭证登记总分类账户；后者根据记账凭证定期编制科目汇总表，再根据科目汇总表登记总分类账户。也就是说，登记总分类账户的依据一个是汇总记账凭证，一个是科目汇总表。

两种账务处理程序的特点、优缺点和适用范围对比见下表。

汇总记账凭证账务处理程序与科目汇总表账务处理程序对比

项目	汇总记账凭证账务处理程序	科目汇总表账务处理程序
特点	先根据记账凭证编制汇总记账凭证，再根据汇总记账凭证登记总分类账。	先将所有记账凭证汇总编制成科目汇总表，然后以科目汇总表为依据登记总分类账。 由于科目汇总表实际上已经对账户的情况进行了分类统计，因此，总账的登记工作就相对简单了。
优缺点	优点：减轻了登记总分类账的工作量；汇总记账凭证清晰地反映了科目之间的对应关系，便于查对和分析账目，比科目汇总表账务处理程序更合理。 缺点：当转账凭证较多时，编制汇总转账凭证的工作量较大，并且按每一贷方账户编制汇总转账凭证，不利于会计核算的日常分工。可以说，手工记账的总体工作量并未减少，只不过总账管理人员（通常是会计部门的主管领导）的工作量有明显减轻。	优点：减轻了登记总分类账的工作量，易于理解，方便学习，并可做到试算平衡。 缺点：科目汇总表不能反映各个账户之间的对应关系，不利于对账目进行检查。
适用范围	适用于规模较大、经济业务较多且大量重复使用某些会计科目的情形。	适用于所有类型的单位，尤其是经济业务较多的单位，但科目汇总表的编制工作量相当大。总体来看，手工记账的总体工作量变化不大，负责登记总账的会计人员相对轻松一些。

12.2 练习题

12.2.1 判断题

第 12 章　判断题
即测即评

T12 - 1　会计账务处理程序，是指会计凭证、会计账簿和财务报表相结合的方式，包括账簿组织和记账程序。　　　　　（　　）

T12 - 2　企业采用的账务处理程序不同，编制财务报表的依据也不相同。　　　　　（　　）

T12 - 3　任何账务处理程序的第一步都必须将所有的原始凭证汇总编制为汇总原始凭证。　　　　　（　　）

T12 - 4　记账凭证账务处理程序适用于规模小、业务量多、凭证也较多的单位。　　　　　（　　）

T12 - 5　按月采用汇总记账凭证账务处理程序编制财务报表时，可以不对计提折旧的转账凭证设置汇总转账凭证。　　　　　（　　）

T12 - 6　汇总收款凭证是按贷方科目设置，按借方科目归类，定期汇总，按月编制的。　　　　　（　　）

T12 - 7　汇总转账凭证是按贷方科目设置，按借方科目归类，定期汇总，按月编制的。　　　　　（　　）

T12 - 8　在汇总记账凭证账务处理程序下，若某一贷方科目的转账凭证数量不多，可以根据转账凭证登记总分类账。　　　　　（　　）

T12 - 9　汇总记账凭证可以明确反映账户之间的对应关系。　　　　　（　　）

T12 - 10　在汇总记账凭证账务处理程序下，现金日记账可以根据汇总收、付款凭证登记。　　　　　（　　）

T12 - 11　科目汇总表账务处理程序下，总分类账均应依据科目汇总表登记。　　　　　（　　）

T12 - 12　科目汇总表不仅可以起到试算平衡的作用，而且可以反映账户之间的对应关系。　　　　　（　　）

T12 - 13　科目汇总表账务处理程序下，总分类账须逐日逐笔登记。　（　　）

T12 - 14　采用科目汇总表账务处理程序时，总分类账的登记时间随科目汇总表的编制而定。　　　　　（　　）

12.2.2　单选题

S12－1　下列各种账务处理程序中，最基本的账务处理程序是（　　）。

A. 记账凭证账务处理程序

B. 科目汇总表账务处理程序

C. 汇总记账凭证账务处理程序

D. 分录日记账账务处理程序

S12－2　下列各项中，各种账务处理程序的主要区别是（　　）。

A. 总账的格式不同　　　　　　　B. 登记总账的依据不同

C. 会计凭证的种类不同　　　　　D. 编制财务报表的依据不同

S12－3　下列各项中，属于汇总记账凭证账务处理程序适用范围的是（　　）。

A. 规模较大、经济业务较多　　　B. 规模较小、经济业务不多

C. 规模较大、经济业务不多　　　D. 规模较小、经济业务较多

S12－4　下列各项中，属于记账凭证账务处理程序主要特点的是（　　）。

A. 直接根据记账凭证逐笔登记总分类账

B. 根据科目汇总表登记总分类账

C. 根据汇总记账凭证登记总分类账

D. 根据多栏式日记账登记总分类账

S12－5　汇总记账凭证账务处理程序下，汇总收款凭证编制的依据是（　　）。

A. 原始凭证　　　　　　　　　　B. 汇总原始凭证

C. 付款凭证　　　　　　　　　　D. 收款凭证

S12－6　下列各项中，属于汇总记账凭证账务处理程序特点的是（　　）。

A. 能够清楚地反映各个科目之间的对应关系

B. 不能清楚地反映各科目之间的对应关系

C. 能够综合反映企业所有的经济业务

D. 能够序时反映企业所有的经济业务

S12－7　采用汇总记账凭证账务处理程序时，"库存现金"总账中支出栏的登记依据是（　　）。

A. 现金收款凭证

B. 现金付款凭证

C. 汇总现金付款凭证的合计数

D. 汇总银行存款付款凭证的合计数

S12－8　采用汇总记账凭证账务处理程序时，总账的登记时间是（　　）。

A. 随时登记   B. 月末一次登记

  C. 随汇总记账凭证的编制时间而定   D. 按旬登记

  S12-9 科目汇总表账务处理程序中的关键环节是编制科目汇总表。企业编制科目汇总表时汇总的范围是（ ）。

  A. 全部科目的借方余额   B. 全部科目的贷方余额

  C. 全部科目的借贷方发生额   D. 部分科目的借贷方发生额

  S12-10 科目汇总表账务处理程序中的关键环节是编制科目汇总表，其编制方法是（ ）。

  A. 按照相同科目的借方设置贷方归类，定期汇总其发生额

  B. 按照相同科目的贷方设置借方归类，定期汇总其发生额

  C. 按照相同科目的借贷方设置并归类，定期汇总其余额

  D. 按照相同科目的借贷方归类，定期汇总其发生额

12.2.3　多选题

第12章　多选题
即测即评

  M12-1 会计账务处理程序，又称会计核算组织程序、会计核算形式，常见的账务处理程序包括（ ）。

  A. 记账凭证账务处理程序   B. 汇总记账凭证账务处理程序

  C. 科目汇总表账务处理程序   D. 明细账记账程序

  E. 日记账记账程序

  M12-2 下列各项中，构成各种账务处理程序相同点的有（ ）。

  A. 根据原始凭证编制汇总原始凭证

  B. 根据原始凭证及记账凭证登记明细分类账

  C. 根据收付款凭证登记现金日记账

  D. 根据总账和明细账编制财务报表

  E. 月末将总账与明细账、日记账进行核对

  M12-3 企业选择账务处理程序的意义是（ ）。

  A. 有利于规范会计工作

  B. 有利于保证会计记录的完整性和正确性

  C. 有利于加强会计信息的可靠性

  D. 提高经营管理水平

  E. 简化核算手续

  M12-4 下列各项中，属于记账凭证账务处理程序适用范围的有（ ）。

  A. 经济业务量少   B. 规模大

  C. 凭证不多   D. 规模小

E. 凭证较多

M12 - 5 下列各项中，属于记账凭证账务处理程序优点的有（ ）。

A. 容易理解、便于掌握   B. 简化核算工作

C. 根据记账凭证登记总账   D. 反映账户对应关系

E. 起到试算平衡的作用

M12 - 6 下列各项中，以记账凭证为依据，按有关科目的贷方设置，按借方科目归类的账务处理程序有（ ）。

A. 汇总收款凭证   B. 汇总转账凭证

C. 汇总付款凭证   D. 科目汇总表

E. 转账凭证

M12 - 7 在汇总记账凭证账务处理程序下，总分类账的登记依据有（ ）。

A. 汇总收款凭证   B. 汇总付款凭证

C. 汇总转账凭证   D. 转账凭证

E. 科目汇总表

M12 - 8 汇总付款凭证贷方对应的借方会计科目有（ ）。

A. 原材料   B. 固定资产

C. 管理费用   D. 销售费用

E. 无形资产

M12 - 9 采用汇总记账凭证账务处理程序时，"银行存款"总账的登记依据有（ ）。

A. 汇总现金付款凭证的合计数

B. 汇总银行存款付款凭证的合计数

C. 汇总现金收款凭证的合计数

D. 汇总银行存款收款凭证的合计数

E. 汇总转账凭证

M12 - 10 在汇总记账凭证账务处理程序下，对付款凭证的编制要求有（ ）。

A. 一个借方科目与一个贷方科目对应

B. 一个借方科目与几个贷方科目对应

C. 一个贷方科目与一个借方科目对应

D. 一个贷方科目与几个借方科目对应

E. 一个贷方科目与一个贷方科目对应

M12 - 11 在汇总记账凭证账务处理程序下，"主营业务收入"总账登记的依据有（ ）。

A. 汇总现金收款凭证中"主营业务收入"专栏的合计数

B. 汇总银行存款收款凭证中"主营业务收入"专栏的合计数

C. 转账凭证

D. 收款凭证

E. 按营业收入设置的汇总转账凭证的合计数

M12-12 下列各项中，属于科目汇总表作用的有（　　）。

A. 试算平衡　　　　　　　　　　B. 反映各科目的借贷方本期发生额

C. 反映各科目之间的对应关系　　D. 反映各科目的期末余额

E. 减轻登记总账的工作量

12.2.4　课程思政思考题

1. 账务处理程序的核心是如何将会计凭证与会计账簿有机联系起来，以最有效的方式编制财务报表。请举例说明在生活或学习中遵守程序或者秩序带来的好处。

2. 分工合作、协调配合是提高工作效率的内在机制，请举例说明在某次小组作业中你所承担的角色或者工作，以及对整个小组完成任务的贡献。

12.3　练习题参考答案

12.3.1　判断题

T12-1　√　　　　　　T12-2　×　　　　　　T12-3　√

T12-4　×　　　　　　T12-5　√　　　　　　T12-6　×

T12-7　√　　　　　　T12-8　√　　　　　　T12-9　√

T12-10　×　　　　　T12-11　√　　　　　T12-12　×

T12-13　×　　　　　T12-14　√

12.3.2　单选题

S12-1　A　　　　　　S12-2　B　　　　　　S12-3　A

S12-4　A　　　　　　S12-5　D　　　　　　S12-6　A

S12-7　C　　　　　　S12-8　C　　　　　　S12-9　C

S12-10　D

12.3.3　多选题

M12-1　ABC　　　　　M12-2　ABCDE　　　　M12-3　ABCE

M12 - 4　ACD　　　　M12 - 5　ACD　　　　M12 - 6　BC

M12 - 7　ABC　　　　M12 - 8　ABCDE　　M12 - 9　BD

M12 - 10　CD　　　　M12 - 11　ABCE　　M12 - 12　ABE

12.3.4　课程思政思考题（略）

12.4　教材课后部分习题参考答案

E12 - 1　练习记账凭证账务处理程序下的账务处理。

1. 根据经济业务编制记账凭证。

（1）付款凭证。

贷方科目：银行存款　　　　　　　20××年4月2日　　　　　　　　银付第1号

摘要	借方总账科目	借方明细科目	账页	金额
购进甲材料100吨，单价400元	在途物资	甲材料		40 000
合计				40 000

会计主管：　　　　记账：　　　　出纳：　　　　审核：　　　　制单：

（2）转账凭证。

20××年4月5日　　　　　　　　转字第1号

摘要	总账科目	明细科目	账页	借方金额	贷方金额
购进乙材料400吨，未付款，单价150元	在途物资	乙材料		60 000	
	应付账款	某单位			60 000
合计				60 000	60 000

会计主管：　　　　记账：　　　　　　　　审核：　　　　制单：

（3）转账凭证。

20××年4月15日　　　　　　　　转字第2号

摘要	总账科目	明细科目	账页	借方金额	贷方金额
领用甲、乙材料	生产成本	A产品		58 000	
		B产品		57 500	
	管理费用			4 000	
	原材料	甲材料			52 000
		乙材料			67 500
合计				119 500	119 500

会计主管：　　　　记账：　　　　　　　　审核：　　　　制单：

（4）付款凭证。

贷方科目：库存现金　　　　　20××年 4 月 16 日　　　　　　　　现付第 1 号

摘要	借方总账科目	借方明细科目	账页	金额
支付日常零星开支	管理费用	其他费用		2 000
合计				2 000

会计主管：　　　　记账：　　　　出纳：　　　　审核：　　　　制单：

（5）付款凭证。

贷方科目：银行存款　　　　　20××年 4 月 17 日　　　　　　　　银付第 2 号

摘要	借方总账科目	借方明细科目	账页	金额
支付广告费	销售费用	广告费		12 000
合计				12 000

会计主管：　　　　记账：　　　　出纳：　　　　审核：　　　　制单：

（6）付款凭证。

贷方科目：银行存款　　　　　20××年 4 月 20 日　　　　　　　　银付第 3 号

摘要	借方总账科目	借方明细科目	账页	金额
提取现金，以备发放工资	库存现金			50 000
合计				50 000

会计主管：　　　　记账：　　　　出纳：　　　　审核：　　　　制单：

（7）付款凭证。

贷方科目：库存现金　　　　　20××年 4 月 20 日　　　　　　　　现付第 2 号

摘要	借方总账科目	借方明细科目	账页	金额
发放工资	应付职工薪酬			50 000
合计				50 000

会计主管：　　　　记账：　　　　出纳：　　　　审核：　　　　制单：

（8）付款凭证。

贷方科目：银行存款　　　　　20××年 4 月 25 日　　　　　　　　银付第 4 号

摘要	借方总账科目	借方明细科目	账页	金额
支付水电费	制造费用	水电费		6 500
	管理费用			1 500
合计				8 000

会计主管：　　　　记账：　　　　出纳：　　　　审核：　　　　制单：

（9）收款凭证。

借方科目： 银行存款 　　　　　20××年 4 月 25 日 　　　　　银收第 1 号

摘要	贷方总账科目	贷方明细科目	账页	金额
销售 A 产品	主营业务收入			180 000
合计				180 000

会计主管： 　　记账： 　　出纳： 　　审核： 　　制单：

（10）收款凭证和转账凭证。

借方科目：银行存款 　　　　　20××年 4 月 26 日 　　　　　银收第 2 号

摘要	贷方总账科目	贷方明细科目	账页	金额
销售 B 产品	主营业务收入			60 000
合计				60 000

会计主管： 　　记账： 　　出纳： 　　审核： 　　制单：

20××年 4 月 26 日 　　　　　转字第 3 号

摘要	总账科目	明细科目	账页	借方金额	贷方金额
销售 B 产品未收款	应收账款			40 000	
	主营业务收入				40 000
合计				40 000	40 000

会计主管： 　　记账： 　　审核： 　　制单：

（11）付款凭证。

贷方科目：银行存款 　　　　　20××年 4 月 28 日 　　　　　银付第 5 号

摘要	借方总账科目	借方明细科目	账页	金额
支付销售费用	销售费用			3 000
合计				3 000

会计主管： 　　记账： 　　出纳： 　　审核： 　　制单：

（12）转账凭证。

20××年 4 月 30 日 　　　　　转字第 4 号

摘要	总账科目	明细科目	账页	借方金额	贷方金额
分配工资	生产成本	A 产品		30 000	
		B 产品		15 000	
	管理费用			5 000	
	应付职工薪酬				50 000
合计				50 000	50 000

会计主管： 　　记账： 　　审核： 　　制单：

（13）转账凭证。

20××年 4 月 30 日　　　　　　　　　　　　　　转字第 5 号

摘要	总账科目	明细科目	账页	借方金额	贷方金额
计提固定资产折旧	制造费用	折旧费		5 000	
	管理费用	折旧费		1 000	
	累计折旧				6 000
合计				6 000	6 000

会计主管：　　　　　　记账：　　　　　　审核：　　　　　　制单：

（14）转账凭证。

20××年 4 月 30 日　　　　　　　　　　　　　　转字第 6 号

摘要	总账科目	明细科目	账页	借方金额	贷方金额
结转制造费用	生产成本	A 产品		7 000	
	制造费用	B 产品		4 500	11 500
合计				11 500	11 500

会计主管：　　　　　　记账：　　　　　　审核：　　　　　　制单：

20××年 4 月 30 日　　　　　　　　　　　　　　转字第 7 号

摘要	总账科目	明细科目	账页	借方金额	贷方金额
结转完工产品成本	库存商品	A 产品		216 000	
		B 产品		120 000	
	生产成本	A 产品			216 000
		B 产品			120 000
合计				336 000	336 000

会计主管：　　　　　　记账：　　　　　　审核：　　　　　　制单：

（15）转账凭证。

20××年 4 月 30 日　　　　　　　　　　　　　　转字第 8 号

摘要	总账科目	明细科目	账页	借方金额	贷方金额
计算应纳消费税	税金及附加			28 000	
	应交税费	应交消费税			28 000
合计				28 000	28 000

会计主管：　　　　　　记账：　　　　　　审核：　　　　　　制单：

（16）转账凭证。

20××年 4 月 30 日　　　　　　　　　　　　　　　转字第 9 号

摘要	总账科目	明细科目	账页	借方金额	贷方金额
结转材料采购成本	原材料	甲材料		40 000	
		乙材料		60 000	
	在途物资				100 000
合计				100 000	100 000

会计主管：　　　　　记账：　　　　　　　审核：　　　　　　　制单：

（17）转账凭证。

20××年 4 月 30 日　　　　　　　　　　　　　　　转字第 10 号

摘要	总账科目	明细科目	账页	借方金额	贷方金额
结转本月收入	主营业务收入			280 000	
	本年利润				280 000
合计				280 000	280 000

会计主管：　　　　　记账：　　　　　　　审核：　　　　　　　制单：

（18）转账凭证。

20××年 4 月 30 日　　　　　　　　　　　　　　　转字第 11 号

摘要	总账科目	明细科目	账页	借方金额	贷方金额
结转销售产品成本	主营业务成本			200 000	
	库存商品	A 产品			120 000
		B 产品			80 000
合计				200 000	200 000

会计主管：　　　　　记账：　　　　　　　审核：　　　　　　　制单：

（19）转账凭证。

20××年 4 月 30 日　　　　　　　　　　　　　　　转字第 12 号

摘要	总账科目	明细科目	账页	借方金额	贷方金额
结转成本费用	本年利润			256 500	
	主营业务成本				200 000
	税金及附加				28 000
	管理费用				13 500
	销售费用				15 000
合计				256 500	256 500

会计主管：　　　　　记账：　　　　　　　审核：　　　　　　　制单：

（20）转账凭证。

20××年 4 月 30 日　　　　　　　　　　　转字第 13 号

摘要	总账科目	明细科目	账页	借方金额	贷方金额
计算应纳所得税	所得税费用			10 000	
	应交税费	应交所得税			10 000
合计				10 000	10 000

会计主管：　　　　　记账：　　　　　　　审核：　　　　　　　制单：

20××年 4 月 30 日　　　　　　　　　　　转字第 14 号

摘要	总账科目	明细科目	账页	借方金额	贷方金额
结转所得税	本年利润			10 000	
	所得税费用				10 000
合计				10 000	10 000

会计主管：　　　　　记账：　　　　　　　审核：　　　　　　　制单：

（21）转账凭证。

20××年 4 月 30 日　　　　　　　　　　　转字第 15 号

摘要	总账科目	明细科目	账页	借方金额	贷方金额
应分配利润	利润分配			10 000	
	应付利润				10 000
合计				10 000	10 000

会计主管：　　　　　记账：　　　　　　　审核：　　　　　　　制单：

（22）转账凭证。

20××年 4 月 30 日　　　　　　　　　　　转字第 16 号

摘要	总账科目	明细科目	账页	借方金额	贷方金额
应提法定盈余公积	利润分配	提取法定盈余公积		10 000	
	盈余公积	法定盈余公积			10 000
合计				10 000	10 000

会计主管：　　　　　记账：　　　　　　　审核：　　　　　　　制单：

2. 根据收付款凭证逐日逐笔登记现金日记账和银行存款日记账。

现金日记账

20××年		凭证		摘要	对方科目	借方	贷方	余额
月	日	字	号					
4	1			期初余额				3 500
	16	现付	1	零星开支	管理费用		2 000	
				本日合计			2 000	1 500
	20	银付	3	提取现金	银行存款	50 000		
		现付	2	发放工资	应付职工薪酬		50 000	
				本日合计		50 000	50 000	1 500
	30			本月合计		50 000	52 000	1 500

银行存款日记账

20××年		凭证		摘要	对方科目	借方	贷方	余额
月	日	字	号					
4	1			期初余额				300 000
	2	银付	1	购进材料	在途物资		40 000	
				本日合计			40 000	260 000
	17	银付	2	支付广告费	销售费用		12 000	
				本日合计			12 000	248 000
	20	银付	3	提现金	库存现金		50 000	
				本日合计			50 000	198 000
	25	银付	4	支付水电费	制造费用等		8 000	
	25	银收	1	销售A产品	主营业务收入	180 000		
				本日合计		180 000	8 000	370 000
	26	银收	2	销售B产品	主营业务收入	60 000		
				本日合计		60 000		430 000
	28	银付	5	支付销售费用	销售费用		3 000	
				本日合计			3 000	427 000
	30			本月合计		240 000	113 000	427 000

3. 根据原始凭证、记账凭证登记材料明细账（其他明细账的登记此处从略）。

甲材料明细账　　　　　　　　　　　　　　单位：吨

20××年		摘要	收入			发出			结存		
月	日		数量	单价	金额	数量	单价	金额	数量	单价	金额
4	1	期初余额							1 500	400	600 000
	15	发出				130	400	52 000	1 370	400	548 000
	30	结转采购成本	100	400	40 000				1 470	400	588 000
	30	本月合计	100	400	40 000	130	400	52 000	1 470	400	588 000

乙材料明细账　　　　　　　　　　　　　　单位：吨

20××年		摘要	收入			发出			结存		
月	日		数量	单价	金额	数量	单价	金额	数量	单价	金额
4	1	期初余额							2 000	150	300 000
	15	发出				450	150	67 500	1 550	150	232 500
	30	结转采购成本	400	150	60 000				1 950	150	292 500
	30	本月合计	400	150	60 000	450	150	67 500	1 950	150	292 500

4. 根据记账凭证逐笔登记总分类账。

会计科目：库存现金

20××年		凭证		摘要	借方	贷方	借或贷	余额
月	日	字	号					
4	1			期初余额			借	3 500
	16	现付	1	支付费用		2 000	借	1 500
	20	银付	3	提取现金	50 000		借	51 500
	20	现付	2	发放工资		50 000	借	1 500
	30			本月发生额及余额	50 000	52 000	借	1 500

会计科目：银行存款

20××年		凭证		摘要	借方	贷方	借或贷	余额
月	日	字	号					
4	1			期初余额			借	300 000
	2	银付	1	购进材料		40 000	借	260 000
	17	银付	2	支付广告费		12 000	借	248 000
	20	银付	3	提取现金		50 000	借	198 000
	25	银付	4	支付水电费		8 000	借	190 000
	25	银收	1	销售 A 产品	180 000		借	370 000
	26	银收	2	销售 B 产品	60 000		借	430 000
	28	银付	5	支付销售费用		3 000	借	427 000
	30			本月发生额及余额	240 000	113 000	借	427 000

会计科目：应收账款

20××年		凭证		摘要	借方	贷方	借或贷	余额
月	日	字	号					
4	1			期初余额			借	200 000
	26	转	3	销售B产品	40 000		借	240 000
	30			本月发生额及余额	40 000		借	240 000

会计科目：其他应收款

20××年		凭证		摘要	借方	贷方	借或贷	余额
月	日	字	号					
4	1			期初余额			借	22 000
	30			本月发生额及余额	0	0	借	22 000

会计科目：在途物资

20××年		凭证		摘要	借方	贷方	借或贷	余额
月	日	字	号					
4	1			期初余额				0
	2	银付	1	购进甲材料	40 000		借	40 000
	5	转	1	购进乙材料	60 000		借	100 000
	30	转	9	结转采购成本		100 000	平	0
	30			本月发生额及余额	100 000	100 000	平	0

会计科目：原材料

20××年		凭证		摘要	借方	贷方	借或贷	余额
月	日	字	号					
4	1			期初余额			借	900 000
	15	转	2	发出材料		119 500	借	780 500
	30	转	9	结转采购成本	100 000		借	880 500
	30			本月发生额及余额	100 000	119 500	借	880 500

会计科目：库存商品

20××年		凭证		摘要	借方	贷方	借或贷	余额
月	日	字	号					
4	1			期初余额			借	600 000
	30	转	7	结转完工产品成本	336 000		借	936 000
	30	转	11	结转销售产品成本		200 000	借	736 000
	30			本月发生额及余额	336 000	200 000	借	736 000

会计科目：生产成本

20××年		凭证		摘要	借方	贷方	借或贷	余额
月	日	字	号					
4	1			期初余额			借	300 000
	15	转	2	耗用材料	115 500		借	415 500
	30	转	4	分配工资	45 000		借	460 500
	30	转	6	结转制造费用	11 500		借	472 000
	30	转	7	结转完工产品成本		336 000	借	136 000
	30			本月发生额及余额	172 000	336 000	借	136 000

会计科目：制造费用

20××年		凭证		摘要	借方	贷方	借或贷	余额
月	日	字	号					
4	1			期初余额				0
	25	银付	4	支付水电费	6 500		借	6 500
	30	转	5	计提折旧	5 000		借	11 500
	30	转	6	结转制造费用		11 500	平	0
	30			本月发生额及余额	11 500	11 500	平	0

会计科目：固定资产

20××年		凭证		摘要	借方	贷方	借或贷	余额
月	日	字	号					
4	1			期初余额			借	3 000 000
	30			本月发生额及余额	0	0	借	3 000 000

会计科目：累计折旧

20××年		凭证		摘要	借方	贷方	借或贷	余额
月	日	字	号					
4	1			期初余额			贷	1 000 000
	30	转	5	计提折旧		6 000	贷	1 006 000
	30			本月发生额及余额	0	6 000	贷	1 006 000

会计科目：短期借款

20××年		凭证		摘要	借方	贷方	借或贷	余额
月	日	字	号					
4	1			期初余额			贷	1 570 000
	30			本月发生额及余额	0	0	贷	1 570 000

会计科目：应付账款

20××年		凭证		摘要	借方	贷方	借或贷	余额
月	日	字	号					
4	1			期初余额			贷	400 000
	5	转	1	购进材料未付款		60 000	贷	460 000
	30			本月发生额及余额	0	60 000	贷	460 000

会计科目：应付职工薪酬

20××年		凭证		摘要	借方	贷方	借或贷	余额
月	日	字	号					
4	1			期初余额			贷	0
	20	现付	2	发放工资	50 000		借	50 000
	30	转	4	分配工资		50 000	平	0
	30			本月发生额及余额	50 000	50 000	平	0

会计科目：应交税费

20××年		凭证		摘要	借方	贷方	借或贷	余额
月	日	字	号					
4	1			期初余额			贷	50 000
	30	转	8	应纳消费税		28 000	贷	78 000
	30	转	13	应纳所得税		10 000	贷	88 000
	30			本月发生额及余额	0	38 000	贷	88 000

会计科目：应付利润

20××年		凭证		摘要	借方	贷方	借或贷	余额
月	日	字	号					
4	1			期初余额			贷	70 000
	30	转	15	应分配利润		10 000	贷	80 000
	30			本月发生额及余额	0	10 000	贷	80 000

会计科目：其他应付款

20××年		凭证		摘要	借方	贷方	借或贷	余额
月	日	字	号					
4	1			期初余额			贷	35 500
	30			本月发生额及余额	0	0	贷	35 500

会计科目：实收资本

20××年		凭证		摘要	借方	贷方	借或贷	余额
月	日	字	号					
4	1			期初余额			贷	2 000 000
	30			本月发生额及余额	0	0	贷	2 000 000

会计科目：盈余公积

20××年		凭证		摘要	借方	贷方	借或贷	余额
月	日	字	号					
4	1			期初余额			贷	150 000
	30	转	16	提取法定盈余公积		10 000	贷	160 000
	30			本月发生额及余额	0	10 000	贷	160 000

会计科目：本年利润

20××年		凭证		摘要	借方	贷方	借或贷	余额
月	日	字	号					
4	1			期初余额			贷	0
	30	转	10	结转收入		280 000	贷	280 000
	30	转	12	结转成本费用	256 500		贷	23 500
	30	转	14	结转所得税	10 000		贷	13 500
	30			本月发生额及余额	266 500	280 000		13 500

会计科目：利润分配

20××年		凭证		摘要	借方	贷方	借或贷	余额
月	日	字	号					
4	1			期初余额			贷	50 000
	30	转	15	应分配利润	10 000		贷	40 000
	30	转	16	应提法定盈余公积	10 000		借	30 000
	30			本月发生额及余额	20 000	0	借	30 000

会计科目：主营业务收入

20××年		凭证		摘要	借方	贷方	借或贷	余额
月	日	字	号					
4	25	银收	1	销售A产品		180 000	贷	180 000
	26	银收	2	销售B产品		60 000	贷	240 000
	26	转	3	销售B产品		40 000	贷	280 000
	30	转	10	结转销售收入	280 000		平	0
	30			本月发生额及余额	280 000	280 000	平	0

会计科目：主营业务成本

20××年		凭证		摘要	借方	贷方	借或贷	余额
月	日	字	号					
4	30	转	11	结转销售产品成本	200 000		借	200 000
	30	转	12	结转成本费用		200 000	平	0
	30			本月发生额及余额	200 000	200 000	平	0

会计科目：税金及附加

20××年		凭证		摘要	借方	贷方	借或贷	余额
月	日	字	号					
4	30	转	8	计算应纳消费税	28 000		借	28 000
	30	转	12	结转税金		28 000	平	0
	30			本月发生额及余额	28 000	28 000	平	0

会计科目：管理费用

20××年		凭证		摘要	借方	贷方	借或贷	余额
月	日	字	号					
4	15	转	2	领用材料	4 000		借	4 000
	16	现付	1	零星开支	2 000		借	6 000
	25	银付	4	支付水电费	1 500		借	7 500
	30	转	4	分配工资	5 000		借	12 500
	30	转	5	提取折旧	1 000		借	13 500
	30	转	12	结转成本费用		13 500	平	0
	30			本月发生额及余额	13 500	13 500	平	0

会计科目：销售费用

20××年		凭证		摘要	借方	贷方	借或贷	余额
月	日	字	号					
4	17	银付	2	支付广告费	12 000		借	12 000
	28	银付	5	支付销售费用	3 000		借	15 000
	30	转	12	结转成本费用		15 000	平	0
	30			本月发生额及余额	15 000	15 000	平	0

会计科目：所得税费用

20××年		凭证		摘要	借方	贷方	借或贷	余额
月	日	字	号					
4	30	转	13	应纳所得税	10 000		借	10 000
	30	转	14	结转所得税		10 000	平	0
	30			本月发生额及余额	10 000	10 000	平	0

5. 根据总分类账资料编制总分类账户发生额及余额试算平衡表。

试算平衡表　　　　　　　　　　　　　　　金额单位：元

会计科目	期初余额		本期发生额		期末余额	
	借方	贷方	借方	贷方	借方	贷方
库存现金	3 500		50 000	52 000	1 500	
银行存款	300 000		240 000	113 000	427 000	

续表

会计科目	期初余额		本期发生额		期末余额	
	借方	贷方	借方	贷方	借方	贷方
应收账款	200 000		40 000	0	240 000	
其他应收款	22 000		0	0	22 000	
在途物资	0		100 000	100 000	0	
原材料	900 000		100 000	119 500	880 500	
库存商品	600 000		336 000	200 000	736 000	
生产成本	300 000		172 000	336 000	136 000	
制造费用	0		11 500	11 500	0	
固定资产	3 000 000		0	0	3 000 000	
累计折旧		1 000 000	0	6 000		1 006 000
短期借款		1 570 000	0	0		1 570 000
应付账款		400 000	0	60 000		460 000
应付职工薪酬		0	50 000	50 000		0
应交税费		50 000	0	38 000		88 000
应付利润		70 000	0	10 000		80 000
其他应付款		35 500	0	0		35 500
实收资本		2 000 000	0	0		2 000 000
盈余公积		150 000	0	10 000		160 000
本年利润			266 500	280 000		13 500
利润分配——未分配利润		50 000	20 000	0		30 000
主营业务收入			280 000	280 000		
主营业务成本			200 000	200 000		
税金及附加			28 000	28 000		
销售费用			15 000	15 000		
管理费用			13 500	13 500		
所得税费用			10 000	10 000		
合计	5 325 500	5 325 500	1 932 500	1 932 500	5 443 000	5 443 000

6. 根据会计账簿记录（总分类账和明细分类账）编制资产负债表和利润表（略去没有数据的报表项目）。

资产负债表

编制单位：　　　　　　　　　　20××年 4 月 30 日　　　　　　　　　金额单位：元

资产	年初数	年末数	负债及所有者权益	年初数	年末数
流动资产			流动负债		
货币资金		428 500	短期借款		1 570 000
应收账款		240 000	应付账款		460 000
其他应收款		22 000	应交税费		88 000
存货		1 752 500	其他应付款		115 500

续表

资产	年初数	年末数	负债及所有者权益	年初数	年末数
流动资产合计		2 443 000	流动负债合计		2 233 500
非流动资产			所有者权益		
固定资产		1 994 000	实收资本		2 000 000
非流动资产合计		1 994 000	盈余公积		160 000
			未分配利润		43 500
			所有者权益合计		2 203 500
资产总计		4 437 000	负债及所有者权益总计		4 437 000

利润表

编制单位：　　　　　　　　　　　20××年 4 月　　　　　　　　　　金额单位：元

项目	本月数	本年累计数
一、营业收入	280 000	
减：营业成本	200 000	
税金及附加	28 000	
销售费用	15 000	
管理费用	13 500	
二、营业利润	23 500	
加：营业外收入	0	
减：营业外支出	0	
三、利润总额	23 500	
减：所得税费用	10 000	
四、净利润	13 500	

E12-2　练习科目汇总表账务处理程序下的账务处理。

1. 编制科目汇总表。

科目汇总表　　　　　　　　　　　　　　　　　　金额单位：元

会计科目	1—10 日		11—20 日		21—30 日		本月合计	
	借方	贷方	借方	贷方	借方	贷方	借方	贷方
库存现金			50 000	52 000			50 000	52 000
银行存款		40 000		62 000	240 000	11 000	240 000	113 000
应收账款					40 000		40 000	0
其他应收款							0	0
在途物资	100 000					100 000	100 000	100 000
原材料				119 500	100 000		100 000	119 500
库存商品					336 000	200 000	336 000	200 000
生产成本			115 500		56 500	336 000	172 000	336 000
制造费用					11 500	11 500	11 500	11 500
固定资产							0	0

续表

会计科目	1—10 日		11—20 日		21—30 日		本月合计	
	借方	贷方	借方	贷方	借方	贷方	借方	贷方
累计折旧						6 000	0	6 000
短期借款							0	0
应付账款			60 000				0	60 000
应付职工薪酬				50 000		50 000	50 000	50 000
应交税费						38 000	0	38 000
应付利润						10 000	0	10 000
其他应付款							0	0
实收资本							0	0
盈余公积						10 000	0	10 000
本年利润					266 500	280 000	266 500	280 000
利润分配					20 000		20 000	0
主营业务收入					280 000	280 000	280 000	280 000
主营业务成本					200 000	200 000	200 000	200 000
税金及附加					28 000	28 000	28 000	28 000
销售费用			12 000		3 000	15 000	15 000	15 000
管理费用			6 000		7 500	13 500	13 500	13 500
所得税费用					10 000	10 000	10 000	10 000
合计	100 000	100 000	233 500	233 500	1 599 000	1 599 000	1 932 500	1 932 500

2. 根据科目汇总表登记总分类账。

表 12 - 13

会计科目：库存现金

20××年		凭证		摘要	借方	贷方	借或贷	余额
月	日	字	号					
4	1			期初余额			借	3 500
	20	科汇	1	11—20 日发生额	50 000	52 000	借	1 500
	30			本月发生额及余额	50 000	52 000	借	1 500

会计科目：银行存款

20××年		凭证		摘要	借方	贷方	借或贷	余额
月	日	字	号					
4	1			期初余额			借	300 000
	10	科汇	1	1—10 日发生额		40 000	借	260 000
	20	科汇	1	11—20 日发生额		62 000	借	198 000
	30	科汇	1	21—30 日发生额	240 000	11 000	借	427 000
	30			本月发生额及余额	240 000	113 000	借	427 000

会计科目：应收账款

20××年		凭证		摘要	借方	贷方	借或贷	余额
月	日	字	号					
4	1			期初余额			借	200 000
	30	科汇	1	21—30 日发生额	40 000		借	240 000
	30			本月发生额及余额	40 000		借	240 000

会计科目：其他应收款

20××年		凭证		摘要	借方	贷方	借或贷	余额
月	日	字	号					
4	1			期初余额			借	22 000
	30			本月发生额及余额	0	0	借	22 000

会计科目：在途物资

20××年		凭证		摘要	借方	贷方	借或贷	余额
月	日	字	号					
4	1			期初余额				0
	10	科汇	1	1—10 日发生额	100 000		借	100 000
	30	科汇	1	21—30 日发生额		100 000	平	0
	30			本月发生额及余额	100 000	100 000	平	0

会计科目：原材料

20××年		凭证		摘要	借方	贷方	借或贷	余额
月	日	字	号					
4	1			期初余额			借	900 000
	20	科汇	1	11—20 日发生额		119 500	借	780 500
	30	科汇	1	21—30 日发生额	100 000		借	880 500
	30			本月发生额及余额	100 000	119 500	借	880 500

会计科目：库存商品

20××年		凭证		摘要	借方	贷方	借或贷	余额
月	日	字	号					
4	1			期初余额			借	600 000
	30	科汇	1	21—30 日发生额	336 000	200 000	借	736 000
	30			本月发生额及余额	336 000	200 000	借	736 000

会计科目：生产成本

20××年		凭证		摘要	借方	贷方	借或贷	余额
月	日	字	号					
4	1			期初余额			借	300 000
	20	科汇	1	11—20 日发生额	115 500		借	415 500
	30	科汇	1	21—30 日发生额	56 500	336 000	借	136 000
	30			本月发生额及余额	172 000	336 000	借	136 000

会计科目：制造费用

20××年		凭证		摘要	借方	贷方	借或贷	余额
月	日	字	号					
4	1			期初余额				0
	30	科汇	1	21—30 日发生额	11 500	11 500	平	0
	30			本月发生额及余额	11 500	11 500	平	0

会计科目：固定资产

20××年		凭证		摘要	借方	贷方	借或贷	余额
月	日	字	号					
4	1			期初余额			借	3 000 000
	30			本月发生额及余额	0	0	借	3 000 000

会计科目：累计折旧

20××年		凭证		摘要	借方	贷方	借或贷	余额
月	日	字	号					
4	1			期初余额			贷	1 000 000
	30	科汇	1	21—30 日发生额		6 000	贷	1 006 000
	30			本月发生额及余额	0	6 000	贷	1 006 000

会计科目：短期借款

20××年		凭证		摘要	借方	贷方	借或贷	余额
月	日	字	号					
4	1			期初余额			贷	1 570 000
	30			本月发生额及余额	0	0	贷	1 570 000

会计科目：应付账款

20××年		凭证		摘要	借方	贷方	借或贷	余额
月	日	字	号					
4	1			期初余额			贷	400 000
	10	科汇	1	1—10 日发生额		60 000	贷	460 000
	30			本月发生额及余额	0	60 000	贷	460 000

会计科目：应付职工薪酬

20××年		凭证		摘要	借方	贷方	借或贷	余额
月	日	字	号					
4	1			期初余额				0
	20	科汇	1	11—20 日发生额	50 000		借	50 000
	30	科汇	1	21—30 日发生额		50 000	平	0
	30			本月发生额及余额	50 000	50 000	平	0

会计科目：应交税费

20××年		凭证		摘要	借方	贷方	借或贷	余额
月	日	字	号					
4	1			期初余额			贷	50 000
	30	科汇	1	21—30 日发生额		38 000	贷	88 000
	30			本月发生额及余额	0	38 000	贷	88 000

会计科目：应付利润

20××年		凭证		摘要	借方	贷方	借或贷	余额
月	日	字	号					
4	1			期初余额			贷	70 000
	30	科汇	1	21—30 日发生额		10 000	贷	80 000
	30			本月发生额及余额	0	10 000	贷	80 000

会计科目：其他应付款

20××年		凭证		摘要	借方	贷方	借或贷	余额
月	日	字	号					
4	1			期初余额			贷	35 500
	30			本月发生额及余额	0	0	贷	35 500

会计科目：实收资本

20××年		凭证		摘要	借方	贷方	借或贷	余额
月	日	字	号					
4	1			期初余额			贷	2 000 000
	30			本月发生额及余额	0	0	贷	2 000 000

会计科目：盈余公积

20××年		凭证		摘要	借方	贷方	借或贷	余额
月	日	字	号					
4	1			期初余额			贷	150 000
	30	科汇	1	21—30 日发生额		10 000	贷	160 000
	30			本月发生额及余额	0	10 000	贷	160 000

会计科目：本年利润

20××年		凭证		摘要	借方	贷方	借或贷	余额
月	日	字	号					
4	1			期初余额			贷	0
	30	科汇	1	21—30 日发生额	266 500	280 000	贷	13 500
	30			本月发生额及余额	266 500	280 000	贷	13 500

会计科目：利润分配

20××年		凭证		摘要	借方	贷方	借或贷	余额
月	日	字	号					
4	1			期初余额			贷	50 000
	30	科汇	1	21—30日发生额	20 000		贷	30 000
	30			本月发生额及余额	20 000		贷	30 000

会计科目：主营业务收入

20××年		凭证		摘要	借方	贷方	借或贷	余额
月	日	字	号					
4	30	科汇	1	21—30日发生额	280 000	280 000	平	0
	30			本月发生额及余额	280 000	280 000	平	0

会计科目：主营业务成本

20××年		凭证		摘要	借方	贷方	借或贷	余额
月	日	字	号					
4	30	科汇	1	21—30日发生额	200 000	200 000	平	0
	30			本月发生额及余额	200 000	200 000	平	0

会计科目：税金及附加

20××年		凭证		摘要	借方	贷方	借或贷	余额
月	日	字	号					
4	30	科汇	1	21—30日发生额	28 000	28 000	平	0
	30			本月发生额及余额	28 000	28 000	平	0

会计科目：管理费用

20××年		凭证		摘要	借方	贷方	借或贷	余额
月	日	字	号					
4	20	科汇	1	11—20日发生额	6 000		借	6 000
	30	科汇	1	21—30日发生额	7 500	13 500	平	0
	30			本月发生额及余额	13 500	13 500	平	0

会计科目：销售费用

20××年		凭证		摘要	借方	贷方	借或贷	余额
月	日	字	号					
4	20	科汇	1	11—20日发生额	12 000		借	12 000
	30	科汇	1	21—30日发生额	3 000	15 000	平	0
	30			本月发生额及余额	15 000	15 000	平	0

会计科目：所得税费用

20××年		凭证		摘要	借方	贷方	借或贷	余额
月	日	字	号					
4	30	科汇	1	21—30 日发生额	10 000	10 000	平	0
	30			本月发生额及余额	10 000	10 000	平	0

E12-3　练习汇总记账凭证的编制。

(1) 按"主营业务收入"科目贷方设立汇总转账凭证。

　　借：应收账款　　　　　　　　　　　　　　　　　　　　50 000

　　　　贷：主营业务收入　　　　　　　　　　　　　　　　　　50 000

(2) 现金汇总付款凭证。

　　借：销售费用　　　　　　　　　　　　　　　　　　　　　120

　　　　贷：库存现金　　　　　　　　　　　　　　　　　　　　　120

(3) 银行存款汇总收款凭证。

　　借：银行存款　　　　　　　　　　　　　　　　　　　　40 000

　　　　贷：主营业务收入　　　　　　　　　　　　　　　　　　40 000

(4) 按"库存商品"科目贷方设立汇总转账凭证。

　　借：主营业务成本　　　　　　　　　　　　　　　　　　60 000

　　　　贷：库存商品　　　　　　　　　　　　　　　　　　　　60 000

(5) 银行存款汇总付款凭证。

　　借：销售费用　　　　　　　　　　　　　　　　　　　　2 000

　　　　贷：银行存款　　　　　　　　　　　　　　　　　　　　2 000

(6) 现金汇总收款凭证。

　　借：库存现金　　　　　　　　　　　　　　　　　　　　20 000

　　　　贷：主营业务收入　　　　　　　　　　　　　　　　　　20 000

(7) 按"应交税费"科目贷方设立汇总转账凭证。

　　借：税金及附加　　　　　　　　　　　　　　　　　　　5 500

　　　　贷：应交税费　　　　　　　　　　　　　　　　　　　　5 500

第 13 章　会计管理相关工作规范

思维导图

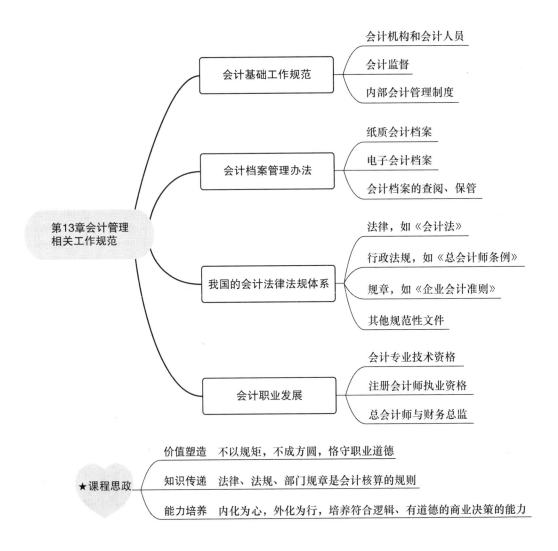

第13章会计管理相关工作规范
- 会计基础工作规范
  - 会计机构和会计人员
  - 会计监督
  - 内部会计管理制度
- 会计档案管理办法
  - 纸质会计档案
  - 电子会计档案
  - 会计档案的查阅、保管
- 我国的会计法律法规体系
  - 法律，如《会计法》
  - 行政法规，如《总会计师条例》
  - 规章，如《企业会计准则》
  - 其他规范性文件
- 会计职业发展
  - 会计专业技术资格
  - 注册会计师执业资格
  - 总会计师与财务总监

★课程思政
- 价值塑造　不以规矩，不成方圆，恪守职业道德
- 知识传递　法律、法规、部门规章是会计核算的规则
- 能力培养　内化为心，外化为行，培养符合逻辑、有道德的商业决策的能力

13.1　学习指导

13.1.1　学习重点

本章的学习重点是**在了解会计是在一定法律法规背景下所从事的核算和监督企业经济活动工作的基础上，认识指导会计工作的法律法规的效力和作用。**理解不同层级的与会计工作直接相关的法律法规条文的具体含义和要点。理解会计机构的设置与会计工作的分工，会计从业人员应具备的知识结构和专业素养，尤其是会计职业道德。理解从会计凭证、会计账簿、财务报表直至归档管理的工作流程和意义所在。

13.1.2　学习难点和疑点

本章的难点是**理解针对会计工作所制定的法律法规的背景和用意，**以便更好地在工作中加以遵守和实施。需要思考的问题如下：

（1）如何遵守各种有关会计的法律法规？

（2）会计基本准则与具体会计准则的关系是什么？

（3）为什么要设置专门的会计机构来组织会计的工作？

（4）单位的总会计师或者财务总监（CFO）在单位的定位和角色是什么？需要哪些能力才能胜任这项工作？

（5）会计技术职称和注册会计师资格为什么要通过考试的方式来取得？

（6）会计人员的职业道德要求有哪些？

（7）会计凭证、会计账簿、财务报表等会计资料为什么要建立档案，由专业档案管理机构进行管理，甚至永久保存？

13.1.3　疑难解答

1. 会计法律渊源和层级效力

法律渊源是指按照制定法律的国家机关的不同，从而以法律地位或法律效力不同进行划分的一种法律类别。我国现行会计法律法规体系中的部分规范性文件见下表。就层级效力而言，下位法应当遵循上位法。

我国现行会计法律法规体系中的部分规范性文件

法律渊源	示例
法律	《中华人民共和国税收征收管理法》 《中华人民共和国企业所得税法》 《中华人民共和国公司法》 《中华人民共和国会计法》 《中华人民共和国注册会计师法》
行政法规	《总会计师条例》 《企业财务会计报告条例》
规章	《企业会计准则——基本准则》 《注册会计师全国统一考试办法》
部门规范性文件	《企业会计准则第1号——存货》等42项具体会计准则 《小企业会计准则》 《会计基础工作规范》 《会计从业资格管理办法》 《会计专业技术资格考试暂行规定》 《会计档案管理办法》

上位法与下位法是根据法律位阶的不同对法律规范所作的区分。下位法应当遵循上位法，是指在效力较高的规范性文件与效力较低的规范性文件相冲突的情况下，应当使用效力较高的规范性法律文件。

2. 基本会计准则与具体会计准则

企业会计准则是财务会计确认、计量、记录和报告经济业务的专业标准，是生成和提供会计信息的依据，也是政府调控经济活动、规范经济秩序和开展国际经济交往等的重要手段。会计准则具有严密和完整的体系。我国会计准则包括基本会计准则和具体会计准则。

《企业会计准则——基本准则》主要规范了财务报告目标、会计基本假设、会计信息质量要求、会计要素的定义、会计要素的确认、计量原则、财务报告等基本问题，是制定具体会计准则的基础，对各具体准则的制定起指导和统驭的作用，以确保各具体会计准则之间的内在一致性。

具体会计准则是针对企业具体经济业务和会计事项的专业标准，如存货、无形资产、收入、所得税、财务报表列报、公允价值计量等。

我国企业会计准则由财政部制定颁布，属于部门规章，具有法律强制力。到目前为止，财政部颁布了1项基本准则和42项具体会计准则。

3. 专业技术资格考试制度和注册会计师考试制度

企业是在特定的法律环境中开展经营活动的，会计人员在履行对经营管理活动的核算和监督职能时，必然需要掌握相应的法律知识；会计工作是一项技术性很强的管理工作，从事会计工作的人需要一定的文化水平和专业知识，所以国家和社会对于从事会计工作的人员有一定的执业资格准入要求。

会计专业技术资格考试属于俗称的"职称考试"，是单位会计人员晋升职称时所参加的考试。《会计专业技术资格考试暂行规定》把会计专业技术资格分为初级资格、中级资格和高级资格。

《中华人民共和国注册会计师法》规定，注册会计师是依法取得注册会计师证书并接受委托从事审计和会计咨询、会计服务业务的执业人员。会计师事务所是依法设立并承办注册会计师业务的机构。注册会计师执行业务，应当加入会计师事务所。参加注册会计师全国统一考试成绩合格，并从事审计业务工作 2 年以上的，可以向省、自治区、直辖市注册会计师协会申请注册。通俗地说，"会计师"是供职于特定单位的会计管理人员；"注册会计师"是面向不特定的客户提供审计和会计咨询等会计专业服务的中介机构执业人员。注册会计师并不是有些刊物上所宣传的"独立职业"，而是必须在会计师事务所执业。

4. 总会计师或者 CFO 的基本条件

总会计师是单位行政领导成员，属于单位的"副总"，协助单位主要行政领导工作，直接对单位主要行政领导负责。总会计师或 CFO 作为会计机构负责人、会计主管人员应当具备下列基本条件：

（1）坚持原则，廉洁奉公；

（2）具有会计专业技术资格；

（3）主管一个单位或者单位内一个重要方面的财务会计工作时间不少于 2 年；

（4）熟悉国家财经法律、法规、规章和方针、政策，掌握本行业业务管理的有关知识；

（5）有较强的组织能力；

（6）身体状况能够适应本职工作的要求。

5. 会计职业道德

会计职业道德是指会计人员在工作中应当遵循的行为准则和规范。

会计人员在会计工作中应当遵守职业道德，树立良好的职业品质、严谨的工作作风，严守工作纪律，努力提高工作效率和工作质量。

会计人员应当热爱本职工作，努力钻研业务，使自己的知识和技能适应所从事工作的要求。

会计人员应当熟悉财经法律、法规、规章和国家统一会计制度，并结合会计进行广泛宣传。

会计人员应当按照会计法律、法规和国家统一会计制度规定的程序和要求进行会计工作，保证所提供的会计信息合法、真实、准确、及时、完整，会计人员办理会计事务应当实事求是、客观公正。

会计人员应当熟悉本单位的生产经营和业务管理情况，运用掌握的会计信息和会计方法，为改善单位内部管理、提高经济效益服务。

会计人员应当保守本单位的商业秘密。除法律规定和单位领导人同意外，不能私自向外界提供或者泄露单位的会计信息。

财政部门、业务主管部门和各单位应当定期检查会计人员遵守职业道德的情况，并作为会计人员晋升、晋级、聘任专业职务、表彰奖励的重要考核依据。会计人员违反职业道德的，由所在单位进行处罚；情节严重的，由会计证发证机关吊销其会计证。

2023 年 1 月，财政部印发《会计人员职业道德规范》，提出"三坚三守"24 个字的会计人员职业道德要求，即"坚持诚信、守法奉公，坚持准则、守责敬业，坚持学习、守正创新"，要求广大会计人员普遍认同和自觉践行。

6. 会计档案管理

财政部 2015 年发布的《会计档案管理办法》所称的会计档案，是指单位在进行会计核算等过程中接收或形成的，记录和反映单位经济业务事项，具有保存价值的文字、图表等各种形式的会计资料，包括通过计算机等电子设备形成、传输和存储的电子会计档案。

《会计法》规定，各单位对会计凭证、会计账簿、财务会计报告和其他会计资料应当建立档案，妥善保管。

单位应当加强会计档案管理工作，建立和完善会计档案的收集、整理、保管、利用和鉴定销毁等管理制度，采取可靠的安全防护技术和措施，保证会计档案的真实、完整、可用、安全。

单位的档案机构或者档案工作人员所属机构（以下统称单位档案管理机构）负责管理本单位的会计档案。单位也可以委托具备档案管理条件的机构代为管理会计档案。

会计档案保管期限最短 10 年，最长为永久，大多数为 30 年。期满后需要经过鉴定才能销毁。

第 13 章　判断题
即测即评

13.2　练习题

13.2.1　判断题

T13-1　企业是在特定的法律环境中开展经营活动的。　　（　　）

T13-2 就法律层级效力而言，上位法应当遵循下位法。 （ ）

T13-3 《会计法》是会计工作的根本大法。 （ ）

T13-4 单位负责人对本单位的会计工作和会计资料的真实性、完整性负责。
（ ）

T13-5 纳税人、扣缴义务人按照有关法律、行政法规和国务院财政、税务主管部门的规定设置会计账簿。 （ ）

T13-6 对提供虚假的或者隐瞒重要事实的财务报告，导致股东或其他利益相关者的利益受到严重损害的企业负责人将受到刑事处罚。 （ ）

T13-7 会计准则是反映经济活动、确认产权关系、规范收益分配的会计技术标准，由 43 项具体会计准则组成。 （ ）

T13-8 注册会计师必须取得专业阶段考试合格证书和综合阶段考试科目合格证书后，才能取得财政部考试委员会颁发的注册会计师全国统一考试全科考试合格证书。 （ ）

T13-9 注册会计师可以单独执业，无须加入会计师事务所。 （ ）

T13-10 财务总监（CFO）由本单位主要行政领导提名，政府主管部门任命或者聘任。 （ ）

T13-11 各单位聘用的会计人员必须具备一定的专业能力。 （ ）

T13-12 会计人员的助理会计师和会计师的职称，只有通过会计专业技术资格考试才能获取。 （ ）

T13-13 会计人员的高级职称不用考试，通过评审就可以获得。 （ ）

T13-14 出纳人员不得监管审核、会计档案保管和收入、费用、债权债务账目的登记工作。 （ ）

T13-15 会计人员应当保守本单位的商业秘密。 （ ）

T13-16 会计人员调动或者因故离职，必须将本人所经管的会计工作全部移交给接替人员。 （ ）

T13-17 会计人员无权对不真实、不合法的原始凭证不予受理。 （ ）

T13-18 公司在委托注册会计师进行审计时，应当配合注册会计师的工作，如实提供会计凭证、会计账簿、财务报表和其他会计资料以及有关情况。 （ ）

T13-19 公司应该建立健全内部会计管理制度。 （ ）

T13-20 会计只对纸质会计资料建立会计档案，不对电子设备形成的会计资料建立电子会计档案。 （ ）

T13-21 单位应当设置专门的单位档案管理机构，单位会计管理机构临时保管会计档案最长不超过 3 年。 （ ）

T13-22 单位出纳人员可以兼管会计档案。 （ ）

T13-23 本单位档案机构为方便保管会计档案，可以根据需要对其拆封重

新整理。 （　　）

T13-24 原始凭证和记账凭证的保管期限为10年。 （　　）

T13-25 会计账簿（总账、明细账、日记账、其他辅助性账簿）的保管期限为30年。 （　　）

T13-26 固定资产报废清理后仍需要保管3年。 （　　）

T13-27 年度财务会计报告需要永久保存。 （　　）

T13-28 会计档案已到保管期限需要销毁的，必须由单位档案管理机构牵头，组织单位会计、审计、纪检监察等机构或人员共同进行鉴定，鉴定确无保留价值的才准予销毁。 （　　）

T13-29 诚信是我国社会主义核心价值观的重要组成部分。 （　　）

13.2.2　单选题

第13章　单选题
即测即评

S13-1 会计法与会计准则的关系是前者（　　）后者。

A. 从属于　　　　　　　　　B. 受监督于

C. 统驭　　　　　　　　　　D. 受控制于

S13-2 下列各项中，属于行政法规的是（　　）。

A. 会计法　　　　　　　　　B. 注册会计师法

C. 企业财务会计报告条例　　D. 企业会计准则——基本准则

S13-3 对提供虚假的或者隐瞒重要事实的财务报告，或者对依法应当披露的其他重要信息不按照规定披露，严重损害股东或者其他人利益，或者有其他严重情节的，对其直接负责的主管人员和其他直接责任人员，处（　　）有期徒刑或者拘役，并处或者单处（　　）的罚金。

A. 2年　2万元以上20万元以下　　B. 3年　2万元以上20万元以下

C. 5年　5万元以上20万元以下　　D. 5年　3万元以上20万元以下

S13-4 会计技术职称的获得，都需要通过会计技术资格考试，此外（　　）职称还需要经过评审才能获得。

A. 会计员　　　　　　　　　B. 助理会计师

C. 会计师　　　　　　　　　D. 高级会计师

S13-5 （　　）是可以接受委托，从事审计和会计咨询服务的职业人员。

A. 注册会计师　　　　　　　B. 助理会计师

C. 会计师　　　　　　　　　D. 高级会计师

S13-6 会计人员对不真实、不合法的原始凭证的正确处理方式是（　　）。

A. 不予受理　　　　　　　　B. 予以退回

C. 更正补充　　　　　　　　D. 无权自行处理

S13 – 7 会计人员对于违反制度、法令的事项，不拒绝执行，又不向领导或上级机关、财政部门报告的，应（   ）。

A. 不负任何责任　　　　　　　　　B. 单独承担责任

C. 同有关人员负连带责任　　　　　D. 承担全部责任

S13 – 8 对于记载不准确的原始凭证，会计人员的正确处理方法是（   ）。

A. 不予受理　　　　　　　　　　　B. 予以退回

C. 上报单位负责人　　　　　　　　D. 及时办理会计手续

S13 – 9 下列各项中，属于内部会计监督的是（   ）。

A. 对原始凭证的审核

B. 财政部门对单位会计工作的检查

C. 注册会计师对单位报表的审计

D. 税务部门对单位会计工作的检查

S13 – 10 各单位每年形成的会计档案，都应由（   ）按照归档的要求负责整理立卷，装订成册，依法妥善保管，不得随意销毁。

A. 行政部门　　　　　　　　　　　B. 会计管理机构

C. 文书机构　　　　　　　　　　　D. 档案机构

S13 – 11 库存现金内部控制制度要求，出纳人员不得经办（   ）。

A. 各种有价证券的保管　　　　　　B. 空白收据的保管

C. 现金结算业务　　　　　　　　　D. 会计档案的保管

S13 – 12 会计档案的定期保管期限中，不包括（   ）档。

A. 永久　　　　　　　　　　　　　B. 10 年

C. 20 年　　　　　　　　　　　　D. 30 年

S13 – 13 年度财务报表的保存期限是（   ）。

A. 5 年　　　　　　　　　　　　　B. 15 年

C. 25 年　　　　　　　　　　　　D. 永久

S13 – 14 企业的会计档案保管清册的保管期限一般是（   ）。

A. 5 年　　　　　　　　　　　　　B. 10 年

C. 30 年　　　　　　　　　　　　D. 永久

13.2.3　多选题

M13 – 1 我国现行法规体系中，属于法律层级的有（   ）。

A.《中华人民共和国公司法》

B.《中华人民共和国税收征收管理法》

C.《中华人民共和国所得税法》

第 13 章　多选题
即测即评

D.《中华人民共和国会计法》

E.《中华人民共和国注册会计师法》

M13-2 下列各项中，构成会计法规内容分类的有（　　）。

A. 会计的基本法规　　　　　　　　B. 会计业务的法规

C. 会计机构的法规　　　　　　　　D. 会计人员的法规

E. 会计工作行政法规

M13-3 下列各项中，包含在会计法规范围中的有（　　）。

A. 法令　　　　　　　　　　　　　B. 制度

C. 纪律　　　　　　　　　　　　　D. 条例

E. 政策

M13-4 下列各项中，属于会计法规构成层次的有（　　）。

A. 会计法　　　　　　　　　　　　B. 会计准则

C. 财经纪律　　　　　　　　　　　D. 会计制度

E. 企业内部规章制度

M13-5 我国已颁布的会计准则有（　　）。

A. 企业会计准则　　　　　　　　　B. 小企业会计准则

C. 政府会计准则　　　　　　　　　D. 总会计师条例

E. 事业单位会计准则

M13-6 我国企业会计准则体系由（　　）构成。

A.《企业会计准则——基本会计准则》

B. 具体会计准则

C. 会计准则解释

D. 会计准则指南

E. 事业单位会计准则

M13-7 下列各项中，属于会计专业职务名称的有（　　）。

A. 助理会计师　　　　　　　　　　B. 高级会计师

C. 总会计师　　　　　　　　　　　D. 会计师

E. 会计员

M13-8 下列各项中，属于总会计师职责的有（　　）。

A. 编制和执行预算、财务收支计划、信贷计划

B. 拟定资金的筹措和使用方案

C. 进行成本费用预测、计划、控制、核算、分析和考核

D. 建立健全经济核算制度

E. 拟定本单位办理会计事务的具体方法

M13-9 下列各项中，属于总会计师工作权限的有（　　）。

A. 主管审批财务收支工作

B. 签署预算与财务收支计划、成本和费用计划

C. 组织本单位各职能部门的经济核算

D. 决定会计主管人员的任免

E. 进行经营决策

M13－10　下列各项中，属于会计人员工作岗位的有（　　）。

A. 会计主管　　　　　　　　　　B. 出纳

C. 初级会计师　　　　　　　　　D. 往来结算

E. 固定资产核算

M13－11　《会计法》规定，担任单位会计机构负责人应当具备的基本条件有（　　）。

A. 坚持原则，廉洁奉公

B. 具有会计专业技术资格

C. 主管一个单位或者单位内一个重要方面的财务会计工作时间不少于 2 年

D. 熟悉国家财经法律、法规、规章和方针政策，掌握本行业业务管理的相关知识

E. 有较强的组织能力且身体健康

M13－12＊　会计机构负责人、会计主管的直系亲属不得在本单位会计机构中担任出纳工作。需要回避的直系亲属为（　　）。

A. 夫妻关系　　　　　　　　　　B. 直系血亲关系

C. 三代以内旁系血亲　　　　　　D. 配偶亲关系

E. 同学

M13－13　下列各项中，（　　）是会计人员应该遵守的会计职业道德。

A. 热爱本职工作

B. 遵守法律法规和各种规章

C. 实事求是，客观公正

D. 保守企业商业秘密

E. 保证会计信息合法、真实、准确、及时和完整

M13－14　会计机构、会计人员进行会计监督的依据是（　　）。

A. 财经法律、法规、规章

B. 会计法律、法规和国家统一会计制度

C. 各省市财政厅（局）制定的具体实施办法或者补充规定

D. 各单位制定的单位内部会计管理制度

E. 各单位内部的预算、财务计划、经济计划、业务计划

M13－15　单位在接受财政、审计、税务等机关的监督时，应如实提供

（　　）资料。

　　A. 原始凭证　　　　　　　　　　　B. 记账凭证

　　C. 会计账簿　　　　　　　　　　　D. 财务报表

　　E. 其他会计资料以及有关情况

M13-16　单位应当根据《会计法》和相关规章建立内部会计管理制度，主要包括（　　）。

　　A. 会计人员岗位责任制度　　　　　B. 账务处理程序制度

　　C. 内部牵制制度　　　　　　　　　D. 原始记录管理制度

　　E. 定额管理、财务审批制度等

M13-17　为了贯彻内部牵制原则，出纳人员不得从事的工作有（　　）。

　　A. 登记现金日记账　　　　　　　　B. 对本单位会计工作进行审核

　　C. 会计档案的保管　　　　　　　　D. 登记应收账款总账

　　E. 登记现金总账

M13-18　会计档案定期保管的期限有（　　）。

　　A. 3 年　　　　　　　　　　　　　B. 5 年

　　C. 10 年　　　　　　　　　　　　 D. 30 年

　　E. 永久

M13-19　下列会计档案中，保管年限为 30 年的有（　　）。

　　A. 原始凭证　　　　　　　　　　　B. 记账凭证

　　C. 总账　　　　　　　　　　　　　D. 明细账

　　E. 日记账

M13-20　下列各项中，需要永久保管的会计档案有（　　）。

　　A. 年度财务会计报告　　　　　　　B. 会计档案移交清册

　　C. 会计档案保管清册　　　　　　　D. 会计档案销毁清册

　　E. 会计档案鉴定意见书

M13-21　2023 年 1 月，财政部印发《会计人员职业道德规范》，提出"三坚三守"24 个字的会计人员职业道德要求，具体包括（　　）。

　　A. "坚持诚信，守法奉公"　　　　　B. "坚持准则，守责敬业"

　　C. "坚持学习，守正创新"　　　　　D. "自信自强，不做假账"

13.2.4　课程思政思考题

1. 请谈一谈你对"不以规矩，不成方圆"的理解。

2. 一项会计工作除了《会计法》《会计准则》对其进行规范，为什么还有

《公司法》《刑法》《税法》《证券法》等对其进行规范，请从法律法规对会计的监管视角谈一谈会计必须遵从相关法律法规的认识。

3. 如果一项商业决策从经济上有利于企业，但有违道德，作为会计人员，如何帮助企业做出符合逻辑、有道德的商业决策？

4. 通过观看视频"红军诚信故事——兑换苏区布币"（请扫描主教材第 300 页的二维码），谈一谈你对"国无信不兴，人无信不立，市无信不旺，商无信不发"的认识。

5. 请对标 CFO 或总会计师胜任能力标准，制定自己的人生规划时间表。

6. 单位会计人员调离为什么一定要做交接工作？严格的内部控制程序是保护会计人员的一项措施吗？

7. 为什么有的会计档案要永久保存？会计档案保管制度对反腐倡廉的作用是什么？

8. 我国近两年在财务领域大力推进发票电子化和无纸化归档，对我国实现碳达峰碳中和目标具有什么意义？

13.3　练习题参考答案

13.3.1　判断题

T13-1　√	T13-2　×	T13-3　√
T13-4　√	T13-5　√	T13-6　√
T13-7　×	T13-8　√	T13-9　×
T13-10　×	T13-11　√	T13-12　√
T13-13　×	T13-14　√	T13-15　√
T13-16　√	T13-17　×	T13-18　√
T13-19　√	T13-20　×	T13-21　√
T13-22　×	T13-23　×	T13-24　×
T13-25　√	T13-26　×	T13-27　√
T13-28　√	T13-29　√	

13.3.2　单选题

S13-1　C	S13-2　C	S13-3　B
S13-4　D	S13-5　A	S13-6　A

S13 - 7 C	S13 - 8 B	S13 - 9 A
S13 - 10 B	S13 - 11 D	S13 - 12 C
S13 - 13 D	S13 - 14 D	

13.3.3 多选题

M13 - 1 ABCDE	M13 - 2 ABCD	M13 - 3 ABD
M13 - 4 ABD	M13 - 5 ABCE	M13 - 6 ABCD
M13 - 7 ABDE	M13 - 8 ABCD	M13 - 9 ABC
M13 - 10 ABDE	M13 - 11 ABCDE	M13 - 12 ABCD
M13 - 13 ABCDE	M13 - 14 ABCDE	M13 - 15 ABCDE
M13 - 16 ABCDE	M13 - 17 BCDE	M13 - 18 BCDE
M13 - 19 ABCDE	M13 - 20 ACDE	M13 - 21 ABC

13.3.4 课程思政思考题（略）

13.4 教材课后部分习题参考答案

13.4.1 思考题（略）

13.4.2 案例题

1. **案例分析**：康美药业虚增营业收入和资产违背了会计信息的可靠性原则。可靠性是指会计信息必须是客观存在的，且具有可验证性。可靠性要求企业应当以实际发生的交易或者事项为依据进行确认、计量和报告，如实反映符合确认和计量要求的各项会计要素及其他相关信息，保证会计信息真实可靠、内容完整。

需要指出的是，康美药业表面上是违背了会计可靠性原则，实质上是违背了会计职业道德，违背了会计诚实守信的原则。虚增收入和虚增资产就是造假，是欺骗，是不诚信、不道德的违法犯罪行为，应该受到刑法的处罚。

2. **案例分析**：上市公司造假会严重侵害投资者利益。康美药业实施财务造假被曝光后，股价急剧下跌，投资者遭受重大损失。

投资者的利益得不到有效保护，投资者的信心就会受到打击，其结果必然是投资者远离这个市场。在康美药业实施财务造假中，审计师事务所未履职尽责、勤勉从业。这些都严重阻碍了资本市场的健康发展。

上市公司真实、准确、完整、及时地披露信息是证券市场健康有序运行的重要基础。财务造假严重挑战信息披露制度的严肃性，严重损害投资者利益，严重毁坏市场诚信基础，严重破坏市场信心，是证券市场的"毒瘤"，必须坚决从严从重打击。

　　3. **案例分析**：不会。会计人员应当按照会计法律、法规和国家统一会计制度规定的程序和要求进行会计工作，保证所提供的会计信息合法、真实、准确、及时、完整。"不做假账"是会计人员的基本职业操守。

中国人民大学出版社　管理分社

教师教学服务说明

　　中国人民大学出版社管理分社以出版工商管理和公共管理类精品图书为宗旨。为更好地服务一线教师，我们着力建设了一批数字化、立体化的网络教学资源。教师可以通过以下方式获得免费下载教学资源的权限：

★　在中国人民大学出版社网站 www.crup.com.cn 进行注册，注册后进入"会员中心"，在左侧点击"我的教师认证"，填写相关信息，提交后等待审核。我们将在一个工作日内为您开通相关资源的下载权限。

★　如您急需教学资源或需要其他帮助，请加入教师 QQ 群或在工作时间与我们联络。

中国人民大学出版社　管理分社

🔔　教师 QQ 群：648333426 (工商管理)　114970332 (财会)　648117133 (公共管理)
　　教师群仅限教师加入，入群请备注 (学校 + 姓名)

☎　联系电话：010-62515735，62515987，62515782，82501048，62514760

✉　电子邮箱：glcbfs@crup.com.cn

📍　通讯地址：北京市海淀区中关村大街甲 59 号文化大厦 1501 室（100872）

管理书社

人大社财会

公共管理与政治学悦读坊

中国人民大学会计系列教材

国家级教学成果奖

《基础会计(原初级会计学)

(第12版·立体化数字教材版)》

模拟实训

秦玉熙　袁蓉丽　编著

中国人民大学出版社

·北京·

目 录

模拟实训资料

目标：通过模拟实训将适用于课堂教学的会计分录和丁字账户，融入实务中的记账凭证和会计账簿，完成从原始凭证到记账凭证，从记账凭证到会计账簿，从会计账簿到试算平衡表，从试算平衡表到财务会计报表编制的业务流程，并完成总分类账与明细分类账的平行登记，从而实现从理论到实际操作的转换。

模拟公司名称：小明机器人有限责任公司

法人代表：小明

账户信息：

（1）税号：91110108×52628207×

（2）开户银行：中国工商银行北京某支行

（3）银行账户：0200007609××4601392

（4）地址：北京市中关村大街××号

（5）电话：010-6251××00

公司基本情况：

（1）税收信息：公司是一般纳税人，开增值税专用发票，增值税适用税率为13％，所得税享受高科技企业优惠税率15％。

（2）公司主要产品：小明机器人1号和小明机器人2号。

（3）主要供应商：加加电子芯片有限责任公司和晶晶电池有限责任公司。

（4）主要销售商：永乐商城有限责任公司。

（5）公司付款方式：支票＋网上银行。

（6）公司收款方式：各类票据＋网上银行。

（7）会计记账基础：权责发生制。

（8）折旧政策：固定资产折旧按直线法，每月15日之前购入的，当月按整月计提折旧。

资料：

1. 小明机器人有限责任公司2024年11月30日总账科目余额及部分明细账科目余额如表1至表3所示。

表1 账户科目余额表

2024年11月30日   金额单位：元

会计科目	借方余额	贷方余额
库存现金	30 000	
银行存款	1 600 000	
应收账款	0	

1

续表

会计科目	借方余额	贷方余额
原材料	200 000	
库存商品	0	
生产成本	0	
其他应收款	0	
固定资产	900 000	
累计折旧		172 500
短期借款		0
应付账款		0
应交税费		0
应付职工薪酬		0
应付利息		0
实收资本		2 000 000
盈余公积——法定盈余公积		100 000
盈余公积——任意盈余公积		100 000
利润分配——未分配利润		357 500
合计	2 730 000	2 730 000

表 2　原材料——主机模块

金额单位：元

2024 年		凭证号	摘要	增加			减少			余额		
月	日			数量	单价	金额	数量	单价	金额	数量	单价	金额
11	30		期末余额							300	500	150 000

表 3　原材料——锂电池

金额单位：元

2024 年		凭证号	摘要	增加			减少			余额		
月	日			数量	单价	金额	数量	单价	金额	数量	单价	金额
11	30		期末余额							125	400	50 000

2. 小明机器人有限责任公司 2024 年 12 月发生了下列经济业务：

（1）12 月 1 日，向工商银行借入期限 1 年，利率为 6%，金额为 2 000 000 元的借款。借款已到账。

（2）12 月 3 日，向高科设备有限责任公司购入一套模具，增值税专用发票上的价款为 600 000 元，税额为 78 000 元，价税合计 678 000 元。货款已通过网上银行支付。

（3）12 月 5 日，向加加电子芯片有限责任公司购入主机模块 2 000 套（500 元/套），增值税专用发票上的价款为 1 000 000 元，税额为 130 000 元，价税合计 1 130 000 元。公司通过网银已将货款支付给加加电子芯片有限责任公司，主机模块已验收入库。

（4）12月6日，向晶晶电池有限责任公司购入锂电池2 000块（400元/块），增值税专用发票上的价款为800 000元，税额为104 000元，价税合计904 000元。电池已验收入库，货款未付。

（5）12月10日，公司通过网上银行向晶晶电池有限责任公司支付前欠货款904 000元。

（6）12月11日，生产小明机器人1号领用主机模块1 000套，锂电池1 000块；生产小明机器人2号领用主机模块800套，锂电池800块。

（7）12月15日，通过网上银行向北京电力有限责任公司支付电费33 900元（其中增值税3 900元，税率13%）。管理部门承担1 000元，车间承担29 000元。

（8）12月18日，公司副总张明出差，向财务部门借现金5 000元。

（9）12月31日，计入当月职工薪酬总额为380 000元，其中生产1号机器人的生产工人工资180 000元，生产2号机器人的生产工人工资100 000元，车间管理人员工资30 000元，管理部门人员工资70 000元。

（10）12月31日，计提本月折旧13 000元（期初生产线原价900 000元，使用年限10年，残值为零；新购模具原价600 000元，使用年限9年，残值为6 000元，均采用直线法计提折旧）。

（11）12月31日，归集制造费用，将制造费用按产品数量分配给小明机器人1号（1 000件）和小明机器人2号（800件）。

（12）12月31日，小明机器人1号1 000件和小明机器人2号800件全部完工，检验合格，已验收入库，结转完工产品成本。

（13）12月31日，通过网上银行向远播广告有限责任公司支付广告费318 000元（其中增值税18 000元，税率6%）。

（14）12月31日，向永乐商场销售小明机器人1号900件（2 000元/件），小明机器人2号700件（1 800元/件），增值税税率为13%。收到永乐商场签发的转账支票一张，货款已收到。

（15）12月31日，结转已售产品成本，1号机器人1 008 000元（900件×1 120元/件），2号机器人745 500元（700件×1 065元/件）。

（16）12月31日，出差人员张明回财务报销差旅费，带回往返机票，合计2 460元，上海住宿费发票一张1 590元（2天，750元/天，增值税90元，税率6%），财务在报销时按规定给予交通补助240元（80元×3天），餐费补助300元（100元×3天），差旅费合计4 500元，退回现金410元。

（17）12月31日，开出转账支票一张，金额为380 000元，委托银行将工资打入每位员工的工资卡。

（18）12月31日，计算本月应负担的借款利息。

（19）12月31日，计算应缴纳的所得税，所得税税率为15%。

（20）12月31日，通过网上银行缴纳增值税63 810元（397 800－333 990）。

（21）12月31日，将所有收入、成本和费用转入"本年利润"账户，并将本年利润余额转入"利润分配——未分配利润"账户。

（22）按当期净利润的10%提取法定盈余公积，10%提取任意盈余公积。

（23）将所有利润分配明细账除未分配利润外，全部清零。

要求：

（1）根据公司 12 月发生的经济业务依次填写和审核原始凭证，编制记账凭证并连续编号。

（2）根据总账科目（见表 1）开设总分类账和明细分类账，将余额过入各总账和明细账。同时根据记账凭证登记总账和明细账，计算出本期发生额和期末余额并单独登记现金日记账和银行存款日记账。

（3）编制试算平衡表。

（4）编制资产负债表和利润表。

参考答案（为简化核算，假设模具不需安装，直接记入"固定资产"账户；购买材料直接记入"原材料"账户）：

1. 编制会计分录。

（1）借：银行存款		2 000 000
贷：短期借款		2 000 000
（2）借：固定资产		600 000
应交税费——应交增值税（进项税额）		78 000
贷：银行存款		678 000
（3）借：原材料——主机模块		1 000 000
应交税费——应交增值税（进项税额）		130 000
贷：银行存款		1 130 000
（4）借：原材料——锂电池		800 000
应交税费——应交增值税（进项税额）		104 000
贷：应付账款——晶晶电池公司		904 000
（5）借：应付账款——晶晶电池公司		904 000
贷：银行存款		904 000
（6）借：生产成本——1 号机器人（1 000×500＋1 000×400）		900 000
——2 号机器人（800×500＋800×400）		720 000
贷：原材料——主机模块（1 800×500）		900 000
——锂电池（1 800×400）		720 000
（7）借：管理费用		1 000
制造费用		29 000
应交税费——应交增值税（进项税额）		3 900
贷：银行存款		33 900
（8）借：其他应收款——张明		5 000
贷：库存现金		5 000
（9）借：生产成本——1 号机器人		180 000
——2 号机器人		100 000
制造费用		30 000
管理费用		70 000
贷：应付职工薪酬		380 000

（10）借：制造费用   13 000

    贷：累计折旧   13 000

（11）借：生产成本——1号机器人   40 000

      ——2号机器人   32 000

    贷：制造费用（29 000＋30 000＋13 000） 72 000

（12）借：库存商品——1号机器人   1 120 000

      ——2号机器人   852 000

    贷：生产成本——1号机器人 1 120 000

       ——2号机器人   852 000

（13）借：销售费用   300 000

    应交税费——应交增值税（进项税额） 18 000

    贷：银行存款   318 000

（14）借：银行存款   3 457 800

    贷：主营业务收入——1号机器人 1 800 000

        ——2号机器人 1 260 000

      应交税费——应交增值税（销项税额） 397 800

（15）借：主营业务成本——1号机器人 1 008 000

       ——2号机器人 745 500

    贷：库存商品——1号机器人 1 008 000

      ——2号机器人   745 500

（16）借：管理费用   4 500

    库存现金   410

    应交税费——应交增值税（进项税额） 90

    贷：其他应收款——张明   5 000

（17）借：应付职工薪酬   380 000

    贷：银行存款   380 000

（18）借：财务费用   10 000

    贷：应付利息   10 000

（19）借：所得税费用［（3 060 000－2 139 000）×15％］ 138 150

    贷：应交税费——应交所得税 138 150

（20）借：应交税费——应交增值税（已交税费） 63 810

    贷：银行存款   63 810

（21）①借：主营业务收入——1号机器人 1 800 000

       ——2号机器人 1 260 000

     贷：本年利润   3 060 000

   ②借：本年利润   2 277 150

     贷：主营业务成本——1号机器人 1 008 000

        ——2号机器人 745 500

	销售费用	300 000
	管理费用	75 500
	财务费用	10 000
	所得税费用	138 150

③借：本年利润 782 850

　　贷：利润分配——未分配利润 782 850

（22）借：利润分配——提取法定盈余公积 78 285

　　　　　　　　——提取任意盈余公积 78 285

　　　贷：盈余公积——法定盈余公积 78 285

　　　　　　　　——任意盈余公积 78 285

（23）借：利润分配——未分配利润 156 570

　　　贷：利润分配——提取法定盈余公积 78 285

　　　　　　　　——提取任意盈余公积 78 285

2. 登记丁字账簿。

库存现金

期初余额	30 000		
（16）	410	（8）	5 000
本期发生额	410	本期发生额	5 000
期末余额	25 410		

短期借款

		期初余额	0
		（1）	2 000 000
本期发生额	0	本期发生额	2 000 000
		期末余额	2 000 000

银行存款

期初余额	1 600 000		
（1）	2 000 000	（2）	678 000
（14）	3 457 800	（3）	1 130 000
		（5）	904 000
		（7）	33 900
		（13）	318 000
		（17）	380 000
		（20）	63 810
本期发生额	5 457 800	本期发生额	3 507 710
期末余额	3 550 090		

固定资产

期初余额	900 000		
（2）	600 000		
本期发生额	600 000	本期发生额	0
期末余额	1 500 000		

累计折旧

		期初余额	172 500
		（10）	13 000
本期发生额	0	本期发生额	13 000
		期末余额	185 500

应付账款

		期初余额	0
（5）	904 000	（4）	904 000
本期发生额	904 000	本期发生额	904 000

其他应收账款

期初余额	0		
（8）	5 000	（16）	5 000
本期发生额	5 000	本期发生额	5 000

应付职工薪酬

		期初余额	0
（17）	380 000	（9）	380 000
本期发生额	380 000	本期发生额	380 000

<table>
<tr><td colspan="4" align="center">应付利息</td></tr>
<tr><td></td><td></td><td>期初余额</td><td>0</td></tr>
<tr><td></td><td></td><td>(18)</td><td>10 000</td></tr>
<tr><td>本期发生额</td><td>0</td><td>本期发生额</td><td>10 000</td></tr>
<tr><td></td><td></td><td>期末余额</td><td>10 000</td></tr>
</table>

<table>
<tr><td colspan="4" align="center">制造费用</td></tr>
<tr><td>(7)</td><td>29 000</td><td>(11)</td><td>72 000</td></tr>
<tr><td>(9)</td><td>30 000</td><td></td><td></td></tr>
<tr><td>(10)</td><td>13 000</td><td></td><td></td></tr>
<tr><td>本期发生额</td><td>72 000</td><td>本期发生额</td><td>72 000</td></tr>
</table>

<table>
<tr><td colspan="4" align="center">管理费用</td></tr>
<tr><td>(7)</td><td>1 000</td><td>(21)</td><td>75 500</td></tr>
<tr><td>(9)</td><td>70 000</td><td></td><td></td></tr>
<tr><td>(16)</td><td>4 500</td><td></td><td></td></tr>
<tr><td>本期发生额</td><td>75 500</td><td>本期发生额</td><td>75 500</td></tr>
</table>

<table>
<tr><td colspan="4" align="center">销售费用</td></tr>
<tr><td>(13)</td><td>300 000</td><td>(21)</td><td>300 000</td></tr>
<tr><td>本期发生额</td><td>300 000</td><td>本期发生额</td><td>300 000</td></tr>
</table>

<table>
<tr><td colspan="4" align="center">财务费用</td></tr>
<tr><td>(18)</td><td>10 000</td><td>(21)</td><td>10 000</td></tr>
<tr><td>本期发生额</td><td>10 000</td><td>本期发生额</td><td>10 000</td></tr>
</table>

<table>
<tr><td colspan="4" align="center">所得税费用</td></tr>
<tr><td>(19)</td><td>138 150</td><td>(21)</td><td>138 150</td></tr>
<tr><td>本期发生额</td><td>138 150</td><td>本期发生额</td><td>138 150</td></tr>
</table>

<table>
<tr><td colspan="4" align="center">本年利润</td></tr>
<tr><td>(21)</td><td>2 277 150</td><td>(21)</td><td>3 060 000</td></tr>
<tr><td>(21)</td><td>782 850</td><td></td><td></td></tr>
<tr><td>本期发生额</td><td>3 060 000</td><td>本期发生额</td><td>3 060 000</td></tr>
</table>

<table>
<tr><td colspan="4" align="center">实收资本</td></tr>
<tr><td></td><td></td><td>期初余额</td><td>2 000 000</td></tr>
<tr><td>本期发生额</td><td>0</td><td>本期发生额</td><td>0</td></tr>
<tr><td></td><td></td><td>期末余额</td><td>2 000 000</td></tr>
</table>

3. 总账与明细分类账的平行登记。

<table>
<tr><td colspan="4" align="center">原材料</td></tr>
<tr><td>期初余额</td><td>200 000</td><td></td><td></td></tr>
<tr><td>(3)</td><td>1 000 000</td><td>(6)</td><td>1 620 000</td></tr>
<tr><td>(4)</td><td>800 000</td><td></td><td></td></tr>
<tr><td>本期发生额</td><td>1 800 000</td><td>本期发生额</td><td>1 620 000</td></tr>
<tr><td>期末余额</td><td>380 000</td><td></td><td></td></tr>
</table>

<table>
<tr><td colspan="4" align="center">原材料——主机模块</td></tr>
<tr><td>期初余额</td><td>150 000</td><td></td><td></td></tr>
<tr><td>(3)</td><td>1 000 000</td><td>(6)</td><td>900 000</td></tr>
<tr><td>本期发生额</td><td>1 000 000</td><td>本期发生额</td><td>900 000</td></tr>
<tr><td>期末余额</td><td>250 000</td><td></td><td></td></tr>
</table>

<table>
<tr><td colspan="4" align="center">原材料——锂电池</td></tr>
<tr><td>期初余额</td><td>50 000</td><td></td><td></td></tr>
<tr><td>(4)</td><td>800 000</td><td>(6)</td><td>720 000</td></tr>
<tr><td>本期发生额</td><td>800 000</td><td>本期发生额</td><td>720 000</td></tr>
<tr><td>期末余额</td><td>130 000</td><td></td><td></td></tr>
</table>

<table>
<tr><td colspan="4" align="center">生产成本</td></tr>
<tr><td>(6)</td><td>1 620 000</td><td>(12)</td><td>1 972 000</td></tr>
<tr><td>(9)</td><td>280 000</td><td></td><td></td></tr>
<tr><td>(11)</td><td>72 000</td><td></td><td></td></tr>
<tr><td>本期发生额</td><td>1 972 000</td><td>本期发生额</td><td>1 972 000</td></tr>
</table>

生产成本——1号机器人

(6)	900 000	(12)	1 120 000
(9)	180 000		
(11)	40 000		
本期发生额	1 120 000	本期发生额	1 120 000

生产成本——2号机器人

(6)	720 000	(12)	852 000
(9)	100 000		
(11)	32 000		
本期发生额	852 000	本期发生额	852 000

库存商品

期初余额	0		
(12)	1 972 000	(15)	1 753 500
本期发生额	1 972 000	本期发生额	1 753 500
期末余额	218 500		

库存商品——1号机器人

期初余额	0		
(12)	1 120 000	(15)	1 008 000
本期发生额	1 120 000	本期发生额	1 008 000
期末余额	112 000		

库存商品——2号机器人

期初余额	0		
(12)	852 000	(15)	745 500
本期发生额	852 000	本期发生额	745 500
期末余额	106 500		

主营业务收入

(21)	3 060 000	(14)	3 060 000
本期发生额	3 060 000	本期发生额	3 060 000

主营业务收入——1号机器人

(21)	1 800 000	(14)	1 800 000
本期发生额	1 800 000	本期发生额	1 800 000

主营业务收入——2号机器人

(21)	1 260 000	(14)	1 260 000
本期发生额	1 260 000	本期发生额	1 260 000

主营业务成本

(15)	1 753 500	(21)	1 753 500
本期发生额	1 753 500	本期发生额	1 753 500

主营业务成本——1号机器人

(15)	1 008 000	(21)	1 008 000
本期发生额	1 008 000	本期发生额	1 008 000

主营业务成本——2号机器人

(15)	745 500	(21)	745 500
本期发生额	745 500	本期发生额	745 500

应交税费

(2)	78 000	(14)	397 800
(3)	130 000	(19)	138 150
(4)	104 000		
(7)	3 900		
(13)	18 000		
(16)	90		
(20)	63 810		
本期发生额	397 800	本期发生额	535 950
		期末余额	138 150

应交税费——应交增值税（进项税额）

（2）	78 000		
（3）	130 000		
（4）	104 000		
（7）	3 900		
（13）	18 000		
（16）	90		
本期发生额	333 990	本期发生额	0
期末余额	333 990		

应交税费——应交增值税（销项税额）

		（14）	397 800
本期发生额	0	本期发生额	397 800
		期末余额	397 800

应交税费——应交增值税（已交税费）

（20）	63 810		
本期发生额	63 810	本期发生额	0
期末余额	63 810		

应交税费——应交所得税

		（19）	138 150
本期发生额	0	本期发生额	138 150

利润分配

		期初余额	357 500
（22）	156 570	（21）	782 850
（23）	156 570	（23）	156 570
本期发生额	313 140	本期发生额	939 420
		期末余额	983 780

利润分配——未分配利润

		期初余额	357 500
（23）	156 570	（21）	782 850
本期发生额	156 570	本期发生额	782 850
		期末余额	983 780

利润分配——法定盈余公积

（22）	78 285	（23）	78 285
本期发生额	78 285	本期发生额	78 285

利润分配——任意盈余公积

（22）	78 285	（23）	78 285
本期发生额	78 285	本期发生额	78 285

盈余公积

		期初余额	200 000
		（22）	156 570
本期发生额	0	本期发生额	156 570
		期末余额	356 570

盈余公积——法定盈余公积

		期初余额	100 000
		（22）	78 285
本期发生额	0	本期发生额	78 285
		期末余额	178 285

盈余公积——任意盈余公积

		期初余额	100 000
		（22）	78 285
本期发生额	0	本期发生额	78 285
		期末余额	178 285

4. 编制试算平衡表。

试算平衡表

2024 年 12 月 31 日

金额单位：元

会计科目	期初余额		本期发生额		期末余额	
	借方	贷方	借方	贷方	借方	贷方
库存现金	30 000		410	5 000	25 410	
银行存款	1 600 000		5 457 800	3 507 710	3 550 090	
其他应收款			5 000	5 000		
原材料	200 000		1 800 000	1 620 000	380 000	
生产成本			1 972 000	1 972 000		
制造费用			72 000	72 000		
库存商品			1 972 000	1 753 500	218 500	
固定资产	900 000		600 000		1 500 000	
累计折旧		172 500		13 000		185 500
短期借款				2 000 000		2 000 000
应付账款			904 000	904 000		
应交税费			397 800	535 950		138 150
应付职工薪酬			380 000	380 000		
应付利息				10 000		10 000
实收资本		2 000 000				2 000 000
盈余公积		200 000		156 570		356 570
利润分配		357 500	313 140	939 420		983 780
主营业务收入			3 060 000	3 060 000		
主营业务成本			1 753 500	1 753 500		
本年利润			3 060 000	3 060 000		
销售费用			300 000	300 000		
管理费用			75 500	75 500		
财务费用			10 000	10 000		
所得税费用			138 150	138 150		
合计	2 730 000	2 730 000	22 271 300	22 271 300	5 674 000	5 674 000

5. 编制财务会计报表（省略没有数据的报表项目）。

利润表

2024年12月

编制单位：小明机器人有限责任公司　　　　　　　　　　　　　金额单位：元

项目	行次	本期发生额	上期发生额
一、营业收入		3 060 000	
减：营业成本		1 753 500	
销售费用		300 000	
管理费用		75 500	
财务费用		10 000	
二、营业利润		921 000	
三、利润总额		921 000	
减：所得税费用		138 150	
四、净利润		782 850	

企业负责人：小明之印　　　主管会计工作负责人：　　　　　　　会计机构负责人：

资产负债表

2024年12月31日

编制单位：小明机器人有限责任公司　　　　　　　　　　　　　金额单位：元

资产	期末余额	期初余额	负债和所有者权益	期末余额	期初余额
流动资产：			流动负债：		
货币资金	3 575 500		短期借款	2 000 000	
存货	598 500		其他应付款	10 000	
流动资产合计	4 174 000		应交税费	138 150	
非流动资产：			流动负债合计	2 148 150	
固定资产	1 314 500		负债合计	2 148 150	
非流动资产合计	1 314 500		所有者权益：		
			实收资本	2 000 000	
			盈余公积	356 570	
			未分配利润	983 780	
			所有者权益合计	3 340 350	
资产总计	5 488 500		负债和所有者权益总计	5 488 500	

企业负责人：小明之印　　　主管会计工作负责人：　　　　　　　会计机构负责人：

模拟实训 1　填制会计凭证

要求：

请根据资料填制相关原始凭证和记账凭证，记账凭证需连续编号。

第 1 笔业务：借款

1. 原始凭证

（1）借款合同（略）。

（2）工行借款凭证。

（3）网银回单（收款）。

中国工商银行借款凭证　　　No.76532912

①

年　月　日

借款人		贷款账号		存款账号											第一联
贷款金额					亿	千	百	十	万	千	百	十	元	角	分

用途		期限	约定还款日期	
		年	贷款利率	借款合同号码

上列贷款已转入借款人指定的账户。

中国工商银行北京某支行
业务专用章
（01）

复核：　　　　　　记账：

CH 098653

回单

ICBC 中国工商银行

年　月　日

业务回单 (收款)　　　　凭证

回单编号：

付款人户名：
付款人账号（卡号）：　　　　　　　付款人开户银行：
收款人户名：
收款人账号（卡号）：　　　　　　　收款人开户银行：
金额（大写）：　　　　　　　　　　小写：
业务（产品）：　　　凭证种类：　　　凭证号码：
摘要：　　　　　　　用途：　　　　　币种：
　　　　　　　　　　　　　　　　　渠道：
交易机构：　　记账柜员：　　交易代码：
批次号：　　　提交人：　　　授权人：

中国工商银行北京某支行
自助回单机专用章
（0008）

本回单为第1次打印，注意重复　　　打印日期：　年　月　日　　　打印柜员：　　验证码：

2. 记账凭证

收款凭证

借方科目：银行存款　　　　　　年　月　日　　　　　　银收字第　号

摘　要	贷方科目		金　额										记账√
	总账科目	明细科目	亿	千	百	十	万	千	百	十	元	角	分	
合　计														

财务主管：　　记账：　　出纳：　　审核：　　制单：　　附件　张

15

第2笔业务：采购设备

1. 原始凭证

(1) 设备采购合同（略）。

(2) 增值税专用发票联（填写发票联时，可与第二联抵扣联用复写纸套写）。

(3) 网银回单（付款）。

(4) 设备验收单。

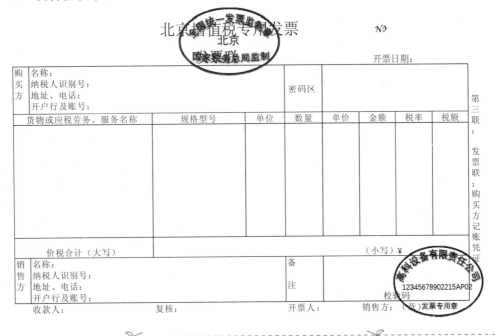

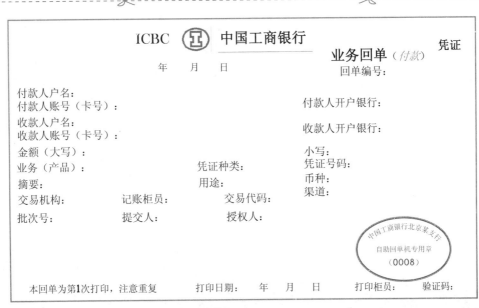

设备验收单

供货单位：　　　　　　　　　　　年　月　日　　　　　　　　使用部门：

设备名称	设备编号	规格/型号	单位	数量	备注

验收单位：　　　　　　　　　　验收人员：　　　　　　　　　使用单位：
（签章）　　　　　　　　　　　（签章）　　　　　　　　　　（签章）

---

2. 记账凭证

付款凭证

借方科目：银行存款　　　　　　　年　月　日　　　　　　　　银收字第　号

摘　要	借方科目		金　额										记账√
	总账科目	明细科目	亿	千	百	十	万	千	百	十	元	角	分	
合　计														

财务主管：　　　　记账：　　　　出纳：　　　　审核：　　　　　制单：　　　　　附件　张

第3笔业务：采购原材料

1. 原始凭证

(1) 原材料采购合同（略）。

(2) 增值税专用发票联。

(3) 网银回单（付款）。

(4) 原材料入库单。

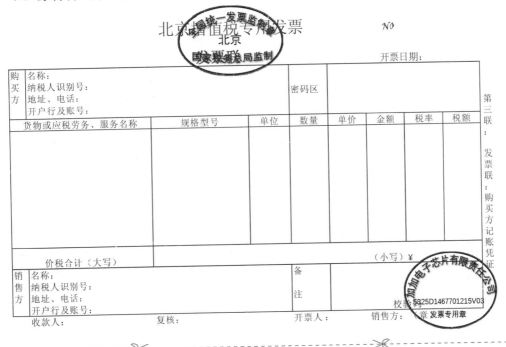

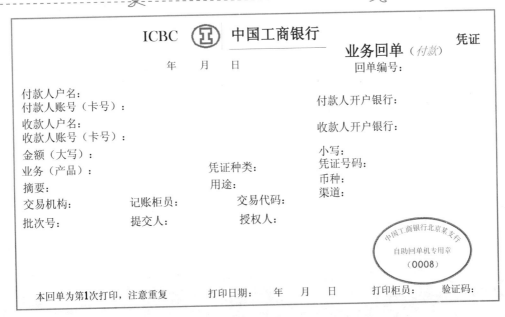

原材料入库单

供货单位：   仓库编号：

发票尾号：   年   月   日   收货单位：

编号	材料名称及规格	单位	数量	单价	金额	备注
合计						

验收单位：   复核：   记账：   仓库保管：

2. 记账凭证

付款凭证

借方科目：银行存款   年   月   日   银收字第 号

摘 要	借方科目		金 额										记账 ✓
	总账科目	明细科目	亿	千	百	十	万	千	百	十	元	角	分
合 计													

财务主管：   记账：   出纳：   审核：   制单：   附件   张

第4笔业务：采购原材料

1. 原始凭证

（1）原材料采购合同（略）。

（2）增值税专用发票联。

（3）原材料入库单。

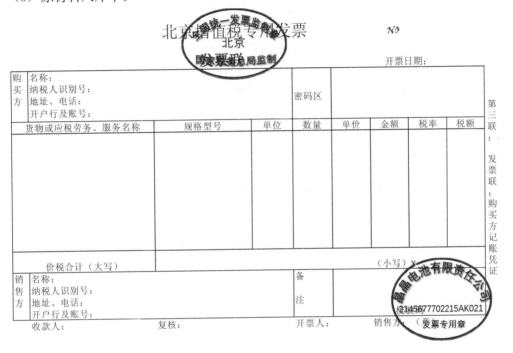

北京增值税专用发票　　　　NO

购买方	名称： 纳税人识别号： 地址、电话： 开户行及账号：			密码区				
货物或应税劳务、服务名称	规格型号	单位	数量	单价	金额	税率	税额
价税合计（大写）						（小写）	
销售方	名称： 纳税人识别号： 地址、电话： 开户行及账号：			备注				
收款人：　　　　复核：　　　　开票人：　　　　销售方：（发票专用章）							

原材料入库单

供货单位：　　　　　　　　　　　　　　　　　　仓库编号：

发票尾号：　　　　　　　年　　月　　日　　　　收货单位：

编号	材料名称及规格	单位	数量	单价	金额	备注
合计						

验收单位：　　　　　复核：　　　　　记账：　　　　　仓库保管：

2. 记账凭证

转账凭证

年　月　日　　　　　　　　　　　　　　　　　　　　　转字第　　号

摘　要	会 计 科 目		√	借方金额											√	贷方金额											
	总账科目	明细科目		千	百	十	万	千	百	十	元	角	分		千	百	十	万	千	百	十	元	角	分
合　计																								

财务主管：　　　　　记账：　　　　　审核：　　　　　制单：　　　　　附件　　张

第5笔业务：支付前欠货款

1. 原始凭证

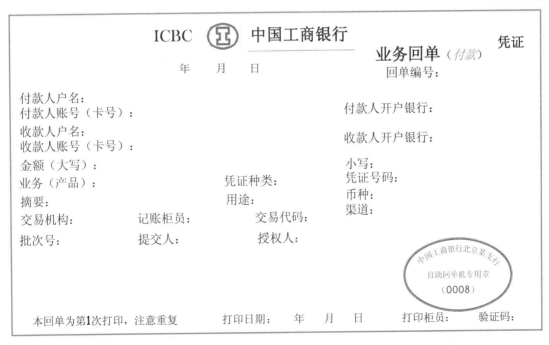

2. 记账凭证

付款凭证

借方科目：银行存款　　　　　　　　年　月　日　　　　　　　　　　　银收字第　号

摘　要	借方科目		金　额										记账√
	总账科目	明细科目	亿	千	百	十	万	千	百	十	元	角	分	
合　计														

财务主管：　　　记账：　　　出纳：　　　审核：　　　制单：　　　附件　张

第6笔业务：领用原材料进行生产

1. 原始凭证

(1) 领料单。

(2) 发出材料汇总表（后附多张"领料单"）。

领料单

年　月　日　　　　　　　　　仓库编号：

领用部门	编号	名称及规格	单位	数量	单价	金额	备注
合计							

生产部门负责人：　　　　　　仓库负责人：　　　　　　领料人员：

发出材料汇总表

年　月　日

领用部门	材料名称	用途	单位	数量	金额
合计					

会计主管：　　　　　　　　　复核：　　　　　　　　　制单：

2. 记账凭证

转账凭证

年　月　日　　　　　　　　　　　　　　　转字第　　号

摘　要	会 计 科 目		√	借方金额										√	贷方金额									
	总账科目	明细科目		千	百	十	万	千	百	十	元	角	分		千	百	十	万	千	百	十	元	角	分
合　计																								

财务主管：　　　　记账：　　　　审核：　　　　制单：　　　　附件　张

第7笔业务：支付电费

1. 原始凭证

(1) 增值税专用发票联。

(2) 网银回单（付款）。

(3) 电费分配单。

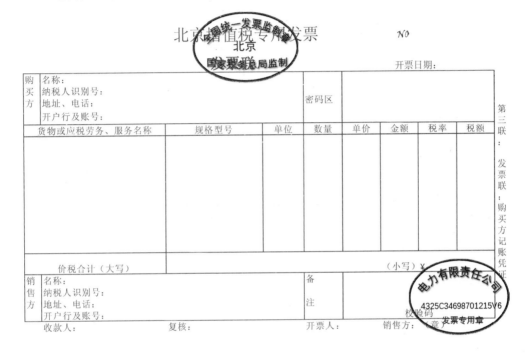

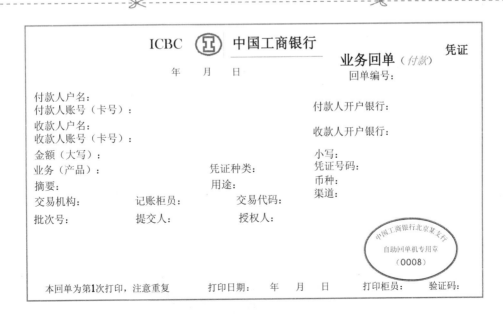

电费分配表

年　月　日　　　　　　　　　　　　　　　金额单位：元

部门	金额
生产车间	
管理部门	
合计	

会计主管：　　　　　　　复核：　　　　　　　　制单：

2. 记账凭证

付款凭证

借方科目：银行存款　　　　　　年　月　日　　　　　　银收字第　号

摘　要	借方科目		金　　额										记账 √
	总账科目	明细科目	亿	千	百	十	万	千	百	十	元	角	分	
合　计														

财务主管：　　　记账：　　　出纳：　　　审核：　　　制单：　　　附件　张

第8笔业务：出差借款

1. 原始凭证

借款单

年 月 日

NO

借款单位：

今收到人民币

第二联 交财务

金额（大写）　　　百　　千　　佰　　拾　　元　　角　　分

现金付讫

小写　　　　　　□ 现金 □ 支票 □ 支付宝 □ 微信 □ 其他

审核　　会计　　记账　　出纳　　经办人

小明机器人有限责任公司　财务专用章

2. 记账凭证

付款凭证

贷方科目：银行存款　　　　　　年 月 日　　　　　　现付字第　号

摘　要	借方科目		金　额										记账 √
	总账科目	明细科目	亿	千	百	十	万	千	百	十	元	角	分	
合　计														

财务主管：　　记账：　　出纳：　　审核：　　制单：　　附件　张

第9笔业务：分配工资

1. 原始凭证

(1) 员工花名册（略）。

(2) 工资结算单。

工资结算单

年　月　日　　　　　　　　　　　　　　　　金额单位：元

部门/产品	金额
生产成本——	
生产成本——	
生产车间	
管理部门	
合计	

会计主管：　　　　　　　复核：　　　　　　　制单：

2. 记账凭证

转账凭证

年　月　日　　　　　　　　　　　　　　　转字第　号

摘　要	会计科目		√	借方金额	√	贷方金额
	总账科目	明细科目		千百十万千百十元角分		千百十万千百十元角分
合　计						

财务主管：　　　　　记账：　　　　　审核：　　　　　制单：　　　　　附件　张

第 10 笔业务：计提折旧

1. 原始凭证

折旧计算表

年　月　日　　　　　　　　　　　　　　金额单位：元

使用部门	固定资产种类	固定资产原价	使用年限	残值	折旧方法	年折旧额	月折旧额
合计							

会计主管：　　　　　　　　复核：　　　　　　　　制单：

2. 记账凭证

转账凭证

年　月　日　　　　　　　　　　转字第　　号

摘要	会计科目		√	借方金额	√	贷方金额
	总账科目	明细科目		千百十万千百十元角分		千百十万千百十元角分
合　计						

财务主管：　　　　记账：　　　　审核：　　　　制单：　　　　附件　　张

第11笔业务：归集并分配制造费用

1. 原始凭证

制造费用分配表

年　　月　　日　　　　　　　　　　　　　　　　　金额单位：元

产品名称	产量	制造费用	分配率	分配金额
小明机器人1号				
小明机器人2号				
合计				

会计主管：　　　　　　　　　　复核：　　　　　　　　　　制单：

2. 记账凭证

转账凭证

年　　月　　日　　　　　　　　　　　　　　　　　转字第　　号

摘要	会计科目		√	借方金额											√	贷方金额									
	总账科目	明细科目		千	百	十	万	千	百	十	元	角	分		千	百	十	万	千	百	十	元	角	分
合计																									

财务主管：　　　　　　记账：　　　　　　　　审核：　　　　　　　　制单：　　　　　附件　　张

第 12 笔业务：产品完工

1. 原始凭证

(1) 生产成本计算表。

(2) 产成品入库单。

生产成本计算表

金额单位：元

产品名称	原材料	工资	制造费用	合计	产量	单位成本
合计						

会计主管：　　　　　　　　　复核：　　　　　　　　　制单：

- - - - - - - - - - - - - - - ✄ - - - - - - - - - - - - - - - ✄ - - - - - - - - - - - - - - -

产成品入库单

生产车间：　　　　　　　　　年　　月　　日　　　　　　仓库编号：

编号	名称及规格	单位	数量	单价	金额	备注
合计						

检验人员：　　　　　　复核：　　　　　　记账：　　　　　　仓库保管：

2. 记账凭证

转账凭证

年　月　日　　　　　　　　　　　　　　　　　　转字第　　号

摘　要	会　计　科　目		√	借方金额										√	贷方金额									
	总账科目	明细科目		千	百	十	万	千	百	十	元	角	分		千	百	十	万	千	百	十	元	角	分
合　计																								

财务主管：　　　　　记账：　　　　　审核：　　　　　制单：　　　　　附件　　张

第 13 笔业务：支付广告费

1. 原始凭证

（1）广告合同（略）。

（2）增值税专用发票联。

（3）网银回单（付款）。

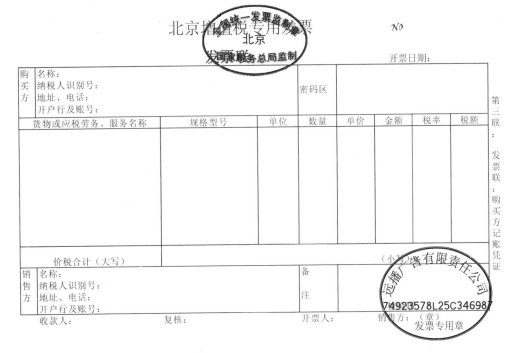

ICBC 中国工商银行　　　　　　　　　凭证

业务回单（*付款*）

年　月　日　　　　　　　　回单编号：

付款人户名：
付款人账号（卡号）：　　　　　　　付款人开户银行：
收款人户名：
收款人账号（卡号）：　　　　　　　收款人开户银行：
金额（大写）：　　　　　　　　　　　小写：
业务（产品）：　　　　凭证种类：　　　凭证号码：
摘要：　　　　　　　　用途：　　　　　币种：
交易机构：　　记账柜员：　　交易代码：　渠道：
批次号：　　　提交人：　　　授权人：

中国工商银行北京某支行
自助回单机专用章
（0008）

本回单为第1次打印，注意重复　　打印日期：　年　月　日　　打印柜员：　验证码：

2. 记账凭证

付款凭证

借方科目：银行存款　　　　　年　月　日　　　　　银收字第　号

摘　要	借方科目		金　额											记账√
	总账科目	明细科目	亿	千	百	十	万	千	百	十	元	角	分	
合　计														

财务主管：　　记账：　　出纳：　　审核：　　制单：　　附件　张

第14笔业务：销售产品

1. 原始凭证

(1) 收款收据。

(2) 转账支票存根。

(3) 进账单。

(4) 增值税专用发票记账联。

ICBC 中国工商银行　　　进账单（收账通知）**3**

年　　月　　日

出票人	全称			收款人	全称											
	账号				账号											
	开户银行				开户银行											

金额	人民币（大写）			千	百	十	万	千	百	十	元	角	分

票据种类		票据张数		
票据号码				

复核　　　　　记账　　　　　　　　　　　　　　　　　　　开户银行盖章

此联是收款人开户银行交给收款人的收账通知

- - - - - - - - - - - - ✂ - - - - - - - - - - - - - ✂ - - - - - - - - -

北京增值税专用发票　　　No

全国统一发票监制

北京市

国家税务总局监制

记账联

开票日期：

购买方	名称： 纳税人识别号： 地址、电话： 开户行及账号：			密码区		
货物或应税劳务、服务名称	规格型号	单位	数量	单价	金额	税率	税额
价税合计（大写）				（小写）			
销售方	名称： 纳税人识别号： 地址、电话： 开户行及账号：			备注		

第一联：记账联 销货方记账凭证

收款人：　　　　　　复核：　　　　　　开票人：　　　　　销售方：（章）

校验码

53

2. 记账凭证

收款凭证

借方科目：银行存款 年 月 日 银收字第 号

| 摘　要 | 贷方科目 | | 金　额 | 记账 √ |
	总账科目	明细科目	亿 千 百 十 万 千 百 十 元 角 分	
合　计				

财务主管： 　记账： 　出纳： 　审核： 　制单： 　附件　张

第 15 笔业务：结转已售产品成本

1. 原始凭证

（1）提货单。

（2）产品销售成本计算表。

提货单

提货单位： 　　　　　　　　　　　　　　　　　运输方式：

发票尾号： 　　　　　　　年　月　日 　　　仓库：

产品名称	产品编号	规格	单位	数量	单位	金额	备注
合计							

销售部门负责人： 　　　发货人： 　　　提贷人： 　　　制单：

55

产品销售成本计算表

年　月　日　　　　　　　　　　　　　　金额单位：元

产品名称	数量	单价	金额
合　计			

会计主管：　　　　　　　审核：　　　　　　　　　制单：

2. 记账凭证

转账凭证

年　月　日　　　　　　　　　　　　　转字第　　号

摘　要	会 计 科 目		√	借方金额	√	贷方金额
	总账科目	明细科目		千百十万千百十元角分		千百十万千百十元角分
合　计						

财务主管：　　　　记账：　　　　　　审核：　　　　　制单：　　　　附件　　张

第 16 笔业务：出差报销

1. 原始凭证

(1) 收款收据。

(2) 上海增值税专用发票联。

(3) 机票。

(4) 差旅费报销单。

(5) 原始凭证粘贴单。

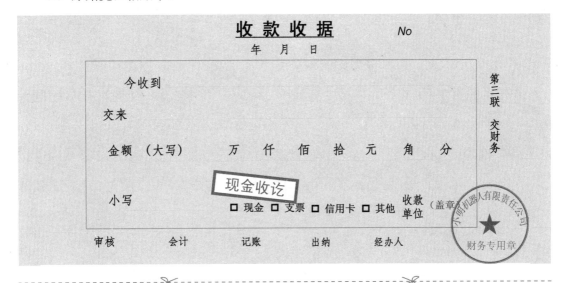

航空运输电子客票行程单
INERARY/RECEIPT OF E-TICKET
FOR AIR TRANSPORT

印刷序号:
SERIAL NUMBER:

旅客姓名 NAME OF PASSENGER 张明		有效身份证件号码 ID NO. 11012519 x 40424 x 56 x			签注 ENDORSEMENTS/RESTRICTIONS CARBON						
M T5NGC	承运人 CARRIER	航班号 FLIGHT	座位等级 CLASS	日期 DATE	时间 DATE	客票等级/客票类别 ARE BASIS	客票生效日期 NOT VALID BEFORM	有效截止日期 NOT VALID DATER	免费行李 ALLOW
自FROM 北京									
至TO 上海	国航								
至TO 北京									
票价 FARE CNY2360.00	民航发展基金 CIVIL AVATION DVELEPMENT FUND 100.00YQ		燃油附加费 FUEL SURCHARGE		其他税费 OTHER TAXES		合计 TOTAL CNY 2460.00		
至TO									
电子客票号 E-TICKET NO.		验证码 CK.	提示信息 INFORMATION				保险费 INSUBANCE		
销售单位代号 AGENT CODE		填开单位 ISSUED BY	国航股份自助打印			填开日期 DATE OF ISSUE			

付款凭证
手写无效

差旅费报销单

年　　月　　日

编号 [　　　　]

出差人姓名:　　　　职务:　　　　事由:　　　　出差起止日期:　　　　共计　　天

出发				到达				人数	交通		住宿		金额	交通补贴		金额	餐费补贴		金额	其他	金额合计
月	日	时	地点	月	日	时	地点		工具	金额	标准	天数		标准	天数		标准	天数			

合计: 人民币(大写)　　万　仟　佰　拾　元　角　分　　￥_____

单据　　张

预借金额 ￥_____　　退/补金额 ￥_____　　□支付宝　□微信　□银行卡　□现金

部门主管:　　　财力主管:　　　会计:　　　出纳:　　　领款人:　　　报销人:

原始凭证粘贴单

年　　月　　日

	单据类型	张数	金额
粘贴原始凭证说明： 1. 从左到右，先小张后大张 2. 大小金额相等的粘贴在一起 3. 单张薄纸只粘贴左方的表头 4. 本说明部分可被粘贴覆盖			
	合计		

部门主管		会计主管			
出纳		经手人		领款人	

2. 记账凭证

收款凭证

借方科目：库存现金　　　　　　　　年　　月　　日　　　　　　　　　　现收字第　　号

摘　要	贷方科目		金　　额											记账 √
	总账科目	明细科目	亿	千	百	十	万	千	百	十	元	角	分	
合　计														

财务主管：　　　　记账：　　　　出纳：　　　　审核：　　　　制单：　　　　附件　　张

转账凭证

年　月　日　　　　　　　　　　　　　　　转字第　号

摘　要	会 计 科 目		√	借方金额										√	贷方金额									
	总账科目	明细科目		千	百	十	万	千	百	十	元	角	分		千	百	十	万	千	百	十	元	角	分
合　计																								

财务主管：　　　　记账：　　　　　　审核：　　　　　　制单：　　　　　附件　张

第 17 笔业务：付工资

1. 原始凭证

（1）转账支票。

（2）员工花名册（略）。

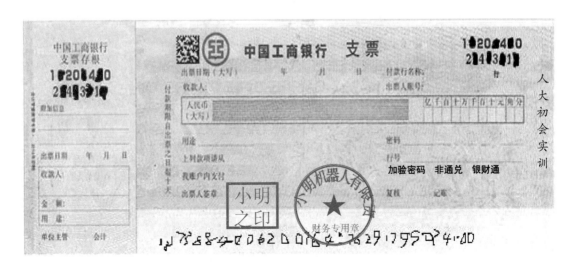

2. 记账凭证

付款凭证

借方科目：银行存款　　　　　　　年　月　日　　　　　　　银收字第　号

摘　要	借方科目		金　额											记账 ✓
	总账科目	明细科目	亿	千	百	十	万	千	百	十	元	角	分	
合　计														

财务主管：　　　记账：　　　出纳：　　　审核：　　　　制单：　　　　　附件　　张

第18笔业务：计提利息

1. 原始凭证

（1）借款合同（略）。

（2）利息计算单。

利息计算表

币种：　　　　　　　　　　　年　月　日　　　　　　　　金额单位：元

开户行：			账号：		
计息项目	起息日	结息日	本金	利率	利息
合计（大写）	佰　拾　万　仟　佰　拾　元　角　分				

会计主管：　　　　　　审核：　　　　　　制单：

2. 记账凭证

转账凭证

年　月　日　　　　　　　　　　　　　　　转字第　号

摘　要	会 计 科 目		√	借方金额										√	贷方金额									
	总账科目	明细科目		千	百	十	万	千	百	十	元	角	分		千	百	十	万	千	百	十	元	角	分
合　计																								

财务主管：　　　　　记账：　　　　　审核：　　　　　制单：　　　　　附件　张

第 19 笔业务：计算所得税

1. 原始凭证

中华人民共和国企业所得税年度纳税申报表（A类）（实训简化）

税款所属时间：　年　月　日至　年　月　日

纳税人识别号：　　　　　　　　　　纳税人名称：

金额单位：人民币（列至角分）

　谨申明：此纳税申报表是根据《中华人民共和国企业所得税法》、《中国人民共和国企业所得税法实施条例》、有关税收政策以及国家统一会计制度的规定填报的，是真实的、可靠的、完整的。

法定代表人（签章）：　　年　月　日

行 次	类 别	项 目	金 额
1	利润总额计算	一、营业收入	
2		减：营业成本	
3		税金及附加	
4		销售费用	
5		管理费用	
6		财务费用	
7		二、营业利润	
8		加：营业外收入	
9		减：营业外支出	
10		三、利润总额	
11	应纳税所得额计算	加：纳税调整增加	
12		减：纳税调整减少	
13		四、纳税调整后所得	
14		减：所得减免	
15		减：弥补以前年度亏损	
16		五、应纳税所得额	
17		税率（15%）	
18		六、实际应纳税所得额（16×17）	

2. 记账凭证

转账凭证

年　月　日　　　　　　　　　　　　　　　　　　转字第　　号

摘要	会计科目		√	借方金额	√	贷方金额
	总账科目	明细科目		千百十万千百十元角分		千百十万千百十元角分
合　计						

财务主管：　　　　　记账：　　　　　　审核：　　　　　制单：　　　　　附件　张

第20笔业务：缴纳增值税

1. 原始凭证

（1）增值税进（销）项税额汇总表。

（2）增值税专用发票（抵扣联）封面。

（3）增值税专用发票抵扣联（共有6张）。

（4）增值税及附加税费纳税申报表。

（5）中国工商银行电子缴税付款凭证。

（6）中华人民共和国税收完税证明。

增值税进（销）项税额汇总表

年　月　日　　　　　　　　　　　　　　　　　金额单位：元

项目	借方	贷方
进项税额		
销项税额		
合计		

会计主管：　　　　　审核：　　　　　制单：

增值税专用发票（抵扣联）封面

日期	年 月 日至 年 月 日	
单位名称 _____	汇总抵扣金额_____	
本月总数册_____	本册编号 _____	
本册张数 _____	验票人 _____	
报送日期 年 月 日	经办人	

✄- ✄ - - - - - - - - - -

北京增值税专用发票　　　　　NO

抵扣联　　　　　开票日期：

全国统一发票监制章
国家税务总局监制

购买方	名称： 纳税人识别号： 地址、电话： 开户行及账号：				密码区			
	货物或应税劳务、服务名称	规格型号	单位	数量	单价	金额	税率	税额
	价税合计（大写）					（小写）¥		
销售方	名称： 纳税人识别号： 地址、电话： 开户行及账号：			备 注				
收款人：	复核：		开票人：		销售方：（章）			

第二联：抵扣联 购买方抵扣凭证

加加电子芯片有限责任公司
5325D1467701215V03
发票专用章

75

北京增值税专用发票

抵扣联

中国税务专用监制章
国家税务总局监制

NO

开票日期：

购买方	名称：							
	纳税人识别号：			密码区				
	地址、电话：							
	开户行及账号：							
货物或应税劳务、服务名称	规格型号	单位	数量	单价	金额	税率	税额
价税合计（大写）							
销售方	名称：			备注				
	纳税人识别号：							
	地址、电话：							
	开户行及账号：							
收款人：		复核：		开票人：			

电子有限责任公司
4325C34698701215V6
校验码
销售方 发票专用章

第二联：抵扣联 购买方抵扣凭证

- - - - - - - - - - - - - - - - ✂ - - - - - - - - - - - - - - ✂ - - - - - - - - - - - - - - - -

北京增值税专用发票

抵扣联

中国税务专用监制章
国家税务总局监制

NO

开票日期：

购买方	名称：							
	纳税人识别号：			密码区				
	地址、电话：							
	开户行及账号：							
货物或应税劳务、服务名称	规格型号	单位	数量	单价	金额	税率	税额
价税合计（大写）							
销售方	名称：			备注				
	纳税人识别号：							
	地址、电话：							
	开户行及账号：							
收款人：		复核：		开票人：			

远播广告有限责任公司
74923578L25C346987
校验码
销售方 发票专用章（章）

第二联：抵扣联 购买方抵扣凭证

北京增值税专用发票

北京增值税专用发票

抵扣联

全国统一发票监制章

国家税务总局监制

NO

开票日期：

购买方	名称： 纳税人识别号： 地址、电话： 开户行及账号：			密码区			
	货物或应税劳务、服务名称	规格型号	单位	数量	单价	金额	税率	税额
	价税合计（大写）						
销售方	名称： 纳税人识别号： 地址、电话： 开户行及账号：			备注			
	收款人：	复核：		开票人：			

第二联：抵扣联 购买方抵扣凭证

晶晶电池有限责任公司
2145677702215AK021
校验码
销售发票专用章

- - - ✂ - - - - - - - - - - - - - - - - - - ✂ - - - - - - - - -

北京增值税专用发票

抵扣联

全国统一发票监制章

国家税务总局监制

NO

开票日期：

购买方	名称： 纳税人识别号： 地址、电话： 开户行及账号：			密码区			
	货物或应税劳务、服务名称	规格型号	单位	数量	单价	金额	税率	税额
	价税合计（大写）						
销售方	名称： 纳税人识别号： 地址、电话： 开户行及账号：			备注			
	收款人：	复核：		开票人：			

第二联：抵扣联 购买方抵扣凭证

高科设备有限责任公司
12345678902215AP02
校验码
销售发票专用章

上海增值税专用发票 NO

抵扣联

上海国家税务总局监制

开票日期：

购买方	名称： 纳税人识别号： 地址、电话： 开户行及账号：		密码区					
货物或应税劳务、服务名称	规格型号	单位	数量	单价	金额	税率	税额	
价税合计（大写）					（小写）¥			
销售方	名称： 纳税人识别号： 地址、电话： 开户行及账号：		备注					

收款人：　　　　复核：　　　　开票人：　　　　销售方：（章）

第二联：抵扣联 购买方抵扣凭证

上海丽普绿海商务酒店
135×79864210098
校09码 发票专用章

增值税及附加税费申报表

（一般纳税人适用）

根据国家税收法律法规及增值税相关规定制定本表。纳税人不论有无销售额，均应按税务机关核定的纳税期限填写本表，并向当地税务机关申报。

税款所属时间：自　年　月　日至　年　月　日　　　　填表日期：　年　月　日

金额单位：元（列至角分）

纳税人识别号（统一社会信用代码）：□□□□□□□□□□□□□□□□□□□□

所属行业：

纳税人名称		法定代表人姓名		注册地址		生产经营地址	
开户银行及账号		登记注册类型			电话号码		

	项目	栏次	一般项目		即征即退项目	
			本月数	本年累计	本月数	本年累计
销售额	（一）按适用税率计税销售额	1				
	其中：应税货物销售额	2				
	应税劳务销售额	3				
	纳税检查调整的销售额	4				
	（二）按简易办法计税销售额	5				
	其中：纳税检查调整的销售额	6				
	（三）免、抵、退办法出口销售额	7			—	—
	（四）免税销售额	8			—	—
	其中：免税货物销售额	9			—	—
	免税劳务销售额	10			—	—
税款计算	销项税额	11				
	进项税额	12				
	上期留抵税额	13				—
	进项税额转出	14				
	免、抵、退应退税额	15			—	—
	按适用税率计算的纳税检查应补缴税额	16			—	—
	应抵扣税额合计	17=12+13－14－15+16		—		
	实际抵扣税额	18（如 17＜11，则为 17，否则为 11）				
	应纳税额	19=11－18				

税款计算	期末留抵税额	20＝17－18				—
	简易计税办法计算的应纳税额	21				
	按简易计税办法计算的纳税检查应补缴税额	22			—	—
	应纳税额减征额	23				
	应纳税额合计	24＝19＋21－23				
税款缴纳	期初未缴税额（多缴为负数）	25				
	实收出口开具专用缴款书退税额	26			—	—
	本期已缴税额	27＝28＋29＋30＋31				
	①分次预缴税额	28			—	
	②出口开具专用缴款书预缴税额	29			—	
	③本期缴纳上期应纳税额	30				
	④本期缴纳欠缴税额	31				
	期末未缴税额（多缴为负数）	32＝24＋25＋26－27				
	其中：欠缴税额（≥0）	33＝25＋26－27			—	—
	本期应补（退）税额	34＝24－28－29			—	
	即征即退实际退税额	35	—		—	
	期初未缴查补税额	36			—	—
	本期入库查补税额	37			—	—
	期末未缴查补税额	38＝16＋22＋36－37			—	—
附加税费	城市维护建设税本期应补（退）税额	39			—	—
	教育费附加本期应补（退）费额	40			—	—
	地方教育附加本期应补（退）费额	41			—	—

声明：此表是根据国家税收法律法规及相关规定填写的，本人（单位）对填报内容（及附带资料）的真实性、可靠性、完整性负责。

纳税人（签章）：　　　　　　　年　月　日

经办人： 经办人身份证号： 代理机构签章： 代理机构统一社会信用代码：	受理人： 受理税务机关（章）： 受理日期：　年　月　日

中国工商银行电子缴税付款凭证

ICBC （工） **中国工商银行**

凭证

缴税日期 年 月 日	凭证字号：

纳税人全称及纳税人识别号：
付款人全称：
付款人账号：
付款人开户银行：　　　　　　征收机关名称：　　北京市海淀区国家税务局
　　　　　　　　　　　　　　征收国库（银行）名称：　国家金库北京市海淀区支库
小写（合计）金额：　　　　　缴款书交易流水号：
大写（合计）金额：　　　　　税票号码：
税费名称　　　　　　　所属日期　　　　　　　　　实缴金额（单位：元）
增值税

国税已开具售付汇证明

北京紫竹院支行
业务专用章
0X82G75X801X

第1次打印　　　　　　　　　　　　　　　　打印时间 ：

客户回单联　　　　　　验证码　　　　　复核：　　　　记账：

中 华 人 民 共 和 国
税 收 完 税 证 明

票证监制章

（国）

（151）京国证00030201

填发日期： 年 月 日　　　税务机关：北京市海淀区国家税务局 第一税务所

纳税人识别号				纳税人名称			第一联（收据）交纳税人作完税证明
原凭证号	税种	品目名称	税款所属时间	入（退）库日期	实缴（退）金额		
金额合计 （大写）							
税务机关盖章 征税专用章		填票人	备注				

妥善保管、手写无效

85

2. 记账凭证

付款凭证

借方科目：银行存款　　　　　　　年　月　日　　　　　　　银收字第　号

摘　要	借方科目		金　额										记账 √
	总账科目	明细科目	亿	千	百	十	万	千	百	十	元	角	分	
合　计														

财务主管：　　　记账：　　　出纳：　　　审核：　　　制单：　　　附件　张

第21笔业务：结转收入、成本和费用

1. 原始凭证

损益类账户发生额汇总表

年　月　日　　　　　　　　　金额单位：元

项　目	借　方	贷　方
主营业务收入		
主管业务成本		
销售费用		
管理费用		
财务费用		
所得税费用		
合计		

会计主管：　　　　　审核：　　　　　制单：

2. 记账凭证

转账凭证

年　月　日　　　　　　　　　　　　　　　　　转字第　号

摘　要	会 计 科 目		√	借方金额										√	贷方金额									
	总账科目	明细科目		千	百	十	万	千	百	十	元	角	分		千	百	十	万	千	百	十	元	角	分
合　计																								

财务主管：　　　　　记账：　　　　　审核：　　　　　制单：　　　　　附件　张

转账凭证

年　月　日　　　　　　　　　　　　　　　　　转字第　号

摘　要	会 计 科 目		√	借方金额										√	贷方金额									
	总账科目	明细科目		千	百	十	万	千	百	十	元	角	分		千	百	十	万	千	百	十	元	角	分
合　计																								

财务主管：　　　　　记账：　　　　　审核：　　　　　制单：　　　　　附件　张

转账凭证

摘　要	会　计　科　目		√	借方金额	√	贷方金额
	总账科目	明细科目		千百十万千百十元角分		千百十万千百十元角分
合　计						

财务主管：　　　　　记账：　　　　　审核：　　　　　制单：　　　　　附件　张

第22笔业务：提取盈余公积

1. 原始凭证

（1）会议决议（略）。

（2）利润分配计算表。

利润分配计算表

年　月　日　　　　　　　　　　　　　　　　金额单位：元

项　目	当年税后利润	计提比例	金额	备注

会计主管：　　　　　　　　复核：　　　　　　　　制单：

2. 记账凭证

转账凭证

年　月　日　　　　　　　　　　　　　　　　　　转字第　　号

摘　要	会　计　科　目		√	借方金额										√	贷方金额									
	总账科目	明细科目		千	百	十	万	千	百	十	元	角	分		千	百	十	万	千	百	十	元	角	分
合　计																								

财务主管：　　　　　记账：　　　　　审核：　　　　　制单：　　　　　附件　张

第 23 笔业务：结转利润分配明细账

1. 原始凭证

利润分配明细账汇总表

年　月　日　　　　　　　　　　　　　　　　金额单位：元

项　目	借　方	贷　方
未分配利润		
提取法定盈余公积		
提取任意盈余公积		
合计		

会计主管：　　　　　审核：　　　　　制单：

2. 记账凭证

转账凭证

年　月　日　　　　　　　　　　　　　　　　　　　转字第　　号

摘　要	会　计　科　目		√	借方金额										√	贷方金额									
	总账科目	明细科目		千	百	十	万	千	百	十	元	角	分		千	百	十	万	千	百	十	元	角	分
合　计																								

财务主管：　　　　　　记账：　　　　　　审核：　　　　　　制单：　　　　　附件　　张

3. 会计凭证封面

全部凭证填制完成后，请加封面装订成册。

会计凭证封面

册	本月共　　册
号	第　　册
数	本册共　　份

自　　年　　月　　日起至　　月　　日　　　止

记账凭证种类		凭证起讫号数				附原始凭证张数
收款凭证	银收	共　张	自第　　号至第　　号			
	现收	共　张	自第　　号至第　　号			
付款凭证	银收	共　张	自第　　号至第　　号			
	现收	共　张	自第　　号至第　　号			
转账凭证		共　张	自第　　号至第　　号			
备注						

会计主管：　　　　　复核：　　　　　装订号：　　　　　20　年　月　日

模拟实训 2　登记总分类账和明细分类账

要求：

根据记账凭证登记总分类账和明细分类账。

（1）总分类账 24 个，其中，库存现金和银行存款不登记总分类账，在模拟实训 3 中登记日记账。（实务中，库存现金和银行存款需要登记总分类账，以便与日记账进行核对。）

总分类账

科目名称：

年		凭证编号	摘要	借方											贷方											借或贷	余额										
月	日			千	百	十	万	千	百	十	元	角	分	千	百	十	万	千	百	十	元	角	分		千	百	十	万	千	百	十	元	角	分

--- ✂ --- --- ✂ ---

总分类账

科目名称：

年		凭证编号	摘要	借方											贷方											借或贷	余额										
月	日			千	百	十	万	千	百	十	元	角	分	千	百	十	万	千	百	十	元	角	分		千	百	十	万	千	百	十	元	角	分

总分类账

科目名称：

年		凭证编号	摘要	借方										贷方										借或贷	余额									
月	日			千	百	十	万	千	百	十	元	角	分	千	百	十	万	千	百	十	元	角	分		千	百	十	万	千	百	十	元	角	分

总分类账

科目名称：

年		凭证编号	摘要	借方										贷方										借或贷	余额									
月	日			千	百	十	万	千	百	十	元	角	分	千	百	十	万	千	百	十	元	角	分		千	百	十	万	千	百	十	元	角	分

总分类账

科目名称：

年		凭证编号	摘要	借方										贷方										借或贷	余额									
月	日			千	百	十	万	千	百	十	元	角	分	千	百	十	万	千	百	十	元	角	分		千	百	十	万	千	百	十	元	角	分

总分类账

科目名称：

年		凭证编号	摘要	借方										贷方										借或贷	余额									
月	日			千	百	十	万	千	百	十	元	角	分	千	百	十	万	千	百	十	元	角	分		千	百	十	万	千	百	十	元	角	分

总分类账

科目名称：

年		凭证编号	摘要	借方										贷方										借或贷	余额									
月	日			千	百	十	万	千	百	十	元	角	分	千	百	十	万	千	百	十	元	角	分		千	百	十	万	千	百	十	元	角	分

总分类账

科目名称：

年		凭证编号	摘要	借方										贷方										借或贷	余额									
月	日			千	百	十	万	千	百	十	元	角	分	千	百	十	万	千	百	十	元	角	分		千	百	十	万	千	百	十	元	角	分

总分类账

科目名称：

年		凭证编号	摘　要	借　方										贷　方										借或贷	余　额								
月	日			千	百	十	万	千	百	十	元	角	分	千	百	十	万	千	百	十	元	角	分		千	百	十	万	千	百	十	元	角	分

总分类账

科目名称：

年		凭证编号	摘　要	借　方										贷　方										借或贷	余　额								
月	日			千	百	十	万	千	百	十	元	角	分	千	百	十	万	千	百	十	元	角	分		千	百	十	万	千	百	十	元	角	分

总分类账

科目名称：

年		凭证编号	摘要	借方										贷方										借或贷	余额									
月	日			千	百	十	万	千	百	十	元	角	分	千	百	十	万	千	百	十	元	角	分		千	百	十	万	千	百	十	元	角	分

总分类账

科目名称：

年		凭证编号	摘要	借方										贷方										借或贷	余额									
月	日			千	百	十	万	千	百	十	元	角	分	千	百	十	万	千	百	十	元	角	分		千	百	十	万	千	百	十	元	角	分

总分类账

科目名称：

年		凭证编号	摘　要	借　方										贷　方										借或贷	余　额									
月	日			千	百	十	万	千	百	十	元	角	分	千	百	十	万	千	百	十	元	角	分		千	百	十	万	千	百	十	元	角	分

总分类账

科目名称：

年		凭证编号	摘　要	借　方										贷　方										借或贷	余　额									
月	日			千	百	十	万	千	百	十	元	角	分	千	百	十	万	千	百	十	元	角	分		千	百	十	万	千	百	十	元	角	分

总分类账

科目名称：

年		凭证编号	摘要	借方										贷方										借或贷	余额									
月	日			千	百	十	万	千	百	十	元	角	分	千	百	十	万	千	百	十	元	角	分		千	百	十	万	千	百	十	元	角	分

总分类账

科目名称：

年		凭证编号	摘要	借方										贷方										借或贷	余额									
月	日			千	百	十	万	千	百	十	元	角	分	千	百	十	万	千	百	十	元	角	分		千	百	十	万	千	百	十	元	角	分

总分类账

科目名称：

年		凭证编号	摘　要	借　方										贷　方										借或贷	余　额									
月	日			千	百	十	万	千	百	十	元	角	分	千	百	十	万	千	百	十	元	角	分		千	百	十	万	千	百	十	元	角	分

总分类账

科目名称：

年		凭证编号	摘　要	借　方										贷　方										借或贷	余　额									
月	日			千	百	十	万	千	百	十	元	角	分	千	百	十	万	千	百	十	元	角	分		千	百	十	万	千	百	十	元	角	分

总分类账

科目名称：

年		凭证编号	摘要	借方										贷方										借或贷	余额									
月	日			千	百	十	万	千	百	十	元	角	分	千	百	十	万	千	百	十	元	角	分		千	百	十	万	千	百	十	元	角	分

总分类账

科目名称：

年		凭证编号	摘要	借方										贷方										借或贷	余额									
月	日			千	百	十	万	千	百	十	元	角	分	千	百	十	万	千	百	十	元	角	分		千	百	十	万	千	百	十	元	角	分

总分类账

科目名称：

年		凭证编号	摘要	借方										贷方										借或贷	余额									
月	日			千	百	十	万	千	百	十	元	角	分	千	百	十	万	千	百	十	元	角	分		千	百	十	万	千	百	十	元	角	分

总分类账

科目名称：

年		凭证编号	摘要	借方										贷方										借或贷	余额									
月	日			千	百	十	万	千	百	十	元	角	分	千	百	十	万	千	百	十	元	角	分		千	百	十	万	千	百	十	元	角	分

（2）普通明细账 10 个。

活页   **明细账**

年		凭证编号	摘　要	借　方										贷　方										借或贷	余　额									
月	日			千	百	十	万	千	百	十	元	角	分	千	百	十	万	千	百	十	元	角	分		千	百	十	万	千	百	十	元	角	分

-------------------------------------✂------------------------✂-------------------------------------

活页   **明细账**

年		凭证编号	摘　要	借　方										贷　方										借或贷	余　额									
月	日			千	百	十	万	千	百	十	元	角	分	千	百	十	万	千	百	十	元	角	分		千	百	十	万	千	百	十	元	角	分

活页 　　　　　　　　　　　　　　　　　　**明细账**

年		凭证编号	摘　要	借　方											贷　方											借或贷	余　额										
月	日			千	百	十	万	千	百	十	元	角	分	千	百	十	万	千	百	十	元	角	分		千	百	十	万	千	百	十	元	角	分

活页 　　　　　　　　　　　　　　　　　　**明细账**

年		凭证编号	摘　要	借　方											贷　方											借或贷	余　额										
月	日			千	百	十	万	千	百	十	元	角	分	千	百	十	万	千	百	十	元	角	分		千	百	十	万	千	百	十	元	角	分

活页　　　　　　　　　　　　　　　　　　　　　　　　　**明细账**

年		凭证编号	摘要	借方									贷方									借或贷	余额								
月	日			千	百	十	万	千	百	十	元	角	分	千	百	十	万	千	百	十	元	角	分		千	百	十	万	千	百	十	元	角	分

活页　　　　　　　　　　　　　　　　　　　　　　　　　**明细账**

年		凭证编号	摘要	借方									贷方									借或贷	余额								
月	日			千	百	十	万	千	百	十	元	角	分	千	百	十	万	千	百	十	元	角	分		千	百	十	万	千	百	十	元	角	分

活页   **明细账**

年		凭证编号	摘　要	借　方										贷　方										借或贷	余　额									
月	日			千	百	十	万	千	百	十	元	角	分	千	百	十	万	千	百	十	元	角	分		千	百	十	万	千	百	十	元	角	分

活页   **明细账**

年		凭证编号	摘　要	借　方										贷　方										借或贷	余　额									
月	日			千	百	十	万	千	百	十	元	角	分	千	百	十	万	千	百	十	元	角	分		千	百	十	万	千	百	十	元	角	分

活页 明细账

年		凭证编号	摘要	借方										贷方										借或贷	余额									
月	日			千	百	十	万	千	百	十	元	角	分	千	百	十	万	千	百	十	元	角	分		千	百	十	万	千	百	十	元	角	分

活页 明细账

年		凭证编号	摘要	借方										贷方										借或贷	余额									
月	日			千	百	十	万	千	百	十	元	角	分	千	百	十	万	千	百	十	元	角	分		千	百	十	万	千	百	十	元	角	分

（3）数量金额式明细账 4 个。

明细账

编号 _____ 规格 _____ 品名 _____ 单位 _____ 存放地点 _____

年		凭证编号	摘要	借方												贷方												余额											
月	日			数量	单价	千	百	十	万	千	百	十	元	角	分	数量	单价	千	百	十	万	千	百	十	元	角	分	数量	单价	千	百	十	万	千	百	十	元	角	分

明细账

编号 _____ 规格 _____ 品名 _____ 单位 _____ 存放地点 _____

年		凭证编号	摘要	借方												贷方												余额											
月	日			数量	单价	千	百	十	万	千	百	十	元	角	分	数量	单价	千	百	十	万	千	百	十	元	角	分	数量	单价	千	百	十	万	千	百	十	元	角	分

明细账

编号 _____ 规格 _____ 品名 _____ 单位 _____ 存放地点 _____

年		凭证编号	摘要	借方											贷方											余额										
月	日			数量	单价	千	百	十	万	千	百	十	元	角	分	数量	单价	千	百	十	万	千	百	十	元	角	分	数量	单价	千	百	十	万	千	百	十	元	角	分

明细账

编号 _____ 规格 _____ 品名 _____ 单位 _____ 存放地点 _____

年		凭证编号	摘要	借方											贷方											余额										
月	日			数量	单价	千	百	十	万	千	百	十	元	角	分	数量	单价	千	百	十	万	千	百	十	元	角	分	数量	单价	千	百	十	万	千	百	十	元	角	分

（4）多栏式明细账 4 个。

管理费用明细账

年		凭证编号	摘要	对方科目	合计										电费										工资费用										差旅费									
月	日				千	百	十	万	千	百	十	元	角	分	千	百	十	万	千	百	十	元	角	分	千	百	十	万	千	百	十	元	角	分	千	百	十	万	千	百	十	元	角	分

✂ - ✂ - - - - - - - - - - - - - - - - - - -

制造费用明细账

年		凭证编号	摘要	对方科目	合计										电费										工资费用										折旧费									
月	日				千	百	十	万	千	百	十	元	角	分	千	百	十	万	千	百	十	元	角	分	千	百	十	万	千	百	十	元	角	分	千	百	十	万	千	百	十	元	角	分

生产成本明细账

产品名称：

年		凭证编号	摘要	对方科目	直接材料										直接人工										制造费用										合计									
月	日				千	百	十	万	千	百	十	元	角	分	千	百	十	万	千	百	十	元	角	分	千	百	十	万	千	百	十	元	角	分	千	百	十	万	千	百	十	元	角	分

生产成本明细账

产品名称：

年		凭证编号	摘要	对方科目	直接材料										直接人工										制造费用										合计									
月	日				千	百	十	万	千	百	十	元	角	分	千	百	十	万	千	百	十	元	角	分	千	百	十	万	千	百	十	元	角	分	千	百	十	万	千	百	十	元	角	分

(5) 应交增值税明细账 1 个。

应交税费——应交增值税
明细账

年		凭证编号	摘要	借方专栏																			贷方专栏																				
				进项税额									已交税金									销项税额									进项税额转出								
月	日			百	十	万	千	百	十	元	角	分	百	十	万	千	百	十	元	角	分	百	十	万	千	百	十	元	角	分	百	十	万	千	百	十	元	角	分

模拟实训 3 登记日记账

要求：

根据记账凭证登记现金日记账和银行存款日记账。

库 存 现 金 日 记 账

年		凭证	结算方式		摘要	借 方									√	贷 方									√	余 额								
月	日	编号	类	号码		千	百	十	万	千	百	十	元	角	分		千	百	十	万	千	百	十	元	角	分		千	百	十	万	千	百	十	元	角	分
					承前页																														

- - - - - - - - - - - - - - - - - - ✄ - - - - - - - - - - - - - - - - ✄ - - - - - - - - - - - - - - - - -

银 行 存 款 日 记 账

年		凭证	结算方式		摘要	借 方									√	贷 方									√	余 额								
月	日	编号	类	号码		千	百	十	万	千	百	十	元	角	分		千	百	十	万	千	百	十	元	角	分		千	百	十	万	千	百	十	元	角	分
					承前页																														

模拟实训 4　编制试算平衡表

要求：

根据总分类账户编制三栏式试算平衡表。

试算平衡表

2024 年 12 月 31 日　　　　　　　　　　　　　　　　　　金额单位：元

会计科目	期初余额		本期发生额		期末余额	
	借方	贷方	借方	贷方	借方	贷方
库存现金						
银行存款						
其他应收款						
原材料						
生产成本						
制造费用						
库存商品						
固定资产						
累计折旧						
短期借款						
应付账款						
应交税费						
应付职工薪酬						
应付利息						
实收资本						
盈余公积						
利润分配						
主营业务收入						
主营业务成本						
本年利润						
销售费用						
管理费用						
财务费用						
所得税费用						
合计						

模拟实训 5　编制财务会计报表

要求：

　　1. 根据试算平衡表中的收入、费用类账户本期发生额合计数编制利润表。

利 润 表

2024 年 12 月

编制单位：小明机器人有限责任公司　　　　　　　　　　　　　　　金额单位：元

项目	本期金额	上期金额
一、营业收入		
减：营业成本		
税金及附加		
销售费用		
管理费用		
研发费用		
财务费用		
其中：利息费用		
利息收入		
加：其他收益		
投资收益		
其中：对联营企业和合营企业投资的收益		
净敞口套期收益（损失以"－"号填列）		
公允价值变动收益（损失以"－"号填列）		
资产减值损失（损失以"－"号填列）		
信用减值损失（损失以"－"号填列）		
资产处置收益（损失以"－"号填列）		
二、营业利润（亏损以"－"号填列）		
加：营业外收入		
减：营业外支出		
三、利润总额（亏损总额以"－"号填列）		
减：所得税费用		
四、净利润（净亏损以"－"号填列）		
（一）持续经营净利润（净亏损以"－"号填列）		
（二）终止经营净利润（净亏损以"－"号填列）		
五、其他综合收益的税后净额		
（一）不能重分类进损益的其他综合收益		
（二）将重分类进损益的其他综合收益		
六、综合收益总额		
七、每股收益		
（一）基本每股收益		
（二）稀释每股收益		

企业负责人：　　　　　　　主管会计工作负责人：　　　　　　会计机构负责人：

小明
之印

2. 根据试算平衡表中的资产、负债、所有者权益的期末余额编制资产负债表。

资产负债表

2024 年 12 月 31 日

编制单位：小明机器人有限责任公司　　　　　　　　　　　　　　　　金额单位：元

资产	期末余额	年初余额	负债和所有者权益（或股东权益）	期末余额	年初余额
流动资产：			流动负债：		
货币资金			短期借款		
交易性金融资产			交易性金融负债		
衍生金融资产			衍生金融负债		
应收票据			应付票据		
应收账款			应付账款		
预付款项			预收款项		
其他应收款			合同负债		
存货			应付职工薪酬		
合同资产			应交税费		
持有待售资产			其他应付款		
一年内到期的非流动资产			持有待售负债		
其他流动资产			一年内到期的非流动负债		
流动资产合计			其他流动负债		
非流动资产：			流动负债合计		
债权投资			非流动负债：		
其他债权投资			长期借款		
长期应收款			应付债券		
长期股权投资			其中：优先股		
其他权益工具投资			永续债		
其他非流动金融资产			长期应付款		
投资性房地产			预计负债		
固定资产			递延收益		
在建工程			递延所得税负债		
生产性生物资产			其他非流动负债		
油气资产			非流动负债合计		
无形资产			负债合计		
开发支出			所有者权益（或股东权益）：		
商誉			实收资本（或股本）		
长期待摊费用			其他权益工具		
递延所得税资产			其中：优先股		
其他非流动资产			永续债		
非流动资产合计			资本公积		
			减：库存股		
			其他综合收益		
			盈余公积		
			未分配利润		
			所有者权益（或股东权益）合计		
资产总计			负债和所有者权益（或股东权益）总计		

企业负责人：　小明之印　　主管会计工作负责人：　　　　　　　　会计机构负责人：